हिंदी साहित्य ज्ञानकोश

खंड -7

हिंदी साहित्य ज्ञानकोश

खंड -7

प्रधान संपादक

शंभुनाथ

संपादक मंडल

राधावल्लभ त्रिपाठी, जवरीमल्ल पारख, अवधेश प्रधान
अवधेश कुमार सिंह, अवधेश प्रसाद सिंह

भाषा संपादक

राजकिशोर

संयोजक

कुसुम खेमानी

शोध सहायक

दिनेश कुमार शर्मा (समन्वयक), पीयूषकांत,
श्रद्धांजलि सिंह, पूजा गुप्ता, उपेन्द्र शाह, निशांत

प्रकाशक

भारतीय भाषा परिषद

36ए, शेक्सपियर सरणी, कोलकाता - 700 017

एकमात्र वितरक

वाणी प्रकाशन

4695, 21-ए, दरियागंज, नयी दिल्ली 110 002

फ़ोन : +91 11 23273167 फ़ैक्स : +91 11 23275710

शाखाएँ

अशोक राजपथ, पटना 800 004, बिहार

कॉफ़ी हाउस कैम्पस, महात्मा गांधी मार्ग, इलाहाबाद 211 001, उत्तर प्रदेश

महात्मा गांधी अन्तरराष्ट्रीय हिन्दी विश्वविद्यालय, वर्धा 442 001, महाराष्ट्र

www.vaniprakashan.in
marketing@vaniprakashan.in
sales@vaniprakashan.in

HINDI SAHITYA JNANKOSH-7
Chief Editor : Shambhunath

ISBN : 978-81-940882-0-2
Kosh

प्रथम संस्करण

सात खंडों का सम्पूर्ण सेट : ₹ **5000**

सन्मार्ग प्रा.लि., कोलकाता में मुद्रित

वाणी प्रकाशन का लोगो मक़बूल फ़िदा हुसेन की कूची से

सौजन्य

विशम्भरदयाल सुरेका
गनोविकारा ट्रस्ट
3/1, लाउडन स्ट्रीट
कोलकाता - 700 017

श्याम सुंदर कानोड़िया
शीला कानोड़िया फाउंडेशन
23 सी, आशुतोष चौधुरी एवेन्यू
कोलकाता - 700 019

राम अवतार गुप्त की स्मृति में
विवेक गुप्त
सन्मार्ग
160बी, चित्तरंजन एवेन्यू
कोलकाता - 700 073

भारतीय भाषा परिषद

प्रविष्टि सूची

खंड-7

स

॥ स ॥

संकटग्रस्त भाषाएं

यूनेस्को ने 1993 को विलुप्त होती भाषाओं का वर्ष घोषित किया था। इस मुद्दे पर सम्मेलन आयोजित हुए थे। भाषावैज्ञानिक हलके में इस समय भी एक मुख्य चर्चा दुनिया की संकटग्रस्त भाषाओं (इन्डेंजर्ड लैंग्वेजेज) को लेकर है। इन्हें बचाने और इनकी भाषिक-सांस्कृतिक विशिष्टता की रक्षा की चिंता ठीक उसी समय की जा रही है, जब वस्तुतः एक या दूसरे रास्ते से इन्हें मिटाया जा रहा है। उन पर सूचना-प्रौद्योगिकी का अधिकाधिक बल हासिल करने वाली अंग्रेजी, बाजारवाद और वैश्वीकरण का आक्रमण बढ़ता जा रहा है।

इक्कीसवीं सदी में 'संकटग्रस्त भाषाओं' को लेकर जो चिंता है, वह कई बार किसी डूबते हुए टायटेनिक को चुपचाप डूबते देखने की तरह है। इस मामले में संयुक्त राष्ट्र ने कुछ साल पहले 21 फरवरी को 'विश्व मातृभाषा दिवस' घोषित किया था, हालांकि शायद ही महिला दिवस, पैरेंट्स डे, वैलेंटाइन डे आदि की तरह दुनिया के उन कोनों में 'मातृभाषा दिवस' गंभीरता और उत्साह से मनाया जाता हो, जहाँ मातृभाषाएं संकट के दौर से गुजर रही हैं। दरअसल संकटग्रस्त भाषाओं को लेकर चिंता के पीछे मुख्य बात यह है कि भूमंडलीकरण और अंग्रेजी के प्रबल विस्तार के युग में कहीं कोमल मातृभाषाएं कुचली न जाएं। दुनिया से सैकड़ों भाषाओं का विलोप न हो जाए। इनके साथ जीवन की बहुत-सी मिठास, लोकबुद्धि और स्थानीय संस्कृतियां भी उजड़ न जाएं।

भाषिक जीवनशक्ति संकेत : यदि किसी भाषा में जीवनशक्ति का क्षय हो रहा हो, उसके सामाजिक दायरे का सिकुड़ना और उस भाषा का हाशिये पर जाना अनिवार्य है। दुनिया की बड़ी माने जाने वाली भाषाओं के साथ भी यह घटित हो सकता है। यूनेस्को ने 2003 में भाषिक जीवनशक्ति संकेत (लैंग्वेज वाइटेलिटी इंडेक्स) प्रकाशित करते हुए ऐसी नौ कसौटियां निर्धारित की थीं जिनके आधार पर संकट की मात्रा को परखा जा सकता है। किसी भाषा के संकट में होने की कसौटियां ये हैं—

(1) भाषा एक पीढ़ी से दूसरी पीढ़ी और अगली पीढ़ियों के साथ लगातार सफर कर रही है या नहीं अर्थात अंतरपीढ़ीय भाषा-संचारण की स्थिति क्या है? (2) भाषा के बोलने वालों की वास्तविक संख्या कितनी है? (3) संपूर्ण आबादी में उस भाषा के बोलने वालों की संख्या कितनी है? (4) भाषा का इस्तेमाल सिर्फ कुछ धार्मिक-सामाजिक अवसरों पर होता है या विस्तृत क्षेत्रों में होता है? (5) ज्ञान-विज्ञान के नए क्षेत्रों और मीडिया में भाषा के उपयोग की क्या स्थिति है? (6) भाषा में साक्षरता और भाषा-शिक्षण सामग्री कितनी अधिक है? (7) सरकार के कामकाज, उसकी नीतियों और विभिन्न संस्थानों में उस भाषा का क्या स्थान है? (8) समुदाय के लोगों का अपनी भाषा से कितना प्रेम है, उनका क्या रुख है? और (9) भाषा में महत्वपूर्ण चीजों के दस्तावेजीकरण की क्या स्थिति है—इसकी मात्रा और गुणवत्ता का स्तर क्या है? ये कुछ मार्गदर्शक संकेत हैं जिनके आधार पर देखा जा सकता है कि कोई भाषा संकट के किस स्तर पर है, वह मरणासन्न है या जीवनशक्ति से भरी है।

हिंदी जैसी बड़ी भाषा के संदर्भ में परखा जा सकता है कि शिक्षित और संपन्न होते जा रहे परिवार इस भाषा को छोड़ रहे हैं या अपने साथ लेकर चल रहे हैं, हिंदी बोलते हुए अंग्रेजी शब्दों पर निर्भरता बढ़ रही है या घट रही है और सरकारी कामकाज तथा ज्ञान-विज्ञान के क्षेत्र में इसका उपयोग अवरुद्ध है या बढ़ रहा है। सिर्फ यह घोषित कर देना काफी नहीं है कि हिंदी बोलने या इसका व्यवहार करने वालों की संख्या पचास करोड़ है। यह भी देखना होगा कि इसका व्यवहार कितने स्तरों पर हो रहा है और कहां

अवरुद्ध है। दरअसल हर जातीय समुदाय के लोग उपर्युक्त 'भाषिक जीवनशक्ति संकेतों' के आधार पर अपने संकट के बिंदुओं को समझ सकते हैं। वे अपनी भाषा के बचाव, रख-रखाव, साक्षरता-विकास, दस्तावेजीकरण, ज्ञान-विज्ञान और डिजिटल दुनिया में इसके उपयोग आदि के संदर्भ में आत्मसचेत हो सकते हैं। यह समझने की जरूरत है कि भाषिक विविधता मानवता की सुंदरताओं का विस्तार करती है। यदि आप अपनी भाषा में बोल नहीं पाते हैं तो यह दुनिया आपकी नहीं है।

यूनेस्को ने 2008 को अंतरराष्ट्रीय भाषा वर्ष घोषित किया था। इसका अर्थ है कि दुनिया की नजर में पर्यावरण, महिला आदि की तरह अब भाषाओं का मुद्दा भी महत्वपूर्ण हो गया। संकटग्रस्त और देशज भाषाओं को संरक्षण देने के लिए विभिन्न पहलुओं को परखा जाने लगा और देश की सरकारों के अलावा अंतरराष्ट्रीय संगठन भी सहायता के लिए आगे आए।

छोटी भाषाओं के सामने संकट : दुनिया में एक सूचना के अनुसार अब भाषाओं की संख्या घट कर छह हजार के आसपास रह गई है। कुछ विशेषज्ञों के अनुसार इक्कीसवीं सदी के अंत तक, इनमें से 70 प्रतिशत भाषाएं बोल-चाल से बाहर हो जाएंगी। उनकी जगह अंग्रेजी ले लेगी या सत्ता की स्थानीय भाषा ले लेगी। इसका अर्थ है, विश्व में कई संस्कृतियां सदा-सदा के लिए विलुप्त हो जाएंगी। बहुभाषिकता ही नहीं, बहुसांस्कृतिकता में भी ह्रास होगा। भारत में डेढ़ हजार से ऊपर मातृभाषाएं हैं, ये जातीय विकास या क्षय की विभिन्न मंजिलों पर हैं। संकटग्रस्त भाषाओं को लेकर सक्रियता का अर्थ सांस्कृतिक विविधता की रक्षा के साथ-साथ, पुनःअंग्रेजीकरण और उदारीकरण की चपेट में फंसी भारतीय भाषाओं में फिर से आत्मविश्वास पैदा करने की कोशिश है।

अंग्रेजी दुनिया भर की बड़ी-छोटी सभी भाषाओं पर एक गंभीर संकट है। छोटी भाषाओं का अपने क्षेत्र की जातीय भाषा में अपनी शब्द-संस्कृति के साथ समाहित होना और अंग्रेजी द्वारा मिटाया जाना, ये दो अलग मामले हैं। पहले में आत्मविकास है, दूसरे में विनाश। अवधी, ब्रज, भोजपुरी आदि का हिंदी में समाहित होना उनका जातीय आत्मविकास है जबकि नगालैंड, मिजोरम तथा उत्तर-पूर्व के अन्य राज्यों की कई स्थानीय भाषाओं का विलुप्त होना उनका अप्रत्यक्ष विनाश है।

भारत में मातृभाषाएं भारतीय संविधान की आठवीं सूची में दर्ज राष्ट्रीय भाषाओं से बहुत ज्यादा हैं। हम जानते हैं कि ऐसी कई भाषाओं का अपना साहित्यिक भंडार है, पर उनके स्कूल नहीं हैं, दैनिक अखबार नहीं हैं, ज्ञान की पुस्तकें नहीं हैं और वे व्यावसायिक माध्यम नहीं हैं। इसलिए एक अन्य कोण से यह प्रश्न महत्वपूर्ण है कि जो भाषाएं आधुनिक सामाजिक विकास की प्रक्रिया में किसी बड़ी राष्ट्रीय भाषा द्वारा आत्मसात कर ली गई हैं—समझा-बुझाकर या प्रचंड इतिहास प्रवाह में, उन्हें क्या बचाया भी जा सकेगा और बचाकर क्या होगा?

इसलिए छोटी भाषाओं के विकसित होने का एक अर्थ यह है कि वे अपनी विशिष्टता को सांस्कृतिक दृष्टि से बनाए रखते हुए अखंडता के सूत्र कितनी मजबूत कर रही हैं। छोटी भाषाओं के विकास या अस्मिता की राजनीति का अर्थ जब कूपमंडूकता और पृथकता हो जाएगा, 'राष्ट्र' की धारणा ही नहीं, विश्वदृष्टि भी संकीर्ण हो जाएगी।

कई छोटी भाषाओं के सामने एक बड़ी समस्या है, उनकी अपनी लिपि का न होना। नगालैंड और मिजोरम की भाषाएं रोमन लिपि में लिखी जाती हैं। मणिपुरी बांग्ला लिपि में लिखी जाती रही है, पर मणिपुरी लोग अब अपनी भाषा के लिए मैती लिपि की मांग करते हैं, उग्रपंथी इसी का व्यवहार करते हैं। बोडो लोग असम में अपनी अलग पहचान के लिए देवनागरी अपना रहे हैं, हालांकि कुछ बोडो ने 80 के दशक में रोमन लिपि की मांग की थी। एक धारणा है कि छोटी भाषाएं यदि राज्य की लिपि को ही अपनी लिपि बनाएं तो यह निर्णय उनके सामाजिक-आर्थिक विकास में सहायक हो सकता है। दूसरी धारणा है, राज्य की लिपि अपनाने या जारी रखने से अपनी अस्मिता खो देने का खतरा है!

अकसर कहा जाता है कि भारत की भाषिक विविधता इसकी सांस्कृतिक समृद्धि का चिह्न है पर छोटी भाषाओं के जीवन, प्रचार और विकास के लिए कुछ नहीं किया जाता। इसके लिए निःसंदेह भाषा नीति का पुनर्निर्धारण करना होगा। निश्चय ही छोटी भाषाओं के इलाके में कला, साहित्य, संस्कृति और अनुसंधान के स्तर पर बहुत कुछ किया जा सकता है। केवल फासीवादी सरकारें ही भाषाई विविधता की उपेक्षा कर सकती हैं, इसे विकास के मार्ग में बाधा के रूप में देख सकती हैं।

छोटी भाषाओं को खतरे कई दिशाओं से हैं। अंग्रेजी साम्राज्यवाद से है, बाजार द्वारा हाशियाकरण से है, घरेलू पृथकता से है और आत्मसंकुचन से है। कोई भाषा अपने आप नहीं मरती। ये जो छोटी-छोटी संकटग्रस्त भाषाएं हैं—घरेलू ठसक और चमक लिये, उनका मिटना एक शोक-मिश्रित ऐतिहासिक न्याय कहा जाए या गंभीर अन्याय, इस पर बहस हो सकती है। यह लक्षित किया जा सकता है कि कई बार उनका मिटना परंपराओं का खो जाना नहीं है, क्योंकि वे जिस राष्ट्रीय दायरे में मिट रही होती हैं, उसी दायरे में उन मिट रही भाषाओं का शब्द भंडार, लोकसंस्कृति और सौंदर्यबोध नए रूपाकारों में संरक्षित भी हो रहा होता है। हिंदी खड़ीबोली में तमाम आधुनिकताओं के बीच लोकजीवन और संस्कृति सुरक्षित है, सुरक्षित रहनी चाहिए। एक जीवित राष्ट्रीयता अपने आसपास किसी भाषा को मरते नहीं देख सकती, वह उसे अपनी आत्मा में बसा लेती है। इसलिए 'इन्डेंजर्ड लैंग्वेज' को लेकर शोक की उतनी जरूरत नहीं है, जितनी जरूरत उनके नए जातीय रूपाकार में संरक्षण और विकास की है। इस तरह का काम अपनी जड़ों को संभालना है।

राष्ट्रीय भाषाओं पर संकट : क्या राष्ट्रीय भाषाओं पर खतरे कम हैं? इन्हें बिगाड़ने और मिटाने की कोशिशें चल रही हैं। आज ग्लोबल हो रहा अभिजन अपनी राष्ट्रीय भाषा में बात करने में लज्जा का अनुभव करता है। हिंदी जानते हुए भी बड़े विद्वान इतिहास, अर्थशास्त्र, समाजविज्ञान, विज्ञान, प्रबंधन और टेक्नोलॉजी की किताबें हिंदी में नहीं लिखना चाहते। किसी भी राष्ट्रीय भाषा में इन विषयों की उच्च शिक्षा की व्यवस्था नहीं है। आज जिस भाषा में इन विषयों की श्रेष्ठ किताबें न हों और इनकी मांग न हो, वह भाषा कितने साल बचेगी? अतः 'इन्डेंजर्ड' के दायरे को विस्तृत करना होगा। इसे अंग्रेजी-वर्चस्व के बृहत्तर संदर्भ में देखना होगा। एक अन्य महत्वपूर्ण बात यह है कि जिस राष्ट्रीय भाषा पर संकट है, मुख्यतः उसे बोलने वाले ही उसे संकट से बाहर निकाल सकते हैं। इसके लिए उनमें अपनी भाषा से प्रेम होना जरूरी है।

निश्चय ही वैश्वीकरण यदि इसी निरंकुश ढंग से चलता रहा तो वह विश्व की सैकड़ों राष्ट्रीय भाषाओं का चेहरा बिगाड़ देगा और सांस्कृतिक विविधता उजड़ जाएगी। आज दुनिया की सैकड़ों भाषाओं में अंग्रेजी घुस चुकी है, जिस तरह आज हिंदी 'हिंग्लिश' है। हिंदी का अहिंदीकरण एक खतरा है। भाषा पर खतरा सोच और संवेदना पर भी खतरा पैदा करता है।

इसमें संदेह नहीं कि भाषा के संकट का संबंध जीवन के संकट से है, यह एक विच्छिन्न परिघटना नहीं है। जीवन पर संकट है, इसलिए भाषाएं संकट में हैं। कौन-कौन-सी खास भाषाएं संकट में हैं, उनके बोलने वाले अब कितने बचे हुए हैं, निश्चय ही इन सबका भाषावैज्ञानिक अध्ययन जरूरी है, क्योंकि भाषाई विविधता की रक्षा सांस्कृतिक मनुष्यता को बचाने के प्रयत्न का एक हिस्सा है। फिर भी इतना जरूर समझना होगा कि भाषा केवल भाषाविज्ञान का विषय नहीं है, यह पूरे समाज का विषय है।

शंभुनाथ

अधिक जानकारी के लिए :

1. Reversing Language Shift : Joshua Fishman, 1991, **2. Language Death :** David Crystal, 2000, **3. Atlas of World Language in Danger :** (Ed) Christopher Moseley, Unesco 2010, **4. Declaration on the Rights of Persons Belonging to National or Ethnic, Religious and Linguistic Minorities** (United Nations : 18 December 1992)

संकलन

साहित्यिक रचनाओं को चुनकर किसी पुस्तक में एकत्र किया जाता है तो ऐसी पुस्तक को संकलन कहा जाता है। एक या कई लेखकों की एक ही विषय की कुछ रचनाओं का पुस्तक रूप में प्रकाशन संकलन है। संकलन में संकलनकर्ता की एक भूमिका होती है। एक ही लेखक की कई प्रकाशित रचनाओं का संग्रह भी संकलन कहलाता है। यह प्रायः स्वयं लेखक द्वारा किया जाता है। संकलन यदि किसी एक लेखक की रचनाओं का हुआ तो उसमें प्रायः अलग-अलग विषयों की रचनाएं होती हैं। यदि कई लेखकों की रचनाओं का हुआ तो प्रायः एक विषय की रचनाओं का होता है। संकलनकर्ता का कार्य यत्र-तत्र बिखरी रचनाओं को एकत्र कर उनके साथ एक भूमिका देना होता है। रचनाओं के संकलन का यदि कोई संपादक हो तो उसका एक कार्य यह भी है कि वह जिन रचनाओं को संग्रह में शामिल कर रहा है, उनके संबंध में यह सूचना भी दे कि वह रचना पहले कब, कहां प्रकाशित हुई और संग्रह में क्यों दी जा रही है।

महेंद्र राजा जैन

संकलनत्रय

संकलनत्रय की चर्चा आमतौर पर यूनानी नाटकों के संदर्भ में की जाती है। यूनान में नाट्य का विकास जब अपने आरंभिक चरण में था, तभी संकलनत्रय की अवधारणा बन चुकी थी। इसमें स्थान, काल और कार्य की एकता पर जोर दिया जाता था। यह अवधारणा प्राचीन युग तक सीमित रंगमंचीय संसाधनों के कारण बनी होगी। संकलनत्रय में स्थान-संकलन, काल-संकलन और कार्य अथवा वस्तु-संकलन के समन्वय की प्रस्तावना है जिसका एक सीमा तक महत्व आज भी समझा जाता है।

स्थान-संकलन : प्राचीन यूनानी नाटकों में इसका पालन किया जाता था कि रंगशाला में आदि से अंत तक एक ही दृश्य हो। इसके कारण नाटक में उन्हीं घटनाओं का प्रदर्शन होता था, जो एक ही स्थान पर घटित हुई हों। स्थान-संकलन का पालन करने में नाटक की विषयवस्तु सीमित हो जाती थी और कल्पना के पूरे उन्मेष और विविधता के लिए कोई स्थान नहीं रह जाता था। भारतीय नाटक में विविध पदों और चित्रों द्वारा विविध दृश्यों के प्रदर्शन का प्रावधान था। स्थान-संकलन की यूनानी धारणा अविकसित है, फिर भी ध्यान रखा जाना चाहिए कि नाटक में स्थान के विषय में किसी अनौचित्य या अस्वाभाविकता का प्रवेश न हो। उदाहरण के लिए, किसी पात्र को एक दृश्य में कश्मीर और उसके ठीक बाद के दृश्य में कन्याकुमारी में दिखाने से स्थान के संदर्भ में अनौचित्य पैदा हो जाता है और दर्शक को यह अस्वाभाविक लगेगा। भारतीय नाट्य परंपरा में ऐसी स्थिति में एक-दो दृश्य का अंतर करने या विष्कंभक और प्रवेशक आदि द्वारा चतुराई से इसकी सूचना देने का प्रावधान किया गया है।

काल-संकलन : यूनानी नाटकों में काल-संकलन की धारणा यों थी कि रंगमंच पर घटनाओं को उतनी ही अवधि में दिखाया जाए, जितनी अवधि में वे वास्तव में घटित हुई थीं या घटित हो सकती हैं। इसे ध्यान में रखने के कारण प्राचीन यूनानी नाटक दिन-रात चला करते थे। फिर भी इन नाटकों में जीवन का व्यापक और पूर्ण स्वरूप या कई वर्षों की घटनाएं नहीं दिखाई जा सकती थीं। भारतीय नाटकों में दृश्य और अंक-परिवर्तन के जरिए इन समस्याओं का हल किया गया। अंक-परिवर्तन कर रंगमंच की सजावट में अंतर के जरिए काल और स्थल परिवर्तित किया जा सकता है। इससे जीवन की कई घटनाओं का प्रदर्शन संभव है। फिर भी एक सीमा तक आज भी काल-संकलन का ध्यान रखा जाता है। उदाहरण के लिए, एक ही पात्र अल्प समय में बीस वर्ष के युवा और साठ वर्ष के वृद्ध की भूमिका नहीं कर सकता। उसमें आए शारीरिक परिवर्तन के औचित्य को बनाए रखने और अस्वाभाविकता से बचने के लिए काल संकलन का ध्यान रखा जाता है।

कार्य अथवा वस्तु-संकलन : संकलन त्रय में वस्तु-संकलन का सबसे महत्वपूर्ण स्थान है। वस्तु-संकलन से प्राचीन यूनानियों का अभिप्राय था, एक दिन में एक स्थान पर जो कार्य-व्यापार या घटना घटी हो, एक बार में उसी का मंचन होना चाहिए। अतः कथावस्तु एक ही कार्य से युक्त होनी चाहिए। इसमें अन्य प्रासंगिक कथाओं के जरिए विस्तार न हो। अन्य प्रासंगिक कथाएं निश्चित रूप से नाटक को रोचक बनाती हैं, लेकिन इनका अतिरिक्त या असंबद्ध विस्तार नाटक को बोझिल भी बना सकता है। वस्तु-संकलन की दृष्टि से ऐसे विस्तार अनुचित हैं। अरस्तू ने पोइटिक्स में दुखांत नाटक की चर्चा करते हुए उसके छह भागों में कथावस्तु (प्लॉट) अर्थात घटनाओं के विन्यास को सर्वाधिक महत्वपूर्ण माना। अच्छे कथानक की संरचना कार्य-संकलन के कुशल निष्पादन का परिणाम होती है। इसके लिए जरूरी होता है कि सभी कार्य या घटनाएं अलग होने के बावजूद इस प्रकार संकलित की जाएं कि वे मिलकर एक और आवयविक लगें।

भारतीय नाट्यशास्त्र में तीनों संकलनों के बारे में अपने ढंग से विवेचन है और इनके जरिए नाटक को विकरित करने की दृष्टि है।

अवधेश त्रिपाठी

संकेत

प्रतीक और संकेत में अंतर यह है कि प्रतीक में अप्रस्तुत की महत्ता है, प्रस्तुत के प्रति आदर नहीं है। यहां तक कि मनुष्य खुद प्रतीक बनकर निजी गौरव खो देता है। चीजें प्रतीक बनते ही अपना गौरव खो देती हैं। हर घटना को प्रतीक मानने की परंपरा प्रत्यक्ष को आदर नहीं देना है। संकेत में 'संकेतक' का आदर बना रहता है। उसकी एक जीवंत आंगिक उपस्थिति होती है, बल्कि संकेतित अर्थ उसके अस्तित्व में छिपा रहता है, बाहर नहीं होता। इस धारणा के आधार पर एक समय संपूर्ण भाषाविज्ञान को ही संकेतविज्ञान के ढांचे में लाने का प्रयास हुआ था।

फर्डिनेंद सास्यूर पहला चिंतक है जिसने संकेतविज्ञान का क्रांतिकारी प्रवर्तन 1916 में किया था। उसने कहा था कि सामाजिक जीवन में संकेत बड़े पैमाने पर बनते हैं जिनके अध्ययन का शास्त्र भविष्य में संकेतविज्ञान होगा। उसने बताया कि जितनी मिथकीय कथाएं हैं या कर्मकांड, परंपराएं, साहित्य, संगीत, जन-मनोरंजन या वस्तुएं हैं, उनके अर्थ का विश्लेषण संकेतविज्ञान के आधार पर किया जा सकता है। बाद में संकेत की राजनीति भी एक विषय बनी। इस तरह संकेत की व्यापक व्याप्ति का बोध हुआ।

भाषा को संकेतों का ढांचा कहते हुए संकेत (साइन) के दो हिस्से बताए गए—संकेतक (सिग्निफायर) और संकेतित (सिग्निफाइड)। भाषा में 'संकेतक' ध्वनि बिंब है जबकि 'संकेतित' अवधारणा है। उदाहरण के तौर पर 'समाचार-पत्र' एक संकेतक है, एक ध्वनिबिंब है। 'समाचार-पत्र' कहते ही धारणा पैदा होती है कि इसमें राजनीतिक, महानगरीय खबरें होंगी, रिपोर्ताज होंगे, विज्ञापन होंगे, दुर्घटनाओं के चित्र और सांस्कृतिक सूचनाएं होंगी—यह संकेतित अर्थ है। धारणा ध्वनिबिंब का अविभाज्य हिस्सा है। शब्द ही संकेतक नहीं होता, ट्रैफिक सिगनल, फैशन या नृत्य की भंगिमाओं में भी संकेतक होते हैं। ट्रैफिक सिगनल लाल हो, इसका अर्थ है ठहरिए। यदि हरा हो तो इसका अर्थ है चलिए। इस तरह संपूर्ण जीवन व्यवस्था संकेतों से बनती जाती है। समाज के लोग संकेतों का निरंतर इस्तेमाल करते हैं, निरंतर इस्तेमाल से संकेतित अर्थ बनता है। रोलां बार्थ ने 'एलिमेंट ऑफ सेमियोलॉजी' में संकेतविज्ञान का व्यापक आधार दिया। उसने बताया कि संकेतित वस्तु कभी भी मानसिक प्रतिरूप नहीं है और न ही यह यथार्थ है। संकेतक को सिर्फ संकेतित होने की प्रक्रिया में परिभाषित किया जा सकता है। 'संकेतित' के उद्घाटन में 'व्यक्ति', 'वस्तु' या 'संस्था' से अधिक उस प्रक्रिया का महत्व है, जिसमें व्यक्ति या वस्तु या संस्था कोई संकेत देती है।

भाषा का क्षेत्र संकेतविज्ञान के कारण अराजकता से भरा है, यह अस्थिर है। रोलां बार्थ ने इसे गुण मानते हुए कहना चाहा, एक अच्छा साहित्य न अर्थविहीन होता है और न बिल्कुल स्पष्ट होता है। उसमें एक बरखास्त अर्थ होता है, जो पाठक के समक्ष उद्घोषित होने के बावजूद संकेतित वस्तु के स्तर पर कहीं-न-कहीं पकड़ से बाहर रह जाता है। यही वजह है कि साहित्य संप्रेषणीय होकर भी एक हद तक असंप्रेषणीय होता है। साहित्यिक अर्थ पाठक के साथ आंख-मिचौनी खेलता है। यह कई बार पाठक को छलता है। कभी कुछ पकड़ में आता है, कभी पकड़ में नहीं आता। इस तरह रोलां बार्थ साहित्य की 'बर्खास्त स्पष्टता' 'कम स्पष्टता' या 'अस्पष्टता' को एक तर्क देते हैं।

जीवन को कैसे समझें और भाषा से अर्थ कैसे प्राप्त करें? इसके लिए संकेतविज्ञान एक रास्ता सुझाता है। यह भाषा को संकेतों की एक गतिशील व्यवस्था मानता है। हम मानव जीवन और साहित्यिक संरचना, दोनों में विरुद्धों के युग्म पाते हैं, जैसे यह 'अच्छाई' है और यह 'बुराई' है। यह प्रकृति है, यह सभ्यता है। यह टमाटर (प्रकृति) है, यह टोमेटो सॉस (सभ्यता) है। यह 'प्रभुत्व' है और यह 'अधीनता' है। कोई नैतिक प्रश्न हो या कृषक, स्त्री या दलित प्रश्न हो, हर अर्थ के पीछे उपर्युक्त ढंग का युग्म काम करता है। मानव-चिंतन के केंद्र में जब से भाषिक संरचना मुख्य हो गई, मैं-पन या आत्मपरकता का युग खत्म हो गया। अब अर्थ का स्रोत हो गई संरचना और पाठ ही प्रधान हो गया। हम कई बार इससे अनजान रहते हैं कि स्वयं जब कोई अर्थ निकाल रहे होते हैं, उसके पीछे भाषिक संरचना की एक बड़ी भूमिका होती है। उसके पीछे संबंध और फर्क के तत्वों का एक बड़ा खेल होता है। हम राम का अर्थ रावण को अलग रखकर नहीं समझ सकते। हम अपने समाज के क्षेत्रीय असंतोषों का अर्थ विकास की निष्ठुरताओं को हटाकर नहीं जान सकते। हम स्त्री के जीवन की पीड़ाओं को पुरुष-वर्चस्व से तथा दलित की अवमानना को वर्ण व्यवस्था से अलग करके नहीं पढ़ सकते। इसलिए संकेतवैज्ञानिक अध्ययनों का जन्म भले पूंजीवाद के गर्भ से हुआ हो, इन अध्ययनों ने समाज के बौद्धिक-जनतांत्रिक आंदोलनों को तीव्र करने में महत्वपूर्ण भूमिका निभाई है।

संकेतविज्ञान कविता और जीवन की चीजों को समझने का एक रास्ता है। हालांकि इसे विज्ञान नहीं कहा जा सकता, क्योंकि किसी भी मामले में एक सुनिश्चित अर्थ का बोध नहीं होता। खासकर साहित्यिक-सांस्कृतिक निर्माणों का तयशुदा अर्थ हो भी नहीं सकता, ये उच्च मात्रा के संकेतक हैं। नागार्जुन की कविता है, 'आओ रानी, हम ढोएंगे पालकी/यही हुई है राय जवाहरलाल की।' यहां रानी को ब्रिटेन की क्वीन एलिजाबेथ भर समझना गलत होगा। यह नव-स्वतंत्र भारतीय राष्ट्र पर नव-उपनिवेशवाद के बढ़ते असर और इसके कॉमनवेल्थ का सदस्य बने रहने पर व्यक्त चिंता है। कवि की चिंता एक क्वीन के भारत आने से अधिक बड़ी है। रानी संकेतक है पर संकेतित है पश्चिम के नव-औपनिवेशिक प्रसार के आगे भारत का झुकना। इसी तरह भूमंडलीकरण के सभी आर्थिक-सांस्कृतिक बिंबों की व्याख्या की जा सकती है।

देश के खुदरा व्यवसाय में विदेशी निवेश से संकेत दिया जाता है कि इससे बिचौलिए हटेंगे, उत्पादकों और उपभोक्ताओं को फायदा होगा, किसानों या उत्पादकों तक अधिक कीमत पहुंचेगी। महंगाई घटेगी, बुनियादी ढांचे की उन्नति होगी, आर्थिक सुधार का काम आगे बढ़ेगा और खुशहाली आएगी। भूमंडलीकरण को तर्कसंगत बनाने वाले ऐसे संकेत चारों तरफ छाए होते हैं। ये नौजवानों के लिए खासतौर पर आकर्षक होते हैं। उपर्युक्त संकेतक से यह यथार्थ ढक जाता है कि एक ही सत्ता-संकेत कितने विपरीत अर्थों को खोलता है और साझा अर्थ को मुश्किल बना देता है।

पिकासो का महान चित्र 'गुर्एनिका' युद्धोतर आधुनिक जीवन की भयावहता और संकट को उद्घाटित करने वाले संकेतकों से बना है। इसमें

पश्चिमी सभ्यता का अंतर्विरोध मूर्त है। हर संकेत में संकेतित अर्थ का सूर्य की किरणों की तरह विकिरण होता है। सत्ता संघर्ष में अतीत के प्रसंगों को राजनीतिक संकेत बनाकर उपस्थित किया जाता है। रामनवमी और मुहर्रम के जुलूस राजनीतिक शक्ति-प्रदर्शन करते हैं। बड़े मॉल और मल्टीप्लेक्स आर्थिक सुधारों के बाद आई समृद्धि के संकेतक बन जाते हैं।

आज की व्यवस्था के सभी हथियार सांकेतिक हैं। विकास के महानायक विकास करने से अधिक 'सिग्निफायर' बनाते हैं, संकेतक रचते हैं। रेल लाइन के किसी भीतरी ग्रामीण अंचल तक पहुंचने या स्टेशन को भव्य करने का विज्ञापन यह संकेत देता है कि विकास गांवों तक पहुंच रहा है। शानदार कुर्सी और टेबुल की विशालता संकेतक हैं, संकेतित है अफसर की बड़ी सत्ता। उच्चतम न्यायलय से कभी-कभार अल्प समय में जनहित के कुछ फैसले आ जाते हैं, जैसे—किसानों की जमीन का सरकारी अधिग्रहण गलत है, मंत्री पर भ्रष्टाचार का मुकदमा चल सकता है। इनसे संकेतित होता है कि भले करोड़ों मुकदमे लंबित हों और भ्रष्टाचार भरा हो, देश की न्याय व्यवस्था महान है। संकेतक है शैंपू का विज्ञापन, संकेतित है कि आपके बाल इतने ही चमकीले और मजबूत होंगे, जबकि इस्तेमाल करें तो टूटकर ज्यादा गिरते दिखाई देंगे! साबुन के विज्ञापन में कपड़े उजले दिखेंगे, पर घर में वह साबुन लाकर घिसते रह जाएंगे! क्या ये सत्ताओं द्वारा भाषा पर कब्जे के लक्षण हैं?

संचार क्रांति के बाद संकेतों में भी क्रांति आई है। हर रोज नए संकेत जीवन को घेर रहे हैं, जिनका अध्ययन रोचक हो सकता है। आज जीवन में कुछ बोलना या लिखना ही भाषा नहीं है। हर क्रिया-व्यापार को एक भाषिक संरचना माना जाता है जो कुछ संप्रेषित करती है, कुछ संकेत देती है और अर्थ की उद्घोषणा करती है। आज चीजों के अर्थ की उद्घोषणा वे कर रहे हैं जिनके हाथ में सत्ता है, भाषा बेबस है। सत्ताएं आत्मसुरक्षा में संकेतों का मोहक जाल बिछाती हैं। इसमें आम जनता ऐसे फंसती है, जैसे मछुआरे के जाल में मछलियां।

क्या परिवर्तन चाहने वाले आम जन या 'नागरिक समाज' के भी अपने संकेतक हो सकते हैं, पर पीछे बड़ी पूंजी और प्रचार की ताकत न होने की वजह से वे दब जाते हैं। अब कोई प्रेरक यूटोपिया नहीं है। अतः जन-संग्राम के छोटे-छोटे 'सिग्निफायर' हैं। इसका अर्थ है, संकेत का मुख्यतः सत्ता से संबंध है। हर संकेत-व्यवस्था एक सत्ता-व्यवस्था भी है। यह कहीं-कहीं एक बड़ी ही अमानवीय सत्ता-व्यवस्था है। सत्ता की हर नई आकांक्षा नई संकेत-व्यवस्था निर्मित करती है। राजनीतिक या सांस्कृतिक युद्ध, नए युग में चिह्नों या संकेतों का युद्ध होता है। किसी व्यक्ति या संस्था का प्रभुत्व इस पर निर्भर करता है कि उसमें यथार्थ पर आवरण डालकर व्यापारिक, राजनीतिक या सांस्कृतिक संकेत-निर्माण की कितनी अधिक क्षमता है। ये जो छोटे-छोटे संकेत हैं, वे दुनिया की दूसरी जगहों के हों या भारत के हों, ऐसा नहीं है कि इनका कोई मतलब नहीं है। हमारे समय में संकेतों से टकराते संकेत हैं। चारों तरफ एक संकेत-लीला है।

शंभुनाथ

अधिक जानकारी के लिए :

1. Elements of Semiology : Roland Barthes, 1967, **2. Semiotics : The Basics :** Daniel Chandler, 2007, **3. Understanding Media Semiotics :** Marcel Danesi, 1994, **4. A Theory of Semiotics :** Umberto Eco, 1986

संक्रमण काल

संक्रमण एक स्थिति से दूसरी स्थिति में जाने की घटना है, जब वस्तुएं या प्रवृत्तियां बदलती या रूपांतरित हो रही होती हैं। संक्रमण काल उस दौर को कहते हैं, जब पुराने ऐतिहासिक दौर की प्रवृत्तियां पूरी तरह गई नहीं होतीं और नए युग की प्रवृत्तियां पूरी तरह आई नहीं होतीं। यह एक स्तर से दूसरे स्तर तक कुछ बदलने का समय होता है। इसे मूल्यों के संक्रमण के संदर्भ में भी देखा गया है। संक्रमण काल की चेतना में कुछ धुंधलापन, दुविधा या अनिश्चितता स्वाभाविक है। पुरानी जड़ प्रवृत्तियों के मिटने और

उनकी जगह नई चेतना के आने में वक्त लगता है। इसलिए संक्रमण काल लंबा हो जाता है। एक दृष्टि से हर युग में संक्रमण की स्थिति बनी रहती है, क्योंकि नई पद्धतियां, विचारधाराएं, जीवन-शैलियां और वस्तुएं सदा आती रहती हैं। उन्नीसवीं सदी के नवजागरण काल को खासतौर पर संक्रमण काल के रूप में देखा जाता है, जब पुराना ऐतिहासिक युग जा रहा था और एक नया ऐतिहासिक युग आ रहा था। संक्रमण काल में कुछ भी पूर्णतः घटित नहीं होता, यह काल-निर्धारण और नामकरण को कुछ अनिश्चित बना देता है।

शंभुनाथ

संगठन मनोविज्ञान

संगठन मनोविज्ञान (Organisational Psychology) का संबंध विभिन्न प्रकार के संगठनों के सदस्यों की मनोसंरचना के अध्ययन से है। इससे पता चलता है कि वे किस प्रकार कार्य करते हैं और अलग-अलग तरह के संगठन में उनकी अभिप्रेरणा में क्या अंतर है। यह अध्ययन अर्थशास्त्र, राजनीति, समाजशास्त्र को साथ लेकर होता है। समाज में संगठनों का महत्व बढ़ते जाने से संगठनों की मानवीय समस्याओं का अध्ययन पिछले कुछ दशकों से जरूरी होता गया है।

संगठन दो प्रकार के होते हैं—औपचारिक और अनौपचारिक। औपचारिक संगठन स्पष्ट लक्ष्योन्मुख और युक्तिसंगत होता है और सोच-समझकर तैयार किया जाता है। इसमें व्यक्ति और संगठन का संबंध यांत्रिक और निर्वैयक्तिक होता है। यह संगठन के सामान्य नियमों पर आधारित होता है। अनौपचारिक संगठन स्वतःनिर्मित होता है। इसके सदस्यों के व्यवहार कुछ सामान्य लक्ष्यों के बावजूद विविधतापूर्ण होते हैं और यांत्रिक नियमों पर आधारित नहीं होते। अनौपचारिक संगठन भावनात्मक प्रवृत्तियों द्वारा संचालित होते हैं, न कि किसी तार्किक चिंतन प्रक्रिया द्वारा। ऐसे संगठन में कोई निर्णय सामूहिक सहमति से होता है, जबकि औपचारिक संगठन में प्रशासनिक आदेश सब कुछ है। औपचारिक संगठन में श्रेष्ठता का आधार योग्यतानुसार पद है, जबकि अनौपचारिक संगठन में प्रभाव की प्रक्रिया व्यक्ति से संबंधित होती है। औपचारिक संगठन में निष्ठा की ज्यादा जरूरत होती है, जबकि अनौपचारिक संगठन में सामंजस्य की। पहले ढंग के संगठन के उदाहरण विभिन्न कंपनियां और सरकारी संस्थाएं हैं जबकि दूसरे ढंग के संगठन के उदाहरण साहित्यिक सांस्कृतिक संगठन, मुहल्लों के क्लब या छोटे एनजीओ हैं।

जिस संगठन में कई तरह के कार्य संपन्न होते हैं और कई जगहों पर होते हैं, उसमें जटिलता ज्यादा होती है। इसके अलावा किसी संगठन में नियम-कायदे और औपचारिकताएं ज्यादा होती हैं और इनकी तुलना में अतिरिक्त प्रोत्साहन इतना कम होता है कि उसमें कार्य कब किया जाए और कैसे किया जाए, इसे लेकर व्यक्ति की अपनी कोई इच्छा नहीं होती। इसी तरह निर्णय में ज्यादा केंद्रीकरण भी उत्तरदायित्व में कमी ला देता है। संगठनात्मक गतिशीलता में सूचना के प्रवाह का बड़ा महत्व है। यह न सिर्फ कर्तव्य को समन्वित करता है, बल्कि व्यक्तियों के अंतर्संबंध को भी मजबूत बनाता है। एक यांत्रिक संगठन जटिल, औपचारिक और केंद्रीकृत होता है, जबकि आंगिक (ऑर्गेनिक) संगठन लचीला, अनुकूलनपरक और विकेंद्रित होता है। देखा जाता है कि एक अच्छे संगठन में दोनों की कुछ-कुछ विशेषताएं होती हैं।

दिनेश कुमार शर्मा

संगणक भाषाविज्ञान

संगणक भाषाविज्ञान (Computational Linguistics) भाषाविज्ञान की एक अनुप्रयुक्त शाखा है, जिसमें भाषा एवं संगणक के आपसी संपर्क की विभिन्न स्थितियों का अध्ययन किया जाता है। भाषाविज्ञान की अपनी सैद्धांतिक

पृष्ठभूमि पर जब इसे प्रयोगोन्मुखी बनाने की आवश्यकता हुई तो अनेक अनुप्रयुक्त शाखाओं, जैसे—समाज भाषाविज्ञान, संज्ञानात्मक भाषाविज्ञान, नृभाषाविज्ञान, चिकित्सा भाषाविज्ञान, शैलीविज्ञान, कोशविज्ञान, भाषा-भूगोल एवं भाषा-पारिस्थितिकी आदि का विकास हुआ। इनके अनुप्रयोग के अपने-अपने प्रसंग हैं। ऐसे में ही मानवीय भाषाओं का संबंध संगणक की प्रक्रिया, प्रोग्रामन, एलॉगरिद्म आदि से होने की स्थिति में जिस अनुशासन का विकास हुआ, वही 'संगणक भाषाविज्ञान' है। इसमें किसी मानवीय भाषा का संगणक-सापेक्ष विश्लेषण एवं प्रस्तुतीकरण किया जाता है।

संगणक भाषाविज्ञान में भाषा की ध्वनि, रूप, पदबंध, अर्थ एवं वाक्य जैसी संरचनाओं के आधार पर उसकी व्यवस्था का विश्लेषण किया जाता है और आगे इन्हीं संरचनाओं की संगणकीय संक्रिया की जाती है। आज सूचना एवं तकनीकी विकास के कारण भाषा सिर्फ मनुष्यों के बीच संवाद का माध्यम ही नहीं है। इससे आगे बढ़कर वह मनुष्य और कंप्यूटर के मध्य संवाद का माध्यम बनने की ओर अग्रसर है। अतः 'संगणक भाषाविज्ञान' में जो नया प्रसंग जुड़ा है, वह है संप्रेषण के आयाम में संगणक का शामिल हो जाना। इसलिए मानव भाषा के पारंपरिक विश्लेषण में भाषा को मानव एवं मानव के मध्य संप्रेषण के साधन के रूप में विश्लेषित किया जाता रहा है, जबकि नवोदित अनुशासन 'संगणक भाषाविज्ञान' के लक्ष्य में भाषा को संगणकीय स्वीकार्यता के अनुरूप विश्लेषित किया जाता है। इस प्रकार इसका विस्तार संगणकविज्ञान तक जाता है। इसलिए अपने स्वरूप में 'संगणक भाषाविज्ञान' एक अंतरानुशासनिक विधा के रूप में व्यवहृत होता है, जिसमें भाषाविज्ञान एवं संगणकविज्ञान के साथ सांख्यिकी, कृत्रिम मेधा, तर्कशास्त्र, संज्ञान, दर्शनशास्त्र आदि क्षेत्रों का व्यापक हस्तक्षेप होता है। भाषाविज्ञान में एक ओर जहाँ 'भाषा की संरचना और उसके प्रकार्यों' के विषय में जानकारी प्राप्त की जाती थी, वहीं संगणक भाषाविज्ञान में 'भाषा कैसे कार्य करती है', जैसे प्रश्न का उत्तर खोजा जाता है। संगणक भाषाविज्ञान के मुख्य अध्ययन-क्षेत्रों को यहां देखना उचित होगा।

यंत्रानुवाद : संगणक भाषाविज्ञान का यह एक महत्वपूर्ण शोध-क्षेत्र है। वर्तमान में संगणक भाषाविज्ञान के क्षेत्र में कार्य करने वाली संस्थाओं का प्राथमिक लक्ष्य भी यही है। इसमें भारत को आंशिक सफलता मिलनी शुरू हो गई है। यंत्रानुवाद में स्रोत-भाषा को लक्ष्य-भाषा में परिवर्तित करने में मशीन की भूमिका होती है। कुछ प्रणालियों में मशीन के साथ मानव की भी एक सीमा तक सहकारी भूमिका की व्यवस्था होती है। सर्वप्रथम अपनी संकल्पना के अनुरूप यंत्रानुवाद विश्वज्ञान को परस्पर बड़ी सहजता से सभी भाषाओं में उपलब्ध कराएगा। इसका सीधा लाभ यह होगा कि ज्ञान के वैश्विक प्रसार में भाषा कोई समस्या नहीं रहेगी। भारत ने अपनी बहुभाषिक सामाजिक व्यवस्था को दृष्टिगत कर इस दिशा में कार्य शुरू कर दिया है। संगणक भाषाविज्ञान के विकास में मशीनी अनुवाद का सराहनीय योगदान रहा है। द्वितीय विश्वयुद्ध में जब अनेक देशों के सैनिक एक साथ युद्ध के मोर्चे पर डटे हुए थे, उस समय उनके आपसी संवाद को तेजी से सार्थक बनाने के लिए ऐसी किसी प्रणाली की कल्पना की गई, जो स्वतः अनुवाद कर दे, ताकि संदेशों का आदान-प्रदान सहज एवं शीघ्र हो सके। इस आवश्यकता की पूर्ति की प्रक्रिया में भाषाविज्ञान एवं संगणक विज्ञान का संपर्क हुआ। भारत में सीडैक द्वारा तैयार 'मंत्र' नामक सॉफ्टवेयर आज संसद के उच्च सदन में होने वाली कार्यवाहियों का अनुवाद कर रहा है। इसके साथ ही गूगल का ऑनलाइन अनुवाद अपनी प्रारंभिक अवस्था में भी लोकप्रिय है, हालांकि इस अनुवाद को सटीक नहीं कहा जा सकता।

पाठ-वाक् प्रणाली (टेक्स्ट टु स्पीच) : यह प्रणाली किसी पाठ के लिखित रूप को वाचिक रूप में परिवर्तित कर सकती है। इसका सीधा लाभ किसी अंधे व्यक्ति को हो सकता है जो संगणक में संचित लिखित पाठ को सुन सकता है, साथ ही यह अपने विभिन्न अनुप्रयोगों के माध्यम से किसी पुस्तकालय

को पूरी तरह डिजिटल स्वरूप में परिवर्तित कर सकता है, जिससे पारंपरिक पुस्तकालय के स्वरूप में आमूल-चूल परिवर्तन आ सकता है और तब पुस्तकालय में लोग पाठक के रूप में नहीं बल्कि एक श्रोता के रूप में जाएंगे ।

वाक्-पाठ प्रणाली (स्पीच टु टेक्स्ट) : यह प्रणाली भाषा के वाचिक रूप को लिखित रूप में परिवर्तित कर सकती है, जैसे किसी सार्वजनिक भाषण या गोष्ठी में वक्ता के वक्तव्य का लिखित रूप में संग्रह किया जा सकेगा। इसका सबसे अधिक लाभ आम जनता को होगा। यह ई-गवर्नेंस की संकल्पना को साकार करने में महत्वपूर्ण भूमिका निभाएगा। इसके अंतर्गत कोई व्यक्ति घर से ही टेलीफोन के माध्यम से अपनी कोई शिकायत संबंधित कार्यालयों में कभी भी दर्ज करा सकता है, जो संबंधित कार्यालय में लिखित रूप में संग्रहणीय हो सकेगी।

सूचना प्रत्यानयन : सूचना क्रांति की मूल भावना के अनुरूप यह एक महत्वपूर्ण उपकरण है। इसके सहयोग से संगणक में संचित किसी बड़े से बड़े पाठ में निहित छोटी-से-छोटी सूचना को भी कम समय में सटीक ढंग से प्राप्त किया जा सकता है। साथ ही इसमें किसी पाठ या पुस्तक के आधार पर किसी जिज्ञासा को टंकित कर उसका समाधान प्राप्त किया जा सकता है। यह आज इंटरनेट पर उपलब्ध सूचनाओं को प्राप्त करने में सर्वाधिक सहायक सिद्ध हो रहा है।

प्रकाशिक संप्रतीक अभिज्ञान : यह ऐसी प्रणाली है जिसके अंतर्गत किसी पाठ्य-सामग्री को स्कैन (scan) करके संगणक की स्मृति में संचित किया जा सकता है और इसे आवश्यकतानुरूप संपादित किया जा सकता है। इसका सबसे अधिक लाभ प्रकाशन उद्योग को मिलेगा, जैसे पुरानी पुस्तकों के नए संस्करणों के प्रकाशन के समय इसमें अनावश्यक अंशों को हटाया एवं नई सूचनाओं को समाहित किया जा सकता है।

वर्तनी संशोधक : यह संगणक के माध्यम से किसी भाषा के मानक रूप को संरक्षित एवं निर्धारित कर सकता है, साथ ही वर्तनी-संबंधी त्रुटियों को चिह्नित कर सकता है। यह संगणक आधारित भाषा-शिक्षण में भी महत्वपूर्ण योगदान दे सकता है।

इनके अतिरिक्त शब्द-संसाधन, पाठ-सारांशक, सूचना-संग्रहक आदि प्रणालियां हैं जो किसी पाठ के मूल भाव को संक्षिप्त रूप में उपलब्ध करा सकती हैं और पाठ के कथ्य को विश्लेषित कर सकती हैं। इनकी सहायता से किसी बड़े-से-बड़े पाठ में निहित महत्वपूर्ण सूचनाओं को कम-से-कम समय में उद्घाटित किया जा सकता है।

संगणक भाषाविज्ञान की सहायता से कुछ अनसुलझे प्रश्नों को सुलझाने का प्रयत्न जारी है। मानव मस्तिष्क एवं उसकी कार्यप्रणाली, मस्तिष्क में भाषा की संयोजना, भाषा की उत्पत्ति, भाषा के घटक एवं उनका स्व-संयोजन इत्यादि प्रश्नों को 'कंप्युटेशनल मॉडल' पर समझने का प्रयत्न किया जा रहा है। जहाँ एक तरफ मानव मस्तिष्क की कार्यप्रणाली को समझकर संगणकों में दिन-प्रतिदिन सुधार का प्रयत्न हो रहा है, वहीं संगणकों की कार्यप्रणाली के आधार पर मस्तिष्क को समझने एवं मस्तिष्क में भाषा की संयोजना से संबंधित नित्य परिकल्पनाएं आ रही हैं।

'संगणक भाषाविज्ञान' एक अकादमिक प्रभाव-क्षेत्र का विषय है जो भाषाविज्ञान के आंतरिक विकास एवं तारतम्य का प्रतिफल है, क्योंकि भाषा एवं संगणक के आपसी संबंधों का रुझान जब अकादमिक होता है, तभी यह 'संगणक भाषाविज्ञान' के नाम से जाना जाता है, लेकिन जब यह रुझान उत्पादपरकता के लक्ष्य को लेकर उद्योगोन्मुख होता है तो यह 'भाषा प्रौद्योगिकी' कहलाता है और जब यह संकेत एवं संवेदक (sensor-signal) तथा मस्तिष्क के भाषाई तंतुओं के अध्ययन के प्रसंग में आता है तो इसे 'प्राकृतिक भाषा संसाधन' के नाम से संबोधित किया जाता है। इसी क्रम में जब भाषाई संसाधनों का संगणक-सापेक्ष संग्रहण किया जाता है तो उसे 'कार्पस भाषाविज्ञान' की संज्ञा दी जाती है।

संगणक भाषाविज्ञान का सैद्धांतिक पक्ष भले ही सामान्य जन के बीच अभी लोकप्रिय नहीं हो

पाया है, परंतु इसकी उत्पादकता के महत्व के प्रति जागरूकता धीरे-धीरे बढ़ रही है। आगे इसमें निश्चित ही सकारात्मक वृद्धि होगी। अपने प्रारंभिक दौर में ही आधुनिक सूचना-प्रौद्योगिकीय क्रांति ने संगणक भाषाविज्ञान की व्यापकता का इस प्रकार विकास किया है कि आज यह आम जन द्वारा मोबाइल में कोश, लिखित संदेशों को ध्वनि के रूप में सुनने जैसे लोकप्रिय प्रयोगों से लेकर विशिष्ट अध्ययन से जुड़े लोगों को रोबोटिक्स एवं संवेदक तक में अपनी उपादेयता सिद्ध कर रहा है।

अरिमर्दन कुमार तिवारी

संगम साहित्य

ईसा पूर्व 300 से लेकर 400 ईसवी तक का समय दक्षिण भारत में क्लासिकी साहित्य का स्वर्णकाल था। इसे 'संगम समय' के नाम से जाना जाता है। बताया जाता है कि संगम साहित्य का केंद्र मदुरई था, जो तत्कालीन पाण्ड्य शासन के अधीन प्रदेशों में था। संगम साहित्य की रचनाभूमि दक्षिण भारत में दूर तक विस्तृत थी जिसमें केरल, तमिलनाडु, आंध्र प्रदेश और कर्नाटक के कई इलाके तथा श्रीलंका का उत्तरी भाग शामिल है।

संगम साहित्य की कई कृतियां कालांतर में गुम हो गईं और कई प्रक्षिप्त हैं। फिर भी जो रचनाएं उपलब्ध हुईं, उनका उचित समाहरण, संकलन हुआ है।

तमिल इतिहासकारों के अनुसार संगम साहित्य का रचनाकाल पूर्व, मध्य और उत्तर समय में विभक्त है। उपलब्ध रचनाओं को मिलाकर अंतिम काल को तीसरा संगम भी कहा जाता है। संगम के बारे में पहली सूचना आठवीं शती की रचना इरयनार अगप्पोरुल में मिलती है, जो इसकी लंबी साहित्य परंपरा को सूचित करती है। कई रचनाओं के नष्ट हो जाने के बावजूद, सबसे पुरानी संगम साहित्यिक रचना तमिल में प्राप्त है। इसमें प्रेम, वियोग, युद्ध, प्रशासन, व्यापार आदि विषयों का प्रतिपादन है। संगम साहित्य के दौर में तमिल भाषा विकासशील थी। वह साहित्य का माध्यम बन गई थी। उस समय तमिल सामाजिक और सांस्कृतिक जीवन की अभिव्यक्ति में सक्षम हो चुकी थी। पुराने तमिल साहित्य के रूप में व्याकरण ग्रंथ 'तोलकाप्पियम्' दस लंबे गीतों का समाहार 'पत्तुपाट्टु', आठ भावगीत 'एट्टु तोकै', अठारह छोटी रचनाएं–'पतिनेन्मेलकी षकणक्कु', पांच महापुराण–'शिलप्पदिकारम्', 'मणिमेखलै', 'शिवग चिंतामणि', 'वलयपति' और 'कुंदलकेशी' प्राप्त हैं। ये सब संगम साहित्य की प्रसिद्ध कृतियां हैं।

संगम साहित्य के वैज्ञानिक अनुशीलन से अनुमान लगाया जाता है कि यह करीब 250 सालों का साहित्यिक संचय है, जिसे लगभग ईसा पूर्व 100 से लेकर 250 ईसवी तक के समय में संगृहीत किया गया। इसकी करीब 2300 कविताएं उपलब्ध हुई हैं जिनमें अनेक बहुत छोटी यानी तीन से पांच पंक्तियों वाली हैं। प्रक्षिप्तता के कारण वास्तविक संख्या को लेकर विद्वानों में मतभेद है। संगम कवियों की संख्या 473 बताई जाती है।

संगम साहित्य को दो भागों में विभक्त किया गया है–अगम (भीतर) और पुरम (बाहर)। अगम में मानव की वैयक्तिक संवेदनाओं, जैस–प्रेम, यौन भावना आदि का प्रतिपादन है। पुरम में मानवीय अनुभव, जैसे–वीरता, साहस, नीति, लोकोपकार आदि विषय है। प्रकृति विषय के आधार पर भी कविताओं को विभाजित करने का प्रयास किया गया। तिण्णै नाम से संबंधित इन कविताओं को 'कुरिंजी' (पहाड़ विषयक), 'मुल्लै' (जंगल विषयक), 'मरुतम' (खेती विषयक), 'नैतल' (सागरतट विषयक) और 'पालै' (रेगिस्तान विषयक) भागों में विभक्त किया गया। इनकी विलुप्त साहित्यिक महिमा को तमिल के विद्वान, जैसे–अरुमुख नवलार, एस वी दोमोदरन पिल्लै तथा यू वी स्वामिनाथ अय्यर ने रेखांकित किया है। इन्होंने उपलब्ध साहित्य का संकलन और उसकी व्याख्या की है।

संगम कवियों में प्रसिद्ध हैं-तोलकाप्पियर, इलंगो अडिगल, सित्तलै सत्तनार, नक्किरार, कपिलर,

परनर, औवयर, मांगुड़ी मरुतनार आदि। नीलकंठ शास्त्री के मतानुसार संगम साहित्य में आदर्श एवं यथार्थ का समन्वय है जिससे उसकी ऐतिहासिक और क्लासिकी परंपरा का परिचय मिलता है। तमिल के संगम साहित्य में युद्ध के अलावा प्रमुख विषय है प्रेम। 'मणिमेखलई' और 'शिलप्पदिकारम्' काव्यों में इहलौकिक प्रवृत्तियों पर बल है और पुरानी धार्मिक-सामंती रूढ़ियों को तोड़ने की प्रेरणा है। मलयाली भाषावेत्ता तथा शोधकर्ता इलंकुलम् कुंजनपिल्लै के मतानुसार संगम साहित्य स्पष्ट रूप से वर्ण-व्यवस्था का विरोध करता है। इसलिए सामंती मूल्यों के प्रभाव में इसकी महत्ता को दबाकर रखने का प्रयास किया गया था।

ऐतिहासिक विस्तार को ध्यान में रखकर संगम साहित्य को दो भागों में बांटा गया है– (1) 'पतिनेन्मेल कणक्कु' में संगम समय की रचनाएं शामिल हैं। 'एट्टु तोकै' में आठ कविता संकलन आते हैं, बहुचर्चित 'पत्तु पाट्टु' इनमें एक है। (2) 'पतिनेंटुकीषकणक्कु' में संगम के परवर्ती समय के साहित्य का संचय है। इन सबमें अगम व पुरम विषयक कविताएं सम्मिलित हैं। ए के रामानुजन ने इन क्लासिकी कविताओं का अंग्रेजी अनुवाद प्रस्तुत कर राष्ट्रीय तथा अंतरराष्ट्रीय जगत में इनके महत्व का प्रचार किया।

प्रमिला के पी

अधिक जानकारी के लिए :
1. The Interior Landscape : Classical Tamil Love Poems : A K Ramanujan, 1967, **2. A Conscious History of South India : Issues and Interpretation :** Noboru Karashima, 2014, **3. A History of South India: From Prehistoric Times to the Fall of Vijayanagar :** K A Nielkanth Shastri, R Champaklakshmi, 1997, **4. History and Culture of Tamil Nadu, vol. 2 :** Chitra Madhvan, 2007

संचार क्रांति

संचार का अर्थ है संदेशों की परस्पर अंतर्क्रिया या संवाद। जब दो से अधिक व्यक्ति एक-दूसरे तक अपना संदेश पहुंचाते हैं तो उसे संचार कहा जाता है। संचार के लिए ऐसे संकेतों की जरूरत होती है जिन्हें दोनों पक्ष समझ सकें। इसे भाषा या माध्यम कहते हैं। संचार माध्यमों का इतिहास बहुत पुराना है। भाषा, लिपि, चित्र, लेखन के साधन, जैसे–कागज, कलम, स्याही, रंग, ब्लैकबोर्ड, मुद्रण प्रणाली आदि सभी किसी-न-किसी रूप में संचार के लिए प्रयुक्त होते रहे हैं। लेकिन इन परंपरागत माध्यमों के विपरीत संचार के आधुनिक माध्यम इस दृष्टि से महत्वपूर्ण हैं कि इन्होंने संचार को आसान, तीव्र और व्यापक बनाने के साथ-साथ बहुविध और बहुआयामी बना दिया है। संदेशों के विशाल भंडार को बहुत सूक्ष्म जगह में और लंबे समय तक सुरक्षित रखना और उनकी अल्प समय में अनगिनत प्रतिलिपियां बनाना बहुत आसान हो गया है। इन विशेषताओं की वजह से ही आधुनिक संचार साधनों के विकास को क्रांति कहा जाता है।

सूचना और संचार प्रौद्योगिकी का विकास स्वतंत्र रूप से नहीं हुआ। इसकी शुरुआत औद्योगिक क्रांति के साथ हुई। इसका संबंध दूसरे आविष्कारों से है जिनकी वजह से उत्पादन के साधनों में क्रांतिकारी परिवर्तन आए। इन साधनों में ऊर्जा और नई प्रौद्योगिकी शामिल हैं। इस संदर्भ में विद्युत और भाप से उत्पन्न ऊर्जा का विशेष रूप से उल्लेख किया जा सकता है। इसी तरह प्रिंटिंग प्रेस के आविष्कार ने किताबों की सैकड़ों-हजारों प्रतिलिपियां बनाना आसान कर दिया। इन परिवर्तनों का परिणाम यह हुआ कि पहले किताबें समाज के छोटे-से हिस्से को उपलब्ध थीं। उन्हें एक स्थान से दूसरे स्थान भेजने में भी

काफी समय व्यय होता था। अब उन्हें काफी बड़ी संख्या में और बहुत कम समय में भेजना संभव हो गया। इस प्रकार पढ़ना-लिखना जो पहले समाज के एक छोटे हिस्से का अधिकार समझा जाता था, अब समाज के बहुत बड़े हिस्से से जुड़ गया।

औद्योगिक समाज में सूचना और संचार प्रौद्योगिकी से सबसे बड़ा परिवर्तन यह हुआ कि पहली बार संदेश और संदेश के माध्यम में अलगाव पैदा हुआ। पहले संदेश लिखकर, बोलकर या चित्र बनाकर भेजा जाता था। अब ऐसी प्रौद्योगिकी खोजी गई जिसमें भेजा गया संदेश उसी रूप में प्रेषित नहीं होता। यह संकेतों द्वारा प्रयुक्त भाषा में प्रेषित किया जाने लगा। वैसे भाषा स्वयं भी एक तरह का संकेत माध्यम है। उसकी पूरी रचना चिह्नों और संकेतों से निर्मित हुई है। पर जो नई तकनीक अपनाई गई, उसमें संकेतों की यह ठोस भाषा ऐसी सांकेतिक प्रणाली में भेजी जाने लगी जिसका संबंध आधुनिक प्रौद्योगिकी से है। आधुनिक टेलीग्राफ का आविष्कार इसी पद्धति से हुआ। विद्युत ऊर्जा के द्वारा पैदा की गई चुंबकीय शक्ति के जरिए संदेश भेजने का काम उन्नीसवीं सदी के चौथे दशक में आरंभ हो गया, जब अमेरिका के सैमुअल मोर्स ने 1837 में टेलीग्राफ का आविष्कार किया। उसके सहायक अल्फ्रेड वील ने मोर्स कोड विकसित किया। धीरे-धीरे इसका विस्तार यूरोप, अमेरिका और एशिया में हुआ। भारत में इसे तार कहा गया क्योंकि इसमें संदेश तारों के माध्यम से एक स्थान से दूसरे स्थान की यात्रा करते थे। तार द्वारा संदेश भेजने की तकनीक का असर व्यापारिक और राजनीतिक दोनों क्षेत्रों में दिखाई पड़ा। अब समाचारों को भी एक स्थान से दूसरे स्थान तक विद्युत की गति से भेजा जा सकता था। 1857 के महाविद्रोह के दौरान क्रांतिकारियों ने अंग्रेजी सेनाओं से परस्पर संदेशों को असंभव बनाने के लिए कई स्थानों पर तारों के खंभे उखाड़ दिए थे और तारघरों को नष्ट कर दिया था।

विद्युत की चुंबकीय शक्ति का उपयोग संदेश भेजने में सफलतापूर्वक करने के बाद की महत्वपूर्ण उपलब्धि है टेलीफोन का आविष्कार। तार द्वारा प्रेषक और प्रेषित आपस में संवाद नहीं कर सकते थे। अलेक्जेंडर ग्राहम बेल ने 1876 में टेलीफोन का आविष्कार किया जिसके माध्यम से आवाज को एक स्थान से दूसरे स्थान तक तारों के माध्यम से भेजा जाना संभव हो सका। बेल को टेलीफोन की प्रेरणा तार से ही मिली। बेल ने विचार किया कि यदि इलेक्ट्रोमैग्नेटिक माइक्रोफोन के साथ तार को जोड़ दिया जाए और उसमें विद्युत प्रवाहित की जाए तो आवाज को भेजा जा सकता है। टेलीफोन का आविष्कार संचार के क्षेत्र में मील का पत्थर साबित हुआ। कुछ ही सालों में टेलीफोन के तार एक शहर से दूसरे शहर में फैलते चले गए। 1947 में दुनिया में टेलीफोन सेट की संख्या 38 करोड़ पहुंच चुकी थी। आज टेलीफोन बेल के समय से बहुत आगे बढ़ चुका है। अब टेलीफोन के लिए तारों की जरूरत भी नहीं रह गई है। टेलीफोन का जो नवीनतम रूप सेलफोन या मोबाइल के नाम से जाना जाता है, उस पर न सिर्फ आवाज का बल्कि लिखित सूचनाओं और स्थिर और गतिशील चित्रों का भी आदान-प्रदान किया जा सकता है।

तारों के द्वारा संदेश भेजने में कुछ व्यावहारिक कठिनाइयां थीं। सबसे बड़ी कठिनाई यह थी कि तारों को समुद्र में बिछाना आसान काम नहीं था। दूसरे, तारों का रख-रखाव अपने में बड़ी समस्या थी। इसलिए जरूरी था कि कोई ऐसा तरीका खोजा जाता जिसमें तारों के बिना ही संदेशों को दूर-दूर तक भेजना संभव हो सके। जर्मन वैज्ञानिक हेनरिक हेज ने अपनी प्रयोगशाला में विद्युत चुंबकीय तरंगों के साथ कुछ प्रयोग किए। उन्होंने 1888 में रेडियो तरंगों का प्रदर्शन किया। इटली के मार्कोनी ने 1895 में पर्याप्त दूरी तक संदेश भेजने में सफलता प्राप्त की। रेडियो तरंगों ने संदेश भेजने के लिए प्रेषक और प्रेषित स्थल के बीच तारों की जरूरत समाप्त कर दी। इन्हीं रेडियो तरंगों की खोज ने पहले बिना तार के टेलीग्राफ, बाद में टेलीफोन और रेडियो की शुरुआत की। जहाँ टेलीफोन ने यह संभव बनाया

कि बिना तारों के भी दुनिया के एक हिस्से से दूसरे हिस्से के बीच बातचीत करना मुमकिन हो सकता है, वहां रेडियो स्टेशनों ने सार्वजनिक प्रसारण के एक नए युग की शुरुआत की।

औद्योगिक युग की सबसे बड़ी उपलब्धि दृश्य माध्यम के क्षेत्र में हुई। स्थिर छायाचित्रों से गतिशील छायाचित्रों का विकास उन्नीसवीं सदी के आखिरी दशकों में हुआ। गतिशील चित्रों के आविष्कार का श्रेय थॉमस एडिसन को जाता है। एडिसन ऐसा कैमरा बनाने में सफल हो गए जिससे गतिशील चित्रों को शूट किया जा सके लेकिन वे इन चित्रों के सार्वजनिक प्रदर्शन के लिए इनके प्रक्षेपण की समस्या नहीं सुलझा सके। इस समस्या को सुलझाया फ्रांस के लुई ल्युमिए और ऑगस्ट ल्युमिए ने। उन्होंने आधुनिक पोर्टेबल कैमरे का निर्माण किया जो प्रिंटर और प्रोजेक्टर के रूप में भी काम कर सकता था। ल्युमिए बंधुओं ने अपनी फिल्मों का सार्वजनिक प्रदर्शन 28 दिसंबर 1895 को पेरिस के ग्रांड कैफे के बेसमेंट में किया। 1896 में ल्युमिए बंधुओं ने अपनी फिल्मों का प्रदर्शन बंबई में भी किया था। इसके बाद वीटाफोन प्रणाली का प्रयोग कर फिल्म के साथ आवाज को सफलतापूर्वक मिश्रित किया जाने लगा। बाद में सिनेमा के क्षेत्र में और भी कई प्रयोग हुए।

सिनेमा के साथ कुछ समस्याएं जुड़ी थीं। इसके निर्माण और प्रदर्शन, दोनों में काफी धन खर्च करना पड़ता है। प्रदर्शन के लिए विशाल सिनेमाघरों की जरूरत होती है। प्रभावशाली माध्यम होते हुए भी यह रेडियो की तरह सर्वसुलभ नहीं है। इस कमी को पूरा किया टेलीविजन ने। टेलीविजन एक दृश्य-श्रव्य माध्यम है जिसकी शुरुआत बहुत पुरानी नहीं है। ब्रिटेन के वैज्ञानिक जॉन लॉगी बेयर्ड ने 1926 में टेलीविजन का पहली बार प्रदर्शन किया। 1927 में फिलो फॉन्सवर्थ ने इलेक्ट्रॉनिक टेलीविजन संकेत प्रवाहित कर टेलीविजन स्क्रीन पर छवि को साकार किया। इस काम की पूर्ण सफलता ब्लादीमीर ज्वोरिकन द्वारा पिक्चर ट्यूब बनाने में कामयाबी से हासिल हुई। यह पहली तकनीक थी जिसमें बिजली की धारा को छवि के रूप में परिवर्तित किया जा सकता था। इसके बाद इस दिशा में लगातार प्रयोग होते रहे। टेलीविजन प्रसारण के लिए ध्वनि और दृश्य पहले विद्युत चुंबकीय तरंगों में परिवर्तित किए जाते हैं। टेलीविजन कैमरे में एक आर्थिकॉन ट्यूब होती है। लैंस की छवि ट्यूब की चित्रसंवेदन प्लेट पर पड़ते ही प्लेट से इलेक्ट्रॉन निकलते हैं जो स्कैनिंग के बाद विद्युत तरंगों में बदल जाते हैं। इन विद्युत तरंगों को वीडियो संकेत कहते हैं। इसी प्रकार माइक्रोफोन ध्वनि को भी विद्युत तरंगों में परिवर्तित करता है जिनकी फ्रिक्वेंसी को बढ़ाकर बाद में प्रसारित किया जाता है। इन्हें ऑडियो संकेत कहा जाता है। दृश्यों और ध्वनियों की विद्युत चुंबकीय तरंगें ही एंटीना या केबल तारों से टकराकर टेलीविजन के दृश्यों और ध्वनियों में बदल जाती हैं।

तकनीकी रूप में टेलीविजन की खोज तीसरे-चौथे दशक से शुरू होने के बावजूद जनमाध्यम के रूप में लोकप्रिय होने में उसे लगभग दो दशक लगे। सिनेमा की तरह टेलीविजन का तकनीकी स्वरूप बदलता गया। आरंभ में इसका प्रसारण क्षेत्र सीमित था, लेकिन कृत्रिम उपग्रह प्रणाली ने संचार के सभी माध्यमों के प्रसारण के नए क्षेत्र खोल दिए। आज रेडियो और टेलीविजन का प्रसारण उपग्रहों के जरिए दुनिया के किसी भी हिस्से में किया जा सकता है। इसी तरह पहले एक-दो चैनल उपलब्ध थे, लेकिन अब एक टीवी सेट पर सैकड़ों चैनल देखे जा सकते हैं। पहले यह सब चैनल केबल टीवी के माध्यम से उपलब्ध थे, लेकिन डीटीएच यानी डाइरेक्ट टु होम तकनीक के आने के बाद केबल टीवी पर निर्भरता समाप्त हो गई। प्रसारण की यह प्रविधि अब पुरानी पड़ती जा रही है। अब टीवी प्रसारण को कंप्यूटर और सेलफोन पर इंटरनेट के जरिए देखा जा सकता है।

आज मीडिया का कोई क्षेत्र ऐसा नहीं है जिसका विस्तार भूमंडलीय स्तर पर न हो गया हो। इसे संभव बनाया है उपग्रह संचार प्रणाली और डिजिटल तकनीक ने। 1957 में सोवियत संघ ने पहला कृत्रिम

उपग्रह स्पुतनिक–1 अंतरिक्ष में स्थापित किया था। इसके बाद से चालीस से अधिक देशों ने हजारों कृत्रिम उपग्रह उन दस देशों की मदद से छोड़े हैं जिनके पास कृत्रिम उपग्रह अंतरिक्ष में स्थापित करने की सुविधा उपलब्ध है। इन उपग्रहों को बहुत-से उद्देश्यों के लिए छोड़ा जाता है जिनमें से एक महत्वपूर्ण उद्देश्य संचार है। ऐसे उपग्रहों को संचार उपग्रह कहा जाता है। भारत ने भी कई संचार उपग्रह अंतरिक्ष में स्थापित किए हैं। संचार उपग्रह का उद्देश्य पृथ्वी से आने वाले संचार संकेतों को ग्रहण करना और उन्हें दुबारा पृथ्वी पर भेजना होता है। इस प्रकार पृथ्वी के किसी एक स्थान से प्राप्त संचार संकेतों को उपग्रह के जरिए पृथ्वी के हर कोने में आसानी से और तीव्र गति से पहुंचा दिया जाता है।

आधुनिक संचार क्रांति का दूसरा महत्वपूर्ण पक्ष डिजिटल प्रौद्योगिकी है जिसने संचार की दुनिया को पूरी तरह से बदल दिया है। इस प्रौद्योगिकी की शुरुआत अमेरिकी वैज्ञानिकों द्वारा बीसवीं सदी के मध्य में की गई थी। यह तकनीक गणितीय अवधारणा पर आधारित है जिसकी संकल्पना सत्रहवीं सदी के जर्मन गणितज्ञ जी डब्ल्यू लाइबनित्ज ने प्रस्तुत की थी। उन्होंने बाइनेरी (द्विअंकीय) कंप्यूटिंग प्रणाली प्रस्तावित की थी। इसी से प्रेरणा लेकर आधुनिक डिजिटल प्रणाली पर काम किया गया। डिजिटल प्रौद्योगिकी द्वि-प्रक्रिया आधारित है। डिजिटलीकृत सूचना के अंकों (डिजिट 0 और 1) को बिट्स भी कहा जाता है। ये डिजिट शब्दों और बिंबों का प्रतिनिधित्व करते हैं। डिजिटल प्रौद्योगिकी द्वारा अपरिमित संख्या में सूचनाओं को सूक्ष्म रूप में संकुचित कर बहुत छोटे-से उपकरण में आसानी से संरक्षित और संप्रेषित किया जा सकता है। डिजिटलीकरण के कारण आंकड़ों को अत्यंत तीव्र गति से संप्रेषित किया जा सकता है। संदेशों को संप्रेषित करने के लिए दूरसंचार माध्यम डिजिटल पद्धतियों पर निर्भर हैं।

1980 के दशक के आरंभ में फाइबर ऑप्टिक्स के कारण डिजिटल संचार नेटवर्क को विकसित करना संभव हो सका। डिजिटल प्रौद्योगिकी ने कई दूरसंचार रूपों, विशेष रूप से सेल्युलर टेलीफोन और केबल प्रणाली में एनालॉग सिग्नलों को विस्थापित कर दिया। एनालॉग संप्रेषणों से तुलना करने से स्पष्ट हो जाता है कि डिजिटलीकृत सिग्नल कम विकृत होते हैं और आसानी से उनकी प्रतिलिपि बनाई जा सकती है। आज डिजिटल प्रणाली का उपयोग संचार के लगभग सभी क्षेत्रों में होने लगा है।

सूचना और संचार के क्षेत्र में जो नई खोजें हुई हैं और जिस नई टेक्नोलॉजी का विस्तार हुआ है, उसे सही परिप्रेक्ष्य में समझना जरूरी है। ये खोजें, जो कुछ दशक पहले तक विज्ञान-कथाओं की कल्पना होती थीं, आज हकीकत बन गई हैं। मोबाइल फोन दो दशक पहले सिर्फ टेलीफोन का काम करता था, आज उस पर वे सब कार्य हो सकते हैं जो एक विकसित और इंटरनेटयुक्त कंप्यूटर पर किए जाते हैं। इंटरनेट के कारण विश्वव्यापी इलेक्ट्रॉनिक नेटवर्किंग ने सिर्फ सूचनाओं के आदान-प्रदान को ही आसान नहीं बना दिया है वरन यातायात, वाणिज्य, व्यवसाय, बैंकिंग, शिक्षा, चुनाव, अग्रिम आरक्षण, शोध, सेवा आदि कई क्षेत्रों में हर तरह की गतिविधियों को आसान, सुरक्षित और तीव्र बना दिया है। इनका लाभ सिर्फ शिक्षित और संपन्न लोग ही नहीं, बल्कि सामान्य व्यक्ति भी उठा रहे हैं। एक छोटी-सी किताब के आकार के कंप्यूटर में इतनी सूचनाओं का भंडारण किया जा सकता है, जितनी दुनिया की सबसे बड़ी लाइब्रेरी की समस्त पुस्तकों द्वारा भी उपलब्ध नहीं होती। नाखून के आकार की छोटी-सी चिप में हजारों की संख्या में फोटो, चित्र और सैकड़ों की संख्या में फिल्मों का सुरक्षित भंडारण किया जा सकता है।

संचार के क्षेत्र में हुई इस तीव्र प्रगति से भारत अछूता नहीं रहा है। वह न सिर्फ इसका उपयोग करने में काफी आगे है, उसके विकास और व्यवसाय में भी उसका काफी योगदान है। हालांकि लगातार विकसित होते संचार के क्षेत्र में जिस गतिविधि से नई प्रौद्योगिकी आ रही है, उसी गति से प्रौद्योगिकी पुरानी और अनुपयोगी भी होती जा रही है।

कुछ विद्वान इस दौर के समाज को सूचना समाज कहने लगे हैं। यहां तक दावा किया जा रहा है कि सूचना की नई प्रौद्योगिकी ने वास्तविक लोकतंत्र की शुरुआत कर दी है क्योंकि इंटरनेट के कारण पूरी दुनिया एक छोटे-से गांव में बदल चुकी है। भूमंडलीकरण की धरणा के अस्तित्व में आने का एक महत्वपूर्ण कारण संचार के क्षेत्र में हुई क्रांति है। माना जाता है कि सूचना क्रांति की बाजार अर्थव्यवस्था के विस्तार तथा केंद्रीकरण और प्रभुत्व के मार्ग बनाने में एक बड़ी भूमिका है। इसने एक नई तरह के उपनिवेशीकरण की प्रक्रिया का रास्ता खोल दिया है। इसे गैर-क्रांतिकारी क्रांति भी कहा जाता है। यह अन्यायपूर्ण व्यवस्था को सुरक्षित करने का काम ज्यादा करती है। हालांकि यह भी देखा गया है कि अन्याय, उत्पीड़न और लोगों के संघर्ष संचार क्रांति की वजह से ही तुरंत दुनिया के एक सिरे से दूसरे सिरे में पहुंच जाते हैं और प्रतिरोध का भी भूमंडलीकरण हो जाता है।

संचार क्रांति के द्वारा जो विकास हो रहा है, वह तकनीकी विकास है। इसका उपयोग मनुष्य की सोच को प्रगतिशील, आधुनिक और मानवीय बनाने के लिए अधिक किया जा रहा है या प्रतिगामी, विभेदकारी और हिंसक विचारों के प्रचार के लिए अधिक किया जा रहा है, इस पर बहस है। इसमें संदेह नहीं कि संचार क्रांति का प्रभाव आज चारों ओर देखा जा सकता है। संचार की नई प्रौद्योगिकी उस चाकू की तरह है जिसका उपयोग फल और सब्जी काटने के लिए भी किया जा सकता है और अपना या किसी अन्य का गला काटने के लिए भी।

जवरीमल्ल पारख

अधिक जानकारी के लिए :

1. संस्कृति, विकास और संचार क्रांति : पूरनचंद्र जोशी, **2. संचार क्रांति की राजनीति और विचारधारा :** सुभाष धूलिया, 2001, **3. पूंजीवाद और सूचना का युग :** (संपा.) रॉबर्ट डब्ल्यू मैक्चेस्नी, एलेन मिकसिंस वुड और जॉन बेलेमी फॉस्टर

संज्ञानात्मक भाषाविज्ञान

संज्ञानात्मक भाषाविज्ञान (Cognitive Linguistics) भाषा के अध्ययन का एक नया दृष्टिकोण है जो भाषाई व्यवहार को अन्य सामान्य संज्ञानात्मक क्षमताओं एवं विचारों का एक अभिन्न हिस्सा मानता है। इसके विशेषज्ञों के अनुसार भाषाई व्यवहार को अन्य सामान्य संज्ञानात्मक क्षमताओं, जो तर्क, स्मृति, ध्यान या सीखने की मानसिक प्रक्रियाओं के प्रयोग हैं, से अलग नहीं किया जा सकता। संज्ञानात्मक भाषाविज्ञान मानता है कि मानवीय भाषा का मनुष्य के मष्तिष्क एवं उसके सामाजिक–सांस्कृतिक-शारीरिक अनुभवों से गहरा संबंध है।

संज्ञानात्मक भाषाविज्ञान का उभार सत्तर के दशक के उत्तरार्द्ध एवं अस्सी के दशक की शुरुआत में विशेषकर जॉर्ज लैकॉफ (George Lakoff, प्रजनक अर्थविज्ञान के संस्थापकों में से एक) एवं रोनाल्ड लैंगेकर (Ronald Langacker, प्रजनक भाषाविज्ञान के पूर्व-अनुयायी) के कार्यों से हुआ। 1980 के दशक के अंत तक यूरोप एवं उत्तर अमेरिका में संज्ञानात्मक भाषाविज्ञान से संबंधित शोधों का प्रचार एवं प्रसार काफी हो चुका था और विश्व भर में फैले अनेक भाषाविद अपने को संज्ञानात्मक भाषावैज्ञानिक के रूप में स्थापित कर चुके थे। चोम्स्की के प्रजनक व्याकरण सिद्धांत का विकास लगभग पचास वर्षों में हुआ। इसने रूपात्मक भाषाविज्ञान को चरम पर पहुंचाया। 1965 में 'आसपेक्ट्स ऑफ द थियरी ऑफ सिन्टैक्स' के प्रकाशन से शुरू होकर कई संशोधनों के साथ वर्तमान में यह मिनीमलिस्ट प्रोग्राम (1995, चोम्स्की) के रूप में प्रसिद्ध है। लेकिन संज्ञानात्मक विज्ञान के क्षेत्र में हो रहे नवीन शोधों से धीरे-धीरे रूपात्मक भाषाविज्ञान (Formal Linguistics) की लोकप्रियता में गिरावट दर्ज होना शुरू हो गया था। चोम्स्की के प्रजनक व्याकरण सिद्धांत की कुछ प्रमुख विशेषताओं के विरोध की नींव पर ही संज्ञानात्मक भाषाविज्ञान की इमारत खड़ी हुई।

1989 में जर्मनी के ड्यूसबर्ग में संज्ञानात्मक

भाषाविज्ञान के समर्थकों ने एक संगठन 'अंतरराष्ट्रीय संज्ञानात्मक भाषाविज्ञान एसोसिएशन' (ICLA) का गठन किया। इसके एक वर्ष बाद संज्ञानात्मक भाषाविज्ञान पत्रिका (Journal of Cognitive Linguistics) की शुरुआत हुई।

संज्ञानात्मक भाषाविज्ञान के महत्वपूर्ण सिद्धांतों में एक यह है कि भाषा में सब कुछ अर्थ में निहित है। इस प्रकार अर्थ को अवधारणा के सृजित होने का कारण माना जाता है। इसमें भाषा विशेष के बोलने वालों के संसार की व्याख्या व्यक्तिनिष्ठ ढंग से, उस विशिष्ट संस्कृति के प्रभाव में की जाती है जो उस भाषा को बोलने वालों के आसपास विद्यमान है या जिस संस्कृति के वे सदस्य हैं। इस प्रकार संज्ञानात्मक भाषाविज्ञान मनुष्य की वैचारिक प्रणाली, उसके व्यक्तिगत अनुभवों, जैसे—संकल्पनात्मक श्रेणियां, शब्दों के अर्थ, वाक्य, दूसरी भाषाई संरचनाएं और जिस परिवेश में व्यक्ति रहता है, उससे पारस्परिक क्रियाओं और इनसे प्राप्त अनुभवों के आधार पर जो व्यवहार करता है, इन सब पर संज्ञानात्मक भाषाविज्ञान आधारित माना जाता है।

भाषा को मूलतः प्रतीकात्मक माना जाता है। प्रतीकात्मकता को भाषा-संरचना के सभी स्तरों, यहां तक कि व्याकरणिक स्तर पर भी विद्यमान माना जाता है। कहा जा सकता है कि रूपविज्ञान, वाक्यविज्ञान एवं शब्दों की अर्थगत सरचना की बुनियादी इकाइयां न तो भाषावैज्ञानिक विश्लेषण के विभिन्न स्तरों (स्वनिमिक, शब्दरूपात्मक, वाक्यविन्यासात्मक, इत्यादि) के साथ और न ही भाषा को संपूर्ण रूप में एक अलग और अनूठे संज्ञानात्मक संकाय के प्रतिनिधि रूप के साथ प्रतीकात्मक संरचनाओं के सांतत्यक का निर्माण करती हैं।

संज्ञानात्मक भाषाविज्ञान में शाब्दिक (literal) और आलंकारिक (figurative) भाषा के बीच कोई सुस्पष्ट एवं सुनिश्चित सीमा रेखा नहीं खींची गई है। रूपक एवं लक्षणा मनुष्य के आलंकारिक विचारों की अभिव्यक्ति के साधन हैं, फलस्वरूप सामान्य रूप से इन्हें मानव के प्रतीकात्मक विचारों के एक अभिलक्षण के रूप में देखा जा सकता है। इसके अलावा संज्ञानात्मक भाषाविज्ञान न चोम्स्की के प्रजनक भाषाविज्ञान की तरह गहन संरचना (deep structure) की अवधारणा को रखता है और न ही वाक्यविन्यासपरक रचनांतरण को स्वीकार करता है। संज्ञानात्मक भाषाविज्ञान भाषा व्यवहार में भाषिक अनियमितताओं और व्यक्तिगत विशिष्टताओं पर ध्यान रखता है तथा यह भाषिक अर्थों एवं भाषेतर संदर्भों को भाषा से अविभाज्य मानता है।

संज्ञानात्मक भाषाविज्ञान ने वर्गीकरण की अवधारणा को भी पुनर्परिभाषित करने का कार्य किया है। यह वर्गीकरण में अचैतन्य एवं भाषा में निहित वर्गीकरण की स्वचालित मानसिक प्रक्रिया के प्रयोग के परिणामस्वरूप विभिन्न तत्वों के बीच असीमित अंतरों को कम करके 'संज्ञानात्मक' को स्वीकार्यता के स्तर पर लाने की अवधारणा देता है। इस अर्थ में संज्ञानात्मक भाषाविज्ञान ने वर्गीकरण के प्रोटोटाइप सिद्धांत को, शास्त्रीय सिद्धांत या अरस्तू के वर्गीकरण के सिद्धांत के विरुद्ध एक विकल्प के रूप में आगे बढ़ाया है। संज्ञानात्मक मॉडल में जहाँ एक ओर समूह के सदस्यों को प्रोटोटाइपों में वगीकृत किया जा सकता है, दूसरी ओर समूह के उन सदस्यों को भी अभिप्रेरित तरीके से (रूपक, लक्षणा, पारिवारिक सादृश्य, क्रमबद्धता, अर्थ की व्यवस्था के माध्यम) वर्गीकृत किया जा सकता है जो न्यूनाधिक रूप से प्रोटोटाइप से विपथी होते हैं।

संज्ञानात्मक भाषाविज्ञान को उपयोग एवं शोध के लिए मुख्य रूप से दो मुख्य क्षेत्रों में विभाजित किया जा सकता है : संज्ञानात्मक अर्थविज्ञान और संज्ञानात्मक व्याकरण (व्याकरण के प्रति संज्ञानात्मक दृष्टिकोण)। संज्ञानात्मक अर्थविज्ञान के रूप में जाना जाने वाला संज्ञानात्मक भाषाविज्ञान का यह उप-अध्ययन क्षेत्र व्यक्ति के अनुभव, उसकी वैचारिक प्रणाली और भाषा की अर्थगत संरचना के बीच के संबंधों के निरूपण से संबंधित है। विशिष्ट संदर्भ में, संज्ञानात्मक अर्थविज्ञान के क्षेत्र में काम करने वाले भाषाविद ज्ञान-निरूपण (वैचारिक संरचना) और

अर्थ-निर्माण (अवधारणा) का विवेचन करते हैं। संज्ञानात्मक अर्थविज्ञानी भाषा का एक लेंस की तरह उपयोग करते हैं जिससे संज्ञानात्मक प्रक्रियाओं की जांच की जाती है। संज्ञानात्मक व्याकरण मस्तिष्क की प्रकृति के बजाय भाषा के प्रतिरूपण से संबंधित है। वह संज्ञानात्मक अर्थविज्ञान के निष्कर्षों को ही शोध का शुरुआती चरण मानता है। इस प्रकार हम कह सकते हैं कि वह व्याकरण के प्रति संज्ञानात्मक दृष्टिकोण को ही केंद्र में रखता है। इसके अलावा शोध के अन्य मुख्य विषय हैं—भाषा एवं संस्कृति, भाषा मस्तिष्क एवं शरीर, इमेज स्केमा, रूपक, लक्षण, कांसेप्चुअल थियरी ऑफ मेटाफॉर, इमबॉडीमेंट, भाषा अधिगम इत्यादि।

संज्ञानात्मक भाषविज्ञान की मुख्य विशेषता व्याकरणिक विवरणों के मूल में भी अर्थ को महत्व देना और भाषा के उपयोग-आधारित दृष्टिकोण का समर्थन करना है। भाषा के उपयोग-आधारित दृष्टिकोण से संबंधित सभी जरूरी विशेषताओं, जैसे—अर्थ, शब्दावली, भाषिक निष्पादन एवं भाषा का वास्तविक संदर्भों में प्रयोग, जिन्हें चोम्स्की के भाषावैज्ञानिक विचारों में तरजीह नहीं दी गई है, को संज्ञानात्मक भाषाविज्ञान अपने सैद्धांतिक और वर्णनात्मक तंत्र में प्रमुखता से मौजूद रखने पर जोर देता है। भाषा के उपयोग-आधारित मॉडल पर ध्यान केंद्रित करने से भाषा के मनोवैज्ञानिक, सामाजिक, सांस्कृतिक और संज्ञानात्मक पहलू भाषा में स्वयमेव शामिल हो जाते हैं। इनकी भाषा अधिगम एवं भाषा-अर्जन में महत्वपूर्ण भूमिका होती है। प्राकृतिक-पारिपोषित विवाद (nature-nurture debate) में संज्ञानात्मक भाषाविज्ञान ने भाषा अधिगम एवं भाषा-अर्जन के क्षेत्र में हो रहे प्रयोगाश्रित शोधों से भाषा के परिपोषित होने के अपने सिद्धांत को उत्तरोत्तर मजबूती प्रदान की है।

परमान सिंह

अधिक जानकारी के लिए :

1. Cognitive Linguistics : William Croft, D A Cruse, 2004, **2. Mappings in Thought and Languasge :** G Fauconnier, 1997

संत

संत शब्द सबसे पहले 'विष्णु सहस्रनाम्' में आया है—वीरहा रक्षणः संतः। शंकराचार्य ने अपने भाष्य में इसका अर्थ किया है—'सन्मार्गविर्तिनः संतः' अर्थात सत के मार्ग पर चलने वाले संत हैं। विनोबा भावे ने बताया है—तत्वदर्शी ही सत और असत का निर्णय करने वाला संत है। 'दासबोध' की एक पंक्ति उद्धृत करके समर्थ गुरु रामदास का बताया अर्थ है, 'उसका नाम संत है जो शाश्वत, अशाश्वत का निर्णय करता है और भगवान को जानता है।'

विष्णु सहस्रनाम् में भगवान के सभी नाम एकवचनी हैं, केवल यही एक नाम 'संतः' बहुवचनी है। इसका अर्थ है—सत्पुरुषों का समूह। हिंदी में यह शब्द एकवचन में चल पड़ा, अपनी रीति से उसका यथास्थान बहुवचनी प्रयोग भी हुआ, 'संतन कहा सीकरो सो काम' और 'अ' लगाकर उसका विलोम भी तैयार कर लिया गया असंत—संत असंत मरम तुम्ह जानहुं।

श्रीमद्‌भागवत के अनुसार, संतों के हृदय में भगवान बसते हैं। इसलिए वे जहाँ जाते हैं, वहां तीर्थ हो जाता है। वे तीर्थों को तीर्थ बनाते हैं—तीर्थी कुर्वन्ति तीर्थानि। रामचरितमानस के अंत में गरुड़ ने जो सात प्रश्न किए हैं, उनमें दूसरा प्रश्न है—सबसे बड़ा दुख कौन है, तीसरा प्रश्न है—सबसे बड़ा सुख कौन है? काकभुशुंडि का उत्तर है, नहिं दरिद्र सम दुख जग मांहीं, संत मिलन सम सुख जग नाहीं। संत से मिलना सबसे बड़ा सुख है। संत के लक्षण क्या हैं? काकभुशुंडि का उत्तर है—मन, वचन, काया से पर-उपकार करना उसका सहज स्वभाव है, संत परहित के लिए दुख सह लेते हैं, कृपालु भोजवृक्ष के समान दूसरों के हित के लिए बड़ी से बड़ी विपत्तियां नित्य सहते हैं। मानस के आरंभ में तुलसीदास ने संत समाज को संसार का चलता-फिरता तीर्थराज प्रयाग बताया है जहाँ एक साथ रामभक्ति की गंगा, विधि-निषेधमयी कर्म-कथा की यमुना और ब्रह्म-विचार की सरस्वती प्रवाहित है। यह रूपक अत्यंत संकेतपूर्ण

है जिसका सामाजिक अभिप्राय यह है कि संतों के समाज में निर्गुण और सगुण की, ज्ञान और भक्ति की समस्याओं पर परस्पर संवाद की परंपरा थी। सामंती समाज में संतों का समाज सामाजिक बुराइयों के विरोध में और सुधार के लिए एक सांस्कृतिक स्थान था। मीरा कहती हैं, 'संतन ढिग बैठि बैठि लोक लाज खोई।'

कबीर आदि संतों की बानी में संत के लिए एक शब्द और चलता है–साध या साधु। 'साध कौ अंग', 'साध साषीभूत कौ अंग' और 'साध महिमा कौ अंग' में कबीर ने संत की महिमा खुलकर बखानी है। कबीर के दो ही संगी हैं : एक–राम, दूसरे–संत। वही दिन भला है जिस दिन संत मिलते हैं। उनको अंकवार भरने से शरीर से पाप चले जाते हैं। परमार्थ के ही लिए संतों ने शरीर धारण किया है आदि-आदि। पलटूदास कहते हैं–मैं राम को नहीं जानता, संतों को जानता हूं जिन्होंने संसार का उद्धार किया है। संत और राम एक हैं। जैसे मेहदी की पत्तियों में लाली, दूध में घी, फूल में सुगंध, काठ में आग है, उसी प्रकार संत में राम का वास है।

कबीर ने एक पद में कहा है, 'जात न पूछो निरगुनियां', क्योंकि संतन में छत्तीस जात हैं! संत विभिन्न ऊंची नीची जातियों से आए और संत समाज में घुल-मिलकर एक हो गए। उनकी जात-बिरादरी की पहचान विलीन हो गई। भगवान को लेकर रहने से वे सभी भगवान के हो गए। वैष्णवों के वल्लभ संप्रदाय में वे 'तदीय' हो गए। ज्ञान और भक्ति ही उनकी पहचान हो गई! इसलिए उनकी जाति मत पूछो, पूछना ही है तो भक्ति और ज्ञान की बातें पूछ लो–'जात न पूछो साध की पूछ लीजिए ग्यान। मोल करो तरवार का पड़ा रहन दो म्यान।'

अवधेश प्रधान

अधिक जानकारी के लिए :

1. उत्तर भारत की संत परंपरा : परशुराम चतुर्वेदी, **2. भारतीय संस्कृति : हिंदी प्रदेश :** रामविलास शर्मा, 2000

संत काव्य

हिंदी में निर्गुण धारा के ज्ञानाश्रयी कवियों के काव्य को ही 'संतकाव्य' कहने की परंपरा है। इसमें न सगुण काव्य समाहित किया जाता है और न सूफी काव्य। रामचंद्र शुक्ल ने ज्ञानाश्रयी कवियों को संत की श्रेणी में रखा और बाकी को भक्त कहा। हालांकि उन्होंने संत कवियों को भी उस भारतीय भक्तिमार्ग का ही पथिक कहा, जिसका स्वरूप उभयात्मक है, 'न तो यह कहा जा सकता है कि ब्रह्म केवल सगुण और व्यक्त है, न यह कहा जा सकता है कि केवल निर्गुण और अव्यक्त है।' (भक्ति का विकास)। फिर भी संत कवियों के भक्ति मार्ग की विशिष्टता बतलाते हुए उन्होंने अपना मत व्यक्त किया, 'यह सामान्य भक्तिमार्ग एकलेश्वर का अनिश्चित स्वरूप लेकर खड़ा हुआ, जो कभी ब्रह्मवाद की ओर ढलता था और कभी पैगंबरी खुदावाद की ओर। वह निर्गुण पंथ के नाम से प्रसिद्ध हुआ। इसकी ओर ले जाने वाली सबसे पहली प्रवृत्ति जो लक्षित हुई, वह है ऊंच-नीच और जाति-पांति के भाव का त्याग। यह ईश्वर की भक्ति के लिए मनुष्य मात्र के समान अधिकार का स्वीकार था।' (वही)। इस भाव का सूत्रपात भक्तिमार्ग के भीतर महाराष्ट्र और मध्य देश में नामदेव और रामानंद जी द्वारा हुआ। (वही)

निर्गुण कवियों के बारे में उन्होंने मत व्यक्त किया, 'इन संतों के ईश्वर ज्ञानस्वरूप और प्रेमस्वरूप ही रहे, धर्मस्वरूप न हो पाए।' (लोकजागरण और भक्तिकाव्य) उनकी दृष्टि में रामभक्ति शाखा में तुलसी की भक्ति 'धर्मस्वरूप' भी थी, क्योंकि उनकी 'रमणीय अभिव्यक्ति लोक की रक्षा और रंजन में होती है।' (वही)। संत हों या भक्त, वे सभी धर्म व्यवस्था के 'भीतरी आलोचक' थे। संतों ने अन्य भक्त कवियों की तरह बताया कि सच्चा धार्मिक आदर्श क्या है और त्याज्य क्या है।

हजारीप्रसाद द्विवेदी ने कहा, 'कबीर मुख्य रूप से भक्त थे। कबीरदास ऐसे ही मिलन बिंदु पर खड़े

थे, जहाँ से एक ओर हिंदुत्व निकल जाता है और दूसरी ओर मुसलमानत्व; जहाँ एक ओर ज्ञान निकल जाता है, दूसरी ओर भक्तिमार्ग, जहाँ से एक ओर निर्गुण भावना निकल जाती है, दूसरी ओर सगुण साधना। कबीर उसी प्रशस्त चौराहे पर खड़े थे।' (हिंदी साहित्य : उद्‌भव और विकास)। हालांकि द्विवेदी जी 'संत मत में गतानुगतिकता' की चर्चा करते हुए संतकाव्य-चेतना की परवर्ती परिणतियों पर टिप्पणी करते हैं, 'जो संतकाव्य-जगत के समस्त आडंबरों को ध्वस्त करके सहज भगवत्प्रेम का पथ प्रशस्त करने का व्रत लेकर चला था, वह अंत तक सांप्रदायिक प्रतिद्वंद्विता, निरर्थक प्रहेलिका क्रीड़ा और अर्थ शब्दजाल का शिकार हो गया। अठारहवीं शताब्दी तक क्रांतिकारी भावना समाप्त हो गई और वह भी अन्य निहित स्वार्थ वाले मठों के समान अपने ही बनाए हुए बंधनों में क्रमशः जकड़ता गया। जिन लोगों ने माया को ललकारने का साहस किया था, उनके अनुयायी माया के घरौंदों में बंद हो गए।' (वही)। उन्होंने यह प्रश्न उठाया, 'क्यों ऐसा हुआ?' हालांकि इसका उत्तर अभी भी खोजा जाना है कि इस परंपरा का क्या हुआ? एक बड़ी वजह ईस्ट इंडिया कंपनी द्वारा घरेलू व्यापारिक पेशे उजाड़कर दलित-पिछड़ी जातियों के दस्तकारों-कलाकारों का व्यापक दमन है। उनके जीवन में आर्थिक अवरोध से सांस्कृतिक अवरोध भी आया।

रामविलास शर्मा ने रामचंद्र शुक्ल की धारणा से एक अलग राह पकड़ते हुए कहा था, 'संतों और भक्तों का भेद जिस तरह हिंदी में किया जाता है, मराठी में नहीं किया जाता।' (भारतीय संस्कृति और हिंदी प्रदेश–2)। संत के लिए तीन चीजें जरूरी हैं—भक्तिमार्ग, आध्यात्मिक जीवन और लोकजीवन के प्रति लगन। मराठी ग्रंथों में तुलसी को भी संत माना जाता है। खुद तुलसी ने रामभक्तों को संत माना है, 'संत सभा चहुंदिसि अंबराई/श्रद्धा रितु बसंत सम आई।' इस तरह 'भक्त और संत का भेद कबीर और तुलसी की रचनाओं में नहीं है।' (वही)। कबीर भी भेद नहीं देखते, 'संतों धोखा कासूं कहिए। गुण में निर्गुण निर्गुण में गुण है, बांट छाड़ि क्यूं कहिए।' तुलसी भी कहते हैं, 'अगुन सगुन' दुइ ब्रह्म सरूपा/ अकथ अगाध अनादि अनूपा।' सामान्य संतों और भक्तों के बीच जिन सामान्य गुणों की चर्चा की जाती है, वे हैं—उनका मानवतावाद, निर्भीकता, फक्कड़पन, समाज की खरी-खरी आलोचना, मानव जगत के संबंध में सुधारवादी दृष्टिकोण, उदारता, धर्म के बाहरी कर्मकांड की जगह उसके सारतत्व का ग्रहण, सामंजस्यवाद आदि। महाराष्ट्र में शुद्धाद्वैतवाद और भागवतपंथ में भेद नहीं था, इसलिए वहां संत और भक्त में भी भेद नहीं था। हिंदी में यह भेद प्रचलित हो गया। फिर भी हिंदी में संतों ने स्थान-स्थान पर सगुण रूप का विरोध किया। कुछ आलोचक मानते हैं कि यह उनकी अद्वैत निष्ठा का ही एक रूप था अर्थात अभिव्यंजना की पद्धति में अंतर है, तात्विक अंतर नहीं है।

संतकाव्य के आलोचक परशुराम चतुर्वेदी ने 'संत काव्य संग्रह' में निर्गुण तथा जयदेव से लेकर स्वामी रामतीर्थ तक की रचनाओं का प्रतिनिधि संकलन किया है। उसकी प्रस्तावना में उन्होंने लिखा है, 'संत परंपरा के अंतर्गत वे ही संत सम्मिलित किए जाते हैं, जिन्होंने संत कबीर साहब अथवा उनके किसी अनुयायी को अपना पथ-प्रदर्शक माना है। किंतु उनमें ऐसे अन्य संतों की भी गणना कर ली जाती हैं, जिन्होंने उनके द्वारा स्वीकृत सिद्धांतों को किसी किसी रूप में अपनाया है। इसके सिवाय उसमें कभी-कभी वैसे महात्माओं को भी स्थान दिया जाता है जो सूफी, वेदांती, सगुणोपासक भक्त, जैनी या नाथपंथी समझे जाते हुए भी अपने विचार स्वातंत्र्य एवं निरपेक्ष व्यवहार के कारण संतवत माने जाते रहे हैं।' प्रचलित उक्ति है—'भक्ती द्राविड़ ऊपजी लाए रामानंद, प्रकट किया कबीर ने सात दीप नौ खंड।' नामदेव कबीर से पहले हुए तो भी शुक्ल जी ने निर्गुण धारा के प्रवर्तक का श्रेय कबीर को दिया है। कबीर पर बौद्ध सिद्धों और नाथपंथी योगियों के साहित्य का प्रभाव दिखाई देता है।

बौद्ध सिद्धों और नाथपंथियों की प्रमुख विशेषता

थी–कर्मकांड, बाह्याडंबर, तीर्थव्रत, मिथ्याचार का विरोध, वर्ण-व्यवस्था की मूल्यहीनता का उद्घाटन, गुरु का महत्व जिसके बिना मोक्ष मिलना असंभव है। ईश्वर, मंदिर, मस्जिद आदि में नहीं, वह तो सर्वव्यापी है। नाथपंथियों ने योग पर अधिक बल दिया। स्पष्ट है कि तत्कालीन वातावरण ही इस प्रकार का था कि वैष्णव, शैव, शाक्त, नाथ-बौद्ध-सिद्ध एक ओर थे तो हिंदू-मुस्लिम कट्टर धर्मांधता दूसरी ओर थी और उदार सूफी-संत तीसरी ओर। विरोधी तत्वों का टकराना, फिर अंतर्मिश्रित हो जाना भारतीय समाज की ऐतिहासिक विषेशता रही है। भक्ति साहित्य में निर्गुण और सगुण, आध्यात्मिकता और भौतिकता, शास्त्र और लोक, द्विज और दलित, हिंदू और मुसलमान की आपसी टकराहट के बीच सामंजस्य की इस प्रक्रिया को देखा जा सकता है।

बौद्धों का शून्यवाद, वज्रयानियों की तांत्रिक साधना, सिद्धों की उलटबासियां और नाथों की योग साधना संत काव्य में समाहित हुई हैं। कह सकते हैं कि संत-भक्त कवियों ने भक्ति-पूर्व की इन सभी धार्मिक साधनाओं को, इनके सकारात्मक पक्षों को आत्मसात किया और शेष को छोड़ दिया था। लेकिन जीवन की सार्थकता ये प्रेम या भक्ति में ही मानते थे। रामविलास शर्मा का मत है, 'हिंदू धर्म, इस्लाम इसके कर्मकांड, धर्मशास्त्र, कट्टर आचार-विचार और पुजारियों और मौलवियों की रीति-नीति के विरुद्ध ये संत मूलतः प्रेम के आधार पर मुक्ति, ईश्वर-प्राप्ति आदि के पक्ष में थे।' (परंपरा का मूल्यांकन) आलवार संतों से लेकर रामानंद और उनके शिष्यों-प्रशिष्यों तथा सूफी-संत एवं भक्त कवियों ने अपनी रचनाओं में प्रेम और भक्ति का गायन किया। लेकिन निर्गुनिया संत काव्य की विशेषता यह है कि उसका ईश्वर निराधार है और जात-पांत, ऊंच-नीच आदि सामाजिक रूढ़ियों तथा मूर्तिपूजा, तीर्थ, हवन, पूजा-पाठ, कर्मकांड आदि बाह्याचारों के खंडन का स्वर अत्यंत प्रखर है।

उस समय प्राचीनकाल से चली आ रही वर्ण-व्यवस्था तथा नवीन वर्णाश्रम विरोधी उदार विचार के बीच गहरा संघर्ष चल रहा था। रामानंद जैसे आचार्य देशाटन कर चुके थे। वे हृदय से उदारवादी विचारधारा के साथ थे। इनके अधिकतर शिष्य निम्न वर्ण-वर्ग से आए थे। यहां तक कि कुछ दूसरे धर्म के भी थे। दरअसल, उस समय इस्लाम के प्रत्यक्ष संपर्क में आने के कारण भक्ति आंदोलन उसकी चुनौती से उत्तेजित-आंदोलित हो रहा था। नंददुलारे वाजपेयी का मत है कि उस समय 'दलित शूद्रों की दृष्टि का उन्मेष हो गया था। उन्होंने देखा कि मुसलमानों में द्विजों और शूद्रों का भेद नहीं है। सहधर्मी होने के कारण वे सब एक हैं। उनके व्यवसाय ने उनमें कोई भेद नहीं डाला है, न उनमें कोई छोटा है और न कोई बड़ा। अतएव इन ठुकराए हुए शूद्रों में से कुछ ऐसे महात्मा निकले, जिन्होंने मनुष्यों की एकता उद्घोषित करने का विचार किया। इस नवोत्थित भक्ति-तरंग में सम्मिलित होने के कारण हिंदू समाज में प्रचलित भेदभाव के विरुद्ध आंदोलन होने लगा। रामानंद जी ने सबके लिए भक्ति का मार्ग खोल दिया।' (हिंदी साहित्य का इतिहास, नंददुलारे वाजपेयी)

हिंदी क्षेत्र में संत कबीर इनका नेतृत्व करते दिखाई देते हैं। वे समाज में व्याप्त सामाजिक रूढ़ियों, धार्मिक कर्मकांडों, अंधविश्वासों, जाति-पांति के भेदभाव पर कड़ा प्रहार करते हैं। साथ ही पंडित-पुरोहित, मुल्ला-मौलवियों को जनता को गुमराह करने के लिए खुली चुनौती देते हैं। उनके व्यक्तित्व-कृतित्व में जहाँ अक्खड़पन, निर्भीकता और दोटूकपन है, वहीं गहरी मानवीयता से ओत-प्रोत प्रेम और भक्ति की सरसता है। रामचंद्र शुक्ल का कथन है, 'बहुदेवोपासना, अवतार और मूर्तिपूजा का खंडन ये मुसलमानी जोश के साथ करते थे और मुसलमानों की कुरबानी (हिंसा), नमाज, रोजा आदि की असारता दिखाते हुए ब्रह्म, माया, जीव, अनहद नाद, सृष्टि, प्रलय आदि की चर्चा पूरे ब्रह्मज्ञानी बनकर करते थे। सारांश यह कि ईश्वर-पूजा की उन भिन्न-भिन्न बाह्य विधियों पर से ध्यान हटाकर, जिनके कारण धर्म में भेदभाव फैला हुआ था, वे शुद्ध ईश्वर-प्रेम और सात्विक जीवन का प्रचार करना चाहते थे।' (हिंदी साहित्य का इतिहास, रामचंद्र शुक्ल) कबीर की ही

परंपरा में नानक, रैदास, धन्ना, सुंदरदास, दादू, रज्जब, मलूकदास आदि संत आते हैं जिन्होंने मनुष्यत्व की सामान्य धारणा को आगे करके निम्न वर्ग के लोगों में आत्मविश्वास का भाव जगाया।

संतकाव्य की अनेक विषेशताएं हैं। इनमें से कुछ प्रवृत्तियां इस प्रकार हैं—परमसत्ता में विश्वास। ये अनादि, अनंत, अज्ञात ब्रह्म के नाम का स्मरण करते हैं। कह सकते हैं कि ये परमसत्ता को मानवीय भावना से युक्त करके उसके स्वरूप को समझाने का प्रयत्न करते हैं, किंतु उसके अवतारी लीला रूप का ये गुणगान नहीं करते। इनके ब्रह्म को राम, रहीम, अल्लाह, निरंजन, शून्य आदि किसी भी नाम से पुकारा जा सकता है। उसका स्वरूप इतना विस्तृत है कि वह किसी एक नाम में अंट नहीं सकता। इसलिए उन्होंने उसे 'निरगुण सगुण सौं परे' बताया है। दूसरे, निर्गुण संत कवि पारंपरिक नवधा भक्ति की अपेक्षा भावपरक भक्ति पर अधिक ध्यान देते हैं। किसी भी प्रकार के बाह्याचार का उनके यहां कोई महत्व नहीं है। किसी भी प्रकार के आडंबर-व्रत, रोजा, नमाज, मूर्तिपूजा, तीर्थगमन, जप, माला, छापा, तिलक आदि का ये खुलकर विरोध करते हैं। उनके अनुसार, पुरोहित-पंडित, मौलवी-मुल्लाओं ने इसे ही धर्म बताकर सामान्य जनता को खूब ठगा है। उनकी आस्था का लाभ उठाया है। ईश्वर के नाम पर उन्हें डरा-धमकाकर उनका शोषण किया है। इन्होंने इसकी अपेक्षा नैतिकता, आचार-विचार की शुद्धता और मनुष्यता पर बल दिया है। संतों के अनुसार इस दिशा की ओर ले जाने वाला सद्‌गुरु है। कहीं-कहीं उसे ईश्वर से भी ऊपर बताया गया है। गुरु के महत्व का बखान तो इनकी रचनाओं में स्थान-स्थान पर मिलता है।

संतकाव्य की तीसरी प्रमुख प्रवृत्ति प्रेम और भक्ति पर बल देने की है। हालांकि रामचंद्र शुक्ल संतकाव्य को अपने 'इतिहास' में ज्ञानाश्रयी शाखा में स्थान देते हैं, पर हजारी प्रसाद द्विवेदी मानते हैं कि ये प्रेम को एक बड़े मूल्य के रूप में स्थापित करते हैं, जिसे प्राप्त करने के लिए अपने अहं का त्याग करना आवश्यक है। वैसे भी प्रेम में आत्म-समर्पण करना पड़ता है, 'यह भावना केवल ज्ञानगम्य ब्रह्म को आश्रय करके नहीं चल सकती।' इसलिए इनके यहां दांपत्य प्रेम के अनेक रूप, अनेक चित्र आए हैं।

पीतांबर दत्त बड़थ्वाल का कहना है कि दांपत्य प्रेम ही इनके यहां ईश्वरीय प्रेम का रूप ग्रहण करता है। यह भी कहा जा सकता है कि प्रेमात्मक गीतों में ये अपने मनोभावों की पूर्णता पाते हैं। सहज साधना में विश्वास इन संत कवियों की एक अन्य विशेषता रही है। कबीर के बारे में कहा गया है, 'सहज सत्य को सहज ढंग से व्यक्त करने में कबीरदास अपना प्रतिद्वंद्वी नहीं जानते।' (रामचंद्र शुक्ल) यह भी सत्य है कि संतों की साधना ज्ञान की आंधी आने के बाद प्रारंभ होती है। इसके बाद मनुष्य शुद्ध-बुद्ध हो जाता है। उसकी दुविधाएं मिटने लगती हैं। वह शांत अंतःकरण से सहज साधना में लीन हो जाता है। यह सहज साधना न्यूनाधिक प्रायः सभी संत कवियों में उपलब्ध होती है। साथ ही सभी संत कवि सामाजिक चेतना एवं सामाजिक सरोकारों से ओत-प्रोत मिलते हैं। उनकी साधना-पद्धति किसी भी तरह संकुचित नहीं, बल्कि उसका विस्तार विश्वजनीन धर्म के रूप में होता है। ये मनुष्य को ऐसे कार्य करने की प्रेरणा देते हैं, जिससे मनुष्य की चेतना उदात्त और ऊर्ध्वोन्मुख बनती है। यही सब इन्हें मानवतावादी बनाते हैं।

संतकाव्य ने धर्म और सत्यानुभूति पर शास्त्र, मंदिर-मस्जिद, काजी-मुल्ला, पंडित-पुरोहित का एकाधिकार खत्म कर ज्ञान और भक्ति का दरवाजा जनसामान्य के लिए खोल दिया और ऊंच-नीच के विचार का खंडन करके निम्न वर्ग-वर्णों की पददलित जनता को ऊपर उठने की प्रेरणा दी। आचार्य शुक्ल का मत है, 'संस्कृत बुद्धि, संस्कृत हृदय और संस्कृत वाणी का वह विकास इस शाखा में नहीं पाया जाता जो शिक्षित समाज को अपनी ओर आकर्षित करता पर अशिक्षित और निम्न श्रेणी की जनता पर इन संत-महात्माओं का बड़ा भारी उपकार है। उच्च विषयों का आभास देकर, आचरण की शुद्धता पर जोर देकर, आडंबरों का तिरस्कार करके, आत्मगौरव का भाव

उत्पन्न करके इन्होंने उसे ऊपर उठाने का स्तुत्य प्रयास किया। (हिंदी साहित्य का इतिहास)

मानव मात्र की समानता और पीड़ित जनता के प्रति अबाध सहानुभूति के कारण संत कवि आज तक प्रासंगिक बने हुए हैं। कबीर, रैदास और नानक जैसे संत कवि अपनी वाणियों से सामान्य जनता को न केवल प्रभावित करते हैं बल्कि उनमें आशा, प्रेरणा और उत्साह पैदा करते हैं। संतकाव्य स्वार्थपरता एवं तुच्छताओं को त्यागकर मनुष्य को सत्कर्म के मार्ग पर चलना सिखाता है और मनुष्य को मनुष्य बने रहने की प्रेरणा देता है।

हरिमोहन शर्मा

अधिक जानकारी के लिए :
1. कबीर : हजारीप्रसाद द्विवेदी, **2. उत्तर भारत की संत परंपरा :** परशुराम चतुर्वेदी

संथाली

संथाली भाषा भारतीय संविधान की आठवीं अनुसूची में शामिल 22 राष्ट्रीय भाषाओं में एक है, जिसे 22 दिसंबर 2003 को यह मान्यता प्रदान की गई। यह झारखंड राज्य की द्वितीय राजभाषा के रूप में स्वीकृत है। संथाली ऑस्ट्रिक भाषा परिवार की ऑस्ट्रो-एशियाई शाखा के खेरवाड़ी उप-परिवार की भाषा है। यह भारत के झारखंड, बिहार, पश्चिम बंगाल, उड़ीसा, मध्य प्रदेश, असम, त्रिपुरा, मिजोरम आदि राज्यों में और भारत के बाहर नेपाल, भूटान, बांग्लादेश, मॉरिशिस आदि देशों में बोली जाती है। संपूर्ण भारत में संथाली भाषा-भाषियों की संख्या लगभग एक करोड़ है। संथाली भाषा हजारों वर्ष पुरानी है, किंतु उन्नीसवीं सदी के पूर्व तक इस का प्रयोग मौखिक भाषा के रूप में ही होता था। इस भाषा का संबंध मुंडा परिवार से भी है जिसके अंतर्गत संथाली, मुंडारी, हो, असुरी, बिरहोर, खारिया, बिरजिया, कोरकू, करमाली और भूमिज भाषाएं एवं बोलियां आती हैं। इन सभी में संथाली बोलने वालों की संख्या सर्वाधिक है।

संथाली पूर्वी भारत में सबसे प्रधान जनजातीय समुदाय हैं जो प्रोटो-ऑस्ट्रालोयड समूह के जातीय प्रवर्ग में आते हैं। ऑस्ट्रिक परिवार के लोग भारत में सदियों से निवास कर रहे थे। ऑस्ट्रिक जाति का इतिहास उनकी 'बिंती' से जाना जाता है। संथाल अपने को 'होड़-होपोन' कहलाना पसंद करते हैं, जिसका अर्थ है मानवजाति के पुत्र। लोकगीतों में संथालों के उद्‌भव तथा विकास की कथाएं मिलती हैं। इनकी पौराणिक कथा के अनुसार हिहिड़ी पिपिड़ी एक देश है, जहां मनुष्य के पूर्वज 'पिलचू हाड़म-पिलचू बढ़ही' निवास करते थे। इन दोनों की उत्पत्ति 'हंस एवं हंसिनी' के दो अंडों से हुई थी और उन्हीं दोनों ने मानव वंश की नींव डाली।

'हिहिड़ी पिपिड़ी' खेड़वाल जाति का आदि निवास स्थान था। इनके वंशज जब अधिक बढ़ गए, तब ये सासाड़बेड़ा, जारपी दिसोम, आयरे, कांयडे आदि स्थानों से निरंतर यायावर के रूप में बढ़ते हुए सप्तनदी के देश चंपा दिसोम में आकर स्थायी रूप से बस गए और खेती-बाड़ी और पशुपालन का काम करने लगे। यहां इन्होंने अनेक दिशाओं में काफी प्रगति की। यहां बारह गोत्रों के बारह 'गाड़' किले बनाए गए थे। इस प्रकार मुर्मू के लिए चंपा गाड़, सोरेन के लिए चाय गाड़, मराजी के लिए बादोली गाड़, किस्कू के लिए कोंयडा गाड़, हांसदा के लिए कुटागपुरी गाड़, टुटू के लिए युलबाढ़ी, बेरारा के लिए बिनसारिया, हेम्ब्रम के लिए खैरी, बास्के के लिए हारालोयोड़, पावरिया के लिए बामा गाड़, चोंड़े के लिए कोडे और बेदिया के लिए होलोड़ गाड़ की स्थापना की गई थी। इसके बाद ये तोड़ेपुखरी, एयायनाई, गंगानाई, सुंडानाई, सिर दिसोम, सिकार दिसोम होते हुए सांत प्रदेश में आए। सांत प्रदेश में इन्हें संताल, संथाल, सांतवाल कहा जाने लगा। स्क्रेप सरूड के अनुसार, संताल नाम सनोतार का विकृत रूप है। संथालों ने इसे उस समय अपनाया था जब वे साओंत क्षेत्र के आसपास रहते थे, जिसकी पहचान आज पश्चिम बंगाल के मिदनापुर के सिलडा परगना के तौर पर की जाती है। कहा जाता है कि साओंत जाने से पूर्व इन्हें खारवार कहा जाता था।

कुछ समय के बाद यहां उन पर आक्रमण होने लगे। इनसे बचने के लिए वे देश के विभिन्न भागों में फैलने लगे। पुखरी, बाहा बंदेला, इचा, बूटा आदि स्थानों के बाद वे शिर, शिकार और नागपुर की ओर बढ़ गए। अंततः संथालों का एक बड़ा समूह बिहार के वर्तमान संथाल परगना क्षेत्र में स्थायी रूप से रहने लगा, जहां से उसका वास्तविक इतिहास प्रारंभ होता है।

संथाली भाषा और साहित्य : संथाली भाषा का लिखित रूप उन्नीसवीं सदी में प्रारंभ हुआ। 1860 के पूर्व इस भाषा का साहित्य रोमन, बांग्ला, देवनागरी और उड़िया लिपियों में लिखा गया है। परवर्ती काल में 1925 में पंडित रघुनाथ मूर्मू ने संथाली के लिए एक नई लिपि का आविष्कार किया, जिसे 'ओल चिकी' कहा जाता है जिसका प्रयोग सिंहभूम एवं ओडिशा में व्यापक स्तर पर किया जाता है। संथाली भाषा के विद्वान परिमल हेम्ब्रम का मानना है कि भागलपुर के तिलका मूर्मू ने संथाली भाषा की लिपि का निर्माण किया था और उसी लिपि में साहित्य सृजन भी किया था। जो हो, संथाली भाषा के लिए अभी भी एक लिपि का प्रयोग पूरे भारत में नहीं किया जाता। बिहार, झारखंड में देवनागरी लिपि, बंगाल में बांग्ला लिपि और ओडिशा में उड़िया लिपि में संथाली साहित्य लिखा जा रहा है। बहुत सारा साहित्य रोमन लिपि में भी लिखा गया है।

संथाली भाषा में आठ स्वर, पैंतीस व्यंजन और पांच अर्ध-व्यंजन हैं। संथाली में स्वरों की अच्छी तरह से विकसित प्रणाली है। सभी स्वर दीर्घ एवं लघु हो सकते हैं। कुछ नमूनों में दीर्घ और लघु के बीच भेद किया जाता है, पर यह मनमाने ढंग से होता है। दीर्घ ए, ऑल की ध्वनि अ लिखी जाती है। जब अर्थ पर बल देना होता है तो लघु स्वरों को अकसर ही खींच दिया जाता है। अतः गोस एना-ए (वह मर गया) बहुत खींचे गए अ के साथ गोस एन-आ-ए बन जाता है। अगर शब्द का अंत अर्ध-व्यंजन में नहीं होता तो एकाक्षरीय शब्द के स्वर प्रायः लघु होते हैं। जब किसी स्वीकृत अक्षर को जोड़ा जाता है तो एकाक्षर लघु हो जाते हैं। सभी स्वरों को अनुनासिक किया जा सकता है और फिर आम ढंग से चिह्नित किया जा सकता है। 2011 की जनगणना के अनुसार संथाली बोलने वालों की कुल संख्या 73,68,192 है।

संथाली पर हिंदी, बांग्ला और उड़िया भाषा के प्रभाव के अनेक उदाहरण मिलते हैं। दूसरी ओर संथाली के भी हजारों शब्द बांग्ला, हिंदी और उड़िया में अपनाए गए हैं।

संथाली साहित्य को सामान्यतः दो भागों में विभाजित किया जा सकता है : (1) लोक साहित्य या अलिखित साहित्य। (2) शिष्ट साहित्य या लिखित साहित्य। संथाली लोक साहित्य में जातीय संस्कार, पूर्वजों की कथाएं, लोकाचार के रीति-रिवाज, सामाजिक व्यवस्था, पर्व-त्योहार, लोकोक्तियां तथा पहेलियां आदि पाई जाती हैं जिनमें जीवन के भावों, विचारों, परिस्थितियों एवं घटनाओं का समावेश है। संथाली शिष्ट साहित्य के अंतर्गत कविता, कहानी, नाटक, उपन्यास आदि आते हैं। इसमें आधुनिक युग के लेखकों एवं कवियों द्वारा विभिन्न विधाओं में रचित कृतियों का समावेश है।

संथाली साहित्य का काल-विभाजन : संथाली साहित्य के इतिहास का काल-विभाजन वर्ष या काल के आधार पर या नाम के आधार पर किया गया है, जैसे–(1) आदिकाल–1854 के पूर्व-होड़ अवतार, संथाली युग, (2) मध्यकाल–1854 से 1946 तक–खेरवाड़ अवतार, खेरवाड़ युग और (3) आधुनिक काल–1947 से अब तक, संथाली अवतार, संथाली युग।

1. आदिकाल : 1854 के पूर्व के साहित्य को होड़ अवतार या लोकयुग या आदिकाल का साहित्य माना जाता है। आदिकाल का संथाली सा हित्य अलिखित साहित्य है जिसमें कथाओं तथा गीतों के मुख्य पात्र राजा-रानी, भूत-प्रेत, देव-दानव, पशु-पक्षी आदि हैं। संथाली लोक साहित्य में कई तरह के पौराणिक मिथक पाए जाते हैं, जैसे उत्पत्ति शास्त्रीय मिथ आदि। इसके अलावा कथा-कहानियां भी मिलती हैं, जैसे–जाति-कथा, गोत्र-कथा, प्रतीक-कथा, देव-कथा, परी-कथा आदि।

2. मध्यकाल : 1854 से 1946 तक के साहित्य को खेरवाड़ अवतार या मध्यकाल का साहित्य माना जाता है। इस काल में संथाली साहित्य को लिखित रूप दिया गया। संथाली भाषा के विकास में ईसाई मिशनरियों का योगदान उल्लेखनीय है। जब ईसाई मिशनरियों के लिए अपने धर्म-प्रचार के लिए संथाली भाषा सीखना आवश्यक हो गया, तब उन्होंने संथाली व्याकरण एवं शब्दकोशों का निर्माण एवं प्रकाशन किया।

संथाली भाषा की पहली पुस्तक 1845 में अमेरिकी फॉरेन बैप्टिस्ट मिशन के पादरी जेरेमिया फिलिप्स की है जिसमें संथाली गीतों एवं कहानियों को संकलित किया गया है। यह बांग्ला लिपि में मिदनापुर से प्रकाशित हुई थी। जेरेमिया फिलिप्स ने 1852 में 'एन इंट्रोडक्शन टू संथाली लैंग्वेज' नामक पुस्तक लंदन से प्रकाशित की और संथाली भाषा का प्रथम व्याकरण भी अंग्रेजी भाषा में 'एन आउटलाइन ऑफ संथाल ग्रैमर' के नाम से प्रकाशित किया था।

संथाली भाषा का प्रथम कालजयी ग्रंथ 'हड़कोरेन मारे हापजड़ाम को रेया : काथा' स्क्रेफ सरूड के प्रयासों से 1871 में रोमन लिपि में प्रकाशित हुआ, जो बाद में बांग्ला में भी छपा। उनके प्रयासों से अंग्रेज सरकार ने बिहार में संथाल परगना नामक जिले की स्थापना की। बेनागड़िया मिशन के प्रधान स्क्रेफ सरूड ने संथालों को शिक्षित करने के लिए विद्यालय खोले और पाठ्यपुस्तकों का निर्माण किया। उन्होंने बाद में संथाली भाषा का प्रथम समाचार-पत्र 'हड़-हमस्रेन पेड़ा' प्रकाशित करवाया। इसके साथ ही संथाली लोककथाओं का संकलन भी किया था। इस काल में संथाली लोकगीतों, लोककथाओं, लोकोक्तियों, मुहावरों आदि का सबसे अधिक संकलन तथा प्रकाशन हुआ है।

संथाली भाषा के आदिकवि मांझी रामदास टुडू 'रसिक' की रचना 'खेरबाड़ बोंसा घोराम पुथी' 1882 में बांग्ला लिपि के माध्यम से प्रकाशित हुई। इसमें संथाली गीत तथा गाथाएं सम्मिलित हैं। इन गाथाओं तथा गीतों से संथालों का ऐतिहासिक एवं सांस्कृतिक परिचय प्राप्त होता है। 1899 में एफ टी कोल की 'संथाली-अंग्रेजी डिक्शनरी' प्रकाशित हुई। 1890 में खेरेंड ई जी ने 'पेड़ा होड़' तथा 'होड़ होपोन रेन पेड़ा' संथाली पत्रिका का संपादन किया। सी एच बोंपास ने 1909 में 'फोकलोर ऑफ द संताल परगना' पुस्तक प्रकाशित कराई। इसमें 185 लोक कथाएं हैं। 1930 में सी एच कुमार की 'संताल परगना आर संताल पहाड़िया कोवा : इतिहास' पुस्तक प्रकाशित हुई। इनके अलावा रॉबर्ट कर्सटियार्स ने 1935 में 'हडमाज विलेज' उपन्यास प्रकाशित किया।

इस काल में कविताओं तथा कहानियों का प्रकाशन हुआ। सबसे पहले पाऊल जुमार सोरेन रचित 'ओनोड़हें बाहा डालवाः' (फूल की डाली) पुस्तक रोमन लिपि में 1936 में प्रकाशित हुई। इसी वर्ष पंडित रघुनाथ मुर्मू रचित 'होम सेरेज' डहर गीत नामक पुस्तक बांग्ला लिपि में प्रकाशित हुई। 1938 में श्याम सुंदर हेम्ब्रम रचित 'खेरवाड़ बोंसा घेरोम डाक' निबंध पुस्तक तथा 1948 में 'छोतोर पुती किस्कू रापाज' नामक नाट्य पुस्तक प्रकाशित हुई। 1942 में सिहरी मुर्मू द्वारा संपादित संथाली साहित्यिक पत्रिका 'मारसाल' बांग्ला लिपि के माध्यम से पूर्वी सिंहभूम से प्रकाशित हुई। इस पत्रिका में चुनकुराम टुडू की 'ऊल चाकती' तथा लाखाई सोरेन की 'दाड़ान' कहानियां हैं। ये ही प्रथम संथाली कहानियां हैं।

3. आधुनिक काल : 1947 से अब तक का साहित्य संथाली अवतार, संथाली युग या आधुनिक काल का साहित्य माना जाता है। इस काल में संथाली साहित्य में दो दिशाओं में काम हुआ है– पहला संथाली लोक गीतों, लोक कथाओं, मुहावरों, पहेलियों, लोकोक्तियों आदि का संकलन एवं प्रसारण एवं दूसरा, नया रचनात्मक लेखन एवं प्रकाशन।

संथाली लोकगीत : संथाली लोकगीतों में लोकजीवन के भावों, विचारों तथा घटनाओं का उल्लेख मिलता है। संथाली लोककवियों में नायके मंगल चंद्र सोरेन, पद्मश्री भागवत मुर्मू ठाकुर, बाबूलाल मुर्मू, भैया हांसदा, सहदेव मराफी, हिकिम हांसदा, रामचंद्र मुर्मू, दशरथ मुर्मू, फिलिप्स एक्का,

टुडू, लिलू हिकिम बास्की आदि प्रमुख हैं। संथाली लोककथाओं के नायक व्यक्ति न होकर पशु-पक्षी, पेड़-पौधे, देव-दानव आदि होते हैं और उनमें समाज से संबंधित सभी बातों का उल्लेख मिलता है।

संथाली नाटक पांच दशकों से लिखे एवं खेले जा रहे हैं। संथाली साहित्य की प्रगति का प्रतिनिधित्व अधिक-से-अधिक नाटक कर रहे हैं। अनेक नाटककारों के नाटकों का प्रकाशन एवं मंचन हुआ है जिनमें पंडित रघुनाथ मुर्मू द्वारा लिखित 'बिद्रचांदान' (1942), श्याम सुंदर हेम्ब्रम द्वारा लिखित 'छोतोर पुती किस्कू रापाज' (1948), कृष्ण चंद्र टुडू द्वारा लिखित 'जुरी खातिर' (1973), बादल हेम्ब्रम द्वारा लिखित 'घेरो आयो बाबा' कन्हाई लाल टुडू द्वारा लिखित 'चानाम आयों' (1991), यदुनाथ मुर्मू द्वारा लिखित 'सोनेगोड सिकड़ी' (1999), हरेकृष्ण मुर्मू द्वारा लिखित 'कोचे होरासी' (2000) आदि प्रमुख हैं।

1990 में भगवत मुर्मू ठाकुर द्वारा लिखित 'बारू बेड़ा' तथा दिव्येंदु टुडू लिखित 'संताल परगाना रेन होपोन एरना' उपन्यास प्रकाशित हुए। बादल हेम्ब्रम का 'जिवी जियाड़ झारना' (1993), रायसेन बास्के का 'माया झाली' (1995), महन चंद्र बासकी का 'दुलाड़ दारहा' तथा बुधराय टुडू का 'होरासी रे तिसेम सिंदूरा' (1998) के उपन्यास प्रकाशित हुए हैं। इन उपन्यासों के विषय सामाजिक, धार्मिक, नैतिक और मनोवैज्ञानिक हैं। 2002 में बोयहा विश्वनाथ टुडू के 'दानगी दायगेम दानाङ एना' तथा 'हायरे चांदो लिखेन' दो सामाजिक उपन्यास प्रकाशित हुए। इनके अलावा विभिन्न पत्र-पत्रिकाओं में अनेक उच्च कोटि की कहानियों तथा कहानी संग्रहों का भी प्रकाशन हुआ। कहानीकारों में बालकिशोर बास्की, आदित्य मिश्र, मालसाल मुर्मू, शोभानाथ बेसरा, भागवत किस्कू, गौरचंद्र मुर्मू, कृष्णचंद्र टुडू, परिमल हेम्ब्रम प्रमुख कहानीकार माने जाते हैं।

काव्य साहित्य : संथाली काव्य साहित्य का इतिहास मध्यकाल से शुरू होता है। संथाली भाषा का प्रथम काव्य 1936 में पाऊल जुझार सोरेन रचित 'ओनोड़हें बाहा डालवाः' (फूल की डाली) है। संथाली कविता का दूसरा प्रयास संथाली पत्र-पत्रिकाओं के माध्यम से हुआ है। सिहरी चंपाई मुर्मू संपादित 'मारसाल' (प्रकाश) सुंदर मोटी हस्तलिखित संथाली साहित्यिक पत्रिका 1942 में प्रारंभ हुई जिसमें काफी संख्या में कविताएं प्रकाशित हुईं। 1951 में पूर्वी सिंहभूम के ठाकुर प्रसाद मुर्मू की 'एमेन आड़ङ' (जागरण आवाज) काव्य पुस्तक प्रकाशित हुई। इनकी रचनाओं में भारतीय स्वतंत्रता को विषयवस्तु बनाया गया है।

श्याम सुंदर हेम्ब्रम द्वारा रचित 'बिर खेरवाल अकिल बाती', (1951), श्याम मुर्मू द्वारा रचित 'सांवता सूसार' (1969), नारायण सोरेन द्वारा रचित 'किरतान काली' (1981), वासुदेव बेसरा द्वारा रचित 'बिड्राव' (1988) काव्य ग्रंथ प्रकाशित हुए हैं। 1996 में श्यम चरण हेम्ब्रम द्वारा रचित 'शिविर सिरिजोल', आदित्य कुमार मानडी रचित 'इपिल', 1999 में नाथराम मानडी द्वारा रचित 'जियाड़ झारना', 2000 में प्रकाशित पूर्णचंद्र किस्कू द्वारा रचित 'लुलू-पुत' आदि पुस्तकें उल्लेखनीय हैं।

संथाली काव्य का पोषण आधुनिक कवियों तथा गीतकारों द्वारा हो रहा है। ठाकुर प्रसाद मुर्मू, श्याम सुंदर हेम्ब्रम, श्याम मुर्मू, नारायण सोरेन, बासुदेव बेसरा, श्यामचरण हेम्ब्रम, आदित्य कुमार मानडी, नाथराम मानडी, पूर्णचंद्र किस्कू आदि प्रमुख कवि माने जाते हैं। इस समय संथाली साहित्य काफी समृद्ध हो रहा है। रामदयाल मुंडा ने संथाली भाषा, साहित्य और संगीत में अमूल्य योगदान दिया है। संथाली काव्य-जगत में निर्मल पुतुल एक महत्वपूर्ण हस्ताक्षर के रूप में उभरी हैं।

1980 में ब्रज बिहारी कुमार द्वारा लिखित 'हिंदी संथाली स्वयं शिक्षक' तथा सनातन हांसदा द्वारा लिखित 'प्रवेशिका संथाली-हिंदी व्याकरण' पुस्तकें प्रकाशित हुईं। 2002 में सर्वशिक्षा अभियान के तहत झारखंड शिक्षा परियोजना के तहत कृष्ण चंद्र टुडू संपादित आकिल दियाड़ा (ज्ञान दीप) पुस्तक प्रकाशित हुई है।

संथाली भाषा के प्रचार-प्रसार हेतु राज्य एवं केंद्र सरकार के स्तर पर प्रयास किए गए हैं। भारत

के विभिन्न राज्यों में एकाधिक ऐसी संस्थाएं हैं जो संथाली भाषा, साहित्य एवं संस्कृति का प्रचार-प्रसार कर रही हैं। इनमें प्रमुख संस्थाएं हैं—जनजातीय एवं क्षेत्रीय भाषा विभाग, रांची विश्वविद्यालय; जनजातीय भाषा अकादमी, रांची; संताल साहित्य अकादमी, जमशेदपुर; आदिवासी सोशियो-एजुकेशनल एंड कल्चरल सोसाइटी, ऑल इंडिया संथाली राइटर्स एसोसिएशन, पश्चिम बंगाल, बिहार, आदिवासी अरुणोदय संघ, राजनगर संताल पहाड़िया सेवा मंडल, देवघर संथाली भाषा मोर्चा आदि। संथाली भाषा और साहित्य को विद्यालयों एवं महाविद्यालयों में पाठ्यक्रम का अंग बनाया जा चुका है। विश्वविद्यालय स्तर पर संथाली भाषा एवं साहित्य का अध्ययन सबसे पहले रांची विश्वविद्यालय में प्रारंभ हुआ था। आज संपूर्ण देश में संथाली भाषा-साहित्य का अध्ययन करने की प्रवृत्ति बढ़ रही है।

समाज सुधार : संथाली जीवन में व्याप्त अंधविश्वासों, डायन आदि के नाम पर फैली सामाजिक कुरीतियों, नशा करने की बुरी आदतों, दमन-अत्याचार आदि को समाप्त करने के बहुत प्रयास किए गए हैं। साधु रामचंद मूर्मू, पंडित रघुनाथ मूर्मू, नारायण सोरेन, गोराचंद टुडू, शरद प्रसाद किस्कू, नायक मंडल, चंद्र सोरेन, डोमेन साहू समीर, आदित्य मित्र संथाली, डोमन हंसदा, ठाकुर प्रसाद मूर्मू, गोमस्ते प्रसाद सोरेन, भोजराई हेम्ब्रान, अर्जुन चरण हेम्ब्रान, मार्शल हेम्ब्रान, दमयंती बेसरा, जगन्नाथ सोरेन, निर्मला पुतुल आदि कवियों एवं रचनाकारों ने अपनी रचनाओं के माध्यम से संथाली जीवन में सुधार के उल्लेखनीय प्रयास किए हैं।

आर्थिक जीवन : आर्थिक दृष्टि से संथाल खेती करने वाले होते हैं। खेती के अतिरिक्त वे शिकार, मछली पकड़ने और तरह-तरह के पौधों, फलों, फूलों और जड़ी-बूटियों का संग्रह भी करते हैं। संथाली जनजाति के लोग अपनी जीविका के रूप में प्रकृति-प्रदत्त संपदा पर अधिक निर्भर हैं। जंगल से प्राप्त होने वाले फलों जड़ी-बूटियों का विविध रूपों में प्रयोग होता है। अनेक लोग तरह-तरह के वाद्ययंत्रों के निर्माण के कार्य में लगे होते हैं। इसके साथ ही चटाई, टोकरी आदि का निर्माण भी जंगल से प्राप्त वृक्षों, लताओं एवं अन्य सामग्री के द्वारा किया जाता है।

संथाली लोकजीवन : संथाली अपने मनोहारी व्यक्तित्व, स्वभाव तथा श्रम की गरिमा की दृष्टि से अन्य जनजातियों के बीच एक विशिष्ट स्थान रखते हैं। संथालों की शारीरिक विशिष्टताओं के गठन में विभिन्न तत्व हैं, जैसे—मध्यम कद-काठी, काली त्वचा, छितरी हुई दाढ़ी और लहराते हुए घुंघराले बाल।

संथाली समाज में जातिगत आधार पर कोई विभाजन नहीं है। यह जातिहीन, वर्गहीन और समतावादी समाज है। परिवार एवं कुल में ऊंच-नीच की भावना नहीं होती और स्त्री-पुरुष के बीच समानता होती है। स्त्रियां अपेक्षाकृत अधिक स्वतंत्र हैं और अपने जीवन की अधिकतर गतिविधियों में उनकी भागीदारी पुरुषों के बराबर होती है। संथालों का लोकजीवन अत्यंत संगठित और अपने आपमें परिपूर्ण होता है। संथाल अपने पुराने कबीलाई नामों, गोत्र और गणचिह्न को बनाए रखते हैं और कबीलाई धर्म के तत्वों का पालन करते हैं। संथालों के आरंभिक जीवन में कार्यों के अनुसार उनकी विभिन्न जातियों का विभाजन हुआ था। किस्कू राज्य की रक्षा करते थे, सोरेन सिपाही होते थे, मांडी जमींदार होते थे, मूर्मू पुरोहित होते थे, बास्के व्यापारी होते थे, टुडू वादक होते थे। ग्राम पंचायत में पांच निर्वाचित सदस्य होते थे, जैसे—माझी, पारानिक, जगमाझी, गड़ेत और नायके। यही लोग संथाल सभ्यता और संस्कृति के वाहक रहे हैं। ग्राम पंचायत के ऊपर समाज का एक और सम्मानित क्षेत्र होता था जिसे परगना कहा जाता था। संथाली आंदोलन हुल के बाद अंग्रेजों ने संथाल परगना का निर्माण इसी व्यवस्था के तहत किया था। यह सामाजिक व्यवस्था आज भी थोड़े-बहुत अंशों में विद्यमान है।

संथालों की न्यायिक व्यवस्था सुगठित है। उन की सामाजिक संरचना में एक प्रधान होता है जिसे मांझी हदम कहा जाता है, जो न्यायाधीश के रूप में

स्वीकृत होता है। वह अपने समुदाय की समस्याओं का स्वयं निपटान करने का प्रयास करता है। मांझी की सहायता के लिए जगमांझी, जगपरानिक, नैके एवं गुडित होते हैं।

नाइके एवं समन ओझा ग्रामीण पुरोहित होते हैं जो भूत-प्रेतों एवं दुष्ट आत्माओं से रक्षा करने में सहयोग करते हैं। दुष्ट आत्माओं में कल सिंग, लकचेरा, बियूदारांग आदि शामिल हैं। ऐसे अंधविश्वासों से अब मुक्ति मिल रही है।

संथाली संस्कृति सामान्यतः प्रकृति पर आधारित है। नृत्य एवं संगीत इनके जीवन का अभिन्न अंग हैं। इनके जीवन में जन्म, विवाह, मृत्यु आदि में लौकिक रीति-रिवाजों की बहुलता पाई जाती है। इस समाज में चाचो-चातियार नामक एक संस्कार होता है जिसके पूरे होने पर ही युवकों को सामाजिक जीवन में सही ढंग से प्रवेश मिलता है और पूजा-पाठ, पर्व-त्योहार आदि मनाने का अधिकार प्राप्त होता है। यह संस्कार आमतौर पर विवाह के पूर्व होता है। विवाह-विच्छेद में कोई आपत्ति नहीं होती और उम्र अधिक होने पर भी विवाह में कोई बाधा नहीं मानी जाती।

संथालियों के मंदिर नहीं होते और न ही वे किसी मूर्ति की पूजा करते हैं। देवता को संथाली भाषा में बांगा कहा जाता है। माराङ्बूरू, जहिर एरा, गोसाई एरा, परगना बोंगा आदि इनके देवता होते हैं। वे किसी भी ईश्वर को प्रसन्न करने के लिए पशुओं की बलि चढ़ाना आवश्यक मानते हैं। हालांकि आधुनिक युग में संथालों के जीवन पर नई सभ्यता का प्रभाव पड़ा है। उनकी शिक्षा-दीक्षा से लेकर रहन-सहन और खान-पान में भी अंतर आया है। प्रारंभ में गांव में उत्सव, पूजा या किसी कार्यक्रम को पूरा करने के लिए गांव के अंतिम छोर पर जाहेर नामक स्थान की स्थापना की जाती थी, परंतु अब इसमें भी अंतर आया है क्योंकि इसाई धर्म अपनाने और गिरजाघर आदि की स्थापना से स्थिति बदल गई है।

संथाल तरह-तरह के नृत्य एवं संगीत के लिए विख्यात हैं। संथालों के लोकगीत बड़े मधुर एवं भावमय होते हैं। लोकगीतों का संबंध संस्कारों, उत्सवों एवं त्योहारों से होता है। कृषि के अवसर पर भी अनेक उमंग भरे गीत गाए जाते हैं। संथाल अनेक प्रकार के वाद्य बजाते हैं जिनमें बांसुरी, नलकी, ढोल, करताल, टिरियो, धोंड्रो बनाम, फेट बनाम, टमदक, तमाक, जंको, सिंगा आदि शामिल हैं। वे अपना प्रत्येक उत्सव नृत्य एवं संगीत के साथ मनाते हैं। संथाली महिलाएं लाल पाड़ वाली सफेद साड़ी पहनकर एक क्रम बनाकर नाचती हैं।

चित्रकला की दृष्टि से भी संथाल अपनी एक अलग पहचान रखते हैं। उनके घरों, बर्तनों आदि पर बनाए गए चित्रों में कला के साथ-साथ उनके आवेग-संवेग और उनकी भावनाएं जड़ित होती हैं। संथाल लोग भित्ति चित्र के मामले में बहुत उन्नत हैं। वे अपने घरों की दीवारों पर पशुओं, शिकारियों एवं शिकार के दृश्यों के साथ-साथ नृत्य-कलाओं का मोहक एवं कलात्मक चित्र बनाते हैं।

पर्व एवं त्योहार : संथालों के प्रमुख त्योहारों में सहराई, माघसिम, बाबा बोंगा, इरो, असारिया, नमाह, टूसू आदि हैं। फसल कटाई के समय पांच दिनों का त्योहार सहराई धूमधाम से मनाया जाता है। माघ महीने में माघसिम मनाया जाता है जो नववर्ष की तरह का त्योहार है। महामारी तथा दुर्भिक्ष से बचने के लिए वे हर पांचवें वर्ष मरे का अनुष्ठान करते हैं। पौष मास में सकारात मनाया जाता है।

करम संथालों का एक प्रमुख उत्सव है जो सितंबर-अक्तूबर के महीने में मनाया जाता है। इसमें संपदा की वृद्धि और शत्रुओं से रक्षा के लिए देवता की प्रार्थना की जाती है। संथालियों में एक प्रथा है कि वे अपने घरों के बाहर करम के पेड़ लगाते हैं और काफी पवित्रता के साथ पूजा करते हैं। दूसरा प्रमुख उत्सव एराक सिङ कहलाता है जिसमें धान की रोपनी के समय भूमि पर सिंदूर छिड़का जाता है और मुर्गी की बलि चढ़ाकर देवता की पूजा की जाती है और उनसे सुख-समृद्धि की याचना की जाती है। बाहा संथालियों का वसंतोत्सव है जिसे पुष्प उत्सव भी कहा जाता है। वे शिकार उत्सव भी मनाते हैं

जिसे डिसूम सेंड्रा कहा जाता है। इस उत्सव में युवक ही नहीं, बूढ़े लोग भी अति उत्साह से भाग लेते हैं। यह उत्सव विशेषकर बैशाखी पूर्णिमा को मनाया जाता है।

संथालों ने समय-समय पर विदेशी शासकों के शोषण, दमन और अत्याचारों के विरुद्ध अपने सामूहिक उभारों एवं विद्रोहों के कारण भी अपनी अलग पहचान बनाई है। 1780-85 के दौरान बाबा तिलका मांझी ने एक जनजातीय विद्रोह का नेतृत्व किया था और ब्रिटिश सेना के प्रमुख को घायल कर दिया था। 1855 में सिद्दू और कानू ने विख्यात संथाल 'हुल' संघर्ष चलाया जो भारतीय स्वाधीनता के लंबे संग्राम का एक वीरतापूर्ण अध्याय था।

अवधेश प्रसाद सिंह

अधिक जानकारी के लिए :
1. Studies in Santal Medicine & Connected Folklore : P O Bodding, **2. Folklore of the Santal Parganas :** P C Roy Chaudhury

संदर्भ साहित्य

संदर्भ साहित्य से तात्पर्य ऐसे साहित्य से है जो किसी भी प्रकार के साहित्य या साहित्येतर विषय की सुव्यवस्थित जानकारी प्रस्तुत करे। संदर्भ ग्रंथ वस्तुतः त्वरित सूचना प्राप्त करने के लिए होते है, न कि सही अर्थ में 'पढ़ने' के लिए। वैसे प्रायः सभी पुस्तकों से किसी-न-किसी प्रकार की सूचना मिलती है, पर केवल इसी कारण से सभी पुस्तकों को संदर्भ साहित्य नहीं कहा जा सकता। संदर्भ ग्रंथों में दी गई सामग्री इस प्रकार किसी क्रम में (कालक्रम, अकारादि क्रम या अन्य कोई व्यावहारिक क्रम) रहती है कि उस विषय की कोई भी सूचना आसानी से और कम समय में प्राप्त कर ली जा सकती है, जबकि अन्य ग्रंथों से वही सूचना प्राप्त करने के लिए उन्हें पूरा पढ़ना पड़ता है। कविता, कहानी, उपन्यास, नाटक, आलोचना आदि से इतर ऐसा साहित्य जिससे किसी भी विषय के संबंध में कोई सूचना मिले, संदर्भ साहित्य की श्रेणी में रखा जा सकता है। इस दृष्टि से कहा जा सकता है कि विश्वकोश, शब्दकोश, ग्रंथ-सूची, सूचीपत्र, एटलस, रेलवे समय सारिणी आदि संदर्भ ग्रंथ हैं, पर जवाहरलाल नेहरू की 'भारत की खोज', रामधारी सिंह 'दिनकर' की 'संस्कृति के चार अध्याय' या नामवर सिंह की 'कविता के नए प्रतिमान' को संदर्भ साहित्य की श्रेणी में नहीं रखा जा सकता।

रामचंद्र शुक्ल का 'हिंदी साहित्य का इतिहास' संदर्भ ग्रंथ है, पर रामस्वरूप चतुर्वेदी का 'हिंदी साहित्य का संवेदनात्मक इतिहास' नहीं है, भले इसमें उत्कृष्ट विचार हों। संदर्भ ग्रंथ में पृष्ठ संख्या महत्त्वपूर्ण नहीं होती। आठ-दस पृष्ठ की एक छोटी-सी पुस्तिका भी, जिसमें किसी विषय विशेष से संबंधित सूचना क्रमबद्ध रूप में दी गई हो, संदर्भ ग्रंथ की श्रेणी में रखी जा सकती है और आठ सौ पृष्ठों के विशाल ग्रंथ को भी, जिसमें किसी विषय से संबंधित लेखों का संग्रह मात्र हो, संदर्भ ग्रंथ नहीं माना जा सकता, भले ही उसमें संगृहीत सभी लेख अत्यंत उच्च साहित्यिक स्तर के हों।

उर्मिला जैन

संदेह

देकार्त ने कहा था, 'मैं सोचता हूं, इसलिए हूं।' सोचने और विचार करने के लिए विश्वास ही काफी नहीं होते, संदेह को भी जरूरी बताया गया है। आंख मूंदकर विश्वास करना आसान होता है, पर किसी भी विषय पर सोचने-समझने के दौरान एक मानसिक यात्रा घटित होती है जिसमें संदेह ही सच्चा सहायक होता है। यह वहां से आगे ले जाता है, जहाँ कोई खड़ा रहता है। शंकालु होने और संदेह करने में फर्क है। शंकालु व्यक्ति एक निष्कर्ष पर पहले से पहुंचा होता है, जबकि संदेह एक स्वस्थ प्रक्रिया है। यह तर्क का स्रोत और आलोचना की आधारभूमि है। इसे बुद्धिमान व्यक्तियों का प्रकाशस्तंभ कहा गया है। वस्तुतः प्रश्न संदेह से ही जन्म लेते हैं।

किसी सच्चे विश्वास तक प्रश्न करते हुए ही पहुंचा जा सकता है।

संदेह के बारे में प्राचीन और आधुनिक रुख में बड़ा फर्क है। महाभारत में कहा गया है, 'जिसका मन संदेह से भरा है, उसके लिए न यह लोक है, न परलोक है और न कोई सुख है।' (वनपर्व, 200.112)। दूसरी ओर भगिनी निवेदिता ने एक भाषण (28 मई 1898) में कहा है, 'गंभीरता से संदेह करने वाला मन ही सजीव मन है।' ज्ञान बढ़ने से संदेह भी बढ़ता है, जो नए प्रयोगों की ओर ले जाता है। यदि मन में संदेह न हो तो समझना चाहिए हमारा ज्ञान ठहरा हुआ है। गौतम बुद्ध ने कहा था, 'किसी ने कहा इसलिए मान लिया, किसी ग्रंथ में लिखा है इसलिए मान लिया, श्रद्धावश मान लिया, ऐसा नहीं करना चाहिए। अपने विवेक से काम लेना चाहिए और विवेक से बढ़कर अपने अनुभव से देखना चाहिए कि यह बात सही है या गलत।' यूरोपीय रिनेसां के दौर में संदेह का महत्व बढ़ता गया और सृष्टि की हर व्याख्या को संदेह की नजरों से देखा गया। धर्म-सत्ता ने संदेह करने वालों को दुष्टात्मा कहा।

मनुष्य के जीवन में कुछ विश्वासों के अलावा सच्चे संदेह भी होने चाहिए। आधुनिकता का एक लक्षण है जीवन के नियमों, रीतियों और विश्वासों पर संदेह करना, बल्कि नई चीजों को भी आंख मूंदकर स्वीकार नहीं करना और संदेह करना। पहले धर्म-सत्ता संदेह से रोकती थी। अब बाजार-सत्ता वही काम करती है। उसकी चमक-दमक, प्रलुब्ध करने की ताकत और तकनीकी कुशलता से प्रबल प्रचार संदेह की जमीन नहीं बनने देता। उपभोक्ता के मन में प्रश्न नहीं पैदा हो पाते, उलझन भले हो। राजनीतिक-सत्ता का यही हाल है, किसी भी दल में प्रश्न करके अकेला होना पड़ेगा। बाहर का रास्ता देखना होगा। हरेक को पिछलग्गू चाहिए, अंधभक्त। समाज में संदेह के लिए स्पेस घटा है, क्योंकि लोकतंत्र सिकुड़ा है और झुंड-मानसिकता बढ़ी है। लोग सच्चाइयों की तरफ आंखें खोलना नहीं चाहते। वे किसी-न-किसी व्यक्ति के फैन होते हैं, किसी चीज के दीवाने या पूजा भाव से भरे। यह उनकी अच्छाइयों को खत्म कर देता है। किसी ने कहा है कि अपने ही मूल सिद्धांत पर शंका करके उसे बार-बार जांचते रहना सभ्यता का लक्षण है।

शंभुनाथ

संध्या भाषा

वज्रयानी सिद्धों ने अपनी रहस्य-साधना के गूढ़ अर्थों की अभिव्यक्ति के लिए प्रतीकात्मक संध्या भाषा का इस्तेमाल किया और इसे 'संध्या भाषा' या 'संध्या वचन' कहा। 'संध्या' शब्द के मूल रूप एवं अर्थ को लेकर विद्वानों में परस्पर मतभेद है। कोई इसका मूल रूप 'संध्या' मानता है तो कोई 'संध्या'। हरप्रसाद शास्त्री और विनयतोष भट्टाचार्य ने इसे 'संध्या भाषा' मानकर इसका अर्थ 'आलो आंधारी भाषा' कहा अर्थात एक ऐसी भाषा जिसमें संध्या के समान प्रकाश और अंधकार का मिश्रण है। बंगाल और बिहार प्रांतों के मिलन-स्थल को संधिदेश और उस खास क्षेत्र से संबद्ध भाषा भी संध्या भाषा कही गई है। यह केवल अटकल है। कुछ विद्वानों के विचार से संध्या भाषा का अर्थ है—अभिसंधि या अभिप्राययुक्त वाणी। 'संध्याभाषा' कथन की वह नई पद्धति है, जिससे दुहरा अर्थ निकले।

सहजयानियों और नाथपंथियों के सिद्धांतों का संधान करके प्रयुक्त की गई भाषा भी 'संध्या भाषा' के रूप में देखी गई। इसकी साभिप्रायता पर विद्वानों में पर्याप्त सहमति है कि संध्या भाषा प्रचलित शैली के विपरीत एक शैली है। आम व्यवहार में पानी बरसता है और कंबल भीजता है, पर सिद्धों और संतों की वाणियों में कंबल ही बरसता है और पानी भीजता है। हजारीप्रसाद द्विवेदी ने लिखा है, 'छठी-सातवीं सदी के बाद वाममार्गी तांत्रिकों और योगियों में लोक व्यवहार से उल्टी और धक्कामार भाषा का प्रचलन बढ़ गया था।' (हिंदी साहित्य)। सिद्धों के 'चर्यापद' में इसी भाषा का प्रयोग हुआ। सिद्ध योग-साधना के

अभिप्राय को प्रतीकात्मक शब्दों में व्यक्त करते थे। उनकी भाषा प्रायः दुर्बोध है किंतु जहाँ सुबोध है, वहां इसकी कटुता और तीव्रता का सौंदर्य लक्षित किया जा सकता है। 'उलटवांसी' और 'संध्या भाषा' में विरोधपरक शैली ही है। हजारीप्रसाद द्विवेदी ने लिखा है, इस शैली में 'पदों की योजना इस प्रकार की है कि ऊपर से उससे कुत्सित लोक-विरुद्ध अर्थ प्रकट हो या परस्पर विरोधी अनर्थक बातें प्रतीत हों। किंतु साधना के रहस्यात्मक शब्दों की जानकारी प्राप्त होने पर साधनात्मक विशुद्ध अर्थ स्पष्ट हो जाए।' संध्या भाषा में गूढ़ार्थव्यंजक विरोधाभास ज्यादा मिलता है जो सामाजिक दृष्टि से महत्वपूर्ण है। सामाजिक दृष्टि से मांस-भक्षण या वारुणी पीने की बात परंपरा विरोधी है, किंतु सिद्धों की साधना में इसका वास्तविक अर्थ भिन्न है। उनकी दृष्टि में तालु के नीचे चंद्रस्थान से झरने वाला अमृतरस का पान 'वारुणी पान' है। विरोधाभास की दृष्टि से अर्धरात्रि में कमल खिलना (अधराति भर कमल विकसअ), बैल का बियाना और गाय का बांझ रहना (वलद विआएल गाविया बांझ) सामान्य समझ के विरुद्ध बातें हैं। यहां आधी रात अर्थात चतुर्थी संध्या में वज्ररूप सूर्यरश्मि द्वारा कमल के विकसित होने और बोधिचित्त रूप बैल द्वारा ज्ञानरूप संतान के प्रसव करने, ज्ञानरूप गृहिणी संवृत्ति के बोधिचित्त रूप संतान उत्पन्न करने में असमर्थ होने का अभिप्राय ध्वनित है।

इसके अलावा कई रूपकों—नौका, हिरण, गजेंद्र, मूषक आदि के प्रयोग ऐसी रहस्यवादी गुह्य साधनाओं के लिए किए गए हैं, जो सिद्ध साधक ही समझ सकता है। ऐसे प्रयोग सरहपा, शबरपा, डोंबीपा आदि से चलकर आगे संत कवियों में दिखाई देते हैं। सूरदास के दृष्टकूटों में भी ऐसे प्रयोग मिलते हैं।

कुसुम राय

अधिक जानकारी के लिए :

1. नाथपंथ : हजारीप्रसाद द्विवेदी, **2. सिद्ध साहित्य :** धर्मवीर भारती, **3. बौद्ध सिद्धों के चर्यापद :** परशुराम चतुर्वेदी

संपत्ति और स्त्री

संपत्ति का अर्थ धन है जो 'अचल' हो सकता है (जैसे भूमि, मकान आदि) और 'चल' (गतिशील) भी हो सकता है (जैसे मशीन, उपकरण, औजार, आभूषण, नकद राशि आदि)। एक ओर किसी भी संपत्ति का 'उपयोग मूल्य' (व्यवहार में उपयोगी) होता है और दूसरी ओर संपत्ति का 'विनिमय मूल्य' भी होता है (जिससे उसके बदले दूसरी चीज खरीदी जा सकती है)।

यूनान के दार्शनिक सुकरात ने स्त्री को सभी बुराइयों की जड़ माना था। अरस्तू ने पुरुष को स्त्री से महान माना क्योंकि स्त्री इच्छा-शक्ति में कमजोर, नैतिकता में शिथिल और विमर्श में अपरिपक्व होती है। मगर ओलिंप द गूजे और जे एस मिल ने स्त्री को कमजोर और अपरिपक्व मानने से इंकार कर दिया। सिमोन द बोउआ ने 1949 में 'द सेकंड सेक्स' नामक प्रसिद्ध पुस्तक में प्रस्थापना दी कि जन्मना स्त्री और पुरुष बराबर होते हैं—सिवाय जैविक भिन्नता के। यह समाज है जो स्त्री को कमतर और असमान बना देता है। भारत में एक कहावत प्रचलित है : 'झगड़े के कारण तीन—जर, जोरू, जमीन।' जर का तात्पर्य है धन और जोरू का अर्थ है स्त्री। जमीन भी संपत्ति का एक रूप है। इसका निहितार्थ है कि स्त्री की हैसियत जमीन-जायदाद की तरह निर्जीव चीज है, जो झगड़े की जड़ है। अंग्रेजी में एक कहावत है : भ्रष्टाचार के तीन मुख्य आधार एवं माध्यम हैं : वाइन (शराब), वीमेन (स्त्री) और वेल्थ (संपत्ति)। यहां भी स्त्री को नकारात्मक वस्तुओं, नशाखोरी और संपत्ति की बुराई के खांचे में रखा गया है।

पितृसत्तात्मक समाज में स्त्री को संपत्ति से वंचित रखा जाता है। इसका उद्देश्य उसे आत्मनिर्भर होने से रोकना है। प्राचीन हिंदू समाज में स्त्रियों को संपत्ति में अधिकार देने की बाबत दो धाराएं रही हैं। 'मिताक्षरा' धारा का मानना है कि स्त्री को परिवार (पिता और पति) की संपत्ति में हिस्सा पाने का कोई अधिकार नहीं है क्योंकि वह सही उत्तराधिकारी नहीं

है। पुत्र ही पिता का असली उत्तराधिकारी है। इसमें उत्तराधिकार का सवाल मात्र पुत्राधिकार तक सीमित कर दिया गया। दूसरी धारा 'दायभाग' के अनुसार स्त्री को उसके पिता और पति की संपत्ति में हिस्सा पाने का अधिकार है। 'मनुस्मृति' में स्त्रियों के बारे में विरोधाभासी स्थापनाएं हैं : पहली, स्त्री को बचपन में पिता के अधीन, युवावस्था में पति के अधीन तथा वृद्धावस्था में पुत्र के अधीन रहना चाहिए। उसे कभी भी स्वतंत्र नहीं रहना चाहिए। दूसरी, स्त्रियों को पारिवारिक संपत्ति में हिस्सा मिलना चाहिए।

अधिकतर समाजों में संपत्ति और स्त्री दो ध्रुवांतों पर स्थित रहे हैं, क्योंकि स्त्री को संपत्तिहीन रखा जाता रहा है। इसके फलस्वरूप एक नई अवधारणा ही गढ़ ली गई—'स्त्रीधन' जो मुख्य वास्तविक धन से भिन्न होता है। विवाह के समय उसके माता-पिता, भाई-बहन, रिश्तेदार-नातेदार आदि स्वेच्छा से उसे जो देते हैं, जैसे—आभूषण, कपड़े, शृंगार के साधन, धन आदि, वह स्त्रीधन है। फ्रेडरिक एंगेल्स ने अपनी प्रसिद्ध पुस्तक 'द ओरिजिन ऑफ फेमिली, प्राइवेट प्रॉपर्टी एंड द स्ट ेट' में स्थापना दी थी कि स्त्रियों की स्थिति निजी संपत्ति का उदय होने के कारण बदतर हो गई। उसके पहले आदिम समाज या प्राक-आयुध समाज मातृसत्तात्मक था अर्थात माता के हाथ में महत्वपूर्ण सत्ता निहित थी। संपत्ति तथा घर-परिवार की बाबत वही अंतिम निर्णय लेती थी। भारत में आदिवासी समाजों (मेघालय में खासी जनजाति), कुछ क्षेत्रीय हिंदू समुदायों, जैसे केरल के मालाबार क्षेत्र में नायर समुदाय में मातृसत्तात्मक व्यवस्था मौजूद रही है। पितृसत्ता स्त्रियों को संपत्तिविहीन करके उत्तराधिकार से सदैव के लिए वंचित करती रही है। उनके नाम पर जमीन-जायदाद के कागजात नहीं होते। वर्तमान समय में सामुदायिक संपत्ति में विश्वास रखने वाले आदिवासी समाजों को भी उच्चतम न्यायालय के एक निर्णय के अनुसार नए कानून से जोड़ दिया गया और आदिवासी स्त्रियों को उनके पिता की संपत्ति में हक दिया गया है।

पहले हिंदू महिलाओं को अपने पिता की संपत्ति में कोई कानूनी अधिकार प्राप्त नहीं था। उन्हें विवाह के समय सिर्फ 'स्त्रीधन' मिलता था। 1956 में भारत में शारदा कानून (हिंदू उत्तराधिकार अधिनियम, 1956) बना, जिसमें स्त्रियों को उनके पतियों की संपत्ति में पुत्रों के बराबर हिस्सा पाने का अधिकार दिया गया। इस कानून की एक खामी यह थी कि पुत्रियों को पिता की जमीन-जायदाद में तभी हिस्सा मिलता था, जब उनके कोई भाई (अपने पिता का पुत्र) न हो। 2005 में उक्त कानून में संशोधन किया गया और यह प्रावधान किया गया कि पुत्रियों को पुत्रों के समान उनके पिता की संपत्ति में हिस्सा पाने का पूरा अधिकार है अर्थात पैतृक संपत्ति में बेटी को बेटे के बराबर हिस्सा मिलेगा।

इसके व्यवहार में अवरोध दिखाई देते रहे हैं। पहला, स्त्री की संपत्ति उसके पति के उत्तराधिकारियों को सौंपी जाती है, न कि उसके पैतृक परिवार को। दूसरा, सामाजिक-सांस्कृतिक रूप से बहनों को समझाया जाता है कि वे अपने पिता की संपत्ति में भाइयों के समान हिस्सा न मांगें अन्यथा पारिवारिक रिश्ता टूट जाएगा। तीसरा, हरियाणा जैसे कई पारंपरिक राज्यों में स्थानीय अधिकारी पिता की संपत्ति में पुत्रियों का हिस्सा राजस्व कागजात में दर्ज नहीं करते। चौथा, ज्यादातर पारंपरिक हिंदू मां-बाप मानते हैं कि विवाह के समय पुत्रियों को काफी दान-दहेज दे दिया जाता है, इसलिए पुश्तैनी भू-संपत्ति में उन्हें हिस्सा देने की जरूरत नहीं है। जमीन तथा उत्तराधिकार के एवज में दहेज को मानना पितृसत्तात्मक सोच का सूचक है। पांचवां, यदि कहीं पुत्रियों को उनकी पैतृक भू-संपत्ति में कुछ हिस्सा मिलता भी है तो वह पुत्र के हिस्से से काफी कम होता है अर्थात उन्हें समानता का अधिकार नहीं मिलता। इसके अलावा यह भी सच है कि शिक्षित और उच्च-मध्य वर्ग की महिलाओं को सरकारी योजनाओं का कमोबेश लाभ मिल जाता है किंतु संपत्तिविहीन और उत्तराधिकारविहीन ज्यादातर ग्रामीण महिलाओं को सरकारी सेवा का अवसर नहीं मिलता। स्वरोजगार

के उद्देश्य से बैंक से ऋण लेने के लिए उनके पास गारंटी रखने की अपनी संपत्ति नहीं होती। वे परवश होती हैं। संपत्तिविहीन और उत्तराधिकारविहीन होने अथवा दहेज कम मिलने के कारण स्त्रियों पर घरेलू हिंसा होती है। उन्हें आसानी से तलाक दे दिया जाता है अथवा त्याग दिया जाता है। यहां तक कि सिर्फ बेटियां पैदा होने पर भी उनके पति उन्हें त्याग देते हैं। दूसरी ओर जिन महिलाओं के पास जमीन या आवासीय भवन का स्वामित्व होता है, उन्हें घर, समुदाय तथा समाज में काफी इज्जत मिलती है।

व्यवहार में देखा गया है कि मृत पतियों की विधवाओं के रूप में स्त्रियों को पति की संपत्तियों में हिस्सा मिलने की संभावना ज्यादा होती है, बनिस्बत पैतृक संपत्ति में बेटी के रूप में हिस्सा मिलने के। छठा, यदि महिलाओं को जमीन-जायदाद, उत्तराधिकार या क्रय (स्टांप ड्यूटी/पंजीकरण शुल्क में स्त्रियों को छूट मिलने के कारण) से मिलती भी है तो उसके उपयोग/ब्रिकी आदि की निर्णायक सत्ता पुरुषों (पिता, भाई, पति, ससुर, पुत्र आदि) में निहित होती है। कई आदिवासी समुदायों में स्त्रियों को जमीन का उत्तराधिकार प्राप्त नहीं है, भले विधवाओं, परित्यक्ताओं, तलाकशुदा स्त्रियों, एकल स्त्रियों और सिर्फ बेटियों वाले परिवारों के लिए थोड़ी-बहुत पारंपरिक सामाजिक समर्थन मौजूद हो।

भारतीय समाज में स्त्रियों की पराधीनता का मुख्य कारण यह है कि वे आर्थिक रूप से आत्मनिर्भर नहीं हैं। उनका उत्पादन के साधनों पर स्वामित्व नहीं है। उनके व्यक्तिगत घरेलू कार्यों को मूल्यहीन माना जाता है और उनकी गणना राष्ट्रीय/निजी आय में नहीं की जाती। इसे 'वास्तविक कार्य' नहीं माना जाता क्योंकि यह व्यवसाय योग्य (मार्केटेबल) नहीं होता। मार्गरेट बेंसटेन ने कहा है, 'जब श्रम दुर्लभ होता है (जैसे आरंभिक उद्योगीकरण, दो विश्वयुद्धों आदि के दौर में) तो औरतें श्रमशक्ति का महत्वपूर्ण हिस्सा होती हैं। जब श्रम की मांग कम रहती है (जैसे नव-पूंजीवाद के आज के दिनों में), तब स्त्रियों का श्रम अतिरिक्त श्रम-शक्ति के रूप में फाजिल हो जाता है। इसके लिए आर्थिक रूप से उनके पति जिम्मेदार होते हैं, समाज नहीं। घर के प्रति भक्ति की सनक अतिरिक्त श्रम की अवधि में खुद को पुनः प्रकट करती है और औरतों को बाजार अर्थव्यवस्था से बाहर खदेड़ने का माध्यम बन जाती है।'

गरीब परिवारों में स्त्रियों को ज्यादा स्वतंत्रता मिलती है क्योंकि मजदूर पुरुषों के पास संपत्ति नहीं होती। भारतीय संदर्भ में स्त्रियों और संपत्ति के संबंध की समाजशास्त्रीय व्याख्या से स्पष्ट होता है कि स्त्रियों को 'तिहरा अभिशाप' भुगतना पड़ता है—वर्ग, जाति और लिंगभेद तीनों स्तरों पर ये क्रमशः आर्थिक शोषण, सामाजिक शोषण तथा लैंगिक शोषण के शिकर होते हैं।

विश्व में खाद्य उत्पादन में महिलाओं का योगदान 50 प्रतिशत है, जबकि विकासशील देशों में यह 60 से 80 फीसदी है। स्त्रीवादी अर्थशास्त्री ईस्टर बोसरप ने सिद्ध किया कि व्यवस्था करना सिर्फ पुरुषों का एकाधिकार नहीं रहा है बल्कि विश्व में कृषि-कार्य में लगे समुदाय दो तरह के रहे हैं—एक, जिसमें खाद्य उत्पादन मुख्यतः स्त्रियों द्वारा किए जाते हैं, दूसरा, जिसमें यह मुख्यतः पुरुषों द्वारा किया जाता है। फिर भी पूरे विश्व में 41 प्रतिशत स्त्रियां गरीबी रेखा के नीचे गुजर-बसर करती हैं और विश्व की एक-तिहाई महिलाएं गृहविहीन हैं अथवा उनके पास उचित आवासीय सुविधा नहीं है। इसकी प्रमुख वजह स्त्रियों का भूमिहीन (संपत्तिहीन) होना और उत्पादन के साधनों पर स्वामित्व तथा उत्तराधिकार से वंचित होना है।

भारतीय संविधान स्त्री-पुरुष, दोनों को समानता का अधिकार देता है। स्त्री को अधिकार है कि वह पुरुष की तरह संपत्ति खरीदे, उसका उपभोग करे। पर माता-पिता या पति की संपत्ति के मामले में निजी कानून आज भी महत्वपूर्ण भूमिका निभा रहे हैं। जिसे निजी कानून कहते हैं, वह वस्तुतः धर्म के अनुसार निर्धारित कानून है। स्त्री वारिस बन सकती है—बेटी के नाते, विधवा के नाते, दादी/नानी के नाते, पोती के नाते और मां के नाते। भारतीय कानून के अनुसार

यदि वसीयत न लिखी हो तो पुश्तैनी संपत्ति पर हिंदू स्त्रियों—पत्नी, बेटियों और विधवा बहुओं का बराबर का हक है। स्त्रियों के पास संपत्ति के जो अधिकार हैं, उनका स्त्रियां पूरा लाभ सामाजिक कारणों से नहीं उठा पातीं।

सुभाष शर्मा

अधिक जानकारी के लिए :
1. औरत होने की सजा : अरविंद जैन, **2. उपनिवेश में स्त्री :** प्रभा खेतान, **3. The Origin of the Family, Private Property and the State :** Friedrich Engels, **4. Enslaved Daughters :** Sudhir Chandra

संपादन कला

संपादन लिखित, दृश्य और श्रव्य रचना को ठीक से तैयार करना अर्थात दुरुस्त करना है ताकि उसका प्रकाशन या प्रसारण समुचित प्रभाव के साथ हो सके। संपादन का अर्थ है व्याकरणिक त्रुटियों के संशोधन के साथ-साथ सूचना या रचना-सामग्री को सुसंगठित, संगतिपूर्ण, नुकीला, परिपूर्ण और संप्रेषणीय बनाना ताकि ग्रहणकर्ता तक वह बहुमूल्य और अर्थपूर्ण रूप में पहुंचे। आकर्षक साज-सज्जा भी संपादन का अंग है।

संपादन समाचार-पत्र, पुस्तक, रेडियो, दूरदर्शन कार्यक्रम, इंटरनेट या कोश हर क्षेत्र में उपयोगी और जरूरी होता है। समाचार-पत्र में विभिन्न स्रोतों से प्राप्त समाचार, फीचर, लेख आदि अच्छी तरह देखकर उसकी त्रुटियां दूर करना, क्रम और स्थान निश्चित करना, संपादकीय विचार निश्चित करना और प्रस्तुति को एक सुचिंतित रूपरेखा के अंतर्गत लाना संपादक का काम है।

प्रधान संपादक के अधीन सहायक संपादक, उप-संपादक, कॉपी एडीटर, आर्ट डिजाइनर आदि होते हैं जो दी गई जिम्मेदारी के अनुसार काम देखते हैं। समाचार-पत्र के संपादकीय विभाग में मुख्य संवाददाता के अलावा फीचर संपादक, खेल संपादक, सिनेपृष्ठ संपादक, साहित्य संपादक आदि भी हो सकते हैं। टीवी पर ऐसे विषयों के लिए अलग-अलग समय पर अलग-अलग व्यक्ति निर्धारित रहते हैं और आमतौर पर उनमें परस्पर संबंध नहीं होता।

संचार क्रांति ने मीडिया में संपादन की भूमिका को खंड-खंड करके बहुस्तरीय बना दिया है। खासकर समाचार-पत्र में जो कुछ छपता है उसका अंतिम रूप से निर्णय करने वाला और सब कुछ के लिए कानूनी रूप से जिम्मेदार संपादक होता है। समाचार-पत्र के अलावा श्रव्य-दृश्य माध्यमों द्वारा प्रस्तुत गीत-संगीत, टीवी धारावाहिक, टीवी समाचार, फिल्म आदि में भी संपादक की जरूरत होती है ताकि 'प्रोडक्शन' बिना फांक के अच्छा-से-अच्छा हो। टीवी समाचार में दर्शक को जो कुछ पर्दे पर मिलता है वह पृष्ठभूमि में दिखाई जाने वाली वस्तुओं को चुनने और दुरुस्त करने की एक तीव्र किंतु सचेत संपादन-प्रक्रिया से गुजरने के बाद मिलता है।

संपादन एक कला है। यह कई बार रचनाकार या लेखक और संपादक का अंतरनिर्भर मामला होता है। विश्व के पुराने क्लासिक और अधिकांश चर्चित आधुनिक पुस्तकें कुशल संपादन की प्रक्रिया से गुजरने के बाद पाठक तक पहुंची हैं। संपादक रचनाकार के कथन को काटे-छांटे बिना उसे सुसंगठित रूप से उभारने और भाषा की दृष्टि से प्रभावशाली बनाने का काम करता है। खासकर प्रतिष्ठित अंग्रेजी प्रकाशन, पुस्तक हो या समाचार-पत्र या पत्रिकाएं इन्हें हमेशा एक 'फिनिश्ड प्रोडक्ट' के रूप में प्रस्तुत करता है।

संपादन के लिए माध्यम की अच्छी समझ पहली जरूरत है। यह एक परिश्रमसाध्य और चुनौती भरा बौद्धिक काम है। इसके लिए मेधा, निपुणता और अभिप्रेरणा—ये तीनों चीजें जरूरी हैं। माध्यम के दीर्घ अनुभव और कुशलता अर्जन के बिना संपादन कठिन है। संपादक की माध्यम की भाषा पर पूरी पकड़ होना जरूरी है। लिटिल मीडिया या साहित्यिक पत्रिकाओं में स्व-नियुक्त संपादक होते हैं या कुछ अंकों में अतिथि संपादक भी देखे जाते हैं। कुछ पत्रिकाओं में संपादक मंडल की परंपरा है।

हिंदी पत्रकारिता की विवेचना करने वाले लेखक अर्जुन तिवारी का कहना है, 'संपादक वह सचेत संस्था है जो पत्र के विविध क्षेत्रों के संचालन, नियमन, नयन, प्रोत्साहन एवं निर्माण के लिए सचेष्ट रहता है। संस्था के अवयव रिपोर्टर, संवाददाता, भेंटकर्ता, समालोचक, उप-संपादक, प्रसार-व्यवस्थापक एवं प्रबंधक के बीच समन्वयकारी शक्ति संपादक ही है, जो पत्र-रूपी शरीर के अंग-प्रत्यंग में गतिशीलता का संवाहक होता है। पत्र की नीति के निर्धारण और परिपालन द्वारा संपादक जन-चेतना, जन-आकांक्षा और जन-हित का संरक्षक होता है।' (आधुनिक पत्रकारिता)। संपादक का काम ऐसा है जो रोजमर्रे का महज एक काम भर नहीं है, बल्कि इस काम के प्रति उसमें गहरा लगाव और समर्पण होना चाहिए।

संपादक का काम बहुत चुनौती और जिम्मेदारीपूर्ण है। उसे जहाँ निर्धारित नीतियों का क्रियान्वयन करना होता है, वहीं पाठकों का भी खयाल रखना पड़ता है और संपादकीय विभाग के सदस्यों को दिशा-निर्देश करना पड़ता है। उसे देखना पड़ता है कि पत्र की प्रसार संख्या और प्रतिष्ठा, दोनों बढ़े। संपादक के लिए स्वतंत्र और निष्पक्ष होना, अभिव्यक्ति की स्वाधीनता के प्रति सचेत रहना, गुणवत्ता देखना और प्रेस कानूनों से वाकिफ होना जरूरी है। पत्रकारिता में सर्वाधिक महत्वपूर्ण भूमिका संपादक की होती है। किसी पत्र-पत्रिका की सफलता-असफलता उसके संपादक की क्षमता और दृष्टि पर निर्भर होती है। संपादक अपनी टीम की रचनात्मक गतिविधियों पर नजर रखते हुए कई बार उसमें हस्तक्षेप करता है। आज की पत्रकारिता में संपादकों को व्यावसायिक हितों का ज्यादा खयाल रखना पड़ता है। लिहाजा कुछ खबरों के प्रति वह ज्यादा उदार होता है और उसे काफी सोचना पड़ता है कि व्यावसायिक हित के खिलाफ जाने वाली कोई खबर लगाए या नहीं।

पिछले लगभग चार दशकों से संपादक नाम की संस्था का निरंतर क्षय होता गया है। इसका आभास बीसवीं सदी के तीसरे दशक से ही हो चला था। अपने समय के श्रेष्ठ पत्रकार विष्णुराव पराड़कर ने 1925 में कहा था, 'सभी समाचार-पत्रों की उन्नति चाहते हैं, पर हमें स्मरण रखना चाहिए कि इस उन्नति के साथ-साथ हमारी स्वतंत्रता की हानि अवश्यंभावी है। उन्नति व्यापारी ढंग से ही हो सकती है।...एडीटरी की अपेक्षा मैनेजिंग एडिटर का प्रभाव और गौरव बढ़ गया है। भावी हिंदी समाचार-पत्रों में भी ऐसा ही होगा। पत्र निकालकर सफलतापूर्वक चलाना बड़े-बड़े धनिकों अथवा सुसंगठित कंपनियों के लिए ही संभव होगा।...अब संचालक और व्यवस्थापक सर्वेसर्वा हैं। संपादक कुछ नहीं हैं। इस इतिहास से हमें यह उपदेश ग्रहण करना चाहिए कि भावी पीढ़ियां हमारा प्रेम के साथ स्मरण करें।' (अभिभाषण, श्रीकृष्ण संदेश, 22 नवंबर 1925)। यह कथन आज के इलेक्ट्रॉनिक युग में ज्यादा सच दिखता है, जब संपादक वित्तीय पूंजी, विज्ञापन और प्रबंधन के मातहत हो गया है। हिंदी पत्र के पहले संपादक युगल किशोर सुकुल, महावीर प्रसाद द्विवेदी, पराड़कर और प्रेमचंद के जमाने से आज का मीडिया संसार एकदम भिन्न हो चुका है।

संपादक नाम की संस्था की वर्तमान में जो यथार्थ स्थिति हो, एक अच्छे समाचार-पत्र या टीवी समाचार की आत्मा संपादक ही होता है। परंपरागत दृष्टि से संपादक की ये योग्यताएं बताई गई हैं– (1) बहुज्ञता, (2) निष्पक्षता या सत्य में निष्ठा, (3) निर्भयता, (4) दूरदृष्टि, (5) आत्मानुशासन, (6) नेतृत्व क्षमता, (7) लेखन क्षमता, (8) कल्पनाशीलता, (9) गतिशीलता, (10) स्थानीय विशिष्टताओं पर पकड़ और (11) संवेदनशीलता। ये वे सामान्य गुण हैं जो संपादक की अपनी शैली, चयन-दृष्टि, तात्कालिक निर्णय क्षमता आदि के अलावा हैं। दरअसल, अपने गुणों की वजह से ही संपादक की विश्वसनीयता का निर्धारण होता है।

अनंत गोपाल शेवड़े ने समाचार-पत्र के संपादक के लिए कुछ खास गुणों की ओर संकेत किया है : (1) समाचार-पत्र में इतनी भद्रता हो कि पूरा परिवार पढ़ सके, (2) प्रामाणिक और सत्यनिष्ठा समाचार-पत्र के आभूषण हैं, अतः समाचार का कोई पक्ष छोड़ देने का अन्याय न हो, (3) समाचार-पत्र में

दुखी-पीड़ित लोगों की आवाज हो, (4) कानून के शासन का पक्ष लिया जाता हो, (5) राष्ट्रीय और सामाजिक समस्याओं के प्रति दृष्टि सकारात्मक हो, (6) संतुलन का खयाल रखा जाए, कुछ भी एकतरफा न हो, (7) उदारवादी दृष्टि से विपक्ष के विचारों का स्वागत किया जाए, (8) समाचार-पत्र नागरिकताबोध के विकास का माध्यम बने, (9) सार्वजनिक हित के लिए नुकसान उठाना पड़े और कुछ त्याग करना पड़े तो पीछे न हटे—साहस करे, (10) झूठ, अन्याय, शोषण, हिंसा, ज्यादती को प्रश्रय न दिया जाए, इनके खिलाफ आवाज उठाई जाए। एक अच्छे संपादक की आंखें दुनिया की चारों दिशाओं में खुली रहती हैं और अपनी सूचनाओं, विचारों और अनुभूतियों में वह वस्तुतः एक प्रतिमान रचता है।

श्रीधरम

अधिक जानकारी के लिए :
A Dictionary of Editing : Seamas O Brogain, 2015

संप्रदाय

संप्रदाय के बताए गए अर्थों में इसे प्रथा, परंपरा, सिद्धांत, मत, वर्ग तथा समूह या मार्ग आदि से संबंधित बतलाया गया है। सबसे अधिक ग्राह्य परिभाषा है, 'किसी धर्म के अंतर्गत कोई विशिष्ट मत या सिद्धांत' या 'उक्त प्रकार का मत या सिद्धांत मानने वालों का वर्ग या समूह', जैसे वैष्णव या शैव संप्रदाय या फिरका या 'किसी विचार, विषय या सिद्धांत के संबंध में एक ही तरह के विचार या मत रखने वाले लोगों का वर्ग'। संप्रदाय का अंग्रेजी शब्द 'sect' लैटिन के 'secta' से लिया गया है। इसके अनुसार संप्रदाय आस्थावानों का ऐसा वर्ग, समूह या जमात है जो मुख्य धर्म से छिटककर अस्तित्व में आया है। समाजशास्त्री मैक्स वेबर (1864-1920) और अर्नेस्ट त्रोएल्स्च (1865-1923) के मत में संप्रदाय एक ऐसी संस्था या समूह है जिसे मुख्य धर्म के विरोध में प्रतिरोधी अनुयायियों ने स्थापित किया है। इन समाजशास्त्रियों का मानना है कि संप्रदाय लोगों की अपनी विशिष्ट पहचान होती है। विभिन्न संप्रदायों के राजनीतिक और दार्शनिक विचार भिन्न होते हैं। रूढ़िवाद या संकीर्णतावाद के विरोध से जन्मा संप्रदाय अपनी एक अलग पहचान बनाता है। रॉय वाल्लिस (1945-90) के शब्दों में, 'संप्रदाय सत्य के प्रति अनूठेपन तथा विशेषाधिकार का दावा करता है।' संप्रदाय के अनुयायी स्वयं को प्रामाणिक मानते हैं। कुछ संप्रदाय विश्वास की जड़ों की ओर लौटने का सख्त आग्रह करते हैं। ऐसे आग्रहों से संकीर्णता, कट्टरता, संघर्ष, अधिनायकवाद जैसी स्थितियां पैदा हो जाती हैं।

विश्व का कोई समाज, जाति, नस्ल, धर्म, आस्था, विश्वास ऐसा नहीं है जो संप्रदायों की उपस्थिति से अछूता है। प्रत्येक समाज, देश तथा काल में इनकी कम-अधिक सक्रिय उपस्थिति रही है। इस दृष्टि से भारत को अपवाद नहीं कहा जा सकता। दुनिया के सभी छोटे-बड़े धर्म (हिंदू, ईसाई, इस्लाम, बौद्ध, जैन, सिख धर्म आदि) संप्रदाय की धारणा से प्रभावित रहे हैं।

हिंदू धर्म में एक नहीं, अनेक बड़े और छोटे संप्रदाय देखने को मिलते हैं। हिंदू धर्म शैव, वैष्णव, शक्ति देवी, स्मृति-श्रुति, सूर्य, गणपति, अद्वैत-द्वैत जैसे प्रमुख संप्रदायों में विभाजित रहा है। प्रमुख प्राचीन संप्रदाय भी दर्जनों उप-संप्रदायों में बंटे रहे हैं। इन संप्रदायों में हैं—रामानंद संप्रदाय, स्वामीनारायण, चैतन्य महाप्रभु, वल्लभाचार्य, आदिनाथ-गोरखनाथ, कश्मीरी शैव, ब्रह्मा संप्रदाय, पशुपति शैव, राधावल्लभ, स्वामीनारायण, दशनामी, लिंगायत, द्रविड़ शैव शाखा, पंचदेवता संप्रदाय (गणेश, शिव, शक्ति, विष्णु, सूर्य और स्कंद)। केरल में श्रुति संप्रदाय, शक्ति उपासक संप्रदाय (काली, दुर्गा, लक्ष्मी, सरस्वती, पार्वती) आदि। भक्तिकाल से लेकर अब तक अनेक संप्रदायों ने जन्म लिया है जिनमें उल्लेखनीय हैं—कबीरपंथी, दादूपंथी, अघोरपंथी, ब्रह्म समाज, आर्य समाज, प्रार्थना समाज, श्रीनारायण धर्म, गायत्री समाज, स्वाध्याय परिवार, रामकृष्ण मिशन, सत्य-शोधक मार्ग आदि।

इसी तरह कृष्णभक्तों और ब्रह्मकुमारियों के संप्रदाय हैं। इनके अतिरिक्त विगत चालीस-पचास वर्षों में नए गुरुओं और बाबाओं के आने से सैकड़ों छोटे-बड़े संप्रदायों का जन्म हुआ है जिनके अपने कट्टर समर्थक हैं। देश-विदेश में भी इनका कार्य क्षेत्र है।

बौद्ध धर्म, जैन धर्म, सिख धर्म से समय-समय पर विद्रोह करके अलग हुए जन-समूहों के संप्रदाय हैं। आज भी ऐसे संप्रदायों का स्वतंत्र अस्तित्व है। इनकी विश्वस्तर पर पहचान है। ये भी उप-संप्रदायों में विभाजित हैं। बौद्ध धर्म के दो प्रमुख संप्रदाय हैं– हीनयान तथा महायान। इसी प्रकार जैन धर्म दिगंबर और श्वेतांबर संप्रदायों में विभाजित है। इनके भी कई उप-संप्रदाय हैं। मुगलकाल में स्थापित सिख धर्म में भी संप्रदाय हैं जिनमें प्रमुख हैं : निहंग, दमदमी टकसाल, निरंकारी, अखंड कीर्तन जत्था, रविदास, रामगढ़िया, मजहबी, सनातन सिख सभा, नामधारी आदि।

विश्व का सबसे बड़ा ईसाई धर्म संप्रदायों तथा उप-संप्रदायों में बटा हुआ है। इसके प्रमुख संप्रदाय या चर्च हैं : ईस्टर्न ऑर्थोडॉक्स सीरियन चर्च, ओरिएंटल ऑर्थोडॉक्स, कैथोलिक, प्रोटेस्टेंट चर्च आफ़ दि ईस्ट आदि। इनके दर्जनों उप-संप्रदाय हैं जिनके अपने-अपने चर्च हैं। ईसाई धर्म में लिबरेशन थियोलॉजी एक अलग से प्रभावशाली संप्रदाय है। दक्षिण या लैटिन अमेरिका में इसका काफी प्रभाव रहा है। इस क्रिश्चियन संप्रदाय के अनुयायी मूलतः समतावादी और विषमता विरोधी हैं, वे निर्धनों के पक्षधर हैं। इनका मत है कि ईसाई धर्म या चर्च को चाहिए कि वह अमेरिकी साम्राज्यवाद और कॉर्पोरेट शोषण के विरुद्ध संघर्ष करे। ईसा मसीह यही चाहते थे। इसके मानने वाले 1960 के आस-पास कैथोलिक चर्च से अलग हुए। 1971 में पेरू के पादरी गुस्तावो गुतिएर्रेज और ब्राजील के लियोनार्दो बोफ्फ ने लिबरेशन थियोलॉजी शब्द का प्रयोग शुरू किया। कैथोलिकों ने इस संप्रदाय द्वारा प्रतिपादित थियोलॉजी को ईसाइयीकृत मार्क्सवाद कहकर प्रचारित किया।

इस्लाम धर्म भी संप्रदायवाद से अछूता नहीं है। इसके दो प्रमुख संप्रदाय हैं : शिया और सुन्नी। दोनों एक-दूसरे के कट्टर विरोधी हैं। दोनों एक-दूसरे को इस्लाम-विरोधी घोषित करते हैं। इस्लाम का असली अनुयायी होने के दावे को लेकर पिछली कई शताब्दियों से इन दोनों संप्रदायों के बीच हिंसक संघर्ष चल रहे हैं। शिया राष्ट्रों और सुन्नी राष्ट्रों के मध्य युद्ध की स्थिति बनी हुई है। इस्लाम में अहमदिया, बहाई जैसे संप्रदाय भी हैं। इसके अतिरिक्त अनेक सूफी संप्रदाय हैं। इक्कीसवीं सदी के दूसरे दशक में एक चरम और हिंसक संप्रदाय आईएसआईएस (इस्लामिक स्टेट ऑफ इराक एंड सीरिया) अस्तित्व में आया है। इसके अनुयायी चरमपंथी हैं और खलीफा व्यवस्था को पुनर्स्थापित करना चाहते हैं। इनकी दृष्टि में नरम शियापंथी और सुन्नीपंथी लोग सच्चे इस्लामपरस्त नहीं हैं।

बुनियादपरस्ती, कट्टरतावाद, मूलवाद, वर्चस्ववाद, केंद्रीयतावाद, मठवाद के प्रतिरोध में संप्रदाय जन्म लेते हैं। धर्म का जब आभिजात्यीकरण हो जाता है और धार्मिक सत्ता जनता से कट जाती है, तब उसके विरुद्ध आवाज उठती है। एक धर्म में से दूसरे धर्म और संप्रदाय जन्म लेने लगते हैं। कालांतर में नव-उदित संप्रदाय में भी विकृतियां पैदा हो जाती हैं। ये भी संकीर्ण और कट्टरवादी बन जाते हैं। फलस्वरूप हिंसक सांप्रदायिकता की संभावना पैदा हो सकती है। वर्चस्व की लड़ाई शुरू हो जाती है।

नव-उदारवाद के दौर में धन-वैभव और ग्लैमर पर आधारित संप्रदाय जन्म लेने लगे हैं। इनके प्रवर्तक भूमंडलीय हैं। ये मूलतः मीडियावाहित हैं। अब धार्मिक चैनलों के माध्यम से भी संप्रदायों को संबोधित किया जाता है।

रामशरण जोशी

अधिक जानकारी के लिए :

1. भारतीय इतिहास में धर्म : इरफान हबीब, **2. Religious Sects : A Sociological Study :** Bryan Wilson, 1970, **3. The Oxford Handbook of New Religious Movements :** James R Lewis, 2004, **4. Sects, Cults and Spiritual Communities : A Sociological Analysis :** William W Zellner & Marc Petrowsky, 1998

संप्रभुता

संप्रभुता का अर्थ है स्वतंत्र सत्ता के साथ राज्य को गणतांत्रिक ढांचे में मिला संपूर्ण और असीमित अधिकार, जिसे चुनौती न दी जा सके। ऐसा राज्य धर्म या किसी भी तरह के बाहरी हस्तक्षेप से मुक्त होता है। यूरोपीय राष्ट्र-राज्य का उदय संप्रभुता के आधार पर हुआ था, जब प्रोटेस्टेंट मत के उदय के साथ कैथोलिक चर्च की मान्यता में ह्रास आया। संप्रभुता को लेकर विवाद रहा है कि आखिरकार राज्य की स्वतंत्र, संपूर्ण और असीमित क्षमता का आशय राजनीतिक संप्रभुता है या विधिक संप्रभुता। एक संप्रभुता-संपन्न राष्ट्र-राज्य अंतरराष्ट्रीय व्यवस्था में अपने स्वतंत्र अस्तित्व के साथ स्वशासन की क्षमता का प्रदर्शन करता है। औपनिवेशिक शासन के बाद कई देश ऐसे ही संप्रभुता संपन्न राष्ट्र-राज्य के रूप में वजूद में आए। कुछ राष्ट्र-राज्य संप्रभुता संपन्न तो हो गए, पर वहां लोकतांत्रिक और धर्मनिरपेक्ष ढांचा निर्मित नहीं हो सका, क्योंकि असीमित राज्य क्षमता के साथ स्वशासन के बावजूद वहां राजनीतिक संप्रभुता स्थापित नहीं हो सकी। भारत एक ऐसा राष्ट्र-राज्य है जो अपने को संप्रभुता संपन्न घोषित करने के साथ लोकतांत्रिक, धर्मनिरपेक्ष और समाजवादी गणतंत्र कहता है। इस देश में संप्रभुता के साथ गणतांत्रिक पद्धति से बना संविधान लागू है अर्थात शासन को सारे कार्य संवैधानिक ढांचे में करने होते हैं। संयुक्त राज्य अमेरिका, कनाडा, ऑस्ट्रेलिया, भारत जैसे संघात्मक राष्ट्र-राज्यों में संप्रभुता केंद्र और राज्यों में विभाजित है। यह वस्तुतः संविधान है जो केंद्र और राज्य, दोनों को संप्रभुतासंपन्न बनाता है और एक तरह से वही वास्ताविक संप्रभु है।

वैश्विक संदर्भ में संप्रभुता का मुद्दा महत्वपूर्ण है। राष्ट्रीय और अंतरराष्ट्रीय स्तर पर ऐसे कई विवाद हैं जिनमें किसी एक की संप्रभुता दूसरे की संप्रभुता पर खतरे की तरह दिखती है। कश्मीर के मसले पर दूसरे देशों की किसी भी तरह की एकतरफा गतिविधि भारतीय संप्रभुता में हस्तक्षेप समझी जाती है। इसी तरह श्रीलंका के तमिल मसले पर भारत का कुछ कहना श्रीलंका की संप्रभुता में हस्तक्षेप की तरह देखा जाता है। आतंकवाद से मुकाबले के लिए स्वतंत्रता और लोकतंत्र के नाम पर अमेरिका ने कई मुस्लिम देशों की संप्रभुता में ताकत के बल पर हस्तक्षेप किया। वैश्वीकरण के युग में आर्थिक और सांस्कृतिक साम्राज्यवाद के जो नए रूप सामने हैं, उनसे संप्रभुता के सिद्धांतों का कहां मेल है और कहां टकराहटें हैं, यह बहस का विषय है।

मृत्युंजय श्रीवास्तव

अधिक जानकारी के लिए :
Sovereignty : F H Hinsley

संप्रेषण कला

एक सफल बातचीत, विचारों का आदान-प्रदान या संप्रेषण व्यक्ति की ऐसी क्षमताओं पर निर्भर करता है जो अर्जित की जाती हैं। ये कुछ अपने परिवार, शैक्षिक परिवेश और समाज से पाई जाती हैं, पर ज्यादातर अर्जित करनी होती हैं। संप्रेषण कला (The Art of Communication) की जीवन के उन अवसरों पर खास जरूरत पड़ती है, जो चुनौतीपूर्ण होते हैं। जहाँ मतभिन्नता हो या मामला संवेदनशील हो, वहां व्यक्ति सावधान न रहे तो कोई बड़ी असफलता हाथ लग सकती है, यहां तक कि जिंदगी विपरीत दिशा में घूम सकती है। इसलिए वर्तमान जटिल युग में शुद्ध, लच्छेदार और प्रवाहपूर्ण ढंग से बोलना आना काफी नहीं है, पर्याप्त सावधानी, सामने वाले के प्रति संवेदनशीलता और विषय पर अच्छी पकड़ भी जरूरी है।

इंटरनेट ने संप्रेषण के तौर-तरीके बदले हैं। टेली कांफ्रेसिंग से लेकर टीवी, व्हाट्स ऐप, मोबाइल और सोशल साइट तक उसके कई रूप हैं। पहले के सभा-सेमिनार, इंटरव्यू, मौखिकी, पारिवारिक चर्चा, मित्रों के बीच बैठकी आदि के समय भी सावधानी जरूरी है, भले कोई विनोद या बेतकल्लुफी से भी काम ले। देखा गया है कि जिनके बोलने की आवाज

में कुछ कमजोरियां हैं, वे सिर्फ संप्रेषण कला के बल पर अपने को सही ढंग से प्रस्तुत कर देते हैं और जो बहुत बोलते या स्मार्ट बनते हैं, वे असफल हो जाते हैं।

थियोडोर जेल्डिन ने कहा है, 'संप्रेषण अलग-अलग स्मृतियों और रुचियों के साथ दिमागों की मिलन भूमि है। इसलिए जब दो या कई दिमाग मिलते हैं, वे सिर्फ तथ्यों का आदान-प्रदान नहीं करते, वे तथ्यों का अपने अनुभव से रूपांतरण भी करते हैं, उन्हें नए ढांचे में प्रस्तुत करते हैं, उनसे भिन्न किस्म के निहितार्थ निकालते हैं और विचार की किसी नई धारा में उन्हें शामिल करते हैं।' इसलिए बातचीत करते समय सचेत और रहमदिल होना पहली जरूरत है। इसका अर्थ है किसी भी किस्म के अहं, कठोर धारणा या पूर्वग्रह का त्याग और हर मामले को खुलेपन के साथ एक जारी संवाद के रूप में लेना। बातचीत के लिए दूसरे के मन में अपने प्रति विश्वास पैदा करने के लिए यह सब जरूरी है, इससे संप्रेषण का मार्ग प्रशस्त होता है। इस तरह आत्मविश्वास जितना जरूरी है, उतना ही फलदायक है दूसरों को सम्मान के भाव से देखना।

अपने संप्रेषण को अधिक अर्थपूर्ण और प्रभावशाली बनाने के लिए निम्न मुद्दों को प्रकाश में लाया गया है :

1. संप्रेषण का सबसे बड़ा शत्रु है भय, झिझक या असुरक्षा का बोध। यह दूसरों और अपने पर विश्वास की कमी का नतीजा है। सबसे पहले इसे प्रयत्न और निरंतर अभ्यास से दूर करने की जरूरत है।

2. दूसरे को सुनना भी कार चलाने, खाना पकाने की तरह एक कला है। हम सब सीखते हैं पर सुनना नहीं सीखते। ध्यान में रहे कि सुनते समय सामने वाले को यह न लगे कि उसे उपेक्षा की नजरों से देखा जा रहा है। हर संप्रेषण बराबरों के बीच संप्रेषण है। इसलिए बोलने वाले व्यक्ति को यह अहसास होना चाहिए कि वह बिना विघ्न डाले अच्छी तरह सुना जा रहा है और उसके मुद्दों को समझने की कोशिश हो रही है। बीच में टोकना या बात काटना असफलता का चिह्न है। यह जरूरी नहीं है कि आप जो सुन रहे हैं, उससे सहमत हों। बीच-बीच में सुनने का भाव व्यक्त करते हुए बोलते समय समझ-बूझकर दृढ़तापूर्वक अपना मत रखना सफल संप्रेषण का चिह्न माना जाएगा।

3. बातचीत या संप्रेषण के दौरान अपनी भावनाओं पर नियंत्रण जरूरी है। वे कभी जीरो स्तर पर होती हैं तो कभी उत्तेजित होकर आपे से बाहर चली जाती हैं। दोनों स्थितियां बुरी हैं। उद्वेलित स्थिति में कुछ कहने, चुनने या छोड़ने से बेहतर है कि आप शांत रहें, निर्णय को टालें और ठहरकर थोड़ा सोच लें। शब्द बाण की तरह छूट जाए तो वापस तरकश में नहीं आता। ज्यादा मजबूत व्यक्ति होने का चिह्न यह है कि वह उत्तेजित नहीं होता, आत्मविश्वास रखता है और उत्तेजना के समय मुंह बंद रखता है।

4. जहाँ विश्वास टूटने का प्रश्न हो, कुछ भी कहने या संप्रेषित करने के पहले समय लेकर जांच करने के बाद ही कोई प्रतिक्रिया करना उचित होगा।

5. संप्रेषण की दुनिया में रिस्पांस करने की क्षमता को 'रिस्पांसिबिलिटी' कहा गया है। किसी के भी सामने उपस्थित तथ्य या स्थिति पर अपनी बात रखने की क्षमता अर्जित करना जीवन के लंबे अनुभव और अध्ययन पर निर्भर करता है। अच्छे प्रभावशाली संप्रेषण के लिए सीमित शब्द-भंडार और अनुभव से काम नहीं चलता, किसी विषय पर नए ढंग से कुछ कहने के लिए नए शब्दों, नई चीजों और नए विचारों से परिचय होना जरूरी है।

6. बातचीत के समय किसी तथ्य या स्थिति पर अपनी कही कोई बात गलत हो सकती है। ऐसी स्थिति में उस गलती को स्वीकार करना उचित होगा। यह अनुभूति भीतर होनी चाहिए कि आपने जो कुछ कहा है, वह अब तक की जानकारी के आधार पर कहा है और इसके अलावा भी तथ्य हो सकते हैं।

7. संप्रेषण कला में कहने की शैली महत्वपूर्ण

है। यदि किसी को किसी मामले में मदद की जरूरत हो, यह बात सीधे कहने पर जिसे मदद की जरूरत है, उसकी भावनाएं आहत हो सकती हैं। ऐसे कहा जा सकता है, आपको क्या फीडबैक चाहिए, आपका काम कैसे आगे बढ़ेगा आदि।

8. शब्द की तरह देहभाषा संप्रेषण को सुगम बनाती है। इसके लिए मुस्कुराना, खुलापन, सामने की तरफ थोड़ा झुकना, आंखों से संपर्क और तनावमुक्त होकर अपनी बात कहना ज्यादा फलप्रद होगा। हाथ के संचालन से भी अभिव्यक्ति में क्षतिपूर्ति होती है। संप्रेषण में देहभाषा का कही जाने वाली वस्तु के साथ तालमेल होना जरूरी है। आवाज में उतार-चढ़ाव, बोलने का ढंग कभी धीरे, कभी तेज, किसी खास शब्द पर बल—ये चीजें प्रभावशाली संप्रेषण के लिए जरूरी हैं।

9. संवाद में मौन और अंतराल भी शब्द की तरह कुछ-न-कुछ संदेश देते हैं और कई बार ज्यादा ग्रहण किए जाते हैं।

10. हमें क्या बोलना है, उसका मतलब पहले खुद जानना जरूरी है और यह समझना भी कि कौन-सी बात किस समय कही जाए।

11. ऐसा भी किया जा सकता है कि हम जो बातें दूसरों से कहना चाहते हैं, वह एकाध बार कागज पर लिख लें और सोचें कि यह बात खुद सुनकर कैसा लगेगा।

अपनी बात किसी व्यक्ति से ही नहीं सभा में या कमरे के सामने सैकड़ों तरह के लोगों से कहने की जरूरत पड़ सकती है। इसका लक्ष्य दूसरों से संबंध विकसित करना होता है जो कौशल पर ही निर्भर नहीं करता। यह संप्रेषण करने वाले के धैर्य, विश्वसनीयता, स्पष्टता, ईमानदारी, संवेदनशीलता और खुली सोच पर भी निर्भर करता है।

शंभुनाथ

अधिक जानकारी के लिए :

1. The Hidden Pleasure of Life : Theodore Zeldin, 2015, **2. The Art of Communicating :** Thich Nhat Hanh, 2013

संबोधन गीति

अंग्रेजी गीतिकाव्य का एक रूप 'Ode' है जिसका अर्थ है किसी एक ही भव्य वस्तु या प्राणी को संबोधित करके लिखा जाने वाला गीत। संबोधन गीति संगीतमय होता है। यह उत्साहवर्द्धक या स्तुतिपरक गीत है। इसका एक निर्धारित उद्देश्य होता है। साधारण तौर पर इसकी वस्तु, भावना एवं शैली भव्य और भावातिरेक से भरी होती है। इसमें कवि किसी वस्तु विशेष को संबोधित कर अपनी भावनाओं को प्रथम पुरुष में व्यक्त करता है। वह कभी अपने को और कभी अन्य वस्तु या प्राणी को संबोधित करता है। संबोधन गीति में संबोधन के तत्व में विशेष आकर्षण स्वाभाविक है। यह अन्य गीति रूपों की अपेक्षा बड़ा होता है, क्योंकि इसमें वर्णनात्मकता होती है। वर्णनात्मकता के बावजूद इसकी शैली गूढ़, आवेगपूर्ण और गरिमापूर्ण होती है और इसकी गति धीर और गंभीर होती है। कीट्स ने इसकी उपमा एटलस पहाड़ से दी है। उसकी कविता 'ओड टु अ नाइटिंगल' प्रसिद्ध है। संबोधन गीति में किसी प्रबल भाव या विचार का तार्किक विकास देखने को मिलता है। इस तरह यह गीतिकाव्य के अन्य रूपों में सबसे अधिक विचारपूर्ण, आवेगपूर्ण और कल्पनात्मक है। इसमें संगीतमयता के अलावा कल्पना की प्रधानता होती है। इसमें कभी उत्साह और कभी करुणा छिपी होती है।

छायावाद में कई महत्वपूर्ण संबोधन गीतियां रची गई हैं। कुछ उदाहरण हैं—जयशंकर प्रसाद की 'किरण', 'विषाद', 'मेघों के प्रति'। पंत की ऐसी कविताएं हैं—विहग के प्रति', 'बापू के प्रति', 'परिवर्तन'। निराला ने संबोधन गीतियां लिखी हैं—'यमुना के प्रति', 'तरंगों के प्रति', 'प्रिय के प्रति'। प्रसाद उत्साह के स्वर में प्रश्न करते हैं, किरण! तुम क्यों बिखरी हो आज, रंगी हो तुम किसके अनुराग?' पंत में भी आशा से भरा उत्साह है, 'प्रथम रश्मि का आना रंगिणि! तूने कैसे पहचाना?' निराला यमुना को देखकर शोक से घिरे रहते हैं, 'बता कहां वह

वंशीवट? कहां गए नटनागर श्याम?' संबोधन गीति कई बार शोकगीत के नजदीक होता है, पर इसकी मुख्य खूबी है प्रश्नों की प्रधानता।

ब्रजकिशोर झा

संयुक्त राष्ट्र संघ

पहले विश्वयुद्ध के विनाशकारी परिणामों से त्रस्त होकर दुनिया के कई देशों ने मिलकर 10 जनवरी 1920 को 'लीग ऑफ नेशंस' की स्थापना की थी। सदस्य राष्ट्रों के आपसी अविश्वास, महत्वाकांक्षा, लीग की अपनी सेना न होने तथा दुनिया के दो बड़े राष्ट्रों अमेरिका और सोवियत रूस का सदस्य न बनने की वजह से लीग को युद्धों को रोकने और शांति बहाल करने के मुख्य उद्देश्यों में सफलता नहीं मिली। सितंबर 1939 में जर्मनी के तानाशाह शासक हिटलर द्वारा पोलैंड पर एकतरफा हमले ने कमजोर लीग ऑफ नेशंस की प्रासंगिकता ही समाप्त कर दी। द्वितीय विश्वयुद्ध की विभीषिका और महाविनाश ने अमेरिकी राष्ट्रपति रूजवेल्ट की अगुवाई में एक नए विश्व संगठन की संभावना को जन्म दिया। 15 अगस्त 1941 को अमेरिकी राष्ट्रपति एवं ब्रिटेन के प्रधानमंत्री ने दुनिया के तमाम देशों की संप्रभुता की रक्षा और विश्वशांति की बहाली के उद्देश्य से एक आठसूत्रीय 'अटलांटिक चार्टर' पर हस्ताक्षर किए, हालांकि भारत को संप्रभुता प्रदान करने के मामले में ब्रिटेन के प्रधानमंत्री चर्चिल के इंकार ने इस चार्टर की विश्वसनीयता को कमजोर कर दिया।

संयुक्त राष्ट्र संघ

द्वितीय विश्वयुद्ध के महाविनाश के बाद सभी पीड़ित देश एक मजबूत और निर्णायक चरित्र वाले अंतरराष्ट्रीय संगठन की जरूरत महसूस करने लगे थे। इस उद्देश्य से 7 अगस्त 1944 को डंबरटन ओक्स में संयुक्त राज्य अमेरिका, सोवियत संघ, इंग्लैंड और चीन ने एक संयुक्त बैठक की। इस बैठक में भविष्य के युद्धों पर रोक लगाने तथा विश्वशांति के लक्ष्य से नए विश्व संगठन के निर्माण का एक प्रारूप बनाकर दुनिया के अन्यान्य देशों को भेजा गया। इस प्रारूप की दो मुख्य बातें थीं : पहली, 11 सदस्यीय एक ऐसी सुरक्षा परिषद का गठन जो भविष्य के युद्धों पर सख्ती से रोक लगा सके। दूसरी, सदस्य राष्ट्रों द्वारा सुरक्षा परिषद के नियंत्रण में एक स्वतंत्र सेनावाहिनी का निर्माण, ताकि सदस्य राष्ट्रों के बीच होने वाले युद्धों को रोका जा सके। सुरक्षा परिषद में मतदान करने के तरीकों पर चर्चा करने के लिए रूजवेल्ट, स्टालिन और चर्चिल की एक बैठक क्रीमिया (सोवियत संघ) में हुई। इसके बाद 25 अप्रैल 1945 को अमेरिका के सैन फ्रांसिस्को शहर में 50 राष्ट्रों के प्रतिनिधियों की एक बैठक आयोजित हुई। इस बैठक में अलग-अलग समितियां बनाकर, नए विश्व संगठन की रूपरेखा बनी। कई बैठकों तथा प्रस्तावित सदस्य-राष्ट्रों की संसदों द्वारा प्रारूप की स्वीकृति के बाद 24 अक्टूबर 1945 को वर्तमान संयुक्त राष्ट्र संघ अस्तित्व में आया।

संयुक्त राष्ट्र का उद्देश्य, सिद्धांत और प्रस्ताव उसके 111 अनुबंधों में वर्णित हैं। ये अनुबंध संगठन का महत्व बयान करने के साथ उन अवयवों और विभागों का भी वर्णन करते हैं, जिनकी सहायता से संयुक्त राष्ट्र संघ अपने लक्ष्य को प्राप्त कर सकेगा। अपने अनूठे अनुबंधों की घोषणा वह इन शब्दों में करता है : हम सभी संयुक्त राष्ट्र संघ के सदस्य दृढ़प्रतिज्ञ हैं–(1) आने वाली पीढ़ियों को युद्ध की विभीषिका से बचाने के लिए, (2) छोटे-बड़े सभी राष्ट्रों के नागरिकों (स्त्री-पुरुष) के मौलिक अधिकारों और सम्मान की रक्षा के लिए, (3) अंतरराष्ट्रीय कानूनों के तहत किए गए समझौतों के अनुपालन

एवं न्याय की प्रतिष्ठा के लिए, (4) अच्छे पड़ोसियों की तरह शांति और सहिष्णुतापूर्वक सह-अस्तित्व बनाए रखने के लिए, (5) अंतरराष्ट्रीय स्तर पर शांति और सुरक्षा बनाए रखने के उद्देश्य से (सामूहिक हित के मौकों को छोड़कर) सशस्त्र सेना का प्रयोग नहीं करने के लिए तथा (6) विश्व की समस्त जनता के आर्थिक-सामाजिक विकास के लिए अंतरराष्ट्रीय संसाधनों के समुचित उपयोग के लिए।

1945 में सैन फ्रांसिस्को शहर में 51 राष्ट्रों के प्रतिनिधियों की उपस्थिति और सदस्यता की स्वीकृति से प्रारंभ हुए संयुक्त राष्ट्र संघ को सदस्य राष्ट्रों की संख्या 2006 में बढ़कर 192 हो गई है। ताइवान, वैटिकन रोम, फिलिस्तीन जैसे राष्ट्रों को विशेष सदस्य बनाकर संघ में शामिल किया गया है। सुरक्षा परिषद के अनुमोदन पर साधारण सभा दो-तिहाई मत से ही नई सदस्यता प्रदान कर सकती है। राष्ट्र संघ के नियमों-अनुबंधों की अवहेलना करने वाले सदस्यों की सदस्यता सुरक्षा परिषद के अनुमोदन पर खत्म की जा सकती है।

संयुक्त राष्ट्र संघ का मुख्यालय न्यूयॉर्क, अमेरिका में है। इसका कार्य दुनिया की छह भाषाओं में होने के लिए स्वीकृत है। ये भाषाएं हैं : अंग्रेजी, फ्रेंच, रूसी, अरबी, चीनी तथा स्पेनी। भारतीय भाषा हिंदी की स्वीकृति के लिए अरसे से कोशिश की जा रही है।

राष्ट्र संघ मुख्यतया छह प्रधान अंगों के माध्यम से कार्य करता है। ये अंग हैं—साधारण सभा, सुरक्षा परिषद, अंतरराष्ट्रीय न्यायालय, आर्थिक और सामाजिक परिषद, संरक्षण (ट्रस्टीशिप) परिषद तथा सचिवालय। राष्ट्रसंघ के सभी सदस्य-राष्ट्र साधारण सभा के सदस्य होते हैं। प्रत्येक राष्ट्र के अधिकतम पांच प्रतिनिधि साधारण सभा की कार्यवाहियों में हिस्सा ले सकते हैं। उनके मताधिकार की संख्या एक ही होती है। साधारण सभा कुछ अलग समितियों के माध्यम से कार्य करती है। शांति और सुरक्षा संबंधी समिति, वित्त विषयक, कानून प्रणयन विषयक, प्रशासन और बजट विषयक, निर्वाचन विषयक, सामाजिक, मानवीय और सांस्कृतिक विषयक तथा विशेष राजनीतिक विषयक समिति। विश्व नागरिकों की सर्वोच्च सभा होने के नाते विभिन्न मुद्दों पर जनमत बनाना साधारण सभा का प्रमुख कार्य है। पर यह तथ्य है कि सुरक्षा परिषद की सिफारिश और सहायता के बगैर साधारण सभा की कार्यवाहियां प्रभावी नहीं हो पातीं। दूसरे महायुद्ध के बाद जारी शीतयुद्ध के दौर में विश्व के दो बड़े मुल्कों—अमेरिका और सोवियत संघ की प्रतिस्पर्द्धा ने साधारण सभा को महत्व प्रदान किया। 1946-47 में सुरक्षा परिषद में विभिन्न मुद्दों पर कुल 23 बार विशेषाधिकार (वीटो) का प्रयोग हुआ। इनमें से 21 बार इनका प्रयोग सोवियत संघ ने किया। 1950 में अमेरिका ने अपने पक्ष के सदस्य राष्ट्रों के सहयोग से साधारण सभा में 'शांति के लिए एकता' का प्रस्ताव पारित करवाया। इस प्रस्ताव में कहा गया था कि किसी कारणवश सुरक्षा परिषद किसी मामले को हल करने में असफल होती है तो साधारण सभा निर्णायक भूमिका ले सकती है। इस तरह अमेरिका द्वारा सामयिक रूप से राष्ट्र संघ पर अपना वर्चस्व बनाने में सफल होने के बावजूद, साठ और सत्तर के दशक में तीसरी दुनिया के देशों के बढ़ते प्रभाव ने अमेरिकी वर्चस्व को कमजोर किया। दक्षिण अफ्रीका का वर्ण-विभेद, नामीबिया और जांबिया की समस्या, अंगोला, मोजांबिक जैसे देशों के मामले साधारण सभा की कार्यवाहियों में प्रमुखता पाते गए।

संयुक्त राष्ट्र में बच्चों के अधिकार और मानवाधिकार विषयक, दुनिया में तापमान वृद्धि, पर्यावरण और प्रदूषण की समस्याओं, निरस्त्रीकरण, आणविक हथियारों के परीक्षण पर प्रतिबंध जैसे प्रस्ताव पारित किए गए। 1991 तक कभी अमेरिकी, कभी सोवियत संघ, कभी गुटनिरपेक्ष देश, कभी चीन आदि के प्रस्तावों पर विमर्श और सिफारिश के आधार पर, साधारण सभा की कार्यवाहियों पर इन देशों का वर्चस्व मजबूत और कमजोर होता रहा। 90 के दशक के बाद समाजवादी शिविर में आते गए बिखराव ने संयुक्त राष्ट्र संघ पर अमेरिकी गुट के प्रभाव को मजबूत बना दिया।

मात्र पांच स्थायी और दस अस्थायी सदस्यों वाली सुरक्षा परिषद राष्ट्र संघ का सर्वाधिक महत्वपूर्ण और शक्तिशाली अंग है। अस्थायी सदस्य साधारण सभा द्वारा दो वर्षों के लिए चुने जाते हैं। विशेष मताधिकार (वीटो) प्राप्त स्थायी सदस्यों की संख्या में वृद्धि के लिए राष्ट्र संघ में लगातार मांग की जाती रही है। 1992 में राष्ट्र संघ के महासचिव ने प्रस्तावित किया था कि भारत, जर्मनी, जापान, नाइजीरिया और ब्राजील जैसे देशों को सुरक्षा परिषद की स्थायी सदस्यता दी जानी चाहिए। पांच स्थायी सदस्यों को प्राप्त विशेषाधिकार (वीटो) की वजह से अन्य सदस्य-राष्ट्रों के साथ समानता का अभाव, बड़ी ताकतों के छोटे-छोटे निजी स्वार्थ, शीतयुद्ध की राजनीति तथा अपनी सेना का अभाव संयुक्त राष्ट्र संघ की दुर्बलता के मुख्य कारण हैं। महज कुछ क्षेत्रीय युद्धों पर रोक लगाकर शांति की स्थापना के प्रयास से पूरी दुनिया में वास्तविक शांति की स्थापना संभव नहीं है। स्थायी और यथार्थ शांति के लिए जरूरी है दुनिया में व्याप्त सामाजिक, आर्थिक और सांस्कृतिक विषमताओं को दूर कर मानवाधिकारों की गारंटी वाला परिवेश बनाना। इन्हीं लक्ष्यों की प्राप्ति के लिए राष्ट्र संघ ने 'आर्थिक-सामाजिक परिषद' की स्थापना कर रखी है।

आर्थिक-सामाजिक परिषद का कार्य है अंतरराष्ट्रीय आर्थिक, सामाजिक, सांस्कृतिक, स्वास्थ्य और शिक्षा जैसे मानवीय विषयों पर शोध-अनुसंधान के आधार पर जरूरी नीतियां बनाना और उन्हें राष्ट्र संघ से संबद्ध विविध संस्थाओं को कार्यान्वयन के लिए भेजना। राष्ट्र संघ के साथ इस तरह की कुल 17 स्वतंत्र संस्थाएं संबद्ध हैं, जो इन नीतियों को कार्यरूप देती हैं। इनमें प्रधान संगठन हैं—अंतरराष्ट्रीय मजदूर संगठन, विश्व स्वास्थ्य संगठन, अंतरराष्ट्रीय आर्थिक फंड, अंतरराष्ट्रीय पुनर्निर्माण विकास बैंक (वर्ल्ड बैंक), खाद्य और कृषि संगठन, अंतरराष्ट्रीय पूंजी प्रतिष्ठान, अंतरराष्ट्रीय आणविक ऊर्जा संस्थान, संयुक्त राष्ट्र अंतरराष्ट्रीय बाल आकस्मिक सहयोग फंड (यूनीसेफ) आदि। ये संस्थान अपने कार्यों की नियमित रिपोर्ट आर्थिक और सामाजिक परिषद को पेश करते हैं। राजनीतिक रूप से सीमित सफलता पाने वाले संयुक्त राष्ट्र संघ की सामाजिक और सांस्कृतिक मामलों में विभिन्न राष्ट्रों के बीच सहयोग और विनिमय की भूमिका उल्लेखनीय है।

संयुक्त राष्ट्र संघ द्वारा युद्धों को रोक पाने की असफलता पर टिप्पणी करते हुए अमेरिकी पत्रकार मैकलीवर ने कहा था, 'जब तक कुछ सीमित राष्ट्रों के हाथों में असीमित अधिकार रहेंगे, युद्धों को रोकने और शांति की स्थापना करने में कोई अंतरराष्ट्रीय संगठन सफल न हो सकेगा। मध्य-पूर्व में तेल की राजनीति में उलझे राष्ट्रों के राजनीतिक समीकरण, दुनिया की पूंजी और सत्ताओं के खूंखार खेल, नए इस्लामिक राष्ट्रवादी संगठनों के आतंकवादी अभियान और इन सबकी त्रासदी झेलती विश्व की आम जनता—इन सारी समस्याओं से सफलतापूर्वक निपटने की क्षमता पर ही संयुक्त राष्ट्र संघ की प्रासंगिकता और उसका भविष्य निर्भर है।'

महेश जायसवाल

अधिक जानकारी के लिए :
1. An Introduction to Politics : Shibnath Chakraborty, **2. United Nations: The First Fifty Years :** Stanley Meister, **3. The Parliament of Man :** Paul Kennedy

संरचनावाद

संरचनावाद (Structuralism) की स्थापना और विकास फ्रांस में बीसवीं सदी के मध्य के बाद विशेष रूप से 1960 के दशक में हुआ। इसने बाद में दर्शन, साहित्य-आलोचना के क्षेत्रों में भी आंदोलन का रूप ले लिया। संरचनावाद ने मानवीय अस्तित्व और चुनाव की स्वतंत्रता की अवधारणा का निषेध किया और मानवीय अनुभव की और तदनुसार मानवीय व्यवहार की उस प्रक्रिया पर ध्यान केंद्रित किया जो विभिन्न संरचनाओं के अधीन रहकर ही

अभिव्यक्त और निर्धारित हो पाती है। इस संदर्भ में क्लॉड लेवी-स्त्रास की 1949 में प्रकाशित पुस्तक 'एलिमेंट्री स्ट्रक्चर्स ऑफ किनशिप' को एक बीज ग्रंथ माना जाता है। लेवी-स्त्रास, रूपवादी चिंतक रोमन याकोब्सन के संरचनावाद से प्रभावित थे। साथ ही अमेरिकी नृतत्वविज्ञानी परंपरा के अन्वेषणों ने भी उन्हें गहराई से प्रेरित किया था। उन्होंने मानवीय सगोत्रता और रक्त-संबंधों की व्यवस्था को एक संरचना के रूप में व्याख्यायित किया। सगोत्रता और रक्त-संबंधों की प्रणाली का संरचना के रूप में अध्ययन करते हुए उन्होंने यह दिखाने की चेष्टा की कि विभिन्न सामाजिक संगठन किस प्रकार कुछ मूलभूत सगोत्रीय संरचनाओं के ही परिवर्तित रूप हैं। 1950 के दशक में उनकी एक और पुस्तक प्रकाशित हुई जिसका नाम था 'स्ट्रक्चरल एंथ्रोपोलॉजी' (संरचनात्मक नृतत्वविज्ञान)। इस पुस्तक के विभिन्न निबंधों में उन्होंने संरचनावाद की प्रमुख विशेषताओं का प्रतिपादन किया है।

1960 के आरंभिक वर्षों में संरचनावाद बौद्धिक जगत में लोकप्रिय होता गया। अब यह मान्यता पुष्ट होने लगी कि संरचनावाद मानव जीवन के सभी पक्षों और आयामों को व्याख्यायित करने के लिए अखंड तथा एकीकृत वैश्विक परिप्रेक्ष्य एवं दृष्टि कोण प्रदान करने में सक्षम है। यह विश्वास दृढ़ होने लगा कि मानव जीवन का अध्ययन करने वाले विभिन्न अनुशासनों को संरचनावाद के अंतर्गत समेटा जा सकता है। रोलां बार्थ और जॉक देरिदा जैसे चिंतकों ने इस पर अपना ध्यान केंद्रित किया कि किस प्रकार संरचनावाद की मान्यताओं के अनुसार साहित्यिक कृतियों का अध्ययन करना संभव हो सकता है।

संरचनावाद के विकास में चार विद्वानों का नाम विशेष रूप से प्रसिद्ध हुआ—क्लॉड लेवी-स्त्रास, जॉक लाकां, रोलां बार्थ और मिशेल फूको, जिन्हें 'गैंग्स ऑफ फोर' (चार की टोली) कहा गया।

संरचनावाद ने समाजशास्त्र, नृतत्वशास्त्र, भाषाशास्त्र और संकेतशास्त्र में उन सैद्धांतिक नमूनों की स्थापना की, जो दर्शाते हैं कि मानव संस्कृति को कुछ बृहत्तर और व्यापक प्रणालियों के संदर्भ में या यूं कहें कि कुछ संरचनाओं के आधार पर समझा जा सकता है। ये वे संरचनाएं हैं जो मनुष्य के समस्त कार्यकलापों में अंतर्निहित होती हैं। संरचनावाद मनुष्य की विचार-प्रणाली, बोध, प्रक्रिया, संवेदन, व्यवस्था में प्रच्छन्न संरचनाओं को निरावृत्त करने के उपकरण प्रदान करता है। सिमोन ब्लैकबर्न के अनुसार, 'संरचनावाद का यह विश्वास है कि मानवीय जीवन की विभिन्न परिघटनाओं का अंतर्ज्ञान उनके आपसी संबंधों को समझे बगैर संभव नहीं है। ये अंतर्संबंध किसी संरचना का निर्माण करते हैं जिसमें देश-काल के अनुसार सतही और स्थानीय विभिन्नताएं तो हो सकती हैं, मगर मनुष्य की अमूर्त संस्कृति के शाश्वत नियम अक्षुण्ण रहते हैं।'

संरचनावाद का उद्‌भव बीसवीं सदी के आरंभिक वर्षों में फर्डिनेंद द सास्यूर के भाषाशास्त्रीय शोध से हुआ, जिसे सिद्धांततः संरचनावादी भाषाशास्त्र के रूप में जाना गया। इसके बाद इसका विकास प्राग, मॉस्को और कोपेनहेगेन के भाषिक स्कूलों द्वारा किया गया। 1950 के अंतिम दशक में जब नोआम चोम्स्की जैसे चिंतकों ने संरचनावाद के सिद्धांतों की कड़ी आलोचना की, तब इसका प्रभाव घटने लगा। ठीक इसी समय क्लॉड लेवी-स्त्रास जैसे मानविकी के गंभीर अध्येताओं ने सास्यूर के भाषिक संरचनावादी सिद्धांतों का अपने शोधपरक अध्ययनों में इस्तेमाल करना आरंभ किया। फलस्वरूप एक बार फिर संरचनावाद दुनिया भर के विद्वानों की रुचि का केंद्र बन गया। संरचनावाद की तर्क-पद्धति को मानवविज्ञान, मनोविज्ञान, समाजविज्ञान, साहित्य-आलोचना, अर्थशास्त्र, वास्तुशास्त्र जैसे भिन्न अनुशासनात्मक विषयों में व्यापक पैमाने पर लागू किया गया।

संरचनावाद मानवविज्ञान की ऐसी पद्धति है जो संकेतविज्ञान (यानी संकेतों की एक प्रणाली) और सहजता से परस्पर संबद्ध हिस्सों की एक पद्धति के अनुसार तथ्यों का विश्लेषण करने का प्रयास करती

है। एलीजन एसिस्टर के अनुसार, संरचनावाद से संबंधित चार आम विचार एक 'बौद्धिक प्रवृत्ति' की रचना करते हैं। सबसे पहले संरचना वह है जो पूर्णता के प्रत्येक तत्व की स्थिति निर्धारित करता है। दूसरा, संरचनावादियों का मानना है कि हर प्रणाली की एक संरचना होती है। तीसरा, संरचनावादी 'संरचनात्मक' नियमों में ज्यादा रुचि लेते हैं, जो बदलाव की जगह सह-अस्तित्व से संबंधित होते हैं और आखिर में संरचनाएं वे 'असली वस्तुएं' हैं, जो अर्थ के धरातल या सतह के नीचे विद्यमान रहती हैं। साहित्यिक सिद्धांत में संरचनावाद अंतर्निहित अपरिवर्तनीय संरचना की जांच द्वारा वाचन सामग्री का विश्लेषण करने की व्यवस्था है जो फर्डिनेंद द सास्यूर की भाषाई संकेत प्रणाली पर आधारित है। संरचनावादियों का मानना है कि हर पाठ में संरचना होनी चाहिए। इस संरचना को ध्यान में रखते हुए अनुभवी पाठकों के लिए किसी पाठ को समझना, किसी गैर-अनुभवी पाठक के मुकाबले ज्यादा आसान है। इसलिए वे कहते हैं कि जो कुछ भी लिखा है, वह 'साहित्य के व्याकरण' के विशिष्ट नियमों द्वारा नियंत्रित है।

साहित्यिक संरचनावाद कथाओं, मिथकों और लघुकथाओं में आधारभूत संरचनात्मक तत्वों की तलाश के लिए अकसर ब्लादिमीर प्राप, अलग्रिडस जूलियन ग्रेमस और क्लॉड लेवी-स्त्रास के दृष्टांतों का अनुसरण करते हैं। ये बुनियादी तत्व अर्थ-वाहक हैं। संरचनावादी साहित्य सिद्धांत और नॉर्थप फ्राइ की आद्यप्रारूपीय आलोचना के बीच काफी समानता है, यह मिथकों के नृवैज्ञानिक अध्ययन की भी ऋणी है। आरंभ में माना गया कि बौद्धिक आंदोलन के रूप में संरचनावाद अस्तित्ववाद का उत्तराधिकारी है। लेकिन 1965 के बाद संरचनावाद को नई धारा के फ्रांसीसी बुद्धिजीवियों के कठोर आक्रमण झेलने पड़े। फ्रांसीसी बौद्धिकों की नई धारा में मिशेल फूको, लुई अल्थुसर, जॉक देरिदा और रोलां बार्थ जैसे चिंतक शामिल थे जो संरचनावाद के मतवादों से गहराई से प्रभावित थे। इनमें से अधिकांश लेवी-स्त्रास के करीब थे, फिर भी इन्होंने संरचनावाद का अतिक्रमण करके उत्तर-संरचनावाद की स्थापना की। उत्तर-संरचनावाद के आविर्भाव के बाद संरचनावाद का पराभव होता गया।

प्रियम अंकित

अधिक जानकारी के लिए :

1. Begining Theory - An introduction to literary and Cultural Theory : Peter Barry, 2009,
2. Structuralism : John Sturrock, 1986

संवत

ज्योतिषशास्त्र में बताई गई किसी एक निर्धारित गणना पद्धति को आधार बनाते हुए किसी स्मरणीय घटना से वर्षों की गिनती मानकर इस गणना को दिया गया विशिष्ट नाम संवत कहलाता है। गणना-पद्धतियां तीन हैं—चंद्र मान, सौर्य मान तथा मिश्रित मान।

संवत के मुख्य तीन निम्नलिखित प्रकार हैं—(1) मिथकीय संवत, (2) धर्म-प्रवर्तकों या महापुरुषों के जन्मदिन, बोधिप्राप्ति या निर्वाण के दिन से लागू किए गए संवत तथा (3) किसी राजा के राज्याभिषेक या शत्रु पर विजय की घटना से आरंभ होने वाले संवत।

मिथकीय संवतों में सृष्टि संवत हिंदू पौराणिक परंपरा में मान्य है। इसकी गणना कई करोड़ वर्षों में की जाती है तथा हिंदू पंचांगों में इसका उल्लेख किया जाता है। कालयवन संवत, कालयवन नामक राक्षस के नाम पर है। इसका उल्लेख मेगस्थनीज तथा अलबिरुनी ने किया है। मेगस्थनीज ने इसका आरंभ त्रेता युग में और अलबिरुनी ने द्वापर युग में बताया है। श्रीकृष्णसंवत, श्रीकृष्ण के नाम पर है। ईसवी 2016 में 5242वां श्रीकृष्णसंवत है। युधिष्ठिर संवत का आरंभ युधिष्ठिर के शासन काल से माना गया। कल्हण एवं वराहमिहिर ने महाभारत युद्ध की तिथि 2449 ईसा पूर्व मानी है। भारत सरकार की कैलेंडर सुधार समिति ने इस संवत का आरंभ 2448 ईसा पूर्व माना है। कलियुग के आरंभ के दिन से कलि संवत्सर माना जाता है। इसका उल्लेख संस्कृत के

प्राचीन इतिहास ग्रंथों तथा वर्तमान पंचांगों में किया जाता है। इसका आरंभ 3101 ईसा पूर्व से माना गया। इनके अतिरिक्त लौकिक संवत या सप्तर्षि संवत का आरंभ 724 ईसा पूर्व में बताया जाता है।

महापुरुषों के जीवन की किसी घटना के दिन से आरंभ होने वाले संवतों में बुद्धनिर्वाण संवत 2016 में 2550वां, महावीर निर्वाण संवत 2533वां, ईसाई संवत 2016वां है। पैगंबर मोहम्मद के मदीना प्रयाण के दिन 16 जुलाई 622 ईसवी से हिज्री संवत शुरू हुआ। बहाउल्लाह के नाम पर बहाई समुदाय में स्वीकृत बहाई संवत 1844 ईसवी में शुरू हुआ। 1824 ईसवी में महर्षि दयानंद के जन्मदिन से दयानंद संवत का आरंभ हुआ, जो आर्य समाज में मान्य है।

राजाओं से संबंधित संवतों में चंद्रगुप्त मौर्य के द्वारा नंद वंश के उन्मूलन के बाद मौर्य संवत 321 ईसा पूर्व से जारी हुआ माना गया है। विक्रम संवत को कृत संवत या मालव संवत भी कहा जाता है। यह मालव गणों के नायक के द्वारा शकों को हराकर विक्रमादित्य की उपाधि धारण करने के वर्ष 57 ईसा पूर्व में जारी किया गया। 2016 ईसवी में विक्रम संवत 2073 है। संस्कृत के शिलालेखों एवं हिंदू पंचांगों में इसका बहुतायत से प्रयोग होता है। प्राचीन अभिलेखों में शक संवत का उपयोग बहुत हुआ है। राजा कनिष्क ने शालिवाहन संवत 78 ईसवी में जारी किया। 1957 ईसवी से भारत सरकार ने इसे अपने राष्ट्रीय पंचांग के लिए स्वीकार किया। गुप्त तथा वल्लभी राजाओं के द्वारा गुप्त संवत या वल्लभी संवत का प्रयोग अपने अभिलेखों में किया जाता रहा है, 2016 में अनुमानतः 1697वां गुप्त या वल्लभी संवत का वर्ष है। अमली संवत या कटकी संवत उड़ीसा में राजा इंद्रद्युम्न के द्वारा लागू किया गया और 592 ईसवी से अमल में माना गया।

विलायती संवत का प्रचार बंगाल तथा उड़ीसा में रहा है। यह अमली संवत के समान 592 ईसवी से शुरू माना जाता है। फसल की बुवाई से संबंधित फसली संवत के दो प्रकार—उत्तर और दक्षिण के नाम से प्रचलित रहे हैं। दक्षिण फसली संवत बादशाह शाहजहां द्वारा 1636 ईसवी में आरंभ किया गया। बंगाल में सर्वाधिक प्रचलित बंगाल संवत या बंगाली सन है। 2016 ईसवी में 1423वां बंगाली वर्ष चल रहा है। कोल्लम संवत दक्षिण भारत में किलोन शहर में सितंबर 824 ईसवी से चालू किया गया। कन्नौज के राजा श्रीहर्ष (606-47 ईसवी) के द्वारा 612 ईसवी से श्रीहर्ष संवत जारी किया गया। नेवार संवत को नेपाल संवत भी कहा जाता है। यह 20 अक्टूबर 879 के दिन से नेपाल में जारी हुआ। चालुक्य विक्रमादित्य के नाम पर चालुक्य विक्रम संवत की शुरुआत 1076 ईसवी से मानी जाती है। बंगाल के राजा लक्ष्मण सेन के नाम पर 1119 ईसवी से लक्ष्मणसेन संवत चला। तारीख इलाही संवत अकबर द्वारा दीने-इलाही के आरंभ के साथ 1584 ईसवी में शुरू किया गया। छत्रपति शिवाजी के राज्याभिषेक के अवसर पर राजशक संवत 1674 ईसवी में जारी हुआ। इनके अतिरिक्त सैल्यूडियन संवत, पार्थियन संवत, भट्टिक संवत, गंग संवत, बर्मी कोमन संवत, भौमाकर संवत, मागी संवत, शिवसिंह संवत आदि का प्रचार बहुत सीमित देशकाल में हुआ।

ईसाई और हिज्री संवतों का उद्भव भारत के बाहर हुआ, विदेशी शासकों के द्वारा ये भारत में प्रचारित किए गए।

राधावल्लभ त्रिपाठी

अधिक जानकारी के लिए :

1. भारतीय संवतों का इतिहास : अपर्णा शर्मा, **2. Origin and Development of Indian Calendrical Science :** Apurba Kumar Chakarvarty, 1975

संवत्सरी

जैन-मान्यता के अनुसार काल के दो विभाग हैं—उत्सर्पिणी और अवसर्पिणी। वर्तमान समय अवसर्पिणी काल है। उत्सर्पिणी काल में लोग पहाड़ों की गुफाओं में रहते थे। मांस ही उनका प्रमुख भोजन था। गरमी के दिनों में भयंकर गरमी और सर्दी के मौसम में भयंकर सर्दी पड़ती थी। बाद में प्रकृति में

परिवर्तन हुआ। फलस्वरूप पहाड़ों की गुफाओं में रहने वाले मानव मैदानों में रहने लगे। वे मांसाहारी भोजन छोड़ने के लिए संकल्पबद्ध हुए और उन्होंने अहिंसा, मैत्री आदि के आधार पर जीवन बिताने का निर्णय कर लिया। जैन मत के अनुसार वह मानवता का प्रथम दिन माना जाता है और उसे मानवजाति की संस्कृति और सभ्यता के अभ्युदय का आदि दिवस कहा जाता है। परवर्ती काल में इसके लिए 'संवत्सरी' शब्द का प्रयोग होने लगा।

संवत्सर का अर्थ है वर्ष। वर्ष में एक बार होने से यह संवत्सरी कहलाता है। संवत्सरी का जैन-परंपरा में बहुत महत्त्व है। जैन पंचांग के अनुसार श्रावणी प्रतिपदा से वर्ष का प्रारंभ होता है। जिस प्रकार आर्थिक वर्ष का प्रारंभ एक अप्रैल से होता है, उसी प्रकार आध्यात्मिक वर्ष का प्रारंभ सावन महीने की प्रथम तिथि से होता है। एकम से प्रारंभ होने वाला संवत्सर विशेष स्थिति में भाद्रपद शुक्ला पंचमी तक पहुंच गया। कभी-कभी चतुर्थी को भी संवत्सरी मनाई जाती है, पर सामान्यतः उसके लिए पंचमी का ही दिन है। जैन शासन का इतना बड़ा पर्व होने पर भी इसमें एकरूपता नहीं है। दिगंबर और श्वेतांबर परंपरा में स्पष्ट रूप से भेद है। दिगंबर इसे दस लक्षण पर्व के रूप में मनाते हैं, हालांकि 'पंचमी' तिथि को ही जैन समाज में संवत्सरी के रूप में विशेष मान्यता मिली है।

संवत्सरी का संबंध जैन धर्म के प्रमुख पर्व पर्युषण से जुड़ा है। निशीथ भाष्य में 'पर्युषण' शब्द के पर्यायवाची शब्दों की व्याख्या दी गई है। उनमें एक शब्द है 'पर्यवसन'। इसका संबंध साधुओं के प्रवास काल से है। काल की दो मर्यादाएं हैं—ऋतुबद्ध और वर्षावास। दोनों में साधुओं की चर्या का अंतर है। वर्षावास के अनुरूप द्रव्य, क्षेत्र आदि का चुनाव होने से वर्षावास की चर्या निर्बाध रूप से चल सकती है।

संवत्सरी अहिंसा और संयम का पर्व है। संवत्सरी के दिन उपवास और पौषध किया जाता है। उस दिन साधु के लिए उपवास करने की अनिवार्यता है। उसके बाद साधु-साध्वीवृंद सामूहिक रूप में प्रतिक्रमण करते हैं और उसके बाद ज्ञात-अज्ञात भूलों के लिए क्षमा का आदान-प्रदान करते हैं। साधुओं के लिए निर्धारित यह क्रम आगे चलकर श्रावक समाज में भी प्रतिष्ठित हो गया। श्रावक भी उस दिन उपवास, पौषध, प्रवचन-श्रवण, सामूहिक प्रतिक्रमण, खमतखामणा आदि करते हैं।

अवधेश प्रसाद सिंह

संवाददाता

संवाददाता (Reporter) घटना-क्षेत्र से इंटरनेट के जरिए या लिखकर अपने समाचार-पत्र के संपादकीय विभाग को सूचनाएं भेजता है। उसका काम है समाचार इकट्ठा करना, लिखना और भेजना। उप-संपादक जबकि अपने डेस्क पर होता है, संवाददाता घटनाओं वाले क्षेत्र में जाता है और सूचनाएं भेजता है। उप-संपादक संवाददाता द्वारा भेजी गई सूचनाओं के आधार पर समाचार को मुद्रण के उपयुक्त बनाता है। टीवी के संवाददाता घटना-क्षेत्र से लाइव सूचना भेजते हैं, जो संपादित होकर प्रसारित होती है। समाचार-पत्र में सूचना छापने से पूर्व 'कॉपी' को शीर्षपंक्ति (हेडिंग) दी जाती है। कई बार मुखरता से प्रकाशित करने के लिए समाचार की मुख्य बात चुनी जाती है और समाचार के लिए मीडिया में उपयुक्त स्थान निर्धारित किया जाता है। संवाददाता को घटना, घटना के पात्रों और परिवेश के निकट-से-निकट पहुंचने के लिए काफी मेहनत करनी पड़ती है और कई बार जोखिम उठाना पड़ता है। उसकी नजर चील की तरह होती है। थोड़ी-सी भनक मिलते ही वह घटनास्थल पर दौड़ जाता है। उसके साथ फोटोग्राफर होता है। घटनास्थल पर संवाददाताओं की पूरी भीड़ होती है। घटनास्थल पर हर संवाददाता खुद देखकर, व्यक्तियों का साक्षात्कार लेकर और सारे तथ्यों को परखकर सूचना तैयार करता है। मीडिया की दुनिया में संवाददाताओं की बड़ी महत्वपूर्ण भूमिका है।

संवाददाताओं में कई श्रेणियां हैं—वरिष्ठ

संवाददाता, मुख्य संवाददाता, विशेष संवाददाता, विदेश संवाददाता आदि। इन सभी का बुनियादी काम सूचनाएं इकट्ठा करना और डेस्क तक भेजना है। ये समाचार के सैनिक जैसे होते हैं।

हर कला में कुछ वैज्ञानिक पहलू होते हैं। रिपोर्टिंग की कला के भी वैज्ञानिक पहलू हैं। एक अच्छा संवाददाता घटना की सच्ची, संक्षिप्त, पूर्ण, सुसंगत और प्रासंगिक रिपोर्टिंग भेजता है जिसमें उसका एक खुला विश्लेषण भी होता है। संवाददाता में उच्च स्तर का आत्मविश्वास होना जरूरी है, अन्यथा वह बड़े-से-बड़े नेताओं या घटना के महत्वपूर्ण पात्रों से खुलकर बात नहीं कर सकता और घटना से सत्यता निकाल नहीं सकता। रिपोर्टिंग हमेशा विशिष्ट घटना की होती है, रूटीन चीजों की नहीं। असाधारण ही खबर है। इसलिए संवाददाता का पहला दायित्व घटना की मुख्य असामान्यता की ओर ध्यान आकर्षित करना है और इसके चारों तरफ जो दूसरी असामान्यताएं हैं उनको भी पहचानना है। इसके अलावा संख्या या आंकड़े पर भी नजर रखना जरूरी है। सभा में भारी भीड़ थी, तो कितने हजार या लाख लोग थे? किसी दुर्घटना में कितने मरे या घायल हुए? किसी घटना को ऐतिहासिक परिप्रेक्ष्य में रखना, यह संपादकीय डेस्क का काम है। किसी घटना की रिपोर्टिंग करते समय निष्कर्ष भी निकालना पड़ता है। इसे मन पर पड़ा वस्तुगत प्रभाव, मत, टिप्पणी या सार भी कहा जा सकता है। हर रिपोर्टिंग एक सघन जांच-परख, पर्यवेक्षण की मांग करती है।

टीवी के संवाददाता को अपने लाव-लश्कर के साथ चलना होता है, उसकी गाड़ी में कई बार सीधे प्रसारण-यंत्र लगे होते हैं। संवाददाता का अधिकार है कि वह घटना की खास जगह पर जा सकता है, किसी भी अधिकारी या आम आदमी से बातचीत कर सकता है और तथ्य जिस उपाय से निकालना संभव है, कानून के दायरे में रहते हुए निकाल सकता है। संवाददाता को कोई रोक नहीं सकता, यदि उसके पास उपयुक्त आईडी है। वह महत्वपूर्ण व्यक्तियों का चिर-परिचित होता है, घटनाओं का हमसफर।

संवाददाता के गुण : संवाददाता का काम विशेष तरह का है जो भाग-दौड़, लोगों से संपर्क और परिचय, कॉमनसेंस, भाषा पर अधिकार, फुर्तीलेपन और वाकपटुता की मांग करता है। उसमें ये प्रमुख गुण होने चाहिए : (1) संवाददाता में समाचार की समझ (न्यूज सेंस) होनी चाहिए कि क्या समाचार है और क्या नहीं है। वह स्टोरी कहां से उठाए और कहां ले जाए। (2) मीडिया में कोई समाचार आसमान से नहीं आता। संवाददाता की सतर्कता ही उसे घटनाओं तक पहुंचाती है। संवाददाता तत्काल सूंघ लेता है, यदि कुछ घटित हुआ हो या घटने वाला हो। उसे सूचना बनाने में सतर्कता बरतनी पड़ती है, कोई महत्वपूर्ण तथ्य छूट नहीं जाए। (3) यह गति का युग है। इसलिए संवाददाता को हर मामले में अपनी गति तेज रखनी पड़ती है। वह तेजी से सोचे, निर्णय ले और उसी गति से सूचना भेज दे। खासकर टीवी संवाददाताओं में होड़ होती है कि कौन-सा चैनल घटना का टेलीकास्ट पहले करता है। यह उसके नेटवर्क के आकार-प्रकार पर निर्भर करता है। (4) संवाददाता का जिज्ञासु प्रकृति का होना जरूरी है, क्योंकि इसी गुण से उसे नए तथ्यों का ज्ञान हो सकता है और वह घटना की तह में पहुंच सकता है। उसके मन में हर घटना के संदर्भ में ये छह प्रश्न पैदा होने चाहिए—क्या, कहां, कब, कैसे, क्यों और कौन? ये छह ककार महत्वपूर्ण हैं। (5) एक अच्छा संवाददाता संशयशील होता है, वह तुरंत सत्यता को स्वीकार नहीं कर लेता क्योंकि वह अधूरी सत्यता हो सकती है। इसलिए उसकी कोशिश प्रामाणिक सूचना सीधे प्राप्त करने की होनी चाहिए। (6) कई बार उपहार, नकद राशि या कोई सुविधा देकर संवाददाता से अपने प्रचार के लिए एक खास पक्ष में सूचना निर्मित की जाती है। पेड न्यूज प्रामाणिकता पर एक बड़ा खतरा है। अतः संवाददाता का यह भी एक आवश्यक गुण है कि वह प्रलोभन से बचे। (7) संवाददाता को तीव्र बुद्धिसंपन्न और दूरंदेश होना चाहिए, क्योंकि इसी आधार पर वह समाचार-स्रोतों तक पहुंच सकता है और घटना के महत्व का आकलन कर सकता है।

(8) संवाददाता का आत्मानुशासन पत्रकारिता में उसकी प्रतिष्ठा की एक प्रमुख शर्त है। उसे अनावश्यक प्रश्न करने से बचने की जरूरत है, सूचना तैयार करते समय आत्मपरकता से दूर रहने की जरूरत है और यह समझने की जरूरत है कि तथ्य की साधना ही उसकी चरम साधना है। (9) संवाददाता में इंटीग्रिटी होनी चाहिए, इसके लिए उसका खबरों के प्रति ईमानदार होना जरूरी है। समझदारी जितनी ही ईमानदारी भी होनी चाहिए। (10) संवाददाता की कुशलता उसकी मन की ताकत पर भी निर्भर करती है, उसे निर्भय होना चाहिए। निर्भयता पत्रकारिता की रीढ़ है। वह किसी दबाव या प्रलोभन में न पड़े। (11) आलस्यहीनता के बिना सफल संवाददाता बनना मुश्किल है। उसे सेकंड-हैंड सूचना प्राप्त करने की जगह खुद भाग-दौड़ करनी चाहिए। कभी संकोच नहीं करना चाहिए।

एक अच्छे संवाददाता के लिए शांतचित्त, समय-पाबंद, धैर्यवान, व्यवहारकुशल, नेतृत्वकुशल और अध्यवसायी होना भी जरूरी है। जहाँ तक रिपोर्टिंग तैयार करने का प्रश्न है, उसमें वस्तुनिष्ठता, स्पष्टता, यथार्थता, कल्पनाशीलता और संवेदनशीलता आदि गुण भी आवश्यक हैं। संवाददाता का दायित्व बड़ा है, गुणों की भी जरूरत उसी अनुपात में है। वह जनता का प्रहरी होता है।

श्रीधरम

अधिक जानकारी के लिए :
1. Intimate Journalism : The Art and Craft of Reporting Everyday Life : Walt Harrington,
2. On Writing Well : William Zinsser

संविधान सभा और हिंदी

संविधान की रचना के लिए दिसंबर 1946 में संविधान सभा का गठन किया गया। इस संविधान सभा की पहली बैठक दिसंबर 1946 में संपन्न हुई थी। संविधान सभा ने विभिन्न समितियां बनाकर अपना काम आरंभ किया। इनमें सबसे खास थी–प्रारूप समिति (Drafting Committee)। इसका गठन 29 अगस्त 1947 को भारतीय संविधान का प्रारूप निर्मित करने के उद्देश्य से हुआ। सात सदस्यों वाली इस प्रारूप समिति के अध्यक्ष भीमराव अंबेडकर थे। सदस्य थे–के एम मुंशी, डी पी खेतान, मुहम्मद सादुल्ला, बी एल मित्तर, एन गोपालस्वामी आयंगर, अल्लादि कृष्णास्वामी अय्यर। कालांतर में डी पी खेतान की जगह टी टी कृष्णमाचारी और बी एल मित्तर के बदले एन माधवन राव आ गए।

संविधान सभा में 4 नवंबर 1948 को हुए बहस-मुबाहिसे में सेठ गोविंददास, बालकृष्ण शर्मा नवीन, आर वी धुलेकर और अलगूराय शास्त्री ने इस बात पर इसरार किया कि पहले राष्ट्रभाषा तय कर ली जाए। राष्ट्रभाषा के तय होने पर उसमें लिखे गए संविधान को मूल माना जाए तथा दूसरी भाषाओं को उसका अनुवाद माना जाए। इन लोगों की बातों से यह स्पष्ट होता है कि चूंकि राष्ट्रभाषा हिंदी ही बनेगी, लिहाजा हिंदी में ही विधान तैयार हो। आर वी धुलेकर ने अंग्रेजी से तर्जुमा किए गए विधान अपनाने को राष्ट्र के लिए अपमानजनक माना। अलगूराय शास्त्री ने भारत की 'मूक जनता' की भाषा में विधान बनाने और उसी भाषा में बहस करने पर जोर दिया। इनके मुताबिक संविधान में वर्णित 'हम भारत के लोग' का आशय उन चंद लोगों से नहीं है जो संविधान सभा में बैठे हैं।

4 नवंबर 1948 को हुए वाद-विवाद में हिंदी समर्थकों द्वारा राष्ट्रभाषा के मसले को पहले तय

जवाहरलाल नेहरू संविधान सभा को संबोधित करते हुए

करने और हिंदी वाले विधान को मूल संविधान मानने पर जोर देने पर टी टी कृष्णमाचारी और पंडित लक्ष्मीकांत मैत्र ने कहा कि यहां 'हिंदी इंपीरियलिज्म' और 'लिंग्विस्टिक फैनेटिसिज्म' कायम किया जा रहा है। ऐसी धारणाओं का खंडन करते हुए जय नारायण व्यास ने कहा कि यह अर्ज करना चाहता हूं कि कोई हिंदी इंपीरियलिज्म या कोई लिंग्विस्टिक फैनेटिसिज्म की बात नहीं है, जब हम यह कहते हैं कि हमारी कोई नेशनल लैंग्वेज होनी चाहिए। अगर हम अंग्रेजी को अपना सकते हैं तो मेरी समझ में नहीं आता कि हम हिंदी को क्यों नहीं अपनाएं।

बालकृष्ण शर्मा 'नवीन' ने राष्ट्रभाषा हिंदी के पक्ष में बोलने वाले लोगों के वक्तव्य को टी टी कृष्णमाचारी और लक्ष्मीकांत मैत्र द्वारा संदेह और रोष की दृष्टि से देखने पर दुख प्रकट किया। साथ ही कहा, 'हममें से वे लोग जो यह समझते हैं कि एक राष्ट्रीय भाषा होनी चाहिए, एक माध्यम ऐसा होना चाहिए जो अंत में हमारे विचार-विनिमय का साधन हो सके और यह राष्ट्रभाषा ही होनी चाहिए, तो इसका अर्थ यह कदापि नहीं है कि हम अपने मित्रों को क्षुब्ध करना चाहते हैं। यदि ये मित्र राष्ट्रभाषा की उन्नति में हमारे साथ सहयोग करेंगे तो किसी भी प्रांतीय भाषा को हानि नहीं होगी। राष्ट्र के लिए एक भाषा निश्चित करने के निमित्त हमारे प्रयत्नों का यह उद्देश्य नहीं है कि हम अपने मित्रों को रुष्ट करें। हम सब जगह से सहानुभूति ही चाहते हैं, हम यह चाहते हैं कि दक्षिण का सारा दल हमें आपत्ति से छुड़ाए और अपने इस प्राचीन देश को एक भाषा प्रदान करने के लिए हम जो प्रयत्न करें, उसमें हमारी सहायता करे। (हिंदी : राष्ट्रभाषा से राजभाषा तक–1947 से 1950 तक के दस्तावेज, विमलेश कांति वर्मा)।

अपने वक्तव्य में जवाहरलाल नेहरू ने कहा कि भाषा संबंधी प्रश्न के बारे में 'नितांत आवश्यक बात है कि प्रत्येक देश और स्वतंत्र देश तो अनिवार्य रूप से अपनी ही भाषा में अपना सारा काम करे। मैं यहां अंग्रेजी में बोल रहा हूं और इसी तरह हमारे अन्य कई साथियों को भी यहां अंग्रेजी में ही बोलना पड़ता है। इससे ही जाहिर है कि हममें कुछ कमी है। कमी हममें जरूर है और इसे हमें स्वीकार करना चाहिए। हम इस कमी को दूर करेंगे। किंतु अगर हम भाषा बदलने पर जोर देते हैं, इस दिशा में अविलंब कोई परिवर्तन लाने की चेष्टा करते हैं तो इससे हम असंख्य मतभेदों में फंस जाएंगे और संभवतः हमारा समूचा विधान यों ही रुका पड़ा रह जाएगा।' (वही)।

दक्षिण भारत के एक सदस्य आर शंकर ने कहा, 'उत्तर भारत के माननीय सदस्यों में, जिनकी मातृभाषा हिंदी या उर्दू है, इसके लिए बहुत उत्साह दिखाई देता है कि इस भाषा को एकाएक उन लोगों पर लाद दिया जाए जो इसका एक शब्द भी नहीं समझते हैं। यद्यपि दक्षिण में राष्ट्रभाषा हिंदी-हिंदुस्तानी का प्रचार करने के लिए बहुत काम किया गया है, परंतु यदि आप गांवों में जाएं तो आप देखेंगे कि एक प्रतिशत लोग भी हिंदी नहीं जानते हैं। यदि आप शिक्षा की दृष्टि से उन्नत ट्रावनकोर या कोचीन जैसे रियासतों को भी देखें तो आपको एक प्रतिशत लोग भी न मिलेंगे जो आज भी हिंदी या उर्दू समझ पाते हैं। इसलिए मैं उन सदस्यों से, जिनको इस संबंध में बहुत उत्साह है, यह प्रार्थना करता हूं कि वे कुछ समय के लिए राष्ट्रभाषा के प्रश्न को स्थगित कर दें और दक्षिण तथा पूर्व के लोगों को उससे पर्याप्त रूप से परिचित होने का अवसर दें। निःसंदेह सभी जगह लोग हिंदी के पक्ष में हैं। केवल कुछ समय–दस या बीस वर्ष होना होगा। इस बीच अंग्रेजी का वही स्थान रहना चाहिए, जो अभी तक उसका रहा है। यदि ऐसा हो जाए तो मेरे विचार से भारत के किसी भी भाग से कोई भी व्यक्ति हिंदी को भारत की राष्ट्रभाषा के रूप स्वीकार करने में आपत्ति नहीं करेगा।' (वही)। क्या यह तर्क अंग्रेजी को जारी रखने मात्र के लिए दिया गया था?

संविधान सभा में चार दिनों (यानी 4, 6, 8, 9 नवंबर 1948) तक राष्ट्रभाषा का मसला छाया हुआ था। इसमें हिंदी, हिंदुस्तानी, अंग्रेजी के पक्ष-विपक्ष में आवाजें उठती रहीं। खास बात यह है कि दक्षिण

भारत के भी कुछ सदस्यों ने हिंदी, हिंदुस्तानी के पक्ष में अपनी राय जाहिर की। उत्तर के कुछ सदस्यों ने हिंदी, तो कुछ ने हिंदुस्तानी के विरोध में अपनी बात रखी। लिहाजा दक्षिण भारत को हिंदी, हिंदुस्तानी के विरोध की कैटेगरी और उत्तर भारत को इसके पक्ष की कैटेगरी बताना तार्किक नहीं लगता। पर एक बात साफ है कि उस दौर में भाषा का मुद्दा जटिल होता जा रहा था।

नेहरू ने फरवरी 1949 में एक आलेख लिखा– 'राष्ट्रभाषा का प्रश्न'। इस आलेख की शुरुआत करते हुए उन्होंने लिखा है, 'मैं यह लेख प्रधानमंत्री की हैसियत से नहीं बल्कि एक लेखक और एक ऐसे शख्स के तौर पर लिख रहा हूं, जिसे भाषा के सवाल में गहरी दिलचस्पी है। मेरा विश्वास है कि लगभग दूसरी हर चीज की बनिस्बत भाषा किसी राष्ट्र के चरित्र की ज्यादा बड़ी कसौटी है।' (राजनीति से दूर)। क्षेत्रीय भाषाओं का विकास बाधित होगा, इस आशंका को खारिज करते हुए नेहरू ने लिखा था, 'हिंदुस्तान में हम अपनी प्रांतीय भाषाओं का विकास करने के लिए बंधे हुए हैं और यह ठीक ही है कि हमारी महान प्रांतीय भाषाओं का विकास हो। साथ ही हमें एक अखिल भारतीय भाषा भी चाहिए। यह भाषा अंग्रेजी या कोई विदेशी जबान नहीं हो सकती, हालांकि मैं मानता हूं उसकी जगत-व्यापी स्थिति और हिंदुस्तान में उसके वर्तमान व्यापक ज्ञान के कारण अंग्रेजी का हमारी भावी प्रवृत्तियों में महत्वपूर्ण हाथ रहेगा। अखिल भारतीय भाषा कोई भी हो सकती है तो वह सिर्फ हिंदी या हिंदुस्तानी–कुछ भी कह लीजिए–ही हो सकती है।' (वही)। संविधान सभा में नेहरू 'हिंदुस्तानी' के प्रबल समर्थक समझे जाते थे।

एन गोपालस्वामी आयंगर ने कहा कि जब तक हिंदी उस सीमा तक उन्नत न हो जाए कि वह विधि-निर्माण तथा विधि-निर्वाचन के लिए उपयुक्त वाहक बन सके और उसके बाद संसद पूर्ण विचार कर इस परिणाम पर पहुंचे कि वह अंग्रेजी भाषा का स्थान ले सकेगी, तब तक सर्वोच्च न्यायालय तथा उच्च न्यायालयों में अंग्रेजी का प्रयोग होता रहेगा। आयंगर ने सभा से यह निवेदन किया कि इस सवाल पर 'विशुद्ध लक्ष्यमूलक दृष्टिकोण' से ध्यान दे।

सेठ गोविंददास द्वारा हिंदी की मुखर सिफारिश के बाद नजीरुद्दीन अहमद ने कहा, 'अब भारत स्वतंत्र है। अंतरराष्ट्रीय क्षेत्र में आधुनिक बलों से हमें लड़ना-झगड़ना है। मैं निवेदन करता हूं कि इस आधुनिक संसार में हम अंग्रेजी को नहीं हटा सकते हैं। अन्य भाषाएं हम चाहे जो कुछ रखें, हमें अंग्रेजी रखनी चाहिए । अंग्रेजी अनिवार्य है। ...अंग्रेज चले गए हैं, अंग्रेजों का प्रभुत्व हटाने योग्य था। पर उनकी भाषा के संबंध में क्या विचार हैं? क्या अंग्रेजी भाषा ब्रिटेन की भाषा है? मैं निवेदन करता हूं कि वह संसार की भाषा है।' (हिंदी : राष्ट्रभाषा से राजभाषा तक)। इस सवाल को उठाने के बाद नजीरुद्दीन अहमद ने संस्कृत का पक्ष लेते हुए कहा कि 'यदि हमें कोई भाषा स्वीकार करनी है तो वह भाषा उन्नत, उच्च कोटि की और सर्वोत्तम होनी चाहिए। तो फिर संस्कृत के दावे को हम क्यों अस्वीकार करें, मैं यह नहीं समझ पाता हूं।' (वही)।

संविधान सभा के सदस्य मौलाना हिफ्जुर्रहमान ने अपना संशोधन पेश किया कि हिंदी की जगह हिंदुस्तानी जबान होनी चाहिए, स्क्रिप्ट देवनागरी और उर्दू दोनों होनी चाहिए तथा जिस-जिस जगह या आर्टिकल में हमारे मुअज्जिज दोस्त गोपालस्वामी आयंगर ने हिंदी का जिक्र किया है, उस आर्टिकल में हिंदी की जगह हिंदुस्तानी इस्तेमाल होना चाहिए और जिस-जिस जगह उन्होंने हिंदुस्तानी का जिक्र किया है, वहां पर हिंदी और उर्दू होनी चाहिए और इस हिंदुस्तानी को इतना 'डेवलप' किया जाए ताकि उसमें उर्दू, हिंदी, बंगाली और हिंदुस्तान की तमाम जबानें समा सकें और पूरी तरह तरक्की दे सकें।' (वही)।

आर वी धुलेकर के बाद पंडित लक्ष्मीकांत मैत्र ने संस्कृत को राजभाषा और राष्ट्रभाषा बनाने की मांग की। संविधान सभा के सदस्य फ्रैंक एंथनी ने हिंदी को राष्ट्रभाषा मानते हुए इसके लिए रोमन लिपि की सिफारिश की। संविधान सभा में बहस के दौरान कई दफा राष्ट्रभाषा और राजभाषा का प्रयोग

पर्याय के तौर पर होता था। कुछेक वक्ता, जिनमें हिंदी के समर्थक भी शामिल थे, राष्ट्रभाषा कहते-कहते, बीच-बीच में राजभाषा शब्द का उपयोग भी करने लगते थे जबकि कुछ लोग इन्हें अलगाकर इस्तेमाल करते थे।

संविधान सभा में श्यामा प्रसाद मुखर्जी ने हिंदी का समर्थन किया। वे कहते हैं, 'यदि आप यह चाहते हैं कि हिंदी सारे भारत में अपनाई जाए और केवल कुछ राजकीय प्रयोजनों के लिए अंग्रेजी का स्थान न ले तो आप हिंदी को इस योग्य बनाइए और उसमें प्राकृतिक रूप से न केवल संस्कृत से, किंतु उसकी भगिनी रूप अन्य भारतीय भाषाओं से भी शब्द आने दीजिए। हिंदी के विकास को कुंठित न कीजिए। मैं अपने बंगाली ढंग से हिंदी बोल सकता हूं। महात्मा गांधी अपने ढंग से हिंदी बोलते थे। सरदार पटेल अपने गुजराती ढंग से हिंदी बोलते हैं। यदि संयुक्त प्रांत अथवा बिहार के मेरे मित्र यह कहें कि उनकी हिंदी ही प्राथमिक हिंदी है और जो कोई इस प्रकार की हिंदी नहीं बोल सकेगा, उसका बहिष्कार किया जाएगा तो यह न केवल हिंदी के लिए बल्कि सारे देश के लिए एक बुरी बात होगी।' (वही)।

संविधान-सभा में एक तरफ हिंदी के समर्थक हिंदी को राष्ट्रभाषा और राजभाषा के तौर पर स्वीकार करने के लिए इसरार कर रहे थे। दूसरी तरफ ऐसे लोग भी थे जो इस मसले को भावी संसद के लिए मुल्तवी करना चाहते थे।

14 सितंबर को राष्ट्रभाषा–राजभाषा का सवाल हल होना था। संविधान सभा की इन बहसों में जो 'भाषाई राष्ट्रवाद' उभर रहा था, उसमें समाज की मुख्यधारा से दूर हाशिए पर जीवन-बसर करने वाले आदिवासियों की भाषा भी हाशिए पर ही खड़ी थी। इनके सवाल को पहली दफा जयपाल सिंह ने उठाया। संविधान सभा में जयपाल सिंह की आवाज एक लिहाज से अलहदा थी। संविधान सभा में राष्ट्रभाषा पर हो रहे वाद-विवाद-संवाद की प्रकृति को देखकर कहा जा सकता है कि राष्ट्रभाषा के संदर्भ में हो रही बहस खालिस भाषा पर कम, राष्ट्र के चरित्र और स्वरूप पर अधिक थी। इस बहस में राष्ट्रवादी नजरिए से राष्ट्र-राज्य के भविष्य के प्रति व्यक्त की जा रही चिंता महसूस की जा सकती है। जयपाल सिंह ने कहा, 'मैं अनुभव करता हूं कि यदि मैं सदन से यह अनुरोध न करूं कि अनुसूची 7-क में कुछ आदिवासी भाषाओं को भी शामिल कर दिया जाए, जिन्हें थोड़े-से व्यक्ति नहीं, शब्दशः दसियों लाख लोग बोलते हैं तो मैं अपना कर्तव्य समुचित रूप से पूरा नहीं कर रहा होऊंगा। क्या मेरे मित्र रविशंकर शुक्ल मुझे बता सकते हैं कि यदि मध्य प्रदेश में बत्तीस लाख गोंड भी हैं तो क्या उन्होंने गोंडी भाषा सीखने का प्रयत्न किया है? क्या किसी बिहारी ने संथाली सीखने का प्रयत्न किया है? यद्यपि आदिवासियों से अन्य भाषाएं सीखने के लिए कहा जाता है। हमारे लिए यह गर्व की बात है कि हम अन्य भाषाएं भी बोल सकते हैं।' (वही)।

संविधान सभा में शिब्बन लाल सक्सेना ने गोपाल स्वामी आयंगर द्वारा प्रस्तावित मसौदे को 'हिंदी के समर्थकों के साथ धोखा और संविधान के साथ भी धोखा' कहा, क्योंकि इस मसौदे से 'अंग्रेजी बहुत वर्षों के लिए स्थिर बन जाएगी।' जबकि मोहम्मद इस्माइल ने कहा कि 'अंग्रेजी भाषा को, जो संघ के प्रयोजन के लिए पंद्रह वर्ष तक रहेगी, उन पंद्रह वर्षों के पश्चात भी जारी रहने दिया जाए, जब तक संसद, दोनों सदनों के कुल सदस्यों के बहुमत से अन्यथा निर्णय न कर दे।' (वही)।

संविधान सभा के वाद-विवाद के इसी माहौल में के एम मुंशी ने अपना संशोधन पेश किया। उनके संशोधन पर एन गोपालस्वामी आयंगर ने अपनी स्वीकृति प्रदान करते हुए संविधान सभा के 'बड़े संशोधन का प्रस्तावक' होने के नाते प्रसन्नता व्यक्त की।

संविधान-सभा में आयंगर द्वारा प्रस्तुत मसौदे पर काफी बहसें हुई थीं। इस मसौदे का, जिसे मुंशी-आयंगर फार्मूला के नाम से जाना जाता है, मुख्य हिस्सा निम्नलिखित है : 'संघ की राजभाषा हिंदी और लिपि देवनागरी होगी। संघ के राजकीय प्रयोजनों के

लिए प्रयोग होने वाले अंकों का रूप भारतीय अंकों का अंतरराष्ट्रीय रूप होगा। बावजूद इसके यह भी कहा गया है कि संविधान के प्रारंभ से पंद्रह वर्षों तक संघ के उन सभी राजकीय प्रयोजनों के लिए अंग्रेजी भाषा प्रयोग की जाती रहेगी, जिनके लिए ऐसे प्रारंभ के ठीक पहले वह प्रयोग की जाती थी। संसद इस अवधि को बढ़ा भी सकती है। परंतु राष्ट्रपति इस कालावधि में, आदेश द्वारा संघ के राजकीय प्रयोजनों में से किसी के लिए अंग्रेजी भाषा के साथ-साथ हिंदी भाषा का तथा भारतीय अंकों के अंतरराष्ट्रीय रूप के साथ-साथ देवनागरी रूप के प्रयोग का आदेश दे सकेंगे। उच्चतम न्यायालय और उच्च न्यायालय की भाषा, अध्यादेश, अधिनियम और विधेयकों का अधिकारिक पाठ अंग्रेजी में होने चाहिए और पंद्रह वर्षों तक इस प्रावधान को बदलने के लिए कोई भी विधेयक राष्ट्रपति की स्वीकृति के बगैर संसद में पेश नहीं किया जा सकेगा।' (वही)।

हिंदी के विकास के लिए कहा गया है, 'हिंदी भाषा की प्रसार-वृद्धि करना, उसका विकास करना ताकि वह भारत की सामासिक संस्कृति के सब तत्वों की अभिव्यक्ति का माध्यम हो सके तथा उसकी आत्मीयता में हस्तक्षेप किए बिना हिंदुस्तानी और आठवीं अनुसूची में उल्लिखित अन्य भारतीय भाषाओं के रूप, शैली और पदावली को आत्मसात करते हुए तथा जहाँ आवश्यक या वांछनीय हो, वहां उसके शब्द-भंडार के लिए मुख्यतः संस्कृत से तथा गौणतः वैसी उल्लिखित भाषाओं से शब्द ग्रहण करते हुए उसकी समृद्धि निश्चित करना संघ का कर्तव्य होगा।' (वही)।

राज्यों के बारे में यहां कहा गया है, 'अनुच्छेद 343 एवं 347 के उपबंधों के अधीन रहते हुए राज्य का विधान मंडल विधि द्वारा उस राज्य के राजकीय प्रयोजनों में से सब या किसी के लिए प्रयोग के निमित्त उस राज्य में प्रयुक्त होने वाली भाषाओं में से किसी एक या अनेक को या हिंदी को अंगीकार कर सकेगा। परंतु जब तक राज्य का विधानमंडल विधि द्वारा इससे अन्यथा उपबंध न करे तब तक राज्य के भीतर उन राजकीय प्रयोजनों के लिए अंग्रेजी भाषा प्रयोग की जाती रहेगी जिसके लिए इस संविधान के प्रारंभ से ठीक पहले यह प्रयोग की जाती थी।' (वही)। ग्रेनविल ऑस्टिन के मुताबिक 'मुंशी-आयंगर सूत्र' की जड़ें पहले हुई बहसों में थीं। मुंशी-आयंगर सूत्र बताता है कि प्रत्येक भाषा को भाषा आयोग के समक्ष प्रस्तुत किया जाना चाहिए। बाद में इस बात पर सहमतिं बनी कि ये भाषाएं ऐसा स्रोत होनी चाहिए, जिनसे हिंदी का स्वयं ही विस्तार हो। लेकिन संविधान में सूचीबद्ध किए जाने से, क्षेत्रीय भाषाओं को प्राप्त, ये केवल क्षणिक लाभ थे। मुंशी-आयंगर सूत्र के बारे में ऑस्टिन का विश्लेषण मानीखेज है।

हिंदुस्तानी के तीखे विरोध और हिंदी के कट्टर समर्थन में तत्कालीन प्रधानमंत्री जवाहरलाल नेहरू ने संकीर्णता देखी थी। नेहरू की इस समझ पर टिप्पणी करते हुए सरदार वल्लभभाई पटेल ने उन्हें एक खत लिखा था। इस खत में सरदार पटेल ने लिखा, 'आप और मैं अनेक महत्वपूर्ण समस्याओं के संबंध में सहमत रहे हैं। वहीं कुछ ऐसे भी विषय हैं, जहाँ हम एक-दूसरे को सहन नहीं कर पाते। राष्ट्रभाषा के रूप में हिंदी का स्वीकार किया जाना तथा देश के विभाजन और उससे संबंधित प्रश्न इनमें प्रमुख हैं। यह बात बड़े व्यक्तियों के लिए भी घटित होती है कि वे मूल सिद्धांतों के संबंध में भी अपनी बात के आगे किसी को नहीं सुनते। पर मैं आपसे कहना चाहता हूं कि कुछ प्रश्नों पर अनासक्त भाव से आपको विचार करना चाहिए। यह भी संभव है कि दूसरे सही हों और आप गलत। जो आपसे सहमत नहीं हैं, उन्हें संकीर्णतावादी कहना किसी भी हालत में ठीक नहीं है।' (वही)।

बाज दफा यह कहा जाता है कि हिंदी एक वोट से राष्ट्रभाषा बनी। अव्वल तो यह कि हिंदी 'राष्ट्रभाषा' नहीं बन पाई। हिंदी 'राजभाषा' बनी। साथ ही यह मतदान संविधान सभा में नहीं बल्कि कांग्रेस पार्टी की एक मीटिंग में हुआ था। कांग्रेस पार्टी के भीतर हिंदी और हिंदुस्तानी के मसले पर हुए इस चुनाव में हिंदी के पक्ष में 78 और हिंदुस्तानी के पक्ष

में 77 मत मिले थे यानी एक वोट से हिंदी विजयी घोषित हुई। परंतु थोड़ी देर बाद हिंदुस्तानी-समर्थकों की तरफ से पुनर्गणना की मांग हुई। इस दौरान हिंदी के समर्थक पटियाला के काका भगवतराय किसी कार्यवश बाहर चले गए। लिहाजा हिंदी का एक वोट कम हो गया। अब हिंदी और हिंदुस्तानी का वोट 77-77 हो गया। कांग्रेस पार्टी के इस चुनाव के बारे में, गफलत के शिकार न सिर्फ बाद के कई विद्वान हुए अपितु उस दौरान चुनाव में शामिल अंबेडकर और सेठ गोविंद दास भी हुए। ज्योतिरिंद्र दास ने लिखा है कि इस बैठक में 'हिंदी समूह' को एक शक्तिशाली 'हिंदुस्तानी समूह' का सामना करना पड़ा था। इस बैठक में व्यक्तिगत और सरकारी प्रभाव के बावजूद हिंदी ब्लॉक ने हिंदुस्तानी ब्लॉक के 77 के मुकाबले 78 मत पाए थे। ग्रेनविल ऑस्टिन ने इस प्रकरण पर विस्तार से प्रकाश डाला है। हालांकि ऑस्टिन की बात मानी जाए तो कांग्रेस पार्टी के सदस्यों के बीच यह मतदान अंक के मुद्दे पर हुआ था। मुंशी–आयंगर फार्मूले को मामूली फेर-बदल के साथ संविधान सभा ने 14 सितंबर 1949 को स्वीकृति प्रदान कर दी।

संविधान सभा ने राष्ट्रभाषा से राजभाषा का सफर किया। समझौते के परिणामस्वरूप जो राजभाषा विधान बना, उसे ग्रेनविल ऑस्टिन ने 'अधूरे मन से हुई सुलह' की संज्ञा से नवाजा है।

राजीव रंजन गिरि

अधिक जानकारी के लिए :

1. भारत का संविधान : एक परिचय : दुर्गादास बसु, **2. हिंदी : राष्ट्रभाषा से राजभाषा तक :** विमलेश कांति वर्मा, 1997, **3. Language Conflict and National Development:** Jyotirindra Dasgupta, 1970

संवेग

संवेग (Emotion) का अर्थ है–पूर्ण वेग के साथ कोई भावना। संवेग की परिभाषा कठिन है, क्योंकि यह ऐसी मानसिक और शारीरिक स्थिति है जब खुशी, प्रेम, गर्व, ईर्ष्या, क्रोध, भय, दुःख आदि भावों की स्थिति में मन आपे से बाहर हो जाता है। यह जहाँ एक ओर शक्ति देता है, वहीं दूसरी तरफ निढाल भी कर देता है। वुडवर्थ का मानना है कि संवेग शरीर की एक उत्तेजित अवस्था है जिसे इमोशनल होना कहते हैं। भावना और भावुकता या संवेग में कोई फर्क नहीं है, हालांकि दोनों जीवन की सच्चाइयां हैं। संवेग किसी वस्तु या व्यवहार की ऐसी प्रतिक्रिया है जिसमें हाथ कांपने लगते हैं, गला भर्राने लगता है, दिल की धड़कन बढ़ जाती है या आंखें लाल हो जाती हैं। शारीरिक ग्रंथियां अधिक मात्रा में रस छोड़ने लगती हैं। यह बाह्य शारीरिक हलचल नहीं है, संवेग की स्थिति में आंतरिक अवयवों में उथल-पुथल मच जाती है।

फिर भी संवेग सबसे पहले एक जीवंत अनुभव है, यह एक मानसिक प्रतिक्रिया है। संवेग एक उत्प्रेरक के रूप में व्यक्ति के व्यवहार को प्रभावित करता है। यह एक विशेष स्थिति की देन है–वह संकट की स्थिति हो या आनंद की, जैसे–अचानक सांप देखने पर, कहीं अपमानित होने पर, किसी दुर्लभ वस्तु के हासिल होने पर या सामने दुश्मन को देखने पर संवेग उत्पन्न होता है। संवेग की स्थितियों में तर्क और बौद्धिकता घट जाती है, संतुलित अवस्था खंडित हो जाती है। यह भावना का उत्तेजित रूप है। इस स्थिति में चेतना के भावनात्मक और क्रियात्मक रूप अपने ज्ञानात्मक रूप को दबा देते हैं।

दिनेश कुमार शर्मा

अधिक जानकारी के लिए :

1. Phychology : Daniel L Shactor, 2011, **2. The Phychological Construction of Emotion :** J A Russell and L F Barnett, 2015

संवेदन

संवेदन (Sensation) को एक प्रारंभिक मानसिक क्रिया कहा गया है जिससे वह ज्ञान होता है जो अभी अर्थपूर्ण दशा में पहुंचा नहीं होता। किसी वस्तु के ज्ञान के लिए पर्यवेक्षण, अनुभव,

चिंतन, कल्पना, तर्क आदि क्रियाओं की जरूरत होती है इनमें सबसे पहले संवेदन की क्रिया होती है। कोई पेड़ देखते ही उसके रूप-रंग, आकार-प्रकार का अलग-अलग आभास होगा, पर पेड़ का अर्थ स्पष्ट नहीं होगा। मनोवैज्ञानिक दृष्टि से संवेदन का होना तीन चीजों से घटित होता है—उद्दीपक वस्तु, ज्ञानेंद्रिय और मस्तिष्क। कोई चीज देखकर ज्ञानेंद्रियों में एक तरह का रासायनिक संक्षोभ होता है जिसे तंत्रिका आवेग (नर्व इंपल्स) कहते हैं। यह जब मस्तिष्क में पहुंचता है तो जो सरल मानसिक प्रक्रिया शुरू होती है, वह संवेदन है। ज्ञानेंद्रियों के अनुसार संवेदन के कई रूप हैं, जैसे—दृष्टि संवेदन, श्रवण संवेदन, स्पर्श संवेदन, गंध संवेदन और स्वाद संवेदन। विशुद्ध संवेदन में वस्तु का अर्थ स्पष्ट नहीं हो पाता जो शिशु के जन्म के बाद कुछ आरंभिक दिनों तक संभव है।

आमतौर पर व्यक्ति के संवेदन और बोध का इतना घनिष्ठ संबंध है कि उसके अनुभव में दोनों को अलग नहीं किया जा सकता। यदि किसी की आवाज पहली बार सुनकर लगे कि यह अपरिचित है और इसके अर्थ का बोध नहीं हो रहा है तो भी इसका अपना एक अर्थ है जो पूर्व अनुभवों पर आधारित होता है। मनुष्य के संवेदनों का सामान्यतः सुख-दुख आदि भावों से गहरा संबंध है। कला-साहित्य में संसार में संवेदनों को उद्‌बुद्ध करने वाली कृतियां सफल होती हैं, खासकर जो दर्शकों, श्रोताओं या पाठकों को झकझोर दें। उपन्यास के चरित्र विविध वस्तुओं के प्रति अपने वास्तविक संवेदनों और भावों से ही पाठक को बांधते हैं और उन्हें अपना अंग बना लेते हैं। साहित्य में वास्तविकता पर आधारित जो दुख, यातना या सौंदर्यानुभव पाठक पाता है, वह सब उसे अपना लगता है। साहित्य में संवेदनों का घेरा ही उसे पढ़ते रहने के लिए बाध्य करता है। संवेदन (सेंसेशन) जब सनसनीखेज (सेंसेशनल) भावों की तरफ बढ़ जाता है, तब सनसनीखेज उपन्यासों, फिल्मों या खबरों का निर्माण होता है। ये वास्तविकता पर आधारित कम होते हैं और कृत्रिमता पर अधिक, भले तकनीकी दृष्टि से ज्यादा कलात्मक हो।

दिनेश कुमार शर्मा

अधिक जानकारी के लिए :
मनोविज्ञान : बेंजामिन खान

संवेदना

संवेदना का अर्थ इंद्रियगम्य विषयों का ज्ञान है। इसके बिना मनुष्य के भाव-जगत का अस्तित्व नहीं हो सकता। संवेदना ही उसे संसार की वास्तविकता की जमीन पर खड़ा करती है और दुख-सुख का अवसर देती है। संवेदना की आध्यात्मिक कल्पना से एक अलग धरती है, जहाँ मनुष्य शांति और मोक्ष की जगह जीवन का अनुभव पाता है। संवेदना न केवल उसे व्यक्तिवाद और अहंकार से मुक्तकर व्यापक लोक से जोड़ती है, बल्कि वह अपने निजी दुख-कष्ट को भी समझ पाता है।

रामायण-महाभारत से लेकर आज तक का साहित्य मनुष्य की संवेदना की वजह से ही रचा गया है। धार्मिक मनुष्य संवेदना की वजह से ही ही धार्मिक आदेशों से ऊपर उठकर सोच पाता है। इसका संबंध इंद्रियातीत अनुभव से न होकर प्रत्यक्ष लौकिक ज्ञान, वासना, आंतरिक अनुभूति, स्मृति, अनुभव और कल्पना से है। संवेदना और ज्ञान का गहरा संबंध है, तभी मुक्तिबोध ने ज्ञानात्मक संवेदना को संवेदनात्मक ज्ञान में बदलने की बात कही है। प्राचीनकाल के विमर्शों में भावना, वासना आदि की तरह संवेदना को अनर्थकारी मिथ्या भाव कहा गया है। इसे ईश्वर प्राप्ति और अद्वैत भाव में बाधक के रूप में देखा गया है। बुद्ध ने 'करुणा' का संदेश दिया था जो संवदेना की वजह से ही संभव हुआ था। 'करुणा' लौकिक ज्ञान के बिना संभव नहीं है जो 'निर्वाण' से एक अलग भूमि है। संवेदना सिर्फ दुखात्मक अनुभूति नहीं है। 'उत्तररामचरित' में कहा गया है, 'दुःखसंवेदनायैव रामे चैतन्यमाहितम्।' (1.64)।

इसका तात्पर्य है, दुख के ज्ञान के लिए ही राम में चेतना का समावेश हुआ है। अभिनवगुप्त ने स्मृति-संवेदना (स्मृति लक्षणे संवेदना) को अनुभव का एक रूप मानकर स्वसंवेदना या स्वानुभूति से बढ़कर किसी अन्य ज्ञान को स्वीकार नहीं किया। उनका 'स्वसंवेदन' आत्मोपलब्ध प्रत्यक्ष ज्ञान है जो अनुभव और स्मृति से बनता है। 'काव्यप्रकाश' (चिंतामणि) में कहा गया है, 'रस की अनुभूति अलौकिक आनंद से भरी होती है, यह विकल्पमय नहीं है।'

इस तरह 'संवेदना' शब्द का संबंध लौकिक अनुभव से है। इसका संबंध दुख-सुख, दोनों किस्म की अनुभूतियों से है। संवेदना का अर्थ सहानुभूति नहीं है, हमेशा स्वयं की गई अनुभूति है। चाहे वह अपने से संबंधित हो या दूसरों और दूसरी चीजों से। संवेदना समवेदना भी है, समानुभूति भी है। संवेदना से सिर्फ दुख का बोध नहीं होता, सुख और आनंद भी उत्पन्न होता है।

शंभुनाथ

संवैधानिक साक्षरता

किसी भी देश का संविधान नेताओं के नाम पर नहीं बनता बल्कि 'हम नागरिक' (जैसे 'वी द पीपुल ऑफ इंडिया') बनाते हैं। इसका अर्थ है, देश संविधान के अनुसार चले यह देखना खुद नागरिकों का एक कर्तव्य है। यह तब तक संभव नहीं है, जब तक लोगों में संवैधानिक साक्षरता (Constitutional Literacy) नहीं आती। भारत के पूर्व-मुख्य न्यायधीश पी सदाशिवम ने कहा है, 'संवैधानिक साक्षरता लोकतंत्र के अस्तित्व के लिए जरूरी है। न्याय-व्यवस्था प्रायः यह मानकर चलती है कि सभी नागरिक कानूनों से भली-भांति परिचित हैं और वे अपने अधिकार खुद हासिल कर लेंगे, जबकि यह बात नहीं है।' माना जाता है कि संवैधानिक साक्षरता और जागरूकता के बीच संबंध है। इसके बिना अधिकारियों या सत्ता की जोर-जबर्दस्ती से नागरिक अपनी रक्षा नहीं कर सकते।

नागरिक किसी भी पेशे में हो या उसकी विशेष योग्यता का क्षेत्र कुछ भी हो, उसके लिए बुनियादी संवैधानिक साक्षरता जरूरी है। तभी वह सरकार को संविधान द्वारा दिए गए उत्तरदायित्व न निभाने या उसके संवैधानिक आचरण को रोकने के लिए लड़ सकता है। वह किसी सरकार या पदाधिकारी को असंवैधानिक धृष्टता के लिए कुर्सी से हटा सकता है। यदि संविधान का रोज उल्लंघन किया जाता है या तरह-तरह से अपमान किया जाता है तो इसके लिए खुद नागरिक भी जिम्मेदार हैं, क्योंकि उन्हें पता नहीं होता कि किसी संदर्भ में मोटे तौर पर क्या नियम या निर्देश हैं।

यह भी कहा गया है कि कोई राष्ट्रीय पाठचर्या यदि बहुसंस्कृतिवाद और संविधान की बुनियादी मर्यादाओं को संबोधित करने में विफल होती है तो नागरिकों को आवाज उठाना चाहिए। कई बार देखा गया है कि पाठ्यक्रम में फेरबदल राजनीतिक उद्देश्यों से होता है और बहुसंस्कृतिवाद तथा संवैधानिक भावना का अनुपालन नहीं होता। संविधान और राजनीति में निश्चय ही संविधान ऊपर है। इनके बीच दूरी बढ़ रही है या कम हो रही है, यह बहस का विषय हो सकता है।

देखा गया है कि नागरिक राजनीतिक तौर पर संविधान की मूल भावना से अलग हटाकर और कभी-कभी इसके विरुद्ध प्रशिक्षित किए जाते रहे हैं। धर्म, जाति, प्रांतीयता या क्षेत्रीयता के आधार पर राजनीति हो या केंद्रवादी राजनीति, संविधान और राजनीति के बीच विश्व भर में बढ़ती ऐसी दूरियों की बुनियाद में व्यापक संवैधानिक निरक्षरता है। नागरिक न सिर्फ अपने संविधान के बारे में मोटी चीजें नहीं जानते बल्कि उसके महत्व का भी उन्हें पता नहीं होता। यह भी संभव है कि जनता के असंतोष को सत्ता के लोभ में इस तरह गैर-संवैधानिक राजनीतिक दिशा दे दी जाए कि लोगों को इसका बोध ही न हो। बड़ी पूंजी-तकनीक से यह संभव है। जाहिर है, संवैधानिक साक्षरता ही ऐसी स्थितियों में आत्मसजगता पैदा कर सकती है।

देश में कानून का खड़ा किया गया ढांचा सभी नागरिकों के अधिकारों की रक्षा, कानून के

आगे सभी की समानता, सभी को अच्छे, खुशहाल और उन्नतिशील जीवन के अवसर, सभी के लिए नागरिक स्वतंत्रता, सामाजिक विकास और शांति-व्यवस्था सुनिश्चित करने के लिए है। कानूनों के बारे में अज्ञानता या जागरूकता का अभाव संविधान के लक्ष्यों की पूर्ति में बाधक होता है। यह नागरिकों के अलावा कानून लागू करने वालों के लिए भी एक समस्या है। इस कोण से डिजिटल साक्षरता ही पर्याप्त नहीं है, संवैधानिक साक्षरता भी जरूरी है। यह वस्तुतः नागरिकों का सशक्तीकरण है।

संजय जायसवाल

अधिक जानकारी के लिए :
1. Constitutional Literacy : A Twenty-First Century Imparative : Dreisbach, Christopher, 2016, **2. Constitutional Literacy : A Core Curriculam for a Multicultural Nation :** Toni Marie Massaro, 1993

संशोधनवाद

संशोधनवाद वह मार्क्सवादी सिद्धांत है जिसके विषय में सबसे पहले विचार करने का श्रेय एडवर्ड बर्नस्टीन (1850-1932) को जाता है। बर्नस्टीन ने मार्क्सवाद के तीन मूलभूत सिद्धांतों को नकार दिया—श्रम के मूल्य-निर्धारण का सिद्धांतवाद, आर्थिक निर्धारण का सिद्धात और वर्ग-संघर्ष का सिद्धांत। बर्नस्टीन ने कहा कि जर्मनी के समाज ने मार्क्स की कुछ भविष्यवाणियों को गलत साबित किया है। उनके अनुसार, पूंजीवाद के विषय में मार्क्स का यह कथन कि वह अपने बोझ तले नष्ट हो जाएगा, गलत साबित हुआ। न मध्यवर्ग विलुप्त हुआ और न ही श्रमिक वर्ग का शोषण समाप्त हुआ। इसके विपरीत श्रमिक वर्ग की पीड़ा बढ़ती गई। बर्नस्टीन की अवधारणाओं ने उस दौर के जर्मन सामाजिक जनतंत्रवादियों के बीच खलबली मचा दी थी।

बोल्शेविक क्रांति के बाद संशोधनवाद का इस्तेमाल मार्क्सवाद से विचलन के तौर पर प्रस्तुत किया जाने लगा। उदाहरण के लिए, युगोस्लाव कम्युनिस्ट पार्टी द्वारा अपनाए गए स्वतंत्र विचारों और नीतियों की आलोचना सोवियत संघ की कम्युनिस्ट पार्टी द्वारा आधुनिक संशोधनवाद कहकर की गई। दिलचस्प है कि चीन की कम्युनिस्ट पार्टी ने सोवियत रूस पर संशोधनवाद के आरोप लगाए। इस संदर्भ में 1950 के दशक में चीन और रूस की कम्युनिस्ट पार्टियों के बीच विवाद हुआ जिसे महान बहस के रूप में दस्तावेजीकृत किया गया।

संशोधनवाद का इस्तेमाल कम्युनिस्ट पार्टियों के अंत:संघर्ष के दौरान बीसवीं सदी में बार-बार हुआ। मार्क्सवाद की राजनीतिक शब्दावली में इसने एक गाली का रूप ले लिया। खुद को अधिक क्रांतिकारी बताने और विरोधियों को मार्क्सवाद की अवधारणा से भटकाव के रूप में चिह्नित करने के लिए समूची दुनिया की कम्युनिस्ट पार्टियों ने इस अवधारणा का इस्तेमाल किया। 1920 के दशक में त्रात्सकी पर स्टालिन ने संशोधनवाद का आरोप लगाकर उन्हें पार्टी से निकाल दिया, हालांकि त्रात्सकी ने भी स्टालिन और उनकी सरकार पर संशोधनवाद का आरोप लगाया।

द्वितीय विश्वयुद्ध के बाद स्टालिन के दौर में और उसके बाद सोवियत संघ की नीतियों से असंतुष्ट होकर पश्चिमी यूरोप की कई कम्युनिस्ट पार्टियों और मार्क्सवादी चिंतकों ने साम्यवाद की जिस नई अवधारणा को प्रस्तुत किया, उसे यूरो-कम्युनिज्म कहा गया। जो कम्युनिस्ट पार्टियां मार्क्सवाद-लेनिनवाद के मार्ग पर चल रही थीं, उनकी दृष्टि में यूरो-कम्युनिज्म संशोधनवाद था।

1964 में भारतीय कम्युनिस्ट पार्टी का विभाजन हुआ। भारत की कम्युनिस्ट पार्टी (मार्क्सवादी) का गठन इस विभाजन के बाद हुआ। भारतीय कम्युनिस्ट पार्टी (मार्क्सवादी) ने अपने गठन के मूल में यह तर्क दिया कि भारतीय कम्युनिस्ट पार्टी क्रांति की विरासत से भटककर संशोधनवादी हो गई है। वह तेलंगाना, तेभागा और नाविक विद्रोह की क्रांतिकारी विरासत से भटककर संसदीय संशोधनवाद की तरफ चली गई है। कम्युनिस्ट पार्टियों के इतिहास में हर तथाकथित क्रांतिकारी पार्टी को संशोधनवाद

के आरोप से गुजरना पड़ा। 1967 में कानू सान्याल और चारु मजुमदार के नेतृत्व में नक्सलबाड़ी का आंदोलन आरंभ हुआ। दोनों ने सी पी आई (एम) पर संशोधनवादी होने का आरोप लगाया। बाद में जब नक्सलबाड़ी आंदोलन अलग-अलग गुटों में विभाजित हो गया तो हर गुट दूसरे पर संशोधनवादी होने का आरोप लगाने लगा।

मार्क्सवादी दृष्टिकोण में लोकतंत्र को लेकर एक ऊहापोह की स्थिति हमेशा बनी रही है। क्रांति और संशोधनवाद की अवधारणा के मूल में लोकतंत्र के प्रति रवैये का प्रश्न केंद्रीय है। क्या कम्युनिस्ट पार्टियों को पूंजीवादी लोकतांत्रिक राज्य के अंदर चुनाव प्रक्रिया में भाग लेना चाहिए और क्या उन्हें लोकतांत्रिक प्रक्रिया अपनाकर सरकार का गठन करना चाहिए, सारी दुनिया के मार्क्सवादी इस प्रश्न से जूझते रहे हैं।

अच्युतानंद मिश्र

अधिक जानकारी के लिए :

1. क्रांति का आत्मसंघर्ष : अभय कुमार दुबे, **2. Marxism and Revisionism :** V I Lenin and Josheph Stalin, **3. The History of Marxism :** (Ed) Eric J Hobsbawm

संसार के भाषा-परिवार

विश्व भाषाओं की विविधता की जानकारी में भाषा-वैज्ञानिकों की लंबे समय से रुचि रही है। विश्व में कुल जितनी भाषाएं-बोलियां हैं, उनकी पक्की संख्या और उन सभी की उत्पत्ति जानने के लिए भाषा-परिवारों को चिह्नित करना हमेशा मुश्किल काम रहा है। 'समर इंस्टीच्यूट ऑफ लिंग्विस्टिक्स' के एक आंकड़े के अनुसार, संसार की 2,508 भाषाओं में बाइबिल का अनुवाद हो चुका है। 2009 के उसके आंकड़े के अनुसार दुनिया में 6,909 भाषाएं हैं। इनमें से यूरोप में 230 और एशिया में 2,197 भाषाएं बोली जाती हैं। पापुआ न्यू गिनी परिवार की भाषाओं की संख्या 832 है, जिनके बोलने वालों की आबादी सिर्फ 39 लाख है। 40 से 50 भाषा-परिवार ऐसे हैं, जिनके बोलने वाले लोगों की संख्या 4,500 के आसपास है। किसी भाषा को जब नई पीढ़ी सीखना बंद कर देती है, वह काल-कवलित होने लगती है।

भाषा-परिवार का अर्थ है उन भाषाओं का समूह जो एक-दूसरे से किसी-न-किसी रूप में अंतर्संबंधित हैं। भाषा-परिवारों की अवधारणा पश्चिमी भाषा-वैज्ञानिकों की देन है, यह अवधारणा संबंध और भिन्नता की वैज्ञानिक कसौटी पर आधारित है, यह कहना मुश्किल है। संसार के भाषा-परिवारों का निर्धारण कुछ भाषाओं को एक परिवार से जब कठोरतापूर्वक जोड़ता है तो दूसरे परिवारों से कठोरतापूर्वक अलग भी कर देता है। इसका आधार कहां भाषा-वैज्ञानिक से ज्यादा राजनीतिक हो सकता है, यह कहना कठिन है।

संसार के भाषा-परिवारों में सबसे प्रमुख है इंडो-यूरोपियन भाषा-परिवार। माना गया है कि इंडो-यूरोपियन भाषा-परिवार में लगभग 444 से 585 भाषाएं हैं जो दुनिया के सबसे बड़े भौगोलिक क्षेत्र में फैली हैं। अब तक भाषावैज्ञानिक अध्ययनों में बार-बार भाषा-परिवारों की चर्चा हुई है। एक धारणा यह भी है कि विश्व में लगभग 250 भाषा-परिवार हैं। इस संबंध में एथनोटॉग, ग्लोटोलॉग, मल्टीट्री प्राजेक्ट आदि द्वारा सर्वेक्षण हुए हैं। Glottolog द्वारा प्रस्तुत भाषा-परिवारों की सूची भाषाओं की अनुमानित संख्या के साथ इस प्रकार है :

1. इंडो-यूरोपीय (585 भाषाएं), 2. द्रविड़ीय (81 भाषाएं), 3. अटलांटिक-कांगो (1,432 भाषाएं), 4. ऑस्ट्रोनेशियन (1,276 भाषाएं), 5. चीनी-तिब्बती (472 भाषाएं), 6. अफ्रो-एशियाटिक (372 भाषाएं), 7. न्यूक्लियर ट्रांस-न्यू गिनी (315 भाषाएं), 8. पामा-न्यूंगान (240 भाषाएं), 9. ऑटोमनगुएआन (178 भाषाएं), 10. आस्ट्रो-एशियाटिक (164 भाषाएं), 11. ताइ-कडाइ (96 भाषाएं), 12. अर्वाकान (76 भाषाएं), 13. मांडे (74 भाषाएं), 14. तुपियान (71 भाषाएं)।

हिंदी में परंपरागत आधार पर देवेंद्रनाथ शर्मा

ने संसार के 18 भाषा-परिवारों की चर्चा की है : 1. भारत-यूरोपीय परिवार, 2. द्राविड़ परिवार, 3. बुरूशस्की परिवार, 4. उराल अल्ताई परिवार, 5. काकेशी परिवार, 6. चीनी परिवार, 7. जापानी-कोरियाई परिवार, 8. अति-उत्तरी (हाइपरबोरी) परिवार, 9. बास्क परिवार, 10. सामी-हामी परिवार, 11. सुदानी परिवार, 12. बंतू परिवार, 13. होतेंतोत- बुशमैनी परिवार, 14. मलय-बहुद्वीपीय परिवार, 15. पापुई परिवार, 16. आस्ट्रेलियाई परिवार, 17. दक्षिण-पूर्व एशियाई परिवार, 18. अमेरिकी परिवार।

संसार के भाषा-परिवारों का वस्तुनिष्ठ रूप से निर्धारण आज भी विस्तृत शोध एवं अध्ययन की मांग करता है। रामविलास शर्मा ने लिखा है, 'विभिन्न भाषा-परिवारों के मूल शब्द-भंडार में बहुत अंतर है और कुछ समानताएं भी हैं। यूरोप और एशिया के भाषा-परिवारों की ये समानताएं, जिस हद तक वास्तव में वे समानताएं हैं, यह सिद्ध करती हैं कि इन भाषा-परिवारों का विकास एकांत और अलगाव में नहीं हुआ।' (भाषा और समाज)।

अरुण कुमार

संस्करण

पुस्तक का एक बार में होने वाला मुद्रण या किसी साहित्यिक पुस्तक का अलग-अलग समय पर अलग प्रकार से प्रकाशित किया जाना 'संस्करण' कहलाता है। 'नया संस्करण' पुस्तक का वह रूप है जिसमें पुस्तक के पाठ्य में कुछ सुधार किया जाता है या उसमें कुछ मैटर घटाया/बढ़ाया जाता है। पुस्तक की छपाई का विवरण सामान्यतः पुस्तक के टाइटल पृष्ठ के पीछे दिया रहता है। यदि पहले की छपी हुई कोई पुस्तक ज्यों-की-त्यों फिर से छापी जाती है तो उसे 'पुनर्मुद्रण' कहते हैं। यह भेद न करके एक ही प्रकार से छपी पुस्तकों पर 'दूसरा संस्करण', 'बारहवां संस्करण' या 'बीसवां संस्करण' जैसे शब्द छपे रहते हैं जबकि वास्तव में वह पुनर्मुद्रण होता है। इसी तरह 'नया संस्करण' वस्तुतः पुस्तक का वह रूप है जिसमें पहले छपी हुई पुस्तक में कुछ सुधार किया गया हो। इसे 'संशोधित संस्करण' भी कहा जाता है। यदि यह संशोधित संस्करण फिर संशोधन कर छापा जाता है तो उसे द्वितीय या तृतीय संशोधित संस्करण कहा जाता है। यदि कोई पुस्तक चित्रों सहित छापी जाती है तो उसे 'सचित्र संस्करण' कहते हैं। सजिल्द पुस्तक को 'सजिल्द संस्करण' और अजिल्द पुस्तक को 'पेपरबैक संस्करण' कहते हैं। यदि किसी बड़ी पुस्तक का पाठ्य मैटर संक्षिप्त कर छापा जाता है तो वह 'संक्षिप्त संस्करण' कहलाता है। विशेष रूप से छात्रों के लिए (जैसे सस्ते कागज पर या पाठ्य मैटर में कुछ कमी कर) छापी गई पुस्तक को 'छात्र संस्करण' कहा जाता है। यदि पाठ के संबंध में कई व्यक्तियों की टिप्पणियां भी दी गई हों तो उसे अंग्रेजी में 'वेरिओरम' कहते हैं।

महेंद्र राजा जैन

संस्कृत

संस्कृत के दो रूप हैं—लौकिक तथा वैदिक। प्राचीनकाल में इन्हीं को भाषा तथा छांदस कहा जाता था। भाषा के लिए 'संस्कृत' संज्ञा का प्रयोग और प्रचलन परवर्ती काल में हुआ। संस्कृत के लिए यास्क (700 ईसा पूर्व), पाणिनि (500 ईसा पूर्व), पतंजलि (दूसरी शती ईसा पूर्व) आदि द्वारा प्रयोग में लाया गया प्राचीन नाम भाषा है। भाषा का अर्थ है जो समाज में बोली जाए।

भाषा-क्षेत्र तथा उत्पत्ति : पाणिनि ने जिस भाषा का व्याकरण रचा, वह वर्तमान अफगानिस्तान, पाकिस्तान और पंजाब के क्षेत्र में बोली जाती थी। ईसा के पहले सैकड़ों साल तक वैदिक संस्कृत का प्रचलन रहा होगा। इसके साथ इसकी सुगम और सामान्य जनों के द्वारा व्यवहृत भाषा भी प्रचलित थी। पाणिनि द्वारा इसके व्याकरण को व्यवस्थित रूप देने के बाद संस्कृत भाषा का वह रूप, जिसे आजकल लौकिक संस्कृत कहा जाता है, सारे देश में संपर्क भाषा

के रूप में व्यवहृत होने लगा। रामायण में हनुमान सीता को राम का संदेश देने के पहले विचार करते हैं कि मैं द्विजातियों द्वारा बोली जाने वाली संस्कृत भाषा में सीता देवी को संदेश सुनाऊं या सामान्य जनों द्वारा बोली जाने वाली संस्कृत में। उस काल में जनजातीय लोग स्थानीय भाषा बोलते होंगे, पर आवश्यकता पड़ने पर वे संस्कृत भाषा में भी बात करते थे। रामायण में ही इल्वल नामक दैत्य ब्राह्मणों को धोखा देने के लिए उनसे संस्कृत में बात करता है।

पाणिनि व्याकरण द्वारा संस्कृत में स्थिरता ला दी गई, पर पूरे देश में व्यवहृत होने के कारण इसमें तमिल आदि भाषाओं की और क्षेत्रीय भाषाओं की शब्दावली भी घुलती-मिलती रही। हर प्रांत के अनुसार उच्चारण और वाक्य-विन्यास में भेद बना रहा। पाणिनि ने प्राच्य और उदीच्य लोगों की भाषा में उच्चारण आदि की दृष्टि से अंतर की चर्चा की है। पतंजलि ने देश के विभिन्न प्रांतों में धातुओं और संज्ञाओं की विभिन्नता को रोचक उदाहरणों से समझाया है। उन्होंने एक उदाहरण में सूत या सारथि और वैयाकरण के बीच होने वाले विवाद का दृष्टांत दिया है, जिसमें सारथि या सूत वैयाकरण को लोक-व्यवहार से प्राप्त अपने भाषा-ज्ञान के आधार पर निरुत्तर कर देता है। भोजप्रबंध में राजा भोज से संबंधित ऐसे अनेक प्रसंग हैं जिनमें जुलाहे, कहार आदि संस्कृत में बातचीत करते हैं।

वस्तुतः पाणिनि के बाद वर्तमान काल तक संस्कृत किसी क्षेत्र विशेष की भाषा न रहकर सारे देश में प्रचलित एक भाषा बनी रही। यह पढ़े-लिखे या शिष्ट जनों के बीच बातचीत के लिए भी प्रयुक्त होती थी तथा उससे अधिक चिंतन, बौद्धिक बहस, शास्त्र रचना और साहित्य की भाषा भी थी। बौद्धों और जैनों का वाङ्मय आरम्भ में पालि, मागधी और अर्धमागधी में लिखा गया, जो उन क्षेत्रों की बोलियां रही होगीं जिनमें ये धर्म उदित हुए। पर सारे देश में संस्कृत के व्यापक प्रचार को देखते हुए बौद्धों और जैनों ने बाद में शास्त्रार्थ करने तथा साहित्य-रचना के लिए संस्कृत भाषा को माध्यम बनाया। नौवीं शताब्दी में शंकराचार्य और उन्नीसवीं शताब्दी में दयानंद ने सारे देश में यात्रा करते हुए शास्त्रार्थ संस्कृत में किए।

विभिन्न युग और महत्वपूर्ण रचनाकार : संस्कृत साहित्य की समग्र विकास-यात्रा के चार चरण माने जा सकते हैं :

1. उद्भव काल : यह प्रागैतिहासिक काल से लगाकर पहली सहस्राब्दी विक्रम पूर्व या ईसा पूर्व के आरंभ होने तक है। यह काल संस्कृत साहित्य के बीजन्यास और अंकुरण का काल है। इसी काल में मंत्रद्रष्टा ऋषियों ने मंत्रों का साक्षात्कार किया। वैदिक संहिताओं तथा ब्राह्मण ग्रंथों की रचना हुई और उपनिषदों की चिंतन-परंपराएं विकसित हुईं। गाथाओं और आख्यानों के रूप में लोक-साहित्य की समृद्ध विरासत इस काल में संचित होती रही।

2. स्थापना काल : यह काल पहली सहस्राब्दी विक्रम पूर्व के एक सहस्त्र वर्षों का है। वाल्मीकि की रामायण, व्यास का महाभारत—ये दो महान काव्य इस काल में अपने स्वरूप में प्रतिष्ठित हुए, यद्यपि इनकी रचना का उपक्रम पहले हो चुका था। इसी प्रकार उपनिषदों की रचना का उपक्रम इस सहस्राब्दी के पहले हो चुका था, पर इस सहस्राब्दी में मुख्य उपनिषद अपने वर्तमान रूप में अस्तित्व में आए। षड्दर्शनों तथा उनके समानांतर जैन, बौद्ध और चार्वाक दर्शनों का चिंतन इसी सहस्राब्दी में परिपक्वता को प्राप्त हुआ, यद्यपि इन सारे दर्शनों की परंपराएं और भी प्राचीन हैं। भास, कालिदास आदि महाकवि इस काल में हुए।

3. समृद्धि काल : यह काल पहली सहस्राब्दी ईसवी का है। इस काल में चिंतन-परंपराओं का विस्तार हुआ, विज्ञान की उन्नति हुई। भारतीय कला और शिल्प ने इस काल में ऊंचाइयों के शिखर प्राप्त किए। ज्योतिष, गणित, खगोलविद्या, रसायन, आयुर्वेद तथा दर्शन प्रस्थानों में नए चिंतन और प्रयोग हुए। दिङ्नाग, धर्मकीर्ति, वसुबंधु, जयंत भट्ट, मंडन मिश्र, वाचस्पति मिश्र, शंकराचार्य, उदयनाचार्य जैसे महान दार्शनिक कवियों पर ज्ञान-विज्ञान की इस उन्नति का प्रभाव पड़ा। संस्कृत महाकाव्यों की बृहत-त्रयी (किरातार्जुनीयम्, शिशुपालवधम् तथा नैषधीयचरितम्) इसी काल में लिखी गई। वाल्मीकि तथा व्यास की

काव्य-शैली का प्रांजल रूप प्रस्तुत करने वाला काव्य इसी काल में सामने आया। ऐतिहासिक महाकाव्य, रागकाव्य, शास्त्रकाव्य आदि नवीन काव्यविधाओं का सूत्रपात इस काल में हुआ। स्तोत्रकाव्य ने भक्ति, दर्शन और कविता की त्रिवेणी का जो अद्भुत समागम प्रस्तुत किया वह विश्व साहित्य में अद्वितीय है।

4. विस्तार काल : यह काल ग्यारहवीं शताब्दी के आसपास से आज तक का है। इस काल में नव्य-भारतीय भाषाओं के उदय के साथ संस्कृत साहित्य में नए छंदों और विषयों का प्रवेश हुआ। जयदेव का गीतगोविंद रचा गया। संस्कृत साहित्य लोक साहित्य के संपर्क में आया। व्याख्याओं और टीका-पद्धतियों में नई प्रविधियों का विकास हुआ। व्याकरण और न्याय के क्षेत्र में नव्य व्याकरण तथा नव्य-न्याय के उदय से नए वातायन खुले। ऐतिहासिक महाकाव्यों की परंपरा को शिखर पर पहुंचाते हुए कल्हण ने राजतरंगिणी की रचना की। काव्यशास्त्र और सौंदर्यशास्त्र के क्षेत्र में मम्मट, रुय्यक, मंख, विश्वनाथ, अप्पय दीक्षित, पंडितराज जगन्नाथ, पर्वतीय विश्वेश्वर पांडेय, रेवाप्रसाद द्विवेदी, गोविंदचंद्र पांडेय आदि दिग्गज आचार्य और विचारक इस काल में हुए। दर्शन के क्षेत्र में वल्लभाचार्य, मधुसूदन सरस्वती, रामानुज, मध्व, निंबार्क, रूपगोस्वामी-जीवगोस्वामी, स्वामीनारायण, दयानंद आदि ने अपने भाष्य या दार्शनिक ग्रंथों की रचना इस अवधि में की। बिल्हण, मूक कवि, नीलकंठ दीक्षित, रामपाणिवाद, राजेंद्र मिश्र, हर्षदेव माधव आदि कवियों ने अछूते भावबोध, नए बिंबविधान और प्रयोगों के द्वारा संस्कृत साहित्य की धरती को उर्वर बनाया। उन्नीसवीं और बीसवीं शताब्दियों में पुनर्जागरण, राष्ट्रीय स्वाधीनता आंदोलन, यूरोपीय संस्कृति के संपर्क आदि से संस्कृत साहित्य में रचना के नए क्षितिज सामने आए। 2011 की जनगणना के अनुसार वर्तमान में संस्कृत बोलने वालों की कुल संख्या 24,821 है।

राष्ट्र निर्माण तथा समाजोत्थान में भूमिका : उन्नीसवीं शताब्दी के नवजागरण में संस्कृत के साहित्य तथा उससे जुड़ी चिंतन-परंपराओं की सकारात्मक भूमिका रही है। 1785 में प्रकाशित चार्ल्स विल्किंस द्वारा किए श्रीमद्भगवद्गीता के अंग्रेजी अनुवाद तथा 1801-1802 में एक्वेंटिल डुपरों द्वारा दाराशिकोह के सिर्र-ए-अकबर में प्रस्तुत उपनिषदों के अनुवादों का लैटिन अनुवाद होने पर जैसे-जैसे पश्चिमी जगत भारतीय मनीषा से परिचित हुआ, भारत के बुद्धिजीवियों का भी अधिकाधिक ध्यान संस्कृत भाषा की तेजस्वी परंपराओं तथा राष्ट्र के नवनिर्माण में उनके पुनराविष्कार की ओर गया। इस दृष्टि से राजा राममोहन राय ने उपनिषदों का अनुवाद किया। तिलक, विवेकानंद, अरविंद आदि महापुरुषों के व्यक्तित्व तथा कृतित्व में संस्कृत भाषा के ज्ञान की स्पष्ट छाप है। 1885 में भारतीय राष्ट्रीय कांग्रेस की स्थापना बंबई के एक संस्कृत महाविद्यालय में हुई थी। संस्कृतचंद्रिका, सूनृतवादिनी, ज्योतिष्मती जैसी संस्कृत पत्रिकाएं, जो स्वतंत्रता संग्राम के यज्ञ में आहुति दे रही थीं, अंग्रेजों द्वारा बंद कराई गईं। अप्पाशास्त्री ने 1905 में संस्कृत का साप्ताहिक अखबार शुरू किया—सूनृतवादिनी। तिलक के 'केसरी' की तरह यह ब्रितानी हुकूमत के खिलाफ था।

संस्कृत पत्रिकाओं में समाज-सुधार तथा क्रांतिविषयक सामग्री छपती रही तथा समाजवाद और गांधीवाद जैसी विचारधाराओं को संस्कृत में अभिव्यक्ति मिली। हिंदी और बांग्ला के कुछ अखबारों ने भी संस्कृत की नई रचनाओं का प्रकाशन किया अथवा अपने लिए संस्कृत में प्रतीकपद्यों की रचना करवाकर उन्हें नियमित मुखपृष्ठ पर स्थान दिया। (देखें 'संस्कृत पत्रकारिता')।

अंधविश्वासों के उन्मूलन तथा समाज-सुधार में संस्कृत का योगदान स्मरणीय है। दयानंद ने स्त्री शिक्षा के प्रचार-प्रसार के लिए वेदों का प्रमाण दिया। राजा राममोहन राय ने सती-प्रथा के निवारण के लिए अपने अभियान में धर्मशास्त्र के वचनों के उद्धरण दिए, ईश्वरचंद्र विद्यासागर ने विधवा विवाह के समर्थन के लिए प्राचीन स्मृति ग्रंथों का सहारा लिया।

संस्कृत भाषा और उसके साहित्य का इतिहास प्रमाणित करता है कि संस्कृत और उसके साहित्य की परंपराओं की भारत की राष्ट्रीय संस्कृति तथा

विश्व संस्कृति के निर्माण में विशिष्ट भूमिका रही है। यह भूमिका निम्नलिखित आधारों पर समझी जा सकती है—भारतीय भाषाओं तथा भारत के बाहर की, विशेष रूप से दक्षिण-पूर्व एशिया की भाषाओं के विकास में योगदान, वर्तमान वैज्ञानिक, सामाजिक और सांस्कृतिक विकास के अनुरूप इन भाषाओं में नई शब्दावली के निर्माण में सहायता, भारतीय भाषाओं के साहित्य के विकास में योगदान, भारत के एकात्म्य के लिए सांस्कृतिक सेतुओं की रचना।

संविधान के अनुच्छेद 351 में हिन्दी के लिए शब्द-भंडार मुख्य रूप से संस्कृत से ग्रहण करने की संस्तुति की गई है : संघ का यह कर्तव्य होगा कि वह हिंदी भाषा का प्रसार बढ़ाए, उसका विकास करें ताकि वह भारत की सामासिक संस्कृति के सभी तत्वों की अभिव्यक्ति का माध्यम बन सके और उसकी प्रकृति में हस्तक्षेप किए बिना हिंन्दुस्तानी में और आठवीं अनुसूची में विनिर्दिष्ट भारत की अन्य भाषाओं में प्रयुक्त रूप, शैली और पदों को आत्मसात करते हुए और जहां आवश्यक या वांछनीय हो, वहां उसके शब्द-भण्डार के लिए मुख्यतः संस्कृत से और गौणतः अन्य भाषाओं से शब्द ग्रहण करते हुए उसकी समृद्धि निनिश्चत करे।

शेल्डन पोलोक की पुस्तक 'लैंग्वेज ऑफ गॉड्स इन द वर्ल्ड ऑफ मेन' में संस्कृत की सांस्कृतिक दिग्विजय का विश्लेषण है। पोलोक इस दिग्विजय को कल्चरेशन या संस्कृतीकरण कहते हैं। वे उस संस्कृत के विश्वजनीनतावाद का खुलासा करते हैं जिसने भारत के बाहर लगभग एक हजार वर्षों तक संस्कृत भाषा और उसके साहित्य को अपूर्व प्रतिष्ठा दी और संस्कृत विद्वत्समाज में व्यवहार और राजकीय कार्य की भाषा के रूप में दक्षिण भारत में चोलों, पल्लवों और पांड्यों या केरल के अनेक राजाओं और राजपरिवारों और राजवंश परंपराओं में ही नहीं, श्याम, ब्रह्मदेश (बर्मा), कांबोज, मलय, चंपा (वियतनाम) आदि देशों में भी स्वीकार की गई। इन देशों में बोलचाल की भाषा न होते हुए भी संस्कृत ने एक वैश्विक सांस्कृतिक मानचित्र की रचना की। पोलोक के अनुसार यह ऐसा अद्भुत और विलक्षण साम्राज्य है, जो किसी सैन्य शक्ति से ढहाया नहीं जा सकता था। वे बताते हैं की विश्व के एक बड़े हिस्से पर—एशिया महाद्वीप में—संस्कृत का यह एक हजार वर्षो तक चलने वाला एकछत्र राज्य रोम साम्राज्य जैसी ऐतिहासिक सत्ताओं से कितना भिन्न है। हथियारों से लड़ी जाने वाली संहारक लड़ाई के स्थान पर विचारों और उदात्त संकल्पों की स्थापना के लिए किया जाने वाला संघर्ष रचनात्मकता, संवाद और अन्तःक्रिया में घटित होता है। संस्कृत ने साम्राज्यवादियों की भांति देशज भाषाओं, देशज संस्कृतियों और लोकाचारों का उच्छेद नहीं किया, उन्हें पनपने दिया और उन्हें अपने वैभव से और भी संपन्न किया, तो उनसे भी रस ग्रहण किया।

थाईलैंड (सियाम) आदि देशों में युवराजों या राजकुमारों को संस्कृत के श्लोकों या छंदों से गायन सिखाया जाता था क्योंकि अच्छा शासक बनने के लिए अच्छी भाषा और लय-छंद की पकड़ आवश्यक मानी जाती थी।

पोलोक संस्कृत के वैश्विक साम्राज्य को अब चुक गया हुआ मानते हैं। आपाततः ऐसा लगता है। पर संस्कृत और इसकी विभिन्न परंपराओं की शक्तियां अभी समाप्त नहीं हुई हैं, उन्हें नए सिरे से खोजना आवश्यक है। संस्कृत की प्रज्ञा और इसके विद्वानों की मनीषा प्रत्येक युग में अपने को नए सिरे प्रमाणित करती रही है।

पश्चिम को संस्कृत से परिचित कराने वाले विद्वान : राष्ट्रीय तथा वैश्विक परिदृश्य पर संस्कृत और उसकी परंपराओं को प्रतिष्ठित करने में उन असंख्य अज्ञात साहित्य प्रेमियों, संस्कृति कर्मियों और भारत से बहिर्गमन करने वाले साहसी प्रवासियों और विदेशों से भारत में आने वाले यात्रियों का बहुत बड़ा हाथ है, जिन्होंने अश्वघोष के काव्यों, बौद्ध दर्शन के ग्रंथों या पालि साहित्य के चीनी, तिब्बती और जापानी भाषाओं में अनुवाद किए। उनके महनीय अवदान के बूते पर भारत में नष्ट हो चुके बहुसंख्य संस्कृत ग्रंथों को फिर से हासिल किया जा सका। उनके कारण धर्मकीर्ति, नागार्जुन और दिङ्नाग जैसे दिग्गज दार्शनिकों की

विलुप्त रचनाओं का ही नहीं, उन विचारकों की मनीषा का भी आविष्कार हो सका। संस्कृत ने इत्सिंग और ह्वेनसांग की साहसिक यात्राओं के साथ विश्वयात्रा की है। उसके पीछे अलबिरूनी के गहन अध्ययन और ज्ञानसाधना, अब्दुल रहीम खानखाना की मेधा तथा दाराशिकोह के द्वारा मज्म-उल्बहरैन में प्रस्तुत किए गए 52 उपनिषदों के फारसी अनुवादों की बड़ी भूमिका है। आधुनिक काल में राहुल सांकृत्यायन, विलियम जोंस तथा मैक्समूलर आदि के अवदान से भारतीय मनीषा को वैश्विक परिप्रेक्ष्य प्राप्त हुआ।

फ्रैडरिक श्लेगल ने पेरिस में अलेक्जेंडर हैमिल्टन से संस्कृत सीखी। उनके भाई ऑगस्ट विल्हेम (1767-1845) बॉन विश्वविद्यालय में 1818 में नियुक्ति पाकर जर्मनी में संस्कृत के पहले प्रोफेसर बने। विल्हेम वॉन हंबोल्ट (1767-1835) फ्रांज बोप (1791-1867), हर्मन ब्रोखास (1806-1877), फ्रेट्रिखर्यूकर्ट (1788-1866) जैसे विद्वानों के कार्यों से भारत एक समृद्ध प्राचीन संस्कृति वाले देश के रूप में विश्वमान्य हुआ। विलियम जोंस ने पारसी और संस्कृत के अंत:संबंध को गहराई से विस्तार से, प्रतिपादित किया। उन्होंने ग्रीस, इटली तथा भारतीय देवमंडल का तुलनात्मक अध्ययन किया, रोम देवता जानुस की करीबी गणेश से स्थापित की, दोनों बुद्धि के देवता हैं। ग्रीक और भारतीय ज्योतिष मूलत: एक था, यह भी उन्होंने स्थापित किया।

मैक्समूलर ने 1849 में ऋग्वेद का पहला प्रामाणिक संस्करण तैयार कर उसे प्रकाशित कराया। उनकी 'इंडिया—व्हाट इट कैन टीच अस' शीर्षक पुस्तक 1882 में छपी। 'सीक्रेट बुक्स ऑफ दि ईस्ट सीरीज' में मैक्समूलर ने दुर्लभ प्राचीन ग्रंथों को पहली बार अंग्रेजी अनुवाद के साथ संसार को उपलब्ध कराया। जेम्स मिल के दुराग्रहों से भरी किताब 'हिस्ट्री ऑफ ब्रिटिश इंडिया' का मैक्समूलर ने विरोध किया था। बेहरामजी मालबारी ने अपने समाज सुधार अभियान में मैक्समूलर को अपना मार्गदर्शक माना। हंबोल्ट, जोंस और मैक्समूलर आदि के अवदान से वैश्विक स्तर पर कुछ नए विद्या-क्षेत्रों में अनुशीलन आरंभ हुआ। ये विद्याक्षेत्र हैं—तुलनात्मक भाषाशास्त्र, तुलनात्मक पुराकथाशास्त्र और तुलनात्मक धर्म।

संस्कृत की उन्नति के लिए कार्यरत संस्थान : भारत सरकार द्वारा 1970 में 'राष्ट्रिय संस्कृत संस्थान' देश में संस्कृत के प्रचार-प्रसार, संस्कृत-शिक्षा तथा संस्कृत में शोध को प्रोत्साहित करने के लिए स्थापित किया गया। यह संस्थान इस समय देश का सबसे बड़ा संस्कृत विश्वविद्यालय भी है। 'संस्कृत भारती' तथा 'संस्कृत प्रमोशन फाउंडेशन' द्वारा संस्कृत में नया साहित्य लगातार प्रकाशित किया जा रहा है। मध्य प्रदेश, राजस्थान, गुजरात, उत्तराखंड, हरियाणा, बिहार आदि प्रदेशों में राज्य सरकारों द्वारा स्थापित संस्कृत अकादमियां सक्रिय हैं। ये अकादमियां संस्कृत में नए साहित्य और समीक्षा के लिए पुरस्कार देती हैं। संस्कृत में पत्रिकाओं तथा पुस्तकों का प्रकाशन करती हैं। उज्जैन में कालिदास अकादेमी द्वारा प्रति वर्ष आयोजित होने वाला कालिदास महोत्सव संस्कृत विषयक अंतरराष्ट्रीय स्तर का आयोजन रहा है। संस्कृत में गंभीर अध्ययन अनुसंधान की दिशा में भंडारकर प्राच्यविद्या संस्थान (पुणे), एशियाटिक सोसाइटी (कोलकाता तथा मुंबई), प्राच्य विद्या प्रतिष्ठान (चेन्नई, राजस्थान, बडोदरा तथा मैसूर), सिंधिया प्राच्यविद्या संस्थान (उज्जैन), कुप्पू स्वामी शास्त्री प्राच्य विद्या शोध संस्थान (चेन्नई) आदि सक्रिय हैं।

समकालीन गतिविधियां : इस समय प्रति मास शताधिक ग्रंथ मौलिक और नवीन संस्कृत रचनाओं के तथा अन्य भाषाओं में भी संस्कृत साहित्य विषयक समीक्षाएं और शोधग्रंथ प्रकाशित होते हैं। 'राष्ट्रिय संस्कृत संस्थान' द्वारा प्रकाशित 'आधुनिक संस्कृत साहित्य संदर्भ सूची' (2012) में तीन हजार से अधिक मौलिक संस्कृत ग्रंथ उल्लिखित हैं, जो 1850 से 2011 तक की अवधि में लिखे गए तथा प्रकाशित हुए। इस समय अनेक श्रेष्ठ साहित्यकार संस्कृत भाषा के सर्जन करने में लगे हुए हैं। शताधिक पत्र-पत्रिकाएं नियमित प्रकाशित हो रही हैं। इनमें दैनिक अखबार भी हैं साप्ताहिक और पाक्षिक भी हैं,

तथा मासिक और त्रैमासिक पत्रिकाएं भी। 2010 में बेंगालुरु के विश्व संस्कृत पुस्तक मेले में संस्कृत के नए साहित्य का जितना विक्रय हुआ, वह राष्ट्रीय और अंतरराष्ट्रीय पुस्तक मेलों के समतुल्य था।

हमारे समय में भास, कालिदास, शूद्रक, विशाखदत्त, भवभूति आदि महाकवियों की नाट्यकृतियों के साथ संस्कृत के नए नाटककारों की कृतियां रंगमंच पर प्रस्तुत हो रही हैं। संस्कृत रंगमंच की विश्वनाट्य में एक महत्वपूर्ण भूमिका इन प्रयोगों से रेखांकित की गई है। देश के विभिन्न नगरों में संस्कृत कवि समवायों का आयोजन होता है। संस्कृत में लिखी जा रही नई कविता समझी और सराही जाती है।

भारत में ही नहीं, विदेशों में भी विद्वज्जन विभिन्न अवसरों पर संस्कृत में बातचीत करते हैं, संस्कृत में वे गद्य और पद्य में रचना करते हैं, संस्कृत में वहां व्याख्यान दिए जाते हैं, काव्य लिखे जाते हैं।

नवीन संचार माध्यमों तथा प्रौद्योगिकी में संस्कृत का नवावतार हो रहा है। संस्कृत में फिल्में बनती हैं, दूरदर्शन पर नियमित संस्कृत कार्यक्रम प्रसारित होते है, आकाशवाणी से और दूरदर्शन से संस्कृत में समाचार प्रतिदिन नियमित रूप से प्रसारित होते हैं।

कई हजार वर्षों से संस्कृत में वेद शाखाओं के द्वादशसहस्र से अधिक मंत्रों की पाठ-परंपरा अक्षुण्ण बनी हुई है। न केवल संहिता का पाठ, पूरी संहिता के दस हजार से अधिक मंत्रों का पदपाठ और घनपाठ तक करने वाले वेदपाठी अभी भी हैं। विश्व में ऐसी अनोखी परंपरा अन्य किसी भाषा के पास नहीं है।

बीसवीं शताब्दी में संगणकीय संस्कृत और पांडुलिपि विज्ञान जैसे विषयों का विकास संस्कृत के क्षेत्र में हुआ। आने वाले समय में संस्कृत के ज्ञान का अक्षय कोश हमारे सोच और जीवन-शैली में और भी बहुत कुछ सार्थक जोड़ सकता है।

आज शास्त्रीय विमर्श की भाषा के रूप में देश को संस्कृत की आवश्यकता है। अद्यतन प्रणालियों, व्यवस्थाओं और विचार-कोटियों को परिभाषित करने के लिए यह विमर्श विस्तारित किया जा सकता है। इस देश की बहुभाषिकता में संस्कृत की संभावनाएं बनी हुई हैं। इतर भाषाओं के साथ संस्कृत के सहकार और पारस्परिकता की आवश्यकता तथा संभावना पहले से अधिक है।

संस्कृत और हिंदी का अंतःसंबंध : संस्कृत में वेदों की रचना के समानांतर लोकभाषा में गाथाओं की रचना होती आ रही थी। चंद्रधर शर्मा गुलेरी तथा रामविलास शर्मा संस्कृत के समानांतर लोक में प्रचलित भाषा को हिंदी का प्राचीन रूप मानते हैं। अन्य विद्वानों के मत से संस्कृत से प्राकृत, प्राकृत से अपभ्रंश व अवहट्ट तथा उससे आधुनिक भारतीय भाषाओं हिंदी आदि का विकास हुआ। वस्तुतः एक परिनिष्ठित साहित्यिक और शास्त्र की भाषा के रूप में संस्कृत का लोक में प्रचलित हिंदी के साथ अंतर्संबंध प्राचीनकाल से चला आ रहा है। कालिदास ने अपने विक्रमोर्वशीयम् में अपभ्रंश के दोहे और चौपाई छंदों में भी गाथाएं जोड़ीं। कालिदास ने जिस छंद और लय को लेकर विक्रमोर्वशीयम् के चौथे अंक में गाथाओं या ध्रुवाओं का गायन कराया, वह हिंदी की पदावली और जातीय प्रकृति के बहुत निकट है। उदाहरण के लिए :

चिंतादुम्मिअ माणसिआ।
सहअरि दंसणलालसिआ।
विकसिं कमल मणोहरए
विहरइ हंसिणि सरवरए।
मइ जाणिअ मिअलोअणि निसिअरु कोइ हरेइ।
जाव णु घनतडिसामलु धाराधरु बरसेइ।।

अंतिम छंद दोहे का उदाहरण है। इस तरह की कुल 33 गाथाएं विक्रमोर्वशीयम् नाटक में हैं, जिन्हें हम आगे चलकर विकसित संस्कृत और हिंदी की पारस्परिकता के पहले के उत्कृष्ट नमूने कह सकते हैं। संस्कृत के समग्र आभिजात्य और परिष्कार के साथ लोकभाषाओं तथा लोकजीवन से उसका संपर्क बना रहा तथा इनके साहित्य को इस भाषा ने अनुप्राणित किया। इस परस्पर-पूरकता ने भारतीय साहित्य को बहुत संपन्न बनाया है। महाकवि चंदबरदाई अपने पृथ्वीराजरासो में कहते हैं :

सत्तखनं आवासं महिलानं मद्द सद्द नूपुरया।
सतफल बज्जुन पयसा पव्वरिअं नैव चालंति।।

अर्थात सतखंडे महलों में मद से विह्वल अभिजात तरुणियां नूपुर की रुनझुन करती हुई नृत्य में यदि थिरक रही हैं, तो साथ ही दूर कहीं पर्वतीय प्रदेशों में रहने वाली स्त्रियां पांवों में घुंघची बांधकर भी तो चल रही होंगी। अभिजात साहित्य और लोकजीवन तथा लोकभाषाओं की सहगामिता इस दृष्टांत से समझी जा सकती है।

संस्कृत और हिंदी, दोनों भाषाएं इस देश की साझी विरासत के अंग रही हैं। उनमें दुतरफा आदान-प्रदान सदियों तक रहा है। इन भाषाओं में घनिष्ठ संपर्क के एक जीवंत उदाहरण चौदहवीं शताब्दी के महाकवि विद्यापति हैं। विद्यापति ने अवहट्ट में लिखा, मैथिली में भी और संस्कृत में भी। उनकी मैथिली पदावली जयदेव के 'गीतगोविंद' की रसमाधुरी और पदावली के संपर्क से सरस हो गई है, तो उनकी अवहट्ट में लिखी कीर्तिलता या संस्कृत में लिखी 'पुरुष परीक्षा' भी भारतीय भाषाओं के गहरे रिश्तों की उपज है।

विद्यापति (बिल्हण) के नाम से एक श्लोक श्रीधर द्वारा संकलित सदुक्तिकर्णामृत में मिलता है :

अन्यासु तावदुपमर्दसहासु भृङ्ग
लोलं विनोदय मनः सुमनोलतासु।
मुग्धामजातरजसं कलितामकाण्डे
बालां कदर्थयसि किं नवमालिकायाः?

अर्थात हे भृंग, फूलों से भरी उन अन्य लताओं में अपना मन बहलाओ, जो तुम्हारी उठापटक झेल सकती हैं। इस चमेली की बेल को क्यों झिंझोड़ रहे हो, जो बहुत मुग्धा (छोटी या भोली) है और जिसमें अभी रजस् या पराग भी नहीं फूटा है?

यदि रजस् के श्लेष को छोड़ दें तो बिहारी ने अपने इस दोहे में विद्यापति (बिल्हण) के संस्कृत छंद को उतारने का सुंदर प्रयास किया है :

नहि पराग नहिं मधुर मधु नहिं बिकास यह काल।
अली कली सौं ही बिंध्यो आगै कौन हवाल।।

किंवदंती है कि सूरदास एक बार कुएं में गिर पड़े। किसी व्यक्ति ने उन्हें बाहर निकाला। सूरदास तो कृष्ण के ध्यान में तल्लीन थे। उन्होंने समझा कि कृष्ण ने ही बाहर निकाला है। जब वह व्यक्ति उनका हाथ छोड़कर जाने लगा, तो सूरदास ने यह दोहा कहा :

बांह छुड़ाये जात हौ, अबल जानि कै मोंहि।
हिरदै तें जब जाउगै मर्द बदोंगो तोहिं।।

सूरदास से कुछ पहले वल्लभदेव ने सुभाषितावली नाम से संस्कृत के स्फुट श्लोकों का एक विशाल संग्रह तैयार किया था। उसमें यह श्लोक है—

हस्तमाक्षिप्य यातोऽसि बलादिति किमद्भुतम्।
हृदयाद् यदि निर्यासि पौरुषं गणयामि ते।।

अर्थात तुम बलात मेरा हाथ झटककर चल दिए, इसमें कौन-सी अजीब बात है। मेरे हृदय से निकलकर दिखाओ, तब तुम्हारा पौरुष मानूं!

तुलसीदास संस्कृत साहित्य के मर्मज्ञ थे। उन्होंने अपनी अमर रचना रामचरितमानस की रचना के पहले 'नानापुराणनिगमागम' का गहरा अध्ययन अपने गुरुजनों से किया था। रामचरितमानस की संपूर्ण रचना में वाल्मीकि की रामायण, आनंदरामायण, अद्भुतरामायण, भुशुंडिरामायण आदि प्राचीन रामायण ग्रंथों, कालिदास के रघुवंश आदि काव्यों, भवभूति, जयदेव और मुरारि के संस्कृत नाटकों, पुराणों तथा श्रीमद्भगवद्गीता और संस्कृत वाङ्मय के अनेक ग्रंथों से वाक्यावली, मुहावरे और कथाप्रसंग आत्मसात कर उन्हें एक समन्वित और रचनात्मक विन्यास दिया गया है। वास्तव में तुलसी के काव्य-मर्म को समझने के लिए संस्कृत भाषा का अच्छा ज्ञान आवश्यक है। रामचरितमानस के आरंभ में तुलसी ने आदिकवि वाल्मीकि की वंदना करते हुए कहा है :

बंदउं मुनिपदकंजु रामायन जेंहि निरमयउ।
सखर सुकोमल मंजु दोसरहित दूसनसहित।।

अर्थात मैं मुनि वाल्मीकि के चरणों की वंदना करता हूं, जिन्होंने उस रामायण का निर्माण किया जो सखर होते हुए भी सुकोमल है और दोषरहित तथा दूषणसहित है।

इस दोहे में कवि तुलसी ने विरोधाभास और श्लेष अलंकारों का प्रयोग कर चमत्कार ला दिया

है। यह चमत्कार संस्कृत भाषा के उनके ज्ञान के कारण आ सका है। सखर में खर का अर्थ कठोर भी होगा और खर राक्षस का नाम भी है। उसी तरह दूषण दोष भी है और एक राक्षस का नाम भी (खर-दूषण)। इस दोहे में नलचम्पू के इस पद्य की छाया है :

निर्दूषणा गुणवती सखरापि सुकोमला।
नमस्तस्मै कृता यैन रम्या रामायणी कथा।।

संस्कृत की समृद्ध पदावली और पांच हजार साल की विकास-परंपरा से परिचित हुए बिना हिंदी काव्य की भावधारा को समझा नहीं जा सकता, क्योंकि दोनों की मूल प्रकृति समावेशी भारतीय जातीयता और अस्मिता से जुड़ी हुई है। कवि रहीम का एक दोहा है :

सर सूखें पंछी उड़े दूजे सरहिं समाहि।
दीन मीन बिनु पच्छ के कहु रहीम कहं जाहिं।।

अर्थात तालाब सूख रहे हैं, प्यासे पंछी उड़-उड़कर उन बड़े तालाबों की ओर जा रहे हैं, जिनमें पानी है। रहीम कहते हैं कि सूखते तालाब में रहने वाली बिचारी बिना पंख की मछलियां कहां जाएं। वे तो उड़ नहीं सकतीं। यह अन्योक्ति है। संस्कृत के पारंपरिक काव्यशास्त्र के आधार पर ही यह समझा जा सकता है कि रहीम वास्तव में क्या कहना चाहते हैं। संस्कृत 'पच्छ' पक्ष का तद्भव है। पक्ष के दो अर्थ होते हैं—पंख और तरफदारी। पहला अर्थ मछलियों के लिए है और दूसरा अर्थ उन लोगों के लिए, जिनकी बात वास्तव में रहीम कहना चाहते हैं। उन्होंने 'पच्छ' में श्लेष रचते हुए कहना चाहा है कि जिन दीन-दुखी सताए हुए लोगों की तरफ से कोई बोलने वाला नहीं, वे कहां जाएं।

संस्कृत भाषा की यह परंपरा चंदबरदाई, तुलसी, देव और बिहारी जैसे महाकवियों में ही नहीं, अमीर खुसरो से शुरू हो कर भारतेंदु, मैथिलीशरण गुप्त और निराला जैसे उन कवियों में भी कई प्रकार से संक्रांत हुई है, जो हिंदी की जीवंत विरासत के अमिट हस्ताक्षर हैं।

राधावल्लभ त्रिपाठी

अधिक जानकारी के लिए :
1. संस्कृत साहित्य का इतिहास : ए बी कीथ, **2. A history of Sanskrit literature :** Arthur A Macdonell

संस्कृत आलोचना

संस्कृत आलोचना विश्व की प्राचीनतम तथा समृद्ध परंपराओं में से एक है। यदि कहें कि इसकी परंपरा आलोचना ग्रंथों, टीका तथा विवेचन की दृष्टि से सबसे समृद्ध है तो अतिशयोक्ति न होगी। इसका लगभग ढाई हजार सालों का इतिहास है। शुरुआत में यह परंपरा मौखिक थी। लिखित और मुद्रित रूप में काफी बाद में आने के कारण कृतियों की अवधि निश्चित रूप से नहीं कही जा सकती। दसवीं सदी के पहले तक के आचार्यों और सिद्धांतकारों के जीवन के बारे में भी निश्चित रूप से कहना मुश्किल है। सुविधा की दृष्टि से संस्कृत आलोचना की परंपरा को मुख्यतः पांच कालखंडों में देखा जा सकता है :

1. आरंभिक काल : पांचवीं सदी तक
2. उत्कर्ष काल : छठी सदी से ग्यारहवीं सदी तक
3. मीमांसाकाल : बारहवीं सदी से सत्रहवीं सदी तक
4. लोकभाषाईकरण काल : सत्रहवीं सदी से उन्नीसवीं सदी के पूर्वार्ध तक
5. आधुनिक काल : उन्नीसवीं सदी के उत्तरार्ध से अब तक।

संस्कृत आलोचना में साहित्य हेतु, प्रयोजन, गुणदोष, लक्षण, अर्थ, भेद और अंगों तथा उपांगों लगभग सभी विषयों की चर्चा की गई है। समय-समय पर विभिन्न सिद्धांतों की स्थापना हुई। किसी एक सिद्धांत की विशिष्टता तथा इसके आचार्यों तथा संप्रदायों के अनुयायियों के कारण संप्रदाय भी बने। संस्कृत आलोचना के मुख्य सिद्धांतों को उनके विकास तथा संप्रदायों के आधार पर निम्नलिखित ढंग से समझा जा सकता है :

तालिका 1 : संस्कृत आलोचना के सिद्धांत :

क्रं.	सिद्धांत	प्रतिपादक आचार्य	काल	प्रमुख ग्रंथ	अन्य प्रमुख आचार्य
1.	रस	भरत	तीसरी सदी ईसा पूर्व	नाट्यशास्त्र	धनंजय-'दशरूपक', (दसवीं सदी) अभिनवगुप्त-'अभिनवभारती', (ग्यारहवीं सदी) विश्वनाथ-'साहित्यदर्पण' (चौदहवीं सदी), रूपगोस्वामी-'हरिभक्ति रसामृतसिंधु' (सोलहवीं सदी)
2.	अलंकार	भामह	छठी सदी	'काव्यालंकार'	दंडी–'काव्यादर्श' (छठी सदी) उद्‌भट–'काव्यालंकारसार'-संग्रह, (नौवीं सदी) रुद्रट -'काव्यालंकार' (नौवीं सदी)
3.	रीति	वामन	नौवीं सदी	'काव्यालंकारसूत्र'	
4.	वक्रोक्ति	कुंतक	ग्यारहवीं सदी	'वक्रोक्तिजीवित'	
5.	औचित्य	क्षेमेंद्र	ग्यारहवीं सदी	'औचित्यविचार चर्चा'	
6.	ध्वनि	आनंदवर्धन	नौवीं सदी	'ध्वन्यालोक'	अभिनवगुप्त - 'अभिनवभारती'-लोचन (ग्यारहवीं सदी) जगन्नाथ-'रसगंगाधार' (17वीं सदी)

उपर्युक्त सिद्धांतों या संप्रदायों के मूल ग्रंथों के अलावा कुछ चिंतकों ने ऐसे ग्रंथ लिखे जो किसी एक संप्रदाय तक सीमित न रहकर साहित्य आलोचना के मूल्य प्रश्नों पर सभी विचारों के व्यवस्थित संग्रह थे। इन्हें 'संग्रह ग्रंथ' कहा गया, पर ये संग्रह ग्रंथ केवल मात्रात्मक न थे बल्कि पूर्ववर्ती स्थापनाओं के विवेचन, तत्कालीन रचनाशीलता के वर्गीकरण तथा आलोचनात्मक अवधारणाओं की नई परिभाषा, पुनर्व्याख्या, नए प्रारूपों की संरचना के भी भंडार थे। इनमें नौवीं सदी में लिखित राजशेखर की 'काव्यमीमांसा' का प्रमुख स्थान है। उनके अलावा ग्यारहवीं सदी में भोजराज (सरस्वतीकंठाभरण, शृंगारप्रकाश) तथा मम्मट (काव्यप्रकाश), चौदहवीं सदी में विश्वनाथ (साहित्यदर्पण) तथा सत्रहवीं सदी में पंडितराज जगन्नाथ (रसगंगाधर) का उल्लेख करना जरूरी है। इन ग्रंथों से इनके रचनाकारों की प्रतिभा की व्यापकता, विवेचन क्षमता की गहराई तथा उनकी मौलिकता का पता चलता है। यहां 'अग्निपुराण' का भी उल्लेख जरूरी है, जिसका रचनाकाल कुछ विद्वान आगम के रूप में 'नाट्यशास्त्र' से भी पहले का मानते हैं। कुछ इसे नौवीं सदी की रचना मानते हैं, क्योंकि इसमें रस को काव्य की आत्मा मानने के साथ विभिन्न सिद्धांतों का समन्वय किया गया है और उक्ति या कथन के चमत्कार को प्रमुख माना गया है।

आरंभिक काल (पांचवी सदी ईसवी तक) : संस्कृत आलोचना की शुरुआत भरतमुनि के 'नाट्यशास्त्र' से निर्विवाद रूप से मानी जाती है। इसके रचनाकाल के बारे में मतभेद है। इसका रचना-समय आमतौर पर ईसा पूर्व तीसरी सदी माना गया है। ऐसा लगता है कि 'नाट्यशास्त्र' जैसे ग्रंथ की रचना एक साथ नहीं हुई होगी। भरतमुनि एक व्यक्ति रहे होंगे, तब भी इतना निश्चित है कि उनके 'नाट्यशास्त्र' के पाठ के अस्तित्व में आने से पहले ललित कलाओं का विशेषकर नाटक, नृत्य आदि का विकास हो चुका

था तथा 'रामायण' तथा 'महाभारत' जैसे महाकाव्य लिखे जा चुके थे। ललित कला संबंधी विचारों की एक अच्छी-खासी परंपरा रही होगी, जिसने भरतमुनि को विचार, शब्दावली तथा स्थापनाओं को आधार प्रदान किया।

उत्कर्ष काल (600-1100) : 'नाट्यशास्त्र' के लगभग नौ सौ वर्ष बाद की अवधि तक लिखे गए भट्टलोल्लट, भट्टशंकुक, भट्टनायक, मातृगुप्त आदि के ग्रंथ अप्राप्य हैं। भरतमुनि के रस-सिद्धांत के अलावा उनके द्वारा वर्णित अलंकार तब तक स्थापित हो गए थे। छठी सदी में रस-सिद्धांत के बाद संस्कृत आलोचना के दूसरे सिद्धांत 'अलंकार-सिद्धांत' की स्थापना भामह के 'काव्यालंकार' ग्रंथ से हुई। इसके बाद नौवीं सदी तक अलंकार-सिद्धांत की प्रतिष्ठा बनी रही। भामह के अलावा दंडी और उद्‌भट जैसे चिंतकों ने भरत के रस-सिद्धांत को नाटक तक सीमित कर दिया और अलंकार की एक स्वतंत्र व्यापक सत्ता मानी। भामह ने अलंकारों का व्यवस्थित, तर्कपूर्ण और स्पष्ट वर्णन किया। उन्होंने काव्य, काव्यहेतु, प्रयोजन, दोष और गुण तथा न्यायनिर्णय की व्याख्या की और अलंकारों का विवेचन करते हुए वक्रोक्ति को सब अलंकारों का मूल बताया।

दंडी ने आठवीं सदी के शुरू के 'काव्यादर्श' में काव्य, उसके लक्षण, भेद, रीति, गुण-दोष तथा अलंकारों का विवेचन किया। उनके बाद रुय्यक, हेमचंद्र, वाग्भट्ट आदि आचार्यों ने अपने विवेचन द्वारा इस परंपरा में योगदान किया। छठी से नौवीं शताब्दी तक अलंकार-सिद्धांत के विकास ने रस की केंद्रीयता को कम कर दिया। नौवीं शताब्दी के अंत में भट्टलोलट और शंकुक जैसे विवेचकों ने रस की परिभाषा के दो मुख्य शब्द 'संयोग' और 'निष्पत्ति' पर विशेष ध्यान देते हुए उनकी नई व्याख्या की। इस तरह रस-सिद्धांत एक बार फिर केंद्र में आ गया।

आठवीं सदी के मध्य में वामन ने 'काव्यालंकारसूत्रवृत्ति' लिखकर काव्य में गुण-दोष विवेचन के साथ अलंकार की भी चर्चा की। संस्कृत आलोचना में गुण-दोष की लंबी चर्चा हुई पर गुण-दोष की चर्चा अलंकार या रीति में की गई। परिणामस्वरूप यह स्वतंत्र सिद्धांत न बन सका। वामन ने रीति सिद्धांत की घोषणा यह कहकर की कि रीतिकाव्य की आत्मा है। वामन से पहले भामह और दंडी ने रीति का उल्लेख अपने ढंग से किया तो था, पर उसे इतना महत्वपूर्ण स्थान नहीं दिया था। यह संस्कृत आलोचना के तीसरे सिद्धांत अर्थात रीति की स्थापना थी। वामन के लगभग समकालीन उद्‌भट ने रस की तरह अलंकारों के वैज्ञानिक विवेचन का प्रयास किया और वृत्तियों का भी वर्णन किया। अलंकारों के तत्वों का रुद्रट ने नौवीं सदी के पूर्वार्ध में विश्लेषण किया और नए अलंकारों की कल्पना कर अलंकारों की संख्या बढ़ाने में योगदान किया। नौवीं सदी के बीच में रुद्रट ने अलंकार के अलावा रस की भी चर्चा की, जिसमें भरतमुनि के रसों में प्रेयस नामक रस को भी जोड़ा।

नौवीं सदी के मध्य में आनंदवर्धन ने अपने पहले के सभी आचार्यों की स्थापनाओं के विवेचन के साथ अपने सिद्धांत में समन्वय दिखाते हुए ध्वनि सिद्धांत की स्थापना की। उन्होंने 'ध्वन्यालोक' ग्रंथ लिखा और ध्वनि के भेद, उपभेद तथा प्रयोजन का वर्णन किया। संस्कृत आलोचना में यह चौथा प्रमुख सिद्धांत था। उनके बाद अभिनवगुप्त ने जो मूलतः ध्वनिवादी थे, ग्यारहवीं सदी की शुरुआत में आनंदवर्धन के 'ध्वन्यालोक' की टीका लिखी और रस-सिद्धांत की नई व्याख्या करते हुए रस को भी महत्वपूर्ण स्थान दिया। उन्होंने 'ध्वन्यालोकलोचन' तथा 'अभिनवभारती' लिखकर 'नाट्यशास्त्र' की मान्यताओं की व्याख्या की और रस की अनुभूति को दार्शनिक और वैज्ञानिक आधार पर देखा।

इसके बाद आचार्य कुंतक ने ग्यारहवीं सदी के आरंभ में काव्य के तत्वों की चर्चा करते हुए वक्रोक्ति को काव्य की आत्मा बताया और सभी काव्य तत्वों को वक्रोक्ति के भीतर शामिल कर वक्रोक्ति सिद्धांत की स्थापना की। यह संस्कृत आलोचना का पांचवां प्रमुख सिद्धांत था। वक्रोक्ति सिद्धांत एक प्रकार से ध्वनि सिद्धांत के विरुद्ध खड़ा पाया गया, क्योंकि

इसने ध्वनि के व्यंग्यार्थ या सुझाए गए अर्थ का वक्रोक्ति में ही समावेश कर लिया था। कुंतक के बाद वक्रोक्ति सिद्धांत की केंद्रीयता को बाद के आचार्यों ने स्वीकार नहीं किया और वक्रोक्ति को केवल एक अलंकार माना। एक प्रकार से वक्रोक्ति के बारे में जो बात भामह से शुरू हुई थी, वह लगभग उसी बिंदु पर पहुंच गई।

दसवीं सदी के अंत के आसपास मालवा में इंदौर के पास धार नगर में धनंजय ने 'नाट्यशास्त्र' संबंधी चिंतन करते हुए 'दशरूपक' ग्रंथ लिखा और रस की महत्ता की चर्चा की। धनिक ने धनंजय के टीकाकार के रूप में 'अवलोक' ग्रंथ लिखा। ग्यारहवीं सदी के पूर्वार्ध में भोजराज ने 'सरस्वतीकंठाभरण' और 'श्रृंगारप्रकाश' लिखे और इन ग्रंथों में काव्य, दोष, गुण, रस, अलंकार की चर्चा की। भोजराज ने रस-संबंधी पूर्वचिंतन से अलग हटते हुए श्रृंगार को एकमात्र रस माना। ग्यारहवीं सदी के बीच में मम्मट ने 'काव्यप्रकाश' में काव्य के प्रकारों, काव्य के लक्षण, हेतु, भेद, शब्दशक्ति, रस और उसका स्वरूप जैसे विषयों को एक ग्रंथ में ही समेट लिया और उनकी विद्वत्तापूर्ण व्याख्या की। उन्होंने 'शब्दव्यापारविचार' ग्रंथ की रचना की। अभिनवगुप्त के बाद ग्यारहवीं सदी के उत्तरार्ध में क्षेमेंद्र ने 'औचित्यविचारचर्चा' तथा 'कविकंठाभरण' नामक दो मुख्य ग्रंथों की रचना की। उन्होंने औचित्य को काव्य का सर्वस्व माना और उनके साथ औचित्य सिद्धांत की स्थापना हुई। यह संस्कृत आलोचना का छठा और एक प्रकार से अंतिम सिद्धांत था।

बारहवीं सदी के पूर्वार्ध में रामचंद्र ने 'नाट्यदर्पण' नाटक का सार्थक विवेचन किया और रस तथा उसके स्वरूप की चर्चा की। इस सदी के अंत में महिमभट्ट ने 'व्यक्तिविवेक' में ध्वनि सिद्धांत का खंडन किया और उसे (ध्वनि को) अनुमान में सम्मिलित कर दिया। महिमभट्ट के कुछ अंतराल बाद 1200 ईसवी के आसपास रुय्यक ने 'अलंकारसूत्र', 'व्यक्तिविवेकव्याख्या' तथा 'साहित्य मीमांसा' लिखकर संस्कृत आलोचना में योगदान किया। इसी सदी में जैन मतानुयायी हेमचंद्र सूरि ने जो गुजरात के तत्कालीन शासक सिद्धराज जयसिंह के दरबार में प्रतिष्ठित थे, प्राकृत का व्याकरण लिखा तथा संस्कृत में 'काव्यानुशासन' लिखकर अलंकारों की महिमा को स्वीकार किया और काव्य के लक्षण, रस, दोष-गुण, अलंकार, शब्दालंकार तथा अर्थालंकार तथा नाट्यमीमांसा जैसे विषयों का विवेचन किया। उन्होंने ध्वनि को भी उचित स्थान दिया। व्याकरण के क्षेत्र की तुलना में संस्कृत आलोचना में उन्होंने संग्रह ग्रंथ लिखकर अपना योगदान किया। हेमचंद्र सूरि का चिंतन और लेखन इस धारणा को निर्मूल कर देता है कि राज्याश्रय चिंतन के लिए उपयुक्त नहीं है।

मीमांसा काल (1200-1700) : बारहवीं सदी से सत्रहवीं सदी तक संस्कृत आलोचना का मीमांसाकाल आता है। इसे सिद्धांत या पक्ष पोषण काल भी कहा जा सकता है, क्योंकि संस्कृत आलोचकों ने अपना अधिकांश समय किसी सिद्धांत के पक्ष में लिखने में बिताया। किसी सिद्धांत के पक्ष में लिखने का अर्थ दूसरे को हाशिए पर डालना भी होता है। इस काल तक काव्य के सभी केंद्रीय तत्वों, जैसे—रस, अलंकार, रीति, ध्वनि, वक्रोक्ति और औचित्य की चर्चा चरम बिंदु पर पहुंच गई थी। ये सिद्धांत के रूप में स्थापित हो चुके थे और एक प्रकार से उनके विकास की और संभावनाएं चुक गई थीं। ऐसा मान लिया गया था कि अब उन सिद्धांतों की स्वीकृति के बाद उनके मूल तत्वों में कुछ भी जोड़ा जाना संभव नहीं है। उनकी मीमांसा अर्थात आलोचना की आलोचना ही हो सकती है। इसलिए इस काल का नाम मीमांसाकाल रखा गया है। इस कड़ी में रुय्यक को बारहवीं सदी का अंतिम चिंतक आलोचक माना जा सकता है। तेरहवीं सदी की शुरुआत में शोभाकर मित्र ने 'अलंकार चिंतामणि' तथा श्रीकृष्णभट्ट ने 'मंदार-मरंदचंपू' लिखकर योगदान किया। उन्होंने अलंकारवाद का समर्थन किया और अलंकारों का वर्गीकरण भी किया।

इस सदी में शारदातनय ने 'भावप्रकाश' में रस सामग्री का विवेचन किया। सदी के अंत में जयदेव

ने 'चंद्रालोक' में अलंकार-सिद्धांत की पुनः व्याख्या की और रस, अलंकार तथा वृत्तियुक्त वाणी को काव्य माना। श्री विद्यानाथ (प्रतापरुद्र यशोभूषण), विद्याधर (एकावली) तथा भानुदत्त ने (रसतरंगिणी एवं रसमंजरी) में क्रमशः अलंकार तथा रस-सिद्धांत की चर्चा की। इस कालखंड में चौदहवीं सदी के उत्तरार्ध में लिखा विश्वनाथ का 'साहित्यदर्पण' महत्वपूर्ण ग्रंथ है, जिसमें उन्होंने काव्यशास्त्र के तत्वों का विस्तार से विवेचन किया और रस-सिद्धांत के स्वरूप का विश्लेषण करते हुए उसकी महत्ता स्थापित की। उन्होंने ध्वनि प्रकरण का निरूपण किया ही, साथ ही रस को ध्वनि का ही एक भेद माना। चौदहवीं सदी में लिखे महत्वपूर्ण ग्रंथों में सिंह भूपाल का 'रसार्णव सुधाकर' तथा विश्वेश्वर कविचंद्र का 'चमत्कार चंद्रिकालंकार' शामिल हैं। इस सदी में आलोचना की गति काफी मद्धिम हो गई थी। अभी तक बहुत ग्रंथ नहीं मिले हैं। इस सदी के अंत में लिखा रुद्रभट्ट का 'श्रृंगारतिलक' ही प्रमुख काव्यशास्त्रीय ग्रंथ है। सोलहवीं सदी के बीच में रूपगोस्वामी ने 'उज्ज्वलनीलमणि', 'हरिभक्तरसामृतसिंधु' तथा 'नाट्यचंद्रिका' तथा सदी के उत्तरार्ध में कवि कर्णपूर ने 'अलंकारकौस्तुभ' में रस-सिद्धांत की महत्ता स्थापित करते हुए इसकी व्याख्या की।

सोलहवीं सदी के उत्तरार्ध में ही अप्पयदीक्षित ने, जो दार्शनिक भी थे, 'कुवलयानंद' और 'चित्रमीमांसा' नामक दो काव्यशास्त्रीय ग्रंथों में ध्वनि एवं 'अलंकार-सिद्धांत' का विवेचन किया। सत्रहवीं सदी के पूर्वार्ध में जगन्नाथ ने 'रसगंगाधर' नामक ग्रंथ में ध्वनि सिद्धांत की चर्चा की तथा भेद-निरूपण करते हुए उसका पूरा समर्थन किया। उन्होंने रस की महत्ता को भी स्वीकारा। इसलिए रस और ध्वनि दो सिद्धांतों का मेल स्थापित कर रसध्वनि की सत्ता स्थापित की। इन्हीं के समय में मधुसूदन ने 'श्रीभगवद्‌भक्तिरसायन' लिखकर रस-सिद्धांत की मीमांसा की और भक्ति रस की एक नए रस के रूप में स्थापना की कोशिश की। रूपगोस्वामी तथा पंडितराज जगन्नाथ के आसपास सोलहवीं सदी में केशव मिश्र (अलंकार साहित्य) तथा विश्वनाथदेव (साहित्यसुधासिंधु) तथा सत्रहवीं सदी में आशाधर भट्ट (कोविदानंद, त्रिवेणिका) तथा अठारहवीं में नागेश ने 'रसगंगाधर' की टीका 'गुरुमर्मप्रकाश', अच्युतराय ने 'साहित्यसार', विश्वेश्वर पंडित ने 'अलंकारकौस्तुभ', 'अलंकारमुक्तावली', 'रसचंद्रिका' तथा नरसिंह कवि ने 'नंजराजयशोभूषण' लिखकर संस्कृत आलोचना को आगे बढ़ाया।

मीमांसाकाल के प्रमुख आचार्यों में विश्वनाथ तथा शेषवीरेश्वर के शिष्य जगन्नाथ प्रमुख थे। जगन्नाथ के साथ मीमांसाकाल का अंत माना जा सकता है। इसका अर्थ यह नहीं लगाया जाना चाहिए कि इसके बाद संस्कृत में काव्यशास्त्रीय ग्रंथों की रचना की परंपरा खत्म हो गई थी। संस्कृत में ग्रंथ लिखे जा रहे थे, पर आलोचना या विवेचन के स्तर पर ही। वस्तुतः संस्कृत में आलोचनात्मक सैद्धांतीकरण जिस स्तर पर ग्यारहवीं सदी में अपने चरम पर पहुंचा, वह मीमांसाकाल या उसके बाद दिखाई नहीं दिया।

लोकभाषाईकरण काल (1700-1850) : भक्तिकाल में लोकभाषाओं के विकास के साथ संस्कृत काव्यशास्त्र का लोकभाषाईकरण संपन्न हुआ। यह उस स्तर पर नहीं था, जैसा कि ज्ञान के अन्य क्षेत्रों जैसे दर्शन आदि के क्षेत्रों में था। उपनिषद, आयुर्वेद तथा स्मृति साहित्य का संतों, साधुओं, सूफियों द्वारा अपने विमर्श की जरूरत के अनुसार उपयोग किया जा रहा था। साहित्य के क्षेत्र में संस्कृत की पौराणिक कथाओं का भक्त कवि अपने ढंग से उपयोग कर रहे थे और संस्कृत काव्यशास्त्रीय विचारों का विनियोग अलग-अलग भारतीय लोकभाषाओं में जैसे ब्रज और अवधी भाषाओं में देखा जा सकता है। यदि हिंदी की बात करें तो पाते हैं कि दसवीं सदी के सिद्धशांति तथा बारहवीं सदी के हेमचंद्र सूरि के ग्रंथों में हिंदी आलोचना की जड़ें ढूंढ़ी जा सकती हैं। कुछ विद्वान 1541 में लिखी कृपाराम की 'हिततरंगिणी' को हिंदी का प्रथम रीति ग्रंथ मानते हैं। इसमें नायिका भेद की चर्चा की गई है। इस कृति में मौलिकता नहीं है तथा विषय सीमित है। भक्त कवि सूरदास ने 'साहित्य लहरी' में अलंकारों तथा नायिकाओं का वर्णन किया है। इससे एक बात साफ हो जाती है कि

संस्कृत आलोचना परंपरा की समाज में प्रतिष्ठा थी तथा भक्त कवियों को वह उपलब्ध थी।

रीतिकाल के कवियों के लिए संस्कृत आलोचना उनकी सीमा बन गई। रीतिकाल का काव्यशास्त्रीय चिंतन संस्कृत काव्यशास्त्र पर पूरी तरह आधारित था तथा लोक भाषाओं विशेषकर ब्रजभाषा में प्रकट हुआ था। गोपा के 'रामचंद्रभूषण' तथा 'रामचंद्राभरण' में अलंकारों की लोकभाषा में चर्चा है। कहने का अर्थ यह है कि लोकभाषाईकरण की प्रक्रिया मीमांसाकाल में ही शुरू हो गई थी। सोलहवीं सदी के उत्तरार्ध में मोहनलाल मिश्र, (शृंगार सागर), नंददास (रूपमंजरी), बलभद्र मिश्र (नखशिख तथा रसविलास) तथा रहीम ने 'बरवै नायिकाभेद' लिखकर एक प्रकार से संस्कृत आलोचना के आधार पर भक्तिकालीन साहित्य में आलोचना के औजारों की बात की। इस प्रकार की गंभीर चर्चा आगे चलकर केशवदास के काव्य 'रसिकप्रिया' तथा 'कविप्रिया' में दिखाई देती है। इस काल में नायक-नायिका भेद केंद्र में था। इसका कारण था कि नाट्यशास्त्र के बाद आचार्यों का ध्यान काव्य पर ध्यान चला गया था। धनंजय सागरनंदी, रामचंद्र, शारदातनय और शिंगभूपाल ने नाट्य को अपने विवेचन में केंद्रीयता दी थी, जिसने नायिका भेद की चर्चा की पृष्ठभूमि तैयार की थी। यह और बात है कि नायिका भेद की अतिचर्चा तथा सामाजिक पक्ष की उपेक्षा के कारण इन सभी को काफी नकारात्मक अलोचना का सामना करना पड़ा।

एक छोटी-सी बात यह है कि नायिका भेद काव्यशास्त्र के बजाय नाट्यशास्त्र से संबंधित विषय है। उसे काव्यशास्त्रीय मानदंड मानना औचित्यपूर्ण नहीं है। उपर्युक्त चिंतकों के बाद लोकभाषाईकरण की लंबी परंपरा चली, जिसमें चिंतामणि त्रिपाठी (काव्यविवेक, काव्यप्रकाश, 'कविकुल कल्पतरु', 'रसमंजरी' तथा छंदशास्त्र पर पिंगल), कुलपति मिश्र (रस रहस्य), मतिराम (ललितललाम, अलंकार पंचषिका, साहित्यसार), देव (शब्दरसायन, भावविलास, काव्यरसायन) आदि ने योगदान किया। इन सबमें भिखारीदास विशेष उल्लेखनीय हैं, क्योंकि उन्होंने काव्यनिर्णय, रससारांश तथा शृंगार निर्णय में संस्कृत आलोचना, विचार तथा अवधारणाओं को सरल भाषा में रखा। संस्कृत आलोचना ज्ञान ने इस ज्ञान का विस्तरण या लोकभाषाईकरण या प्रजातंत्रीकरण किया पर निर्माण, सिद्धांत, मौलिकता या विवेचन कला का अभाव था।

संस्कृत के विद्वानों के लिए यह संस्कृत काव्यशास्त्रीय आलोचना का लोकभाषा में छाया अनुवाद था या कह सकते हैं कि एक प्रकार से यह उसका विस्तार था, पर जो संस्कृत नहीं जानते थे, उनके लिए यह प्रक्रिया उपकारक थी।

विचित्र लग सकता है पर सच यह है कि हिंदी के रीतिकाल में आचार्यत्व हिंदी में लेखन से कम और संस्कृत आलोचना के ज्ञान तथा उसके नियमों के अनुसरण पर ज्यादा आधारित था। यह कुछ वैसा ही था, जैसे कि आजकल पश्चिमी आलोचना सिद्धांतों के बारे में आधुनिक भारतीय भाषाओं में लिखा जा रहा है और उनके आधार पर लेखकों तथा उनकी रचनाओं को परखा जाता है। फर्क यह था कि संस्कृत आलोचना की शब्दावली आयातित न होकर यहीं गढ़ी गई थी और इसके मुख्य शब्द लोकजीवन में प्रयोग में थे, जबकि पश्चिमी अंग्रेजी आलोचना अनुभव तथा अभिव्यक्ति के एक भिन्न सांस्कृतिक धरातल से आई है।

आधुनिक काल (1850-से आज तक) : आधुनिक काल में अंग्रेज उपनिवेशकों के साथ अंग्रेजी भाषा, साहित्य तथा आलोचना भारत में आए। अंग्रेजी आलोचना का संबंध नए शासकों से था। अतः संस्कृत आलोचना को परे खिसकाकर वह धीरे-धीरे खुद छा गई। भारतेंदु हरिश्चंद्र के बाद, जिसे हम हिंदी आलोचना कहते हैं वह संस्कृत, अंग्रेजी आलोचना तथा आधुनिक हिंदी आलोचना की त्रिवेणी थी। हिंदी के आलोचक संस्कृत आलोचना के सिद्धांतों की मीमांसा कर उनका उपयोग कर रहे थे। इस काल में हिंदी आलोचना अपने स्वतंत्र अस्तित्व की ओर बढ़ती दिखाई देती है। उन्नीसवीं सदी के उत्तरार्ध में भारतेंदु हरिश्चंद्र (1850-85) ने 'नाटक' नामक

निबंध लिखकर संस्कृत नाट्य आलोचना, पाश्चात्य नाट्य आलोचना तथा स्थानीय लोकनाट्य रूपों की चर्चा की है। इस प्रकार तुलनात्मक अध्ययन का मुख्य आधार संस्कृत काव्यशास्त्र ही था। भारतेंदु ने संस्कृत आलोचना की स्थापनाओं के सामने सार्थक सवाल भी खड़े किए और संस्कृत आचार्यों द्वारा किए गए रस के भेदों को अंतिम सत्य न मानते हुए उनमें भक्ति रस या वात्सल्य रस जोड़ने की बात की थी। उनके बाद मिश्र बंधु और महावीर प्रसाद द्विवेदी ने इस परंपरा को आगे बढ़ाया।

बीसवीं सदी की शुरुआत के आसपास दो प्रवृत्तियां दिखाई देती हैं—एक का झुकाव संस्कृत आलोचना की शास्त्रपद्धति के अनुसरण की ओर था, तो दूसरे का झुकाव उस शास्त्रपद्धति से मुक्ति पर था। शास्त्रपद्धति के अनुसरण के लिए उसका ज्ञान जरूरी था। अतः संस्कृत आलोचना की विचार-संपदा से हिंदी को समृद्ध करने के लिए कन्हैयालाल पोद्दार ने 'काव्यकल्पद्रुम' तथा लाला भगवानदीन ने 'अलंकार मंजूषा' की रचना की। उनका उद्देश्य हिंदी के लिए हिंदी में काव्यशास्त्र तैयार करना था, ताकि उसकी समझ पैदा हो तथा उसका उपयोग हो सके। लेकिन महावीर प्रसाद द्विवेदी जैसे आलोचकों ने परंपरा के बोझ के विरुद्ध आगाह किया और नायिका-भेद तथा छंद के लक्षणों के आधार पर निर्णय लेने वाले और उन पर लिखने वाले आलोचकों के बारे में कहा कि ऐसी पुस्तकों के बिना साहित्य को हानि नहीं पहुंचेगी, बल्कि लाभ होगा। उनके समय में ही पंडित पद्म सिंह शर्मा (1876-1932) ने संस्कृत के अर्थापहरण प्रकरण का बिहारी के दोहों पर उनके अध्ययन के लिए प्रयोग किया। यह संस्कृत काव्यशास्त्र का व्यावहारिक आलोचना के रूप में प्रयोग था।

रामचंद्र शुक्ल (1884-1940) में संस्कृत और अंग्रेजी आलोचना परंपरा के तत्वों के साथ आधुनिक हिंदी की आलोचना प्रौढ़ता की ओर बढ़ती दिखाई देती है। उनके आलोचना कर्म में हिंदी साहित्येतिहास लेखन, साहित्यालोचना, आलोचना सिद्धांत विवेचन, संस्कृत और अंग्रेजी आलोचना का आधुनिक हिंदी में नए विवेचन का समन्वित दृष्टिकोण दिखाई देता है। उन्होंने साहित्यिक आलोचना तथा आलोचना सिद्धांत में फर्क किया। साहित्यिक आलोचना को उन्होंने समालोचना तथा आलोचना-सिद्धांत को काव्यमीमांसा का नाम दिया। उन्होंने 'रसमीमांसा' में रस की पाश्चात्य तथा आधुनिक अर्थ में व्याख्या की और कहा, 'लोक-हृदय में हृदय के लीन होने की दशा का नाम रस दशा है' (रस मीमांसा)। उन्होंने रसों में करुणा के भाव को महत्व दिया और अलंकार को काव्य का बाह्य रूप माना, जिसके आधार पर लिखे गए रीतिकालीन साहित्य की समालोचना की। उन्होंने सौंदर्य की अपनी व्याख्या की, जो परंपरागत संस्कृत तथा पाश्चात्य आलोचना से भिन्न थी। सौंदर्य को केवल आध्यात्मिक या बाह्य रस के आधार पर देखने के बजाय कहा कि जिस सौंदर्य की भावना में मग्न होकर मनुष्य अपनी पृथक सत्ता की प्रतीति का विसर्जन करता है, वह अवश्य एक दिव्य अनुभूति है। (रसमीमांसा)।

जयशंकर प्रसाद (1889-1937) ने 'काव्य और कला तथा अन्य निबंध' में रस-चिंतन को अभिनवगुप्त की शैव-परंपरा से जोड़कर देखा। इसी परंपरा में नंददुलारे वाजपेयी ने रस-संबंधी अवधारणा को मानवतावादी मूल्यों से परखा और कहा कि जब हम 'रस' को काव्य की आत्मा कहते हैं तो उसका अर्थ यह होता है कि प्रत्येक काव्य में मानव समाज के लिए आह्लादकारिणी भावात्मक, नैतिक और बौद्धिक अनुभूतियों का संकलन होता है। उनके अनुसार, रस शब्द से आचार्यों का आशय काव्य की इस मानवतावादी सत्ता से है (राष्ट्रीय साहित्य तथा अन्य निबंध)। उनके बाद आए हजारी प्रसाद द्विवेदी (1907-1979) संस्कृत भाषा, साहित्य तथा काव्यशास्त्र के प्रकांड पंडित थे। उनकी किताब 'प्राचीन भारत में कलात्मक विनोद' 1940 में छपी थी। इससे उनकी सौंदर्यशास्त्रीय अध्ययनशीलता का परिचय मिलता है। उन्होंने धनंजय के 'दशरूपक' की भूमिका में नाट्यरस की चर्चा की। भारतीय

काव्यशास्त्र में उन्होंने रस-सिद्धांत को भरत से पंडित जगन्नाथ तक उसके ऐतिहासिक परिप्रेक्ष्य में देखा और बताया कि रस-सिद्धांत का जो उदात्त रूप भरत में प्रकट हुआ था, वह जगन्नाथ तक केवल श्रृंगार और उसमें भी एक खास प्रकार के श्रृंगार तक सीमित हो गया था। अतः न केवल रस-सिद्धांत बल्कि संस्कृत काव्याशास्त्र को भारी नुकसान हुआ।

नगेंद्र ने पश्चिम के साथ संस्कृत आलोचना के मुख्य अंशों का हिंदी में अनुवाद संपादित कर इन्हें हिंदी के पाठकों तथा विद्वतवर्ग तक अध्ययन, अनुप्रयोग और विश्लेषण के लिए उनकी भाषा में पहुंचाया। 'रस-सिद्धांत' (1964) के अलावा 'भारतीय काव्यशास्त्र की भूमिका' लिखकर उन्होंने न केवल संस्कृत काव्यशास्त्र की समझ पेश की, बल्कि संस्कृत काव्यशास्त्र की परंपरा को उसके उत्तराधिकारी आधुनिक हिंदी आलोचना को सुलभ कराया। उसका कितना और कैसे प्रयोग किया जाए या नहीं, यह इस पीढ़ी के निर्णय पर निर्भर था। आचार्य द्विवेदी के शिष्य नामवर सिंह की आलोचना में परंपरा, सौंदर्य, सौंदर्यबोध, संस्कृति जैसी अवधारणाओं का उपयोग हुआ। हालांकि उनका इतने नए संदर्भ तथा अर्थ में प्रयोग किया गया है कि उनके आलोचना कर्म का आधार संस्कृत आलोचना पर आधारित है, यह कहना मुश्किल है। उन्होंने भारतीय सांस्कृतिक अनुभव तथा साहित्यिक अभिव्यक्ति को सामाजिक संदर्भ में देखा है तथा पश्चिमी सिद्धांतों को भारतीय संदर्भ में देखकर उनका विवेचन किया है। उनका साहित्य में यथार्थ के अलावा कला और भाषा पर अधिक जोर देना एक बिंदु पर संस्कृत आलोचना की प्रतिध्वनि कही जा सकती है। संस्कृत आलोचना का हिंदी आलोचना पर असर कितना है, यह अध्ययन का एक अलग विषय है। हिंदी आलोचना के वृक्ष का तना और पाश्चात्य आलोचना का आकाश मिलकर नई आलोचना चेतना को जन्म देते हैं।

अच्छा यह भी हुआ कि नई अस्मिताओं के साथ नए विमर्शों, जैसे दलित, स्त्री तथा क्षेत्रीय विमर्शों ने काव्यशास्त्रीय सौंदर्यशास्त्र के लिए नए अवसर पैदा किए। हिंदी आलोचना की संस्कृत आलोचना के संदर्भ में इस संक्षिप्त चर्चा का सार यह है कि संस्कृत आलोचना में उतार-चढ़ाव होने के बावजूद हिंदी आलोचना में इस परंपरा का विचार, पद्धति और प्रतिमान के स्तर पर प्रभाव मौजूद है। आलोचना की भाषा बदलती है, पर विचार नई भाषा के नए कपड़ों में सजकर बार-बार उतरते हैं। संस्कृत आलोचना का यह प्रभाव अन्य आधुनिक भारतीय आलोचना परंपराओं पर भी कमोबेश देखा जा सकता है।

तालिका 2 : संस्कृत आलोचना का भू-सांस्कृतिक क्षेत्र

क्र.	काव्यशास्त्रज्ञ आचार्य	भारतीय क्षेत्र	प्रदेश
1.	भामह	उत्तर	कश्मीर
2.	उद्भट	उत्तर	कश्मीर
3.	वामन	उत्तर	कश्मीर
4.	रुद्रट	उत्तर	कश्मीर
5.	आनंदवर्धन	उत्तर	कश्मीर
6.	अभिनवगुप्त	उत्तर	कश्मीर
7.	कुंतक	उत्तर	कश्मीर
8.	क्षेमेंद्र	उत्तर	कश्मीर
9.	महिमभट्ट	उत्तर	कश्मीर
10.	भट्टनायक	उत्तर	कश्मीर
11.	मम्मट	उत्तर	कश्मीर
12.	रुय्यक	उत्तर	कश्मीर
13.	भोजराज	मध्य	अवंति प्रदेश/ मालवा (धार)
14.	धनंजय	मध्य	अवंति प्रदेश/ मालवा (धार)
15.	धनिक	मध्य	अवंति प्रदेश/ मालवा (धार)
16.	वाग्भट्ट	पश्चिम	गुजरात
17.	हेमचंद्र	पश्चिम	गुजरात
18.	रामचंद्र	पश्चिम	गुजरात
19.	गुणचंद्र	पश्चिम	गुजरात

20.	राजशेखर	पश्चिम/उत्तर	महाराष्ट्र में जन्म/कर्मक्षेत्र कान्यकुब्ज या कन्नौज
21.	विश्वनाथ	पूर्व	ओड़िशा
22.	भरत	दक्षिण	तमिलनाडु (कांचीपुरम)
23.	दंडी	दक्षिण	तमिलनाडु (कांचीपुरम)
24.	अप्पयदीक्षित	उत्तर	उत्तर प्रदेश (काशी)
25.	जगन्नाथ	उत्तर/दक्षिण	उत्तर प्रदेश (काशी)/ जन्म-आंध प्रदेश
26.	मधुसूदन	उत्तर	उत्तर प्रदेश (काशी)

संस्कृत आलोचना : उत्तर जगन्नाथ काल की परंपरा : अंग्रेजी विद्वानों की एक धारणा रही है कि पंडित जगन्नाथ के साथ संस्कृत आलोचना का अंत हो गया या उसमें बिखराव या या टूटन आ गई। ऐसा नहीं है, निश्चय ही संस्कृत आलोचना की मौलिकता का शीर्ष बिंदु ग्यारहवीं सदी है, क्योंकि तब तक इस परंपरा के सभी प्रमुख सिद्धांत रस, अलंकार, रीति, ध्वनि, वक्रोक्ति तथा औचित्य बन चुके थे। संग्रह टीका ग्रथों की परंपरा में विश्वनाथ तथा जगन्नाथ ने एक बड़ा योगदान किया, पर वह परंपरा अभी भी चल रही है। नीचे दी गई तालिका से इसका पता चलता है।

तालिका-3 : संस्कृत आलोचक

क्र.सं.	आलोचक	मुख्य ग्रंथ	काल
1.	रूपगोस्वामी	हरिभक्तिरसामृतसिंधु	1600
2.	जीवगोस्वामी	लोचनरोचनी टीका	1600
3.	मधुसूदन सरस्वती	श्रीमद्‌भक्तिरसायन	1600
4.	पंडितराज जगन्नाथ	रसगंगाधर	1620-60
5.	अच्युत राय	साहित्य सार	1696
6.	विश्वेश्वर पंडित	अलंकार कौस्तुभ	1800
7.	करपात्री	भक्तिरसार्णव	1950
8.	रेवाप्रसाद द्विवेदी	काव्यालंकारकारिका	
9.	ब्रह्मानंद शर्मा	वस्त्वलंकार दर्शन	1969
10.	कपिलदेव ब्रह्मचारी	भक्तिरसविमर्श	1980
11.	गोविंदचंद्र पांडेय	सौंदर्यदर्शनविमर्श	
12.	हरिश्चंद्र दीक्षित	काव्यत्मनिर्णय	
13.	रमाशंकर तिवारी	काव्यतत्व विवेक	1997
14.	राजेंद्र मिश्र	अभिराजयशोभूषण	2002
15.	रामप्रताप वेदालंकार	चमत्कारविचारचर्चा	2004
16.	शोभामिश्र	तृतीयशब्दशक्तिविमर्श	2003
17.	राधावल्लभ त्रिपाठी	अभिनवकाव्यालंकारसूत्र	2005

तालिका 3 से औपनिवेशिक काल में संस्कृत आलोचना में एक अंतराल नजर आता है। उस समय संस्कृत आलोचना ग्रंथों के अनुवाद तथा इतिहास और परिचय ग्रंथ अंग्रेजी में लिखे जा रहे थे। पी वी काणे, गंगानाथ झा, मनमोहन घोष जैसे विद्वानों ने इसमें अपना विशिष्ट योगदान किया था।

संस्कृत आलोचना में टीका-परंपरा के योगदान को कम करके नहीं आंका जा सकता। भरत के टीकाकारों में उद्‌भट, लोल्लट, शंकुक, भट्टतौत, भट्टनायक और अभिनवगुप्त शामिल हैं। दुर्भाग्यवश केवल अभिनवगुप्त की टीका 'अभिनव भारती' ही मिलती है। दंडी पर तरुण वाचस्पति, उद्‌भट पर राजानक तिलक और प्रतिहारेंदुराज ने टीकाएं लिखीं। गोपेंद्रत्रिपुर हरभुपाल ने वामन, अभिनवगुप्त ने आनंदवर्धन, धनिक ने धनंजय, रुय्यक ने महिमभट्ट पर टीकाएं लिखकर आलोचना की समझ बढ़ाने में अपनी भूमिका निभाई। मम्मट के काव्यप्रकाश ने टीकाकारों का ज्यादा ध्यान खींचा। इनमें गोविंद ठक्कुर का नाम उल्लेखनीय है। रामायण तर्क वागीश तथा शालिग्राम की विश्वनाथ पर लिखी टीकाएं तथा दर्शनविद नागेशभट्ट की जगन्नाथ की टीकाओं ने स्रोत ग्रंथों की तर्कपूर्ण, गंभीर व्याख्याएं प्रस्तुत कीं, जिससे उनकी समझ बढ़ी तथा परंपरा को नई दिशा भी मिली। यह परंपरा उपाश्रित न थी, बल्कि विवेचन

तथा व्याख्या में मौलिक थी। कहना न होगा कि संस्कृत आलोचना में काव्य-सिद्धांत, नाट्य-सिद्धांत और कवि-शिक्षा जैसे तीनों मुख्य विषयों पर सतत विचार किया गया। राजशेखर, वाग्भट्ट द्वितीय अमरचंद्र तथा देवेश्वर ने अन्य विषयों तथा उनके विभेदों के साथ कवि-शिक्षा की व्याख्या की है।

अवधेश कुमार सिंह

संस्कृत कथाएं

संस्कृत में प्राप्त विविध प्रकार की कथाओं को तीन भागों में बांटा जा सकता है। पहली प्रकार की वे कथाएं हैं जिनका लक्ष्य मुख्यतः मनोरंजन है। इन कथाओं का स्रोत गुणाढ्यकृत बृहत्कथा को माना जा सकता है। बृहत्कथा मूलतः पैशाची भाषा में थी। 'बृहत्कथामंजरी' तथा सोमदेव के 'कथासरित्सागर' को रामायण तथा महाभारत की तरह उपजीव्य ग्रंथ होने का गौरव प्राप्त है। दूसरे प्रकार की कथाएं वे हैं जिनका लक्ष्य सदाचार तथा राजनीति की शिक्षा देना है। इनका स्रोत 'पंचतंत्र' को माना जा सकता है। तीसरे प्रकार के अंतर्गत धार्मिक परंपराओं से जुड़ी कथाओं को रखा जा सकता है जो बौद्ध, जैन ऐसे ही किसी अन्य संप्रदाय के महत्व को स्थापित करने के लिए रची गईं। इनमें बौद्ध मत से संबंधित 'दिव्यावदान', 'अवदानशतक', 'जातकमाला' तथा जैन मत से संबद्ध सिद्धर्षि की 'उपमितिभवप्रपंचकथा' तथा हेमचंद्र का 'परिशिष्ट पर्व' प्रसिद्ध हैं।

ईसा पूर्व तृतीय शताब्दी के लगभग संकलित 'पंचतंत्र' संस्कृत कथा-साहित्य के व्यापक प्रव्रजन का उदाहरण है। इसने संपूर्ण विश्व के कथा-साहित्य पर प्रभाव डाला है। यह सर्वाधिक साहित्यिक अनुवादों वाला भारतीय ग्रंथ है। भारत में इस ग्रंथ के 25 विभिन्न संस्करण मिले हैं, जिनमें तंत्राख्यायिका से लेकर हितोपदेश तक हैं। 'वेताल पंचविंशतिका', 'शुकसप्तति', 'सिंहासनद्वात्रिंशिका' इत्यादि ग्रंथ पंचतंत्र से ही प्रेरणा लेकर लिखे गए हैं। फारसी तथा अरबी में यह 'पंचतंत्रकलीलःवदिम्न' के नाम से रूपांतरित एवं प्रख्यात है। अरबी अनुवाद से 1080 में तत्कालीन सीरियन और स्पेनिश भाषाओं में यह अनूदित हुआ। अरबी से अनूदित यूनानी अनुवाद के आधार पर लैटिन, जर्मन, इटालियन आदि भाषाओं में पंचतंत्र पहुंचा। 1556 में इसका अनुवाद फ्रेंच भाषा में हुआ। ईसप की विश्वप्रसिद्ध पशुकथाएं पंचतंत्र से प्रभावित हैं। इस प्रकार संपूर्ण विश्व में भ्रमण करने पर भी पंचतंत्र के मूल उद्देश्य में बहुत अधिक अंतर नहीं आया। वह उद्देश्य है—पशु-कथाओं के बहाने बच्चों को नीतिशास्त्र की शिक्षा देना ताकि वे जीवन के किसी भी क्षेत्र में अव्यावहारिक आचरण न करें और असफल न रह जाएं।

बलराम शुक्ल

अधिक जानकारी के लिए :
1. संस्कृत साहित्येतिहास : रामचंद्र मिश्र, 2007, **2. संस्कृत साहित्य का अभिनव इतिहास :** राधावल्लभ त्रिपाठी, **3. Ancient Indian Historical Tradition :** F E Pargiter

संस्कृत गद्य परंपरा

संस्कृत भाषा में गद्य की एक संपन्न परंपरा वैदिक काल में आरंभ हो गई थी। यजुर्वेद में गद्य का उत्कृष्ट उदाहरण मिलता है। इसके बाद ब्राह्मण ग्रंथ तथा अधिकांश उपनिषदें भी गद्य में रची गईं। ईसा के पहले की शताब्दियों में गद्य का उपयोग कथाकथन और राजाज्ञाओं के प्रसारण के लिए होता था। कथा कहने की परंपरा में ही गद्य को अधिक-से-अधिक काव्यात्मक बनाकर प्रस्तुत करने का प्रयास किया जाता रहा होगा। इस प्रकार हमारे साहित्य में कथाकथन की परंपरा से ही गद्य के दो रूप विकसित हुए—एक रूप बोलचाल की भाषा के निकट था तथा जिस प्रकार घर-घर में कहानी सुनाई जाती है, उस शैली में उसमें कथा को प्रस्तुत किया गया था। दूसरे रूप में गद्य को कल्पना और काव्यात्मक अलंकरणों से मंडित कर प्रस्तुत किया

गया, जिससे गद्यकाव्य की परंपरा का उदय हुआ। कुल मिलाकर विषयवस्तु की दृष्टि से प्राचीनकाल में गद्य के निम्नलिखित रूप मिलते हैं–

1. वैदिक गद्य : इसकी संरचना पर वैदिक भाषा का प्रभाव है। इस गद्य के भी दो रूप हैं -एक अनुष्ठानोपयोगी तथा याज्ञिक विधियों का प्रतिपादक तथा दूसरा चिंतन और ऊहापोह को व्यक्त करने वाला। पहले प्रकार का गद्य यजुर्वेद तथा ब्राह्मण ग्रंथों में एवं दूसरे प्रकार का गद्य ब्राह्मणों तथा उपनिषदों में मिलता है। यजुर्वेद तथा ब्राह्मण ग्रंथों का गद्य वेदमंत्रों के समान स्वरचिह्नांकित है तथा इसका पाठ उदात्त, अनुदात्त, स्वरित आदि स्वरों का प्रयोग करके किया जाता रहा है।

2. शिलालेखीय गद्य : यह राजाज्ञाओं के प्रसारण के लिए उपादेय था। प्राचीन शिलालेखों में अनेक ऐसे हैं, जो गद्य ही नहीं, काव्य तथा पद्य का भी उत्कृष्ट रूप व्यक्त करते हैं और संस्कृत कविता के इतिहास में इनका निर्विवाद महत्व है। विशेष रूप में रुद्रदामन तथा समुद्रगुप्त के शिलालेख संस्कृत गद्य की विकास-यात्रा में मील के पत्थर हैं। हरिषेण की प्रयागप्रशस्ति भी प्रौढ़, परिष्कृत और उदात्त गद्य का उत्कृष्ट उदाहरण है।

3. शास्त्रीय गद्य : सूत्रात्मकता तथा साररूप में चिंतन को व्यक्त करने की क्षमता इस गद्य की विशेषता है। पूर्वपक्ष तथा उत्तरपक्ष को प्रस्तुत करने की विशेष शैली इसमें विकसित हुई। इसके प्राचीन रूप सूत्र ग्रंथों तथा यास्क के निरुक्त जैसे ग्रंथों में देखे जा सकते हैं। आगे चलकर कौटिल्य के 'अर्थशास्त्र', पतंजलि के 'महाभाष्य' आदि में इस प्रकार के गद्य का प्रांजल और परिष्कृत स्वरूप विकसित हुआ।

4. वार्तालाप शैली का संवादोपयोगी गद्य : उपनिषदों के गद्य में भी अनेक जगहों पर वार्तालाप की शैली मिलती है। आचार्य अपने शिष्यों से जिस तरह बातचीत करते होंगे, उसे अनेक उपनिषदों में उसी प्रकार संगृहीत किया गया है। आगे चलकर नीतिकथाओं और लोककथाओं से प्रेरित कथारूपों में इस प्रकार के गद्य का अधिक प्रयोग किया गया। इसी का एक रूप पौराणिक गद्य है, जिसके प्राचीनतम उदाहरण महाभारत में मिलते हैं।

5. काव्यात्मक गद्य : उपर्युक्त सभी प्रकार के गद्यों का सरस एवं सौंदर्यमंडित रूप काव्यात्मक गद्य के रूप में सामने आया और गद्यकाव्य की विधाएं उससे विकसित हुईं। आगे चलकर आचार्यों ने गद्यकाव्य की दो विधाओं का निरूपण किया–कथा तथा आख्यायिका।

शैली की दृष्टि से गद्य के प्रकार : आचार्यों ने काव्यात्मक गद्य की विभिन्न शैलियां बताई हैं। समास का प्रयोग एवं पदयोजना के आधार पर गद्य के चार प्रकार हैं–(1) मुक्तक–समासरहित गद्य, (2) वृत्तगंधि–छंदवत लययुक्त गद्य वृत्तगंधि है, (3) उत्कलिकाप्राय–दीर्घसमासों से युक्त गद्य रचना उत्कलिकाप्राय है, (4) चूर्णक–अल्पसमासों से युक्त गद्य चूर्णक है।

गद्य की परंपरा : पतंजलि ने अपने 'महाभाष्य' में वासवदत्ता, सुमनोत्तरा तथा भैमरथी–इन तीन कथाओं का उल्लेख किया है। ये तीनों कथाग्रंथ आज अप्राप्य हैं और यह निर्णय नहीं किया जा सका है कि ये कथाएं गद्य में थीं या पद्य में। भोज ने अपने 'श्रृंगारप्रकाश' में वररुचि की 'चारुमती' नामक कथा से एक पद्य उद्धृत किया है, पर 'चारुमती' के संबंध में भी यह कहना कठिन है कि वह आद्यंत पद्य में ही थी या पद्यों का प्रयोग कहीं-कहीं करके उसे गद्य में रचा गया था। वल्लभदेव की 'सुभाषितावली' में वररुचि की 'चारुमती' से एक पद्य उद्धृत है। कई अनेक कथाएं प्राचीनकाल में लिखी गईं। भोज के समकालीन महाकवि धनपाल ने 'तरंगवतीकथा' का उल्लेख किया है, जो संभवतः कालिदास के पहले लिखी जा चुकी थी।

रामिल और सौमिल ने 'शूद्रककथा' नाम से एक कथा लिखी थी, जिसका उल्लेख राजशेखर ने किया है। बाणभट्ट ने अपने पूर्व के गद्यकाव्यकारों में भट्टारहरिचंद का नाम बड़े आदर से लिया है। इस प्रकार कथा की परंपरा छठीं शताब्दी तक समृद्ध रूप में विकसित होकर आगे फलती-फूलती रही।

कथा तथा आख्यायिका : गद्यकाव्य के दो भेद माने गए—कथा तथा आख्यायिका। अग्निपुराण, काव्यादर्श, रुद्रटकृत 'काव्यालंकार' तथा 'साहित्यदर्पण' आदि काव्यशास्त्रीय ग्रंथों में ये भेद प्रतिपादित हैं। कथा की वस्तु काल्पनिक होती है। आख्यायिका में ऐतिहासिक वृत्तांत का निरूपण रहता है। मुख्य रूप से यही अंतर इनमें बताया गया है। आचार्य भामह ने इन दोनों का गद्यकाव्य की पृथक-पृथक विधाओं के रूप में प्रतिपादन किया था। दंडी ने कथा तथा आख्यायिका का लक्षण कर अंत में कहा कि वस्तुतः यह एक ही जाति या विद्या है, जिसे दो अलग-अलग नाम दे दिए गए हैं। परवर्ती आचार्यों ने कथा का उदाहरण बाणभट्ट की 'कादंबरी' और आख्यायिका का उदाहरण उन्हीं के 'हर्षचरित' को मानते हुए दोनों के लक्षण तथा परस्पर अंतर इस प्रकार किए हैं—

(1) कथा में विषयवस्तु कविकल्पित होती है, आख्यायिका में ऐतिहासिक। (2) कथा में आरंभिक पद्यों में सज्जनों की प्रशंसा, दुर्जनों की निंदा तथा कवि के वंश का वर्णन रहता है। आख्यायिका में प्राचीन कवियों की प्रशंसा तो आरंभिक पद्यों में रहती है, पर कविवंश वर्णन गद्य में ही रहता है। (3) कथा का सर्ग या उच्छ्वास आदि में विभाजन नहीं होता, आख्यायिका उच्छ्वास, निःश्वास या आश्वास आदि में विभाजित रहती है। (4) कथा में एक अवांतर प्रसंग से आरंभ कर मुख्य कथा का उपक्रम किया जाता है। आख्यायिका में कवि अपना परिचय देकर उसके माध्यम से मुख्य कथा का आरंभ करता है। इस प्रकार आख्यायिका का आरंभ आत्मकथात्मक होता है, यद्यपि कवि अपने लिए इसमें अन्यपुरुष का ही प्रयोग करता है। भामह के मत से नायक स्वयं अपना चरित वर्णन करे तो भी आख्यायिका कही जाती है। (5) आख्यायिका में वक्त्र तथा अपरवक्त्र छंदों का प्रयोग होता है, कथा में नहीं। (6) कथा संस्कृत के अतिरिक्त प्राकृत या अपभ्रंश में भी रची जा सकती है, आख्यायिका संस्कृत में ही होती है।

राधावल्लभ त्रिपाठी

अधिक जानकारी के लिए :

संस्कृत वाङ्मय का बृहत इतिहास : बलदेव उपाध्याय (सं.), भाग-5 (गद्य)

संस्कृत चंपूकाव्य

चंपू गद्य और पद्य मिश्रित रचना है। इसका यह परंपरागत लक्षण प्रसिद्ध है—

गद्यपद्यमयी साङ्का सोछ्वासा कविगुम्फिता।
उक्तिप्रत्युक्तिविष्कम्भकशून्या चम्पूरुदाहृता।

इस पारंपरिक लक्षण के अनुसार रूपक या नाटक में से उक्ति-प्रत्युक्ति या संवादों की शैली को हटा दिया जाए तो चंपूकाव्य बन जाता है। अनेक अभिनेताओं के मुख से प्रस्तुत न होकर चंपूकाव्य एक ग्रंथवाचक के जरिए जन-समाज के समक्ष पाठ करने या गाकर सुनाने के लिए होता है। यद्यपि काव्य श्रव्य की विधाओं में परिगणित है, पर दृश्यकाव्य या नाटक से इसका घनिष्ठ संबंध प्रतीत होता है। चंपू के लक्षणों में सांक या अंक सहित होने का उल्लेख यह इंगित करता है कि इसके उद्भव में दृश्य और श्रव्यकाव्यों का संगम हुआ है। केरल में चंपू काव्यों को प्रबंध कहा जाता है। ये प्रबंध काव्य गा-गाकर, पाठ कर-करके या अभिनय के साथ जन-समाज के समक्ष सुनाने के लिए रचे जाते रहे हैं। इस प्रकार चंपूकाव्य वास्तव में वैदिक काल से चली आ रही आख्यान और उपाख्यान की शैली का पुनराविष्कार है। आख्यान और उपाख्यान साहित्य का जितना संबंध श्रव्यकाव्य की विधा से है, उतना ही दृश्यकाव्य से भी।

चंपूकाव्य की विशेषता यह कही जा सकती है कि इसमें गद्य और पद्य में से किसी एक की प्रधानता नहीं रहती, न यह निर्धारित होता है कि कितने अंश में कितना गद्य या पद्य प्रयुक्त होगा। रचनाकार अपनी आवश्यकता के अनुसार प्रसंग, घटना या वर्णन के अनुकूल पद्य या गद्य का प्रयोग करता है। इससे रचनाकार को दोनों विधाओं में अपना कौशल दिखाने की स्वतंत्रता मिल जाती है और रचना में द्विविध

चमत्कार उत्पन्न हो जाता है। दसवीं शताब्दी से लेकर बीसवीं शताब्दी तक बड़ी संख्या में चंपूकाव्यों की रचना हुई। संस्कृत में विदित चंपूकाव्यों की संख्या लगभग 250 है।

नलचंपू : संस्कृत का प्रथम उपलब्ध चंपूकाव्य नलचंपू है। इसके रचयिता त्रिविक्रम भट्ट हैं। ये राष्ट्रकूट राजा इंद्रराज तृतीय के आश्रय में रहे। इंद्रराज का राज्याभिषेक 915 ईसवी में हुआ था और उसके एक शिलालेख की रचना भी स्वयं त्रिविक्रम भट्ट ने की थी। इंद्रराज ने कन्नौज के राजा महीपाल को हराया था। इस प्रकार त्रिविक्रम भट्ट सुप्रसिद्ध आचार्य तथा कवि राजशेखर के समकालीन थे। इनकी अन्य रचना मदालसाचंपू है।

नलचंपू सात उच्छ्वासों में विभक्त है। श्रीहर्ष के नैषधचरित की भांति यह अपूर्ण मिलता है। नल देवों का संदेश लेकर दमयंती के पास पहुंचते हैं—यहां तक का कथाभाग ही उपलब्ध अंश में प्राप्त होता है। त्रिविक्रम भट्ट भाषा पर अपने असाधारण अधिकार और अभिव्यक्ति की प्रांजलता के लिए जाने जाते हैं। श्लेष के प्रयोग में इनका कौशल विलक्षण है। सभंग और अभंग दोनों प्रकार के श्लेषों का इन्होंने समान निपुणता से प्रयोग किया है, फिर भी इनकी रचना में क्लिष्टता या आयास का अनुभव नहीं होता। उदाहरण के लिए, वाणी और सद्गृहिणी की तुलना दीपक अलंकार से प्रस्तुत करते हुए त्रिविक्रम ने चंपू के आरंभिक पद्यों में दोनों के लिए सुंदर शिलष्ट विशेषणों का यह विन्यास किया है—

प्रसन्नाः कान्तिहारिण्यो नानाश्लेषविचक्षणाः।
भवन्ति कस्यचित् पुण्यैर्मुखे वाचो गृहे स्त्रियः।।(1/4)

प्रसन्न (प्रसाद गुण से संपन्न, खुश रहने वाली), कांति (एक काव्यगुण, आभा) से मन हरने वाली, नाना प्रकार के श्लेष (श्लेष अलंकार, जमावट) में विचक्षण—ऐसी वाणी और गृहिणी किसी के पुण्य से ही मुख में और घर में रहती है।)

श्लेष पर आधारित विरोधाभास के प्रयोग में त्रिविक्रम भट्ट का कौशल सराहनीय है। वाल्मीकि की प्रशस्ति में उन्होंने कहा है—

सदूषणाऽपि निर्दोषा सखराऽपि सुकोमला।
नमस्तस्मै कृता येन रम्या रामायणी कथा।।(1/11)

उन आदिकवि को नमन है जिन्होंने ऐसी रम्य रामायणी कथा का प्रणयन किया, जो सदूषण होते हुए भी दूषणरहित और सखर होते हुए भी सुकोमल है। यहां सदूषण का दूषणयुक्त यह अर्थ लेने पर विरोध होता है और दूषण नामक राक्षस जिसमें एक पात्र है—ऐसा अन्य अर्थ लेने पर विरोध का परिहार हो जाता है। इसी प्रकार सखर का कठोर अर्थ लेने से विरोध तथा खर नामक राक्षस जिसमें एक पात्र है—ऐसा अर्थ लेने पर विरोध मिट जाता है। तुलसीदास ने रामचरितमानस के 'सखरसुकोमलमंजु दोसरहित दूसनसहित' में इसी पद्य का अनुकरण किया है।

जीवंधरचंपू : जीवंधरचंपू के प्रणेता हरिश्चंद्र हैं। इनकी कथा गुणभद्र के उत्तरपुराण में वर्णित जीवंधरवृत्तांत पर आधारित है। जीवंधरचंपू का आकार विशाल है। इसमें 11 लंभक हैं। हरिश्चंद्र माघ तथा वाक्पतिराज से विशेष प्रभावित हैं। जैन धर्म व दर्शन के सिद्धांतों को कवि ने कथा के माध्यम से यहां बोधगम्य बनाया है।

यशस्तिलकचंपू : इस चंपू के प्रणेता सोमदेव हैं। ये राष्ट्रकूट राजा कृष्ण के सामंत चालुक्यराज अरिकेसरी तृतीय के आश्रय में रहे। यशस्तिलकचंपू की रचना 959 ईसवी में हुई। इसके आठ आश्वासों में कवि पुष्पदंत का अपभ्रंश काव्य जसहरचरिउ तथा यशोधरपुराण में वर्णित राजा यशोधर का वृत्तांत प्रस्तुत किया गया है। इस चंपू में आठ आश्वासों में से प्रथम पांच में राजा यशोधर की कथा है, अंतिम तीन आश्वासों में जैन धर्म के उपदेश हैं। ये तीन आश्वास श्रावकाध्ययन के नाम से भी जाने जाते हैं। राजा यशोधर की रानी व्यभिचारिणी है। एक दिन राजा उसे रात में अपने एक सेवक के घर जाती हुई देख लेता है। इससे उसे वैराग्य हो जाता है। मृत्यु के पश्चात वह आठ योनियों में भ्रमण करता हुआ अंत में जैन धर्म में दीक्षा ग्रहण करता है। गिरीश कर्नाड का एक कन्नड़ नाटक इसी कथा पर आधारित है।

रामायणचंपू : रामायणचंपू के रचयिता

राजा भोज (1050-1054 ईसवी) हैं। काव्यात्मक सौष्ठव की दृष्टि से यह एक उत्कृष्ट रचना है। भोज ने किष्किंधाकांड तक ही इसकी रचना की थी। लक्ष्मणसूरि ने युद्धकांड तथा वेंकटराज ने आगे के प्रसंग जोड़े। वाल्मीकि रामायण की संपूर्ण कथा को अविकलरूप में यह चंपू प्रस्तुत करता है। संपूर्ण प्रसंगों व पात्रों के चरित्र-चित्रण में भोज ने वाल्मीकि की कथा में कोई परिवर्तन नहीं किया। उनका गद्य अत्यंत ललित और कथावाचन की शैली की लय को समाहित किए हुए है। कल्पनाएं मनोहर हैं। कालिदास, बाण और श्रीहर्ष की शैली विशेषताओं का रुचिकर समागम भोज के गद्यपद्यगुंफन में हुआ है।

राम सीता को वनवास का समाचार सुनाते हैं। सीता की मनस्थिति का निरूपण करते हुए भोज कहते हैं–

कल्याणवादसुखितां सहसैव कान्तां
कान्तारचारकथया कलुषीचकार।
अम्भोदनादमुदितां विपिने मयूरीं
सन्त्रासयन्निव धनुर्ध्वनिना पुलिन्दः।।

अर्थात राज्याभिषेक के शुभ समाचार से सुखी प्रिया को राम ने अचानक अपने वनवास की बात बता कर ऐसे व्यथित कर दिया जैसे वन में मेघ का गर्जन सुनकर प्रमुदित हुई मयूरी को कोई बहेलिया अपने धनुष की टंकार से डरा देता है।

रामायणचंपू की रचना स्वयं भोज के द्वारा बताए गए चंपूकाव्य के मानदंड पर खरी उतरती है। उन्होंने पद्य और गद्य की संगति करते हुए गायन के साथ वादन की लय और गेयता में रागात्मकता और ओजस्विता का अंतर्गुंफन कर दिया है। उनके गद्यबंध आख्यान पद्धति के अनुकूल हैं तथा कथागायन की विशेषता का अनुभव कराते हैं। भोज ने इस चंपू में अनेक रमणीय वर्णनों की मालाएं गूंथी हैं। बालकांड में रावण के क्रीड़ाशैल का वर्णन उनके राजसी वैभव के अनुभव की प्रामाणिकता से ओतप्रोत है। अरण्यकांड में शूर्पणखा के आगमन के समय का हेमंतवर्णन काव्यात्मक गद्य तथा कल्पनाप्रवणता का उत्कृष्ट निदर्शन है।

उदयसुंदरीकथा : उदयसुंदरीकथा की रचना बाण से प्रभावित होकर की गई। इसके प्रणेता सोड्ढल हैं। इनका समय ग्यारहवीं शताब्दी है। ये गुजरात के चालुक्य राजा वत्सराज के आश्रित थे। कुछ विद्वानों ने इन्हें गुजरात के राजा मुम्मुणिराज का आश्रित माना है। उदयसुंदरीकथा में आठ उच्छ्वास हैं। इसकी नायिका नागवंश की राजकुमारी उदयसुंदरी है। मुख्यतः प्रतिष्ठान के राजा मलयवाहन से उसका प्रेम और विवाह इसकी कथा है। सोड्ढल की कल्पना की उड़ानें चकित कर देने वाली हैं।

भारतचंपू : महाभारत की कथा को लेकर अनेक चंपूकाव्य लिखे गए हैं। इनमें अनंत कवि का भारतचंपू श्रेष्ठ माना जाता है। इस चंपू की रचना पंद्रहवीं शताब्दी के अंतिम चरण में हुई। चंपूकार अनंत भट्ट का परिचय प्राप्त नहीं होता। परंपरा है कि भागवतचंपू के निर्माता अभिनवकालिदास की प्रतिस्पर्धा में इन्होंने एक भागवतचंपू की रचना भी की थी। अभिनवकालिदास का समय ग्यारहवीं शताब्दी माना गया है। मालाबार निवासी नारायणभट्टात्रि ने अपने प्रबंधों में भारतचंपू को उद्धृत किया है। नारायणभट्टात्रि का समय सोलहवीं शती का अंत और सत्रहवीं शती का आरंभ है।

भारतचंपू में 12 स्तवक, 1041 पद्य तथा दो सौ से अधिक गद्यांश हैं। इसमें वैदर्भी रीति का आद्यंत सरस प्रयोग किया गया है। इस चंपू पर पांच टीकाएं प्राप्त हैं।

यह चंपू महाभारत की कथा के मूल भाग की रोचक प्रस्तुति है। सभी प्रसंग मूल महाभारत के अनुसार हैं। केवल महाभारत के स्वर्गारोहण पर्व की कथा का समावेश कवि ने युधिष्ठिर के राज्याभिषेक और उनके सुखपूर्वक राज्य करते रहने के उल्लेख के साथ अपनी रचना को समाप्त किया है। इस प्रकार व्यास के महाभारत के समान भारतचंपू का पर्यवसान निर्वेद में नहीं हुआ है। इसमें शांत रस के स्थान पर वीर रस की ही प्रधानता है। प्रबंधवक्रता का अच्छा निर्वाह करते हुए अनंत भट्ट ने अंत में एक शिष्ट हास्य का रोचक प्रसंग प्रस्तुत किया है। राजा युधिष्ठिर

उद्यान में जाते हैं, जहां शुकांगनाएं पूर्व के अभ्यास से शकुनि के उस हाथ की जय बोल रही हैं जिसने उनके स्वामी को अपार संपदा दिलाई, तो युधिष्ठिर को तोतों की इस रटंत विद्या पर हँसी आ जाती है।

राजा द्रुपद का यशश्चंद्र नित्य चमकता रहा है, इससे कमल खिल नहीं पाते तो लक्ष्मी को इंदीवर या नीलकमल में रहना पड़ता है। इसके कारण लक्ष्मी श्यामा या सांवली हो गई है। द्रौपदी की उपमा उसी लक्ष्मी से देते हुए कवि कहता है कि वह शिविका या पालकी पर चढ़कर रंगस्थली में इस तरह आई, जैसे स्वयंवर में बैठे राजाओं की बुद्धि पर अधिरूढ़ होकर आई हो। चलती हुई पालकी भी डोलती है और राजाओं की बुद्धि भी डोल रही है। राजाओं की बुद्धि में केवल द्रौपदी को लेकर उत्सुकता है।

अनंत भट्ट का गद्य अनुप्रासों की झंकार तथा ओजस्विता से संवलित है। पद्य में कल्पनाशीलता और गति की मंदता है, जबकि उनका गद्य-कथा को क्षिप्रता देता है। छंदों की विविधता से भारतचंपू की रोचकता बढ़ी है। प्रसंगानुरूप छंदों का चयन करने में चंपूकार ने विवेक का परिचय दिया है। अनुष्टुप का प्रयोग काव्यात्मकता तथा कथा-प्रवाह दोनों की दृष्टि से उत्तम है। उदाहरण के लिए, खांडव वन को जलाते समय अर्जुन के वर्णन में अनंत भट्ट कहते हैं–

हुताशनपरित्रासादुच्चलन्त्या वनश्रियः।
कबरीव श्लथा वेगात् कापि धूम्या खमानशे।।

अर्थात जंगल में लगी आग के भय से जैसे वनलक्ष्मी भाग रही थी, तो ऊपर-ऊपर फैलती धुएं की राशि उसकी केश-राशि-सी लगती थी।

वरदांबिकापरिणयचंपू : इस चंपू की रचयित्री तिरुमलांबा हैं। ये विजयनगर के सम्राट अच्युतराय (1529-42 ईसवी) की रानी थीं। वरदांबिका के नाम से वस्तुतः रानी तिरुमलांबा ने अच्युतराय के साथ अपने ही परिणय की कथा को काव्यात्मक रूप में निबद्ध किया है। अपने राज्याभिषेक के पश्चात एक बार कात्यायनी के मंदिर में राजा अच्युतराय वरदांबिका नामक कन्या को देखकर उसके सौंदर्य पर मुग्ध हो जाते हैं। फिर वे उससे विवाह कर लेते हैं। कुल इतना ही ऐतिहासिक वृत्त इस चंपू में है। इस चंपू में पद्यों की अपेक्षा गद्य भाग अधिक है।

आनंदवृंदावनचंपू : इस चंपू के प्रणेता सुप्रसिद्ध कवि कर्णपूर हैं। इस चंपू में वृंदावन में कृष्ण की नित्य लीलाओं का भक्ति-भाव में डूबकर सरस चित्रण किया गया है। कवि का प्रेरणास्रोत श्रीमद्भागवत है, पर होलिका और दोला उत्सव के अवसर की लीलाएं उसने अपनी उद्भावना से जोड़ी हैं। संपूर्ण चंपू 22 स्तवकों में विभाजित है। प्रथम स्तवक में वृंदावन तथा वहां के निवासियों का अतिरंजित शैली में वर्णन है। द्वितीय से लेकर सप्तम स्तवक तक बाललीलाओं का वर्णन है तथा अष्टम से लेकर अंतिम स्तवक तक किशोर लीलाओं का। दीर्घसमासबहुल उत्कलिकाप्राय, अल्पसमासमय चूर्णक तथा समासरहित आविद्ध इन तीनों प्रकार की गद्य शैलियों का प्रणयन यहां किया गया है। विशेष रूप से भक्तों को रसविभोर कर देने वाली कथावाचन की सरस शैली इसमें गृहीत है। गद्यबंधों का लालित्य और सुपाठ्यता मनोहारी है।

पारिजातहरणचंपू : सोलहवीं शताब्दी के चंपूकाव्यों में शेष श्रीकृष्ण के पारिजातहरणचंपूः, उषापरिणय तथा सत्यभामाविलास उल्लेखनीय हैं। शेष श्रीकृष्ण के पिता नरसिंह तथा आश्रयदाता काशीनरेश गोविंदचंद्र थे। अपने समय के श्रेष्ठ पंडितों व पंडित परिवार से इनका संबंध था। इनके द्वारा स्थापित काशी की व्याकरण परंपरा में ही भट्टोजी दीक्षित तथा नागोजी भट्ट जैसे प्रकांड पंडित हुए। इनकी अन्य रचनाओं में कंसवध नाटक प्रसिद्ध है। इसके अतिरिक्त इन्होंने मुरारिविजय और सत्यभामापरिणय नामक रूपकों की भी रचना की थी। श्रीकृष्ण कवि की भाषा-शैली, घटनाओं की क्षिप्रता तथा आकस्मिकता का बोध कराने में समर्थ हैं।

वेंकटाध्वरि के चंपूकाव्य : वेंकटाध्वरि का समय सत्रहवीं शताब्दी है। ये दार्शनिक, कवि और नाटककार के रूप में प्रसिद्ध हैं। इनके पिता का नाम रघुनाथ तथा माता का नाम सीतांबरा था। इनका निवास कांची नगरी में था। यादवराघवीय

द्विसंधान काव्य तथा लक्ष्मीस्रोत इनकी महत्वपूर्ण रचनाएं हैं। इनके नाम से चार चंपूकाव्य मिलते हैं–विश्वगुणादर्शचंपू, वरदाभ्युदयचंपू, उत्तरचंपू तथा श्रीनिवासविलासचंपू। विश्वगुणादर्शचंपू में विश्वावसु और कृशानु नामक दो गंधर्व आकाश से सारी पृथ्वी को देखते हैं और उनका वर्णन करते हैं। विश्वावसु प्रत्येक विषय के गुणों पर प्रकाश डालता है तो कृशानु उसके दोषों का उद्घाटन करता है। सारे भारत की नदियों, पर्वतों और विशेष रूप से तीर्थस्थलों का ऐसा विशद और सुंदर वर्णन अन्य किसी चंपूकाव्य में नहीं मिलता। इसके साथ ही यह चंपूकाव्य उस समय की सामाजिक और धार्मिक तथा सांस्कृतिक प्रवृत्तियों का भी विवरण प्रस्तुत करता है। इसमें धर्म के नाम पर होने वाले पाखंड और आडंबर पर करारा व्यंग्य-प्रहार वेंकटाध्वरि ने किया है। यही नहीं, पुरोहित, ज्योतिषी, वैद्य, संगीतकार आदि विभिन्न व्यवसायों में लगे लोग किस प्रकार कपट से लोगों को ठगते हैं या मूर्ख बनाते हैं–इसका रोचक चित्रण भी कृशानु के संवादों में है। यह पूरा चंपू एक रोचक आलोचना है।

वरदाभ्युदयचंपू में कांची में अधिष्ठित लक्ष्मी और नारायण के विवाह का वर्णन है। इसमें गद्य भाग अधिक है। उत्तरचंपू में रामायण के उत्तरकांड की घटनाएं वर्णित हैं। श्रीनिवास चंपू में तिरुपति के वेंकटेश्वर भगवान की प्रशंसा तथा स्तुति है। इसके वेंकटाध्वरिकृत होने में संदेह प्रकट किया गया है।

नीलकंठविजयचंपू : नीलकंठ दीक्षित के नीलकंठविजयचंपू की रचना 1637 के आसपास हुई। इसमें महाकवि नीलकंठ दीक्षित ने शिव के प्रति अपनी भक्ति भावना को व्यक्त करते हुए समुद्र-मंथन के वृत्त को प्रभावशाली रूप से निरूपित किया है।

आनंदकंदचंपू : इस चंपू के प्रणेता मित्रमिश्र हैं। ये ओरछा के राजा वीरसिंह (1605-1627 ईसवी) के आश्रित थे। इनका बनाया धर्मशास्त्र का ग्रंथ वीरमित्रोदय विख्यात है। आनंदकंदचंपू में आठ उल्लास हैं। इसमें कृष्ण की बाललीला का वर्णन किया गया है। यह श्रीमद्भागवत के दशम स्कंध पर आधारित है। अंतिम उल्लास में मित्रमिश्र ने अपने आश्रयदाता के वंश और चरित का वर्णन भी किया है।

अन्य चंपूकाव्य : चंपूकाव्य प्रायः पौराणिक कथाओं को लेकर ही लिखे गए हैं। भागवतचंपू के नाम से पांच से अधिक चंपू प्रबंध प्राप्त हैं जिनमें से चार के रचनाकार क्रमशः अभिनवकालिदास, चिदंबर, रामभद्र और रामनाथ हैं। राघवीय तथा विष्णुविलास महाकाव्यों के कर्ता रामपाणिवाद के भागवतचंपू भी इनमें जोड़े जा सकते हैं। नृसिंहचंपू के नाम से केशवभट्ट और संकर्षण के लिखे दो अलग-अलग चंपू मिलते हैं। ऊपर उल्लिखित अनंतकृत भारतचंपू के अतिरिक्त महाभारत की कथा पर राजचूड़ामणि दीक्षित ने भी 'भारतचंपूः' की रचना की थी। अनेक कवियों ने जैन धर्म और तीर्थंकरों आदि के चरित्र को लेकर चंपूकाव्य लिखे हैं। आशाधर सूरि ने 1243 ईसवी में तीर्थंकर आदिनाथ के पुत्र भरत के जीवन पर 'भारतेश्वरचंपूः' की रचना की। अर्हद्दास का पुरुदेवचंपूः तथा दिवाकर का अमोघराघवचंपूः भी उल्लेख्य हैं। 'यतिराजविजयचंपूः' तथा 'विरूपाक्षवसन्तोत्सवचंपूः' के कर्ता अहोबल का समय चौदहवीं शताब्दी है। अनेक चंपूकाव्य ऐतिहासिक नायकों का चरित प्रस्तुत करते हैं। 1577 ईसवी में पद्मनाभ द्वारा रचित 'वीरभद्रदेवचंपूः' में रीवा राज्य का वर्णन है। सोलहवीं शताब्दी में नारायणभट्ट ने विभिन्न पौराणिक विषयों पर चौदह चंपूकाव्यों की रचना की। अठारहवीं शताब्दी में रचित शंकर कवि के 'चेतसिंहविलासचंपूः' में काशीनरेश चेतसिंह का वर्णन है। इन्हीं का एक अन्य चंपू 'गंगावतरणचंपूः' है। अठारहवीं शताब्दी का एक अन्य चंपू 'आनंदचंपूः' ऐतिहासिक दृष्टि से महत्वपूर्ण है। इसके रचयिता श्रीनिवास कवि हैं। इसमें तमिलनाडु के राजा आनंदरंग पिल्लै का चरित है, अंग्रेजी शासन के आरंभ का भी वर्णन है। आनंदरंग पिल्लै द्वारा अंग्रेजों के विरुद्ध आवाज बुलंद करने में फ्रेंच शासक डुप्ले की सहायता, उसके द्वारा पांडिचेरी में विशाल भवन का निर्माण तथा उसमें ऊपर घड़ी लगवाना आदि ऐतिहासिक घटनाओं के साथ चंपूकार ने उस समय की राजनीतिक और सामाजिक परिस्थिति का अच्छा परिचय प्रस्तुत किया है।

कुछ कवियों ने चंपूकाव्य में नए विषयों का समावेश किया। सत्रहवीं शताब्दी में समरपुंगव ने यात्राप्रबंधचंपूः की रचना की। इसमें सारे देश की यात्रा का वर्णन है। विश्वगुणादर्शचंपूः का अनुकरण करते हुए अठारहवीं शताब्दी में अण्णयार्य ने तत्वगुणादर्शचंपूः लिखा, जिसमें जय तथा विजय इन दो पात्रों के वाद-विवाद और संवाद में शैव और वैष्णव संप्रदायों का प्रतिपादन किया गया है। कुछ पंडितों ने तो अपने शास्त्रीय ग्रंथों को भी चंपूकाव्य का नाम दे दिया है। ऐसे ग्रंथों में उल्लेखनीय हैं–आचार्यविजयचंपूः विद्वन्मोदतरंगिणी तथा मन्दारमरन्दचंपूः।

आधुनिक काल में लिखे गए चंपूकाव्यों में सदाशिवशास्त्री मुसलगांवकर का 1929 ईसवी में रचित शिंदेविलासचंपूः सिंधिया राजाओं की प्रशस्ति है। रघुनंदन त्रिपाठी का 1937 में विरचित हरिहरचरित पौराणिक विषयवस्तु पर आधारित है।

राधावल्लभ त्रिपाठी

अधिक जानकारी के लिए :
चंपूकाव्य की परंपरा : छविनाथ त्रिपाठी

संस्कृत नाट्य परंपरा

संस्कृत नाट्य परंपरा का समय पहली शताब्दी से दसवीं शताब्दी तक माना जाता है। यह परंपरा मुख्य रूप से भरत के नाट्यशास्त्र में उल्लिखित नियमों, रूढ़ियों और व्याकरण पर आधारित है विद्वानों ने भरत का समय 300 ईसा पूर्व से ईसा की तीसरी शताब्दी के बीच निश्चित किया है। भरत के नाट्यशास्त्र पर आधारित होने के कारण संस्कृत नाट्य परंपरा को शास्त्रीय नाट्य परंपरा की संज्ञा भी दी गई है।

इस नाट्य परंपरा के पहले नाटककार के रूप में अश्वघोष का नाम लिया जाता है। यद्यपि उनके किसी नाटक का कोई अंश प्राप्त नहीं हुआ है। उनके दो काव्य-ग्रंथ सौंदर्यानंद और बुद्धचरित के कुछ अंश अवश्य उपलब्ध हैं।

इस दृष्टि से भास को संस्कृत नाट्य परंपरा का सबसे पहला और बड़ा नाटककार माना जा सकता है, जिसने परवर्ती नाटककारों को बहुत प्रभावित किया। इस संदर्भ में शूद्रक और कालिदास का उल्लेख अवश्य किया जाना चाहिए। शूद्रक ने अपने एकमात्र पूर्णकालिक नाटक मृच्छकटिकम् की रचना की। भास के पहले नाटक चारुदत्त से प्रेरणा ग्रहण की है, जिसके मात्र चार अंक उपलब्ध है। पांचवें से दसवें अंक तक की पूरी परिकल्पना शूद्रक द्वारा की गई है। कालिदास ने अपने पहले नाटक की प्रस्तावना में भास जैसे नाटककार का सादर स्मरण किया है। भास ने कुल मिलाकर 13 नाटक लिखे हैं, जिनकी प्रतियां पहली बार टी गणपति शास्त्री को दक्षिण भारत में 1913 में प्राप्त हुई थीं। उनके नाटक हैं प्रतिज्ञायौगं-धरायण, स्वप्नवासवदत्ता, दूतावाक्य, दूतघटोत्कच, पंचरात्र, मध्यमव्यायोग, बालचरित, अभिषेक, प्रतिमा नाटक, चारुदत्त, अविमारक, उरुभंग और कर्णभार। ये सभी नाटक मुख्य रूप से रामायण और महाभारत पर आधारित हैं और कुछ भास की अपनी मौलिक परिकल्पना से रचे गए हैं।

भास के बाद इस कड़ी में शूद्रक का नाम लिया जा सकता है जिनके नाटक मृच्छकटिकम् का उल्लेख किया गया है। इस नाट्य परंपरा के सबसे बड़े नाटककार निश्चित रूप से कालिदास हैं, जिन्होंने अपने तीन नाटकों–मालविकाअग्निमित्र, विक्रमोर्वशीय और अभिज्ञानशाकुंतलम् के माध्यम से भरत के नाट्यशास्त्र को पूरी प्रतिष्ठा दिलाई। वस्तुतः कालिदास एक ऐसे आदर्श नाट्यकार हैं जिनके नाटक नाट्यशास्त्र की रूढ़ियों का अक्षरशः पालन करते हैं। विद्वानों ने कालिदास का समय पांचवीं शताब्दी निश्चित किया है।

छठी शताब्दी के नाटककार विशाखदत्त के नाटक मुद्राराक्षस को इस दृष्टि से रेखांकित किया जाना चाहिए कि यह नाटक मूल रूप से नाट्यशास्त्र का अनुसरण करते हुए भी उसके सभी नियमों को लांघकर आगे निकल जाता है। उदाहरण के लिए, इस नाटक में कोई नायिका नहीं है, कोई विदूषक नहीं

है और परंपरागत अर्थ में कोई नायक अथवा रस भी नहीं है। कहा जाना चाहिए कि शूद्रक के मृच्छकटिकम् के बाद पहली बार राजनीति जैसे जटिल विषय को नाटककार ने अपनी रचना के केंद्र में रखा है।

इस परंपरा के अंतिम बड़े नाटककार भवभूति हैं जिनका समय विद्वानों ने आठवीं शताब्दी निश्चित किया है। इनके तीन नाटक उपलब्ध हैं—1. मालतीमाधव, 2. महावीरचरित और 3. उत्तररामचरित। इसमें दो राय नहीं कि इनमें से सबसे ज्यादा चर्चा उत्तररामचरित की हुई है। यद्यपि उनसे पहले श्रीहर्ष का नाम भी लिया जा सकता है जिनके रत्नावली नाटिका और नानानंद शीर्षक नाटकों की चर्चा हुई है, लेकिन एक नाटककार के रूप में इन्हें वह महत्व कभी प्राप्त नहीं हुआ जो उनसे पहले और बाद के नाटककारों को मिलता रहा है।

माना जाता है कि 1000 ईसवी तक आते-आते संस्कृत नाटक परंपरा समाप्त प्रायः होने लगी थी, लेकिन आठवीं से बारहवीं शताब्दी के बीच बोधायन का भगवद् अज्जुकम्, महेंद्रविक्रम का मत्तविलास, वत्सराज का धूर्तसमागम आदि नाटकों की सूचनाएं मिलती है। कुल मिलाकर संस्कृत परंपरा का महत्व इस बात के लिए हमेशा है कि उसने नाट्य लेखन की दिशा में हमारे सामने अपने समकालीन पश्चिमी नाटक से एक अलग प्रारूप प्रस्तुत किया जिसमें गद्य और पद्य साहित्य के दोनों रूप शामिल हैं। लगभग हर नाटक का आरंभ नाटककार के उपास्य देवी-देवता के स्तुतिगान अर्थात नांदीपाठ से होता है। उसके बाद प्रस्तावना के माध्यम से नाटक की संक्षिप्त कथावस्तु, उसे प्रस्तुत किए जाने का अवसर और स्थान का परिचय मिलता है। नाटक प्रायः कम-से-कम एक अंक और अधिकतम दस अंकों तक के मिलते हैं, जिन्हें अलग-अलग नामों से परिभाषित किया गया है—नाटक, प्रकरण, अंक, प्रहसन, व्यायोग, समवकार, ईहामृग, डिम, वीथि और भाण। ये सभी मिलकर दशरूपक के नाम से जाने जाते हैं। जिस तरह नाटक का आरंभ नांदीपाठ से होता है, उसी तरह उसका अंत भरत वाक्य से होता है। नाटक की संरचना में गीत, नृत्य, संगीत एवं मुद्रा विधान का प्रयोग किया जाता है।

गहराई से देखें तो संस्कृत नाट्य परंपरा में उपलब्ध उपयुक्त सारे तत्व कहीं-न-कहीं आज की नाट्य परंपरा में भी परोक्ष अथवा प्रत्यक्ष रूप में विद्यमान हैं।

देवेंद्र राज अंकुर

अधिक जानकारी के लिए :

1. संस्कृत आलोचना : बलदेव उपाध्याय, **2. संस्कृत काव्यशास्त्र का इतिहास :** पी वी काणे, **3. भारतीय काव्यशास्त्र की आचार्य परंपरा :** राधावल्लभ त्रिपाठी

संस्कृत पत्रकारिता

संस्कृत पत्रकारिता का आरंभ उन्नीसवीं शताब्दी के उत्तरार्ध में हुआ। संस्कृत की पहली पत्रिका थी—काशीविद्यासुधानिधि जिसका प्रकाशन संस्कृत महाविद्यालय, काशी से 1866 में हुआ था। इस पत्रिका को पंडित पत्रिका के नाम से भी जाना जाता है। पंडित पत्रिका का मुख्य ध्येय था संस्कृत के प्राचीन दुर्लभ ग्रंथों को सुलभ बनाना। इस सदी के सातवें, आठवें और नवें दशकों में आर्यविद्यासुधानिधि, श्रुतिप्रकाशिका, आर्यसिद्धांतः, मञ्जुभाषिणी आदि कई पत्रिकाएं निकलने लगीं। इनमें धार्मिक विषयों के साथ-साथ राष्ट्रवादी विचारधारा की भी अभिव्यक्ति होती थी। 1893 ईसवी में शुरू हुई संस्कृतचंद्रिका संस्कृत पत्रकारिता के इतिहास में मील का पत्थर है। यह पत्रिका कोलकाता से शुरू हुई और कुछ समय बाद अप्पा शास्त्री राशिवडेकर इसे महाराष्ट्र से निकालने लगे। संस्कृतचंद्रिका में समकालीन विषयों पर निबंध, उपन्यास, कहानियां, यात्रावृत्त, कविताएं आदि विविध विधाओं को भरपूर जगह मिली। बंकिमचंद्र आदि भारतीय साहित्य के श्रेष्ठ उपन्यासकारों की रचनाओं के संस्कृत अनुवाद भी इसमें धारावाहिक छपते रहे। सबसे बड़ी विशेषता थी इसके संपादक की निर्भीकता। अपने संपादन में अप्पाशास्त्री ने 1905 ईस्वी में संस्कृत का पहला

अखबार शुरू किया—सूनृतवादिनी। यह साप्ताहिक था। तिलक के केसरी की तरह यह ब्रितानी हुकूमत के खिलाफ आग उगलता था। अंग्रेज सरकार के दमन के कारण कालांतर में अप्पा शास्त्री को संस्कृतचंद्रिका और सुनृतवादिनी, दोनों का प्रकाशन बंद करना पड़ा।

संस्कृत में विज्ञानचिंतामणि, सहृदया, विद्योदय, संस्कृतरत्नाकर, मित्रगोष्ठी, ज्योतिष्मती, वल्लरी आदि पत्रिकाएं उन्नीसवीं सदी के अंतिम दशक से बीसवीं सदी के शुरू के दशकों में निकलती रहीं। इनमें भारतश्रीः और ज्योतिष्मती जैसी पत्रिकाओं में क्रांतिकारी विचारधारा को बेबाक ढंग से प्रस्तुत किया जाता था। ज्योतिष्मती का मुद्रण और वितरण चोरी-छिपे होता था। इन पत्रिकाओं ने अपने समय के संस्कृत साहित्य में नए युग का सूत्रपात किया। समाजवाद और गांधीवाद जैसी विचारधाराओं को संस्कृत में अभिव्यक्ति मिली।

उद्भव काल से अब तक संस्कृत में छपने वाली पत्र-पत्रिकाओं की संख्या करीब 450 है। इनमें से अधिकांश पत्रिकाएं तीन या चार दशकों से ज्यादा नहीं चलीं, पर साहित्यिक सुरुचि और सामग्री की श्रेष्ठता की वजह से इनमें से कई ने साहित्य के परिदृश्य पर अपनी अलग छाप छोड़ी।

बीसवीं सदी के पांचवें और छठे दशकों में पारडी जैसे देहात से दामोदर सातवलेकर ने सुंदर चित्रों और बेहतरीन सामग्री से सुसज्जित मासिक पत्रिका संस्कृत में निकाली—अमृतलता। साहित्य अकादमी, दिल्ली से साहित्यिक संस्कृत पत्रिका 'संस्कृत प्रतिभा' 1959 से निकल रही है। मैसूर से संस्कृत में दैनिक अखबार 'सुधर्मा' निकल रहा है और बनारस से साप्ताहिक 'गांडीवम्'। इस समय संस्कृत में सौ से अधिक मासिक व त्रैमासिक पत्रिकाएं नियमित निकल रही हैं। इनमें शोध की दृष्टि से सागर से प्रकाशित 'सागरिका' तथा बनारस से प्रकाशित सरस्वती 'सुषमा', चित्तूर की 'गैर्वाणी', 'मुंबई' की 'गीर्वाणसुधा', लखनऊ की 'अजस्रा', 'जयपुर' की 'भारती', शिमला की 'दिव्यज्योतिः' और पांडिचेरी की 'लोकसंस्कृतम्' उल्लेखनीय हैं। 1986 से मध्य प्रदेश संस्कृत अकादमी ने संस्कृत त्रैमासिक 'दूर्वा' का प्रकाशन आरंभ किया। इस पत्रिका के विश्वकविता विशेषांक, संस्कृत गजल विशेषांक, संस्कृत कथांक आदि उत्कृष्ट साहित्य के मानदंड प्रस्तुत करते हैं। दिल्ली की संस्कृत अकादमी से छपने वाली 'संस्कृतमंजरी' भी सामग्री की दृष्टि से आकर्षक है। वैज्ञानिक और नए विषयों पर विवेचन, नयनाभिराम बहुरंगी चित्रावली तथा सरल संस्कृत के प्रयोग की दृष्टि से बेंगलुरु से निकलने वाली संभाषणसंस्कृतम् उल्लेख्य है।

कुल मिलाकर प्रसार-संख्या कम होने पर भी संस्कृत पत्रिकाओं का परिदृश्य आश्चर्यजनक रूप से समृद्ध है। लखनऊ से वीरभद्र मिश्र केवल व्यंग्य की मासिक पत्रिका लगभग बारह वर्षों तक निकालते रहे—सर्वगंधा। पत्रिका में व्यंग्य चित्र भी रहते थे और राजनीति तथा शिक्षा जगत में हो रहे भ्रष्टाचारों पर निर्भीक हमले भी।

संस्कृत चंदामामा, बालसंस्कृतम्, लोकसंस्कृतम् जैसी किशोरोपयोगी या बालोपयोगी संस्कृत पत्रिकाएं भी छप रही हैं। अनेक पत्रिकाएं जहाँ एक व्यक्ति के प्रयासों से निकल रही हैं, वहीं लोकसंस्कृतम्, विश्वभाषास, संभाषणसंस्कृतम् जैसी पत्रिकाओं को अखिल भारतीय स्तर की संस्थाओं द्वारा अपने हाथ में लेने से इनकी निरंतरता और स्थायित्व की संभावना के प्रति आश्वस्त हुआ जा सकता है। पुरी की लोकभाषा प्रचार समिति ऐसी ही संस्था है। यह समिति संस्कृत में दो पत्रिकाएं निकालती है—मासिक बुलेटिन 'लोकसुश्रीः' तथा वार्षिकी संस्कृत मंदाकिनी।

स्वाधीनता संग्राम और संस्कृत पत्रकारिता : उन्नीसवीं शताब्दी के उत्तरार्द्ध से ही संस्कृत की पत्रिकाएं और अखबार राष्ट्रीय भावधारा से जुड़े हुए थे। नवजागरण का भाव इनमें विशेष रूप से व्यक्त हुआ। कुछ संस्कृत पत्रिकाओं ने भारतीय समाज की कुरीतियों के उन्मूलन और समाज-सुधार के प्रयासों का समर्थन किया। विधवा विवाह, समुद्र-यात्रा, अस्पृश्यता आदि मुद्दों को लेकर बहस भी इन पत्रिकाओं में छपे लेखों में चलाई गई। इसके साथ ही अनेक संस्कृत पत्रिकाओं ने अंग्रेजी शासन को

सीधे-सीधे चुनौती दी। इनके संपादकों को शासन द्वारा प्रताड़ित किया गया।

बंदीमंदिरम् काव्य 1936 में हिंदी पत्रिका 'बेला' में छपा था। 1935 में आचार्य जानकीवल्लभ शास्त्री के संस्कृत गीतों का संग्रह काकली छप चुका था, जिसमें संस्कृत गीत की जयदेव के समय से चली आ रही पारंपरिक पदावली को नए साहित्य की छायावादी भावधारा के प्रवाह से जोड़ा गया। बंदीमंदिरम् और काकली के बाद भी शास्त्री जी संस्कृत में लिखते रहे, पर बाद में उनका कृतित्व हिंदी में अधिक मात्रा में सामने आया और संस्कृत कवि के रूप में उनकी पहचान लगभग उपेक्षित रही।

हिंदी के अखबारों या पत्रिकाओं की तरह ही इस दौर की मलयालम, मराठी आदि भाषाओं की पत्रिकाओं में भी संस्कृत रचनाओं का प्रकाशन यदा-कदा होता रहा। दुर्भाग्य से पत्रकारिता या साहित्य पर हुए संबंधित शोधकार्यों में ऐसी रचनाओं की समग्र सूचना उपलब्ध नहीं है। संस्कृत की अपनी पत्रिकाओं की ही संख्या और क्षेत्र इतने विपुल और विशाल रहे हैं कि उनका भी लेखा-जोखा समग्र रूप में अभी तक नहीं हो पाया।

कुछ पत्रिकाएं सीधे सीधे राजनीति में हस्तक्षेप करने के लिए ही आरंभ की गईं। 1920 में अयोध्या से 'संस्कृतसाकेतम्' नाम से अखबार शुरू किया गया, जिसका मुख्य उद्देश्य विदेशी शासन का विरोध करना था। 1939 और 1940 में बनारस से 'ज्योतिष्मती' और 'भारतश्रीः' ये दो पत्रिकाएं शुरू हुईं। ये दोनों भी ब्रिटिश शासन के विरोध में मुखर रहीं। 'ज्योतिष्मती' के प्रकाशन पर सरकार द्वारा पाबंदी लगा दिए जाने से इसके अंक छिपाकर छापे और वितरित किए जाते थे। सरकारी शिकंजे के कारण यह पत्रिका ढाई साल तक ही निकल पाई। इस तरह की एक और तेजस्वी पत्रिका 'श्रीः' थी। यह कश्मीर में श्रीनगर से 1931 में शुरू हुई। पत्रिका त्रैमासिक थी तथा दीर्घजीवी रही। इसमें भारत की तत्कालीन राजनीतिक, सामाजिक और सांस्कृतिक स्थितियों के संबंध में नित्यानंदशास्त्री का तथ्यपरक विश्लेषण है। पत्रिका के एक अंक में 'भारतीयसमाज' शीर्षक लेख में गोविंद रजक ने अंग्रेजी भाषा के प्रति भारतवासियों के आग्रह और अनावश्यक आकर्षण की प्रवृत्ति की भर्त्सना की है तथा स्वदेशी भाषाओं के संवर्धन की आवश्यकता पर जोर दिया है।

'श्रीः' जैसी अनेक संस्कृत पत्रिकाओं ने बाण और दंडी की गद्य शैली से सर्वथा भिन्न नए समय के उस गद्य में वैचारिक अभियान छेड़ा था जो उन्नीसवीं सदी के नवजागरण के लिए अपेक्षित था। 'श्रीः' के संपादकीय इस दृष्टि से पठनीय हैं। ब्रिटिश शासन की औपनिवेशिक नीतियों का उनमें विश्लेषण है। उनमें एक जागरूक पत्रकार का रूप सामने आता है। 'श्रीः' के आषाढ़ 1997 वि.संवत् (1940) के अंक का संपादकीय हिटलर के आक्रमण से सारे विश्व में उत्पन्न परिस्थितियों की छानबीन के साथ इस संदर्भ में भारतीय जनता के कर्तव्य पर विचार प्रस्तुत करता है। इसी वर्ष के 'श्रीः' के चैत्र मास के अंक में संपादक कुलभूषण ने देश के दो टुकड़ों में विभाजन की दुरभिसंधि का उद्घाटन करते हुए इसके दुष्परिणामों को लेकर चेतावनी दी है।

1940 में बनारस से शुरू की गई 'भारतश्रीः' पत्रिका के प्रवेशांक का संपादकीय भी इस दृष्टि से पढ़ने लायक है। दरअसल, यह भारतीयों और विशेष रूप से संस्कृतज्ञों के प्रति राष्ट्रीय स्वाधीनता संग्राम में कूद पड़ने का आह्वान है। समग्र राष्ट्र के तेजस्वी रूप को जाग्रत करने की आकांक्षा भी इसमें व्यक्त की गई है।

1941 में बेंगलुरु से 'अमृतवाणी' का प्रकाशन आरंभ हुआ। यह पत्रिका तेरह वर्षों तक छपती रही। इसके आरंभिक अंकों में स्वातंत्र्यज्योतिः, गांधिसप्ताहः जैसे स्तंभ बराबर निकलते रहे हैं।

संस्कृत एवं हिंदी पत्रकारिता में बीसवीं शताब्दी के आरंभ के दशकों में आदान-प्रदान बना रहा। महावीर प्रसाद द्विवेदी संस्कृत पत्रिकाओं में लिखते थे। संस्कृतचंद्रिका में प्रकाशित अप्पाशास्त्री की कविता 'शुकं प्रति' का मैथिलीशरण गुप्त द्वारा किया गया अनुवाद 1911 में 'सरस्वती' में प्रकाशित हुआ

था। हिंदी के पहले अखबार 'उदंतमार्तंड' में संपादक जुगलकिशोर द्वारा रचे गए संस्कृत श्लोक प्रकाशित होते रहे। पांडेय बेचन शर्मा 'उग्र' ने 'मतवाला' में 1926 में नरोत्तम शास्त्री गांगेय का लंडनचरितम् संस्कृतकाव्य प्रकाशित किया, जिसमें अंग्रेजों का उपहास किया गया था।

राधावल्लभ त्रिपाठी

अधिक जानकारी के लिए :
संस्कृत पत्रकारिता का विकास : रामगोपाल मिश्र

संस्कृत महाकाव्य

संस्कृत महाकाव्य की परंपरा के बीज वैदिक काव्य में हैं। ऋग्वेद में इंद्र संबंधी सूक्तों में इंद्र के पराक्रमपूर्ण कार्यों का बखान करते हुए कवि वृत्र, शंबर आदि असुरों से उसके युद्धों का वर्णन करते हैं। प्रकृति के अनेक सुंदर चित्र उषस् देवता के विषय में रचे गए सूक्तों में हैं। वेदों के इस तरह के सूक्तों से कविता के मानदंड बने, महाकाव्यों की रचना के लिए आधार भी निर्मित हुए। महाकाव्य रचना का उपक्रम रामायण तथा महाभारत के द्वारा हुआ। वस्तुतः महाकाव्य—इस संज्ञा का आधार रामायण एवं महाभारत की उक्तियां हैं। महाभारत के नाम में 'महा' शब्द विशेषण के रूप में है। रामायण को स्वयं कवि ने 'महत् काव्य' की संज्ञा दी है, 'कर्ता काव्यस्य महतः क्व चासौ मुनिपुङ्गवः'। छंदों की दृष्टि से वैदिक छंदों के स्थान पर लोक-प्रचलित या लौकिक छंदों को रामायण तथा महाभारत में अपनाया गया। संस्कृत के महाकवियों ने भी उन छंदों को स्वीकार किया। महाकाव्य का एक नाम सर्गबंध मिलता है, क्योंकि इसका विभाजन सर्गों में होना चाहिए। सर्गों में विभाजन की अवधारणा भी रामायण से प्रेरित है।

रामायण और महाभारत की रचना के साथ काव्य में रस, अलंकार, गुण एवं रीति की अवधारणाएं भी बनीं। रामायण के आरंभ में कहा गया है कि क्रौंच के वध से विलाप करती क्रौंची को देखकर वाल्मीकि के भीतर जो शोक उद्‌गत हुआ, वही श्लोक के रूप में ढल गया। शोक करुण रस का स्थायी भाव है। रामायण में करुण रस को प्रधान माना गया है, पर करुण के साथ-साथ अन्य रस भी रामायण में अभिव्यक्त हुए। कुश और लव के द्वारा रामायण के गायन का वर्णन करते हुए रामायण में कहा गया है :

रसैः श्रृंगारकरुणहासरौद्रभयानकैः।
वीरादिभी रसैर्युक्तं काव्यमतदगायताम्।।
(बालकांड)

यहां काव्य में रस की अनुभूति का विचार है, रसों के अलग-अलग नाम भी सूचित किए गए हैं। इसी प्रकार काव्य में गुण, रीति, वक्रोक्ति अलंकार आदि का विचार भी रामायण और महाभारत के उत्कृष्ट काव्यसौंदर्य की समाशंसा के साथ आरंभ हुआ। कवियों को नवीन कल्पनाओं और काव्यात्मकता के निर्वाह की प्रेरणा इन दोनों महाकाव्यों से मिली।

महाकाव्य का स्वरूप : महाकाव्य श्रव्यकाव्य की विधाओं में सबसे प्रमुख माना गया है। 'महा' विशेषण से ही इस काव्य प्रकार की प्रधानता प्रकट होती है। काव्यशास्त्र के आचार्यों की परंपरा में सर्वप्रथम भामह ने महाकाव्य का लक्षण इस प्रकार दिया है—

सर्गबन्धो महाकाव्य महतां च महच्च यत्,
मन्त्रदूतप्रयाणाजिनायकाभ्युदयैश्च यत्।
पञ्चभि : सन्धिभिर्युक्तं नातिव्याख्येमृद्धिमत्
चतुर्वर्गाभिधानेऽपि भूयसार्थोपदेशकृत्
युक्तं लोकस्वभावेन रसैश्च सकलै : पृथक्।।
(काव्यालंकार, 1.19.21)

अर्थात विभिन्न सर्गों में विभक्त महाकाव्य आकार में बड़ा (महत्) तथा महान लोगों के चरित्र का निरूपण करने वाला होता है। इसमें मंत्र (परामर्श, मंत्रणा), दूत, युद्ध का वर्णन होता है तथा नायक का अभ्युदय दिखाया जाता है। महाकाव्य ग्राम्य शब्दों से रहित, अर्थसौष्ठव से युक्त, अलंकार से युक्त तथा सत्पुरुषों के चरित्र को प्रस्तुत करने वाला होना चाहिए। इसमें चतुर्वर्ग—धर्म, अर्थ, काम तथा मोक्ष

का प्रतिपादन होना चाहिए। लोकस्वभाव तथा सभी रसों का इसमें निरूपण होना चाहिए।

महाकाव्य के लक्षण दंडी, रुद्रट, विश्वनाथ आदि अनेक आचार्यों ने बताए हैं। भामह ने महाकाव्य में अधिक-से-अधिक या कम-से-कम कुल कितने सर्ग रखे जा सकते हैं—इस पर कोई निर्देश नहीं दिया। परवर्ती आचार्य विश्वनाथ आदि ने महाकाव्य में कम-से-कम आठ सर्ग होना आवश्यक माना है तथा ईशानसंहिता में महाकाव्य की अधिकतम सर्ग संख्या तीस बताई गई है। दंडी ने महाकाव्य के लक्षणों में निम्नलिखित तत्व और जोड़े हैं—महाकाव्य के आरंभ में आशीः (आशीर्वाद), नमस्क्रिया (देवता आदि को नमन) या वस्तुनिर्देशात्मक मंगल होना चाहिए। इसकी कथा इतिहास (रामायण, महाभारत) से निकली हुई होनी चाहिए या अन्य कोई उदात्त कथा इसमें रह सकती है। महाकाव्य में नगर, जलाशय, पर्वत, ऋतु, सूर्योदय, चंद्रोदय, उपवनविहार, जलक्रीड़ा, मधुपान, रसोत्सव, विप्रलंभ, विवाह तथा युद्ध का वर्णन होना चाहिए। इसके सर्ग न अधिक बड़े हों, न अधिक छोटे। महाकाव्य लोकरंजन में समर्थ तथा विभिन्न प्रकार के वृत्तांतों से युक्त होना चाहिए। विष्णुधर्मोत्तर पुराण ने महाकाव्य के निम्नलिखित नौ वर्ण्य विषय माने हैं—देश, नगर, राजा, ऋतु, पर्वत, नदी, नारी प्रयाण तथा युद्ध। रुद्रट ने वर्ण्य विषयों की विस्तृत सूची दी है जिसमें उन्होंने अटवी, वन, सरसी, मरुस्थल, द्वीप, समाज (मेला, उत्सव), पड़ाव, संगीत आदि वर्णनीय विषय भी जोड़ दिए हैं।

साहित्यदर्पणकार विश्वनाथ ने रस के विषय में कहा है कि महाकाव्य में श्रृंगार, वीर या शांत—इन तीन रसों में से एक अंगी (प्रधान) होना चाहिए, शेष अंग के रूप में अभिव्यक्त होने चाहिए। विश्वनाथ ने महाकाव्य के लक्षणों का विस्तार करते हुए कहा है कि इसमें नायक के रूप में किसी देवता या उत्तम कुल में उत्पन्न धीरोदात्त क्षत्रिय का चरित निरूपित हो सकता है अथवा एक ही वंश के अनेक कुलीन राजाओं को भी नायक बनाकर महाकाव्य की रचना हो सकती है। विश्वनाथ ने नायक के विषय में यह विकल्प कालिदास के रघुवंश से प्रभावित होकर दिया है। उन्होंने महाकाव्य के आरंभ में दुष्टों की निंदा तथा सज्जनों की प्रशंसा भी अपेक्षित मानी है, तथा वर्णनीय विषयों में मृगया तथा यज्ञ का भी समावेश कर दिया है। सर्ग के अंत में आगे आने वाली कथा का संकेत होना चाहिए। महाकाव्य का नामकरण कवि, विषयवस्तु, नायक या किसी अन्य मुख्य प्रसंग के आधार पर किया जाना चाहिए। प्रत्येक सर्ग का अलग-अलग नाम उस सर्ग में वर्णित कथा के आधार पर रखा जा सकता है।

महाकाव्य में कवि संपूर्ण युग और नायक के समग्र जीवन को चित्रित करता है। पुरुषार्थ की निष्पत्ति दिखाते हुए पाठक को सन्मार्ग पर प्रवृत्त करना तथा उदात्त मूल्यबोध के द्वारा पाठक की चेतना के परिष्कार के द्वारा महाकाव्य का सभी काव्यविधाओं के बीच असाधारण महत्व स्वीकार्य है।

महाकाव्यों का विभाजन : संस्कृत महाकाव्य साहित्य समृद्ध तथा वैविध्यपूर्ण है। कई प्रकार के महाकाव्य तीन हजार वर्षों की सुदीर्घ परंपरा में रचे गए। मुख्य रूप से इन्हें निम्नलिखित कोटियों में विभाजित किया जा सकता है—

(1) आर्ष महाकाव्य : आर्ष का अर्थ है—ऋषि के द्वारा रचा हुआ। रामायण और महाभारत—इन दो महाकाव्यों को आर्ष महाकाव्य कहा गया है। इन दोनों महाकाव्यों के प्रणेता वाल्मीकि और व्यास ऋषि हैं।

(2) अलंकृत महाकाव्य या विदग्ध महाकाव्य : अलंकृत या विदग्ध महाकाव्यों का युग आर्ष महाकाव्यों के बाद आरंभ होता है। अलंकृत महाकाव्य आर्ष महाकाव्यों से प्रभावित हैं और उनका अनुकरण भी करते हैं, पर इनमें अभिव्यक्ति के प्रकारों या शैली के चमत्कार पर कवियों ने विशेष ध्यान दिया है। अलंकार का अर्थ है परिपूर्ण बनाना तथा सजाना। अभिव्यक्ति की पूर्णता के आधार पर इन महाकाव्यों को अलंकृत महाकाव्य कहा जा सकता है। विदग्ध का व्याकरण की दृष्टि से अर्थ है—सिंका हुआ या भुना हुआ। इसका लाक्षणिक अर्थ चतुर, सुसंस्कृत, नागर या पंडित है। जैसे किसी खाद्य वस्तु को और

अधिक स्वादिष्ट बनाने के लिए सेंका या भूना जाता है, उसी प्रकार विदग्ध महाकाव्यों में आर्ष महाकाव्यों की अपेक्षा शैली का परिष्कार या निखार विषय वस्तु को अधिक आकर्षक तथा आस्वाद्य बनाने के लिए होता है। विदग्ध महाकाव्य—इस संज्ञा का सर्वप्रथम प्रयोग मराठी के समीक्षक केशव नारायण वाटवे ने संस्कृत महाकाव्यों के अपने विश्लेषण में किया है। विदग्ध महाकाव्य का आशय बताते हुए वे कहते हैं, 'विदग्ध महाकाव्य से आशय है उत्तरकालीन संस्कृति की बदलती हुई धारा में तथा भिन्न परिस्थितियों में पूर्वकालीन काव्यों का आधार विशेष अभिप्राय से लेकर पांडित्य तथा चातुर्य और विद्वत्ता से सजाया गया कलामंडित तंत्रबद्ध महाकाव्य।' विदग्ध या अलंकृत महाकाव्यों के स्रोत हैं—रामायण, महाभारत, पुराण तथा गुणाढ्य के द्वारा प्राकृत भाषा में विरचित बड्डकहा (बृहत्कथा)। संस्कृत साहित्य में रघुवंश, कुमारसंभव, किरातार्जुनीय, शिशुपालवध, नैषधचरित, धर्मशर्माभ्युदय आदि विदग्ध महाकाव्य कहे जा सकते हैं।

(3) पौराणिक महाकाव्य : यद्यपि अलंकृत या विदग्ध महाकाव्यों में भी पुराणों एवं पौराणिक कथानकों का आश्रय लिया गया है, पर कुछ महाकाव्यों में पौराणिक विषयवस्तु को पौराणिक शैली में ही प्रस्तुत किया गया। क्षेमेंद्र की रामायणमंजरी, भारतमंजरी, दशावतारचरित तथा जयरथ का हरचरितचिंतामणि इसी प्रकार के महाकाव्य हैं।

(4) ऐतिहासिक तथा चरितप्रधान महाकाव्य : ये महाकाव्य ऐतिहासिक प्रसंगों या चरित्रों (राजाओं, ऋषियों, संतों आदि) को आधार पर बनाकर रचे गए हैं। नवसाहसांकचरित, राजतरंगिणी, विक्रमांकदेवचरित आदि इनके उदाहरण हैं।

(5) शास्त्रकाव्य : ये काव्य किसी शास्त्र विशेष का ज्ञान कराने के लिए लिखे गए हैं। भट्टिकाव्य के द्वारा व्याकरण का ज्ञान कराने के लिए लिखे गए काव्यों या महाकाव्यों की परंपरा प्रचलित हुई। इसी प्रकार दामोदर का कुट्टनीमत कुट्टनियों के चरित्र का ज्ञान कराने के प्रयोजन से लिखा गया है।

यह वर्गीकरण साहित्यिक दृष्टि से प्रधान गुणों के आधार पर किया गया है। ऐसा नहीं है कि आर्ष महाकाव्यों में अलंकृत शैली या विदग्धता के दर्शन न होते हों बल्कि अलंकृत शैली का विकास ही इन महाकाव्यों ने किया है। इसी प्रकार अलंकृत या विदग्ध महाकाव्यों में भी आर्ष महाकाव्यों के गुण—जीवन-दर्शन, शैली की प्रासादिकता या सहजता आदि मिलते हैं। क्षेमेंद्र के महाकाव्य विषयवस्तु की दृष्टि से पौराणिक महाकाव्यों की श्रेणी में परिगणित किए गए हैं। उनमें अलंकृत शैली का वैभव भी उत्कृष्ट रूप में प्रकट हुआ है। ऐतिहासिक महाकाव्यों में कल्हण की राजतरंगिणी में प्रायः सर्वत्र आर्ष महाकाव्यों की शैली और विशेषता प्रकट हुई है। भट्टिकाव्य में व्याकरण के विषयों या नियमों के उदाहरण प्रस्तुत करने का प्रयोजन कवि के सम्मुख रहा है, पर उसमें अलंकृत शैली या काव्यसौंदर्य का भी अच्छा परिपाक है। इसलिए उपरिलिखित विभाजन व्यावहारिक स्तर पर महाकाव्यों के वैशिष्ट्य को समझने के लिए किया गया मानना चाहिए। वस्तुतः महाकाव्य की विकासयात्रा में विभिन्न धाराएं एक-दूसरे से संगम बनाती रही हैं।

विषयवस्तु या धार्मिक दृष्टि से वैदिक परंपरा के महाकाव्य तथा जैन महाकाव्य और बौद्ध महाकाव्य—ये तीन श्रेणियां भी संस्कृत महाकाव्यों की कही जा सकती हैं।

महाकाव्य की प्राचीन परंपरा : पाणिनि ने अपनी 'अष्टाध्यायी' में शिशुक्रंदीय, यमसभीय तथा इंद्रजननीय—इन काव्यों का प्रसंगवश सूत्रों में उल्लेख किया है। इससे प्रतीत होता है कि प्रबंधकाव्य की परंपरा में पाणिनि के पूर्व वाल्मीकि की रामायण या महाभारत के अतिरिक्त अन्य अनेक काव्य रचे गए थे। पर ये काव्य प्राप्त नहीं होते।

कालिदास के पूर्व महाकाव्य की रचना करने वाले दो महाकवियों के नाम प्राप्त होते हैं—पाणिनि तथा वररुचि या कात्यायन। इन दोनों के रचे महाकाव्य लुप्त हो चुके हैं। ये दोनों व्याकरणशास्त्र के महान आचार्य के रूप में ख्यात हैं। जल्हण ने अपनी सूक्तिमुक्तावली में राजशेखर के कुछ श्लोक

उद्धृत किए हैं, जिनमें से एक में बताया गया है कि पाणिनि ने व्याकरण के ग्रंथ के साथ जांबवतीजय महाकाव्य की भी रचना की थी, 'स्वस्ति पाणिनये तस्मै यस्य रुद्रप्रसादतः। आदौ व्याकरणं काव्यमनु जांबवतीजयम्।।'

इसके आगे राजशेखर ने पाणिनि की उपजाति की प्रशंसा करते हुए कहा है कि जैसे उद्यान की शोभा जाति (चमेली) के फूलों से होती है, उसी प्रकार पाणिनि के काव्य की शोभा उनकी उपजातियों से बढ़ी है, 'स्पृहणीयत्वचरितं पाणिनेरुपजातिभिः। चमत्कारैकसाराभिरुद्यानस्येव जातिभिः।।' सदुक्तिकर्णामृत में उद्धृत एक पद्य में दाक्षीपुत्र पाणिनि का नाम सुबंधु, कालिदास, भवभूति आदि कवियों के साथ लिया गया है।

पाणिनि के जांबवतीजय महाकाव्य का नाम कहीं-कहीं पातालविजय भी मिलता है। अमरकोश के टीकाकार रायमुकुट ने पाणिनि के जांबवतीजय का यह श्लोकार्थ भी उद्धृत किया है, 'पयः पृषंतिभिः स्पृष्टा वान्ति वाताः शनैः शनैः।।'

कात्यायन या वररुचि के महाकाव्य का उल्लेख महाभाष्यकार पतंजलि ने 'वाररुचं काव्यम्' के नाम से किया है। वररुचि के नाम से भी अनेक पद्य सुभाषित संग्रहों में प्राप्त होते हैं। विद्वानों का अनुमान है कि वररुचि द्वारा रचित महाकाव्य का नाम 'स्वर्गारोहण' था।

पंचमहाकाव्य : कालिदास का रघुवंश और कुमारसंभव, भारवि का किरातार्जुनीय, माघ का शिशुपालवध तथा श्रीहर्ष का नैषधचरित—ये पांच काव्य संस्कृत के सर्वश्रेष्ठ महाकाव्य माने गए हैं। इनमें से किरातार्जुनीय, शिशुपालवध तथा नैषधचरित को संस्कृत महाकाव्यों की बृहत्त्रयी भी कहा जाता है।

राधावल्लभ त्रिपाठी

संस्कृत मुक्तक काव्य

संस्कृत काव्यशास्त्र के आचार्यों ने श्रव्यकाव्य के दो मुख्य भेद माने—निबद्ध तथा अनिबद्ध। निबद्ध को प्रबंधकाव्य भी कहा गया। महाकाव्य इसका मुख्य प्रकार है। अनिबद्ध काव्य में काव्य के ऐसे अन्य भेद आते हैं, जो महाकाव्य या निबद्ध काव्य के समान विस्तीर्ण नहीं होते। रुद्रट ने ऐसे काव्यों को लघुकाव्य भी कहा है। लघुकाव्य में महाकाव्य के समान सारे रस न होकर एक रस तथा एक पुरुषार्थ होता है। महाकाव्य में जीवन का सर्वांगीण रूप रहता है, लघुकाव्य में उसका एक पक्ष, कोई एक भाव, कोई एक मनःस्थिति रह सकती है। लघुकाव्य को कहीं-कहीं क्षुद्रकाव्य तथा खंडकाव्य भी कहा गया। आचार्यों ने मुक्तक (अपने आपमें संपूर्ण एक पद्य) को इसी का एक प्रकार माना।

वास्तव में तो मुक्तक विश्व साहित्य की सबसे प्राचीन विधा तथा सभी काव्य-विधाओं की जननी कही जा सकती है। वाचिक परंपरा में सृष्टि के आदिकाल में जब मनुष्य ने अपने भाव को काव्यात्मक अभिव्यक्ति दी तो उसने गाथा, मुक्तक या गीत की ही सर्वप्रथम रचना की। वेद के मंत्र अपने आपमें मुक्तकों के उदाहरण हैं। लौकिक काव्य की सृष्टि का उपक्रम भी वाल्मीकि के मुख से अनायास निकल पड़े एक मुक्तक के द्वारा ही हुआ।

वैदिक काल से गाथा जन-समाज में अत्यंत लोकप्रिय रही है। गाथा मूलतः एक प्रकार का लोकगीत है। महाभारत के समय विभिन्न प्रकार के मुक्तक काव्य राजसभा या जन-समाज में सुनाए जाते थे, जिसका संकेत सभापर्व (11.35) में 'सामानि स्तुतिगीतानि गाथाश्च विविधास्तथा' के द्वारा किया गया है। भामह ने काव्य की पांच विधाएं बताई थीं जिनमें उन्होंने अनिबद्ध या मुक्तक को अंतिम स्थान दिया था। गाथा या केवल श्लोक मात्र अनिबद्ध काव्य है। दंडी ने भी प्रबंध के अतिरिक्त मुक्तक, कुलक, कोश, संघात आदि विधाओं का उल्लेख किया है और इन्हें सर्गबंध या महाकाव्य का अंशरूप माना। वामन के अनुसार अनिबद्ध काव्य तेज के परमाणु की तरह पूर्ण प्रकाशित नहीं होता। आनंदवर्धन तथा अभिनवगुप्त—इन दो आचार्यों ने मुक्तक काव्य को भी अपने काव्य-चिंतन में वरेण्य माना। आनंदवर्धन के अनुसार एक मुक्तक में भी

प्रबंध की भांति रसपरिपाक संभव है। अभिनवगुप्त के मत में मुक्तक पूर्वापर निरपेक्ष या अपने आपमें पूर्ण रहकर भी रसास्वाद करा देता है।

आचार्यों द्वारा परिगणित लघुकाव्य की श्रेणी में निम्नलिखित काव्य-प्रकार समाहित हो जाते हैं :

मुक्तक : अपने आपमें संपूर्ण किसी भी विषय, प्रसंग, भाव को व्यक्त करने वाला एक सरस पद्य। प्राकृत या लोकभाषा में रचित होने पर इसी को गाथा कहा गया है। गाथा आर्या की कोटि के एक छंद का नाम भी है। गाथाएं इसी छंद में रची जाती रही हैं।

संदानितक : परस्पर संबद्ध दो मुक्तकों का जोड़ा।

विशेषक : परस्पर संबद्ध तीन मुक्तकों का संग्रह।

कुलक : परस्पर संबद्ध चार मुक्तकों का संग्रह। अग्निपुराण के मत से समान वृत्त के निर्वाह से युक्त, कैशिकी वृत्ति वाला, प्रवास या पूर्वानुराग से संपन्न श्रृंगार रस प्रधान काव्य। इसी को कहीं-कहीं संदानितक भी कहा गया।

संघात : किसी कवि द्वारा रचित एक प्रसंग या वर्ण्य विषय पर केंद्रित सुंदर पद्य।

शतक : किसी भी विषय पर रचे गए लगभग सौ श्लोकों का संग्रह।

खंडकाव्य : महाकाव्य के एक अंश के समान होता है। इसमें नायक, प्रतिनायक, ऋतुवर्णन आदि रहते हैं, पर महाकाव्य की तरह विस्तार या जीवन का सर्वांगीण रूप चित्रित नहीं होता। विषयवस्तु की दृष्टि से संस्कृत साहित्य की परंपरा में खंडकाव्य के दो मुख्य प्रकार व्यवहृत हुए हैं–संदेशकाव्य या दूतकाव्य तथा स्तोत्रकाव्य।

कोश : किसी एक कवि के या कई कवियों की परस्पर निरपेक्ष सुंदर सूक्तियों का संकलन। विश्वनाथ ने इसके लक्षण में बताया है कि कोश का विभाजन व्रज्या से भी हो सकता है और बिना व्रज्या के भी। सप्तशती काव्य इसी श्रेणी में आते हैं।

संहिता : विविध वृत्तांतों का संग्रह।

रागकाव्य : रागकाव्य वास्तव में उप-रूपक का भेद है। ऐसा काव्य जिसमें अलग-अलग विभिन्न रागों में निबद्ध गीत हों, जिन्हें गायन के साथ साथ उन पर नृत्य एवं अभिनय भी किया जा सके, रागकाव्य है। जयदेव का गीतगोविंद तथा उसकी परंपरा में लिखे गए सैकड़ों काव्य इसके उदाहरण हैं।

गीतिकाव्य : आजकल कभी मुक्तक को तो कभी रागकाव्य को गीतिकाव्य कहा जाता है। आधुनिक समीक्षा में मुक्तक या गीतिकाव्य ये दोनों शब्द अंग्रेजी के लिरिक शब्द के अनुवाद के रूप में प्रयुक्त होने लगे हैं। लिरिक अपने आपमें पूर्ण, कवि की अंतरंग मनोभावनाओं को व्यक्त करने वाला एक गेय छंद या पद्य है।

मुक्तक काव्य के बीज वैदिक संहिताओं में मिलते हैं। रामायण और महाभारत में भी मुक्तकों का बहुमूल्य भंडार है। पर संस्कृत साहित्य के इतिहास में स्वतंत्र रूप से मुक्तक कालिदास के दो काव्यों ऋतुसंहार तथा मेघदूत में हैं। इसी तरह का एक और काव्य घटकर्परकाव्य है। इसके प्रणेता घटकर्पर का वास्तविक नाम अविदित है। किंवदंती है कि इस काव्य के रचयिता ने प्रतिज्ञा की थी कि यदि मुझ से अधिक अच्छे यमककाव्य की रचना कोई कर दिखाए तो मैं उसके घर घटकर्पर (फूटे घड़े) से पानी भरूँगा। (22)।

सैकड़ों महाकवियों ने मेघदूत का अनुकरण करते हुए संदेश काव्यों का प्रणयन किया। इन संदेशकाव्यों को निम्नलिखित श्रेणियों में विभाजित किया जा सकता है–(1) समस्यापूर्तिकाव्य, (2) भक्तिपरक, धार्मिक या दार्शनिक संदेश काव्य, (3) श्रृंगारप्रधान संदेशकाव्य, (4) प्रतिसंदेश काव्य।

मेघदूत की लोकप्रियता को देखते हुए अनेक कवियों, संतों या संप्रदाय विशेष के प्रचारकों ने उसकी शैली, पंक्तियों तथा विधा को अपनाकर अपने भक्तिभाव की अभिव्यक्ति या सिद्धांत के प्रचार के लिए संदेशकाव्यों की रचना की। इन संदेशकाव्यों के भी चार अवांतर प्रकार कहे जा सकते हैं-जैन, बौद्ध, वेदांती तथा वैष्णवभक्तिपरक। जैन संदेशकाव्यों में उल्लेखनीय हैं–जिनसेन का पार्श्वाभ्युदय, विक्रमकवि

का नेमिदूत, मेरुतुंग का जैनमेघदूत, चरित्रसुंदरगणि का शीलदूत, वादिचंद्र का पवनदूत (सत्रहवीं शताब्दी), अज्ञातकवि का चेतोदूत, विनयविजयगणि का इंदुदूत तथा मेघविजय का मेघदूतसमस्यालेख।

अनेक कवियों ने तो मेघदूत की लोकप्रियता तथा असाधारण काव्य-समृद्धि से आकर्षित होकर अपने काव्य को लोकप्रिय बनाने के लिए मेघदूत के पद्यों के एक-एक चरण को लेकर उनकी समस्या-पूर्ति में काव्य लिख डाले। ऐसे काव्यों में सबसे प्राचीन काव्य जिनसेन का 814 ईसवी में रचित पार्श्वाभ्युदय काव्य है। इसमें भगवान पार्श्वनाथ का चरित निरूपित है। सत्रहवीं शताब्दी में रचित मेघविजय का मेघदूतसमस्यालेख भी धर्मप्रचार की भावना से मेघदूत की एक-एक पंक्ति की समस्यापूर्ति करते हुए लिखा गया है।

कुछ कवियों को घटकर्पर काव्य के यमकविन्यास ने आकर्षित किया। उन्होंने तदनुरूप यमक काव्य ही नहीं, घटकर्परकाव्य के एक-एक चरण को भी समस्यापूर्ति के लिए लेकर काव्यरचना की। ऐसे काव्यों में मदन कवि का 1624 ईसवी में रचित कृष्णलीलाकाव्य घटकर्पर के प्रत्येक चरण की समस्यापूर्ति प्रस्तुत करता है। दसवीं शताब्दी में जंबू कवि ने अपने चंद्रदूत में घटकर्पर को ही आदर्श मानते हुए प्रत्येक पद्य में यमक अलंकार के विभिन्न भेदों के उदाहरण प्रस्तुत किए हैं।

कालिदास के मेघदूत तथा घटकर्पर के बाद संस्कृत साहित्य में अनेक श्रृंगार प्रधान संदेशकाव्य लिखे गए। ये सभी काव्य मेघदूत से अनुप्राणित हैं। महाकवि धोयी का पवनदूत दूतकाव्य-परंपरा में सर्वप्रमुख और प्राचीन है। धोयी बंगाल के राजा लक्ष्मणसेन के आश्रित थे। महाकवि जयदेव ने अपने गीतगोविंद में इनका उल्लेख किया है। पवनदूत के अतिरिक्त इनकी अन्य कोई रचना नहीं मिलती, यद्यपि पवनदूत में ही कवि ने स्वयं यह संकेत दिया है कि उसने कुछ अन्य रचनाएं भी की थीं।

कालिदासोत्तर मुक्तक काव्य परंपरा में सर्वाधिक सराहे गए कवि अमरुक हैं। इनके मुक्तकों का गहरा प्रभाव बिहारी एवं पद्माकर की रचनाओं पर देखा जा सकता है। भर्तृहरि ने नीतिशतक, श्रृंगारशतक तथा वैराग्यशतक—ये तीन शतककाव्य लिखे। शतककाव्य-परंपरा में भर्तृहरि के शतक सर्वाधिक लोकप्रिय हैं।

बाण तथा मयूर के स्तोत्र की परंपरा है। सातवीं शताब्दी में बाण ने देवी की स्तुति में चंडीशतक और मयूर ने सूर्य की स्तुति में सूर्यशतक की रचना की थी। गौड़ी रीति के विन्यास, दीर्घसमासों के निर्वाह, गाढबंध तथा ओज गुण के कारण ये दोनों शतक आकर्षक बन पड़े हैं। अनुप्रास और यमक की लड़ियां गूंथने में दोनों कवि कुशल हैं। भल्लटशतक के प्रणेता भल्लट का समय आठवीं शताब्दी के आसपास है, क्योंकि आनंदवर्धन ने अपने ध्वन्यालोक में उन्हें उद्धृत किया है। कल्हण ने राजतरंगिणी में उनके विषय में लिखा है कि वे राजा शंकरवर्मा (883-902 ईसवी) के समय में थे।

क्षेमेंद्र के रचे हुए 39 काव्यों का पता चलता है। इनमें से मुक्तक या लघु-काव्य कोटि की रचनाओं को निम्नलिखित वर्गों में बांटा जा सकता है—

(1) उपदेशपरक काव्य : क्षेमेंद्र के लघुकाव्यों में चतुर्वर्गसंग्रह, चारुचर्या तथा दर्पदलन और नीतिकल्पतरु—ये चार उपदेशपरक या नीतिपरक मुक्तक काव्य हैं। चारुचर्या 101 अनुष्टुप छंदों में निबद्ध उपदेश प्रधान काव्य है, जिसमें उत्तम आचरण का स्वरूप बताया गया है। इसका विभाजन विचारों में हुआ है और कुलविचार, धनविचार, विद्याविचार आदि सात विचार इसमें हैं। मनुष्य के थोथे अहंकार पर क्षेमेंद्र ने इस काव्य में गहरी चोट की है तथा कुल, धन, विद्या, रूप, शौर्य, दान और तप का सच्चा स्वरूप बताया है।

(2) यथार्थ चित्रणपरक काव्य : इन काव्यों को व्यंग्य काव्य या विडंबन परक काव्य भी कहा जा सकता है। इनमें क्षेमेंद्र ने अपने समय के सामाजिक और राजनीतिक सत्य को निर्भीक होकर बेबाक भाषा में प्रकट किया है तथा जीवन की विडंबनाओं को अभिव्यक्ति दी है। सेव्यसेवकोपदेश, कलाविलास

तथा समयमातृका, देशोपदेश तथा नर्ममाला क्षेमेंद्र के इसी प्रकार के महत्वपूर्ण काव्य हैं।

सेव्यसेवकोपदेश में 61 पद्य हैं। सेवक की दुर्दशा तथा सेवावृत्ति की हीनता की चर्चा करते हुए कवि इसमें मनुष्य के स्वाभिमान को जगाना चाहता है। क्षेमेंद्र की सहानुभूति सेवा करने वाले दलित और दीन व्यक्ति के प्रति है। सेवक की दशा का चित्रण अत्यंत मार्मिक और यथार्थपरक है। वास्तव में यह काव्य काम या धंधे की तलाश करते दीन-हीन लोगों की स्थिति पर करुण टिप्पणी है। कलाविलास में दस सर्गों में क्रमशः दंभ, लोभ, काम, वेश्यावृत्ति, कायस्थचरित, मद, गायन, सुवर्णकारों का चरित, विभिन्न प्रकार के धूर्त और सकल कला-निरूपण के मनोरंजक प्रकरण हैं। समयमातृका की रचना 1050 में हुई। समाज के अधःपतन का ऐसा कच्चा चिट्ठा अन्यत्र दुर्लभ है। कंक नामक नाई और कलावती वेश्या के संवाद में अनेक रोचक कथाएं गूंथते हुए कवि ने अपने समय के घोर यथार्थ को सही-सही अंकित कर दिया है। लंपटता, स्वार्थ और मनुष्य की लिप्सा के नंगे नाच को क्षेमेंद्र एकदम वीतराग होकर चित्रित करते हैं। देशोपदेश तथा नर्ममाला में भी क्षेमेंद्र ने यथार्थ का उद्घाटन किया है, पर यहां हास्य तथा नर्मालाप की शैली उन्होंने अपनाई है। देशोपदेश में 298 श्लोक हैं। इसका विभाजन आठ उपदेशों (अध्यायों) में हुआ है। प्रथम उपदेश में दुष्ट, द्वितीय में कृपण या कंजूस, तृतीय एवं चतुर्थ में वेश्याओं, पंचम में विटों, षष्ठ में गौड़ देश से अध्ययनार्थ कश्मीर आए छात्रों, सप्त में वृद्ध विवाह तथा अष्ट उपदेश में कवि, चिकित्सक और वैयाकरण के चरित्र पर प्रकाश डाला गया है।

नर्ममाला तीन भागों में विभाजित है। इसके अध्यायों को परिहास की संज्ञा दी गई है। इसमें राजाधिकारी किस प्रकार सामान्य जनता को लूटते हैं—इसका बेबाक चित्रण है।

गीतगोविंदकार जयदेव बंगाल के राजा लक्ष्मणसेन (1180-1206) के समय में हुए थे। गीतगोविंद में बारह सर्ग हैं। प्रत्येक सर्ग के आरंभ में शार्दूलविक्रीडित, वसंततलतिका आदि छंदों में उपोद्‌घात किया गया है। इसके बाद प्रत्येक सर्ग में एक से अधिक गीतियां हैं, जिन्हें अष्टपदी या प्रबंध भी कहा जाता है। संगीतशास्त्र की परंपरा में प्रबंध एक पारिभाषिक शब्द है। प्रत्येक प्रबंध का राग निर्दिष्ट है और इसमें ध्रुवक या स्थायी तथा अंतरे का प्रयोग है। गीतगोविंद में कुल 24 प्रबंध हैं और इन्हीं के द्वारा जयदेव की ख्याति साहित्य के क्षेत्र में अजर-अमर बनी हुई है। आनंदवर्धन ने अमरुक के प्रत्येक श्लोक को महाकाव्य के समान बताया था। अनेक टीकाकारों एवं पंडितों ने गीतगोविंद को भी महाकाव्य कहा है।

गोवर्धन महाकवि जयदेव के समकालीन तथा बंगाल के राजा लक्ष्मणसेन के आश्रय में थे। उनकी आर्यासप्तशती मुक्तक काव्य-परापंरा में उल्लेखनीय है। स्तोत्रकाव्यों में शिवमहिम्नस्तोत्र शिवभक्तों में अत्यंत लोकप्रिय है। आचार्य मधुसूदन सरस्वती ने इस पर टीका लिखी है। नर्मदा तट पर अमरेश्वर महादेव के मंदिर में इसके 31 पद्य खुदे हुए हैं, पर पांडुलिपियों में 40 पद्य मिलते हैं। अन्य स्तोत्रकारों में आदि शंकराचार्य ने स्तोत्रसाहित्य को सौंदर्यबोध, काव्यात्मकता, दार्शनिकता और भक्तिप्रवणता के समागम के द्वारा पराकाष्ठा पर पहुंचा दिया।

राधावल्लभ त्रिपाठी

संस्कृत लोकनाट्य

संस्कृत नाटक तथा रंगमंच के समानांतर एक समवर्ती लोकनाट्य परंपरा निरंतर सक्रिय रही है। इस परंपरा का प्राचीनतम शास्त्रीय निरूपण भरतमुनि के नाट्यशास्त्र में मिलता है, यद्यपि मूलतः नाट्यशास्त्र एक अभिजात और परिष्कृत रंगमंच तथा नाटक के लिए विधान बताने वाला सर्वांगपूर्ण ग्रंथ है। नाट्यशास्त्र के अंतिम अध्याय में नाट्य के भूलोक में अवतरण की कथा आती है। भरत के सौ पुत्र या शिष्य थे। ये हिमालय के क्षेत्र में भरतमुनि के निर्देश से अपने नाटक दिखाया करते थे। धीरे-धीरे देवताओं और असुरों के युद्ध आदि के महान कथानकों पर

आधारित नाटकों के स्थान पर ये शिष्यगण नए प्रयोग करने लगे। वे नाट्य के रूप में ऐसे प्रहसन दिखाने लगे, जिनसे सारे लोगों को अड़चन महसूस होती थी। इन प्रयोगों को ग्राम्यधर्म वाले या गंवारू शिल्पक कहा गया है। शिल्पक को बाद के नाट्यशास्त्र के आचार्यों ने उप-रूपकों के अंतर्गत परिभाषित किया है।

भरतमुनि कहते हैं कि ग्राम्यधर्म वाले इन शिल्पकों की प्रस्तुति में हिमालय पर रहने वाले ऋषियों पर व्यंग्य रहता था। यह प्रयोग अश्रव्य (जिसे सुनना बुरा लगे), दुराचार, निष्ठुर और अप्रस्तुत (अप्रत्यक्ष रूप से सामने बैठे दर्शकों पर ही प्रहार करने वाला) था।। अभिनवगुप्त ने अपनी टीका में इस प्रकार के शिल्पक के प्रयोग को विडंबक (विडंबना को बताने वाला) तथा गंडसंश्रित (अन्योपदेश के द्वारा खिल्ली उड़ाने वाला) भी कहा है। ऐसे शिल्पक की प्रस्तुति में अपने जीवन और आचरण का विकृत रूप देखकर ऋषिगण बिगड़ उठे और उन्होंने कहा, 'हे द्विजो, क्या तुम लोगों के लिए हमारी इस तरह विडंबना दिखाना और परिहास करना उचित था? यह तो हमें स्वीकार नहीं है।' उन्होंने भरत के शिष्यों को शाप दे दिया कि तुम लोगों का ज्ञान नष्ट हो जाएगा, तुम लोग व्रत और होम से रहित होकर शूद्राचार हो जाओगे। तुम लोगों का वंश अपवित्र होगा और तुम्हारे वंशज भी नर्तक बनेंगे। तब भरतमुनि के पुत्र भरत के पास जाकर बोले कि आपने तो हमारा नाश करा दिया। इस नाट्य के दोष से हम लोग शूद्राचार हो गए। भरतमुनि ने उन्हें सांत्वना देते हुए कहा, 'हे निष्पाप पुत्रो, तुम लोग क्रोध मत करो। हम इस नाट्य को शिष्य तथा अन्य लोगों को सिखाते रहेंगे।'

नाट्यशास्त्र की यह कथा एक पूरी परंपरा खोलती है। रूपकों के समकक्ष उप-रूपकों की परंपरा है। भरतमुनि शिल्पक की परंपरा से परिचित थे। हालांकि शिल्पक का कहीं भी निरूपण उन्होंने नहीं किया। केवल रूपक विचार के अंतर्गत ही उन्होंने नाटिका का लक्षण कर दिया तथा शेष उप-रूपकों का विवेचन कोहल जैसे अन्य आचार्य करेंगे—यह भी संकेत दिया। वे रूपकों की परंपरा के प्रवक्ता हैं, उप-रूपकों की परंपरा के नहीं। रूपकों की परंपरा अभिजन के रंगमंच की परंपरा है। भरत ने अपने ग्रंथ के अंत में यह कहा कि जो उनसे छूट गया है, उसका निरूपण कोहल करेंगे। उप-रूपकों की परंपरा के सबसे बड़े व्याख्याकार भी कोहल हुए।

शिल्पक आगे चलकर उप-रूपकों में परिभाषित किया गया है। उप-रूपकों के नाट्यानुभव का धरातल रूपकों से अलग तरह का है। शिल्पक नामक जो ग्राम्यधर्मक व्यंग्यकरण तथा विडंबक उप-रूपक नाट्यशास्त्र के इस प्रसंग में चर्चित है, उसमें अनुकृति नहीं, विकृति प्रस्तुत की गई थी। अनुकृति का जो आशय भरतमुनि तथा अभिनवगुप्त के विवेचन में खुलता है, उसमें प्रेक्षक अनुकर्ता के माध्यम से अनुकार्य का साक्षात्कार करता है। यह साक्षात्कार उसे तन्मयीभवन की स्थिति में ले जाता है। विकृति का प्रस्तुतीकरण मोहभंग, विमर्श तथा निर्वेद या जुगुप्सा के अनुभवों में पर्यवसित हो सकता है।

रूपकों की परंपरा के समानांतर उप-रूपकों की परंपरा भी निरंतर हमारे रंगमंच पर सक्रिय रही। यह तन्मयीभवन देने वाली परंपरा नहीं थी, आनंद या रस में सराबोर करने वाली रंगानुभूति उसका साध्य नहीं था। फिर भी उसमें विकास की संभावनाएं अधिक थीं। रूपकों की संख्या दस तक ही सीमित कर दी गई अर्थात उनमें संरचना और विषयवस्तु के स्तर पर विकास और नएपन की संभावना कम थी। जबकि उप-रूपकों की संख्या बराबर बढ़ती रही। आचार्य अभिनवगुप्त से लेकर उन्नीसवीं शताब्दी तक के नाट्यशास्त्रविषयक ग्रंथों या टीकाओं से विवरण इकट्ठे करने पर कुल मिलाकर उप-रूपकों की संख्या पचास तक पहुंचती है। इन उप-रूपकों का अभिनय गलियों-चौराहों में, बाजारों में, गांव-देहात में या मदिरालयों तक में हो सकता था और उनमें से कुछ के पात्र भी मध्यवर्ग या निम्नवर्ग के लोग होते थे। उप-रूपकों की परंपरा देशज और लोक के भदेस का निरूपण करती है। इसमें नाट्यानुभव तन्मयीभवन के बजाय एक तनाव और द्वंद्व पर जाकर टिकता है। अभिनवगुप्त, हेमचंद्र, रामचंद्र-गुणचंद्र, अमृतानंद,

शारदातनय, विश्वनाथ आदि अनेक आचार्यों ने कोहल के लक्षणों के आधार पर उप-रूपकों का प्रतिपादन किया। अनेक आचार्यों ने क्षेत्रीय और आंचलिक नाट्य रूपों का संग्रह और शास्त्रीकरण भी उप-रूपकों के माध्यम से किया।

लोकप्रचलित अभिनय प्रविधियों या क्षेत्रीय नाट्यरूपों की तकनीक का स्वरूप उप-रूपकों में विशेष रूप से दिखाई देता है। उप-रूपकों की यह परंपरा परिष्कार के रंगमंच को भी अंतःक्रिया के द्वारा प्रभावित करती आ रही थी। भरतमुनि मूलतः अभिजन के परिष्कृत रंगमंच के सिद्धांतकार हैं, पर वे अपने समय में प्रचलित या पहले से चली आ रही रंगमंच की लोक से जुड़ी विधाओं और प्रविधियों का कहीं-कहीं संग्रह करते हैं। उदाहरण के लिए, नाट्यायित नाट्यशास्त्र में प्रतिपादित शारीर अभिनय के छह भेदों में से एक है। नाट्यशास्त्र के बाईसवें अध्याय में नाट्यायित के दो प्रकार बताए गए हैं। पहला नाट्यायित वहां होता है, जहाँ मुख्य पात्र के प्रवेश के पहले गौण पात्रों द्वारा उसका अभिनय किया जाए। दूसरा नाट्यायित वहां होता है, जहाँ कोई पात्र अपने बारे में गाए जाते हुए गीत के साथ अभिनय करने लगे, और उस गीत में सम्मिलित हो जाए (नाशा. 22.48,49)। इस दूसरे नाट्यायित में पात्र, पात्र न रहकर अभिनेता बन जाता है। वह दर्शकों के आगे उस पात्र की व्याख्या करने लगता है। लोकनाट्य में ऐसी स्थितियां प्रायः आती हैं, जब कोई पात्र अपने विषय में गाए जाते समूहगीत में स्वयं भी शामिल हो जाता है। भवाई, माच, नाचा, तमाशा आदि लोकनाट्य प्रकारों में इस तरह की शैली अपनाई जाती रही है। नाट्यशास्त्र ने इस शैली को 'नाट्यायित' पारिभाषिक नाम दिया है। यह सीधे-सीधे लोकनाट्य की शैली का ही यहां संग्रहण है। इसी प्रकार सामान्य अभिनय के प्रकारों में भरतमुनि ने अपने ग्रंथ के बाईसवें अध्याय में ही हाव, भाव, हेला—इन तीन अंगज अलंकारों तथा लीला, विलास, विच्छित्ति आदि स्वभावज अलंकारों का निरूपण किया है। ये अलंकार वास्तव में लोकनाट्य परंपरा के सौंदर्यशास्त्रीय आधार हैं। भरतमुनि के निरूपण में लीला वस्तुतः नाटक के भीतर नाटक है। अभिनवगुप्त, शारदातनय और सागरनंदी की लीला की व्याख्याओं से स्पष्ट है कि इसमें नायिका सखियों के आगे अपने प्रिय की अनुकृति करके दिखाती है। लीलानाट्य की परंपरा के पीछे यही अवधारणा रही है।

इसी प्रकार भूमिका के विवेचन में भरतमुनि तीन प्रकार की भूमिका निरूपित करते हैं—अनुरूपा, विरूपा तथा रूपानुसारिणी। विरूपा भूमिका तो लोकनाट्यों में ही बहुत अधिक प्रयुक्त होती है, शास्त्रीयता की दृष्टि से तो अनुरूपा भूमिका ही अपनाई जानी चाहिए। योषिदलंकारों के अंतर्गत भरतमुनि ने तीन प्रकार का प्रयोग बताया है—आभ्यंतर प्रयोग, बाह्य प्रयोग और अपप्रयोग। बाह्य प्रयोग शास्त्रसम्मत विधि से नहीं होता। यह लोकप्रचलित विधि से हो सकता है।

भरतमुनि के पश्चात नाट्यशास्त्र के आचार्यों की दो परंपराएं बताई हैं—मार्गी तथा देशी। मार्गी अभिजात परंपरा है। देशी क्षेत्रीय तथा आंचलिक रूप है। नाट्य और संगीत के ग्रंथों में रूपक व उप-रूपक, नृत्य-नृत्त, राग-देशी राग आदि के विवेचन द्वारा मार्गी और देशी परंपराओं का विवेचन किया जाता रहा है। यही नहीं, अभिनय की नाट्यशास्त्रोक्त प्रविधियों के भी विविध क्षेत्रीय और लोकपरंपरा में प्रचलित स्वरूप का विवेचन बाद के आचार्य बराबर करते आए हैं। शांर्गदेव ने संगीतरत्नाकर, जयसेनापति ने नृत्तरत्नावली, अशोक मल्ल ने नृत्याध्याय, नंदिकेश्वर ने अभिनयदर्पण, सुधाकलश ने संगीतोपनिषत्सारोद्धार में देशी अंगहार, देशी चारी, देशी नृत्त अथवा नृत्य, देशी वाद्य, देशी प्रबंध, देशी चालक आदि का विवेचन किया है।

नाट्य की देशी या लोकरंग की परंपरा के लिए बाद में उप-रूपक जैसी संज्ञा का प्रयोग परवर्ती काल में हुआ। 'उप-रूपक' संज्ञा का प्रयोग सबसे पहले अमृतानंद योगी ने अपने अलंकारसंग्रह में किया। अमृतानंद का समय तेरहवीं-चौदहवीं शताब्दी के आसपास है। इनके बाद साहित्यदर्पणकार विश्वनाथ ने भी उप-रूपक संज्ञा का प्रयोग किया। इस तरह

उप-रूपक अपने पारिभाषिक अर्थ में आचार्य परंपरा में बहुत बाद में जाकर प्रतिष्ठित हुआ। पर उसकी परंपरा बहुत पुरानी है। यही नाटक की दूसरी परंपरा भी है। भरत, दत्तिल और सागरनंदी ने रूपक से भिन्न अन्य अवांतर नाट्य-प्रकारों को संकीर्ण रूपक कहा है, शुभंकर आदि ने इन्हीं को गौण रूपक कहा है तो रामचंद्र-गुणचंद्र ने इन्हें अन्य रूपक की श्रेणी में रखा है और कोहल इन्हें देशी रूपक कहते हैं।

माकड़ और राघवन आदि विद्वानों की राय है कि उप-रूपकों की परंपरा रूपकों से अधिक प्राचीन है। यह मत भरत और अभिनवगुप्त आदि नाट्यशास्त्रीय परंपरा के आचार्यों की दृष्टि से विपरीत बैठता है, जो रूपक को मूल मानते हैं और रूपक की दस विधाओं में भी नाटक को सबसे मूल मानकर उससे शेष विधाओं की उत्पत्ति मानते हैं। यह एक केंद्र से सब कुछ निःसृत होने और सब कुछ को उसी में विश्रांत मानने वाली दृष्टि है। पर ऐतिहासिक साक्ष्य से यही सिद्ध होता है कि जनजातियों और आम लोगों के बीच नृत्य और नाट्य बहुत पहले विकसित हो चुका था। वैदिक काल में उसी को अनुष्ठान का अंग बनाया गया। पर अनुष्ठानों से स्वतंत्र होकर भी नाट्य की एक भिन्न परंपरा बनी रही होगी। छांदोग्य उपनिषद् में बताया गया है कि वासुदेव कृष्ण ने घोर आंगिरस के तपोवन में छालिक्य नृत्य की शिक्षा पाई थी। यही छालिक्य आगे जाकर उप-रूपकों में परिगणित हुआ है। मालविका ने कालिदास के नाटक में अग्निमित्र के आगे छालिक्य छलित नाट्य करके दिखाया था।

उप-रूपकों के विवेचन के लिए आचार्य कोहल के लक्षणों को अभिनवगुप्त, शारदातनय, हेमचंद्र, रामचंद्र-गुणचंद्र आदि आचार्यों ने उद्धृत किया है। शास्त्रों में इन उप-रूपकों के लक्षणों का अध्ययन करने पर प्रतीत होता है कि इनके दो रूप रहे हैं। अपने मूल रूप में ये लोकनृत्य के रूप में रहे होंगे। इनके लिए पुराना प्रचलित नाम नृत्तप्रबंध भी है। रूपकों की अपेक्षा इनमें ताल, लय और गेय की अधिक प्रधानता रहती थी। रासक, हल्लीसक, श्रीगदित आदि नृत्तप्रबंधों के जो लक्षण शास्त्रकारों ने दिए हैं, उनमें दो वैकल्पिक स्तर हैं। एक स्तर पर ये नृत्तप्रबंध लोकनृत्यात्मक हैं, दूसरे विकसित स्तर पर रूपक प्रकारों की अंतःक्रिया के फलस्वरूप उनमें कथानक या प्रसंग का समावेश तथा अभिनय और रस का भी संयोजन कर उन्हें विस्तृत आयाम दिया गया है। रासक ऐसे नृत्तप्रबंधों में सर्वप्रमुख है। अभिनवगुप्त, हेमचंद्र, विश्वनाथ आदि आचार्यों ने जहाँ रासक का उल्लेख तथा लक्षण नृत्तप्रबंध के रूप में किया है, वहां जायसेनापति इसे देशी नृत्त के रूप में परिभाषित करते हैं। नृत्तसंग्रह में भी रासक का समावेश अनिबद्ध देशी नृत्त के अंतर्गत किया गया है। रासक का ही एक प्रकार दंडरासक (दांडिया रास) है। कुछ आचार्यों ने इसे स्वतंत्र उप-रूपक के रूप में भी वर्णित किया है। नृत्तसंग्रह तथा नृत्तरत्नावली में दंडरासक को रासक के एक प्रकार के रूप में देशी नृत्त के अंतर्गत विस्तार से विवेचित किया गया है। नंदिकेश्वर ने दंडरासक के स्थान पर दंडलास्य या दंडलास्यक शब्द का प्रयोग किया है।

अनेक उप-रूपकों या देशी नाट्यों में सूत्रधार मंच पर निरंतर उपस्थित रहकर संस्कृत में या क्षेत्रविशेष की लोकभाषा में संवाद बोलता है, बीच-बीच में कीर्तनिया शैली के गीत गाए जाते हैं। कथागायन की शैली इनमें अधिक-से-अधिक मिलने लगती है। विद्यापति का गोरक्षविजय, उमापति उपाध्याय का पारिजातहरण आदि इस शैली के नाटक हैं। आसाम में शंकर देव ने इसी शैली में अनेक नाटक लिखे। संस्कृत नाटक तथा लोकनाट्य दोनों की धाराएं ऐसे नाटकों में संगम रचती हैं। बारहवीं शताब्दी से अठारहवीं शताब्दी तक ऐसे नाटकों की परंपरा देश के विभिन्न क्षेत्रों में फूलती फलती रही।

देशी का सुस्पष्ट लक्षण शारदातनय ने भावप्रकाश में यह दिया है कि अलग-अलग देशों के गीत, नृत्य, वाद्य की अपनी-अपनी परंपरा, जो उसी देश की भाषा के साथ प्रायोजित हो, देशी या देशिक कहलाती है। इस प्रकार मार्गी कला की शास्त्रीय परंपरा है, देशी क्षेत्रीय और लोकपरंपरा। सभी कलाओं में देशी और मार्गी में परस्पर अंतःसंक्रमण, अंतःसंवाद

और एक-दूसरे की सीमाओं का अतिक्रमण होता रहा है।

नृत्य के क्षेत्र में मार्गी और देशी परंपराओं को क्रमशः नृत्य और नृत्त के नाम से अभिहित किया गया है। धनंजय के अनुसार नृत्य पदार्थाभिनयात्मक होता है अर्थात इसमें भाव का अभिनय होता है। इसी को मार्ग कहा जाता है। नृत्त भावाभिनय नहीं रहता, ताल और लय की प्रमुखता रहती है। नाटक के अभिनय में नृत्य और नृत्त-दोनों का विन्यास यथावसर करना होता है, अतः नाट्यशास्त्र की परंपरा नृत्य और नृत्त के शास्त्रीय स्वरूप का भी विवेचन करती आई है और इनके देशी प्रकारों या लोकरूपों का भी। इनमें परस्पर गहरा आदान-प्रदान लगातार जारी रहा, यह भी इनके विवेचन से स्पष्ट है।

दांडिया रास का विवेचन दंडरासक के रूप में बहुत विस्तार से किया गया है। इन्हीं सब लोकनृत्यों के साथ क्षेत्रीय नाट्य रूपों के समावेश में नाट्य की एक समृद्ध परंपरा भारतीय सभ्यता के आदिकाल से विकसित होती आ रही थी और यही भारतीय नाट्य की मुख्य धारा के लिए भी गंगोत्री थी।

संस्कृत नाटक के संपर्क से विकसित हिंदी नाट्य परंपरा की दो धाराएं हैं। एक उदात्त और महान नाटकों की परंपरा है। दूसरी धारा लोकनाट्यों की है। भारतेंदु की रत्नावली में पहली परंपरा व अंधेर नगरी आदि नाटकों में दूसरी धारा का प्रवाह देखा जा सकता है। भिखारी ठाकुर जैसे लोकनाट्य के रचनाकारों में उप-रूपकों के संपर्क से विकसित देशी नाट्य परंपरा प्रतिफलित हुई है।

राधावल्लभ त्रिपाठी

अधिक जानकारी के लिए :
प्राचीन भाषा नाटक : (संपा.) जगदीश चंद्र माथुर तथा दशरथ ओझा

संस्कृत साहित्य : इतिहास लेखन

इतिहास शब्द का सर्वप्रथम उल्लेख अथर्ववेद में हैं, 'सृष्टि के आरंभ में जो परम पुरुष उत्पन्न हुआ उसका अनुगमन इतिहास, पुराण, गाथाओं और नाराशंसियों ने किया। जो (व्यक्ति) इस बात को समझता है, उसके (व्यक्तित्व को) इतिहास, पुराण, गाथाएं और नाराशंसियां अपना प्रिय धाम बना लेते हैं।' (अथर्ववेद, 15.6.11)। इतिहास का अर्थ यहां वह इतिवृत्त है, जो पहले होता आया है। पुराण उसकी पुनर्व्याख्या है। गाथा उससे निकला हुआ निष्कर्ष है। यह लोक-विश्वास में संचित और सुरक्षित रहता है। गाथाओं की विषयवस्तु लौकिक होती है। मनुष्यचरित से इसका सीधा संबंध होता है। वस्तुतः गाथाओं का उत्सव, विवाह आदि के अवसरों पर पाठ होता रहा है। नाराशंसी उन मनुष्यों का बखान है, जो इतिहास, पुराण या गाथा में नायक के रूप में स्थापित हुए। अतः इतिहास, पुराण, गाथा तथा नाराशंसी—इन चारों को मिलाकर भारतीय परंपरा में ऐतिहासिकता की अवधारणा समझी जा सकती है। नाराशंसी शब्द का प्रयोग ऋग्वेद में अनेक जगहों पर हुआ है (8.2.38, 1.4.34, 9.56.42, 10.64.3, 2.34.6)।

ऋग्वेद में भरतवंशीय राजा सुदास का पुरोहित बनने के लिए विश्वामित्र तथा वसिष्ठ के बीच चलने वाली लाग-डांट का जिक्र है, जिसमें वसिष्ठ कुल विजयी हुआ। भरतों के युद्ध जीतकर लौटते समय विपाशा और शुतुद्रि (सतलज) के संगम पर उफनती नदियों को पार करने में विश्वामित्र ने उन्हें मदद दी। दस राजाओं पर विजय पाकर भरतवंशी राजा सुदास दाशराज कहलाया। इस युद्ध का वर्णन ऋग्वेद (7.18) में है। इस परंपरा में इतिहास-पुराण को उसी तरह जातीय धरोहर समझा गया, जिस तरह वेद को। चार वेदों के साथ इतिहास और पुराण को मिलाकर इन्हें पांचवां वेद मानने की परंपरा भी चल पड़ी।

यास्क ने वेद के कुछ सूक्तों को इतिहास या आख्यान के रूप में परिभाषित किया है, (निरुक्त, 11.25)। ब्राह्मण ग्रंथों में शुनःशेप के प्रसंग को आख्यान कहा गया है। इस प्रकार के आख्यानों का गायन अश्वमेध तथा राजसूय यज्ञों के अवसर पर भी होता था। इस प्रकार के लोकप्रिय आख्यानों में देवासुर संग्राम, अमृत-मंथन, त्रिपुर-वध, प्रलय की कथाएं हैं।

इनमें इतिहासबोध की जगह सांस्कृतिक स्मृति अधिक है। इतिहास को कथा के रूप में ढालकर जिंदा रखने की प्रवृत्ति के उदाहरण इस प्रकार के आख्यानों में पाए जाते हैं। इसका एक उदाहरण पुरूरवा और उर्वशी की कथा है। इस प्रकार के आख्यान और उपाख्यानों की संचित सामग्री को कुछ लोकप्रिय विधाओं के साथ मिलाकर प्राचीन युगों में इतिहास नाम दिया गया था और ऐसे इतिहास को अध्ययन के अनिवार्य विषयों में शामिल किया गया था। कौटिल्य ने अर्थशास्त्र में व्यवस्था दी कि भावी राजा दिन के पूर्वार्ध में तो हस्तिविद्या, अश्वविद्या, अस्त्रविद्या आदि का अभ्यास करे और उत्तरार्ध में इतिहास सुने।

यूरोपीय विद्वानों ने भारत को खोजते हुए संस्कृत भाषा में सुरक्षित सिर्फ दर्शन और साहित्य को ही देखा था। उनकी दृष्टि इतिहास लेखन की प्राचीन भारतीय परंपरा और इतिहास को सुरक्षित रखने की प्राचीन भारतीय पद्धतियों की ओर नहीं गई थी। उन्होंने सिर्फ यह देखा था कि तीन हजार सालों के साहित्य में धर्म का जयगान है, पुराकथाओं में चमत्कारपूर्ण विवरण हैं और भौतिक घटनाओं के लिए कोई स्थान नहीं है। इतिहासकार रोमिला थापर ने इस पर टिप्पणी करते हुए कहा है, 'जर्मन रोमांटिसिज्म भारत के इस स्वरूप के समर्थन में काफी आग्रहशील था। यह आग्रहशीलता भारत के लिए उतनी ही क्षतिकारक थी, जितनी मैकाले द्वारा भारतीय संस्कृति की अवहेलना।' (भारत का इतिहास)। भारत को यूरोपवासियों के लिए एक रहस्यात्मक देश बनाकर रखा गया, वह पूर्व की आध्यात्मिकता का जनक था जो पश्चिम की भौतिकवादी जीवन-पद्धति से भागना चाहता था। इससे एक कठोर बौद्धिक विभाजन जनमा– पश्चिम को भौतिक मूल्यों का प्रतीक बनाकर उभारा गया और भारत को आध्यात्मिक मूल्यों का प्रतीक बनाकर। यह सोचना असंभव हो गया कि भारत में भी इतिहास, विज्ञान और भौतिकवाद के चिह्न हो सकते हैं। संस्कृत साहित्य में इतिहास की तरफ भौतिक झुकाव था, यह कई उदाहरणों से स्पष्ट है।

इतिहास के दो अर्थ वैदिक काल से प्रचलित रहे हैं। एक उसका बृहत्तर अर्थ है, जिसे कौटिल्य ने परिभाषित किया है। दूसरे और अपेक्षाकृत सीमित अर्थ में इतिहास संस्कृत साहित्य की परंपरा में रामायण और महाभारत–इन दो ग्रंथों के लिए व्यवहृत हुआ है। मनु ने जब धर्मशास्त्र, आख्यान तथा इतिहास को घर-घर में सुनाने का विधान बनाया (मनुस्मृति, 3/232) तो उनका आशय इतिहास के इस सीमित अर्थ से प्रतीत होता है। यह सीमित और विशिष्ट अर्थ इतिहास शब्द का मुख्यार्थ नहीं है।

अभिनवगुप्त ने इतिहास शब्द की व्याख्या करते हुए कहा है कि 'इति' प्रत्यक्षात्मकता का संकेत देता है। अतः जो वस्तु-जगत में सचमुच घटता आया है, उसका लेखा-जोखा इतिहास है। इतिहासविद ई एच कार ने इतिहास को अतीत और वर्तमान के बीच कभी न चुकने वाला संवाद कहा है। इस तरह वस्तुपरकता या इहलौकिकता के साथ इतिहास को सारी कलाओं और साहित्य की परंपरा के मानक और स्रोत के रूप में भी स्वीकारा गया।

ग्यारहवीं शताब्दी के महाकवि कल्हण ने अपने समकालीन राजनीतिज्ञ वात्याचक्र की जितनी सही झांकी 'राजतरंगिणी' में प्रस्तुत की है, उससे लगता है कि वे अपने समय की राजनीति में सम्मिलित अनेक व्यक्तियों से व्यक्तिगत रूप से परिचित थे। उन्होंने इन लोगों का कच्चा चिट्ठा खोलने में कोई हिचक नहीं दिखाई है। उन्होंने कश्मीर के समकालीन शासक जयसिंह की असफलताओं और कमजोरियों का बेबाक विश्लेषण किया है। उन्होंने प्रामाणिकता की रक्षा के लिए अच्छी अन्वेषक बुद्धि का उपयोग किया है–अभिलेखों, राजाज्ञाओं और अन्य प्राचीन ग्रंथों का अध्ययन किया है। कल्हण के पहले कश्मीर में इतिहास लेखन की परंपरा थी। स्वयं कल्हण ने इस प्रकार के ग्यारह ग्रंथों का संदर्भ के लिए उपयोग किया है। नीलमतपुराण उनके पहले लिखा जा चुका था जिसमें कश्मीर का काफी इतिहास है। क्षेमेंद्र अपनी 'नृपावली' भी लिख चुके थे जो अब अप्राप्य है, पर कल्हण को प्राप्त थी और कल्हण ने गलत सूचनाओं के लिए 'नृपावली' की कड़ी समीक्षा की

है। राजतरंगिणी की परंपरा में ऐतिहासिक काव्य लिखे जाते रहे हैं। जोनराज (मृत्यु 1459 ईसवी) ने राजतरंगिणी का उत्तरभाग लिखा, जिसमें सुल्तान जैनुल आब्दीन के शासनकाल तक का विवरण दिया गया है। जोनराज के शिष्य श्रीवर ने जैनतरंगिणी के चार भागों में 1459 से 1486 के काल का विस्तृत विवरण दिया। प्राज्यभट्ट और उनके शिष्य शुक ने 'राजावलिपताका' में अकबर द्वारा कश्मीर को अपने राज्य में सम्मिलित किए जाने के कुछ वर्ष के बाद तक के इतिहास का वर्णन किया है।

ऐतिहासिक यथार्थ के साथ मिथकीय वृत्तांतों का अंतर्गुंफन संस्कृत की अनेक साहित्यिक कृतियों में है। बाणभट्ट के 'हर्षचरित' में बाण की आत्मकथा, हर्ष से उनकी भेंट और हर्ष को सुनाई गई उनकी फटकार ऐतिहासिक तथ्य हैं। बाण जब अपने पूर्वपुरुषों या हर्ष के पूर्वजों की कथा कहने लगते हैं तो चामत्कारिक घटनाओं, देवताओं की उपस्थिति उनके लिए उतनी ही सहज है। बाण ने हर्ष के सैनिकों द्वारा खेतों को रौंदने, किसानों के प्रतिरोध करने, वनग्राम के आदिवासियों के जीवन आदि के जो चित्र दिए हैं, उनमें उनके समय का यथार्थ है। बाण की भांति महाकवि बिल्हण ने अपने विक्रमांकदेवचरित (1088 ईसवी) के अंतिम सर्ग में अपनी आत्मकथा लिखी है। कुछ अतिशयोक्तियों को छोड़कर इस आत्मकथा में कश्मीर का समकालीन यथार्थ हम पाते हैं। पर जब बिल्हण अपने चरितनायक चालुक्य राजा विक्रमांक की कथा कहते हैं तो उसे असाधारण और अलौकिक बना कर ही प्रस्तुत करते हैं। ऐतिहासिक साक्ष्य की दृष्टि से अधिक मूल्यवान रचनाओं में अतुल कवि का मूषकवंश महाकाव्य है, जो बारहवीं शताब्दी के उत्तरार्ध में लिखा गया। इसमें केरल के राजवंश का इतिहास है। चंदकवि का पृथ्वीराजविजय (1191 ईसवी) पृथ्वीराज के शहाबुद्दीन गोरी पर विजय प्राप्त करने के तुरंत बाद लिखा हुआ अपूर्ण महाकाव्य है। ऐसे काव्यों की संस्कृत में काफी बड़ी संख्या है, जिन्हें 'ऐतिहासिक महाकाव्य' कहा जाता रहा है, पर इनमें आधुनिक अर्थ में इतिहासबोध का अभाव है, चरितनायक का अतिरंजित माहात्म्य-वर्णन अधिक है। इनमें नयचंद्र के हम्मीरमहाकाव्य (15वीं शताब्दी) का स्तर इस दृष्टि से भिन्न है। इसमें नायक की मृत्यु तथा हम्मीर की रानियों के सती होने के वर्णन के साथ करुण रस में काव्य का अवसान होता है। चरितनायक हम्मीर के दुर्बल पक्षों का भी कवि ने खुलासा किया है।

चरितकाव्यों में रुद्रकवि का 'खानखानाचरितम्' उल्लेखनीय है, जिसमें अब्दुल रहीम खानखाना का जीवन-चरित्र वर्णित है। समकालीन कवि की रचना होने से कुछ घटनाएं इसमें अवश्य प्रत्यक्ष परिचय के आधार पर लिखी गई हैं। रुद्रकवि ने 'जहांगीरचरितम्' भी लिखा। ऐतिहासिक तथ्यों की दृष्टि से एक दिलचस्प रचना लक्ष्मीपति का आब्दुलचरितम् (चंपूकाव्य) है, जिसमें अब्दुल्लाह तथा हुसैन अली (सैयद बंधु) की राजनीति और फर्रुखसियर, मुहम्मदशाह, आलमगीर आदि के शासनकाल की घटनाओं की अच्छी जानकारी दी गई है।

सर्वानंद के जगडूचरित में 1256 से 1258 ईसवी के बीच गुजरात में पड़े अकाल का चित्र है और जगडूशाह नाम के सेठ द्वारा गरीबों या अकालपीड़ितों की सहायता के लिए किए गए प्रयासों का विवरण है। इस तरह के अनेक ऐतिहासिक पृष्ठभूमि के महाकाव्य या चरितकाव्य बराबर लिखे जाते रहे, जो किसी व्यक्तिविशेष के अवदान और उसके माध्यम से उस समय का इतिहास भी प्रस्तुत करते हैं। गुजरात में बारहवीं शताब्दी में मंत्री वस्तुपाल अत्यंत कलाप्रेमी, साहित्यकार और प्रजापालक थे। उन पर 'वस्तुपालचरित' महाकाव्य लिखा गया।

संस्कृत में रची गई वंशावलियों और शिलालेखों में राजनीतिक इतिहास के साथ सामाजिक इतिहास भी मिलता है। मंदसौर का दशपुर पट्टवाय श्रेणी का शिलालेख बुनकरों के इतिहास की एक झलक देता है। वंशावलियां स्वतंत्र काव्यों के रूप में भी मिलती हैं तथा अपने ग्रंथों अथवा टीकाओं के आरंभ या अंत में ग्रंथकार या टीकाकार अपनी वंशावली प्रस्तुत करते हैं। उदाहरण के लिए, नीलकंठ का व्यवहारमयूख

धर्मशास्त्र का विश्वकोशात्मक ग्रंथ है। इसके अंत में नीलकंठ ने अपनी वंशावली दी है। गाधिवंशवर्णन एक रोचक वंशावलीकाव्य है। इसमें बनारस के सात ब्राह्मणपरिवारों का वर्णन है, जो 400 वर्षों तक इस नगर में प्रभावशाली रहे। कांतानाथ भट्ट का भट्टवंशकाव्य भी इस दृष्टि से महत्वपूर्ण है।

राजस्थान में ऐतिहासिक काव्यों की परंपरा बहुत संपन्न रही है। अजितोदय, ईश्वरविलास, सूर्जनचरित जैसे महाकाव्य न केवल राजपरिवारों एवं शासकों के विषय में महत्वपूर्ण दस्तावेजीकरण प्रस्तुत करते हैं, वे समग्र कालखंड का लेखा-जोखा भी प्रस्तुत करते हैं।

बौद्ध और जैन परंपराओं में लोकप्रिय कथाओं को धार्मिक कलेवर देते हुए संगृहीत किया गया। इनमें आचार्यों और शिष्यों की परंपरा का प्रामाणिक रूप में स्मरण करने की भावना है। इसके साथ ही बुद्ध या उनके शिष्यों अथवा बौद्ध राजाओं के जीवन से जुड़ी घटनाओं को एक सीमा तक इतिहास के करीब पहुंचाया गया है। इस दृष्टि से पांचवीं शताब्दी में लिखा गया 'महावंश' महत्वपूर्ण है। अशोक के जीवन की अनेक घटनाओं तथा उस समय की धार्मिक परिस्थितियों की जानकारी की दृष्टि से दूसरी-तीसरी शताब्दी में रचित 'अशोकावदान' भी उल्लेखनीय है। जैन परंपरा में मेरुतुंगाचार्य के 'प्रबंधचिंतामणि' में भोज और मुंज जैसे राजाओं से जुड़ी घटनाएं वर्णित हैं, जिनमें ऐतिहासिक तथ्य भी हैं।

लोकप्रिय कथाओं की परंपरा में मैथिल कवि विद्यापति का संस्कृत कथा-संग्रह 'पुरुषपरीक्षा' आता है, जिसमें कुछ ऐतिहासिक व्यक्तियों से संबद्ध कथाएं भी हैं। बंगाल के राजा लक्ष्मण सेन (ग्यारहवीं) के साथ-साथ इसमें हम्मीर तथा जयचंद के बारे में कथाएं हैं। जयचंद की कथाओं में उसे जिस रूप में चित्रित किया गया है, वह चंदबरदाई के रासो की तुलना में इतिहास के अधिक करीब है।

ऐतिहासिक महाकाव्यों और ऐतिहासिक नाटकों में आदर्शपरकता और मूल्यबोध के साथ इतिहास की पुनर्सृष्टि की गई है। नवसाहसांकचरित, विक्रमांकदेवचरित आदि महाकाव्यों के नायक इतिहासपुरुष हैं, साथ ही महाकाव्यकार के समकालीन भी हैं। ऐसी स्थिति में महाकाव्यकार उनका चित्रण उस रूप में नहीं करते जिस रूप में उन्होंने प्रत्यक्षतः अपने नायकों को जाना, वरन वे उनके उस रूप का निरूपण करते हैं, जिसे वे उनमें देखना चाहते हैं। इस तरह इतिहास की एक खास भारतीय दृष्टि इन रचनाओं में प्रतिफलित हुई है। आगे मुगलकाल में फारसी में भारतीय इतिहास लेखन की परंपरा बनी हुई थी। (बाबरनामा, आईने-अकबरी और जहांगीरनामा)।

राधावल्लभ त्रिपाठी

संस्कृत साहित्य में लोकजीवन

संस्कृत में सबसे प्राचीन काव्य के उदाहरण वेद में मिलते हैं। वैदिक ऋषियों ने अपने काव्य में जीवन के आधिभौतिक, आधिदैविक तथा आध्यात्मिक तीनों स्तरों को उद्घाटित किया है। आधिभौतिक स्तर पर वे खेत-खलिहान, गांव व बस्ती तथा अपने कुटुंब-कबीले का चित्रण करते हैं। ऋग्वेद के अनेक सूक्त लौकिकता या इहलौकिक आस्था की उज्ज्वल रूप में अभिव्यक्ति हैं। उदाहरण के लिए, सूर्यासूक्त (10.85) में सूर्या के विवाह के वर्णन के जरिए उस समय के वैवाहिक लोकाचार, वधू की विदाई के समय उसके परिजनों के कहे जाने वाले वचनों तथा गृहस्थ जीवन की उदात्तता को सुंदर तथा मार्मिक रूप में प्रकट किया गया है। अरण्यानी सूक्त (10.146) जंगल का संपूर्ण वातावरण, वहां लकड़हारों द्वारा लकड़ी काटना, चिड़ियों तथा अन्य पशुओं द्वारा उत्पन्न की जाने वाली ध्वनियों के साथ अरण्यानी को दैवीय ही नहीं, लौकिक स्वरूप में भी साकार कर देता है। यह सूक्त लकड़हारों के श्रम की कथा भी कहता है। क्षेत्रपति (खेत का देवता), गोष्ठ (गायों के बाड़े) आदि से संबंधित अनेक सूक्त ऋग्वेद तथा अथर्ववेद में हैं। इनमें गांव-गिरांव से उठी एक आत्मीय पुकार है।

वैदिक काव्य द्रष्टा मनीषियों का ही नहीं, श्रमजीवियों का भी काव्य है। वेद का ऋषि-कवि कहता है–'कारुरहं ततो भिषगुपलप्रक्षिणी नना' (ऋग्वेद 9। 112)। अर्थात मैं कवि हूं और बढ़ई भी हूं। मेरा पिता वैद्य है। मेरी मां चक्की चलाती है। ऋग्वेद के कितवसूक्त में जुआरी की मनोव्यथा का चित्रण है। जुआरी के मन के अंतर्द्वंद्व को यहां प्रस्तुत किया गया है। पांसे उसे किस प्रकार खींचते हैं तथा वे कितने घातक होते हैं, इसका सजीव अनुभव कवि ने इस सूक्त में दिया है।

अथर्ववेद में लौकिक विषयों तथा उस समय की जनजातियों के आचारों का समावेश उसकी अपनी विशेषता कही जा सकती है। यहां कवि आध्यात्मिक स्तर पर मंत्रद्रष्टा तथा ऋषि है, तो आधिभौतिक स्तर पर कृषक या श्रमिक भी। वह देवों का आवाहन भी करता है और खेत-खलिहान में विचरण भी करता है। कृष्टि या कृषि पर ही सारे जीवन और जीवन-मूल्यों की प्रतिष्ठा करने वाले समाज में ही ऐसा संभव था। विंटरनित्स तथा रामजी उपाध्याय जैसे आलोचक ऋग्वेद के कतिपय सूक्तों को श्रमिकों के गीत मानते हैं। सीता या हल की फाल को संबोधित एक पूरा सूक्त किसानों द्वारा गाया जाने वाला गीत लगता है (ऋग्वेद, 4.57)।

इसी परंपरा में संस्कृत के अनेक महाकवियों ने अपने महाकाव्यों में ग्रामीण समाज, सामान्य जन, कृषक आदि के जीवन का चित्रण किया है। कालिदास के 'रघुवंश' महाकाव्य के पहले ही सर्ग में राजा दिलीप की आश्रम-यात्रा के प्रसंग में गांव के बुजुर्ग लोग किस तरह हैयंगवीन (नैनू) लेकर उनके स्वागत के लिए चले आते हैं, इसका चित्र है। इसी महाकाव्य में विवाह के पश्चात वर रूप में अज को देखने के लिए विदर्भ की स्त्रियों की हड़बड़ी का चित्रण मनोरंजक है। 'अभिज्ञानशाकुंतलम्' में धीवर या मछुआरे का सारा प्रसंग निम्नवर्गीय समाज के पर्यवेक्षण के साथ-साथ उसके प्रति कवि की सहानुभूति को भी व्यक्त करता है। अश्वघोष अपने महाकाव्य 'बुद्धचरित' में सिद्धार्थ के महाभिनिष्क्रमण के अवसर पर उनके सारथी छंदक की व्यथा का विस्तार और गहन भावबोध के साथ निरूपण करते हैं। भारवि के 'किरातार्जुनीय' तथा माघ के 'शिशुपालवध' में खेत की रखवाली करती गोपियों, गाय दुहते ग्वालों, सैन्य प्रयाण के समय घर से विदा लेते सैनिक के बच्चों का मचलना, गांव से राजा के रथ के निकलने पर उसके नीचे कुचले जाने से बचाने के लिए उसकी मां का दौड़कर आना, इस तरह के चित्र जनजीवन में इन कवियों की गहरी पैठ के परिचायक हैं। 'मृच्छकटिकम्' नाटक उज्जयिनी नगरी के सारे समाज–विशेष रूप से जुआरियों, मालिश करने वाले, दासों व दासियों का यथार्थ व बेबाक चित्रण करता है। गांव से आया हुआ आर्यक इस नाटक में निम्नवर्ग के लोगों से जुड़कर राजा का तख्ता पलट देता है।

बाणभट्ट के प्याऊ पर पानी पिलाने वाली स्त्रियों तथा बटोहियों के जीवन पर लिखे अनेक पद्य सुभाषित संग्रहों में उद्धृत हैं। ऐसे कवियों के अपने उन घरों के वर्णन में लिखे हुए पचीसों पद्य मिलते हैं जिनमें बल्लियां हिलती रहती हैं, भीतें गल रही हैं, भीतर घास उग आई है, बिलबिलाते हुए केंचुओं को ढूंढ़ते हुए मेढक बिलों में घुसे चले आते हैं, घर की बहुएं बाहर नहीं निकलतीं, तन पर कपड़ों की कमी के कारण वे घरवाले के बाहर निकलते ही झट से सांकल चढ़ा लेती हैं–ये ऐसे घर हैं जिन्हें 'बहुत दूर से देखकर/आगे बढ़ जाते हैं भिखमंगे।' कवि कहता है कि 'राजन, हमारा घर ठीक वैसा ही है, जैसा आपके शत्रु का होना था।' बरसात में सब ओर से चूते हुए घर को बचाने में लगी गृहणियों के चित्रण के माध्यम से घर के भूगोल का सूक्ष्म चित्रण इन कवियों ने किया है, जो अद्‌भुत है।

संस्कृत के योगेश्वर, केशट, अभिनंद, भट्ट लक्ष्मीधर आदि अनेक महाकवि राज्याश्रय को छोड़कर गांवों में काव्यसाधना करते रहे। उनकी रचनाओं में जनजीवन की छवियां विशेष रूप से अंकित हुई हैं। योगेश्वर भारतीय ग्राम जीवन, विशेषतः निम्न मध्यवर्ग या निम्नवर्ग। पर कविता लिखने वाले संस्कृत कवियों में अग्रणी हैं। इनका समय नौवीं शताब्दी या उसके

पूर्व है। कोसंबी और इंगाल्स के अनुसार, वे बंगाल के पाल राजाओं के आश्रित थे। पर योगेश्वर की कविता के वर्ण्य विषय विंध्य के जंगलों, नर्मदा के तटीय प्रदेश, विशेषतः इस क्षेत्र के वनग्राम, आदिवासी जन और किसान मजदूर आदि हैं। अतः अनुमान होता है कि ये विंध्याचल के वासी थे।

योगेश्वर की स्वतंत्र रूप से कोई काव्य पुस्तक उपलब्ध नहीं है। बारहवीं शताब्दी से लेकर अठारहवीं शताब्दी तक की अवधि में संकलित विभिन्न सुभाषित संग्रहों में इनके स्फुट श्लोक उद्धृत हैं। भोज और राजशेखर जैसे आचार्यों ने योगेश्वर के अनेक पद्य उद्धृत किए हैं। इन आचार्यों की अवधारणाओं पर योगेश्वर की कविता का प्रभाव परिलक्षित होता है।

योगेश्वर ने ग्रामांचल के सामान्य जनों के स्वप्नों और संघर्षों को वाणी दी है। लोकजीवन पर काव्य लिखने वाले बाद के कवियों ने उन्हें अपना आदर्श माना। भीलों, शबरों और पुलिंदों के बीच रहकर उन्होंने उनके जीवन के यथार्थ को कविता में उद्‌घाटित किया है। मध्यवर्ग तथा निम्नवर्ग के लोकजीवन के संघर्ष, पीड़ा और कठिनाइयों को वे प्रामाणिक रूप से चित्रित करते हैं तथा खेत-खलिहान और ग्रामांचल के जीवन को उकेरते हैं। धान काटने के बाद किसानों के जीवन में आए उल्लास का चित्र उन्होंने तन्मय होकर अंकित किया है। दूसरी ओर सर्दी से बचने के लिए एक मुट्ठी पुआल की आस लगाए हलवाहे के आगे गिड़गिड़ाते हुए दरिद्र बटोही उसकी प्रशंसा में जिस तरह धरती और आकाश एक कर देता है, उसके वर्णन में शिष्ट हास्य के साथ करुणा का मार्मिक पुट है। वर्षा के समय जब घर चू रहा हो तो दरिद्र गृहिणी घर को बचाने के लिए क्या-क्या करती है, बताते हुए योगेश्वर एक पद्य में कहते हैं, 'सत्तू भीगकर बह गया है और वह उसका शोक मना रही है। बच्चे चिल्लपों कर रहे हैं और वह उन्हें चुप करा रही है। घर में फैले पानी को वह पौंछे से सुखा रही है। पुआल के बिस्तर को बचा रही है। माथे पर पुराने सूपे का टुकड़ा रखकर अपने जर्जर घर में व्याकुल यह दरिद्र गृहिणी क्या-क्या नहीं कर रही है, जबकि बाहर पानी मूसलाधार बरस रहा है।'

केशट का समय आठवीं-नौवीं शताब्दी के आसपास है। विद्याकर ने सुभाषितरत्नकोश में इनके दस पद्य उद्धृत किए हैं तथा श्रीधर ने उन्नीस। मध्यवर्गीय और निम्नवर्गीय पारिवारिक जीवन तथा मानवीय संबंधों की रागात्मकता का सुंदर चित्रण इन्होंने अपने पद्यों में किया है। विद्याकर, जल्हण, वल्लभदेव तथा शार्ंगधर द्वारा उद्धृत उनके पद्य का अनुवाद द्रष्टव्य है–'मरुस्थल में अलंघ्य दूरी पार कर बड़े दिनों के बाद प्रवासी प्रिय घर लौटकर आया है। गृहिणी ने उसे संतोष और अश्रु की तरल दृष्टि से निहारा और फिर जिस ऊंट पर बैठकर प्रिय आया था, उसके आगे पीलु, शमी और करीर के कौर डाले; फिर उसकी केसर जटाओ में लगी धूल को वह अपने आंचल से पोंछने लगी।'

भट्ट लक्ष्मीधर राजा भोज के समकालीन कवि थे। उन्होंने 'चक्रपाणिविजय' महाकाव्य लिखा है। अपने उस महाकाव्य के आरंभ में ही उन्होंने लिखा है कि भोजराज की सभा में दुर्जन और तस्कर लोग इतने ज्यादा मौजूद थे, इसलिए मैं उसे छोड़कर चला आया। लक्ष्मीधर ने गांव में कड़ाके की सर्दी का वर्णन करते हुए कहा है–बंदर बुरी तरह कांप रहे हैं, अकड़ गई दुबलाई हुई गाएं और बकरिया कांप रही हैं। भट्टी की गर्म भंभूदल में सोए कुत्ते को फिर से भट्टी सुलगाने के लिए आया हुआ हलवाई ठोकर मारकर भगाना चाह रहा है और कुत्ता भट्ठी नहीं छोड़ रहा। शीत का दुख जनता पर विपत्ति की तरह आ गिरा है। उससे आतुर होकर दीन या गरीब आदमी कछुवे की तरह अपने अंग-अंग को अपने ही शरीर में समेट लेना चाह रहा है।

उपर्युक्त कवियों की रचनाएं लोगों की जुबान पर चढ़ गईं और वाचिक परंपरा में सुरक्षित रहीं। ग्यारहवीं शताब्दी के बाद तैयार किए गए कतिपय सुभाषित संग्रहों में ऐसी रचनाओं को संग्रहीत करने का विशेष प्रयास किया गया। इन संग्रहों में 1100 से 1130 ईसवी के बीच निर्मित 'सुभाषितरत्नकोश' के

संकलनकार विद्याकर हैं। इसमें विशेष रूप से दीन व्रज्या और जाति-व्रज्या–नाम से दो खंडों में सामान्य जनों पर रची कविताएं हैं। इनमें भारतीय ग्रामजीवन एवं मध्यवर्ग और निम्नवर्ग की जनता के यथार्थ का चित्रण मिलता है। 'सदुक्तिकर्णामृत' के संकलनकार बंगाल के निवासी श्रीधर हैं तथा संकलन का समय 1205 ईसवी है। ये राजा लक्ष्मण सेन के आश्रय में रहे। 'सूक्तिमुक्तावली' के संकलयिता जल्हण तथा संकलन का समय 1285 ईसवी है। सुभाषितसंग्रहों में शार्गधरकृत 'शार्गधरपद्धति' सर्वाधिक लोकप्रिय रही है। यह संकलन 1363 ईसवी में तैयार किया गया था।

इन काव्यों में जीवन की समानांतर धारा की गूंज तथा प्रतिरोध का स्वर सुना जा सकता है। दसवीं शताब्दी में क्षेमेंद्र ने प्रचुर साहित्य की रचना की है। वेश्याओं व कुट्टनियों के जीवन पर उन्होंने खूब लिखा है। इस दृष्टि से उनके दो काव्य महत्वपूर्ण हैं –कला विलास और समयमातृका। दामोदरगुप्त के 'कुट्टनीमत' काव्य में भी वेश्या जीवन का बेलोस यथार्थ वर्णित है। क्षेमेंद्र की रचनाओं में एक 'सेव्यसेवकोपदेश' है। राजा के सेवकों की क्या गति होती है, इसका वर्णन है। भिक्षा मांगने की नियति या चाकरी की नियति पर अनेक कवियों ने अपने-अपने मंतव्य प्रकट किए हैं–सभी में यथार्थ की तीखी धार है।

गोवर्धन बंगाल के राजा लक्ष्मण सेन की सभा में रहे। उनकी 'आर्यासप्तशती' के अनेक पद्य मध्यमवर्गीय परिवार के जीवन के खट्टे-मीठे यथार्थ से भी हमारा साक्षात्कार कराते हैं। उनकी कविता में ऐसी गृहस्थिन भी आती है, जिसे अपने यौवन के मद में भरी सौतें सता रही हैं, पर उसकी गोद में बेटा है जिसे उसका बाप भी बहुत चाहता है। अपने इसी सौभाग्य के मद में वह फूली-फूली रहती है (52)। और भी अधिक मर्मस्पर्शी स्थिति गरीब की घरवाली की है। उसे अपने दुधमुंहे बच्चे पर बड़ी ममता है और प्रियतम पर प्रेम भी। वह भोली प्रिय के रति के आमंत्रण को न स्वीकार कर पाती है, न मना कर पाती है। इसी तरह खेतों के मजदूरों, हलवाहों आदि पर भी गोवर्धन ने लिखा है।

अभिनंद ने 'रामचरित' महाकाव्य की भी रचना की थी। इनके स्फुट पद्यों में बंगाल के ग्रामजीवन के चित्र बड़े सरस हैं। गांव के सिवान के एक वर्णन में अनाज से भरे खेत-खलिहानों, गांव में घिरते कोहरे और गोबर के कंडों से जलाए गए अलाव तथा अलावों से उठते धुएं का चित्र साकार किया गया है।

कथा-साहित्य में मैथिल और अवहट्ट के कवि विद्यापति की 'पुरुषपरीक्षा' के नाम से संस्कृत में लोकजीवन से जुड़ी सरस कथाओं का संग्रह है। 'भरटकद्वात्रिंशिका' भरटक समाज के साधुओं पर हास्यव्यंग्यपूर्ण कहानियों का संग्रह है। इसकी अनेक कहानियां लोकजीवन के अछूते आयाम खोलती हैं। 'वैतालपञ्चविंशति' तथा 'शुकसप्तति' के कथाचक्र लोककथाओं तथा प्राचीन हिंदी, प्राचीन मराठी एवं प्राचीन गुजराती में भी तैयार किए गए, जिनसे संस्कृत साहित्य का व्यापक अंतःसंवाद रहा है।

राधावल्लभ त्रिपाठी

अधिक जानकारी के लिए :
1. संस्कृत कविता में लोकजीवन : राधावल्लभ त्रिपाठी, **2. संस्कृत कथा की लोकधर्मी परंपरा :** राधावल्लभ त्रिपाठी, **3. An Anthology of Court Poetry in Sanskrit : Daniel Ingalls :** D D Kosambi

संस्कृति

मनुष्य की वे सभी सामाजिक अभिव्यक्तियां संस्कृति कही गई हैं जो उसे आत्मिक, बौद्धिक और व्यावहारिक जमीन पर विशिष्टता प्रदान करती हैं। मनुष्य जाति के ज्ञान, विश्वास और आचरण का परिष्कृत और उत्तरोत्तर विकसित रूप ही संस्कृति है। संस्कृति शब्द संस्कृत के सम उपसर्ग के साथ 'कृ' धातु से बना है, जिसका अर्थ है परिष्कृत या संस्कारित कार्य। संस्कृति के भीतर मनुष्य की भाषा, ज्ञान, विश्वास, रीति-रिवाज, कला-शिल्प, दर्शन, साहित्य, विधि-निषेध, मूल्य-व्यवस्था, जीवन-शैली, सामाजिक संस्थाएं, धार्मिक अनुष्ठान, पर्व-त्योहार, 'दूसरे' के प्रति दृष्टिकोण और इनसे जुड़ी वे सारी

चीजें आ जाती हैं, जिनसे एक विशिष्ट जीवन-व्यवस्था बनती है। व्यक्ति के आचरण, विश्वास और मूल्य चेतना पर उस संस्कृति का गहरा असर रहता है, जिसमें वह जीता है। संस्कृति का देश, राष्ट्र और काल से गहरा संबंध होता है। इसका विकास बदलती भौतिक स्थितियों से मनुष्य के निरंतर संघर्ष, रोज के अनुभवों से शिक्षा और अगली पीढ़ियों तक अपने ज्ञान को नए समय के अनुसार संस्कार कर पहुंचाने की सामर्थ्य पर निर्भर है।

पाणिनि ने 'अष्टाध्यायी' में संस्कृति को शिष्टता और सौजन्य के अर्थ में लिया था। भरत के नाट्यशास्त्र में सिर्फ नाट्य-चिंतन नहीं है, कला और सौंदर्य के ऐसे सांस्कृतिक रूपों पर भी चर्चा है जिनके बारे में बताया गया है कि उन्हें लोकधर्मी होना चाहिए। इसका अर्थ है लोकधर्मिता के बिना 'संस्कृति' की कल्पना नहीं की जा सकती। चौदहवीं से उन्नीसवीं सदी के यूरोपीय नवजागरण और ज्ञानोदय के दौर में संस्कृति को मानवीय सोच में सुधार, शिष्टाचार और कला-साहित्य की उन्नति के संदर्भ में देखा गया। उन्नीसवीं सदी में लोक-संस्कृति और राष्ट्रीय संस्कृति की समानांतर धारणाएं सामने आई थीं। संस्कृति का आशय व्यापक हुआ, इसके अर्थ में बहुलता आई। पांडुरंग वामन काणे का मत है, 'सभ्यता शब्द सामूहिकता का द्योतक है। किसी भी व्यक्ति का समाज के प्रति वैचारिक रुख ही सभ्यता का प्रतीक है। इस प्रकार सभ्यता बर्बरता के विरुद्ध अस्तित्वमान रहने की जिजीविषा है। सभ्यता यदि अस्तित्वमान रहने की जिजीविषा है तो संस्कृति इस जिजीविषा की दिशा है।' (धर्मशास्त्र का इतिहास)। भक्ति आंदोलन और नवजागरण ने सैकड़ों साल के अपने अभियानों में स्पष्ट कर दिया कि धर्म की तुलना में संस्कृति का महत्व अधिक है, एक तरह से धर्म। संस्कृति का अंग है। धर्म कठोर हो, तब भी धर्म में आस्था रखने वाले लोगों की संस्कृति में उदारवाद संभव है।

संस्कृति की कोई सर्वसम्मत परिभाषा नहीं है, क्योंकि मनुष्यजाति इसके संपूर्ण और अंतिम रूप का निर्धारण नहीं कर पाई है। फिर भी इतना मान लिया गया है कि हर संस्कृति निरंतर ग्रहण और त्याग का फल है। हर संस्कृति मिश्रण से बनी है और शुद्धतावाद कभी नहीं रहा है। औपनिवेशिक तकाजे से हुए सांस्कृतिक अध्ययनों ने इसे रणभूमि बना दिया। नृवैज्ञानिकों ने इसे ज्यादा स्थानबद्ध कर दिया तो मानववादियों ने पूरे संसार के लिए पश्चिमी सभ्यता से प्रेरित एक ही तरह की परिपूर्ण आधुनिक संस्कृति की कल्पना कर ली।

हजारीप्रसाद द्विवेदी ने सभ्यता और संस्कृति को एक-दूसरे का पूरक माना है, 'सभ्यता का आंतरिक प्रभाव संस्कृति है। सभ्यता समाज की बाह्य व्यवस्थाओं का नाम है, संस्कृति व्यक्ति के अंतर के विकास का। सभ्यता की दृष्टि वर्तमान की सुविधा-असुविधाओं पर रहती है, संस्कृति की भविष्य या अतीत के आदर्श पर। सभ्यता नजदीक की ओर दृष्टि रखती है, संस्कृति दूर की ओर। सभ्यता समाज को सुरक्षित रखकर उसके व्यक्तियों को इस बात की सुविधा देती है कि वे अपना आतंरिक विकास करें। इसलिए देश की सभ्यता जितनी ही पूर्ण होगी अर्थात उसकी व्यवस्था जितनी ही सहज होगी, राजनीतिक संगठन जितना ही पूर्ण होगा, नैतिक परंपरा जितनी ही विशुद्ध होगी और ज्ञानानुशीलन की भावना जितनी प्रबल होगी, इस देश के वासी उसी परिणाम में सुसंस्कृत होंगे। इसीलिए सभ्यता और संस्कृति में बड़ा घनिष्ठ संबंध है।' (सभ्यता और संस्कृति)।

दुनिया में मानव सभ्यता का एक ही आधुनिक रूप विकसित होते जाने के बावजूद बड़े पैमाने पर सांस्कृतिक विविधता है। इसलिए संस्कृतियों में संपर्क और मिश्रणशीलता के बावजूद विशिष्टता स्वाभाविक है। इस तथ्य का सामना न करने की वजह से संस्कृति के संबंध में अर्धसत्यों पर आधारित ऐसे सिद्धांत बने हैं, जिनका मकसद संस्कृति के एक ही रूप को श्रेष्ठ मान कर दूसरे रूपों की अवमानना करना रहा है या औपनिवेशिक प्रभावों वाली एक सार्वभौम आधुनिक संस्कृति की दुहाई देना। ऐसा आदिम, गैर-शहरी या

शहरी समाजों के सांस्कृतिक अध्ययनों में केंद्रवादी रुझानों की वजह से हुआ है।

हर मानव समाज की अपनी एक खास संस्कृति और समाज-व्यवस्था हो सकती है, भले इसमें कुछ दूसरी संस्कृतियों के तत्व मिलें। हर देश की अपनी विशिष्ट भू-ऐतिहासिक स्थितियों, संसाधनों, लोगों की रुचियों, आदतों, रीतियों और भाषा की वजह से भिन्न संस्कृति हो सकती है। आर्थिक विकास के अलग-अलग स्तर पर एक ही संस्कृति में रूपभेद संभव हैं। संस्कृति का महत्व इससे समझना चाहिए कि व्यक्ति की रुचियां, आचरण, विश्वास और आदतें राज्य या देश बदलने पर दूसरी संस्कृति में जीवनयापन करने पर भी नहीं बदलतीं। भले कुछ व्यक्ति दूसरी संस्कृतियों में अपने को थोड़ा-बहुत समंजित कर लें।

धर्म जन्म से मिल जाता है, संस्कृति जन्म से नहीं मिलती। यह आनुवंशिक मामला न होकर अपनी परंपराओं और संपूर्ण परिवेश की गतिविधियों से सीखकर अर्जित की जाती है। संस्कृति का अर्जन और सर्जन, दोनों होता है। अतीत से संबंध होते हुए भी यह पूर्व निर्धारित और बनी-बनाई चीज नहीं है। विश्व को विभिन्न संस्कृतियों के लोग जिस दृष्टिकोण से देखते हैं, उसमें परिवर्तन हमेशा संभव है। इसलिए दुनिया में हर जगह संस्कृति को निरंतरता और परिवर्तन, दोनों संदर्भों में समझने की कोशिश हुई।

रामविलास शर्मा संस्कृति का महत्व इस रूप में उपस्थित करते हैं, 'हमारी संस्कृति सामाजिक जीवन को प्रभावित करती है। हमारा इतिहासबोध हमारी संस्कृति का महत्वपूर्ण अंग है।' (भारतीय संस्कृति और हिंदी प्रदेश)। उदारवादी संस्कृति इतिहास को देखने की दृष्टि को भी उदार बनाती है। यहां तक हुआ कि इतिहास को संस्कृति के अंग के रूप देखा जाने लगा, ताकि इतिहास का अन-उपनिवेशन हो। अफ्रीकी लेखक न्गुगी वा थ्योंगे का कहना है, 'संस्कृति इतिहास का उत्पाद है और साथ ही इतिहास को व्यक्त करने का माध्यम भी है।' उन्होंने यह भी स्पष्ट किया, 'शिक्षा संस्कृति का अंग है और संस्कृति शिक्षा का अंग है। दोनों का एक-दूसरे में गहरा प्रवेश है। शिक्षा को देखने का एक तरीका यह है कि इसे आम जनता को समुदाय विशेष की प्रभुत्ववादी संस्कृति के साथ जोड़ने की प्रक्रिया के रूप में देखा जाए।' (भाषा, संस्कृति और राष्ट्रीय अस्मिता)। इस आधार पर उन्होंने दिखाया कि उपनिवेशवाद ने भाषा की राजनीति करते हुए अंग्रेजी थोपकर अपने 'संस्कृति बम' से किस तरह उनके समाज को तहस-नहस कर दिया। इसने भाषा ही नहीं, एक संस्कृति भी थोपी। यह बेवजह नहीं है कि बीसवीं सदी में सांस्कृतिक अध्ययन एक महत्वपूर्ण विषय के रूप में विकसित हुआ और इसके कई परिप्रेक्ष्य सामने आए।

संस्कृति के संबंध में इस औपनिवेशिक धारणा का खंडन हुआ है कि यह सिर्फ पश्चिमी सभ्यता और उच्च कलाओं में मौजूद है। संस्कृति हर जगह विद्यमान है। यहां तक कि उन आदिवासियों के जीवन में भी है, जो दीर्घ काल से अपने रीति-रिवाजों, विश्वासों और विधि-निषेधों के भीतर से दुनिया की अपनी समझ को पीढ़ी-दर-पीढ़ी हस्तांतरित करते रहे हैं। उनकी संस्कृति है प्रकृति को बचाने की, जो वस्तुतः सभ्यता के दंभ में आज नष्ट की जा रही है। इसी तरह हर उस देश की संस्कृति जो हजारों साल से अस्तित्व में है, अपने मौखिक लोक-साहित्य और लिखित नागरिक साहित्य के भीतर एक गतिशील मूल्य-व्यवस्था लिये हुए है। यह उस देश के लोगों की राष्ट्रीय पहचान है। लोग अपनी राष्ट्रीय संस्कृति से प्रेम करते हैं और उससे जूझते भी हैं, क्योंकि उसमें कहीं संवेदनशीलता और कहीं संवेदनहीनता, कहीं बुद्धिपरकता और कहीं निर्बुद्धिपरकता या कहीं गतिशीलता और कहीं रूढ़ि हो सकती है। अपनी संस्कृति से प्रेम करने और उससे जूझने की प्रक्रिया में ही मनुष्य न सिर्फ आत्मसाक्षात्कार करता है, बल्कि अपने देश, प्रकृति और विश्व को देखने का नजरिया भी पाता है।

मार्क्सवाद में संस्कृति को अधिरचना और अर्थतंत्र को आधार माना गया, पर दोनों के बीच यांत्रिक संबंध को नकारा गया है। यह नहीं होता कि

अर्थतंत्र के बदल जाने से संस्कृति या भाषा बदल जाए। रेमंड विलियम्स ने सांस्कृतिक भौतिकवाद का प्रवर्तन करते हुए कहा है, 'संस्कृति का आशय किसी व्यक्ति, समूह या समाज के बौद्धिक, आध्यात्मिक और सौंदर्यबोधपरक विकास से है।' (कल्चरल मैटेरियलिज्म)। आधुनिक युग में थिएटर, फिल्म, कलात्मक प्रदर्शन और इलेक्ट्रॉनिक मीडिया के मनोरंजन-उत्पाद भी संस्कृति के अंग बन गए हैं। यह बहसतलब है कि संस्कृति उद्योगों ने संस्कृति के अर्थ में कितना विस्तार ला दिया है या इसे कितना धूमिल किया है। संयुक्त राष्ट्र के सांस्कृतिक संगठन 'यूनेस्को' ने संस्कृति की परिभाषा दी है, 'संस्कृति का आशय किसी समाज या सामाजिक समूह की आध्यात्मिक, बौद्धिक, भौतिक, भावनात्मक कला और साहित्य की विशिष्टताओं के साथ मनुष्य की जीवन-शैली, साथ-साथ रहने के तौर-तरीकों, मानवीय मूल्यों, परंपराओं और विश्वासों के एक सम्मिलित रूप से है।' किसी संस्कृति की श्रेष्ठता का एक पैमाना यह हो सकता है कि इसमें दूसरों को लेकर कैसी चिंता है।

भारतीय संस्कृति पर औपनिवेशिक असर में किए गए चिंतन का एक उदाहरण यह है, 'यह मनुष्यों की अत्यंत पतित और निकृष्ट नस्ल वाली संस्कृति है...और दुर्गुणों की वजह से दरिद्रता से ग्रस्त है।' (चार्ल्स ग्रांट)। एक दूसरे पश्चिमी चिंतक ए एल बाशम भारतीय संस्कृति के विश्लेषण में भू-पर्यावरणीय कारकों को महत्व देते हुए एक भिन्न मत रखते हैं, 'भारत में सर्वप्रथम आने वाले यूरोपीय यात्रियों ने यहां एक ऐसी संस्कृति पाई, जिसे अपनी प्राचीनता का पूर्ण ज्ञान था—एक ऐसी संस्कृति जो वस्तुतः अपने अतीत को बढ़ा-चढ़ाकर कहती थी और दावा करती थी कि उसमें हजारों वर्षों से कोई बुनियादी सैद्धांतिक परिवर्तन नहीं हुआ। किसी भी दूसरी प्राचीन सभ्यता में गुलामों की संख्या इतनी कम नहीं थी, जितनी भारत में और न 'अर्थशास्त्र' समान किसी प्राचीन ग्रंथ ने मानव अधिकारों की इतनी सुरक्षा की। प्राचीन भारत के युद्धों के इतिहास में कोई ऐसी कहानी नहीं है, जिसमें नगर-के-नगर तलवार के घाट उतारे गए हों या शांतिप्रिय नागरिकों का जनसंहार हुआ हो।... भारत एक हर्षोल्लास से भरा देश था, जिसके निवासियों ने विशेष प्रकार की मानसिक स्थिति और धीरे-धीरे विकसित होने वाली सामाजिक प्रणाली में अपना स्थान बनाए हुए परस्पर संबंधों के बीच से दयालुता और सौजन्य के उस उच्च स्तर को पा लिया था, जो किसी भी दूसरी प्राचीन जाति के स्तर से ऊंचा था। कोई भी यूरोपीय विद्वान धर्म, साहित्य, कला और गणित की उच्च उपलब्धियों के कारण भारतीय संस्कृति की प्रशंसा किए बिना नहीं रहेगा।' (द वंडर दैट वाज भारत)। बाशम के विचारों पर असहमतियां भी प्रकाश में आईं। फिर भी ऋग्वैदिक बहुलतावादी कथन 'एकं सद् विप्रा बहुधा वदंति' से लेकर 'कारवां आता गया हिंदोस्तां बनता गया' तक बने विचार भारतीय संस्कृति को एक समावेशी विविधता भरी संस्कृति सिद्ध करते हैं।

भारतीय संस्कृति की कोई बनी-बनाई मुख्य धारा नहीं है, जैसी कि भारत की मुख्य धारा की बात बार-बार उठती है। भारत की कोई एक धारा मुख्य है और बाकी उप-धाराएं हैं, यह भारतीय विविधता को देखने का कहां तक सही परिप्रेक्ष्य है, यह विचारणीय है।

रामविलास शर्मा कहते हैं, 'भारतीय संस्कृति का इतिहास लोकविरोधी रूढ़ियों और प्रगतिशील विचारधाराओं के बीच सतत संघर्ष का इतिहास है।' (भारतीय संस्कृति हिंदी प्रदेश)। भारतीय संस्कृति को समग्रता में देखते हुए भी वास्तविकता यह है कि उपर्युक्त सतत संघर्ष कई स्तरों, क्षेत्रों और रूपों में चला है। सांस्कृतिक विविधता को स्वीकृति देते हुए भी उपर्युक्त संघर्ष को नजरअंदाज करना उचित नहीं है। उल्लेखनीय है कि भारतीय संस्कृति में बेमेल विविधता भी देखी गई है। दामोदर धर्मानंद कोसंबी ने लिखा है, 'एक ही प्रांत के यहां तक कि एक ही जिले के अथवा नगर के भारतीय निवासियों में उतनी ही अधिक सांस्कृतिक असमानता है जितनी कि भारत के विभिन्न भागों में प्राकृतिक असमानता

है, विश्व साहित्य में गौरवपूर्ण स्थान पाने वाले रवींद्रनाथ ठाकुर के निवास शांतिनिकेतन से थोड़ी ही दूर पर रहने वाले ऐसे भी संथाल और अन्य अनपढ़ आदिवासी लोग मिलेंगे, जो रवींद्र के बारे में कुछ नहीं जानते।' (प्राचीन भारत की संस्कृति और सभ्यता)। भारत की इस विविधता को समझा जा सकता है, यदि आदिवासियों की संस्कृति के प्रकृति-प्रेम को समझा जाए, जो रवींद्रनाथ के चिंतन का भी एक मुख्य तत्व है।

महात्मा गांधी भारतीय संस्कृति को विभिन्न फूलों की क्यारी कहते हुए मानते हैं, 'मेरा धर्म मुझे अन्य संस्कृतियों का अनादर या उनकी उपेक्षा करने से बरजता है, साथ ही वह मुझसे अपनी संस्कृति को आत्मसात करने और इसे जीने का आग्रह भी करता है क्योंकि ऐसा न करना हमारे लिए निश्चित रूप से आत्मघाती होगा।' एक समय चिंता सांस्कृतिक अलगाव को लेकर थी। अब मुख्यतः सांस्कृतिक दादागीरी, पश्चिम के अंधानुकरण, वि-संस्कृतिकरण और सांस्कृतिक उन्मूलन को लेकर चिंताएं व्यक्त की जा रही हैं। यह प्रश्न भी है कि मनुष्य अपनी संस्कृतियों के बीच क्या है—तितली या मधुमक्खी? इतना निश्चित है कि संस्कृति राजनीतिक रणभूमि नहीं है और न ऐसी चीज जिससे बिछुड़कर मनुष्य अपना मानवीय स्वरूप बचाकर रख सकता है। यह हर नागरिक की राष्ट्रीय पहचान है और एक मानवीय जरूरत भी है।

संस्कृति की कई परिभाषाएं दी गई हैं। अज्ञेय ने इनकी चार श्रेणियां की हैं। पहली परिभाषा के तहत संस्कृति 'जैविक या आनुवंशिक दाय के अतिरिक्त जो कुछ मानव प्राणी ग्रहण करता है, वह सबका सब उसका संस्कार है। एक दूसरी परिभाषा इतनी व्याप्ति से बचती हुई मानव के समग्र उद्यम को नहीं बल्कि केवल निरूपित, निर्धारित और प्रेरित करने वाले मूल्यों के समूह और समाज की मूल दृष्टि को संस्कृति की अभिधा देना चाहती है। एक तीसरी परिभाषा इस दृष्टि का खंडन करते हुए भी अपने को केवल उन मूल्यों तक सीमित रखना चाहती है जिनका संबंध सौंदर्यबोध से है।... आज हमारे समाज में कल्चरल एक्टिविटी अथवा कल्चरल प्रोग्राम के नाम पर जो नृत्य, संगीत, चित्रकला प्रदर्शन अथवा हास्य कवि सम्मेलन होते हैं, उनके मूल में संस्कृति की यही परिभाषा होती है।... संस्कृति की एक चौथी परिभाषा भी है जो अपने को उत्पादन के उपकरण पर आधारित करना चाहती है।... जहाँ तक संस्कृति की चेतना का प्रश्न है, ये परिभाषाएं काम की हैं और हम चाहे जिस एक के अथवा सभी के सहारे आगे बढ़ सकते हैं।... अवश्य ही हर संस्कार का संबंध चेतना के संस्कार से है तो स्पष्ट है कि हममें संवेदनों के क्षेत्र का जितना विस्तार होगा, हमारी संस्कृति भी उतनी ही संपन्न, व्यापकतर और अधिक ग्रहणशील होगी।' (केंद्र और परिधि)। संस्कृति का धर्म, अर्थ, काम और लाभ के उद्देश्य से मुख्यतः मनोरंजन में सीमित होते जाना और मूल्य दृष्टि से उसकी विच्छिन्नता उत्तर-आधुनिक समय में एक बड़ी चुनौती बनती जा रही है।

इसलिए अज्ञेय ने यह प्रश्न उठाया, 'आधुनिक भारतीय संस्कृति में भारतीय कुछ नहीं बचा है, संस्कृति भी लगभग नहीं बची है, आधुनिक कितना है, यह बिलकुल संदिग्ध है, लेकिन इसी पर गर्व करने वालों की संख्या लगातार बढ़ती जा रही है।' (वही)। वैश्वीकरण के जमाने में संस्कृति की धारणा ही बदल गई। सस्ते मनोरंजन उद्योग, धार्मिक बाजार और संकीर्णतावादी राजनीति जो संस्कृति निर्मित कर रहे हैं, उसे आम लोगों की बौद्धिक मूर्च्छा ही कहा जा सकता है। मनुष्यजाति बहुत सभ्यतापूर्वक बर्बरता के युग में ले जाई जा रही है। सत्ता से संस्कृति को इतना नुकसान उसके हजारों साल के इतिहास में नहीं पहुंचा था। रामायण के लक्ष्मण को ताकत का बाण लगा था तो वे अचेत हो गए थे और संजीवनी बूटी की जरूरत पड़ी थी। वर्तमान युग की बौद्धिक मूर्च्छा दूर करने के लिए भी संजीवनी बूटी की जरूरत पड़ सकती है और यही वह जगह है, जब साहित्य की जरूरत होती है।

भारत के बारे में कहा जा सकता है कि इस

देश में 'अनेकरूपता में एकता' और 'एकता में अनेकरूपता' है, यह साहित्य ही दिखाता है। कहा जा सकता है कि भारतीय संस्कृति के प्रमुख गुण हैं—निरंतरता, समावेशिकता, भेद (बहुलता) में अभेद, उदात्तता और नवोन्मेषशीलता। भारत का अस्तित्व इसकी बहुलतावादी संस्कृति के सृजनात्मक नवोन्मेष में है।

शंभुनाथ

अधिक जानकारी के लिए :

1. भारतीय संस्कृति की रूप रेखा : गुलाब राय, **2. संस्कृति के चार अध्याय :** रामधारी सिंह दिनकर, **3. भारतीय संस्कृति और हिंदी प्रदेश :** रामविलास शर्मा, **4. The Cultural Heritage of India :** The RamKrishna Mission of Culture, **5. The interpretation of Cultures :** Clifford Greetaz

संस्कृति उद्योग

संस्कृति उद्योग (Culture Industry) की संकल्पना सबसे पहले फ्रैंकफर्ट स्कूल के दो प्रमुख चिंतक थियोडोर एडोर्नो और एम होर्खेमेर ने रखी थी। एडोर्नो ने इस संकल्पना पर बाद में विस्तार से विचार किया और 'संस्कृति उद्योग' नाम से एक स्वतंत्र पुस्तक लिख डाली। 1947 में एडोर्नो ने होर्खेमेर के साथ मिलकर एक पुस्तक लिखी, 'डाइलेक्टिक्स ऑफ एनलाइटेनमेंट'। इसके एक अध्याय 'संस्कृति उद्योग और ज्ञानोदय का भ्रम' में उन्होंने संस्कृति उद्योग की संकल्पना प्रस्तुत की थी।

संस्कृति उद्योग की अवधारणा को पूंजीवाद के विकास के साथ जोड़कर देखा जाता है। पूंजीवाद के उदय ने उन कलाओं को, जो सामंती अभिजन के शिकंजों में कैद थीं, मुक्त कर विशाल जनता तक पहुंचाने का महत्वपूर्ण काम किया था। वाल्टर बेंजामिन ने लिखा है, 'मुद्रण कला, फोटोग्राफी और फिल्म-निर्माण ने जब कलाओं के पुरुत्पादन को संभव बना दिया तो इन कलाओं को मध्ययुगीन दायरे यानी धर्म और अभिजन-दायरे से बाहर लाकर व्यापक जनसमूह तक पहुंचा दिया। लेकिन ऐसा करते हुए उसने इन कलाओं को बाजार के मातहत भी ला दिया था और उन्हें ऐसी जिंस में बदल दिया था जिससे अन्य उत्पादों की तरह बाजार में बेचा और खरीदा जा सकता था।' इस स्थिति की व्याख्या करते हुए एजाज अहमद ने लिखा है, 'कला का कोई कार्य जब विनिमय, बाजार की कीमतों, विज्ञापनों आदि के चक्कर में पड़ जाता है, इसका सौंदर्यपरक सुख और उपयोग मूल्य की शुद्धता अनिवार्यतः कम हो जाती है और जब सामाजिक विशिष्टता तथा विशेषाधिकार प्राप्त करने के उद्देश्य से इससे संचित किया जाता है तो खुद संस्कृति एक प्रकार की पूंजी का काम करना शुरू कर देती है।' (हमारे दौर का साम्राज्यवाद)। इसी बिंदु पर संस्कृति उद्योग की संकल्पना सामने आती है।

संस्कृति उद्योग ने यदि एक ओर सांस्कृतिक उत्पादों को विशाल जनसमूह तक पहुंचाने का काम किया तो दूसरी ओर उसने एक ऐसा संगठनात्मक ढांचा भी विकसित किया, जो उन लोगों के हाथों में है जिनके लिए संस्कृति माल-उत्पादन करने वाले अन्य उद्योगों की तरह सिर्फ एक उद्योग है। संस्कृति उद्योग जिन प्रबंधकों के हाथों में होते हैं, वे अपने स्वामियों की इस इच्छा को अच्छी तरह समझते हैं कि इसके द्वारा वे किन लक्ष्यों की प्राप्ति चाहते हैं। पुनरुत्पादन की प्रौद्योगिकी पर विचार करते हुए एडोर्नो और होर्खेमेर ने लिखा है, 'जिस आधार पर प्रौद्योगिकी समाज पर प्रभुत्व कायम करती है, वह वास्तव में उन लोगों का प्रभुत्व है जिनका समाज की अर्थव्यवस्था पर जबर्दस्त नियंत्रण है। प्रौद्योगिकी का तर्क एक प्रकार से अपने आपमें वर्चस्व का तर्क है।' (संचार माध्यम और पूंजीवादी समाज)। इस क्षेत्र में कला की जिस स्वतंत्र दुनिया की संकल्पना हमारे सामने प्रस्तुत की जाती है, एडोर्नो के अनुसार वह दरअसल कला के विभिन्न रूपों को उनकी मांगों के अनुसार बेचने के प्रयास भर हैं। ये मांगें दरअसल बनावटी होती हैं क्योंकि इन्हें भी उत्पादन के विभिन्न प्रकारों के अनुसार जबरन पैदा किया जाता है। मांग

के अनुसार सांस्कृतिक उत्पादन की कीमत में वृद्धि होती है। इस बात का भी ध्यान रखा जाता है कि किस तरह के सांस्कृतिक उत्पाद किस तरह के समुदायों की जरूरत बनाकर पेश किए जा सकते हैं। मांग से पैदा हुए मुनाफे की बढ़ती संभावनाओं का असर उन कलाकारों पर पड़ता है, जो समझने लगते हैं कि यह उनकी कला है जिसे बाजार में बेचा जा रहा है और मुनाफा कमाया जा रहा है। इस स्थिति के दो परिणाम निकलते हैं। एक, कलाकार अपनी कला की बाजार के अनुसार कीमत मांगने लगता है। दो, वह बाजार की जरूरत को ध्यान में रखकर कला का उत्पादन करने लगता है।

एडोर्नो बाजार में कलाकारों के पतन की व्याख्या करते हुए लिखते हैं, 'संस्कृति उद्योग की प्रतीकात्मक सांस्कृतिक हस्तियों की स्थिति अब वैसी नहीं रह जाती कि वे माल भी हैं। उनकी स्थिति ऐसी हो जाती है कि आदि से अंत तक वे सिर्फ माल ही हैं'। (संस्कृति उद्योग)। एडोर्नो और होर्खेमेर का कहना है इस प्रकार 'जो कलाकार बाजार की विचारधारा के सम्मुख घुटने टेक देते हैं, वे अपनी स्वतंत्रता की रक्षा नहीं कर पाते। (वही)। कला की सोद्देश्यता उसके सौंदर्यबोध से तय होती थी, लेकिन पूंजीवादी समाज ने कला को मनोरंजन के ऐसे माध्यम में बदल दिया जिसके बदले में इससे जुड़े सभी लोग अच्छी कमाई करने लगे। यदि कला का उद्देश्य बाजार में बिकना है तो उसकी आंतरिक और बाहरी संरचना बाजार से ही तय होगी, न कि कला की अपनी मूल प्रकृति से। इसलिए पूंजीवादी समाज को एडोर्नो और होर्खेमेर कला-विरोधी समाज मानते हैं, जहां उस कला की कोई कीमत नहीं है जिससे धन नहीं कमाया जा सकता।

संस्कृति के उद्योग बनने से पहले संस्कृति मनुष्य के होने की शर्त थी। यह उसकी पहचान थी यानी मनुष्य जो कुछ है, वह संस्कृति से है। उसकी परिपूर्णता उसके सुसंस्कृत होने में थी। ऐसा होते हुए भी संस्कृति मनुष्य को बांधती नहीं थी, न ही वह उसे पीछे की तरफ खींचती थी और न ही उसे खास दायरे में कैद करती थी। दरअसल, अपने मनुष्यत्व को अर्जित करना ही उसका सुसंस्कृत होना होता था। आज ऐसा नहीं है। संस्कृति को जब उपभोक्ता वस्तु बना दिया जाता है, सबसे पहले उसका अर्थ यह होता है कि वह कोई ऐसी चीज है जो मनुष्य के होने से भिन्न है। उसे मनुष्य को ऊपर से ओढ़ना होता है। संस्कृति को मनुष्य से अलग करने में ही उसके उपभोग की वस्तु बनने और मनुष्य के उपभोक्ता बनने का कारण छिपा होता है।

संस्कृति को अभिजात दायरे से बाहर लाना पूंजीवाद की सफलता नहीं है क्योंकि जब ऐसा हो रहा था, अभिजन-दायरे के बाहर के मानव समाजों में भी संस्कृति मौजूद थी। उनके गीत, संगीत और नाटक थे। उनकी अपनी कलाएं थीं जो उनके घर में, आंगन में, मोहल्ले, बाजार और चौपाल में यानी जीवन के हर हिस्से में मौजूद थीं। अभिजन के सांस्कृतिक जीवन से अलग होकर भी मानव समाज संस्कृतिविहीन नहीं थे। संस्कृति के विभिन्न रूपों और प्रतिरूपों को उत्पाद में बदलने का नतीजा यह हुआ कि इनमें मौजूद भिन्नताओं को सामाजिक स्तरीकरण में बदल दिया गया। बाजार तय कर रहा है कि संस्कृति के कौन-से रूप दूसरे रूपों की तुलना में अधिक कीमती हैं। इसलिए बाजार संस्कृति के कुछ रूपों को उच्चस्तरीय और कुछ को निम्नस्तरीय कहता है और यह भी मानता है कि समाज के कुछ हिस्से उच्चस्तरीय संस्कृति के उपभोग के लिए होते हैं और शेष निम्नस्तरीय संस्कृति के।

संस्कृति उद्योग पर पुनर्विचार करते हुए एडोर्नो लिखते हैं, 'संस्कृति उद्योग इरादतन अपने उपभोक्ताओं को ऊपर से जोड़ता है। वह हजारों वर्षों से अलग-अलग रही उच्चस्तरीय और निम्नस्तरीय कलाओं को जबरदस्ती एक साथ ला देता है। यह मेलजोल दोनों को क्षति पहुंचाने की हद तक होता है।' (संस्कृति उद्योग)। उच्चस्तरीय संस्कृति से तात्पर्य अभिजात संस्कृति से है और निम्नस्तरीय संस्कृति से तात्पर्य साधारण लोक-संस्कृति से है। एडोर्नो का कहना है कि संस्कृति उद्योग बनने के कारण साधारण

जन की संस्कृति में 'छिपी हुई विद्रोही भावना थोपी गई सभ्यता के दबाव से बरबाद हो जाती है।' वह मानते हैं, 'संस्कृति उद्योग दसियों लाख लोगों के चेतन व अवचेतन मन की अवस्था का आकलन करता है, लेकिन उसके लिए जनता प्रधान नहीं है। वह द्वितीयक है। वह गिनती की वस्तु है, मशीनरी का अवशेष है। उपभोक्ता राजा नहीं है, जैसा कि संस्कृति उद्योग यकीन दिलाता है। यह उसका कर्ता भी नहीं है बल्कि कर्म है।' (वही)। एडोर्नो आगे कहते हैं, 'जनता मापदंड नहीं होती। मापदंड का काम संस्कृति उद्योग की विचारधारा करती है। यह भी स्पष्ट है कि जनता के अनुकूल अपने को ढाले बिना संस्कृति उद्योग मुश्किल से ही कायम रह सकता है।'

संस्कृति उद्योग की अवधारणा की पृष्ठभूमि के पीछे द्वितीय विश्वयुद्धकालीन परिस्थितियां थीं। फासीवाद के उभार के कारण उस समय के चिंतकों ने वर्चस्ववादी राजनीति के सांस्कृतिक प्रतिरूपों पर भी विचार किया था। प्रबोधन युग के उदय के साथ जिस आधुनिक संस्कृति का विकास हुआ था, एडोर्नो प्रश्न करते हैं कि हमारा वह सांस्कृतिक विकास आज क्यों अवरुद्ध हो गया है। वह कहते हैं, 'नाजियों द्वारा बनाए गए यातना शिविर ही प्रबोधन युग की परंपरा का नैतिक ह्रास नहीं हैं, बल्कि बीसवीं सदी का लोकप्रिय सिनेमा भी उसका एक रूप है। ये दोनों ही मनुष्य को गुलाम बनाते हैं। ये एक लगातार बढ़ती हुई नियंत्रणकारी व्यवस्था का प्रतिनिधित्व करते हैं। ये लगातार ऐसी अतार्किकता को रचते हैं जहाँ संवाद की सारी गुंजाइशें समाप्त हो जाती हैं।' (अंधेरे समय में विचार, विजय कुमार)। एडोर्नो का मानना था, 'आज के युग में जनता के मनोजगत का सांस्कृतिक नियंत्रण और उसका अनुकूलन व्यापक आर्थिक गतिविधियों का एक हिस्सा है। वास्तविकता यह है कि तमाम तरह की लोकप्रिय सांस्कृतिक गतिविधियां, पूंजी और शक्ति-केंद्रों के एकाधिकारवादी वर्चस्व के लिए रास्ता साफ करती हैं। फिल्में, रेडियो, टेलीविजन और पत्र-पत्रिकाएं एक ऐसी व्यवस्था को बनाने का काम करती हैं जो हमें सार्वभौमिक, एकरूप और संपूर्ण प्रतीत हो। ऐसा सांस्कृतिक उद्योग एक व्यापक जनसमाज (मास सोसाइटी) की रचना करके छलावे और प्रपंच की भूमिका ही अदा कर सकता है।' (वही)।

एडोर्नो द्वारा प्रस्तुत संस्कृति उद्योग की अवधारणा आज कितनी प्रासंगिक है, इस पर विचार किया जा सकता है। संस्कृति को उद्योग के रूप में समझने की कोशिशों के बाद के इन पांच दशकों में संस्कृति का उद्योग कई गुना ज्यादा बढ़ा है। अब इसे बहस से परे मान लिया गया है कि सांस्कृतिक उत्पाद उद्योग हैं। सभी सरकारें इन उत्पादों को इसी नजरिए से देखती हैं। हिंदी फिल्मों का उदाहरण लिया जा सकता है, जिनका व्यवसाय कई रूपों में न सिर्फ भारत में बल्कि विदेशों में भी व्यापक हुआ है। संस्कृति को उद्योग के रूप में देखे जाने का प्रभाव नागरिक जीवन पर बहुत गहरा दिखाई देता है। अगर हम भारतीय समाज को देखें तो सांस्कृतिक विरूपीकरण की प्रक्रिया को आसानी से समझा जा सकता है। आमतौर पर इस प्रक्रिया को पश्चिम के विकृत प्रभाव के रूप में देखा जाता है जो इस सवाल को अधूरे नजरिए से देखना है।

सांस्कृतिक उत्पादन के तकनीकी साधनों के बढ़ते जाने का सबसे अधिक लाभ शासक वर्ग को होता है जो जल्दी ही उन साधनों को अपने कब्जे में ले लेता है। उसे यह समझने में ज्यादा समय नहीं लगता कि इन साधनों के द्वारा जो उत्पादित होगा, वह सांस्कृतिक उत्पाद है। इसलिए वह ऐसे उत्पादों को प्रोत्साहित करता है जो जनता पर सांस्कृतिक वर्चस्व बनाने और बनाए रखने में मदद करे। वह इसके लिए उन सभी सांस्कृतिक उत्पादों को प्रोत्साहित करता है जो लोगों को क्षणिक आनंद प्रदान करे और ऐसी ऐंद्रिक उत्तेजना प्रदान करे कि वह अपनी बौद्धिक और आत्मिक क्षमताओं को सक्रिय करने की आवश्यकता ही महसूस न करे। यह काम पश्चिमी उत्पादों द्वारा हो या पूर्वी उत्पादों द्वारा, इससे कोई फर्क नहीं पड़ता। ऐसे सांस्कृतिक उत्पादों को भी प्रोत्साहित करने की कोशिश होती है जिनसे लोगों

में उन रूढ़िवादी विचारों के प्रति विश्वास बना रहे, जो जनता के सामूहिक विकास और प्रगति में बाधक होते हैं और वे लोग अंततः लोकतांत्रिक और मानवीय मूल्यों पर आधारित समाज को बनाने के प्रयत्न करना छोड़ देते हैं।

जवरीमल्ल पारख

अधिक जानकारी के लिए :
1. संस्कृति उद्योग : टी डब्ल्यू एडोर्नो, **2. संचार माध्यम और पूंजीवादी समाज :** (संपा.) मुरली मनोहर प्रसाद सिंह

संस्कृति और सभ्यता

क्या संस्कृति है और क्या सभ्यता है और दोनों में क्या फर्क है, यह तय करना मुश्किल रहा है। दोनों ही शब्द अठारहवीं सदी से प्रचलित हुए हैं। संस्कृत ग्रंथों में संस्कृति शब्द शायद ही ढूंढ़ने पर मिले। इसकी जगह संस्कार शब्द है, जिसका अर्थ है कुछ भी सम्यक या परिष्कृत रूप से करने का ज्ञान। संस्कार का विपरीतार्थक शब्द है विकार। इसी तरह संस्कृति के ठीक विपरीत है विकृति। संस्कृति किसी रूप का विकास है तो विकृति उस रूप का क्षय है। संस्कृति मूल्यों का एक ढांचा है जो सामाजिक आचरण निर्धारित करता है।

'सिविलाइजेशन' शब्द 'सिविक' से बना है जिसका संबंध नगर में रहने वालों से होता है। इस तरह सभ्यता का संबंध आत्मनिर्भर कृषि-कर्म से बाहर आकर नगर में रहने से माना गया है। इसका संबंध मनुष्य के भौतिक विकास से है। 3500 साल ईसा पूर्व की सुमेरियाई सभ्यता सबसे प्राचीन बताई गई है, फिर मिस्र की सभ्यता और सिंधु घाटी की सभ्यता। इनकी सभ्यता के चिह्न मिले हैं, पर संस्कृति के चिह्न पर्याप्त रूप से उपलब्ध नहीं होते।

संस्कृति और सभ्यता का अंतर बताते हुए कहा गया है कि हो सकता है कहीं संस्कृति हो, पर सभ्यता न हो। सभ्यता को एक पृथक नगरीय वस्तु समझने के कारण यह धारणा है कि गांवों में सभ्यता नहीं हो सकती। संस्कृति छोटे समूहों में होती है, जबकि सभ्यता उन समूहों से व्यापक एक विस्तृत मामला है। संस्कृति का संबंध किसी खास भू-क्षेत्र, भाषा और समुदाय से है। सभ्यता एक विस्तृत भू-क्षेत्र, बड़ी आबादी और दीर्घ विकास का मामला है। कुछ पश्चिमी विचारक संस्कृति को अर्ध सभ्यता के रूप में देखते हैं। आर्नल्ड टॉयनबी ने कहा है, 'सभ्यता एक गति है स्थिति नहीं, एक यात्रा है, बंदरगाह नहीं।' क्या कोई बड़े नगर में रहने, बड़े मकानों और कीमती उपभोक्ता वस्तुओं के इस्तेमाल से ही अधिक सभ्य हो सकता है? संस्कृति और सभ्यता की परिभाषाओं में अस्पष्टता या घालमेल देखने को मिलता है। संस्कृति तरीका है, किसी-न-किसी तरीके से ही सभ्यताएं लंबे काल तक जीती हैं। इस कथन में दोनों के अर्थ परस्परावलंबित हैं।

सभ्यता को सिर्फ भौतिक संसाधनों, औद्योगिक-नगरीय उन्नति, तकनीकी प्रगति और इनके परिणामस्वरूप जीवन की दशाओं पर नियंत्रण के लिए अस्तित्व में आई सामाजिक-राजनीतिक पद्धति, सरकार, बाजार, कानून, सामाजिक नियम-कायदा, शिक्षण संस्थान आदि रूपों में देखा जाता है, जबकि संस्कृति का संबंध किसी खास भू-क्षेत्र या समुदाय की भाषा, सामाजिक रीती-रिवाज, धर्म, पर्व-त्योहार, खान-पान, वेशभूषा, कला-साहित्य, मूल्यों और जीवन दृष्टि से जोड़ा जाता है। संस्कृति वैयक्तिक या सामाजिक तौर पर मूल्यों की अभिव्यक्ति है, एक मूल्य-व्यवस्था है।

इस मामले को एक दूसरे तरीके से भी देखा जा सकता है। वह जो हिंसक मनोवृत्ति का है, शांतिपूर्वक विवाद का समाधान नहीं करता या भ्रष्ट है, वह चाहे जितने बड़े मकान या अच्छे कपड़ों में हो असभ्य है। इसी तरह जिसकी कलाओं और साहित्य में रुचि नहीं हो, जो अपना इतिहास नहीं जानता और अपने त्योहारों में हिस्सा नहीं लेता या दूसरों के कुछ अच्छा करने पर सराहना नहीं करता, वह योग से लेकर सूचना प्रौद्योगिकी तक जितना भी निष्णात हो, असंस्कृत है।

माना जाता रहा है कि सभ्यताएं हजारों साल

से अस्तित्व में रही हैं, संस्कृतियों को इतना वक्त नहीं मिलता। सभ्यता संस्कृतियों का ही उच्च रूप है, जो किसी जटिल समाज के विशिष्ट वर्गों में होती है। संस्कृति ज्यादा-से-ज्यादा किसी समुदाय की अस्मिता का चिह्न है। यह विश्वासों, रीति-रिवाजों और कलाओं का लोकप्रिय रूप है, जबकि सभ्यता इन चीजों का उच्च रूप है। सभ्यता में मानव-बुद्धि, सौंदर्यबोध, नैतिक मूल्यों और नैतिक निर्णयों का उच्च रूप देखने को मिलता है। सभ्यता को तकनीकी प्रगति से जोड़कर देखने की कोशिश हुई है। आत्म-आलोचना तथा अन्य किस्म की जागरूकता सभ्यता के ही गुण बताए जाते हैं। यहां तक कहा गया है कि एक सभ्यता में कई संस्कृतियां समाई रहती हैं। संस्कृति अमूर्त या स्पष्ट हो सकती है, पर सभ्यता अधिक अस्पष्ट होती है, क्योंकि यह वह चीज है जो समूचेपन के साथ देखी जाती है। यही वजह है कि संस्कृति में चिह्नों और प्रतीकों का महत्व है, जबकि सभ्यता सिर्फ भाषा का मामला नहीं है।

उपर्युक्त रोशनी में पश्चिमी सभ्यता कहते ही तत्काल कुछ दृश्य सामने होते हैं, पर भारतीय सभ्यता कहने पर क्या ऐसा कुछ भी उभरता है जो भारतीय संस्कृति से भिन्न है? कहा गया है, मनुष्य अपने समुदाय का सदस्य होने के कारण संस्कृति स्वाभाविक रूप से पा जाता है, जबकि सभ्यता शिक्षा से अर्जित करनी पड़ती है। कई बार संस्कृति को अच्छाई, नैतिक मूल्यों और परिष्कृत सौंदर्यबोध से जोड़ा जाता है और सभ्यता को ऐसे आचरण से जिसकी अपेक्षा की जाती है और जो उसकी संस्कृति का अंग नहीं भी हो सकता है। कोई अपनी संस्कृति में हाथ जोड़कर प्रणाम करता हो या चरण स्पर्श करता हो, पर हाथ मिलाना या हाथ हिलाकर 'हाय' कहना सभ्यता का चिह्न समझा जाता है!

संस्कृति सामाजिक परंपराओं का ही सार्थक निचोड़ है, इसमें उत्कर्ष और विकास की प्रेरणाएं होती हैं। लेकिन पश्चिमी चिंतन में माना यही गया कि संस्कृति लगातार विकसित होती है। माना गया कि सभ्यता ही तकनीकी, औद्योगिक और नगरीय उन्नति के साथ लगातार विकसित होती है। सभ्यता के विकास में कई सांस्कृतिक चीजें पीछे छूट जाती हैं। जैसे एक समय महाकाव्य पीछे छूट गया, फिर नाटक पीछे छूट गया, अखबार पीछे छूट गया या सामान्यतः साहित्य पीछे छूट गया और टीवी-कंप्यूटर जैसे नए सभ्यतागत उपकरणों के जरिए नए सांस्कृतिक रूप आ गए। भिन्न संस्कृतियों के बीच एक ही सभ्यता पनपती दिख सकती है। संस्कृतियों की भिन्नता से सभ्यता में विविधता नहीं आती। अमेरिकी और भारतीय संस्कृतियों में भिन्नता है, पर इनके सभ्यतागत उपकरणों की समानता इनकी सभ्यताओं में भी समानता ला रही है। उल्लेखनीय है कि सभ्यता का अनुकरण आसान होता है, जबकि एक भिन्न संस्कृति से तालमेल मुश्किल होता है। इसी तरह कहा जाता है कि संस्कृति हर समाज की वास्तविकता है, कोई-न-कोई संस्कृति हर समाज में होती है, पर हरेक के पास सभ्यता नहीं होती। सभ्यता के उपकरणों का निर्माण बौद्धिक-तकनीकी कुशलता और अन्य किस्म की क्षमताओं पर निर्भर है।

मैक्समूलर ने अपने व्याख्यानों 'भारत हमें क्या सिखा नहीं सकता है?' में कहा था, 'भारत हमें ऐसी कोई बात नहीं सिखा सकता जो हम नहीं जानते या फिर वह जो बता सकता है, वस्तुतः उसे हम जानना नहीं चाहते।' उसका कहना था कि ऋग्वेद से हमें अपनी प्राचीन आर्य नस्ल के इतिहास एवं कल्पनाओं का ज्ञान होता है, भारत की शेष चीजें व्यर्थ हैं।

सभ्यता को बाह्य भौतिक निर्भरता, विभिन्न संस्कृतियों को हजम करने की क्षमता और बौद्धिक श्रेष्ठता से जोड़ना पश्चिमी मस्तिष्क का काम है जो बौद्धिक उपनिवेशन के कारण आज की भारतीय सोच में भी झलक सकता है। सभ्यता और संस्कृति के बीच विभाजन की सारी अवधारणाएं ही उपनिवेशवाद के जमाने की देन हैं, जब दुनिया की कई संस्कृतियों को सभ्यताविहीन या बर्बर मानते हुए कुछ पश्चिमी देश 'सभ्यता के मिशन' पर थे और अपने उपनिवेशों को 'व्हाइट मेंस बर्डन' मानते थे। उनके द्वारा सभ्यता और संस्कृति के बीच किए गए विभाजन के मूल में

यूरोपकेंद्रिक और नस्लवादी सोच थी।

सभ्यता को संस्कृति के श्रेष्ठ, व्यापक और गतिशील मानते हुए उसे भौगोलिक तर्क से भी सुसज्जित किया गया। एल्सवर्थ हंटिंग्टन (1876-1947) ने यह धारणा दी कि मेसोपोटामिया, ग्रीस, पेलेंस्टाइन, चीन आदि की कई श्रेष्ठ प्राचीन सभ्यताएं इसलिए विलुप्त हो गईं कि वहां की जलवायु और मिट्टी खराब है। अंततः पश्चिम की सभ्यता दुनिया में सर्वश्रेष्ठ साबित हुई, क्योंकि यहां की जलवायु और मिट्टी अच्छी है। (सिविलाइजेशन एंड क्लाइमेट)। ब्रिटिश इतिहासकार आर्नल्ड टॉयनबी यह तो मानते थे कि जिंदगी की अधिक कठिनाइयों और बाधाओं का सामना करने से ही श्रेष्ठतर संस्कृति का जन्म होता है, उनकी दृष्टि में वस्तुतः इसी वजह से पश्चिमी उपलब्धियां दुनिया की सभी संस्कृतियों से श्रेष्ठ हैं।

ओसवाल्ड स्पेंग्लर ने 'द डिक्लाइन ऑफ द वेस्ट' में संस्कृति को जन्म से लेकर वार्धक्य तक चार ऋतुओं में बांटकर देखा था—जन्म (वसंत), यौवन (गर्मी), वार्धक्य (शरद) और मृत्यु (शीत)। सभी संस्कृतियां, जब उनके सिद्धांत खंडित हो जाते हैं, अपनी वृद्धावस्था में 'सभ्यता' में रूपांतरित हो जाती हैं और तब बड़े नगर बनते हैं, साम्राज्यवाद पनपता है, निरंकुशता जन्म लेती है, राजनीतिक घूसखोरी फैलती है आदि। उन्होंने सारी चीजों को एक नए कोण से देखते हुए पश्चिम के पतन को संस्कृति के सभ्यता में रूपांतरण की शक्ल में देखा। पश्चिम के कई बुद्धिजीवियों ने आत्मचिंतन करते हुए सवाल किया, 'क्या हम सभ्य हैं?'

पश्चिमी सभ्यता की श्रेष्ठता के तर्क चाहे जिस रास्ते से विकसित किए गए हों, उनका मुख्य मकसद दुनिया में पश्चिमी सभ्यता, पश्चिम के बाजार और पश्चिम की विश्वनीति और जीवन के पश्चिमी तौर-तरीकों, पश्चिमी कला-साहित्य का वर्चस्व स्थापित करना था। ऐसी ही अवधारणा का विकास अमेरिका के सैमुअल हंटिंग्टन ने अपनी किताब 'द क्लैश ऑफ सिविलाइजेशंस' (1996) में किया था। इसमें पश्चिमी सभ्यता ही टकराहटों के बाद अंततः बची रहने वाली और हर जगह स्थापित होने वाली सार्वभौम सभ्यता है। यह उनके लिए एक भयावह दृश्य है जो अपने विश्वासों, मूल्यों और जीवन-शैली के साथ स्वतंत्रतापूर्वक जीना चाहते हैं।

सभ्यता की स्वायत्त धारणा पूर्व के खिलाफ गढ़ी गई है और उन सभी के खिलाफ है, जो पश्चिमी उपनिवेशवाद से बाहर रहना चाहते हैं। क्या कोई सभ्यता संस्कृति के तत्वों के बिना हो सकती है और वह विकास कर सकती है? वस्तुतः विभिन्न संवेदनशील चिंतकों ने सभ्यता पर जब भी विचार किया, उसकी आलोचना की। उसे प्रश्नों से बेधा, क्योंकि वह संस्कृति से अलग, बड़ी और वर्चस्वी बनाकर उपस्थित की जा रही थी। प्रेमचंद ने एक कहानी में लिखा, 'सभ्यता केवल हुनर के साथ ऐब करने का नाम है। आप बुरे-से-बुरा काम करें लेकिन अगर आप उस पर पर्दा डाल सकते हैं तो आप सभ्य हैं, जेंटिलमैन हैं। अगर आपमें यह सिफत नहीं है तो आप असभ्य हैं, बदमाश हैं। यही सभ्यता का रहस्य है।' (सभ्यता का रहस्य)। मुक्तिबोध ने इसी उद्देश्य से 'सभ्यता समीक्षा' मुहावरे का इस्तेमाल किया।

दरअसल, उपनिवेशवाद को ही सभ्यता का पर्याय बनाकर उपस्थित किया गया था, जो उपनिवेशितों के लिए न कभी जीवन-मूल्य हो सकता था और न लक्ष्य। औपनिवेशिक सोच के पश्चिमी शोधकर्ता गैर-पश्चिमी देशों में आकर जो नृवैज्ञानिक या सांस्कृतिक अध्ययन करते थे, वे इन देशों की संस्कृतियों को बर्बरता का पर्याय समझकर करते थे। पिछले दशकों में जो सबाल्टर्न अध्ययन हुए या सांस्कृतिक अध्ययन की जो नई लहरें आईं, उन्होंने निम्नवर्गीय संस्कृतियों को उपनिवेशकों की तरह बर्बरता के पर्याय के रूप में नहीं देखा। उन्होंने इन्हें निश्चय ही सम्मान और उच्चता के भाव से देखा, पर निम्नवर्गीय संस्कृतियों को उपनिवेशवाद से ज्यादा राष्ट्र से टकराव के रूप में और निर्बुद्धिपरक ढंग से अलगाव में देखा। इस तरह उपनिवेशवाद और सबाल्टर्न अध्ययन दोनों ओर से ही सभ्यता के पक्ष में भारतीय संस्कृतियों का घटावकरण हुआ।

सभ्यता की तरह संस्कृति भी परिवर्तनशील है। यह बीहड़ों से आई है और अभी भी नहीं कहा जा सकता कि अब बाहर आ चुकी है। इसकी यात्रा बहुमुखी, सीमाहीन और अविशुद्ध है। यह एक मानवीय यात्रा है टकराहटों, संपर्कों और अंतर्मिश्रण से भरपूर। यदि कुछ भी संस्कृति है, वह कुछ गांवों, एक समुदाय, एक धर्म या एक देश के कुएं में नहीं रह सकती, क्योंकि उसे तो दस नए-नए रास्तों से लगातार अच्छा, परिष्कृत और मूल्यवान होना है। कोई भी सभ्यता संस्कृति के बिना सभ्यता नहीं है, वह औद्योगिक-तकनीकी प्रगति की जितनी भी ऊंचाई पर हो। इसलिए सभ्यता और संस्कृति के बीच क्या फर्क है, यह देखने की जगह जरूरी है दोनों के संबंधों को पहचानना। हमने इतिहास से सीखा है, सभ्यता का उपयोग करो और संस्कृति पर भरोसा करो।

शंभुनाथ

अधिक जानकारी के लिए :
1. A Study of History : Arnold Toynbee, **2. The Decline of The West :** Oswald Spenglar, **3. The Clash of Civilizations and the Remaking of World Order :** Samuel P Hantington

संस्कृति, उप-संस्कृति, सह-संस्कृति

संस्कृति शब्द का जिस अर्थ में आजकल प्रयोग होता है, उसका इतिहास ज्यादा पुराना नहीं है। वस्तुतः अंग्रेजी शब्द 'कल्चर' को समझने के लिए ग्रीक शब्द 'बार्बेरियन' के शुरुआती अर्थ को ध्यान में रखना होगा। ग्रीक और फारसी लोगों के बीच दुश्मनी के स्रोतों को समझने के लिए हेरोडोटस ने गैर-ग्रीक समाजों की आस्था और मत-व्यवस्था के अध्ययन के लिए उन देशों का भ्रमण किया था। अध्ययन के बाद गैर-ग्रीक समाजों के लिए उन्होंने 'बार्बेरियन' शब्द का प्रयोग किया था, जिसका प्रयोग उस समय के ऐसे लोगों के लिए किया जाता था जिनकी भाषा, धर्म, जीवन-पद्धति तथा रीति-रिवाज ग्रीक लोगों से भिन्न थे। बाद में ग्रीक लोगों ने इसका प्रयोग क्रूर तथा गंवार (रूड) के लिए किया। लैटिन में जब यह शब्द आया, इसका अर्थ 'असभ्य' या 'अनसिविलाइज्ड' और असंस्कृत या 'अनकल्चर्ड' था। अंग्रेजी में ग्रीक और लैटिन, दोनों के अर्थ को शामिल करते हुए समकालीन परिभाषा में बार्बेरियन का अर्थ 'जंगली' माना गया अर्थात जिसकी भाषा तथा रीति-रिवाज भिन्न हो (ऑक्सफोर्ड इंग्लिश डिक्शनरी)। उन्नीसवीं सदी में 'कल्चर' या 'संस्कृति' का अर्थ पश्चिमी सभ्यता का पर्यायवाची हो गया। अंग्रेजी नृवंशशास्त्री एडवर्ड बी टेलर ने 1871 में यह विचार दिया कि सभी समाज तीन चरणों से गुजरते हैं : 'सेबेजरी' (बर्बरता) से प्रारंभ होकर वे 'बार्बेरिज्म' (जंगली) की स्थिति में आते हैं और बाद में उनका पश्चिमी 'सभ्यता' में उत्कर्ष होता है। उन्नीसवीं सदी तक यूरोप में 'कल्चर' का अर्थ उच्चवर्गीय लोगों की आदतों, रीति-रिवाजों और रुचियों के समूह से होता था।

'कल्चर' के उपर्युक्त अर्थ में पाश्चात्य संस्कृति की श्रेष्ठता का भाव निहित है, यद्यपि सच यह है कि सभी संस्कृतियां अपनी रीति को सर्वश्रेष्ठ मानती हैं। आज 'संस्कृति' का अर्थ एक समूह के विचारों, अनुभवों, व्यवहार के नमूनों तथा उसकी अवधारणाओं, मूल्यों और जीवन के बारे में मान्यताओं से जुड़ा है। ये सब मिलकर किसी सामाजिक समूह के सदस्यों के जीवन को प्रभावित कर नई दिशा देते हैं। ऐसा भी हुआ है कि दूसरे सामाजिक समूहों के साथ संपर्क में आने पर संस्कृति विकसित हुई है। संस्कृति के तत्वों को 'प्रतीकों', 'अनुष्ठानों' (रिच्युअल), 'मूल्यों' और 'नायकों' के वर्गों में रखा जाता है। प्रतीकों का संबंध वाचिक तथा गैर-वाचिक भाषा से है। एक संस्कृति के अंतर्गत लोगों के आवश्यक सामूहिक क्रियाकलाप को 'अनुष्ठान' की श्रेणी में रखा जाता है। उनके 'मूल्यों' से तात्पर्य उन भावनात्मक आदर्शों से है जो अच्छे या बुरे, सुंदर या असुंदर, सामान्य या असामान्य की अवधारणा से संबंधित होते हैं। नायक या हीरो वास्तविक और काल्पनिक, दोनों होते हैं। वे एक संस्कृति के अंतर्गत समाज के व्यावहारिक प्रतिमान या मानदंड बनते हैं।

साहित्य तथा अन्य कलारूपों में मुख्यतः मिथक के रूप में होते हैं।

आज संस्कृति का प्रयोग जीवन के अर्थ और विचारों को जन्म देने वाली प्रणाली के रूप में किया जाता है। यह भी सच है कि सत्ता-संबंधों के द्वारा अर्थों को नियंत्रित किया जाता है। बहस की शर्तों और माध्यमों पर नियंत्रण आभिजात्य वर्ग का होता है। अतः वही वर्ग अर्थ को नियंत्रित करता है और गैर-आभिजात्य वर्ग के विचारों को 'रुचिहीन' और 'बेकार' करार दिया जाता है। 1960-70 के दशक में लोकप्रिय जन-संस्कृति की स्वीकृति के बाद गैर-आभिजात्य वर्ग के विमर्श को सम्मान मिलने लगा। अमेरिका की बोलिंग ग्रीन यूनिवर्सिटी के 'डिपार्टमेंट ऑफ पॉपुलर कल्चर' के द्वारा 1969 में स्थापित 'जर्नल ऑफ पॉपुलर कल्चर' ने इसे विशेष गति दी।

संस्कृति मानव जीवन और अस्मिता के पोषण तथा नियंत्रण का काम करती है, पर किसी भी संस्कृति में अनेक परतें होती हैं जिनसे मनुष्य के जीवन और अस्मिता का निर्माण होता है। कहा जा सकता है कि मानव सभ्यता में अधिक गतिशीलता आने के साथ उसका विभिन्न संस्कृतियों से कहीं स्वैच्छिक और कहीं बलात संपर्क बढ़ा। खासकर भूमंडलीकरण के दौर में देखा जा सकता है कि एक तरफ सांस्कृतिक सार्वभौमिकता है—कलाएं, जीवन-शैली, तकनीक और उपयोग के स्तर पर एकरूपता दिख रही है तो दूसरी तरफ आर्थिक विषमता की ज्यादा मार झेल रहे समाजों में 'उप-संस्कृति' (सब-कल्चर) अस्मिता की राजनीति के साथ उभर रही है। 'सबाल्टर्न' कल्चर की अवधारणा से जुड़े समाज-वैज्ञानिकों ने इसे खास महत्व दिया है और वर्चस्व के प्रतिरोध के रूप में रेखांकित किया है।

'उप-संस्कृति' के मुख्य आधार हैं निचले आर्थिक या सामाजिक दर्जे के लोग और पुराजातीय लोग। दरअसल, किसी देश में आर्थिक या सामाजिक दर्जा समय या समाज के आधार पर बदलता है। उदाहरण के लिए, भारत में अभी भी जाति या वर्ण ही सामाजिक दर्जे का द्योतक है, जबकि अमेरिका में आय से दर्जा तय होता है। पुराजातीयता (एथनिसिटी) शब्द से एक ही वंश या विरासत के लोगों के समूह का पता चलता है, जो पीढ़ी-दर-पीढ़ी एक ही विशिष्ट संस्कृति का पालन करते रहता है। एक अनुमान है कि बीसवीं सदी के अंतिम दशक में विश्व में लगभग पांच हजार पुराजातीय समूह थे। भारत में सामुदायिक बहुलता और सांस्कृतिक विविधता का एक अंदाजा 'एंथ्रोपोलॉजिकल सर्वे ऑफ इंडिया' की रिपोर्ट 'पीपुल्स ऑफ इंडिया' से चल सकता है। इसमें सजातीय विवाह, पेशा और सामाजिक बोध के आधार पर भारत के 4,635 समुदाय बताए गए हैं। ये समुदाय जाति या अल्पसंख्यकता, भाषाई और सांस्कृतिक विविधता या ऐतिहासिक उत्पत्ति की धारणाओं पर आधारित हैं। ये सभी समुदाय किसी-न-किसी स्थानीय संस्कृति से जुड़े हैं, जिनके भीतर पुनः उपसंस्कृतियां रेखांकित की जाती हैं। कहना न होगा कि संस्कृति की तरह उपसंस्कृति भी अस्मिता की राजनीति के आधार पर बनी एक नई समाजशास्त्रीय अवधारणा है। इस तरह अब समाज में भूमंडलीकरण के असर से सांस्कृतिक सार्वभौमिकता और उपसंस्कृति दोनों चीजें काम करने लगी हैं।

कुछ विद्वान संस्कृति के साथ 'उप' उपसर्ग को नहीं स्वीकारते, क्योंकि इससे एक स्तर पर उपसंस्कृति के निम्नस्तरीय तथा दोयम दर्जे की संस्कृति होने का भाव निहित होता है। उपसंस्कृति के विकल्प के रूप में 'सह-संस्कृति' (को-कल्चर) शब्द का प्रयोग किया जाता है, क्योंकि सह-अस्तित्व की स्थिति में कोई भी संस्कृति मूलतः दूसरी संस्कृति से श्रेष्ठ या निम्न नहीं होती।

प्रचलित उत्तर-आधुनिक लोकप्रिय संस्कृति (पोस्टमार्डन पॉपुलर कल्चर) का निर्माण रॉक म्यूजिक, एम टीवी तथा फिलिप डिक के 1968 में प्रकाशित उपन्यास 'डू एंड्रोयड्स ड्रीम ऑफ इलेक्ट्रिक शीप?' पर आधारित रिडले स्काट की फिल्म 'ब्लेड रनर' जैसी गतिविधियों द्वारा हुआ है। डिक हेबिज ने हाशिए के समूहों के द्वारा उत्पादित नए कला रूपों को 'उपसंस्कृति' की संज्ञा दी है। ये उपसंस्कृतियां

उच्च सांस्कृतिक रूपों द्वारा थोपे गए उनके वर्चस्व से खुद को बचाती हैं और प्रतिरोध करती हैं। इस प्रकार उपसंस्कृतियां सत्ता की संरचनाओं को बदल कर समाज तथा कला रूपों को हमेशा विकास की स्थिति में रखती हैं और किसी भी खास कला रूप तथा रीति को अन्यों से श्रेष्ठतर रूप में स्थापित होने या विशिष्ट दर्जा लेने नहीं देतीं।

अवधेश कुमार सिंह

संस्कृतिवाद

किसी समुदाय, राष्ट्र या समाज की संस्कृति में दो प्रकार के तत्व होते हैं : सार्वभौमिक मानवीय तत्व और स्थानीय एवं विशिष्ट पहचान के तत्व। पाश्चात्य देशों में, विशेषकर संयुक्त राज्य अमेरिका और पश्चिमी यूरोप में 'संस्कृतिवाद' (Culturalism) की अवधारणा पैदा हुई। इसने संस्कृति के सार्वभौम मानवीय तत्वों की जगह स्थानीय विशिष्ट तत्वों को केंद्र में रख दिया। जॉन के प्रेस का मानना है कि विकसित औद्योगिक देशों की बहुसंख्यक सांस्कृतियों को भी अपनी सांस्कृतिक पहचान–राष्ट्रध्वज, राष्ट्रगान एवं इतिहास–को सुरक्षित रखने, संवर्धित करने और दिशा-निर्देश करने का पूरा अधिकार है, जिस तरह अविकसित पूर्वी देशों को अपनी संस्कृतियों को सुरक्षित रखने, संवर्धित करने और दिशा-निर्देश करने का अधिकार है। संस्कृतिवाद के सिद्धांत के अनुसार, इस्लामिक देशों को धार्मिक राज्य होने या किसी देश को नस्लवादी होने का अधिकार है। संस्कृतियां स्पर्धा भी करती हैं। चीन आर्थिक रूप से संयुक्त राज्य अमेरिका से स्पर्धा करता है, इस्लामिक कट्टरवाद अमेरिका की संस्कृति को नष्ट करना चाहता है एवं मेक्सिको अपना दक्षिण-पश्चिमी भाग फिर से लेना चाहता है, जिसका विरोध करना संयुक्त राज्य अमेरिका अपना अधिकार समझता है।

संस्कृतिवाद में यह धारणा भी है कि पश्चिमी देशों में से प्रत्येक की अपनी-अपनी 'विशिष्ट पारंपरिक मूल संस्कृति' है, जिसे वे किसी भी कीमत पर खोना नहीं चाहते और न ही उसमें अन्य संस्कृतियों का हस्तक्षेप चाहते हैं। पश्चिमी देशों को लगता है कि वे यदि खुद अपनी संस्कृति का दिशा-निर्देश नहीं करेंगे तो उनके देश में आपराधिक गिरोहों का बोलबाला हो जाएगा। संस्कृतिवाद यह भी मानता है कि 11 सितंबर 2001 को न्यूयॉर्क की आतंकवादी घटना, 2016 में ओरलैंडो की आतंकवादी घटना आदि के बाद विकसित पश्चिमी देशों को सतर्क हो जाना चाहिए क्योंकि विश्व की अन्य संस्कृतियां पश्चिमी मूल्यों–लोकतंत्र, व्यक्तिवाद, अभिव्यक्ति की स्वतंत्रता, धार्मिक स्वतंत्रता जैसे मानवाधिकार, महिलाओं के अधिकार, समलैंगिकों के अधिकार, धर्मनिरपेक्षता आदि में विश्वास नहीं करती हैं। इसलिए पश्चिमी संस्कृति की विशिष्ट पहचान को बचाना जरूरी है।

संस्कृतिवाद आव्रजन कानूनों एवं नियमों को सख्त करने तथा बाहर से आने वाले व्यक्तियों की गहन छानबीन करने के पक्ष में होता है। इसे वह 'कल्चरल प्रोफाइलिंग' की संज्ञा देता है, साफ-साफ रंगभेद नहीं कहता। इसके अनुसार, पश्चिमी देशों की राष्ट्रीय सुरक्षा के लिए सांस्कृतिक भिन्नताओं को जानना जरूरी है। संस्कृतिवादी चिंतक संयुक्त राज्य अमेरिका को आव्रजकों का देश मानने के बजाय नई बस्ती बसाने वालों और चुने गए आव्राजकों की संतानों का देश मानते हैं। ईसाई शुद्धतावादियों (प्युरिटन्स) के समय से संयुक्त राज्य अमेरिका संस्कृतिवादी राष्ट्र होने के कारण नैतिक पतन की बाबत चिंता करता रहा है। संस्कृतिवाद के अनुसार, पश्चिमी देशों ने विश्व को जो कुछ दिया है, उस पर उन्हें गर्व होना चाहिए, न कि शर्मिंदा या अपने को दोषी महसूस करना चाहिए। पश्चिमी संस्कृतिवाद का मानना है कि उनकी परियोजना में पश्चिम के सांस्कृतिक अधिकारों के कानूनों को सख्ती से लागू करना, दोहरी नागरिकता खत्म करना, प्रवासियों द्वारा अपने पैतृक घरों को धन भेजना बंद करना और अंग्रेजी का लगभग सभी संदर्भों में प्रयोग करना शामिल है। कहा जाता है कि पश्चिमी देशों के विद्यालयों में यह पढ़ाया जाना चाहिए कि पश्चिम ही उत्कृष्ट है, क्योंकि सभी संस्कृतियों को समान कहना पश्चिम

की एकता, उसके मिशनरी भाव और नैतिकता की क्षमता को कम करके आंकना है।

संस्कृतिवाद का असर विकासशील एवं अविकसित देशों पर पड़ा है, जहां बहुसंख्यक संस्कृति को बढ़ा-चढ़ाकर शुद्धतावादी रूप में प्रस्तुत किया जाता है। इसका लक्ष्य संस्कृति को अतीतोन्मुखी और प्रतिगामी बनाना है। संस्कृतिवाद अल्पसंख्यक समूहों तथा स्थानीय संस्कृति की उपेक्षा करता है। भारत में संस्कृति को सत्ता का राजनीतिक अस्त्र बनाना भी एक घटना है, इसके लिए सांस्कृतिक चिह्नों के जरिए पृथकतावादी राजनीति की जाती है। संस्कृति और संस्कृतिवाद एक चीज नहीं हैं।

सुभाष शर्मा

अधिक जानकारी के लिए :
1. Culturism-A Word, A Value, Our Future : John Kenneth Press, 2007, **2. New Cultural Studies :** Gargy Hall and Clare Birchall, 2009

संस्कृतीकरण

संस्कृतीकरण को एक खास तात्पर्य के साथ 'Culturisation' कहा गया है। इस प्रक्रिया में निम्न या मध्य जातियों के व्यक्ति ऊंची मानी जाने वाली जातियों के रीति-रिवाजों को मानने लगते हैं। एम एन श्रीनिवास ने इसे संस्कृतीकरण और सांस्कृतिक हिंदुत्व की प्रक्रिया कहा। यह धारणा उन्होंने 1950 के दशक में भारतीय समाज के आंतरिक रूपांतरणों का अध्ययन करने के बाद दी, जो काफी चर्चित हुई। संस्कृतीकरण को द्विज संस्कृति में शामिल होने की प्रक्रिया के रूप में देखा गया। उदाहरण के तौर पर, 'निम्न जाति' के कई लोगों का शाकाहार स्वीकार करना, जनेऊ धारण करना या अपना पुराना अवमाननापरक उपनाम बदलकर द्विजों का उपनाम धारण करना संस्कृतीकरण है। अपने को ब्राह्मण या क्षत्रिय घोषित करना संस्कृतीकरण का चिह्न है। विश्वकर्मा जाति के लोग अपने को ब्राह्मण बताने लगे, लोहार या नाई अपना उपनाम शर्मा लिखने लगे। श्रीनिवास का निष्कर्ष मुख्यतः दक्षिण भारत के कुर्गों के अध्ययन पर आधारित था। उन्होंने लक्षित किया था कि साधारण जातियों से आए लिंगायत समुदाय के लोगों ने कर्नाटक के समाज में काफी ऊंचा स्थान बना लिया है।

श्रीनिवास के अनुसार संस्कृतीकरण सिर्फ ऊंची मानी जाने वाली जातियों के रीति-रिवाजों और रुचियों को ही अपनाने भर का मामला नहीं है, बल्कि यह हिंदू संस्कृत ग्रंथों की कर्म, धर्म, पाप, माया, लीला, मोक्ष आदि धारणाओं और कुछ नए मूल्यों को अंगीकार करना भी है। श्रीनिवासन की उपर्युक्त अवधारणा की यह कहकर आलोचना हुई कि इससे न अतीत के सांस्कृतिक परिवर्तनों को समझा जा सकता है और न वर्तमान के परिवर्तनों को। इससे गैर-संस्कृत परंपरा से जुड़े समाज के परिवर्तनों की व्याख्या नहीं हो सकती, फिर संस्कृत परंपरा के भी अलग-अलग जगहों पर अलग-अलग स्थानीय रूप हैं।

मृत्युंजय श्रीवास्तव

अधिक जानकारी के लिए :
Social change in Modern India : M N Srinivas

संस्थानीकरण

संस्थानीकरण (Institutionalisation) किसी सांप्रदायिक मत, राजनीतिक विचारधारा, सामाजिक उद्देश्य या आचरण का किसी संगठन, सामाजिक व्यवस्था या संहिता में आकार पा जाना है। फलस्वरूप कोई विचार एक संस्था का रूप ग्रहण कर लेता है। कलाएं संस्था का रूप ले लेती हैं। इस तरह कोई मूल्य, प्रवृत्ति, कला-कौशल या उपलब्धि अपेक्षाकृत स्थायीत्व ग्रहण कर लेती है। संस्थानीकरण गैर-सरकारी और सरकारी, दोनों स्तरों पर पर संभव है। प्राचीन या आधुनिक महान व्यक्तित्वों पर शोध और उनके विचारों के प्रचार के उद्देश्य से संस्थाएं बनती हैं। धार्मिक व्यक्तित्वों के नाम पर मठ, आश्रम, सेवा-केंद्र और सांस्कृतिक प्रतिष्ठान स्थापित किए गए हैं। राजनेताओं और साहित्यकारों का संस्थानीकरण हुआ है।

संस्थानीकरण की प्रक्रिया विभिन्न धर्मों की शाखाएं बनने से शुरू हो गई थी। इसी कारण विभिन्न संप्रदाय बने। प्राचीन श्रम-विभाजन का संस्थानीकरण वर्ण-व्यवस्था है। मंदिर, मस्जिद, गिरजा, गुरुद्वारा और पवित्र तीर्थ धर्म के संस्थानीकरण के रूप हैं। उद्योगीकरण और लोकतंत्र ने पहले से अलग राह पकड़कर सार्वजनिक संस्थाओं का निर्माण शुरू किया। निजी स्तर के अलावा सरकारी स्तर पर भी संस्थाएं बननी शुरू हुईं जो सोद्देश्य बनी थीं। ज्ञान को सोद्देश्य स्थापित करने का एक अर्थ ज्ञान को रिड्यूस या सीमित करना भी माना गया है। इसलिए जब रॉयल एशियाटिक सोसाइटी की स्थापना पहले 1784 में कोलकाता में और 1823 में लंदन में हुई थी तो इसने एक तरफ बड़े स्तर पर खोजों का रास्ता प्रशस्त किया तो दूसरी तरफ प्राच्यवाद (ओरियंटलिज्म) की नींव भी रखी अर्थात पूर्व का पश्चिमी नजर से आविष्कार। माना जा सकता है कि संस्थानीकरण जहां संगठित रूप से विभिन्न तरह के शोध एवं सेवा-कार्यों को प्रोत्साहित करता है, वहीं यह ज्ञान की गतिशीलता और खुलेपन को नियोजित भी करता है। यह सकारात्मक उद्देश्य से शुरू होकर भी कालक्रम में नकारात्मक उद्देश्यों के साथ अपनी परिणति प्राप्त करता है।

इसलिए कहा जाता है कि बुद्ध, कबीर, मार्क्स, गांधी, अंबेडकर जैसे व्यक्तित्वों के संस्थानीकरण से उनकी विचारधारा का प्रचार हुआ तो कई बार ज्ञान में अवरोध भी पैदा हुए। कई विचारधारात्मक संघर्षों का संस्थानीकरण हुआ। विमर्शों को गैर-सरकारी संगठनों में समेटने की कोशिशें हुईं। संयुक्त परिवार और विवाह जैसी प्राचीन सामाजिक संस्थाएं दरकने लगीं, सह-जीवन जैसी नई संस्थाओं का उदय हुआ। ज्ञान का पुराने ढंग के विश्वविद्यालयों में दम घुटने लगा तो शिक्षा के निजीकरण ने कुछ विकल्प दिए। पत्रकारिता या मीडिया का विभिन्न व्यावसायिक घरानों में संस्थानीकरण हुआ। योग और अध्यात्म का संस्थानीकरण होने लगा, लोकतंत्र ने संस्थानीकरण को आम जनता तक पहुंचाने के सफल-असफल प्रयत्न किए। संस्थानीकरण से संबंधित ऐसी भी कुछ घटनाएं हैं जिनका संबंध सभ्यता के संकट से है।

हर संकट के दौर में इसका अतिक्रमण करते हुए आशा और उसके साथ एक नए विजन का जन्म होता है। इसलिए वि-संस्थानीकरण भी एक यथार्थ है जो ज्ञान और कर्म की जड़ता दूर करता है। यह संस्थाओं के भीतर रहते हुए घटित होता है और विद्रोह करते हुए बाहर आकर भी। इस तरह न विद्रोह का संस्थानीकरण कोई नई घटना है और न वि-संस्थानीकरण ही। दोनों एक ही समय मौजूद रह सकते हैं।

शंभुनाथ

संस्मरण

संस्मरण (Memoirs) किसी व्यक्ति, वस्तु, घटना, दृश्य आदि का आत्मीय और गंभीरतापूर्वक स्मरण है। संस्मरण साहित्य का आधार मनुष्य की स्मृति है। यह स्मृति घटना, वस्तु, दृश्य, यात्रा या व्यक्ति किसी के भी बारे में हो सकती है। स्मृति के सहारे जब लेखक रोचक, आत्मीय और आकर्षक ढंग से किसी चीज के बारे में लिखता है, तब वह संस्मरण साहित्य होता है। इसमें लेखक आमतौर पर स्वानुभूत विषय का यथावत अंकन न करके उसका पुनर्सृजन करता है। वस्तुतः संस्मरण लेखक अपने सामाजिक परिवेश के चतुर्दिक जीवन का सर्जन अपनी पूरी भावना और संवेदना के साथ करता है। इसलिए यह आत्मचरित से भिन्न है। हम जिनके साथ रहते, होते हैं और हमने जो जीवन जिया है, उन गुजरे क्षणों का चित्रण संस्मरण है। कई बार संस्मरण में ऐसी महत्वपूर्ण सूचनाएं होती हैं जो इतिहास में दर्ज नहीं हुई होतीं, पर ऐतिहासिक घटना से कम महत्वपूर्ण नहीं होतीं।

दरअसल, संस्मरण एक लचीली विधा है। स्मृतिचित्र, शब्द चित्र, रेखाचित्र भी संस्मरण साहित्य ही हैं। ये सब एक ही मानसिक स्फुरण स्मृति पर आधारित हैं। ये सभी विधाएं संस्मरण के विभिन्न रूप हैं। संस्मरण में व्यक्ति के स्मृतिचित्र पर अधिक ध्यान

दिया जाता है, जबकि अन्य में शिल्प की प्रधानता होती है। नगेंद्र कहते हैं, 'संस्मरण और रेखाचित्र में किसी प्रकार का विरोध नहीं है। वास्तव में उनकी जाति एक ही है : संस्मरण रेखाचित्र का एक प्रकार मात्र है, जिसमें किसी वास्तविक व्यक्ति का स्मृतिचित्र होता है।' (उभरी गहरी रेखाएं) फिर भी आत्मीयता, भावात्मकता, वास्तविकता, वैयक्तिकता, अतीत चित्रण आदि संस्मरण को एक स्वतंत्र विधा के रूप में स्थापित करते हैं। हिंदी संस्मरणों में चित्रोपमता के गुण मिलते हैं, जिससे इन्हें रेखाचित्र समझ लिया जाता है। इसमें लेखक संवेदनशीलता के साथ किसी व्यक्ति या वस्तु का चित्रण एक चित्रकार या फोटोग्राफर की तरह करता है।

संस्मरण में लेखक अपने जीवन की उस घटना का चित्रण करता है, जिसे वह नहीं भूल पाता। इस तरह इसमें वैयक्तिकता होती है। इसमें लेखक का अपना जीवन भी आ जाता है। महादेवी वर्मा कहती हैं, 'इन स्मृतियों में मेरा जीवन भी आ गया है। यह स्वाभाविक भी था।' (अतीत के चलचित्र) संस्मरण में किसी घटना या व्यक्ति के जीवन के किसी स्वतःस्फूर्त और महत्वपूर्ण खंड का चित्रण होता है। इस तरह इसमें जहाँ व्यक्ति विशेष का वैशिष्ट्य साकार हो उठता है, वहीं वे परिस्थितियां भी स्पष्ट हो जाती हैं, जिनमें वह जीता है। संस्मरण एक कथात्मक साहित्य रूप लगता है पर इसकी कथा वास्तविक होती है। इसमें जीवन के कटु और मधुर सभी पक्षों का चित्रण होता है।

1907 में बालमुकुंद गुप्त का प्रतापनारायण मिश्र पर लिखा संस्मरण हिंदी का पहला संस्मरण कहा जाता है। बाद में इन्हीं के द्वारा हरिऔध पर केंद्रित 'हरिऔध के संस्मरण' में 15 संस्मरण हैं। संस्मरण दो तरह के होते हैं—रेमिनिसेंस और मेमॉयर। इन्हें संस्मरण और स्मृतियां कहा जा सकता है। पहले में एक लेखक दूसरे लेखक के बारे में लिखता है और दूसरे में अपने बारे में। द्विवेदी युग में संस्मरण विधा को एक नई धार मिली। महावीर प्रसाद द्विवेदी के 'अनुमोदन का अंत', 'सभा की सभ्यता', 'विज्ञानाचार्य बसु का विज्ञान मंदिर' अच्छे संस्मरण हैं। पद्मसिंह शर्मा ने 'पद्म पराग' के जरिए संस्मरण साहित्य में विशेष योगदान किया। द्विवेदी-युग में कवि वचन सुधा, हिंदी प्रदीप, सरस्वती, मतवाला, विशाल भारत, सुधा, माधुरी आदि पत्रिकाओं में प्रसिद्ध साहित्यिक व्यक्तियों पर कई संस्मरण लिखे गए। इनमें संबद्ध व्यक्ति के चरित्र, स्वभाव, पारिवारिक-सामाजिक परिवेश, साहित्यिक अभिरुचि आदि का आत्मिक वर्णन है। उस समय के अन्य प्रमुख संस्मरण लेखक बालमुकुंद गुप्त, श्यामसुंदर दास, रूपनारायण पांडेय और वृंदावनलाल वर्मा हैं।

श्रीराम शर्मा का 'बयालीस के संस्मरण' छायावादी युग के चर्चित संस्मरण हैं। 'अतीत के चलचित्र', 'स्मृति की रेखाएं', 'पथ के साथी', 'स्मारिका' और 'मेरा परिवार' लिखकर महादेवी ने संस्मरण-विधा को समृद्ध किया। बाद के संस्मरण लेखकों में रामवृक्ष बेनीपुरी, यशपाल, बनारसीदास चतुर्वेदी, सच्चिदानंद हीरानंद वात्स्यायन अज्ञेय, हरिवंश राय बच्चन, जैनेंद्र कुमार, महादेवी वर्मा, रामधारी सिंह दिनकर, प्रभाकर माचवे, उपेंद्रनाथ अश्क, विष्णु प्रभाकर, कमलेश्वर आदि उल्लेखनीय हैं।

जैनेंद्र कुमार के 'ये और वे', अज्ञेय के 'स्मृति लेखा' में विभिन्न साहित्यकारों पर आत्मीय एवं अनूठे संस्मरण हैं। प्रसिद्ध व्यक्तियों और साहित्यकारों के अतिरिक्त जन-सामान्य पर भी संस्मरण लिखे गए, जिनमें रामवृक्ष बेनीपुरी की 'माटी की मूरतें' और 'गेहूं और गुलाब' तथा महादेवी वर्मा की 'स्मृति की रेखाएं' और 'अतीत के चलचित्र' उल्लेखनीय हैं। 'सरस्वती' पत्रिका में 'मनोरंजक संस्मरण', 'नई धारा' में 'मुझे याद है', 'धर्मयुग' में 'एक दिन की बात', 'अविस्मरणीय', 'जब मैं सोलह साल की थी' आदि शीर्षकों के तहत संस्मरण प्रकाशित हुए जिनमें चिकित्सा, खेल, फिल्मजगत, अध्यापन आदि से जुड़े लोगों के ढेरों संस्मरण हैं। इनके अलावा अभिनंदन तथा स्मृति ग्रंथों में संस्मरण संकलित होते रहे हैं।

आजकल संस्मरण बहुत लिखे जा रहे हैं। एक तरह से यह विधा नए तरह से लोकप्रिय हुई

है। अपने अतीत को बयान करने की ललक जोर पकड़ती जा रही है। इसकी अभिव्यक्ति भी अन्य विधाओं जैसी कठिन नहीं होती। विश्वनाथ त्रिपाठी (नंगातलाई का गांव), रवींद्र कालिया (गालिब छुटी शराब), काशीनाथ सिंह (याद हो कि न याद हो, आछे दिन पाछे गए) आदि ने जो संस्मरण लिखे हैं, वे चर्चित हुए हैं और कुछ ने विवाद भी पैदा किया है। ज्ञानप्रकाश विवेक ने कहा है कि संस्मरण शायद वही लिख सकता है जिसके पास अतीत को जिंदा करने या रखने की ताकत हो, जिसके पास शिद्दत की स्मृतियां हों और उन स्मृतियों में अधबुझी राख की आंच भी हो। माना जाता है कि संस्मरण वही लिख सकता है जिसके पास पीछा करता वक्त हो, जो बार-बार पलटकर देखने के लिए मजबूर करता हो।

उर्मिला जैन, ब्रजकिशोर झा

अधिक जानकारी के लिए :
संस्मरणों की दुनिया : (सं.) मानिक बच्छावत, समकालीन सृजन, 2012

संहिता

प्राचीन भारतीय साहित्य में संहिता पद का प्रयोग मुख्यतया दो संदर्भों में होता है—वैदिक वाङ्मय के मूल ग्रंथों के प्रसंग में और व्याकरण विषयक पद विभाग के प्रसंग में। दोनों का परस्पर घना संबंध है। पाणिनि ने संहिता का लक्षण दिया है, 'वर्णों का अत्यंत सामीप्य संहिता कहलाता है अर्थात वर्णों की अतिशय सन्निधि का नाम संहिता है।' (पाणिनीयसूत्र 1.4.109)। पदों के सामीप्य से संहिता बनती है। यास्क ने निरुक्त में संहिता को पदों की प्रकृति कहा है। (1.20) पदों से ही संहिता बनी है अथवा संहिता से पद बने हैं, यह मतभेद का विषय है। टीकाकार दुर्गाचार्य ने इस संबंध में स्पष्टीकरण देते हुए कहा है, 'संहिता को ही मुख्य कारणता देनी चाहिए, क्योंकि यज्ञ-कर्मों में संहिता से ही मंत्रों का विनियोग होता है, पदों से नहीं।'

वेद के प्रसंग में संहिता शब्द का सामान्य अर्थ संकलन से है। ऋक् मंत्रों के संग्रह को ऋक्संहिता, यजुष के संग्रह को यजुः संहिता और सामन् के संग्रह को सामसंहिता कहते हैं। चतुर्थ वेद की संहिता है—अथर्व संहिता। इन चारों संहिताओं को ही सामान्य रूप से क्रमशः ऋग्वेद, यजुर्वेद, सामवेद और अथर्ववेद कहते हैं। छंद, मंत्र, ऋति, निगम इत्यादि नामों से भी वैदिक संहिताओं को जाना जाता है।

'संहिता' शब्द का प्रयोग मंत्रों के पाठ के संदर्भ में भी किया जाता है। मंत्रों के प्रकृत उपलब्ध पाठ को 'संहिता पाठ' कहते हैं, जबकि पदपाठ में मंत्र के एक-एक पद को पृथक करके पढ़ते हैं। सहस्रों वर्षों के बीतने पर भी संहितागत मंत्रों में आज तक कोई प्रक्षेप या परिवर्तन संभव नहीं हुआ। कुछ पाठों का अभ्यास अभी भी वैदिक विद्वान करते हैं।

वैदिक वाङ्मय के अंतर्गत चार वेदों में चार प्रकार के ग्रंथ उपलब्ध होते हैं : संहिता, ब्राह्मण, आरण्यक और उपनिषद। वेदांग ग्रंथ भी चार वेदों के अंतर्गत विभाजित हैं। प्रत्येक वेद के मंत्रों की संहिता प्रारंभ में एक थी, परंतु अध्ययन-प्रसार के कारण कालांतर में उसकी अनेक शाखाएं हो गईं। मंत्रों का शाखाओं में न्यूनाधिक्य, पौर्वापर्य, पाठ-व्यतिक्रम, उच्चारण-भेद और अनुष्ठान विधि का पार्थक्य शाखा भेद का कारण बना। फलतः एक वेद की संहिता एक या अनेक रूपों में उपलब्ध होती है। वर्तमान में निम्नलिखित शाखाओं के संहिताग्रंथ उपलब्ध हैं :

1. ऋग्वेद संहिता (शाकल–एक शाखा)
2. शुक्लयजुर्वेद संहिता (माध्यंदिन और काण्व–दो शाखाएं)
3. कृष्ण-यजुर्वेद संहिता (तैत्तिरीय, मैत्रायणीय, कठ (काठक) और कपिष्ठल-कठ–चार शाखाएं)
4. सामवेद संहिता (कौथुमीय, राणायणीय, जैमिनीय–तीन शाखाएं)
5. अथर्ववेद संहिता (शौनक और पिप्पलाद–दो शाखाएं)

इस प्रकार वर्तमान में चार वेदों की बारह संहिताएं उपलब्ध हैं। इनमें से कुछ शाखागत संहिता

अपेक्षाकृत कम प्रचलित हैं और कुछ अपूर्ण हैं। इनमें ऋग्वेद की शाकल शाखा की संहिता को विश्व साहित्य में प्राचीनतम होने का गौरव प्राप्त है। यही कारण है कि यूनेस्को द्वारा ऋग्वेद को प्राचीन समृद्ध धरोहर की सूची में सम्मिलित किया गया है।

प्राचीन भारतीय ज्ञान-परंपरा की गंगोत्री वेद संहिताएं हैं। इनको अंतस्तल की पवित्रता, परम शांति और विश्वबंधुत्व से जोड़कर देखा जाता है।

शशि तिवारी

अधिक जानकारी के लिए :

1. निरुक्त : यास्क (संपा.) छज्जूराम शास्त्री, 1985, **2. वैदिक साहित्य एवं संस्कृति :** कपिलदेव द्विवेदी, 2000, **3. वैदिक साहित्य और संस्कृति :** बलदेव उपाध्याय, 1958

सआदत हसन मंटो

(1912–1955)

सआदत हसन मंटो उर्दू के एक बड़े अफसानानिगार थे, जो अपनी विवादास्पद कहानियों के लिए ज्यादा जाने जाते हैं। हालांकि उनके साहित्य में फन और फिक्र की गहरी एकता है। उन्हें 'टोबा टेक सिंह' कहानी के लिए विशेष

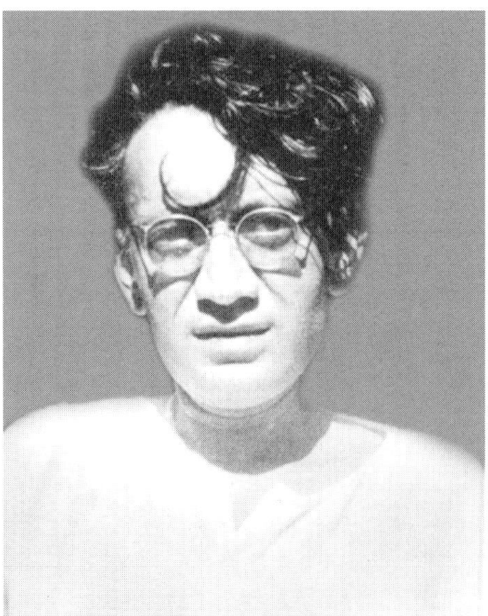

सआदत हसन मंटो

रूप से जाना जाता है और कुछ ऐसी कहानियों के लिए भी जो अश्लील मानी गईं। एक बार मंटो से जब एक इज्जतदार आदमी ने कहा कि सभ्य समाज में किसी के मरने के बाद नियम होता है कि उसे अच्छे अल्फाज के साथ याद किया जाए, इस पर मंटो ने जवाब दिया कि मैं ऐसी दुनिया, मुल्क और समाज को लानत भेजता हूं, जहाँ यह उसूल हो कि मरने के बाद उसके किरदार को लांडरी में भेज दिया जाए! मंटो ऊपर से दागदार दिखते हों, भीतर से उनकी आत्मा बेहद धुली हुई थी। वे ऊपर से बेलगाम दिखते हों, भीतर उन पर सच्चाई की लगाम थी।

मंटो अदब को बनावटी खानों में बांटकर नहीं देखते थे, 'अदब या तो अदब है वरना अदब नहीं है। आदमी या तो आदमी है या आदमी नहीं है; गधा है, मकान है, मेज है या और कोई चीज है।' उस जमाने में तरक्कीपसंद साहित्य को लेकर सवाल उठते थे, कौन-सा साहित्य प्रगतिशील है और कौन-सा नहीं। मंटो तरक्कीपसंद अफसानानिगार माने जाते थे, लेकिन उन पर आधुनिक नजरिए का भी असर था। मंटो की रचना-शैली का रिश्ता उनकी जीवन-शैली से है। उनकी जीवन-शैली मुख्य रूप से विद्रोह की थी। उन्हें समाज के रीति-रिवाज, नैतिक अभिभावकपन और आदर्शवाद की बातें नापसंद थीं, क्योंकि इनके भीतर इंसानियत, खासकर औरत, पर जुल्म का एक लंबा इतिहास छिपा था। वह अपने हर बात-व्यवहार में विद्रोही थे। उन्होंने इज्जतदार और सफेदपोश व्यक्तियों पर हमला व्यक्तिगत दुश्मनी की वजह से नहीं किया, बल्कि ताकतवरों की 'इज्जत' और उनकी 'सभ्यता' पर जो मुलम्मा चढ़ा हुआ था, उसे खरोंचा। इसने हलचल मचा दी। मंटो का मकसद सनसनी पैदा करना नहीं था। वे बदलते जमाने के दर्द और टीस को अपने मन पर, आत्मा पर झेल रहे थे। वह अफसाना नहीं लिख रहे थे, नई हकीकतों की आग में अपने को भून रहे थे। वह एक जमाना था, जब लेखक सच्चाइयों के लिए हर क्षण मरता था और मरने में ही जीता था।

दुनिया का कोई दंगा औरत से पूछकर नहीं होता। औरत का जिस्म भी उससे पूछकर कुरुक्षेत्र या

कारगिल नहीं बनता। मंटो ने औरत में हमेशा उस औरत को देखा, जो सभ्यता की नजर में गिरकर भी सभ्यता की सबसे ऊंची चोटी पर होती है। उन्होंने इंसान को कभी पुराने नजरिए से 'काले और सफेद' में बांटकर नहीं देखा, बल्कि इस पर गौर किया कि एक 'बुरे' में भी जीने और इंसानियत की सूरत गढ़ने की गहरी ख्वाहिश हो सकती है। इसलिए उनके चरित्र इकहरे और सपाट न होकर बहुपरतीय हैं। मंटो बदनाम हुए हों, पर उन्होंने अपने अफसानों में औरत की इज्जत बढ़ाई है। उन्होंने आदमी का यह आत्मविश्वास मजबूत किया है कि इंसानियत के खंडहर में किसी-न-किसी शक्ल में रौशन देवात्मा बैठी हो सकती है।

मंटो पर पाकिस्तान में मुकदमे चले। वह बंटवारे के बाद पाकिस्तान चले गए थे। मंटो का कहना था, 'नए अदब ने जिंसी मिसाइल पैदा किया है, नहीं, जिंसी मिसाइल ने नए अदब को पैदा किया है।' उस जमाने में इस पर बहस चली कि साहित्य में क्या अश्लील है, क्या नहीं। हिंदुस्तान में ही नहीं, पश्चिमी दुनिया में भी इस मुद्दे पर मुकदमे चले और नैतिक अभिभावक अपने बर्बर रूप में सामने आए। मंटो की या ऐसे लेखकों की मुकदमे में जब भी हार हुई, जीत उस सभ्यता की हुई जो खुद बेहद अश्लील हो चुकी थी।

मंटो के चर्चित कहानी संग्रह हैं 'टोबा टेक सिंह' और 'ठंडा गोश्त'। उनके लिए संप्रदायवाद का विरोध उनके शहरी आभिजात्य का हिस्सा नहीं था। वह एक गहरे अफसोस से उपजा था। मंटो में इंसान को लेकर एक गहरे किस्म का दर्द था, 'ह्यूमन एगोनी' थी। उन्होंने लिखा है, 'दुख ही इंसानियत की किस्मत है। दुख ही सआदत हसन मंटो है। यह दुख ही आप हैं। यह दुख ही सारी दुनिया है।' इसी 'ह्यूमन एगोनी' से निकली थीं मंटो की सारी कहानियां। उनकी कहानियों में हास्य कम नहीं है। यह ट्रैजिक हास्य है, जो हँसने से ज्यादा रुलाता है।

शंभुनाथ

सखाराम गणेश देउस्कर
(1869-1912)

सखाराम गणेश देउस्कर भारतीय नवजागरण के महत्वपूर्ण विचारक थे। उनके चिंतन और लेखन में स्थानीयता और अखिल भारतीयता का अद्भुत मेल है। देउस्कर का जन्म 17 सितंबर 1869 को देवघर के पास करौं गांव में हुआ था। अठारहवीं शताब्दी में उनके पूर्वज महाराष्ट्र के देउस गांव से आकर देवघर में बस गए थे। देउस्कर की शिक्षा देवघर में ही संपन्न हुई। सन 1891 में हाई स्कूल की परीक्षा पास कर 1893 में वे राजेंद्र मित्र स्कूल में शिक्षक नियुक्त हुए और राजनारायण बसु के संपर्क में साहित्यिक-सांस्कृतिक गतिविधियों में सक्रिय हुए। 1894 में देवघर के तत्कालीन कलेक्टर मिस्टर हार्ड के अन्याय का विरोध करते हुए उन्होंने 'हितवादी' अखबार में कई लेख लिखे, जिसके कारण देवघर के कलेक्टर ने उन्हें स्कूल से निकालने की धमकी दी। इस घटना के बाद देउस्कर ने नौकरी से त्यागपत्र दे दिया और कोलकाता से प्रकाशित 'हितवादी' अखबार में काम करने लगे। वे बाद में 'हितवादी' के संपादक भी हुए। 1907 में सूरत कांग्रेस अधिवेशन में गरम-नरम दल के विभाजन के समय 'हितवादी' समूह के संचालकों ने नरम दल के प्रति राजनीतिक सहमति की दृष्टि से देउस्कर जी से कहा कि वे बालगंगाधर तिलक के खिलाफ संपादकीय लिखें। तिलक की वैचारिकी और राजनीतिक प्रतिबद्धता के प्रति निष्ठा व्यक्त करते हुए देउस्कर ने संपादकीय लेख लिखने से मना कर दिया। इसके बाद वे राष्ट्रीय शिक्षा के उद्देश्य से स्थापित नेशनल कॉलेज, कलकत्ता में बांग्ला और इतिहास के अध्यापक नियुक्त हुए। यह कॉलेज श्री अरविंद घोष ने स्थापित किया था, जहां विनय कुमार सरकार, राधाकुमुद मुखर्जी और बाबूराव विष्णु राव पराड़कर भी अध्यापन-कार्य करते थे।

सखाराम गणेश देउस्कर भारतीय नवजागरण के अन्य सेनानियों की तरह निर्भीक पत्रकार और

श्रेष्ठ विचारक थे। उनके लेखन की बुनियादी चिंता देश की पूर्ण स्वाधीनता थी। बंगाल और हिंदी प्रदेश की बौद्धिक कड़ी को जोड़ने वाले वे अटूट कड़ी थे। माधव प्रसाद मिश्र, मुकुंदीलाल श्रीवास्तव, राधाकृष्ण मिश्र, अंबिका प्रसाद वाजपेयी तथा बाबूराव विष्णुराव पराड़कर जैसे नौजवानों को प्रेरित कर नवजागरण से जोड़ने का काम सखाराम गणेश देउस्कर ने किया था। अंग्रेजी राज-विरोधी आर्थिक-राजनीतिक लेखन कर देउस्कर जी ने हिंदीभाषी समाज में हलचल मचा दी थी। उन्होंने 'काशी के कंपनी बाग में बाबूराव विष्णु पराड़कर के हाथ में गीता और पिस्तौल देकर क्रांतिकारी दल की दीक्षा दी।' (पत्रकारिता और पराड़कर जी, लक्ष्मीशंकर व्यास)। 1907 तक सखाराम गणेश देउस्कर ने पत्रकारिता और साहित्य में अपना महत्वपूर्ण स्थान बना लिया था। 'महामति रानाडे' (1901),' 'झांसीर राजकुमार' (1901), 'बाजीराव' (1902), 'आनंदीबाई (1903)', 'शिवाजीर शिक्षा' (1904), 'शिवाजी' (1906), 'देशेर कथा' (1904), 'देशेर कथा–परिशिष्ट' (1907), तथा 'कृषकेर सर्वनाश' और 'तिलकेर मुकदमा' जैसी रचनाएं बहुचर्चित व बहुप्रशंसित हो चुकी थीं। 'देशेर कथा' की असाधारण ख्याति के कारण देउस्कर मात्र 35 वर्ष की आयु में लोकप्रियता के शिखर पर पहुंच गए थे। ब्रिटिश औपनिवेशिक दमन का विरोध करने और औपनिवेशिक लूट का मूल्यांकन करने वाले सखाराम गणेश देउस्कर की कई पुस्तकों पर सन 1908-09 में प्रतिबंध लग गया। उन्हें साहित्य-राजनीति के साथ-साथ घरेलू मोर्चे पर भी काफी संघर्ष करना पड़ा था। सन 1909 में उनकी पत्नी तथा एकमात्र पुत्र का अकस्मात निधन हो गया। इन आघातों से दुखी-निराशा देउस्कर नवंबर 1910 में अपने गांव करौं (देवघर) आ गए और वहीं रहने लगे। 23 नवंबर 1912 को 43 वर्ष की आयु में अपने गांव में ही उनका निधन हो गया।

सखाराम गणेश देउस्कर की रचनाओं में 'देशेर कथा' असाधारण महत्व की कृति है। देउस्कर ने अपनी किताब की प्रस्तावना में लिखा है, 'राष्ट्रीय सभा के आरंभ किए हुए काम में सहायता करने के उद्देश्य से यह किताब प्रकाशित की गई।' इस पुस्तक के लिखने में उन्होंने जिन चार पुस्तकों से मदद ली थीं, वे विलियम डिग्वी की 'द प्रॉस्परस ब्रिटिश इंडिया' थीं, दादाभाई नौरोजी की 'पॉवर्टी एंड ब्रिटिश रूल इन इंडिया' और रमेशचन्द्र दत्त की 'द इकोनॉमिक हिस्ट्री ऑफ ब्रिटिश इंडिया' तथा 'इंडिया इन विक्टोरियन एज'। देउस्कर की पुस्तक का उद्देश्य देशी शिल्प-वाणिज्य की उन्नति, भारतवासियों की स्वाभाविक अधिकार प्राप्ति तथा कांग्रेस के कार्य में सहायता प्रदान करना था। 'देशेर कथा' की असाधारण ख्याति का अंदाज इस बात से लगाया जा सकता है कि 1904 से 1908 के बीच उसकी तेरह हजार प्रतियां बिक गईं। इस पुस्तक के प्रसंग में एक महत्वपूर्ण बात यह है कि प्रत्येक संस्करण में कुछ नई सामग्री जोड़ी जाती थी। पुस्तक का कलेवर बढ़ जाता था, लेकिन कीमत नहीं बढ़ाई जाती थी बल्कि दो बार कीमत कम की गई। 'देशेर कथा' ने किसी वैचारिक विस्फोट की तरह जनमानस को झकझोर दिया। 1910 में यह किताब प्रतिबंधित कर दी गई थी।

1908 में माधव प्रसाद मिश्र ने 'देशेर कथा' का पहला हिंदी अनुवाद 'देश की बात' नाम से किया था। लंबे समय के बाद 'देश की बात' के महत्व की पहचान की रामविलास शर्मा ने। उन्होंने लिखा, 'वे किसानों के आंदोलन को शेष जनता के आंदोलनों से अलग करके नहीं देखते। किसान अपने आप संगठित हों, अपने आप विद्रोह करें, इससे किसान चेतना शुद्ध बनी रहेगी, ऐसा विचार उनके मन में नहीं था। वह स्वदेशी आंदोलन के समर्थक थे।' (भारतीय संस्कृति और हिंदी प्रदेश)। रामविलास शर्मा ने सबाल्टर्न इतिहास-दृष्टि के साथ देउस्कर की इतिहास-दृष्टि की तुलना करते हुए कहा, 'उनकी पुस्तक में अंग्रेजी राज की असलियत का कच्चा चिट्ठा मौजूद था। वह नौजवानों को इस राज को खत्म करने के लिए बड़े आंदोलन चलाने की प्रेरणा देता था। इस तरह जो कुछ रणजीत गुहा और पार्थ चटर्जी की पुस्तकों में नहीं है, वह देउस्कर की पुस्तक में विद्यमान है और

उसकी प्रासंगिकता आज भी बनी हुई है।' (वही)। 'देश की बात' का पुनः प्रकाशन 2005 में मैनेजर पांडेय की भूमिका के साथ हुआ।

समीर कुमार पाठक

अधिक जानकारी के लिए :

1. देश की बात : सखाराम गणेश देउस्कर, **2. भारतीय संस्कृति और हिंदी प्रदेश :** रामविलास शर्मा

सखी संप्रदाय

सखी संप्रदाय, निंबार्क संप्रदाय की एक अवांतर शाखा है। इस संप्रदाय के संस्थापक स्वामी हरिदास पहले निंबार्क मत के अनुयायी थे, बाद में उन्होंने भगवत भक्ति के लिए वैष्णव मधुर उपासना अर्थात गोपीभाव को श्रेष्ठ साधन मानकर इस स्वतंत्र संप्रदाय की स्थापना की। यद्यपि इस संप्रदाय की शिष्य-परंपरा के पीतांबरदास, किशोरदास आदि ने अपने संप्रदाय को निंबार्क संप्रदाय के साथ मिलाने का भरसक प्रयास किया, किंतु अन्य शिष्यों, जैसे—बिहारिनदास, नागरीदास, सरसदास आदि ने सखी संप्रदाय को किसी अन्य पूर्ववर्ती संप्रदाय से न जोड़कर हरिदास से ही संबंधित माना। हरिदासी संप्रदाय के एक श्रेष्ठ वाणीकार एवं सिद्धांत-व्याख्याता रीतिकालीन कवि भगवतरसिक ने अपने संप्रदाय को 'द्वैताद्वैत' (निंबार्क सिद्धांत), 'विशिष्टाद्वैत' आदि से मुक्त बताया, 'नाही द्ववैताद्वैत हरि, न ही विशिष्टाद्वैत। बंधे नहीं मतवाद में, ईश्वर इच्छाद्वैत।'

सखी संप्रदाय के संबंध में एक भ्रांति इसे 'टट्टी संप्रदाय' समझना है। हरिदास से लगभग 200 वर्ष बाद ललितमोहिनी ने वृंदावन में एक स्थान पर चारों तरफ बांसों की टट्टी लगवाई थी, जिसके कारण यह स्थान 'टट्टी स्थान' के नाम से प्रसिद्ध हुआ था। इस 'टट्टी स्थान' का संबंध स्वामी हरिदास से जुड़ गया और सखी संप्रदाय को 'टट्टी संप्रदाय' कहा जाने लगा। 'टट्टी स्थान' एक स्थान मात्र है, संप्रदाय का स्वीकृत नाम 'सखी संप्रदाय' है।

माना जाता है कि स्वामी हरिदास का जन्म वृंदावन के निकट राजपुर गांव में हुआ था। वह अपने समय के महान संगीतज्ञ थे। प्रसिद्ध है कि अकबर के नवरत्न तानसेन इन्हीं के शिष्य थे। यह भी प्रसिद्ध है कि सम्राट अकबर भी हरिदास के दर्शन करने और उनका संगीत सुनने वृंदावन आए थे। स्वामी हरिदास ने अन्य आचार्यों की तरह किसी मतवाद की स्थापना नहीं की। उन्होंने अपने संप्रदाय के सामान्य नियमों का उल्लेख अपनी एक लघु पुस्तिका 'अष्टदश सिद्धांत' में किया है। वह राधा-कृष्ण के युगल स्वरूप के उपासक थे। उनके उपास्य राधा-कृष्ण हैं, किंतु उनके कृष्ण किसी एक खास समय या एक स्थान पर पैदा नहीं हुए। वे अनादि और अनंत प्रेम तत्व हैं। सृष्टि का एक ही नियत तत्व क्रीड़ा के लिए दो रूपों में प्रकट होता है—राधा और कृष्ण। इसलिए उन्होंने दार्शनिक खंडन-मंडन की उपेक्षा कर एकांतिक रूप से रस साधना को ही एक मात्र लक्ष्य मानकर सखीभाव से राधा-कृष्ण की मधुर प्रेम लीलाओं का प्रगल्भ वर्णन किया है। राधा-कृष्ण के नित्य विहार का वर्णन करते हुए उन्होंने केलिरत कृष्ण की लीलाओं के दर्शन का एकमात्र अधिकारी 'सखी' को माना। 'सखी' भाव को धारण करने वाले जीव ही इस उपासना पद्धति के अधिकारी बने। सखियां प्रेमलीलाओं की द्रष्टा भी हैं और भोक्ता भी। वृंदावन नित्य लीला धाम है, जहाँ ब्रह्म की शाश्वत लीला चल रही है। राधा और कृष्ण उसी के प्रतीक हैं। सखियां इच्छारूप हैं, जो अनुकूल परिवेश का निर्माण करती हैं और सखीभाव से लीला में सहायक होती हैं।

हरिदास के प्रेम-सिद्धांत ने भक्तिभावना को एक नई दिशा दी। कृष्ण का मधुर पक्ष भक्तों का आलंबन बन गया। कोई ऐसा वैष्णव संप्रदाय न बचा जिसने किसी-न-किसी रूप में गोपीभाव, सहचरीभाव, किंकरीभाव, मंजरीभाव, सखीभाव को न अपनाया हो। रसमूर्ति कृष्ण की उपासना के कारण हरिदास की छाप ही रसिक हो गई। वे भक्तों द्वारा ललिता सखी के अवतार माने गए, 'आचारज ललिता सखी, रसिक हमारी छाप'। सखी संप्रदाय का 'रूप और प्रेम का सिद्धांत' काव्य अनुरागियों के लिए मनचाहा

विषय था, जो काव्यशास्त्र और सौंदर्यशास्त्र के भी निकट था। इसने तत्कालीन भारतीय जीवन को एक दृढ़ सांस्कृतिक सूत्र में बांध दिया, जिसकी छाप रीतिकालीन साहित्य पर देखने को मिलती है।

हरिदास द्वारा लिखित केवल दो कृतियां प्राप्त होती हैं—'अष्टदश सिद्धांत' और 'केलिमाल'। 'अष्टदश सिद्धांत' या 'सिद्धांत के पद' में भक्ति के साधारण सिद्धांतों की विवेचना है। इसमें प्रभु को स्वतंत्र और जीव को प्रभु के आधीन माना है। जीवात्मा स्वभावतः चंचल है। अतः इस भवसागर से पार जाने के लिए उसे प्रभु का आलंबन लेना होगा। दूसरी रचना 'केलिमाल' में उन्होंने 110 पदों में कृष्ण की लीलाओं के अनेक मृदु चित्र अंकित किए। उनका काव्य वार्तालाप की शैली में है। ऐसा लगता है कि कोई प्रत्यक्ष है जिससे वह बात कर रहे हैं या कुछ घटित होते हुए देख रहे हैं। ध्रुवपद की विशेषता के कारण उनके पद की कुछ पंक्तियां छोटी हैं और कुछ बड़ी। हरिदास के अधिकतर शिष्य अच्छे कवि हुए। उनके शिष्यों की रचनाओं में ब्रजभाषा का सुंदर और परिमार्जित रूप व्यक्त हुआ है।

श्रुति

अधिक जानकारी के लिए :
1. ब्रजभाषा के कृष्णकाव्य में माधुर्य भक्ति की भूमिका : वासुदेव शरण अग्रवाल, **2. भक्तिकाव्य में सखीभाव :** श्यामबिहारी गोस्वामी

सगुण भक्तिकाव्य

हिंदी भक्तिकाव्य की निर्गुण धारा के विपरीत सगुण धारा की विशेषता को रेखांकित व्याख्यायित करते हुए आचार्य रामचंद्र शुक्ल लिखते हैं, 'सब सगुणमार्गी भक्त भगवान के व्यक्त रूप के साथ-साथ उनके उस अव्यक्त और निर्विशेष रूप का भी निर्देश करते आए हैं, जो बोधगम्य नहीं। वे अव्यक्त की ओर संकेत कर सकते हैं, उसके विवरण में प्रवृत्त नहीं होते हैं।' (हिंदी साहित्य का इतिहास)

सगुण भक्ति ईश्वर के सगुण रूप पर बल देती है। इसके आलंबन विष्णु के अवतार राम और कृष्ण हैं। इसकी जड़ें दक्षिण के आलवार वैष्णवों की साधना में है, जिसे शास्त्रसिद्ध आचार्यों ने दार्शनिक स्वरूप प्रदान कर लोकजीवन में प्रतिष्ठित किया। वे शास्त्रसिद्ध आचार्य थे—रामानुजाचार्य, निंबार्काचार्य, मध्वाचार्य, वल्लभाचार्य आदि। हजारीप्रसाद द्विवेदी का विचार है कि 'आलवारों की वैष्णव भक्ति साधारण जनता की वस्तु थी जो शास्त्र का सहारा पाकर सारे भारत में फैल गई।' शंकर के अद्वैतवाद के विपरीत इन आचार्यों ने जगत को सर्वथा मिथ्या नहीं माना। सगुण भक्ति का मुख्य आधार यह भावना रही कि ईश्वर अंशी है तथा समस्त प्राणी उसके अंश हैं और उसका सामीप्य भक्ति तथा ईश्वर के अनुग्रह द्वारा ही संभव है। श्रद्धा और प्रेम भक्ति के अनिवार्य तत्व माने गये और सगुण भक्ति में इसकी पूर्ण प्रतिष्ठा यहां तक हुई कि मोक्ष या वैकुंठ या स्वर्ग भी भगवान के प्रेम के आगे तुच्छ माना गया। गुजरात में मध्वाचार्य ने

सूरदास

द्वैतवादी वैष्णव संप्रदाय का प्रवर्तन किया तो पूर्व में जयदेव ने कृष्ण-प्रेम का गान किया। उत्तर या मध्य भारत में रामानुजाचार्य की शिष्य-परंपरा में रामानंद ने विष्णु के अवतार राम की उपासना का प्रचार किया तो वल्लभाचार्य ने कृष्णभक्ति का। अवतार और लीला की अवधारणा से इस धारा को बड़ा बल मिला। राम और कृष्ण को लेकर सगुण भक्ति दो धाराओं में प्रवाहित हुई—रामभक्ति काव्यधारा और कृष्णभक्ति काव्यधारा। रामभक्ति के सर्वश्रेष्ठ कवि तुलसीदास और कृष्णभक्ति के सर्वश्रेष्ठ गायक सूरदास हुए। इन कवियों ने प्रबंध और गेय शिल्प में हिंदी कविता को अपने सर्वोच्च शिखर पर पहुंचाया।

रामानंद के शिष्यों में निर्गुण और सगुण, दोनों मत के अनुयायी पाए जाते हैं। इसी प्रकार राम का नाम लेने वाले भक्त दोनों धाराओं में हैं। कबीर और तुलसी, दोनों राम का नाम लेते हैं, लेकिन दोनों में राम-नाम के 'मर्म' को लेकर भेद है। कबीर के राम केवल निर्गुण-निराकार हैं, लेकिन तुलसी के राम तत्वतः निर्गुण-निराकार होकर भी भक्तों के धर्म-रक्षार्थ धरती पर नर रूप में अवतार लेते हैं और दशरथ-पुत्र के रूप में अपनी लीला का विस्तार करते हैं। रामभक्ति धारा के अंतर्गत काव्य-रचना करके अकेले तुलसीदास ने रामकाव्य की सभी संभावनाओं का मानो दोहन कर डाला और उनके बाद के कवि अचर्चित-से रह गए।

जयदेव के गीतगोविंद और विद्यापति की पदावली से जो कृष्ण-काव्य की परंपरा चली आ रही थी, भक्तिकाल में उसका सर्वोच्च विकास सूरदास में दिखाई पड़ा। वृंदावन में सूरदास के अतिरिक्त अष्टछाप के अन्य कवियों (नंददास, कृष्णदास, कुंभनदास, परमानंददास, चतुर्भुजदास, छीतस्वामी और गोविंदस्वामी) ने तो कृष्णकाव्य का विस्तार किया ही, वल्लभ संप्रदाय के बाहर भी हित हरिवंश, हरिदास, व्यास, मीराबाई, रसखान जैसे रस-सिद्ध कवि-गायकों ने कृष्णभक्ति काव्य को समृद्ध किया।

तुलसीदास

तुलसीदास ने प्रबंधकाव्य के साथ मुक्तक काव्य की भी रचना की, लेकिन उनका कृष्णभक्ति काव्य प्रायः मुक्तक प्रधान था। इसी प्रकार उन्होंने अवधी के साथ-साथ ब्रजभाषा में भी रचना की कृष्णभक्ति काव्य प्रायः ब्रजभाषा में रचा गया। उन्होंने 'कृष्ण गीतावली' में कृष्णभक्ति के गीत गाए हैं, लेकिन उनका जोर अपने इष्टदेव राम पर है। इसी प्रकार सूरदास के 'सूरसागर' में रामकथा से संबंधित सौ से अधिक पद मिलते हैं, लेकिन उनके गान और ध्यान का केंद्रीय विषय कृष्ण की लीलाएं हैं।

सगुण भक्ति की एक विशेषता है—मूर्तिपूजा। इसके कारण मूर्तियों और मंदिरों का निर्माण हुआ और मूर्तियों को इष्टदेवता का सजीव प्रतिनिधि मानकर उनकी अहोरात्र सेवा आरंभ हुई। विशेष रूप से वृंदावन में कृष्णभक्ति के संप्रदायों में मूर्तियों को वस्त्रों-आभूषणों से सजाना, स्नान, पुष्प-चंदन-अंगराग, बहुविध सुस्वादु पकवानों और मिठाइयों का भोग, मंगल आरती से लेकर शयन आरती तक

विविध सेवाएं, जिनमें स्तोत्र-भजन-कथा-पाठ और कीर्तन आदि शामिल थे—बड़े ठाट-बाट से होने लगीं। इस पृष्ठभूमि में सगुण भक्तिकाव्य ने चित्रकला, मूर्तिकला, कंठसंगीत, वाद्यसंगीत, रामलीला, रासलीला आदि विविध ललित कलाओं के विकास की प्रेरणा प्रदान की।

रामचंद्र शुक्ल ने निर्गुणिया संतों की तुलना में सगुण भक्तिकाव्य की सराहना की, क्योंकि, 'इन भक्तों ने ब्रह्म के सत और आनंद स्वरूप का साक्षात्कार राम और कृष्ण के रूप में इस बाह्य जगत के व्यक्त क्षेत्र में किया।' निर्गुण धारा के संतों की वाणी में इंगला-पिंगला, कुंडलिनी, कुंडलिनी-सहस्रार, सुरति-विरति आदि के रहस्यमय नीरस ब्योरों के विपरीत सगुण भक्ति काव्यधारा में राम के उदात्त और ओजस्वी तथा कृष्ण के सरस और प्रेममय जीवन-चित्रों ने लोकजीवन को नए आदर्श, नई ऊर्जा, नया रस और नया आनंद प्रदान किया।

रामविलास शर्मा ने भी निर्गुण धारा की रहस्यमयी वाणी की तुलना में सगुण भक्तिकाव्य की यथार्थपरकता को अधिक सराहा। उन्होंने तुलसीदास को हिंदी का जातीय कवि कहा और रामचरितमानस में प्रतिपादित राम के द्वारा अन्याय के सक्रिय प्रतिरोध को रेखांकित किया।

मुक्तिबोध ने हिंदी भक्तिकाव्य की मराठी भक्तिकाव्य से तुलना करते हुए स्पष्ट किया कि मराठी में सगुण और निर्गुण धारा के बीच वैसा विरोध नहीं है, जैसा हिंदी में। इस तथ्य का विश्लेषण करते हुए उन्होंने कहा कि भक्ति आंदोलन मूलतः निम्नवर्गीय आंदोलन था, जिसे निम्न जातियों से आने वाले निर्गुण धारा के संतों ने शुरू किया था, जबकि उच्च जाति और उच्च वंश के लोगों ने सगुण मत का आरंभ किया और इसकी शुरुआत पहले कृष्णभक्ति के रूप में हुई। मुक्तिबोध का विचार है कि कृष्णभक्त कवियों ने निर्गुण मतवाद का विरोध किया और निर्गुण धारा के वर्णाश्रमवाद विरोधी विचारों का सीधा विरोध नहीं किया, लेकिन 'ब्राह्मणों का प्रभाव' जमा दिया। तुलसीदास इस दिशा में एक कदम आगे बढ़े और उन्होंने 'वर्णाश्रम धर्म की पुनर्विजय की घोषणा' कर दी। मुक्तिबोध का स्पष्ट मत है, 'निर्गुण मत के विरुद्ध सगुण मत का संघर्ष निम्नवर्गों के विरुद्ध उच्चवंशीय संस्कारशील अभिरुचिवालों का संघर्ष था। सगुण मत विजयी हुआ।' नामवर सिंह ने आगे चलकर 'दूसरी परंपरा की खोज' में मुक्तिबोध के इस विचार का समर्थन किया।

रामविलास शर्मा क्या निर्गुण, क्या सगुण—समूचे भक्तिकाव्य की सामान्य भूमि पर बल देते हैं, समूचे भक्तिकाव्य के केंद्र में मानव-प्रेम की भूमिका को रेखांकित करते हैं। वे सगुण और निर्गुण के गौण अंतर्विरोधों के बजाय समूचे मध्यकाल की लोकजागरण की काव्य-परंपरा और दरबारी काव्य-परंपरा के मुख्य अंतर्विरोध की ओर ध्यान आकृष्ट करते हैं। विद्यापति से लेकर घनानंद तक लोकजागरण की काव्य-परंपरा के समानांतर कभी दबती–कभी उभरती दरबारी काव्य-परंपरा हमेशा रही है, जिसने नायिका भेद, नख-शिख वर्णन, अलंकार, चमत्कार आदि के द्वारा सामंती भोग-विलास और सौंदर्यबोध को अभिव्यक्ति दी।

आधुनिक काल में उपर्युक्त दरबारी काव्य-परंपरा और रीतिवादी सौंदर्यबोध के विरुद्ध संघर्ष करती हुई भारतेंदु युग में नवजागरण की एक नई साहित्य-परंपरा का सूत्रपात हुआ, जिसने पूर्ववर्ती लोकजागरण की परंपरा से शक्ति और प्रेरणा प्राप्त की। जिस भक्तिकाव्य के यथार्थपरक रुझान का विकास एक नए प्रकार के यथार्थवादी काव्य साहित्य में हुआ उसमें सगुण भक्तिकाव्य के योगदान से इंकार नहीं किया जा सकता।

सुनीता गुप्ता

अधिक जानकारी के लिए :

1. हिंदी साहित्य का इतिहास : रामचंद्र शुक्ल, **2. हिंदी साहित्य : उद्‌भव और विकास :** हजारीप्रसाद द्विवेदी, **3. परंपरा का मूल्यांकन :** रामविलास शर्मा, **4. दूसरी परंपरा की खोज :** नामवर सिंह, **5. हिंदी जाति का साहित्य :** रामविलास शर्मा, **6. रामचंद्र शुक्ल और लोकजागरण :** रामविलास शर्मा

सज्जाद जहीर

(1905-1973)

सैय्यद सज्जाद जहीर का जन्म 5 नवंबर 1905 को लखनऊ में हुआ था। वजीर हसन और सकीना अलफातिया के पुत्र सज्जाद जहीर को उनके परिजन और मित्रगण प्यार से बन्ने भाई कहते थे। 1919 में जब वे छात्र थे, तभी वे आजादी के आंदोलन में शरीक हो गए। बीए तक की शिक्षा पाने के बाद आगे अध्ययन के लिए ऑक्सफोर्ड विश्वविद्यालय गए, जहां से उन्होंने एमए की उपाधि प्राप्त की। बाद में बारएटलॉ और पत्रकारिता में डिप्लोमा की शिक्षा भी लंदन से प्राप्त की। 1935 में वे वहां की कम्युनिस्ट पार्टी के संपर्क में आए। इंग्लैंड में रहते हुए वे मजदूर संगठनों और फासीवाद-विरोधी अभियान से जुड़े और स्पेन में गणतंत्र की रक्षा के चल रहे आंदोलन में भी सक्रिय रहे। उसी अवधि (1935) में सज्जाद साहब और उनके कुछ साथियों ने मिलकर लंदन में 'प्रोग्रेसिव राइटर्स एसोसिएशन' की बुनियाद रखी। 1935 में वे भारत लौटे और दुबारा कांग्रेस में सक्रिय हो गए। इलाहाबाद में उन्होंने जवाहरलाल नेहरू के साथ काम किया। 1936 में उन्होंने प्रगतिशील लेखक

सज्जाद जहीर

संघ की आधारशिला (लखनऊ) रखी जिसके पहले सम्मेलन की अध्यक्षता कथा-सम्राट प्रेमचंद ने की थी। सज्जाद जहीर इसके महासचिव बनाए गए। आजादी मिलने तक वे साहित्य और राजनीति के मंच पर पूरी तरह सक्रिय थे। 1938 में उन्होंने कम्युनिस्टनेता सोहन सिंह जोश के साथ मिलकर 'चिनगारी' का प्रकाशन (सहारनपुर) प्रारंभ किया जो उर्दू की पहली मार्क्सवादी पत्रिका थी।

देश-विभाजन के बाद उन्हें पाकिस्तान में कम्युनिस्ट पार्टी का गठन (1948) करने के लिए पार्टी की ओर से भेजा गया। वहां कम्युनिस्ट पार्टी गठित हुई और जहीर इसके महासचिव बने। उन्होंने पाकिस्तान के कई शहरों और कस्बों की यात्रा की। वे 1951 में 'रावलपिंडी साजिश केस' के अभियुक्त बनाए गए और गिरफ्तार कर लिये गए। चार साल तक पाकिस्तान के विभिन्न जेलों में थे। पांचवें साल (1955) अपनी बीमार मां से मिलने के लिए पेरोल पर रिहा हुए और भारत लौटे। विदित है कि भारत के प्रथम प्रधानमंत्री जवाहरलाल नेहरू के अथक प्रयास के बाद सज्जाद जहीर पाकिस्तान की जेल से रिहा हुए थे। सज्जाद जहीर की पत्नी रजिया जहीर भी उर्दू की अफसानानिगार थीं।

सज्जाद जहीर की पहली रचना 'अंगारे' (1931) नाम से छपी। जब्तशुदा कहानियों और एकांकी के इस संकलन में सज्जाद जहीर की पांच कहानियां, रशीद जहां की एक कहानी और एक एकांकी और अली अहमद और महमूदुज्जफर की एक-एक कहानी है। इस संकलन की कहानियों में इस्लाम के कट्टरपन पर सीधा हमला है। इस कारण इस किताब पर प्रतिबंध लगा और लेखक सज्जाद जहीर से माफी मांगने के लिए कहा गया। उनके इंकार करने पर उनके परिवार ने मजबूरन उन्हें कानून पढ़ने के लिए इंग्लैंड भेज दिया। चार साल बाद यानी 1935 में उनका उपन्यास 'लंदन की एक रात' छपा। 1935 में ही उनका नाटक 'बीमार' प्रकाशित हुआ था। 1936 में उन्होंने 'बीमार' नाम का नाटक लिखा था जिसे लेकर प्रेमचंद की टिप्पणी थी कि नाटक का

हीरो एक सैद्धांतिक वामपंथी है, अमलदारी में जवांमर्द नहीं है। 1935 से लेकर 1964 तक की अवधि में उनकी कई रचनाएं आईं—हिंदी, उर्दू और हिंदुस्तानी (1935), नक़ूश-ए-जिंदां (1944) आदि। जेलों से पत्नी रजिया सज्जाद जहीर को लिखे पत्रों का भी बाद में प्रकाशन हुआ। 'रोशनाई' (1955-56), पाकिस्तान की जेल में रचित प्रगतिशील लेखक संघ का इतिहास है तो 'जिक्र-ए-हाफिज' (1958) फारसी कवि हाफिज की कविताओं पर आधारित है और 'पिघला नीलम' (1964) सज्जाद की कविताओं का संकलन है। माना जाता है कि उर्दू में नई कविता की शैली का आगाज इसी काव्य संकलन से हुआ। अपने पूरे रचना-काल में सज्जाद जहीर साहित्य और राजनीति, दोनों के सहयात्री थे। वे पाकिस्तान से लौटने के बाद भारतीय कम्युनिस्ट पार्टी के उर्दू साप्ताहिक 'अवामी दौर' (1959-66) के संपादक थे। बाद के दौर में बांग्लादेश की आजादी के लिए आम मुस्लिमों के बीच समर्थन जुटाने (1971) का काम किया। उन्होंने 1971 में भारतीय कम्युनिस्ट पार्टी और भारत सरकार के नेतृत्व में अरब देशों के स्वतंत्रता संग्राम से तालमेल में अहम भूमिका निभाई। 1973 में सोवियत यूनियन के अल्मा आता में पांचवें एफ्रो-एशियन कांफ्रेंस में भारतीय प्रतिनिधि मंडल का नेतृत्व किया, जहां 13 सितंबर को दिल का दौरा पड़ जाने के कारण उनकी मृत्यु हो गई।

सज्जाद जहीर जब लंदन में पढ़ रहे थे, प्रगतिशील लेखक संघ का घोषणापत्र तैयार करने में उन्होंने अहम भूमिका निभाई थी। इसकी प्रतियां उन्होंने भारत के कई लेखकों को भेजी थीं। 1936 में लखनऊ के प्रथम प्रगतिशील लेखक संघ के सम्मेलन के आयोजन और उसका घोषणापत्र तैयार करने में उन्होंने अहम भूमिका निभाई थी। सज्जाद जहीर लेखक होने के साथ-साथ एक प्रतिबद्ध कम्युनिस्ट, मार्क्सवादी चिंतक और महान संगठनकर्ता थे। अपने राजनीतिक विचारों और आंदोलन में सक्रियता के कारण उन्हें कई बार जेल जाना पड़ा। भारत में और पाकिस्तान में भी प्रगतिशील लेखक संघ का इतिहास उनके योगदान के मूल्यांकन के बिना अधूरा है।

अरुण कुमार

अधिक जानकारी के लिए :
1. रोशनाई : सज्जाद जहीर, **2. सज्जाद जहीर : प्रतिनिधि रचनाएं :** (अनु.) नूर जहीर, **3. सज्जाद जहीर : प्रतिनिधि पाठ :** (संक.) शकील सिद्दीकी, **4. Sajjad Jahir : A life of Struggle & Creativity :** Naresh Nadeem

सत् चित् आनंद

जो कुछ दिखता है, निश्चेष्ट और निष्पंद है और केवल 'है' (बीइंग), वह सत् है। वह जो सांस लेता है, सचेष्ट है, बोलता है, सोचता है और सचेतन है, वह सत् भी है और चित् (कांशसनेस) भी है। परम तत्व सत् और चित् दोनों रूपों में अभिव्यक्त होता है। यह वैदिक परंपरा में ब्रह्म है, परमात्मा है। परम तत्व का सत् और चित् के अलावा एक अन्य रूप भी माना गया है। उसी रूप के लिए संपूर्ण सत्ता है अर्थात संपूर्ण सत् और चित् है। वह है उसका आनंद रूप। उपनिषद में सभी चीजें आनंद से ही उत्पन्न बताई गई हैं, क्योंकि जब तक कुछ अच्छा न लगे तब तक कोई व्यक्ति किसी काम में प्रवृत्त नहीं होता। ऋषियों ने कहा, अकेले अच्छा नहीं लगता—'स एकाकी 'नाऽरऽत'। इसलिए उसमें इच्छा जगी, मैं एक से अनेक होऊं। —'एकोऽहं बहुस्यामि'। प्रसाद की 'कामायनी' में प्रलय के बाद मनु में इच्छा जगती है, 'नव हो जगी अनादि वासना मधुर प्राकृतिक भूख समान।' जो जीव सोच सकता है उसमें जीने की इच्छा के साथ कर्म करने की इच्छा या सृजनेच्छा, जिसे सिसृक्षा भी कहा गया है, जग सकती है। ऐसा वह तभी करेगा, जब उसे आनंद हो। इसलिए माना गया कि प्रत्येक प्राणी में सच्चिदानंद विद्यमान है। यही परमात्मा की अनुभूति है।

भृगुवल्ली की औपनिषदिक कथा है। भृगु को उसके पिता वरुण ने कहा, तप करके ब्रह्म का ज्ञान प्राप्त करो। कठिन तप के बाद भृगु आया। पिता ने

पूछा, ज्ञान पा लिया? भृगु ने अपना अन्वेषण बताया, अन्न ही ब्रह्म है। पिता ने कहा, अभी और तप करो। भृगु ने अगली बार आकर कहा, प्राण ही ब्रह्म है। पिता ने कहा, नहीं। भृगु ने तीसरी बार कहा, मन ही ब्रह्म है। चौथी बार कहा, विज्ञान ही ब्रह्म है। उसने जब और कठिन तप के बाद आकर कहा, आनंद ही ब्रह्म है, तब पिता संतुष्ट हुए। इस तरह ज्ञान के पांच स्तर बताए गए—अन्न (भौतिक), प्राण, मन और विज्ञान (बौद्धिक) और आनंद (आध्यात्मिक)। इस तरह सत्, चित् और आनंद तीनों को एक साथ जोड़ने का लक्ष्य है जीवन को निरंतर सृजनात्मक, गतिशील और आनंदप्रद बनाना। इससे ही जीव या मनुष्य का 'एकोऽहं बहुस्यामि' में रूपांतरण होता है, वह परम तत्व को पाता है।

शिवनाथ पांडेय

सतहीकरण

उत्तर-आधुनिकता के स्वरूप की व्याख्या के संदर्भ में फ्रेडरिक जेम्सन ने सतहीकरण या गहराई विहीनता (Depthlessness) की धारणा का इस्तेमाल एक तरह से बीजशब्द के रूप में किया है। वह सब जो पहले हमारा इतिहास और इतिहासबोध हो सकता था, उसे अब वर्तमान के एक बिंब की तरह या एक ही समय की सतह पर लाना ही सतहीकरण है। यह उत्तर-आधुनिक यथार्थ की आधारभूमि है। यहां नीचे और पीछे के साथ उनसे संबद्ध 'ऊपर' और 'आगे' के आयामों को भी उसी रूप में सतहीकृत करने का प्रयास होता है।

फ्रेडरिक जेम्सन सतहीकरण को विलंबित पूंजीवाद का सांस्कृतिक तर्क कहते हैं। अर्नेस्ट मेडल ने पूंजीवाद के तीन चरण माने हैं : 1. बाजार का अर्थतंत्र : जो उन्नीसवीं शती में प्रकट हुआ, 2. सर्वाधिकारवादी अर्थतंत्र : जो बीसवीं शती के आरंभ से मध्य तक चला और 3. विलंबित पूंजीवाद : जो बीसवीं सदी के उत्तर मध्यकाल से लेकर अब तक चल रहा है। फ्रेडरिक जेम्सन ने विलंबित पूंजीवाद के वित्तीय अर्थतंत्र और उसकी बहुराष्ट्रीय कंपनियों वाली संरचना के साथ-साथ आए उच्च तकनीकी मीडियाकरण को सतहीकरण की जमीन की तरह देखा है। यह दौर हर वस्तु के उपभोक्ताकरण का दौर बन गया है। जेम्सन का कहना है कि इस विलंबित पूंजीवादी उपभोक्ताकरण में मनुष्य अपनी खरीद-फरोख्त के कुल जमा-जोड़ से अधिक कुछ नहीं रह गया है। ऐसा इसलिए हुआ है क्योंकि 'संस्कृति और यथार्थ के बीच का फासला' गिर गया है। यह दो रूपों में हुआ है—संस्कृति के तमाम रूपों के उपभोक्ता वस्तुओं में बदल दिए जाने के रूप में और उत्तर-आधुनिक यथार्थ को सांस्कृतिक वस्तुओं के रूप में महज खपत की वस्तु बनाते हुए, जैसा कि मीडिया के द्वारा किया जाता है।

इस तरह यथार्थ का 'सतहीकरण' एक ठोस खपत माल की तरह सामने आता है। उसके मुख्य लक्षण इस प्रकार हैं :

1. इतिहास को वर्तमान के बिंब में बदल लेना।

2. उच्च और निम्न संस्कृति के बीच के भेद का मिटना।

3. 'सतह बहुलता' के रूप में सतहीकरण के नए रूप का सामने आना।

4. भय, चिंता, असुरक्षा आदि को आधार मानकर कृत्रिम भावोत्पादन करना, जिससे यथार्थ और जमीन से उपजने वाले स्वाभाविक भाव हाशिए पर चले जाते हैं।

5. द्विभाजित व्यक्तित्व (सिजोफ्रेनिया) के लक्षणों से युक्त व्यवहार, जो इतिहासबोध के बजाय उपलब्ध 'पाठ' या 'बिंबों' के भीतर ही विचरता है, कई समयों में एक साथ जीने की असंगति और अतार्किकता ही यथार्थ का लक्षण हो जाती है।

6. द्विभाजित व्यक्तित्व वाली व्यवहार-पद्धति एक ही व्यक्ति को विविध अस्मिताओं को जीने की ओर ले जाती है। विविध अस्मिताओं के बीच तालमेल न होने से सतहीकरण पैदा होता है। इससे व्यवहारवाद, उपयोगितावाद या तय लक्ष्य के अनुसार काम चलाने की मानसिकता पैदा होती है।

मिशेल फूको ने सतहीकरण को यथार्थ के स्थापत्यवादी रूप की तरह देखा है, जहाँ इतिहास और भविष्य सभी एक वर्तमान निर्मिति का रूप ले लेते हैं। इसे वे पानी पर 'सर्फ' करने की शैली कहते हैं, जो 'गोताखोर' से भिन्न चीज है। ज्यां बॉद्रीला ने सतहीकरण को अनुकरण कहते हुए उसे समरूपीकरण (सिमुलंक्रा) की तरह देखा है। कोई वस्तु उपभोक्ता माल बनते ही अपने अपने मूल रूप से भिन्न एक ब्रांड वैल्यू से जानी जाने लगती है। इस संदर्भ में एक प्रसिद्ध दृष्टांत वान गॉग का चित्र 'ए पेयर ऑफ शूज' (1887) है। इसमें जूतों पर जमी धूल किसानों के श्रम की गहराई पेश करती है। सतहीकरण का एक और उदाहरण है, एंडी वारहोल्ड का 'डायमंड डस्ट शूज' (1980)। इसमें हीरों की धूल की चमक वाला उपभोक्तावादी आकर्षण पैदा कर दिया गया।

विनोद शाही

अधिक जानकारी के लिए :
1. Postmodernism and the Cultural logic of late Capitalism : Fredric Jemeson (Ed.), **2. The Political Unconscious :** Fredric Jemeson, **3. Depthlessness :** Cody Weber, kat Kanan

सत्य की तलाश

सभी पारंपरिक भाववादी और भौतिकवादी दर्शन सरणियां सत्य को एक निरपेक्ष धारणा के रूप में देखने की आदी रही हैं, क्योंकि उनके लिए सत्य की तलाश का रास्ता अनिवार्यतः तर्कमूलक बुद्धिवाद रहा है। विज्ञान प्रकारांतर से इस रास्ते का समर्थक रहा है। उसका दावा भी वस्तुपरकता का होता है जिसे वस्तुपरक चिंतन कहा जाता है। हेगेल आदर्शवादी थे और मार्क्स भौतिकवादी, लेकिन दोनों विचारकों ने ही व्यक्ति को इतिहास की प्रक्रिया के एक स्वचालित अंग के रूप में देखा।

उन्नीसवीं शती में दर्शन की एक क्षीण धारा थी जिसने न केवल समष्टिवाद और इतिहासवाद का विरोध किया बल्कि सत्य की निरपेक्ष अवधारणा और उसकी तलाश के तर्कणापरक बुद्धिवादी रास्ते पर भी प्रश्नचिह्न लगा दिया। सोरेन कीर्केगार्द हेगेल के समकालीन थे तथा उनके पांडित्य का सम्मान करते हुए भी उनके तर्कणापरक रास्ते को मानवीय संदर्भ में अप्रासंगिक मानते थे। उनकी बुनियादी मान्यता यह है कि जीवन एक जीवंत वास्तविकता है, जिसे निरपेक्ष बौद्धिक धारणाओं और परिभाषाओं में नहीं बांधा जा सकता। मनुष्य अपने आपको विचार के माध्यम से नहीं समझ सकता। वह अपनी भावनाओं और अनुभूति में ही अपना ज्ञान कर सकता है। कीर्केगार्द मानते हैं कि वास्तविक ज्ञान हमारे अस्तित्व में निहित है, इसलिए वह व्यक्ति सापेक्ष (सब्जेक्टिव) है। अपने को जानना ही वास्तविक ज्ञान है, क्योंकि आत्मिक जीवन ही वास्तविक है। कीर्केगार्द मानव जीवन को तीन स्तरों पर देखते हैं : भोगपरक, नीतिशास्त्रीय और धार्मिक (आध्यात्मिक)। भोगपरक जीवन केवल वस्तुओं के स्तर पर होता है। कीर्केगार्द की मान्यता है, वस्तुपरक सत्य की तलाश करने वालों को इसी स्तर पर स्थिर मानना चाहिए क्योंकि वे सत्य को वस्तुओं की निस्संगता की तरह देखते हैं, जबकि वास्तविक ज्ञान अनिवार्यतः अस्तित्वगत है, इसलिए आत्मपरक है क्योंकि अस्तित्व और इसकी अनुभूति व्यक्तिगत है।

कीर्केगार्द के अनुसार, नीतिशास्त्र भी अपनी धारणाओं को वस्तुपरक सत्य की तरह रखता है, जबकि वास्तविक नैतिकता प्रचलित रीति-रिवाजों या किसी धर्मशास्त्र के अनुसार जीवन बिताने में नहीं होती है। नैतिक जीवन का तात्पर्य मनुष्य की आत्मिक स्वतंत्रता के अनुभव में है। इस स्वतंत्रता का अनुभव करने में जो वेदना सहन करनी पड़ती है, वह इसके लिए किया गया बलिदान है। इस स्तर पर भी कुछ धारणाएं और व्यवस्था पैदा हो जाती है जो पुनः वस्तुपरकता की ओर ले जा सकती है। इसका उदाहरण धर्मों के आधार पर विकसित नीतिशास्त्र है।

तीसरा स्तर धार्मिक है, जिसे कोई चाहे तो आध्यात्मिक भी कह सकता है। धार्मिक होने का तात्पर्य

परम सत्ता को एक अवधारणा की तरह नहीं, एक सजीव उपस्थिति की तरह अपने अंदर महसूस करना है। यह ज्ञान केवल वैयक्तिक अनुभूति की तरह हो सकता है। इसलिए ज्ञान या सत्य सदैव व्यक्ति सापेक्ष है। अस्तित्ववादी दार्शनिकों ने सत्य की आत्मपरकता या व्यक्ति सापेक्षता के इस आग्रह को आगे चलकर एक व्यवस्थित दर्शन के रूप में विकसित कर दिया। इसमें किसी निरपेक्ष सत्य अर्थात युक्तिसत्य के बरअक्स मनुष्य की जीवंत अनुभूतियों को स्थापित करते हुए उसकी स्वतंत्रता को रेखांकित किया गया।

आधुनिक साहित्य और कलाओं की दुनिया में सत्य की इस आत्मपरकता के आग्रह का स्वीकार और स्वागत स्वाभाविक है। साहित्य और कलाओं में अनुभूति ही आधारभूमि है। इसलिए आधुनिक साहित्य में 'अनुभूति की प्रामाणिकता' का आग्रह सत्य की आत्मपरकता को स्वीकार करना है। व्यक्ति सत्य का आग्रह वस्तुतः मानव चेतना की स्वतंत्रता का आग्रह है, जिसे किसी अवधारणा या यंत्रवत व्यवस्था में बांधा नहीं जा सकता। साहित्य के क्षेत्र में एक परंपरा अनुभूतियों को अवधारणात्मक परिप्रेक्ष्य में समझने की रही है तो एक और परंपरा सत्य को एक ऐसी अनुभूति मानने की रही है, जिसे किसी अवधारणा में नहीं घटाया जा सकता। साहित्य और कला में सत्य के अनुभूतिगत रूप पर बल देने का तात्पर्य उस रचना में विन्यस्त सत्य के अपने विशिष्ट रूप का आग्रह है। साहित्य या कला की प्रक्रियाएं सत्य की तलाश की ही प्रक्रियाएं हैं। उनसे बरामद सत्य को उन प्रक्रियाओं के माध्यम से ही अनुभव किया जा सकता है, जबकि अवधारणाएं युक्तिसत्य होती हैं, जीवंत अनुभूति नहीं।

नंदकिशोर आचार्य

सत्यशोधक समाज

सत्यशोधक समाज की स्थापना जोतिराव फुले ने पूना में 24 सितंबर 1873 को की थी। यह उस समय की अन्य प्रसिद्ध संस्थाओं, जैसे ब्रह्म समाज (कलकत्ता, 1828), परमहंस मंडली, (बंबई, 1849), प्रार्थना समाज, (पूना, 1867), आर्य समाज, (लाहौर, 1877) आदि से इस अर्थ में भिन्न थी कि ये भद्र वर्ग की संस्थाएं थीं, जबकि सत्य शोधक समाज भारत की पहली संस्था थी, जो शूद्र-अतिशूद्रों में समाज-सुधार का कार्य करती थी। इस संस्था का प्रयोजन, दर्शन और कार्य-क्षेत्र व्यापक था। इसने धार्मिक और सामाजिक क्षेत्र में प्रचलित कुरीतियों, आडंबरों और ब्राह्मण-भक्ति के खिलाफ दलित समुदाय में अलख जगाई थी। इस संस्था के सिद्धांत निम्नलिखित थे :

1. ईश्वर एक है। वह निर्गुण, निराकार और सर्वव्यापी है।
2. प्रत्येक मनुष्य को ईश्वर-भक्ति का अधिकार है।
3. मनुष्य के गुण ही उसकी श्रेष्ठता को साबित करते हैं।
4. किसी धर्मग्रंथ की रचना ईश्वर ने नहीं की है और न ही कोई धर्मग्रंथ पूर्ण प्रमाण है।
5. कोई ईश्वर शरीररूप में अवतार नहीं लेता है।
6. पुनर्जन्म, पूर्वजन्म, जप-तप, कर्मकांड के विश्वास अज्ञानतामूलक हैं।

सत्यशोधक समाज के कार्यकलाप का विवरण उसकी वार्षिक रिपोर्टों में मिलता है। उसके पहले वर्ष की रिपोर्ट में कहा गया है कि ब्राह्मण, पंडित, जोशी, उपाध्याय, पुरोहित आदि लोगों की दासता से शूद्र लोगों को मुक्त करने के लिए और शूद्रों को धर्म और व्यवहार की सही जानकारी देने के लिए 'सत्यशोधक समाज' की स्थापना की गई है। इसका ज्ञान और उपदेश सुनकर गांव-गांव में लोग समाज की सदस्यता ग्रहण कर रहे हैं और शाखाएं खोल रहे हैं। समाज ने ब्राह्मण पुरोहित को बिना बुलाए गरीबों के विवाह संस्कार संपन्न कराए हैं। पहला विवाह समाज के सिद्धांतों के अनुसार 25 दिसंबर 1873 को पूना के वर सीताराम जबांजी आल्हाट तथा वधू राधाताई ग्यानोबा निंबणकर का कराया गया था। वर-वधू गरीब थे। दूसरा विवाह 7 मई 1874 को

पूना के ही वर ग्यानोबा कृष्णाजी ससाने और वधू काशीबाई शिंदे का कराया गया था। ऐसे विवाहों के विरुद्ध उनके ब्राह्मण विरोधियों ने यह प्रचार किया था कि बिना ब्राह्मण के ये विवाह गैर-कानूनी हैं। तब राघवेंद्रराव रामचंद्रराव, ट्रांसलेटर, हाई कोर्ट को संस्था की ओर से पत्र लिखकर पूछा गया कि समाज ने ब्राह्मणों को बुलाए बगैर जो विवाह कराए हैं, वे कानूनी हैं या नहीं? जब उनका उत्तर संस्था के पक्ष में आया कि बिना ब्राह्मण के ये विवाह कानूनन सही हैं, तब ब्राह्मणों का विरोध शांत हुआ।

सत्यशोधक समाज के प्रभाव से समाज के लोगों में अनेक मूर्खतापूर्ण धार्मिक प्रथाएं बंद हो गई थीं, जिनमें कुछ ये थीं—भादो माह में हरतालिका लेना, उपोषण, गणेश चतुर्थी का उत्साह, ऋषि पंचमी, ब्राह्मण को सीधा देना, ब्राह्मण के पांव की पूजा करना और उसके अंगूठे का तीर्थ अपने उद्धार के लिए लेना, होलिका दहन का त्योहार मनाना और उसमें शंख बजाना, पिंडदान में ब्राह्मण को बुलाना, ब्राह्मण से अपने मृतक परिजन का अंतिम संस्कार कराना इत्यादि। रिपोर्ट में किन्हीं व्यंकू बालोजी कालेवार का जिक्र किया गया है, जो गणेश चतुर्थी के त्योहार में हजारों ब्राह्मणों को मीठा भोज और दक्षिणा देते थे, लेकिन सत्यशोधक समाज का सदस्य बनने के बाद उन्होंने गणपति उत्सव में पैसा देना बंद कर दिया और उसके बदले सभी जातियों के अपाहिजों और गरीबों को मीठा भोज खिलाना, उन्हें वस्त्रदान करना शुरू कर दिया। उसी तरह समाज के लोगों ने दिवाली पर भी ब्राह्मणों को दान देना बंद कर दिया था, जो वे पहले दिया करते थे।

सत्यशोधक समाज गरीब छात्रों की पढ़ाई के लिए छात्रवृत्ति देता था और स्कूलों तथा छात्रावासों का संचालन करता था। सितंबर 1875 में अहमदाबाद में बाढ़ आने से हजारों लोग प्रभावित हुए थे, जिनकी सहायता के लिए समाज ने चंदे से 195 रुपए जमा करके अहमदाबाद के कलेक्टर को रिलीफ फंड में जमा करने को दिए थे। 13 नवंबर 1875 को समाज की ओर से ब्रिटेन के राजकुमार प्रिंस ऑफ वेल्स के शहर आगमन पर उनके लिए प्रार्थना की गई थी और उनकी प्रशंसा में निबंध पढ़ा गया था।

सत्यशोधक समाज की एक प्रमुख गतिविधि यह थी कि वह शूद्र और अतिशूद्र वर्गों में रचनात्मक प्रवृत्ति और रुचि विकसित करने का काम भी करता था। रिपोर्ट के अनुसार, संस्था की ओर से विश्राम राव घोले और रामशेट बापूशेट उरवणे ने घोषणा की थी कि इंग्लैंड और भारत की खेती में किस तरह का फर्क है और भारत की खेती को अच्छी स्थिति में लाने के लिए किस-किस प्रकार के उपाय करने चाहिए, इस विषय पर जो भी किताब लिखेगा, उसे 25 रुपये का पुरस्कार दिया जाएगा। रिपोर्ट में दलित वर्गों में निबंध लिखने और सुंदर भाषण देने की कला को विकसित करने की गतिविधि का भी जिक्र है। 7 जून 1877 को संस्था ने दो विषयों पर निबंध प्रतियोगिता का आयोजन किया था। इनमें पहला विषय यह था कि ब्राह्मण राज में शूद्रों के क्या दुख थे और अब अंग्रेजी राज में वे किस प्रकार के दुख बर्दाश्त कर रहे हैं? दूसरा विषय यह था कि भारत में बार-बार अकाल क्यों पड़ते हैं और उनमें शूद्र लोग ही सबसे पहले भूख से क्यों मरते हैं? निबंध पर पहला इनाम 25 रुपये का और भाषण पर पहला इनाम 10 रुपये का घोषित किया गया था।

सत्यशोधक समाज ने अकालग्रस्त लोगों की सहायता के लिए 17 मई 1877 को 'विक्टोरिया बालाश्रम' नाम की संस्था कायम की थी जिसने पूना, बंबई आदि शहरों के सदस्यों से कुछ-न-कुछ मदद भेजने की अपील की थी। यह अपील 24 मई 1877 के 'ज्ञानप्रकाश' में 'सत्यशोधक समाज' के सचिव जोतीराव फुले की ओर से प्रकाशित हुई थी।

सत्यशोधक समाज महाराष्ट्र में शूद्रादि-अतिशूद्रों में सामाजिक एकता विकसित करने और उन्हें शिक्षित बनाने की दिशा में उन्नीसवीं सदी का सबसे बड़ा आंदोलन था।

कंवल भारती

अधिक जानकारी के लिए :

1. महात्मा जोतिबा फुले रचनावली : (संपादक) एल जी मेश्राम 'विमलकीर्ति', **2. ज्योतिबा फुले-जीवन और विचार :** संजय जोथे, 2015

सत्यकाम

छांदोग्य उपनिषद के चौथे अध्याय के चौथे खंड में सत्यकाम जाबाल की कथा है। सत्यकाम ने विद्या प्राप्त करने के लिए गुरुकुल जाने से पहले मां से अपना गोत्र पूछा। मां ने कहा, मैं नहीं जानती कि तुम्हारा गोत्र क्या है। बहुतों की सेवा करती हुई मैंने तुम्हें युवावस्था में पाया। तुम सत्यकाम हो, मैं जाबाला। तुम अपने को सत्यकाम जाबाल बताना। सत्यकाम हरद्रुमत गौतम के आश्रम में पहुंचा। गोत्र पूछने पर उसने मां की बात दुहरा दी। गौतम उसकी सत्यनिष्ठा से प्रभावित हुए। उसे चार सौ गायों की देखरेख की जिम्मेदारी सौंपी। सत्यकाम उन्हें हांकते हुए वन में ले गया और उनकी सेवा करने लगा। वर्षों की सेवा के बाद जब उनकी संख्या एक हजार हो गई तो वृषभ ने उससे कहा, इनकी संख्या एक हजार हो गई। इन्हें गुरु के आश्रम में पहुंचा दो। वृषभ ने उसे ब्रह्म के प्रकाशवान नामक पाद की शिक्षा दी। गायों को लेकर सत्यकाम आश्रम की ओर लौटने लगा। रास्ते में अगले दिन शाम को अग्नि ने उसे ब्रह्म के अनंतवान नामक पाद की शिक्षा दी। अगले दिन रास्ते में जहाँ शाम हुई, हंस ने उसे ब्रह्म के ज्योतिष्मान नामक पाद की शिक्षा दी। उसके अगले दिन शाम को मद्‌गु या पनडुब्बी पक्षी ने उसे ब्रह्म के आयतनवान नामक पाद की शिक्षा दी। गुरुकुल में पहुंचने पर गुरु ने कहा—सत्यकाम, तुम ब्रह्मज्ञानी दिखाई दे रहे हो, तुम्हें किसने उपदेश दिया। सत्यकाम ने सारी बातें बताईं और गुरु से उपदेश का अनुरोध किया। उसने सुन रखा था कि आचार्य से मिलने पर ही विद्या पूरी होती है। गौतम ने उसे ब्रह्मविद्या का उपदेश दिया।

यह कथा जाति-गोत्र से अधिक सत्य की महिमा को स्थापित करती है। इससे स्पष्ट होता है कि यदि शिक्षार्थी में सच्ची और प्रखर जिज्ञासा हो तो प्रकृति ही उसकी पाठशाला हो जाती है। शिक्षार्थी पुस्तकीय ज्ञान में बद्ध न रहकर उसका प्रयोग सामाजिक जीवन में करे और शिक्षक उसकी प्रामाणिकता को सुनिश्चित करे, यही शिक्षा की सही पद्धति है। सुमित्रानंदन पंत का काव्य 'सत्यकाम' इसी कथा पर आधारित है।

अवधेश प्रधान

अधिक जानकारी के लिए :

1. वैदिक संस्कृति : गोविंद चंद्र पांडे, **2. कल्याण (उपनिषद अंक), 3. उपनिषदों की कहानियां :** भगवान सिंह

सत्यजित राय

(1929–1992)

बंगाल से रवींद्रनाथ ठाकुर के बाद सत्यजित राय भारत ही नहीं, पूरे विश्व समुदाय के बीच एक सांस्कृतिक प्रतीक पुरुष के रूप में समादृत हुए। उन्होंने फिल्म, चित्रकला, लेखन, संपादन, प्रकाशन आदि विभिन्न क्षेत्रों में संपूर्णता के साथ अन्य महत्वपूर्ण कार्य किए। जिस माध्यम को उन्होंने अपने हाथ में लिया, उसमें अपना सर्वश्रेष्ठ दिया। फिल्म उनकी अभिव्यक्ति का सर्वश्रेष्ठ माध्यम थी। भारत सरकार ने उन्हें भारतरत्न प्रदान किया है।

सत्यजित राय

सत्यजित राय के दादा उपेंद्रकिशोर राय चौधरी 'ब्रह्म समाज' के नेता, प्रतिष्ठित लेखक और दार्शनिक थे। उनके बेटे सुकुमार राय योग्य चित्रकार, आलोचक, लेखक और प्रकाशक थे। उन्होंने बच्चों के लिए 'आबोल–ताबोल' नाम से लोकप्रिय काव्य-संग्रह की रचना की थी और बच्चों की प्रतिष्ठित पत्रिका 'संदेश' का संपादन किया था। उन्हीं के एकमात्र पुत्र सत्यजित राय ने भारतीय सिनेमा को विश्व सिनेमा के समानांतर ला खड़ा किया। विश्वभारती में शिक्षा के दौरान इनकी मुलाकात प्रसिद्ध चित्रकार नंदलाल बोस और विनोद बिहारी मुखर्जी से हुई। इन दोनों ने सत्यजित राय को बहुत प्रभावित किया। वह अपनी पढ़ाई पूरी न कर 1943 में कोलकाता आकर अस्सी रुपये वेतन पर 'जूनियर विजुअलाइजर' के रूप में एक ब्रिटिश विज्ञापन कंपनी से जुड़ गए। इसी साल बांग्ला के प्रतिष्ठित प्रकाशन संस्थान 'सिग्नेट प्रेस' से जुड़कर उन्होंने जिम कॉर्बेट की 'मैन ईटर्स', जवाहरलाल नेहरू की 'डिस्कवरी ऑफ इंडिया', विभूति भूषण बंद्योपाध्याय की 'पथेर पांचाली', जीवनानंद दास की 'वनलता सेन' आदि पुस्तकों का आवरण बनाया।

1947 में अभिनेत्री अपर्णा सेन के पिता चिदानंद दासगुप्ता के साथ मिलकर सत्यजित राय ने 'कोलकाता फिल्म सोसाइटी' की स्थापना की, जिसका लक्ष्य था फिल्म-प्रेमियों के लिए देशी-विदेशी भाषाओं की सर्वश्रेष्ठ फिल्मों का प्रदर्शन। 1950 के लंदन-प्रवास में वित्तारियो दे सीको की नव-यथार्थवादी फिल्म 'बाइसिकल थीफ' देखने के बाद उन्होंने तय किया कि वे फिल्म निर्देशन करेंगे। 1952 में अपनी जमा-पूंजी लगाकर उन्होंने 'पथेर पांचाली' का फिल्मांकन शुरू किया। पश्चिम बंगाल सरकार की सहायता से 1955 में यह फिल्म बनकर तैयार हुई। इस पहली फिल्म ने सत्यजित राय को विश्व सिनेमा के अग्रणी फिल्मकार के रूप में स्थापित कर दिया। इसके बाद उन्होंने एक से बढ़कर एक बांग्ला फिल्में बनाईं–'अपराजिता', 'पारस पत्थर', 'जलसाघर', 'अपूर संसार', 'देवी', 'कंचनजंघा', 'महापुरुष', 'कापुरुष', 'महानगर', 'तीन कन्या', 'अभियान', 'चारुलता', 'नायक', 'आगंतुक', 'गणशत्रु', 'अरण्ये दिन-रात्रि', 'प्रतिद्वंद्वी', 'सोनार केल्ला', 'जय बाबा फेलुनाथ', 'गुपी गाइन बाघा बाईन', 'हीरक राजा' आदि। सत्यजित राय के बनाए हुए दो वृतचित्र, विनोद बिहारी मुखर्जी पर 'द इनर आई' और रवींद्रनाथ ठाकुर पर 'रवींद्रनाथ', बहुत प्रसिद्ध हुए। सत्यजित राय ने प्रेमचंद की दो कहानियों 'शतरंज के खिलाड़ी' और 'सद्‌गति' पर हिंदी में फिल्म बनाई।

सत्यजित राय फिल्म के कथानक लेखन को निर्देशन का एक महत्वपूर्ण हिस्सा मानते थे। उनकी फिल्मों का दृश्यांकन और छायांकन बहुत प्रभावशाली और वास्तविक होता था। इनमें बाहरी सरलता के पीछे अकसर गहरी जटिलता छिपी होती थी। फिल्म बनाने के अलावा सत्यजित राय ने बच्चों के लिए काफी लेखन किया। गुप्तचर फेलुदा और प्रोफेसर शंकु उनके अमर पात्र हैं। उन्होंने बच्चों की पत्रिका 'संदेश' को पुनर्जीवित किया। अकिरा कुरोसोवा ने उनके बारे में कहा है, 'राय का सिनेमा न देखना इस जगत में सूर्य या चंद्रमा को देखे बिना रहने के समान है।' कुरोसोवा उनकी फिल्मों की धीमी गति, जिसकी तुलना उनके आलोचकों ने 'राजसी घोंघे' से की थी, के प्रत्युत्तर में वे कहते हैं, 'इन्हें धीमा नहीं कहा जा सकता। ये विशाल नदी की तरह शांति से बहती हैं।' वी एस नायपाल ने 'शतरंज के खिलाड़ी' की तुलना शेक्सपियर के नाटकों से की है, 'केवल तीन सौ शब्द बोले गए, लेकिन इतने में ही अद्‌भुत घटनाएं हो गईं।'

निशांत

सत्याग्रह

सत्याग्रह का शाब्दिक अर्थ है 'सत्य के प्रति आग्रह।' भारतवर्ष के राजनीतिक और सामाजिक संदर्भों में इस शब्द के अन्वेषण एवं प्रयोग, दोनों का श्रेय महात्मा गांधी को है। गांधी जब अफ्रीका में रंगभेद नीतियों से संघर्ष कर रहे थे, उस समय वे अपने आंदोलन को कोई सार्थक संबोधन

देना चाहते थे। शुरू में उन्होंने इसे 'पैस्सिव रेजिस्टेंस' (निष्क्रिय प्रतिरोध) कहा, लेकिन इंग्लैंड की महिलाओं ने मताधिकार पाने की अपनी लड़ाई में इसी नाम (पैस्सिव रेजिस्टेंस) का उपयोग कर हिंसा का भी प्रयोग किया था, इसलिए गांधीजी को यह नाम उचित नहीं लगा। उपयुक्त नाम के लिए उन्होंने आंदोलन के मुख पत्र 'इंडियन ओपिनियन' में एक प्रतियोगिता आयोजित की। एक पाठक ने 'सदाग्रह' शब्द सुझाया था, जो गांधी को पसंद आया। उन्होंने इसे सुधार कर 'सत्याग्रह' (सत्य पर आग्रह) कर दिया। 'इंडियन ओपिनियन' में गांधी ने सत्याग्रह का अर्थ स्पष्ट करते हुए लिखा है–जिसे हम सत्य समझते हैं, उसे मरणपर्यंत न छोड़ना, सत्य के लिए चाहे जितनी तकलीफें उठानी पड़े, सब उठाना। कष्ट किसी को नहीं पहुंचाना चाहिए, क्योंकि कष्ट पहुंचाने से सत्य का उल्लंघन होता है। इतना सब सहने की शक्ति आ जाना ही सच्ची जीत है। स्पष्ट है कि प्रस्तुत संदर्भ में 'सत्य' का तात्पर्य है, न्यायोचित और औचित्यपूर्ण। न्यायोचित और औचित्यपूर्ण के प्रति दृढ़ता से आग्रह ही 'सत्याग्रह' है। गांधी ने सत्याग्रह पर अपनी किताब 'सत्याग्रह इन साउथ अफ्रीका' में सविस्तार चर्चा की है।

अहिंसा सत्याग्रह का आधारभूत सिद्धांत है। जेम्स लूथर एडम्स ने गांधी के सत्याग्रह को एक ऐसा सिद्धांत एवं साधन माना है, जिसमें निम्नलिखित छह विशेषताएं हैं–1. अहिंसा, 2. गोपनीयता का अभाव अर्थात पारदर्शिता, 3. अन्याय पर आधारित हर नीति एवं कानून का उल्लंघन, 4. मानवीय कानून से ऊपर दैवी अथवा नैतिक कानून का पालन, 5. अन्याय पर

गुजरात में सत्याग्रह

आधारित कानून में संशोधन अथवा उनकी समाप्ति के अंतिम अस्त्र के रूप में प्रयोग और 6. कानून की अवहेलना के लिए प्रस्तावित दंड को सहर्ष स्वीकार करने के लिए तत्परता।

स्पष्ट है कि गांधी का सत्याग्रह वस्तुतः आदर्श, सत्य, आत्मा, परमात्मा, नैतिकता एवं शाश्वत सिद्धांतों के सर्वोच्च और उत्कृष्ट की शिला से परावर्तित हुआ है। यह मनुष्य एवं मानुषिक प्रवृत्ति की असीम संभावनाओं में अटूट विश्वास की परिणति है। कहा गया है कि सब प्रकार के अन्याय, उत्पीड़न और शोषण के विरुद्ध शुद्धतम आत्मबल का प्रयोग ही सत्याग्रह है। यह विरोधी को जोखिम में नहीं डालना चाहता, बल्कि उसे अपनी निर्दोषिता की प्रचंड शक्ति से अभिभूत कर देना चाहता है। सत्याग्रह अथवा हृदय परिवर्तन के विस्मयकारी तरीके का प्रयोग सरकार, सामाजिक अत्याचारियों एवं कूपमंडूक परंपरावादियों, सभी के विरुद्ध किया जा सकता है।

सत्याग्रह का साध्य है अन्याय एवं अमानवीय अव्यवस्था का अहिंसक प्रतिरोध करना। सत्याग्रह साध्य की ही पवित्रता में विश्वास नहीं करता है, बल्कि इसकी मांग है कि साधन भी सात्विक होने चाहिए। सत्याग्रह का लक्ष्य रचनात्मक अर्थों में जन-गण का कल्याण है और नकारात्मक संदर्भों में प्रत्येक अन्याय एवं शोषक का दृढ़ अहिंसक प्रतिरोध।

सत्य एक बहुआयामी दर्शन है। रिचर्ड ग्रेग के अनुसार, सत्याग्रह एक ऐसा त्रिपक्षीय दर्पण है जिसमें एक ओर सत्याग्रही अपने आपको अपने विपक्षी की दृष्टि से देखता है। दूसरी ओर विपक्षी अपने आपको सत्याग्रही की दृष्टि से देखता है तथा तीसरी ओर आम दर्शक सत्याग्रही व उसके विपक्षी का परस्पर रूप देखते हैं और निर्णय करते हैं कि कौन कितना सही है और कौन कितना गलत है। इस प्रकार सत्याग्रह हृदय परिवर्तन तथा जनजागरण का एक सबल साधन है।

निःसंदेह, सत्याग्रह अत्यंत कठोर व्रत और संयम का विषय है। इसलिए गांधी ने सत्याग्रही के लिए नैतिक अनुशासन के कठोर नियम निर्धारित किए। उसे ईश्वर में विश्वास होना चाहिए। उसे धन तथा

जे पी आंदोलन

यश की लालसा नहीं होनी चाहिए। उसका कर्तव्य है कि वह अपने शरीर को हठयोग आदि क्रियाओं द्वारा बलिष्ठ बनाने का प्रयत्न करे। उसे चाहिए कि वह ब्रह्मचर्य का पालन करे। पूर्णतः निर्भीक तथा दृढ़ संकल्पी हो। वह धैर्यवान हो। अपने उद्देश्य में अनन्य निष्ठा रखता हो। सत्याग्रह का प्रयोग निजी लाभ के लिए नहीं किया जा सकता। उसका उद्देश्य हृदय को प्रभावित करना होता है, न कि अनाचारी में भय उत्पन्न करना। अतः सत्याग्रह का आधार वैयक्तिक शुद्धीकरण भी है। इस प्रकार गांधी ने चरित्र की शुद्धता को राजनीतिक शक्ति की कसौटी बतलाकर राजनीतिक चिंतन में एक महत्वपूर्ण योगदान किया है।

सत्याग्रह के दर्शन के रूप में मानवता को वह अक्षुण्ण, शाश्वत शस्त्र प्राप्त हुआ, जो अव्यवस्था, अनैतिकता, अमानवीयता, अन्याय, अनाचार और अंततः प्रत्येक प्रकार के अत्याचार का प्रतिरोधी है। यह दर्शन पूर्णतः सकारात्मक एवं रचनात्मक कार्यों का प्रेरक है। यह सर्वप्रथम हृदय परिवर्तन तत्पश्चात व्यवस्था परिवर्तन का पक्षधर है।

पुनीत कुमार श्रीवास्तव

अधिक जानकारी के लिए :

1. **महात्मा गांधी एक जीवनी :** बी आर नंद 2011,
2. **स्वतंत्रता संग्राम और गांधी का सत्याग्रह :** प्रभात कुमार, 2000

सदरी

सदरी मुख्यतः पश्चिमी और मध्य झारखंड में बोली जाती है। इसके अलावा यह असम, ओडिशा, पश्चिम बंगाल आदि भारतीय राज्यों के कुछ भागों और बांग्लादेश में भी बोली जाती है। यह पूर्व-मध्य भारत में आदिवासी समूह की आपसी बोलचाल की भाषा है। सदरी कई नामों से जानी जाती है, जैसे—नागपुरी, नागपुरिया, सदन, सादरी, सदानी, साद्रिक, गंवारी, गवरी, गोबरी, छोटा नागपुरी, सांत्रि, झारखंडी आदि। इन नामों में कुछ तो स्थान को दर्शाते हैं और कुछ नाम गांव के बोलचाल की भाषा की ओर संकेत करते हैं, जैसे गावरी गांव की भाषा गवरी। कुछ अन्य आदिवासी समूह भी बोलचाल की भाषा के रूप में सदरी का व्यवहार करते हैं जिनमें खरिया (दक्षिण मुंडा), मुंडारी, भूमिज (उत्तर मुंडा) और कुरुख (उत्तर द्राविड़) समूह भी सदरी बोलते हैं।

इसके बोलने वालों की संख्या 2001 की भारतीय जनगणना के अनुसार 20,44,776 दर्ज की गई है। सदरी बोलने वालों की संख्या में निरंतर बढ़ोतरी इसकी लोकप्रियता का प्रमाण है।

झारखंड में यह व्यापक पैमाने पर बोली जाती है, अतः झारखंड की कुछ जनजातियां इसे एक स्वतंत्र भाषा मानती हैं। आज सदरी हिंदी की एक बोली के रूप में स्वीकृत है, जो देवनागरी लिपि में लिखी जाती है।

सदरी के कई रूप हैं। झारखंड में सदरी का एक रूप है तो पश्चिम बंगाल, ओडिशा, असम में अन्य रूप। स्थानिक परिवर्तन के कारण इसके शब्दों तथा व्याकरण में भिन्नता है।

मनीषा झा

सधुक्कड़ी भाषा

सधुक्कड़ी भाषा रामचंद्र शुक्ल की खोज है। इसका इस्तेमाल नाथपंथी योगियों की काव्य भाषा के संदर्भ में हुआ है। 'सधुक्कड़ी' अर्थात प्रांत-प्रांत में घूमते-फिरते साधुओं द्वारा प्रयुक्त भाषा। यह गोरखनाथ से लेकर कबीर तक की काव्य भाषा है। यह वज्रयानी सिद्धों की भाषा का अगला चरण है। वज्रयानी सिद्धों की भाषा साहित्यिक समझी जाती

है। उसका ढांचा नागर अपभ्रंश का है जिसमें पूर्वी भाषाओं का मेल होने से उसे 'पूर्वी अपभ्रंश' कहा जाता है। नाथपंथी साधुओं ने नागर अपभ्रंश से भिन्न अधिक जनोन्मुख भाषा और शैली का प्रयोग किया। सिद्धों ने जिस अपभ्रंश का प्रयोग किया था, उसे पूर्वी प्रभाववाली 'प्राकृताभास हिंदी' कहा जा सकता है, लेकिन नाथ साहित्य की भाषा आधुनिक हिंदी के अधिक निकट जान पड़ती है। वह अपभ्रंश के उस रूप से अलग है, जिसे चंद्रधर शर्मा 'गुलेरी' ने 'पुरानी हिंदी' कहा है। हजारीप्रसाद द्विवेदी अपभ्रंश को 'पुरानी हिंदी' कहना भाषाशास्त्रीय और वैज्ञानिक दृष्टि से सही नहीं मानते।

कुछ अन्यथा भाव से ही सही, आचार्य शुक्ल ने खड़ी बोली के प्रारंभिक रूप को 'सधुक्कड़ी' में देखा। कबीर आदि निर्गुण संतों की बानी पर नाथपंथी योगियों की बानी का असर है। आचार्य शुक्ल ने कबीर की साखियों की भाषा को 'सधुक्कड़ी अर्थात राजस्थानी-पंजाबी मिली खड़ी बोली' कहा था, लेकिन रमैनी और सबद के गेय पदों में लक्ष्य किया था कि 'काव्य की ब्रजभाषा और कहीं-कहीं पूरबी बोली का भी व्यवहार है।'

'सधुक्कड़ी' साधु भाषा नहीं है। साधु भाषा एक प्रवाहपूर्ण, निर्दोष और शिष्ट भाषा है। यह व्याकरणसम्मत भाषा है। 'सधुक्कड़ी' का प्रयोग शुक्ल जी ने साहित्यिक भाषा से भिन्न अर्थ में किया है। इसकी वजह काव्य-संबंधी उनकी धारणा है। शुक्ल जी मानते थे कि कबीर की भाषा 'बहुत परिष्कृत और परिमार्जित' नहीं है, फिर भी 'कबीर की उक्तियों में कहीं-कहीं विलक्षण प्रभाव और चमत्कार है।' सगुण विचारधारा कोमलकांत पदावली चुनती है, जबकि निर्गुण विचारधारा डांट-फटकार की शब्दावली। कबीर को हजारीप्रसाद द्विवेदी ने 'भाषा का डिक्टेटर', 'वाणी का बादशाह' आदि अकारण नहीं कहा है। कबीर का 'कविरूप घलुए में मिली वस्तु है', 'काव्यत्व उनके पदों में फोकट का माल है—बाई-प्रोडक्ट है' आदि टिप्पणियों में द्विवेदी जी ने काव्यत्व की कमी की ओर ही संकेत किया है। वे लिखते हैं—'उनकी वाणियों में सब कुछ को छानकर उनका सर्वजयी व्यक्तित्व विराजता रहता है। उसी ने कबीर की वाणियों में अनन्य साधारण जीवन-रस भर दिया है। कबीर की वाणी का अनुकरण नहीं हो सकता।' कमोबेश, यही बात गोरखनाथ के लिए भी कही जा सकती है। 'गोरखबानी' से कुछ भाषा के नमूने हैं :

> हसिबा षेलिबा रहिबा रंग। काम क्रोध न करिबा संग।।
> हसिबा षेलिबा गाइबा गीत। दिढ़ करि राषि आपना चीत।।
> हबकि न बोलिबा, ठबकि न चालिबा धीरै धारिबा पांव।
> गरब न करिबा सहजै रहिबा भणत गोरष रांव।।
> बिरला जाणंति भेदों निभेद बिरला जाणंति दोइ पष छेद।
> बिला जाणंति अकथ कहाणीं बिरला जाणंति सुधि बुधि बांणी।।

कविता वृत्ति ही काव्य भाषा का नियमन करती है। 'सधुक्कड़ी' आलोचनात्मक यथार्थवाद की अनिवार्यता है। इसका यह अर्थ नहीं है कि निर्गुण मतावलंबियों या नाथों का कोई स्वप्नलोक नहीं है। उनका भी एक 'बेगमपुरा' है, किंतु अपने देश-काल की धार्मिक-सामाजिक स्थितियों ने उन्हें अधिक बहिर्मुखी अभिव्यक्ति-पद्धति अपनाने के लिए प्रेरित किया। परंपरागत काव्य भाषा में विद्रोही चेतना का प्रकाश नहीं हो पाता। निश्चय ही 'सधुक्कड़ी' विशुद्ध खड़ी बोली नहीं है। उसमें आगे चलकर ब्रजभाषा, भोजपुरी और पंजाबी-गुजराती के शब्द भी घुलते-मिलते हैं। कबीर तक आते-आते उसमें 'पूरबी' की झलक भी मिलने लगती है। वह पंचरंगी, मिली-जुली सधुक्कड़ी हो जाती है। शुक्ल जी की धारणा है, 'खड़ी बोली मुसलमानों की भाषा हो चली थी। मुसलमान भी साधुओं की प्रतिष्ठा करने लगे थे, चाहे वे किसी दीन के हों। इससे खड़ी बोली दोनों धर्मों के अनपढ़ लोगों को

साथ लगाने वाले और किसी के भी शास्त्रीय पक्ष से संबंध न रखने वाले साधुओं के बड़े काम की हिंदुस्तानी हुई।' (चिंतामणि : 3)।

रेवती रमण

अधिक जानकारी के लिए :
1. हिंदी साहित्य का इतिहास : रामचंद्र शुक्ल, **2. कबीर :** हजारीप्रसाद द्विवेदी

सपाटबयानी

द्विवेदीयुगीन कविता में अभिधात्मक कथन की प्रधानता थी, जबकि छायावादी काव्य और नई कविता में बिंबों की प्रधानता थी। कविता में जब बिंब कुहरे की तरह छाए हुए थे, साठोत्तरी कविता ने सीधे आक्रामक कथन का रास्ता चुना जिसे सपाटबयानी कहा गया। सपाटबयानी बिंबवाद का विरोध है, बिंबों का नहीं। श्रीकांत वर्मा, धूमिल आदि ही नहीं नागार्जुन की कई कविताओं में भी सपाटबयानी मिलती है। सपाटबयानी एक अलग राह से काव्यात्मक चमत्कार पैदा करती है। नामवर सिंह ने इसके बारे में लिखा है, 'कविता में सपाटबयानी का यह आग्रह वस्तुतः गद्य-सुलभ जीवंत वाक्य-विन्यास को पुनः प्रतिष्ठित करने का प्रयास है, जिसके मार्ग में बिंबवादी रुझान निश्चित रूप से बाधक रहा है।... बिंबों के कारण कविता बोलचाल की भाषा से अकसर दूर हटी है, बोलचाल की सहज लय खंडित हुई है, वाक्य-विन्यास की शक्ति को धक्का लगा है। भाषा के अंतर्गत क्रियाएं उपेक्षित हुई हैं, विशेषणों का अनावश्यक भार बढ़ा है और काव्य-कथ्य की ताकत कम हुई है।... इन कमजोरियों को दूर करने के लिए ही कविता में तथाकथित सपाटबयानी अपनाई जा रही है, जिसमें फिलहाल काफी संभावनाएं दिखाई पड़ती हैं।' (कविता के नए प्रतिमान)। खासकर धूमिल की कविताओं में आक्रामक अभिधात्मक कथनों की प्रचुरता देखने को मिली है, यह भी सपाटबयानी का एक नमूना है।

सपाटबयानी सीधा-सादा कथन नहीं है और न सतही वक्तव्य। यह सहृदय पाठक पर वैसा ही प्रभाव डालती है, जैसे बिंब डालते हैं, अगर इसके पीछे 'विजन' हो। सपाटबयानी अमूर्तन के खिलाफ है, इसका एक झुकाव लोकप्रियता की तरफ होता है। सपाटबयान कभी भी वचन-भंगिमा से रिक्त नहीं होता, इसी अर्थ में यह सपाट कथन से भिन्न है।

सपाटबयानी कविता का गुण है या दोष, यह प्रयोग की कुशलता पर निर्भर करता है। धूमिल कविता की परिभाषा भी शास्त्रीय परिभाषाओं से भिन्न सपाटबयानी की भाषा में देते हैं, 'कविता/ घेराव में/ किसी बौखलाए हुए आदमी का संक्षिप्त एकालाप है।' सपाटबयानी कविता में व्यंग्य, वक्तव्यपरकता और तीखापन लाती है।

मनीषा साव

सप्तपदी

भारतीय जीवन में निर्धारित चार आश्रमों (ब्रह्मचर्य, गार्हस्थ्य, वानप्रस्थ और संन्यास) में गृहस्थाश्रम सबसे सक्रिय आश्रम है। युवा होने पर मनुष्य की शारीरिक और मानसिक ऊर्जा जिस युग्म में घटित होने के लिए बेताब होती है, उसे विवाह संस्था के द्वारा काम्य बनाया गया है। एक संस्कार के रूप में मान्य विवाह युवा स्त्री-पुरुषों का सांगोपांग सहसंबंध है। विवाह-पद्धति में अन्य कलापों के साथ सप्तपदी वर और वधू के संकल्प तथा अटूट संधिपत्र की भांति न्यस्त है। इसमें दांपत्य की बीज प्रतिज्ञाएं ध्वनित होती हैं। पारस्कर गृहस्थ सूत्र में विवाहमंडप में वर-वधू के पाणिग्रहण और अग्नि प्रदक्षिणा के बाद सप्तपदी का विधान है। इसमें पति पत्नी से उत्तर दिशा में सात पग चलने का अनुरोध करता है—'पहला पग अन्न के लिए, दूसरा शक्ति के लिए, तीसरा धन की वृद्धि के लिए, चौथा सुख के लिए, पांचवां पशु के लिए, छठा ऋतु के लिए, सातवां मेरे सात एक हृदय होने के लिए चलें।' जब तक सप्तपदी संपन्न नहीं हो जाती, तब तक विवाह अपूर्ण माना जाता है—'यावत् सप्तपदी नैव तावत् कन्या कुमारिका!'

वर-वधू के रूप में जीवनसाथी सप्तपदी के प्रथम पद-निक्षेप से पहले ही संयुक्त संकल्प लेते हैं—हम गृहस्थ जीवन में वाम अधर्म से दक्षिण धर्म-पथ का कदापि उल्लंघन नहीं करेंगे। महत्वपूर्ण बात यह है कि सप्तपदी की सातों प्रतिज्ञाएं स्त्री-पुरुष को परस्पर प्रतिश्रुत और विश्वासपरक होने के लिए सात सोपानों के समान हैं। वचनबद्धता, सहगामिता एवं अंतरावलोकन के आजीवन निर्वाह के ये आदि चरण हैं। इनमें परस्परावलंबन और मैत्रीपूर्ण सहमति के संकेत हैं। इस मामले में स्वैराचार पर रोक के साथ स्वाधीनता के भी पर्याप्त अवसर हैं। विवाहिता बिना बुलाए भी मांगलिक अवसरों पर मायके जाने की स्वतंत्रता चाहती है—'अनाहूता गमिष्यामि यदा मां प्रतिपालयेत्।।'

सप्तपदी का अंतिम अर्थात सातवां चरण सबसे मार्मिक और अर्थवान है जिसमें स्त्री-पुरुष के मध्य अधिकार-भाव होते हुए भी अधिकारी का कोई भाव मौजूद नहीं होता। यहां सख्य-भाव की उभयता के साथ समापन है, 'सखे, सप्तपदा भव। सा मामनुव्रता भव।' जीवन के सुंदरतम गठबंधन से प्रारंभ होता गृहस्थाश्रम मैत्रीपूर्ण निर्वाह के लिए जिस अन्योन्यता की अपेक्षा करता है, उसमें पहली बार साथ-साथ चलें। ये सात कदम सप्तपदी के नाम से जाने जाते हैं। प्रथम मण्डल पर धरा हुआ पहला पग ही जीवन की परिपक्वता का सूचक और निकोप एवं सौम्य व्यवहार का प्रार्थी है।

आजकल कन्यादान और सिंदूरदान (सुमंगली) के बाद ही ध्रुव दर्शन और फिर सप्तपदी का विधान होता है जिसमें वर-वधू दोनों साथ-साथ सात पद चलते हैं या सात बार अग्नि की प्रदक्षिणा करते हैं। इसे 'भांवर घूमना' या 'भांवर पड़ना भी कहते हैं। इसी समय पुरोहित वर और वधू से सात-सात प्रतिज्ञाएं कराते हैं। इन्हें 'सातों वचन' कहा जाता है।

अष्टभुजा शुक्ल

अधिक जानकारी के लिए :

1. हिंदू संस्कार : राजबली पांडेय, **2. धर्मशास्त्र का इतिहास :** पी वी काणे, **3. हिंदू विवाह की उत्पत्ति और विकास :** कृष्णदेव उपाध्याय

सप्तर्षि

सप्तर्षि यानी ब्रह्मा के सात मानस-पुत्र हैं, जो भिन्न-भिन्न मन्वंतरों में धर्म-व्यवस्था और लोक-रक्षण के लिए आविर्भूत होते हैं। विभिन्न पुराणों में इनके अलग्-अलग नामों का उल्लेख मिलता है। आकाश के ईशान कोण में इनका अवस्थान है। ये सात ऋषि ही सप्तर्षि मंडल के नाम से परिचित हैं।

शतपथ ब्राह्मण के अनुसार, इनके नाम इस प्रकार हैं—गौतम, भारद्वाज, विश्वामित्र, जमदग्नि, वशिष्ठ, कश्यप और अत्रि। महाभारत के अनुसार इनके नाम हैं—मरीचि, अत्रि, पुलह, पुलत्स्य, क्रतु, अंगिरा और वशिष्ठ। इन सात ऋषियों की पत्नियों के नाम क्रमशः इस प्रकार हैं—कला, अनुसूइया, क्षमा, प्रीति, सन्नति, श्रद्धा और अरुंधती। ये सारी ऋषि-पत्नियां लोकजननी या लोकमाता के नाम से प्रसिद्ध हैं। सप्तर्षि से उन सात तारों का भी बोध होता है, जो आकाश में ध्रुवतारे की परिक्रमा करते हैं। ग्रामीण-क्षेत्रों में इसे 'बुढ़िया की खाट' और तीन तारा भी कहा जाता है। कुछ लोगों को इसमें हल की आकृति भी दिखाई देती है। अंग्रेजी में इन्हें 'द ग्रेट बियर' कहा जाता है।

एक अन्य कथा के अनुसार, जब आदियोगी ने खुद को आदिगुरु में रूपांतरित कर अपनी यौगिक-विद्या सात साधकों को देनी शुरू की तो इसमें कई वर्ष लग गए। इस प्रक्रिया के पूरे होने पर ये सात लोग ब्रह्मज्ञानी बन गए और सप्तर्षि के नाम से जाने गए। इन्होंने शिव से परम प्रकृति में खिलने की तकनीक और ज्ञान प्राप्त किया। शिव ने इन सात लोगों को योग के अलग-अलग पहलुओं का गहन ज्ञान दिया, जो कालांतर में योग की सात प्रमुख धाराओं में परिणत हुआ।

कथा के अनुसार, सात ऋषियों को सात दिशाओं में, संसार के भिन्न-भिन्न स्थानों में ज्ञान प्रचार के लिए भेजा गया। इन सभी ऋषियों ने लोककल्याण, जन-उत्थान और ज्ञान प्रचार के लिए

अपना जीवन समर्पित कर दिया। इसी कारण ये जनमानस और लोक-संस्कृति में पूज्य हैं।

गीता दूबे

सफलता का दर्शन

आधुनिक जीवन में सफलता के गुर बताने वाली अननिगत बेस्ट सेलर पुस्तकें हैं, क्योंकि जीवन में सफलता का अर्थ सीमित होते जाने की वजह से विफलताओं का बोध बढ़ा है। पहले कहा जाता था, 'युक्तिसंगत वचन से सफलता मिलती है' (वेमना) या 'प्रेम, पवित्रता, धैर्य और अध्यवसाय–इन गुणों से सफलता मिलती है।' (विवेकानंद)। अब ये मार्ग पर्याप्त नहीं माने जाते। पहले सफलता को सार्थकता से अलग करके नहीं देखा जाता था, कुछ सार्थक किए बिना सफल होना संभव नहीं था। धीरे-धीरे सफलता और सार्थकता दो भिन्न चीजें होती गईं।

जीवन जब साधना से 'दौड़' में बदल गया, स्पर्धा बढ़ती गई और इच्छाएं भी बढ़ती गईं तो सफलता एक अनंत प्यास में तब्दील हो गई। नौकरी पाना, उच्चतर पद हासिल करना, व्यवसाय में ज्यादा मुनाफा होना, तरक्की होना, समृद्ध होना, अधिक-से -अधिक सत्ता हासिल करते जाना, प्रतिस्पर्धियों को नीचा दिखाना आदि ही सफलता के चिह्न हो गए। योग्यता की जगह वफादारी, ज्ञान की जगह भौतिक पराक्रम, सत्य और ईमानदारी की जगह चालाकी सफलता के राजमार्ग बन गए।

सफल होने का अर्थ कुछ सार्थक करने से जुड़ा रहा है जो वाल्मीकि से लेकर महात्मा गांधी के वचनों तक देखा जा सकता है। वाल्मीकि ने कहा था, 'उत्साह, सामर्थ्य और हिम्मत न हारने से कार्य में सफलता मिलती है (रामायण, किष्किंधाकांड, 49.6)। उन्होंने राम की कथा में यही दिखाया। वेदव्यास ने कहा, 'बल हो जाने पर यदि प्रमाद हो जाए तो उद्देश्य में सफल नहीं हुआ जा सकता।' (महाभारत, सभापर्व, 16.12)। उन्होंने यह भी कहा, 'अच्छे कर्मों से समृद्धि पैदा होती है, प्रगल्भता से बढ़ती है, समझदारी से उसकी जड़ें मजबूत हो जाती हैं और संयम से वह सुरक्षित रहती है।' (उद्योगपर्व, 35.51)। वे बताते हैं कि जो आलसी हैं, कायर हैं, दंभी हैं, लोक से संवाद करने से डरते हैं या समय के इंतजार में बैठे रहते हैं, उन्हें अपना लक्ष्य कभी हासिल नहीं होता।' (शांतिपर्व, 140.23)। कोई यह सोचकर नदी किनारे बैठा रहे कि इसका सारा पानी बह जाए तो नदी पार करे तो वह कभी नदी नहीं पार कर सकता। भारतीय सभ्यता जब प्राचीन आकार पा रही थी, उस जमाने में बताए गए सफलता के ये मार्ग हैं। ऐसे कथनों में उदासीनता के समानांतर प्रयत्न की महत्ता है। जिस वस्तु को पाने की व्यक्ति इच्छा रखे, वह अवश्य पा सकता है यदि प्रयत्न न छोड़ दे। बौद्ध कवि अश्वघोष ने यही कहा, 'उत्साह नहीं छोड़ने वाला मनुष्य पृथ्वी खोदता रहता है तो उसे पानी मिल ही जाता है।' (सौंदरनंद, 16.97)।

गांधी ने कहा था, 'वह मनुष्य जो धर्म की दृष्टि से लड़ता है, वह कभी आशा नहीं छोड़ता। जिसके कार्य शुद्ध हैं और साधन भी शुद्ध हैं, उसे मानना चाहिए कि सफलता अवश्य मिलेगी।' (नवजीवन, 1921)। गांधी के जीवनकाल में ही दुनिया बदलने लगी थी। इसलिए रामधारी सिंह दिनकर ने कहा, 'संसार में जो भी व्यक्ति सफलता की खोज में है, वह रुपया खोज रहा है अथवा कीर्ति।' (वेणुवन)। फिर भी कहा गया है, 'इस तरह तय की हमने मंजिलें। गिर गए, गिरकर उठे, उठकर चले।' अकबर इलाहाबादी ने एक अलग पहलू दिखाया, 'कामयाबी हो गई तो बेवकूफी पर भी नाज। और जो नाकामी हुई अक्ल भी शरमिंदा है।' अब वह युग नही है कि आपके पास ज्ञान है, या आपकी दुकान में अच्छा माल है तो एक-न-एक दिन उसका महत्व जरूर पहचाना जाएगा। अब सफलता के लिए कुछ और भी होना चाहिए, जैसे अनुकूल समय की पहचान, कौशल और प्रोपेगंडा।

अंग्रेजी कवि एडीसन ने कहा था कि यदि

तुम जीवन में सफलता पाना चाहते हो तो 'धैर्य' को अपना घनिष्ठ मित्र, 'अनुभव' को अपना बुद्धिमान परामर्शदाता, 'सावधानी' को अपना बड़ा भाई और 'आशा' को अपना संरक्षक बना लो। उद्देश्य में निष्ठा के अलावा 'सावधानी' आज सफलता पाने के लिए जरूरी तत्व है। कहा गया है कि सफल व्यक्ति वह है जो दूसरों द्वारा फेंकी गई ईंटों से एक सुदृढ़ नींव डाल लेता है।

रवींद्रनाथ ने कहा था, 'मैं अपने संसार में उन संसारों को लिये हुए हूं जो विफल हो चुके हैं।' मनुष्य की सफलता तभी सार्थक होती है, जब वह सामाजिक होकर विफल लोगों को भी अपने में शामिल कर ले। नागार्जुन ने एक कविता में लिखा था, 'जिनकी सेवाएं अतुलनीय/पर विज्ञापन से रहे दूर/ प्रतिकूल परिस्थिति ने जिनके/ कर दिए मनोरथ चूर-चूर/ उनको प्रणाम!' सफलता एक व्यक्तिगत मामला है, जबकि सार्थकता सामाजिक होती है। जितना आनंद सफलता के फल को बांटने में है, उतना बटोरने में नहीं।

सफलता के लिए पते की बातें : सफलता मिलने की कुछ कसौटियां हैं—मानसिक शांति, आतंरिक आनंद, आर्थिक आत्मनिर्भरता, पारिवारिक खुशी, सामाजिक स्वीकृति और भविष्य की निश्चिंतता। इसके लिए कुछ टिप्स इस प्रकार हैं :

(1) अपने मन में जमी अपने प्रति नकारात्मक बातों को मिटाकर अपने को जानना व्यक्ति का अपने जीवन के प्रति पहला कर्तव्य है। जब तक आत्मविश्वास और इच्छाशक्ति की कमी है, तब तक अपने को नहीं जाना जा सकता।

(2) सफलता के लिए सकारात्मक सोच जरूरी है, क्योंकि ऐसी सोच ही व्यक्ति को स्वाभिमानी, स्वप्नद्रष्टा, प्रतिबद्ध, व्यावहारिक और रचनात्मक बनाती है। सकारात्मक सोच के लिए चाहिए–अच्छी स्मृतियां, जानकारी, मानसिक शांति, आसपास की स्वच्छता, अहं, क्रोध और लालच से छुटकारा और ठोस लक्ष्य।

(3) युग के परिवर्तनों को देखते हुए जो अपने कार्य के लिए दूसरों से कुछ अलग और नया रास्ता चुनते हैं और नवाचार अपनाते हैं, वे ही आदर्श बनते हैं। दिमाग की खिड़कियां खुली रखें, लचीले बनें और मतांधता से बचें। चेहरे के हाव-भाव, बातचीत अर्थात दूसरों के दिल तक अपनी बात पहुंचाने की संप्रेषण दक्षता, पहनावे, चाल-ढाल और सोच में नवीनता रखने वाले और दिलचस्प ढंग से काम करने वाले ज्यादा आगे बढ़ते हैं। सफलता के लिए अपने व्यक्तित्व को अधिकाधिक श्रेष्ठ और प्रभावशाली बनाने की जरूरत होती है।

(4) मन में आनंद और चेहरे पर प्रसन्नता से भरा होना सफलता की तरफ बढ़ते कदम की पहचान है। कष्टों और बाधाओं के बीच प्रसन्न रहने से बाधक तत्व खुद चित हो जाएंगे। अतः प्रसन्नचित्त रहना चाहिए। इसके लिए मन को साधना पड़ता है। कुछ वजहें हों भी तो सदा दुखी रहना और सिर्फ अतीत का गुणगान करना आत्मविनाश है। वर्तमान के हर क्षण को आनंद और सहजता से जीना चाहिए।

(5) अपनी ऊर्जा और समय का प्रबंधन सफलता की कुंजी है। आज के काम को कल पर न टालें, क्योंकि हर नया क्षण नया दायित्व लेकर आता है। आदमी की विफलताओं का मूल है आज के काम को कल पर टालना। इसलिए सफलता की आकांक्षा रखने वाले को निर्णयशील और कर्मठ होना चाहिए। उसमें दूरदृष्टि होनी चाहिए।

(6) अक्सर दो आदमी मिलते हैं और कुछ ज्यादा देर तक साथ रहते हैं तो तीसरे की बुराई शुरू हो जाती है। किसी की निंदा करके कोई अच्छा नहीं हो जाता। निंदा सुनने वाला भी सावधान हो जाता है कि यह तो परोक्ष में उसकी भी निंदा करता होगा, भले प्रत्यक्ष में चाटुकारिता कर रहा है। चाटुकारिता और निंदा एक ही सिक्के के दो पहलू हैं। राग-द्वेष से ऊपर उठकर ही व्यक्तित्व का विकास संभव है।

(7) हर काम एक पूजा है, कोई काम छोटा या बड़ा नहीं होता। एक समय में एक ही काम मनोयोग से करना चाहिए, क्योंकि मष्तिष्क एक ही जगह एकाग्र रहकर अपनी क्षमता दिखा सकता

है। यह भी ध्यान में रखें कि कोई काम शुरू करने के पहले कार्य-योजना (एक्शन प्लान) बना लेने से जोखिम नियंत्रित हो जाता है।

(8) जो अनजान है और अपने को बड़ा जानकर समझता है, उससे बचकर रहना चाहिए। जो थोड़ा बहुत जानकार है, पर अपनी जानकारियों के प्रति शंकालु है, वह हमसफर हो सकता है। जो जानकार है और निरंतर जिज्ञासा के साथ उसके मन में अब तक की अपनी जानकारी के प्रति आस्था हो, उससे ज्ञान पाने का प्रयत्न करना चाहिए। सीखना कभी बंद न करें, चाहे जितना ऊपर पहुंच जाएं। कहा गया है कि ज्ञान ही अंततः शक्ति और सफलता में बदल जाता है, जब कर्म में उतरता है।

(9) हर बड़ी सफलता के पीछे कुछ विफलताएं होती हैं। विफलताओं को ढंकने के लिए खूबसूरत बहाने खोजने की जगह उनकी वजह खोजनी चाहिए। अपनी कमजोरियों को पहचाने बिना आगे बढ़ना संभव नहीं है। न यह सोचें कि दूसरे आपके बारे में क्या सोचते हैं और न ही अपना दुखड़ा गाते फिरें। भीतर के डर, झिझक और तनाव से लड़ें। जरूरत है अपनी आंतरिक शक्तियों का उत्साहपूर्वक सदुपयोग और निरंतर संवर्द्धन करने की। चिंता नहीं करके विकल्पों पर चिंतन करें। मनुष्य को चिंताएं दूर करने के लिए चिंतनशक्ति मिली है। हर नई पीढ़ी को सफलता के लिए पुरानी पीढ़ी से कुछ ज्यादा मेहनत करनी पड़ती है।

(10) कोई कदम उठाने के पहले सोच लें, बुरे-से-बुरा क्या हो सकता है। अच्छे की आशा करें और बुरे के लिए अपने मन को पहले से तैयार रखें। हमेशा आशावादी बने रहना चाहिए। निराशा अतीत में कैद रखती है, जबकि आशा भविष्य में ले जाती है।

(11) दूसरों की सफलताओं से ईर्ष्या नहीं करके उनसे सीखने के अपने फायदे हैं।

(12) हमेशा विनम्र रहें, दूसरों से सच्चा अपनत्व रखें और किसी के सहयोग के लिए उसके प्रति कृतज्ञता व्यक्त करने में कंजूसी न करें। दूसरे से निरंतर बोलते रहने की जगह सुनने की कला भी सीखनी चाहिए। खुद कम बोलें और काम की बातें बोलें। दूसरों का विश्वास पाने के लिए उन पर भरोसा करें, पर अंधा होकर नहीं। सफलता का भावनात्मक बुद्धि के विकास से गहरा संबंध है—भावना और बुद्धिमत्ता, दोनों जरूरी हैं।

(13) अपनी उपलब्धियों और क्षतियों की लगातार समीक्षा भविष्य की योजनाओं के पुनर्गठन में सहायक होती है। जो असंभव है, उसके पीछे न दौड़कर जो संभव और अपनी क्षमता के अनुसार सटीक है उस काम में लगना ठीक है। एक द्वार बंद होता है तो दूसरा खुलता है, खोज बंद न हो तो। सभी से सलाह लें पर करें वह, जो अपना विवेक कहे।

(14) कोई व्यक्ति ऐसा नहीं है जो दुनिया के केंद्र में हो। इसलिए वह अपने को लेकर थोड़ा कम गंभीर हो सकता है और कभी-कभी अपने पर हँस सकता है। दूसरों पर हँसने से बेहतर है कभी-कभी अपने पर हँसना।

(15) कोई भी सफलता उत्कर्ष का आखिरी बिंदु नहीं है। खासकर भौतिक सफलता अपनी अर्थवत्ता के बिना महत्वहीन है।

संजय जायसवाल

अधिक जानकारी के लिए :

1. The Philosophy of Success : Anderson Monroe Baten, 1936, **2. The Power of Full Engagement :** Jim Loehr, **3. Mindset : The New Psychology of Success :** Carol S Dweck

सबटाइटलिंग

मूक फिल्मों में शारीरिक भाव-भंगिमाओं को दृश्य रूप में दिखाया जाता था और संवादों को लिखित रूप में, सबटाइटलिंग (Subtitling) के द्वारा प्रस्तुत किया जाता था। ऐसा करके फिल्म को बोधगम्य एवं आनंददायक बनाया जाता था। आज भले ही बोलती फिल्में चलन में आ चुकी हैं, किंतु संवादों की लिखित प्रस्तुति की प्रासंगिकता कम नहीं हुई है। वह दृश्य मीडिया जगत में अपना स्थान बनाए हुए है। विशेष बात यह है

कि इसका विस्तार हुआ है यानी पहले यह केवल एक ही भाषा से जुड़ा पक्ष था और अब यह अनुवाद से भी जुड़ चुका है। सबटाइटलिंग क्या है? मौखिक भाषा को दृश्यपटल पर लिखित रूप में दर्शाना सबटाइटलिंग कहलाता है। सबटाइटलिंग सिनेमा और टेलीविजन जैसे दृश्य माध्यम में पर्दे पर नजर आ रहे दृश्य के दौरान पात्रों द्वारा बोले गए संवादों-गीतों के शब्दों को लिखित रूप में दिखाई जाने वाली सामग्री होती है। यह आमतौर पर पर्दे के निचले हिस्से में लिखी हुई नजर आती है। सबटाइटलों को इतनी सघनता से तैयार किया जाता है कि वे पर्दे पर ज्यादा-से-ज्यादा दो पंक्तियों में ही लिखे जा सकें। उनमें से प्रत्येक पंक्ति में आठ-दस शब्द ही लिखे जाते हैं। संवादों को फिल्म की गति और पर्दे के आकार के साथ संबद्ध करना होता है।

सबटाइटल को स्क्रीन पर प्रस्तुत करते समय कई तरीकों का सहारा लिया जा सकता है। इसमें जैसे एक ही दृश्य में दो वक्ताओं के संवादों को अलग-अलग दर्शाने में भिन्न तकनीक अपनाना शामिल है, जैसे—प्रत्येक संवाद को 'डैश' की सहायता से अलग-अलग दर्शा देना। उदाहरण के लिए, 'क्या मुझसे प्रेम करती हो?' –'नहीं।' वैसे कुछ विशेषज्ञ हर वक्ता के लिए अलग-अलग रंगों की सबटाइटलिंग करने का परामर्श देते हैं ताकि संवाद-वक्ता की भिन्नता का बोध हो सके।

सबटाइटलिंग ज्यादा खर्चीला कार्य नहीं है। केवल बोले गए शब्दों को लिखित रूप में शामिल करना होता है। इन्हें फिल्म में शामिल करने में अधिक समय नहीं लगता। यह कार्य अत्याधुनिक उपकरणों की सहायता से किया जाता है।

सबटाइटलिंग के प्रकार : सबटाइटलिंग दो प्रकार से दिए हो सकते हैं—समान भाषा और विषम भाषा सबटाइटलिंग। 'समान भाषा सबटाइटलिंग' पर्दे पर नजर आ रहे दृश्य के दौरान बोले जा रहे एक भाषा के संवाद अथवा गीत की पंक्तियों आदि के शब्दों का उसी भाषा में लिखा हुआ दिखाया जाता है। यह संवाद आदि के रूप में बोले गए शब्दों को समझने में उपयोगी सिद्ध होता है। यह विशेष तौर पर विदेशों में तैयार अंग्रेजी फिल्मों के संदर्भ में होता है क्योंकि विदेशी अभिनेताओं द्वारा बोला गया प्रत्येक शब्द आम भारतीयों को समझ नहीं आ पाता। इसके अलावा यह उन लोगों के लिए भी उपयोगी सिद्ध होता है जो बधिर हैं या जिन्हें बहुत कम सुनाई देता है। इसका अपना शैक्षिक महत्व भी है क्योंकि इसमें जो बोला जा रहा होता है, वही लिखा हुआ होता है और वही पढ़ा जाता है। इस प्रकार के प्रयास से पठन-क्षमता विकसित होती है और साक्षरता दर में बढ़ोतरी भी होती है।

'भिन्न भाषा सबटाइटलिंग' पर्दे पर नजर आ रहे दृश्य के दौरान बोले जा रहे एक भाषा के शब्दों की दूसरी भाषा में प्रस्तुति है। अनूदित संवादों को पढ़कर दर्शक, फिल्म अथवा कार्यक्रम में नजर आ रहे अभिनेताओं की आवाजों और मूल संवादों को सुन सकते हैं और उन संवादों को अपनी भाषा में पढ़कर उसका आस्वादन भी कर सकते हैं। फिल्मों के अलावा वीडियो और वीडियो खेलों आदि में भी इसका प्रयोग किया जाता है। फिल्मों की सबटाइटलिंग का यह लाभ है कि एक ही फिल्म को अनेक भाषाओं में अलग-अलग प्रस्तुत करने के स्थान पर उसके संवादों को अनुवाद के माध्यम से लक्ष्य भाषा में लिखित रूप में प्रस्तुत कर दिया जाता है। यह बड़ा किफायती रहता है और अगर थोड़ी सावधानी के साथ यह कार्य संपन्न किया हुआ हो तो लक्ष्य भाषा में प्रस्तुति काफी सहज हो जाती है।

सबटाइटलिंग और अनुवाद : भिन्न भाषा सबटाइटलिंग अनुवाद के द्वारा ही संभव है। यह 'अंतर भाषिक अनुवाद' है। सबटाइटलिंग के लिए अनुवाद भिन्न एवं चुनौतीपूर्ण कार्य है। इसमें अनुवादक को कुछ विशेष अपेक्षाओं का ध्यान रखना होता है।

सबटाइटलिंग अनुवादक को मूल भाषा के संवाद को दूसरी भाषा में संवाद के रूप में केवल उतने ही शब्दों में प्रस्तुत करना होता है, जितने एक फ्रेम में आ सकें। ज्यादा शब्द प्रयोग किए होने से दर्शक उसे पढ़ नहीं पाते हैं। अनूदित संवादों को फिल्म की गति और पर्दे के आकार के साथ संबद्ध करना

होता है। इसके लिए वह कभी-कभी संक्षिप्तीकरण भी करता है, ताकि दर्शक-पाठक तक अर्थ तुरंत संप्रेषित हो सके। वह आमतौर पर संवाद के भाव की ओर ध्यान देता है। इसका नतीजा यह होता है कि अनूदित भाषा औपचारिक रूप धारण कर लेती है, उसमें सहजता नहीं आ पाती। इसके अलावा वर्तनी की गलतियां या फिर व्याकरणिक अटपटापन भी बाधक सिद्ध होता है। गलत समकालिक संतुलन भी बाधा उत्पन्न करता है। सांस्कृतिक तत्वों का सार्थक अंतरण या अभिव्यक्ति न हो पाना भी सबटाइटलिंग की सीमा बनकर उभरता है। वैसे फिल्म में मूल भाषा के वैशिष्ट्य को बनाए रखने के लिए उसके कुछ हिस्सों या दृश्यों की सबटाइटलिंग की भी नहीं जाती, जैसे—जनजातीय लोगों को स्थानीय भाषा बोलते हुए दिखाते समय।

सबटाइटलिंग पद्धति की सीमाएं : सबटाइटल वाली फिल्म का कथ्य दूसरी भाषा के दर्शक को समझ तो आ जाता है, किंतु वह उसका स्वाभाविक आस्वादन नहीं कर पाता है। फिल्म को देखना, मूल भाषा के संवादों का न चाहते हुए भी कानों में सुनाई दे जाना और अपनी भाषा में लिखे उसके सबटाइटलों को साथ-साथ पढ़ना होता है, लेकिन ये तीनों कार्य एक-साथ सही तरीके से संभव नहीं हो पाते। इसके अलावा अशिक्षित दर्शकों के संदर्भ में भी यह लाभदायक सिद्ध नहीं होती। इन कुछ सीमाओं ने 'डबिंग' के रूप में सिनेमा जगत में अनुवाद के क्षेत्र में एक नया मोड़ ला दिया।

हरीश कुमार सेठी

अधिक जानकारी के लिए :
Subtitling : Jan Ivarsson, Mary Carrol, 1998

सबाल्टर्न अध्ययन

सबाल्टर्न अध्ययन (Subaltern Studies) 1980 के दशक में महत्वपूर्ण अध्ययन-पद्धति के रूप में विकसित हुआ। मुख्य रूप से एरिस स्टोक्स, रणजीत गुहा, शाहीद अमीन, दीपेश चक्रवर्ती, पार्थ चटर्जी, आशिस नंदी, ज्ञानेंद्र पांडे आदि इतिहासकारों ने इतिहास के अध्ययन तथा विश्लेषण के इस दृष्टिकोण को विकसित करने में अपना महत्वपूर्ण योगदान दिया। इसके अंतर्गत इतिहास का 'नीचे से अध्ययन' पर विशेष बल दिया गया। इटली के वाम चिंतक अंटोनियो ग्राम्शी के लेखन से इसने अपने लिए प्रेरणाएं प्राप्त कीं। इतिहास लेखन जब से शुरू हुआ, तभी से वह राज्य को नियंत्रित करने वाले शासक वर्गों के नजरिए और उनके जीवन को केंद्र में रखकर लिखा जाता रहा है। ग्राम्शी की दिलचस्पी शासकों और अभिजन-समूहों के बाहर उपेक्षित-पीड़ित वर्गों यानी सबाल्टर्न को इतिहास के केंद्र में स्थापित करने में थी। नस्ल, जाति, वर्ग, भिन्न यौन रुझानों, लिंग, नृजातीय पहचानों आदि के कारण हीन सिद्ध कर दिए गए तथा इन्हीं आधारों पर ऐतिहासिक उत्पीड़न का शिकार बने समूहों को सबाल्टर्न वर्गों में रखा गया। सबाल्टर्न अध्ययन से जुड़े विद्वानों को वाम चिंतन का समर्थक माना गया, पर इन विद्वानों ने पारंपरिक वाम की जड़ताओं को रेखांकित करते हुए आलोचना की है।

अभिजनों की राजनीतिक चेतना के परिणामस्वरूप मिली स्वतंत्रता और अभिजनों के हित में निर्मित राष्ट्रवाद का सबाल्टर्न अध्ययन में निरंतर खंडन किया जाता रहा है। इसके अलावा साम्राज्यवाद के प्रभाव से निर्मित यूरो-केंद्रित इतिहास-दृष्टि को भी चुनौती दी गई। इसमें गैर-अभिजन समूहों अर्थात सबाल्टर्न वर्गों को इतिहास तथा परिवर्तन की मुख्य संचालक शक्ति के तौर पर प्रस्तुत किया गया। रणजीत गुहा के नेतृत्व में 'सबाल्टर्न स्टडीज ग्रुप' की स्थापना भी की गई जिसने कई खंडों में 'सबाल्टर्न स्टडीज' के नाम से शोधपूर्ण आलेखों का प्रकाशन किया। इतिहास, अर्थशास्त्र, राजनीति, स्थानीय विश्वास परंपराओं, धार्मिक आचारों आदि के विषय में विस्तृत विश्लेषण किए गए ताकि सबाल्टर्न की प्रतिरोध चेतना और जीवन-शैलियों के बारे में व्यापक जानकारियां प्रस्तुत की जा सकें। सामाजिक अभिजनों तथा सबाल्टर्न की राजनीतिक चेतना के

अंतर को, उनके प्रतिरोध के स्वरूप में अंतर के माध्यम से प्रस्तुत किया गया। माना गया कि अभिजनों ने ब्रिटिश राज से मिली संस्थाओं के लिए लोगों को जागरूक किया जबकि सबाल्टर्न की राजनीतिक चेतना उनके पारंपरिक संगठनों, जैसे—नातेदारी (किनशिप), स्थानीय संस्कृति परंपरा, वन्य आर्थिक स्रोतों, वर्ग-एकजुटता आदि पर आधारित रही है।

सबाल्टर्न की राजनीतिक कार्रवाइयां किसान-आदिवासी विद्रोहों के इर्द-गिर्द प्रकट हुईं जो अभिजनों के इस दावे को प्रश्नांकित करती हैं कि उन्होंने ही लोगों को राजनीतिक विचारशक्ति को जाग्रत कर राष्ट्रवाद की आधारभूमि का निर्माण किया और देश को स्वतंत्रता दिलाई। सबाल्टर्न अध्ययन को प्रेरित करने वाले ग्राम्शी का मानना था कि सबाल्टर्न वर्गों का इतिहास उतनी ही पेचीदगियों से भरा होता है, जितना समाज के प्रभु वर्ग का इतिहास। पर प्रभु-शासक वर्ग का इतिहास देश और समाज के आधिकारिक इतिहास के रूप में स्वीकार कर लिया जाता है। उनका मानना था कि सबाल्टर्न वर्गों के इतिहास में स्पष्ट धारावाहिकता तथा व्यवस्था नहीं होती। इसके स्थान पर वह खंडित, विभाजित तथा अव्यवस्थित होता है, क्योंकि वे हमेशा शोषक वर्गों की गतिविधियों के अधीन होते हैं।

सबाल्टर्न अध्ययन-पद्धति ने पहले से चले आते कई द्वैतमूलक संबंधों को प्रश्नांकित करने का काम किया, जैसे—उपनिवेशवाद बनाम राष्ट्रवाद या फिर साम्राज्यवाद बनाम देशज सांस्कृतिक प्रतिरोध आदि। इसने अन्य द्वैतमूलक संबंधों के स्थान पर अभिजन और सबाल्टर्न के मुख्य विभाजन पर बल दिया। रणजीत गुहा का मानना था कि राजनीतिक-सामाजिक परिवर्तनों में सबाल्टर्न की भूमिका को हमेशा ही अनदेखा किया गया है। गुहा के अनुसार विभिन्न इतिहास दृष्टियां समाज के सबसे उपेक्षित तथा हाशिए के लोगों के इतिहास को अनदेखा करती हैं और उनके योगदान को स्वीकारती नहीं हैं। सबाल्टर्न समूहों के प्रतिरोध तथा प्रतिरोध-संबंधी अवधारणाओं में व्यापक भेद होता है, पर अभिजनवादी राजनीति के विरोध के स्तर पर उनमें समानता होती है। गुहा के अनुसार समाज का बूर्जुआ वर्ग पूरे देश और सभी संस्कृतियों का प्रवक्ता बनने में नाकाम रहता है। उसकी नाकामी भारतीय इतिहास चेतना की मुख्य समस्या को समझने का अवसर प्रदान करती है। समाज के बूर्जुआ वर्ग की यह नाकामी भी सबाल्टर्न समूहों की चेतना की स्वायत्तता और निरंतरता को व्याख्यायित करने की जरूरत को रेखांकित करती है।

उत्तर-उपनिवेशवादी सैद्धांतिकी के अंतर्गत सबाल्टर्न संप्रदाय की आलोचना गायत्री चक्रवर्ती स्पीवाक द्वारा की गई। उन्होंने अपना प्रसिद्ध निबंध 'कैन द सबाल्टर्न स्पीक' के नाम से लिखा। उन्होंने ग्राम्शी के इस दावे पर सवाल उठाया कि सबाल्टर्न समूहों की स्वायत्तता (autonomy) होती है। इसी तरह सबाल्टर्न की विशिष्ट परिभाषाएं गढ़ने या उनमें सारतत्व ढूंढ़ने के तरीके के आधार पर उसे समझने की प्रणाली पर भी उन्होंने प्रश्न खड़े किए। उनका मानना था कि सबाल्टर्न को मुख्यत: अभिजन से 'भिन्नता' (difference) के आधार पर पहचाना जाता है। उन्होंने इस दावे पर संदेह व्यक्त किया कि सभी निम्न-वंचित समूह विरोध की राजनीति कर सकते हैं। उन्होंने मुख्य रूप से जेंडर का सवाल उठाकर अपनी बात समझाई और कहा कि औपनिवेशिक राजनीति हो या वंचित समूहों की राजनीति, ये सभी स्त्री की 'दमित पहचान' को प्रस्तुत करने तथा मजबूत करने का काम करते हैं। उनका यह भी मानना है कि सबाल्टर्न को पूरी तरह से मुख्य धारा से भिन्न राजनीतिक प्रतिरोध करने वाले स्वतंत्र समुदाय के रूप में नहीं देखा जा सकता। इन समूहों के प्रतिरोध संबंधी विचार तथा मुहावरे वर्चस्वशाली राजनीति से प्रेरित तथा प्रभावित हो सकते हैं। इस तरह स्पीवाक निम्न-वंचित समुदायों की राजनीतिक चेतना पर संदेह नहीं करती हैं पर उन्हें स्वायत्त, स्वतंत्र पहचान वाले समुदायों के रूप में पेश करने पर प्रश्न उठाती हैं।

वैभव सिंह

अधिक जानकारी के लिए :

1. Subaltern Studies : Ranjit Guha, **2. Nationalist Thought and the Colonial World :** Parth Chatterjee, 1986, **3. Imagined Communities :** Benedict Anderson, 1983, **4. Patriotism and its Future :** Arjun Appadurai, 1993

सबाल्टर्न सैद्धांतिकी

सबाल्टर्न सैद्धातिंकी (Subaltern Theory) की शुरुआत इतिहास लेखन की एक नई धारा के रूप में हुई। इसकी शुरुआत बंगाल के मार्क्सवादी बुद्धिजीवी रणजीत गुहा द्वारा की गई थी। वह एक समय भारतीय कम्युनिस्ट पार्टी से जुड़े थे। वे चीन की सांस्कृतिक क्रांति के विचारों से प्रभावित थे। 1960 के बाद उन्होंने अपने को भारत के माओवादियों से जोड़ लिया जो स्वतंत्र भारत को एक अर्द्ध-सामंती और अर्द्ध-औपनिवेशिक राज्य मानते थे। सबाल्टर्न धारा की मूल परियोजना इस प्रस्ताव को सत्य ठहराने के प्रयास से प्रेरित थी, 'औपनिवेशिक सत्ता की संरचना को वर्चस्वरहित प्रभुत्व मानने की अंतर्दृष्टि की कीमत हमें एक ऐसी समग्र अंतर्दृष्टि की चाहत के रूप में चुकानी पड़ रही है, जो औपनिवेशिक सत्ता की जगह लेने वाली शक्ति को भी वर्चस्वरहित प्रभुत्व मानती हो।' (सबाल्टर्न स्टडीज-6)। रणजीत गुहा को सबाल्टर्न समूह का मुख्य बौद्धिक सूत्रधार माना गया है। उन्होंने ही सबाल्टर्न स्टडीज के आरंभिक छह खंडों का संपादन किया है। वे 'औपनिवेशिक भारत में कृषक असंतोष के बुनियादी पहलू' पुस्तक के लेखक हैं जिसे भारतीय क्रांतिकारी इतिहास लेखन करने वाली पीढ़ी का एक अत्यंत महत्वपूर्ण काम माना जाता है।

सबाल्टर्न अध्ययनों की शुरुआत भारत के संदर्भ में 'निम्नजनों के इतिहास' की अवधारणा को अपनाने के प्रयासों से हुई। 'सबाल्टर्न' पद इतालवी मार्क्सवादी अंतानियो ग्राम्शी के चिंतन से लिया गया है। इस पद का प्रयोग समाज के ऐसे निःशक्त समूहों को संकेतित करने के लिए किया गया है, जहां वर्ग-विभेदीकरण, शहरीकरण और औद्योगीकरण की प्रक्रियाएं बहुत धीमे घटित हो रही हैं। सबाल्टर्न लेखकों के लिए इतिहास लेखन में 'संस्कृति' और 'खंड' (फ्रेगमेंट) पदों के अर्थस्रोत भी ग्राम्शी हैं। सबाल्टर्न अध्ययन, अंग्रेज इतिहासकार ई पी थांप्सन के विवेचनात्मक मार्क्सवाद (क्रिटिकल मार्क्सिज्म) से भी प्रभावित हैं। उन्होंने वर्ग, हितों की अर्थशास्त्रीय परिभाषाओं, साथ ही सत्ता और ज्ञान-प्रणालियों की फूकोवादी आलोचनाओं से परे जाने का प्रयास किया था। सबाल्टर्न लेखन के शुरुआती रुझान और तार्किक सरोकार भारतीय औपनिवेशिक आभिजात्यवर्गीय राष्ट्रवाद के बरक्स औपनिवेशिक सत्ता के अधीनस्थ किसान विद्रोहियों की पड़ताल करने और भारतीय राष्ट्रीय कांग्रेस तथा गांधीवादी राष्ट्रवाद के समानांतर किसानों के अक्खड़पन की विवेचना पर केंद्रित थे।

अपनी शुरुआत से ही खुली राजनीतिक मुद्रा के चलते, सबाल्टर्न अध्ययन युवा भारतीय इतिहासकारों और विदेशों में आधुनिक भारतीय इतिहास के अध्येताओं के बीच काफी लोकप्रिय हुआ। उन्हें सहज ही भारतीय स्वतंत्रता के एक गैर-आलोचनात्मक अकादमिक उत्सव का क्रांतिकारी विकल्प मिल गया। रणजीत गुहा द्वारा शुरू किए गए विद्रोही किसान चेतना के आरंभिक रूपों के अनुसंधान को आगे बढ़ाते हुए सबाल्टर्न धारा वस्तुतः भारतीय मार्क्सवादी के आदर्शवाद के विकल्प की ओर आकर्षित हुई जो इसका संकेत था कि वह 'इकोनॉमिक रिडक्शनिज्म' से प्रस्थान कर चुकी है।

ऐसे समाज में, जहां रोजमर्रा की जिंदगी के साथ-साथ राजनीतिक गतिशीलता में सांस्कृतिक प्रतीक बहुत अहम भूमिका निभाते हैं, यह एक महत्वपूर्ण प्रस्थान था। यह करिश्माई नेतृत्व और सांप्रदायिक संघर्ष जैसी परिघटनाओं को समझने के लिए भी जरूरी था। 2010 तक सबाल्टर्न अध्ययनों का विस्तार 'इतिहास के परंपरागत अनुशासन से परे' 'कई समसामयिक समस्याओं और सैद्धांतिक अवधारणाओं' को समझने से जुड़ा हुआ था। इनमें अस्मिता की राजनीति और साहित्यिक विखंडन भी

शामिल हैं। 1990 के दशक में सबाल्टर्न धारा की ओर से एडवर्ड सईद और गायत्री चक्रवर्ती स्पीवाक जैसे साहित्यिक विद्वानों का विश्लेषण सबाल्टर्न अनुसंधान का एक जरूरी अंग हो गया।

सबाल्टर्न अध्ययनों के कई वर्षों में फैले काम को दृष्टि की एकरूपता से बांधना सही नहीं है। स्पष्ट है कि 'निम्न जनों के इतिहास' में गैर-रूढ़िवादी मार्क्सवादी रुझान की जगह समुदाय, ग्रामीण निश्छलता और सांस्कृतिक प्रामाणिकता के अध्ययन की प्रवृत्ति ने ले ली थी। इसमें क्रांतिकारी चेतना की 'उच्चता' के वाहक के रूप में 'बाहरी' का अनुमोदन इतिहास लेखन में आभिजात्य और यथास्थितिवाद की अकसर होने वाली आलोचना के हल के लिए, तनाव के साथ उपस्थित है। सार्वजनिक समुदाय के सांस्कृतिक चिंतन रूपों की सर्वव्याप्ति में विश्वास भी एक ऐसी ही तत्वमीमांसीय समस्या है। हालांकि सबाल्टर्न अध्ययनों में विषयवस्तु के दो विरोधी क्षेत्र बरकरार रहे हैं। इनमें एक है आभिजात्य जिसके मायने हैं, औपनिवेशिक राज्य, इसकी सहयोगी शक्तियां, इनकी राजनीति, इनके ज्ञान और सत्ता के रूप जिनका विरोध 'निम्न जनसमूह' (सबाल्टर्न) से है। सबाल्टर्न की व्याख्या कृषक समुदाय, स्थानीय और पारंपरिक घुमक्कड़ समुदायों आदि कई रूपों में औपनिवेशिक सत्ता से इनके प्रतिरोध की पहचान के साथ की जाती रही है। इसकी मुश्किल 'खंडों' (निम्न जनसमुदायों) से अक्खड़पन के मूल्यों के जुड़ने की वृहद जटिलता से पैदा होती है।

सबाल्टर्न इतिहासकारों ने दक्षिण एशिया के दमित सामाजिक तत्वों को अभिव्यक्ति प्रदान करने की दिशा में मूल्यवान अनुसंधान किए हैं। इसके एक प्रमुख प्रमाण के तौर पर 1922 के चौरा चौरी के ख्यात दंगे के दीर्घकालिक परिणामों में शाहिद अमीन के सतर्क और विचारोत्तेजक शोध को लिया जा सकता है। इस घटना में 22 पुलिस वालों की मौत हुई थी। इसके बाद प्रथम असहयोग आंदोलन को स्थगित कर दिया गया था। इस घटना के लिए जिम्मेदार मानकर 19 बलवाइयों को फांसी दे दी गई थी। 'एक घटना जिसे सभी भारतीय जब राष्ट्र का कीर्तिगान करते हैं तो केवल भूलने के लिए याद करने पर विवश होते हैं', यह शोध उपर्युक्त घटना को एक उलझी हुई गुत्थी के रूप में सैद्धांतिक प्रतिनिधित्व के लिए प्रस्तुत करता है। यह राष्ट्रीय रूपक और अस्तित्वगत यथार्थ के द्वंद्व को प्रस्तुत करता है। सबाल्टर्न अध्ययन में इस शोध को महत्व दिया जाता है। ज्ञानेंद्र पांडेय ने पूर्वी भारत में उन्नीसवीं शताब्दी के आखिर में चले गौरक्षा आंदोलन की जटिलता का विश्लेषण प्रस्तुत किया है जिसमें प्रतीकवाद, वर्ग-हित और सार्वजनिक क्षेत्र परस्पर गुंथे हुए हैं। सांप्रदायिक राजनीति के पूर्व इतिहास में इस सर्वथा भिन्न निबंध ने औपनिवेशिक भारत में सांप्रदायिकता की निर्मिति पर लिखे अन्य लेखों के साथ एक ऐतिहासिक बहस को तीखा करने में उल्लेखनीय योगदान किया है।

रणजीत गुहा ने अपने शोध 'चंद्रा की मौत' में मध्य उन्नीसवीं शताब्दी के बंगाल से एक कानूनी वृत्तांत को कुशलतापूर्वक उपयोग किया। उन्होंने पितृसत्तात्मक समाज और स्थानीय न्याय की प्रक्रिया का एक 'निम्न जाति' की स्त्री की अस्तित्वगत दुर्दशा के संदर्भ में संवेदनशीलता के साथ विश्लेषण किया है। एक उत्कृष्ट अंश में, गुहा पारंपरिक आश्रम प्रणाली का बयान इस प्रकार करते हैं, 'यह ब्राह्मणवादी हिंदुत्व की विचारधारा अथवा इसके द्वारा व्याख्यायित जाति व्यवस्था में यकीन नहीं रखता। यह जानता है कि वैष्णवी वैचारिकी की अपेक्षाकृत उदारता और इसके ढीले संस्थागत ढांचे को अपने निहित स्वार्थों के लिए कैसे मोड़ा जा सकता है, इस तरह दिखाते हुए कि पीड़ित की आह को संबोधित करने वाला धर्म का प्रत्येक तत्व दूसरे को क्षरित करने का काम भी करता है।' (सबाल्टर्न स्टडीज-5)। सैद्धांतिक वर्चस्व के मुद्दों से जुड़े सबाल्टर्न अध्ययनों के सरोकार इस विचारधारा के अपने सैद्धांतिक तनावों को भी प्रश्नांकित करते हैं।

भव्य बनाम निम्नवर्गीय इतिहास या पाश्चात्य सार्वजनीनता से प्रेरित निरंकुश यात्रा के बरक्स निम्न जन-समूहों का शौर्यपूर्ण प्रतिरोध की प्रस्तुति समाज के दो पृथक सामाजिक ध्रुवों की अभिव्यक्ति है जो इन

'क्षेत्रों' के बीच परापसरण के लिहाज से एक सहवर्ती चूक है। इस दृष्टि से समकालीन इतिहास पूंजी और समुदाय के मध्य वृत्तांतों के महासंघर्ष की गाथा है। इसमें समुदाय आधुनिक समाज में एक वास्तविक उच्छेदक तत्व है। इसे पूंजी के राज्य से सिद्धांततः निर्वासित हो जाना था, पर इसके भीतर एक उच्छेदक जिंदगी संभावित है क्योंकि यह विलोपन से इंकार करता है' (पार्थ चटर्जी, 1997)। सवाल उठता है कि 'वर्ग' को निम्नता की अवस्था से क्यों पदावनत कर दिया गया है जबकि इसने भी विलुप्त होने से इंकार कर दिया है। एक ऐसे समय में जब समुदाय का उभार किसान विद्रोह के क्षेत्र से बहु-उत्पादक पहचान में तेजी से संकुचित हो रहा है, तब क्या किसी अन्य में असमावेशीय के बजाय 'समुदाय' को वास्तव में पूंजी के अनिवार्य अधिभौतिक के रूप में कार्य नहीं करना चाहिए? सैद्धांतिकी से भी आगे ये प्रश्न तनाव, असंगत चयन और मौन तक भी जाते हैं।

एक संबद्ध क्षेत्र के रूप में सबाल्टर्न अध्ययनों ने औपनिवेशिक और उसके बाद स्वतंत्र भारत, बल्कि हाल के विकासों को समेटते हुए इतिहास पर विचारोत्तेजक शोध प्रस्तुत किए हैं। विभिन्न मुद्दों पर यह नवोन्वेषी शोध का ऐसा मंच रहा है जिसकी परिधि 'निम्न जाति' और 'आदिवासी किसान विद्रोह' से मध्यवर्गीय विचारणाओं में राष्ट्रवाद, कैदी जीवन, औपनिवेशिक अनुशासनिक ढांचे, मादक द्रव्यों की राजनीति, मिथकों के महत्व और 'बंधुआ' (दासता) की व्याख्याओं तक विस्तारित है। सबाल्टर्न अध्ययनों में राष्ट्रवाद, औपनिवेशिक विज्ञान, जाति, जेंडर और अस्मिता के सवालों पर सैद्धांतिक चिंतन में महत्वपूर्ण योगदान किया है। इनमें बहुसंख्यकों के राष्ट्रवाद अथवा हिंदुत्व के पूर्ववर्ती इतिहास लेखन का मूल्यांकन, औपनिवेशिक दंड-विधान की आलोचना, भारतीय स्त्रीवाद में ताजा विकासों पर टिप्पणियों, रखैलों और महिला की घरेलू दासता पर शोध और औपनिवेशिक नृतत्वशास्त्र के तत्वमीमांसीय विश्लेषण को भी शामिल किया जा सकता है।

इतिहास का अनुशासन कभी भी पूर्वाग्रहों से मुक्त नहीं रह सकता, फिर भी इसे संपूर्ण सत्य और शास्त्रीय अनुशासन के संतुलन से प्रतिबद्ध होना चाहिए। बहरहाल, सबाल्टर्न अध्ययनों ने भारतीय इतिहास लेखन में विमर्श के स्तर का उन्नयन किया है। इनकी उपलब्धियों की आलोचना भले की जाए लेकिन इन्हें नकारा नहीं जा सकता। इतिहास के अनुशासन के भीतर और बाहर तथा भारत में और इसकी सीमाओं के परे सबाल्टर्न अध्ययनों ने अनेक अध्येताओं को आकर्षित और प्रभावित किया है। क्या यह धारा इसके खुद के व्यवहारों से उपजे सवालों को, खासकर वैश्वीकरण के परिदृश्य में संबोधित करने में अपनी मूल क्रांतिकारी प्रेरणाओं को कायम रख सकेगी, यह एक चुनौती है।

राजाराम भादू

अधिक जानकारी के लिए :
1. Subaltern Studies, vol 1-6 : (Ed.) Ranagit Guha, **2. Possible India :** Partha Chatterjee, 1997, **3. राष्ट्रवाद बनाम देशभक्ति** : आशीष नंदी

सभ्यताओं का टकराव

'सभ्यताओं का टकराव' हॉवर्ड विश्वविद्यालय के राजनीतिविज्ञानी सैमुअल पी हंटिंग्टन द्वारा प्रतिपादित एक अवधारणा है। इसका सार यह है कि शीतयुद्धोत्तर युग में लोगों की सांस्कृतिक और धार्मिक पहचानें ही अब मानव समुदायों के बीच व्यापक संघर्षों का मुख्य कारण बनेंगी। इस अवधारणा को हंटिंग्टन ने 1993 में 'फॉरेन अफेयर्स' नामक पत्रिका में एक लेख में व्यक्त किया था और बाद में इसे उन्होंने 1996 में प्रकाशित अपनी पुस्तक 'द क्लैश ऑफ सिविलाइजेशंस एंड रिमेकिंग ऑफ वर्ल्ड ऑर्डर' में विस्तार दिया।

हंटिंग्टन की मान्यता है कि विचारधाराओं का युग अब समाप्त हो गया है। वे शीत युद्ध के बाद के समय में वैश्विक राजनीति की प्रकृति को व्याख्यायित करने में विभिन्न सिद्धांतों का एक सर्वे करते हैं। इस परिदृश्य में कुछ सिद्धांतकारों का तर्क

है कि शीतयुद्ध की समाप्ति के बाद के दौर में मानव अधिकारों की मांग, उदार जनतांत्रिक प्रणाली और पूंजीवादी मुक्त बाजार अर्थव्यवस्था ही अब राष्ट्रों के समक्ष विचारधारात्मक विकल्प के रूप में बचे रह गए हैं। विशेषकर फ्रांसिस फुकोयामा का तर्क था कि हेगेलवादी अर्थ में 'इतिहास' का अब अंत हो चुका है। इसी परिप्रेक्ष्य में सैमुअल हंटिंग्टन कहते हैं कि मानवजाति अब एक ऐसे दौर में प्रवेश कर गई है जहां विचारधारात्मक या आर्थिक विभेद टकरावों के आधार नहीं हैं। राष्ट्र-राज्यों की भूमिका अब उतनी महत्वपूर्ण नहीं रह गई है बल्कि एकल विश्व व्यवस्था की इस नई दुनिया में अब विभिन्न सांस्कृतिक अस्मिताएं और धार्मिक विभेद ही मानव समुदायों के बीच संघर्षों की भूमिका रचेंगे। पुराने समय में अंतरराष्ट्रीय राजनीति का इतिहास सम्राटों, राष्ट्रों और विचारधाराओं के आपसी संघर्षों से निर्मित हुआ था। ये संघर्ष प्राथमिक तौर पर पश्चिमी सभ्यता के भीतर देखे जाते थे। लेकिन शीत युद्ध की समाप्ति के बाद विश्व राजनीति ने एक नए चरण में प्रवेश किया है, जहां गैर-पश्चिमी सभ्यताएं अब पश्चिमी सभ्यता के अधीनस्थ नहीं बल्कि विश्व राजनीति को एक नई चुनौती देने में पश्चिमी सभ्यता के सामने खड़ी हैं।

हंटिंग्टन ने अपनी इस अवधारणा के अंतर्गत विश्व को जिन मुख्य सभ्यता समूहों में विभाजित किया है, वे हैं—पश्चिमी सभ्यता, इस्लामी सभ्यता, लातीनी-अमरीकी सभ्यता, जापानी सभ्यता, सात्विक ओर्थोडॉक्स सभ्यताएं, कंफ्यूशियस सभ्यता, हिंदू सभ्यता और अफ्रीकी सभ्यता। हंटिंग्टन कहते हैं कि सभ्यताओं के बीच सदियों से निर्मित ये विभेद बुनियादी प्रकृति के हैं जो उनके इतिहास, भाषा, संस्कृति, परंपरा और धर्म के आधार पर बने हैं। विश्व अब अपने में सिमटता जा रहा है और आपस में बढ़ते हुए संपर्कों के कारण सभ्यताओं के बीच की समानताओं और विभेदों को लेकर मानव समुदायों में सजगता भी अब अधिक बढ़ी है। आर्थिक आधुनिकीकरण और सामाजिक बदलाव की वजह से लोग अपनी स्थानिक अस्मिताओं से कट गए हैं और धर्म इस अंतराल को भरने लगा है। वे कहते हैं कि सभ्यता-केंद्रित सजगता को पश्चिम की दोहरी भूमिका ने और बढ़ाया है। एक तरफ पश्चिम अपनी ताकत के चरम पर है तो दूसरी ओर गैर-पश्चिमी समुदायों में अपनी जड़ों की ओर लौटने की मानसिकता है। विश्व में आर्थिक क्षेत्रवाद उभर रहा है। इसके कारण विभिन्न समुदायों में अपने अपनी सभ्यताओं को लेकर सजगता बढ़ी है। इनमें दुनिया को गैर-पश्चिमी सांचों में ढालने की इच्छाएं और संसाधन उभर रहे हैं। सांस्कृतिक विशिष्टताएं और विभेद राजनीतिक व आर्थिक विभेदों की तुलना में कम लचीले होते हैं। हंटिंग्टन का तर्क है कि सभ्यताओं का यह टकराव आज मुस्लिम और गैर-मुस्लिम सभ्यताओं के बीच विशेष रूप से दिखाई पड़ रहा है। इसके लिए वे इन सभ्यताओं के बीच मौजूद 'रक्तरंजित दरारों' की शिनाख्त करते हैं। वे कहते हैं कि यह भिड़ंत यूरोप में इस्लाम के प्रवेश के समय से ही चल रही है क्योंकि जो मिशनरी धर्म दूसरे धर्मावलंबियों का धर्मांतरण चाहते हैं, उनमें सार्वभौमिकता की अवधारणा और एक ऐसा धर्मशास्त्र है जिसमें अभिव्यक्त मूल्य और विश्वास मानवीय अस्तित्व के लक्ष्यों और उद्देश्यों का एकल प्रतिनिधित्व करना चाहते हैं।

हंटिंग्टन का मानना है कि पश्चिम और इस्लाम के बीच की टकराहट के लिए इधर जो कारण जिम्मेदार रहे हैं, वे हैं—एक तरफ इस्लाम का पुनरुत्थान और इस धर्म के अनुयायियों का जनसंख्यात्मक विस्फोट और दूसरी तरफ पश्चिमी सार्वभौमिकता जिसकी अपेक्षा है कि अन्य सभी सभ्यताओं को मूल्यों को अपनाना चाहिए। उनके अनुसार ये ऐतिहासिक और आधुनिक कारक तत्व मिलकर आने वाले समय में इस्लाम और पश्चिमी सभ्यताओं के बीच एक रक्तरंजित संघर्ष को जन्म देंगे।

सैमुअल हंटिंग्टन ने मानव समाज की सांस्कृतिक बहुलता को नकारात्मक ढंग से व्याख्यायित करने की कोशिश की। 'सभ्यताओं का टकराव' की विवादास्पद अवधारणा पर बहुत सारे

विचारकों ने अपना विरोध प्रकट किया है। अर्थशास्त्री अमर्त्य सेन का मानना है कि विश्व की अधिकांश संस्कृतियों के मूल में बहुलतावाद है। आधुनिक पश्चिमी सभ्यता के जनतांत्रिक मूल्य प्रबोधनकाल और औद्योगिक क्रांति के साथ विकसित हुए हैं लेकिन गैर-पश्चिमी सभ्यताओं को इनके विरोध में रखना और उन्हें एकआयामी मानना एक बड़ी भूल होगी। 'टेरर एंड लिबरलिज्म' जैसी पुस्तक के प्रख्यात अमरीकी लेखक पॉल बर्नमैन कहते हैं कि आज की दुनिया में विभिन्न मानव समुदायों के बीच सांस्कृतिक सीमा रेखाएं लगभग धुंधला चुकी हैं। प्रख्यात विचारक एडवर्ड सईद का मानना था कि सैमुअल हंटिंग्टन ने अपनी अवधारणा बनाते समय सभ्यताओं के गतिशील तत्वों और उनकी एक-दूसरे पर परस्पर निर्भरता और आपसी संवाद की स्थितियों की अनदेखी की है। प्रख्यात बौद्धिक नोआम चोमस्की ने सभ्यताओं के टकराव की इस अवधारणा को सिरे से खारिज करते हुए कहा कि शीतयुद्ध की समाप्ति और सोवियत रूस के विघटन के बाद अमेरिका को अपनी नृशंसताओं को जारी रखने के लिए एक प्रतिपक्ष चाहिए था और हंटिंग्टन जैसे बौद्धिक इस तरह का सिद्धांत प्रतिपादित कर अमेरिका द्वारा किए जा रहे अत्याचारों को न्यायोचित ठहराने के तर्क जुटाते दिखाई देते हैं।

विजय कुमार

अधिक जानकारी के लिए :

1. The Clash of Civilizations and The Remaking of World Order : Samuel P Huntington, 1996, **2. The End of History and The Last Man :** Francis Fukuyama, 1992, **3. Democracy as an Universal Value :** Amartya Sen, 1999, **4. The Clash of Ignorance :** Edward Said, 2001, **5. Terror and Liberalism :** Paul Berman, 2003

समकालीन हिंदी पत्रकारिता

भारत के तमाम शहरों से अनगिनत अखबार प्रकाशित हो रहे हैं, एफ एम रेडियो चैनल समेत अनेक रेडियो चैनल प्रसारित किए जा रहे हैं और चौबीसों घंटे चलने वाले खबरिया टीवी चैनलों के उदय को भी एक दशक से अधिक समय बीत चुका है। हिंदी पत्रकारिता पर भी भूमंडलीकरण का असर पड़ा है। आज की पत्रकारिता दुनिया के किसी भी कोने में हो रही घटनाओं को जल्द-से-जल्द और पर्याप्त प्रमुखता से स्थान देती है। सूचना और संचार क्रांति के कारण यह संभव हुआ है कि हमें पीटीआई या यूएनआई के साथ-साथ अब एपी, एएफपी या रायटर्स जैसी विदेशी समाचार एजेंसियों से भी समाचार सुलभता से प्राप्त हो जाते हैं। कहा जा सकता है कि अब हिंदी पाठकों, श्रोताओं या दर्शकों के पास पढ़ने, देखने या सुनने के लिए पहले से कई गुना ज्यादा विकल्प मौजूद हैं।

भारत में पिछले कुछ वर्षों में पाठकों की तादाद बढ़ी है और अखबारों की संख्या में भी इजाफा हुआ है। अखबारों की कड़ी प्रतिस्पर्धा के चलते कुछ अखबारी समूह तो तेजी से आगे बढ़ते गए, लेकिन कुछ समूह ऐसे भी हैं जो इस कड़ी प्रतिस्पर्धा का सामना नहीं कर सके। जब भी भारत के सर्वाधिक प्रसार संख्या वाले दस समाचार-पत्रों का प्रतिवेदन आता है तो उनमें से सर्वाधिक अखबार हिंदी के ही होते हैं। संख्या बल के लिहाज से प्रभुत्व हिंदी का ही है। लेकिन हिंदी के इस बड़े बाजार का अवलोकन करने पर भारतीय प्रेस की एक नई प्रवृत्ति का पता चलता है कि किस प्रकार जबरदस्त और गलाकाट प्रतिस्पर्धा के दौर में अखबार स्वयं को बचाए रखने में भी असमर्थ होते गए हैं। हिंदी क्षेत्र के कई छोटे और मंझोले अखबार पिछले दो दशकों में बंद हो गए और कुछ बंद होने के कगार पर हैं। उदाहरण के लिए, बिहार में 'आर्यावर्त', 'इंडियन नेशन', 'प्रदीप', 'सर्चलाइट' तथा 'जनशक्ति' जैसे प्रतिष्ठित और व्यापक प्रसार वाले अखबार बंद हो गए या बड़ी कंपनियों द्वारा खरीदकर बंद कर दिए गए। उत्तर प्रदेश को भारत का हृदयस्थल कहा जाता रहा है लेकिन यहां भी 'एनआईपी', 'अमृत प्रभात', 'आज', 'स्वतंत्र

भारत', 'स्वतंत्र चेतना', 'जनवार्ता' और 'जनमोर्चा' जैसे कई समाचार-पत्र बंद हो गए या हाशिए पर चले गए। देश भर में इस तरह के कई पत्र बंद हो गए या हाशिए पर चले गए। समकालीन हिंदी पत्रकारिता की पड़ताल यह बताती है कि मध्यम आकार के अखबार समूहों पर दबाव बढ़ा है। 'अमर उजाला', 'राजस्थान पत्रिका'और 'ट्रिब्यून' इसके उदाहरण माने गए। समाचार-पत्र उद्योग में कंसोलिडेशन बढ़ रहा है। इससे किसी एक शहर से कई अखबारों के प्रकाशित होने वाली विविधता और बहुलता की स्थिति पर खतरे की आहट सुनाई पड़ती है। राष्ट्रीय स्तर पर भले किसी एक या दो बड़े मीडिया समूहों का स्पष्ट प्रभुत्व न दिखता हो, लेकिन विभिन्न भाषाई क्षेत्रों या राज्यों में एकाधिकारवादी प्रवृत्तियां देखी जा सकती हैं। भारत में कम-से-कम छह राज्य ऐसे हैं, जहां एक बड़ी मीडिया कंपनी का बढ़ता दबदबा स्पष्ट रूप से है। समकालीन हिंदी पत्रकारिता में स्वामित्व के इस संकेंद्रण को उचित नहीं कहा जाता क्योंकि इससे जनक्षेत्र (पब्लिक स्फीयर) संकुचित होता है।

यह भी एक तथ्य है कि समकालीन हिंदी पत्रकारिता मिशन के बजाय व्यावसायिक बुद्धि से संचालित है। संपादकों को प्रबंधक तक माना जाने लगा है। पल-पल बदलता समाचारों का मौसम, खबरों को आगे बढ़कर पकड़ लेने की पत्रकारीय होड़, इस हड़बड़ी में चलताऊ किस्म की छोटी-मोटी गड़बड़ी और पेड न्यूज के जरिए सूचना छवियों का मनचाहा या हितानुकूल प्रक्षेपण—ये समकालीन हिंदी पत्रकारिता के कुछ प्रमुख बिंदु हैं। ये बातें पत्रकारिता जगत को प्रभावित करते हुए इस बात की भी व्याख्या देती हैं कि कैसे हिंदी पत्रकारिता मीडिया उद्योग की शक्ल में बदलती चली गई। यह ऐसा मीडिया है जो रातोरात किसी मामूली आदमी को देश का नायक और सिलेब्रिटी बना सकता है। दूसरी ओर किसी भी सेलीब्रिटी को पल भर में किसी स्टिंग ऑपरेशन के जरिए जमीन पर ला सकता है। दूसरे शब्दों में कहा जाए तो समकालीन हिंदी पत्रकारिता की पहुंच ही नहीं, उसकी ताकत भी बढ़ी है।

आज मुख्य धारा की हिंदी पत्रकारिता अंतर्वस्तु के स्थान पर प्रस्तुतीकरण और मैन्युफैक्चरिंग पर जोर देती है। टीवी चैनलों से मिल रही चुनौतियों का सामना करने के लिए अखबारों ने खुद को रंगीन बनाया है, तस्वीरों पर वे अब कहीं ज्यादा जोर देने लगे हैं और पाठकों को सप्लीमेंट उपलब्ध कराने लगे हैं। लेकिन उन पर बड़ी समुद्रपारीय पूंजी और अंतरराष्ट्रीय अर्थव्यवस्था के दबाव पहले से अधिक हैं। इससे हिंदी पत्रकारिता के सामाजिक सरोकारों या पत्रकारीय नैतिकता का क्षरण हुआ है। आज हिंदी पत्रकारिता की प्राथमिकताएं बदली हैं। उसमें मॉल-मल्टीप्लेक्स और सिलेब्रिटीज का वर्णन खूब मिलता है लेकिन गांवों में निवास करने वाली करीब दो-तिहाई आबादी का उल्लेख न के बराबर ही है। हिंदी की जातीय स्मृतियां उपेक्षित हैं। भले ही अनेक बड़े अखबारों के बीसियों स्थानीय संस्करण निकल रहे हों, पर वे स्थानीय समस्याओं के बजाय अन्य चीजों को महत्व देते हैं। मुद्रित और दृश्य-श्रव्य माध्यम तात्कालिकता के भयंकर दबावों का सामना कर रहे हैं। अंतर्वस्तु निर्धारण, खबरों के चयन के लिए बनाई गई संपादकीय नीति, समाचारों के प्रस्तुतीकरण के असरदार तरीके, प्रिंट और इलेक्ट्रॉनिक मीडिया के पत्रकारों की भिन्न प्राथमिकताएं और सनसनीखेज मसाला खबरों की खूबसूरत पैकेजिंग—ये ऐसे विषय हैं जो समकालीन हिंदी पत्रकारिता को समझने में महत्वपूर्ण भूमिका निभाते हैं।

समकालीन हिंदी पत्रकारिता की भाषा पर भी गौर करना बेहद जरूरी है। हिंदी मीडिया अगर इसी रफ्तार और दक्षता से वक्त की पगडंडियों पर चलता रहा तो उसकी भाषा भ्रष्ट, हिंदी की परंपरा से अलग तथा अराजक होने को बाध्य है। अगर रेडियो या टेलीविजन चैनलों में उच्चारण की तमाम अशुद्धियां देखने को मिलती हैं, तो अखबारों में भी वर्तनी की अनेक त्रुटियां प्रायः रोज दिख जाती हैं। मानक हिंदी जैसे हाशिए पर चली गई है। इसका एक कारण यह है कि आज के युवा पत्रकार ज्ञान या सेवा के बजाय ग्लैमर की भावना के कारण पत्रकारिता से जुड़ते हैं।

उनमें से ज्यादातर अध्ययनशील नहीं हैं। इन कारणों से आज की हिंदी पत्रकारिता का चेहरा विकृत हुआ है। सूचना, शिक्षा, मनोरंजन और एजेंडा सेटिंग के रंगों से लबरेज अखबार हों, घटना के घटित होने से पहले ही उसका लाइव और एक्सक्लूसिव प्रसारण कर देने वाले टेलीविजन चैनल हों या फिर सिर्फ आवाज के दम पर बाकी माध्यमों से जूझ रहा रेडियो हो—इन सबने जनता में बिल्कुल अलग और तदर्थ किस्म के मूल्यों, विचारों, मानकों, आदर्शों और जीवन-शैलियों को बढ़ावा दिया है।

आजादी के पहले एक मिशन के रूप में शुरू हुई कलम और स्याही की पत्रकारिता ने 'उदंत मार्तंड', 'बनारस अखबार' और 'हरिश्चंद्र मैगजीन' से होते हुए 'धर्मयुग', 'दिनमान' और 'साप्ताहिक हिंदुस्तान' तक की यात्रा तय की। आज पत्रकारिता पर कॉर्पोरेट घरानों का असर है। जनता की नस-नस में सेक्स, अश्लीलता, अपराध और सनसनी के जिन तत्वों को गाहे-बगाहे ठूंसा जा रहा है, उससे मीडिया की साख और पत्रकारीय आचार पर नकारात्मक असर पड़ा है। यह हिंदी पत्रकारिता का व्यापक व्यवसायीकरण है। विज्ञापनों के जरिए घरों में परोसे जाने वाले जिंदा नंगेपन को देखें तो पूंजी के दबाव स्पष्ट नजर आते हैं, जो उच्छृंखलता, कामुकता और हिंसक प्रवृत्तियों को बढ़ावा देते हैं। पत्रकारिता में बाजार का दखल बढ़ गया है। आज की हिंदी पत्रकारिता खबरों में तथ्य के बजाय उनकी मैन्युफैक्चरिंग पर बल देती है। वह इस नजरिए पर जोर देती है कि खबर को कैसे बेचा जाना है। खबरें किसी उत्पाद यानी प्रोडक्ट की तरह होती चली गई हैं, इसीलिए 'न्यूज इंडस्ट्री' जैसे पदबंध चलन में आए हैं। इससे समझा जा सकता है कि आज की हिंदी पत्रकारिता से गांव-देहात क्यों नदारद हैं। चूंकि उत्पादों के विज्ञापनों का दखल बढ़ा है और गांव-देहात के लोगों की इतनी पर्याप्त क्रयशक्ति नहीं है कि वे प्रत्येक उत्पाद खरीद सकें, इसलिए गांव-देहात से जुड़ी खबरें भी हाशिए पर हैं क्योंकि खबरें अधिकतर विज्ञापनों और विज्ञापनदाताओं से तय हो रही हैं।

पहले समाचारों को प्रकाशित करने के बाद जो जगह बच जाती थी, उसमें विज्ञापन छापे जाते थे। आज विज्ञापनों को छापने के बाद जो जगह बचती है, उसमें समाचार प्रकाशित किए जाते हैं। यह भी कहा जाने लगा है कि समाचार वह है जिसे मीडिया मालिक समाचार माने। आज अनेक हिंदी समाचार-पत्रों का पूरा पहला पृष्ठ विज्ञापन होता है। यही हाल टीवी चैनलों और उनके प्राइम टाइम का है। समाचार माध्यमों की बहुलता बढ़ी है लेकिन उस अनुपात में विचारों या समाचारों में विविधता नहीं बढ़ी है। हिंदी की जातीय चेतना और संस्कृति के हाशिए पर खिसकते चले जाने का एक कारण यह भी है। सूचना और शिक्षा की तुलना में मनोरंजन पर अतिशय बल दिए जाने का दुर्भाग्यपूर्ण परिणाम ही है कि हिंदी मीडिया में प्रसारित धारावाहिक संयुक्त परिवार की विकृतियों को बढ़ा-चढ़ाकर दिखाते हैं। ये अधिकतर स्त्रियों के बहाने ईर्ष्या, डाह और दूसरी षड्यंत्रकारी भावनाओं को अतिरंजित करके पेश करते हैं और परिवार में रची-बसी प्रेमपूर्ण अमौखिक भाषा का ध्वंस किया जाता है। इतना ही नहीं, इन सारी बातों को सभी संयुक्त परिवारों का प्रातिनिधिक चरित्र बताया जाता है। पत्रकारिता के इस रुझान के प्रभाव कहीं भी देखे जा सकते हैं।

समकालीन हिंदी पत्रकारिता के अंगस्वरूप इंटरनेट नए आयाम के रूप में उभरा है। आज लगभग सभी प्रमुख हिंदी अखबारों को इंटरनेट पर देखा जा सकता है। इसमें समाचार-पत्रों, टेलीविजन या रेडियो की तुलना में कई सुविधाएं और सुलभताएं हैं। मसलन, यह यूजर-फ्रेंडली है, अंतरक्रियात्मक है, प्रयोक्ता इसमें तुरंत अपना फीडबैक दे सकता है, इसकी पहुंच ग्लोबल है; यहां अपडेशन और डेट लाइन से युक्त ताजा से ताजा खबरें और सूचनाएं हैं, यह अन्य माध्यमों से सस्ता है या फिर पुराने अंकों, पुरानी खबरों को भी इसमें आसानी से और द्रुत गति से देखा जा सकता है। फिर भी इंटरनेट को लेकर अनेक व्यावहारिक उलझनें हैं, मसलन—ऑनलाइन हिंदी पत्रकारिता की अभी तक कोई सैद्धांतिकी निर्मित नहीं हो सकी है। इसकी प्रामाणिकता भी असंदिग्ध

नहीं है। भारत जैसे देश में अगर निरक्षरता के बिंदुओं को छोड़ दें तो भी सर्फिंग की तकनीकी समस्याएं या साइबर क्राइम की लकीरें कम परेशान करने वाली नहीं हैं। हैकिंग, क्रैकिंग, डाटा डिडलिंग, म्यूजिक पाइरेसी, सॉफ्टवेयर पाइरेसी, स्पैम मेल या साइबर सुरक्षा जैसे कितने ही सवाल हैं जिनके माकूल जवाब खोजना अभी बाकी है।

समकालीन हिंदी पत्रकारिता के संदर्भ में यह बात उल्लेखनीय है कि हिंदी पत्रकारों के प्रति प्रकाशकों की सामान्य दृष्टि वह नहीं है जो अंग्रेजी पत्रकारों के प्रति है। हिंदी और अंग्रेजी पत्रकारों के वेतन में भी बहुत अंतर है, जो हमारी दीर्घकालीन पराधीनता का परिणाम है। इस औपनिवेशिक मानसिकता से मुक्ति पाकर ही समकालीन हिंदी पत्रकारिता जन-कल्याण और जन-सरोकारों को केंद्र में रख सकती है। पत्रकारिता का यही लक्ष्य भी होता है।

प्रांजल धर

अधिक जानकारी के लिए :
1. समकालीन पत्रकारिता : मूल्यांकन और मुद्दे : राजकिशोर, 1994, **2. हिंदी पत्रकारिता का बृहद इतिहास :** अर्जुन तिवारी, **3. पत्रकारिता संदर्भ कोश :** सुधींद्र कुमार, रामप्रकाश, **4. सिर्फ समाचार :** धनंजय चोपड़ा

समकालीनता

समकालीनता का अर्थ अपने काल की समस्याओं, चुनौतियों और संघर्षों के अर्थ में छिपा है। उन्हें समझते, समझाते हुए और उनसे रिश्ता बनाते हुए ही समकालीन होना संभव है। जब आधुनिकता शब्द न था, तब भी आधुनिकता थी; उसी तरह जब समकालीनता शब्द न था, तब भी समकालीनता थी। समकालीनता शब्द साहित्य में आधुनिकता से टकराकर लोकप्रिय हुआ। आधुनिक कविता, आधुनिक कहानी की जगह समकालीन कविता, समकालीन कहानी आदि कहा जाने लगा।

देखा जा सकता है कि स्वकाल और समकाल दो चीजें हैं। हर व्यक्ति या समुदाय का एक स्वकाल होता है और एक समकाल होता है। एक ही काल में होने के बावजूद किसान, दलित, स्त्रियां, व्यापारी और शिक्षक के अनुभव में भिन्नता हो सकती है। यह भी देखा जा सकता है कि इन सभी लोगों का अपने स्वकाल के साथ कोई समकाल भी है या नहीं। इन सभी का चेतना कुछ ऐतिहासिक बिंदुओं पर समान हो सकती है। इसी तरह एक समकाल कई स्वकाल में विभाजित हो सकता है। जिस तरह स्व-अनुभूतियों के साथ कुछ सम-अनुभूतियां संभव हैं, उसी तरह स्वकाल के साथ समकाल का अनुभव संभव है। सामुदायिक विमर्शों ने 'समकालीनता' को उसी तरह हटाया, जिस तरह खुद 'समकालीन' 'आधुनिक' की जगह आ गया था। फिर भी स्वकाल और समकाल एक-दूसरे से इतनी दूर नहीं जाते कि स्वकाल में समकाल और समकाल में स्वकाल संभव न हो। कोई नई चीज पुरानी को एकदम मिटाकर सार्थक रूप में कुछ बने, यह संभव नहीं है।

परंपरा और समकालीनता के अंतर्संबंध को लेकर वैसे ही प्रश्न उठे, जिस तरह परंपरा और आधुनिकता के संबंध को लेकर उठे थे। निश्चय ही परंपरा और समकालीनता को जोड़कर ही जीवन की समझ बनती है और साहित्य की भी। समकालीनता से नाता रखे बिना परंपरा को नहीं समझा जा सकता, जिस तरह परंपरा से नाता रखे बिना समकालीनता की समझ हवाई है। परंपरा का हर काल में एक नया अर्थ बनता है, उसी तरह समकालीनता भी बदलती है। आज की समकालीनता वही नहीं हो सकती, जो आज से चालीस साल पहले थी। आज की समस्याएं, चुनौतियां और संघर्ष भिन्न हैं तो समकालीनता भी भिन्न होगी। देखा जा सकता है कि आज समस्याओं की व्याख्या में ज्यादा भिन्नताएं हैं। संघर्ष के मामले में भी दलितों, स्त्रियों, किसानों, पर्यावरणविदों या समलैंगिकों के अलग-अलग मुद्दे हैं। क्षेत्रीय मुद्दे अलग-अलग हैं। इस रोशनी में कहा जा सकता है कि कई परंपराएं हो सकती हैं तो कई समकालीनताएं भी हो सकती हैं। एक जमाने में सूफियों की अलग परंपरा थी, कबीर की अलग परंपरा थी, कृष्णभक्तों

और रामभक्तों की अलग-अलग परंपराएं थीं, फिर भी वे सभी लोग भक्ति आंदोलन का अंग माने गए।

नवजागरण के दिनों में ब्रह्म समाजियों-आर्य समाजियों की अलग-अलग धारणाएं थीं। फुले और रानाडे की सोच में भिन्नता थी। रवींद्रनाथ और गांधी के बीच कई मुद्दों पर मतभेद था। एक ही युग में छायावाद और प्रेमचंद के बीच दूरी थी। आधुनिक और प्रगतिशील लेखकों के बीच रस्साकशी थी। कोई किसको खोना चाहेगा? परंपराओं में टकराहट होती है और उनमें अंतर्संबंध भी होते है। इसी तरह समकालीनताओं के बीच भी टकराहट और अंतर्संबंध, दोनों को देखा जा सकता है। समकालीनता का और संघर्ष का एक ही रूप अंतिम नहीं हैं, पर यह बिल्कुल संभव है कि समकालीनताएं सहयात्री बनें, जिस तरह परंपराएं सहयात्री थीं और एक-दूसरे से लेती-देती थीं। हर युग में एक साझी समकालीन समझ संभव है।

शंभुनाथ

समकालीनता और कथा साहित्य

आख्यान के अंत की घोषणा के बाद क्या कथा की संभावना बची है? समकालीन कथाकारों ने वर्तमान की समस्याओं, चुनौतियों और संघर्षों को समझते हुए इधर उपन्यास और कहानियां जितनी बड़ी संख्या में लिखी हैं, उसे देखते हुए कहा जा सकता है कि कथा का अंत नहीं हुआ, उसका रूप बदला है, विषय बदले हैं और भाषा बदली है।

प्रेमचंद युग की 'आदर्शोन्मुख यथार्थ' की अवधारणा को नई कहानी युग के 'अनुभव' ने विघटित कर दिया था। इसका एक उग्र रूप 'अनुभववाद' भी सामने आया। सामाजिक यथार्थ के प्रगतिशील-क्रांतिकारी प्रवक्ताओं और नए यथार्थ के आधुनिकतावादी प्रवक्ताओं के बीच वैचारिक संघर्ष तब शांत हुआ, जब वैश्वीकरण के दौर में अस्मिता की राजनीति ने अनुभव का समुदायीकरण किया। यह एक बड़ा मोड़ था। व्यक्ति विघटित हुआ, समुदाय और सामुदायिक स्वानुभव प्रधान हो गया। कल जो रचना 'नई' थी, वह नई नहीं रह गई। कल जो 'प्रगति' थी, वह प्रगति नहीं रह गई। पहले 'वर्ग' कहा जाता था, अब वंचित समुदाय या हाशिया कहा जाने लगा। 'आधुनिकता' की जगह उत्तर-आधुनिक विमर्शों ने ली। इतिहास में लड़ाई की जगहें बदलती हैं, लड़ाई नहीं रुकती। इस तरह उपन्यास और कहानी के क्षेत्र में समकालीनता पुनःपरिभाषित हुई।

कथा हमेशा सत्ता और प्रचलित ज्ञान का विखंडन करती आई है, क्योंकि इसके बिना कुछ नया, चुनौतीपूर्ण और मूल्यवान देना संभव नहीं है। यह प्राचीनकाल से ही एक दार्शनिक विद्रोह है, प्रतिवाद है और उनकी आवाज है जो हाशिए पर हैं, भेदभाव के शिकार हैं या बहिष्कृत हैं। समकालीन कथा-साहित्य में काल और स्थान के साथ सामुदायिक परिवेश महत्वपूर्ण हो गया। सार्वभौमता और राष्ट्रवाद के मिथ टूटे, जो ढकोसलों से माने जाने लगे थे। देखा जा सकता है कि कथा हर युग में मनुष्यता को परिभाषित करती आई है। वैश्वीकरण के दौर में मनुष्यता दरअसल अपरिचित स्थानों, वंचितों और मूक करके रखे गए समुदायों या इतिहास की खाली जगहों में ही कहीं बची दिखती है। यही वजह है कि उपन्यास और कहानियों में मुख्यतः ये विषय केंद्र में आए।

वैश्वीकरण ने दुनिया को अनार की तरह खोल दिया था। बाजार अर्थव्यवस्था ने 'सांस्कृतिक एकरूपता' के दृश्य ला दिए तो 'सामाजिक भिन्नता' भी समान रूप से बढ़ी। उपभोक्तावाद मानवीय संवेदना को खोखला करने लगा, इच्छाओं और वस्तुओं का फर्क मिटता गया। एक ओर आधुनिकीकरण शहरी विकास के अनगिनत कंगूरे बना रहा था दूसरी ओर विषमता, विस्थापन और जीवन के दुख बढ़ रहे थे। प्रतीकात्मक समावेशीकरण के बावजूद यह 'दूसरों' की घनघोर अवहेलना का युग भी था। 1990 के बाद की नई स्थितियों में समाज के सबसे कुचले तबकों—स्त्रियों, दलितों और

आदिवासियों का असंतोष जोर से फूट पड़ा। फलतः उनका उत्पीड़न-दमन भी ज्यादा होने लगा। फलतः 'ग्लोबल' के समानांतर 'लोकल' मुखर हुआ। सत्ता की पुरानी संरचना बदली और यह नई घटना थी कि उसमें दबे और पिछड़े समुदाय के लोग बड़े पैमाने पर शामिल हुए। कोई बुनियादी बदलाव घटित नहीं हुआ, क्योंकि बाजार अर्थव्यवस्था राजनीति पर भारी पड़ चुकी थी। फिर भी सदियों से वंचित और पिछड़े समुदायों तथा इलाकों में एक आत्मविश्वास और शक्ति का संचार हुआ था, हालांकि बढ़ती गई हिंसा से समाज में भय भी पहले से ज्यादा मौजूद रहा।

उपर्युक्त ऐतिहासिक स्थितियों का कथा-साहित्य पर सबसे ज्यादा प्रभाव पड़ा था। हर विधा की परंपरागत सरहदें अशांत हो चुकी थीं, लेखक विधागत रेजिमेंटेशन से बाहर निकलने लगे थे। समकालीन परिदृश्य में कथा की विधाएं प्रधान हो गईं तो कथा के नए रूपबंध सामने आए। समाज में नए मनोभावों वाले वर्गों और तबकों के आने और नए दुख-सुख से मनुष्य की अभिव्यक्ति लालसा का नई विधाओं या इनके नए रूपों के लिए मचलना स्वाभाविक है। इस दृष्टि से कथा-साहित्य में आत्मकथात्मक रूपबंध का नवोदय एक विशिष्ट घटना है। यह समकालीन उपन्यास और कहानी, दोनों में देखने को मिला। आत्मकथात्मक रचनाएं ज्यादा लोकप्रिय हुईं और 'स्वानुभूति' को प्रधानता मिली। यह प्रश्न भी उठा कि सामुदायिक स्वानुभूति में 'दूसरे वंचितों' के लिए क्या और कैसी जगह है।

कथा ने सैकड़ों साल से अपना गौरवशाली अस्तित्व इसलिए कायम रखा है कि यह हमेशा यथार्थ से कुछ ज्यादा है तो अंतःवृत्तियों से भी कुछ अधिक है। वह अपने विवरण, शैली और संवाद में 'स्थान' की पीड़ा के साथ 'दूसरे' के लिए भी स्पेस बनाती है और काल के संपूर्ण संकट को उद्घाटित करती है। वह धर्मशास्त्र, मीडिया के पन्ने, लेखक के अंतर्मन के बौद्धिक एक्स-रे से वस्तुतः कल्पनाशील सह-अनुभव या समवेदना की वजह से अलग है।

समकालीन कथा में वर्चस्वों और बंधनों से बाहर निकलने की छटपटाहट देखी गई है। उसमें 'केंद्रीकरण' या 'पूर्व निर्धारित एकरेखीयता' नहीं है। केंद्रवाद टूटा है। यह 'कन्फ्लिक्टिंग रियलिटीज' का जमाना है। हर जगह के अपने यथार्थ हैं और ये कई बार आपस में टकराते हैं। इसलिए समकालीन कथा को उसकी विविधता और बहुलता में देखने की जरूरत महसूस की गई है। उसमें सामुदायिक यथार्थ के साथ उपभोक्तावाद, साम्राज्यवाद और अंध-राष्ट्रवाद के यथार्थ भी समस्याओं के रूप में मौजूद हैं जिनका सामना कथाकारों ने अपने-अपने ढंग से किया है। इस तरह समकालीन कथा-साहित्य में 'खंड' और 'सामान्य', दोनों जगहों की पीड़ाएं और लड़ाइयां हैं।

बदले परिदृश्य में कथा किसी-न-किसी कोण से 'राष्ट्र' को प्रश्नांकित कर सामंती भेदभावों को चुनौती देती है। सवर्ण-दलित भेदभाव का विरोध, पितृसत्ता को स्त्री द्वारा चुनौती, शहरीकरण और विस्थापन, नए आधुनिक विकास से जनजातियों के जीवन में बढ़ा संकट, महानगर–गांव का विभाजन, सांप्रदायिक भेदभाव इस दौर की कथा के प्रमुख विषय हैं। दरअसल, इन भेदभावों के समाधान में राष्ट्रवाद ही विफल नहीं हुआ, आधुनिकता और वामपंथ भी इन सवालों को गंभीरता से नहीं उठा सके। समाज में कुछ अन्य सामंती तत्व लगातार मजबूत हुए, जैसे– स्वेच्छाचारिता बढ़ी, वंशवाद का नंगा दृश्य नजर आया और फिल्मी ग्लैमर सब कुछ निगलने लगा। समाज में अंधविश्वास, कुरीतियों और तमाम किस्म की निर्बुद्धिपरकताओं का सभ्यता के उच्च शिखर पर भी इजाफा होता रहा। उपभोक्तावाद शृंगारिकता का युग लेकर आया तो सामुदायिक कट्टरवाद ने वीरगाथाकाल की यादें ताजा कीं। अतः यह प्रश्न भी उठा कि उपर्युक्त सामंती तत्वों को लेकर जागरूकता सीमित क्यों होती गई। फिर भी 'राष्ट्र' को प्रश्नांकित करने का अर्थ राष्ट्र को किसी-न-किसी रूप में साम्राज्यवाद और अंध-राष्ट्रवाद के शिकंजे से मुक्त करना ही रहा है।

समकालीन कथा की प्रवृत्तियों को रेखांकित

करते हुए देखा जा सकता है कि एक बार फिर 'नवलेखन' और 'युवा लेखक' जैसे शब्दों का प्रयोग शुरू हुआ। कथा की नई पीढ़ियां नई चिंताओं और प्रयोगों के साथ बड़े पैमाने पर आईं। छोटी-छोटी जगहों से कथाकार आए, उन जगहों की स्थानीय संवेदना और आकांक्षाओं के साथ। 'नए' का ताल्लुक हमेशा किसी-न-किसी 'प्रस्थान', 'फर्क' और 'अग्र सोच' से है, उन चीजों से है जो पहले नहीं थीं। उसका संबंध 'आशाओं' और 'सीमारेखाएं तोड़ते हुए आगे बढ़ कर सोचने' से भी है। खासकर जब उन्मुक्त बाजार अर्थव्यवस्था की दिग्विजय का समय हो, एक दुविधा से भरा समय हो और जब सब कुछ बड़ा लुभावना या आक्रामक हो, उपन्यासों और कहानियों के नौजवान चरित्र इन स्थितियों का 'सामना' करते नजर आते हैं। यहां विलाप नहीं संलाप है। कुछ बहुमूल्य उजड़ रहा हो तो उसको लेकर चिंता है। कथा से परिवर्तन आता हो या नहीं, इस युग में कथाकारों ने इसलिए लिखा कि वे 'परिवर्तन' चाहते हैं। वे संदेह करते हैं, प्रश्न उठाते हैं और उस दुनिया के बारे में बताते हैं जो राष्ट्रवाद, आधुनिकता और वर्ग-चेतना के पिछवाड़े में है। शायद इस पिछवाड़े को समेटकर ही राष्ट्रीयता, आधुनिकता और सामाजिक चेतना विकसित हो।

समकालीन उपन्यासों और कहानियों में बाजार अर्थव्यवस्था द्वारा निर्मित की जा रही संस्कृति का व्यापक अनावरण है। उसमें सामान्यतः थोड़े-से घरेलूपन, थोड़े-से अस्तित्व, थोड़ी-सी सादगी, थोड़ी-सी अपनी पहचान, थोड़े-से साहस, थोड़ी-सी निजता, थोड़े-से सिद्धांत, थोड़ा-बहुत परिवार, थोड़े- से प्रतिरोध की आकांक्षा है। ये चिंताएं यथार्थतः मिलती हैं। मुक्त बाजार संस्कृति में उपर्युक्त चीजें विलुप्त होती जा रही हैं और मांग बस 'थोड़े-से' की है। समकालीन कथाओं में उजाड़, विस्थापन और निस्सहायता के दृश्य हैं, आत्महनन के वृत्तांत भी हैं। आज सफलता के लिए किसी भी हद तक उच्च परंपराओं को कुचलने के दृश्य हैं। वैश्वीकरण युग की शिक्षा है, सत्ता और सिद्धांत का गठबंधन ही सफलता की कुंजी है। इस परिदृश्य में कथा-साहित्य जीवन की कुछ सच्ची सांसों की खोज बना है।

समकालीन कथा-साहित्य शून्य में नहीं बाजार, राजनीति और संस्कृति के घने रिश्तों के बीच लिखा जा रहा है। जाहिर है कथा-साहित्य पर इन रिश्तों का असर पड़ना स्वाभाविक है। फिर भी इधर के संपूर्ण कथा-साहित्य में बाजार संस्कृति की अदृश्य साम्राज्यवादी तोड़-फोड़ से मनुष्यता की अंतर्दृष्टि को बचाने की छटपटाहट साफ दिखाई देती है। आज के श्रेष्ठ उपन्यासों और कहानियों की एक लंबी सूची है। उन्हें पढ़कर ही जाना जा सकता है कि रचनाएं किस तरह उन भयावह और आभासी चीजों से टकराती हैं जिनसे आम लोग घिरे हैं और एक दहशत में हैं। दहशत आदमी के अंदर प्रतिरोध के बचे होने का आखिरी चिह्न है। जहाँ दहशत भी नहीं बची होती है, वहां मानवता का कोई तत्व नहीं बचा होता।

इधर व्यापारिक कंपनियां भी मानवीय विषयवस्तुओं, सृजनात्मकता और भावनाओं की जरूरत महसूस करती हैं और इन्हें भौतिक संपत्ति के रूप में देखती हैं। दरअसल, धर्मों और सिद्धांतों की कठोरता ने पूरे विश्व को ही अपना बाजार समझने वाली बड़ी कंपनियों के लिए उपर्युक्त चीजों की जरूरत बढ़ाई है। मैनेजमेंट गुरु सृजनात्मकता के उपयोगी गुणों की पहचान कर रहे हैं। इस प्रकार अब तक जो साहित्यिक दुनिया की संपत्ति थी, उसकी बाजार अर्थव्यवस्था अपने हितों के लिए उपयोग करने लगी। इस प्रक्रिया में कथा का भी व्यापारीकरण हुआ, एक कथा-बाजार बन गया। कुछ उपन्यासकार सिलेब्रिटी बनने लगे। खासकर अंग्रेजी में यह ज्यादा घटित हुआ। हिंदी सहित भारतीय भाषाओं में भी उपन्यास की ही सबसे अधिक बिक्री है। इसलिए कथाकारों में हड़बड़ी दिखती है, फिर भी भाषाई कथाकार अपनी जमीन से अपेक्षाकृत ज्यादा जुड़े हैं, उनका लेखन अंग्रेजी के लोकप्रियतावादी या सनसनीखेज उपन्यासों की तरह 'रंगीन कचरा' नहीं है।

नए युग में रिश्ते की जगह रफ्तार बड़ी चीज हो चुकी है। इसलिए कथा किसी बिंदु पर थोड़ा

ठहरकर जिदंगी को गहराई से देखना भी है। इधर के उपन्यासों और कहानियों में यह लक्षित किया जा सकता है कि थोड़ा रुककर, जीवन की गरमाहट के साथ मानवीय रिश्तों के सच को समझने की कोशिश है। थोड़ा सोचे बिना यह नहीं जाना जा सकता कि रिश्ते बहुकोणीय होने लगे हैं। सब कुछ के बावजूद रिश्ते होते हैं, इसलिए कथाएं भी लिखी जाती हैं।

समाज में जब छोटे-छोटे आंदोलन हैं, प्रतिरोध असंगठित है, बिखरी हुई आवाजें हैं, यह उम्मीद नहीं की जा सकती कि समकालीन कथा-साहित्य में 'रंगभूमि (प्रेमचंद)', 'शेखर एक जीवनी' (अज्ञेय), 'झूठा सच' (यशपाल), 'मैला आंचल' (रेणु) या 'इन्हीं हथियारों से' (अमरकांत) जैसी कृतियां होंगी या 'परिंदे' (निर्मल वर्मा), 'हंसा जाइ अकेला' (मार्कण्डेय) या 'बदबू' (शेखर जोशी) जैसी कहानियां लिखी जाएंगी। आज के कथाकार अधिक लचीले, अधिक अनिश्चित और अधिक अकेले हैं, भले वे सामुदायिक विषयों को उठा रहे हों। उनकी सृजनात्मकता का किसी कठोर सिद्धांत या विचारधारा से सामान्यतः संबंध नहीं है, पर वे अपने समय के 'विमर्शों' से जरूर प्रभावित हैं। जब सिद्धांतों और विचारधाराओं का सामाजिक-राजनीतिक आधार खिसकता जा रहा हो, कथा-साहित्य में उनकी मांग नहीं की जा सकती। राजनीति, साइबर जनतंत्र, बाजार अर्थव्यवस्था से विचारधारा की विदाई हो चुकी है। समकालीन कथा-साहित्य में कलावाद और यथार्थवाद में कोई अपनी कठोरता से मौजूद नहीं है। इसका यह अर्थ नहीं है कि अब कला और विचार गायब हो चुके हैं। वस्तुतः कथाकारों ने विचारधारा के पुराने चौखटे तोड़े हैं, पर वहां छोटे-छोटे संघर्षों के बीच एक पुल की खोज है, जहां वे वस्तुतः राजनीति और बाजार किसी से भी बुरी तरह नहीं बंधे हैं। यह सवाल भी बना हुआ है कि आखिरकार 'भग्न वृत्तांत' के साथ कब तक जिया जा सकता है।

इधर के उपन्यास आधुनिक शैलियों और मौखिक परंपरा के बीच सामंजस्य स्थापित करने वाले हैं। यह स्थानों और चरित्रों का खुद बोलना है। आज का पाठक कुछ पढ़ना नहीं नहीं चाहता, यदि उसे कुछ सीधे सुनने को न मिले और शब्द चित्र न हों। इसलिए आज का कथा-साहित्य विभिन्न शैलियों में बहुचित्रमय लिखित मौखिकता है जिसकी ताकत को समझने की जरूरत है। आज का कथाकार रचयिता (ऑथर) से अधिक लेखक (राइटर) होता है। उसमें रचयिता का अहं नहीं, लेखक की सृजनात्मक श्रवणशक्ति होती है। वह हाशिए की आवाजों को सुनता है और अपनी अनोखी कला से दर्ज करता है। आज उपन्यास का अर्थ प्रचारित शैली में एक और कथा लिख देना नहीं हो सकता और न इसे सैद्धांतिक लक्षण ग्रंथ बना देना काफी है। यह सतत शिल्पगत अन्वेषण के साथ एक चुनौतीपूर्ण विधा है।

हर कथा में कुछ वाक्य होते हैं जो पाठक को एकदम चूस लेते हैं, पर संपूर्ण कथा बांध सके और कुछ अर्थपूर्ण दे सके, इसके लिए वर्तमान तकनीकी परफेक्शन के युग में यथार्थबोध के साथ साहित्यिक दक्षता की नए सिरे से जरूरत बढ़ी है। कथा और मनुष्य के रिश्तों को नए-नए तरीके से परिभाषित करने की जरूरत बढ़ी है। धर्म, जाति, क्षेत्र के बंधन तोड़कर मनुष्य के पुनःअवतार की आकांक्षा उभरी है, जो पीड़ा भरी है। यथार्थ बहुरंगा हो, पर वह सामान्य की जमीन भी कहीं छूता हो। आभासी यथार्थ और यथार्थ का फर्क बिना उस विचारशक्ति के उजागर नहीं हो सकता, जिस पर सूचना क्रांति और बाजार का तेज हमला हुआ है। इन दिशाओं में वैचारिक उथल-पुथल समकालीनता के संपूर्ण परिदृश्य में है और हिंदी का समकालीन कथा-साहित्य एक निर्णायक मोड़ पर है, क्योंकि खुद दुनिया के सारे देश और सारी भाषाएं ही निर्णायक मोड़ पर हैं।

शंभुनाथ

अधिक जानकारी के लिए :
1. कहानी : समकालीन चुनौतियां : शंभु गुप्त, **2. हिंदी कथा-साहित्य में दलित विमर्श :** श्योराज सिंह बेचैन, **3. हिंदी उपन्यास साहित्य : संवेदना का स्वरूप और विकास :** गोपाल राय, **4. हिंदी उपन्यास : आधुनिकता की प्रक्रिया :** हरदयाल, **5. हिंदी उपन्यास : राष्ट्र और हाशिया :** शंभुनाथ, 2016, **6. विमर्श की सत्ता :** वीरेंद्र यादव

समकालीनता और कविता

समकालीनता आज भी ठीक-ठीक पारिभाषिक पद नहीं है। यह ऐसा पद है जिसे अपनी सुविधा के लिए रबर की तरह भी ताना जा सकता है और नसवार की डिबिया की तरह बहुत छोटा भी किया जा सकता है। हर रचनाकार या आलोचक अपनी सुविधा के हिसाब से इसकी व्याख्या करता रहा है। एक किस्म के कामचलाऊपन ने इसकी सैद्धांतिक व्याख्या की संभावनाओं को बहुत कम कर दिया या लगभग खत्म कर दिया है। शायद इसीलिए इसका न तो कोई अवधारणात्मक स्वरूप ही अभी तक तय हो पाया है, न ही किसी किस्म का मानकीकरण किया जा सका है।

लगभग सत्तर के बाद की कविता में ऐसे काव्य-आंदोलन नहीं उभरे जिनका नामकरण छायावाद या नई कविता की तरह काव्य-प्रवृत्तियों या काव्य-समय में आए बदलाव के आधार पर किया गया हो। साठ के दशक में अकविता के साथ ही छोटे-छोटे काव्य-आंदोलनों के किस्म-किस्म के नामकरण किए गए, मसलन—सनातन सूर्योदयी कविता, युयुत्सावादी कविता, अस्वीकृत कविता, अकविता, क्षुत्कातर कविता, सकविता, उत्कविता, विकविता, लिंगादलमोतवादी कविता, एबसर्ड कविता, ठोस कविता, कोलाज कविता, युवा कविता, विचार कविता आदि और इसी तरह भूखी पीढ़ी, श्मशानी पीढ़ी, नंगी पीढ़ी आदि। नामकरण की इस अतिशयता ने ही शायद नामकरण की महिमा से एक किस्म की ऊब और निरर्थकता का अहसास पैदा किया होगा।

सगुण और निर्गुण के द्वैत को खत्म करने के लिए जिस नाम की महिमा बखानी गई, समकालीन कविता ने उसे छोड़कर अनाम यात्री हो जाने को ज्यादा बेहतर मान लिया होगा। शायद इसीलिए पिछले तीस-पैंतीस वर्ष की कविता के लिए समकालीनता जैसे पद का इतना अधिक इस्तेमाल किया गया। पूर्व में किसी काव्य-आंदोलन में जब उसकी प्रवृत्तियों का अतिक्रमण करने वाली कोई नई प्रवृत्ति कविता में दिखाई देती थी, तो उसी काव्य-आंदोलन के तहत एक श्रेणी और गढ़ ली जाती थी। रीतिबद्ध कविता की हद को लांघने वाली कविता के लिए रीतिमुक्त की श्रेणी बना ली गई। मुक्तिबोध भी नई कविता के भीतर दो धाराओं की बात करते हैं पर दूसरी धारा के लिए अलग नामकरण प्रस्तावित नहीं करते। इसके विपरीत सत्तर के बाद की सारी कविता को समकालीन कविता के तहत समेट लिया गया।

समकालीनता न तो प्रवृत्ति के आधार पर बनाई गई श्रेणी है और न ही विचारधारात्मक श्रेणी। समकालीनता को घड़ी या कैलेंडर से भी तय करना मुमकिन नहीं। एक रचनाकार के लिए समकालीनता अपने समय में रहने और रचना करने भर की सुविधा नहीं हो सकती। यह सहज ही प्राप्त या प्रदत्त विशेषण भी नहीं हो सकता। समकालीनता को अर्जित करना होता है। अपने समय के साथ मुठभेड़ करते हुए, उसमें हस्तक्षेप करते हुए, हर रचनाकार को अपनी समकालीनता स्वयं अर्जित करना होती है। समकालीनता सिर्फ रचना की अंतर्वस्तु से जुड़ा प्रश्न नहीं है। यह शिल्प और भाषा का भी प्रश्न है। शिल्प और भाषा में पुरानेपन के साथ एक नई अंतर्वस्तु लेकर की गई रचना समकालीन नहीं हो सकती। हर महत्वपूर्ण रचना अपनी समकालीनता को अर्जित करने की एक सतत प्रक्रिया है और प्रविधि भी। समकालीनता को अर्जित करना और करते रहना, एक सतत प्रक्रिया है। अगर यह प्रक्रिया किसी रचनाकार में रुक जाती है या रचनाकार ही उसके प्रति उदासीन हो जाता है तो बहुत संभव है कि अपने समय में सबसे अधिक समकालीन रहा रचनाकार रचनारत रहते हुए भी देखते ही देखते अगली पीढ़ी के रचनाकारों के लिए और रचना-परिदृश्य के लिए समकालीन न रह जाए। कई बार दो अलग-अलग समयों के रचनाकार किसी खास क्षण में आपस में समकालीन हो सकते हैं, जबकि एक ही समय के दो महत्वपूर्ण रचनाकार आपस में सबसे कम समकालीन लग सकते हैं। यह भी कहा जा सकता है कि एक ही समय में कई समकालीनताएं समांतर रूप से विद्यमान होती हैं।

एक एशियाई समाज में जहाँ सड़क पर बैलगाड़ी और कार एक साथ मौजूद हों, बगल की पटरी पर रेलगाड़ी चल रही हो और आसमान में हवाई जहाज, जहाँ अबेकस और कैलकुलेटर का इस्तेमाल एक साथ हो रहा हो, वहां एक रचनाकार एक ही समय में मौजूद कई अलग-अलग समयों का समवर्ती होकर भी या होकर ही समकालीन हो सकता है। कभी-कभी लगता है कि हमारी समकालीनता कुछ उलझी हुई पहेली है। इसमें कबीर और 9/11 के बाद की रचना किसी खास क्षण में समकालीन लग सकते हैं या हो सकते हैं।

जीवन की अन्य अभिव्यक्तियों में जो समकालीनता है, रघुवीर सहाय कविता की समकालीनता को उससे अलग नहीं करते। दो विपरीतताओं के बीच भी एक समकालीनता हो सकती है और शायद यही उसकी द्वंद्वात्मकता है। समकालीन कविता में समकालीनता का तत्व क्या है? इस प्रश्न को उठाते हुए रघुवीर सहाय मानते हैं कि समकालीनता मानव-भविष्य के प्रति पक्षधरता का दूसरा नाम है। इस तरह समकालीनता एक वैचारिक या विचारधारात्मक प्रवर्ग या श्रेणी बन जाती है, क्योंकि इसी टिप्पणी में मानव-भविष्य को स्पष्ट करते हुए उन्होंने लिखा कि मानव-भविष्य में एक ऐसे जीवन की कल्पना निहित है जिसे आज की भाषा में समाजवादी कहते हैं। पक्षधरता की यह अवधारणा समकालीनता को एक राजनीतिक प्रत्यय भी बना देती है। विजेंद्र इसे सौंदर्यशास्त्र की श्रेणी में लाते हुए लिखते हैं कि जनतंत्र में यह सर्वहारा की शक्ति को स्वीकारने का संकेत है। जनतंत्र की इस प्रतिज्ञा को यदि कोई कवि नहीं निभाता तो उसके समकालीन होने पर संदेह होगा और न ही वह अपने समय की मुख्य सामाजिक गतिकी को पकड़ पाएगा। विजेंद्र मानते हैं कि अगर ऐसा नहीं होगा तो यह समकालीनता से स्थगन है, पलायन है। उनके लिए अपने समय में लिखना एक बात है, समकालीन होना दूसरी बात। एक बड़ा और समर्थ कवि वही है जो अपने समय में लिखकर समकालीन भी है। और इसलिए वे मानते हैं कि इस समय अनेक कवि मुख्य सामाजिक गतिकी को नहीं पकड़ पाने के कारण समकालीन नहीं हैं। विजेंद्र भारतीय वर्ग समाज को नए सिरे से रचने वाले सर्वहारा और उसके संघर्ष को जनतंत्र की प्रमुख अंतर्वस्तु मानते हैं। तय है कि काफी कुछ समानता के बावजूद समकालीनता के बारे में रघुवीर सहाय और विजेंद्र की दृष्टि में कुछ अंतर है। दृष्टि की यह भिन्नता दोनों कवियों की कविता में ही एक भिन्नता पैदा नहीं करती, उनकी समकालीनता भी कुछ अलग हो जाती है। मतलब यह कि समकालीन कविता की कोई कॉमन केमिस्ट्री या समान राजनीतिक-सामाजिक दृष्टि संभव नहीं है। इस समकालीनता में एक किस्म की समसामयिकता अंतर्निहित है। बकौल साही जी के 'जिसके कारण अनावश्यक अतीत से छूटकर हम वर्तमान में फैल जाते हैं और जीवित मानवता के साथ समन्वित हो जाते हैं।'

समय की सामाजिक गतिकी की बात करने के बावजूद विजेंद्र और रघुवीर सहाय दृष्टि के प्रश्न को इतना प्रमुख बना देते हैं कि समकालीनता का जो प्रमुख घटक है यानी समय, उसका प्रश्न कहीं पीछे छूट जाता है या धुंधला जाता है। समकालीनता में यही सवाल शायद सबसे टेढ़ा है। कई बार लगता है कि प्रासंगिकता और समकालीनता एक-दूसरे में गड्ड-मड्ड हो गए हैं। येहूदा अमीखाई की कविता की एक पंक्ति है—देखो, जैसे समय कभी नहीं होता घड़ी के भीतर...। समकालीनता का समय भी घड़ी या कैलेंडर की तिथियों में नहीं होता।

स्पष्ट है कि कोई भी ऐसी घटना जो देश या अंतरराष्ट्रीय स्तर पर समय को पूर्व और बाद में विभाजित कर देती हो, जैसा—द्वितीय विश्वयुद्ध, रूसी क्रांति या आजादी ने किया, समकालीनता के निर्धारण के लिए जरूरी होगी। इस तरह समकालीनता इतिहास की निरंतरता से बाहर और विच्छिन्न समय की अलग इकाई नहीं होगी। दृष्टि का प्रश्न भी इसी में अंतर्निहित होगा। वर्तमान में समकालीन कविता पर बात करते हुए क्या हम ऐसी तिथियां तय कर सकते हैं? यह थोड़ा विवादास्पद मामला है। देश के

स्तर पर एक तिथि 1975 का आपातकाल हो सकती है, जब पहली बार भारतीय बूर्जुआ का आंतरिक संकट आत्यंतिक रूप से सामने आया। दूसरी तिथि सोवियत संघ में समाजवादी महास्वप्न के विघटन की मानी जा सकती है। शीतयुद्ध की समाप्ति। विश्व समाज का मोनोपोलर होना। अमेरिकी साम्राज्यवाद का अत्यधिक शक्तिशाली होते जाना। प्रौद्योगिकी, उदारवादी अर्थनीति और मुक्त बाजार। भूमंडलीकरण और नई सैद्धांतिकी। ये कुछ ऐसे मुद्दे हो सकते हैं जिनके आधार पर वर्तमान कविता में समकालीनता की हदें तय की जा सकती हैं।

समकालीन कविता की दुविधाओं और बेचैनियों को वाल्टर बेंजामिन के इस कथन के परिप्रेक्ष्य में समझे जाने की कोशिश की जानी चाहिए कि प्रौद्योगिकी के कारण मानव-मन को जटिल किस्म की ट्रेनिंग लेनी पड़ी है। इस प्रौद्योगिकी का चरित्र और भाषा क्लासिकल औद्योगिकीकरण के चरित्र और भाषा से आत्यंतिक रूप से भिन्न है। प्रौद्योगिकी और जरायु पूंजीवाद की सैद्धांतिकी की आक्रामकता को बिल गेट्स के इस कथन में सुना जा सकता है कि इंटरनेट एक प्रचंड लहर है जो कंप्यूटर इंडस्ट्री को अपनी लपेट में ले रही है और बहुत-से लोग जो इस लहर में तैरना सीखने में संकोच करेंगे, डूब जाएंगे। कहना न होगा कि समकालीन कविता नई प्रौद्योगिकी और बाजार की आक्रामक उद्दंडता के विरुद्ध प्रतिरोध का नया पाठ है। वह अभी नई हिकमतों को तलाश रही है। उसकी बेचैनियां और दुविधाएं उसकी समकालीनता के साक्ष्य हैं।

राजेश जोशी

समतुल्यता का सिद्धांत

अनुवाद दो भाषाओं के बीच घटित होने वाली व्यावहारिक गतिविधि है। अपने अनुभवों के आधार पर अनुवाद से जुड़े चिंतकों ने जो विचार व्यक्त किए, उनके आलोक में इसके विभिन्न सिद्धांत सामने आए। मूल के भाव, विचार और शैली के सौंदर्य को दूसरी भाषा में समान रूप से प्रतिबिंबित होने को अनुवाद की कसौटी माना गया यानी अनूदित पाठ की स्रोत पाठ से 'समानता' की अपेक्षा की गई। अनुवाद की परिणति बताती है कि यह प्रतिबिंबन 'समरूपी' न होकर समतुल्य ही हो पाता है। इसे ध्यान में रखते हुए पाश्चात्य जगत के जे सी कैटफर्ड और यूजीन ए नाइडा जैसे कई भाषावैज्ञानिकों ने अनुवाद में 'समतुल्यता' संबंधी विचार को काफी महत्व दिया। इसे समतुल्यता का सिद्धांत (Equivalence Theory) कहा जाता है। भाषाविज्ञान आधारित दृष्टिकोण के कारण यह 'अनुवाद का भाषावैज्ञानिक सिद्धांत' भी कहलाता है।

समतुल्यता का सिद्धांत दो भाषाओं (स्रोत भाषा और लक्ष्य भाषा) की संरचना की समतुल्यता पर आधारित है। कैटफर्ड ने अपनी पुस्तक 'लिंग्विस्टिक थियरी ऑफ ट्रांसलेशन' में इसका सबसे पहले प्रतिपादन किया है। उन्होंने बताया है कि भाषाओं और उनके शब्दों के बीच अर्थ तथा पर्याय की पूरी तरह से समरूपता अथवा समानता नहीं होती है, भाषागत कारणों से उनके बीच कुछ-न-कुछ अंतर रहता ही है। इसलिए अनुवाद करते समय स्रोत भाषा के अर्थ को लक्ष्य भाषा के यथासंभव निकट बनाए रखना पड़ता है यानी शब्द, पर्याय और कथन के स्तरों पर निकटतम 'समतुल्यता' (सादृश्यता) स्थापित की जाती है। इसके आधार पर कैटफर्ड ने अनुवाद को एक भाषा की पाठ्य-सामग्री का दूसरी भाषा की समतुल्य पाठ्य-सामग्री के रूप में प्रतिस्थापन' कहा। आगे चलकर जूलियाना हाउस ने भी अर्थ तथा व्यवहार की दृष्टि से समतुल्यता की बात की।

कैटफर्ड ने अर्थ को गौण नहीं माना, किंतु उन्होंने भाषा के रूप-तत्व यानी पाठपरक उपादानों की समतुल्यता पर विशेष बल दिया। इस अनुवाद-चिंतन को यूजीन ए नाइडा ने व्यापक परिप्रेक्ष्य प्रदान किया। उन्होंने अनुवाद में अर्थ के साथ-साथ रचनाकार की शैली की भी समतुल्यता बनाए रखने की बात की। नाइडा के अनुसार, अनुवाद का आशय स्रोत भाषा के

संदेश का अर्थ और शैली के धरातल पर लक्ष्य भाषा में निकटतम सहज समतुल्यों द्वारा पुनर्सृजन करना है।

नाइडा ने अनुवाद में संपूर्ण संप्रेषण-प्रक्रिया संबंधी चिंतन को उद्‌घाटित किया है। एक भाषा में कही गई बात को दूसरी भाषा में समान रूप से प्रस्तुत करना कठिन होता है, क्योंकि दो भाषाओं की संरचना, प्रकृति, व्याकरण, शब्द-संयोजक पर्याय, शैलीगत अंतर, सामाजिक-सांस्कृतिक तत्व आदि कठिनाई पैदा करते हैं। इसलिए नाइडा ने निकटतम सहज समतुल्य की संकल्पना प्रस्तुत की। इसका अर्थ यह है कि अनुवाद मूल के निकट तो हो सकता है, परंतु उसमें मूल की सभी बारीकियां नहीं आ सकतीं। वैसे नाइडा ने अर्थ और शैली, दोनों को महत्व देते हुए भी अर्थ की प्रधानता को स्वीकार किया है।

नाइडा ने अपने समतुल्यता के सिद्धांत में माना है कि यह जरूरी नहीं है कि स्रोत भाषा के भाव लक्ष्य भाषा में शत-प्रतिशत आ जाएं। इसलिए उन्होंने 'लक्ष्य भाषा' के स्थान पर संग्राहक भाषा शब्द प्रयुक्त किया है। इसी प्रकार उन्होंने अनुवाद शब्द के स्थान पर अनुवादिता (ट्रांस्लेटिंग) शब्द प्रयुक्त किया है। अनुवाद कहने से एक प्रकार से पूर्णता का बोध होता है, जबकि अनुवाद एक ऐसी भाषिक प्रक्रिया है जिसमें समतुल्यता के आधार पर पुनर्सृजन होता है।

नाइडा ने समतुल्यता भी दो प्रकार की बताई है–1. रूपपरक समतुल्यता और 2. गत्यात्मक समतुल्यता। रूपपरक समतुल्यता में कथ्य के रूप और मंतव्य पर ध्यान दिया जाता है, जबकि गत्यात्मक समतुल्यता में इस पक्ष पर ध्यान दिया जाता है कि स्रोत और लक्ष्य भाषा के पाठ को हृदयंगम करने वाले पाठक पर क्या प्रभाव पड़ता है। नाइडा ने रूपपरक समतुल्यता में शाब्दिक (शब्द, पदबंध और वाक्य), भाव-प्रति भाव और शैली-प्रति शैली समतुल्यता स्वीकार की है और गत्यात्मक समतुल्यता के अंतर्गत प्रकार्य-प्रतिप्रकार्य समतुल्यता को। प्रसिद्ध अनुवाद चिंतक पीटर न्यूमार्क ने इन्हें क्रमशः 'वाक्यगत अर्थ' और 'संप्रेषणपरक अर्थ' कहा है।

चेक विद्वान अंतोन पोपोविच ने समतुल्यता का वर्गीकरण व्यापक स्तर पर किया है। उन्होंने इसे चार आधारों पर वर्गीकृत किया–भाषापरक, रूपावलीपरक, शैलीपरक और विन्यासक्रमागत। कृष्ण कुमार गोस्वामी ने अपनी पुस्तक अनुवाद विज्ञान की भूमिका में कैटफर्ड, नाइडा और पोपोविच आदि के समतुल्यता-संबंधी वर्गीकरण में संशोधन करते हुए जो चार प्रकार सुझाए हैं, वे हैं– (1) भाषापरक समतुल्यता, (2) भावपरक समतुल्यता, (3) शैलीपरक समतुल्यता, (4) पाठपरक समतुल्यता। उन्होंने भाषापरक समतुल्यता में स्रोत भाषा के पाठ के शब्दों, पदबंधों, वाक्यों आदि के धरातल पर समतुल्यता की बात की है। इसे शब्दानुवाद माना है। उन्होंने प्रथम तीन प्रकारों को नाइडा द्वारा प्रतिपादित रूपपरक समतुल्यता के अंतर्गत रखने तथा पाठपरक समतुल्यता को गत्यात्मक समतुल्यता के रूप में भी स्वीकार किया है।

समतुल्यता के सिद्धांत के आलोक में अनुवाद के दौरान मूल पाठ की ध्वनि, शब्द, पदबंध, वाक्य, प्रकार्य, प्रोक्ति और शैली आदि के स्तर पर लक्ष्य भाषा में समतुल्यता को बनाए रखकर समतुल्य संप्रेषण किया जाता है। इसी से मूल की शैली का समतुल्य संप्रेषण भी अनूदित पाठ में समतुल्यता की गरिमा को बनाता है।

कैटफर्ड और नाइडा के समतुल्यता-संबंधी विचारों की तुलना करते हुए कहा जा सकता है कि कैटफर्ड पाठपरक उपादानों की समतुल्यता की अपेक्षा करते हैं तो नाइडा मूल पाठ में निहित अर्थ और पाठ में प्रयुक्त शैली के समतुल्य उपादान के प्रस्तुतीकरण पर बल देते हैं। दूसरे शब्दों में, नाइडा अनुवाद को अर्थ की अंतरण की प्रक्रिया मानते ही हैं, वे शैली को भी महत्व प्रदान करते हैं।

समतुल्यता सिद्धांत की प्रासंगिकता : समतुल्यता की खोज का यह सिद्धांत अनुवाद की प्रक्रिया को महत्व प्रदान करता है। अनुवाद प्रक्रिया के विश्लेषण में यह काफी सहायक है। इसका परिणाम यह है कि दो भाषाओं की संरचना के तुलनात्मक अध्ययन एवं व्यतिरेकी विश्लेषण का मार्ग प्रशस्त

हो गया। इसने अनुवाद सिद्धांत संबंधी चिंतन में भाषाविज्ञान के आधार को अपरिहार्य बना दिया। नाइडा के समतुल्यता संबंधी विचारों ने परवर्ती अनुवाद सिद्धांत-चिंतन को काफी प्रभावित किया।

कुछ विद्वान समतुल्यता के सिद्धांत पर बल देने को अनुवाद को विद्रूप ढंग से पेश करना मानते हैं। समतुल्यता की निरर्थकता का कारण यह बताया जाता है कि एक भाषा में कही हुई बात को दूसरी भाषा में समतुल्य ढंग से कहना प्रायः असंभव है। लेकिन इस तर्क को सही नहीं माना जा सकता। समतुल्यता के सिद्धांत में समतुल्यता और समरूपता के बीच व्याप्त अंतर को सही तरीके से समझना जरूरी है। वस्तुतः किसी भी पाठ के मूल में कुछ अर्थ आधारभूत ढंग से निहित होते हैं और कुछ अर्थ गौण रूप से। गौण रूप से निहित अर्थ मूल अर्थ को अभिव्यक्ति प्रदान करने के साधन के रूप में प्रयुक्त होते हैं। मूल अर्थ की समतुल्यता ही सिद्ध करती है कि अनूदित पाठ मूल से प्रभावित नई कृति न होकर वस्तुतः अनुवाद है, अनूदित कृति समरूप न होकर समतुल्य है।

यह भी सही है कि समतुल्यता एक गत्यात्मक संकल्पना है। इसे अनुवाद प्रक्रिया की चरम परिणति या अंतिम लक्ष्य नहीं कहा जा सकता। अनुवाद व्यावहारिक विषय है और अपनी प्रकृति में एक अनुप्रयुक्त विधा है। इसलिए अनुवाद की अनुप्रायोगिकता वास्तव में प्रयोजन और प्रयोक्त के दबाव से मुक्त नहीं हो सकती, जैसे—तथ्यात्मक, ज्ञानात्मक और तकनीकी साहित्य में भाषापरक समतुल्यता का तो निर्वाह हो सकता है, लेकिन साहित्यिक रचना के अनुवाद में समतुल्यता बनाने के लिए अनुवादक को विशेष परिश्रम करना होता है तथा अनेक चीजों का ध्यान रखना पढ़ता है।

अनुवाद का व्यावहारिक पक्ष कहता है कि चूंकि अनुवाद में समतुल्यता संभव नहीं है, अतः यह 'समीपतुल्य' ही हो सकता है। इसलिए 'समतुल्यता' के स्थान पर 'अनुवाद का समीपतुल्यता का सिद्धांत' व्यावहारिक एवं सार्थक सिद्ध हो सकता है। समीपतुल्यता से अनूदित पाठ की संप्रेषणीयता संभव हो पाएगी। पीटर न्यूमार्क, सूसन बेसनेट, आंद्रे लेफेवेर आदि कई अनुवाद-चिंतक अनूदित पाठ के इस पक्ष का समर्थन करते हैं।

हरीश कुमार सेठी

अधिक जानकारी के लिए :
A linguistic Theory of Translation : Ian Catford, 1965

समरसता

समरसता शब्द मूल रूप से शैवागमों का पारिभाषिक शब्द है। इसकी उत्पत्ति 'सम' और 'रस' शब्दों के योग से हुई है। पृथक रूप में दोनों शब्दों का प्रयोग वैदिक साहित्य में हुआ है, पर पूरे पद का प्रयोग वेद, ब्राह्मण या उपनिषदों में नहीं मिलता।

क्षेमराज ने 'स्व छंदतंत्र' की टीका में समान रस की व्यंजना करने वाले भाव को समरस या लोलीभाव कहा है। शैवागमों में 'समरसता' का प्रयोग मुख्य रूप से योगसाधना, समाधि आदि प्रसंगों में किया गया है। 'स्व छंदतंत्र' में दीक्षा पाने की कई विधियों में एक 'शिवत्वयोजना' मानी गई है। इसमें शिव (परमात्मा) के साथ जीव (आत्मा) के मिलन का उल्लेख है। शिवत्वयोजना के लिए जिन तेरह पदार्थों का ज्ञान जरूरी माना गया है, समरसता उनमें से एक है। शैव दर्शन में समरसता आत्मा, मंत्र, नाड़ी, शक्ति , व्यापिनी, समना, उन्मना नामक भावभूमियों के भेद से सात प्रकार की मानी गई है। आत्मा, मंत्र और नाड़ियों का सामरस्य संपन्न होने के बाद शेष चार भावभूमियों—शक्ति , व्यापिनी, समना, उन्मना पर जो सामरस्य होता है, उसे सेतुबंध कहते हैं। इस सेतुबंध को शिवपद पाने का ऐसा मार्ग कहा गया है, जहाँ पहुंचकर साधक जन्म-मरण के बंधन से मुक्त हो जाता है। ऐसा माना जाता है कि इस मार्ग पर आकर ब्रह्मा, विष्णु, रुद्र, ईश्वर, शिव आदि पंचकृत्यकारी देव (उत्पत्ति, स्थिति, संहार, अनुग्रह, विलय) भी समता को प्राप्त करते हैं। आत्मा से

लेकर समनापर्यंत तन्मयता को प्राप्त करता हुआ साधक उन्मना भावभूमि पर पहुंचकर पूर्ण तन्मयता प्राप्त कर लेता है।

नेत्रतंत्र के अनुसार, जिस समय योगी जानने लगता है कि 'मैं न ध्याता हूं, न कोई अन्य साधक और न ही ध्यान करने योग्य कोई तत्व विराजमान है, तब उसका मन आनंद पद में लीन होकर समरसता को प्राप्त हो जाता है। (3.13) 'बोधसार' में नरहरि स्वामी ने द्वैत, अद्वैत और समरसता से उत्पन्न आनंद की व्याख्या करते हुए लिखा है, 'परस्पर बहुत अधिक प्रेम करने वाले दंपतियों का द्वैत समरस हो जाने पर जिस प्रकार आनंददायक होता है, उसी प्रकार आत्मा और परमात्मा के समरस हो जाने पर जो आनंद उत्पन्न होता है, उसमें यह कल्पित द्वैत भी ब्रह्मानंद के समान है। (बोधसार)।

समरसता के तत्व-विश्लेषण से स्पष्ट हो सकता है कि शैवागमों का यह सिद्धांत वस्तुतः वैदिक अद्वैत का ही विशेष रूप है। समरसता से पहले शिव और शक्ति या आत्मा और परमात्मा का द्वैत बना रहता है। इस संबंध में बृहदारण्यक में याज्ञवल्क्य-मैत्रेयी का एक संवाद है, 'जहां द्वैत-सा होता है, वहीं अन्य अन्य को सूंघता है, अन्य अन्य को देखता है, अन्य अन्य को सुनता है, अन्य अन्य का अभिवादन करता है, अन्य अन्य का मनन करता है तथा अन्य अन्य को जानता है। किंतु जहां उसके लिए सब कुछ आत्मा हो गया है, वहां किसके द्वारा किसे सूंघे, किसके द्वारा किसे देखे, किसके द्वारा किसे सुने, किसके द्वारा किसका अभिवादन करे, किसके द्वारा किसका मनन करे और किसके द्वारा किसे जाने।' (बृहदारण्यक, 2/4/14)। याज्ञवल्क्य के इस कथन में हर भेद समाप्त हो जाता है और केवल आत्मा की एकता शेष रह जाती है। अद्वैत की यह दशा समरसता है।

जयशंकर प्रसाद ने 'कामायनी' में शैव दर्शन से लेकर समरसता के सिद्धांत का प्रतिपादन किया है। श्रद्धा के माध्यम से वे वस्तुतः भौतिक जीवन के लिए एक नई, संतुलित और सामंजस्यवादी जीवन-दृष्टि का आदर्श प्रस्तुत करते हैं, जहाँ केवल सुख पाने की लालसा नहीं है, बल्कि सुख-दुख के चक्र को सृष्टि के विकास का मूल माना गया है—'विषमता की पीड़ा से व्यस्त हो रहा स्पंदित विश्व महान/यही दुख-सुख विकास का सत्य यही भूमा का मधुमय दान।' प्रसाद की समरसतावादी दृष्टि के संबंध में रामस्वरूप चतुर्वेदी ने लिखा है, 'भारतीय और पाश्चात्य विचारधाराओं की टकराहट और उनके सामंजस्य की प्रणाली प्रसाद ने रचना के कई क्षेत्रों में अपनाई है, जो एक प्रकार से उन्नीसवीं शती के पुनर्जागरण की एक मुख्य आधारभूमि कही जा सकती है। पूर्व और पश्चिम का ऐसा ही द्वंद्वात्मक संबंध कवि ने अपने दर्शन में विकसित किया है। विकास के लिए द्वंद्व की अनिवार्यता उन्होंने पश्चिम से ली है, पर इस द्वंद्व को समरस बनाने की भावना पूर्व से। द्वंद्व और समरसता के माध्यम से कवि आनंद की भावभूमि तक पहुंचना चाहता है, जो भारतीय परंपरा में वैदिक और शैव दोनों धाराओं के अंतर्गत जीवन का चरम लक्ष्य स्वीकार किया गया है।'

प्रसाद सृष्टि के विकास के लिए स्त्री-पुरुष, दोनों की समानता और सह-अस्तित्व की बात करते हैं। उन्होंने पुरुष के वर्चस्व से मुक्त कर स्त्री के स्वतंत्र अस्तित्व के विकास पर बल देते हुए दोनों के बीच नए संबंध की प्रतिष्ठा समरसता की बुनियाद पर करनी चाही है, 'तुम भूल गए पुरुषत्व मोह में कुछ सत्ता है नारी की/समरसता है संबंध बनी अधिकार और अधिकारी की।' प्रसाद की यह नई उद्भावना है, जहां वे स्त्री-पुरुष और शासक-शासित के बीच समरसता की बात करते हैं।

प्रसाद आधुनिक जीवन की सबसे बड़ी विडंबना इच्छा, ज्ञान और क्रिया का परस्पर संबंध-विच्छेद मानते हैं, 'ज्ञान दूर कुछ क्रिया भिन्न है, इच्छा क्यों पूरी हो मन की/एक दूसरे से न मिल सके, यह विडंबना है जीवन की।' इच्छा, ज्ञान और क्रिया के सामंजस्य की धारणा शैव दर्शन से ही ली गई है। समरसता हर स्तर पर समता की रसात्मक अनुभूति है, जिसकी प्रतिष्ठा प्रसाद आदर्शवादी भूमि पर करते

हैं। कामायनी के अंतिम सर्ग में मनु श्रद्धा के साथ कैलाश पहुंचते हैं, जहाँ श्रद्धा प्रतीकात्मक रूप से उन्हें इच्छा, ज्ञान और क्रिया—इन तीनों शक्तियों की समरसता का दर्शन कराती है :

समरस थे जड़ या चेतन, सुंदर साकार बना था।
चेतनता एक विलसती, आनंद अखंड घना था।।

श्रद्धांजलि सिंह

समर्थ रामदास
(1606-1682)

समर्थ रामदास महाराष्ट्र के एक प्रसिद्ध संत थे जो शिवाजी के गुरु भी थे। उनका मूल नाम नारायण सूर्याजीपंत कुलकर्णी था। कहा जाता है कि वे विवाह के समय मंडप से उठ गए और राम की आराधना और साधना में लीन हो गए। इसलिए उनका नाम रामदास पड़ा। माना जाता है कि श्रीनगर में उनकी भेंट सिख गुरु हरगोविंद से हुई थी। उन्होंने

समर्थ रामदास

तीर्थयात्रा करते हुए आम लोगों की दुर्दशा देखी और आततायी शासकों से जनता को मुक्ति दिलाने को अपने जीवन का लक्ष्य बना लिया। इसी दौरान उन्हें योग्य शिष्य के रूप में शिवाजी मिले। उनका जीवन भक्ति, ज्ञान और वैराग्य से ओत-प्रोत रहते हुए दूसरों के दुखों को लेकर चिंताओं से भरा रहता था। उनका मुख्य ग्रंथ 'दासबोध' गुरु-शिष्य संवाद के रूप में है। उन्होंने देश में कई मठ और अखाड़े स्थापित किए थे। उनके संप्रदाय का मुख्य उद्घोष है—'जय-जय रघुवीर समर्थ'। माना जाता है कि वे उसी समय के एक प्रमुख मराठी संत तुकाराम से मिले थे।

सुनीता गुप्ता

समलैंगिकता

समानलिंगी व्यक्तियों के बीच यौन या रूमानी रुझानों एवं संबंधों की एक व्यापक संज्ञा है समलैंगिकता (Homosexuality)। पुरुष-पुरुष और स्त्री-स्त्री के बीच यौन संबंध कायम करने वाले व्यक्ति समलैंगिक कहलाते हैं। जो पुरुष केवल पुरुषों के साथ ही लैंगिक संबंध रखे, उसे 'गे' (Gay) तथा जो स्त्री स्त्रियों के साथ यौन संबंध रखे, वह 'लेस्बियन' (Lesbian) कहलाती है। लैंगिक स्तर पर संबंध तीन खानों में वर्गीकृत हो सकते हैं : (1) जहां व्यक्ति केवल विपरीतलिंगी व्यक्ति से ही संबंध रखे—विषम लिंगी, (2) जहां व्यक्ति विपरीतलिंगी एवं समानलिंगी दोनों में संबंध रखे—उभयलिंगी और (3) जहां व्यक्ति अपने ही लिंग के व्यक्ति से संबंध रखे—समलैंगिक।

लंबे समय से अनेक देशों और संस्कृतियों में मान्यता रही है कि प्रकृति-प्रदत्त आकर्षण केवल विपरीत लिंगी व्यक्तियों के बीच होता है। इसलिए समानलिंगी व्यक्तियों के बीच आकर्षण या संबंध अस्वाभाविक है, एक विकृति है। इन्हें सामाजिक रूप से हेय एवं उनके यौन संबंधों को कानूनन अवैध माना गया है। मानव-इतिहास में समलैंगिकता हमेशा कई देशों में उपस्थित रही है। अनेक महान हस्तियों,

जैसे–सुकरात, लार्ड बायरन, बाबर, कीन्स, मीर, टॉमस मान और विक्रम सेठ को गे अथवा उभयलिंगी की श्रेणी में रखा जाता है। समलिंगी रुझान वाले व्यक्तियों को अपनी लैंगिक स्वतंत्रता का इजहार और उसे हासिल करने के लिए लंबी लड़ाई लड़नी पड़ी है, वह अभी जारी है। पश्चिमी देशों में तीन से पांच प्रतिशत आबादी समलैंगिक मानी जाती है, जबकि भारत जैसे देश में इसका अनुमान एक प्रतिशत से भी कम बताया जाता है।

समलैंगिकता का पहला विश्लेषण जर्मन विद्वान रिचर्ड फॉन क्राफ्ट ईविंग की पुस्तक 'साइकोपैथिया सेक्सुअलिस' (1886) में मिलता है। एलजीबीटी (लेस्बियन, गे, बाइसेक्सुअल और ट्रांसजेंडर) एक व्यापक अंतरराष्ट्रीय समुदाय है जो समलिंगियों के अधिकारों की पैरवी करता रहा है। कई प्रतिष्ठित व्यक्तियों ने अपने समलिंगी होने की स्वीकारोक्ति की है। अब समलिंगी लोगों को वही अधिकार और सम्मान मिलने लगा है, जैसा विषमलिंगियों को मिलता रहा है। 2015 तक दुनिया के 34 देशों में समानलिंगी व्यक्तियों को विवाह और उससे जुड़े अधिकार कानूनन हासिल हो गए हैं। इनमें 24 देश यूरोप के हैं। भारतीय दंड संहिता की धारा 377 को दिल्ली उच्च न्यायालय ने असंवैधानिक ठहरा दिया था, जो अप्राकृतिक अपराधों के बारे में है और जिसमें कोई समानलिंगी किसी पुरुष, स्त्री या पशु के साथ अप्राकृतिक संभोग का दोषी पाया जाता है तो उसे आजीवन कारावास की सजा का प्रावधान है। सर्वोच्च न्यायालय ने इस फैसले को खारिज कर दिया जिससे वस्तुस्थिति पूर्ववत हो गई।

हिंदी और उर्दू में इस विषय की पृष्ठभूमि में कुछ कहानियां लिखी गई हैं। उनमें इस्मत चुगताई की 'लिहाफ' और राजेंद्र यादव की 'प्रतीक्षा' चर्चित रही हैं। राजकमल चौधरी का लघु उपन्यास 'मछली मरी हुई' लेस्बियन संबंध पर आधारित है। कुछ हिंदी फिल्मों, जैसे–'फायर' और 'दोस्ताना' में इसे अलग-अलग तरह से प्रस्तुत किया गया है।

ओमा शर्मा

अधिक जानकारी के लिए :

1. The History of Sexuality (Three Volumes) : Michal Foucault, **2. Queering India : Same Sex Love and Eroticism in Indian Culture and Society :** Ruth Vanita, 2002, **3. Neither Man Nor Woman : The Hijras of India :** Serena Nanda, 1990, **4. Gay Bombay :** Parmesh Shahani, 2008

समांतर कहानी

नई कहानी आंदोलन ने कई कथा-आंदोलनों का मार्ग प्रशस्त किया, जिनमें एक 'समांतर कहानी' है। यह कहानी आंदोलन बीसवीं सदी के आठवें दशक में कथाकार कमलेश्वर द्वारा शुरू किया गया था। उन्होंने 1972 की 'सारिका' के अपने संपादकीय स्तंभ 'मेरा पन्ना' में इसकी उद्घोषणा की। 'सारिका' ही मुख्य रूप से वह पत्रिका थी, जिसने समांतर कहानी आंदोलन को गति एवं दिशा दी। 1972 में कमलेश्वर द्वारा सहयात्री कहानीकारों का एक संग्रह 'समांतर-1' प्रकाशित किया गया। उन्होंने इस कहानी आंदोलन पर केंद्रित देश भर में अनेक कार्यक्रम आयोजित किए जिनका व्यापक प्रचार-प्रसार और विज्ञापन उन्होंने सारिका में किया। 1974 के अक्टूबर

कमलेश्वर

अंक से 'सारिका' के समांतर कहानी विशेषांकों की श्रृंखला शुरू हो गई, जिसने साहित्यिक जगत में इस आंदोलन को चर्चा में ला दिया। इसकी सैद्धांतिकी स्पष्ट करने के लिए कामतानाथ, इब्राहिम शरीफ जैसे अनेक लेखकों के आलेख 'सारिका' में प्रकाशित हुए। विनय और देवेश ठाकुर ने भी कमलेश्वर के वक्तव्यों के औचित्य पर विमर्श किया।

समांतर-1 में शामिल कहानीकार थे—अरविंद, आशीष सिन्हा, इब्राहिम शरीफ, कमलेश्वर, कामतानाथ, जितेंद्र भाटिया, दामोदर सदन, निरुपमा सेवती, मधुकर सिंह, मृदुला गर्ग, राम अरोड़ा, शीला रोहेकर, विभु कुमार, श्रवण कुमार, जवाहर सिंह, सतीश जमाली, सुदीप, सनत कुमार, से रा यात्री, रमेश उपाध्याय आदि। इनके अलावा सतीश जायसवाल, दिनेश पालीवाल, विश्वेश्वर, चंद्रकांत बक्षी भी थे। समांतर कहानियां कमोबेश कस्बाई जीवन से जुड़े आम आदमी के इर्द-गिर्द घूमती हैं। इन कहानीकारों ने अगर एक तरफ किसान, मजदूर, कुली, रिक्शावाला, छोटे-छोटे कार्यों से जीविकोपार्जन करने वाले चरित्रों को कहानी का विषय बनाया, तो दूसरी ओर निम्न मध्यवर्गीय व्यक्तियों की धूल-धूसरित आकांक्षाओं पर भी नजर डाली। इसने प्रतिबद्धता के प्रश्न पर विचार किया और इसे मार्क्सवादी धारणा से भिन्न आम आदमी से संलग्नता में देखा। समांतर कहानी नई कहानी के आभिजात्यबोध और अकहानी की कथाहीनता के विपक्ष में खड़ी थी। समांतर कहानीकारों ने आम आदमी के जीवन का प्रामाणिक और यथार्थ अंकन अपनी कहानियों में किया। एक दूसरी बड़ी विशेषता समसामयिक समय-संदर्भों को उजागर करने की चेष्टा है। कहानीकारों का मानना था कि उनका दायित्व अपने वर्तमान समाज के प्रति है, न कि अतीत और भविष्य के सपनों के प्रति। अतीत अथवा भविष्य के बरक्स समांतर कहानियों में आम आदमी के जीवन के वर्तमान खुरदरे यथार्थों को अभिव्यक्ति मिली। आपातकाल के आसपास के समय में राजनीति में भी 'आम आदमी' को ही सामने लाया जा रहा था।

अखिलेश शंखधर

अधिक जानकारी के लिए :

1. हिंदी कहानी के आंदोलन : रजनीश कुमार, **2. कथांदोलन : समकालीन हिंदी कहानी :** रेखा सेठी, **3. समकालीन कहानी : युगबोध का संदर्भ :** पुष्पपाल सिंह, **4. हिंदी कहानी : अंतरंग पहचान :** रामदरश मिश्र, **5. हिंदी कहानी : अस्मिता की तलाश :** मधुरेश

समाचार की भाषा

समाचार नवोन्मेष, संघर्ष और बदलाव का वृत्तांत है। जोसेफ पुलित्जर ने समाचार कथाओं की परिभाषा दी थी, 'ये ऐसी हों जो मौलिक, अलग, रोमांचक, अनोखी, कौतूहलपूर्ण और चर्चा योग्य हों'। वर्तमान युग में समाचार-पत्र के मालिकों के घनघोर व्यावसायिक दृष्टिकोण की वजह से समाचार की परिभाषा बदली है—आम फहम भाषा में एक्सक्लूसिव खबर ! समाचार की बदलती परिभाषा के साथ समाचार की भाषा के संबंध में भी धारणा काफी बदल गई है।

पत्रकारिता की भाषा में स्थिरता नहीं होती। हर नई खबर से सामना होने के साथ नई भाषा जन्म लेती है। भाषा की रचना में मीडिया की भूमिका इतनी महत्वपूर्ण कभी नहीं थी, जितनी आज है। समकालीन मीडिया अपने भाषिक मुहावरे खुद गढ़ता है। उसकी भाषा का संबंध उसके लक्ष्य पाठक से है। अखबार कौन पढ़ रहा है या चैनल के दर्शक मुख्यतः कौन हैं, इसे सबसे पहले ध्यान में रखना होता है। भूमंडलीकरण से प्रभावित दिल्ली-मुंबई जैसे शहरों में पत्रकारिता की भाषा कुछ होगी तो छोटे शहरों-कस्बों के पाठकों के लिए कुछ भिन्न होगी। टीवी पर लाइव समाचार देने की भाषा, हर घंटे खबरें प्रकाशित करने की भाषा और दैनिक समाचार-पत्र की भाषा में फर्क होगा। इनसे साप्ताहिक या मासिक पत्र की भाषाओं में भी अंतर स्वाभाविक है। शब्दों से खेलना कविता में अभिजात स्तर पर होता है तो मीडिया में जन-स्तर पर। पत्रकार के लिए भी जरूरी माना जाता है कि वह शब्दों से खेले।

औपचारिक भाषा में लेखक और पाठक के बीच एक दूरी होती है, जबकि मीडिया में यह दूरी नहीं होती। टीवी या समाचार-पत्र का पत्रकार सेमिनारों वाला विद्वत जन या साहित्यकार नहीं होता। पत्रकार पाठक के हमसफर की तरह घटना का बयान करता है, हालांकि उसकी भाषा व्यक्तिगत बातचीत जितनी स्वच्छंद और अनौपचारिक भी नहीं होती। यह न निर्मल वर्मा की भाषा जैसी होती है, न 'मैला आंचल' के रेणु और 'राग दरबारी' वाले श्रीलाल शुक्ल की भाषा जैसी। पत्रकारिता की भाषा अनौपचारिक होते हुए भी एक बुनियादी भाषिक मर्यादा से संपन्न होती है।

पत्रकारिता के संपादकीय और सांस्कृतिक पृष्ठों की भाषा विद्वतापूर्ण हो सकती है, लेकिन इसमें वैचारिकता के साथ सरलता, नुकीलापन और चटपटापन जरूरी है। भाषा में स्फीति एक दुर्बलता है और साहित्यिक मुहावरों का ज्यादा उपयोग भी पठनीयता घटा सकता है। साहित्य दुरूह, आंचलिक शब्दों से युक्त और प्रयोगवादी भाषा में लिखा जा सकता है। साहित्यकार आमतौर पर व्यावसायिक दबाव के बाहर होता है, पर जब वह समाचार-पत्र के लिए लिखता है तो उसे व्यापक संप्रेषणीयता को ज्यादा ध्यान में रखना होता है। दरअसल, भाषा कैसी होनी चाहिए, इस पर बहुत कुछ कहा जा सकता है पर भाषा को वैसा बना लेना हमेशा चुनौतीपूर्ण होता है।

हिंदी पत्रकार प्रमोद जोशी ने लिखा है, 'अखबारी भाषा आसान और रोचक होनी चाहिए, पर इसके सभी पन्नों की भाषा एक जैसी नहीं होती। कहीं वह चुलबुली होती है, कहीं सपाट। अखबार को अपने पाठकों की बोली और भाषा की समझ को भी बूझना चाहिए। हिंदी का फाट बहुत चौड़ा है और प्रवाह बहुत तेज। वक्त से मुंह चुराने की नहीं, उसका सामना करने की कोशिश होनी चाहिए।' बड़े शहरों के अखबारों में अंग्रेजी के शब्द धड़ल्ले से मिश्रित होते हैं तो अपेक्षाकृत छोटे शहरों के स्थानीय संस्करणों में अंग्रेजी के प्रवाह की जगह स्थानीय अस्मिता झांकती है। इसके अलावा समाचार एजेंसियों और अनुवाद पर निर्भरता का भी समाचार की भाषा पर असर पड़ता है। कहा जा सकता है कि मीडिया में हिंदी का फिर से यौवन दिखाई पड़ने लगा है। उसकी भाषा का साधारण बोलचाल पर उसी तरह असर पड़ा है जिस तरह साधारण बोलचाल का मीडिया की भाषा पर असर पड़ता रहा है।

एडवर्ड सेपिर ने लिखा था, 'भाषा सामाजिक वास्तविकता तक ले जाने वाली मार्गदर्शक है और सामाजिक समस्याओं और प्रक्रियाओं के संबंध में हमारे विचार को नियंत्रित करती है।' (द हैंडबुक ऑफ एप्लायड लिंग्विस्टिक्स)। उसने माना था कि मनुष्य भाषा की मुट्ठी में है। क्या मीडिया की भाषा सामाजिक वास्तविकता तक पहुंचाती है और वह वैचारिक नियंत्रण करती है? इस मामले में दूसरे प्रश्न का जवाब सकारात्मक हो सकता है। आज के युग में मीडिया सामाजिक वास्तविकता तक न पहुंचाए, पर वह वैचारिक नियंत्रण का एक बड़ा औजार है। आज मीडिया की भाषा का विश्लेषण करके किसी विचारधारा तक पहुंचना संभव नहीं है, क्योंकि वह आज पल-पल में 'मनोरंजक धमाका' होती है। इस परिप्रेक्ष्य में समाचार की भाषा का पूरा स्वरूप आज बदल गया है।

समाचार की भाषा के लिए रूपकों का इस्तेमाल न करना, छोटे वाक्यों का प्रयोग, पैसिव की जगह एक्टिव शब्दों का प्रयोग, विदेशी मुहावरों से बचना, सरल, सटीक और पारदर्शी भाषा, समाचार लेखन में पुनरावृत्तिमूलकता, वैचारिक निष्कर्ष देने से बचना आदि प्रमुख गुर बताए गए हैं। हर खबर भाषा लेकर आती है और संवाददाता खुद कुछ कहने की जगह बताए हुए को बताता है। इसलिए समाचार की भाषा में विविधता संभव है। समाचार लिखते समय, पाठकों की समझ के सबसे निचले तल को ध्यान में रखना होता है। शीर्षक पक्षपात और विमुख पैदा करने वाले हो सकते हैं, पर मुख्य जोर इस पर हो कि वह स्टोरी को चुस्त ढंग से प्रस्तुत कर दे। मोटे-मोटे शब्दों में शीर्षक किसी घटना को धमाकेदार ढंग से प्रस्तुत करने के लिए होते हैं। खबर के वजन

के हिसाब से शीर्षक एक कॉलम, दो कॉलम या दो से अधिक कॉलम के होते हैं। निश्चय ही आज के मीडिया में जो खबर कम रोचक है, उसकी बलि हो जाती है। रमेश कुमार बर्णवाल ने नए पत्रकारों के सामने उपस्थित होने वाली समस्याओं को इन प्रश्नों के रूप में उपस्थित किया है, 'शीर्षक किस-किस तरह से लिखे जा सकते हैं, दो वैकल्पिक शब्दों में किसी एक को चुनने का आधार क्या हो, आमतौर पर वाक्यों में किस तरह की गलतियां होती हैं,' किस तरह के समाचारों के लिए किस तरह की भाषा इस्तेमाल की जाए, भाषा को सृजनात्मक और मारक कैसे बनाया जाए?' उन्होंने शीर्षक लेखन की कला पर व्यापक रूप से प्रकाश डालते हुए कहा है, 'कई समाचार-पत्र आकर्षक शीर्षकों के कारण ही खरीदे जाते हैं।' भाषिक युक्तियों की चर्चा करते हुए उन्होंने इन युक्तियों की उदाहरण सहित विवेचना की है–

(1) **विरोधाभास :** (उदाहरण) बुद्ध की धरती पर आतंकी हमला, रिकॉर्ड ठंड में राजनीति गर्म।

(2) **प्रकरणार्थता :** मुशर्रफ व मनमोहन के क्रिकेट का मैदान हैदराबाद हाउस होगा, अनंत यात्रा पर निकला गाइड (फिल्मी कलाकार देवानंद की मृत्यु पर फिल्म गाइड का प्रकरण उठाते हुए), नोट से भी हटाए जाएंगे गांधी (खादी के प्रचार से महात्मा गांधी को हटाए जाने के बाद मंत्री के एक बयान पर शीर्षक)।

(3) **अतिशयोक्ति :** पानी के बिलों में लगेगी आग, दाल की कीमतों में आग।

(4) **व्यंग्योक्ति :** ये हैं दिल्ली पुलिस के 'वीर' जवान, उत्तर प्रदेश में बाप-बेटे का दंगल, लोकपाल है जोकपाल।

(5) **अन्योक्ति :** बिहार का शेर पिंजरे के बाहर (शहाबुद्दीन के जेल से छूटने पर), समोसे में कम पड़ा आलू (लालू प्रसाद यादव द्वारा बहुमत हासिल नहीं कर पाने पर)।

(6) **मानवीकरण :** दबाव में एक कानून की भ्रूण हत्या, इंद्र हुए मेहरबान (वर्षा)।

(7) **प्रतीकीकरण :** कोलकाता बनेगा लंदन, दूसरे टेस्ट में कंगारू चित (कंगारू अर्थात ऑस्ट्रेलिया), नाक का सवाल अमेठी।

(8) **विकल्प चयन :** दिल्ली फिर शर्मसार एक और बलात्कार, 9/11 की याद में डूबा अमेरिका।

(9) **घटना के लिए स्थान का विकल्प :** 'न्यायाधीश ने निर्देश दिया' की जगह 'अदालत ने निर्देश दिया'।

(10) **मुहावरे :** हड़ताल से करोड़ों पर पानी फिरा, भारत और चीन विश्व अर्थव्यवस्था में नए इंजन, नोटबंदी के बाद व्यापारी अधर में।

(11) **तुकबंदी :** मध्यवर्ग बम-बम, आय कर कम-कम, हिस्ट्री की किताब पर मिस्ट्री, नोट बंदी लाई मंदी।

(12) **शब्दलोप :** बिहार में वर्षा का कहर, 60 मरे (कहर बरपा और 60 व्यक्ति मरे की जगह), दो बेटियों के संग ट्रेन से कट मरा (स्पष्ट है कि वह पुरुष पिता था)।

(13) **प्रश्नवाचकता :** कब आएंगे अच्छे दिन?

(14) **विस्मयवाचकता :** छिः, पैसे लेकर पूछते थे संसद में सवाल।

(15) **पद-परिवर्तन :** खाने में हैं कीटनाशक, सलाखों के पीछे से सियासत, तीसरे दौर में सानिया ने रचा इतिहास, गिरावट के बाद संभला शेयर बाजार।

(16) **सीधे वाक्य :** भारत ने इंग्लैंड को रौंदा, मदर टेरेसा हुईं संत।

समाचारों के शीर्षक संवाददाताओं द्वारा नहीं, बल्कि संपादकों द्वारा अपनी भाषिक प्रयोगधर्मिता और समझ से दिए जाते हैं। शीर्षक और समाचार की भाषा में शब्द चयन भिन्न-भिन्न हो सकता है।

रमेश कुमार बर्णवाल ने समाचारों के लिए शब्द-चयन के निम्नलिखित स्रोतों की चर्चा की है–

(1) **तत्सम स्रोत :** मौसम ने किया बुद्ध की मूर्तियों को क्षतिग्रस्त।

(2) **तद्भव और देशज शब्द :** मुख्यमंत्री ने अफसरों को खटी-खोटी सुनाई।

(3) **अंग्रेजी शब्द :** आतंकवादियों की धमकी पर हाई अलर्ट जारी हुआ।

(4) **उर्दू शब्द :** बम विस्फोटों ने बांग्लादेश को दहशतजदा किया।

(5) **मिश्रित प्रयोग :** दोनों पक्षों ने युद्धविराम पर संतोष का इजहार किया।

(6) **पारिभाषिक शब्द ज्यों-के-त्यों :** कंप्यूटर, ई-मेल, फील गुड, होम वर्क और कहीं-कहीं ऐसे रूपों में भी–कस्टम अधिकारी, टीमें, एजेंसियों, फार्मूलों।

(7) **शब्द-रूढ़ि :** 'बारे में' की जगह बाबत, 'प्रस्थान' की जगह रवाना, 'ध्यान देने योग्य' की जगह गौरतलब, 'स्रोतों' की जगह सूत्रों।

ऊपर के उदाहरण समाचार की भाषा की कुछ दिशाओं की ओर संकेत हैं। पत्रकारों को हजारीप्रसाद द्विवेदी के अभिप्राय में 'भाषा का डिक्टेटर' कहा जा सकता है। ये मीडिया की नई भाषा गढ़ रहे हैं, ताकि समाचारों और विचारों की व्यापक पहुंच संभव हो। समाचार-लेखन या वाचन के लिए बहुत कम समय मिलता है। समय का दबाव रहते हुए भी मीडिया के लोग भाषिक कल्पनाशीलता की अपनी राहें ढूंढ़ लेते हैं। उनका हर समाचार भाषा में एक नई यात्रा है, क्योंकि उनके सामने सबसे बड़ी चुनौती खबर को रोचक, कौतूहलपूर्ण और सारवान बनाने की होती है।

संजय जायसवाल

अधिक जानकारी के लिए :

1. समाचार का भाषाविज्ञान : रमेश कुमार बर्णवाल, 2014, **2. पत्रकार और पत्रकारिता प्रशिक्षण :** अरविंद मोहन, **3. पत्रकारिता की लक्ष्मण रेखा :** आलोक मेहता

समाचार-मूल्य

समाचार मूल्य का अर्थ है–किसी समाचार में गरिमा, महत्व और मान्यता होना। समाचार-मूल्य को पहचानना सामान्यतः समाचारबोध (News Sense) अथवा समाचार-विवेक कहलाता है। यह किसी संवाददाता का विशेष गुण होता है, जिसके आधार पर वह समाचार और अ-समाचार में अंतर कर पाता है। समाचारत्व की परख किस आधार पर हो, यह 'समाचार-मूल्य' के ज्ञान से पता चलता है। दूसरे शब्दों में, संवाददाता समाचार को अपनी अंतःप्रज्ञा या सहजबुद्धि से पहचानता है, लेकिन यह 'अंतःप्रज्ञा' उसी व्यक्ति में विकसित हो पाती है, जो अवचेतन रूप से यह सीख जाता है कि 'समाचार-मूल्य' किस प्रकार आंका जाए, किसी समाचार की गरिमा और उसका व्यापक महत्व क्या है। कुछ समाचार मूल्य ये हैं–1. परिवर्तन, 2. संघर्ष या टकराव, 3. दुर्घटना या महाविपदा, 4. प्रगति, 5. प्रतिष्ठा तथा विशिष्टता, 6. आत्मीयता अथवा समीपता, 7. मानवीय पक्ष अथवा मानवीय अभिरुचि, 8. सामयिकता, 9. संभावना एवं परिणाम, 10. वास्तविक कारण।

किसी घटना में उपर्युक्त में से कुछ या सभी समाचार-मूल्य निहित हो सकते हैं। इन सबको एक साथ लेते हुए यह निर्णय लिया जा सकता है कि कौन-सी समाचार-कथा दूसरी समाचार कथा से अधिक या कम महत्वपूर्ण है। कौन-सी 'न्यूज स्टोरी' छपनी चाहिए, कौन-सी छोड़ देनी चाहिए। कहने का अर्थ यह है कि समाचार-मूल्य किसी समाचार के महत्व एवं उसके समाचार बनने के कारण पर हुआ करते हैं।

हरिमोहन

समाचार-लेखन

'समाचार' शब्द का अर्थ है खबर अर्थात कभी भी, किसी भी प्रकार से घटित घटना का ब्योरा या वर्णन। 'समाचार' का शाब्दिक अर्थ इस प्रकार मिलता है, 'आगे बढ़ना। चलना। किसी कार्य या व्यापार की सूचना। ताजा या हाल की घटना की ऐसी सूचना, जिसके संबंध में पहले लोगों को जानकारी न हो। हाल-चाल, कुशल-मंगल।' (मानक हिंदी कोश)।

समाचार के अर्थ में ही दो अन्य शब्दों का प्रयोग होता है–'संवाद' तथा 'संदेश'। 'संवाद' का अर्थ है बातचीत, समाचार, विवरण और हाल। 'संदेश' का अर्थ है किसी उद्देश्य से कही गई या कहलाई गई

कोई महत्वपूर्ण बात दूसरों तक पहुंचाना। संस्कृत में समाचार के लिए 'वार्ता' शब्द का प्रयोग होता है, जबकि उर्दू में यह खबर है। इस विचार से समाचार नई जानकारी और बातचीत का सम्मिश्रण है। अंग्रेजी के 'न्यूज' शब्द के परिप्रेक्ष्य में इस पर विचार करें तो स्पष्ट हो जाएगा कि नई-नई घटनाएं, नई-नई बातें न्यूज या समाचार हैं। इनमें ऐसी समकालीन घटनाओं की सूचना निहित होती है, जिनके बारे में लोगों को पहले से पता नहीं होता और जिनको जानने की जिज्ञासा उनके मन में रहती है। कुछ लोग अंग्रेजी के न्यूज (NEWS) शब्द को तोड़कर N-North, E-East, W-West, S-South अर्थात चारों दिशाओं में या सब ओर जिनकी व्याप्ति हो ऐसी घटनाओं अथवा जानकारियों को समाचार कहते हैं। हेडन ने कहा है, 'चारों दिशाओं की घटना को 'न्यूज' कहते हैं।' लेकिन केवल 'घटना' कहना पर्याप्त नहीं है। विशिष्ट व्यक्तियों के कथन, उनकी राय, प्रतिक्रिया, रहन-सहन इत्यादि बातें भी समाचार बन जाती हैं।

हम 'समाचार' को परिभाषाबद्ध करना चाहें तो कह सकते हैं कि 'समाचार नवीनतम घटना अथवा कथन आदि का ऐसा ज्ञानवर्द्धक विवरण है जो महत्वपूर्ण, रोचक, उत्तेजक तथा परिवर्तन का सूचक हो।' उपर्युक्त विवरण के आधार पर समाचार के जिन प्रमुख तत्वों एवं विशेषताओं को रेखांकित किया जा सकता है, वे हैं–(1) सत्य और नवीन घटना का कथन, (2) महत्वपूर्णता, (3) औत्सुक्यपूर्ण, ज्ञानवर्द्धक विवरण, (4) रोचकता, (5) उत्तेजकता, (6) परिवर्तन-सूचकता।

समाचार की चार आधारभूत विशेषताएं बताई गई हैं : 1. विशुद्धता अथवा यथार्थपरता, 2. अभिरुचि, 3. समयातीतता, 4. व्याख्या।

समाचार के वर्गीकरण के कई आधार हो सकते हैं, जैसे–प्रस्तुतीकरण, घटना का महत्व, विषय-क्षेत्र इत्यादि। प्रस्तुतीकरण के आधार पर समाचारों के मुख्यतः दो भेद हैं–सूचना-केंद्रित समाचार तथा विश्लेषणयुक्त समाचार। माध्यम के अनुसार मुद्रित, मौखिक तथा दृश्य-श्रव्य समाचार होते हैं। घटना के महत्व के आधार पर हम तात्कालिक विशिष्ट समाचार (Spot News) एवं विस्तृत समाचार (Spread News), दो तरह से वर्गीकृत कर सकते हैं। क्षेत्रीय महत्व के अनुसार–स्थानीय समाचार, प्रांतीय समाचार, राष्ट्रीय तथा अंतरराष्ट्रीय समाचार जैसे वर्ग बना सकते हैं। विषय के अनुसार वर्गीकरण की एक लंबी सूची बनाई जा सकती है, जैसे–राजनीति विषयक, व्यापार-वाणिज्य विषयक, खेलकूद विषयक, साहित्य-संस्कृति-कला-संगीत-मनोरंजन विषयक, समाज विषयक, अपराध विषयक तथा प्रकीर्ण। समाचारों के दो अन्य वर्ग भी हैं–डायरी समाचार, जो सुनियोजित ढंग से प्राप्त होते हैं तथा गर्म समाचार (Hot News) जो अनपेक्षित और आकस्मिक हुआ करते हैं।

समाचार-लेखन एक कला है। एक समाचार लेखक में घटनाओं के विवरणों को प्रभावपूर्ण ढंग से अभिव्यक्त करने की क्षमता होनी चाहिए। उसे 'समाचार-कथा' (News Story) की संरचना का ज्ञान होना चाहिए। समाचार के आधारभूत तत्वों का, उनके यथोचित समायोजन और घटनाओं, स्थितियों और अनुभूतियों की सहज भाषा में सर्वोत्तम अभिव्यक्ति का भी अच्छा ज्ञान होना चाहिए। निरंतर अभ्यास से इस कला को निखारा जा सकता है। समाचार-लेखन में समाचारों का संकलन, समाचारों का चयन और उनका संयोजन-संपादन तो महत्वपूर्ण है ही; इनके साथ महत्वपूर्ण है शब्द-विधान, समाचारों की बुनावट तथा प्रस्तुति। क्या कारण है कि एक ही समाचार अलग-अलग समाचार-पत्रों में अलग ढंग से लिखा हुआ पढ़ने को मिलता है? यह समाचार लेखक की शैली, अनुभव और दृष्टि पर निर्भर है। साथ ही पत्र समूह एवं संपादक की रीति-नीति और दृष्टिकोण भी इस लेखन को प्रभावित करता है।

समाचार-लेखन को समझने के लिए समाचार-कथा की संरचना को समझ लेना आवश्यक है। प्रायः समाचार या समाचार-कथा के पांच हिस्से होते हैं– 1. शीर्ष पंक्ति (Headline), 2. बाइ लाइन (Byline or Credit line), 3. तारीख पंक्ति

(Date line), 4. आमुख (Intro), 5. काया (Body)

'शीर्ष पंक्ति' अथवा मुख्य पंक्ति तो किसी समाचार का शीर्षक और प्रथम पंक्ति है, किंतु प्रायः यह सबसे अंत में लिखा जाता है। यह दो-तीन वाक्यों का ऐसा शीर्षक है, जिससे पाठक या श्रोता पूरे समाचार की संक्षिप्त जानकारी प्राप्त कर ले। इसे पाठक या श्रोता का ध्यान आकर्षित कर, पूरे समाचार को पढ़ने या सुनने के लिए प्रेरित करने वाला होना चाहिए। शीर्ष पंक्ति गहरे अक्षरों में छपे कम-से-कम शब्दों पर बल देती है, जिसमें यथार्थता या विशुद्धता, बुद्धिमत्ता तथा ओजस्विता हो। इनके अभाव में पूरा समाचार-पत्र ही ठंडा, औसत दर्जे का, निरुत्साही एवं चमकहीन हो जाता है। अधिक बड़बोले तथा खोखले शीर्षक या उलझी हुई शीर्ष पंक्तियां पाठक को अरुचिकर लगती हैं। समय के अभाव में आज का आम पाठक प्रायः समाचार की शीर्ष पंक्तियां पढ़कर आगे के पृष्ठ पलट लेता है।

तकनीकी दृष्टि से समाचार-लेखन में सबसे पहले चर्चा की जाती है—आमुख या 'इंट्रो' (Intro) की। यह एक प्रकार से समाचार का प्रवेश-द्वार है। इसे ही लीड भी कहा जाता है—शीर्षक के बाद का सबसे महत्वपूर्ण तत्व। माना जाता है कि शुरुआत ठीक हो गई तो आधा काम हो गया। एक आदर्श 'इंट्रो' मे कम-से-कम शब्दों में, सर्वाधिक महत्वपूर्ण तथ्य को, समाचार के अनुरूप सहज-सरल ढंग से रोचकता के साथ इस तरह दिया जाता है कि पाठक पूरा समाचार पढ़ने के लिए बाध्य हो जाए। आमुख या इंट्रो में संक्षेप में, आवश्यक हो तो विश्वसनीय समाचार स्रोत का उल्लेख करते हुए, सूत्रबद्ध रूप में समाचार का सार देना चाहिए। शीर्ष पंक्ति के बाद इंट्रो ही है जिसे सभी पाठक अवश्य पढ़ते हैं, चाहे वे पूरा समाचार पढ़ें या न पढ़ें।

'आमुख' या 'इंट्रो' के बाद समाचार की शेष रचना की जाती है। इस शेष भाग को प्रायः 'काया' या 'बॉडी' (Body of the story) कहा जाता है। यह हिस्सा क्रमबद्ध रूप में घटनाओं को संजोये हुए रहता है। इसमें सरलता-सहजता, तारतम्य, सुस्पष्टता, क्या, कहां, कब, कैसे, क्यों और कौन—इन 'छह ककारों' का उत्तर आवश्यक पृष्ठभूमि के साथ दिया गया होता है। इसमें ध्यान रखने की बात यह होती है कि अनुच्छेदों को छोटा रखा जाए। इससे पठनीयता बढ़ती है। समग्रतः समाचार-लेखन की कला संवाददाता की लेखन-शैली, तथ्यों पर पकड़, घटनाओं को देखने व समझने की और उन्हें प्रस्तुत करने की कला पर निर्भर करती है।

हरिमोहन

अधिक जानकारी के लिए :
1. सिर्फ समाचार : धनंजय चोपड़ा, **2. समाचार-पत्रों की भाषा :** माणिक मृगेश, **3. भारत में पत्रकारिता :** आलोक मेहता

समाज और मीडिया

मनुष्य एक सामाजिक प्राणी है। समाज का हिस्सा होकर ही मनुष्य अपना और समाज का विकास कर पाता है। समाज में रहते हुए उसे दूसरे मनुष्यों से संपर्क और संवाद करना होता है। जिन माध्यमों से एक व्यक्ति दूसरे व्यक्तियों से संवाद स्थापित करता है, उन्हें संचार माध्यम कहते हैं। इस दृष्टि से भाषा सबसे पुराना और सर्वाधिक सशक्त संचार का माध्यम है। जो संचार माध्यम मनुष्यों के विशाल समूह को संबोधित होते हैं, उन्हें जनसंचार माध्यम कहते हैं। जनसंचार माध्यमों का संबंध आधुनिक औद्योगिक समाजों से है। औद्योगिक समाजों में जब जन उत्पादों (मास प्रोडक्शंस) के लिए बाजार की जरूरत हुई तो उस जरूरत को पूरा करने के लिए एक ओर यातायात के नए साधनों की आवश्यकता हुई तो दूसरी ओर संचार के नए साधनों की भी।

आधुनिक संचार साधनों के विकास में नई तकनीकी का बड़ा योगदान है। रेडियो, टेलीग्राम, टेलीप्रिंटर, टेलीफोन, सिनेमा, टेलीविजन, इंटरनेट आदि का विकास नई तकनीकी के कारण ही मुमकिन हुआ है। संचार की नई तकनीक से ही आवाज और चित्र, दोनों को कुछ ही क्षणों में हजारों किलोमीटर

की दूरी पर संप्रेषित किया जा सकता है। दुनिया के किसी भी कोने में हो रही घटना को शेष दुनिया उसी क्षण देख और सुन सकती है। लोग आपस में बातचीत कर सकते हैं, एक-दूसरे को देख सकते हैं। आवाजों और दृश्यों का भंडारण किया जा सकता है और उनकी प्रतिलिपियां बनाई जा सकती हैं। जनसंचार के इन नए माध्यमों ने ही आज दुनिया को भूमंडलीय गांव में बदल दिया है। विभिन्न देशों और समाजों के इस तरह एक-दूसरे के नजदीक आने से दुनिया कई तरह से प्रभावित हुई है। देशों के बीच आपसी संबंध बढ़े हैं, व्यापार बढ़ा है, आवागमन बढ़ा है, ज्ञान–विज्ञान का आदान प्रदान बढ़ा है। लेकिन साथ ही उनके बीच प्रतिस्पर्धा बढ़ी है, संघर्ष बढ़ा है और इसे बढ़ाने में जनसंचार की महत्वपूर्ण भूमिका है।

संचार माध्यमों द्वारा जो संदेश प्रसारित होते हैं, उन्हें तीन श्रेणियों में विभाजित किया जा सकता है। सूचना, शिक्षा और मनोरंजन। ये ही मीडिया के तीन प्रमुख प्रकार्य हैं। संदेशों का निर्माण, उनका प्रसारण, ग्रहण और भंडारण के लिए जिन यंत्रों और उपकरणों की जरूरत होती है, उनका उत्पादन उन्हीं नियम–कायदों से होता है, जिनसे अन्य भौतिक उत्पादों का निर्माण, वितरण और विनिमय होता है। इस प्रकार जनसंचार माध्यम का क्षेत्र भी उस देश की राजनीतिक अर्थव्यवस्था के अनुसार विकसित होता है। पूंजीवादी लोकतांत्रिक देशों में यह पूंजीवादी व्यवसाय का एक विशाल क्षेत्र है। लेकिन अन्य उत्पादन क्षेत्रों से इसका अंतर यह है कि इनके द्वारा जो संदेश प्रसारित होते हैं, वे भौतिक उत्पाद नहीं हैं। इनसे लोगों की भौतिक जरूरतें पूरी नहीं होती वरन बौद्धिक और मानसिक जरूरतें पूरी होती हैं। जनसंचार माध्यमों ने जहाँ साहित्य, शिक्षा, कला और ज्ञान-विज्ञान के क्षेत्र का विस्तार किया है, वहीं परंपरागत कलाओं को संरक्षित और भंडारित करने में भी महत्वपूर्ण योगदान किया है। लेकिन यह भी सही है कि इन नए माध्यमों के कारण संस्कृति के परंपरागत रूपों के लिए खतरा भी पैदा हुआ है, इनमें से कई रूप या तो समाप्त हो गए हैं या समाप्ति की कगार पर हैं।

राजनीतिक अर्थव्यवस्थाएं जनसंचार माध्यमों से प्रसारित होने वाले संदेशों के उत्पादन, वितरण और विनिमय को भी भौतिक उत्पादों की तरह नियंत्रित और नियमित करने में सक्षम होती हैं। जनसंचार माध्यमों ने संदेशों को विशाल क्षेत्र और व्यापक जनसमूहों तक पहुंचाने की क्षमता तो हासिल कर ली है, लेकिन उनसे प्रसारित होने वाले संदेश समाज में किस तरह की भूमिका निभाएंगे—यह इस पर निर्भर करता है कि संदेशों के उत्पादन, वितरण और विनिमय को नियंत्रित करने वाली शक्तियां उनका किस तरह इस्तेमाल करती हैं। स्पष्ट ही यहां वर्गीय वर्चस्व की भूमिका सामने आती है। विभिन्न राष्ट्रों और समाजों में वर्गीय वर्चस्व विभिन्न तरह के अंतर्विरोधों, तनावों और संघर्षों को पैदा करता है। जरूरी नहीं कि इनकी प्रकृति सदैव वर्गीय हो। यह वर्चस्व राष्ट्र, धर्म, संप्रदाय, जाति, नस्ल, क्षेत्र, भाषा, समुदाय, लिंग आदि की टकराहटों के रूप में भी सामने आता है। यह बात सिर्फ सूचनाओं के प्रसारण पर ही लागू नहीं होती, बल्कि उन संदेशों पर भी लागू होती है जिनका उद्देश्य लोगों को शिक्षित करना या उनका मनोरंजन करना होता है। निश्चय ही मीडिया की सामाजिक भूमिका के निर्धारण में उसके स्वामित्व की प्रकृति और शासक सत्ता के वर्गीय चरित्र की भूमिका आधारभूत होती है। प्रत्येक माध्यम की तकनीकी विशिष्टता, उस माध्यम द्वारा प्रसारित होने वाले संदेशों का स्वरूप और परंपरा, संदेशों का निर्माण करने वाले कलाकारों और निष्पादकों की स्वायत्त भूमिका, उनसे जुड़े ग्रहीता समाज का दबाव और तत्कालीन आर्थिक, राजनीतिक, सामाजिक और सांस्कृतिक स्थितियां इनके बाद ही अपनी भूमिका अदा करते हैं। यह और बात है कि खास दौर में जनसंचार माध्यम की बुनियादी भूमिका तत्कालीन स्थितियों के पीछे इतनी छुपी हो सकती है कि उसे पहचानना भी मुश्किल हो जाता है, लेकिन इसका अर्थ यह नहीं कि वह भूमिका समाप्त हो जाती है। समाज और मीडिया के अंत:संबंधों को उपर्युक्त वास्तविकताओं के आलोक में ही समझा जा सकता है।

जनसंचार माध्यमों से प्रसारित होने वाले

संदेश खुले तौर पर अपनी पक्षधरता को प्रदर्शित नहीं करते। खासतौर पर लोकतांत्रिक समाजों में, जहां विभिन्न वर्गों और समुदायों के बीच आपसी सौहार्द को बनाए रखना लोकतंत्र को बनाए रखने के लिए जरूरी होता है। यही नहीं, संचार माध्यमों को निष्पक्ष और पूर्वाग्रहों से मुक्त होने का विश्वास भी दिलाना होता है। इसलिए जनसंचार माध्यमों को नियमित करने के लिए कई तरह के कानून, नीतियां और नियम बनाए जाते हैं। इनमें से कुछ बाध्यकारी होते हैं और कुछ वांछित। लोकतांत्रिक समाजों में अभिव्यक्ति की स्वतंत्रता एक बड़ा मूल्य समझा जाता है। इसकी रक्षा के लिए संविधान में व्यवस्था होती है। लेकिन यह स्वतंत्रता न तो पूर्ण होती है और न ही सार्वकालिक। विभिन्न समाजों और समुदायों के बीच टकरावों से बचाने के लिए और प्रत्येक नागरिक की वैयक्तिक स्वतंत्रता को बनाए रखने के लिए इस स्वतंत्रता को कई तरह के प्रावधानों से जोड़कर नियमित किया जाता है। लेकिन इन कानूनों और प्रावधानों को लागू करने वाली एजेंसियां कई बार राजसत्ता के हित में और राजनीतिक दबावों के चलते इन्हें पक्षपातपूर्ण या दुर्भावना से लागू करती हैं जिससे अभिव्यक्ति की स्वतंत्रता का हनन होता है।

भारत जैसे विविधता वाले देश में प्रसारित होने वाले संदेशों में भी पर्याप्त विविधता होती है और उनमें कुछ हद तक आलोचनात्मक स्वरों के लिए भी गुंजाइश रहती है ताकि सभी वर्गों और समुदायों को संतुष्ट किया जा सके या कम-से-कम शक्तिशाली वर्गों के लिए चुनौती न बनें। लेकिन जब वर्चस्वशाली वर्गों द्वारा नियंत्रित और नियमित जनसंचार माध्यमों में प्रतिरोधी स्वरों के प्रसारण की गुंजाइश कम होने लगती है, तब वैकल्पिक मीडिया की संभावना भी बढ़ती जाती है। इसमें जनसंचार की ऐसी प्रौद्योगिकी सहायक बनती है जो सस्ती होती है, जिनको आसानी से उपयोग में लाया जा सकता है और जो उन समूहों तक पहुंचाई जा सकती है जिनके लिए उनका निर्माण किया जाता है। लेकिन इन प्रतिरोधी माध्यमों के लिए उन समाजों में कितनी गुंजाइश निकल पाती है, यह उनको मिलने वाले जनसमर्थन और राजसत्ता के साथ उनके टकराव की प्रकृति पर निर्भर करता है।

जनसंचार माध्यमों की सामाजिक भूमिका पर विचार जनसंचार माध्यमों के उदय के साथ ही आरंभ हो गया था। जनसंचार माध्यमों के विस्तार और उसकी बढ़ती भूमिका ने मीडिया के संबंध में बौद्धिक विमर्श का भी विस्तार किया है। इसने कई सैद्धांतिकियों को जन्म दिया है। इन सैद्धांतिकियों की शुरुआत प्रिंट मीडिया के उदय से हो गई थी और आज इंटरनेट व सोशल मीडिया तक इसमें लगातार वृद्धि होती जा रही है और नए आयाम ज़ुड़ते जा रहे हैं। जनसंचार माध्यमों की भूमिकाओं पर विचार करने वाले कुछ प्रमुख चिंतकों में मार्शल मैक्लुहान, हर्बर्ट आई शिलर, टी डब्ल्यू एडोर्नो, रेमंड विलियम्स, पियरे बोर्दियु, स्टुअर्ट हॉल, नोआम चोम्स्की, एडवर्ड एस हर्मन, निकोलस कार आदि के नाम विशेष रूप से उल्लेखनीय हैं। इनके अलावा कार्ल मार्क्स, फ्रेडरिक एंगेल्स, अंतोनियो ग्राम्शी आदि के चिंतन ने भी मीडिया की सामाजिक भूमिका को समझने में मदद की है।

जवरीमल्ल पारख

अधिक जानकारी के लिए :
1. संचार माध्यम और सांस्कृतिक वर्चस्व : ई शिलर, **2. संचार माध्यमों का वर्गचरित्र :** रेमंड विलियम्स, **3. संस्कृति उद्योग :** टी डब्ल्यू एडोर्नो, **4. Undestanding Media :** Marshall Mcluhan 1964

समाज-भाषाविज्ञान

समाज-भाषाविज्ञान (Socio-Linguistics) भाषाविज्ञान की वह शाखा है जिसमें भाषा और समाज के हर अंत:संबंध का अध्ययन और विश्लेषण होता है। इस शब्द का प्रयोग सबसे पहले 1939 में थॉमस कलाम हडसन ने 'सोश्योलिंग्विस्टिक्स इन इंडिया' शीर्षक लेख में किया था। बाद में विलियम लेबव ने इसे 1960 में विकसित किया।

समाज-भाषाविज्ञान भाषा के संरचनात्मक एवं

प्रयोगात्मक पक्षों का अध्ययन कर स्पष्ट करता है कि किस तरह भाषा का संबंध सामाजिक और सांस्कृतिक प्रकार्यों से है। अतः समाज-भाषाविज्ञान के अंतर्गत वे सारे विषय आते हैं, जिनका संबंध सामाजिक संस्थानों से है, जैसे–विभिन्न सामाजिक वर्ग, जातीय अस्मिता, बहुभाषिकता, भाषा की सामाजिक शैलियां, भाषा-नियोजन आदि। फिशमैन के अनुसार समाज-भाषाविज्ञान भाषा का समाजशास्त्र है।

मनुष्य एक सामाजिक प्राणी है। उसकी भाषा एक सामाजिक संपत्ति है। सामाजिक विकास के साथ भाषा का विकास होता है। सभ्यता के विकास के साथ भाषा की ध्वनियों, रूपों और अर्थों में परिवर्तन होता है। वैदिक संस्कृत, पालि, प्राकृत, अपभ्रंश और हिंदी का विकास इसी प्रवृत्ति का द्योतक है।

किसी भी जाति या वर्ग की भाषा का अध्ययन करने के लिए उस जाति की सामाजिक संरचना एवं संस्कृति से अवगत होना अनिवार्य है। यह कार्य समाज-भाषाविज्ञान करता है। भारतीय भाषाओं में मामा, फूफा, दादा, नाना ऐसे शब्द हैं जो संबंधों को दर्शाते हैं। यूरोपीय भाषाओं में ऐसे विविध प्रयोग क्यों नहीं हैं? इसका जवाब समाज-भाषाविज्ञान देता है।

भाषा में आदरसूचक, सामान्य, अपमानजनक या समीप भाषा के कई प्रयोग समाज की कुछ मान्यताओं से जुड़े होते हैं। हिंदी में 'तू', 'तुम', 'आप' का क्रिया रूप स्त्रीलिंग-पुलिंग, एकवचन-बहुवचन के साथ परिवर्तित होता है, जैसे–'तू जाएगी', 'तू जाएगा', 'आप जाएंगे', 'आप जाएंगी'। अंग्रेजी में तू, तुम, आप के लिए केवल 'यू' शब्द प्रयोग होता है। मलयालम भाषा में स्त्रीलिंग-पुलिंग के अनुसार क्रिया के रूप में परिवर्तन नहीं होता। इस तरह का भाषाई संरचनात्मक अंतर भी समाज-भाषाविज्ञान का विषय है।

समाज-भाषाविज्ञान ही विभिन्न भाषाओं का समाजशास्त्रीय अंतर स्पष्ट कर सकता है। समाज में भाषा का संप्रेषण, संप्रेषण का घनत्व, भाषा की प्रतीकात्मकता, समाज द्वारा प्रयुक्त भाषा और बोली का वितरण आदि की विस्तृत जानकारी समाज-भाषाविज्ञान द्वारा संभव है। भाषाई समाज की प्रकृति मोटे रूप से तीन चीजों पर निर्भर है–(क) संप्रेषण का घनत्व, (ख) प्रतीकात्मक एकता और (ग) किसी भाषाई समाज द्वारा प्रयुक्त भाषा और बोलियों की निश्चित संख्या। इनमें सर्वाधिक महत्व संप्रेषण के घनत्व का है। संप्रेषण के घनत्व की संकल्पना मूलतः ब्लूमफील्ड की देन है। ब्लूमफील्ड ने भाषा के मानक रूप को एक न मानकर भाषाई समाज की जटिलता को देखते हुए उसके तीन रूप निर्धारित किए हैं– (1) लेखन में प्रयुक्त मानक रूप औपचारिक संदर्भों में होता है। (2) बोलचाल में प्रयुक्त मानक रूप वर्ग विशेष पर आधारित होता है, इसका विशेषकर उच्च वर्ग में प्रयोग होता है। (3) प्रादेशिक मानक में प्रत्येक प्रदेश की स्थानीयता होती है। उक्त तीनों रूपों में समाज-भाषाविज्ञान का व्यापक रूप देखा जा सकता है, क्योंकि उक्त तीनों रूपों में भाषा अपने सामाजिक संदर्भ के अनुसार परिवर्तित होती है। सामान्य भाषाविज्ञान में यह परिवर्तन स्पष्ट नहीं होता और 'भाषा का अध्ययन भाषा के लिए' होता है। इसका मूल उद्देश्य भाषा की सिर्फ आंतरिक व्यवस्था पर प्रकाश डालना होता है।

रवींद्रनाथ श्रीवास्तव ने बताया है, 'इस दृष्टिभेद का फल यह हुआ है कि शुद्ध भाषाविज्ञान के लिए भाषा ही उसकी संपूर्ण इकाई है और भाषा ही उसके अध्ययन का संदर्भ। इसके विपरीत समाज-भाषाविज्ञान के लिए भाषा एक इकाई तो है पर उसके अध्ययन का संदर्भ संप्रेषण होने के कारण वह इकाई अपने आपमें संपूर्ण नहीं, अपितु 'भाषाई समाज' के अपने 'भाषाई कोश' का वह मात्र अंग है।' उदाहरण के लिए, हिंदी, मलयालम या अंग्रेजी भाषा की स्वरूपगत विशेषताओं को जानने के लिए इन भाषाओं के 'भाषाई समाज' की संकल्पना करनी पड़ती है।

शुद्ध भाषाविज्ञान में भाषा की महत्तम इकाई वाक्य होने के कारण वह भाषा को एकालाप की तरह देखता है, जबकि समाज भाषाविज्ञान में विश्लेषण की महत्वपूर्ण इकाई शाब्दिक या प्रोक्ति है, क्योंकि

भाषा के मूल में 'वर्तमान' की सत्ता की अहम भूमिका है। शुद्ध भाषाविज्ञान की सीमा व्याकरण है। इसके आधार पर 'कथ्य' और 'अभिव्यक्ति' के संबंधों का विश्लेषण होता है। व्याकरण को आधार बनाकर शुद्ध भाषाविज्ञान भाषा की प्रकृति, स्वरूप और उसकी विशेषताओं की जानकारी हासिल कर लेता है। समाज-भाषाविज्ञान व्यावहारिक दृष्टि अपनाकर भाषा के स्वरूप का अध्ययन करते हुए भाषा के प्रयोजनों पर भी प्रकाश डालता है।

समाज-भाषाविज्ञान को तीन कोणों से देखा गया है—(1) भाषा का समाजशास्त्र, (2) समाजोन्मुख भाषाविज्ञान और (3) समाज-भाषाविज्ञान।

'भाषा का समाजशास्त्र' शीर्षक से स्पष्ट है कि इसका उद्देश्य उन समस्याओं का अध्ययन करना है, जिनका संबंध समाज और उसके संस्थानों से है। भाषा केवल संवाद का माध्यम नहीं है। वह स्वयं में कथ्य है। भाषा सामाजिक अस्मिता से जुड़ी है। भाषा का समाजशास्त्र उन सभी पक्षों का अध्ययन करता है, जो समाज से जुड़ा रहता है। किस भाषा को राजभाषा बनाना है, किसे अध्ययन का आधार बनाना है आदि नीतिपरक प्रश्नों के साथ-साथ वह भाषा-नियोजन के अन्य पक्षों पर भी विचार करता है, जैसे—मानकीकरण, आधुनिकीकरण आदि। फिशमैन इस क्षेत्र के प्रमुख विद्वान हैं।

समाजोन्मुख भाषाविज्ञान अभिविन्यास के साथ काम करने वाले समाज को प्रतीक मानते हुए उसका विश्लेषण करता है। इसका दृष्टिकोण घात-प्रतिघाती है, क्योंकि इस मत के प्रवर्तक भाषा और भाषा की संकल्पनाओं को एक-दूसरे के घात-प्रतिघात के रूप में देखते हैं। इस वर्ग में गंपर्ज (1973) जैसे विद्वान आते हैं।

समाज-भाषाविज्ञान के व्याख्याता मानते हैं कि भाषा और समाज के संबंध को भाषाविज्ञान के संदर्भ से अलग नहीं रखा जा सकता, क्योंकि व्यक्ति से समाज बनता है और व्यक्ति व समाज को जोड़ने वाली वस्तु भाषा है। मूल प्रकृति में ही सामाजिक तत्व अंतर्भुक्त हैं। यदि भाषा का समाजशास्त्र भाषा के समाज पर प्रभाव का अध्ययन करता है तो समाज-भाषाविज्ञान भाषा पर समाज के प्रभाव का अध्ययन करता है। समाज का भाषा पर प्रभाव जातीयता, लिंग, सामाजिक वर्ग, धर्म, स्थानीयता किसी भी आधार पर हो सकता है।

सुधा बालकृष्णन

अधिक जानकारी के लिए :

1. Socio-Linguistic Theory : Linguistic Variations and its Social Significance : J L Chambers, 2009, **2. Principles of Linguistic Change :** William Labor (ed), 2010, **3. Introducing Sociolinguistics :** Miriam Meyerhoff, 2011

समाजविज्ञान

समाजविज्ञान समाज को केंद्र में रखकर खोजबीन करके किया गया वैज्ञानिक अध्ययन है। इसका संबंध सामाजिक समुदायों के मानव संबंधों के अध्ययन से है, जिसमें क्षेत्र अध्ययन विधि का भी इस्तेमाल किया जाता है। यह प्राकृतिक विज्ञानों से अलग विषय है। इसके भीतर धर्म, शिक्षा, इतिहास, मानवविज्ञान, दर्शन, मनोविज्ञान, राजनीतिक सत्ता, तकनीकी क्रांति, साहित्य आदि का सामाजिक विकास के दृष्टिकोण से अध्ययन आता है। समाजविज्ञान इन सबको सामाजिक उत्पादन मानता है। पहले धार्मिक चिंतन, दर्शन और साहित्य में सामाजिक अध्ययन के तत्व मिल जाते थे, जैसे—वेदव्यास के महाभारत, प्लेटो के रिपब्लिक, मनुस्मृति, कौटिल्य के अर्थशास्त्र जैसी कृतियों में। साहित्य आज भी समाज वैज्ञानिक अध्ययन का एक बड़ा स्रोत है, लेकिन समाज के ज्ञान का एक व्यापक लक्ष्य बनाकर पिछली सदी से समाजविज्ञान एक स्वतंत्र अनुशासन के रूप में अकादेमिक जगत में प्रतिष्ठित हो चुका है।

यूरोप में ज्ञानोदय के दौर में प्राकृतिक विज्ञानों के विकास के फलस्वरूप समाज के मानव संबंधों को भी वैज्ञानिक ढंग से देखने की नींव पड़ गई। अठारहवीं सदी के यूरोपीय दार्शनिक और इतिहासकार, जैसे—सेंट पीयरे, ग्यांबटिस्टा विको,

मांटेस्क्यू, वाल्टेयर आदि और उन्नीसवीं सदी के हेगेल, ऑगस्ट काम्ते आदि ने समाजविज्ञान की बुनियाद रखने में महत्वपूर्ण योगदान दिया। इन्होंने सामाजिक स्थितिकी और गतिकी को आधार बनाकर मानव समाज की प्रगति को समझने की कोशिश की थी। 1838 में ऑगस्ट काम्ते (1798-1857) ने ही सर्वप्रथम समाजविज्ञान नाम दिया। इसका लक्ष्य मानव समाज का वैज्ञानिक पद्धतियों से अध्ययन था, ताकि प्राकृतिक जगत के नियमों की तरह ही सामाजिक जानकारियां भी अधिकाधिक विश्वसनीय ढंग से मिल सकें। हर्बर्ट स्पेंसर (1820-1903) ने 'समाजविज्ञान के सिद्धांत' नामक पुस्तक लिखी, जिसमें उन्होंने परिवार, राजनीति, धर्म, सामाजिक नियंत्रण, उद्योग, विज्ञान आदि विषयों का समावेश किया। इस पृष्ठभूमि में फ्रांसीसी एमिल दुर्खीम (1858-1917), जर्मन मैक्स वेबर (1864-1920) और इटैलियन विल्फ्रेडो पारेटो (1848-1923) ने समाजविज्ञान को एक विकसित रूप दे दिया, जिसका असर ज्ञान के दूसरे क्षेत्रों पर पड़ा। उन्होंने समाजविज्ञान का उपयोग सामाजिक गतिविधियों और इनके परिणामों की तर्कसम्मत व्याख्या के रूप में किया।

उपर्युक्त समाज वैज्ञानिकों में मैक्स वेबर ने धर्म, आर्थिक जीवन, सामाजिक वर्गों, नौकरशाही आदि विषयों में उल्लेखनीय कार्य किया। उन्होंने 'हिंदू समाज व्यवस्था' पर भी लिखा। वेबर की धारणा थी कि हिंदू जाति व्यवस्था की वजह से ही भारत में नगरों के सामाजिक वर्गों का विकास नहीं हो सका। उसने जादू, तंत्र-मंत्र और रहस्य साधनाओं के संदर्भ में संपूर्ण एशियाई विश्वासों की एकरेखीय व्याख्या करते हुए चीन के धर्म, हिंदू धर्म और बौद्ध धर्म पर लिखा और तथ्यों के अभाव में घर बैठे लगभग यह स्थापित किया कि उनके धर्मों की वजह से ही इन देशों की समाज व्यवस्था अपरिवर्तनशील थी और पूंजीवादी विकास में बाधक भी।

आधुनिक समाजविज्ञान का विकास यूरोपीय केंद्रों से हटकर अमेरिका के विश्वविद्यालयों में हुआ। कुछ समाज वैज्ञानिक सामाजिक विकास में समाजविज्ञान को एक प्रमुख उपकरण बनाना चाहते थे। कुछ थे जो समाज के उसके प्राकृतिक और सामुदायिक परिवेश में अध्ययन पर जोर देते थे। कुछ थे जो सामाज की सांस्कृतिक अंतर्वस्तु के अध्ययन में ऐतिहासिक पद्धति को जरूरी मानते थे। कुछ ने 'सांख्यिकी पद्धति' पर, कुछ ने 'सामाजिक अंतरक्रिया' पर, कुछ ने 'अंतर–अनुशासनिक पद्धति' पर तो कुछ ने 'वैयक्तिक अध्ययन' पर जोर दिया। फेयरचाइल्ड ने 'डिक्शनरी ऑफ सोशल साइंसेज' का संपादन किया है। 15 खंडों में 'एनसाइक्लोपीडिया ऑफ सोशल साइंसेस' (1930, 1967) आया। इसके बाद की घटना है कि अमेरिका में 'सबाल्टर्न स्टडीज' की नींव पड़ी, जिसका लक्ष्य मुख्यतः भारतीय सामुदायिक भिन्नताओं और विशिष्टताओं की जानकारी देना था।

'सबाल्टर्न' अमेरिका की सेना में कैप्टन के नीचे के अफसरों को कहते हैं, पैदल सैनिकों को नहीं। उसे एक सिद्धांत बनाकर भारत के स्थानीय या भेदभाव के शिकार समुदायों पर चस्पां किया गया, मुख्यतः 'भिन्नता' की खोज करने के उद्देश्य से। चर्चिल ने जब 1946 में कहा था, 'भारत कई टुकड़ों का बंडल है', वे कुछ और नहीं भारत को देखने की सैकड़ों साल की औपनिवेशिक दृष्टि का सार प्रस्तुत कर रहे थे। इसके ऊपर बेनेडिक्ट एंडरसन ने 'कल्पित समुदाय' का रंग चढ़ाया। उनकी नजर में आयरलैंड वाला इंग्लैंड और काले नागरिकों से भरा अमेरिका कल्पित समुदाय नहीं है, भारतीय राष्ट्र कल्पित समुदाय है! रणजीत गुहा, आशिस नंदी, पार्थ चटर्जी जैसे विद्वानों ने मुख्यतः अमेरिका और अन्य पश्चिमी देशों के पॉश विश्वविद्यालयों में भारतीय समाज के सबाल्टर्न अध्ययन की दृष्टि निर्मित की। भारतीय नवजागरण और राष्ट्रीय स्वाधीनता संग्राम की कठोर आलोचना करते हुए छोटे जन-उभारों, उत्तर-औपनिवेशक सामुदायिक आवाजों और हाशिए के पुराने सांस्कृतिक रूपों को मुद्दा बनाना उनका मुख्य मकसद था।

सबाल्टर्न अध्ययन भारतीय समाजविज्ञान में एक महत्वपूर्ण हस्तक्षेप है। इससे प्रभावित जो नया

ज्ञानी संसार है, उसके लिए मुसलमान, आदिवासी, स्त्री, दलित जातियां और स्थानीय समुदाय ही मुख्य 'वैचारिक शिकार' हैं। एक दृष्टिकोण यह है कि इन समाज वैज्ञानिकों ने हाशिए पर पड़ी आवाजों को पहचाना और उनके संघर्षों का समानांतर इतिहास खोजा। एक धारणा यह है कि इन समाज वैज्ञानिकों के काम कुछ उसी ढंग के हैं, जैसे उपनिवेशक देशों के नृतत्व वैज्ञानिकों और भाषाविदों के पहले थे—संबंध नहीं, सिर्फ फर्क खोजो। गांव में कितनी गाएं हैं और कितनी मुर्गियां हैं, इसके आधार पर तय होता था कि कितने हिंदू और कितने मुसलमान हैं! सबाल्टर्नवादी बुद्धिजीवी सामुदायिक इतिहास और उत्पीड़न पर लिखते हैं, पर सभी उत्पीड़ित समुदाय कुछ बिंदुओं पर आम सहमति रखते हैं और मिलकर संघर्ष करना चाह सकते हैं, इस पर वे नहीं सोचते। वे नहीं देख पाते कि अतीत में लोग अपने अंतर्विरोधों के बावजूद कैसे मिलकर लड़े थे। उन्हें अतीत की ऐसी सभी राष्ट्रीय लड़ाइयों में चांद नहीं, सिर्फ इसके धब्बे दिखे। क्या चांद को देखे बिना उसके धब्बे नजर आ सकते हैं?

नए जमाने के कई समाज वैज्ञानिकों को हिंदी साहित्य का अतीत हिंदुत्ववादी विडंबनाओं से भरा दिखा है। पिछले कुछ दशकों में फैशन था कि भारतेंदु हरिश्चंद्र, महावीर प्रसाद द्विवेदी, आचार्य रामचंद्र शुक्ल, निराला—इन सबको हिंदुत्ववादी सिद्ध करो। वसुधा डालमिया ने एक बार अपनी किताब के कवर पर भारतेंदु का वह फोटो छपवाया था, जिसमें वह अपनी प्रेयसी मल्लिका को गोद में लेकर बैठे हुए थे। उनके साहस के दृष्टांत के रूप में नहीं, बल्कि भारतेंदु का मखौल उड़ाने के लिए ही आवरण पर यह तस्वीर थी।

क्या सबाल्टर्न अध्ययन समाजविज्ञान का अंतिम पड़ाव था? निश्चय ही उत्पीड़ित समुदायों के अध्ययनों का महत्व है, पर ऐसे प्रश्न भी उठे हैं कि आखिर कब तक दलित, आदिवासी, स्त्री, मुसलमान और स्थानीय समुदायों को सबाल्टर्नवादी विद्वानों द्वारा अलग-अलग वैचारिक शिकार बनाकर रखा जाएगा? क्या इन उत्पीड़ित समुदायों की तकलीफों के बीच कोई पुल नहीं बन सकता? क्या ये समुदाय नीचे से राष्ट्र बनाने की एक नई साझी समझ विकसित नहीं कर सकते और क्या ऐसी कोशिशें अतीत में नहीं थीं? सबाल्टर्नवादी लेखकों ने बहुराष्ट्रीय कंपनियों की साम्राज्यवादी संस्कृति का आमतौर पर समाज वैज्ञानिक अध्ययन नहीं किया। इसलिए यह सवाल भी खड़ा हुआ कि सबाल्टर्नवादी चाहे विदेशी पूंजी की छाया में काम कर रहे हों या देशी पूंजी की छाया में, वे नए साम्राज्यवाद के आगे इतने भोले क्यों रहे हैं। सबाल्टर्नवादी समाज वैज्ञानिक कभी यह बताते नजर नहीं आए कि एकध्रुवीय वैश्वीकरण हो या साम्राज्यवाद, संप्रदायवाद हो या किसी अन्य किस्म की संकीर्णता, कैसे उसका सामना एक साझी समझ बनाकर ही किया जा सकता है और अतीत में किया गया है।

सबाल्टर्न अध्ययन पर हाइडेगर, ग्राम्शी और फूको इन तीन परस्पर भिन्न विचार-स्रोतों का असर रहा है। ग्राम्शी सबाल्टर्न की एक भिन्न व्याख्या जरूर देते हैं, पर वह 'ऑर्गेनिक इंटलेक्चुअल' की बात करते हैं। प्रश्न उठा है, क्या सबाल्टर्नवादी ऐसे ही बुद्धिजीवी रहे हैं? ग्राम्शी से दाल लेंगे पर नमक नहीं लेंगे, यदि विश्लेषण पद्धति औपनिवेशिक है तो सबाल्टर्न का अर्थ भले 'निम्नवर्गीय प्रसंग' लगा लिया जाए, उसका लक्ष्य नव-औपनिवेशिक विभाजन हो सकता है। इस संदर्भ में एक सवाल यह उभरकर आया है कि साहित्य और समाजविज्ञान के बीच ही नहीं, समाज और समाजविज्ञान के बीच भी एक खुला और निर्माणात्मक संबंध हो या यांत्रिक भौतिकवादी। सबाल्टर्न अध्ययन की श्रृंखला 2010 में बंद हो गई।

भारत पश्चिमी समाज वैज्ञानिकों का पहले से एक प्रमुख बौद्धिक क्रीड़ांगन रहा है। इसलिए धीरूभाई सेठ ने यह प्रश्न उठाया, 'वह समय कब आएगा जब हम औपनिवेशिक मानसिकता को त्यागकर पश्चिमी श्रेणियों के जरिए भारतीय यथार्थों की व्याख्या करने का प्रयास बंद कर देंगे?' (सत्ता और समाज)। विदेशों से यूनेस्को, फोर्ड फाउंडेशन, अमेरिकन सोशियोलॉजिक एसोसिएशन, रसेल सेज

फाउंडेशन आदि से समाज वैज्ञानिक कामों के लिए पर्याप्त अनुदान मिलता है और ये किसी बिंदु पर समाज वैज्ञानिक दृष्टियों को प्रभावित भी करते हैं। भारतीय समाज वैज्ञानिकों में जी एस धुर्ये, धूर्जटी प्रसाद मुखर्जी, राधाकमल मुखर्जी, ए आर देसाई, एम एन श्रीनिवास, श्यामाचरण दुबे, पूरनचंद्र जोशी, आशिस नंदी, धीरूभाई शेठ आदि प्रमुख नाम हैं। इन्होंने परिवार, समुदाय, शिक्षा, राजनीति, धर्म, मीडिया, आर्थिक जीवन आदि पर विशेष अध्ययन किए हैं। हिंदी में अभय कुमार दुबे के संपादन में छह खंडों में समाजविज्ञान कोश से हिंदी समृद्ध हुई है।

समाजविज्ञान कोई निरपेक्ष अध्ययन-क्षेत्र नहीं है। इसका संबंध मानवविज्ञान, अर्थशास्त्र, इतिहास, राजनीतिविज्ञान, दर्शन, मनोविज्ञान, साहित्य, तकनीक आदि से भी है। इधर स्त्री, दलित और जनजातीय अध्ययन केंद्रों का विस्तार हुआ है। अकादेमिक संसार में समाजविज्ञान एक कठोर अनुशासन के रूप में, कई जगहों पर घिसे-पिटे अध्ययन के रूप में भले मौजूद हो, समाजविज्ञान के क्षेत्र में बड़ा योगदान उन व्यक्तियों ने किया है, जो संस्थानों से कठोरतापूर्वक जुड़े न रहकर बौद्धिक स्वतंत्रता के साथ काम करते रहे हैं। इन्होंने समाजविज्ञान के क्षेत्र में पद्धतिशास्त्रीय दीवारें तोड़ी हैं। ऐसे समाज वैज्ञानिकों में से कुछ ने सत्ता को समाजशास्त्र के भीतर रखकर धर्म, जाति, परिवार या मीडिया का अध्ययन किया। नवजागरण युग की समाज वैज्ञानिक परियोजना का विघटन बीसवीं सदी के उत्तरार्ध से शुरू होने लगा था। इसलिए कला, सत्ता और ज्ञान के समाजशास्त्र का एक नया दौर शुरू हुआ था। समाज वैज्ञानिकों ने इस दौर में इतिहास, राजनीति, साहित्य, विज्ञान, मीडिया आदि के क्षेत्रों में विशेष रूप से दिलचस्पी ली। उनका मुख्य लक्ष्य राष्ट्र-निर्माण के नए रुझानों, समाज-परिवर्तन की नई प्रक्रियाओं और नए सांस्कृतिक उत्पादनों को समझना था।

यह विरोधाभास भी दिखा है कि समाजविज्ञान और सामाजिक हकीकतों के बीच दूरी पैदा होती गई, क्योंकि बने-बनाए सिद्धांत ज्यादा दबंग थे और समाजविज्ञान में व्यक्तिवाद बढ़ चुका था।

समाजविज्ञान एक ऐसा अध्ययन है, जो कभी पूरी तरह विज्ञान नहीं हो सकता, पर सामाजिक अध्ययन की दृष्टि को मानव समाज की सर्वतोन्मुखी उन्नति के पक्ष में अधिकाधिक वैज्ञानिक, आलोचनात्मक और अंतर्दृष्टिपरक बनाने की कोशिश की जा सकती है और उसे सत्ता के दबावों से मुक्त रखने का अधिकाधिक प्रयास किया जा सकता है। समाज वैज्ञानिकों के सामने कभी पूरे तथ्य नहीं होते। कभी ज्यादा तथ्य हों भी तो भविष्य की पूर्व कल्पना समाज वैज्ञानिक निष्कर्षों को प्रभावित करती है। इस तरह समाजविज्ञान और साहित्य के बीच ज्यादा दूरी नहीं रह जाती है। समाजविज्ञान एक तरह से समाज वैज्ञानिक साहित्य बन जाता है और यह उसे पठनीय भी बनाता है।

शंभुनाथ

अधिक जानकारी के लिए :
1. सत्ता और समाज : धीरूभाई सेठ, **2. समाजविज्ञान विश्वकोश :** (संपा.) अभय कुमार दुबे

समाजवाद

समाजवाद बीसवीं सदी का सर्वाधिक महत्वपूर्ण राजनीतिक-आर्थिक आंदोलन और विश्व दृष्टि है। समाजवाद एक ऐसी राजनीतिक-आर्थिक व्यवस्था को कहते हैं, जहाँ उत्पादन के साधनों और वितरण पर समाज का सामूहिक स्वामित्व होता है। यह व्यवस्था पूंजीवादी व्यवस्था से बिलकुल भिन्न है। हालांकि पूंजीवाद की ही तरह इसके भी कई रूप हैं।

मार्क्सवादी अवधारणा के अनुसार समाजवाद साम्यवादी सामाजिक-आर्थिक संरचना स्थापित करने की दिशा में पहला चरण है। उत्पादन के साधनों के सामाजिक स्वामित्व पर आधारित यह व्यवस्था शोषक वर्गों तथा मनुष्य द्वारा मनुष्य के शोषण को अस्वीकार करती है और समाज में सहयोग के संबंध स्थापित करती है। समाजवाद के अंतर्गत राज्यसत्ता के प्रयोग से हर स्तर पर मौजूद सामाजिक उत्पीड़न, पारस्परिक जातीयताओं (राष्ट्रीयताओं) के बीच

असमानता, गांव और शहरों के बीच विभेद और शारीरिक व मानसिक श्रम के बीच विद्यमान विभेदों को मिटा या कम कर दिया जाता है। एक सच्ची समाजवादी व्यवस्था वर्ग, जाति, धर्म, नस्ल, क्षेत्र, भाषा, लिंग, वर्ण आदि के आधार पर किसी तरह के भेदभाव को अस्वीकार करती है।

समाजवाद के अंतर्गत उत्पादक शक्तियां इतनी विकसित नहीं होतीं कि उत्पादन प्राचुर्य की स्थिति उत्पन्न हो। इसलिए 'हरेक को उसकी क्षमता के अनुसार, हरेक को उसके श्रम के अनुसार' सिद्धांत पर अमल किया जाता है। इसमें शोषण की स्थिति बनी रहती है।

कई सिद्धांतकार समाजवाद को 'यूटोपियाई' विचार की श्रेणी में रखते हैं और इसे महज पूंजीवाद के प्रति एक प्रतिक्रिया मानते हैं। इस संदर्भ में एमिल दुर्खीम की मान्यता है कि समाजवाद की आकांक्षा राज्य के साथ अर्थव्यवस्था की संबद्धता और समाज में वैयक्तिक गतिविधियों की सन्निकटता की ओर ले जाएगी। इस तरह पूंजीवाद की क्रूरताओं से मुक्ति की संभावना उत्पन्न होती है। इन संभावनाओं के नजरिए से समाजवाद स्थितियों की समानता की मांग नहीं करता है, इसके बजाय अवसरों की संभावनाओं की खोज करता है।

मैक्स वेबर समाजवाद को पूंजीवाद के अंतर्गत तार्किकीकरण की प्रक्रिया को महत्व देने के रूप में देखते हैं। वह समाजवाद को 'राज्य अर्थव्यवस्था की नौकरशाही' कहते हैं। उनकी धारणा है कि यह स्थिति 'भविष्य की दासता का पिंजरा' है।

पश्चिमी बौद्धिक परंपरा में कभी 'नैतिक समाजवाद' की अवधारणा प्रभुत्वशाली रही है जो बाजार की प्रक्रियाओं में राज्य के शक्तिशाली हस्तक्षेप का समर्थन करती है, श्रमिकों की स्थितियों पर सामूहिक रूप से नीति-निर्धारण और कल्याणकारी राज्य का समर्थन करती है। इस विचारधारा में 'फेबियन समाजवाद' का भी उदय हुआ, जो आधिकारिक रूप से स्वयं को मार्क्सवादी दर्शन के साथ संबद्ध नहीं करती है। इस विचार के कई समर्थक धर्म का समर्थन करते हैं। फेबियन विचार-सरणी के साथ सिडनी व बिएट्रिस बेब, एम फिलिप्स, एच जी वेल्स एवं बर्नाड शॉ का नाम प्रमुखता से लिया जाता है। इनके विचारों का ब्रितानी अनुभववादी समाजशास्त्र पर गहरा प्रभाव रहा है।

पूंजीवाद द्वारा उत्पन्न सामाजिक दबाव से मुक्ति के लिए विभिन्न धर्मों की ओर से भी प्रयास किए गए, जिनकी परिणति 'ईसाई समाजवाद' तथा 'मुस्लिम समाजवाद' जैसी कोटियां हैं। इनका मूल आधार धार्मिक विश्वासों को बरकरार रखते हुए सार्वभौम (धार्मिक) भ्रातृत्व और मानवतावाद को स्थापित करना है। वास्तविक जीवन में ये अपने उद्देश्यों को पूरा नहीं कर पाए। अधिकांश विचारक इस विचार को मूलतः बूर्जुआ विचारधारा की उपज मानते हैं, जो मजदूरों को मुक्ति की ओर, सच्चा सुख उपलब्ध करने की ओर जाने वाले असल मार्ग को देखने से रोकती है।

समाजवाद के बारे में सर्वाधिक प्रभावशाली विचार कार्ल मार्क्स और फ्रेड्रिक एंगेल्स के हैं। मार्क्स ने भविष्य के समाज के रूप में समाजवाद की संभावना पर विचार किया था। रणधीर सिंह की मान्यता है कि मार्क्स ने समाजवाद की संभावनाओं पर किसी यांत्रिक दृष्टिकोण से नहीं, बल्कि मनुष्य की सृजनात्मक शक्तियों के सर्वोच्च विकास की संभावनाओं के दृष्टिकोण से यह विचार किया है। उनके अनुसार, मार्क्स ने 'कम्युनिज्म और समाजवाद, दोनों का प्रतिस्थानांतरित अर्थों में प्रयोग किया है।' मार्क्स की पुस्तक 'इकोनॉमिक एंड पॉलिटिकल मैनुस्क्रिप्ट्स ऑफ 1844' पर विचार करते हुए एरिक फ्रॉम ने लिखा है, 'मार्क्स का समाजवाद एक ऐसा समाज है, जो मनुष्य के अलगाव पर विजय प्राप्त करके मानवीय सार के वास्तवीकरण का अवसर देता है। यह सच्ची स्वतंत्रता, तार्किकता, सक्रियता और स्वतंत्र मनुष्य के लिए परिस्थितियां उत्पन्न करने से कतई कम नहीं है। यह भविष्यधर्मी उद्देश्य को परिपूर्ण करता है। ...समाजवाद का उद्देश्य मार्क्स के लिए स्वतंत्रता था...यह विचारधारा मनुष्य की अपनी

शक्तियों और विश्व उत्पादकता के साथ अपने को संबद्ध करके उसको अपने पैरों पर खड़ा करने की कोशिशों पर आधारित है।'

समाजवाद में यकीन रखने वाले सभी विचारक अपने को और राजनीतिक संगठन समाजवाद की मार्क्सवादी व्याख्या पर यकीन नहीं करते। हिटलर की राजनीतिक पार्टी का नाम राष्ट्रवादी समाजवादी था, वह दरअसल उग्र-राष्ट्रवाद में यकीन करती थी और समाजवाद उसके लिए एक मुखौटा था। इसी तरह कम्युनिस्ट पार्टियों द्वारा स्थापित राजसत्ता में लोकतांत्रिक प्रक्रियाओं की उपेक्षा और सर्वहारा की तानाशाही के सिद्धांत के नाम पर पार्टी की तानाशाही के कारण यूरोपीय देशों में लोकतंत्र-केंद्रित समाजवादी पार्टियां सामने आईं। उन्हें सोशल डेमोक्रेटिक पार्टियां नाम दिया गया जो क्रांति में नहीं वरन सुधार में विश्वास करती हैं।

भारत में रूसी क्रांति के असर के बाद सत्यभक्त, राधामोहन गोकुल जी, भगत सिंह सरीखे क्रांतिकारियों ने समाजवाद का समर्थन करना शुरू कर दिया था। जवाहरलाल नेहरू ने 1929 में कहा था, 'हमारी सब बुराइयों का एक ही इलाज है और वह है समाजवाद।' इसलिए हमारा ध्येय समाजवाद होना चाहिए।' (झांसी में भाषण)। समाजवाद की कई परिभाषाएं हैं और समाजवादियों के अनगिनत दल हैं। 'समत्व' की धारणा प्राचीनकाल से है, पर समाजवाद को नई भारतीय स्थितियों में परिभाषित करने वालों में आचार्य नरेंद्र देव, जयप्रकाश नारायण और राममनोहर लोहिया अग्रणी रहे हैं। आचार्य नरेंद्र देव ने समाजवाद का आधार मार्क्सवाद को माना था, पर वे मार्क्सवाद की व्याख्या उस तरह से नहीं करते थे जिस तरह से कम्युनिस्ट करते थे। वे समाजवाद के साथ जनतंत्र और नैतिकता को जोड़ते थे और इतिहास की किसी एक सीधी रेखा को नहीं मानते थे। उनके लिए मार्क्सवाद 'जनतांत्रिक समाजवाद' था।

राममनोहर लोहिया ने पूंजीवाद और मार्क्सवाद दोनों को न मानते हुए समाजवाद के लिए सप्त क्रांतियों की जरूरत बताई। वे मानते थे, 'पहले ऐसा होता था कि किसी एक देश में न्याय की भावना जगती थी तो दूसरे देशों में दबी रहती थी। अब की बार सभी देशों में न्याय की भावना करीब-करीब एक साथ उमड़ी हुई है।' (सात क्रांतियां)। उन्होंने गरीब-अमीर, नर-नारी, गोरे-काले, (नस्लीय), ऊंची जातियों और पिछड़े-दलितों (जातिवादी) के बीच विषमता के अलावा अंतरराष्ट्रीय गैर-बराबरी, दुनिया के देशों में चीजों की कीमतों में गैर-बराबरी और टेक्नोलॉजी के स्तर पर गैर-बराबरी की ओर ध्यान आकर्षित किया। उनका कहना था कि समाजवाद के लिए सभी स्तरों पर विषमता को समाप्त करना होगा। लोहिया कहते थे, 'मैं यह तो नहीं कह सकता कि कोई ऐसा संसार बन पाएगा जिसमें पूर्ण बराबरी हो जाएगी। यह तो इच्छा है, संकल्प और सपना है। इसको हासिल करना है। ...यह एक सपना भर नहीं है, निश्चित तार्किक संभावना पर आधारित है।' (वही)। उन्हें इस बात को लेकर अफसोस था कि भारत के लोगों में गैर-बराबरी को समझने की प्रबल इच्छा नहीं है। वे राहत, बख्शीस और थोड़ी सुविधाओं से ही प्रसन्न हो जाते हैं। उनका ध्यान व्यापक नाइं साफियों और गैर-बराबरी की तरफ नहीं जाता। लोहिया पाते थे कि मामूली स्तर पर जो लोग हैं, वे भी आपस में विषमता से भरे हैं।

जयप्रकाश नारायण ने समाजवाद और सप्त क्रांति की धारणाओं को बिहार आंदोलन (1973-74) के समय संपूर्ण क्रांति में विकसित किया, 'संपूर्ण क्रांति में सारे समाज का परिवर्तन होगा। इसमें व्यवस्था भी बदलेगी और व्यक्ति भी बदलेगा। मैं मानता हूं, इनमें कोई आगे-पीछे नहीं सब साथ-साथ होगा। व्यक्ति समूह के लिए जिए और समूह व्यक्ति के लिए। यह एक दिन में नहीं होगा, कोई भी क्रांति एक दिन में नहीं होती।'

जयप्रकाश नारायण ने समाजवाद के साथ नैतिक मूल्यों को जोड़ने की बात हमेशा कही। वे हैं—सत्य की चिंता, अहिंसा से विमुखता, स्वातंत्र्य-प्रेम और दमन तथा अत्याचार के प्रतिरोध का साहस, सहकारिता की भावना, तृहत्तर हित से स्वहित का

सामंजस्य, दूसरों के मतों का आदर और सहिष्णुता, जिम्मेदारी स्वीकार करने की प्रवृत्ति, मनुष्य की बुनियादी बराबरी में आस्था और मानव प्रवृत्ति को संस्कारित करने में विश्वास। ये गुण जन्मजात नहीं होते, अर्जित करने होते हैं। जनतंत्र, समाजवाद या किसी भी तरह की राजनीतिक व्यवस्था मनुष्य के इन गुणों के बिना पनप नहीं सकती। जयप्रकाश नारायण की दृष्टि में समाजवाद का लक्ष्य दरअसल इन गुणों, राजनीतिक लोकतंत्र और विकेंद्रीकरण की रक्षा करना होना चाहिए।

भारत की समाजवादी पार्टियां अंततः पूंजीवादी उदारवादी पार्टियों में परिणत हो गईं। समाजवाद आज भी मजदूरों और किसानों, गरीबों के बीच एक सम्मानित राजनीतिक शब्द है, लेकिन समाजवाद में निष्ठा घोषित करने वाली अधिकतर राजनीतिक पार्टियां समाजवाद को व्यवहार में तिलांजलि दे चुकी हैं।

जितेंद्र गुप्ता

अधिक जानकारी के लिए :
1. समाजवादी चिंतन का इतिहास (तीन भाग) : कृष्णकांत मिश्र, **2. संस्कृति और समाजवाद :** सच्चिदानंद सिन्हा, **3. विकल्पहीन नहीं है दुनिया :** किशन पटनायक, **4. Socialism, Sarvodaya and Democracy :** Jaiprakash Narayan, **5. Socialism :** Ludwig Von Mises, 1922, **6. Capitalism, Socialism and Democracy :** Joseph Schumpeter, 1942, **7. The Crisis in Communism : The Turning-Point of Socialism :** Roger Garaudy, 1970

समाजवादी यथार्थवाद

यथार्थवाद दृष्टि तथा शैली, दोनों धरातलों पर अनेक नए रूपों में सामने आया। प्रधानतः उसकी दो प्रमुख दिशाएं हैं, जो उसके विकास का उसकी शक्ति और सीमाओं के साथ परिचय कराती हैं। इन्हें आलोचनात्मक यथार्थवाद तथा समाजवादी यथार्थवाद (Socialist Realism) के नाम से अभिसिक्त किया जाता है। यथार्थवाद के उद्भव के साथ उन्नीसवीं-बीसवीं शताब्दी में प्रकृतिवादी दृष्टिकोण से भिन्न वास्तविक जिंदगी को उसकी वस्तुपरकता में और सच्चाई के साथ देखने, परखने और चित्रित करने वाले जिस साहित्य का जन्म और विकास हुआ, उसे 'आलोचनात्मक यथार्थवादी साहित्य' और उसमें निहित यथार्थ दृष्टि को 'आलोचनात्मक यथार्थवाद' नाम दिया गया।

1934 में सोवियत रूस की कम्युनिस्ट पार्टी की कांग्रेस में समाजवादी यथार्थवाद के लिए चार मानक सुझाए गए थे—1. कला और साहित्य को मजदूरों के लिए प्रासंगिक होना चाहिए और ये उन्हें समझ में भी आने चाहिए। 2. इनमें जन-जीवन का चित्रण होना चाहिए। 3. यह चित्रण यथार्थवादी होना चाहिए। 4. कलाकार और साहित्यकार को पक्षधर होना चाहिए। उस वक्त इस बात पर जोर था कि पक्षधरता राज्य और पार्टी के प्रति होनी चाहिए। बाद में यह भी कहा जाने लगा कि पक्षधरता मजदूर वर्ग के प्रति होनी चाहिए। यह निर्धारित किया गया कि समाजवादी यथार्थवाद को क्रांति के आदर्शों के प्रति समर्पित होना होगा। इसमें आशावादिता पर अतिरिक्त जोर दिया गया। इसीलिए 'ट्रेजेडी' या किसी भी प्रकार की नकारात्मकता को नकार दिया गया। एक प्रकार के 'रिव्योल्यूशनरी रोमांटिसिज्म' (क्रांतिकारी स्वच्छंदतावाद) पर बल दिया गया। साहित्य और कलाओं के शैक्षिक महत्व को चिह्नित किया गया। स्टालिन ने समाजवादी यथार्थवाद को लागू करने वालों को 'आत्मा के इंजीनियर' कहा।

मार्क्सवादी साहित्य-चिंतन में समाजवादी यथार्थवाद को एक महत्वपूर्ण साहित्यिक एवं कलात्मक प्रतिमान के रूप में स्वीकार किया गया है। सोवियत लेखकों की पहली कांग्रेस में मैक्सिम गोर्की ने इसकी अवधारणा प्रस्तुत की थी। इसके बाद से इस अवधारणा की तरह-तरह से व्याख्या की गई है। उदाहरण के लिए, जहां जॉर्ज लुकाच तथा अन्य मार्क्सवादी चिंतकों ने समाजवादी यथार्थवाद को समाजवादी वास्तविकता का चित्रण करने वाली दृष्टि के रूप में स्वीकार किया, वहीं चीन के चाऊ यांग का कहना है कि समाजवादी यथार्थवाद वास्तविकता

का समाजवादी दृष्टि से किया जाने वाला चित्रण है। समाजवादी यथार्थवाद को काफी हद तक इन दो भिन्न दृष्टियों से देखे जाने के कारण समाजवादी यथार्थवाद की अवधारणा विवादास्पद रही है। भारत जैसे देशों में जहाँ समाजवादी व्यवस्था कायम नहीं हुई, समाजवादी यथार्थवाद को 'यथार्थ का समाजवादी दृष्टि से किया जाने वाला चित्रण' के रूप में ही देखा जाता रहा है।

शिवकुमार मिश्र ने समाजवादी यथार्थवाद की दोनों परिभाषाओं को स्वीकारते हुए लिखा है, 'समाजवादी यथार्थवाद का मूल आग्रह यथार्थ का समाजवादी समझ की अनुकूलता में चित्रण करने से है, साथ ही उस समाजवादी वास्तविकता के चित्रण पर भी है जो एक नई व्यवस्था तथा समाजवादी निर्माण में रत नए मनुष्य के संदर्भ में विश्व के एक-तिहाई भाग का सत्य बन चुकी है। समाजवादी यथार्थवाद, यथार्थवाद के समूचे विकासक्रम में सर्वाधिक प्रगतिशील तथा जीवंत धारणा है जो आलोचनात्मक यथार्थवाद से भिन्न है।' (मार्क्सवादी साहित्य चिंतन : इतिहास तथा सिद्धांत)।

साहित्य चर्चा में समाजवादी यथार्थवाद का महत्व और प्रासंगिकता तभी तक बनी हुई थी, जब तक सोवियत संघ और पूर्वी यूरोप के देशों में समाजवादी व्यवस्था कायम थी। 1990 के बाद जब ये व्यवस्थाएं विघटित हो गईं तो साहित्य में भी समाजवादी यथार्थवाद की चर्चा लगभग खत्म हो गई। इसके बावजूद सोवियत क्रांति के बाद पनपी नई परिस्थितियों और साहित्य ही नहीं बल्कि विभिन्न कलाओं पर समाजवादी यथार्थवाद के प्रभाव को नकारा नहीं जा सकता। समाजवादी यथार्थवाद भले ही अप्रासंगिक हो गया हो लेकिन साहित्य और कला के क्षेत्र में यथार्थवाद की प्रासंगिकता अभी भी कायम है और जादुई यथार्थवाद, भूमंडलीय यथार्थवाद आदि कई रूपों में वह साहित्य-विमर्श में मौजूद है।

लालबहादुर वर्मा

अधिक जानकारी के लिए :

1. **यथार्थवाद** : शिवकुमार मिश्र, **2. The Meaning of Contemporary Realism :** George Lukacs

समान नागरिक संहिता

समान नागरिक संहिता (Uniform Civil Code) एक प्रस्तावना है। इसमें धर्म, पंथ, जाति, रंग और वर्ण से निरपेक्ष सभी नागरिकों पर समान रूप से लागू करने की बात है। इस तरह एक ही देश में अलग-अलग धर्मों और पंथों के लिए अलग-अलग सिविल कानूनों का न होना ही 'समान नागरिक संहिता' की मूल भावना है। इसके अंतर्गत व्यक्तिगत मामले, संपत्ति के अधिग्रहण और संचालन का अधिकार और विवाह, तलाक और गोद लेने के अधिकार विशेष रूप से विवेचित हुए हैं। दुनिया के कई आधुनिक और विकसित देशों में ऐसे समान कानून लागू हैं। भारत के संविधान में राज्य के नीति-निर्देशक तत्वों में सभी नागरिकों के लिए समान नागरिक संहिता को सुनिश्चित करने के लिए प्रतिबद्धता व्यक्त की गई है। यह व्यवहार में नहीं आ पाई है। केवल एक राज्य गोवा अपवाद है, जहाँ समान पारिवारिक कानून (Uniform Family Law) व्यवहार में है।

भारतीय समाज विभिन्न धर्मावलंबियों, जातियों और उप-जातियों में बंटा समाज है। इन सभी की आचार संहिताएं इनके धर्मों और धर्म-आधारित विश्वासों से निर्मित हैं। अपनी आचार संहिताओं में आमूल परिवर्तन साधारणतः उन्हें मान्य नहीं है। इसलिए समान नागरिक संहिता को लागू करने के प्रयास में कुछ सुधारवादी कानून जरूर बन गए हैं जिनमें हिंदू कोड बिल, स्पेशल मैरिज ऐक्ट (1954) और शरीयत कानून की मान्यता शामिल है, किंतु सभी समुदायों पर समान नागरिक संहिता लागू नहीं की जा सकी है।

देश के सर्वोच्च न्यायालय ने कई बार समान नागरिक संहिता के पक्ष में अपना मंतव्य जाहिर किया है। देश के सभी धर्मों के उदारवादी नागरिक ऐसी संहिता के समर्थक हैं, किंतु धार्मिक-जातीय आधार पर अपनी अलग आचार संहिताओं के मानने वालों के विरोध के कारण यह मामला लंबे

समय से स्थगित है। सर्वोच्च न्यायालय ने कुछेक बार भारतीय दंड विधान की धारा 125 के आधार पर समान नागरिक संहिता को मानते हुए महिलाओं के पक्ष में निर्णय दिया, किंतु संसद ने उसे बदल दिया। महिला संगठनों और 'सर्व धर्म सम भाव' में विश्वास रखने वाले लोगों ने हमेशा इस संहिता के पक्ष में आवाज उठाई है। देश की अखंडता और सभी के साथ एकरूप आचरण के लिए समान नागरिक संहिता के पक्ष में आम राय बनाने की कोशिशें जारी हैं, लेकिन हाल में राजनीतिक वजहों से हर तरफ बढ़ी सामुदायिक कट्टरता यथास्थितिवाद के पोषण में लगी है।

उदयराज

समानता

समानता का अर्थ है, बराबरी यानी ऐसी सभी भिन्नताओं को अस्वीकार करना जो मनुष्य-मनुष्य के बीच श्रेणीबद्धता स्थापित करे और जिनके आधार पर भेदभाव किया जाए। व्यक्तियों, वर्गों, समाजों और राष्ट्रों के बीच सभी स्तरों पर समानता स्थापित हो, यह मनुष्य का चिरस्वप्न है। यह एक सार्विक व सर्वकालिक स्वप्न है। लेकिन इस स्वप्न का यथार्थवादी पक्ष यह है कि मानव सभ्यता और व्यवस्था परिवर्तनों की दीर्घ यात्रा में 'परम समानता' ही नहीं, बल्कि 'व्यावहारिक व न्यायसंगत समानता' भी अभी तक हासिल नहीं हो पाई है।

मानव सभ्यता के आरंभ से ही जब से समाज विभिन्न वर्गों और समुदायों में विभाजित होने लगा था, उनमें विभिन्न आधारों पर असमानता बढ़ने लगी थी। संपत्ति, धर्म, जाति, नस्ल, रंग, लिंग, शिक्षा, शक्ति आदि आधारों पर लोगों के साथ भेदभाव किया जाने लगा था। इनमें से कुछ भेदभाव जन्म के आधार पर किए जाते थे और अब भी किए जाते हैं और कुछ मनुष्य की उपलब्धियों के आधार पर। भारत में वर्ण-व्यवस्था ऐसी ही भेदभावमूलक अवधारणा है जो जन्म से ही मनुष्य को 'उच्च' और 'निम्न' बना देती है। इसी आधार पर निम्न समझी जाने वाली जातियों को उन अधिकारों से वंचित कर दिया जाता रहा है, जो मनुष्य होने के नाते उन्हें हासिल होने चाहिए थे। संविधान ने वर्ण-व्यवस्था के आधार पर किसी भी तरह के भेदभाव को वैधानिक रूप से अपराध मान लिया है, लेकिन आज भी सामाजिक व्यवहार में वर्ण और जाति-आधारित भेदभाव अपने उग्र रूपों में विद्यमान है और इसे सामाजिक स्वीकृति प्राप्त है।

आधुनिक विश्व में संयुक्त राष्ट्र संघ से लेकर लघुतम सदस्य राष्ट्र-राज्य में सामाजिक, धार्मिक, सांस्कृतिक, आर्थिक-राजनीतिक समानताओं के महत्व को स्वीकार किया गया है और उन्हें कानूनों का हिस्सा भी बनाया गया है। कुछ अपवाद हैं, विशेषतः धार्मिक राष्ट्रों में धार्मिक असमानता जरूर व्याप्त है अन्यथा नस्ल, रंग, जाति, भाषा, समुदाय, लिंग आदि के आधार पर भेदभाव को अलोकतांत्रिक, मानवता-विरोधी और गैर-कानूनी माना जाता है। स्वाधीन भारत के संविधान में ऐसे भेदभाव को कोई जगह नहीं दी गई है। संविधान की प्रस्तावना में ही भारत को 'समाजवादी और धर्मनिरपेक्ष राज्य' घोषित करते हुए सभी धर्मों, विश्वासों, पूजा-पद्धतियों के प्रति समान दृष्टि अपनाई गई है। इसके अतिरिक्त भारत के सभी नागरिकों के लिए सामाजिक, आर्थिक, राजनीतिक न्याय, विचार व अभिव्यक्ति तथा प्रतिष्ठा एवं अवसर की समानता उपलब्ध कराने का संकल्प लिया गया है।

समानता को सिद्धांततः स्वीकार किए जाने के बावजूद सच्चाई यह है कि विकसित देशों में भी नस्ल, धर्म और लिंग के आधार पर भेदभाव व्यापक रूप से विद्यमान है। इन भेदभावों के कारण समय-समय पर एक ही देश के विभिन्न समुदायों के बीच, विभिन्न देशों के बीच, परिवारों में कई तरह के और कई स्तरों पर संघर्ष उभरते हैं और उनसे तनाव तथा अशांति पैदा होती है। शांतिपूर्ण सह-अस्तित्व की भावना कमजोर होती है।

समानता की अवधारणा क्या है? इसे समझा जाना चाहिए। विचारकों के मत में, 'स्वतंत्रता और समानता' परस्पर पूरक हैं। यदि व्यक्ति या देश स्वतंत्र नहीं है तो समानता स्वतः अर्थहीन है। इसलिए ये दोनों धाराएं समांतर अस्तित्वमान रहती हैं। दोनों को अलग-अलग देखना या स्वतंत्र अस्तित्व के रूप में देखना, आधुनिक मानव और लोकतंत्र के प्रति अन्याय करना है क्योंकि ये दोनों ही उत्तर–सामंतकालीन सामाजिक-आर्थिक-राजनीतिक व्यवस्थाओं के आधार स्तंभ हैं। राजशाही, साम्राज्यशाही और मध्यकालीन धार्मिक तानाशाही विरोधी आंदोलनों की अंतर्वस्तु स्वतंत्रता व समानता रही हैं। प्राचीन समय में भी महावीर स्वामी, गौतम बुद्ध जैसे धर्म-सूत्रधारों ने 'अपरिग्रह' और दुख-निवारण व करुणा के संदेशों के माध्यम से तत्कालीन समाजों में व्याप्त असमानता एवं असंतुलन को दूर करने की बात कही है। इनकी शैली धार्मिक व अध्यात्मिक है। ईसा मसीह, पैगंबर मुहम्मद तथा अन्य परवर्ती धर्म संस्थापक भी तत्कालीन समाजों की विकास अवस्था को दृष्टिगत रखते हुए अपने-अपने माध्यमों से समानता को स्थापित करने का प्रयास कर रहे थे। इनके तरीकों में वैज्ञानिकता का अभाव था, यह कहा जा सकता है। यह भी सही है कि सामंतकालीन और पूर्व-सामंतकालीन समाजों में समानता की अवधारणा अपनी तत्कालीन स्थितियों से उत्पन्न होने के कारण, उसमें समानता की सार्वभौम अवधारणा प्रायः नहीं है।

समाज, राज्य और टेक्नोलॉजी के विकास के साथ-साथ समानता की अवधारणा में नए-नए आयाम भी जुड़ते चले गए। जब समाज जटिल होगा, राज्य का विस्तार होगा और नये आर्थिक संबंध जन्म लेंगे तो निश्चित ही समानता के दायरे का भी स्वतः फैलाव होता जाएगा। समानता और असमानता के नए-नए क्षेत्र उभरने लगेंगे। इन्हें नए ढंग से चिह्नित करने की आवश्यकता महसूस होगी।

प्लेटो, अरस्तू के समय से समानता पर चिंतन चल रहा है। विचारकों का यह भी मत है कि प्राकृतिक असमानताओं के बावजूद मानव-निर्मित असमानताओं या अप्राकृतिक असमानताओं को तो दूर किया जा सकता है तथा सामान्य व वांछित समानताएं स्थापित की जा सकती हैं। हॉब्स, लॉक, रूसो, कांट, हेगेल, मार्क्स, लॉस्की सहित अनेक आर्थिक-राजनीतिक चिंतकों ने अपनी सैद्धांतकियों के माध्यम से अप्राकृतिक असमानताओं को दूर करने की बात कही है। अठारहवीं सदी में फ्रांसीसी क्रांति स्वतंत्रता, समानता और भ्रातृत्व की उद्घोषणा की थी। रूसो ने अपने 'सामाजिक समझौता' के सिद्धांत में कहा है कि 'मनुष्य स्वतंत्र पैदा होता है और हर जगह वह जंजीरों में जकड़ा होता है। वह स्वयं को दूसरों का स्वामी समझता है, लेकिन अन्यों से अधिक गुलाम होता है।'

मध्ययुग से लेकर औद्योगिक और पूंजीवादी समाज व्यवस्था तक यह स्वीकार किया गया है कि समानता का अर्थ है 'सभी लोगों को समान अधिकार और सभी प्रकार के विशेषाधिकारों की समाप्ति' (बार्कर)। देखा जाए तो भारत में भी मध्यकालीन भक्ति आंदोलन के विद्रोही संत कवियों (कबीर, रैदास, तुकाराम, नानक आदि) ने अप्राकृतिक असमानता के विरुद्ध आवाजें उठाई थीं। इसके बाद उन्नीसवीं और बीसवीं सदी में राजा राममोहन राय, दयानंद सरस्वती, ज्यातिबा फुले, विवेकानंद, महात्मा गांधी, बाबा साहब अंबेडकर, रामास्वामी पेरियार, राममनोहर लोहिया जैसे सामाजिक-धार्मिक-राजनीतिक नेता भी समानता के आंदोलन चलाते रहे हैं। देश और समाज की मुख्यधारा में सीमांत वर्गों (स्त्रियों, दलितों, आदिवासियों, पिछड़ी जातियों आदि) को गरिमापूर्ण और समतापूर्ण स्थान दिलाने के लिए संघर्ष होते रहे हैं। धर्म, जाति, जन्म, नस्ल, वर्ग, लिंग के आधार पर किसी भी प्रकार की सामाजिक श्रेणीबद्धता स्वीकार्य नहीं है। इसलिए आधुनिक राष्ट्र-राज्य में नागरिक समानता, राजनीतिक समानता, कानूनी समानता, यथासंभव आर्थिक समानता जैसे तत्व होने जरूरी माने जाते हैं। यह तभी संभव है जब जीवन-स्थितियों में समानता रहे, संसाधनों के

अर्जन और प्रयोग में समानता हो, न्याय-प्रक्रिया में असमानता न रहे।

अमेरिकी विद्वान जे के गैलब्रेथ ने बीसवीं सदी की असमानता पर टिप्पणी करते हुए अपनी पुस्तक 'द कल्चर ऑफ कंटेंमेंट' में कहते हैं कि आज आर्थिक बाजार शक्तियां ही आर्थिक नीतियां निर्धारित कर रही हैं। इनसे बेरोजगारी, निर्धनता, गृहहीनता, प्रवासन, पर्यावरण प्रदूषण, ग्रामीण गिरावट जैसी घटनाएं हो रही हैं। अतः अब आधुनिक सरकारें आर्थिक प्रगति को केंद्र मानकर तृप्त वर्गों की चिंताओं की ओर ध्यान देगीं, न कि आम जन की चिंता करेंगी। नीति-निर्णय की प्रक्रिया में घटती हिस्सेदारी और पैदा होते अलगाव से असमानता बढ़ेगी। राजनीतिक दार्शनिक जॉन रॉवल्स का मत है कि समानता के सिद्धांतों से ही समाज की संरचना होनी चाहिए। इसी आधार पर वंचितों के पक्ष में धन और अधिकार की स्थिति निर्धारित की जानी चाहिए।

अठारहवीं और उन्नीसवीं सदी में चिंतकों का मानना था कि न्यायिक समानता के माध्यम से समाज में समानता स्थापित की जा सकती है। कार्ल मार्क्स ने ऐसे विचारों का विरोध करते हुए आर्थिक विषमता, शोषण और उत्पीड़न को सभी प्रकार की असमानताओं का स्रोत बताया। उनका मानना था कि क्रांति और व्यवस्था-परिवर्तन के माध्यम से ही मानव-जनित असमानता को दूर किया जा सकता है। उत्पादन और संसाधनों का समान वितरण साम्यवादी व्यवस्था में ही संभव है। सारांश में, जब तक वर्ग रहेंगे, तब तक असमानताएं रहेंगी और मानव-जनित उत्पादन व फल का अन्यायपूर्ण वितरण जारी रहेगा।

रामशरण जोशी

अधिक जानकारी के लिए :

1. समाज दर्शन : सत्यपाल गौतम, **2. Justice and Equality :** (Ed.) Hugo A Bedau, **3. The Pursuit of Inequality :** Philip Green, Martin Robertson, **4. Free and Equal :** Richard Norman J

समानांतर सिनेमा

1960 में भारत सरकार ने पुणे में प्रभात स्टूडियो के प्रांगण में 'भारतीय फिल्म संस्थान' की स्थापना की, जिसका 1971 में नाम बदलकर 'भारतीय फिल्म एवं टेलीविजन संस्थान' कर दिया गया। इस संस्थान के माध्यम से फिल्म अभिनेता, निर्देशक, छायाकार, साउंड रिकॉर्डिस्ट और पटकथा लेखकों की एक नई युवा पीढ़ी सामने आई। इस संस्थान के माध्यम से वे विश्व के उस बेहतरीन सिनेमा से परिचित हुए जो फ्रांस, इटली, जर्मनी, सोवियत संघ आदि देशों में बन रहा था। वे भारत की विभिन्न भाषाओं में बनने वाली उन फिल्मों से भी परिचित हो रहे थे जिनकी ओर व्यावसायिक सिनेमा की व्यापक लोकप्रियता के कारण ध्यान नहीं जा रहा था। बांग्ला में सत्यजित राय (1921-92), ऋत्विक घटक (1925-76), मृणाल सेन (जन्म 1923), मलयालम में जी अरविंदन (1935-91), अडूर गोपालकृष्णन (जन्म : 1941) और दूसरी कई भाषाओं में बनने वाली ऐसी फिल्मों को देखकर उन्हें अहसास हुआ कि फिल्म की रचनात्कता और कलात्मकता को देखना और उनसे सीखना हो तो यही वे फिल्में हैं। इनमें से कुछ फिल्मकार प्रयोगशीलता पर अधिक बल देते नजर आते थे, लेकिन अधिकतर फिल्मकार किसी-न-किसी सामाजिक समस्या के इर्द-गिर्द अपनी फिल्में बना रहे थे। यह वह दौर भी था जब कांग्रेस शासन के प्रति जनता का मोहभंग बढ़ रहा था। मजदूरों और मध्यवर्गीय पेशे वाले लोगों के आंदोलन बढ़ रहे थे। मध्यवर्गीय किसान पार्टियां और वामपंथी पार्टियां अपने को कांग्रेस के विकल्प के रूप में पेश कर रही थीं। नक्सलबाड़ी आंदोलन का प्रभाव फिल्मकारों पर दिखने लगा था। स्पष्ट ही पूरे माहौल में परिवर्तन की अनुगूंजें सुनाई दे रही थीं।

लोकप्रिय हिंदी सिनेमा का इस वास्तविकता से कोई लेना–देना नहीं था। इस दृष्टि से 1960 के बाद का हिंदी सिनेमा युवा फिल्मकारों को बहुत छिछला, अश्लील और निरर्थक लगा। यही वजह

है कि पहली बार व्यावसायिकता और रचनात्मकता का एक स्पष्ट भेद फिल्मों के माध्यम से स्थापित हुआ। जो फिल्मकार व्यावसायिक सिनेमा से अलग नए तरह का सिनेमा बनाना चाहते थे, उन्होंने अपनी फिल्मों को उनसे अलग रखने का स्पष्ट प्रयत्न किया और दर्शकों को भी इस बात का अहसास हुआ कि ये वे फिल्में नहीं हैं, जिन्हें वे अब तक देखते रहे हैं। ये बिल्कुल नए तरह के आस्वाद वाली फिल्में हैं। व्यावसायिक फिल्मों से आम दर्शकों की रुचि काफी हद तक भ्रष्ट हो चुकी थी, इसलिए शहरी और शिक्षित मध्यवर्ग के एक छोटे-से-हिस्से को छोड़कर इस नई तरह के सिनेमा को प्रायः दर्शकों ने स्वीकार नहीं किया। लेकिन पहली बार हिंदी और अन्य भारतीय भाषाओं में फिल्में स्पष्ट राजनीतिक परिप्रेक्ष्य और सामाजिक बदलाव के मकसद से बनाई जा रही थीं। वे फिल्मों की मेलोड्रामाई शैली के बजाय यथार्थवादी शैली में फिल्में बना रहे थे। फिल्मों से नाच-गाने और हास्य के अनावश्यक प्रसंग गायब हो गए थे। फिल्मों में रचनात्मक अभिव्यक्ति के स्तर पर कई तरह के प्रयोग हुए और सबसे बड़ी बात यह है कि वे फिल्म को एक कला-माध्यम मानते हुए बदलाव के हथियार के रूप में इसे देख रहे थे। मुख्य धारा के सिनेमा से इतर यह एक नई धारा थी और इसी वजह से इसे न्यू वेव सिनेमा या समानांतर सिनेमा नाम दिया गया।

इस दौर के प्रमुख फिल्मकारों में बासु भट्टाचार्य (1934-97, 'तीसरी कसम', 'अनुभव', 'आविष्कार'), श्याम बेनेगल (जन्म : 1934, 'अंकुर', 'चरणदास चोर', 'निशांत', 'मंथन', 'भूमिका', 'जुनून', 'मंडी'), गोविंद निहलानी (जन्म : 1940, 'आक्रोश', 'अर्धसत्य', 'पार्टी', 'तमस'), बासु चटर्जी (जन्म : 1930, 'सारा आकाश', 'रजनीगंधा', 'छोटी-सी बात', स्वामी), सईद अख्तर मिर्जा (जन्म : 1943, 'अरविंद देसाई की अजीब दास्तान', 'अल्बर्ट पिंटो को क्यों गुस्सा आता है', 'मोहन जोशी हाजिर हो'), गौतम घोष (जन्म : 1950, 'पार', 'अतंर्जली यात्रा'), प्रकाश झा (जन्म : 1952, 'दामुल', 'परिणति'), कुंदन शाह (जन्म : 1947, 'जाने भी दो यारो'), मणि कौल (1944-2011, 'उसकी रोटी', आषाढ़ का एक दिन, दुविधा, घासीराम कोतवाल, सतह से उठता आदमी), कुमार शहानी (जन्म : 1940, 'माया दर्पण', 'तरंग', 'खयाल गाथा'), केतन मेहता (जन्म : 1952, 'अंधेर नगरी, मिर्च मसाला', 'माया मेमसाहब'), जब्बार पटेल (जन्म : 1942, 'सुबह') आदि कई नाम लिये जा सकते हैं जिन्होंने हिंदी सिनेमा को नई तरह की फिल्में बिल्कुल नए सिनेमाई भाषा में प्रदान कीं। इस समानांतर आंदोलन को सत्यजित राय और मृणाल सेन का योगदान भी मिला जिन्होंने इसी दौर में कई हिंदी फिल्में निर्देशित कीं। सत्यजित राय ने 'शतरंज के खिलाड़ी' और 'सद्गति' तथा मृणाल सेन ने 'भुवन शोम', 'एक अधूरी कहानी', 'मृगया', 'खंडहर', 'जेनेसिस' और 'एक दिन अचानक' फिल्में निर्देशित कीं। समानांतर सिनेमा फिल्मों का अखिल भारतीय आंदोलन था और इस दौरान अन्य भारतीय भाषाओं में भी उल्लेखनीय फिल्में बनी थीं।

इस दौर का व्यावसायिक सिनेमा और समानांतर सिनेमा एक ही तरह के यथार्थ की उपज थे, फिर भी उनमें जमीन-आसमान का अंतर था। व्यावसायिक सिनेमा प्रायः यथास्थितिवादी था जबकि समानांतर सिनेमा में यथार्थ के प्रति तीक्ष्ण आलोचनात्मक दृष्टि नजर आती थी और उनमें से कुछ फिल्मों में सामाजिक बदलाव के संकेत देखे जा सकते थे। इस दौर में अव्यावसायिक फिल्में बनाने वाले ज्यादातर फिल्मकारों को फिल्म वित्त निगम से या राज्य सरकारों से या किसी-न-किसी सरकारी संस्थान से अनुदान या ऋण मिलता था। इसलिए ऐसी फिल्में बनाना संभव तो हो जाता था, लेकिन फिल्मों के प्रदर्शन की व्यवस्था जिन निजी वितरक कंपनियों के हाथ में थीं, उनकी इन फिल्मों के प्रदर्शन में कोई रुचि नहीं होती थी। इसलिए ज्यादातर फिल्में देश-विदेश में फिल्म समारोहों में दिखाई जाकर डिब्बे में बंद हो जाती थीं। यही वजह है कि कुछ अपवादों को छोड़कर ये फिल्में मुख्य धारा पर न प्रभाव छोड़

पाईं और न ही अपने लिए जगह बना पाईं। धीरे-धीरे सरकारी सहायता के अभाव में बहुत-से फिल्मकारों ने व्यावसायिकता से समझौता करना शुरू कर दिया। इस तरह समानांतर सिनेमा का यह आंदोलन 1990 तक आते-आते समाप्त हो गया।

जवरीमल्ल पारख

अधिक जानकारी के लिए :
Encyclopedia of Hindi Cinema : Gulzar, Nihalani, Saibal Chatterjee, 2003

समायोजन

समायोजन (Adjustment) की जरूरत शैक्षिक, आर्थिक और भावनाओं के क्षेत्र में होती है। जब ऐसा नहीं होता, व्यवस्था बिगड़ती है और जीवन पर बुरा असर पड़ता है। जिस तरह मौसम के अनुसार व्यक्ति कपड़े पहनता है, जैसे—ठंड आने पर ऊनी कपड़े, उसी तरह जीवन के विभिन्न क्षेत्रों में बदली परिस्थितियों के अनुरूप जो व्यवहार या पथ चुना जाता है, उसे समायोजन कहते हैं। डार्विन ने विकासवाद के सिद्धांत में इस विचार का उल्लेख किया है। इस तरह हर जाति के सामने वातावरण के अनुसार समायोजन की चुनौती होती है जो कुशल ढंग से ऐसा कर पाते हैं, वे अस्तित्वमान रहते हैं। व्यक्ति के भिन्न देश, सांस्कृतिक स्थितियों या सेवाओं में जाने के बाद समायोजन की जरूरत होती है। आर्थिक क्षेत्र में राजकोषीय घाटा के समायोजन की बात होती है, क्योंकि इसके बिना आर्थिक स्थितियों के जटिल होने का खतरा रहता है। समायोजन की धारणा सरल नहीं है, क्योंकि इसके अर्थ, प्रकृति और दिशा को लेकर मतभेद हो सकते हैं।

समायोजन नई स्थितियों से ऐसा संतोषप्रद संबंध है जो सुव्यवस्थित समानुरूपण और रूपांतरण का प्रतिनिधित्व करता है। कार्टर वी गुड के अनुसार, 'समायोजन वह प्रक्रिया है, जिसमें वातावरण में परिवर्तन लाने के लिए व्यवहार के उपयुक्त तरीके खोजे और अपनाए जाते हैं।' यह परिस्थितियों और आवश्यकताओं के बीच संतुलन बैठाने की कोशिश है। यह एक साधन है, जिससे व्यक्ति अपने पूर्व व्यवहारों को सुधारकर परिस्थितियों के अनुसार नए उपायों को अपनाता है। ऐसा करना ही हितकारी और स्वास्थ्यकर होता है अन्यथा संघर्ष, दबाव और कुंठाओं की सृष्टि होती है। परिस्थितियों में परिवर्तन लाने के लिए कई बार व्यक्ति को अपनी आवश्यकताओं में भी कमी लानी पड़ती है। उसे परस्पर विरोधी भावनाओं में कोई भावना घटानी और कोई भावना विकसित करनी पड़ती है। कई बार व्यक्ति सिर्फ अपनी जरूरतों के बारे में सोचता है। वह परिवार, सामाजिक आचार-विचार और देश के बारे में नहीं सोचता। ऐसा व्यक्ति वातावरण के साथ समायोजन नहीं कर पाता, जिससे उसके जीवन में कई समस्याएं पैदा होती हैं। मनुष्य जिस समाज, संस्कृति और अर्थव्यवस्था में रहता है, उसकी मांगों के अनुरूप ही उसे व्यवहार करना पड़ता है। व्यक्ति की जरूरतों की पूर्ति पर्यावरणीय स्थितियों द्वारा प्रभावित होती है।

अच्छी तरह समायोजन की शर्तें हैं : अपनी क्षमताओं और कमजोरियों का ज्ञान, अपनी और दूसरों की गरिमा का ध्यान, आकांक्षाओं के सही स्तर की समझ, मूल जरूरतों की पूर्ति, हमेशा दूसरों की आलोचना से बचना, लचीला व्यवहार, प्रतिकूल स्थितियों को संभालने की क्षमता, यथार्थपरक दृष्टिकोण और पास-पड़ोस के प्रति सहज मैत्रीभाव। मानव जीवन के विभिन्न क्षेत्रों में ही नहीं विभिन्न अवस्थाओं, जैसे—गार्हस्थ्य, संतान के मामले, सामाजिकता, बीमारी या बुढ़ापे के संदर्भ में इसकी जरूरत होती है।

दिनेश कुमार शर्मा

समावेशी विकास

आमतौर पर देखा गया है कि पूंजीवादी व्यवस्थाओं में विकास का ऐसा ढांचा होता है जो पूरे समाज और उसके सभी वर्गों को उसकी

प्रक्रिया में शामिल करता हो। इसके विपरीत जाति, धर्म, लिंग, अशिक्षा, गरीबी आदि के आधार पर बड़ी संख्या में लोगों को विकास की प्रक्रिया से बाहर रखा जाता है। इस शताब्दी के उद्‌भव के साथ-साथ प्रचलन में आई समावेशी विकास (Inclusive Development) की अवधारणा मुख्य रूप से आर्थिक संदर्भों से जुड़ी है। कई बार आर्थिक वृद्धि को ही विकास मान लिया जाता है। पारंपरिक विचार यह रहा है कि वित्तीय मानक सुधार दिए जाएं तो कोई भी समाज विकसित कहा जा सकता है और देर-सबेर समाज के बहुसंख्यक वर्ग तक समृद्धि का अमृत टपकता-टपकता पहुंच ही जाएगा। पर लैटिन अमेरिका के अनेक देशों का अध्ययन करने पर यह बात उभरकर सामने आई कि आर्थिक विकास स्वतः सुनिश्चित नहीं करता कि समाज के सभी तबके विकास के फलों तक समान सुगमता के साथ पहुंच ही जाएंगे। फर्नांडो फैजंजिल्बर (1991) का बहुचर्चित निष्कर्ष यह है कि 'लैटिन अमेरिका में कुछ देशों में धीमी आर्थिक वृद्धि के साथ ऊंची असमानता तो कुछ में कम असमानता देखने में आई...कुछ देशों में तेज आर्थिक वृद्धि के साथ ऊंची असमानता दिखी पर कोई भी देश ऐसा नहीं मिला, जहां तेज आर्थिक वृद्धि के साथ असमानता घटती दिखी हो। बहुसंख्या में लोगों के उत्पादन प्रक्रिया में शामिल होने और उससे अर्जित लाभों का वितरण अधिक-से-अधिक लोगों में किए जाने को ही समावेशी विकास कहते हैं। विशेषज्ञों का बड़ा वर्ग इस बात पर एकमत है कि ऐसा विकास ही वंचितों और हाशिए पर पहुंच गई आबादी को मुख्यधारा में लाकर सामाजिक तनावों का निवारण कर चिरस्थायी उन्नायक बन सकता है। अनेक विशेषज्ञ इस मॉडल को गरीबोन्मुख विकास भी कहते हैं।

विकास समावेशी तभी होगा जब गरीबी कम होगी, अवसरों का सृजन जनसंख्या के सभी हिस्सों के लिए किया जाएगा और वे बिना किसी भेदभाव के सभी के लिए उपलब्ध होंगे। विकास का लाभ सभी को समान रूप से मिलेगा और सभी लोग निर्णय प्रक्रिया में भागीदार बनेंगे। यूएनडीपी के दृष्टिकोण से भागीदारी, भेदभाव रहितता और जवाबदेही मानव विकास के अपरिहार्य अंग हैं। यूएनडीपी के अनुसार समावेशी विकास-निष्कर्ष है और एक प्रक्रिया भी। वह एक तरफ यह सुनिश्चित करता है कि बगैर किसी अपवाद के हर वर्ग विकास प्रक्रिया के प्रत्येक चरण में हिस्सेदार होगा, वहीं दूसरी तरफ इससे परिणाम के तौर पर प्राप्त लाभों का सबके बीच बराबरी के साथ वितरण भी होगा। ककवानी एवं पेर्निया (2000) द्वारा शुरुआती दौर की परिभाषा में समय के साथ गरीबी उन्मूलन, सामाजिक अवसरों में बढ़ोतरी, रोजगार एवं उत्पादकता, सामाजिक सुरक्षा, निष्पक्षता, न्याय, राजनीतिक बहुलता, मानव विकास, लैंगिक समानता सरीखे अन्य मापदंड जुड़ते चले गए। भारत के संदर्भ में देखें तो ग्यारहवीं पंचवर्षीय योजना में समाज के त्वरित एवं उच्च समावेशी विकास का संकल्प दुहराया गया और अभी चल रही बारहवीं योजना में इसमें चिरस्थायी शब्द जोड़ दिया गया है।

पारंपरिक अर्थशास्त्र विकास को आय की बढ़ोतरी या समृद्धि के साथ जोड़कर देखने का आदी रहा है। पर समावेशी विकास का मॉडल यह मानता है कि जिस प्रक्रिया में मानव कल्याण एवं व्यापक सुख निहित नहीं है, विकास का वह मॉडल टिकाऊ नहीं होगा—हमारी निगाह सिर्फ आज पर न रहे, कल का भी बेहतरी के पथ पर चलना सुनिश्चित किया जाना जरूरी है। इसके लिए समृद्धि के परिमाण की तुलना में इसकी गुणवत्ता या श्रेष्ठता को ज्यादा तवज्जो देनी होगी। नोबेल पुरस्कार विजेता भारतीय अर्थशास्त्री अमर्त्य सेन इस अवधारणा के मुखर समर्थक हैं। वे उच्च आर्थिक विकास से प्राप्त धन को सामाजिक सेवाओं, खासतौर पर स्वास्थ्य तथा शिक्षा—पर उदारतापूर्वक व्यय करने की वकालत करते हैं क्योंकि इनसे ही आम जन के जीवनस्तर को बेहतर किया जा सकता है। अमर्त्य सेन इस निष्कर्ष पर पहुंचते हैं कि जिन देशों में गैरबराबरी ज्यादा है, वहां हिंसा, कैदियों की तादाद, बीमारियां, मनोरोग, कम उम्र में गर्भधारण, मोटापा, अकेलापन, बच्चों का यौन

शोषण, नशे की लत और सबसे बढ़कर एक-दूसरे के प्रति भरोसे की कमी ज्यादा मुखर है। वे जापान और स्कैंडिनेवियन देशों को आर्थिक-सामाजिक बराबरी का शिखर उदाहरण मानते हैं। अमेरिका और ब्रिटेन की एक चौथाई आबादी के मानसिक व्याधियों से ग्रस्त रहने का उदाहरण देते हुए वे उनके विकास को मैलिग्नेंट (घातक) कहकर संबोधित करते हैं।

हाल में जारी वर्ल्ड इकोनॉमिक फोरम की 'इनक्लूसिव ग्रोथ एंड डेवलपमेंट रिपोर्ट, 2015' दुनिया के 120 देशों का सर्वेक्षण करते हुए भारत के समावेशी विकास की गति को बेहद धीमा और अनेक मामलों में चीन से पिछड़ा हुआ बताती है–खासतौर पर रोजगार तथा मजदूरी, मौलिक सुविधाओं और आधारभूत संरचना, शिक्षा की गुणवत्ता के मामले में।

यादवेंद्र पांडेय, सुरिंदर पी के रंधावा

अधिक जानकारी के लिए :
1. Growth, Inequality and Social Developments in India : R Nagaraj (Edited), **2. Development as Freedom :** Amartya Sen, **3. The Standard of Living :** Amartya Sen

समासोक्ति

कई पदों की एकता या संक्षेप को समास कहा जाता है। समासोक्ति समास और उक्ति के संयोग से बना है। दंडी और भामह ने सबसे पहले समासोक्ति का विवेचन किया। बाद के आचार्यों में कुंतक को छोड़कर बाकी सभी अलंकारिक समासोक्ति का उल्लेख करते हैं। इस अलंकार का दूसरा नाम 'अन्योपदेश' है, जहां दो अभिप्रायों के लिए एक वाक्य का कथन होता है। कवि सामासिक विशेषणों का ही प्रयोग करता है, किंतु प्रतीति दोनों अर्थों की होती है अतः संक्षेपरूपता के कारण ऐसे अलंकार को समासोक्ति कहा जाता है। भामह के 'काव्यालंकार' के अनुसार किसी कथन के समान विशेषणों से अन्य अर्थ की व्यंजना समासोक्ति है। दंडी ने 'काव्यादर्श' में कहा कि किसी वस्तु के अभिप्राय से उसके समान अन्य वस्तु की उक्ति समासोक्ति है। दंडी ने समासोक्ति के जो लक्षण और उदाहरण बताए हैं, उसने समासोक्ति और अप्रस्तुत प्रशंसा का भेद करना कठिन हो जाता है। इस मामले में उद्भट की परिभाषा कहीं अधिक स्पष्ट है। वे प्रकृतार्थ वाक्य के समान विशेषणों से अप्रकृत अर्थ के कथन को समासोक्ति बताते हैं। वामन के अनुसार उपमेय की अन्युक्ति में समान वस्तु का न्यास समासोक्ति है, तो रुद्रट के अनुसार समान विशेषण से युक्त केवल वाच्य उपमान ही जब उपमेय की प्रतीति कराए तो उसे समासोक्ति कहते हैं। आशय यह है कि जहां प्रस्तुत के वर्णन में श्लेषगर्भित विशेषणों का प्रयोग किया गया हो और उन विशेषणों के बल पर अप्रस्तुत के व्यवहार की व्यंजना हो, उसे समासोक्ति अलंकार कहते हैं।

रूपक और समासोक्ति में अंतर यह है कि रूपक में विशेष्य प्रकृत होता है और उस पर विशेषण का आरोप किया जाता है। रूपक में रूप के आरोप के कारण चमत्कार पैदा होता है। इसमें प्रस्तुत और अप्रस्तुत, दोनों अर्थ महत्वपूर्ण होते हैं जबकि समासोक्ति में प्रस्तुत और अप्रस्तुत, दोनों अर्थ महत्वपूर्ण नहीं होते, केवल एक की प्रधानता होती है। बिहारी का उदाहरण है–

नहि पराग नहि मधुर मधु, नहि विकास यहि काल।
अली कली ही सों बंध्यो, आगें कौन हवाल।

यहां भ्रमर के कली से साथ बंधने के प्रस्तुत अर्थ से राजा के नवोढ़ा रानी के साथ बंधने का अप्रस्तुत अर्थ ही इंगित किया गया है। इसलिए यहां समासोक्ति अलंकार है।

अवधेश त्रिपाठी

समीक्षा

'समीक्षा', 'आलोचना' और 'समालोचना' मिलते-जुलते शब्द हैं, पर एक नहीं हैं। रामचंद्र शुक्ल ने समीक्षा, आलोचना और समालोचना को एक ही अर्थ में लिया है और वस्तुतः 'समालोचना'

उप-शीर्षक के अंतर्गत ही कहीं आलोचना का और कहीं समीक्षा का उल्लेख किया है, जबकि आलोचना को Criticism और समीक्षा को Review के अर्थ में लेना चाहिए। समीक्षा का अर्थ है सम्यक निरीक्षण। समीक्षा का संबंध सिर्फ साहित्यिक कृति से न होकर फिल्म, टीवी कार्यक्रम, राजनीतिक घटना, नाट्य-प्रदर्शन, ललित कलाओं और किसी व्यक्तिगत प्रदर्शन से भी हो सकता है, हालांकि मुक्तिबोध ने 'सभ्यता समीक्षा' कहकर इसका प्रयोग एक व्यापक अर्थ में भी किया है, पर आलोचक को समीक्षक से भिन्न समझना चाहिए।

आलोचना और समीक्षा में फर्क यह है कि आलोचना एक सैद्धांतिक परिप्रेक्ष्य लिये हुए और बिना किसी फुटकरपन के पर्याप्त सुगठित रूप से होती है, जबकि समीक्षा के लिए समीक्षा वस्तु तात्कालिक रूप से प्रधान हो जाती है। समीक्षा में बिना कोई कठोर सैद्धांतिक कसौटी बनाए किसी पुस्तक, फिल्म, टीवी कार्यक्रम, कला-प्रदर्शन आदि के गुण-दोष का सम्यक निरीक्षण करके राय दी जाती है। समीक्षा में खुलापन उसका एक गुण है। सैद्धांतिक आग्रह समीक्षा का एक दोष माना जा सकता है। किसी पुस्तक, सांस्कृतिक उत्पादन या कला-प्रदर्शन की समीक्षा में अपने को आरोपित करने की जगह समीक्षक द्वारा समीक्षा-वस्तु की विशेषताओं को उभारना जरूरी होता है, ताकि पाठक या दर्शक उसकी तरफ आकर्षित हों, भले समीक्षा में कुछ कमियों की ओर भी संकेत किया जाए। सिर्फ विरोध या वैचारिक संघर्ष के लिए आलोचना विधा को तो चुना जा सकता है, पर समीक्षा का यह उद्देश्य नहीं होता। बेहतर है, समीक्षा के लिए ऐसी पुस्तक या ऐसे सांस्कृतिक उत्पादन को चुना ही न जाए जिसका सिर्फ प्रतिवाद करना लक्ष्य हो। समीक्षा एक सकारात्मक मूल्यांकन है, जिसके लिए आज के समय में खरीद-बिक्री भी होती है और व्यक्तिगत प्रभावों का उपयोग किया जाता है। यह मुख्य रूप से पत्र-पत्रिकाओं में छपती है और अब वेब पत्रिकाओं में भी आती है। प्रचार या जनमत निर्माण में इसकी एक भूमिका है।

समीक्षा के लिए जरूरी है—(1) विषयबोध और अर्थग्रहण, (2) विशेषताओं की उद्धरण सहित व्याख्या और तथ्यों का विश्लेषण और (3) मूल्यांकन, मूल्य-निर्णय या महत्व का निरूपण। हर अच्छी समीक्षा मुख्यतः आलोचनात्मक सराहना है।

नीरज खरे

समुद्रगुप्त

सम्राट समुद्रगुप्त गुप्त साम्राज्य का तीसरा शासक था। उससे बड़े कई भाइयों के रहते हुए भी उसके पिता चंद्रगुप्त प्रथम ने उसे अपने उत्तराधिकारी के रूप में चुना। कुछ समय तक उसका एक भाई गद्दी पर हक जमाए रहा। समुद्रगुप्त का राज्यकाल, गुप्तकाल का स्वर्ण युग कहलाता है। उसकी तुलना अशोक महान से की जाती है, हालांकि दोनों में पर्याप्त अंतर है।

335 ईसवी में गद्दी पर बैठने के बाद समुद्रगुप्त ने दिग्विजय शुरू की। रूहेलखंड, पद्मावती, बंगाल को जीतकर उसने अपने राज्य का विस्तार किया। उसकी महत्वाकांक्षा ऐसे साम्राज्य की स्थापना करना जिसका नियंत्रण राजधानी पाटलीपुत्र से हो। नेपाल के कुछ राजा तथा कामरूप के राजा उसे कर देते थे। अफगानिस्तान, मध्य एशिया, पूर्वी ईरान के कुषाण और शक उसके अधीन थे। दक्षिण में नेल्लूर से कांचीपुरम तक उसका राज्य था। वह अपने सैन्य अभियानों में कभी पराजित नहीं हुआ। उसने राजस्थान के नौ प्रजातंत्रों को गुप्त साम्राज्य की अधीनता के लिए मजबूर किया। रोमिला थापर ने लिखा है कि वर्ण और जन के बीच लंबे समय तक जो संघर्ष चल रहा था, उसमें अंततः वर्ण की विजय हो गई।

समुद्रगुप्त के विषय में जानकारी का प्रमुख स्रोत कौशांबी (इलाहाबाद) के पाषाण अभिलेख हैं। इन पर उसके पराक्रम का उल्लेख है। उसके राजकवि हरिषेण ने भी उसके शौर्य का वर्णन किया है। समुद्रगुप्त ने शुद्ध सोने के विभिन्न प्रकार के आठ सिक्के जारी किए थे। ये सिक्के भी उसके विषय में

जानकारी देते हैं। इन सिक्कों पर विभिन्न मुद्राओं में समुद्रगुप्त के चित्र उकेरे गए हैं। किसी पर वह सैनिक वेष में है, किसी पर अश्वमेध करते हुए तो किसी पर उसे वीणावादन करते दिखाया गया है। उसे 'कविराज' की उपाधि दी गई। कहा जाता है कि उसने कई संगीत रचनाएं की थीं। हरिषेण और वसुबंधु उसके दरबारी कवि थे। हरिषेण ने ही इलाहाबाद का शिलालेख तैयार करवाया था।

समुद्रगुप्त के राज्यकाल में कला, संगीत, साहित्य की खूब उन्नति हुई। वह संस्कृति को संरक्षण देने वाला सम्राट था। उसके सिक्कों पर अपने वाहन मकर के साथ लक्ष्मी और गंगा के चित्र मिलते हैं। वैष्णव धर्म का पालन करने वाला समुद्रगुप्त अन्य धर्मों का सम्मान करता था। उसने बोधगया में बौद्ध विहार बनाने की अनुमति दी और इसे बौद्ध तीर्थ के रूप में विकसित किया। उसे धर्म -प्रचारक की संज्ञा भी मिली थी। प्रस्तर अभिलेखों में उसे 'अनुकंपावान' तथा 'हजारों गायों' को दान करने वाला कहा गया है।

40 वर्षों तक शासन करने के बाद 375 ईसवी में उसकी मृत्यु हुई। उसके बाद कुछ समय के लिए उसका पुत्र रामगुप्त गद्दी पर बैठा। रामगुप्त को शकों ने पराजित कर दिया था, यहां तक कि रामगुप्त शकों को अपनी पत्नी ध्रुवदेवी को समर्पित करने के लिए तैयार हो गया था। चंद्रगुप्त ने छद्म वेश में शक राजा को मारकर ध्रुवदेवी की रक्षा की और इससे नाराज रामगुप्त का भी उसे वध करना पड़ा। इसके बाद चंद्रगुप्त द्वितीय गद्दी पर बैठा जिसे विक्रमादित्य के नाम से जाना जाता है। उसने शकों को पराजित किया और दक्खन के राजवशों से पारिवारिक संपर्क स्थापित किया। इस तरह उसने समुद्रगुप्त के कार्यों को राष्ट्रीय विस्तार दिया।

विजय शर्मा

अधिक जानकारी के लिए :

1. भारत का इतिहास : रोमिला थापर, **2. गुप्तकाल का सांस्कृतिक इतिहास :** भगवतशरण उपाध्याय, **3. गुप्त राजवंश तथा उसका युग :** उदयनारायण राय

समूह संस्कृति

अंग्रेजी के Mass Culture पद के लिए हिंदी में 'समूह संस्कृति', 'जन संस्कृति' तथा 'झुंड संस्कृति' पद प्रचलित हैं। मास कल्चर पद से ऐसा लगता है मानो यह संस्कृति जन सामान्य के बीच स्वतः प्रवर्तित लोक-संस्कृति हो, लेकिन ऐसा है नहीं। मास कल्चर का उद्‌भव और विकास बीसवीं सदी में मशीनी उत्पादन कई कलाओं के परस्पर संयोग और मास मीडिया के बढ़ते गए वर्चस्व से विकसित पश्चिमी पूंजीवादी समाज में हुआ। आज इसे मीडिया कल्चर का पर्याय भी माना जाता है। समूह संस्कृति मौजूदा समय के जनसंचार माध्यमों द्वारा नियंत्रित उत्तर-आधुनिक संस्कृति है जिसमें न केवल जनमत बल्कि लोगों की समस्त अभिरुचियों और रुझानों में एकरूपता होती है। लोगों का बौद्धिक मार्गदर्शन भी जनसंचार माध्यमों द्वारा ही होता है। ये लोगों की मन-बुद्धि को होशियारी से वशीभूत कर लेते हैं।

समूह संस्कृति की अवधारणा का आधार बीसवीं सदी के मध्य द्वितीय विश्वयुद्धोत्तर समाज में संपन्न उच्च वर्ग के सांस्कृतिक तंत्र में हुआ महत्वपूर्ण विकास था जिसके चलते एक ओर तो मास मीडिया—रेडियो, फिल्म, टेलीविजन, व्यापक जन समुदाय के बीच प्रसारित सचित्र पत्रिकाएं, सस्ती पेपरबैक पुस्तकों तथा ग्रामोफोन के रिकॉर्ड इत्यादि का विकास और विस्तार हुआ। सर्वाधिक बिकाऊ (बेस्ट सेलर) की धारणा सामने आई। दूसरी ओर मानकीकृत सांस्कृतिक उपभोज्य वस्तुओं का औद्योगिक और वाणिज्यिक उत्पादन एवं वितरण संभव हुआ। जन-समाज में शिक्षा के प्रसार, फुर्सत के समय में वृद्धि और मध्यवर्ग की औसत व्यय क्षमता में वृद्धि मास कल्चर के विस्तार में सहायक सिद्ध हुए। जन-संचार माध्यम संस्कृति को समूह संस्कृति में रूपांतरित करके उसे अर्थव्यवस्था की एक इकाई बना लेते हैं। जन-संचार तंत्र की व्यापक पहुंच समूह संस्कृति का विस्तार समाज के एक बहुत बड़े हिस्से तक करती है। फैशन की प्रभावकारी एकीकरण (समान ढंग, रहन-सहन और

व्यवहार करने की प्रवृत्ति) की क्षमता के माध्यम से यह मानवीय अस्तित्व के सभी पहलुओं का संचालन करते हुए उन्हें अपने वश में कर लेती है। इस तरह रहन-सहन की पद्धति, घरों की बनावट और पहनने-ओढ़ने की शैली, पसंद-नापसंद का स्वरूप तथा वैचारिक अनुकूलन से लेकर अंतरंग संबंधों के स्वरूप और अनुष्ठानों की प्रक्रियाएं सभी कुछ इसके द्वारा संचालित होने लगते हैं। झुंड संस्कृति दुनिया भर की संस्कृति को अवगुंठित और अधीनीकृत करके सांस्कृतिक उपनिवेशवाद स्थापित करती है।

समूह संस्कृति के उत्पादों की खास विशेषताएं हैं। उनमें कुछ हैं—मानवीय संबंधों का पुराने ढंग का चरित्र-चित्रण और सामाजिक संघर्षों को अच्छे और बुरे लोगों के बीच ऐसी मनोरंजक भिड़ंत के रूप में बदल देना जिसका लक्ष्य हर कीमत पर व्यक्तिगत खुशियां पाना होता है। निरपवाद रूप से उनकी परिणति सुखांत में होती है। इसी तरह लोकप्रिय पुस्तकें, पत्रिकाएं, कॉमिक्स और कमर्शियल मोशन पिक्चरें भी जो पलायनवाद, निरे मनोरंजन, भावुकता और सेक्स व हिंसा आनंद से भरी होती हैं, समूह संस्कृति का निर्माण करती है। राष्ट्रवादी-नस्लवादी पूर्वग्रह, सफलता कल्ट, ताकतवर व्यक्तित्व के कल्टसमूह या झुंड संस्कृति की प्रवृत्तियों पर बल दिया देते हैं। रूढ़िवादिता और पुरातन प्रतीकात्मकता को झुंड संस्कृति महत्वपूर्ण मानती है। इसमें 'हम' और 'अन्य' को अलग करने वाले सतही ब्योरे का अत्यधिक महत्व होता है। यद्यपि ये अथवा ऐसी अन्य विशेषताएं बूर्जुआ संस्कृति में पहले से अंतर्निहित थीं, पर सांस्कृतिक उत्पाद के रूप में इनके बेशुमार उत्पादन ने कुछ ऐसी नई सांस्कृतिक विशेषताओं को उभारा है जिनके कारण समूह संस्कृति की संकल्पना पिछले कुछ दशकों से प्रयोग में लाई जा रही है।

झुंड संस्कृति का संबंध ऐसे व्यावसायिक विशेषज्ञ वर्ग के आविर्भाव और तीव्र विकास से है जिसका काम उपभोक्ता वस्तुओं के उत्पादन और वितरण की नई तकनीक का इस्तेमाल करके जन-चेतना को व्यावसायिक एकाधिकारियों, सरकार के हितों के मातहत बनाने और प्रतिरोध को दिग्भ्रमित कर दबा देने के लिए किया जाता है। उच्च योग्यता संपन्न विशेषज्ञों का अनुसंधान, उनकी योजना तथा उनके संगठनात्मक कार्य इसमें शामिल होते हैं। सामाजिक मनोविज्ञान में अनुसंधान कर वे एकाधिकारियों को आंकड़े उपलब्ध कराते हैं कि विभिन्न श्रेणियों के उपभोक्ताओं की पसंद और नापसंद में किस तरह के बदलाव लाए जा सकते हैं और लोगों की चेतना को मनोनुकूल दिशा में कैसे गढ़ा जा सकता है। उपभोक्ता वस्तुओं के डिजाइन बनाने वाले विशेषज्ञ उपभोक्ता को दिखाई या सुनाई देने वाली हर एक चीज के नए मॉडल लगातार तैयार करते रहते हैं, चाहे वे रसोई में इस्तेमाल होने वाली वस्तुएं हों या सौंदर्य प्रसाधन या वाहन या सामूहिक आवास या फिर पर्यटन पैकेज।

समूह संस्कृति का एक प्रमुख घटक बाजार व्यवस्था है जो पूंजीवादी संगठन की नवीनतम पद्धतियों का प्रयोग करती है। फिल्म, टेलीविजन के कार्यक्रम, नौजवानों के फैशन और खाने-पीने के सामानों पर बाजार का निर्णायक प्रभाव होता है। खेल जगत भी इसके प्रभाव में रहता है। झुंड संस्कृति का तंत्र भिन्न-भिन्न उपभोक्ताओं पर लक्ष्य केंद्रित करके बौद्धिक वस्तुओं को भी भली-भांति विशेषीकृत करता है। इस तरह एक तरह की अति वास्तविकता (हाइपर रिएलिटी) की सृष्टि भी की जाती है जो समाज को वास्तविकता से काटकर दिग्भ्रमित कर देती है।

समूह संस्कृति के अच्छे-बुरे प्रभावों की चर्चा भी इसके उद्‌भव के साथ ही शुरू हो गई थी। प्रसिद्ध सामाजिक तथा सांस्कृतिक विचारकों जैसे ओसवाल्ड स्पेंग्लर, थियोडोर एडोर्नो, जे ओर्टेगा, वाईसैट आदि विद्वानों ने उच्च संस्कृति से इसके टकराव और इसकी विजय की बात की थी। एरिक फ्रॉम इसे बौद्धिक आजादी की कमी की चरम अभिव्यक्ति और व्यक्ति को पराएपन की भावना में डालकर उसका शोषण करने का जरिया मानते हैं। वस्तुतः लोकप्रिय संस्कृति दूषित, तुच्छ संस्कृति है जो गहन वास्तविकताओं

(सेक्स, मृत्यु, असफलता, त्रासदी) को भी रिक्त करती है और सीधे-सादे सहजानुभूत सुखों को भी। इस तरह की वस्तुओं-प्रस्तुतियों के बहकावे में आने वाला जन-समाज इन तुच्छ आरामदेह वस्तुओं का आदी हो जाता है और लगातार उनकी मांग करने लगता है। वान देन हाग का तर्क है कि सभी जनसंचार माध्यम अंततोगत्वा लोगों को वैयक्तिक अनुभव से काटते हैं। यद्यपि शुरू में वे उसका प्रतिकार करते प्रतीत होते है, किंतु वास्तव में लोगों के बीच नैतिक अलगाव को गहन बनाते हुए उन्हें वास्तविकता से काट देते हैं, अपने आपसे काट देते हैं। आलोचकों का मानना है कि औद्योगिक शिल्प उपकरणों द्वारा बड़ी तादाद में सुरुचिविहीन उत्पादन ने उच्च कला और वास्तविक लोकसंस्कृति की जगह ले ली है। जॉर्ज ऑरवेल, आल्डुअस हक्सले, आर ब्रॉडबरी के लेखन में मास संस्कृति को ऐसे विकृताकार राक्षस के रूप में चित्रित किया गया है जो हर मानवीय पहलू को निगल जाता है। पूंजीवादी देशों में प्रगतिशील-जनतांत्रिक शक्तियां झुंड संस्कृति के खिलाफ सैद्धांतिक और व्यावहारिक संघर्ष में सक्रिय रही हैं, हालांकि चीन जैसे कम्युनिस्ट देश भी मास मीडिया के प्रभाव से एक हद तक ही बच पाए हैं।

दूसरी ओर समूह संस्कृति के समर्थक जन-संचार माध्यमों को व्यापक जन-समुदाय तक साहित्य और कलाओं की पहुंच का जरिया मानते हुए कहते हैं कि इनके कारण आम जनता को भी व्यापक मनोरंजन का सुख मिला है। अब चीजों का स्वाद एक सीमित दायरे में नहीं है। कनाडा के समाजविज्ञानी मार्शल मैक्लुहान का मत है कि झुंड संस्कृति ने बौद्धिक मूल्यों को उन लोगों तक पहुंचाया है, जिन्हें एक जमाने में प्रधान संस्कृति से वंचित रखा गया था। लिखित भाषा की संस्कृति को अस्वीकार करते हुए मैक्लुहान 'इलेक्ट्रॉनिक विश्वग्राम' की तस्वीर प्रस्तुत करते हैं, जहां जनसंचार माध्यम वैयक्तिकता से मुक्त लोगों के बीच एक रमणीय संपर्क की शुरुआत को बढ़ावा देते हैं।

रीतारानी पालीवाल

अधिक जानकारी के लिए :

1. Media Logic : Robert P Snow, David Eleheide,
2. The Culture Industry : Theodor Adorno,
3. Mass Media and Popular Culture : Berry Duncan

सम्मोहन

सम्मोहन (Hypnosis) की अवस्था में व्यक्ति अपनी इच्छा के अनुसार कुछ भी करने की शक्ति खो देता है और किसी दूसरे के वश में आकर उसके सुझावों और निर्देशों के अनुसार चलता है। यह एक परिवर्तित कर दी गई मानसिक दशा है, जिसमें सम्मोहक कुछ भी करवा सकता है। यह एक तरह की सक्रिय निद्रावस्था है, जब व्यक्ति अपनी स्मृति और कल्पना खो देता है। उसे अपने परिवेश का भी बोध नहीं होता। उसका सम्मोहक के साथ विश्वास और सहयोग का नाता हो जाता है। वह उसके सुझावों को मानता चलता है। सम्मोहक की निद्रा जैसे-जैसे गहरी होती जाती है, उसकी सुझाव ग्राह्यता बढ़ती जाती है और तब वह असंभव कार्य भी करने लगता है। उसे आसपास की दूसरी वस्तुएं दिखाई नहीं पड़तीं। उसे न स्पर्श का बोध होता है और न ही ठंडे-गरम का। उसे नैतिक मूल्यों का भी बोध नहीं रहता।

हिप्नोटिज्म शब्द का पहला प्रयोग 1841 में एक स्कॉटिश सर्जन जेम्स ब्रेड ने किया था। इस शब्द के लिए 'मेस्मेरिज्म' शब्द का भी इस्तेमाल किया जाता है, पर यह भिन्न चीज है। फ्रंस एंटन मेस्मर ने अठारहवीं सदी में चुंबकीय आकर्षण के रूप में जो सिद्धांत प्रचलित किया, उसे ही 'मेस्मरिज्म' कहा गया। कुछ मंचीय वक्ता अपने भाषण से श्रोताओं को कुछ समय के लिए 'मेस्मराइज' कर लेते हैं, पर यह दूसरे के वश में हो जाना नहीं है। मंचीय प्रदर्शनों में जादूगर जरूर दर्शकों को पूरी तरह वश में कर लेते हैं। यह चिकित्सा के साथ एक कला भी है जिसके द्वारा लोग एक खास मानसिक दशा में ला दिए जाते हैं और एक ही दिशा में सोचने के लिए बाध्य कर दिए जाते हैं। यह

अवचेतन ही चेतन स्थितियों में भी घटित हो सकता है। सम्मोहन, अल्पकालिक या दीर्घकालिक हो सकता है। दीर्घकालिक सम्मोहन चेतन स्थितियों में होता है। कोई राजनीतिक नेता या बाजार का ब्रांड अपने खर्चीले प्रचार के बल पर व्यक्तियों को एकदम वशीभूत कर लेता है। इसे व्यावसायिक सम्मोहन जाल कहा जा सकता है, जो लोगों को उनकी स्मृतियों और कल्पना से विच्छिन्न कर देता है।

संजय जायसवाल

अधिक जानकारी के लिए :
Hypnotism-A Complete System of Method, Application and Use : L W De Laurence, 2015

सम्यक दर्शन, सम्यक ज्ञान और सम्यक चरित्र

जैन धर्म में सम्यक दर्शन, ज्ञान और चारित्र को रत्न-त्रय की संज्ञा दी गई है। जिससे तत्त्वार्थ के प्रति श्रद्धा और प्रतीति उत्पन्न हो, उसे सम्यक दर्शन कहते हैं तथा जिससे पदार्थ के यथार्थ स्वरूप का ज्ञान हो, उसे सम्यक ज्ञान कहते हैं और संसार की कारणभूत क्रियाओं का त्याग करके आत्मस्वरूप में रमण करना सम्यक चारित्र है। इन तीनों को मोक्षमार्ग का हेतु कहा गया है। तत्त्वार्थसूत्र में कहा गया है–'सम्यकदर्शन ज्ञानचारित्राणि मोक्षमार्गः।' अर्थात इन तीनों की समन्वित रूप से साधना करते हुए साधक सभी कर्मों से मुक्त हो जाता है और यही मोक्ष है। श्रेयस की साधना यथार्थ दर्शन, ज्ञान और चारित्र से होती है।

सम्यक दर्शन का सामान्य अर्थ है सही प्रकार से देखना, किंतु जैन दर्शन में इसका तात्पर्य सत्य दर्शन या सत्य के प्रति श्रद्धा से है। इसे दृष्टि, रुचि और प्रतीति भी कहते हैं। एक प्रकार से यह दृष्टि का परिमार्जन है। इसका आशय उपदेष्टाओं के प्रति श्रद्धा एवं उनके वचनों की सत्यता पर विश्वास भी है, किंतु यह भी कहा गया है कि वह श्रद्धा या विश्वास अंधभक्ति या अंधविश्वास नहीं होना चाहिए, बल्कि तर्कबुद्धि पर आधारित युक्तिसंगत श्रद्धा होनी चाहिए।

दर्शन दो प्रकार के होते हैं–सम्यक दर्शन और मिथ्या दर्शन। जिस प्रकार पीले चश्मे से श्वेत पदार्थ भी पीला दिखाई पड़ता है उसी प्रकार सत्य को गलत देखना, मिथ्या के प्रति रुचि और श्रद्धा होना मिथ्या दर्शन है। सम्यक दर्शन आध्यात्मिक शुद्धि है।

सम्यक दर्शन जैन आचार का प्राण है। साधना की दृष्टि से सम्यक दर्शन का स्थान पहला है। उसके बिना ज्ञान नहीं हो सकता और ज्ञान के बिना चारित्र का पालन नहीं हो सकता। आचार्य कुंदकुंद ने दर्शन को धर्म का मूल माना है। सम्यक दर्शन जैन आचार की मूल भित्ति है। सम्यक दर्शन के अभाव में ज्ञान और क्रिया, दोनों ही फलवान नहीं बनते। सम्यक दर्शन का संबंध आत्मा की शुद्धि या सत्य के प्रति आस्था से है। दूसरे शब्दों में, किसी भी तत्त्व के प्रति साधक या व्यक्ति की दृष्टि का सम्यक होना सम्यक दर्शन है।

सम्यक दर्शन की परिभाषा करते हुए कहा गया है–तत्त्वार्थश्रद्धानं सम्यग्दर्शनम्–अर्थात जीव आदि तत्वों पर श्रद्धा करना सम्यक दर्शन है। तत्वबोध के प्रति जो सम्यक रूप से प्रवृत्त रहता है, उसे सम्यक्त्वी कहते हैं। सम्यक्त्व के सात पर्यायवाची हैं–सम्यक दृष्टि, अमोह, शोधि, सद्भावदर्शन, बोधि, अविपर्यय और सुदृष्टि। जैन मत के अनुसार श्रद्धा, प्रतीति, रुचि के द्वारा ही साधक अध्यात्म के क्षेत्र में आगे बढ़ता है।

सम्यक दर्शन के पांच प्रकार हैं–औपशमिक, क्षायिक, क्षायोपशमिक, सास्वादन और वेदक। जब मिथ्यात्व मोह, मिश्र मोह, सम्यक्त्व मोह, क्रोध, मान, माया और लोभ पूरी तरह शांत हो जाते हैं तो व्यक्ति को सम्यक्त्व प्राप्त होता है। इन्हें दर्शन मोहनीय प्रकृति और अनंतानुबंधी कषाय कहते हैं। इनके समाप्त होने पर साधक में शम, संवेग, निर्वेद, अनुकंपा और आस्तिक्य का भाव पैदा होता है। प्रकारांतर से ये पांचों सम्यक्त्व की अभिव्यक्ति के लक्षण हैं। शम से तात्पर्य है क्रोध आदि कषायों की शांति। संवेग का अर्थ है मुक्त होने की इच्छा। निर्वेद का आशय है

संसार और काम-भोगों के प्रति उदासीनता, अनुकंपा का अर्थ है प्राणिमात्र के प्रति दया, अपनेपन का भाव और आस्तिक्य का अर्थ है आत्मा, कर्म आदि में विश्वास।

सम्यक दर्शन को पोषण देने वाली प्रवृत्ति को आचार एवं उसमें बाधा उपस्थित करने वाली प्रवृत्ति को अतिचार कहा गया है। आचार के आठ अंग माने गए हैं—निःशंकित, निष्कांक्षित, निर्विचिकित्सा, अमूढ़दृष्टि, उपबृहंण अर्थात प्रशंसा, स्थिरीकरण, वात्सल्य और प्रभावना। कोई भी व्यक्ति शंका, कांक्षा अर्थात आसक्ति, विचिकित्सा अर्थात घृणा या निंदा, मूढ़दृष्टि से मुक्त हुए बिना सत्य की आराधना नहीं कर सकता और न आस्थावान रह सकता है। पांच अतिचार हैं—शंका, कांक्षा, विचिकित्सा, पर-पाषंड प्रशंसा और पर-पाषंड परिचय। इन अतिचारों को त्यागकर ही साधक सम्यक दृष्टिसंपन्न हो सकता है। सम्यक दृष्टिसंपन्न व्यक्ति में स्थैर्य, प्रभावना, भक्ति, जिन-शासन में कौशल तथा तीर्थ-सेवा जैसे पांच गुण होते हैं। इनके बल पर ही वह निश्रेयस की प्राप्ति कर सकता है और सिद्ध हो सकता है।

सम्यक दर्शन की पहचान के तीन लक्षण हैं—परमार्थ संस्तव अर्थात परम सत्य के अन्वेषण की रुचि, सुदृढ़ परमार्थ सेवन अर्थात परम सत्य के उपासक का संसर्ग या ज्ञात सत्य का आचरण और कुदर्शन वर्जना अर्थात कुमार्ग से दूर रहने के प्रति दृढ़ आस्था। इसके अतिरिक्त शम, संवेग (मुमुक्षा, मुक्त होने की इच्छा), निर्वेद (अनासक्ति), अनुकंपा (प्राणिमात्र के प्रति कृपाभाव) और आस्तिक्य अर्थात सत्य के प्रति निष्ठा भी उसके विशेष लक्षण हैं।

सम्यक ज्ञान : तत्वों के यथार्थ ज्ञान को सम्यक ज्ञान कहते हैं। ज्ञान दो प्रकार के होते हैं—सम्यक एवं मिथ्या। मोक्षमार्ग का हेतु सम्यक ज्ञान होता है। दृष्टि शुद्ध होते ही ज्ञान स्वतः सम्यक हो जाता है। मिथ्या दृष्टि रहने पर बुद्धि में सम्यक भाव पैदा नहीं होता। सम्यक ज्ञान के पांच भेद हैं—मतिज्ञान, श्रुतज्ञान, अवधिज्ञान, मनःपर्यवज्ञान और केवलज्ञान।

इंद्रियों एवं मन के द्वारा होने वाले ज्ञान को मतिज्ञान कहते हैं। मतिज्ञान के दो भेद होते हैं—श्रुत निश्रित एवं अश्रुतनिश्रित। श्रुतनिश्रित मतिज्ञान चार प्रकार के होते हैं—अवग्रह (पदार्थ का प्रथम ज्ञान), ईहा (पदार्थ के प्रति संशय एवं उसका निराकरण), अवाय (निर्णयात्मक ज्ञान) और धारणा (निर्णयात्मक ज्ञान की स्वीकृति)। जिस मतिज्ञान में द्रव्यश्रुत एवं भावश्रुत दोनों की अपेक्षा नहीं होती, जिसकी उत्पत्ति सहज होती है, उसे अश्रुतनिश्रित मतिज्ञान कहते हैं। इसके भी चार भेद हैं—औत्पत्तिकी, वैनयिकी, कार्मिकी और पारिणामिकी। औत्पत्तिकी का अर्थ है प्रतिभा से उत्पन्न ज्ञान। वैनयिकी गुरु आदि से प्राप्त ज्ञान है, कार्मिकी अभ्यास से उत्पन्न ज्ञान और पारिणामिकी अनुभवप्रसूत ज्ञान है।

श्रुतज्ञान का अर्थ है इंद्रियों तथा मन के माध्यम से प्राप्त ज्ञान का प्रगाढ़ होना। शब्द या संकेत के द्वारा जब किसी पदार्थ के बारे में बताने की क्षमता उत्पन्न होती है तो उसे श्रुतज्ञान कहते हैं। दूसरे शब्दों में, भाषा के माध्यम से किसी ज्ञान को प्रकट करना श्रुतज्ञान है। आगम, उनकी व्याख्या, विवेचना आदि इसी श्रेणी में आते हैं।

अवधिज्ञान का तात्पर्य है इंद्रिय और मन की सहायता के बिना सूक्ष्म एवं स्थूल, दूरस्थ एवं निकटस्थ पदार्थों का ज्ञान प्राप्त करना एवं उसे प्रकट करना। इसमें द्रव्य, क्षेत्र, काल और भाव की विविध सीमाएं होती हैं। अवधिज्ञान दो प्रकार के हैं—भवप्रत्ययिक एवं गुणप्रत्ययिक। देवताओं का अवधिज्ञान भवप्रत्ययिक और मनुष्यों का क्षायोपशमिक अवधिज्ञान गुणप्रत्ययिक कहलाता है।

मनःपर्यवज्ञान का अर्थ है किसी के मनोगत भावों को जान लेना। दूसरे शब्दों में, जब कोई व्यक्ति इंद्रियों, मन आदि की सहायता के बिना मनोवर्गणा के माध्यम से किसी के मन की भावना को समझ लेता है, वह मनःपर्यवज्ञान है। इसमें अमूर्त विचारों का मूर्तीकरण होता है।

केवलज्ञान आत्मा का स्वभाव है। ज्ञान का आवरण जब समूल नष्ट हो जाता है, तब आत्मा सर्वज्ञ या केवली हो जाती है। वहां कालगत या देशगत

सीमाएं समाप्त हो जाती हैं। अतः केवलज्ञानी व्यक्ति त्रिकालदर्शी होता है। उसमें सभी स्थूल एवं सूक्ष्म पदार्थों के अशेष पर्यायों को जानने की सामर्थ्य होती है।

सम्यक चरित्र : चरित्र का संबंध आचार से है। जिससे कर्म का चय (समूह, गढ़) रिक्त होता है, वह चरित्र है। चरित्र के दो कार्य होते हैं–कर्म का निग्रह और कर्मचय का रिक्तीकरण। दूसरे शब्दों में, चरित्र दो प्रकार के हैं–संवर (क्रिया निरोध या अक्रिया) तथा निर्जरा (अक्रिया द्वारा क्रिया का विशोधन)। मन, वचन और शरीर–ये तीनों प्रवृत्ति के साधन हैं। इनका प्रयोग संयत प्रकार से होना चाहिए। मुनि के लिए इन का निग्रह करना आवश्यक होता है। ज्ञान जब श्रद्धा के माध्यम से चारित्र तक पहुंचता है, तब सम्यक चारित्र पैदा होता है। सम्यक दर्शन से सम्यक ज्ञान का संबंध जुड़ा हुआ है, दोनों में साहचर्य भाव है। ज्ञान जब सम्यक हो जाता है, तब आचरण भी सही हो जाता है।

सम्यक चरित्र (चरित्र) के लिए पांच महाव्रतों, पांच समितियों, तीन गुप्तियों और अनुप्रेक्षा आदि धर्मों का पालन करना आवश्यक होता है। पांच महाव्रत हैं–अहिंसा, सत्य, अस्तेय (अचौर्य), ब्रह्मचर्य और अपरिग्रह; पांच समितियां हैं–ईर्या समिति (संयमपूर्वक चलना), भाषा समिति (संयमपूर्वक बोलना), एषणा समिति (शरीर के निर्वाह हेतु संयमपूर्वक भोजन-पानी आदि की इच्छा करना), आदान-निक्षेप समिति (धर्म से संबंधित उपकरणों का संयमपूर्वक उपयोग करना) और उत्सर्ग स मिति (उत्सर्जन में जागरूकता रखना) और तीन गुप्तियां हैं–मनोगुप्ति (मन का निग्रह), वाक गुप्ति (वचन का निग्रह) और काय गुप्ति (शरीर का निग्र ह)। अनुप्रेक्षा (भावना) का अर्थ है मन की स्थिरता के लिए अनित्य विषयों का अनुचिंतन करना। अनुप्रेक्षा के बारह प्रकार हैं–अनित्य, अशरण, भव, एकत्व, अन्यत्व, अशौच, आश्रव, संवर, निर्जरा, धर्म, लोक और बोधिदुर्लभ। इन अनुप्रेक्षाओं के माध्यम से साधक आत्मचिंतन करता है कि मैं चि दानंद हूं। मैं ज्ञान-दर्शन-चारित्र से संपन्न हूं। मैं कालातीत, शब्दातीत और तर्कातीत हूं। मैं अविनाशी, एकाकी और कर्मफल से रहित शुद्ध आत्मा हूं।

इस प्रकार सम्यक दर्शन, सम्यक ज्ञान और सम्यक चारित्र की समन्वित साधना करते हुए साधक सभी कर्मों से मुक्त हो जाता है और मोक्ष प्राप्त कर लेता है। उसकी साधना सिद्धि में परिणत हो जाती है। सभी कर्मों से छूट जाना और आत्मस्वरूप में स्थित हो जाना ही मोक्ष है।

अवधेश प्रसाद सिंह

सरस्वती

सरस्वती का वेदों में उर्वरता प्रदान करने वाली नदी के रूप में जिक्र है। ब्राह्मण ग्रंथों और महाभारत में उल्लेख है कि सरस्वती नदी के तट पर ऋषियों द्वारा वेदों का मंत्रोच्चार करने के कारण इसे वाग्देवी का स्थान मान लिया गया। प्राचीनकाल में वाग्देवी कहने पर सरस्वती नदी का अभिप्राय निकलता था। वाग्देवी की महत्ता यह थी कि यह चित्त को परिष्कृत करती है। वह सुंदर और सत्य को धारण करती हैं। ऋग्वेद में है, 'पवित्र करने वाली सरस्वती जो बुद्धि के कोश को धारण करती हैं, वह हमारे यज्ञ को प्रकाशित करने वाली हों।' (1.3.10)। पौराणिक ग्रंथों में ब्रह्मा के मुख से सरस्वती के जन्म की कथा है। वह ब्रह्मा की दुहिता हैं। सरस्वती उज्ज्वल वर्ण की, श्वेत पद्मासना, वीणावादिनी और सूर्य-चंद्र की शोभा से युक्त हैं। उन्हें कवियों की आराध्य देवी कहा गया।

वैदिक देवियों में सरस्वती वस्तुतः नदी से विद्या की देवी में मिथकीय रूपांतरण करके आज भी सर्वाधिक लोकप्रिय हैं। उनका वाहन है नीर-क्षीर विवेकी हंस, जिसका जल से संबंध पुराने स्रोत से जुड़ता है। वह सिर्फ देवी नहीं, घर की सदस्य के रूप में जगह बना चुकी हैं। बच्चों और किशोरों की सर्वाधिक प्रिय विद्या की देवी। शिक्षालयों में उत्साह से पूजित। मदन मोहन मालवीय ने 1916 में बनारस हिंदू विश्वविद्यालय में सरस्वती की आराधना शुरू

की थी। उत्तर भारत, पश्चिम बंगाल, असम आदि राज्यों में वसंत पंचमी के दिन बड़ी शालीनता से उनकी पूजा की जाती है। दक्षिण भारत में आश्विन महीने के नवरात्रि के आखिरी दिन उनकी आराधना की जाती है। थाईलैंड में वह सुरतस्वरी हैं। जापान में सरस्वती का प्रतिरूप बेनजाइटेन हैं। उनके हाथ में वीणा से ही मिलता-जुलता जापानी वाद्ययंत्र बिवा होता है। जापान में शिंतो धर्मावलंबियों की वह मुख्य देवी हैं। वह कला, साहित्य और संगीत की देवी होने के साथ सुख-समृद्धि और दीर्घ जीवन देने वाली देवी भी मानी जाती हैं। बाली द्वीप में भारत के समान ही सरस्वती की महत्ता है। इस द्वीप के लोग वसंत पंचमी के दिन उन्हें जल की देवी के रूप में पूजते हैं।

वसंत पंचमी से सरस्वती का एक खास संबंध है। इस दिन वसंती रंग प्रिय होता है और लोग पीले या वसंती कपड़े पहनते हैं। पंजाब में गंगा नहीं है, पर वसंत पंचमी के दिन हिंदू और सिख गंगा की पूजा या स्मरण करते हैं। कश्मीरी पंडित वसंत पंचमी के दिन तांत्रिक देवी की आराधना करते हैं। सूफियों में भी वसंत उत्सव की परंपरा है। माना जाता है कि बारहवीं सदी में चिश्ती संप्रदाय के सूफी निजामुद्दीन औलिया का मन-मिजाज कभी खराब था तो अमीर खुसरो उनके पास पीले कपड़े में गए थे और उनमें खुशी जग गई थी और तभी से सूफी वसंत उत्सव मनाने लगे। स्वाधीनता आंदोलन के दौर में सरस्वती को 'भारती' भी कहा जाने लगा, 'भारति जय-विजय करे। कनक-शस्य-कमल धरे!' इसके अलावा निराला की यह कविता भी लोकप्रिय हुई, 'वर दे, वीणावादिनी वर दे/प्रिय स्वतंत्र-रव अमृत-मंत्र नव/ भारत में भर दे।'

शंभुनाथ

सरहुल

सरहुल झारखंड का पर्व है जो मार्च-अप्रैल के महीने में वसंत के मौसम में आता है। यह नए कृषि-वर्ष का सूचक होता है। इस पर्व में अच्छे मौसम की कामना की जाती है। लोग पेयजल के स्रोतों को स्वच्छ बनाते हैं। शताब्दियों पुराने इस पर्व में ओरांव, मुंडा, हो, संथाल आदि जनजातियों के लोग पृथ्वी माता और प्रकृति की पूजा करते हैं। वे विशेष रूप से साल के पेड़ की पूजा करते हैं जो आदि देवी का स्थान माना जाता है। इस पेड़ को सखुवा भी कहते हैं। स्त्रियां हलके रंग के साल के फूल अपने बालों में खोंसती हैं। इसके गुच्छों को सरना कहा जाता है। ये इसके चिह्न होते हैं कि अच्छी फसल होगी। लड़के ढोल, ढाक, मंदार, नगाड़े बजाते हैं। स्त्री-पुरुष मिलकर नृत्य करते हैं और प्रकृति का आह्वान करते हैं। लोग पहले दिन उपवास करते हैं और दूसरे दिन मछलियां पकड़ते हैं। पुजारी शकुन पानी गांव भर में बांटता है। सभी लोग इस पर्व में विशेष रूप से तैयार महुआ की शराब पीते हैं या हंडिया। स्त्री-पुरुष में भेदभाव नहीं होता। यह पर्व आनंदोल्लास से मनाया जाता है।

दिनेश कुमार शर्मा

सरोजिनी नायडू
(1879-1949)

भारत कोकिला के नाम से मशहूर सरोजिनी नायडू राष्ट्रीय आंदोलन के अग्रणी नेताओं में थीं। साहस और सौंदर्य की जीवंत प्रतीक सरोजिनी के भाषणों और व्यक्तित्व से युवाओं को प्रेरणा मिलती थी। 1914 में लंदन में गांधी जी से उनकी भेंट हुई। गांधी जी से प्रेरित होकर वे राष्ट्रीय आंदोलन में कूद पड़ीं।

सरोजिनी का जन्म हैदराबाद में 13 फरवरी 1879 को सुशिक्षित बांग्लाभाषी परिवार में हुआ था। शिक्षाशास्त्री, वैज्ञानिक, कवि अघोरनाथ चट्टोपाध्याय और कवयित्री वरदासुंदरी देवी की आठ संतानों में वे सबसे बड़ी थीं। अपने कवि भाई हरींद्रनाथ चट्टोपाध्याय की तरह उन्हें भी माता-पिता से काव्य-सृजन की प्रतिभा विरासत में मिली थी। पिता इन्हें

सरोजिनी नायडू

वैज्ञानिक बनाना चाहते थे, लेकिन इनकी रुचि काव्य-सृजन में थी। अंग्रेजी, हिंदी, बांग्ला, तेलुगु और गुजराती का उन्हें अच्छा ज्ञान था। अंग्रेजी भाषा के विशेष ज्ञान और भाषण-कला के कारण उनकी प्रसिद्धि दूर-दूर तक थी। लंदन की सभा में अंग्रेजी बोलकर उन्होंने श्रोताओं को मंत्रमुग्ध कर दिया था। बारह वर्ष की आयु में ही उन्होंने मैट्रिक की परीक्षा में मद्रास प्रेसिडेंसी में प्रथम स्थान प्राप्त किया था। लंदन के किंग्स कॉलेज और कैंब्रिज के गर्टन कॉलेज में उन्होंने दो वर्षों तक पढ़ाई की। खराब स्वास्थ्य के कारण पढ़ाई बीच में छोड़कर वापस लौट आईं। 13 वर्ष की अल्पायु में ही उन्होंने 1300 पदों की लंबी कविता 'लेडी ऑफ द लेक' लिखी थी। द गोल्डेन थ्रेसहोल्ड, द बर्ड ऑफ टाइम और द ब्रोकेन विंग इनके काव्यग्रंथ हैं। 1898 में उनका विवाह गोविंद राजुल नायडू से हुआ। उनकी चार संतानों–जयसूर्य, पद्मजा, रणधीर और लीलामणि में पद्मजा नायडू चर्चित रही हैं। सामाजिक सेवाओं के लिए उन्हें ब्रिटिश सरकार से 'कैसर-ए-हिंद' उपाधि भी मिली थी। जलियांवाला बाग हत्याकांड से क्षुब्ध होकर उन्होंने उपाधि लौटा दी थी।

सरोजनी नायडू की एक बड़ी भूमिका महिला मताधिकार आंदोलन के संदर्भ में है। 1917 में मारग्रेट कजिंस से प्रेरणा लेकर वह 18 महिलाओं का एक शिष्टमंडल लेकर चेम्सफोर्ड और मांटेग्यू से मिलीं। उनका 'इंडियन वूमेंस एसोसिएशन' और 'अखिल भारतीय महिला सम्मेलन' से घनिष्ठ संबंध था। वह आजादी की लड़ाई में लगातार सक्रिय थीं। 1917 के एनी बेसेंट की अध्यक्षता में हुए कांग्रेस अधिवेशन में उन्होंने कहा, 'मैं एक स्त्री हूं। इस नाते आपसे कहना चाहती हूं कि जब कभी भी आप संकट में होंगे या अंधेरे में रास्ता टटोलते होंगे, जब कभी आत्मविश्वास की कमी पाएंगे, हम भारतीय स्त्रियां आपकी शक्ति को अक्षुण्ण रखने के लिए आपके साथ होंगी।' वह कहती थीं कि कवि समाज से अलग नहीं होता। उसका भाग्य राष्ट्र और जनता की कठिनाइयों और परेशानियों से जुड़ा होता है। उन्होंने 1919 के असहयोग आंदोलन और 1930 के नमक आंदोलन में भाग लिया। वह 1930 में बंदी बनाई गईं और भारत छोड़ो आंदोलन में भी जेल गईं। उनका स्वास्थ्य अंतिम वर्षों में गिरता जा रहा था, पर उन्होंने अपने राष्ट्रीय जागरण और स्त्री आंदोलन को जोड़ने में जो महत्वपूर्ण भूमिका अदा की, वह स्मरणीय रहेगी।

गांधी जी के साथ उन्होंने दक्षिण अफ्रीका में काम किया था। वे नारी-शिक्षा और नारी-मुक्ति की प्रबल समर्थक थीं। रोलेट एक्ट के विरोध में उन्होंने महिलाओं को संगठित किया। 1925 में कांग्रेस के कानपुर अधिवेशन की अध्यक्ष चुनी गईं। गोलमेज कांफ्रेंस में महात्मा गांधी के प्रतिनिधिमंडल में वह शामिल थीं। साबरमती आश्रम में स्वाधीनता की प्रतिज्ञा पर हस्ताक्षर करने वाले आरंभिक स्वयंसेवकों में से वह एक थीं।

स्वाधीनता के बाद सरोजिनी नायडू को उत्तर प्रदेश का राज्यपाल बनाया गया। इसी पद पर रहते हुए 2 मार्च 1949 में उनकी मृत्यु हुई। भारत सरकार ने 13 फरवरी 1964 को उनके सम्मान में डाक टिकट जारी किया था।

गीता दूबे

अधिक जानकारी के लिए :
1. सरोजिनी नायडू : मकरंद आर परांजपे

सर्गेइ एम आइसेंस्टीन
(1898-1948)

बोल्शेविक क्रांति के जनक लेनिन फिल्म के प्रभाव और शक्ति को जानते थे। इसलिए क्रांति के आरंभिक वर्षों में ही उन्होंने सोवियत संघ में फिल्म-निर्माण को प्रोत्साहन देना आरंभ कर दिया था। लेनिन के समय ही वहां फिल्म अकादेमी का गठन किया जा चुका था। इसके माध्यम से कई युवा फिल्मकार सामने आए जिनमें लेव कुलेशोव, सर्गेइ मिखाइलोविच आइसेंस्टीन, पुडवोव्किन, वर्तोव, डोवजेंको आदि प्रमुख थे। इनमें आइसेंस्टीन (Sergei Eisenstein) को सोवियत सिनेमा में ही नहीं बल्कि विश्व सिनेमा में एक खास मुकाम हासिल है। आज विश्व सिनेमा का इतिहास

सर्गेइ एम आइसेंस्टीन

आइसेंस्टीन की फिल्मों के उल्लेख के बिना पूरा नहीं हो सकता। उनकी आरंभिक फिल्मों स्ट्राइक (1924), दि बेटलशिप पोटेमकिन (1925), और अक्टूबर (1927) की गणना विश्व की सर्वाधिक मौलिक और क्लासिकल फिल्मों में की जाती है। इन फिल्मों का निर्माण करते समय आइसेंस्टीन की उम्र सिर्फ 25-30 के बीच थी। आइसेंस्टीन ने न सिर्फ बोल्शेविक क्रांति को फिल्म के माध्यम से अमर बनाया बल्कि उन्होंने फिल्म की एक ऐसी शैली विकसित की जिसमें मार्क्सवाद के द्वंद्वात्मकता के सिद्धांत की सृजनात्मक परिणति दिखाई देती है। उन्होंने मोंटाज का जैसा सर्जनात्मक उपयोग किया और उसका जो श्रेष्ठ रूप उनकी फिल्मों, विशेष रूप से 'द बेटलशिप पोटेमकिन' में दिखाई देता है, वैसा किसी अन्य फिल्मकार में नहीं देखा गया। आइसेंस्टीन न सिर्फ एक श्रेष्ठ फिल्मकार थे बल्कि श्रेष्ठ फिल्म सिद्धांतकार भी थे। उन्होंने फिल्म के सिद्धांत-पक्ष पर महत्वपूर्ण लेखन भी किया जो 'द फिल्म फॉर्म', द फिल्म सेंस' और 'नॉन-इनडिफरेंट नेचर' नाम से पुस्तकों के रूप में उपलब्ध हैं। सिनेमा के अध्ययन में इन पुस्तकों, विशेष रूप से 'द फिल्म फॉर्म' को क्लासिक का दर्जा हासिल हैं।

सर्गेइ आइसेंस्टीन का जन्म 23 जनवरी 1898 को लातविया के रिगा शहर में हुआ था। आइसेंस्टीन के पिता मिखाइल ओसिपोविच आइसेंस्टीन जर्मन मूल के यहूदी थे और मां जूलिया इवानोव्ना कोनेत्स्काया परंपरावादी रूसी परिवार से थीं। सर्गेइ आइसेंस्टीन के पिता मध्यवर्गीय परिवार के थे और पेशे से आर्किटेक्ट थे जबकि माता का संबंध एक संपन्न व्यापारी परिवार से था। सर्गेइ ने अपने पिता के पेशे का अनुकरण करते हुए पेत्रोगार्द इंस्टीट्यूट ऑफ सिविल इंजीनियरिंग से इंजीनियरिंग और आर्किटेक्ट की शिक्षा प्राप्त की। सर्गेइ के पिता क्रांति के विरुद्ध थे जबकि 1918 में बीस साल की उम्र में सर्गेइ रेड आर्मी में भर्ती हो गए थे। सर्गेइ ने जापानी भाषा और वहां के थिएटर के बारे में अध्ययन किया। इस अध्ययन ने रंगमंच और सिनेमा, दोनों क्षेत्रों में काम करने में

उनकी मदद की। विभिन्न स्थानों पर काम करते हुए सर्गेइ 1920 में मॉस्को आ गए। यहां सर्वहारा संस्कृति का विकास करने के मकसद से एक चित्रकार और डिजाइनर के तौर पर उन्होंने थिएटर से जुड़ने का फैसला किया। क्रांति के बाद के आरंभिक सालों में कला को सर्वहारा संस्कृति का विकास करने के उद्देश्य से संचालित और संयोजित किया जाने लगा था। इसके लिए कई संस्थाओं का गठन भी हुआ। 'प्रोलेत्कल्त' का मकसद भी यही था। 1923 में सर्गेइ ने कला पर अपना लेखन भी शुरू किया। उन्होंने इसी वर्ष मोंटाज के संबंध में एक लेख कला संबंधी वाम पत्रिका 'लेफ' (लेफ् फंट ऑफ दि आर्ट्स) में लिखा। 1923 में ही उन्होंने पहली बार फिल्म का निर्देशन भी किया। 'ग्लुमोव्ज डायरी' नामक यह फिल्म, जिसे उन्होंने जिगा वर्तोव के साथ मिलकर बनाया था, दरअसल 'वाइजमेन' नामक नाटक का भाग था जिससे सर्गेइ जुड़े हुए थे। 'वाइजमेन' अलेक्जेंद्र ऑस्त्रोव्स्की का पांच अंकों का नाटक था जो पहली बार 1910 में खेला गया था।

जब आइसेंस्टीन ने फिल्म निर्देशन के क्षेत्र में कदम रखा, वह मूक सिनेमा का दौर था। सिनेमा को न तो आवाज मिली थी और न ही रंग। अभी तक सिनेमा श्वेत-श्याम और मूक ही था। इसी सिनेमा को अमेरिकी फिल्मकार डी डब्ल्यू ग्रिफिथ और यूरोप के कुछ दूसरे फिल्मकारों ने रचनात्मक और कलात्मक उत्कर्ष प्रदान किया था। अब सिनेमा सिर्फ मनोरंजन का नहीं बल्कि कला माध्यम के रूप में भी स्वीकार किया जाने लगा। सिनेमा की प्रकृति, स्वरूप और प्रक्रिया पर फिल्मकार विचार करने लगे थे। इसी पृष्ठभूमि में आइसेंस्टीन ने इस क्षेत्र में प्रवेश किया था। 'ग्लुमोव्ज डायरी' के एक साल बाद 1924 में उन्होंने अपनी पहली पूर्ण कथा फिल्म 'स्ट्राइक' का निर्माण किया। इसके एक साल बाद 1925 में उनकी विश्वविख्यात फिल्म 'द बेटलशिप पोटेमकिन' भी प्रदर्शित हुई। इसके दो साल बाद उनकी दूसरी महत्वपूर्ण फिल्म 'अक्टूबर' प्रदर्शित हुई। अक्टूबर 1917 में हुई बोल्शेविक क्रांति का एक दशक पूरा होने पर यह फिल्म बनाई गई थी।

1924 से 1927 के बीच की तीन फिल्मों का संबंध क्रांति की पृष्ठभूमि (स्ट्राइक), क्रांति के दौर (द बेटलशिप पोटेमकिन) और उसकी सफलता (अक्टूबर) की स्थितियों से है। इन्हें बोल्शेविक क्रांति की फिल्म त्रयी कहा जा सकता है। 'स्ट्राइक' फिल्म जारशाही रूस में मजदूरों की विकट स्थिति का चित्रण करती है। अपने शोषण के विरुद्ध जब वे आवाज उठाते हैं और संघर्ष करते हैं तो किस तरह उनकी आवाज को बंद करने के लिए सत्ता उत्पीड़न का रास्ता अख्तियार करती है, यही इस फिल्म का विषय है। मजदूरों की हड़तालों और उनके दमन की परिणति 1905 की क्रांति में होती है, जिस पर आइसेंस्टीन ने अपनी दूसरी फीचर फिल्म 'द बेटलशिप पोटेमकिन' का निर्माण किया। 1905 की क्रांति उससे पहले लगातार होने वाली हड़तालों और जन-संघर्षों की परिणति ही थी। 1905 में इन हड़तालों ने राष्ट्रव्यापी विद्रोह का रूप धारण कर लिया था। कई स्थानों पर सैनिकों ने भी मजदूरों का साथ दिया और इस क्रांतिकारी उभार में शामिल हो गए। इस दौरान सिर्फ हड़तालें ही नहीं हुईं, मजदूरों ने धरने भी दिए। यह सही मायने में एक व्यापक जन आंदोलन था जिसमें मजदूरों और विद्रोही सैनिकों और क्रांतिकारियों ने राजशाही के दमन और उत्पीड़न का जबर्दस्त प्रतिरोध किया। 'द बेटलशिप पोटेमकिन' इसी जनांदोलन, विद्रोह, संघर्ष और उसके दमन की कहानी कहती है। 1905 की क्रांति नाकामयाब हुई। हजारों क्रांतिकारी गिरतार कर लिये गए और उनमें से 1400 को फांसी दे दी गई। 1905 की असफल क्रांति के बारह साल बाद ही अक्टूबर 1917 में रूस के मजदूरों ने बोल्शेविक क्रांतिकारियों के नेतृत्व में जारशाही को उखाड़ फेंका और ब्लादिमीर लेनिन के नेतृत्व में मेहनतकशों की सरकार स्थापित की। यह एक नए युग की शुरुआत थी। अमरीकी लेखक जॉन रीड ने क्रांति के दस दिनों का जो विवरण अपनी पुस्तक 'दस दिन जब दुनिया हिल उठी' (1919) में

प्रस्तुत किया था, उसे ही आधार बनाकर आइसेंस्टीन ने अपनी अति महत्वाकांक्षी फिल्म 'अक्टूबर' का निर्माण किया।

क्रांति की सफलता के बाद बनाई गई फिल्म 'ओल्ड एंड न्यू' (1929) का संबंध सोवियत संघ के नव-निर्माण से है। सोवियत संघ की स्थापना के कुछ सालों बाद ही 1923 में लेनिन की मृत्यु हो गई थी और सोवियत कम्युनिस्ट पार्टी और सरकार का नेतृत्व जोसेफ स्टालिन के हाथ में आ गया था। इस फिल्म के निर्माण पर स्टालिन और त्रोत्स्की के बीच के मतभेदों का असर पड़ा। पहले यह फिल्म त्रोत्स्की की सोच के अनुसार बनाई जा रही थी और इसका नाम था, 'द जनरल लाइन'। लेकिन बाद में जब त्रोत्स्की का प्रभाव पार्टी में कम हो गया तो फिल्म की पटकथा में परिवर्तन किया गया और इसका नाम 'ओल्ड एंड न्यू' रखा गया। यह फिल्म इसी नाम से प्रदर्शित भी हुई। स्टालिन के शासनकाल में फिल्म बनाने में आने वाली कठिनाइयों के चलते उन्होंने गेरासिमोव इंस्टीट्यूट ऑफ सिनेमेटोग्राफी में 1933-34 में अध्यापन का कार्य किया। 1934 में 36 वर्ष की अवस्था में उन्होंने पेरा अताशेवा (1900-65) से विवाह किया। 1935 में आइसेंस्टीन ने 'बेंजिन मीडोव' नामक फिल्म पर काम शुरू किया। लेकिन वह फिल्म भी विवादों में घिर गयी और उसे न केवल पूरा न किया जा सका बल्कि नष्ट भी कर दिया गया।

सोवियत फिल्म उद्योग के लिए आइसेंस्टीन एक बड़ा नाम था। स्वयं स्टालिन आइसेंस्टीन के काम में रुचि रखते थे। यही वजह है कि सोवियत संघ से लगभग पांच साल तक बाहर रहने और इस दौरान संदेह की दृष्टि से देखे जाने के बावजूद उन्हें उस तरह की प्रताड़ना से नहीं गुजरना पड़ा, जिस तरह की प्रताड़ना अन्य कई कलाकारों या कला-संगठनों से जुड़े लोगों को झेलनी पड़ी। 'बेजिन मीडोव' मामले के बावजूद आइसेंस्टीन स्टालिन के विश्वासपात्र बने रहे और यही कारण है कि उन्हें 1938 में दूमित्री वासिल्येव के साथ मिलकर 'अलेक्जेडर नेव्स्की' नामक ऐतिहासिक फिल्म बनाने का अवसर प्राप्त हुआ। इस फिल्म की पटकथा उन्होंने प्योत्र पावलेंको के साथ मिलकर लिखी थी। फिल्म का संगीत सर्गेइ प्रोकोफीव ने दिया था। सर्गेइ आइसेंस्टीन की इस फिल्म को काफी लोकप्रियता मिली। इस फिल्म के लिए 1941 में उन्हें और उनके कुछ सहयोगियों को स्टालिन पुरस्कार से सम्मानित किया गया। ऐतिहासिक कथानक पर आधारित यह फिल्म दरअसल यूरोप में बढ़ते नाजीवाद के खतरे की ओर इंगित करने के लिए बनाई गई थी। इस दृष्टि से इस फिल्म को ऐतिहासिक रूपक कहा जा सकता है। लगभग एक दशक बाद यह आइसेंस्टीन की पहली फिल्म थी जिसे पूरा करने और प्रदर्शित होने का अवसर प्राप्त हुआ। यह उनकी पहली सवाक फिल्म भी थी।

जर्मनी की सेनाओं के जब मॉस्को तक पहुंचने का खतरा आसन्न दिखाई देने लगा तो दूसरे कई फिल्मकारों के साथ आइसेंस्टीन को भी कजाकिस्तान के शहर अल्मा-अता भेज दिया गया। इस दौरान उन्होंने रूस के सम्राट इवान चतुर्थ के जीवन पर फिल्म बनाने का फैसला किया। इस फिल्म के द्वारा वे इवान को राष्ट्रीय नायक के रूप में पेश करना चाहते थे। 'इवान द टेरिबल' नामक यह फिल्म उन्होंने तीन भागों में बनाने का निर्णय लिया। इस फिल्म का पहला भाग बनने में दो साल लगे। 1942 मे इस फिल्म का निर्माण शुरू हुआ और 1944 में इस फिल्म का प्रदर्शन किया गया। पहले भाग को स्टालिन का अनुमोदन और अनुशंसा, दोनों प्राप्त हुए। इस फिल्म को स्टालिन पुरस्कार से सम्मानित किया गया। 'इवान द टेरिबल' का दूसरा भाग 1945 में पूरा हुआ। लेकिन इस फिल्म के प्रदर्शन को रोक दिया गया। दरअसल, इस फिल्म का नायक इवान चतुर्थ और स्टालिन में काफी समानता थी। पहले भाग में उसे राष्ट्रीय नायक के रूप में पेश किया गया था लेकिन दूसरे भाग में उसे ऐसे नायक के रूप में पेश किया गया था जो अपने देश को बचाने के नाम पर अपनी इच्छाओं को जबरन नागरिकों पर थोपता है और जो इसके लिए किसी भी हद तक जाने के

लिए तैयार रहता है। स्पष्ट है कि इस दूसरे भाग के नायक में भी स्टालिन की ही छवि दिखाई दे रही थी और यही कारण है कि स्वयं स्टालिन ने इस भाग को पसंद नहीं किया। इसे सरकार की स्वीकृति नहीं मिली। स्टालिन की मृत्यु के बाद 1958 में ही यह फिल्म डिब्बों से बाहर निकलकर दर्शकों तक पहुंच सकी। 'इवान द टेरिबल' का तीसरा भाग 1946 में बनना शुरू हो गया था। लेकिन इस पर भी सरकारी मशीनरी की कोपदृष्टि पड़ चुकी थी। आइसेंस्टीन अस्वस्थ होने के कारण इसे पूरा नहीं कर सके और जितनी फिल्म बनी उसे जब्त कर लिया गया और उसका कुछ भाग नष्ट कर दिया गया। धीरे-धीरे आइसेंस्टीन का स्वास्थ्य बिगड़ने लगा। 1948 में उन्हें दिल का दौरा पड़ा और थोड़े समय बाद पचास वर्ष की उम्र में उनका देहांत हो गया। इस तरह एक फिल्मकार के रूप में लगभग ढाई दशकों तक सक्रिय रहकर सर्गेइ आइसेंस्टीन ने इस दुनिया को अलविदा कह दिया।

जवरीमल्ल पारख

अधिक जानकारी के लिए :

1. Sergei M Eisenstein-A biography : Marie Seton, 1952, **2. Eisentein-A Life in Conflict :** Ronal Bergan, 1999, **3. Eisenstein-Cinema and history :** James Goodwin, 1993, **4. Ivan the Terrible-The film companion :** Joan Neuberger, 2003

सर्वपल्ली राधाकृष्णन

(1888-1975)

सर्वपल्ली राधाकृष्णन भारत के पहले उपराष्ट्रपति तथा दूसरे राष्ट्रपति थे। वे दर्शनशास्त्र के विद्वान थे। उनका जन्म दिवस 5 सितंबर देश भर में शिक्षक दिवस के रूप में मनाया जाता है। उनका जन्म मद्रास के तिरुतनी में एक गरीब ब्राह्मण परिवार में हुआ था। निर्धन परिवार में जन्म लेने के बावजूद वे शिक्षा के उच्चतम सोपान तक पहुंच सके तो यह उनकी गहन अध्ययनशीलता तथा लगन का परिणाम था। 17 अप्रैल 1975 को उनका निधन हुआ। उनकी आरंभिक शिक्षा लूथर मिशन हाई स्कूल (तिरुपति) में हुई, फिर वेल्लोर के उरही कॉलेज में और अंत में मद्रास के क्रिश्चियन कॉलेज में उच्च शिक्षा पूरी हुई। (1888-1975)

राधाकृष्णन ने दर्शन के क्षेत्र में उच्चतर शिखर को स्पर्श किया था और अध्यापन में नई ऊंचाइयां पाई थीं। 1909 में मद्रास प्रेसिडेंसी कॉलेज में असिस्टेंट व्याख्याता के तौर पर उनकी नियुक्ति हुई। 1921 में मैसूर विश्वविद्यालय में तथा 1923 में कलकत्ता विश्वविद्यालय में दर्शन के प्रोफेसर नियुक्त किए गए। वे 1931 से 1936 तक आंध्र विश्वविद्यालय के तथा 1939 से 1948 तक बनारस हिंदू विश्वविद्यालय के कुलपति थे। 1949 से 1952 तक सोवियत रूस में भारत के राजदूत पद पर कार्य किया। 1952 में देश के पहले उपराष्ट्रपति चुने गए और 1962 तक इस पद पर बने रहे। 1954 में उन्हें देश के सर्वोच्च सम्मान 'भारतरत्न' से विभूषित किया गया। 1962 में राजेंद्र प्रसाद की मृत्यु के पश्चात 13 मई 1962 को वे भारत के दूसरे राष्ट्रपति चुने गए और 1967 तक इस पद पर रहे।

सर्वपल्ली राधाकृष्णन

राधाकृष्णन दर्शन के गहरे अध्येता तथा ज्ञाता थे। उनकी विद्वत्ता को देश ही नहीं बल्कि विश्व भर में सराहा गया। उपनिषद, गीता, ब्रह्मसूत्र, शंकर और रामानुजी वेदांत के साथ-साथ बौद्ध दर्शन और जैन दर्शन पर भी उनका अधिकार था। पश्चिमी दर्शन में उनकी पैठ थी और प्लेटो, प्लूतिनस, कांट, आदि पश्चिमी दार्शनिकों को उन्होंने गहराई से पढ़ा था। उन्होंने पश्चिमी दर्शन को भारतीय वैचारिकी में समन्वित किया। उनकी पुस्तक 'इंडियन फिलॉसफी' दर्शनशास्त्र की एक क्लासिकल कृति प्रमाणित हुई। 'द हिंदू व्यू ऑफ लाइफ', 'एन आइडियलिस्टिक व्यू ऑफ लाइफ', 'द प्रिंसिपल ऑफ उपनिषद्स' आदि उनकी अन्य कृतियां हैं। इनके 'द रीन ऑफ दी रिलीजन इन कंटेंपररी फिलॉसफी' पुस्तक ने इन्हें अंतरराष्ट्रीय ख्याति दिलाई। ऑक्सफोर्ड यूनिवर्सिटी से हिंदू दर्शन पर व्याख्यान देने के लिए इन्हें आमंत्रित किया गया। इन्हें ग्रेट ब्रिटेन के 'नाइटहुड' सम्मान से भी सम्मानित किया गया। विश्व भर से इन्हें अपार आदर और सम्मान मिला। व्हाइट हाउस में अतिथि के रूप में पहुंचने वाले वे प्रथम भारतीय व्यक्ति थे। उनके राष्ट्रपति बनने पर बर्ट्रेंड रसेल ने कहा था, 'प्लेटो ने कहा था कि दार्शनिक को राजा होना चाहिए और महान भारतीय गणराज्य ने एक दार्शनिक को राष्ट्रपति बनाकर प्लेटो को सच्ची श्रद्धांजलि अर्पित की है।' आगे उन्होंने कहा, 'उनका राष्ट्रपति बनना दर्शन का सबसे बड़ा सम्मान है।'

1989 में ऑक्सफोर्ड यूनिवर्सिटी ने उनके नाम पर एक छात्रवृत्ति की शुरुआत की। साहित्य अकादेमी फेलोशिप पाने वाले वे देश के पहले व्यक्ति थे। उनकी गणना बीसवीं शताब्दी के सबसे प्रभावी चिंतकों में होती है। नॉर्थ वेस्टर्न यूनिवर्सिटी द्वारा 1949 में प्रकाशित 'फिलॉसफी सिरीज' में शामिल वे एशिया के एकमात्र चिंतक हैं। भारतीय दर्शन को अकादेमिक स्तर पर प्रतिष्ठित करने वाले वे पहले विद्वान थे। उन्होंने भारतीय दर्शन और पश्चिमी दर्शन को एक-दूसरे के निकट लाने का प्रयास किया और एक विश्व दर्शन की स्थापना की। वे एक नव्य वेदांती थे। अद्वैत वेदांत पर आधारित होते हुए भी वे कई बार शंकर के अद्वैत और रामानुज के विशिष्टाद्वैतवाद में समाहार करते दिखलाई देते हैं। उन्होंने बुद्धिगत ज्ञान पर इंट्यूशन को अधिक महत्व दिया।

राधाकृष्णन का मानना था कि मनुष्य के अंदर निहित चेतन आत्मा भी उतना ही सत्य है, जितना शरीर। अतः चेतन आत्मा की सत्ता जब तक स्वीकार न की जाएगी, तब तक न मानवता की परिकल्पना हो सकती है और न ही लोकतंत्र, स्वतंत्रता, नैतिकता एवं धर्म ही अस्तित्ववान हो सकते हैं। वे धर्म को बाह्याचारों, कर्मकांडों, शुष्क उपदेशों और आदेशों के जाल से निकालकर मुक्त 'आत्मा का धर्म' बनाना चाहते थे।

राधाकृष्णन एक महान शिक्षाविद भी थे। शिक्षा के संबंध में उनकी निश्चित मान्यताएं थीं। उनका मानना था कि समस्त विश्व एक विद्यालय है। उनकी उक्ति है, 'पुस्तकें वे साधन हैं जिनके माध्यम से हम विभिन्न संस्कृतियों के बीच पुल का निर्माण कर सकते हैं।' लेकिन पुस्तकीय ज्ञान से अधिक महत्वपूर्ण उस ज्ञान को मानते थे जो मनुष्य को भीतर से प्रेरित करता है और उसकी आध्यात्मिकता को जगाता है।

दिनकर ने उन्हें शंकर और रामानुज की सरणी में रखा है। दिनकर के शब्दों में, 'मनुष्य मात्र की आध्यात्मिक आवश्यकता यदि एक है तो उसका दर्शन भी एक होना चाहिए और श्री राधाकृष्णन ने अब तक जो कुछ भी लिखा है, वह इसी विश्व दर्शन का आख्यान है।'

सुनीता गुप्ता

अधिक जानकारी के लिए :
1. संस्कृति के चार अध्याय : रामधारी सिंह दिनकर, **2. आधुनिक भारतीय चिंतन :** विश्वनाथ नरवणे, **3. The Philosophy of Radhakrishnan :** P T Raju

सर्वसत्तावाद

Totalitarianism शब्द को हिंदी में प्रायः दो शब्दों द्वारा व्यक्त किया जाता है—सर्वसत्तावाद और अधिनायकवाद। आमतौर अधिनायकवाद

डिक्टेटरशिप के अर्थ में प्रयुक्त होता है, इसलिए 'टोटेलिटेरियनिज्म' के लिए सर्वसत्तावाद उपयुक्त है।

सर्वसत्तावाद से तात्पर्य ऐसी राजनीतिक व्यवस्था से है जिसमें राज्य सामाजिक और वैयक्तिक जीवन के सभी क्षेत्रों पर नियंत्रण रखता है अथवा रखने का प्रयास करता है। मूलतः यह शब्द राजनीतिशास्त्र का है, मगर आधुनिक साहित्य में इसका प्रयोग व्यापक स्तर पर होता रहा है। विशेषकर राज्य के सर्वसत्तात्मक स्वरूप के विरोध में लिखे गए प्रतिरोध के साहित्य के संदर्भ में इस शब्द का इस्तेमाल बार-बार होता रहा है। जॉर्ज ऑरवेल के प्रसिद्ध उपन्यासों 'एनिमल फार्म' और '1984' के प्रकाशन के उपरांत सर्वसत्तावाद का इस्तेमाल प्रथम विश्वयुद्ध के बाद के दौर में इटली में उभरे फासीवाद और जर्मनी के नाजीवाद के परिप्रेक्ष्य में किया गया। शीत युद्ध के दौरान सोवियत रूस में पनपे स्टालिनवाद के विरुद्ध भी सर्वसत्तावाद शब्द का प्रयोग किया जाता है। इस प्रकार हिटलर, मुसोलिनी और स्टालिन सर्वसत्तावादी तानाशाहों के विशिष्ट उदाहरणों के रूप में सामने आए। हालांकि मुसोलिनी के अंतर्गत इटली और हिटलर के अंतर्गत जर्मनी के शासन का वर्ग चरित्र और स्टालिन के शासनांतर्गत सोवियत संघ का वर्ग-चरित्र भिन्न किस्म का था, इसलिए सर्वसत्तावाद के संदर्भ में उनके बीच जो एकमात्र एकता दिखाई देती है, वह है सत्तासीन पार्टी का निरंकुश शासन। इसलिए देखा जाए तो व्यक्ति से परे यह एक व्यवस्था का द्योतक है जो बलपूर्वक अथवा अन्य किसी माध्यम से अपनी विचारधारा को राज्य में स्थापित करना चाहती है। इस अर्थ में इसे निरंकुशतावाद (डिक्टेटरशिप) से विलगाया जाता है। लेकिन सर्वसत्तावाद और निरंकुशतावाद के बीच की सीमा बहुत धुंधली है और अकसर इनके तत्व एक-दूसरे में घुल-मिल जाते हैं। प्रतिक्रियावादी और कट्टरतावादी सत्ताओं के लिए सातान्यतः सर्वसत्तावाद शब्द का इस्तेमाल किया जाता है।

सर्वसत्तावाद का अर्थबोध कराने वाला इतालवी बीज शब्द 'टोटलिस्टाट' है जिसका अर्थ है सर्वशक्तिमान राज्य। सर्वसत्तावादी शासन न केवल आर्थिक और राजनीतिक मामलों में अपितु मूल्यों, विचारों और विश्वासों पर भी पूर्ण नियंत्रण रखना चाहता है। वह अपनी विचारधारा को ही त्रुटिहीन और संपूर्ण समझता है और समाज को उसी के अनुरूप बनाना चाहता है। वैसे सर्वसत्तावादी सत्ताओं के अलग-अलग उद्देश्य रहे हैं। उदाहरण के लिए, जर्मनी में यह नस्ल-श्रेष्ठता स्थापित करना चाहता था। इटली में यह अंधराष्ट्रवाद की ओर जा रहा था। रूस और चीन में इसका उद्देश्य सर्वहारा वर्ग की तानाशाही यानी समाजवादी समाज की स्थापना करना था। सर्वहारा की तानाशाही या समाजवाद के आदर्श पर स्थापित शासन व्यवस्थाएं अपने को सर्वसत्तावादी नहीं मानतीं। अलबत्ता वे पूंजीवादी लोकतंत्र से अपने को अलगाती अवश्य हैं। जबकि सर्वसत्तावाद को आमतौर पर लोकतंत्र की विरोधी व्यवस्था के रूप में ग्रहण किया जाता है जो लोकतांत्रिक संस्थाओं को नष्ट कर देता है। सर्वसत्तावाद की अपनी विभिन्नताओं के उपरांत भी इसके कतिपय तत्वों को रेखांकित किया जा सकता है। सर्वसत्तावाद की एक वर्चस्वशाली विचारधारा होती है जो जीवन के सभी पक्षों को नियंत्रित करने का प्रयास करती है और अपना एक लक्ष्य निर्धारित करती है। अकसर यह किसी राजनीतिक दल द्वारा लाया जाता है और इसका एक निरंकुश नायक होता है। यह व्यवस्था किसी भी प्रकार के प्रतिरोध को व्यवस्थित तरीके से दबाती और समाप्त करने का प्रयास करती है। इस उद्देश्य की पूर्ति के लिए यह बल, भय और आतंक का प्रयोग करती है।

सर्वसत्तावाद अकसर अराजक ऐतिहासिक परिस्थितियों के कारण जन्म लेता है। उदाहरण के लिए, प्रथम विश्वयुद्ध की अराजक स्थितियों ने जर्मनी और इटली में सर्वसत्तावादी शासनों को जन्म दिया। उसके उदय का कारण जनता में व्याप्त असंतोष भी होता है, जिसका लाभ उठाकर अधिनायकवादी सत्ताएं स्वयं को स्थापित करती हैं। आधुनिक शस्त्रों और परिष्कृत माध्यमों ने इन्हें संभव और शक्तिशाली बनाया है।

संसदीय प्रजातंत्र के अंतर्गत भी किसी एक राजनीतिक दल का वर्चस्व होने पर अधिनायकवाद के तत्व जन्म ले सकते हैं। विगत सौ वर्षों में तकनीकी के विकास ने लोगों और उनके विचारों पर नियंत्रण स्थापित करने के परिष्कृत तरीके विकसित किए हैं। इस सिलसिले में साहित्य और संस्कृति सिद्धांतों के क्षेत्र में इतालवी चिंतक अंतोनियों ग्राम्शी ने वर्चस्व के सिद्धांतों को प्रतिस्थापित किया। फ्रांसीसी विचारक लुई आल्थूसर ने सत्ताओं के द्वारा नियंत्रण के लिए अपनाए जाने वाले उत्पीड़नात्मक और विचारधारात्मक तरीकों को स्पष्ट करते हुए अपने सिद्धांतों का प्रतिपादन किया। फ्रांस के ही चिंतक मिशेल फूको ने सत्ता के वर्चस्वी तरीके को लेकर ज्ञान के क्षेत्रों में उनके प्रभावों का उल्लेख करते हुए अपने सत्ता-सिद्धांत प्रस्तुत किए। एडवर्ड सईद ने अपने लेखन में अधिनायकवादी और वर्चस्वशाली सत्ताओं के बरअक्स साहित्य और बुद्धिजीवियों की भूमिका को रेखांकित किया है।

वैसे सर्वसत्तावादी सत्ता अधिनायकवादी ही होती है, लेकिन अधिनायकवादी प्रवृत्तियां लोकतांत्रिक व्यवस्थाओं में भी देखी जा सकती हैं। इस अंतर को भारतीय संदर्भ में समझा जा सकता है। 1975 में इंदिरा गांधी द्वारा संविधान में प्रदत्त आपातकालीन प्रावधानों का उपयोग कर सत्ता की बागडोर अपने हाथ में कर ली थी। यह अधिनायकवाद की ओर बढ़ा कदम था, लेकिन उस व्यवस्था को सर्वसत्तावादी नहीं कहा जा सकता।

रघुवंश मणि

अधिक जानकारी के लिए :
1. The Politics of Totalitarianism : John A Armstrong, **2. History of Fascism :** G Stanley

सर्वहारा

मार्क्सवादी लेखन में इस शब्द का प्रयोग मोटे तौर पर मजदूर के अर्थ में किया जाता है। खुद कार्ल मार्क्स ने मजदूर (वतामत) की जगह प्रोलेटेरिएट (Proletariat) शब्द का इस्तेमाल किया था जिसका हिंदी अनुवाद 'सर्वहारा' किया जाता है। टेरी ईगल्टन ने अपनी किताब 'व्हाई मार्क्स वाज राइट' में बताया है कि 'प्रोलेटेरिएट शब्द की उत्पत्ति लैटिन भाषा में ऐसी महिलाओं के लिए प्रयुक्त शब्द से हुई है जो सिर्फ संतान पैदा करके ही राज्य की सेवा करती थीं।' असल में रोमन कानूनों के मुताबिक प्रत्येक पांच साल बाद जनगणना की जाती थी ताकि नागरिकों के सैनिक कर्तव्य और मताधिकार तय करने के लिए उनकी संपत्ति का लेखा-जोखा किया जा सके। जिनके पास संपत्ति नहीं होती थी, उनकी संतानों को सेना में गिन लिया जाता था। इन्हें लैटिन में प्रोलेस कहते थे। प्रोलेटेरिएट वे थे जो रोमन समाज की सेवा के लिए केवल संतानें दे सकते थे ताकि सैनिक के बतौर वे भविष्य में रोमन साम्राज्य के सीमा-विस्तार में काम आएं। संतानोत्पत्ति की यह क्षमता स्त्रियों में थी, इसलिए वे इस तबके की सदस्य होती थीं। मार्क्स ने बर्लिन विश्वविद्यालय में रोमन कानून की पढ़ाई की थी इसलिए वे इस शब्द और इसके अर्थ से परिचित थे। आधुनिक मजदूर वर्ग को उन्होंने इस नाम से पुकारा।

मार्क्सवाद में सर्वहारा उस सामाजिक वर्ग को कहा जाता है जिसके पास उत्पादन हेतु कोई साधन नहीं होता और भरण-पोषण के लिए अपनी श्रम-शक्ति को बेचना ही उसके लिए एकमात्र उपाय होता है जिसके बदले उसे मजदूरी या वेतन मिलता है। केवल इसी मजदूरी पर आश्रित कामगार को सर्वहारा कहा जाता है। मजदूर के श्रम का संचय नहीं किया जा सकता। यदि वह अपना श्रम नहीं बेचता तो उसे मजदूरी भी नहीं मिलती। मजदूर इस अर्थ में भी सर्वहारा होता है। असल में आधुनिक औद्योगिक मजदूर वर्ग का जन्म उन किसानों से हुआ जो अकाल के कारण खेती की जमीनें छोड़कर लंदन जैसे विशाल शहरों में कारखानों में काम करने चले आए थे। देहात के कामगारों से यह समुदाय भिन्न था क्योंकि इसके पास काम करने के औजार भी नहीं होते थे। जिन मशीनों पर इन्हें काम करना होता था,

वे कारखाने में होती थीं। ये सिर्फ अपने शरीर के साथ कारखाने में जाते और काम करते थे। शुरू में देहात से उजड़े हुए ये कामगार कारखाने में काम करने की जगह भीख मांगकर गुजारा करते थे। इसके चलते भीख मांगना कानूनन जुर्म घोषित किया गया ताकि भरण-पोषण का अन्य कोई भी साधन न होने पर ये औद्योगिक कारखानों में काम करने के लिए विवश हों। कारखानों के मालिक आमतौर पर पूंजीपति होते थे। इसीलिए इनके और पूंजीपतियों के बीच हमेशा संघर्ष होता रहता था। मार्क्स ने देखा कि सामाजिक पायदान पर सबसे नीचे होने के कारण यह समुदाय सबको मुक्त किए बिना खुद आजाद नहीं हो सकता। दूसरे, पूंजीपति वर्ग के साथ इसका रिश्ता ऐसा है कि उनमें कभी मेल-मिलाप नहीं हो सकता।

कारखाने में वस्तुओं के उत्पादन की प्रक्रिया में इस सर्वहारा के शारीरिक शोषण से ही पूंजीपति को मुनाफा होता है। शारीरिक शोषण इस अर्थ में कि पूंजीपति उसके श्रम का उचित मूल्य उसे नहीं देता। सर्वहारा के जायज प्रतिफल में कटौती से ही पूंजीपति का मुनाफा बढ़ता है। इसीलिए पूंजीपति और सर्वहारा के सामूहिक हित एक-दूसरे के विपरीत होते हैं। मजदूर अगर अपनी मजदूरी बढ़ाने की कोशिश करते हैं तो पूंजीपति के मुनाफे में कमी आती है। दूसरी ओर अधिक-से-अधिक मुनाफा हासिल करने के लिए पूंजीपति कामगार की मजदूरी को न्यूनतम रखना चाहते हैं। उनकी इस आपसी शत्रुता को देखकर ही मार्क्स ने सर्वहारा को पूंजीवाद की कब्र खोदने वाला माना था।

ध्यान देने की बात यह है कि पूंजीपति और सर्वहारा, दोनों ही आर्थिक से अधिक सामाजिक कोटियां हैं। इसलिए उत्पादन के साधनों से रहित कामगार, जिसके शोषण से पूंजीपति को मुनाफा हासिल होता है, अगर अधिक मजदूरी पाता है तो भी उसे सर्वहारा ही कहा जाएगा। इस सर्वहारा के सजीव श्रम से ही सभी तरह के मूल्य पैदा होते हैं। जब तक जिंदा मनुष्य मशीन पर काम नहीं करेगा, तब तक किसी भी वस्तु का उत्पादन संभव नहीं। इसीलिए मार्क्स ने सब कुछ पर सर्वहारा का अधिकार बताया था। मार्क्सवाद के अनुसार पूंजीवादी समाज का इतिहास पूंजीपति और सर्वहारा वर्ग के संघर्ष का इतिहास है। सर्वहारा का मकसद शोषण पर आधारित पूंजीवादी समाज को समाप्त करना है और वर्गरहित साम्यवादी समाज का निर्माण करना है। इसके लिए सर्वहारा को तीन स्तरों पर संघर्ष करना होता है। पहले स्तर पर आर्थिक संघर्ष द्वारा वह ज्यादा मजदूरी, काम के कम घंटे और अन्य सुविधाओं के लिए संघर्ष करता है। इस संघर्ष द्वारा मजदूर वर्ग में एकजुटता और वर्ग-चेतना बढ़ती है। दूसरे स्तर पर सर्वहारा राजनीतिक संघर्ष करता है। इस संघर्ष का उद्देश्य पूंजीवादी व्यवस्था को कमजोर करना और राजसत्ता पर अपना वर्चस्व बढ़ाना और अंततः राजसत्ता हासिल करना है। इसे मार्क्सवाद की शब्दावली में सर्वहारा का अधिनायकत्व नाम दिया गया है। तीसरा संघर्ष विचारधारात्मक है। इस संघर्ष द्वारा सर्वहारा वर्ग पूंजीवादी और प्राक-पूंजीवादी विचारों के प्रभाव से अपने को मुक्त करता है और सर्वहारा के क्रांतिकारी विचारों से अपने को लैस करता है।

गोपाल प्रधान

अधिक जानकारी के लिए :
1. कम्युनिस्ट घोषणापत्र : कार्ल मार्क्स और फ्रेडरिक एंगेल्स, **2. How To Read Karl Marx :** Ernst Fischer, Franz Marek, 1996

सर्वात्मवाद

सर्वात्मवाद की सार्वभौमिक स्थापना यह है कि पशु-पक्षी, पेड़-पौधे, मिट्टी-पत्थर, सूर्य-चंद्र सभी में आत्मा का अस्तित्व है। इसका अर्थ है—जिस तरह मनुष्य जीवंत और संवेदनशील है, इसी तरह विश्व की सभी वस्तुओं में प्राण है और वे चेतना संपन्न हैं। सर्वात्मवाद वस्तुतः मनुष्य की चेतना का विश्व की सभी वस्तुओं पर आरोप है। इसे अंग्रेजी में 'एनिमिज्म' (Animism) कहा गया है, जो 'एनिमेटिज्म' का विस्तृत रूप है। इससे जो 'लोकविश्वास' बने हैं, वे हैं : 1. पूर्वपुरुष या मृतक की आत्मा की पूजा, 2. उन आत्माओं की भी उपासना जो आवश्यक नहीं है कि भौतिक वस्तुओं

से जुड़ी हों, और 3. सभी वस्तुओं में आत्मा का दर्शन और उसकी उपासना। (स्टैंडर्ड डिक्शनरी ऑफ फोकलोर, माइथोलॉजी एंड लीजेंड, मारिया लीच)। एडवर्ड टाइलर के अनुसार, सर्वात्मवाद आत्मा और पारलौकिकता में विश्वास रखने वाला जीवन दर्शन है। (रिलीजन इन प्रिमिटिव कल्चर)। आदिम-मानव समूहों ने अपने प्रकृति-संपर्कित जीवन के बीच से सभी वस्तुओं में आत्मा लक्षित की थी।

टाइलर ने सर्वात्मवाद की व्याख्या करते हुए आगे बताया कि आदिम मानव समूहों ने अनुभव किया कि जो आत्मा शरीर का त्याग करती है, वह स्वप्नावस्था में प्रेतछाया के रूप में पुनः शरीर में पहुंचती है। उसमें देह धारण की शक्ति होती है और वह अपने को रूपांतरित करने में सक्षम होती है। आज भी दुनिया भर की जनजातियां एक तरफ भौतिक जीवन को पूर्णतः सत्य मानती हैं तो दूसरी तरफ वे आत्मा और उसकी छायाओं में विश्वास करती हैं। वे अपने पूर्वजों की आत्मा की उपासना करती हैं, ताकि वे अनिष्टकारी प्रेतात्मा में रूपांतरित न हों। जन-जातियां पेड़-पौधे, नदी-पहाड़ और एक तरह से संपूर्ण प्राकृतिक पर्यावरण को सचेतन आत्मा के रूप में देखती हैं। उनके अनुसार, स्वप्न में आत्मा बहिर्गमन करती है, शिकार करती है और अन्य सभी आत्माओं से मिलकर नाचती-गाती है।

दुनिया के सभी धर्मों में यह तत्व प्रधानता से है कि आत्मा नहीं मरती। इसलिए मृतक के लिए भोजन देने की प्रथा है या उसकी आत्मा की शांति के लिए प्राथनाएं की जाती हैं। आदिम मानव समूहों से चली आकर यह प्रथा आधुनिक नगरों में भी मौजूद है।

देखा जा सकता है कि जनजातियों की सर्वात्मवाद की धारणा ने प्राकृतिक धर्म को संपूर्णता प्रदान की। ट इलर ने जनजातीय जीवन का अध्ययन करके निष्कर्ष निकाला था कि मानवजाति के विकास का वह एक महत्वपूर्ण मोड़ था, जब आदिम मानव समूहों ने यह सोचना शुरू किया कि धरती-आकाश, ग्रह-नक्षत्र, पहाड़-नदी, पेड़-पौधों, सभी में कोई-न- कोई शक्ति है। जब भूकंप या बाढ़ और सुनामी आती है या आंधी-पानी के साथ बिजली गरजती है, आम आदमी उस शक्ति का अनुभव करता है। सर्वात्मवाद की धारणा ही आगे चलकर देवताओं के आविष्कारों में परिणत हुई। अग्नि, जल, वायु, सूर्य आदि देवताओं के रूप में देखे जाने लगे। पेड़ों, नदियों और पहाड़ों की उपासना होने लगी और ये कहीं-कहीं कथाओं में भी ढलने लगे। अंततः एक सर्वशक्तिमान परमात्मा या ईश्वर की धारणा बनी। आज बहुदेववाद या एकेश्वरवाद जहाँ जो है, वह सर्वात्मवाद का ही विकास है।

हम देखते हैं कि छायावादी काव्य में प्रकृति के मानवीकरण और उसके आध्यात्मिक दर्शन की एक बड़ी प्रेरणा सर्वात्मवाद है। पंत ने 'चिंदबरा' की भूमिका में छायावाद को 'भारतीय जागरण की चेतना का सर्वात्मवादमूलक कैशोर समारंभ' कहा है। छायावाद के एक प्रमुख आलोचक नंद दुलारे वाजपेयी ने एक भिन्न दृष्टि से स्थापित किया, 'मानव अथवा प्रकृति के सूक्ष्म सौंदर्य में आध्यात्मिक छाया का भाव मेरे विचार से छायावाद की एक सर्वमान्य व्याख्या हो सकती है।' (जयशंकर प्रसाद)। छायावादी कवि आमतौर पर प्रकृति पर मानवीय भावों का आरोप करते थे, वे प्रकृति की वस्तुओं को सप्राण मानते हुए उन्हें मानवीय रूप में देखते थे। फिर भी उनका मुख्य उद्देश्य प्रकृति से मनुष्य के चिरंतन रागात्मक संबंध का उद्घाटन था। वे मानवीय अंतर्जगत को रूढ़ियों और संकीर्णताओं से मुक्त कर एक विस्तृत भावभूमि प्रदान करना चाहते थे।

शंभुनाथ

अधिक जानकारी के लिए :

1. Primitive Culture : Researches into the Development of Mythology, Philosphy, Religion, Art and Custom : Edward Brnett Tylar, 1871,
2. Body and Mind : A History and a Defence of Animism : William McDougall, 1920

सर्वेश्वरवाद

सर्वेश्वरवाद (Pantheism) के अनुसार 'सब कुछ ईश्वर है' यानी सृष्टि ईश्वर में निहित

है या ईश्वर ही सृष्टि है। कुछ भी ईश्वर से बाहर नहीं है। यह सिद्धांत एकेश्वरवाद और बहुदेववाद से भिन्न है। एकेश्वरवाद के अनुसार ईश्वर एक है। उसके दूत अलग-अलग हो सकते हैं। इसी तरह बहुदेववाद में एक से अधिक ईश्वर (या देवताओं) की सत्ता मानी गई है। सर्वेश्वरवाद वहां भी नहीं है, जहाँ प्रकृति को ईश्वर से अलग माना गया है। प्रख्यात दार्शनिक स्पिनोजा (1632-1677) ने पश्चिम की दार्शनिक परंपरा में सर्वेश्वरवाद को एक दार्शनिक मत की तरह प्रस्तुत किया। देकार्त (1596-1650) की आलोचना करते हुए स्पिनोजा ने अपना मत प्रस्तुत किया है। देकार्त ईश्वर और प्रकृति, मस्तिष्क तथा शरीर के मध्य अंतर करता है। उदाहरण के लिए, चिंतन मस्तिष्क की और विस्तार शरीर की विशेषता है। वह घोषणा करता है कि ईश्वर ही अकेला आत्मनिर्भर तत्व है जिस पर सभी तत्व निर्भर करते हैं और इनकी स्वतंत्रता सापेक्षिक होती है। इस मत की आलोचना करते हुए स्पिनोजा कहते हैं, 'यदि तत्व को जीवित रहने अथवा प्रकट करने के लिए अपने सिवा किसी की भी जरूरत नहीं है, यदि ईश्वर भी तत्व है और प्रत्येक चीज उस पर निर्भर है, तब प्रकट रूप में ईश्वर से बाहर कोई तत्व नहीं हो सकता। ईश्वर सभी विशेषताओं और घटनाओं का कारण और वाहक है। वह ऐसा अकेला सिद्धांत है जिसमें सभी चीजें अपने अस्तित्व को पाती हैं। वही अकेला विचारशील और विस्तृत तत्व है।' स्पिनोजा की इस सोच में सर्वेश्वरवाद की अवधारणा निहित है जो उस समय के प्रतिष्ठित धर्मों (ईसाई, यहूदी) से मेल नहीं खाती थी। स्पिनोजा के सिद्धांत के कारण उसके विरुद्ध रोष उत्पन्न हुआ और निरीश्वरवादी कहकर उसकी भर्त्सना की गई।

निरीश्वरवाद किसी भी रूप में ईश्वर की सत्ता को स्वीकार नहीं करता। निरीश्वरवादी भौतिक सत्ता को ही अंतिम मानता है, जबकि सर्वेश्वरवादी संपूर्ण सृष्टि में आध्यात्मिक सत्ता का वास मानता है या सृष्टि को ही आध्यात्मिक सत्ता मानता है। सर्वेश्वरवाद की अवधारणा विभिन्न धर्मों और दार्शनिक मतों में कई रूपों में देखी जा सकती है।

सूफीमत में सर्वेश्वरवाद को 'हम्मा ओस्त' कहते हैं, जिसका अर्थ है, सब ईश्वर है। शंकराचार्य का अद्वैतवाद सर्वेश्वरवाद का ही एक रूप है। अद्वैतवाद के अनुसार ब्रह्म सत्य और जगत मिथ्या है। माया के कारण ही जगत ब्रह्म से अलग नजर आता है। अगर ब्रह्म ही सत्य है तो जगत भी ब्रह्म ही है और यही सर्वेश्वरवाद है।

कुछ संत ईश्वर को एक सत्ता कहते हैं और अपनी सत्ता उसमें लय करते हैं। कुछ ने इस अबोल, अव्यक्त, अनिर्वचनीय, अद्वितीय कहा है। स्पष्ट है कि सर्वेश्वरवाद में ईश्वर की कल्पना ईश्वर की सामान्य कल्पना से अलग है। कबीर, रैदास, दादू और नानक के काव्य में सर्वेश्वरवाद के उदाहरण मिलते हैं। परमात्मा की सर्वव्यापकता के कारण निर्गुण संत मंदिर-मस्जिद जाने, बाह्य पूजा-पाठ, तीर्थाटन, मूर्तिपूजन आदि को व्यर्थ कहते हैं और मन से की गई पूजा पर बल देते हैं। उनके लिए आंतरिक उपासना महत्वपूर्ण है। इसी कारण वे जाति-व्यवस्था की भी निंदा करते हैं और विश्वबंधुत्व को मान्यता देते हैं। वे सब धर्मों की एकता पर जोर देते हैं।

जब तक मैं, मेरा, ममता आदि है, तब तक सर्वेश्वरवाद नहीं हो सकता। सभी जगह ईश्वर है, इसका ज्ञान होने पर अपना व्यक्ति नगण्य हो जाता है। तुलसीदास, सूरदास और मीराबाई के काव्य में भी सर्वेश्वरवाद के तत्व हैं। तुलसीदास का कहना है, 'सियाराममय सब जग जानी'।

विजय शर्मा

अधिक जानकारी के लिए :
1. पाश्चात्य दर्शन का इतिहास : फ्रैंक, थिलो, **2. भारतीय दर्शन :** राधाकृष्णन, **3. Elements of Pantheism :** Paul Harrison, **4. Pantheism And Christian Theology :** John Hunt

सर्वोदय

'सर्वोदय' पद का सर्वप्रथम प्रयोग महात्मा गांधी ने किया था। दक्षिण अफ्रीका प्रवास के दिनों में अपने मित्र पोलक द्वारा दी गई जॉन रस्किन की प्रसिद्ध पुस्तक 'अनटु दिस लास्ट' का महात्मा गांधी पर गहरा प्रभाव पड़ा था। उन्होंने 'सर्वोदय' शीर्षक से इस पुस्तक का गुजराती में अनुवाद किया था, लेकिन एक विचारधारा के रूप में सर्वोदय दर्शन का विकास गांधी के विचारों को बीजरूप में स्वीकार करते हुए विनोबा और उनके साथियों द्वारा किया गया। गांधी के देहांत के बाद मार्च 1948 में सेवाग्राम में आयोजित गांधीवादी कार्यकर्ताओं की एक बैठक में एक सर्वोदय समिति का गठन किया गया। इस समिति द्वारा व्यापक स्तर पर गांधीवादी कार्यकर्ताओं का एक बृहद सम्मेलन 1949 में इंदौर में आयोजित किया गया, जिसमें विनोबा भावे ने सर्वोदय के सिद्धांतों को प्रतिपादित किया। उनके द्वारा समाज-परिवर्तन के कार्यक्रम बनाने और चलाने के लिए 'अखिल भारतीय सर्वसेवा संघ' की स्थापना की गई। दादा धर्माधिकारी तथा जयप्रकाश नारायण

जयप्रकाश नारायण

जैसे विचारशील व्यक्तियों ने इस दर्शन तथा इससे प्रेरित कार्यक्रमों और आंदोलनों में महत्वपूर्ण भूमिका निभाई। विनोबा के नेतृत्व में भूदान-ग्रामदान जैसे प्रसिद्ध आंदोलन इसी दर्शन से प्रेरित थे, जो एक समय काफी प्रभावी थे। हिंदी के साहित्यकारों में भवानीप्रसाद मिश्र का इस दर्शन और कार्यक्रमों से घनिष्ठ संबंध था।

सर्वोदय सिद्धांत समाजवाद के आदर्श में आस्था रखता है, लेकिन वह उस तक पहुंचने के लिए जो मार्ग और तरीके अपनाना चाहता है, वे उसे एक भिन्न विचार दर्शन का दर्जा दे देते हैं। जयप्रकाश नारायण ने सांख्यदर्शन के त्रिगुणात्मक प्रकृति के विचार के आधार पर सर्वोदय को व्याख्यायित करते हुए उसे 'सात्विक समाजवाद' की संज्ञा दी है। उनका कहना है कि जो समाजवाद हिंसक क्रांतियों के माध्यम से स्थापित होता है, वह तामसिक समाजवाद है और जो राज्य की शक्ति से कानून बनाकर स्थापित किया जाता है, वह राजसिक समाजवाद है। सर्वोदय लोकपहल, प्रेम और करुणा के माध्यम से समाजवाद लाना चाहता है, इसलिए वह सात्विक है।

सर्वोदय के विचार में अहिंसक प्रतिरोध या गांधीवाले सत्याग्रह का कोई स्थान नहीं है। विनोबा का मानना है कि लोकशिक्षण अर्थात प्रेमपूर्वक समझाने-बुझाने से ही लोगों के हृदय-परिवर्तन द्वारा समाजवादी परिवर्तन लाया जा सकता है। वह लोकपहल को महत्व देने के कारण गांधी के आर्थिक विकेंद्रीकरण, देशी प्रौद्योगिकी तथा ग्राम स्वराज्य के आदर्शों को तो स्वीकार करते हैं, लेकन इस उद्देश्य की उपलब्धि के लिए अहिंसक प्रतिकार की धारणा को स्वीकार नहीं करते। उनकी मान्यता है कि विचारों के प्रसार द्वारा ही इस लक्ष्य को प्राप्त किया जा सकता है। इसे वे 'सौम्य' सत्याग्रह की संज्ञा देते हैं।

बहुत-से आलोचकों की राय में सर्वोदय की आदर्श परिकल्पना में कोई खोट नहीं है, लेकिन उसे व्यावहारिक रूप देने के लिए केवल व्यक्ति पर निर्भरता एक भूल है। सर्वोदय वांछनीय और व्यवहार्य के बीच की खाई को नहीं पाट पाया। राममनोहर

लोहिया ने उसे 'प्रेम का अपर्याप्त सिद्धांत' कहा, क्योंकि उसमें अन्याय के प्रति रोष-अहिंसक रोष के लिए कोई स्थान नहीं है। शायद यही कारण था कि एक समय उसके एक मुख्य स्तंभ जयप्रकाश नारायण को अंततः प्रेम के साथ-साथ रोष अर्थात अहिंसक प्रतिकार को भी अपने दर्शन और कार्यक्रमों में स्थान देना पड़ा तथा अहिंसक वर्ग-संघर्ष के सिद्धांत को स्वीकृति देनी पड़ी।

नंदकिशोर आचार्य

अधिक जानकारी के लिए :

1. The Sarvodaya Movement : Gandhian Approach to Peace and Non violence : S Narayan Swamy, 2003, **2. Sarvodaya Ideology and Acharya Vuinoba Bhave :** V Narayan Karan Reddy, 1963

सविनय अवज्ञा

सविनय अवज्ञा किसी कानून की अवज्ञा करना है और यह स्वीकार करना है कि हम इस कानून का विरोध करने के लिए यह अवज्ञा कर रहे हैं और इसकी सजा हमें खुशी-खुशी मंजूर है। इसे सिविल नाफरमानी और अहिंसक संघर्ष भी कहते हैं। महात्मा गांधी के लिए यह सत्याग्रह था। इसके तीन तत्व हैं : 1. सविनय अवज्ञा करने वाले की नजर में कोई कानून या प्रशासनिक आदेश गलत या अनैतिक है, 2. वह इस कानून का विरोध करता है और अपना विरोध प्रकट करने के लिए सार्वजनिक रूप से उस कानून या आदेश को तोड़ता है, और 3. अपने इस विरोध में वह हिंसा का प्रयोग नहीं करता है। लोकतंत्र में सरकारी अन्याय का विरोध करने का यह अनूठा तरीका है।

पौराणिक साहित्य में बालक प्रह्लाद का चरित्र सविनय अवज्ञा का एक प्रसिद्ध उदाहरण है। वह विष्णु का भक्त था, जबकि उसका पिता हिरण्यकश्यप विष्णु की उपासना का विरोधी था। हिरण्यकश्यप प्रह्लाद को जितना मना करता था, उसकी भक्ति उतनी ही दृढ़ होती जाती थी। एक दिन हिरण्यकश्यप ने अपनी बहन होलिका को आदेश दिया कि वह प्रह्लाद को गोद में लेकर अग्नि में प्रवेश कर जाए। होलिका की तो मृत्यु हो गई, पर प्रह्लाद अक्षत रहा। पश्चिम में ग्रीक दार्शनिक सुकरात को ऐसी ही स्थिति से गुजरना पड़ा था। उसकी राजनीतिक और नैतिक शिक्षाएं शासकों को पसंद नहीं थीं। उन्होंने सुकरात को जहर का प्याला पीने का दंड दिया। सुकरात ने बहुत ही शांति के साथ और अपने शिष्यों से बातचीत करते हुए प्राण त्याग दिए। इन दोनों उदाहरणों से पता चलता है कि सविनय अवज्ञा में कुछ कम या ज्यादा, कष्ट सहना सन्निहित है। नाफरमानी करने वाला व्यक्ति या समूह त्याग करने और कष्ट उठाने के लिए तैयार रहता है।

सविनय अवज्ञा आधुनिक युग में लोकतांत्रिक विरोध का लोकप्रिय माध्यम बन चुकी है। उन्नीसवीं और बीसवीं शताब्दी में हेनरी डेविड थोरो (1817-1862), महात्मा गांधी (1869-1948) और मार्टिन लूथर किंग, जूनियर (1929-1968)—ये तीन बड़े नाम सविनय अवज्ञा का उत्कृष्ट उदाहरण माने जाते हैं। थोरो दास-प्रथा के विरोधी थे और दास-प्रथा विरोधी आंदोलन का सक्रिय समर्थन करते थे। उन्होंने पॉल टैक्स चुकाने से इस आधार पर इनकार कर दिया था कि यह पैसा दास-प्रथा को बनाए रखने वाली और मेक्सिको से युद्ध कर रही सरकार के काम आएगा। परिणामस्वरूप थोरो को गिरफ्तार कर जेल भेज दिया गया। थोरो का निबंध 'सिविल सरकार का प्रतिरोध' (सविनय अवज्ञा पर निबंध) (1849) अहिंसक प्रतिकार का क्लासिक माना जाता है। इस निबंध का संदेश यह है कि व्यक्तियों को ऐसी सरकार का समर्थन नहीं करना चाहिए जो अन्याय कर रही हो, क्योंकि समर्थन करने से वे भी अन्याय के भागीदार बन जाते हैं। मार्टिन लूथर किंग, जूनियर अश्वेत पादरी थे। उन्होंने अमेरिका में अश्वेतों को उनके नागरिक अधिकार दिलाने के लिए जबरदस्त संघर्ष किया था। महात्मा गांधी को उनके असहयोग आंदोलन और सत्याग्रह के लिए दुनिया भर में जाना जाता है। सच तो यह है कि गांधी ने ही सविनय अवज्ञा का शस्त्र

विकसित किया और दक्षिण अमेरिका तथा भारत में उसका सफल प्रयोग कर उसकी व्यावहारिकता भी स्थापित की। गांधी के सत्याग्रह की एक प्रमुख बात यह थी कि हम जिसका विरोध कर रहे हैं, उसके प्रति हमारे मन में रत्ती भर भी द्वेष नहीं होना चाहिए। गांधी के शिष्य, समाजवादी विचारक और नेता ने स्वतंत्र भारत में सिविल नाफरमानी के कई प्रयोग कर इस सरकारी मिथक को तोड़ा कि लोकतंत्र में सरकार की अवज्ञा के लिए कोई जगह नहीं है।

आधुनिक युग में सविनय अवज्ञा का व्यापक प्रयोग दिखाई देता है। ब्रिटिश शासन से मुक्ति पाने के लिए मिस्र का जन-आंदोलन (1919) मुख्यतः अहिंसक था। 1968 में चेकोस्लोवाकिया के कम्युनिस्ट प्रमुख अलेक्जेंडर दुबचेक के सुधारवादी कार्यक्रम को रोकने के लिए सोवियत संघ ने वारसा संधि के तहत हमला किया, तब एक बूंद भी खून नहीं बहा, चेक जनता ने अहिंसक विरोध के जरिए उसका स्वागत किया। बाद में 1989 में चेक जनता ने कम्युनिस्ट पार्टी के दमनकारी शासन का अहिंसक प्रतिकार करके अपने देश को आजाद किया और लोकतंत्र की स्थापना की। पोलैंड और उक्रेन का स्वतंत्रता संघर्ष भी अहिंसक था। अमेरिका में वहां की सरकार की कुछ नीतियों के विरोध में चल रहा बोस्टन टी पार्टी अभियान सविनय अवज्ञा की शक्ति प्रकट करता है। मजे की बात यह है कि स्वयं अमेरिका ने भी सविनय अवज्ञा के द्वारा ब्रिटिश शासन से मुक्ति पाई थी। इंग्लैंड से आई हुई चाय की पेटियों को अमेरिकन लोगों ने बोस्टन बंदरगाह के पास समुद्र में डुबो दिया था। अमेरिका में पूंजीवाद का विरोध करने के लिए कई वर्षों से जारी वॉल स्ट्रीट पर कब्जा करो (ऑकुपाइ वॉल स्ट्रीट) आंदोलन सविनय अवज्ञा के नियमों से चल रहा है। पर्यावरण को बचाने का विश्वव्यापी अभियान और स्त्री-मुक्ति का संघर्ष, दोनों ही अहिंसक आंदोलन हैं और नागरिक अवज्ञा पर आधारित हैं।

अमेरिकी विद्वान और विधि विशेषज्ञ रोनाल्ड ड्वार्किन ने सविनय अवज्ञा के तीन प्रकार बतलाए हैं : 1. सिद्धांत निष्ठा से प्रेरित, जैसे अमेरिका में भागे हुए दासों को उनके मालिक को लौटाने का कानून, जिसकी अनेक लोगों ने अवमानना की थी। 2. न्याय भावना से प्रेरित, जैसे नागरिक अधिकार आंदोलन के दौरान अश्वेतों ने कई कानूनों को तोड़ा और जेल गए। 3. नीति प्रेरित, जब कोई व्यक्ति सरकार की किसी नीति का, जिसे वह बिलकुल गलत मानता है, विरोध करते हुए उसे तोड़ता है। कुछ विद्वानों का मानना है कि अवज्ञा आंदोलन के लिए यह आवश्यक नहीं है कि वह हिंसा से पूरी तरह बचा रहे। इस पर भी बहस जारी है कि कानून तोड़ने वालों को अदालत के सामने जुर्म स्वीकार करना चाहिए या नहीं। लेकिन यह बहस किताबी है, क्योंकि दोनों ही हालात में कानून के अनुसार सजा मिलनी ही है। अदालतों के सामने महात्मा गांधी का तर्क यह रहता था कि मेरे लिहाज से यह जुर्म नहीं है, लेकिन अगर आप जुर्म समझते हैं तो मैं इसकी कड़ी-से-कड़ी सजा भुगतने को तैयार हूं।

हिंदी कथा-साहित्य में सविनय अवज्ञा के तीन बड़े उदाहरण मिलते हैं। प्रेमचंद ने एक पूरा उपन्यास 'रंगभूमि' इस थीम पर लिखा है। इसका नायक अन्याय के विरुद्ध लगातार सत्याग्रह करता है। उसकी मृत्यु भी ऐसे ही एक प्रकरण में होती है। फणीश्वरनाथ 'रेणु' के प्रसिद्ध उपन्यास 'मैला आंचल' का बामन दास भी सत्याग्रह करते हुए मारा जाता है। श्रीलाल शुक्ल के उपन्यास 'राग दरबारी' के लंगड़ को एक दस्तावेज की नकल पाने के लिए बार-बार अदालत जाने से एतराज नहीं है, पर उसने तय कर लिया है कि वह रिश्वत नहीं देगा।

राजकिशोर

सहजयान

सहजयान का सरल अर्थ है स्वाभाविक वाहन या आसान साधना। सहज शब्द तांत्रिक साधना से प्रभावित पंथों में पाया गया है। आनंद कुमार स्वामी ने इसे 'सभी विचारों की चरम उपलब्धि' और 'आत्मा

और पदार्थ' की एकरूपता के रूप में व्याख्यायित किया है। इस दृष्टि से न कुछ पवित्र है, न कुछ शुद्ध और शून्य है। 'सहज' शब्द का प्रयोग आठवीं सदी से मिलने लगता है। सिद्ध गुरु सरहपा ने इस शब्द का प्रयोग किया था। बौद्ध धर्म में सहजयान को वज्रयान का एक अंश बताया गया है, इसका कोई अलग पंथ नहीं है। 'कुदृष्टि निर्घात क्रम' में दो प्रकार के साधक बताए गए हैं—शैक्ष और अशैक्ष। शैक्षों को आचार के सभी नियमों का पालन करना होता था और चर्या का अनुगमन करना पड़ता था। अशैक्ष, योग और अनुत्तर की साधना करते थे। उनको आधार संबंधी नियमों से स्वतंत्रता थी। वे केवल सहज स्वभाव पर अधिक बल देते थे। उनके लिए जन्म-मृत्यु के चक्र से छुटकारा पाने के लिए संसार का त्याग जरूरी नहीं था। इसी संसार में रहते हुए मोक्ष संभव है। सहज जीवन जीते हुए, बिना शरीर को कष्ट दिए और शमन-दमन की नीति अपनाए भी मुक्ति संभव है।

इस पंथ ने वज्रयानी गुह्य तांत्रिक अनुष्ठानों से मुक्त होकर हृदय की सहज वृत्तियों के स्फुरण को महत्व दिया। निर्वाण को 'सहज' के रूप में व्याख्यायित किया और 'प्रज्ञा' तथा 'उपाय' की समरसता के लिए एक ऐसी बाहरी साधना की आवश्यकता बताई गई, जिसमें साधक अपने लक्ष्य की प्राप्ति के लिए 'मुद्रा' के साथ यौन संबंध भी स्थापित कर सकता था। मुद्राएं छोटे कुल की स्त्रियां हुआ करती थीं। इनके प्रति सहज प्रेम होता था। इस तरह सहजयान ने कर्मकांड को ही नहीं ठुकराया, धर्मशास्त्रों के अध्ययन को भी व्यर्थ बताया। उन्होंने रति और योग पर बल दिया। पुरुष और स्त्री की इस एकता को उन्होंने जागरण के रूप में देखा। इसे वे 'प्रज्ञा और उपाय' या 'करुणा और शून्यता' की एकता मानते थे।

सहजयानी बौद्धों ने कई गीत लिखे, जिन्हें 'चर्यापद' कहा जाता है। ये रहस्यमय शब्दावली में अपना दर्शन व्यक्त करते थे। सहजयानी बौद्ध शुद्ध चित्त की स्थिति पाने को महासुख कहते हैं। यह स्थिति चर्चा, तर्क या वर्णन के लिए नहीं है। इसका रहस्य सिर्फ गुरु से जाना जा सकता है। ऐसे सहजयानियों ने कुंडलिनी क्रिया का सहारा लिया। कुंडलिनी को मध्य नाड़ी सुषुम्ना द्वारा जगाया जाता है। इसे वे स्त्री शक्ति मानते थे। व्यक्ति के अंदर सहज स्वभाव ही 'महासुख' है। सहजयानियों ने अपने रास्ते से पुरुष और स्त्री की विषमता मिटाई। 'वैष्णव सहजिया' ने मैथुन योग में प्रेम को भी जोड़ा जिससे इसका रूप कालांतर में बदल सका। इसमें 'परकीया और स्वकीया' की धारणाएं भी बनीं। परम अन्य के प्रति प्रेम परिवर्तनशील है और लीन करने वाला है जो महासुख है।

आठवीं से बारहवीं सदी तक बौद्ध धर्म की सहजयानी शाखा ने समाज के पिछड़ों और जाति व्यवस्था में सबसे निचले स्तर के लोगों का महत्व बढ़ाने का काम किया था। उन्हें वैदिक व्यवस्था से बाहर आकर सम्मान मिला। इस पंथ के गुरु जैसे सरह, हडीया, डोंबिया, तांतिपा, लुइपा आदि पिछड़ी और अवहेलित जातियों के थे।

हिंदू धर्म में सहजयान का प्रवेश नाथपंथी योगियों द्वारा हुआ है। संत-परंपरा के जरिए भक्ति आंदोलन पर भी सहजयान का प्रभाव देखा जा सकता है। बंगाल के बाउल गीतों, संत ज्ञानेश्वर, मीरा, कबीर और गुरुनानक आदि के कथनों में सहजयान का असर है। बंगाल तथा ओड़िसा के संबलपुर में और बोलंगीर क्षेत्र के लोगों में इसकी लोकप्रियता अधिक थी।

उदयराज

सहजानंद सरस्वती

सहजानंद सरस्वती गांधी-युग के जुझारू स्वाधीनता सेनानी, संगठित किसान आंदोलन के प्रणेता, सिद्धांतकार और मार्गदर्शक जननेता थे। उनका जन्म 22 फरवरी 1889 में महाशिवरात्रि को गाजीपुर (उ.प्र.) जिले के देवा नामक गांव में एक खाते-पीते किसान परिवार में हुआ था। 1906 में

नवीं कक्षा में पढ़ते समय ही उनके मन में वैराग्य की तीव्र इच्छा हुई और 1907 की फरवरी में चुपके से काशी पहुंचकर उन्होंने संन्यास ले लिया। कुल-गोत्र-जाति-सूत्र-शिखा के साथ-साथ घर का दिया नाम नवरंग राय भी छूट गया और नया नाम हुआ स्वामी सहजानंद। किसी सिद्ध योगी महात्मा की खोज में एक वर्ष तक तमाम तीर्थों की खाक छानी, फिर निराश होकर छह वर्षों तक काशी में रहकर शास्त्रों का मंथन किया। 1914 के दिसंबर में बलिया में भूमिहार ब्राह्मण महासभा के अधिवेशन में उनका भाषण सार्वजनिक जीवन में उनका प्रथम प्रवेश था। भूमिहार भी ब्राह्मण हैं—इस मान्यता को आगे रखकर वे भूमिहारों के बीच शिक्षा और समाज-सुधार का प्रचार करने में लग गए।

1920 के दिसंबर में पटना में गांधी जी से उनका संपर्क हुआ और वे कांग्रेस की राजनीति में कूद पड़े। असहयोग आंदोलन में 2 जनवरी 1922 को गिरफ्तार हुए और लगभग एक वर्ष तक जेल में रहे। 1927 में बिहटा (पटना) में सीतारामाश्रय की स्थापना की और पश्चिमी पटना किसान सभा का गठन किया। नवंबर 1929 में बिहार प्रांतीय किसान सभा की स्थापना की और उसके प्रथम अध्यक्ष चुने गए। नमक सत्याग्रह के दौरान 1930 में दुबारा गिरफ्तार हुए और छह महीने जेल में रहे। 1933 में किसान सभा के झंडे के नीचे बिहार में काश्तकारी कानून संशोधन का तीव्र विरोध किया। 1934 में भूकंप पीड़ितों की सेवा करते हुए गांधी जी से उनका मोहभंग हो गया, लेकिन कांग्रेस में वे बने रहे। 1935 में बिहार प्रांतीय किसान सभा के तीसरे सम्मेलन में जमींदारी उन्मूलन का प्रस्ताव पारित करवाया। 1936 में जब अखिल भारतीय किसान सभा की स्थापना हुई तो स्वामी जी उसके भी प्रथम अध्यक्ष चुने गए। कांग्रेस मंत्रिमंडलों के गठन के बाद सहजानंद ने कांग्रेस के फैजपुर किसान कार्यक्रम को लागू कराने की ठान ली और बिहार में बड़हिया, रेवड़ा, मझियावां, अमवारी, छितौली, सांडा में किसान सत्याग्रह की शानदार मिसालें पेश कीं। यदुनंदन शर्मा, आर्यानंद शर्मा, यमुना कार्यी, राहुल सांकृत्यायन, रामवृक्ष बेनीपुरी जैसे बड़े नेताओं के नेतृत्व में किसान-शक्ति का अभूतपूर्व जागरण हुआ। 1939 में सुभाषचंद्र बोस के साथ उनका सहयोग बढ़ा। उनके साथ 1940 में रामगढ़ में अखिल भारतीय समझौता विरोधी सम्मेलन आयोजित किया। समझौता विरोधी आंदोलन के दौरान ही उनकी तीसरी गिरफ तारी हुई। अप्रैल 1940 से 8 मार्च 1942 तक दो साल हजारीबाग सेंट्रल जेल में बंदी जीवन के दौरान उन्होंने आठ पुस्तकें लिखीं-मेरा जीवन संघर्ष, किसान कैसे लड़ते हैं, किसान सभा के संस्मरण, किसान क्या करें, खेत मजदूर, झारखंड के किसान, क्रांति और संयुक्त मोर्चा और गीता हृदय। विजयवाड़ा में आयोजित अखिल भारतीय किसान सभा के आठवें अधिवेशन (1944) में अध्यक्ष चुने गए।

सहजानंद सरस्वती

दूसरे विश्वयुद्ध की समाप्ति के बाद बदली हुई परिस्थितियों में नई बहसें उठ खड़ी हुईं और कम्युनिस्टों से उनका टकराव बढ़ता गया। समाजवादी और फॉरवर्ड ब्लॉक के लोग भी किसान सभा से अलग हो गए। 1946 में उन्होंने पुरुषोत्तम दास टंडन की अध्यक्षता में हिंद किसान पंचायत का गठन किया

और पाकिस्तान की मांग का विरोध किया। आजादी के तुरंत बाद 'अब क्या हो' नाम की पुस्तक लिखकर उन्होंने कांग्रेस शासन के विरुद्ध वामपंथी एकता और 'मजदूर किसान राज्य' के कार्यक्रम पर जोर दिया। 1948 में 18 वामपंथी दलों के संयुक्त मोर्चे का संयोजन किया, अखिल भारतीय संयुक्त किसान सभा की स्थापना की और 6 दिसंबर को कांग्रेस से इस्तीफा देकर उससे अलग हो गए। 1949 के अक्टूबर में कलकत्ता में भारतीय संयुक्त समाजवादी सभा की स्थापना में योगदान दिया। बिखरी हुई शक्तियों को जोड़कर गांव-गांव किसानों के बीच घूमते हुए एक नई लड़ाई की तैयारी कर ही रहे थे कि मई में उनकी तबीयत खराब हो गई और 25 जून 1950 को मुजफ्फरपुर में उनकी मृत्यु हो गई।

यद्यपि सहजानंद ने अपने सार्वजनिक जीवन के आरंभ में भूमिहार ब्राह्मण आंदोलन का कार्य किया, लेकिन वे एक जाति आधारित सभा के दायरे से निकलकर किसान सभा की राजनीति की ओर बढ़ गए और आजीवन वर्ग-संघर्ष की लाइन पर डटे रहे। 1946 में उन्होंने 'किसानों को फंसाने की तैयारियां' नामक लेख लिखकर किसानों को और उनके नेताओं को जाति सभाओं से दूर रहने की हिदायत दी। वे आजीवन एक संन्यासी के बाने में रहे और आचार-निष्ठा का कठोरता से पालन करते रहे। वस्तुतः उन्होंने गीता प्रतिपादित संन्यास के आदर्श को किसानों की सेवा से एकरूप कर दिया था और किसानों को ही अपना भगवान बना लिया था। वे धार्मिक होते हुए भी धर्म को राजनीति से या राजनीति को धर्म से मिलाने के सख्त विरोधी थे। इस बात को लेकर वे गांधी की भी आलोचना करते थे। इतना ही नहीं, उन्होंने गीता के संदेश को साम्यवाद के मेल में रखकर एक भरी-पूरी पुस्तक (गीता हृदय) ही लिख डाली। जिस प्रकार स्वामी विवेकानंद ने वन के वेदांत को जीवन में प्रतिष्ठित करने के लिए 'व्यवहार वेदांत' की अवधारणा प्रस्तुत की थी, उसी प्रकार स्वामी सहजानंद ने निष्क्रिय वेदांत के स्थान पर 'सक्रिय वेदांत' का प्रस्ताव किया। उन्होंने किसानों को 'भाग्य और भगवान' के भरोसे भूले रहने का पौरुषहीन धर्म सिखाने के बजाय वर्गीय एकता और वर्ग-संघर्ष के द्वारा अपने हक के लिए उठ खड़े होने और लड़ने का पौरुषयुक्त धर्म सिखाया।

किसान सभा के भीतर भी उन्होंने हमेशा गरीब किसानों पर जोर दिया और क्रमशः उनका झुकाव भूमिहीन खेत मजदूरों की ओर बढ़ता गया। राहुल सांकृत्यायन ने उन्हें 'मजदूर किसान राज्य का निर्भय स्वप्नद्रष्टा, शोषितों-पीड़ितों का अदम्य नेता' कहा था, तो रामवृक्ष बेनीपुरी ने 'भारतीय किसान आंदोलन का एकछत्र नेता और जनता का अपना आदमी' कहा था। कम्युनिस्ट नेता सी राजेश्वर राव ने लिखा है, 'किसान समुदाय कभी भी उनकी सेवा और अपनी खुशी के लिए उनके बलिदान को भुला नहीं सकता। हमारे देश के किसानों के हृदय में उन्होंने स्थायी स्थान बना लिया है और हमारे हृदय में भी दलित, पीड़ित जनमानस के लिए समझौताहीन सिपाही और लड़ाकू देशभक्त के रूप में उनका स्थान अमर है।' किसान नेता एन जी रंगा ने उनके अपराजेय व्यक्तित्व को 'अपराजेय स्वामी' नाम दिया था।

शीलभद्र याज्ञी के विचार से वे 'कट्टर मार्क्सवादी एवं वैज्ञानिक समाजवादी' थे और यदुनंदन शर्मा की दृष्टि में 'भारतीय किसान संघर्ष के लेनिन।' इस सबके साथ यह तथ्य भी ध्यान में रखना चाहिए कि अपने तमाम वामपंथी रुझान के बावजूद वे कभी कम्युनिस्ट पार्टी में शामिल नहीं हुए। 'लोकयुद्ध' के संपादक अशोक कुमार का मूल्यांकन अधिक संतुलित और सत्य के निकट है, 'सहजानंद सरस्वती को राजनीतिक तौर पर क्रांतिकारी किसान जनवादियों की पांति में रखना चाहिए। उनका यह किसान चरित्र ही उन्हें बेबाक, जुझारू और वामपंथी बनाए रखता है।'

हिंदी प्रदेश, विशेष रूप से बिहार और उत्तर प्रदेश में जनजागरण, विशेष रूप से किसान जागरण का श्रेय स्वामी सहजानंद को है। जमींदारों के विरुद्ध उनके अविचल संघर्ष ने हिंदी के अनेक बुद्धिजीवियों, लेखकों, कवियों को विशेष रूप से प्रभावित किया।

राहुल सांकृत्यायन, नागार्जुन और रामवृक्ष बेनीपुरी तो उनके किसान आंदोलन से गहरे जुड़े थे। इसीलिए उनके साहित्य पर उसकी गहरी छाप है। अज्ञेय, प्रभाकर माचवे, भीष्म साहनी जैसे लोग भी कमोबेश उनके संपर्क में आए थे।

अवधेश प्रधान

अधिक जानकारी के लिए :
1. मेरा जीवन संघर्ष : स्वामी सहजानंद, **2. किसान गुरु स्वामी सहजानंद :** कुबेरनाथ राय, **3. सहजानंद-ज्योति कलश :** सी पी एन ठाकुर, **4. स्वामी सहजानंद और उनका किसान आंदोलन :** अवधेश प्रधान, 5. **Sahajananad in Agricultural and Rural poor :** Water Houser

सहजिया संप्रदाय

सहजिया संप्रदाय का संबंध सहजयानी सिद्धों की उस साधना से है, जो किसी संक्रमण काल में वैष्णव प्रभाव से युक्त हो गई। इसके प्रवर्तक कौन थे, इसका उद्‌भव कब हुआ, इसके बारे में स्पष्ट साक्ष्यों का अभाव है। किंतु पूर्वी भारत खासकर बंगाल, बिहार और उड़ीसा में बौद्ध धर्म की महायान शाखा के भीतर विकसित वज्रयानी-सहजयानी सिद्धों, हिंदू तांत्रिकों तथा वैष्णवों की धर्म साधना के सम्मिश्रण से एक संप्रदाय विकसित हुआ जो हृदय की सहज वृतियों को महत्व देता था। सहजयानियों से वैष्णव सहजिया संप्रदाय का एक प्रमुख अंतर यह है कि इनके उपास्य देवता कृष्ण हैं, लीला की अवधारणा पर इनका विश्वास है और परकीया प्रेम इनका मान्य आदर्श है।

सहजिया भक्तों के पदों में प्रेम का परकीया रूप निखरकर सामने आता है और प्रगीतात्मकता का विस्तार दिखाई देता है। बांग्ला कवि चंडीदास को सहज की चर्चा और व्याख्या करने के कारण 'वैष्णव सहजिया' के रूप में प्रतिष्ठा मिली है। कृष्ण और राधा के प्रेम को सखीभाव से उपासना का विषय बनाकर जयदेव और विद्यापति ने जिस भावधारा को अपने गीतों में प्रतिष्ठित किया, उसे चंडीदास ने एक नया मोड़ दिया। वज्रयानियों की पंचमकारी साधना में जैसे किसी निम्न जाति की स्त्री को 'मुद्रा' के रूप में ग्रहण किया जाता था, उसी प्रकार चंडीदास ने रामी नाम की स्त्री को अपनी प्रेयसी बनाकर प्रेम साधना का एक ऐसा रास्ता निकाला जो जयदेव और विद्यापति से भिन्न, एक अलग 'सहजिया संप्रदाय' के रूप में विकसित हुआ।

यद्यपि डी आर शास्त्री और देवीप्रसाद चट्टोपाध्याय ने सहजिया संप्रदाय की साधना को निरी काम-वासना और कामुकता की अभिव्यक्ति मानकर व्याख्या की है, लेकिन चंडीदास जैसे कृती साहित्यकार की अनुपम कला की व्याख्या किसी ऐसी सतही पृष्ठभूमि में रखकर संभव नहीं है। सहजिया वैष्णव मानते है कि राधा और कृष्ण की प्रेम लीला का एक अलौकिक स्तर है जिसकी लौकिक अभिव्यक्ति संसार के प्रत्येक पुरुष और नारी के प्रेम में होती है। प्रत्येक पुरुष कृष्ण है, प्रत्येक नारी राधा। राधाकृष्ण की अप्राकृत प्रेम लीला 'स्वरूप' है और उनकी प्राकृत लीला 'रूप' है। वैष्णव सहजिया साधक का संसार में दिखाई देने वाली प्राकृत प्रेम लीला (रूप) के ऊपर राधाकृष्ण की अप्राकृत-अलौकिक प्रेमलीला (स्वरूप) का आरोप करके 'रूप' के माध्यम से 'स्वरूप' को उपलब्ध करने की भाव-साधना करना है।

चंडीदास ने कहा है—सुनह मानुष भाई, सवार ऊपर मानुष सत्य ताहार ऊपर नाइ अर्थात मानुष सत्य सबके ऊपर है। मनुष्य का सांसारिक प्रेम ही (रूप) राधाकृष्ण के आध्यात्मिक प्रेम (स्वरूप) की उपलब्धि का सोपान या द्वार है। प्रेम की प्रगाढ़ता स्वकीया से भी अधिक परकीया में देखी जाती है। इसीलिए इस साधना में परकीया प्रेम का इतना महत्व है। इसकी व्याख्या करते हुए संत साहित्य के खोजी और मर्मज्ञ परशुराम चतुर्वेदी ने लिखा है, 'सहजिया वैष्णव प्रेमभाव में उत्कर्ष लाने के लिए किसी साधक का परकीया के संसर्ग में रहना अत्यंत आवश्यक मानते हैं परंतु वे परकीया के भी मुख्य एवं मंजरी नामक दो भेद करते दीख पड़ते हैं। वास्तव में इनकी

मंजूरी ही सहजयानियों की मुद्रा है...मुख्य परकीया वह 'अंतरंग' शक्ति है जिसकी साधक में परमात्म तत्त्व का ज्ञान प्राप्त कर उसके प्रति पूर्ण समर्पण कर देना पड़ता है।'

वैष्णव सहजिया साधना की यह धारणा बहुत कुछ सूक्तियों की विचारधारा से मेल खाती है जिसके अनुसार इश्कमिजाजी (सांसारिक प्रेम) के ही माध्यम से इश्कहकीकी (आध्यात्मिक प्रेम) तक पहुंचा जाता है। सहजिया संप्रदाय के वैष्णव केवल इसकी व्याख्या से संतोष करके नहीं रह जाते बल्कि 'मंजरी' के साथ परकीया प्रेम के द्वारा वे इसे अपने व्यक्तिगत अनुभव का अंग बना लेते हैं। दिनकर जी ने लिखा है कि सहजिया संप्रदाय ने सामाजिक मर्यादाओं अनुसरण करने वाले 'विधिमार्ग' के विरुद्ध उस 'राजमार्ग' का प्रस्ताव किया, जिस पर मनुष्य के मन में वृत्तियां सहज भाव से चलने की अभ्यस्त हों। परकीया प्रेम विधिमार्ग में निम्न है लेकिन राजमार्ग में वह स्वीकार्य है। सामिष-निरामिष आहार का भी यहां कोई विचार नहीं किया जाता। यहां 'प्रत्येक परकीया राधा है और प्रत्येक साधक कृष्ण तथा उनका प्रेम दूषित नहीं, विशुद्ध समझा जाता है।' (संस्कृति के चार अध्याय)

देवीशंकर अवस्थी ने इसे शाक्तागमों और शैवागमों की प्रतीकात्मक पृष्ठभूमि में समझने का संकेत दिया है। वे वैष्णव काव्य पर श्रृंगारिकता के प्रभाव को इस संप्रदाय की देन मानते हुए लिखते हैं, 'वैष्णव काव्य पर श्रृंगार रस का प्रभाव सहजिया संप्रदाय की देन है जिसे बाद में चैतन्य महाप्रभु ने शास्त्रीय रूप दिया।'

संभव है, कालांतर में सहजिया संप्रदाय की प्रेम साधना से काम-वासना का संकरा गुप्त मार्ग निकल पड़ा हो जिसकी ओर डी आर शास्त्री और डी डी चट्टोपाध्याय ने संकेत किया है। दिनकर ने 'उर्वशी' में जिस कामाध्यात्मवाद का आख्यान किया है, उस पर सहजिया संप्रदाय की कुछ बातों का प्रभाव देखा जा सकता है।

प्रेमशंकर सिंह

अधिक जानकारी के लिए :

1. उत्तर भारत की संत परंपरा : परशुराम चतुर्वेदी, **2. मध्यकालीन प्रेमसाधना :** परशुराम चतुर्वेदी **3. Obscure Religious Cults :** Shashibhushan Dasgupt, 1946

सहिष्णुता

सहिष्णुता का प्रयोग पहले उन संतों की सहनशीलता के लिए किया जाता था, जिन्हें अपने नए विचारों के कारण कट्टरवादियों की कठोर बातें सुननी पड़ती थीं। महाभारत में है, 'अल्प मति के व्यक्ति कुछ भी कहें, बुद्धिमान को सह लेना चाहिए।' (शांतिपर्व, 114.7)। तुलसी के रामचरितमानस में है, 'बूंद अघात सहईं गिर कैसे, खल के वचन संत सह जैसे।' असहिष्णुता शिक्षा के अभाव की देन है। वे जो विविध विचारों की पुस्तकें नहीं पढ़ते या गलत शिक्षा पाते हैं, वे ही असहिष्णुता, शत्रुतापूर्ण व्यवहार और अधैर्य का परिचय देते हैं। अज्ञानता और पूर्वग्रह असहिष्णुता के मूल हैं। आइंस्टीन ने कहा था कि सभी व्यक्ति अभिव्यक्ति की स्वतंत्रता का उपयोग कर सकें, इसके लिए सहिष्णुता जरूरी है। शिक्षा का सर्वश्रेष्ठ फल सहिष्णुता है।

गांधी ने सहिष्णुता शब्द को लोकप्रिय बनाया और कहा, 'असहिष्णुता एक तरह की हिंसा है जो लोकतांत्रिक भावना के विरुद्ध है।' उन्होंने सहिष्णुता शब्द पसंद नहीं किया, क्योंकि इससे अपनी तुलना में दूसरों के विश्वास या मत की हीनता का बोध होता है। इसमें एक तरफ दया का भाव छिपा है तो दूसरी तरफ अत्याचारों के संदर्भ में सहिष्णुता वस्तुतः कायरता है। गांधी ने तब भी कहा कि सहिष्णुता से अच्छा शब्द दूसरा नहीं है और यदि है तो वह 'अहिंसा' है। सहिष्णुता बरतकर ही दूसरे विश्वास और मत वालों के साथ पड़ोसी और मित्रों की तरह रहा जा सकता है और भारत के लोगों ने सदियों से इस तरह रहना सीखा है।

नए युग में सभ्यता के विकास के साथ विश्व भर में सहिष्णुता की जरूरत बढ़ी है, खासकर

असहिष्णुता की हिंसात्मक अभिव्यक्तियों का जवाब देने के संदर्भ में। देखा जाता है कि राजनीति में, खासकर चुनावों के समय दुनिया भर में राजनेता एक दूसरे के लिए गाली-गलौज की भाषा का इस्तेमाल शुरू कर देते हैं और किसी न्यायाधीश की तरह टीका-टिप्पणी करते हैं। इसे बर्बर, औपनिवेशिक और अलोकतांत्रिक आचरण माना जाता है। लोकतंत्र की बुनियाद ही उदारवाद पर टिकी है, जिसका एक प्रमुख तत्व सहिष्णुता है।

सहिष्णुता की भारतीय परंपरा वैदिक दार्शनिकों की मतभिन्नता और तर्क में गहरी रुचि से स्पष्ट हो जाती है। इतिहास में उन्हीं राजाओं और बादशाहों को महान माना गया, जिन्होंने सहिष्णुता का परिचय दिया। भारत में दार्शनिक चर्चाओं और बहसों को हमेशा प्रोत्साहन मिला है। महाभारत जैसे हिंसा से भरे महाकाव्य में यही सच माना गया, 'जो सभी प्राणियों के प्रति दयालु, अहिंसा में निरत और कठोर वचन नहीं बोलने वाला है, वही संत है।' (वनपर्व)। बौद्ध जातक में है, 'आदमी अपने से ऊंचे का कठोर वचन भय से सहता है, बराबर वाले का इसलिए सहता है कि झगड़ा न हो, पर जो अपने से छोटे ओहदे वालों का वचन सहता है, वही संत है।' (सरभंग जातक)।

कबीर जैसे संत कवियों द्वारा पाखंडों-अंधविश्वासों की कठोर आलोचना के बावजूद किसी ने उन पर हमला नहीं किया। शंकर से लेकर बसव, रामानंद, ज्ञानेश्वर, तुलसी, रहीम तक ने धार्मिक सुधार के कई प्रयत्न किए। धार्मिक सहिष्णुता के उदाहरण कला, साहित्य और संस्कृति के मिश्रणों में भी नजर आते हैं। एक चोल राजा ने तंजौर में बृहदेश्वर शैव मंदिर का निर्माण कराया तो उसमें विष्णु की मूर्ति भी प्रतिष्ठित की और ध्यानस्थ बुद्ध की मूर्ति भी। जैन-सनातनपंथी संघर्ष और मुसलमानों-हिंदुओं के धार्मिक तनावों में बहुत कुछ टूटा और विध्वंस भी हुआ। ऐतिहासिक दौर एक समान नहीं होते, पर असहिष्णुता पर सहिष्णुता ने अंततः हमेशा विजय हासिल की।

देखा गया है कि सहिष्णुता ने परस्पर संघर्षण को अंततः अंतर्मिश्रण में बदल दिया। तुलसी कहने लगे, 'अगुनहि सगुनहि नहिं कछु भेदा'। अकबर ने (1556-1605) अंग्रेजों से दोस्ती की, उन्हें विधर्मी और विदेशी समझकर मारा-काटा नहीं। 1574 में अकबर ने अनुवाद और ऐतिहासिक तथ्यों के संग्रह के लिए फतेहपुर सीकरी में एक केंद्र खोला था। इसमें दूसरे धर्मों के अलावा हिंदू धर्म के महाकाव्यों के फारसी में अनुवाद हुए, इन पर आधारित चित्र बनाए गए। दाराशिकोह ने उपनिषदों के कुछ हिस्सों का अनुवाद किया। जैनुल आबदीन ने महाभारत का अनुवाद किया। बुल्लेशाह ने 'ककहरा सीहरफी' में वेदांत पर लिखा। विष्णुपुराण और कथासरित्सागर का अनुवाद हुआ। मुगल दरबार में विभिन्न धर्मों के विद्वानों की जमघट होती थी। 'गुरुग्रंथ साहिब' में मुस्लिम संतों के पद हैं।

बर्नियर ने अपने यात्रा वृत्तांत में लिखा है, 'शिवाजी ने सूरत को लूटते समय रेवरेंड फादर एंबोज, जो केपसीन संप्रदाय के पादरी थे, के मकान को यह कहकर छोड़ दिया कि अंग्रेजों के पादरी सीधे स्वभाव के होते हैं। उन्हें दुख देना उचित नहीं है।' भारतेंदु हरिश्चंद्र ने कुरान शरीफ का अनुवाद शुरू किया था।

आज तमाम उकसावों के बावजूद हम जिस भारत में रहते हैं, वह सहिष्णु भारत है और ऊपर के उदाहरणों में इसकी महान परंपरा के कुछ चित्र हैं। दरअसल, सृजनात्मकता और कलाएं हमेशा विभिन्न स्रोतों की चीजों के मिश्रण से ही ऊंची जमीन हासिल करती हैं।

2015 में एक लंबे समय बाद भारत में धार्मिक असहिष्णुता एक बार फिर बड़ा मुद्दा बना, क्योंकि लेखकों, पत्रकारों और बुद्धिवादी समाजकर्मियों की हत्या का सिलसिला चल पड़ा था। शांतिप्रिय जनता के सामने हिंदुत्व के नाम पर उच्छृंखलता और हिंसा के ऐसे दृश्य सामने आए, जो पहले नहीं थे। अभिव्यक्ति की स्वतंत्रता का सवाल उठा तो यह सवाल भी उठा कि किसी को हक नहीं है कि दूसरे के धार्मिक विचारों पर आघात पहुंचाए। यह बात

भी सामने आई कि दूसरों के जूते में कोई अपना पैर क्यों डाले और अपने साइज का न होने पर क्यों चीखे। जितने मत, उतने पथ। देश के सभी कोनों में भारत की अखंडता और सहिष्णुता का मुद्दा गरमाया और बड़ी हस्तियां मुखर हुईं। स्पष्ट है कि सहिष्णुता को मिटाने की कोई भी राजनीतिक मुहिम भारत की महान परंपराओं को ही चुनौती नहीं है और यह विश्व में भारत की प्रतिष्ठा को ही दांव पर लगाना नहीं है, बल्कि इसका बुरा असर विदेशी निवेश और देश की आर्थिक वृद्धि पर भी पड़ सकता है।

सहिष्णुता के मुद्दे पर भारतीय रिजर्व बैंक के गवर्नर रघुराम राजन की प्रतिक्रिया ऐतिहासिक थी। उन्होंने अपने वक्तव्य में कहा, 'आज के युग में आर्थिक वृद्धि के लिए नए विचारों की भी बड़ी जरूरत है। इसका अर्थ है पुरानी व्यवस्था और परंपराओं की भी आलोचनात्मक ढंग से जांच होनी चाहिए, वे चाहे देशी हों या विदेशी। वे चाहे हजारों साल पहले पैदा हुए हों या कुछ मिनट पहले। चाहे वे अनपढ़ छात्र के हों या सुप्रसिद्ध प्रोफेसर के। कुछ भी छूटे नहीं, बल्कि हर चीज पर बहस और निरंतर निरीक्षण होना चाहिए। विचारों को लेकर यदि प्रतिस्पर्धा नहीं होगी तो उनमें स्थिरता आ जाएगी।' (आईआईटी, दिल्ली में भाषण, 13 अक्टूबर 2015)। इस तरह सहिष्णुता धर्म के क्षेत्र के साथ-साथ बाजार-अर्थव्यवस्था की उन्नति के संदर्भ में भी चर्चा का विषय बनी।

शंभुनाथ

अधिक जानकारी के लिए :

1. Tolerance : A Sensoral Orientation to Politics : Lars Tonder, 2013, **2. Law and Religion :** Gad Barzilai (Ed.), 2007, **3. Tolerance : Betneem Forbearance and Acceptance :** Hans Oberdick, 2001

सहृदय

भारतीय काव्यशास्त्र में काव्य के पाठक, ग्रहीता-श्रोता या सहृदय को जितना महत्व दिया गया है, वैसा अन्य किसी देश के काव्यशास्त्र में देखने में नहीं आता। इस सहृदय को विभिन्न काव्यशास्त्रीय संप्रदायों में सामाजिक, रसिक या प्रमाता आदि विभिन्न संज्ञाओं से संबोधित किया गया है, लेकिन सभी संप्रदाय सामाजिक या 'सहृदय' का होना आवश्यक मानते हैं। सहृदय की यह अवधारणा हमें वैदिक साहित्य में ही बीजरूप में मिल जाती है। ऋग्वेद के बृहस्पति सूक्त में वाक की अन्य विशेषताओं के साथ सख्य भाव का अनुभव करना भी कहा गया है–'अत्रा सखायः सख्यानि जानते'। इसी तरह वाग्वधुका से संबंधित सूक्त में वाक को एक ऐसी वधू के रूप में चित्रित किया गया है जो अपने को उसी के सम्मुख खोलती है, जो उसे जानने के लिए अत्यंत उत्कंठित हो। वाक के मर्म को जानने की यह उत्कंठा वाक के प्रयोक्ता के साथ सहृदय की भी मांग करती है, क्योंकि उसके बिना वाक के आशय का बोध होना संभव नहीं है।

भरत के नाट्यशास्त्र में सामाजिक अर्थात ग्रहीता का सहृदय होना आवश्यक माना गया है। सहृदय होने का तात्पर्य है अपनी निजता का अतिक्रमण करते हुए कवि के साथ हृदय-संवादी होना। इसके बिना कोई काव्य अपनी वास्तविक परिणति तक नहीं पहुंचता। इसलिए भट्टतौत कवि, नायक और रसिक के अनुभव को समान स्तर पर देखते हैं। यही ग्रहीता का संप्रेषक से हृदय-संवाद है। अभिनवगुप्त भी कवि और सामाजिक को समान मानते हैं तथा सरस्वती-तत्व को 'कवि सहृदयात्मक' कहते हैं।

सहृदयता का गुण सामाजिक को अर्जित करना होता है, तभी वह काव्य-आस्वादन का वास्तविक अधिकारी माना जा सकता है। इसके लिए उसे निजी कुंठाओं और एषणाओं का अतिक्रमण कर अपने चित्त को कवि से हृदय-संवाद के लिए परिष्कृत करना होता है। इसलिए अभिनवगुप्त 'सहृदय' को 'विमलप्रतिभाशाली' होना आवश्यक मानते हैं। विमलप्रतिभा के बिना रसविघ्नों के पार जाकर वह रसप्रतीति करना संभव नहीं है। अभिनवगुप्त ने रसविघ्नों की चर्चा करते हुए अपनी सूची में

काव्यगत या नटगत विघ्नों के साथ रसिकगत विघ्नों का भी उल्लेख किया है। वे सात रसविघ्न गिनाते हैं, जिनमें प्रथम तीन—संभावनाविरह, स्वपरगत देशकाल विशेषावेश तथा निजसुखादिविवशीभाव का सीधा संबंध सहृदय या सामाजिक से है। प्रथम का संबंध सहृदय की अपनी कल्पना-शक्ति से तथा अन्य दो का संबंध निजता के अतिक्रमण से है। इसी तरह कुंतक सहृदय को सचेता बताते हुए उसे 'काव्यार्थविद' मानते हैं। इसका सीधा तात्पर्य यह है कि एक सचेत काव्यार्थविद केवल सतही अर्थ से संतुष्ट नहीं होता और उसी के सम्मुख वाग्वधुका अपने को खोलती है। भवभूति जब अनंत काल के बाद ही सही, विपुल पृथ्वी पर किसी समानधर्मा या सहृदय को पाने का विश्वास रखते हैं तो वह वस्तुतः प्रत्येक कवि की अपेक्षा और विश्वास को ही व्यंजित कर रहे होते हैं।

नंदकिशोर आचार्य

अधिक जानकारी के लिए :
1. संक्षिप्त नाट्यशास्त्र : भरत : राधावल्लभ त्रिपाठी, **2. काव्यशास्त्र :** भगीरथ मिश्र, **3. भारतीय काव्यशास्त्र :** सत्यदेव बाहरी

सांख्य दर्शन

सांख्य भारत का प्राचीनतम वैदिक दर्शन है। इसके प्रवर्तक कपिल थे। कई अन्य दर्शनों मे जो स्थान ब्रह्म और आत्मा का है, वह सांख्य में प्रकृति और पुरुष का है। पुरुष शुद्ध चेतन रूप है और शुद्ध प्रकाश है। प्रकृति के तीन घटक हैं—सत्व, रजस और तमस्। सत्य का स्वभाव 'शुद्ध प्रकाश' है, रजस का स्वभाव 'कर्म' है और तमस का स्वभाव 'स्थिति' है। हर वस्तु में ये तीनों गुण हैं। तमोगुण शुद्ध प्रकाश और कर्म में अवरोध पैदा करता है। अचेतन वस्तुओं में तमस की प्रधानता, कर्मेंद्रियों में रजोगुण की प्रधानता और ज्ञानेंद्रियों में सतोगुण की प्रधानता होती है। पांच कर्मेंद्रियां हैं—वाक, हाथ, पैर, गुदा और जनेंद्रिय। पांच ज्ञानेंद्रियां हैं—कान, आंख, नाक, जीभ और त्वचा। पांच भौतिक तत्व हैं—पृथ्वी, जल, अग्नि, वायु और आकाश। सोलहवां पदार्थ मन है। मन का विकास दसों इंद्रियों के कर्मों के साथ होता है।

प्रकृति पुरुष के संसर्ग से काम करती है, जिसे 'अंध-पंगु न्याय' से समझा गया है। प्रकृति अंधी है, वह क्रिया कर सकती है पर देख नहीं सकती। पुरुष पंगु है, देख सकता है पर चल नहीं सकता। जब अंधा पंगु को अपने कंधों पर बैठा लेता है, तब देखना और चलना दोनों काम होने लगते हैं। बुद्धि को प्रकृति और पुरुष के बीच भेद करना होता है। सांख्य दर्शन में तीन मुख्य प्रमाण माने गए हैं—प्रत्यक्ष, अनुमान और आगम। इसमें कहा गया है—'ईश्वरा सिद्धेः' अर्थात ईश्वर असिद्ध है। सांख्य दर्शन में धर्म का अर्थ है भलाई और अधर्म का अर्थ है बुराई। धर्म से सुख मिलता है, अधर्म से दुख।

सांख्य ने न केवल संसार को ईश्वर की सृष्टि नहीं माना, बल्कि स्पष्ट घोषित किया कि वैदिक यज्ञों और धर्मानुष्ठानों से दुखभोग का निवारण नहीं होगा। यज्ञ के साथ हिंसा का सिलसिला शुरू होता है जिससे दुख बढ़ता है, घटता नहीं है। सांख्य ने धार्मिक ताम-झाम के संबंध में स्पष्ट लिखा कि यज्ञादि धर्मानुष्ठान से हम थोड़े समय के लिए पाप दूर कर सकते हैं, उससे हमेशा के लिए छुटकारा नहीं पा सकते। सांख्य ने वैदिक उपायों से अपनी असहमति दर्ज करते हुए कहा, 'दृष्टवदानुश्रविकः स ह्य विशुद्धिक्षयातिशययुक्तः' अर्थात अनुश्रविक (वेद) के उपाय पूरी तरह विशुद्ध नहीं हैं, क्षयशील और अतिशयतापूर्ण हैं। इसके आधार पर देवीप्रसाद चट्टोपाध्याय ने सांख्य को अनीश्वरवादी दर्शन ही नहीं, वेद-विरोधी दर्शन भी घोषित किया। हालांकि वेद के विपरीत जाते हुए भी सांख्य के दार्शनिकों ने वेद की निंदा करने की जगह केवल उसकी सीमाएं बताईं। सांख्यकारिका की द्विपदियों में भौतिक औषधियों का सेवन है। फिर भी इससे दुखभोग पूर्णतया निर्मूल नहीं हो सकता।' वेद के प्रति सांख्य का रुख निंदा का नहीं है, केवल विवेकपरक आलोचना का है। इसी कारण श्वेतश्वर उपनिषद में प्रकृति और पुरुष के साथ ईश्वर का तत्व शामिल कर सांख्य के प्रथम

दार्शनिक कपिल की महिमा गाई गई, 'हर चीज, हर रूप, हर स्रोत पर शासन करने वाले परमेश्वर ने सर्वप्रथम कपिल को विवेक से परिपूर्ण किया और इसे उत्पन्न होते देखा।' यदि सांख्य वेद-निंदक होता तो उसे उपनिषद में कभी ऊंची जगह नहीं मिलती। कहा जाता है कि गौतम बुद्ध ने भी कपिल के शिष्यों से शिक्षा ली थी और उन्हीं की स्मृति में कपिलवस्तु बना।

इससे आज के संदर्भ में तीन मुख्य निष्कर्ष निकलते हैं। पहला, धर्म में असहमति की भारतीय परंपरा बहुत प्राचीन है। दूसरा, बाह्य प्रदर्शन और हिंसा को साहसपूर्वक काफी पहले बुरा घोषित किया गया और तीसरा, बौद्धिक चिंतन का सांप्रदायिक समतलीकरण भारतीय परंपरा नहीं है। यही वजह है कि कपिल के दर्शन को उपनिषद में भी सम्मान मिला और बौद्ध धर्म में भी। इसका मतलब है कि वैचारिक संघर्ष ही नहीं, अंतर्मिश्रण भी भारतीय यथार्थ है।

सांख्य ने प्रकृति और पुरुष को सनातन मानकर प्रकृति को कार्य-कारण संबंध से परिभाषित किया। कपड़ा तभी बनेगा, जब धागा हो। बिना कारण के कोई कार्य नहीं होगा, यह धारणा विकासवाद की बुनियाद है। सांख्य इस धारणा का विरोध करता है कि ईश्वर की मर्जी या चेष्टा से कार्य होता है। इस प्रकार वह धर्म की अलौकिकता पर ही आक्रमण कर देता है। सांख्य के अनुसार, प्रकृति खुद एक ऐसे संसार में विकसित होती है, जो दुख और विध्वंस से भरा हुआ है। उसका लक्ष्य मनुष्य को उसकी नींद से जगा देना है। पुरुष एक निष्क्रिय सत्ता है। वह प्रकृति की विभिन्न क्रियाओं का लक्ष्य है। 'गीता' में अर्जुन एक ऐसे ही निष्क्रिय सनातन पुरुष बना दिए गए हैं। जो कार्य होता है, कृष्ण करते हैं, जो सारथि हैं। वह वस्तुतः विराट सनातन प्रकृति ही हैं। कृष्ण अर्जुन को नींद से जगाते हैं। उनका मुख्य लक्ष्य अर्जुन में यह भाव पैदा करना है, 'मैं नहीं हूं, मेरा कुछ नहीं है और मेरे मन में कोई अहं भाव नहीं है।' (सांख्यकारिका)।

इस प्रकार सांख्य का विस्तार उपनिषद और बौद्ध दर्शन तक ही नहीं है, 'गीता' तक है, जहाँ वह योग के मेल से खड़ा है। इससे यह निष्कर्ष निकलता है कि प्राचीन छह वैदिक दर्शनों में सबसे अधिक धर्मनिरपेक्ष और वैज्ञानिक तत्व सांख्य में हैं। सांख्य की कमी यह है कि इसमें मनुष्य प्रकृति के हाथों कठपुतली बना होता है। वह अपनी क्षमता से अनजान होता है। इसलिए प्रकृति पर विजय की कोई सचेत कार्रवाई नहीं कर पाता।

शंभुनाथ

अधिक जानकारी के लिए :
1. सांख्य दर्शन : सौरभ आत्रेय, **2. सांख्य का सार :** दिनेश राय द्विवेदी, **3. Theory and Practice of Yoga :** Knut Jacobsen, **4. भारतीय दर्शन :** देवी प्रसाद चट्टोपाध्याय

सांगठनिक नेतृत्व

हर संगठन में नेतृत्व (Organisational Leadership) पर सफलताएं निर्भर करती हैं। यह क्षमता ऊंचे पद पर होने मात्र से नहीं पैदा हो जाती। यह विशेष नेतृत्वकारी गुणों आत्मविश्वास, सतर्क दृष्टि, वाक्पटुता, अखंडता, दायित्वबोध से समन्वित व्यक्तित्व, सहभागिता क्षमता, अभिरुचि, निर्णय लेने की बौद्धिक क्षमता, निर्धारित आदर्शों के प्रति दृढ़ता, व्यक्तिगत व्यवहारकुशलता, अधीनस्थ लोगों को प्रभावित करने और उन्हें लक्ष्यों की ओर ले जाने की क्षमता और अवस्था के अनुसार व्यवस्था लेने की कुशलता पर निर्भर करती है। इस तरह पद, वैयक्तिक विशेषता और परिस्थिति मिल कर नेतृत्व की क्षमता विकसित करते हैं।

नेतृत्व की एकतांत्रिक, जनतांत्रिक और निष्पृहात्मक शैलियां बताई गई हैं। एकतांत्रिक शैली ऊपर से नीचे की तरफ अभिमुख होती है। इससे कार्य तेजी से संपन्न होता है, पर सामूहिक अभिप्रेरणा और जवाबदेही में ह्रास आ जाता है। नेतृत्व की जनतांत्रिक शैली में राय-मशविरा करके निर्णय लिया जाता है। इससे सांगठनिक मनोबल, अभिप्रेरणा और स्थिरता बढ़ती है, पर कार्य की गति

में थोड़ा धीमापन, जोड़-तोड़ के दुर्गुण पैदा होने की संभावना रहती है। नेतृत्व की निस्पृहात्मक शैली में नेतृत्व की अनुपस्थिति विशेष भूमिका निभाती है, अनुपस्थिति को उपस्थिति से या अप्रत्यक्ष को प्रत्यक्ष से ज्यादा जरूरी माना जाने लगता है। इसमें कार्य समूह के सदस्यों में दक्षता, स्वतंत्र व्यक्तित्व और निर्णय क्षमता का विकास जरूर होता है, पर ऐसे संगठन में अराजकता की संभावना बढ़ जाती है।

इधर बड़े कॉर्पोरेट, औद्योगिक या राजनीतिक संगठनों में नेतृत्व की एकतंत्रीय शैली ज्यादा लोकप्रिय है। कंपनियों में सीईओ सब कुछ होता है और दलों में अध्यक्ष। दोनों जगहों पर एकतंत्रीय शैली जनतांत्रिक शैली से अधिक प्रभावी मानी जाती है। एकतंत्रीय शैली का नेतृत्व अधिक सक्रिय, मजबूत, स्वतंत्र रूप से शीघ्र निर्णय करने वाला, दृढ़, सतर्क, बहिर्मुखी और प्रेरक होता है। यह स्वतंत्र और दृढ़ मन से बड़े कार्य संपन्न करा लेता है और एक व्यक्ति के छवि-निर्माण पर बल देता है। एकतंत्रीय शैली की सफलता व्यक्ति के अपने गुणों पर निर्भर करती है। यह इस पर निर्भर करती है कि नेतृत्व की इस शैली का अपने सहयोगियों तथा अधीनस्थों से संबंध कितना अंतर्क्रियात्मक और सार्थक है। एकतंत्रीय शैली की बढ़ी लोकप्रियता और प्रभावोत्पादकता लोकतांत्रिक शैली के दुरुपयोग से पैदा हुई असफलता का नतीजा माना जाता है। नए जमाने के कॉर्पोरेट घरानों और राजनीतिक दलों में व्यक्ति-नेतृत्व की एकतंत्रीय शैली का बोलबाला ज्यादा है, लेकिन टिकाऊ सफलता वहीं है जहां व्यक्ति-नेतृत्व और जनतांत्रिक शैली का सुंदर सामंजस्य है।

शंभुनाथ

सांप्रदायिकता

सांप्रदायिकता इस मान्यता पर आधारित है कि किसी भी समाज का निर्माण करने वाले विभिन्न धार्मिक समुदायों के हित न सिर्फ एक-दूसरे से भिन्न होते हैं बल्कि एक-दूसरे के विपरीत भी होते हैं। सांप्रदायिकता की शुरुआत तब होती है, जब मान लिया जाता है कि जनता को उसके लौकिक अर्थात राजनीतिक, आर्थिक, सामाजिक और सांस्कृतिक उद्देश्यों के लिए धार्मिक पहचानों के आधार पर संगठित और एकजुट किया जा सकता है। सांप्रदायिकता को सृजनात्मकता की ही नहीं, सामाजिकता की भी विरोधी एकांगी मानसिकता के रूप में देखा जाता है। प्रेमचंद मानते थे, 'सांप्रदायिकता की जड़ भी कितनी अन्य बुराइयों की भांति हमारी आर्थिक परिस्थिति से पोषक रस खींचकर फलती-फूलती रहती है।' (विविध प्रसंग)। सांप्रदायिकता को राष्ट्र-निर्माण और सामाजिक विकास की एक बड़ी बाधा के रूप में देखा गया है।

सांप्रदायिकता एक संकीर्ण दृष्टिकोण है जिसके द्वारा व्यक्ति अपने जीवन, समाज और राजनीति को खंडित रूप से देखता है। इसका संबंध अनिवार्यतः धर्म से नहीं है, बल्कि धर्म का सांप्रदायिकता द्वारा इस्तेमाल किया जाता है। हिंदू महासभा के नेता विनायक दामोदर सावरकर, जिन्होंने सबसे पहले 'हिंदुत्व' की अवधारणा प्रस्तुत की थी, पहले स्वयं नास्तिक थे। गाय को साधारण उपयोगी पशु के रूप में देखते थे और अंधविश्वास के जबर्दस्त विरोधी थे। उनका अचानक विचार-परिवर्तन हुआ। उनके अनुसार, हिंदुत्व एक तरह की नस्लीय अवधारणा है। वे सभी लोग जो इस देश को अपनी पितृभूमि और पुण्यभूमि मानते हैं, हिंदू हैं और हिंदू ही इस देश के सच्चे राष्ट्रवादी हैं। मुसलमान और ईसाई के लिए यह उनकी पुण्यभूमि नहीं है। उनकी पुण्यभूमि चूंकि

भारत से बाहर है, इसलिए वे सच्चे राष्ट्रवादी नहीं हो सकते। इस प्रकार सांप्रदायिक व्यक्ति वह है जो यह मानता है कि एक व्यक्ति की बुनियादी पहचान उसके धर्म से निर्धारित होती है और इस पहचान से ही उसके आर्थिक, राजनीतिक, सामाजिक और सांस्कृतिक हित निर्धारित होते हैं और जो दूसरे धर्म के व्यक्तियों से भिन्न होते हैं।

विपिनचंद्र का विचार है कि जो व्यक्ति या समूह यह भी मानता है कि दो भिन्न धर्म मानने वाले लोगों के कुछ समान हित भी होते हैं, इसलिए अलग-अलग धार्मिक समुदायों के बीच बातचीत द्वारा धार्मिक समुदायों के हितों की सुरक्षा की जा सकती है, सांप्रदायिक होते हुए भी उसमें उदारता के तत्व होते हैं, वे उदारवादी सांप्रदायिक होते हैं। इसके विपरीत जो व्यक्ति या समूह धार्मिक समुदायों के भिन्न हितों पर न केवल बल देता है बल्कि दूसरे धार्मिक समुदायों के प्रति घृणा और हिंसा फैलाता है, वे अतिवादी सांप्रदायिक या फासीवादी सांप्रदायिक होते हैं। वे धार्मिक आधार पर घृणा की राजनीति में न सिर्फ यकीन करते हैं, बल्कि धर्म और राष्ट्रीयता के बीच संबंध स्थापित करते हैं, जैसे—हिंदू राष्ट्रवाद, मुस्लिम राष्ट्रवाद आदि। सांप्रदायिक ध्रुवीकरण की ऐसी राष्ट्रवादी कोशिशों ने ही अंततः भारत को धर्म के आधार पर विभाजित किया और पाकिस्तान बना। सांप्रदायिक घृणा ने ही 30 जनवरी 1948 को धर्मनिरपेक्षता और सांप्रदायिक सद्भाव के सबसे बड़े प्रतीक महात्मा गांधी की हत्या की।

सांप्रदायिकता वास्तविक समस्याओं को सामाजिक समस्याओं के रूप में नहीं वरन सांप्रदायिक समस्या के रूप में रखती है। वह समाज, संस्कृति, इतिहास और राजनीति की व्याख्या सांप्रदायिक नजरिये से करती है। वास्तविक समस्याएं गलत ढंग से पेश की जाने लगती हैं और गलत समाधान ढूंढ़े जाते हैं। सांप्रदायिकता धर्म के आधार पर समाज को बांटने और उसका ध्रुवीकरण करने का काम करती है। मसलन, वह देश में व्याप्त गरीबी और बेरोजगारी का कारण राज्य द्वारा अपनाई गई आर्थिक नीतियों में ढूंढ़ने के बजाय मुसलमानों के तुष्टीकरण या उनकी बढ़ती आबादी में ढूंढ़ता है। सांप्रदायिक संगठनों द्वारा जिन हिंदू और मुस्लिम हितों की बात की जाती है, वैसे कोई हित दरअसल होते नहीं हैं। ऐसे हित होते भी हैं तो वे प्रायः उन रूढ़ियों और मान्यताओं पर आधारित होते हैं, जिनके आधार पर वे अपने समाज को पिछड़ा और प्रतिगामी बनाए रखना चाहते हैं। मसलन, अगर कोई मानता है कि बाबरी मस्जिद का विध्वंस कर राम मंदिर बनाना हिंदू हित है या औरतों को पर्दे में रखना मुस्लिम हित है, तो ये दोनों बातें इन धार्मिक समुदायों के उन वास्तविक हितों का प्रतिनिधित्व नहीं करतीं जिनसे उन समुदायों की वास्तविक प्रगति हो सके। सांप्रदायिक संगठन ऐसे मुद्दे उठाते हैं जो उनके अपने समुदाय के वास्तविक हितों के विपरीत होते हैं। सांप्रदायिकतावादी अपने ही समुदाय का सबसे बड़ा दुश्मन होता है क्योंकि वह उस समुदाय के वास्तविक हितों को पीछे धकेल देता है और उन समस्याओं को आगे ले आता है, जो भावात्मक रूप से भले ही आक्रामक हो लेकिन उनसे उस समुदाय के अधिसंख्य लोगों की आर्थिक और सामाजिक समस्याओं का कोई हल नहीं निकलता।

सांप्रदायिकता इतिहास की व्याख्या वस्तुगत और वैज्ञानिक दृष्टिकोण से करने के बजाय दो धार्मिक समुदायों के आपसी संघर्ष के रूप में करती है। इस तरह वह इतिहास की गलत व्याख्या द्वारा अपने समुदाय के लोगों में यह यकीन पैदा करने की कोशिश करती है कि दूसरा धार्मिक समुदाय सैकड़ों सालों से उन पर शासन करता रहा है और उन पर अत्याचार करता रहा है, और अब वक्त आ गया है कि उसका बदला लिया जाए और ऐसी शासन व्यवस्था स्थापित की जाए जिसमें समुदाय विशेष के हित न केवल पूरी तरह सुरक्षित हों बल्कि राज्यतंत्र का ढांचा इस तरह का हो कि दूसरे धार्मिक समुदाय अधीनस्थ बनकर रहें और उन्हें बराबरी के अधिकार न मिल सकें। सांप्रदायिक सोच में नस्ल का स्थान धर्म ले लेता है या धर्म को ही नस्ल की तरह प्रस्तुत किया जाता है। पाकिस्तान का इतिहास इस बात

का उदाहरण है कि इस्लामी राज्य बनने के बावजूद न केवल वह नागरिकों की किसी भी समस्या का समाधान करने में असफल रहा है बल्कि मुसलमानों के ही विभिन्न तबकों में आज पहले के किसी भी समय से ज्यादा घृणा और हिंसा व्याप्त है।

सांप्रदायिकता धर्म के प्रति तत्ववादी (फंडामेंटलिस्ट) दृष्टिकोण का नाम नहीं है। धार्मिक तत्ववादी चाहता है कि लोग धर्म की उन मूल स्थापनाओं के अनुसार चलें जो धर्म की स्थापना के आरंभिक चरण में निर्मित हुए थे और वह सामान्यतः उन्हें ईश्वर-प्रदत्त माना जाता है। अपने समुदाय को पिछड़ा बनाए रखने के लिए धार्मिक तत्ववाद वस्तुतः सांप्रदायिकतावादियों के लिए एक हथियार है। इसी तरह का हथियार राष्ट्रवाद भी है और संस्कृति भी। प्रेमचंद ने कहा था कि सांप्रदायिकता संस्कृति की खाल ओढ़कर सामने आती है। इसलिए सांप्रदायिकतावादी ऐसे प्रतीकों और परंपराओं का इस्तेमाल लोगों को सांप्रदायिक आधार पर विभाजित करने के लिए करता है, जिन्हें वह राष्ट्रवाद या देश की सांस्कृतिक पहचान के रूप में पेश करता है। वह इस पर बल देता है कि भिन्न धर्मावलंबी अपनी देशभक्ति साबित करने के लिए उसके धार्मिक चिह्नों को स्वीकार करें अन्यथा उन्हें देशद्रोही और राष्ट्र-विरोधी माना जाएगा। यह महज संयोग नहीं है कि बहुत-से सांप्रदायिक दंगे गाय और सूअर की हत्या के कारण हुए।

सांप्रदायिकता कोई पुरातनपंथी या धार्मिक विचारधारा नहीं है बल्कि एक आधुनिक राजनीतिक विचारधारा है जो धार्मिक पहचान के आधार पर लोगों को संगठित कर राजसत्ता पर काबिज होने की प्रेरणा देती है। सांप्रदायिकता चाहे बहुसंख्यक संप्रदाय की हो या अल्पसंख्यक संप्रदाय की, खतरनाक होती है। जवाहरलाल नेहरू ने कहा था, बहुसंख्यक सांप्रदायिकता इसलिए ज्यादा खतरनाक है क्योंकि उसके फासीवादी रूप अख्तियार करने का खतरा रहता है।

भारत में विभिन्न धर्मों, मतों, नस्लों और जातियों के लोग सदियों से एक साथ रहते आए हैं। कभी-कभार उनमें टकराव स्वाभाविक है। लेकिन जिसे सांप्रदायिकता कहते हैं, उसकी शुरुआत भारत में अंग्रेजी शासन की स्थापना के बाद औपनिवेशिक काल में हुई। ब्रिटिश शासकों ने अपनी सत्ता को स्थिर और मजबूत बनाने के लिए लोगों को धर्म और जाति के आधार पर विभाजित करना शुरू किया। भारत के इतिहास को हिंदू और मुस्लिम काल में विभाजित कर प्रस्तुत किया गया और इस धारणा का प्रचार किया गया कि मुसलमान विदेशी हमलावर थे जिन्होंने हिंदुओं को सत्ताच्युत कर अपना शासन स्थापित किया। इससे यह निष्कर्ष निकाला गया कि ये दोनों धार्मिक समुदाय एक-दूसरे के स्वाभाविक शत्रु हैं।

बहुसंख्यक सांप्रदायिकता के मजबूत होने और मुसलमानों के प्रति हिंसा की बढ़ती घटनाओं ने मुस्लिम समाज में मौजूद सांप्रदायिक और धार्मिक तत्ववादी ताकतों को अपनी पैठ बढ़ाने का अवसर दिया है। इसने उन्हें मुख्यधारा से अधिकाधिक अलगाने की प्रक्रिया को मजबूत किया है जो दूरगामी दृष्टि से राष्ट्र की एकता के लिए खतरनाक है। तेल के विशाल भंडारों पर कब्जा करने के लिए साम्राज्यवादी देशों की मुस्लिम देशों के विरुद्ध लगातार बढ़ती हमलावर नीतियों ने और दूसरी ओर मुसलमानों में सबसे प्रतिगामी हिस्सों को प्रोत्साहित करने की कोशिशों ने ऐसे आतंकवादी संगठनों को अपनी कार्रवाइयां बढ़ाने का अवसर दिया है, जिनका शिकार भारत जैसे देश भी हैं। हर आतंकवादी घटना के बाद हिंदू सांप्रदायिकता और अधिक उग्र, और अधिक हमलावर हो जाती है। भारत में सांप्रदायिकता जब-जब अपने चरम पर पहुंचती है, धर्मनिरपेक्ष संस्कृति की जड़ें गहरी होने की वजह से अधिक समय तक टिक नहीं पातीं। जितना पुराना इतिहास सांप्रदायिकता का है, उतना ही पुराना इतिहास उसके विरुद्ध संघर्ष का है।

जवरीमल्ल पारख

अधिक जानकारी के लिए :

1. विश्वीकरण, संस्कृति और सांप्रदायिकता : के एन पणिक्कर,
2. Communalism : A Primer : Bipan Chandra,
3. Secularism, Communalism and the Intellectualism : Zaheer Baber

सामंनस्य सूक्त

सामंनस्य सूक्त अथर्ववेद के तीसरे कांड का तीसवां सूक्त है जिसमें कुल सात मंत्र हैं। आरंभ के चार मंत्र अनुष्टुप छंद में, पांचवां विराट जगती छंद में, छठा प्रस्वाद पंक्ति छंद में और सातवां त्रिष्टुप छंद में निबद्ध है। इसके ऋषि है अथर्वा। इसका आरंभ 'सहृदयं सामंमनस्यं अविद्वेषं कृणोमिवः' से होता है इसीलिए इसे सामंनस्य सूक्त कहते हैं। सामंनस्य है समाज में सबका मन समान होना। इसके लिए जरूरी है सहृदयता और आपस में विद्वेष का न होना। इसके पहले ही मंत्र का भाव हमारे सामने एक उदात्त सांस्कृतिक आदर्श का मार्मिक आख्यान करता है, 'हे मनुष्यो! हम आपके लिए हृदयों को प्रेमपूर्ण बनाने वाले तथा सौमनस्य बढ़ाने वाले कर्म करते हैं। आप लोग परस्पर उसी प्रकार व्यवहार करें, जिस प्रकार उत्पन्न हुए बछड़े से गाय स्नेह करती है।' (अथर्ववेद संहिता, भाग-1)

दूसरे और तीसरे मंत्र में पारिवारिक सौमनस्य की आकांक्षा है—पुत्र अपने पिता के अनुकूल कर्म करने वाला (अनुव्रत) हो और अपनी माता के साथ समजान विचार से रहने वाला हो। पत्नी अपने पति से मधुर और सुख से भरी हुई वाणी (मधुमती वाचं) बोले। भाई अपने भाई से द्वेष न करे, बहन अपनी बहन से द्वेष न करे। वे सभी एक विचार और एक कर्म वाले होकर परस्पर कल्याणकारी वार्तालाप करें। चौथे मंत्र में विरोधी और विद्वेषपूर्ण विचार को दूर करने में ज्ञान की महत्वपूर्ण भूमिका बतलाई गई है। पांचवें मंत्र में सौमनस्य के विस्तार का उपाय सुझाया है—एक, छोटे -बड़े का ध्यान रखते हुए व्यवहार करना (ज्येष्ठ के प्रति आदर, कनिष्ठ के प्रति स्नेह) और दूसरे, आपस में प्रेमपूर्वक वार्तालाप करना। आगे चलकर सम्राट अशोक ने अपने शिलालेखों में 'समवाय' (एक-दूसरे से मिलकर परिचय प्राप्त करना) और 'वाचिगुती' (वाणियों का संगम) को विभिन्न धर्मों के बीच सहभाव के लिए आवश्यक बताया।

छठा मंत्र सामंनस्य की भावना का एक उज्ज्वल और व्यावहारिक आदर्श प्रस्तुत करता है, 'हे समानता की कामना करने वाले मनुष्यो! आपके जल पीने के स्थान एक हों (समानी प्रपा) तथा अन्न का भाग साथ हो। हम आपको एक ही प्रेमपाश में साथ-साथ बांधते हैं। जिस प्रकार पहियों के अरे नाभि के आश्रित होकर रहते हैं, उसी प्रकार आप सब भी एक ही फल की कामना करते हुए अग्निदेव की उपासना करें। यहां अग्नि का निहितार्थ ज्ञान है। सामंनस्य के केंद्र में ज्ञान है, जिसे प्राप्त करके समाज के लोग प्रेम के एक बंधन में बंध जाए; यह ज्ञान-पोषित प्रेम संबंध की सामाजिक अभिव्यक्ति है। सामंनस्य सूक्त में प्रेमयुक्त सामाजिक समानता का उज्ज्वल आदर्श प्रस्तुत है जिस पर वर्ण-वैषम्य, जात-पांत, छुआछूत का एक छींटा तक नहीं है।

सातवें मंत्र में इस सूक्त का समापन इस प्रकार किया गया है—हम आपके मन को समान बनाकर एक जैसे कार्य में प्रवृत्त करते हैं और आपको एक जैसा अन्न ग्रहण करने वाला बनाते हैं। इसी कर्म के द्वारा हम आपको वशीभूत करते हैं। अमृत की सुरक्षा करने वाले देवताओं के समान आपका मन प्रातः और सायं हर्षित रहे।

वैदिक साहित्य के अध्येताओं ने लक्षित किया है कि वैदिक संस्कृति कर्म से विमुखता, एकांत सेवन, संतोष और वैराग्य के बजाय कर्मठता, समाजिकता, पराक्रम और उत्साह के भावों से भरी हुई थी। समानता, एकता और सौमनस्य की गहरी प्रेरणाएं इस संस्कृति के सर्वथा अनुरूप थीं। यह संस्कृति जिन सामाजिक आवश्यकताओं से पैदा हुई थी, उनके अनुरूप ही विचार और कर्म ढले थे। सामाजिक समानता और सौहार्द भारतीय संस्कृति के विकास के लिए आज भी प्रासंगिक है।

अवधेश प्रधान

अधिक जानकारी के लिए :

1. वैदिक संस्कृति : गोविंद चंद्र पांडे, **2. हमारी परंपरा :** वियोगी हरि (सं.), **3. अथर्ववेद संहिता :** श्रीराम शर्मा आचार्य और भगवती देवी शर्मा, **4. भारतीय संस्कृति (वैदिक धारा) :** मंगलदेव शास्त्री

सांस्कृतिक अध्ययन

वैश्वीकरण ने दुनिया के देशों और देशों के भीतर विभिन्न जातीयताओं और पुराजातीयताओं को एक-दूसरे के नजदीक ला दिया है। व्यापार, शिक्षा और दैनिक जीवनचर्या में परस्पर निर्भरता बढ़ी है। इस दशा में दूसरी जगहों और एक तरह से दुनिया भर की संस्कृतियों के सामान्य ज्ञान और इसके लिए सांस्कृतिक अध्ययन (Cultural Study) की जरूरत बढ़ गई है। भूमंडलीय स्तर पर व्यापार में सफलता के लिए विभिन्न देशों और जगहों की सांस्कृतिक पृष्ठभूमि को जानना जरूरी हो गया है। ऐसे अध्ययनों से स्थानीय लोगों के धार्मिक रीति-रिवाजों, जीवन-शैली, प्राचीन कृतियों, कला, दर्शन, नदियों-पहाड़ों के सांस्कृतिक वैशिष्ट्य, लोकविश्वासों, संगीत और अन्य परंपराओं की जानकारी मिलती है। इधर दुनिया भर में न सिर्फ व्यापार, अस्मिता की राजनीति, शिक्षा पर्यटन आदि के संदर्भ में सांस्कृतिक अध्ययन पुनः एक महत्वपूर्ण विषय के रूप में उभरा है, बल्कि साहित्य को भी विभिन्न सांस्कृतिक दृष्टियों से देखा जा रहा है।

एक समय सांस्कृतिक अध्ययन में प्राचीन यात्रियों, बाह्य आक्रमणकारियों और उपनिवेशकों की रुचि भी रही है। एक खास समय तक दूसरी संस्कृतियों को अपनी अंध-नस्लीय या जातीय कसौटियों पर रखकर देखा जाता था। अपनी सभ्यता के अहं में पश्चिम में एशिया, अफ्रीका और लैटिन अमेरिका के देशों की संस्कृतियों को तुच्छ समझने की औपनिवेशिक प्रवृत्ति थी। ऐसी धारणाएं बनना आम बात है कि हमारी सभ्यता श्रेष्ठ है, हमारा धर्म श्रेष्ठ है, हमारी जातीयता श्रेष्ठ है। हम सही हैं और दूसरे गलत हैं। हर समुदाय को लग सकता है कि उसकी संस्कृति ही दुनिया के केंद्र में है। दूसरे समुदाय के व्यक्ति कम मनुष्य हैं। ऐसी प्रवृत्तियों से उन्माद पैदा होता है। अतीत में भी विभिन्न किस्म के टकराव, हिंसक संघर्ष और युद्ध घटित होते देखे गए हैं। सभ्यतागत अहं, सामुदायिक अहं और स्वार्थपरता से पीड़ित व्यक्ति नकली टकराहटों की कल्पना करते हैं। वे दुनिया के हिस्सों को अशांत रखते हैं। वे 'दूसरों' को समझना नहीं चाहते, सिर्फ फर्क करते हैं। इससे यह भाव पैदा होता है कि हम जो कर रहे हैं, वह सही और स्वाभाविक है। उनसे सांस्कृतिक रूप से जो भिन्न हैं, वे गलत हैं। दूसरे लोगों की जीवन-शैली, उनके पर्व-त्योहार और उनके विश्वास निम्न कोटि के हैं।

इधर सांस्कृतिक अध्ययन एक उदार, अनौपनिवेशिक और मूल्यान्वेषणपरक क्षेत्र के रूप में नए सिरे से उभरा है। इसे स्वतंत्र रखने की कोशिशें हुई हैं, लेकिन परिसीमित करने की प्रवृत्तियां भी राजनीतिक वजहों से स्वाभाविक हैं। एक-दूसरे की संस्कृतियों को जानने-समझने की प्रवृत्ति मनुष्य में सनातन काल से रही है। इसका प्रतिबिंबन प्राचीन ज्ञान, विभिन्न सांस्कृतिक अध्ययनों, व्यावसायिक शिक्षा प्रतिष्ठानों में दिए जाने वाले प्रशिक्षणों और सामाजिक अभियानों में मिलता है। न्यूयॉर्क के सिटी विश्वविद्यालय में ऐसे एक कार्यक्रम की नींव 1988 में पड़ी थी। यह कार्यक्रम दूसरे देशों और समाजों के बारे में कुछ सूचनाएं शिक्षार्थियों को रटा देने की जगह दूसरी संस्कृतियों के लोगों के साथ प्रत्यक्ष मेलजोल को प्रोत्साहित करने के लिए है। सांस्कृतिक ज्ञान के ऐसे ही अन्य अभियानों का लक्ष्य नई पीढ़ी के लोगों में सांस्कृतिक अहं की जगह 'दूसरों' को जानने-समझने की कोशिश करने, सहिष्णु होने और नजर में आने वाली अच्छाइयों की सराहना करने के लिए प्रेरित करना होता है।

वैश्वीकरण की वजह से जितने भीषण रूप में 'एकरूपता' बढ़ी है, उतने ही क्रूर रूप में 'अंध-राष्ट्रवाद' भी उभरा है। वैश्वीकरण के सुफल मिलने की जगह अगर उसके दुर्दिन आए तो इसकी एक बड़ी वजह सांस्कृतिक विविधता की उपेक्षा है। नए दौर में संस्कृति 'बाजार की भौतिक वस्तुओं', 'राजनीतिक चिह्नों' और 'समाजवैज्ञानिक आंकड़ों' में सीमित हो गई है। मानव जीवन में न साहित्य का महत्व बचा है और न लोकतांत्रिक मूल्यों का। ग्लोबल व्यक्तियों

को संस्कृति सिर्फ 'वस्तुओं' के रूप में उपलब्ध हो रही है। संस्कृति के दो अन्य रूप 'मूल्य' और 'सदाचरण' खोते-से गए हैं, जबकि सुसंस्कृत होने का मुख्य चिह्न हमेशा ही मनुष्य होना माना गया है।

2016 में दुनिया में एक महाप्रस्थान लक्षित किया जा सकता है, जब अर्थव्यवस्था और संस्कृति दोनों गंभीर संकट की तरफ उन्मुख हुए। ऐसे परिवेश में 'दूसरों' की संस्कृतियों के अध्ययन के लिए खुले क्षेत्र और कोशिशें शिक्षा को ही समृद्ध नहीं करतीं, मानव समाज को अधिक जीवन-मुखी भी बनाती हैं।

सांस्कृतिक अध्ययन अकादेमिक मामला भर न होकर सामाजिक विमर्श का रूप धारण कर सकता है। इंटरनेट और विभिन्न वेबसाइटों ने ज्ञानवर्द्धन के जो नए द्वार खोले हैं, उनमें सिर्फ घृणा-अपराधों के लिए उकसावे नहीं हैं। उनमें सांस्कृतिक पुल भी हैं। यह व्यक्ति के विवेक पर निर्भर है कि वह जानकारियों का मानवता के बृहत्तर परिप्रेक्ष्य में उपयोग करे, संसाधनों का इस्तेमाल करे और विभिन्न सामाजिक क्षेत्रों में सांस्कृतिक अध्ययन को मानवता की बुनियादी भावनाओं की ओर ले जाए।

शंभुनाथ

अधिक जानकारी के लिए :

New Cultural Studies : Gary Hall, Clare Birchall, 2006

सांस्कृतिक अनुवाद

संस्कृति समाज सापेक्ष होती है। इसके माध्यम से लोग अपने सामाजिक अर्थ, सांसारिक संदर्भ, अस्मिता की निर्मिति और अपनी आस्था तथा मूल्यों को अभिव्यक्ति देते हैं। यह एक प्रकार की साझी विरासत होती है। संस्कृति के मूल में उसके संकेत, नायक, संस्कार, मूल्य और परंपराएं निहित हैं जो उस समाज के लोगों के व्यवहार में परिलक्षित होती हैं। अनुवाद करना एक विलग दुनिया से रू-ब-रू होना है क्योंकि यहां दो अलग-अलग संस्कृतियों में विरोध की स्थिति होती है और यह विरोध भिन्न सामाजिक मूल्यों तथा संस्कृतियों से आविर्भूत होता है।

भाषा, संस्कृति और अनुवाद : एडवर्ड सेपिर तथा ली व्होर्फ के अनुसार, भाषा और संस्कृति का संबंध शरीर और आत्मा जैसा है। उनका मानना है कि भाषा की अपनी सत्ता तब तक नहीं होती, जब तक उसे किसी संस्कृति के परिप्रेक्ष्य में न देखा जाए। इसी प्रकार संस्कृति तब तक अभिव्यंजित नहीं होती है, जब तक वह एक भाषा न पा जाए।

अनुवाद मूलतः स्रोत भाषा के कथ्य का भाषिक अंतरण करता है। यह अंतरण मात्र भाषिक आदान-प्रदान न होकर भाषा के व्यवहार-संदर्भ क्षेत्र की संस्कृति का भी होता है। इसलिए अनुवाद को संस्कृतियों का वाहक कहा गया है। भाषांतरण के साथ सांस्कृतिक अंतरण भी होता है। भारत के प्राचीन वांङ्मय के पश्चिमी और अमेरिकी अनुवादों से प्राच्य भारत का परिचय भारत के बाहर विश्व को मिला। इसी प्रकार अंग्रेजी, जर्मन, फ्रेंच तथा अमेरिकी-कनाडाई समाज की रचनाओं के भारतीय भाषाओं में अनुवाद से भारतीय समाज का परिचय उनकी संस्कृति, जीवन-शैली तथा धार्मिक-राजनीतिक विचारधाराओं से हुआ। फ्रेंच, रूसी तथा चीनी समाज में हुए सामाजिक आंदोलनों और आर्थिक सुधारों से भारत का परिचय और भारत के स्वाधीनता संग्राम से विश्व का परिचय भी अनुवादों के जरिए हुआ। जापानी, अरबी, सिंहली, फारसी तथा अन्य मध्य एशियाई देशों की भाषाओं से भारतीय भाषाओं के परिचय से साहित्यिक, राजनीतिक तथा आर्थिक संबंधों की प्रगाढ़ता के साथ परस्पर समझ भी बढ़ी। वर्षों से अनुवाद विभिन्न भाषा-समाजों की मूल संस्कृति में निबद्ध चिंतन और दर्शन को जीवित और कभी पुनर्जीवित करता रहा है। यह भौगोलिक दूरियों को मिटाकर विश्वग्राम की अवधारणा को पुष्ट करता रहा है।

बीसवीं शताब्दी के सातवें-आठवें दशक में 'कल्चरल वर्ड' तथा 'कल्चरल टर्न' नामक नए सिद्धांतों के प्रतिपादन से सांस्कृतिक अनुवाद

(Cultural translation) में एक मोड़ आया, जब यह अनुभव किया गया कि अनुवाद मात्र भाषा-विषयक मुद्दा न होकर संस्कृति के अंतरण से भी जुड़ा है। बदलते सामाजिक एवं सांस्कृतिक परिवेश के परिप्रेक्ष्य में बरमीर, टुअरी तथा लेफेब्रे के अनुसार, अनुवादक अपने कर्म में स्वतंत्र नहीं है। वह अपने लिए निर्धारित प्रकार्य पर निर्भर होता है, उसे पाठ की विशेष-स्थितिपरक गहराई में जाकर संबंध नियामक सामाजिक-सांस्कृतिक पृष्ठभूमि को जानकर लक्षित संस्कृति (पाठ) में आरोपित करना होता है।

संस्कृति नियामक तत्व : संस्कृतियों के अनुवाद में स्व और पर की अवधारणा महत्वपूर्ण है। नाइडा की मूल अवधारणा को आगे बढाते हुए पीटर न्यूमार्क का सांस्कृतिक वर्गीकरण 'पर' अथवा 'विदेशी' को समझने में उल्लेखनीय है। उनके अनुसार संस्कृति के नियामक तत्वों में पेड़-पौधे, वनस्पति, वन्य जीवन, पर्वत, घाटियां, वायु-प्रवाह, तलहटी आदि से संबद्ध शब्दावली भी शामिल होती है। इसमें आस्था, विश्वास, लोकपरंपरा तथा ऐसे दूसरे कारक होते हैं जो केवल उस क्षेत्र के भाषा-भाषी अथवा पाठक को ही ज्ञात होते हैं। इसी प्रकार दैनंदिन व्यवहार, खान-पान, भोजन, वस्त्र, श्रृंगार-प्रसाधन तथा दूसरे क्रिया-कलापों से जुड़ी शब्दावलियां भी विशिष्ट संस्कृति की निर्मिति होती हैं। समाज में संपन्न होने वाले क्रिया-कलापों, सामूहिक काम, रीति-रिवाज, आराम और विशिष्ट समाज की शब्दावली भी संस्कृति की पोषक एवं परिचायक है। सामाजिक संगठन, ऐतिहासिक घटनाएं, आंदोलन, साहित्य और उसके पात्र आदि भी किसी विशेष समाज की पहचान होते हैं। स्वराज, गांधी, नमक सत्याग्रह, स्वदेशी आदि भारत के स्वाधीनता संग्राम के संकेतक हैं। शेक्सपियर, इलियट, सार्त्र, ब्रेख्त, चेखव आदि के नाटकों के पात्रों के साथ परिवेश भी अभिप्रेत होता है, केवल भाषिक अंतरण से इनका अनुवाद संभव नहीं है। धार्मिक आस्था और विश्वास, दर्शन, मिथक, संस्कार तथा इनसे संबद्ध तमाम गतिविधियां एक विलक्षण सांस्कृतिक पर्यावरण निर्मित करती हैं। समाज विशेष की आदतें, स्वभाव, प्रचलित संकेत आदि भी संस्कृति के तत्वों के रूप में अनुवादक के लिए लक्ष्य पाठक के परिवेश में आरोपित करने के लिए विचारणीय बिंदु हैं। इन्हें संक्षेप में पारिस्थितिकीय, उपभोज्य, सामाजिक, संगठनात्मक, धार्मिक, स्वभावपरक एवं आस्थापरक सांस्कृतिक तत्व कहा जा सकता है।

सांस्कृतिक तत्वों का अंतरण : पीटर न्यूमार्क के अनुसार, स्रोत एवं लक्ष्य भाषा की सांस्कृतिक दूरियों को पाटने में स्वभावीकरण, निर्वर्णता, विवरणात्मक एवं प्रकार्यात्मक समतुल्यता, पाद-टिप्पणी, सांस्कृतिक समतुल्यता, प्रतिपूर्णता, सांस्कृतिक प्रत्यारोपण, विदेशीयता, जोड़-छोड़, संस्कृतिनिष्ठ शब्द-ग्रहण, प्रत्यारोपण आदि प्रविधियों को अपनाया जा सकता है। भारत में खाने-पीने की वस्तुओं, अभिवादन, तीज-त्योहारों, स्थानों, दैनिक प्रयोग की वस्तुओं एवं साहित्यिक पात्रों के असंख्य नाम हैं ; जैसे—पराठा, गुलाबजामुन, जलेबी, रसम, बाजवान, कचौड़ी, नमस्ते, चाचा-ताया, मौसा, बुआ, चिलम, हुक्कापानी, गंगा जल, लंका, पंचवटी, पोंगल, संक्रांति, बिहू, बकरीद, होली, बैठक, बैंगन का भरता, बलि, सीता, राम, रावण, रहीम, नानक, कबीर तथा खेती, हाट-बाजार, जीव-जंतुओं तथा पर्यावरण से संबंधित अनंत शब्दावलियां हैं। इसी प्रकार विदेशी जीवन-शैली, खान-पान, स्थानों, संस्कारों, अभिवादनों और पारिस्थिकीय विविधता के अनंत शब्द हैं, जिनका अनुवाद करना मुश्किल है। हेलो-हाय, गुड-नाइट, लिविंग रूम, हाई टी, येरुशलम, मक्का-मदीना, मैंगो शेक, वैलेंटाइन, केक, पिज्जा, अंकल, ईस्टर, गुड फ्राइडे, किमोनी, न्यू इयर जैसी अभिव्यक्तियों के लिए भारतीय भाषाओं में भाषिक समतुल्य नहीं हैं। कभी उन्हें यथावत रख लिया जाता है तो कभी उनके लिए विवरण देकर अथवा लक्ष्य-पाठ की संस्कृति के समीपी पर्याय खोजकर भावरूप में व्यक्त करने का प्रयास किया जाता है। कुछ विद्वानों का मानना है कि सांस्कृतिक संदर्भों की अननुवाद्यता अनुवादक को और अधिक सृजनात्मक होने का अवसर देती है।

सांस्कृतिक अभिव्यक्तियों के अनुवाद में किसी

एक सुनिश्चित प्रविधि के स्थान पर अनुवादक को हर संदर्भ में एक अन्वेषक, विश्लेषक तथा सृजक की भूमिका निभानी होती है। चाणक्य और गांधी केवल अभिधान मात्र नहीं, संस्कृति-परंपरा के वाहक भी हैं। इसी प्रकार गंगास्नान, सिंदूरदान, विधवा-सधवा, सुहाग उजड़ना, मोक्ष, जीवनमुक्त साधना आदि भी अपरिचित संस्कृति में केवल भाव अथवा टिप्पणी द्वारा ही स्पष्ट किए जा सकते हैं। कुछ स्थितियों में अतिशयोक्ति आदि का परित्याग कर दिया जाता है, सोलह श्रृंगार, मोहन भोग, सोलह पकवान, हर्क्युलीन टास्क आदि के स्थान पर कमनीयता, गुणात्मकता तथा श्रम-चरम को ही उजागर करने की आवश्यकता है।

प्रत्येक भाषा अपने साथ अपने समाज, दर्शन तथा संस्कृति का वहन करती है। अनुवादक कौन-सी पद्धति किस स्थिति में अपनाता है, इसके लिए वह स्वतंत्र है। इसके लिए उसका अध्ययन, अनुभव तथा सतत अनुवाद साधना ही सर्वोत्तम उपाय हैं। किस सीमा तक वह लक्ष्य पाठक को स्रोत पाठ की भाषिक संस्कृति के साथ सांस्कृतिक पृष्ठभूमि से भी जोड़ पाता है, यही उसकी सफलता का पैमाना होता है।

जगदीश शर्मा

अधिक जानकारी के लिए :
1. Culture, thought and personality : Edward Sapir, **2. Translation studies :** Susan Bassnett, 1980, **3. अनुवाद-संवेदना और सरोकार :** सुरेश सिंहल

सांस्कृतिक आलोचना

सांस्कृतिक आलोचना (Cultural criticism), जिसे 'सांस्कृतिक अध्ययन' भी कहा जाता है एक पश्चिमी अवधारणा है जिसका 1960 के दशक में उत्थान हुआ। 'संस्कृति' शब्द अपने आपमें बहुत अस्पष्ट है, इसलिए सांस्कृतिक आलोचना किसी एक समस्या का नहीं, बल्कि अनेक चीजों का अध्ययन प्रस्तुत करती है; जैसे–वह देखती है कि इतिहास, जाति, परंपरा, समाजशास्त्र, लोकसंस्कृति, नव उपनिवेशवाद आदि का साहित्य पर क्या प्रभाव पड़ा है। ये तमाम चीजें समाज की रचना करती हैं। इसमें भेद उत्पन्न करती हैं या अलगाव बोध को जन्म देती हैं। अतः सांस्कृतिक आलोचना के लिए यह सर्वथा स्वाभाविक है कि यह सिर्फ कला से ताल्लुक न रखकर साहित्य की अंतर्वस्तु को महत्व दे।

सांस्कृतिक आलोचना किसी एक पद्धति तक सीमित नहीं है। यह किसी एक विषय, जैसे–साहित्यालोचन या साहित्येतिहास, में नहीं बंधती है। यह इन दोनों का अतिक्रमण कर नृतत्वशास्त्र, मनोविश्लेषणवाद, मार्क्सवाद, संरचनावाद, उत्तर-औपनिवेशिकता, स्त्रीवाद, विखंडनवाद और अन्य नए सिद्धांतों तक के औजारों का सहारा ले सकती है। इसकी दूसरी विशेषता यह है कि यह आलोचना अनिवार्य रूप से राजनीतिक होती है। सांस्कृतिक आलोचक सत्ता-विरोधी होते हैं और शासक तथा शासित के बीच नए प्रकार का संबंध स्थापित करना चाहते हैं। अपने अतिवादी रूप में सांस्कृतिक आलोचना समाज को महत्व देने के कारण व्यक्ति की स्वायत्तता को अस्वीकार करती है। इस तरह साहित्यिक कृति की स्वायत्तता को भी। अकारण नहीं कि यह मानववादी आदर्शों–महान पुरुष या महान पुस्तक–की धारणा का खंडन और उस सौंदर्यशास्त्र की वकालत करती है, जो रुचि और संवेदना के आदर्श क्षेत्र की जगह किसी समाज या समुदाय के जीवन और उसकी सामान्य निर्मितियों का विश्लेषण करे।

सांस्कृतिक आलोचना में 1970 तक देखा गया कि यह अभिजात और सामान्य संस्कृतियों के अलगाव को नहीं मानती थी। इसकी कोशिश थी कि यह सभी प्रकार के सांस्कृतिक उत्पादों का अध्ययन सांस्कृतिक व्यवहारों से उनके संबंध की भूमि पर करे। यह संपूर्ण सामाजिक विश्वासों, संस्थाओं और संप्रेषण के साधनों की पड़ताल के प्रति प्रतिबद्ध थी। लोकसंस्कृति का अध्ययन विश्वविद्यालयों में होता रहा है। हालांकि उस तीव्रता और विश्लेषण के साथ नहीं, जो इसका उद्दिष्ट है। 1970 के बाद सांस्कृतिक अध्ययनों में नए मोड़ आए, क्योंकि विश्व भर में नए

अध्ययन केंद्र बने और उत्तर-औपनिवेशिक सिद्धांत प्रकाश में आए। रेमंड विलियम्स के दौर के बाद फूको, देरिदा, लाकां के सिद्धांत आए, जिनका पहले के मानवतावादी दृष्टिकोण से एक प्रस्थान घटित हुआ। समाजविज्ञान, राजनीतिक व अर्थशास्त्र से जुड़े ऐसे शोध और विश्लेषण होने लगे जो नई सैद्धांतिक क्रांतियों से प्रभावित थे।

सांस्कृतिक आलोचना केवल साहित्यिक कृति का विश्लेषण नहीं करती है, बल्कि उत्पादन के साधनों को भी विश्लेषण का विषय बनाती है। मार्क्सवादी आलोचकों ने शुरू से इस प्रकार के अर्धसाहित्यिक प्रश्नों को महत्व दिया है कि लेखक का वर्ग–आधार क्या है, उसके साहित्य को कौन प्रकाशित करता है, कौन उसका वितरण करता है और उसे पढ़ने वाले कौन लोग हैं। इतना ही नहीं, वे यह भी देखते हैं कि पठन-प्रक्रिया पर वैज्ञानिक अनुसंधानों का क्या प्रभाव पड़ा है अर्थात बेहतर चश्मे, बिजली की रोशनी आदि का। इस प्रकार का अध्ययन यह जानने में हमारी सहायता करता है कि साहित्य जीवन के दूसरे अनेक उपादानों और साधनों से अलग घटित होने वाली कोई चीज नहीं है।

सांस्कृतिक आलोचना के संबंध में एक खास बात यह है कि यह बहुत गहन शोध की मांग करती है, जैसा शोध इतिहासकार किसी संस्कृति को स्थापित करने के लिए करते हैं। आजकल के सांस्कृतिक आलोचक सुलभ साहित्यिक स्रोतों और जीवन-तथ्यों को उठाकर राजनीतिक दृष्टियों को ही ज्यादा प्रधानता देते हैं। इस तरह सांस्कृतिक अध्ययन विशुद्ध शैक्षिक मामला नहीं होता। ग्राम्शी ने संस्कृति को एक समय जिस नजरिये से देखा था, सबाल्टर्न अध्ययन पर उसका प्रभाव देखा जा सकता है।

सांस्कृतिक आलोचना के विरोधी यह कहकर इसका विरोध करते हैं कि यदि हर चीज संस्कृति द्वारा ही निर्मित है यानी सांस्कृतिक निर्मिति है तो उसमें रचनाकार की वैयक्तिक संवेदनाओं के लिए कोई जगह नहीं रह जाएगी। साहित्य एकदम रिक्त नजर आएगा। आलोचना में उस सत्य के लिए भी जगह रहनी चाहिए, जो सार्वभौम रूप से भी 'अपील' कर सके। वह सत्य धार्मिक, दार्शनिक, मनोवैज्ञानिक अथवा किसी अन्य प्रकार का हो सकता है।

पहले कुछ विचारकों ने संस्कृति को वह पवित्र कार्य माना था जो वर्तमान के विरुद्ध अतीत को सुरक्षित रखता है। दूसरे विचारक वे थे, जो समाजवाद में विश्वास करते थे। उन्होंने भविष्य की ओर देखा और कहा कि समाजवाद श्रमिकों और अवकाशभोगियों के बीच के अंतर को मिटा देगा और स्थिरता की अपेक्षा परिवर्तन का हामी होगा। ब्रिटिश सांस्कृतिक भौतिकवाद की विशेषता वामपंथी राजनीतिक झुकाव है जो सौंदर्यवाद, रूपवाद, इतिहास-विरोध और अराजनीतिकता के प्रति आलोचनात्मक रुख रखता है। ये तमाम चीजें युद्धोत्तर काल की उस साहित्यिक आलोचना में बहुत सामान्य थीं, जो शास्त्रीय भी थीं और सर्वाधिक प्रमुख भी।

सांस्कृतिक भौतिकवाद 1950 के दशक में ब्रिटेन में एफ आर लीविस की कृतियों से शुरू हुआ था। लीविस ने शैक्षिक व्यवस्था के उपयोग के द्वारा साहित्यिक बोध को व्यापक बनाने के उद्देश्य से शेक्सपियर और मिल्टन के साहित्य की समृद्धि को सराहा, पर यह भी कहा कि वह जीवन के सामुदायिक विभाजन पर जो उसे चारों तरफ से घेरे हुए है, पर्दा भी डालता है। एडोर्नो और ग्राम्शी जैसे मार्क्सवादी विचारकों की मदद से 'सांस्कृतिक आधिपत्य' जैसी अवधारणा प्रचलन में आई जिसका मतलब उस शासन से था, जो जरूरी नहीं कि हमेशा दिखलाई ही पड़े। रेमंड विलियम्स ने 'आधिपत्य' की चारित्रिक विशेषता यह बतलाई कि यह अधिकांश लोगों के लिए यथार्थ का ऐसा बोध है, जिसके बाहर जाना समाज के अधिकांश सदस्यों के लिए मुश्किल है।

अंग्रेजी में ही उन्नीसवीं शताब्दी के अंतिम वर्षों में नव-इतिहासवाद ने जन्म लिया था जिसका जोर इतिहास की तरफ लौटने पर था या फिर उसके पुनर्बोध पर। स्वभावतः उसका संबंध गैर-साहित्यिक संदर्भों से था। इसने साहित्य और

इतिहास में 'आश्चर्यजनक आकस्मिकताएं' ढूंढ़ना शुरू किया। इसके अलावा इसने साहित्य पर पूंजीवाद के अंतर्विरोधपूर्ण ऐतिहासिक प्रभाव को महत्व दिया। नवइतिहासवाद ने इस सिद्धांत को खत्म कर दिया कि लेखकों को राजनीति, सत्ता आदि के मामलों में, जो लोगों के व्यावहारिक जीवन को गहराई से प्रभावित करते हैं, दखल नहीं देना चाहिए। इस पर नव-इतिहासवाद के विरोधियों ने एक दिलचस्प तर्क दिया कि हम आलोचकों को अपनी सीमा का अतिक्रमण नहीं करना चाहिए, क्योंकि यदि हमने ऐसा किया तो इतिहासकार, मनोवैज्ञानिक, अर्थशास्त्री भी हमारे क्षेत्र में घुस जाएंगे और अब तक जो साहित्यालोचन को एक विशिष्ट और सुरक्षित क्षेत्र माना जाता था, उसे धुंध से भर देंगे। स्पष्ट है कि यह शोर उन लोगों की तरफ से उठाया गया, जो नव-इतिहासवाद पर मार्क्सवाद के प्रभाव के निषेध के पक्षधर थे और साहित्यिक शुद्धतावाद अथवा रूपवाद के समर्थक थे, उन्होंने इसे साहित्यिक अध्ययन का 'नया राजनीतिकरण' कहा था।

वस्तुस्थिति यह है कि उस जमाने का नव-इतिहासवाद जितना रूपवाद पर हमला था, उतना ही मार्क्सवाद को उसके प्रचलित रूप में जारी रखने का विरोध भी। इसके अनुसार अच्छी आलोचना को खास प्रकार के राजनीतिक मूल्यों का मूर्त रूप नहीं होना चाहिए, बल्कि उसे हमेशा सभी मुद्दों पर अतिनियंत्रित विवाद के लिए खुला होना चाहिए। जैसा कि एक नव-इतिहासवादी आलोचक ने कहा था, आलोचना में हम एक बार 'इतिहास' से, 'विश्वदृष्टि' के अवरोध से और नियंत्रित करने वाली विचारधाराओं से मुक्ति पा लें तो हमें यह सुअवसर मिल सकता है कि हम साहित्य को एक प्रभावशाली कारक के साथ-साथ सांस्कृतिक परिवर्तन के प्रभावों के रूप में भी देखें।

ब्रिटेन की प्रेरणा से शुरू होने वाली सांस्कृतिक आलोचना का एक अमेरिकी रूप भी है, जिसका आधार अमेरिकी बहुसंस्कृतिवाद है। आज अमेरिका में अमेरिकी लोगों द्वारा ही साहित्य रचना नहीं की जा रही है, बल्कि अफ्रीकी अमेरिकी, लातिनी अमेरिकी, अमेरिकी भारतीय और एशियाई अमेरिकी लेखकों द्वारा भी की जा रही है। इन लेखकों द्वारा रचित साहित्य एक तरह से संघर्ष का साहित्य है। उस पर स्वभावतः जिन मूल्यों के आधार पर विचार किया गया, वे मूल्य साहित्यिक न होकर संस्कृति से प्राप्त किए गए थे, उदाहरणार्थ–रंग, नस्ल, धर्म, भाषा, लिंग आदि के कृत्रिम भेदभाव से ऊपर उठकर प्राप्त किया गया महान मूल्य–मानव-मात्र की समानता।

नए युग के नव-इतिहासवाद का मुख्य आधार पहले से भिन्न है। यह सांस्कृतिक भिन्नता है जो रंग, नस्ल, जाति, धर्म, भाषा, लिंग आदि के आधार पर समाज में मौजूद भेदभावों और वर्चस्वों के अध्ययन का मुख्य आधार बनती है। सांस्कृतिक आलोचक अब ग्राम्शी के 'ऑर्गेनिक इंटेलेक्चुअल' की धारणा को बल प्रदान करते हुए स्पष्ट तौर पर समुदाय के साथ खड़े हो जाते हैं। 21वीं सदी के सामाजिक आंदोलन ही अब सांस्कृतिक आलोचना की नई दिशाएं निर्धारित कर रहे हैं।

नंदकिशोर नवल

अधिक जानकारी के लिए :
1. Outlines of Cultural Criticism : Siswo Harsono, 2010, **2. New Cultural Studies :** Gary Hall and Clare Birchall

सांस्कृतिक क्रांति

बीसवीं सदी की साम्यवादी क्रांतियों के इतिहास में चीन की 'सांस्कृतिक क्रांति' (Cultural revolution) अपने असफल अभिनव प्रयोग के रूप में दर्ज है। चीन में माओ त्से तुंग के नेतृत्व में 1947 में साम्यवादी क्रांति हुई थी। इसके करीब डेढ़ दशक बाद 1966 में 'सांस्कृतिक क्रांति' के पहले चरण का सूत्रपात हुआ। विभिन्न सामाजिक-आर्थिक-राजनीतिक उथल-पुथल से गुजरते हुए 1976 में इसका त्रासद पटाक्षेप हुआ। चीन के सर्वोच्च नेता माओ की पत्नी जिआंग क्विंग तथा उनके तीन प्रमुख साथियों को गिरफ्तार किया गया। मुकदमे चलाए गए और सजाएं हुईं। कइयों को गोली से उड़ा दिया गया।

सामान्यतः माना जाता है कि सांस्कृतिक क्रांति की शुरुआत चीन की कम्युनिस्ट पार्टी के अध्यक्ष एवं चीनी क्रांति के प्रणेता माओ की प्रेरणा से हुई थी। वे इस क्रांति के माध्यम से चीन के सामाजिक राष्ट्रीय जीवन में समाजवाद की जड़ें मजबूत करना चाहते थे। वे समाजवादी मूल्य-व्यवस्था को चीनियों के संस्कारों का अभिन्न हिस्सा बनाना चाहते थे। 1947 में राजनीतिक क्रांति हुई थी, लेकिन समाज सामाजवाद में संस्कारित नहीं हुआ था। यहां तक कि पार्टी तंत्र और प्रशासन तंत्र भी साम्यवादी क्रांति के आधारभूत उद्देश्यों एवं लक्ष्यों से भटके हुए थे।

अध्यक्ष माओ चिंतित थे कि कहीं उनकी पार्टी समाजवाद के रास्ते से भटककर चीन में 'पूंजीवाद' की पुनर्स्थापना न कर दे। चीन का प्रशासनिक तंत्र सामंतवादी एवं पूंजीवादी संस्कारों से पूर्णतः मुक्त नहीं हो सका था। इसलिए माओ चीन के संस्कृतिक क्रांतिकाल 1949-65 को सांस्कृतिक क्रांति में रूपांतरित करना चाहते थे। विद्वानों का मत यह भी है कि माओ अपने देश की वर्तमान और भावी पीढ़ियों को पड़ोसी साम्यवादी देश सोवियत सघ के प्रभाव से दूर रखना चाहते थे।

माओ के अनुसार, स्टालिनोत्तर सोवियत संघ संशोधनवादी एवं विपथगामी बन चुका था। वह तेजी से पश्चिम और पूंजीवाद की तरफ झूक रहा था। इसलिए माओ ने साम्यवादी चीन की सुरक्षा और चीनी क्रांति की उपलब्धियों को दीर्घजीवी बनाने के लिए 'सांस्कृतिक क्रांति' नामक शस्त्र का आविष्कार किया था। इसके पश्चात पार्टी में 'शुद्धिकरण' का अभियान चल पड़ा।

कुछ चीनी विशेषज्ञों का मत है कि सांस्कृतिक क्रांति मूलतः पार्टी और सरकार, दोनों से ही विपथगामी तत्वों का उन्मूलन करना चाहती थी। सांस्कृतिक क्रांति 'आत्मरक्षात्मक' और 'प्रहारात्मक', दोनों प्रकार की अचूक रणनीति थी। माओ के समकालीनों में मुख्य रूप से शामिल थे—चाऊ-एन-लाई, लिन पिआओ, लिउ शउची, छेन बोडा, डेन जिआओपिंग आदि।

अध्यक्ष माओ ने अगस्त 1966 में कम्युनिस्ट पार्टी की आठवीं केंद्रीय समिति के ग्यारहवें अधिवेशन के अवसर पर सांस्कृतिक क्रांति की औपचारिक शुरुआत की घोषणा की। इस घोषणा के साथ ही उन्होंने चीनी स्कूलों को बंद करवा दिया। युवाओं द्वारा गठित 'रेड गार्डों' को आदेश दिया कि वे शहर और गांवों में पारंपरिक मूल्यों, संस्कारों और बूर्जुआजी के प्रतीकों के विरुद्ध जनता को जागरूक एवं संगठित करें। पार्टी और सरकार में मौजूद ऐसे तत्वों की सार्वजनिक आलोचना करें। उनके जनविरोधी चरित्र को उजागर करें। पार्टी और प्रशासन में शुद्धिकरण (पर्ज) का अभियान चलाएं।

माओ के इस आदेश के पश्चात नगरों, कस्बों, गांवों, विश्वविद्यालयों, स्कूलों और सरकारी कार्यालयों में 'शुद्धिकरण अभियान' शुरू हो गया। बूर्जुआ, संशोधनवादी और विपथगामी बुद्धिजीवियों, नेताओं, अधिकारियों आदि को निशाना बनाया गया। लाखों युवकों एवं विद्यार्थियों ने शहर छोड़कर गांवों की तरफ कूच किया। रक्षामंत्री लिन पिआओ ने राष्ट्रीय स्तर पर माओ की 'व्यक्ति पूजा' का अभियान चलाया। पुस्तिकाएं निकाली गईं। पोस्टर लगाए गए। माओ को अलौकिक नेता के रूप में चित्रित किया गया। घरों में माओ के चित्रों को पूजा गया। माओ के क्रांतिकारी नारों को गुंजित किया गया। व्यापारिक और औद्योगिक संस्थानों में भी सांस्कृतिक क्रांति की जमीन तैयार की गई। इस क्रांति का प्रथम चरण 1969 तक चला और इसके बाद इसकी सघनता और गहनता का अंत हो गया।

फिर भी माओ के कई कट्टरवादी समर्थकों ने इसे जारी रखा, क्योंकि रेड गार्डों को अनुशासित नहीं किया जा सका था। शहरों, कस्बों और ग्रामीण क्षेत्रों में उनकी अराजकता बनी हुई थी। माओ की महत्वाकांक्षी पत्नी के नेतृत्व में संगठित 'गैंग ऑफ फोर' अलग से सक्रिय था। माओ ने खुद अराजक गतिविधियों को मान्यता नहीं दी, क्योंकि देश का काम-काज पटारी पर से उतरने लगा था। उत्पादन घटने लगा था। माओ को स्थिति पर काबू करने के लिए चीन की नियमित सेना 'जनमुक्ति सेना' को आदेश देने पड़े। वह तुरंत ही रेड गार्डों के विरुद्ध

सक्रिय हो गई। मुक्ति सेना की कार्रवाइयों के साथ सांस्कृतिक क्रांति के दूसरे चरण (1969-71) की शुरुआत हुई। इन दो वर्षों की अवधि की सबसे प्रमुख घटना थी रक्षा मंत्री लिन पिआओ द्वारा माओ के विरुद्ध कथित विद्रोह का प्रयास, जो असफल हुआ। वह देश से पलायन करते समय विमान-दुर्घटना में मारे गए। इसके साथ ही दूसरे चरण का अंत हो गया।

सांस्कृतिक क्रांति के तीसरे चरण की शुरुआत 1972 से होती है और 1976 तक जारी रहती है। इन चार वर्षों के दौरान जहाँ माओ के उत्तराधिकार का संघर्ष चलता है, वहीं पार्टी के विभिन्न गुटों के बीच विचारधारात्मक संघर्ष भी चलता है। इस चरण में माओ और उनके प्रधानमंत्री चाउ एन लाई, दोनों का ही स्वास्थ्य तेजी से गिरने लगता है। उनकी मृत्यु से पैदा होने वाले शून्य को कौन भरेगा, इस दौर का यह प्रमुख सवाल था।

इस चरण में माओ की पत्नी जिआंग और उनके तीन साथी पहले से अधिक सक्रिय हो गए। इन्हें पार्टी में अधिक क्रांतिकारी शुद्धतावादी माना जाने लगा। माओ के करीबी होने के कारण इन चारों का गुट स्वयं को अध्यक्ष का प्रबल दावेदार घोषित कर रहा था। इसके साथ ही यह संशोधनवादियों, पूंजीवादियों और उदारवादियों के विरुद्ध भी वैचारिक लड़ाइयां हर मोर्चे पर लड़ रहा था। इनमें जिआंग के अतिरिक्त वांग होंगवेन, झांग चुनक्यिाओ और याओ वेनयुआन पार्टी के भीतर तथा बाहर विभिन्न मोर्चों पर डटे हुए थे। इन चार नेताओं का गुट नए सिरे से वर्ग संघर्ष की तैयारी कर रहा था। इसके विपरीत झाऊ-डेंग गुट राजनीतिक एवं आर्थिक सुधारों का समर्थक था। यह व्यावहारिक एवं यथार्थवादी विदेश नीति चाहता था। माओ ने इन परस्पर विरोधी गुटों के बीच तालमेल बैठाने की कोशिश की, लेकिन उन्हें सफलता नहीं मिली।

1976 का साल सांस्कृतिक क्रांतिकारियों के लिए विपरीत परिणाम वाला सिद्ध हुआ। इस वर्ष जनवरी में प्रधानमंत्री चाउ एन लाई और सितंबर में सर्वोच्च नेता अध्यक्ष माओ त्से तुंग की मृत्यु के कारण सुधारवादी नेता डेंग देश के शक्तिशाली नेता के रूप में उभरे। सेना और राजनीतिक तंत्र, दोनों का उन्हें सक्रिय सहयोग मिला। अक्टूबर 1976 में चार सदस्यीय गुट की प्रमुख नेता एवं माओ की विधवा पत्नी जिआंग और उनके तीन मुख्य सहयोगियों को सेना एवं पुलिस की सहायता से गिरफ्तार कर लिया गया। इसके साथ ही जोर-जबर्दस्ती से चलाई गई सांस्कृतिक क्रांति की औपचारिक समाप्ति की घोषणा कर दी गई। असफल सांस्कृतिक क्रांति के पटाक्षेप के बाद से ही डेंग गुट उत्तरोत्तर शक्तिशाली होता गया और अगले वर्ष यानी 1977 में डेंग चीन के सर्वमान्य नेता के रूप में उभरे। चीन में आर्थिक एवं राजनीतिक सुधारों की प्रक्रिया आरंभ हो गई, जो 21वीं सदी में भी जारी है। अब चीन सांस्कृतिक क्रांति के दसवर्षीय लक्ष्यों से बहुत दूर, बल्कि चीन की साम्यवादी व्यवस्था के भीतर दूरगामी परिणाम वाली बाजार-अर्थव्यवस्था का रास्ता खोल दिया गया है। विपरीत पथगामी बन चुका है। वह तेजी से अपना आधुनिकीकरण और पूंजीवादीकरण कर रहा है।

सांस्कृतिक क्रांति असफल हो गई। यह उनके दोषमुक्त समाजवाद के स्वप्न को पूरा नहीं कर सकी।

रामशरण जोशी

अधिक जानकारी के लिए :

1. The Chinese cultural Revolution : A History : Paul Clark, 2008, 2. **China under Mao :** Andrew G Welder, 2015

सांस्कृतिक प्रघात

एक भिन्न संस्कृति के सामने पड़ने पर किसी समुदाय या व्यक्ति जो भीषण असहजता महसूस होती है, उसे सांस्कृतिक प्रघात (Cultural Shock) कहते हैं। यह भिन्नता और टकराव की स्थितियां पैदा कर सकता है। देखा गया है कि दूसरे देश में पहली बार जाने पर कई लोग असहज, अवांछित तथा अप्रीतिकर महसूस करते हैं। 1999 में संयुक्त राज्य अमेरिका स्थित 264 बहुराष्ट्रीय कंपनियों के सर्वेक्षण में पाया गया कि दूसरे देशों में काम करने

वाले कर्मियों को तीन समस्याएं झेलनी पड़ती हैं– (1) सामाजिक हिस्सेदारी संबंधी असंतुष्टि, (2) पारिवारिक सरोकार निभाने की पीड़ा और (3) सम्मुखीन संस्कृति से दूरत्व।

कोई आदमी जब दूसरे देश में पढ़ने, घूमने, व्यवसाय करने या रोजगार करने के लिए जाता है, पहली समस्या भिन्न जलवायु की होती है। मगर सामान्यतः मनुष्य में इतना सामर्थ्य, सहनशीलता एवं अनुकूलन की क्षमता होती है कि वह दूसरी जलवायु (अधिक गर्मी, सर्दी या वर्षा) को सहन करने में कुछ दिनों में सक्षम हो जाता है। दूसरी समस्या पैदा होती है– रंग-रूप, चेहरे की बनावट, कद-काठी आदि में फर्क, यानी शारीरिक भिन्नता को देखकर विदेश में पहली बार आया आगंतुक घबरा जाता है। उसे एक प्रघात लगता है। उसे भिन्न स्त्री-पुरुष अनजाने, अप्रीतिकर एवं अविश्वसनीय लगते हैं। मनुष्य अपने दैनिक जीवन में निकटतम समुदाय-समाज में सहज, सहभागी, सहयोगी, समूह से शीघ्र पहचान बनाने में सक्षम और सहकर्मी बनने में सफल होता है, जबकि दूसरे देश में जाने पर अपने को अलग-थलग, अवांछित और असमायोजित महसूस करता है, हालांकि विविधतापूर्ण समाज में रहने का अभ्यस्त व्यक्ति सांस्कृतिक प्रघात प्रायः महसूस नहीं करता। वह भिन्नता और टकराव की जगह अंतर्मिश्रण को चुनता है।

तीसरी समस्या भाषा की है। कोई हिंदीभाषी नागरिक जब इंग्लैंड जाता है, उसे भाषाई प्रघात लगता है, क्योंकि वहां अंग्रेजी ज्ञान के बिना दैनिक जीवन जीना नामुमकिन है। ब्रिटेन ने एक कानून बना दिया है कि वहां रहने-बसने और रोजगार व्यवसाय करने के लिए अंग्रेजी ज्ञान-संबंधी परीक्षा उत्तीर्ण करना अनिवार्य है। निःसंदेह बहुभाषी होने से भाषाई प्रघात नहीं लगता।

चौथी समस्या खान-पान की है। भारतीय नागरिक आमतौर पर रोटी-सब्जी, दाल-भात, इडली-डोसा, सांभर आदि खाना पसंद करता है, किंतु यूरोप और अमेरिका के देशों में इन खाद्य पदार्थों के बजाय ब्रेड-बटर, मांस, बीफ, उबला आलू, सूप, सलाद आदि ज्यादा पसंद किया जाता है। संयुक्त राज्य अमेरिका में 'बिग ब्रदर' टीवी शो में भारत की सिने नायिका शिल्पा शेट्टी को भाग लेने के लिए बुलाया गया था। वहां एक सहकर्मी विदेशी नायिका ने एक अभद्र टिप्पणी की कि भारतीय लोग अपने हाथ से शौच-क्रिया संपन्न करते हैं, फिर उसी हाथ से भोजन कैसे करते हैं! इस अवांछित एवं कटु टिप्पणी पर सार्वजनिक मंच पर शिल्पा शेट्टी फफक कर रो पड़ीं। विदेशी नायिका को जब बताया गया कि भारतीय लोग सिर्फ बाएं हाथ से शौच-क्रिया संपन्न करते हैं, उसके बाद साबुन से हाथ धोते हैं। खाना वे दाहिने हाथ से खाते हैं। उस अमेरिकी महिला ने बाद में इस 'सांस्कृतिक प्रघात' का अहसास बताकर माफी मांगी।

सांस्कृतिक प्रघात का मुख्य कारण विभिन्न जीवन-शैलियों या कार्य-पद्धतियों को परस्पर विपरीत या शत्रुवत देखना है अर्थात शुरू से 'हम' बनाम 'वे' का भाव व्यक्तित्व में शामिल हो जाता है। अमेरिका और पश्चिमी यूरोप में स्त्री-पुरुष का स्वागत करने के लिए गालों को चूमना आम रिवाज है, जबकि भारत में नमस्कार करना, हाथ जोड़ना या हाथ मिलाना प्रचलित परिपाटी है। दक्षिण अमेरिका के लोग 'स्नेहमयी भावनाओं' पर जोर देते हैं, जबकि पश्चिमी यूरोप तथा उत्तरी अमेरिका के लोग 'विवेक' पर जोर देते हैं। इसके अलावा समग्रता में देखने पर स्पष्ट होता है कि उत्तरी अमेरिका के नागरिकों में (व्यक्तिगत उपलब्धि से लेकर अहंकार तक) 'व्यक्तिवाद' हावी रहता है, जबकि पश्चिमी यूरोप के नागरिकों में व्यक्तित्व पहचान के बावजूद सामाजिकता का महत्व है। भारत में 'सामूहिकता और अंतरनिर्भरता' (परिवार, समुदाय, जाति एवं धर्म के स्तर) पर ज्यादा जोर दिया जाता है।

सांस्कृतिक प्रघात कम-से-कम हो अथवा बिल्कुल न हो, इसके लिए जनसंचार माध्यमों और पुस्तकों के जरिए बाहरी दुनिया के तौर-तरीकों और जीवन-शैलियों का पूर्वज्ञान होना चाहिए। समानुभूति के जरिए भिन्नता को समझने और सम्मान देने का प्रयास करना चाहिए, ताकि 'अन्य' शत्रुवत नहीं दिखें। टी एस इलियट ने कहा है, 'अन्य के बारे

में सोचने का अर्थ उन पर शासन करना नहीं हो सकता या उन्हें सोपानक्रमों में रखना नहीं हो सकता या अपनी संस्कृति या देश को प्रथम मानना नहीं हो सकता।' उपनिवेशवाद और वैश्वीकरण, दोनों युगों में सांस्कृतिक प्रघात और टकराव की स्थितियां पैदा हुई हैं और अंतर्मिश्रण भी हुआ है।

सुभाष शर्मा

अधिक जानकारी के लिए :

1. Culture and Impersalism : Edward Said

सांस्कृतिक भौतिकवाद

सांस्कृतिक भौतिकवाद (Cultural Materialism) को एक अलग सिद्धांत के रूप में प्रस्तुत करने का श्रेय मानववैज्ञानिक मार्विन हैरिस (1927-2001) को दिया जाता है। इसे एक 'साहित्य सिद्धांत' के रूप में विकसित करने के लिए पहले रेमंड विलियम्स (1921-88) ने उसकी आधारभूमि तैयार की, फिर उसे मिशेल फूको (1926-84) ने विकसित किया। हैरिस ने इस अवधारणा के 'भौतिकवादी' रूप को अपने विमर्श का आधार बनाया, जिसके लिए उन्होंने संस्कृति के उसके प्रचलित आदर्शवादी अर्थों से अलग किया है। अपने आदर्शवादी रूप में संस्कृति, मूलतः विशिष्ट समाजों की सामूहिक चिंतनमूलक मनोव्यवस्था होती है। यह सामाजिक व्यवहारों और संस्थाओं को गठित और संचालित करती है। इसे परंपरा से हासिल किया जाता है। इस व्याख्या को खारिज करते हुए हैरिस ने संस्कृति को भौतिकवादी आधारों से उद्‌भूत माना। भौतिकवादी आधारों में उन्होंने सामाजिक संरचनाओं को स्थान दिया तथा इस विचार की पुष्टि की कि संस्कृति का संबंध अधिरचना से होता है, जिसका निर्माण भौतिक आधारों के रूप में संपूरक संरचना (इंफ्रास्ट्रक्चर) तथा संरचनाएं करती हैं।

क्लॉड लेवी स्त्रास जैसे चिंतकों ने जिस पद्धति को व्यवस्थित किया था, वह आदर्शवाद से उत्तर-संरचनावाद की ओर उन्मुख हो गई थी, जबकि मार्विन हैरिस का भौतिकवादी विज्ञानवाद पर जोर था। फलतः उन्हें नव-मार्क्सवादी कहा गया।

रेमंड विलियम्स ने कहा, 'संस्कृति में शामिल हैं—उत्पादन की व्यवस्था, परिवार की संरचना और उन संस्थाओं की संरचना जो सामाजिक संबंधों को संचालित करती हैं तथा वे लाक्षणिक रूप जिनके जरिए सामाजिक संप्रेषण होता है।' उनकी धारणा समन्वयात्मक है, जो उच्च संस्कृति तथा जन-संस्कृति दोनों रूपों को एक साथ या पूरक की तरह ग्रहण करने पर जोर देती है।

मानव वैज्ञानिक सिद्धांत : एक मानव वैज्ञानिक के तौर पर मार्विन हैरिस ने संस्कृति को भौतिकवादी रूप में ग्रहण करते हुए यह प्रयास किया कि इसके माध्यम से मानव समाजों को समझने और व्याख्यायित करने की किसी वैज्ञानिक पद्धति तक पहुंचा जा सके। उनसे पूर्व मानव वैज्ञानिक अध्ययन मूलतः आदर्शवादी पद्धति से अनुप्राणित थे। हालांकि उन्होंने स्वयं को क्लॉड लेवी स्त्रास से बहुत कुछ ग्रहण करने वाला बताया था, परंतु वे अपनी पद्धति के तल पर दुर्खीम और स्त्रास से बहुत भिन्न हो गए थे। भिन्नता यह थी कि दुर्खीम और स्त्रास के मानव वैज्ञानिक विश्लेषण जब समाज की व्याख्या करते थे तो वे उस व्याख्या का आधार उन सामाजिक समूहों या कबीलों की संस्कृति अथवा उनकी विचार व्यवस्थाओं में खोजते थे। इसके उलट मार्विन हैरिस ने संस्कृति को सामाजिक-आर्थिक आधारों व उत्पादन पद्धतियों की उपज के रूप में देखा था। इस प्रकार वे संस्कृति की भौतिकवादी संरचनाओं के आधार पर आगे बढ़े थे तथा इस रूप में उसे वैज्ञानिक पद्धति का रूप प्रदान करने का प्रयास करते नजर आए थे।

इस विवेचन से यह स्पष्ट हो जाता है कि मार्विन हैरिस की बुनियादी दर्शन भूमि मार्क्सवाद की थी। उन्होंने मानवविज्ञान को मार्क्सवाद के विशिष्ट रूप को ग्रहण करने लायक बनाया था। परंतु उन्हें रूढ़ अर्थों में मार्क्सवादी नहीं कहा जा सकता, क्योंकि यहां मार्क्सवाद मानवविज्ञान की जमीन हो सकने की वजह को पार कर रूपांतरित हो गया है।

मार्विन हैरिस के सांस्कृतिक भौतिकवाद में मार्क्सवाद की तरह की आधार अधिसंरचना (ठोस सुपर स्ट्रक्चर) संबंधों की मौजूदगी दिखाई देती है। हैरिस ने संरचनाओं में पारिवारिक रिश्तों को अग्र प्रस्तुत करके 'मानव वैज्ञानिक' जमीन प्रदान की है। इनमें तीन तरह के रिश्तों की संरचनाएं मुख्य हैं : 1. पारिवारिक रिश्ते जो संतति, प्रजनन आदि से गुंथे हैं, 2. आर्थिक रिश्ते जो उत्पादन पद्धतियों से उपजते हैं और 3. राजनीतिक रिश्ते जो वर्ग-संरचनाओं की वर्चस्वी और दमित रूपों से अंतःसंबंधित होते हैं।

अधिरचनाएं मुख्यतः वे ही हैं जो मार्क्स के विवेचनों में नजर आती हैं। संस्कृति अधिरचना है। मार्क्सवाद में आधार से अधिरचना उपजती है। इनके संबंध द्वंद्वात्मक हैं यानी ये एक-दूसरे को प्रभावित करते हैं। सांस्कृतिक भौतिकवाद में आधार तथा अधिरचना में रिश्ते द्वंद्वात्मक नहीं हैं। सांस्कृतिक भौतिकवाद मार्क्सवाद की तरह कोई यूटोपिया खड़ा नहीं करता यानी वह वर्गविहीन समाज के भविष्य की परिकल्पना नहीं करता। वह केवल भौतिकवादी आधारों की व्याख्याओं में रुचि रखता है तथा संस्कृति और उसके भौतिकवादी आधार के बीच यांत्रिक संबंध स्थापित न करते हुए संस्कृति को विशेष रूप से महत्व देता है।

उत्तर-आधुनिक परिदृश्य में भूमंडलवादी सांस्कृतिक भौतिकवाद दुनिया की विविध संस्कृतियों के बीच के रिश्तों की व्याख्या उनके सांझे तत्वों और भिन्न तत्वों के आधार पर करता है, जबकि मार्विन हैरिस का सांस्कृतिक भौतिकवाद संस्कृतियों को आपस में तुलनीय नहीं मानता था। उसके सिद्धांत के अनुसार सभी संस्कृतियां विशिष्ट हैं क्योंकि वे अलग-अलग आधार वाली संरचनाओं की उपज होती हैं। वैश्वीकरण के युग में सांस्कृतिक भौतिकवाद वस्तुतः सांस्कृतिक अर्थतंत्र की विचारधारा को आधार बनाकर बहुत-से स्थनीय और सामुदायिक संघर्षों का प्रेरणास्रोत बना हुआ है और उसने ऐतिहासिक भौतिकवाद को स्थानच्युत कर दिया है।

सांस्कृतिक भौतिकवाद को साहित्य सिद्धांत का आधार बनाने का प्रस्ताव सर्वप्रथम रेमंड विलियम्स के द्वारा तब सामने आया, जब उनकी किताब 'सांस्कृतिक भौतिकवाद और ब्रिटेन का बिखराव' सामने आई। इस सिद्धांत का व्यवस्थित रूप 1977 में प्रकाशित उनकी किताब 'मार्क्सवाद और साहित्य' में सामने आया। इस विमर्श की मुख्य अवधारणाएं इस प्रकार हैं :

1. साहित्य भी अन्य सांस्कृतिक उत्पादों की तरह का एक उत्पाद है। इसके बावजूद आर्थिक संबंधमूलक वर्ग-संरचनाओं के आधार पर इसकी सरलीकृत तरीके से घटावपरक (रिडक्टिव) व्याख्या नहीं की जा सकती। साहित्य के पाठ को एक वैकल्पिक सामाजिक यथार्थ का निर्माण करने वाली वस्तु की तरह देखा जाना चाहिए। निश्चय ही इसके सामाजिक संसार की व्याख्या ऐतिहासिक और भौतिकवादी आधारों की मदद से की जानी चाहिए।

2. साहित्यिक पाठों में वर्चस्वी विचारधाराओं के रूप में मौजूद वर्ग-संरचनाओं का अध्ययन राजनीतिक अंतर्वस्तु की पहचान के लिए किया जाना चाहिए।

3. वर्चस्वी संरचनाओं के समांतर वैकल्पिक तथा अवशिष्ट संरचनाओं को इस तरह देखा जाना चाहिए, जैसे वे परिवर्तन का आधार या विकल्प की दृष्टि प्रदान करने वाली संरचनाएं हों।

4. साहित्य में वर्ग-आधारित विचारधारात्मक अंतर्वस्तु के राजनीतिक रूपों को साहित्य में मौजूद भावों की संरचनाओं की तरह देखा जाना चाहिए।

5. भावमूलक संरचनाओं में हाशिये के समाज की पीड़ा की अभिव्यक्ति को देखते हुए उसके विरोध, क्षोभ, अवज्ञा आदि को सामाजिक संस्थाओं के भीतर से ठोस परिणाम लाने की संभावनाओं की तरह देखा जाना चाहिए।

6. सामाजिक संस्थाओं में उथल-पुथल और संक्रमण को ठोस भौतिकवादी आधार के रूप में देखते हुए, साहित्य में मानववादी चेतना की व्याख्या की जानी चाहिए।

आगे चलकर मिशेल फूको ने सांस्कृतिक

भौतिकवाद की और गहराई से व्याख्या की। वह साहित्य-केंद्रित विमर्श प्रस्तुत नहीं कर रहे थे, पर उनकी व्याख्याएं साहित्य के लिए भी मूल्यवान साबित हुईं। हाशिये के लोगों की पीड़ा के सांस्थानिक रूपों को फूको ने राजनीतिक अंतर्वस्तु के रूप में व्याख्यायित किया। उन्होंने राजनीति को सत्ता और ज्ञान के रिश्ते के रूप में देखा तथा सत्ता के ज्ञान -विमर्शों के द्वारा मानव दासता में रहने के दृष्टांत सामाजिक संस्थाओं के भीतर से प्रस्तुत किए। उन्होंने सत्ता-विमर्शों को विद्यालय, अस्पताल और जेल जैसी संस्थाओं की वर्चस्वी संरचनाओं के आधार की तरह देखा तथा मनुष्य की असामान्य व विक्षिप्त होने की दशाओं के पीछे भी सत्ता-विमर्शों की भूमिका को पहचाना। इन व्याख्याओं के आधार पर सांस्कृतिक भौतिकवादी रूपों को स्पष्ट करने में सहायता मिली।

सांस्कृतिक भौतिकवाद की तुलना अकसर नव-इतिहासवादी विमर्श से की जाती है। टेरी इगल्टन ने इन दोनों पद्धतियों के बीच अंतर स्पष्ट करते हुए कहा कि सांस्कृतिक भौतिकवाद वर्तमान केंद्रित विमर्श है, जबकि नव-इतिहासवाद अतीत केंद्रित। सांस्कृतिक भौतिकवाद मूलतः राजनीतिक चेतना का विमर्श है, जबकि नव-इतिहासवाद वर्चस्वी संरचनाओं और उनके विकल्पों का ज्ञान है।

विनोद शाही

अधिक जानकारी के लिए :

1. The Rise of Anthropological Theory : Marvin Harris, 1968, **2. Cultural Materialism :** Marvin Harris, 1979, **3. Cultural Materialism :** Ramound Williams, **4. Raymound Williams : Hope and Defeat in the Struggle for Socialism :** Don Milligan, 2007, **5. Madness and Civilization :** Michel Foucault, 1964

सांस्कृतिक मानवविज्ञान

सांस्कृतिक मानवविज्ञान (Cultural Anthropology) का लक्ष्य संस्कृति की उत्पत्ति और विकास की व्याख्या करना है। इसमें दिखाया जाता है कि किस प्रकार विभिन्न स्थानों पर प्रकृति के सान्निध्य में संस्कृति का विकास हुआ। सांस्कृतिक मानवविज्ञान इस धारणा की विरोधिता करके सामने आया कि प्रकृति और संस्कृति-विरोधी मामले हैं। सांस्कृतिक मानवविज्ञानी एक स्थान की संस्कृति का अध्ययन करते हुए देखते हैं कि सभी मानवजातियों में आदिम रूप से शुरू हुई संस्कृतियों का संपूर्ण विश्व में कैसे एक ही जैसे चरणों में विकास हुआ। उन्होंने मानव के विकास को जंगलीपन, बर्बरता और सभ्यता इन तीन अवस्थाओं में देखा। धर्म के संबंध में धारणा दी कि इसका विकास सर्वात्मवाद, बहुदेववाद और एकेश्वरवाद की दिशा में हुआ।

गार्डन चाइल्ड ने सांस्कृतिक विकास को प्रागैतिहासिक अवशेषों के आधार पर चार कालों में बांटा : (1) पुरापाषाण काल, (2) नवपाषाण काल, (3) कांस्य युग और (4) लौह युग। संस्कृति का विकास दिखाने के लिए सांस्कृतिक मानव विज्ञानियों ने विश्व के विभिन्न प्रदेश में रहने वाली जनजातियों और जातियों के जीवन का अध्ययन किया। उन्होंने अपने सार्वभौमिकतावादी दृष्टिकोण से स्पष्ट करना चाहा कि दुनिया में कई देशों में सांस्कृतिक पिछड़ापन है, खासकर जनजातियों के रीति-रिवाजों में कोई परिवर्तन नहीं हुआ है और एक बड़ी आबादी असभ्य है, वह सभ्यता के पिछले चरणों में ही फंसी हुई है। उनका आशय दुनिया को आदिम और सभ्य इन दो कोटियों में बांटकर देखना था।

एडवर्ड टाइलर ने संस्कृति के मानव वैज्ञानिक अर्थ की व्याख्या की है। रेडक्लिफ ब्राउन ने सिद्ध करना चाहा है कि सांस्कृतिक संस्थाएं और इनके विभिन्न तत्व किस तरह समाज की निरंतरता बनाए रखने में योग देते हैं। वह सांस्कृतिक मानवविज्ञान को तुलनात्मक समाजविज्ञान के स्तर पर ले जाते हुए मानव व्यवहार को नियंत्रित करने वाले कुछ सार्वभौम नियमों की खोज करते हैं। किसी भी समाज के सांस्कृतिक व्यवहारों और संस्थाओं को समझने के लिए उन्होंने यह जरूरी माना कि उस समाज में संपत्ति के स्वामित्व, लैंगिक भेद, नातेदारी, विश्वास, नैतिक

कथन, सामाजिक रीति-रिवाज, नियम तथा स्वैच्छिक संगठनों के संबंध में जानकारी प्राप्त की जाए।

भारत में 1811 से सामाजिक मानवविज्ञानी अपना अध्ययन शुरू कर चुके थे, उनमें कई प्रशासनिक अधिकारी थे। आमतौर पर मानवविज्ञानी आदिम और असभ्य जातियों-जनजातियों की संस्कृति के अध्ययन में दिलचस्पी लेते हैं। वे धर्म के विकास में भी रुचि लेते रहे हैं। अफ्रीका और एशिया के देशों तथा ऑस्ट्रेलिया आदि के जनजातीय और जातीय जीवन के उनके अध्ययन का एक विशेष उद्देश्य रहा है—उनकी पुरातन विशिष्ट पहचानों को आविष्कृत कर उनके फर्क को समझना, ताकि औपनिवेशिक शासन अपनी नीतियां बना सके। अंग्रेज और फ्रांसीसी प्रशासक सांस्कृतिक मानवविज्ञान की शिक्षा को औपनिवेशिक प्रभाव के लिए आवश्यक मानते थे। आमतौर पर मानवविज्ञान को सिर्फ प्रशासन ही नहीं, शिक्षा, सामाजिक सुधार, लोक-स्वास्थ्य और कला-संरक्षण के लिए भी जरूरी माना जाता है।

सांस्कृतिक मानवविज्ञान उन्नीसवीं और बीसवीं सदी में खासतौर पर सक्रिय था। उस पर सवाल भी उठे, 'क्या प्रत्येक स्थान पर सांस्कृतिक लक्षण एक ही तरह से प्रसारित हुए?' क्या ये भौगोलिक और सामाजिक अवरोधों से प्रभावित हुए और जब नई सभ्यता के संपर्क में आए तो क्या इन्होंने अपना मौलिक रूप खो दिया? मानव विज्ञानियों को उन देशों की संस्कृति में भी स्थिरता नजर आई, जहां निरंतरता के साथ परिवर्तन के भी तत्व थे। कुछ संस्कृतियां परिवर्तन शीघ्र आत्मसात कर लेती हैं, जबकि कुछ संरक्षणशील होती हैं। यह भी देखा गया है कि आवश्यकताएं नए परिवर्तन का आधार होती हैं जो खुद दो किस्म की होती हैं—स्वैच्छिक आवश्यकताएं और पराश्रित आवश्यकताएं। एडवर्ड टाइलर, लेविस मॉर्गन, फ्रांज बोआस, मार्गरेट मीड, रूथ बेनेडिक्ट आदि पश्चिमी नृविज्ञानियों ने सांस्कृतिक मानवविज्ञान के क्षेत्र में बहुमूल्य योगदान किया और इस पर बल दिया कि दुनिया समाज में नहीं, संस्कृतियों में विभाजित है। हाल में सांस्कृतिक मानवविज्ञान की कठोर आलोचना भी सामने आई। उसका आशय है कि यह आधिपत्यपरक होता है और नव-औपनिवेशिक हितों को तुष्ट करता है।

शंभुनाथ

सांस्कृतिक समन्वय

किसी बहुलतावादी और विविध आस्थाओं वाले समाज में वैचारिक टकराहटों के साथ समन्वय भी एक प्रमुख तत्व है। समन्वय ही सामाजिक समरसता का आधार है। समन्वय के प्रमुख तत्व हैं—1. सह-अस्तित्व की चेतना या परस्पर अविरोध का भाव, 2. कुछ मामलों में स्वतंत्र पहचान और कुछ मामलों में अंतर्मिश्रण, 3. दोनों तरफ से लचीला होते हुए एक इकाई में मिल जाना। रामधारी सिंह दिनकर ने दो उदाहरणों से स्पष्ट किया है, 'समन्वय का एक उदाहरण चीटियां भी उपस्थित करती हैं, जब वे अनेक प्रकार के अनाजों के कणों को एक स्थान पर एकत्र कर देती हैं, किंतु यह समन्वय वास्तविक समन्वय नहीं है।... चींटियां अनाज के कणों को एकत्र तो कर देती हैं, किंतु मधुमक्खियां अनेक फूलों से रस जमा कर उसे ऐसा रूप देती हैं कि कोई एक फूल सबसे ऊपर नहीं बोलता।' (संस्कृति के चार अध्याय) संस्कृति में समन्वय इतने रासायनिक या यांत्रिक ढंग से नहीं होता, कुछ चींटी जैसी प्रक्रिया होती है और कुछ मधुमक्खी जैसी प्रक्रिया। समन्वय का अर्थ एकरूपता नहीं है, जिस तरह समरसता का अर्थ एकरसता नहीं है।

भारतीय जीवन में समन्वय एक प्रमुख लक्ष्य रहा है जिसका अर्थ है कट्टरतावाद, शुद्धतावाद या उग्रवाद से बाहर निकलकर परस्पर संवाद, संबंध, आदान-प्रदान, गुण संग्रह, नवोन्मेषों के प्रति उत्सुकता, प्रभाव ग्रहण, मिश्रित अंतर्दृष्टि आदि। तुलसी निर्गुणियों का कहीं विरोध करते हैं, पर एक जगह समन्वय की स्थिति में भी होते हैं, 'अगुन सगुन दुई

ब्रह्म सरूपा, अकथ अगाधि अनादि अनूपा।' समन्वय के मामले में उनका यह कथन भी कम तात्पर्यपूर्ण नहीं है, 'संग्रह त्याग न बिनु पहिचाने।' संग्रह करना हो या त्याग करना हो, सोचकर करना होगा क्योंकि अंधानुकरण समन्वय नहीं है। अतीत हो या पश्चिम उसके उत्कृष्ट को ग्रहण करने से समन्वय तथा निकृष्ट को चुनने से विघटन होता है।

धर्मनिरपेक्ष भारत की अखंडता के लिए विशिष्टता की रक्षा के साथ सांस्कृतिक समन्वय सैकड़ों साल से एक आदर्श मार्ग रहा है। संघर्षण, अंतर्मिश्रिण और रूपांतरण भारतीय सांस्कृतिक प्रक्रिया के लक्षण हैं। चींटी के भिन्न-भिन्न दिखने वाले भोज्य पदार्थ और मधुमक्खियों के मधु के अलावा खिचड़ी भी एक उदाहरण है जिसमें चावल, दाल, सब्जियां आदि समरस दिखते हैं और अपनी पहचान लिये हुए भी। भारत में शत्रुतापूर्ण सांस्कृतिक ध्रुवीकरण हमेशा अल्प अवधि का मामला रहा है, क्योंकि चित्रकारों, संगीतकारों, कवियों-लेखकों, स्थापत्यकारों, खानसामों, नृत्यांगनाओं ने सदा से ही मिश्रण से कलाओं को विकसित किया और आकर्षक बनाया। ज्ञान का जब-जब उत्कर्ष हुआ है और इसमें मोड़ आया है, समन्वय के चिह्न मिले हैं। समन्वय और घृणा का प्रचार या समरसता और भेदभाव या अखंडता तथा शुद्धतावाद एक साथ संभव नहीं हैं।

रोमिला थापर ने इस पर विचार किया है कि आर्य लोग खुद कैसे सांस्कृतिक अंतर्संबंधों से ही अस्तित्व में आए और वे शुद्ध नस्ल जैसी कोई चीज नहीं थे। अशोक ने 'समवाय' का प्रवर्तन किया था। प्राचीन साहित्य और पौराणिक कथाओं में सांस्कृतिक समन्वय के अनगिनत उदाहरण हैं। 1574 में अकबर ने फतेहपुर सीकरी में अनुवाद की एक संस्था बनाई थी जिसमें कई हिंदू पाठों का फारसी भाषा में अनुवाद किया था। कई वर्षों तक मुल्ला और पंडितों ने मिलकर यह काम किया। विभिन्न धर्मों की साहित्यिक प्रतिभाओं और कलाकारों ने बहुसांस्कृतिकता के अच्छे उदाहरण पेश किए। महाभारत, विष्णुपुराण और कथासरितसागर के अनुवाद हुए। रामायण के चित्रमय फारसी रूप बने थे। मुगल दरबार में हिंदू, मुस्लिम, यूरोपियन और स्त्री चित्रकार थे। हिंदू धर्मकथाओं पर कई चित्र बनाए गए। एक मुस्लिम चित्रकार के बनाए चित्र में हनुमान ने संजीवनी बूटी का पहाड़ उठा रखा है। 1585 में बने एक चित्र में कृष्ण ने गोवर्धन पर्वत उठा रखा है। इन चित्रों में हिंदू, फारसी, चीनी शैलियों का समन्वय है। कृष्ण पर बने एक चित्र में ब्रजवासियों के साथ मुगल दरबारी भी बैठे हैं और चमत्कार देख रहे हैं और नीचे ढेर सारी गाएं हैं। ऐसे हिंदू धार्मिक चित्रों के निर्माण में मुगल दरबार का सहयोग था। उनके कलाकारों के नाम ज्ञात नहीं हो सके हैं, क्योंकि ये चित्र सामूहिक रूप से बने थे।

दाराशिकोह ने उपनिषद का फारसी में अनुवाद किया था। कहा जाता है कि कल्हण की 'राजतरंगिनी' संस्कृत के विद्वान सुल्तान जैनुल आबदीन के आश्रम में लिखी गई थी। कबीर, जायसी, रहीम और रसखान सांस्कृतिक समन्वय के अच्छे उदाहरण हैं। दुनिया में महान कलाओं और साहित्य का विकास हमेशा सांस्कृतिक समन्वय से ही हुआ है।

हजारों साल में स्थानीय जातियों और बाहर से आई जातियों के परस्पर घुलने-मिलने से भारतीय महामानवता का निर्माण हुआ। इस भावादर्श को रवींद्रनाथ ठाकुर ने अपनी एक कविता में रखा था, 'आओ हे आर्य, आओ अनार्य, हिंदू-मुसलमान! आओ ब्राह्मण, मन को करें साफ, सबका हाथ थामें। आओ पतित, अपने सारे अपमान के बोझ से मुक्त होओ। भारत मां के अभिषेक के लिए तेजी से आओ। सभी के स्पर्श से पवित्र हुए तीर्थजल से मंगलघट अभी पूरा भरा नहीं है। आओ, आज भारत के महामानव के सागरतट पर।' (गीतांजलि)। मंगलघट अभी पूरा भरा नहीं है अर्थात भारतीय महामानवता या भारतीय महाजातीयता अभी विकासशील अवस्था में है। एक दूसरी बात भी महत्वपूर्ण है, तीर्थजल अभी भी दलितों के स्पर्श से पवित्र होना बाकी है। जो जल सदा पवित्र माना जाता है, उसे ही पवित्र

करने की बात अछूतोद्धार या शुद्धीकरण के ठीक उलट है। साफ तो खुद ब्राह्मण या द्विज को होना है, रवींद्रनाथ खुद ब्राह्मण थे।

सांस्कृतिक समन्वय किसी बिंदु पर अभेद की स्थिति कही जा सकती है, पर कुछ बिंदुओं पर विविधता स्वाभाविक है। वासुदेवशरण अग्रवाल ने लिखा है, 'समन्वय हिंदुत्व की सबसे बड़ी विशेषता है। विश्व के साथ अविरोध भाव प्राप्त करने की पद्धति समन्वय है।' (कल्याण, हिंदू संस्कृति अंक)। जयशंकर प्रसाद ने 'कामायनी' में लिखा है, 'शक्ति के विद्युतकण जो व्यस्त/ विकल बिखरे हैं हो निरुपाय/ समन्वय उनका करे समस्त/ विजयिनी मानवता हो जाए।' निश्चय ही समन्वय का अर्थ दूसरे को मिटाकर आत्मसात करना नहीं हो सकता। भगवतशरण उपाध्याय ने स्पष्ट किया है, 'आज की भारतीय संस्कृति विभिन्न जातियों और युगों की सामूहिक देन है। जिसे हम आज भारतीय संस्कृति कहते हैं, वास्तव में वह विविध जातियों के योग से निर्मित और विकसित हुई है। भारत विविध जनाचारों का संग्रहालय बन गया है और उसकी संस्कृति में अनेक संस्कृतियों और अनेक जातियों की सामाजिक विशेषताओं का सम्मिश्रण है।... वास्तव में देश विशेष की सांस्कृतिक पवित्रता उसी प्रकार असत्य और निरर्थक है, जिस प्रकार जाति विशेष की रक्त-शुद्धता।' (भारतीय समाज का ऐतिहासिक विश्लेषण)। यही वजह है कि सदियों से भारतीय समाज में न मनुस्मृति और चाणक्य का शुद्धतावाद चल सका और न ही चार्वाक या लोकायतों का उच्छेदवाद। इस देश में हर उग्रवाद को लचीला होकर अंतर्मिश्रण के भीतर से रूपांतरण की राह पर आना पड़ा।

भारतीय जीवन में समन्वय निश्चय ही सबसे पहले विभिन्न कलाओं, भाषा, साहित्य और जीवन-शैली के स्तरों पर दिखता है। प्राचीन स्थापत्य, धर्मस्थल, काव्य, साहित्यिक भाषा, सामाजिक रीति-रिवाजों, आस्थाओं और जीवन-शैली में आदान-प्रदान और अंतर्मिश्रण के अनगिनत पुराने और नए उदाहरण हैं। भारत को अपना देश मानकर बस गई जातियों की सह-अस्तित्व भावना ने लोकजीवन में किसी किस्म के अंध-राष्ट्रवाद या सामाजिक पृथकतावाद को पनपने नहीं दिया। यह औपनिवेशिक खेल था, जिसमें भारत के सामाजिक अभेद में तरह-तरह से भेद खोजा गया। इस देश को अंधकार में डूबा और बर्बर कहा गया और पश्चिम को सभ्यता का दूत बताया गया। फिर भी ई एम फॉर्स्टर जैसे लेखक ने 'ए पैसेज टू इंडिया' में भारत में वैयक्तिकता और संपूर्णता के अंतःसूत्र को पकड़ते हुए यह सवाल रखा था, 'प्रेम ही ईश्वर है, क्या यही भारत का पहला संदेश है?' भारत में जब-जब सच्चे लोग आए तो उन्होंने फर्क, भेदभाव और विभाजन मिटा देना चाहा, जबकि सत्ता-विमर्शों में इन्हीं को हथियार बनाया गया।

सामाजिक समरसता के लिए ऐसे देशों में समन्वय की जरूरत ज्यादा होती है, जहां के नागरिक कई नस्लों, धर्मों, जातियों और भाषाओं के हों। वैश्वीकरण के युग में आर्थिक वृद्धि खूब हुई, लेकिन समन्वय की प्रवृत्तियों को धक्का लगा। 'बाजार की एकता-सामाजिक भिन्नता' के दृश्य छा गए। अंध-राष्ट्रवाद पनपा। सोशल मीडिया पर घृणा के कारखानों में निर्मित चीजें छा गईं। लोगों के मन में राजनीतिक खटास डालकर उसे दूध की तरह फाड़ा जाने लगा। राजनीति के चार हथियारों—साम, दाम, दंड और भेद में भेद सबसे बड़ा हथियार बन गया। बाजार की स्पर्धा मूल्यहीनता और परस्पर शत्रुता में बदली। संकीर्णता रक्तबीज है, इसकी एक-एक बूंद से हजारों राक्षस जन्म लेने लगे। मनोरंजन उद्योगों ने दिमाग को अपनी रंगीन, संगीतमय और कामुक बमबारी से इतना घेर लिया कि तर्क करने और बुद्धि से सोचने की क्षमता गिरती गई। समन्वय बिना तर्क, बुद्धि और सद्भावना के संभव नहीं है।

शंभुनाथ

अधिक जानकारी के लिए :

1. भारत की खोज : जवाहर लाल नेहरू, **2. संस्कृति के चार अध्याय :** रामधारी सिंह दिनकर, **3. The Aryan-Recasting Constructs :** Romlia Thapar, 2008

सांस्कृतिक साम्राज्यवाद

सांस्कृतिक साम्राज्यवाद उन पूर्व-उपनिवेशित देशों की वस्तुस्थिति है, जिन पर लंबे समय तक यूरोपीय देशों का शासन था। साम्राज्यवादियों ने इन देशों में आर्थिक शोषण, राजनीतिक नियंत्रण और सैनिक दमन से आगे बढ़कर शिक्षा, जीवन-शैली, कला, साहित्य, भाषा, दार्शनिक सिद्धांत, इतिहास की समझ आदि सांस्कृतिक क्षेत्रों में भी अपना प्रभुत्व स्थापित किया। सांस्कृतिक साम्राज्यवाद सांस्कृतिक खुलेपन, आदान-प्रदान और अंतर्मिश्रण से अलग चीज है। इसे मुख्यतः पश्चिमी वर्चस्व के रूप में देखा जाता है। इसके द्वारा उपनिवेशित रह चुके देशों का यह सामान्य आत्मविश्वास तक मिटा दिया जाता है कि उनकी अपनी संस्कृति में भी श्रेष्ठ तत्व हो सकते हैं, जिन्हें नई स्थितियों के अनुरूप उच्चतर रूप दिया जा सकता है। सांस्कृतिक साम्राज्यवाद औद्योगिक-तकनीकी विकास के बल पर अपनी संस्कृति को ही विश्व की श्रेष्ठ आधुनिक संस्कृति के रूप में स्थापित करता है।

पश्चिम में सांस्कृतिक साम्राज्यवाद को रूस के सांस्कृतिक साम्राज्यवाद के रूप में देखा गया (1921)। इसके अलावा 1960 और 70 के दशक के सांस्कृतिक अध्ययनों में 'मीडिया साम्राज्यवाद', 'संरचनात्मक साम्राज्यवाद', 'सांस्कृतिक प्रभुत्व', 'विचारधारात्मक साम्राज्यवाद' जैसे मुहावरों का प्रयोग भी हुआ। अंतोनियो ग्राम्शी, मिशेल फूको, एडवर्ड सईद आदि ने इसके विभिन्न पहलुओं पर विचार किया। इनके विचारों से स्पष्ट होता है कि सत्ता कैसे अपना सत्य निर्मित करके दूसरों पर थोपती है और उन्हें अनुगामी बनाती है। फिर भी सांस्कृतिक साम्राज्यवाद का सबसे तीखा अनुभव एशियाई देशों, खासकर भारत का है, जिसे 'सभ्यता के पश्चिमी मिशन' और 'व्हाइट मेंस बर्डन' का अहंकार सबसे ज्यादा झेलना पड़ा था। उपनिवेशकों का सभ्यता का मिशन उनके 'रिनेसां' और इनलाइटेनमेंट' के बुनियादी मकसदों के एकदम विपरीत था। आज वह 'बहुराष्ट्रीय कंपनियों के गुरुतर दायित्व' के रूप में 'मानवीय चेहरा' लगाकर फिर मौजूद है। इस देश में 'सांस्कृतिक साम्राज्यवाद' शब्दावली देर से आई हो पर इसकी पहचान, इसको लेकर चिंताएं और इसका प्रतिरोध उन्नीसवीं सदी से हो रहा है।

बांग्ला नवजागरण के कई अग्रदूत सांस्कृतिक साम्राज्यवाद के असर के कारण ही अंग्रेजी राज से मोहित थे। ऐसे माहौल में भारतेंदु हरिश्चंद्र ने 'हिंदी की उन्नति पर व्याख्यान' दिया था, जो वस्तुतः सांस्कृतिक साम्राज्यवाद को चुनौती थी। उन्होंने विदेशी वस्तुओं के साथ 'परदेसी की बुद्धि' की गुलामी से मुक्ति का आह्वान किया। वे अंग्रेजी राज की आर्थिक लूट को ही मुद्दा नहीं बनाते। वे शिक्षा को सांस्कृतिक साम्राज्यवाद का हथियार बनाने की ब्रिटिश योजना पर एक मेम से ललाइन के उद्‌गार के जरिए व्यंग्य करते हैं, 'लिखाय नाहीं देत्यौ पढ़ाए नाहीं देत्यौ। सैयां फिरंगिन बनाय नाहीं देत्यौ।' उनको स्पष्ट तौर पर लगा था, 'अंग्रजों ने सच्ची विद्या उन्हें नहीं दी और यही कारण है कि हमलोग इनकी माया से मोहित हो गए और हम लोगों को अपनी हानि दृष्ट न पड़ी।' सांस्कृतिक साम्राज्यवाद सम्मोहन से भरा होता है और आत्मअचेत करता है, भारतेंदु का अन्वेषण यही था।

ब्रिटिश साम्राज्य ने भारत को आधुनिक विकास की राह पर ला दिया, 'विज्ञान का वैभव दिखाया, सत्य से परिचित किया।' (भारत भारती)। राष्ट्रीय भावना तक में उपनिवेशवाद ने कितनी गहरी पैठ बना ली थी, यह मैथिलीशरण गुप्त की उपर्युक्त पंक्ति से स्पष्ट है। प्रेमचंद ने सांस्कृतिक साम्राज्यवाद की अच्छी तरह शिनाख्त की, 'यूरोप से हमने अगर कुछ सीखा तो वही सीखा, जो उसकी संस्कृति का सबसे निकृष्ट पहलू था।... उनका हमारे लिए एक न रुकने वाला आकर्षण था।... हमारे नेता और अगुआ जब उस प्रवाह में न संभल सके तो छोटे-छोटे साधारण आदमी क्या संभलते?' (सहयोग या संघर्ष, विविध प्रसंग)। प्रेमचंद अपने को सांस्कृतिक साम्राज्यवाद का शत्रु मानते थे, इंग्लैंड का नहीं, 'मैं इंग्लैंड का शत्रु नहीं हूं।' वह सांस्कृतिक साम्राज्यवाद के विरोधी

थे, जो बौद्धिक उपनिवेशन ला रहा था। भारतेंदु की 'माया से मोहित' वाली बात प्रेमचंद के चिंतन में पुख्ता आधार पाती है। वह सांस्कृतिक साम्राज्यवाद की आलोचना के लिए 'गोदान' में मालती की जीवन शैली के अलावा अंग्रेजों की उस शिक्षा-व्यवस्था को आधार बनाते हैं, जिसने नए मध्यवर्ग का एक खास ढांचे में निर्माण किया था। इसके बारे में उनका कहना है, 'वह झूठे आडंबर और बनावट की जिंदगी का, इस व्यावसायिक और औद्योगिक प्रतियोगिता का इतना प्रेमी हो गया है कि उसकी बुद्धि में सरल जिंदगी का विचार आ ही नहीं सकता।... काश! ये यूनिवर्सिटियां न खुली होतीं, काश! आज उनकी ईंट से ईंट बज जाती तो हमारे देश में द्रोहियों की इतनी संख्या न होती।... हमारा तजरुबा तो यह है कि साक्षर होकर आदमी काइयां, बदनीयत, कानूनी और आलसी हो जाता है।' भारतीय सांस्कृतिक क्षय के मूल में सांस्कृतिक साम्राज्यवाद रहा है।

सांस्कृतिक साम्राज्यवाद के असर में पश्चिमी सिद्धांतों का अंधानुकरण आज तक चल रहा है। कोई नया पश्चिमी सिद्धांत आया नहीं कि भारत के बुद्धिजीवी उसके पीछे ऐसे दौड़ते हैं, जैसे बच्चे कटी पतंग के पीछे। हर सिद्धांत पश्चिम से भारत में आता है, कोई नया सिद्धांत भारत से पश्चिम में नहीं जाता। साहित्यिक और बौद्धिक जगत में अंधाधुंध नकल चली है, जैसे—भारत का 'बौद्धिक आत्म' सैकड़ों साल का रिक्त, भूखा और आलसी हो। इस पर रामचंद्र शुक्ल ने व्यंग्य किया है, 'आजकल पाश्चात्यवाद वृक्षों के बहुत से पत्ते—कुछ हरे नोचे हुए, कुछ सूखकर गिरे पाए हुए—यहां पारिजात पत्र की तरह प्रदर्शित किए जाने लगे हैं।' (काव्य में अभिव्यंजनावाद, चिंतामणि–2)। उन्होंने स्पष्ट संकेत दिया, 'आजकल विचारों की पराधीनता के कारण यूरोप ही जगत समझा और कहा जाता है।' (चिंतामणि–1)। सांस्कृतिक साम्राज्यवाद का असर कितना ज्यादा रहा है, यह बांग्ला नवजागरण के एक अध्येता मोहितलाल मजुमदार के इस कथन में देखा जा सकता है, 'उन्नीसवीं सदी में भारत के राजनीतिक राष्ट्रवाद का उत्थान पश्चिम के प्रभाव का परिणाम था।...यहां तक कि एक राजनीतिक अवधारणा के रूप में भारत की अवधारणा भी अंग्रेजी राज का ही परिणाम थी।' (भारतीय नवजागरण और पुनरुत्थानवादी चेतना)। सांस्कृतिक साम्राज्यवाद का असर माइकेल मधुसूदन दत्त से लेकर नीरद चौधरी, वी एस नायपॉल आदि तक कितने व्यापक रूप में था, यह उनके विचारों से जाना जा सकता है।

वैश्वीकरण और सूचना क्रांति के बाद सांस्कृतिक साम्राज्यवाद एक नए रूप में उपस्थित है। इस संदर्भ में रामविलास शर्मा ने लिखा है, 'अमेरिकी पूंजी के साथ अमेरिकी संस्कृति का निर्यात भी होता है। भारत में धीरे-धीरे यहां की संस्कृति पर वहां की संस्कृति छा जाती है। इसका विशेष रूप से पढ़े-लिखे धनी नौजवानों पर असर दिखाई पड़ता है। हिंसा उसका अभिन्न अंग है। स्वयं अमेरिका में हिंसा इतनी बढ़ गई है कि वहां के विचारक, शिक्षा केंद्रों के निदेशक और कार्यकर्ता इससे बहुत चिंतित हैं। हमारे देश में जो लोग विदेशी पूंजी मंगाते हैं, अमेरिकी संस्कृति का स्वागत करते हैं। शायद वे नहीं जानते कि इस संस्कृति से स्वयं अमेरिकी जनता का कितना नुकसान हो रहा है।' (भारतीय संस्कृति और हिंदी प्रदेश–2)। पश्चिमी देशों के संस्कृति उद्योग वहां की राजनीतिक व्यवस्थाओं से प्रायः स्वतंत्र होकर अपना प्रचार-प्रसार करते हैं। वे मुख्यतः कामुकता, हिंसा और व्यक्तिवाद फैलाते हैं। वे मुक्त बाजार अर्थव्यवस्था के अंग के रूप में दुर्दमनीय ताकतें हैं। इसलिए बड़ी विदेशी पूंजी के साथ जो संस्कृति आती है, वह मुख्यतः उन्हीं देशों से आती है जो तकनीकी, औद्योगिक और सैनिक स्तर पर श्रेष्ठ हैं। यही वजह है कि भारत में भी अनगिनत छोटे-छोटे अमेरिका बन गए हैं, जहाँ स्वतंत्रता का अर्थ सफलता है।

सांस्कृतिक साम्राज्यवाद दुनिया के देशों में अप्रत्यक्ष रूप से 'मानसिक नियंत्रण' करता है। सूचना और मनोरंजन उद्योगों पर एक बड़ी पूंजी इसलिए खर्च की जाती है कि लोगों को जिन चीजों की जरूरत नहीं है, वे विश्वास कर लें कि उनकी

जरूरत उन्हें हैं। सांस्कृतिक साम्राज्यवाद दुनिया में 'उपभोग' के स्तर पर अभेद पैदा करता है अर्थात एकरूपता लाता है, पर 'सोच' के स्तर पर भेद पैदा करता है अर्थात सामाजिक भिन्नता को सींचता है। दुनिया अपनी सांस्कृतिक अर्थव्यवस्था में ऊपर से एकीकृत दिखाई देती हुई भी भीतर से विभाजित होती है—कट्टरता, अंतर्शत्रुता और हिंसा से भरी। इस तरह सांस्कृतिक साम्राज्यवाद का एक बड़ा लक्ष्य सामाजिक संबंधों को तोड़ना है। इससे सिर्फ हिंसक व्यक्तिवाद पनपता है, जो मानवीय साझेपन, सामाजिकता, संवेदना और मूल्य चेतना को नष्ट करता है और एक अतिशक्तिशाली निर्बुद्धिपरकता को लोगों की आम चेतना का अंग बना देता है। सांस्कृतिक साम्राज्यवाद लोगों को 'लो टेक्नोलॉजी-हाई कल्चर' से 'हाई-टेक्नोलॉजी-लो कल्चर' के संसार में पहुंचा देता है।

शंभुनाथ

अधिक जानकारी के लिए :

1. **Cultural Imperialism : Essays on the Political Economy of Cultural Domination** Bernd Hamm, Russell Charles, Swandych, 2005, 2. **Beyond Cultural Imperialism : Globalization, Communication and the New International Order :** P Godling, P Harris (Ed) 1997, 3. **Cultural Imperialism : A Critical Introduction :** John Tomlinson, 1991

सांस्कृतिक स्वाधीनता

सांस्कृतिक स्वाधीनता संस्कृतियों के जन्म से मनुष्य को उपलब्ध है। यह सृजनात्मक संसार के अस्तित्व की पूर्वशर्त है। धर्म में बंधन होते हैं, चौहद्दियां होती हैं। संस्कृति एक खुली जगह है, जहां कलाएं, दर्शन, साहित्य, जीवन-शैली और मनुष्य की विश्वदृष्टि बनती है। सांस्कृतिक स्वाधीनता की वजह से प्राचीनकाल से ही जीवन के सौंदर्य और संघर्ष को विविध कोणों से देखना संभव हुआ। हर युग में परंपरा का पुनःसृजन और नवोन्मेष हुए। संस्कृति के अंग के रूप में मनुष्य वस्तुतः अपने को न सिर्फ प्रकृति के एक हिस्से से अधिक समझता है, बल्कि वह अपने धर्म, जातीयता, विचारधारा और भाषा के बाहर के संसारों से भी 'इंटरैक्ट' करता है। यह स्वाधीनता किसी भी उच्च संस्कृति का प्रधान मूल्य है।

ऑल्बेर कामू ने कहा था, 'संस्कृति और इसकी स्वाधीनता के बिना कोई समाज चाहे जितना विकसित हो, एक जंगल है।' स्वेच्छाचारी सत्ता बौद्धिक और सांस्कृतिक स्वाधीनता देने से डरती है, क्योंकि यह उसके लिए चुनौती होती है। लेखकों-कलाकारों को प्रलोभनों से हजम कर लेना हर सत्ता का अकसर लक्ष्य रहा है। दरअसल संस्कृति अपने लोगों को एक सामाजिक ढांचे में जोड़कर ही नहीं रखती; बल्कि अपनी निरंतरता, समावेशिकता और पुनर्रचनात्मकता के क्रम में उसे अभिव्यक्ति की स्वाधीनता भी देती है। वह रूढ़ियों को मिली चुनौती से बिदकती नहीं है, यदि सचमुच संस्कृति है और किसी छद्मवेश में नहीं है। संस्कृति जब छद्मवेशों, धार्मिक या राजनीतिक गुलामी और अंधानुकरणों से भर जाती है, तभी सांस्कृतिक स्वाधीनता के संकट और महान परंपराओं के प्रदूषण के दिन आते हैं। संस्कृति और विकृति का फर्क तब मिट जाता है।

हर युग में संस्कृति के अस्तित्व के लिए उच्च स्वाधीनता की जरूरत महसूस की गई है और बार-बार यह कहने की भी कि 'हम मतांधता को नहीं मानते, उदार मानवीय मूल्यों को छोड़ नहीं सकते।'

सांस्कृतिक स्वाधीनता के लिए जितनी जरूरत स्वायत्तता के अधिकार की है, उतनी ही बहुलता के अधिकार की है। वैश्वीकरण के संदर्भ में स्वायत्तता को खोना और इतिहास के एकरेखीयतावाद के संदर्भ में बहुलता का मिटना सांस्कृतिक स्वाधीनता पर दो बड़े संकट हैं। संस्कृति बाजारीकरण का शिकार होकर स्वायत्तता खो देती है, जबाकि राजनीतिक सत्ता संघर्ष में आत्मविसर्जन करके बहुलता से रिक्त होने लगती है। सांस्कृतिक स्वाधीनता पर खतरा आता है, जब जीवन का बाजारीकरण और राजनीतिकरण अपने चरम पर पहुंच जाता है। कई बार समाज और बाजार

या समाज और राजनीति में फर्क नहीं किया जाता। ऐसा समय सिर्फ तब आता है, जब बाजार और राजनीति वस्तुतः तानाशाही शक्तियों में बदल जाते हैं।

अतीत में देखा गया है कि सांस्कृतिक स्वाधीनता के लिए जिस संगठन (कांग्रेस फॉर कल्चरल फ्रीडम) का 26 जून 1950 में बर्लिन में गठन हुआ था, उसकी नकेल अमेरिका के सीआइए के हाथ में थी। स्टीफेन स्पेंडर (द गॉड दैट फेल्ड) जैसे कई लेखक साम्यवाद से मोहभंग के बाद इसमें शामिल हुए थे, लेकिन अप्रैल 1966 में द न्यूयॉर्क टाइम्स में जैसे ही भंडाफोड़ हुआ कि साम्यवाद का विरोध करने और उदार लोकतंत्र का प्रचार करने के सभी कार्य सीआइए के पैसे से होते हैं, स्पेंडर ने 'इन्काउंटर' के संपादक पद से इस्तीफा दे दिया। उस समय ऐसे कई भारतीय लेखक थे, जो सांस्कृतिक स्वाधीनता की धारणा के राजनीतिक दुरुपयोग से अनभिज्ञ थे, जिस तरह कई लेखक आपातकाल की वास्तविकता से अनभिज्ञ थे। वस्तुतः सत्ता और बुद्धिजीवी की घनिष्ठता का एकमात्र अर्थ है सांस्कृतिक स्वाधीनता का विसर्जन। गोर्की के बाद साम्यवादी रूस में और लूशुन के बाद साम्यवादी चीन में सरकार समर्थक कोई बड़ा लेखक नहीं हुआ। इतिहास गवाह है कि राजाश्रय में आज तक कोई बड़ा साहित्यकार नहीं हुआ। सत्ताजीवी और बुद्धिजीवी दो विपरीत कोटियां हैं। इक्कीसवीं सदी में जो लेखक और कलाकर लालचवश सत्ता से चिपके मिलते हैं, उन्हें दया का पात्र समझा जाता है।

दुनिया की हर बड़ी संस्कृति के आस-पास छोटी-छोटी संस्कृतियां हैं। छोटी मछलियां बड़ी मछलियों का शिकार बनें, यह वस्तुतः 'सर्वाइवल ऑफ द फिटेस्ट' का क्रूर प्राकृतिक नजारा है। यह संस्कृति का चिह्न नहीं है। वही संस्कृति जीवित रहती है, जो जीने देती है, बल्कि 'दूसरे' को आत्मसम्मान से जीने देना ही संस्कृति का चिह्न है। इधर दुनिया में और भारत में छोटी-छोटी संस्कृतियों की असुरक्षा बढ़ी है, भय बढ़ा है। सांस्कृतिक दादागीरी को 'ना' कहना कठिन होता गया है। स्त्रियां मर्दों को 'ना' नहीं कह सकतीं, जैसा उर्वशी ने पुरुरवा से कहा था और बौद्ध थेरी गाथाओं की स्त्रियों ने कहा था। जैसा कर्ण ने कृष्ण को 'ना' कहा था। सूरदास ने लिखा था, 'खेलन में को काको गुसइयां।' जीवन के खेल में कोई किसी का गुलाम नहीं हैं। गांधी ने 'सिविल नाफरमानी' की थी। उन्होंने सांप्रदायिकता को 'ना' कहा था, भले ही गोली खानी पड़ी। बहुत-सी लड़कियों ने पढ़ने के लिए शादी को 'ना' कहा। वही संस्कृति रौंदी नहीं जाती जिसके लोगों में 'नहीं' कहने का साहस बचा हो।

इक्कीसवीं सदी में सांस्कृतिक स्वाधीनता छीनने की घटनाओं में वृद्धि ने उदारवादियों को चिंता में डाला है। प्रश्न उठाया गया है कि भारत में अभी भी कलाओं, फिल्मों और पुस्तकों पर प्रतिबंध के पुराने औपनिवेशिक कानून लागू हैं। न्याय व्यवस्था वैसे शिथिल है, लेकिन भावनाओं पर आघात का मामला बनाकर किसी भी सांस्कृतिक मामले पर प्रतिबंध लगाने में वह अधिक तत्परता दिखाती है। अस्मिता की बढ़ी-चढ़ी राजनीति, शिक्षा के ह्रास, सामान्य सामुदायिक असहिष्णुता, कलाकारों-चिंतकों-लेखकों के प्रति राजनीतिज्ञों के उपेक्षा भाव, मीडिया के निर्बुद्धिपरक और पूर्णतः व्यावसायिक रुख तथा खुद लेखकों-कलाकारों की निजी महत्वाकांक्षाएं और सत्ता केंद्रों को खुश करने की उनकी प्रवृत्तियां सांस्कृतिक स्वाधीनता के मार्ग में प्रमुख बाधाएं हैं।

सांस्कृतिक स्वाधीनता को मनोरंजन उद्योग कम प्रभावित नहीं करता। यह कलाओं, साहित्य और व्यक्ति के हर अवकाश को मनोरंजन की वस्तु में बदल देता है। यह कोई सोच या तर्क खड़ा होने नहीं देता। 'मूल्यबोध' पर 'मजा' का इतना नियंत्रण हो जाता है कि अपनी महान राष्ट्रीय विरासत के मिटने तक का अहसास नहीं हो पाता।

किसी किस्म की धार्मिक या विचारधारात्मक मतांधता संस्कृति की शत्रु है। आज कई बार संस्कृति के बारे में सोचते ही हथेली लाठी, त्रिशूल या बंदूक पर जाकर टिकती है। यह संस्कृति नहीं है, वायरस है। सांस्कृतिक स्वाधीनता तब तक अधूरी है, जब तक समाज में धार्मिक, शुद्धतावादी या नैतिक सेंसरशिप है

और कठमुल्लेपन को राजनीतिक समर्थन है। समाज में तब तक शुद्ध हवा नहीं बह सकती, जब तक उसमें सांस्कृतिक स्वाधीनता नहीं होगी। यदि कहीं कुछ भी 'होमोजीनियस' है तो वह सोच की एक बंद गली है, जहाँ विकास नहीं। लोकतंत्र का तभी अर्थ है, जब सांस्कृतिक स्वाधीनता हो। लोकतंत्र किसी पर अपनी संस्कृति थोपने से भिन्न मामला है, यह स्वाधीनता की संस्कृति के निर्माण के लिए है।

शंभुनाथ

अधिक जानकारी के लिए :

1. **The CIA and the congress for culture freedom in the Early cold war :** sarah Muller Harris

साइबर अपराध : चुनौतियां और रोकथाम

साइबर अपराध का संबंध इंटरनेट के माध्यम से कंप्यूटर पर किए जाने वाले अपराधों से है। इंटरनेट की वैश्विक उपलब्धता से जीवन के लगभग सभी क्षेत्रों में होने वाले क्रियाकलापों से इंटरनेट जुड़ गया है। कंप्यूटर से जुड़े लगभग सभी अनुप्रयोग अब मोबाइल पर भी उपलब्ध हैं। कंप्यूटर साइबर अपराध का माध्यम भी है और शिकार भी।

नेशनल क्राइम रिकार्ड ब्यूरो के अनुसार 2014 की तुलना में 2015 में साइबर अपराधों में 20.5 फीसद वृद्धि हुई है। इस मामले में चीन और अमेरिका के बाद ही भारत का स्थान आता है। यह अपराध आगे और बढ़ेगा। इसकी रोकथाम के लिए अभी पुलिस दक्षता में कमियों के बारे में बताया गया है, जबकि साइबर अपराधी काफी शिक्षित और दक्ष होते हैं। साइबर अपराधों ने अपराध जगत का नक्शा ही बदल दिया है।

साइबर अपराध का उद्देश्य मूलतः व्यक्ति, समूह या संस्थान और सरकारों को आर्थिक, भौतिक और मानसिक क्षति पहुंचाना होता है। एक अनुमान के अनुसार, आर्थिक साइबर अपराधों के कारण प्रति वर्ष अरबों रुपयों का नुकसान उठाना पड़ता है। नेटवर्क के जरिए कंप्यूटर में भंडारित सूचनाओं तक अनधिकृत रूप से पहुंच बनाई जाती है और उन्हें हासिल किया जाता है, विकृत या नष्ट किया जाता है या बदला जाता है। इसे कंप्यूटर की भाषा में हैकिंग, क्रैकिंग और फिशिंग करना कहते हैं। हैकिंग और क्रैकिंग आज के गंभीरतम साइबर अपराध हैं। किसी अज्ञात व्यक्ति द्वारा कंप्यूटर सिस्टम में प्रवेश करके निजी सूचनाओं और गोपनीय डाटा को बिना सहमति के हटा दिया जाता है या उसमें हस्तक्षेप किया जाता है। ये अपराध सामान्यतः किसी निजी संस्था, कंपनी या किसी समूह के खिलाफ या सरकारी संस्था के खिलाफ भी हो सकते हैं।

कुछ अपराधी कंप्यूटर पर ऐसे सॉफ्टवेयर भेजते हैं जिनमें वायरस छिपे होते हैं। इनमें वर्म, टार्जन, हार्स, लाजिक हार्स आदि काफी प्रचलित हो चुके हैं। ये कंप्यूटर को भारी नुकसान पहुंचाते हैं। ये सूचनाओं को विकृत और नष्ट ही नहीं करते, कई बार कंप्यूटर के पूरे सिस्टम को खराब कर देते हैं।

साइबर अपराधों को कई श्रेणियों में विभाजित किया जा सकता है। इनमें से कुछ प्रमुख हैं :

आर्थिक और वित्तीय अपराध : आर्थिक अपराध व्यक्तिगत और संस्थागत दोनों तरह के होते हैं। व्यक्ति के बैंक खातों और क्रेडिट कार्डों तक पहुंच बनाकर अनधिकृत रूप से उनमें जमा पैसे चुरा लिए जाते हैं। इसके लिए बैंक खातों और क्रेडिट

कार्डों से संबंधित सूचनाओं और पासवर्डों की चोरी की जाती है और उनका इस्तेमाल कर खातों से पैसे निकाले जाते हैं। ईमेल के जरिए लोगों को लाटरी लगने, ईनाम मिलने आदि की भ्रामक सूचना देकर उनसे पैसे वसूले जाते हैं। बड़े लाभ के लालच में लोग अपने बैंक खातों की गोपनीय सूचनाएं अपराधी लोगों को उपलब्ध करा देते हैं।

वर्गीकृत सूचनाओं की चोरी : संस्थाओं और सरकारों के पास बहुत-सी ऐसी सूचनाएं होती हैं जिनकी जानकारी अनधिकृत लोगों के पास होने पर उस संस्थान या देश की आर्थिक, राजनीतिक और सामरिक सुरक्षा के लिए खतरा हो सकता है। इन सूचनाओं को हासिल करने की कोशिश करना साइबर अपराध की श्रेणी में आता है। ऐसी कोशिशें अन्य संस्थाओं और सरकारों, राजनीतिक विरोधियों, आतंकवादी और अपराधी संगठनों द्वारा की जाती हैं। कई बार ऐसी सूचनाओं के सार्वजनिक होने से उस देश की आंतरिक और बाह्य सुरक्षा भी खतरे में पड़ सकती है। सरकारों के विरुद्ध किए जाने वाले ऐसे अपराधों को साइबर आतंकवाद के तौर पर भी जाना जाता है। ऐसी कोशिशें उन संगठनों और व्यक्तियों द्वारा भी की जाती हैं, जो मानते हैं कि सरकारों की कुछ वर्गीकृत सूचनाओं का सार्वजनिक होना जनहित में है। ऐसी सूचनाओं के माध्यम से वे सरकारों के ऐसे कारनामों को उजागर करते हैं जो मानवता के व्यापक हितों के प्रतिकूल होते हैं।

अश्लील सामग्री का प्रसार : इंटरनेट की व्यापक पहुंच का इस्तेमाल अश्लील सामग्री के व्यापक प्रसार के लिए भी किया जाता है। इसके माध्यम से अश्लीलता का व्यापार भी खूब फैला है, जिनमें पोर्नोग्राफी एक बड़ा कारबार है। उसमें ऐसे फोटो, वीडियो, टेक्स्ट, ऑडियो और अन्य सामग्री होती हैं, जो यौन, यौनकृत्यों और यौन हिंसा पर आधारित होती हैं। ट्रैफिकिंग जैसे अपराध इसमें शामिल हैं। इस सामग्री का एक हिस्सा आपराधिक श्रेणी में आता है। मसलन बच्चों से संबंधित पोर्नोग्राफी, औरतों के विरुद्ध यौन हिंसा से संबंधित फिल्में आदि। इस तरह की सामग्री को ईमेल, वेबसाइट, सोशल मीडिया के जरिए अवैध रूप से इंटरनेट उपयोगकर्ताओं के मेल और फेसबुक खातों तक भी पहुंचाया जाता है। इस तरह उनकी सामाजिक प्रतिष्ठा को आघात पहुंचाया जाता है। इस श्रेणी में व्यक्तियों के विरुद्ध किए जाने वाले वे अपराध भी आते हैं, जो उनके व्यक्तिगत जीवन से संबंधित जानकारियों को चुराकर या उनके निजी जीवन से संबंधित फोटो या वीडियो को सार्वजनिक करके या उसमें बदलाव करके या ऐसा करने की धमकी देकर उन्हें ब्लैकमेल करने की कोशिश की जाती है। ऐसी कोशिशें महिलाओं के विरुद्ध ज्यादा होती हैं।

परेशान या आतंकित करना : इंटरनेट के माध्यम से लोगों, समूहों और समुदायों के विरुद्ध ऐसी कोशिशें अपराध की श्रेणी में आती हैं। अश्लील सामग्री द्वारा या धर्म, जाति, नस्ल, रंग, लिंग आदि के आधार पर लोगों और समुदायों के विरुद्ध भावनाएं भड़काने, अफवाहें फैलाने, उन्हें नीचा दिखाने, अपमानित करने का काम भी किया जाता है। कई बार ऐसी कोशिशें सामाजिक अशांति का कारण भी बनती हैं। साइबर बुलिंग भी एक बड़ा अपराध है, जिसमें फेसबुक जैसी सोशल मीडिया पर अशोभनीय टिप्पणी करना, इंटरनेट पर धमकियां देना, उनका मजाक बनाना, शर्मिंदा करना आदि शामिल हैं। इस प्रकार के अपराध लोगों के ऐसे दस्तावेजों को जो इंटरनेट पर उपलब्ध हैं, को चुराकर या उनको फॉलो करके किया जाता है। कंप्यूटर की भाषा में उसे साइबर स्टॉकिंग कहते हैं। इन कोशिशों से लोगों का निजी जीवन, उनका व्यवसाय या उनका दांपत्य जीवन खतरे में पड़ सकता है।

पायरेसी : पायरेसी यानी कॉपीराइट के अंतर्गत आने वाली मुद्रित, दृश्य और श्रव्य सामग्री को चुराकर उन्हें इंटरनेट के जरिए अनधिकृत रूप से उपलब्ध कराना या उन्हें अपना उत्पादन होने का दावा करना साइबर अपराध की श्रेणी में आता है। इससे सरकारों को करों का और उत्पादक को आर्थिक नुकसान होता है।

साइबर अपराधों की रोकथाम : साइबर

अपराध परंपरागत अपराधों से कम गंभीर नहीं है। इसमें अपराधी प्रायः सामने नहीं आता और अधिकतर मामलों में उसकी पहचान नहीं हो पाती। साइबर प्रौद्योगिकी का इतना विस्तार हो चुका है कि किसी व्यक्ति या संस्था के विरुद्ध साइबर अपराध करने वाला व्यक्ति या समूह उस स्थान से हजारों मील दूर किसी अन्य देश और शहर में हो और उस तक पहुंचना मुश्किल हो, तब भी वह अपने मकसद में कामयाब हो सकता है। ऐसी मुश्किलों के बावजूद साइबर अपराधों की रोकथाम जरूरी है। इसके लिए की जाने वाली कोशिशों को तीन भागों में विभाजित किया जा सकता है। प्रौद्योगिकी के स्तर पर, वैधानिक स्तर पर और निजी जागरूकता पैदा करके।

प्रौद्योगिकी के स्तर पर : साइबर अपराध को रोकने के लिए उनकी पहचान करना, उनसे बचाव और अपराधियों को दंडित किया जाना जरूरी है। यह बहुत जरूरी है कि कंप्यूटर के उपकरणों और सॉफ्टवेयर में ऐसी व्यवस्था हो कि किसी भी तरह की अनधिकृत घुसपैठ या हमले को पहचानकर रोका जा सके, उनके कुप्रभाव को समाप्त किया जा सके और कंप्यूटर में भंडारित सूचनाओं को सुरक्षित किया जा सके। इसके लिए कंप्यूटर इंजीनियर, तकनीकी विशेषज्ञ निरंतर प्रयासरत रहते हैं। नए-नए वायरस प्रतिरोधक सॉफ्टवेयर की खोज होती है। डाटा और सूचनाओं तक पहुंच को रोकने के लिए जटिल पासवर्ड सहित कई तरह के अवरोधक निर्मित किए जाते हैं जिन्हें सिर्फ कंप्यूटर का विशिष्ट उपयोगकर्ता ही पार कर सकता है। लेकिन यह भी सही है कि हैकर भी कंप्टूयर में अनधिकृत प्रवेश के नए-नए तरीके ढूंढते रहते हैं, इसलिए प्रौद्योगिकी के स्तर पर इस क्षेत्र में निरंतर शोध और कार्य करते रहने की जरूरत होती है।

वैधानिक स्तर पर : साइबर अपराधों को रोकने के लिए कई तरह के कानून बनाए जाते हैं, ताकि उनके डर से लोग ऐसे अपराधों को करने से बचें और अगर करें तो उनको दंडित किया जा सके। 2000 में बने कानूनों में 2008 में संशोधन हुए और इन्हें 2009 में अधिसूचित किया गया। इस अधिनियम में 52 धाराएं हैं, लेकिन साइबर अपराधियों की पहचान करना आसान नहीं है, क्योंकि कई बार अपराध ऐसे देशों या क्षेत्रों में किए जाते हैं, जहां उन तक कानून नहीं पहुंच पाता या उस देश या क्षेत्र का कानून उन अपराधियों तक पहुंचने से रोकता है। इसलिए बहुत जरूरी है कि साइबर अपराधों की रोकथाम के लिए सभी देश मिलजुलकर प्रयास करें। ऐसा हो नहीं पाता क्योंकि प्रत्येक देश अपने राष्ट्रीय हितों के अनुरूप ही काम करता है।

लोकतंत्र में अभिव्यक्ति की स्वतंत्रता का बहुत महत्व है। यद्यपि यह स्वतंत्रता न पूर्ण होती है और न ही सभी स्थितियों में उपलब्ध होती है। राजसत्ताएं साइबर अपराधों की रोक के नाम पर लोगों की अभिव्यक्ति की स्वतंत्रता को भी सीमित करने का प्रयास करती हैं या उनका दुरुपयोग करती हैं।

साइबर जागरूकता द्वारा : बहुत जरूरी है कि कंप्यूटर और इंटरनेट का उपयोग करने वाले लोग सभी तरह के साइबर अपराधों के बारे में पूरी तरह जागरूक हों और उनसे बचाव के लिए आवश्यक तकनीकी ज्ञान से वाकिफ हों और उनको व्यावहारिक स्तर पर उपयोग करने की क्षमता उनमें हों। इसके साथ ही साइबर अपराध से संबंधित कानूनों से भी वे भलीभांति परिचित हों। कंप्यूटर से संबंधित सुरक्षा उपायों के प्रति थोड़ी सी लापरवाही भी खतरनाक साबित हो सकती है।

भारत कंप्यूटर और मोबाइल के उपयोग के मामले में अग्रणी देशों में शामिल है, लेकिन जहां तक साइबर अपराधों के प्रति जागरूकता का सवाल है, अभी इस दिशा में बहुत कुछ किए जाने की जरूरत है। आर्थिक प्रणाली ऑनलाइन पर अधिक आधारित होने की वजह से साइबर अपराधियों की संख्या भी बढ़ी हैं। पहले वे दृश्य थे, अब अदृश्य हैं। साइबर अपराधों से संबंधित कई कानून भारत में बने हैं, लेकिन उनके दुरुपयोग की भी काफी शिकायतें सामने आती रही हैं। केवल उन जागरूकता और कंप्यूटर

से संबंधित अत्यधिक सतर्कता ही ऐसे अपराधों और दुरुपयोगों को रोक सकती है।

अवधेश प्रसाद सिंह

अधिक जानकारी के लिए :
1. **Cyber Crime :** Hakim Roy, 2. **Cyber Crime in India :** M Dasgupta

साइबर नीति

भारत सरकार ने 2 जुलाई 2013 को साइबर सुरक्षा नीति की घोषणा कर भारत की साइबर दुनिया को सुरक्षित बनाने के लिए जरूरी कदम उठाया। इसे राष्ट्रीय साइबर सुरक्षा नीति, 2013 नाम दिया गया। इससे पहले 2000 में सूचना प्रौद्योगिकी कानून बनाया गया था। 2008 में इस कानून में अहम संशोधन किए गए थे, लेकिन इस बीच राष्ट्रीय सुरक्षा के लिहाज से नई किस्म के साइबर खतरे उभरे, जिनसे निपटने की व्यवस्था पिछले कानूनों में नहीं थी।

भारत की साइबर सुरक्षा नीति का फोकस देश में इंटरनेट और डिजिटल प्रणालियों को सुरक्षित बनाना है। हैकरों, अपराधियों और दूसरे देशों की तरफ से डेटा की चोरी, वेबसाइटों की हैकिंग, साइबर जासूसी और साइबर युद्ध जैसी चुनौतियां जिस अंदाज में गंभीर रूप लेती जा रही हैं, उसे देखते हुए सरकार की तरफ से एक ऐसे दस्तावेज की उम्मीद लंबे समय से की जा रही थी, जो जवाबी तैयारियों, रणनीतियों और सोच को साफ तौर पर जाहिर करता हो। साइबर नीति से यह कमी कुछ हद तक पूरी हुई है।

साइबर सुरक्षा नीति, 2013 एक राष्ट्रीय दस्तावेज है जिसका बुनियादी फोकस मौजूदा इंटरनेट तथा दूरसंचार प्रणालियों और उन पर रखे डेटा की सुरक्षा को चाक-चौबंद करना है। इसका फायदा सरकार और उसके संगठनों, व्यवसायों के साथ-साथ आम नागरिकों को भी मिलना स्वाभाविक है, क्योंकि इन्हीं प्रणालियों का इस्तेमाल आम लोग भी करते हैं। उन पर आम नागरिकों का भी डेटा (डिजिटल स्वरूप में सूचनाएं) सहेजा जाता है। भारत की साइबर नीति के खास-खास बिंदु इस तरह हैं :

1. राष्ट्रीय स्तर पर एक नोडल एजेंसी बनाई जाएगी, जो साइबर सुरक्षा से जुड़े तमाम मामलों के बीच तालमेल का काम देखेगी।

2. भारत में पहले ही चौबीसों घंटे काम कर रहा साइबर सुरक्षा संगठन 'कंप्यूटर इमरजेंसी रेस्पॉन्स टीम' (CERT-In) साइबर संकट की स्थिति में संदेशों के लेनदेन और दूसरे संगठनों से तालमेल का जिम्मा संभालेगा।

3. ऐसी प्रणाली बनाई जाएगी, जो देश की साइबर सुरक्षा को संभावित खतरों की वक्त रहते चेतावनी दे सके और बता सके कि उन्हें नाकाम करने के लिए किस तरह की जवाबी कार्रवाई की जाए।

4. ई-प्रशासन से जुड़े कामकाज में कोई रुकावट न आने पाए, यह पक्का करने के लिए विशेषज्ञ सुरक्षा पेशेवरों और संगठनों की मदद ली जाएगी।

5. सभी संस्थानों से कहा जाएगा कि वे दुनिया भर में इस्तेमाल की जाने वाली बेहतरीन प्रणालियों की तर्ज पर अपनी साइबर सुरक्षा के बंदोबस्त करें।

6. सभी संस्थान अपनी साइबर सुरक्षा नीतियों और इंतजामों के लिए एक निश्चित बजट बनाएंगे।

7. भारत में सूचना-तंत्र की सुरक्षा को जांचने के लिए समय-समय पर सुरक्षा अंकेक्षण (सिक्यूरिटी ऑडिट) होंगे।

8. साइबर सुरक्षा पक्की करने के लिए प्रो-एक्टिव दृष्टिकोण को बढ़ावा दिया जाएगा और इसके लिए योजनाएं तथा प्रोत्साहन-उपाय लाए जाएंगे।

9. साइबर चुनौतियों से निपटने के लिए कानूनी ढांचा तैयार किया जाएगा।

10. सुरक्षा के लिहाज से नाजुक क्षेत्रों में सिर्फ ऐसे सूचना प्रौद्योगिकी उत्पादों के इस्तेमाल को बढ़ावा दिया जाएगा, जो पूरी तरह जांचे-परखे तथा प्रमाणित हैं और जिनकी काबिलियत सिद्ध हो चुकी है।

11. राष्ट्रीय साइबर सुरक्षा को मजबूत बनाने के लिए शोध और विकास (R&D) की योजनाएं तैयार की जाएंगी।

बालेंदु शर्मा दाधीच

अधिक जानकारी के लिए :
National Cyber Security Policy, 2013, Department of Electronics & Information Technology, Govt of India

साइबर संस्कृति

साइबर संस्कृति (Cyber Culture) की अंतर्वस्तु क्या है तथा इसके सामाजिक-सांस्कृतिक यथार्थ हो जाने के क्या परिणाम हो सकते हैं? इन सवालों पर विचार करने वाले चिंतक टिमोथी लियरी ने अपनी किताब 'साइबर संस्कृति और अराजकता' में चेताया है कि 'इक्कीसवीं सदी की सूचना-संप्रेषण सभ्यता में रचनाशीलता और चित्त की प्रखरता के नैतिक मूल्य हो जाने की पूरी संभावना है। दुनिया इस कदर क्रियाशील, जटिल और विधिधतापूर्ण होने जा रही है कि वह संप्रेषण की भूमंडलीय तात्कालिकता से आक्रांत होकर विचार और व्यवहार की दायित्वमूलक विश्वसनीयता पर भारी पड़नेवाली है।'

साइबर संस्कृति एक ऐसी संस्कृति है, जिसकी जमीन है—सूचना संप्रेषण की तकनीकी (इन्फार्मेशन कम्युनिकेशन टेक्नोलॉजी)। इसका जो क्षेत्र विस्तार है, वह मानव जाति के सोचने, समझने व जानने के तरीकों को गुणात्मक रूप में बदलने की संभावना से युक्त है।

साइबर संस्कृति की परिभाषा कुछ यों हो सकती है : यह सूचना-संप्रेषण के आधार पर निर्मित होने वाली प्रयोजनमूलक ज्ञान, बहुस्तरीय अस्मिता और विविधतामूलक यथार्थ की आभासी चित्तिछविमूलक (वर्चुअल) अंतर्व्यवस्था की संस्कृति है। इसकी सूचना तकनीकी का मुख्य उपादान है– कंप्यूटर नेटवर्क वाला इंटरनेट, दृश्य-श्रव्य छवि बिंबों के संप्रेषण की उपग्रहीय (सेटेलाइट) व्यवस्था तथा इनके कार्य को जनसामान्य के लिए उपलब्ध करवाने वाले 'सॉफ्टवेयर प्रोग्राम'।

नई सूचना तकनीक के विकास का एक इतिहास है। इसके अनुरूप 'साइबर संस्कृति' का रूप लगातार बदलता चला गया है। इसकी अवधारणा का सबसे पहले प्रयोग रचनात्मक साहित्य और फिर कुछ एनीमेशन कथाओं में किया गया, फिर यह जल्द ही एक व्यवस्थित विमर्शमूलक धारणा में बदल गई। इस लिहाज से इसके तीन चरण माने जाते हैं :

(1) 1960 के बाद जब सूचना-संप्रेषण तकनीक का पहला पड़ाव आया तो इसका प्रयोग सीमित विशेषज्ञ वर्ग अथवा बड़े व्यावसायिक संगठनों के द्वारा आरंभ हुआ। इसने ज्ञान के वर्चस्व वाली संस्कृति पैदा की, जिस पर विशेषज्ञ एवं संपन्न वर्ग का एकाधिकार था।

(2) 1990 के आसपास आई उपग्रहीय (सेटेलाइट) उच्च तकनीक द्वारा जब यह संभव हुआ कि साइबर संस्कृति दुनिया के एक बड़े उपभोक्ता वर्ग की संस्कृति होने जा रही है, तो कुछ समय के लिए इसके प्रति खासे आशावादी रुझान सामने आए और इसे भूमंडलवादी रूपांतरण का प्रवर्तन करने वाली संस्कृति के रूप में प्रस्तुत किया गया।

(3) 1995 के बाद का दौर साइबर संस्कृति के आलोचनात्मक रूप के विकास का दौर है। इस दौर में स्पष्ट हो गया कि साइबर संस्कृति के अपने अंतर्विरोध हैं। इसके द्वारा संभावित वैश्विक रूपांतर

की अपनी सीमाएं हैं, जिन पर गंभीरतापूर्वक विचार करने के बाद ही आगे बढ़ा जा सकता है।

(4) 2000 के बाद के समय को साइबर संस्कृति के चौथे, उत्तर-औपनिवेशिक संदर्भ वाले विकास के तौर पर देखा जाता है। इसे तीसरी दुनिया के संदर्भ में एक विशिष्ट चरण कहा जा सकता है। इक्कीसवीं सदी में साइबर संस्कृति का विस्तार जैसे-जैसे तीसरी दुनिया के देशों में होता गया, ज्ञान के अब तक उपेक्षित पड़े क्षेत्रों का दखल भी इस नए सूचना-संप्रेषण तंत्र में बढ़ता गया। इससे यह संस्कृति अब अपने अंतःविकेंद्रित क्षेत्र समूहों की संस्कृतियों का रूप ले रही है।

साइबर संस्कृति के क्षेत्र विस्तार को विविध उपक्षेत्रों की गतिविधियों के समुच्चय की तरह देखा जा सकता है। मुख्य उपक्षेत्र हैं : 1. इंटरनेट, 2. बुलेटिन, 3. ई-वाणिज्य, 4. ब्लॉग, 5. चैट, 6. ई-गेम्स, 7. सामाजिक नेटवर्क, 8. शेयरिंग, 9. यूजनेट, 10. वर्चुअल वर्ल्ड आदि। इन्हें संभव बनाने के लिए जिनकी भूमिका अग्रगण्य हैं, वे हैं—विंडोज, फेसबुक, वाट्सऐप, वायलर, गूगल नेटवर्क्स, क्लाउड सिस्टम्स आदि।

साइबर संस्कृति के रूप में जो प्रवृत्तियां विशेष रूप से विवेचनीय हैं, वे इस प्रकार हैं :

1. **साइबर संस्कृति के द्वारा निर्मित जनमत :** यह राजनीतिक, धार्मिक, सामाजिक, आर्थिक तथा परंपरागत सांस्कृतिक क्षेत्रों को प्रभावित करता है। भारत के संदर्भ में एक उदाहरण है—चुनावों के संदर्भ में साइबर संस्कृति द्वारा निर्मित होने वाला जनमत विविध राजनीतिक दलों के जीतने-हारने की संभावनाओं को काफी प्रभावित करता है।

2. **विविध सामाजिक अस्मिताओं का गठन :** साइबर संस्कृति ज्ञान क्षेत्र में निम्न अस्मिता रूपों को प्रभावित एवं गठित करती है : (i) निजी (ii) सार्वजनिक (iii) वास्तविक (iv) मिथ्या, अनजान या कल्पित अस्मिता छवियां (v) सामाजिक समूहों के भीतर से उपसमूहों व उप-उपसमूहों की अस्मिताओं का गठन।

3. **ज्ञान का सूचना के रूप में पुनर्गठन :** इस क्षेत्र के द्वारा साइबर संस्कृति भूमंडलीय सूचनाओं का आदान-प्रदान करती है। ज्ञान अर्जन की जगह अब सूचना संग्रह करने लगती है। अतिशय सूचना संग्रह द्वारा मौलिक सोच प्रभावित और कुंठित हो जाती है।

4. **जटिलताओं एवं विविधताओं के आपसी रिश्तों के द्वारा 'साइबर जनतंत्र' का गठन :** साइबर संस्कृति में पूरी दुनिया के विविध जटिल जनसमुदायों की मौजूदगी एकाधिकारवादी वर्चस्ववादी प्रवृत्तियों की जगह जनतांत्रिकता की ओर रुख करने का दबाव बनाती है, परंतु इससे सामाजिक अंतर्विभाजन एवं सांप्रदायिक प्रवृत्तियों का भी पुनर्गठन हो रहा है, जो साइबर संस्कृति के लिए एक चुनौती है।

5. **साइबर नैतिकता :** विश्व चित्त पर कब्जा जमाने की नीयत से साइबर संस्कृति के इस्तेमाल को लेकर नैतिकता के सवाल खड़े हो रहे हैं। इसे अपसंस्कृति फैलाने के औजार के रूप में भी देखा जा रहा है।

आर्थिक एवं राजनीतिक उद्देश्यों से साइबर सूचनाओं को हैक करने की प्रवृत्ति को आज विश्व नए तरह के दंडनीय अपराध के रूप में देख रहा है। साइबर संस्कृति के इस खतरनाक पहलू को देखते हुए साइबर कानून बनाए जाने के लिए आवाजें उठ रही हैं।

विनोद शाही

अधिक जानकारी के लिए :

1. Writing Space : The Computer, Hypertext and History of Writing : J David Bolter, **2. Remedition : Understanding New Media :** Jay David Butler, Richard Grusin

साक्षात्कार

साक्षात्कार अंग्रेजी शब्द 'इंटरव्यू' के अर्थ में प्रयुक्त होता है। अंग्रेजी में 'इंटरव्यू' भेंटवार्ता है। इसे 'बातचीत' के रूप में भी देख सकते हैं। वैसे साक्षात्कार का प्रयोग कई रूपों में किया जाता

है, लेकिन यहां इसका तात्पर्य पत्रकारिता की एक विधा से है। साक्षात्कार का अर्थ है, किसी व्यक्ति से मिलकर और उससे बातचीत कर किसी विषय विशेष के बारे में उससे उसका पक्ष जानना। पत्र-पत्रिकाओं में नेताओं, मंत्रियों, अधिकारियों, सार्वजनिक जीवन के विभिन्न क्षेत्रों में उल्लेखनीय काम करने वाले प्रतिष्ठित लोगों के साक्षात्कार प्रकाशित होते रहते हैं। साक्षात्कार के संबंध में उल्लेखनीय बात यह है कि हम इसके माध्यम से उस व्यक्ति विशेष के विचारों को स्वयं उसके शब्दों में जान सकते हैं जिसका साक्षात्कार लिया जाता है। यह पाठक को तय करना होता है कि वह उस व्यक्ति के विचारों से किस हद तक सहमत या असहमत है। साक्षात्कार का महत्व यह है कि इसके जरिए किसी घटना या विषय विशेष के संबंध में विभिन्न दृष्टिकोणों को पेश किया जा सकता है। साक्षात्कार को बातचीत, भेंटवार्ता आदि भी कहा जाता है, लेकिन यहां यह समझना जरूरी है कि साक्षात्कार विचार-विमर्श नहीं है, इसलिए साक्षात्कारकर्ता को अपने विचारों के प्रति आग्रही नहीं होना चाहिए। पाठक की दिलचस्पी उसके विचार जानने में होती है जिसका साक्षात्कार लिया जा रहा है न कि साक्षात्कार कर्ता के विचार जानने में। साक्षात्कारकर्ता द्वारा ऐसे ही प्रश्न पूछे जाने चाहिए जिनके उत्तर जानने में पाठकों की दिलचस्पी है। उसकी कामयाबी इसी से आंकी जाती है।

साक्षात्कारों को दो वर्गों में विभाजित किया जा सकता है—व्यक्ति-आधारित साक्षात्कार और विषय-आधारित साक्षात्कार। व्यक्ति-आधारित साक्षात्कार में किसी व्यक्ति विशेष का व्यक्तित्व केंद्र में होता है। इस तरह के साक्षात्कार में प्रायः ऐसे प्रश्न पूछे जाते हैं जो उस व्यक्ति के व्यक्तित्व के विभिन्न पहलुओं को उजागर कर सकते हैं। व्यक्ति के निजी जीवन के बारे में भी सवाल पूछे जाते हैं, विशेष रूप से ऐसे पक्षों के बारे में जिनमें पाठक की दिलचस्पी हो सकती है, लेकिन ऐसे सवाल पूछते वक्त प्रश्नकर्ता को संबद्ध व्यक्ति की निजता और आत्मसम्मान का अवश्य ध्यान रखना चाहिए। व्यक्ति-आधारित साक्षात्कार के माध्यम से किसी क्षेत्र विशेष में दक्षता प्राप्त व्यक्ति की मानसिक बुनावट को समझने का प्रयास किया जाए।

विषय-आधारित साक्षात्कार में व्यक्ति नहीं, कोई विषय, घटना या विचार महत्वपूर्ण होता है, हालांकि ऐसे साक्षात्कार भी किसी-न-किसी व्यक्ति से ही लिए जाते हैं। इसमें व्यक्ति के निजी जीवन के बारे में प्रश्न नहीं पूछे जाते। इस तरह के साक्षात्कार में प्रश्नकर्ता के सामने एक मकसद होता है। वह मकसद फौरी महत्व का हो सकता है और स्थायी महत्व का भी। विषय-आधारित साक्षात्कार इसी कारण दो वर्गों में विभाजित किए जा सकते हैं। ऐसे साक्षात्कार जिनका उद्देश्य सूचनाएं प्राप्त करना होता है, सूचनात्मक साक्षात्कार कहलाते हैं और जिनसे किसी पूर्व प्राप्त सूचना या जानकारी के विश्लेषण और व्याख्या की जरूरत होती है, उन्हें व्याख्यात्मक या विश्लेषणात्मक साक्षात्कार कहते हैं।

साक्षात्कार में साक्षात्कार देने वाले और साक्षात्कार लेने वाले दोनों व्यक्तियों का महत्व होता है। किस विषय पर किससे साक्षात्कार लिया जाना है और उससे कौन साक्षात्कार लेगा, इन बातों का महत्व है। अगर साक्षात्कारकर्ता जिस व्यक्ति से या जिस विषय के बारे में साक्षात्कार लेना चाहता है, उसके बारे में व्यक्ति की अपनी जानकारी सीमित है या इसके लिए उसने पर्याप्त तैयारी नहीं की है, तो उसका साक्षात्कार कभी भी प्रभावशाली नहीं हो सकता। इस संदर्भ में प्रश्नों का स्वरूप अत्यंत महत्वपूर्ण होता है। इंटरव्यू के दौरान प्रतिप्रश्न पूछने की क्षमता भी साक्षात्कारकर्ता में होनी चाहिए। एक अच्छा साक्षात्कारकर्ता व्यक्ति से अधिकतम, महत्वपूर्ण और प्रासंगिक जानकारी हासिल कर सकता है, यदि उसे खुद विषय का जरूरी ज्ञान हो। साक्षात्कार आमतौर पर किसी क्षेत्र विशेष से जुड़े लब्ध-प्रतिष्ठ व्यक्तियों के लिए जाते हैं, लेकिन साक्षात्कार के विषयों का विशेष महत्व है। जिन विषयों और व्यक्तियों की चर्चा आजकल हो रही है, उनके बारे में पाठक ज्यादा जानना चाहता है। साक्षात्कार पाठकों की इस इच्छा की पूर्ति करते हैं।

साक्षात्कार पत्र-पत्रिकाओं के लिए ही नहीं, रेडियो, न्यूज चैनल, वेब पत्रिका, ब्लॉग आदि के लिए भी लिए जाते हैं। अलग-अलग माध्यमों और विधाओं के अनुसार साक्षात्कार की तैयारी करनी होती है। साहित्य की कथेतर गद्य-विधाओं में भी साक्षात्कार की गणना की जाती है। साहित्य और कला के क्षेत्र से जुड़े व्यक्तियों से लिए जाने वाले साक्षात्कार में विषय और व्यक्ति दोनों का महत्व होता है। आमतौर पर ऐसे साक्षात्कार में प्रश्नकर्ता की भूमिका भी कम महत्वपूर्ण नहीं होती है। वह उसी क्षेत्र में सक्रिय व्यक्ति या कलाकार होता है, इसलिए ऐसा साक्षात्कार प्राय बातचीत का रूप धारण कर लेता है। इस बातचीत का विशेष महत्व होता है।

पारिभाषिक शब्द के रूप में 'साक्षात्कार' शब्द उस साहित्यिक विधा के लिए प्रयुक्त होता है, जिसमें बातचीत के माध्यम से किसी विशिष्ट व्यक्ति के विचारों, भावनाओं और दृष्टिकोण, जीवन दर्शन आदि को समझा जाता है, उन्हें सामने लाया जाता है। इन्हें भेंटवार्ता भी कहा जाता है, इसका उद्देश्य जिज्ञासा पूर्ति और व्यक्तित्व-उद्‌घाटन होता है। साहित्यिक विधा के रूप में साक्षात्कार की भाषा और शैलीगत प्रस्तुति का विशेष महत्व है। प्रश्न की भाषा और उत्तर की प्रस्तुति साक्षात्कार को साहित्यिक विधा में परिणत कर देती है।

हरिमोहन

साठोत्तरी साहित्य

साठोत्तरी साहित्य से तात्पर्य 1960 के बाद लिखे गए साहित्य से है जिसका संबंध उग्र व्यवस्था विरोध और निषेधवाद से है। इस दौर में मुख्यतः युवा पीढ़ी के ऐसे रचनाकार सक्रिय थे जिन्होंने आजादी के बाद अपनी आंखें खोली थीं। इन्होंने अपनी रचनाओं में जीवन की विसंगतियों और अर्थहीनता पर तीखी प्रतिक्रिया व्यक्त की थी। इनके साहित्य में आक्रोश है। इसके लिए कोई अन्य उपयुक्त नाम प्रचलित न हो पाने के कारण लगभग सभी विधाओं में एक अलग युग का उल्लेख किया जाने लगा, जैसे साठोत्तरी कविता, साठोत्तरी कहानी आदि।

जगदीश्वर चतुर्वेदी ने नामवर सिंह के सन 1968 में छपे एक लेख 'युवा लेखन पर बहस' का हवाला देते हुए इन युवा रचनाकारों की पूर्ववर्ती रचनाकारों से भिन्नता के संदर्भ में लिखा है, 'यह युवा पीढ़ी भी हर पीढ़ी की तरह अपनी भिन्नता और विशिष्टता के लिए आग्रहशील है। विभिन्नता का आग्रह यदि पहले से अधिक है तो इसलिए कि इतिहास में उसकी स्थिति पहले की सभी पीढ़ियों से नितांत भिन्न है। यदि औरों का एक पांव आजादी की पहले के भारत में है तो युवा पीढ़ी ने एकदम आजादी के बाद में ही आंख खोली और मामूली मालूम होने वाला यह अंतर मानसिक गठन के स्तर पर बहुत बड़ा अंतर डाल देता है। व्यक्ति के रूप में युवा लेखकों का मानस-संस्कार स्वातंत्र्योत्तर भारत में बना तो इतिहास के रूप में फैलने को मिला साठोत्तरी युग परिवर्तन। व्यक्तित्व भी भिन्न, परिवेश भी भिन्न। परिवेश और व्यक्ति का यह विशिष्ट घात-परिघात ही युवा लेखक की भिन्नता का आधार है।' (नया जमाना, 6 मई 2012)।

धूमिल

आजादी के बाद से 1960 तक का समय भारतीय जनमानस के लिए विकट मोहग्रस्तता का समय था, जब स्वाधीनता आंदोलनों के दौर में दिए गए आश्वासनों के पूरा होने का भ्रम बरकरार था। मौलिक अधिकार, सामाजिक न्याय और आर्थिक आत्मनिर्भरता के आश्वासन के अलावा विदेश नीति में पंचशील, अहिंसा और सह-अस्तित्व के आदर्श थे। पंचवर्षीय योजनाओं द्वारा आम आदमी की खुशहाली और प्रगति के भ्रम बने। 60 के बाद इन आदर्शों से मोहभंग होता गया, चीन के आक्रमण में हुई पराजय से देश का स्वाभिमान भी आहत हुआ। खाद्यान्न की कमी, अमीरी और गरीबी का बढ़ता फासला, राजनीतिक क्षेत्र में भाई-भतीजावाद और भ्रष्टाचार, बेईमानी और अनैतिकता, व्यक्ति की गरिमा का ह्रास आदि के कारण चारों तरफ असहायता, भय, आशंकाएं, निराशा और ऊहापोह की स्थिति पनपने लगी। एक खास तरह के विक्षोभ और बौद्धिक अराजकता की स्थिति भी बनी। इन बदलावों के प्रभाव से साठोत्तरी लेखकों की सृजनात्मक मानसिकता में एक व्यापक परिवर्तन घटित हुआ। इसमें आक्रोश और विद्रोह का भाव भर गया।

इसी दौरान दो अन्य घटनाओं ने भारतीय साहित्यकारों के जनमानस को प्रभावित किया। इस निराशा, घुटन, अराजकता और मूल्यहीनता के माहौल में अमेरिकी कवि गिंसबर्ग 1962-63 में भारत आए। उनके यौनवाद का प्रभाव युवा कवियों पर पड़ा। अमेरिकी व्यवस्था की तीखी आलोचना से भरी उनकी 'हाउल' कविता युवा रचनाकारों का धर्मग्रंथ-सा बन गई। इस समय अस्तित्ववादी दर्शन लोकप्रिय हो रहा था। आकस्मिक नहीं है कि 1961 में अज्ञेय का अस्तित्ववाद से प्रभावित एक उपन्यास 'अपने-अपने अजनबी' छपा था। हिप्पी और बीट पीढ़ी के लोगों के लिए भारत एक आध्यात्मिक तीर्थ बन गया था। उनकी उन्मुक्त जीवन शैली ने भी साठोत्तरी साहित्य पर असर डाला। इन सभी स्थितियों का ऐसा प्रभाव पड़ा कि उत्तर-औद्योगिक सभ्यता की देन असहायता, अकेलापन, संत्रास, नगण्यता और व्यर्थताबोध ही साहित्य में मूल्य बन गए।

1967 में नक्सलबाड़ी का प्रसिद्ध हिंसक आंदोलन शुरू हुआ जिसने एक खास बड़े क्षेत्र को अपनी चपेट में ले लिया था। इसका विचारधारात्मक असर साठोत्तरी साहित्य पर नहीं पड़ा, लेकिन व्यवस्था विरोध में उग्रता जरूर आई, जो दिशाहीन थी।

नंदकिशोर नवल ने साठोत्तरी साहित्य की प्रमुख प्रवृत्तियों का उल्लेख इस रूप में किया है, 'सातवें दशक के मध्य में एक और काव्यधारा का उदय होता है, जिसे शुरू में साठोत्तरी कविता या अकविता कहा गया। इसमें दो प्रकार के कवि थे : एक—अमेरिकी बीट पीढ़ी, बांग्ला की भूखी पीढ़ी और अकविता से प्रभावित, जो परंपरागत मूल्यों का ध्वंस कर रहे थे, लेकिन जिनके पास एक व्यापक मानव स्वातंत्र्यवादी दृष्टि थी। ऐसे कवियों में सर्वाधिक सशक्त राजकमल चौधरी थे। दूसरे कवि प्रतिबद्ध कवि थे, जो भारतीय स्वतंत्रता और जनतंत्र से बुरी तरह निराश थे, नाराज और भग्नमोह। आक्रोश और मोहभंग की कविता ऐसे ही कवियों ने लिखी जिनके सरताज धूमिल थे। वे बाद में वामपंथी क्रांतिकारिता से प्रभावित हो गए। अब तीन काव्यधाराएं हिंदी में साथ-साथ चल रही थीं—प्रगतिशील, नई कविता और युवा कविता की धाराएं।' (आधुनिक हिंदी कविता का इतिहास)। नई कविता और नई कहानी की आधुनिकतावादी प्रवृत्तियां ही अपने उग्र और दिशाहीन रूप में नई पीढ़ी के साठोत्तरी साहित्य में दिखाई पड़ीं।

साठोत्तरी साहित्य में इतिहास, समाज व्यवस्था और विचारधारा तीनों का बड़े आक्रोश भरे स्वर में विरोध सामने आया। यौन बिंबों की भी कम प्रधानता नहीं थीं, क्योंकि ये लेखक नैतिकता का माखौल उड़ाते थे। वस्तुतः साठोत्तरी साहित्य में जितनी आंदोलनधर्मिता दिखाई देती है, उतनी किसी अन्य कालखंड में नहीं। कविता के क्षेत्र में जगदीश गुप्त ने लगभग 50 काव्यांदोलनों का नाम 'किसिम-किसिम की कविता' के रूप में गिनाया है। इनमें अकविता, भूखी पीढ़ी की कविता, सनातन सूर्योदयी कविता, श्मशानी पीढ़ी की

कविता, युयुत्सावादी कविता, सहज कविता, विचार कविता, समकालीन कविता, जनवादी कविता आदि प्रमुख हैं तो कहानी विधा में भी अनेक छोटे-छोटे आंदोलन दिखाई देते हैं—अकहानी, सचेतन कहानी, शुद्ध कहानी, समांतर कहानी, आंचलिक कहानी आदि। नाटक और उपन्यास आदि विधाओं में भी विषय-आधारित अनेक विभाजन किए गए।

सातवें दशक के आरंभ में नए रचनाकारों के एक वर्ग ने कविता, कहानी, उपन्यास आदि सभी प्रमुख विधाओं में यौन स्वतंत्रता को विद्रोह माना और इसे खोखली नैतिकता से संघर्ष का एक रूप घोषित किया। इस उद्देश्य से अकविता, अकहानी, बीट कविता, भूखी पीढ़ी, क्रुद्ध पीढ़ी जैसे कई आंदोलन चले, जिनमें स्त्री-पुरुष संबंधों को लेकर कई बार नग्न और वीभत्स रचनाएं भी लिखी गईं। ऐसे रचनाकारों में जगदीश चतुर्वेदी, श्याम परमार, राजकमल चौधरी, गंगाप्रसाद विमल, राजीव सक्सेना, सौमित्र मोहन, मोना गुलाटी, मणिका मोहिनी आदि प्रमुख थे। इन्होंने युवा पीढ़ी की निराशा और कुंठाओं, अतृप्त काम वासनाओं और अराजकताओं को खुलकर प्रस्तुत किया। इन्होंने निषेधवाद का तत्व अस्तित्ववाद से लिया। साठोत्तरी साहित्य ने प्रेम की पवित्रता पर प्रश्नचिह्न खड़ा किया। मानवीय संबंधों की नींव हिलती हुई और मूल्य टूटते हुए दिखाए गए। मूल्यहीनता ही मूल्य बन गई। केदारनाथ सिंह तक इसके प्रभाव में थे, 'जहाँ लिखा है प्रेम/लिख दो सड़क/फर्क नहीं पड़ता।' ममता कालिया ने उस दौर में लिखा था 'प्यार शब्द घिसते-घिसते / चपटा हो गया है / अब / हमारी समझ में 'सहवास' आता है।' कविता ही नहीं, कथा-साहित्य में भी यह प्रवृत्ति दिखाई देती है। राजकमल चौधरी का 'मछली मरी हुई', महेंद्र भल्ला का 'एक पति के नोट्स', मणि मधुकर का 'सफेद मेमने' जैसे उपन्यास लिखे गए। इनमें देह की राजनीति, संभोग, नपुंसकता आदि को मुख्य विषय बनाया गया। रवींद्र कालिया, दूधनाथ सिंह आदि की उस समय की कहानियों में यौन स्वतंत्रता और अराजकता के चित्र हैं।

साठोत्तरी साहित्य में परंपरागत सामाजिक मूल्यों का विघटन है, इसलिए कैलाश वाजपेयी को लगता है, 'दोहरा व्यक्तित्व, पाखंड, चाटुकारिता/प्रचार, पक्षपात और उलझन/जहां सर्वमान्य गुण हैं।' साठोत्तरी साहित्य ने छायावादी ढंग के प्रेम, पातिव्रत्य, वैचारिक प्रतिबद्धता जैसे मूल्यों को नकारा। इसने उन तमाम धार्मिक-सामंती मूल्यों और कुसंस्कारों को चुनौती दी, जो तर्क की कसौटी पर खरे नहीं उतरते थे। वे कहते थे कि ईश्वर, देवी-देवता, पुनर्जन्म, भाग्य आदि आम जनता को दिग्भ्रमित करने के माध्यम हैं।

साठोत्तरी साहित्य पूरी जनतांत्रिक व्यवस्था को कटघरे में खड़ा करता है। वह लोकतंत्र की उपलब्धियों और सीमाओं को आम आदमी के परिप्रेक्ष्य में देखता है। इसलिए उसकी सार्थकता पर प्रश्नचिह्न लगाता है। उसे लगता है कि उसके गत बीस वर्ष उपदेश सुनने में बीत गए या धोखा खाने में। राजकमल चौधरी की कविता 'मुक्ति प्रसंग', धूमिल की 'पटकथा' और रघुवीर सहाय की 'आत्महत्या के विरुद्ध' लोकतंत्र की विडंबनाओं को अनावृत्त करती हैं।

जनतांत्रिक व्यवस्था पर तीखी टिप्पणी व्यंग्यात्मक लहजे में श्रीलाल शुक्ल ने अपने उपन्यास 'राग दरबारी' (1968) में की है। बदीउज्जमा ने 'एक चूहे की मौत' उपन्यास में फंतासी शैली में लोकतंत्र की असलियत उजागर की। धूमिल ने अपनी कविताओं में प्रखरता से जनतंत्र, संविधान और छद्म समाजवाद पर प्रहार किया, 'मैं जानता हूं कि मेरे देश का समाजवाद / मालगोदाम में लटकती हुई / उन बाल्टियों की तरह है जिस पर आग लिखा है / और उसमें बालू और पानी भरा है / अपने यहां संसद / तेली की वह घानी है / जिसमें आधा तेल है / आधा पानी है।'

साठोत्तरी साहित्यकार जानता है कि समाजवाद और क्रांति की बातें आज खोखली हैं, इसलिए वह इस व्यवस्था के प्रति अविश्वास प्रकट करता है। सर्वेश्वर दयाल सक्सेना कहते हैं, 'जो भी आएगा / समाजवाद

और समानता के नाम की / ईंटें पकाएगा / मनमाने बेडौल सांचे में।' (गरम हवाएं) साठोत्तरी साहित्य में इतिहास की तरह ही राजनीति के प्रति भी उग्र निषेधवाद था। साहित्यकार राजनीति से अपने को अलग रखने लगे थे।

साठोत्तरी साहित्य में कहीं युवाओं की निराशा और उनका आक्रोश है और कहीं आम आदमी की पीड़ा भी व्यंग्य के साथ व्यक्त हुई है। व्यवस्था से संघर्ष करना आसान नहीं, होता, फिर भी विशेष रूप से लघु पत्रिकाओं में आया साठोत्तरी साहित्य व्यवस्था के खिलाफ एक नहीं कई जगहों से खड़ा होता है, इसलिए इसमें विविधता है। कहीं नक्सलवादी क्रांतिकारिता और यौन बिंब दोनों एक साथ हैं। लेखक जानता है कि साहित्य के माध्यम से व्यवस्था नहीं बदल सकती और क्रांति नहीं आ सकती, पर वह चीखता है। इसलिए साठोत्तरी साहित्य को 'बौखलाए हुए आदमी का बयान' भी कहा गया है।

साठोत्तरी साहित्य अपने युग की विसंगतियों पर आक्रोश से भरा तीखा व्यंग्य है। अतः इसने वस्तु के अनुरूप अपना भाषा-शिल्प भी गढ़ा है। साठोत्तरी साहित्य खासकर अकविता, अकहानी आदि के संदर्भ में कहा गया कि इनसे जुड़े रचनाकार शिल्प के मामले में भी अराजक और विद्रोही हैं, इसलिए 1960 के बाद नए दशक में नए-नए शिल्पगत प्रयोग हुए। साठोत्तरी साहित्य की एक महत्वपूर्ण भूमिका यदि एंटी-रोमांटिसिज्म की थी तो शिल्प के स्तर पर ये लेखक बेखौफ और गैर-परंपरागत थे। कई बार यह भी कहा गया कि यथार्थ अब शिल्प का यथार्थ है। साठोत्तरी साहित्य ने भाषा और शिल्प के प्रति आभिजात्यवादी रुझानों को भी जबर्दस्त ढंग से चुनौती दी।

साठोत्तरी साहित्य एक विकृत व्यवस्था की मनोस्थितियों को उद्‌घाटित करने वाला साहित्य है। उसमें कहीं दिशाहीनता है या एक ही दिशा है– व्यवस्था का उग्र विरोध। इस दौर का रचनाकार अपने परिवेश से पूर्ण विद्रोही है। वह परंपराओं का विरोधी है, जो अपनी सार्थकता खो चुकी थीं। रोमानी भावुकता से मुक्त तीव्र विद्रोही भाव साठोत्तरी साहित्य में है। दिशाहीनता के बावजूद, वह दौर इस अर्थ में महत्वपूर्ण है कि वह कृत्रिम न था।

सतीश पांडेय

अधिक जानकारी के लिए :
1. विद्रोह और साहित्य : देवेंद्र इस्सर, 1974, **2. साठोत्तरी हिंदी कविता :** विजय कुमार, 1986, **3. धूमिल और परवर्ती जनवादी कविता :** श्रीराम त्रिपाठी, 2002

सादृश्य विधान

सादृश्य नए शब्द बनाने या कुछ शब्दों में परिवर्तन का एक आधार है। मनुष्य स्वभावतः सरलता चाहता है। अतः वह किसी शब्द को पुराने शब्द के वजन पर उसकी आकृति के सांचे में ढाल लेता है। इस प्रकार दोनों शब्द रूप की दृष्टि से एक हो जाते हैं या दोनों में सादृश्य (स्थापित) हो जाता है। जैसे 'द्वादश' के वजन पर संस्कृतवालों ने 'एकदश' को 'एकादश' बना लिया। सैंतीस और सैंतालीस की अनुनासिकता पैंतीस और पैंतालीस के सादृश्य पर आधारित है, लेकिन सादृश्य पर आधारित इन भाषिक परिवर्तनों का कारण सादृश्य नहीं है, उसका कारण सरलता है।

सादृश्य विधान के अंतर्गत भाषा का स्वरूप सामान्यतया सांकेतिक होने लगता है। प्रस्तुत को दिखाते समय दो वस्तुओं के बीच निहित अंतराल को दूर करने की चेष्टा से भाषा की अर्थशक्ति तथा भंगिमा दोनों में एक विशेष प्रकार का बदलाव हो जाता है। जैसे 'हरि पद कोमल कमल से' वाक्य में 'हरि पद कोमल हैं' किंतु इस कोमलता को और अधिक उभारने का प्रयास कमल के सादृश्य स्थापित करके किया जा रहा है। सादृश्य विधान के माध्यम से भाषा में एक विशेष संवेदनात्मक अर्थ उत्पन्न किया जाता है, जो गहन और प्रभावी होता है। इसकी भाषा में प्रस्तुत तथा अप्रस्तुत के बीच गहन ऐक्य स्थापित नहीं हो पाता। अतः रचनाकार अर्थशक्तियों के विविध पार्श्वों जैसे लक्षणा तथा व्यंजना के विविध

रूपों द्वारा संवेदना के सूक्ष्मतम रूपों को रचने की चेष्टा करता है। सादृश्य में विरोध, असंगति, संगति, तारतम्य आदि देखा जा सकता है। प्राचीन काव्य में सादृश्य एक महत्वपूर्ण प्रयोग रहा है।

आधुनिक कविता में सादृश्य विधान के स्वरूप में पर्याप्त अंतर आया है। संस्कृत काव्य परिपाटी से लेकर रीतिकालीन हिंदी काव्य तक एक निश्चित प्रकार का बंधा-बंधाया पैटर्न था। तुलसी के सादृश्य विधानों की तालिका बनाई जाए तो उसमें अनेक सहज सादृश्य मिलेंगे, किंतु वे भाषिक मोह, पांडित्य, रचनात्मक सौष्ठव, अर्थवक्रता, कल्पना विलास आदि के मोह में पड़कर सामान्य जीवन के अनुभवों को भाषिक समृद्धि के आवरण में रखते हैं।

सादृश्य विधान का छायावादी शिल्प भिन्न प्रकार का है जो न वाच्य की अपेक्षा करता है और न व्यंग्य की। यह वाच्य एवं व्यंग्य व्यापारों में निहित सदृश अनुभव को एक साथ जीवंततापूर्वक मन तक पहुंचाता है। छायावादी सादृश्य विधान जहाँ भावात्मक प्रतिकृति बनकर आता है, नई कविता का सादृश्य संपूर्ण अर्थ, संदर्भ, परिवेश एवं व्यंग्य व्यापार को एक साथ जोड़ देता है। सादृश्य विधान मूलतः अनुभव एवं भाषा के विस्तार में अपनी सांकेतिक व्याप्ति रखता है।

इसके संबंध में एक तथ्य यह है कि यह प्रायः भाषा-समृद्धि का सूचक न होकर संप्रेषण के लिए एक बैसाखी है। इसका प्रयोग इसलिए किया जाता है कि भाषा अभी असमृद्ध है और उसमें इतनी संप्रेषण सामर्थ्य नहीं आ पाई है कि उसके प्रतीक चिह्नों के द्वारा भाव संवेदन को स्पष्ट किया जा सके। इसका दूसरा पक्ष यह है कि सादृश्य विधान भाषा को साहित्यिक वैभव देता है और चमत्कार का आनंद उत्पन्न करता है।

छायावादी कवियों ने बाहरी सादृश्य के अप्रभावी होने पर 'आभ्यंतर प्रभाव साम्य' के आधार पर जो प्रतीक योजना की, उसकी प्रशंसा रामचंद्र शुक्ल ने जी खोलकर की है। रामचंद्र शुक्ल ने छायावादी कविता से ये उदाहरण दिए हैं—सुख, आनंद, प्रफुल्लता, यौवनकाल इत्यादि के स्थान पर उनके द्योतक उषा, प्रभात और मधुकाल, प्रिया के स्थान पर मुकुल, प्रेमी के स्थान पर मधुप, मानसिक आकुलता या क्षोभ के स्थान पर झंझा, तूफान, भावतरंग के लिए झंकार, भाव प्रवाह के लिए संगीत या मुरली के स्वर इत्यादि। पंत की कवि कल्पना में बादल संशय की तरह उठते हैं और अपयश की तरह फैल जाते हैं। यह सादृश्य विधान की एक नई सरणी है। अज्ञेय ने अपनी प्रेयसी की उपमा बाजरे की कलगी से दी, क्योंकि अब तक के चले आते 'उपमान' मैले हो गए थे।

रामचंद्र शुक्ल ने सादृश्य विधान में साम्य के आरोप की प्रशंसा करते हुए लिखा है, 'साम्य का आरोप भी निःसंदेह एक बड़ा विशाल सिद्धांत लेकर काव्य में चला है। वह जगत के अनंत रूपों या व्यापारों के बीच फैले हुए उन मोटे-महीन संबंध सूत्रों की झलक-सी दिखाकर नीरसता के सूनेपन का भाव दूर करता है, अखिल सत्ता के एकत्व की आनंदमयी अनुभूति जगाकर हमारे हृदय का बंधन खोलता है। हमें ऐसा अनुभव होता है कि एक सौंदर्य-धारा से मनुष्य भी और पेड़-पौधे भी रूप-रंग प्राप्त करते हैं।'

सरोज सिंह

अधिक जानकारी के लिए :

1. रस मीमांसा : रामचंद्र शुक्ल, **2. काव्यभाषा, अलंकार रचना तथा अन्य समस्याएं :** योगेंद्रप्रताप सिंह 2005, **3. काव्य पर तीन निबंध :** रामस्वरूप चतुर्वेदी, **4. काव्यभाषा :** सियाराम तिवारी

सादृश्यकारिता

सादृश्यकारिता का अंग्रेजी रूप 'Simulacrum' मूलतः लैटिन शब्द है। इसका सामान्य प्रयोग किसी व्यक्ति या वस्तु की नकल के अर्थ में होता है। इस शब्द का अंग्रेजी में उपयोग सोलहवीं शताब्दी के उत्तरार्ध में चित्रकला में ईश्वर के प्रतिनिधान के संदर्भ में हुआ था। यह नवशास्त्रवाद का दौर था, जब प्लेटो आदि के चिंतन पर फिर से विचार शुरू हुआ

था। प्लेटो की कलात्मक दुनिया में हम हर कदम पर वास्तविक से अवास्तविक की तरफ बढ़ते हैं। उसके चिंतन में दो बातें हैं। पहली, वस्तुओं का सार इस दुनिया में संभव नहीं है। दूसरी, यह दुनिया उस सत की सटीक नकल है। कलाओं में इस दुनिया की नकल है, अतः वह तिगुनी दूरी पर है। यह सिमुलक्रम है। कोई चित्रकार कुर्सी का चित्र बना रहा हो तो उसे सिमुलक्रम कहा जाएगा।

सिमुलक्रम बीसवीं शताब्दी में पुनः चर्चा का विषय बन गया। इस बार इसका केंद्र फ्रेंकफर्त स्कूल था। इसे फ्रेडरिक जेम्सन और ज्यां बौद्रीला ने फिर से चर्चा में ला दिया। ये दोनों इस बात पर सहमत हैं कि सिमुलक्रम ने वास्तविक दुनिया को गौण बना दिया है। जेम्सन जब फोटोरियलिज्म और बौद्रीला आभासी और हाइपर रीयल दुनिया में वस्तु सत्ता के खो जाने की बात करते हैं तो वे यही विश्लेषित कर रहे होते हैं। बौद्रीला की आरंभिक दिलचस्पी मार्क्स के मूल्य-संबंधी चिंतन में थी, जहां से शुरू होकर वह यहां तक पहुंची। उन्नीसवीं शताब्दी में मार्क्स लिख रहे थे कि पूंजीवादी उत्पादन प्रणाली में वस्तुओं के उपयोग मूल्य से अधिक महत्वपूर्ण उनके विनिमय मूल्य हो जाते हैं। इस समय वस्तुओं के अर्थ इससे नहीं बनते कि वे हमारी जरूरतें पूरी करती हैं, बल्कि इससे बनते हैं कि बाजार में उनका मूल्य क्या है! बौद्रीला दिखाते हैं कि पूंजी की नई अवस्था में मार्क्स का विनिमय मूल्य वाला सिद्धांत बहुत काम का नहीं रहा है। आज उपभोक्ता वस्तुएं एक चिह्न में, एक संकेत में बदल गई हैं। यह ऐसी अवस्था है, जहां वास्तविकता की छवि ही वास्तविक बन गई है। उपभोक्ता वस्तुएं संकेतों में बदल जाने के कारण हमारे मानसिक व्यापार को नियंत्रित करती हैं। वस्तुओं का इस तरह चिह्नों, प्रतीकों और छवियों में बदल जाना 'सिम्यूलेशन' कहलाता है। जब ये चिह्न वस्तु सत्ता को विस्थापित करते हुए खुद बैठ जाते हैं तो उसे 'सिमुलक्रा' कहते हैं।

वास्तविक दुनिया से हमारा संबंध किस तरह खत्म होता जा रहा है, इसे समझाने के लिए बौद्रीला बोर्खेज की एक कहानी का हवाला देते हैं। इस कहानी में नक्शानवीस ने नक्शे का निर्माण इतने स्पष्ट विवरणों के साथ किया कि नक्शा ही मूल भूखंड का स्थानापन्न बन गया। पहले भूखंड होता है, फिर उसका मानचित्र बनता है। एक समय तक मानचित्र और भूमि साथ-साथ होते हैं, आमने-सामने होते हैं। इस अवस्था में मानचित्र का मूल्यांकन हो सकता है पर एक अवस्था के बाद सिर्फ मानचित्र ही बचता है, भूखंड भुला दिया जाता है। जीवन का सामान्य व्यवहार मानचित्र से चलने लगता है। पूंजी की तीसरी अवस्था में वस्तु-छवियां ही रह जाती हैं, वस्तुएं भुला दी जाती हैं। इन दोनों के बीच विभेदक दृष्टि भी खत्म हो जाती है। अगर विभेदक आग्रह बचा रहे तो भी क्या! जब वास्तविकता बची ही नहीं तो हम विभेद किन चीजों के बीच करेंगे? अब विभेद सिर्फ छवियों से छवियों के बीच हो सकता है।

'सिमुलक्रा' पर चिंतन प्लेटो से शुरू होकर गिल्ड डिल्यूज तक पहुंचकर एक वृत्त पूरा कर लेता है। प्लेटो जहां 'सिमुलक्रा' को वास्तविकता से गौणता की अवस्थिति में रखते हैं, वहीं डिल्यूज 'सिमुलक्रा' को वस्तुसत्ता से लगातार उत्पादित छवि की तरह रखते हैं।

आशीष मिश्र

अधिक जानकारी के लिए :
1. अंधेरे समय में विचार : विजय कुमार, **2. Semulacra and Simulation :** Jean Baudrillard, 1981

साधारणीकरण

रस सिद्धांत के साथ साधारणीकरण का जिक्र आता है। इसका अर्थ है सामान्य या साधारण को धारण करना। काव्यशास्त्र में साधारणीकरण सिद्धांत का बहुत महत्व है। पाठक के मन में जब कोई काव्यानुभूति, रस या सौंदर्य एक आनंद बनकर प्रतिष्ठित होता है तो यह स्थिति साधारणीकरण है।

साधारणीकरण के सिद्धांत का प्रवक्ता भट्टनायक को माना जाता है, यद्यपि भरतमुनि के 'नाट्यशास्त्र' में भी है : 'एभ्यश्च सामान्यगुणयोगेन रसा निष्पद्यते।'

(नाट्यशास्त्र)। रामचंद्र शुक्ल ने स्पष्ट किया है, 'साधारणीकरण का अभिप्राय यह है कि किसी काव्य में वर्णित आलंबन (अर्थात वस्तु) भाव की व्यंजना करने वाले पात्र (आश्रय या कवि) का ही आलंबन नहीं होता, बल्कि पाठक या श्रोता का भी और इसके अलावा एक नहीं, अनेक पाठकों और श्रोताओं का भी आलंबन होता है। अतः उस आलंबन के प्रति व्यंजित भाव में पाठकों या श्रोताओं का हृदय योग देता हुआ उसी भाव का रसात्मक अनुभव करता है।' (रसात्मक बोध के विविध रूप)। पाठकों और श्रोताओं का हृदय उसी कविता के भाव में आगे बढ़कर योग देता है, जिसका साधारणीकरण हुआ है। कवि के किसी निजी या लोकोत्तर भाव से पाठक या श्रोता के हृदय का योग नहीं हो सकता।

भट्टनायक के अनुसार, विभाव जब व्यक्तिगत मोह से बाहर निकलकर पाठक के हृदय में स्थान बना लेता है तो यह साधारणीकरण की स्थिति है। इस स्थिति में पाठक या दर्शक के लिए काव्य के पात्र, विशिष्ट पात्र न रहकर सामान्य स्त्री-पुरुष की तरह सामने आते हैं। पहले विभाव का साधारणीकरण होता है, उसके बाद स्थायी भावों का साधारणीकरण होता है। इस प्रकार विभाव, संचारी भाव, स्थायी भाव, अनुभाव सभी का साधारणीकरण होता है। नाटक या काव्य के पात्रों पर जो बीतता है, वह उस तक सीमित नहीं रहता। वह पाठक को भी प्रभावित करता है। उनका आनंद या दुख केवल उनका न रहकर सभी सहृदयों का हो जाता है।

अभिनव गुप्त ने साधारणीकरण सिद्धांत पर भट्टनायक से ज्यादा व्यापक रूप में विचार किया है। वे इसे देशकाल में बांधकर नहीं रखते। धनंजय ने साधारणीकरण के सिद्धांत को मानते हुए कहा है कि काव्य के पात्र अपने निजी व्यक्तित्व को भूलकर सामान्य मनुष्य की तरह सबके सामने आते हैं। साधारणीकरण रस निष्पत्ति का नतीजा है। इसका उद्देश्य रचनाकार के भावों को सहृदयों के हृदय तक पहुंचाना है।

एकता गुप्ता

अधिक जानकारी के लिए :
भारतीय काव्यशास्त्र : हरदेव बाहरी

सॉनेट

सॉनेट (Sonnet) का उद्गम स्थान इटली है। इस छंद का प्रयोग सबसे पहले जियाकोमो द लेंटिनि ने किया था। तेरहवीं सदी में दांते ने सॉनेट छंद का प्रयोग किया। यह चौदह पंक्तियों में कसी हुई भाषा में रचा जाता है और लयात्मक होता है। अंग्रेजी में चार प्रकार के सॉनेट हैं–पेटार्कियन, शेक्सपिरियन, स्पेंसेरियन और मिल्टानिक। पेटार्कियन सॉनेट के पहले खंड में आठ पंक्तियां होती हैं, इसे अष्टक कहते हैं। दूसरे खंड में छह पंक्तियां होती हैं, इसे षष्टक कहा जाता है। पहले खंड का तुक 'गम मग गम मग' की पद्धति से होता है, दूसरे खंड का 'स र प स र प' की पद्धति से। अष्टक और षष्टक के बीच विभाजन रहता है, जो विराम देता है। सॉनेट में तुक मिला देना काफी नहीं होता, बल्कि इसके साथ अर्थ का सौंदर्य भी उभरना चाहिए।

शेक्सपियरी सॉनेट में तीन चतुष्पदी और अंत में एक द्विपदी होती है। स्पेंसेरियन सॉनेट में जटिल तुक विधान के साथ विभाजन बारह और दो पंक्तियों का होता है। मिल्टानिक सॉनेट में पेटार्कियन तुकविधान है, पर अष्टक और षष्टक का विभाजन नहीं है। यह छंद विधान यूरोप में लोकप्रिय था। इसमें धार्मिक रचनाएं भी हुईं। वर्ड्सवर्थ के काल में सॉनेट छंद का पुनरोदय हुआ था। इसमें अंग्रेजी कवि शेली ने अपने ढंग से लयात्मक प्रयोग किए। इस कठोर छंद विधान में बीसवीं सदी में ढील आई। रॉबर्ट फ्रॉस्ट, ई ई कमिंग्स, लोर्का जैसे कवियों ने सॉनेट लिखे। उर्दू और हिंदी में भी सॉनेट लिखे गए। त्रिलोचन ने हर विषय के लिए सॉनेट का उपयोग किया। उनका 'दिगंत' (1957) पहला सॉनेट संग्रह है। इसके अलावा 'शब्द', 'उस जनपद का कवि हूं', 'ताप के ताए हुए दिन' में भी सॉनेट

हैं। वह यति का स्थान ऐसे बदलते हैं, जैसे मुक्त छंद में लिख रहे हों।

दिनेश कुमार शर्मा

अधिक जानकारी के लिए :

1. A Glossary of Literatry Terms : M H Abrams, 2014, **2. The Oxford Book of Sonnets :** John Fuller, 2000, **3. The Art of the Sonnet :** Stephen Burt, 2011

सापेक्ष सत्य

सापेक्ष सत्य (Relative Truth) से तात्पर्य उस सत्य से है, जो खास स्थितियों में ही सच हो और जिसका हर स्थिति में सच होना आवश्यक नहीं। 'इस समय सुबह के सात बजे हैं' कहना एक सापेक्ष सत्य है क्योंकि यह किसी स्थान विशेष के लिए ही सत्य है, उसी समय दूसरे किसी महाद्वीप या देश में कोई दूसरा समय हो सकता है। जैन दर्शन में सापेक्षता की अवधारणा मिलती है। जैसे किसी स्त्री का मां होना एक सापेक्ष सत्य है, क्योंकि किसी अन्य अपेक्षा से वह बेटी या बहन भी हो सकती है।

सापेक्ष सत्य की अवधारणा पर गंभीर चिंतन हॉलैंड के नोजा (1632-1677) और जर्मन विचारक लिबनिल (1646-1716) ने किया। उनके अनुसार, सत्य दो तरह का होता है : तर्क का सत्य और तथ्य का सत्य। तर्क का सत्य जरूरी होता है और उसका विपरीत असंभव। तथ्य का सत्य सापेक्ष होता है और उसका विपरीत संभव है। लिबनिल का कथन है—पूर्ण या निरपेक्ष (Absolute) सत्य वह है जो कभी झूठ नहीं हो सकता, जैसे दो और दो का योग चार ही होगा। पूर्ण सत्य तर्क और गणित का दायरा है, जो इंद्रियों से मुक्त होता है, जबकि सापेक्ष सत्य इंद्रियों से प्रभावित होता है।

ओमा शर्मा

अधिक जानकारी के लिए :

1. पाश्चात्य दर्शन का इतिहास : फ्रैंक थिलो, **2. Relativism :** Maria Baghramian

साम गान

गीतिरूप मंत्र साम हैं। साम शब्द का प्रयोग सामान्यतः गान मात्र के लिए होता है। वैदिक काल में यज्ञ के अवसर पर ऋषि वेद की ऋचाओं का गान करते थे। भरद्वाज, वशिष्ठ ऋषियों को साम का गायक माना गया है। छंदोबद्ध ऋचाओं को गानेवाले छंदोग कहलाते थे। उत्कृष्ट साम-गायकों को 'उद्‌गाता' कहा जाता था। उद्‌गाता के सामगान की उपमा पक्षियों के कलरव से दी गई है। 'गाथा' नामक सामवेद को गाने वाले 'गाथी' कहलाते थे। देवताओं की प्रशंसा से युक्त गान 'साम' और लौकिक व्यक्तियों की प्रशंसा में गाया जाने वाला गान 'गांधर्व' था।

कृष्ण के मुख से, वेदव्यास के अनुसार, ये शब्द निकले कि मैं वेदों में सामवेद हूं। साम की अन्वर्थता के संबंध में ऐतरेय ब्राह्मण एक कहानी प्रस्तुत करता है। प्राचीनकाल में ऋक् और साम थे। सा ही ऋक् थी और अम आलापात्मक स्वर था। ऋक् ने साम से कहा कि संतान के लिए हम दोनों दांपत्य बंधन में बंध जाएं। साम ने अस्वीकृति व्यक्त करते हुए कहा, मैं 'ज्यायान्' ऋक् की अपेक्षा अधिक बड़ा हूं। इसलिए मेरी महिमा है। ऋक् ने दो रूप धारण करके वही याचना की और उसे पुनः वही उत्तर मिला। तब ऋक् ने तीन रूप धारण किए और साम का संबंध ऋचा से हो गया। इसलिए साम तीन ऋचाओं से युक्त होता है। सा और अम परस्पर संयुक्त हो गए और उनकी संज्ञा 'साम' हो गई।

सामवेद की पद्धतियां या शाखाएं चाहे कितनी रही हों, सामतर्पण में साम के तेरह आचार्य गिनाए गए हैं। आजकल साम की केवल तीन ही शाखाएं मिलती हैं—1. राणायनीय, 2. कौथुमीय, 3. जैमिनीय। सामवेद का ग्राम अवरोही क्रम का था, साम का ग्राम अवरोही कम का था जो कि मध्य से प्रारंभ होता था। साम के स्वर 'निधन प्रकृति' के कहलाते हैं जिसका अर्थ यह है कि उसके स्वर स्वभावतः नीचे की ओर उतरते चले आते हैं। इन स्वरों को व्यक्त करने के

लिए साम अंकों से काम लेता है। जैसे—

1	2	3	4	5	6	7
म	ग	रे	स	नि	ध	प

ये अंक मंत्र के अक्षरों के ऊपर अंकित होते हैं। जिस अक्षर के ऊपर 1 अंकित होता है, वह 'मध्यम' स्वर सूचित करता है। जिसके सिरे पर 2 अंकित होता है, वह गांधार स्वर सूचित करता है। इसी प्रकार और अंकों के विषय में समझना चाहिए। सामगान का 'गांधार' और 'निषाद' कोमल था।

किसी-किसी साम में सात का अंक मिलता है, वहां पर उस साम के एक अंकवाले स्वर से वह एक स्वर ऊंचा समझा जाता है। कुष्ट सबसे ऊंचा स्वर था और अतिस्वार्य सबसे नीचा। अतः प्रायः इनसे गान प्रारंभ नहीं होता था। कात्यायन ऋषि का वचन है, 'अतिस्वारेण कष्टेन प्रारंभो न कदाचन'।

संगीता गुर्देचा

अधिक जानकारी के लिए :

1. **भारतीय संगीत का इतिहास :** ठाकुर जयदेव सिंह, 1994,
2. **ध्रुपद और उसका विकास :** आचार्य वृहस्पति

सामंतवाद

सामंतवाद एक सार्वभौम परिघटना है। विश्व के अधिकांश प्रमुख भागों—भारत, चीन, जापान, रूस, फ्रांस, ब्रिटेन, इटली, जर्मनी, अरब देश आदि में विभिन्न कालों में सामंतवाद कमो-बेश मौजूद रहा है। भले ही इसके आकार-प्रकार और प्रभावों में एकरूपता न हो। यही वजह है, इसके एशियाई, यूरोपीय तथा अन्य क्षेत्रीय संस्करणों की अपनी-अपनी स्थानीय विशिष्टताएं हैं।

सामंतवाद अंग्रेजी के 'Feudalism' का अनुवाद है। अंग्रेजी में इसकी व्युत्पत्ति मूलतः लैटिन शब्द Feodum से मानी जाती है। वैसे विद्वानों में इसे लेकर विवाद है। अधिकांश इसका उद्‌गम जर्मन भाषा में देखते हैं। कुछ का मत है कि इसका संबंध अरबी से भी है। अठारहवीं सदी की फ्रांसीसी क्रांति के दौरान इसे 'फ्यूडलिज्म' और 'फ्योडलाइट' कहा गया। फ्रांसीसी कानूनी संधियों में इसे Feodal कहा गया। अठारहवीं सदी में एडम स्मिथ ने अपनी प्रसिद्ध पुस्तक 'वेल्थ ऑफ नेशंस' में दो नए शब्दों का प्रयोग किया है : फ्यूडल गवर्नमेंट और फ्यूडल सिस्टम।

इसी सदी में मांटेसक्यू, वाल्टेयर जैसे चिंतकों ने भी सामंतवाद पर लिखा था। उन्नीसवीं सदी में फ्यूडलिज्म शब्द अस्तित्व में आया। लैटिन में इसी से जुड़ा शब्द है : बेनिफीशयम। इसके विपरीत, अलाउद्दीन समराई का कहना है कि मुस्लिम आक्रमणकारियों के कारण संभवतः अरबी शब्द Fuyu फ्रांसीसी नकल नवीसों तक पहुंचा और बाद में लैटिन में यही Feo, feu, feuz और feuum हो गया, जिससे कालांतर में फ्यूडम बना। विभिन्न ऐतिहासिक दौरों—औद्योगिक क्रांति, फ्रांसीसी क्रांति, पूंजीवादी क्रांति, लोकतंत्र विमर्श आदि से गुजरकर यह शब्द उन्नीसवीं सदी में अंग्रेजी के शब्द फ्यूडलिज्म की संज्ञा ले लेता है, जिसे हिंदी में 'सामंतवाद' कहा जाता है।

सामंतवाद का संबंध पूर्व-पूंजीवादी, पूर्व-लोकतांत्रिक और पूर्व-औद्योगिक समाज व्यवस्था से है। इस व्यवस्था का राजनीतिक आर्थिक दर्शन आधुनिक, लोकतांत्रिक और पूंजीवादी या समाजवादी व्यवस्थाओं के सिद्धांतों के नितांत विपरीत है। सामंतवाद का संबंध राजा, उस पर आश्रित दरबारी, सैनिक अधिकारी, भू स्वामी, भूदास, बेगार एवं बंधक श्रमिक, पट्टेदारी, भूमिहीनता, महाजनी पूंजीवाद, ऋणग्रस्तता, वस्तु विनिमय तंत्र, धीमी गति से कृषि उत्पादकता, कठोर धार्मिक तंत्र जैसी संस्थाओं से है। संक्षेप में, सामंती तंत्र राजतंत्र और कृषि अर्थव्यवस्था या कृषि आधारित समाज का प्रतिनिधित्व करते हैं।

इतिहासकारों का मत है कि सामंतवाद मध्य युग की देन है और यूरोप में काफी फला-फूला। मध्ययुगीन यूरोप के सामंतवादी ढांचे को एक 'मिसाल' के रूप में स्वीकार किया गया। चूंकि इस व्यवस्था में भूमि ही सब कुछ थी, इसलिए इसके माध्यम से 'दास संस्था' जन्मी। भूमि देकर राजा दास आश्रितों से राजभक्तिपरक सैन्य सेवाएं, भाड़े के सैनिक,

सामाजिक एवं कृषि बेगार, घरेलू चाकरी, प्रासाद निर्माण, विभिन्न हस्तकारीगरी जैसी सेवाएं प्राप्त किया करता था। सामंतवाद मुख्य रूप से तीन श्रेणियों में विभक्त था : (1) राजा या स्वामी, (2) स्वामी दरबारी, भाड़े के सैन्य अधिकारी एवं सैनिक और (3) भूदास। सामंतवादी व्यवस्था की श्रेणियों की तुलना मिस्र के पिरामिड से की जा सकती है अर्थात शिखर पर राजा, उसके नीचे राजा द्वारा भूमिकृपा पर आश्रित उच्च दरबारी, पुरोहित, सैन्य अधिकारी और नीचे निम्न श्रेणी के अधिकारी, लगान वसूलकर्ता, योद्धा, भड़ैत लड़ाकू और सबसे नीचे बड़ी संख्या में भूदास, बंधक श्रमिक (निश्चित अवधि) जोतदार, रैयत और निम्न कोटि के महल एवं कृषि सेवक।

यूरोप के सामंती तंत्र में दो सत्ताएं समानांतर रूप से अस्तित्व में रही हैं : राजतंत्र और चर्च तंत्र। चर्च तंत्र को इस प्रकार दर्शाया जा सकता है– 1. पोप (शिखर पर), 2. बिशप, 3. आर्च बिशप, 4. आर्च दी कुहन, 5. अब्बोट, 6. प्रिओर, 7. डीन और 8. मांक (संन्यासी)। सामंती युग में उपर्युक्त दोनों सत्ताएं परस्पर आश्रित और पूरक रही हैं। हालांकि वर्चस्व को लेकर राजा और चर्च के बीच जब-तब तीखे विवाद एवं झगड़े भी भड़कते रहे हैं, फिर भी राजनीतिक सत्ता की धुरी राजा और धार्मिक सत्ता की धुरी पोप ने परस्पर सहयोग एवं एक-दूसरे की रक्षा करते हुए सामंती तंत्र को बीती सहस्राब्दी के अधिकांश काल में सुरक्षित रखा। दरअसल पूंजीवादी क्रांति, औद्योगिक क्रांति और लोकतांत्रिक शक्तियों के उभार के साथ ही सामंतवाद का पटाक्षेप शुरू हुआ।

सामंतवादी युग में यह धारणा प्रचलित थी कि समस्त भू-संपदा ईश्वर की है। राजा ईश्वर का प्रतिनिधि है। इसलिए भू-स्वामित्व, भू प्रबंधन और भू-वितरण पर उसका एकछत्र अधिकार है। वह अपने राज्य की रक्षा एवं सुरक्षा के लिए आवश्यकतानुसार भूमि का इस्तेमाल करता है। पोपों से राजा के इस अधिकार की वैधता को समय-समय पर चुनौतियां मिलती रही हैं। राजा अपदस्थ भी होता रहा है, फिर भी राजा और पोप (राजतंत्र एवं धर्म) सामंतवाद के आधारस्तंभ एवं ध्वजवाहक रहे हैं। सामंतवाद एक प्रकार की पैतृक संस्था थी। राजा, सामंतों, भूस्वामियों और भूदासों एवं कृषकों के बीच पीढ़ी-दर-पीढ़ी संबंध हुआ करते थे। इसी आधार पर विभिन्न सेवाएं, नजराना, तोहफा, सेना-चाकरी, सालाना धन की अदायगी आदि की निरंतरता बनी रहती थी।

यूरोप में सामंतवाद के उदय को लेकर विद्वानों में मतभेद रहे हैं। यह भी माना जाता है कि इसकी शुरुआत पांचवीं सदी में हुई थी। ग्यारहवीं से तेरहवीं सदी के मध्य इसका पूर्ण विकास हुआ। यह जर्मनी, इटली, दक्षिण फ्रांस, कंटेलोनिया, लोम्बार्डी, सेक्सोनी, बेवरिए होता हुआ ब्रिटेन पहुंचा। इसके बाद जेरुसलम, स्लाविक एवं स्कैंडेनेवियनन देश भी इससे अछूते नहीं रहे। तेरहवीं सदी से लेकर उन्नीसवीं सदी के बीच सामंतवाद का उभार और पतन, दोनों ही प्रक्रियाएं इतिहास में दर्ज हुईं। वैसे यूरोपीय समाज में लगभग एक हजार वर्ष (पांचवीं से पंद्रहवीं सदी तक) सामंतवाद का वर्चस्व माना जाता है। पंद्रहवीं सदी के बाद इतिहास ने नई करवटें लीं– 1. छापाखाना अस्तित्व में आया, 2. बाइबल चर्च से मुक्त होकर जन-जन तक पहुंचने लगी, 3. राजा एवं चर्च की सत्ताओं को चुनौती मिलने लगी, 4. न्याय, समानता, स्वतंत्रता एवं भ्रातृत्व के विमर्श शुरू हुए, 5. वैज्ञानिक खोजें एवं आविष्कार होने लगे, 6. उद्योगीकरण व शहरीकरण की गति में तेजी आई, नए आर्थिक विमर्श, मुक्त अर्थव्यवस्था, कल्याणकारी राज्य, समाजवाद, साम्यवाद आदि शुरू हुए, 7. साम्राज्यवादी देशों और उपनिवेशों–एशिया, अफ्रीका, उत्तर एवं दक्षिण अमेरिकी देश आदि के बीच आयात-निर्यात के कारण नए बाजार अस्तित्व में आए, 8. नए सामाजिक एवं आर्थिक वर्ग उभरे और वे राष्ट्रीय जीवन में सक्रिय हुए, 9. राज्य का चरित्र बदलने लगा और 10. सामंती तंत्र का पूंजीवादी लोकतंत्र में रूपांतरण हुआ। संक्षेप में, 'ज्ञानोदय' ने सामूहिक चेतना के रूप में यूरोप का एक प्रकार से कायाकल्प कर दिया।

विद्वानों का मत है कि प्राचीन भारत से लेकर

मध्यकालीन भारत तक सामंतवाद के कई संस्करण जन्मे और विलुप्त हुए। भारत में 'यवन जातक' में सामंत शब्द मिलता है। यहां प्रयुक्त सामंत शब्द मातहत या आज्ञाकारी के अर्थ में भी प्रयुक्त हुआ है। संक्षेप में, भारत में क्लासिकल सामंतवाद से लेकर मध्ययुगीन सामंतवाद रहा है। अलबत्ता इसे यूरोपीय सामंतवाद की कार्बन कॉपी कहना गलत होगा, क्योंकि प्रत्येक समाज और देश की विकास- अवस्था भिन्न रही है। इस भिन्नता ने ही सामंतवाद की चारित्रिक विशिष्टताओं को गढ़ा है। इन विशिष्टताओं का सामान्यीकरण नहीं किया जा सकता, परंतु इनमें 'समानताओं' को जरूर चिह्नित किया जा सकता है।

भारत में भी राजतंत्र रहा है। प्रसिद्ध इतिहासकार रामशरण शर्मा मानते हैं कि भारत में विभिन्न कालों में मौर्य काल से गुप्त काल तक सामंतीकरण के लक्षण रहे हैं। राज्य अधिकारियों को नकद वेतन (पण) देने के अलावा ऋत्विक, आचार्य, पुरोहित, धर्माधिकारी, प्रासाद-अनुचर, योद्धा, ग्राम्याधीश, मंडलाधीश, महाभोगी, भोगिकपालक जैसे पदाधिकारियों के लिए भूमि-अनुदानों की व्यवस्था थी। सम्राट अशोक के काल के अभिलेखों से पता चलता है कि भूमि का उपभोग राज्याधिकारियों द्वारा किया जा सकता था। सातवीं सदी में बड़ी-बड़ी सामंतवादी उपाधियां (महासामंत आदि) दी जाती रही हैं। युद्ध में पराजित राजाओं को विजेता अपने राज्य में सामंत नियुक्त किया करते थे। उन्हें अपने स्वामी राजा के समक्ष पांच विभिन्न शैलियों में 'प्रणाम' करना पड़ता था। ये पराजित सामंत अपने स्वामी राजा को 'वार्षिक कर' देते थे। पराजित सामंत विजेता को अपनी बेटि यां भी भेंट किया करते थे।

बाणभट्ट ने अपनी पुस्तक 'हर्षचरित' में निम्न प्रकार के सामंतों का उल्लेख किया है : सामंत, महासामंत, आप्त सामंत, प्रधान सामंत, शत्रु महासामंत और प्रतिसामंत। कृषिदासों या भूदासों से बंगाल, बिहार, उत्तर प्रदेश, मालवा, गुजरात जैसे क्षेत्रों में परती जमीन को आबाद कराया जाता था। उनसे बेगार ली जाती थी।

रामशरण शर्मा का मत है, 'राजनीतिक सामंतवाद के उद्‌भव और विकास का इतिहास ईसवी सन की पहली शताब्दी से ब्राह्मणों को दिए जाने वाले भूमि अनुदानों से जुड़ा हुआ है। गुप्त काल में ऐसे अनुदानों की संख्या काफी हो जाती है और तब से बराबर बढ़ती ही चली जाती है।' (भारतीय सामंतवाद)। वास्तव में बेगार की प्रथा मौर्य काल में भी प्रचलित थी, जो किसानों की दुर्दशा का बड़ा कारण थी। इसके बाद पांचवीं सदी से लेकर बारहवीं सदी तक 'बेगार दासों' की प्रथा प्रचलित थी। साफ शब्दों में कहा जाए तो बेगार करने वाले किसानों की देह, जमीन और उपज पर सामंतों का पूर्ण या आंशिक अधिकार हुआ करता था। तत्कालीन भारतीय समाज का यह यथार्थ भारतीय सामंतवाद और यूरोपीय सामंतवाद की दूरियों को दूर करता है अर्थात भूस्वामी मध्यवर्ती वर्ग और किसान कृषिदास दोनों ही जगहों पर मौजूद थे।

डी सी सरकार जैसे इतिहासकारों का मानना है कि वैदिक काल में भी सामंतवाद रहा है, क्योंकि इस दौर में राजाओं द्वारा भूमि और ग्रामदान दिए जाते थे। इस तरह के दान ईसा बाद अस्तितव में आई जमींदारी प्रथा से भिन्न नहीं हैं। यह भी कहा गया है कि प्राचीन भारत के पूरे दौर में भूमिदान होते रहे हैं। यह भी माना जाता है कि भारतीय इतिहास के पूरे दौर में जमींदारी प्रथा रही है, हालांकि इतिहासकारों में इसे लेकर मतभेद है। इतिहासकार द्विजेंद्र नारायण झा यह जरूर मानते हैं, 'यूरोप की तरह भारत में भी लगान वसूली अकसर दानभोगी के उप-सामंतीकरण और बेदखली के अधिकारों से जुड़ी होती थी।' दूसरे शब्दों में यूरोप और भारत, दोनों ही जगह 'उप-सामंतीकरण' था। उत्तर भारत के मालवा, गुजरात, राजस्थान, महाराष्ट्र जैसे हिस्सों में उप-सामंतीकरण की प्रक्रिया प्रचलित थी।

यह दलील भी दी जाती है कि यूरोप के समान भारत की परिस्थितियां बड़े पैमाने पर कृषि दास बनाने जैसी नहीं थी। यूरोप के मुकाबले भारत में किसान अधिक स्वतंत्र हुआ करते थे। यह भी माना गया

है कि भारत में भूस्वामी अभिजात वर्ग और कृषक समुदाय के बीच के अंतर्विरोध प्रकट होते रहे हैं। इस संदर्भ में 'कैवर्त विद्रोह' का उल्लेख किया जाता है, जिसे अत्याचारी राजा के विरुद्ध 'जन-विद्रोह' माना गया है। बाद में इसकी 'किसानों की बड़ी बगावत' के रूप में व्याख्या की गई। यह बगावत राजा द्वारा किसानों पर लगाए गए भारी कर के विरुद्ध थी। किसानों को 'सेवापट्टों' पर मिली भूमि से भी वंचित कर दिया गया था।

भारतीय सामंतवाद की बुनियाद के संबंध में द्विजेंद्र नारायण झा लिखते हैं, 'स्थानीय भूस्वामियों का अलग-अलग गांवों में या ग्राम समूहों में अपने पैर जमा लेना और किसानों पर अपने वर्चस्व और श्रीमंतीय दबदबे को सुदृढ़ कर लेना भारतीय सामंतवाद की आधारशिला साबित हुआ और पूर्व-मध्य काल में (सातवीं से बारहवीं सदी तक) इस व्यवस्था ने धीरे-धीरे पूरे देश में मुख्य स्थिति प्राप्त कर ली।' मानक हिंदी कोश के पांचवें खंड में भारत में सामंतवाद के लिए निम्न शब्द प्रयुक्त हुए हैं : सामंत (बड़ा सरदार, प्रजावर्ग का श्रेष्ठ व्यक्ति, वीर, योद्धा), सामंत तंत्र, सामंतेश्वर, सामंत प्रणाली, सामंत सभा, सामंत प्रथा, सामंतशाही और सामंतवाद। शुक्रनीति के अनुसार, वह नरेश सामंत है। जिसकी भूमि का राजस्व 3 लाख कर्ष हो। सेवक, अनुगत, सर्वव्यापक, सामंतचक्र, सामंतज जैसे शब्दों के रूप में भी सामंत दर्ज हुआ है।

यह स्पष्ट कर देना जरूरी है कि सामंतवाद मुगल काल में जारी था, हालांकि क्लासिकी सामंतवाद का रूप इस दौर में बदल चुका था। मध्ययुगीन सामंतवाद के रूप को लेकर इतिहासकारों में मतभेद हैं। इतिहासकार इरफान हबीब इतना मानते हैं कि 'कुछ शर्तों के साथ मुगलकालीन भारतीय प्रणाली को अर्ध-सामंती तो कहा ही जा सकता है।' (इतिहास और विचारधारा)।

हबीब का मत है कि सल्तनत और मुगलकाल में नगरों के विकास और नई आर्थिक गतिविधियों के उदय एवं विस्तार के कारण पूर्ववर्ती भारतीय सामंतवाद की प्रमुख विशेषताएं बदलीं, फिर भी किसानों का उत्पीड़न कम नहीं हुआ। मुहम्मद तुगलक (1325-51) के काल में दोआब क्षेत्र में किसानों का बड़ा विद्रोह हुआ। मोटे रूप से सूबेदार, मनसबदार, जागीरदार, ठिकानेदार, अमीर-उमराव, ताल्लुकेदार, दीवान, नाजिम, अमीन, किलेदार, महारावल, पद महाराज, पेशवा, कोतवाल, राव उमराव, राजपुरोहित जैसे अनेक ओहदेदार तथा राजकृपा पर जीवित वर्ग परिवर्तित सामंतवाद के प्रतीक के रूप में उभरे।

उन्नीसवीं सदी में मार्क्स ने सामंतवाद को एक खास आर्थिक व्यवस्था के रूप में देखा। वह सामंती उत्पादन पद्धति, सामंती उत्पादन संबंध, सामंती व्यवस्था आदि पर अपने विचार व्यक्त करते हैं। सामंतवाद को समझने के लिए वे पहले रोमन एवं जर्मन उत्पादन पद्धति की खबर लेते हैं। वे बर्बर जातियों, कृषि दासों, भूसंपत्ति के संदर्भ में कृषि संबंधों पर प्रकाश डालते हैं। मार्क्सवादी रूसी इतिहासकार इ ए कॉस्मिस्की कृषक वर्ग की परवशता को सामंतवाद का अभिन्न अंग मानते हैं। नव-मार्क्सवादी विद्वानों की नजर में सामंतवाद की परिभाषा में आर्थिक तत्व सर्वाधिक महत्वपूर्ण हैं। मार्क्स के विचार में सामंती उत्पादन पद्धति की बड़ी विशेषता अधिक-से-अधिक उपसामंतों के बीच भूस्वामित्व का विभाजन है। उन्होंने एशियाई उत्पादन पद्धति को रेखांकित किया। उनके मत में भारत में निचले स्तर पर खेती एवं दस्तकारी का विशिष्ट मिश्रण रहा है। वे मानते हैं कि इसके कारण भारत में जड़ एवं गतिशून्य अर्थव्यवस्था थी। इस अर्थव्यवस्था को 'एशियाई उत्पादन पद्धति' कहा गया। मार्क्स की इस धारणा को कई विद्वानों ने स्वीकार नहीं किया है। कहा जाता है कि एशियाई समाजों में परिवर्तनशीलता का अभाव और अंतर्निहित निरंकुशता एशियाई उत्पादन पद्धति की देन है, लेकिन डी डी कोसंबी, रामशरण शर्मा और रामविलास शर्मा जैसे मार्क्सवादी चिंतक मार्क्स के इस विचार से सहमत नहीं हैं। इनके मत से भारतीय समाज अपरिवर्तनीय नहीं रहे हैं

और एशियाई उत्पादन पद्धति अपने आप में संपूर्ण व्यवस्था नहीं है।

वास्तव में, सामंतवाद स्वयं में एक संपूर्ण एवं व्यापक व्यवस्था है। इसने विशेष प्रकार की मानसिकता, संस्कृति, जीवन मूल्य और राजनीतिक-प्रशासनिक शैली को जन्म दिया। सामंती तंत्र को चलायमान रखने के लिए देवी-देवताओं के धार्मिक प्रतीकों एवं नामों का भी भरपूर इस्तेमाल किया गया और पुरोहित वर्ग को प्रश्रय मिला। पूर्व-मध्यकालीन अभिलेखों में राजा को राउत या भगवान पुरुषोत्तम का पुत्र या देवी-देवताओं का संबंधी या उनके समकक्ष दिखाया गया है। बतलाया गया कि देवता के सामंत के रूप में राजा लड़ाई लड़ता है और वर्ण भेद इसी व्यवस्था की देन है। कठोर सामंती श्रेणी विन्यास ने जाति प्रथा, अंध-आज्ञाकारिता, पुरुष वर्चस्व और पति भक्ति, योनि शुद्धता, जौहर, स्त्री को धन या वस्तु के रूप में देखना, अंध-स्वामिभक्ति एवं समर्पण, परलोक चिंता, निष्काम कर्म की प्रेरणा, प्रश्नहीनता, शासक स्तुति, प्रजा भाव जैसी मानसिकता को जन्म दिया।

यद्यपि सामंतवाद का आज एक वैधानिक संस्था के रूप में अंत हो चुका है, लेकिन सोच, संस्कार और व्यवहार में यह आज भी बड़े पैमाने पर बचा है। स्वातंत्र्योत्तर भारत में अस्पृश्यता, जाति भेदभाव, जमींदारी प्रथा, बंधुआ श्रमिक प्रथा, ऋणग्रस्तता आदि की समाप्ति के लिए कानून बनाए गए हैं, फिर भी सामंती मानसिकता का अंत नहीं हुआ है। भारत में आज भी स्त्री और दलित उत्पीड़न के रूप में सामंती अवशेष दिखाई दे जाते हैं जिनके कारण गांवों मं जाति संघर्ष, भूमि संघर्ष जैसी स्थितियां बनी हुई हैं।

रामशरण जोशी

अधिक जानकारी के लिए :

1. **भारतीय सामंतवाद :** रामशरण शर्मा, 2. **भारतीय सामंतवाद-राज्य समाज और विचारधारा :** द्विजेंद्रनारायण झा, 3. **पूर्व-मध्यकालीन भारत का सामंती समाज और संस्कृति :** रामशरण शर्मा, 4. **भारतीय इतिहास में मध्यकाल :** इरफान हबीब

सामवेद संहिता

वेदत्रयी में सामवेद का नाम सम्मानपूर्वक लिया जाता है। श्रीमद्‌भागवत में अपनी विभूतियों का वर्णन करते हुए कृष्ण ने 'वेदानां सामवेदोऽस्मि' कहकर अपने आपको वेदों में सामवेद बताया है। मनु ने सामवेद का संबंध सूर्य से माना है। सूर्य प्रकृति का सबसे तेजस्वी और प्रभावी तत्व है, जिसके प्रति मनुष्य स्वतः नतमस्तक होता है। सामवेद गायन का वेद है। उपासक अपने आराध्य के प्रसादन के लिए गेय स्तुति का प्रयोग करता है। सामगान देवों को प्रसन्न करने का सर्वोत्तम उपाय है। ऋग्वेद में कहा गया है, 'शुद्ध मन से साम गान करो।' (इंद्राय साम गायत, ऋग्वेद 8.98.1)।

ऋग्वेद और सामवेद का अन्योन्याश्रित संबंध है। ऋचा + गान = सामन् है। गीतियुक्त ऋचा साम हो जाती है। सामवेद संहिता में निन्यानवे मंत्र ऐसे हैं, जो ऋग्वेद के नहीं हैं। शेष सभी मंत्र ऋग्वेद से ही लिए गए हैं। सामवेद के मंत्रों की संख्या 1875 है।

मैकडॉनल आदि पाश्चात्य और कुछ भारतीय विद्वान ऋग्वेद पर आधारित होने के कारण सामवेद की स्वतंत्र सत्ता मानने के पक्ष में नहीं हैं, पर मूल भारतीय परंपरा सामवेद को पृथक मानती है। इसका एक प्रमुख कारण यह है कि स्वयं ऋग्वेद में सामों का उल्लेख है। सायण ने इसीलिए ऋग्वेद भाष्य होते हुए भी सामवेद-भाष्य अलग से लिखा।

सामवेद के प्राचीन विस्तार के कई विवरण हैं, किंतु संप्रति सामवेद की केवल तीन शाखाएं उपलब्ध हैं—राणायनीय, कौथुमीय और जैमिनीय। सातवलेकर ने सामवेद की राणायनीय और कौथुमीय शाखाओं को प्रकाशित किया है। वस्तुतः दोनों शाखाओं में मौलिक अंतर नहीं के बराबर है। कौथुमीय शाखा का प्रचार उत्तर भारत में और राणायनीय शाखा का प्रचार दक्षिण भारत में अधिक रहा है। तीसरी शाखा जैमिनीय भी महत्वपूर्ण है। विशेषतः इसलिए कि इसकी संहिता, ब्राह्मण, श्रौतसूत्र और गृह्यसूत्र उपलब्ध हैं।

सामवेद के दो मुख्य भाग हैं—आर्चिक और गान। आर्चिक का शाब्दिक अर्थ है—ऋचाओं का समूह या संकलन। इसके दो भाग हैं—पूर्वार्चिक और उत्तरार्चिक। पूर्वार्चिक को छंद आर्चिक भी कहते हैं। पूर्वार्चिक में छह अध्याय हैं। इनका विभाजन चार कांडों में किया गया है, जिनके नाम हैं-आग्नेय, इंद्र, पावमान और आरण्यकांड। अग्नि, इंद्र और सोम सामवेद के प्रमुख देवता हैं।

सामगान चार प्रकार का है : 1. ग्रामगेय गान–इसे 'प्रकृतिगान' और 'वेयगान' भी कहते हैं। यह ग्राम या सार्वजनिक स्थलों पर गाया जाता था। 2. आरण्य गान—इसे 'आरण्यक-गेय' गान भी कहते और 'रहस्य' या 'छन्दस गान' भी कहा गया है। 3. ऊह गान—ऊह का अर्थ है—विचार यह धार्मिक अवसरों पर गाया जाता था। वेयगान में प्रयुक्त स्वर, राग आदि का आश्रय लेकर ऊह गानों का निर्माण होता था। 4. ऊह्य गान—ऊह्य गान को रहस्य गान के नाम से भी जाना जाता है। रहस्यात्मक होने से सर्वसाधारण के सामने इसका गान निषिद्ध माना जाता है। ऊहगान और ऊह्यगान मौलिक न होने से विकृति गान भी कहलाते हैं।

सामवेद की विशेषता है कि इसके मंत्र उपासनापरक हैं। आध्यात्मिक दृष्टि से सोम आनंद या ब्रह्मतत्व है, जिसे प्राप्त करने का साधन उपासना है। भक्ति और संगीत द्वारा उसकी सिद्धि होती है। प्रथम मंत्र में अग्नि की स्तुति है : 'अग्न आ याहि वीतये गृणानो हव्यदातये। नि होता सत्सि बर्हिषि।' अर्थात हे अग्ने, हवि भक्षण करने के लिए तू आ। देवों को हवि देने के लिए जिसकी स्तुति की जाती है, ऐसा तू यज्ञ में होता ऋत्विज हुआ, यज्ञ में आसन पर बैठ जा। (अर्थ सातवलेकर के अनुसार)।

यही मंत्र आध्यात्मिक संदर्भ में ईश्वर को संबोधित माना गया। साम ईश्वर भक्ति और उपासना के वे गान कहे जाते हैं, जो परमेश्वर के ध्यान और चित्त की एकाग्रता के द्वारा उनके सान्निध्य में पहुंचाते हैं।

शशि तिवारी

अधिक जानकारी के लिए :
सामवेद : श्रीपाद दामोदर सातवलेकर, 1983

सामाजिक अंतर्द्वंद्व

सामाजिक अंतर्द्वंद्व (Social Conflict) की अवधारणा मानव जाति के सामाजिकीकरण की प्रक्रिया की शुरुआत से जुड़ी है। यह समाजशास्त्रीय अध्ययन का एक महत्वपूर्ण सूत्र है। इसके अनुसार असमानता समाज का एक अनिवार्य तत्व है जिससे अंतर्विरोध, अंतर्द्वंद्व और सामाजिक बदलाव घटित होता है। सामाजिक अंतर्द्वंद्व एक सिद्धांत के रूप में स्पष्ट करता है कि संपूर्ण मानव इतिहास ही विभिन्न वर्गों के बीच अंतर्द्वंद्व की देन है। समाज में कभी आम राय नहीं होती और विचारों तथा हितों का द्वंद्व स्वाभाविक है।

सामाजिक अंतर्द्वंद्व पर अनेक समाजशास्त्रियों ने अपना-अपना मत व्यक्त किया है, परंतु उन्नीसवीं शताब्दी के मध्य में लेविस कोसर और राल्फ डेरेनडोर्फ जैसे समाजशास्त्रियों ने इसे एक सिद्धांत के रूप में विकसित किया और अंतर्द्वंद्व को सामाजिक एकीकरण के लिए समाज की संरचना में ही निहित एक प्रमुख तत्व माना। प्रकार्यवादियों के अनुसार, सामाजिक अंतर्द्वंद्व के बिना सामाजिक एकीकरण कायम नहीं रह सकता। विद्रोह जैसी घटनाएं सामाजिक तनाव से मुक्ति पाने का एक माध्यम हैं, जो अंततः सामाजिक व्यवस्था को एकीकृत करने में सहायक होती हैं। सामाजिक अंतर्द्वंद्व के सिद्धांतकारों ने प्रकार्यवादियों पर आंतरिक अंतर्द्वंद्वों की गत्यात्मक प्रकृति को कम करके आंकने का आरोप लगाया और बताया कि उन्होंने वस्तुतः एशिया और अफ्रीका महाद्वीपों के उपनिवेशों में शासक (शोषक) और शासित (शोषित) के द्वंद्व और तनाव को नजरअंदाज किया है। इस प्रकार यथास्थितिवादी सिद्धांत के बरक्स 'सामाजिक अंतर्द्वंद्व' का गत्यात्मक सिद्धांत प्रकाश में आया।

समाज में अंतर्द्वंद्व सामान्यतया संसाधनों पर अधिकार को लेकर होते हैं। माना जाता है कि समाज की संरचना इस प्रकार बनाई गई है कि उसमें बड़े समूह के हितों को ध्यान में न रखकर सिर्फ मुट्ठी भर लोगों को लाभ पहुंचाया जाए। ऐसी सामाजिक संरचना विषमता को यथावत बनाए रखने में मददगार होती है। लिंग, वर्ग, जातीयता, नस्ल, समुदाय, राष्ट्रीयता आदि के आधार पर सामाजिक विषमता पनपती है। समाज में दो प्रमुख समूह हो जाते हैं— (1) प्रभुत्वशाली और (2) प्रभुत्वहीन। इनके भीतर कई स्तर हो सकते हैं। सामाजिक अंतर्द्वंद्व के केंद्र में भौतिक संसाधन, सत्ता, शक्ति और सामाजिक प्रतिष्ठा आदि को माना जा सकता है। अंतर्द्वंद्व के कई रूप हो सकते हैं—व्यक्तिगत विद्रोह, गदर, विरोध-प्रदर्शन, औद्योगिक हड़तालें, युद्ध आदि। खेल का मैदान भी अंतर्द्वंद्व की जगह है, जहां अंतर्द्वंद्व संस्थागत और कृत्रिम होता है। अंतर्द्वंद्व के समाधान के लिए संवाद, न्यायालय, नियम-कानून और प्रबंधन आदि सहायक होते हैं।

सामान्यतः दो तरह के सामाजिक अंतर्द्वंद्व देखने को मिलते हैं—(1) अंतःसामाजिक : एक ही वर्ग अथवा सामाजिक समूह की विभिन्न सामुदायिक इकाइयों में व्याप्त अंतर्द्वंद्व, जैसे—अंतर्जातीय संघर्ष, वर्ग संघर्ष, जाति संघर्ष। (2) अंतर-सामाजिक : एक समाज/समूह राष्ट्रीयता से दूसरे समाज/राष्ट्रीयता का अंतर्द्वंद्व जैसे युद्ध।

कार्ल मार्क्स (1818-1883) को सामाजिक अंतर्द्वंद्व के सिद्धांत का जनक माना जाता है। उन्होंने अंतर्द्वंद्व को व्याख्यायित करते हुए इसके केंद्र में पूंजी/अर्थ को सबसे महत्वपूर्ण माना है। उन्होंने इस सिद्धांत को 'वर्ग संघर्ष' का नाम दिया। उन्होंने आर्थिक हैसियत को केंद्र में रखकर सामाजिक अंतर्द्वंद्व की व्याख्या करते हुए सामाजिक संरचना को दो भागों में विभक्त किया है—बूर्जुआ वर्ग (मालिक) और सर्वहारा वर्ग (मजदूर)। एक वर्ग वह है जिसके पास उत्पादन के साधनों का स्वामित्व है और दूसरा जो केवल श्रम पर आश्रित है। पहला वर्ग दूसरे वर्ग का शोषण करता है। साथ ही, ये दो वर्ग आपस में संघर्षरत भी रहते हैं। मार्क्स ने इस असमानता को दूर करने के लिए 'क्रांति' की बात की है। इस प्रकार मार्क्स ने सामाजिक अंतर्द्वंद्व के कारणों में केवल वर्ग संघर्ष को महत्व दिया और अन्य कारणों को गौण माना।

मार्क्स के बाद जर्मन समाजशास्त्री मैक्स वेबर (1864-1920) ने पूंजीवाद और प्रोटेस्टेंटिज्म के मध्य संबंधों की पड़ताल करते हुए 'धार्मिक अंतर्द्वंद्व' को व्याख्यायित किया है। उन्होंने बताया कि प्रोटेस्टेंटिज्म के विकास ने पूंजीवाद के विकास को अधिक बल प्रदान किया। वेबर के अनुसार, धर्म में निहित सांस्कृतिक प्रभाव भी आर्थिक तंत्र को प्रभावित करते हैं। इस संदर्भ में एंटोनियो ग्राम्शी (1891-1937) के सांस्कृतिक आधिपत्य के सिद्धांत को भी देखा जाता है जिसमें बताया है कि शोषक वर्ग अपना प्रभुत्व बनाए रखने के लिए न केवल राजनीतिक-आर्थिक प्रभुत्व और दमन का सहारा लेता है, बल्कि सांस्कृतिक प्रतीकों का भी अपने हित में प्रयोग करता है। इससे यह बात स्पष्ट होती है कि सामाजिक अंतर्द्वंद्व को बनाए रखने में आर्थिक असमानता के अलावा कई अन्य तत्व भी महत्वपूर्ण हैं।

'सामाजिक अंतर्द्वंद्व' की व्याख्या करने में अमेरिकी समाजशास्त्री सी राइट मिल्स (1916-1962) का योगदान महत्वपूर्ण है। उन्होंने इस संबंध में आभिजात्यवादी अंतर्द्वंद्व की धारणा को सामने रखा। उनके अनुसार, सामाजिक संरचना के दो भाग हैं—(1) पावर एलीट और (2) दूसरे सभी।

उन्होंने बताया कि ताकतवर अभिजन (पावर एलीट) समाज के शक्तिशाली थोड़े लोगों, जिसमें शीर्ष नेता, पूंजीपति और शासनाधिकारी शामिल होते हैं, को लेकर बनता है। वह समाज के अन्य सदस्यों को अपने अनुसार नियंत्रित करता है। यह बताया गया है कि ऐसी स्थिति व्यक्तिगत स्वाधीनता के लिए घातक होती है

'सामाजिक अंतर्द्वंद्व' सिद्धांत के तहत मूल्यों और आदर्शों की अपेक्षा हितों को अधिक महत्वपूर्ण

माना गया है। विभिन्न प्रकार के हित विभिन्न स्तरों पर अंतर्द्वंद्व पैदा करते हैं। अंतर्द्वंद्व समान हितवालों के बीच भी निजी कारणों से पैदा होते हैं। ये हमारे दैनिक जीवन के सामान्य पहलू हैं। अंतर्द्वंद्व सिद्धांत के प्रमुख तीन तत्व हैं—(1) समाज विभिन्न समूहों से बना है, जो संसाधनों के लिए आपस में प्रतिस्पर्धा करते हैं। (2) समाज सहयोग की भावना पैदा कर सकता है, जबकि सामाजिक समूहों के भीतर अपने हितों के लिए टकराव हमेशा चलता रहता है और समाज के भीतर संसाधनों और उत्पादनों पर कुछ समूहों का एकाधिकार कायम रहता है। (3) सामाजिक लक्ष्य की प्राप्ति के लिए संसाधनों के उपयोग के माध्यम से शक्तिशाली सामाजिक समूह वास्तव में अपने ही हितों की पूर्ति करते हैं। जिनका संसाधनों पर अधिकार है, वे संसाधनों का उपयोग कर अपने अधिकारों को कायम रखने के साथ-साथ उन्हें बढ़ाना भी चाहते हैं। अब समान हितवालों के बीच भी एक ही समूह में परस्पर स्पर्धा चलती है, जो प्रतिष्ठा या मुनाफे के लिए अंतर्द्वंद्व के वैयक्तिक रूपों में व्यक्त होती है।

सामाजिक अंतर्द्वंद्व के तीन प्रकार हैं : सामाजिक पद संबंधी संघर्ष, हितों का संघर्ष तथा भूमिका को लेकर संघर्ष, जिसमें सामाजिक भूमिका को लेकर होने वाले संघर्ष शामिल हैं। सामाजिक अंतर्द्वंद्व को परस्पर विरोधी सामाजिक शक्तियों की गतिविधियों के रूप में देखा जाता है। अमेरिकी समाजशास्त्री कोजर ने सामाजिक विकास में सामाजिक अंतर्द्वंद्व की भूमिका को नकारने की आलोचना की है। उन्होंने अंतर्द्वंद्व के प्रति नकारात्मक दृष्टिकोण को रुग्ण मानसिकता की उपज माना है।

सामाजिक अंतर्द्वंद्व के सिद्धांतों ने समाजविज्ञान के सैद्धांतिक परिप्रेक्ष्य का विस्तार किया है और इसमें उपेक्षित मुद्दों को शामिल करने का कार्य भी किया है। वैश्वीकरण के युग में सामाजिक अंतर्द्वंद्व कई राजनीतिक, सांस्कृतिक और व्यापारिक शक्लों में बढ़े हैं और 'कन्फ्लिक्ट मैनेजमेंट' के कौशल का भी विकास हुआ है।

प्रफुल्ल कुमार

अधिक जानकारी के लिए :

1. The Function of Social Conflict : Lewis A Coser 1956; **2. Class and Class Conflict in Industrial Society :** R Dahrendorf, 1959; **3. Social Conflict : Escalation, Stalemate and Settlement :** Dean G Pruitt, Sung Hee Kim

सामाजिक न्याय

सामाजिक न्याय का अर्थ है, समाज के छोटे-बड़े, गरीब-अमीर और दलित-सवर्ण सब के लिए समान न्याय की व्यवस्था। सामाजिक न्याय (सोशल जस्टिस) की अवधारणा विश्व के राजनीतिक विचारकों, जैसे—सुकरात, स्पिनोजा और थॉमस पैन के पुनजार्गरण दर्शन में देखी जा सकती है। अमेरिकी राजनीति और दर्शन में तो यह शब्द उन्नीसवीं सदी के उत्तरार्ध में ही एक महत्वपूर्ण विषय बन गया था। इतिहास से पता चलता है कि 1840 में जेसुइट प्रीस्ट लुइगी तपारेल्ली द्वारा 'सोशल जस्टिस' नाम से एक सिक्का भी ढाला गया था। संभवतः यह शब्द इससे भी पहले से प्रयोग होने लगा था। उत्तर-औद्योगिक क्रांति के दौर में अमेरिका के प्रगतिशील विधि-वेत्ताओं ने, विशेष रूप से लुइस ब्रांडीस और रोस्को पोंड ने इसका ज्यादा प्रयोग किया था, किंतु बीसवीं सदी में 1919 की वरसाय संधि के बाद से 'सोशल जस्टिस' को अंतरराष्ट्रीय कानून और संस्थाओं में भी शामिल कर लिया गया था। अंतरराष्ट्रीय श्रम संगठन स्थापित करते हुए उसकी प्रस्तावना में कहा गया था विश्वव्यापक और चिर स्थायी शांति तभी स्थापित हो सकती है, जब उसका आधार सामाजिक न्याय होगा।

यही समय भारत में भी सामाजिक न्याय के सिद्धांत को स्वीकार करने का है। इसकी अवधारणा भारत में ब्रिटिश लोकतंत्र के साथ आई। ब्रिटिश-पूर्व भारत के सामाजिक परिवेश में समाज के सभी वर्गों और जातियों को समान अधिकार प्राप्त नहीं थे और न वे तत्कालीन कानून में समानता का दर्जा रखते थे। हिंदू समाज में श्रमिक समाज जातियों में

विभाजित था और श्रमिक जातियां जाति व्यवस्था में निचले पायदान पर होने के कारण समानता और मानवधिकारों से वंचित थीं। यह सामाजिक न्याय के विरुद्ध था। अतः ब्रिटिश काल में पूरे देश में नवजागरण की विचारधाराएं विकसित हुईं और वंचित जातियों के लिए मानवाधिकारों और समानता के आंदोलनों ने जन्म लिया।

ब्रिटिश सरकार ने कानून की नजर में सभी संप्रदायों, जातियों और समुदायों को बराबर का दर्जा देते हुए धर्म, लिंग, जाति और नस्ल के आधार पर सब प्रकार के भेदभावों को समाप्त करते हुए समान अधिकारों और समानता की घोषणा की थी। इस संदर्भ में आदिवासी आंदोलन, दलित आंदोलन, पिछड़ा वर्ग आंदोलन और नारी मुक्ति आंदोलन मुख्य हैं। ये सभी आंदोलन लोकतंत्र में सामाजिक न्याय के आंदोलन हैं जिनके फलस्वरूप हाल में केंद्रीय सरकार में एक पृथक 'सामाजिक न्याय मंत्रालय' स्थापित किया गया है।

भारत में सामाजिक न्याय के आंदोलनों में 1990 के दशक का मंडल कमीशन आंदोलन विशेष उल्लेखनीय है जिसने संपूर्ण भारत की जनता और राजनीति को सबसे ज्यादा उद्वेलित और प्रभावित किया था। इसी आंदोलन ने 'सामाजिक न्याय' शब्द को व्यापक और लोकप्रिय बनाया था।

वस्तुतः सामाजिक न्याय एक राजनीतिक अवधारणा है, धार्मिक नहीं। धर्मों में इसकी व्याख्याएं अलग-अलग हैं। हिंदू धर्म वर्ण व्यवस्था को सामाजिक न्याय मानता था। ईसाइयत में 'मेथोडिज्म' को सामाजिक न्याय आंदोलन की धारा माना जाता है, जिसमें बंदी सुधार और दासप्रथा विरोधी जैसे आंदोलन शामिल थे। इस धारा में दासों के अधिकारों के समर्थन में आवाज उठाने वाले वेस्ली पहले व्यक्ति थे। इस्लाम में सामाजिक न्याय के बहुत सारे संदर्भ कुरान में आते हैं, इस्लामिक इतिहास में उमैदों के विरुद्ध अब्बासियों के विद्रोह सामाजिक न्याय की ही स्थापना के लिए हुए थे।

सामाजिक न्याय की राजनीतिक अवधारणा में सामाजिक रूप से एक न्यायपूर्ण विश्व के निर्माण की परिकल्पना निहित है। इस अर्थ में इसे इस तरह भी परिभाषित किया जा सकता है कि यह वह विधि है जिसमें समाज के हर स्तर के लोगों के नित्य जीवन में मानवीय अधिकारों को सुस्पष्ट किया गया है। इसके अंतर्गत विचार की स्वतंत्रता, धर्म की स्वतंत्रता, अभिव्यक्ति की स्वतंत्रता, संगठन की स्वतंत्रता, व्यवसाय की स्वतंत्रता और संविधान-प्रदत्त अधिकारों की स्वतंत्रताएं मूल स्वतंत्रताएं हैं।

कंवल भारती

अधिक जानकारी के लिए :

1. Disposable people-New Slavery in the Global Economy : Kavin Bales, 2004, **2. Social Justice and Pubilc Policy :** A B Atkinson, 1982, **3. Communities and Law-Politics and Cultures of Legal Identities :** Gad Barziloi, **4. Essays in Social Justice :** T N Carver, 1915

सामाजिक सुरक्षा

बाजार अर्थव्यवस्था विकास पर जोर देती है, लेकिन गरीबी, वंचना, अवसरों की समानता और भेदभाव जैसी सदियों पुरानी चुनौतियों की उपेक्षा नहीं की जा सकती। इसलिए विकास की नीतियों को समावेशी बनाने और गरीब, वंचित तथा अक्षम लोगों को जीवन के अवसर देने के लिए जो उपाय किए जाते हैं, उन्हें सामाजिक सुरक्षा (Social Security) कहा जाता है। आर्थिक सुधारों के कारण सरकार ने लोक कल्याण के कुछ कार्यक्रमों से हाथ खींचने शुरू कर दिए तो इससे लोकतांत्रिक अपेक्षाओं पर संकट के बादल घिरने लगे। धीरे-धीरे यह समझ पैदा हुई कि आर्थिक सुधार पुरानी व्यवस्था की जगह नई व्यवस्था लाने और अतीत से मुक्त होने के लिए है, पर इसका एक लक्ष्य विकास का ऐसा मॉडल लाना है, जो 'वितरण न्याय' को मजबूत बनाए और लोगों का 'कौशल विकास' करे। सिर्फ बहुराष्ट्रीय कंपनियों के हित में पुरानी व्यवस्था में रद्दोबदल सुधार नहीं है।

सार्वजनिक क्षेत्र में ज्यादा खर्च सामाजिक

सुरक्षा की दृष्टि से जरूरी है क्योंकि आय और संपत्ति के मामले में बढ़ती असमानता के कारण सामाजिक विक्षोभ और अपराध ही नहीं बढ़ते हैं, लोकतांत्रिक मूल्यों का भी क्षय होता है। दावा किया गया है कि 2004-14 के बीच 14 करोड़ लोगों को गरीबी से उबारने में कामयाबी मिली है। इसी स्रोत से यह भी स्पष्ट है कि ग्रामीण भारत में 17.91 करोड़ परिवारों के बीच से 62 फीसदी लोग अभी भी वंचित हैं। 13.34 करोड़ परिवारों की मासिक आय पांच हजार रुपए या इससे कम है। 6.86 करोड़ परिवार शारीरिक श्रम करके आजीविका चलाते हैं और 2.37 करोड़ परिवार एक कमरे के कच्चे घर में रहते हैं। घरहीन लोगों की संख्या अज्ञात है। शहरी भारत के 6.47 करोड़ परिवारों से संबंधित आंकड़े जारी नहीं किए गए हैं।

विभिन्न क्षेत्रों में भारत की जगह पर नजर दौड़ाने से यह दृश्य सामने आता है। विश्व निवेश रिपोर्ट के अनुसार, 2015 में प्रत्यक्ष विदेशी निवेश के मामले में भारत का स्थान दसवां (44.2 बिलियन डॉलर) है। इससे पहले के नौ देश हैं—अमेरिका (380 बिलियन डॉलर), हांगकांग (174.9 बिलियन डॉलर), चीन (135.6 बिलियन डॉलर), आयरलैंड (100.5 बिलियन डॉलर), नीदरलैंड (72.7 बिलियन डॉलर), स्विटजरलैंड (68.8 बिलियन डॉलर), सिंगापुर (65.3 बिलियन डॉलर), ब्राजील (64.6 बिलियन डॉलर), कनाडा (48.6 बिलियन डॉलर)। वैश्विक स्पर्धा में भारत का 138 देशों में 39वां स्थान है। दीर्घस्थायी विकास सूची में भारत 110 वें स्थान पर है। वर्ल्ड बैंक के अनुसार व्यावसायिक सुयोग देने के मामले में 2016 में भारत 130वें स्थान पर था। इसे एक निराशाजनक स्थिति माना गया। भारतीय विकास के उपर्युक्त नजारे के अलावा जनता की हालत पर भी नजर डाली जा सकती है। 2016 में वैश्विक युवा विकास में भारत का स्थान 183 देशों में 133वां है। वैश्विक भूख सूची में 97वां, आर्थिक स्वाधीनता सूची में 112वां और मानव संसाधनों के कौशल विकास, प्रभावकारी रोजगार सृजन, शिक्षा आदि मामलों में 105वां स्थान है। विश्व में 30.5 करोड़ बच्चे चरम गरीबी में जीते हैं, उनमें से 30 प्रतिशत भारत में हैं। इन बुरी स्थितियों के बावजूद ग्लोबल इनोवेशन इंडेक्स-2016 में भारत का स्थान 66वां हो गया है अर्थात 2015 के स्थान से अचानक 15 स्थान ऊपर। संयुक्त राष्ट्र की मानव विकास सूची में भारत कुछ ऊपर चढ़ने पर भी 180 देशों के बीच 130वें स्थान पर है, अर्थात अभी भी बहुत नीचे।

पी चिदंबरम ने सामाजिक सुरक्षा की व्यापक जरूरत की ओर संकेत देते हुए तीन स्तरीय समस्याओं का उल्लेख किया है : (1) पर्याप्त फंड न होना, (2) नतीजे देने वाली सिविल सेवा की कमी और (3) संपन्न लोगों की सरकार के बोझ में हिस्सेदारी बंटाने में अरुचि। उन्होंने सवाल उठाए हैं, 'मितव्ययिता के नाम पर आखिर सरकारें कब तक अभावग्रस्तता की समस्या से निबटने के लिए धन देने से इंकार करेंगी? सरकारें कितने समय तक लोगों को अपने निजी शौचालय, अच्छे स्कूल तक पहुंच या फिर अस्पताल के लिए इंतजार करने के लिए कह सकती है? आखिर लोग पीने के साफ पानी या हर मौसम में साथ देने वाली अच्छी ग्रामीण सड़क या सुरक्षित नौकरी के लिए कब तक इंतजार करेंगे?' ज्यादा इंतजार न कर पाने की वजह से ही लोगों का गुस्सा हिंसक और विकृत रूपों में फूट रहा है और नव-उदारीकरण के संकट का दौर शुरू हो गया है।

सामाजिक सुरक्षा के उपायों के सामने बड़ी चुनौती अभावग्रस्तता से निजात पाने और सामाजिक सुरक्षा के लिए किए जाने वाले खर्चों से मितव्ययिता को संतुलित करने की है। वर्ष 2014-15 और 2015-16 के बजट अनुमानों के बीच गरीबों, महिलाओं, बच्चों, दलितों और पिछड़ों के लिए बने कार्यक्रमों के आबंटन में 1,35,000 करोड़ रुपए की कमी की गई। बैंकों में जन धन खाते खोलने में वृद्धि एक सकारात्मक और परिणामदायी कदम के रूप में नजर आई है।

आइएमएफ ने 2017-18 में भारत की आर्थिक वृद्धि दर 7.6 अनुमानित की, लेकिन विमुद्रीकरण,

आर्थिक मंदी और निर्यात में गिरावट को देखते हुए 2017-18 में आर्थिक वृद्धि दर में एक प्रतिशत तक गिरावट का अनुमान लगाया गया। इस पर चिंता व्यक्त की गई कि इससे छंटनी और बेरोजगारी बढ़ेगी। हालत सुधरेंगे और उत्पादकता-वृद्धि के नए कारक पैदा होंगे, समूचे विश्व परिदृश्य को देखते हुए इस दौर में ऐसा नजर नहीं आया। इस परिप्रेक्ष्य में सरकारी क्षेत्रों की शान-शौकत और दिखावे में मितव्ययिता लाने की बात बार-बार कही जाती है। यह भी कहा जाता है कि सामाजिक सुरक्षा को पहले से ज्यादा सुनिश्चित करना और बहुराष्ट्रीय कंपनियों को सामाजिक सुरक्षा में अपनी हिस्सेदारी बढ़ाने के लिए कहना जरूरी है। इस धारणा को 'संपूर्ण सामाजिक न्याय' तक विस्तृत करने की बात भी उठाई जा सकती है।

शंभुनाथ

सामान्यीकरण

तर्कशास्त्र और दर्शनशास्त्र जैसे विमर्शमूलक अनुशासनों में सामान्यीकरण (Generalization) का प्रयोग किसी प्रत्यय को सिद्ध करने के लिए किया जाता है। सामाजिक और प्राकृतिक विज्ञानों में इसका प्रयोग किन्हीं विशेष लक्षणों से युक्त व्यक्ति, प्राणी अथवा वस्तु को मानक बनाकर उस व्यक्ति, प्राणी अथवा वस्तु की पूरी कोटि के बारे में एक निर्णयात्मक धारणा बना ली जाती है और उसे स्वयंसिद्ध मान लिया जाता है, जबकि अपवाद भी हो सकते हैं। आलोचना में प्रायः सामान्यीकरणों का प्रयोग किया जाता है, विशेषकर जब साहित्य में किसी कालखंड की प्रमुख प्रवृत्तियों के आधार पर समूचे कालखंड का नामकरण करना हो, उदाहरण के लिए—रीतिकाल के विषय में यह स्वयंसिद्ध मान लिया जाता है कि इस काल के सभी कवि श्रृंगारी कविताएं लिख रहे थे, लेकिन यह भी एक तथ्य है कि लगभग सभी कवियों ने ऐसी कविताएं भी लिखी हैं, जो भक्तिपरक, उपदेशमूलक और प्राकृतिक सौंदर्य से संबंधित हैं। इसी प्रकार छायावाद के कवियों ने ऐसी कविताएं लिखी हैं, जो छायावाद की प्रचलित परिभाषा से मेल नहीं खातीं। साहित्य, दर्शन और समाजविज्ञान के क्षेत्र में सामान्यीकरण से किसी वस्तुस्थिति या घटना के ज्ञान के सीमित हो जाने के खतरे रहते हैं। इसके बावजूद आलोचनात्मक विमर्शों में सामान्यीकरण की उपयोगिता को अस्वीकार नहीं किया जा सकता।

विज्ञान के क्षेत्र में होने वाले सभी आविष्कार वैज्ञानिकों द्वारा किए जाने वाले सामान्यीकरण के आधार पर किए गए शोध के परिणाम हैं। ये सामान्यीकरण, आगमनिक (इनडक्टिव) या निगमनिक (डिडक्टिव) होते हैं। अरस्तू पहले ऐसे दार्शनिक थे जिन्होंने इन दोनों विधियों की उदाहरण सहित व्याख्या की है। जब सुनिश्चित अथवा अनुवीक्षित तथ्यों के आधार पर सामान्य सिद्धांत बना लिए जाते हैं, तब इसे आगमनिक विधि कहते हैं, उदाहरणतः 'सभी नाटक अनुकरण होते हैं, सभी नाटक कला होते हैं, अतः कला अनुकरण होती है।' निगमनिक विधि में इसकी ठीक उल्टी प्रक्रिया अपनाई जाती है : जैसे–'सभी कलाएं अनुकरण होती हैं, ट्रेजिडी एक कला है, अतः ट्रेजिडी अनुकरण है।' तर्कशास्त्र में सामान्यीकरण की वैज्ञानिक प्रक्रिया को जिस विधि से व्यक्त किया जाता है, उसे 'सिलोजिज्म' अथवा 'सिलोजिस्टिक मेथड' कहा जाता है। हिंदी में इसके लिए 'न्याय वाक्य' अथवा 'प्रतिज्ञा' का प्रयोग किया जाता है। जब 'न्याय वाक्य' अथवा 'प्रतिज्ञा' से प्रारंभ कर उसे सिद्ध करने के लिए अनुवीक्षित साक्ष्यों का ब्यौरा दिया जाता है, तब इसे 'निगमनिक' और इसका उल्टा क्रम अपनाने पर 'आगमनिक' विधि कहा जाता है। प्राकृतिक विज्ञानों में लगभग सदैव ही 'आगमनिक' विधि का प्रयोग किया जाता है, जबकि दर्शनशास्त्र और तर्कशास्त्र में 'निगमनिक' विधि का प्रयोग किया जाता है। सामान्यीकरणों की सत्यता को सार्वभौमिक माना जाता है, इसलिए इन्हें 'यूनिवर्सल्स' भी कहा गया है।

रामकीर्ति शुक्ल

अधिक जानकारी के लिए :

Oxford Dictionary of Philosophy : Simon Blackburn

सामी धर्म

दुनिया के मुख्य बारह बड़े धर्मों में तीन धर्मों को सामी (Semitic) धर्म माना जाता है–यहूदी, ईसाई और इस्लाम। तीनों मजहब मध्य पूर्व में पैदा हुए, तीनों अब्राहम को अपने प्राचीन पैगंबर के रूप में मानते हैं और तीनों ही एकेश्वरवादी धर्म हैं। इन धर्मों के जन्म के समय भारत में भी उपनिषदों के जरिए एक ईश्वर की धारणा स्थापित हो चुकी थी। यहूदी धर्म का उदय 200 ईसा पूर्व मेसोपोटामिया में हुआ था। यह इन धर्मों में सबसे प्राचीन है। ईसाई धर्म का उदय चार ईसा पूर्व से लेकर तीस ईसवी के बीच कभी हुआ था। यह इजराइल में जन्मा था, जो ईसा मसीह का जन्मस्थान है। इस्लाम का जन्म पैगंबर मोहम्मद द्वारा सातवीं सदी में हुआ। सामी लोग उन्हें कहा जाता था, जो मध्य पूर्व के यहूदी और मुसलमान थे। इस शब्द की उत्पत्ति नूह (Nooh) के बेटे साम से मानी जाती है। अब्राहम इसी पुराजातीय समुदाय के थे जिन्होंने सामीवाद की नींव रखी थी।

तीनों धर्मों में ईश्वर की सामान्य अवधारणा है जिसे यहूदी धर्म में 'येहोवा', ईसाइयत में 'गॉड' और इस्लाम में 'अल्लाह' कहा गया। यहूदी धर्म के अनुसार, एक ही ईश्वर है जो सर्वत्र प्रकाशित है। उसने अपनी इच्छाओं और निर्देशों को 'टेन कमांडमेंट्स' के रूप में उपस्थित किया जिन्हें यहूदी और ईसाई दोनों मानते हैं। तीन हजार साल पहले यहूदियों ने मिस्र के फराहों के बंधनों से चमत्कारपूर्ण ढंग से मुक्ति पाई थी। उनकी प्रार्थनाओं में इसका उल्लेख मिलता है। ईश्वर के नियमों को यहूदी 'तोराह' के नाम से जानते हैं, जो उन्हें सिनाह के पहाड़ पर मिला था। इसका मुख्य संदेश था, दूसरों से वैसा ही व्यवहार करो, जो तुम अपने लिए चाहते हो।

ईसाइयत में ईश्वर ही परमपिता है, ईसा उसका पुत्र है। इस्लाम में एक ही सर्वशक्तिमान खुदा है, जो मनुष्य जाति के पथ प्रदर्शन के लिए अपना दूत भेजता है। यहूदी धर्मावलंबियों के लिए 'तोराह', ईसाइयों के लिए 'बाइबिल' और इस्लाम को मानने वालों के लिए 'कुरान' उनका सबसे पवित्र ग्रंथ है। तीनों ही मजहबों के अनुसार, ईश्वर एक है, सृष्टि का निर्माता है और दयावान है। वे मानते हैं कि ईश्वर उन्हें सभी तरह की चीजें देगा, उनका भय और दुख दूर करेगा।

तीनों ही धर्मों में मृत्यु के बाद ईश्वर के दरबार में लोगों के पूर्वजन्म और उनके अच्छे-बुरे कर्मों के आधार पर न्याय मिलने की अवधारणा है और इसी के हिसाब से उन्हें पुरस्कृत होना है। लोगों को उनके अच्छे कर्मों के आधार पर ही मुक्ति मिलती है, हालांकि गलतियों पर पछतावा भी एक रास्ता है। दान या सेवा को गरीबों पर दया के रूप में नहीं देखा जाता है, बल्कि उनका अधिकार माना जाता है। तीनों धर्मों में गरीबों की तकलीफें दूर करने, भूखे को भोजन देने, नंगों को वस्त्र देने और अनाथों या विधवाओं का ध्यान रखने का निर्देश है। तीनों धर्मों में आत्मपरिष्कार की महत्ता है, जो स्वर्ग में जाने के लिए जरूरी है। इनमें माना जाता है कि सुई के छेद से ऊंट गुजर सकता है, पर बेईमान और मुनाफाखोर स्वर्ग नहीं जा सकता।

एक रिपोर्ट के अनुसार दुनिया के प्रमुख धर्मों के धर्मावलंबियों की अनुमानित संख्या इस प्रकार है : ईसाई (2 अरब 20 करोड़, 31.50 प्रतिशत), मुसलमान (1 अरब 6 करोड़, 22.32 प्रतिशत), यहूदी (1 करोड़ 40 लाख, 0.20 प्रतिशत), हिंदू (1 अरब, 13.95 प्रतिशत), परंपरागत चीनी धर्म (39 करोड़ 40 लाख, 5.50 प्रतिशत), बौद्ध (37 करोड़ 60 लाख, 5.25 प्रतिशत), सिख (2 करोड़ 30 लाख, 0.32 प्रतिशत), जैन (42 लाख), पारसी (26 लाख) और धर्मनिरपेक्ष, नास्तिक या किसी धर्म के अनुयायी नहीं (1 अरब 10 करोड़, 15.35 प्रतिशत)।

जर्मनी में यहूदी और ईसाई दूसरे विश्वयुद्ध में एक-दूसरे के शत्रु माने गए, पर आमतौर पर दोनों में संबंध है। सभ्यताओं के संघर्ष का चरम रूप ईसाइयों और मुसलमानों के बीच आतंकवाद के खेल के रूप में दुनिया देख रही है, जबकि दोनों सामी धर्म हैं। इस्लाम में मरियम सबसे पवित्र स्त्री को कहा

गया है। कुरान में 'ईसा इब्ने मरियम' का उल्लेख है, ईसा मरियम की संतान हैं। मरियम सबसे भिन्न अल्लाह या गॉड के रूप में सदा अनुरक्त रहती थीं। उनके हाथ में जब सहसा एक शिशु आया, वह आश्चर्यचकित हुई कि बिना पुरुष के संसर्ग के यह कैसे हुआ! वे अपने परिवार से दूर जेरुसलम के पूर्वी हिस्से में चली गईं। वे ईसा की मां थीं। लोगों ने जब पूछा कि यह किसका बच्चा है, तब बच्चे ने खुद सभी को अवाक करते हुए कहा, 'मैं ईश्वर का सेवक हूं, उसका पैगंबर और उसकी शिक्षाओं के साथ आया हूं।' कुरान में ईसा की भी एक पैगंबर के रूप में स्वीकृति है। अपनी उत्पत्ति में दोनों धर्म एक-दूसरे के निकट हैं, पर आज दुनिया में हिंसा ने हालत भिन्न कर दिए हैं।

शंभुनाथ

सामुदायिक अस्मिता

समुदाय (Community) और समाज (Society) में फर्क है। हर समुदाय विशिष्ट होता है। समुदाय में आदमी स्वेच्छा से शामिल नहीं हो सकता। उसकी निजी इच्छा कोई मायने नहीं रखती। समुदाय व्यक्ति पर समूह को प्रधानता देता है। आमतौर पर उसमें विशिष्टता और 'दूसरे' से पृथकता का बोध होता है, भले ही हमेशा कठोरता न हो। समुदाय का एक लक्षण यह है कि इसके लोगों में निकटता होती है। लोग कुछ आदर्शों और नियमों से कठोरतापूर्वक बंधे होते हैं। समुदाय आदमी को खींचता है, शरण देता है, सहेजकर रखता है और निचोड़ लेता है। राष्ट्रीय ज्ञानोदय के दौर में 'समुदाय' पिघलकर 'समाज' बनने लगे थे।

समाज एक गतिशील जगह है। इसमें सभी को शामिल होने की स्वतंत्रता है। इसमें निजी इच्छा और अभिमत के मायने हैं। समुदायों की गतिशीलता, अंतर्विलयन और एक सार्वजनिक क्षेत्र के निर्माण से समाज अस्तित्व में आता है। यह एक खुली जगह है। समाज एक बड़े मन से बनता है। यह एक अधिक जागरूक जगह है, जहाँ असहमति के प्रति आदर का भाव होता है। समाज सामुदायिक झुंड से एक अलग मामला है। इतिहास से समझा जा सकता है कि समुदाय से समाज में रूपांतरण एक लंबी प्रक्रिया की देन है। निश्चय ही उपनिवेशवाद-विरोधी टकराहटों की वजह से ही भारत के विभिन्न समुदायों के समाज में ढलने की प्रक्रिया तेज हुई, सामुदायिक पहचानें भारतीय अस्मिता में ढलने लगीं।

राजा राममोहन राय ने सामुदायिक कठमुल्लेपन को चुनौती देते हुए एक खुले समाज की जरूरत महसूस की थी, यह यूरोपीय ज्ञानोदय का असर था। उन्होंने लिखा, 'मनुष्य की सामाजिक मनोवृत्तियों के अनुसार अलग-अलग समुदाय के लोग जीवन की विभिन्न अवस्था में साथ निवास करने के लिए कुछ टिकाऊ नियम बनाते हैं। समाज का नियम तभी चल सकता है, जब लोग एक-दूसरे के विचारों का सम्मान करें, ताकि यह समझ कायम हो सके कि एक व्यक्ति की संपत्ति दूसरे व्यक्ति से अलग है और एक व्यक्ति दूसरे पर अत्याचार करे तो उसे रोका जा सके। ऐसे ही कुछ सामान्य नियमों और आदर्शों के आधार पर समाज आधारित होता है।' (राममोहन राय रचनावली)। उन्होंने स्पष्ट किया था कि दूर किसी द्वीप पर रहते हों या पर्वत पर, लोग कुछ सामान्य नियमों और आदर्शों के आधार पर एक समाज बना सकते हैं। निःसंदेह समाज के सामान्य नियम और आदर्श समुदाय के विशेष नियम भिन्न होंगे। हम लक्षित कर सकते हैं कि भारत में सामाजिक चेतना नई घटना न हो, पर नवजागरण काल में विभिन्न समुदायों से ऊपर उठकर भारतीय समाज के गठन की चिंता प्रधान हो गई थी। अब समाज में सभी समुदाय के लोग थे—जाति, क्षेत्र, भाषा और यहां तक कि धर्म से भी ऊपर उठे। ऐसे लोग सदियों की सामुदायिक घुटन से शिक्षा, तर्कबुद्धि और देशप्रेम के कारण बाहर निकल रहे थे और एक खुली जगह या कॉमनप्लेस बना रहे थे।

साम्राज्यवाद का खतरा देखकर भारतेंदु हरिश्चंद्र 1857 के 25 साल बाद कह रहे थे, 'बंगाली,

मराठा, पंजाबी, मदरासी, वैदिक, जैन, ब्राह्मो, मुसलमान सब एक का हाथ एक पकड़ो।' यह साझी परंपरा और साझे संघर्ष का आह्वान है। ज्योतिबा फुले ने महाराष्ट्र में जाति को लेकर बने सामाजिक पूर्वाग्रहों को चुनौती दी। उन्होंने दलितों के अधिकार और अलग पहचान के लिए संघर्ष किया। यह भी सत्य है कि उन्होंने 'किसान का कोड़ा' लिखकर दलित से ऊपर उठकर भी कुछ सोचा। वे कहते थे, 'न्याय सभी के लिए, अन्याय किसी के प्रति नहीं।'

उन्नीसवीं सदी में ज्ञानोदय, समाज सुधार और राष्ट्रीय जागरण एक-दूसरे से मिली-जुली घटनाएं थीं। इनकी चिंताएं निःसंदेह धर्म के ढांचे में सामने आ रही थीं। धर्म के कुछ नए रूप भी अस्तित्व में आए थे। ब्राह्मो समाज, आर्य समाज और ऐसे ही कई समाज देश भर में बने। ये सभी समाज थे, समुदाय नहीं।

उस जमाने में राष्ट्रवाद से भी एक तनाव था क्योंकि भारत के लोग अपनी सांस्कृतिक परंपराओं की वजह से अपने को स्थानीय और सामुदायिक चौहद्दी में सीमित नहीं रखते थे। वे हमेशा दार्शनिक तौर पर अपने को संपूर्ण विश्व का और सांस्कृतिक-राजनीतिक तौर पर भारत का मनुष्य मानते थे। ये अंग्रेज थे, जिन्होंने उन्हें सोच का एक सीमित नक्शा दिया।

उन्नीसवीं-बीसवीं सदी में दलितों, स्त्रियों, आदिवासियों और कुछ क्षेत्रीय अस्मिताओं ने समानांतर रूप से यह भी अनुभव किया कि वे राष्ट्रवाद की परिधि पर हैं। यह भी राष्ट्रवाद से तनाव का एक बिंदु है। उपनिवेशवाद ऐसे तनावों का फायदा उठाता है, पर ये देन हैं सदियों की घरेलू विषमता और केंद्रीकरण की। स्त्रियों की स्थिति कुछ ऐसी है कि वे अलग समुदाय नहीं बना सकतीं। दलितों और जनजातियों ने जरूर अपनी सामुदायिक पहचान को प्रधानता दी। उन्नीसवीं-बीसवीं सदी में एकलतावादी राष्ट्र की पश्चिमी अवधारणा ने बहुतों को आकर्षित किया है।

खासकर 1990 से भारतीय अस्मिता की जगह सामुदायिक अस्मिता की अहमियत बढ़ने लगी। यह वह समय है, जब बहुत-से लोग भारतीय महाजातीयता के बोध को नुकसान का सौदा मानने लगे और भारतीयता एक दिखावा बन गई। इस समय सामुदायिक प्रतीकों एवं चिह्नों की बढ़ती लोकप्रियता और उत्तेजनाओं के मूल में राष्ट्र, राष्ट्रवाद, आधुनिकता, इतिहास और संस्कृति को लेकर बन रही नई धारणाएं हैं। उल्लेखनीय है कि इस दौर में सामुदायिक महत्वाकांक्षा और भूमंडलीकरण के बीच कोई तनाव नहीं है। एक अनोखी जुगलबंदी है। यह जितनी सांस्कृतिक समस्या है, उतनी ही राजनीतिक समस्या भी है।

वैश्वीकरण के दौर में संस्कृति और सांस्कृतिक अध्ययनों का बाजार गरम हो उठने के बाद 'अनुभूतों' पर आधारित निजी सोच को हटाकर सामुदायिक सोच को प्रधानता मिलनी शुरू हुई। एक सामुदायिक चिंतन का दूसरे सामुदायिक चिंतन से, एक सामुदायिक पीड़ा का दूसरी सामुदायिक पीड़ा से ताल्लुक घटता गया। हर जातिवादी या जातीय समुदाय अपने में ही मानो एक संपूर्ण दुनिया बनने लगे। सामुदायिक कट्टरतावाद अपने समुदाय के लोगों की सांस्कृतिक किलेबंदी करते हुए सबसे पहले क्या करता है? वह लोगों की सृजनात्मक कल्पना और तर्कशक्ति का संहार करता है, ताकि वे जो अनुभव करते या भोगते हैं, उससे बाहर कुछ सोच न सकें। जिसे कभी अनुभववाद या भोगा हुआ यथार्थ कहा गया था, उसे सामुदायिक विमर्श में स्वानुभूति कहा जाता है। आज जिस तरह बाजार में कोई मानवीय विजन नहीं है, सामुदायिक विमर्शों में भी कोई उच्चतर विजन नहीं है। बाजार में 'भोगवाद' सब कुछ है, सामुदायिक विमर्श में 'अनुभववाद' सब कुछ है। इनमें हिंदुओं का अनुभव, मुसलमानों का अनुभव, दलितों का अनुभव, स्त्रियों का अनुभव, मराठी-तमिल-पंजाबी-मणिपुरी या कोई अन्य स्थानीय अनुभव इकहरे रूप में होता है। इन विमर्शों में विभिन्न स्थानों और जातियों-बिरादरियों के अपने अनुभव जगह बनाते हैं, 'दूसरों' के अनुभव में साझा नहीं होते।

आदमी जब बाजार में घुसता है, उसका

तत्काल वि-समुदायीकरण हो जाता है। बाजार सभी को पहचानविहीन करके महज उपभोक्ता बना देता है। बाजार सभी में अ-पृथकता ला देता है। बाजार से पुनः समाज में घुसते ही, आदमी अपने विशिष्ट सांस्कृतिक चिह्नों के साथ पृथक दिखने लगता है। वह समुदाय का अंग होता है। पिछले 60-65 सालों में कुछ ऐसा घटता गया है, जिससे बाजार के बाहर कॉमनप्लेस की कमी होती गई है।

यह उस विभाजित अस्मिता की एक अलग तरह की समस्या है, जो बाजार में एक है और समाज में एक है। बाजार में आदमी की जाति, उसका मजहब, उसका राष्ट्र, उसका सब कुछ बाजार है। बाजार अपने ढंग से अ-पृथकता ला रहा है, जो एकरूपता है। बाजार में हर आदमी सिर्फ उपभोक्ता है। बाजार में होड़ है, मस्ती है। समाज में होड़ है और लहू है। दोनों जगह झुंड बन रहे हैं, दोनों जगह व्यक्ति मिट रहा है। क्या अस्मिता की राजनीति बाजार और विकास पर कब्जे के लिए है? राष्ट्र में जो लंबे समय तक हाशिए पर रह गए, वे राजनीतिक सत्ता और विकास में जगह बनाने के लिए मुखर हैं। अब उन्हें उद्धारकर्ता नहीं, सत्ता चाहिए। उन्हें भी संपत्ति चाहिए, मजा चाहिए। इस संदर्भ में देखना होगा कि भारतीय अस्मिता के विघटन और सामुदायिक अस्मिता के अभ्युदय का संबंध सत्ता की होड़ से कैसे है और बाजार में अस्मिताहीनता कितनी क्षणभंगुर और कितनी रोचक है।

भारत जैसे नव-स्वतंत्र देश में उपनिवेशवाद-विरोधी राष्ट्रीयता केंद्रवादी हो गई, लोकतंत्र इकहरा हो गया और आधुनिकीकरण यातनादायक हो उठा। नए पूंजीवादी विकास की छाया में जो लोकतंत्र बना, उसमें बहुत-से क्षेत्र, समुदाय और विश्वास हाशिए पर रह गए। समाज में खाइयां पहले से थीं। वे पटने की जगह बढ़ने लगीं। हाशिए के क्षेत्रों, समुदायों और जातियों ने एक तरह से राष्ट्रीयता, लोकतंत्र और आधुनिकता का विखंडन कर अपने लिए जगह बनानी शुरू की।

देश में सामुदायिक कट्टरता बढ़ी है। इससे सामुदायिक चिह्नों का महत्व बढ़ गया है। फलतः जाति-चिह्नों, धार्मिक चिह्नों, जातीय और पुराजातीय चिह्नों और स्त्री-चिह्नों के आधार पर राजनीतिक ताकत पैदा करना आसान हो गया है। राजनीतिक दल पहले जनता को संगठित करते थे, अब वे चिह्नों और प्रतीकों को संगठित करते हैं।

नवजागरण और स्वाधीनता आंदोलन के दौर की संवादी अस्मिताओं का एकालापी अस्मिताओं में बदलने को कई दृष्टियों से देखा जा रहा है। यह कोशिश होती है कि राष्ट्रीय दायरे में इन समस्याओं और विडंबनाओं को समझने की कोशिश हो। वैश्वीकरण के युग में महसूस किया जा रहा है कि सामुदायिक अस्मिताओं की टकराहट कहीं-कहीं भयावह रूप में है। कुछ अनसुलझी समस्याओं ने भीषण रूप धारण कर लिया है। यदि कहीं संवाद है भी, वहां अस्मिता का एजेंडा बना होता है। जीवन का अंकगणित इस समय बहुत कुछ अस्मिता की राजनीति तय कर रही है। इसका जवाब कौन देगा, किसी दलित का उत्तर प्रदेश के मुख्यमंत्री जैसे सत्ता के मजबूत ठिकाने पर पहुंचना सामान्य जनतांत्रिक परिवेश में क्यों संभव नहीं हुआ? यह तब संभव हुआ, जब सामाजिक विभाजन बढ़ाते हुए दलित उभार अस्तित्व में आया। स्त्री तब शीर्ष स्थानों पर पहुंची, जब स्त्री का मुद्दा गरमाया। कई क्षेत्रीय और आदिवासी अस्मिताएं तब तवज्जो पा सकीं, जब इन्होंने उग्र रूप धारण किया। प्रश्न यह उठता है कि सामान्य जनतांत्रिक परिवेश में यह क्यों नहीं संभव हुआ।

आजादी से पहले भारत के लोग हिंदू-मुसलमान-सिक्ख से, ब्राह्मण-कायस्थ-दलित से, बंगाली-तमिल-मराठी से राष्ट्रीय जागरण की आधुनिक प्रक्रिया में भारतीय हो रहे थे। वे अपनी मनोभूमि के एक बिंदु पर मनुष्य हो रहे थे या नागरिक समाज बना रहे थे। वे कहीं-कहीं वर्ग चेतस भी हो रहे थे। भारत के लोग नए दौर में ऐसे बाशिंदे होते गए, जो अपनी किस्मत गढ़ने के लिए अपनी जाति-बिरादरी, मजहब, क्षेत्रीयता

और ऐसी किसी दूसरी सामुदायिक पहचान में बंद होने के लिए अभिशप्त हैं। श्रमिक असहाय हैं, उनके अधिकार छिन रहे हैं। आज सामुदायिक पहचान को सामने रखे बिना किसी बड़ी सभा का आयोजन मुश्किल है। आज वह ताकतवर है, जो सामुदायिक कट्टरतावादी है। वह कमजोर है, जो उदारवादी है और किसी विश्वदृष्टि-संपन्न विचारधारा में विश्वास रखता है।

अस्मिता एक अस्थिर चीज है। यह कभी पिघलने और कभी सख्त हो जानेवाली चीज है। आदमी की कई अस्मिताएं एक साथ हो सकती हैं। वह हिंदू, मराठी, दलित और डॉक्टर होते हुए भारतीय हो सकता है। वह एक विश्व-मन भी रख सकता है। इसलिए सामुदायिक अस्मिता आदमी की नियति नहीं है, यह उसका एक तात्कालिक आक्रोश है।

भारतीय जीवन में 'अंश' और 'संपूर्ण' के बीच संबंध प्राचीनकाल से है। यह साहित्य और दर्शन ही नहीं, समाज के स्तर पर भी है। धर्म और राजनीतिक सत्ता-विमर्शों में भेदभाव के उदाहरण सदा रहे हैं। इसके बावजूद 'अंश' और 'संपूर्ण' के बीच पुल भी सदा रहे हैं। भारतीय जीवन में कुछ चीजें अक्षुण्ण हैं। इस जीवन से समन्वय, सामंजस्य, अखंडता, सह-अस्तित्व, वर्चस्वों से संघर्ष के साथ उनका रूपांतरण और संपूर्णता का बोध कभी अलग नहीं किया जा सका। हम अतीत में 'अर्धनारीश्वर' की देवकल्पना पाते है, शिव का आधा शरीर स्त्री का और आधा पुरुष का है। हम 'हरिहर' की अवधारणा पाते हैं। हम स्थापत्य और संगीत में समन्वय के उदाहरण देखते हैं। भारत की परंपरा है स्वायत्तता के साथ सहयात्रा! ये तत्व भारतीय जीवन के हैं, भारतीय अस्मिता के सौंदर्य के हैं।

शंभुनाथ

अधिक जानकारी के लिए :
1. Social Theory and The Politics of Identity: Craig Calhoun, 1994, **2. Identity and Violence :** Amartya Sen, 2007

सामूहिक अचेतन

सामूहिक अचेतन (Collective Unconscious) मनुष्य के अवचेतन का वह हिस्सा है जिसमें उसकी जन्मजात प्रवृतियां और आद्यबिंब होते हैं और जो वह आनुवंशिकता द्वारा अपने पूर्वजों से प्राप्त करता है। जुंग की यह अवधारणा फ्रायडीय सिद्धांत के व्यक्तिगत अचेतन से भिन्न है। जुंग मानते हैं कि व्यक्तियों के जीवन पर सामूहिक अचेतन की उन चीजों का बड़ा प्रभाव होता है, जो मिथकीय है और व्यक्ति उन्हें जीता है। यह अवधारणा सबसे पहले 1916 में जुंग के एक लेख 'द स्ट्रक्चर ऑफ अनकांशस' में सामने आई। जुंग ने 1929 में लिखा, 'मनोवैज्ञानिक रूप से यह महत्वपूर्ण है कि स्वप्नों फंतासियों और मन की ऐसी ही कुछ विशिष्ट दशाओं में मिथकीय रूपक और बिंब प्रभाववश या परंपरागत रूप में आ जाते हैं। ये आद्यबिंब मनुष्य के अचेतन मन के होते हैं और इन्हें व्यक्तिगत चीजों के रूप में नहीं देखा जा सकता है।' (द सिग्निफेकेंस ऑफ कंस्टीट्यूशन एंड हेरेडिटी इन साइकोलॉजी)।

फ्रायड ने जिसे मानव मन के 'आद्य अवशेष' कहा था, उसे जुंग ने सामूहिक मानते हुए वैचारिक विस्तार दिया। इस अवधारणा को उन्होंने टोटम और टैबू की व्याख्या में लगाया। उन्होंने वैयक्तिक अचेतन और सामूहिक अचेतन में फर्क करते हुए स्पष्ट किया कि सामूहिक अचेतन का अभिप्राय ऐसी चीजों से है, जो सर्वमान्य यथार्थ हैं और यह सामान्यीकरण है। वैयक्तिक अचेतन और सामूहिक अचेतन के बीच एक संघर्ष है, जो कई बार मन के भीतर बुराई और अच्छाई का संघर्ष होता है।

सुमिता गुप्ता

अधिक जानकारी के लिए :
The Archetyes and the Collective Unconscious : C G Jung, 1959

साम्यवाद

आमतौर पर मार्क्सवाद को ही साम्यवाद (Communism) कह दिया जाता है। वस्तुतः एक निश्चितार्थक पारिभाषिक पद के रूप में साम्यवाद मार्क्सवादी दर्शन के भीतर समाजवाद की आगे बढ़ी हुई उस सर्वोच्च सामाजिक अवस्था का नाम है, जब निजी संपत्ति, राज्यों और वर्गों का विलोप हो जाता है। साम्यवादी सामाजिक-आर्थिक संरचना की पहली मंजिल समाजवाद है और उच्चतर दूसरी मंजिल साम्यवाद है। दोनों ही शोषणमुक्त जनता के आपसी सहयोग और सहकारिता पर आधारित माने गए हैं, लेकिन आर्थिक, सामाजिक और आत्मिक परिपक्वता की दृष्टि से दोनों में अंतर है।

समाजवादी निर्माण के दौर में शोषणविहीन व्यवस्था के अंतर्गत किसानों और दस्तकारों के सहयोग से सर्वहारा के नेतृत्व में उत्पादक शक्तियों का नया चेहरा सामने आता है, उत्पादन संबंधों में क्रांतिकारी परिवर्तन होता है, फिर भी व्यक्ति और समाज का, नगर और देहात का, शारीरिक और मानसिक श्रम का अंतर्विरोध मौजूद रहता है। प्रत्येक से उसकी योग्यता के अनुसार काम लिया जाता है और उसके काम के अनुसार वेतन दिया जाता है। समाजवादी राज्य के मातहत भौतिक और तकनीकी आधार जब पूरी तरह विकसित हो जाते हैं, सभी सामाजिक संबंधों का सुधार, विकास और रूपांतरण कम्युनिस्ट संबंधों में समाहित हो जाता है, मनुष्य कम्युनिस्ट चेतना से लैस हो जाता है, तब समाजवाद अपनी उच्चतर मंजिल में, साम्यवाद की मंजिल में दाखिल होता है। उत्पादन के साधनों पर तब स्वयं जनता का निर्बाध अधिकार हो जाता है, देहात और शहर का फर्क कम होते-होते खत्म हो जाता है, वर्गीय विशेषाधिकार समाप्त हो जाते हैं, प्रत्येक व्यक्ति की पहली जरूरत श्रम हो जाता है और भौतिक संपदा का वितरण जरूरत के मुताबिक होने लगता है।

साम्यवाद मानव सभ्यता के सुखद भविष्य का वह स्वप्न है, जो समाजवाद के निर्माण और विकास के वैज्ञानिक विषयों पर आधारित है। जब साम्यवाद आकार लेगा, तब कम्युनिस्ट जीवन पद्धति लोगों की आदत बन जाएगी, तब जनगण के स्वशासन (पब्लिक सेल्फ गवर्नमेंट) एक-दूसरे के करीब आएंगे। साम्यवादी उत्पादन पद्धति के फलस्वरूप प्रत्येक व्यक्ति के भरपूर विकास की परिस्थितियां ही नहीं तैयार होंगी बल्कि प्रत्येक व्यक्ति का स्वाधीन और पूर्ण विकास समूचे समाज के विकास और उन्नति की आवश्यक शर्त हो जाएगी। इस दौर में मनुष्य सच्चे अर्थों में स्वतंत्रता की उपलब्धि करेगा। इस संबंध में मार्क्स ने 'पूंजी' के तीसरे खंड में लिखा है, 'स्वतंत्रता का राज्य वस्तुतः केवल वहीं से शुरू होता है, जहां मजबूरी तथा बाह्य औचित्य से निर्धारित श्रम का अंत होता है।'

1847 में स्थापित कम्युनिस्ट लीग की लंदन कांग्रेस (नवंबर 1847) ने मार्क्स-एंगेल्स को जो घोषणा पत्र लिखने की जिम्मेदारी सौंपी थी, वह फरवरी 1848 तक लिख लिया गया था। उसका पहला वाक्य है, 'यूरोप को एक भूत आतंकित कर रहा है—कम्युनिज्म का भूत।' इसमें मार्क्स-एंगेल्स ने बताया था कि कम्युनिज्म की लाक्षणिक विशेषता है—'बूर्जुआ स्वामित्व का उन्मूलन।' इसे और सुस्पष्ट तौर पर सूत्रबद्ध करते हुए कहा गया था, 'कम्युनिस्टों के सिद्धांत का एक वाक्य में समाहार किया जा सकता है : निजी स्वामित्व का उन्मूलन।' बूर्जुआ स्वामित्व का उन्मूलन पूंजी के वर्ग स्वरूप को खत्म कर देता है। साम्यवाद की अभिलाक्षणिक विशेषताओं को सूत्रबद्ध करते हुए मार्क्स-एंगेल्स ने भूसंपत्ति, संचार तथा परिवहन से लेकर शिक्षा तक के क्षेत्र में क्रांतिकारी परिवर्तन की एक रूपरेखा प्रस्तुत की और लिखा, 'जिस अनुपात में एक व्यक्ति द्वारा दूसरे व्यक्ति के शोषण का अंत किया जाता है, उसी अनुपात में एक राष्ट्र द्वारा दूसरे राष्ट्र का शोषण भी समाप्त कर दिया जाएगा। जिस अनुपात में एक राष्ट्र के भीतर वर्गों के बीच विरोध विलुप्त होता है, उसी अनुपात में राष्ट्रों का आपसी वैर भाव भी दूर हो जाएगा।'

मार्क्सवाद के सिद्धांतकारों ने आगाह किया था कि साम्यवाद की वह ऊंची मंजिल समाजवाद के अंतर्गत दीर्घकालीन प्रयोगों के लंबे दौर से गुजर कर ही आएगी। सबसे पहले रूस में, फिर चीन में, फिर पूर्वी यूरोप के अनेक देशों में, वियतनाम और क्यूबा में समाजवाद के जो प्रयोग शुरू हुए, उनका अगुवा सोवियत संघ था। समाजवादी व्यवस्था ने आर्थिक उत्पादन की प्रक्रिया का, समाजीकरण के सामाजिक-सांस्कृतिक विकास का एक नया चेहरा गढ़ा, जैसे– भिक्षावृत्ति, वेश्यावृत्ति, आर्थिक भ्रष्टाचार, घूस, सामाजिक अपराधों आदि का उन्मूलन, शिक्षा और वैज्ञानिक चेतना का व्यापक प्रसार, जनता के लिए शिक्षा, स्वास्थ्य और खेल-कूद, मनोरंजन, नाटक, सिनेमा आदि की सुविधाओं का व्यापक इंतजाम।

रूस में स्टालिन के शासन काल में वैयक्तिक स्वाधीनता के ह्रास और स्वाधीन विचारों पर पाबंदी तथा स्वाधीन चिंतकों और लेखकों के उत्पीड़न के आरोप लगे। कुछ और रुग्णताएं भी दिखाई देने लगी थीं। चीन ने उस पर सामाजिक साम्राज्यवाद का आरोप लगा दिया। विश्व साम्राज्यवाद, विशेष रूप से अमेरिका के मुकाबले शस्त्रास्त्रों की होड़, सैनिक हस्तक्षेप तथा तीसरी दुनिया के देशों को सहायता के चलते रूस पर आर्थिक बोझ बढ़ता गया। अंततः 1990 में सोवियत संघ का विघटन हो गया, पूर्वी-यूरोप की समाजवादी व्यवस्थाएं भी एक-एक कर ताश के पत्तों की तरह ढहती गईं। विश्व पूंजीवाद ने पुनर्यौवन प्राप्त किया, भूमंडलीकरण का दौर शुरू हो गया, चीन ने समाजवाद के साथ बाजार व्यवस्था का तालमेल बैठाना शुरू किया। समाजवाद का प्रयोग आगे बढ़ने के बजाय विश्व पूंजीवाद की चुनौतियों के समक्ष पीछे हटने को मजबूर हो गया।

भारत के प्राचीन साहित्य में 'साम्य' ('येषां साम्ये स्थितं मनः' गीता) का और 'सर्वभूतहित' का आदर्श रहा है। उसके आधार पर 'वेदांती साम्यवाद' या 'वेदांती समाजवाद' की कल्पना स्वाधीनता संग्राम काल के कुछ चिंतकों ने प्रस्तुत की थी, लेकिन मार्क्सवादी दर्शन में प्रतिपादित 'साम्यवाद' की अवधारणा उसके द्वंद्वात्मक और ऐतिहासिक भौतिकवादी दर्शन का अंग है। हिंदी समाज में लाला हरदयाल, जयप्रकाश नारायण, सत्यभक्त आदि ने समाजवाद और साम्यवाद के आदर्श का प्रचार किया। सहजानंद ने 'गीता हृदय' में साम्यवाद के साथ तालमेल बैठाते हुए गीता की व्याख्या की। संपूर्णानंद और नरेंद्रदेव ने भारतीय किस्म के समाजवाद-साम्यवाद की अवधारणा विकसित करने का प्रयास किया, लेकिन राहुल सांकृत्यायन ने 'साम्यवाद ही क्यों' जैसी रचनाओं में मार्क्सवाद के अनुरूप समाजवाद-साम्यवाद के विचारों का प्रचार किया। 'कामायनी' में जयशंकर प्रसाद ने और 'कुरुक्षेत्र' में दिनकर ने प्राचीन आख्यान के भीतर से साम्य को स्वर दिया है। प्रगतिशील कवियों ने साम्यवाद के आदर्श का सीधे निःसंकोच प्रचार किया। शमशेर ने कहा था, 'वाम वाम वाम दिशा, समय साम्यवादी।' साम्यवाद दुनिया के लाखों शहीदों का महान स्वप्न रहा है, भले ही यह अधूरा रह गया।

अवधेश प्रधान

अधिक जानकारी के लिए :
1. साम्यवाद ही क्यों : राहुल सांकृत्यायन, **2. कम्युनिस्ट मेनिफेस्टो** : मार्क्स और एंगेल्स, **3. Communism : The Great Misunderstanding :** Gennady Ermak, 2016, **4. Communism : A very short Introduction :** Leslie Holmes, 2009, **5. A Documentary History of Communism and The World : Frqm the Revolution to Collapse :** Robert Vincent Daniels : 1994

साम्राज्यवाद

साम्राज्यवाद (Imperialism) एक देश या समूह के लोगों द्वारा दूसरे देश या समूहों पर प्रभुत्व, शासन या नियंत्रण है। नया साम्राज्यवाद पुराने साम्राज्यवाद से भिन्न है। नया साम्राज्यवाद आधुनिक साम्राज्यवाद है और पुराना साम्राज्यवाद मध्यकालीन साम्राज्यवाद। मध्यकालीन साम्राज्यवाद में एक राजा

का साम्राज्य-विस्तार सैन्यबल पर आधारित था, पूंजी पर नहीं। रोमन साम्राज्य मध्यकालीन साम्राज्यवाद का उदाहरण है और आधुनिक साम्राज्यवाद ब्रिटिश साम्राज्यवाद का। आधुनिक साम्राज्यवाद एक अकेले बढ़ते हुए साम्राज्यवाद की महत्वाकांक्षा के स्थान पर प्रतिद्वंद्वी साम्राज्यों के सिद्धांत और व्यवहार को स्थापित करता है। स्पेन-अमेरिका युद्ध (1898) और आंग्ल-बोअर युद्ध (1899-1902) के बाद साम्राज्यवाद शब्द का अधिक प्रयोग अर्थनीतिक और राजनीतिक साहित्य में होने लगा।

साम्राज्यवाद शब्द का प्रयोग उन्नीसवीं सदी के मध्य से होने लगा था। अपने आधुनिक अर्थ में साम्राज्यवाद शब्द दुनिया में 1870 के बाद सामने आया। रेमंड विलियम्स के अनुसार, इसकी व्याख्या को लेकर काफी विवाद रहा है। साम्राज्यवाद को संगठित औपनिवेशिक व्यापार और संगठित औपनिवेशिक शासन की विभिन्न व्याख्याओं और औचित्य के आधार पर परिभाषित किया जाता रहा है।

बीसवीं सदी के आरंभ में काउत्सकी, बाउअर, हॉब्सन, हिल्फर्डिंग, लेनिन आदि ने साम्राज्यवाद की नई व्याख्याएं प्रस्तुत कीं। साम्राज्यवाद को पूंजीवाद के विकास के विशिष्ट चरण से जोड़कर देखा। उन्नीसवीं सदी के अंत तक साम्राज्यवाद की परिभाषा में आर्थिक व्यवस्था के स्थान पर राजनीतिक व्यवस्था की प्रमुखता थी। ब्रिटिश साम्राज्यवाद प्राथमिक रूप से एक राजनीतिक व्यवस्था थी, जो एक केंद्र द्वारा संचालित होती थी। इसका मुख्य उद्देश्य आर्थिक था, पर बौद्धिक-सांस्कृतिक मामले भी इससे जुड़े हुए थे। हालांकि ब्रिटिश साम्राज्य के अधीन जो उपनिवेश थे, वे जब राजनीतिक रूप से आजाद हुए, तो इसे ही 'साम्राज्यवाद का अंत' मान लिया गया।

साम्राज्यवाद पूंजीवाद की एक विशेष अवस्था है, जिसमें एकाधिकारियों तथा वित्तीय पूंजी का प्रभुत्व होता है। लेनिन के अनुसार, अंतरराष्ट्रीय ट्रस्टों के बीच दुनिया का बंटवारा हो जाता है। साम्राज्यवाद इजारेदार पूंजीवाद का दूसरा नाम है। लेनिन ने आरंभ में इसे 'पूंजीवाद का अंतिम चरण' कहा था। बाद में संशोधित कर उन्होंने 'पूंजीवाद की चरम अवस्था' कहा। उन्नीसवीं सदी के उत्तरार्ध में ब्रिटेन, फ्रांस, पुर्तगाल, डेनमार्क, स्पेन आदि यूरोपीय देश अफ्रीका, दक्षिण अमेरिका और एशिया के देशों पर अपना शासन स्थापित करते हुए अपना-अपना साम्राज्य विस्तार करने में जुटे हुए थे। 1880 के बाद सभी पूंजीवादी देशों के बीच उपनिवेशों पर कब्जा करने की होड़ थी। फ्रेडरिक जेमेसन ने अपने लेख 'मार्डनिज्म एंड इंपीरियलिज्म' (1990) में बर्लिन कांफ्रेंस के वर्ष 1884 को एक प्रतीकात्मक वर्ष माना है, जब अफ्रीका विकसित शक्तियों के अधीन हुआ। जेमेसन इसी समय से साम्राज्यवादी विश्व व्यवस्था का आरंभ मानते हैं और उसके राजनीतिक-आर्थिक तथ्यों पर ध्यान देते हैं। एरिक हॉब्सबाम ने अपनी प्रख्यात पुस्तक 'साम्राज्य का युग' भी 1875 से 1914 के बीच की अवधि को माना है। साम्राज्यवाद के इस दौर (उन्नीसवीं शताब्दी का उत्तरार्द्ध) में ही भारत में सर्वाधिक अकाल पड़े और लगभग तीन करोड़ लोगों की मृत्यु हुई।

आधुनिक पूंजीवाद से विलग कर साम्राज्यवाद को नहीं समझा जा सकता। कॉउत्स्की द्वारा साम्राज्यवाद के आर्थिक आधार से न लड़ने की बात को लेनिन ने 'अधिक चतुराई से साम्राज्यवाद से समझौता करने की हिमायत' माना। लेनिन ने अपनी पुस्तक 'साम्राज्यवाद : पूंजीवाद की चरम अवस्था' में साम्राज्यवाद की रूपरेखा प्रस्तुत की और पूंजीवादी लेखकों तथा हिल्फर्डिंग और कॉउत्स्की जैसे ख्यात मार्क्सवादियों और समाजवादियों द्वारा फैलाई गई भ्रांतियों का खंडन किया। साम्राज्यवाद के आर्थिक सार को समझने के लिए यह पुस्तक आज भी अधिक उपयोगी है।

लेनिन के समय से आज का समय भिन्न है। उन्होंने राष्ट्र आधारित और राष्ट्र-राज्य समर्थित वित्तीय पूंजी की बात कही थी। अब जब साम्राज्यवाद को प्राथमिक रूप से एक आर्थिक व्यवस्था के रूप

में व्याख्यायित किया जाता है, तब वहां बाह्य निवेश और बाजारों पर नियंत्रण और उनका नियमन, कच्चे माल के स्रोतों पर नियंत्रण वस्तुतः प्रत्यक्ष राजनीतिक नियंत्रण और हस्तक्षेप से ज्यादा महत्वपूर्ण होते हैं। 'अमेरिकी साम्राज्यवाद' का चरित्र काफी हद तक इसी तरह का है, जो आर्थिक हितों के लिए राजनीतिक और सैन्य दखलअंदाजी का इस्तेमाल करते हुए उस पर वैसा नियंत्रण स्थापित नहीं करता, जो ब्रिटिश साम्राज्यवाद का अपने उपनिवेशों पर था। इस नई तरह के साम्राज्यवाद को 'नव-साम्राज्यवाद' के रूप में भी पहचाना जाता है।

भूमंडलीकरण के दौर से, मुख्यतः 1980 के दौर से, जो विश्व पूंजी नृत्य कर रही है, वह राष्ट्र-राज्य के नियंत्रण और अनुशासन से परे है। आज की भूमंडलीय पूंजी का चरित्र मुख्यतः सट्टेबाजी का है। ब्रिटिश साम्राज्यवाद और अमेरिकी साम्राज्यवाद में अंतर है। लेनिन ने 'साम्राज्यवादी देशों के बीच स्पर्धाओं' की बात कही थी। आज साम्राज्यवादी देशों के बीच स्पर्धा नहीं, एकता है। वित्तीय पूंजी अंतरराष्ट्रीय स्तर पर कहीं अधिक एकताबद्ध है। अब साम्राज्यवाद स्वयं और सीधे हस्तक्षेप नहीं करता। उसके अधीन वित्तीय व्यापार संगठन यह कार्य करते हैं, जिन पर साम्राज्यवादी देशों का नियंत्रण है। आज का साम्राज्यवाद 'चरम साम्राज्यवाद' (सुपर इंपीरियलिज्म) है। आज बहुराष्ट्रीय कंपनियां और विदेशी पूंजी को साम्राज्यवाद की शक्ति और पहचान कहा जाता है।

साम्राज्यवाद सभी क्षेत्रों में घुसपैठ करता है। केन्याई लेखक गुगी वा थ्योंगो ने भाषा के साम्राज्यवाद और एडवर्ड सईद ने संस्कृति और साम्राज्यवाद के अंतर्संबंध पर गंभीरतापूर्वक और विस्तार से विचार किया है। इतिहास, पुरातत्व, भाषाविज्ञान सभी क्षेत्रों में साम्राज्यवादियों की गहरी पैठ रही है। साम्राज्यवाद के अपने इतिहासकार, बुद्धिजीवी और विद्वान हैं। सर जॉन स्ट्रैची और जॉन सील जैसे इतिहासकारों ने भारत को 'राष्ट्र' नहीं माना था। भारत में साम्राज्यवाद का सामंतवाद और संप्रदायवाद से संबंध रहा है। संसार की जनता से बढ़ते अंतर्विरोध को रोकने के लिए साम्राज्यवाद धर्मांधता के जरिए जनता को विभ्रमित करता है।

भारत का राष्ट्रीय स्वाधीनता आंदोलन ब्रिटिश साम्राज्यवाद के विरुद्ध था। साम्राज्यवाद की भूमिका सदैव विध्वंसकारी होती है। आज के समय का मुख्य अंतर्विरोध साम्राज्यवाद और विश्व की जनता के बीच है। भूमंडलीकरण के दौर में साम्राज्यवाद-विरोध कमजोर हुआ है। आधुनिक हिंदी साहित्य व्यापक रूप से साम्राज्यवाद विरोधी है। भारतेंदु युग का आरंभ अंग्रेजी राज के प्रति आलोचनात्मक रुख से हुआ। इसके बाद व्यापक साम्राज्यवाद-विरोध से भारत में नई राष्ट्रीय चेतना का विकास हुआ। हिंदी साहित्य का प्रगतिशील आंदोलन साम्राज्यवाद-विरोधी आंदोलन भी है। आज विश्व के किसी भी देश में साम्राज्यवाद के खिलाफ वैसा राष्ट्रीय संघर्ष नहीं है, जैसा बीसवीं सदी के पूर्वार्ध में था। रामविलास शर्मा भारत की आजादी के बाद भी साम्राज्यवाद की बहुत-से रूपों में उपस्थिति देखते हैं। उनका कहना है, 'भारत में साम्राज्यवाद के अवशेष बचे हुए हैं, पुराने अवशेषों में इजाफा हुआ है...इस समय मुख्य अंतर्विरोध साम्राज्यवाद और विश्व की जनता के बीच है।... अर्थतंत्र से लेकर भाषा और संस्कृति तक स्वदेशी को धुरी बनाकर एक शक्तिशाली साम्राज्य-विरोधी राष्ट्रीय संयुक्त मोर्चे का निर्माण किया जा सकता है। ऐसा मोर्चा जनवादी क्रांति के शेष कर्तव्य पूरे कर सकता है।' आज के सवाल और मार्क्सवाद वैश्वीकरण के युग में साम्राज्यवाद को बृहत्तर परिप्रेक्ष्य में देखा जा रहा है।

रविभूषण

अधिक जानकारी के लिए :

1. साम्राज्य का युग : एरिक हाब्सबाम, **2. Imperialism :** Harry Magdoff, **3. The Empire of Capital :** Ellen Meiksins Wood, **4. Culture and Imperialism :** Edward Said, **5. Imperialism : The Highest Stage of Capitalism :** V I Lenin, 1917, **6. Empire with Imperialism :** James Petras and Henry Veltrmeyer

सार-संक्षेप

किसी लेख, शोध प्रबंध, कांफ्रेंस की कार्यवाही या किसी भी विषय के संबंध में संक्षिप्त परिचयात्मक विश्लेषण को सार-संक्षेप या एब्स्ट्रैक्ट कहा जाता है। सार-संक्षेप सूचनापरक होते हैं। ये सामान्यतः लेख, परिच्छेद या रिपोर्ट के शुरू में दिए जाते हैं। इससे पाठक को पता चलता है कि वह जो कुछ आगे पढ़ना चाहता है, उसमें क्या है। सार-संक्षेप 100 से लेकर 200 शब्दों का होता है।

अकादमिक क्षेत्र में सार-संक्षेप का महत्व इस कारण है कि इससे लोगों को कोई आलेख या किसी पुस्तक का पूरा परिच्छेद नहीं पढ़ना पड़ता। सार-संक्षेप पढ़ चुकने के बाद उन्हें जान पड़ता है कि वे आगे जो कुछ पढ़ना चाहते हैं, उसमें उनके विषय से संबंधित कोई जानकारी मिल सकती है, तभी वे पूरा आलेख पढ़ते हैं। पूरा आलेख पढ़ना उनके लिए इसलिए आवश्यक हो जाता है कि केवल सार-संक्षेप पढ़कर अपने कार्य में उसका संदर्भ नहीं दे सकते या विषय का पूरा जायजा नहीं ले सकते। शोध पत्रों के मामले में सार-संक्षेप से सामान्यतः चार बातों का पता चलता है—1. शोध का विषय, 2. शोध का तरीका, 3. शोध का निष्कर्ष और 4. शोध लेखक का मत। अकादमिक सार-संक्षेप की लंबाई उससे संबंधित विषय पर निर्भर करती है। सामान्यतः किसी शोध-पत्र का सार-संक्षेप 500 शब्दों और पूरे शोध प्रबंध का सार-संक्षेप 4000 शब्दों का ठीक माना जाता है। यह विषय पर भी निर्भर करता है। सार-संक्षेप में कोई ऐसी बात नहीं लिखी जाती, जो मूल आलेख या शोध प्रबंध में नहीं है।

विदेशों में प्रायः सभी महत्वपूर्ण विषयों की ऐसी पत्रिकाएं निकलती हैं, जिनमें विभिन्न पत्रिकाओं में प्रकाशित उस विषय के महत्वपूर्ण लेखों के सार-संक्षेप दिए रहते हैं। 'लाइब्रेरी साइंस एब्सट्रैक्ट्स', 'बिट्रिश एजुकेशन एब्सट्रैक्ट्स', 'ब्रिटिश ह्यूमेनिटीज एब्सट्रैक्ट्स' आदि ऐसी ही पत्रिकाएं हैं। हिंदी में ऐसी कोई त्रैमासिक या अर्धवार्षिक पत्रिका नहीं है, जबकि इसकी जरूरत है। इसमें महत्वपूर्ण शोध प्रबंधों के सार-संक्षेप भी दिए जा सकते हैं। एक निश्चित अवधि की अधिक-से-अधिक पत्रिकाओं में प्रकाशित हिंदी भाषा और साहित्य संबंधी महत्वपूर्ण लेखों के सार-संक्षेप दिए जा सकते हैं। यह भी संभव है कि जो पत्रिकाएं अभी निकल रही हैं, उनमें से कोई एक पत्रिका एक ऐसा स्तंभ शुरू करे जिसमें अन्य पत्रिकाओं में प्रकाशित हिंदी भाषा और साहित्य संबंधी महत्वपूर्ण लेखों के अधिक-से-अधिक 8-10 पंक्तियों के सार-संक्षेप हों।

महेंद्र राजा जैन

सार्वभौमिक व्याकरण

यह भाषाविज्ञान का एक क्रांतिकारी सिद्धांत है, जिसके अनुसार दुनिया की सारी (प्राकृतिक) मानवीय भाषाओं का आंतरिक व्याकरणिक ढांचा मूलतः एक या समान यानी सार्वभौम है। सभी भाषाओं में जो सामान्य/साझा तत्व होते हैं, मोटे तौर पर उन्हीं को समेकित रूप में 'सार्वभौमिक व्याकरण' (Universal Grammer) कहते हैं।

वैसे तो 'सार्वभौमिक व्याकरण' की अवधारणा किसी-न-किसी रूप में सदियों पूर्व से चलती आई है, परंतु इसकी पहली व्यवस्थित, विस्तृत और गहन प्रस्तुति विगत सदी के छठे दशक में अमेरिकी भाषाविज्ञानी नोआम चोम्स्की के द्वारा हुई। यह सिद्धांत उनके द्वारा प्रवर्तित भाषा विज्ञान की नई धारा 'रूपांतरण-प्रजनक व्याकरण' (Transformational-Generative Grammar) के अंतर्गत विवेचित हुआ है, जिसकी नींव उन्होंने 1957 में प्रकाशित अपने युग प्रवर्तक ग्रंथ 'सिंटेक्टिक स्ट्रक्चर' में रखी थी। उसका संशोधित रूप में विकास अपनी अगली पुस्तक 'आस्पेक्ट्स ऑफ द थ्योरी ऑफ सिंटेक्स' (1965) में किया। सार्वभौमिक व्याकरण की इस अवधारणा को चोम्स्की मानव चेतना की गहराई तक ले गए। उन्होंने स्थापना दी कि मानव के मस्तिष्क में जन्म से ही एक 'सार्वभौम व्याकरण' का ढांचा निहित

होता है। वही आगे चलकर (अलग-अलग व्यक्ति/समुदाय में) अलग-अलग मानव भाषा के रूप में विकसित होता है।

सर्वप्रथम इंग्लैंड के दार्शनिक रोजर बेकन (1214-1294) ने भाषा संबंधी अपने अवलोकनों में पाया था कि दुनिया की सारी भाषाएं एक ही व्याकरणिक ढांचे पर आधारित हैं। उनके बाद, तेरहवीं सदी के कतिपय वैयाकरणों ने सार्वभौम व्याकरण के अनेक नियमों का पता लगाया। तदुपरांत, सत्रहवीं सदी में सार्वभौम व्याकरण भाषा दर्शन का केंद्र बन गया। अठारहवीं सदी में सार्वभौमिक व्याकरण के स्कॉटलैंड स्कूल के विचारकों ने इस दिशा में आगे कार्य किया, जिनमें प्रमुख हैं—जेम्स बेट्टी, हघ ब्लेयर, जेम्स बर्नेट, जेम्स हारिस और एडम स्मिथ। 1971 में प्रकाशित 'एनसाइक्लोपीडिया ब्रिटेनिका' के व्याकरण खंड के अंतर्गत 'सार्वभौम व्याकरण' पर विस्तार से चर्चा हुई थी। इस विषय पर जोर-शोर से कार्य 1950 से 1970 के बीच हुआ, जिसमें मुख्यतः चोम्स्की और रिचर्ड मोंटेग्यू (Richard Montague) का योगदान मुख्य है।

बीसवीं सदी के आरंभिक दौर में इंसान के भाषा सीखने की प्रक्रिया को 'व्यवहारवादी' परिप्रेक्ष्य में समझा जाता था, जिसके अनुसार मानव शिशु (प्रयास > त्रुटि > बोध > सुधार आदि की प्रक्रिया से) आसपास के वातावरण से, लोगों की बातचीत आदि को सुनकर, नकल करके भाषा सीखता है। इस विषय पर कार्य करते हुए चोम्स्की ने पाया कि बच्चे भाषा विशेष के अधिगम के दौरान उस भाषा के मौजूदा कोड की डिकोडिंग करते हैं। उस दौरान 'विशेष' से 'सामान्य' की तरफ बढ़ते हैं (यानी 'सामान्यीकरण' की प्रक्रिया से भाषा सीखते हैं)। इसे देखकर उन्हें लगा कि शिशुओं के मस्तिष्क में पहले से ही कोई ढांचा (भाषिक नियमों की व्यवस्था) मौजूद होना चाहिए जिसके जरिए वे ऐसा प्रयास कर पाते हैं। यहीं से चोम्स्की का 'सार्वभौम व्याकरण' संबंधी चिंतन शुरू हुआ। आगे चलकर वे इस सवाल से टकराए कि यदि मानव-शिशु (या हम) नकल करके भाषा सीखते हैं, तो नित नए-नए प्रयोग नए-नए अनुक्रमों में, नई-नई वाक्य रचनाओं में भाषा का प्रयोग कैसे करते हैं? इसका मतलब है कि हम नए-नए वाक्यों का प्रजनन करते हैं। अगर भाषा हम देख-सुनकर सीखते हैं, तो एकदम पहली बार सर्वथा नवीन वाक्य कैसे प्रयुक्त कर लेते हैं, जिनके बारे में हम पहले से कुछ भी नहीं जानते? अथवा किसी पूर्वज्ञात नियम के अंतर्गत अब तक न सुनी गई वाक्य रचनाओं को भी हम कैसे समझ लेते हैं? आखिरकार यह सब होता कैसे है? इस पर चिंतन करते हुए चोम्स्की इस निष्कर्ष पर पहुंचे कि हमारे मानस में इस तरह की कुछ जन्मजात क्षमता है, जिसकी बदौलत हम यह सब कर लेते हैं यानी मानव मस्तिष्क में जन्म से ही एक 'व्याकरण' निहित होता है, जिसका स्वरूप सहजात-वृत्तिमय होता है। वह व्याकरण भाषा विशेष से संबद्ध न होकर भाषा मात्र का होता है। वह इंसान की 'भाषिक क्षमता' के रूप में होता है जिसमें किसी भी मानव भाषा के रूप में ढल जाने की संभावना निहित होती है। इसी कारण, उस व्याकरण को संसार की सारी मानव भाषाओं की संरचनाओं के सार यानी 'सार्वभौम व्याकरण' के रूप में समझा जा सकता है।

चोम्स्की के अनुसार, मानव शिशु कोरा मानस लेकर पैदा नहीं होता बल्कि वह जन्म से ही भाषा सीखने की क्षमता (भाषा-अधिगम उपकरण) से युक्त होता है। यह क्षमता हमारे मस्तिष्क में बहुत गहराई में पैठी रहती है। दूसरे शब्दों में, इनसानी दिमाग में सीमित भाषायी व्यवस्थाओं या नियमों का एक संकलन होता है, जो बोध के रूप में होता है, जिसके जरिए मानव शिशु (बिना किसी सचेत प्रशिक्षण के) अपने आप हर उस भाषा या भाषिक व्यवस्था को सीख लेता है, जिसके समाज में उसे पाला या रख दिया जाता है। इसी उपकरण की बदौलत मनुष्य (मानवीय) भाषा से संपन्न होता है और इसी के अभाव में शेष प्राणी उससे वंचित रहते हैं। इसी के चलते भाषायी प्रदत्त सामने रख भर देने से (बिना समझाए) किसी बच्चे को स्वतः यह बोध हो जाता है कि अमुक शब्द क्रिया

है और अमुक संज्ञा अथवा अमुक वाक्य सही है और अमुक गलत। इसी तरह और भी बहुत कुछ होता है। इस स्तर पर आकर यह स्पष्ट होता है कि सारी इनसानी भाषाओं का आधारभूत ढांचा समान है, तभी तो मानव शिशु अपनी भाषिक क्षमता के द्वारा सहजता से दुनिया की कोई भी भाषा सीख लेता है। भाषा सीखने की मानव की इसी जन्मजात क्षमता, यानी हमारी चेतना में निहित सहजात एवं अमूर्त भाषा व्यवस्था को 'सार्वभौम व्याकरण' कहते हैं।

चोम्स्की के व्याकरणिक संप्रदाय (रूपांतरण-प्रजनक व्याकरण) का दावा है कि वह किसी भी भाषा के व्याकरण-संबंधी नियम बहुत ही संक्षिप्त रूप में प्रस्तुत कर सकता है, क्योंकि भाषा के मूलभूत तत्व/नियम थोड़े-से ही होते हैं। उन्हीं में पूरी भाषा की व्याख्या संभव है। उन्हीं सीमित नियमों के जरिए (रूपांतरण के द्वारा) व्यक्ति असीमित एवं अनंत प्रकार की वाक्य संरचनाएं प्रजनित कर सकता है। विकासवादी मॉडल जहां भाषा में उपलब्ध नानात्व को सहज, अतएव प्राथमिक मानता है और उनमें किसी संधानित एकत्व को व्याख्यार्थ कल्पित तत्व, अतएव द्वितीयक मानता है, वहीं चोम्स्की का मत आंतरिक संरचना को मूल मानकर, उसी के विवर्त मानता है सारे वाक्प्रपंच (अनंत वाक्य) को। सार्वभौमिक व्याकरण की विचारधारा में भाषा वैज्ञानिक का काम असंख्य प्रकार के भाषिक विभेदों के बीच विद्यमान एक अमूर्त-सी समरूपी भाषा-व्यवस्था या नियमावली (व्याकरण) का पता लगाना है यानी हमारी चेतना में निहित अमूर्त भाषा सामर्थ्य या अमूर्त भाषा-संरचना का अध्ययन ही इस भाषा विज्ञान का लक्ष्य है। 'रूपांतरण-प्रजनक व्याकरण' इसी का विवेचक है। इस विचारधारा ने भाषा विशेष के व्याकरणिक नियमों एवं संरचनाओं का पता लगाने की अपेक्षा मानवजन्य सभी भाषाओं की मूल प्रकृति पर प्रकाश डालने को अपना लक्ष्य माना। चोम्स्की-मत से भाषा विज्ञान का सैद्धांतिक लक्ष्य सार्वभौमिक व्याकरण की खोज और उसके संदर्भ में मानव मन की भाषिक क्षमता एवं संभावित कार्य योजना पर प्रकाश डालना है।

भाषा के प्रत्येक वाक्य में मूलभूत तत्वों की संख्या परिमित होती है, परंतु भाषा में वाक्यों की संख्या अपरिमित होती है। हर उच्चरित या प्रयुक्त वाक्य ठीक उसी तरह पहले कभी उच्चरित या प्रयुक्त नहीं हुआ रहता। उनके मत से किसी भाषा का व्याकरण, अवचेतन व्यापार के रूप में भाषा अधिगम की स्वाभाविक प्रक्रिया का परिणाम होता है, जिसे व्यक्ति अज्ञात भाव से भाषिक क्षमता के रूप में सिद्ध करता है और जिसका उपयोग वह सर्जनात्मक रीति से अपने भाषा व्यवहार में करता पाया जाता है।

भाषा के संदर्भ में जिस सार्वभौमिकता की बात होती है, वह भाषा सीखने की प्रक्रिया और भाषिक प्रकृति दोनों से संबंधित है। दुनिया के हर भाषिक समुदाय में बच्चे के भाषा सीखने का एक निश्चित क्रम होता है। भाषाओं की ध्वनि प्रकृति में कुछ बातें सार्वजनीन होती हैं, जैसे—हर भाषा में स्वर और व्यंजन ध्वनियों की स्थिति होती है। हां, यह संभव है कि किसी में कोई या कुछ ध्वनियां प्रमुखता से उपलब्ध हों, किसी में कोई या कुछ। किसी भाषा में दो स्वर लगातार नहीं आ सकते। इसी तरह, लगातार तीन से अधिक व्यंजनों का आना भी असंभव या कम-से-कम विरल है। इसका कारण हमारे उच्चारण अंगों की प्रयत्नशीलता से संबंधित है। भाषाओं की भाव रूप की प्रकृति पर विचार करने से भी कुछ सार्वभौम तत्व समझ में आते हैं। जैसे, सभी भाषाओं में संज्ञा, क्रिया, संख्यावाचक आदि शब्द या कोटियां मिलती हैं। सबमें वचन एवं कारक तत्व होते ही हैं (भले उनका नामकरण या विवेचन कोई न कर पाए)। कर्ता, कर्म, करण, अधिकरण, संप्रदान, अपादान—ये छह कारक हर भाषा में होंगे, भले ही उनके प्रकटीकरण के लिए विभक्तियों अथवा परसर्गों की स्थिति (तरीका और संख्या) और वाक्य में उनका क्रम अलग-अलग हो अथवा किसी-किसी भाषा (जैसे अयोगात्मक भाषाओं में) विभक्तियों या परसर्गों की स्थिति हो ही नहीं और दूसरे किसी माध्यम से (शब्द क्रम, अनुतान या स्वतंत्रता संबंधवाचक अव्ययों से) उनके आशय

का प्रकाशन हो। हर भाषा में विशेष्य और विशेषण की स्थिति है। अंतर केवल उनके प्रकटीकरण के तरीके को लेकर है। हर भाषा में वाक्य की रचना, 'उद्देश्य + विधेय' अथवा कम-से-कम 'संज्ञा-पदबंध' + क्रिया-पदबंध' के सम्मिलन से होता है।

फिर भी, कहना होगा कि भाषाओं की आकृति व प्रकृति में विभिन्नता या विलक्षणता की इतनी बहुलता है कि किसी ऐसे व्याकरण का बनना आसान नहीं है, जो सार्वभौम भाषा वैज्ञानिक सिद्धांतों पर भी खरा उतरे । चोम्स्कीय संप्रदाय का भी मानना है कि अभी ऐसा व्याकरण संभव नहीं। किसी-किसी भाषा के सीमित संदर्भों में भले ही न्यूनतम सूत्र अथवा न्यूनतम (आंतरिक) संरचना की अवधारणा सही ठहर जाए, पर पूरी भाषा पर अथवा दुनिया की सारी भाषाओं पर यह अभी पूर्णतया लागू नहीं हो सकी है। हां, अर्थ या चेतना के धरातल से संबंध रखने वाली थोड़ी-सी भाषिक विशेषताएं तथा अभिलक्षण सार्वभौम लगते हैं। अर्थ या उससे संबद्ध कुछ अवधारणाओं (जैसे, कारक, वचन) के तल पर ही भाषा में सार्वभौम तत्वों की स्थिति मान्य है, रूप के धरातल पर नहीं। न्यूनतम सूत्रों से दुनिया की तमाम भाषाओं की बात छोड़िए, किसी एक भाषा की भी बहुलतापरक जटिल संरचना का विवेचन कर लेने की बात अभी संभव नहीं हुई है, पर यह एक संभावना जरूर है। चोम्स्की की विचारधारा का यह अमूल्य योगदान है कि उसके प्रभाव से विभिन्न भाषाओं में अंतर्निहित सार्वजनीन तत्वों की ओर गहराई से ध्यान गया और उस दिशा में सोचने और खोजने के कार्य ने जोर पकड़ा।

रवींद्र कुमार पाठक

अधिक जानकारी के लिए :

1. भाषा शिक्षण : रवींद्रनाथ श्रीवास्तव, **2. भाषा विमर्श :** पांडेय शशिभूषण शीतांशु, **3. Syntactic Structures :** Noam Chomsky, 1957, **4. Aspects of the Theory of Syntax :** Noam Chomsky, 1965, **5. The Philosophy of Universal Grammer :** Wolfran Hinzen, Michelle Sheehan, 2013

सावित्रीबाई फुले
(1831-1897)

समाज सुधारक सावित्रीबाई फुले का जन्म 3 जनवरी 1831 को महाराष्ट्र के सतारा जिले के निगव गांव में हुआ था। उनका विवाह नौ वर्ष की आयु में तेरह वर्ष के ज्योतिराव के साथ हो गया था। ज्योतिराव ने सावित्री बाई को खुद ही पढ़ाया और ब्रिटिश भारत में महिलाओं के अधिकार समझने में मदद की।

सावित्रीबाई को पहली महिला शिक्षिका होने श्रेय है। उन्होंने 1848 में लड़कियों के लिए विद्यालय खोला था, किंतु जिन पिछड़े वर्गों के लिए विद्यालय खुला था, उनके लोगों का पर्याप्त सहयोग नहीं मिला। पुणे के भिड़ेवाड़ा में विद्यालय प्रारंभ किया गया। सावित्रीबाई अशिक्षा और अन्य बुराइयों से दलित महिलाओं की मुक्ति चाहती थीं। इन महिलाओं में आत्मसम्मान और आत्मविकास की भावना को बलवती करना चाहती थीं। इस कार्य को संपन्न करने में उन्हें कई कठिनाइयों का सामना करना पड़ा था। वे स्कूल जातीं तो लोग पत्थर मारते थे। उन पर गंदगी फेंक देते थे। लड़कियों को पढ़ाना पाप का काम समझा जाता था। ऐसे पापियों को उस जमाने में सरेआम सजा दी जा सकती थी। 1852 में ब्रिटिश

सावित्रीबाई फुले

सरकार ने सावित्रीबाई फुले को शिक्षा के प्रसार में सहयोग के लिए सम्मानित किया।

उन्नीसवीं सदी में बाल विवाह प्रथा आम थी। मृत्यु की ऊंची दर के कारण बालिकाएं विधवा हो रही थीं। विधवाओं को सांसारिक सुखों से वंचित रखा जाता था। यहां तक कि उनके सिर पर केश भी नहीं रहने दिया जाता था। सावित्रीबाई बालिकाओं की इस सामाजिक स्थिति के कारण विह्वल हो उठती थीं। पति के साथ मिलकर उन्होंने उन नाइयों को सजा देने के लिए हड़ताल करवाई और विधवाओं के बाल काटने से रोक दिया। बाल विधवाएं अकसर पुरुषों का शिकार बन जातीं और गर्भवती हो जाती थीं। ऐसी ही एक महिला को सावित्रीबाई ने अपने घर में सम्मानजनक स्थान दिया और अपने पति के साथ मिलकर उसके बच्चे को अपना लिया था, जो बड़ा होकर डॉक्टर बना। ऐसी महिलाओं की सहायता के लिए उन्होंने एक 'डिलीवरी रूम' खोला था। उसका नाम 'बाल हत्या प्रतिबंधक गृह' था। इसका संचालन सावित्रीबाई ने किया और उस गृह के सभी नवजात बच्चों का अपने बच्चों की तरह पालन-पोषण किया। उन्होंने पीने के पानी से वंचित कर दिए गए अछूतों के लिए 1868 में अपने कुएं से पानी लेने की छूट दी और उनके लिए कुएं भी खुदवाए।

सावित्रीबाई फुले एक समाजसेवी थीं ही, मराठी भाषा की कवयित्री भी थीं। उनकी कविताओं की दो पुस्तकें 'काव्य-फुले' और 'बाव्हन काशी सुबोध रत्नाकर' प्रकाशित हुईं। 1897 में विश्वव्यापी प्लेग से दो वर्ष के एक बच्चे को आक्रांत देखकर सावित्रीबाई ने उसे अपनी बांहों में उठा लिया था और खुद आक्रांत हो गई थीं। बच्चा न बच सका, साथ ही सावित्रीबाई भी 10 मार्च 1897 को चल बसीं।

सावित्रीबाई फुले के नाम पर सामाजिक कार्य करने वाली महिला को पुरस्कार देने की घोषणा महाराष्ट्र सरकार ने की है और 10 मार्च 1998 को भारतीय डाक विभाग ने सावित्रीबाई फुले के नाम का एक डाक टिकट जारी किया। 7 जुलाई 2014 को महाराष्ट्र सरकार ने पुणे विश्वविद्यालय का नाम सावित्रीबाई फुले पुणे विश्वविद्यालय रखने की घोषणा की है।

उदयराज

अधिक जानकारी के लिए :
1. क्रांतिज्योति सावित्रीबाई फूले : एम जी माली, **2. A Forgotten Liberator : The Life and Struggle of Savitribai Phule :** Braj Ranjan Mani

सावित्री-सत्यवान

सावित्री तत्वज्ञानी राजर्षि अश्वपति और मालवी की एकमात्र कन्या थी। अश्वपति ने गायत्री की तपस्या कर इस तेजस्विनी कन्या को पाया था। इसकी तेजस्विता के कारण इसका विवाह सहजता से नहीं हो रहा था, अतः पिता ने युवा पुत्री को योग्य वर संधान के लिए एक सैनिक टुकड़ी के साथ यात्रा पर भेजा। कोई भी पात्र सावित्री को मनोनुकूल न लगा, किंतु जब वह घने जंगल के रास्ते वापस लौट रही थी, तब वह वन में कुटिया बनाकर रहनेवाले शाल्व देश के राजा द्यूमत्सेन और शैव्या के एकमात्र पुत्र सत्यवान के रूप-गुण पर मुग्ध होकर सावित्री ने मन-ही-मन पति-रूप में उनका वरण कर लिया।

द्यूमसेन अंधे होने के कारण सिंहासन से उतार दिए गए थे और सपरिवार जंगल में रहते थे। सत्यवान का वास्तविक नाम चित्राश्व था, क्योंकि बचपन में उन्हें अश्व अत्यंत प्रिय थे और वे मिट्टी से अश्व-निर्माण किया करते थे। उनके सदैव सत्य भाषण के गुण के कारण माता-पिता ने उनका नाम सत्यवान रख दिया। राज्यच्युत सत्यवान अंधे माता-पिता की सेवा अत्यंत प्रेमपूर्वक करते थे।

सावित्री द्वारा पिता को अपने निर्णय के बारे में बताते समय वहां मौजूद ऋषि नारद ने बताया कि सर्वगुणसंपन्न सत्यवान अल्पायु हैं और एक वर्ष बाद उनकी मृत्यु निश्चित है। पिता के निषेध के बावजूद सावित्री अपने निर्णय पर डटी रही। अतः विवश अश्वपति ने सत्यवान के साथ उनका विवाह कर दिया। विवाहोपरांत वह प्रसन्नतापूर्वक सास-ससुर की

सेवा करते हुए सत्यवान के साथ वन में जीवनयापन करने लगी, किंतु नारद का कथन उसे स्मरण था।

मृत्यु की निश्चत तिथि को उसने समस्त गृहकार्य समाप्त कर गुरुजनों का आशीर्वाद प्राप्त किया। सत्यवान जब अग्निहोत्र हेतु लकड़ियां लाने वन जा रहा था, तब सास-ससुर की अनुमति ले सावित्री भी उनके साथ गई। लकड़ियां काटते समय सत्यवान को मस्तिष्क-पीड़ा का अनुभव होने पर सावित्री उनका सिर अपनी गोद में रखकर बैठ गई, तभी रक्त-वसनधारी यमराज वहां आए और सत्यवान के सूक्ष्म-शरीर को यम-पाश में बांधकर चल पड़े। विनयपूर्वक उनका परिचय पूछकर सावित्री भी उनका अनुसरण करने लगी। यमराज ने बहुत बार उसे वापस लौटने के लिए कहा, किंतु अपने पातिव्रत्य-धर्म की दुहाई देते हुए वह निरंतर यम का अनुसरण करती रही। उसके आचार-विचार से तुष्ट होकर तथा उसे लौटाने के उद्देश्य से यमराज ने उसे सत्यवान के जीवन के अतिरिक्त कोई भी वर मांगने के लिए कहा।

यमराज सावित्री को एक-एक कर कुल चार वरदान देते हैं। पहली बार वह अंधे ससुर की आंखें, दूसरी बार उनका खोया राज-पाट और तीसरी बार अपने पिता के लिए सौ पुत्रों का वरदान मांगती है। इसके उपरांत भी जब वह वापस नहीं लौटती है तो यम एक और वर मांगने के लिए कहते हैं और सावित्री अपनी बुद्धिमत्ता का परिचय देते हुए अपने और सत्यवान के संयोग से उत्पन्न सौ पुत्रों का वरदान मांगती है। यम के तथास्तु कहते ही वह पति को साथ ले जाने की अनुमति मांगती है और वचनबद्ध यम को सत्यवान की आत्मा को मुक्त करना पड़ता है। इस प्रकार सावित्री अपने बुद्धि-कौशल से यम को भी पराजित कर समस्त परिवार की सुख-समृद्धि हासिल करती है। इसी पौराणिक कथा की स्मृति में आज भी भारत के विभिन्न अंचलों में पति की मंगलकामना के लिए महिलाएं वटसावित्री की पूजा करती हैं।

गीता दूबे

अधिक जानकारी के लिए :

1. हिंदू धर्मकोश : राजबली पांडेय, 1978, **2. Puranic Encyclopedia :** Vettam Mani, 1975

साहित्य

साहित्य क्या है, इस पर हजारों साल से कुछ न कुछ ऐसा कहा गया है जिसका संबंध लोक, शास्त्र या बाजार से रहा है। उसे इन तीनों से ऊपर उठाकर भी देखा गया है। साहित्य लोक चेतना के राजनीतिक दर्पण, शास्त्रीय सिद्धांत के अनुचर या बाजार की उपभोक्ता वस्तु से अधिक क्या है, इस पर विभिन्न तरह के विचार हैं। पुस्तक रूप में या पत्रिका में जो भी छपकर आ जाए आजकल उसे साहित्य की कोटि में रख दिया जाता है। हजारीप्रसाद द्विवेदी ने अपने ढंग से इस संबंध में कहा था, 'साहित्य-सेवा और पुस्तक लेखक का परस्पर पर्यायवाची हो जाना साहित्य के लिए बड़ा खतरनाक है।' (कल्पलता)। इसके अलावा, साहित्य की परिभाषा को धर्म, सत्ता की राजनीति, लोकप्रियतावाद या किसी सैद्धांतिक चौखटे से बांधने की जब भी कोशिश हुई, ऐसे चौखटों को नकारकर साहित्य के नए रूप सामने आए।

महावीर प्रसाद द्विवेदी ने आलंकारिक रीतिवादी दायरे से बाहर निकलकर साहित्य की एक नई परिभाषा दी थी, 'ज्ञान राशि के संचित कोश का नाम साहित्य है।' (साहित्य)। यह कहकर उन्होंने स्पष्ट कर दिया था, 'जिस जाति विशेष में साहित्य का अभाव या उसकी न्यूनता आपको दिख पड़े, आप निश्चित समझिए कि वह जाति असभ्य किंवा अपूर्ण सभ्य है।' (वही)। यह जैसे यह कहना है कि साहित्य के बिना जीवन नरक है। इक्कीसवीं सदी में लोगों के जीवन से साहित्य का व्यापक विस्थापन घटित हुआ है और सभ्यतागत आदर्शों में भी गिरावट आई है। दोनों के बीच संबंध है या नहीं, यह विचार का विषय है।

अब किसी कंपनी की वार्षिक रिपोर्ट, राजनीतिक जुमलों, व्यावसायिक विज्ञापनों, दवाओं के साथ वितरित सूचना, फेसबुक की टिप्पणियों

आदि को भी साहित्य कहा जाता है। साहित्य को भाषा चिह्नों में रिड्यूस करके देखने से भी साहित्य का अर्थ अतिव्याप्ति का शिकार हुआ है।

यह जरूर है कि साहित्य सिर्फ कविता, कहानी, उपन्यास नहीं है। इसका संबंध एक व्यापक ज्ञान राशि, स्वतंत्र चिंतन और सौंदर्यबोध से है। कोई बात होगी कि वैदिक कालों से धर्मशास्त्र, आर्थिक चिंतन, नीतिशास्त्र, दर्शन और लोकविश्वासों के रहते हुए भी उनसे भिन्न 'रामायण' जैसे साहित्यिक रूप की जरूरत महसूस की गई, साहित्य का जन्म हुआ। साहित्य को धर्म, राजनीति, संरक्षणशील संस्कृति, प्रभुत्ववाद या क्षयशील संस्कृति, अराजकतावाद द्वारा समय-समय पर अपनी मुट्ठी में रखने की कोशिशें उनके असीम प्रभाव के बावजूद कभी सफल नहीं हुईं। साहित्य के उद्धारकर्ता बनकर आए सिद्धांत भी एक हद के बाद सत्ता व्यवस्था के पोषक सिद्ध हुए। साहित्य की वैचारिक चौहद्दी बना देना किसी युग में संभव नहीं हुआ। रूढ़ियों और चौहद्दियों से कलात्मक विद्रोह साहित्य का स्वभाव है। इसी को साहित्यिकता कहते हैं।

साहित्य को 'शब्द और अर्थ का यथावत सहभाव स्थापित करने वाली विद्या' (राजशेखर), 'शब्द और अर्थ की स्पर्धामूलक मनोहारिणी स्थिति' (कुंतल) 'सुरसरि राम सबकर हित होई' (तुलसी) आदि कहा गया है। भर्तृहरि ने 'साहित्य, संगीत और कला की त्रयी' में साहित्य को काव्य के समानार्थक माना था। इस तरह साहित्य को विशिष्ट अर्थ में लिया जाने लगा और काव्य सिद्धांत बने। एक दौर आया, जब साहित्य काव्य से काफी व्यापक हो गया। आधुनिक युग में साहित्य की सबसे अच्छी परिभाषा प्रेमचंद की है, 'हमारी कसौटी पर वही साहित्य खरा उतरेगा जिसमें उच्च चिंतन हो, स्वाधीनता का भाव हो, सौंदर्य का सार हो, सृजन की आत्मा हो, जीवन की सच्चाइयों का प्रकाश हो, जो हममें गति, संघर्ष और बेचैनी पैदा करे, सुलाए नहीं...।' (कुछ विचार)। ऊंचे दर्जे का प्राचीन या आधुनिक साहित्य सुलाता नहीं है, वह महज 'मनोरंजन का साधन' नहीं है और 'राजनीति के पीछे चलने वाली सच्चाई भी नहीं' है (वही)। महादेवी वर्मा ने जीवन की सच्चाइयों को स्पष्ट किया है, 'साहित्य मनुष्य की शक्ति-दुर्बलता, जय-पराजय, हास-अश्रु और जीवन-मृत्यु की कथा है।' (सप्तपर्णा)। साहित्य पढ़कर पाठक उन अनुभवों से गुजरता है जिनसे उसे खुद कभी गुजरना नहीं पड़ा। इस तरह यह एक स्थानापन्न या वैकल्पिक जीवनबोध भी माना गया।

हजारीप्रसाद द्विवेदी मनुष्य को साहित्य का सर्वोत्तम लक्ष्य घोषित करते हुए कहना चाहते हैं कि यह अज्ञान, कुसंस्कारों, परमुखापेक्षिता और अविवेक को दूर करता है। यह मनुष्य को 'छीना-झपटी, स्वार्थपरता और हिंसा के दलदल से उबारता' है। साहित्य व्यक्ति प्रतिभा से रचा जाता है, पर यह 'प्रतिभा सामाजिक प्रगति की उपज' है। (विचार और वितर्क)। वे कहते हैं, 'सारे मानव समाज को सुंदर बनाने की साधना का ही नाम साहित्य है।' (कल्पलता)। साहित्य एक खास इतिहास, सांस्कृतिक ढांचे और समुदाय में रहते हुए लिखा जाता है, पर उसकी एक बड़ी चिंता 'अदरनेस' है और यहीं जरूरत सृजनात्मक मस्तिष्क की होती है। साहित्य एकतरफा नहीं होता। द्विवेदी जी कहते हैं, यह मनुष्य को उसकी सबलताओं-दुर्बलताओं, आशाओं-आकांक्षाओं के साथ हमारे सामने प्रत्यक्ष लाकर खड़ा कर देता है। (साहित्य सहचर)। इसी वजह से वह आवश्यकता पड़ने पर मानव संवेदना की ठंडी बैटरी को चार्ज कर पाता है। रामचंद्र शुक्ल ने स्पष्ट किया था, 'जनता की चित्तवृत्ति के साथ-साथ साहित्य के स्वरूप में भी परिवर्तन होता चला जाता है।' (हिंदी साहित्य का इतिहास)। साहित्य में परिवर्तन के साथ साहित्य की धारणा, उसकी परिभाषा में भी परिवर्तन आता है, उसकी भूमिका बदल जाती है और अलग-अलग विधाओं की खास पेशकश भी संभव है।

सुमित्रानंदन पंत ने कहा था, साहित्यकार 'सेनानायक' नहीं होता, वह 'युग-संकेतवाहक' होता है। इसमें संदेह नहीं कि पिछली दो सदियों से साहित्यकार अपने युग की परिस्थितियों के प्रति

प्राचीन कवियों की तुलना में अधिक चेतन रहा है। यह भी कहा गया है कि इस तरह से चेतन होना उसके लिए 'अभिशाप नहीं तो दंड है ही!' अज्ञेय के अनुसार, 'परिस्थिति जितना वह दिखती है, उतना ही उसे भेदकर भीतर गहराई में पैठना और आवश्यक हो जाता है।' (सर्जना और संदर्भ)। इस संवेदनात्मक द्विभाजन से साहित्यकार अपने पाठक से दूर खड़ा होता जाता है।

आधुनिकतावाद ने साहित्य की जगह साहित्यकार को, रचना को और उसकी आंतरिक स्थितियों को केंद्र में ला दिया। साहित्य जिस काल में कलात्मक प्रदर्शन में रूपांतरित हो रहा था, उसी समय वह एक अन्वेषण और विशिष्टता भी था। अब साहित्य क्या है, इस पर चर्चा कम हो गई थी। साहित्यिक समस्याएं क्या हैं, रचनाकार की विवशता या उसकी आंतरिक असहायता क्या है, इन प्रश्नों के साथ उसका बौद्धिक असंतोष, विद्रोह भाव, निजता या द्वैध प्रधान हो उठा था। साहित्य 'जनचरित्री' (मुक्तिबोध), 'अंधेरे में चीख' (निर्मल वर्मा) और 'भीड़ में बौखलाए हुए आदमी का प्रलाप' (धूमिल) बनकर आया और कई बार सिर्फ 'राजनीतिक बयान' होकर भी। साहित्य पर किस-किस चीज का प्रभाव पड़ता है, इससे अधिक यह प्रश्न उठा, साहित्य का क्या प्रभाव पड़ता है।

साहित्य में एक तरफ साहित्यिकता और भाषिक प्रयोगशीलता पर बल दिया जाता है तो दूसरी तरफ उसे राजनीतिक हथियार कहा गया है। इस पर बहस हुई कि साहित्य यथार्थ का अनुकरण है या आत्माभिव्यक्ति। बीसवीं सदी के उत्तरार्ध की घटना है कि पूरे संसार में ही मनोरंजन उद्योग और राजनीति की प्रधानता इतनी बढ़ गई कि उपर्युक्त गर्म बहसों के बीच साहित्य चुपचाप विस्थापित भी होता रहा। उस पर एक-न-एक संकट आता गया। लोगों के बीच साहित्यकार का सम्मान कम होने लगा या उनका सम्मान मंच का दिखावा भर रह गया। विश्वविद्यालयों में डिग्री के लिए साहित्य की जो किताबें पढ़ाई जाती हैं, सामान्यतः उनके बाहर शायद ही वे पढ़ी जाती हैं—इस राह से भी संकट पैदा हुआ। रामचंद्र शुक्ल के युग में विश्वविद्यालय समाज से इतने विमुख न थे। साहित्यिक किताबों की बिक्री घटने की शिकायत की गई है और लुगदी साहित्य के छा जाने की।

ऐसे समय में 'रचनाकार (आथर) की मृत्यु' की धारणा सामने आई। रचनाकार यथार्थ का अनुकरण, आत्माभिव्यक्ति और राजनीतिक कट्टरतावाद की धारणा छोड़कर 'निर्वाक का लेखक' बना। वे जो मूक थे और अब बोल रहे हैं। साहित्य फिर पढ़ा जाना शुरू हुआ और संवेदनात्मक द्विभाजन मिटा। माना जाता है कि पत्रकारिता में एक बार कुछ भी पढ़ लेने के बाद वह पुराना हो जाता है, जबकि अच्छी साहित्यिक कृति कई बार पढ़ी जा सकती है। 'रचनाकार की मृत्यु' के बाद साहित्यिक पाठ के अर्थ की सीमाएं टूट गई थीं, दूसरी तरफ, साहित्य और पाठक की दूरी घटनी शुरू हुई। साहित्य की धारणा में नया मोड़ आया।

साहित्य क्या है, से आगे बढ़कर यह प्रश्न भी उठा कि साहित्य कैसे पढ़ा जाए। उसमें कुछ इतिहास की बातें होती हैं, कुछ संस्कृति की। उसमें भाषा की कोई दबी ताकत, कुछ नए शब्द प्रयोग और भिन्न मुहावरे भी होते हैं। उसमें यथार्थ का कोई ऐसा अनुभव होता है, जो इतिहास और संस्कृति में दबाया गया हो। साहित्य के संबंध में कहा जा सकता है, उसका काम जो ओझल है, उसे सामने लाना है, जो निर्वाक है उसकी आवाज बनना है। साहित्य तभी सच्चे अर्थों में मनुष्यता की आवाज बनता है। साहित्य किसी जगह इतिहास का होकर भी इतिहास का, संस्कृति का होकर भी संस्कृति का, राजनीति का होकर भी राजनीति का और निर्वाक की आवाज होकर भी खास स्थान या समुदाय का अतिक्रमण करके सार्वभौम मनुष्यता की आवाज होता है, इसलिए वह दूसरे देशों और संस्कृतियों में भी पढ़ा जा सकता है और बार-बार पढ़ा जाता है। साहित्य की साहित्यिकता इससे कोई अलग चीज नहीं है। साहित्य आज भी सुंदरतम है क्योंकि उसके

सामने अब भी न लोक रुचि अंतिम प्रमाण है, न सिद्धांत और न बाजार।

शंभुनाथ

अधिक जानकारी के लिए :
1. कुछ विचार : प्रेमचंद, **2. सर्जना और संदर्भ :** अज्ञेय, **3. Reading Literature Today :** Seb Doubinsky and Tabish Khair, 2011, **4. The Question of Literature :** (Ed.), Elizabeth Beaumont Bissell, 2002

साहित्य अकादेमी

आजादी से पूर्व ही राष्ट्रीय स्तर पर एक ऐसी संस्था के गठन की बात उठाई गई थी जो साहित्य, संस्कृति और कलाओं का पोषण और संवर्धन कर सके। इस उद्देश्य से 'रॉयल एशियाटिक सोसाइटी ऑफ बंगाल' ने ब्रिटिश सरकार के पास एक प्रस्ताव बनाकर भेजा था कि भारत में साहित्य और संस्कृति की एक राष्ट्रीय संस्था की स्थापना की जाए। 1944 में ब्रिटिश सरकार ने 'रॉयल एशियाटिक सोसाइटी ऑफ बंगाल' का यह प्रस्ताव सैद्धांतिक रूप से स्वीकार कर लिया कि रचनात्मक सृजन के सभी क्षेत्रों में सांस्कृतिक गतिविधियों को प्रोत्साहित करने के लिए एक 'राष्ट्रीय सांस्कृतिक ट्रस्ट' का गठन किया जाना चाहिए। इस ट्रस्ट के अंतर्गत तीन अकादमियां 'साहित्य अकादेमी', 'ललित कला अकादेमी' और 'संगीत और नाटक अकादेमी' गठित किए जाने का प्रस्ताव पास हुआ। परंतु ब्रिटिश सरकार ने इस प्रस्ताव को अमली जामा नहीं पहनाया।

स्वतंत्रता के बाद भारत की स्वतंत्र सरकार ने इस प्रस्ताव का अनुसरण करते हुए एक विस्तृत रूपरेखा तैयार करने के लिए कई बैठकें बुलाईं। इन बैठकों के परिणामस्वरूप सर्वसम्मति से उपर्युक्त तीनों राष्ट्रीय अकादेमियों के गठन का प्रस्ताव पास हुआ। भारत सरकार के संकल्पक सं. एफ-6-4/51 जी 2 (ए) दिनांक 15 दिसंबर 1952 के द्वारा 'नेशनल एकेडमी ऑफ लैटर्स' नामक राष्ट्रीय साहित्यिक संस्था की स्थापना का निर्णय पारित हुआ और यह कहा गया कि इसे 'साहित्य अकादेमी' के नाम से जाना जाएगा। साहित्य अकादेमी का विधिवत उद्घाटन 12 मार्च 1954 को हुआ। हालांकि अकादेमी की स्थापना भारत सरकार द्वारा लाए गए प्रस्ताव के आधार पर की गई है, फिर भी यह भारत सरकार का एक संवैधानिक निकाय नहीं है। यह एक स्वायत्तशासी संस्था के रूप में कार्य करती है जिसका पंजीकरण (7 जनवरी 1956 को) सोसाइटी पंजीकरण अधिनियम 1860 के अंतर्गत हुआ है। प्रारंभ में साहित्य अकादेमी का कामकाज शिक्षा मंत्रालय के एक कमरे से चलता था। इसके लिए अलग से एक बड़े कार्यालय की जरूरत महसूस की जा रही थी। अतः अप्रैल 1955 में साहित्य अकादेमी का सचिवालय कनॅाट प्लेस (नई दिल्ली) में एक पुराने पड़े भवन 'थिएटर कम्युनिकेशन बिल्डिंग' में स्थानांतरित हुआ। रवींद्रनाथ टैगोर के जनशताब्दी वर्ष 1961 में जब रवींद्र भवन बनकर तैयार हुआ तो साहित्य अकादेमी को स्थायी कार्यालय मिला। 35, फिरोजशाह रोड, नई दिल्ली स्थित इस प्रधान कार्यालय के अतिरिक्त अकादेमी के चार क्षेत्रीय कार्यालय भी कोलकाता, चेन्नई, मुंबई और बेंगलुरू में स्थापित किए गए हैं। कोलकाता कार्यालय की स्थापना नेशनल लाइब्रेरी परिसर में 1956 में की गई। अब यह 4, डी एल खान रोड, एस एस के एम अस्पताल के निकट है। कोलकाता में स्थित यह क्षेत्रीय कार्यालय असमिया, बांग्ला, बोडो, मणिपुरी और ओडिया में अकादेमी के प्रकाशन और कार्यक्रमों की देखरेख करता है। इसके अतिरिक्त अंग्रेजी और तिब्बती भाषा की पुस्तकें भी यहां से प्रकाशित होती हैं। यह अन्य उत्तर-पूर्वी भाषाओं में भी कार्यक्रमों का संयोजन करता है।

चेन्नई कार्यालय की शुरुआत 1959 में हुई। 1990 में यह कार्यालय बेंगलुरू स्थानांतरित कर दिया गया। बेंगलुरू कार्यालय अंग्रेजी की कुछ पुस्तकों के अतिरिक्त कन्नड़, मलयालम, तमिल और तेलुगु अकादेमी के प्रकाशन और कार्यक्रमों की देखरेख करता है। अब चेन्नई स्थित कार्यालय बेंगलुरू कार्यालय के कुछ कामों की देखरेख करता है।

मुंबई कार्यालय की स्थापना 1972 में हुई। यह कार्यालय हिंदी और अंग्रेजी के कुछ प्रकाशनों सहित गुजराती, कोंकणी, मराठी और सिंधी में अकादेमी के प्रकाशनों और कार्यक्रमों की देखरेख करता है।

प्रधान कार्यालय के पुस्तकालय के अलावा सभी क्षेत्रीय कार्यालयों के अपने-अपने पुस्तकालय हैं। दिल्ली स्थित साहित्य अकादेमी का पुस्तकालय भारत के प्रमुख बहुभाषिक पुस्तकालयों में से एक है। यहां अकादेमी द्वारा मान्यता प्राप्त चौबीस भाषाओं के अतिरिक्त अंग्रेजी की विविध साहित्यिक और उससे संबद्ध विषयों की पुस्तकें उपलब्ध हैं। यह पुस्तकालय सर्जनात्मजक कृतियों, समालोचनात्मक पुस्तकों, अनूदित कृतियों, संदर्भ ग्रंथों तथा शब्दकोशों के समृद्ध संग्रह के लिए जाना जाता है।

अकादेमी के प्रशासनिक और सांस्कृतिक क्रियाकलाप संबंधी दायित्वों का निर्वाह सामान्य परिषद करती है। इसका गठन निम्नांकित ढंग से होता है—अध्यक्ष, उपाध्यक्ष, सचिव, वित्तीय सलाहकार, भारत सरकार द्वारा मनोनीत पांच सदस्य, भारत सरकार के राज्यों और केंद्र शासित प्रदेशों के पैंतीस प्रतिनिधि, साहित्य अकादेमी द्वारा मान्यताप्राप्त भाषाओं के चौबीस प्रतिनिधि, भारत के विश्वविद्यालयों के बीस प्रतिनिधि, साहित्य क्षेत्र में अपने उत्कर्ष के लिए परिषद द्वारा निर्वाचित आठ व्यक्ति एवं संगीत नाटक अकादेमी, ललित कला अकादेमी, भारतीय सांस्कृतिक संबंध परिषद, भारतीय प्रकाशक संघ और राजा राममोहन राय लाइब्रेरी फाउंडेशन के एक-एक प्रतिनिधि।

साहित्य अकादेमी की व्यापक नीति और उसके कार्यक्रम के मूलभूत सिद्धांत 'सामान्य परिषद' द्वारा ही निर्धारित किए जाते हैं और उन्हें 'कार्यकारी मंडल' के प्रत्यक्ष निरीक्षण में क्रियान्वित किया जाता है। प्रत्येक भाषा के लिए 'परामर्श मंडल' हैं, जिसके सदस्य लेखक और विद्वान होते हैं और उन्हीं के परामर्श पर उस भाषा का कार्यक्रम नियोजित एवं कार्यान्वित होता है। परिषद का कार्यकाल पांच वर्ष का होता है। अकादेमी के पहले अध्यक्ष जवाहरलाल नेहरू और उपाध्यक्ष सर्वपल्ली राधाकृष्णन थे।

भारत सरकार के जिस संकल्प-पत्र में अकादेमी का विधान निरूपित किया गया था, उसी में अकादेमी की यह परिभाषा दी गई है—'भारतीय साहित्य के सक्रिय विकास के लिए कार्य करने वाली एक राष्ट्रीय संस्था, जिसका उद्देश्य उच्च साहित्यिक मानदंड स्थापित करना, भारतीय भाषाओं में साहित्यिक गतिविधियों को समन्वित करना एवं उनका पोषण करना तथा उनके माध्यम से देश की सांस्कृतिक एकता का उन्नयन करना होगा।' साहित्य अकादेमी साहित्यिक संवाद, प्रकाशन और उसका देश भर में प्रसार करने वाली केंद्रीय संस्था है तथा सिर्फ यही ऐसी संस्था है, जो कि भारत की चौबीस भाषाओं, जिसमें अंग्रेजी भी सम्मिलित है, साहित्यिक क्रिया-कलापों का पोषण करती है।

अपने गतिशील अस्तित्व द्वारा इसने अपने निरंतर प्रयासों से सुरुचिपूर्ण साहित्य तथा पढ़ने की स्वस्थ आदतों को प्रोत्साहित किया है। इसने संगोष्ठियों, व्याख्यानों, परिसंवादों, परिचर्चाओं, वाचन एवं प्रस्तुतियों द्वारा विभिन्न भाषिक और साहित्यिक क्षेत्रों में अंतरंग संवाद को जीवंत बनाए रखा है। कार्यशालाओं तथा वैयक्तिक अनुबंधों द्वारा पारस्परिक अनुवादों की गति को तीव्र किया है। इसने पत्रिकाओं, विनिबंधों, हर विधा के वैयक्तिक सृजनात्मक रचना संचयनों, विश्वकोशों, शब्दकोशों, ग्रंथ सूचियों, भारतीय लेखक परिचय कोश और साहित्येतिहास के प्रकाशन द्वारा एक गंभीर साहित्यिक संस्कृति का विकास किया है। अकादेमी ने अब तक चार हजार दो सौ से ज्यादा पुस्तकें प्रकाशित की हैं।

अकादेमी चार पत्रिकाओं, समकालीन भारतीय साहित्य (हिंदी), इंडियन लिटरेचर (अंग्रेजी), संस्कृत प्रभा (संस्कृत) और आलोक प्रभा (राजभाषा हिंदी) का प्रकाशन करती है। प्रत्येक वर्ष अकादेमी क्षेत्रीय, राष्ट्रीय और अंतरराष्ट्रीय स्तर की कम-से-कम तीस संगोष्ठियों का आयोजन करती है। इसके अलावा आयोजित होने वाली कार्यशालाओं और साहित्यिक सभाओं की संख्या प्रतिवर्ष लगभग दो सौ से अधिक

है। ये कार्यक्रम लेखक से भेंट, संवाद, कवि-संधि, कथा-संधि, लोक : विविध स्वर, व्यक्ति और कृति, मेरे झरोखे से, मुलाकात, अस्मिता, अंतराल, आविष्कार, नारी चेतना, युवा साहित्य और साहित्य मंच जैसी श्रृंखलाओं के अंतर्गत आयोजित किए जाते हैं।

अकादेमी प्रत्येक वर्ष अपने द्वारा मान्यता प्रदत्त चौबीस भाषाओं में साहित्यिक कृतियों के लिए पुरस्कार प्रदान करती है, साथ ही इन्हीं भाषाओं में परस्पर साहित्यिक अनुवाद के लिए भी पुरस्कार प्रदान किए जाते हैं। ये पुरस्कार साल भर चली संवीक्षा, परिचर्चा और चयन के बाद घोषित किए जाते हैं। अकादेमी प्रतिष्ठित लेखकों को महत्तर सदस्य और मानद महत्तर सदस्य चुनकर सम्मानित करती है। अकादेमी उन भाषाओं के क्षेत्र में महत्वपूर्ण योगदान करने वालों को 'भाषा सम्मान' से विभूषित करती है, जिन्हें औपचारिक रूप से साहित्य अकादेमी की मान्यता प्राप्त नहीं है। यह सम्मान 'क्लासिकल एवं मध्यकालीन साहित्य' में किए गए योगदान के लिए भी दिया जाता है। अकादेमी 'युवा साहित्य', 'बाल-साहित्य' और अनुवाद के प्रोत्साहन के लिए भी पुरस्कार देती है। आनंद कुमारस्वामी और प्रेमचंद के नाम से एक 'फेलोशिप' की स्थापना भी की गई है। अकादेमी ने बेंगलुरू, अहमदाबाद, कोलकाता और दिल्ली में अनुवाद केंद्र और दिल्ली में भारतीय साहित्य अभिलेखागार का प्रवर्तन किया है। देश के उत्तर-पूर्वी राज्यों के जनजातीय और वाचिक साहित्य के अध्ययन, संरक्षण तथा संवर्धन के लिए एक परियोजना कार्यालय स्थापित किया गया है, जो असम, मेघालय, मिजोरम, अरुणाचल प्रदेश, नागालैंड, मणिपुर, त्रिपुरा आदि राज्यों की समृद्ध भाषा-संस्कृति से संबंधित परियोजनाओं का संचालन करता है।

साहित्य अकादेमी नित नूतन और कल्पनाशील कार्यक्रमों और परियोजनाओं के द्वारा निरंतर भारतीय भाषाओं के साहित्य और संस्कृति का संवर्द्धन और प्रोत्साहन करती रही है।

विनोद तिवारी

साहित्य और सिनेमा

साहित्य और सिनेमा के पारस्परिक संबंध की बात जब की जाती है इसका तात्पर्य उन साहित्यिक विधाओं से सिनेमा का संबंध है जिनमें कोई कथा हो, जैसे—आत्मकथा, कहानी, उपन्यास, नाटक, यहां तक कि महाकाव्य, खंडकाव्य भी। इन विधाओं में कोई-न-कोई कहानी होती है। कहानीपन की वजह से ही कई बार जीवनी पर भी फिल्में बनी हैं। श्याम बेनेगल की प्रसिद्ध फिल्म 'भूमिका' मराठी फिल्मों की अभिनेत्री हँसा वाडेकर के जीवन पर आधारित है और उनकी लिखी आत्मकथा से प्रेरित है। महात्मा गांधी, बाबा साहब अंबेडकर, सरदार पटेल, नेताजी सुभाषचंद्र बोस, भगत सिंह आदि के जीवन पर बनी फिल्में उन पर लिखी गई जीवनियों पर आधारित रही हैं।

नाटक और सिनेमा दोनों दृश्य माध्यम होते हुए भी इनकी दृश्यात्मकता में अंतर है। नाटक रंगमंच को ध्यान में रखकर लिखा जाता है जिसकी लंबाई, चौड़ाई और गहराई नाटक खेले जाने की पूरी अवधि में यथावत रहती है। दर्शकों से उसकी दूरी भी एक-सी बनी रहती है, लेकिन फिल्म का फ्रेम रंगमंच की तरह स्थिर नहीं है। उस फ्रेम में दिखने वाले दृश्य की लंबाई, चौड़ाई और गहराई में निरंतर परिवर्तन होता रहता है यानी फिल्म में 'स्पेस' रंगमंच की तुलना में बहुत व्यापक होता है। कैमरे द्वारा उसके दिक् को अकल्पनीय ढंग से बढ़ाया जा सकता है। इसी तरह सिनेमा में काल के तीनों रूपों में आवागमन निरंतर हो सकता है। इस भिन्नता के बावजूद नाटक की ही तरह फिल्म के लिए भी एक कहानी की जरूरत होती है।

किसी साहित्यिक कृति में कोई कहानी होगी, तो उसको आधार बनाकर फिल्म बनाई जा सकती है। वह कोई पौराणिक कथा (राजा हरिश्चंद्र की कहानी), प्राचीन महाकाव्य (रामायण और महाभारत पर आधारित फिल्में), लोककथा (लैला-मजनूं, हीर-रांझा आदि पर बनी फिल्में), कोई नाटक (शेक्सपियर,

इब्सन, मोहन राकेश, विजय तेंदुलकर आदि के नाटक), कोई उपन्यास (गबन, देवदास आदि पर बनी फिल्में) और कोई कहानी (शतरंज के खिलाड़ी, सद्गति आदि) हो सकती है। भारत में बनने वाली पहली फिल्म 'राजा हरिश्चंद्र' पौराणिक कथा पर आधारित थी और मूक सिनेमा के दौर में बनने वाली अधिकतर फिल्में पौराणिक कहानियों पर ही आधारित थीं। इसी प्रकार सवाक सिनेमा की शुरुआत में ही पौराणिक कहानियों (भक्त प्रह्लाद), साहित्यिक चरित्र (कालिदास, चंडीदास, मीराबाई), साहित्यिक कृति (देवदास) आदि पर फिल्में बनने लगी थीं।

भारत में ही नहीं, यूरोप और अमेरिका में भी विलियम शेक्सपीयर, फ्योदोर दोस्तोव्स्की, लियो तॉल्सतॉय, मैक्सिम गोर्की, अर्नेस्ट हेमिंग्वे, चार्ल्स डिकेंस, अल्बर्तो मोराविया, एंटन चेखव, हेनरिक इब्सन, ओ हेनरी आदि कई महान लेखकों की रचनाओं पर फिल्में बनी हैं। इनमें से कई लेखकों की रचनाओं पर भारत में भी कई बार और कई भाषाओं में फिल्में बनी हैं।

भारत में रवींद्रनाथ टैगोर (चारुलता, मिलन, काबुलीवाला, घरे बाइरे), प्रेमचंद (सेवासदन, गबन, गोदान, हीरा-मोती, शतरंज के खिलाड़ी, सद्गति, कफन, ओकी उरी कथा), शरतचंद्र चट्टोपाध्याय (देवदास, परिणीता, मंझली दीदी, सौतेला भाई), विभूतिभूषण बंद्योपाध्याय (पथेर पांचाली), तकषी शिवशंकर पिल्लै (चेम्मीन), शिवराम कारंत (चोमना दुडी), यू आर अनंतमूर्ति (घटश्राद्ध, दीक्षा), फणीश्वरनाथ रेणु (तीसरी कसम), भीष्म साहनी (तमस), विजयदान देथा (दुविधा, पहेली, परिणति), विमल मित्र (साहब, बीबी और गुलाम), इस्मत चुगताई (गर्म हवा), आर के नारायण (गाइड), विजय तेंदुलकर (घासीराम कोतवाल, निशांत, कमला), मोहन राकेश (उसकी रोटी, आषाढ़ का एक दिन), राजेंद्र यादव (सारा आकाश), धर्मवीर भारती (सूरज का सातवां घोड़ा), निर्मल वर्मा (माया दर्पण), महाश्वेता देवी (संघर्ष, रुदाली, हजार चौरासी की मां), मन्नू भंडारी (रजनीगंधा), उदय प्रकाश (मोहनदास) आदि कई कथाकारों की रचनाओं पर हिंदी सहित विभिन्न भारतीय भाषाओं में फिल्में बन चुकी हैं। गुलशन नंदा (काजल, नीलकमल) और चेतन भगत (थ्री इडियट्स, काइ पो चे, 2 स्टेट्स) जैसे पॉपुलर लेखकों की रचनाओं पर भी फिल्में बनीं हैं और लोकप्रिय हुई हैं। साहित्यकारों की रचनाओं पर फिल्म बनाने वाले निर्देशकों में बिमल राय, सत्यजित राय, मृणाल सेन, मणि कौल, कुमार शहानी, श्याम बेनेगल, गोविंद निहलानी, ऋषिकेश मुखर्जी, बासु भट्टाचार्य, बासु चटर्जी, गिरीश कासरवल्ली, केतन मेहता आदि प्रख्यात नाम हैं ।

सत्यजित राय, मणि कौल आदि कुछ फिल्मकार ऐसे हैं जिन्होंने अधिकतर फिल्में साहित्यिक रचनाओं पर ही बनाई हैं। इसके बावजूद यह नहीं कहा जा सकता कि श्रेष्ठ फिल्म निर्माण साहित्यिक रचनाओं पर निर्भर है। दरअसल, दोनों माध्यम पूर्णतः स्वतंत्र हैं और साहित्यिक कृतियों पर फिल्म बनाना फिल्मकार की व्यक्तिगत रुचि पर निर्भर करता है। साहित्यिक रचनाओं के रूप में फिल्मकार को एक बनी-बनाई कहानी मिल जाती है, पाठकों के बीच जिसकी लोकप्रियता भी कई बार फिल्मकार को फिल्म बनाने के लिए प्रेरित करती है। कई फिल्मकार किसी विशेष रचना की तरफ इसलिए आकृष्ट होते हैं कि उसमें उन्हें फिल्मांतरण की संभावना नजर आती है।

श्रेष्ठ साहित्यिक रचना पर बनी फिल्म भी श्रेष्ठ और सार्थक होगी, यह जरूरी नहीं है। प्रेमचंद की कालजयी रचना 'गोदान' पर 1963 में बनी फिल्म, जिसमें राजकुमार ने होरी की और कामिनी कौशल ने धनिया की भूमिका अदा की थी, अत्यंत साधारण फिल्म थी। इसने दर्शकों पर कोई असर नहीं छोड़ा। इसके विपरीत शरतचंद्र का अपेक्षाकृत साधारण उपन्यास 'देवदास' पर कई बार फिल्में बन चुकी हैं और लोकप्रिय हुई हैं। विभूतिभूषण बंद्योपाध्याय के उपन्यास 'पथेर पांचाली' की तुलना में सत्यजित राय की फिल्म निश्चय ही एक श्रेष्ठ कलाकृति है। यही बात 'तमस' पर लागू होती है, जिस पर बनी गोविंद निहलानी की फिल्म उपन्यास की तुलना में बेहतर

रचना मानी गई है। कई बार श्रेष्ठ साहित्यिक रचना पर बनी फिल्म को भी उससे कमतर नहीं माना गया। प्रेमचंद की 'शतरंज के खिलाड़ी' और 'सद्गति' कहानियों पर बनी सत्यजित राय की फिल्मों को भी श्रेष्ठ फिल्में माना गया है।

उल्लेखनीय है कि हिंदी क्षेत्र से हिंदी की साहित्यिक कृतियों पर फिल्म बनाने वाले उस पैमाने पर सामने नहीं आ सके, जिस तरह बांग्ला, मलयालम आदि अन्य भारतीय भाषाओं में आए।

साहित्यिक रचनाओं पर फिल्मों के निर्माण की बेहतर कोशिशें कभी विवाद से परे नहीं रही हैं। 'शतरंज के खिलाड़ी' के लिए सत्यजित राय की इस बात के लिए आलोचना की गई कि उन्होंने न केवल कहानी का अंत बदल दिया, वरन वाजिद अली शाह की कहानी, जिसका उल्लेख हालांकि प्रेमचंद की कहानी में भी है, मीर और मिरजा की मूल कथा पर इस कदर हावी हो गई कि इनके माध्यम से प्रेमचंद ने कहानी में जो कहा, फिल्म में लगभग अनकहा ही रह गया। कमोबेश यही दुर्घटना 'कफन' पर पर बनी तेलुगु फिल्म 'ओकी उरी कथा' के साथ हुई। मृणाल सेन ने मूल रचना में निहित विद्रूपता और विडंबना को व्यंग्य और विरोध में बदल दिया। सत्यजित राय और मृणाल सेन दोनों बड़े फिल्मकार हैं और साहित्य को समझने योग्य संवेदना और दृष्टि दोनों के पास है। इसलिए यह कहना उचित नहीं है कि उन्होंने मूल रचनाओं के साथ अन्याय किया। इस मामले को साहित्य और सिनेमा के बीच की भिन्नता के साथ-साथ दो भिन्न समय में दो भिन्न कलाकारों की दृष्टि और रचनाधर्मिता के अंतर के संदर्भ में समझने की जरूरत है।

इससे जुड़ा हुआ प्रश्न है कि किसी साहित्यिक कृति के रूपांतरण के लिए फिल्मकार कितनी स्वतंत्रता ले सकता है। माध्यमों की भिन्नता के कारण जो बदलाव अपरिहार्य हैं, उनको स्वीकार करना ही होगा, लेकिन फिल्मकार कई बार अपने को ऐसे बदलाव तक ही सीमित नहीं रखते। सत्यजित राय ने 'शतरंज के खिलाड़ी' में अपना अर्थ आरोपित किया। कहानी में प्रेमचंद मीर और मिरजा को शतरंज की बाजी लेकर हुए झगड़े में एक-दूसरे को तलवार से मरवा देते हैं। इस तरह वे इनकी मौत द्वारा यह संदेश देते हैं कि सामंतवाद की मृत्यु निश्चित है। सत्यजित राय की फिल्म में दोनों में लड़ाई होती है, लेकिन वे एक-दूसरे को नहीं मारते और फिर से शतरंज खेलने बैठ जाते हैं। इस तरह सत्यजित राय की फिल्म यह संदेश देती है कि प्रेमचंद ने जिस सामंतवाद को मरणासन्न घोषित किया था, वह दरअसल अब भी जिंदा है। इस दृष्टिकोण के साथ फिल्म प्रेमचंद की रचना नहीं रह जाती।

साहित्यिक कृति का अर्थ उसके देश-काल से निर्धारित होता है। फिल्मांतरण करते हुए यदि फिल्मकार उसे अक्षुण्ण नहीं बनाए रखता है, तो वह फिल्म उस साहित्यिक कृति से प्रेरित होते हुए भी उससे भिन्न होगी। यह भिन्नता माध्यम और दृष्टि कोण के स्तर की ही नहीं, बल्कि आस्वादन के स्तर की भी होगी। फिल्म माध्यम और कथा साहित्य अपने मूल स्वभाव में ही अलग-अलग हैं। कहानी और उपन्यास में लेखक शब्दों द्वारा जो कहता है, पाठक अपनी समझ और कल्पनाशक्ति द्वारा उसका अर्थ ग्रहण करता है। इस प्रक्रिया में उसके सामने यह स्वतंत्रता रहती है कि वह रचना के किसी भी अंश को दुबारा-तिबारा पढ़े ताकि उसके अर्थ की पर्तें उसके सम्मुख खुल सकें। फिल्म में दर्शक के सामने यह स्वतंत्रता नहीं होती। एक के बाद दूसरा दृश्य उसके सामने से गुजरता जाता है। इन दृश्यों के माध्यम से जो कुछ दिखता है, उन्हीं से दर्शक को अर्थ ग्रहण करना होता है।

कथा साहित्य में लेखक किसी भी क्षण पर ठहर कर स्थिति का विस्तार से वर्णन कर सकता है। इससे रचना में निहित यथार्थ को उसकी संपूर्णता में ग्रहण करने की क्षमता पाठक में विकसित होती है। एक फिल्मकार रचना में दिए गए डिटेल (भौतिक स्थितियों का वर्णन) को प्रभावशाली ढंग से फिल्मा सकता है, लेकिन भाव और विचार स्थितियों के डिटेल को व्यक्त करना लगभग असंभव हो जाता है, क्योंकि

वे रचना के शिल्प और भाषा में इस तरह अंतर्ग्रंथित होते हैं कि वे उस विशिष्ट रूप में ही अर्थवान होते हैं। जो कृति इस दूसरे पक्ष पर ज्यादा बल देती है, उसका फिल्मांकन उतनी ही बड़ी चुनौती बन जाता है। शायद साहित्यिक रचनाओं पर बनी फिल्मों की सबसे बड़ी कमजोरी यही है कि वे उन रचनाओं की विषयवस्तु को कच्चे माल की तरह इस्तेमाल कर लेती हैं, लेकिन उनमें निहित अर्थ को न ग्रहण कर पाती हैं और न ही संप्रेषित कर पाती हैं।

सिनेमा अयथार्थ को रचकर यथार्थ होने का भ्रम पैदा कर सकता है, जबकि साहित्य में यथार्थ भी अयथार्थ की तरह प्रतीत होता है। इसे एक उदाहरण से समझना ठीक होगा। कविता में पक्षियों या प्रकृति की किसी आवाज को शब्दों में ढालने की कोशिश यथार्थ के जितने भी नजदीक हो, वह पक्षियों या प्रकृति के किसी रूप की हूबहू आवाज नहीं बन सकती। सिनेमा में प्रकृति या पक्षियों की आवाज को शब्दों में रूपांतरित करने की आवश्यकता नहीं है। उनकी सचमुच की आवाज को रिकॉर्ड करके यथावत इस्तेमाल किया जा सकता है। फिल्मकार बादल के गड़गड़ाने, बरसात और पक्षियों के चहचहाने की वास्तविक आवाजों को रिकॉर्ड करके फिल्म में इस्तेमाल कर सकता है। सिनेमा की यह शक्ति ही उसकी सबसे बड़ी सीमा है। इसलिए फिल्मकार को यथार्थ की तरह प्रतीत होते दृश्यों को रचनात्मक रूप देने के लिए अधिक कल्पनाशीलता की आवश्यकता होती है। इस कल्पनाशीलता के लिए अभिनय, कैमरे के विभिन्न कोणों, ध्वनियों और संगीत का रचनात्मक इस्तेमाल करना होता है। फिल्म 'दो बीघा जमीन' में रिक्शे की दौड़ लगाते शंभु के दृश्य की ताकत उसके रिक्शा दौड़ाने में नहीं है वरन उस दौड़ते रिक्शे के फिल्मांकन में निहित है। इसमें कैमरे का उपयोग, उसकी गति, बलराज साहनी का अभिनय, पार्श्व में इस्तेमाल होने वाली विभिन्न आवाजें और संवाद—इन सबका ऐसा संयोजन होता है, जो शंभु के जीवन की त्रासदी के परिप्रेक्ष्य में पूरे दृश्य को एक खास अर्थ से भर देता है।

साहित्यिक भाषा का फिल्म की भाषा में रूपांतरण का काम अनुवाद की तरह नहीं होता। एक भाषा से दूसरी भाषा में अनूदित होते हुए भी भिन्न-भिन्न भाषाओं की मूल प्रकृति एक-सी होती है, लेकिन जब दृश्य माध्यम की भाषा में रूपांतरित करना होता है, तो माध्यम में परिवर्तन के कारण भाषा की मूल प्रकृति बदल जाती है। शब्दों में कही गई बात को दृश्यों में कहना महज रूपांतरण नहीं है बल्कि एक भिन्न तरह की रचनात्मकता है और इस रचनात्मकता का आधार भले ही मूल रचना हो, लेकिन वह उसकी कसौटी नहीं है। इस बात को संक्षेप में इस तरह कह सकते हैं कि श्रेष्ठ साहित्यिक रचना वह है जिसका दृश्यांतरण लगभग असंभव हो। इसी तरह श्रेष्ठ फिल्म वह है जिसे शब्दों में वर्णित करना संभव न हो।

फिल्म के लिए किसी उत्कृष्ट कहानी की ही आवश्यकता नहीं होती। पटकथा, संवाद और गीत लिखने के लिए भी ऐसे लेखकों की आवश्यकता होती है जिनमें दृश्य माध्यम की समझ के साथ-साथ साहित्यिक क्षमता हो। इन तीनों काम के लिए साहित्यकार उपयुक्त व्यक्ति होते हैं, विशेषतः वे जिन्होंने दृश्य माध्यम के रूप में फिल्म में अंतर्निहित रचनात्मकता को अपनी लेखकीय क्षमता का हिस्सा बना लिया है। फिल्म की पटकथा, संवाद और गीत लिखते हुए इस बात का ध्यान रखना होता है कि उसके लिखे को लोग दृश्यों के रूप में देखेंगे और संवादों और गीतों को उन दृश्यों के साथ सुनेंगे। यही वजह है कि फिल्म और साहित्य के लिए लेखन मूल रूप में लेखन होते हुए भी माध्यम की भिन्नता के कारण अलग-अलग हैं।

हिंदी फिल्मों में हिंदी और उर्दू के बहुत-से लेखक आरंभ से जुड़े रहे हैं। पटकथा और संवाद लेखन से प्रेमचंद, अमृतलाल नागर, ख्वाजा अहमद अब्बास, कृश्न चंदर, राजेंद्र सिंह बेदी, गुलजार, इस्मत चुगताई, राही मासूम रजा, कमलेश्वर, जावेद अख्तर, सलीम खान, सबा जैदी, मनोहर श्याम जोशी, जैसे कई प्रख्यात लेखक जुड़े रहे हैं, तो गीत लेखन

से नरेंद्र शर्मा, मजरूह सुलतानपुरी, कैफी आजमी, साहिर लुधियानवी, शैलेंद्र, जां निसार अख्तर, सरदार जाफरी, नीरज, गुलजार, जावेद अख्तर आदि कई नामी-गिरामी कवि और शायर जुड़े रहे हैं। इन्हें साहित्य में भी सम्मानजनक स्थान प्राप्त है। ख्वाजा अहमद अब्बास, गुलजार आदि ऐसे लेखक हैं जिन्हें फिल्मकार के तौर पर भी उतनी ही प्रतिष्ठा प्राप्त है। हिंदी और पंजाबी के कथाकार बलराज साहनी और कन्नड़ के प्रख्यात नाटककार गिरीश कर्नाड अभिनेता के रूप में काफी लोकप्रिय रहे हैं। साहित्य और सिनेमा का संबंध बहुविध है और बहुआयामी भी।

जवरीमल्ल पारख

अधिक जानकारी के लिए :
1. कथा-पटकथा : मन्नू भंडारी, **2. Filming in Fiction :** (Ed.) M Asaduddin and Anuradha Ghosh, **3. Fiction in Films / Films in Fiction :** S Sreetilak

साहित्य का समाजशास्त्र

साहित्य का समाजशास्त्र (Sociology of Literature) साहित्य को समझने का एक ऐसा नजरिया है जिसमें साहित्य की सामाजिकता पर जोर दिया जाता है। साहित्यकार और समाजशास्त्री इसमें साहित्य और समाजशास्त्र की प्रमुखता को लेकर विवाद करते रहे हैं। समाजशास्त्री के लिए साहित्य समाज का अंग भी है और उसका उत्पाद भी। इसलिए वह साहित्य का अध्ययन समाज को समझने और व्याख्यायित करने के लिए करता है, जबकि साहित्यकार के लिए साहित्य समाज का दर्पण भी है और उसकी अभिव्यक्ति भी। इसलिए साहित्य को समझने के लिए समाज को समझना भी जरूरी है। जैसा कि मैनेजर पांडे ने लिखा है, 'समाजशास्त्री के लिए साहित्य अधिक-से-अधिक समाज को समझने में एक स्रोत, साधन या माध्यम है। समाजशास्त्री के सामने यह सवाल होता है कि समाज को समझने में साहित्य क्या विशेष मदद कर सकता है, जबकि साहित्य की चिंता करने वाला आलोचक यह सवाल लेकर चलता है कि वह समाजशास्त्रीय दृष्टि से किसी साहित्यिक कृति की क्या विशिष्ट समझदारी पा सकता है।'

साहित्य के समाजशास्त्र का अध्ययन करने वाले अधिकतर चिंतक साहित्य के विचारक रहे हैं। इसके लिए साहित्य की ऐसी धारणा बनाने की जरूरत होती है, जो उसे समाज की विभिन्न प्रक्रियाओं और उनके प्रभावों के संदर्भ में रखकर देखने में मदद करे। ऐसा तभी संभव हो सका, जब समाजशास्त्रियों ने ऐसी अवधारणाएं प्रस्तुत कीं जिन्हें साहित्य के संदर्भ में लागू करते हुए साहित्य और समाज के पारस्परिक संबंधों की व्याख्या संभव हो सकी। कार्ल मार्क्स ने आधार और अधिरचना की, जो अवधारणा पेश की उसमें विचारधारा को अधिरचना के अंग के रूप में देखा गया। साहित्य भी इसी विचारधारा का एक अभिव्यक्ति रूप है। इस तरह मार्क्सवाद के अनुसार, साहित्य समाज के आर्थिक-भौतिक जीवन से उत्पन्न और उसी पर स्थित तथा आधारित है। आर्थिक और भौतिक धरातल पर परिवर्तन होने के साथ ही साहित्य, कला अथवा विचारधारा के अन्य रूपों में भी परिवर्तन होता है। मार्क्स की इस मूलभूत अवधारणा को बाद के मार्क्सवादी साहित्य और कला चिंतकों ने विकसित किया और साहित्य और समाज के संबंधों को समझने के सूत्र प्रदान किए। साहित्य के समाजशास्त्र के विकास में एमिल दुर्खीम और मैक्स वेबर आदि महान समाजशास्त्रियों के विचारों का भी प्रभाव रहा है।

प्रत्येक युग का साहित्य अपने समाज की उपज होता है, लेकिन साहित्य को समाज के विकास के संदर्भ में रखकर देखने, समझने और उसे व्याख्यायित करने की कोशिशें बहुत पुरानी नहीं हैं। साहित्य और समाज के परस्पर संबंधों को समझने की कोशिशों का इतिहास महज एक सदी से थोड़ा ही पुराना है और इसे अध्ययन के एक स्वतंत्र क्षेत्र के रूप में स्वीकृति तो बीसवीं सदी के मध्य से प्राप्त हुई। साहित्य की रचना लेखक करता है और रचे जाने के बाद साहित्य पाठकों तक पहुंचता है, जो उस रचना का आस्वादन

करते हैं। लेखक रचना का सृजन व्यक्ति के रूप में करे या सामाजिक के रूप में, लेकिन वह एक खास देशकाल में साहित्य की चली आ रही परंपरा के बीच अपने को स्थित करते हुए ही ऐसा करता है। उसे भाषा और साहित्य के उपकरण एक सामाजिक व्यक्ति के रूप में ही प्राप्त होते हैं। इसके बावजूद साहित्य का आस्वादन करने, उसे समझने और उसकी व्याख्या करने के औजारों में आधुनिक युग से पूर्व तक प्रायः अपने समय और समाज की उपस्थिति हाशिए पर भी नहीं होती थी। साहित्य की रचना प्रक्रिया, आस्वादन प्रक्रिया और साहित्य निर्मिति के भाषाई और शिल्पगत उपकरणों को ही साहित्य के संदर्भ में पर्याप्त समझा जाता था। साहित्य के चारों ओर एक ऐसा रहस्यमय प्रभामंडल निर्मित हो जाता था कि समाज के साथ साहित्य के संबंध की ओर ध्यान देने की जरूरत भी प्रायः नहीं समझी जाती थी।

आधुनिक युग में जब सामाजिक विज्ञान के विभिन्न क्षेत्रों का विकास हुआ, तो उसका असर संस्कृति और साहित्य की समझ पर भी पड़ना स्वाभाविक था। यह महसूस किया गया कि साहित्य को सिर्फ साहित्यिक मानदंडों के आधार पर समझना पर्याप्त नहीं है। यहां तक कि यह महसूस किया गया कि साहित्य ही नहीं, साहित्यिक मानदंडों को भी समाज के विकास के संदर्भ में समझा जाना चाहिए। इसी जरूरत ने साहित्य और समाज के परस्पर संबंधों के अध्ययन की ओर समाजशास्त्रियों और साहित्य के चिंतकों को उन्मुख किया।

साहित्य का समाजशास्त्र साहित्य के चारों ओर सदियों से बने रहस्यमय प्रभामंडल को अनावृत्त करते हुए साहित्य के सामाजिक रूप और अर्थ को उजागर करता है। इसी संदर्भ में साहित्य के समाजशास्त्र को साहित्य की सामान्य व्याख्या से अलगाते हुए मैनेजर पांडेय लिखते हैं, 'उसका लक्ष्य साहित्यिक कृति की सामाजिक अस्मिता की व्याख्या है। यह अस्मिता रचना के सामाजिक संदर्भ और सामाजिक अस्तित्व से निर्मित होती है।' साहित्यिक रचना के निर्माण में सामाजिक संरचनाओं के अतिरिक्त सांस्कृतिक संस्थाओं की भी भूमिका होती है, इसलिए साहित्य का समाजशास्त्र साहित्य से जुड़े हुए सभी तरह के संस्थानों का अध्ययन करता है और रचना पर उनके अच्छे-बुरे प्रभाव का विवेचन करता है। लेखक का जीवन इस समाज में बीतता है और उसके सामाजिक अनुभव ही उसके साहित्य सृजन का स्रोत होते हैं। इसलिए यह अध्ययन रचना में अभिव्यक्त समाज को देखकर रचनाकार के तत्संबंधी दृष्टिकोण को उद्घाटित करता है।

जॉन हाल की पुस्तक 'द सोशियोलॉजी ऑफ लिटरेचर' (1979) में इसकी सैद्धांतिक परंपराओं का जायजा लिया गया है। सबसे पहली परंपरा के बतौर वे मार्क्सवाद का नाम लेते हैं। साहित्य और समाज के परस्पर संबंधों को मार्क्सवाद किस रूप में देखता है, इसका उल्लेख किया जा चुका है। इसके अलावा भी मार्क्स और एंगेल्स की साहित्य और कला में गहरी रुचि थी और उनके लेखन में साहित्य के कई पहलुओं पर टिप्पणियां मिलती हैं। इन टिप्पणियों का विशेष महत्व है, क्योंकि ये टिप्पणियां साहित्य संबंधी मार्क्सवादी अवधारणा को यांत्रिक ढंग से समझने के प्रति सावधान करती हैं।

मार्क्स-एंगेल्स के बाद हंगरी के मार्क्सवादी चिंतक जॉर्ज लुकाच ने इस दिशा में काम किया। साहित्य के समाजशास्त्र संबंधी उनकी अवधारणाएं उनकी पुस्तकों 'उपन्यास के सिद्धांत' और 'ऐतिहासिक उपन्यास' के माध्यम से सामने आईं। उन्होंने बाल्जाक की सफलता का रहस्य 'टाइप' (प्रतिनिधि चरित्र) के चित्रण की उनकी क्षमता को माना और कहा कि प्रतिनिधि चरित्रों के माध्यम से ही सामाजिक यथार्थ का सही वर्णन हो सकता है। जोला में वे सामाजिक विवरण की अधिकता और टाइप के निर्माण की कमी देखते हैं। जॉन हाल ने लुकाच की समझ की सीमा उजागर करते हुए बताया है कि उन्नीसवीं सदी के यथार्थवादी उपन्यास ही उनके मानदंड थे, उनसे अलग किस्म के लेखन को वे सराह नहीं पाए। लोकप्रिय साहित्य में वे सामाजिक यथार्थ नहीं देख पाए। उपन्यास के इतिहास और राजनीतिक इतिहास

के बीच संबंध की उनकी धारणा भी यांत्रिक थी। बाल्जाक और स्टेनहाल के उपन्यासों को वे क्रांतिकारी आवेग से अनुप्राणित होने के कारण प्रगतिशील और 1848 के क्रांतिकारी उभार के खात्मे के बाद के उपन्यासकारों-फ्लाबेयर, जोला और फ्रांज काफ्का को तुच्छ प्रतीकवादी और आत्मबद्ध, निराशावादी और प्रकृतवादी कहकर उनकी निंदा करते हैं।

लुकाच की अवधारणाओं का असर लुसिएं गोल्डमान की पुस्तक 'टुआर्ड्स ए सोशियोलॉजी ऑफ नोवेल' (1976) पर देखा जा सकता है। लुकाच की तरह गोल्डमान भी उपन्यास को पतनशील समाज में समस्याग्रस्त नायक द्वारा प्रामाणिक मूल्यों की खोज के इर्दगिर्द देखते हैं। वे उपन्यास के साहित्यिक रूप और जिंस के आर्थिक रूप के बीच सशक्त सादृश्यता मानते हैं। उनके अनुसार, उपन्यास 'बाजार' के लिए उत्पादन से उत्पन्न व्यक्तिवादी समाज के दैनिक जीवन को साहित्यिक धरातल पर स्थानांतरित करता है। वे उपन्यास में नायक की स्थिति में उत्थान-पतन को पूंजीवादी बदलावों के हिसाब से देखते-समझते हैं। गोल्डमान पर दुर्खीम का भी असर था। उनकी रुचि पाठ के समाजशास्त्र को विकसित करने की भी थी। उनका कहना था कि साहित्यिक समाजशास्त्री का केंद्रीय कार्य ऐतिहासिक संदर्भ में साहित्यिक कृति को उसकी पूर्णता में अध्ययन करते हुए उसके वस्तुपरक अर्थ को सामने लाना है। लूसिएं गोल्डमान ने 'संरचनाओं की समानधर्मिता' की धारणा प्रस्तुत की। उन्होंने अपनी किताब 'द हिडेन गॉड' (1955) में ब्लेज पास्कल और ज्यां रेसिन के लेखन में व्यक्त त्रासद दृष्टिकोण और सत्रहवीं सदी के 'नोब्लेस द रोब' नामक समुदाय की सामाजिक स्थिति के बीच समानधर्मिता स्थापित की थी।

लुकाच की समझ को चुनौती फ्रेंकफर्ट स्कूल के बुद्धिजीवियों से मिली। जर्मनी के फ्रेंकफर्ट विश्वविद्यालय में 1923 में स्थापित संस्था 'इंस्टीट्यूट फॉर सोशल रिसर्च', जिसे फ्रेंकफर्ट स्कूल के नाम से जाना गया, से जुड़े बुद्धिजीवियों-थियोडोर एडोर्नो, वाल्टर बेंजामिन, लियो लोएंथाल आदि ने मार्क्सवादी अवधारणाओं से प्रेरित होते हुए लेकिन लुकाच से अपनी असहमति व्यक्त करते हुए समाज और साहित्य के पारस्परिक संबंधों की नए ढंग से व्याख्या की। साहित्य को वर्ग संघर्ष के एक औजार के रूप में देखने के बजाय कृति में समाज के प्रति कैसी आलोचनात्मक दृष्टि उभरती है उन्होंने इसे देखने पर बल दिया। अपनी इसी दृष्टि के कारण उन्होंने द्वितीय विश्वयुद्ध के बाद उभरे उन लेखकों की रचनाओं में यथार्थवादी आलोचना दृष्टि की खोज की जिन्हें लुकाच ने आधुनिकतावादी कहकर खारिज कर दिया था। 'लुकाच ने विकसित पूंजीवादी समाज में विखंडन और अजनबीपन की स्थितियों का अतिक्रमण करने में असमर्थ लेखक को 'पतनशील' कहा था और काफ्का के लेखन को इसी आधार पर नकार दिया था, जबकि एडोर्नो का तर्क था कि कला केवल समाज-व्यवस्था की प्रतिछाया नहीं है, बल्कि वह उस दिए गए यथार्थ के भीतर से ही काम करती है और एक प्रकार का विषम स्वर रचती है, जो वास्तविक संसार का एक निषेधात्मक ज्ञान उपलब्ध कराता है' (अंधेरे समय में विचार : विजय कुमार)।

मार्क्सवाद के बाद दूसरी सैद्धांतिक परंपरा के रूप में जॉन हाल 'इंग्लिश स्कूल' का नाम लेते हैं। इसमें वे एफ आर लेविस के प्रभाव के चलते साहित्य के प्रति अधिक संवेदनशीलता पाते हैं। होगार्ट ने किसी जटिल और उत्कृष्ट साहित्यिक रचना को किसी भी समाजशास्त्रीय सिद्धांत से बेहतर माना और कहा कि उत्तम साहित्यिक कल्पना सामाजिक अनुभव को पूरी तरह ग्रहण कर सकती है। साहित्य की क्षमता के प्रति यह सरोकार उन्हें मार्क्सवाद की परंपरा में विशिष्टता प्रदान करता है, लेकिन वे समाजशास्त्रीय और साहित्यिक पद्धतियों के बीच तनाव में संतुलन बनाने की जगह साहित्य के पक्ष में झुक जाते हैं। जॉन हाल रेमंड विलियम्स के लेखन को भी इसी स्कूल से जोड़कर देखते हैं। विलियम्स ने साहित्यकार को सामाजिक परिस्थितियों का केवल प्रतिबिंबन करने वाला मानने से इनकार किया और कहा कि भाषा नए सामाजिक अर्थों के निर्माण में सक्रिय भूमिका

निभाती है। इस तरह भाषा पूर्व प्रदत्त यथार्थ के चित्रण का औजार मात्र नहीं, यथार्थ का 'घटक' और 'भौतिक' अंग है। इसी तर्क से वे लोकप्रिय कला को साहित्य के समाजशास्त्र की तीसरी परंपरा मानते हैं। जन-समाज (मास सोसाइटी), लोकप्रिय कला और साहित्य की गुणवत्ता के बीच रिश्ता इन लेखकों के विचार का विषय था।

उद्योगीकरण के प्रभाव से साहित्य में बदलाव आए। इसके चलते घटिया आधुनिक 'बेस्टसेलर' का जन्म हुआ। फ्रैंकफर्ट स्कूल के एडोर्नो और होर्खेमेर ने 'कल्चर इंडस्ट्री' शीर्षक लेख में कहा कि जनता को नशे की पलायनवादी हालत में रखने के लिए लोकप्रिय कला को गढ़ा गया है।

इनके अतिरिक्त हमें साठ के दशक में पश्चिमी दुनिया में आए दो उभारों को भी साहित्य के समाजशास्त्र के सिलसिले में याद रखना होगा– नारीवाद और ब्लैक साहित्य। उत्तर-आधुनिकतावादी चिंतक मिशेल फूको ने ज्ञान और सत्ता विमर्श की ऐसी सैद्धांतिकी विकसित की जिसमें सभ्यता की भाषा के भीतर इन दमित अस्मिताओं के दमन के परिष्कृत उपकरणों की पहचान की गई। इन सैद्धांतिकी से इस अस्मिता आधारित लेखन की क्रांतिकारी भूमिका को समझने में मदद मिली। भारत में साहित्य के समाजशास्त्र पर बात करते हुए पश्चिमी साहित्य की ही तर्ज पर हिंदी स्त्री-लेखन और दलित लेखन को ध्यान में रखना होगा। ये साहित्यिक आंदोलन साहित्य और समाज के रिश्तों की समझदारी को नए धरातल पर ले गए हैं। सामाजिक आंदोलनों से साहित्य के घनिष्ठ संबंधों पर जोर ने साहित्येतिहास में सामाजिक शक्तियों के प्रकार्य और साहित्य की समझ में सामाजिकता की उपस्थिति को रेखांकित किया है। थोड़ी अतिवादी मुद्रा अपनाते हुए इन्होंने लेखक के जाति और लिंग से उसके लेखन की विश्वसनीयता को जोड़ा है। साहित्य लेखन को ये बहुत हद तक आंदोलन का ही रूप मानते हैं।

जॉन हापकिंस यूनिवर्सिटी प्रेस द्वारा प्रकाशित पत्रिका 'न्यू लिटरेरी हिस्ट्री–41.2' में जेम्स एफ इंग्लिश द्वारा लिखित 'एवरीह्वेयर एंड नोह्वेयर : द सोशियोलॉजी ऑफ लिटरेचर आफ्टर द सोशियोलॉजी ऑफ लिटरेचर' शीर्षक लेख में अस्सी के दशक के बाद विकसित होने वाले साहित्य के समाजशास्त्र के नए आयामों का जायजा लिया है। उनका कहना है कि समाजशास्त्र के निकट की चीजों में किताबों का इतिहास है, इसी के साथ पुस्तक सूची अध्ययन को भी रखा जा सकता है। डी एफ मेकेंजी का 'द सोशियोलॉजी ऑफ ए टेक्स्ट : ओरालिटी, लिटरेसी एंड प्रिंट इन अर्ली न्यूजीलैंड' में कहना है कि किताब के इतिहासकारों को मानना होगा कि उनके शोध का विषय पाठ नहीं, 'पाठों का समाजशास्त्र है क्योंकि सभी रूपों में किताब मानव व्यवहार के एक साक्ष्य के रूप में ही इतिहास में प्रवेश करती है।' किताब का इतिहास इस तरीके से आगे बढ़ा है कि उसमें साहित्यिक संस्कृति ही समा गई है। किताब के उत्पादकों की समझ भी इसमें शामिल हो गई है। इससे साहित्य के बंद समाज को विस्तार मिला है। लेखक, पाठ और पाठक के अतिरिक्त संपादक, प्रकाशक, पुस्तक विक्रेता, माल ढोने वाला, टिप्पणी लेखक आदि के लिए भी साहित्यिक अध्ययन में जगह बनी है। संस्कृति के इन उपेक्षित उत्पादकों पर जोर देने से अस्सी के दशक के साहित्य के समाजशास्त्र की खाली जगह को भरने में मदद मिली है जिसके बिना किताब के व्यापक और प्रकाशन की तकनीकों की जानकारी विद्वानों को नहीं होती। स्टेलीब्रस ने तो इनके साथ किताब की छपाई के साथ जुड़े हुए सामान को भी अध्ययन का विषय बना दिया है। इसके साथ संचार माध्यम संबंधी अध्ययन जुड़ जाने से किताब का इतिहास, संस्कृति अध्ययन, संचार सिद्धांत तथा विज्ञान का इतिहास और समाजशास्त्र आपस में जुड़कर शोध का अत्यंत रोचक क्षेत्र बन गया है। डिजिटल मीडिया के कारण जेरोमी मैक्गेन लिखित 'रेडिएंट टेक्सचुअलिटी : लिटरेचर आफ्टर वर्ल्ड वाइड वेब' जैसी किताब इस नए क्षेत्र का प्रमुख अध्ययन साबित हुई है।

साहित्य अध्ययन की एक अन्य समाजशास्त्रीय

शाखा साहित्यिक मूल्यों और साहित्यिक मानदंड के निर्माण के इतिहास और तर्क के इर्द-गिर्द विकसित हुई है। पियरे बोर्दियु ने अपनी पुस्तक 'ला डिस्टिंक्शन' (1979) में साहित्य के समाजशास्त्र की अवधारणा प्रस्तुत की। यह सामाजिक प्राथमिकताओं के समाजशास्त्रीय सर्वेक्षणों और नृजातीय पर्यवेक्षण के सामाजिक वितरण पर आधारित है। बोर्दियु ने आस्वादन के तीन क्षेत्रों की पहचान की है। ये हैं : 'विधिसम्मत', 'मध्यवर्ती' और 'लोकप्रिय' जो क्रमश : वर्चस्वशाली वर्ग के शिक्षित हिस्से, मध्य वर्ग और मेहनतकश वर्ग में पाए जाते हैं। प्रकार्य पर रूप की श्रेष्ठता पर बल देने के लिए वह विधिसम्मत आस्वादन को 'सौंदर्यशास्त्रीय निक्षेपण' के रूप में व्याख्यायित करते हैं। इसके विपरीत 'लोकप्रिय सौंदर्यशास्त्र' कला और जीवन के बीच निरंतरता और 'भागीदारी की बहुत गहरी मांग' पर आधारित होता है। इसी वजह से वस्तुओं की प्रातिनिधिकताओं के प्रति इसका शत्रुता भाव वास्तविक जीवन में या तो विकृत या अनैतिक होता है। बोर्दियु ने साहित्य के सामान्य और विशेष क्षेत्रों के निर्माण तथा प्रतीकीय और आर्थिक पूंजी में उनके पारस्परिक अनुपात का सिद्धांत विकसित किया। उसने ध्यान दिया कि कैसे सांस्कृतिक विशिष्टता और उसका पवित्रीकरण सामाजिक ऊंच-नीच की व्यवस्था को मजबूत बनाता है। वे दमन की संस्थाओं को टिकाए रखने में शिक्षा व्यवस्था की प्रमुख भूमिका मानते हैं। उनकी इन मान्यताओं से प्रेरित होकर रिचर्ट टाड की 'कंज्यूमिंग फिक्शन' (1988), जानिस रेडवे की 'ए फीलिंग फॉर बुक्स' (1999), जॉन गिलोरी की 'कल्चरल कैपिटल' (1994), पास्कल कासानोवा की 'वर्ल्ड रिपब्लिक ऑफ लेटर्स' (1987), जॉन फाउ की 'कल्चरल स्टडीज एंड कल्चरल वैल्यू' (1995) और ग्राहम हुगान की 'पोस्टकोलोनियल एक्जोटिक' (2001) जैसी किताबों का लेखन और प्रकाशन हुआ है।

इसी से जुड़ा अध्ययन उच्च शिक्षा के संस्थान, पाठ्यक्रम, अध्यापकों की जमात आदि को लेकर होता है। इससे साहित्य अध्ययन के इतिहास, अन्य अनुशासनों के बीच उसकी जगह तथा व्यापक समाज में उसकी भूमिका पर प्रकाश पड़ता है। शायद इसे ही बोर्दियु साहित्य के समाजशास्त्र का 'आत्मचिंतन' कहते हैं, जो खुद को ही अपने अध्ययन का विषय बनाता है। टेरी ईगलटन ने 'लिटरेरी थियरी' में इसकी शुरुआत की थी। इसे साहित्य का शैक्षिक समाजशास्त्र भी कहा जा सकता है। इसमें शिक्षक और शिक्षार्थी के बीच, पाठ्यक्रम और सामाजिक संरचना के बीच तथा सामाजिक पद्धतियों के बीच शक्ति संबंधों की छानबीन की जाती है। गौरी विश्वनाथन की 'मास्क्स ऑफ कांकेस्ट : लिटरेरी स्टडी एंड ब्रिटिश रूल इन इंडिया' (1989) में भारत में औपनिवेशिक दौर के साथ साहित्य अध्ययन के संबंध को देखा गया है और इस क्षेत्र में इसे महत्वपूर्ण शोध माना जा रहा है।

एक अन्य क्षेत्र पाठकों और पठन-पाठन पर ध्यान केंद्रित करता है। जानिस रेडवे की 'रीडिंग द रोमांस' (1984) संचार अध्ययन के श्रोता सर्वेक्षण तकनीक और लोकप्रिय संस्कृति के भोक्ता तथा प्रशंसक समुदायों के अध्ययन की दृष्टि का सहारा लेकर पढ़ने के तरीकों के बारे में किया गया अध्ययन है जिसमें 'कौन क्या पढ़ता है, कैसे पढ़ता है और उसके पढ़ने से उसकी बाकी गतिविधियों का क्या रिश्ता है' को तलाशा गया है। साहित्य से जुड़ी हुई चीजों से कानूनों के रिश्तों की जांच-पड़ताल भी ऐसा ही विकासमान क्षेत्र है। बौद्धिक संपदा कानून, लेखन के बारे में लोकप्रिय धारणा और वास्तविक लेखन, साहित्य के वितरण और उपभोग के तरीकों तथा साहित्यिक रूपों के इतिहास से संबंधित शोध साहित्य के समाजशास्त्र के नए पहलू हैं।

गोपाल प्रधान

अधिक जानकारी के लिए :
1. साहित्य के समाजशास्त्र की भूमिका : मैनेजर पांडेय, **2. The Sociology of Literature :** John A. Hall, 1979, **3. Methods in the Sociology of Literature :** Lucien goldman **4. Sociology of Literature :** Robert Escarpit

साहित्य की उच्च शिक्षा

विश्वविद्यालयों और कॉलेजों में साहित्य की उच्च शिक्षा स्नातक और परा-स्नातक स्तर पर लंबे समय से दी जाती रही है। यह एक महत्वपूर्ण विषय माना जाता है, क्योंकि साहित्य वस्तुतः इतिहास, संस्कृति और बदलते मानवीय व्यवहारों का आईना है। इसके बावजूद विज्ञान, वाणिज्य एवं टेक्नोलॉजी के विभागों की तरह इस पर शिक्षाशास्त्रीय बहस और चिंतन लगभग नदारद है।

हिंदी शिक्षण की दुनिया में जो बड़े प्रोफेसर हुए, उनमें से कुछ ने साहित्य के बड़े काम किए, पर वे साहित्य के शिक्षाशास्त्र पर मौन थे। जो बड़े साहित्यकार हुए उनमें से कुछ का सिर्फ यह काम था—साहित्य शिक्षण को कोसना। इससे शिक्षा और साहित्य दोनों का नुकसान हुआ। विद्यार्थियों को क्या पढ़ाना चाहिए, कोई पाठ क्यों रखना और क्यों हटाना चाहिए, बदलते समय के साथ साहित्य की उच्च शिक्षा के लक्ष्य, तकनीक और साधन क्या हों, ऐसे विषयों पर गंभीर चर्चा कम हुई। हालांकि पाठ्यक्रम बनते और बदलते रहे हैं, कक्षाएं चलती रही हैं और साहित्य के विभागों में ही ज्यादा गरमाहट देखी गई है।

कहा जाता है, दूसरों को पढ़ाना खुद सीखना है। इक्कीसवीं सदी की एक बड़ी समस्या है कि साहित्य से क्या सीखा जा सकता है, क्या सिखाया जा सकता है। जोसेफ हेलर की एक बात है कि कुछ व्यक्ति साहित्य के बारे में सब कुछ जानते हैं, सिवाय इसके कि इससे कैसे आनंद पाया जाए। फिर भी साहित्य पढ़ना, साहित्य के बारे में सोचना और साहित्य पढ़ाना ये तीनों अलग-अलग मामले हैं। खासकर वैश्वीकरण के जमाने में जब हमारे जीवन में नई अवधारणाएं, शैलियां और मूल्य तेजी से शामिल हो रहे हैं और साथ ही नई समस्याएं और नए परिप्रेक्ष्य मौजूद हैं, साहित्य शिक्षण कैसा हो, यह एक बड़ा सवाल है।

वर्तमान युग में सभी को हर तरफ ध्वंस दिख रहा है, लेकिन कुछ 'निर्माणात्मक ध्वंस' हैं और कुछ 'क्षतिकारक ध्वंस' हैं। निर्माणात्मक ध्वंस हर बदलाव के साथ जरूरी माना जाता है, इसलिए साहित्य में उच्च शिक्षा से संबंधित कोई भी मामला हो—(i) पाठ्यक्रम में सुधार का, (ii) पढ़ाने की तकनीक में बदलाव का, (iii) सीखने के उद्देश्य में विस्तार का या (iv) प्रश्न-पैटर्न में परिवर्तन का—हमारे सामने मुख्य सवाल है, क्या हम उन सबका साहस के साथ ध्वंस करने के लिए तैयार हैं, जो आज के जमाने में निरर्थक और गतिहीन हैं। यदि कुछ निर्माण करना हो तो कुछ ध्वंस करना होगा। यदि कुछ नया निर्माण नहीं हुआ तो साहित्य शिक्षण से जुड़े लोग एक दिन अपने को किसी मलबे पर खड़े पाएंगे।

आखिरकार 'निर्माणात्मक ध्वंस' कहां जरूरी है? हिंदी की पढ़ाई को यदि विद्यार्थियों और बदलती दुनिया के बीच दीवार नहीं बननी है तो ये ध्वंस तीन स्तरों पर होंगे : 1. लक्ष्य, 2. साधन और 3. तकनीक। आमतौर पर हिंदी विभागों का लक्ष्य लगभग यही होता है कि विद्यार्थी व्याख्यान के नोट्स लें, याद करें और वे चीजें दुहराते रहें, जो दशकों से चली आ रही हैं। बीच-बीच में पाठ्यक्रम से कुछ चीजें निकल जाती हैं और कुछ नए लेखक या नए पाठ शामिल हो जाते हैं, लक्ष्य और तकनीक में कोई बदलाव नहीं आता। विद्यार्थी का मस्तिष्क इतना भी नहीं खुलता कि वह कक्षा के व्याख्यानों में हिस्सा ले। वह मूक श्रोता बना रहता है।

वैश्वीकरण ने एक जादू यह किया है कि स्थिरता को तोड़ा है, गतिशीलता को चारों तरफ जरूरी बना दिया है। इसने स्थानबद्ध सोच की जगह संपूर्णतावादी सोच, वैयक्तिक कोशिश की जगह टीम भावना और एक ही मार्ग की जगह कई मार्गों का विकल्प उपस्थित किया है। नए युग में प्रयोग और अन्वेषण की प्रधानता बढ़ती जा रही है। हर तरफ हुनर की पूछ है। यह आशा की जाती है कि विद्यार्थी इतना सक्षम हो कि वह आत्मनिर्भर होकर अपने ज्ञान का स्वतंत्रतापूर्वक उपयोग कर सके। औसत बुद्धि वाले युवा सामाजिक कचरे के रूप में देखे जा रहे हैं। वे राजनीतिक इस्तेमाल के लिए ज्यादा उपयुक्त

समझे जाते हैं। नए आर्थिक वातावरण में साहित्य के नए पाठ्यक्रम और शिक्षण के नए ढंग की जरूरत सिर्फ विद्यार्थियों को औसत बुद्धि से ऊपर उठाकर मेधावान बनाने के लिए ही नहीं है, बल्कि साहित्य के शिक्षकों के अपने अस्तित्व के लिए भी जरूरी है। इनका एक महत्वपूर्ण लक्ष्य साहित्य के विद्यार्थियों को सक्रिय नागरिक जीवन में गरिमा के साथ शामिल होने का अवसर देना होना चाहिए।

विश्वविद्यालय आज गंभीर बौद्धिक बहस, सांस्कृतिक प्रशिक्षण और राष्ट्रीय संस्कृति के पुनरुत्पादन केंद्रों की जगह कॉरपोरेट श्रम बल के प्रशिक्षण केंद्रों में बदलते जा रहे हैं, जिस तरह कभी अंग्रेजी शासन में औपनिवेशिक सेवाओं के लिए शिक्षालयों में क्लर्क तैयार किए जाते थे। अब कई विश्वविद्यालय राष्ट्रीय चेतना और संस्कृति से मुक्त होकर व्यापारिक जरूरतों के अनुसार 'श्रेष्ठ मेधा' के निर्माण केद्र हैं और वे मुनाफे की मशीन हैं। यह सवाल उठता है कि क्या विश्वविद्यालय के लक्ष्य इतने सीमित हो जाने चाहिए। नालंदा और एथेंस के विश्वविद्यालयों से लेकर हाल तक के विश्वविद्यालय शास्त्रार्थ, बहस, अनुसंधान और बौद्धिक आंदोलनों का केंद्र रहे हैं। वे भय की जगहें नहीं रहे हैं। जहाँ ज्ञान है, वहां निर्भयता और स्वतंत्रता होती है। विवेकानंद ने चाहा था, 'हमारे हाथ मुक्त हों, हमारा हृदय मुक्त हो, हमारी बुद्धि मुक्त हो।' अज्ञेय ने यह पंक्ति रखकर कहा, 'इससे बड़ी सफलता न शिक्षा हमें दे सकती है और न हम अपनी शिक्षा को दे सकते हैं।' (सर्जना और संदर्भ)।

आज लगता है कि हिंदी का विद्यार्थी किसी साहित्यिक म्यूजियम में बैठा दिया गया है। वह हजार साल, पांच सौ साल, सौ साल पहले की कृतियों के बीच अपनी पूरी उच्च शिक्षा के दौरान सरहपा से लेकर आधुनिक लेखकों और विमर्शों तक किसी म्यूजियम में घूमता रह जाता है। अतीत का क्या भविष्य है, अब यह सवाल सामने है। पश्चिमी विश्वविद्यालयों में साहित्य शिक्षण के भविष्य को लेकर चिंताएं शुरू हो गई हैं। बाजार संस्कृति में साहित्य शिक्षण का लक्ष्य क्या हो, क्या पढ़ाया जाए, कैसे पढ़ाया जाए, ऐसे प्रश्न उठने लगे हैं।

मार्क बास्केट का कहना है, साहित्य की परिभाषा को व्यापक बनाकर दूसरे विषयों से साझेदारी बढ़ानी होगी। जेराल्ड ग्राफ का मानना है कि फिलहाल समाज में सांस्कृतिक अंतर्द्वंद्व तीव्र होने से संवादहीनता बढ़ती जा रही है। साहित्य शिक्षण को इससे बच भागने की जगह इस स्थिति का सामना करना होगा। उनका मानना है कि आमतौर पर साहित्य शिक्षक अपने व्याख्यानों में भारी-भरकम जार्गन का इस्तेमाल करते हैं। वे बदलते विश्व परिदृश्य में नई समस्याओं, परिप्रेक्ष्यों और शैलियों को अपनाने की जगह अपना कैरियर बनाने में ज्यादा लगे रहते हैं। इसका नतीजा है कि साहित्य का विद्यार्थी नए बौद्धिक समुदाय का अंग होने में असफल हो जाता है। (एनोटेड बिब्लियोग्राफी ऑन लिटरेरी पैडागॉगी, संकलन, लॉरा एल रुंज)। यह भी महसूस किया जा रहा है कि साहित्य के पाठ्यक्रम को मुद्रित साहित्य के परंपरागत ढांचे से मुक्त कर उसमें कुछ प्रतिशत दृश्य-श्रव्य सांस्कृतिक उत्पादनों को भी शामिल किया जाए।

हिंदी सहित सभी भारतीय भाषाओं के विद्यार्थी आमतौर पर कमजोर सामाजिक पृष्ठभूमि से साहित्य पढ़ने के लिए आते हैं। साहित्य के उच्च शिक्षण के लिए पाठों को बदलने के मामले में शिक्षक सामान्यतः कम उत्साही होते हैं। यहां तक कि वे अपने पढ़ाने के नोट तक का अद्यतनीकरण नहीं करते। साहित्य के विद्यार्थी को सूचनाओं का गोदाम बना दिया जाता है। पॉलो फ्रेरा ने अपने शिक्षाशास्त्रीय चिंतन में इस पर जोर दिया है कि संवाद के बिना संप्रेषण और संप्रेषण के बिना शिक्षण संभव नहीं है। सिर्फ ज्यादा नंबर लाने की चिंता और परीक्षाओं के बोझ से अध्ययन में गहराई नहीं आ पाती। विद्यार्थी जब एक सेमेस्टर से दूसरे सेमेस्टर में जाता है, क्या वह खुद देखने की कोशिश करता है कि उसके विचारों में पहले की तुलना में कहां विकास आया है, कहां परिवर्तन आया है? किसी भी विषय में उच्च शिक्षण की तरह

साहित्य के उच्च शिक्षण में भी प्राथमिक लक्ष्य होना चाहिए कि कैसे हमारे नौजवान ज्ञान का अपने बल पर व्यावहारिक इस्तेमाल करें, उनकी आलोचनात्मक सोच का विकास हो और वे खुलकर 'आर्ग्यूमेंट' कर सकें। वे सिर्फ दूसरी पुस्तकों से विचाराहरण करके न लिखें, बल्कि नवोन्मेषी हों। साहित्य का पाठ्यक्रम कम भारी नहीं होता, पर विद्यार्थी सीखता क्या है?

साहित्य के उच्च शिक्षण में पहली समस्या पाठ्यक्रम ही है कि कैसे यह साहित्यिक म्यूजियम भर न हो। इसके लिए 'आईना-खिड़की सिद्धांत' का प्रयोग किया जा सकता है। आईने के सामने हम अपने को देखते हैं, हम क्या हैं, कौन हैं और कहां से आ रहे हैं। खिड़की से पूरे संसार की हलचल और आसमान की ओर नजर जाती है। अतीत का जो हिस्सा अर्थपूर्ण है, वह निश्चय ही हमारी पहचान कराता है, आज की समस्याओं को समझने के लिए दृष्टि देता है। उसे निश्चय ही पाठ्यक्रम का हिस्सा होना है, लेकिन ऐसी चीजें भी काफी होनी चाहिए जिन्हें लेकर विद्यार्थी वर्तमान की हलचलों का अंग बन सकें और आगे दूर तक देख सकें। साहित्य के उच्च शिक्षण में ज्यादातर पाठ दीवार की तरह होते हैं, जो न खुद को पहचानने देते हैं और न बाहर की नई हलचलों से जुड़ने देते हैं। यह एक सांस्कृतिक क्षति है। हमारा समाज नहीं चाहेगा कि दुनिया में इस समय हो रहे बदलावों में भाषा और साहित्य शामिल न हों। दुनिया ज्ञान और तकनीकी हुनर के क्षेत्र में जितना आगे बढ़ी है, साहित्य की उच्च शिक्षा भी उस गति का हिस्सा क्यों न बने?

साहित्य की उच्च शिक्षा का पाठ्यक्रम मोटे तौर पर ऐतिहासिक काल-क्रमानुसार बंटा होता है या कविता, उपन्यास, नाटक आदि विधाओं के अनुसार। सोचा जा सकता है कि यह ढांचा आज कितना उपयोगी रह गया है। उपयोगिता की एक कसौटी सार्थकता है। इसलिए पाठ्यक्रम बदलने का अर्थ सिर्फ यही नहीं है कि क्या हटाया जाए और क्या शामिल किया जाए। कोई पाठ क्यों हटाया जा रहा है, इसके लिए जितना तर्क अपेक्षित है, उतना ही तर्क इसके पीछे भी होना चाहिए कि कोई पाठ क्यों है और कोई नया पाठ क्यों शामिल किया जा रहा है। साहित्य के उच्च शिक्षण के लक्ष्यों के अनुसार ही पाठ्यक्रम और शिक्षण पद्धति बनाई जानी चाहिए। पाठ्यक्रम का अद्यतनीकरण पूरी अवधारणा का एक हिस्सा भर है।

साहित्य के उच्च शिक्षण का ढांचा निर्मित करते समय ऐतिहासिक काल-क्रम और विधाओं के परंपरागत दबाव से बाहर निकलकर ही शिक्षण को व्यावहारिक और उत्प्रेरक बनाना संभव है। 'आईना-खिड़की सिद्धांत' का रचनात्मक इस्तेमाल करते हुए साहित्य के उच्च शिक्षण की योजना को प्रधानतः इन लक्ष्यों पर केंद्रित किया जा सकता है– 1. भाषा के दीर्घ जातीय विकास को समझने का लक्ष्य, 2. आज की प्रमुख समस्याओं को समझने का लक्ष्य, 3. सामुदायिक विशिष्टताओं, सांस्कृतिक भिन्नताओं को पहचानने और सांस्कृतिक स्तर से अंतर्द्वंद्व प्रबंधन का लक्ष्य, 4. भाषिक निपुणता, साहित्यिक कल्पनाशीलता और आलोचनात्मक सोच के निर्माण का लक्ष्य, 5. हुनर के लिए साहित्यिक कल्पनाशीलता के व्यावसायिक उपयोग का लक्ष्य, 6. बड़ी पूंजी के लोकप्रिय सांस्कृतिक उत्पादनों की आलोचनात्मक समझ निर्मित करने का लक्ष्य और 7. पाठ्यक्रम से बाहर का साहित्य पढ़ने और इंटरनेट के जरिए कनेक्टिविज्म को प्रोत्साहित करने का लक्ष्य। साहित्य के पाठ एवं शैक्षिक कार्यक्रम का निर्धारण उपर्युक्त लक्ष्यों को ध्यान में रखकर किया जा सकता है, ताकि इतिहास, समाज, नई सभ्यता-संस्कृति और व्यावसायिक कुशलता के संदर्भ में विद्यार्थियों की अंतर्दृष्टियों का सहज रूप से निर्माण संभव हो। ऐसे पाठ्यक्रम का बहुसांस्कृतिक, बहुरेखीय, लोकतांत्रिक और व्यावहारिक होना स्वाभाविक है। उसे ऐसा होना ही चाहिए, जो आज की जरूरतों को पहचाने।

वैश्वीकरण के जमाने में जरूरी माना जा रहा है कि साहित्य के उच्च शिक्षण में हर पाठ के व्यावहारिक उपयोग के पहलू को ध्यान में रखा जाए। हमारे गौरवशाली ग्रंथ भी नई दृष्टियों से देखे

जाने चाहिए। सांस्कृतिक रूप से जो भिन्न हैं, उन्हें पढ़ने, समझने और संबोधित करने की जरूरत अब ज्यादा महसूस की जा रही है, क्योंकि वैश्वीकरण द्वारा संपूर्णतावादी सोच को प्रोत्साहन देने के बावजूद ऐसी भिन्नताएं बढ़ी हैं और उन्हें साहित्यिक परिप्रेक्ष्य से देखा जाना जरूरी है। प्रत्येक साहित्यिक कृति शिक्षण के क्षेत्र में एक लेबोरेटरी की तरह है, जिसमें हम मनुष्य के विचारों, अनुभूतियों, प्रश्नों और चरित्रों को समझते हैं।

नई पद्धति से शिक्षण के लिए इन चीजों की जरूरत महसूस की जा सकती है—1. कक्षाओं को अधुनातन दृष्टियों के निर्माण की जगह के रूप में विकसित करना, 2. कॉरपोरेट पद्धति की तरह साहित्य शिक्षण में व्यक्तिगत अध्ययन की जगह परियोजनाएं देकर टीम में काम कराना, 3. नियमित कक्षाओं के अलावा कक्षागत अंतर्क्रिया, विभागीय सेमिनार, साहित्य और कलाओं के बीच संबंध, साहित्य और व्यापारिक दुनिया से संवाद आदि को प्रोत्साहन, 4. साहित्यिक अवधारणाओं के साथ दार्शनिक, समाजवैज्ञानिक, मनोवैज्ञानिक, आर्थिक अवधारणाओं और मिथकीय संरचनाओं का ज्ञान, 5. विकल्प के यथासंभव अधिक-से-अधिक अवसर, 6. इंटरनेट और कनेक्टिविज्म की सुविधा, 7. विद्यार्थियों से उत्तर पूछने की जगह यह कहना कि किसी पाठ से स्वयं नए प्रश्न तैयार करें, ताकि वे अपनी रुचि और बुद्धि से सोचें या वे पाठ्यक्रम के लिए पाठ चुनें या कक्षा में प्रोफेसर की तरह पढ़ाएं, अर्थात उन्हें निष्क्रिय श्रोता की जगह विभिन्न तरह से इंटरएक्टिव तौर-तरीकों में ढालना, 8. 'रीडर्स-रिस्पांस' को नए अपरिचित पाठ रखकर प्रोत्साहित करना, 9. विद्यार्थियों को विभिन्न विधाओं में रचनात्मक लेखन, संपादन और शैक्षिक कार्यक्रमों में प्रवृत्त करना। वस्तुतः साहित्य शिक्षण एक कला है, कोई घिसापिटा या जम्हाई लेने जैसा मामला नहीं। आज की मांग है—आत्मविश्वास रखो, सोचो, हुनर का प्रदर्शन करो और श्रेष्ठता प्रमाणित करो।

हर साहित्यिक कृति में अर्थ की कई तहें होती हैं। उसकी व्याख्या एक ही ढंग के अर्थान्वेषण तक सीमित नहीं हो सकती, जबकि अकसर दशकों तक कक्षा में एक ही घिसापिटा अर्थ बताया जाता रहा है। इससे विद्यार्थी में अर्थान्वेषण और पुराने अर्थ को तोड़कर नए अर्थ खोजने की प्रवृत्ति पनप नहीं पाती। इसलिए पाठ्यक्रम में ऐसी कृतियां हों जिन्हें सामने रखकर अर्थ-क्रीड़ा, अर्थान्वेषण संभव हो सके। साहित्य शिक्षण जितना आनंददायक और क्रीड़ापूर्ण होता है, यह विद्यार्थी को उतना ही 'इनोवेटिव' बनाता है।

यह वास्तविकता है कि इन दशकों में कल्याणकारी राज्य का क्षय हुआ है, बाजारवादी राज्य का उदय हुआ है। इस व्यवस्था में उच्च स्तर पर भाषाओं के अध्ययन को स्वैच्छिक या महत्वहीन बनाने का एक दुश्चक्र है। बाजार-उन्मुख ज्ञान से बाजार के सजगतापूर्ण उपयोग का ज्ञान भिन्न है, लेकिन विश्वविद्यालय मुख्यतः बाजार-उन्मुख होते गए हैं। निजी विश्वविद्यालयों में शैक्षिक पूंजीवाद का वर्चस्व स्पष्ट है, जो अब धीरे-धीरे परंपरागत विश्वविद्यालयों की तरफ भी खिसक रहा है। यह भी एक तथ्य है कि वैश्वीकरण के बावजूद दुनिया में राष्ट्र-राज्यों का विलोप नहीं हुआ। इसी तरह मानविकी विभागों की सामाजिक जरूरतें समाप्त नहीं हुई हैं। मानविकी विभागों का अपने पुराने गौरव के अनुरूप पुनरुत्थान हो और वे नई चुनौतियों के सामने सकारात्मक ढंग से खड़े हों, इसके लिए जरूरी है कि मानविकी के विभाग सबसे पहले अपने भीतर की अमानवीयताओं और बौद्धिक स्थिरता से मुक्त हों। सभी लोग 'मलबे के ढेर में बदल जाने के खतरे' को मिल-जुलकर पहचानें।

विश्वविद्यालय सिर्फ ज्ञान के भंडार को नहीं कहते। ये पुरातन संस्कारों को बदलने की, सांस्कृतिक पुनःउर्वरण की संस्थाएं हैं। ये सांस्कृतिक परिवर्तन के औजार हैं। किसी विश्वविद्यालय की पहचान कक्षाओं की निर्जीव सत्ता से नहीं, सजीव, चहल-पहल से भरी सत्ताओं से होती है। किसी जीवंत विश्वविद्यालय के विभाग बंद 'रेल के डिब्बे की तरह नहीं होते, बल्कि

विभिन्न विषयों में आतंरिक सहकारिता ही शिक्षा की एक मुख्य शक्ति होती है। आज इंटरनेट का सदुपयोग बहुत कुछ सिखाता है। इसने शिक्षा को कक्षा से विस्तृत कर दिया है। इसलिए साहित्य की उच्च शिक्षा की योजना तैयार करते समय इस पर ध्यान जाना चाहिए कि शिक्षा आज के समय में कहां-कहां घटित हो सकती है और कहां-कहां बिल्कुल घटित नहीं हो सकती। इस दृष्टि से देखें तो पाठ्यक्रम, शिक्षण पद्धति और विद्यार्थियों के पढ़ने के उद्देश्य में एक व्यापक परिवर्तन की जरूरत है, अर्थात एक बड़े 'निर्माणात्मक ध्वंस' की जरूरत है।

शंभुनाथ

अधिक जानकारी के लिए :
1. हिंदी शिक्षण : नए भविष्य की तलाश : केंद्रीय हिंदी संस्थान, 2008 **2. Teaching Literature :** Elaine Showalter, 2002

साहित्य पारिस्थितिकी

1970 से शुरू होकर 1990 तक एक बिल्कुल नई साहित्यिक दृष्टि बनकर दुनिया भर में उभरी एक विचारधारा है—पारिस्थितिक दर्शन। पारिस्थितिक सौंदर्यशास्त्र के संबंध में (Eco-Criticism) पद का सर्वप्रथम प्रयोग विलियम रुकेर्ट ने 1978 में प्रकाशित अपने निबंध 'लिटरेचर एंड इकोलॉजी : एन एक्सपेरिमेंट' में किया था। साहित्यिक अध्ययन में पारिस्थितिक शास्त्र और पारिस्थितिक तत्वों के प्रयोग पर विचार करना उस निबंध का लक्ष्य था। यद्यपि विलियम रुकेर्ट ने इस शब्द का प्रयोग सर्वप्रथम किया, पर जोसेफ मीकर की 1974 में लिखित किताब 'द कॉमेडी ऑफ सरवाइवल : स्टडीज इन लिटरेरी इकोलॉजी' इस विषय पर पहली साहित्यिक समीक्षा है। साहित्यिक पारिस्थितिक शास्त्र को मीकर ने साहित्यिक कृतियों में अभिव्यक्त जीवशास्त्रपरक विषय के रूप में देखा। उनके अनुसार, इधर साहित्यिक कृतियों में प्रकृति की प्रक्रियाओं में मनुष्य के विश्वास एवं पर्यावरण संकट पर चिंता व्यापक स्तर पर व्यक्त हुई है। उन्होंने इस पर बल दिया कि मनुष्य के अस्तित्व एवं जिंदगी पर साहित्य के प्रभाव के अध्ययन करने में साहित्यिक पारिस्थितिक शास्त्र को सक्षम बनाना जरूरी है।

1990 के आसपास ही पारिस्थितिक सौंदर्यशास्त्र एक नई समीक्षा पद्धति के रूप में संसार भर में उभर कर आने लगा। 1996 में अंग्रेजी में 'द ईको-क्रिटिसिज्म रीडर' शीर्षक से आलोचनात्मक ग्रंथ प्रकाशित हुआ। इसकी मुख्य संपादका हैं शेरिल ग्लोफेलटिया। इस ग्रंथ की भूमिका में उन्होंने इस नई आलोचनात्मक पद्धति की परिभाषा दी है, 'मानव संस्कृति का प्रकृति के साथ अटूट संबंध है। वे परस्पर प्रभावित हैं। यह आलोचना प्रकृति और संस्कृति के बीच के संबंध को ढूंढ़ती है। एक आलोचनात्मक पद्धति के रूप में इसका एक पैर साहित्य में और दूसरा भूमि पर है। एक दर्शन के रूप में यह एक साथ मनुष्य और मनुष्येतर सत्ताओं के साथ जुड़ा हुआ है।' उनके अनुसार, आधुनिक साहित्य में संसार वस्तुतः मनुष्य के सामाजिक संसार में सिमट रहा है, लेकिन ईको-क्रिटिसिज्म में 'संसार' व्यापक बनकर मनुष्य की पूरी आवासीय व्यवस्था को धारण करता है। यही चीज साहित्य की पारिस्थितिकी को अन्य आलोचना पद्धतियों से अलग करती है। यह सार्वभौमता-केंद्रित साहित्यिक अध्ययन है।

पारिस्थितिकी की मुख्य शाखाएं हैं—गहन पारिस्थितिकी, सामाजिक पारिस्थितिकी, समाजवादी पारिस्थितिकी और पारिस्थितिक स्त्रीवाद।

के वनजा

अधिक जानकारी के लिए :
1. Ecocriticism : Greg Garrard, 2004, **2. The Ecocriticism Reader-Landmarks in Literary Ecology :** Cheryll Glotpelty, 1996

साहित्य मूल्यांकन पद्धतियां

साहित्य शिक्षण के क्षेत्र में मूल्यांकन की अवधारणा शिक्षा के व्यापक और चरम

उद्देश्यों से सीधे तौर पर संबद्ध है। 'विद्यार्थी के व्यक्तित्व का मनचाही दिशा में विकास' को शिक्षा का परम उद्देश्य माना गया है। इसके अंतर्गत समझा जाता है कि शिक्षण प्रक्रिया से गुजरने के बाद छात्र एक पूर्ण मानव के रूप में सामने आएगा अर्थात वह बौद्धिक दृष्टि से सबल, भावनात्मक दृष्टि से संतुलित और शारीरिक रूप से पूर्ण सक्षम होगा। शारीरिक सक्षमता का दूसरा अर्थ जीवन में क्रियाशीलता है। इस प्रकार के पूर्ण मनुष्य के निर्माण का चरम लक्ष्य है कि वह सामाजिक आवश्यकताओं की पूर्ति के योग्य बने। सामाजिक आवश्यकताएं चार मानी गई हैं–उत्पादकता, एकात्मकता, आधुनिकता और आध्यात्मिकता। इन परम लक्ष्यों की बार-बार चर्चा उन दस्तावेजों में मिलती है, जो हमारे देश की शिक्षा नीति से संबंधित हैं। वैसे यह माना जाता है कि उपर्युक्त अवधारणाएं हर विषय के शिक्षण पर एक समान लागू हैं, लेकिन साहित्य के शिक्षण के द्वारा इन लक्ष्यों की प्राप्ति अधिक सक्षमता से की जा सकती है, क्योंकि 'पूर्ण मानव' के आदर्श की कल्पना या अवधारणा जितनी और जिस प्रकार साहित्य में मिलती है, उतनी और उस प्रकार किसी अन्य विषय में नहीं।

साहित्य के शिक्षण के माध्यम से मनुष्य के व्यक्तित्व का पूर्ण विकास संभव बनाना और परीक्षण व मूल्यांकन के द्वारा यह देखना कि इस लक्ष्य की प्राप्ति किस सीमा तक हुई है, नहीं हुई तो क्यों नहीं हुई और ऐसे क्या उपाय हो सकते हैं जिनके द्वारा इस लक्ष्य की प्राप्ति की जा सके–यह एक आदर्श के रूप में ही हमारे सामने उपस्थित है। व्यवहार में हम जो मूल्यांकन पद्धति अपनाते है उसका उद्देश्य किसी पाठ्यक्रम में निहित साहित्यिक कृतियों और उसके इतिहास, काव्य शास्त्र, सामाजिक पृष्ठभूमि आदि विषयों के ज्ञान पर अधिकार की मात्रा का मूल्यांकन करना ही है। इस प्रकार व्यावहारिक दृष्टि से साहित्य शिक्षण और परीक्षण भी अन्य विषयों के शिक्षण और परीक्षण के समान हो जाता है। यह उस विषय के ज्ञान पर छात्र के अधिकार की मात्रा या उसके स्तर का मूल्यांकन है। शिक्षाशास्त्र की दृष्टि से प्रभुत्व या अधिकार 'अधिगम का वह न्यूनतम स्तर है, जो किसी शिक्षक या परीक्षा-निकाय की मूलभूत अपेक्षाओं को संतुष्ट करने के लिए पर्याप्त हो'। इस प्रकार प्रभुत्व या अधिकार के अंतर्गत मुख्य रूप से ये अवयव आते हैं–(1) उक्त विषय के बारे में छात्र का ज्ञान, (2) उस विषय से संबंधित उसका बोध और (3) उस विषय के नियमों और सिद्धांतों के व्यावहारिक प्रयोग की क्षमता।

इसके बाद कुछ बल उस विषय में छात्र के विश्लेषण, संश्लेषण और मूल्यांकन की क्षमता के विकास पर दिया जाता है। उपर्युक्त तीन अर्थात ज्ञान, बोध और अनुप्रयोग को शिक्षाशास्त्र की शब्दावली में निम्न स्तरीय योग्यताएं और विश्लेषण, संश्लेषण और मूल्यांकन को उच्च स्तरीय योग्यताएं कहा जाता है। निम्न स्तरीय योग्यताओं के परीक्षण के लिए वस्तुनिष्ठ प्रश्नों को अधिक उपयुक्त माना गया है। उच्च स्तरीय योग्यताओं के मूल्यांकन के लिए विषयीनिष्ठ प्रश्नों को अधिक उपयुक्त माना जाता है, किंतु विकल्पों की बहुलता या मल्टिपल च्वॉयसेज एक ऐसा प्रश्नपद प्रकार है जिसे यदि ठीक ढंग से प्रकल्पित किया जाए तो उसका उपयोग उच्च स्तरीय योग्यताओं के परीक्षण में भी किया जा सकता है। हमारी नेट/स्लेट/सेट आदि परीक्षाओं में इसी पद्धति का उपयोग किया जाता है।

ऊपर हमने उत्पादकता, एकात्मकता, आधुनिकता और आध्यात्मिकता के रूप में चार सामाजिक आवश्यकताओं की चर्चा की है और बताया है कि इनकी परिपूर्ति के लिए ही शिक्षा की पूरी व्यवस्था बनाई गई है। वैसे तो यह हर विषय के लिए है, लेकिन इस सूची को देखने से यह स्पष्ट होता है कि इन सामाजिक आवश्यकताओं की पूर्ति यदि सबसे अधिक किसी विषय से होती है या हो सकती है तो वह है–साहित्य। साहित्य के अध्ययन-अध्यापन से न सिर्फ छात्र की ज्ञान, बोधादि बौद्धिक क्षमताओं का विकास होता है, बल्कि उसकी भावनाओं का भी संस्कार और परिष्कार होता है। उसे क्रियाशील होने की प्रेरणा भी मिलती है। साहित्य के शिक्षण

का उद्देश्य भी यही है, लेकिन छात्र के व्यक्तित्व में इनकी उपलब्धि की मात्रा क्या है, इसका परीक्षण और मूल्यांकन हमारी वर्तमान व्यवस्था में नहीं होता है।

हम साहित्य को भी अन्य विषयों की तरह एक अनुशासन मानकर पाठ्यक्रम में निहित साहित्यिक कृतियों या रचनाओं के ज्ञान एवं बोध आदि की मात्रा का ही मूल्यांकन कर पाते हैं। बौद्धिक के अलावा छात्र की भावनात्मक एवं क्रियात्मक उपलब्धियों का परीक्षण परंपरागत मसि-कागद मोड (Paper-Pencil Mode) में हो भी नहीं सकता है। इसके लिए कुछ अन्य उपकरणों और तकनीकों का उपयोग किया जा सकता है। ये हैं-आख्यायक अभिलेख (एनकडोटल रिकॉर्ड), घोषित प्रेक्षण (अनाउंस्ड ऑब्जरवेशन), दत्त कार्य (असाइनमेंट्स), व्यवहार जांच सूची (बिहेवियर रेटिंग शेडयूल), व्यवहार रिकॉर्ड, जीवन वृत्त (बायो-डाटा, वाद-विवाद (डिबेट)), इंद्रियानुभूति परीक्षण (इंपिरिकल टेस्ट), आत्म-प्रतिवेदन (सेल्फरिपोर्ट) आदि। इनके माध्यम से छात्र के व्यक्तित्व के बौद्धिकेतर अर्थात भावनात्मक और क्रियात्मक पक्षों के वांछित दिशा में हुए विकास की मात्रा का समाकलन किया जा सकता है। साहित्य शिक्षण और परीक्षण तथा मूल्यांकन के क्षेत्र में इन उपकरणों या पद्धतियों के प्रयोग की आवश्यकता को समझना अभी शेष है, हालांकि केंद्रीय माध्यमिक शिक्षा बोर्ड में दसवीं कक्षा तक के छात्रों के लिए जो सतत एवं समग्र परीक्षण की व्यवस्था लागू की गई है, वह इसी दिशा में एक आधारभूत प्रयास है। यहां 'सतत' से तात्पर्य है कि शिक्षण के समानांतर परीक्षण भी होता चले। समग्र का आशय यही है कि छात्र के व्यक्तित्व के विकास के न सिर्फ बौद्धिक पक्ष का परीक्षण हो बल्कि उसके भावात्मक एवं क्रियात्मक या व्यवहार पक्ष का भी मूल्यांकन होना चाहिए। जब उच्च शिक्षा के क्षेत्र में, खासकर साहित्य की उच्च शिक्षा के क्षेत्र में यह मूल्यांकन पद्धति लागू होगी, तभी इस विषय में शिक्षण, परीक्षण एवं मूल्यांकन के असली उद्देश्यों की प्राप्ति हो सकेगी।

बिरेश कुमार

साहित्य में इतिहास

काव्यशास्त्र में गद्य के दो भेद किए गए हैं—कथा और आख्यायिका। कथा वह है, जो कल्पित होती है और आख्यायिका कल्पित नहीं पूर्वज्ञात होती है, जैसे पुराण और इतिहास आधारित रचना। कथा और आख्यायिका दोनों के उदाहरण एकत्र बाणभट्ट के लेखन में मिलते हैं। उनकी 'कादंबरी' कथा है और 'हर्षचरित' आख्यायिका। नाट्यशास्त्र में कथावस्तु के तीन भेद किए गए हैं—प्रख्यात, उत्पाद्य और मिश्र। प्रख्यात कथावस्तु अनुत्पाद्य यानी ऐतिहासिक होती है, उत्पाद्य कथावस्तु कल्पित और मिश्र कथावस्तु दोनों का मिला-जुला रूप।

कथावस्तु के 'मिश्र' नामक भेद के द्वारा आचार्यों ने जैसे समस्या का समाधान प्रस्तुत करने की कोशिश की है यानी साहित्य में कल्पना और इतिहास को लेकर उठने वाली समस्या का समाधान। साहित्य में इतिहास के साथ कल्पना के लिए कितनी जगह है, उसमें इतिहास के साथ कल्पना की कितनी मिलावट की जा सकती है और इन दोनों में किस प्रकार का संबंध अपेक्षित है, इन सबका उत्तर कथावस्तु के 'मिश्र' भेद के द्वारा दिया गया है। आचार्यों ने कहा है कि यदि मुख्य कथा प्रख्यात हो, तो छोटे ब्यौरे काल्पनिक हो सकते हैं। इस तरह साहित्य में कल्पना के लिए गुंजाइश निकाली गई, उसका बहिष्कार नहीं किया गया। इतना स्पष्ट है कि उसे इतिहास के अधीन रखा गया। इतिहास स्वामी और कल्पना दास, कल्पना को कोई बड़ा निर्णय लेने का अधिकार नहीं है। वह इतिहास के चौखटे में इधर-उधर कुछ दूर भटक सकती है और आदेश मिलने पर तुरंत लौटना उसकी नियति है। निश्चय ही साहित्य में इतिहास और कल्पना के संबंध का, जो वस्तुतः अत्यंत जटिल है, यह नितांत सरल समाधान है।

साधारणीकरण रस प्रकरण का एक अत्यंत सुदृढ़ सैद्धांतिक तत्व है। उसकी व्यापकता के लिए ऐतिहासिक होने का बार-बार आग्रह किया गया है।

कहा गया है कि यदि कथावस्तु या उसका कोई प्रसंग लोक-विरुद्ध अथवा अनैतिहासिक है, तो उसके साधारणीकरण में कठिनाई होगी। आश्चर्य नहीं कि संस्कृत के अधिकांश महाकाव्यों और नाटकों की कथावस्तु प्रख्यात है। शुद्ध उत्पाद्य कथावस्तु के लिए प्रोत्साहन नहीं दिया गया। ऐसी स्थिति में प्रख्यात को उत्पाद्य में रूपांतरित करने की दिशा में सोचना बहुत दूर की बात थी।

साहित्य में इतिहास और कल्पना अथवा स्वयं साहित्य और इतिहास के संबंध की समस्या सरल नहीं है। हिंदी में प्रसाद ने अनेक ऐतिहासिक नाटक लिखे हैं। इस प्रसंग में दो बातें स्मरणीय हैं। उन्होंने अपने नाटकों को यथासंभव इतिहास-सम्मत सिद्ध करने का प्रयास किया है। आलोचकों ने भी उन नाटकों की परीक्षा प्राय: ऐतिहासिकता की कसौटी पर की है। प्रेमचंद ने प्रसाद के बारे में उनके नाटकों को ध्यान में रखकर कहा था कि वे गड़े मुर्दे उखाड़ा करते हैं। इसका उत्तर यह कहकर दिया गया कि नहीं, उनके नाटक वर्तमान से पलायन नहीं है, बल्कि उनमें अतीत के माध्यम से वर्तमान का समाधान किया गया है। दिनकर के 'कुरुक्षेत्र' की यह उक्ति जैसे इसी बात को दोहराती है—'संतप्त विश्व के लिए खोजते छाया/आशा में था इतिहास-लोक तक आया'। इस चिंतन को प्रभाकर माचवे ने यह कहकर चुनौती दी कि वर्तमान चूंकि ठीक-ठीक अतीत नहीं होता, इसलिए अतीत के माध्यम से वर्तमान की समस्या का समाधान संभव नहीं है। रामचंद्र शुक्ल कह चुके थे कि वर्तमान के हिसाब से अतीत की कथा में फेर-फार को हम भारी अनाड़ीपन समझते हैं। नलिन विलोचन शर्मा ने टी एस इलिएट के सिद्धांत 'ऑब्जेक्टिव कोरिलेटिव' (वस्तुमूलक प्रतिरूपता) के आधार पर वर्तमान के लिए अतीत के इस प्रकार के उपयोग को एक सिरे से नकार दिया था। उन्होंने कहा था, साहित्य में इतिहास का एक ही उपयोग हो सकता है—उसे एक दूरी पर रखकर अवलोकनीय बनाना। प्रकारांतर से यह भी साहित्य में इतिहास की सत्ता को चुनौतियों से परे रखना था। मतलब यह है कि साहित्य में इतिहास को आना है तो इतिहास के रूप में ही, दूसरे रूप में नहीं। इधर आकर कहा गया है कि साहित्य इतिहास की 'छूटी हुई जगहों' को भरता है। यहां भी इतिहास का चौखटा सुरक्षित है, तथ्य इतिहास के जिम्मे और संवेदनात्मक स्थल, जिससे इतिहासकार का सरोकार नहीं, साहित्य के हवाले।

साहित्य ऐतिहासिक अभिलेख नहीं है। इस तरफ हजारीप्रसाद द्विवेदी ने यह कहते हुए संकेत किया है कि उनके ऐतिहासिक उपन्यास 'इतिहास' नहीं, बल्कि 'गप्प' हैं! 'गप्प' से निश्चय ही उनका आशय 'गल्प' यानी 'फिक्शन' से है। 'फिक्शन' के संबंध में ज्ञातव्य है कि वह 'फैक्ट' का उलटा है, 'ट्रुथ' का नहीं। आज जब इतिहास मात्र को गल्प कहा जा रहा है, द्विवेदी जी यदि साहित्य के प्रसंग में गल्प की बात करते हैं, तो वह चौंकने की कोई बात नहीं है।

साहित्य के लिए जैसे सारे विषय कच्चा माल हैं, वैसे ही इतिहास भी। कुंभकार गीली मिट्टी के पिंड से नाना प्रकार के पात्र गढ़ता है। साहित्यकार भी उसी तरह इतिहास को अपनी विभिन्न मनचाही शक्लों में ढालता है। इसी में साहित्य की सर्जनात्मकता है, जिसका चरम उत्कर्ष इतिहास को मिथक बना देने में है। जायसी के 'पद्मावत' में कल्पना और इतिहास का मिश्रण कहा गया है। आमतौर पर उसमें कथा के पूर्वार्ध को, जिसमें हिरामन तोते, सिंहलद्वीप, वहां की राजकुमारी आदि का वर्णन है, लोक कथा पर आधारित माना जाता है और उसके उत्तरार्ध को इतिहास-सम्मत जिसमें अलाउद्दीन, उसके चित्तौड़ पर आक्रमण और पद्मिनी के सती होने का वर्णन है। दिलचस्प है कि जिसे इतिहास-सम्मत माना जाता है, वह भी प्राय: मिथक ही है। इस तरह जायसी ने अपने काव्य में इतिहास का इतिहास के रूप में नहीं, बल्कि मिथकीय रूप में ही प्रयोग किया है। आधुनिक काल में दिनकर के राष्ट्रीय काव्य में इतिहास का बहुत हवाला है। उसमें वैशाली, नालंदा और राजपूताने के वीरों का बार-बार जिक्र मिलता है। प्राचीन भारत का इतिहास ही नहीं, मध्यकालीन भारत का इतिहास भी महिमामंडित करके प्रस्तुत

किया गया है। स्वाधीनता आंदोलन के दौर के अन्य लेखकों की तरह दिनकर ने भी अपने राष्ट्रीय काव्य में भारतीय जनता में राष्ट्रीय गौरव की भावना उत्पन्न करने के उद्देश्य से इतिहास का मिथकीय इस्तेमाल किया है। इसका एक अच्छा उदाहरण श्रीकांत वर्मा की काव्यकृति 'मगध' है, जिसका इतिहासलोक रोमिला थापर और रामशरण शर्मा के इतिहासलोक से भिन्न है। एक जहाँ तथ्य है, दूसरा मिथक, एक जहां यथार्थ है, दूसरा स्वप्न। 'मगध' को उसकी मिथकीयता और स्वप्नशीलता ही पिछले दौर की हिंदी कविता की उत्कृष्ट सर्जनात्मक उपलब्धि बनाती है, उसकी तथ्यपरकता और यथार्थवादिता नहीं।

इतिहासकार साहित्य को इतिहास का एक महत्वपूर्ण स्रोत मानते हैं। इसके पीछे कहीं-न-कहीं यह धारणा काम करती है कि साहित्य समाज का दर्पण है। निश्चय ही साहित्य समाज से अलग नहीं है और उसी की अभिव्यक्ति है, लेकिन यह बात हमेशा ध्यान में रखनी होगी कि यह अभिव्यक्ति प्रायः सरल न होकर वक्र होती है, कभी-कभी ऐसा कि लेखक जो कहता है, उसका आशय उसके बिल्कुल उलट होता है। इतना ही नहीं, वह अपनी रचना में सत्य को स्वप्न में और स्वप्न को सत्य में रूपांतरित कर एक ऐसी दुनिया गढ़ता है कि उसे ठीक-ठीक पहचानना मुश्किल होता है। उसकी रचना में आकर समाज बिल्कुल बदल जाता है। वह एक चीज की जगह दूसरी चीज को ले आता है और उससे जो माल तैयार करता है, उसमें व्यावहारिक जगत के तर्क और नियम काम नहीं करते। यह सारी गड़बड़ी इसलिए होती है कि समाज और रचना के बीच लेखक की महत्वपूर्ण भूमिका होती है। चूंकि उसका मन-मुकुर उसका है, इसलिए वह अपने ढंग से प्रतिबिंब को विकृत कर देता है।

वाल्मीकि हों या कालिदास या भवभूति, तुलसी या फिर मैथिलीशरण ही, सभी के मन-मुकुर में रामचरित अपने-अपने ढंग से प्रतिबिंबित हुआ है। स्वभावतः विद्वानों ने साहित्य को समाज का 'रिफ्लेक्शन' न कहकर 'रिफ्रैक्शन' कहा है। ऐसी स्थिति में यदि इतिहासकार साहित्य को इतिहास का महत्वपूर्ण स्रोत मानकर उसके निकट जाते हैं, तो सावधानी अपेक्षित है। उसके लिए इतिहास की विधि को जानना ही आवश्यक नहीं है, बल्कि साहित्य की विधि को जानना भी आवश्यक है। इधर 'सबॉल्टर्न' इतिहासकारों ने इतिहास को मानवीय चेहरा प्रदान करने के लिए साहित्य का सीधे-सीधे हवाला देना शुरू किया है।

नंदकिशोर नवल

साहित्य शिक्षण कला

साहित्य शिक्षण को लेकर तीन विचारणाएं प्रयुक्त की जाती हैं : 1. सांस्कृतिक विचारणा, 2. भाषा आधारित विचारणा और 3. वैयक्तिक विकास आधारित विचारणा। निश्चय ही ये विचारणाएं आपस में जुड़ी हुई हैं।

साहित्य शिक्षण की सांस्कृतिक विचारणा में लक्षित भाषा के माध्यम से महत्वपूर्ण सांस्कृतिक विचारों और अनुभवों को प्रसारित करने का प्रयास रहता है। बेशक इनमें से कुछ सार्वजनीन हो सकते हैं। इनके माध्यम से विद्यार्थी शब्दों और अभिव्यक्तियों के वैविध्य से परिचित होते हैं। यदि किसी विदेशी भाषा के साहित्य का शिक्षण कराया जा रहा है तो विद्यार्थी उस भाषा की संस्कृति और विचारधारा से अवगत होते हैं। कई बार ये चीजें प्रयुक्त पाठ्यसामग्री से भी अधिक महत्वपूर्ण हो जाती हैं।

भाषा आधारित विचारणा में साहित्य शिक्षण को विद्यार्थियों में भाषा के विकास के नजरिए से देखा जाता है। यहां साहित्य भाषिक शब्दावली और संरचनाओं को सिखाने का एक माध्यम है। इसके आलोचकों का कहना है कि यह एक यांत्रिक प्रक्रिया है, जो विद्यार्थियों में साहित्य के आस्वाद को बाधित करती है। इस तरह की भाषा-केंद्रित गतिविधियां साहित्य का अभिप्रेत नहीं हैं बल्कि ये साहित्य के आनंद को ही तिरोहित कर देती हैं। पाठ्यवस्तु के विवेचन में शिक्षक शायद ही कभी लेखक के विचार

या अभिव्यक्ति को व्याख्यायित करता हो, वह भाषा के आकर्षक उपयोग को रेखांकित करता रह जाता है। अधिकतर लोगों की सोच है कि साहित्यिक उद्धरणों से विद्यार्थियों के भाषिक विकास में मदद मिलती है। लेकिन इससे विद्यार्थी साहित्यिक पाठ्यवस्तु के निहितार्थ को समझने के लिए खुद कोई रास्ता नहीं बना पाते। भाषा आधारित विचारणा में साहित्य शिक्षण की सभी गतिविधियां शिक्षार्थी-केंद्रित होती हैं। इनमें जोर इस बात पर रहता है कि साहित्यिक प्रभाव उत्पन्न करने में भाषिक संरचनाओं ने क्या योगदान किया है। यह साहित्य के पाठ की रचनात्मक व्याख्याओं तक नहीं पहुंच पाता।

साहित्य शिक्षण की तीसरी विचारणा बच्चे की साहित्यिक पाठ्यवस्तु से संलग्नता में उसका वैयक्तिक विकास देखती है। भाषा आधारित विचारणा भी शिक्षार्थी केंद्रित है। इसमें साहित्य की किसी चयनित पाठ्यवस्तु का अध्ययन विद्यार्थी के अनुभवों से जोड़कर कराया जाता है। इसमें विद्यार्थी साहित्य को अपने अनुभवों को देखने के लिए पढ़ते हैं और पाठ्यवस्तु अकसर विश्लेषित ही नहीं हो पाती। जैसा कि पहले कहा गया, ये विचारणाएं परस्पर मिली-जुली हैं। भाषा और वैयक्तिक विकास आधारित विचारणाओं में काफी साम्य है। सांस्कृतिक विचारणा में भी बाकी दो के तत्व विद्यमान हैं।

इन विचारणाओं के अंतर्गत साहित्य शिक्षण को लेकर कई मुद्दे उभरते हैं। एक मुद्दा तो इस संदर्भ में साहित्य के मूल्य को लेकर है कि क्या शिक्षण में इसकी उपादेयता सिर्फ संसाधन के रूप में है, जो भाषा सिखाने में मददगार है? इस दृष्टि से साहित्य का शैक्षणिक महत्व गौण हो जाता है। इसे लेकर व्यक्ति का रुख, जिसमें उसकी समझ और संवेदना शामिल है और भाषिक प्रयोगों व अभ्यासों की श्रृंखलाएं अहम हो जाती हैं, जो बच्चे के वैयक्तिक या भाषिक विकास में मददगार हैं।

साहित्य शिक्षण के प्रसंग में यह प्रश्न भी उठता है कि हमारा जोर साहित्य सिखाने पर हो अथवा साहित्य के बारे में ज्ञान प्रदान करना हो। अभी साहित्य के ज्ञान के नाम पर पाठ्यवस्तु का शीर्षक, रचनाकार का नाम, तारीखें और कुछ तथ्यात्मक प्रश्न पूछे जाते हैं, जो साहित्य के सौंदर्य पक्ष से शायद ही कोई विशेष संबंध रखते हैं। साहित्य शिक्षण को लेकर उक्त विचारणाओं के आलोचकों की मान्यता है कि साहित्य अपने में ही शिक्षण का उद्देश्य होना चाहिए। विद्यार्थियों में साहित्यिक पाठ्यवस्तु की समग्र समझ होनी चाहिए। इससे बच्चों में किन्हीं अन्य क्षमताओं का विकास होता है तो यह इसकी इतर परिणति है।

आलोचकों का कहना है कि साहित्य शिक्षण की ये सूचना आधारित पद्धतियां साहित्य के स्वायत्त विधा के रूप में आस्वादन और अध्ययन में बाधा बनती हैं। यहां तक कि जो बच्चे अपनी स्मरण शक्ति के बल पर परीक्षा में बेहतर अंक पा लेते हैं, उनकी भाषिक क्षमताएं भी शायद ही विकसित होती हों। साहित्य को भाषा सिखाने में संसाधन की तरह बरतने वाले शिक्षक शायद ही इस बात का ध्यान रखते हैं कि साहित्य पढ़ना सर्वोपरि आनंद के लिए है। इससे जुड़ी शिक्षण विधियां पाठ्यवस्तु के पाठ से सक्रिय रूप से संबद्ध होनी चाहिए, न कि किन्हीं तयशुदा सूचनाओं पर आधारित। साहित्य शिक्षण की यह विचारणा भी शिक्षार्थी केंद्रित है, लेकिन इसमें वह स्वतंत्र रूप से संलग्न है और अपनी तरह से पाठ्यवस्तु का संधान कर रहा होता है।

साहित्य शिक्षण से जुड़ा एक और मुद्दा उसके पाठ्यक्रम से जुड़ा है। प्रश्न यह है कि पाठ्यक्रम में विपुल पाठ्य सामग्री का समावेश किया जाए या फिर कुछ चयनित सामग्री का गहराई से अध्ययन कराया जाए। जो लोग पाठ्यक्रम में विपुल सामग्री रखने के पक्षधर हैं, उनका कहना है कि इसके जरिए बच्चे साहित्य की विविधता और विभिन्न शैलियों से अवगत होते हैं। स्वाभाविक रूप से इससे विद्यार्थियों में साहित्य के सभी रूपों के आस्वादन की क्षमता विकसित होती है। साहित्य पाठ्यक्रम में चयनित पाठ्यवस्तु के गहराई से शिक्षण के पक्षधरों का मानना है कि विपुल मात्रा में साहित्य शिक्षण में इसके सतही रह जाने का खतरा है, इसलिए बेहतर यही है कि भले

ही कम चीजें हों, लेकिन इनका शिक्षण गहराई से कराया जाए। इससे एक और प्रश्न जुड़ जाता है। हम पाठ्यक्रम में साहित्य के आस्वादन और समझ को शामिल कर रहे हैं तो क्या एक स्तर तक भाषिक क्षमता के विकास को इससे दूर रख सकते हैं? इसके बिना बच्चा साहित्य का गहराई से अध्ययन कैसे कर सकता है? निश्चय ही यह एक जटिल प्रश्न है और इसका संबंध पाठ्यवस्तु के चयन से भी है।

दूसरा प्रश्न बच्चों के अनुभव जगत से संबद्ध है। विद्यार्थी को पाठ्यवस्तु में वर्णित अनुभवों, विचारों और स्थितियों को समझने में समर्थ होना चाहिए। अपने अनुभव जगत से इन्हें जोड़कर ही वह इसका आस्वादन कर सकता है। साहित्य शिक्षण को स्वायत्त नजरिए से देखने वालों की मान्यता है, साहित्य में खुद इतनी उत्प्रेरक शक्ति है कि विद्यार्थी पाठ्य-वस्तु से गुजरते हुए स्वयं भाषा और अनुभवों की चुनौतियों से जूझ सकता है। जहाँ साहित्य शिक्षण की स्वायत्तता को अहमियत दी गई है वहां कक्षा में बच्चों के मिश्रित समूह बनाकर ऐसी समस्याओं का सफलतापूर्वक सामना किया गया है। इन मुद्दों के आधार पर कहा जा सकता है कि बदलते परिप्रेक्ष्य में अन्य विषयों की भांति शिक्षक को साहित्य शिक्षण के लिए विशेष प्रशिक्षण और सुसज्जता की आवश्यकता होगी।

राजाराम भादू

अधिक जानकारी के लिए :

1. Reading Literature Today : Tabrish Khair, 2011, **2. Teaching Literature :** Elaine Showalter, 2002, **3. The Literature Workshop :** Sheridan Blau, 2003

साहित्यदर्पण

विश्वनाथ प्रणीत 'साहित्यदर्पण' एक विशिष्ट कृति है। यह मूलतः अलंकारशास्त्रीय ग्रंथ है। कुछ विद्वान इसे 'साहित्यशास्त्र' का नाम देते हैं क्योंकि यह एकमात्र ग्रंथ है जिसमें साहित्यशास्त्र और अलंकारशास्त्र के समस्त विषयों का विशद विवेचन है। संस्कृत में अलंकारशास्त्र (अलंक्रियते अनेनेति अलंकारः), काव्यशास्त्र (वाक्यं रसात्मकं काव्यं) तथा साहित्यशास्त्र (साहित्योर्भावः इति साहित्य) ये तीनों वस्तुतः एक ही विषय का प्रतिपादन करते हैं।

विश्वनाथ ने 'साहित्यदर्पण' में अलाउद्दीन यवनराज का उल्लेख किया है। ऐतिहासिक रूप से अलाउद्दीन खिलजी का समय (1296-1316) यही है। अतः इसी समय को इतिहासकार साहित्यदर्पण का रचनाकाल मानते हैं। साहित्यदर्पण के प्रतिपाद्य विषयों पर कृति के प्रथम परिच्छेद में काव्य की परिभाषा, स्वरूप तथा काव्यत्व पर विस्तार से विमर्श किया गया है। रस को ही काव्य मानते हुए विश्वनाथ प्रथम परिच्छेद में कहते हैं, 'वाक्यं रसात्मकं काव्यं...दोषास्तस्यापकर्षकाः उत्कर्षहेतवः प्रोक्ताः गुणालंकाररेतयः अर्थात रस ही काव्य की आत्मा है। दोष काव्यत्व का अपकर्ष करते हैं। आगे वे प्रश्न करते हैं कि काव्य का उत्कर्ष कैसे होता है? इसका उत्तर देते हुए वे कहते हैं, गुण, अलंकार, रीतियां ही काव्य का उत्कर्ष करती हैं। इस ग्रंथ में काव्य, शब्द शक्तियों, रस, नाट्य, दोष, गुण, अलंकार, रीति आदि विषयों पर प्रकाश डाला गया है। काव्य की कई परिभाषाएं दी जा सकती हैं। साहित्यदर्पण की टीका में इनका उल्लेख है, जैसे–'रमणीयार्थ प्रतिपादकः काव्यं' अथवा 'शब्दाथौ सहितौ काव्यं' (काव्यालंकार) 'विशिष्टार्थौ काव्यं' आदि।

साहित्यदर्पण के अनुसार, वाक्य वह पद समुच्चय है जिसमें योग्यता, आकांक्षा तथा आसक्ति हो। वाक्यों का समुच्चय महावाक्य है। प्रयोग योग्य अन्वित एकार्थ का बोध कराने वाले वर्ण पद होते हैं और वाच्यार्थ त्रिविध माना गया है। वाच्यार्थ को उद्‌घाटित करने वाली तीन शक्तियां हैं। विभाव, अनुभाव तथा संचारी भावों से व्यक्त रति आदि स्थायी भाव सहृदय में रस की प्रतीति कराते हैं। तीनों भावों तथा नायक-नायिका भेद, शृंगार (संयोग), हास्य, करुण, रौद्र, वीर, भयानक, अद्‌भुत आदि आठों रसों के साथ शांत नामक नौवें रस का भी विवेचन 'साहित्यदर्पण' के तीसरे परिच्छेद में है। रस के स्वरूप, साधारणीकरण, रस की अलौकिकता तथा रसास्वादन

आदि का प्रतिपादन यहां हुआ है। चौथे एवं पंचम परिच्छेद में काव्य भेद (ध्वनिभूत और व्यंग्यभूत) के भेदों-उपभेदों के अलावा लक्षणा तथा व्यंजना शक्ति का रसास्वादन के परिप्रेक्ष्य में निरूपण है।

छठे परिच्छेद में काव्य के दो और भेद– श्रव्य और दृश्य बताए गए हैं। यहां नाट्य विधा के विभिन्न भेदों-उपभेदों को प्रक्रिया सहित चरणबद्ध रूप में विस्तार से वर्णित किया गया है। दृश्य को ही रूपक कहा गया है। विश्वनाथ ने अभिनय के चार प्रकार तथा रूपक के दस भेद वर्णित किए हैं (दशरूपक के आधार पर)। नृत्यांगों तथा लास्यांगों (नृत्य विधाओं) की विवेचना है। अन्य परिच्छदों में गुण, दोष तथा रीति पर विचार किया गया है। अंतिम और दसवें परिच्छेद में केवल अलंकारों का वर्णन है। इसमें उनकी परिभाषा और भेद-उपभेद बतलाए गए हैं। अनुप्रास, यमक, श्लेष, उपमा, रूपक आदि अलंकारों की सभेद व्याख्या सहित व्यतिरेक, व्याजस्तुति तथा अप्रस्तुतप्रशंसा आदि उप-अलंकारों को भी विवेचित किया गया है।

साहित्यदर्पण भारतीय काव्यशास्त्र की परंपरा को सही संदर्भों में समझने के लिए एक महत्वपूर्ण ग्रंथ है।

जगदीश शर्मा

अधिक जानकारी के लिए :
1. साहित्यदर्पण : विश्वनाथ, **2. Kavya Prakash (Translation) :** Ganganath Jha, 1967

साहित्यानुवाद

साहित्यानुवाद (Translation of Literature) पर चर्चा करने से पहले यह जानना आवश्यक है कि साहित्यानुवाद से हमारा क्या आशय है। साहित्य शब्द का प्रयोग सर्जनात्मक एवं गैर-सर्जनात्मक दोनों प्रकार के साहित्य को लेकर होता रहा है, किंतु यहां हम इस शब्द का संकुचित अर्थ में ही प्रयोग करेंगे। साहित्यानुवाद से हमारा आशय यहां सर्जनात्मक साहित्य के अनुवाद से है।

यदि कहा जाए कि अनुवाद की कोई कसौटी है तो वह है सर्जनात्मक साहित्य का अनुवाद, तो यह अतिशयोक्ति न होगी। अनुवाद के विविध प्रकारों में यह सबसे अधिक महत्वपूर्ण और जटिल है। कहा यह भी जाता है कि सर्जनात्मक साहित्य का अनुवाद असंभव है, परंतु ऐसा मानने से साहित्यानुवाद से जुड़ी सारी उम्मीदों का अंत हो जाता है।

अनुवाद प्रक्रिया में स्रोत भाषा और लक्ष्य भाषा का उचित ज्ञान होना अत्यंत आवश्यक है, किंतु ज्यों ही हम साहित्यानुवाद के क्षेत्र में प्रवेश करते हैं, अनुवादक से अपेक्षाएं और बढ़ जाती हैं, उदाहरण के लिए–यदि किसी जर्मन पाठ का हिंदी में अनुवाद करना है तो अनुवादक के लिए इन दो भाषाओं के ज्ञान के अलावा जिस चीज की आवश्यकता है, वह है इन दोनों भाषाओं की संस्कृतियों का ज्ञान। स्पष्ट हो जाना चाहिए कि यह ज्ञान फौरी या सतही किस्म का न हो अन्यथा अर्थ का अनर्थ हो जाने की संभावना होती है, इसलिए कहा जाता है कि साहित्यानुवाद लगभग असंभव है।

पहले साहित्यानुवाद के स्वरूप पर विचार किया जाए। जैसा कि ऊपर चर्चा की गई है, साहित्यानुवाद करते समय दो भाषाओं के ज्ञान के अतिरिक्त दोनों संस्कृतियों का भी प्रचुर ज्ञान आवश्यक है। इसे यदि क्रमबद्ध रूप में कहा जाए तो यह इस प्रकार होगा कि किसी साहित्यिक कृति का अनुवाद करते समय इसे विभिन्न चरणों में बांधकर देखा जाना चाहिए। ये चरण निम्न प्रकार हैं :

1. पाठ अध्ययन, 2. पाठ विश्लेषण, 3. भाषांतरण 4. प्रतिस्थापन और 4. तुलनात्मक विश्लेषण।

अनुवाद करते समय उपर्युक्त सभी चरणों पर अनुवादक को विचार करना होता है। सर्वप्रथम मूल पाठ को समग्रता से पढ़ा जाता है। इस समग्रता के भीतर अनुवादक मूल पाठ की वस्तु, उसकी प्रकृति, उद्देश्य आदि को समझने का प्रयत्न करता है। यहां ध्यान देना आवश्यक है कि सर्जनात्मक साहित्य की भाषा गैर-सर्जनात्मक भाषा से पूर्णतः भिन्न और गहन अर्थ संपन्न होती है। तात्पर्य यह कि विचार के साथ

भावों का भी सामंजस्य होता है, इसलिए अनुवादक के लिए बहुत गंभीरता से इसका अध्ययन करने की आवश्यकता है। यह भी संभव है कि अर्थ के जितने स्तर मूल रचनाकार ने दिए हों, बहुत जतन करने पर भी अनुवादक उन अर्थ स्तरों तक न पहुंच पाए। संभव यह भी है कि वह लेखक से भी बेहतर अर्थच्छायाओं को ढूंढ निकाले। ऐसी स्थिति में कई बार अनुवाद मूल से भी बेहतर बन जाता है, किंतु ऐसा करते समय अनुवादक को अपनी सीमाओं का भी ध्यान रखना चाहिए।

पूरे ध्यान से पढ़ने के बाद अनुवादक पाठ का विश्लेषण करता है। पाठ विश्लेषण के चरण में अनुवादक अनुवाद की प्रक्रिया को तय करता है। यह पूरी प्रक्रिया आंतरिक होती है जिसमें अनुवादक एक विशेष मन:स्थिति तक पहुंच जाता है। इसी चरण के अंतर्गत अनुवादक को यह भी तय करना होता है कि अनुवाद की भाषा क्या हो अर्थात अनुवादक के लिए सबसे पहले यह जानना आवश्यक है कि वह किसके लिए अनुवाद कर रहा है यानी उस अनुवाद का ग्राहक कौन है। स्पष्ट शब्दों में कहा जाए कि यदि अनुवादक शेक्सपियर का अनुवाद कर रहा है या फिर कालिदास की किसी रचना का तो उसकी भाषा क्या होगी? क्या वह वैसी ही शास्त्रसम्मत भाषा होगी या फिर उसे समयानुसार बदलना होगा? पाठक की आयु, उसकी क्षमता, उसकी आवश्यकता आदि सभी बिंदुओं पर विचार किया जाना आवश्यक है।

इसी के अंतर्गत पाठानुवाद के उद्देश्य की भी चर्चा होगी। कई बार अनुवाद करने का उद्देश्य केवल वस्तु तक सीमित होता है और कई बार वह और विस्तृत होकर उसके शिल्प, उसकी भाषा के प्रति भी उतना ही गंभीर होता है। यहीं अनुवादक को यह भी तय करना होता है कि अनूद्य कृति की विधा के प्रति उसका क्या दृष्टिकोण है। उसके अनुसार ही उसे अनुवाद की नीति तय करनी होती है।

वर्तमान समय में जहां हम अनुवाद में भाषा के समरूपीकरण को एक समस्या के रूप में देखते हैं, अनुवादक के समक्ष यह प्रश्न और भी बड़ा हो जाता है, उदाहरणस्वरूप—यदि हम भारत की जनजातियों के साहित्य का अनुवाद कर रहे हैं तो भाषा का प्रयोग किस प्रकार होना चाहिए? क्या वहां अनुवादक को यथोचित छूट मिलनी चाहिए या फिर यहां भी मूल के प्रति निष्ठा की पारंपरिक परिभाषा से जुड़ कर ही अनुवाद करेगा। साहित्यानुवाद में यह एक जटिल बिंदु है जिस पर सिद्धांतकारों और व्यावहारिक अनुवादकों के बीच मतभेद की स्थिति बनी रहती है।

तीसरा चरण भाषांतरण है जिसमें अनुवादक मूल भाषा के कथ्य को लक्ष्य भाषा में अंतरित करता है। यह विश्लेषण के ठीक बाद का चरण है जिसके तहत अनुवादक तय रणनीति के अनुसार पाठ का भाषांतरण करता है। इस प्रक्रिया के तहत सही भाषा का चयन, सही वाक्य संरचना, भाषा का अपना मुहावरा, कथ्य के साथ न्याय आदि विभिन्न बिंदुओं का ध्यान रखा जाता है। यह वास्तव में एक जटिल चरण है जिसमें अनुवादक भाषा, प्रतीकों, संवेदनाओं, अर्थच्छायाओं आदि के सही प्रयोग की समस्या से जूझता रहता है।

अनुवाद की सैद्धांतिकी की बात की जाए तो प्रारंभ से लेकर आज तक यह बहस कई आयाम पार कर चुकी है और अनुवादक के लिए अपेक्षित गुण वैचारिकी के अनुसार बदलते रहते हैं। वर्तमान उत्तर-आधुनिक चिंतकों की बात की जाए तो अनुवादक की दृश्यता तथा मूल रचनाकार की मौलिकता को बचाए रखने की चिंता आज के चिंतन के केंद्र में है। यहां अनुवादक को इन सारी स्थितियों से जूझते हुए बीच का एक रास्ता निकालना होता है, जहां वह पाठक को उचित अनुवाद भी दे सके और मूल लेखक की जातीयता को किसी सीमा तक बचाया भी जा सके।

इस प्रक्रिया का अगला चरण है—प्रतिस्थापन। यह भाषांतरण के बाद और कहें तो लगभग साथ की ही प्रक्रिया है जिसके तहत अनुवादक स्रोत भाषा की वाक्य संरचना, पदबंध, प्रवाह, अर्थच्छाया, शब्द संगति आदि को लक्ष्य भाषा के पाठ में रखकर तो देखता है, साथ ही दोनों भाषाओं की संस्कृतियों के साथ न्याय हो पाया है या नहीं, यह देखना भी आवश्यक हो जाता है।

दरअसल, सर्जनात्मक साहित्य और गैर-सर्जनात्मक साहित्य के बीच यही मूलभूत बिंदु है, जहां आकर दोनों के अनुवाद की प्रक्रिया में अंतर आ जाता है। जहाँ गैर-सर्जनात्मक साहित्य विचार के संप्रेषण के साथ ही संपन्न हो जाता है, वहीं सर्जनात्मक साहित्य इस बिंदु पर केवल एक आयाम तक ही पहुंच पाता है। इसके बाद के चरण में अनुवादक को दोनों संस्कृतियों के बीच के तालमेल का भी खासा ध्यान रखना पड़ता है। अनुवाद पढ़ते समय उसमें मूल की-सी गति हो, इसके लिए आवश्यक है कि वह लक्ष्य भाषा की प्रकृति के अनुकूल हो। उसमें मूल पाठ में कही गई बात पूरी तरह से आ सके।

तुलनात्मक विश्लेषण या मूल्यांकन सर्जनात्मक साहित्य के अनुवाद का अंतिम तथा सबसे कठिन चरण है जिसके तहत अनुवादक दोनों पाठों को आमने-सामने रखकर न केवल भाषिक और पाठगत आधार पर तुलना करता है अपितु इस तुलना का एक अन्य महत्वपूर्ण आधार होता है—सामाजिक-सांस्कृतिक संदर्भों का मिलान। उत्तर-आधुनिक अनुवाद चिंतक लॉरेंस वेनुटी जहां अनुवाद में अनुवादक की दृश्यता की वकालत करते हैं, वहीं गायत्री चक्रवर्ती स्पीवाक मूल पात की विशिष्टताओं को अनुवाद में संजोने की पक्षधर हैं। इसी क्रम में अन्य कई चिंतकों के विचारों को भी रखा जा सकता है। इस आधार पर देखा जाए तो अनुवादक को मूल अथवा अनूदित पाठ में किसी एक के प्रति ईमानदार न होकर पाठ के प्रति ईमानदार होना चाहिए तथा अनुवाद लक्ष्य पाठक को न केवल पाठ की वस्तु का, अपितु पाठ विशेष की शैली, उसकी भाषा और विधा का भी आनंद प्राप्त हो, इसका भी ध्यान उसे रखना चाहिए, उदाहरण के लिए—यदि हम हाशिए के साहित्य का अनुवाद कर रहे हों तो उसकी अनुभूति के साथ उनकी अभिव्यक्ति भी अनुवाद में दृश्यमान होनी चाहिए। वर्तमान समय विभिन्न संस्कृतियों के प्रकाश में आने का समय है। ऐसे में अनुवाद एक बेहद सर्जनात्मक भूमिका निभा सकता है। सर्जनात्मक साहित्य का अनुवाद बेहद जागरूक मानस से हो, इसके लिए आवश्यक है कि पाठ और अनुवाद के बीच एक तारतम्य हो। ऐसी स्थिति में ही एक अच्छे, सृजनशील अनुवाद की कल्पना की जा सकती है।

ज्योति चावला

अधिक जानकारी के लिए :

1. अनुवाद : सिद्धांत एवं प्रयोग : जी गोपीनाथन, **2. अनुवाद सिद्धांत की रूपरेखा :** सुरेश कुमार, **3. अनुवाद कला : सिद्धांत और प्रयोग :** कैलाश चंद्र भाटिया, **4. The Translation Invisibility : A History of Translation :** Lawrence Venuti, 1995

साहित्यिक अनुसंधान

नए ज्ञान की उपलब्धि के लिए किसी विषय पर सावधानीपूर्वक, व्यवस्थित और तथ्यपूर्ण खोज अनुसंधान है। यह एक लक्ष्यबद्ध काम होता है। इसके लिए दत्तचित होकर पढ़ना पड़ता है, तथ्य खोजने पड़ते हैं, खोद-खोदकर सूचनाएं हासिल करनी पड़ती हैं और बारीकी से उद्देश्य के अनुरूप उनका परीक्षण करना पड़ता है, ताकि जिज्ञासा शांत हो। साहित्यिक अनुसंधान के लिए पूरी संस्कृति प्रयोगशाला होती है।

कहा गया है कि अनुसंधान वह सब देखना है, जो सबने देखा है और वह सोचना है, जो किसी ने सोचा नहीं है। इसका अर्थ है कि व्यवस्थित ढंग से जांच-पड़ताल, कोई नया ज्ञान और कुछ नया खोज निकालना ही अनुसंधान है। वस्तुतः ज्ञान की भूख ही अनुसंधानों के लिए प्रेरित करती है। यह किसी कृति, किसी विधा की कृतियों, किसी साहित्यिक धारा, समस्या या सिद्धांत का आलोचनात्मक पुनःपरीक्षण है। इसका लक्ष्य किसी नई या अब तक अज्ञात जानकारी, व्याख्या और समाधान को सामने लाना है। सही ढंग से संपन्न हर अनुसंधान ज्ञान में कुछ जोड़ता है।

अनुसंधान एक अंतर-अनुशासनात्मक काम है, यह शुद्धतावादी नहीं होता। हर युग के साहित्यिक अनुसंधान पर उस युग के दर्शन, नृवैज्ञानिक-भाषावैज्ञानिक खोजों और साहित्य सिद्धांतों का असर

पड़ा है। उसका भाषा विज्ञान, संकेत विज्ञान, इतिहास, समाजविज्ञान, राजनीतिक दर्शनों से संबंध लक्षित किया जा सकता है। कई बार उत्तर-औपनिवेशिक सिद्धांतों का असर देखा जाता है। साहित्यिक अनुसंधान का साहित्य के इतिहास, साहित्यिक सिद्धांत और व्यावहारिक आलोचना तीनों से एक स्वाभाविक संबंध है, चाहे अनुसंधान किसी भी विषय में किया जा रहा हो। दूसरे अनुसंधानों की तरह साहित्यिक अनुसंधान भी तथ्यों पर आधारित होता है जिनके प्रधान स्रोत साहित्यिक पाठों के अलावा इतिहास, समाजवैज्ञानिक अध्ययन, विभिन्न सिद्धांत और समसामयिक खबरों के अलावा पहले के संपन्न अनुसंधान कार्य हैं। एक अच्छे अनुसंधान कार्य के लिए बौद्धिक स्वतंत्रता और ऐसा माहौल जरूरी है जिसमें मुक्त ढंग से ज्ञान चर्चा संभव हो। विश्व में उपस्थित नई चुनौतियों के संदर्भ में साहित्यिक अनुसंधान में ढांचागत सुधार और इसकी उपयोगिता पर ध्यान देना जरूरी हो गया है।

उपयोगिता : साहित्यिक अनुसंधान अनुसंधान की सामान्य प्रक्रिया से एकदम भिन्न नहीं है, इसके उपकरण, पद्धति और लक्ष्य भले ही विशिष्ट हों। यह मानव जीवन के लिए उपयोगी है। यह जरूर एक कठोर वास्तविकता है कि अधिकांश साहित्यिक अनुसंधान शोधार्थियों के आत्मप्रकाश या ज्ञान के अनंत संसार में अमूर्त खोजों के रूप में लगभग निरुद्देश्य होते हैं या महज एमफिल या डॉक्टरेट की डिग्री के लिए होते रहे हैं। उनमें कोई नया विचार नहीं होता। हिंदी में ज्यादातर शोध की निम्न स्तरीयता के लिए शिक्षक-निर्देशक भी जिम्मेदार हैं। पिछले लगभग 100 वर्षों में अब तक के करीब 400 से अधिक विश्वविद्यालयों में किसी विषय में सबसे ज्यादा डॉक्टरेट की डिग्री बांटी गई है तो वह हिंदी है।

साहित्यिक अनुसंधान को आधुनिक और उपयोगी बनाना जरूरी है। इसके लिए निम्नलिखित उपयोग संभव हैं—1. हिंदी भाषा और साहित्य के शिक्षण में उपयोग अर्थात शैक्षिक उपयोग, 2. राष्ट्रीय और अंतरराष्ट्रीय परंपराओं के संबंध में आम पाठकों की सांस्कृतिक समझ का विस्तार अर्थात सामाजिक उपयोग और 3. रोजगार, तकनीक के ज्ञान और किसी भविष्य-कल्पना के लिए विजन-दस्तावेज के तौर पर उपयोग अर्थात व्यावसायिक उपयोग।

साहित्यिक अनुसंधान शिक्षा के विकास का ही नहीं, सभ्यता के विकास का भी पैमाना माना गया है। यह एक हद तक सांस्कृतिक पुनर्मूल्यांकन बन जाता है। विडंबना यह है कि अधिकांश साहित्यिक अनुसंधान अपने समय से काफी पीछे चलते हुए चलताऊ किस्म के होते हैं। कई अनुसंधानों में विषय कुछ होता है, भीतर की सामग्री कुछ और होती है। लगभग 95 फीसदी साहित्यिक अनुसंधान चर्वित चर्वण हैं। उनका भविष्य में उपयोग शिक्षक की नौकरी के लिए साक्षात्कार तक सीमित होता है।

अनुसंधान को सबसे पहले खुद शोधार्थी में व्यवस्थित ढंग से अन्वेषणशीलता की प्रवृत्ति को हमेशा के लिए जाग्रत कर देने वाला होना चाहिए। यह उसे लिखने की क्षमता प्रदान करता है, नई सूझ-बूझ से संपन्न करता है और उसकी अध्ययन पद्धति को बदल देता है। अनुसंधान के दौरान उसमें आगे जानने की भूख पैदा होती है। जैसे-तैसे संपन्न किया गया अनुसंधान शोधार्थी में ये खूबियां पैदा नहीं कर पाता।

एक अच्छा साहित्यिक अनुसंधान किसी रचनाकार, पाठ या विषय के यांत्रिक या प्रचलित अध्ययन से मुक्त कर देता है। अनुसंधान से ही एक चीज से दूसरी चीज की 'भिन्नता' और 'अंतर्संबंध' का बोध होता है और यदि पूर्वाग्रहमुक्त होकर किया जाए तो यथार्थ का पता चलता है। दुराग्रह और प्रलोभन शोधकर्ता को यथार्थ की जगह मिथ्या चेतना की ओर झुका देते हैं। उपनिषद में कहा गया है कि सत्य जिसमें छिपा है, उसका मुंह सोने के पात्र से ढका है। इसका अर्थ है अनुसंधान के लिए शोधार्थी में साहस चाहिए और उसका प्रलोभन से मुक्त होना जरूरी है।

अनुसंधान का शिक्षण से गहरा संबंध है। यह कक्षा-शिक्षण को समृद्ध करता है। कृति के उपेक्षित या दबाए गए अर्थ को उद्घाटित करता है, जो

सामाजिक चेतना के विकास में सहायक होता है। यह उपेक्षित सांस्कृतिक विरासत को सामने लाने का काम भी करता है। यह अपने को जानने, बदलती सभ्यता से रिश्तों को समझने और समाज के बदलते सौंदर्यबोध में आए उत्थान या पतन के परीक्षण का भी अवसर देता है।

बुनियादी जरूरतें : विश्वविद्यालय अनुसंधान की प्रधान जगह है, बल्कि अनुसंधान ही उसकी श्रेष्ठता का प्रधान मापक है। विश्वविद्यालय सैकड़ों साल पहले स्थापित ही इस उद्देश्य से हुए थे कि ज्ञान के क्षेत्र में नई खोजें और नए प्रयोग हों। वे दुनिया में सदा से वैचारिक बहसों और आंदोलनों के केंद्र थे, सिर्फ डिग्रियां बांटने की जगहें नहीं थे। शिक्षण का अर्थ बताया गया है, 'किसी विषय को पढ़ाते समय उसे दोबारा सीखना।' माना जाता है कि विश्वविद्यालयों में अनुसंधान और शिक्षण का गठबंधन मजबूत बनाने के सुनिश्चित कार्यक्रम का अभाव है, दोनों के बीच संबंध बन नहीं पाता है। अनुसंधानों से ज्ञान का जो विकास होता है, उसके शैक्षिक, सामाजिक और व्यावसायिक उपयोग पर बल दिया जाना जरूरी है। जिस तरह विज्ञान और टेक्नोलॉजी के क्षेत्र में एक 'रिसर्च एंड डेवलपमेंट' प्रभाग होता है, साहित्यिक अनुसंधान और एक तरह से मानविकी क्षेत्रों के अनुसंधान के मामले में भी ऐसा होना चाहिए। यह पावरहाउस का काम कर सकता है, यदि अनुसंधान के स्तर में गुणात्मक फर्क पर जोर दिया जाए और इसके लिए संपूर्ण शैक्षिक मानसिकता में परिवर्तन ला दिया जाए।

अनुसंधान और मेधा का घनिष्ठ संबंध है। देखा जाता है कि मास्टर डिग्री हासिल करने के बाद अकसर अनुसंधान करने का तूफानी जज्बा पैदा होता है। शोधकर्ता संकल्प और वादे करते हैं, लेकिन शोध कार्यक्रम में दाखिल होने के बाद ही आलस्य, निराशा, बहाने और लापरवाहियां शुरू हो जाती हैं। शोध के लिए किताबें नहीं मिल रही हैं, स्थानीय पुस्तकालय बेकार है, अचानक आर्थिक समस्या आ गई, समय नहीं मिल पा रहा है। इतनी किताबें पढ़ी हैं और इतने तथ्य हैं कि भ्रम घेर लेता है, लिखते समय समझ में नहीं आता कि कैसे शुरू करें, मूड नहीं बन रहा है, विषय कठिन है आदि कई बातें होती हैं जिनसे शोध कार्य गौण होता जाता है। अंत में जमा भी होता है तो जैसे-तैसे पूरा करके।

मेधा निरंतर अभ्यास का मामला है। श्रेष्ठता प्रदर्शन भी अचानक संभव नहीं है, यह एक आदत होती है। मेधा और श्रेष्ठता प्रदर्शन के लिए ये चीजें जरूरी हैं—1. समय प्रबंधन, 2. अध्ययन और चिंतन-मनन की दैनिक रूटीन, 3. योजनाबद्धता, 4. पर्यवेक्षण, 5. समयबद्ध लक्ष्य निर्धारण, 6. सावधानी, 7. विद्वानों से विषय पर बीच-बीच में चर्चा, 8. साहस के साथ कहीं से भी लेखन की शुरुआत और 9. संशोधन-परिमार्जन। शोध एक समयबद्ध कार्य है और यह अच्छा नतीजा देनेवाला होना चाहिए। अनुसंधान को सप्ताह के अंतिम दिन, महीने के अंतिम सप्ताह या कुछ समय बीतने पर शुरू करने का निश्चय करते रहना इसका चिह्न है कि शोध से ध्यान अब हटता जा रहा है और शोधार्थी वस्तुतः अपने को छल रहा है।

भारत में विश्वविद्यालयों की संख्या 400 से ऊपर है और संख्या की दृष्टि से यह दुनिया का तीसरा सबसे अधिक विश्वविद्यालयों वाला देश है। हालांकि पिछले दशक में दुनिया के 100 सर्वश्रेष्ठ विश्वविद्यालयों की सूची में भारत का एक भी विश्वविद्यालय नहीं है, जबकि ताइवान, साउथ कोरिया, सिंगापुर जैसे छोटे-छोटे देश के विश्वविद्यालय भी उस सूची में हैं।

विश्वविद्यालयों में अनुसंधान का स्वच्छ, सुविधासंपन्न और कलहरहित परिवेश जब तक नहीं होगा, अनुसंधान में गुणवत्ता नहीं आ सकती। इसके लिए आधुनिक सुविधाओं से संपन्न पुस्तकालय, कंप्यूटर, इंटरनेट, शैक्षिक परिभ्रमण आदि के अलावा नियमित रूप से शोधकर्ताओं के बीच संवाद, बहस और खोज में हुई प्रगति और मुश्किलों पर सामूहिक चर्चा जरूरी है। साहित्यिक अनुसंधान ही नहीं, मानविकी से संबंधित सभी विषयों में अनुसंधानों को

अनुत्पादक मानते हुए इन पर कम बजट निर्धारित किया जाता है। साहित्यिक अनुसंधानों को उपयोगी बनाना एक बात है और इन्हें विज्ञान और तकनीक के क्षेत्रों के अनुसंधानों की तुलना में महत्वहीन मान लेना एक अलग बात है, यह संकुचित दृष्टि है।

शोध योजना : साहित्यिक अनुसंधान ऐसे होने चाहिए, जो परिवर्तन और प्रगति में सहायक हों। इसके लिए पहली जरूरत सही विषय का चुनाव है। यह शोधकर्ता की रुचि, अनुभव और लक्ष्य पर निर्भर करते हुए भी इस सवाल पर आकर टिक जाता है कि विषय अब तक हुए कामों से किस तरह भिन्न है। इस विषय पर शोध ज्ञान में क्या योगदान करेगा और किस परिवर्तन और प्रगति में सहायक होगा।

विषय कभी बना-बनाया नहीं मिलता। यह अध्ययन, साहित्यिक-सांस्कृतिक जरूरत और विचार-विमर्श से निर्धारित होता है, हवा में नहीं मिलता। इसके लिए खुद शोधार्थी को पहले सोचना पड़ता है। यह थोपा गया नहीं हो सकता। यदि विद्यार्थी अपना विषय खुद नहीं चुन सकता तो उसमें अनुसंधान करने की योग्यता नहीं है। अनुसंधान का विषय चुनते समय निम्न बातें ध्यान में रखी जा सकती हैं—1. विषय की नवीनता, 2. साहित्यिक-सामाजिक आवश्यकता, 3. विषय का स्पष्ट, रोचक और चुनौतीपूर्ण होना, 4. शोध सामग्री की उपलब्धता, 5. ज्ञान की उच्च संभावना, 6. शोध के लिए उपलब्ध समय के अनुसार ही विषय की सीमा और 7. आत्मनिर्भरता और स्वतंत्रतापूर्वक काम करने की संभावना।

शोध का विषय निर्धारित करते समय वरिष्ठ मित्रों, लेखकों, विद्वानों और शिक्षकों से सलाह-मशविरा फायदेमंद होता है। इंटरनेट से परिप्रेक्ष्य और शोध सामग्री संबंधित जानकारियां पाई जा सकती हैं। समाचार-पत्र और साहित्यिक पत्रिकाओं से समसामयिकता का बोध होता है, इन्हें नियमित रूप से पढ़ना जरूरी है। कुछ अच्छे शोध प्रबंधों का अवलोकन फलप्रद होगा। विषय को चुनते समय खास विधा, खास काल और स्थान, खास धारा की कृतियां, खास लेखक, खास शैली, खास परिप्रेक्ष्य, खास आंदोलन, खास प्रवृत्ति और ऐसी ही अन्य चीजों की तरफ नजर दौड़ाकर अपनी रुचि और लक्ष्य के अनुरूप विषय का चयन किया जाना चाहिए। शोध कार्य का सफलतापूर्वक संपन्न होना उपर्युक्त सात कसौटियों पर कसकर सही विषय के चुनाव पर निर्भर है। सफलतापूर्वक संपन्न शोध कार्य दुनिया का चेहरा बदल न सकें, पर वे रोशनी देते हैं।

आमतौर पर विषय चुन लेने के बाद शोध योजना में कुछ अध्याय परंपरागत पद्धति से बना लिए जाते हैं जिनमें शुरू के दो-तीन अध्याय कई बार विषय से दूर का संबंध रखते हैं। बाकी अध्याय भी विषय पर ज्ञान को खोलने की दृष्टि से कम बने होते हैं, बासी कढ़ी में ही उबाल के लिए ज्यादा। यह सांस्कृतिक आत्मघात है। शोध की सार्थकता एक व्यापक विजन के साथ सुचिंतित रूप से योजना तैयार करने में है, भले ही इसमें वक्त लगे। योजना बन जाने पर भी निरंतर अध्ययन, तथ्य संग्रह, चिंतन-मनन और लेखन की प्रक्रिया में कुछ सुधार की जरूरत महसूस हो सकती है, क्योंकि शोध योजना भवन के नक्शे की तरह कठोरतापूर्वक पूर्व-निर्धारित नहीं होती। शुरू में योजना बाह्य रेखाओं के रूप में बनती है, पूरा चित्र अनुसंधान कार्य की संपन्नता की कुछ मंजिलें पार करने पर ही दिखता है, इसलिए योजना शोधकार्य के हर स्तर पर समीक्षा की मांग करती है। कोई भी शोध योजना एक बंद मार्ग नहीं हो सकती, क्षेत्र भले ही बदलना संभव न हो।

शोध में विषय के अनुसार लेखक, कृतियों, विधाओं, उठाई गई खास समस्या, अब तक हुए कार्यों की सीमाओं, प्राथमिक और माध्यमिक स्रोतों आदि को जानना जरूरी है। शोध योजना में एक संक्षिप्त पूर्वधारणा या स्थापना साथ लेकर चला जाता है जिसके आधार पर ही अध्यायों का निर्धारण और तथ्य संग्रह किया जाता है। शोधार्थी के सामने स्पष्ट रहना चाहिए कि वह क्या दिखाना या पुष्ट करना चाहता है। शोध करते समय विषय की केंद्रीय मांग को ध्यान में रखते हुए ही अध्ययन किया जाता है,

हालांकि थोड़ी खुली हवा की जरूरत से इंकार नहीं किया जाता, फिर भी हर शोधार्थी के सामने उसकी पूर्वधारणा से जुड़े लक्ष्य और विषय स्पष्ट होते हैं और ये ही मार्गदर्शन करते हैं। शोध का विषय चुनने के साथ ही शोधार्थी की पूर्वधारणा, उसके लक्ष्य और उद्देश्य निर्धारित हो जाते हैं—ये अविछिन्न हैं। पूर्वधारणा, शुरुआती विचार या मन में उठे प्रश्न ही शोध के बीज का काम करते हैं। यह शुरुआती विचार एक नया विचार भी होता है—कुछ नए तथ्यों या नई दृष्टि की रोशनी में प्राप्त पूर्वधारणा या शुरुआती धारणाओं का निर्माण किसी भी अनुसंधान का एक अनिवार्य हिस्सा है।

शोध योजना एक सैद्धांतिक ढांचा भर नहीं है, बल्कि एक समयबद्ध और चरणबद्ध व्यवहार भी है। हर चरण का कार्य पूरा करने के लिए समय सीमा पर हमेशा अडिग रहना जरूरी है। परिप्रेक्ष्य निर्मित करने के लिए आरंभिक अध्ययन के बाद निर्देशक को हर अध्याय का पहला प्रारूप निर्धारित समय पर दिखाना, उससे परामर्श लेना और सुझावों के अनुसार कार्य आगे बढ़ाते जाने को भी योजना का हिस्सा समझना चाहिए।

जिंदगी के उतार-चढ़ाव, बाधाओं और प्रेरणाओं, घरेलू जिम्मेदारियों और व्यक्तिगत शौकों के बीच से ही बड़े शोध संपन्न हुए हैं। यह सोचकर कभी काम पूरा नहीं किया जा सकता कि अमुक-अमुक समस्याएं निबट जाएं तो अनुसंधान में लगा जाए।

अनुसंधान एक शैक्षिक गतिविधि है, जो सुसंबद्धता की मांग करती है, पर हर साहित्यिक अनुसंधान को एक अन्वेषण और परिवर्तन के रूप में देखने की जरूरत है। दरअसल पिछले कई दशकों के साहित्यिक अनुसंधानों के स्तर ने इसकी मर्यादा मिट्टी में मिला दी है। इसकी सामाजिक पुनर्प्रतिष्ठा के लिए बहुत प्रयत्न की जरूरत है। पहली जरूरत तो साहित्यिक अनुसंधान की व्यापकता को समझने की है। हजारीप्रसाद द्विवेदी ने कहा है, 'साहित्य की विधा मनुष्य के सामाजिक रूप की व्याख्या करती है। इसलिए साहित्य के अध्ययन के लिए केवल पोथी में लिखे हुए लक्षण ही नहीं, मानव समाज का भी परिचय आवश्यक है।'

अनुसंधान और आलोचना के बीच संबंध है, फिर भी अनुसंधान इस अर्थ में विशिष्ट है कि यह एक सुगठित मामला है और इसकी एक मानक प्रक्रिया है। आलोचना हो या अनुसंधान, इसमें मुख्यतः तीन चीजें होती हैं—तथ्य, विश्लेषण और निष्कर्ष, फिर भी अनौपचारिक लेखन से अनुसंधान इन संदर्भों में भिन्न है : (1) इसमें अध्ययन का पहले से एक उद्देश्यपूर्ण और तार्किक आधार बना होता है, (2) अब तक पाए गए तथ्यपूर्ण विवरण काफी प्रतीत नहीं होते, इसलिए आगे खोज की जरूरत समझी जाती है, (3) वस्तुगत लक्ष्य से इधर-उधर होना संभव नहीं होता, (4) शोध की कोई-न-कोई पद्धति और तकनीक अपना ली जाती है और उससे स्थानांतरण संभव नहीं होता, (5) तथ्यों के विश्लेषण के बाद निष्कर्ष तक पहुंचना जरूरी होता है, (6) शोध योजना के अनुसार काम करना होता है और (7) संदर्भ सूची शोध का अनिवार्य अंग है। दरअसल अनुसंधान साहित्यिक चोरी नहीं है, इसमें एक अनुशासन के भीतर नवीनता जरूरी है।

लेखन : अनुसंधान कार्य का दूसरा मुख्य हिस्सा सामग्री इकट्ठा कर लेने के बाद उसके आधार पर लेखन का है, जो निरंतर पढ़ने और तथ्य-संग्रह से जुड़ा है। अब सामग्री इकट्ठा करने की विधियां पहले से बदली हैं और स्रोतों में विविधता आई है। यह ध्यान में रखने की चीज है कि लेखन क्षमता कुछ दिनों में अचानक नहीं आ जाती, बल्कि रोज कुछ-न-कुछ लिखने से पैदा होती है। एक चीनी कहावत है, 'किसी पहाड़ को राह से हटाने का काम छोटे-छोटे पत्थरों को हटाने से शुरू होता है।' अनुसंधान शैक्षिक छतरी के नीचे संपन्न होता है, इसलिए यह कोई स्वतःस्फूर्त विचार प्रवाह न होकर ऐसा लेखन है, जो तथ्यसम्मत, विश्लेषणपरक और हर अध्याय में उपशीर्षकों में स्पष्टतः विभाजित होता है। चरणबद्ध लेखन इतना सुगठित और स्पष्ट हो कि वह अनुसंधान की 'पूर्वधारणा' को धीरे-धीरे पुष्ट और विकसित

करता चले। पुरानी धारणा के खंडन तथा उसकी जगह नई धारणा की स्थापना को तथ्यसम्मत बनाने के लिए उदाहरणों का सिलसिलेवार चयन और उनका बिंदुवार विश्लेषण अपेक्षित है। इस मामले में एक बड़ा दायित्व आवश्यक तथ्यों को अनावश्यक तथ्यों से अलग करना है, ताकि शोध में गैर-जरूरी स्फीति न हो। कई बार पृष्ठों की संख्या बढ़ाने के चक्कर में मूल बात दब जाती है, अनावश्यक सामग्री घुसा दी जाती है और अनुसंधान प्रस्फुटित नहीं हो पाता।

अनुसंधान का एक महत्वपूर्ण अंग प्रामाणिक संदर्भ है, जो क्रमशः संख्या अंकित करके इस प्रकार लिखा जाना चाहिए : लेखक का नाम, पुस्तक का नाम, प्रकाशक, प्रकाशन वर्ष, संस्करण, पृष्ठ संख्या। पत्रिका के मामले में : उद्धृत लेखक का नाम, लेख का शीर्षक, पत्रिका का नाम, प्रकाशन संख्या और वर्ष-मास। इलेक्ट्रॉनिक स्रोत : उपर्युक्त सूचनाओं के अलावा वेबसाइट की पूरी सूचना।

हर अनुसंधान कार्य में भूमिका प्रवेश द्वार होती है, जहां शोध के तार्किक ढांचे से परिचय कराया जाता है। यह विभिन्न अध्यायों के अंतर्संबंध के साथ शोध के विषय और उद्देश्य को स्पष्ट करती है और थोड़ा-बहुत उस चुनौती को भी जो सामने थी। एक अच्छा शोध कार्य तार्किक लेखन होता है जिसमें वाद और प्रतिवाद के बाद साहस के साथ नई स्थापना होती है। भूमिका जहाँ शोधकर्ता के लक्ष्य, शैली, दृष्टिकोण, विश्लेषण के औजारों से परिचय कराती है, निष्कर्ष बताता है कि शोधकर्ता कहां से चलकर कहां पहुंचा, उसने क्या हासिल किया और वह वस्तुतः क्या कहना चाहता है। निष्कर्ष अनुसंधान का सार बताना नहीं है, बल्कि इसके योगदान को स्पष्ट करना है। निष्कर्ष से स्पष्ट होता है कि यह शोध कार्य किन बिंदुओं पर किसी लेखक, कृति या साहित्यिक धारा के संबंध में धारणा का विस्तार करता है, कौन-सी नई जानकारियां सामने लाता है और ज्ञान की किन नई संभावनाओं को खोलता है। निष्कर्ष में दूसरों के मत न देकर अपनी स्थापनाओं को रखा जाता है। कोई उन स्थापनाओं से सहमत न होकर भी उपस्थित किए गए तथ्यों, नए तर्कों और विचारों की स्पष्टता से प्रभावित हो सकता है।

एक अनुसंधान से दूसरे अनुसंधानों के द्वार खुलते हैं क्योंकि अनुसंधान का कोई अंत नहीं है। शोधार्थी को शोध प्रबंध जमा कर देने के बाद भी यदि लगे कि उसकी खोजने की बेचैनी शांत नहीं हुई है, तो वह पढ़ना बंद नहीं करेगा और शैक्षिक छतरी के बाहर ही एक नई यात्रा पर निकल पड़ेगा। सोच लीजिए कि विश्वविद्यालय की यही सफलता है।

शंभुनाथ

अधिक जानकारी के लिए :
1. An Introduction to Research : Shirish Chindhade, Ashok Thorat, 2009, **2. Your Research Project : How to Manage it :** Andy Hunt, 2006

साहित्यिक आंदोलन

साहित्यिक आंदोलन साहित्य की प्रकृति, अंतर्वस्तु और लक्ष्य के द्योतक हैं। साहित्य अपनी प्रकृति से ही नए आंदोलनों और धारणाओं को सामने लाता रहा है। साहित्यिक आंदोलन साहित्यिक गतिशीलता का एक प्रमुख लक्षण है। दुनिया के विभिन्न समाजों और भिन्न-भिन्न ऐतिहासिक समयों में साहित्यिक आंदोलन में भिन्नता स्वाभाविक है। बदलती दुनिया के साथ जीवन को देखने और साहित्य रचने का नजरिया बदल जाना भी स्वाभाविक है। इस बिंदु पर साहित्यिक आंदोलनों को किसी जाति के साहित्यिक विकास की दृष्टि से भी पढ़ा जाता है। हर साहित्यिक आंदोलन में नई अवधारणा, नई कल्पना और भाषा में कुछ भिन्नता या विशिष्टता होती है। उस पर सामाजिक विकास और राजनीति का प्रभाव होता है। एक ही समय में साहित्यिक आंदोलन के कई रूप संभव हैं जो स्थान, समुदाय और विश्वदृष्टि के संदर्भ भिन्न हो सकते हैं, वहीं एक ही आंदोलन में हर महत्वपूर्ण रचनाकार की अपनी विशिष्टता होती है।

आंदोलन आधुनिक युग में ढला शब्द है, जब भक्ति साहित्य को भी आंदोलन कहा जाने लगा। आलवार, नायन्मारों और मराठी संतों से लेकर कबीर-सूर-तुलसी-मीरा और सूफी कवियों के लगभग हजार सालों के लंबे सिलसिले को भक्ति आंदोलन कहा गया। यह मुख्यतः कट्टरता, जाति व्यवस्था और बाह्याडंबरों के विरुद्ध था।

इतिहास के जिन क्षणों में भी कुछ रोकने, बदलने या पुरातन को नई स्थितियों के अनुसार ढालने के प्रयास दिखे और गतिशीलता के लिए वैचारिक संघर्ष नजर आया, उन सबको आधुनिक मूल्यांकन में आंदोलन कहा गया। पश्चिम में सचेत और संगठित रूप से ऐसा पहला आंदोलन 'रिनेसां' था, जो दार्शनिक और सामाजिक रूप से विभिन्न देशों, भाषाओं और ऐतिहासिक युगों में सामने आया था। 'इन्लाइटेन्मेंट' के दौर के बाद 'रोमांटिसिज्म' बड़े पैमाने पर पहला बड़ा साहित्यिक आंदोलन था।

भारत में उन्नीसवीं सदी के सामाजिक सुधारों का असर संपूर्ण भारतीय साहित्य पर देर-सबेर पड़ा था। 1857 के बाद इसमें राष्ट्रीय जागरण का तत्व जुड़ गया। भारतेंदु हरिश्चंद्र के सामने प्रश्न था कि पश्चिम से किन मुद्दों पर टकराना है और किन मुद्दों पर संपर्क बनाना है। यह सोचकर विस्मय हो सकता है कि उन्होंने उन्नीस साल की उम्र में एक पत्रिका 'कविवचनसुधा' निकाली थी। उन्होंने आगे चलकर 'पेनी रीडिंग क्लब' बनाया था, नाटक खेले थे, स्त्री शिक्षा के लिए कोशिश की थी। राधा-कृष्ण के उपासक होकर 'कुरान' का अनुवाद शुरू किया था। उनमें 'हिंदी की उन्नति' को लेकर व्यापक चिंता थी। वे अपने नाटकों और अन्य तरह के लेखन में सामाजिक कुरीतियों और धार्मिक रूढ़ियों पर ही नहीं, साम्राज्यपरस्त हिंदुओं पर भी व्यंग्य करते थे, 'हिंदू चूरन इसका नाम विलायत पूरन इसका काम' (अंधेर नगरी)। उन्होंने औपनिवेशिक आधुनिकता का 'भारत दुर्दशा' में मखौल उड़ाया। वे एक्टिविस्ट थे। 'भारतेंदु-मंडल' उन्नीसवीं सदी के एक विराट साहित्यिक आंदोलन का अहसास कराता है।

खड़ी बोली में कविता लिखने को लेकर एक साहित्यिक विवाद नवंबर 1887 से अप्रैल 1888 तक चला था। अयोध्याप्रसाद खत्री जब खड़ी बोली आंदोलन का झंडा उठाए हुए थे, उन्हें कई बार उपहास और निराशा का सामना करना पड़ा, क्योंकि उनके जमाने में ब्रजभाषा समर्थकों और सामंती रूढ़ियों का दबदबा था। वे अकेले ही एक-एक कवि से मिलने के लिए निकल पड़ते थे। वे खड़ी बोली में कविता लिखने के लिए तरह-तरह से उत्साह देते थे। कोई आंदोलन घर बैठे या रिमोट कंट्रोल से नहीं चलता। इसमें लेखकों की सांस्कृतिक दीवानगी की एक बड़ी भूमिका होती है। उस जमाने के लेखक स्वकेंद्रित, अपने जीवन में आराम के साधन जुटाते रहने वाले, देश-विदेश की यात्राओं का जुगाड़ बैठाने में लगे या सत्ता के इर्द-गिर्द मंडराने वाले नहीं थे। वे सिर्फ शब्द ढालने की साहित्यिक टकसाल नहीं थे। उस दौर में साहित्य बनाना और उससे बनना जुदा मामले नहीं थे। वे साहित्यिक लक्ष्यों के साथ अपने देश और समाज की बुरी दशा देखकर अशांत रहते थे। जहाँ ज्ञान है, वहां शांति नहीं हो सकती थी।

उल्लेखनीय है कि पहले विश्वयुद्ध तक सुधारवादी आंदोलन, राष्ट्रीय जागरण, हिंदी पत्रकारिता के विकास, पुस्तक प्रकाशन या साहित्यिक आंदोलन के जो भी काम हुए, सामान्यतः उनके लिए सरकार या बड़े पूंजीपतियों ने दो कौड़ी का अर्थ सहयोग नहीं दिया था। लेखक अपनी गांठ से पैसा लगाकर या आपसी सहयोग से साहित्यिक सभा करते थे, नाटक का मंचन करते थे और पत्र-पत्रिकाएं निकालते थे। शिक्षित मध्य वर्ग और किसानों के अर्थ सहयोग से सुधारवादी आंदोलन चले थे। स्वाधीनता की लड़ाइयां लड़ी गई थीं। राष्ट्रीय-सांस्कृतिक आंदोलनों को बड़े पूंजीपतियों का बल पहले विश्वयुद्ध के बाद मिलना शुरू हुआ। साहित्यिक कामों के लिए इनका सहयोग 1980 के दशक से बंद होना भी शुरू हो गया, जब धर्मयुग-सारिका-दिनमान जैसे पत्र भी धड़ाधड़ बंद होने लगे और राज्याश्रय पर ही सब कुछ निर्भर होता गया।

बीसवीं सदी में महावीर प्रसाद द्विवेदी ऊंचे वेतन की सरकारी नौकरी छोड़कर 'सरस्वती' के संपादन के लिए आ सकते थे। द्विवेदी जी की 'सरस्वती' पत्रिका खुद में एक साहित्यिक आंदोलन थी। वे साहित्यिक विषयों के अलावा देश की सामाजिक जरूरत समझकर 'संपत्तिशास्त्र' (1908) की रचना कर सकते थे। अपने विरोधी बालमुकुंद गुप्त की सराहना कर सकते थे, 'अच्छी हिंदी बस एक व्यक्ति लिखता है—बालमुकुंद गुप्त।' वे दक्षिण अफ्रीका के रंगभेद से चिंतित थे, बोल्शेविक क्रांति की तरफ आकर्षित थे। सबसे अधिक उन्होंने श्रृंगारवाद के अवशिष्ट तत्वों से संघर्ष किया। उन्होंने सामंती तत्वों से लड़ते हुए बुद्धिवाद, सुधारवाद का पक्ष लिया। हिंदी को सुधारा। यही वह शख्स है जिसने कहा था, 'साहित्य में जो शक्ति छिपी है वह तोप, तलवार और बम के गोलों में भी नहीं पाई जाती।' साहित्य ही है जो 'दूसरों' के बारे में सोचने की शिक्षा देता है। इसकी जरूरत तकनीकविदों के वर्तमान युग में भी कम नहीं है।

राष्ट्रीय जागरण का विकास 'राष्ट्रवाद' में हुआ, जिसकी साम्राज्यवाद के संदर्भ में एक खास भूमिका थी, यह काफी नहीं था। बुद्धिवाद भी अपर्याप्त लगा। इसलिए नवजागरण के गर्भ से छायावाद अर्थात रोमांटिसिज्म उभरा जिसका संबंध व्यापक मानवतावाद से था। यह नवजागरण से जन्मी सामाजिक गतिशीलता की देन था। यह मनुष्य में उदात्त 'व्यक्ति' की सत्ता पैदा कर रहा था। छायावादी आंदोलन अपनी राष्ट्रीय प्रतिध्वनियों के अलावा विश्व और व्यक्ति की अंतःक्रीड़ा था। छायावाद ने अंध-राष्ट्रवाद की संकीर्णता को चुनौती देते हुए विश्व चेतना का उद्घोष किया और साम्राज्यवाद-विरोधी चेतना भी व्यक्त की। दूसरी तरफ इस काल में प्रेमचंद ने राष्ट्रीय स्वाधीनता आंदोलन का समर्थन करते हुए 'राष्ट्रवाद' के हाशिए की कम-से-कम तीन आवाजों को बुलंदी से उठाया—दलित, स्त्री और किसान। उन्होंने प्रगतिशील लेखक संघ के लखनऊ अधिवेशन में लेखकों से कहा, 'जो दलित है, पीड़ित है, वंचित है—चाहे वह व्यक्ति हो या समूह, उसकी हिमायत करना उसका फर्ज है। उन्होंने एक अन्य महत्वपूर्ण बात कही थी, 'साहित्य हमारे जीवन को स्वाभाविक और स्वाधीन बनाता है।' वे कठिन संघर्षों के बीच 'हंस' पत्रिका निकालते थे।

प्रेमचंद ने अपने उपर्युक्त भाषण में कहा था, 'हम केवल कागज के पृष्ठों पर सृष्टि करके संतुष्ट न हो जाएंगे, बल्कि उस विधान की सृष्टि करेंगे जो सौंदर्य, सुरुचि, आत्मसम्मान और मनुष्यता का विरोधी न हो।' सुंदरता और स्वाधीनता की कसौटी जब काफी बदल गई है और जब चारों चीजें सौंदर्य, सुरुचि, आत्मसम्मान और मनुष्यता, गहरे संकट में हैं; तब प्रेमचंद द्वारा लंबे संघर्ष का उपर्युक्त आह्वान इक्कीसवीं सदी में भी अर्थपूर्ण लग सकता है।

साहित्य की दुनिया में वाद, सिद्धांत और आंदोलन से साहित्य को अलग रखने की एक परंपरा रही है, हालांकि जो किसी वाद से प्रभावित नहीं होता, वह व्यक्तिवाद से प्रभावित रहता है। हिंदी के प्रतिबद्ध लेखकों में भी व्यक्तिवाद, आत्मपरकता और अराजकतावाद के दर्शन होते रहे हैं। बीसवीं सदी में पश्चिम से साहित्यिक दुनिया में एक से बढ़कर एक चमकीले आधुनिकतावादी सिद्धांत आए। उनमें प्रतीकवाद, बिंबवाद, कला के लिए कला, नई समीक्षा, निषेधवाद, प्रयोगवाद, अतियथार्थवाद आदि महत्वपूर्ण हैं। इनके समानांतर प्रगतिशील आंदोलन सबसे सुगठित और विस्तृत आंदोलन था, हालांकि इसमें पूंजीवाद के अंतिम दिन गिनने की जल्दबाजी देखी गई। यही वजह है कि समाजवादी क्रांति के उत्साह में परंपरा और समकालीनता के मूल्यांकन में उच्छृंखलता कम नहीं दिखी, फिर भी प्रगतिशील आंदोलन का आम लोगों की सांस्कृतिक चेतना पर बड़ा असर पड़ा। इसका प्रभाव साहित्य से आगे बढ़कर चित्रकला, संगीत, फिल्म आदि तक पहुंचा।

आजादी के बाद आधुनिकतावाद और यथार्थवाद की मिश्रित प्रेरणाओं से नई कविता, नई कहानी, आंचलिक उपन्यास, नया रंगमंच आदि के रूप में साहित्यिक हलचलें पैदा हुईं। अतिरंजना में

कहानी को केंद्रीय विधा तक कहा जाने लगा। नई कविता और नई कहानी पर बहसें हुईं, अनुभव को केंद्रीयता मिली। अन्वेषण के साथ परिवर्तन की आवाजें भी उठीं।

'साठोत्तरी साहित्य' का दौर उग्र साहित्यिक आंदोलनों का दौर रहा है, तब साहित्य का तेजी से जनतंत्रीकरण भी हो रहा था। इन आंदोलनों से जुड़े लेखक कह रहे थे कि हमारी सभ्यताएं रुग्ण हो गई हैं, मूल्यहीनता ही मूल्य है, मनुष्य के मस्तिष्क और आत्मा का बलात्कार हो रहा है। उस दौर के लेखक काला को काला कह रहे थे, पत्थर को पत्थर कह रहे थे। उनका गुस्सा दिखावटी न था। उनकी घृणा भी दिखावटी न थी। वे संपूर्ण सत्ता और व्यवस्था के विरोधी थे और अपनी कई बातें यौनता के प्रतीकों में कह रहे थे।

सैकड़ों वर्षों के इतिहास में ऐसा कोई युग न था और ऐसा कोई साहित्यिक आंदोलन न था, जब मतभेद न हों। साहित्य विभिन्न प्रकार की अनुभूतियों और विचारों का संसार है जिसमें एकरूपता का आना इस संसार का सपाट और गैर-रचनात्मक ही नहीं, जीवन-विरोधी हो जाना भी है। इसलिए विविधता, भिन्नता और 'अन्य' का आदर हर युग में ही सभ्यता का प्रधान लक्षण है। वैश्वीकरण के दौर की खूबी है कि इसमें असहमति का अर्थ हो जाता है—शत्रुता, सारे संबंधों का खत्म हो जाना। बाजार, सांप्रदायिक विमर्श और सामान्य साहित्यिक संसार में असहमति के साथ सहयात्रा संभव नहीं रह जाती। नई व्यवस्था को सिर्फ 'फॉलोअर' चाहिए, गुलाम चाहिए। यही वजह है कि साहित्यिक संसार कुछ सनातन मित्रों और सनातन शत्रुओं से भरता गया। आज बड़ा मुश्किल है बिना किसी प्रलोभन के दस लेखकों का किसी सतत आंदोलनात्मक उद्देश्य से इकट्ठा हो पाना।

दूसरी तरफ, उपभोक्तावाद बड़े पैमाने पर रचनात्मकता को संकुचित और नियंत्रित कर रहा है। यह नई पीढ़ी के लेखकों को कोई साहित्यिक-सांस्कृतिक आंदोलन खड़ा करने से विमुख करता है और उन्हें स्वकेंद्रित बनाता है। नई पीढ़ी बहुत तरल और बिखरी हुई है। साहित्यिक संस्कृति ऐसी बना दी गई कि नई पीढ़ी के लेखक इससे भिन्न कुछ नहीं हो सकते थे। साहित्य सैकड़ों साल से असहमत लोगों की बस्ती है। वह जब ऐसी जगह बना दी जाए, जहां संवाद का अभाव हो जाए और लोभ ही चरम मूल्य हो, निश्चय ही सबसे असुरक्षित युवा सर्जक होंगे जिन पर असहमति की एक महान सहिष्णु दुनिया रचने का भार है। याद कर लेना जरूरी है कि फरहाद ने पहाड़ खोदकर नहर निकाली थी और बिहार में दशरथ माझी ने कुछ ऐसा ही किया था। इस जमाने में भी लेखक अपने साहित्यिक जीवन को एक क्रांतिकारी तप का रूप दे रहे थे, इसके उदाहरणों की कमी नहीं है। इसके उदाहरणों की भी कमी नहीं है कि किस तरह कुछ लेखक 'प्रगति' और कुछ 'बौद्धिक स्वाधीनता' के नाम पर सिर्फ व्यवस्थित हो रहे थे और सुख-सुविधाएं बटोर रहे थे। वे साहित्यिक आंदोलन की महान परंपरा, समाज और अपने सिद्धांतों से विच्छिन्न होते जा रहे थे।

प्रगतिशील और जनवादी आंदोलनों में मोड़ आए, उग्रता झलकी, बिखराव आया और लेखकों के विश्वास टूटे। आपातकाल के कठिन समय में कई लेखक आपातकाल का समर्थन करते दिखे। साम्राज्यवाद के नए दौरों और कठिन दिनों में सबसे अधिक सांगठनिक निष्क्रियता और संकीर्णता उभरकर आई। बदले माहौल में सांप्रदायिक विमर्शों का जोर बढ़ा। मनुष्य, नागरिक और वर्ग की कैटेगरी को स्थानच्युत कर सांप्रदायिक अस्मिता का प्रश्न राजनीति के साथ-साथ समाज में भी महत्वपूर्ण हो उठा। इन स्थितियों के समानांतर स्त्रियों और दलितों ने 'स्वानुभूति' का प्रश्न उठाया, साहित्यिक आंदोलन विमर्श केंद्रित हुए। कई जगहों पर सीमित लक्ष्यों को लेकर स्थानीय आंदोलन भी उत्तेजक ढंग से चलाए गए। 'राष्ट्र' को प्रश्नांकित करके साहित्य के केंद्र में 'वंचित' आए। बदलते साहित्यिक माहौल में सामान्यतः वैश्वीकरण को बड़ी चुनौती के रूप में नहीं देखा गया। वस्तुतः वैश्वीकरण ने एक तरफ से बौद्धिक समतलीकरण और दूसरी तरफ से

सामुदायिक कट्टरवाद को पनपाना शुरू कर दिया था। नए ढंग के साम्राज्यवाद, मुक्त बाजार व्यवस्था और उपभोक्ता संस्कृति के युग में लेखक बड़े पैमाने पर अपने में इतने सीमित और विभाजित कर दिए गए कि फिलहाल कोई बड़ी राष्ट्रीय आवाज या प्रभावशाली साहित्यिक आंदोलन नजर नहीं आता। उपर्युक्त दबाव में साहित्य और लेखक के बीच दूरी बढ़ी है, नतीजतन पाठक भी साहित्य से प्रायः विमुख है।

साहित्यिक आंदोलनों की जगह साहित्यक उत्सवों ने ले ली। उपभोक्ता संस्कृत के दबाव में जगह-जगह पान मसाले की तरह 'जयपुर फेस्टिवल' जैसे उत्सव होने लगे। साहित्य को फिल्मी कलाकारों और सिलेब्रिटी की व्हील चेयर पर बैठा दिया गया।

साहित्यिक आंदोलन तब शिथिल हो जाते हैं, जब लेखक रचनाकार भर रह जाएं—वे रचना करने तक सीमित हों, तब साहित्य के पास आंख होती है, लेकिन पैर नहीं होते। टेक्नोक्रेटों के पास गति है, पैर हैं, लेकिन दृष्टि नहीं है। एक लंगड़ा है, दूसरा अंधा है। यह एक सभ्यतागत विडंबना है। साहित्य कर्म जीने-मरने का मामला न होकर जब यश, सुविधा और महज फुर्सत का मामला बन जाता है, साहित्यिक आंदोलन की संभावनाएं वहीं पंचर हो जाती हैं।

शंभुनाथ

साहित्यिक उत्सव

साहित्यिक उत्सव (Literary Festival) भारतीय साहित्यिक परिसर में एक नई परिघटना के रूप में देखे जाते हैं। 'जयपुर लिटरेरी फेस्टिवल' दुनिया का सबसे बड़ा साहित्यिक उत्सव है, जो राजस्थान की राजधानी जयपुर में मुख्यतः डिग्गी पैलेस में आयोजित होता रहा है। 2006 के पहले जयपुर उत्सव में सिर्फ 28 लेखक और लगभग 100 श्रोता थे, जबकि 2008 में श्रोताओं की संख्या बढ़कर ढाई हजार और 2009 में बारह हजार हो गई। 2015 में देशी-विदेशी 181 वक्ता थे और 10 आयोजन स्थलों पर लगभग 300 कार्यक्रम हुए। फ्रांस, इंग्लैंड, जर्मनी, अमेरिका में जितना बड़ा साहित्यिक जमघट संभव नहीं हो पाया, वह राजस्थान जैसे पिछड़े इलाके में हो गया, मानो साहित्य से सबसे ज्यादा प्रेम और सबसे बड़ा बाजार भारत में हो।

जयपुर लिटेररी फेस्टिवल के मुख्य आयोजक हरि कुंजरू, विलियम डेलरिंपल, नमिता गोखले आदि रहे हैं और रुश्दी, नायपाल जैसे लोकप्रिय लेखकों की अंग्रेजी जमात इसकी रीढ़ रही है। कुछ व्यावसायिक कंपनियां इसके लिए भारी रकम देती हैं और सरकारी बल भी होता है। साहित्यिक उत्सव का सिलसिला 'टाटा स्टील कोलकाता लिटेररी मीट', चेन्नई के कविता केंद्रिक 'प्रकृति उत्सव' तथा ऐसे कुछ अन्य साहित्यिक उत्सवों के रूप में बड़े नगरों में आगे बढ़ा है। ऐसे उत्सवों में एक 'सार्क लिटेररी फेस्टिवल' भी है।

साहित्यिक उत्सव

2008 से विश्व में शुरू हुई आर्थिक मंदी का असर पुस्तक व्यवसाय पर पड़ना शुरू हो गया था। इसी परिदृश्य में साहित्यिक उत्सव की अवधारणा बनी। बहुराष्ट्रीय कंपनियों और सरकारों से बड़ी धनराशि पाकर भारत के अंग्रेजी लेखकों के साहित्यिक सक्रियतावाद ने एक नया इंद्रधनुष रचा। इसमें विदेशों के नामी-गिरामी नोबेलजयी लेखकों और भारत के अंग्रेजी लेखकों के अलावा फिल्म, टीवी और कला जगत की उत्सवमूर्तियों की चहल-पहल लगातार तेज होती गई। ज्वलंत साहित्यिक और राजनीतिक मुद्दों पर विवादोत्तेजक बहस, लोकप्रिय लेखकों का पाठकों से संवाद, पुस्तकों का लोकार्पण और उन्हें प्रमोट करने के लिए चर्चा, लॉनों पर और

शामियानों में कई ढंग के साहित्यिक-सांस्कृतिक कार्यक्रम ऐसे साहित्यिक उत्सव के आकर्षण होते हैं। खाने-पीने और किताबों के स्टॉल होते हैं। बिना विवादों के साहित्यिक उत्सव का प्रचार और बड़ा जमावड़ा संभव नहीं है, इसलिए ऐसे साहित्योत्सव लोगों को उकसाने वाले विवादों के केंद्र भी बनते हैं। ये विवाद उनकी शोभा की तरह होते हैं।

कभी विश्वविद्यालय चर्चा और बहस के केंद्र होते थे, जहाँ अब सन्नाटा दिखता है। टीवी पर बहस होती है तो इसमें उसी को सुना जा सकता है, जो आरोपों के पटाखे छोड़ सकता हो और चीख-चीखकर बोल सकता हो। भारतीय भाषाओं की साहित्यिक दुनिया शत्रुतापूर्ण टुकड़ों में बंटती गई और हिंदी लेखकों की तरफ से भी कभी समवेत रूप से कोई बड़ी पहल नहीं की गई। इस परिदृश्य में अंग्रेजी लेखकों के साहित्यिक सक्रियतावाद और अंग्रेजी पुस्तक बाजार के व्यावसायिक सक्रियतावाद ने मिलकर जो नया स्पेस निर्मित किया है, दिख सकता है कि वहां गंभीर चर्चाएं होती हैं, आत्मीय ढंग से बौद्धिक आदान-प्रदान होता है, लेखकों का सांस्कृतिक अकेलापन दूर होता है, विद्यार्थी अपनी कक्षाओं की एकरसता दूर करते हैं और लोकतांत्रिक ढंग से विवादोत्तेजना पैदा करने के अवसर भी होते हैं। साहित्यिक उत्सव में कोई पुरानी फिल्मी नायिका आ जाए, कोई रॉक स्टार या व्यावसायिक गीतकार आ जाए, कोई बड़ा कलाकार दिख जाए या मंत्री टपक पड़े या सोशलाइट घुस जाए तो भीड़ उधर ही टूट पड़ती है। यह मुख्यतः अंग्रेजी लेखकों का कुंभ होता है, जो अंततः कार्निवाल की तरह दिखने लगता है। करोड़ों की पूंजी वाले ऐसे साहित्यिक उत्सवों ने झुंड-मानसिकता इस जगह भी बरकरार रखी है। साहित्य से भी बड़ा हो जाता है साहित्यिक उत्सव। सिलेब्रिटी बने लेखक दुर्लभ दृश्य लगते हैं। बहुतों को लगता है कि इस मरी सांस्कृतिक हालत में कोई साहित्यिक तूफान आ गया है। इसमें तामझाम और प्रचार महत्वपूर्ण भूमिका निभाते हैं। भारतीय भाषाओं के लेखक इस भीड़ में लगभग गुम हो गए-से दिखते हैं, हालांकि उन्हें भी लघु प्रतीक के रूप में मंचों पर दिखा दिया जाता है। वैश्वीकरण के दौर में अमेरिकी वर्चस्व के कारण दबदबा अंग्रेजी का ही रहता है। हर ऐसे उत्सव में अंग्रेजी का ही साहित्यिक उपनिवेश बनता दिखता है, क्योंकि इस समय उसे ही बड़ी या छोटी पूंजी का बल मिला हुआ है।

ऐसे बड़े साहित्यिक उत्सव का अर्थ है—विशेष रूप से अंग्रेजी उपन्यासकारों का जमघट। बाजारवाद ने साहित्य को उपन्यास-केंद्रिक बना दिया और कविता-नाटक आदि को पिछवाड़े भेज दिया। अरुंधति राय ने 'द गॉड ऑफ स्माल थिंग्स' के लिए अधिक पैसे मिलने पर इसके प्रकाशन का अधिकार करोड़ों की राशि पाने के बाद हारपर कालिंस से छीनकर अंग्रेजी प्रकाशन की दुनिया के एक प्रभावशाली एजेंट डेविड गडविन को दे दिया। माना जाता है कि अंग्रेजी साहित्य की दुनिया में इधर आई चमक किसी बड़ी बौद्धिक उद्‌भावना की वजह से नहीं है, बल्कि बाजार के ऐसे ही खेलों का नतीजा है।

भारत में आयोजित अंग्रेजी केंद्रित साहित्यिक उत्सवों का एक बड़ा मकसद यह साबित करना है कि अंग्रेजी में लिखा गया भारतीय साहित्य ही भारतीय साहित्य का प्रतिनिधित्व करता है और जिसे वे 'वर्नाकुलर' साहित्य कहते हैं, वह नए समय में महत्वहीन है। अंग्रेजी लेखकों के पाठकों की संख्या में आई उछाल की वजह से यह धारणा बनाई जा रही है, क्योंकि अंग्रेजी लेखकों को हिंदी, मराठी, तमिल, बांग्ला, मणिपुरी आदि सभी भारतीय भाषाओं से पाठक मिल रहे हैं, क्योंकि अब ऐसे पाठक अमेरिकी प्रभाव में बड़े पैमाने पर अपनी मातृभाषा छोड़ रहे हैं। पश्चिमी देशों में अंग्रेजी पुस्तकों के घटते पाठकों की क्षतिपूर्ति एशियाई देशों के पाठकों से हो रही है। उनका एक बड़ा केंद्र भारत बन रहा है। यही वजह है कि अंग्रेजी केंद्रित साहित्यिक उत्सव मुख्यतः अंग्रेजी बाजार की सांस्कृतिक अभिव्यक्तियां हैं। ऐसे उत्सव का लक्ष्य साहित्यिकता कम मनोरंजन ज्यादा है। उपन्यास का बाजार तेज करना भी एक प्रमुख

लक्ष्य है। इस तरह का उत्सव कई बार यह साबित करता दिख सकता है कि तुच्छ ही विराट है। पश्चिम और अंग्रेजी के नए सांस्कृतिक आक्रमण का जवाब तैयार करने के लिए भारतीय भाषाओं में भी छोटे-छोटे साहित्यिक उत्सव शुरू हो चुके हैं। प्रकृति फाउंडेशन का कविता उत्सव उन्हीं में से एक है। 'हिंदी महोत्सव', 'हिंदी मेला' आदि इसी ढंग के प्रयास हैं। भारतीय साहित्य महोत्सव शुरू करने के उद्देश्य से एशियाई लेखकों को इकट्ठा करके एक भिन्न परिकल्पना भी तैयार की जा सकती है।

शंभुनाथ

साहित्यिक चोरी (प्लेजिरिज्म)

प्लेजिरिज्म (Plagiarism) को एक अर्थ में साहित्यिक चोरी कहा जा सकता है, लेकिन यह उससे ज्यादा व्यापक अर्थ व्यक्त करता है। जब कोई व्यक्ति किसी अन्य की लिखी रचना को या उसके अंश को अपनी कहकर प्रकाशित करता है या उसे अपनी होने का दावा करता है तो वह साहित्यिक चोरी या प्लेजिरिज्म कहलाता है। लेकिन चोरी सिर्फ इसी रूप में नहीं होती। यदि कोई लेखक के विचार को, उसके चिंतन को, उसकी भाषा को और उसकी अभिव्यक्ति के ढंग की भी नकल करता है तो उसे भी साहित्यिक चोरी कहा जा सकता है। यह सामान्य चोरी से इस अर्थ में भिन्न है कि यहां किसी भौतिक वस्तु जैसे सोना-चांदी, हीरे-जवाहरात या रुपए-पैसे की चोरी नहीं होती बल्कि उस चीज की चोरी होती है जिसे बौद्धिक सृजन कहा जाता है और जिसकी कीमत भौतिक वस्तुओं की तरह लगाना आसान नहीं है। साहित्यिक चोरी को चोरी माना जाना आधुनिक युग की परिघटना है, जब मुद्रण की व्यवस्था आने के बाद लेखकों की रचनाओं की कई प्रतियां लोगों तक पहुंचने लगी थीं और लेखकों की रचनाओं की कीमत आंकी जाने लगी थी और उन्हें रॉयल्टी के रूप में धन प्राप्त होने लगा था। संचार माध्यमों के नए-नए रूपों के आविष्कार के साथ कई कलारूपों को भंडारित करना और उनकी प्रतिलिपि बनाकर लोगों तक पहुंचाना एक बड़ा व्यवसाय बन गया। इसके साथ ही दूसरों के किए कामों को चुराने की प्रवृत्ति में भी बढ़ोतरी हुई। इंटरनेट ने भी इस प्रवृत्ति को बढ़ाने में अप्रत्यक्ष रूप से मदद की।

साहित्यिक चोरी को चोरी के अर्थ में अपराध साबित करना आसान नहीं होता। प्लेजिरिज्म सिर्फ साहित्यिक कृतियों के संदर्भ में ही लागू नहीं होता। संगीत, गायन, मूर्तिकला, चित्रकला, एनिमेशन, टेलीविजन कार्यक्रम, रेडियो कार्यक्रम, अनुवाद, रचनाओं की प्रतिलिपि बनाना आदि कई चीजें प्लेजिरिज्म के अंतर्गत आ सकती हैं, लेकिन यह अपराध तभी माना जाता है, जब इससे कॉपीराइट एक्ट का या बौद्धिक संपदा अधिकार का उल्लंघन होता हो। कॉपीराइट कानून का उल्लंघन वहां भी हो सकता है, जहां प्लेजिरिज्म न हो। प्रायः यह देखा जाता है कि पुस्तकों, चित्रों, ऑडियो और वीडियो कार्यक्रमों और फ़िल्मों की प्रतिलिपियां उन लोगों या संस्थाओं द्वारा बनाकर बाजार में बेची जाती हैं जिन्हें ऐसा करने का अधिकार नहीं दिया गया है और न ही उन्होंने ऐसा करने के लिए कानूनी तौर पर अनुमति ली है। इस तरह के कृत्य में बेचे जाने वाले उत्पादन के निर्माता या रचयिता का नाम नहीं बदला जाता, वरन टेक्नोलॉजी का सहारा लेकर रचना की मूलकृति जैसी ही प्रतिलिपि तैयार की जाती है और यह धोखा देने की कोशिश की जाती है कि कॉपीराइट कानून का उल्लंघन नहीं किया गया है। ऐसे मामलों में कॉपीराइट कानून के उल्लंघन का उद्देश्य निर्माता या रचयिता को उस कृति से होने वाली आय से वंचित करना होता है।

साहित्यिक चोरी में लेखक की रचना को कोई अन्य व्यक्ति अपने नाम से प्रकाशित करवा देता है और उसका रचयिता होने का श्रेय स्वयं लेने का प्रयास करता है। यह आवश्यक नहीं है कि साहित्यिक चोरी करने वाला पूरी रचना की हूबहू नकल करे। वह उसके किसी अंश की नकल कर सकता है। वह उसमें मामूली-से परिवर्तन करके उसे अपनी रचना होने का दावा कर सकता है। वह किसी अन्य भाषा

में उसका अनुवाद कर या किसी अन्य माध्यम में उसका रूपांतरण करके उसे अपने नाम से प्रकाशित कर सकता है। स्पष्ट ही साहित्यिक चोरी सिर्फ उसी रचना की मानी जाएगी, जो इससे पहले सार्वजनिक हो चुकी हो यानी प्रकाशित हो चुकी हो या मूल रूप में वह जिसकी रचना हो, वह उसे अपनी रचना साबित करने की स्थिति में हो। अगर किसी ने अपनी रचना अभी लिखी नहीं है और उसका विचार ही आया है और उस विचार को किसी अन्य व्यक्ति या व्यक्तियों के साथ उसने साझा किया है और उनमें से किसी ने उसे रचना का रूप दे दिया है तो वह साहित्यिक चोरी तभी मानी जा सकती है, जब उसने कॉपीराइट कानून के अंतर्गत अपने विचार को पंजीकृत कराया हो, अन्यथा उसे यह प्रमाणित करना बहुत मुश्किल होगा कि रचना जिस विचार पर आधारित है, वह मूल रूप में उसका है। एक ही समय में एक जैसे विचार एक से अधिक व्यक्तियों के मन में उठ सकते हैं। इससे कोई यह दावा नहीं कर सकता कि दूसरे ने उसके विचार चुराए हैं। साहित्यिक चोरी गैर-कानूनी तो है ही, अनैतिक भी है, लेकिन यह अनैतिकता स्वयं लेखक भी कर सकता है। मसलन, अपनी पूर्व में प्रकाशित रचना को यदि वह कुछ अंतराल के बाद किसी अन्य शीर्षक से नई रचना के रूप में प्रकाशित करता है या बहुत मामूली परिवर्तन कर उसे नई रचना कहकर प्रकाशित करता है तो यह कार्य गैर-कानूनी हो या न हो, अनैतिक जरूर है।

साहित्यिक चोरी और प्रभाव के फर्क को भी समझना जरूरी है। दूसरों की रचनाओं से प्रभावित होना एक सामान्य परिघटना है और उस प्रभाव को दूसरों की रचनाओं में ढूंढा भी जा सकता है। मसलन, कार्ल मार्क्स या महात्मा गांधी के विचारों के प्रभाव में आकर बहुत-से रचनाकारों ने रचनाएं लिखी हैं, लेकिन इस प्रभाव को प्लेजिरिज्म नहीं कहा जा सकता। इसी तरह बड़े लेखकों के प्रभाव में आकर उनके बाद आने वाले लेखक उन जैसा लिखने का प्रयास करते हैं। यह भी प्रभाव ही है और उसे साहित्यिक चोरी नहीं माना जा सकता। संगीत के क्षेत्र में किसी राग विशेष को गाने की विशेष शैली का अनुकरण करना प्रायः गुण माना जाता है, प्लेजिरिज्म नहीं। प्लेजिरिज्म कानून के दायरे में तभी आएगा, जब उससे बौद्धिक संपदा अधिकार या कॉपीराइट कानून का उल्लंघन होता हो।

कॉपीराइट कानून में व्यवस्था है कि किसी व्यक्ति की रचना को कोई अन्य शिक्षा और शोध के लिए या लेखन के लिए उद्धृत कर सकता है, लेकिन इन उद्धरणों के संबंध में भी कानूनी प्रावधान है। कोई व्यक्ति कितने अंश को उद्धृत कर सकता है, इसकी व्यवस्था कॉपीराइट कानून के अंतर्गत की गई है। उससे अधिक उद्धृत करने पर उसके लिए लेखक की लिखित अनुमति लेना आवश्यक होता है। लेखक इस अनुमति के लिए शुल्क या धन की मांग कर सकता है। यह व्यवस्था सिर्फ लेखन पर ही नहीं, श्रव्य और दृश्य कार्यों, चित्र, संगीत, गायन और वैज्ञानिकों, इंजीनियरों, आर्किटेक्टों के मौलिक कामों पर भी लागू होती है। किसी की रचना को उद्धृत करते हुए उसके मूल रचनाकार के नाम का उल्लेख करना आवश्यक है। यदि ऐसा नहीं किया जाता है और यह भ्रम पैदा किया जाता है कि यह उद्धरण उद्धृत करने वाले व्यक्ति का है तो ऐसा करना भी प्लेजिरिज्म के अंतर्गत आएगा और कॉपीराइट कानून का उल्लंघन माना जाएगा। इसलिए यह जरूरी है कि बौद्धिक कार्यों में लगे व्यक्तियों को बौद्धिक संपदा अधिकार और कॉपीराइट कानून की पर्याप्त जानकारी हो। शिक्षा, साहित्य और कला के क्षेत्र में साहित्यिक चोरी करने वाले की न सिर्फ सामाजिक प्रतिष्ठा को गहरा आघात पहुंचता है, बल्कि कई बार वह जिस संस्था में काम करता है, वहां अनुशासनात्मक कार्रवाई का सामना भी करना पड़ता है।

जवरीमल्ल पारख

अधिक जानकारी के लिए :

1. कॉपीराइट कानून और उससे संबंधित राष्ट्रीय और अंतरराष्ट्रीय प्रावधान, 2. Faking Literature : K K Uthven, 2001, **3. My Word : Plagiarism and College Culture :** Susan D Blum, 2009

साहित्यिक पत्रकारिता

साहित्यिक पत्रकारिता पत्रकारिता का एक सृजनात्मक रूप है जिसका संबंध मुख्यतः साहित्य, संस्कृति, वैचारिक नवोन्मेष से होता है। यह आम पत्रों की तरह सूचनात्मक और मनोरंजक भर न होकर ज्ञान और संवेदना की गहराई से जुड़ी होती है। यह काल्पनिक प्रभाव छोड़ने की जगह मन पर व्यापक असर डालती है। साहित्यिक पत्रकारिता सत्ता संघर्ष का क्षेत्र न होकर मूल्यों के संघर्ष का क्षेत्र है। हिंदी में साहित्यिक पत्रिकाओं को 1960 के दशक में लघु पत्रिका कहा जाने लगा, पर इससे पहले साहित्यिक पत्रिका ही कहा जाता था। भारतेंदु हरिश्चंद्र की 'कविवचनसुधा' और महावीर प्रसाद द्विवेदी के संपादन में निकली 'सरस्वती' के अलावा 'मतवाला', 'माधुरी', 'इंदु', 'हंस', 'विशाल भारत', 'रूपाभ', 'प्रतीक', 'कल्पना', 'वसुधा', 'कथन', 'ज्ञानोदय', 'नई कहानियां', 'आलोचना', 'पहल', 'उत्तरार्ध', 'कथन', 'समकालीन सृजन' आदि अपने-अपने समय की महत्वपूर्ण साहित्यिक पत्रिकाएं रही हैं। इनकी एक बड़ी खूबी है कि ये मुनाफे के लिए नहीं निकलतीं। इनके पास संसाधन कम होते हैं, पर लक्ष्य महान होते हैं।

भारत में साहित्यिक पत्रकारिता नवजागरण की देन है। 1857 के स्वाधीनता संग्राम के बाद भारतीयों में मुक्ति की आकांक्षा प्रबल होती गई। इसका एक नतीजा साहित्यिक पत्रकारिता है। हिंदी में साहित्यिक पत्रकारिता की शुरुआत भारतेंदु हरिश्चंद्र से होती है। उन्होंने 18 साल की उम्र में हिंदी की प्रथम साहित्यिक पत्रिका 'कविवचनसुधा' निकाली। इसका प्रकाशन 12 अगस्त 1868 को काशी से आरंभ हुआ। इसका एक मूल लक्ष्य था, 'स्वत्व निज भारत गहै'। 'कविवचनसुधा' का प्रकाशन कविता की पत्रिका के रूप में शुरू हुआ था, लेकिन इसमें ऐसी रचनाएं प्रकाशित होने लगीं जिनमें सामाजिक कुरीतियों की आलोचना के साथ व्यापक राष्ट्रीय आकांक्षा होती थी। 1868 से 1874 के बीच भारतेंदु ने दो और साहित्यिक पत्रिकाओं का संपादन शुरू किया–'हरिश्चंद्र चंद्रिका' (1873) और 'बालाबोधिनी' (1874)। भारतेंदु ने अपने समय के लेखकों को लिखने और पत्रिका निकालने के लिए प्रेरित किया। 1874 के बाद 'हिंदी प्रदीप' (बालकृष्ण भट्ट, 1877), 'ब्राह्मण' (प्रताप नरायण मिश्र, 1883), 'आनंद कादंबिनी' (बदरीनरायण चौधरी 'प्रेमघन', 1881) आदि साहित्यिक पत्रिकाएं निकलीं। 'कविवचनसुधा' के बाद सबसे ज्यादा चर्चित पत्रिका 'हिंदी प्रदीप' थी, जो लगभग 33 वर्षों तक लगातार निकलती रही।

हिंदी साहित्यिक पत्रकारिता का नया युग 'सरस्वती' (1900) के प्रकाशन से शुरू होता है। यह द्विवेदीयुगीन साहित्य की केंद्रीय धुरी थी। पहले इसके संपादक श्यामसुंदर दास थे। 1903 में महावीर प्रसाद द्विवेदी इसके संपादक बने। उन्होंने 17 वर्षों तक इसका संपादन किया। 'सरस्वती' साहित्य के साथ-साथ नए ज्ञान की पत्रिका भी थी। इसमें इतिहास, अर्थशास्त्र, समाजशास्त्र आदि विषयों पर महत्वपूर्ण सामग्री का प्रकाशन होता था। इसके जरिए खड़ी बोली में काव्य भाषा का विकास और हिंदी की गद्य शैलियों का विकास हुआ। इसने देशप्रेम और राष्ट्रप्रेम जाग्रत करने का ऐतिहासिक कार्य किया। रामविलास शर्मा ने इसके संबंध में लिखा है, 'वह हिंदी नवजागरण का मुख्य पत्र थी और हिंदी भाषी जनता की सर्वमान्य जातीय पत्रिका थी।'

1909 में 'इंदु' का प्रकाशन काशी से, 1913 में 'प्रभा' का खंडवा से, 1922 में 'चांद' का इलाहाबाद से, 1923 में 'मतवाला' का कलकत्ता से शुरू हुआ था। 'मतवाला' से सूर्यकांत त्रिपाठी निराला, शिवपूजन सहाय, नवजादिक लाल श्रीवास्तव आदि जुड़े थे। 1930 में प्रगतिशील दृष्टि से संपन्न 'हंस' का प्रकाशन प्रारंभ हुआ। इसके संपादक प्रेमचंद थे। उन्होंने 'हंस' के बारे में लिखा था–'हंस के लिए यह परम सौभाग्य की बात है कि उसका जन्म ऐसे शुभ अवसर पर हुआ है, जब भारत में एक नए युग का आगमन हो रहा है, जब भारत पराधीनता की बेड़ियों से निकलने के लिए तड़पने लगा है।' यह

समय दूसरे सत्याग्रह आंदोलन का था और भारत ने पूर्ण स्वतंत्रता की घोषणा कर दी थी। इस दौर की साहित्यिक पत्रिकाओं में साहित्यिक और सामाजिक विषय दोनों होते थे। साहित्यकार ही साहित्यिक पत्रिकाओं के संपादक होते थे। कुछ पत्रिकाएं लेखकों द्वारा खुद मिल-जुलकर निकाली जाती थीं और कुछ पत्रिकाएं लघु व्यावसायिक घरानों में निकलती थीं। ये व्यावसायिक घराने साहित्य-प्रेमी होते थे और लाभ-नुकसान की ज्यादा परवाह नहीं करते थे। साहित्यिक पत्रिकाओं के पाठकों की संख्या भी हजारों में होती थी। ये नियमित निकलती थीं। इनमें व्यावसायिक समझौता वृत्ति दिखाई नहीं देती थी। आधुनिक हिंदी के विकास और उसे नया सौंदर्यबोध तथा नई शैलियां प्रदान करने में इन साहित्यिक पत्रकाओं की बड़ी भूमिका थी।

साहित्यिक पत्रकारिता के तीसरे दौर में लेखकों और कवियों ने अधिक सक्रियता प्रदर्शित की, साहित्य के आधुनिक मुद्दे उभरे। इस दौर की साहित्यिक पत्रकारिता मुख्यतः साहित्य केंद्रित थी, सामाजिक विषय इसके दायरे से बाहर हो गए थे। साहित्यिक पत्रिकाओं के समानांतर 'धर्मयुग', 'साप्ताहिक हिंदुस्तान', 'सारिका' जैसी व्यावसायिक पत्रिकाएं सामने आ गई थीं, जिनमें मनोरंजक ढंग से बाकायदा सभी तरह के विषयों पर सामग्री रंगीन चित्रों के साथ छपती थी, इसलिए साहित्यिक पत्रिकाओं को अपनी पहचान के लिए ज्यादा तीखी जद्दोजहद से गुजरना पड़ा। इस दौर की शुद्ध साहित्यिक पत्रिकाओं की पाठक संख्या कम थी, पर इनकी सांस्कृतिक गरिमा में कमी न थी।

साहित्यिक पत्रकारिता का तीसरा दौर 1947 में तब शुरू हुआ, जब अज्ञेय ने पटना से 'प्रतीक' का प्रकाशन शुरू किया। प्रयोगवाद की शुरुआत 'प्रतीक' से मानी जाती है। यह हिंदी की उभरती हुई नई आधुनिक चेतना का मुखपत्र था। इसके कुछ समय बाद ही 'कल्पना', 'ज्ञानोदय' आदि पत्रिकाएं निकलनी शुरू हुईं। 1953 में प्रेमचंद के सुपुत्र श्रीपत राय ने 'कहानी' का प्रकाशन शुरू किया जिसके कुछ समय तक संपादक भैरव प्रसाद गुप्त रहे। इसने नई कहानी आंदोलन को तीव्र करने में महत्वपूर्ण भूमिका निभाई। इसी समय जगदीश गुप्त ने 'नई कविता' (1959) का प्रकाशन शुरू किया। इसमें सर्वेश्वर दयाल सक्सेना, कुंवर नारायण, धर्मवीर भारती आदि की कविताएं छपती थीं। धर्मवीर भारती की 'कनुप्रिया', और 'अंधायुग' के अंश पहले इसी पत्रिका में प्रकाशित हुए थे। इस पत्रिका ने 'लघु मानव' पर एक नई बहस को जन्म दिया। बदरी विशाल पित्ती ने हैदराबाद से 'कल्पना' पत्रिका निकाली, जो आधुनिक साहित्य का एक प्रमुख मंच थी।

'कृति' का प्रकाशन 1958 में श्रीकांत वर्मा और नरेश मेहता ने शुरू किया। इसने हिंदी में नवलेखन आंदोलन चलाकर अपने को प्रगतिवाद और प्रयोगवाद से अलग किया। इस क्रम में हिंदी साहित्य सम्मेलन, इलाहाबाद से प्रकाशित 'माध्यम' (1965) की भी एक भूमिका थी। इसने 'आंध्र अंक' और 'केरल अंक' निकाले थे। 'आलोचना' और 'समालोचक' पत्रिकाएं भी निकलनी शुरू हुईं। इन दोनों ने हिंदी साहित्य की वैचारिक भूमि का विस्तार किया। ज्ञानरंजन के संपादन में प्रकाशित 'पहल' ने प्रगतिशील वैचारिकता को विशेष स्थान दिया। राजेंद्र यादव ने मासिक 'हंस' के द्वारा साहित्यिक पत्रकारिता का एक व्यावसायिक मॉडल विकसित किया। कहानी की दुनिया में 'कथादेश' का योगदान उल्लेखनीय है।

साहित्यिक पत्रकारिता की साहित्य को हलचलमय बनाए रखने और नई साहित्यिक-सांस्कृतिक प्रवृत्तियों को पनपाने में महत्वपूर्ण भूमिका होती है। 1960 के बाद की साहित्यिक पत्रकारिता लघु पत्रिकाओं का युग लेकर आई। पश्चिम में इन्हें 'लिटिल मैगजीन' कहा जाता था। ये एक तरह से 'असहमति' और 'प्रतिवाद' की देन थीं। इनका विरोध व्यावसायिक पत्रिकाओं, व्यावसायिकता और छद्म बौद्धिकता से था। अधिकांश लघु पत्रिकाएं कुछ लोगों से सहयोग लेकर व्यक्तिगत प्रयासों से निकलीं। इनमें से अधिकांश अनियतकालीन थीं।

ये परंपरागत और नए आभिजात्यवाद के विरोध में थीं। इनमें से अधिकांश आधुनिकतावाद से प्रेरित थीं और आधुनिक मनुष्य की स्थितियों और चिंताओं को व्यक्त कर रही थीं। ये लघु पत्रिकाएं युगांतरकारी थीं।

लघु पत्रिकाओं की एक बड़ी भूमिका साहित्य के जनतंत्रीकरण की है। ये प्रतिष्ठानी पत्रिकारिता के समानांतर खड़ी हो रही थीं और सत्ता-व्यवस्था के विरोध में थीं। साहित्यिक पत्रिकाओं के संपादकों ने साहित्यिक आंदोलनों को खड़ा करने में महत्वपूर्ण भूमिका निभाई। कुछ संपादक सरकारी साहित्यिक पत्रिकाओं तक सीमित रहे हैं, पर लघु पत्रिकाओं के संपादकों ने खुद अपनी गांठ से पैसे लगाकर और साहित्य-प्रेमियों से सहयोग लेकर साहित्यिक पत्रकारिता को जो जुझारू और नया सृजनात्मक तेवर दिया, वह पत्रकारिकता के इतिहास का एक अविस्मरणीय अध्याय है।

लघु पत्रिकाओं में कई प्रगतिशील और वामपंथी तेवर की थीं। इन्होंने साहित्यिक पत्रिकाओं का सामाजिक विच्छेद खत्म किया। समाज के बड़े प्रश्न और उन पर मत लघु पत्रिकाओं में आने लगे। नए-नए इलाकों से साहित्यिक पत्रिकाएं निकलीं और नए-नए लेखक उभरे। इसने लेखकों को आत्मपरीक्षण की भी बार-बार प्रेरणा दी। राजनीतिक दमन की घड़ियों में भी संपादकों ने हिम्मत से साहित्यिक पत्रिकाएं निकालीं, खासकर 1970 के दशक में इनकी भूमिका व्यापक थी। कई साहित्यिक पत्रिकाएं दीर्घजीवी नहीं हो सकीं, कई अनियतकालीन थीं, पर इन्होंने संवेदना और ज्ञान का विकास किया। इनमें काफी अनुवाद छपे, नए लेखक बने। इन्होंने कलाओं और फिल्मों पर भी अलग ढंग से चर्चा की। जुझारू या वामपंथी तेवर की होकर भी इन्होंने उदार मानवतावाद की जमीन कभी नहीं छोड़ी। साहित्यिक पत्रकारिता ने बढ़ती व्यावसायिकता के युग में यह स्थापित किया कि रचनात्मकता और मुनाफा दो भिन्न वस्तुएं हैं।

धर्मेंद्र राय

साहित्यिक विवाद

साहित्यिक विवाद सांस्कृतिक जीवंतता के चिह्न हैं। हिंदी में ये उन्नीसवीं सदी से ही शुरू हो गए थे। साहित्यिक विवादों के केंद्र में लेखक, कृतियां, प्रवृत्तियां और यहां तक कि शब्द भी रहे हैं। शिवप्रसाद 'सितारेहिंद' और भारतेंदु हरिश्चंद्र के बीच इसे लेकर विवाद था कि हिंदी भाषा का स्वरूप क्या हो। राजभक्ति भी मुद्दा थी। विवाद का एक रूप यह था कि काव्य रचना ब्रजभाषा को छोड़कर खड़ी बोली में हो सकती है या नहीं। बालमुकुंद गुप्त और महावीर प्रसाद द्विवेदी के बीच 'अनस्थिरता' शब्द की शुद्धता को लेकर विवाद छिड़ गया था।

मिश्रबंधुओं ने 'हिंदी नवरत्न' नाम से काव्य समीक्षा का एक ग्रंथ लिखा। इसमें हिंदी के नौ कवियों की कविता का मूल्यांकन करते हुए श्रेष्ठता क्रम से उनका स्थान निश्चित किया गया था। इस क्रम में तुलसीदास और सूरदास के बाद देव का स्थान था और बिहारी इनके बाद थे। विवाद शुरू हो गया। बिहारी को 'देव' से श्रेष्ठ सिद्ध किया जाने लगा। इसके समर्थन में भगवानदीन ने 'बिहारी और देव' लिखा। द्विवेदी युग के सभी आलोचकों ने श्रेष्ठता का निर्णय करने के लिए बढ़-चढ़कर भाग लिया। इस साहित्यिक विवाद के बीच कृष्ण बिहारी मिश्र ने 'देव और बिहारी' पुस्तक की रचना कर एक संयत तुलनात्मक आलोचना का मार्ग प्रशस्त किया।

हिंदी साहित्य के नामकरण को लेकर शुरू हुए विवाद को हिंदी साहित्य का सर्वाधिक महत्वपूर्ण विवाद कहा जा सकता है। हिंदी साहित्य के आदि काल तथा इस काल में लिखी गई कृतियों को लेकर विद्वानों में मतभेद हैं। विवाद के आधार काल सीमा विषयक और नामकरण संबंधी हैं। आदिकाल के नामकरण में आधा दर्जन से अधिक नाम सुझाए गए हैं। रामचंद्र शुक्ल ने इसे वीरगाथा काल कहा है तो राहुल सांकृत्यायन ने सिद्ध-सामंत युग। रामकुमार वर्मा ने ग्रियर्सन से सहमत होते हुए चारण काल कहना ठीक समझा तो धीरेंद्र वर्मा और चंद्रधर शर्मा 'गुलेरी'

इसे अपभ्रंश काल मानते हैं। विश्वनाथ प्रसाद मिश्र इसे वीर काल मानते हैं तथा मिश्रबंधु और मोतीलाल मेनारिया आरंभ काल। इन सबसे अलग हजारीप्रसाद द्विवेदी के द्वारा माने गए नाम 'आदिकाल' से अधिकांश विद्वान सहमत हैं। इसी प्रकार इस काल के सीमा निर्धारण पर भी विवाद है। रामचंद्र शुक्ल इस काल को संवत् 1050 से 1375 तक मानते हैं तो रामकुमार वर्मा 750 से 1300 तक। मिश्रबंधु 700-1300 तक मानते हैं तो राहुल सांकृत्यायन सरहपाद को पहला कवि मानकर इसकी सीमा ईसवी 760 से 1300 तक मानते हैं।

द्विवेदी युग में कथा साहित्य पर विवाद हुआ, हिंदी की पहली कथा रचना कौन-सी है? कई साहित्यकार देवकीनंदन खत्री द्वारा लिखे गए उपन्यास 'चंद्रकांता' को हिंदी की पहली कथा रचना मानते हैं। इस उपन्यास को लेकर 1902-1903 में 'सुदर्शन' और 'श्री वेंकटेश्वर समाचार' के बीच विवाद शुरू हुआ था। बहस का मुद्दा था चंद्रकांता में संभव-असंभव का प्रश्न। इस बहस में 'भारत मित्र', 'समालोचक', 'इंदु' आदि पत्र शामिल हो गए। ऐय्यारी, तिलिस्म और जासूसी कहानियों की अच्छाई-बुराई को लेकर सवाल उठाया गया। इसी प्रकार 'पृथ्वीराज रासो' की प्रामाणिकता के प्रश्न को लेकर गौरीशंकर ओझा, मोहनलाल विष्णुलाल पांड्या और श्यामसुंदर दास के बीच विवाद था।

कई प्रगतिशील लेखकों विशेषकर यशपाल, अमृत राय, रांगेय राघव, शिवदानसिंह चौहान आदि से रामविलास शर्मा का विवाद विभिन्न युगों के सामाजिक विकास, आर्य-द्रविड़ प्रश्न और सांस्कृतिक संबंध को लेकर था। प्रगतिशील लेखक संघ और साहित्य के विकास की दिशा को लेकर भी विवाद हुआ। शिवदानसिंह चौहान से विवाद मुख्यतः तीन बातों पर था : प्रगतिशील साहित्य की कसौटी क्या हो, परंपरा के प्रति क्या दृष्टिकोण अपनाया जाए तथा सामाजिक यथार्थ और वर्गीय संस्कृतियों के संबंध पर क्या रुख अपनाया जाए। बालकृष्ण शर्मा 'नवीन' से उनका विवाद संस्कृति और वर्ग के संबंधों को लेकर था। जिन लोगों से रामविलास शर्मा का विवाद हुआ, उन सभी के साथ विवाद से पहले और विवाद के बाद भी उनका व्यक्तिगत संबंध सामान्य था। इसका कारण यही कहा जा सकता है कि उन्होंने अपने विवादों में कभी भी व्यक्तिगत लांछन नहीं लगाए।

'हँस' के आत्मकथांक को लेकर प्रेमचंद के साथ नंददुलारे वाजपेयी का विवाद 1932 में चला था। उस विवाद में वाजपेयी जी ने साहित्य के संबंध में अपने जो विचार प्रकट किए थे, वे प्रेमचंद के विचारों से एकदम विपरीत थे। उन्होंने 'गोदान' पर आरोप लगाया कि इसमें स्वाधीनता आंदोलन का कोई चित्र नहीं है। इंद्रनाथ मदान ने भी इस उपन्यास को लेकर विवाद खड़ा किया।

एक छोटी-सी घटना के कारण सुमित्रानंदन पंत और हरिवंश राय बच्चन की लगभग 30 वर्ष की मित्रता में ऐसी खटास आई कि फिर वे आजीवन वह नहीं रह सके, जो पहले थे। यह विवाद 1971 में तब शुरू हुआ, जब बच्चन, पंत द्वारा उन्हें लिखे गए पत्रों का संकलन प्रकाशित करवाना चाहते थे। पंत उनमें से 10 पत्र पूरे-के-पूरे या उन पत्रों में से कुछ अंश निकाल देना चाहते थे जिनके उल्लेख से कुछ लोग नाराज हो सकते थे। बच्चन इसके लिए तैयार नहीं हुए। इसी से दोनों में इतना मनमुटाव बढ़ा कि पंत ने कॉपीराइट के आधार पर बच्चन पर मुकदमा कर दिया। कहा जाता है कि अदालत ने पंत के पक्ष में निर्णय देते हुए कहा कि पत्रों पर पत्र-लेखक का हक होता है। बच्चन के मुताबिक (दशद्वार से सोपान तक), पंत ने बाद में आश्वासन पाकर मुकदमा वापस ले लिया।

अज्ञेय अपने समय के विवाद-नायक रहे हैं। सबसे ज्यादा विवाद-संवाद 'तार सप्तक' और 'सप्तकों' की भूमिका को लेकर हुआ। हिंदी के इतिहास में शायद ही कोई 'भूमिका' इतनी विचारोत्तेजक रही हो।

'कल्पना' में रामधारी सिंह 'दिनकर' की काव्य कृति 'उर्वशी' की भगवतशरण उपाध्याय की समीक्षा को लेकर जो विवाद छिड़ा, उसने उस समय के

लगभग सभी जाने-माने लेखकों को समेट लिया। उनमें अज्ञेय, रामविलास शर्मा, रामस्वरूप चतुर्वेदी, धर्मवीर भारती, रघुवंश, लक्ष्मीकांत वर्मा, कुंवर नारायण, मुक्तिबोध के नाम मुख्य रूप से लिए जा सकते हैं।

आधुनिक हिंदी साहित्य में छायावाद, प्रगतिवाद और प्रयोगवाद—ये प्रवृत्तियां इतिहास-सम्मत हैं, फिर भी इन पर किसी-न-किसी रूप में विवाद होता रहा है क्योंकि 'वाद-विवाद से खड़े होते हैं।' (जैनेंद्र कुमार)। नामवर सिंह के अनुसार, 'प्रगतिवाद छायावाद के बाद की प्रधान साहित्य धारा है और इसके नाम को लेकर काफी वाद-विवाद चलता रहा है'। इस पर जैनेंद्र कुमार का कहना था, 'वाद पर अधिक जोर देकर प्रगति को कमजोर ही बनाया जा सकता है।' (साहित्य का श्रेय और प्रेय)। प्रेमचंद और जैनेंद्र कुमार के संदर्भ में व्यापकता बनाम गहराई पर भी विवाद हुआ।

नामवर सिंह का कहना है, 'मेरा जो भी महत्वपूर्ण है, वह विवादों के बीच निर्मित हुआ।' (कहना न होगा)। हिंदी में कविता बनाम कहानी की केंद्रीयता को लेकर भी विवाद हुआ, जिससे क्षुब्ध होकर नामवर सिंह को कहना पड़ा कि संसार के शायद ही कभी किसी साहित्य में कविता बनाम कहानी जैसा बचकाना विवाद हुआ हो (कहानी : नई कहानी)।

नई कहानी आंदोलन के दौर में ग्राम बनाम नगर कथा को लेकर तीखे विवाद चले। इसी बात को लेकर अज्ञेय ने 'पुष्करिणी' की भूमिका में लिखा, 'वाद-पीड़ित इस युग में प्रत्येक कवि विवाद का विषय बना है' और 'विवाद में अपने मत के लिए लड़ जाने की कला मुझे नहीं आती, इसीलिए प्रायः श्रोता मुझे बनना पड़ता है।' (आत्मनेपद)। जैनेंद्र कुमार की दृष्टि में, 'किसी वाद के विवाद में पड़ना साहित्यिक कर्म नहीं 'सेकंड-हेंड' कर्म है', क्योंकि 'वाद विवाद से बनता और विवाद को बनाता है'। (साहित्य का श्रेय और प्रेय)। उनका कथन है 'वाद और विवाद बहुत-से चल सकते हैं, चल ही रहे हैं, लेकिन उनके भीतर व्यर्थता बहुत है, सिद्धि यत्किंचित भी नहीं है।' (ये और वे) और 'बौद्धिक जनों के वाद-विवाद में दल-बहुलता भले फल ही सकती हो, दल-मुक्तता नहीं मिल सकती।' (समय, समस्या और सिद्धांत)।

हिंदी साहित्य में पुरस्कारों और विवादों के बीच भी एक गहरा नाता रहा है। भारतीय ज्ञानपीठ, साहित्य अकादेमी, सरस्वती सम्मान, व्यास सम्मान आदि जितने भी छोटे-बड़े साहित्य सम्मान हैं, प्रायः सभी को लेकर कोई-न-कोई विवाद छिड़ता रहा है।

साहित्य की उन्नति एवं समृद्धि के लिए विवाद के महत्व से इनकार नहीं किया जा सकता। साहित्यिक विवाद से साहित्य को खाद-पानी मिलता है, लेकिन जब विवाद के बीच व्यक्तिगत हमले होने लगते हैं, किसी के चरित्र से लेकर व्यक्तित्व पर सवाल उठाए जाने लगते हैं, तब साहित्य बीमार पड़ने लगता है।

कई सुसंस्कृत भद्रजनों के लिए पठनीय पुस्तक वह है जिसकी आजकल चर्चा हो, जिस पर कोई विवाद उठ खडा हुआ हो या किसी कारण से जिस पुस्तक पर रोक लगा दी गई हो। पिछले कुछ दशकों से धार्मिक सवाल उठाकर अंग्रेजी और भारतीय भाषाओं की भी कुछ पुस्तकें प्रतिबंधित हुई हैं और इन पर विवाद खड़ा हुआ है।

मैनेजर पांडेय की राय में 'साहित्यिक विवाद साहित्यिक आंदोलनों में चलने वाले विचारधारात्मक संघर्षों से पैदा होते हैं और उनके माध्यम से संघर्षशील पक्षों की विचारधारा और कलादृष्टि को समझने में मदद मिलती है। प्रयोगवाद के दौरान प्रगति और प्रयोग का संबंध विवाद का विषय बना। नई कविता के दौर में साहित्य और राजनीति के संबंध को विवादास्पद बनाया गया। आधुनिक भावबोध, लघु मानव, अनुभूति की ईमानदारी और प्रामाणिकता, भोगा हुआ यथार्थ आदि प्रश्नों पर जो विवाद हुए हैं, उनसे स्वातंत्र्योत्तर हिंदी साहित्य में चलने वाले विचारधारात्मक संघर्षों की दिशा को पहचाना जा सकता है। स्वातंत्र्योत्तर हिंदी साहित्य के इतिहास लेखन का एक पक्ष इस दौर के विभिन्न साहित्यिक विवादों से जुड़ा हुआ है। प्रगतिशीलों के बीच प्रगतिशीलता, प्रतिबद्धता, पक्षधरता और जनवाद को लेकर विवाद हुए हैं। स्वातंत्र्योत्तर हिंदी साहित्य के इन विवादों को

भुलाकर इतिहास लिखना असंभव होगा।' (साहित्य और इतिहास दृष्टि)।

महेंद्र राजा जैन

साहित्येतिहास दर्शन

साहित्य का इतिहास लिखने के लिए इतिहासकार के पास एक दर्शन या दृष्टि होनी चाहिए। इसका अनुभव तब से किया जाने लगा, जब से गंभीरतापूर्वक साहित्येतिहास लेखन शुरू हुआ। इसमें संदेह नहीं कि साहित्य के इतिहास का काम साहित्य की परंपराओं और विकास की दिशाओं का बोध कराना है। इसके बिना न साहित्य का अध्ययन और मूल्यांकन संभव है और न सही संदर्भ में रचना कर्म ही। साहित्य का इतिहास जानना विद्यार्थी ही नहीं, साहित्यिक पाठक और रचनाकार के लिए भी जरूरी है, क्योंकि इतिहास दृष्टि के बिना साहित्य विवेक नहीं बन सकता। इसलिए सामाजिक-राजनीतिक इतिहास के साथ साहित्य के इतिहास की भी जरूरत समझी गई और ऐसे इतिहास लेखन के लिए जरूरी माना गया कि साहित्येतिहासकार के पास एक इतिहास दर्शन या इतिहास दृष्टि हो।

इतिहासकार साहित्य का ही क्यों न हो, वह मूल्य-तटस्थ नहीं होता। वह साहित्यिक कृतियों को ऐतिहासिक क्रम में रखकर उनका तार्किक आधार पर स्थान निर्धारित करता है। साहित्येतिहासकार कृतियों के कलात्मक तत्वों की व्याख्या तक सीमित न रहकर उनकी सामाजिक प्रेरणाओं, आशयों, प्रवृत्तियों, विगत महत्ता और वर्तमान अर्थवत्ता की पहचान करता है और प्रस्थान बिंदुओं को रेखांकित करता है। दरअसल यह परंपराओं और परिवर्तनों को जानना है।

साहित्य का इतिहास लेखन कोई स्थिर मामला नहीं है। उसमें भी विकास और परिवर्तन आता है, जिस तरह सामाजिक विकास के साथ साहित्यिक लेखन में विकास और परिवर्तन आता है। साहित्येतिहास लेखन के विकास को सामाजिक-साहित्यिक विकास तथा इतिहास दृष्टि के विकास से तटस्थ रहकर नहीं समझा जा सकता। साहित्य यदि सामाजिक उपज है तो साहित्येतिहास दर्शन भी एक सामाजिक उपज है। साहित्येतिहास लेखक का काम साहित्यिक कृतियों के ऐतिहासिक स्वरूप को पहचानना, उनकी व्याख्या करना और उनका स्थान निर्धारण करना है, हालांकि इतिहास दृष्टि के परिवर्तन से साहित्य की पूरी समझ में ही परिवर्तन घटित नहीं होता, साहित्यिक कृतियों के ऐतिहासिक स्थान में भी उलट-पलट हो जाता है।

साहित्य का इतिहास साहित्य के विकास को पहचानने के लिए ही नहीं, मूल्यवान साहित्यिक कृतियों के संरक्षण के लिए भी जरूरी है। साहित्येतिहास लेखन तभी संभव है, जब साहित्य के नैरंतर्य और परिवर्तन में आस्था हो। रेने वेलेक ने लिखा है कि साहित्य के इतिहास का प्रयोजन है— साहित्य की परंपरा, परिवर्तन और प्रगति का बोध कराना (डिस्क्रिमिनेशंस)। साहित्य को कुछ लेखक स्वतंत्र सत्ता के रूप में देखते हैं और कुछ मानते हैं कि इसका सामाजिक-सांस्कृतिक विकास से संबंध है। साहित्य व्यक्ति द्वारा लिखा जाकर भी अपने युग, राष्ट्र और समाज की न सिर्फ अभिव्यक्ति होता है, बल्कि उसकी चेतना का निर्माता भी होता है। इस तरह साहित्यिक विकासों का सीधा संबंध सामाजिक विकासों से है, इसका सहज बोध हमें साहित्य के इतिहास से हो जाता है।

साहित्य के रूपवादी और संरचनावादी आलोचकों के लिए साहित्येतिहास दर्शन का महत्व नहीं है। वे साहित्यिक रचना को रचनाकार और पाठक से पूरी तरह अलगाकर एक 'स्वायत्त पाठ' समझते हैं। वे किसी कृति का अर्थ खोलने के लिए समाज और इतिहास की जरूरत नहीं समझते। हालांकि कलावाद अनिवार्य तौर पर इतिहास का विरोध नहीं करता, बल्कि यह इतिहास को ही अपने में ढाल लेता है। उसे वनस्पतियों के विकास की तरह ही कला के विकास में भी आंतरिक गुणों की वृद्धि दिखाई पड़ती है, उस पर बाहरी परिस्थितियों का

प्रत्यक्ष प्रभाव नजर नहीं आता। इसके विरोध में आर्नल्ड हाउजर 'द सोशल हिस्ट्री ऑफ आर्ट' में इतिहास की ऐसी धारणा का पक्ष लेते हैं, जिसमें आंतरिक तर्क से कलाओं का विकास भले ही होता हो, कला के युगांतरकारी बदलाव पर कला तकनीकों की भीतरी घटनाओं के साथ बाहरी समाज में होने वाले परिवर्तनों के भी प्रभाव पड़ते हैं।

जर्मन साहित्य चिंतक रॉबर्ट वाइमैन ने 'स्ट्रक्चर एंड सोसाइटी इन लिटरेरी हिस्ट्री' में कहा है कि साहित्य के इतिहास दर्शन केनिर्माण के लिए साहित्य की ऐतिहासिक प्रकृति और उसकी सामाजिक भूमिका को समझना जरूरी है। उसका मुख्य आधार रचना के लिखे जाने के समय के ऐतिहासिक परिप्रेक्ष्य और वर्तमान की सामाजिक-सांस्कृतिक जरूरतों के बीच संवाद है। दरअसल तेजी से बदलते सामाजिक संदर्भ में अतीत का साहित्य हमेशा नई अर्थवत्ता प्राप्त करता है, जिसके कारण साहित्यिक रचनाओं में नए अर्थ पैदा होते हैं और उनकी प्रासंगिकता को फिर से पहचानने की जरूरत होती है। इसे वे 'विगत महत्ता' और 'वर्तमान अर्थवता' के बीच का संवाद कहते हैं। इसके लिए कला और यथार्थ, व्यक्ति और समाज के बीच संबंध की समझदारी आवश्यक होती है। इसी तरह वाइमैन का कहना है कि साहित्य की संरचना उसके सामाजिक कार्य संपादन से जुड़ती है। सामाजिक गतिविधि के रूप में ही साहित्य के लेखन और उसके पठन के बीच बुनियादी रिश्ता बनता है, जो अपनी प्रकृति में ऐतिहासिक होता है। यह लेखक के रूप में व्यक्ति के आत्म और उसके सामाजिक अस्तित्व के बीच एकता और अंतर्विरोध की कल्पनाजन्य अनुभूति है। इसमें तात्कालिक रूप से ही सही, व्यक्ति का समाजीकरण और समाज का व्यक्तीकरण होता है। अतीत की अधिकांश महान कृतियों की यही सामाजिक भूमिका है, वे वर्तमान में नए ढंग से पढ़ी जाती हैं। वाइमैन का कहना है कि लिखना और पढ़ना इतिहास में मनुष्य की समग्र गतिविधि का एक अंग है। इस स्थिति में इतिहास सामाजिक बदलाव, संघर्ष और नियंत्रण की एक ऐसी समग्र प्रक्रिया के तौर पर दिखाई पड़ता है, जिसमें न केवल प्रकृति के साथ मनुष्य का द्वंद्वात्मक रिश्ता बल्कि वर्गों का संघर्ष, मनुष्य की सांस्कृतिक जरूरतें और उसके सौंदर्यात्मक गुणों का उदय और विकास भी शामिल होता है।

'साहित्येतिहास दर्शन' में तीन पद हैं— साहित्य, इतिहास और दर्शन। कलात्मक होने के नाते साहित्यिक कृतियां अतुलनीय दिखाई पड़ती हैं, क्योंकि उनमें एक मुख्य बात प्रयोगों की विशिष्टता है तथा परंपरा में घटित परिवर्तन है। इसलिए इतिहास लेखन के लिए आवश्यक किसी भी समूहन से वे आमतौर पर इनकार करती हैं। दूसरी ओर, इतिहास का अनुशासन मुख्य तौर पर राजनीतिक और सामाजिक-आर्थिक बदलावों पर ध्यान देता है। अगर हम सतही तौर पर देखें तो इन बदलावों में व्यवस्था का अभाव दिखाई पड़ेगा। इतिहास लिखने के लिए ऊपर से अव्यवस्थित दिखाई पड़ने वाले इन बदलावों केबीच कोई नियमित व्यवस्था स्थापित करनी पड़ती है। यह व्यवस्था 'कार्य-कारण श्रृंखला' और 'प्रगति' जैसी धारणाओं के जरिए घटना प्रवाह में कायम की जाती है। आमतौर पर इसी प्रक्रिया में इतिहास दर्शन बनता है।

साहित्येतिहास के विरोधियों ने साहित्य के ऐतिहासिक स्वरूप से इनकार करते हुए साहित्य के इतिहास दर्शन को अनावश्यक माना। इसकी एक वजह ऐतिहासिक पद्धति की यांत्रिकता हो सकती है, जो सामान्यीकरण या समूहन के दौरान अकसर दिखाई देती है। कहा गया है कि यांत्रिक ऐतिहासिक पद्धति से, साहित्य के विकास की व्याख्या से कई बार साहित्यिक विशिष्टता की परख बाधित होती है। फिलीप राह्व ने यांत्रिक ऐतिहासिक पद्धति और सृजनात्मक ऐतिहासिक अंतर्दृष्टि में इस प्रकार अंतर किया है, 'सृजनात्मक ऐतिहासिक अंतर्दृष्टि और यांत्रिक ऐतिहासिक पद्धति में अंतर है। यांत्रिक ऐतिहासिक पद्धति में परिश्रमपूर्वक ऐतिहासिक स्रोतों की खोज और तथ्य संग्रह की यांत्रिक पद्धति प्रमुख होती है और यह नीरस होती है। यह अपने सर्वोत्तम

रूप में उपयोगी दस्तावेजीकरण है और निकृष्ट रूप में पुरातत्ववादिता।' (लिटरेचर एंड सिक्स्थ सेंस)। ऐतिहासिकता न कोई औसत चीज है, न स्थिर और इकहरी चीज। यह हमेशा वास्तविकताओं की आलोचनात्मक समझ से निर्मित एक विकासशील समझ है। यही कारण है कि साहित्य विवेक सृजनात्मक ऐतिहासिक अंतर्दृष्टि के बिना मुश्किल माना गया है।

साहित्येतिहास दर्शन या इतिहास दृष्टि का महत्व स्वीकार करने का अर्थ साहित्य का दार्शनिक इतिहास या विचारधारात्मक इतिहास लिखना नहीं है। निःसंदेह साहित्येतिहास के क्षेत्र में इतिहास दर्शन को परिष्कृत करना पड़ता है, क्योंकि साहित्य के बदलाव समाज या अर्थतंत्र के बदलावों से थोड़े अलग तरीके के होते हैं। हिंदी साहित्य के इतिहास लेखन के लिए रामचंद्र शुक्ल ने एक ढांचा प्रस्तावित किया था। उनके इतिहास दर्शन का मुख्य आधार लोकमंगल था। यह इस बात का प्रमाण है कि साहित्य के इतिहास लेखन के लिए रचनाओं और रचनाकारों का परिचय देने से आगे बढ़कर एक ऐतिहासिक दृष्टि अपनाने की जरूरत पड़ती है। ऐतिहासिक दृष्टि और आलोचात्मकता के संयोग की वजह से ही रामचंद्र शुक्ल का 'हिंदी साहित्य का इतिहास' एक महान कृति है।

इतिहास पहले जब भी लिखे गए, इतिहास लेखक उसे वृत्तांत से अलगाने के लिए और अलग-अलग घटनाओं को जोड़ने के लिए कोई-न-कोई ढांचा बनाते थे, लेकिन उस ढांचे को अलग से सूत्रबद्ध करने की जरूरत उन्हें महसूस नहीं होती थी। जर्मन दार्शनिक हेगेल ने इसे पहली बार व्यवस्थित रूप दिया। उन्होंने माना कि असली इतिहास विचारों का होता है, मानव समाज किसी-न-किसी परम विचार को अमलीजामा पहनाने केलिए प्रयास करता है। इसी क्रम में इतिहास आगे बढ़ता है यानी प्रगति होती है। इस आधार पर उन्होंने विचारों का विकास रुक जाने को 'इतिहास का अंत' कहा। दर्शन का एक अंग सौंदर्यशास्त्र है, इसलिए सभी दार्शनिक सौंदर्यशास्त्र पर भी लिखते रहे हैं। हेगेल ने भी 'हाइडेलबर्ग लेक्चर्स ऑन ऐस्थेटिक्स' शीर्षक से पुस्तक लिखी, जिसमें सौंदर्यशास्त्र के अंग के बतौर साहित्य के कुछेक सवालों पर प्रकाश डाला गया है, उदाहरण के लिए उन्होंने गद्य के उदय को आधुनिक काल में पुनर्जागरण के बाद जन्मी मानव समाज की विवेक दृष्टि से जोड़ा। उनका कहना था, आधुनिक काल की तर्कणा की अभिव्यक्ति गद्य में ही संभव है। इसी तरह उन्होंने उपन्यास को मध्य वर्ग का 'महाकाव्य' कहा था। हिंदी में आमतौर पर इस परिभाषा की व्याख्या करते हुए 'मध्य वर्ग' का वही अर्थ समझा जाता है, जो इस समय प्रचलित है, जबकि हेगेल के समय इसका मतलब उभरता हुआ शहरी बूर्जुआ वर्ग था अर्थात इस परिभाषा के अनुसार, उपन्यास उभरते हुए बूर्जुआ वर्ग का महाकाव्य है। साहित्य का माध्यम भाषाएं होती हैं। इनके भी उत्थान-पतन को व्यापक ऐतिहासिक बदलावों के संदर्भ में ही समझा जा सकता है, अन्यथा कुछ भाषाओं को आधुनिक कहना संभव नहीं होता, न ही कुछ को प्राचीन। साहित्य की भाषा के रूप में किसी एक भाषा की जगह दूसरी भाषा का आना भाषा में निहित किसी गुण के कारण संभव नहीं होता, बल्कि उसके राजनीतिक और सामाजिक कारण होते हैं।

हेगेल के चिंतन से आगे बढ़ते हुए मार्क्स ने कहा कि मनुष्य इतिहास निर्माण की प्रक्रिया में किसी 'परम विचार' का दास नहीं होता, बल्कि वह इतिहास को सचेत रूप से बनाता और बदलता है। यह बदलाव कोई बाहरी घटना नहीं है, यह उसका अपने आपको बनाना और बदलना है, क्योंकि हर बदलाव मनुष्यों के दिमाग से होकर गुजरता है। साहित्य उस व्यापक सृजनात्मक भंडार का अंग है, जिसका उत्पादन मनुष्य अपनी सौंदर्यबोधीय संवेदना की संतुष्टि के लिए करता है। इस संवेदना का विकास मनुष्य ने अपने सामाजिक अस्तित्व के उत्पादन के विकास-क्रम में किया है। मार्क्स के चिंतन के प्रभाव से साहित्य के विश्लेषण में 'नव इतिहासवाद' और 'सांस्कृतिक भौतिकवाद' की धाराओं का जन्म हुआ। जॉर्ज

लुकाच ने ऐतिहासिक भौतिकवाद और साहित्य-रूप, खासकर यथार्थवाद और ऐतिहासिक उपन्यास के रिश्तों की समझ में इजाफा किया। उन्होंने फ्रांसीसी उपन्यासकार बाल्जाक और रूसी उपन्यासकार टॉल्सटॉय के प्रसंग में यह महत्वपूर्ण सवाल उठाया कि इन दोनों की घोषित विचारधारा के प्रतिक्रियावादी होने के बावजूद यथार्थ के चित्रण की उनकी प्रतिबद्धता उन्हें परिवर्तनकामी ताकतों के साथ खड़ी कर देती है। इसके बाद केप्रमुख मार्क्सवादी सिद्धांतकार रेमंड विलियम्स ने ग्रेट ब्रिटेन में 'सांस्कृतिक भौतिकवाद' की धारणा का विकास किया और संस्कृति अध्ययन का आंदोलन चलाया, जिसके तहत साहित्य को समूचे सांस्कृतिक उत्पादन का अंग मानकर उस पर विचार किया जाने लगा। अभिव्यक्ति के अलग-अलग माध्यमों को एक साथ रखकर विचार करने के क्रम में संस्कृति के लोकप्रिय रूपों की भूमिका को भी समझा गया।

आर्नल्ड हाउजर ने 'कला इतिहास का दर्शन' में आधुनिक समय में भी कला के प्राचीन रूपों के प्रति बचे हुए आकर्षण की बात की है और कहा है कि मार्क्स ने भी ग्रीक कवि होमर के संदर्भ में यह सवाल उठाया था और इसका उत्तर बचपन के प्रति सार्वकालिक आकर्षण के आधार पर देने की कोशिश की थी। भारतीय मार्क्सवादी साहित्य चिंतक रामविलास शर्मा ने साहित्य में मनुष्य के इंद्रियबोध और उसके भावजगत के साथ विचारधारा की उपस्थिति की भी जरूरी माना है और स्पष्ट किया है कि इनमें परिवर्तन आता है। वह साहित्य के प्राचीन रूपों के प्रति नए सामाजिक संदर्भ में आकर्षण व्यक्त करते रहे हैं।

साहित्य के इतिहास दर्शन के अनेक अर्थ ग्रहण किए जा सकते हैं। एक अर्थ तो ऐतिहासिक परिप्रेक्ष्य में साहित्य का अध्ययन है। यही अर्थ सबसे अधिक मान्य है, लेकिन इसका एक अर्थ ऐसे इतिहास लेखन का अध्ययन भी हो सकता है, जो साहित्य के अधिक नजदीक हो। इस नजरिए से देखने पर इसका आयाम विस्तृत हो जाता है। एक और प्रश्न उठाया जाता रहा है कि साहित्य के इतिहास की मुख्य प्रकृति साहित्यिक होती है या ऐतिहासिक। यह सवाल केवल अकादेमिक नहीं है, बल्कि व्यावहारिक लेखन से साबित हुआ है कि इस अनुशासन में साहित्य के विचारकों की रुचि अधिक रही है, इतिहासकारों की उतनी नहीं रही है। हाल के वर्षों में इतिहास के भीतर ही उत्तर-आधुनिकता के उदय ने नई संभावना पैदा की है कि साहित्य केवल इतिहास का स्रोत न रह जाए और विधाओं केबीच की आवाजाही की तरह अनुशासनों के बीच भी आवाजाही पैदा हो। अतीत में इसके उदाहरण रहे हैं। रमेशचंद्र मजुमदार या जवाहरलाल नेहरू के इतिहास लेखन और राहुल सांकृत्यायन-रामविलास शर्मा के साहित्य लेखन में ऐसे कई बिंदु हैं, जो इतिहास और साहित्य के बीच किसी स्थायी विभाजन का निषेध करते हैं।

गोपाल प्रधान

अधिक जानकारी के लिए :

1. इतिहास और आलोचना : नामवर सिंह, 2009, **2. साहित्य का इतिहास दर्शन :** नलिन विलोचन शर्मा, 1960, **3. साहित्य और इतिहास दृष्टि :** मैनेजर पांडेय, **4. Social History of Art and Literature :** Arnold Hauser, 1921

सिंडिकेशन

सिंडिकेट का अर्थ है—समूह। लेखों या समाचारों को जब कोई संस्था देश-विदेश के विभिन्न अखबारों को भेजती है, तब कहा जाता है कि वह उस सामग्री को सिंडिकेट कर रही है। वह संस्था विभिन्न पत्रकारों से समाचार, फोटो, लेख या कॉलम खरीदती है और अनेक समाचार-पत्रों को बेचकर पैसा कमाती है। इससे पत्रकार या स्तंभ लेखक को सामान्य से ज्यादा पारिश्रमिक देना संभव होता है। सिंडिकेट करते समय ध्यान रखना पड़ता है कि कोई रचना क्षेत्र-विशेष में एक ही अखबार को दी जाए। साथ ही विषय ऐसा होना चाहिए जिसमें देश के विभिन्न क्षेत्रों में स्थित पाठकों की दिलचस्पी

हो सके। कोई पत्रकार चाहे तो अपने लेखन को स्वयं सिंडिकेट कर सकता है लेकिन प्रेस ट्रस्ट ऑफ इंडिया और यूनाइटेड न्यूज ऑफ इंडिया, रायटर्स जैसी एजेंसियों के बारे में यह नहीं कहा जा सकता कि वे समाचार को सिंडिकेट करती हैं। वस्तुतः ये समाचार (न्यूज) एजेंसियां हैं। कोई भी अखबार इनकी सेवाएं ले सकता है। एक शहर से दस अखबार निकलते हैं, तो वे दसों इन समाचार एजेंसियों से समाचार खरीद सकते हैं। सिंडिकेट उसी सामग्री का हो सकता है, जो मौलिक और अनन्य (एक्सक्लूसिव) हो।

यूरोप और अमेरिका में लेखों और स्तंभों को सिंडिकेट किया जाना दूसरे महायुद्ध के बाद शुरू हुआ। वह समय विश्व स्तर पर पत्रकारिता के उत्कर्ष का था। लोगों में जानने की भूख बढ़ रही थी। दूरसंचार के साधन भी बेहतर हो रहे थे। ऐसे माहौल में बहुत-सी सिंडिकेट करने वाली एजेंसियां अस्तित्व में आईं। लेखों और स्तंभों के साथ-साथ कार्टूनों, कॉमिक्स को भी सिंडिकेट किया जाने लगा। स्पष्ट है कि उन्हीं लेखकों, स्तंभकारों और कार्टूनिस्टों की रचनाओं को सिंडिकेट करना मुमकिन होता है, जो लोकप्रिय होते हैं।

भारत में सिंडिकेट करने का सिलसिला आपातकाल के बाद शुरू हुआ। कुलदीप नैयर स्टेट्समैन में 'बिटवीन द लाइंस' शीर्षक से साप्ताहिक कॉलम लिखते थे। जब उन्होंने स्वतंत्र पत्रकारिता शुरू की, तब वे इस कॉलम को सिंडिकेट करने लगे। देश की प्रायः सभी भाषाओं में उनका यह स्तंभ प्रकाशित होता है। कई भारतीय समाचार-पत्रों ने विदेशी स्तंभकारों और अखबारों के साथ ऐसे समझौते कर रखे हैं जिसके कारण उनकी रचनाएं नियमित रूप से भारतीय अखबारों में प्रकाशित होती हैं। हिंदी में सिंडिकेशन की स्थिति अच्छी नहीं है। समाचार-पत्रों से पारिश्रमिक या उचित पारिश्रमिक प्राप्त न होने के कारण इस तरह की कई एजेंसियां बंद हो चुकी हैं या बंद होने की स्थिति में हैं।

राजकिशोर

सिंधी

सिंधी भारत के संविधान की आठवीं अनुसूची में शामिल 22 भाषाओं में से एक है। यह भारतीय आर्यभाषा समूह की सदस्य है, जिसके बोलने वाले भारत एवं पाकिस्तान दोनों देशों में पाए जाते हैं। पाकिस्तान का सिंध प्रांत सिंधी भाषी प्रांत है, जहां की यह मूल भाषा है। देश के विभाजन के बाद सिंधी भाषा भारत के किसी प्रदेश विशेष की भाषा नहीं रही, यद्यपि इसे बोलने वाले गुजरात के कच्छ-सौराष्ट्र क्षेत्र, महाराष्ट्र के उल्हासनगर क्षेत्र और राजस्थान के पश्चिमी क्षेत्र में हैं। विभाजन के बाद सिंधी भाषी लोग आरंभ में गुजरात और राजस्थान में आकर बसे, बाद में दिल्ली, मध्य प्रदेश और महाराष्ट्र में भी जाकर बस गए। देश के बाहर हांगकांग, ओमान, फिलीपींस, इंडोनेशिया, सिंगापुर, अरब, यूनाइटेड किंगडम, अमेरिका, अफगानिस्तान, श्रीलंका में भी सिंधी भाषी बड़ी संख्या में रहते हैं। 2011 की जनगणना के अनुसार भारत में सिंधी बोलने वालों की कुल संख्या 27,72,264 है।

सिंधी भाषा की उत्पत्ति विराचिड अपभ्रंश से मानी जाती है। सिंधीभाषी क्षेत्र के अलग-अलग स्थानों पर कुछ विशिष्ट उपभाषाएं भी बोली जाती हैं। उनमें मुख्य हैं : 1. सिरो अथवा सिराइकी (सिंध के उत्तरीय भाग में), 2. विचोली (सिंध के मध्य भाग में), 3. लारी (सिंध के दक्षिण भाग में), 4. लासी (लसबेला प्रदेश में तथा सिंध की पश्चिम सरहद, खीरथर पर्वतावली में), 5. थरी अथवा थरेली (सिंध के पूर्व में तथा सिंध-राजस्थान की सरहद पर) और 6. कच्छी (गुजरात के कच्छ में, सिंध के दक्षिण भाग में)। शिक्षित वर्ग विचोली भाषा बोलता है तथा साहित्य में भी उसी का प्रयोग किया जाता है, इसलिए इसे सिंधी का मानक रूप माना गया है। हालांकि कच्छ में कच्छी ही बोली जाती है, वहां विचोली का प्रयोग नहीं है।

इतिहास : देश के विभाजन से पूर्व सिंधी कई लिपियों में लिखी जाती थी। मुस्लिम शासकों के समय में सरकारी कार्य फारसी में हुआ करता था।

शिक्षा के क्षेत्र में भी फारसी का ही बोलबाला था। उन्नीसवीं शताब्दी में सिंधी लेखन अधिकतर दो लिपियों में मिलता है—फारसी में तथा देवनागरी में। इसके अतिरिक्त व्यापारी मारवाड़ की 'महाजनी' और कश्मीर की 'शारदा' लिपियों से मिलती-जुलती लिपि 'लंडा' या 'हटाई' का उपयोग करते थे। इतनी सारी लिपियां प्रचलित होने के कारण 1853 में अंग्रेज सरकार ने कोई एक मानक लिपि तय करने का निर्णय लिया, ताकि सरकारी कामकाज में सहजता हो। सरकार ने हिंदू और मुस्लिम विद्वानों को मिलाकर एक समिति नियुक्त की जिसने काफी विचार-विमर्श और वाद-विवाद के बाद सिंधी शब्दों की ध्वनियों को ध्यान में रखकर 52 अक्षरों की वर्णमाला निश्चित की जिसे सिंधी-अरबी या फारसी-अरबी (Perso-Arabic) लिपि कहा गया। देश के विभाजन के पश्चात सिंधी भाषा अरबी तथा देवनागरी दोनों में लिखी जाती है। सरकारी स्तर पर दोनों लिपियां मान्य हैं।

व्याकरणिक दृष्टि से सिंधी में संज्ञा तथा विशेषण का लघुत्व (diminutiveness) दर्शाने के लिए एक से अधिक रूप हैं, जैस—'कारे' (काले) के रूपांतर हैं : कारेड़ो, कारड़ो, कारसरो, कारांझो। सिंधी में भाववाचक संज्ञा बनाने के कई तरीके हैं, जैसे 'कारे' की भाववाचक संज्ञा है : कारि, कारहं, काराण, कारठ। उठु एक वचन है, उठ बहुवचन है। छोकरु—पुलिंग, छोकरि—स्त्री। सिंधी भाषा में सार्वनामिक प्रत्यय विशेष रूप से मिलता है, जैसे चयोमांस (मैंने उसे कहा)। कहीं-कहीं क्रिया के अंत में दो सार्वनामिक प्रत्यय जोड़कर कर्ता और कर्म दोनों का काम लिया जाता है, जैसे चवारायोमांस—मैंने उससे (कुछ) कहलवाया। मारायाईम—उसने मुझे किसी और से मरवाया।

भिन्न-भिन्न स्थानों से आने वाले शासकों की भाषा का प्रभाव सिंधी भाषा पर रहा है। कई देशों के व्यापारी भी सिंध में आते रहते थे। इसलिए सिंधी भाषा का शब्द-भंडार अत्यंत समृद्ध है। सिंधी भाषा में हमें कई ऐसे शब्द मिलते हैं जो यूनानी शब्दों से मिलते-जुलते हैं। कई अरबी-फारसी शब्द हैं जो अब सिंधी के हो गए हैं। उत्तर-पश्चिम की इंडो-आर्यन भाषाई कुटुंब की भाषाओं से भी सिंधी का संबंध रहा है, जैसे दार्दिक (कश्मीरी, पश्तो), ईरानी (बलोची), द्राविड़ी (ब्रेही) आदि।

सिंधी भाषा ने कई शब्द अपनी भौगोलिक स्थिति के कारण भी ग्रहण किए हैं। भाषा के संदर्भ में सिंध के भूगोल को देखेंगे तो पश्चिम में बलोची (ईरान की एक भाषा) और ब्रेही (द्राविड़ी भाषा) बोली जाती है, उत्तर-पश्चिम में मुलतानी तथा बहावलपुरी (लहंदा उपभाषाएं), पूर्व में मारवाड़ी (राजस्थान की एक उपभाषा) और दक्षिण में गुजराती प्रचलित है। इस भौगोलिक सामीप्य के कारण संबद्ध भाषाओं में परस्पर भाषागत आदान-प्रदान रहा है।

सिंधी का पहला व्याकरण 1835 में अंग्रेज विद्वान प्रिंसेप तथा रैमोस ने अंग्रेजी में प्रकाशित किया। उसके बाद अरनेस्ट ट्रंप (1828-1885) का 1872 में छपा हुआ व्याकरण प्रसिद्ध हुआ। सिंधी विद्वानों में भेरूमल महरचंद (1875-1950) का 1925 में प्रकाशित व्याकरण मानक माना जाता है।

सिंधी भाषा को 10 अप्रैल 1967 को संविधान की आठवीं अनुसूची में सम्मिलित किया गया। सिंधी भाषा का कोई निश्चित प्रदेश नहीं होने के कारण उसकी शिक्षा, विकास आदि का दायित्व संबद्ध प्रादेशिक सरकारों के साथ केंद्रीय सरकार का भी है। इसलिए जहां-जहां सिंधी अच्छी संख्या में बसते हैं, वहां सरकार की ओर से अकादमियां स्थापित की गई हैं। इसके अलावा, केंद्र सरकार की ओर से 1994 में सिंधी भाषा के विकास के लिए मानव संसाधन विकास मंत्रालय के अंतर्गत 'राष्ट्रीय सिंधी भाषा विकास परिषद' की स्थापना की गई, जो कई योजनाओं के माध्यम से सिंधी भाषा के विकास के लिए कार्य कर रही है।

इस समय मुंबई, अजमेर, दिल्ली आदि में सिंधी भाषा के माध्यम से एमए, पीएचडी तक की शिक्षा की व्यवस्था है।

सिंधी साहित्य का विकास : सिंधी साहित्य की शुरुआत कविता से हुई। सिंधी काव्य लगभग

एक हजार वर्ष पहले का है। ग्यारहवीं शती में कथाएं मिलती हैं जो बैत और गाहूं (सिंधी का एक काव्य प्रकार) के रूप में गाई जाती थीं, विशेषकर सिंधी वीर दोदो चनेसर की कथा। इसके बाद चौदहवीं शती में भविष्यवाणी की सूरत में गाए गए मामोई के बैत सुने जाते हैं। कुछ डोहीड़े भी गाए जाते थे (दोहे से कुछ भिन्न सिंधी काव्य प्रकार) लेकिन यह सब मौखिक हुआ करता था। बैतों, डोहीड़ों, गाहूं आदि का कोई लिखित ग्रंथ नहीं है। बारंबार होने वाले बाह्य आक्रमणों के कारण सिंध के कई ऐतिहासिक तथ्य आग के हवाले हो गए। हालांकि इनमें से कुछ रचनाओं को बाद में सुन-सुनकर लिपिबद्ध किया गया है, जिनसे उनके लंबे इतिहास का पता चलता है।

सिंधी में लिपिबद्ध आरंभिक शायरी काजी कादन (1463-1551) की मिलती है। पहले उनके केवल सात बैत उपलब्ध थे, किंतु आगे चलकर सिंधी के प्रसिद्ध अनुसंधानकर्ता हीरो ठक्कर (1943) के प्रयत्नों से हरियाणा के राणीला मठ से हिंदी तथा हरियाणवी लेखक राजाराम शास्त्री की सहायता से अन्य कई बैत पाए गए। हीरो ठक्कर ने उन बैतों को इकट्ठा कर 112 बैतों का संग्रह 1978 में प्रकाशित किया। काजी कादन के बैतों के गुण तथा उनका स्तर प्रमाणित करता है कि सिंधी में काव्य की समृद्ध परंपरा रही है। काजी कादन ने सिंधी शायरी को धार्मिक प्रचार तथा चारणों द्वारा शासकों की प्रशंसा में लिखे गए कसीदों से स्वतंत्र कर सिंधी सूफी शायरी की दृढ नींव रखी तथा उसे काव्य कौशल के साथ गंभीर दार्शनिक परिवेश दिया। उनका एक बैत है, 'सबसे पहले अपने मैं को भूलो। अपने अहं को मिटाकर उस परमात्मा को प्राप्त करो।' एक दूसरा बैत है, 'मेढक को पता चलता कि तालाब में कमल के फूल खिले हैं तो वह तल में जाकर मिट्टी नहीं खाता।'

सिंध के शासकों सूमरों तथा समों के शासन काल (ग्यारहवीं शती से लगभग पंद्रहवीं शती के अंत तक) में सिंधी काव्य शुद्ध सिंधी भाषा में मिलता है, लेकिन सोलहवीं शती के आरंभ से अरगूनों ने अपने शासन में कई फारसी मदरसे खुलवाए जिसके कारण पढ़े-लिखे लोगों की बोलचाल में फारसी शब्द प्रयुक्त होने लगे जिसका प्रभाव सिंधी शायरी पर भी हुआ। कई सिंधी शायरों ने फारसी-युक्त शायरी की और कुछ तो सीधे फारसी में शायरी करने लगे। फारसी का प्रभाव अरगूनों के पश्चात अन्य शासकों के शासनकाल में भी जारी रहा।

सिंध के महान रचनाकारों—शाह अब्दुल करीम बुलड़ीवारो (1538-1623), शाह अब्दुल लतीफ (1689-1752) तथा सामी (1743-1850) ने सिंधी भाषा के मूल स्वरूप को बनाए रखा और अपनी रचनाओं में लोक बोली का उपयोग किया। सूफी शाह अब्दुल लतीफ की काव्य पंक्तियां हैं—'सूली से आमंत्रण है मित्रो/ क्या तुममें से कोई जाएगा?/ जो प्यार की बात करते हैं/ उन्हें जानना चाहिए/ कि सूली की तरफ ही उन्हें शीघ्र जाना है।'

सचल अब्दुल वहाब (1739-1829), जो 'सरमस्त' के उपनाम से प्रसिद्ध हैं, ने फारसी के साथ सिंधी में भी शायरी की। वास्तव में सचल 'सरमस्त' सिंधी शायरी की त्रिमूर्ति 'शाह, सचल, सामी' के रूप में ख्यात हैं। इस त्रिमूर्ति ने सिंधी की सूफी तथा वेदांत शायरी को एक ऊंचाई दी। इस सूफी शायरी की परंपरा को कई कवियों ने जीवित रखा, जिनमें विशेष उल्लेखनीय हैं—दलपत (1769-1849), बेदिल (1814-1872), बेकस (1859-1882) आदि।

अंग्रेजों के शासन काल में जैसे ही सिंधी के लिए अरबी-फारसी-सिंधी अक्षरों वाली मानक लिपि निश्चित हुई (1853), गद्य तथा पद्य दोनों में रचनाएं होने लगीं। कई पुस्तकें छपीं और साहित्यिक विधाओं में भी विविधता आई। इसी दौरान कई पुस्तकों का अंग्रेजी, हिंदी, अरबी, फारसी तथा गुजराती से अनुवाद हुआ, जिससे साहित्यिक वातावरण बना और मौलिक रचनाओं के लिए प्रोत्साहन मिला। सिंधी में पहला तथा दूसरा उपन्यास मिर्जा कलीच बेग (1853-1929) का 'दलाराम' (1887) और 'जीनत' (1890) है। ये यथार्थवादी उपन्यास थे। उसके बाद दूसरे कुछ उपन्यास प्रकाशित हुए, जिनमें लालचंद अमरडिनोमल (1885-1954) का 'चोथि जो चंड' (1905-1906)

है, जो 'सरस्वती' पत्रिका में छपा था। अन्य उपन्यास लेखक थे भेरूमल महरचंद (1875-1950), जिनके दो उपन्यास 'आनंद सुंदरिका' (1910) तथा 'मोहिनीबाई' (1917) पत्रिकाओं में छपे। उन उपन्यासों में अकसर घरेलू जीवन को तथा सामाजिक समस्याओं को केंद्र में रखा गया है। होतचंद गुरबक्षाणी (1883-1947) का अत्यंत महत्वपूर्ण ऐतिहासिक उपन्यास 'नूरजहां' 1915 में प्रकाश में आया।

सिंधी कहानी का आरंभ उन्नीसवीं शती के छठे दशक में हो गया था, लेकिन सिंधी की पहली मानक कहानी लालचंद अमरडिनोमल की 'हुर मखीअ जा' 1914 में छपी। इसमें उन्होंने ऐसे दबंग डकैतों की कहानी दी है, जो पूर्व सूचना देकर अमीरों को लूटते थे। इसमें डकैत सरदार की प्रेम कहानी भी शामिल है। 'हुर मखीअ जा' लालचंद की विलक्षण शैली के कारण एक अविस्मरणीय कहानी बन पड़ी है।

इस काल में शायरी में बहुत सारे परिवर्तन हुए। सूफी शायरी में सदियों से चले आए बैतों, दोहों, सोरठों के स्थान पर अरबी-फारसी की विधाएं प्रचलित होने लगीं, खासकर गजल। सिंधी में पहली गजलों की पुस्तक 'दीवान' गुल मुहम्मद गुल (1811-1855) 1855 में प्रकाशित हुई। गजल की परंपरा सचल 'सरमस्त' के समय से आरंभ हो गई थी, लेकिन गुल की गजल में विषयगत, भाषागत तथा शिल्पगत परिपक्वता झलकती है। गुल ने अपने दीवान में अधिकतर सिंधी की लोक बोली का उपयोग किया है, लेकिन बाद के शायरों ने गजल को फारसीयुक्त किया और उसे सामान्य जन के लिए कठिन बना दिया। समग्र सिंध में मुशायरे और बज्में हुआ करती थीं, जहां ये गजलें पेश की जाती थीं, किंतु सिंधी के अत्यंत महत्वपूर्ण शायर किशनचंद बेवस (1855-1947) ने फारसीयुक्त शायरी की परंपरा को परिवर्तित किया और सिंधी शायरी को सरल सिंधी का परिवेश दिया। उन्होंने शायरी की विषयवस्तु को भी बदला और ऐसे विषयों का चयन किया जिनका संबंध साधारण लोगों के जीवन से था। शायरी की भाषा तथा विषयवस्तु में यह बदलाव किसी क्रांति से कम नहीं था। सिंधी शायरी में 'बेबस' का भाषागत प्रभाव अभी तक जारी है। अब शायर अपनी अभिव्यक्ति में बिलकुल सरल भाषा का उपयोग करते हैं।

देश के विभाजन (1947) ने सिंधी साहित्य का भी बंटवारा कर दिया। सरहद के इस पार और उस पार के सिंधी साहित्य का स्वरूप बदल गया। दोनों तरफ अपनी-अपनी परेशानियां थीं, समस्याएं थीं। प्रति वर्ष सिंध में सिंधी साहित्य की हजारों तथा भारत में सैकड़ों पुस्तकें प्रकाशित होती हैं, किंतु आदान-प्रदान नहीं के बराबर है।

भारत के सिंधी साहित्यकारों ने आजीविका की तथा अपने को स्थापित करने की समस्याओं को साहित्य का एक प्रमुख विषय बनाया है। आजीविका के लिए संघर्ष करने वाले लेखक वामपंथी विचारों की ओर मुड़े, जो उनके सृजन की विषयवस्तु बनी। शायरी, कथा साहित्य तथा कथेतर साहित्य में प्रगतिशील धारा छाई रही। इस धारा के मुख्य प्रणेता थे परसराम जिया (1911-1958), अर्जन शाद (1924-2006), ईश्वर आंचल (1928-1998), मोती प्रकाश (1931-2015) आदि। इस काल के कुछ ऐसे भी शायर थे जो परंपरागत शायरी करते रहे जिनमें लेखराज अजीज (1897-1971), हूंदराज दुखायल (1910-2000), हरि दिलगीर (1916-2004), प्रभु वफा (1915-2012), इंद्र भोजवानी (1918-1992), वासदेव निर्मल (जन्म 1936), गोवर्धन भारती (1929-2010) आदि कवियों का भी स्मरणीय योगदान रहा है। सुगन आहूजा (1921-1966) इस दौर के ऐसे शायर थे जिन्होंने गजल में नई संभावनाओं को चिह्नित किया।

बीसवीं शती के सातवें दशक में सिंधी कविता में नए भावबोध का उद्भव हुआ। कई युवा कवि साहित्य जगत में प्रविष्ट हुए, जिन्होंने छंदबद्ध कविता से हटकर नई कविता में अपने भावों को व्यक्त किया। उन्होंने आजादी की दी हुई आत्मछलनाओं को उद्घाटित किया, कौटुंबिक व्यवस्था की टूटन को रेखांकित किया। नई कविता की धारा कुछ इस वेग से आई कि सिंधी

कविता एक सैलाब बन गई। नई कविता के कई संग्रह साहित्य जगत में आए, जिनमें चर्चित हैं हरीश वासवाणी (1940-2013) का 'चालीह छाहतर', प्रेम प्रकाश (जन्म 1946) का 'भगत', नामदेव ताराचंदाणी (जन्म 1946) का 'अठों सुर', श्याम जयसिंघाणी (1937-2009) का 'विछोटियूं', हरिकांत (1935-1994) का 'अरड़हों अध्याय', मोहन गेहाणी (जन्म 1938) का 'मुंहिंजो नगर कहिड़ो?' आदि। एक ही चरित्र पर आधारित कविता संग्रह गोप कमल (जन्म 1948) का 'वापसी' तथा वासदेव मोही (जन्म 1944) का 'मणकू' भी बहुचर्चित कविता संग्रह हैं। नई कविता ने कुछ शायरों को भी आकर्षित किया। उन्होंने भी इस धारा को सशक्त बनाया। उनमें एम कमल (1925-2010), कृष्ण राही (1932-2007) अर्जन हासिद (जन्म 1930) आदि महत्वपूर्ण हैं।

सिंधी शायरी संवेदना के बदलाव की एक लंबी प्रक्रिया है। बीसवीं शती के नौवें दशक में सिंधी कविता में फिर एक नया मोड़ आया। नई कविता के दौर को आधुनिक कहा गया, तो इस मोड़ को उत्तर-आधुनिक। इस दौर में कवियों ने जमीनी वस्तुओं और आकाशी पिंडों से स्वयं को जोड़कर अपनी संवेदना को भाषा दी। इस दौर की विशिष्टता भाषा के रचनात्मक प्रयोग में है। इस दौर में गजल विधा भी नई ऊंचाइयों को छूती है। इसमें महत्वपूर्ण योगदान एम कमल, अर्जन हासिद, लक्ष्मण दुबे (जन्म 1942), खीमन यू मूलाणी (जन्म 1944), गोप कमल, ढोलण राही (जन्म 1949), विनोद आसूदाणी (जन्म 1969) आदि का है।

कथा साहित्य में ऐसी रचनाएं आईं जिनमें सिंधियों के भारत में आने पर आरंभिक वर्षों की सामाजिक समस्याएं, कैंपों में बसे सिंधियों के जीवन, सिंध की स्मृतियां तथा प्रगतिशील विचारधारा को रेखांकित किया गया। प्रारंभिक युग के उपन्यासकारों में गोबिंद माल्ही (1921-2001), राम पंजवाणी (1911-1987) आदि महत्वपूर्ण हैं। स्त्री रचनाकारों का भी योगदान है, जिनमें तारा मीरचंदाणी (जन्म 1930), पोपटी हीरानंदाणी (1924-2005), सुंदरी उत्तमचंदाणी (1924-2013), कला प्रकाश (जन्म 1934) आदि प्रमुख हैं।

बीसवीं शती के सातवें दशक के प्रारंभ में उपन्यासों, कहानियों की विषयवस्तु में रूमान, मनोविज्ञान तथा स्त्री-पुरुष संबंधों को चित्रित किया गया। इस परिवर्तन का अधिकतर श्रेय लेखक त्रिमूर्ति मोहन कल्पना (1930-1992), गुनो सामताणी (1934-1997) तथा लाल पुष्प (1935-2009) को जाता है। इस त्रिमूर्ति के बाद उपन्यासकारों-कहानीकारों की एक ऐसी पीढ़ी साहित्य जगत में उभरी, जिसने कथ्य में नवीनता लाने के साथ-साथ अभिव्यक्ति में प्रयोगशीलता को बढ़ावा दिया और अपनी निजी शैली भी विकसित की। इनमें ईश्वरचंद्र (1937-1997), श्याम जयसिंघाणी (1937-2009), आनंद खेमाणी (जन्म 1933), प्रेम प्रकाश, नामदेव ताराचंदाणी तथा परम अबिचंदाणी (1926-2005) उल्लेखनीय हैं। इनके समानांतर ही सतीश रोहड़ा (जन्म 1930), हरि पंकज (जन्म 1934), हरि हिमथाणी (जन्म 1933), लख्मी खिलाणी (जन्म 1935), मोतीलाल जोतवाणी (1936-2008) आदि ने अपनी सहज कहानी के साथ, बाह्य लेबलों से मुक्त रहकर सृजन कार्य किया। सिंधी में बाल साहित्य तथा लोक-साहित्य की भी विकसित शाखाएं हैं जिनमें हूंदराज बलवाणी तथा जेठो लालवाणी ने सराहनीय कार्य किया है।

शाह जो रिसालो : शाह अब्दुल लतीफ (1689-1752) विश्व स्तरीय कवि हैं, जिन्हें विद्वानों ने विश्व के गिने-चुने श्रेष्ठ कवियों में से एक माना है। शाह लतीफ का 'शाह जो रिसालो' (शाह का संग्रह) सिंध तथा भारत के सिंधियों के लिए एक महान ग्रंथ की हैसियत रखता है। हर स्थिति के लिए उपयुक्त बैत 'रिसालो' में उपलब्ध हैं, इसलिए शाह के बैत सदैव सिंधियों के होंठों पर रहते हैं विशेषकर सिंध के सिंधियों के। 'शाह जो रिसालो' का प्रथम संस्करण जर्मनी के विद्वान अरनेस्ट ट्रूंप (1828-1885) द्वारा 1866 में प्रकाशित हुआ।

शाह के लिए एक किंवदंती प्रसिद्ध है कि जब

उनके वालिद ने उन्हें पढ़ने के लिए मदरसे भेजा तो वे 'अलिफ' से आगे पढ़ नहीं सके। कहते हैं कि अलिफ अल्लाह का प्रतीक है। शाह पढ़े-लिखे नहीं थे, ऐसा कई लोगों का विश्वास है। यह सही नहीं है, क्योंकि वे ईरान के प्रसिद्ध शायर जलालुद्दीन रूमी (1207-1273) की मसनवियों की किताब अपने साथ रखते थे। यह एक ऐसा तथ्य है, जो उनके अशिक्षित होने की बात का खंडन करता है। शाह लतीफ को अरबी-फारसी का गूढ़ ज्ञान था।

'रिसालो' की भाषा जन-साधारण की होने के कारण बैत शिक्षितों तथा अशिक्षितों को समान रूप से आकर्षित करती है। बैतों में प्रयुक्त प्रतीक विधान सामान्य लोगों की आसपास की वस्तुओं से जुड़ा है, इस कारण लोग उनसे सरलता से तादात्म्य कायम कर लेते हैं जैसे लोहारों, सुनारों, मछुआरों आदि के उपकरण। इसके अतिरिक्त बैतों में वर्णित कथाओं के संकेत सिंधी की ऐसी लोककथाओं–नूरी जाम तमाची, उमर मारुई, ससि-पुन्हूं, सोहनी-महीवाल, लीला-चनेसर, रायडियाच-सोरठ, मूमल-राणो से संबद्ध हैं, जो सिंधियों के प्राणों से जुड़ी हुई हैं, उनकी सांसों में बसी हैं। इन कथाओं को आधार बनाकर शाह लतीफ ने अपने सूफी अकीदों–फना में बका, नास्ति में अस्ति और नेस्ती में हस्ती को मांसलता दी है, उन्हें मूर्त बनाया है। इसके अतिरिक्त शाह के कलाम गायन के लिए सरल होने के कारण सदियों से कई गायकों के वे मनपसंद कवि रहे हैं। पूरा 'रिसाला' सुरों में विभाजित है। उनमें से कुछ सुरों का नामकरण उनकी विषयवस्तु/अर्थानुसार किया गया है और बाकी सुरों के शीर्षक भारतीय संगीत पद्धति के मुताबिक दिए गए हैं। संगीतात्मकता से जुड़ा एक और तत्व भी है, जो शाह के काव्य को संगीतमय बनाता है, वह है हर पंक्ति में अनुप्रास का उपयोग, जो अनायास काव्य सौष्ठव में गुंथा हुआ है। काव्य की बुनावट ऐसी कसी हुई है कि किसी भी रचना में किसी भी शब्द को न तो बदला जा सकता है और न ही उसके क्रम को बदला जा सकता है।

शाह के 'बैत' तथा 'वाई' प्रयोगशीलता के द्योतक हैं। वास्तव में बैत दोहे-सोरठे का ही रूप है, लेकिन शाह साहब ने बैत को दो पंक्तियों तक सीमित नहीं रखा, अपितु उनको अपनी अभिव्यक्ति के अनुसार कई पंक्तियों में फैलाया। 'वाई' भी ऐसा काव्य प्रकार है, जो शाह ने प्रचलित किया। शाह साहब कहते थे, अपना कलाम वज्द (आत्मविस्मृति की स्थिति जो आनंदाधिक्य से उत्पन्न होती है) की हालत जो कहते थे, जो उनके मुरीद तत्काल लिख लेते थे। शाह साईं का 'रिसालो' सिंधी भाषा की समृद्धि का द्योतक है। 'रिसालो' में प्रयुक्त शब्द भंडार अपने आपमें एक बड़ा शब्दकोश है। निःसंदेह शाह अपनी विलक्षण काव्य प्रतिभा से विश्व काव्य में गौरवपूर्ण स्थान रखते हैं।

रूपमाया : सिंधी की समृद्ध काव्य परंपरा को कई कवियों ने आगे बढ़ाया है जिनमें नारायण श्याम (1922-1989) अग्रणी हैं। उनका खंडकाव्य 'रूपमाया' एक अद्वितीय रचना है। 'पंखड़ियूं' (1953) नाम की पुस्तक श्याम की रुबाइयों के साथ प्रकाशित हुई। उसके बाद वासदेव मोही की विस्तृत भूमिका के साथ 'रूपमाया' देवनागरी तथा अरबी-सिंधी लिपि में सिंधी बुक ट्रस्ट, इंडिया द्वारा 2010 में प्रकाशित की गई। ढोलण राही द्वारा किया हुआ हिंदी अनुवाद भी छपा (2012)। 'रूपमाया' ऋषि विश्वामित्र और अप्सरा मेनका के प्रणय पर आधारित है।

तरंदड़ बादल : तरंदड़ बादल (तैरता बादल) कृष्ण खटवाणी (1927-2008) का प्रसिद्ध उपन्यास है, जो सिंधी उपन्यासों में शीर्ष स्थान पर माना गया है। इस उपन्यास में उन संवेदनशील सिंधियों का मनोवैज्ञानिक चित्रण है, जो अपनी धरती से अलग होकर अपने को अधूरा समझते हैं।

आत्मजीवनी-नावल-तवारीख : लाल पुष्प (1935-2009) की पांच जिल्दों में छपी 'आत्मजीवनी-नावल-तवारीख' (आत्मजीवनी-उपन्यास-इतिहास) तीनों साहित्य विधाओं का मिश्रण है।

श्याम जयसिघाणी : 'अ जूं चूंड कहाणियूं'

श्याम जयसिंघाणी (1937-2009) की चुनिंदा कहानियों का संग्रह है (2008) जिसे सिंधी कहानी में मील का पत्थर माना जाता है।

हिंदी से संबंध : सिंधी भाषा का कोई प्रदेश न होने के कारण सिंधी का हिंदी से देशव्यापी संबंध है। सिंधी में हजारों पुस्तकें हिंदी के माध्यम से अनूदित हुई हैं। हिंदी से सिंधियों का रिश्ता आजकल मातृभाषा जैसा हो गया है क्योंकि सिंधी घरों में अकसर हिंदी बोली जाती है।

संस्थाएं : सिंधियों की ऐसे दर्जनों संस्थाएं हैं जो सिंधी साहित्य और संस्कृति की उन्नति के लिए कार्यरत हैं। इनमें 'इंडियन इंस्टीट्यूट ऑफ सिंधालाजी', आदिपुर, गांधीधाम सर्वाधिक महत्वपूर्ण है, जहाँ सिंधी साहित्य तथा संस्कृति, लोक कलाओं आदि विषय पर अभिलेखों का संग्रहालय है और सिंधी पुस्तकों का अत्यंत समृद्ध पुस्तकालय भी है। 'अखिल भारतीय सिंधी बोली ऐं साहित्य सभा', जयपुर ऐसी संस्था है, जो प्रति वर्ष साहित्य, कला, संगीत, नाटक आदि से जुड़ी सिंधी प्रतिभाओं को पुरस्कारों से सम्मानित करती है। 'अखिल भारतीय सिंधी बोली ऐं साहित्य प्रचार सभा', उल्हासनगर साहित्य तथा संस्कृति पर कई संगोष्ठियों का आयोजन करती रही हैं। इस संस्था ने अब तक सौ से अधिक सेमिनार किए हैं। केंद्र सरकार के मानव संसाधन विकास मंत्रालय के अंतर्गत 'सिंधी भाषा विकास परिषद' तथा गुजरात, मध्य प्रदेश, छत्तीसगढ़, उत्तर प्रदेश, राजस्थान आदि प्रदेशों में सिंधी अकादमियां हैं, जो साहित्य-संस्कृति के विकास के लिए कार्यरत हैं। 10 अप्रैल को सिंधी भाषा दिवस भी कई शहरों में साहित्यिक तथा अन्य कार्यक्रमों के साथ मनाया जाता है।

लोकजीवन : सिंधी एक ऐसी जाति है जिसमें जातिगत भेदभाव, वर्ण व्यवस्था नहीं है। सिंधी सबको समान मानते हैं। सिंधी सामाजिक कार्यों में विश्वास रखते हैं, इसलिए पूरे भारत में सैकड़ों सिंधी धर्मशालाएं स्थापित हैं तथा कई अस्पताल भी हैं। सिंधी अपने हस्तशिल्प और कलात्मक अभिरुचि आदि के लिए भी विश्व भर में प्रसिद्ध हैं।

शिक्षा : सिंधी समाज में शिक्षा का प्रचार-प्रसार काफी हुआ है। कई बड़े शहरों में सिंधी संस्थाएं माध्यमिक तथा उच्च शिक्षा से संबद्ध हैं जिनकी कई पाठशालाएं, कॉलेज चल रहे हैं।

पर्व-त्योहार : सिंधियों के ईष्ट देव झूलेलाल के कई मंदिर हैं। झूलेलाल का जन्मदिन और चेटी चंड, सिंधी नव वर्ष आदि हर्षोल्लास से मनाया जाता है। उस दिन कई सिंधी बस्तियों में जुलूस के साथ सिंधी संस्कृति को दर्शाती बीसियों झांकियां निकलती हैं। आजकल इस त्योहार के उपलक्ष्य में दुबई, हांगकांग तथा उन विदेशी स्थानों पर भी सांस्कृतिक कार्यक्रम होते हैं, जहां सिंधी अच्छी संख्या में बसते हैं। सिंधी 'भगत' गुजराती की 'भवाई' या महाराष्ट्र के 'तमाशा' जैसा लोक नाटक है, इसमें कथा, नाटक, नृत्य, गायन तथा संगीत का सम्मिश्रण होता है। आजकल मनोरंजन के कई आधुनिक साधन उपलब्ध होने के कारण लोक परंपराओं में ह्रास आय है।

वासदेव मोही

अधिक जानकारी के लिए :
1. शाह लतीफ : कल्याण आडवानी, 1982, **2. Sindhi Language and Literatute : A Brief Account :** Anwar Pirzado, **3. Thc Making of Exile Sindhi Hindus and the Partition of India :** Nandita Bhavnani, **4. Sindhi Culture :** U T Thakur

सिंधु-हड़प्पा लिपि

ज्ञात भारतीय इतिहास की सबसे पुरानी सभ्यता 'सिंधु घाटी की सभ्यता' (हड़प्पा संस्कृति) है, जो 'नदी घाटी सभ्यता' काल के अंतर्गत 3300-1300 ईसा-पूर्व के दौरान व्याप्त मानी जाती है। शोधकर्ताओं ने इस सभ्यता के विभिन्न अवशेषों के साथ, उन पर अंकित बहुत सारे चिह्न भी पाए, जिनके आधार पर उन्होंने अनुमान लगाया कि इस सभ्यता के निवासी लेखन-पद्धति या लिपि से परिचित थे। उक्त सभ्यता की वही परिकल्पित लिपि 'सिंधु लिपि' (Indus Script) या 'हड़प्पा लिपि' (Harappan

Script) अथवा 'सिंधु-हड़प्पा लिपि' (Indus-Harappan Script) कही जाता है। चूंकि 'सिंधु घाटी की सभ्यता' भारत की प्राचीनतम सभ्यता मानी गई है, इसलिए उसकी परिकल्पित लिपि (सिंधु-हड़प्पा लिपि) को प्राचीनतम भारतीय लिपि होने का गौरव प्रदान किया गया है। ब्रह्मी एवं खरोष्ठी तो उसके बाद की लिपियां ठहरती हैं।

'सिंधु हड़प्पा लिपि' का पता उक्त सभ्यता के भिन्न-भिन्न स्थलों की खुदाई से प्राप्त विभिन्न सामग्री से चला, जिन पर विभिन्न प्रकार के चिह्न खुदे हुए थे। उस सामग्री में मुहरें, तांबे के औजार, मर्तबानों के अवंठ, आभूषण, तांबे तथा मिट्टी की लघु पट्टिकाएं, अस्थि-छड़ें, सूचना-पट्ट आदि थे। 'भारतीय पुरातत्व सर्वेक्षण' के पहले निदेशक अलेक्जेंडर कनिंघम को 1873 में हड़प्पा से एक ऐसी मुहर मिली थी, जिस पर एक पशु के चित्र के साथ लेखन जैसी कुछ आकृतियां उत्कीर्ण थीं। तब से लेकर अब तक वैसी चार हजार मुहरें मिल चुकी हैं, जिन पर बैल, भैंस, बारहसिंगा आदि पशुओं और मानवों (देवताओं?) की आकृतियों के साथ विभिन्न चिह्नों में कुछ लेखन जैसी चीज भी मौजूद है। उन्हें देखकर पुरातात्विक एवं ऐतिहासिक शोधकर्ताओं को उनमें किसी लिपि की विद्यमानता का आभास हुआ। वैसे यह विषय आज तक विवाद से परे नहीं हुआ है कि वे चिह्न सचमुच किसी लिपि

सिंधु-हड़प्पा लिपि

के हैं या यूं ही कुछ चित्र या भाषेतर संकेत भर हैं। विद्वानों का बहुमत मोटे तौर पर यह मानता है कि उनमें किसी 'लिपि' का अस्तित्व निहित है।

उक्त लिपि के वाचन के कार्य में बहुत सारे देशी-विदेशी लिपि विशेषज्ञ लगभग शताब्दी भर से लगे हुए हैं और कई ने पढ़ लेने का दावा भी किया है। यही नहीं, अपने दावों के आधार पर उन्होंने उस लिपि के स्वरूप एवं स्रोत तथा 'हड़प्पा-संस्कृति' के बारे में भी कुछ नई जानकारी देने का प्रयास किया है, परंतु उनके दावों या प्रयत्नों की प्रामाणिकता अब तक संदिग्ध बनी हुई है और कुल मिलाकर उक्त 'लिपि' पर से रहस्य का पर्दा अब तक उठ नहीं सका है। 'हड़प्पा संस्कृति' के प्राप्त उक्त विशिष्ट चिह्नों के विकोडन (डिकोडिंग) अथवा 'सिंधु-हड़प्पा लिपि' के वाचन हेतु प्रयत्नशील रहे ऐसे विद्वानों एवं शोधकर्ताओं में कुछ प्रमुख हैं—लैंग्डन, एस स्मिथ, सी जे गैड, जी आर हंटर, एच हेरास, रंगनाथ राव, एफ रेमंड आलचीन, जॉन न्यूबेरी, इरावत्थम महादेवन, प्राणनाथ (काशी हिंदू विश्वविद्यालय), यूरी कोरोजोव (रूस), अस्को पारपोला (फिनलैंड), माइकल विटजल (हार्वर्ड विश्वविद्यालय), स्टीव फार्मर, स्प्रोट आदि।

जब तक इस लिपि के कूटों (कोड) को समझ न लिया जाए, तब तक इस पुरातन सभ्यता के बारे में ज्ञान की एक खिड़की बंद ही रहेगी । हम तब तक उसके निवासियों और उनकी सोच या विचारधारा के बारे में कोई प्रामाणिक राय नहीं बना सकते, जब तक कि उनके द्वारा उत्कीर्ण संकेतों (सिंधु-हड़प्पा लिपि) का सफल वाचन या तात्पर्यग्रहण न कर लें। इस 'लिपि' की समझ के अभाव में यह निर्धारित कर पाना सरल नहीं है कि 'हड़प्पा संस्कृति' के निर्माता कौन थे—आर्य थे, द्रविड़ थे या सुमेरियन? इसके बोध के बिना उक्त 'लिपि' के स्वरूप या उसके प्रतीकों की ठीक-ठीक संख्या के विषय में भी कोई निश्चित मत बनाना संभव नहीं है। सबसे बड़ी बात, जिसका पहले संकेत किया जा चुका है, यह है 'वे प्रतीक किसी भाषा-विशेष को व्यक्त करने वाली पद्धति (लिपि) के अंग हैं भी या नहीं?' यह सवाल भी लिपि की

अबोधगम्यता के कारण आज तक अनुत्तरित है।

लिपि विकास के सोपानों (चित्र लिपि, भाव लिपि और ध्वनि लिपि) में 'सिंधु हड़प्पा लिपि' किस सोपान पर थी, यह सवाल भी अब तक अनसुलझा ही रहा है। हड़प्पाई मुहरों पर प्रायः एक ही पंक्ति में कुछ लिखा मिलता है, जो शोधकर्ताओं के अनुमान के अनुसार उनके स्वामियों का नाम, पदनाम आदि दरसाता है। शोधकों ने यह भी कहा कि उन पर पशु, मानव आदि के बने चित्र अनपढ़ लोगों को सांकेतिक रूप से उसका अर्थ बताते थे। मुहरों के अधिकांश अभिलेख संक्षिप्त हैं और सबसे लंबे अभिलेख में 26 चिह्न हैं। अब तक उपलब्ध विभिन्न वस्तुओं (खासकर मुहरों) पर उत्कीर्ण 375 से 400 तरह के मुख्य चिह्न पाए गए हैं। वैसे इस 'लिपि' के प्रतीकों की संख्या को लेकर भी अच्छा-खासा विवाद रहा है। हंटर के अनुसार, इसमें लिपि-चित्रों की संख्या 253 है। लैंग्डन के अनुसार, यह संख्या 288, एस स्मिथ एवं सी जे गैड के अनुसार, 396 है। स्मिथ ने इन प्रतीकों को तीन वर्गों में बांटा है—आदि के प्रतीक, अंत के प्रतीक और संख्या संबंधी प्रतीक। उदयनारायण तिवारी प्रतीकों की संख्या 300 के लगभग मानते हैं। (हिंदी भाषा का उद्भव और विकास)। चिह्नों की इतनी बड़ी संख्या देखकर, अधिकांश विशेषज्ञों ने यह विचार व्यक्त किया कि उनमें निहित 'लिपि' ध्वनि लिपि नहीं हो सकती। कुछ मुहरों पर लेखन क्रम में दाईं ओर चौड़ा अंतराल है और बाईं ओर वह संकुचित है। उसे देखकर यह परिकल्पना की गई कि 'सिंधु-हड़प्पा लिपि' दाईं ओर से बाईं ओर लिखी जाती थी। 'सिंधु-हड़प्पा लिपि' के विकोडन और वाचन के आज भी सतत प्रयास चल रहे हैं, परंतु उसके रास्ते में निम्न कारणों से दुर्लंघ्य कठिनाइयां बनी हुई हैं—

1. उक्त चिह्न यदि किसी भाषा को व्यक्त करते हैं, तो उस भाषा की अभी तक पहचान नहीं हो सकी है।
2. उत्कीर्ण मुहरों पर पाए गए लेख बहुत लंबे नहीं हैं। उनमें प्रतीकों की संख्या अधिकतम 26 है।
3. किसी मुद्रा में द्वैभाषिक पाठ (या एक तात्पर्य से संबद्ध दो अलग माध्यमों की व्यवस्था) जैसा कुछ भी नहीं मिल सका है, जिससे विकोडन (डिकोडिंग) का कार्य सुगम हो।

आज पूरी दुनिया को बेसब्री से उस क्षण का इंतजार है, जब उक्त 'लिपि' के वाचन हेतु शोधार्थियों व मनीषियों के निरंतर चल रहे अध्यवसाय को निर्णायक सफलता मिलेगी और इतिहास तथा भाषा विज्ञान के इस महत्वपूर्ण पक्ष पर पड़ा हुआ कुहासा छंटेगा।

रवींद्र कुमार पाठक

अधिक जानकारी के लिए :
1. **'भारतीय प्राचीन लिपिमाला'** : गौरीशंकर हीराचंद ओझा, 2. **'अक्षर-कथा'** : गुणाकर मुले, 3. **'नागरी लिपि और हिंदी वर्तनी'** : अनंत चौधरी, 4. **Indian Paleography** : G Buhlar

सिंहासनद्वात्रिंशिका

(सिंहासन बत्तीसी)

यह राजा विक्रमादित्य के गुणों पर प्रकाश डालने वाली 32 कहानियों का संग्रह है, जो वेतालपंचविंशति की भांति लोकप्रिय हुआ और सिंहासन बत्तीसी के नाम से प्राचीनकाल से ही लोक भाषाओं में इसके रूपांतर होते रहे हैं। इसका एक अन्य नाम विक्रमचरित भी प्रचलित है। यह कथा संग्रह उत्तरी तथा दक्षिणी—इन दो संस्करणों में मिलता है। पहले के संस्कर्ता क्षेमेंद्र नामक जैन मुनि कहे गए हैं। बंगाल में प्रचलित वररुचि द्वारा निर्मित संस्करण इसी में आता है। दक्षिणी संस्करण विक्रमचरित के नाम से अधिक प्रचलित है। दक्षिणी संस्करण का एक पद्य रूप भी मिलता है। सभी संस्करणों में भूमिकास्वरूप राजा भोज की कथा आती है। राजा भोज को खुदाई में एक सिंहासन मिलता है, जिसमें 32 पुतलियां लगी हुई हैं। यह राजा विक्रमादित्य का सिंहासन है। राजा भोज उस सिंहासन पर बैठने को

होते हैं, तब बत्तीस पुतलियों में से पहली पुतली कथा सुनाने लगती है जिसमें राजा विक्रमादित्य के अद्‌भुत चरित्र का वर्णन है। कथा सुनाकर पुतली कहती है कि यदि इस प्रकार के गुण तुममें हों तो इस सिंहासन पर बैठो। सभी कहानियां प्रशस्तिपरक तथा उपदेशप्रधान हैं। विविधता और गंभीरता का इनमें अभाव है। इस कथा संग्रह का रचनाकाल बारहवीं-तेरहवीं शताब्दी के आसपास है।

राधावल्लभ त्रिपाठी

सिकंदर

(356 ईसा पूर्व से 323 ईसा पूर्व)

विश्व इतिहास में सिकंदर (Alexandar) को एक महान विजेता माना जाता है। वह अपने रण कौशल, सैन्य-संचालन, साहस और धैर्य के लिए जाना जाता है। महत्वाकांक्षी तो वह बचपन से था। उसकी महत्वाकांक्षा ने ही उसे एक महान विजेता बनाया था। वह अपनी मृत्यु तक उन सभी देशों को जीत चुका था, जिनकी जानकारी ग्रीस के लोगों को थी, इसलिए उसे विश्वविजेता कहा जाता है।

सिकंदर

सिकंदर का जन्म मैसिडोनिया में हुआ था, जो ग्रीस के उत्तरी भाग में है। उस समय मैसिडोनिया का शासक सिकंदर का पिता फिलिप-II था। सिकंदर 16 साल की उम्र तक अरस्तू का शिष्य था। 336 ईसा पूर्व में अपने पिता की हत्या के बाद वह गद्दी पर बैठा। उसकी सेना प्रशिक्षित और मजबूत थी। उसने ग्रीस के छोटे-छोटे राज्यों को एक सूत्र में बांधा। उसने मिस्र, सीरिया, मेसोपोटामिया, फिनिशिया, बैक्ट्रिया, तुर्की और ईरान पर विजय पाई और अपने नाम से मिस्र में एलेक्जेंडरिया सहित कई देशों में नगर बसाए। विभिन्न देशों में यूनानी संस्कृति का प्रचार हुआ और यूनानी बसे। सिकंदर यूनानी और गैर-यूनानी संस्कृतियों में एक नायक की तरह देखा जाने लगा। उसे धन की बड़ी भूख थी। इसी लालच से वह भारत पर विजय पाना चाहता था। उसका राज्य अरब सागर से सिंधु तक फैल गया था।

सिकंदर ने भारत पर 327 ईसा पूर्व में आक्रमण किया था और उसकी सैनिक कार्रवाई लगभग दो सालों तक चली। वह पहले सिंधु पार कर तक्षशिला पहुंचा, जहां के राजा आंभि ने उसके आगे हथियार डाल दिए। उस समय तक्षशिला एक समृद्ध और बड़ा नगर था। यह वैदिक और ईरानी विद्याओं का केंद्र था। पंजाब के इलाकों के बाकी राजाओं ने भी सिकंदर के आगे आत्मसमर्पण कर दिया था, पर वह पंजाब से आगे नहीं बढ़ सका। वह पूर्व की तरफ बढ़ा जहां झेलम और चिनाब के बीच पुरु का राज्य था। युद्ध में पुरु पराजित हुआ, लेकिन उसकी वीरता से खुश होकर सिकंदर ने उसे मित्र बना लिया तथा उसे कुछ इलाके भी दिए। वह व्यास नदी तक पहुंचा, लेकिन युद्ध से वह वापस लौट गया, क्योंकि उसके सैनिक थक चुके थे और उनमें मगध के शासक नंद का सामना करने का साहस न था। कुछ इतिहासकारों का कहना है कि इलाके के बंदरों ने भी सिकंदर के सिपाहियों को परेशान कर दिया था। 325 ईसा पूर्व में सिकंदर भारत भूमि छोड़कर बेबीलोन चला गया, जहां 323 ईसा पूर्व में उसकी मृत्यु हुई।

सिकंदर के भारत पर आक्रमण का कोई प्रभाव नहीं पड़ा। किसी भारतीय स्रोत से उसके बारे में जानकारी नहीं मिलती। यूनानी स्रोतों से ही ज्ञात होता है कि भारत के विजित इलाकों पर शासन करने के लिए सिकंदर कुछ राज्यपालों को छोड़ गया था, पर सिकंदर की मृत्यु के बाद ही ऐसी स्थितियां पैदा हो गईं कि बाकी इलाकों से भी यूनानियों को लौटना पड़ा। सिकंदर के आक्रमण के संदर्भ में 'इंडिका' में सिकंदर के नौसेनापति नियारकस का भारतीय विवरण गप के समान है, जैसे—'कुछ लोग दस फ़ुट लंबे और छह फ़ुट चौड़े होते हैं।' भारतीयों की पोशाक के बारे में कुछ विवरण है, 'इनके पहने जाने वाले वस्त्र वृक्षों से उत्पन्न होने वाले कपास से बनते हैं। भारतीयों के काले रंग के वैषम्य के कारण ये वस्त्र ज्यादा सफेद लगते हैं। वे टखनों तक एक सूती वस्त्र पहनते हैं और उत्तरीय प्रयोग में लाते हैं। अमीर हाथीदांत के कर्णफूल पहनते हैं। धूप से बचने के लिए छाते का इस्तेमाल करते हैं।' सिकंदर ने पंजाब में जो भी यूनानी बस्तियां स्थापित की थीं, उनमें से नगरों के रूप में कोई भी शेष नहीं थी। कुछ यूनानी उत्तर-पश्चिम के भ्रमणशील यूनानियों की आबादी का अंग बन गए थे। संभवतः इन्हें ही म्लेच्छ कहा जाता था। सिकंदर के आक्रमण के बाद पश्चिमी एशिया और उत्तर-पश्चिमी भारत के बीच व्यापारिक संभावनाएं जरूर बढ़ी थीं और मार्ग खुल गए थे।

श्रीनिवास शर्मा

सिकंदर लोदी

(मृत्यु 1517)

निजाम खान के नाम से जनमा सिकंदर लोदी 1489 से 1517 तक दिल्ली का सुल्तान था। 1489 में वह अपने पिता बहलूल खान की मृत्यु के बाद गद्दी पर बैठा था। उसकी मां एक हिंदू सुनार की बेटी थी। सिकंदर लोदी वंश का दूसरा तथा सबसे सफल शासक था। उसने अपने इलाके में व्यापार को बढ़ावा दिया। इसके लिए उसने सड़कों का निर्माण करवाया और सड़कों पर चोर-लुटेरों पर नियंत्रण रखने का प्रयास किया। वह खेती पर ध्यान देता था। गरीबों का वह खास खयाल रखता था। उसने अपने राज्य में कई प्रशासनिक परिवर्तन किए। पहली बार एकाउंट्स की ऑडिटिंग का कार्य उसके काल में प्रारंभ हुआ तथा भारत में फारसी भाषा कार्यालयी तथा माप-जोख की भाषा बनी। कृषि भूमि का 32 अंकों का एक नाप प्रारंभ हुआ। इसे गाज-ए-सिकंदरी नाम दिया गया।

लोदी अफगानों के वंशज थे। बहलूल अफगान लोदी कबीले का प्रमुख था। उसने 1451 में दिल्ली का सिंहासन जीता था। सिकंदर लोदी ने लोदी राज्य की सीमा बढ़ाकर ग्वालियर और बिहार तक पहुंचा

सिकंदर लोदी

दी। उसने ग्वालियर का किला जीतने के लिए पांच बार चढ़ाई की, मगर ग्वालियर महाराजा मानसिंह से जीत न सका। उसने 1503 में आगरा शहर का निर्माण करवाया और इसे अपनी दूसरी राजधानी सिकंदराबाद के नाम से बसाया। सिकंदर लोदी के समय आगरा शीराज-ए-हिंद कहलाता था। उसका एक बहुत मजबूत गुप्तचर जाल था। वह कुशल और न्यायप्रिय शासक था। गरीब-से-गरीब आदमी की फरियाद खुद सुनता और न्याय करता था। लेकिन वह कट्टरपंथी भी था। हिंदुओं के प्रति उसका बरताव बहुत सख्त था। तलवार और धन के जोर पर उनसे इस्लाम स्वीकार करवाता था। कहा जाता है कि उसने एक साधु को जिंदा जलवा दिया था। वह आम जनता से अथवा निम्न वर्ग के लोगों से घुलता-मिलता नहीं था।

सिकंदर लोदी का शासन 1517 तक चला। पहले के शासक अफगानों की खतरनाक आंतरिक लड़ाइयों को काबू करने में असफल थे। सिकंदर लोदी ने दिखाया कि अफगानों की आपसी कलह को नियंत्रित किया जा सकता है, लेकिन यह बहुत दिनों तक नहीं चला। सिकंदर लोदी के बाद उसका भाई इब्राहिम लोदी गद्दी पर बैठा, लेकिन वह बाबर से हार गया। इब्राहिम के ही एक असंतुष्ट सरदार ने बाबर को आमंत्रित किया था। बाबर ने आगरा को लूटा और वहां के खजाने को अपना बना लिया। बाबर ने 1526 में पानीपत की लड़ाई में इब्राहिम लोदी को हराया लेकिन उसने पराजित सिकंदर लोदी के शासन की अच्छी नीतियों को अपनाने में संकोच नहीं किया।

सिकंदर लोदी एक कुशल शासक था। उसने कई नए प्रशासकीय कार्य प्रारंभ किए। राज्य के भौगोलिक बंटवारे का एक नया तरीका खोज निकाला, जिसे हम जिला कहते हैं। सिकंदर लोदी ने नई जीती जमीन को भौगोलिक हिस्सों में बांटा और हर हिस्से के प्रशासन को 'सरकार' नाम दिया। मुगलों ने इसे जारी रखा, आगे चलकर इसे ही अंग्रेजों ने 'जिले' का नाम दिया। स्वतंत्र भारत की सरकार ने भी 'जिला' को स्वीकार किया और इसे ज्यों-का-त्यों रहने दिया। फारसी भाषा में 'सरकार' शब्द का अर्थ अधिकारी या सत्ता था। बीस जिलों को मिलाकर प्रोविंस बनता था। इसे बाबर ने भी स्वीकार किया। सरकार के अंतर्गत परगना होता था। परगना सरकार के पहले से हुआ करता था। मुगलों ने सरकार और परगना के ऊपर सूबा बनाया। अकबर के समय बंगाल में 19 सरकारें और 600 से ऊपर परगने थे। दिल्ली सूबे में आठ सरकारें और करीब 200 परगने थे। आगरा में तेरह सरकारें और करीब 200 परगने थे। लोदी सुल्तान के सैनिक और अधिकारी सरकार स्तर पर गांव और शहर की व्यवस्था करते थे।

सोलहवीं सदी में परगना एक राजनीतिक स्वायत्त स्तर था, जो स्थानीय लोगों के अधीन था। सिकंदर लोदी के समय परगनों की संख्या बहुत बढ़ गई। सरकार को नियंत्रित करने के लिए उसे काफी संघर्ष करना पड़ा। अंततः सरकार के अधिकारी स्थानीय लोगों से सीधे रकम लेने लगे और गांवों एवं शहरों को नियंत्रित करने लगे। सरकार के अधिकारी अपना हिस्सा रखकर बाकी कर खजाने में जमा करते।

'बाबरनामा' में इब्राहिम लोदी को सिकंदर लोदी का बेटा बताया गया है। लोदी वंश में अंतिम नाम खान लोदी का मिलता है। उसने भी खुर्रम यानि शाहजहां से विद्रोह किया था। वह शाहजहां की फौज से हार गया था। सिकंदर लोदी फारसी भाषा का विद्वान और कवि था। वह गुलरुखी नाम से कविता करता था। उसके नाम से एक दीवान प्राप्त होता है। उसने कई संस्कृत पुस्तकों का फारसी में अनुवाद करवाया था। उसकी कब्र दिल्ली के लोदी गार्डन में है।

विजय शर्मा

सिक्किम

भू-प्रदेश : हिमालय की गोद में बसा सिक्किम भारत के उत्तर-पूर्वी क्षेत्र में एक छोटा-सा राज्य है, जो पहले एक स्वतंत्र राज्य था और 16 मई 1975

सिक्किम

को इसका भारत में विलय हुआ। सिक्किम लिंबु भाषा के दो शब्दों–'सु' और 'खिम' से मिलकर बना है, जिसमें सु का अर्थ नया और खिम का अर्थ महल या घर है। यह माना जाता है कि इसका संदर्भ इस राज्य के प्रथम शासक फुंतसोग नामग्याल द्वारा निर्मित महल से है। तिब्बती भाषा में इसे 'ड्रेनजोंग' कहा जाता है, जिसका अर्थ है–धान की घाटी। दूसरी ओर, भूटिया लोग इसे बियुल डेमाजोंग कहते हैं, जिसका अर्थ है–धान की छिपी हुई घाटी। इस राज्य के मूल निवासी लेप्चा लोग सिक्किम को नी-माल-एल अर्थात स्वर्ग कहते हैं। इस राज्य के पश्चिम में नेपाल, उत्तर-पूर्व में चीन एवं तिब्बत, पूरब में भूटान देश तथा दक्षिण में पश्चिम बंगाल राज्य है।

सिक्किम एकमात्र ऐसा राज्य है जिसकी भारत और चीन के बीच खुली भू-सीमा है। यह क्षेत्रफल की दृष्टि से गोवा के बाद सबसे छोटा राज्य है, जिसका क्षेत्रफल लगभग 7,096 वर्ग कि.मी. है। 2011 की जनगणना के अनुसार, इस राज्य की जनसंख्या 6,07,688 है, जो इसे देश में सबसे कम जनसंख्या वाला राज्य सिद्ध करता है। सिक्किम में चार जिले हैं जिन्हें उत्तर, पूर्व, पश्चिम और दक्षिण के नामों से जाना जाता है। पूर्व सिक्किम का जिला मुख्यालय गंगटोक में, पश्चिम का गेजिंग में, दक्षिण का नामची में और उत्तर का मंगन में है। गंगटोक सिक्किम की राजधानी एवं इस राज्य का सबसे बड़ा शहर है।

सिक्किम में 11 राजभाषाएं हैं–नेपाली, सिक्किमी, लेप्चा, तामंग, लिंबू, नेवारी, राय, गुरुंग, मंगर, सुनुवार तथा अंग्रेजी। विश्व की तीसरी सबसे ऊंची चोटी कंचनजंगा यहीं अवस्थित है, जो सिक्किमवासियो के लिए केवल एक पर्वत ही नहीं, वरन उनका संरक्षक देवता भी है। सिक्किम का एक जादुई आकर्षण है, जिसके पीछे इसकी प्राकृतिक सुंदरता ही नहीं, बल्कि इसका साफ-सुथरा और शांत माहौल भी एक कारण है।

पर्यावरण : सिक्किम में पांच ऋतुएं हैं–शीत, ग्रीष्म, वसंत, शरद एवं मॉनसून। सिक्किम की जलवायु दक्षिण में उप-उष्णकटिबंधीय तथा उत्तर में उत्तरध्रुवीय अनुर्वर है। सिक्किम का औसत वार्षिक तापमान लगभग 18 डिग्री से. है। उसके अधिकांश प्रवास भूमि की जलवायु शीतोष्ण है, जिसका तापमान गर्मी में शायद ही 28 डिग्री से. के ऊपर जाता है। सिक्किम एक ऐसा राज्य है, जहां वर्ष के बारहों महीनें हिमपात होता है, जो दक्षिण में 6100 मीटर से लेकर उत्तर में 4900 मीटर तक होता है। उत्तरी भाग में वर्ष के चार महीनों में हिमपात होता है और प्रत्येक रात को तापमान शून्य डिग्री से नीचे चला जाता है। पहाड़ी चोटियों पर तापमान शून्य से चालीस डिग्री तक हो जाता है। मॉनसून के दौरान भारी वर्षा एवं भू-स्खलन होता है।

इतिहास : सिक्किम के प्राचीन इतिहास के बारे में बहुत कम ज्ञात है। मिथक में सिक्किम को इंद्र का बाग अर्थात इंद्रकील कहा जाता है। ऐतिहासिक तथ्यों के अनुसार, तेरहवीं शताब्दी में यहां के मूल निवासी लेप्चाओं के इस क्षेत्र में आगमन से इसके इतिहास की शुरुआत होती है। सिक्किम के बारे में

प्रथम ऐतिहासिक उल्लेख बौद्ध धर्मगुरु पद्मसंभवा, जिसे गुरु रिनपोचे भी कहा जाता है, आठवीं सदी में मैदानी माध्यम से यहां पहुंचने का है। कहा जाता है कि उन्होंने यहां बौद्ध धर्म का प्रचार-प्रसार किया और यह भविष्यवाणी की कि शताब्दियों बाद यहां राजवंश का आगमन होगा।

किंवदंती है कि तिब्बत के खाम के मिन्याक वंश के खिए बुम्सा को चौदहवीं शताब्दी में यह देववाणी मिली कि वह दक्षिण में अपने भाग्योदय के लिए प्रस्थान करे। उसके वंश की पांचवीं पीढ़ी के फुंतसोग नामग्याल ने 1642 में सिक्किम में अपना साम्राज्य स्थापित किया, जिसका युकसोम में तीन पूज्य लामाओं द्वारा सिक्किम के प्रथम चोग्याल अर्थात पुजारी-राजा के रूप में अभिषेक किया गया। गुरु रिनपोचे की 118 फुट ऊंची एक विशाल प्रतिमा नामची में स्थापित है, जो विश्व के संतों की प्रतिमाओं में सबसे ऊंची है। फुंतसोग नामग्याल का पुत्र तेनसंग नामग्याल 1670 में राजा बना, जिसने अपनी राजधानी युकसोम से हटाकर आधुनिक पेलिंग के पास रैबडेंत्से में स्थापित की। 1700 में चोग्याल की सौतेली बहन की मदद से भूटानियों ने सिक्किम पर आक्रमण किया, किंतु भूटानियों को तिब्बतियों द्वारा पराजित कर भगा दिया गया। 1717 से लेकर 1733 के बीच इस राजघराने पर पश्चिम से नेपालियों द्वारा तथा पूर्व से भूटानियों द्वारा अनेक आक्रमण किए गए। इसके परिणामस्वरूप नेपालियों ने रैबडेत्से को ध्वस्त कर दिया। 1791 में चीन ने गोरखा राजवंश के विरुद्ध सिक्किम को सहयोग देने हेतु अपनी सेना भेजी। गोरखा राज्य की पराजय के बाद चीन के किङ् राजवंश ने सिक्किम पर अपना कब्जा जमा लिया। 1814 से लेकर 1890 के बीच ब्रिटिश शासन ने अनेक बार अनेक घात-प्रतिघातों के द्वारा तथा परोक्ष-प्रत्यक्ष रूप से सिक्किम पर अपना आधिपत्य जमाए रखा। 1947 में भारत की स्वतंत्रता के समय कराए गए जनमत के अनुसार सिक्किमवासियों ने भारतीय संघ में शामिल होने से मना कर दिया। पुनः 1950 में भारत एवं सिक्किम के बीच एक समझौता हुआ, जिसके अनुसार सिक्किम की सुरक्षा एवं विदेश नीति भारत सरकार के अधीन थी। 1953 में एक राज्य परिषद का गठन हुआ, जिसने चोग्याल के अधीन संवैधानिक सरकार की स्थापना की अनुमति दी। इसी बीच सिक्किम राष्ट्रीय कांग्रेस ने पुनर्मतदान की मांग की और चोग्याल के विपक्ष में जनमत संग्रह किया। अंततः 16 मई 1975 को सिक्किम भारत का बाईसवां राज्य बना। चीन ने इसका विरोध किया। उसने इसे एक स्वतंत्र राज्य मानते हुए भारत की कार्रवाई का विरोध किया। काफी उलट-फेर के बाद चीन सरकार ने 2003 में सिक्किम को भारत के एक राज्य की मान्यता दे दी।

भाषाएं एवं बोलियां : सिक्किम की संपर्क भाषा नेपाली है, परंतु सिक्किम सरकार द्वारा ग्यारह भाषाओं को मान्यता दी गई है, जिनमें नेपाली, भूटिया, लेपचा, तिब्बती, मंगर, मुखिया (सुनुवार), गुरुंग, तामंग, नेवारी, लिंबू और शेरपा शामिल हैं। राज्य के अधिकांश भागों में हिंदी और अंग्रेजी प्रचलित है। राज्य में 2001 की जनगणना के अनुसार, नेपाली बोलने वालों की संख्या 3,38,606, भूटिया बोलने वालों की संख्या 41,825 एवं हिंदी बोलने वालों की संख्या 36,072 थी। इसके साथ ही माझी, याक्खा, थुलुंग, मझवार आदि भाषाएं बोलने वाले लोग भी सिक्किम में रहते हैं, परंतु इन भाषाओं का प्रयोग करने वालों की संख्या बहुत कम है। पूर्वोत्तर राज्यों में भाषाई भिन्नता के कारण यहां शिक्षण संस्थानों में त्रिस्तरीय भाषा रूप का प्रयोग देखने को मिलता है, जिसमें राजभाषा, मातृभाषा और राज्यभाषा तीनों भाषा रूपों का पठन-पाठन होता है।

हिंदी का प्रचार-प्रसार : सिक्किम में हिंदी का प्रचलन अन्य अहिंदीभाषी राज्यों की तुलना में अधिक है, क्योंकि देवनगिरी लिपि से प्रायः सभी परिचित हैं। नेपाली भाषाभाषी को हिंदी पढ़ने-लिखने में अधिक कठिनाई नहीं होती, बल्कि कई लोग नेपाली से हिंदी को सरल मानते हैं। लेप्चा एवं भूटिया को हिंदी सीखने में थोड़ी कठिनाई होती है। सिक्किम विश्वविद्यालय में हिंदी विभाग की स्थापना 2013 में हुई थी, तब

से हिंदी का प्रचार-प्रसार काफी बढ़ा है। हिंदी के विकास और उन्नति के लिए सिक्किम में सिक्किम प्रांतीय राष्ट्रभाषा प्रचार समिति, गंगटोक सक्रिय है। सिक्किम में 'नित्य समय' और 'अनुगामिनी' ये दो हिंदी समाचार-पत्र हैं, जिनका प्रकाशन सिक्किम के गंगटोक शहर में स्थित अपर सियारी से होता है। इन समाचार-पत्रों में रोजाना के समाचार के साथ-साथ साहित्यिक गतिविधियों को भी महत्व दिया जाता है। हिंदी दिवस के अवसर पर सिक्किम के लगभग सभी विद्यालयों और महाविद्यालयों में निबंध प्रतियोगिता, कविता पाठ और नाटकों का मंचन होता है। यहां के लोग बड़े उत्साह के साथ हिंदी दिवस मनाते हैं। सिक्किम के हिंदी लेखकों में सुवास दीपक, वीरभद्र कार्की ढोली, पद्म छेत्री आदि का नाम प्रमुखता से लिया जाता है।

संस्कृति : सिक्किम में विभिन्न प्रकार की संस्कृतियां हैं। सिक्किम के सुंदर और शांति भरे माहौल में अनेक जाति, धर्म और संस्कृतियों के लोग मिल-जुलकर एक नई संस्कृति का निर्माण करते हैं। सिक्किम में बौद्ध धर्म की प्रधानता है, पर यहां बौद्ध, ईसाई, हिंदू, मुस्लिम आदि सभी धर्मों के लोग लंबे समय से एक साथ रह रहे हैं। महायानी शाखा के भूटिया लोग, दलाई लामा और कर्मापा को बौद्ध धर्म के संरक्षक के तौर पर मानते हैं और उन्हीं की तरह सिक्किम के बौद्ध मठों में बहुत से अवतारी हैं, जिन पर इनकी गहरी आस्था है। पुनर्जन्म में विश्वास के कारण ही भूटिया लोग किसी अपने की मृत्यु के बाद लगातार 21 दिनों तक खूब पूजा-पाठ करवाते हैं, ताकि उस आत्मा को अच्छा जीवन मिले। नामग्याल और डोल्मा हस्तलिखित पांडुलिपि, कंग्युर और तेंग्युर उनके पवित्र ग्रंथ हैं।

लोकजीवन : सिक्किम में लेपचा यहां की आदिम जाति है। ये प्रकृति पूजक होते हैं। लेपचा लोगों का मानना है कि उनकी जाति के जनक फोदोंग थिंग और ना-ज्योंग-न्यू अपने देवता रूम को कंचनजंगा की चोटी से ले आए थे। लेपचा समाज में जाति भेद नहीं है, पर शादी और जन्म के आधार पर ये समूह में बंटे हुए हैं। इनका परिवार आर्थिक रूप से पिता पर निर्भर होता है। पिता की पैतृक संपत्ति में बेटों की हिस्सेदारी होती हैं, वहीं मां के जेवर और गहने बेटियों के बीच बराबर बांट दिए जाते हैं। पिता की संपत्ति में बेटी का हिस्सा नहीं होता। लेपचा अधिकतर एकल परिवार में रहते हैं। इनके पारंपरिक घर लकड़ी और बांस के बने होते हैं। लेपचा पुरुष तागो (शर्ट), तमू (पैंट), तंगग्यिप (झोला), थ्याक टोक (हैट), यांग्लो (शॉल) पहनते हैं। ये अपने साथ लंबी कटार रखते हैं, जिसे बान या पायक कहते हैं। ये वेस्टकोट भी पहनते हैं। इनके पूरे वस्त्र को 'थोगरो' कहते हैं। लेपचा स्त्रियों के वस्त्रों को 'दअम-बुन' कहते हैं। यह वस्त्र साड़ी की तरह होता है, परंतु उसे पहनने का ढंग अलग होता है। परंपरागत रूप से स्त्रियां अपने सर को स्कार्फ से ढककर रखती हैं।

सिक्किम में निवास करने वाली भूटिया जाति को भोट भी कहा जाता है, जो भूटान से संबंध दर्शाता है। कहा जाता है कि तेरहवीं शताब्दी में भूटिया लोग भूटान से सिक्किम की ओर आए थे। अधिकतर भूटिया बौद्ध धर्म की महायानी शाखा को मानते हैं। भूटिया स्त्री खो या भक्खू और हंजू धारण करती हैं, जो गाउन और शर्ट जैसा होता है। इस पर कोट पहना जाता है। शादी के बाद इसी वस्त्र के ऊपर स्त्रियां एक वस्त्र और धारण करती हैं, जिसे 'पांगदें' कहा जाता हैं। यही पांगदें इनके शादीशुदा होने का प्रमाण होता है। वहीं भूटिया पुरुष हेंजा जो शर्ट जैसा होता है, उसके ऊपर भक्खू और अंत में बाहर से कोट जैसा हेंथाचे पहनते हैं।

भूटिया लोगों का मुख्य भोजन चावल है। ये चीन के खानों के भी शौकीन होते हैं, जिनमें थुक्पा, चाउमीन, ग्याथुक आदि व्यंजन हैं। ठंडे मौसम के कारण यहां के लोग शराब का अधिक सेवन करते हैं। घरों में भी शराब बनाने का प्रचलन है। कोदो, गेहूं, चावल सभी से यहां शराब बनाई जाती है। स्थानीय शराब को धुंग्रो और रक्सी बोला जाता है। मां और पिता दोनों मिलकर परिवार चलाते हैं। भूटिया स्त्रियां पुरुषों के साथ-साथ घर तथा बाहर दोनों जगह

कंधे से कंधा मिलाकर कार्य करती हैं। भूटिया लोगों के समाज में जाति प्रथा मौजूद है, पर इसमें ऊंच-नीच और अछूत जैसा भेद-भाव बिलकुल नहीं है। विवाह के लिए लड़के वाले लड़की मांगने आते हैं। यहां दहेज भी लड़के वाले लड़की के माता-पिता को देते हैं। शादी में लड़की को उसके पिता के गोत्र से निकालकर नए गोत्र में डाला जाता है। लामा इसके साथ गृहशांति की पूजा करते हैं जिससे घर में लड़की के जाने के बाद कुछ अशुभ न हो।

नेपाली लोग उन्नीसवीं सदी के मध्य में नेपाल से स्थानांतरित होकर सिक्किम में आए थे। अंग्रेजों ने नेपाली लोगों के युद्ध-कौशल को देखकर उन्हें सेना में महत्वपूर्ण स्थान दिया था। ब्रिटिश शासन ने नेपाली लोगों को अपने अधीन के क्षेत्र में बसने की अनुमति दी थी। 1860 के आसपास छोग्याल ने कुछ नेपाली व्यापारियों को सिक्किम में व्यापार करने की छूट दी। सिक्किम की नेपाली जाति में दो नस्लें हैं—एक आर्य प्रभाव वाली, जिसमें बहून, छेत्री, कामी, दमई, सार्की आदि आते हैं। दूसरी नस्ल मंगोल प्रभाव वाली है, जिसमें गुरुंग, शेरपा, खंबु राई, सुनुवार, तमांग, भुजेल, थामी, सुब्बा और मंगर आदि हैं। बहून और छेत्री जाति में मांस-मछली और शराब का चलन नहीं होता। इनमें कुछ तो प्याज और लहसुन तक नहीं खाते हैं। इनका चेहरा यहां के पहाड़ी लोगों से बिलकुल भिन्न होता है। इनके जीवन जीने का ढंग भी अलग होता है। ये दूध-घी से बनी चीजों के साथ मीठा पसंद करते हैं। इनकी पूजा करने की विधि, पंडित और इनके भगवान सब ऊंची जातियों के समान हैं।

नेपाली पुरुषों द्वारा सुराल (कुरता और चूड़ीदार पायजामा), पटुका (कपड़े का टुकड़ा, जिससे अपनी कमर को बांधते हैं) बिर्खे टोपी, वेस्टकोट, मफलर, मोजा और जूता पहनते हैं। ये अपनी कमर में खुकरी (एक प्रकार की कटार) लेकर चलते हैं। इसके साथ ही पुरुष सोने के आभूषण भी पहनते हैं। नेपाली स्त्रियां चोबंदी चोली, फरिया (साड़ी जैसी होती है, इसमें पल्लू नहीं होता), पटुका, मोजा और जूता पहनती हैं। आभूषण में ये लोग नाक में चपटा सोना पहनते हैं, जिसे बुलाकी, मुंदरी कहते हैं, हांथों में चुरा, गले में तिलहरी, कल्ली (पांव में पहना जाता है, जो चांदी का होता है), छोटे दाने वाले हरे रंग का पोते (मंगलसूत्र), अंगूठी आदि पहनते हैं।

नृत्य और गीत : नृत्य और संगीत सिक्किम की संस्कृति का द्योतक है। बहुत-से नृत्य यहां की खेती, फसलों की कटाई से संबंधित हैं और कुछ स्थानीय सांस्कृतिक समृद्धि के प्रतीक हैं। संगीत और नृत्य में यहां बहुत से वाद्य-यंत्रों का इस्तेमाल होता है, जो अन्य स्थानों से इसकी भिन्नता दर्शाते हैं। लू खंग्थामो भूटिया लोक नृत्य है, तो कितो, ची रिमु, रेचुंगमा भूटिया नृत्य हैं। बौद्ध मठों में खास अवसरों पर लामा लोग मुंह पर मुखौटा लगाकर 'छाम' का प्रस्तुतीकरण करते हैं। इन मुखौटो पर भिन्न-भिन्न प्रकार के चेहरे होते हैं, जो डरावने लगते हैं। मान्यता है कि ये ईश्वर के रूप हैं, जो इतने प्रकाशमान हैं कि कोई भी इन्हें देखकर डर जाए। इस नृत्य के द्वारा इन्हें पहले से जान लेने पर ये चेहरे अनजाने नहीं लगेंगे और उन्हें अपना पथ-प्रदर्शक मानकर उनके बताए रस्ते पर चलने से मुक्ति मिल जाएगी। लेपचा अपने गीतों में ईश्वर की प्रशंसा और प्रकृति की सुंदरता का वर्णन करते हैं। इनके गीतों में कृषि और उसमें कार्यरत लोगों की प्रशंसा होती है, साथ ही विविध ऋतुओं और प्रकृति में हुए परिवर्तन का वर्णन होता है। इनके टुंग-दिउ और बांसुरी महत्वपूर्ण वाद्य-यंत्र हैं।

आधुनिकता के प्रवेश के साथ पश्चिमी रॉक संगीत एवं भारतीय पॉप गीतों का प्रचलन भी बढ़ रहा है। स्थानीय नेपाली रॉक एवं लेप्चा संगीत भी लोकप्रिय है।

पर्व और त्योहार : यहां के बहुसंख्यक नेपाली सभी हिंदू त्योहारों को मनाते हैं, जिनमें दिवाली, दशहरा आदि प्रमुख हैं। कई स्थानीय पर्व हैं, जैसे–सुनुवार सगुन, दसैं, सोनम लोछार, फुम्छु, माघे संक्रांति, सावने संक्रांति, तेयोंग्शी सिरिजंगा सावन तोंग्नम, राखी पूर्णिमा, साकेवा आदि।

भूटिया लोग धार्मिक ढंग और बड़े उत्साह के

साथ गुरु रिम्बुछी ठुंगकर छिछु पर्व मनाते हैं। पांग ल्हाब्सोल एक अन्य अनोखा पर्व है, जिसको तीसरे छोग्याल (राजा) छाग्दोर नामग्याल ने सिक्किम में लोकप्रिय बनाया। इस पर्व में कंचनजंघा पर्वत की महानता की पूजा होती है, जिसमें स्थानीय शराब छंग और रक्सी (पेय पदार्थ), फल-फूल चढ़ाकर पर्वत की वंदना होती है। यह पर्व भूटिया और लेपचा के भाईचारे से भी जुड़ा है। तेंदोंग ल्हो रम फत लेपचा जनजाति का पर्व है, जो हर साल अगस्त महीने की आठ तारीख को मनाया जाता है। इसमें लेपचा पंडित बुंग्थिंग और मून, तेंदोंग पर्वत की पूजा करते हैं और उसके समक्ष नृत्य करते हैं।

विश्वास है कि सिक्किम में भयंकर बाढ़ आने पर तेंदोंग पर्वत ने सिक्किमवासियों की रक्षा की थी, तभी से इसकी पूजा की जाती है। नेपाली समाज का महत्वपूर्ण पर्व है–तिहार। यह हर साल अक्टूबर महीने में पड़ता है। मिथक है कि किरात जातियों में वर्षों पहले किरात राजा बली हंग हुए थे, जिनकी मृत्य की खबर सुनकर उनकी प्रजा ने एकजुट होकर यमराज से प्रार्थना की और उनकी प्रार्थना से प्रसन्न होकर यमराज ने बलि हंग को जीवनदान दिया। राजा के जीवनदान कार्य में लगे पुरुष जब अपने घर लौटे तब बहनों ने फूलों के हार से अपने भाइयों का स्वागत किया था। भाई के आते ही बहनों ने अखरोट फोड़कर उनका गृह प्रवेश करवाया था। अखरोट फोड़ने के पीछे माना जाता है कि यह यमराज के सर को फोड़ना है और मौत पर विजय पाना है। इस अवसर पर पूरे राज्य में जश्न का माहौल छा जाता है और लोग मारुनी नृत्य भी करते हैं, जो नेपाली संस्कृति में बहुत प्रसिद्ध है। लगभग इसी समय हिंदू लोग दिवाली पर्व मनाते हैं। तिहार के पांचवें दिन भाई टीका होता है, जो एक महत्वपूर्ण पर्व है। सिक्किम में निवास करने वाले मुस्लिम ईद-उल-फित्र तथा मुहर्रम मनाते हैं। ईसाई लोग क्रिसमस एवं गुड फ्राइडे आदि का त्योहार मनाते हैं।

कृषि एवं उद्योग : सिक्किम के लोगों की जीविका का मुख्य आधार कृषि है। यहां धान, मकई, गेहूं, ज्वार, बाजरा, जौ, चाय, इलायची, नारंगी आदि की खेती होती है। सिक्किम भारत का प्रथम राज्य है जो पूरी तरह ऑर्गेनिक खेती को बढ़ावा दे रहा है। सिक्किम में लगभग 5000 प्रकार के फूल-पत्ते पाए जाते हैं, जिनमें 515 प्रकार के विरल आर्किड, 60 प्रकार की मूल प्रजातियां, 23 प्रकार के बांस, 424 प्रकार के औषधीय पौधे शामिल हैं। नोबल आर्किड सिक्किम का राजकीय फूल है। अंजीर, केला, साल वृक्ष तथा बांस यहां हिमालय की तराइयों में पैदा किए जाते हैं। पूर्वी हिमालय में ओक, चेस्टनट, मैपल, अल्डर, मैग्नोलिया आदि पौधे बड़ी संख्या में पैदा होते हैं। चीड़, देवदारु यहां के प्रमुख वृक्ष हैं।

लेपचा लोगों का प्रमुख व्यवसाय जंगली जानवरों का शिकार करना, मछली पकड़ना, व्यापार करना और खेतीबाड़ी है। प्रकृति से नजदीकी के कारण पशु-पक्षी और उनकी जाति प्रजाति का इन्हें अच्छा ज्ञान होता है। जंगल में प्राप्त जड़ी-बूटियों की भी इनको अच्छी जानकारी होती है, साथ ही कौन-सा जंतु जहरीला है, कौन जहरीला नहीं, इसकी भी इनको अच्छी जानकारी होती है। लेपचा लोग बेंतों से सुंदर वस्तुओं के निर्माण में पारंगत होते हैं।

भूटिया जाति के लोग मुख्यतः खेती पर निर्भर होते हैं। ये लोग पर्वतीय ढलानों पर सीढ़ीदार खेती करते हैं और मुख्यतः चावल, मक्का, अदरक, इलायची, मिर्ची और आलू की फसल उगाते हैं। यहां आजकल ऑर्गेनिक फार्मिंग ने बड़ा जोर पकड़ा है, जिसके कारण बहुत-से लोग खेती से जुड़े हैं। सिक्किम की उपजाऊ जमीन में सीढ़ीनुमा खेती के माध्यम से नेपाली जाति के लोग खूब अच्छी पैदावार करते हैं। इनके द्वारा की जाने वाली इलायची की खेती यहां सबसे महंगी नकदी फसल है। बड़ी इलायची यहां की प्रमुख फसल है, जिससे अच्छी आय होती है।

पहाड़ी इलाका होने के कारण तथा परिवहन की बुनियादी सुविधाओं के अभाव में यहां बड़े उद्योग-धंधों का विकास उतना नहीं हो पाया है। शराब निर्माण, आसवन, चर्म कारखाना तथा घड़ी निर्माण यहां के मुख्य उद्योग हैं। इनके अतिरिक्त कई प्रकार के खनिज

यहां उत्पन्न होते हैं, जिनमें तांबा, डोलोमाइट, ग्रेफाइट, क्वार्ज, कोयला, जिंक एवं लीड आदि प्रमुख हैं। औद्योगिक दृष्टि से पिछड़ा होने के बावजूद सिक्किम में अर्थव्यवस्था लगातार विकासशील बनी हुई है। पर्यटन यहां का सबसे महत्वपूर्ण उद्योग है। इसकी वजह से राज्य के राजस्व में 14 गुना वृद्धि हुई है। सिक्किम ने कैसिनो के व्यवसाय को बढ़ावा दिया है। मार्च 2009 में यहां प्रथम जुआघर 'कैसिनो सिक्किम' के नाम से खोला गया।

कला-शिल्प : सिक्किम की चित्रकला बहुत ही मनोरम होती है। बौद्ध मठों के बाहरी और भीतरी दीवारों पर चित्रकला और नक्काशी की जाती है, जिनमें गौतम बुद्ध के जीवन से संबंधित घटनाओं को उकेरा जाता है। इनमें चटक रंगों का प्रयोग किया जाता है। चित्रकारी का एक नमूना थंखा पेंटिंग के रूप में भी देखा जा सकता है, जिसमें विभिन्न रंगों के प्रयोग से देवताओं की तस्वीरें बनाई जाती हैं। यहां हथकरघे में बुने कारपेट, लकड़ियों को खोदकर बनाई गई खूबसूरत डिजाइन, उन पर पच्चीकारी का काम सब बहुत सुंदर और आकर्षक होता है। यहां की पेंटिंग में सबसे ज्यादा लाल और पीले रंगों का प्रयोग किया जाता है। उसके साथ नीले और हरे रंग का भी प्रयोग होता है। माना जाता है कि लाल रंग आग और जीवन का प्रतीक है। भावनाओं और ज्ञान का प्रतीक है—पीला रंग। साथ ही आध्यात्मिक ज्ञान का भी प्रतीक माना गया है। नीला रंग पवित्रता, सकारात्मक दृष्टि का प्रतीक है और हरा रंग जीवन की खुशी एवं उमंग से जुड़ा है।

शिक्षा संस्थान : सिक्किम में शिक्षा का विकास तुलनात्मक रूप से काफी हुआ है। 2011 तक सिक्किम में वयस्क साक्षरता दर 82.2 प्रतिशत थी, जिसमें पुरुष साक्षरता दर 87.29 प्रतिशत एवं महिला साक्षरता दर 76.43 प्रतिशत थीं। राज्य में कुल 1157 विद्यालय है, जिनमें 765 विद्यालय राज्य सरकार द्वारा संचालित हैं, सात केंद्रीय सरकार के विद्यालय और 385 निजी संस्थानों के विद्यालय हैं। उच्च शिक्षा के लिए सिक्किम में बारह कॉलेज हैं। सबसे बड़ी संस्था सिक्किम मणिपाल यूनिवर्सिटी ऑफ टेक्नोलॉजिकल साइंसेस है, जहां इंजीनियरिंग, मेडिकल एवं प्रबंधन की शिक्षा प्रदान की जाती है। यहां राज्य द्वारा संचालित दो पॉलिटेक्निक स्कूल, एडवांस्ड टेक्निकल ट्रेनिंग सेंटर तथा सेंटर फॉर कंप्यूटर्स एंड कम्युनिकेशन टेक्नोलॉजी है, जहां इंजीनियरिंग की विभिन्न शाखाओं में डिप्लोमा पाठ्यक्रम पढ़ाए जाते हैं।

पर्यटन : हिमालय का सौंदर्य-स्थल है सिक्किम और उसकी राजधानी गंगटोक। पूरा राज्य पहाड़ियों से घिरा है। शाल, शिमूल, टोनी, फर, ओक, वार्च, मैपल आदि वनस्पतियों से समृद्ध सिक्किम की सुंदरता अद्वितीय है। सिक्किम में पर्यटन सबसे प्रमुख व्यवसाय के रूप में है, जहां की प्राकृतिक छटाएं अत्यंत मनोरम हैं। यहां के दर्शनीय स्थानों में गंगटोक, छांगुलेक, नाथुला, लाचूङ्, इयूमथाङ्, कंचनजंघा नेशनल पार्क, मंगन, चूङ्थाङ, गुरुदोङ्मार लेक, एलिफेंट लेक, लोचेन या कालूक, पेलिंग, पेमियाङशि, इयाकसाम, रिनचेनपङ, जुलुक, लाथाङ्वैली, चोपतावैली शामिल हैं। इनके अतिरिक्त एनचे मोनास्ट्री, ताशी व्यू प्वाइंट, नामग्याल इंस्टीट्यूट ऑफ टिबेटोलोजी, नामग्याल मेमोरियल पार्क, हिमालयन जिओलॉजिकल पार्क, इंस्टीट्यूट ऑफ कॉटेज इंडस्ट्रीज, रूमटेक गुफा, बोरङ्, गेजिङ्, लाभा, राबांग्ला, मैनाम वाइल्ड लाइफ सेंक्चुरी, बुद्ध मठ, छोका, मेइनवास फॉल्स, भासिडिङ् आदि भी पर्यटन की दृष्टि से बहुत आकर्षक स्थल हैं।

यातायात : पहाड़ी अंचल होने के कारण यद्यपि सिक्किम में यातायात के साधन सुगम नहीं हैं, तथापि सड़क मार्ग एवं वायु मार्ग से वहां जाया जा सकता है। सिक्किम में इस समय कोई हवाई अड्डा नहीं है। गंगटोक से तीस किमी की दूरी पर स्थित पेकियोंग एयरपोर्ट मार्च 2016 तक परिचालित होने की उम्मीद है। यह समुद्र तल से 4700 फीट की ऊंचाई पर है, जो भारत का सबसे ऊंचा एयरपोर्ट होगा। सबसे नजदीकी एयरपोर्ट बागडोगरा है, जो पश्चिम बंगाल के सिलीगुड़ी के पास है। इसकी दूरी

गंगटोक से 124 कि.मी. है। गंगटोक से प्रतिदिन सिक्किम हेलीकॉप्टर सेवा संचालित है, जो गंगटोक और बागडोगरा के बीच उड़ान भरता है। रेल मार्ग का भी सिक्किम में विकास नहीं हुआ है। न्यू सिक्किम रेलवे प्रोजेक्ट की शुरुआत की गई है, जो रंगपो से सिक्किम को जोड़ेगा। बस एवं कार यहां पर्याप्त सुविधाजनक परिवहन हैं, जिनसे सिक्किम के विभिन्न भागों में आना-जाना किया जा सकता है। यहां राष्ट्रीय उच्च पथ 31ए एवं राष्ट्रीय उच्च पथ 31 सिलीगुड़ी से गंगटोक तक जाता है। सिक्किम नेशनल ट्रांसपोर्ट तथा निजी बसें, टूरिस्ट टैक्सियां, जीप सेवाएं भी उपलब्ध हैं।

छुकी भूटिया

अधिक जानकारी के लिए :
1. Sikkim - A travellers guide : Arundhati Ray, Sujoy Das, 2001, **2. Sikkim - Geographical perspective :** Maitreyee Choudhury, 2006

सिक्ख धर्म

सिक्ख (सिख) धर्म के संस्थापक गुरु नानक (1469-1539) हैं। उन्हें सिक्ख पंथ का प्रथम गुरु माना जाता है। सिक्ख से तात्पर्य जो सीखे, वह सिक्ख है। विशेष संदर्भ में 'सिक्ख रहत मर्यादा' के अनुसार, 'सिक्ख का लक्षण है, जो स्त्री या पुरुष एक अकाल पुरख, दस गुरु साहिबान (गुरु नानक से गुरु गोविंद सिंह साहिब तक), गुरुग्रंथ साहिब, दस गुरु साहिबान की वाणी और शिक्षा और दशमेश जी के अमृत (खंडे की पाहुल) पर श्रद्धा रखता है तथा किसी अन्य धर्म को नहीं मानता। हर सिक्ख का कर्तव्य है कि वह 'गुरुग्रंथ साहिब' में वर्णित गुरुओं की वाणी एवं शिक्षा को अपने जीवन में उतारे, नाम वाणी का अभ्यास करे और अपना पूरा जीवन सिक्ख पंथ की सेवा में समर्पित कर दे और गुरुवाणी का पाठ करे। सिक्ख धर्म की 'रहत मर्यादा' (जीवन-पद्धति एवं आचार संहिता) 'शिरोमणि गुरुद्वारा प्रबंधक कमेटी' की आचार पद्धति उपसमिति द्वारा स्वीकृत की गई है, जो 'गुरुग्रंथ साहिब' के निर्देशानुसार है।

सिक्ख धर्म का मानक ग्रंथ गुरुग्रंथ साहिब है, जिसमें गुरुओं की वाणी के अलावा भारत के अन्य संतों की वाणी भी संकलित है। सिखों के दूसरे गुरु अंगद देव ने सर्वप्रथम गुरुमुखी लिपि प्रचलित की और पांचवें गुरु अर्जुनदेव ने गुरुओं की वाणी का संपादन किया। सिक्ख धर्म के दसवें गुरु गोविंद सिंह ने गुरुग्रंथ साहिब को पूर्ण किया। वे सिक्ख धर्म के अंतिम गुरु थे, जिन्होंने 1699 में बैसाखी के दिन खालसा की स्थापना की और गुरु परंपरा की समाप्ति की घोषणा कर दी। 17 अक्टूबर 1708 को अपने अंतिम क्षणों में उन्होंने 'श्री गुरु ग्रंथ साहिब' को माथा टेककर 'हमारी आत्मा ग्रंथ में तथा शरीर पंथ में' कहा था। गुरुग्रंथ साहिब ही अब युग-युग तक सिक्खों के अटल गुरु हैं। सिक्ख धर्म निर्गुण भक्ति में विश्वास करता है, अवतारवाद में नहीं। गुरु नानक का मानना था कि अकाल पुरख न जन्म लेता है, न इसकी कोई जाति है। वह निराकार है जिसे पवित्रता, समर्पण, एकाग्रता और ध्यान से हृदय में अनुभव किया जा सकता है। सिक्ख धर्म मानवीय करुणा और सामाजिक सौहार्द का पर्याय माना जाता है। यह नाम साधना पर बल देता है।

सिक्ख धर्म का उदय देश की विषम सामाजिक, धार्मिक, राजनीतिक और सांस्कृतिक स्थितियों में हुआ था। गुरु नानक के समय भक्ति आंदोलन अपने चरम पर था। उनके युग के संतों में वल्लभाचार्य, कबीर, चैतन्य महाप्रभु, मीराबाई और तुलसीदास के नाम प्रमुख हैं। भारत की सामाजिक स्थिति वर्णाश्रम व्यवस्था, सामाजिक भेदभाव, अंधविश्वास, छुआछूत और कर्मकांडों के कारण दयनीय थी। मुगल शासन के दबाव झेलते हुए भारत का समूचा तंत्र अपनी जड़ों से उखड़ रहा था। गुरु नानक देव से लेकर दशम गुरु गोविंद सिंह तक की यही स्थिति थी। सिक्ख धर्म ने इन्हीं स्थितियों में देश की एकता और समाज कल्याण का रास्ता चुना। इसके लोग बलिदान से कभी पीछे

नहीं हटे। सिक्ख धर्म के पांचवें गुरु अर्जुनदेव को कैद हुई, नौवें गुरु तेगबहादुर का शीश काट डाला गया और दशम गुरु गोविंद सिंह के चार पुत्रों और माता को दीवार में चुन दिया गया। सिक्ख धर्म में 'मीरी और पीरी' (शक्ति और भक्ति) का प्रावधान है। इन बलिदानों ने सिक्ख धर्म में ऊर्जा का संचार किया।

प्रत्येक सिक्ख का धर्म माना गया है कि वह अपनी आय का दसवां हिस्सा समाज और मानवता की सेवा के लिए पंथ को समर्पित करे। रहत मर्यादा का पालन करना प्रत्येक सिक्ख के लिए अनिवार्य है। इसमें परिवर्तन बिल्कुल संभव नहीं है। नियमों को तोड़ने पर उसे तनखा (बहिष्कृत) किया जा सकता है। व्यक्तिगत आचरण की पवित्रता के साथ प्रत्येक सिक्ख के लिए समय के प्रहर और नियमों के अनुसार अकाल पुरख का ध्यान करते हुए वाहे-गुरु का नाम जपना अनिवार्य है। सिक्ख धर्म का प्रमुख धर्मस्थल अमृतसर स्थित स्वर्ण मंदिर है, जहां हरमिंदर साहिब (दरबार साहिब) में गुरुवाणी का जाप निरंतर होता है।

गुरु ग्रंथ साहिब की वाणी को सबद नाम से पुकारा जाता है। सिक्ख धर्म के गुरुद्वारों में उपस्थित होकर साधु-संगति में बैठना और गुरुग्रंथ साहिब के दर्शन करना अनिवार्य है। कीर्तन के अंतर्गत गुरुग्रंथ साहिब में वर्णित राग-रागिनियों के अनुसार गुरुमति संगीत गाया जाता है। इसके संचालन की विशेष विधि है। गुरुमति संगीत में गायन और वादन है, परंतु नृत्य वर्जित है।

सिक्ख धर्म के दस गुरु क्रम से इस प्रकार हैं—प्रथम गुरु नानकदेव, फिर गुरु अंगददेव, गुरु अमरदास, गुरु रामदास, गुरु अर्जुनदेव, गुरु हर गोबिंद, गुरु हरिराय, गुरु हरिकृष्ण, तेगबहादुर और दसवें गुरु गोविंद सिंह हैं। गुरुग्रंथ साहिब की भाषा पंजाबी है और लिपि गुरुमुखी है। जिस स्थान पर बैठकर गुरुवाणी का पाठ करते हैं, वह गुरुद्वारा कहलाता है। जिन कविताओं का गुरु ने उच्चारण किया वे गुरुवाणी कहलाईं। जो वाणी रागों में संगीतबद्ध होकर कीर्तन रूप में गाई गई, उसे गुरुमति संगी कहा गया।

गुरुग्रंथ साहिब में 1430 पृष्ठ हैं। पंजाबी का प्रभाव होने के कारण देवनागरी से लिप्यंतरण में ह्रस्व, दीर्घ, वचन, लिंग और व्याकरण संरचना में ध्वनि के आगम-लोप आदि परिवर्तित रूपों को देखा जा सकता है। संतों की वाणी होने के कारण पूरे देश की बोलियों, देशज शब्दों, ब्राचड़ अपभ्रंश और स्थानीय लंहदी के प्रभाव के अलावा मराठी, राजस्थानी, अवधी आदि के प्रभाव भी इसमें देखे जा सकते हैं। इस तरह यह पवित्र ग्रंथ पूरे देश का प्रतिनिधित्व करता है। देश की विविधता इसमें परिलक्षित है। दसवें गुरु गोविंद सिंह अपने साथ खिलाड़ियों, सिपाहियों, लेखकों, कलाकारों, कवियों और प्रतिष्ठित व्यक्तियों को साथ रखते थे, इसलिए सिक्ख धर्म में सामूहिकता का प्रभाव स्पष्ट है। ईश्वर से एकाकार होने के लिए साधक को पांच खंडों, जैसे सच्च खंड, कर्म खंड, श्रम खंड, ज्ञान खंड और धर्म खंड—की आध्यात्मिक यात्रा से गुजरना पड़ता है। गुरु नानक ने स्त्री और पुरुष को समान अधिकार दिए। समानता, सहिष्णुता, भाईचारा और मानवता सिक्ख धर्म का मर्म है। गुरु नानक श्रम और कर्म को इतना महत्व देते थे कि अंत तक वे अपने हाथों से कृषि कर्म करते रहे। उनके संरक्षण में हर जाति और धर्म के लोग समान रूप से पंगत में भोजन ग्रहण करते थे, जिसे लंगर नाम से जाना जाता है।

गुरुग्रंथ साहिब के सामने शीश झुकाना, आवाज लेना या सुनना, शबद का पाठ करना—गुरु का दर्शन रूप ही माना जाता है। पूर्ण पाठ के बाद कड़ाह प्रसाद बांटा जाता है। गुरुमत की रहणी में पाठ का समय 48 घंटे है। गुरुद्वारे में गुरुमत के खिलाफ कोई टिप्पणी नहीं की जा सकती। सिक्ख धर्म का 'इष्ट' दस गुरु साहिबान की एक ज्योति, एक प्रकाश और एक ही स्वरूप है। व्रत, पिंडदान, दियाबाती, ग्रह-राशि, जात-पात, शकुन-अपशकुन, मूर्ति-पूजा, जनेऊ, तुलसी आदि का सिक्ख धर्म में कोई स्थान नहीं है। सिक्ख से अपेक्षा की जाती है कि वह अन्य धर्मों को ठेस न पहुंचाए। वह हर काम से पहले वाहेगुरु की अरदास करे, बच्चों को शिक्षा

दिलाए, जन्म के समय से केश रखे, केश न कटवाए। भांग, अफीम, चरस और नशे की वस्तुओं का सेवन न करे। वैसे सिक्ख धर्म शाकाहार पर बल देता है, परंतु मांसाहार में झटका गोश्त मान्य है। सिक्ख नाक-कान नहीं छिदवा सकते। सिक्ख कुड़ीमार (कन्या हत्या) न करे, गरीब का मान करे, चोरी न करे, जुआ न खेले, सिक्ख स्त्री पतिव्रत धर्म का पालन करे। सिक्ख एक-दूसरे से मिलते समय 'वाहे गुरु जी का खालसा', 'वाहे गुरु जी की फतह' करके अभिवादन करें। नामकरण संस्कार में लड़के के नाम के आगे सिंह और लड़की के नाम के आगे कौर लगाया जाए।

विवाह संस्कार को आनंद कारज कहते हैं, जिसमें गोत्र आदि का विचार नहीं किया जाता। बाल विवाह और दहेज प्रथा मान्य नहीं है। आनंद कारज 'गुरु ग्रंथ साहिब' की हजूरी में नियम के अनुसार किया जाता है। कन्या के माता-पिता कन्या के घर भोजन ग्रहण कर सकते हैं। यह संबंध समानता पर आधारित है। विधवा अथवा विधुर पुनर्विवाह कर सकते हैं, स्त्री के जीवित रहते दूसरा विवाह नहीं किया जा सकता।

मृतक संस्कार में मृतक को खाट से नीचे नहीं उतारा जाता और गुरुवाणी का पाठ निरंतर किया जाता है। दाह संस्कार में रात-दिन की बाधा नहीं है। मृतक के शरीर से सिक्ख धर्म में धारण किए जाने वाले पांच ककार केश, कृपाण, कच्छा, कंघा और कड़ा शरीर से नहीं उतारे जाते हैं। अस्थियां बहते जल में प्रवाहित करने या जमीन में गाड़ने की प्रथा है। कार सेवा में गुरुद्वारों में झाड़ू लगाना, जूते साफ करना और लंगर की सेवा प्रमुख हैं। इसमें ऊंच-नीच का भेद नहीं है। सिक्ख धर्म में अमृत छकने की प्रक्रिया का विशेष महत्व है, जिसमें पंज प्यारों का होना आवश्यक है। अमृत छकाने की प्रक्रिया केशों सहित स्नान करके 'गुरु ग्रंथ साहिब' के प्रकाश के समक्ष पूर्ण की जाती है। इनमें कोई विकलांग, रोगी या तनखहिया (बहिष्कृत) नहीं हो सकता। स्त्री, पुरुष कोई भी अमृत छक सकता है, उन्हें सिक्ख धर्म के सिद्धांतों पर चलने का प्रण लेना पड़ता है। प्रण तोड़ने पर तनखा रहने का दंड भुगतना पड़ता है। प्रायश्चित्त करके दोबारा अमृत छक सकता है।

सिक्ख धर्म के गुरु साहिबान संत और समाज सुधारक थे। विश्व की प्रसिद्ध संस्था यूएनओ ने गुरुग्रंथ साहिब की वाणियों का अनुवाद अंग्रेजी के अलावा अन्य भाषाओं में भी कराया, जिसकी भूमिका लिखते समय आर्नल्ड टायनबी ने कहा था कि गुरुग्रंथ साहिब की वाणी में मानवीय जीवन के लिए कर्म, भक्ति और ज्ञान के साथ नाम रूप को स्थापित किया गया है। उनकी दृष्टि में खुली दाढ़ी वाला पूर्ण गुरु सिक्ख संसार का सबसे सुंदर व्यक्ति है। सबसे कुरूप सिक्ख वह है, जिसने केशों का अपमान किया है। सिक्ख धर्म अपने उदय काल से आज तक नियमानुसार संचालित होता आ रहा है। भारतीय संविधान के अंतर्गत गुरुद्वारा एक्ट में झगड़ों के निपटारे के लिए अधिनियमों और धाराओं का प्रावधान है।

मीरा गौतम

अधिक जानकारी के लिए :

1. The Illustrated History of the Sikh : Khushwant Singh, 2006, **2. Historical Dictionary of Sikhism :** Louis Fenech and W H McLeod, **3. The Sikhs : Their Religious Beliefs and Practices :** William Owen Cole and Piara Singh Sambhi, 1995

स्किजोफ्रेनिया

स्किजोफ्रेनिया ग्रीक शब्द Schizo और Phrenia के मेल से बना है। स्किजो का अर्थ है–विच्छेद और फ्रेनिया का अर्थ है–मन। इस तरह स्किजोफ्रेनिया का शाब्दिक अर्थ है–मानसिक विच्छेद या विक्षिप्तता। इससे पीड़ित व्यक्ति का अपने परिवेश से संबंध टूट जाता है। वह यथार्थ और सामाजिक जीवन के प्रति उदासीन हो जाता है। वह तर्क की जगह अपनी इच्छाओं

को प्रधानता देता है। वह अकसर फैंटेसी में जीता है, अपने में खोया रहता है और आत्मरत चिंतन करता है। उसमें विभ्रमों की प्रचुरता होती है। उसका व्यवहार विचित्र होता है।

स्किजोफ्रेनिया एक गंभीर मनोरोग है, जो स्त्रियों की अपेक्षा पुरुषों को अधिक होता है। इसके इलाज की जरूरत होती है। स्किजोफ्रेनिया के लक्षण वाले व्यक्ति में भावनात्मक दुर्बलताएं होती हैं। वह अपने और दूसरों के प्रति उदासीन होता है। उसे दुखद या सुखद किसी तरह की घटना प्रभावित नहीं करती। वह बेवजह और जगह की परवाह किए बिना अचानक हँसने या रोने लगता है। उसमें एकाग्रता की कमी होती है। उसे ऐसी आवाजें सुनाई देती हैं, जो वस्तुतः कहीं नहीं होतीं। उसे दृश्य विभ्रम भी होता है। वह कई बार अलौकिक दृश्य देखने लगता है। वह एक वस्तु में कई वस्तुएं देखने लगता है अर्थात प्रत्यक्षीकरण में श्रृंखला का अभाव। उसका चिंतन कोई दिशा प्राप्त नहीं कर पाता। वह कई बार यह अनुभव करने लगता है कि वह बहुत महान है, विख्यात है और उसे नोबेल पुरस्कार मिल जाना चाहिए। उसकी कला, लेखन से कोई दूसरा कुछ चुरा रहा है। कोई उसके खिलाफ षड्यंत्र कर रहा है, जबकि वह निश्छल और दुर्बल है। उसके पास निराधार संदर्भ-प्रत्ययों का भंडार होता है। वह दूसरों को समझ में न आनेवाली भाषा बोलता है और अकसर कुछ-न-कुछ बुदबुदाता रहता है। वह शारीरिक रूप से भी दुर्बल होता है। ऐसे व्यक्ति अपनी शारीरिक स्वच्छता पर भी ध्यान नहीं देते। वे मनमौजी होते हैं, अवसाद से घिरे होते हैं और बौद्धिक विखंडता के शिकार होते हैं। स्किजोफ्रेनिया से आक्रांत मनोरोगी कभी उत्तेजित अवस्था में होते हैं और कभी मूर्च्छित या शांत–एक ही मुद्रा में घंटों चुपचाप बैठे रहते हैं।

हिंदी के नए ढंग के महत्वपूर्ण कवि मुक्तिबोध के संबंध में माना जाता है कि वे स्किजोफ्रेनिया से पीड़ित थे। उन्हें लगता था कि उनका लगातार कोई पीछा कर रहा है। वे भयभीत भी रहते थे, वे दिवास्वप्नों में जीते थे और उद्विग्न रहते थे। इन सारे लक्षणों का असर उनकी कविता पर है। स्किजोफ्रेनिया लगातार बनी रहने वाली मनःस्थिति नहीं है। कभी चार-छह महीनों के लिए, पर कई बार सिर्फ कुछ दिनों तक ही। मुक्तिबोध ने मृत्यु से कुछ पूर्व लिखा था, 'आज 1963 में 46वें वर्ष में मैं उद्विग्न हूं। मेरा इंसान अपने देश में रहकर भी एकांतिक और उन्मूलित जीवन व्यतीत कर रहा है।'

संजय जायसवाल

अधिक जानकारी के लिए :
1. मनोविज्ञान : बेंजामिन खान, **2. Schizophrenia** : Steven R Hirsch, Daniel R Weinberger, 2003

सितारा देवी
(1920-2014)

कोलकत्ता में जन्मी सितारा देवी प्रसिद्ध कत्थक नृत्यांगना थीं। उन्होंने नृत्य की तालीम शंभु महाराज और बिरजू महाराज के पिता अच्छन महाराज से ली थी। उन्हें 1975 में पद्मश्री सम्मान मिला था। बाद में जब उन्हें भारत सरकार द्वारा पद्म भूषण दिया गया तो उन्होंने स्वाभिमानवश उसे लेने से मना कर दिया।

एक बार अखबार ने उनके बाल्यावस्था में नृत्य

सितारा देवी

प्रदर्शन की प्रशंसा की तो धन्नो का नाम बदलकर उसके पिता ने सितारा देवी रख दिया और उन्हें नृत्य की शिक्षा दिलाई। उस समय ब्राह्मण परिवार की लड़कियों के लिए नृत्य की शिक्षा बड़ी बात थी। दस वर्ष की उम्र होने तक वे एकल नृत्य का व्यावसायिक प्रदर्शन करने लगी थीं। उन्हें इस छोटी उम्र में फिल्म में भी काम करने का मौका मिला। मुंबई में उन्होंने जहांगीर हॉल में अपना पहला सार्वजनिक कार्यक्रम प्रस्तुत किया, फिर उनके नृत्य के ऐसे कार्यक्रम होने लगे। लोग मंत्रमुग्ध हुए। नृत्य कला की साधना करने का पुरस्कार स्त्री होने के कारण उन्हें बिरादरी से बहिष्कार के रूप में मिला।

सितारा देवी न सिर्फ कथक बल्कि भरतनाट्यम सहित कई भारतीय शास्त्रीय नृत्य शैलियों और लोकनृत्यों में पारंगत थीं। मुंबई के एक कार्यक्रम में उन्होंने लगातार साढ़े ग्यारह घंटे तक कथक का प्रदर्शन किया था, जो एक रिकॉर्ड बन गया। उन्होंने कथक को विदेशों में पहुंचाया। उन्होंने रूसी बैले और पश्चिम के भी कुछ नृत्य सीखे थे। उनके कथक में बनारस और लखनऊ घराने के तत्वों का सम्मिश्रण था। वे उस दौर की कलाकार हैं, जब पूरी-पूरी रात कथक की महफिल जगती थी। उन्होंने बॉलीवुड की अनेक अभिनेत्रियों को नृत्य का प्रशिक्षण दिया, जिनमें मधुबाला, रेखा, माला सिन्हा से लेकर काजोल तक शामिल हैं। फिल्मों में कथक को लाने में उनका प्रमुख योगदान है। उन्होंने प्रसिद्ध फिल्म निर्देशक के आसिफ, फिर प्रदीप बरोट से विवाह किया था। सोलह वर्ष की उम्र में सितारा देवी का नृत्य देखकर रवींद्रनाथ टैगोर ने उन्हें 'क्वीन ऑफ कथक डांस' की उपाधि दी थी। बिरजू महाराज ने उनके बारे में कहा है, 'ठुमक चलत रामचंद्र बाजत पैजनियां' पर उनका नृत्य–उनकी एक-एक मुद्रा देखते ही बनती थी। पूरा अंग-अंग नृत्य करता लगता था। आंखें भी नाचती थीं साथ-साथ। 'आज की पीढ़ी में इतनी मेहनत करने वाले कलाकार अब नहीं हैं।' (संगना, 16,17)

अभिज्ञात

सिद्ध

सिद्धों का संबंध वज्रयान से जोड़ा जाता है। वज्रयानी साधना का संबंध बौद्ध धर्म से जोड़ा जाता है। इतिहासकारों का मत है कि बौद्ध धर्म अंतिम दिनों में मंत्र-तंत्र की साधना में बदल गया था। महापंडित राहुल सांकृत्यायन के शब्दों में, 'बौद्ध धर्म अपने हीनयान और महायान के विकास को चरम सीमा तक पहुंचाकर अब एक नई दिशा लेने की तैयारी कर रहा था, जब उसे मंत्रयान, वज्रयान या सहजयान की संज्ञा मिलने वाली थी।' सिद्धों की संख्या 84 बताई जाती है। इनमें से अधिकांश की रचनाएं अप्राप्य हैं। जिन सिद्धों की रचनाएं प्राप्य हैं, उनमें सरहपा, शबरपा, भूसुकपा, लुइपा, वीरूपा, डोंबिपा, दारिकपा, गुंडरिपा, कुक्कुरिपा, कमरिपा, कण्णपा, गोरक्षपा प्रमुख हैं। इनमें सरहपा आठवीं और बाकी नौवीं सदी के हैं।

सिद्धों की रचनाओं में नैरात्म्य भावना, अंतःसाधना, काया योग और अन्य प्रकार की समाधि अवस्थाओं का उल्लेख है। यह समाधि सहज शून्य में पर्यवसित होती है। सिद्धों की अनुभूतियां अलौकिक अनुभूतियों की अभिव्यक्तियां हैं। उनमें प्रतीक शैली का उपयोग किया गया है और पंच मकारों के सेवन की चर्चा बार-बार आती है। पंच मकार से तात्पर्य मद्य, मांस, मत्स्य, मुद्रा और मैथुन से है। इसकी व्याख्या दो प्रकार से की जाती है। एक व्याख्या के अनुसार, इनका अर्थ अभिधा में नहीं है, इनका आशय प्रतीकार्थ में खुलता है। यह कथन की ऐसी भंगिमा है जिसमें ऊपर से 'कुत्सित लोक-विरुद्ध अर्थ' व्यक्त होता है लेकिन साधना के रहस्यों को जानने वालों को 'साधनात्मक विशुद्ध अर्थ' स्पष्ट हो जाता है। इसे विद्वानों ने 'संध्या भाषा' या 'संधा भाषा' कहा है जिसका अर्थ है 'अभिप्राययुक्त वाणी'। आगे चलकर कबीर आदि ने इसी शैली में उलटबांसियों की रचना की। दूसरी व्याख्या आजकल के इतिहासकार इस दृष्टि से भी करते हैं कि उन सिद्धों में अनेक निम्न समझी जाने वाली जातियों से थे, इसलिए उनकी

साधना में मद्य-मांस आदि शब्दावली सहज रूप से उसी प्रकार से आ गई है, जैसे परवर्ती निर्गुण संतों की शब्दावली में।

ध्यान देने की बात है कि इन सिद्धों की सूची में नारी सिद्धों की कमी नहीं है और सिद्धों के पदों में उनके साथ रति और मैथुन के प्रसंग आते हैं। कुछ लोगों का विचार यह है कि युगनद्ध जैसे रूप, जो नारी और पुरुष के सघन शारीरिक मिलन के रूप हैं, वस्तुतः सीमा और असीम के मिलन से प्राप्त महासुख के अनुभव का प्रतीक है। सरहपा माया को त्याज्य नहीं समझते, लेकिन वे माया में लिप्त न होने की स्थिति को साध्य मानते हैं। वे माया को सहज रूप में ग्रहण करने को आदर्श मानते हैं। सिद्धों में सरहपा की रचनाओं पर ही साहित्येतिहासकारों का ध्यान विशेष रूप से गया है। राहुल सांकृत्यायन के उद्योग से सरहपा के दोहा कोश का उद्धार हुआ है। सरहपा नालंदा में अध्यापक थे। बाद में उन्होंने सब कुछ छोड़कर एक कन्या से विवाह कर लिया। आश्चर्य है कि इससे उनकी सामाजिक मर्यादा घटी नहीं, बल्कि उन्हें 'द्वितीय बुद्ध' की संज्ञा से विभूषित किया गया। सरहपा की रचनाएं देखने से लगता है कि उनकी चेतना में भारतीय साधना का सार सघन रूप से संचित हो गया था। एक स्थान पर वे जगत की उपमा लहलहाते हुए शून्य तरुवर से देते हैं, जिसमें करुणा के फूल खिले हुए हैं।

सरहपा का यह कथन आधुनिक युग के श्रेष्ठ वैज्ञानिक आइंस्टीन के चिंतन के निकट आता है, जिसमें वे कहते हैं संसार में कोई चीज सत्य है या असत्य, मैं नहीं जानता, लेकिन यह सत्य है कि मेरा व्यक्तिगत सुख अनेकानेक लोगों के सुख से जुड़ा है। सरहपा का आशय यह है कि जगत शून्य है, किंतु वह ऐसा वृक्ष है, जिसमें करुणा के पुष्प हैं। करुणा के पुष्प यानी सुगंध फेंकते हुए मानवीय संबंध और मानवीय संबंध सिर्फ मनुष्य से ही नहीं होते, मानव चराचर मात्र से संबंध जोड़ सकता है, जोड़ता है।

सरहपा को हिंदी का आदि कवि भी कहा जाता है। सरहपा की संवेदना परवर्ती हिंदी कवियों कबीर आदि में मिलती है। काव्य रूप की दृष्टि से सरहपा के काव्य में गेय पद का प्रयोग सबसे पहले चर्यापद के रूप में मिलता है। इसके साथ ही दोहा-चौपाइयों का एक साथ प्रयोग भी उल्लेखनीय है। सरहपा की भाषा पूर्वी अपभ्रंश है। वह लोक भाषा के तत्वों से समृद्ध है, जिसे पंडित चंद्रधर शर्मा गुलेरी और राहुल सांकृत्यायन पुरानी हिंदी कहते हैं।

विश्वनाथ त्रिपाठी

अधिक जानकारी के लिए :
1. हिंदी काव्यधारा : राहुल सांकृत्यायन, **2. पुरातत्व निबंधावली :** राहुल सांकृत्यायन, **3. सिद्ध साहित्य :** धर्मवीर भारती

सिद्धांत

संस्कृत काव्यशास्त्र में सिद्धांत निर्माण, टीका तथा भाष्य की लंबी समृद्ध परंपरा रही है जिसमें काव्य, काव्य के हेतु, प्रयोजन, शब्दशक्ति, गुण, दोष, अर्थनिर्धारण तथा विभिन्न संप्रदायों–रस, ध्वनि, वक्रोक्ति, रीति, अलंकार और औचित्य की व्यवस्थित ढंग से सूक्ष्म तथा समावेशी चर्चा विस्तार से हुई है। संस्कृत काव्यशास्त्र के आचार्य विभिन्न दर्शन संप्रदायों के ज्ञाता थे या उनसे प्रभावित थे। भामह, आनंदवर्धन, अभिनवगुप्त और क्षेमेंद्र आदि के आलोचनात्मक दृष्टिकोणों के निर्माण में बौद्ध, शैव आदि दर्शनों का योगदान रहा था। इस परंपरा में सिद्धांत निर्माण उतना आसान न था, जैसे कि आज किसी भी शब्द के पीछे सिद्धांत तथा वाद लगाने से वह सिद्धांत या वाद हो जाता है। बीसवीं सदी के पश्चिमी वादों, जैसे–आधुनिकतावाद, उत्तर-आधुनिकतावाद, उत्तर-उपनिवेशवाद या स्त्रीवाद के संदर्भ में ऐसा ही हुआ है। संस्कृत आलोचना परंपरा में सिद्धांत निर्माण के पीछे एक स्पष्ट, चरणबद्ध वैज्ञानिक पद्धति थी। आज सिद्धांत का अंग्रेजी के शब्द 'प्रिंसिपल' और थियरी के पर्याय के रूप में प्रयोग किया जाता है, किंतु संस्कृत में इसकी निश्चित परिभाषा, प्रक्रिया और अर्थ है। 'महाभारत' के अनुसार जब दूसरों के सामने एक विषय का

प्रस्ताव किया जाता है तो उसे 'स्थापना' कहते हैं, पर स्थापनाओं के समक्ष प्रतितर्कों का निराकरण कर जब कोई अपना मत स्थापित करता है और जब वह मत दूसरों को स्वीकार्य होता है तो उसे सिद्धांत कहा जाता है (1.70.44)। सिद्धांत रचना के लिए छह चरणों की आवश्यकता होती है : (i) विषय प्रस्ताव, (ii) स्थापना, (iii) प्रतितर्क निवारण, (iv) मतस्थापना, (v) स्वीकृति, (vi) सिद्धांत। गौतम ने न्यायसूत्र में न्यायदर्शन के सोलह पदार्थों में से एक सिद्धांत को निरूपित किया है।

'शब्दकल्पदुम' में किसी विषय से संबंधित विरोधी विचारों पर सूक्ष्म विचार कर तर्कपूर्ण ढंग से प्राप्त निष्कर्ष को सिद्धांत कहा गया है, 'पूर्वपक्षं निरस्य सिद्धांतपक्षस्थापनम् ('शब्दकल्पदुम' भाग-5)। जब किसी वस्तु से संबंधित अपना दृष्टिकोण या मत निश्चितता से रखा जाता है, तो उसे सिद्धांत कहा जाता है, 'सिद्धांतो निश्चयो यस्मिन्'। 'अमरकोश टीका', 'न्यायकोश' के अनुसार सिद्धांत में किसी विषय से संबंधित शंकाओं की अभिव्यक्ति, विरोधी मत का सम्यक विचार एवं खंडन तथा जरूरी प्रमाणों के साथ अपने विचारों की स्थापना शामिल है। 'न्यायकोश' इस प्रक्रिया के अनुसरण को हर समय तथा जगह पर वांछित मानता है। 'वाचस्पत्यम्कोश ने ज्ञान के विभिन्न प्रमाणों की मदद से विरोधी विचार के खंडन के बाद अपने मत की स्थापना को सिद्धांत माना। 'तर्कभाषा' नामक न्यायदर्शन के प्रणेता केशव मिश्र ने सप्रमाण तथा सतर्क खंडन के बाद प्राप्त निष्कर्ष या स्वीकृत मत को सिद्धांत माना है। दर्शन तथा कोशग्रंथों के अलावा आयुर्वेद में भी इस संकल्पना पर विचार किया गया है। इसमें विभिन्न विद्वानों के प्रमाणों तथा तर्क से परिचित होने के बाद स्वीकृत निर्णय को सिद्धांत माना गया है, 'अथ सिद्धांतः। यः परीक्षकर्बहुविधं परीक्ष्य हेतुभिः साधसिखा स्थाप्यते निर्णयः' ('चरकसंहिता,' विमानस्थानम् अध्ययन 8.337)।

गौतम तथा चरक ने सिद्धांत के चार प्रकार बताए हैं—सर्वतंत्रसिद्धांत, प्रतितंत्रसिद्धांत, अधिकरणसिद्धांत तथा अभ्युपगमसिद्धांत। जो सभी शास्त्रों पर लागू हो, वह सर्वतंत्र सिद्धांत है अपने प्रतिपक्षी मत पर जो लागू हो वह प्रतितंत्र सिद्धांत है। शास्त्र में एक प्रकरण में स्थापित सिद्धांत अधिकरण सिद्धांत है तथा वाद या शास्त्रार्थ में प्रमाणों से परीक्षण कर स्थापित कर स्वीकार्य बनाया गया नया मत अभ्युगम सिद्धांत है। उपर्युक्त विचारों के परिप्रेक्ष्य में सिद्धांत में निम्नलिखित चरण होते हैं :

(i) पूर्वपक्ष या विरोधी मत पर विचार।
(ii) तर्क तथा प्रमाण द्वारा पूर्वपक्ष के अनौचित्य की व्याख्या।
(iii) अपने मत की सतर्क व्यवस्थित प्रस्तुति।
(iv) अन्यों के द्वारा नवस्थापित मत का स्वीकार।
(v) सिद्धांत की स्थापना।

साफ है कि सिद्धांत निर्माण की इस प्रक्रिया में पूर्वपक्ष, प्रतिपक्ष तथा उत्तरपक्ष की चर्चा से संबंधित चरणों की भूमिका मुख्य होती है। भारतीय सिद्धांत परंपरा में सिद्धांत निर्माण के लिए मात्र 'वाद' प्रत्यय लगा देने से काम नहीं चलता, बल्कि दार्शनिक, सैद्धांतिक तथा काव्यशास्त्रीय पद्धति का अनुसरण किया जाता है।

इस परंपरा में लोक से शब्द मिले तथा इनके स्वीकृत अर्थ भी मिले। इन्हें शास्त्रज्ञों-पद्धतिकारों ने अपने विषय के अनुरूप विशेष अर्थ दिया, उदाहरण के लिए रस शब्द को ही लें—इसका लोक में प्रचलित अर्थ खाने की चीजों/पदार्थों में मिलने वाले तीखे, मीठे, नमकीन, कड़वे, खट्टे, कसैले आदि षडरस से है। पाकशास्त्र में ये षडरस लोक से पहुंचे थे और रसों को भोजन का तृप्तिदायक अनुभव माना गया था। आज भी गुजराती में 'सरस' विशेषण का भोजन के सर्वोत्कृष्ट अनुभव के लिए प्रयोग किया जाता है। आयुर्वेद में वही रस पारद या शरीर की धातु बनकर सामने आता है (गर्भोपनिषद)। कामशास्त्र में रस का अर्थ 'रति' होता है (कामसूत्रं, 2.1.32)। उसके द्रव पदार्थ के रूप में प्रयोग जलसार, सोमरस, लतारस के रूप में किया गया। काव्यशास्त्रियों ने काव्यविद्या के अनुसार उसका प्रयोग किया और रस का अर्थ काव्यानंद किया। इसकी श्रेष्ठता स्थापित करने के

लिए उसे 'ब्रह्मानंद सहोदर' एवं ब्रह्मतुल्य माना, पर 'रसो वै सः' जैसे रस के प्रतिष्ठासूचक वाक्य रस सिद्धांत की स्थापना से पहले ही अस्तित्व में थे।

पश्चिम में सिद्धांत : अंग्रेजी में सिद्धांत के लिए 'थियरी' शब्द का प्रयोग होता है, जिसकी जड़ें प्राचीन ग्रीस के अरस्तू के ग्रंथ 'पोएटिक्स' तथा प्राचीन रोम के लोंजाइनस के 'ऑन द सब्लाइम' तक मिलती हैं। असल में 'थियरी' का मूल 'थ्योरिया' दर्शन के ज्यादा करीब है। विडंबना यह थी कि 'दर्शन' शब्द का 'फिलॉसफी' के पयार्यवाची रूप में प्रयोग किया जाने लगा।

फर्डिनंद द सस्युर के भाषाशास्त्रीय मॉडल का बीसवीं सदी के मध्य में संरचनावादी क्लॉड लेवी-स्ट्रॉस ने अपने अध्ययन में प्रयोग कर सिद्धांत चिंतन को नई दिशा दी। उनसे पहले 20वीं सदी के पूर्वार्ध में नई आलोचना के प्रवर्तकों तथा रूसी रूपवादियों के साहित्यिक चिंतन को 'थियरेटिकल' कहा गया था। संरचनावादी विचारधारा ने अंग्रेजी साहित्य तथा आलोचना के क्षेत्र में 'साहित्यिक सिद्धांत' को एक अनुशासन के रूप में प्रस्थापित कर दिया।

आज 'थियरी' का प्रयोग रोलां बार्थ, मिशेल फूको, जाक देरिदा तथा जाइल्स डिल्यूज जैसे विद्वानों के अध्ययनों के आधार पर दर्शनशास्त्र, साहित्यिक आलोचना तथा समाजशास्त्र के संयुक्त अंतरनुशासनात्मक प्रयोग के लिए उपयोग होता है। चूंकि यह आलोचना सिद्धांत का समावेशी विमर्श है, अतः इसे परिभाषित करना मुश्किल हो जाता है। 'थियरी क्या है?' इस सवाल के बजाय 'थ्योरी क्या नहीं है?' का जवाब अपेक्षाकृत आसान है। 'थ्योरी' दर्शनशास्त्र नहीं है, क्योंकि यह ऐसे किसी एक दार्शनिक स्कूल, व्यवस्था या तंत्र की संभावना को नकारता है जिसके द्वारा सभी वस्तुओं, घटनाओं या अनुभवों को व्याख्यायित किया जा सके। साथ ही यह साहित्यिक आलोचना मात्र भी नहीं है, क्योंकि यह किन्हीं विशिष्ट कृतियों के अर्थ में रुचि नहीं रखती। इसका संबंध उन प्रक्रियाओं और सामान्य समस्याओं के अध्ययन से अधिक है, जो कृति या कृतियों को अर्थ प्रदान करती है। 'थियरी' मात्र समाजशास्त्र भी नहीं है, क्योंकि यह 'सामान्यीकरणों' के प्रति संशय प्रकट करता है। यह नहीं मानता कि मनुष्य के व्यवहार को मात्रात्मक रूप में मापा जा सकता है।

उत्तरसिद्धांत : मानविकी के अनुशासन में 'थियरी' का मूल उद्देश्य शोधकर्ता (सब्जेक्ट) तथा कर्म (ऑब्जेक्ट) को नए ढंग से कल्पित या संरचित करने के दावों को तलाशना था। इस मूल उद्देश्य की प्राप्ति के साथ 'थियरी' की केंद्रीयता में पिछली सदी के अंतिम दशक में ह्रास दिखाई देने लगा। 'थियरी का अंत', 'थियरी के बाद' तथा 'उत्तर-थियरी' की न केवल चर्चा शुरू हुई, बल्कि ऐसे शीर्षकों पर लेखों तथा किताबों की बाढ़-सी आ गई। ऐसी प्रमुख पुस्तकों में थॉमस डोचर्टी की 'आफ्टर थियरी' (1997), मार्टिन मैक्विलिन आदि द्वारा संपादित 'पोस्ट थियरी : न्यू डिरेक्शंस इन क्रिटिसिज्म' (1999), ज्यूडिथ बटलर, जॉन गिल्लौरी तथा थॉमस कैंडेल की संपादित 'व्हाट्स फेट ऑफ थियरी?' (2000), वेलेंटाइन कनिंग्घम की 'रीडिंग आफ्टर थियरी' (2002), ज्यां मिशेल रेबाट की 'द फ्यूचर ऑफ थियरी' (2002) तथा टैरी ईगल्टन की 'आफ्टर थियरी' (2003) प्रमुख हैं। यहां ध्यान रखने की बात है कि पश्चिम में 'थियरी के अंत' का अर्थ यह नहीं है कि थियरी का वास्तव में अंत आ चुका है। इसका अर्थ थियरी की अतिशयता या अतिकेंद्रीयता के प्रति सवाल खड़े करने के साथ 'थियरी के प्रति ऊब' या थकान का भाव दिखाना है। दरअसल, सिद्धांत-अध्ययन की केंद्रीयता इस हद तक बढ़ गई थी कि साहित्य हाशिए पर चला गया था। सिद्धांत के प्रति विमुखीकरण वस्तुतः इस भाव का परिचायक था कि 'थियरी' के बिना भी साहित्य को पढ़ा तथा समझा जा सकता है। इसका अर्थ यह भी नहीं मानना चाहिए कि आज 'थियरी' पुरासंग्रहालय की वस्तु हो गई है। जब आलोचक थियरी का मरसिया लिख रहे थे, उसी समय डेफेन पटेइ तथा विल एस कोरल ने 2004 में 'थियरीज एंपायर : एन एंथोलोजी' नामक पुस्तक संपादित कर 'थियरी' के पुनर्जागरण की चर्चा भी कर दी थी।

सिद्धांत और साहित्य के बीच ऊपर-नीचे का खेल चलता रहेगा, इनके अन्योन्याश्रित संबंध को नकारा नहीं जा सकता।

अवधेश कुमार सिंह

अधिक जानकारी के लिए
1. Beginning Theory : Peter Barru, **2. A Dictionary of Critical Theory :** Lan Bucha, **3. Literary Theory : A Very Short Theory :** Jonathan Culler

सिनगी–कैली दई

एक समय रोहतासगढ़ (आज का सासाराम) में ऊरांव जनजातियों का सुखी–संपन्न राज्य था, जहां ऊरांव राजा उरगन ठाकुर राज करते थे। मुगलों की बुरी नजर रोहतासगढ़ और उसकी संपदा पर पड़ी। इसे पाने के लिए उन्होंने युद्ध का सहारा लिया। ठाकुर की पुत्री सिनगी दई और राज्य के सेनापति की पुत्री कैली दई को प्रजा आदरपूर्वक सिनगी-कैली दई कहकर संबोधित करती थी। दोनों ही युद्ध-कलाओं में पारंगत थीं। जब ऊरांव वीर किसी समारोह में व्यस्त रहते, तब संकट की घड़ी में राज्य की जिम्मेदारी इन्हीं दोनों के कंधों पर होती।

एक ऐतिहासिक शाम। सरहुल पर्व था। आदिवासियों का सबसे महत्वपूर्ण त्योहार। ज्यादातर ऊरांव सैनिक मदिरा पान के बाद नशे में धुत थे। चारों तरफ जश्न का माहौल था। लोग पीने-पिलाने और नाच-गान में लगे हुए थे कि मौके का फायदा उठा कर अचानक मुगलों की सेना ने आक्रमण कर दिया। मर्द नशे में इस कदर धुत थे कि उठाए उठे नहीं, जगाए जगे नहीं। जैसे ही सिनगी-कैली दई को इसकी खबर हुई, बिना पुरुष सैनिकों के जागने का इंतजार किए आनन-फानन में दोनों ने पुरुष का वेश धारण किया। दूसरी महिलाओं को भी प्रेरित किया और देखते-ही-देखते हवा बंध गई। साहस और शौर्य का जुनून सब पर सवार हो गया। पुरुष वेशधारी हजारों महिला सैनिकों के साथ तलवार, भाला और बर्छी लेकर वे निकल पड़ीं। भयंकर युद्ध हुआ। रणनीति में कुशल और शस्त्र चलाने में पारंगत बहादुर सिनगी-कैली दई ने मुगलों को आखिरकार परास्त कर दिया। उरांव लोकगीत में इस घटना का जिक्र है।

पराजय ने दंभी मुगल बादशाह को बौखलाहट और अपमान के गहरे घाव दिए। वे कूटनीति और कपट पर उतर आए। घर का भेदी लंका ढाहे। उन्होंने ऊरांव राजा के यहां दूध पहुंचाने वाली सुंदरी नाम की एक महिला को अपने साथ मिलाया। ढेर सारे धन का प्रलोभन देकर उन्होंने किले का भेद जानने की चेष्टा की। उसके द्वारा उन्होंने ऊरांवों की जीत के रहस्यों का पता लगाया और जब उन्हें पता चला कि जिनसे उन्हें पराजय का मुंह देखना पड़ा, वे वीर ऊरांव सैनिक नहीं, वरन पुरुषों के वेश में वीर ऊरांव महिलाएं थी, जानकारी की इस नई परत ने उन्हें अपमान की वह तीव्र अनुभूति दी कि वे तिलमिला उठे–उफ, हारे तो भी किससे, महिलाओं से!

अपमान की गहरी चोट खाए सेनापति ने एक बार फिर अपनी सेना को ललकारा और उनके सोए पुरुषार्थ को जगाने की चेष्टा की। उन्हें समझाया कि वे जिनसे हारे वे महिलाएं थीं। उनकी मर्दानगी को ललकारते हुए उन्होंने एक बार फिर युद्ध में अपना शौर्य और पराक्रम दिखाने की अपील की जिससे पराजय के उस शर्मनाक धब्बे को धोया जा सके। उन्हें समझाया कि महिलाओं के सामने पीठ दिखाना कायरता होगी, जो वीरों को शोभा नहीं देती।

सैनिकों का हौसला बुलंद हुआ। उनमें नई शक्ति का संचार हुआ। इस बार काफी तैयारी के साथ बहुत सोच-समझकर आक्रमण किया गया। भारी हथियारों और मुगलों की जबर्दस्त सैन्य शक्ति का पलड़ा इस बार भारी पड़ा। घमासान युद्ध हुआ। वीर ऊरांव सैनिक अंतिम सांस तक लड़े, ढेर सारे ऊरांव सैनिक मारे गए। स्पष्ट हार देख सिनगी-कैली दई ने अनेक ऊरांव सैनिकों को किले के गुप्त रास्ते से बाहर निकाल उनके प्राणों की रक्षा की। गुप्त मार्ग से वे छोटानागपुर के पश्चिमी भाग में जाकर बस गए, जहां उस समय मुंडों का शासन था। इस प्रकार ऊरांवों को अपना राज्य त्यागकर छोटानागपुर

के जंगलों और पठारों में आकर बसना पड़ा, लेकिन इससे पहले इनकी ताकत और हिम्मत का अंदाजा इसी से लगाया जा सकता है कि मुगल सैनिकों को इस राज्य को जीतने में पूरे बारह साल का समय लगा। यही वजह है कि इस इलाके में आज भी हर बारह वर्ष के बाद 'जनी शिकार' एक प्रतीक दिवस के तौर पर मनाया जाता है। इस अवसर पर आदिवासी महिलाएं पुरुष वेश धारण कर शिकार के लिए निकलती हैं। उनके हाथों में बलुवा, बरछा, कटारी और तलवार जैसे हथियार होते हैं। मुगलों से तीन हार के कलंक को, पराजय के अपमान को ऊरांव महिलाएं आज भी चेहरे पर तीन गोदना कर याद रखती है।

जो लोग कहते हैं कि हमारे यहां स्त्री-विमर्श पश्चिम से आया, उनके लिए आदिवासी समाज का इतिहास देखना दिलचस्प होगा, जहां स्त्री-पुरुष दोनों के अधिकार न केवल बराबर हैं, वरन दोनों की ही सही अर्थों में जीवन के हर क्षेत्र में बराबर की भागीदारी है, चाहे वह घर का आंगन हो या खेत-खलिहान हो या युद्ध का मैदान ही क्यों न हो, क्योंकि यह समाज न महाजनी संस्कृति में पला-बढ़ा है और न ही पूंजीवादी संस्कृति में पनपा है। यह समाज प्रकृति के सान्निध्य में शुद्ध श्रम-संस्कृति के बीच पला-बढ़ा है। इसलिए यहां सिनगी-कैली दई जैसी वीर बालाएं जन्म लेती हैं। यह अलग बात है कि वे इतिहास में हाशिए पर हैं, पर ये वे हैं जिन्होंने इतिहास गढ़ा है। इन्होंने स्त्री-विमर्श की नींव रखी है।

मधु कांकरिया

सिमोन दि बुआ

(1908-1986)

सिमोन दि बुआ (Simone de Beauvoir) एक फ्रेंच लेखिका और राजनीतिक-सामाजिक कार्यकर्ता थीं। वे अस्तित्ववादी और नारीवादी चिंतक के रूप में जानी जाती हैं। फ्रांस में महिलाओं के वोट का अधिकार मिलने के पांच वर्ष बाद उनकी अतुलनीय रचना 'द सेकंड सेक्स' छपी। यह पुस्तक आज भी नारीवादी विमर्श के लिए आधार का कार्य करती है। सिमोन दि बुआ की 'क्षमता के सिद्धांत' की समझ अत्याधुनिक थी, जिसकी व्याख्या में पारंपरिक सिद्धांत समर्थ नहीं थे। क्षमता संबंधों की व्याख्या उन्होंने दैनिक जीवन में क्षमता के मूल प्रारूपों को समझते हुए की थी। ये प्रारूप जेंडर-असमानता को जन्म देते हैं। सिमोन दि बुआ के अनुसार, 'स्त्री जन्म नहीं लेती है, बल्कि स्त्री गढ़ी जाती है।'

सिमोन ने स्त्री और पुरुष की शारीरिक संरचना के भेद को स्वीकारा, लेकिन इस बात की गहरी पड़ताल की कि स्त्री का 'अन्य' और पुरुष का 'स्व' किस प्रकार पितृसत्तात्मक संरचना और पुरुषत्व के क्षमता स्वरूप को बनाए रखने का प्रयास बन जाता है। उन्होंने स्त्री-पुरुष संबंधों को स्वामी और नौकर के द्वंद्ववाद के परिप्रेक्ष्य में समझने का प्रयास किया। नारीवाद को दिए अद्भुत योगदान के बाद भी सिमोन दि बुआ अपने आपको एक नारीवादी कहने में हिचकती थीं। 1970 तक उन्होंने महसूस कर लिया था कि समाजवादी आंदोलन स्त्री को स्वतंत्रता दिलाने में असमर्थ है। इसके बाद लीमोवेल आबजर्वेटर के साथ एक साक्षात्कार में उन्होंने स्वयं

सिमोन दि बुआ

को नारीवादी घोषित किया। सिमोन दि बुआ ने चार खंडों में आत्मकथा लिखी। यह आत्मकथा नारीवादी विमर्श को आगे बढ़ाने में मददगार साबित हुई। इसके चार खंड हैं–'मेमॉयर्स ऑफ ए ड्यूटीफुल डॉटर,' 'द प्राइम ऑफ लाइफ', 'फोर्सेस ऑफ सर्कम्सटांसेज', 'आल सेड एंड डन'।

सिमोन दि बुआ का जन्म पेरिस में 9 जनवरी 1908 को हुआ था। उनका जन्म एक संपन्न परिवार में हुआ था, हालांकि प्रथम विश्वयुद्ध के बाद उनके परिवार की स्थिति पूर्ववत न थी। जीवन के आरंभिक वर्षों में वह अत्यंत धार्मिक थीं। उन्होंने नन बनने के बारे में भी सोचा था, लेकिन चौदह वर्ष की आयु के बाद वे नास्तिक हो गईं। उन्होंने उच्च शिक्षा गणित और दर्शनशास्त्र में अर्जित की। सिमोन के पिता ने उन्हें पुरुष की तरह सोचने के लिए प्रेरित किया, जबकि मां परंपरावादी थीं। इन ध्रुवों के बीच ही सिमोन का व्यक्तित्व एक बुद्धिजीवी के रूप में विकसित हुआ। वे पेशे से शिक्षक थीं। ज्यां पॉल सार्त्र से उनकी अत्यंत निकटता थी। इसके बावजूद दोनों ने शादी नहीं की। वे अच्छे मित्रों की तरह सदैव साथ-साथ थे–न केवल निजी जीवन में वरन राजनीतिक और बौद्धिक क्रियाकलापों में भी। 78 वर्ष की उम्र में 14 अप्रैल 1986 को उनका देहांत हुआ।

'द एथिक्स ऑफ एंबीग्यूटी' में सिमोन का कहना है कि परिस्थिति को एक दार्शनिक अर्थ में समझा जाना चाहिए, न कि सामान्य अर्थ में। उनके अनुसार, 'परिस्थिति एक ऐसा बंधन है, जो स्वतंत्रता को प्रभावित करती है।' उन्होंने 'फैक्टिसिटी' को चेतना और अंदरूनी दुनिया के रूप में देखा। सिमोन दि बुआ की शरीर की व्याख्या एक प्रदत्त परिस्थिति के रूप में करना नारीवादी के लिए एक अद्‌भुत योगदान है। सिमोन ने कहा, 'मेरी सत्यता मेरी परिस्थिति का एक अंग है। मुझे चुनने का अधिकार नहीं है, यह जन्मप्रदत्त मामला है।'

सिमोन दि बुआ के अनुसार, प्रत्येक व्यक्ति की अपनी वस्तुनिष्ठता होती है। हमें अपनी स्वतंत्रता के साथ प्रत्येक व्यक्ति की स्वतंत्रता स्वीकार करनी होगी। हमारी स्वतंत्रता तब तक नैतिक रहेगी, जब तक दूसरे की स्वतंत्रता बाधित नहीं होती। सिमोन ने अपने दार्शनिक निबंधों में अस्तित्ववादी फेनोमेनोलॉजी पर आधारित नैतिक सिद्धांतों को विकसित किया। सिमोन ने स्पष्ट किया कि स्त्री होने के अर्थ को, स्त्री की वस्तुनिष्ठता के निर्माण को पितृसत्तात्मक समाज के संदर्भ में समझा जाना चाहिए। इस प्रक्रिया में स्त्री का एक संपूर्ण 'अन्य' के रूप में निर्माण होता है। उन्होंने अपने बाद के जीवन में महसूस किया कि उन्होंने स्त्री की सेक्सुअलिटी को राजनीतिक संदर्भ में नहीं समझा, जबकि सिद्धांत की व्याख्या राजनीतिक प्रक्रिया के संदर्भ में होनी चाहिए।

हमारे समय में सिमोन दि बुआ को समझना एक नए बौद्धिक सफर की शुरुआत हो सकती है। उनका नैतिकशास्त्र, राजनीति, नृतत्वशास्त्र और नारीवादी सिद्धांतों का नवीन परिप्रेक्ष्य को विकसित करने में अमूल्य योगदान है। 'द सेकंड सेक्स' में उन्होंने न सिर्फ स्त्री की परिस्थितिगत निर्मितियों को चुनौती दी बल्कि स्त्री के राजनीतिक और बौद्धिक योगदानों को नई रोशनी में देखने का विवेक भी दिया। सिमोन कहती हैं, 'मैं अपने कार्य के लिए स्वतंत्र हूं और मुझे इसकी जिम्मेदारी लेनी होगी। जब तक मेरी स्वतंत्रता दूसरे की स्वतंत्रता को वंचित न करे, मैं इसे बुराई के रूप में नहीं देख सकती।' अपने बाद के जीवन में अक्षुण्ण स्वतंत्रता को उन्होंने संशोधित किया और कहा, 'स्वतंत्रता की आंतरिक और बाह्य परिस्थितियां होती हैं।' सिमोन दि बुआ का लेखन वस्तुतः राजनीतिक चेतना, रक्त संबंधी प्रश्न और समीकरण और स्वतंत्रता-विषयक संबंधों की आधारभूमि है।

अर्चना सिंह

अधिक जानकारी के लिए :

1. स्वतंत्रता और प्रेम की राह, सिमोन दि बुआ : क्लोद फ्रांसिस और फेनदि गोंतिए, **2. स्त्री उपेक्षिता :** सिमोन दि बुआ, (अनुवाद : प्रभा खेतान), **3. The Mandarins :** Simone De Beauvoir, **4. Simone De Beauvoir : A Biography :** Deirdre Bair

सिरमौरी

सिरमौर जिले की बोली का नाम सिरमौरी है। इसे लगभग तीन लाख लोग बोलते हैं। गिरि नदी उत्तर-पश्चिम से दक्षिण-पूर्व की ओर बहती हुई सिरमौर जिले को लगभग दो बराबर भागों में बांटती है। दक्षिण-पश्चिम भाग गिरि-वार तथा उत्तर-पूर्वी भाग गिरि-पार कहलाता है। इसी विभाजन पर सिरमौरी की दो स्थानीय उप-बोलियां बन गई हैं—धारठी और गिरिपारी। गिरि-वार क्षेत्र में धारठी नाम की पर्वत-शृंखला है, जिसके नाम पर इस ओर की उप-बोली को धारठी कहते हैं। दूसरे भाग की उप-बोली को गिरि-पारी कहा जाता है। दोनों उप-बोलियों में कोई वैयाकरणिक भेद नहीं है, सिवाय इसके कि धारठी पर हिंदी का कुछ प्रभाव दिखाई देता है, जबकि गिरपारी के कुछ क्षेत्र शुद्ध पहाड़ी भाषा-भाषी हैं। सिरमौरी में वे सभी ध्वनियां हैं, जो अन्य पहाड़ी बोलियों में पाई जाती हैं। विभक्तियां केवल चार हैं। कर्ता-करण के लिए 'ए', कर्म-संप्रदान के लिए 'खे', अपादान-अधिकरण के लिए 'दा' तथा संबंध के लिए रा-रे-री का प्रयोग होता है।

ग्रियर्सन ने सिरमौरी की एक और उप-बोली बिशाऊ का उल्लेख किया है, जो बिशाऊ के जुब्बल क्षेत्र में बोली जाती है, परंतु वे इसका कोई ब्यौरा या व्याकरण नहीं देते। नाम के सिवाय वे इसे गिरि-पारी से भिन्न नहीं समझते। असल में गिरि-पारी का वास्तविक नाम 'बिशाऊ' है।

श्रीराम शर्मा

सिराजुद्दौला

(1733-1757)

सिराजुद्दौला का जन्म मुर्शिदाबाद में 1733 में हुआ था। उनका पूरा नाम मिर्जा मुहम्मद सिराजुद्दौला था। वह बंगाल, बिहार और उड़ीसा के संयुक्त नवाब अली वर्दी खां की सबसे छोटी बेटी अमीना और जैनुद्दीन के बेटे थे। अली वर्दी खां के कोई पुत्र नहीं था, इसलिए उन्होंने अपने प्रिय दोहते सिराजुद्दौला को अपना उत्तराधिकारी बनाया। अप्रैल 1756 में नवाब अली वर्दी खां की मृत्यु के बाद मात्र 23 वर्ष की उम्र में जब वह नवाब बना, तब अनुभवहीन था। यह भी माना जाता है कि वह बहुत विलासी प्रवृत्ति का था। सिराजुद्दौला के लिए राजकाज आसान नहीं था। अंग्रेज व्यापारियों के साथ उसे अपने प्रतिद्वंद्वियों से भी जूझना था। उसका मौसेरा भाई शौकतजंग, बड़ी मौसी घसीटी बेगम और नाना अली वर्दी खां के बहनोई और सेनाध्यक्ष मीर जाफर खां उसके बड़े विरोधी थे। उसने धीरे-धीरे अपने विरोधियों को कुचलना शुरू किया। घसीटी बेगम की संपत्ति छीनकर उसे बंदी बना लिया। पूर्णिया के गवर्नर शौकतजंग को युद्ध में पराजित कर मार डाला, लेकिन सिराजुद्दौला और बंगाल के पतन तथा अंग्रेजों की जड़ें भारत में मजबूत करने में मुख्य किरदार निभाया मीर जाफर ने। इसके साथ ही राय दुर्लभ, राय वल्लभ और व्यापारी जगत सेठ

सिराजुद्दौला

और अमीचंद के अलावा उसकी अपनी सेना में भी शत्रु भरे पड़े थे।

इस अंतर्कलह का ईस्ट इंडिया कंपनी के अंग्रेजों ने पूरा लाभ उठाया। उन्होंने फ्रांसीसियों की तरह नए नवाब का स्वागत नहीं किया। वे नवाब के आदेशों की अवमानना करने लगे। अंग्रेजों के दमन के लिए 16 जून 1756 को सिराजुद्दौला ने कासिमबाजार की व्यापारिक कोठी पर आक्रमण कर उसे अपने अधिकार में ले लिया। 23 जून 1757 में क्लाइव के साथ हुए प्लासी के युद्ध में सिराजुद्दौला की हार और क्लाइव की जीत हुई। इतिहासकारों का मानना है कि इस जीत की वजह अंग्रेजी सेना की बहादुरी नहीं बल्कि मीर जाफर, यार लतीफ और राय दुर्लभ की गद्दारी थी। अगर उन्होंने यह लड़ाई ठीक से लड़ी होती तो इतिहास कुछ और होता। सिराजुद्दौला के पास अंग्रेजों से कहीं बड़ी सेना थी। उसके पास 18 हजार घुड़सवार और 50 हजार की पैदल सेना थी, जबकि ईस्ट इंडिया कंपनी के पास सिर्फ तीन हजार सैनिक थे। नवाब ने अंग्रेजों के विरुद्ध लड़ाई में मीर जाफर से मदद मांगी। मीर जाफर ने नवाब को पीछे लौटने की सलाह दी। मीर जाफर की सलाह पर नवाब ने युद्ध रोक लिया और सेना को बैरकों में लौट जाने को कहा। ठीक उसी समय रॉबर्ट क्लाइव ने नवाब की सेना पर धावा बोल दिया। इस अचानक हमले से घबराए सैनिक भाग खड़े हुए। नवाब की पराजय हुई और सिराजुद्दौला को भागना पड़ा।

भारतीय इतिहास में 1757 के प्लासी के युद्ध का विशेष महत्व है। इस युद्ध में सिराजुद्दौला की हार ने ही ईस्ट इंडिया कंपनी को भारत की भूमि पर अपना राज्य कायम करने का ठोस अवसर प्रदान किया। इस युद्ध ने अंग्रेजों की धूर्तता लूट-खसोट और धोखाधड़ी को भी इतिहास में स्थापित कर दिया। मीर जाफर के सत्ता संभालने के बाद ही अंग्रेजों ने हर्जाने के रूप में लाखों पौंड वसूले और तीन साल बाद ही षडयंत्र द्वारा उसे भी सत्ता से हटाकर मीर कासिम को गद्दी पर बैठा दिया।

युद्ध स्थल से भागकर सिराजुद्दौला ने एक बार फिर सेना संगठित कर अंग्रेजों से मुकाबला करने का निश्चय किया, लेकिन वे सफल नहीं हुए। कुछ दिनों बाद ही मीर जाफर के सैनिकों द्वारा कैद कर लिए गए। उन्हें मुर्शिदाबाद लाया गया, जहां 2 जुलाई 1757 को वे मीर जाफर के पुत्र मीरन के आदेश पर मुहम्मद बेग ने क्रूरतापूर्वक उनकी हत्या कर दी। यह भी माना जाता है कि दूसरे दिन उनका कटा हुआ सिर हाथी के सिर पर बांधकर मुर्शिदाबाद में घुमाया गया। गंगा के दूसरे तट पर खुशाबाद में उनकी समाधि बनाई गई। मैलसन जैसे इतिहासकार का मानना है कि अपनी तमाम चारित्रिक दुर्बलताओं के बावजूद सिराजुद्दौला मनुष्यता की दृष्टि से क्लाइव से बहुत ऊंचा था। उसने किसी के साथ छल नहीं किया और न ही अपने देश को बेचा, लेकिन अपने ही लोगों के छल का शिकार होकर क्रूरतापूर्वक मारा गया। मृत्यु के समय उसकी उम्र 25 वर्ष से भी कम थी।

गीता दूबे

अधिक जानकारी के लिए :

1. Sirajuddaula : Akshay Kumar Moitray, 1898,
2. Sirajuddaulah : Kalikankar Dutta, 1971

सीखना

अनुभव, अध्ययन या अभ्यास से मानव व्यवहार में जो परिवर्तन आते हैं, वही सीखना (Learning) है। मनुष्य में जो स्वभाव बन जाता है या आदत हो जाती है, वह सीखने का ही नतीजा है। हम बचपन में चलना, बोलना, खाना-पीना, भाषा और कई सामाजिक व्यवहार सीखते हैं। स्कूल या कॉलेज के परिवेश में जो जानकारी होती है, वह भी सीखना है। यह जीवन भर चलने वाली एक निरंतर क्रिया है। सीखने की तीन मुख्य विधिया मानी गई हैं—अनुकरण, कोशिश और भूल तथा अंतर्दृष्टि। मनुष्य चाहे जो काम करे, प्रत्यक्ष या अप्रत्यक्ष सीखना उसकी एक मुख्य प्रवृत्ति है। यह प्रवृत्ति किसी में ज्यादा होती है, किसी में कम। एक ही चीज सीखने में विभिन्न व्यक्ति अलग-अलग नतीजे लाते हैं,

क्योंकि सीखना 1. व्यक्ति की तीव्र या मंद बुद्धि, 2. संकल्प की दृढ़ता या कमजोरी, 3. मार्गदर्शन के सही या गलत, नए या पिछड़े कौशल और आयु पर निर्भर करता है।

पढ़ना काफी नहीं है। यह सवाल भी है, कितना सीखा, क्या सीखा? पढ़ना या पाठ को बार-बार दुहराकर कंठस्थ करना सीखना नहीं माना जाता है। ऐसे पाठ की स्मृति अल्पकालिक होती है। सीखने के लिए पाठ की आवृत्ति एक जरूरी तत्व है। कुछ हद तक प्रोत्साहन की भी एक बड़ी भूमिका है और अभ्यास भी जरूरी है, लेकिन सीखने की एक समग्र रीति अधिक कारगर और टिकाऊ होती है। सीखने के लिए काल की समीपता, वैयक्तिक सावधानी के साथ मार्गदर्शन, अनुकूल परिवेश, चीजों से प्रत्यक्ष संबद्धता, सही अभिप्रेरणा और प्राथमिकता के अनुसार विषय चयन जरूरी तत्व है। एक अच्छे शैक्षिक परिवेश में कुछ भी सिखाने और सीखने का अर्थ है सीखने वालों के बीच अंतर्क्रिया के अवसर, विचारों में साझेदारी, बातचीत और साथ मिलकर सोचना। सीखने में एकतरफा व्याख्यान की जगह वस्तु प्रत्यक्षीकरण बातचीत प्रश्नोत्तर सामूहिक क्रियाकलाप और पॉवर प्वाइंट प्रजेंटेशन ज्यादा महत्वपूर्ण भूमिका निभाने लगे हैं। ज्ञान के स्थानांतरण के लिए समस्या आधारित सीखना ज्यादा सटीक माना जाने लगा है। शैक्षिक निर्देश जब शिक्षार्थी को खुद सोचने के लिए ज्यादा और अवसर देते हैं, तब सीखने की गति तीव्र होती है।

सीखने के संबंध में गेस्टाल्ट का मनोवैज्ञानिक सिद्धांत, एटकैसन-शिफ्रिन मेमोरी मॉडल सिद्धांत ज्यां पियाजे का शिक्षार्थी के सक्रिय सरोकार का सिद्धांत जैसे कई सिद्धांत बने हैं। यहां तक कि 'सिद्धांत' और 'विकासशील सिद्धांत' में अंतर किया गया है। अंततः सीखने का अर्थ है—सोच और व्यवहार में उल्लेखनीय फर्क और उत्थान।

वैश्वीकरण के युग में ज्ञान सिर्फ शिक्षण संस्थान की कक्षाओं तक या कुछ जगहों तक सीमित नहीं है। इंटरनेट पर आधारित व्यापक संपर्क (कनेक्टिविज्म) के सिद्धांत के अनुसार कई जगहों से सूचनाएं प्राप्त हो रही हैं। हर विषय में सीखने वाले व्यक्ति अब विभिन्न देशों और जगहों पर हैं, जिनके बीच संपर्क वस्तुतः सीखने के अवसर बढ़ा देता है। अब सीखने की जगह तेजी से बदल चुकी है। हर विषय के ज्ञान में वस्तुपरकता और बहुआयामिता आई है। सीखने के नए सिद्धांतों के अनुसार, कहा जा रहा है कि सीखना बहुत कुछ इस पर निर्भर करता है कि हम कैसे पढ़ाते हैं, हम किस तरह का पाठ्यक्रम बनाते हैं, हम सीखने के कैसे ढांचे, अवसरों और जगहों का निर्माण करते हैं और शिक्षा में रचनात्मकता के तत्वों का कितना समावेश होता है, शिक्षार्थी को खुद सोचने लायक बनाने पर कितना ध्यान दिया जाता है और उसकी आलोचनात्मक दृष्टि का कितना निर्माण हो पाता है। आज कक्षाओं और जीवन में सूचना तकनीक का इस्तेमाल बढ़ चुका है, इसके बावजूद कुछ भी अर्थपूर्ण सीखना वस्तुपरक, व्यवहारिक और नवोन्मेषपूर्ण तभी संभव है, जब 'कनेक्टिविज्म' के साथ वास्तविक परिवेश के अनुभव से उसका संबंध हो और सीखना महज प्रतीकात्मक न हो।

संजय जायसवाल

सीता

सीता रामायण में राम की पत्नी हैं। कहते हैं, वे मिथिला के राजा जनक को हल से यज्ञ भूमि जोतते समय धरती से प्राप्त हुई थीं। 'सीता' का शाब्दिक अर्थ है 'हल से खींची हुई रेखा।' जिस काल में बहुपत्नी प्रथा प्रचलित थी, वाल्मीकि ने राम-सीता के माध्यम से एकनिष्ठ प्रेम का आदर्श स्थापित किया था।

देवी भागवत में सीता को रावण की पुत्री बताया गया है। इसके अनुसार, एक बार रावण ने मय राक्षस की पुत्री मंदोदरी के रूप पर आसक्त होकर उससे विवाह करने की इच्छा जाहिर की। मय ने रावण को बताया कि मंदोदरी के कुंडली दोष के

कारण इसकी पहली संतान कुलघातक होगी। अतः तुम उसका वध कर देना। विवाह के कुछ समय बाद मंदोदरी ने एक पुत्री को जन्म दिया। रावण ने अपनी ही कन्या की हत्या करने में स्वयं को असमर्थ पाकर उसे एक बक्से में बंद कर समुद्र में बहा दिया। (देवी भागवत, 42)। कहा गया कि वही सीता राजा जनक को मिली और उन्होंने उसका पालन-पोषण किया।

सीता के स्वयंवर की कथा रोचक है। राजा जनक के पूर्वजों की भक्ति से प्रसन्न होकर शिव ने उन्हें अपना धनुष भेंट किया था। यह धनुष जनक के शस्त्रागार में रखा गया था, जहाँ इसकी नियमित पूजा होती थी। धनुष इतना भारी था कि इसे एक जगह से दूसरी जगह ले जाने के लिए ढाई सौ बैलगाड़ियों की जरूरत पड़ती थी। एक बार सीता ने खेल-खेल में यह धनुष उठा लिया था, तभी जनक ने प्रतिज्ञा की थी कि जो यह धनुष उठा पाएगा, उसी से सीता का ब्याह होगा। सीता स्वयंवर में दशरथ पुत्र राम ने यह धनुष तोड़कर सीता का वरण किया। (वाल्मीकि रामायण, बालकांड, 23)।

राम के वनवास के समय सीता भी राजमहल का त्याग कर तपस्विनी के वेश में वन में चली गईं। कुछ समय तक वन में रहने के बाद वे छल से रावण द्वारा हर ली गईं। राम-रावण युद्ध हुआ। इसमें रावण को परास्त कर राम ने सीता को मुक्त किया। रावण की लंका में इतने दिनों रहने से उठी शंका के कारण सीता को अग्नि परीक्षा देकर अपनी पवित्रता प्रमाणित करनी पड़ी। अयोध्या आने के बाद दुर्मुख नामक धोबी द्वारा सीता की पवित्रता पर शक प्रगट करने के कारण राम ने कुलमर्यादा और लोकापवाद के भय से सीता का त्याग कर दिया। गर्भवती सीता को लक्ष्मण ने वन में छोड़ दिया। सीता को वाल्मीकि ने अपने आश्रम में आश्रय दिया। यहीं सीता ने यमज पुत्रों लव और कुश को जन्म दिया। अश्वमेध यज्ञ के समय जब लव-कुश से राम का परिचय हुआ तो राम ने सीता को अयोध्या लौटा लाने के लिए वाल्मीकि से प्रार्थना की। राम के साथ रहने की जगह उनके समक्ष सीता ने अपनी पवित्रता का साक्ष्य देते हुए धरती माता से शरण की आर्त प्रार्थना की। वाल्मीकि रामायण के अनुसार धरती स्वयं पृथ्वी को दुभंग कर प्रकट हुई और सीता को अपनी गोद में लेकर जमीन में समा गई। इस तरह भूमिजा सीता अंततः भूमि में लौट गईं।

वाल्मीकि रामायण से लेकर तुलसी के रामचरितमानस तक सीता को आदर्श पतिव्रता स्त्री के रूप में चित्रित किया गया है। सीता सावित्री के समान ही कुलरीति, राजनीति और लौकिक नीति की ज्ञाता थीं, उनकी सराहना स्वयं राम ने की है। (किष्किंधाकांड 9.2)। तुलसी ने सीता को शिव, पार्वती और गणेश की उपासिका और राम की अनन्य भक्त बताया है, 'सियमन राम चरन मन लागा।' (रामचरितमानस)। अवधी के इस राम काव्य में सीता वनवास का प्रसंग नहीं है, फिर भी लोगों के मन से यह पीड़ादायक प्रसंग हट नहीं पाया है।

शास्त्रीय परंपरा में सीता मौन कष्ट सहन करनेवाली सहनशीलता की मूर्ति बना दी गईं, लेकिन लोक परंपरा में उसके साथ हुए अन्याय को प्रश्नांकित किया गया है। अयोध्या और मिथिला के आसपास प्रचलित कई लोकगीतों में इस अन्याय के प्रतिकार की गूंज सुनाई देती है। एक गीत के अनुसार जब राम लक्ष्मण से सीता को वन में छोड़ आने के लिए कहते हैं, तो भातृत्व भाव के आदर्श लक्ष्मण कहते हैं, 'कैसे मैं सीता जैसी भाभी को वन में अकेले छोड़ आऊं? वे तो जैसे प्यासे के लिए पानी, नग्न के लिए वस्त्र और भूखे के लिए अन्न समान हैं। इस समय वे गर्भ की पूर्णावस्था में हैं। कैसे मैं आपकी आज्ञा का पालन करूं। (संकलित, सीता सूरुजवा के जोति, विद्या बिंदु सिंह)। कई लोकगीतों में तो सीता साहसिकता से आगे बढ़कर राम को अस्वीकार करने का साहस दिखाती हैं। ऐसे ही एक लोकगीत में सीता कहती है, 'देवरा जाहु लौटी के अजोध्या हम ना जोहिबे'। वाल्मीकि द्वारा कारण पूछे जाने पर सीता कहती हैं, 'कैसे मैं उस राम का मुख देखूं, जिसने मुझे आग में झोंक दिया और घर से निकाल दिया।' सीता अपने पुत्रों को मातृवंश से पहचाने जाने

की बात कहती हैं। जब राम लव-कुश को देखकर उनसे उनका परिचय पूछते हैं, तब लव-कुश कहते हैं, 'हम राजा जनक के पोते और सीता के प्रिय पुत्र हैं। हम लक्ष्मण के भतीजे हैं। हम अपने पिता को नहीं जानते।' (वही)। इतना ही नहीं, जब राम सीता से अयोध्या लौटने का आग्रह करते हैं, तब सीता उनके आग्रह को अस्वीकार कर देती हैं। सीता का यह अस्वीकार जड़ सामाजिक रीति-नीति का अस्वीकार है। सीता को अपनी पहचान के लिए किसी सामाजिक संरचना की जरूरत नहीं थी। उन्होंने इस समाज के बदले मुक्त धरती को चुना, जहां झूठी मर्यादा और नीतियों की कोई जकड़बंदी नहीं थी।

स्त्री-विमर्श ने सीता को देखने की दृष्टि लोक परंपरा से प्राप्त की। कुमारन आशान ने सीता के वन जीवन के संघर्ष पर 'चिंता विष्टायाय' की रचना की, तो तेलुगु कवि पट्टाभि ने 'सीता' को नए कोण से देखा जिसमें राम के व्यवहार की आलोचना है। देवदत्त पटनायक की 'सीता : एन इलेस्ट्रटेड रीटेलिंग ऑफ रामायण' (2013) भी एक महत्वपूर्ण व्याख्या है।

श्रद्धांजलि सिंह

सीमंतनी उपदेश

सामाजिक क्रांति के दस्तावेजों में 'सीमंतनी उपदेश' का अन्यतम स्थान है। इसका प्रकाशन पहली बार 1882 में मुंशी कन्हैयालाल अलखधारी द्वारा किया गया था। धर्मवीर के संपादन में इस पुस्तक का 1988 में पुनः प्रकाशन नोएडा के शेष साहित्य प्रकाशन ने किया। यह पुस्तक एक अज्ञात हिंदू औरत द्वारा लिखी गई है। आज तक पता नहीं चल सका है कि यह लेखिका कौन थी। हमारे देश में पुरातन काल से अनाम साहित्य लिखने की परंपरा रही है। लेखिका पंजाब या उसके आस-पास की रही होगी या किसी-न-किसी रूप में उसका संबंध पंजाब से रहा होगा, ऐसा प्रतीत होता है। वह पढ़ी-लिखी और समृद्ध परिवार की तो रही होगी, परंतु उसकी कोई संतान न थी।

उन्नीसवीं शताब्दी में स्त्री यातना के विरुद्ध आवाज बुलंद करने वाली यह लेखिका निश्चित रूप से एक हिंदू औरत थी, जिसने तमाम औरतों के अधिकारों की बात कही है। उसने पुराणों, स्मृतियों और अन्य धर्मशास्त्रों का गहरा अध्ययन किया था। लेखिका ने प्राचीन स्मृतियों और धर्मशास्त्रों की स्त्री-विरोधी मान्यताओं एवं तत्कालीन सामाजिक व्यवहारों की घोर भर्त्सना की है। स्त्री-यातना और पराधीनता की पीड़ा से आज भी आधी आबादी की काया जर्जर और आत्मा लहूलुहान है, तो उस समय में स्त्रियों की दयनीयता की कल्पना की जा सकती है। पूरी पुस्तक में स्त्री-शक्ति संग्राम मानव-मुक्ति संग्राम का स्वरूप ग्रहण कर लेता है। कहना न होगा कि परतंत्रता की पीड़ा को आर्थिक स्वतंत्रता भी मिटा नहीं पाती, इसलिए लेखिका तमाम हिंदुस्तानी औरतों की लड़ाई लड़ती है। उसने लिखा है, 'बाप के माल में लड़कियों को कौड़ी नहीं मिलती। खाविंद की दौलत में कुछ अखत्यार नहीं। बेटे पर दावा चल ही नहीं सकता। बस, उससे ज्यादा दुनिया में कोई बेवकूफ और कमबख्त नहीं जिसे कभी ख्वाब में अखत्यार न मिला हो और दूसरे के हवाले कर दे।' आज से सवा सौ से अधिक साल पहले स्त्री की दयनीय दशा की कल्पना की जा सकती है।

'सीमंतनी उपदेश' समकालीन समाज की स्त्रियों की मुक्ति का घोषणा-पत्र है। इसमें उन्नीसवीं शताब्दी में भारतीय स्त्रियों पर होने वाले अत्याचार के खिलाफ जोरदार आवाज उठाई गई है। एक ओर इसमें स्त्री-यातना का इतिहास दर्ज है तो दूसरी ओर बेबस, असहाय, पीड़ित, छली और दली गई स्त्रियों की बेचैन रूहों की आह और कराह है। वास्तव में यह औरतों के दर्द, आंसू और प्रतिरोध का दस्तावेज है।

लेखिका सभी औरतों के दुख को समान मानती है। वह शास्त्रों द्वारा किए गए ब्राह्मणी, क्षत्रिया, वैश्या और शूद्रा के विभेद को नकार देती है। स्त्रियों की मुक्ति के लिए ब्राह्मणवादी समाज व्यवस्था के वर्ण

भेद का त्याग जरूरी है। इसलिए वर्ण व्यवस्था पर आधारित इस धर्म व्यवस्था को तिलांजलि देकर एक नई धर्म व्यवस्था के निर्माण के लिए लेखिका ने हिंदू औरतों का आह्वान किया है। वह हिंदू औरतों से कहती है, 'बस अब इस जमाने के वास्ते नया धर्म बनाओ। बस अब तुम इस धर्म को छोड़ दो।' नया धर्म बनाने से लेखिका का तात्पर्य इस्लाम या ईसाइयत को अपनाना नहीं, बल्कि वह भेदभाव रहित समानता पर आधारित जीवन धर्म की बात करती है। इतना ही नहीं, उसने हिंदू और मुसलमान पुरुषों द्वारा एक पत्नी के रहते दस-दस शादियां रचाने की निंदा की। वह विवाह में प्रेम को प्राथमिकता देती है। इस पुस्तक का एक निश्चित सामाजिक उद्देश्य है, जिसमें लेखिका सफल रही है। वह औलाद की ख्वाहिश में मुर्दों-मजारों, पीरों और बाबाओं के भभूत के चक्कर से बचने तथा कोई बीमारी हो तो डॉक्टर से इलाज कराने की सलाह देती है। वह बाल विवाह, बेमेल विवाह और विधवाओं पर सितम ढाने वाले हिंदू समाज की रीति-नीति और परंपराओं की आलोचना करती है। उसे यह बात खटकती है कि पति की महिमा का बखान सभी धर्मों में है, लेकिन कहीं भी पत्नी को तरजीह नहीं दी गई है। पातिव्रत्य और सती प्रथा सिर्फ स्त्रियों के लिए ही क्यों है? ऐसे सवालों का जवाब आज भी नहीं है। इस पुस्तक में बीच-बीच में कविताओं का भी सुंदर प्रयोग है। लेखिका ने इनके माध्यम से ईश्वर से स्त्रियों की यातना के लिए फरियाद की है। उसने स्त्रियों के जेवर के प्रति मोह को उनकी गुलामी का प्रतीक माना है। उनके अनुसार जेवर स्त्रियों का अलंकार नहीं बल्कि जंजीर है। वह इस जंजीर को तोड़ देने की अपील करती है।

यह पुस्तक देवनागरी लिपि में लिखी गई है। इसमें आम बोलचाल के शब्दों का प्रयोग मिलता है। बीच-बीच में संस्कृत और फारसी-अरबी के शब्द भी प्रयुक्त हुए हैं। समकालीन भारतीय समाज में स्त्रियों की दशा को देखते हुए यह पुस्तक महत्वपूर्ण है।

रुस्तम राय

अधिक जानकारी के लिए :

सीमंतनी उपदेश : अज्ञात लेखिका, संपादक-डॉ धर्मवीर, शेष साहित्य प्रकाशन, नई दिल्ली

सीमांत मनुष्य

सीमांत मनुष्य बीसवीं सदी के प्रमुख विमर्शों में से एक है। इक्कीसवीं सदी में इस विमर्श का महत्व घटने के बजाय बढ़ा है क्योंकि जिन सामाजिक, सांस्कृतिक, आर्थिक और राजनीतिक परिस्थितियों में इसका जन्म हुआ था, वे तकरीबन यथावत हैं, बल्कि अपेक्षाकृत अधिक नकारात्मक हुई हैं। परिणामतः मनुष्य के सीमांतीकरण की बहुआयामी प्रक्रिया तीव्र और घातक हो गई है।

'मार्जिनलाइजेशन', 'सीमांतीकरण' और 'हाशियाकरण' जैसे शब्द साहित्यिक विमर्शों के लिए नए नहीं हैं। पश्चिमी जगत विशेषतः फ्रांस में इसका प्रयोग पूंजीवादी और औद्योगिक क्रांति और शहरीकरण के साथ शुरू हो गया था। भारत के समाजशास्त्रीय क्षेत्रों में इस पर बहस बीसवीं सदी में शुरू हो गई थी। प्रगतिशील, यथार्थवादी और वामपंथी साहित्य में भी 'सीमांत मनुष्य' या 'हाशिये का इंसान' की गूंजें सुनाई दीं। कार्ल मार्क्स, ग्राम्शी, फूको, पाओलो फ्रेरे सहित अनेक चिंतकों का ध्यान सीमांत मनुष्य ने खींचा। नई सदी में भी यह अंतर-अनुशासनीय समाज विज्ञानियों के चिंतन-केंद्र में है।

सामान्यतः सीमांतीकरण या सीमांत मनुष्य की अवधारणा का अर्थ है—व्यक्ति, जनसमूह, जाति समूह, वर्ग, नस्ल, धार्मिक समूह आदि को देश और समाज द्वारा स्वीकृत बहुआयामी मुख्यधारा से काट ना, अलगाव की स्थिति में रखना, उन पर 'प्रवेश निषेध' लादना, उन्हें अवांछित घोषित करना, उन्हें अधम, त्याज्य एवं अछूत मानना। सारांश में यह विभिन्न माध्यमों से उन्हें सामाजिक रूप से बहिष्कृत करना और प्रत्येक दृष्टि से उनका अशक्तीकरण करना है।

इतिहास में अधिकतर समाजों में सीमांत मनुष्य या सीमांतीकरण की उपस्थिति कम या अधिक रही है। समाज और देश के प्रभु वर्गों ने यथास्थितिवाद को पनपाए रखने तथा सत्ता और संसाधनों पर अपना आधिपत्य बनाए रखने की दृष्टि से सीमांतीकरण या हाशियाकरण की विभिन्न प्रक्रियाओं को जन्म दिया है। फलतः सामाजिक-सांस्कृतिक और आर्थिक-राजनीतिक क्षेत्रों में सीमांत जनसमूह जन्म लेते रहे हैं। यूरोप, एशिया, अफ्रीका, इस्लामी देश, लातिनी देश, विश्व का प्रत्येक भूभाग इन प्रक्रियाओं से कम-अधिक प्रभावित रहा है, उदाहरण के लिए—प्राचीन भारत से आधुनिक भारत तक सीमांत समाजों (शूद्र या दलित, पिछड़े या अत्यंत पिछड़े, आदिवासी या अनुसूचित जनजाति) की उपस्थिति बनी हुई है। वर्चस्ववादी वर्ग द्वारा स्वीकृत मुख्यधारा में इन्हें आज भी गरिमापूर्ण स्थान मिलना शेष है। व्यक्ति इकाई भी सीमांतीकरण से अप्रभावित नहीं है, बाल विधवा, पतित समझी जाने वाली स्त्रियां आदि का भी सीमांतीकरण होता है, घुमंतू या बनजारा जातियां भी बहिष्कृत हैं। यूरोप में रोमां समाज या जिप्सी समाज की स्थिति इससे भिन्न नहीं है। श्वेत समाजों की मुख्यधारा में इन्हें अवांछनीय माना जाता है।

यूरोप, अमेरिका, ऑस्ट्रेलिया, कनाडा, न्यूजीलैंड आदि के श्वेत संसार में अश्वेतों (ब्लैक) को कई प्रकार के सीमांत भेदभावों का सामना करना पड़ता है। निषेध और नियंत्रण की संस्कृति अश्वेत समाजों पर थोपी जाती है। उनका प्रत्यक्ष तथा परोक्ष रूप से सीमांतीकरण होता है। अश्वेतों की बस्तियां श्वेत बस्तियों से अलग होती हैं। भारत में दलितों और जनजातियों की बस्तियों की दशा से उनकी कल्पना की जा सकती है।

उत्तरी अमेरिका और दक्षिणी अमेरिका के मूल निवासियों या जनजातियों का शताब्दियों से सीमांतीकरण किया जाता रहा है। ऑस्ट्रेलिया, न्यूजीलैंड जैसे देशों के मूल निवासी या नेटिव लंबे समय तक लोकतांत्रिक अधिकारों से वंचित रहे हैं। श्वेत देशों के उपनिवेशवादी अभियानों (सोलहवीं-सत्रहवीं शताब्दी) ने उत्तर-दक्षिण अमेरिका के मूल निवासियों को उनके प्राकृतिक आर्थिक संसाधनों से बलात वंचित कर उन्हें प्रत्येक दृष्टि से हीन बनाया। उन्हें बर्बर, जाहिल-काहिल, दोयम दर्जे का मनुष्य घोषित किया। लातिनी देशों में आज भी नेटिवों का हाशियाकरण जारी है।

परंपरागत सीमांत मनुष्य के साथ-साथ सीमांतीकरण के शिकार नए वर्गों को भी चिह्नित किया गया है। आधुनिक समाज में स्त्री को सीमांत मनुष्य की श्रेणी में रखा जाता है। स्त्रीवादियों का मानना है कि स्त्री सदैव से सीमांतीकृत रही है। पुरुष की वर्चस्ववादी संस्कृति ने सामाजिक-सांस्कृतिक-आर्थिक-राजनीतिक क्षेत्रों में शताब्दियों से उसका सीमांतीकरण किया है। उसका सशक्तीकरण नहीं होने दिया है। इसलिए उसे 'सीमांत मनुष्य' के रूप में देखा जाना चाहिए। वेश्या या सेक्स वर्कर या तवायफ या रखैल भी सीमांतीकरण के ही रूप हैं। आज भी परंपरागत समाजों में स्त्रियां शिक्षा और धार्मिक अधिकारों से वंचित हैं। मुस्लिम समाजों में बहुपत्नी प्रथा के कारण स्त्री निरंतर सीमांतीकरण की चपेट में रहती है। ग्रामीण भारत में स्त्री बहुनिषेधों की शिकार है। धर्म, प्रथा और संस्कारों के नाम पर उसका हाशियाकरण होता है।

मनुष्य का सीमांतीकरण बेहद जटिल प्रक्रिया है। प्रत्येक व्यवस्था (सामंतवाद, पूंजीवाद, समाजवाद, अधिनायकवाद और मजहबी राज्यवाद) में सीमांतीकरण के रूप और प्रभाव अलग-अलग रहते हैं, लेकिन कुछ मामलों में बुनियादी समानता और निरंतरता रहती है। व्यवस्था कोई भी हो, वर्चस्ववादी वर्ग इसका पोषक होता है, निर्बल वर्ग इसका शिकार होता है। इसलिए चिंतक इसे 'सामाजिक डार्विनवाद' या देशी मुहावरे में 'जिसकी लाठी उसकी भैंस' या 'वीर भोग्या वसुंधरा' भी कहते हैं। सारतत्व यह है कि सीमांत मनुष्य को मुख्यधारा के किनारे पर रखने के साथ-साथ उसे उत्पादक गतिविधियों या सामाजिक पुनरुत्पादक

गतिविधियों में भागीदारी तथा हस्तक्षेप से वंचित रखा जाता है।

विश्व की नई राजनीतिक आर्थिकी (पॉलिटिकल इकोनोमी) से सीमांतीकरण का विस्तार हुआ है। निर्धनता की संस्कृति का शहरी जगत में विस्फोटहुआ है, चारों ओर मलिन बस्तियों की भरमार है, विषमता के नए-नए रूप उभरे हैं। सीमांत मनुष्य नारकीय जीवन जीने के लिए अभिशप्त हैं। साहित्य में हाशिए के मनुष्य को केंद्र बनाकर बहुत-सी रचनाएं की गई हैं। प्रेमचंद की रचना 'रंगभूमि' इसका ज्वलंत उदाहरण है।

रामशरण जोशी

अधिक जानकारी के लिए :
1. हरिजन से दलित : (संपा.) राजकिशोर, **2. आदिवासी स्वर : सामाजिक-आर्थिक जीवन :** (संपा.) हरिनारायण दत्त, **3. उपेक्षित समुदायों का आत्म-इतिहास :** (संपा.) बद्रीनारायण, **4. Out There : Marginalization and Contemporary Culture :** (Ed.) Russell Ferguson, Martha Gever

सीरियल

सीरियल शब्द का प्रयोग आम तौर पर टेलीविजन पर दिखाए जाने वाले उन कथा केंद्रित कार्यक्रमों के लिए होने लगा है, जो धारावाहिक रूप में दिखाए जाते हैं। इस शब्द का टेलीविजन से कोई विशेष संबंध नहीं है, न क्रमिक रूप से दिखाए जाने वाले कथा कार्यक्रमों से। कोई भी चीज जो पत्र-पत्रिका, रेडियो और टेलीविजन पर धारावाहिक रूप में प्रकाशित और प्रसारित हो, उसे सीरियल कहा जा सकता है। समाचार-पत्र और पत्रिकाएं एक खास अंतराल में लगातार प्रकाशित होते हैं, इसलिए उनमें किसी भी रचना का धारावाहिक प्रकाशन संभव है। समाचार-पत्रों में चित्रकथाएं या कार्टून धारावाहिक रूप से प्रकाशित होते हैं। साप्ताहिक या पाक्षिक पत्रिकाओं में उपन्यास धारावाहिक रूप में प्रकाशित होते रहे हैं। रेडियो पर भी, जहाँ प्रसारण रोजाना होता है, कई कार्यक्रम प्रत्येक दिन धारावाहिक रूप में प्रसारित होते हैं। कुछ कार्यक्रम साप्ताहिक अंतराल से प्रसारित होते हैं। इधर सीरियल शब्द का प्रयोग टेलीविजन में प्रसारित होने वाले मनोरंजक कथा-धारावाहिकों के लिए किया जाता है।

टेलीविजन माध्यम के साथ कथा दिखाने की एक नई विधा की शुरुआत हुई थी। यह पत्र-पत्रिकाओं में प्रकाशित होने वाले धारावाहिक कथाओं और चित्रकथाओं तथा रेडियो पर प्रसारित होने वाले धारावाहिक कार्यक्रमों से प्रेरित विधा है, जो प्रत्येक सप्ताह एक निश्चित समय पर सप्ताह के एक या अधिक दिनों पर प्रसारित होने वाली कथा-श्रृंखला होती है। मसलन, हिंदी में आरंभ में प्रसारित होने वाले धारावाहिक 'हम लोग', 'बुनियाद', 'रामायण' या 'महाभारत' सप्ताह में एक दिन प्रसारित होते थे। अब कई धारावाहिक सप्ताह में चार, पांच और छह दिन तक प्रसारित होने लगे हैं। यह आधे घंटा से एक घंटा और कुछ डेढ़-दो घंटे की अवधि के होते हैं। धारावाहिकों के प्रतिदिन प्रसारित होने वाले कथांश ही एपिसोड कहलाते हैं, जिन्हें हिंदी में उपाख्यान, प्रकरण या प्रसंग कहा जा सकता है।

टेलीविजन प्रायः घरों में देखा जाता है, इसलिए यह सुविधाजनक है कि इस पर निरंतर चलने वाली कहानी या ऐसा कार्यक्रम रोजाना दिखाया जाए, जिसमें लोगों की व्यापक दिलचस्पी हो। धारावाहिकों में कथा भिन्न-भिन्न ढंग से चलती है। कई कथानक महीनों और सालों चलते हैं। हर एपिसोड में कथा का निरंतर विकास होता रहता है, जैसे 'सास भी कभी बहू थी' या 'बालिका वधु' कई साल चले थे। कुछ धारावाहिकों में प्रत्येक एपिसोड या कुछ एपिसोड में कथा बदल जाती है, जैसे हास्य धारावाहिक 'यह जो है ज़िंदगी', 'देख भाई देख' या 'तारक मेहता का उलटा चश्मा'। ऐसे धारावाहिकों में पात्र प्रायः नहीं बदलते, लेकिन कथा बदलती रहती है। इसी तरह अपराध-आधारित जासूसी, रहस्यमय या हॉरर धारावाहिकों में भी कुछ उपाख्यानों के बाद कथा बदल जाती है। मसलन, 'सीआइडी' जैसे धारावाहिकों में मुख्य पात्र वही रहते हैं, लेकिन कहानी एक या एकाधिक उपाख्यानों में

बदल जाती है। कुछ ऐसे धारावाहिक होते हैं जिनमें कुछ एपिसोड के बाद पात्र भी बदल जाते हैं और कथानक भी, लेकिन धारावाहिक का मूल विषय नहीं बदलता, जैसे 'भारत : एक खोज'।

टेलीविजन पर प्रसारित होने वाले सभी धारावाहिक कथा आधारित नहीं होते। 'टर्निंग पाइंट', 'संविधान', 'सत्यमेव जयते' आदि ऐसे ही धारावाहिक रहे हैं जिनमें धारावाहिक की थीम एक रहती है, लेकिन विषय कुछ एपिसोड के बाद बदल जाते हैं।

टेलीविजन धारावाहिकों का अर्थशास्त्र चैनल पर प्रसारित होने वाले विज्ञापनों और उस चैनल के लिए ली जाने वाली फीस पर आधारित होता है। यदि किसी धारावाहिक को लगातार विज्ञापन मिलते रहते हैं और चैनल की टीआरपी (टारगेट रेटिंग पाइंट) यानी उस कार्यक्रम विशेष को देखने वाले दर्शकों की संख्या इतनी बनी रहे जिससे कि विज्ञापन मिलते रहें तो वह धारावाहिक जारी रहता है, लेकिन जैसे ही उसकी लोकप्रियता कम होने लगती है और दर्शकों की संख्या में गिरावट आती है तो धारावाहिक को जल्दी ही बंद कर दिया जाता है। उसका स्थान नया धारावाहिक ले लेता है। टेलीविजन धारावाहिक दुनिया के लगभग सभी देशों में काफी लोकप्रिय हैं। आज वह टीवी मनोरंजन की सबसे प्रमुख विधा है। एक भाषा में बनाए गए लोकप्रिय धारावाहिकों को दूसरी भाषाओं में डब करके भी दिखाया जाता है, जैसे 'जिंदगी' चैनल के धारावाहिक।

जवरीमल्ल पारख

सुंदरलाल
(1886-1981)

पं. सुंदरलाल इतिहास लेखन और पत्रकारिता के क्षेत्र में अपने संघर्ष, बलिदान और राष्ट्रीय मूल्यों की पक्षधरता के कारण अलग से रेखांकित किए जाते हैं। 'भारत में अंग्रेजी राज' उनकी कीर्ति का स्थायी स्मारक है।

सुंदरलाल का जन्म 26 सितंबर 1886 को मुजफ्फरनगर जनपद के खतौली गांव में हुआ था। 1905 में लाहौर के डीएवी कॉलेज से बीए की परीक्षा पास कर वे इलाहाबाद विश्वविद्यालय में अध्ययन करने आए और 'हिंदी प्रदीप' के संपादक बालकृष्ण भट्ट की सोहबत में गरम दल की राजनीति से प्रभावित हुए। 1905 में उन्होंने स्वयंसेवक दल में महत्वपूर्ण भूमिका निभाई। 1907 में अपनी उग्र राजनीतिक सक्रियता के कारण उन्हें विश्वविद्यालय परीक्षा से वंचित कर दिया गया, फिर वे श्री अरविंद के प्रभाव में क्रांतिकारी गतिविधियों में शामिल हो गए।

सितंबर 1909 में सुंदरलाल ने प्रयाग से हिंदी पाक्षिक 'कर्मयोगी' का प्रकाशन शुरू किया। भारत की प्राचीन महत्ता और वर्तमान दयनीय दशा, राष्ट्रवाद, स्वदेशी आंदोलन, राष्ट्रीय शिक्षा और स्वराज उसके विषय थे। 1910 से 'कर्मयोगी' साप्ताहिक हो गया और साल भर के अंदर उसकी प्रसार संख्या 10,000 हो गई। 'कर्मयोगी' की प्रखर राष्ट्रीय चेतना और निर्भीक पत्रकारिता के कारण उस पर बार-बार प्रतिबंध लगे। पत्र की नीति पर दृढ़ रहते हुए उन्होंने लिखा, 'एक जमाने में ब्रिटिश गवर्नमेंट का विरोध करना पड़ा और मैंने किया। खूब भुगता भी, किंतु अपने कर्तव्य से विमुख या विचलित नहीं हुआ...'कर्मयोगी' हिंदी और उर्दू तथा हिंदुओं और मुसलमानों को एक-दूसरे के करीब लाने की सदा चेष्टा करेगा।' उनकी राजनीतिक गतिविधियों की सजा उनके पिता को इंजीनियरिंग सेवा से त्यागपत्र देकर भुगतनी पड़ी। लॉर्ड हार्डिंग बम केस में क्रांतिकारियों की धरपकड़ के बीच उन्होंने नाम परिवर्तित कर स्वामी सोमेश्वरानंद के रूप में संन्यासी जीवन व्यतीत किया। वे हिमालय पर घूमते रहे। 1916 में गांधी से पहली बार मिले और हिंसात्मक क्रांतिकारी गतिविधियों को त्यागकर इलाहाबाद से नई राजनीतिक पारी प्रारंभ की। 1918 में मोतीलाल नेहरू के सहयोग से उत्तर प्रदेश में होमरूल लीग की स्थापना की।

1919 में इलाहाबाद से सुंदरलाल ने हिंदी साप्ताहिक 'भविष्य' का संपादन-प्रकाशन किया।

अंग्रेजी राज द्वारा जमानत मांगे जाने पर 1920 में पत्रकारिता से अलग होकर उन्होंने नागपुर में असहयोग आश्रम की स्थापना की और राष्ट्रीय शिक्षा हेतु तिलक स्कूल की स्थापना की। राजद्रोह के प्रचार के लिए उन्हें 1921 में एक वर्ष के कठोर करावास की सजा मिली।

1927 में उन्होंने अपनी विख्यात पुस्तक 'भारत में अंग्रेजी राज' लिखी। इस पुस्तक का महत्व यह है कि छपने के चौथे दिन ही पुलिस प्रकाशक के दफ्तर पहुंच गई और न सिर्फ प्रेस बल्कि रेल, डाकखाने और ग्राहकों के घर तक की तलाशी ली गई। महात्मा गांधी ने इसे 'दिन दहाड़े डाके' की संज्ञा दी थी। इस गौरवशाली ग्रंथ को छापा था 'चांद' के संचालक रामरिख सहगल ने। पुस्तक जब्त हो गई। इसके लिए भारत, बर्मा, श्रीलंका के लगभग एक हजार घरों की तलाशी ली गई। जवाहरलाल नेहरू, राजेंद्र प्रसाद और जमनालाल बजाज ने पुस्तक अपने पास रखने की सरकार को लिखित सूचना दी।

1942 में महात्मा गांधी के संरक्षण में ताराचंद, सैयद महमूद, अब्दुल मजीद, ख्वाजा मौलाना, सुलेमान नदवी और भगवान दास के साथ मिलकर सुंदरलाल ने हिंदुस्तानी कल्चरल सोसाइटी की स्थापना की और सांप्रदायिक सद्भाव और एकता के कार्य में लगातार सक्रिय रहे। उसी दौर में 'गीता और कुरान' पुस्तकें लिखीं। वे उर्दू के प्रेमी थे और 'ऑल इंडिया अंजुमन तरक्की-ए-उर्दू' के उपसभापति रहे। उन्होंने अणु बम-विरोधी अंतरराष्ट्रीय तोक्यो सम्मेलन का नेतृत्व किया था और वे शांति आंदोलन में आजीवन सक्रिय थे।

सुंदरलाल का 9 मई 1981 को दिल्ली में निधन हुआ। वे गांधीवाद और क्रांति को एक-दूसरे का पूरक मानते थे।

समीर कुमार पाठक

अधिक जानकारी के लिए :

1. भारत में अंग्रेजी राज, (दो खंड) : सुंदरलाल, **2. कर्मवीर पं. सुंदरलाल : कुछ संस्मरण :** सुधीर विद्यार्थी

सुकरात
(चौथी सदी ईसा पूर्व)

सुकरात (Socrates) को क्लासिकल ग्रीक दार्शनिक माना जाता है। प्लेटो की बातचीत से सुकरात के जीवन और विचारों के बारे में जानकारी मिलती है। उसके जीवन के संबंध में जो ज्ञात है, उसमें काफी विरोधाभास है। वह जीवन के भौतिक सुखों के प्रति बेपरवाह था और प्रचलित धारणाओं के विरोध में था। उस पर ईश निंदा और युवकों को बिगाड़ने का आरोप लगा और उसे राजसत्ता द्वारा जहर का प्याला पीने की सजा मिली। उसके बारे में यह जानकारी मिलती है कि वह कुरूप था, पर उसकी मेधा अद्वितीय थी और वह एक बड़ा चिंतक था। सुकरात के विचारों को जानने का सीधा स्रोत उपलब्ध नहीं है। उसके शिष्य प्लेटो के लेखन से उसके बारे में जानकारी मिलती है। सुकरात के जीवन की घटनाओं से दर्शन और राजनीति के बीच

सुकरात

विरोध की जानकारी मिलती है। आधुनिक युग में सुकरात को एक आदर्श दार्शनिक नायक के रूप में देखा गया है और उसकी चिंतनशीलता की आधुनिक व्याख्या की गई है। उसके संदर्भ में ही 'साक्रेटिक माइंड' (सुकराती मस्तिष्क) की धारणा सामने आई।

मनुष्य के लिए चिंतन का जोखिम उठाना जरूरी है, ताकि जीवन से संबंधित घटनाओं और वस्तुओं की आलोचनात्मक जांच-पड़ताल हो सके। इसे ही 'सुकराती मस्तिष्क' कहा गया है। हन्नाह अरांत ने लिखा है, कि 'दर्शन और राजनीति की खाई ऐतिहासिक रूप से सुकरात की सजा के समय से ही मिलती है।' (प्रॉमिज ऑफ पॉलिटिक्स)। चिंतन की वजह से ही दर्शन और राजनीति के बीच टकराव होता है। सुकरात को उसके चिंतन के लिए राजसत्ता द्वारा मृत्युदंड एक राजनीतिक समुदाय द्वारा दर्शन की हत्या की कोशिश जैसी लगती है। इस तरह सुकरात को राजसत्ता की अवज्ञा करने वाले व्यक्ति के रूप में ही नहीं, एथेंसवासियों के गणतंत्र में आलोचनात्मक हस्तक्षेप करने वाले दार्शनिक के रूप में भी देखा गया है। इससे पता चलता है कि किसी राज्य में नागरिक सचेतनता में दर्शन की भूमिका कितनी महत्वपूर्ण है। इस तरह सुकरात के जीवन की घटना आलोचनात्मक चिंतन की महत्ता को उजागर करती है। इससे यह स्पष्ट होता है कि तानाशाही या गणतंत्र कोई भी व्यवस्था हो, संरक्षणवाद, रूढ़िवाद, मतांधता या यथास्थितिवाद को चिंतन के धरातल से चुनौती देना जरूरी होता है, इसके लिए जो सजा हो। ऐसी चुनौती देना तभी संभव है, जब अंतरात्मा की आवाज को प्रधानता दी जाए। सुकरात का दर्शन मुख्य रूप से असहमति का दर्शन रहा है, जिसके बिना महान आलोचनात्मक मस्तिष्क असंभव है और निश्चय ही दुनिया को समझना भी।

शंभुनाथ

अधिक जानकारी के लिए :

1. Socrates : A Life Examiner : Luis Navia : 2007, **2. The Trial and Death of Socrates Four Dialogues :** Plato

सुकुमार सेन
(1900-1992)

सुकुमार सेन की भाषाविद के रूप में विशेष पहचान है। वह बांग्ला भाषा के अलावा पालि, प्राकृत और संस्कृत भाषाओं के अच्छे विद्वान थे। उन्होंने सुनीति कुमार चटर्जी और जे एस तारापोरवाला के शिष्यत्व में 'तुलनात्मक भाषाविज्ञान' में उच्च अध्ययन किया था।

सुकुमार सेन वह 1930 में कलकत्ता विश्वविद्यालय में व्याख्याता हुए और 1954 में तुलनात्मक भाषाशास्त्र विभाग में प्रोफेसर बने। उनके ग्रंथों में 'यूज ऑफ केसेस इन वैदिक प्रोज' (1928), 'बुद्धिस्ट हाइब्रिड संस्कृत' (1928), 'ए हिस्टॉरिकल सिंटैक्स ऑफ मिडिल इंडो-आर्यन' (1950), 'ए कंपेरेटिव ग्रामर ऑफ मिडिल इंडो-आर्यन' (1960) आदि विशेष तौर पर उल्लेखनीय हैं। उनकी कृतियों की विषयवस्तु पौराणिक कथाओं से लेकर अपराध जगत जैसे विषयों तक विस्तृत रही है। उन्होंने आत्मकथा भी लिखी। उनके अन्य महत्वपूर्ण ग्रंथों में 'बांग्ला साहित्येर इतिहास' (पांच भाग, 1939), 'भाषार इतिवृत्त' (1939), 'ए हिस्ट्री ऑफ ब्रजबुलि लिटरेचर' (1935), 'भारतीय आर्य साहित्येर इतिहास' (1963), 'रामकथार प्राक्-इतिहास' (1977) और 'वीमेन डायलैक्ट इन बेंगाली' (1923) आदि हैं।

'बांग्ला साहित्येक गद्य' बांग्ला भाषा की साहित्यिक बोली के सुव्यवस्थित शैलीवैज्ञानिक विवरण का सर्वोत्तम उदाहरण है। उनकी 'एट मोलॉजिकल डिक्शनरी ऑफ बेंगाली' (बांग्ला व्युत्पत्ति कोश) केवल बांग्ला भाषा की ही नहीं, बल्कि किसी भी भारतीय भाषा की ऐतिहासिक व्युत्पत्ति को दर्शाने वाला सबसे बड़ा ग्रंथ है। रवींद्रनाथ टैगोर ने 'बांग्ला साहित्य का इतिहास' की न केवल प्रशंसा की थी, बल्कि उन्होंने इसका आमुख भी लिखा था।

सुकुमार सेन ने लिखा है, 'आवश्यक नहीं है कि किसी भाषा समुदाय की धर्मनीति, आचार-व्यवहार, सामाजिक नियम, राष्ट्र-शासन एवं परंपराओं में

साम्य हो। यह भी आवश्यक नहीं है कि किसी भाषा समुदाय के सभी लोग उस भाषा का विकार रहित प्रयोग करते हों। मौखिक भाषा पर विचार करने से ज्ञात होता है कि किसी भाषा के बृहद समाज में प्रयुक्त मौखिक भाषाओं में वैषम्य होता है। मौखिक भाषाओं में यह वैषम्य सदैव सुस्पष्ट नहीं भी हो सकता है। यह भी संभव है कि एक ही भाषा समुदाय के दो छोरों पर एक अंचल की मौखिक भाषा दूसरे अंचल के लोगों को पूरी तरह समझ में न आए।' ('भाषा और बोली')। हिंदी भाषा समुदाय के संदर्भ में सुकुमार सेन के उपर्युक्त मत का परीक्षण किया जा सकता है।

सुकुमार सेन ने 1923 में स्त्री-भाषा पर लिखते हुए कहा था, 'मानव जाति के इतिहास में आरंभिक काल से ही स्त्रियों का अपना परिवेश रहा है। पुरुषों और स्त्रियों की पेशागत परिधियां भिन्न रही हैं। यह हर देश और हर काल में सत्य है। सुंदर अतीत के दिनों में भी जब मनुष्य ने बोलना आरंभ किया, तभी से स्त्रियों और पुरुषों की भाषा में कुछ पार्थक्य अवश्य रहा है।' (स्त्री-भाषा, अनु. शिव कुमार झा)।

सुकुमार सेन

उन्होंने अपने युग के संदर्भ में स्त्री-भाषा की कई विशिष्टताओं की चर्चा की। उनके शब्दों में, 'स्त्रियों की भाषा में पुरातन वैशिष्ट्य सुरक्षित है, जबकि पुरुषों की भाषा में बहुत पहले पुरातन वैशिष्ट्य का लोप हो गया है। स्त्रियां यथासंभव नव-शब्द निर्माण से परहेज करती हैं। शिष्ट उक्ति कहना स्त्री-भाषा का एक अति महत्वपूर्ण वैशिष्ट्य है। स्वभावतः स्त्रियां शरीर के कुछ अंगों और दैनिक प्रकार्यों का उल्लेख करने में संकोच का अनुभव करती हैं। चटकदार व्यंग्य और चुस्त कटाक्षों में स्त्रियों को महारत हासिल है।' (वही) सुकुमार सेन ने क़ुछ बांग्ला स्त्री लोकोक्तियों का संकलन भी किया, जिनमें से कई दूसरी भाषाओं में भी घुमा-फिराकर हैं। जैसे 'अजाचोन्तीर मान बाड़ा' (मंगनियां-चंगनियां ना हंई कि केकरो बात सहीं), बोन पोड़े शबाई दैखे, मोन पोड़े केउ दैखे ना' (वन जलने पर सब देखते हैं, मन जलने पर कोई नहीं देखता)। उन्हें अपने कार्यों के लिए आशुतोष स्मृति स्वर्ण पदक, पद्म भूषण आदि कई सम्मानों से सम्मानित किया गया।

हरीश कुमार सेठी

अधिक जानकारी के लिए :
स्त्री-भाषा : सुकुमार सेन, (अनु.) शिव कुमार झा, केंद्रीय हिंदी संस्थान

सुखदेव

भारत में अंग्रेजी दासता से मुक्ति के लिए, क्रांतिकारी भगत सिंह के साथ 23 मार्च 1931 को फांसी पर चढ़ने से कुछ दिन पहले, शहीद सुखदेव ने महात्मा गांधी को एक खुला पत्र लिखा था। उसमें लिखा था, 'वह दिन दूर नहीं जब उनके (क्रांतिकारियों के) नेतृत्व में और उनके झंडे के नीचे जन-समुदाय उनके समाजवादी प्रजातंत्र के उच्च ध्येय की ओर बढ़ता हुआ दिखाई देगा।' आजाद भारत और शोषणमुक्त समतावादी समाज निर्माण के लिए प्राणों की आहुति देने वाले अनन्य बलिदानी क्रांतिकारियों में वे एक थे। उनका दृढ़ विश्वास था कि सशस्त्र

क्रांतिकारी गतिविधियों के द्वारा ही भारत को अंग्रेजी दासता से मुक्ति दिलाई जा सकती है।

सुखदेव का जन्म 15 मई 1907 को लायलपुर, पंजाब (अब पाकिस्तान) में हुआ था। जन्म के तीन महीने पहले ही उनके पिता लाला रामलाल थापर का देहांत हो गया था। माता रल्ली देवी ने उनका लालन-पालन ताऊ लाला चिंतराम की देखरेख में किया। उनके एक अन्य ताऊ लाला अनंतराम स्वाधीनता आंदोलन में हिस्सा लेने के कारण जेल में थे। सुखदेव की स्कूली पढ़ाई लायलपुर के आर्य हाई स्कूल में हुई। आगे की पढ़ाई के लिए 1922 में वे डी ए वी कॉलेज लाहौर गए। वहां वे भगत सिंह, यशपाल, भगवतीचरण बोहरा तथा अन्य साथियों के संपर्क में आए। इन युवाओं को चंद्रशेखर आजाद, यतींद्रनाथ दास तथा शचींद्रनाथ सान्याल जैसे सक्रिय क्रांतिकारियों का दिशा-निर्देश प्राप्त हुआ। वे सभी 'हिंदुस्तान रिपब्लिकन एसोसिएशन' नामक एक क्रांतिकारी दल के गठन से जुड़े। देश के युवाओं में स्वाधीनता की चेतना के प्रचार के उद्देश्य से 'नौजवान भारत सभा' के गठन का नेतृत्व भगत सिंह और सुखदेव ने संभाला। सुखदेव में सांगठनिक कार्य करने की अद्‌भुत क्षमता थी। बीस वर्ष की उम्र में उन्होंने बम बनाना सीख लिया था।

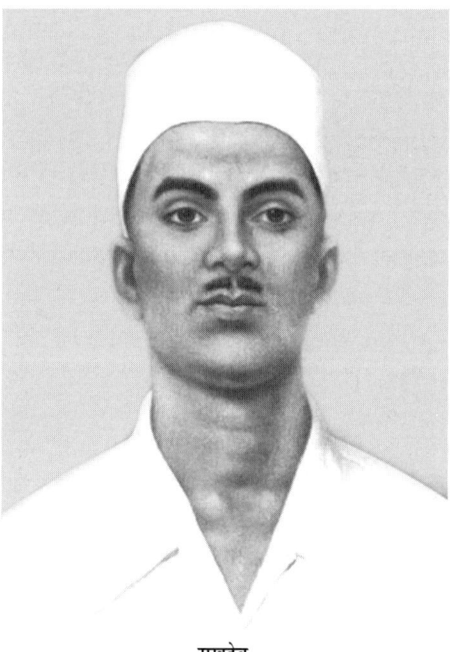

सुखदेव

सुखदेव और साथियों की मातृभाषा पंजाबी होने के बावजूद, क्रांतिकारी चेतना के प्रचार-प्रसार के लिए, वे हिंदी भाषा के महत्व को बखूबी समझते थे तथा उसके उपयोग पर जोर दिया करते थे। रहन-सहन में अतिशय सादगी के कारण सुखदेव साथियों के बीच 'विलेजर' अर्थात देहाती के नाम से ख्यात थे। सामान्य वेशभूषा में वे एक असामान्य व्यक्तित्व थे।

साइमन कमीशन के खिलाफ आंदोलनरत स्वाधीनता सेनानी लाला लाजपत राय की मृत्यु के लिए जिम्मेदार अंग्रेज पुलिस अफसर सांडर्स की हत्या की योजना में सुखदेव ने उल्लेखनीय भूमिका निभाई थी। अंग्रेज सरकार के जन-अहितकारी 'लेबर बिल' के विरोध के उद्देश्य से उनके क्रांतिकारी दल ने दिल्ली असेंबली भवन में बम का धमाका करने का निर्णय लिया था। सांडर्स हत्याकांड में पुलिस की तेज तलाशी के मद्देनजर, दल ने भगत सिंह को इस काम से अलग रखा। मगर अपने अकाट्य तर्कों और दृढ़ता से केंद्रीय कमिटी के निर्णय को बदलवाकर सुखदेव ने भगत सिंह को ही इस काम के सर्वथा योग्य साबित किया और यही हुआ। अदालत और मीडिया का इस्तेमाल कर बम कांड में गिरफ्तार भगत सिंह और बटुकेश्वर दत्त ने क्रांतिकारी आंदोलन के आदर्शों और आवश्यकता को देश के कोने-कोने में पहुंचा दिया।

1929 में जेल की अमानवीय यातनाओं के खिलाफ क्रांतिकारी साथियों ने जब लंबी ऐतिहासिक भूख हड़ताल की, प्राणों को संकट में डालकर सुखदेव ने भी इसमें हिस्सा लिया। इस भूख हड़ताल में जतींद्रनाथ दास 63 दिन तक लगातार अनशन कर शहीद हो गए थे। अपने खिलाफ जारी मुकदमे में सुखदेव की रुचि नहीं थी। उसका मानना था कि दुश्मन की अदालत में न्याय नहीं मिल सकता है। अपनी फांसी के कुछ दिन पहले महात्मा गांधी को

लिखा उनका खुला पत्र स्वाधीनता आंदोलन की दो महत्वपूर्ण विरोधी विचारधाराओं की सैद्धांतिक और कार्यनीतिगत बहस का ऐतिहासिक दस्तावेज है। फांसी के एक महीने बाद, 23 अप्रैल 1931 को महात्मा गांधी ने इस पत्र को अपनी पत्रिका 'यंग इंडिया' में प्रकाशित किया था। क्रांतिकारी दल के सक्रिय सदस्य और लेखक शिव वर्मा ने इस 24 वर्षीय शहीद के चरित्र के बारे में अपनी पुस्तक 'संस्मृतियां' में लिखा है, 'ऐसा था सुखदेव—फूल से भी कोमल और पत्थर से भी कठोर। डर जिसके पास कभी नहीं फटका और शत्रु के साथ समझौते की बात जिसने एक क्षण के लिए भी नहीं सोची।'

23 मार्च 1931 को लाहौर केंद्रीय कारावास में अपने साथियों—भगत सिंह और राजगुरु के साथ फांसी का फंदा चूमते वक्त उनके आखिरी शब्द थे—इंकलाब जिंदाबाद। समाजवाद जिंदाबाद।

महेश जायसवाल

सुखवाद

सुखवाद भौतिकवादी दर्शन की वह शाखा है जिसके अनुसार सुख ही मनुष्य का लक्ष्य होता है, भौतिक सुख ही सबकुछ है। सुख पाना मनुष्य का हक है। आनंद सर्वोत्तम है और पीड़ा निकृष्ट चीज है। इसलिए जीवन का एकमात्र उद्देश्य खा-पीकर, नाच-गाकर, मौज-मस्ती से जीना है और दुख को सीमित करना है। सुखवाद शब्द को अंग्रेजी में Hedonism कहते हैं, जिसकी उत्पत्ति ग्रीक शब्द Hedon से हुई है। इसका शाब्दिक अर्थ आनंद है। माना जाता है कि सुकरात के शिष्य एरिस्तिप्पस ने ईसा पूर्व की चौथी सदी में सुखवाद का दार्शनिक विचार प्रस्तुत किया था। उसका विचार था कि आनंद ही सर्वोत्तम अच्छाई है। सायरेनिक्स में सुकरात की शिक्षा के एक हिस्से में इस बात पर बल दिया गया है कि नैतिक कामों का लक्ष्य सुख की प्राप्ति है। उन्होंने माना कि आनंद ही सर्वशक्तिमान ईश्वर है। एरिस्तिप्पस ने भौतिक सुख को मानसिक और बौद्धिक सुख की अपेक्षा अधिक महत्व दिया।

ईसाई दार्शनिकों ने सुखवाद की आलोचना की। उनका मानना था कि सुखवाद की परिकल्पना ईसाई मान्यताओं के विरुद्ध है क्योंकि सुख की चाह पाप तक ले जाती है। हालांकि रिनेसां युग के दार्शनिकों ने एक हद तक सुखवाद को पुनर्स्थापित करते हुए सुखवाद की सिर्फ धर्म-विरोधी मान्यताओं का खंडन किया और कहा कि सुखी रहना ईश्वर की ही इच्छा का मूर्त रूप है।

मनोवैज्ञानिक सुखवाद के अनुसार, मनुष्य का निर्माण मनोविज्ञान के अनुरूप इस तरह हुआ है कि वह अधिक-से-अधिक सुख की चाह रखता है। नैतिक सुखवाद के अनुसार, हमारा मौलिक नैतिक दायित्व है कि हम सुख और आनंद को बढ़ाने के उपक्रम में लगें। अपने सुख को बढ़ाना एक स्वाभाविक मामला है जिसे हर वक्त क्रियान्वित किया जाना चाहिए। आधुनिक युग में उपयोगितावाद ने दृष्टि दी कि उपयोगिता उन्हीं चीजों की है जिनसे समाज की अधिकतम भलाई हो और लोगों को सुख मिले। इस संबंध में जेरेमी बेंथम ने सुखवाद के प्रति मात्रात्मक दृष्टिकोण और जॉन स्टुअर्ट मिल ने गुणात्मक दृष्टिकोण व्यक्त किया। बेंथम का मानना था कि सुख का मूल्य उसकी तीव्रता और लंबे समय पर निर्भर करता है, जबकि मिल ने ऊंचे दर्जे के सुख और निचले दर्जे के सुख में भेद किया। बीसवीं सदी में नैतिकता पर आधारित सुखवाद की धारणाएं सामने आईं जिनके अनुसार दूसरों को नुकसान पहुंचाए बिना सुख पाने और सुख देने को ही जीवन का प्रधान कर्तव्य माना गया। 'कामायनी' में कहा गया, 'औरों को हँसते देखो मनु हँसो और सुख पाओ/अपने सुख को विस्तृत कर लो सबको सुखी बनाओ।' आधुनिक भौतिकवादी युग में 'चिंता छोड़ो सुख से जियो' का दृष्टिकोण प्रचलित हुआ।

प्राचीन अध्यात्मवादियों ने भौतिक सुख को अपर्याप्त और आत्मछलना माना था। सुखवाद को जीवन की एक संकीर्ण धारणा कहकर उसकी आलोचना

हुई। आधुनिक युग में भी जीवन के इस मार्ग की यह कहकर निंदा की गई कि यह अंसवेदनशील बनाता है और व्यक्तिवाद की ओर ले जाता है। वैश्वीकरण ने दुनिया के सारे लोगों को सुख के विभिन्न पायदानों पर खड़ा कर दिया है और सुखवाद ही उपभोक्ता संस्कृति का जीवन-मंत्र बन गया है।

समकालीन सुखवादियों ने खुद को एक संगठन से जोड़ा है जिसे 'हेडोनिस्ट इंटरनेशनल' के नाम से जाना जाता है। पूर्व सुखवादी दार्शनिकों की तरह इन लोगों का भी मानना है कि अंततः सुख ही मनुष्य जीवन का अंतिम लक्ष्य है, लेकिन वे इसमें स्वतंत्रता और समानता की अवधारणा को भी जोड़ते हैं।

सुखवाद के सिंद्धात का भारतीय दार्शनिक चार्वाक के दर्शन में कुछ आभास है। चार्वाक दर्शन में कहा गया है, कि 'यावत्जिवेत, सुखं जीवेत/ ऋण कृत्वा घृतं पीवेत' यानी जब तक जियो सुख से जियो, चाहे उधार लेकर ही पीना पड़े, घी पीओ। चार्वाक एक नास्तिक दर्शन है जो मानता है कि न ईश्वर है और न स्वर्ग-नरक। मनुष्य मृत्यु के बाद कहीं नहीं जाता। जो कुछ है यह जीवन ही है, इसलिए इस जीवन में आनंद प्राप्त करना ही लक्ष्य होना चाहिए। चार्वाक का समय 600 ईसा पूर्व माना जाता है।

अच्युतानंद मिश्र

अधिक जानकारी के लिए :

1. लोकायत : देवीप्रसाद चट्टोपाध्याय, 1982, **2. Pleasure and the Good Life : Concerning the Nature and Plausibility of Hedonism :** Fred Feldman, 2006, **3. Utilitarianism, Hedonism and Desert : Essays in Moral Philosophy :** Fred Feldman

सुगली

सुगली भारतीय आर्य भाषा परिवार के अंतर्गत मध्य क्षेत्र की लोकभाषा है, जिसे राजस्थानी हिंदी के अवशिष्ट भाषा वर्ग में रखा गया है। यह मूलतः राजस्थान में बोली जाने वाली मारवाड़ी से संबंधित है। दूसरी तरफ 'सुगली' तेलंगाना और आंध्र प्रदेश का एक जनजाति समुदाय है। लंबाड़ी या लंबाड़ा जनजाति को इन दो राज्यों में सुगली के नाम से जाना जाता है। रायलसीमा और तेलंगाना लंबाड़ी सुगली जनजाति के प्रमुख अधिवास क्षेत्र हैं। इन्हें यहां अनुसूचित जनजाति की मान्यता प्रदान की गई है। सुगली जनजाति की भाषा को भी 'सुगली' नाम से जाना जाता है।

सन 2001 की जनगणना के अनुसार, सुगली भाषा-भाषियों की कुल जनसंख्या 1,60,736 थी। इंडियन जर्नल ऑफ रिसर्च पैरीपैक्स खंड-2, अंक-11 नवंबर 2013) में प्रकाशित एक आलेख के हवाले से जनगणना 2011 में यह जनसंख्या 20,77,947 बताई गई है। संभवतः सुगली भाषाभाषी जनसमुदाय अन्य राजपूत कबीलों की तरह काफी पहले अपने मूल स्थान से आंध्र प्रदेश, तेलंगाना के क्षेत्रों में स्थानांतरित हो गया था। वह बाद में क्षेत्रीय प्रभाव और अस्तित्व रक्षा के सामने अपनी मूल भाषाई पहचान को सुरक्षित नहीं रख पाया। दूसरे प्रदेशों में जाकर इनकी भाषा पर क्षेत्रीय भाषाओं का गहरा प्रभाव पड़ा। इस प्रकार इनकी वर्तमान भाषा में मारवाड़ी और तेलुगु का सम्मिश्रण देखा जा सकता है। ये लोग आज भी अधिकांशतः अशिक्षित हैं। इसके बावजूद इनके भाषा व्यवहार में द्विभाषिकता की प्रवृत्ति देखी जाती है। अपने समुदाय में ये सुगली का इस्तेमाल करते हैं और बाहरी समाज में तेलुगु आदि का।

नृजातीय या जनजातीय आधार पर सुगली काकेशीय आर्य हैं। अन्य भाषा-भाषी क्षेत्रों में रहकर भी ये स्थानीय समाज में पूर्णतः घुलमिले नहीं हैं। इनकी बस्तियां अकसर अपने क्षेत्र के गांवों के मुख्य भाग से हटकर बसी हुई मिलती हैं और इस प्रकार ये स्थानीय भाषा-समाज में स्थिर और सक्रिय होकर भी अपना विशिष्ट सांस्कृतिक और जनजातीय वजूद कायम किए हुए हैं। सुगलियों के गांव को 'तंडा' या 'टांडा' कहा जाता है।

सुगली जनजाति पांच गोत्र या भागों में बंटी हुई है—भूकिया (राठौड़), वडथिया (जाधव), चौहान, पमार और वानोठ (आदे)। इनके भी अनेक उपवर्ग हैं

जिन्हें 'पद' या 'जात' कहा जाता है, जैसे भूकिया 24 जातों में, वडथिया 52 जातों में, चौहान 6 जातों में, पमार 12 जातों में और वानोथ 13 जातों में बंटे हैं।

अपने इतिहास के शुरुआती दौर में लंबाड़ी सुगली घुमंतू बंजारे थे, लेकिन अब विभिन्न व्यवसायों से जुड़कर इनका जीवन काफी स्थिर हो गया है। सुगली पशु-पालन में विशेष रूप से सिद्धहस्त माने जाते हैं। पशुपालन, दूध तथा दूध से बने पदार्थों का व्यवसाय इनका प्रमुख पेशा है। अब ये खेती के काम से भी जुड़ गए हैं। इनमें से जो लोग भूमि-पशुहीन हैं, उन्होंने आस-पास के कस्बों और शहरों में जाकर जीवन-यापन के दूसरे साधन खोज लिए हैं।द्म

अनुपम श्रीवास्तव

सुदामा

सुदामा गरीब होते हुए भी कृष्ण के मित्र थे। इनकी मित्रता प्रसिद्ध थी। सुदामा और कृष्ण एक ही गुरुकुल में पढ़ते थे। कृष्ण संपन्न थे और सुदामा गरीब। गुरुकुल के बाद दोनों अपने-अपने जीवन में व्यस्त हो गए। सुदामा इतने गरीब थे कि एक समय ऐसा आया, जब बच्चों और पत्नी के लिए दो समय का भोजन मिलना कठिन हो गया। कृष्ण द्वारका के राजा बने। सुदामा की पत्नी कल्याणी ने उन्हें समझाया कि वे अपने मित्र के पास जाकर कुछ सहायता मांगें। सुदामा को संकोच हुआ, तब भी वे पत्नी की बात मानकर कृष्ण से मिलने के लिए निकल पड़े। वे एक पोटली में थोड़ा-सा चिड़वा लेकर गए, क्योंकि कृष्ण को देने के लिए उनके पास कुछ और नहीं था।

कृष्ण ने मिलते ही सुदामा को गले लगा लिया और बहुत आदर-सत्कार के साथ उनका उपहार भी ग्रहण किया। सुदामा इतने भावविभोर थे कि कृष्ण से अपनी गरीबी के बारे में कुछ भी न कह सके और चुपचाप घर लौट आए। आगे कथा है कि सुदामा जब घर पहुंचे, तो वहां उनकी कुटिया की जगह महल खड़ा था। उसमें ऐश्वर्य के सभी साधन थे। ऐश्वर्यशाली कृष्ण का गरीब सुदामा से निःसंकोच प्रेम एक उदाहरण बन गया। सूरदास ने कृष्ण की महिमा का वर्णन सुदामा के संदर्भ में भी किया है, 'रंक सुदामा कियो अजाची, दियौ अभय-पद ठाऊं/ कामधेनु, चिंतामणि, दीन्हौं कल्पवृक्ष-तर छाऊं।'

निर्मला तोदी

सुनना और बोलना

'सुनना' और 'बोलना' को किसी भाषा को अर्जित करने या सीखने का आधार माना जा सकता है। हम अपने परिवेश में या आस-पास जो भी भाषाएं सुनते हैं, उन्हें बोलने का प्रयास करते हैं। इसी तरह विभिन्न भाषा समुदायों में जो भाषाएं सुनी जाती हैं और जिनके सहारे दुनिया के बारे में तमाम अवधारणाएं बनती हैं, हम उन्हें बोलने का प्रयास करते हैं। सहज रूप से भाषा को सुनने और बोलने का उपक्रम प्रारंभ हो जाता है। समृद्ध भाषा को सुनने और बोलने का जितना अधिक अवसर मिलेगा, भाषा में उतना ही पैनापन आएगा। वह परिष्कृत होती चलेगी। हम देखते हैं कि बच्चे पाठशाला आने से पहले सुनने और बोलने की कुशलता से लैस होते हैं। अपनी भाषा में अपनी बात कहने और कही बात का अर्थ समझने की क्षमता उनमें होती है, उदाहरण के लिए—मुझे खिलौना चाहिए/मैं किताब लूंगी/ये वाला पेन दे दो/कौन आया है? आदि।

सुनना और बोलना साथ-साथ चलने वाली प्रक्रियाएं हैं। संप्रेषण की द्विमुखी प्रक्रिया में एक समय में जो वक्ता है, वह बाद में श्रोता बन जाता है और जो श्रोता है, वह वक्ता बन जाता है। एक उदाहरण हैं, मान लीजिए, 'शिक्षा का अधिकार' पर चर्चा चल रही है और आपने अपने विचार अभिव्यक्त किए तो आप वक्ता बन गए। किसी ने आपके विचार पर स्पष्टीकरण मांगा तो आप श्रोता बन गए और श्रोता वक्ता बन गया।

'सुनने और बोलने' की क्षमताएं जीवन के अनेक उद्देश्यों को पूरा करने में मदद करती हैं, जैसे

काउंटर से टिकट लेना, सब्जी का भाव पूछना, किसी विचार-बिंदु के पक्ष या विपक्ष में बोलना, किसी बात का स्पष्टीकरण देना आदि। सुनने का अर्थ केवल ध्वनियों को सुनना नहीं है। जो सुना है, उस पर अपनी भावनात्मक/बौद्धिक प्रतिक्रिया या टिप्पणी देना 'बौद्धिक' क्षमता का परिचायक है। सुनी गई बात या विचार पर प्रतिक्रिया देने के लिए यह जरूरी है कि प्रकट किए गए विचारों के बारे में विश्लेषण भी चले। इस तरह सुनना एक सक्रिय प्रक्रिया है जिसमें श्रोता लगातार क्रमवार तरीके से विचारों को धैर्यपूर्वक सुनता है, विचार करता है, समझता है, मंथन करता है, अपनी राय बनाता और बताता है। किसी बात को अभिधात्मक अर्थ में लिया जाए या व्यंजना में, यह अनेक बातों पर निर्भर करता है, जैसे प्रसंग क्या है, वक्ता कौन है, उसके साथ श्रोता का क्या संबंध है, बातचीत का प्रयोजन क्या है, समय और स्थिति क्या है आदि।

जो कहना है, उसे ठीक तरीके से न कहा जाए तो अर्थ का अनर्थ हो सकता है। अतः बोलते समय शब्दों, वाक्यों, दृष्टांतों का चयन और अनुतान, बलाघात, तान आदि का विशेष ध्यान रखना उचित है। विभिन्न औपचारिक एवं अनौपचारिक स्थितियों में आत्मविश्वास, स्पष्टता, तर्क के साथ अपनी बात कहने की कुशलता व्यक्तित्व को नए रूप में प्रस्तुत करती है। बोलने की क्षमता में यह भी शामिल है कि कम शब्दों में अधिक गहरी और विस्तृत बात कैसे कही जाए। इतना ही नहीं, बोलने की क्षमताओं में शामिल हैं प्रभावी तथा प्रवाहपूर्ण शैली में अपनी बात कहना, विचारों को क्रमबद्ध रूप से प्रस्तुत करना, बच्चों में प्रश्न पूछने और अपनी समस्या रखने की क्षमता। सुनना और बोलना दोनों प्रक्रियाएं एक-दूसरे को प्रभावित करती हैं।

उषा शर्मा

अधिक जानकारी के लिए :

1. **अच्छी हिंदी :** रामचंद्र वर्म्मा, 2. **Teaching the Core Skills of Listening and Speaking :** Erik Palmer

सुनीति कुमार चटर्जी
(1890-1977)

सुनीति कुमार चटर्जी अंतरराष्ट्रीय स्तर पर प्रतिष्ठित भाषाविद, प्राच्यविद और शिक्षाविद थे। उनका जन्म 26 नवंबर 1890 को पश्चिम बंगाल के शिवपुर, हावड़ा में हुआ था। वे कलकत्ता विश्वविद्यालय में 1914 से पांच साल तक पढ़ाने के बाद 1919 में लंदन विश्वविद्यालय के स्कूल ऑफ ओरिएंटल स्टडीज में अध्ययन के लिए चले गए। वहां उन्होंने स्वरविज्ञान (Phonology), भारोपीय भाषाविज्ञान (Indo-European Linguistics), प्राकृत, फारसी, पुरानी आयरिश, गोथिक और अन्य भाषाएं सीखीं। बाद में वे पेरिस के कॉलेज द फ्रांस से भारतीय-आर्य, स्लाव और भारोपीय भाषाविज्ञान, यूनानी, ग्रीक और लैटिन में अनुसंधान करने के लिए सोरबोन चले गए। वहां अंतरराष्ट्रीय ख्यातिप्राप्त जूल्स ब्लॉक (Jules Bloch) चटर्जी के अध्यापक थे। कॉलेज द फ्रांस से 1922 में भारत आने के बाद उन्होंने कलकत्ता विश्वविद्यालय में भाषाविज्ञान और ध्वनि विज्ञान के प्रोफेसर का पद संभाला और

सुनीति कुमार चटर्जी

सेवानिवृत्ति पर्यंत अध्यापन कार्य किया। वे 1965 में मानविकी के लिए नेशनल रिसर्च प्रोफेसर बने।

सुनीति कुमार चटर्जी ने रवींद्रनाथ टैगोर के साथ मलाया, सुमात्रा, जावा और बाली की यात्राएं की थीं। इस यात्रा के बारे में उन्होंने एक पुस्तक भी लिखी। वे दुनिया के कई देशों में गए और सर्वत्र एक प्रतिष्ठित भारतीय विद्वान की मर्यादा प्राप्त की। उन्होंने कराची में आयोजित अखिल भारतीय हिंदी सम्मेलन में राष्ट्रभाषा पैनल की अध्यक्षता की थीं। वे 1969 में साहित्य अकादमी के उपाध्यक्ष और अगले वर्ष अध्यक्ष बनने के अलावा यूरोप, एशिया और अमेरिका की अनेक अकादमियों, संस्थाओं और वैज्ञानिक सोसाइटियों के मानद सदस्य भी रहे।

उनका आर्य भाषा और हिंदी पर काम महत्वपूर्ण है। वह आजादी से पहले हिंदी को राष्ट्रभाषा बनाने के प्रमुख समर्थकों में से एक थे, पर बाद में उनके विचारों में बदलाव आ गया। उन्होंने भारत की भाषा समस्या पर विचार किया है। उनके प्रमुख ग्रंथ हैं : 'दि ओरिजिन एंड डेवलपमेंट ऑफ बेंगाली लैंग्वेज', 'बेंगाली फोनेटिक रीडर', 'भारत में भाषा और भाषा समस्याएं' (बांग्ला), 'जाति, संस्कृति, साहित्य' (बांग्ला), 'संस्कृति क्या है' (बांग्ला), 'पश्चिम की यात्राएं' (बांग्ला), 'द्वीपमय भारत' (बांग्ला) आदि।

सुनीति कुमार चटर्जी ने मुख्य रूप से बांग्ला भाषा के ध्वनि विज्ञान (Phonetics) और रूपविज्ञान (Morphology) के इतिहास, भारतीय आर्य भाषाओं (विशेष तौर पर प्राकृत भाषाओं) के विकास पर शोध कार्य किया। मध्यकालीन भारतीय आर्य भाषाओं के कोश (lexicon) पर द्रविड़ और ऑस्ट्रो-एशियाटिक भाषाओं के प्रभाव का उनका अध्ययन उल्लेखनीय है। अपने भाषा वैज्ञानिक अध्ययन में उन्होंने ऐतिहासिक, सांस्कृतिक, नृविज्ञानी और दर्शनशास्त्र संबंधी प्रत्ययों का भी प्रयोग किया। भाषाविज्ञान के क्षेत्र में उनके योगदान का अंदाजा इससे लगाया जा सकता है कि उनकी 'दि ओरिजिन एंड डेवलपमेंट ऑफ बेंगाली लैंग्वेज' पुस्तक के कारण वैज्ञानिक आधार पर भारतीय भाषाविज्ञान का विकास शुरू हुआ। टैगोर ने जहाँ उनको 'भाषाचार्य' से विभूषित किया, हिंदी साहित्य सम्मेलन प्रयाग ने उन्हें 'साहित्य वाचस्पति' से सम्मानित किया। वर्ष 1948 में उन्हें 'पद्मभूषण' भी मिला।

हरीश कुमार सेठी

सुपरमैन

अतिमानव (Superman) दो स्तर पर मिलते हैं, एक वे जो शारीरिक रूप से महाबली होते हैं और दूसरे वे जो आध्यात्मिक ऊंचाइयों को प्राप्त कर चुके हैं। हर जमाने में किसी-न-किसी किंवदंती की तरह शारीरिक दृष्टि से बलवान मनुष्य के बारे में कहानियां मिलती रही हैं। हनुमान, भीम, हरक्यूलिस, सैम्सन, जर्मन पहलवान सैंडो, गामा पहलवान, राममूर्ति, किंगकांग आदि अतिबलशाली होने के कारण प्रसिद्ध हो चुके हैं। इन्होंने आम आदमी की दैहिक क्षमता की सीमाओं का अतिक्रमण करके दिखलाया था। कहा जा सकता है कि ऐसे महाबली या अतिमानव मनुष्य की कल्पना की उपज होते हैं। प्रत्येक सभ्यता में ऐसे अतिनायकों की कल्पनाएं होती रही हैं। नीत्से ने अपनी दृष्टि से 'सुपरमैन' की अवधारणा दी थी। हाल के वर्षों में अमेरिका में 'सुपरमैन' नाम के एक अद्‌भुत साहसी, दयालु एवं वीर नायक की कल्पना हुई, जिसे कॉमिक बुक्स, रेडियो, धारावाहिक, अखबार, फिल्म, टेलीविजन, वीडियो गेम्स, पोशाक के विज्ञापनों आदि के जरिए दुनिया भर में अपार लोकप्रियता हासिल हुई, खास तौर से बच्चों और किशोरों के बीच।

1933 में लेखक जेरी सीगल तथा चित्रकार जो शूस्टर ने सुपरमैन नामक चरित्र की रचना की थी। उन्होंने सुपरमैन कॉमिक को 1938 में 'डिटेक्टिव कॉमिक्स' नामक कंपनी को बेचा। इसका प्रथम प्रकाशन 18 अप्रैल 1938 के 'एक्शन कॉमिक्स' में हुआ। इस चरित्र के द्वारा अमेरिकी कॉमिक बुक्स

के इतिहास में एक बेजोड़ अतिमानवी नायक का प्रादुर्भाव हुआ। इस चरित्र की विशिष्ट पहचान यह है कि उसके हट्टे-कट्टे शरीर पर चिपकी हुई नीले रंग की पोशाक होती है, जिसकी छाती पर लाल-पीले रंगों से अंग्रेजी का 'एस' (S) अक्षर एक खास शैली में लिखा होता है।

सुपरमैन की कथा के अनुसार उसका जन्म क्रिप्टन नामक ग्रह पर हुआ था। वहां उसका नाम कल-एल था। उसके वैज्ञानिक पिता जोर-एल ने क्रिप्टन के विनाश के पहले अपने शिशु पुत्र को रॉकेट से पृथ्वी पर भेज दिया। अमेरिका के कैन्सास नामक जगह में एक किसान और उसकी पत्नी को यह शिशु मिला, जिसका लालन-पालन उन्होंने बड़े ही नैतिक अनुशासन के साथ किया। शिशु को क्लार्क केंट नाम दिया गया। बच्चा आरंभ से अपनी अतिमानवी शक्तियों का प्रयोग मानवता के हित में करने लगा था। 1945 में इस कॉमिक कथा के फ्लैशबैक में किशोर 'सुपरबॉय' की कहानी बताई गई है। बाद में सुपरमैन अमेरिकी महानगर में रहने लगा। सुपरमैन की गुप्त पहचान यह थी कि वह यानी क्लार्क केंट 'डेली प्लानेट' नामक अखबार का पत्रकार था। उसे लॉय लेन नामक युवती से प्यार था जिससे उसकी शादी 1996 में कराई गई। उसकी दुश्मनी दुर्दांत खलनायक लेक्स लूथर से थी। अपने समय के सर्कस के जिमनास्टो और एक प्रसिद्ध कॉमिक कथा 'फ्लैश गॉर्डन' से प्रभावित होने के बावजूद जेरी सीगल ने सुपरमैन को हरक्युलिस और सैम्सन जैसे मिथकीय चरित्रों के पैटर्न पर खड़ा किया। उसे सामाजिक न्याय के लिए उपद्रवियों-अत्याचारियों को सबक सिखाते हुए दिखाया गया। कहा जाता है कि जेरी सीगल के पिता मिशेल सीगल की मृत्यु डकैत के हाथों हुई थी, जिसके बाद जेरी ने बड़े ही शानदार हीरो के रूप में बुलेट-प्रूफ सुपरमैन की रचना की। इसकी अपार सफलता ने अमेरिका और विश्व भर में इसे पॉपुलर कल्चर का सशक्त हिस्सा बना दिया। बाद में चित्रकार शूस्टर की आंखों की रोशनी कम होने लगी, तब उसने वेन बोरिंग को अपने साथ जोड़ लिया। 1943 में सीगल के अमेरिकी सेना में चले जाने के बाद उसका रचनात्मक योगदान घटता गया। फिर लेखक के रूप में डॉन कैमरॉन और एल्विन श्वाट्र्ज चित्रकार बोरिंग के सहयोगी बने। दूसरे विश्वयुद्ध के संदर्भ में सुपरमैन का अपना अलग ही महत्व था।

2011 में सुपरमैन को नए सिरे से आरंभ किया गया। बताया गया कि लॉय अब सुपरमैन की पत्नी नहीं है और सुपरमैन जब हाई स्कूल में था, तभी उसके माता-पिता गुजर गए थे। अब उसका क्रिप्टन ग्रह की विरासत वाला जिरह-बख्तर भी हट गया। फरवरी 2015 से ज्यॉफ जोंस और जॉन रोमिता जूनियर ने इसे नई गति देना शुरू किया। सुपरमैन अब बदले हुए वस्त्रों में आ गया। मार्च 2015 में घोषणा की गई कि अब से सुपरमैन सामान्य नीले रंग की टी-शर्ट, रेगुलर जींस और टेनिस शूज का व्यवहार करेगा। उसकी ताकत का स्तर भी पहले की अपेक्षा बहुत बढ़ गया। बीच में सुपरमैन को स्पेस में जाने के लिए अपनी सांसों पर नियंत्रण करना पड़ता था। वैसी यात्राएं सीमित कर दी गईं, पर अब वह पहाड़ों को उठा फेंकता है, अणु विस्फोटों में भी अक्षत रहता है और आसानी से बिना ऑक्सीजन लिए सूर्य और अन्य ग्रहों तक जा सकता है। ऐसा सुपरमैन टेलीविजन, फिल्म और कॉमिक बुक्स के नाना रूपों में विश्व में छाता गया। सुपरमैन के साथ सुपरवूमैन की छवियां भी निर्मित होने लगीं, जो इक्कीसवीं सदी में स्त्री के नए सामाजिक स्थान की द्योतक थीं।

अमेरिकी जीवन-पद्धति, विचारधारा, लोकतंत्र, व्यक्तिवाद, उपभोक्तावाद आदि सभी सुपरमैन कथा के आनुषांगिक पक्ष रहे हैं। यह अमेरिका के जीवन और उसकी आशा-आकांक्षा को अपने तरीके से व्यक्त करता रहा है। इसलिए अमेरिका में संस्कृतिकर्मियों, समाजशास्त्रियों और दार्शनिकों ने सुपरमैन की अद्‌भुत लोकप्रियता का पर्याप्त अध्ययन किया है। शुरुआती दौर में वर्णित घटनाओं में सुपरमैन के सर्जक (अर्थात शूस्टर सीगल जो यहूदी मूल के अप्रवासी थे और अमेरिकी संस्कृति में रचने-बसने के इच्छुक थे) के वामपंथी झुकाव और राष्ट्रपति फ्रैंकलिन रूजवेल्ट के

'न्यू डील' वाले उदार आदर्शवाद को परिलक्षित किया गया, क्योंकि सुपरमैन सामाजिक अन्याय-अत्याचारों, सभी तरह के असामाजिक तत्वों, मुनाफाखोरों, भ्रष्ट नेताओं और व्यापारियों के विरुद्ध विशेष सक्रिय होता था। सुपरमैन एक सामाजिक-सांस्कृतिक प्रतीक, एक मिथक बन चुका है। अमेरिका में राष्ट्रपति ओबामा को सुपरमैन बताया जाने लगा। सामान्य बोलचाल में सुपरमैन मुहावरा बन चुका है, जैसे–तुम सुपरमैन बनने की कोशिश कर रहे हो या वह कोई सुपरमैन नहीं है।

सुवास कुमार

अधिक जानकारी के लिए :

1. Superman : The Complete History : Les Daniels, 1998, **2. Comics Philosophy :** Jeff Mc Laughlin, 2005, **3. Superman : The High-Flying History of America's Most Enduring Hero :** Larry Tye , 2012, **4. DC Comics : Sixty Years of the World Favourite Comic Book Heroes :** Les Daniels, 1995

सुब्रह्मण्य भारती

(1882-1921)

हिंदी में भारतेंदु की भांति तमिल भाषा और साहित्य में नवजागरण के पुरोधा के रूप में सुब्रह्मण्य भारती का उदय हुआ। भारतेंदु के समान ही भारती ने मातृभाषा की उन्नति का शंखनाद किया और उन्हीं की तरह कवि, गद्यकार और पत्रकार थे। सुब्रह्मण्य का जन्म 11 दिसंबर 1882 को तिरुनेवेली जनपद के एट्टयपुरम में हुआ था। पिता चिन्नस्वामी अय्यर स्थानीय जमींदार के यहां कर्मचारी थे। शैशव में ही मां के प्रेम से वंचित बालक का मन बाग-बगीचों में, प्रकृति की गोद में रमता था। पिता के साथ जमींदार के महल में कभी-कभी कवि गोष्ठियों में बैठने का अवसर मिलता था।

ग्यारह साल की आयु में एट्टयपुरम के दरबार में इन्हें 'भारती' की उपाधि से विभूषित किया गया। पिता ने शहर के अंग्रेजी स्कूल में नाम लिखाया, भारती का मन गणित के बजाय कविता में रमता था। पंद्रह साल की आयु में इनका विवाह सात साल की चेल्लम्माल के साथ हुआ। अगले ही वर्ष पिता का निधन होने पर भारती अपनी पत्नी को मैके छोड़कर आगे पढ़ने के लिए अपनी बुआ के घर काशी चले गए। काशी में चार साल रहते हुए अंग्रेजी, हिंदी और संस्कृत में अच्छा ज्ञान प्राप्त कर लिया। उन्होंने इलाहाबाद की एंट्रेंस परीक्षा विशेष योग्यता के साथ पास की। मदुरै में चंद महीने स्कूल में पढ़ाने के बाद चेन्नै पहुंचकर 'स्वदेशमित्रन' अखबार में लग गए। समाचार-पत्र के लिए विश्व की गतिविधियों का अंग्रेजी से आशु अनुवाद करते-करते राष्ट्रीयता और विश्वबंधुत्व की भावना में वृद्धि हुई। उन्होंने लोकमान्य तिलक के उग्र विचारों से तमिल पाठकों को परिचित कराया। पत्र-पत्रिकाओं में देशभक्तिपूर्ण कविताएं भी छपीं। नरम 'स्वदेशमित्रन' जब भारती के गरम लेखों को सहन नहीं कर पाए तो भारती 'इंडिया' पत्रिका में चले गए। इस बीच कांग्रेस अधिवेशनों में भाग लेकर वे देश की स्वतंत्रता के लिए काम करने लगे।

ब्रिटिश सरकार उन्हें गिरफ्तार करने की ताक में थी तो पुलिस को चकमा देकर भारती फ्रेंच शासित

सुब्रह्मण्य भारती

प्रदेश पांडिचेरी चले गए। वहां से भारती की पत्रिका 'इंडिया' ब्रिटिश सरकार पर आग उगलने लगी। पांडिचेरी में उन्हें अरविंद घोष, वि वि एस अय्यर, सुब्रह्मण्यम् शिवा जैसे देशभक्तों का सान्निध्य मिला। पांडिचेरी में दस वर्ष के प्रवास काल में भारती ने स्वदेशी गीतों के अलावा 'कुयिल पाट्टु', 'पापा पाट्टु', 'कण्णन पाट्टु' जैसी कविताएं, 'पांचाली शपथ' जैसा काव्य, 'उपनिषद', 'ज्ञान रथम' जैसी कविताएं लिखीं। 'पप्पा' गीत बच्चों को संबोधित है (तमिल में बच्चे को पप्पा कहते हैं)। कुयिल गीत अनश्वर प्रेम का व्यंजक है। 'कण्णन पाट्टु' में कान्हा को अपना गुरु, सखा, वत्स, सेवक, प्रेमिका आदि कई रूपों में चित्रित किया गया है, किंतु यह भक्तिकाव्य नहीं है। 'पांचाली शपथ' की द्रौपदी में भारत माता की व्यथा चित्रित है। इनमें से प्रत्येक कृति भारती की अद्‌भुत प्रतिभा और नव्य प्रयोग का परिचय देती है। 1918 में चेन्नै लौटकर पुनः पत्र-पत्रिकाओं में काम करने लगे, शाम को समुद्र तट की सभाओं में भाषण देते थे। इसके तीन साल बाद महज 39 वर्ष की आयु में भारती का निधन हो गया।

आजादी मिलने से पहले ही सुब्रह्मण्य भारती ने अपनी कविता में घोषणा की, 'आओ नाचें, गाएं हम/ यों कहकर नाचें गाएं गीत / कि आनंदमय स्वतंत्रता मिल गई।' वे भारत माता का वर्णन करते हैं, 'तीस कोटि मुख उसके/ किंतु प्राण एक है/ बोलती हैं अठारह भाषाएं / किंतु चिंतन एक है, ध्यान एक है।' स्वतंत्र भारत में कृषि उद्योग की उन्नति कैसे हो, नदियों को आपस में मिलाकर किस प्रकार देश में अन्न उगाएं, तमिल, तेलुगु, मराठा, पंजाबी और उत्तरवासियों के बीच कैसी एकात्मकता और सौहार्द-समन्वय लाएं, इस पर भी भारती ने चिंतन करके कविता लिखी है, 'गंगातट के स्वादिष्ट गेहूं के पदार्थ, विनिमय करेंगे कावेरी के पान से / सेतुबंध को ऊंचा कर मार्ग बनाएंगे हम / जोड़ेंगे सिंहल द्वीप को हिंद से /....मंत्र-तंत्र सीखेंगे, नभ को नापेंगे/ अटल सिंधु के तल से होकर आएंगे / एक नया कानून बनाएं/ पालन उसका सदा करें हम/ भूखा रहे एक भी जन यदि / तहस-नहस कर दें जग को हम /...तीस कोटि जन का समान अधिकार / होगा देश के धन पर / शस्य-श्यामला चिर उदार इस भारत-भू की जय हो, विजय हो / भारतीय समुदाय अमर हो।' वे 'अर्वाचीन नहीं' कविता में कहते हैं, 'नारी की अनिवार्य अपेक्षा है : स्वतंत्रता/ निकली बदन कमल से यह सुरसरभि तुम्हारे!' सुब्रह्मण्य भारती जितने तमिल भाषा और जातीयता के प्रति समर्पित थे, उतने ही भारत देश के प्रति भी।

एच बाला सुब्रह्मण्यम्

अधिक जानकारी के लिए :

1. Fire in the Soul - Subramania Bharati : Gopi-Krishnan Kottoor, 1995, **2. Mahakavi Subramania Bharati :** S Vijaya Bharti, 2015

सुभद्रा

सुभद्रा वसुदेव और विमाता रोहिणी की पुत्री थी। इस तरह वह बलराम की सहोदर और कृष्ण की सौतेली बहन हुई। वह कृष्ण की बड़ी लाडली थी। बलराम उसका विवाह दुर्योधन से करवाना चाहते थे। कृष्ण इसके पक्ष में नहीं थे। सुभद्रा स्वयं अपना वर चुनना चाहती थी, पर वह निर्णय नहीं कर पा रही थी। अर्जुन जब ब्रह्मचर्य धारण कर बारह वर्षों तक वनवास में थे, तो कृष्ण के साथ रैवतक पर्वत पर गए। वहां अर्जुन के स्वागत में एक उत्सव का आयोजन हुआ। अर्जुन ने वहां सुभद्रा को पहली बार देखा। वे उसके रूप पर मुग्ध हो गए। अर्जुन की मंशा जानकर कृष्ण ने उनकी सहायता का निश्चय किया। उन्होंने अपना सुसज्जित रथ अर्जुन को सौंप दिया। अर्जुन ने बलपूर्वक सुभद्रा का हरण करके उससे विवाह किया। इस घटना से बलराम क्रुद्ध हो गए। वह यादवों को साथ लेकर अर्जुन को दंडित करने चले, लेकिन कृष्ण के युक्तिपूर्वक समझाने पर शांत हो गए। (महाभारत, आदि पर्व)।

सुभद्रा उस वीर अभिमन्यु की माता थी, जिसने मात्र सोलह वर्ष की अवस्था में कुरुक्षेत्र के युद्ध में अपार शौर्य का प्रदर्शन किया था। जगन्नाथ (उड़ीसा) के मंदिर में कृष्ण और बलराम के साथ सुभद्रा की

मूर्ति है, जहां वह दोनों भाइयों के बीच है। जनश्रुति के अनुसार, सुभद्रा अपने बेटे अभिमन्यु के वध के कारण शोकाहत थी, इसलिए महाभारत युद्ध के बाद दोनों भाई मानसिक शांति के लिए उसे अपने साथ तीर्थाटन पर ले गए। पुरी में वह अपने दोनों भाइयों के बीच मूर्तिमान है।

गीता दूबे

अधिक जानकारी के लिए :
Puranic Encyclopedia : Vettam Mani, 1975

सुभाषचंद्र बोस
(1897-1945)

सुभाषचंद्र बोस का जन्म 23 जनवरी को ओडिशा के कटक नगर में हुआ था। वे स्वाधीनता संग्राम के अग्रणी नेताओं में थे और गांधी से अपने मतभेदों से ज्यादा आजाद हिंद फौज गठित कर अंग्रेजी राज के खिलाफ सशस्त्र संघर्ष के लिए याद किए जाते हैं। उनके और जवाहरलाल नेहरू के बीच रिश्तों को लेकर काफी ऐतिहासिक खोजें हुई हैं। गांधी, नेहरू और सुभाषचंद्र बोस के त्रिभुज के बिना राष्ट्रीय आंदोलन का कोई भी विश्लेषण अधूरा माना जाता है।

राष्ट्रभाषा सम्मेलन (29 दिसंबर 1928) की स्वागत समिति के अध्यक्ष के रूप में बोलते हुए सुभाषचंद्र बोस ने कोलकाता में कहा था, 'जो सज्जन कलकत्ता से वाकिफ हैं, उन्हें बतलाने की जरूरत नहीं कि पांच लाख हिंदी भाषा-भाषी कलकत्ता में रहते हैं। शायद हिंदुस्तान के किसी भी प्रांत में जो प्रांत हिंदी वालों के घर हैं, उनके किसी भी नगर में हिंदुस्तानी जुबान बोलने वाले इतने लोग नहीं पाए जाते। साहित्य की दृष्टि से कलकत्ता का स्थान हिंदी के इतिहास में बहुत ऊंचा है।... सबसे पहले कलकत्ता विश्वविद्यालय ने ही हिंदी को एम ए में स्थान दिया।... हिंदी प्रचार का उद्देश्य यही है कि आजकल जो काम अंग्रेजी से लिया जाता है, वह आगे चलकर हिंदी से लिया जाए। अपनी माता से भी प्यारी हमारी मातृभाषा बांग्ला को तो हम कदापि नहीं छोड़ सकते। भारत के भिन्न-भिन्न प्रांत के भाइयों से बातचीत करने के लिए हिंदी या हिंदुस्तानी तो हमको सीखनी ही चाहिए।' (विशाल भारत, जनवरी 1929)। यह राष्ट्रभाषा सम्मेलन गांधी की अध्यक्षता में हुआ था।

प्रेसिडेंसी कॉलेज में पढ़ते हुए उन्होंने एक अंग्रेज शिक्षक को साहस से इसलिए थप्पड़ मारा कि वह बात-बात पर भारतीयों के लिए अपमानजनक शब्द कहता था। इस वजह से वे कॉलेज से निकाल दिए गए थे। गांधी को यह खबर थी, इसलिए सुभाष की देशभक्ति पर शंका न होते हुए भी अहिंसात्मक आंदोलन के संदर्भ में उनकी उग्रता गांधी को खटकती थी। सुभाष रामकृष्ण परमहंस और विवेकानंद के विचारों से प्रभावित थे। शिक्षाविद आशुतोष मुखर्जी के प्रयत्न से उन्हें पुनः कॉलेज शिक्षा का अवसर मिला और उन्होंने 1918 में बी ए प्रथम श्रेणी से उत्तीर्ण किया। इंग्लैंड जाकर उन्होंने आईसीएस भी किया। वहां उनकी आंखें खुलीं और अंग्रेजों की गुलामी करने की जगह उनके मन में देश को आजाद कराने की क्रांतिकारी भावना पैदा हुई। उन दिनों गांधी के नेतृत्व में पहला सत्याग्रह आंदोलन चल रहा था। देशबंधु चित्तरंजन दास इसमें शरीक थे। उनके साथ कंधे से कंधा मिलाकर सुभाषचंद्र बोस 1921 में गिरफ्तार हुए। बाद में चित्तरंजन दास ने स्वराज्य पार्टी बनाकर कलकत्ता कॉर्पोरेशन का चुनाव लड़ा। इसमें सुभाषचंद्र बोस भी चुने गए।

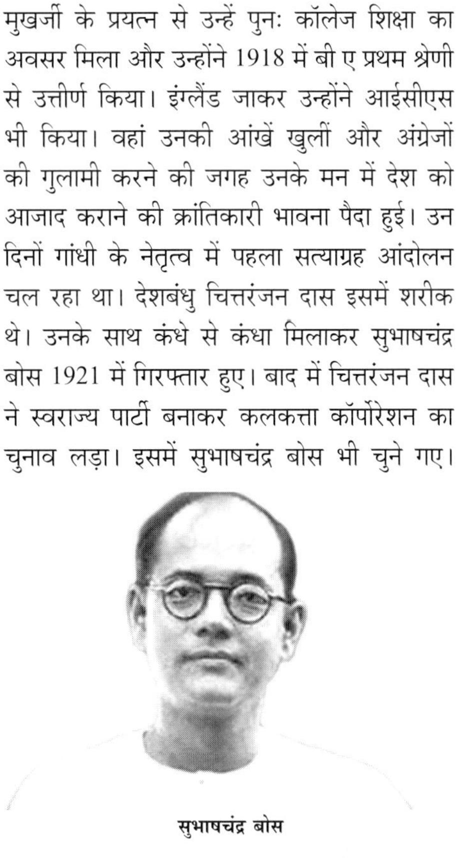

सुभाषचंद्र बोस

देशबंधु मेयर और सुभाषचंद्र बोस एक्जिक्यूटिव अफसर बने। इनके कार्यकाल में महानगर का काफी सुधार हुआ। उसी समय उन्होंने 'बांग्ला कथा' और 'फारवर्ड' नाम से पत्र निकाले। इसी दौरान 1924 में सुभाषचंद्र बोस को अंग्रेजों ने बिना कारण बताए गिरफ्तार कर लिया। वे जेल से ही कॉर्पोरेशन का काम करते थे। जेल में उनका स्वास्थ्य गिरने लगा। उनकी रिहाई के लिए आंदोलन होने लगा। मजबूरन अंग्रेज सरकार को उन्हें छोड़ना पड़ा।

सुभाषचंद्र बोस ने 1919 में साबरमती जाकर गांधी से मुलाकात की थी। उनके मन में गांधी के प्रति श्रद्धा थी और उनकी नरमी असमंजस में डालती थी। कांग्रेस के कलकत्ता अधिवेशन में सुभाषचंद्र बोस ने खाकी वर्दी में जमकर काम किया। 26 जनवरी 1930 को स्वाधीनता दिवस मनाने का निश्चय हुआ तो सुभाषचंद्र बोस ने सरकारी प्रतिबंध तोड़कर एक बड़ा जुलूस निकाला जिसमें पुलिस ने जमकर लाठियां बरसाईं। घायल सुभाष को जेल में डाल दिया गया। गांधी-इरविन समझौते के बाद वे रिहा हुए। गोलमेज सम्मेलन (1931) की असफलता के बाद गांधी भारत लौट आए, तब बंबई में एक जरूरी बैठक बुलाई गई। सुभाष बाबू तब बंगाल प्रांतीय कांग्रेस के अध्यक्ष थे। गांधी और सुभाष में यहीं से विचार और कार्यक्रम के स्तर पर मतभेद शुरू हो गए, हालांकि नेहरू और सुभाष के बीच संबंध बना हुआ था, क्योंकि दोनों अंग्रेजी राज के विरुद्ध कठोर कदम के समर्थक थे। नेहरू सुभाष को अपना छोटा भाई मानते थे। सुभाषचंद्र बोस ने अपने पद से इस्तीफा दे दिया, पर बंबई से लौटते ही गिरफ्तार कर लिए गए। सरकार ने उनके इलाज के लिए उन्हें वियना भेजा, जहां उनकी भेंट विट्ठलभाई पटेल से हुई। दोनों के गरम विचारों में मेल था। सुभाष बाबू ने अपने दूसरे यूरोप प्रवास के समय 'द इंडियन स्ट्रगल' (1935) नाम से एक पुस्तक लिखी, जबकि नेहरू ने 'ऐन आटोबायोग्राफी' लिखी। दोनों नेताओं में कई समानताएं थीं। दोनों कैंब्रिज से पढ़े विशिष्ट व्यक्ति थे। एक इलाहाबाद म्युनिसिपैलिटी का मेयर बना था तो दूसरा कलकत्ता का। पर राजनीतिक विचारों के कारण सरकार ने सुभाष की किताब पर प्रतिबंध लगा दिया था। विदेश से लौटते ही उन्हें गिरफ्तार करके यरवदा जेल में डाल दिया गया था।

सुभाषचंद्र बोस ने धीरे-धीरे अपने त्याग, कर्मठता और जुझारूपन की वजह से इतनी लोकप्रियता हासिल कर ली कि वह 1938 के हरिपुर कांग्रेस के अध्यक्ष चुन लिए गए। उन्होंने संगठन को आगे बढ़ाने के लिए कई कदम उठाए, लेकिन त्रिपुरा अधिवेशन (1939) में कांग्रेस की अंदरूनी कलह गहरी हो गई। सुभाषचंद्र बोस अपने जुझारू राजनीतिक व्यक्तित्व के कारण गांधी की सहमति न होते हुए भी पट्टाभि सीतारमैय्या के विरुद्ध चुन लिए गए। वे अब कांग्रेस के पुराने नेतृत्व को हटाकर एक वामपंथी नेतृत्व तैयार करना चाहते थे, जबकि बाकी कांग्रेस जन संधि के पक्ष में थे। सुभाषचंद्र बोस को इस मामले में जवाहरलाल नेहरू का तो समर्थन नहीं ही मिला, समाजवादियों और कम्युनिस्टों ने भी सहयोग नहीं दिया, क्योंकि वे राष्ट्रीय आंदोलन की एकता को खंडित करना नहीं चाहते थे। 14 फरवरी 1939 को जवाहरलाल नेहरू ने सुभाष को लिखा था, 'मैं नहीं जानता आप किसे वामपंथी मानते हैं और किसे दक्षिणपंथी। अध्यक्षीय चुनाव के दौरान आपने इन शब्दों का जिस तरह इस्तेमाल किया, उससे लगता है कि गांधीजी और कार्यसमिति के वे लोग जो उनके साथ हैं, दक्षिणपंथी हैं और उनके विरोधी चाहे वे जिस जगह भी हों, वे वामपंथी हैं।... कड़ी भाषा का इस्तेमाल और कांग्रेस के पुराने नेतृत्व की आलोचना करने और उस पर प्रहार करने की क्षमता राजनीति में वामपंथी होने की कसौटी नहीं है।... यदि इन शब्दों के प्रयोग करने के बजाय नीतियों पर बातचीत करें तो बेहतर होगा।' (भारत का स्वाधीनता संघर्ष, विपिनचंद्र)। अप्रैल 1939 में कम्युनिस्ट पार्टी के महासचिव पी सी जोशी ने भी यही राय दी थी, 'आज सबसे बड़ा वर्ग संघर्ष हमारा राष्ट्रीय संघर्ष है' और कांग्रेस इस संघर्ष का एक मुख्य औजार है।

गांधी ने 5 मई 1939 में दिए गए एक

साक्षात्कार में कहा, 'वे (सुभाष) मानते हैं कि लड़ने के लिए हमारे पास पूरी ताकत है। मैं उनके विचारों के पूर्णतः विरुद्ध हूं। आज हमारे पास (उस तरह) लड़ने की कोई ताकत नहीं है।... सांप्रदायिक कलह की कोई सीमा नहीं है। बिहार के किसानों पर अब हमारी उतनी पकड़ नहीं है, जितनी पहले थी।... मजदूर-किसानों के बिना हम कैसे कुछ कर सकते हैं? देश तो उन्हीं का है।' नेहरू और सुभाष दोनों को गांधी अराजनीतिक लगते थे। गांधी प्रचलित अर्थ में राजनीतिक थे भी नहीं। सुभाष गांधी को 'अधूरा' मानते थे और उनके करिश्माई व्यक्तित्व के सम्मोहन से जनता को मुक्त करना चाहते थे, जबकि नेहरू गांधी से एक वैचारिक दूरी महसूस करते हुए भी भावावेग के कारण उनसे बंधे हुए थे क्योंकि आम जनता भी बंधी हुई थी। सुभाष ने अपने पक्ष में स्थितियां न बनती देखकर जीतकर भी कांग्रेस के अध्यक्ष पद से इस्तीफा दे दिया था और कांग्रेस के भीतर रहते हुए 'फारवर्ड ब्लॉक' नाम से एक दल बना लिया था। उन्होंने 9 जुलाई को एक देशव्यापी प्रतिवाद दिवस मनाने का आह्वान किया, जिससे भारतीय कांग्रेस कार्यसमिति की सहमति नहीं थी। उसने कठोर रुख अपनाते हुए उन्हें बंगाल प्रांतीय कांग्रेस के अध्यक्ष पद से हटा दिया। उसी दौर में 1 सितंबर 1939 को दूसरा विश्वयुद्ध शुरू हुआ। जर्मनी के हिटलर ने पोलैंड पर हमला किया और पोलैंड के पक्ष में अब तक चुप बैठे ब्रिटेन और फ्रांस युद्ध में कूद पड़े। भारत की ब्रिटिश सरकार ने कौशलपूर्वक घोषित कर दिया कि भारत का जर्मनी से युद्ध चल रहा है। सवाल था, एक गुलाम देश दूसरे देशों की लड़ाई में अपना पक्ष कैसे चुन सकता है?

इसे परस्पर राजनीतिक सहयोगिता ही कहा जाएगा कि उपर्युक्त सवाल पर चर्चा के लिए वर्धा में 10-14 सितंबर 1939 की कार्यसमिति की बैठक में सुभाषचंद्र बोस को भी आमंत्रित किया गया था और वे गए थे। सुभाषचंद्र बोस का तर्क था कि यह साम्राज्यवादियों के बीच युद्ध है, इसलिए किसी एक पक्ष का समर्थन नहीं किया जा सकता। उनको लगा कि यही मौका है जब ब्रिटिश साम्राज्यवाद के खिलाफ चारों तरफ से युद्ध छेड़कर आजादी हासिल कर ली जाए। जवाहरलाल मित्र राष्ट्रों के साम्राज्यवादी चरित्र को देख रहे थे, पर यह भी नहीं चाहते थे कि हिटलर के फासीवाद की विजय हो। गांधी कांग्रेस की सांगठनिक कमजोरियों और सांप्रदायिक माहौल को देखते हुए अंग्रेजों से फिलहाल किसी बड़ी लड़ाई के पक्ष में नहीं थे। वह व्यक्तिगत सत्याग्रह के लिए राजी हुए, पर चुने हुए सत्याग्रही ही आगे लाए गए। गांधी का कहना था, 'जर्मनी के फासीवाद और भारत पर शासन करने वाली दोहरी तानाशाही में कोई फर्क नहीं है।' नेहरू जर्मनी के फासीवाद के कठोर आलोचक थे, पर सुभाषचंद्र बोस ने हिटलर, मुसोलनी या जापानी सेना की कभी आलोचना नहीं की। उन्हें हिटलर 'पुराने ढांचे का क्रांतिकारी' नजर आया था। वे भारत के लिए फासीवाद और साम्यवाद की मिश्रित राजनीतिक व्यवस्था को उपयुक्त मानते थे। फासीवादी जर्मनी ने 22 जून 1941 को जब सोवियत रूस पर हमला किया, कम्युनिस्टों ने अंग्रेजी राज के विरुद्ध संघर्ष रोककर फासीवाद विरोधी मोर्चे का एकतरफा साथ पकड़ लिया और सुभाषचंद्र पर फासीवादियों से सहयोग लेने का आरोप लगाया। युद्ध में भारतवासियों के सहयोग के लिए विश्व दबाव की वजह से क्रिप्स मिशन भारत आया, पर उसने ब्रिटिश नीति स्पष्ट कर दी कि भारत को बदले में सिर्फ डोमिनियन राज्य (स्वतंत्र उपनिवेश) भर का दर्जा मिलेगा। पाकिस्तान की मांग के लिए भी जगह बना दी गई। फलतः क्रिप्स और भारतीय नेताओं की बातचीत टूट गई और सिर्फ आंदोलन ही रास्ता बचा था, जो नेताजी के लक्ष्य को उचित ठहराता था।

1942 में एक तरफ भारत छोड़ो आंदोलन उभार पर था, दूसरी तरफ आजाद हिंद फौज का गठन हो रहा था। सुभाषचंद्र बोस जर्मनी और जापानी पनडुब्बियों से 2 जुलाई 1943 को सिंगापुर लाए गए। वहां से वे टोक्यो गए, तब जापान के प्रधानमंत्री ने घोषणा की कि जापान भारत पर हमला

करना नहीं चाहता। सुभाषचंद्र बोस के प्रयासों की वजह से जापान को भारत पर सैनिक विजय का विचार छोड़ना पड़ा। इसके लिए जवाहरलाल नेहरू सुभाषचंद्र बोस को सम्मान के भाव से देखते थे। बोस ने भी आजाद हिंद फौज की एक टुकड़ी का नाम 'जवाहरलाल' रखा था।

सुभाषचंद्र बोस ने मोहन सिंह और निरंजन सिंह गिल द्वारा स्थापित आजाद हिंद फौज का मुख्यालय रंगून और सिंगापुर में बनाया। उन्होंने फौज का पुनर्गठन किया। 6 जुलाई 1944 को सुभाषचंद्र बोस ने आजाद हिंद रेडियो से बोलते हुए गांधी जी से निवेदन किया, 'भारत की स्वाधीनता का आखिरी युद्ध शुरू हो चुका है। राष्ट्रपिता! भारत की मुक्ति के इस पवित्र युद्ध में हम आपका आशीर्वाद और शुभकामनाएं चाहते हैं।' एक तरफ से भारत छोड़ो आंदोलन के सत्याग्रहियों का नारा गूंजा–'दिल्ली चलो', दूसरी तरफ सुभाषचंद्र बोस ने भी यही नारा दिया और अपना मशहूर वाक्य कहा, 'तुम मुझे खून दो, मैं तुम्हें आजादी दूंगा।' सुभाषचंद्र बोस की फौज को भले ही इंफाल में कामयाबी न मिली हो और जापानी युद्धबंदियों के साथ आजाद हिंद फौज के सिपाहियों को भी युद्धबंदी बना लिया गया हो, पर नेताजी के नाम से प्रसिद्ध सुभाषचंद्र बोस ने ब्रिटिश शासन को दहला दिया था। इन भारतीय युद्धबंदियों की मुक्ति के लिए खुद जवाहरलाल नेहरू वकील बनकर खड़े थे। कुछ निहित स्वार्थी लोगों द्वारा गांधी, नेहरू और सुभाषचंद्र बोस के इस त्रिभुज को न समझकर इनके बीच के टकरावों को ही ज्यादा उभारा गया। बल्कि यह प्रचारित किया गया कि गांधी और नेहरू ने सुभाष को जान से मरवा डालना चाहा था। यह प्रचार भी आजाद भारत में लंबे समय तक चला कि सुभाष जिंदा हैं और साधु के वेश में हैं। वे ठीक वक्त पर प्रकट होंगे। सुभाष की मृत्यु 18 अगस्त 1945 को एक विमान दुर्घटना में हो गई थी और जब यह सूचना नेहरू को मिली, तो वह फूट -फूटकर रोए थे।

जवाहरलाल नेहरू और नेताजी सुभाषचंद्र बोस के बीच मतभेद जरूर थे। नेताजी से संबंधित अप्रकाशित तथ्य 2015-16 में केंद्रीय सरकार ने प्रकाशित कर दिए हैं। इनसे उनकी मृत्यु, उनके कुछ निजी संबंधों और नेहरू से उनके संबंध पर कुछ तथ्य सार्वजनिक हुए हैं। यह भी कहा गया कि नेहरू और सुभाष के बीच दूरियों को उद्घाटित करने और नेहरू को बदनाम करने के लिए इन सीलबंद दस्तावेजों को सार्वजनिक किया गया। इनमें कोई ऐसा नया महत्वपूर्ण तथ्य उजागर नहीं हुआ है जिससे राष्ट्रीय आंदोलन की घटनाओं और नेताजी के संबंध में किसी बुनियादी धारणा को बदलने की जरूरत महसूस हो। अमर्त्य सेन के कहा है, 'उनकी मृत्यु पर बहुत चर्चा हो चुकी है, अब उनके जीवन पर चर्चा हो।'

मानिक बच्छावत

अधिक जानकारी के लिए :
Nehru and Bose : Parallel Lives : Rudrangshu Mukherjee, 2015

सुमेरी सभ्यता

इस पर विवाद है कि मिस्र की सभ्यता अधिक प्राचीन है या मेसोपोटामिया की सुमेरी सभ्यता। सभी सभ्यताओं की तरह मेसोपोटामिया की सभ्यता भी नदियों के किनारे विकसित हुई। उन नदियों का नाम दजला और फरात है। उनके बीच उपजाऊ भूमि है, जहां सबसे पहले सुमेरियन लोग बसे। लगभग 3,000 ईसा पूर्व सुमेर एक समृद्धशाली नगर के रूप में विकसित हुआ। इसके बाद सेमिटिक जाति के लोगों ने आकर इसी इलाके में अक्काड नगर बसाया और सुमेरी सभ्यता का प्रसार किया। सेमिटिक जातियों के बारे में कहा गया है कि ये अरब मरुभूमि के किनारों पर रहती थीं और चरागाह की खोज में दजला-फरात की घाटियों में आई थीं। सुमेर के शहरों का अस्तित्व 3,000 से 2,000 ईसा पूर्व तक कायम था। यह आज के ईरान का क्षेत्र था। सेमिटिक लोगों के हमलों के बाद इस प्राचीन सभ्यता का राजनीतिक

प्रभुत्व समाप्त हो गया, पर सेमिटिक लोगों ने सुमेरीय सभ्यता का विकास किया।

सुमेर और अक्काड नगर कवियों, विद्वानों, शिल्पियों और व्यापारियों के बहुत बड़े केंद्र थे। यहां पत्थरों के अलावा कांसे के भी हथियार मिले हैं। उनके वस्त्र दूर-दूर तक प्रसिद्ध थे। इन नगरों से उत्तर की ओर बेबिलोन और उत्तर असीरिया तक इस सभ्यता का विस्तार हुआ। अक्कादी भाषा ने सुमेरी भाषा का स्थान ले लिया था और यह सिकंदर के आक्रमण (336-323 ईसा पूर्व) तक फल-फूल रही थी।

सुमेरियाई सभ्यता में व्यापार बढ़ा-चढ़ा था, पर पुरोहित और राजा भी धनी थे। गुलामी की प्रथा थी, दासों को 'आंख न उठाने वाले' कहा गया है। राजा (इशाक्कू) ईश्वर की ओर से नियुक्त माना गया था, नगर उसकी संपत्ति बताई गई। शासन के लिए बेबीलोनिया के राजा हम्मूराबी (1792-1756 ईसा पूर्व) ने पहला कानून संकलन तैयार किया, जिसमें कर्ज, इकरार, खरीद-बिक्री के लिए नियम थे। प्राचीन सुमेरी सभ्यता में स्त्रियां ज्यादा स्वाधीन थीं। वे स्वतंत्र व्यापार कर सकती थीं। हम्मूराबी के कानून में व्यभिचार के लिए स्त्री को प्राणदंड देने की व्यवस्था थी, जबकि पहले ऐसी व्यवस्था नहीं थी। मुकदमों के फैसले धर्मस्थलों पर होते थे। पुरोहित न्यायाधीश होते थे। वे शक्तिशाली थे। धर्म का जीवन पर गहरा प्रभाव था। हर नगर का अपना अलग देवता होता था। 'शमाश' सूर्य देवता का नाम था और 'सिन' चंद्र देवता का। इन्नना प्रेम और युद्ध की देवी थी। एक देवी 'इशतर' थी। पहले नरबलि की प्रथा थी, बाद में सिर्फ पशुबलि दी जाने लगी। प्रलय की कथा का प्रसार सबसे पहले यहीं के पुरोहितों ने लोगों में धार्मिक डर पैदा करने के लिए किया था। प्रकृति की शक्तियों से भय ने देवी-देवताओं में धार्मिक विश्वास को मजबूत बनाया। इस सभ्यता में राजा और पुरोहित के बीच फर्क करना मुश्किल था।

सुमेरी सभ्यता

सुमेरी सभ्यता की सबसे बड़ी देन लेखन कला मानी जाती है। यहां 3,200 ईसा पूर्व में लिखने की परंपरा शुरू हुई। मिट्टी के पटल और पत्थर पर अभिलेख मिलते हैं। सुमेरियाई सभ्यता के लोग जोड़-घटाव जानते थे। इनकी गिनती में सबसे बड़ी संख्या 60 थी। इसी कारण घंटे साठ मिनटों में बांटे गए और मिनट 60 सेकंड में। यहूदियों और मुसलमानों ने इसी सुमेरी जंत्री को अपनाया। इससे ज्योतिष में भी कुछ प्रगति हुई। माना गया है कि मेसोपोटामिया में ही प्रथम राज्य मिलते हैं, पहली सिंचाई व्यवस्था मिलती है और कर्ज लेने की प्रथा मिलती है। कानून का पहला संग्रह भी यहीं हुआ। राजप्रासाद और मंदिर सबसे पहले यहीं बने। इन चीजों के अलावा सभ्यता का अभिशाप समझी जाने वाली चीजें, जैसे—दास प्रथा, पुरोहितों की प्रधानता, अंधविश्वास और युद्ध भी इस सभ्यता से जुड़े थे। यह सभ्यता असीरियाइयों की धरोहर बनी।

बेबिलोनवासियों ने सुमेरी अक्षरों में साहित्य सृजन किया, हालांकि उनकी वर्णमाला ठीक से नहीं बन पाई थी। उनके साहित्य में गिलगेमश की कथा प्रसिद्ध है। कथा है, बेबिलोन में प्रलय आया, पर वह बच गया। वह दो-तिहाई देवता था, केवल एक ही अंश मनुष्य था। वह जो गुप्त है, उसे भी जान सकता था। उसने उस राक्षस को मार डाला, जो दुर्गुणों की खान था। इस तरह वह दैवी शक्ति का प्रतीक बना और लोकप्रसिद्ध हुआ। दानवों और देवों के संघर्ष की यह मिथकीय कथा भारतीय संस्कृति में भी व्यापकता से मौजूद है।

इस सभ्यता में पशु कथाएं भी हैं जिनमें जानवर मनुष्य की बोली में बात करते हैं। कुछ ऐसे नीतिकथन हैं, 'अशिष्टता और घृणा से दूर रहो', 'अपने माता-पिता का भरण-पोषण और आदर करो', 'खाने के लिए अन्न न होना सबसे बड़ी बीमारी है जिसका कोई चिकित्सक नहीं' आदि। बेबिलोन के देवताओं ने मेसोपोटामिया के कई प्राचीन देव रूपों को हटा दिया। सबसे बड़ा देवता 'मारडुक' हो गया। उसकी प्रतिद्वंद्विता 'इशतर' देवी से थी, जो पौधों, जानवरों और मनुष्यों की जननी थी। बेबिलोन के लोग मिस्र और सुमेर के लोगों की तरह मृत्यु के बाद वाले जीवन में उतना विश्वास नहीं करते थे। वे इसी लोक में भौतिक उन्नति करने में विश्वास करते थे। बेबिलोनवासियों ने अपने ढंग से जिस सभ्यता का विकास किया, उस पर सुमेरी सभ्यता की छाप थी। इसका बाह्य रूप भले ही सेमिटिक हो, आंतरिक रूप सुमेरी था।

बेबिलोन की सभ्यता का उत्तर की तरफ फैलाव असीरियाई सभ्यता में हुआ। असीरिया की राजधानी दजला नदी पर स्थित बेबिलोन से 200 मील की दूरी पर थी। असीरियाइयों के राज्य की स्थापना लगभग 1,365 ईसा पूर्व हुई थी। सारगन वंश के राजाओं ने एक बड़ा साम्राज्य कायम किया था। उनका साम्राज्य पश्चिम एशिया तक फैला था। इस साम्राज्य को मिडियावासियों और ईरानियों ने 606 ईसा पूर्व में नष्ट किया। बारहवीं सदी ईसा पूर्व में लोहे का उपयोग होने लगा था। इसलिए असीरियाइयों ने ही सबसे पहले सैनिकों को लोहे के हथियार दिए और रथों के लिए घोड़ों का प्रयोग किया था। इनके राज्य और सेना में कोई अंतर न था। असीरिया के लोग विजितों के साथ क्रूरता से पेश आते थे, बंदी सरदार का सिर काट कर प्रदर्शित किया जाता था। विजित नगरों का धन लूट लिया जाता था और उन्हें जला दिया जाता था। इस सभ्यता में चित्रकला उन्नति पर थी और नगरों का विकास शुरू हो गया था।

गौर करने की बात है, दुनिया की प्राचीन सभ्यताएं यूरोप के बाहर पनपीं। रामविलास शर्मा यह बात सामने लाते हैं, 'सुमेर (प्राचीन इराक) में प्रारंभिक बस्तियों की शुरुआत 4,500 ईसा पूर्व से होती है। इस तरह सुमेर का विकास काफी बाद में होता है। भूमध्य सागर के द्वीप क्रीट (क्रेते) में प्रारंभिक कांस्य युग 3,000 ईसा पूर्व से शुरू होता है। हड़प्पा सभ्यता का प्रारंभिक विकास 3,300 ईसा पूर्व से 2,500 ईसा पूर्व माना गया है। इसका उत्कर्ष काल 2,300 ईसा पूर्व से आरंभ होता है और 1,700 ईसा पूर्व तक उसका ह्रास हो जाता है। ह्रास की इसी काल रेखा से थोड़ा आगे-पीछे हटकर अधिकांश विद्वान भारत पर 'आर्यों का आक्रमण' और 'ऋग्वेद' की रचना का समय निर्धारित करते हैं। इस विवरण से इतना तो स्पष्ट है कि पांचवीं से दूसरी सदी ईसा पूर्व तक, भारत से लेकर मिस्र तक, अनेक सभ्यताओं का विकास और प्रसार होता रहा है। चार हजार सालों तक जिस विशाल भूखंड में इन सभ्यताओं का विकास हुआ, उसे एक ही अंतःसंबद्ध सांस्कृतिक क्षेत्र मानना चाहिए। यह भी ध्यान में रखना चाहिए कि यूरोप इस क्षेत्र के बाहर है।' (इतिहास दर्शन)। उल्लेखनीय है कि मिस्री, सुमेरी सभ्यताओं के अध्ययन के लिए पुरातात्विक सामग्री सुलभ है, पर ऋग्वैदिक सभ्यता के अध्ययन के लिए कोई पुरातात्विक सामग्री उपलब्ध नहीं है, सिर्फ साहित्य उपलब्ध है।

शिवनाथ पांडेय

अधिक जानकारी के लिए :

1. विश्व इतिहास की झलक : रामशरण शर्मा, कृष्ण कुमार मंडल, **2. इतिहास दर्शन :** रामविलास शर्मा, 1995

सुरगुजिया

सुरगुजिया छत्तीसगढ़ के सुरगुजा क्षेत्र में बोली जाती है। सुरगुजिया को छत्तीसगढ़ी की एक उपबोली माना जाता है। इसका प्रधान क्षेत्र मुख्य रूप से सुरगुजा में है। पहले सुरगुजा एक देशी रियासत था। इसी आधार पर इसका नाम सुरगुजिया हुआ। सुरगुजा समूह में पहले कुल मिलाकर पांच रियासतें

थीं। पांचों के नाम हैं—सुरगुजा, उदयपुर, जसपुर, कोरिया और चांगभखार। सुरगुजिया पांचों रियासतों में बोली जाती थी। वर्तमान में सुरगुजिया सुरगुजा जिले, कोरिया एवं जसपुर नगर की बोली है।

कांतिकुमार जैन ने लिखा है कि सुरगुजिया को सुरगुजा के लोग सुरगुजिहा कहते हैं। वस्तुतः इस बोली का उचित नाम सुरगुजिहा (अर्थात सुरगुजाहा) ही होना चाहिए। 1961 की जनगणना में इस भाषा को बोलने वालों की संख्या बढ़कर 13,60,698 थी।

भाषा विज्ञानियों ने माना है कि सुरगुजिया छत्तीसगढ़ी और नागपुरी का एक मिश्रित रूप है। इसका सीमा निर्धारण करते हुए कांति कुमार जैन ने लिखा है कि सुरगुजा में बघेली चांगभखार के रास्ते से प्रवेश करती है। दूसरी ओर भोजपुरी मिर्जापुर के मार्ग से होती हुई सुरगुजिया में प्रतापपुर के निकट के क्षेत्रों में समाविष्ट होती है। सुरगुजा के वायव्य कोण में स्थित बिहार की सीमावर्ती रामानुजगंज तहसील की बोली सुरगुजिया से अधिक पलमुंही है। जसपुर और उदयपुर की सुरगुजिया में कुडुख भाषा के शब्दों का अधिक मिश्रण हुआ है।

सुरगुजिया बोली छत्तीसगढ़ में 11,600 वर्ग मील में फैली हुई है। परिणामतः इसके सीमावर्ती क्षेत्र कई बोलियों से प्रभावित हैं। इस पर भोजुपरी, बघेली, पलमुंही, मुंडा, कुडुख आदि बोलियों का प्रभाव है। पलमुंही मुख्यतः पलामू प्रमंडल की बोली है। झारखंड के पलामू प्रमंडल की बोली पलमुंही पर मगही का प्रभाव है। वास्तव में यह मगहीकृत भोजपुरी है। इस प्रकार सुरगुजिया पर अप्रत्यक्ष रूप से मगही का भी प्रभाव है।

छत्तीसगढ़ की सुरगुजिया में पूर्वी हिंदी की बोलियों तथा मुंडा-द्रविड़ भाषाओं का मिश्रण होने से यह शेष छत्तीसगढ़ी से विशिष्ट हो गई है। इसमें आर्य-द्रविड़ और मुंडा परिवार की आधारभूत व्याकरणिक संरचना का अद्‌भुत संयोजन हुआ है। छत्तीसगढ़ी की भांति इसके शब्दों का उच्चारण कंठ्य नहीं है। इसके शब्दों के उच्चारण में बल प्रयोग भी नहीं किया जाता है।

छत्तीसगढ़ स्थित अन्य बोलियों की एक विशेषता यह है कि उनमें मध्यम पुरुष आदरार्थक के लिए किसी सर्वनाम का प्रयोग नहीं होता है, पर सुरगुजिया में आदरवाची सर्वनाम का प्रयोग होता है। इसमें आदरवाची 'आप' के लिए 'राउर' सर्वनाम का प्रचलन है। 'राउर' सर्वनाम भोजपुरी, अवधी आदि अन्य पूर्वी बोलियों में भी प्रचलित है। सुरगुजिया को नागपुरी ने भी जबरदस्त ढंग से प्रभावित किया है।

नागपुरी की एक व्याकरणिक विशेषता यह है कि इसमें अपिनिहित का प्रयोग बहुत अधिक होता है, यथा जाति से जाइत, बुद्धि से बुइध आदि। ऐसे ही सुरगुजिया में भी अपिनिहित का व्यापक प्रचलन है, जैसे मनिसे से मइनसे आदि। यह नागपुरी के प्रभाव के कारण है। सुरगुजिया में निषेधार्थक 'नखौं' का प्रचलन है। भोजुपरी में इसका प्रतिरूप 'नइखे' है। इसमें निषेधार्थक 'नइ' का भी प्रयोग होता है। अहे, हय, थे आदि इसकी सहायक क्रियाएं हैं। ध्यातव्य है कि 'हय' (है) सहायक क्रिया का प्रयोग सुरगुजा जिले के पश्चिमोत्तर सीमांत स्थित चांगभखार की बोली में व्यापक रूप से मिलता है।

चांगभखार की बोली को 'भखरिही' कहा जाता है। 'भखरिही' का लहजा सुरगुजिया का उतना नहीं है, जितना बघेली का है। अधिकरण कारक में जहां एक ओर ठेठ सुरगुजिया में 'में' का प्रयोग होता है, वहीं भखरिही में 'मा' का प्रचलन व्यापक है। भखरिही सुरगुजिया की एक खासियत यह है कि इसमें अवधी आदि की भांति क्रिया रूप पालिस, पोसिस (पालना, पोसना आदि) का व्यवहार व्यापक है।

भोजपुरी की भांति सरगुजिया में ओकर (उसका), ओजग (उस स्थान पर), ओहर (उस ओर) आदि सर्वनाम और क्रियाविशेषण का प्रयोग खूब मिलता है। सुरगुजिया में जहां मोर (मेरा) का प्रचलन है, वहीं भखरिही में हम, हमार आदि का प्रयोग होता है। हिंदी की भांति सुरगुजिया में भी दो लिंग और वचन का विधान है। इसका शब्द भंडार समृद्ध है। इसमें आर्यभाषा परंपरा के तत्सम और तद्‌भव शब्दों की बहुलता है। अरबी, फारसी और अंग्रेजी मूल के

विदेशी शब्द भी इसके शब्द भंडार में हैं। साथ ही छत्तीसगढ़ में प्रचलित विभिन्न परिवारों की भाषाओं के शब्द भी सुरगुजिया में समाहित हुए हैं। सुरगुजिया में लिखित साहित्य का अभाव है, पर लोक-साहित्य पर्याप्त मात्रा में हैं। इसकी लिपि देवनागरी है।

उदाहरण—सुरगुजिया : अब हमार मन हिंया नइ लागे। ओजग मोर भवजी है। मोके ओकर सुरतेच्य नइए।

हिंदी : अब मेरा मन यहां नहीं लगता है। वहां मेरी भाभी हैं। मुझे उनकी सुध नहीं है।

राजेंद्र प्रसाद सिंह

सुरति-निरति

सिद्धों से लेकर संत साहित्य तक सुरति का प्रयोग कई रूपों और अर्थों में हुआ है। इसका एक अभिप्राय है—रतिक्रिया या गृहस्थ जीवन में लीन होना। सुरति के साथ निरति का व्यवहार मुख्यतः आध्यात्मिक ऊंचाई की ओर बढ़ने या भौतिक जीवन से निर्लिप्त होने के अर्थ में हुआ है। इस तरह सांसारिकता और ईश्वर के बीच भावपूर्ण सामंजस्य स्थापित करने की दार्शनिक उक्तियां हैं—सुरति और निरति। इन शब्दों को लेकर कई मत हैं। बाबू संपूर्णानंद ने सुरति को 'चित्तवृत्तियों का प्रवाह' कहा है। पीतांबर दत्त बड़थ्वाल ने सुरति को 'स्मृति' से निकला बताया है और इसका अर्थ 'स्मरण' किया है। 'पूर्ण तन्मयता की स्थिति' को वे निरति मानते हैं। क्षितिमोहन सेन इसे 'प्रेम' और हजारीप्रसाद द्विवेदी 'परम प्रियतम की स्मृति' से जोड़ते हैं। वे सारे बाह्य भ्रमजाल से विरत होकर अंतर्मुख होने की प्रवृत्ति को 'निरति' कहते हैं। परशुराम चतुर्वेदी 'शब्द और सुरति' के मिलकर एक हो जाने को 'निरति' कहते हैं। राहुल सांकृत्यायन निरति का संबंध बौद्ध सिद्धों के 'नैरात्म्य' से जोड़ते हैं। इसका तात्पर्य है, जगत और इसके किसी भी पदार्थ में कोई नित्य पदार्थ आत्मा या ब्रह्म निहित नहीं है। सभी वस्तुएं आत्मरहित या निरात्मा हैं। निरति इसी नैरात्म्य तत्व अर्थात शून्यता का साक्षात्कार करना है। इस तरह निरति एक वैराग्यवृत्ति है।

सुरति अंतर्मुखी चित्तवृत्ति की वह दशा है, जिसे व्यक्ति सांसारिक विषयों से ऊपर उठ ईश्वरोन्मुख होने पर प्राप्त करता है। सिद्धों ने सुरति को योग साधना का अंग बनाते हुए इसे यौनिक विलास के अर्थ में लिया है, 'कमल कुलिश वेबि मज्झठिअ जो सो सुरअ विलास' (दोहाकोश)। नाथों ने इसके मैथुनपरक अर्थ को न लेकर श्रुति (नाद या शब्द) के अर्थ में लिया। गोरखनाथ ने सुरति को शब्द की वह उच्च अवस्था बताया, जिसमें योग साधना करते हुए चित्त स्थित हो जाता है। उनके अनुसार शब्द अनहद नाद है।

संतों ने सुरति का प्रयोग जीवन को एक उच्च आध्यात्मिक दशा तक ले जाने के अर्थ में किया है। कबीर जीवन की आध्यात्मिक ऊंचाई के अर्थ में कहते हैं, 'तुम बिन सुरति करै को मेरी दरसन दीजै खोल किवारी।' दादू कहते हैं, 'हू बलिहारी सुरति की, सबकी करै सम्हाल।' वे सुंदर रूप के अर्थ में कहते हैं, 'सुंदरि सुरति सिंगार करि।' आमतौर पर भक्तों ने सुरति को प्रेम के क्षणों में आध्यात्मिक स्मरण से जोड़ा है। उनका प्रेम साधारण नहीं, चिन्मय प्रेम है। इसके लिए निरति की जरूरत होती है। आत्मा के वास्तविक स्वरूप की पहचान निरति कहलाती है। जीव में अपने 'आत्म' की पहचान होने पर 'सोऽहम्' की चेतना जगती है, 'जो तू है वही मैं हूं।' जीव जागतिक प्रपंच से मुक्त हो जाता है। वह बाह्य विषयों के प्रति निरति का भाव और आंतरिक विषयों के प्रति सुरति का भाव रखता है। इससे परम तत्व तक पहुंचने का मार्ग खुल जाता है। कबीर यही कहते हैं, 'सुरति समानी निरति में, निरति रही निरधार / सुरति निरति परचा भया तब खुलि गया स्यंभु द्वार।' संत साहित्य में चित्तवृत्ति को अंतर्मुखी कर निरति या शून्यता या नैरात्म्य में लीन होने की बात कही गई है। इस स्थिति में कबीर का मन अपने ईश्वर या परमतत्व के सामने शुद्ध मन से नाचता-गाता है, 'पग बिनु निरति करां बिनु वाजा जिभ्यां हीना गावै।'

निरति में सुरति का समावेश अपने चिन्मय प्रेम में लीन होने का भाव है।

कुसुम राय

अधिक जानकारी के लिए :
1. कबीर मीमांसा : रामचंद्र तिवारी, **2. कबीर :** हजारीप्रसाद द्विवेदी, **3. सहज साधना :** हजारीप्रसाद द्विवेदी

सुरेंद्रनाथ बनर्जी
(1848-1925)

सुरेंद्रनाथ बनर्जी को भारतीय राष्ट्रीयता का आदि पुरोहित माना जाता है। उनके राजनीतिक योगदान और नेतृत्व शक्ति के कारण ही देशवासी श्रद्धा से उन्हें 'राष्ट्रगुरु' कहते हैं। उन्होंने 1876 में 'इंडियन एसोसिएशन' की स्थापना की, जिसका लक्ष्य बड़े जमींदारों के विरुद्ध रैयतों के हितों की रक्षा करना था। उन्होंने अपनी राष्ट्रीय चेतना से संपन्न गतिविधियों का विस्तार पंजाब तक किया था। उन पर लॉर्ड डफरिन की तीखी नजर थी। उसे लगता था कि सुरेंद्रनाथ आयरलैंड के लोकतांत्रिक आंदोलनों से प्रेरणा लेकर कार्य कर रहे हैं। सुरेंद्रनाथ बनर्जी 1885 में भारतीय राष्ट्रीय कांग्रेस की स्थापना के बाद उसमें शामिल हो गए। उन्होंने कांग्रेस के 1895 में पूना के ग्यारहवें और 1902 में अहमदाबाद के अठारहवें अधिवेशन की अध्यक्षता की।

सुरेंद्रनाथ बनर्जी कलकत्ता विश्वविद्यालय से 1868 में स्नातक की परीक्षा पास करने के बाद रमेशचंद्र दत्त उन्होंने और बिहारीलाल गुप्ता के साथ इंग्लैंड गए थे। वहां इंडियन सिविल सर्विस की परीक्षा पास की। सहायक मजिस्ट्रेट के पद पर उनकी नियुक्ति हुई, पर गलत सरकारी आदेश न मानने के कारण वे इस पद से बर्खास्त कर दिए गए। 1875 में वे मेट्रोपोलिटिन कॉलेज (संप्रति विद्यासागर कॉलेज) और बाद में रिपन कॉलेज (संप्रति सुरेंद्रनाथ कॉलेज) में अंग्रेजी भाषा का अध्यापन करने लगे। राष्ट्रीय एकता संबंधी भाषणों के कारण वे छात्रों के बीच लोकप्रिय होते गए। 'बांग्ला' नामक दैनिक के संपादक के रूप में उन्होंने अपने निर्भीक राजनीतिक लेखों से सबको प्रभावित किया। 1905 में लॉर्ड कर्जन के बंगभंग के विरोध में उन्होंने स्वदेशी आंदोलन का नेतृत्व किया। 1913 में उन्हें बंगाल लेजिस्लेटिव कॉउंसिल और इंपीरियल लेजिस्लेटिव कॉउंसिल का सदस्य चुना गया। 1918 में नरमपंथी दल से जुड़ने के कारण उनकी लोकप्रियता धूमिल हुई, हालांकि उन्होंने ब्रिटिश शासन के आगे समर्पण नहीं किया। नरमदलीय होने के कारण ही 1919 में गांधी जी के असहयोग आंदोलन से दूर रहे। परिणामस्वरूप 1921 में अंग्रेजी सरकार ने इन्हें 'सर' की उपाधि प्रदान की।

सुरेंद्रनाथ बनर्जी ने भारतीय एकता का स्वप्न देखा था, पर वे कहते थे, 'यह हमारे लिए बिलकुल जरूरी नहीं है कि हम अपनी समस्याओं के समाधान के लिए हिंसा का सहारा लें। संवैधानिक आंदोलन हमारे लिए उन अधिकारों एवं विशेषाधिकारों को सुनिश्चित करेगा, जो प्रतिकूल स्थिति में कुछ देश कठोर उपायों से हासिल करते हैं।... हमें भारतीय समुदाय के सभी वर्गों के बीच शांति और सद्भाव

सुरेंद्रनाथ बनर्जी

के महान सिद्धांत का प्रचार करना चाहिए। आइए हम देश की प्रगति का झंडा ऊपर उठाए, जहाँ एकता शब्द स्वर्णाक्षरों में अंकित हो।' (सामाजिक क्रांति के दस्तावेज-1)।

एक समय सुरेंद्रनाथ ने अंग्रेजी सरकार की परवाह न करते हुए जेल काटने तक से परहेज नहीं किया था, लेकिन सर की उपाधि स्वीकार करने पर इनके सम्मान में कमी आई। 1923 का चुनाव हारने के बाद वे सार्वजनिक जीवन से अलग हो गए। 6 अगस्त, 1925 को बैरकपुर में उनकी मृत्यु हुई।

गीता दूबे

अधिक जानकारी के लिए :
भारत के क्रांतिकारी आंदोलन का इतिहास : मन्मथनाथ गुप्त, 1972

सुलहे-कुल

'सुलहे-कुल' का अर्थ है—सार्वभौमिक शांति एवं सहिष्णुता। 'सुलहे-कुल' अकबर की शासन संबंधी सामाजिक एवं धार्मिक सहिष्णुता की अवधारणा पर आधारित है। अकबर ने राज्य सत्ता को धर्म-सत्ता अलग किया और सुलहे-कुल के माध्यम से से राज्य की समस्त प्रजा के लिए कानूनी समानता स्थापित की। उसने सभी धर्मावलंबियों को बिना भेदभाव के राज्य के उच्च पदों पर नियुक्त किया था और न केवल धार्मिक एवं सामाजिक समानता के लिए गैर-मुस्लिम लोगों पर लगाए गए जजिया कर को समाप्त किया, बल्कि युद्धबंदियों के जबरन धर्मांतरण पर भी रोक लगाई। अकबर को अहसास था कि वह एक ऐसे साम्राज्य का शासक है, जिसकी जनता विभिन्न धर्मों, भाषाओं और संस्कृतियों को मानती है। इसलिए उसने ऐसे कानून बनाए जो समान रूप से समस्त प्रजा पर लागू होते थे। समाज को विभाजित करने वाले कानूनों को उसने समाप्त कर दिया। अकबर के शासन काल में पंजाब में गोहत्या का निषेध कर दिया गया था। इस नियम को जहांगीर ने भी जारी रखा।

अकबर समय-समय पर सभी धर्मों के धर्मगुरुओं को आमंत्रित कर उनसे अच्छी बातों एवं विचारों का संग्रह करता था। इस कार्य के लिए उसने 1573 में फतेहपुर सीकरी में 'इबादतखाना' का निर्माण कराया। समाज के विभिन्न वर्गों, जातियों एवं संप्रदायों के कलह एवं मतभेद के कारण वह व्यथित हो उठा था और चाहता था कि सभी धर्मों की अच्छी बातों के निचोड़ से एक सर्वमान्य मार्ग की तलाश की जाए। उसके उस्ताद शेख मुबारक ने उसे सभी धर्मों की मूलभूत एकता का पाठ पढ़ाया था। अकबर कई हिंदू परंपराओं का पालन करता था। वह हिंदुओं के धार्मिक समारोहों में भाग लिया करता, तिलक लगाता और दीपावली आदि त्योहारों को मनाता था। उसने शियाओं के प्रति सहिष्णुता बरती और शिया-सुन्नी संघर्ष का निषेध किया। जहांगीर ने बड़े गर्व से दावा किया था कि उसके पिता के साम्राज्य में सुन्नी और शिया एक मस्जिद में नमाज पढ़ते थे।

अकबर अकसर मुस्लिम संतों, हिंदू साधुओं, ईसाई पादरियों, सिक्ख गुरुओं से मिला करता था। उस पर जैन मत, बौद्ध मत और सूफी मत का भी प्रभाव था। उसने 26 जून 1579 को 'हजरत मुहम्मद' के जन्मदिन के अवसर पर फैजी द्वारा तैयार किया खुतवा भी पढ़ा था।

सुलहे-कुल अबुल फजल को भी पसंद था। अकबर की ही तरह जहांगीर के मन में भी अपने मुरीद बनाने की महत्वाकांक्षा थी। इसीलिए उसने गद्दी पर बैठने के तुरंत बाद एक घोषणा की, जो सुलहे-कुल का सार प्रतीत होती है, 'अनुयायियों को अपने समय के धर्मों में से किसी भी धर्म (मिल्लत) के प्रति शत्रुता द्वारा उसे अंधकारमय तथा अशांत नहीं बनाना चाहिए। सभी धर्मों के अनुयायियों के साथ उन्हें सुलहे-कुल (पूर्ण शांति) के मार्ग का अनुगमन करना चाहिए। उन्हें अपने हाथ से किसी जीवित प्राणी को नहीं मारना चाहिए अथवा युद्ध एवं शिकार के अतिरिक्त हथियार धारण नहीं करने चाहिए।'

अकबर की सुलहे-कुल नीति का विरोध भी हुआ। 1574 में अकबरी दरबार के प्रमुख अमीर

ने मक्का से लिखे एक पत्र में अकबर पर पैगंबर होने का दावा करने तथा मुहम्मद के धर्म को मिटाने का आरोप लगाया।' उसने उन कुटिल अमीरों से सावधान रहने की सलाह दी, जो 'मुसलमानों पर काफिरों को तरजीह देते थे'। अकबर की राजस्व नीति के तहत अमीरों के अलावा, मस्जिदों, खानकाहों और मदरसों को मिलने वाले अतिरिक्त आर्थिक संरक्षण और अनुदान में कमी आई थी। फलस्वरूप इस प्रकार की विरोधी और कभी-कभी अतिरंजनापूर्ण प्रतिक्रियाएं स्वाभाविक थीं।

रुस्तम राय

अधिक जानकारी के लिए :

1. अकबर : राहुल सांस्कृत्यायन, **2. अकबरकालीन हिंदुस्तान :** डब्ल्यू एच मोरलैंड, **3. मध्यकालीन भारत :** इरफान हबीब, **4. मध्यकालीन भारत :** सतीशचंद्र

सुसंगति

वाचिक अथवा लिखित पाठ में केंद्रीय विषय को पुष्ट करने के लिए कुछ अनुषंगी विमर्श हो सकते हैं, लेकिन मुख्य विमर्श के संदर्भ में ये अनुषंगी विमर्श गौण होते हैं। सुसंगति (Coherence) का अर्थ है—मुख्य विमर्श के साथ अनुषंगी विमर्शों का उचित संयोजन। भाषाविज्ञान में भी इस बात पर बल दिया जाता है कि किसी पाठ को सुव्यवस्थित करते समय मुख्य और गौण में व्यतिक्रम नहीं होना चाहिए। दार्शनिक अरस्तू के अनुसार, ट्रेजेडी के कथानक में घटनाओं के एक पूरे अनुक्रम का अनुकरण इसलिए किया जाता है कि कथानक में इतना विस्तार किया जा सके जिससे नायक का भाग्य-विपर्यय (रिवर्सल ऑफ फेट) चित्रित करने के लिए पर्याप्त अवसर उपलब्ध हो। इसके साथ ही अरस्तू ने इस बात पर भी बल दिया कि ट्रेजेडी का अंतिम लक्ष्य चूंकि भय और करुणा का विरेचन (कैथारसिस) करना है, अतः इसके कथानक की संरचना में ऐसी घटनाओं का ही समावेश होना चाहिए, जो इस प्रभाव को बाधित न कर सकें। इसी प्रकार कॉमेडी के कथानक में ट्रेजेडी के कथानक में आने वाली घटनाओं से ठीक उल्टी दिशा की घटनाओं का समावेश होना चाहिए। इस सारे उद्योग का एकमात्र उद्देश्य है—किसी नाट्य रचना का ऐक्य जिसे अरस्तू ने 'यूनिटी ऑफ एक्शन' (कार्य व्यापार की संगति या ऐक्य) कहा है। इसी प्रकार के ऐक्य से कोई कलाकृति अपने अंतिम लक्ष्य, अरस्तू की शब्दावली में 'फाइनल कॉज', को उपलब्ध कर सकती है। लांजाइनस ने इसकी चर्चा उदात्त के स्रोतों में 'रचना की उदात्तता' (सब्लिमिटी ऑफ कंपोजीशन) के रूप में की है।

भारतीय परंपरा में यद्यपि ऐक्य को इस प्रकार निरूपित नहीं किया गया है, लेकिन रस-निष्पत्ति में किसी रचना के सभी तत्वों का समन्वय आवश्यक माना गया है। कथानक की घटनाओं का पारस्परिक संबंध कारण-कार्य के अनुसार निर्धारित किया जाता है अथवा रचना की संरचनात्मक आवश्यकताओं को ध्यान में रखकर। भारतीय परंपरा में अधिकांशतः संरचनात्मक कारण प्रधान होता है, क्योंकि भारतीय विश्व-दृष्टि के अनुसार हमारा अनुभवाश्रित जीवन एकरूपी नहीं होता। यह सुख-दुःख, धूप—छांव, आशा-निराशा के क्रम में चलता रहता है। कला जीवन की कल्पसृष्टि होने के कारण जीवन-व्यापार की इस प्रकृति से भाग नहीं सकती। प्रकृति में सब कुछ परामानवीय इच्छा के अनुसार घटित होता है और मानव हस्तक्षेप नहीं हो सकता, जबकि एक कल्पसृष्टि होने के कारण किसी साहित्यिक कलाकृति में घटनाओं को एक सुसंगत और बोधगम्य क्रम के अनुसार पुनर्व्यवस्थित किया जा सकता है। इसी तरह किसी दार्शनिक सत्य की स्थापना के संदर्भ में भी सुसंगति का महत्व है। कोई भी सत्य कथन सुसंगत होना चाहिए।

सुसंगति का महत्व केवल साहित्य और दर्शन में ही नहीं है। मनुष्य के विचार विनिमय अथवा भाव संप्रेषण की प्रक्रिया में भी सुसंगति आवश्यक है। अरस्तू ने ट्रेजेडी की कथानक-संरचना में प्रारंभ, मध्य और अंत तक क्रमिक अनुशासन पर आग्रह सुसंगति के व्यवस्थित निर्वाह के लिए किया था। रोमन

सिद्धांतकारों ने भाषण कला में इस क्रम के अनुपालन पर बल दिया। भाषाविज्ञान में मौखिक वार्तालाप में प्रश्न और उत्तर के बीच तथा लिखित पाठ के वाक्यों के सुसंबद्ध क्रम को सुसंगति कहा जाता है।

रामकीर्ति शुक्ल

अधिक जानकारी के लिए :
1. Dictionary of Philosophy : Dagoleert Runes, (Ed.), 1962, **2. Theories of Truth :** Richard L Kirkham, 1992

सूक्ति

सूक्ति, सदुक्ति और सुभाषित परस्पर पर्यायवाची शब्द हैं। ये संस्कृत साहित्य में एक खास प्रकार की कुछ पंक्तियों की ऐसी रचना के लिए आते हैं, जो हजार-डेढ़ हजार साल पहले से प्रचलित रही हैं। इस प्रकार की रचनाओं की महत्ता को रेखांकित करते हुए संस्कृत की एक सूक्ति में कहा गया है, इस धरती पर तीन तरह के ही रत्न हैं—जल, अन्न और सुभाषित। लेकिन मूढ़ लोग पत्थर के टुकड़ों को 'रत्न' कहते फिरते हैं। वैदिक साहित्य में 'सूक्ति' से मिलता-जुलता एक शब्द है–'सूक्त'। वैदिक संहिताओं में एक विषय से संबद्ध अनेक ऋचाओं (वेदमंत्रों) को जिस इकाई के अंतर्गत सजाया गया है, वह 'सूक्त' कहलाता है।

सूक्ति का व्युत्पत्तिमूलक अर्थ होता है—सुंदर या हितकारी वचन। समाज की एक खास अवस्था में पूर्वाग्रहों से भरे वचनों को भी सूक्तियों का दर्जा मिला। उदाहरणस्वरूप 'न स्त्री स्वातंत्र्यमर्हति, (मनुस्मृति) यानी स्त्री स्वतंत्र होने लायक नहीं है। 'रामचरितमानस' में है—'सुतंत्र भएं बिगरहिं नारि' अर्थात स्वतंत्र होने पर नारी बिगड़ जाती है। 'जमीन, जोरू जोर के, न तो कोई और के' अर्थात जमीन और पत्नी को बलप्रयोग से ही अपने पास रखा जा सकता है, अन्यथा उन पर कोई अन्य कब्जा जमा लेता है। सच तो यह है कि ये सभी आधी आबादी के लिए दुरुक्ति या गाली की तरह हैं।

सूक्ति एक संक्षिप्त सूत्रात्मक और सारपूर्ण वाक्य होती है, जो थोड़े-से शब्दों में व्यक्त किए हुए मतवाद या सिद्धांत की तरह होती है। इसका ताना-बाना सामाजिक नैतिकता और मानव स्वभाव के द्वंद्वात्मक संबंध से बुना होता है। इसका लक्ष्य होता है, व्यक्ति को समाज या सामाजिक संबंधों के साथ अनुकूलित करते हुए उसका और उसके जरिए समाज का भौतिक और आत्मिक उत्थान या कल्याण करना। सूक्तियां सांसारिकता, व्यावहारिकता, 'क्या और कैसे करें' के भाव का ज्ञान देने वाली और इंसान को अच्छा व्यवहार सिखाते हुए चरित्र निर्माण की राह दिखाने वाली होती हैं। इनका लक्ष्य मानव का सामाजिकीकरण और अंततः समाज-हित होता है। ये नीति वचनों की तरह हैं। इन लक्षणों में यह बात भूलने की नहीं है कि समाज, सामाजिक नैतिकता, व्यक्ति या समाज का कल्याण आदि सभी सापेक्षित अवधारणाएं हैं। यही कारण है कि कई कथनों को, जो सैकड़ों-हजारों वर्ष पहले सूक्ति में परिगणित थे, आज सूक्ति की परिधि से बाहर निकाल दिया गया है।

सूक्तियों के मुख्यतः दो स्रोत हैं—लोक-साहित्य और शिष्ट साहित्य। लोक में जन-जन के कंठ में बसी हजारों लोकोक्ति रूप सूक्तियां सदियों से परंपरा प्रवाह से होते हुए, आज तक चलती चली आई हैं। उनमें से कुछ विशेष लोकोक्तियां सूक्तियों के रूप में मान्य हैं, उदाहरणस्वरूप—घाघ-भड्डुरी की कृषि एवं पर्यावरण से संबंधित लोकोक्तियों में कई ऐसी सूक्तियां देखने को मिलती हैं। ये अपना भाषिक कलेवर बदलकर शिष्ट साहित्य का अंग बनती रही हैं। यह प्रक्रिया हजार-दो हजार साल पहले से चली आ रही है, आज भी जारी है।

'सुभाषित संग्रह' (साहित्य अकादमी) की भूमिका में के ए सुब्रह्मण्यम अय्यर कहते हैं, 'सुभाषित की आत्मा सार्वभौम विवेक को निष्कृष्ट रूप में मूर्त करने वाली सारमयी उक्ति है। ऐसी उक्ति जो जीवन के अनेक, एक या एकाधिक पक्षों से संबद्ध हो और प्रायः उपदेशात्मक प्रकृति की हो, साधारणतया यह एक पौर्वापर्य संबंध मुक्त

स्वतंत्र पद-रचना होती है। जब कभी मूलतः यह एक वर्णनात्मक प्रबंध या प्रदीर्घ कविता अथवा नाट्य काव्य या शास्त्रीय प्रबंध के अंग रूप में पौर्वापर्य संबद्ध रूप से युक्त होती है, तब भी उसे संबंध मुक्त किया जा सकता है और उपयुक्त संदर्भों में उसका पूर्ण उपयोग हो सकता है। इस प्रकार यह अपने-आपमें स्वयं पूर्ण काव्य रूप होता है—इसे पूर्वार्य पद्य-संदर्भों की अपेक्षा नहीं होती।' इस उद्धरण में आया 'सार्वभौम विवेक' आपत्तिजनक लग सकता है। अगर 'सार्वभौम विवेक' की बात सच होती तो इसी संग्रह में इस प्रकार के ढेर सारे स्त्री-विरोधी (और जातिवादी) कथनों की भरमार नहीं होती–'कलि में स्त्रियों का हाल सुनो–वे लोलुप, लघुकाय या बौनी, पेटू, बच्चे पैदा करनेवाली और दुर्भाग्यशालिनी होंगी।' (विष्णुपुराण, 6.1.18)।

सूक्तियां वास्तविक संसार के जीवनानुभव अथवा काव्यानुभव की निचोड़-रूप, भाषिक सूत्रात्मक अभिव्यक्तियां हैं, जो किसी खास समय की स्थिति या जागतिक सच्चाई की दिग्दर्शक मात्र होती हैं। कभी स्थिति विशेष का अतिक्रमण कराने वाली तो कभी विधि-निषेधमय या कोरी उपदेशात्मक। वे कभी सटीक दृष्टांतों के साथ परामर्शदाता की भूमिका में भी होती हैं। मोटे तौर पर सूक्तियां दो तरह की मानी जा सकती हैं : प्रवृत्तिमूलक (इहलौकिक दृष्टि) और निवृत्तिमूलक (वैराग्यवादी दृष्टि)। अधिकतर सूक्तियां देशकाल-सापेक्ष होती हैं। ऐसी सूक्तियां किसी खास स्थान या समय की अनुभूति से निकली होती हैं अथवा सूक्तिकार के खास प्रकार के सामाजिक पूर्वाग्रहों (जातिभेद, लिंगभेद आदि) का प्रतिबिंब होती हैं। यही कारण है कि उनकी प्रासंगिकता बहुत आगे तक नहीं जाती। कुछ ऐसी भी सूक्तियां हैं, जो मानव चित्त के विशुद्ध स्वरूप से निकली, सार्वदेशिक-सार्वकालिक अनुभवों के निचोड़ की तरह होती हैं, जैसे 'समय हर घाव का मरहम है', 'परिवर्तन ही सबसे बड़ा सच है' आदि।

सूक्तियों की अब तक जो विशाल राशि प्राप्त हुई है, वह प्रायः पद्यमय या अर्धपद्यमय है, लेकिन गद्य में भी सूक्तियां संभव हैं। आधुनिक काल प्रधानतया गद्यकाल है। इस कारण, चाहे अंग-रूप में हो या स्वतंत्र रूप में, गद्य में भी सूक्तियां संभव हुई हैं। आज बदले हुए समय में 'सूक्ति' उसे ही कहा जा सकता है, जिसकी रचना के पीछे इहलौकिक, समावेशी और भविष्योन्मुखी मानवीय दृष्टि काम कर रही हो तथा जो (समता, स्वतंत्रता, बंधुत्व वाले) लोकतांत्रिक विवेक के साथ सामाजिक विकृतियों पर नजर गड़ाने की क्षमता रखते हुए सामाजिक परिवर्तन की उत्प्रेरक हों।

रवींद्र कुमार पाठक

सूचना और मनोरंजन

जनसंचार माध्यमों के तीन प्रमुख काम माने जाते हैं—सूचना, शिक्षा और मनोरंजन। सूचना और मनोरंजन दो महत्वपूर्ण कार्य होते हुए भी दोनों का क्षेत्र अलग-अलग रहा है, पर जनसंचार के वर्तमान दौर में सूचना और मनोरंजन एक-दूसरे में घुल-मिल गए हैं।

पहले सूचनाओं के प्रसार के लिए मुख्य रूप से रेडियो, टेलीविजन और पत्र-पत्रिकाएं माध्यम हुआ करती थीं। उपग्रह के माध्यम से सूचनाओं के संग्रह और प्रसारण की तकनीक विकसित हुई तो अनेक नए माध्यम अस्तित्व में आए। इनमें इंटरनेट, मोबाइल फोन, अनेक कंप्यूटरीकृत सूचना उपकरणों का तेजी से विकास हुआ। रेडियो और टेलीविजन के कार्यक्रमों की अवधि सीमित न होकर चौबीस घंटे, सातों दिन तक फैल गई। संचार माध्यमों पर सूचनाओं के आदान-प्रदान ने कारोबारी होड़ का रूप ले लिया तो सूचनाओं के प्रस्तुतीकरण का स्वरूप भी बदलने लगा। रेडियो, टेलीविजन आदि पर लोगों को मनोरंजन प्रधान विषयवस्तु देखना-पढ़ना-सुनना ज्यादा पसंद था। अतः मीडिया ने सामान्यतः सूचनाओं को मनोरंजन-प्रधान बनाकर

पेश करने का तरीका अपनाया। इस तरह सूचना यानी 'इन्फॉर्मेशन' और मनोरंजन यानी 'एंटरटेनमेंट' के क्षेत्र एक-दूसरे में समाहित होने लगे। मनोरंजन तो सूचना-रहित ही बना रहा, लेकिन सूचनाओं को मनोरंजन बनाकर पेश किया जाने लगा। इस तरह 'इन्फॉटेनमेंट' (Infotenment) का विकास हुआ। इन्फॉटेनमेंट यानी इनफॉर्मेशन और एंटरटेनमेंट का मिश्रण।

इन्फॉटेनमेंट शब्द का प्रयोग पहली बार 1974 में अमेरिका के रेडियो ब्रॉडकास्टिंग संघ के एक सम्मेलन में हुआ। इसे ध्यान में रखकर 1980 में कुछ कार्यक्रम भी तैयार किए गए, जिनमें सूचनाओं के साथ हास्य-व्यंग्य, गीत-संगीत मिले हुए थे। उसके बाद इस तरह के प्रयोग चलन में आ गए।

टेलीविजन चैनलों और पत्र-पत्रिकाओं से भिन्न रूपों में सूचनाएं परोसने के उद्देश्य से ही इन्फॉटेनमेंट का रास्ता चुना गया। टेलीविजन पर लोग उस तरह सूचनाओं को सहज स्वीकार नहीं कर पाते जिस तरह समाचार-पत्रों और एक हद तक इंटरनेट की विभिन्न वेबसाइटों के जरिए, इसलिए टेलीविजन ने गंभीर सूचनाओं के स्थान पर लोकरुचि की सूचनाओं के प्रसारण को ज्यादा उपयुक्त समझा। टेलीविजन चैनलों में जैसे-जैसे विज्ञापन बटोरने की कारोबारी होड़ बढ़ती गई, सूचनाओं में मनोरंजन की जगह भी बढ़ती गई। उनमें वही समाचार ज्यादा जगह घेरने लगे, जिनसे सनसनी पैदा होती हो। सनसनीखेज समाचार ही समाचार का प्रतिमान बन गया। अगर समाचार में सनसनी की संभावना नजर नहीं आती तो उसे जबरन वैसा बनाने की कोशिश की जाने लगी। राजनीतिक विवादों, आपराधिक घटनाओं, खेलों, फैशन, जीवन-शैली, सिनेमा से जुड़ी गपशप आदि ने समाचारों की जगह लेना शुरू कर दिया। सामाजिक सरोकार वाले विषय फीचर के रूप में कभी-कभार ही दिखने लगे। इनकी जगह लगातार सिकुड़ती गई। टेलीविजन पर अजीबोगरीब धारावाहिकों, हंसी-ठिठोली वाले कार्यक्रमों, व्यवसाय से जुड़ी गतिविधियों से निर्मित विज्ञापनों और चुटकलेबाजी ने अधिक जगह घेरना शुरू कर दिया। इतना ही नहीं, समाचारों की गंभीरता भी नष्ट कर दी गई।

टेलीविजन के समाचार चैनलों पर आरोप लगने लगे कि वे राजनीतिक दलों और व्यावसायिक घरानों के हितों को ध्यान में रखकर सूचनाएं परोसते हैं। समाचार महत्वपूर्ण घटना के रूप में नहीं, मनोरंजक घटना के रूप में पेश किए जाते हैं और मनोरंजन को ही उन्होंने प्रधान समाचार मूल्य बना दिया है। उनका मकसद सिर्फ पैसा कमाना है, वे पत्रकारिता के सरोकारों से दूर हो गए हैं। सूचना मनोरंजन को पीत पत्रकारिता का ही नया रूप बताया जाता है।

यह समस्या सिर्फ भारत में ही नहीं, पूरी दुनिया में है। मीडिया मुगल माने जाने वाले रुपर्ट मर्डोक ने टेलीविजन को उपभोक्ता केंद्रित माध्यम बनाया। फॉक्स और सीएनबीसी जैसे अधिक प्रसार वाले चैनलों ने सूचना और मनोरंजन के मेल से ऐसे कार्यक्रमों की रचना शुरू की, जो न सिर्फ उपभोक्ता का मनोरंजन करते है और सूचनाएं देते हैं, बल्कि उनमें उपभोक्ता सामग्री के प्रति अनावश्यक चाह भी पैदा करते हैं। इस तरह टेलीविजन चैनलों के जरिए बाजार को विस्तार मिलना शुरू हुआ। टीवी पर उपभोक्ता सामग्री की तरह सूचनाएं परोसी जाने लगीं।

यह प्रवृत्ति अस्तित्व रक्षा के लिए प्रिंट पत्रकारिता और इंटरनेट की वेबसाइटों में भी दिखने लगी। इस तरह पत्रकारिता का उद्देश्य बदलता गया। पहले पत्रकारिता लोगों को जागरूक बनाने के मकसद से सूचनाएं प्रस्तुत करती थी। नई पत्रकारिता ने नया सिद्धांत विकसित किया कि पत्रकारिता का मकसद लोगों को सूचनाएं देना ही नहीं है, उनका मनोरंजन करना और उन्हें उत्तेजित करना भी है। सूचनाओं में उत्तेजना का तत्व मिलने से मनोरंजन का स्वरूप विकृत हुआ और गंभीर राजनीति, कला, संस्कृति हाशिए पर चले गए। मसालेदार टेलीविजन कार्यक्रम, भंडाफोड़ खबरें, अपराध समाचार और भड़काऊ तस्वीरों वाली सूचनाएं केंद्र में आ गईं।

टीवी चैनलों में समाचार सुनाने वाले समाचार वाचक, बहसों की एंकरिंग करने वाले एंकर और साक्षात्कार लेने वाले साक्षात्कारकर्ता अपनी भूमिका को निरपेक्ष होकर निभाने के बजाय, स्वयं एक पक्ष में तब्दील हो गए। वे खुद जोर से चीखने-चिल्लाने लगे और बहसों को युद्ध में बदलने लगे ताकि लोग मजा लें।

पत्रकारिता का मकसद शोध, सूचनाओं की जांच और उचित दस्तावेजों के आधार पर जनहित के उद्देश्य से सूचनाएं प्रसारित करना है, जबकि मनोरंजन का आधार सांस्कृतिक मूल्यों की रक्षा और उनका विकास करना है। मगर जब सिर्फ कारोबार के मकसद से दोनों को एक-दूसरे में मिलाकर परोसा जाता है तो उससे दोनों के मूल्य क्षरित होते हैं। इसलिए पत्रकारिता की नियामक संस्थाएं-प्रेस कॉउंसिल, एडिटर्स गिल्ड, ब्रॉडकास्टर्स एसोसिएशन आदि—लंबे समय से इस बात की आवश्यकता महसूस कर रही हैं कि सूचना और मनोरंजन के अलग-अलग नियामक सिद्धांत बनें। समाचार चैनलों को सूचनाएं प्रसारित करने का लाइसेंस मिलता है और मनोरंजन चैनलों को मनोरंजन का, मगर समाचार चैनल पत्रकारिता के गंभीर मूल्यों के पालन के बजाय लगातार मनोरंजन के मूल्यों को अपनाते देखे जाते हैं। इसलिए उनके द्वारा मूल कर्तव्यों के पालन की जरूरत रेखांकित की जा रही है।

टेलीविजन और पत्र-पत्रिकाओं के अलावा सोशल मीडिया का एक नया और विशाल क्षेत्र विकसित हो गया है, जिस पर फेसबुक, ब्लॉग, ट्विटर, वाट्सएेप आदि के माध्यम से न सिर्फ सूचनाओं का आदान-प्रदान होने लगा है, बल्कि अभिव्यक्ति की आजादी का नया आयाम भी खुला है। सोशल मीडिया का स्वरूप भी कमोबेश मुख्यधारा के मीडिया जैसा होता गया है, जबकि इसके जरिए गंभीर पत्रकारिता के क्षरित होते गए मूल्यों की रक्षा का विकल्प तैयार किया जा सकता है। सूचना के मनोरंजन की वस्तु में रूपांतरित होने से सबसे अधिक क्षति सूचना और उससे उत्पन्न ज्ञान और विवेक की होती है।

सूर्यनाथ सिंह

अधिक जानकारी के लिए :

1. जनसंचार माध्यम और सांस्कृतिक विमर्श : जवरीमल्ल पारख, **2. मंडी में मीडिया :** विनीत कुमार, **3. पूंजीवाद और सूचना का युग :** (संपा.) रॉबर्ट डब्ल्यू मैक्चेस्नी, इलेन मिक्सिंस वुड और जॉन बैलेमी फोस्टर, **4. जनमाध्यमों का मायालोक :** नोआम चोम्स्की, **5. Media and Culture :** R Campbell, R C Martin, B G Fabos, 2012

सूचना और समाज

सूचना सभी तरह के समाजों की जरूरत रही है। आज न सिर्फ इसका अर्थ व्यापक हुआ है, बल्कि इसकी जरूरत किसी और समय की तुलना में ज्यादा है। आज सूचना ही तकनीकी क्रांति के बाद सामाजिक दृष्टि और आचरण में क्रांति का जरिया बन रही है। एक तरफ सूचना पाने के लिए समाज का आग्रह दिनोदिन बढ़ता जा रहा है, दूसरी ओर उसका प्रसारण अधिकाधिक आकर्षक ढंग से किया जा रहा है। इसके बढ़ते रूझान को एक टेलीकॉम कंपनी द्वारा 'डेटागिरी' तक कहा गया है। इस क्षेत्र में वैज्ञानिक उपकरणों का विकास लाभदायक साबित हुआ है। अधिक सूचनाएं समाज को बहुकेंद्रिकता और वास्तविक जनतंत्र की ओर अग्रसर करती हैं। सूचना समाज उत्तर-आधुनिक दशाओं में विमर्श का महत्वपूर्ण विषय बना हुआ है। अब सूचनाएं सर्वसुलभ होती जा रही हैं। सूचना अब रेडियो, टेलीविजन, फिल्म, पत्र-पत्रिकाओं, इंटरनेट के माध्यम से समाज के हर कोने तक पहुंचने में कामयाब हो रही हैं। आज सूचनाओं के अभाव में जीवन की कल्पना नहीं की जा सकती। इसका अर्थ है कि सूचना और समाज का (Information and social) का रिश्ता पहले से ज्यादा घनिष्ठ हुआ है।

साइबर जनतंत्र में सूचना एक महत्वपूर्ण शक्ति के रूप में उभर रही है, जो समाज की नियामक शक्ति बन गई है। शिक्षा, विधि, राजनीति, प्रकृति, देश–विदेश के समाचार, विज्ञान एवं संस्कृति के हर पहलू से जुड़ी सूचनाएं आज समाज की दिशा तय करने

में महत्वपूर्ण भूमिका अदा कर रही हैं। सूचना का संसार हमारे अपने संसार से ही निर्मित होता है और इस निर्माण में समाज की गतिशीलता का गहरा हाथ होता है। सूचना सिर्फ तथ्यों या तथ्यों पर आधारित सामग्री का संयोजन नहीं है। वह हमारे जीवन की अनिवार्यता है, हमारे सामाजिक विकास का घटक है। वह हमारे ज्ञान की आधार सामग्री है, हमारे सामाजिक हस्तक्षेप के लिए हमारी विवेकशीलता को दिशा देने वाला कारक है।

आज सूचना को समाज का निर्णायक और मुख्य कारक माना जाता है। अब कई विचारक समाज के वर्गों और उत्पादन संबंधों की भूमिका को गौण मानते हैं और सूचना तकनीक से निर्मित समाज को सूचना समाज कहते हैं। विश्व सूचना प्रौद्योगिक समूहों ने समूची दुनिया का सांस्कृतिक और राजनीतिक रूप काफी बदल दिया है। इससे राष्ट्र-राज्य की सत्ता का क्षय हुआ है। यह भी कहा जाता है कि सूचना तकनीकों के प्रयोग के कारण ही आज शिक्षा, बैंकिंग, करों की वसूली, स्वास्थ्य परीक्षण, मनोरंजन के विस्तार, रेल-हवाई सेवाएं, राष्ट्रीय-अंतरराष्ट्रीय स्तर पर संचार, समाचार आदि के क्षेत्रों में भारी गति दिखाई दे रही है। अब लोगों के लिए जानकारी पाना सहज हो गया है। सूचना समाज का ही एक रूप 'नॉलेज सोसाइटी' है। सूचना तकनीक में क्रांति ने ही 'इलेक्ट्रॉनिक उननिवेशवाद' पैदा कर दिया है और विश्व के सांस्कृतिक एकीकरण की प्रक्रिया तीव्र कर दी है। सूचना क्रांति ने समाज में 'तीव्र गति', 'फौरन पाने' और 'सनसनी' को आम प्रवृत्ति बना दिया है।

सूचना के आदान-प्रदान के लिए जिन साधनों या माध्यमों की जरूरत होती है, उनका विकास सामाजिक विकास के साथ होता है। विकास के साथ सूचना का महत्व बढ़ता गया है। यहां तक कि अब हम एक ऐसे युग में रहते हैं जिसे उत्तर-औद्योगिक समय का सूचना समाज कहा जा रहा है। अमेरिकी विद्वान एवेरेट्ट एम रोजर्स ने सूचना समाज को परिभाषित करते हुए लिखा है, 'सूचना समाज वह राष्ट्र है जहाँ अधिकांश श्रम शक्ति सूचना श्रमिक के रूप में संघटित होती है और जहां सूचना सबसे प्रमुख तत्व होती है। इस प्रकार सूचना समाज औद्योगिक समाज से एक स्पष्ट परिवर्तन का प्रतिनिधित्व करता है जहाँ श्रम शक्ति निर्माण व्यवसाय से जुड़ी होती है और जहां का मुख्य तत्व ऊर्जा है। इसके विपरीत सूचना-श्रमिक वे व्यक्ति होते हैं जिनकी मुख्य गतिविधि सूचना के उत्पादन, प्रोसेसिंग और वितरण तथा सूचना प्रौद्योगिकी के उत्पादन की होती है। सूचना के विशिष्ट कामगारों में शिक्षकों, वैज्ञानिकों, समाचार-पत्रों के संवाददाता, कंप्यूटर प्रोग्रामर, परामर्शदाता, सचिवों और प्रबंधकों की गणना की जाती है। ये व्यक्ति लिखते हैं, पढ़ाते हैं, परामर्श बेचते हैं, आदेश देते हैं और सूचना का संचालन करते हैं।

भारत जैसे तीसरी दुनिया के देशों में जहां औद्योगिक विकास पर्याप्त नहीं हुआ है, सूचना के एक जिंस में बदलने की प्रवृत्ति को राष्ट्रीय परिघटना नहीं कहा जा सकता है। भारतीय समाज में विकास की प्रक्रिया दो विपरीत दिशाओं में गतिशील है। एक ओर समाज का छोटा हिस्सा है जिसका उत्पादन के साधनों, राजनीतिक सत्ता और नौकरशाही तंत्र पर कब्जा है। दूसरी तरफ, किसी-न-किसी रूप में भारतीय समाज का बहुमत अभी भी विकास के प्रायः सभी क्षेत्रों से बाहर है। समाज का जो हिस्सा सूचना समाज की ओर बढ़ रहा है, वह भी इसके लिए विकसित देशों पर ही काफी हद तक निर्भर है।

सूचना ही शक्ति है, यह नए युग का संदेश है, लेकिन सूचना अपने आप में शक्ति नहीं है। आज सत्ता पर जिनका अधिकार है, उनका अधिकार इसलिए नहीं है कि वे अधिक सूचना संपन्न हैं। प्रायः देखा गया है कि जो ताकतवर हैं, वे कम जानते हैं। यही नहीं, उन्हें ज्यादा जानने की जरूरत भी नहीं होती। उनकी ताकत का स्रोत उनके ज्यादा और कम जानने में नहीं बल्कि इस बात में निहित है कि वे यह जानते हैं कि वे राजसत्ता को प्रभावित करने की स्थिति में हैं, क्योंकि उनके पास पूंजी की राजनीतिक ताकत है। निजी व्यापारिक संस्थानों के पास वित्तीय

ताकत और राज्य के पास न्यायिक संस्थानों की ताकत होती है और ज्यादातर मामलों में वे एक-दूसरे के साथ सहयोग करते हुए काम करते हैं। यह वह सच्चाई है, जो सूचना समाज की बुनियाद है। इस सच्चाई को जनता के हित में बदलने की कोशिश से ही एक लोकतांत्रिक समाज का निर्माण मुमकिन है। ऐसा समाज न्यायपूर्ण सूचना समाज होगा।

रेशमी पांडा मुखर्जी

अधिक जानकारी के लिए:
1. जनसंचार माध्यमों का वैचारिक परिप्रेक्ष्य : जवरीमल्ल पारख, **2. पूंजीवाद और सूचना का युग :** रॉबर्ट डब्ल्यू मैक्चेस्बी, इलेन मिकसिंस वुड और जॉन बेलेमी फोस्टर (सं.)

सूचना का अधिकार

सूचना का अधिकार अधिनियम विजयादशमी के दिन 12 अक्टूबर 2005 से लंबे आंदोलन के बाद भारत में लागू हुआ। इसके मार्ग में मुख्य बाधा 1923 की सरकारी गोपनीयता कानून की धारा थी। स्वाधीनता के लंबे समय बाद भारत के लोगों को सूचना का अधिकार मिला। इसी के चलते 2 जी स्पैक्ट्रम, आदर्श हाउसिंग सोसाइटी, कॉमनवेल्थ गेम्स के मामलों में घोटाले उजागर हुए और भ्रष्टाचार एक बड़ा मुद्दा बना।

विश्व में स्वीडन पहला देश है, जहां यह कानून बना था। इसके बाद फिनलेंड (1951), संयुक्त राज्य अमेरिका (1966), फ्रांस (1978), कनाडा (1983), ऑस्ट्रेलिया (1982), ब्रिटेन (1989), जापान (1999), मैक्सिको (2002), चीन (2008) आदि देशों में यह लागू हुआ। इसे जनतंत्र की जड़ों को मजबूत करने की दिशा में एक महत्वपूर्ण कदम माना जाता है। इससे नागरिकों के प्रति राज्य की जवाबदेही बढ़ती है और भ्रष्टाचार को नियंत्रित करने में मदद मिलती है। अभिव्यक्ति की स्वतंत्रता का सही उपयोग भी सही सूचनाओं की उपलब्धता पर निर्भर करता है।

सूचना के अधिकार को पूरे विश्व में एक मौलिक अधिकार की मर्यादा दी गई है। संयुक्त राष्ट्र महासभा में 1946 में इसके महत्व को सर्वप्रथम रेखांकित किया गया था। मानव अधिकार की सार्वभौम घोषणा (1948) के अनुच्छेद 19 में कहा गया है, 'देश की सीमाओं की चिंता किए बगैर किसी भी माध्यम से सूचना और विचार एकत्रित करने, प्राप्त करने और उन्हें लोगों तक पहुंचाने का अधिकार अभिव्यक्ति की स्वाधीनता के अधिकार में शामिल हैं। 'सूचना का अधिकार' अधिनियम सरकारी दफ्तर और संगठन, सरकार की स्वशासित संस्थाओं, सरकार की आर्थिक सहायता से चलने वाले संस्थान अथवा किसी भी सरकारी अधिकारी के क्रियाकलापों या प्रशासन संबंधी महत्वपूर्ण कार्यों की जानकारी हासिल करने का अधिकार जनता को देता है। राजनीतिक दलों को ऐसे दफ्तरों में नहीं गिना जाता है। सूचना का अधिकार जम्मू-काश्मीर राज्य को छोड़कर संपूर्ण भारत में लागू है। इसके कारण ही देश में भ्रष्टाचार, अत्याचार और विलंब के अनेक मामले उजागर हुए हैं और सरकारों की जवाबदेही बढ़ी है।

भारत में ब्रिटिश शासन के दौरान 1889 में कार्यालय गोपनीयता अधिनियम बना था जिसका मकसद जनता तक सूचना की पहुंच को रोकना था। देश की आजादी के काफी बाद स्वयंसेवी संगठनों के आंदोलन से सरकार से यह अधिकार हासिल हुआ।

सूचना का अधिकार अधिनियम लागू करने के लिए केंद्रीय सूचना आयोग का गठन किया गया है, जिसका मुख्यालय दिल्ली में है। प्रत्येक राज्य सरकार ने भी सूचना आयोग के नाम से एक निकाय का गठन किया है जिसमें सूचना आयुक्तों तथा अन्य पदाधिकारियों की नियुक्ति निर्धारित मानदंडों के अनुरूप होती है। कोई भी नागरिक किसी प्रकार की सूचना के लिए तत्संबंधी अधिकारी को सादे कागज पर पत्र लिख सकता है। इसके लिए आवेदन पत्र के साथ एक मामूली शुल्क (दस रुपए) निर्धारित है। गरीबी रेखा से नीचे के व्यक्तियों के लिए कोई शुल्क नहीं है। निश्चित अवधि के भीतर सूचना प्राप्त न

होने पर नागरिक केंद्रीय सूचना आयुक्त तथा राज्य-विशेष के संबंधित अधिकारी से इसकी शिकायत कर सकता है। इसके लिए उसे कोई कारण बताने की जरूरत नहीं है। उसे कोई भी तथ्य जानने का हक है और उसे अपने पते के अलावा अन्य कुछ भी न बताने की छूट है।

सूचना का अधिकार अधिनियम के अंतर्गत सूचना प्राप्त करने की समय-सीमा 30 दिन निर्धारित है। अधिकारी पांच दिन का समय और मांग सकता है। इस अवधि के अंतर्गत आवेदक को संबंधित विषयों की सूचना अवश्य मिल जानी चाहिए। यदि किसी व्यक्ति के जीवन या निजी स्वाधीनता से संबंधित जानकारी मांगी जाए तो यह 48 घंटे के भीतर दे देनी होगी। हर राज्य में सूचना अधिकारी को यह सुनिश्चित करना होता है कि वह आवेदक को सही सूचना उपलब्ध कराने की व्यवस्था करे। उसे यह कार्य किसी दल, समूह या संस्था विशेष के दबाव में आए बिना करना होगा।

नागरिक सूचना अधिकार का उपयोग घर बैठे कर सकते हैं। सूचना का अधिकार अधिनियम (धारा 2) में कहा गया है कि व्यक्ति प्रशासन से कोई भी रिकॉर्ड, दस्तावेज, फाइल पर टिप्पणी, माइक्रोफिल्म, फैक्स, कंप्यूटर से तैयार दस्तावेज की प्रतिलिपि, ज्ञापन, सलाह, प्रेस विज्ञप्ति, आदेश आदि की मांग कर सकता है। मांगी गई सूचना यदि जनहित में है तो धारा 8 के अंतर्गत मना की गई सूचना भी दी जा सकती है। कुछ सरकारें सूचना के अधिकार के दायरे को कम करने, गोपनीयता बढ़ाने जैसी बातें करती हैं, जो उनकी घबराहट, दोहरी नीति और लोकतंत्र के प्रति निष्ठा की कमी की ओर संकेत है।

लोक पदाधिकारियों का दायित्व है कि वे सूची-पत्रित और अनुक्रमणिकाबद्ध सभी अभिलेखों को किसी ऐसी रीति और रूप में रखें, जो इस अधिनियम के अधीन सूचना के अधिकार को सुगम और सुनिश्चित करे। यह प्रावधान बना है कि प्रत्येक केंद्रीय लोक सूचना अधिकारी या राज्य लोक सूचना अधिकारी सूचना की मांग करने वाले व्यक्ति के अनुरोध पर कार्यवाही करेगा और ऐसी सूचना की मांग करने वाले व्यक्तियों की सहायता करेगा।

सूचना के अधिकार क्षेत्र से कुछ मामलों को बाहर रखा गया है, जैसे देश की अखंडता, सार्वभौमता, राज्यों की सुरक्षा, रणनीति, सीबीआई की जांच, वैज्ञानिक खोजों, वैदेशिक संबंधों आदि से संबंधित सूचनाओं को, जो गलत प्रभाव डाल सकते हैं। इनमें बौद्धिक संपदा और पेटेंट के मामले भी शामिल हैं।

सूचना का अधिकार नागरिकों को अपने अधिकारों और कर्तव्यों के प्रति जागरूक करता है। प्रशासन के कार्यों में उसकी भागीदारी होती है। देश का साधारण नागरिक भी अपने इस अधिकार पर गर्व महसूस कर सकता है। उसे देश की स्वतंत्रता, संप्रभुता का महत्व समझ में आता है। वह अपने को देश का एक जिम्मेदार नागरिक समझता है। उसकी राजनीतिक समझ बढ़ती है, साथ ही उसका बौद्धिक विकास होता है।

सूचना के अधिकार को अंतरराष्ट्रीय स्तर पर मानवाधिकारों की सुरक्षा की दिशा में उठाए गए एक महत्वपूर्ण कदम के रूप में देखा जाता है और प्रशासन को पारदर्शी बनाने की दिशा में बने दबाव के रूप में भी। सूचना के अधिकार ने समाज को आंदोलित किया है, पर उनकी चिंता बढ़ा दी है, जो लोकतंत्र की आड़ में भ्रष्टाचार या दमन में शामिल रहते आए हैं। यही वजह है कि सूचना के अधिकार का सदुपयोग कर देश में प्रशासनिक स्वच्छता लाने के लिए जो नागरिक संगठन सक्रिय हैं या व्यक्तिगत स्तर पर जो प्रयास करते हैं, उन पर मीडिया की निगाह रहती है। मीडिया देशहित में मिली उस सूचना को, यदि उससे भ्रष्टाचार या दमन का मामला बनता है, समाचार चैनलों के जरिए सार्वजनिक कर देता है। इस तरह बड़े-बड़े लोगों का असली चेहरा सामने आया है।

यही वजह है कि सूचना का अधिकार कइयों के लिए सिरदर्द और समस्या है। मनरेगा, सार्वजनिक संपत्ति संबंधी घोटाले, बड़ी सरकारी खरीद-बिक्री, सरकारी जमीन सस्ते दाम में प्रभावशाली व्यक्तियों को मुहैया कराने आदि से संबंधित प्रकाश में आए सैकड़ों मामलों में मानवाधिकार कर्मियों को परेशान किया गया

है, उन पर हमले हुए हैं और कइयों की जानें गई हैं। इसके लिए भी तरह-तरह से प्रयास होते हैं कि सूचना के अधिकार के दुरुपयोग का आरोप लगाकर इसे सीमित कर दिया जाए। यह भी एक तथ्य है कि 40-50 फीसद लोग ही बिना तकलीफ उठाए सूचना पाते हैं। अधिकांश व्यक्ति सूचना न पाने पर राज्य सूचना कमिश्नर से अपील करने में आलस्य कर जाते हैं, फिर भी सूचना का अधिकार एक न खत्म होने वाला आंदोलन है। यह जन आंदोलन का नया रूप है, जो लोकतांत्रिक व्यवस्था में संवैधानिक संस्थाओं के प्रति विश्वास को मजबूत बनाता है। इससे आम जन के अधिकार बढ़े हैं और भ्रष्टाचार पर अंकुश लगा है।

श्रीनिवास शर्मा

अधिक जानकारी के लिए :
1. जानिए मानवाधिकारों को : अनीश भसीन, **2. भारत में मानवाधिकार :** महेंद्र के मिश्रा

सूचना युग

अंग्रेजी शब्द 'Information' के अर्थ में सूचना शब्द का प्रयोग किया जाता है। सूचना का अर्थ है किसी भी तरह की कोई भी जानकारी जो एक व्यक्ति से दूसरे व्यक्ति तक पहुंचती है। सूचना संप्रेषित करने के कई माध्यम हो सकते हैं। एक व्यक्ति दूसरे व्यक्ति या व्यक्तियों से सीधे सूचना प्राप्त कर सकता है और किसी माध्यम के द्वारा भी सूचना प्राप्त की जा सकती है। मसलन, लिखे हुए या बोले हुए शब्दों के माध्यम से सूचना को संप्रेषित किया जा सकता है। सूचना को कई रूपों में भंडारित किया जा सकता है। उसे सुरक्षित रखा जा सकता है और उसको एक स्थान से दूसरे स्थान पर और एक समय से दूसरे समय में संप्रेषित किया जा सकता है। इसका अर्थ यह नहीं है कि सूचना कोई भौतिक वस्तु है बल्कि यह ज्ञान का ऐसा रूप है जिसे व्यक्त करने के लिए भाषा की जरूरत होती है और उस भाषा को दूसरों तक संप्रेषित करने के लिए माध्यम की। पूंजीवादी-औद्योगिक युग में ऐसे तकनीकी संसाधनों का तेजी से विकास हुआ है, जो सूचनाओं का संप्रेषण करने, उनका भंडारण करने और उनका पुनरुत्पादन करने में सहायक हैं। यही नहीं अब सूचनाओं को कई रूपों में संप्रेषित किया जा सकता है। लिखित या मुद्रित रूप में, आवाज के रूप में, चित्र के रूप में और दृश्यावली के रूप में भी।

सूचना की जरूरत सब तरह के युगों और समाजों में रही है। सूचनाओं के आदान-प्रदान द्वारा ही मनुष्य सभ्यता का विकास हुआ है। विकास के साथ-साथ सूचनाओं का महत्व भी बढ़ता गया है। यहां तक कि अब हम एक ऐसे युग में रह रहे हैं, जिसे उत्तर-औद्योगिक युग या सूचना युग कहा जा सकता है। सूचना युग मानव सभ्यता का ऐसा दौर है जिसमें सूचना का मानव सभ्यता में केंद्रीय महत्व है। सूचना युग में सूचना उसी तरह की शक्ति है जिस तरह की शक्ति पूंजीवाद में पूंजी होती है। जिस तरह पूंजीवाद में उत्पादन के साधनों पर जिसका अधिकार होता है, उसी का समाज पर वर्चस्व होता है, उसी तरह सूचना युग में जिसका सूचना प्रौद्योगिकी पर अधिकार होता है, उसी का सूचना पर और इसलिए समाज पर भी अधिकार होता है। ऐसा समाज सूचना समाज कहलाता है। सूचना समाज की संकल्पना का संबंध सूचना प्रौद्योगिकी से है। माइक्रोइलेक्ट्रॉनिक्स पर आधारित कंप्यूटर के माध्यम से सारी दुनिया तक पहुंचने वाली इस प्रौद्योगिकी ने सारी दुनिया को आपस में जोड़ दिया है। अब कोई भी व्यक्ति अपने कंप्यूटर में समस्त दुनिया में व्याप्त संजाल (वर्ल्ड वाइड वेब) के माध्यम से दुनिया के किसी भी कोने की सूचना प्राप्त कर सकता है और सूचना पहुंचा भी

सकता है। यह सूचना अपरिमित हो सकती है। सूचना को अपने सभी रूपों में कोई भी निर्मित कर सकता है। इसका सीधा-सा अर्थ है कि व्यक्ति कंप्यूटर के माध्यम से अपनी निजी और व्यावसायिक जरूरतों को पूरा कर सकता है।

सूचना युग का मुख्य संदेश है—सूचना ही शक्ति है। इस युग की विशेषता है कि यहां सूचना का आर्थिक जिंस के रूप में विनिमय किया जाता है और उत्पाद वस्तु के रूप में यह बाजार स्पर्धा में शामिल है। आज प्रत्येक व्यवसाय में काम करने वालों का अच्छा-खासा हिस्सा सूचनाओं का उत्पादन करने, उनको पुनरावर्तित करने और उनको बनाए रखने के काम में लगा हुआ है। सूचना प्रौद्योगिकी और संस्थाओं में अंत:संबद्धता में बढ़ोतरी हो रही है। सूचना ने हर तरह के ज्ञान को व्यावसायिक संसाधन में बदल दिया है। संचार के साधनों और संदेशों में प्रचुर वृद्धि की वजह से यथार्थ की व्याख्या और उनको खास रूप देने का काम जनसंचार करने लगे हैं। सूचना प्रौद्योगिकी समाज द्वारा फैलती है। यांत्रिक उपकरणों के द्वारा व्यक्ति भी सूचना का निर्माण कर सकता है, उसे भंडारित कर सकता है, संप्रेषित कर सकता है और प्रभावित भी कर सकता है। इसके लिए जरूरी है कि उसके पास सूचना प्रौद्योगिकी को हासिल करने के लिए जरूरी आर्थिक क्षमता हो (रोजर्स जॉर्ज आर शीमेंट)। कह सकते हैं कि सूचना ही शक्ति है क्योंकि सूचना उन्हें ही उपलब्ध होती है, जो शक्तिवान हैं और शक्तिवान वही है जिसके पास पैसा है।

सूचना युग की पहचान इस रूप में भी की जा रही है कि इसमें पूंजीवाद का स्वरूप भी बदल जाएगा। माइक्रोसॉफ्ट के चेयरमैन बिल गेट्स के अनुसार, सूचना युग में पूंजीवाद तो रहेगा लेकिन वह घर्षणहीन पूंजीवाद होगा। कई लोगों का विचार है कि कंप्यूटर संचार माध्यमों पर एकछत्र राज्य करने वाले एकाधिकारवादियों की ताकत को कम कर देगा। समतावादी और लोकतांत्रिक संचार के एक नए युग की शुरुआत होगी। जनसंचार के एकाधिकारवादी साम्राज्य छोटे-छोटे कुटीर उद्योगों में बदल जाएंगे।

सूचना प्रौद्योगिकी के अब तक वैश्विक विस्तार से ऐसी किसी संभावना का प्रमाण नहीं मिलता। लगभग दो सौ साल पहले उत्पादन के साधनों में गुणात्मक परिवर्तन आने से एक नए तरह के समाज का निर्माण हुआ था जिसे राजनीतिक भाषा में पूंजीवादी समाज या औद्योगिक समाज का नाम दिया गया था। यह एक क्रांति थी क्योंकि इस परिवर्तन ने दुनिया को सामंती और कृषि समाजों के दौर से निकालकर औद्योगिक समाजों के दौर में पहुंचा दिया था, लेकिन क्या सूचना की यह कथित क्रांति उत्पादन के साधनों में वैसे ही गुणात्मक परिवर्तनों की द्योतक है? निश्चय ही कुछ नई वैज्ञानिक खोजें हुई हैं। इस दौर की नई प्रौद्योगिकी ने ऊर्जा पर आधारित यांत्रिक पद्धति को हटाकर डिजिटल आधारित इलेक्ट्रॉनिक पद्धति को जगह दी है, जो कम खर्चीली है और जिसमें मानव श्रम का कम व्यय होता है। इससे औद्योगिकी उत्पादन की ऊर्जा आधारित पद्धतियों की उपयोगिता कम नहीं हुई है। इलेक्ट्रॉनिक आधारित ये पद्धतियां उत्पादन के बहुत सीमित क्षेत्र में उपयोगी हैं और बहुत हद तक उत्पादन की संपूर्ण प्रकिया के कुछ ही चरणों में उपयोगी हैं। दूसरे, इसने उत्पादन से अधिक अन्य सहायक सेवाओं को प्रभावित किया है। इसकी वजह से सेवा क्षेत्र का विस्तार हुआ है और उसका महत्व भी बढ़ा है, लेकिन अधिकांश सेवा क्षेत्र अपने अस्तित्व के लिए औद्योगिक उत्पादन क्षेत्र पर निर्भर हैं।

प्रश्न यह भी है कि क्या सूचना युग में गैर-बराबरी, निर्धनता और शोषण से मुक्त समाज बनाने की संभावना निहित है? उत्पादन के क्षेत्र में यंत्रमानवों का बढ़ता उपयोग और स्वचालित यंत्रों का फैलाव सिर्फ समृद्ध देश की एकाधिकारवादी प्रवृत्ति को ही बल नहीं पहुंचाता है, वह निर्धन और कम विकसित देशों में ही नहीं, विकसित देशों में भी बेरोजगारी को बढ़ाता है। सूचना क्रांति ने दुनिया के करोड़ों पीड़ित लोगों के लिए नए भविष्य के दरवाजे नहीं खोले हैं। उनके लिए जीवन अब भी पहले की तरह

अभिशाप है। सूचना क्रांति मुख्य रूप से बहुराष्ट्रीय सत्ताओं द्वारा नियंत्रित है।

कहा जा रहा है कि सूचना के युग में राजनीति सहभागिता वाली होगी, लेकिन क्या ऐसा हो पाएगा? यह मुमकिन है कि सूचना समाज में औद्योगिक समाज से भिन्न सामाजिक सत्ता के स्रोत में बदलाव आए। जैसे कृषि समाज में भूस्वामित्व था, पूंजीवाद में पूंजी का स्वामित्व और सूचना समाज में सूचना का स्वामित्व। यह और बात है कि सूचना के स्वामित्व का निर्धारण पूंजी के स्वामित्व से ही हो रहा है और आगे भी पूंजी से तय होगा, ऐसा प्रतीत होता है, लेकिन क्या यह मूलभूत परिवर्तन का सूचक है? आखिरकार सत्ता पर एकाधिकार एक तरह के आभिजात्य-वर्ग का ही बना रहेगा। यह भी जाहिर होता है कि सूचना समाज में भी उसी अभिजात्य-वर्ग का ही प्रभुत्व कायम रहेगा, जो पूंजीवाद के साथ अस्तित्व में आया था।

यह मानना कि भूमि और पूंजी के विपरीत सूचना पर सबका अधिकार होगा, सभी अपने पास सूचना को भंडारित कर सकेंगे, एक भ्रम है। तथ्य यह है कि सूचनाओं के अबाधित और तीव्र प्रवाह ने स्वयं सूचनाओं को जटिल और विशेषीकृत बना दिया है। इसका नतीजा यह हुआ है कि आज चारों ओर सूचनाओं का अंबार है, लेकिन लोगों का ज्ञान घट रहा है। सूचना सिर्फ उन्हीं के लिए ताकत बनती है जिनके हाथ में सूचना को उत्पादित करने, उनकी प्रोसेसिंग करने, उनको भंडारित करने, उनको सुधारने और संप्रेषित करने के साधन हैं। जाहिर है कि व्यक्तियों और समुदायों की बात तो दूर रही, स्वयं विभिन्न देशों में भी इसका वितरण एक-सा नहीं है। सूचना प्रौद्योगिकी के मामले में गरीब देश समृद्ध देशों पर काफी हद तक निर्भर हैं। यह कहना भी सही नहीं है कि सूचना के इस दौर में श्रम के अभिशाप से मनुष्य को मुक्ति मिलेगी। यह एक दिवास्वप्न है कि यंत्र मानव और इलेक्ट्रॉनिक पर आधारित नई तकनीकों की वजह से मनुष्य को मामूली श्रम ही व्यय करना होगा और अपना खाली समय वह सांस्कृतिक और सृजनात्मक कामों में लगा सकेगा। विभिन्न देशों में, देशों के विभिन्न वर्गों और समुदायों में जो असमानता व्याप्त है, वह इसी सच्चाई को बयान करती है।

जवरीमल्ल पारख

अधिक जानकारी के लिए :

1. India's Information Revolution : Arvind M Singhal, Everett M Rogers, 1989, **2. The Global Media-The Missionaries of Global Capitalism :** Ed Herman, Robert Waterman Mc Chesney, 1998, **3. Communication Technology :** Everett M Rogers, 1986, **4. The Myth of the Information Revolution :** Micheal Traler, 1986

सूत्रधार

सूत्रधार नाटक अथवा नाट्य प्रक्रिया का एक अभिन्न अंग है। वह एक प्रकार से रंगमंच का निर्देशक-प्रबंधक है। सूत्रधार प्रधान नट के रूप में सहयोगी पात्रों का चयन (एकत्र) कर उन्हें प्रशिक्षित करता है। वह नाटक की प्रस्तावना में प्रमुख कार्य करता है। संस्कृत-हिंदी कोश में सूत्रधार की परिभाषा इस प्रकार दी गई है, 'नाट्यस्य यदनुष्ठानं स्यात् सबीजकम्। रंगदैवतापूजाकृत सूत्रधार इति स्मृतः।' (वामन शिवराम आप्टे) अर्थात नाटक में अनुष्ठान तथा बीजादि (बीज वाक्य उद्घोष) सहित पूजा और अर्चना की समस्त पूर्वरंग विधि को सविधान जानने वाला व्यक्ति सूत्रधार कहलाता है।

सूत्रधार पारंपरिक परिधान में सुसज्जित, अपने दो प्रमुख सहायकों के साथ नाटक के प्रारंभ में नांदी पाठ से पूर्व प्रशस्ति गान भी करता है। इसके बाद नाटक की प्रमुख स्त्री पात्र को बुलाकर नाटक के प्रारंभ की घोषणा करता है। वह नाटक के काल, स्थान, पात्रों तथा नाटक के संबंध में महत्वपूर्ण जानकारी देता है।

भरत ने 'नाट्शास्त्र' में सूत्रधार, पारिवारिक तथा विट, शकार और चेट आदि की विशेषताओं का वर्णन किया है। उनके अनुसार, शिष्टों अर्थात

कुलीन विषय-विद्वानों द्वारा निर्देशित गीत, वाद्य तथा नाटक के उपोद्घात में बोले जाने वाले पाठ के उच्चारण संबंधी सिद्धांतों को सम्यक रूप से धारण करने वाला व्यक्ति सूत्रधार कहलाता है, 'सूत्रं धारयति इति सूत्रधारः'।

सूत्रधार किन्हीं अर्थों में नाट्य मंडली का संचालक भी होता है। अतः उसे नाट्य संबंधी सभी विधाओं का जानकार होने के साथ-साथ सुसंस्कृत, मधुरभाषी, रस, भाव, रसास्वादन और ताल तथा लय आदि का भी विशेषज्ञ होना अनिवार्य है। सूत्रधार नाटक की घोषणा करता है। अतः उसे नाट्य विद्या में पारंगत होने के अलावा नाटक की पृष्ठभूमि अर्थात धर्म, संप्रदाय, अर्थशास्त्र, नीति, शिल्प, कला, काव्यशास्त्र, ज्योतिष, भूगोल, इतिहास तथा अन्य शास्त्रों का भी कुशल ज्ञाता होना अपेक्षित है। उसे गायन, वादन तथा ललित कलाओं में भी पारंगत होना चाहिए। सूत्रधार चूंकि नाट्य शिक्षक होता है, अतः उसे अपने विषय के अलावा अन्य सांसारिक ज्ञान को अपने अध्ययन-मनन से संपुष्ट करना होता है। सूत्रधार से अर्जित गुणों के अलावा भावुक, सहृदय, क्षमाशील, दृढ़, उदार, प्रियसंवादी, निष्पक्ष, निर्लोभ, प्रज्ञा, शांति, स्मृति और अन्य प्रातिभ गुणों से भी संपन्न होने की अपेक्षा रहती है। उसे शास्त्र-निष्णात, कला-निष्णात, वक्तृता, योग्यता, सुष्ठु उच्चारण, प्रत्युत्पन्नमति आदि गुणों से भी युक्त होना चाहिए।

नाट्य संबंधी भारतीय अवधारणा में नाटककार, सूत्रधार, अभिनेता और अभिनय को पूरी गंभीरता से लिया गया है। नाटक की समस्त प्रक्रिया में सूत्रधार की भूमिका के संदर्भ में भारतीय नाट्यशास्त्र की विवेचना करते हुए रघुवंश अपनी पुस्तक 'नाट्यकला' में कहते हैं, 'नाटक यदि रचयिता की रचनात्मक अभिव्यक्ति है तो सूत्रधार की अभिनयाभिव्यक्ति वस्तुतः दर्शकों की भावाभिव्यक्ति है। रचयिता वस्तु का सर्जन करता है, सूत्रधार अभिनय का उत्तरदायित्व रखता है और दर्शकों को उससे रस की अनुभूति होती है।

वास्तव में सूत्रधार ही अभिनेता को अभिनय के लिए प्रेरित करता है। इससे नाटककार, सूत्रधार और अभिनेता का संबंध अनिवार्य रूप से रचनात्मक अंतर्संबंध में परिणत हो जाता है। अपनी विशिष्ट भूमिका से सूत्रधार का सहयोगियों और सहृदयों के साथ नजदीक का संबंध स्थापित हो जाता है। नाटक की सफल परिणति के लिए सूत्रधार की भूमिका को महत्वपूर्ण माना गया है। कुल मिलाकर सूत्रधार नाट्य मंडली का एक हिस्सा होता ही है, विशेष बात यह है कि नाट्य मंडली के नायक के रूप में उसकी भूमिका गंभीर तथा नाट्य सफलता के लिए केंद्रीय होती है। नाटक के समापन से पूर्व सूत्रधार 'भरत वाक्य' की घोषणा के लिए विशेष रूप से मंच पर प्रकट होता है। यही नाटक की समाप्ति का सूचक होता है। सूत्रधार के सहायक को 'परिपार्श्विक' कहा जाता है।

विजय तेंडुलकर ने सूत्रधार को अपने नाटक 'घासीराम कोतवाल' में मूल कहानी का एक हिस्सा बनाकर अपने को उससे अलग कर एक युक्ति के रूप में प्रयोग किया है। इस नाटक में सूत्रधार के माध्यम से ही आने वाली पूरी कथा की भूमिका और घटनाओं का विवरण दे दिया जाता है। मराठी पारंपरिक नाट्य 'तमाशा' में सूत्रधार संगीत विशेषज्ञ और मंच संयोजक के साथ कुछ अन्य भूमिकाओं में भी दिखाई देता है। 'सुनो जनमेजय' (आद्य रंगाचार्य) में भी कहानी को सूत्रधार के माध्यम से ही प्रस्तुत किया गया है। संस्कृत नाटकों की अपेक्षा हिंदी नाटकों में सूत्रधार की मंच पर उपस्थिति अनेकविध दिखी है। 'आधे अधूरे' (मोहन राकेश) में सूत्रधार की भूमिका संस्कृत नाटकों की भांति प्रारंभ और अंत में ही नजर आती है। राजस्थानी और गुजराती नाटक 'भवाई' में सूत्रधार एक नायक है जो गायन, अभिनय, निर्देशन तथा रंग प्रस्तुति करता है।

जगदीश शर्मा

सूत्रीकरण

अंग्रेजी के Formulation से बना है सूत्रीकरण। ज्ञान-विज्ञान की किसी मूर्त अथवा अमूर्त अवधारणा के संगत निष्कर्ष की न्यूनतम शब्दों में प्रस्तुति ही सूत्रीकरण है। दर्शन, साहित्य, गणित, भाषा और कानून आदि विषयों में सूत्रों का निर्माण, सूत्रीकरण या ज्ञानसूत्र मानव सभ्यता के आरंभ से निरंतर चले आ रहे हैं। सुकरात ने नीति संबंधी अपनी अवधारणा का सूत्रीकरण करते हुए कहा था, सद्‌गुण ही ज्ञान है, अर्थात ज्ञान का आधार बुद्धिमत्ता, साहस, संयम, सत्यवादिता ओर न्याय आदि सद्‌गुण हैं। बुद्ध ने वर्षों तक अपनी यात्रा, खोज, ध्यान आदि से अर्जित ज्ञान 'सुत्त' रूप में प्रस्तुत किया। उन्होंने संक्षेप में 'आठ मार्ग' बताए। आधुनिक विचारक कार्ल मार्क्स ने सूत्र दिया, 'कोई चीज शाश्वत नहीं, सिवाय परिवर्तन के।' मानव चिंतन के कारकों की विवेचना करते हुए उन्होंने एक अन्य सूत्र दिया, मनुष्यों की चेतना उनके अस्तित्व को निर्धारित नहीं करती, बल्कि यह उनका सामाजिक अस्तित्व है, जो उनकी चेतना को निर्धारित करता है।

दार्शनिक गौतम ने 'न्यायसूत्र' में प्रत्यक्ष ज्ञान का सूत्रीकरण करते हुए कहा, 'यह इंद्रिय द्वारा किसी वस्तु के संपर्क से प्राप्त होता है और सुस्पष्ट तथा त्रुटिहीन होता है।' (गौतम न्याय सूत्र, 1.1.4)। जीवन के तीन लक्ष्यों—सद्‌गुण, समृद्धि और रति का सूत्रीकरण करते हुए गुप्तकालीन वात्स्यायन ने 'कामसूत्र' के अंतिम श्लोक में लिखा, 'सभी चीजों में पारंगत बुद्धिमान पुरुष को कामसुख के लिए हमेशा लालायित और इंद्रियपरायण नहीं बनना चाहिए, बल्कि नीतिशास्त्र और व्यापक भौतिक लक्ष्यों को ध्यान में रखते हुए टिकाऊ वैवाहिक संबंध कायम करना चाहिए।' वात्स्यायन इस पर बल देते थे कि सूत्रों को समझने के लिए उनका संदर्भ समझना जरूरी होता है। तर्कशास्त्र और गणितशास्त्र में सूत्रीकरण के बगैर अस्तित्वहीन अनंत (Infinite) और अस्तित्वमान भौतिकता के रिश्तों की व्याख्या संभव नहीं है। बर्ट्रेंड रसेल ने अपनी पुस्तक 'इंट्रोडक्शन टू मैथेमेटिकल फिलॉसफी' में लिखा है, 'ऐतिहासिक दृष्टि से गणित और तर्कशास्त्र अलग-अलग अध्ययन के विषय रहे हैं, परंतु आधुनिक काल में दोनों का विकास एक-दूसरे पर आधारित रहा है—तर्कशास्त्र अधिक गणितीय हो गया है और गणित अधिक तार्किक हो गया है।'

भौतिकी, रसायन आदि क्षेत्रों में विविध तत्वों के योग के तयशुदा सूत्र (फार्मूला) के आधार पर ही नया निर्माण और उत्पादन संभव है। ज्ञान-विज्ञान के बिबिध प्रयोगों द्वारा खोज निकाले गए सूत्रों से ही न सिर्फ भौतिक और रसायन बल्कि जीव विज्ञान, चिकित्सा, औषधि, अभियांत्रिकी, पकवान, मिश्रित धातु, रंग, ऊर्जा के साधन, खाद और कीटनाशक जैसे असंख्य औद्योगिक उत्पादों का निर्माण होता है।

औषधियों के क्षेत्र में विविध रासायनिक तत्वों के तयशुदा समुचित मिश्रण (फारमुलेशन) से ही टैबलेट, कैप्सूल और घोल के रूप में दवाएं बनाई जाती हैं। प्रत्येक दवा गहन अध्ययन, खोज और प्रयोग द्वारा निर्मित सूत्र (फार्मूला) पर आधारित होती है। सभी क्षेत्रों में खोज और विकास (रिसर्च एंड डेवलपमेंट) से प्राप्त सूत्र ही मानव विकास के आधार हैं।

महेश जायसवाल

अधिक जानकारी के लिए :
1. भारतीय चिंतन परंपरा : के. दामोदरन, 1982, **2. गणित की पहेलियां :** गुणाकर मुले, 1990

सूफी काव्य

ईसा की छठीं शताब्दी में जब अरब देशों में अशांति, हिंसा और सैकड़ों कबीलों की आपसी शत्रुता से भीषण नरसंहार हो रहा था। 20 अप्रैल 571 को मक्का में जन्मे हजरत मोहम्मद साहब ने सबको एक करने के लिए इस्लाम का प्रवर्तन किया। इस्लाम का अर्थ होता है–'शांति चाहना, अल्लाह के हुक्म को सर झुकाकर कबूल करना।' अपने ऊपर उतरी अल्लाह की इनायत

के आधार पर मोहम्मद साहब ने 'कुरआन' की रचना की। उसके आधार पर इस्लाम के अनुयायियों के लिए 'हदीस' नामक आचार संहिता बनाई। प्रेम और भाईचारे पर आधारित इस्लाम असाधारण तेजी के साथ एशिया से अफ्रीका तक फैल गया।

इस्लाम एक अल्लाह को ही सृष्टि का सर्जक मानता है। उसका कोई रूप, आकार, लक्षण नहीं होता। दुनिया को बनाकर अल्लाह अलग हो जाता है। दुनिया अपने नियम से चलती रहती है। इस्लाम के सच्चे साधक परस्पर भाईचारे और श्रेष्ठतम नैतिक मूल्यों का आचरण करते हुए जीवन बिताते हैं। अपरिग्रह, जरूरत से ज्यादा भौतिक वस्तुओं से परहेज का जीवन बिताने वाले इस्लाम के कुछ अनुयायी ईरान में सातवीं सदी में ऐसे हुए जो जंगलों के कंदमूल फल खाकर नदी, झरने का जल पीकर रहते थे। झाड़ियों में चरने वाली भेड़-बकरियों के जो बाल उलझकर टूट जाते थे, उन्हीं को इकट्ठा करके ये लोग अपने लिए कंबल जैसे वस्त्र बना लेते थे। ऊन के रेशों को सूफ कहा जाता है, इसलिए ऐसे वस्त्र धारण करने वालों को सूफी कहा जाने लगा। ऐसे लोगों का जीवन इतना शांत, शुद्ध और पवित्र था कि आगे चलकर सूफी का अर्थ हो गया पाक, पवित्र, स्वच्छ, पापरहित, शांत, मुकद्दस, तसव्वुफ का अनुयायी, सभी धर्मों से प्रेम करने वाला। अरबी शब्द 'सूफी मनिश' का अर्थ होता है—जो किसी धर्म से बैर न रखे, सबको एक आंख से देखे।

इसी बिंदु पर सिर्फ इस्लाम को स्वीकार करने वाले मुसलमानों से सूफी अलग हो जाते हैं। परमात्मा के संबंध में सूफियों की धारणा भी कुछ अलग हो जाती है। जात (सत्ता), सिफत (गुण) और कर्म में अल्लाह अद्वितीय और निरपेक्ष है। सूफी परम सत्ता की अभिव्यक्ति के रूप में जगत को देखते हैं। उनके अनुसार, जगत के दर्पण में परम सत्ता प्रतिबिंबित होती है। वही प्रतिबिंब सृष्टि है। मनुष्य उस प्रतिच्छवि की आंख है। आंख की पुतली में पूरी प्रतिछवि उतर आती है। मनुष्य सृष्टि का अंग भी है और परम सत्ता का अंश भी। परम सत्ता की चिनगारी मनुष्य को अपने मूल से मिलने के लिए बेचैन किए रहती है। विरह की यही तीव्र भावना सूफी साधक को अहंकार से मुक्त होकर सफर (साधना) की ओर ले जाती है। नासूत, मलकूत, मारिफत (जबरूत) से होता हुआ साधक हकीकत (परम सत्य) से एकमेक होकर लाहत की अवस्था को प्राप्त करता है। सातवीं सदी की राबिया, आठवीं सदी के हाशिम सूफियान, जाबिर इब्न हैयान, अब्दक अल सूफी से लेकर रूमी, हाफिज आदि सूफी साधकों की परंपरा चिरस्मरणीय है। हाल की दशा में सूफी साधक समस्त जगतप्रपंच से ऊपर उठकर परम सत्ता के ध्यान में बेसुध रहता है। सूफी साधकों में जो कवि हुए, उन्होंने लौकिक प्रेम के माध्यम से परम सत्ता के प्रेम और विरह को उत्कर्ष तक पहुंचा दिया। मसनवी, रुबाई और गजल उनके काव्यरूप थे।

हिंदी सूफी काव्य प्रेमाख्यानक कहे गए। अवध के सूफी कवियों ने हिंदू घरों में सदियों से कही-सुनी जाने वाली प्रेम कहानियों को आत्मा-परमात्मा के बीच प्रेम-विरह और अंत में मिलन का आधार बनाया। उनकी शैली फारसी मसनवी की थी। अल्लाह की स्तुति, शाहेवक्त (तत्कालीन शासक) की प्रशंसा, गुरु वंदना, आत्मपरिचय और प्रबंध काव्य में एक ही छंद का प्रयोग—इन संपूर्ण विशेषताओं के साथ अवध क्षेत्र के सूफी कवियों ने हिंदी जाति के काव्य के रूप में अपने प्रेमाख्यान रचे। इन सबमें अवध की प्रकृति संपूर्ण वैभव के साथ काव्य प्रवाह का अनिवार्य अंग बनकर उभरती है। कथा-चरित्रों के सुख-दुख, मिलन-विरह में अवध के जनसाधारण की मानसिक स्थितियों का चित्रण है ही, पशु-पक्षियों, नदी-वन-पर्वत की भागीदारी, साक्षर-निरक्षर, ज्ञानी-अज्ञानी, स्त्री-पुरुष सबके मन मोहने वाले बिंब भी हैं।

इस परंपरा का पहला काव्य 'मिरगावती' (मृगावती) है, जिसके कवि कुतुबन जौनपुर के शासक हुसैन शाह के दरबारी कवि थे। इसमें चंद्रनगर के राजा गणपति देव के राजकुमार और कंचनपुर की राजकुमारी की प्रेम कथा वर्णित है। ग्रंथ का रचना काल 909 हिजरी दिया गया है। राजकुमार दो विवाह करता है। उसकी मृत्यु होने पर दोनों आनंदपूर्वक

सती हो जाती हैं। कवि लौकिक अलौकिक का संकेत करता है :

रुकमिनि पुनि वैसहि मरि गई।
कुलवंती सत सों सति भई।।
बाहर वह भीतर वह होई।
घर बाहर को रहै न जोई।।
विधि कर चरित न जानै आनू।
जो सिरजा सो जाहि निआनू।।

'मधुमालती' मंझन की कृति मानी जाती है। इसमें कनेसर के राजा सूरजभान के पुत्र मनोहर और महारस के राजा की बेटी मधुमालती की प्रेमकथा वर्णित है। मिरगावती की तुलना में मधुमालिती प्रौढ़ कृति है। इसमें कथा लंबी और जटिल है। आध्यात्मिक प्रेम-व्यंजना में प्रकृति के विविध दृश्यों का सुंदर संयोजन है। सूफियों की साधना में विरह सर्वोपरि है, यह काव्य इसका प्रमाण है।

विरह अवधि अवगाह अपारा।
कोटि माहिं एक परै त पारा।।
विरह कि जगत अंविरथा जाहीं।
विरह रूप यह सृष्टि सबाही।।
नैन विरह अंजन जिन सारा।
विरह रूप दरपन संसारा।।
कोटि माहि विरला जग कोई।
जाहि सरीर बिरह दुख होई।।

आचार्य रामचंद्र शुक्ल ने 'पद्मावत' में आए उल्लेख के आधार पर जायसी से पहले के चार प्रेमाख्यानक काव्यों के नाम गिनाए हैं—मुग्धावती, मृगावती, मधुमालती, प्रेमावती। इनमें मुग्धावती और प्रेमावती के होने के प्रमाण नहीं मिलते। मधुमालती जायसी के बाद की रचना सिद्ध होती है। बाद में मुल्ला दाऊद का 'चंदायन' भी उपलब्ध होता है। हिंदी सूफी प्रेमाख्यानक काव्य में सर्वाधिक काव्यात्मक, श्रेष्ठ और लोकप्रिय कृति है मलिक मुहम्मद जायसी कृत 'पद्मावत'।

जायसी का समय 1464-1542 है। प्रसिद्ध सूफी फकीर मोहिदी (महीउद्दीन) के शिष्य मलिक मुहम्मद को आचार्य रामचंद्र शुक्ल भावुक भक्त, अपने समय के पहुंचे हुए फकीर और सामान्य मनुष्य धर्म के सच्चे अनुयायी के रूप में स्मरण करते हैं। सिंहल नरेश गंधर्व सेन की पुत्री 'पदुमावति' (पद्मावती) के पालतू तोते हीरामन के मुख से उसके अद्वितीय रूप गुण की प्रशंसा सुनकर चित्तौड़ नरेश रतनसेन सिंघल की ओर चल पड़ते हैं। उनके साथ सोलह हजार राजकुमार योगी वेश में निकल पड़ते हैं। सिंघल नरेश गंधर्व सेन से युद्ध में शिव, पार्वती और हनुमान रतनसेन की सहायता करते हैं। शिव को पहचानकर गंधर्व सेन उनके चरणों में गिरकर पद्मावती को समर्पित कर देते हैं। रतनसेन पद्मावती के साथ अनेक विपत्तियों को झेलते हुए चित्तौड़ पहुंचते हैं। वहां विरह में तपती उनकी रानी नागमती कुंभलगढ़ के राजा की कुदृष्टि की सूचना देती है। रतनसेन कुंभलगढ़ पर चढ़ाई करते हैं। दोनों एक-दूसरे को मार देते हैं। रतनसेन के शव के आने पर नागमती और पद्मावती सती हो जाती हैं। इससे पहले तांत्रिक पंडित राघव चेतन की शैतानी के कारण अलाउद्दीन रतनसेन से छलमैत्री कर पद्मावती की एक झलक दर्पण में देख चुका होता है। अलाउद्दीन धोखे से रतनसेन को गिरफ्तार कर दिल्ली ले जाकर कैद कर लेता है। गोरा-बादल योद्धा बंदी रतनसेन को चतुराई और वीरता के बल पर छुड़ाकर चित्तौड़ पहुंचा देते हैं। अलाउद्दीन सेना लेकर चित्तौड़गढ़ पहुंचता है तो वहां चिता की राख मिलती है। जायसी का कथन है, छार उठाय लीन्ह एक मूठी। दीन्ह उड़ाई पिरिथिकी झूठी।।

जायसी 'पदमावत' महाकाव्य की पूरी कथा को सूत्र रूप में कहते हैं—

सिंहलदीप पदमिनी रानी।
रतनसेन चितउर गढ़ आनी।।
अलाउद्दीन देहली सुलतानू।
राघौ चेतन कीन्ह बखानी।
सुना साहि गढ़ छेंका आई।
हिंदू तुरकन भई लड़ाई।।
आदि अंत जस गाथा अहै।
लिखि भाषा चौपाई कहै।।

महाकाव्य के समस्त लक्षणों से युक्त 'पद्मावत' के समापन पर जायसी पात्रों का निहितार्थ बताते हैं :

तन चितउर मन राजा कीन्हा।
हिय सिंघल बुधि पदमिनि चीन्हा।।
गुरु सुआ जेइं पंथ देखावा।
बिनु गुरु जगत को निरगुन पावा।।
नागमती यह दुनिया धंधा।
बांचा सोइ न एहि चित बंधा।।
राघव दूत सोई सैतानू।
माया अलाउदीं सुलतानू।

सौंदर्य वर्णन, संयोग वर्णन, वियोग वर्णन सभी क्षेत्रों में 'पद्मावत' बेजोड़ काव्य सिद्ध होता है। दर्पण में पद्मावती का प्रतिबिंब देखते ही सुल्तान का यह हाल होता है– होतहि दरस परस भा लोना। धरती सरग भयउ सब सोना।। पद्मिनी का सौंदर्य पूरी कायनात को सुंदरता प्रदान करने वाला है–

सरवर तीर पदमिनी आई।
खोंपा छोरि केस मुकलाई।।
ससि मुख, अंग मलय गिरि बासा।
नागिन झांपि लीन्ह चहुंपासा।
ओनई घटा परी जग छांहा।
ससि कै सरन लीन्ह जनु राहा।।
भूलि चकोर दीठि मुख लावा।
मेघ घटा मुंह चंद देखावा।।

सूफी काव्य में जगत का सौंदर्य अलौकिक की ही छाया है। जायसी इस लौकिक सौंदर्य को अलौकिक स्रोत से जोड़ देते हैं।

सौजहिं तन सब रोवां। परवहिं तन सब पांख।।

'पद्मावत' में संयोग के चित्र कालिदास की परंपरा का स्मरण कराने वाले हैं तो वियोग में जायसी वन के पशु पक्षियों तक को रुला देते हैं। नागमती का विरह महलों की रानी से लेकर बरसात में टपकती झोंपड़ी में रहनेवालों तक के हृदय को मोम कर देता है।

जायसी के बाद शेख उसमान (चित्रावली), कासिम शाह (हंसजवाहिर), नूर मुहम्मद (इंद्रावती, अनुराग बांसुरी) पंजाब के हिंदू कवि सूरदास (नल दमयंती कथा), शेखनबी (ज्ञानद्वीप) आदि प्रेमाख्यान परंपरा को आगे बढ़ाते रहे। भक्तिकाव्य की चारों धाराओं की हर प्रधान रचना रामचरित मानस, सूरसागर, कबीर बीजक एवं पद्मावत किसी भी कसौटी पर खरी उतरनेवाली एवं विश्व स्तर पर शिरोधार्य हैं।

किसी धर्म से, किसी मनुष्य से, किसी विश्वास से द्वेष न रखकर सबको प्रेम के प्रगाढ़ रस का आस्वादन कराने वाले सूफी काव्य ने हिंदू और मुस्लिम हृदय का द्वैत मिटा दिया। जो लोग पहले सूफियों को इस्लाम का प्रचारक मानते थे, उन्होंने भी सामान्य लोक हृदय को लौकिक और अलौकिक प्रेम से आपूर्ण करनेवाले सूफी काव्य का महत्व समझा। रीतिकाव्य की प्रेमाभिभूत सेकुलर दृष्टि के प्रेरक रूप में सूफी काव्य को देखा जा सकता है। आनंदघन, बोधा, आलम, शेख ठाकुर आदि का सर्वसमावेशी प्रेम व्यक्ति-स्वातंत्र्य के माध्यम से एक ओर सामंती व्यवस्था से टकरा रहा था, तो दूसरी तरफ साम्राज्यवाद से टकराने के लिए भी लोकमानस को तैयार कर रहा था। प्रेम और स्वाधीन चेतना परस्पर स्वीकार पर आधारित हैं।

रामदेव शुक्ल

अधिक जानकारी के लिए :
1. जायसी : विजयदेवनारायण साही, **2. हिंदी साहित्य का इतिहास :** रामचंद्र शुक्ल, **3. हिंदी साहित्य का इतिहास :** विजयेंद्र स्नातक

सूफी दर्शन

सांसारिक सुख-संपत्ति से विरक्त, ईश्वर की साधना में लीन, इस्लाम के रहस्यवादी साधकों को सूफी कहा जाता है और उनके दर्शन को तसव्वुफ। आत्मा, परमात्मा, जगत एवं उनके पारस्परिक संबंध ही सूफियों के विषय रहे हैं। सूफी 'कुरान' द्वारा प्रतिपादित ईश्वर में आस्था रखते हैं। सूफी साधक संसार से विरक्त और ईश्वर के प्रेम में

बेसुध रहते थे। परमात्मा से प्रेम को उन्होंने सबसे ऊंचा स्थान दिया था।

'सूफी' शब्द की व्युत्पत्ति को लेकर कई मत हैं। कुछ लोग इसका संबंध 'सूफ' शब्द से मानते हैं, जिसका अर्थ 'ऊन' है। आठवीं-नौवीं सदी में ऊन का व्यवहार करने वाले संसार त्यागी साधकों का पता इस्लामी देशों में चलता है। सूफी शब्द का अर्थ है—पवित्रता। कुछ विचारकों के अनुसार 'सूफी' शब्द का प्रयोग सबसे पहले अबू हाशिम सूफियान (मृत्यु 777 ईसवी) अथवा अब्दक अल सूफी (मृत्यु 828 ईसवी) ने किया। एक धारणा है कि पहले यह व्यक्ति विशेष के नाम से संबद्ध था, बाद में इसका प्रयोग इस मत के अनुयायियों के लिए होने लगा। फारस से भारत पहुंचने तक इस पर अनेक हिंदू और बौद्ध विचारधाराओं का प्रभाव पड़ा। फारस का भारत से प्राचीन व्यापारिक और सांस्कृतिक संबंध हमारे इतिहास का एक खास हिस्सा है। अरब के लोग हिंदू और बौद्ध धर्म ग्रंथों से परिचित थे। इसलिए सूफी मत पर भारतीय वेदांत का भी गहरा प्रभाव पड़ा हो, तो कोई आश्चर्य नहीं है।

सूफियों के दो वर्ग माने गए हैं—'वुजूदिया' और 'शुहूदिया'। आत्मा, परमात्मा और जगत के संबंधों को लेकर इन दोनों वर्गों में विचारधारा के स्तर पर फर्क है। वुजूदिया समुदाय 'वहदतुल वुजूद' के सिद्धांत से प्रभावित है जिसके अनुसार संपूर्ण दृश्यमान जगत परम सत्ता की अभिव्यक्ति है। मनुष्य परमात्मा का चेतन अंश है। उसके ज्ञान की परिधि सीमित है, इसलिए वह उस चैतन्य का अंश मात्र ही प्रकट कर सकता है। इस मत के अनुसार, जीव सत्य है किंतु परमात्मा की भांति एकमात्र सत्य नहीं है। इस मत के प्रवर्तक मुहीउद्दीन इब्नुल अरबी थे। शुहूदिया समुदाय के सिद्धांत को 'वहदतुश्शुहूद' कहते हैं। इसके प्रवर्तक शेख करीमे जीली थे। जीली के अनुसार, एक सत्ता परमात्मा की है और दूसरी जीव की। जीव की सत्ता शून्य जैसी है। वह अपने अस्तित्व के लिए परम सत्ता पर निर्भर है। जगत में जितनी भी प्रतीयमान सत्ताएं हैं, वे सभी परमात्मा में अंतर्निहित हैं। संपूर्ण विश्व परमात्मा के साथ एकमेक है। सूफी परमात्मा को परम सत्य मानने के साथ ही उसे परम कल्याण और परम सौंदर्य भी मानते हैं। सूफियों की धारणा है कि परमात्मा और जीव के बीच व्यवधान है। इसको दूर करने के लिए अध्यात्म और साधना की आवश्यकता होती है। परमात्मा तक पहुंचने की राह सूफी मार्ग है। इस राह की विभिन्न अवस्थाएं और मंजिलें भी बताई गई हैं।

सूफियों का एकेश्वरवाद ठीक वही नहीं है, जो परंपरावादी इस्लाम में स्वीकृत है। परंपरावादी इस्लाम के अनुयायी परमात्मा को सृष्टि के सभी पदार्थों से भिन्न मानते हैं। सूफियों के अनुसार, परमात्मा, जो अनंत सौंदर्य और अनंत विभूति है, जब अपने आप को अभिव्यक्त करना चाहता है तो सृष्टि का आविर्भाव होता है। यह जगत उस सौंदर्य को अंशतः प्रकट करता है। जैसे अंधकार के होने से प्रकाश का ज्ञान होता है, उसी प्रकार असत अवास्तविक जगत परम सत्ता को समझने में सहायक होता है। परम सत्ता जब असत के दर्पण में प्रतिबिंबित होती है और फलस्वरूप जो प्रतिबिंब हम देखते हैं, वही सृष्टि है अर्थात यह दृश्यमान जगत उस परमात्मा का प्रतिबिंब है।

एक ओर तो मनुष्य सृष्टि का अंग है और दूसरी ओर अपने भीतर परमात्मा को भी ग्रहण किए हुए है। उसमें सत और असत दोनों ही विद्यमान हैं। मनुष्य में जो कुछ भी सत्य है, मंगलमय है, वह परमात्मा का है। इसके अतिरिक्त जो कुछ भी है, वह असत है, क्षणभंगुर है तथा मंगल का नकारात्मक रूप है। मनुष्य के भीतर जो ईश्वरीय अंश है, वह उस विशुद्ध सत्ता की चिनगारी जैसा है, जो इस चेष्टा में सतत लगी रहती है कि वह अपने उद्‌गमस्थल पर लौटकर उसके साथ एक हो जाए। यह तब तक संभव नहीं हो पाता, जब तक उसमें असत तत्व विद्यमान रहता है। यह असत तत्व मिथ्या है, जो अहं में ही सत्य की प्रतीति कराता है। अहं ही सब दुखों के मूल में है। अतएव सूफी साधक की सबसे बड़ी साधना यह होती है कि वह अपने अहं पर विजय प्राप्त करे और परमात्मा के साथ एक हो जाए।

सूफी मार्ग की कई मंजिलों तथा अवस्थाओं का वर्णन सूफियों ने किया है। भारतीय सूफी आम तौर पर साधना मार्ग की चार अवस्थाएं मानते हैं। पहली अवस्था मनुष्य की प्रकृत अवस्था है, उसे 'नासूत' कहते हैं। इस अवस्था में साधक शरीअत अर्थात कुरान और हदीस आदि में बताए हुए विधि-निषेधों का पालन करने में लगा रहता है। दूसरी अवस्था 'मलकूत' की है। इसमें साधक, भौतिक जगत की तुच्छताओं से ऊपर उठकर पवित्र हो जाता है तथा देवदूतों के गुण प्राप्त करने में समर्थ हो जाता है। इसके बाद वाली तीसरी मंजिल 'मारिफत' की है। इसमें साधक शक्तिसंपन्न हो जाता है और परमात्मा से मिलन के मार्ग की उसकी बाधाएं प्रायः दूर हो जाती हैं। इस अवस्था को 'जबरूत' कहते हैं। अंतिम मंजिल 'हकीकत' है। हकीकत का मतलब परम सत्य है। इसमें साधक को 'लाहूत' की अवस्था प्राप्त होती है। इस अवस्था में राग-विराग से मुक्त होकर साधक विशुद्ध ज्ञान प्राप्त करता है। यह साधक के परमात्मा के साथ एकमेक होने की अवस्था है।

परमात्मा में लीन होने से पहले उसे कई मनःस्थितियों से गुजरना पड़ता है। पहली स्थिति जागरण की है। आत्मा शुद्ध और चैतन्य है। उसका सांसारिक वस्तुओं से जुड़ना स्वाभाविक है। वह शुद्ध चेतन से एकात्मकता स्थापित करने के लिए तड़पती रहती है। गुरु के उपदेश द्वारा जगत के मिथ्या होने का ज्ञान उसे होता है। यही जागरण की स्थिति है। परमात्मा से एकात्मकता स्थापित करने के लिए आवश्यक है कि वह सांसारिक वासनाओं का त्याग करे। अतः दूसरी स्थिति परिष्कार की है। सूफी साधना में कई प्रकार के नियम और विधान हैं, जिनमें तौबा (अनुताप), खौफ (ईश्वर का भय), तवक्कुल (ईश्वर का विश्वास), फकर (दैन्य), सब्र (धैर्य), रजा (शांति), रिजा (आशा), शुक्र (अनुग्रह) आदि मानसिक स्थितियां आती हैं। तीसरी स्थिति प्रकाशानुभव की है, जिसमें साधक को साध्य की अनुभूति होती है। सत्ता से पूर्ण एकात्म स्थापित करने से पहले साधक को सांसारिक विघ्नों से एक बार फिर संघर्ष करना पड़ता है। यह स्थिति विघ्नों की रात कही जाती है। पूर्ण ऐक्य की स्थिति में साधक साध्य से पूर्ण एकात्मकता स्थापित कर लेता है।

जायसी के 'पद्मावत' में हीरामन तोते द्वारा पद्मिनी के सौंदर्य का वर्णन सुनकर रत्नसेन का संसार से विमुख होना और योगी वेश में सात समुद्र पार करना, शिव मंदिर में पद्मावती से प्रथम भेंट, गंधर्वसेन द्वारा रत्नसेन को पकड़ना और अंत में पद्मावती से पूर्ण मिलन की स्थितियां साधक रत्नसेन के साधना-विकास के विविध सोपान हैं।

सूफियों के अनेक संप्रदाय और उप-संप्रदाय तथा अनेक शाखाएं-प्रशाखाएं हैं। भारत के चार प्रमुख सूफी संप्रदाय हैं—चिश्तिया, कादिरिया, सुहरवर्दिया और नक्शबंदिया। इनमें से प्रथम तीन हसन-अल-बसरी से संबद्ध हैं और चौथा अबुबक्र से। इन संप्रदायों में साधन, मार्ग और सिद्धांत आदि को लेकर अंतर है। भारत के चार प्रमुख संप्रदायों में चिश्तिया संप्रदाय सबसे प्रमुख है। इसके प्रवर्तक इसहाक शामी चिश्ती थे। कुछ लोग उनके शिष्य ख्वाजा अबू अब्दाल चिश्ती को प्रवर्तक मानते हैं, किंतु भारत में इस संप्रदाय का प्रवेश ख्वाजा मुइनुद्दीन चिश्ती से हुआ। इनका जन्म 1142 ईसवी में सिस्तान के संजर शहर में हुआ था और मृत्यु 1236 ईसवी में अजमेर में हुई। ये ख्वाजा उस्मान चिश्ती हारूनी के शिष्य थे। अजमेर में मुइनुद्दीन चिश्ती की दरगाह पर विभिन्न देशों से लाखों मुसलमान तीर्थ करने आते हैं। वहां की मस्जिद बादशाह अकबर की बनवाई हुई है। इस संप्रदाय के सुप्रसिद्ध संतों में ख्वाजा कुतुबुद्दीन बख्तियार काकी, पाक पत्तन के बाबा फरीद तथा निजामुद्दीन औलिया आदि हैं। यह संप्रदाय अत्यंत लोकप्रिय रहा है।

चिश्तिया संप्रदाय में संगीत को प्रधानता दी गई है। संगीत के द्वारा साधक को भावावेश की प्राप्ति होती है। संगीत की मजलिसें लगातार कई-कई दिन तक चलती रहती हैं। ख्वाजा मुइनुद्दीन चिश्ती ने फारसी में गजलें कहीं, जो उपासना सभाओं में समवेत रूप से गाई जाती हैं। इस तरह साहित्यिक रचनाओं हम्द (परमात्मा की स्तुति), नात (रसूल की शान में लिखे

गीत) और मनकवत (औलिया से संबद्ध वर्णन) को एक विशेष धुन में गाने की परंपरा चली जिसे 'कव्वाली' का नाम दिया गया।

कादिरी संप्रदाय के आदि प्रवर्तक अब्दुल कादिर अल-जीलानी थे। इनका जन्म 1078 ईसवी में हुआ था और मृत्यु 1166 ईसवी में। ये जीलान (फारस) के रहने वाले थे। भारत में यह संप्रदाय चौदहवीं सदी के आसपास आया। भारत में इस संप्रदाय के प्रवर्तक मुहम्मद गौस थे। इस संप्रदाय की शिष्य परंपरा में मियां मीर थे, जो मुगल बादशाह शाहजहां के पुत्र दारा शिकोह के आध्यात्मिक गुरु थे। कादिरी संप्रदाय में संगीत का स्थान नहीं है, किंतु इसके एक उप-संप्रदाय नवशाही में 'हाल' (भावोन्माद) उत्पन्न करने के लिए संगीत का सहारा लिया जाता है। इस संप्रदाय के लोग हरे रंग की पगड़ी पहनते हैं। उनके कपड़ों में कम-से-कम एक गेरुआ रंग का अवश्य होता है।

सुहरवर्दी संप्रदाय का स्थान भारत में चिशतिया संप्रदाय के बाद है। भारत में इसके प्रवर्तक बहाउद्दीन जकरिया थे। ये मुल्तान के रहने वाले थे। शहाबुद्दीन सुहरवर्दी को लोग इस संप्रदाय का आदि प्रवर्तक मानते हैं। परंतु इस विषय में मतभेद है। कुछ लोग शेख जियाउद्दीन को और कुछ लोग जियाउद्दीन के पिता अबुल नजीब को इस संप्रदाय का आदि प्रवर्तक मानते हैं। भारत में इस संप्रदाय के प्रमुख संतों में सदरुद्दीन, शेख अहमद माशूक, सैयद जलालुद्दीन मखदूमे जहानिया आदि थे।

इस संप्रदाय में जो लोग दीक्षित होना चाहते हैं, उन्हें गुरु के आदेश से सर्वप्रथम अपने छोटे-बड़े सभी पापों का प्रायश्चित करना पड़ता है। इसके बाद उनसे पांच कलमे पढ़ने और धर्म पर पूरी तरह से ईमान लाने को कहा जाता है। धर्म की पाबंदी पर पूरा जोर दिया जाता है। इसे ही वे मुरीद (शिष्य) होना कहते हैं। रोजा, नमाज आदि को इस संप्रदाय में पूरा महत्व दिया जाता है। ये तरह-तरह के कपड़ों से अपने को ढके रहते हैं जिससे उन्हें बराबर याद रहे कि मनुष्य नंगा है और परमात्मा उसको देख रहा है।

नक्शबंदी संप्रदाय ख्वाजा इहाउद्दीन नक्शबंद (1318-1389) ने शुरू किया था। इस संप्रदाय के शेख फैयाजी बुखारी चीन गए। वहां अपने मत का प्रचार करके वे भारत आ गए। उनकी मृत्यु मागौर में हुई। इस संप्रदाय के कई सूफी फकीर बाबर से प्रश्रय पाकर भारत आए, जैसे—ख्वाजा अबू-शाहिद, ख्वाजा कलां, ख्वाजा खाबंद महमूद आदि। इस संप्रदाय में शेख अहमद फारूकी ज्यादा मशहूर हुए। झुंझनू के शाहजी कमरूद्दीन साहब की दरगाह इसी परंपरा में है। इस संप्रदाय का मत यह है कि एक भी सांस अचेतन अवस्था में न ली जाए, लक्ष्य सिद्धि में कभी बाधा न आए, निरंतर आत्मविश्लेषण किया जाए आदि।

सूफी कवियों ने आत्मा और परमात्मा के अलौकिक प्रेम की अभिव्यक्ति और प्रिय से मिलन की व्यथा को सांकेतित ढंग से संप्रेषित करने के लिए लौकिक अनुभवों और शब्दावली का प्रयोग किया। इस तरह इश्क-मजाजी (लौकिक प्रेम) के पर्दे में इश्क-हकीकी (अलौकिक प्रेम) की अभिव्यक्ति की एक विशेष प्रतीकात्मक शैली चल निकली। सूफियों के अनुसार, परमात्मा उनके लिए परम प्रियतम और परम सौंदर्य है। आत्मा उस प्रियतम को पाने के लिए व्याकुल रहती है। सूफी कवि आत्मा और परमात्मा के इस प्रेम संबंध का वर्णन आत्मविभोर होकर करते हैं।

फारस और भारत के फारसी सूफी कवियों में हाफिज, सादी, फैजी, उर्फी, तालिब, नियाजी, बेदिल आदि महत्वपूर्ण हैं। इन कवियों ने भिन्न-भिन्न काव्य रूपों का सहारा लिया है, जैसे—मसनवी, रुबाई, गजल आदि। अधिकांश कवियों ने मसनवी को ही अपनाया है। हिंदी के सूफी कवियों ने हूबहू फारसी मसनवियों की नकल नहीं की है। उन्होंने भारतीय और फारसी दोनो परंपराओं से प्रभाव ग्रहण किया है। सोलहवीं और सत्रहवीं शताब्दी में दक्षिण भारत में लिखी जाने वाली मसनवियों में सूफी प्रभाव देखा जा सकता है। इसी तरह उर्दू के वली, सौदा, मीर तकी मीर, गालिब, आतिश आदि की शायरी में भी सूफियाना रंग मिलता है। हिंदी की प्रेमाख्यानक काव्य परंपरा में सूफी दर्शन

का भरपूर इस्तेमाल हुआ है। इस दृष्टि से जायसी, कुतुबन, मंझन आदि की रचनाएं उल्लेखनीय हैं।

सूफी दर्शन ने उपनिषदों की ही तरह धर्म को कर्मकांडों और बाह्याचारों से मुक्त कर उसे 'आत्मा का धर्म' में बदल दिया। 'सौंदर्य से प्रेम और प्रेम से मुक्ति'—यही सूफी साधना थी। संगीत और कविता उसकी भाषा थी जिसने लोकहृदय को गहरे प्रभावित किया।

सूफी दर्शन की पृष्ठभूमि पर खड़े होकर फारसी और उर्दू की शायरी शेख और बिरहमन दोनों को ललकारती है। रामविलास शर्मा ने बताया कि भारतीय वेदांत का सर्वात्मवाद ईरान में सूफी मत के रूप में विकसित हुआ और उसने रूढ़िवाद के विरुद्ध संघर्ष किया। (भारत और यूरोप का नवजागरण)। मंसूर और सरमद ने उसकी क्रांतिकारी सामाजिक भूमिका को अपनी शहादत से प्रभावित किया। रूढ़िवाद और सांप्रदायिक संकीर्णता के विरुद्ध संघर्ष में सूफी दर्शन की प्रासंगिकता असंदिग्ध है। सदियों पहले सांप्रदायिक कलह के दौर में भी सूफी कवियों ने हिंदुओं और मुसलमानों को एक-दूसरे के करीब लाने में ऐतिहासिक भूमिका निभाई थी।

अमरनाथ

अधिक जानकारी के लिए :

1. सूफीमत साधना और साहित्य : रामपूजन तिवारी, **2. भारतीय प्रेमाख्यानक काव्य :** हरिकांत, **3. हिंदी सूफी कवि और काव्य :** सरला शुक्ल, **4. जायसी ग्रंथावली की भूमिका :** रामचंद्र शुक्ल, **5. जायसी :** विजयदेवनारायण साही

सूफी मत

आज से लगभग तेरह सौ साल पहले अध्यात्म की दुनिया में एक ऐसे खयाल ने जन्म लिया, जिसने एशिया में अपना जबरदस्त प्रभाव डाला। उसे हम सूफी मत के नाम से जानते हैं। इसने अपनी लंबी यात्रा के दौरान कई रंग देखे। आज सूफी संगीत की ओर लोगों का काफी झुकाव है। इसलिए जरूरत है कि विभिन्न मजहबों की रोशनी में सूफी मत की संपूर्ण निर्माण-प्रक्रिया और इसके सार को समझा जाए।

सूफियों का इस्लाम से खास रिश्ता है। इसकी ओर आकर्षित होने का मुख्य कारण यह था कि इन्हें हजरत मुहम्मद साहब के व्यक्तित्व में अपनी संस्कारगत साधना की झलक दिखाई देती थी। उनके लंबे एकांतवास, मौन साधना, समाधि की अवस्था में दिव्यवाणी, सदाचारपूर्ण व्यवहार तथा मोहमाया के प्रति उदासीनता में सूफियों को एक आदर्श फकीर का रूप दिखाई देता था। खुद इस्लाम मध्यम मार्ग का संदेश देता रहा है। वह चाहता रहा है कि मनुष्य के अच्छे गुणों का उदय होता जाए और बुरे गुण मिटते जाएं। सूफी साधकों एवं सामान्य मुस्लिम लोगों में अंतर यह था कि सामान्य मुस्लिम सामूहिक तौर पर अपने रोज के कर्म जैसे नमाज, रोजा आदि संपादित करते थे, जबकि सूफी साधक व्यक्तिगत साधना पर जोर देते थे।

सूफी मत को उसके काव्य और संगीत के बिना नहीं समझा जा सकता। उनके काव्य की बुनावट में ही उनके विचार हैं। इस्लाम में संगीत को लेकर विभिन्न तरह के मत हैं। कहा जाता है कि डप्प-नगाड़े शुरू से बजते रहे हैं। यह तब तक ठीक माना जाता है, जब तक मनुष्य में वासनाएं नहीं जगाता और अल्लाह की याद में डुबोता है। म्यूजिक थेरैपी की भी मान्यता है। इजिप्ट में इस्लामिक सिंफनी बनी, यह अवधारणा पश्चिम से ली गई। इस तरह का संगीत तनावमुक्त करता है और दिव्य ईश्वरीय सत्ता से जोड़ने का काम करता है। कविता और संगीत से भावनाओं का पता चलता है। सूफी कविता और संगीत से प्रेम रखते हैं और कहना चाहते हैं कि सभी इच्छाएं पूरी करने के लिए नहीं होतीं, क्योंकि कुछ ध्वंसात्मक भी हो सकती हैं। इसलिए सूफी आम भाषा में कविता और संगीत का इस्तेमाल प्रेम, शांति और सत्य, अच्छे विचारों के लिए करते हैं। यह प्रेम के मार्ग में दिव्यता की खोज है। कोई आश्चर्य नहीं है कि आज के जमाने में सूफी संगीत हर जगह लोकप्रिय

हो उठा है। उनकी दृष्टि में भगवान और भक्त का संबंध व्यक्तिगत एवं पारस्परिक है।

सूफी मत के मूल सिद्धांत : सर्वस्व त्याग ही सूफीवाद है। जो भी स्थिति आए, उसे बेहिचक स्वीकार करना चाहिए। ईश्वर की इच्छा का पूर्ण पालन अनिवार्य है। परिस्थितियों की अनुकूलता या प्रतिकूलता के संबंध में ऊहापोह, शंका या परीक्षा सूफी मत के विरुद्ध है। इस मार्ग में बाहरी ज्ञान एक बाधा है। दिव्य ज्ञान साधक के हृदय से उपजता है। मात्र इंद्रियों से किसी भी ज्ञातव्य वस्तु का पूर्ण रूप मालूम नहीं किया जा सकता। सम्यक ज्ञान के लिए आध्यात्मिक प्रकाश अनिवार्य है, इसलिए ईश्वर कृपा अत्यंत आवश्यक है। सारतत्व का ज्ञान प्राप्त करने के लिए ईश्वरीय संदेशों का अनुशीलन आवश्यक है। सूफी मानते हैं कि ईश्वरीय संदेशों के शाब्दिक अर्थों तक यदि कोई व्यक्ति सीमित रह जाता है तो वह अपने गंतव्य स्थल तक नहीं पहुंच पाएगा। उनकी नजर में पवित्र पुस्तक एक समुद्र की तरह है। ज्ञान-मुक्ता पाने के लिए विद्वतजन इस समुद्र में डुबकी लगाते हैं। इसी सिद्धांत के आधार पर सूफी संतों ने विभिन्न इस्लामी रीति-रिवाजों एवं नियमों का विश्लेषण किया और अपनी साधना-पद्धति का विकास किया। सूफियों की यह प्रक्रिया उनकी व्यक्तिगत अनुभूतियों पर आधारित थी। अतः यह सामान्य इस्लामी रीति-रिवाजों से ऊपरी तौर पर अलग दिखाई देती है।

कुछ विद्वानों के अनुसार, नव-प्लेटोवाद एवं पूर्वी रहस्यवाद के मिश्रण की प्रक्रिया तीसरी सदी में ही मिस्र की सुप्रसिद्ध व्यापारिक नगरी अलेक्जेंड्रिया में शुरू हो गई थी। इसके प्रभाव में आकर कई व्यक्ति सांसारिक सुविधाओं का त्याग कर एकांत में आध्यात्मिक आनंद की साधना की ओर उन्मुख हो चुके थे। इस प्रकार के अशरीरी प्रेम को 'प्लेटोनिक प्रेम' की संज्ञा दी गई थी। इन विद्वानों के अनुसार यही दार्शनिक सिद्धांत सूफियों के विश्वास का आधार बना। इनके अनुसार, 'सूफी' शब्द यूनानी शब्द 'सोफी' का परिवर्तित रूप है।

सूफी मत पर हजरत मुहम्मद साहब का बहुत अधिक प्रभाव है। निकोल्सन मानते हैं कि हजरत मुहम्मद साहब पर जिस अवस्था में कुरान अवतरित हुआ, वही अवस्था सूफी साधक की चरम अवस्था है। सैयद अतहर अब्बास रिज्वी के अनुसार, सूफी, वली अल्लाह, दरवेश तथा फकीर शब्दों से उन मुस्लिम रहस्यवादियों को अभिहित किया जाता है, जो तप, ध्यान, संन्यास तथा आत्मनिषेध द्वारा अंतरात्मा के विकास का प्रयास करते हैं। वेनर ने इसे इस्लामी रहस्यवाद कहा है।

निकोल्सन ने सूफी मत के चार स्रोत बताए हैं—ईसाई, नव-प्लेटोवाद, जरथुस्ट्रीय मत और बौद्ध दर्शन। ईसाई मत एकेश्वरवादी था। नव-प्लेटोवाद रहस्यवाद, आत्मा की शाश्वतता एवं पूर्णता में विश्वास करता था। जरथुस्ट्रीय मत, जो पारसी धर्म कहलाया, ईरान में ईसा से 500 वर्ष पूर्व से प्रचलित था। यह एक परमात्मा, अच्छे विचार, अच्छे शब्द और अच्छे कर्म में विश्वास करता था। कई विचारकों ने सूफी मत को पूर्वी तथा पश्चिमी विचारों का मिश्रण कहा है। यह संभव है कि सूफी साधक जिन-जिन विचारधाराओं के संपर्क में आते गए, उन्होंने उन सिद्धांतों के उन उच्च तत्वों को अपना लिया, जो उन्हें अनुकूल लगे।

आठवीं सदी तक भारतीय दर्शन के कई ग्रंथों का अरबी एवं फारसी में अनुवाद हो चुका था। अतः यह स्वाभाविक था कि वेदांत के सिद्धांतों का असर सूफी मत पर पड़ता। वॉन क्रेमर तथा जोसेफ वॉन हैमर जैसे विद्वानों का मत है कि 'फना' (ब्रह्मलीन होने की दशा), 'मराकबा' (ध्यान) और निष्काम कर्म के सिद्धांत, सूफी मत में वेदांत एवं योग दर्शन से आए। एक हदीस के अनुसार, हजरत मुहम्मद साहब ने भारत की ओर मुंह करके कहा था कि मुझे उस ओर से ईश्वरीय सुगंध आ रही है। इसी हदीस को लेकर इकबाल ने भारत के विषय में कहा था, 'मीरे-अरब को आई ठंडी हवा जहाँ से/मेरा वतन वही है, मेरा वतन वही है।'

जिसे मंसूर ने 'अनल हक' (मैं खुदा हूं) कहा

था, वह वेदांत में 'अहं ब्रह्मास्मि' है। कुछ विद्वानों का कहना है कि हो सकता है कि वे इस्लाम स्वीकार करने से पूर्व ही इन मतों से प्रभावित रहे हों और इस प्रभाव को लेकर ही वे इस्लाम में दीक्षित हुए हों। दरअसल, सूफी मत एक दर्शन भर नहीं था, अपितु एक व्यावहारिक धर्म भी था।

सूफी मत एकेश्वरवादी है। सूफियों को कलमा पढ़ने पर कोई आपत्ति नहीं है, किंतु वे इसके लगातार मौखिक पारायण के कायल नहीं हैं। वे एक दिन में पांच बार निश्चित समय के अनुसार नमाज पर जाने की जगह मानते हैं कि सच्चा साधक चौबीस घंटे ईश-भक्ति में डूबा रहता है। उसकी हर गतिविधि उसकी प्रार्थना का ही अंश है। उसकी इबादत एक अनुष्ठान मात्र नहीं है। अपनी कमाई का एक हिस्सा गरीब और जरूरतमंद लोगों की मदद के लिए खर्च करने की जगह सूफी पूर्णतः अपरिग्रहवादी होते हैं। उनकी न कोई कमाई होती है और न ही कोई संपत्ति।

सूफी संत जीवनयापन भगवान भरोसे करते थे। वे भिक्षाटन भी नहीं करते थे। भक्तगण श्रद्धापूर्वक जो उन्हें अर्पित कर दें, उसी में वे गुजारा करते थे। उनका भोजन बहुत कम और सादा होता था। वे कई बार उपवास जैसी स्थिति में रहा करते थे। सूफी 'वहदतुल-वजूद' अर्थात ईश्वर सर्वव्यापी है के सिद्धांत में विश्वास करते थे, इसलिए वे परोपकार एवं दीन-दुःखियों की सेवा को हज या तीर्थयात्रा से ज्यादा महत्वपूर्ण मानते थे।

इसका यह अर्थ नहीं है कि सूफी इस्लामी सिद्धांतों के विरुद्ध थे। वास्तव में अपनी साधना की प्रारंभिक अवधि में प्रायः हर सूफी संत ने पांचों इस्लामी नियमों का पालन किया था। आत्मज्ञान के बाद ही वे इन सामान्य आचार-नियमों से आगे बढ़े। सृष्टि के संबंध में सूफी मत एवं परंपरागत इस्लामी विश्वास समरूप हैं। दोनों मानते हैं कि ईश्वर ने इसलिए सृष्टि की, क्योंकि वह उजागर होना चाहता था। सूफियों की धारणा है कि ईश्वर सौंदर्य का चरम रूप है। सौंदर्य का स्वभाव है प्रगट होना तथा दूसरों द्वारा देखा जाना और आनंद प्राप्त करना। संसार में सौंदर्य के साथ-साथ कुरूपता भी है। राग-द्वेष, क्रूरता, ईर्ष्या इत्यादि दुर्गुण हैं। सूफी मान्यता है कि ईश्वर का यह विधान सौंदर्य और आनंद के महत्व को स्पष्ट करने के लिए किया गया।

सूफी साधना के सोपान : सूफी विचारक अत्तार ने सूफी साधना की सात अवस्थाओं का जिक्र किया है, जो इस प्रकार हैं :

1. तलब—ईश्वर की खोज की बेचैनी तलब है। इस वजह से वह कर्मकांड से आगे बढ़कर ईश्वर की खोज शुरू करता है। ऐसा यात्री सालिक कहलाता है। 'सालिक' बनने के पहले मोमिन बनना पड़ता है और अपार कठिनाइयों, परीक्षाओं और विपत्तियों से गुजरना पड़ता है। वह 'शरीयत', 'तरीकत', 'हकीकत' और 'मारिफत' का पालन करते हुए ही अपने साधना मार्ग में आगे बढ़ता है। इस स्थिति में सूफी साधक संकल्प, सरलता और शुचिता को प्रधानता देता है।

2. इश्क—यात्री इश्क की प्रेमाग्नि में जल उठता है। उसमें प्रियतम की प्राप्ति के लिए आकांक्षा बलवती हो जाती है। वह प्रेम का मधु पीकर इतना मतवाला हो जाता है कि कठिन-से-कठिन संकट भी सह लेता है।

3. मारिफत—यह ईश्वर-ज्ञान है जहां ज्ञान का शून्य जगमगाता है और प्रत्येक यात्री अपनी शक्ति के अनुसार अंतःप्रकाश प्राप्त करता है। वह एक दिव्य सौंदर्य की झांकी देखता है, जो अणु-अणु में बिखरा पड़ा है।

4. इस्तिगना—यह स्वतंत्र चिंतन है। इस स्थिति में वह संसार से विरक्त होकर मुक्त रूप से विचरण करता है। उसकी सांसारिक इच्छाएं मिट जाती हैं। यहां तक कि ईश्वरीय ज्ञानेच्छा भी नहीं रहती। केवल एक परम सत्ता का भान होता है, जिसके समक्ष दृश्य सत्ता अभावरूप जान पड़ती है।

5. तौहीद—यह एकेश्वरवाद की वह घाटी है, जहां बहुलता एकत्व में लीन हो जाती है। इस अवस्था की पूर्णता पर 'मैं' और 'तू' का भाव नहीं रहता।

6. हैरत—यह ईश्वरीय सौंदर्य से अभिभूत हो जाना है, जहां सूफी विस्मय की घाटी में पहुंच

जाता है। वह ईश्वरीय साक्षात्कार से विस्मित होकर परमानंद में डूब जाता है।

7. फुकरो-फना—यह पूर्ण अपरिग्रह व्रत द्वारा ईश्वर के प्रति समर्पित हो जाना है। इस स्थिति में आत्म-चेतना जाती रहती है और आत्मलय की अवस्था आ जाती है। सभी इंद्रियां विषयों से विरत हो जाती हैं। ये साधना-प्रक्रियाएं 'जली' और 'जिक्र' हैं अर्थात शाब्दिक और मौन जाप। वह पुकार उठता है कि अब मैंने खुदा का हाथ थाम लिया है। अब मुझे पैगंबर की सहायता की आवश्यकता नहीं है। यह तन्मयता उसे 'हाल' की स्थिति पर पहुंचा देती है। उसे अपने तन-बदन की सुध नहीं रहती। वह अपने अहं भाव को समाप्त कर ईश्वर की तदरूपता प्राप्त कर लेता है। अहं की समाप्ति को 'फना' एवं तदरूपता को 'वका' कहते हैं।

अंत में सूफी को वस्ल अर्थात ईश-मिलन का सौभाग्य मिलता है। इस अद्वैत स्थिति के फलस्वरूप वह ईश्वर की चारों विभूतियों—हक (सत्य), जमाल (सौंदर्य), जलाल (गौरव) और कमाल (पूर्णता) से मंडित हो जाता है। ऐसे सूफियों के मुंह से अनायास 'अन-अल-हक' (मैं खुदा हूं) यानी 'अहं ब्रह्मास्मि' का महावाक्य प्रस्फुटित हो जाता है। भारतेंदु हरिश्चंद्र ने सूफियों को देखकर ही कहा था, 'इन मुसलमान हरिजनन पर कोटिन हिंदू वारिये।'

कुछ सूफी संत कवियों का काल क्रम : दाता गंजबख्श (1009-1072), शेख फरीद (1188-1280), अमीर खुसरो (1253-1325), मुल्ला दाऊद (चंदायन, 1379), कबीर (पंद्रहवीं सदी), कुतुबन (मृगावती, 1503), जायसी (पद्मावत, 1521), मंझन (मधुमालती, 1545), तानसेन (1506-1589), दादू दयाल (1544-1603), रसखान (1548-1628), रहीम (जन्म 1556), रज्जब (1567-1689), कादिर (जन्म 1578), मुबारक (जन्म 1583), लतीफ शाह (महाराष्ट्र), यारी साहब (सत्रहवीं शताब्दी), वजिंद (सत्रहवीं शताब्दी), वशना (सत्रहवीं शताब्दी), दीन दरवेश (सत्रहवीं शताब्दी), शेख मुहम्मद बाबा (1565-1672), ताज (महिला संत, सत्रहवीं शताब्दी), कारे बेग (सत्रहवीं शताब्दी), जमाल शाह (सत्रहवीं शताब्दी), शाह हुसैन फकीर (महाराष्ट्र), जमाल (सत्रहवीं शताब्दी), गुलाम नबी 'रसलीन' (1642-1697), दरिया साहब (मारबा, 1676-1758), दरिया साहब (बिहार, 1676-1780), नूर मुहम्मद (अनुराग बांसुरी, 1764), बुल्ले शाह (1680-1757), अलबेली अली (अठारहवीं शताब्दी), नजीर अकबराबादी (1735-1830), अब्दुस्समद (जन्म-1810), एनबुल्ला शाह (उन्नीसवीं शताब्दी) इत्यादि।

सूफी मत का संपूर्ण विश्व साहित्य पर व्यापक असर पड़ा है, निश्चय ही भारतीय साहित्य पर भी।

प्रमोद शाह

अधिक जानकारी के लिए :
1. **What is Sufism :** Martin Lings, 2. **The Sufis :** Idries Shah , 3. **Essential Sufism :** Robert Frager

सूरजपुरी

सूरजपुरी पूर्वी हिंदी के बिहारी उपभाषा वर्ग के अंतर्गत आती है और बिहार के भोजपुर, बक्सर, सारण और पटना जिले के साथ उत्तर प्रदेश के बलिया जिले में बोली जाती है। 2001 की जनगणना के मुताबिक, सूरजपुरी भाषाभाषियों की कुल जनसंख्या 12,17,019 थी। इसके अन्य नाम सूरा और सूरजी भी प्रचलित हैं। मानक हिंदी से यह काफी मिलती-जुलती है।

भाषा एवं ऐतिहासिक दृष्टि से इसकी रचनागत निकटता नेपाली 'राजबंशी' और बंगाल/बांग्लादेश (दिनाजपुर) की 'कामतापुरी' (बांग्लादेश में रंगपुरी के नाम से प्रचलित) लोकभाषा से अधिक है।

अनुपम श्रीवास्तव

सूर्य

सूर्य प्राचीनतम वैदिक देवता रहे होंगे। वह पूरी धरती को रोशनी देने वाला बृहत्तम नक्षत्र है।

इसलिए दुनिया भर में ही आस्था का सबसे बड़ा केंद्र बना। ग्रीक देवता के रूप में वह हेलियस है, जो बाद में अपोलो बन गया—यौवन की स्फूर्ति से भरा, ऊर्जा का ऐसा देवता जो अंधकार को अपने बाणों से बेधता है। ऋग्वेद में सूर्य के सात घोड़ों के रथ का सारथी आरुणि अपने बाणों से अंधकार को बेधता है और लालिमा छा जाती है। उसी से अरुणिमा शब्द बना है, 'अरुण यह मधुमय देश हमारा'। सूर्य का सातवां घोड़ा अदृश्य है, यह अंतर्बोध है। ऋग्वेद में है कि सूर्य महान देवों और मनुष्यों के बीच आता है–'महा देवो मर्त्यां आ विवेश।' (4.58.3)। वह अंधकार को नष्ट करते हुए आसमान में कई चक्कर लगाता है। ऋग्वेद में पृथ्वी सूर्य के चारों तरफ नहीं घूमती। प्राचीन मनुष्यों ने सूर्य को इन्हीं रूपों में देखा—अंधकार पर किरणों की बाणों के वर्षा करते हुए, उषा के रूप में फैलते हुए या सात हिनहिनाते घोड़ों के ऐसे रथ पर सवार जिसके बारह पहिए हैं। मैक्समूलर ने इस मिथकीय भाषा को आत्मछल कहा था, जबकि यह सूर्य के प्रति पृथ्वीवासियों की कृतज्ञता का एक रूप था और एक गहरा आश्वासन कि आ रहा दिन बेहतर होगा।

सूर्य को सविता, आदित्य, विवस्वान भी कहा गया है। वह सौरमंडल के मध्य में है। धवल रोशनी से भरा आकाश उसका मुख है, सौरमंडल के ग्रह उसकी आंखें हैं। वह सर्वदर्शी और सही-गलत कर्मों का चिर साक्षी है। वह मनुष्य को कर्म में प्रवृत्त करता है। रोमन साम्राज्य जब ईसाई धर्म को मानने लगा, तो रविवार (सनडे) वह दिन बन गया, जब ईश्वर ने छह दिनों तक सृष्टि रचना करने के बाद विश्राम किया था। भारतीय परंपरा में सूर्य ने 360 दिनों का संवत्सर बनाया, उससे 12 महीने बने। कहते हैं कि सप्ताह की धारणा, बेबीलोन से आई और भारत की तरफ बढ़ी। भारत में सूर्य के ही नाम पर रविवार है। कहा जाता है, चौथी सदी के आसपास मध्य एशिया से हूण, पारसियों आदि के भारत आने के साथ यहां रविवार का प्रयोग शुरू हो जाता है। उसके साथ घुड़सवारी भी आती है जिससे राजपूत खास तौर से जुड़े रहे हैं, जबकि पहले रथ के घोड़े थे पर घुड़सवारी नहीं थी।

सूर्य देवता के परिवार की कल्पना की गई। उसकी माता अदिति है, जिससे आदित्य बना। उसके पिता कश्यप हैं। (महाभारत)। ऋग्वेद के उल्लेखों से महाभारत के उल्लेख भिन्न हैं। ऋग्वेद में उनकी पत्नी सरण्या या संजना है जिससे दो संतानें हुईं—यम यौर यमी। यम पहला आदमी था, जो मरा, इसलिए वह मृत्यु का देवता माना गया। यमी का रूपांतरण यमुना नदी और यामिनी (रात्रि) में हुआ। मृत्यु के देवता और रात्रि का अंतर्संबंध है।

कथा है कि सरण्या सूर्य के ताप को बर्दाश्त न कर पाने के कारण अपनी छाया छोड़कर भाग गई। उषा सूर्य से जनमी है और उसकी प्रणयी भी है। मित्र और वरुण जब सूर्य को बादलों और बरसात से ढक लेते हैं, इंद्र सूर्य को हराकर उनका रथ उनसे छीन लेते हैं। अथर्ववेद में राहु का उल्लेख है, जो सूर्यग्रहण का मिथकीय कारण है। मनु को छाया से जनमा सूर्य का पुत्र बताया जाता है, जो प्रथम मनुष्य थे। उनसे इक्ष्वाकु वंश की शुरुआत हुई। इस तरह इक्ष्वाकु सूर्यवंशी राजा हुए। इन्हीं के वंश में दशरथ और राम हुए। सूर्य के दूसरे पुत्र शनि हैं, जिनके प्रकोप की कथाएं हैं। उनकी एक बेटी तपती है जिसका विवाह चंद्रवंशी राजा से हुआ। सूर्य अश्विनी कुमारों को पैदा करते हैं। महाभारत में सूर्य के ही कारण कुंती से कर्ण पैदा होता है।

सूर्य के प्रेम से जुड़े दो फूल हैं–सूरजमुखी और रात की रानी। सूर्य ने सूरजमुखी से प्रेम किया जिससे उसका मुख सूर्य की तरफ रहता है, जबकि रात की रानी के प्रेम को ठुकरा दिया जिससे वह दिन भर मुरझाई रहती है और रात में ही सुगंध बिखेरती है। इस तरह ऋग्वेद से लेकर लोककथाओं तक सूर्य को केंद्र में रखकर प्राकृतिक घटनाओं के एक विशाल चक्र का पर्याप्त मिथकीकरण हुआ है। इससे हमें प्राचीन मानव की उत्पत्ति, परिवार की अवधारणा का विकास, प्राचीन लोगों का सौंदर्यबोध, प्रेमानुभूति, अंतर्बोध, श्रम-विश्राम आदि के संकेत मिलते हैं।

शंभुनाथ

सूर्य सेन

स्वाधीनता आंदोलन में, बंगाल के क्रांतिकारियों में सूर्य सेन, जो मास्टर दा के नाम से प्रख्यात थे, अप्रतिम देशभक्ति, अदम्य साहस और आत्मबलिदान के अन्यतम उदाहरण थे। चटगांव शस्त्रागार दखल के नायक मास्टर दा सशस्त्र आंदोलन को, देश को आजाद करवाने का अनिवार्य पथ मानते थे।

सूर्य सेन का जन्म 21 मार्च 1894 को नोवापाढ़ा, चटगांव (बांग्लादेश) में हुआ था। 1916 में बरहमपुर कॉलेज में स्नातक की पढ़ाई के दौरान, अपने शिक्षकों के द्वारा वे क्रांतिकारी विचारों के करीब आए। 1918 में चटगांव लौटकर वे भारतीय राष्ट्रीय कांग्रेस दल के जिला अध्यक्ष नियुक्त हुए। सरकारी नौकरी को अंग्रेजों की गुलामी समझकर, सूर्य सेन ने एक स्थानीय विद्यालय में शिक्षक की नौकरी को वरीयता दी। साथ ही उन्होंने असहयोग आंदोलन में हिस्सा लेते हुए, चटगांव के जहाज नाविकों और रेल कर्मचारियों की सफल हड़ताल संगठित की। कांग्रेस के नेतृत्व से आंदोलन के स्वरूप को लेकर उनका मतभेद हुआ। 'अनुशीलन समिति' से प्रभावित सूर्य सेन ने 1923 तक 'युगांतर' नामक एक सशस्त्र संगठन की जिले भर में कई शाखाएं खड़ी कर दीं।

सूर्य सेन

अपने क्रांतिकारी संगठन की आर्थिक जरूरतों की पूर्ति के लिए, असम-बंगाल रेलवे के खजाने पर उनका हमला और कब्जा 'युगांतर' की प्रारंभिक सफलताओं में गिना जा सकता है। वे 1926 से 1928 तक जेल में रखे गए। जेल से रिहा होते ही उन्होंने चटगांव जिले के दो प्रमुख शस्त्र भंडारों का लूटने की योजना बनाई। उसके साथ ही टेलीफोन और तार दफ्तरों को नष्ट कर देने, यूरोपियन क्लब के अंग्रेज सदस्यों की हत्या करने, बंदूकों की दुकान लूटने और रेल पटरियों को उखाड़ फेंकने की योजना भी बनाई।

18 अप्रैल 1930 को मास्टर दा ने गणेश घोष, अनंत सिंह, निर्मल सेन, लोकनाथ बाउल, नरेश चंद्र राय, अंबिका चक्रवर्ती एवं अन्य क्रांतिकारी साथियों की सहायता से अलग-अलग हमलों में रेल, टेलीफोन, टेलीग्राफ दफ्तरों को नष्ट कर, जिले के दोनों शस्त्रागारों पर कब्जा कर लिया। 'बंदे मातरम' और 'इंकिलाब-जिंदाबाद' के नारों के बीच, राष्ट्रीय ध्वज फहराकर, मास्टर दा ने प्रांतीय क्रांतिकारी गणतांत्रिक सरकार की स्थापना की घोषणा की। चार दिनों के बाद ही अंग्रेज फौज ने क्रांतिकारियों को जलालाबाद की पहाड़ियों में घेर लिया। भीषण युद्ध में 80 अंग्रेज सिपाही और 12 क्रांतिकारी मारे गए। क्रांतिकारियों को भागना पड़ा। मास्टर दा भूमिगत होकर छापामार हमलों की योजना में लग गए। 17 फरवरी 1933 को मास्टर दा गिरफ्तार कर लिए गए। एक विशेष अदालत में सूर्य सेन, तारकेश्वर दास्तिदार और कल्पना दत्त पर मुकदमा चला। चटगांव क्रांति के अप्रतिम नायक सूर्य सेन उर्फ मास्टर दा को फांसी की सजा सुनाई गई।

मास्टर दा को जेल में अंग्रेज सिपाहियों ने भयंकर शारीरिक यंत्रणा दी। उनके दांत हथौड़े से तोड़ डाले गए, नाखून उखाड़ लिए गए, हड्डी के हर जोड़ को अलग कर दिया गया। 12 जनवरी 1934

को चटगांव जेल में फांसी पर चढ़ाए जाते समय, मास्टर दा बेहोश थे।

बिपिन चंद्र ने अपनी पुस्तक 'इंडियन स्ट्रगल फार इंडिपेंडेंस 1857-1947' में लिखा है, 'सूर्य सेन एक तेजस्वी, प्रेरित करने वाले संगठनकर्ता के साथ मृदुभाषी, स्पष्ट वक्ता और पारदर्शी चरित्र वाले क्रांतिकारी नेता थे। उनका मानना था कि एक क्रांतिकारी का अनिवार्य गुण उसकी मानवीयता का बोध होना है।' सूर्य सेन के साहसी चरित्र ने युवाओं की क्रांतिकारी गतिविधियों में यथेष्ट तीव्रता ला दी थी। यह भी पहली बार हुआ कि क्रांतिकारी आंदोलनों में महिलाओं की हिस्सेदारी में गुणात्मक वृद्धि हुई।

महेश जायसवाल

अधिक जानकारी के लिए :
भारत के क्रांतिकारी आंदोलन का इतिहास : मन्मथनाथ गुप्त, 1972

सूसन सोंटैग
(1933-2004)

एक कथाकार, निबंधकार, संस्कृति चिंतक और कला समीक्षक के रूप में सूसन सोंटैग (Susan Sontag) की बीसवीं सदी के बौद्धिक परिदृश्य में महत्वपूर्ण उपस्थिति है। अपनी रेडिकल सोच, असाधारण अध्ययन, बिखरी हुई चीजों को आपस में जोड़कर देखने की अद्भुत क्षमता, बेबाक स्वर और सक्रिय राजनीतिक पक्षधरता की वजह से उनकी अमेरिकी समाज की मुख्यधारा के सांस्कृतिक परिदृश्य में बिलकुल अलग तरह की पहचान है।

1933 में न्यूयॉर्क शहर में एक लिथुवानियाई यहूदी परिवार में जनमी सूसन का बचपन टक्सन, एरिजोना और लास एंजेल्स में बीता। 1948 में उन्होंने बर्कले यूनिवर्सिटी में दाखिला लिया। बाद में वे शिकागो यूनिवर्सिटी पहुंचीं और दर्शनशास्त्र, साहित्य और धर्मशास्त्र में पढ़ाई पूरी की। वे सिटी कॉलेज ऑफ न्यूयॉर्क के दर्शनशास्त्र और बाद में कोलंबिया यूनिवर्सिटी के धर्मशास्त्र विभाग में व्याख्याता भी रहीं। लेकिन 1960 में सूसन सोंटैग की वास्तविक प्रतिभा 'पार्टीशन रिव्यू' पत्रिका की मार्फत सामने आई। वे 'न्यूयॉर्क रिव्यू ऑफ बुक्स', 'एटलांटिक मंथली', 'नेशन' और 'हार्पर्स' जैसी पत्रिकाओं में निरंतर लिखती रहीं। साठ के दशक में प्रकाशित उनके कुछ निबंधों–'अगेंस्ट इंटरप्रेटेशन', 'नोट्स ऑन कैंपस', 'ऑन स्टाइल', 'एस्थेटिक्स ऑफ साइलेंस' तथा 'वन कल्चर एंड द न्यू सेंसिबिलिटी' ने उन्हें बौद्धिक जगत में एक अत्यंत प्रखर लेखिका बना दिया। अमेरिकी समाज की मुख्यधारा में जहां कला, संस्कृति, विचार, साहित्य, जीवन मूल्य आदि पर विचारणा को अधिक महत्व नहीं है, सूसन सोंटैग ने पिछले चार दशकों में एक जन बौद्धिक (पब्लिक इंटेलेक्चुयल) की स्थिति अर्जित कर ली थी। उनकी पहचान एक रेडिकल-लिबरल बौद्धिक के रूप में बन गई जिसे न केवल प्राचीन और आधुनिक यूरोपीय संस्कृति की गहरी जानकारी थी, बल्कि जो अमेरिकी जमीन पर इस सबकी पुनर्व्याख्या कर सकती थीं और सर्वसत्तावादी शक्ति-संरचनाओं के प्रतिरोध में खड़ी हो सकती थीं।

साठ के दशक में जब अमेरिकी बौद्धिक जगत उत्तर-आधुनिकता के तमाम तरह के शोर-शराबे में डूबा हुआ था, सूसन सोंटैग ने थियोरी, व्याख्या, टीका, सैद्धांतिकी और 'पाठ' के इस मकड़जाल के

सूसन सोंटैग

खिलाफ अपना मोर्चा खोला। 'अगेंस्ट इंटरप्रेटेशन' (1966) उनकी एक बहुचर्चित पुस्तक है। यह वह समय था, जब मूल लेखक या कलाकार से ज्यादा महत्व आलोचकों या व्याख्याकारों को दिया जा रहा था, तब सूसन ने यह महत्वपूर्ण स्थापना रखी कि कलाओं की समझ उनके प्रति हमारी संवेगात्मक प्रतिक्रियाओं से बनती है, न कि निरे अकादमिक विश्लेषणों और शुष्क किस्म की बौद्धिक व्याख्याओं से। कला की विशुद्ध बौद्धिक व्याख्या का विरोध करते हुए वे एक ऐसी पारदर्शिता की ओर जाने की बात करती हैं, जिसमें हम कलारूपों में मौजूद दीप्ति का अनुभव कर सकें। वे कहती हैं कि कला का अर्थ-वस्तु और रूप दोनों की प्रतीति में है, बिना उसका विश्लेषण-व्याख्या किए। उन्होंने कहा कि 'थियोरी' या सैद्धांतिकी के कारण कला को अब उसकी समग्रता में नहीं देखा जाता। आज व्याख्या कर्म कृति के प्रति एक खुली आक्रामकता से भरा हुआ है और कला की ये व्याख्याएं हमारी भाव प्रवणता में जहर घोल रही हैं। सूसन सोंटैग ने कहा कि कला में महत्व एंद्रिक तत्वों का है, निहित अर्थों का नहीं। कलाकृति का मूल्य इसमें है कि वह इस युग में किस तरह से अपनी उपस्थिति दर्ज कराती है। 'ऑन स्टाइल' शीर्षक अपने चर्चित निबंध में सूसन कहती हैं कि शैली और रूपाकार हमेशा एक विशिष्ट ऐतिहासिक चेतना के उत्पाद हैं। 'द स्टाइल ऑफ रेडिकल विल' (1969) में सूसन ने समकालीन कला रूपों की एक सूक्ष्म पड़ताल की है।

सूसन सोंटैग आधुनिक समय में विकसित हुई फोटोग्राफी की कला को एक गहरे संशय के साथ देखती हैं। 1976 में प्रकाशित अपनी बहुचर्चित पुस्तक 'ऑन फोटोग्राफी' में उन्होंने आधुनिक समाज में फोटोग्राफी की छवियों का सामाजिक-मनोवैज्ञानिक अध्ययन करते हुए कहा कि मौजूदा समय में युद्ध और बर्बरता की स्थितियां टेक्नोलॉजी के विकास के कारण एक विराट दृश्य-रोमांच में बदल गई हैं। दृश्यों का यह विशद खेल न सिर्फ हमारी सोच को बदल रहा है, बल्कि यह युद्ध की प्रकृति, सहानुभूति के दायरे और आत्मविवेक के दायित्वों में भी एक बुनियादी रद्दोबदल ला रहा है। टेक्नोलॉजी के पास व ताकत है कि वह फुसलाने या चकित करने वाले तरीकों से आज दृश्यों को निर्मित कर सकती है। इन छवियों का जिन ऐतिहासिक और सामाजिक संदर्भों में जन्म होता है, वे अपने उन मूल अभिप्राय को खो देते हैं और स्वायत्त छवियां बन जाते हैं। इसलिए इन छवियों के प्रति हमारा विवेकशील और आलोचनात्मक रवैया नहीं, बल्कि उनसे सम्मोहित हो जाने वाला एक भावुकता का रिश्ता बन गया है। भीषण आपदाओं की छवियां हम निर्मित करते हैं और उनका एक अनवरत उपभोग करते रहते हैं। सूसन ने इस स्थापना को रखा कि फोटोग्राफ यथार्थ के बोध को बढ़ाता नहीं, उसे विकृत करता है, क्योंकि वह केवल एक छवि नहीं, यथार्थ की एक खास तरह की व्याख्या भी है। उन्होंने कहा कि आज छवियों ने मूल यथार्थ को अपदस्थ कर दिया है। 'इलनेस एज मैटाफर' (1968) में सूसन सोंटैग ने बीमारियों को लेकर हमारे सोच में बने हुए रूपवादी तरीकों और मिथकों का विरोध किया है। बाद में 1988 में यह पुस्तक अपने संशोधित रूप में 'एड्स एंड इट्स मैटाफर' शीर्षक से छपी। सूसन के चार उपन्यास हैं–'द बेनेफेक्टर' (1963), 'डेथकिट' (1967), 'द वोल्केनो लवर' (1992) तथा 'अमेरिका' (1999)। लेकिन उन्हें वास्तविक ख्याति अपने निबंधों के कारण मिली।

सोंटैग का वैचारिक फलक बहुआयामी था। उन्होंने हमारे युग की जटिल सृजनात्मक प्रतिभाओं पर तो लिखा ही है, तमाम तरह की लोकप्रिय चीजों पर भी लिखा। उनके लेखन में गंभीर विषय और लोकप्रिय विषय जैसे भेद मिट जाते हैं। वे एक साथ साहित्य (दोस्तोयव्स्की, पास्तरनाक, मरीना त्स्वेत्येवा, रिल्के, सेजर पवासे, डेनिलो किस, गोम्बोविक्ज, बोर्हेस), सिनेमा (रेनेजां, बर्गमैन, रॉबर्त ब्रेसां और गोदार), मनोविश्लेषण (नॉर्मन ओ ब्राउन), थिएटर पर (आइनेस्को, सार्त्र), नृत्य (बेलेनेशाइन) तथा विचारकों (सिमोन वेल, आल्बेयर कामू, वाल्टर बेंजामिन, रोलां बार्थ आदि) पर लिख सकती थीं

और उसी सहजता के साथ फोटोग्राफी, पॉप कल्चर, फैशन डिजाइन और पोर्नोग्राफी पर भी गंभीर विमर्श कर सकती थीं। कोई विषय उनके लिए वर्जित नहीं था। उनका सबसे बड़ा दखल यह था कि वे एक साथ बेहद बौद्धिक और तार्किक थीं और उतनी ही गहनता के साथ भावनाओं की पक्षधर भी थीं। सूसन सोंटैग अपने लेखन से प्रखर प्रतिक्रियाओं को उकसाती थीं।

बीसवीं सदी के उत्तरार्ध में सूचना, कला, तकनीक, उपभोग और विस्मृति के साथ मनुष्य के संवेदन तंत्र के जटिल रिश्तों की खोज ही सूसन सोंटैग के समूचे लेखन को बहुत विशिष्ट बना देती है। उनका लेखन कला मीमांसा, संस्कृति विवेचना और राजनीतिक सत्ता का विश्लेषण भी है। वे सिर्फ एक अकादमिक बौद्धिक ही नहीं, प्रतिरोध की सक्रिय भूमिका से भी जुड़ी हुई थीं। 28 सितंबर 2004 को न्यूयॉर्क में इस प्रखर लेखिका का निधन हुआ।

विजय कुमार

अधिक जानकारी के लिए :

1. Susan Sontag-The Elegiac Modernist : Sohnya Sayres, 1990, **2. The Din in the Head :** Cynthia Ozick, 2006, **3. Sempre Susan-A Memoir of Susan Sontag :** Sigrid Nunez, 2014

सेंसरशिप

किसी भी विचार को दबाने के लिए सेंसरशिप सबसे आसान राजनीतिक साधन है। पढ़ने की स्वतंत्रता के बावजूद जान पड़ता है कि आज भी कुछ लोग पुस्तकों और पत्र-पत्रिकाओं से डरते हैं। इसी कारण एक ब्रिटिश पत्रकार निक कोहन की पुस्तक का नाम 'यू कान्ट रीड दिस बुक : सेंसरशिप इन एन एज ऑफ फ्रीडम' है। लेखक ने लिखा है कि तथाकथित वाक् स्वातंत्र्य और विचार स्वातंत्र्य के इस युग में किसी भी लेखक को बराबर यह डर लगा रहता है कि पता नहीं कब, कौन असहनशील या धार्मिक या सांस्कृतिक ग्रुप या आर्थिक दृष्टि से संपन्न कोई राजनेता उसकी पुस्तक को प्रतिबंधित करने की मांग कर बैठेगा या अपने प्रभाव के कारण उसे प्रतिबंधित करा देगा।

सलमान रुश्दी ऐसे बिरले लेखक हैं जिनकी पुस्तक प्रतिबंधित हो जाने के कारण उन्हें एक समय अपनी जान बचाने के लिए छिपकर रहना पड़ा। दूसरा चर्चित नाम बांग्लादेश की लेखिका तसलीमा नसरीन का है। ये दोनों ही लेखक मुसलमान हैं और उनकी पुस्तकें धार्मिक कारणों से प्रतिबंधित हुई हैं। भारत में जिस समय सलमान रुश्दी की पुस्तक 'सेटेनिक वर्सेस' प्रतिबंधित की गई, लगभग उसी समय नीकोस कजानजाकी के उपन्यास पर आधारित फिल्म 'क्राइस्ट रिक्रूसीफाइड' के प्रदर्शन पर भी रोक लगा दी गई थी। ये दोनों ही उपन्यास धार्मिक पृष्ठभूमि पर आधारित थे। एक इस्लाम से और दूसरा ईसाई धर्म से संबंधित था, जबकि जनसाधारण की ईशनिंदा संबंधी जो मान्यताएं हैं, ये दोनों ही उपन्यास उनसे हटकर हैं।

पुस्तकें कई कारणों से सेंसर का शिकार होती हैं। एक कारण अश्लीलता होता है, पर कभी-कभी

धार्मिक या राजनीतिक भी हो सकता है। किसी पुस्तक के प्रतिबंधित होने का कारण शासन का सनकीपन भी हो सकता है। पुस्तकें चाहे जिस कारण से प्रतिबंधित की गई हों, व्यवहार में देखा गया है कि इसका प्रभाव उलटा हुआ है। जिन पुस्तकों को लोग सामान्यतः नहीं पढ़ते, प्रतिबंध के बाद अधिक-से-अधिक लोगों ने उन्हें पढ़ने की कोशिश की। 'यूलिसिस' (जेम्स जायस), 'ट्रॉपिक ऑफ कैंसर' (हेनरी मिलर) और 'लेडी चैटरलीज लवर' (डी एच लारेंस) उन गिनी-चुनी पुस्तकों की श्रेणी में रखी जा सकती हैं जिनकी ओर लोगों का ध्यान उनके प्रतिबंधित होने के कारण ही गया।

प्राचीनकाल के रोम में ओविड की कविता 'आर्ट ऑफ लव' को वहां के शासक आगस्ट्स ने नैतिक दृष्टि से चरित्र-विनाशक मानकर वहां के सार्वजनिक पुस्तकालयों में उसके रखे जाने पर रोक लगा दी थी। इस 'अपराध' के लिए स्वयं कवि को भी जीवन भर के लिए देश-निकाले की सजा मिली थी। प्लेटो नहीं चाहता था कि लोग सब कुछ पढ़ें। 1557 में पोप की देख-रेख में वेटिकन ने कुछ ऐसी पुस्तकों की सूची तैयार की थी, जो पोप की दृष्टि में लोगों द्वारा पढा जाना उचित नहीं था। इनको प्रतिबंधित करने के कारणों में कामुकता, रहस्यवाद और नास्तिकता प्रमुख थे। ब्रिटेन के लंदन स्थित राष्ट्रीय पुस्तकालय 'ब्रिटिश लाइब्रेरी' में प्रवेश करते ही सबसे पहले जिस चीज पर नजर जाती है, वह है खुली हुई पुस्तक के आकार की लोहे की एक बड़ी बेंच जिस पर तीन-चार लोग बैठ सकते हैं। बेंचनुमा यह पुस्तक लोहे की मोटी जंजीर से जकड़ी हुई है।

चीन में सातवीं सदी के अंत में तत्कालीन शासक कांग सी ने वांग शीह-चेंग की पुस्तक 'द गोल्डन लोटस' पर प्रतिबंध लगा दिया था, जबकि इस पुस्तक का मंचू भाषा में अनुवाद कांग सी के भाई ने ही किया था। ईसा पूर्व तीसरी सदी के शासक शी-हुआंग-टी ने कन्फ्यूशियस की विचारधारा के अनुगामी 460 विद्वानों को जिंदा गाड़ दिया था, ताकि इतिहास न लिखा जा सके। 212 में उसने अपने राज्य की तमाम पुस्तकों की एक प्रति शाही पुस्तकालय के लिए बचाकर शेष को जलवा दिया। इच्छा थी कि उसकी मृत्यु के बाद बची हुई पुस्तकें भी जला दी जाएं ताकि विगत इतिहास का नामोनिशान मिट जाए। राजा से कुपित चीनी लोग वर्षों तक उसकी समाधि पर गंदगी फेंकते रहे।

धर्माधिकारियों द्वारा इस प्रकार लगाई गई बंदिश की चपेट में आने से कुछ विश्वप्रसिद्ध साहित्यकार भी नहीं बच सके। अल्बर्टो मोराविया (इटली), अलेक्जेंडर ड्यूमा (फ्रांस), जॉर्ज सेंड (अमेरिका), नगीब महफूज (मिस्र), चार्ल्स डिकेंस (इंग्लैंड), आंद्रे जीद और बालजाक (फ्रांस) आदि कुछ ऐसे ही साहित्यकार हैं। बोकासियो को ईशनिंदा के साथ ही अश्लीलता के कारण भी वेटिकन की सूची में शामिल किया गया था। 1726 में प्रसिद्ध आयरिश लेखक जोनाथन स्विफ्ट की विश्वप्रसिद्ध पुस्तक 'गुलिवर्स ट्रेवल्स' पर, इस कारण प्रतिबंध लगाया गया कि उस समय की सरकार की दृष्टि में यह पुस्तक राजनीति और राजदरबारों के बारे में व्यंग्यात्मक प्रचार करती है। डेनिश बाल साहित्य लेखक हेंस क्रिश्चियन एंडरसन की पुस्तक 'वंडर स्टोरीज' पर 1835 में रूस में प्रतिबंध लगाए जाने, 1849 में प्रतिबंध हटा लिए जाने और लगभग 100 वर्ष बाद 1935 में फिर प्रतिबंधित कर दिए जाने पर आश्चर्य होता है।

अश्लीलता क्या है या हो सकती है? इस प्रश्न का कोई निश्चित उत्तर नहीं है। यही कारण है कि अलग-अलग देशों में अश्लीलता के अलग-अलग मापदंड हैं। जो पुस्तक किसी देश में अश्लीलता के कारण प्रतिबंधित कर दी गई, वही अन्य देशों में निर्बाध रूप से सुलभ थी। हेनरी मिलर की दो पुस्तकें 'ट्रॉपिक ऑफ कैंसर' और 'ट्रॉपिक ऑफ केपरीकार्न' के साथ ही डी एच लारेंस की 'लेडी चैटरलीज लवर' अश्लीलता के आरोप में काफी समय तक प्रतिबंधित थी। इसी कारण साहित्यिक क्षेत्र में 'अश्लीलता क्या है और क्या नहीं' को लेकर लंबे समय तक पत्र-पत्रिकाओं में विवाद छिड़ा रहा।

'लेडी चैटरलीज लवर' पर अश्लीलता के आरोप में जब मुकदमा चलाया गया, प्रकाशक के

पक्ष में ब्रिटेन और अमेरिका के शीर्ष साहित्यकारों के साथ ही जाने-माने आलोचकों ने भी गवाही दी। लंबे समय तक चले इस मुकदमे में अंततः अदालत ने प्रकाशक को सभी आरोपों से बरी करते हुए पुस्तक को अश्लील नहीं माना। प्रकाशक के पक्ष में अदालत का निर्णय आते ही यह पुस्तक रातो-रात 'बेस्टसेलर' सूची में आ गई और एक माह के अंदर उसे कई बार छापना पड़ा।

ये सवाल लगातार उठते रहे हैं कि क्या लेखक को धार्मिक या किसी भी विषय पर अपने स्वतंत्र विचार रखने और लोगों को बतलाने का अधिकार नहीं है और क्या नहीं होना चाहिए? रचनात्मक कार्य सामान्य से हटकर होता है। इसी कारण अधिकांश बड़े और प्रतिष्ठित लेखक राज व्यवस्था का समर्थक न रहकर विरोधी रहे हैं। उत्तम एवं स्वतंत्र लेखन का मूल गुण संशयवाद है। दुनिया के ज्यादातर बड़े साहित्यकारों और कलाकारों ने व्यवस्था और स्वयं अपनी विधाओं में स्थापित मानकों को चुनौती देकर ही सृजन कर्म किया है। साहित्यकार या कलाकार की असली समस्या यह नहीं होती कि उसे किसी प्रतिष्ठान की सहायता मिलती है या नहीं, बल्कि यह कि वह अपनी अनुभूतियों को ईमानदारी के साथ अभिव्यक्त कर सकता है या नहीं।

सोवियत संघ के विघटन से पहले तक पोलैंड के साप्ताहिक 'ताईगोदि्नक पाउचेकनी' के संपादकों को प्रत्येक अंक का पूरा मैटर सरकारी मंजूरी के लिए सेंसर कार्यालय भेजना पड़ता था। सेंसर कार्यालय से वापस आने पर सेंसर कार्यालय द्वारा आपत्तिजनक घोषित किए गए मैटर के शुरू और अंत में संपादकीय विभाग कोष्ठक चिह्न लगा देता था। कोष्ठकों के बीच में कोई शब्द नहीं होते थे, बल्कि सेंसर द्वारा निर्धारित कोड छपा रहता था। इससे पाठकों को पता चल जाता था कि क्या नहीं छपा।

प्रायः सभी देशों में लोगों को मूलभूत अधिकार मिले हुए हैं, पर जहां तक पढ़ने की स्वतंत्रता और पढ़ने के अधिकार की बात है, इस क्षेत्र में अभी भी सर्वसत्तात्मक राज्यों के साथ ही लोकतंत्रीय शासनों में भी अंकुश है। पुस्तकें अभी भी सरकारों की सबसे बड़ी दुश्मन मानी जाती हैं। इसी कारण पुस्तकें केवल प्रतिबंधित ही नहीं की जातीं, कभी-कभी उनके प्रतिबंधित न होने के बावजूद उनकी होली भी जलाई जाती है। यह भी वस्तुतः सेंसर का ही एक दूसरा रूप है। रोमन लोगों ने यहूदियों, ईसाइयों और दार्शनिकों की पुस्तकें जलाईं। यहूदियों ने ईसाइयों और गैर-मतावलंबियों की पुस्तकें जलाईं। ईसाइयों ने गैर-मतावलंबियों और यहूदियों की पुस्तकें जलाईं। अलेक्जेंड्रिया (मिस्र) की विश्वविख्यात लाइब्रेरी का दहन बुद्धिजीवी दुनिया के महानतम हादसों में से एक है। 640 ईसवी में खलीफा उमर ने जब अलेक्जेंड्रिया पर फतह पाई तो उसने इस लाइब्रेरी की दो लाख पुस्तकों की होली जलवाई। उसने कहा, 'अगर ग्रीक लोगों का लेखन ईश्वरीय पुस्तक का समर्थन करता है तो उनकी (किताबों की) जरूरत नहीं है और अगर उसका विरोध करता है तो भी उसे नष्ट किया ही जाना चाहिए।' कहा जाता है कि इन पुस्तकों को जलाकर छह महीने तक शहर के स्नानागारों में पानी गर्म किया जाता रहा।

बीसवीं सदी में नाजियों ने यहूदी लेखकों और यहूदी समर्थकों की पुस्तकों की अविस्मरणीय होली जलाई। सबसे बड़ी घटना 10 मई 1933 को बर्लिन विश्वविद्यालय के प्रांगण में घटी, जब पुस्तकों को जलाने को उचित ठहराते हुए गोएबल्स ने लंबा भाषण दिया। बर्लिन में जलाई गई पुस्तकों के इस दहन को यूरोप में लोग अभी तक नहीं भूले हैं। उस समय वर्षा के बावजूद करीब 4000 लोगों ने वर्षा में भीगते रहकर पुस्तकों के जलने का दृश्य देखा। इतना ही नहीं, म्यूनिख में छात्रों ने पुस्तकों की दुकानों और पुस्तकालयों में घुसकर चुन-चुनकर गैर-जर्मन लेखकों द्वारा लिखी हुई पुस्तकें छांटकर उनकी होली जलाई थी। जर्मनी के इन दो पुस्तक दहनों में जिन विश्वविख्यात लेखकों की पुस्तकें जलाई गईं, उनमें स्टीफेन ज्विग, कार्ल मार्क्स, सिगमंड फ्रायड, हेलेन कलर, अर्नेस्ट हेमिंग्वे, लेनिन, स्टालिन, ट्राटस्की, अलबर्ट आइंस्टीन, अप्टन सिंक्लेयर और बर्तोल्त

ब्रेख्त जैसे लेखकों के नाम देखकर शायद ही कोई साहित्यप्रेमी हो जिसे खेद नहीं होगा।

उस समय बर्तोल्त ब्रेख्त ने रचनाकारों के लिए यह सूत्र दिया था : कोई भी व्यक्ति जो आज झूठ और अज्ञान से संघर्ष करना चाहता है और सच्ची बातें लिखना चाहता है, उसे पांच नियमों का पालन करना होगा। उसमें इसका साहस होना चाहिए कि सच्ची बातें लिखे, भले ही उन्हें हर जगह दबाया जा रहा हो; यह बुद्धि होनी चाहिए कि इसकी पहचान कर सके, हालांकि हर जगह इस पर पर्दा डाला जा रहा हो; यह कला आनी चाहिए कि इसे साफ औजार की तरह इस्तेमाल कर सके; उन लोगों को पहचानने का विवेक होना चाहिए जिनके हाथ में यह कारगर हो सके। यह कठिनाई उन लोगों के लिए बहुत अधिक है, जो फासीवाद के तहत रह रहे हैं, लेकिन यह खतरा उन लोगों के लिए भी है, जो वहां से निकल भागे हैं, उनके लिए भी जो नागरिक आजादी वाले देशों में लिख रहे हैं।

अमेरिका में भी अलग-अलग स्टेटों में अलग-अलग कारणों से कुछ पुस्तकों पर कानूनी और गैर-कानूनी ढंग से प्रतिबंध है। शिकागो में 'नेशनल ऑर्गनाइजेशन ऑफ डीसेंट लिटरेचर' नामक संस्था का काम ऐसी पुस्तकों की ब्लैक लिस्ट तैयार करना है, जो उसके सदस्यों की दृष्टि में शिकागो के सार्वजनिक पुस्तकालयों में नहीं रखी जानी चाहिए।

लेखन के लिए दमन का एक नमूना है सोवियत यूनियन में 1966 में आंद्रे सिन्याव्सकी और यूरी डैनियल का मुकदमा और उनकी सजा। यह मुकदमा उन पर अपनी रचनाएं रूस से बाहर छपवाने को लेकर था। इसके लिए उन्हें क्रमशः सात और पांच वर्ष के सश्रम कारावास की सजा दी गई थी। इसके खिलाफ दुनिया भर के लेखकों और बुद्धिजीवियों ने आवाज उठाई। गुंटर ग्रास, ग्राहम ग्रीन और आर्थर मिलर ने इस मामले को संसार भर के बुद्धिजीवियों के लिए गहरी चिंता का विषय बताया था। ब्रिटेन में कम्युनिस्ट पार्टी के दैनिक 'डेली वर्कर' के साथ ही फिनलैंड, डेनमार्क और नार्वे की कम्युनिस्ट पार्टी के अखबारों में भी इसकी आलोचना की गई। भारत में विजयलक्ष्मी पंडित, राममनोहर लोहिया के साथ ही एक सौ से अधिक लेखकों और शिक्षाविदों ने इसके विरोध में रूस की सरकार को तार भेजे।

कार्ल मार्क्स की पुस्तकें भी प्रतिबंधित होने से नहीं बच सकी हैं। चीन में 1929 में कार्ल मार्क्स की पुस्तकें पढ़ने पर प्रतिबंध लगाया गया था। टालस्टाय की 'क्रूत्जर सोनाटा' पर अमेरिका के राष्ट्रपति रूजवेल्ट ने प्रतिबंध लगवाया, क्योंकि उनकी दृष्टि में वह यौन भावनाओं को उत्तेजित करती थी। 1926 में रूस और हंगरी में टॉलस्टॉय की कुछ पुस्तकों पर प्रतिबंध लगा और 1929 में तो इटली में उनकी सभी पुस्तकें प्रतिबंधित कर दी गईं।

अफ्रीकी देशों में भी सेंसर कुछ कम सक्रिय नहीं रहा है। सोमालिया के नूरुद्दीन फाराह को उनके लेखन के कारण अवांछित करार दिया गया था, जिसके परिणामस्वरूप वे बीस वर्ष तक देश से बाहर रहे थे। इसी प्रकार केन्या के न्यूगी वा थियोंगो को उनके लेखन में सरकार विरोधी विचारों के कारण एक वर्ष तक केन्या की जेल में रहना पड़ा। बाद में उन्हें इतना परेशान किया गया कि उन्होंने स्वेच्छा से देश छोड़ दिया। मई 2000 में काहिरा (मिस्र) में अल अजहर विश्वविद्यालय के हजारों छात्रों ने सीरियाई उपन्यासकार हैदर के उपन्यास 'ए बेंक्वे ऑफ सीवीड' के प्रकाशन के विरोध में सड़कों पर प्रदर्शन किया।

अलग-अलग देशों में सेंसर का शिकार हुई पुस्तकें किसी एक विषय की नहीं हैं। विविध देशों में सेंसर अथवा पुस्तकों पर प्रतिबंध लगाने की जो प्रथा है, उसका कोई एक निश्चित आधार नहीं है। सभी के अलग-अलग कानून हैं, अलग-अलग धारणाएं हैं। कहीं पर कोई पुस्तक व्यक्तिगत स्वार्थ के कारण प्रतिबंधित की गई, कहीं जन आक्रोश के कारण, कहीं तथाकथित अश्लीलता के कारण और कहीं राजनीतिक कारणों से। अमेरिकन लाइब्रेरी एसोसिएशन प्रति वर्ष सितंबर के अंतिम सप्ताह में पिछले एक वर्ष में प्रतिबंधित पुस्तकों के प्रदर्शन के लिए 'प्रतिबंधित पुस्तक सप्ताह' का आयोजन करता

है जिसमें सेंसर और प्रतिबंधित पुस्तकों पर चर्चा, गोष्ठियां आदि होती हैं।

भारत में भी यद्यपि किसी-न-किसी कारण से पुस्तकें प्रतिबंधित की जाती रही हैं, पर जर्मनी और चीन के समान पुस्तकों की होली संभवतः कभी नहीं जलाई गई। एक बार प्राचीनकाल में नालंदा का पुस्तकालय जरूर नष्ट किया गया था। अंग्रेजी राज में कई पत्रों पर प्रतिबंध लगे थे या संपादकों को जुर्माना अदा करना पड़ा था। उन पत्रों में भारत का पहला समाचार-पत्र हिकी गजट भी था, जबकि जेम्स हिकी अंग्रेज था। भारतेंदु हरिश्चंद्र का पत्र 'कविवचनसुधा' को भी अंग्रेजी राज का कोपभाजन होना पड़ा। प्रेमचंद का 'सोजेवतन' जब्त हुआ। 1933 में मुस्लिम धर्मगुरुओं के विरोध के कारण 'अंगारे' पर ब्रिटिश सरकार ने रोक लगा दी। इसमें सज्जाद जहीर, अहमद अली, रशीद जहां आदि की कहानियां थीं। 1936 में अमेरिकी लेखिका कैथरीन मेयो की 'द फेस ऑफ मदर इंडिया' के आयात पर रोक लगी। इस पुस्तक को महात्मा गांधी ने 'सफाई इंस्पेक्टर की रिपोर्ट' कहा था। अंग्रेजी राज में प्रतिबंधित पुस्तकों में एक महत्वपूर्ण पुस्तक सुंदरलाल की 'भारत में अंग्रेजी राज' है। पांडेय बेचन शर्मा 'उग्र' के कहानी संग्रह प्रकाशित होते ही जब्त कर लिए गए थे। उन्हीं दिनों 'चांद' के फांसी अंक पर भी प्रतिबंध लगा था।

धार्मिकता के आधार पर आब्रे मेनेन की 'रामा रिटोल्ड', आर्थर कोएस्टलर की 'द लोटस एंड द रोबोट' और अश्लीलता के नाम पर प्रतिबंधित पुस्तकों में 'लेडी चैटरलीज लवर', मुल्कराज आनंद की 'कामकला', पॉप गायिका मेडोना की 'सेक्स' आदि हैं। ऐसी कुछ अन्य पुस्तकों में पेरियार रामास्वामी की 'रामायण' (उत्तर प्रदेश), जेम्स लेन की 'शिवाजी : हिंदू किंग इन इस्लामिक स्टेट' और 'द एपिक ऑफ शिवाजी' (महाराष्ट्र) और आर वी भसीन की 'इस्लाम' हैं। हाल तक पुस्तकें प्रतिबंधित होती रही हैं या दबाव बनाया गया है कि वे प्रतिबंधित हों। इस मुद्दे पर राष्ट्रीय स्तर पर चर्चा की जरूरत महसूस की जाती है।

महेंद्र राजा जैन

अधिक जानकारी के लिए :

1. Freedom of Connection : Freedom of Expression : William H Dutton, Anna Dopatka, Gineth Law, Victoria, UNESCO, 2011, **2. Intellectual Freedom and Censorship :** Frank Hoffmann, 1989

सेक्सीय अभिमुखता

स्त्री की पुरुष की ओर तथा पुरुष की स्त्री ओर अभिमुखता को प्राकृतिक और एक ही सेक्स के दो व्यक्तियों के पारस्परिक आकर्षण को अप्राकृतिक माना जाता है। यह परस्पर-विरोधी यानी द्वैधपूर्ण दृष्टि से देखने का एक स्वाभाविक नतीजा है। एड्रिएन रिच और जुडिथ बटलर जैसी स्त्रीवादियों का दावा है कि सैक्सुअल चाहत की यह समझ एक परंपरागत सांस्कृतिक उत्पाद है, जिसमें अ-सम-सेक्सीयता को अनिवार्य माना जाता है। अगर यह दबाव न होता, तो पुरुषों और स्त्रियों की चाहत के दूसरे रूप भी सामने आ सकते थे। फ्रायड के अनुसार, लड़के में अपनी मां के प्रति और लड़की में अपने पिता के प्रति नैसर्गिक चाहत होती है, लेकिन इसे सभी समाजों में अगम्यगमन की श्रेणी में डाला गया है। कुछ ऐसे व्यक्ति भी होते हैं, जिनमें चाहत बिलकुल नहीं होती (सेक्सीयता रहित)। लेकिन किसी भी समाज में इनकी संख्या इतनी कम होती है कि उनके मनोविज्ञान का अध्ययन नहीं किया गया है।

इस तरह सेक्सीय अभिमुखता (Sexual Orientation) किसी व्यक्ति के सेक्सीय रुझान के बारे में बताती है कि वह किस जेंडर के व्यक्ति के प्रति आकर्षित होता है। इसके मुख्यतः तीन रूप होते हैं : अ-सम-सेक्सीयता (हेट्रोसेक्सअलिटी) यानी पुरुष है तो स्त्री के प्रति और स्त्री है तो पुरुष के प्रति सेक्स आकर्षण। उभय सेक्सीयता (बाइसेक्सुलिटी) यानी दोनों जेंडरों के प्रति आकर्षण। सम-सेक्सीयता (होमोसेक्सुअलिटी) यानी स्त्री का स्त्री के प्रति और पुरुष का पुरुष के प्रति आकर्षण।

सेक्सीय अभिमुखता और सेक्सीय वरीयता

(सेक्सुअल प्रेफरेंस) में फर्क है। माना जाता है कि अभिमुखता एक जैविक गुण है, जबकि वरीयता व्यक्ति के मनोविज्ञान पर आधारित है, जो अभिमुखता पर जोर नहीं चलता, पर वरीयता में परिवर्तन ला सकता है। अभी तक का वैज्ञानिक शोध यह बताने में असमर्थ है कि सेक्सीय अभिमुखता का निर्धारण कैसे होता है, क्योंकि इसमें पैतृकता, बचपन का वातावरण, पात्रों की उपलब्धता आदि में से किसी की भूमिका निर्णायक नहीं दिखाई देती।

सेक्सीय अस्मिता का सेक्सीय अभिमुखता या सेक्सीय वरीयता से अनिवार्य संबंध नहीं है, यद्यपि सेक्सीय अस्मिता की वजह से सेक्सीय अभिमुखता या वरीयता में परिवर्तन आ सकता है। सेक्सीय अस्मिता व्यक्ति की अपने बारे में धारणा है अर्थात वह अपने को क्या मानता है—पुरुष या स्त्री। अनेक पुरुषों को स्त्रियों की तरह और अनेक स्त्रियों को पुरुषों की तरह व्यवहार करते हुए देखा गया है। सेक्सीय अस्मिता तय करने में जींस या हारमोनों का प्रभाव हो सकता है। यह भी एक निर्णायक तत्व हो सकता है कि किसी व्यक्ति को बचपन में किस तरह पाला गया है। जहां अस्मिता में अटपटापन है यानी शरीर लड़की का है, पर मन लड़के का या शरीर लड़के का है और मन लड़की का, वहां सर्जरी द्वारा जेंडर परिवर्तन संभव है। इसका लाभ उठाकर अनेकों ने अपना जेंडर बदला भी हे। समसेक्सीय संबंधों में एक के द्वारा पुरुष की भूमिका और दूसरे के द्वारा स्त्री की भूमिका निभाना आम बात है यानी यहां भी अ-सम-सेक्सीयता की प्रवृत्ति काम कर रही होती है।

यह एक दृढ़ सामाजिक मान्यता है कि अ-सम-सेक्सीयता यानी स्त्री-पुरुष का सेक्स संबंध ही स्वाभाविक सेक्स संबंध है। जब इसे अनिवार्य करार दिया जाता है, तब सेक्स संबंध के अन्य रुझान अप्राकृतिक और विकृत ठहरा दिए जाते हैं। पुरुष-पुरुष तथा स्त्री-स्त्री संबंधों को भी मान्यता मिलनी चाहिए तथा इन्हें हेय दृष्टि से नहीं देखना चाहिए, यह तर्क अधिकांश स्त्रीवादियों को एक करता है। वस्तुतः अ-सम-सेक्सीयता का सिद्धांत उसी द्वैधवादी सिद्धांत का अंग है, जिसके अनुसार स्त्री-पुरुष, लड़का-लड़की आदि युग्म एक-दूसरे के विलोम हैं। स्त्रीवाद, खासकर लहर-दो का स्त्रीवाद, बहुलता का समर्थक है, जहां जीवन को काले-सफेद में नहीं देखा जाता। अतः वह ज्यादा उदार और लोकतांत्रिक है। इस धारणा के अनुसार, अ-सम-सेक्सीयता को अनिवार्य और एकमात्र वैध संबंध बना देने पर स्त्री की सेक्सीयता की पूरी अभिव्यक्ति नहीं हो पाती।

सबसे पहले सिगमंड फ्रायड ने यह स्थापना की थी कि कोई न विशुद्ध रूप से स्त्री है, न विशुद्ध रूप से पुरुष। पुरुष और स्त्री, दोनों में एक-दूसरे के गुण और लक्षण दिखाई देते हैं। यह शारीरिक स्तर पर कम, मनोवैज्ञानिक स्तर पर ज्यादा होता है। भारत में इसकी परिकल्पना अर्धनारीश्वर के रूप में की गई है, जिसमें एक ही शरीर में आधा शिव और आधा पार्वती दिखाई देते हैं, फिर भी इससे इनकार नहीं किया जा सका कि स्त्री-पुरुष के मानसिक गुण अपनी-अपनी सेक्सीयता के अनुसार, कायम रहते हैं। बाइ-सेक्सुअलिटी ने नारीवादियों को एक ऐसा औजार प्रदान किया है, जिसकी सहायता से उन्होंने सामाजिक-सांस्कृतिक स्तर पर मौजूद पुरुषवादिता को चुनौती दी है। उनमें से कुछ का मानना है कि यह मान्यता स्त्री-पुरुष के फर्क को मिटा देती है। इसके विपरीत कुछ ने पूरकता की बात की है, जिसके अनुसार स्त्री-पुरुष दोनों एक-दूसरे के पूरक हैं। कुछ वर्षों से ऐसी पोशाकें बनने लगी हैं जिन्हें स्त्री और पुरुष समान रूप से पहन सकते हैं। फैशन स्त्री-पुरुषों को नजदीक ला रहा है, जिसमें जींस की पैंटों की अहम भूमिका है, जो दोनों जेंडरों में लोकप्रिय हैं।

राजकिशोर

अधिक जानकारी के लिए :

1. Functional and Dysfunctional Sexual Behavier : Agmo Anders, 2007, **2. Gay, Straight and In-between : The Sociology of Sexual Orientation :** John Money, 1988, **3. The Psychology of Sexual Orientation-Coming in Terms :** Janis Bohan, 1996, **4. Forms of Desire : Sexual Orientation and the Social Constructivist Controversy :** (Ed) Edward Stalin,1990

सेलेब रोग

आम लोगों के मन में सेलेब्रिटी व्यक्तित्वों की भावमूर्ति तरह-तरह से स्थापित की जाती है। वे मुख्यतः फिल्मी कलाकार, क्षमतावान मंत्री और राजनेता होते हैं। उनके प्रति आकर्षण जब सनक, उन्माद या अत्यधिक अनुराग की स्थिति में पहुंच जाता है तो यह सेलेब रोग है। उनके बड़े-बड़े कट आउट बनाए जाने लगते हैं। ऐसे व्यक्तियों के आने की खबर पाकर राह से गुजरते लोग थम जाते हैं। भीड़ टूट पड़ती है। एक नजर देख लेने के लिए धक्का-मुक्की होने लगती है। सेलेब यदि छूने को मिल जाए तो यह ईश्वर प्राप्ति-सा लगता है। पत्रकार, कैमरामैन, व्यक्तिगत सुरक्षा दस्ता, पुलिस-बंदोबस्त, हैलीकॉप्टर या गाड़ियों के काफिले ऐसे सेलेब या यशमूर्तियों का आकर्षण बढ़ा देते हैं। फिल्मी या राजनीतिक यशस्वियों के प्रति उन्माद जब मानसिक रोग का रूप धारण कर लेता है, तब मनुष्य का विवेक काम करना बंद कर देता है।

लोगों के दिलों पर राज करने वाले सेलेब्रिटी या यशमूर्तियों के आगे नियम-कानून अकसर ढीले होने लगते हैं। उनकी आंखों में उनके भक्त उनकी प्रजा जैसे होते हैं। मीडिया प्रबंधन से उनकी छवि विशेष तौर से चमकती दिखती है। सीरियल, फिल्म, नाच-गान के स्टेज, रियलिटी शो, खेल-कूद के मैदान, राजनीति, जहां भी हों, वे अपनी भावमूर्ति पेशेवर ढंग से निर्मित करते हैं। यदि फिल्म के कलाकार हों, जिस मॉल-मल्टीप्लेक्स या शहर में वे जाते हैं, वहां एक सनसनी छा जाती है। वे विज्ञापनों में अधिक कमाई के लिए तेल, साबुन, नूडल्स, गहने, पान मसाले, दवाएं आदि बेचते नजर आते हैं, बिना यह परवाह किए कि वे झूठ बोल रहे हैं।

ऐसी सभी यशमूर्तियां आम लोगों को एक अलग लोक, एक अलग प्राणी जगत की हस्तियां प्रतीत होती हैं, भले ही अपने भक्तों की भीड़ में फंसकर उनके चेहरे पर विरक्ति की रेखाएं हों, फिर भी उनकी हर बात देवकथन लगती है। हालांकि समृद्धि, लोकप्रियता और क्षमता के नशे में कई सेलेब उचित-अनुचित, शोभन-अशोभन का विचार किए बिना कई बार ऐसी बातें कह देते हैं, जिनसे उनके अभिनयों से ढकी वास्तविक मानसिकता उघड़ जाती है। उनके किसी अहंकार, अन्याय या हिंसा पर भी लोगों का उनके प्रति विश्वास नहीं टूटता। फिल्मी कलाकारों और क्रिकेट खिलाड़ियों के प्रति लोगों का भावोन्माद देखकर ही, उनका राजनीतिक मंचों पर और व्यावसायिक विज्ञापनों में बड़े पैमाने पर उपयोग होता है। कई बार सेलेब आकर्षण, सेलेब पूजा तक बढ़ जाता है। इस तरह एक सेलेबतंत्र फैलता है, जो पुराने महापुरुषों की प्रेरणाओं, अच्छे विचारों, ऊंचे आदर्शों और खुद सोचने-समझने तथा कल्पना करने की मानवीय क्षमता को लगभग मिटा देता है। सेलेब तंत्र संस्कृति की वैसी ही दुर्दशा करता है, जिस तरह नौकरशाही राजनीति और प्रशासन की दुर्दशा करती है।

सेलेब के इंतजार में प्लेन की उड़ान रोक दी जाती है। उनके रास्तों पर दूसरे वाहनों का प्रवेश बंद कर दिया जाता है। वे जहां होते हैं, उसके चारों तरफ एक भारी हल्ला छाया होता है। एक अफरा-तरफी मची होती है। वे दर्शन देकर लोगों का कृतार्थ करते हैं। हर जगह लाइन तोड़कर पहले उनकी खातिरदारी होती है। उनके आस-पास प्रशासनिक अधिकारी ही नहीं, कई बार वहां उपस्थित बुद्धिजीवी भी गलीचे की तरह बिछे होते हैं और कार्यकर्ता तो जैसे हरि दर्शन कर रहे हों।

सेलेब ऐसे नहीं होते कि उन्होंने कोई बड़ा त्याग किया हो, सादगी और ईमानदारी से जिंदगी बिताई हो या कला का कोई ऊंचा मानदंड स्थापित किया हो। लोकप्रियता के लिए अब ये सस्ते ढंग के काम, मिथ्या दृश्य-विमर्श, भारी पूंजी, मीडिया प्रबंधन, अवसरवादी राजनीतिक चाटुकारिता या बाहुबल से सेलेब बनते हैं। भारी पूंजी, राजनीति और मीडिया– ये तीनों मिलकर राजनीति और मनोरंजन उद्योग के क्षेत्र में जिस तरह के सेलेब्रिटी व्यक्तित्व खड़े कर रहे हैं, थोड़ी कोशिश करने पर देखा जा सकता है

कि वे भीतर से कितने रिक्त और बाहर से कितने नकली हैं। हर ऐसा ढोल तेज बजता है, फूटता है, फिर नयी ढोल आ जाता है। यह लोगों की विवशता है कि वे जिस तरह देवताओं के बिना नहीं जी सकते, उसी तरह सेलेबों के बिना भी नहीं रह सकते। ये सेलेब ही उन्हें थोड़ी देर के लिए आश्वासन और नयन सुख देते हैं।

खासकर मनोरंजन उद्योग और राजनीति के सेलेबों को लेकर लोगों की दिलचस्पी इतनी बढ़ गई है, क्रिकेट जैसे खेलों के प्रति भी उन्माद इतना ज्यादा है कि देश की समस्याओं और समृद्ध सकारात्मक विरासत को लेकर अब ठोस चिंता नहीं की जाती। सेलेब रोग एक सांस्कृतिक महामारी है। सवाल उठ सकता है कि क्या यह किसी लोकतांत्रिक देश के खोखलेपन, एक सभ्यता के पतन का चिह्न तो नहीं है।

शंभुनाथ

सेलेब्रिटी

सेलेब्रिटी (Celebrity) का अर्थ है–प्रसिद्ध, मशहूर, प्रख्यात और यशस्वी। सेलेब्रिटी अंग्रेजी शब्द लेब्रेट से बना है जिसका अर्थ है–त्योहार, उत्सव आदि मनाना। सेलेब्रिटी ऐसे लोगों के लिए प्रयुक्त होता है जिन्हें किसी क्षेत्र विशेष में उपलब्धि के कारण व्यापक जनसमुदाय के बीच जाना जाता है। सेलेब्रिटी को सामान्य लोगों से अलग और विशिष्ट समझा जाता है। आमतौर पर मनोरंजन, क्रिकेट फुटबॉल या अन्य लोकप्रिय खेलकूद और मीडिया के क्षेत्र में कार्य करने वाले कामयाब और लोकप्रिय लोगों को सेलेब्रिटी कहा जाता है। सेलेब्रिटी का दर्जा उनकी लोकप्रियता के साथ-साथ उनकी आय से भी तय होता है। बहुत अधिक अमीर व्यक्तियों को भी सेलेब्रिटी माना जाता है, भले ही उनका किसी क्षेत्र में कोई विशेष योगदान न हो। यह कोई मान्यता प्राप्त पद या पदनाम नहीं है। यह ऐसी श्रेणी भी नहीं है जो वैश्विक स्तर पर सर्वमान्य और सार्वकालिक हो। हिंदी सिनेमा के प्रसिद्ध अभिनेताओं और अभिनेत्रियों को भारत में सेलेब्रिटी का दर्जा हासिल है, लेकिन उन्हें विदेश में भी यही दर्जा हासिल हो, यह आवश्यक नहीं है। इसके विपरीत, हॉलीवुड के प्रसिद्ध अभिनेताओं को विश्व भर में सेलेब्रिटी का दर्जा मिल जाता है, क्योंकि उसके पीछे अमेरिका और अंग्रेजी के वर्चस्व की ताकत काम कर रही होती है। भारत में भी क्षेत्रीय भाषाओं के लोकप्रिय कलाकारों को अपने भाषाई क्षेत्र में सेलेब्रिटी माना जाता है लेकिन अन्य भाषाई क्षेत्र में मुमकिन है कि उन्हें कोई जानता न हो।

सेलेब्रिटी काफी हद तक मास मीडिया द्वारा रची हुई ऐसी श्रेणी है, जो कुछ विशेष व्यक्तियों, परिवारों और समूहों को मिलने वाली प्रतिष्ठा के द्वारा निर्धारित होती है। अखबारों के तीसरे पृष्ठ पर इन सेलेब्रिटी द्वारा आयोजित होने वाली पार्टियों, उत्सवों और समारोहों की खबरें प्रकाशित होती हैं। सेलेब्रिटी के प्रति विशेष तरह का आकर्षण लोगों में होता है। वे ऐसे लोगों के बारे में ज्यादा से ज्यादा जानना चाहते हैं और बहुत-से लोग उनका अनुकरण भी करते हैं। उनके पहनावे, रहन-सहन, खान-पान और उनकी आदतों को प्रसारित कर मीडिया उनकी और अपनी लोकप्रियता को बढ़ाता है। सेलेब्रिटी का दर्जा हासिल होने के कारण उनका सार्वजनिक जीवन कठिन हो जाता है। वे जहां भी जाते हैं, लोगों की भीड़ एकत्र हो जाती है जिससे कई बार कानून-व्यवस्था के लिए मुश्किलें पैदा हो जाती हैं। सेलेब्रिटी का दर्जा हासिल हो जाने पर व्यक्ति की निजता सीमित हो जाती है। आमतौर पर इन्हें आर्थिक रूप से संपन्न समझा जाता है, इसलिए सेलेब्रिटी को अपना रहन-सहन उसके अनुरूप ढालना पड़ता है। उन्हें लगातार खबरों में भी रहना पड़ता है।

फिल्म, टेलीविजन और खेलकूदों से जुड़े राष्ट्रीय और अंतरराष्ट्रीय स्तर पर ख्यात लोग उच्च आय के कारण भी सेलेब्रिटी की श्रेणी में आते हैं। मसलन, शतरंज के खिलाड़ी विश्वनाथ आनंद, टेनिस खिलाड़ी सानिया मिर्ज़ा, बैडमिंटन की साइना नेहवाल,

लोकप्रिय धारावाहिकों में काम करने वाले टेलीविजन कलाकार, टीवी मीडिया के पत्रकार, जैसे बरखा दत्त, राजदीप सरदेसाई आदि, लोकप्रिय उपन्यास लेखक चेतन भगत या लोकप्रिय नेता आदि भी सेलेब्रिटी का दर्जा हासिल किए हुए हैं। कई बार परिवार के एक सदस्य की लोकप्रियता का लाभ, परिवार के दूसरे सदस्यों को मिलता है और उन्हें भी सेलेब्रिटी के रूप में स्वीकार कर लिया जाता है। सेलेब्रिटी का दर्जा न व्यक्ति के सामाजिक योगदान को दर्शाता है और न ही समाज में उसकी किसी सकारात्मक भूमिका को। ऐसी बात भी नहीं है कि वह स्थायी होता है। कोई आज सेलेब्रिटी है, पर कल इतिहास के कूड़ेदान में जा सकता है।

जवरीमल्ल पारख

अधिक जानकारी के लिए :
1.Modernism is the Literature of Celebrity : Jonathan Goldman, 2011, **2. Intimate Strangers: The Culture of Celebrity :** Richard Schickel, 1985

सैमुएल हेनरी केलॉग

(1839-1899)

सैमुएल हेनरी केलॉग (Samuel Henery Kellogg) अमेरिका के प्रेजबिटेरियन मिशनरी थे, जो भारत में धर्म प्रचारक के रूप में आए थे। अमेरिका के प्रिंस्टन कॉलेज से 1861 में स्नातक की परीक्षा उत्तीर्ण करने के बाद वे प्रीस्ट बन गए और भारत में आने के बाद उन्होंने हिंदी भाषा का गहन अध्ययन किया और हिंदी में 'ए ग्रामर ऑफ हिंदी लैंग्वेज' नामक पुस्तक की रचना की। इस पुस्तक द्वारा केलॉग ने धर्म प्रचारक के रूप में भारत में रहने वाले विदेशियों की भाषा समस्या को दूर करने का प्रयास किया। इसमें हिंदी के सर्वाधिक प्रचलित रूप खड़ी बोली का विस्तृत विवेचन किया गया है। इसके अतिरिक्त हिंदी की अन्यान्य बोलियों के रूपों का भी सम्यक विवेचन है। उन्होंने पहले से अनूदित बाइबल की गलतियों को सुधारकर उसका फिर से अनुवाद करने में भी उल्लेखनीय भूमिका निभाई।

केलॉग की पुस्तक का श्रीराम शर्मा ने हिंदी में अनुवाद किया, जिसे 'हिंदी व्याकरण' के नाम से हिंदी साहित्य सम्मेलन, प्रयाग ने 1980 में प्रकाशित किया। पुस्तक में 14 अध्याय हैं–वर्णमाला, संधि, हिंदी के विधायक तत्व, हिंदी की बोलियां, संज्ञा, विशेषण, संज्ञा, सर्वनाम, क्रिया, व्युत्पत्ति, भाववाचक संज्ञा तथा विशेषण की रचना, समास, क्रियाविशेषण, वाक्य विन्यास तथा छंदशास्त्र। उनके व्याकरण के प्रथम संस्करण की प्रति में कुल मिलाकर दस भाषाओं (या बोलियां-खड़ी बोली, ब्रजभाषा, अवधी, राजस्थानी, कन्नौजी, कुमायूंनी, रीवाई, गढ़वाली, बैसवाड़ी तथा भोजपुरी) का विवेचन हुआ था। दूसरे संस्करण में मगही, मैथिली तथा नेपाली को भी शामिल कर लिया गया था।

केलॉग का व्याकरण अपने असाधारण विस्तार तथा सहजता के कारण लोकप्रिय हुआ था। इसकी लोकप्रियता का प्रमाण यह है कि उनके समय से लेकर कामताप्रसाद गुरु के समय तक प्रायः सभी वैयाकरणों ने उस ग्रंथ को अपना मुख्य आधार बनाया है।

सैमुएल हेनरी केलॉग

व्यावहारिक कारणों से केलॉग ने कुछ बोलियों का नामकरण लीक से हटकर किया है। प्रचलित नामों के स्थान पर उन्होंने उन बोलियों का नाम संबंधित संभाग अथवा प्रदेश के नाम पर रखा है। 'अवधी' का तात्पर्य उस बोली से है, जो अवध में बोली जाती है। 'रीवाई' रीवा रियासत में बोली जाती है। राजपूताना में मेवाड़ की बोली को लोग 'मेर' भी बोलते हैं। मेरों और मेवाड़ से संबंधित इस बोली को मेरवाड़ी या मेवाड़ी कह सकते हैं। इस प्रकार केलॉग ने हिंदी की कई बोलियों के नामकरण किए। 'बैसवाड़ी' की व्युत्पत्ति करते हुए उन्होंने लिखा है कि बैसवाड़ी का तात्पर्य बैसवाड़ा की बोली है, जहां बैस नामक जाति के लोगों के रहने के कारण एक विशेष क्षेत्र बैसवाड़ा कहलाता है।

हिंदी में तूरानी तत्व पर विचार करते हुए केलॉग ने लिखा है कि तूरानी अथवा भारत के आदिवासियों की भाषा के जो तत्व, अल्प मात्रा में ही क्यों न हों, हिंदी में सुरक्षित हैं, उनके संबंध में निश्चित रूप से कुछ कहना संभव नहीं है। हम इससे परिचित नहीं हैं कि किसी विद्वान ने अब तक आदिवासियों और द्रविड़ लोगों की भाषाओं के साथ हिंदी की गंभीर तथा वैज्ञानिक तुलना की है।

राजेंद्र प्रसाद सिंह

अधिक जानकारी के लिए :

1. The Jews or, Predictions and Fulfillment : Samuel Henry Kellogg, 2009, **2. The Book of Leviticus :** Samuel Henry Kellogg, 2015

सैमुअल टेलर कॉलरिज

(1772-1834)

सैमुअल टेलर कॉलरिज (Samual Tayler Coleridge) यूरोप की आलोचना-परंपरा की महत्वपूर्ण कड़ी हैं। उनकी पहचान एक स्वच्छंदतावादी आलोचक के रूप में होती है। अपने मित्र वड्र्सवर्थ के साथ मिलकर स्वच्छंदतावादी आंदोलन की नींव रखने का श्रेय कॉलरिज को जाता है। वे अरस्तू और लोंजाइनस के बाद यूरोप में तीसरे बड़े आलोचक माने गए। यूरोप में ड्राइडन (1631-1700) ने जिस आधुनिक विश्लेषणात्मक आलोचना की शुरुआत की थी, कॉलरिज ने अपने लेखन के माध्यम से उसे आलोचना की मान्य पद्धति के रूप में स्थापित किया।

कॉलरिज ने स्वच्छंदतावाद के केंद्रीय तत्व कल्पना के स्वरूप की नई व्याख्या प्रस्तुत करते हुए काव्य सृजन में कल्पना की भूमिका पर आधारित 'कल्पना सिद्धांत' दिया। उनसे पहले जर्मनी और इंग्लैंड में ड्राइडन, एडिसन, हॉब्स, कांट आदि ने कल्पना के स्वरूप पर विचार किया था। कॉलरिज ने 'बायोग्राफिया लिटरेरिया' (1817) के तेरहवें अध्याय में उस पर नए ढंग से विस्तारपूर्वक में विचार किया। उनसे पहले कल्पना को रहस्यमय, दिव्य शक्ति के रूप में देखा जाता था। कवि प्रतिभा का संबंध उन्माद और पागलपन से जोड़ा जाता रहा है या उसकी नितांत यांत्रिक व्याख्या होती रही है। कॉलरिज ने कल्पना की जो व्याख्या की, उसमें उसे रहस्यमयता के आवरण से मुक्त किया और उसके सृजनात्मक पक्ष पर फोकस किया। उनका कहना है कि वड्र्सवर्थ की कविता 'गिल्ट एंड सॉरो' सुनकर उनके मन में अचानक एक कौंध की तरह कल्पना का स्वरूप स्पष्ट हो गया।

कॉलरिज ने कल्पना सिद्धांत में सिर्फ सैद्धांतिक आलोचना नहीं की, बल्कि शेक्सपियर और अपने

सैमुअल टेलर कॉलरिज

समसामयिक वड्र्सवर्थ पर लिखकर व्यावहारिक आलोचना की नींव भी रखी। 'व्यावहारिक आलोचना' (प्रैक्टिकल क्रिटिसिज्म) पदबंध का पहली बार प्रयोग कॉलरिज ने ही किया था। उनके आलोचनात्मक लेखन में सैद्धांतिक और व्यावहारिक आलोचना का संतुलन दिखता है। प्लेटो ने कविता और दर्शन के बीच जिस शाश्वत विरोध की बात की थी, कॉलरिज के यहां वह दीवार ढहती नजर आती है। वे साहित्य समीक्षा को दर्शन और मनोविज्ञान से जोड़ते हैं।

कॉलरिज ने कल्पना के दो भेद माने हैं— (क) मुख्य कल्पना (प्राइमरी इमैजिनेशन) और (ख) गौण अथवा विधायक कल्पना (सेकंडरी इमैजिनेशन)। उन्होंने कल्पना के दोनों भेदों के स्वरूप और कार्यों का विवेचन करते हुए स्पष्ट किया है कि कल्पना क्या है और वह क्या करती है।

हम इंद्रियों के माध्यम से संसार से जुड़ते हैं। इंद्रियों से प्राप्त ज्ञान कच्चा, अव्यवस्थित, खंडित और गड्ड-मड्ड होता है। इसे हम इंद्रियसंवेदन (सेंसेशन) कह सकते हैं। मुख्य कल्पना यहीं से काम करना शुरू करती है। वह इंद्रियज्ञान को एक व्यवस्थित अन्विति में ढालती है। अर्थात इंद्रिय ज्ञान से जुड़कर मुख्य कल्पना उसमें एक तारतम्य लाती है, जिसमें दृश्य जगत का व्यवस्थित बोध होता है। दूसरे शब्दों में कह सकते हैं कि मुख्य कल्पना इंद्रियसंवेदन (सेंसेशन) को इंद्रियबोध (पर्सेप्शन) में बदलती है। इंद्रियज्ञान या इंद्रियसंवेदन को इंद्रियबोध में बदलना एक सृजनात्मक काम है। चूंकि मुख्य कल्पना संपूर्ण इंद्रियज्ञान का आधार है, इसलिए इसका संबंध सभी चिंतनशील व्यक्तियों से है। मानव जगत से जुड़े होने के कारण इसका फलक व्यापक है।

मुख्य कल्पना की दूसरी महत्वपूर्ण विशेषता जीवंतता है। कॉलरिज इसका आशय स्पष्ट करते हुए उसके सक्रिय (ऐक्टिव) और जैविक (ऑर्गेनिक) होने की बात करते हैं, न कि निष्क्रिय (पैसिव) और यांत्रिक (मेकेनिकल)। इस प्रकार मुख्य कल्पना इंद्रियों से प्राप्त सामग्री में जीवंतता का संचार करती है, उसे जैविक अन्विति में ढालती है। स्पष्ट है कि इंद्रियज्ञान से प्राप्त सामग्री वास्तव में यांत्रिक और निर्जीव होती है। कल्पना के रंग उसे नया जीवन देते हैं।

कॉलरिज मुख्य कल्पना को सीमित मन में असीम सत्ता की सर्जना-शक्ति की आवृत्ति मानते हैं। कह सकते हैं कि मुख्य कल्पना इस संसार में ईश्वर का प्रतिनिधि है। कॉलरिज ईश्वर, मानव मन और कल्पना को एक ही स्तर पर रखते हैं।

कॉलरिज की प्रतिभा का निदर्शन गौण कल्पना के स्वरूप की व्याख्या करने में होता है। उनका मानना है कि मुख्य कल्पना का संबंध व्यापक जन समुदाय से है, जबकि गौण कल्पना का संबंध कवि-कलाकारों से है। मुख्य कल्पना की तुलना में सूक्ष्मता और गहराई होने के बावजूद इसका आधारफलक अपेक्षाकृत सीमित होता है। मुख्य कल्पना अचेतन और अनैच्छिक होती है, जबकि गौण कल्पना चेतन और ऐच्छिक होती है। गौण कल्पना के अस्तित्व के लिए जरूरी है कि मुख्य कल्पना पहले से अस्तित्व में हो। कॉलरिज इन दोनों में कोई गुणात्मक अंतर नहीं मानते। उनका कहना है कि दोनों की मात्रा और कार्यपद्धति में अंतर है। गौण कल्पना नाश और निर्माण दोनों करती है, जबकि मुख्य कल्पना सिर्फ निर्माण करती है। कॉलरिज किसी सृजन के लिए नाश और निर्माण की द्वंद्वात्मक प्रक्रिया की भूमिका महत्वपूर्ण मानते हैं। इस प्रक्रिया में वे नाश की घटना को अधिक महत्व देते हैं और उसे अधिक कठिन भी मानते हैं।

मुख्य कल्पना की दुनिया का रचनात्मक उपयोग तभी संभव है, जब पहले उसे अच्छी तरह से तोड़ा जाए। यहां नाश का तात्पर्य है अध्ययन-चिंतन-मनन से मुख्य कल्पना की दुनिया को तोड़ना। इस प्रकार गौण कल्पना बाहरी दुनिया से मिली सामग्री को गला-पिघलाकर उसे नए रूप और नए आकार में ढालती है। यह इंद्रियज्ञान से प्राप्त सामग्री का कायाकल्प कर देती है। मुख्य कल्पना की तरह गौण कल्पना यह कार्य अनजाने में नहीं करती, बल्कि इच्छा और ज्ञान से परिचालित होकर करती है। गौण कल्पना को इस प्रक्रिया से गुजरते हुए परस्पर

असंबद्ध चीजों में एक तारतम्य लाना होता है। विविध तत्वों को एक इकाई में ढालने की शक्ति विरुद्धों के सामंजस्य में व्यक्त होती है। इस प्रकार गौण कल्पना का दूसरा महत्वपूर्ण काम असंबद्ध चीजों में सबंद्धता की तलाश और बिखरी हुई चीजों में अन्विति की खोज करना है, क्योंकि तभी उनमें नए सौंदर्य की दीप्ति आती है।

कॉलरिज से पहले अति-कल्पना (फैंसी) और कल्पना (इमैजिनेशन) में अंतर नहीं किया जाता था। वे एक-दूसरे का पर्याय माने जाते थे या एक ही शक्ति के निम्न और उच्च स्तर। कॉलरिज ने इनमें गुणात्मक अंतर किया। वे मानव मन के सर्जनात्मक पक्ष को कल्पना मानते हैं, जबकि 'फैंसी' नियत और यांत्रिक होती है। कल्पना स्थिर और निर्जीव वस्तुओं में जीवंतता का संचार करती है, जबकि 'फैंसी' उनका यांत्रिक रूप से संयोजन करती है। कॉलरिज 'फैंसी' को देश-काल के बंधन से मुक्त स्मृति का एक प्रकार मानते हैं। यह प्रत्यक्ष बोध से ऊपर, लेकिन कल्पना से नीचे है। कॉलरिज बुद्धि को काव्य-आत्मा का शरीर मानते हैं और फैंसी को बाह्य प्रसाधन। गौण कल्पना इंद्रियबोध में हर जगह व्याप्त रहते हुए इसके प्रत्येक अंग को प्राणवान बनाती है।

कॉलरिज प्रतिभा (जीनियस) और मेधा (टैलेंट) में वही भेद मानते हैं, जो भेद 'इमैजिनेशन' और 'फैंसी' में है। कल्पना और प्रतिभा सृजनात्मक शक्तियां हैं, जबकि 'फैंसी' और 'टैलेंट' सिर्फ समन्वयकारी दक्षता।

कॉलरिज की आलोचना सूक्ष्म अंतर्दृष्टियों से भरी है। यही कारण है कि उनका लेखन कभी प्लेटो की मान्यता को खारिज करता हुआ जान पड़ता है, तो कभी देरिदा के विखंडन को आधार देता हुआ और कभी हीगेल से काफी पहले द्वंद्व (डायलेक्टिक्स) के सिद्धांत को आलोचना में लागू करता हुआ दिखता है। देरिदा के यहां विखंडन पर काफी बल दिया गया है, जबकि कॉलरिज का विखंडन पुनर्सृजन से प्रेरित है। यहां विखंडन और पुनर्सृजन की स्थिति द्वंद्वात्मक है। उनमें एक संतुलन है। कॉलरिज का कल्पना सिद्धांत लेखक और पाठक दोनों पर लागू होता है, जबकि देरिदा का विखंडनवाद सिर्फ पाठक पर। कॉलरिज के यहां द्वंद्वात्मकता 'विरुद्धों के सामंजस्य' (रिकांसिलिएशन ऑफ अपोजिट्स) में सबसे अधिक व्यक्त हुई है। इन्हीं अंतर्दृष्टियों की वजह से सस्यूर के 'कोर्स इन जनरल लिंग्विस्टिक्स' की तरह कॉलरिज के 'बायोग्राफिया लिट रेरिया' को भी अंतर्दृष्टियों का कोष कहा जाता है।

संजय राय

अधिक जानकारी के लिए :

1. कल्पना और छायावाद : केदारनाथ सिंह, **2. कॉलरिज-आलोचना सिद्धांत :** कृष्णदत्त शर्मा, 2011, **3. The Rational Imagination : How People Create Alternatives to Reality :** R M J Byrne, **4. Coleridge :** Walter Jackson Bate, 1968, **5. Coleridge and the Crisis of Reason :** Richard Berkeley, 2007

सैयद हैदर रजा
(1922-2016)

बिंदु- श्रृंखला के अपने चित्रों से विशेष रूप से पहचाने जाने वाले सैयद हैदर रजा अंतरराष्ट्रीय स्तर पर लोकप्रिय चित्रकार हैं। वे मध्य प्रदेश के मंडला जिले में जन्मे थे और 1959 में चित्रकला का अध्ययन करने के लिए पेरिस गए थे। वे इससे पहले मुंबई के जे जे स्कूल ऑफ आर्ट से शिक्षा पा चुके थे। वे प्रगतिशील कलाकारों के दल के एक संस्थापक सदस्य थे। यह संभवतः पूर्ववर्ती बंगाल स्कूल के चित्रकारों के प्रभुत्व को चुनौती देने के लिए था। उन्होंने जलरंगों से मंदिर वाले शहरों और शहर की गलियों के चित्र बनाए। उनके चित्रों में लाल रंग का खास स्थान है, जो एकाग्रता के प्रतीक 'बिंदु' में भी है। 2010 में उनका एक चित्र 16.42 करोड़ में बिका था।

रजा की शादी कम उम्र में हो गई थी। उनकी पत्नी देश विभाजन के बाद पाकिस्तान चली गईं, पर रजा ने भारत को चुना। 51 साल तक फ्रांस में रहने के बावजूद उन्होंने भारतीय नागरिकता नहीं छोड़ी। वे अपनी चित्रकार-पत्नी जैनी की मृत्यु (2002) के

सैयद हैदर रजा

कुछ सालों बाद भारत लौट आए। रजा के चित्रों में संगीत, कविता, भारतीय आध्यात्मिक चिंतन, जैन पांडुलिपियां, मध्यकालीन भारतीय मिनिएचर चित्र, जंगल, नर्मदा नदी, मध्य प्रदेश के आदिवासी, राजस्थानी रंग और न जाने कितनी विविधताएं प्रदर्शित होती हैं। ये सभी स्मृतियां और प्रेरणाएं उनके चित्रों के रंग में उभरी हैं। वे भारत में ही जन्मे और अंततः यहीं उन्होंने अंतिम सांस छोड़ी। उनके नाम पर रजा फाउंडेशन बना है, जो कला और साहित्य संबंधी गतिविधियों को प्रोत्साहित करता है।

दिनेश कुमार शर्मा

अधिक जानकारी के लिए :
A Life in Art : Ashok Vajpayi

सैय्यद अहमद खां

(1817-1898)

इस्लाम के आधुनिकीकरण और भारत की मिली-जुली राष्ट्रीयता पर जोर देने वाले सैय्यद अहमद खां उन्नीसवीं सदी के महत्वपूर्ण बुद्धिवादी विचारक हैं। सैय्यद ही वह व्यक्ति हैं, जिससे होकर आधुनिकता और सामाजिक जागरण हिंदुस्तान के मुस्लिम समाज में पहुंच सका। उनका जन्म 17 अक्टूबर 1817 को दिल्ली में हुआ था। उन्होंने 18 साल की उम्र में औपचारिक शिक्षा पूरी की। ध्रुपद और खयाल के गायन में उनकी विशेष रुचि थी। वीणा और सितार उनके प्रिय वाद्ययंत्र थे। शुरू में उन्होंने उर्दू और फारसी में शेर भी कहे। शीघ्र ही वे शोधपरक ऐतिहासिक-धार्मिक लेखन की ओर मुड़ गए।

सैय्यद अहमद खां ने ब्रिटिश सरकार की न्यायिक सेवा में रहते हुए विभिन्न शहरों में काम किया। नौकरी के साथ सैय्यद ने अपना समय परंपरागत विषयों जैसे फिका (मुस्लिम न्यायशास्त्र), उसूल फिका, हदीस (मुहम्मद साहब की परंपराएं) तथा कुरान के अध्ययन में बिताया। 1857 के विद्रोह के दौरान सैय्यद ने अंग्रेज अधिकारियों और उनके परिवारों की रक्षा अपनी जान की बाजी लगाकर की। इस विद्रोह में वे अंग्रेजी राज का समर्थन कर रहे थे और उनका विचार था, 'अंग्रेजों का विरोध बेकार होगा। यह ज्ञान के विरुद्ध अज्ञान की लड़ाई होगी और इसमें अंततः बर्बादी और हार होगी।' उनका मानना था, राजनीति छोड़कर जनता में शिक्षा के प्रसार पर ध्यान दिया जाए। लोगों को उनकी मुसीबत से केवल शिक्षा ही छुटकारा दिला सकती है।' (सर सैय्यद अहमद खां, खलीक अहमद निजामी)।

1857 के विद्रोह के बाद सैय्यद की नियुक्ति सदर-उल-सदूर के पद पर मुरादाबाद में हुई, जहां उन्होंने 'तारीख-ए-सरकश-ए-बिजनौर' तथा 'कोलाज ऑफ इंडियन म्यूटिनी' जैसी किताबें लिखीं और फारसी

सैय्यद अहमद खां

मदरसा स्थापित किया। मुरादाबाद के प्रवास काल में उन्होंने जियाउद्दीन बरनी की 'तारीख-ए-फीरोजशाही' का संपादन किया। 1863 में 'साइंटिफिक सोसाइटी' की स्थापना की और 1864 में आधुनिक मदरसा स्थापित किया। नारायण सिंह इसके संरक्षक एवं विजिटर बनाए गए। इस मदरसे में अंग्रेजी, हिंदी, फारसी और उर्दू के साथ संस्कृत पढ़ाने की व्यवस्था थी। इससे सैय्यद अहमद खां की मिली-जुली सांस्कृतिक दृष्टि को समझा जा सकता है। यही मदरसा बाद में विक्टोरिया हाई स्कूल बना। वे अप्रैल 1863 में बनारस से सत्रह माह के प्रवास के लिए इंग्लैंड की यात्रा पर गए। इस यात्रा के खर्च के लिए सैय्यद को अपना पुस्तकालय बेचना पड़ा था और आवास गिरवी रखना पड़ा था। सैय्यद का इंग्लैंड प्रवास उनके विचारों में परिवर्तन का एक महत्वपूर्ण कारण बना। वे न सिर्फ कैंब्रिज और ऑक्सफोर्ड विश्वविद्यालयों की शैक्षणिक व्यवस्था से अभिभूत थे, बल्कि हिंदुस्तान लौटकर अपने संकल्प को अमली जामा पहनाने में तत्पर हो गए।

हाली के अनुसार, 'सैय्यद अहमद की इंग्लैंड यात्रा के पीछे एक और अत्यंत महत्वपूर्ण उद्देश्य था। दरअसल वे इस्लाम के मूलभूत सिद्धांतों पर एक ऐसी सुसंगत पुस्तक लिखना चाहते थे, जिससे इस धर्म के संबंध में ईसाई समाज की भ्रांतियां दूर की जा सकें।' (हयात-ए-जावेद)। सैय्यद अहमद अंग्रेजों की शासन और न्याय व्यवस्था के प्रशंसक थे। उन्होंने 'असबाब-ए-बगावत-ए हिंद' और 'हिंदुस्तान' के वफादार मुसलमान (लॉयल मोहम्मडन ऑफ इंडिया) के जरिए तथा अपनी व्यक्तिगत ईमानदार कोशिशों से मुसलमानों पर लगे बगावत के दाग धोने में काफी हद तक कामयाबी पाई थी।

भारत में पश्चिमी शिक्षा के प्रसार में सबसे बड़ी बाधा मुसलमानों का धार्मिक अंधविश्वास और अंग्रेजी शिक्षा के प्रति घृणा थी। इन भ्रामक धारणाओं को दूर करने के लिए सैय्यद खां ने 'तहजीब-उल-अखलाक' का 1870 में अलीगढ़ से प्रकाशन किया, जिसे 'मोहम्मडन सोशल रिफार्मर' के नाम से जाना जाता है। 1872-73 में उन्होंने अलीगढ़ में आधुनिक शिक्षा संस्थान के निर्माण के लिए एक समिति गठित की और प्रस्तावित कार्य के लिए परिपत्र जारी किया। इस समिति के सदस्य थे—राजा जयकिशन दास, कलेक्टर लॉरेंस, सर्जन डॉ. जैक्सन, मुहम्मद इनायत-उल्लाह खां तथा मौलवी यूसुफ। अंततः 24 मई 1875 को एम ए ओ कॉलेज की अलीगढ़ में स्थापना हुई। वे जुलाई 1876 में नौकरी से अवकाश प्राप्त कर अलीगढ़ आ गए तथा अपना सारा समय एवं शक्ति उसे समर्पित कर दी। 8 जनवरी 1877 को लॉर्ड लिटन ने कॉलेज की आधारशिला रखी। यही कॉलेज बाद में अलीगढ़ मुस्लिम विश्वविद्यालय के रूप में विख्यात हुआ।

मुसलमानों में शिक्षा के विकास के साथ सैय्यद अहमद चाहते थे कि मुसलमान अंग्रेजी राज के प्रति समर्पित रहें। इस पृष्ठभूमि में उनकी कांग्रेस से दूरी को समझना अधिक तर्कसंगत होगा। जवाहरलाल नेहरू के अनुसार, सैय्यद अहमद कांग्रेस के खिलाफ इसलिए नहीं थे कि उस पर मुख्यतः हिंदुओं का वर्चस्व था, बल्कि उन्होंने उसका विरोध इसलिए आवश्यक माना था, क्योंकि वे समझते थे कि राजनीतिक रूप से कांग्रेस एक आक्रामक संगठन है। सैय्यद के आह्वान पर उत्तर भारत के कई हिंदू राजा और ताल्लुकेदार भी अंग्रेज सरकार के प्रति अपनी राजनिष्ठा प्रकट करते हुए कांग्रेस के विरोध में सक्रिय और मुखर हुए थे। सैय्यद ने अपने हिंदू सहयोगियों के साथ कांग्रेस के प्रतिरोध में 'यूनाइटेड इंडियन पैट्रियाटिक एसोसियेशन' के नाम से 1888 में एक सभा गठित की थी। इतिहासकारों का मानना है कि सर सैय्यद के कांग्रेस विरोध के पीछे अलीगढ़ के मोहम्मडन एंग्लो-ओरिएंटल कॉलेज के प्रिंसिपल थियोडोर बेक की सक्रिय भूमिका थी।

सैय्यद हिंदू और मुसलमान को खूबसूरत दुल्हन की दो आंखें कहते थे। इनके बीच रिश्ते को लेकर सैय्यद की सोच में उतार-चढ़ाव का आभास उनके जीवन के अंतिम दिनों में मिलता है। 1888 में उन्हें केसीएसआई (नाइट कमांडर ऑफ स्टार ऑफ इंडिया) की उपाधि प्रदान की गई। 1889 में एडिनबरा विश्वविद्यालय ने उन्हें 'डॉक्टर ऑफ लॉ' की मानद

उपाधि दी। 27 मार्च 1898 को हाजी इस्माइल खां के घर पर उनका निधन हुआ और अगले दिन अलीगढ़ कॉलेज परिसर की सेंट्रल मस्जिद में उन्हें दफन कर दिया गया। सैय्यद ने एक ऐसी भाषा की वकालत की, जो 'बिला-शुबहा तमाम हिंदुस्तान में सब जगह बखूबी समझी जाती हो।' उन्होंने अपने राजनीतिक प्रयासों में हमेशा हिंदुओं को साथ रखा, बल्कि आगे बढ़कर कहा, 'मैं उन सबको हिंदू मानता हूं, जो इस देश में रहते हैं, चाहे वे किसी भी धर्म या नस्ल से जुड़े हों। इसलिए मुझे इस बात का फख्र है कि मैं हिंदू हूं।'

उन्नीसवीं शताब्दी के अंतिम वर्षों में अल्लामा शिब्ली नोमानी, अल्ताफ हुसैन हाली, डिप्टी नजीर अहमद, मौलवी जकाउल्लाह, मौलाना जफर अली खां, मोहसिनुल मुल्क और हरसत मोहानी जैसे बौद्धिक मुसलमान जिस 'अलीगढ़ स्कूल' से संबद्ध रहे हैं, उसकी बौद्धिक बुनियाद रखने वाले सैय्यद अहमद खां थे। सैय्यद पश्चिमोत्तर प्रांत के महत्वपूर्ण विचारक और बुद्धिधर्मी चिंतक थे। वे प्रेस की स्वतंत्रता की मांग करते थे और भारतीयों के कल्याण की चिंता करते थे। इस प्रकार वे उन्नीसवीं शताब्दी की भारतीय बौद्धिक मनःस्थिति की उपलब्धि और अंतर्विरोध दोनों के प्रतीक थे। यह सच है कि सैय्यद हिंदुओं के विरोधी न थे, बल्कि आर्य समाज के संस्थापक दयानंद सरस्वती और राजा जयकिशन दास जैसे लोगों से उनके आत्मीय रिश्ते थे। यह भी सच है कि देवनागरी लिपि और उर्दू के साथ सहभागिता के प्रश्न पर सैय्यद ने हिंदी भाषा को गंवारू और फूहड़ कहा था। वे हिंदी और देवनागरी की मांग से आहत थे। उन्होंने अपने परिचित अंग्रेज अधिकारी अलेक्जेंडर शेक्सपियर से मुस्लिम हित और उर्दू तालीम के बारे में बातचीत चलाई। 'हयात-ए-जावेद' में हाली ने खुद सैय्यद की जबानी यह दर्ज किया है कि उनकी बात सुनकर शेक्सपियर ने चकित होकर उनसे कहा था कि पहली बार उनके (सर सैयद के) मुंह से वे सिर्फ मुसलमानों की तरक्की की बात सुन रहे हैं। इससे पहले वे सभी हिंदुस्तानियों की भलाई पर बल देते थे।

इस दौर में एक तरफ 'किश्ती कस्बी नाटक' (गौरीदत्त) तथा 'हिंदू और उर्दू की लड़ाई' (सोहन प्रसाद) जैसी कृतियों में उर्दू पर आरोप लगाए जा रहे थे तो दूसरी तरफ, 'अल बशीर' और 'पंजाब ऑब्जर्वर' जैसे उर्दू अखबार नागरी के अक्षरों को बेढंगा, ग्रामीण तथा मुस्लिम-विरोधी सिद्ध करने का अभियान चला रहे थे। इसका परिणाम यह हुआ कि जिस उर्दू और हिंदी को एक हिंदुस्तानी जबान में ढलना चाहिए था, उसे परस्पर कट्टर दुश्मन के रूप में ढालने का प्रयास होने लगा था।

हिंदी भाषी क्षेत्र में सैय्यद अहमद खां की छवि पर विपरीत असर पड़ा। वे हिंदी आंदोलन के समर्थकों के निशाने पर आए। भारतेंदु हरिश्चंद्र ने 'उर्दू का स्यापा' लिखकर न सिर्फ उर्दू की खिल्ली उड़ाई, बल्कि सैय्यद की उर्दू के लिए लिखा, 'अभी साढ़े तीन हाथ की ऊंटनी-सी बीबी उर्दू पागुर करती जाती है'। बालकृष्ण भट्ट ने 'सर सैय्यद की ऊटपटांग वक्तृता' की खिल्ली उड़ाते हुए 'अलीगढ़ के नए नबी सर सैय्यद' कहकर उन पर कटाक्ष किया। बालमुकुंद गुप्त ने 'सर सैय्यद का बुढ़ापा' लिखकर हिंदी आंदोलन को उग्र बनाया। इस प्रकार की व्यंग्योक्तियां दोनों तरफ की अतिरंजनाओं की ओर संकेत करती हैं। इस सबके बावजूद भारतीय समाज को गतिशील बनाने और शिक्षा के प्रसार में सैय्यद अहमद खां का योगदान ऐतिहासिक है।

समीर कुमार पाठक

अधिक जानकारी के लिए :

1. हयात-ए-जावेद : अल्ताफ हुसैन हाली, **2. हयात-ए-सर सैय्यद अहमद :** मुहम्मद फारूख अंसारी, **3. सर सैय्यद अहमद खां :** सलीक अहमद निजामी

सोंधवाड़ी

सोंधवाड़ी दक्षिण-पूर्व राजस्थान, विशेषकर झालावाड़ जिले की लोकभाषा है, जो राजपूताने की पुरानी भौगोलिक-सांस्कृतिक इकाई 'सोंधवाड़' से संबंधित है। यहां के राजपूतों की भाषा सोंधवाड़ी और इनका जातिगत नाम 'सोंधिया' प्रचलित

है। वर्तमान में सोंधवाड़ी हाड़ौती की सीमा से राजगढ़-खिचलीपुर की सीमा तक फैली हुई है। 2001 की जनगणना के मुताबिक, सोंधवाड़ी भाषाभाषियों की कुल संख्या 59,221 थी। इसे राजस्थानी हिंदी की अवर्गीकृत या अवशिष्ट भाषाओं के वर्ग में रखा गया है। कुछ विद्वान इसे मालवी की चार प्रमुख उपबोलियों (रजवाड़ी, सोंधवाड़ी, उज्जैनी और उमठवाड़ी) में गिनते हैं, लेकिन एसआईएल एथेनॉलॉग के सर्वेक्षण के अनुसार सोंधवाड़ी मालवी की अन्य उपबोलियों से अलग है।

कहा जाता है कि सोंधिया मारवाड़ से चले तो मेवात में रुके, फिर हाड़ौत में लंबे समय तक इनके डेरे पड़े रहे। अंत में मालवा में जा बसे। जब ये मालवा में पहुंचे तो मालवी भाषा पर रजवाड़ी और भीली का प्रभाव था। इस तरह मारवाड़ी, मेवाड़ी, मेवाती, हाड़ौती, भीली आदि बोलियों के मिश्रण से सोंधवाड़ी का विकास हुआ। मालवा में सोंधियों का संपर्क यहां की जरायमपेशा जातियों, जैसे—मोधिए, बागरी, नायक, कालबेलिए, कंजर आदि से हुआ। इनकी बोलियों का भी गहरा प्रभाव सोंधवाड़ी पर पड़ा।

बोली में अतिक्षिप्रता (या हड़बड़ाहट), अस्पष्टता, ऊकार बहुलता, अनुस्वार प्रधानता, स-कार और श-कार की जगह ह-कार और मध्यस्थ महाप्राण का अल्पप्राणीकरण आदि इसकी उल्लेखनीय भाषिक विशिष्टताएं हैं।

मालवा में सोंधवाड़ी की दो मुख्य उपबोलियां हैं, एक दशपुर क्षेत्र की और दूसरी महिदपुर की। एक में सीमावर्ती बोलियों का प्रभाव अधिक है और दूसरी में केंद्रीय मालवी का। रजवाड़ी/ रांगड़ी या दशौरी और सोंधवाड़ी की भाषिक संरचना में काफी निकटता है। वास्तव में केंद्रीय मालवा के सीमांत क्षेत्र में प्रचलित विभिन्न बोलियों को बोलने वाले मूल रूप से राजस्थान से ही आकर बसे हैं, फिर भी इनकी निजी कबीलाई पहचान इनकी भाषाओं में कुछ स्पष्ट अंतर बनाए रखती है।

अनुपम श्रीवास्तव

अधिक जानकारी के लिए :
मध्य प्रदेश एवं राजस्थान के सोंधवाड़ अंचल के सामाजिक-सांस्कृतिक परिवेश का अध्ययन : श्यामसुंदर निगम

सोप ऑपेरा

सोप ऑपेरा (Soap Opera) टेलीविजन या रेडियो पर प्रसारित होने वाले उन धारावाहिक नाटकों के लिए प्रयुक्त होता था जिन्हें अब सीरियल या धारावाहिक के रूप में जाना जाता है। अमेरिका में इस तरह का पहला धारावाहिक 'पैंटेड ड्रीम्स' था जिसका प्रसारण 20 अक्टूबर 1930 को रेडियो, शिकागो से किया गया था, इस धारावाहिक नाटक को साबुन बनाने वाली कंपनियों ने प्रायोजित किया था, इसी वजह से उन्हें सोप ऑपेरा कहा जाने लगा। बाद में इस तरह के कई नाटक प्रसारित होते रहे। टेलीविजन के आगमन के बाद टेलीविजन पर इसी तरह के धारावाहिक नाटक प्रसारित होने लगे और उन्हें भी सोप ऑपेरा कहा जाने लगा। यह समझना गलत होगा कि बाद में प्रसारित होने वाले रेडियो या टेलीविजन धारावाहिक नाटकों को भी साबुन बनाने वाली कंपनियां ही प्रायोजित करती रही हैं। इस तरह के धारावाहिकों में थोड़े-थोड़े अंतराल के बाद विज्ञापन एक सामान्य परिघटना है और आम तौर पर उन उत्पादों का विज्ञापन उनमे होता है, जो साबुन की तरह रोजमर्रा के उपयोग में आते हैं।

जिन नाटकों में गीत, संगीत और नृत्य का उपयोग होता था, उन्हें ऑपेरा कहा जाता था। रेडियो पर प्रसारित होने वाले नाटकों में भी गीत-संगीत का समावेश रहता था, इसलिए उन्हें भी ऑपेरा कहा जाने लगा। सोप ऑपेरा के रूप में प्रसारित होने वाले नाटकों का मकसद अधिक-से-अधिक श्रोताओं को अपनी तरफ आकर्षित करना होता था, इसलिए इन नाटकों का कथानक सनसनीखेज और भावनाओं को उभारने वाला होता था। दूसरे शब्दों में सोप ऑपेरा आमतौर पर मेलोड्रामा शैली में होते थे। यही

मेलोड्रामा शैली बाद में टेलीविजन पर प्रसारित होने वाले धारावाहिक नाटकों ने भी अपना ली। भारत में पारसी थिएटर के नाटक भी मेलोड्रामा शैली में होते थे। उनके कथानक सनसनीखेज और भावनाओं को उभारने वाले होते थे। साहित्यिक नाटकों से भिन्न पारसी थिएटर के नाटकों के कथानक आमतौर पर जटिल और गंभीर नहीं होते थे और उनके पात्रों में भी चरित्रगत जटिलता प्रायः नहीं होती थी। पारसी थिएटर के नाटकों में एक और विशेषता होती थी–उनका संगीत गीतमय होना। यह विशेषता यूरोप और अमेरिका के मेलोड्रामा शैली के ऑपेरा में भी थी। इस विशेषता को हम भारत के लोकप्रिय सिनेमा में भी देख सकते हैं जिसने अपनी बहुत-सी विशेषताएं पारसी थिएटर से ग्रहण की हैं।

टेलीविजन के आगमन के बाद जो पहला धारावाहिक नाटक जिसे सोप ऑपेरा कहा गया और जो अत्यंत लोकप्रिय हुआ, वह था 'हमलोग'। इसका प्रसारण दूरदर्शन के राष्ट्रीय नेटवर्क पर 7 जुलाई 1984 को आरंभ हुआ था। इसका लेखन हिंदी कथाकार मनोहर श्याम जोशी ने किया था और निर्देशन कुमार वासुदेव ने। इसके कुल 156 एपिसोड प्रसारित हुए थे। प्रत्येक एपिसोड सप्ताह में एक बार प्रसारित होता था। इसकी कथा दिल्ली के निम्न-मध्य वर्गीय परिवार से संबंधित थी और इसमें उन समस्याओं को उठाया गया था जिनका सामना निम्न मध्य वर्ग के परिवारों को करना पड़ता था। प्रत्येक एपिसोड के दौरान विज्ञापन भी दिखाए जाते थे और अंत में अभिनेता अशोक कुमार दर्शकों को संबोधित करते हुए उस दिन की कथा से निकलने वाले सबक और आगे के उपाख्यान का संकेत देते थे। 'हमलोग' में दर्शकों को संबोधित करते हुए अशोक कुमार ने इस बात पर जोर दिया कि इस धारावाहिक की कथा का विकास दर्शकों की अभिरुचि को ध्यान में रखकर किया गया है, लेकिन 'हमलोग' और बाद में प्रसारित होने वाले सोप ऑपेरा में जिन्हें धारावाहिकों के रूप में जाना गया, गीत-संगीत का पक्ष उतना प्रबल नहीं रहा जितना ऑपेरा में होता है।

'हमलोग' की कामयाबी के बाद न सिर्फ हिंदी में बल्कि अन्य क्षेत्रीय भाषाओं में भी टेलीविजन पर धारावाहिक नाटक प्रसारित होने लगे थे और उनमें तरह-तरह की विविधता भी आने लगी थी। आज हिंदी और अन्य क्षेत्रीय भाषाओं के बहुत से स्वतंत्र चैनल हैं, जो सिर्फ सोप ऑपेरा विधा से मिलते-जुलते धारावाहिक प्रसारित करते हैं।

जवरीमल्ल पारख

अधिक जानकारी के लिए :

1. Soap Opera : Eileen Fulton, 1999, **2. Soap Opera History :** Mary Ann Copeland, 1991

सोमनाथ

(अठारहवीं सदी)

सोमनाथ नीलकंठ मिश्र के पुत्र हैं। दोनों काव्यशास्त्री थे। नीलकंठ मिश्र के पांच ग्रंथ–रस पीयूषनिधि, श्रृंगार-विलास, कृष्ण लीलावती, पंचापध्यायी, सुजान-विलास और माधव विनोद हैं। रस-पीयूषनिधि में छंदशास्त्र पर प्रकाश डाला गया है। काव्यलक्षण, काव्य प्रयोजन, काव्य कारण, काव्य के शरीर की सामग्री और काव्य भेद की चर्चा की गई है और शब्दशक्ति की भी। उनके अनुसार, शरीर पर दृष्टि पहले पड़ती है और जीव का ज्ञान बाद में होता है। शब्दार्थ काव्य-पुरुष का शरीर है और व्यंग्यार्थ जीव और प्राण। शब्दार्थ निरूपण पर उनका कहना है कि जिसे स्रोत द्वारा ग्रहण किया जाए, वह शब्द कहलाता है और जिसे चित्त द्वारा ग्रहण किया जाए वह अर्थ है। उनके अनुसार, 'शब्द के तीन भेद हैं–वाचक, लक्ष्यक और व्यंजक तथा अर्थ के तीन भेद हैं–वाच्य, लक्ष्य और व्यंग्य।' (रस पीयूषनिधि)। शब्द की तीन शक्तियां इन्होंने मानी हैं–अभिधा, लक्षणा और व्यंजना। व्यंजना को छोड़कर बाकी दोनों शक्तियों के लक्षण शास्त्रानुमोदित हैं।

सोमनाथ ने भाव को रस का मूल बताया है। उन्होंने सहृदय में वासना रूप से स्थित चित्तवृत्ति को 'भाव' की संज्ञा दी। उन्होंने नव-रसों का स्वरूप

निर्देश तथा रस-प्रकरण में नायक-नायिका भेद का समावेश साहित्यदर्पण के आधार पर किया है। इनसे अच्छा भाव-निरूपण इससे पूर्व किसी हिंदी ग्रंथ में देखने को नहीं मिलता। सोमनाथ की निरूपण शैली समन्वय पद्धति पर आधारित है, जो नवीन है। इन्होंने काव्यशास्त्र के ज्ञान को साधारण पाठक तक पहुंचाने के लिए सुगम शैली को अपनाया और शास्त्रीय चर्चा से दूर रहने का प्रयास किया।

रस पीयूषनिधि की बीसवीं तरंग में दोष का वर्णन है। इसमें 47 पद्य हैं और विषय की स्पष्टता लाने के लिए गद्य का भी आधार लिया गया है। सोमनाथ ने इसमें सिर्फ 19 दोषों की चर्चा की है। उन्होंने हिंदी भाषा को ध्यान में रखकर अधिकांश उदाहरण प्रस्तुत किए।

अवधेश कुमार सिंह

सोलह संस्कार

सनातन धर्म में मानव जीवन को पवित्र और पूर्ण बनाने के लिए संस्कारों की आवश्यकता महसूस की गई थी। द्विज (ब्राह्मण, क्षत्रिय, वैश्य) वर्ण के संस्कार वैदिक मंत्रों के साथ किए जाने की व्यवस्था दी गई, जबकि शूद्र वर्ण के संस्कार वैदिक मंत्रों के बिना होते थे। संस्कारों की संख्या को लेकर स्मृतिकारों में मतभेद हैं। गौतम स्मृति में 40 संस्कारों का वर्णन है। महर्षि अंगिरा ने 25 संस्कारों का उल्लेख किया है। व्यास स्मृति में 16 संस्कार बताए गए हैं—1. गर्भाधान, 2. पुंसवन, 3. सीमंतोन्नयन, 4. जातकर्म, 5. नामकरण, 6. अन्नप्राशन, 7. चौल, 8. उपनयन, 9. ब्रह्मव्रत, 10. वेदव्रत, 11. समावर्तन, 12. उद्वाह (विवाह), 13. अग्न्याधान, 14. दीक्षा, 15. महाव्रत, 16. संन्यास। मीमांसा दर्शन के अनुसार, ये ही सोलह संस्कार हैं। लोक व्यवहार में केवल नामकरण, अन्नप्राशन, मुंडन, कर्णछेदन, जनेऊ, विवाह और अंतिम संस्कार (अंत्येष्टि)—इन्हीं सात संस्कारों का पालन होता दिखाई देता है।

पहले संस्कार में देवताओं (रुद्र, विष्णु, त्वष्टा, प्रजापति आदि) से गर्भाधान की प्रार्थना की जाती है। पुंसवन और सीमंतोन्नयन का उद्देश्य क्रमशः पुरुष संतान की प्राप्ति और गर्भ की रक्षा है। संतान के जन्म लेते ही जौ और चावल के चूर्ण द्वारा और उसके बाद सोने से घिसे हुए मधु और घृत का स्पर्श कराना जातकर्म है। संतान के जन्म के बाद दस रातें बीत जाने पर जातक के जन्म ग्रह, नक्षत्र और अन्यान्य देवताओं के लिए हवन कर पिता के द्वारा उसका नाम उच्चारण करने का विधान है। पहले किसी बड़े-बुजुर्ग या रिश्तेदार से ही अनुरोध करके नाम रखवा लिया जाता था। आजकल कई बार इंटरनेट की सहायता से नाम चुना जाता है। पुत्र हो तो छठे या आठवें महीने और कन्या हो तो पांचवें या सातवें महीने अन्नप्राशन का विधान है। अन्नप्राशन यानी शिशु को पहली बार अन्न खिलाना। चौल कर्म या चूड़ाकरण संस्कार में शिशु के तीसरे वर्ष में ही गर्भ केशों का पहली बार मुंडन होता है और शिखा छोड़ दी जाती है।

उपनयन का अर्थ है—बालक या बालिका को शिक्षा के लिए आचार्य के पास ले जाना। द्विजाति को ही उपनयन का अधिकार था। दयानंद सरस्वती ने 'सत्यार्थ प्रकाश' के तीसरे समुल्लास में लिखा है, 'जो कुलीन शुभलक्षणयुक्त शूद्र हो तो उसको मंत्र संहिता छोड़कर सब शास्त्र पढ़ाएं। शूद्र पढ़े परंतु उसका उपनयन न करें, यह मत अनेक आचार्यों का है।' धीरे-धीरे उपनयन संस्कार सवर्ण जातियों में केवल 'जनेऊ' के रूप में एक औपचारिकता मात्र रह गया। ऊंची जाति के आधुनिक शिक्षा-संस्कार प्राप्त नई पीढ़ी के युवकों में जनेऊ और शिखा के प्रति उपेक्षा भाव बढ़ता गया है; दूसरी तरफ आजादी की लड़ाई के दौर में पिछड़ी जाति के लोगों ने अपने नाम के साथ ऋषियों का नाम जोड़ा और जनेऊ पहनकर द्विजातियों के विशेषाधिकार को चुनौती दी। इसे एम एस श्रीनिवास ने 'संस्कृतीकरण' का नाम दिया है।

गुरुकुल में आचार्य के पास ब्रह्मचर्य का व्रत लेकर ब्रह्म पथ पर अग्रसर होने की प्रतिज्ञा ब्रह्मव्रत

संस्कार है, इसी प्रकार वेदाध्ययन का आरंभ वेदव्रत संस्कार है, गुरुकुल में शिक्षा समाप्त होने के बाद गृहस्थाश्रम में प्रवेश करने से पहले समावर्तन संस्कार का विधान है, जिसमें शिष्य गुरु को गुरुदक्षिणा देता था। अब गुरुकुल नहीं रहे। विश्वविद्यालयों में प्रवेश, परीक्षा और दीक्षांत समारोह हुआ करते हैं।

विवाह संस्कार में अनेक विधि-विधान अग्नि को साक्षी देकर पिता द्वारा कन्यादान कर, वर की पूजा करके पिता द्वारा कन्या की पूजा, पाणिग्रहण लावाहुति, सप्तपदी, सिंदूर और सुमंगली आदि संपन्न किए जाते हैं। वैदिक कर्मकांडों के साथ लोकाचारों का समन्वय देखने को मिलता है और फिल्म, टेलीविजन आदि के प्रभाव से नए-नए उपक्रम जुड़ते जा रहे हैं।

विवाह के बाद पत्नी के साथ नित्य सायं-प्रातः श्रोताग्नि या स्मार्ताग्नि में हवन करना अग्न्याधान संस्कार है। गुरु के द्वारा पति-पत्नी को देवता और मंत्र का उपदेश दिया जाता है, यही है दीक्षा संस्कार। अग्न्याधान और दीक्षा के मार्ग पर चलते हुए जब वानप्रस्थ का अधिकार हो जाता है, तब महाव्रत संस्कार और उसकी साधना का उपदेश दिया जाता है। वस्तुतः विवाह के बाद मनुष्य के प्रवृत्तिपरक जीवन को क्रमशः निवृत्ति की ओर मोड़ने के लिए ही इन तीन संस्कारों के नियम बने होंगे। सांसारिक जीवन के सुखद और दुखद बहुमुखी अनुभवों से गुजरते हुए क्रमशः अनासक्ति का अभ्यास करते-करते मनुष्य ऐसी स्थिति में आता है जब वह पुत्र, वित्त और लोक की एषणाएं छोड़कर जीवन के परम उद्देश्य, परम शांति और आनंद प्राप्ति का दृढ़ संकल्प लेता है। अपने घर-परिवार की मोहमाया, संपत्ति का लोभ और नाम-यश की कामना से मुक्त होकर समस्त जीव-जंतु, व्यापक मानव समाज और समस्त विश्व की मंगल कामना का व्रत लेता है। संन्यास अंतिम संस्कार है। यह मनुष्य को जीवन के अंतिम लक्ष्य--मुक्ति या मोक्ष तक ले जाता है।

गृह्य सूत्रों में कुछ और संस्कारों का उल्लेख है, जैसे निष्क्रमण संस्कार जो जातकर्म और नामकरण के बाद और अन्नप्राशन से पहले करने का विधान है, जब नवजात शिशु को पहली बार घर से बाहर ले जाया जाता है। विद्यारंभ या अक्षरारंभ का संस्कार गुरुकुल में जाने से पहले ही घर में आरंभिक अक्षरज्ञान के समय होता है। केशांत संस्कार गुरुकुल में रहते समय सोलह साल की उम्र में ब्रह्मचारी के दाढ़ी आने पर पहली बार हजामत बनवाना है। पारस्कर, आश्वलायन और बौधायन ने गृह्य सूत्रों में अंत्येष्टि का विस्तृत उल्लेख किया है। इस प्रकार गर्भाधान से लेकर अंत्येष्टि तक जीवन को पवित्र और पूर्ण बनाने की कर्मकांडीय व्यवस्था इन संस्कारों के भीतर विन्यस्त है।

अवधेश प्रधान

अधिक जानकारी के लिए :
1. हिंदू संस्कार : राजबली पांडेय, **2. हिंदू धर्म :** रामदास गौड़, 3. **धर्म विज्ञान (पहला भाग) :** स्वामी दयानंद, **4. The Cultural Heritage of India (Vol-II) :** Ram Krishna Mission

सोवियत संघ का विघटन

11 मार्च 1985 को मिखाइल गोर्बाचोव, कम्युनिस्ट पार्टी ऑफ सोवियत यूनियन के महासचिव चुने गए। इस तरह वे सोवियत संघ के सर्वोच्च नेता के पद पर आसीन हुए। गोर्बाचोब के सामने सोवियत संघ में अतीत में जन्मी उन समस्याओं को हल करने की जिम्मेदारी थी, जिनकी उपज कई स्तरों पर गलत सैद्धांतिक परिप्रेक्ष्य के कारण हुई थी। इसके साथ ही अंतरराष्ट्रीय राजनीतिक दबावों ने भी बहुतेरी समस्याओं को जन्म दिया था, जो मूलतः 'शीत युद्ध' की उपज थीं। सोवियत संघ ने लंबे समय तक सत्ता में रहने वाले ब्रेझनेव के निधन के बाद सत्ता में आए यूरी एंद्रोपोव ने ही ब्रेझनेव युग की नीतियों से नाता तोड़ने की शुरुआत कर दी थी। इस प्रक्रिया को गोर्बाचोव ने आगे बढ़ाया।

गोर्बाचोब ने सत्ता प्राप्त होने के साथ ब्रेनझेव युग के उन अधिकारियों और राजनीतिज्ञों के साथ

नए लोगों को नियुक्त करना शुरू किया, जो सोवियत व्यवस्था में परिवर्तन के प्रति उदार रवैया रखते थे। सोवियत संघ में शामिल विभिन्न गणराज्यों में मौजूद स्थितियों के दबाव के फलस्वरूप गोर्बाचोव के नेतृत्व में कम्युनिस्ट पार्टी ने कांग्रेस ऑफ पीपुल्स डिप्टीज के चुनावों में सीमित प्रतियोगी चुनावों को मान्यता दी, हालांकि एकल पार्टी व्यवस्था पहले जैसी ही बनी रही।

1986 में गोर्बाचोव ने 'ग्लासनोस्त' और 'पेरेस्त्रोइका' की घोषणा की। 'ग्लासनोस्त' का अर्थ था—खुलापन और 'पेरेस्त्रोइका' का अर्थ था—पुनर्गठन। इनके द्वारा गोर्बाचोव सोवियत संघ में शामिल विभिन्न गणराज्यों में बढ़ते असंतोष को कम करना और सोवियत अर्थव्यवस्था में प्राण फूंकना चाहते थे। लेकिन पिछले एक दशक में पूर्वी यूरोप के देशों में जो लोकतांत्रिक आंदोलन चल रहे थे, उनसे सोवियत संघ के लिए भी अछूता रहना कठिन हो गया था। आरंभ में 'ग्लासनोस्त' और 'पेरेस्त्रोइका' का सोवियत जनता ने स्वागत किया, लेकिन इसके कारण जो खुलापन पैदा हुआ, उसने जनता में सोवियत व्यवस्था से मुक्ति की आकांक्षा पैदा कर दी। यही आकांक्षा विभिन्न गणराज्यों में भी पैदा हुई, जो अपनी समस्याओं का समाधान सोवियत संघ से मुक्ति में देखने लगे थे। गोर्बाचोव ने जो आर्थिक नीतियां अपनाईं, वह बाजार केंद्रित पूंजीवादी व्यवस्था की ओर ही एक कदम था। इसी कारण सोवियत संघ में पूंजीवाद समर्थक ताकतें बलवती होने लगीं। हालांकि गोर्बाचोव ने कभी भी 'बाजार समाजवाद' की बात नहीं कही, लेकिन पेरेस्त्रोइका की नीति के साथ जो विचार काम कर रहा था, वह बिल्कुल वैसा ही था, जैसा 'कॉरपोरेटीकरण' में होता है, यह अर्थव्यवस्था के निजीकरण की ओर पहला कदम था।

कथित तौर पर इन नीतियों का उद्देश्य भले ही सोवियत अर्थव्यवस्था को संकट से उबारने का रहा हो, लेकिन ये नीतियां सोवियत जनता को किसी तरह से विश्वास दिलाने में नाकामयाब रहीं। सत्ताग्रहण के दो महीने बाद ही सुधारों की वकालत करते हुए शराब पर सीमित प्रतिबंध के लिए जिस नीति का अनुकरण किया गया, उससे राज्य के बजट को भारी नुकसान (लगभग सौ बिलियन रूबल) हुआ, और काला बाजारी के लिए मौके बढ़े।

सोवियत संघ में गोर्बाचोव के दौर में समस्याएं राष्ट्रीय और अंतरराष्ट्रीय स्तर पर बहुत उलझी हुई थीं और पश्चिम के पूंजीवादी और विकसित देशों ने इन समस्याओं से हर एक तरह से फायदा उठाया।

गोर्बाचोव के आर्थिक सुधारों ने प्रत्यक्ष-अप्रत्यक्ष रूप से पश्चिमी देशों की दीर्घकालिक रणनीति यानी सोवियत संघ को आर्थिक रूप से पराधीन करने में मदद की थी। 'पेरेस्त्रोइका' की नीति ने सोवियत संघ में 'नोवेनकुलतरा' जैसे एक पूंजीपति माफिया वर्ग के उदय में मदद की। इसी तरह 'ग्लासनोस्त' के कारण आए खुलेपन ने सोवियत सत्ता से मुक्ति की आकांक्षा पैदा कर दी। सोवियत संघ की विपन्न आर्थिक स्थितियों के सापेक्ष यहां राजनीतिक संकट भी लगातार गहरा होता गया। 1940 और 1950 के दशक में सोवियत संघ में विभिन्न राष्ट्रीयताओं को शामिल किया गया था—आरमीनिया, अजरबैजान, एस्तोनिया, जार्जिया, कजाकिस्तान, किर्गिस्तान, लात्विया, लिथुआनिया, मोल्दावा, ताजिकिस्तान, तुर्कमेनिस्तान और उजबेकिस्तान आदि। इन नए शामिल इलाकों में लगातार असंतोष की स्थिति उत्पन्न होती गई। इसके पीछे यही कारण सामने आता है कि लेनिन ने जिस निष्ठा से विभिन्न राष्ट्रीयताओं के सम्मान और स्वतंत्रता की प्रस्तावना की थी, उसका पालन नहीं किया गया। स्टालिन के दौर से केंद्रीकरण की बढ़ती प्रवृत्ति ब्रेनझेव के काल तक चरम पर पहुंच चुकी थी। गोर्बाचोव के सत्ता में आते ही इन इलाकों में स्वतंत्रता आंदोलनों की शुरुआत हुई। इस स्थिति से गोर्बाचोव की सत्ता पर पकड़ कमजोर पड़ती गई।

क्रिस हरजन ने इस स्थिति पर टिप्पणी करते हुए लिखा है कि 'किसी भी साम्राज्य में इतने उलट-फेर से आंतरिक स्थिति को भी बिगाड़ने से बचाया नहीं जा सकता था। सोवियत संघ के अंदर आंदोलनों का आत्मविश्वास बढ़ गया।' गोर्बाचोव ने इस

स्थिति को संभालने के लिए कड़े कदम उठाने की कोशिश की जिसकी प्रतिक्रिया में मॉस्को में व्यापक जन प्रदर्शन हुए। सोवियत सत्ता के अनुदार हिस्से ने सख्त नीतियां अपनाने की कोशिश की, लेकिन सेना भी उदार और अनुदार हिस्से में विभाजित हो गई। गोर्बाचोव को नजरबंद भी किया गया। ऐसी स्थिति में रूसी गणराज्य के नेता बोरिस येल्तसिन के नेतृत्व में सुधारवादी एकजुट हो गए और सोवियत संघ को विघटित करने की घोषणा कर दी गई।

मार्च 1990 में सोवियत फेडरेटिव सोशलिस्ट रिपब्लिक (सामान्य रूप से 'सोवियत रूस' या केवल 'रूस' के चुनावों के बाद मई 1990 में बोरिस येल्तसिन को रूसी संघ का अध्यक्ष चुना गया।

दिसंबर 1990 में रूस, उक्रेन और बेलारूस के नेताओं की बैठक के बाद स्वतंत्र राज्यों के एक संघ की स्थापना की गई और स्पष्ट रूप से घोषित किया गया कि अंतरराष्ट्रीय कानूनों में मौजूद सोवियत संघ का अस्तित्व समाप्त होता है और एक भू-क्षेत्रीय वास्तविकता के रूप में भी सोवियत संघ का अस्तित्व शेष नहीं है। 25 दिसबंर को गोर्बाचोव ने सोवियत संघ के सर्वोच्च नेता के पद से इस्तीफा दे दिया और क्रेमलिन छोड़ दिया। हालांकि 24 दिसंबर 1990 को ही संयुक्त राष्ट्र के महासचिव को बोरिस येल्तसिन ने पत्र लिखकर यह सूचना दी थी कि स्वतंत्र राज्यों के संघ की संधि के अनुसार सोवियत संघ का उत्तराधिकारी राज्य रूस है। संयुक्त राष्ट्र संघ के स्थायी सदस्यों द्वारा इस पत्र पर कोई एतराज नहीं किया गया। 31 दिसंबर 1990 को स्वंतत्र राज्यों के संघ द्वारा की गई घोषणाओं को मान लिया गया और रूस को संयुक्त राज्य संघ की स्थायी सदस्यता प्राप्त हुई।

हालांकि जिन संधियों के आधार पर रूसी संघ की घोषणा हुई और स्वतंत्र राज्यों के संघ का निर्माण हुआ, उनकी संवैधानिकता प्रश्नांकित की जाती रही है।

जितेंद्र गुप्ता

सोशल मीडिया

इंटरनेट के आगमन के बाद दुनिया के प्रत्येक हिस्से से संपर्क करना और किसी भी रूप में पारस्परिक संवाद करना न सिर्फ आसान हो गया, वरन इसकी गति भी पहले के किसी भी संप्रेषण माध्यम से ज्यादा तीव्र है। इंटरनेट के तकनीकी विकास ने ही सामाजिक नेटवर्किंग को संभव बनाया है। इसी को सोशल मीडिया (Social Media) कहा जाता है। जिन वेबसाइटों के माध्यम से सामाजिक नेटवर्किंग संभव होती है, उसे 'सोशल साइट' कहा जाता है।

सोशल साइट को सोशल नेटवर्किंग साइट के नाम से भी अभिहित किया गया है। इसे संक्षेप में एसएनएस भी कहते हैं। सोशल नेटवर्किंग साइट के माध्यम से कोई भी व्यक्ति वेबसाइट में पब्लिक प्रोफाइल बना सकता है और उस वेबसाइट के अन्य उपभोगताओं के साथ संपर्क स्थापित कर सकता है। इसका प्रयोग ऑनलाइन वार्तालाप फोरम, सामुदायिक वेबसाइट, चैट रूम आदि के लिए होता है। इस संसार में गूगल अपने विभिन्न माध्यमों के साथ सर्वाधिक महत्वपूर्ण समूह है।

वर्तमान युग में सोशल साइट संपर्क का सर्वाधिक लोकप्रिय व प्रचलित माध्यम बने हुए हैं। यह विज्ञान की वह देन है जिसके माध्यम से देश-विदेश में फैले विभिन्न क्षेत्रों में कार्यरत लोग समाज के अन्य घटकों से संपर्क बनाते हैं। यह जनाक्रोश की अभिव्यक्ति और आंदोलन का भी नया माध्यम माना जा रहा है। सोशल साइटों का उपयोग विभिन्न

अभियानों के लिए जन-समर्थन अर्जित करने के उद्देश्य से भी किया जाता है। हालांकि ऐसे अभियानों में उपयोगकर्ता अपनी प्रत्यक्ष सामाजिक हिस्सेदारी को संकुचित भी करता जाता है। सोशल साइट युवा पीढ़ी में सर्वाधिक लोकप्रिय है। कह सकते हैं कि सोशल मीडिया आज के युग में पारस्परिक संपर्क और संवाद का लोकप्रिय माध्यम बन चुका है। इसने रेडियो, टीवी तथा संचार के अन्य माध्यमों से अधिक प्रभाव स्थापित कर लिया है, क्योंकि यह आम आदमी को अभिव्यक्ति की स्वाधीनता दे रहा है। समाज के विभिन्न तबकों एवं तमाम आयु वर्ग के लोग सोशल साइट के माध्यम से एक-दूसरे से जुड़ रहे हैं। यहां आर्थिक तथा सामाजिक हैसियत की कोई बात नहीं है। विचारों के आदान-प्रदान के माध्यम से सोचने और समझने की शक्ति को नई दिशा मिल रही है। आज मोबाइल फोन का व्यवहार बेहद आम बात है। हर मोबाइल फोन पर दर्जनों सोशल साइट के विकल्प खुले हैं। चिंता की बात यह है कि अपरिपक्व या निहित स्वार्थों के हाथों में पड़ने पर इसका गलत उपयोग हो रहा है जिसके कारण सोशल साइट सनसनी, हिंसात्मक प्रचार, निजी क्षणों के सार्वजनीनीकरण, कामुकता और शिकार की जगह बनते जा रहे हैं। यह भी कहा जा रहा है, 'सोशल मीडिया इज नॉट रीयल'।

आज सौ से भी अधिक प्रकार की सोशल साइट्स उपलब्ध हैं, जिनमें से निम्नलिखित साइट बहुप्रचलित हैं :

फेसबुक : वर्तमान युग में फेसबुक सर्वाधिक प्रचलित सोशल साइट है, जिसमें उपयोगकर्ता को अपना अकाउंट खोलना पड़ता है। इसके लिए ई-मेल आई डी होना एक अनिवार्य शर्त है। इसके माध्यम से उपयोगकर्ता अपने परिचितों और दोस्तों के साथ एक ही समय पर एक या बहुत-सी सूचनाएं शेयर कर सकता है। फेसबुक पर उपयोगकर्ता विभिन्न समूह बना सकते हैं, चैट कर सकते हैं, अपना अलग पेज निर्मित कर सकते हैं। फेसबुक आते ही आरकुट का दौर बीत गया।

ट्विटर : ट्विटर के माध्यम से उपयोगकर्ता एक ही समय पर एकाधिक व्यक्तियों को संदेश भेजने में सफल होता है। इससे ई–मेल पर संदेश भेजने की लंबी सूची से बचा जा सकता है। इसमें उपयोगकर्ता दूसरों को अपना ट्वीट पढ़ने के लिए आमंत्रित करता है। फेसबुक के बाद इसकी लोकप्रियता सबसे ज्यादा है।

ब्लॉग : इसे हिंदी में 'चिट्ठा' कह सकते हैं, पर ब्लॉग ही प्रचलित है। यह व्यक्तिगत वेबसाइट होती है, जिस पर रोज लेखन हो सकता है और खास विषय पर भी लेख भेजे जा सकते हैं। एक ब्लॉग में उस विषय पर अन्य पाठ, चित्र या बाहरी कड़ियां मिल सकती हैं। ब्लॉग पर पाठक अपनी टीका-टिप्पणी दे सकता है। यह संवादपरक वेबसाइट है। ब्लॉग पर लिखने वाले को ब्लॉगर या चिट्ठाकार कहते हैं।

लिंक्ड इन : इसका प्रयोग व्यावसायिक प्रयोजनों, जैसे—नौकरी खोजने, बिक्री की दिशा और दशा जानने, बेहतर व्यावसायिक पार्टनर ढूंढने में किया जाता है। दुनिया के 75 करोड़ से अधिक व्यक्ति 'लिंक्ड इन' में पंजीयन करा चुके हैं।

विश्व के लगभग 200 देश हाई 5 के माध्यम से खेल जगत से लेकर नए ऑनलाइन समुदायों के साथ संपर्क स्थापित करते हैं। अमेरिका, जापान, इंग्लैंड, स्पेन, स्वीडन आदि देशों में 13 से लेकर 18 वर्ष तक के किशोरों में 'हब्बो' नामक सोशल साइट का प्रचलन है। 'क्लासमेट' का प्रयोग मुख्यतः स्कूल-कॉलेज के पुराने दोस्तों के साथ संपर्क स्थापित करने के लिए किया जाता है। 'टैग्ड' एक निःशुल्क सोशल साइट नेटवर्क है जिसमें समान उद्देश्य से परिचालित उपयोगकर्ता एक-दूसरे से संपर्क बनाते हैं। 'माइ हेरिटेज' के माध्यम से अपने परिवारजनों के साथ संपर्क साधा जा सकता है। 'मल्टीप्लाई' खरीद–फरोख्त के व्यावसायिक उद्देश्यों को सफल बनाने वाली साइट है। 'नेट लॉग' के माध्यम से उपयोगकर्ता अपना वेबपेज बना सकते हैं, जिसमें वे अपने ब्लॉग, फोटो, वीडियो आदि अपने दोस्तों के साथ शेयर कर सकते हैं।

सोशल मीडिया का नया रूप 'व्हाट्सएप' है जो मुख्यतः मोबाइल के जरिए अपने मित्रों, परिचितों और परिजनों से सूचनाओं का आदान-प्रदान करने और आपसी संवाद करने की सुविधा प्रदान करता है। 'व्हाट्सएप' की लोकप्रियता तेजी से बढ़ी, क्योंकि यह बिना किसी शुल्क के बहुत-सी संवाद सेवाएं उपलब्ध कराता है।

सोशल मीडिया निरंतर विकसित होने वाला क्षेत्र है जिसका राजनीतिक, सामाजिक, आर्थिक, सांस्कृतिक और निजी उद्देश्यों से प्रयोग किया जाता है। विश्वव्यापी संपर्क और संवाद की सुविधा होने के कारण यह लोगों को वैश्विक स्तर पर फैले अपने परिजनों, मित्रों, परिचितों और अन्य लोगों से सीधे और तत्काल संपर्क का अवसर प्रदान करता है। लेकिन सोशल मीडिया के माध्यम से कई बार असामाजिक, संकीर्णतावादी, घृणा और नफरत फैलाने वाली सामग्री का प्रचार भी किया जाता है, जो सामाजिक सौहार्द के माहौल को बिगाड़ने का काम करता है। इसको रोकने के नाम पर सरकारें सोशल मीडिया को नियंत्रित करने के लिए कड़े कानून बनाती हैं, जिनका वास्तविक उद्देश्य प्रायः शासक वर्ग-विरोधी विचारों का दबाना होता है।

भारत में इस संबंध में बने कानूनों को लेकर काफी विवाद है और इसे अभिव्यक्ति की स्वतंत्रता पर प्रहार माना जाता है, फिर भी सोशल मीडिया को पूरी तरह नियंत्रित करना संभव नहीं है। इसकी एक वजह प्रौद्योगिकी है, दूसरी वजह इसका व्यावसायिक पक्ष है। सोशल मीडिया के विस्तार ने विभिन्न कंपनियों, निगमों, सेवा संस्थानों को अपने व्यवसाय का विस्तार करने का अवसर प्रदान किया है, जो सरकारों के लिए भी कर के रूप में आय की वृद्धि को संभव बनाता है। 2011 के एक सर्वेक्षण से निष्कर्ष निकला है कि विकसित देशों के सकल घरेलू उत्पाद में इंटरनेट-आधारित बाजार का योगदान अंतिम 15 वर्षों में दस प्रतिशत था, जबकि अंतिम 5 वर्षों में इक्कीस प्रतिशत हो गया। 'डिजिटल इंडिया' का लक्ष्य यही वृद्धि है।

निश्चय ही सोशल मीडिया कुछ हद तक निगम नियंत्रित वर्चस्वशाली मीडिया का विकल्प प्रस्तुत कर रहा है। यह उन लोगों, वर्गों, समुदायों और समूहों को वैश्विक स्तर पर अपने विचार प्रस्तुत करने और परस्पर संवाद करने का मंच प्रदान करता है, जो कॉरपोरेट नियंत्रित मीडिया में अपने लिए जगह हासिल नहीं कर पाते। कई बार सोशल मीडिया पर उठाए गए मुद्दे कॉरपोरेट मीडिया में भी महत्वपूर्ण बन जाते हैं और राजनीतिक सामाजिक परिदृश्य को प्रभावित करते हैं। हालांकि यह अब कई इंस्टेग्राम सितारों को भी लगने लगा है कि वे एक अयथार्थ दुनिया में जी रहे हैं।

रेशमी पांडा मुखर्जी

अधिक जानकारी के लिए :

1. The Culture of Connectivity : A Critical History of Social Media : Jose Van Dijck, 2013,
2. Here Comes Everybody : Clay Shirky, 2009

सौंदर्य

सुंदर का अर्थ है—मन को अच्छी तरह आर्द्र या प्रसन्न करने वाला (सु +उन्द् +अरन्)। इस तरह मन को आर्द्र या प्रसन्न करने वाला गुण सौंदर्य (Beauty) है। 'ऑक्सफोर्ड डिक्शनरी' में इसका अर्थ है—'मनुष्य के चेहरे या रूप में या किसी वस्तु के रूप में आकृति, अनुपात और रंग जैसे गुणों का ऐसा मेल कि वह मनुष्य की आंखों, नैतिक बोध या बुद्धि को आनंद दे।' सौंदर्य की व्याख्याओं को देखते हुए लगता है कि यह दुनिया के उन विषयों में है, जिन पर प्राचीनकाल से सबसे ज्यादा चिंतन-मनन हुआ है। इस पर विवाद रहा है कि सौंदर्य वस्तु में होता है या आदमी के मन में। आइंस्टीन और रवींद्रनाथ की मुलाकात में भी यह प्रश्न उठा था। आइंस्टीन का मानना था कि चांद को कोई देखे या न देखे, वह सुंदर है। रवींद्रनाथ ने कहा था, चांद की सुंदरता मनुष्य के देखने से है।

संस्कृत के विभिन्न शब्दकोशों में सुंदर के अर्थ

में सौम्य, शालीन, दिव्य, अभिराम, नंदन, शोभावान, आभावान, साधु, रुचिकर, प्रिय, मनोरम, मंजुल, अभीप्सित, लावण्य, कमनीय, सुष्ठ, मनोहर, श्रीयुक्त, ललित जैसे शब्द व्यवहार में लाए गए हैं। देखने में जो अच्छा लगे, उसके लिए ही सुंदर शब्द का प्रयोग सबसे ज्यादा होता है। बुद्धि के लिए सुंदर वह है, जो तर्कसंगत है, जिस तरह हृदय या मन के लिए सुंदर वह है, जो प्रीतिकर है। सौंदर्यबोध का संबंध इंद्रियों से है। सौंदर्य के संबंध में उल्लेखनीय है कि यह एक भौतिक सत्ता है। ऋग्वेद में एक से बढ़कर एक सौंदर्य चित्र हैं—नदियों का रंभाती गायों की तरह वेगवान होकर बहना, सूर्य का सात घोड़ों के रथ पर सवार होकर उदित होना, उषा का ज्योति-स्वरूप होना, वर्षा के लिए विद्युत-गर्जन आदि। ऋग्वेद में सुंदर के लिए 'चारु' शब्द आया है, जो काव्य और कलाओं के संदर्भ में आगे चलकर 'परस्पर स्पर्धी चारुता' या 'रमणीय अर्थ' के रूप में विकसित हुआ। प्राचीन भारतीय साहित्य में चारुता के साथ श्रेष्ठता, तेजस्विता, सुमति, साधु जैसे शब्द आए हैं। इसी तरह सुकरात और प्लेटो के जमाने के प्राचीन पश्चिमी साहित्य में भी सौंदर्य को सिर्फ ऐंद्रिक अनुभव के संदर्भ में न देखकर 'कल्याण' और 'उपयोगिता' को महत्व दिया गया है। अरस्तू ने सौंदर्य का अस्तित्व वस्तु के रूप में मानते हुए इसे 'तर्कसंगत क्रम' 'सही मात्रा में सामंजस्य' और 'निश्चितता' इन तीनों के मेल में देखा है।

मानव जीवन, प्रकृति और कलाओं में सौंदर्य है। मनुष्य की सौंदर्य चेतना उसके अंतःकरण की एक बड़ी निधि है। यह उसकी मानवता का लक्षण है। उसे इससे आनंद मिलता है। वह हर तरफ सौंदर्य देखना चाहता है। इसी वजह से कलाओं और कलात्मक वस्तुओं का जन्म होता है। एक तरह से सभ्यता का विकास मनुष्य की सौंदर्य भावना का विकास है। यह उसकी देह हो या उसका घर या बाग-बगीचे, बाजार, सड़क, कला भवन, दफ्तर, शिक्षालय, रेस्तरां, अस्पताल, मॉल-मल्टीप्लेक्स या कपड़े, सौंदर्य प्रसाधन और अलंकार या साहित्य या कलाएं हों, हर मनुष्य अपनी सीमा में सौंदर्यानुराग प्रदर्शित करता है। उसे जीवन के लिए भोजन और पानी की तरह सौंदर्य की भी जरूरत होती है।

मनुष्य को साहित्य और कलाओं में सौंदर्य मिलता है। जीवन की कोई भयावह और अप्रिय स्थिति भी कला के जरिए व्यक्त होने की वजह से सुंदर हो जाती है। सुंदर वस्तु का 'बाह्य' उसके रूप, बनावट, रंग, ध्वनि, प्रस्तुति, परिवेश, समय पर निर्भर करता है, जबकि उसकी 'अंतःसत्ता' उसकी सजीवता, औचित्य और प्रभावोत्पादकता पर निर्भर करती है। यदि एक ही चीज किसी मनुष्य को अधिक सुंदर और किसी को कम सुंदर लगती है, तो इसके मूल में उनके संस्कार, रुचि, संवेदनशीलता और दृष्टि काम करती है। हर मनुष्य के पास सौंदर्य की एक समझ होती है, कभी अपनी और कभी आरोपित।

सौंदर्य की व्याख्या एक ईश्वरीय गुण के रूप में भी हुई है। गीता में कृष्ण ने कहा, 'विश्व में व्याप्त समस्त सौंदर्य (श्री) में मेरा ही तेज है।' ऐसी बातें कही गईं कि ईश्वर ने ही अपने प्रकाश से सभी पदार्थों को सुंदर कर रखा है। सौंदर्य 'सच्चिदानंद' स्वरूप है। ऋग्वैदिक कवि जहां सौंदर्य के भौतिक और ईश्वरीय दोनों रूपों का रसिक था, उपनिषदों में सौंदर्यबोध या आनंदानुभूति पूरी तरह ईश्वरीय हो गई। तैत्तरीय उपनिषद में रस को ब्रह्म कहा गया, 'रसो वैः सः।' भरत ने नाट्यशास्त्र में अपनी कला दृष्टि को 'लोकस्य, सुखदुःखसमन्वितः', 'समन्तात्समलंकृतम्', 'नानाविन्यास संयुक्त' आदि से जोड़ा। उन्होंने सुंदर की जगह बार-बार 'ललित' शब्द का प्रयोग किया और इस पर जोर दिया कि वाद्य यंत्र 'रंजक' हो, उचित मात्रा में ही नृत्य-गान हो। नाटक राग पैदा करने वाला हो। इसके अलावा, 'सूत्रधार अनेक भावों तथा रसों से युक्त सुंदर वाक्यों से प्रेक्षकों को प्रसन्न कर कवि का नाम बताए।' (पांचवां अध्याय)। यहां विविधता या 'अनेक भावात्मकता' पर जोर है, जो सौंदर्य की भी 'अनेकरूपात्मकता' है। इस तरह आनंद के सौंदर्यात्मक स्रोत के रूप में दिव्य के साथ भौतिक की पुनर्स्थापना हुई। प्राचीन साहित्य में सुंदर की जगह

'सु' लगाकर शब्द आए हैं, जैसे 'सुवाक्यमधुरैः'! यहां सिर्फ रस ही नहीं, सौंदर्यप्रियता भी है।

सौंदर्य की तरह-तरह से परिभाषा दी गई है, जो इस विषय के प्रति निरंतर सचेतनता का लक्षण है। कालिदास कहते हैं, 'सौंदर्य कभी पाप की ओर नहीं ले जाता' (कुमारसंभव)। माघ ने माना कि हमेशा नवीन आकर्षण ही सौंदर्य है, 'क्षणे-क्षणे यन्नवतामुपैति तदैव रूपं रमणीयतायाः'। कीट्स ने कहा था, 'ए थिंग ऑफ ब्यूटी इज ज्वॉय फार एवर।' रवींद्रनाथ कहते हैं, 'अरूप तक पहुंचने की आशा में मैं रूप सागर में गोते लगाता हूं।' प्रसाद कहते हैं, 'उज्ज्वल वरदान चेतना का सौंदर्य जिसे सब कहते हैं।' (कामायनी)। रामचंद्र शुक्ल का कहना है, 'सौंदर्य बाहर की वस्तु नहीं है, भीतर की वस्तु है। कुछ रूप-रंग की वस्तुएं ऐसी होती हैं, जो हमारे मन में आते ही थोड़ी देर के लिए हमारी सत्ता पर ऐसा अधिकार कर लेती हैं कि उसका ज्ञान हवा हो जाता है और हम उन वस्तुओं की भावना के रूप में परिणत हो जाते हैं। हमारी सत्ता की तदाकार परिणति सौंदर्य की अनुभूति है।' (चिंतामणि-1)। सौंदर्य 'ऑब्जेक्ट-सब्जेक्ट रिलेशनशिप' की देन है। किसी भी कला का लक्ष्य है—सौंदर्य की उपलब्धि।

शंभुनाथ

सौंदर्य की वाचकता

सौंदर्यशास्त्र का लोकसम्मत आशय सुंदर रूप, खूबसूरती, सज्जा, अच्छा ढंग आदि प्रचलित हो गया है। किंतु कैसा सौंदर्य? किस स्तर का सौंदर्य? क्या केवल शोभा ही सौंदर्य है? यह एकायामी धारणा प्रतीत होती है। सौंदर्य की ऐसी धारणा में सकारात्मकता-नकारात्मकता, ऐंद्रिकता-समझदारी, आशय और तात्पर्य शामिल नहीं हो पाते, जैसा कि साहित्य में श्रृंगार-हास्य, वात्सल्य-वीर, रौद्र-बीभत्स, भयानक-करुण रसों का स्पष्ट बोध होता है। अतः उसकी धुरी में इंद्रियगम्यता, संवेदना तथा खोज का जुड़ना भी अनिवार्य है। हम ऐसी वीक्षा को 'बोध' (सेंस) कह सकते हैं। इसलिए आधुनिक चिंतन में इस मनोसामाजिक अनुशासन को 'सौंदर्यबोधशास्त्र' कहना उचित होगा। आधुनिक 'एस्थेटिक्स' नामकरण से एकरूपता रखने के लिए इसे 'एस्थेटिक्षा' भी कहा जा सकता है। इसके पर्याय 'नंदतिकशास्त्र', 'लालित्य तत्व' भी प्रचलित हैं।

सौंदर्यबोधशास्त्र के दायरे में रमणीय, मनोहर, मनोरंजक, आह्लादक के साथ-साथ (रूप, आकृति, आकार के अनुसंग में) फूहड़ता, किमाकार (ग्रोटस्क), असौंदर्य (अगलीनेस), विद्रूपता (डिफार्म्ड), विकृत (डिकांस्ट्रक्ट), करुण, भयानक, वीभत्स भी शामिल हो जाते हैं। सौंदर्यबोधशास्त्र में कुछ भी असुंदर नहीं होता।

सौंदर्यबोधशास्त्र एवं साहित्य की एकरूपता न होकर समानांतरता, तुलना तथा जुगलबंदी होती है। दोनों की आधारभूत इकाइयों में फर्क होता है। विशिष्ट पारिभाषिकों के कारण सौंदर्यबोधात्मक भाषाएं भी बदल जाती हैं। कलाभेदों के अनुसार संप्रेषण तथा अनुभवन में भी विविधता आ जाती है। इसलिए यदि साहित्य में शब्दार्थ की सहितता के महावाक्य में भाव की धुरी होती है तो सौंदर्यबोधशास्त्र में इंद्रिय संवेदना में बिंब की। साहित्य में सहृदय सामाजिक होता है तो सौंदर्यबोधशास्त्र में आशंसक होता है। साहित्य में रस का आस्वाद होता है तो सौंदर्यबोधशास्त्र में रमणीयता का। साहित्य में समाज और इतिहास का केंद्रापसार होता है तो सौंदर्यबोधशास्त्र में आभ्यंतरिक आशयों-अनुभूतियों की खोज तथा उद्घाटन का केंद्राभिसार। साहित्य में समेकित विधाओं तथा संरूपों एवं वस्तु वाले दो-फांकी रचना और आलोचना के आयाम होते हैं तो सौंदर्यबोधशास्त्र में विभिन्न माध्यमों-सृजन प्रक्रियाओं वाली नाना कलाएं होती हैं, जो वात्स्यायन की चौंसठ कलाओं से लेकर कूल्वे की शताधिक कलाओं तक व्याप्त हैं। आधुनिक युग में प्रौद्योगिकी-प्रसूत कौशल भी कलाओं में शामिल हो गए हैं। ये मनुष्य को पूर्ण ऐंद्रिक मानव बनाते हैं। साथ ही ये 'चाक्षुष निरक्षरता' के विरुद्ध सांस्कृतिक अभियान हैं।

रमेश कुंतल मेघ

सौंदर्य प्रतियोगिता

स्त्रीवादी लेखिकाएं सौंदर्य प्रतियोगिता (Beauty Contest) की आलोचना करती हैं, क्योंकि इनमें सौंदर्य का आकलन कुछ निश्चित शारीरिक मानदंडों पर किया जाता है, जैसे—कमर, पेट और सीने का माप क्या होना चाहिए, आंखें कैसी होनी चाहिए, चाल कैसी हो इत्यादि। यद्यपि भावनात्मक और बौद्धिक गुणों की भी जांच होती है, पर यह सिर्फ दिखावे के लिए होता है—असली कसौटी देहयष्टि होती है। यह स्त्रियों का वस्तुकरण है, जैसे पशुओं की नुमाइश लगाई गई हो। नोमी वुल्फ की बहुचर्चित पुस्तक 'द ब्यूटी मिथ' (1990) प्रकाशित होने के बाद सौंदर्य के मिथक और सौंदर्य उद्योग की बहुत-सी ऐसी वास्तविकताएं सामने आईं जिनसे पता चलता है कि स्त्री के लिए यह कितना खतरनाक फंदा बन चुका है।

सौंदर्य प्रतियोगिताएं मुख्यतः विश्व (मिस वर्ल्ड, मिस यूनिवर्स) और राष्ट्रीय स्तर पर (मिस इंडिया, मिस अमेरिका आदि) आयोजित की जाती हैं। लगभग छह दशक पहले तक सौंदर्य प्रतियोगिताओं में भाग लेने की दो अनिवार्य शर्तें थीं—त्वचा का श्वेत होना और स्त्री का किसी पश्चिमी देश का होना। जब यह आलोचना होने लगी कि मिस वर्ल्ड या मिस यूनिवर्स वास्तव में पूरी दुनिया का नहीं, श्वेत आबादी का प्रतिनिधित्व करती है। इसलिए सौंदर्य प्रतियोगिताएं गैर-पश्चिमी दुनिया के निम्नीकरण का राजनीतिक औजार हैं, तब से अन्य देशों की स्त्रियों का भी चुनाव होने लगा। हालांकि ये भी श्वेत स्त्रियों के रंग-ढंग में लिपटी होती हैं। 1983 में पहली बार एक अश्वेत अमेरिकी, वेनेसा विलियम्स, को मिस अमेरिका चुना गया, जिसके बाद उसका जीना दूभर हो गया। ऐसी चिट्ठियों की भरमार हो गई, जिनमें उसे कोसा गया था और अपशब्द कहे गए थे। गालियां दी गई थीं। अनेक लोगों ने उसे फोन कर अपनी नाराजगी जताई।

स्त्रीवादियों तथा उनके समर्थकों द्वारा सौंदर्य प्रतियोगिताओं का विरोध करने की एक घटना बहुत दिलचस्प है। 1969 की मिस अमेरिका प्रतियोगिता का लहर-दो की नारीवादी कार्यकर्ताओं ने जबरदस्त प्रतिवाद किया। प्रतियोगिता स्थल के बाहर उन्होंने एक भेड़ को मिस अमेरिका का खिताब बख्शा और 'आजादी का कूड़ाघर' के नाम से एक बड़ा-सा कैन रख दिया। उस कैन में स्त्रियों पर अत्याचार की प्रतीक-वस्तुएं फेंकी गईं, जैसे—कमरबंद, ब्रेसियर, तरह-तरह की क्रीमें आदि। अब क्रिकेट की तरह सौंदर्य प्रतियोगिताओं में फिक्सिंग भी होने लगी है। 1912 में मिस पेनसिल्वेनिया सीना मोनिन ने यही आरोप लगाते हुए मिस अमेरिका के चुनाव में अपनी उम्मीदवारी से इस्तीफा दे दिया था।

उपलब्ध सूचनाओं के अनुसार, पहली सौंदर्य प्रतियोगिता का आयोजन कंजरवेटिव सांसद आर्किवाल्ड मोंटगोमिरी द्वारा ग्रेट ब्रिटेन में 1839 के एग्लिटन टूर्नामेंट के दौरान किया था। अमेरिका में यह प्रयोग 1854 में हुआ, लेकिन प्रबल जन-विरोध के कारण इसे रोक देना पड़ा। इसका आयोजन करने वाला उद्योगपति टेलर बादनम श्वान, शिशु और चिड़िया सौंदर्य प्रतियोगिताएं कर चुका था। 1880 के दशक में स्त्री सौंदर्य प्रतियोगिताओं का बाकायदा प्रचलन शुरू हुआ। फिलहाल प्रमुख विश्व सौंदर्य प्रतियोगिताएं हैं—मिस अमेरिका (1921 में स्थापित), मिस वर्ल्ड (1951,) मिस यूनिवर्स (1952) और मिस अर्थ (2001)। इसके अलावा राष्ट्रीय स्तर पर मिस इंटरनेशनल से लेकर शहर स्तर तक सौंदर्य प्रतियोगिताएं होती हैं और मिस इंडिया, मिस अमेरिका, मिस जापान, मिस मुंबई, मिस देल्ही जैसी उपाधियां दी जाती हैं। प्रत्येक उपाधि एक वर्ष के लिए होती है, जिसके बाद नई सुंदरी का चुनाव होता है। विश्व स्तर पर आयोजित होने वाली सौंदर्य प्रतियोगिताओं में विजेता स्त्रियों को एक साल तक कुछ खास नियमों का पालन करना पड़ता है।

1960 के बाद अनेक भारतीय युवतियां अंतरराष्ट्रीय सौंदर्य प्रतियोगिताओं में सर्वोच्च स्थान प्राप्त कर चुकी हैं जिनमें रीता फारिया, सुस्मिता सेन,

ऐश्वर्या राय, लारा दत, युक्ता मुखी, प्रियंका चोपड़ा आदि के नाम उल्लेखनीय हैं।

भारत किसी अंतरराष्ट्रीय सौंदर्य प्रतियोगिता का आयोजन नहीं करता। फेमिना पत्रिका तथा कुछ अन्य संस्थान मिस इंडिया का चयन करते हैं। इसका मूल उद्देश्य विश्व स्तर की प्रतियोगिताओं के लिए भारतीय प्रतिनिधि का चुनाव करना होता है। इक्का-दुक्का पुरुष सौंदर्य प्रतियोगिताओं की भी खबर आती है, जैसे—ग्राशीम मिस्टर इंडिया, पर उनका खास महत्व नहीं है। मुस्लिम देशों में सौंदर्य प्रतियोगिताओं का आयोजन नहीं होता। ऐसी कोशिश जब होती है, जैसे—ईरान और पाकिस्तान में, कट्टरपंथी तत्व उसका विरोध करते हैं।

सौंदर्य प्रतियोगिताओं के साथ बड़े-बड़े औद्योगिक और विज्ञापन समूह जुड़े रहते हैं। प्रतियोगिता के दौरान विभिन्न उत्पादों का प्रचार किया जाता है।

राजकिशोर

सौंदर्य विधांतरण

सौंदर्य का विधांतरण तुलनात्मक सौंदर्यबोधशास्त्र के दायरे में आता है। एक कविता को चित्र में, चित्र को कविता में रूपांतरित करना सौंदर्य विधांतरण है, जिसकी एक टेक्नोलॉजी होती है। इसका अर्थ है विधा या दूसरे माध्यम में किसी सांस्कृतिक निर्माण के सौंदर्य का अंतरण या पुनःसृजन। मसलन कई भक्तिपरक लीलाओं को कवित्त-सवैया में, पदों को राजस्थानी या कांगड़ा वलम में अथवा राजा रविवर्मा के कुछ चित्रफलकों को (मैथिलीशरण गुप्त द्वारा) कविताओं में अथवा यक्षिणियों की भूमिकाओं को शिल्प की शालभंजिकाओं में रूपांतरित कर दिया गया है। इस टेक्नोलॉजी से एक विधा या कलावस्तु का दूसरी में अंतरण, एक भाषा तथा उसके संलक्ष्य शब्दों का अन्य भाषा में साम्यरूपात्मक अभिग्रहण तथा एक माध्यम का अन्य माध्यम में संवर्धन संभव होता है। इस व्यापार में सौंदर्यबोध के विभिन्न भेद उन्मीलित होते हैं। मुक्तिबोध की 'अंधेरे में' का नाट्य रूपांतरण 'कामायनी' महाकाव्य का नृत्यगान नाटिका (आपेरा) में पुनर्नवीकरण, तुलसी दास के पद का नृत्य में परावर्तन हुए हैं। 'चित्रलेखा' उपन्यास पर बनी दो फिल्मों की तुलना हो सकती है। इसी प्रकार की विविधता के अंतर्गत मुजफ्फर अली द्वारा 'उमरावजान' फिल्म बनी जो मिर्जा हादी रुसवा के उपन्यास पर आधारित है। इस उपन्यास को फिल्म विधा में बदले जाने पर उसे 'स्क्रिप्ट' में ढाला गया। शायर शहरयार की 'दिल क्या चीज है' नज्म को गीत में, फिर गायिका द्वारा गान में, तदुपरांत अभिनेत्री रेखा द्वारा नृत्याभिनय में और समेकित ढंग से संगीतकार नौशाद द्वारा वाद्यों से संवारे गए एक संपूर्ण संगीत में ढाला गया और अंततः सब कुछ का एक विराट 'सौंदर्यबोधात्मक बिंब' में ढलना एक उत्तम दृष्टांत है।

रमेश कुंतल मेघ

सौंदर्यबोधशास्त्र

सौंदर्यबोधशास्त्र की धुरी है कला का सौंदर्य तथा जीवन का सौंदर्य। यह ज्ञान और संवेदना का क्षेत्र है। इसमें नियमों का अन्वेषण होता है, कानूनों का नहीं। इसलिए यह शास्त्र मानव-मूल्यों के उस सारतत्व का अनुसंधान करता है जिसका नियमन इतिहास करता आया है। यह सृजन है, प्रत्यक्षण है, आशंसा है और आत्मांगीकरण है। इसके अंतर्गत रचनाकार की जीवन-दृष्टि ही नहीं है, बल्कि उसके वैश्विक संदर्श, कलात्मक माध्यम, शैली, बिंब आदि का अभिज्ञान भी शामिल है। इससे कला के आभ्यंतरिक नियमों की पहचान तथा कलाकृति की ऐतिहासिक-सांस्कृतिक गुणवत्ता का अनुभवन होता है।

सौंदर्य के नियमों के मुताबिक सृजनात्मक कृति 'सौंदर्यबोधात्मक सक्रियता' है। सौंदर्यबोधात्मक

अधिमानों तथा रुझानों की जो प्रणालियां ऐतिहासिक दृष्टि से शोभाकारी हों, वे ही 'सौंदर्यबोधात्मक अभिरुचि' के स्रोत हैं। 'सौंदर्यबोधात्मक आदर्श' बड़े क्षितिज पर जीवन और संस्कृति का ऐसा अभिप्राय है जो लक्ष्य में रूपांतरित हो जाता है एवं मनुष्य के संस्कृति-निर्माण और विश्व-परिवर्तन के लक्ष्यों को सिद्ध करता है। उपर्युक्त प्रक्रियाओं के नियंत्रक तथा दशाओं के निर्माता सर्जक व्यक्तियों को प्रशिक्षित करते हैं—किसी खास कला-स्कूल, संस्थान, घराने या समूह में। ये कला के सामाजिक प्रकार्यों को भी सुनिश्चित करते हैं—संग्रहालय, सिनेमा, रंगशालाएं, संगीत समारोह आदि में। ऐसी सौंदर्यबोधात्मक सक्रियताएं ही 'सौंदर्यबोधशास्त्रीय संस्कृति' की विधायिकाएं हैं।

सौंदर्यबोधात्मक बनाम कलात्मक के बीच एक क्षीण विभाजक रेखा है। एक साइकिल या कलाई घड़ी बनाकर कोई व्यक्ति किसी कलात्मक, सूचनापरक अथवा बिंब व्यवस्था वाली अवधारणा का निर्माण नहीं कर सकता। अतः यह सक्रियता 'कलात्मक' नहीं मानी जा सकती, यद्यपि सौंदर्यबोधात्मक हो सकती है। सौंदर्यबोध के लिए अंतरात्मा और संस्कृति का संवहन जरूरी है। एक दिशा तो सौंदर्यबोधात्मक बनाम कलात्मक की है। अतः समस्या है, कला की सीमाओं से परे सुंदरता के नियमों की सैद्धांतिकी की। कहा जा सकता है कि कलात्मक एवं काव्यशास्त्रीय के मुकाबले 'सौंदर्यबोधात्मक' अधिक विविध और व्यापक है।

सौंदर्यबोधशास्त्र में 'सामाजिक' एवं 'विचारधारात्मक' के बीच अंतर मिलते हैं। ऐसे में तीन विकल्प हो सकते हैं—1. सौंदर्यबोध बाहर वस्तु (कलाकृति) में अवस्थित है; 2. सौंदर्यबोध कलाकृति में नहीं, बल्कि हमारे अंदर निहित है तथा 3. सौंदर्य बाहर और अंदर के कला, कलाकार और सामाजिक के द्वंद्वात्मक संबंधों में है। इसे अधिक स्पष्ट करने, वर्गीकृत करने के लिए सौंदर्यबोधशास्त्र के कुछ मॉडल हैं। ये बहुधा दृष्टि, दर्शन तथा विचारधारा से अनुरंजित होते हैं। अतः इनसे मनोविज्ञान, प्रतीक तथा सिस्टम संलक्षित होते हैं। कृति के एकाधिक तात्पर्य हो सकते हैं। कलाकृति के जो भी मॉडल हों, वे यथार्थता से अलग-थलग, यांत्रिक ढंग से बंद अथवा कुछ नियमों द्वारा ही बने नहीं होते। इसलिए कला में किसी मॉडल का सर्वव्यापी अर्थ भी प्रकल्प बन सकता है। अतः किसी मॉडलपरक संरचना तथा संवेगात्मक स्वतःस्फूर्ति के बीच फर्क गणित में तो धार्य है किंतु कला में खतरों से भरा होता है। कला में सृरजनहार की भी भूमिका होती है, जो गणित या विज्ञान में प्रायः नहीं है। इसलिए जीवन तथा दर्शन के प्रति कलाकार का नजरिया भी प्रक्षेपित होता है। यह ध्यान रहे कि मेथोडोलॉजी और आइडियोलॉजी के बीच अंतर है। अतः मॉडल भी सौंदर्य और कला में आधारशिला होते हैं। ऐतिहासिक विकासक्रम में सौंदर्यबोधशास्त्र में कतिपय 'सैद्धांतिक मॉडल' विकसित हुए हैं।

मॉडल एक : **वस्तुनिष्ठ आदर्शवाद :** सौंदर्यबोधशास्त्र का अभ्युत्थान तब होता है, जब परम आत्मा या कोई प्रत्यक्ष इस संसार को अभौतिक संरचना बना देता है। प्रेमचंद का आदर्शोन्मुख यथार्थवाद इसकी एक मिसाल है। आत्म-अध्यात्म में विश्वास न करते हुए इंद्रियों को सुख देने वाला रूप या गुण सौंदर्य है। वस्तु का आकार, सुडौलता, क्रम, एकान्विति, मसृणता, वर्णदीप्ति, सुकुमारता, सामंजस्य, संतुलन, समन्वय, माधुर्य, औदात्त आदि उसके निर्धारक हैं।

मॉडल दो : **आत्मनिष्ठ यथार्थवाद :** सौंदर्यबोधशास्त्र का अभ्युदय तब होता है, जब व्यक्ति का आभ्यंतरिक वैभव जीवन पर आरोपित होता है। निराला की 'राम की शक्तिपूजा', मुक्तिबोध की 'अंधेरे में' तथा प्रसाद की 'कामायनी' के पूर्व एवं मध्य के सर्ग इसके उदाहरण हैं। इस मामले में, कला तथा सौंदर्य में अकसर समकालीन जीवन की बड़ी समस्याओं पर कम ध्यान दिया जाता है। भौतिक पदार्थ नहीं, बल्कि प्रतीतियां वस्तु के गुण हो जाती हैं। अतः व्यक्ति की इच्छा तथा रागात्मक प्रवृत्ति ही वस्तु में सौंदर्य का संचार करती है।

मॉडल तीन : **द्वयात्मवाद :** वस्तुनिष्ठ तथा आत्मनिष्ठ के संयोजन से सौंदर्यबोध की उत्पत्ति होती है। इसके अंतर्गत अंतर्वस्तु एवं रूप का, कलावस्तु की सृजनप्रक्रिया और संप्रेषण का, कलाकार की कारयित्री तथा ग्रहीता की भावयित्री का समावेश होता है। इससे सौंदर्यबोध की द्वंद्वात्मकता तथा द्वयात्मकता का उन्मीलन होता है।

मॉडल चार : **भौतिकवादी द्वंद्वात्मकता :** इसमें प्रमेय वस्तु के पदार्थ के भार-माप, समरूपता, मुद्रा, रंग, आकार-आकृति की सौंदर्यतात्विक गुणवत्ता का, रचना में विभिन्न उपकरणों के रसायन का, निर्मित कृति की अनुभूति तथा अनुभव, आस्वाद एवं प्रभाव का समावेश होता है।

सौंदर्यबोधशास्त्र में विभिन्न पदार्थों, माध्यमों तथा शैलियों की विभिन्न कलाओं का जो समावेश होता है, उससे इसकी 'तुलनात्मक प्रकृति' का तथा विभिन्न प्रकार की अधिभाषाओं के संकेतों एवं चक्रचिह्नों का समायोजन भी हो जाता है। इसमें दर्शन तथा संस्कृति के पैटर्न झिलमिलाते हैं। यह भौतिक, आत्मिक, सामाजिक, वैश्विक तथा ऐतिहासिक आयामों का भी अनुहरण करता है। यह 'संपूर्ण सौंदर्यबोधशास्त्र' का प्रकल्प है, जो मूल्य और उपयोगिता से मंडित है।

सौंदर्यबोधशास्त्र के प्रभावकारी आयामों में त्रासदीय (ट्रैजिक), फूहड़ (एब्सर्ड), किमाकार (ग्रोटस्क), उदात्त (सब्लाइम), विद्रूप (डिफॉर्म्ड), असौंदर्य (अग्ली), दिव्य (डिवाइन) आदि अवधारणाओं का संगम हो जाता है।

रमेश कुंतल मेघ

अधिक जानकारी के लिए :
अथातो सौंदर्य जिज्ञासा : रमेश कुंतल मेघ

सौंदर्यबोधात्मक अधिभाषा

चौंसठ से अधिक कलाओं के भेदों तथा सौंदर्यबोध के विभिन्न घटक-तत्वों के कारण सौंदर्यबोधात्मक भाषा एक जटिल पहेली भी है। यह एक बहुविध-विविध 'अधिभाषा' (मेटा लैंग्वेज) का पुंज है, जिसमें दृश्य तथा श्रव्य का सम्मिलन होता है। इसमें अनेक निर्भाषिक तथा अवाचिक भाषाओं की मौन भाषाएं (वास्तु, शिल्प, चित्त, अभिनय, संगीत) शामिल होती हैं। इन्हें भी शब्दार्थों की भाषा का प्रभावन प्रदान करना लाजिमी है। अतः मौनता को विशिष्ट शब्दार्थों के 'प्रभावन का अभिधान' (टु गिव इफेक्ट) एक विलक्षण विशेषज्ञता है जो अवचेतन स्तरों पर तेजी से दीप्त होती है। इसके लिए प्रत्येक कला के पारिभाषिक शब्दों के माध्यम से ही संप्रेषण होता है।

सृजन और संप्रेषण के बीच जो अंतराल है, उसमें अधिभाषा मानो द्वितीय सौंदर्यतात्विक सृजन की पूरक होती है। फलतः इदम से लेकर अधिअहं तक, अवचेतन से जातीय अतीत तक का समाहार हो जाता है। इस भाषा में यथार्थता तथा इंद्रिय संवेदना का जो मिश्रण होता है और साथ में प्रत्येक कला के पारिभाषिकों का जो पैरामीटर बनता है, उससे सृजन और संप्रेषण के स्तर भिन्न-भिन्न हो जाते हैं। फलतः कोई कलाकृति स्वायत्त-सी लग सकती है।

सौंदर्यबोधशास्त्रीय अधिभाषा में 'अनिर्वचनीय' से अतिवचनीय का, निर्भासिक से साहचर्यात्मक रूपकों का, अवाचिक की अतिशयोक्तियों तक का अनुरणन होता है, अभिव्यंजना होती है। इसमें वाक-अंगों (संज्ञा-सर्वनाम-क्रिया आदि) के बजाय वाक-रूपकों, विभावानुभावपरक उत्प्रेक्षाओं की साम्यरूपकता (एनालॉजी) होती है। इसमें शब्दार्थ की एकल इकाई के बजाय शब्द अनुभूतियों, शब्द इंद्रियों की इकाइयां होती हैं। अतः प्राथमिक इकाई 'सचल शब्द बिंब' हो जाती है। शताब्दियों पहले श्री शंकुक ने चित्र-तुरग न्याय से तथा भट्टनायक ने काव्य-नाट्य की मैत्री से ऐसे बंधान किए थे।

रमेश कुंतल मेघ

सौंदर्यबोधात्मक मिथक

सौंदर्यबोधात्मक मिथक का तात्पर्य है 'सौंदर्यबोध में मिथक' और 'मिथक में

सौंदर्यबोध'। आदिम मिथक गुफा गर्भ के आदिम रेखांकनों में मिलते हैं, उनका आधार प्राक्-इतिहास है। आदिम मिथकों के विघटन के बाद धार्मिक मिथक बने। ये मिथक सौंदर्यबोधात्मक भी हैं।

शैल और गुफा चित्रों में सृष्टि का मानवीय-प्रजातीय अतीत छिपा है। यह मिथुन रूपक में झिलमिलाता है। वह इसका भी सूचक है कि तब परिवार, नैतिकता और देहदृष्टि की समग्रता विकसित नहीं हुई थी क्योंकि शैलगुफा चित्रों में आकृति और आकार का अभिज्ञान विकसित नहीं हुआ था। गोले, नुकीली रेखाएं, लहरें ही रूप-भाव-योजना प्रस्तुत करती थीं। एक छवि-लक्ष्य मिलता है—व्यक्ति के बजाय समूह। ये सौंदर्य के प्रथम अक्षांश-देशांतर हैं। इस सौंदर्यबोध में ग्राम-कृषि, कबीला आदि की सूचनाएं हैं।

सभ्यताओं के उन्मीलन के बाद समुदाय और नैतिकता, प्रेम और सौंदर्य, शौर्य और हिंसा संलक्षित हुए। नृतत्वशास्त्र और मानवशास्त्र में पहले प्रेम और सौंदर्य के बजाय मात्र अपहरण और समागम ही प्रकट हुए थे। सौंदर्य का प्रथम स्वीकार भाई-बहन के पारस्परिक परिणय में हुआ था जो यम-यमी (वैदिक साहित्य), फराओ-फराओ बहनों (ईजिप्ट) या सामूहिक रतिबंधन (बहुपत्नी-बहुपतित्व) में उल्लिखित है। अतएव मिथकों के 'मास्टर टेक्स्ट' के बाद ही उनसे सौंदर्य, प्रेम, धर्म, दर्शन का अभ्युदय रेखांकित हो सका है।

सौंदर्य की प्रथम दीप्ति ईजिप्ट के फराओ सम्राट अखेनातेन (चौदहवीं सदी ईसा पूर्व) की कांता नेफरतिति में परिलक्षित होती है। दूसरी गतिमयता मोहेनजोदड़ो की नग्न चौनी युवती है। फिर भी प्रथम मधुर आलोक वैदिक हेमवती उषा का फैलता है। इसके बाद धर्म के चक्रचिह्नों में सौंदर्य तथा प्रेम विकसित होता है। इतिहास तथा मानव विवेक दार्शनिक और प्रतीकात्मक मिथकों को विस्तार में ले आते हैं।

मिथक सौंदर्य का प्रदर्शन करते रहे हैं। श्री (लक्ष्मी) तथा प्रेम की ग्रीक देवी अफ्रोदीति (रोमन समरूप वीनस) दोनों का आविर्भाव जल-जीवन से होता है। शिव और पार्वती संयुक्त होकर लालित्य तथा लास्य उभारते हैं। शिव के संपर्क में ही काम तथा रति की मिथकीय कथाएं उभरती हैं। इसके पूर्व मिथक तथा धर्म की गोधूलि में वैदिक इंद्र तथा ग्रीक जियस के उच्छृंखल, उन्मत्त और अमर्यादित प्रेम-प्रसंगों से ही कथानक भरे हुए थे। एक ओर उन्मत्त शराबी देवता बैकस है, तो दूसरी ओर असुरों को मोहने वाले स्त्रीरूप में विष्णु (मोहिनी) हैं। देवताओं और देवियों के एक बीज मिथक में कई रूप होते हैं, जैसे—अष्टविनायक, नवदुर्गाएं। एक ही बीज मिथक के बहुकालिक परवर्ती स्वरूप भी अवतरित होते हैं, जैसे—वामन, परशुराम, राम, कृष्ण आदि के अवतार।

इसी के साथ मोहिनी अप्सराएं तथा कामोन्मत्त राक्षसियां भी नए-नए सौंदर्य-मिथकों के चक्रचिह्न-प्रवर्तन करने लग जाती हैं। मिथक अधिकांशतः धार्मिक, दार्शनिक, सौंदर्यबोधात्मक नैतिकता के निर्धारक हो जाते हैं। ऐसे मिथकों के भंडारण का काल 'चिरंतन वर्तमान' है। ये मिथक सार्वदेशिक होते हैं।

रमेश कुंतल मेघ

सौंदर्यशास्त्रीय स्वायत्तता

साहित्य और संगीत, नृत्य, चित्र, रंगमंच, फिल्म, फोटोग्राफी आदि से संबद्ध कलाओं में कुछ ऐसा होता है जो हमारी सौंदर्यानुभूति को जाग्रत करता है। सौंदर्यानुभूति अपने में एक जटिल मनोदशा है, जिसकी व्याख्या निश्चित नहीं है। अतः माना जाता है कि साहित्य एवं विविध कलाओं में जो 'सौंदर्य' नामक तत्व होता है, वह गहरे में कुछ अन्य तत्वों से संबद्ध और अभिन्न रूप में अभिव्यक्त होता है। ये तत्व हैं—उदात्तता, रस या आनंद, प्रेयता, मुक्ति और आत्मविस्तार। मनुष्य साहित्य और कलाओं के माध्यम से जहां एक गहरा 'अर्थबोध' पाता है, वहीं एक जटिल सौंदर्यबोध भी उपलब्ध करता है। एक धारणा है कि यह जटिल सौंदर्यबोध अन्य क्षेत्रों और आयामों से गृहीत 'अर्थबोध' पर आधारित नहीं होता। साहित्य एवं कलाओं के संसार से जटिल सौंदर्यबोध उपलब्ध करने का सिद्धांत जब बाहरी स्रोतों को नहीं

मानता तो इस धारणा को 'सौंदर्यशास्त्रीय स्वायत्तता' (Aesthatic Autonomy) का नाम दिया जाता है। लेकिन इस सिद्धांत को मानने वाले यह नहीं कहते कि साहित्यिक कृतियों या कलाओं में गैर-सौंदर्यात्मक आधारों से ग्रहण किए गए बाहरी अर्थ अवांछनीय और गैर-जरूरी हैं। सौंदर्यशास्त्रीय स्वायत्तता अन्य अर्थों की मौजूदगी का विरोध नहीं करती। वह स्वयं को अन्य अर्थों के साथ सह-अस्तित्व में देखती है, पर यह नहीं मानती कि वे अन्य अर्थ सौंदर्यबोध के बुनियादी तत्व हैं।

साहित्यिक कृतियों में सौंदर्यशास्त्रीय स्वायत्तता की धारणा कई कारणों से एक 'अनिश्चयात्मक' और 'मुक्त' धारणा है। इसका अर्थ यह है कि जो आलोचक साहित्यिक कृतियों के सौंदर्योद्‌बोधक गुणों के आधार पर उन कृतियों को 'आत्मस्वायत्त' मानते हैं, वे निम्न कारणों से अपनी इस धारणा पर पुनर्विचार करते रहते हैं :

1. हम जब मनुष्य-निर्मित रचनात्मक कृतियों को सौंदर्यशास्त्रीय दृष्टि से स्वायत्त कहते हैं, हमें बताना पड़ता है कि वे प्राकृतिक रचना से, जिसका वे अनुकरण, प्रतिनिधित्व या पुनर्सृजन करके बनी हैं, कैसे और किन अर्थों में अलग हैं? इस 'अलहदगी' की व्याख्या करते हुए यह भी बताना पड़ता है कि कैसे और क्यों प्राकृतिक रचना संसार में अर्थबोध और सौंदर्यबोध अभिन्न, अखंड और एकभाव होते हैं और कैसे तथा क्यों कलागत अनुकरण, प्रतिनिधित्व या पुनर्सृजन जैसी प्रक्रियाएं इस अभिन्नता को अनिर्वायतः खंडित करती हैं?

2. साहित्य एवं कलाकृतियों में सौंदर्यशास्त्रीय स्वायत्तता का निश्चयन इस बात पर आधारित है कि कृतियों को सौंदर्यशास्त्रीय स्वायत्तता प्रदान करने वाले अंतरंग तत्व कौन-से हैं और वे कहां तक सार्वभौम होते हैं तथा किन अर्थों में समकालीन या प्राचीन?

3. कृतियों में सौंदर्यशास्त्रीय स्वायत्तता की मौजूदगी किन नीतियों पर आधारित है? इसका निर्धारण यह समस्या पैदा करता है कि सौंदर्यशास्त्रीय स्वायत्तता वस्तुतः स्वायत्तता नहीं रह जाती, बल्कि वह कृतियों के भीतर मौजूद अ-सौंदर्यशास्त्रीय तत्वों पर आधारित हो जाती है।

पश्चिमी चिंतन में सौंदर्यशास्त्रीय चर्चा का आधार खड़ा करने वाले लोग हैं—प्लेटो, अरस्तू, होरेस, इमेनुअल कांट, लोंजाइनस तथा हेगेल। इनके विवेचनों में कृतियों और प्रकृति से रिश्तों पर विचार हुआ है। इन्होंने कृतियों में अनेक 'सार्वभौम सौंदर्यशास्त्रीय तत्वों' की मौजूदगी की बात की है, पर उन्हें प्राकृतिक आदर्शात्मक अस्तित्व से अलगाया है। प्रकृति का अनुकरण या पुनर्सृजन करती हुई कृतियां अपना एक अलग सौंदर्यशास्त्र खड़ा करती हैं, जिसका आधार है प्रकृति से दूरी। दूरी या डिस्टेंसिंग की व्याख्या कई रूपों में उपलब्ध है। कुछ के लिए यह भावात्मक दूरी है, कुछ के लिए बौद्धिक तो कुछ के लिए संवेदनमूलक। हेगेल ने प्रकृति से दूरी की धारणा को द्वंद्वात्मक रूप प्रदान किया था। उनके अनुसार, सौंदर्यशास्त्रीय स्वायत्तता गठित करने वाली कृतियों की प्रकृति से दूरी कृतियों को प्रकृति का निषेध करने की सामर्थ्य देती है। पुनः इस निषेध का निषेध करते हुए कृतियां प्रकृति का पुनर्सृजन करने के लिए आगे आती हैं। हेगेल की व्याख्या स्वायत्तता को अंतिम सत्य नहीं मानती।

आधुनिक युग में सौंदर्यशास्त्रीय स्वायत्तता की धारणा आई ए रिचर्ड्स और टी एस इलियट के साथ विस्तार पाती है। इससे पूर्व विक्टर श्लोव्स्की अपने रूसी रूपवाद में उसे एक कलाधर्मी विचारधारा की शक्ल दे चुके थे। ये दोनों लेखक सामाजिक रूपांतरण की समाजवादी विचारधारा के समानांतर कला की सौंदर्यशास्त्रीय स्वायत्तता की धारणा प्रस्तुत करते हैं। इससे कलाओं की सौंदर्यशास्त्रीय स्वायत्तता कृतियों में मौजूद सामाजिक अर्थबोध के विरोध में खड़ी हो जाती है।

विक्टर श्लोव्स्की ने सौंदर्यशास्त्रीय स्वायत्तता के कारण 'प्रकृति और कृति की दूरी' को दृष्टि मूलक कहा था। इसे उन्होंने 'विलंबित दृष्टि' कहा है। कलाकृतियां सामान्य तौर पर देखने की प्रक्रिया को समय में ठहरा देती हैं। हम देर तक देखने से

पैदा हुई सामान्य से दूरी के कारण सौंदर्यशास्त्रीय आनंद पाते हैं।

आधुनिक दौर के आलोचक आई ए रिचर्ड्स ने कृतियों को मनोवृत्तिपरक अंत:संतुलन प्रदान करने वाली सौंदर्यशास्त्रीय स्वायत्तता से युक्त माना है। उनकी प्रकृति और कृति की दूरी संवेदनजनित और मनोवैज्ञानिक स्वरूप वाली है। टी एस इलियट ने सौंदर्यशास्त्रीय स्वायत्तता की व्याख्या कृतियों में मौजूद 'निर्वैयक्तीकरण' के रूप में की है। निर्वैयक्तीकरण एक तरह से 'साक्षी भाव' वाली चेतनामूलक दूरी है, जो केटेलेटिक एजेंट के रूप में कृतियों का हिस्सा हो जाती है।

कलाओं की सौंदर्यशास्त्रीय स्वायत्तता के पैरोकारों ने उन्नीसवीं सदी में 'कला कला के लिए' नाम से एक आंदोलन ही खड़ा कर दिया था। इस आंदोलन को 'कला जीवन के लिए' मानने वाले मैथ्यू आर्नल्ड जैसे आलोचकों के विरुद्ध ध्रुवायित विवाद खड़ा था। यही आंदोलन आगे चलकर रूसी रूपवाद, नई आलोचना, यूरो-अमरीकी रूपवाद, संरचनावाद और उत्तर-संरचनावाद के रूप में विकसित हुआ, हालांकि बाद में प्रकट होने वाले रूपों में कलावादी अतिवाद उत्तरोत्तर कम होता चला गया।

सौंदर्यशास्त्रीय स्वायत्तता का आधार दरअसल उन अंतरंग तत्वों के निश्चयन में है, जिन्हें कृतियों में निम्न रूपों में मौजूद माना जाता है :

1. सौंदर्यात्मक स्वायत्तता की स्थिति में संतुलन, अनुपात, सम्यक क्रम, परस्पर संबद्धता, समरसता, आंगिक या सावयाविक पूर्णता, संयमित चुनाव और संयोजन जैसे तत्वों को सौंदर्य का पर्याय माना जाता है।

2. भारतीय काव्यशास्त्र में रस की चर्चा का आधार सौंदर्यात्मक स्वायत्तता है।

3. वे संवेदनमूलक अथवा बौद्धिक अनुभव सौंदर्यात्मक स्वायत्तता लिये हुए होते हैं, जो पूर्वानुभवों से भिन्न होते हैं या उन्हें चुनौती देते हैं।

4. रूपवादी, संरचनावादी व उत्तर-संरचनावादी विमर्श में अनुभवों की जटिलता तथा अंत:संगति को अंतरंग सौंदर्यशास्त्रीय तत्व माना गया है।

5. रूपवादी आलोचना में विलियम एंपसन जैसे लोगों ने शब्दों के अर्थ की अंतहीन संभावनाओं को सौंदर्यशास्त्रीय अंतरंगता के आधार की तरह ग्रहण किया है।

6. अर्थबहुलता को कृतियों की सौंदर्यशास्त्रीय अंतरंगता के पर्याय की तरह देखा गया है।

7. कृतियों में विविध शब्द, स्थितियां और पात्र जीवन को देखने के अलग-अलग कोणों की तरह काम करते हैं। उनके आपसी रिश्तों से जो संसार बनता है, उसे कृतियों के अंतरंग सौंदर्यशास्त्रीय जगत का लक्षण माना गया है।

८. पुनर्सृजन के लिए अनिवार्य कल्पना को कुछ लोग सौंदर्यशास्त्रीय अंतरंगता का निर्माण करने वाला तत्व मानते हैं। भारतीय काव्यशास्त्र में कवि को कल्पना-शक्ति से युक्त होने के कारण प्रजापति के समान माना गया है। उत्तर-आधुनिक विमर्शों में कल्पना को लेखक-आधारित न मानकर परिदृश्यगत तत्व की तरह देखा जाता है, जहां परिदृश्य लेखक को माध्यम बनाकर उससे रचना करवाता है। इस आधार पर लेखकीय तथा परिदृश्य-आधारित कल्पना-शक्ति को सौंदर्यशास्त्रीय अंतरंगता का निर्माता माना जा सकता है।

९. कृतियों में परंपरा, रूढ़ि, पूर्व निर्मित धारणाएं, बाजार एवं संस्थागत धारणाएं भी सौंदर्य की ऐसी धारणाओं के रूप में प्रवेश कर सकती हैं, जो आती तो बाहर से हैं पर कृतियों में अपना एक सौंदर्यात्मक अंतरंग रूप निर्मित कर लेती हैं। वे कृतियों की अंतरंग दुनिया का हिस्सा बन जाती हैं।

सौंदर्यशास्त्रीय स्वायत्तता के जो प्रतिवाद हुए, उनका संबंध निम्न बातों से है : 1. सौंदर्यशास्त्रीय स्वायत्तता हमेशा 'सापेक्ष' और 'आंशिक' होती है। 2. सौंदर्यशास्त्रीय स्वायत्तता कृतियों के जिस अंतरंग को ग्राह्य मानती है, उसका अर्थबोध बाह्य आधारों की सापेक्षता और द्वंद्वात्मकता में ही ग्रहण किया जा सकता है। 3. सौंदर्यशास्त्रीय स्वायत्तता का आधार माने जाने वाले तत्व अपने आपमें कृति की समग्र दुनिया का पर्याय नहीं होते। कृतियां या कलाएं जिस

मूल या कच्ची सामग्री का इस्तेमाल करती हैं, वे कृतियों की 'देह' होती हैं। उसके बिना सौंदर्य हवाई वस्तु हो जाता है। वे दैहिक उपादान हैं—भाषा, संगीत, नृत्य-गतियां, भंगिमाएं, बिंब या वस्तुओं के रूप और उनकी परिदृश्यगत संगति। ये वस्तुएं न हों तो कृतियां खड़ी ही नहीं हो सकतीं। अतः सौंदर्य को गैर-सौंदर्यात्मक तत्वों पर आधारित मानना पड़ता है।

सौंदर्यशास्त्रीय स्वायत्तता की धारणा को अतिवादी झुकावों से बचाने के लिए कई चिंतकों ने संतुलन के रास्ते की तलाश की। इनमें 1970 में मरणोपरांत प्रकाशित थियोडोर अदोर्नो के 'सौंदर्यशास्त्रीय सिद्धांत' को सम्मान की दृष्टि से देखा जाता है। श्लोव्स्की के अतिवाद की ओर उन्मुख चिंतन का प्रतिवाद जब लेनिनवादी-ट्राट्स्कीवादी रूसी समाजवादी आलोचकों द्वारा किया गया तो इन्होंने 'सौंदर्यशास्त्रीय स्वायत्तता' को एक 'प्रतिक्रियावादी' धारणा कहा और इसे बूर्जुआ पूंजीवादी शोषण का सांस्कृतिक घोषणापत्र कहा। यह दूसरी तरह के अतिवादी रुझान से संबद्ध चिंतन था। अडोर्नो ने इसका समाधान निषेधमूलक द्वंद्वात्मकता (निगेटिव डायलेक्टिक्स) के अपने सिद्धांत द्वारा खोजा।

अडोर्नो ने माना कि साहित्य और कलाओं में सौंदर्यशास्त्रीय स्वायत्तता की अपनी जगह है, जिसे प्रतिक्रियावादी कहकर खारिज नहीं किया जा सकता। उन्होंने कहा कि यह स्वायत्तता साहित्य और कलाओं के सामाजिक यथार्थ से दूर होने की वजह से पैदा होती है। उन्होंने यह स्पष्ट किया कि साहित्य में यथार्थवादी अंतर्वस्तु को सौंदर्यशास्त्र-विरोधी वस्तु नहीं समझा जा सकता। फिर भी सामाजिक यथार्थ साहित्य में आंतरिक संवाद की स्वायत्तता के भीतर से ही अर्थ ग्रहण करता है, न कि बाह्य यथार्थ सीधे साहित्य बन जाता है।

फेलिक्स ग्वेतारी ने 'स्वायत्तता के सौंदर्यशास्त्र' की जगह 'सौंदर्यशास्त्र की स्वायत्तता' पर बल दिया। उन्होंने कहा कि उत्तर-पूंजीवादी समाज में सौंदर्य भी उत्पादित वस्तु जैसा हो गया है। लेकिन साहित्य और कलाएं सौंदर्य को पूंजी की दुनिया से मुक्त करने के विकल्प खोलती हैं। पूंजीवादी उत्पादन के दौर में कलाओं के स्वरूप पर विचार करते हुए इससे पूर्व वाल्टर बेंजामिन यह धारणा रख चुके थे कि कलाएं और साहित्य अपने स्वायत्त सौंदर्य के क्षेत्र को अपने वास्तविक भूगोल से उपजने वाले प्रभामंडलों की तरह पाते हैं।

हेरल्ड ब्लूम ने सौंदर्यशास्त्रीय स्वायत्तता के संबंध में कहा है कि सौंदर्यशास्त्रीय आलोचना अंततः हमें कल्पना-प्रसूत साहित्य की स्वायत्तता की ओर ले जाती है, जहां वह एकांत आत्मा से प्रतिबद्ध होती है और जो पाठक है, वह समाज का एक व्यक्ति नहीं रह जाता अपितु एक गहन स्वत्व हो जाता है।

विनोद शाही

अधिक जानकारी के लिए :

1. Aesthetic Theory : Theodor W Adorno, **2. Towards an Aesthetic Sovereignty : George Bataille's Theory of Art and Literature :** Kevin Kennedy, **3. Natural Beauty : A Theory of Aesthetics Beyond the Arts :** Ronald Moore, 2007, **4. The Act of Reading : A Theory of Aesthetics Response :** Eolfgang Iser, 1980

सौर ऊर्जा

सौर ऊर्जा सूर्य के ताप से नई तकनीक द्वारा उत्पन्न विद्युत है जो पर्यावरण रक्षा की दृष्टि से दुनिया में लोकप्रियता अर्जित करती जा रही है। सौर ऊर्जा की पृथ्वी के सभी प्रकार के जीवन की रक्षा में एक बड़ी भूमिका है। अब उसे विद्युत ऊर्जा में बदलने के सरकारी प्रयास बड़े पैमाने पर हो रहे हैं। सूर्य की ऊर्जा को दो तरह से विद्युत ऊर्जा में बदला जा रहा है—प्रकाश विद्युत सेल की सहायता से या किसी तरल पदार्थ को सूर्य के ताप से गरम करने के बाद उससे विद्युत जनित्र का उपयोग करके। सौर ऊर्जा से विद्युत बनाने को संस्कृति और विज्ञान के अद्भुत सामंजस्य के रूप में भी देखा जाता है। विकसित प्रौद्योगिकी के साधनों द्वारा सौर ऊर्जा भविष्य में एक अक्षय ऊर्जा स्रोत बनने जा रही है।

सौर ऊर्जा का उपयोग अनाज को सुखाने, पानी गरम करने, शरीर को स्फूर्तिदायक बनाने आदि के लिए सदियों से किया जाता रहा है। अब यह विद्युत ऊर्जा प्राप्त करने के लिए किया जाने लगा है। यह ऊर्जा अप्रदूषणकारी होती है। भारतीय भू-भाग पर 5,000 लाख करोड़ किलोवाट सौर ऊर्जा आती है जो विश्व की संपूर्ण विद्युत खपत से कई गुना अधिक है। भारत सरकार का गैर-पारंपरिक ऊर्जा स्रोत मंत्रालय इस ऊर्जा को प्रोत्साहन देने के लिए अनुसंधान और प्रौद्योगिकी विकास, तकनीकी उपकरणों की ब्रिकी, रख-रखाव, वित्तीय प्रोत्साहन, व्यापक प्रचार आदि के कार्यक्रम चला रहा है। अब मकानों की छत पर सौर विद्युत का उत्पादन करके पंखे, बल्ब, फ्रिज, टेलीविजन आदि चलाना संभव है। इससे कम खर्च पर विद्युत की आत्मनिर्भरता भी पैदा होती है। यह ग्रामीण विद्युतीकरण के लिए सहायक है। सौर ऊर्जा के ज्यादा लोकप्रिय होने की एक वजह बिजली के निर्माण के लिए पैनलों पर भारी निवेश है। बरसात के दिनों में ये कारगर नहीं होते।

भारत ज्यादा तापमान, ज्यादा नमी, भारी धूल और प्रदूषण वाला भौगोलिक इलाका है जिसकी वजह से पैनल (फोटोवोल्टेइक) जल्दी खराब होते हैं। सूर्य की गर्मी पर केंद्रित मिरर का इस्तेमाल करते हुए सौर ऊर्जा सिस्टम बिजली पैदा करता है। इससे काम में लाए जाने वाले द्रव को गरम किया जाता है ताकि टरबाइन चलाए जा सकें। अब ऐसे नए ऊर्जा-चक्र की नई तकनीकी विकसित करने के प्रयास किए जा रहे हैं जिसमें पानी की जरूरत न हो और वह ज्यादा सक्षम हो और उसका बड़े स्तर पर इस्तेमाल हो सके और उसे विकेंद्रित बिजली उत्पादन के लिए भी लाया जा सके। सौर ऊर्जा के क्षेत्र में काफी संभावनाएं बताई जाती हैं जिनसे करोड़ों लोगों की जिंदगी बेहतर हो सकती है। इससे वायु प्रदूषण और जलवायु परिवर्तन की समस्याओं का सफलतापूर्वक मुकाबला किया जा सकता है। सौर ऊर्जा की तरह खाद्य कचरे से ऊर्जा, समुद्र की तंरगों से ऊर्जा, पवन ऊर्जा, यहां तक कि सड़कों से भी बिजली बनाने की तकनीक पर काम हो रहा है। सबसे बड़ी बात इन सभी से संबंधित खोजों को व्यावसायिक उत्पादों और सेवाओं में परिवर्तित करना है।

दुनिया में चीन, जापान, अमेरिका सबसे अधिक सौर विद्युत खपत वाले देश बने हुए हैं, जहां संपूर्ण विद्युत उत्पादन में इनका प्रतिशत क्रमशः 13.4, 9.9 और 8.8 प्रतिशत है। इस मामले में भारते में सौर विद्युत की हिस्सेदारी 1.7 प्रतिशत है।

संजय जायसवाल

सौरमंडल

माना जाता है कि लगभग 460 करोड़ साल पहले आकाशगंगा में सौर नीहारिका (सोलर नेबुला) का निर्माण हुआ था। घूमते-घूमते इसका केंद्र स्थल इतना भारी हो गया कि उसमें एक महाविस्फोट घटित हुआ। फलस्वरूप सौर नीहारिका टूटकर ब्रह्मांड में बिखर गई। इसका बड़ा टुकड़ा केंद्र में रह गया जो सूर्य है। जो टुकड़े छिटककर सूर्य से दूर नहीं जा पाए, वे सूर्य की आर्कषण शक्ति के कारण उसी के चारों ओर चक्कर लगाने लगे। ये टुकड़े ही ग्रह कहलाए। ये ग्रह हैं—बुध (मर्करी), शुक्र (वीनस), पृथ्वी (अर्थ), मंगल (मार्स), बृहस्पति (जुपिटर), शनि (सैटर्न), नेपच्यून, यूरेनस और प्लूटो। प्लूटो को ठिगना ग्रह कहा जाता है। कुछ टुकड़े सूर्य से दूर, पर किसी-न-किसी ग्रह के करीब थे। इसलिए वे उस ग्रह के चारों ओर चक्कर लगाने लगे, जो उनके करीब थे। जैसे चंद्रमा पृथ्वी का उपग्रह है जो पृथ्वी से 3,84,399 किमी दूर है। बुध को छोड़कर सभी ग्रहों के उपग्रह हैं। मंगल और बृहस्पति के बीच जिन

सौरमंडल

असंख्य टुकड़ों ने चक्कर लगाना शुरू किया, उन्हें ग्रहाणु कहा गया। यही सौरमंडल (Solar System) है जो 460 करोड़ वर्षों से आकाशगंगा में चक्कर लगा रहा है। सौरमंडल को संपूर्ण आकाशगंगा का एक चक्कर लगाने में 25 करोड़ वर्ष लगते हैं। यह अब तक 18 बार चक्कर लगा चुका है।

संपूर्ण आकाशगंगा में दस हजार करोड़ नक्षत्र हैं जिनमें एक सूर्य है। यह पृथ्वी के भार से 3,33,000 गुणा अधिक भारी है। इसका अर्धव्यास पृथ्वी के अर्धव्यास से 109 गुणा अधिक है। इससे अंदाजा लगाया सकता है कि सूर्य कितना बड़ा है। उसका सबसे बड़ा हिस्सा हाइड्रोजन है, लगभग 73.46 फीसद। हीलियम लगभग 24.85 फीसद है। इनके इलावा ऑक्सीजन, कार्बन, नियॉन, लोहा, नाइट्रोजन, सिलिकन, मैग्नेशियम, सल्फर आदि लगभग 2 फीसद हैं। सूर्य की ऊर्जा का एक सूक्ष्म हिस्सा ही पृथ्वी पर पहुंचता है। आकाशगंगा के केंद्र से लगभग 30,000 प्रकाश वर्ष की दूरी पर एक विस्तृत कक्ष पर सूर्य अपने परिवार के साथ 220 किमी प्रति सेंकंड के वेग से घूम रहा है। हम सब पृथ्वी पर बैठे-बैठे इस ब्रह्मांड में तेज गति से घूम रहे हैं।

सूर्य से करीब पंद्रह करोड़ किलोमीटर दूर पृथ्वी स्थित है। सूर्य का एक चक्कर लगाने में पृथ्वी को 365 दिन लगते हैं। पृथ्वी को खुद एक बार अपना चक्कर लगाने में 24 घंटे (एक दिन) लगते हैं। पृथ्वी का अर्धव्यास लगभग 6,400 किलोमीटर है। पृथ्वी की जब सूर्य के साथ सृष्टि हुई थी, तब पृथ्वी की ऐसी आकृति और ऐसा भौतिक वातावरण नहीं था। पृथ्वी के लगातार घूमते रहने के कारण ही भारी पदार्थ केंद्र में और हल्के पदार्थ आस-पास जमा हुए। पहले पृथ्वी का तापमान ज्यादा था। पृथ्वी की सृष्टि के 150 करोड़ वर्षों तक रासायनिक विकास क्रम चलता रहा। इसी क्रम में जलमंडल तैयार हुआ, जिससे तापमान कम होने लगा। वायुमंडल, जलीय भूमि, पहाड़, ओजोन परत आदि काफी बाद में बने। पानी के कारण पृथ्वी पर जीवन का विकास संभव हुआ। गुरुत्वाकर्षण बल के कारण ही पृथ्वी पर जीव-जगत का विकास संभव हुआ। मनुष्य का विकास संभव हुआ। पृथ्वी पर जीव-जगत की सृष्टि किसी अलौकिक शक्ति से न होकर भौतिक पदार्थों द्वारा प्रकृति के नियमानुसार हुई है। पृथ्वी के अलावा किसी अन्य ग्रह पर ऐसी भौतिक-रासायनिक स्थितियां नहीं हैं, इसलिए वहां जीवन की संभावना भी नहीं है।

दिनेश कुमार शर्मा

स्कंदगुप्त

कुमारगुप्त प्रथम के पुत्र स्कंदगुप्त गुप्त का काल 455 ईसवी से 467 ईसवी तक था। उसे उत्तर भारत के गुप्त वंश का अंतिम सम्राट माना जाता है। स्कंदगुप्त को जीवन भर युद्ध करना पड़ा। पहले सिंहासन पर बैठने के लिए उसे अपने भाइयों से संघर्ष करना पड़ा। सिंहासन पर बैठने के बाद पुष्यमित्रों तथा हूणों से युद्ध करना पड़ा। कुमारगुप्त के समय कई बार हूण आक्रमण हुए। स्कंदगुप्त ने उनका वीरता से सामना किया, किंतु उसके काल में सामंतों ने विद्रोह कर दिया था।

हिंदुकुश पर्वत श्रृंखला पार करके गांधार के रास्ते हूण भारत पर बार-बार आक्रमण कर रहे थे। हूणों का आक्रमण कब-कब हुआ, इसकी निश्चित तिथि ज्ञात नहीं है। इसलिए इतिहासकार इस पर एकमत नहीं हैं। आर सी मजुमदार, के एम पणिकर, एस सी रायचौधुरी ने स्कंदगुप्त पर काफी शोध कार्य किया है।

अपने बारह वर्षों के शासनकाल में स्कंदगुप्त ने भारत के उत्तर-पश्चिम भाग को हूणों के आक्रमण से बचाए रखने का भरपूर प्रयास किया। राज्य का कुछ हिस्सा वह हार गया, लेकिन हूणों को भगाने में सफल रहा। उसने कुमारगुप्त के शासनकाल में भी हूणों के आक्रमण का सामना किया था। इस कारण वह वीर योद्धा माना गया है। पुष्यमित्रों का कबीला मध्य भारत में रहता था, बाद में इन लोगों ने विद्रोह किया था। इस विद्रोह को दबाने में स्कंदगुप्त सफल रहा। उसके युद्धों तथा उसकी सफलताओं का वर्णन जूनागढ़ तथा भिटारी के स्तंभों के शिलालेखों से मिलता है।

लगातार युद्ध के कारण गुप्त साम्राज्य का खजाना खाली हो गया। गुप्त साम्राज्य के पतन का यह भी एक कारण बना। ऐसा विश्वास किया जाता है कि स्कंदगुप्त की मृत्यु युद्ध के दौरान ही लड़ते हुए हुई। 467 में स्कंदगुप्त की मृत्यु के बाद उसके सौतेले भाइयों ने कुछ-कुछ समय के लिए शासन किया। पुरुगुप्त, कुमारगुप्त द्वितीय, बुद्धगुप्त तथा नरसिंहगुप्त ने 467 से 495 ईसवी तक राज्य किया। इनमें से कोई भी प्रसिद्धि प्राप्त न कर सका।

स्कंदगुप्त ने 'धनुर्धर', 'राजा-रानी', 'छत्र' एवं 'अश्व' चार प्रकार की स्वर्ण मुद्राएं चलाईं। उसने चार प्रकार की रजत मुद्राएं भी जारी कीं। ये रजत मुद्राएं गरुड़, वृषभ, यज्ञ-वेदी तथा मयूर के चित्रों वाली थीं। इन सारी मुद्राओं पर दूसरी ओर राजा का सिर चित्रित होता था। पुरानी स्वर्ण मुद्राओं का वजन उसके पिता कुमारगुप्त के समय का था। आज के हिसाब से यह करीब 8.4 ग्राम था, मगर बाद की मुद्राओं का वजन करीब 9.2 ग्राम था। उसने पुरानी दीनार पद्धति के स्थान पर नई स्वर्ण मुद्रा चलाईं। बाद की मुद्राओं पर केवल धनुर्धर अंकित होता था। इन मुद्राओं पर 'परमभाग्यवत महाराजाधिराज श्री स्कंदगुप्त कुमारादित्य' लिखा होता था।

स्कंदगुप्त के काल में एक चीनी यात्री वाङ्.-ह्वेन् -से आया था। उसने लिखा है कि श्रीलंका के राजा मेघवर्मा ने अपना राजदूत भेजकर बोधगया में श्रीलंका के बौद्ध भिक्षु यात्रियों के लिए बौद्ध विहार बनाने की अनुमति मांगी थी।

स्कंदगुप्त ने कई लड़ाइयां लड़ीं, परंतु ये लड़ाइयां राज्य-विस्तार के लिए नहीं थीं। इन युद्धों के द्वारा उसने अपने राज्य की रक्षा की तथा अपने राज्य की सीमा को मजबूत बनाए रखा। इसीलिए उसे विजेता से अधिक रक्षक माना जाता है।

'चंद्र व्याकरण' तथा 'कथासरितसागर' में स्कंदगुप्त की हूणों पर विजयगाथा का उल्लेख मिलता है। छायावादी कवि और नाटककार जयशंकर प्रसाद ने 'स्कंदगुप्त' के जीवन पर 'स्कंदगुप्त' नाम से नाटक भी लिखा, जो उनके श्रेष्ठ नाटकों में से एक है। इस नाटक की उन्होंने विस्तृत भूमिका भी लिखी है।

विजय शर्मा

अधिक जानकारी के लिए :
1. गुप्तकाल का सांस्कृतिक इतिहास : भगवतशरण उपाध्याय, **2. भारत का इतिहास :** रोमिला थापर, **3. History and Coinage of Skandgupta Vikramaditya :** Jaiprakash Singh

स्टुअर्ट हॉल
(1932-2014)

प्रख्यात समाजशास्त्री और सांस्कृतिक सिद्धांतवादी स्टुअर्ट मेक्फैल हॉल (Stuart McPhail Hall) का जन्म कैरेबियन देश जमैका की राजधानी किंग्स्टन के एक मध्यवर्गीय परिवार में हुआ था। वे 1951 में ब्रिटेन आ गए थे। इसके बाद जीवनपर्यंत वहीं रहे। 1957 में वे ब्रिटेन में चल रहे प्रख्यात 'कैंपेन फॉर न्यूक्लियर डिस्आर्मामेंट' आंदोलन में शरीक हो गए। उस दौर में ब्रिटेन में कई वामपंथी पत्रिकाओं का प्रकाशन हो रहा था जिनमें 'द रीजनर' और 'यूनिवर्सिटीज एंड लेटरिव्यू' विशेष उल्लेखनीय हैं। इन पत्रिकाओं के बोर्ड ने मिलकर एक नई पत्रिका 'द न्यूलेट रिव्यू' की शुरुआत जनवरी 1960 से की और इसका संस्थापक-संपादक स्टुअर्ट हॉल को बनाया गया। वे दो साल तक इसके संपादक रहे। रिचर्ड होगार्ट के आमंत्रण पर 1964 में वे बर्मिंघम

स्टुअर्ट हॉल

विश्वविद्यालय के समकालीन सांस्कृतिक अध्ययन केंद्र में कार्य करने लगे। 1968 में होगार्ट के बाद वे इस केंद्र के निदेशक नियुक्त हुए। इस केंद्र में उन्होंने 1979 तक कार्य किया। 1979 में ही वे यू के ओपन यूनिवर्सिटी में समाजशास्त्र के प्रोफेसर नियुक्त हुए, जहां से वे 1997 में सेवानिवृत्त हुए।

स्टुअर्ट हॉल दुनिया के जाने-माने समाजशास्त्री और सांस्कृतिक सिद्धांतवादी थे। एक विचारक के तौर पर उनका संबंध ब्रिटिश कल्चरल स्टडीज, जिसे 'बर्मिंघम स्कूल ऑफ कल्चरल स्टडीज' कहा जाता है, से था। हॉल के अध्ययन का क्षेत्र संस्कृति और वर्चस्व के अंतःसंबंधों पर विचार करना था। उन्होंने वर्चस्व के सवाल पर ग्राम्शी की धारणाओं का विकास किया। खासतौर पर ग्राम्शी के बाद दुनिया में आए बदलावों के विशेष संदर्भों में। उन्होंने सत्ता, संस्थान और राजनीतिक-आर्थिक फेमवर्क के अंतर्गत भाषा किस तरह काम करती है, इसे भी अपने अध्ययन का विषय बनाया। मीडिया अध्ययन के क्षेत्र में भी उनका योगदान कम महत्वपूर्ण नहीं है। उन्होंने लोकप्रियता की अवधारणा की नई व्याख्या प्रस्तुत की और मीडिया में सक्रिय नस्लवादी पूर्वाग्रहों को अपने अध्ययन का विषय बनाया।

मीडिया के अध्ययन के संदर्भ में स्टुअर्ट हॉल ने 'एनकोडिंग' और 'डिकोडिंग' का अपना दर्शन प्रस्तुत किया था, जो इस क्षेत्र में उनका मौलिक योगदान है। 'संस्कृति, मीडिया और विचारधारात्मक प्रभाव' नामक अपने एक महत्वपूर्ण लेख में उन्होंने मीडिया के संदर्भ में एनकोडिंग की प्रक्रिया को समझाने का प्रयास किया। उनके अनुसार एनकोडिंग का अर्थ है कोड के माध्यम से घटनाओं को अर्थ प्रदान करना। उनके अपने शब्दों में, घटनाओं को एनकोड या संकेतित करने के अलग-अलग तरीके होते हैं—मुख्यतः उन घटनाओं को जो समस्यापूर्ण या चिंताजनक होती हैं, जो हमारी सामान्य एवं दैनंदिन आशाओं को ध्वस्त करती हैं, जो सामान्य प्रवृत्ति की विपरीत दिशा में जाती हुई दिखती हैं या जो किसी-न-किसी रूप में यथास्थिति के सम्मुख कोई खतरा उत्पन्न कर देती हैं। संकेतों का चुनाव उस सामान्य स्पष्टीकरण पर आधारित होता है जिसे समाज स्वीकार कर लेने के लिए तैयार रहता है और जिसमें एक खास समाज की वैचारिकता प्रतिबिंबित होती है। संकेतों का यह चयन प्रमुख एवं प्रचलित विचारधारा के ही अंतर्गत होता है। अपनी प्रभुता और लोकप्रियता को बनाए रखने की मीडिया की कोशिशों को स्पष्ट करते हुए स्टुअर्ट हॉल लिखते हैं कि मीडिया का न केवल सभी वर्गों में प्रसार होता है बल्कि वह सामाजिक संप्रेषणीयता के उद्देश्य से कार्य करता है। विचारधारा के क्षेत्र में वह अपनी प्रभुता बनाए रखने के लिए सतत प्रयत्नशील रहता है। वह न केवल अपने कार्य की वैधता प्राप्त करने के लिए प्रयास करता है बल्कि उस वैधता को लोकप्रियता का आधार प्रदान करता है और 'सर्वसहमति' का यह आधार ही उसे वैधता प्राप्त करने में सहायक सिद्ध होता है।

हॉल की कुछ प्रमुख पुस्तकें हैं : द पापुलर आर्ट्स (1964), रेजिस्टेंस थ्रू रिचुअल्स (1976), पोलिसिंग द क्राइसिस (1978), पोलिटिक्स एंड आइडियोलॉजी (1986), विजुअल कल्चर (1999)।

जवरीमल्ल पारख

अधिक जानकारी के लिए :
Understanding Stuart Hall : Hellen Devis, 2004

स्टैनले फिश

(1938-)

स्टैनले यूजीन फिश (Stanley Ugene Fish) मूलतः विधि के विद्वान हैं, जिन्होंने एक बैद्धिक तथा साहित्यिक सिद्धांतकार की तरह समकालीन साहित्य-आलोचना में अपना योगदान दिया है। उन्हें 'रीडर-रिस्पांस थ्योरी' या 'पाठक प्रतिभाव सिद्धांत' में योगदान के लिए जाना जाता है।

फिश ने यूनिवर्सिटी ऑफ पेनसिल्वेनिया तथा येल यूनिवर्सिटी में उच्च शिक्षा प्राप्त की। उसके

बाद अध्यापन को अपना व्यवसाय चुना। उन्होंने 'रिनेसां' काल के प्रारंभिक कवि जोहन स्केल्टन की कविता पर 1965 में अपनी किताब प्रकाशित की। इसके बाद अंग्रेजी महाकाव्य 'पैराडाइज लॉस्ट' के कवि जॉन मिल्टन पर लिखा। मिल्टन की कविता में उनकी रुचि बरकरार रही जिसके परिणामस्वरूप 2001 में 'हाउ मिल्टन वर्क्स' किताब सामने आई। 'द फुगिटिव इन प्लाइट : फेथ, लिबरलिज्म एंड लॉ इन ए क्लासिक टीवी शो' (2010) तथा 'वर्जन्स ऑफ एकेडेमिक फ्रीडम : फ्रॉम प्रोफेशनलिज्म टु रिवोल्यूशन' (2014) उनकी अन्य किताबें हैं। 'रीडर-रिस्पांस थ्योरी' के संबंध में उन्होंने कहना चाहा है कि एक पाठ का अर्थ वह होता है जो लेखक के मन में मंशा के रूप में था। पाठवादी अकसर अर्थ की खोज मानक पठन-पद्धतियों से करते हैं जो पर्याप्त नहीं होता, क्योंकि लेखक अपने पाठ को रचते समय परंपरागत पद्धतियों अथवा मानकों से बंधा नहीं होता। उसकी रचना में 'हां' का अर्थ 'ना' भी हो सकता है। अतः पाठ का अर्थ हमेशा केवल वह नहीं हो सकता जो विवेचक या अलोचक मानते हैं, क्योंकि इससे पाठ के उतने अर्थ होंगे जितने पाठक हैं। फिश यह भी जोड़ते हैं कि लेखक के 'इरादे' का निर्धारण प्रत्यक्ष प्रमाण के आधार पर किया जाना चाहिए।

स्टैनले फिश

फिश का योगदान 'विवेचक समुदाय' (इंटरप्रेटिव कम्युनिटी) की उनकी अवधारणा और विश्लेषण में देखा जाता है जो 'पाठक प्रतिभाव सिद्धांत' की उपज है। उनके अनुसार, पाठ का विवेचन पाठक समुदाय में उसके सापेक्ष अनुभव पर आधारित होता है। पाठक के सापेक्ष अनुभव को जो चीज मूल्यवान बनाती है, वह पाठ की सीमाओं से बंधी होती है। इसके लिए भाषाविज्ञान में 'भाषिक क्षमता' पद का प्रयोग किया जाता है। फिश ने साहित्यिक आलोचना के संदर्भ में इस पद का प्रयोग करते हुए तर्क दिया कि पाठ के प्रति पाठक की समझ या पहुंच बिल्कुल सापेक्ष नहीं होती है, बल्कि किसी भाषा की समझ का आत्मसातीकरण, जिसे उस भाषा के मूलभाषी साझा करते हैं, वैयक्तिक अनुभव के सृजन को संभव बनाता है। इस प्रक्रिया से गुजरकर विवेचक समुदाय पाठ के अर्थ की संभावना को स्वीकार करता है। फिश अर्थ की निरंकुश सापेक्षता और अराजक अर्थ बहुलता में विश्वास नहीं करते।

अवधेश कुमार सिंह

अधिक जानकारी के लिए :

1. The Stanley Fish Reader (Ed.) : H. Aram Veesev, 1999, **2. The Trouble With Principle :** Stanley Fish, 1999

स्तंभकार

जिस तरह से अखबार का संपादन या रिपोर्टिंग करने वाले व्यक्तियों को पत्रकार कहा जाता है, उसी प्रकार समाचार-पत्र या पत्रिका में किसी विशेष शीर्षक से विशेष विषय पर नियमित अंतराल पर लिखने वाले व्यक्ति को स्तंभकार कहा जाता है। हर लेख या रिपोर्ट को स्तंभ (कॉलम) नहीं कहा जा सकता। स्तंभ, जैसा कि नाम से ही विदित है, पत्र या पत्रिका के लिए रीढ़ की तरह है। वह किसी भी

विषय पर हो सकता है। लेकिन उसकी पाठकीयता स्थायी किस्म की होती है। अखबार या पत्रिका के कॉलमों से उसके स्तर का पता चलता है। किसी स्तंभ का जीवन ही इस बात पर निर्भर करता है कि वह कितना लोकप्रिय है। खुशवंत सिंह का कॉलम 'ना काहू से दोस्ती ना काहू से बैर' उनकी मृत्यु तक चलता रहा। अपनी मृत्यु से साल भर पहले लगभग 99 साल की अवस्था में उन्होंने घोषणा कर दी थी कि अब वे नहीं लिखेंगे। लेकिन कुछ ही हफ्ते बंद रहने के बाद उन्होंने फिर से लिखना शुरू कर दिया। पाठकों का दबाव जो था। जिस लेखक में पाठकों को आकृष्ट करने की जितनी क्षमता होती है, उसका कॉलम उतना ही ताकतवर होता है। यों कॉलम और संपादकीय टिप्पणी में कोई खास अंतर नहीं होता। लेकिन कॉलम किसी भी विषय और किसी भी प्रकृति का हो सकता है। जबकि संपादकीय तात्कालिक घटना पर केंद्रित होता है। फिर कॉलम में लेखक कुछ भी लिखने को स्वतंत्र होता है। वह प्रथम पुरुष (मैं शैली) में लिख सकता है, जबकि अन्य लेखों में लेखक तटस्थ बना रहता है। वह मैं का प्रयोग कम करता है।

स्तंभकार अनेक प्रकार के हो सकते हैं। मसलन, सलाह-मशविरे के कॉलम, महिलाओं से जुड़े मसले, आलोचना, समसामयिक विषय पर टिप्पणी, अभिमत, राजनीतिक गपशप, फिल्मी गपशप, हास्य-व्यंग्य, पाक-कला से संबंधित और खेल या शेयर बाजार की समीक्षा। कुछ लोग केवल कुछ शब्दों की व्याख्या करते हुए ही कॉलम लिख लेते हैं जबकि कुछ स्तंभकार साहित्यिक-सांस्कृतिक मुद्दों पर कॉलम पूरा कर लेते हैं। जनसत्ता अखबार में टीवी समीक्षा का कॉलम अजदक नाम से लगभग तीन दशक तक चलता रहा है। साहित्य और कला संबंधी गतिविधियों पर टिप्पणियों से संबंधित अशोक वाजपेयी का कॉलम कभी-कभार भी दस वर्ष से अधिक समय से चल रहा था। नवभारत टाइम्स में शरद जोशी रोज 'प्रतिदिन' नाम से व्यंग्य का कॉलम लिखा करते थे। पुराने खिलाड़ी, राजनेता, ब्यूरोक्रेट या किसी भी क्षेत्र की मशहूर हस्तियां अपने अनुभवों के आधार पर कॉलम लिखने लगती हैं। कुलदीप नैयर, दिलीप पडगांवकर, इंदर मल्होत्रा, प्रभु चावला, बलबीर पुंज, स्वप्न दासगुप्ता, वेदप्रताप वैदिक, पुष्पेश पंत, तसलीमा नसरीन, शोभा डे, आलोक पुराणिक, कुलदीप कुमार आदि स्तंभकारों के नियमित स्तंभ अलग-अलग अखबारों में छपते रहे हैं। मनोवैज्ञानिक सलाह, कानूनी सलाह, भविष्यफल, वास्तु टिप्स, टैरो भविष्यवाणी, समीक्षा, निवेश गाइड, चिड़ियों-वनस्पतियों, बागवानी जैसे विषयों पर भी कॉलम चला करते हैं। रेसिपी, कताई-बुनाई के कॉलम भी कम लोकप्रिय नहीं हैं। सरिता-मुक्ता जैसी पत्रिकाओं में जीवन की सीख देने वाले छोटे-छोटे कॉलम छपते हैं यानी कॉलम के अनेक रूप और शैलियां होती हैं। उन सबमें एक समानता यह है कि वे नियमित अंतराल के साथ प्रकाशित होते हैं और उनका कोई-न-कोई नाम होता है।

गोविंद सिंह

अधिक जानकारी के लिए :
भारत की समाचार क्रांति : रॉबिन जेफ्री

स्टालिनवाद

लेनिन की मृत्यु (1924) के बाद जोसेफ स्टालिन द्वारा सोवियत शासन के संचालन और वैश्विक स्तर पर साम्यवादी विचारधारा के प्रचार-प्रसार के लिए जिस नीति को अपनाया गया, उसे स्टालिनवाद (Stalinism) की संज्ञा दी जाती है।

जिस समय बोल्शेविक पार्टी पर बौद्धिकों और नारेबाजी करने वालों का प्रभाव था, उस समय स्टालिन रूसी क्रांति के प्रति व्यावहारिक दृष्टिकोण अपनाकर छद्म विचारधारात्मक भावनाओं से पार्टी को मुक्त किया। सत्ता पर बोल्शेविक पार्टी का अधिकार होने के बाद पार्टी नेतृत्व ने स्टालिन के कार्यों को राज्य के प्रशासन और पार्टी के ब्योरों तक सीमित कर दिया था। 1924 में लेनिन की मृत्यु के बाद सत्ता-संघर्ष में स्टालिन ने अपने बौद्धिक परिष्कार और करिश्माई अपील द्वारा अपने

विरोधियों का तेजस्विता के साथ मुकाबला किया और पार्टी पर नियंत्रण स्थापित किया। लेनिन की मृत्यु के बाद कम्युनिस्ट पार्टी और सोवियत संघ पर वर्चस्व के लिए स्टालिन और ट्राट्स्की के बीच जो वैचारिक संघर्ष था, उसी की परिणति स्तालिन की वर्चस्व-स्थापना के रूप में हुई। 1929 तक स्टालिन के लगभग सभी विरोधियों ने पराजय स्वीकार कर ली और इसके साथ स्टालिनवादी नीतियां गहराई से रूसी समाज में अपनी जड़ें जमाने लगीं। 1929 के बाद का दौर रूस के पूर्ववर्ती दौर से कई मायनों में भिन्न था। स्टालिन ने विकृत उदारवाद पर कड़ा प्रहार किया और उन नीतियों या प्रवृत्तियों को सख्ती के साथ कुचला, जो उदारवाद या वाद-विवाद के द्वारा प्रत्यक्ष-अप्रत्यक्ष रूप से साम्राज्यवादी विचारों का समर्थन करती थीं। स्टालिन ने लेनिन की उन्हीं घोषणाओं या उस वैचारिकी का ही समर्थन किया, जो उनकी नई राजनीतिक स्थिति का समर्थन करने वाले थे या जिन्हें अपने समर्थन में उद्धृत किया जा सकता था। मार्क्सवाद की भी यही स्थिति हुई। स्टालिन ने मार्क्सवाद के एकमात्र प्रवक्ता की हैसियत प्राप्त कर ली और इन विचारों के आलोचकों को 'पार्टी-विरोधी' की संज्ञा दी। यह स्थिति बाद में व्यक्तिपूजा में तब्दील हो गई। स्तालिनवाद पद का उपयोग तानाशाही के पर्याय के रूप में किया जाता है।

स्टालिनवाद का आधारभूत सिद्धांत था 'एक देश में समाजवाद'। यह एक ऐसा सैद्धांतिक बदलाव था, जिसमें स्टालिन अपनी पुरानी वैचारिक स्थिति से पीछे हट रहे थे। अप्रैल 1924 में स्टालिन ने अपनी पुस्तक 'द फाउंडेशंस ऑफ लेनिनिज्म' के पहले संस्करण (1924) में लिखा था, 'क्या विभिन्न विकसित देशों के सर्वहाराओं के सम्मिलित प्रयासों के बिना एक देश में समाजवाद की अंतिम विजय प्राप्त करना संभव है? बिल्कुल नहीं।' लेकिन स्टालिन ने जो नई सैद्धांतिक अवधारणा प्रस्तुत की, उसका लक्ष्य सोवियत सीमाओं के अंदर ही एक वर्गहीन समाज बनाने का था। मार्क्सवादी विचारों के अंतर्गत इसे एक अंतर्विरोधपूर्ण सिद्धांत कहा जाता है, हालांकि रूस की तत्कालीन स्थितियों को देखते हुए इस सिद्धांत की व्यावहारिकता से इंकार नहीं किया जा सकता। समाजवादी क्रांति के कारण रूस तत्कालीन दुनिया में अलग-थलग पड़ गया था। पूंजीवादी देशों का रवैया लगातार विरोध का था। रूस में इस समय गहरी समस्याएं थीं। वह एक पिछड़ा खेतिहर देश था। इसीलिए लेनिन ने उसे 'पूंजीवादी धुरी में सबसे कमजोर कड़ी' कहा था। जाहिर-सी बात है, इन स्थितियों में साम्राज्यवादी शक्तियों से क्रांति की रक्षा करना सबसे बड़ा लक्ष्य था।

सामाजिक दृष्टिकोण से देखें तो स्टालिनवाद समाजवादी रूसी क्रांति पर मौजूद साम्राज्यवादी दबावों का प्रतिफलन था। स्टालिनवाद की राजनीति का विस्तार इन दबावों के प्रतिकार के रूप में भी देखा-समझा जा सकता है।

1920 के दशक में रूस को पिछड़ी सामाजिक व्यवस्था से निकालने के लिए व्यापक औद्योगिकीकरण के कार्यक्रम की शुरुआत की गई, तीव्र गति से खेती का समूहीकरण किया गया, धनी किसानों के विरुद्ध 'वर्ग संघर्ष' की घोषणा की गई। भारी उद्योगों की स्थापना के पीछे मकसद यह था कि बड़े, साम्राज्यवादी और पूंजीवादी देशों पर रूस की निर्भरता समाप्त हो जाए और रूस को आर्थिक स्वतंत्रता प्राप्त हो।

इन प्रयासों की परिणति शक्ति के केंद्रीकरण के रूप में हुई। स्टालिन ने घोषित किया कि 'राज्यहीन समाज बनाने से पूर्व राज्य का शक्तिशाली होना जरूरी है।' स्टालिन की रणनीति थी कि समाजवाद की अंतिम विजय के लिए जरूरी है कि समाजवाद और रूसी क्रांति के शत्रुओं को समाप्त किया जाए। उनकी इस नीति ने लाखों लोगों को मुश्किलों में डाला। बहुत-से लोग विस्थापित कर साइबेरिया भेज दिए गए। बहुतों को निरपराध जेल में डाल दिया गया और बहुतों की हत्या तक की गई।

स्टालिनवाद के साथ इस महत्वपूर्ण तथ्य को याद रखना जरूरी है कि रूसी सत्ता के केंद्रीकरण के साथ भारी उद्योगों में प्रगति ने ही सोवियत संघ को भौतिक रूप से इतना सक्षम बनाया कि द्वितीय

विश्वयुद्ध में वह नाजी जर्मनी को पराजित कर सका और विश्व को फासिज्म के खतरे से मुक्त कर पाया।

यहां यह उल्लेख करना आवश्यक है कि स्तालिनवाद मार्क्सवाद और लेनिनवाद की तरह कोई स्वीकृत वाद नहीं है। 1930 के दशक में जब सोवियत नेता लाजार केगनोविच ने लेनिनवाद के साथ स्तालिनवाद पद का प्रयोग किया तो स्वयं स्तालिन ने इसे अस्वीकार कर दिया था।

स्तालिन का सबसे बड़ा योगदान यह था कि उन्होंने सोवियत सत्ता पर होने वाले अंदरूनी और बाहरी वैचारिक तथा भौतिक आक्रमणों से न सिर्फ सोवियत संघ और कम्युनिस्ट पार्टी की रक्षा की, बल्कि उन्हें इतना शक्तिशाली बनाया कि द्वितीय विश्वयुद्ध में हिटलर की नाजी सेनाओं को परास्त किया। लेकिन उनकी इन कामयाबियों का नकारात्मक पहलू भी है। सोवियत संघ की कम्युनिस्ट पार्टी की बीसवीं कांग्रेस ने स्टालिन के दौर की गलतियों पर रिपोर्ट पेश की थी। स्टालिन से सिद्धांत और विचारधारा के क्षेत्र में, राज्य की व्यावहारिक गतिविधियों और प्रशासन के क्षेत्र में, समाजवादी राज्यों और बिरादराना कम्युनिस्ट पार्टियों के आपसी संबंधों के क्षेत्र में और साथ ही सोवियत संघ की कम्युनिस्ट पार्टी की सामूहिक कार्यविधि के क्षेत्र में भयंकर भूलें हुई थीं। मार्क्सवाद-लेनिनवाद के सही सिद्धांतों के परिप्रेक्ष्य में व्यक्ति विशेष की भूमिका के मूल्यांकन में भी भयंकर भटकाव आए थे।

सैद्धांतिक स्तर पर स्टालिनवाद की आलोचना रोजर गॉरोदी ने इस प्रकार की है, 'यह मतांधतापरक छद्म वैज्ञानिक प्रत्यक्षवाद को द्वंद्ववाद का लिबास पहनाने के रूप में हुआ। भौतिकवाद के तीन सिद्धांतों–द्वंद्ववाद के चार नियमों और ऐतिहासिक भौतिकवाद के पांच संस्तरों आदि के रूप में यह संहिताबद्ध हुआ, जिसमें एक प्रोकास्टियन बिस्तर निर्मित किया गया, जिस पर विज्ञान और रचनात्मकता की निरंतर कांट-छांट की गई।' रणधीर सिंह ने स्टालिनवाद को मार्क्सवादी सिद्धांतों से भटकाव के रूप में विश्लेषित किया है और इसे मार्क्सवादी आवरण में लिपटे 'रूढ़िवाद' की संज्ञा दी है।

जितेंद्र गुप्ता

अधिक जानकारी के लिए :

1. स्टालिन : परिचय और मूल्यांकन : हरकिशन सिंह सुरजीत (सं.), **2. Problems of Leninism :** J B Stalin, 1926, **3. Collected Works of Stalin :** Lawrence and Wishes, **4. Stalic : A Political Biography :** Isaac Deutscher , 1949

स्त्रियों के काम

स्त्रियों के काम अलग हैं और पुरुषों के काम अलग, यह मान्यता अधिकांश समाजों में व्यापक रूप से प्रचलित है। इसे ही सेक्सीय श्रम-विभाजन कहा जाता है। कुछ स्त्रीवादियों का आग्रह है कि इसे जेंडरीय विभाजन कहा जाए, क्योंकि यह सेक्स यानी पुरुष और स्त्री होने पर नहीं, बल्कि व्यक्ति के जेंडर पर निर्भर है। जेंडर भूमिकाएं समाज और संस्कृति के द्वारा आरोपित की जाती हैं : इसी के तहत माना जाता है कि स्त्री का काम खाना बनाना, घर की देखभाल, बच्चों का पालन-पोषण और ऐसे सारे काम करना है जो घर के भीतर किए जाते हैं। दूसरी ओर, पुरुष का काम है कमाना, जो मुख्यतः घर के बाहर जाकर किया जाता है। कई पेशे ऐसे हैं, जैसे–जूता बनाना, कपड़े तैयार करना तथा अनेक प्रकार के हस्तशिल्प जो घर पर ही काम करने की सुविधा प्रदान करते हैं। पर यहां भी स्त्री घरेलू काम करती है और परिवार की अर्थव्यवस्था पुरुष के हाथ में होती है। सेक्सीय विभाजन यथार्थ के ज्यादा निकट प्रतीत होता है, क्योंकि इसका मूल आधार प्रजनन की क्षमता है, जो स्त्री में पाई जाती है, पुरुष में नहीं। इसलिए बच्चों के पालन-पोषण की जिम्मेदारी उस पर आ जाती है। चूंकि मानव जाति में गर्भ काल प्राणियों में सबसे लंबा होता है और शिशु के वयस्क होने में कम-से-कम सोलह या अठारह साल लगते हैं, इसलिए स्त्री घर से बंधकर रह जाती है। स्पष्ट

है कि इस विभाजन का परंपरागत आधार यह है कि स्त्री और पुरुष की शारीरिक बनावट अलग-अलग होती है, इसलिए इसे सेक्सीय विभाजन कहना समीचीन है।

पहले माना जाता था कि यह श्रम-विभाजन सामाजिक नहीं, प्राकृतिक है : स्त्री को घरेलू काम के लिए बनाया ही गया है। स्त्रीवादियों ने इस तर्क का विरोध करते हुए कहा है कि यह पितृसत्ता की अभिव्यक्ति है। इस मुद्दे को लिबरल, रेडिकल, मार्क्सवादी तथा समाजवादी—चारों प्रकार की स्त्रीवादियों ने उठाया है और कहा है कि स्त्री की पराधीनता और पुरुष के वर्चस्व का एक बड़ा या मुख्य कारण यही है। लहर—एक की स्त्रीवादियों ने स्त्री-पुरुष की हैसियत में फर्क को काम और वर्ग (आर्थिक आधार पर परिभाषित मार्क्सवादी वर्ग नहीं, बल्कि एक पारिवारिक तथा सामाजिक वर्ग) से जोड़ा है। उनका मानना था कि स्त्री को एक अलग तथा पुरुष से हीन वर्ग बना दिया गया है। यह स्त्री श्रम को मुफ्त हासिल करने का पुरुषवादी कौशल है, ताकि स्त्रियां शक्ति-वंचित रहें और अपने को घर की रानी समझती रहें। स्त्रियों के कामों पर लहर-दो की स्त्रीवादियों ने और अधिक गहराई से विचार किया है। मार्क्सवादी नारीवादियों के अनुसार, घरेलू काम उत्पादन की सामंती प्रणाली का अंग था, जो पूंजीवाद तक चलता आया है। इससे पुरुष को नियंत्रणकारी शक्ति मिलती है। कुछ मार्क्सवादियों का कहना है कि स्त्रियों के काम वास्तव में पूंजीवादी उत्पादन को बढ़ाने के लिए बनाए गए हैं। यही काम श्रमिक खुद करता या किसी और से किराए पर करवाता, तो उत्पादन में लगे श्रम की लागत बढ़ जाती और पूंजीपति का मुनाफा कम हो जाता। इस पर विवाद है कि घर के काम किसको कहें। जब कोई मां अपने बच्चों को दुलार रही है, तो यह काम है या खेल? आज स्त्री आंदोलन का एक प्रमुख मुद्दा यह है कि स्त्रियों को घरेलू कामों का पारिश्रमिक दिया जाए, ताकि उनका आर्थिक सशक्तीकरण हो सके। इस तथ्य की भी उपेक्षा नहीं की जानी चाहिए कि बहुत-से परिवारों में स्त्रियों द्वारा घर से बाहर काम पर निकलने से पुरुषों में घरेलू कामकाज में हाथ बंटाने की प्रवृत्ति आई है। इसकी एक वजह यह है कि टेक्नोलॉजी के विकास से ऐसे घरेलू उपकरण आए हैं जो श्रम को हलका और समय की बचत करते हैं।

काम के अधिकार का आंदोलन या अभियान स्त्रीवाद पर पलटवार करता है। 1960 के दशक से स्त्रीवादियों का आंदोलन बहुत तेज हो गया था। इसे पुरुषों ने बहुत दिनों तक एक शर्म की तरह झेला, जिसका एक नतीजा यह हुआ कि 1980 के दशक में पुरुष प्रतिघात एक प्रवृत्ति के रूप में सामने आया। इसकी भाप अभी भी खत्म नहीं हुई है। अमेरिकी लेखिकाओं नोआम वोल्फ और सूसन फलूदी ने प्रतिघात के कई उदाहरण, खासकर मीडिया से, पेश किए हैं जिनका संदेश यह है कि स्त्री की सही जगह घर है। उसे बाहर निकलकर पुरुषों से प्रतिद्वंद्विता नहीं करनी चाहिए। यह स्थापित करने के लिए फिल्मों और टीवी चैनलों में उन औरतों का चित्रण जो नौकरी या व्यवसाय करती हैं, थकी-हारी, अकेलेपन से ग्रस्त, अवसाद की शिकार के रूप में किया जाता है मानो वे अपने जीवन में किसी अहम चीज की गैर-मौजूदगी की पीड़ा का अनुभव कर रही हों। ऑस्ट्रेलिगाई लेखिका इरिना दुन्न की इस उक्ति को कि 'स्त्रियों को पुरुषों की उतनी जरूरत है, जितनी मछलियों को साइकिल की' ग्लोरिया स्टीमेन ने अमर बना दिया है, पर प्रतिघात के वर्तमान वातावरण में यह नारा किसी को आकर्षित नहीं करता। इसे स्त्री की घर-वापसी कह सकते हैं, यद्यपि यह तय करना कठिन है कि यह प्रवृत्ति कितने दिनों तक टिकी रहेगी, क्योंकि अर्थव्यवस्था, टेक्नोलॉजी और फैशन एक उभयसेक्सीय वातावरण बना रहे हैं।

राजकिशोर

स्त्रियों के मानवाधिकार

मानव अधिकारों की बौद्धिक पृष्ठभूमि यदि एक तरफ सार्वभौम मानवता है और सृष्टि

के सभी जीवों से जुड़ी है, तो दूसरी तरफ उनके दायरे में स्त्री के मानवाधिकार विशिष्ट रूप से हैं। स्त्रियों की समाज के निर्माण, पोषण और विकास में एक बड़ी भूमिका है। यह हर युग में स्वीकार किया गया है, पर ऐसा कोई युग नहीं है जब न केवल उसके सामान्य अधिकार कुचले गए हैं बल्कि वे यौन उत्पीड़न और हिंसा का शिकार भी होती रही हैं। वे शिक्षा, सामाजिक भूमिका, घरेलू जीवन में आत्मसम्मान और स्वतंत्रता से वंचित की जाती रही हैं। वे पितृसत्तात्मक ढांचे में न सिर्फ पुरुष से हीन और कमजोर मानी गईं, बल्कि कुप्रथाओं से जकड़ी भी रही हैं। उन्हें मताधिकार पुरुषों की तुलना में देर से मिला। उन्हें समान काम के लिए आज भी कई जगहों पर पुरुषों से कम वेतन मिलता है।

स्त्रियों की स्वाधीनता और उनके हक की लड़ाई कई सदियों पुरानी है। जॉन स्टुअर्ट मिल की 1861 में लिखी पुस्तक 'स्त्रियों की पराधीनता' ने पुरुष वर्चस्व को कठघरे में खड़ा कर दिया था। यह पराधीनता 'प्रकृति की इच्छा' और 'ईश्वर के आदेश' के नाम पर समाज में मजबूती से टिकी हुई थी। आधुनिक युग में यह तथ्य उजागर होने लगा कि स्त्री-पुरुष असमानता को मिटाने के लिए भू-संपत्ति पर पुरुष के समान स्त्रियों का भी अधिकार और आर्थिक आत्मनिर्भरता प्रमुख तत्व हैं। अब उन्हें घर के छोटे-छोटे कामों, पूजा-पाठ, अतिथि-सत्कार आदि तक सीमित न रखकर पेशेवर प्रशिक्षण, वैज्ञानिक अनुसंधान, कला-साहित्य की चर्चा आदि में शामिल करने की जरूरत महसूस की जाने लगी। वे अपने 'घरेलू' होने के बिंब को तोड़ने लगीं।

उन्नीसवीं सदी में स्त्रियों के मानवाधिकार का

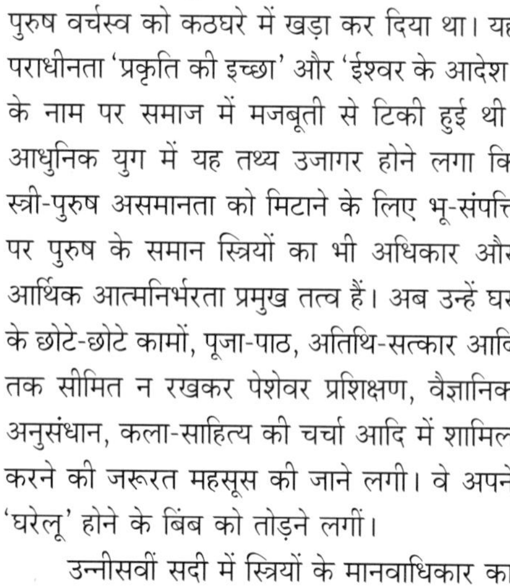

प्रश्न उठ चुका था और कहा जाने लगा था कि पुरुष चूंकि स्त्रियों के बारे में सामान्यतः कुछ नहीं जानते, इसलिए वे स्त्रियों की योग्यता और कार्यों के बारे में कानून नहीं बना सकते। स्त्रियों को अपने कार्य खुद चुनने की स्वतंत्रता मिलनी चाहिए। स्त्रियों के आत्मबलिदान के गुणों को नए युग में स्त्रियों की विवशता और कृत्रिम माना गया। इसका खंडन हुआ कि स्त्रियों के कुछ स्त्रियोचित्त गुण होते हैं। यह भी एक पुरुष प्रभुत्ववादी सोच है कि स्त्रियां पुरुषों के लिए रचनात्मक ऊर्जा हैं या रचनात्मकता स्त्रीलिंगी है। यह सब कहकर स्त्रियों का काफी शोषण हुआ है। स्त्रियों के संदर्भ में पुरुषवादी पूर्वाग्रहों और बंधनों के टूटने की प्रक्रिया लंबी है। समाज में आज भी स्त्रियां दासता और उत्पीड़न से मुक्त नहीं हैं, लेकिन राजनीतिक जागरूकता के साथ-साथ मानवाधिकारों की भूख उनमें पहले की तुलना में काफी बढ़ी है। वे यह भी महसूस करने लगी हैं कि घरेलू मामलों में निर्णय का अधिकार मिले बिना या परिवार में समानाधिकार मिले बिना स्त्री-सशक्तीकरण अधूरा है।

सदियों बाद समाज में यह धारणा बलवती हुई है कि स्त्री भी इंसान है। उसके अधिकार पुरुषों के बराबर होने चाहिए। संवैधानिक प्रावधानों ने भी उसकी पारिवारिक, सामाजिक और आर्थिक न्याय की आशा बढ़ा दी है। आज के युग में स्त्रियां प्रधानमंत्री, राष्ट्रपति, पायलट, न्यायाधीश, बिजनेस टायकून और सभी उच्च पदों पर पहुंच रही हैं। वे दफ्तरों में मुक्त होकर काम कर रही हैं, कलाओं के संसार में आगे हैं। स्त्रियों के अधिकारों के लिए आंदोलन भी इक्कीसवीं सदी में तेज हो गए। यह कहा जाने लगा कि स्त्रियां 'भारत की बेटियां' या महज पत्नी, चाची, भतीजी बनकर रहना नहीं चाहतीं, वे भारत में 'नागरिक' के रूप में 'मनुष्य' के रूप में देखा जाना चाहती हैं। वे यह भी जानती हैं कि सभी पुरुष बुरे नहीं हैं और उनका संघर्ष मानसिकता बदलने के लिए है।

इक्कीसवीं सदी की नई स्थितियों में भारतीय मानव विकास सर्वेक्षण (2015) के अनुसार, अभी

भी 60 प्रतिशत स्त्रियां किसी-न-किसी रूप में पर्दा करती हैं। राजस्थान में यह 96 प्रतिशत है और बिहार में 91 प्रतिशत। सबसे कम तमिलनाडु में 6 प्रतिशत है। 10 प्रतिशत स्त्रियों को ही खेत की जमीन में हिस्सा मिलता है। सिर्फ 20 प्रतिशत स्त्रियों को ही उनके घर की संपत्ति में उनके नाम दिए गए हैं। 20 प्रतिशत स्त्रियां ही विवाह से पहले अपने पति के बारे में कुछ जान पाती हैं। 40 प्रतिशत स्त्रियों ने बताया कि उनके विवाह में उनका कोई मत नहीं था। 2011-12 के संपूर्ण श्रम बल में शहरी स्त्रियों का प्रतिशत 15 था, जबकि ग्रामीण स्त्रियों का 25 था। श्रमबल में स्त्रियों की हिस्सेदारी 2013-14 में अमेरिका में 54 प्रतिशत, चीन में 64 प्रतिशत, इंग्लैंड में 56 प्रतिशत, ऑस्ट्रेलिया में 59 प्रतिशत, नेपाल में 80 प्रतिशत, कोरिया में 72 प्रतिशत, भूटान में 67 प्रतिशत, श्रीलंका में 35 प्रतिशत, बांग्लादेश में 57 प्रतिशत, भारत में 27 प्रतिशत और पाकिस्तान में 25 प्रतिशत थी। भारत की सोलहवीं लोकसभा (2014-19) में सर्वाधिक 62 महिला सांसद हैं, अर्थात 11 प्रतिशत। भारत के कुल 4120 विधायकों में सिर्फ 359 महिला विधायक हैं अर्थात 9 प्रतिशत। भारत की 10 प्रतिशत स्त्रियां ही परिवार के सामान्य निर्णय में अपना मत दे पाती हैं और 81 प्रतिशत स्त्रियों को चिकित्सा के लिए इजाजत लेनी पड़ती है। 31 प्रतिशत स्त्रियां अकेले स्वास्थ्य केंद्र में नहीं जा सकतीं। 55 प्रतिशत स्त्रियों के नाम में ही बैंक एकाउंट है। भारतीय मानव विकास सर्वेक्षण द्वारा स्त्रियों से संबंधित तथ्यों से स्त्री के मानवाधिकारों के संदर्भ में सामने खड़ी चुनौतियों की एक झलक मिल सकती है।

इस दौर में नए-नए कानूनों का निर्माण हुआ है जो स्त्रियों के पक्ष में है और उनके अधिकारों की रक्षा करते हैं। राष्ट्रीय महिला आयोग (1990) और राष्ट्रीय मानवाधिकार आयोग कानून (1993) के बाद स्त्रियों से जुड़ी समस्याओं पर न सिर्फ गहराई से विचार किया गया, निदान ढूंढ़ा गया बल्कि स्त्रियों के शोषण और उत्पीड़न पर त्वरित कार्रवाइयां भी शुरू हो गईं। ऐसे कुछ कानूनों का विवरण इस प्रकार है :

(1) लिंग के आधार पर जन्म लेने के पहले ही कन्या भ्रूण-हत्या रोकने के लिए प्रोहिबिशन ऑफ सेक्स सेलेक्शन कानून-1994 बना। गर्भपात के लिए गर्भवती स्त्री की लिखित सहमति जरूरी कर दी गई, साथ ही वे दशाएं निर्धारित कर दी गईं जिनमें ही गर्भपात की इजाजत है, जैसे—माता किसी असामान्यता या रोग की शिकार हो, उम्र ज्यादा हो आदि। इसके बावजूद स्त्री भ्रूण जानकर डॉक्टरों से मिलीभगत करके गर्भपात करा दिया जाता है। अतः कन्या भ्रूण-हत्या न हो इसके लिए जागरूकता अभियान चलाए जाने शुरू हुए।

(2) 2005 में हिंदू उत्तराधिकार (संशोधन) कानून बनाया गया, जिसकी धारा 6 के अनुसार पुश्तैनी संपत्ति पर स्त्रियों का पुरुषों के समान ही अधिकार माना गया। लड़कियों के दायित्व भी लड़कों के समान हो गए। यह कानून कर्नाटक में 1994 से, आंध्र प्रदेश में 1985 से, तमिलनाडु में 1989 से और महाराष्ट्र में 1994 से ही था। पुरानी मान्यता के अनुसार कहा जाता है कि पैतृक संपत्ति में बेटियों को हिस्सा देने का सवाल नहीं उठता क्योंकि उनके विवाह में दहेज तथा अन्य चीजों के रूप में परिवार खर्च कर देता है। कई बार बेटियां स्वेच्छा से यह अधिकार छोड़ देती हैं। अतः इस कानून के क्रियान्वयन में कई समस्याएं बनी होती हैं।

(3) 1956 के कानून के अनुसार पति पत्नी की सहमति से किसी बच्चे को गोद ले सकता था, पर पत्नी नहीं ले सकती थी। 2010 में गोद लेने के कानून की धारा 8 के अनुसार अब पत्नी भी पति की सहमति से बच्चे को गोद ले सकती है। इस तरह एक असमानता दूर की गई।

(4) हिंदू विवाह कानून में संशोधन लाकर यह प्रावधान जोड़ा गया कि यदि पत्नी के पास आय का कोई स्रोत नहीं है, वह प्रतिपक्षी से मुकदमे के खर्च तथा भरण-पोषण की हकदार होगी। यह प्रावधान पत्नी के आर्थिक रूप से सुदृढ़ होने और पति के बदहाल होने पर पत्नी पर भी लागू होता है।

(5) सरकार 2007 में 'मेंटेनेंस और वेलफेयर ऑफ पैरेंट्स एंड सीनियर सिटिजंस एक्ट' ले आई जिसके तहत माता-पिता उन लोगों से, जिन्हें उनकी संपत्ति मरने के बाद मिलेगी, अपने भोजन, कपड़े, इलाज और आवास की मांग कर सकते हैं। आज के युग में बुजुर्गों, खासकर विधवाओं की हालत खराब हुई है। वे संपत्ति रहते हुए भी अपने कमाऊ बच्चों की उपेक्षा की शिकार होती हैं। ट्रिब्यूनल प्रतिपक्षी से नोटिस मिलने के 90 दिनों के अंदर मामले की जांच कर भरण-पोषण का अधिकार दिला सकता है। हर जिले में वृद्धाश्रम बनाने की योजना भी है, जहां कम-से-कम 150 वृद्धों को रखा जा सकता है। आज माता-पिता बच्चों के खिलाफ मुकदमा करने से झिझकते हैं और कष्ट सहकर चुपचाप किसी तरह जीवन बिताते हैं।

(6) 1978 के कानून से बाल विवाह को रोका जाना पूरी तरह संभव नहीं हो पाया, इसलिए 2006 में बाल विवाह कानून में कुछ और संशोधन कर इसे कठोर बनाया गया। लड़कियों की कम उम्र में शादी जबर्दस्ती कर दी जाती है, अब ऐसे विवाह को निरस्त कराया जा सकता है और विवाह कराने वाले व्यक्ति को दो वर्ष की सजा और एक लाख रुपये तक का जुर्माना हो सकता है। लड़कियों के विवाह के लिए कम-से-कम 18 वर्ष की उम्र होना जरूरी है। कम उम्र में लड़कियों का विवाह उसके जीवन से खिलवाड़ माना गया है।

(7) यौन अपराधों की संख्या में दिनोदिन वृद्धि होती जा रही है। पहले के कानून में बालिगों और बच्चों के यौन उत्पीड़न में फर्क नहीं किया जाता था। अब कम उम्र की लड़कियों और बच्चों के यौन उत्पीड़न के मामले में ज्यादा कठोर सजा है। लड़कियों या सामान्यतः बच्चों का यौन उत्पीड़न उनके बचपन और पूरे व्यक्तित्व को तहस-नहस कर देता है। मानव अंगों के अलावा यौन उत्पीड़न में जिन वस्तुओं का उपयोग होता है, बलात्कार की व्याख्या में उनको भी अब शामिल कर लिया गया है। 'यौन अपराध से बच्चों की सुरक्षा कानून-2012' ने लड़कियों को अतिरिक्त सुरक्षा प्रदान की है। इसके तहत किसी तरह की यौन छेड़छाड़, यौन शोषण या पोर्नोग्राफी में उपयोग गंभीर अपराध है। ऐसे अपराधों पर सजाएं पहले से ज्यादा हैं। इस कानून के तहत एक लोकप्रिय धार्मिक प्रवचनकर्ता आसाराम बापू के विरुद्ध की गई कार्रवाई ने सिद्ध कर दिया कि ऐसे अपराध किस-किस स्तर पर होते हैं।

उपर्युक्त कानून में निर्देश दिया गया है कि मीडिया, होटल, लॉज, हास्पिटल, क्लब, स्टूडियो-फोटोग्राफी की सुविधाओं वाली जगहों के लोगों का कर्तव्य है कि वे जहां भी बाल शोषण के चिह्न पाएं तो फौरन पुलिस या स्पेशल बाल अपराध शाखा को खबर करें। स्त्रियों से संबंधित अपराधों के मामले में थाने में एफआईआर रिकॉर्ड न करने पर पुलिस अधिकारी को दो वर्ष की सजा का प्रावधान लाया गया। कानून के साथ जन-जागरूकता की अहम भूमिका स्त्रियों के मानवाधिकार के आंदोलन का एक बड़ा हिस्सा है। 16 दिसंबर 2012 को दिल्ली में निर्भया के सामूहिक बलात्कार के बाद भारत में बलात्कार, यौन उत्पीड़न और हिंसा के विरुद्ध जो जनाक्रोश उमड़ा, इसके दबाव में तत्परता बरतते हुए 'क्रिमिनल लॉ एमेंडमेंट एक्ट-2013' बना जिसमें पुराने कानूनों में कई नई धाराएं जोड़ी गईं ताकि तेजाब फेंकने, अश्लील छेड़छाड़, लड़कियों के शरीर के निकट आने की कोशिश, स्त्रियों से द्विअर्थी भाषा के इस्तेमाल, लड़कियों का लगातार पीछा करना, एकांत स्थल पर स्त्री को बिना कपड़ों में देखने की कोशिश या तस्वीर लेना जैसे मामलों में तीन से पांच साल की सजा का प्रावधान किया गया। बलात्कार की परिभाषा बदली गई। इन कानूनों के साथ जरूरी माना जाता है कि जब तक पुलिस और अदालत अपने कर्तव्य मुस्तैदी से नहीं निभाएगी और स्त्रियों द्वारा जागरूकता अभियान लगातार जारी नहीं रहेगा, सिर्फ कानून बनाकर कुछ न होगा। देखा भी गया कि अपराधों की संख्या में गिरावट नहीं आई। स्त्रियों के प्रति अन्याय और उनका उत्पीड़न जारी है।

(8) 1996 में अनैतिक व्यापार निवारण

अधिनियम का संशोधन कर यह व्यवस्था की गई कि संदिग्ध या अपराधी स्त्री से पूछताछ, तलाशी या गिरफ्तार सिर्फ महिला पुलिस द्वारा ही संभव है। जन-आंदोलन में भाग लेने वाली स्त्रियों के संबंध में महिला पुलिस ही सारी कार्रवाई करेगी।

(9) निम्न वर्ग और गांवों की स्त्रियों की समस्याएं शहर की स्त्रियों से ज्यादा हैं जो प्रकाश में नहीं आतीं। ऊंची मानी जाने वाली जातियों की स्त्रियां भी गांवों में कम घरेलू शोषण, यौन-उत्पीड़न और जाति हिंसा की शिकार नहीं होतीं। स्त्रियां निरपेक्ष रूप से दमन का शिकार होती हैं, कहीं प्रत्यक्ष और कहीं अप्रत्यक्ष ढंग से।

गरीब घरों की स्त्रियों पर सभ्यता के विकास के साथ जुल्म भी बढ़े हैं। वे दलित हों या नहीं, इससे फर्क नहीं पड़ता। उनकी बीमारी को बीमारी नहीं माना जाता, उनका समय पर इलाज शुरू नहीं होता। वे कहीं बाल विवाह के बुरे नतीजे भुगतती हैं और यौन उत्पीड़न का शिकार होती हैं। गरीब लड़कियां कुछ हजार रुपयों में खरीदी-बेची जाती हैं। कई गरीब लड़कियां उनके माता-पिता को कुछ पैसे देकर खाड़ी देशों में काम के लिए भेज दी जाती हैं, जहां उनका यौन शोषण भी होता है। वे खाप पंचायत के कठोर आदेशों से घिरी होती हैं। कानून और सभ्यता के पर्दे में स्त्री-गरीबी आंसुओं और लहू में कई तरह से सनी होती है। इन तक मानवाधिकार आंदोलन नहीं पहुंच पाता।

(10) किराए की कोख के बढ़ते व्यापार का जाल भारत में भी फैला है, अब बच्चा बाजार का उत्पाद है। एक अनुमान के अनुसार भारत में 25,000 से ज्यादा बच्चों का जन्म किराए की कोख से हो चुका है और स्त्री लगभग 4000 डॉलर पाती हैं। गरीब स्त्रियां ही यह सौदा करती हैं। बच्चे के जन्म के बाद इन स्त्रियों की कमजोरी, दवाओं के विपरीत प्रभाव जैसे सवाल हैं। यह देखा जाना जरूरी है कि पैसे के लिए किए जा रहे इस काम के लिए पति या सास का दबाव कितना है और क्या 'किराए की कोख' का काम मानवीय गरिमा के अनुकूल है? क्या धनाढ्य लोगों द्वारा यह गरीब स्त्रियों का शोषण नहीं है? कहा जाता है कि इस काम से लाखों रुपये मिल जाते हैं और 'स्त्री का परिवार' खड़ा हो जाता है। चिंताजनक है कि आमतौर पर यह तब भी 'पुरुष का परिवार' ही रहता है। फिर किराए की कोख से जन्मे बच्चे को कितना नस्लवाद भुगतना पड़ेगा, यह भी एक सवाल है।

किराए की कोख के लिए चिकित्सा केंद्र, भावी संतान के भावी माता-पिता और किराए की कोख देने वाली स्त्री के बीच एक वस्तु-विक्रय जैसे कानूनी समझौते के पत्र पर संयुक्त रूप से हस्ताक्षर करने होते हैं जो आमतौर पर किसी एजेंसी की देखरेख में होता है। समझौते के क्रियान्वयन के साथ ही गर्भवती स्त्री एक नियमित व्यवस्था में कैदी-सी जीती है। वह एक पराया शरीर होती है। उसे भ्रूण या जन्मे बच्चे से सामान्यतः कोई स्नेह नहीं होता, क्योंकि वह दूसरे का बच्चा होता है। इससे स्त्री भावनात्मक क्षय की अभ्यस्त होती जाती है जिसकी कोई कीमत नहीं हो सकती। उसके प्रति परिवार के लोगों के व्यवहार में भी परिवर्तन संभव है।

भारत में किराए की कोख को पश्चिमी देशों के जैविक उपनिवेशवाद के रूप में देखा जा रहा है। इस संबंध में अमेरिका, ब्रिटेन, कनाडा, जापान, हॉलैंड आदि देशों के कानून में विविधता है। भारत में इस संबंध में मानवाधिकार और कानून अपर्याप्त हैं और चिकित्सा अनुसंधान परिषद के पुराने निर्देशों के अनुसार ही यह व्यवसाय चल रहा है। स्त्री को परिवार से अविभाज्य समझा जाता है। लेकिन आज कई स्त्रियां आत्मसम्मान, स्वतंत्रता और अपने स्पेस के लिए अकेले रहना पसंद करती हैं। वे विवाह के लिए मन-मुताबिक पति चुन नहीं पातीं, विवाह और मातृत्व को अपने कैरियर के बाधक के रूप में देखती हैं या विश्वास के संकट, वफादारी के अभाव और मूल्यों के ह्रास को देखकर विचलित रहती हैं। बहुतों का दहेज प्रथा के कारण विवाह नहीं हो पाता। कई खुशी से स्वच्छंदता या बिना विवाह के 'लिव-इन-रिलेशन' चुनती हैं। इस तरह के रिश्ते

या अकेले रहती स्त्री को आत्मसम्मान से रहने के सभी मानवाधिकार प्राप्त हैं। ये सामान्यतः आर्थिक रूप से आत्मनिर्भर होती हैं। बिना विवाह से साथ रहते हुए यदि स्त्री मां बनती है और बाद में अलगाव होता है तो सुप्रीम कोर्ट के 2015 के एक फैसले के अनुसार पुरुष बच्चे को अपने हिस्से का खर्च और पिता के रूप में अपना नाम देने के लिए बाध्य है।

स्त्रियों के मानवाधिकारों का आंदोलन उन्नीसवीं सदी से ही शुरू हो गया था जिसकी परिणति उनके अधिकारों की रक्षा के लिए बनाए गए कानूनों के रूप में हुई। सती प्रथा निषेध, विधवा विवाह, बाल विवाह निषेध आदि से संबंधित कानून पहले से थे। ये आजाद भारत में संशोधित करके बेहतर बनाए गए। दहेज निवारण अधिनियम-1961 (संशोधित 1986) बना, जिसके तहत दहेज लेने या मांग करने पर (धारा 304 क) आजीवन कारावास की व्यवस्था है। इसके बावजूद दहेज प्रथा बढ़ी है जिससे लड़कियां ज्यादा उम्र तक कुंवारी रह जाती हैं या शादी बिल्कुल नहीं हो पाती। दहेज के लिए वधू दहन हुए हैं। समान पारिश्रमिक अधिनियम-1976 है, पर समान काम के लिए आज भी समान वेतन नहीं मिलता।

शिकायतें मिलती रहती हैं कि स्त्रियों को घर में भरपेट खाना नहीं दिया जाता, ज्यादा काम कराया जाता है, बीमार पड़ने पर उनका इलाज ठीक से नहीं हो पाता, लड़कियों को शिक्षा से वंचित करके जबर्दस्ती शादी कर दी जाती है, बहुओं को ताने मारे जाते हैं, दुर्व्यवहार होता है, मारने-पीटने और हिंसा की घटनाएं होती हैं। ऐसी घटनाएं भारत के 80 प्रतिशत परिवारों में चुपचाप होती हैं। नए कानून के अनुसार ऐसी घटनाओं को घरेलू मामला या आपस का मामला कहकर अब टाला नहीं जा सकता यदि स्त्री प्रताड़ित होने पर मामला दर्ज करती है। वह यदि थाने या अदालत में नहीं जा सके तो किसी स्वयंसेवी संगठन, 'प्रोटेक्शन ऑफिसर' को सूचित कर सकती है। वह अदालत में केस फाइल करके स्त्री को आर्थिक सहायता, उत्पीड़न से रक्षा, इलाज, स्त्री धन प्राप्त कराने, शिक्षा पाने की सुविधा, नौकरी करने की स्वतंत्रता, घर में सुरक्षित रहने या अलग घर लेकर रहने की व्यवस्था (जिसका खर्च प्रताड़ित करने वाला देगा), हरजाना दिलाने का आदेश अदालत से लाकर दे सकता है। ऐसे मामलों में विपक्षी को सुने बिना स्त्री को तत्काल राहत दिलाने की व्यवस्था है। यह प्रक्रिया दीवानी है, पर अदालती आदेश का उल्लंघन करने पर प्रताड़ित करने वाले को एक साल की सजा भी हो सकती है। ऐसे मामलों में बीच-बचाव और सौहार्दपूर्ण वातावरण कायम करने का भी प्रावधान है। घरेलू हिंसा यदि स्त्रियों द्वारा होती है तो उनके खिलाफ भी मामला चल सकता है। अभी गांवों में यह कानून लागू करने के लिए बुनियादी ढांचे का अभाव है, पर शहरों में त्वरित न्याय की व्यवस्था है।

सार्वजनिक जगहों पर अश्लील छेड़छाड़ आम बात है। पत्नी की स्वाभाविक मर्जी न होने पर पति अकसर बलात्कार करता है। यह सवाल भी उठा है कि क्या पत्नी पति के विरुद्ध बलात्कार का मामला दर्ज कर सकती है। स्त्रियों को कई तरह से मनोवैज्ञानिक अव्यवस्था में जीना पड़ता है। उन्हें तलाक की स्थितियों का सामना करना पड़ता है। उनको गुजारा भत्ता नहीं मिलता या मिलता भी है तो अपर्याप्त मिलता है। स्त्रियों के सामने कई वर्ग स्तरों पर विभिन्न सामुदायिक स्थितियों में कई तरह की समस्याएं हैं। जितने भी आंदोलन हो रहे हों, इनके समानांतर अभी भी वे भारी संख्या में अकेली हैं। अंतरराष्ट्रीय महिला दिवस ने स्त्रियों को अपने अधिकारों के लिए जागरूक बनाने में महत्वपूर्ण भूमिका निभाई है। यह जितना स्त्रियों के लिए है, उतना ही खुद पुरुषों की मानसिकता बदलने के लिए भी।

स्त्रियों के मानवाधिकार से जुड़ी सभी समस्याएं राजनीतिक मुद्दे बनती रही हैं, बल्कि स्त्रियों के अधिकारों को दबाकर रखना या अधिक सुरक्षित करना अंततः एक राजनीतिक खेल है। मानवाधिकारों का मामला राजनीति से कभी स्वतंत्र नहीं रहा है,

पर महज राजनीति से इसका समाधान भी नहीं निकला है।

शंभुनाथ

अधिक जानकारी के लिए :
1. **मानवाधिकार एक परिचय :** मानवाधिकार प्रशिक्षण प्रतिष्ठान, 2009, **2. The Future of Feminism :** Sylvia Walby, **3. A Vindication of the Rights of Woman :** Mary Wollstonecraft

स्त्री आंदोलन : भारतीय लहरें-1

भारत में स्त्री आंदोलन (Women's Movement : Indian Waves) का इतिहास पिछले लगभग पौने दो सौ सालों से स्त्रियों द्वारा किए जा रहे निरंतर संघर्षों में है। इसमें स्त्रियों के आत्मसम्मान, शिक्षा, राजनीतिक अधिकार और व्यक्तित्व-विकास के लिए समान अवसर और लिंगभेद की समाप्ति से जुड़े मुद्दे रहे हैं। स्त्रियों के संघर्ष में पितृसत्तात्मक परिवार, समाज और कार्यक्षेत्र में होने वाले स्त्रियों के शोषण के खिलाफ जागरूकता पैदा करने और अपमानजनक स्थितियों को बदलने के मुद्दे भी शामिल रहे हैं। उल्लेखनीय है कि भारत जैसे बहुधार्मिक-बहुसांस्कृतिक देश में न पितृसत्ता का और न ही इसके खिलाफ संघर्ष का रूप एक समान रहा हे। भारत के विभिन्न इलाकों के भिन्न ऐतिहासिक-सांस्कृतिक यथार्थ, बौद्धिकता के भिन्न स्तर, स्त्रियों के दृष्टिकोण और गतिविधियों के अनुसार स्त्री आंदोलन के एक ही समय में कई रूप रहे हैं। फिर भी हर युग की कुछ सामान्य विशिष्ट ताओं के आधार पर स्त्री आंदोलन की विभिन्न लहरों को रेखांकित किया जा सकता है।

भारत में स्त्री आंदोलन की अपनी देशज विशेषताएं हैं, जो उसे पश्चिमी स्त्री आंदोलन से बुनियादी रूप से अलग करती हैं। इस पर पश्चिम के विचारों का प्रभाव हो, पर यह आयातित नहीं है। ऐसे भी शोषण और अपमान के खिलाफ स्त्री रचनाशीलता का प्रतिरोधी स्वर भारतीय समाज में हमेशा मौजूद रहा है, भले उसे सुना न गया हो। जिस समाज में स्त्रियों के प्रति लिंगभेदीय रवैया हो, वहां संभव नहीं है कि स्त्रियों का प्रतिरोधी स्वर न हो। स्त्रियों को बुद्धि, विचार और संवेदना से हीन कामोत्तेजक देह मानने की दृष्टि का किसी-न-किसी रूप में हर युग में विरोध हुआ, बौद्धों की थेरी गाथा के युग से लेकर मीरा और महादेवी वर्मा तक। आधुनिक काल में जब स्त्री संगठनों की स्थापना हुई, तब निश्चय ही असंतोष और संघर्ष के स्तर में ऊंचाइयां आईं।

पश्चिमी स्त्री आंदोलन को साम्राज्यवाद से संघर्ष करना नहीं पड़ा था, जबकि भारत में स्त्री आंदोलन की शुरुआत एक उपनिवेशित माहौल में हुई थी। इसलिए साम्राज्यवाद-विरोध इसका एक मुख्य लक्ष्य था। आजादी के बाद उसके सामने पूंजीवादी प्रवृत्तियों के खिलाफ संघर्ष का मुद्दा था। इसलिए भारतीय स्त्री आंदोलन अपने चरित्र में स्वायत्त मामला नहीं था यानी इसमें केवल स्त्रियों से जुड़े मुद्दे ही शामिल नहीं थे। इसमें स्त्री मुद्दों के साथ व्यापक सामाजिक सरोकार भी रहे हैं। आजादी के पहले सामाजिक सुधार और राष्ट्रीय स्वाधीनता आंदोलन के साथ जुड़कर स्त्री-मुक्ति आंदोलन चल रहे थे। इस संबंध को स्पष्ट करते हुए सरोजनी नायडू और बेगम शाहनवाज ने यह घोषणा की थी, 'भारतीय महिलाओं का आंदोलन पश्चिमी महिलाओं के आंदोलन की तरह केवल 'स्त्रीवादी' नहीं है।' (गेल पियरसन, रिजर्व्ड सीट्स : वीमेन एंड द वोट इन बॉम्बे, आईईएसएचआर, वर्ष : 20, अंक : 1)। वर्तमान दौर में भी स्त्री आंदोलन ही शायद एकमात्र आंदोलन है जो पर्यावरण, धार्मिक सहिष्णुता, नागरिक अधिकार, सामाजिक न्याय जैसे कई मुद्दों को अपने भीतर समेटता है।

भारत में स्त्रियों की दशा में सुधार लाने के शुरुआती प्रयास पुरुषों द्वारा किए गए थे। आधुनिक शिक्षा, पश्चिमी संस्कृति से संपर्क और अपनी राष्ट्रीय प्रेरणाओं के कारण समाज-सुधारकों का ध्यान स्त्रियों की हीन सामाजिक दशा की तरफ गया। राजा राममोहन राय, ईश्वरचंद्र विद्यासागर, दयानंद

सरस्वती, दुर्गाराम मेहता, जोतिराव फुले, गोपाल गणेश आगरकर, बेहराम जी एम मालाबारी, डी के कर्वे, महादेव गोविंद रानाडे, गोपाल हरी जैसे समाज-सुधारकों ने स्त्रियों की स्थिति में सुधार लाने वाले कई महत्वपूर्ण आंदोलनों की अगुवाई की। सती प्रथा, पर्दा प्रथा, बाल विवाह, देवदासी प्रथा का विरोध, विधवा विवाह और स्त्री-शिक्षा का समर्थन जैसे मुद्दों को सुधारवादी आंदोलनों के एजेंडे में शामिल किया गया था। इन सुधार आंदोलनों ने भारतीय स्त्री आंदोलन की पृष्ठभूमि तैयार करने में महत्वपूर्ण भूमिका निभाई थी, क्योंकि सुधारवादी नेताओं की पुत्रियों, पत्नियों, बहनों और उनसे जुड़ी स्त्रियों ने ही आगे चलकर स्त्री आंदोलन की शुरुआत की। सुधार के लक्ष्य को लेकर किए गए उन्नीसवीं सदी के स्त्री आंदोलनों की अपनी सीमाएं थीं। कुछ अपवादों को छोड़ दें तो अपनी तमाम सदिच्छाओं और सत्प्रेरणाओं के बावजूद स्त्री-प्रश्नों पर इनका मूल चरित्र मुक्तिकामी नहीं बल्कि सुधारवादी था। इसके तहत पितृसत्तामक व्यवस्था की जकड़नों को थोड़ा ढीला करने के प्रयास जरूर हुए लेकिन उनसे पूर्णतः मुक्ति दिलाकर स्त्री को मनुष्य के स्तर पर बराबरी का अधिकार देने का सोच नहीं था। स्त्री-देह को स्त्री की संपत्ति न मानकर जातीय और राष्ट्रीय पुनर्जीवन के नजरिए से देखना, स्त्री की पारंपरिक भूमिका को स्वीकार करते हुए परिवार को ही उनके मुख्य कार्यक्षेत्र के रूप में स्वीकार करना उसकी सीमाएं हैं। इस पर भी ध्यान जाना चाहिए कि उन्नीसवीं सदी के कई राष्ट्रवादियों द्वारा सती प्रथा और बाल विवाह के उन्मूलन और स्त्री-शिखा से जुड़े आंदोलनों को राष्ट्रीय संस्कृति में हस्तक्षेप मानकर उनका विरोध किया गया था।

सामान्यतः भारतीय स्त्री आंदोलन के लगभग पौने दो सौ सालों के इतिहास को तीन लहरों में बांटकर देखा जा सकता है—पहली लहर राष्ट्रीय जागरण, नवजागरण और स्वाधीनता संघर्ष के दौर को समेटती है। इसे 1850 से लेकर 1947 में देश की आजादी तक माना जा सकता है। आजादी के बाद भारत का संविधान लिंग समानता की गारंटी देता है। इसलिए लगभग 1960 तक स्त्री आंदोलनों में एक तरह की शिथिलता दिखाई देती है। लेकिन जैसे-जैसे लिंग समानता के इन आश्वासनों का भेद खुलने लगा, स्त्री आंदोलन में पुनः सक्रियता आती है। 1960 के बाद से उभरने वाले नए स्त्री संगठनों की स्थापना से दूसरी लहर की शुरुआत होती है। यह लहर आपातकाल के दौर को समेटती हुई 1990 तक प्रवाहित मानी जा सकती है। तीसरी लहर 1990 में उदारीकरण की नई आर्थिक नीतियों के साथ शुरू होने वाले वैश्वीकरण के दौर की है।

पहली लहर : भारत में स्त्री का संघर्ष उन्नीसवीं सदी के मध्य से शुरू हो जाता है। 1857 के स्वाधीनता संग्राम में लक्ष्मीबाई, झलकारी बाई, ऊदा देवी समेत लखनऊ की कई स्त्रियों ने अंग्रेजों से संघर्ष किया या संघर्ष में समर्थन दिया था। यह भारतीय राष्ट्रीय चेतना के लिए बीजवपनकारी था। उन्नीसवीं सदी के सुधार आंदोलनों का प्रभाव जब स्त्रियों के व्यक्तिगत जीवन पर पड़ना शुरू हुआ, स्वाभाविक रूप से जागरूक स्त्रियां ऐसे आंदोलनों के समर्थन में सामने आईं और उनका हिस्सा बनीं। उस समय स्त्री जागरण के दो बड़े केंद्र थे—महाराष्ट्र और बंगाल। महाराष्ट्र में सावित्रीबाई फुले, ताराबाई शिंदे, पंडिता रमाबाई, काशीबाई कानितकर, आनंदीबाई जोशी और बंगाल

पंडिता रमाबाई

में स्वर्णकुमारी देवी, सरला देवी घोषाल जैसी कई स्त्रियां सार्वजनिक मंचों पर स्त्रियों की नई आवाज बनकर उभरीं।

स्त्री-संघर्ष की पहली लहर के मुख्य सरोकार थे, स्त्री-शिक्षा, आत्मनिर्भरता, विधवाओं के लिए बेहतर जीवन-स्थितियों का विकास। इसमें उन्नीसवी सदी के सुधार आंदोलनों के उन सरोकारों को भी शामिल किया जा सकता है जो मुख्यतः स्त्रियों के विषय से जुड़े थे, जैसे—बाल विवाह और बहुविवाह का विरोध, विधवा विवाह का समर्थन। शुरू में आर्य समाज के स्त्री-शिक्षा अभियान से जुड़ी पंडिता रमाबाई का कथन है, 'प्रत्येक स्त्री को अपनी उन्नति के लिए अधिक-से-अधिक उद्यम करना चाहिए, अपने ऊपर अधिक-से-अधिक आत्मनिर्भर होकर।' (सामाजिक क्रांति के दस्तावेज)। रमाबाई ने स्त्रियों को शिक्षित और आत्मनिर्भर बनाने के उद्देश्य से 1889 में शारदा सदन खोला। इसमें औपचारिक शिक्षा के साथ सिलाई, बुनाई से लेकर उद्यान, खेती, लांड्री और डेरी उद्योग का प्रशिक्षण दिया जाता था। इस दौर में स्त्रियों ने दोहरे सामाजिक विधानों की जमकर आलोचना की। ताराबाई शिंदे ने धार्मिक ग्रंथों के आधार पर बनाए गए असमान सामाजिक विधानों को प्रश्नांकित करते हुए लिखा, 'शास्त्रकर्ताओं की तिरछी नजर केवल स्त्रियों पर ही क्यों? धर्म तो सबके लिए समान है। जो नारी के लिए, वही पुरुष के लिए क्यों नहीं होता, परंतु ऐसा नहीं है। यदि शास्त्रकर्ताओं ने स्त्री-पुरुष दोनों के लिए समान नियम रखे होते तो प्रथम पत्नी की मृत्यु के बाद पुरुष दूसरा विवाह न कर सकता...। तुम्हें जिस प्रकार गंवार, कुरूप पत्नी पसंद नहीं, उसी प्रकार पत्नी भी गंवार, कुलहीन पति कैसे पसंद करेगी, पत्नी की भी कुछ अपेक्षाएं तो होती ही हैं।' (स्त्री-पुरुष तुलना)। ताराबाई ने परिवार के पुराने एकाधिकारवादी ढांचे को ध्वस्त कर स्त्री-पुरुष समानता पर आधारित संबंधों की वकालत की। इस दौर के स्त्री-संघर्ष की सीमा यह थी कि कुछ व्यक्तिगत प्रयासों को छोड़कर सामान्यतः यह पुरुषों द्वारा चलाए गए आंदोलनों में पुरुषों की ही अगुआई में आगे बढ़ रहा था। पुरुष समाज-सुधारकों ने न केवल स्त्रियों को बदलते समय के साथ आगे बढ़ने, उन्हें बेहतर सहचरी और मां बनाने के लिए मार्ग प्रशस्त किए बल्कि इस दिशा में मार्ग-दर्शन भी किया। यह मार्ग दर्शन स्त्री-चेतना की सीमा भी था। लेकिन जैसे-जैसे स्त्री की जागरूकता बढ़ी और उसके संघर्षों में तेजी आई, स्वतंत्र स्त्री संगठनों की जरूरत भी महसूस की जाने लगी।

कादंबिनी गांगुली

उन्नीसवीं सदी के आखिरी और बीसवीं सदी के पहले दशक में क्षेत्रीय और सामुदायिक स्तर पर कई महिला संगठनों की स्थापना हुई। इनमें 'भारत महिला परिषद', 'आर्य महिला समाज' और 'भारत स्त्री महामंडल' मुख्य हैं। ये सभी संगठन स्त्रियों के समान हितों, नैतिक और सामाजिक प्रगति तथा सेवा के उद्देश्य से स्थापित किए गए थे। बीसवीं सदी के शुरुआती दो दशकों में स्त्रियों से जुड़ा मुद्दा समानता के उदारवादी सिद्धांत पर आधारित था। इस संदर्भ में तीन उल्लेखनीय स्त्री संगठनों की स्थापना की गई, 'वीमेंस इंडियन एसोसिएशन' (WIA), 'नेशनल

कॉउंसिल ऑफ वीमेन इन इंडिया' (NCWI) और 'अखिल भारतीय महिला सम्मेलन' (AIWC)।

1917 में एनी बेसेंट, डोरोथी जिनराजदास, मालती पटवर्धन, अमू स्वामीनाथन, श्रीमती दादाभाई और अंबुजम्मल ने मार्गेट कजिंस के सहयोग से 'वीमेंस इंडियन एसोसिएशन' की स्थापना की। 1932 में राजकुमारी अमृत कौर ने इसे 'भारत में उदित होने वाला पहला शुद्ध स्त्रीवादी संगठन' कहा। (स्त्री-संघर्ष का इतिहास)। एम ई कजिंस के अनुसार, 'इस संगठन ने नारी जाग्रति के विकास को नए आयाम दिए। इससे जागरूक भारतीय स्त्रियों की एकता उभरी जिसकी शुरुआत 1914 में बेसेंट के भारतीय राजनीति में प्रवेश और 'जागो भारत' श्रृंखला के तहत दिए गए कई भाषणों के साथ हुई थी।' (इंडियन वुमनहुड टुडे)। 'विमेंस इंडियन एसोसिएशन' सभी धर्मों, संस्कृतियों और जातियों की स्त्रियों के समन्वय स्थल और प्रतिनिधि परिषद के रूप में काम कर रहा था। इसने स्त्री-शिक्षा को प्राथमिकता देने और प्रौढ़ शिक्षा के लिए कक्षाएं चलाने के साथ सिलाई और प्राथमिक चिकित्सा प्रशिक्षण के लिए केंद्र खोले थे और समाज सेवा की विभिन्न गतिविधियों से खुद को जोड़ा था। 'स्त्री धर्म' इसकी अंग्रेजी में छपने वाली मासिक पत्रिका थी, जिसमें हिंदी और तमिल के भी लेख शामिल किए जाते थे। यह पत्रिका स्त्री मुद्दों पर लेख, अपनी शाखाओं से प्राप्त रिपोर्ट और स्त्रियों की रुचि को ध्यान में रखकर समाचार प्रकाशित करती थी।

'वीमेंस इंडियन एसोसिएशन' उन पहले स्त्री संगठनों में था, जिन्होंने स्त्रियों के मताधिकार की मांग की थी। इसके लिए उसे भारतीय राष्ट्रीय कांग्रेस और ब्रिटिश महिला मताधिकार आंदोलनकर्मियों समेत पूरे भारत के स्त्री संगठनों का समर्थन मिला था। स्त्रियों में राजनीतिक चेतना जाग्रत करने के लिए शिक्षित स्त्रियां सक्रिय रूप से काम कर रही थीं। सरोजिनी नायडू के नेतृत्व में विशिष्ट भारतीय स्त्रियों का एक समूह दिसंबर 1917 में भारत मंत्री एडविन मांटेग्यू से मिला और स्त्रियों के लिए मतदान के अधिकार की मांग की। ब्रिटिश सरकार ने स्त्री मताधिकार के तर्कों की पहले उपेक्षा की। लेकिन आगे चलकर भारत सरकार अधिनियम, 1919 में इस प्रश्न को प्रांतीय सरकारों के हवाले कर दिया गया। बंबई और मद्रास पहले प्रदेश थे, जिन्होंने 1921 में स्त्री मताधिकार की अनुमति दी। 1923 में संयुक्त प्रांत ने इसका अनुसरण किया, 1926 में पंजाब, बंगाल और 1930 में असम, केंद्रीय प्रांत, बिहार और उड़ीसा ने भी स्त्रियों को मताधिकार दिया।

राजकुमारी अमृत कौर

'वीमेंस इंडियन एसोसिएशन' ने श्रमिक स्त्रियों के अधिकारों के लिए लड़ने और उन्हें संगठित करने के लिए प्रयास किए। इससे जुड़े मध्यममार्गी राष्ट्रवादियों ने स्त्री श्रमिकों को प्रसूति अवकाश और लाभ दिए जाने की मांग उठाई। अखिल भारतीय ट्रेड यूनियन कांग्रेस (एटक) ने अपने स्थापना वर्ष (1920) में प्रस्तुत मांगपत्र में प्रसूति अवकाश का जिक्र किया। एटक की सभा में एनी बेसेंट, वाडिया, एन एम जोशी के अलावा मध्यममार्गी राष्ट्रवादियों, समाज-सुधारकों और श्रमिक प्रतिनिधियों ने भाग लिया था। 1924 में बंबई के समाज-सुधारक एस के बोले ने संविधान परिषद में एक प्रस्ताव रखा जिसमें सरकार से महिला श्रमिकों को प्रसूति अवकाश तथा अन्य लाभ देने संबंधी कानून बनाने का अनुरोध किया गया था।

1926 में भारत सरकार ने प्रादेशिक सरकारों से इस बाबत जानकारी इकट्ठा करने के लिए कहा। 1928 में आर एस असावले ने बंबई में प्रसूति लाभ संबंधी निजी विधेयक प्रस्तुत किया तथा 1929 में 'बंबई प्रसूति लाभ कानून' पास किया गया। प्रसूति लाभ के प्रश्न को भारत सरकार ने प्रादेशिक सरकारों पर छोड़ दिया। अतः बंबई कानून का अनुसरण करते हुए मध्य प्रांत में 1930 में, अजमेर-मेवाड़ में 1933 में, मद्रास में 1935 में और दिल्ली, बंगाल और उत्तर प्रदेश में क्रमशः 1936, 37 और 38 में कानून पास किए गए।

1925 में स्थापित 'नेशनल कॉउंसिल ऑफ वीमेन इन इंडिया' अंतरराष्ट्रीय महिला समिति की शाखा थी। इसके सदस्यों में मेहरीबाई टाटा, भोपाल की दोवागार बेगम साहिब, बड़ौदा की महारानी, कार्नेलिया सोराबजी, मिथन लाम और ताराबाई प्रेमचंद जैसी संभ्रांत वर्ग की स्त्रियां थीं। यह संगठन लोकोपकार भावना से प्रेरित था। इसका काम भारत में स्त्रियों की स्थिति के बारे में सूचनाएं एकत्र करना, ज्ञापन तैयार करना और उसे उपर्युक्त अधिकारी के सामने प्रस्तुत करना था। इसका अर्थ है कि ऊंचे घरानों की स्त्रियां सामाजिक कार्यों के लिए सक्रिय हो चुकी थीं, भले उनकी वैचारिक सीमाएं थीं। समाज में स्त्रियों की स्थिति में सुधार लाने के लिए कॉउंसिल की स्त्रियों ने संबंधित कानून के निर्माण की वकालत की। वे राजनीतिक आवेदन की पक्षपाती थीं। इस रास्ते से वे ब्रिटिश शासकों के साथ अपने संबंधों को खतरे में डाले बिना काम कर सकती थीं। ब्रिटिश शासकों के साथ अपने संपर्क सूत्र के निर्वाहन के लिए परिषद ने राष्ट्रीय स्वाधीनता आंदोलन से अपनी दूरी बनाए रखी थी। राजनीतिक रूप से अनुदार और अपनी संभ्रांत प्रकृति के कारण कॉउंसिल उन साधारण स्त्रियों से कट गया, जिनके प्रतिनिधित्व का वह दावा करता था। इस तरह लोकहित के उद्देश्य से स्थापित 'नेशनल कॉउंसिल ऑफ वीमेन इन इंडिया' सही अर्थों में भारतीय स्त्रियों की प्रतिनिधि संस्था या एक सफल संगठन बनने में असफल था।

1926 में स्त्रियों के शैक्षणिक सुधार के उद्देश्य से 'अखिल भारतीय महिला सम्मेलन' की स्थापना हुई। इसके जरिए स्त्रियों के लिए ऐसी शिक्षा की मांग उठाई गई, जो उनकी घरेलू भूमिका अच्छी तरह निभाने में सहायक हो। गरीब स्त्रियों को आर्थिक रूप से सबल बनाने के लिए उन्हें व्यावसायिक प्रशिक्षण दिए जाने की मांग भी की गई। मार्ग्रेट कजिंस और महारानी चिमनबाई के संरक्षण में जल्द ही इस संगठन ने अपने उद्देश्य का विस्तार करते हुए स्त्रियों और बच्चों की प्रगति, समाज-सुधार और एकीकृत भारत जैसे मुद्दों को अपने कार्यक्रम में शामिल किया। इस संगठन में न केवल मुख्य राष्ट्रीय मुद्दों पर बहस होती थी, बल्कि विश्वशांति और वैश्विक एकता पर भी चर्चा होती थी। यह संगठन स्त्री को पत्नी और मां से आगे ले जाकर एक नागरिक के रूप में विकसित करने के लिए प्रयासरत था। इसने बाल विवाह, बहुपत्नी प्रथा जैसी सामाजिक बुराइयों की आलोचना की, बढ़ती जनसंख्या पर चिंता जताई और प्रगतिशील कानूनों का समर्थन किया। उल्लेखनीय है कि इस संगठन ने जस्टिस हरबिलास शारदा द्वारा बाल विवाह के विरुद्ध प्रस्तुत विधेयक का समर्थन किया था, जबकि धार्मिक रूढ़िवादियों द्वारा इसका जमकर विरोध हो रहा था। इस विधेयक में लड़कियों की विवाह उम्र (Age of Consent) 10 से बढ़ाकर 12 साल करने की मांग की गई थी। देश में काफी गरमागरमी के बाद लंबे समय से टल रहा यह विधेयक अंततः पारित हुआ। इसे 1 अप्रैल 1930 से लागू करने की संस्तुति की गई।

अखिल भारतीय महिला सम्मेलन संपत्ति के संदर्भ में स्त्रियों की समानता, मजदूरी और बेहतर कार्यदशाओं का समर्थन करता था। इसकी मासिक पत्रिका 'रोशनी' हिंदी और अंग्रेजी में छपती थी। संगठन ने राजनीति से यथासंभव बचने की कोशिश की, लेकिन स्वाधीनता आंदोलन के उस दौर में यह संभव नहीं था। राष्ट्रवादी संघर्ष के आगे बढ़ने और गांधीवादी विचारधारा के प्रभाववश इसने राष्ट्रीय स्वाधीनता आंदोलन के समर्थन का निर्णय लिया। इसके साथ

ही इसने अपने नाम का विस्तार 'अखिल भारतीय महिला शैक्षणिक एवं समाज-सुधार सम्मेलन' के रूप में कर लिया। आजादी के पहले के दशकों में स्त्री-मुद्दों की मुखर अभिव्यक्ति के लिए यह संगठन एक मुख्य साधन था। इसकी शाखाओं के जरिए देश के विभिन्न भागों में उदारवादी नारीवाद का संदेश पहुंचा।

राष्ट्रीय स्वाधीनता आंदोलन में सक्रिय भागीदारी ने स्त्रियों को आत्मविश्वास और समाज में पहचान अर्जित करने में मदद की। भारतीय राष्ट्रीय कांग्रेस के शुरुआती अधिवेशनों में शिक्षित और प्रगतिशील परिवारों की कुछ ही स्त्रियां प्रतिनिधि के तौर पर शामिल होती थीं, क्योंकि यह धारणा बनी हुई थी कि स्त्रियों को दिखना तो चाहिए लेकिन उन्हें सुने जाने की जरूरत नहीं है। ज्यादातर स्त्रियां विचार-विमर्श में सहभागी न होकर स्वयंसेवकों के रूप में ही उपस्थित रहती थीं। 1917 में यह स्थिति कुछ हद तक बदलती है, जब एनी बेसेंट कांग्रेस की पहली महिला अध्यक्ष बनीं। यह क्रम 1925 में सरोजिनी नायडू और 1933 में नलिनी सेनगुप्ता के जरिए आगे बढ़ा। फिर भी इसका यह मतलब नहीं है कि उस दौर की साधारण स्त्रियों में राजनीतिक चेतना नहीं थी। स्त्रियों ने सक्रिय रूप से कई राष्ट्रवादी गतिविधियों में सहयोग दिया था, जैसे–ब्रिटिश कानून के मुजरिमों को पनाह देना, बच्चों के मन में राष्ट्रवादी विचारों को बैठाना और परिवार के पुरुष सदस्यों को राजनीतिक गतिविधियों में योगदान देने के लिए प्रेरित करना।

राष्ट्रीय आंदोलन में स्त्रियों को व्यापक स्तर पर शामिल करने का श्रेय महात्मा गांधी को है। दरअसल, आंदोलन के स्वरूप को स्त्री के नैसर्गिक गुणों और उसके आत्मबलिदानी चरित्र के अनुरूप अहिंसात्मक रखकर गांधी ने भारतीय राजनीति का नारीकरण करने का सफल प्रयास कया। गांधी पर लिखे अपने एक लेख में मधु किश्वर ने यह स्पष्ट किया है कि किस तरह उन्होंने सार्वजनिक जीवन में महिलाओं को ऊंचा स्थान दिया, उनमें नया आत्मविश्वास जगाया। उनकी धारणा है, 'स्त्रियां उदासीनता त्यागकर सुधार के सकारात्मक उद्देश्य की ध्वजवाहिका बन गईं।' (गांधी एंड वुमेन)। गांधी से प्रभावित होकर महिलाओं की भारतीय स्वाधीनता आंदोलन में व्यापक भागीदारी देखने को मिली। 1930-32 में गांधी के सविनय अवज्ञा आंदोलन में स्त्रियों की भागीदारी बीसवीं सदी के शुरुआती वर्षों की तुलना में काफी ज्यादा थी। राजनीति में स्त्रियों का प्रवेश पहले की तरह अब वाद-विवाद का मुद्दा नहीं रह गया। पुरुषों की तरफ से भी कोई खास विरोध नहीं हुआ। पश्चिमी देशों में स्त्रियों के बीच राजनीतिक अधिकार के मुद्दे पर गरमागरम बहस होती थी। भारतीय राष्ट्रीय कांग्रेस के लिए देश की आजादी स्त्री-मुक्ति से ज्यादा बड़ा मुद्दा था, लेकिन उसने स्त्री-मुद्दों को गंभीरता से लेने की शुरुआत कर दी थी।

आजाद हिंद फौज की महिला शाखा

1938 में कांग्रेस ने राष्ट्रीय योजना समिति की महिला उपसमिति का गठन किया। इसका काम नियोजित अर्थव्यवस्था में स्त्रियों की स्थिति के बारे में प्रस्ताव पेश करना था। लक्ष्मीबाई राजवाड़े की अध्यक्षता वाली इस समिति के सदस्यों में सरोजिनी नायडू, मृदुला साराभाई, बेगम एस हामिद अली, अमृत कौर, विजयलक्ष्मी पंडित, बेगम शाहनवाज और सरला देवी थीं। समिति ने स्त्रियों के लिए समान परिस्थिति, समान अवसर, जनकार्यों के लिए स्त्रियों के राजनीतिक अधिकार, एक संगठित स्वास्थ्य सेवा, सामाजिक बीमा और बच्चों की देखभाल के लिए योजना, स्त्रियों के आर्थिक अधिकार, बच्चों के अधिकारों की रक्षा, समान नागरिक संहिता और लड़के-लड़कियों के लिए समान पाठ्यक्रम की मांग रखी। समिति के सदस्यों द्वारा इस लक्ष्य को दृढ़तापूर्वक रेखांकित किया गया, 'हम उस चित्र को

बदलना चाहते हैं, जो नस्लीय कल्पना के आधार पर हमारे दिलो-दिमाग में गहराई तक खुदा है, जिसमें पुरुष नए विश्व को जीतने के लिए आगे बढ़ रहा है और स्त्रियां निरीह ढंग से बच्चों को गोद में लिये उसके पीछे चल रही हैं। जो चित्र हम गढ़ेंगे, उसमें स्त्री और पुरुष साथी के रूप में प्रगतिशीलता के मार्ग पर साथ बढ़ेंगे, जहां आनंद से दोनों मिलकर बच्चे की जिम्मेदारी उठाएंगे। यह नया यथार्थपरक चित्र प्रत्येक राष्ट्र में पुरुषत्व और नारीत्व को उभारेगा।' (भारतीय समाज में महिलाएं, नीरा देसाई और उषा ठक्कर।

स्वाधीनता आंदोलन के दौर में कई स्त्रियां विभिन्न क्रांतिकारी गुटों में शामिल हुईं। उनकी गतिविधियों में सरकारी दफ्तर पर छापा मारना, हथियार और गुप्त संदेश पहुंचाना, क्रांतिकारियों को शरण देना और बम बनाने लेकर सरकारी अधिकारियों की हत्या तक शामिल था। कल्पना स्वराज, प्रीतिलता वाडेकर, शांति घोष, सुनीति चौधरी, बीना दास जैसी क्रांतिकारी स्त्रियों ने उस दौर में अभूतपूर्व साहस का परिचय दिया था। सुभाषचंद्र बोस के आजाद हिंद फौज में कई स्त्रियां शामिल थीं। 1843 में कैप्टन लक्ष्मी सहगल के नेतृत्व में आजाद हिंद फौज की महिला रेजीमेंट 'रानी लक्ष्मीबाई सैन्य दल' स्थापित की गई। 1930 के उत्तरार्द्ध तक भारतीय स्त्री आंदोलन में कम्युनिस्ट विचारधारा का प्रवेश हो चुका था। कम्युनिस्ट और राष्ट्रवादी स्त्रियों ने साथ मिलकर राजनीतिक कैदियों की रिहाई के लिए अभियान चलाया था। 1939 में सक्रिय महिला कार्यकर्ताओं ने कांग्रेस महिला संघ की स्थापना की थी। बंगाल में कांग्रेस महिला संघ के दूसरे घटक थे—ऑल इंडिया वीमेंस कॉउंसिल, रेडिकल स्त्री संघ, युगांतर और भूमिगत कम्युनिस्ट ग्रुप। 1942 के भारत छोड़ो आंदोलन में सारे देश की स्त्रियों ने भाग लिया। बंगाल में कई महिला आत्मरक्षा समितियों का गठन किया गया, जिनमें महिलाओं को लाठी चलाने से लेकर बम बनाने और अंग्रेज बलात्कारियों से आत्मरक्षा के तरीके सिखाए जाते थे।

राष्ट्रीय आंदोलन में स्त्रियों की सहभागिता ने पुरुषों के मन में मौजूद पूर्वधारणाओं को एक हद तक

महादेवी वर्मा

बदल दिया। स्त्रियों ने यदि भारतीय राष्ट्रवाद को नारी सुलभ गुणों से युक्त कर दिया तो बदले में राष्ट्रवादी संघर्ष ने स्त्रियों को सदियों पुरानी सामाजिक रूढ़ियों से स्वयं को मुक्त करने की जबर्दस्त प्रेरणा दी। इसने स्त्रियों को सार्वजनिक जीवन में प्रवेश करने और व्यक्तिगत जीवन में परिवर्तन लाने के अवसर दिए। यह सामाजिक यथार्थ को पूरी तरह बदल देना नहीं था। रूढ़िवादी सोच पूरी तरह टूटी नहीं थी। उस दौर में स्त्रियों की पारंपरिक भूमिका और असमानता के आधारभूत मुद्दों को चुनौती नहीं दी गई थी। मसलन उस दौर में पितृसत्ता के सामाजिक और मनोवैज्ञानिक आधारों को प्रश्नांकित नहीं किया गया था, सार्वजनिक जीवन में प्रवेश के बावजूद स्त्रियों को गृहिणी की पारंपरिक भूमिका से मुक्ति नहीं मिली थी। स्त्री-पुरुष के कार्यक्षेत्र-विभाजन और श्रम के लैंगिक भेद को निर्विवाद रूप से स्वीकार किया जाता था। राष्ट्रीय स्वाधीनता आंदोलन के चरम विकास के दौर में स्त्री मुद्दे और स्त्री आंदोलन पूरी तरह उसमें डूब गए थे और स्त्री-मुक्ति के सपने को आजाद भारत की नई सुबह के हवाले कर दिया गया था।

श्रद्धांजलि सिंह

अधिक जानकारी के लिए :
1. स्त्री-संघर्ष का इतिहास : राधा कुमार, 2002, **2. भारतीय समाज में महिलाएं :** नीरा देसाई, उषा ठक्कर, 2009, **3. स्त्री अध्ययन की बुनियाद :** प्रमिला के पी, 2015, **4. स्त्री-लेखन : स्पप्न और संकल्प :** रोहिणी अग्रवाल, 2015, **5. Gendered Citizenship :** Anupama Roy, **6. Indian Women's Movement: Reform and Revival :** Maitrayee Chaudhuri, 1993

स्त्री आंदोलन : भारतीय लहरें-2

स्वातंत्र्योत्तर स्त्री आंदोलन का स्वरूप तय करने में लोकतंत्र का अनुभव वैसी ही केंद्रीय भूमिका निभाता है, जो आजादी के पहले साम्राज्यवाद-विरोधी भावना की थी। यह देखते हुए कि लैंगिक वैषम्य पर आधारित व्यवस्थाएं स्त्री को दबाने और मातहत बनाने का काम करती हैं, दूसरी लहर के स्त्रीवाद ने समानता के सिद्धांत के आधार पर स्वयं को पुनः संगठित करना शुरू किया। इस दौर में पहली बार पितृसत्तात्मक संरचनाओं की स्पष्ट तौर पर पहचान की गई, उनका विरोध शुरू हुआ। दूसरा महत्वपूर्ण परिवर्तन यह आया कि स्त्रियों के घरेलू और सार्वजनिक क्षेत्र की घेरेबंदियां टूटने लगीं। पहले स्त्री-शोषण के जिन मामलों को 'घरेलू' कहकर नजरअंदाज कर दिया जाता था, उन पर सार्वजनिक मंचों पर चर्चा शुरू हुई, उन्हें लेकर संगठित तौर पर आंदोलन शुरू हुए। इनमें बलात्कार, दहेज उत्पीड़न और घरेलू हिंसा से जुड़े आंदोलन शामिल हैं। दूसरी लहर के स्त्रीवाद के मुख्य सरोकार थे, प्रजनन, मातृत्व, शिशु-रक्षा, आर्थिक आत्मनिर्भरता, समान कार्य के लिए समान वेतन के अलावा यौन उत्पीड़न से सुरक्षा, सार्वजनिक जीवन में ज्यादा हिस्सेदारी और लैंगिक भेदभाव से मुक्ति।

भारतीय संविधान में लिंगभेद और असमानता को खत्म करने के लिए कुछ मौलिक आधिकार दिए गए थे। अनुच्छेद 14 में कानून के समक्ष लैंगिक समानता और समान सुरक्षा की बात है। अनुच्छेद 15 धर्म, प्रजाति, जाति, लिंग या जन्मस्थान के आधार पर भेदभाव का निषेध करता है। यह भी कहता है कि राज्य स्त्रियों और बच्चों के लिए विशेष प्रावधान कर सकता है। अनुच्छेद 16 सरकारी नौकरियों में स्त्रियों को अवसर की समानता की गारंटी देता है। भारतीय संविधान राज्य को स्त्री और पुरुष कामगारों के स्वास्थ्य और मनोबल को सुनिश्चित करने और कामगारों से दुर्व्यवहार न होने देने को सुनिश्चित करने का निर्देश देता है। 1976 में बयालीसवें संवैधानिक संशोधन में अनुच्छेद 51 शामिल किया गया, जिसके अनुसार स्त्रियों के प्रति अपमानजनक व्यवहारों और प्रथाओं को त्याग देने और उनके आत्मसम्मान की रक्षा की बात की गई । इस तरह 1950 में संविधान लागू होने के बाद से ही स्पष्ट हो गया कि अब भारत स्वतंत्रता और समानता के नए युग में प्रवेश कर रहा है, जहाँ स्त्रियां पुरुषों के बराबर होंगी।

आजादी के बाद स्त्री आंदोलन में लगभग दो दशकों तक पस्ती का दौर था। इसके दो मुख्य कारण थे। पहला, संविधान के प्रावधानों के मद्देनजर स्त्रियां स्वतंत्रता और समानता के नए युग का इंतजार कर रही थीं, हालांकि पितृसत्तात्मक व्यवस्था में कोई

चिपको आंदोलन में स्त्रियां

बड़ा परिवर्तन घटित नहीं हुआ था। दूसरा, स्त्री आंदोलनकारियों के सामने स्वाधीनता आंदोलन के दौर की तरह कोई सामूहिक लक्ष्य नहीं था और न ही ब्रिटिश साम्राज्य की तरह कोई सामूहिक दुश्मन। इस दौर में स्त्री आंदोलन में बिखराव आया। अखिल भारतीय महिला सम्मेलन जैसे स्त्री संगठन सामान्य समाजसेवा के कामों में लग गए। पस्ती और अनिश्चितता का यह दौर पंद्रह वर्षों के भीतर बेचैनी के दौर में बदल गया, जब देश में ऐसी कई समस्याओं ने सिर उठाना शुरू किया, जिनका समाधान करने में लोकतांत्रिक सरकार बुरी तरह से विफल हुई। उसकी विफलता आर्थिक मोर्चे पर तो थी ही, दुर्नीति, पुलिस दमन, मूल्यवृद्धि, पर्यावरण विनाश, बेरोजगारी के अलावा समाज में स्त्री-उत्पीड़न की बढ़ती घटनाओं को रोकने के स्तर पर भी थी ।

सत्तर के दशक में उपर्युक्त प्रश्न पर कई जन आंदोलन हुए, जिनमें स्त्रियों ने हिस्सा लिया। ये आंदोलन प्रत्यक्ष रूप से स्त्री-मुद्दों पर केंद्रित न होकर व्यापक राजनीतिक-आर्थिक सरोकारों से जुड़े थे। स्त्री हित के संदर्भ में इनका दो दृष्टियों से महत्व है। पहला, इनमें से कुछ आंदोलनों में पितृसत्ता–विरोधी संघर्ष का शुरुआती रूप दिखाई देता है। मसलन, महाराष्ट्र का शहादा आंदोलन गैर-आदिवासी जमींदारों द्वारा भीलों से बेगार कराने और अमानवीय यातनाएं दिए जाने के विरोध में शुरू हुआ था। लेकिन जैसे-जैसे इसमें स्त्री की सक्रियता और सचेतनता बढ़ती गई, स्त्रियों ने पत्नी-उत्पीड़न जैसे लिंगाधारित मुद्दे भी उठाने शुरू किए। आगे चलकर इस चेतना का विकास स्त्रियों द्वारा शुरू किए गए शराब-विरोधी आंदोलन में दिखा जो 1972 के अंत में शुरू हुआ और लगभग दो वर्ष तक जारी रहा। पत्नी उत्पीड़न को स्वाभाविक रूप से शराब के विरोध से जोड़ दिए जाने के पीछे तर्क यह था कि पुरुष बाहर से शराब पीकर आते हैं और घर में पत्नी की पिटाई करते हैं। इस आंदोलन में शामिल स्त्रियों का मत था कि उनका विरोध केवल शराबखोरी से नहीं है, बल्कि उस सामाजिक व्यवस्था से है जो स्त्री के खिलाफ पुरुष की हिंसा को

पश्चिम बंगाल, 1968

स्वाभाविक मानती है। अपनी इसी पितृसत्ता-विरोधी प्रकृति के कारण शहादा आंदोलन आगे उभरने वाले स्त्री आंदोलन का प्रेरक बना। इसी तरह उत्तराखंड का चिपको आंदोलन परिभाषित रूप से स्त्री आंदोलन के दायरे में नहीं आता, लेकिन इसमें स्त्रियों की व्यापक भागीदारी ने पर्यावरण की समस्याओं को देखने का स्त्रीवादी नजरिया विकसित किया। स्त्री की पोषक प्रवृत्ति ने उसे प्रकृति के समकक्ष खड़ा किया और आगे चलकर इसी चेतना का विकास स्त्रीवाद की एक शाखा पारिस्थितिक स्त्रीवाद (Ecofeminism) के रूप में हुआ। कई आंदोलनों में पितृसत्ता–विरोधी भावना प्रत्यक्ष नहीं थी, लेकिन इनमें स्त्रियों की सक्रिय भागीदारी ने उनके आत्मसम्मान और अधिकार चेतना को जगाया। सार्वजनिक गतिविधियों में स्त्रियों की भागीदारी पितृसत्ता के खिलाफ संघर्ष का प्रस्थान बिंदु होती है ।

सातवें दशक के उत्तरार्ध में पहले से उपेक्षित रहे संस्कृति, लिंग, जाति और कबीले जैसे मुद्दों की तरफ ध्यान दिया जाना शुरू हुआ। स्त्रीवादियों ने भूमि अधिकार से लेकर विकास की लिंग-विरोधी प्रकृति और दहेज, बलात्कार, तलाक से संबंधित कानूनों को लेकर कई अभियान शुरू किए। संयुक्त राष्ट्र द्वारा 1975 को अंतरराष्ट्रीय महिला वर्ष घोषित किए जाने और फिर उसे महिला दशक में विस्तृत किए जाने के बाद देश भर में स्त्रीवादी गतिविधियां बढ़ गईं। दुनिया भर में तीव्र हो चुके स्त्रीवादी आंदोलनों का ही असर था कि संयुक्त राष्ट्र का ध्यान इस ओर गया। इस दौर में कम्युनिस्ट पार्टियों की महिला समितियां

या उनसे जुड़े उग्र महिला संगठन भी बने, लेकिन व्यापक राजनीतिक उद्देश्यों के आगे स्त्री-मुद्दे प्रधानता नहीं पा रहे थे। सातवें दशक में बढ़ती स्त्री सक्रियता के परिणामस्वरूप जो स्त्रीवादी संगठन अस्तित्व में आए, उनमें हैदराबाद का प्रगतिशील महिला संगठन (Progessive Organisation of Women) और महाराष्ट्र का महिला समता सैनिक दल (MSSD) मुख्य हैं। प्रगतिशील महिला संगठन स्वातंत्र्योत्तर स्त्रीवादी आंदोलन का पहला महिला संगठन था, जो माओवादी स्त्रियों द्वारा लिंगाधारित शोषण के विभिन्न रूपों की पहचान और उनके खिलाफ स्त्रियों को संगठित करने के लिए स्थापित किया गया था। महिला समता सैनिक दल दलित स्त्रियों का संगठन था जो उस दौर में महाराष्ट्र के जाति-विरोधी दलित आंदोलन और स्त्रीवाद के बीच उभरती एकता का प्रतिफलन था।

उन्नीसवीं सदी में दलित आंदोलन के अगुआ ज्योतिराव फुले ने स्त्रियों के मताधिकार, शिक्षा और आर्थिक आत्मनिर्भरता के लिए लंबा संघर्ष किया था। आजादी के बाद इस दिशा में नई पहल करते

मानुषी पत्रिका

हुए 'जनवेदना' नामक दलित मराठी पत्रिका ने अपना स्त्री विशेषांक प्रकाशित किया, जिसका शीर्षक था 'तीसरी दुनिया की स्त्रियों का आधे आसमान पर आधिपत्य'। यह शीर्षक चीनी भाषा के एक बयान से लिया गया था, जिसका आशय पहली दुनिया के स्त्रीवाद से अपना अलगाव स्पष्ट करना था। स्त्रियों और दलितों के उत्पीड़न की मुख्य वजह धर्म को मानते हुए यह भी कहा गया, 'ये रीति-रिवाज ही हैं, जो धर्म के नाम पर दासता को बढ़ावा देते हैं। यह धर्म ही है, जिसने स्त्रियों को गुलाम बना रखा है। धार्मिक पुस्तकें, जो स्त्रियों तथा शूद्रों को निकृष्ट मानकर हमें शिक्षा, ज्ञान तथा स्वतंत्रता से वंचित करती हैं, स्वार्थी हैं। ये सभी पुस्तकें पुरुषों द्वारा लिखी गई हैं तथा स्त्रियों को गुलाम बनाए रखा गया है।' ('मानुषी' पत्रिका)।

मार्क्सवादी महिला संगठन स्त्री-उत्पीड़न को आर्थिक संदर्भों में देखते हुए मानते थे कि स्त्रियां आर्थिक रूप से पुरुषों पर निर्भर हैं। इसलिए पुरुषों को स्त्रियों पर वर्चस्व कायम करने और उनके उत्पीड़न का मौका मिल जाता है। अतः स्त्रियों की आर्थिक स्वतंत्रता जरूरी है, जो वर्ग-संघर्ष से ही प्राप्त की जा सकती है। दूसरी तरफ इस दौर के कुछ महिला संगठनों ने पुरुषों की आधारभूत यौन-सुख की इच्छा और उनके लैंगिक श्रेष्ठताबोध को यौन-उत्पीड़न का कारण माना। दरअसल, इन दो भिन्न विचारों के मूल में विश्वव्यापी समाजवादी-नारीवादी आंदोलनों का पुरातन प्रश्न है कि शारीरिक संरचना को स्त्रियों के उत्पीड़न का मूल कारण माना जाए या नहीं।

1975 में आपातकाल की घोषणा ने उभरते स्त्रीवादी आंदोलन में ठहराव ला दिया। हजारों स्त्रियां गिरफ्तार कर ली गईं। जो आंदोलनकारी स्त्रियां बाहर थीं, वे अभिव्यक्ति की स्वतंत्रता जैसे नागरिक अधिकारों के लिए संघर्ष में लग गईं। 1977 में आपातकाल की समाप्ति और 1978 में जनता दल के गठन के साथ स्त्री आंदोलन का नवीनीकरण हुआ। देश के लगभग हर बड़े शहर में स्त्री संगठन और नारी जागृति मंच खुलने लगे। देश भर की

विभिन्न स्थानीय भाषाओं में समानता के सिद्धांत और स्त्री-अधिकारों के प्रति समर्पित पत्र-पत्रिकाओं का प्रकाशन शुरू हुआ। इनमें बंबई की 'फेमिनिस्ट नेटवर्क' (अंग्रेजी), पुणे की 'बैजा' (मराठी), कलकत्ता की 'अहिल्या', 'सबला सचेतना', 'प्रतिवादी चेतना' (बांग्ला) और पटना की 'स्त्री-संघर्ष' (हिंदी) जैसी पत्रिकाएं उल्लेखनीय हैं। 1977 में दिल्ली की कुछ स्त्रीवादियों ने मिलकर 'मानुषी' (सं. मधु किश्वर) का प्रकाशन शुरू किया, जो अपने समय में स्त्री आंदोलनों का जीवंत दस्तावेज थी।

आपातकाल के बाद स्थापित स्त्री संगठनों की विशेषता थी कि इन्होंने खुद को घोषित रूप से 'स्त्रीवादी' माना। इनके कुछ सदस्य वामपंथी झुकाव वाले थे। हालांकि वामपंथ तथा स्त्रीवाद का रिश्ता पेचीदा माना जाता रहा है। वामपंथ स्त्रीवाद को बूर्जुआ विचारधारा मानता रहा है। धीरे-धीरे इन दोनों के वैचारिक मतभेद कुछ शांत हुए। वामपंथ के सारे घटक और अन्य पार्टियां भी इस बात पर सहमत हुईं कि स्त्री-समस्या वर्ग-सापेक्ष होते हुए भी 'प्रियोरिटी जोन' में पहली समझी जानी चाहिए और स्त्री संगठनों का विस्तार केवल शहरों में ही नहीं बल्कि गांवों और कस्बों में भी होना चाहिए। ट्रेड यूनियनों, किसान समितियों की अलग स्त्री शाखाएं होनी चाहिए। इस दौर में यह भी महसूस किया गया कि शहरी मध्यवर्गीय पृष्ठभूमि वाली अधिकतर स्त्रीवादियों की जरूरतें, समस्याएं भारत की बहुसंख्यक कामकाजी और गरीब स्त्रियों से अलग हैं। ऐसे में शहरी मध्यवर्गीय स्त्रियों के अनुभवों और जरूरतों के आधार पर विकसित स्त्रीवाद कभी भी सबके लिए 'सत्य' और 'वास्तविक' नहीं हो सकता। इस दौर के स्त्री-चिंतन ने स्त्री-पुरुष के साथ स्त्री-स्त्री के बीच की असमानताओं को भी पहचाना और दो उपाए सुझाए—आर्थिक आत्मनिर्भरता और आत्मनिर्णय का अधिकार। आत्मनिर्णय के अधिकार द्वारा स्त्रियों को अपने जीवन के संबंध में स्वयं निर्णय लेने में सक्षम बनाने की जरूरत महसूस की गई। इसे स्त्री की देह पर भी लागू किया गया यानी स्त्री का अपनी देह पर अपने नियंत्रण का अधिकार होना चाहिए। इस दृष्टि से देखें तो स्त्री-देह के प्रति दृष्टिकोण में आजादी के पहले की स्त्री आंदोलनकारियों और बाद की स्त्रीवादियों में बुनियादी फर्क है। आजादी के पहले जहां मातृत्व छवि को महिमामंडित करते हुए स्त्री-देह को जातीय और राष्ट्रीय पुनर्जीवन के नजरिए से देखा जाता था, वहीं बाद की स्त्रीवादियों ने स्त्री-देह को पितृसत्तात्मक नियंत्रण की वस्तु माने जाने पर आपत्ति की। इसका उद्देश्य स्त्रियों के बढ़ते यौन उत्पीड़न के अपराध की परिभाषा में विस्तार लाना था, ताकि परिवार के भीतर और वेश्याओं के साथ होने वाले बलात्कार को भी स्त्री के यौन अपराध के दायरे में लाया जा सके।

स्त्री की समस्याओं को लेकर नई समझ ने अब स्त्रियों की उन समस्याओं को भी चर्चा के दायरे में ला खड़ा किया, जो अब तक अनदेखे थे या जिन्हें सार्वजनिक मंचों पर चर्चा योग्य नहीं माना जाता था। इस दृष्टि से उस दौर के दो आंदोलन मुख्य थे—दहेज उत्पीड़न और बलात्कार-विरोधी आंदोलन। दहेज हत्या और बलात्कार स्त्रियों के प्रति पुरुष-हिंसा के सबसे जघन्य रूपों में आते हैं। ये न केवल पौरुष-प्रदर्शन के क्रूर रूप हैं, बल्कि इनसे स्त्री के प्रति सामाजिक दृष्टिकोण का भी पता चलता है। इन समस्याओं के समाधान के लिए स्त्रीवादियों ने अपराधियों के सामाजिक बहिष्कार से लेकर कानूनी कारवाई तक का रास्ता चुना। इनका असर हुआ और कई नए कानून बनाए गए तथा पुराने कानूनों में संशोधन किया गया। 1983 में अपराध कानून (क्रिमिनल लॉ एक्ट, दूसरा संशोधन) पारित हुआ, जिसमें पत्नी के शारीरिक और मानसिक उत्पीड़न के लिए तीन साल की सजा और जुर्माने का प्रावधान किया गया। इसके अलावा आगे चलकर अपराध प्रक्रिया संहिता (क्रिमिनल प्रोसीजर कोड) की धारा 174 संशोधित हुई, जिसके तहत शादी के सात सालों के भीतर मरने वाली स्त्रियों की शव-परीक्षा अनिवार्य कर दी गई। इसी तरह बलात्कार-विरोधी आंदोलनों के दबाव में भारतीय दंड संहिता की कई धाराओं में महत्वपूर्ण तब्दीलियां की गईं, हालांकि बलात्कार संबंधी कानूनों

को व्यक्तिगत दुश्मनी या प्रतिद्वंद्विता के कारण कानूनी मोहरे के रूप में इस्तेमाल किए जाने की घटनाएं भी सामने आईं।

1980 के दशक में स्त्रीवादियों ने अनुभव किया कि केवल कानून के निर्माण और संशोधन द्वारा स्त्रियों की समस्याओं का असल समाधान नहीं किया जा सकता, क्योंकि नए कानूनों के निर्माण और उनके क्रियान्वयन में काफी दूरी होती है। इसलिए स्त्रियों ने लैंगिक भेदभाव और उत्पीड़न के व्यक्तिगत मुद्दे उठाने और विभिन्न अदालतों के जरिए उनके समाधान का निर्णय लिया। कई शहरों में गैर-सरकारी संगठनों के रूप में महिला केंद्र खोले गए, जिनमें मुफ्त कानूनी सलाह, स्वास्थ्य सुरक्षा और सलाहकार सेवाएं तथा रोजगार संबंधी प्रशिक्षण उपलब्ध करने की व्यवस्था की गई। इन नवगठित संगठनों के 'सहेली', 'सखी केंद्र' जैसे नामों से स्पष्ट है कि ये भारतीय सखी परंपरा के मॉडल पर गठित किए गए थे और अंतरराष्ट्रीय स्त्रीवाद की आधुनिक अवधारणा 'सार्वभौमिक बहनापा' से प्रभावित थे। स्त्री-हितों के प्रति समर्पित संगठन बीसवीं सदी की शुरुआत से ही अस्तित्व में थे, लेकिन नए संगठन उनसे बुनियादी रूप से अलग थे। पहले के संगठन जहां समाज कल्याण की भावना से स्थापित किए गए थे, वहीं नए संगठन शुद्ध स्त्रीवादी भावना से प्रेरित थे, जो स्त्रियों की एक-दूसरे से जुड़ी कई समस्याओं की पूरी शृंखला को हल करने के लिए प्रयासरत थे। इन्होंने स्त्री की समस्याओं के समाधान का पूर्व परिभाषित तरीका अपनाने के बजाय लचीला रुख अपनाते हुए व्यक्तिगत जीवन की परिस्थितियों के हिसाब से समाधान तलाशने का रास्ता भी दिखाया। मसलन-वैवाहिक जीवन की कठिनाइयों को दूर करने के लिए ये पति-पत्नी दोनों से बातचीत करने के बाद उन्हें समझौते या तलाक की सलाह देते थे।

इस दौर में स्त्रीवादियों ने महसूस किया कि स्त्री-दृष्टि और संवेदनशीलता को उजागर करने वाला उनका अलग साहित्य होना चाहिए। इसके जरिए भारतीय समाज में जन्म से लेकर जवानी, शादी,

दहेज-विरोधी आंदोलन

प्रसूति, रोजगार, बुढ़ापा और मृत्यु तक स्त्री की सभी दशाओं में हीनतर स्थिति का आकलन करने की कोशिश की गई। महाकाव्यों और लोक-साहित्य में वर्णित मिथकीय और ऐतिहासिक स्त्री-चरित्रों की व्याख्या नए आलोक में होनी शुरू हुई। मुख्यधारा की धार्मिक और सांस्कृतिक पुस्तकों की आलोचना के साथ वैकल्पिक पुस्तकों और परंपराओं की खोज शुरू हुई। इसके साथ ही काली, दुर्गा जैसी देवियों को स्त्री-शक्ति के पारंपरिक स्रोतों के रूप में उभारा गया। ऐसे स्त्री-केंद्रित साहित्य के प्रकाशन के लिए 1984 में उर्वशी बुटालिया और ऋतु मेनन ने 'काली फॉर वीमेन' नामक भारत के पहले स्त्री-केंद्रित प्रकाशन संस्थान की स्थापना की। इसका उद्देश्य भारतीय स्त्री की आवाजों को अकादमिक प्रकाशनों, अनुवाद और कथाओं के जरिए लोगों तक पहुंचाना था। 'काली फॉर वीमेन' के उल्लेखनीय प्रकाशनों में 'शरीर की जानकारी' (संयुक्त लेखन), राधा कुमार की 'द हिस्ट्री ऑफ डूइंग', वंदना शिवा की 'स्टेइंग अलाइव' और कुमकुम सांगरी तथा सुदेश वैद की 'रिकास्टिंग वीमेन : एसे इन कोलोनियल हिस्ट्री' हैं। दूसरी तरफ 'ओम स्वाहा', 'मुलगी जाली हो' (लड़की पैदा हुई है), 'औरत' जैसे नुक्कड़ नाटकों ने लोकतत्व से जुड़ते हुए जागृतिमूलक संदेश देने की महत्वपूर्ण पहल की।

इस दौर में पत्रकारिता, शिक्षा और चिकित्सा के क्षेत्र में भी स्त्रीवादी गतिविधियों का विकास हुआ। प्रायः हर बड़े अखबार ने स्त्री-संबंधी विमर्शों को जगह देना शुरू किया। इसके लिए विशेष रूप से

स्त्री पत्रकारों को नियुक्त किया गया। इसी दौर में देश की प्रमुख शोध संस्था 'भारतीय सामाजिक अनुसंधान परिषद' ने स्त्रियों पर शोध के लिए सहायता देने का निर्णय लिया। विश्वविद्यालयों में 'स्त्री अध्ययन' नाम से अलग विभाग खुल गए, महाविद्यालयों में यूजीसी से अनुदान प्राप्त स्त्री विकास केंद्र (सेंटर फॉर वीमेंस डेवलपमेंट) खोले गए। 1981 में स्त्री-अध्ययन के पहले राष्ट्रीय सम्मेलन में कहा गया कि स्त्री-अध्ययन का उद्देश्य सामाजिक यथार्थ की ज्यादा व्यापक और सूक्ष्म समझ बनाना है। स्त्री-अध्ययन को केवल स्त्रियों से संबंधित अध्ययन का या स्त्री विषयक सूचनाओं तक सीमित नहीं किया जाना चाहिए, बल्कि इसे सामाजिक और अकादमिक विकास के महत्वपूर्ण उपकरण के तौर पर लिया जाना चाहिए। चिकित्सा के क्षेत्र में 'मेडिको फ्रेंड्स सर्कल' और 'वालंटरी हेल्थ एसोसिएशन ऑफ इंडिया' ने स्त्री संगठनों के साथ मिलकर काम करना शुरू किया। उन्होंने भ्रूण परीक्षण की नवीनतम तकनीक के दुरुपयोग और भारत को बहुराष्ट्रीय दवा कंपनियों के डलाव क्षेत्र (डंपिंग जोन) बनाए जाने के खिलाफ अभियान चलाया। इन चिकित्सकीय संगठनों ने स्त्री संगठनों के साथ मिलकर स्त्री-स्वास्थ्य से संबंधित मुद्दों पर विश्लेषण और आंदोलनात्मक रणनीति तैयार की।

स्त्री-विषयों को मिलती व्यापक मान्यता और स्त्रीवादी गतिविधियों में आती तेजी के मद्देनजर अब राजनीतिक क्षेत्र में भी स्त्रियों की भागीदारी और उनके मुद्दों को महत्व देने की शुरुआत हुई। लगभग हर राजनीतिक पार्टी ने न केवल अलग महिला मोर्चा का गठन किया, बल्कि शिखर नेतृत्व में भी स्त्रियों को जगह मिलना शुरू हुआ। 1990 के स्थानीय चुनावों में राजनीतिक पार्टियों ने सफलतापूर्वक स्त्री प्रत्याशियों को मैदान में उतारा। दूसरी तरफ सांप्रदायिक आधार वाली पार्टियों ने भी स्त्रियों के बीच अपना आधार सुदृढ़ करना शुरू किया। उन्होंने स्त्रियों में हिंदू पुनरुत्थानवादी भावना मजबूत करना चाहा। नारी संगठनों का उपयोग मुस्लिम-विरोधी प्रचार के लिए भी किया गया। इसके साथ ही राजस्थान के 'राणी सती सर्वसंघ' जैसे संगठनों ने सती प्रथा का महिमामंडन करना शुरू किया। स्त्रीवादियों और स्त्री के अधिकारों के खिलाफ ऐसे कई आंदोलन परंपरावादियों की ओर से चलाए गए। स्त्रीवादी संगठन स्त्री की मातहत छवि को पोषित करने वाली रूढ़िवादी पारिवारिक संरचना के खिलाफ थे, इसलिए उनकी 'परिवार-भंजक गिरोह' के रूप में खूब आलोचना हुई। उन्हें पश्चिमी संस्कृति का पोषक कहा गया। यह सब सांस्कृतिक और धार्मिक स्वायत्तता के नाम पर हिंदू कट्टरपंथियों द्वारा रूपकुंवर सती प्रकरण में और मुस्लिम कट्टरपंथियों द्वारा शाहबानो प्रकरण में किया गया। उल्लेखनीय है कि स्त्रीवादियों का यह विरोध बहुत कुछ उन्नीसवीं सदी में समाज सुधारकों के विरोध जैसा ही था ।

श्रद्धांजलि सिंह

अधिक जानकारी के लिए :
1. स्त्री-संघर्ष का इतिहास : राधा कुमार, 2002, **2. भारतीय समाज में महिलाएं :** नीरा देसाई, उषा ठक्कर, 2009, **3. स्त्री अध्ययन की बुनियाद :** प्रमिला के पी, 2015, **4. Indian Women : Myth And Reality :** Jasodhara Bagchi, 1995, **5. Women Studies in India : A Reader :** Mary E John, 2008, **6. Indian Women's Movement : Reform and Revival :** Maitrayee Chaudhuri, 1993

स्त्री आंदोलन : भारतीय लहरें-3

बीसवीं सदी के आखिरी दो दशकों से भारतीय स्त्री आंदोलन तीसरे चरण में प्रवेश करता है। यह दौर वैश्वीकरण का है। इस युग तक स्त्री-मुद्दों पर राष्ट्रवादी, वामपंथी और धार्मिक पुनरुत्थानवादी धारणाओं की सीमाएं उजागर हो चुकी थीं। दूसरी तरफ, वैश्वीकरण के प्रभावस्वरूप घर और सार्वजनिक क्षेत्रों में स्त्रियों की स्वतंत्रता और असुरक्षा दोनों में बढ़ोत्तरी हुई थी। तीसरी लहर की सैद्धांतिकी के विकास में पश्चिमी स्त्रीवादी विचारों का गहरा प्रभाव पड़ा। पहले भारतीय स्त्री आंदोलन को पश्चिम से अलगाने की पुरजोर कोशिश होती थी, तीसरी लहर की स्त्रीवादियों ने पश्चिमी स्त्रीवादी विचारों को भारतीय संदर्भ में

समझने की कोशिश की। इस लहर में उन स्त्रियों ने अपनी जगह बनाई जो सामाजिक-अध्ययन से जुड़ी थीं या शिक्षण संस्थानों के स्त्री अध्ययन विभागों में अध्ययन-अध्यापन कर रही थीं। ये उच्च शिक्षा-प्राप्त स्त्रियां हैं, जिन्होंने पश्चिमी विचार संपदा का भारतीय संदर्भ में सकारात्मक इस्तेमाल किया है। ये 'सार्वभौमिक बहनापे' (Universal Sisterhood) की विचारधारा से प्रभावित रही हैं। इनका मानना है कि स्त्री की जाति, लिंग, वर्ग, संप्रदाय, राष्ट्र के स्तर पर विशिष्ट पहचान के अलावा उनके शोषण के कुछ सामान्य रूप हैं जो दुनिया भर की स्त्रियों में समान हैं। स्त्री आंदोलन के वैश्विक प्रसार के संदर्भ में अनामिका का कथन है, 'स्त्री आंदोलन धनी महिलाओं का कोरा वाग्विलास और न्यूज में बने रहने की उनकी साजिश नहीं है। ग्रासरूट स्तर तक इसका विस्तार है। यह हर वर्ग, हर नस्ल तक सार्वभौम भगिनीवाद (यूनिवर्सल सिस्टरहुड) का मूलमंत्र पहुंचाने में सफल हुआ है क्योंकि वर्ग, नस्ल या देश कोई भी हो, स्त्रियों की भावनात्मक, मनोवैज्ञानिक, नैतिक, भाषिक और अस्मिता संबंधी समस्याएं प्रायः एक-सी हैं, जिन्हें फ्रेंच मनोवैज्ञानिकों ने बखूबी समझा है।' (अतीत होती सदी और स्त्री का भविष्य : सं. राजेंद्र यादव, अर्चना वर्मा)।

प्रभा खेतान विचारधारा के स्तर पर राष्ट्रीय सीमाओं के अतिक्रमण की बात करती हैं, 'सिमोन द बोउवा, वर्जीनिया वुल्फ, केट मिलेट, जर्मेन ग्रीयर के प्रसंग में यह कहना अनुचित होगा कि जो कुछ ये महिलाएं कहती रहीं हैं, उनका संबंध केवल पश्चिमी स्त्री से है। क्या इन महान पुरोधाओं को राष्ट्रीय सीमाओं में बांटा जा सकता है?' (उपनिवेश में स्त्री)। तीसरी लहर के दौरान स्त्रीवादी लेखन प्रचुर मात्रा में हुआ। देखा जाए तो हिंदी में स्त्रीवादी लेखन की सम्यक शुरुआत इसी दौर में हुई। दूसरी लहर की स्त्री लेखिकाओं ने जहाँ सृजन के स्तर पर स्त्री-पुरुष जैसे किसी भेद को अस्वीकार कर दिया था, तीसरी लहर की अधिकांश लेखिकाओं ने खुद को घोषित रूप से स्त्रीवादी माना।

तीसरी लहर के स्त्री आंदोलन पर 1990 से शुरू होने वाले वैश्वीकरण का गहरा प्रभाव रहा है। यह जिस तरह वैश्विक विकास और एकता जैसे सुनहरे सपनों के साथ आया, उसी तरह उसके पास लैंगिक तटस्थता और स्त्री-पुरुष संबंधों की पुनर्रचना के लुभावने दावे भी थे। माना जा रहा था कि नई बाजार व्यवस्था में लैंगिक भेदभाव की सदियों पुरानी रूढ़ियां अप्रासंगिक हो जाएंगी। भूमंडलीकरण के इन दावों के खिलाफ सत्तर के दशक की प्रख्यात अर्थशास्त्री एस्टर बोसरूप का कहना था कि विकास प्रक्रिया में महिलाओं की आर्थिक भूमिका हर जगह मोटे तौर पर हाशिए पर ही रहती है। पुरुष-स्त्री संबंध उससे प्रभावित नहीं होते क्योंकि इसके पीछे समाज की रूढ़ियां होती हैं। पिछले दो दशकों में रोजगार के क्षेत्र में स्त्रियों का बड़े पैमाने पर प्रवेश हुआ है। शहरों में शिक्षण, वित्त, मनोरंजन उद्योग और सेवा क्षेत्रों में स्त्रियों के रोजगार की संख्या बढ़ी है। फैशन डिजाइनिंग, सौंदर्य की देखभाल और प्रसाधन उद्योग ने सृजनशील और उद्यमी महिला व्यापारियों को आकर्षित किया है। लेकिन इस प्रक्रिया में भूमंडलीकृत बाजार व्यवस्था ने पितृसत्ता के पुराने रूपों को नष्ट नहीं किया, बल्कि कुछ नए रूपों की सृष्टि की।

पितृसत्ता के वे नए रूप जो स्त्रीवादियों के लिए चिंता का विषय रहे हैं, उनमें पहला है बाजारवादी अर्थतंत्र। भूमंडलीकरण ने अपने लैंगिक तटस्थता और स्त्री-मुक्ति के दावों को सच साबित करने के लिए 'पावर वीमेन' की धारणा का प्रचार किया। यह वह स्त्री है जो किसी बड़े औद्योगिक घराने की साहबजादी है, बहुराष्ट्रीय कंपनी की मैनेजर है या ब्यूटी क्वीन मॉडल, अभिनेत्री या फिर किसी विदेशी बैंक में पर्सनल फाइनेंस एडवाइजर है। पुरुषों के कंधे-से-कंधा मिलाकर चलने वाली यह स्त्री अपने कार्यक्षेत्र में गुरुतर दायित्वों को आत्मविश्वास के साथ पूरा करने वाली है । इसके पास सत्ता है और शक्ति भी, जिसके दम पर इसने मातहत होने की अपनी परंपरागत स्थिति बदल दी है। लेकिन भूमंडलीकरण के गर्भ से निकली यह पावर वीमेन भारत की करोड़ों साधारण स्त्रियों के एक प्रतिशत का भी प्रतिनिधित्व नहीं करती। दरअसल, उभरता श्रम बाजार भारत की आम स्त्रियों के लिए पुरुषों की अपेक्षा ज्यादा समस्या के रूप में उभरा है, क्योंकि यहां उनकी स्थिति, पारिश्रमिक और कार्यदशाएं पारंपरिक समाज के सदियों पुराने लैंगिक संबंधों और स्त्री की अधीनस्थ स्थिति के आधार पर तय होती हैं। आधुनिक तकनीक और प्रौद्योगिकी में प्रशिक्षित करने के बजाय सस्ते श्रम संसाधन की उपलब्धि के लिए स्त्रियों का इस्तेमाल किया जाता है यानी कुशल तकनीकी, आधुनिक प्रौद्योगिकी जैसे कामों पर पुरुषों की इजारेदारी बनी रह गई, जबकि अकुशल अथवा कम कौशलवाले (कंप्यूटर ऑपरेटर, रिसेप्शनिस्ट, विमान परिचारिका, सेल्सगर्ल, हॉस्पिटैलिटी सेवाएं या लोअर डिविजनल क्लर्क, टाइपिस्ट, स्टेनो आदि) और अत्यधिक श्रमसाध्य काम (कल-कारखानों में मजदूरी, भवन-निर्माण में ईंट ढोने आदि के काम) स्त्रियों के लिए छोड़ दिए गए, जहां उनकी कार्यदशाएं बहुत खराब थीं और पारिश्रमिक भी कम था।

इस बीच न स्त्री को घरेलू जिम्मेदारियां कम हुई और न उसके प्रति पितृसत्तात्मक रवैये में किसी तरह का बदलाव आया। हद तब हो गई, जब भूमंडलीकरण स्त्रियों को रोजगार उपलब्ध कराने के साथ कार्यस्थल पर जरूरी सुविधाएं और सुरक्षा मुहैया नहीं करा पाया। बड़े पैमाने पर कामकाजी स्त्रियों का यौन शोषण शुरू हुआ। नई बाजारवादी व्यवस्था के तहत घरेलू रोजगारों का तेजी से विनाश हुआ, जिसका मतलब था कि इन क्षेत्रों में स्त्रियों की भूमिका का और अधिक अवमूल्यन हो गया। इसके अलावा अतिरिक्त काम की तलाश में अकसर पुरुषों ने उन क्षेत्रों में प्रवेश करना शुरू किया जो पारंपरिक रूप से स्त्रियों के कार्यक्षेत्र थे, जैसे—होटलों में खाना बनाना, सफाई करना आदि। ग्रामीण क्षेत्रों में भी जहाँ प्रौद्योगिकी के जरिये शारीरिक श्रम को प्रतिस्थापित किया जा सकता था, स्त्रियां घाटे में रहीं। ट्रैक्टर, हार्वेस्टर आदि के इस्तेमाल ने स्त्रियों को कटाई-बोआई जैसे उन पारंपरिक कामों से भी अलग कर दिया, जिन पर वे अपनी जीविका के लिए आश्रित थीं। ग्रामीण अर्थव्यवस्था में मशीनीकरण के कारण बड़े फार्म लाभान्वित हुए, लेकिन छोटे किसान, काश्तकार और महिला श्रमिक विस्थापित हो गए। इसका उदाहरण पंजाब में है, जहां मशीनीकरण के बल पर होने वाली हरित क्रांति के फलस्वरूप महिला श्रमिकों की संख्या गिर गई। संगठित क्षेत्र से बाहर निकाल दिए जाने के कारण बड़ी संख्या में स्त्रियां असंगठित क्षेत्र में असुरक्षित और शोषणयुक्त काम स्वीकार करने के लिए बाध्य हुई। दरअसल, भूमंडलीकरण के बाद श्रम के स्त्रीकरण की प्रक्रिया शुरू तो हुई, लेकिन इसका लाभ व्यापकता से स्त्रियों को न मिलकर बाजारवादी अर्थतंत्रों को मिला। एस सी वाल्वी ने ब्रिटिश समाज के संदर्भ में पितृसत्ता का विश्लेषण करते हुए स्पष्ट किया था कि परिवार के दायरे से निकालकर स्त्री को श्रम बाजार में ला देने से पुरुष के मुकाबले स्त्री की हैसियत में बहुत मामूली परिवर्तन हुआ। निर्मला बनर्जी ने एशियाई और भारतीय संदर्भ में वाल्वी के विचारों का अध्ययन करते हुए दिखाया कि बाजार के पास यहां भी स्त्री-पुरुष संबंधों को स्त्रियों के पक्ष में बदलने का कोई ठोस कार्यक्रम नहीं है।

भूमंडलीकारण द्वारा पोषित पितृसत्ता का दूसरा

रूप स्त्री के प्रति देहवादी दृष्टि को मजबूती प्रदान करने में दिखा, जो एक समय में श्रृंगारिक रीतिवादी आचार्यों ने विकसित की थी। नाओमी वुल्फ ने अपनी पुस्तक 'ब्यूटी मिथ' में दिखाया है कि किस तरह भूमंडलीकृत बाजार व्यवस्था में स्त्री सौंदर्य को एक लाभकारी बिकाऊ माल में तब्दील किया जा सकता है। उपभोक्ता क्रांति का केंद्र बनाने के लिए भूममंडलीकरण ने पश्चिम में पिट चुकी सौंदर्य प्रतियोगिताओं को तीसरी दुनिया के देशों में फिर से लोकप्रिय बनाया, यहां की स्त्रियों को विशेष रूप से सुंदर घोषित किया। इन प्रतियोगिताओं के बेहद अमानवीय और क्रूर मानकों पर अपने शरीर के इंच-इंच को ढालती स्त्री की पूरी अस्मिता केवल देह में कैद होकर रह जाती है, जहाँ वैविध्य और बौद्धिक आभा के लिए कोई जगह नहीं होती। ऐसी स्त्रियों ने मध्यवर्गीय लड़कियों और गृहणियों का एक विशाल उपभोक्ता वर्ग तैयार किया है। इन्होंने विज्ञापनों के जरिये उनके भीतर उन्मुक्त सौंदर्य और चिरयौवना बने रहने की अतृप्त इच्छा जगाई है। इन विज्ञापनों की भाषा देहवादी विचारधारा को पोषित करती हुई गढ़ी जाती हैं, 'जिस देह की आप हकदार हैं, उसे प्राप्त करें', 'आपकी झुर्रियां अब आपके नियंत्रण में हैं' आदि।

पहले कामकाजी स्त्रियों पर सौंदर्य मानकों की उतनी ठोस जकड़बंदी नहीं थी, लेकिन अब उनके लिए सौंदर्य को सर्वाधिक या एक मुख्य अर्हता के रूप में देखा जाने लगा। कंप्यूटर ऑपरेटर, रिसेप्शनिस्ट, विमान परिचारिका, सेल्सगर्ल जैसी कई नौकरियों में स्त्री का असुंदर या सामान्य सुंदर होना उसकी अयोग्यता मान ली गई। सौंदर्य और प्रसाधन उद्योग के अलावा पोर्नोग्राफी के जरिए भी भूमंडलीकरण ने स्त्री की देह और सौंदर्य को 'व्यक्तिगत' के दायरे से निकालकर सार्वजनिक करते हुए उसके संस्थागत इस्तेमाल को वैश्विक आयाम दिया। ऐसा लगता है कि देह की सीमा से निकालकर स्त्री को सचेत बनाने की जो लड़ाई स्त्रीवादियों ने शुरू की थी, उसे भूमंडलीकरण की देहवादी दृष्टि के दबाव में वस्तुकृत होती स्त्री ने एक झटके में खो दिया।

भूमंडलीकरण के तहत शुरू हुई स्त्री के वस्तुकरण की प्रक्रिया का सबसे क्रूर और अमानवीय रूप तेजी से उभरे सेक्स बाजार में दिखाई देता है। पर्यटन और मनोरंजन उद्योग के नाम पर, कभी शादी या नौकरी का झांसा देकर हर साल बड़े पैमाने पर गरीब देशों की स्त्रियों का खाड़ी और अरब देशों में निर्यात किया जाता है। चूंकि ये स्त्रियां विदेशी मुद्रा कमाने का सस्ता और आसान जरिया साबित हुईं, इसलिए सेक्स उद्योग में भूमंडलीकृत राष्ट्रों की खुली या छिपी सहमति रहती है। किसी जमाने में प्रवासी मजदूर मुख्यतः पुरुष होते थे, लेकिन भूमंडलीकरण ने बड़े पैमाने पर स्त्रियों को भी इसमें शामिल किया है जो अपने आपमें एक अभूतपूर्व घटना है।

हाल में हुए एक सर्वे में प्रवासी मजदूर के रूप में स्त्री-पुरुष अनुपात फिलीपींस में 12. 1 और श्रीलंका में 8.1 पाया गया। संयुक्त राष्ट्र का अनुमान है कि 1998 में चालीस लाख औरतों का निर्यात हुआ जिससे सात अरब डॉलर की कमाई हुई। पिछले कुछ वर्षों से जापान का यौन उद्योग हर साल लगभग 4.2 खरब येन कमा रहा है। इस तरह खरबों डॉलर के अवैध व्यापार पर कई देशों का अर्थतंत्र टिका हुआ है। पहले भी औरतों के साथ तरह-तरह के अन्याय हुए, उनकी यौनिकता पर काबू करने के लिए अमानवीय विधान रचे गए, उनकी अस्मिता देह में सीमित कर दी गई, उन्हें हर तरह के मानवीय अधिकारों से वंचित रखा गया, लेकिन भूमंडलीकरण के युग में कुछ स्वार्थी तत्वों द्वारा जिस तरह उसे एक बिकाऊ माल में तब्दील कर उसके शरीर और श्रम का दोहन किया जा रहा है और उसे पूरे अर्थतंत्र का गुलाम बना दिया गया है, वह अभूतपूर्व है।

कुछ विचारकों का मानना है कि भूमंडलीकरण को अपने शुरुआती वर्षों में स्त्री आंदोलनकारियों की तरफ से वैसे किसी खास विरोध का सामना नहीं करना पड़ा, जैसा एक समय में साम्राज्यवाद और यथास्थितिवादी ताकतों को करना पड़ा था। यह भी कहा गया कि भूमंडलीकरण द्वारा किए गए लैंगिक तटस्थता के दावे का प्रतिकार करने के लिए स्त्रीवाद के पास पर्याप्त बौद्धिक औजार या अपना स्थापित

गुलाब गैंग

सिद्धांतशास्त्र नहीं था। यह धारणा पूरी तरह सही नहीं है। भूमंडलीकरण के स्त्री-विरोधी चरित्र को पहचानने और उनका प्रतिकार करने के लिए स्त्रीवादियों ने धीरे-धीरे ही सही लेकिन बौद्धिक औजार जुटाए हैं। एस्टर बोसरूप, एस सी वाल्वी, सिंथिया एनलो, सास्किया सासेन जैसी कई स्त्रीवादियों ने भूमंडलीकृत बाजार व्यवस्था और उसके अर्थतंत्र को स्त्री-संदर्भों में समझने के महत्वपूर्ण प्रयास किए हैं। भारत में इस दिशा में पहला संगठित प्रयास मार्च 2000 में किया गया। सीडब्ल्यूडीएस (सेंटर फॉर वीमेंस डेवलपमेंट स्टडीज) समेत राष्ट्रीय स्तर के छह महिला संगठनों के संयुक्त प्रयास से आयोजित कार्यशाला में देश भर के लगभग नब्बे स्त्री संगठनों ने भाग लिया। इसमें 'स्त्री की आवाज' (वीमेन स्पीक : यूनाइटेड वॉएसेज अगेंस्ट ग्लोबलाइजेशन, पॉवर्टी एंड वायलेंस इन इंडिया) शीर्षक ऐतिहासिक दस्तावेज का प्रकाशन किया गया, जो अंतरराष्ट्रीय मुद्रा कोष और विश्व बैंक द्वारा नियंत्रित ढांचागत समायोजन कार्यक्रम और भूमंडलीकरण के भारतीय स्त्री पर पड़ने वाले प्रतिकूल प्रभावों का व्यापक विश्लेषण करता है।

तीसरी लहर का स्त्रीवाद स्त्री के अधिकारों के लिए किए गए जातिगत, सामुदायिक और स्थानीय आंदोलनों के जरिये कई अंतरधाराओं में बंटता हुआ दिखाई देता है। यह मानता है कि सार्वभौमिकता के शोर में आम स्त्री के संपूर्ण यथार्थ की गूंज अनसुनी रह जाती है। इसलिए स्त्री की जरूरतों और समस्याओं को समझने की सही दृष्टि स्थानीय और सामुदायिक आंदोलनों से ही मिल सकती है। दलित स्त्रीवाद, अश्वेत स्त्रीवाद, इस्लामिक स्त्रीवाद और पारिस्थितिक स्त्रीवाद ऐसी ही अंतरधाराएं हैं जो जातिगत, सामुदायिक और स्थानीय आंदोलनों के गर्भ से निकली हैं। भारत में दलित स्त्रीवाद की पहली सिद्धांतकार शर्मिला रेगे ने अपनी पुस्तक 'राइटिंग कास्ट राइटिंग जेंडर : रीडिंग दलित वीमेंस टेस्टीमोनिओस' में पहली बार स्त्रीवादी सैद्धांतिकी में जातिगत आधारों पर होने वाली बहस को शामिल किए जाने की बात की।

तीसरी लहर के स्त्रीवाद की सैद्धांतिकी के विकास में उन आंदोलनों की महत्वपूर्ण भूमिका है, जो स्त्री की पारंपरिक और वैधानिक स्थिति में परिवर्तन के लिए किए गए थे। मसलन, 2005 में पिता की संपत्ति में पुत्री के अधिकार और तत्पश्चात हिंदू उत्तराधिकार कानून में किया गया संशोधन एक ऐतिहासिक घटना थी। 2009 में समलैंगिक संबंधों की विधिमान्यता के लिए देश भर के विभिन्न सरकारी और गैर-सरकारी संगठनों द्वारा व्यापक आंदोलन चलाया गया। इसके तहत समलैंगिक संबंधों के गैर-अपराधीकरण और लेस्बियन, गे, उभयलिंगी और ट्रांसजेंडर व्यक्तियों के प्रति सहिष्णुतापूर्ण व्यवहार की मांग की गई। इस दौर की स्त्रीवादी सैद्धांतिकी में लेस्बियन आंदोलन के महत्व को स्पष्ट करते हुए प्रभा खेतान ने लिखा है, 'पितृसत्ता द्वारा पोषित आधारभूत मान्यताओं को 'गे' और लेस्बियन आंदोलनों से भी तगड़ी चुनौती मिली है, विशेषकर लेस्बियन स्त्रियों ने नारीवादी राजनीति को एक स्पष्ट दिशा-निर्देशन तो जरूर दिया है। उनकी तरफ से सत्ता को चुनौती देना इसलिए भी संभव था, क्योंकि पुरुष पर उनकी भावात्मक और यौन निर्भरता न होने की वजह से एक बाहरी व्यक्ति की हैसियत से वे सत्ता की चालों को ज्यादा समझ पाती हैं।' (उपनिवेश में स्त्री)। इसी तरह दिल्ली में दिसंबर 2012 के 'निर्भया कांड' के बाद देशव्यापी आंदोलन शुरू हुआ। इसके फलस्वरूप 2013 में भारतीय अपराध कानून की बलात्कार और यौन अपराध संबंधी धाराओं में कई महत्वपूर्ण परिवर्तन किए गए। बलात्कार की परिभाषा विस्तृत करने के साथ न्याय

प्रक्रिया अधिक तीव्र और पीड़िता के अनुकूल करने से संबंधित संशोधन भी हुए।

तीसरी लहर के स्त्रीवाद में लिंग संवेदीकरण (जेंडर सेंसेटाइजेशन) की मांग पहले से ज्यादा महत्वपूर्ण हुई है। माना गया कि पितृसत्तात्मक व्यवस्था पुरुषों के लिए भी उतनी ही खतरनाक है, जितनी स्त्रियों के लिए। इसलिए स्त्री आंदोलन का एक लक्ष्य पुरुषों का सही संस्कार करना भी है, ताकि स्त्री-पुरुष संबंधों का नया समीकरण तैयार हो सके। अनामिका के शब्दों में, 'स्त्री आंदोलन पितृसत्तात्मक समाज में पल रहे स्त्री-पुरुष संबंधी पूर्वाग्रहों से पुरुषों की क्रमिक मुक्ति को असंभव नहीं मानता। दोषी पुरुष नहीं, वह पितृसत्तात्मक व्यवस्था है जो जन्म से लेकर मृत्यु तक पुरुषों को लगातार एक ही पाठ पढ़ाती है कि स्त्रियां उनसे हीनतर हैं, उनके भोग का साधन मात्र।' वे आगे लिखती हैं, 'स्त्रीवादी समीक्षा का एक बड़ा अवदान यह है कि जिसे स्त्रियां वैयक्तिक विफलता मानकर घुटती रहती थीं, उस 'असमंजन' और 'असमंजस' का मूल उस पूर्वाग्रहयुक्त पितृसत्तात्मक समाज में है, जिसके शिकार पुरुष भी हैं, क्योंकि दरअसल यह स्त्री और पुरुष दोनों का सम्यक विकास अवरुद्ध करता है, दोनों का जीवन विषाक्त करता है, एक को भेड़ और दूसरे को भेड़िया बना डालता है तो दोनों ही मानवीय गरिमा से नीचे गिरते हैं। इसलिए 'एक्शनबेस्ड रिसर्च' का नारा दिया गया और 'जेंडर सेंसेटाइजेशन' की जरूरत दोनों के लिए उतनी ही जरूरी समझी गई।' (अतीत होती सदी और स्त्री का भविष्य)।

तीसरी लहर का स्त्रीवाद अभी अपनी शैशवावस्था में है। इसने पहली और दूसरी लहर की विरासत को जहाँ अपने भीतर समाहित किया है, उसकी कमियों को भी रेखांकित किया है। बदलते समय के साथ परिवर्तनशील और वैविध्यपूर्ण स्त्री यथार्थ को समझने की उसकी दृष्टि में व्यापकता आई है। हालांकि स्त्री आंदोलनकारियों के लंबे संघर्ष के बाद अर्जित उपलब्धियों को भूमंडलीकृत बाजारवादी अर्थतंत्र, उपभोक्ता संस्कृति और धार्मिक कट्टरपंथियों द्वारा उलट देने की कोशिशें भी हो रही हैं। बाजारवादी अर्थतंत्र द्वारा स्त्री के वस्तुकरण की प्रक्रिया जारी है, भारतीय संस्कृति के नाम पर हिंदू और मुस्लिम कठमुल्लों द्वारा स्त्री की रूढ़ और पारंपरिक आदर्श छवि ही गढ़ी जा रही है, खाप पंचायतों द्वारा स्त्री की अस्मिता और यौनिकता को नियंत्रित करने के तालिबानी फरमान जारी किए जा रहे हैं। इन सारी प्रतिगामी शक्तियों के खिलाफ तीसरी लहर के स्त्रीवाद को अपना सिद्धांतशास्त्र विकसित करना है।

श्रद्धांजलि सिंह

अधिक जानकारी के लिए :

1. पितृसत्ता के नए रूप : (सं.) प्रभा खेतान, अभय कुमार दूबे, 2003, **2. उपनिवेश में स्त्री : मुक्ति कामना की दस वार्ताएं :** प्रभा खेतान, 2003, **3. बाजार के बीच बाजार के खिलाफ :** प्रभा खेतान, 2004, 4. **स्त्री-विमर्श की उत्तरगाथा :** अनामिका, 2012, **5. अतीत होती सदी और स्त्री का भविष्य :** राजेंद्र यादव, अर्चना वर्मा, 2001, **6. Indian women : Myth And Reality :** Jasodhara Bagchi, 1995, **7. Women Studies in India : A Reader :** Mary E John, 2008, **8. Gender and Politics in India :** Nivedita Menon (Ed.), 1999

स्त्री-आत्मकथा

आत्मकथा साहित्य की एक परिवर्तनकामी विधा है। आत्मकथा में चीजें वैसी नहीं रह जातीं, जैसे पहले थीं। पिछले तीन दशकों से हाशिये के लोगों–स्त्रियों, दलितों की आत्मकथाओं ने स्पष्ट किया है कि किस तरह ये सामाजिक-सांस्कृतिक अध्ययन का महत्वपूर्ण माध्यम हो सकती हैं। सामूहिक इतिहास से विस्थापित समुदाय आत्मकथाओं में अपना वैकल्पिक इतिहास प्रस्तुत करते हैं। इसमें पितृसत्ता और सवर्ण वर्चस्ववादी व्यवस्था का जो घिनौना रूप और नरक सामने आता है, वह सामाजिक-सांस्कृतिक व्यवस्था पर पुनर्विचार के लिए बाध्य करता है। इससे सहयोग और सह-अस्तित्व पर आधारित एक नई संस्कृति को अग्रसर भी किया जा सकता है। यही कारण है कि समकालीन विमर्शों में आत्मकथा

विधा का इस्तेमाल एक साहित्यिक औजार की तरह किया गया है। अर्चना वर्मा लिखती हैं, 'इतिहास में जिनके अस्तित्व का कोई निशान मौजूद नहीं, वे अपने अस्तित्व को दर्ज करके अपने इतिहास का सूत्रपात करते हैं। शायद इसी राजनीति की वजह से विधा के तौर पर आत्मकथा विमर्शों में इतनी चर्चा और शोध का विषय है।' (संवेद-54, 2012)।

स्त्री-आत्मकथा को परिभाषित करते हुए सिडनी स्मिथ ने इसे 'झूठ के चेहरे पर सत्य की निर्मिति' कहा है। आत्मकथा लिखते हुए स्त्री उन मिथ्या मान्यताओं, आदर्शों और खोखली नैतिकताओं का अनावरण करती है जो सदियों से संस्कृति और परंपरा के नाम पर उस पर थोपी जाती रही हैं और स्त्री का वस्तुकरण होता रहा है। जे के के कानवाय ने लिखा है, 'लेखिका जब अपने आत्म का उद्घाटन करती है तो आत्म के पीछे सक्रिय सांस्कृतिक अनुमानों और परिस्थितियों का भी उद्घाटन करती है। इस अर्थ में स्त्री-आत्मकथा आत्म की

प्रभा खेतान

कथा न होकर सांस्कृतिक कथा बन जाती है।' (व्हेन मेमोरी स्पीक्स : एक्सप्लोरिंग द आर्ट ऑफ ऑटोबायोग्राफी)।

भारतीय संदर्भ में पहली स्त्री-आत्मकथा केरल में मलयालम भाषा में 'बारह साल के संस्मरण' नाम से 1916 में छपी। यह एक चर्चित पत्रकार और स्वतंत्रता सेनानी की पत्नी बी कल्याणी अम्मा की आत्मकथा है। केरल में स्त्री-आत्मकथा लेखन की बहुत पुरानी और समृद्ध परंपरा रही है। मराठी की स्त्री-आत्मकथाओं में रमाबाई आप्टे की 'आमुच्या आयुष्या काही आठवणी' (हमारे जीवन की कुछ यादें), पार्वती बाई की 'माझी कहानी' (1928) आदि उल्लेखनीय हैं। बांग्ला की पहली स्त्री-आत्मकथा राससुंदरी देवी की 'आमार जीवन' थी। इसके बाद विनोदिनी दासी ने 'नटी विनोदिनी' लिखी जो चर्चित हुई। बेबी हालदार की 'आलो आंधारि' आई। पंजाबी स्त्री-आत्मकथाओं में अमृता प्रीतम की 'रसीदी त्रटिकट', दिलीप कौर टिवाणा की 'नंगे पांवों का सफर', अजित कौर की 'खानाबदोश' उल्लेखनीय हैं। मराठी में कई दलित स्त्री-आत्मकथाएं लिखी गईं जिनमें कुमुद पावड़े की 'अंतःस्फोट' (1981), बेबीताई कांबले की 'जीवन हमारा', शांताबाई कांबले की 'माझ्या जनमाची चित्तरकथा', कौशल्या बैसंत्री की 'दोहरा अभिशाप', जनाबाई गिरहे की 'मरणला' मुख्य हैं।

हिंदी में पहली स्त्री-आत्मकथा दुखिनीबाला की 'सरला : एक विधवा की आत्मजीवनी' मानी जाती है जो 'स्त्री दर्पण' पत्रिका में जुलाई 1915 से मार्च 1916 तक धारावाहिक रूप में प्रकाशित हुई थी। स्वातंत्र्योत्तर स्त्री-आत्मकथाओं में जानकी देवी बजाज की 'मेरी जीवन-यात्रा' (1956), अनीता राकेश की 'चंद सतरें और' (1975) और दुर्गा खोटे की 'मैं' उल्लेखनीय हैं। नवें दशक के उत्तरार्द्ध में हिंदी में स्त्री-आत्मकथा लेखन में तेजी आती है। इस दौर में कई आत्मकथाएं प्रकाशित हुईं। इनमें चंद्रकिरण सौनरेक्सा की 'पिंजरे की मैना', पद्मा सचदेव की 'बूंद बावड़ी' (1994), शिवानी की 'सुनहु तात यह अकथ कहानी' (1998),

रमणिका गुप्ता की 'हादसे' (2000), सुशीला राय की 'एक अनपढ़ कहानी' (2005), कृष्णा अग्निहोत्री की 'लगता नहीं है दिल मेरा', मन्नू भंडारी की 'एक कहानी यह भी' (2007), प्रभा खेतान की 'अन्या से अनन्या' (2007), कुसुम अंसल की 'जो कहा नहीं गया', मैत्रेयी पुष्पा की 'कस्तूरी कुंडल बसै' (2002) और 'गुड़िया भीतर गुड़िया' (2008) मुख्य हैं। पहले की स्त्री-आत्मकथाओं के मुकाबले स्त्री-विमर्श के रूप में आई आत्मकथाओं में पितृसत्ता को ज्यादा साहस भरी चुनौतियां दी गई हैं।

सवाल उठा है, स्त्री-आत्मकथा क्यों लिखती है? ऐसे समाज में जहां स्त्री की अस्मिता यौन शुचिता की रूढ़ियों में कैद है, सामाजिक परंपराओं द्वारा उसका गढ़ंत और उसकी आदर्श छवि पूर्वनिर्धारित है, सभी सामाजिक नैतिकताएं ही उसके मूक आज्ञापालन और शर्तहीन समर्पण जैसी छवियों पर टिकी हुई हैं, ऐसे माहौल में स्त्री का स्वयं अपनी कहानी कहना और अपने आत्म को तलाशना या 'आत्म' का स्वतंत्र विकास करना वस्तुतः प्रतिरोध की राजनीति का हिस्सा है।

अर्चना वर्मा कहती हैं, 'स्त्री की आत्मकथाओं में कथ्य के स्तर पर पर कोई-न-कोई विकट संघात उपस्थित होता है जिसके असर में वह टूटती, जूझती, निकलती या डूबती दिखाई देती है।...स्त्री की देह को अगर हिंसा और रक्तपात का प्राथमिक दुर्घटना स्थल कहा गया है तो अकारण नहीं।' (जनसत्ता, 26 अगस्त 2016)। स्त्री की आत्मकथा को उसके आत्मसशक्तीकरण का साक्ष्य भी कहा जाता है। विभिन्न स्त्रीवादियों ने माना है कि आत्मकथा लिखते हुए स्त्री अपनी अस्मिता की तलाश करती है। बेटी, पत्नी, मां, साथिन आदि रूपों में विभक्त अस्मिता को भिन्न-भिन्न स्तरों पर जीते हुए स्त्री उनके बीच से अपनी एक नई अस्मिता तलाशती है। मैत्रेयी पुष्पा अपनी आत्मकथा के पहले खंड 'कस्तूरी कुंडल बसै' में मुख्यतः एक बेटी के 'मैं' को जीती हैं तो दूसरे खंड 'गुड़िया भीतर गुड़िया' में एक पत्नी और मां की भूमिकाएं निभाती हैं। इनके बीच से एक लेखिका की स्वतंत्र आत्म तलाशने और पा लेने की जद्दोजहद देखी जा सकती है। इस प्रक्रिया में उन सारे षड्यंत्रों पर से परदा उठता जाता है, जिनके जरिए एक स्त्री का स्वतंत्र आत्मविकास बाधित या कुंठित किया जाता रहा है। इसलिए स्त्री का आत्मकथा लिखना तीन स्तरीय सेंसरशिप—आत्मगत, पारिवारिक और सामाजिक—को चुनौती देना है।

पितृसत्तात्मक व्यवस्था न स्त्री के स्वतंत्र आत्म को स्वीकार करने की आदी है और न ही उसके सच को बर्दाश्त करने की क्षमता उसके पास है। इसलिए आत्मकथा में व्यक्त उसके सच को संदिग्ध, दंडनीय और निरस्तित्व साबित करना पितृसत्ता की आसान रणनीति है। जगदीश्वर चतुर्वेदी ने लिखा है, 'ज्यों ही कोई स्त्री तयशुदा फ्रेमवर्क के बाहर आकर सोचने-समझने या व्यक्त करने की कोशिश करती है, उस पर लांछन लगने शुरू हो जाते हैं। स्त्री के प्रति लांछनों की अभिव्यक्ति इस बात का संकेत है कि सामाजिक संस्थानों का चरित्र पुंसवादी है और असहिष्णु है। इस नजरिए से देखें तो स्त्री के सामने दोहरी चुनौती है, उसे पुंसवादी संस्थानों के दबाव से अपने लिंग की रक्षा करनी है, वहीं दूसरी ओर अपने छोटे-छोटे कामों, इच्छाओं, धारणाओं और मान्यताओं की अभिव्यक्ति के लिए जगह भी निकालनी है।' (संवेद-54, 2012)।

आत्मकथा के शिल्प में स्त्री न केवल अपनी स्वतंत्र अस्मिता की सामाजिक स्थापना का प्रयास करती रही है, बल्कि उसने अपने मानवीय अधिकारों की तर्कपूर्ण दावेदारी भी पेश की है। यह आत्मकथाओं की बड़ी देन है कि आज स्त्रियों से जुड़ी समस्याएं, उनके विकास के मुद्दे साहित्यिक, सामाजिक-राजनीतिक बहस के केंद्र में हैं। स्त्री-आत्मकथाओं की महती भूमिका की तरफ संकेत करते हुए सिडनी स्मिथ और जूलिया वाटसन ने लिखा है, 'अगर स्त्रीवाद ने साहित्यिक एवं सामाजिक सिद्धांतों के क्षेत्र में क्रांति उपस्थित की है तो स्त्री-आत्मकथा स्त्री जीवन के विभिन्न मुद्दों—स्त्री वयस्कता, सामाजिक सदस्यता, कामुकता, पाठीयता—पर हमारी धारणाओं

के पुनर्निरीक्षण की धुरी है।' (विमेन ऑटोबायोग्राफी थ्योरी : ए रीडर)।

स्त्री द्वारा आत्मकथा लिखना न केवल उसकी वैचारिक और राजनीतिक लड़ाई का हिस्सा है, बल्कि उसकी व्यक्तिगत पीड़ा को सामुदायिक पीड़ा से जोड़ने की कोशिश भी है। दरअसल, आत्मकथा लेखन एकांतिक साधना नहीं है। यह लेखक और पाठक की सामूहिक साझेदारी का मामला है। आत्मकथा पढ़ते हुए पाठक अपने से एक नितांत भिन्न अनुभव संसार में प्रवेश करता है, उससे संवेदना के स्तर पर जुड़ता है और उसके तथ्यों-सत्यों से प्रभावित होता है। वह आत्मकथाकार के निजी अस्तित्व से जुड़ाव महसूस करते हुए सामूहिक अस्तित्व से भी जुड़ता चला जाता है। इस प्रक्रिया में निजी प्रसंग कब सामूहिक सत्य की कथा कहने लगते हैं, पता नहीं चलता। इसलिए एक स्त्री जब आत्मकथा लिखती है तो यह महज उसकी कहानी नहीं होती, बल्कि एक पूरी जाति, पूरे समूह की व्यथा-कथा होती है। जिस सार्वभौमिक बहनापे (Universal Sisterhood) को स्त्रीवादी लेखन का चरम उद्देश्य माना जाता है, उसके विकास में स्त्री-आत्मकथाओं की भूमिका महत्वपूर्ण मानी जाती है। यह धर्म, नस्ल, जाति, राष्ट्र की सीमाओं से परे अपने दुख को साझा कर लेने का प्रयास है और इस तरह अपने मुक्ति-संघर्ष को तेज करने की साझी मुहिम भी है।

जिस तरह एक स्त्री की अनुभूति पुरुष की अनुभूति से भिन्न होती है, उसी तरह उस अनुभूति की अभिव्यक्ति शैली, विषय का चुनाव और विधागत चुनाव में भी गुणात्मक और मात्रात्मक अंतर होता है। स्त्री-आत्मकथाएं अपनी विशिष्ट 'स्त्री शैली'– भाषिक औजारों के चुनाव, शब्द-चयन, बिंब-विधान, कल्पनाशीलता के स्तर पर पुरुष-आत्मकथाओं से भिन्न होती हैं। पश्चिम में स्त्री-आत्मकथाओं और पुरुष-आत्मकथाओं के मूलभूत सैद्धांतिक अंतरों को पहचानने की दिशा में लिंडा पीटरसन, नैंसी के मिलर जैसी स्त्रीवादियों ने महत्वपूर्ण प्रयास किए हैं। देखा गया कि पुरुष-आत्मकथाओं की अपेक्षा स्त्री-आत्मकथाओं में लैंगिक पूर्वाग्रह कम हैं। पुरुषों की आत्मकथाएं प्रायः 'मैं' केंद्रित होती हैं। मैनेजर पांडेय हिंदी की कुछ आत्मकथाओं की ओर संकेत करते हुए कहते हैं, 'आप कुछ गैर-दलितों की आत्मकथाओं के शीर्षकों पर ध्यान दीजिए तो 'मैं' की केंद्रीयता स्पष्ट दिखाई देती है। गांधी की आत्मकथा का नाम है 'सत्य के साथ मेरे प्रयोग', राहुल जी की आत्मकथा है 'मेरी जीवन-यात्रा', सहजानंद सरस्वती की आत्मकथा है 'मेरा जीवन संघर्ष' और राजेंद्र यादव की आत्मकथा का नाम है 'मुड़-मुड़ के देखता हूं (मैं)'। (हंस, जुलाई 2004)। इनके बरक्स स्त्री-आत्मकथाओं के शीर्षकों को देखें, 'बूंद बावड़ी' (पद्मा सचदेव), 'हादसे' (रमणिका गुप्ता), 'कस्तुरी कुंडल बसै' और 'गुड़िया भीतर गुड़िया' (मैत्रेयी पुष्पा), 'अन्या से अनन्या' (प्रभा खेतान), 'जमाने में हम' (निर्मला जैन)। स्पष्ट है कि पुरुषों की आत्मकथाओं की आत्मबद्धता और व्यक्ति-केंद्रिकता की जगह स्त्री-आत्मकथाएं सामुदायिक व्यथा-कथा की अभिव्यक्ति ज्यादा होती हैं। इसका एक अर्थ यह भी हो सकता है कि स्त्री अभी अपने 'मैं' को पा नहीं सकी है।

स्त्री-आत्मकथाओं में अक्सर व्यक्तिगत संबंधों को महत्वपूर्ण स्थान मिलता है। लिंडा पीटरसन स्त्री-आत्मकथाओं में संबंधत्व खोजने पर जोर देती हैं। संबंधत्व की दृष्टि से देखने पर स्त्री पाठ अलग दिखाई देता है। देखा गया है कि स्त्रियां किसी पुरुष लेखक की अपेक्षा संबंधों की जटिलता, कटुता, कोमलता, सफलता-असफलता, किसी विशेष समूह या विशेष व्यक्ति से संबंधों के तनाव या लगाव के उद्घाटन और उसके कारणों के विश्लेषण में ज्यादा दिलचस्पी लेती हैं। उनके यहां माता-पिता, भाई-बहन, पति, प्रेमी या मित्र के साथ संबंधों के तनाव और द्वंद्व को पर्याप्त जगह मिलती है। दूसरें शब्दों में, स्त्री-आत्मकथाओं में उन प्रसंगों को पर्याप्त वर्णनात्मकता के साथ जगह मिलती है, जिनमें भिन्न सामाजिक संरचनाओं से आए हुए लोगों के साथ संपर्क, अलगाव और विलगाव होता है।

यह भी एक दिलचस्प घटना है कि आदिवासी साहित्य में आत्मकथा लेखन की प्रवृत्ति नहीं पाई जाती। कहा गया है कि आत्मकथा लिखना पूंजीवादी समाज की प्रवृत्ति है, जबकि आदिवासी दर्शन सामूहिकता, सहजीवन, प्रकृति से सामंजस्य और आत्मनिर्णय के अधिकार पर बल देता है। आदिवासी स्त्री सामूहिक जीवन से पृथक सत्ता नहीं होती और उसे अपनी स्वतंत्रताएं उपलब्ध हैं।

पुरुष लेखक अधिकतर अपनी आत्मकथाओं में शारीरिक चुनौतियों का सामना, अपने संघर्ष और आत्मविश्वास के निर्माण की प्रक्रिया का चित्रण करते हैं। संबंधों के अलगाव-विलगाव का दायरा अक्सर पिता, भाई और पुरुष मित्रों तक सीमित रहता है। पुरुषों की आत्मकथाओं में नैतिक श्रेष्ठता का भाव प्रबल रहता है। उनमें व्यक्तिगत कमजोरियों, अंतर्विरोधों को प्रायः छिपा लिया जाता है। आत्मकथा पढ़ते हुए लेखक की नैतिक तौर पर श्रेष्ठ हीरो की छवि उभरती है, जिसमें लगता ही नहीं कि वह कभी गलत रहा है। इसके विपरीत स्त्री-आत्मकथा पारंपरिक नैतिकता को चुनौती देते हुए लिखी जाती है। वैसे हर स्त्री की इच्छा होती है कि वह आदर्श पत्नी, आदर्श स्त्री बने लेकिन ज्यों ही वह आत्मकथा लिखना शुरू करती है, अपनी इस आदर्श छवि को नष्ट कर देती है। उसमें पारंपरिक नैतिकता का अस्वीकार या उससे विचलन नई नैतिकता के निर्माण का प्रयास होता है। यह सम्मान और सुरक्षा के एवज में सदियों से ओढ़ी गई चुप्पी के खिलाफ स्त्री का मुखर विद्रोह हो जाता है। अर्चना वर्मा ने लिखा है, 'स्त्री-विमर्श के दायरे में प्रतिरोध के हथियार की तरह स्त्री की आत्मकथा इस चुप्पी को तोड़ने और दोमुंहे नैतिक पाखंड को पलीता लगाने का काम करती है। अन्याय और उत्पीड़न की तथाकथित नैतिक कसौटियों पर अनैतिक साबित होना प्रतिरोध की राजनीति में कहीं अधिक नैतिक हो सकता है।' (संवेद-54, 2012)।

एक धारणा यह भी है कि स्त्री का संपूर्ण जीवन टुकड़ों में विभाजित होता है, जीवन के विभिन्न चरणों में अलग-अलग भूमिकाएं निभाती हुई स्त्री का संपूर्ण व्यक्तित्व ही खंडित अस्मिताओं का पुंज होता है। इसलिए वह सत्य को संपूर्णता में व्यक्त नहीं कर पाती, उसे अंशों में व्यक्त करती है। इन विभिन्न अंशों को साथ मिलाकर देखने पर ही लेखिका के समूचे आत्म को समझा जा सकता है। टुकड़ों में होने पर भी स्त्री-आत्मकथा में व्यक्तिगत अनुभूतियों की सघन अभिव्यक्ति होती है। आत्मकथा में जब स्त्री अपने बारे में बताना शुरू करती है तो सबसे पहले अपने जीवन की अनखुली सच्चाइयों और दबे-ढके प्रसंगों को खोलती है। यह निजी के सार्वजनिककरण की प्रक्रिया है। कहा जाता है 'पर्सनल इज पॉलिटिकल'। इस प्रक्रिया में शारीरिक प्रक्रियाओं और संबंधों, यौन प्रसंगों आदि का प्रचुर मात्रा में चित्रण होता है। हालांकि यह विवाद का विषय है कि साहित्यिक कृति में इस हद तक यौन प्रसंगों का चित्रण या 'प्राइवेट' जिंदगी का मुक्त अनावरण कहां तक उचित है। यह प्रश्न भी है, क्या सच्ची आत्मकथा लिखना संभव है?

कुछ आलोचकों का मानना है कि स्त्री-आत्मकथा में अधिकतर व्यक्तिगत जीवन का चित्रण स्त्री के सीमित अनुभव संसार को दर्शाता है। इसलिए यौन प्रसंगों के अतिरंजित चित्रण के बजाय जरूरी है कि स्त्री घर की चहारदीवारी के बंधन तोड़कर सार्वजनिक जीवन में प्रवेश करे और शरीर से आगे बढ़कर समाज की बातें करे। स्त्रीवादियों का जवाब है कि स्त्री का शरीर ही उसके शोषण का प्राइम साइट है। इसलिए उसके आत्म की अभिव्यक्ति में शरीर की भूमिका महत्वपूर्ण होती है। आत्मकथा में शरीर को शामिल करना वस्तुतः उन विषयों को शामिल करना है, जिन पर अब तक खुलकर बातें नहीं होती थीं। इन सबके जरिए वह मूलतः कामुकता और उसके साथ अपने संबंधों का खुलासा करती है। ऐसा करते हुए वह पुरुष-केंद्रित चिंतन को ध्वस्त करती है।

श्रद्धांजलि सिंह

अधिक जानकारी के लिए :
1. स्त्रीवादी साहित्य विमर्श : जगदीश्वर चतुर्वेदी, 2011, **2. देहरि भई विदेस :** (सं.) राजेंद्र यादव, **3. Women Autobiography Theory : A reader :** Sidonie Smith, Julia Watson, 1998

स्त्री के संपत्तिगत अधिकार

स्त्री के संपत्तिगत अधिकारों के लिए संघर्ष की शुरुआत इस आवाज से हुई कि स्त्री किसी की संपत्ति नहीं है। स्त्री के संपत्तिगत अधिकार से तात्पर्य वस्तुतः उन अधिकारों और उत्तराधिकारों से है जिनका इस्तेमाल वह समाज में कभी भी कर सकती है। ये अधिकार आमतौर पर सांस्कृतिक और संवैधानिक पृष्ठभूमि पर निर्भर करते हैं, जो विश्व में समान नहीं हैं। स्त्रियों का भूमि और आर्थिक संसाधनों पर लंबे काल से कोई अधिकार नहीं रहा है, जबकि कृषि उत्पादनों में स्त्रियों की भूमिका 60 से 80 प्रतिशत तक होती है। उनका जीवन उनके परिवार, समुदाय और देशों द्वारा दी गई छूटों पर निर्भर रहा है। निश्चय ही वैश्वीकरण के बाद श्रम बाजार में स्त्रियों के बड़े पैमाने पर प्रवेश से उनकी निजी संपत्ति तेजी से बनी है और निर्णयों में उनकी साझेदारी में वृद्धि हुई है।

स्त्री का पैतृक संपत्ति में अधिकार या पति की संपत्ति में अधिकार का प्रश्न लंबे समय से विवादास्पद रहा है। इस मामले में पुरुष प्रभुत्व किसी-न-किसी रूप में कायम है। इसकी वजह यह है कि स्त्री के संपत्तिगत अधिकार स्पष्ट नहीं हैं और उसमें जागरूकता का अभाव है। इस मामले में पुरानी प्रथाएं और परंपराएं ही चली आ रही हैं। हिंदू उत्तराधिकार नियम-2005 के संबंध में सुप्रीम कोर्ट ने निर्देश दिया है कि यह पूर्व-प्रभावी नहीं होगा और 9 सितंबर 2005 के बाद यदि पिता की मृत्यु हुई हो, तभी स्त्री अन्य रिश्तेदारों के साथ पैतृक संपत्ति में हिस्सा पा सकेगी। ध्यान रहे कि हिंदू उत्तराधिकार नियम 1956 ने पुत्रियों को अपने पिता की संपत्ति का हकदार नहीं माना था। यह भी उल्लेखनीय है कि इस संबंध में समाज सुधारकों या स्त्रियों की तरफ से कोई जागरूकता अभियान शायद पारिवारिक कलह को टालने के लिए ही नहीं चलाया गया। साथ ही परिवार और समाज की बौद्धिक अपरिपक्वता के कारण भी स्त्रियों के संपत्तिगत अधिकार टाले जाते रहे। फिर भी स्त्रियों को संपत्तिगत संवैधानिक अधिकार मिले हैं, उनमें कुछ सार रूप में इस प्रकार हैं :

(1) जन्म से ही लड़की को पिता के घर में रहने का अधिकार है। कोई आय न होने, अविवाहित होने या विवाहित होने के बाद निराश्रित होने पर स्त्री का पिता के घर आश्रय का अधिकार है। पिता की चल-अचल संपत्ति में उसका अधिकार है। भाइयों तथा मां के न होने पर पूरा अधिकार है, भाई-बहन होने पर संपत्ति का सभी के बीच समान बंटवारा होगा। मां का भी बराबर का हिस्सा है। आमतौर पर पिता का घर बेटी के लिए हमेशा खुला रहता है, पर किसी वजह से वंचित होने पर वह अदालत जा सकती है।

(2) पिता ने यदि मरने से पहले अपनी संपत्ति को दानपत्र या किसी अन्य कानूनी व्यवस्था के जरिए अपनी इच्छा के अनुसार बांटा है, तब अलग बात है। इस मामले में पिता जिसको जो देंगे, वही मिलेगा और यदि नहीं दें तो नहीं मिलेगा।

(3) विवाह के बाद लड़की का घर बदल जाता है, लेकिन पिता के प्यार और संपत्ति पर लड़की को कानून से उत्तराधिकार दिया गया है। पिता की

संतान दो लड़कियां हों तो एक अविवाहित और एक विवाहित होने पर भी संपत्ति समान बंटेगी।

(4) विवाह का एक अर्थ है समान रूप से वहन करना। विवाह के बाद पत्नी का पति के संरक्षण का ही पूरा अधिकार नहीं है। पति की चल-अचल संपत्ति पर भी उसका अधिकार है। उसे पति के घर से निकाला नहीं जा सकता। स्त्री यदि किसी रोजगार में हो तो भी उसका पति भरण-पोषण के अधिकार से उसे वंचित नहीं कर सकता। पति का कर्तव्य है, वह अपनी पत्नी को सामाजिक और आर्थिक सुरक्षा प्रदान करे।

(5) यदि पत्नी नौकरीशुदा है, तब भी किसी वजह से संतान के साथ ससुराल छोड़ने पर पति से संतान का खर्च और अपने लिए भरण-पोषण पाने का उसे अधिकार है। उसे कानूनी सहायता से अपने पति के घर वापस जाकर रहने का अधिकार है। विधवा को भी यह अधिकार है।

(6) अदालत की नजर में सभी स्त्रियों का अधिकार एक ही जैसा नहीं हो सकता। स्त्री की सामाजिक-आर्थिक स्थिति उसके संपत्तिगत अधिकार के संदर्भ में एक अर्थ रखती है। जैसे किसी स्त्री का कोई रोजगार नहीं है और वह पति के ऊपर निर्भर है। उसकी संतान हो सकती है। हो सकता है कोई स्त्री बहुत मामूली नौकरी करती हो, कोई हो सकता है ऊंचे पद पर हो और उसकी अच्छी आय हो। हो सकता है किसी स्त्री को विवाह के कारण अपना अच्छा कैरियर छोड़ना पड़ा हो। कोई स्त्री ऐसी हो सकती है कि विवाह टूटने के बाद संतान रहते हुए भी दूसरा विवाह करना चाहती हो। इन स्थितियों का अदालत के फैसले पर असर पड़ता है।

(7) विवाह टूटने पर अपने पिता के घर में रहने के बावजूद स्त्री अपने पति से भरण-पोषण की मांग कर सकती है। यदि विवाह टूटा न हो और अदालत में मामला चल रहा हो तो भी भरण-पोषण और अदालत का खर्च पाने का अधिकार है। स्त्री जब तक दूसरा विवाह नहीं करती, उसे भरण-पोषण का अधिकार है। पति की आर्थिक स्थिति के अनुसार ही उसे यह अधिकार है। भरण-पोषण की रकम दोनों पक्षों की स्थितियों के अनुसार अदालत तय करेगी।

(8) विवाह के समय पिता के घर से और ससुराल से जो भी स्त्री-धन मिला होता है, स्त्री को उसे अपने साथ रखने का अधिकार है। यदि पति के घर में उसकी संपत्ति रोक रखी गई हो, भारतीय दंड विधि 406 के आधार पर केस करके स्त्री वह संपत्ति हासिल कर सकती है।

(9) घरेलू हिंसा प्रतिरोध कानून 2005 के अनुसार स्त्री को आर्थिक राहत और एकमुश्त आर्थिक क्षतिपूर्ति पाने का अधिकार है। इस कानून के अंतर्गत स्त्री ससुराल में रहते हुए मामला दायर कर सकती है। इसके अंतर्गत वह अपनी सुरक्षा की मांग भी कर सकती है।

(10) आपसी समझौते के आधार पर स्त्री संबंध-विच्छेद के साथ भरण-पोषण के लिए एकमुश्त रकम प्राप्त कर सकती है।

(11) हिंदू विवाह कानून-26 के आधार पर स्त्री अपनी संतान के अधिकार की मांग कर सकती है। यह अदालत ठीक करती है कि मां या पिता किसके पास रहने से संतान की भलाई है। उसकी देखभाल का खर्च पिता को देना होगा।

(12) पति की मृत्यु के बाद कई बार ससुराल और मायके दोनों जगहों पर स्त्री निराश्रित हो जाती है। विधवा को अपने पिता के घर पर रहने का जितना अधिकार है, उतना ही पति के घर पर रहने का भी। उसे पति के घर से भरण-पोषण ही नहीं उसकी संपत्ति पर भी अन्य कानूनी उत्तराधिकारियों के साथ समान अधिकार है।

(13) जो स्त्रियां सह-जीवन (लिव-इन-रिलेशनशिप) में हैं, उन्हें भी घरेलू हिंसा से बचने और आर्थिक सुरक्षा का अधिकार मिला है। 2015 में बने कानून के अनुसार लिव-इन-रिलेशनशिप में रहने वाली स्त्रियों को भी भरण-पोषण का अधिकार मिल गया है और संतान को पिता का कानूनी वारिस माना गया है।

(14) अदालत संबंध-विच्छेद के मामले में कोशिश करती है कि मामला आगे चलने के पहले पति-पत्नी में समझौता हो जाए। वे आपस में एक-दूसरे को एक बार फिर से समझने की कोशिश करें।

(15) मुस्लिम स्त्री ने यदि सामान्य वैवाहिक कानून के अंतर्गत विवाह नहीं किया है तो उस पर मुस्लिम पर्सनल लॉ लागू होता है। उसके संपत्तिगत अधिकार के संबंध में एक व्यवस्था यह है कि बेटी उत्तराधिकार में संपत्ति पा सकती है, पर भाइयों की तुलना में आधा मिलेगा। मुस्लिम स्त्री को बेटी, मां, विधवा, दादी और बहू के रूप में संपत्ति में उत्तराधिकार मिलेगा। विधवा को संतान के होने पर संपत्ति का चौथा हिस्सा और न होने पर आठवां हिस्सा पाने का अधिकार है। तलाक की स्थिति में स्त्री का स्त्री धन पर हक है, पर मुआवजे या भरण-पोषण का अधिकार नहीं है। इन सभी मामलों में प्रथाओं में भिन्नता है। मुस्लिम स्त्रियों के अधिकारों के लिए आंदोलन चल रहा है।

शंभुनाथ

स्त्री-भक्तिकाव्य

भक्ति आंदोलन की लोक-प्रेरणा और प्रभाव से दलितों और शिल्पकारों के साथ बड़ी संख्या में स्त्रियां काव्य-जगत में दस्तक देती हैं। मराठी में महदंबा, तेलुगु में मोल्ला, कश्मीरी में लल्लद्यद, कन्नड़ में अक्का महादेवी, बांग्ला में माधवीदास– ये वे कवयित्रियां हैं, जो मध्यकाल में अपनी-अपनी भाषाओं में प्रारंभिक रचनाओं का उत्कृष्ट उदाहरण प्रस्तुत करती हैं।

स्त्री-भक्ति की प्रारंभिक हिंदी कवयित्रियों में उमा तथा पार्वती का नाम आता है, जो स्त्री-लेखन ही नहीं, हिंदी के मध्यकालीन भक्ति साहित्य की भी प्रारंभिक रचनाकार हैं। ये संत परंपरा में आती हैं। संत परंपरा की अन्य स्त्री रचनाकारों में चरणदास की शिष्याओं सहजोबाई और दयाबाई का नाम आता है।

मध्यकाल का अधिकांश स्त्री-साहित्य, जो आज उपलब्ध है, राजकुल की स्त्रियों द्वारा रचित है। उसका बहुलांश कृष्णभक्तिपरक है। इनमें मीराबाई, चंपा दे, जुगलप्रिया, प्रतापबाला, बाघेली विष्णुप्रसाद कुंवरि, ब्रजदासी रानी, बांकावती, रत्नकुंवरिबाई, प्रिया सखी, सुंदर कुंवरिबाई आदि प्रमुख हैं। मध्यकालीन स्त्री-लेखन पर काम करने वाली सावित्री सिन्हा ने कृष्णभक्त कवयित्रियों की संख्या पंद्रह मानी है।

कृष्णभक्ति परंपरा में राजघरानों की स्त्री रचनाकारों के साथ अन्य वर्गों की स्त्रियां भी आती हैं। इनमें ताज, इंदुमति, कविरानी चौबे, कृष्णावती, गंगाबाई, रसिक बिहारी (बनी ठनी) आदि हैं। ताज इन अर्थों में विशिष्ट हैं कि मुसलमान होकर भी इन्होंने डंके की चोट पर कृष्णभक्ति की घोषणा की–हौं तो मुगलानी हिंदुआनी ह्वै रहूंगी मैं।

रामभक्ति काव्यधारा में केवल तीन कवयित्रियों– प्रताप कुंवरिबाई, मधुर अली और तुलछराय–का नाम आता है। इनमें प्रताप कुंवरि उल्लेखनीय हैं। इन्होंने अपने कुल की प्रचलित परंपरा के विपरीत जाकर रामभक्ति को अपनाया और लगभग पंद्रह ग्रंथों की रचना की।

मध्यकालीन स्त्री कविता में भक्ति के साथ-साथ श्रृंगार की परंपरा भी दिखलाई देती है। राजघरानों के बाहर सामान्य वर्ग से आने वाली स्त्री रचनाकारों की भक्ति (कृष्ण) और श्रृंगार की परंपराएं परस्पर घुल-मिल-सी गई हैं। इनमें रसिक बिहारी, शेख, प्रवीण राय आदि वे रचनाकार हैं, जिन्होंने श्रृंगार का उन्मुक्त चित्रण किया है।

इनके साथ ही चारण कुल की कवयित्रियों की कविताएं भी मिलती हैं। ये रनिवासों में रहती थीं और रानियों का मनोरंजन किया करती थीं। इनकी रचनाएं श्रृंगारपरक हैं। रनिवासों में रहने वाली चारण कुल की स्त्रियों में झीमा चारिणी तथा भीमा चारिणी का उल्लेख मिलता है। भीमा चारिणी ने तो युद्धस्थल में जाकर वीर रसपूर्ण रचनाएं भी की थीं। दुर्भाग्य से चारण कुल की कवयित्रियों की बहुत-सी रचनाएं आज अनुपलब्ध हैं।

सगुण भक्त कवयित्रियों में जहां भक्ति, उल्लास और प्रेम की स्थितियां हैं, वहीं निर्गुण स्त्री रचनाकारों में गुरु महिमा, ब्रह्म निरूपण, संयम और वैराग्य का स्वर है। स्त्रियों द्वारा रचित इन भक्तिपरक रचनाओं में स्त्रियों के जीवन के अनमोल क्षण बिखरे हुए हैं। इनकी भक्ति लोकजीवन का अंग बनकर उपस्थित हुई है। यही कारण है कि इनमें पर्व, उत्सव, ऋतुजनित उल्लास आदि के चित्र बिखरे पड़े हैं। यह भक्ति किसी अलौकिक की साधना कम, जीवन का राग अधिक प्रतीत होती है। स्त्री-भक्ति की कविता के प्रति सुमन राजे एक महत्वपूर्ण संकेत देती हैं, 'इस दृष्टि से भक्तिकालीन महिला लेखन एक बहुत बड़ा मिथक तोड़ता है। इस साहित्य का बड़ा भाग विधिवत दीक्षा लेकर मंदिरों और मठों में बैठकर नहीं लिखा गया।' (हिंदी साहित्य का आधा इतिहास, सुमन राजे)।

इस प्रकार स्त्री रचनाकारों की भक्ति जीवन के अधिक निकट है, वह लोकजीवन का अंग बनकर उपस्थित हुई है।

हिंदी का मध्यकालीन स्त्री-लेखन उपेक्षा का शिकार रहा है। इसका प्रमाण और परिणाम यह है कि अधिकतर स्त्री रचनाकारों के जीवन-वृत्त के संबंध में कोई विशेष जानकारी नहीं मिलती। रनिवासों में लिखा गया साहित्य राज्याश्रय पाने के कारण सुरक्षित रह गया, पर बहुत-सी वे रचनाएं जिनका विभिन्न धार्मिक-साहित्यिक ग्रंथों में उल्लेख मिलता है, आज अप्राप्य हैं। मुंशी देवीप्रसाद की 'महिला मृदुवाणी' पहली पुस्तक है, जिसमें स्त्री रचनाकारों के अवदान की ओर ध्यान दिया गया है। आगे चलकर ज्योति प्रसाद निर्मल तथा गिरिजादत्त शुक्ल और ब्रजभूषण शुक्ल की पुस्तकें भी इस विषय पर आईं।

सुनीता गुप्ता

अधिक जानकारी के लिए :

1. हिंदी साहित्य का आधा इतिहास : सुमन राजे, **2. स्त्री काव्यधारा :** जगदीश्वर चतुर्वेदी, सुधा सिंह (सं.), 2006, **3. स्त्रीवादी साहित्य विमर्श :** जगदीश्वर चतुर्वेदी, 2000

स्त्री-भाषा

भले स्त्री-पुरुष पर धूप-ताप, सर्दी-वर्षा शारीरिक और मानसिक रूप से एक तरह का असर करते हों, मगर जिंदगी के कई अनुभव ऐसे होते हैं, जो उनके अपने-अपने और अलग-अलग होते हैं। इसी से वे व्यवहारगत भिन्नता ग्रहण करने लगते हैं क्योंकि सामाजिक नियमावली की भाषा उनके ऊपर लागू रहती है, जो उनके व्यवहार को ढालती है। लड़के की भारी और मरदानी आवाज के चलते उसे पौरुषप्राप्त, बलशाली युवक की मान्यता मिलती है और लड़की को उसके कोमल कमनीय हो जाने को लेकर झुककर चलने की नसीहत दरपेश रहती है। सामाजिक परिवेश अपने प्रभाव में स्त्री-पुरुष की चाल-ढाल, बात-व्यवहार का चलन तय करता जाता है। आमतौर पर स्वीकृत मान्यताओं पर निर्भर रहना दोनों को रास आता है। इसके चलते एक ही घर में लड़की-लड़के की बोली-भाषा अलग हो जाती है। न लड़का लड़की की तरह सलज्ज हो सकता है और न लड़की लड़के की तरह उछल-कूद मचा सकती है। बल और विनय का बंटवारा ऐसे ही हुआ।

स्त्री की संपूर्ण दुनिया घर की चहारदीवारी बनी। समाज ने इसी रूप में भली औरत बने रहने की आशा उससे की। इसलिए जब उसने कलम उठाई तो याद रखा कि औरत कुछ भी हो, व्यक्तिगत स्वर लेखन को दे, मगर दे शालीनता, विनम्रता और आदर्शवादिता के साथ; भले नए रास्ते बनें या न बनें। महादेवी की 'मैं नीर भरी दुख की बदली' जैसी कविताओं को भरपूर सराहा गया, क्योंकि प्रेमचंद जैसे दिग्गज लेखक अपने उपन्यास 'गोदान' में धनिया को मुखर तो बना गए, लेकिन एक आदर्श पत्नी की तरह वह पति के लिए ही मुखर थी, अपने लिए नहीं। बेटे के लिए बोलते हुए लोगों का सामना किया, बेटी के लिए मौन थी। शुरुआत से स्त्रियों की भाषा मुखर से ज्यादा मौन में उपस्थित है। रामायण और महाभारत के स्त्री पात्र मौन-भाषा के अप्रतिम उदाहरण हैं। कुंती, द्रौपदी, अंबा, अंबालिका और अंबिका से पहले

सीता, उर्मिला। आदिकाल से संस्कृति की दुनिया पर पुरुष वर्चस्व हावी रहा है, इसलिए स्त्री की मुखरता पुरुष-पक्ष के लिए रही है।

स्त्री यह जानती है कि बुद्धि उसमें कम नहीं, अपनी क्षमता से वह क्या नहीं हासिल कर सकती। इसी को मद्देनजर रखते हुए स्त्री-लेखन की शुरुआत हुई, लेकिन कभी स्त्री के लिए लिखने वाले पुरुष ही होते थे। इन पुरुषों का लिखा उसे अच्छा तो लगा, मगर एक समय ऐसा आया जब न्यायप्रिय नहीं लगा, क्योंकि अपना-सा नहीं लगा। जो स्त्री का नहीं है, वह उसकी जिंदगी में सार्थक कैसे होगा? उसे अपनी कलम से अपनी भाषा में लिखना होगा। मीरा ने अपना दीवानापन अपनी ही भाषा में लिखा, 'एरी मैं तो प्रेम दीवानी मेरा दरद न जाने कोय/मेरे तो गिरधर गोपाल दूसरौ न कोय।' क्या यह भाषा स्त्री के लिए कोई पुरुष लिख सकता था? महादेवी वर्मा की 'नीर भरी दुख की बदली' से आगे 'शृंखला की कड़ियां' की भाषा नितांत स्त्री-भाषा है, क्योंकि वह स्त्री द्वारा स्त्री के लिए है। कृष्णा सोबती के 'मित्रो मरजानी' की भाषा ऐसी स्त्री-भाषा है, जिसके बीच पुरुषों के समुदाय में सन्नाटा है। इन लेखिकाओं के भीतर मुक्ति के लिए उमडती ऐसी चाह रही है, जिसने बंधनों को काटने की नई भाषा को साहित्य में उतारा। स्त्री लेखकों की भाषा का यह प्रखर प्रारंभिक बिंदु है। कहां गई वह ऋषि-मुनियों की, राजवंशों के लिए तय की गई स्त्री नियमावली? कहां हैं अब गार्गी को बहस करने के इलजाम में दंड देनेवाले प्रवर विद्वान? और कहां हैं वे, स्त्रियों के लोकगीतों के निहितार्थों को अनसुना कर देने वाले? अब पारंपरिक धोखाधड़ी के भेद खुल गए हैं और गंवई किसान-पत्नी बेधड़क अपनी भाषा का प्रयोग करती हुई पुरुष के फरेब को खोलती है, 'चिड़ी तोय चामड़िया भावे/तेरे घर में सुंदर नारि बलम तोय परनारी भावे।' यहां स्त्री ने अपनी अलग भाषा का नमूना दिया है, पुरुष की वफा पर सवाल उठाते हुए। अनुभवों से भाव बनते हैं और भावों से भाषा। जिस भाषा में स्त्रियां सामाजिक अत्याचारों को चुनौती देती हैं, वह पुरुष के नहीं हो सकती। पुरुष के पास अगर एक-दूसरे को सबक सिखाने के भाषाई तेवर हैं तो वे हैं गालियां। ऐसी गालियां, जिनका संबंध आमतौर पर स्त्री-संभोग से होता है। पुरुषों की यह भाषा भी स्त्री-अपमान की पराकाष्ठा के लिए निर्मिति है, इस निर्मिति में बलात्कारी दृश्य हैं। ऐसी ही स्थितियों से विद्रोह की जो स्त्री आवाज आई है, वह अपनी ईमानदार अभिव्यक्ति में स्त्रियों की अपनी सशक्त भाषा का रूप धारण कर लेती है। स्त्रियों के लिए दया, करुणा और तरस की जो पुरुष-भाषा थी, वह स्त्रीवादी साहित्य में दृश्य से परे हटती जा रही है।

भाषा, लिंग और सत्ता, सूजन गेल की कुछ बातें : 'मौन एक अच्छा उदाहरण है। स्त्रीवादियों ने पश्चिम समाज की महिलाओं के सार्वजनिक जीवन में मौन की कड़ी आलोचना की है। माना जाता है कि यह स्त्रियों की शक्ति-विपन्नता और आकर्मण्यता का नतीजा और प्रतीक है। यह भी कहा गया है कि जिनकी जबान नहीं होती, वे इतिहास और अपने जीवन की धारा को नहीं बदल सकते।... धार्मिक कन्फेशनों, आधुनिक मनोचिकित्सा, नौकरी के साक्षात्कारों, मौखिक परीक्षाओं और पुलिस की पूछताछ में अवपीड़न के संबंध उलट जाते हैं। जहां स्वप्रदर्शन जरूरी होता है, वहां एक मौन श्रोता ही सारे निर्णय लेता है, इस प्रकार वह अपनी प्रभुता का प्रदर्शन करता है (फूको, 1979)। प्रायः देखा गया है कि अमेरिकी घरों में मौन शक्तिसंपन्नों का एक अच्छा हथियार है (साटेल, 1983)।... भाषाई सबूत आश्चर्यजनक रूप से एक सामान्य प्रतीकात्मक ढांचे से मेल खाते हैं, जिसमें पुरुषत्व वस्तुतः कठोरता और श्रमिक वर्ग की संस्कृति के अन्य अवयवों जैसे मनोरंजन और पहनावे में भी। दूसरी तरफ स्त्रीत्व प्रतिष्ठा, भद्रता और उच्च संस्कृति से जुड़ा होता है। इन परस्पर विरोधी धारणाओं का भाषाई पर्दे पर मंचन ही उन्हें मजबूती और पुनर्जन्म देता है।... वर्चस्व और प्रतिरोध की सामान्य अवधारणा को किसी-न-किसी प्रकार से कई प्रभावशाली सामाजिक चिंतकों

ने प्रतिपादित किया है जिनमें ग्राम्शी, फूको आदि के नाम शामिल हैं। यह बात अलग है कि उनके सिद्धांतों से लिंगों की सामाजिक संबंधों पर आधारित परिभाषा गायब है। यह चीज हमें अंतर और प्रभुत्व से जुड़ी स्त्रीवादी बहस की ओर ले जाती है।... कीरा हाल (1995) स्त्रियों की भाषा को यौन उपभोग की वस्तु मानती हैं। (हालांकि) वयस्क सूचना उद्योग में काम करने वाली स्त्रियों के सेक्स से जुड़े वार्तालाप को सिर्फ यौन उपभोग से जुड़ा हुआ नहीं माना जा सकता बल्कि वह संवाद की पूरी प्रक्रिया से जुड़ी होती है। 'फैंटेसी फोन लाइंस' पर काम करने वाली स्त्रियों पर अनुसंधान कर रहे लोगों ने बताया है कि वे स्त्रियां अपने को स्त्रीवादी मानती हैं। वह भाषा जो प्रायः कमजोर और उपभोग की वस्तु मानी जाती है, उन स्त्रियों के लिए आर्थिक स्वायत्तता का एक सशक्त माध्यम है। ऐसी स्त्रियों को अपने उद्योग में उन्हीं प्रतिकूल दृश्यों को प्रस्तुत करना पड़ता है जिनसे वे दूरी बनाना चाहती हैं।' (जेंडर एट द क्रॉसरोड्स ऑफ नॉलेज : संपादक—मिकाला डी लियोनार्डो, 1991 में प्रकाशित सूजन गेल के लेख से कुछ अंश)।

मैत्रेयी पुष्पा

स्त्री-भाषा : अभिलक्षण

दुनिया के कई भाषावैज्ञानिकों ने हर भाषिक समाज में तथाकथित आम भाषा के समानांतर उस समाज की स्त्रियों में प्रचलित कुछ खास भाषिक अभिलक्षणों की मौजूदगी पर विचार किया है, जिन्हें समेकित रूप से वे 'स्त्री-भाषा' (Women's language) कहना पसंद करते हैं। स्त्री-भाषा का संबंध भाषा के लिंगगत स्तरीकरण से है जो बाकी सभी प्रकार के (सामाजिक-आर्थिक आदि) स्तरीकरणों की तुलना में गहन और जटिल है।

जिसे हम 'भाषा' या 'आम भाषा' कहते हैं, वह पुरुष प्रभुत्व की भाषा है या फिर पुरुष-भाषा है, जिसमें भाषा के केंद्र में या उसकी धुरी पुरुष है। इसमें स्त्री होती ही नहीं, यदि हुई भी तो वस्तु या विषय बनकर। इस भाषा में कर्ता की जगह पुरुष बैठा हुआ है, स्त्री कर्म या करण की भूमिका में रहने को अभिशप्त है। इसमें पुरुष को मनुष्य या व्यक्ति के पर्याय के रूप में पेश किया जाता है या पुरुष-आशयों को सार्वभौम-सा बनाकर व्यक्त करने का गुण है, चाहे समाज या राजनीति हो अथवा संस्कृति या साहित्य, जैसे—हम जगत के सर्जक की कल्पना 'परम पिता' के रूप में करके मगन हैं, पर इसमें निहित असंगति पर कभी हमारी दृष्टि नहीं जाती। हमें होश ही नहीं रहता कि जन्म देने में बाप नहीं, मां सक्षम है। इसी तरह पुरुष नीति अनुभूति या पूर्वग्रहों को अकसर सार्वभौम नीति वचन की शक्ल दे दी जाती है, चाहे संस्कृत-हिंदी हो या अंग्रेजी।

इस तरह प्रचलित भाषा का सबसे बड़ा अधूरापन यह है कि आधी आबादी (स्त्री) के लिए उसमें जगह या स्पेस नहीं है ; उसके अनुभव या सुख-दुख को अभिव्यक्त करने की जगह नहीं है। इतना ही नहीं, स्त्री के प्रति अकारण दंड, उपेक्षा व अपमान की अभिव्यक्तियों तथा लोकोक्तियों की भी उसमें भरमार है। कहावतों और मुहावरों में किसी भाषा-क्षेत्र के लोकमत की अभिव्यक्ति होती है। पुरुष-भाषा की इन कहावतों में स्त्री की निंदा, अवमूल्यन, वस्तुकरण, भोगने या घात की आम प्रवृत्ति है। भोजपुरी क्षेत्र में एक कहावत है, जिसका अर्थ है कि स्त्रियों के नाक नहीं होती, तो वे टट्टी भी खा लेतीं। यह नमूना भर है। समझ लेना चाहिए कि ऐसी और इससे भी ज्यादा घातक-घृणित कहावतों का दुनिया के किसी हिस्से या किसी वक्त में अकाल नहीं रहा है। 'मातृत्व' को आम (मर्दवादी) भाषा चरम सुखद, गरिमामय रूप में बखानती है, जबकि स्त्री की अनुभूति में वह पीड़क भी है, जिसे दबा-छुपाकर वह भाषा व्यक्त करती है। इसी तरह स्त्री के प्रति शारीरिक-मानसिक हिंसा के भीषण रूप 'यौन हिंसा' या 'बलात्कार' को आम भाषा 'इज्जत लुटना या लूट लेना' कहकर चलते बनती है। उपलब्ध भाषा या तो उसे 'देवी' बना देगी या 'दासी' या 'कुलटा'।

आम भाषा स्त्री के अनुभव, समस्या तथा पीड़ा की अभिव्यक्ति में (उचित शब्द या मुहावरेदारी के अभाव एवं पुरुष प्रभावी शब्द गठन के कारण) अक्षम तो है ही; ऊपर से स्त्री-विरोधी, दोहन-शोषणकारी ढांचों और स्थितियों को सहज स्वाभाविक रूप देते हुए उनका महिमामंडन तक करती है और सब मिलाकर जेंडरवादी छद्म अस्मिताएं गढ़ती है। स्त्री के सहज सच को अभिव्यक्ति देना इसके बूते के बाहर की बात है। अपने मुहावरों तथा लोकोक्तियों, कथित सम्मानसूचक (जैसे–सती, देवी, सुंदरी) व अपमानकारी (जैसे–कुलटा, डायन, बांझ) शब्दावलियों से उसे सामान्य मनुष्यता की परिधि से परे कर देने वाली भाषा है वह। स्त्री भी यह पुरुष-भाषा बोलती है या स्त्री जो भाषा बोलती है, वह पुरुष-भाषा के प्रभाव से मुक्त नहीं होती।

इस पुरुष-भाषा के समानांतर स्त्रियां प्राचीन काल से अपनी प्रवृत्ति और कार्यक्षेत्र यानी सरल शब्दों में कहें तो पितृसत्तात्मक सीमाओं के अंतर्गत अपनी खास बोली (स्त्री-भाषा) सृजित व प्रयुक्त करती रही हैं। वर्जीनिया वुल्फ पहली लेखिका हैं जिन्होंने स्त्री-भाषा के सवाल उठाए। (वीमेन एंड फिक्शन, 1926)। इस विचार के विकास में फ्रेंच भाषा-विज्ञानियों और स्त्रीवादियों का खासा योगदान रहा है। इन चिंतकों में हेलिनी रिक्साइस, सांद्रा गिल्बर्ट, सुसान गुवर, डेल्यूज, गुएतरी आदि हैं। भारत में इस तरह का विचार सुकुमार सेन जैसे कुछ भाषा-विज्ञानियों ने किया है।

स्त्री-भाषा पर काम करने वाले चिंतकों ने पुरुष की तुलना में स्त्री की बोली की कुछ विलक्षणताएं रेखांकित की हैं : स्त्री पुरुष की तुलना में ज्यादा खामोश, कम-से-कम दखलअंदाजी करने वाली तथा बातचीत में प्रतिस्पर्धा के बजाय सहयोग का भाव रखने वाली होती है। वह ज्यादातर इशारों की भाषा बोलने वाली (बात घुमाकर कहने की प्रवृत्ति) होती है। उसकी भाषा अपेक्षाकृत झिझक भरी, कम-से-कम तार्किक और कम-से-कम स्वाग्रही होती है, जिसमें धाराप्रवाह भाषण का प्रायः अभाव होता है। वह बातचीत में पुरुषों से ज्यादा क्रियाओं व तकिया-कलाम शब्दों का इस्तेमाल करती है। वह आमतौर पर रूढ़ या बहुप्रयुक्त शब्दों से ही काम चलाती है और ताजातरीन अभिव्यक्तियों के प्रति उदासीन रहती है या उनसे परहेज करती है। प्रसिद्ध भाषाविज्ञानी सुकुमार सेन ने यह भी कहा कि चटकदार व्यंग्य और चुस्त कटाक्षों के आदान-प्रदान में स्त्रियों को महारत हासिल है।

यह भी कहा जाता है कि उपर्युक्त मान्यताएं खंडित अध्ययनों या सर्वेक्षणों पर आधारित हैं अथवा खंडित विश्लेषणों की देन हैं। वस्तुतः ये पुरुषवादी भाषा-चिंतकों और उनसे प्रभावित स्त्रीवादियों की देन हैं। कारण, मर्दों में भी उक्त विशेषताओं का नितांत अभाव नहीं है। ये निष्कर्ष जिस सांस्कृतिक उत्पाद (भाषा स्तर विशेष) को स्त्री की सहज-स्वाभाविक या नैसर्गिक करार देते हैं, वह पितृसत्तात्मक समाज में स्त्रियों पर डाले गए बहुमुखी अभाव या वंचना, शोषण और उत्पीड़न के चलते बनी उनकी संकरी पेशागत परिधि और सीमित तथा घुटन भरे परिवेश के आधार पर विकसित अधिरचना है। ये निष्कर्ष स्त्री के भाषिक व्यवहार से संबद्ध तथ्यों की ओर एक सीमा तक (जिस समय या जहां ये प्रस्तुत किए गए, उस समय या वहां के समाज की संरचना के लिए सत्य) संकेत तो करते हैं, उनके प्रति सचेत समझदारी नहीं दिखलाते। ये विचार ऐतिहासिक और समाजशास्त्रीय परिप्रेक्ष्य में स्त्री की बिगड़ती-बनती चली आ रही स्थिति को अनदेखा करते हुए, उसे जड़ मनोविज्ञान में बांध डालने की अचेत कोशिश से निकले हैं। ऐसे चिंतक स्त्री-भाषा के अलगाव का असली कारण पुरुष एवं स्त्री के अलग-अलग मनोविज्ञान में निहित मानते हैं, जबकि भाषा का जातीय, क्षेत्रीय, वर्गीय या जेंडर चरित्र एक लंबी आर्थिक-सांस्कृतिक प्रक्रिया के तहत बनता है। भाषा का हर प्रकार का उक्त अधूरापन जीवन निर्वाह, विकास और ज्ञान के साधनों पर कुछ लोगों तथा समूहों के एकाधिकार और शेष को उपेक्षित रखने का परिणाम है।

स्त्रियों के जीवन की भौगोलिक एवं सांस्कृतिक

परिधि अत्यंत संकीर्ण रही है। इसके साथ ही परिस्थिति के एकदम प्रतिकूल होने और उससे मुकाबले की माकूल ताकत पास न रहने का बोध भी उनके सामूहिक अवचेतन में कार्यरत रहा है, जिससे आत्म-संरक्षण और आत्माभिव्यक्ति के लिए हर समाज में उनकी भाषा में पूर्व-संकेतित ऐसे विशेष अभिलक्षण स्वाभाविक तौर पर उभर आए हैं, जिनकी वजह से 'स्त्री-भाषा' शब्द का व्यवहार हुआ है। इसका निर्माण मूलतः सहज रूप से, पर अल्पतः सायास भी हुआ है, लेकिन कारण रूप में मुख्यतः वे स्त्री-विरोधी परिस्थितियां हैं, जिन्हें अनदेखा कर विश्लेषकों ने इस भाषा का मूल स्रोत स्त्री की जैविक-मनोवैज्ञानिक संरचना में खोजने की भूल की है। उनके द्वारा कथित स्त्री-भाषा की विलक्षणताएं (स्त्री की प्रकृति में निहित) नकारात्मक गुण के रूप में रेखांकित की गईं। 'स्त्री-भाषा' वस्तुतः पितृसत्ता द्वारा बनाई गई चौहद्दी में घुटती आ रही स्त्री का भाषिक अनकूलन है। आत्मसंरक्षण के तहत स्त्री मुख्यतः बचाव की भाषा का इस्तेमाल करती है और गौणतः प्रतिरोध की भाषा का। प्रतिरोध की स्त्री-भाषा पुरुष प्रधान मूल्यों पर कटाक्ष या व्यंग्य द्वारा संभव है या प्रत्यक्ष सांस्कृतिक प्रहार द्वारा।

चूंकि 'स्त्री-भाषा' नामक तत्व पितृसत्ता से ग्रस्त विषम समाज में पनपा और विकसित हुआ है, इसलिए स्पष्ट है कि समाज जितना ही लिंगगत समता की स्थितियों की ओर बढ़ेगा, इस तथाकथित 'स्त्री-भाषा' का अस्तित्व उतना ही सिकुड़ता जाएगा और स्त्रियों की भाषिक प्रवृत्तियों में भी सार्वजनीनता की मात्रा बढ़ती जाएगी।

रवींद्र कुमार पाठक

अधिक जानकारी के लिए :

1. भाषा और स्त्री-भाषा : सुकुमार सेन, केंद्रीय हिंदी संस्थान, 2008, **2. Linguistic Behavior of Male and Female : Readings in Applied Linguistics :** Mary Key, **3. Sex Differentiation in Language in Language and Sex - Difference and Dominance :** Ann Bodine, **4. Talking Difference on Gender and Language : Thousand Oaks :** M Crawford

स्त्री-विमर्श

स्त्री-विमर्श शब्द बहुत पुराना नहीं है। कुछ विद्वान इसे पश्चिमी देशों से आयातित 'फेमिनिस्ट डिस्कोर्स' मानते हैं। कई बार ऐसा लगता है, भले सिमोन द बोउआ की 'द सेकंड सेक्स' से पहले महादेवी वर्मा की 'श्रृंखला की कड़ियां' पुस्तक आ गई हो। लोग स्त्रियों के पक्ष में गूंजते जयघोष 'यत्र नार्यस्तु पूज्यंते रमन्ते तत्र देवता' में ऐसे डूबे रहे हैं, जैसे स्त्रियां मनुष्य से ऊपर उठी हुई ऐसी पवित्र प्रजाति हैं, जिसे पूजनीय माना जाना लाजिमी है। स्त्रियों का भी ध्यान उधर नहीं जाता था, जिधर औरतें दर्दनाक यंत्रणा से गुजर रही हैं, जिनको वस्तुतः पूजा नहीं जाता, पीटा जाता है, वे ताड़ना की ही अधिकारी कही जाती हैं। ऐसी स्त्रियों को स्त्रियों ने भी पापिन या अपराधिन मान रखा था, क्योंकि कहीं नीच वर्ण आड़े आया, कहीं सेवा और समर्पण में कोताही के तहत वे पकड़ी गईं।

स्त्रियों के पास सामान्यतः सब्र अकूत होता है। इस सब्र को साधने के लिए सीता, सावित्री, कुंती, द्रौपदी, तारा, मंदोदरी के उदाहरण आज तक दरपेश हैं। उनसे स्त्रियां हद दर्जे की सहनशीलता अर्जित करती रही हैं। सहनशीलता का कमाल है कि हमने अपनी ज्ञानेंद्रियों और कर्मेंद्रियों को पराधीन बनाने में गुरेज नहीं माना। यदि कुछ भी देखा, सुना, बोला-बतियाया या बख्शी गई चारदीवारी के बाहर हाथ-पांव निकाले तो अपने स्वामियों की आज्ञा लेकर। ऐसी आज्ञाओं को मानते हुए फख्र महसूस करने का अभ्यास किया। यही अभ्यास स्त्रियों को 'अच्छी स्त्री' के खिताब से विभूषित करता रहा है। रावण के यहां रहने पर सीता की अग्निपरीक्षा के बरअक्स द्रौपदी को पांच पतियों की स्त्री के रूप में जायज करार देना, यह विरोधाभास भी 'महान पतिव्रताओं' को विचलित नहीं कर पाया। अहल्या को शिला में तब्दील करने का शाप देता पुरुष कातिल नहीं लगा। शकुंतला को अपने क्रोध के कारण आजन्म निर्वासित कर देने वाला ऋषि अत्याचारी नहीं माना गया। इतिहास से

भी उदाहरण हो सकते हैं, जो अपने-अपने समय के सामंतों की विरुदावली की लंबी सूची देते हैं। धर्म बताता आया है कि नियम-कानून बनाने का विशेष अधिकार पुरुष का ही है।

दरअसल, त्याग और श्रद्धा के हवाले कर दी गई स्त्री संतुष्ट रहती है और अपने जीवन को सार्थक मानती है। इस खामख्याली को शाश्वत माना जाता है। बेशक स्त्री ने स्वयं को ही बंधनों के अनुकूल बनाया है—'बंधनों में बंध बनी मैं बंधनों की स्वामिनी-सी'। अब बंधनों की इस स्वामिनी को छुटकारा कैसे मिलता? छुटकारे के नियम हमारे पूर्वजों ने नहीं बनाए, तभी तो बंधनों की परंपरा ने शाश्वत रूप धारण कर लिया। ऊपर से लोकाचारों, पर्व-त्योहारों में समाहित कथा-कहानियों ने स्त्री-समर्पण की पुरजोर पुष्टि की। सती कथाओं और व्रत की कहानियों में यह पुण्य घोषणा मिलती है कि जो स्त्री हमारे शास्त्रीय विधानों को नजरअंदाज करके आगे बढ़ेगी वह कर्कशा, कुलबोरन और कलंकिनी मानी जाएगी। इन विशेषणों का सामना करने वाली औरत अगर पैदा भी हो जाए, तो माता-पिता द्वारा लड़की का जो पालन-पोषण होता है वह स्त्री-शक्ति के शमन का काम करता है। उन सजाओं की याद दिलाता रहता है, जो खासतौर से स्त्री के लिए बनाई गई हैं और आदिकाल से आज तक मुकर्रर हैं, जैसे—अपमान, अपहरण, निष्कासन, परित्याग, बलात्कार और हत्या।

सिमोन द बोउआ ठीक कहती हैं कि औरत पैदा नहीं होती, बनाई जाती है; मगर मेरा मानना है कि औरत तो औरत ही पैदा होती है, उसे गुलामी के सांचे में ढाला जाता है। गुलाम बनाने के लिए कमजोर व्यक्ति सबसे ज्यादा मुफीद रहता है। इसलिए स्त्री को लड़की के रूप में शुरुआत से ही निर्बल करने की प्रक्रिया चालू हो जाती है। उसके पौष्टिक भोजन पर प्रतिबंध यह कहकर लगाया जाता है कि बलिष्ठ शरीर की नारी शोभती नहीं है। पूछा जा सकता है, स्त्री किसको शोभायमान नहीं लगती? उत्तर मिलेगा, किसी पुरुष को। पुरुष के लिए उसे कोमल और कमनीय बनाया जाता है। रीतिकाल से लेकर छायावादी कवियों तक स्त्री की कमनीयता की धूम रही है। फिर यह भी तय है कि इस बलविहीन नारी नाम के जीव को सुरक्षा की ज्यादा-से-ज्यादा जरूरत पड़ती है।

बलविहीन स्त्रियों के लिए सुरक्षा जरूरी है; मगर सुरक्षा किससे? उन्हीं से तो नहीं, जिनको मर्द के रूप में औरत पर हमला करते हुए बिस्तर से लेकर मंदिर और मैदानों, खेत और खलिहानों तथा गलियों और सड़क तक देखा जा सकता है। पुरुष से यह सुरक्षा कवच कैसा अजूबा है, जो स्त्री को पुरुष ही प्रदान करने का दावा करता है। सुरक्षा कवच देने की एवज में पुरुष वर्ग ने स्त्री से उसकी आजादी का सौदा कर लिया। मां-बहन, पत्नी-बेटी के रूप में औरत ने घर के पुरुषों की आश्रिता बनकर मानो चैन की सांस ली।

शिक्षा ने देश की आजादी के बाद पांव पसारे। सामान्य स्त्रियों ने भी पढ़ना-लिखना सीखा। इस प्रक्रिया में सोचना भी जुड़ गया। सुरक्षा अब पराधीनता लगने लगी। यह बात भी सामने आई कि कुएं का मेढ़क कितनी ही उछल-कूद मचा ले, कुएं से बाहर नहीं निकल पाता। निकल भी आए तो अंधेरे और पानी का आदी जीव रोशनी में खुद को बचाए कैसे? शिक्षा ही सहगामिनी हुई। पढ़-लिखकर स्त्रियों ने जाना कि शास्त्रीय ग्रंथों में, कल्याण-पत्रिकाओं में अब तक जो कुछ स्त्रियों के लिए नेक सलाह के रूप में लिखा गया है या जो मिसालें पेश की गई हैं, वे स्वर्ग-नरक में जाने के ब्योरे तो देती हैं, इस धरती पर बसे समाज के बीच स्त्री की दशा दासी से ज्यादा प्रमाणित नहीं करतीं। 'सतियां' पुरुषों द्वारा बनाए गए नियमों और हत्यारी कथाओं के सिवा और क्या हैं? अग्निपरीक्षा, शिला हो जाना या जुए के दांव पर लगाकर हारी हुई स्त्री को नंगी करेंगे पुरुष, पुरुषों को ही उनकी औकात दिखाने के लिए। फिर इन महान औरतों का जीवन हमारे लिए स्त्री धर्म कैसे हुआ? ऐसे किसी भी धर्म से इंकार का हौसला साधने की बात जब स्त्री ने ठानी, तो कन्यादान में दी गई नारी की हिम्मत को खतरनाक घोषित किया

गया। स्त्री को दुस्साहसी कहकर बदनाम किया गया।

स्त्री-विमर्श स्त्री द्वारा कुछ कहना है, आवाज उठाना है। स्त्री ने अब कहना शुरू किया है कि यह अत्याचारी, अन्यायी और खूंखार पितृसत्तात्मक समाज हमारी बात कभी नहीं करेगा। यह हमारे होंठों को सिलने की फिराक में रहता आया है और हमें बेआवाज करके हमारी पीठ ठोंकता है। दान की गई स्त्री क्या अपने जीवन में कभी स्वावलंबी हो सकती है? विवाह संस्था उसे स्वतंत्र नहीं मानती, तो स्वावलंबी होने का मौका कैसे देगी? बेशक समय बदल रहा है, अब स्त्रियां पढ़-लिखकर मेधावी और कामकाजी होकर निकल रही हैं, लेकिन आज भी विवाह प्रणाली उनकी जिंदगी से जोंक की तरह चिपटी है, जो चेतना को खून की तरह पीती रहती है, आर्थिक आत्मनिर्भरता का कचूमर निकालती रहती है।

स्त्री की स्वतंत्रता की चेष्टा उसके परिश्रम के साथ बाकायदा दिखाई देती है, फिर भी समाज और संस्थानों में उसे वह दर्जा नहीं प्राप्त होता, जो एक पुरुष का होता है। उसे गृहिणी और माता बनने के योग्य ही माना जाता है, जैसे इन रूपों के अलावा पुरुष के पास स्त्री की कोई दूसरी कल्पना न हो। अगर हो भी तो वह सहकर्मी, अफसर की नहीं, आकर्षक मादा की हो। यदि ऐसा न होता, उसे अपने काम के लिए प्रोत्साहित किया जाता, योजनाओं का क्रियान्वयन करने के लिए सराहा जाता, जबकि पुरुष वर्ग के कुछ 'साहसी' सदस्य उस पर हमले की योजना बनाने लगते हैं। न्यायालय गवाह हैं कि बड़े से बड़े प्रशासनिक अधिकारी, राजनीतिक हलके में मंत्री, सांसद और विधायक अपनी कामुक लत के अधीन पाए गए हैं। स्त्रियों ने उनकी करतूतों को खोलकर सामने रखा है, तो अकसर कहा गया है कि स्त्री-विमर्श के दौर में स्त्रियां निर्लज्ज, बेहया और लालची हो गई हैं। यह भी है कि यदि स्त्री पुरुष की बलात्कारी करतूत का पर्दाफाश करती है, तो मर्द उसके कपड़ों के खुलेपन और शार्ट्स पर दोषारोपण करता है, जैसे मर्द साड़ी या बुर्कावाली औरतों को मां-बहन मान लेते हों।

अकसर परिवार नहीं समझ पाते कि जिस लड़की को लज्जा की खुराक दे-देकर पाला है, दहशत दिखाकर बड़ा किया है, मर्द के आगे झुककर चलने के नुस्खे सिखाए हैं, वह आज आंखों में आंखें डालकर बात क्यों करने लगी है? वे भूल जाते हैं कि जब जीव-जंतु या पशु का भी कोई अंग दबता है, तो वह काटने या आघात करने पर आमादा हो जाता है। भय अगर डराता है, तो सामना करने का साहस भी देता है। स्त्री की चेतना जागी है, उसने सम्मोहन त्यागा है। उसके अंदर यह भाव जगा है, मैं भी मनुष्य हूं। मुझे मनुष्यगत व्यवहार चाहिए। मेरा भी आत्मसम्मान है, इसे दबाकर रखने की जरूरत क्या है? ऐसी बातें आती जा रही हैं औरत के हीले से और समाज खोज रहा है कि स्त्री की वह मौन मूर्ति कहां है, जो सती नारी बनकर जीती थी, त्याग में छीजकर धन्य होती थी। आदर देती थी, आदर पाने की मांग नहीं करती थी। अपमान पीने की अभ्यस्त थी, गुस्से को बुरी औरत का लक्षण मानती थी। समाज की 'आदर्श' सूरत बनाए रखने में जिसका विशेष योगदान था, वह अब अपने ही हाथों समाज के पूज्य उसूलों को उजाड़ने पर क्यों तुली है?

स्त्री-विमर्श से समाज कितना खुश है? इस सवाल का उत्तर बड़ा निराशाजनक है। यहां तक कि कई औरतें भी इसके विरोध में खड़ी हैं। इस भाव को कुछ लोग स्त्रियों का आपसी ईर्ष्या भाव कह देते हैं, लेकिन यह वस्तुतः स्त्रियों की बची-खुची गुलामी है कि वे पितृसत्ता की लठैत बनी हुई हैं। उन्हें एक दिन सोचने के लिए मजबूर होना पड़ेगा कि वे अपनी लठैत बनी होतीं तो बात कुछ और होती। उन्हें इस बात पर पुरुष वर्ग की सराहना मिल सकती है, लेकिन अपने ही दिल की गवाही नहीं मिलेगी; आत्मा की आवाज कहीं गुम हो गई होगी। एक छोटी-सी मिसाल : जब हम श्रृंगार भी किसी पुरुष के लिए करते हैं, तो यह दासता हमारी रग-रग में बोलती है। हम आईने में उसकी नजरों से खुद को देखते हैं। यह भूलकर या यह चैतन्य भाव खोकर कि क्या हम इसीलिए पैदा हुई हैं कि कोई अन्य हमें चलाए तब हम चलें? क्या

अन्य में ही वे सारी क्षमताएं, कुशलताएं हैं जिनसे हमें उम्मीद बंधती है। क्या हम महज मिट्टी का लोंदा हैं, नहीं, देवी हैं!

'देवी' शब्द से असहमति नहीं होनी चाहिए, पर स्त्री को देवी में तब्दील करना अन्याय है। देवी मंदिर या मुढ़िया में स्थापित की जाती है, जो न वहां से उठ सकती है, न चल सकती है, यहां तक कि हाथ-पांव तक नहीं हिला सकती। ऐसी देवी बनकर क्या होगा? मनुष्य जीवन में प्रतिरोधहीनता का ऐसा महिमा-मंडन स्त्री के ऊपर ही किया जा सकता है। सती का तमगा खतरनाक है, सती को तो भस्म होना ही है। राख में तब्दील स्त्री किस प्रतिरोध का दावा कर सकती है? तब यह कहना लाजिमी है कि हे शास्त्र-पुराणो, स्त्री सुबोधिनियों के निर्माताओ, सती कथा लिखने वालो और देवी की महिमा के उपासको, हमें माफ करो, क्षमा करो, बख्श दो; बस स्त्री होने के लिए।

मैत्रेयी पुष्पा

स्त्री-शिक्षा विधायक

स्त्री-शिक्षा पर भारत में पहली किताब है गौरमोहन विद्यालंकार की बांग्ला पुस्तक 'स्त्री-शिक्षा विधायक'। यह 1822 में कोलकाता में छपी थी। इसका हिंदी अनुवाद 1847 में आगरा स्कूल बुक सोसाइटी ने छापा था। यह हिंदी में स्त्री-शिक्षा की पहली किताब थी। एक ऐतिहसिक दस्तावेज के तौर पर इसके हिंदी अनुवाद का महादेव साहा ने 1988 में पुनर्मुद्रण कराया। इस पुस्तक से पता चलता है कि उन्नीसवीं सदी में स्त्रियों के स्वत्वबोध की चिंता थी। इस पुस्तक की एक रचना 'दो स्त्रियों का कथोपकथन' का एक अंश इस प्रकार है–

–दीदी, साहबों ने यह जो बात शुरू की है, उससे लगता है कि इतने दिनों बाद हमारा भाग्य खुला है।

–ऐसा क्यों? यह सब पुरुषों का काम है। इसमें हमारी अच्छाई क्या है?

–इससे लगता है, हमारा भाग्य खुलेगा, क्योंकि इस देश की स्त्रियां पढ़ती-लिखती नहीं हैं। इससे वे प्रायः पशु की तरह अज्ञानी होती हैं, केवल घर-दुआर का काम करके समय काटती हैं।

–अच्छा! पढ़ने से क्या घर का कामधाम नहीं करना पड़ता है? स्त्रियां घर का काम रांधना-परोसना, बच्चों का लालन-पालन न करें तो काम कैसे चलेगा। यह सब काम क्या मर्द करेंगे?

–नहीं, मर्द क्यों करेंगे, स्त्रियों को ही करना है। लेकिन अगर पढ़ने से कुछ ज्ञान होता है तो घर का कामधाम करके फुरसत के अनुसार दो घड़ी पढ़ने में मन लगाने से मन स्थिर रहता है और हम अपने प्राप्य भी समझ ले सकती हैं।

शंभुनाथ

स्त्री-सशक्तीकरण

सशक्तीकरण वह प्रक्रिया है, जिसके माध्यम से व्यक्ति समाज में सम्मानजनक, स्वतंत्र और समतामूलक जीवन जीने का अधिकार प्राप्त करता है। एक सामाजिक प्रक्रिया के रूप में सशक्तीकरण समाज में शक्ति वितरण में व्याप्त असंतुलन तथा शक्ति-संबंधों को चुनौती देता है। सशक्तीकरण के जरिए सामाजिक, राजनीतिक और आर्थिक भेदभाव के शिकार और पारंपरिक रूप से उपेक्षित रहे वंचित समूहों को राजनीतिक और

सामाजिक सत्ता में हिस्सेदारी मिलती है या मिलने की संभावनाएं खुलती हैं। एक राजनीतिक प्रक्रिया के रूप में सशक्तीकरण एक सामाजिक प्रतिक्रिया है, क्योंकि यह परिवार तथा समाज में शक्ति के असंतुलन को चुनौती देती है और उसे बदलती है। वास्तव में सशक्तीकरण एक बहुआयामी धारणा है। उसका संबंध लोगों की सामाजिक समानता, सामाजिक उपलब्धियों, आर्थिक स्वनिर्भरता एवं सहभागिता से है। इसके साथ ही सशक्तीकरण एक सतत प्रक्रिया है, इसकी कोई अंतिम सीमा नहीं है। सशक्तीकरण का उद्देश्य सामाजिक समानता स्थापित करना है जो विषमतामूलक समाज में शक्ति की संरचनाओं को निष्प्रभावी करके ही प्राप्त किया जा सकता है। स्त्री-सशक्तीकरण का संबंध स्त्री की समाज में सम्मानजनक, स्वतंत्र और समतामूलक जीवन जीने के अधिकार हासिल करने की सतत गतिमान प्रक्रिया है। यह स्त्री-मुक्ति का एक प्रत्यक्ष व्यावहारिक मार्ग है।

महिला सशक्तीकरण के इतिहास की बात करें तो सर्वप्रथम यूरोप में इसकी शुरुआत दो शताब्दी पूर्व हुई जब 1792 में मेरी वोल्सटनक्राफ्ट की पुस्तक 'ए विंडिकेशन ऑफ द राइट्स ऑफ वीमेन' का प्रकाशन हुआ। इसमें पहली बार मेरी वोल्सटन ने फ्रांस की क्रांति से प्रभावित होकर स्वतंत्रता, समानता और भातृत्व के सिद्धांत को स्त्री समुदाय पर भी लागू करने की मांग की। उन्होंने स्पष्ट रूप से कहा कि कोई भी सामाजिक दर्शन तब तक वास्तविक अर्थों में समतावादी नहीं हो सकता, जब तक वह स्त्रियों को समान अधिकार और अवसर देने तथा इनकी हिफाजत के प्रति प्रतिबद्ध नहीं होता। स्त्री की मुक्ति की वकालत जॉन स्टुअर्ट मिल ने 1869 में प्रकाशित 'द सब्जेक्शन ऑफ वीमेन' में की थी जिसे मजबूत स्वर मिला सिमोन द बोउआ की 1949 में प्रकाशित पुस्तक 'द सेकंड सेक्स' से।

नारीवादियों का कहना है कि स्त्रियों का सशक्तीकरण तब तक नहीं हो सकता, जब तक व्यक्ति की निजी चेतना में बदलाव न हो और वह सामूहिक रूप से मुक्ति पाने के उद्यम में भागीदारी करने के लिए तैयार न हो। इस दुहरी प्रक्रिया में जिस शक्ति का उदय होता है, वह परिवर्तनकारी है। नारीवादी चिंतन कहता है कि सत्ता की मौजूद संरचनाओं में महज हिस्सेदारी से कुछ नहीं होगा, जरूरत खुद अपने आपको बदलने और साथ में सत्ता की संरचनाओं को भी बदलने की है।

वस्तुतः महिला सशक्तीकरण का अर्थ महिलाओं के लिए अवसरों की समानता, जीवन के लिए समान दशाएं, संसाधनों पर नियंत्रण के अवसर, वित्तीय और भौतिक शक्ति हासिल करना, आर्थिक, राजनीतिक और सामाजिक क्षेत्रों में समान सहभागिता, महिलाओं के जीवन की गुणवत्ता में तथा निर्णय लेने की क्षमता में वृद्धि, उसकी सामाजिक स्वतंत्रता एवं स्वायत्तता से सीधे तौर से जुड़ा है। सारतः स्त्री-सशक्तीकरण लैंगिक आधार पर व्याप्त विषमता को समाप्त करना है।

भारतीय समाज में महिलाओं की स्थिति देखने से मालूम हो जाएगा कि उपर्युक्त में से अधिकांश अधिकार तथा अवसर महिलाओं को प्राप्त नहीं हैं। स्त्री-मुक्ति एवं स्त्री-समानता की अवधारणा से स्त्री-सशक्तीकरण शुरू हुआ था, अब वह मात्र स्त्रियों को शिक्षित करने, स्वास्थ्य सुविधाएं एवं रोजगार के कुछ अवसर प्राप्त करने और विशेषकर भूमंडलीकरण के बाद बाजार के लिए अच्छे उपभोक्ता बनाने तक सीमित है। वास्तविक अर्थों में स्त्री-समानता के लिए दृढ़ संकल्प से भरे कदम नहीं उठाए गए। यहां तक कि संसद और विधानसभाओं में महिलाओं को 33 प्रतिशत आरक्षण की व्यवस्था करने में संसद असमर्थ रही है।

वैश्विक स्तर पर भी संयुक्त राष्ट्र संघ, जिसने महिला सशक्तीकरण के लिए वैश्विक स्तर पर तमाम नीतियों का निर्माण किया, स्त्री-पुरुष असमानता को समाप्त करने के लिए कोई 'अनिवार्य नीति' नहीं बना पाया है। यहां तक की सहस्राब्दिक विकास के आठ लक्ष्यों (मिलेनियम डेवलपमेंट गोल) में भी महिलाओं की समान सहभागिता को सुनिश्चित करना शामिल नहीं है।

महिला साक्षरता दर बढ़कर 65.46 प्रतिशत हो गई है, रोजगार में भी महिलाओं का प्रतिशत बढ़ रहा है, स्वास्थ्य स्थिति में सुधार हो रहा है और महिलाओं की औसत आयु में वृद्धि हो रही है, मातृ मृत्यु दर में कमी आई है। दूसरी तरफ लिंगानुपात का अंतर लगातार बढ़ता जा रहा है। कई लड़कियों को जन्म से पहले ही गर्भ में मार दिया जाता है। आंकड़ों के अनुसार देश में महिला जनसंख्या का केवल 13.99 प्रतिशत भाग ही आर्थिक उत्पादन में वर्ष भर संलग्न रह पाता है। कुल श्रमशक्ति में महिलाओं की भागीदारी केवल 20.22 प्रतिशत है। स्वास्थ्य के मोर्चे पर देश में 55 प्रतिशत महिलाएं खून की कमी से जूझ रही हैं। 36 करोड़ महिलाएं प्रजनन संबंध रोगों से ग्रस्त हैं।

अगर यौन हिंसा एवं उत्पीड़न की बात की जाए तो 'सशक्तीकरण' का भ्रम दूर होने लगता है। महिलाएं आज भी कहीं सुरक्षित नहीं हैं। घर-परिवार में भी वह दुहरे शोषण की शिकार हैं। महिलाओं के प्रति होने वाली हिंसा चाहे वह बलात्कार के रूप में हो, छेड़खानी हो, दहेज हत्या, कार्यस्थल पर यौन शोषण, धार्मिक स्थलों पर यौन शोषण या फिर तेजाब फेंकने की घटना हो, इन सभी में तीव्र गति से वृद्धि हो रही है। कई घटनाएं महिलाओं के प्रति होने वाली हिंसा की क्रूरता की पराकाष्ठा हैं। राजनीतिक सहभागिता की बात करें तो शैक्षिक स्तर में वृद्धि के बावजूद महिलाओं की राजनीतिक भागीदारी कम है। उनकी आवाज में ताकत दिखाई नहीं देती, वे आमतौर पर पुरुष नेताओं के सामने दबी रहती हैं। आम स्त्रियों की राजनीतिक उदासीनता व्यापक स्तर पर दूर करने के ठोस उपाय नहीं हैं।

स्त्री-मुक्ति का व्यापक आयाम यथार्थतः स्त्री-सशक्तीकरण के कुछ रूपों में सीमित दिखाई देता है। स्त्री में बदलाव और सत्ता-सरंचना में परिवर्तन की बात टल गई है। सशक्तीकरण के मौके भी ज्यादातर महानगरीय स्त्रियों तक सीमित हैं। स्त्रियों का एक बड़ा वर्ग, जो खुद को मानवीय रूप में पहचाने जाने के लिए संघर्षरत है तथा जिसकी देह से लेकर श्रम तक का अवमूल्यन होता रहा है, सशक्तीकरण के इस आख्यान से बाहर है। प्रभा खेतान का प्रश्न है, 'आखिर हम किस स्त्री के सशक्तीकरण की चर्चा कर रहे हैं? भारत जैसे देश में, जहां 60 प्रतिशत स्त्रियां गरीबी रेखा से नीचे हैं, केवल 5-10 प्रतिशत स्त्री के सबलीकरण से आखिर कितना फर्क पड़ेगा?'

भारती

अधिकारी जानकारी के लिए :
1. हिंदू स्त्री का जीवन : पंडिता रमाबाई, **2. स्त्री के लिए जगह :** (सं.) राजकिशोर, **3. औरत होने की सजा :** अरविंद जैन, **4. Survival and Emancipation :** Brinda Karat, **5. Women and the Politics of Class :** Johanna Brenner, 2000

स्त्रीवादी सौंदर्यशास्त्र

स्त्रीवादी सौंदर्यशास्त्र का अभिप्राय कला और सौंदर्यशास्त्रीय श्रेणियों से संबंधित पुराने दार्शनिक सिद्धांतों को प्रश्नांकित करने वाले एक भिन्न दृष्टिकोण से है। स्त्रीवादियों ने माना है कि विभिन्न दार्शनिक और सौंदर्यशास्त्रीय सिद्धांतों की भाषा प्रत्यक्षतः भले निष्पक्ष और समावेशी लगती हो, वस्तुतः ज्ञान के सारे अनुशासनों के वैचारिक ढांचे लैंगिक पूर्वाग्रहों से ग्रस्त हैं। स्त्रीवादी सौंदर्यशास्त्र का उद्देश्य उन तरीकों की पड़ताल करना है जिनके तहत कला, कलाकार और सौंदर्य मूल्य संबंधी विचारों को लैंगिकता प्रभावित करती है। इस तरह स्त्रीवादी सौंदर्यशास्त्र सौंदर्यशास्त्र की किसी अलग कोटि का निर्माण उस तरह नहीं करता, जिस तरह कोई आदर्शवादी सिद्धांत या प्राकृतिक ज्ञान मीमांसा नैतिकता के नए रूपों का निर्माण करती है। स्त्रीवादी सौंदर्यशास्त्र व्यक्ति की चेतना पर पड़ने वाले सांस्कृतिक प्रभावों का स्त्रीवादी नजरिए से विश्लेषण करता है। यह उन अवसरों की भी पहचान करता है जिनमें कला लिंग, यौनिकता और अस्मिता की सामाजिक निर्मितियों का कारक बनती है और उन्हें अभिव्यक्त भी करती है। जिस तरह स्त्रीवादी इतिहास ने पारंपरिक इतिहास को

अस्थिर किया है, स्त्रीवादी सौंदर्यशास्त्र ने सौंदर्य और अनुभवों के अब तक के ज्ञान को चुनौती दी है।

स्त्रीवादी सौंदर्यशास्त्र की मुख्य भूमिका आलोचना के पुरुषवादी सौंदर्यशास्त्रीय प्रतिमानों को अस्वीकार करने की है। स्त्रीवादियों का कहना है कि अब तक इन क्षेत्रों में पुरुषों की इजारेदारी थी। इनका विकास पुरुष श्रेष्ठताबोध और स्त्री की अधीनस्थ स्थिति पर आधारित विचारों और मूल्यों से हुआ था। इसलिए कई पुरुषों की नजर में महिला लेखन जड़, नीरस, भावुक, लिजलिजा, आत्मकेंद्रित रहा है। मृणाल पांडेय लिखती हैं, 'महिलाओं के लेखकीय अवदान पर फतवा देने का अंतिम अधिकार पुरुषों के ही पास प्रायः पड़ा रहा। औसत मध्यवर्गीय हिंदुस्तानी पुरुष की औरतों को लेकर जो मानसिकता है, उसके चलते पुरुष लगभग स्कूली स्तर से ही स्त्री को ठिलठिलाकर या फिर अहम्मन्यता-बोध के मारे दकियानूसी तिलमिलाहट के साथ देखते-जांचते रहे।' (साहित्य वार्षिकी, इंडिया टुडे-1996)। इसलिए स्त्री-लेखन के लिए जरूरी हो गया कि वह पुरुष आलोचना के प्रतिमानों को चुनौती दे, क्योंकि सत्ता के प्रतिमानों को चुनौती देकर ही प्रतिरोध संभव है। प्रभा खेतान लिखती हैं, 'आज यह जरूरी हो गया है कि हम स्त्रियां पुरुष-आलोचना के स्थापित प्रतिमानों के संदर्भ में प्रश्न उठाएं। सत्ता के प्रतिमानों को ही अपनाकर उत्पीड़ित क्या बनेगा? अलग से आलोचना की वह सही पृष्ठभूमि तैयार करना इसलिए जरूरी है कि एक स्वस्थ परंपरा का निर्माण किया जा सके।' (भूमिका, औरत : अस्तित्व और अस्मिता, अरविंद जैन)।

महादेवी वर्मा हिंदी की पहली लेखिका हैं, जिन्होंने स्त्री-दृष्टि के महत्व को समझा था। उनका कहना था कि स्त्री की समस्याओं की सही समझ के लिए जरूरी है कि उन्हें स्त्री संदर्भों में समझा जाए। आदिकाल से लेकर आज तक स्त्री की समस्याओं के निरंतर विकृत होते जाने का कारण यही है कि 'किसी भी शास्त्रकार ने पुरुष से भिन्न करके उसकी समस्या को नहीं देखा।' (शृंखला की कड़ियां)। उल्लेखनीय है कि ठीक यही बात सिमोन द बोउआ कहती हैं, 'पुरुष औरत को औरत के लिए परिभाषित नहीं करता, बल्कि...वह पुरुष के संदर्भ में ही परिभाषित और विभेदित की जाती है। (स्त्री उपेक्षिता)।' स्त्री को स्त्री संदर्भों में परिभाषित किया जाएगा, तभी उसकी समस्याओं और उनके निदान की सही समझ विकसित होगी। इसी रास्ते चलकर स्त्री का स्वतंत्र आत्म विकसित होगा, उसकी अपनी सत्ता स्वीकृत होगी। इसलिए जरूरी है कि अब तक पुरुषों द्वारा किए गए स्त्री-चित्रण से हटकर स्त्री स्वयं अपने जीवन के पक्षों को उजागर करे क्योंकि, 'पुरुष के द्वारा नारी का चरित्र अधिक आदर्श बन सकता है परंतु अधिक सत्य नहीं, विकृति के अधिक निकट पहुंच सकता है, परंतु यथार्थ के अधिक समीप नहीं। पुरुष के लिए नारीत्व अनुमान है, परंतु नारी के लिए अनुभव। अतः अपने जीवन का जैसा सजीव चित्र वह हमें दे सकेगी, वैसा पुरुष बहुत साधना के उपरांत भी शायद ही दे सके।' (शृंखला की कड़ियां)। स्त्री का नया लेखन मुख्यतः एक विध्वंसक भूमिका निभाता है। स्त्रियों ने परंपरा, व्यवस्था, विवाह संस्था, परिवार तथा संबंधों को लेकर जो सवाल उठाए हैं, उनके कारण इक्कीसवीं सदी में पितृसत्तात्मक व्यवस्था टूटी नहीं तो चरमराई जरूर है। इसके बावजूद स्त्री-लेखन और विध्वंस एक नहीं है। स्त्रीवाद विध्वंस की प्रक्रिया का इस्तेमाल परंपरा के पुनर्मूल्यांकन और संपूर्ण व्यवस्था पर पुनर्विचार के संदर्भ में करता है, ताकि जीवन के केंद्रीय संबंधों के तयशुदा समीकरणों को बदला जा सके। साहित्य और समाज में अपने स्थान की मांग संकीर्णता का परिचायक या अलगाववादी दृष्टिकोण का परिणाम नहीं है। यह एक नया जीवन बोध पाने की जद्दोजहद है। प्रभा खेतान लिखती हैं, 'क्या आप किसी लेखिका से यह कहेंगे कि पुरुष द्वारा स्थापित आलोचना के प्रतिमान ही श्रेष्ठ हैं, तुम चेष्टा करो, अभ्यास करो, ताकत लगाओ, ताकि तुम भी हमारी इन ऊंचाइयों तक पहुंच सको? यदि प्रति-उत्तर में हम कहें कि आपकी यह अकेली ऊंचाई हमें आकर्षित नहीं करती, आपके इस विशुद्ध सौंदर्यशास्त्र और

कला माध्यम के बदले हमारी अभिव्यक्ति का यह अनगढ़पन ही हमारा सौंदर्य है और अच्छा हो कि आप इसे स्वीकारें, तो क्या इसे कुतर्क की संज्ञा दी जाएगी या यह हमारी जीवन जीने की अधकचरी समझ मानी जाएगी?' (वही)।

कई स्त्रीवादियों ने स्त्री-लेखन में मौन की भाषा समझने की सिफारिश की है। देखा गया है कि स्त्री अपने लेखन में जितना बताती है, उससे कहीं अधिक छिपाती है। पितृसत्तात्मक व्यवस्था उसे खुलकर बोलने की इजाजत नहीं देती। स्त्री एक निहायत वर्चस्ववादी, असहिष्णु, बंद व्यवस्था के भीतर आत्माभिव्यक्ति का प्रयास कर रही है। जाहिर है, उसकी उन्मुक्त अभिव्यक्ति के अवसर सीमित हैं। प्रभा खेतान लिखती हैं, 'औरत अपने लेखन में जितना कहती है, उससे कहीं अधिक वह खामोश रहती है, उसका बहुत कुछ अनकहा रह जाता है। स्त्री का यह अनकहा जगत उसकी अज्ञानता का सूचक नहीं (ऐसा नहीं कि वहां केवल अभिव्यक्ति की समस्या है) बल्कि मुझे तो लगता है कि कुछ क्षेत्रों में वह जानबूझकर खामोश रहती है। वह भली-भांति जानती है कि पितृसत्ता की दमनकारी शक्ति उसे कितनी छूट दे सकती है, कितनी नहीं।' (वही)। इसलिए स्त्री-लेखन में मौन की भाषा और उसके महत्व को समझना स्त्रीवादी सौंदर्यशास्त्र का एक मुख्य तत्व है।

स्त्रीवादी सौंदर्यशास्त्र स्त्री के निजी जीवन की वैयक्तिक अनुभूतियों की अभिव्यक्ति का हिमायती है। स्त्री का लेखन उन सामाजिक-सांस्कृतिक जंजीरों को खोलने की कोशिश है, जिनमें स्त्री सदियों से जकड़ी रही है। यह आभिजात्यपूर्ण साहित्य के तयशुदा ढर्रे को चुनौती देते हुए समाने आया है। अनुभूति के अनजाने इलाकों की यात्रा करते हुए लेखिकाओं ने अभिव्यक्ति शैली के नए औजार भी तलाशे हैं। स्त्रीवादियों ने रेखांकित किया है कि जिस सामाजिक-सांस्कृतिक व्यवस्था से निकलकर स्त्री लेखिकाएं साहित्य जगत में आ रही हैं और जैसे बीहड़ जीवनानुभवों से गुजरी हैं, उनके लिए वे ढांचे और शैलियां सर्वथा अनुपयोगी हैं जिनमें अब तक के शिष्ट साहित्य की शालीन अभिव्यक्तियां होती रही हैं। मैत्रेयी पुष्पा की यह स्वीकारोक्ति महत्वपूर्ण है, 'मेरा समय अभी तक मुझे इतनी मोहलत नहीं दे सका कि मैं साहित्य की तमीज-तहजीब के साथ सौंदर्यशास्त्र पर विचार कर सकूं। जब-जब ऐसे सवाल खड़े होते हैं, मेरी समझ में यही आता है कि स्त्री ने कथा की राह चलकर दी गई दमघोंटू स्थितियां, तथाकथित महान संस्कृतियां और बताए गए धर्म में मानक सतियां...इन सबसे इंकार करते हुए स्त्री के लिए धर्म और संस्कृति एवं समाज के बदलाव का जो रूप दिया है, वही नया कथा-धर्म भी है और बदली जाती संस्कृति भी। अतिक्रमण की बात बाहरी तौर पर लागू हो, उससे ज्यादा जरूरी है अंदरूनी बाड़ों को लांघने के प्रयोग करना।' (मैत्रेयी पुष्पा : स्त्री होने की कथा, संपा. विजय बहादुर सिंह)।

स्त्रीवादी सौंदर्यशास्त्र वजर्नाओं का निषेध करता है। यह मानता है कि संस्कृति, नैतिकता, शालीनता आदि के नाम पर जो वर्जनाएं स्त्री पर लाद दी गई हैं, वे उसका आत्मविकास बाधित और व्यक्तित्व कुंठित करती हैं। इसलिए जरूरी है कि लेखन में स्त्री उन सभी सामाजिक-सांस्कृतिक नैतिक वर्जनाओं का अतिक्रमण करे। यह वर्जनाओं के निषेध का परिणाम है कि वे अनुभूतियां, विषय, प्रसंग आदि स्त्री साहित्य में प्रमुखता से आए हैं, जो अब तक शिष्ट साहित्य से बहिष्कृत माने गए थे। शारीरिक प्रक्रियाओं और संबंधों, यौन प्रसंगों, पितृसत्ता पर कठोर प्रहार आदि ऐसे वर्जित प्रसंग हैं जिनकी निर्भीक उपस्थिति स्त्री साहित्य में है। उदाहरण के लिए, अनामिका द्वारा स्त्री के ऋतुमती होने का यह उत्सवधर्मी बिंब है, 'अनहद- सी/बज रही थी लड़की/कांपती हुई/लगातार थे/उसकी जंघाओं में/इकतारे/चक्रों-सी/कांप रही थी वह/एक महीयसी मुद्रा में/गोद में छुपाए हुए/सृष्टि के प्रथम सूर्य-सा दीपित/लाल लाल तकिया।' (तीसरी दुनिया : एक स्त्री का अंतर्जगत बनाम बहिर्जगत)। हिंदी में स्त्री के रजोस्राव पर यह पहली कविता है जो वर्जित क्षेत्र

में प्रवेश करती ही है, उसके आनंद को भी व्यक्त करती है। कुछ आलोचकों का मानना है कि ऐसे प्रसंगों-विषयों ने स्त्री साहित्य के विजन को संकुचित किया है। स्त्रीवादी मानती हैं कि ये स्त्री-लेखन के प्रतिरोध की राजनीति का हिस्सा हैं—उपर्युक्त विषय पुरुष केंद्रित मानकों को अस्वीकार करते हैं। इसने स्त्री साहित्य को एक खुलापन और अनुभवों का टटकापन दिया है।

स्त्रीवादी सौंदर्यशास्त्र स्त्री की नई छवि गढ़ने में रुचि लेता है। उसने स्त्री के संबंध में प्रचलित रूढ़ धारणाओं को काफी हद तक बदला है। पहले स्त्री का सौंदर्य मौन और लज्जायुक्त शालीनता में देखा जाता था, 'हे लाज भरे सौंदर्य! बता दो मौन बने रहते हो क्यों?' (जयशंकर प्रसाद)। स्त्रीवादी सौंदर्यशास्त्र के अनुसार सुंदर स्त्री वह है जिसने लज्जाशीलता के झूठे मानकों को अस्वीकार कर दिया है, जो सांस्कृतिक वर्जनाओं और सामाजिक रूढ़ियों से आक्रांत नहीं है बल्कि उसने अपनी बुद्धि से परंपरा के साथ संवाद स्थापित किया है और अपने आत्मविश्वास से विकास के नए रास्ते तलाशे हैं। सुंदरता अब मौन में नहीं बल्कि मुखरता में है। स्त्रीवादी सौंदर्यशास्त्र अभिव्यक्ति की स्वतंत्रता को चरम मूल्य के रूप में स्वीकार करता है। स्त्री की आत्मानुभूति की अकुंठ अभिव्यक्ति का हिमायती स्त्रीवादी सौंदर्यशास्त्र मानता है कि कल की चुप्पियां आज की मुखरताएं बनती हैं, तभी स्त्री साहित्य का लक्ष्य पूरा होगा। सविता सिंह स्त्री की नई छवि प्रस्तुत करते हुए लिखती हैं, 'मुझे वह स्त्री पसंद है जो कहती है अपनी बात साफ-साफ/बेझिझक जितना कहना है बस उतना/निर्भीक जो करती है अपने काम/नहीं डरती सोचती हुई आत्मनिर्भरता पर अपने/हटाती नहीं वे आखिरी पर्दे/आत्मा जिन्हें बचाए रखना चाहती है देह के लिए/समझती हुई सारे घात-प्रतिघात/खतरे सारे जीवन में/जो खुद से प्रेम करती है/और संसार के हर प्राणी से सहानुभूति रखती है।' (मुझे वह स्त्री पसंद है)। शर्तहीन समर्पण और मूक आज्ञापालन वाली स्त्री की रूढ़ छवि के बरक्स स्वयं से प्रेम करने वाली, स्वतंत्र व्यक्तित्व संपन्न, आत्मविश्वास से दीप्त स्त्री की इस नई छवि का विकास स्त्री साहित्य का अभिप्रेत है।

स्त्रीवादी सौंदर्यशास्त्र ने स्त्री-देह के संदर्भ में प्रचलित पारंपरिक दृष्टिकोण को काफी हद तक बदला है। यह देह को स्त्री की अपनी संपत्ति मानते हुए देह-स्वतंत्रता की पैरवी करता है। अपने लेखन में स्त्रियों ने न केवल पुरानी रूढ़ियों और वर्जनाओं को चुनौती दी है, अपने अधिकारों—सामाजिक, आर्थिक और शारीरिक—की पुरजोर दावेदारी भी पेश की है। अब स्त्री में न तो अपनी दैहिक संरचना को लेकर हीनताग्रंथि है और न ही अपनी शारीरिक जरूरतों के लिए कोई अपराधबोध। वह निजी सुख-संवेदना-जीवन से कटी रति-क्रीड़ा के लिए प्रस्तुत इकाई भर नहीं है जिसके 'होने' को नख-शिख, बारहमासा वर्णन या विज्ञापन-सुंदरी में सीमित किया जा सके। वह अपनी देह पर एकांतिक स्वामित्व की घोषणा के साथ प्रस्तुत है, अपने पर रीझी हुई, अपने 'होने' को महसूसते हुए। कृष्णा सोबती की मित्रो ऐसी ही एक स्त्री है जो अपनी दैहिक जरूरतों को पूरी ईमानदारी से स्वीकारती है, 'देवर तुम्हारा मेरा रोग नहीं पहचानता।...बहुत हुआ तो हफ्ते-पखवारे...और मेरी इस देह में इतनी प्यास है, इतनी प्यास कि मछली-सी तड़पती हूं।' (मित्रो मरजानी)। जाहिर है, स्त्री को निरस्तित्व और सेक्स संबंध में पैसिव पार्टनर मानने वाले समाज के लिए स्त्री की ऐसी बेबाकी और निर्लज्जता असह्य है। इसलिए स्त्री-विमर्श को देह-विमर्श बताने की कवायद शुरू हो जाती है। ऐसा नहीं है कि स्त्री-देह के सौंदर्य और कामोद्दीपन से पुरुष समाज उदासीन या अनजान रहा हो। संस्कृत श्रृंगारिक साहित्य से लेकर हिंदी के रीति साहित्य तक पुरुष लेखकों द्वारा रचित श्रृंगारिक पदों और नख-शिख वर्णन में नायिकाओं का दैहिक सौंदर्य और उनकी कामोदीप्त चेष्टाएं बेहद खुले और कई बार अश्लील ढंग से चित्रित हुई हैं। वहां पुरुष लेखक, पाठक और आलोचक अश्लीलता नहीं, कलात्मकता देखते हैं क्योंकि वहां स्त्री का सौंदर्य पुरुष के

कामोद्दीपन और भोगलिप्सा की तुष्टि के लिए है। कृष्णा सोबती का अपराध है कि उनकी मित्रो के तमाम आवेग और उच्छ्‌वास, क्रीड़ाएं और मुद्राएं पुरुष के रस रंजन के लिए नहीं, अपनी तृप्ति के लिए हैं। वहां पुरुष का आनंद महत्वपूर्ण नहीं, अपनी 'उपलब्धि' महत्वपूर्ण है यानी भोग में बराबरी की ठोस मांग के लिए है। यह स्त्री के शर्तहीन समर्पण की मांग का विलोम रचकर 'काम' को संतानोत्पत्ति के आरोपित दायित्व से मुक्त कर आनंद का स्रोत भी बनाती है। यहां स्त्री का सौंदर्य उसके अपने लिए है, जो पुरुष की दृष्टि से परिभाषित होने से इंकार करती है। जया जादवानी लिखती हैं, 'मेरी आंखें खूबसूरत हैं पर मेरी हैं। इनसे वही देखूंगी जो मुझे अच्छा लगता है।' (वहां मैं हूं)। यह आधुनिक लेखिकाओं का अपना देह-विमर्श है। स्त्री पौरुष प्रदर्शन के जघन्य रूप बलात्कार को कभी मात्र एक दुर्घटना मानकर भूल जाने की रणनीति अपनाती हैं तो कभी इसे एक विडंबनापूर्ण जीवनबोध में ढालती हैं, 'बलात्कार जब अनिवार्य हो तो लेटकर इसका मजा लीजिए।' (सलाम आखिरी, मधु कांकरिया)। स्त्री कहना चाहती है कि जुल्म का शिकार देह होती है, आत्मा नहीं। यह यौन शुचिता की रूढ़िवादी मानसिकता के खिलाफ स्त्री का प्रतिरोध है।

स्त्रीवादी सौंदर्यशास्त्र के विकास में स्त्री-लेखन के भिन्न भाषाई तेवर की एक बड़ी भूमिका है। स्त्रीवादियों ने इस तथ्य को स्वीकार किया है कि स्त्रियों को बोलचाल के लिए जो भाषा मिली है, वह उनके अनुभवों को पूर्णतः और सटीक ढंग से अभिव्यक्त करने में अक्षम है। इसलिए स्त्री को भिन्न किस्म की भाषिक संरचना की जरूरत पड़ती है। सबसे पहले वर्जीनिया वूल्फ ने 1926 में स्त्री-भाषा की आवश्यकता को रेखांकित किया था—'आज भी यह सच है कि इससे पहले कि एक स्त्री वह लिख सके जो वह लिखना चाहती है, उसे कई तरह की परेशानियों का सामना करना पड़ता है। कठिनाई सबसे पहले तो तकनीक और शिल्प, जो प्रकटतः बहुत सरल, पर वास्तव में बहुत अस्पष्ट हैं—के स्तर पर पेश आती है क्योंकि वाक्य-गठन के प्रचलित रूप उसे अनुकूल नहीं लगते। ये पुरुष-निर्मित वाक्य हैं, जो स्त्री के उपयोग के लिहाज से बहुत शिथिल, बहुत भारी, बहुत अनौपचारिक होते हैं।' (वीमेन एंड फिक्शन)। स्त्री-लेखन पर हुए विभिन्न शोध अध्ययनों में देखा गया है कि स्त्री की भाषा में वर्चस्ववादी ताकतों के खिलाफ संघर्ष की प्रवृत्ति विद्यमान होती है। वह अपने मूल चरित्र में संवादधर्मी होती है। उसमें फटकार नहीं, समंजन और संवाद की प्रवृत्ति होती है। इसी से परिवार, प्रेम, यौनिकता और नैतिकता की नई परिभाषाएं संभव हुई हैं। अपने परिवेश से ज्यादा गहराई से जुड़ी होने के कारण स्त्री-भाषा में जातीय अनुगूंजें स्पष्ट सुनी जा सकती हैं। स्त्री-भाषा की विशेषता के संदर्भ में अनामिका ने लिखा है, 'भाषा की दीवार पर हाथों की मटियाली थपकन से सपनों और जातीय स्मृतियों का अहिवात लिखती है स्त्री की भाषा। स्त्रियां न हों तो भाषा की जातीय अनुगूंजें ही गायब हो जाएं।...शिशु की तरह अपनी जांघों पर उलट-पलटकर भाषा की तेल-मालिश ये करती हैं। अनौपचारिक- सी अभंग संवादधर्मिता इस भाषा का गुण है और संवादधर्मिता प्रजांतत्र का गुण है।' (त्रिया चरित्रं : उत्तरकांड)।

सवाल उठाया गया है, क्या स्त्रीवादी सौंदर्यशास्त्र का दलित सौंदर्यशास्त्र से करीबी रिश्ता बन सकता है? दोनों ही हाशिए के विमर्श हैं। स्त्री तथा दलित दोनों का इतिहास दमन और उत्पीड़न का है। दोनों ही प्रतिरोध के रास्ते से साहित्य की मुख्यधारा में शामिल होते हैं। स्त्री पितृसत्तात्मक व्यवस्था और पुरुष वर्चस्ववाद के खिलाफ है तो दलित विमर्श की लड़ाई सवर्ण वर्चस्ववाद से है। दोनों का उद्देश्य समानता, न्याय और सह-अस्तित्व पर आधारित एक नई स्वस्थ संस्कृति के विकास की ओर समाज को अग्रसर करना है। स्त्री और दलित दोनों के अनुभवों को आभिजात्यवादी शिष्ट साहित्य से बहिष्कृत करने और उनके साहित्य को भावुक, संकीर्ण विजन वाला और अलगाववादी कहकर नकारने की कोशिशें हुई हैं। इसलिए दोनों के लिए ही पारंपरिक सौंदर्यशास्त्र और आलोचना के पुराने मानदंडों

को नकारना उनके स्वतंत्र साहित्य और सौंदर्यशास्त्र के विकास की पहली जरूरत बनी है। इसके बावजूद यह देखा गया है कि कई बिंदुओं पर स्त्री और दलित साहित्य में टकराहटें हैं।

कई स्त्रीवादियों ने माना है कि पितृसत्तात्मक ब्राह्मणवादी व्यवस्था के तहत स्त्री और दलित दोनों की मानवीय गरिमा का अवमूल्यन होता है, लेकिन स्त्री के अमानवीयकरण की प्रक्रिया और उसकी समस्याएं दलितों की अपेक्षा ज्यादा जटिल है। स्त्रियां उस तरह से भिन्न समुदाय नहीं बना सकतीं, जिस तरह दलित या अन्य सर्वहारा वर्ग बना सकता है। साथ ही देखा गया है कि शोषण के किसी एक रूप के खिलाफ संघर्षरत समुदाय अन्य संदर्भों में स्वयं शोषक की भूमिका में चला जाता है। कई स्त्रीवादियों ने रेखांकित किया है कि सवर्ण वर्चस्ववाद के खिलाफ संघर्षरत दलित चिंतन भी पुरुष वर्चस्व और पितृसत्तात्मक शोषण पर ध्यान नहीं देता। प्रभा खेतान लिखती हैं, 'पितृसत्ता ने स्त्री को अपने ज्ञान की वस्तु बनाया। उसे साधन के रूप में प्रयुक्त किया —उसके नाम, रूप, जाति, गोत्र सब अपने संदर्भ में परिभाषित किए। स्त्री का यह अमानवीयकरण दलित के अमानवीयकरण से कहीं ज्यादा सूक्ष्म है क्योंकि दलित पुरुष भी पितृव्यवस्था का सदस्य है और अपने पुरुषोचित अहंकार के कारण स्त्री के शोषण और उत्पीड़न से बाज नहीं आता। दलित पुरुष अपने दलन से परिचित है, मगर स्त्री चाहे वह किसी भी जाति या वर्ण की हो, अपने दलन से परिचित ही नहीं।' (भूमिका, औरत : अस्तित्व और अस्मिता, अरविंद जैन)।

स्त्रीवादी सौंदर्यशास्त्र के विकास में एक बड़ी समस्या पितृसत्तात्मक व्यवस्था के भीतर स्त्री के अपने अनुकूलन की प्रवृत्ति है। स्त्रीवादियों ने माना है कि स्त्रियों का विकास उसी दमनकारी व्यवस्था के तहत हुआ है, जिसने पुरुषों को साथी के बजाय दमनकर्ता बनाया है। इसलिए स्त्री जाने-अनजाने उनके विचारों और मूल्यों को अपनाती चलती है। पितृसत्तात्मक व्यवस्था चूंकि स्त्री की स्वतंत्र सत्ता स्वीकार नहीं करती, उसे पूरक की भूमिका में पहचानती है और उसे अनुकूलित करने के लिए धर्म, मीडिया और बाजार की सम्मोहक वस्तुओं का सहारा लेती है, इसलिए कई बार स्त्री स्वयं अपनी पृथक सत्ता एवं स्वतंत्र अस्तित्व से अनभिज्ञ रहती है। ध्यान देना चाहिए कि कई लेखिकाओं ने स्त्री साहित्य की भिन्न कोटि मानने से इंकार किया है। चित्रा मुदगल के अनुसार, 'सिद्धांत रूप से 'लेखन', लेखन होता है, नर-मादा नहीं। उसे नर-मादा के सांचों में बांटकर देखने वाली दृष्टि पूर्वाग्रहग्रस्त है।' (वही)। लेकिन क्या लेखक को उसके जीवन की परिस्थितियों से अलग किया जा सकता है? स्त्रीवादियों का यह प्रश्न वाजिब है कि क्या लेखिकाएं अपनी दोयम दर्जे की भावना से ग्रसित होकर ही अपनी पहचान 'स्त्री लेखिका' के रूप में नहीं कराना चाहतीं? क्या वे स्त्री को निरस्तित्व मानने वाली पितृसत्तात्मक व्यवस्था की साजिशों की शिकार हैं? क्या सत्ता के साथ अनुकूलन की प्रवृत्ति ने उन्हें अपने ही समुदाय से अलग कर दिया है? स्त्रियां जब तक अपने स्वतंत्र अस्तित्व के प्रति सचेत नहीं होंगी, अपने लेखन की विशिष्टता को नहीं पहचानेंगी और स्त्री को निरस्तित्व करने वाले सत्ता के चक्रों को नहीं समझेंगी, स्त्रीवादी सौंदर्यशास्त्र का स्वतंत्र विकास संभव नहीं है।

श्रद्धांजलि सिंह

अधिक जानकारी के लिए :

1. स्त्री : मुक्ति का सपना : अरविंद जैन, लीलाधर मंडलोई (संपा.), 2004, **2. स्त्री-लेखन : स्वप्न और संकल्प :** रोहिणी अग्रवाल, 2011, **3. स्त्रीवादी साहित्य विमर्श :** जगदीश्वर चतुर्वेदी, 2011, **4. त्रिया चरित्र : उत्तरकांड :** अनामिका, 2012, **5. स्त्रीत्व का उत्सव :** राजकिशोर, **6. Aesthetics in Feminist Perspective :** Hilde Hein, Carolyn Korsmeyer (Ed.), **7. Feminist Aesthetics :** Gisela Ecker (Ed.) 1986

स्थानीयताबोध

स्थानीयताबोध से सामान्यतः चीजों के स्थानीय उत्पादन और उपभोग, सरकार पर स्थानीय

नियंत्रण, स्थानीय इतिहास, स्थानीय संस्कृति और स्थानीय स्वत्व का बोध देता है। जब कभी हमारी मिट्टी की महक के नष्ट होने का अहसास होता है, तब स्थानीयता या अपने मूल की ओर आने की प्रवृत्ति दिखाई देती है। ब्रिटिश उपनिवेशकाल में स्थानीय चीजों के बदले विदेशी चीजों का उपभोग एवं विदेशी संस्कृतियों के प्रति हमारा आकर्षण बढ़ गया था। तब स्वदेशी वस्त्रों का उपयोग, लघु-कुटीर उद्योग आदि के लिए गांधी जी ने आह्वान किया। बड़े उद्योगों एवं आधुनिकता के आगमन से जो नई विकास योजनाएं शुरू हुईं, उनसे स्थानीयता और पर्यावरण पर आघात लगा। प्रकृति से दूर एक नई संस्कृति का निर्माण होने लगा। इससे सहजता नष्ट हुई, सादगीपूर्ण जीवन नष्ट हुआ।

भूमंडलीकरण पूरे विश्व में एक खास संस्कृति, पश्चिमी संस्कृति के प्रसार पर जोर देता है। उसमें एक ही चेहरा, एक ही रंग, एक ही रूप, सब-के-सब एक समान बनने की कोशिश है उसमें। इक्कीसवीं सदी में स्थानीयता भूमंडलीकरण की आलोचना बनकर उभरी। स्थानीयता का विचार ग्रीन मूवमेंट में भी विद्यमान है। यह भूमंडलीकरण द्वारा निर्मित समस्याओं का जवाब है। यह अंतरराष्ट्रीय व्यापार को कम करके स्थानीय आत्मनिर्भरता को संस्थापित करने के लिए है। 'दि इकोलॉजिस्ट मैगजीन' के पूर्व-संपादक एडवर्ड गोल्डस्मिथ स्थानीयता के संबंध में दावा करते हैं, 'आज दुनिया जिन समस्याओं का सामना करती है उससे बचने के लिए पहले जिस प्राकृतिक व्यवस्था ने हमारी जरूरतों को पूरा किया था उसे पुनः स्थापित करना जरूरी है।' अपनी पुस्तक 'अर्थ' में बिल मिकिबन ने दिखाया कि अपनी रुचियों में अवश्य परिवर्तन लाना है क्योंकि हमें आगामी पीढ़ी को एक स्वस्थ पर्यावरण प्रदान करना है। वे हमें सलाह देते हैं कि हमें वापस जाना है, जहाँ प्रकृति का एक संसार निर्मित हो सकता है। इसलिए किसानों को बढ़ावा देना है।

उत्तर-आधुनिक साहित्य की एक मुख्य प्रवृत्ति है स्थानीयताबोध। यह एक सांस्कृतिक स्थानीयता है, जहाँ सांस्कृतिक मूल्यों की स्वीकृति होती है। तीसरी दुनिया के देश अपने स्थानीय संस्कार एवं मूल्यों को बरकरार रखना चाहते हैं। इसलिए फ्रेडरिक जेम्सन ने कहा, 'तीसरी दुनिया का आर्थिक एवं सांस्कृतिक हाशियाकरण विकसित दुनिया की उत्तर-आधुनिकता को ज्यों-का-त्यों प्रयोग में लाने की अनुमति नहीं देता। तीसरी दुनिया का प्रत्येक देश अपनी-अपनी राष्ट्रीयता की ओर चला आता है। लैटिन अमेरिका का साहित्य इसकी सूचना देता है। भूमंडलीकृत दुनिया में अपना सबकुछ या अपना निजत्व नष्ट होने का अहसास हर विकासशील देश को है। लोगों को लगता है कि उनकी अपनी संस्कृति अपने मूल से उखड़ती जा रही है। ब्रेन ड्रेन हो रहा है। यहां तक कि अपना भोजन भी चला जा रहा है। इसलिए स्थानीय पहचान साहित्य में एक प्रतिरोध बनकर प्रकट हो रही है।'

उत्तर-आधुनिक साहित्य में आधुनिकता में हम अपनी धरती को छोड़कर जितना आगे चले गए थे, उससे असंतुष्ट होकर वापस आने की इच्छा जाहिर हुई है। लेकिन यह वापसी कहां तक संभव है? निर्मल वर्मा 'कला का जोखिम' में कहते हैं कि हम बहुत आगे की ओर बढ़ चुके हैं, अब वापसी संभव नहीं है। इसलिए प्रत्येक कला अतीत की स्मृतियों से जोड़ती सकती है, प्रकृति के साथ मनुष्य को मिला है। प्रकृति से दूर जाने से हमारे जीवन का बहुत कुछ छूट जाता है। लोकगीत, लोकनृत्य, धूल भरी पगडंडियां, छोटी-छोटी झोंपड़ियां, खेत में काम करने वाले कृषक, उनकी संस्कृति आदि को हमारी जिंदगी के साथ मिलाने की कोशिश आजकल के साहित्य में हैं। ताराशंकर बंदोपाध्याय के उपन्यास 'गणदेवता', रेणु के 'मैला आंचल', राही मासूम रजा के 'आधा गांव', शिवशंकर पिल्लै के 'मछुआरे' आदि में स्थानीयताबोध के अलग-अलग रंग देखे जा सकते हैं।

के वनजा

स्थानीयतावाद

स्थानीयतावाद (Localism) मूलतः भूमंडलीकरण की छाया के रूप में, उसके समानांतर प्रकट

होने वाली अवधारणा है। भूमंडलीकरण की प्रवृत्ति एकरूपता तथा स्थानीयता के समायोजन की होती है। इस कारण स्थानीयतावाद भूमंडलीकरण के विरुद्ध प्रतिक्रिया के रूप में अस्तित्व में आता है। उसकी जड़ें भूमंडलीकरण के साथ मुक्त हो रहे बाजारवादी बहुराष्ट्रीय पूंजीवाद के परिदृश्य में है, तथापि अपने स्वरूप एवं सरोकार के लिहाज से स्थानीयतावाद अपने तौर पर भी अर्थपूर्ण है। बहुराष्ट्रीय कंपनियों की स्थानीय श्रम-संसाधनों पर निर्भरता से स्थानीय आर्थिक परिवेश ही नहीं, सामाजिक और सांस्कृतिक विविधताएं भी अर्थपूर्ण हो गई हैं। स्थानीयतावाद में राजनीतिक दर्शन के वे दृष्टिकोण भी शामिल होते हैं, जो स्थानीयता को सार्वभौमिकता के ऊपर तरजीह देते हैं। भूमंडलीकरण ने स्थानीयता को साहित्य के संदर्भ में भी विचारणीय बना दिया है। इस स्थानीयतावाद के ध्यान देने लायक कुछ पहलू हैं :

लोकतांत्रिकीकरण एवं सत्ता का विकेंद्रीकरण : यह बहुराष्ट्रीय बाजारवादी विस्तार में मदद करता है, साथ ही स्थानीय धरातल पर 'छोटी इकाइयों' में सत्ता की अधिक हिस्सेदारी की भावना गहरी होती है।

विविधता और बहुलता का संरक्षण : उपभोक्ता समाज की विविधता और बहुलतावादी संरचनाएं उत्पादों के स्वरूप और उत्पाद की प्रक्रिया को अधिक लचीला बनाने में जरूरी भूमिका वाली होती हैं। इसे स्थानीयतावाद का संघटन पक्ष कह सकते हैं।

नव-स्थानीयतावाद : स्थानीय संसाधनों और उपभोक्ता समाज के प्रबंधन में बहुराष्ट्रीय संगठनों की बढ़ती भूमिका के परिणामस्वरूप स्थानीयतावाद के राष्ट्रवादी कम और बहुराष्ट्रीय अधिक होने का संकट पैदा हो गया है। इसलिए स्थानीयतावाद के राष्ट्रवादी संचालन के प्रयास इसे 'नव-स्थानीयतावाद' का रूप प्रदान कर रहे हैं।

साहित्य, शिक्षा एवं संस्कृतिमूलक स्थानीयतावाद : उत्तर-औपनिवेशिक काल में विकसित देशों के 'वर्चस्व' के प्रति संशय और प्रतिरोध का वातावरण बना है, जिससे स्थानीय आधार पर विकल्प की तलाश वाली चेतना गहराई है। उपर्युक्त वर्चस्ववादी रूप को ध्यान में रखते हुए साहित्य और संस्कृति के स्थानीय रूपों को भी प्रतिनिधित्व प्रदान करने के जो प्रयास बीसवीं शती में सामने आए हैं, वे मुख्यतः इस प्रकार हैं : (i) देशी (वर्नाक्यूलर) साहित्य (ii) सबाल्टर्न साहित्य और (iii) तृतीय विश्ववादी साहित्य। सबाल्टर्न की बात मुख्यतः गायत्री चक्रवर्ती स्पीवाक और रणजीत गुहा ने उठाई। तृतीय विश्ववादी साहित्य के अध्ययन पर फ्रेडरिक जेम्सन और एजाज अहमद जैसे विद्वानों ने विशेष ध्यान दिया। स्थानीय संदर्भों को अंतर्वस्तु के स्तर पर अधिक उभारने में विमर्श-बहुल और अंतरानुशासनिक अध्ययनों ने उल्लेखनीय भूमिका निभाई है। इनमें स्त्रीवादी, पारिस्थितिकीय-स्त्रीवादी अध्ययन, दलित विमर्श, मूलनिवासी-आदिवासी विमर्श तथा हाशिए के अन्य समाजों के विमर्श मुख्य हैं। स्थानीयतावादी साहित्य विमर्श उपर्युक्त कोटियों से आगे जाता है। वह स्थान विशेष या भूगोल विशेष के साहित्य के अध्ययन पर ध्यान केंद्रित करता है।

स्थानीयतावादी साहित्य विमर्श : स्टेनले फिश ने अपनी किताब 'सेव द वर्ल्ड ऑफ योर ओन टाइम' में विश्व को बचाने के लिए अपने समय यानी स्थानीय समय और इतिहास में स्थित होने की बात उठाई है। बूथ होविंस ने 'लिटरेचर, लोकलिज्म एंड लव' में यह सवाल उठाया है कि कोई एक ही समय में दो स्थानों पर कैसे हो सकता है। स्टेनले फिश के अपने समय को ब्रूश अपने स्थान से संबद्ध होने के साथ भी जोड़ता है। स्थानीयतावादी साहित्य विमर्श के बारे में मार्क्स एलेन और जॉन गिलॉरी की निम्न धारणाएं उल्लेखनीय हैं :

1. श्रेष्ठ साहित्य और उसकी श्रेष्ठता को निर्धारित करने वाले आलोचना के प्रति-विमर्श (काउंटर-डिस्कोर्स) यदि किसी स्थान विशेष के साहित्य के संदर्भ में बाहर से यानी पश्चिम से आए हुए संस्कृति-उत्पाद हैं तो वे केवल राजनीतिक धारणा मात्र हैं।

2. किसी खास स्थान के साहित्य और उसके आलोचना प्रतिमान जिस भावबोध को जन्म देते हैं, वह स्थान विशेष में ही जन्म ले सकता है। बाहर

का साहित्य स्थानीय साहित्य के भावबोध की जगह नहीं ले सकता।

3. पश्चिमी साहित्य और उसके प्रतिमान सार्वभौमिक नहीं हैं, स्थानीय साहित्य के प्रतिमान उस खास स्थान से, उसी साहित्य के भीतर से उपज सकते हैं। इसके अतिरिक्त तथाकथित स्थानीय प्रतिमान दमनकारी हो सकते हैं। वे धर्म-प्रचारकों या सुधारकों जैसी भूमिका निभाते हैं, जैसे ईसाई मिशनरी काम-दमन के दोषी हैं (जॉन गिलॉरी)। इस संदर्भ में स्थानीयतावाद देशीवाद से काफी मिलता-जुलता दिखाई देता है। इसका एक भिन्न धरातल पर राजनीति से भी व्यापक संबंध है।

विनोद शाही

अधिक जानकारी के लिए :
1. Cultural Capital : The Problem of Literary Canon Formation : John Guillory, 1993, **2. The Localization Reader :** Raymond Deyoung and Thomas Princen, 2012

स्फोट

स्फोट भारतीय व्याकरण-दर्शन की सुप्रतिष्ठत अवधारणा है, जो शब्द और अर्थ के स्वरूप तथा उनके संबंध की व्याख्या के क्रम में उभरकर सामने आई। व्याकरण के अलावा कई प्राचीन भारतीय दर्शनों में भी शब्दार्थ संबंध पर गहन विमर्श हुआ है, इसलिए स्वाभाविक तौर पर स्फोट का संबंध उन सबसे जुड़ जाता है। व्याकरण विवेचित स्फोट-सिद्धांत का आगे चलकर विशेषकर तांत्रिक (आगम) धाराओं में गहन विकास हुआ, जिससे सृष्टि के उदय-स्थिति-अवसान आदि से संबद्ध निगूढ़ तत्वों की व्याख्या करने वाले एक स्वतंत्र दर्शन की शक्ल में वह सामने आया।

शब्दार्थबोध पर विचार के क्रम में, वैयाकरणों ने उच्चरित या श्रुत शब्दों से अलग (वक्ता-श्रोता के) मन में विद्यमान जिस 'मानसिक' या 'बौद्ध' (बुद्धिगुहा में स्थित) शब्द की संकल्पना की, उसे उन्होंने स्फोट की संज्ञा प्रदान की। उन्होंने उच्चरित शब्द को क्षणभंगुर व अनित्य तथा मानसिक शब्द (स्फोट) को नित्य माना। वैयाकरणों के अनुसार, किसी शब्द के द्वारा बोधित होने वाला अर्थ कोई बाहरी पदार्थ नहीं होता, बल्कि उस (बाह्य पदार्थ) के आधार पर हमारे मन में बना बिंब (मानसिक अर्थ) ही शब्द-विशेष का बोध्य अर्थ होता है। इस मानसिक अर्थ तक हमें वह मानसिक शब्द या स्फोट पहुंचाता है, जो उच्चरित शब्द के जरिए हमारे भीतर जगता है यानी, ध्वनिरूप (उच्चरित) शब्द और बौद्ध शब्द (स्फोट) में व्यंजक-व्यंग्य का संबंध तथा स्फोट और मानसिक अर्थ के बीच वाचक-वाच्य संबंध होता है। इस तरह स्फोटअर्थबोधक मानसिक तत्व है। वैयाकरण मानसिक शब्द (स्फोट) का मानसिक अर्थ के साथ तादात्म्य मानते हैं और यह प्रतिपादित करते हैं कि शब्द व अर्थ तथा इनके संबंध हमारी चेतना में नित्य यानी दीर्घस्थायी स्वरूप में विराजमान होते हैं। नित्य से वैयाकरण का आशय आपेक्षिक नित्यता है, न कि सनातन नित्यता।

व्याकरणिक स्फोटवाद शब्दार्थ-संबंध का व्याख्याता तथा शब्द, अर्थ व उनके संबंध की नित्यता का प्रतिपादक सिद्धांत है, जो अर्थज्ञान की समस्या के समाधान के रूप में सदियों की बौद्धिक मशक्कत के बाद निकलकर सामने आया था। प्राचीन भारतीय मनीषियों के सामने समस्या थी कि उच्चारण में अभिव्यक्त, क्षणभंगुर ध्वनियों से अर्थबोध कैसे हो सकता है और अर्थबोध की प्रक्रिया क्या है? इस पर 'मीमांसा' और 'न्याय' दर्शनों में जो कुछ कहा गया, उसके अनुसार किसी शब्द के उच्चारण में आया हर वर्ण हमारी चेतना में क्रमशः संस्कार छोड़ता जाता है और पूर्वागत या पूर्वोच्चरित शेष वर्णों के संस्कारों से युक्त अंतिम वर्ण ही शब्द के अर्थ का बोध कराता है यानी अर्थबोध के क्षण में हमें सिर्फ अंतिम वर्ण अनुभूत होता है, शेष वर्ण स्मृत रहते हैं। वैयाकरणों को इस प्रकार के मतों को लेकर नाना तरह की शंकाएं हुईं, जिन पर विचार करते-करते अंततः वे स्फोट सिद्धांत तक आ पहुंचे। उन्होंने

मीमांसकों और नैयायिकों के उक्त मत पर विचार करते हुए यह सोचा कि यदि यह सच है तो वाक्य के प्रसंग में भी अंतिम शब्द या अंतिम शब्द के अंतिम वर्ण को ही अर्थबोधक होना चाहिए यानी शेष वर्ण अपने संस्कारों के समूह का रूप लेकर (स्मृतिमय स्वरूप में रहकर) कर अंतिम वर्ण को अर्थबोधन में सहयोग करते हैं। तब वैयाकरणों ने यह सोचा कि लंबे वाक्यों में संस्कारों का जब लंबा जमावड़ा होगा, तब अंतिम वर्णमात्र से अर्थबोध मानना कहां तक उचित है? अंतिम वर्ण भी तो क्षणिक है। अर्थबोध होते-होते वह भी तो लुप्त हो जाता है। उसका भी केवल संस्कार शेष रह जाता है।

इसी विचार-मंथन के क्रम में, 'संस्कार-रूप शब्द या वाक्य' की जगह वैयाकरणों ने (वक्ता और श्रोता के) मन में पूर्व विद्यमान शब्द/वाक्य (मानसिक वाक्) की संकल्पना रखी और उसे ही 'स्फोट' कहा, क्योंकि उसी में अर्थ-स्फुटन या अर्थ-बोधन की शक्ति है। अप्पय दीक्षित के अनुसार 'स्फुट्यर्थो अस्मादिति' का मतलब है जिससे अर्थ स्फुटित या विकसित हो, उसे स्फोट कहते हैं। उच्चरित/श्रुत ध्वनिरूप शब्द (लिखित शब्दादि, संकेत, अभिनय आदि भी) मन में पहले से ही मौजूद अपने 'स्फोटात्मक रूप' को जगाते हैं और खुद विलीन हो जाते हैं। उनके स्फोटात्मक रूप या 'स्फोट' ही ग्रहीता को 'अर्थ' तक पहुंचाते हैं। 'स्फोट' के साथ ही हमारे मन में (स्मृतिमय भाषा-व्यवस्था का अंग बनकर) 'शब्दार्थ संबंध' कायम रहता है। चार वाक् स्तरों (परा, पश्यंती, मध्यमा और वैखरी) में स्फोट को 'मध्यमा' पर आधारित माना गया और इसे ही वैयाकरणों ने शब्दब्रह्म कहा है। वैसे तो स्फोट सिद्धांत के कई सदियों तक चले विकासक्रम में आगे आने वाले वैयाकरणों का मूल स्फोट 'परा' या 'परासक्त' हुआ, जो उनके अनुसार नाम-रूपमय सकल ब्रह्माण्ड का मूल और प्रकाशक है। परंतु व्यावहारिक व्याख्या यही हो सकती है कि 'मध्यमा' के साथ ही स्फोट को संयुक्त/ संबद्ध माना जाए, क्योंकि वही सर्वजनसुलभ और सर्वजनसंवेद्य है।

'स्फोटवाद' भाषा-चिंतन से लेकर अन्यान्य दर्शनों (जिनमें 'तंत्र' भी एक है) तक व्याप्त, भारतीय वाङ्मय के सुदीर्घ इतिहास में प्रसरित, निरंतर विकसनशील और मत-भिन्नताओं से भरा एक जटिल दर्शन है, जिसका स्वरूप 'ध्वनि' से शुरू होकर, 'शब्द', 'नित्य शब्द' आदि से होते हुए 'शब्दब्रह्म', फिर 'परब्रह्म' तक निरंतर अग्रसर होता आया है। अद्यावधि उपलब्ध स्वरूप के अनुसार, 'स्फोटवाद' एक तरफ जहाँ भाषा दर्शन है, दूसरी तरफ उसी पर आधारित साधना-पद्धति या तत्वदर्शन भी।

पाणिनि की 'अष्टाध्यायी' के 'अवङ्स्फोटायनस्य' (6.1.123) से कुछ विद्वान यह संकेत ग्रहण करते हैं कि उनसे पहले हुए, कोई स्फोटायन नामक वैयाकरण 'स्फोट-सिद्धांत' के जनक हैं, पर ऐसा मानने का कोई पुष्ट आधार नहीं है। विद्वानों के एक वर्ग का दावा है कि 'स्फोटवाद' का स्रोत बहुत प्राचीन है। पतंजलि के पूर्व पाणिनि, पाणिनि के पूर्व यास्क, उनके भी पूर्व औदुम्बरायण, वार्ष्यायणि, वार्ताक्ष, स्फोटायन आदि आचार्य स्फोटवादी थे। बाद के वैयाकरणों—नागेश भट्ट ('स्फोटवाद' नामक ग्रंथ), हरदत्त ('काशिका' की 'पद्मंजरी' नामक टीका) ने स्फोटायन को ही इसका प्रवर्तक कहा है। स्फोट का आविष्कार करने के कारण ही उनका स्फोटायन नाम प्रसिद्ध हुआ था। इसलिए पाणिनि ने भी 'अवङ्स्फोटायनस्य' सूत्र में स्फोटायन नाम से उनका स्मरण किया है। यद्यपि पाणिनि के सूत्रों में भी कहीं स्फोट शब्द का स्पष्ट प्रतिपादन नहीं किया गया है, तथापि पाणिनि सूत्रों के रचना-क्रम में यह स्पष्ट प्रतीत होता है कि पाणिनि भी स्फोट-तत्व को भली-भांति जानते और मानते थे। 'स्फोट' शब्द का प्रथम उल्लेख और उससे संबंधित आरंभिक विचार पतंजलि के 'महाभाष्य' में यत्र-तत्र बिखरे मिलते हैं, लेकिन वहां स्फोट प्रकटतः एक निश्चित सिद्धांत का कलेवर ग्रहण नहीं कर सका है। पतंजलि के महाभाष्य (1.1.70) में स्फोट शब्द पहले से आया हुआ है, किंतु वहां इसका प्रयोग अर्थग्राहक तत्व के लिए नहीं है। वहां इसका अभिप्राय 'ध्वनिग्राम' के स्थायी पक्ष से है, जो विशेष

स्थितियों के कारण सभी भेदों से मुक्त रहता है। जो अर्थ को बताता है, उसे केवल 'शब्द' ही कहा गया है। कैयट आदि परवर्ती टीकाकारों का कहना है कि पतंजलि को शब्द से स्फोट अभिप्रेत था। (भर्तृहरि का वाक्यपदीय, के ए सुब्रह्मण्य अय्यर)।

पतंजलि के कई सदियों बाद आए भारतीय व्याकरण दर्शन के शिखर आचार्य भर्तृहरि के यहां आकर स्फोट परिपूर्ण और पुष्ट सिद्धांत का स्वरूप ले लेता है। भर्तृहरि के समय तक स्फोट स्फोटवाद का स्वरूप ग्रहण नहीं कर सका था। भर्तृहरि ने 'स्फोट' की व्याख्या ध्वनि के प्रसंग में की है और उसका आदि और अंत ध्वनि से संबद्ध है। इसके अतिरिक्त उसके पीछे और कोई रहस्य नहीं है। किंतु कैयट, पुण्यराज, हेलाराज जैसे मूर्धन्य विद्वान स्फोटवाद का स्रोत वाक्यपदीय में ही मानते हैं। (संस्कृत व्याकरण दर्शन, राम सुरेश त्रिपाठी)

सच कहा जाए तो कालजयी ग्रंथ 'वाक्यपदीय' के 'ब्रह्मकांड' में ही स्फोट सिद्धांत की पहली प्रामाणिक (व्याकरणिक) प्रस्तुति है। जहाँ तक हम जानते हैं, भर्तृहरि की कृति सबसे पहली कृति है, जिसमें वैयाकरणों के स्फोटवाद का अधिकृत प्रतिपादन है। (के ए सूब्रह्मण्य अय्यर)। परवर्ती वैयाकरणों भट्टोजिदीक्षित (शब्द-कौस्तुभ), कौण्ड भट्ट (वैयाकरणभूषणसार), नागेश भट्ट (व्याकरणसिद्धांतमंजूषा) आदि ने स्फोट पर जो कुछ लिखा अथवा बौद्ध, न्याय, मीमांसा आदि दर्शनों के पुरोधाओं (जैसे मीमांसक कुमारिल भट्ट) द्वारा जिस (स्फोट) का खंडन तथा शंकराचार्य व मंडन मिश्र (स्फोटसिद्धि) द्वारा मंडन किया गया, अथवा जिसका कश्मीरी शैवागम (तंत्र) में गहन आध्यात्मिक प्रतिफलन हुआ, उसका आधार भर्तृहरि-विवेचित स्फोट सिद्धांत ही है। कश्मीरी शैव तंत्र-दर्शन में से एक 'प्रत्यभिज्ञादर्शन' के जनक सोमानन्द (शिवदृष्टि) और उनके शिष्य उत्पलाचार्य आदि ने व्याकरणिक 'स्फोटवाद' का तंत्र-दर्शन की भूमि पर विस्तार किया था। फिर भी विद्वानों के एक बड़े वर्ग की राय में महाभाष्यकार पतंजलि न केवल स्फोट-चर्चा के आरंभकर्ता हैं, बल्कि स्फोट सिद्धांत का बीजारोपण करने वाले भी वे ही हैं अर्थात उनके मतानुसार स्फोटवाद के समस्त भावी विकास-विस्तार की समृद्ध पीठिका 'महाभाष्य' में ही विद्यमान है। पतंजलि से चली यह धारा भर्तृहरि की ऊर्वर जमीन तक आते-आते एक विशाल नदी बन चुकी थी, जहाँ उनकी उन्नत मेधा और कुशल हाथों से स्फोट और उसके प्रकारों का विशद विवेचन और स्फोटवाद का स्थापन या उपबृंहण हुआ।

स्फोट के त्रिधा स्वरूप (ध्वनिस्फोट, पदस्फोट और वाक्यस्फोट) का प्रतिपादन करके भी भर्तृहरि वाक्य-स्फोट को मूलभूत या सर्वोपरि मानते हैं। कारण, उनके मत से वर्ण तथा पद की सत्ता आत्यंतिक नहीं, बल्कि विश्लेषण की आवश्यकता से कल्पित की जाती है। अतः मुख्यतः वाचक वाक्य ही होता है। इसी से स्फोटवाद भाषिक यथार्थ का मूल केन्द्र अथवा भाषाई संप्रेषण की सबसे मौलिक इकाई वाक्य को ही मानता है, जो उसके अनुसार अखंड इकाई है।

विद्वानों के एक समूह का विश्वास है कि स्फोटवाद मूलतः तत्वदर्शन ही है। यह प्राचीन वैदिक परंपरा का एक आस्तिक और अद्वैतवादी दर्शन है जो भाषा के रूपक या भाषाई प्रतीकों के माध्यम से सृष्टि के आरंभ, स्थिति तथा अवसान की व्याख्या करता है। यह संपूर्ण सृष्टि के प्रत्येक पद और पदार्थ को भी उसके व्यापक अर्थ में एक भाषा या अभिव्यक्ति मानता है, जिसके पीछे की मूल सत्ता शब्दब्रह्म (परब्रह्म) है। इसी मूल सत्ता को स्फोट भी कहा गया है, जिससे भाषा समेत सारी सृष्टि उत्पन्न हुई है। इन दोनों यथार्थों (भाषा और भाषेतर सृष्टि) में वाचक-वाच्य संबंध है। दोनों का परब्रह्म से कारण-कार्य-संबंध है। भाषा और भाषेतर शेष जगत दोनों एक दूसरे से आभासित हैं। इन दोनों का कारण और संयोजक है स्फोट। भाषा समेत पूरी सृष्टि में जो कुछ स्पंदन है, सब स्फोटमय है अर्थात सबकी आत्मा स्फोट ही है, यानी सब कुछ स्फोटात्मा है। भाषा समेत सकल चराचर जगत उसी स्फोट का वाध्य है। यह है स्फोटवाद का महासिद्धांत। उसी का एक अर्थ है–व्याकरणिक स्फोटवाद, जिसके जरिए

किसी भी भाषा-विशेष या भाषा-भाव के उदय, प्रकटीकरण, प्रतीति आदि के साथ, उसके स्वरूप की भी व्याख्या की जाती है। परंतु अब तक के ऐतिहासिक साक्ष्यों के आधार पर यही कहना सही लगता है कि स्फोटवाद मूलतः व्याकरणिक सिद्धांत ही है, जिसके आधार पर उसका परवर्ती विस्तार तत्ववाद या साधना-पद्धति के रूप में किया गया।

रवींद्र कुमार पाठक

अधिक जानकारी के लिए :
1. स्फोट-दर्शन : रंगनाथ पाठक, **2. भर्तृहरि का वाक्यपदीय :** के ए सुब्रह्मण्य अय्यर (रामचंद्र द्विवेदी), **3. संस्कृत व्याकरण दर्शन :** राम सुरेश त्रिपाठी

स्मरणिका

जर्मन भाषा का शब्द Festchrift अंग्रेजी के विद्वतजनों के बीच इस प्रकार खप गया है कि वह अंग्रेजी का ही जान पड़ता है। इसे हिंदी में 'स्मरणिका' कहा जा सकता है। स्मरणिका किसी विषय के विद्वान की प्रशस्ति के लिए, उसके प्रति सम्मान प्रदर्शित करने के लिए विशेष रूप से तैयार किया गया ऐसा ग्रंथ है जिसमें प्रशस्तियां नहीं बल्कि संबंधित व्यक्ति पर उसके सहयोगियों, मित्रों और शिष्यों के संस्मरणों के अलावा संबंधित व्यक्ति जिस विषय का विशेषज्ञ है, उस विषय पर विभिन्न विद्वानों के लेख होते हैं। स्मरणिका विशेषकर किसी विद्वान के जन्मदिन, उसके कैरियर की चरमावस्था या अवकाश के अवसर के लिए तैयार की जाती है। कई बार किसी राजनेता, सामाजिक कार्यकर्ता या विद्वान की मृत्यु के बाद भी इस प्रकार की पुस्तक तैयार की जाती है। उसे अभिनंदन ग्रंथ भी कहते हैं।

महेंद्र राजा जैन

स्मृति

स्मृति द्वारा व्यक्ति अपने अतीत के अनुभवों, घटनाओं और अर्जित ज्ञान को संगृहित कर वर्तमान की चेतना में लाता है। यह एक मानसिक प्रक्रिया है। अनुभव और ज्ञान मस्तिष्क में स्मृति चिह्नों के रूप में जिस प्रकार अंकित होते हैं, उसी प्रकार वे आगे चलकर प्राप्त होते हैं। समय बीतने पर कुछ स्मृतियां धुंधली पड़ जाती हैं और कुछ मिट जाती हैं, पर गहराई से अंकित कुछ स्मृतियां बनी रहती हैं। स्मृतियों का बने रहना या मिटना व्यक्ति की रुचि, दृष्टिकोण और बहुत कुछ अनुभव या घटना के स्वरूप पर निर्भर करता है। याद करने की प्रक्रिया में कई चीजें जुड़-घट भी जाती हैं। इस प्रकार स्मृति पुनरुत्पादन प्रक्रिया के साथ एक रचनात्मक गतिविधि भी है।

स्मृतियां तीन प्रकार की होती हैं : ऐंद्रिक, अल्पकालिक और दीर्घकालिक। ऐंद्रिक स्मृति क्षणिक होती है। जीवन में कई गुजरती घटनाओं की सूचनाएं अपने मौलिक रूप में संचित होती हैं और तत्काल मिटती भी जाती हैं। इनमें से कोई-कोई कुछ सेकंड ही संचित रह पाती है। अल्पकालिक स्मृति का सत्ताकाल संक्षिप्त होता है और इसकी क्षमता सीमित होती है। कोई अपना टेलीफोन नंबर बताए तो कुछ समय के लिए याद रह सकता है, पर थोड़ी देर के बाद वह विस्मृत जाता है। स्मृति में ऐसी कोई सूचना तभी तक सुरक्षित रहती है, जब तक कोई दूसरी सूचना उसे विस्थापित नहीं कर देती। दीर्घकालिक स्मृति के विषय कई घंटों, दिनों, सालों और जीवन भर संचित रहते हैं। ऐसी ही स्मृति के सहारे विद्यार्थी परीक्षा देता है, कविता की पंक्तियां याद रहती हैं, परिजन-पुरजन याद रहते हैं। खासकर कला-कौशलों के स्मृति चिह्न अभ्यास से मजबूत हो जाते हैं और समाज-संस्कृति की चीजें संचित रहती हैं। कुछ भी सीखना और रचना करना स्मृति के बिना संभव नहीं है।

स्मृति तेज करने के उपाय : कुछ व्यक्ति उन्नत स्मृति वाले होते हैं, उनकी याददाश्त तेज होती है। कुछ की स्मृति कमजोर होती है। ऐसे विज्ञापनों की कमी नहीं है जो बताते हैं कि अमुक चीज का सेवन करने से मेमोरी बढ़ती है। स्मृति को तेज या

मजबूत बनाने का अर्थ है याद रखे जाने वाले विषय के विभिन्न खंडों को जोड़कर मस्तिष्क में संगठित रखना। यह तोतारटंत की जगह कौशल से ही संभव है। इसकी कई विधियां हैं—1. कोई कविता याद करनी है, पहले उसकी हर पंक्ति अलग-अलग याद करें, फिर उन पंक्तियों को क्रम से संचित कर लें और कुछ कूट संकेत बना लें, ताकि एक शब्द याद आते ही एक पंक्ति या कई पंक्तियां याद आ जाएं। इस तरह पाठ को पांच-छह बार दुहराना चाहिए। 2. विषय को अच्छी तरह समझकर और उसका अर्थ जानकर याद करने पर ही वह स्मृति में दीर्घकालिक स्थान पाता है। 3. एक विषय याद करने के बाद दूसरा विषय याद करने से पहले थोड़ा विश्राम लें और थोड़ा स्पेस दें क्योंकि पहला विषय कुछ समय तक स्मृति अवरोध पैदा करके रखता है। दूसरा विषय अलग ज्ञान क्षेत्र का हो तो इस विविधता से भी स्मृति अवरोध टूट सकता है। 4. यथासंभव अपनी अब तक की अर्जित बुद्धि से विषय को आलोचनात्मक ढंग से देखना और अपना अभिमत बनाना, इससे वह विषय अच्छी तरह याद रहेगा और अध्ययन यांत्रिक नहीं होगा।

छोटे विषय बिना आराम लिए याद किए जा सकते हैं, पर बड़े विषय अंश-अंश में और विराम लेकर सीखने चाहिए। विषय की सार्थकता और उसके विशेष संदर्भ के ज्ञान से कोई नियम या विषय लंबे समय तक याद रहता है। बताया गया है कि किसी विषय से संबंधित ठोस मानसिक बिंब, चित्र या ग्राफ से स्मृति दीर्घकालिक हो जाती है, जैसे फूल का रंग-रूप देखकर उसका नाम याद आ जाता है। कूट संकेत या बिंबों से लंबे समय तक किसी विषय को याद रखना आसान हो जाता है। विषय को सीख लेने के बाद उसके पुनरावलोकन या किसी समय पाकर मन में दुहराते रहने से चीज जल्दी भूलती नहीं है। यह प्रयोगों से सिद्ध है कि सीखने और पुनःस्मरण करने के बीच थोड़ा विश्राम करने पर हम विषय कम भूलते हैं। विस्मरण हमेशा धारण करने की ही असमर्थता नहीं है, बल्कि पुनःस्मरण या पुनरुद्धार की असमर्थता भी है। कहा गया है कि भूलना भी एक सक्रिय मानसिक स्थिति है, जो स्मृति चिह्नों के ह्रास, स्मृति अवरोध और पुनरुद्धार में असफलता का नतीजा होता है। कभी व्यक्ति कुछ पीड़ादायक घटनाएं सचेत रूप से भूल जाता है, ताकि उनकी बार-बार याद आने से मनोरुग्णता न पैदा हो।

स्मृति और इतिहास : स्मृति को लेकर काफी चिंतन हुआ है। इतिहास को जातीय स्मृति या सामाजिक स्मृति के रूप में भी देखा जाता है। यहां तक कि वैयक्तिक स्मृतियों में भी इतिहास के तत्व खोजे जाते हैं। एक तरफ राष्ट्रीय स्मृति है, दूसरी तरफ वैयक्तिक स्मृति है—व्यक्ति किसे चुने और किसे छोड़े? यह सवाल भी उठा है, क्या मनुष्य की स्मृति उसकी यात्रा में रुकावट है? अज्ञेय को इतिहास 'राख का ढेर' और एक निर्मम स्थान लगता है। वे इतिहास को नहीं स्मृति को चुनते हैं और यह भी कहते हैं, 'काल पर विजय यदि संभव है तो स्मरण के द्वारा नहीं है, आकांक्षा के द्वारा भी नहीं है, वह अत्यंत वर्तमान में एक आत्मचेतन अस्ति के द्वारा ही संभव है।' (काल का डमरू नाद)। क्या व्यक्ति ऐसा हो सकता है, इतिहास से न कुछ ले और न उसके लिए कोई चिह्न छोड़ें? खुद भाषा का प्रयोग स्मृति के बिना संभव नहीं है। अज्ञेय वर्तमानता और क्षण की महत्ता का पक्ष लेते हुए एक कविता में कहते हैं, 'स्मृति भी है यातना / या कि हो सकती है / पर जिनके पास रह गई उनको /सिवा हांकने, दुहने / या कि बलि देकर खाने के / और कुछ नहीं आता।' यह सही है कि स्मृति के दुरुपयोग हुए हैं। स्मृति अमानवीय सत्ता का उत्स बनी है, क्योंकि सकारात्मक स्मृतियों की जगह नकारात्मक स्मृतियां ही राजनीति द्वारा अधिक लाई जाती रही हैं। स्मृति के संबंध में तय है कि यदि स्मृति न हो, तो न देश होगा, न परिवार, न प्रेम, न संस्कृति और न भाषा। स्मृति नहीं होगी तो चारों तरफ सिर्फ उपनिवेश होंगे। किसी खास स्मृति का बोझ हो उठना एक चीज है, उसका जीवन सार्थक और जीवंत अंग होना एक बिल्कुल दूसरी चीज है। मुख्य सवाल है, हम क्या याद कर रहे हैं?

आधुनिक युग में व्यापक पैमाने पर हो रहे

स्मृति विरूपण और स्मृति ध्वंस के संदर्भ में खुद अज्ञेय अन्यत्र लिखते हैं, 'सांस्कृतिक स्मृति भ्रंश के कारण हमारे अनुभव का क्षेत्र संकुचित और हमारा अनुभव शिथिल और निर्जीव होता जाता है। यह जानी हुई बात है कि स्मृति का विघटन बुद्धि और व्यक्तित्व के नाश का कारण बनता है।' (संवत्सर)। इसलिए 'असाध्य वीणा' कविता में प्रियंवद बार-बार दुहराता है, 'मुझे स्मरण है.. मुझे स्मरण है।' गैब्रियल गार्सिया मार्केज अपने उपन्यास 'हंड्रेड ईयर्स ऑफ साल्टीच्यूड' में लिखते हैं कि शहर के लोग कितने स्मृति ध्वंस के शिकार हैं—वे गाय को भूल गए हैं। स्मृति के संबंध में मनोवैज्ञानिक अध्ययनों के अलावा पर्याप्त साहित्यिक चर्चाएं हुई हैं, जो सामाजिक रूप से कम महत्वपूर्ण नहीं हैं।

निर्मल वर्मा इतिहास की जगह स्मृति खंडों को महत्व देते हैं। वे कला की भूमिका के संबंध में कहते हैं, 'कला मनुष्य के उन स्मृति खंडों को नष्ट होने से बचाती है, जिन्हें इतिहास भविष्य के जोम में जाकर कूड़ेदानी में फेंक देता है—वे स्मृतियां जो अतीत को समेटने या हमारे जीने में सहायक होती हैं और जिनके बगैर हम अपने आपसे अजनबी बने रहते हैं।' क्या अतीत और स्मृतियों को इतिहास से मुक्त किया जा सकता है? उन्हें इतिहास से मुक्त करने का अर्थ हो सकता है, एक पूर्व निर्धारित क्रम और तर्क से मुक्त करना। खासकर, इतिहास के अंत का अर्थ इसकी एकरेखीयता का अंत है।

स्मृतियों का महत्व खासकर वैश्वीकरण के युग में बढ़ा है। वे बार-बार इतनी तरह से लाई जा रही हैं कि यह समझना जरूरी लग सकता है कि वे कितनी जीवनदायी और कितनी विनाशकारी हैं। कला और साहित्य वस्तुतः मनुष्य की उन सकारात्मक और जीवनदायी स्मृतियों को बचाते हैं, जिन्हें अतीत के बुरे प्रेत इतिहास से बहिष्कृत करके वहां खुद बैठ जाना चाहते हैं।

शंभुनाथ

अधिक जानकारी के लिए :

1. Making the mind - A History of Memory : Kurt Danziger, 2008, **2. Places of Light :** Charles Earnyhough, 2012

स्याद्वाद

जैन दर्शन में वस्तु के प्रतिपादन की शैली को स्याद्वाद कहा जाता है। महावीर द्वारा प्रदत्त यह एक मूल्यवान वैचारिक अवदान है। वस्तुतः जैन दर्शन की चिंतन शैली का नाम अनेकांतवाद एवं प्रतिपादन शैली का नाम स्याद्वाद है। कहा गया है, 'अनेकांतात्मकार्थकथनं स्याद्वादः'। 'स्याद्' शब्द पूर्ण सत्य के प्रतिपादन का माध्यम है। एक धर्म की प्रधानता होने पर भी वस्तु की अनंत धर्मात्मकता को नकारा नहीं जा सकता। इस स्थिति को प्रकट करने वाला शब्द स्याद् है। यह प्रतिपाद्य धर्म के साथ शेष अप्रतिपाद्य धर्मों की एकता बनाए रखता है, इसलिए इसे प्रमाणवाक्य या सकलादेश भी कहा जाता है।

ज्ञान शक्ति असीम है, किंतु शब्द शक्ति सीमित है। अतः संपूर्ण सत्य को अभिव्यक्त करने की सामर्थ्य भाषा में नहीं है। इस समस्या के समाधान के लिए जैन चिंतकों ने स्याद्वाद सिद्धांत का प्रतिपादन किया। इसके द्वारा सत्य का आपेक्षिक कथन होता है।

'स्याद्वाद' के 'स्याद्' पद का अर्थ है, अपेक्षा या दृष्टिकोण और 'वाद' पद का अर्थ है सिद्धांत प्रतिपादन। दोनों पदों से मिलकर बने इस शब्द का अर्थ है—किसी वस्तु, धर्म, गुण या घटना आदि के बारे में अपेक्षा के साथ कुछ बताना। कई बार स्याद् का अर्थ शायद, संभवतः कदाचित आदि किया जाता है और स्याद्वाद को संशयवाद, संभावनावाद, अनिश्चयवाद समझने की भूल होती है। जैन आचार्यों ने स्याद् शब्द का प्रयोग एक विशिष्ट पारिभाषिक अर्थ में किया है।

स्याद्वाद में स्याद् शब्द अनेकांत के अर्थ में प्रयुक्त है। इससे यह तथ्य स्पष्ट होता है कि जैन विचारकों की दृष्टि में स्याद् शब्द संशयपरक न होकर निश्चयात्मक अर्थ का द्योतक है। सापेक्ष निश्चयात्मक कथन पद्धति ही स्याद्वाद है। सम्मंतभद्र, विद्यानंद,

अमृतचंद, मल्लिषेण आदि जैनाचार्यों ने 'स्याद्' शब्द को निपात या अव्यय माना है तथा उसे अनेकांत अर्थ का द्योतक स्वीकार किया है। आचार्य अमृतचंद्र ने स्याद् शब्द का अर्थ स्पष्ट करते हुए लिखा है कि स्याद् एकांतता का निषेधक, अनेकांत का प्रतिपादक तथा कथंचित् अर्थ का द्योतक एक निपात है। स्याद् शब्द कथंचित् (किसी सुनिश्चित) अपेक्षा के अर्थ में प्रयुक्त होता है, संशय, संभावना या कदाचित के अर्थ में नहीं।

वस्तु अनेकांतात्मक है। 'स्याद्' शब्द इसी अनेकांत का द्योतक है। 'स्यादस्ति घटः' —यहां स्याद् शब्द कहता है कि घट अस्ति रूप ही नहीं है, बल्कि उसमें अस्तित्व धर्म के अतिरिक्त नास्ति आदि अन्य धर्मों का भी समावेश है। स्याद् शब्द बतलाता है कि वस्तु एक रूप में ही नहीं बल्कि अनेक रूप में है। वस्तु में सत्, असत् आदि अनेक धर्म रहते हैं। स्याद् के साथ जैनाचार्यों ने 'एव' पद का प्रयोग किया है 'स्यादस्त्येव घटः।' इसका तात्पर्य है घट अमुक अपेक्षा से ही है। इस प्रकार स्याद्वाद वस्तु का निश्चयता से प्रतिपादन करता है।

दर्शन में नित्य-अनित्य, सत्-असत्, एक-अनेक, भिन्न-अभिन्न, वाच्य-अवाच्य आदि तथा लोक-व्यवहार में छोटा-बड़ा, स्थूल-सूक्ष्म, दूर-समीप, स्वच्छ-मलिन, मूर्ख-विद्वान आदि अनेक ऐसे धर्म हैं, जो आपेक्षिक हैं। इनका तथा इन जैसे अन्य किसी भी धर्म या गुण को जब भाषा द्वारा अभिव्यक्त किया जाता है, वह उसी हद तक सार्थक होता है, जहाँ तक अपेक्षा होती है। जिस अपेक्षा से जिस शब्द का प्रयोग किया जाता है, उसी समय उसी पदार्थ के किसी दूसरे धर्म की अपेक्षा से दूसरे शब्द का प्रयोग भी किया जा सकता है। वह भी उतना ही सत्य होगा, जितना कि पहला।

स्याद्वाद और सप्तभंगी : प्रत्येक वस्तु में अनंत धर्म होते हैं। प्रत्येक धर्म का कथन अपने विरोधी धर्म की अपेक्षा से सात प्रकार से किया जाता है। प्रत्येक धर्म का सात प्रकार से कथन करने की शैली का नाम सप्तभंगी है। सात विकल्प होने के कारण इसका यह नाम पड़ा। आचार्य अकलंकदेव ने सप्तभंगी को परिभाषित करते हुए कहा है कि एक ही वस्तु में अविरोधपूर्वक विधि और निषेध की कल्पना करना सप्तभंगी है। सप्तभंगी जैन न्याय के वस्तु-विश्लेषण और प्रतिपादन का विशिष्ट सिद्धांत है। इसमें सात प्रकार के विशेष प्रकथनों के माध्यम से किसी वस्तु अथवा धर्म को समग्रता से अभिव्यक्त करने का प्रयत्न किया जाता है।

सत् के अनेक पर्याय हैं। प्रत्येक पर्याय का स्वरूप निर्धारण करने के लिए तीन विकल्पों की रचना की गई है—अस्ति, नास्ति, अवक्तव्य। इस त्रिभंगी द्वारा सत् के स्वरूप का प्रतिपादन किया जा सकता है। द्रव्य पर्याय के बिना नहीं होता और पर्याय द्रव्य के बिना नहीं होता। जैन दर्शन में पारमार्थिक सत्ता और व्यावहारिक सत्ता अलग-अलग नहीं हैं। पर्याय व्यावहारिक सत्ता है और द्रव्य पारमार्थिक सत्ता है, किंतु वास्तव में दोनों संयुक्त हैं। दोनों एक ही सत् के दो रूप हैं।

जैनेतर दार्शनिकों का स्याद्वाद के विषय में एक खास तर्क यह रहा है कि यदि पदार्थ 'सत्' है तो 'असत्' कैसे हो सकता है? इसी प्रकार नित्य-अनित्य, सामान्य-विशेष, वाच्य-अवाच्य आदि परस्पर विरोधी धर्म एक ही समय में एक पदार्थ में कैसे टिक सकते हैं? इसी तर्क के आधार पर शंकराचार्य और रामानुजाचार्य जैसे विद्वानों ने 'स्याद्वाद' को 'पागल का प्रलाप' कहकर इसकी उपेक्षा की थी। राहुल सांकृत्यायन ने 'दर्शन-दिग्दर्शन' में बौद्ध दार्शनिक धर्मकीर्ति के शब्दों के आधार पर कहा था, दही दही भी है और ऊंट भी, तो दही खाने के समय ऊंट खाने को क्यों नहीं दौड़ते? इस आशय का कथन कर स्याद्वाद का उपहास किया गया था। इसी प्रकार किसी ने इसे 'छल' और किसी ने 'संशयवाद' कहा। प्रत्येक विभिन्न कथन के साथ विभिन्न अपेक्षा होती है, स्याद्वाद के इस सूत्र को हृदयंगम न कर सकने के कारण उपर्युक्त विरोध हुए।

जैन दार्शनिकों ने इसका उत्तर देते हुए कहा है कि 'सत् है तो वह असत् कैसे हो सकता है?' यह

शंका तो ठीक ऐसी ही है कि 'पुत्र है तो वह पिता कैसे हो सकता है?' परंतु वह अपने पिता का पुत्र है तो अपने पुत्र का पिता भी हो सकता है। इसमें कोई विरुद्धता नहीं आ सकती, क्योंकि अपेक्षाएं भिन्न हैं।

प्रत्येक पदार्थ की सत्ता स्वद्रव्य, स्वक्षेत्र, स्वकाल और स्वभाव की अपेक्षा से है, परद्रव्य, परकाल और परभाव की अपेक्षा से नहीं। यदि परद्रव्य आदि से उसकी सत्ता हो सकती तो एक ही वस्तु सब वस्तु होती और सब क्षेत्र, सब काल और गुणयुक्त भी होती अर्थात एक घड़ा मिट्टी का भी कहा जा सकता है और सोने-चांदी-लोहे आदि का भी। भिन्न-भिन्न अपेक्षाओं से जिज्ञासाओं के भिन्न-भिन्न उत्तर दिए जा सकते हैं, उदाहरण के लिए, एक वस्त्र के बारे में पूछने पर उसके भिन्न-भिन्न उत्तर हो सकते हैं, जैसे यह वस्त्र रूई का है, यह वस्त्र मिल का है, यह वस्त्र बच्चे का है, यह वस्त्र पहनने का है या यह वस्त्र पांच सौ रुपए का है। इन पांच कथनों में से कोई भी कथन ऐसा नहीं है, जिसे अप्रामाणिक कहा जा सके। पांचों ही बातें भिन्न-भिन्न अपेक्षाओं से उस वस्त्र के विषय में सत्य हैं। एक वाक्य में जो बात कही गई है, दूसरे वाक्य में उससे भिन्न बात कही गई है, फिर भी इनमें परस्पर कोई विरोध नहीं है। विरोध इसलिए नहीं है कि प्रत्येक की अपेक्षाएं भिन्न हैं। किसी एक उत्तर से सारी जिज्ञासाएं पूरी नहीं हो सकतीं।

प्रत्येक वस्तु अनंत धर्मात्मक है। इन अनंत धर्मों से कुछ को ही जाना जा सकता है तथा उसमें से भी कुछ ही धर्मों का प्रतिपादन किया जा सकता है। जिस प्रकार कई अंधे मनुष्य किसी हाथी के छिन्न-भिन्न अंगों को हाथ से टटोलकर हाथी के उन अंगों को ही पूर्ण हाथी समझकर विवाद उत्पन्न करते हैं, इसी प्रकार कोई व्यक्ति सत्य के एक अंश को जानता है तथा उसे ही संपूर्ण सत्य मान लेता है। इससे दार्शनिक जगत में समस्याएं उत्पन्न होती हैं। स्याद्‌वाद एवं अनेकांतवाद की दृष्टि से इन समस्याओं का समाधान होता है। एक दार्शनिक कहता है कि वस्तु सामान्यात्मक है, दूसरा उसे विशेषात्मक रूप में प्रतिपादित करता है। स्याद्‌वाद इन दोनों विरोधी वक्तव्यों में समन्वय स्थापित करता है। वस्तु को जो सामान्यात्मक कह रहा है उसका ध्यान वस्तु के द्रव्य स्वरूप पर केंद्रित है तथा विशेष कहने वाला वस्तु के पर्याय रूप को प्रधानता दे रहा है, जबकि वस्तु स्वभावतः सामान्य-विशेषात्मक है।

अवधेश प्रसाद सिंह

स्लावोज जिजेक
(1949-)

स्लावोज जिजेक (Slavoj Zizek) 1949 में सोवियत युगोस्लाविया में जन्मे सामाजिक और राजनीतिक विचारक हैं। समाजवादी युगोस्लाविया ने जिजेक की वैचारिकता पर बहुत प्रभाव डाला है। इन्होंने कम्युनिज्म को आदर्श माना और हीगेल, मार्क्स तथा लाकां के लेखन से प्रेरणा ग्रहण की। वे व्यक्ति और तंत्र की व्याख्या करते हैं। वे कार्टीजियन व्यक्ति के मन और शरीर के द्वंद्व को स्वीकारते ही नहीं हैं,

स्लावोज जिजेक

बल्कि कहते हैं कि मन स्वयं पर विचार करता है। वे फ्रेंच शब्द 'जूसेस' की व्याख्या करते हैं। 'जूसेस' एक प्रकार का कामुक, स्वतंत्रताकामी मजा है। जिजेक कहते हैं कि लोग दुनिया में जूसेस प्राप्त करना चाहते हैं। वे यह भी बताते हैं कि व्यक्ति में स्वतंत्रता की कामना और विचार शक्ति होती है। वह एक सेवक नहीं है, बल्कि वह विश्वास करता है।

'सब्लाइम ऑब्जेक्ट ऑफ आइडियोलॉजी' में जिजेक कहते हैं कि अगर विचारधारा को सफल होना है तो विचारधारा को लोगों के अंतर्मन को छूना होगा या ऐसा करते हुए दिखना होगा। वे व्यक्तियों के बारे में कहते हैं कि व्यक्ति इच्छानुसार थोड़ी-सी स्वतंत्रता पाने के लिए अपनी चेतना का हिस्सा लुटा देते हैं– 'वे यह जानते हैं, परंतु तब भी ऐसा करते हैं!' उन्हें एक 'ग्लानिपूर्ण मजा' आता है। व्यक्ति विचारधारा के प्रभाव में नहीं आते, बल्कि कुछ 'बड़े प्रतीकों' से एकात्म महसूस करते हैं। यहां पर जिजेक व्यक्तियों को समझने की कोशिश करते हैं।

जिजेक व्यक्ति को विभिन्न गुणों से सुशोभित मानते हैं, पर वे केवल व्यक्तियों के बारे में बात करके चुप नहीं हो जाते। उन्होंने एक राजनीतिक सिद्धांत और विचारधारा की रचना की, जो उनके व्यक्ति केंद्रित दर्शन से जुड़ी है। वे कहते हैं कि विचारधारा लोगों को अपने बश में करती है और लोगों को सोचने का ढांचा भी देती है।

विचारधारा अकेले व्यक्ति की चेतना को वश में नहीं कर सकती। विचारधारा को पूर्ण होने के लिए लोगों के मन में जगह बनानी होगी। जिजेक कहते हैं कि अगर विचारधारा पर विश्वास हो तो उसे 'सच्चे और अच्छे' रूप में प्रस्तुत करना होगा। लोग विचारधारा को बिना किसी कारण स्वीकार नहीं करेंगे। वे तभी स्वीकार करेंगे, जब विचारधारा किन्हीं गुणों से सुशोभित होगी। इन गुणों को व्यक्ति के सामने पेश करना होगा। विचारधारा तभी सही समझी जाएगी, जब वह पवित्र प्रतीत होगी। विचारधारा जब तक व्यक्ति के बारे में गहरी सच्चाई बयान नहीं करेगी, वह सही नहीं समझी जाएगी।

जिजेक ने विचारधारा के अलावा सत्ता पर भी चिंतन किया। एक राजनीतिक सत्ता को तभी अच्छा कहा जाएगा, जब वह सच से जुड़ी हुई हो। वे कहते हैं कि राजनीतिक विचार वस्तु के बिना महज प्रतीक हैं। वे ऐसे प्रतीक हैं जो स्वयं के अलावा किसी वस्तु के द्योतक नहीं हैं। जिजेक पुरानी और नई सत्ता के बीच अंतर करते हैं। वे कहते हैं कि पुरानी सत्ता में अधिनायकत्व तभी होता होगा, जब शासक को शासक समझा जाता रहा होगा। आज के समय में शासक जनता के नाम पर शासन करता है।

जिजेक केवल व्यक्ति और सत्ता तंत्र के संबंध में सोचने वाले अकादमिक न होकर एक लोकप्रिय वक्ता भी हैं। उन्होंने इराक युद्ध का विरोध किया और 'विकिलीक्स' के संपादक जुलियस असांजे का पक्ष लिया।

आनंद राजा

अधिक जानकारी के लिए :
Absolute Recoil : Toward a New Foundation of Dialectical Materialism : Slovaj Zizek, 2014

स्वच्छंदतावाद

यूरोपीय ज्ञानोदय और क्लासिकल रुझानों के कारण साहित्य में तर्कबुद्धि पर आधारित एक ऐसे सौंदर्यशास्त्र का जन्म हुआ, जिससे साहित्य ज्यादा नियमग्रस्त, बनावटी और आडंबरपूर्ण होता जा रहा था। स्वच्छंदतावाद (Romanticism) ने इसके बरक्स साहित्य में उन्मुक्तता, गतिशीलता, स्वाभाविकता, वैयक्तिकता और तीव्र जीवनानुभूतियों को प्रतिष्ठित किया। इसी से जीवन और कला के प्रति स्वच्छंदतावादी दृष्टिकोण का जन्म हुआ।

स्वच्छंदतावाद एक व्यापक आंदोलन रहा है। इसका प्रभाव यूरोपीय साहित्य पर विशेषकर जर्मनी, फ्रांस, इंग्लैंड के साहित्य पर दिखाई पड़ता है। यह आंदोलन फ्रांसीसी क्रांति के दौर में अठारहवीं शताब्दी के अंत में शुरू हुआ। यह उन्नीसवीं शताब्दी के साथ-साथ बीसवीं शताब्दी के आरंभिक वर्षों तक

बना रहा। देखा जा सकता है कि स्वच्छंदतावाद को राजनीतिक आधार 1789 की फ्रांस की राज्यक्रांति से मिला, तो इसको दार्शनिक आधार जर्मनी के श्लेगल बंधुओं से मिला और साहित्यिक आधार मिला ब्लेक, वर्ड्सवर्थ, कॉलरिज, कीट्स, शेली, बायरन आदि के कवि-कर्म से। साहित्य में पहली बार 'रोमांटिसिज्म' शब्द का प्रयोग जर्मनी में ऑगस्ट, फ्रेडरिक और श्लेगल बंधुओं ने 'क्लासिसिज्म' के विरोध में किया।

'क्लासिसिज्म' और 'रोमांटिसिज्म' को परस्पर विरोधी प्रवृत्तियों के रूप में देखा जाता है। हालांकि दोनों प्रवृत्तियां आधुनिक युग में आगे-पीछे समय-समय पर आती रही हैं, कभी विरोधी और कभी पूरक के रूप में। स्कॉट जेम्स ने स्वच्छंदता का स्वरूप स्पष्ट करते हुए कहा था, 'स्वच्छंदवादी आंदोलन ने, शास्त्रीय चेतना को मारा नहीं, बल्कि उसे कृत्रिमता से मुक्त कर दिया।' साहित्य में किसी भी नई प्रवृत्ति की पृष्ठभूमि में पुरानी प्रवृत्तियों से टकराहट और उनसे संवाद–ये दोनों प्रक्रियाएं समान रूप से काम करती हैं।

स्वच्छंदतावाद मुख्यतः कविता में प्रकट हुआ, लेकिन इसने साहित्य तथा कला के अन्य क्षेत्रों को भी प्रभावित किया। स्वच्छंदतावाद के असर में कविता के अलावा उपन्यास, निबंध, समीक्षा में भी नए सौंदर्यबोध का विकास हुआ, कल्पना का नवोन्मेष घटित हुआ और नया शिल्प सामने आया। स्वच्छंदतावाद की कुछ प्रमुख विशेषताएं हैं–वैयक्तिकता, अनुभूति-प्रवणता, अद्‌भुत के प्रति आकर्षण, कल्पना की प्रधानता, अतीतोंमुखता, सौंदर्याभिमुखता, प्रकृति प्रेम और अभिव्यंजना शिल्प में प्रयोगधर्मिता आदि।

जर्मनी में स्वच्छंदतावाद आरंभिक दौर (1789-1810) में रचनात्मक साहित्य में व्यक्त न होकर सैद्धांतिक विवेचन के रूप में सामने आया। गेटे, लेसिंग, हीगेल और शिलर के लेखन में स्वच्छंदतावाद का आरंभिक रूप मौजूद है। वे भाव को महत्व देते हैं, पर बुद्धि का निषेध नहीं करते। आत्मवादी दर्शन और भाववाद जैसे दार्शनिक सिद्धांतों ने जर्मनी के स्वच्छंदतावाद में रहस्यवाद को स्थापित किया और सौंदर्य के प्रति प्रबल आकर्षण का भाव पैदा किया। जर्मनी में स्वछंदतावाद पर दार्शनिक चिंतन के दूसरे दौर (1810-1820) की स्वच्छंदतावादी रचनाओं में राष्ट्रीय भावना की भी प्रधानता थी, क्योंकि उस दौर में जर्मनी अपने भीतर विभक्त था। विशेषकर वहां के लोकगीतों में राष्ट्रीय भावना की प्रधानता दिखती है।

फ्रांस में स्वच्छंदतावाद राजनीतिक विद्रोह के रूप में प्रकट हुआ। इसने विचार और चिंतन के क्षेत्र को विशेष रूप से प्रभावित किया। मनुष्य की प्रगति में बाधक बताते हुए वॉल्टेयर ने राजतंत्र और चर्च दोनों का विरोध किया। फ्रांस की राज्यक्रांति में निर्णायक रूसो के प्रसिद्ध सूत्र 'स्वतंत्रता, समानता और बंधुत्व, की स्वच्छंदतावादी प्रवृत्तियों के विकास में महत्वपूर्ण भूमिका थी। इस प्रसिद्ध सूत्र में निहित चेतना ही स्वच्छंदतावादी चेतना के विकास का मुख्य आधार है।

इंग्लैंड में स्वच्छंदतावाद किसी वैचारिक अथवा राजनीतिक आंदोलन के रूप में नहीं, बल्कि काव्य-आंदोलन के रूप में प्रकट हुआ। यही वजह है कि इस देश का स्वच्छंदतावाद आक्रामक नहीं है। आम तौर पर स्वच्छंदतावाद का विकास यूरोप में अठारहवीं शताब्दी के दौरान होने वाले परिवर्तनों–ज्ञान-विज्ञान के विकास और औद्योगिक प्रगति की नई रोशनी में हुआ। परंपरा के प्रति एक नई समझ विकसित होने लगी। मनुष्य में एक अनोखी वैयक्तिकता का जन्म हुआ और प्रकृति की ओर दृष्टि गई। रोमांटिसिज्म की विवेचना में वर्ड्सवर्थ और कॉलरिज के सहयोगी प्रकाशन 'लिरिकल बैलेड्स' के दूसरे संस्करण (1800) की भूमिका 'प्रिफेस टु लिरिकल बैलेड्स' को स्वच्छंदतावाद का घोषणा-पत्र माना जाता है। वर्ड्सवर्थ ने कविता को 'प्रबल मनोवेगों का स्वतःस्फूर्त उच्छलन' बताकर कविता के प्रति अनुकरणवादी दृष्टिकोण को सिरे से नकार दिया, काव्य-भाषा और गद्य-भाषा में अभिन्नता की वकालत की तथा कविता के लिए रूढ़ हो चुकी क्लासिकल भाषाओं के बजाय जन-सामान्य की बोलचाल की भाषा को उपयुक्त माना। कॉलरिज ने काव्य सृजन

की प्रक्रिया में कल्पना की भूमिका का विवेचन किया और व्यक्ति की कल्पना से बढ़कर कवि की कल्पना का महत्व स्थापित किया।

कहना न होगा कि अंग्रेजी स्वच्छंदतावाद रूढ़ कला के विरोध में आया, जबकि पूर्वी यूरोप में स्वच्छंदतावाद, सामंतवाद और विदेशी शासन के विरुद्ध एक सांस्कृतिक चेतना के रूप में शुरू हुआ। इसीलिए हिंदी के स्वच्छंदतावाद का स्वरूप अंग्रेजी स्वच्छंदतावाद के बजाय पूर्वी यूरोप के स्वच्छंदतावाद से ज्यादा मिलता-जुलता है।

हिंदी में स्वच्छंदतावाद छायावाद के रूप में आया। इसके समक्ष दो बड़ी चुनौतियां थीं। एक तरफ उसकी लड़ाई सामंती रूढ़ियों और बंधनों से थी तो दूसरी तरफ, औपनिवेशिक सत्ता के खिलाफ भी उसे संघर्ष करना था। पहली लड़ाई का संबंध समानता और बंधुत्व की चेतना से था, तो दूसरे संघर्ष का संबंध स्वतंत्रता की चेतना से। इस प्रकार स्वाधीनता और मुक्ति की चेतना स्वच्छंदतावाद की विशिष्ट पहचान है। इसमें कलाकार अपनी अनुभूतियों की उन्मुक्त अभिव्यक्ति करता है। इसे इतिहासकारों ने नियम और रूढ़ियों के खिलाफ व्यक्ति का विद्रोह कहा है।

स्वच्छंदतावाद में वैयक्तिक प्रतिभा और कल्पना की प्रेरणा को विशेष महत्व दिया गया है। हर लेखक का अपना एक विशिष्ट व्यक्तित्व और विशिष्ट अनुभव होता है। उसके लेखन में उसके व्यक्तित्व के अनुरूप शैली भी विकसित हो जाती है। इस प्रकार स्वच्छंदतावाद ने लेखक को साहित्य के केंद्र में ला दिया। ऐसे में स्वच्छंदतावाद के विरोधियों ने यह सवाल करना शुरू किया कि आलोचक का काम क्या पाठ को लेखक के संदर्भ में देखना भर रह जाता है? कहने का मतलब है कि लेखक पाठ पर हावी होने लगा। इस संदर्भ में लेखक की मृत्यु की घोषणा करने वाले रोलां बार्थ, (द डेथ ऑफ द ऑथर, 1967) का मानना है कि किसी भी पाठ पर उसके लेखक के व्यक्तित्व को थोपने से पाठ की अंतर्ध्वनियां और उसके अर्थ सीमित हो जाते हैं। जिस स्वच्छंदतावाद ने रूढ़ियों और जड़ता के विरोध में अपना स्वरूप ग्रहण किया था, उसी ने अपनी रूढ़ियां बना लीं। अतिवैयक्तिकता, परंपरा से संबंध-विच्छेद और वायवीयता, स्वच्छंदतावाद के पतन के प्रमुख कारणों में हैं। स्वच्छंदतावाद का अंत कुछ क्षेत्रों में यथार्थवाद की शुरुआत के रूप में भी सामने आया।

संजय राय

अधिक जानकारी के लिए :

1. छायावाद : नामवर सिंह, **2. Romanticism :** Aidan Day, 1996, **3. New Classicism :** Hiugh Honour, 1968, **4. Romanticism :** Nicholas Row, **5. The Romantic Revolution-A History :** Tim Blenning, 2011

स्वच्छंदतावादी साहित्य सिद्धांत

अठारहवीं शताब्दी के अंत में इंग्लैंड, फ्रांस तथा जर्मनी में आलोचना सिद्धांत में सौंदर्यशास्त्र का प्रवेश हुआ। विंकल मैन ने कला के सौंदर्यात्मक आयामों को नए सिरे से आलोचना के क्षेत्र में प्रस्तुत किया। जर्मनी में लेसिंग (1729-1781) ने साहित्य को नव्यशास्त्रवाद से छुटकारा दिलाकर कला के सिद्धांतों का नए धरातल पर निरूपण किया था। उन्होंने प्लूटार्च के इस मत का खंडन किया था कि चित्र मूक कविता है और कविता बोलता हुआ चित्र। उन्होंने 'लाओकूल' (1788) शीर्षक आलोचनात्मक कृति में कलाओं के साम्य-वैषम्य का निरूपण किया। जर्मनी में शिलर ने क्लासिक और रोमांटिक के अंतर को स्पष्ट करते हुए कहा था कि 'क्लासिक' कला आदर्शवादी कला है, जबकि रोमांटिक कला व्यक्तिवादी तथा विशिष्टतावादी है। इस सिद्धांत के प्रभाव से रोमांटिसिज्म की कला में अंतर्प्रेरणा, अंतर्दृष्टि, कल्पना, अंतर्मानसिकता तथा रम्य अद्भुत तत्वों की प्रतिष्ठा बढ़ गई और स्वच्छंदतावादी साहित्य सिद्धांत (Literary Theory of Romanticism) अस्तित्व में आया।

यह माना गया कि स्वच्छंद कला-दृष्टि में विस्मय, कौतूहल, सौंदर्य के प्रति प्रबल आकर्षण, प्रकृति की महिमा के साथ उन्मुक्त कल्पना को स्थान

मिलता है। यह भी माना गया कि रहस्य ही रोमांस का प्राण-तत्व है। स्वच्छंदतावादियों ने माना कि दृश्यात्मक जागतिक सत्ता के पीछे एक विराट शक्ति क्रियाशील है, जिसे अनुभूति से ही जाना जा सकता है। इस कारण ही जागतिक व्यापारों में विस्मय, वैचित्र्य तथा रहस्यमयता दिखाई पड़ने लगी है। जर्मनी तथा इंग्लैंड में 1790 के आसपास स्वच्छंदतावादी आंदोलन बढ़ने लगा तथा अनेक परिवर्तनों के साथ समस्त यूरोप में फैल गया, किंतु साहित्य सिद्धांतों की वैचारिक दौड़ के क्षेत्र में समस्त यूरोप में इंग्लैंड अग्रणी होता गया।

कवि-आलोचक वड्र्सवर्थ ने 'प्रिफेस टु लिरिकल बैलेड्स' (1798) तथा कॉलरिज ने 'बायोग्राफिया लिटरारिया' (1817) में नए युग का या रोमांटिक एज के नवीन काव्य सिद्धांतों का प्रवर्तन किया। वड्र्सवर्थ की 'प्रिफेस टु लिरिकल बैलेड्स' की भूमिका रोमांटिक आंदोलन के प्रवर्तन का ऐतिहासिक दस्तावेज कही जाती है। परंपरावादी शास्त्रनिष्ठ आलोचक काव्य रूढ़ियों, प्रकृति के अनुकरण तथा नियमों की चर्चा करते थे, जिसका अंत किया वड्र्सवर्थ तथा कॉलरिज ने। यहां एक नवीन मत यह आया कि सृजन कवि की आत्माभिव्यक्ति है, वैयक्तिक क्रिया है। यह 'अनुकरण सिद्धांत' का सीधा निषेध है। कवि को सामान्य 'शिल्पी' से अलगाते हुए रोमांटिक विचारकों, कवियों ने एक 'स्रष्टा' के रूप में प्रतिष्ठित किया। यहां कला 'शिल्प' से 'सृजन' बन गई और कलाकार 'कारीगर' से 'सर्जक' हो गया। कवि व्यक्तित्व में व्यक्तिवाद के साथ एक 'असाधारण तत्व' का समावेश हुआ। इस तरह काव्य सृजन में 'अनुभूति' तथा 'आवेग' को केंद्रीयता प्राप्त हो गई। आत्मतत्व को 'सबकुछ' मानने के कारण कवि व्यक्तित्व में 'अद्वितीयता' तथा 'असाधारणता' को आदर मिला। फलतः कलाकृति वैयक्तिक तथा अद्वितीय अभिव्यक्ति मानी गई। सृजन संबंधी मुख्य सिद्धांत के रूप में 'आत्माभिव्यक्ति का सिद्धांत' स्वीकार किया गया।

वड्र्सवर्थ के 'लिरिकल बैलेड्स' की भूमिका (1798) इस आत्माभिव्यक्ति सिद्धांत का प्रथम स्तवन-पत्र है। इसी बीच लेसिंग ने कला का 'आवयविक सिद्धांत' खोज निकाला। यहां सृजन एक आवयविक रूप (ऑर्गेनिक फार्म) है, जिसमें 'क्रिएशन और डिस्कवरी' दोनों निहित हैं। रोमांटिसिज्म के सिद्धांत भाव या अनुभूति को कलाओं के आधारभूत तत्व के रूप में स्वीकृति मिली। पहली बार पाश्चात्य काव्यशास्त्र की परिभाषा में कहा गया, 'काव्य तीव्रतम भावों का तीव्रतम विस्फोट है।' कवि प्रकृति के साथ तादात्म्य स्थापित करके अकृत्रिम अभिव्यक्ति की तीव्र अनूभूतियों का विस्फोट करता है। यहां वड्र्सवर्थ की एक क्रांतिकारी घोषणा यह भी थी कि गद्य तथा पद्य की भाषा में न कोई अंतर है, न हो सकता है। कविता की भाषा जन-भाषा होनी चाहिए और कवि को जन-सामान्य के बीच से 'काव्य विषय' तथा 'काव्य भाषा' का चयन करना चाहिए। कवि तथा सामान्यजन की अनुभूति तत्वतः भिन्न नहीं होती, केवल मात्रागत भेद होता है। इस प्रकार दो सिद्धांत सामने आए हैं—1. गद्य और पद्य की भाषा में न कोई अंतर है, न हो सकता है। 2. सहज तथा अकृत्रिम जनभाषा ही काव्य भाषा होनी चाहिए।

वड्र्सवर्थ की कुछ घोषणाओं का विरोध कॉलरिज जैसे मेधावी कवि-आलोचक को करना पड़ा। उन्हें स्पष्ट रूप से कहना पड़ा कि गद्य तथा पद्य की भाषा में अंतर होता है। पद्य की भाषा चित्रमयता के साथ आवेग की भाषा है। गद्य की भाषा में यह विशेषता इस ढंग से नहीं होती है। गद्य तथा पद्य की भाषा में गहरा भेद है और होना चाहिए। कॉलरिज ने काव्य भाषा में सहज तथा वास्तविक पर भी आपत्ति की, क्योंकि प्रत्येक मानव की भाषा 'अपनी' तथा विशिष्ट होती है। यह भाषा संसार उसके ज्ञान और अनुभव से निर्मित होता है, अतः सहज ग्राम्य भाषा का सिद्धांत गलत है। कवि ज्यादा ग्राम्यता के चक्कर में रहेगा, तो उसमें फूहड़पन का दोष आ सकता है। इस तरह कॉलरिज ने 'बायोग्राफिया लिटरारिया' में स्वच्छंदतावाद से जुड़ी तमाम काव्य भ्रांतियों का निराकरण करते हुए वड्र्सवर्थ के कहीं साथ तथा कहीं अलग हटकर 'कल्पना सिद्धांत' की प्रबलता से

स्थापना की। उनके विचार से स्वच्छंतावादी समीक्षा का चरम लक्ष्य काव्य सृजन प्रक्रिया के सिद्धांतों को उद्‌घाटित करना है, औरों ने जो कुछ लिखा है, उस पर निर्णय देने के लिए नियम संहिता बनाने का नहीं। कला एक आंतरिक प्रयास है। उसे बाह्य नियमों में बांधा जाएगा, तो वह यांत्रिक क्रिया बन जाएगी। 'काव्य क्या है' का उत्तर 'कवि क्या है' में मिलना चाहिए, क्योंकि कविता विशिष्ट शब्दों की निर्मिति है। यह वैज्ञानिक कृतियों से इस बात में भिन्न है कि उसका उद्देश्य तात्कालिक आनंद है, सत्य नहीं। साहित्य समीक्षा के क्षेत्र में 'सृजनात्मक कल्पना' की महत्ता को वड्‌र्सवर्थ तथा कॉलरिज दोनों ने पूरी शक्ति से स्वीकृति प्रदान की। उन्होंने कल्पना के स्वरूप तथा उसके प्रकार की व्याख्या करने के साथ कल्पना-विषयक चर्चा को व्यापकता दी। कॉलरिज ने कल्पना सिद्धांत की इतनी गहन व्याख्या की है कि आज भी आलोचक उसका लोहा मानते हैं। कॉलरिज 'जर्मन आध्यात्मिक दर्शन' के प्रकांड पंडित थे। उन्होंने कल्पना सिद्धांत की व्याख्या दार्शनिक दृष्टि से की है। कॉलरिज से बहुत पहले लांजाइंस ने कल्पना से तात्पर्य उस शक्ति से लिया था, जिससे मानसपटल पर बिंब अंकित होते हैं और उन बिंबों से विचार तथा कल्पना का एकीकरण होता है।

मध्य युग के विचारक 'इमैजिनेशन' तथा 'फैंसी' को अनुकरणात्मक मानते रहे हैं। जोसेफ एडीसन ने पहली बार अठारहवीं शताब्दी में भौतिक दार्शनिक लॉक के प्रभाव से कल्पना तथा फैंसी को पर्याय मानकर कल्पना की व्याख्या की। कांट ने सर्वप्रथम कल्पना को संयोगात्मक रूप से उठाकर सर्जनात्मक रूप में प्रतिष्ठा दी थी। कॉलरिज अपने से पूर्व के विचारों से भलीभांति परिचित थे। अतः उन्होंने कल्पना तथा फैंसी में भेद किया और कहा कि मिल्टन की कविता में कल्पना क्रियाशील है और काउले की कविता में फैंसी। उन्होंने कल्पना के दो भेद किए– 1. प्राथमिक कल्पना, 2. परवर्ती कल्पना। कल्पना का सर्जनात्मक रूप मुख्यतः 'उत्तरजात कल्पना' में प्रकट होता है। कल्पना की रूप विधायिनी शक्ति को कॉलरिज ने बहुत महत्व दिया है। इसका कारण यह है कि बिंब, प्रतीक, छंद, शैली सभी काव्य सृजन में कल्पना के सहचर बनकर आते हैं। कल्पना ही बिखरे हुए विचार-अनुभवों को संश्लिष्टता प्रदान करती है। ध्यान में रखने की बात यह है कि स्वच्छंदतावादी आलोचना में 'पाठक' या 'सहृदय' को विशेष आदर प्राप्त है, क्योंकि कला सौंदर्य का गृहीता आस्वादक, सहृदय या पाठक ही है।

पश्चिम में स्वच्छंदतावादी आंदोलन का एक लंबा इतिहास है। मध्य युग में 'रोमांस' शब्द का प्रयोग बोलियों के संदर्भ में किया जाता था। लैटिन भाषा में इन सभी को 'रोमांसेस' कहते थे। इन रोमांस बोलियों की कथाएं समय के साथ रोमांस कथाएं कही जाने लगीं। रोमांस इन रोमांस कथाओं में साहस-शौर्य की वीर कथाएं होती थीं। ये कथाएं भावुकता, रहस्यपरकता, कुटिलता तथा मधुर प्रेम पर टिकी होती थीं। इनमें 'वास्तविकता' का अभाव रहता था, इसलिए भावुकतापरक और कल्पना प्रधान साहित्य को 'रोमांटिक' कहा गया। धीरे-धीरे रोमांटिक अवधारणा का विस्तार हो जाता है, इसकी कोई एक परिभाषा करना मुश्किल है।

ध्यान देने की बात है कि आधुनिक रोमांटिक साहित्य का विकास परस्पर विरोधी प्रवृत्तियों से हुआ है। अठारहवीं-उन्नीसवीं शताब्दी का 'रोमांटिक मूवमेंट' विशेष स्थितियों की टकराहट से जन्म लेता है। घुटता हुआ समाज स्वच्छंदता पाने की इच्छा से तड़प उठता है। यह तड़प औद्योगिक समाज से विद्रोह में बदल जाती है। 'रोमांटिसिज्म' की विविध व्याख्याओं को ध्यान में रखते हुए एबरक्रांबी ने इसे मन की ऐसी स्थिति माना है, जिसमें बाहरी संसार से संबंध तोड़कर मानव अंतर्यात्रा में प्रवृत्त हो जाता है। इसलिए रोमांटिक साहित्य सिद्धांत आत्माभिव्यक्ति को केंद्रीयता प्रदान करता है। आंतरिक विद्रोह का यह तत्व टॉमसन, कालिंस, ग्रे, कूपर आदि में फूट पड़ता है। इसी की मुखर ध्वनि वड्‌र्सवर्थ, कॉलरिज, शेली, कीट्स, बायरन आदि में सुनाई देती है। टॉमसन प्रकृति-प्रेम के दीवाने हो गए, तो कालिंस में रोमांटिक

अवसाद भर गया। स्कॉटलैंड के कवि गांव के जीवन का आनंद जीने लगे, जिनमें वार्टन तथा बर्न्स उल्लेखनीय हैं। पर्सी ने अपने आख्यानपरक गीतों में अतीत के मोह का संसार निर्मित किया। वड्‌र्सवर्थ प्रकृति की ओर झुकते गए, तो कॉलरिज कल्पना-प्रधान लिरिक्स (प्रगीतों) की ओर उन्मुख हुए। इन पर फ्रांस तथा जर्मनी के रोमांटिक आंदोलनों का व्यापक प्रभाव पड़ा है। रोमांटिक आंदोलन इतना शक्तिशाली था कि इसमें पूरा यूरोप शामिल हो गया। इसमें भावुकता, प्रकृति प्रेम तथा रहस्यवाद के तत्व प्रतीकों के माध्यम से समाहित होते गए। इसमें प्रतीकवाद तथा बिंबवाद भी मिल गया। अलौकिक के प्रति आकर्षण, विस्मय, अवसाद, कल्पना की प्रधानता तथा भावातिरेक के साथ प्रगीत के तत्व भी बढ़ते गए। फलतः कुछ आलोचकों ने रहस्य को ही रोमांटिकता का मूल तत्व माना। श्लेगल जैसे विद्वान रोमांटिसिज्म की उचित परिभाषा करने में सफल नहीं हो सके।

1948 में एफ एल ल्यूकस ने अपनी पुस्तक 'द डिक्लाइन एंड फाल ऑफ द रोमांटिक आइडियल' में रोमांटिसिज्म की 11,396 परिभाषाएं उपलब्ध होने की सूचना दी। इस शब्द का अराजकता से परिपूर्ण भिन्न-भिन्न अर्थों में प्रयोग हुआ। यह भी कहा गया कि क्लासिसिज्म जब नियमों में जकड़ने लगता है, तब रोमांटिसिज्म उन नियमों से विद्रोह करके उन्हें ध्वस्त कर देता है। यह भी कहा गया कि रोमांटिसिज्म जब असंयत-अनियंत्रित होने लगता है, तब क्लासिसिज्म उसे संयम में लाता है। बड़े रचनाकारों में क्लासिक तथा रोमांटिक दोनों परस्पर विरोधी तत्वों का सामंजस्य होता है। इस तरह दोनों में व्यवस्था तथा अव्यवस्था का अंतर बताया गया है। टी एस इलियट स्वच्छंदतावाद के इसलिए विरोधी थे कि यह चिंतन पैगंबरवादी परंपरा में स्वीकृत पाप की अवधारणा का निषेध करता है। इस तरह स्वच्छंदतावाद तथा यथार्थवाद का विरोध भी प्रकट होता है। अपनी मूल प्रवृत्ति से रोमांटिसिज्म कहीं-कहीं मनोविश्लेषणशास्त्र की ओर भी झुकता है।

पाश्चात्य जगत के रोमांटिसिज्म का गहरा प्रभाव आधुनिक हिंदी साहित्य पर, विशेषकर छायावाद के चारों प्रमुख कवियों—जयशंकर प्रसाद, सूर्यकांत त्रिपाठी 'निराला', सुमित्रानंदन पंत तथा महादेवी वर्मा के सृजन और चिंतन पर पड़ा है। आलोचक रवींद्रनाथ ठाकुर के प्रभाव से भी भारतीय साहित्य में स्वच्छंदतावाद की धमक मानते हैं। 'रोमांटिसिज्म' शब्द के लिए रामचंद्र शुक्ल ने 'स्वच्छंदतावाद' शब्द का प्रयोग किया था और यह प्रयोग चल पड़ा है। शुक्ल जी ने श्रीधर पाठक तथा रामनरेश त्रिपाठी को देशी स्वच्छंदतावाद का प्रवर्तक कवि माना है।

उल्लेखनीय है कि खुद रामचंद्र शुक्ल ने भी रस के अलावा अन्य भारतीय काव्य-सिद्धांतों की रूढ़ियों से मुक्त होकर व्याख्या की है। उनकी 'रसमीमांसा' पुस्तक के निबंध इस क्षेत्र के श्रेष्ठ उदाहरण हैं। पंत ने 'पल्लव' की भूमिका में वड्‌र्सवर्थ के 'लिरिकल बैलेड्स' का रंग बिखेर दिया, तो निराला ने 'अनामिका' की भूमिका में कॉलरिज की स्मृति ताजा कर दी। छायावाद के चारों आलोचक रामचंद्र शुक्ल, नंददुलारे वाजपेयी, हजारीप्रसाद द्विवेदी तथा नरेंद्र मूलतः रस और ध्वनि के नए व्याख्याकार और स्वच्छंदतावादी आलोचक हैं। इस तरह हिंदी के सृजन और आलोचना क्षेत्र में स्वच्छंदतावाद का अपना एक बड़ा गौरवमय इतिहास है। हमारा स्वच्छंदतावाद पश्चिम का अनुकरण नहीं है, उससे प्रभावित भर है।

कृष्णदत्त पालीवाल

अधिक जानकारी के लिए :
1. साहित्य सिद्धांत : रामअवध द्विवेदी, **2. साहित्य सहचर** : हजारीप्रसाद द्विवेदी, **3. कॉलरिज-आलोचना सिद्धांत** : कृष्णदत्त शर्मा

स्वच्छता संस्कृति

स्वच्छता सामाजिक परिवेश का सौंदर्य बढ़ाती है, यह सभ्यता का चिह्न है। जिस देश में पवित्रता की धारणा बहुत प्रचारित हो, वहां हर जगह और हर

वक्त स्वच्छता की ज्यादा उम्मीद की जा सकती है। वास्तविकता यह है कि जहां धर्म स्थलों का परिवेश ही कचरे और गंदगी से भरा हो, वहां गांवों, नगरों और गली-कूचों में स्वच्छता लाना एक बड़ी चुनौती के समान होता है। गांधी जी कहते थे, 'स्वच्छता ही ईश्वर है।' उनके अनुसार, 'कोई स्थान केवल तभी साफ-सुथरा रह सकता है, जब उस स्थान पर रहने वाले स्वयं उसे साफ-सुथरा रखने के लिए कृतसंकल्प हों।' स्वच्छता में विश्वास करने वाले स्वच्छता संस्कृति के पोषक होते हैं।

दुनिया के सभी धर्मों में स्वच्छता की अवधारणा रही है। उनमें प्रकृति और पर्यावरण को लेकर चिंताएं हैं। हिंदू धर्म में पृथ्वी, नदियां, पर्वतों, जल, वायु, पेड़-पौधों को पूजित माना गया और पवित्रता पर सदा जोर दिया गया। धर्म में लोगों को भीतर से बदलने की शक्ति होती है। पिछले कुछ दशकों से ईसाई समुदायों ने जलवायु परिवर्तन और ई-कचरे को चिंता का विषय बनाया है। धार्मिक पर्यावरणवाद कई देशों में अस्तित्व में आया। इसने पर्यावरणीय अखंडता और न्याय के लिए धर्मों के भीतर से कई रूपों में आवाज उठाई। इस तरह स्वच्छता के लिए धर्मों की भूमिका को महत्वूपर्ण माना जाने लगा और इसे व्यावहारिक कहा जाने लगा। जैन और बौद्ध धर्मों ने स्वच्छता को सदा एक मुद्दा माना। सिक्ख धर्म में स्वच्छता के लिए कार सेवा की परंपरा है। दिवाली का पहला संदेश स्वच्छता है।

भारत में स्वच्छता संस्कृति की तरफ सबसे पहले ध्यान 1999 में केंद्रीय ग्रामीण विकास मंत्रालय ने 'सकल सफाई अभियान' द्वारा खींचा। 2012 में 'निर्मल भारत अभियान' शुरू हुआ। 2014 में 'स्वच्छ भारत अभियान' शुरू किया गया। इन कार्यक्रमों का उद्देश्य दुनिया में देश की छवि सुधारने के साथ आम नागरिक जीवन में स्वच्छता के मुद्दे को प्राथमिक बनाना था। स्वच्छता अभियान का लक्ष्य गंदगी से पैदा होने वाली बीमारियों को दूर करना रहा है। वास्तव में अधिकांश बीमारियों की जड़ गंदगी है इसलिए कहा जाता है कि स्वच्छ होना स्वस्थ होना है। स्वस्थ विश्व एक बड़ी चुनौती है।

गंदगी के प्रति असावधानी के मूल में शिक्षा, आत्मानुशासन और आत्मशक्ति की कमी है। समाज में यह स्थिति तब तक बनी रहेगी, जब तक मानसिकता नहीं बदल जाती। इसलिए गंदगी को सिर्फ एक वस्तु नहीं, बल्कि मानसिकता माना जाता है। आम जनमानस आदर्श और व्यवहार को अलग-अलग देखता है। वह आदर्श को पुस्तकों में सुरक्षित रखता है, उसे वास्तविकता की जमीन पर उतारने के लिए संकल्पबद्ध नहीं होता, इसलिए स्वच्छता व्यक्ति के लिए सिर्फ निजी या व्यक्तिगत मामला होता है। वह अपना घर स्वच्छ रखना चाहता है, पर सड़क या गली की गंदगी उसके लिए समस्या नहीं है।

स्वच्छता सिर्फ व्यक्तिगत नैतिक सुधार और जिम्मेदारी का बोध नहीं है, बल्कि एक व्यापक चेतना का विषय है, खासकर बड़े पैमाने पर हो रहे उत्पादन और उपभोग के संदर्भ में। यह धारणा गलत मानी गई है कि गंदगी का संबंध सिर्फ गरीब लोगों और पिछड़ेपन से है। उत्पादन और उपभोग के वर्तमान उच्च स्तर पर विश्व में विकसित देश विकासशील देशों की तुलना में ज्यादा कचरा पैदा करते हैं, जिसमें ई-कचरा भी होता है। इस समय औद्योगिक कचरों को छोड़ भी दें तो एक रिपोर्ट के अनुसार, दुनिया में 35 लाख टन कचरा प्रतिदिन पैदा होता है। कचरे

पर विश्व बैंक की रिपोर्ट के अनुसार 2100 तक उपर्युक्त मात्रा बढ़कर एक करोड़ दस लाख टन हो जाएगी। दो सौ सालों की औद्योगिक प्रगति के दौरान यह भी देखा गया है कि लगभग 40 प्रतिशत जल मछलियों के रहने और तैरने के लिए अनुपयुक्त हो चुका है। इसलिए यह नारा निकला—'उत्पादन शून्य दुष्प्रभाव के साथ'। रिहायशी इलाकों की गंदगी के साथ उत्पादन और उपभोग के दौरान बन रहे कचरे और इससे पैदा होने वाली गंदगी भी स्वच्छता के लिए एक बड़ी समस्या है।

भारतीय शहरों में रास्तों, गलियों और मकानों के बीच गंदगी के ढेर का पड़ा रहना आम बात है। अचानक ज्यादा प्रौद्योगिकी के इस्तेमाल के बुरे नतीजे इसमें जुड़ जाते हैं। कई इलाकों में लोगों को अस्वच्छता, अव्यवस्था और दुर्गंध की आदत हो जाती है। फूल और जल मंदिरों में चढ़ाए जाते हैं, वे अलग से कीचड़ पैदा करते हैं। गुटखे खाकर घर की सीढ़ियों पर लोग थूकते हैं। नेपकीन और कंडोम जहाँ-तहां फेंक देते हैं। सार्वजनिक शौचालयों की दशा कम खराब नहीं होती। जाहिर है, किसी मुहल्ले और सार्वजनिक जगहों को साफ रखना मनुष्य की मानसिकता, आदत और संस्कृति का मामला भी है।

कुछ विचारकों का कहना है कि जो समाज सफाई का जिम्मा समाज के एक खास तबके या खास जाति पर जबर्दस्ती थोपकर निश्चिंत हो जाता है, वह वास्तव में कभी साफ नहीं हो सकता। आजादी के इतने सालों बाद भी 30 करोड़ भारतीय महिलाएं खुले में शौच करने को बाध्य हैं। लगभग इतने ही पुरुष भी खुले में शौच करते हैं। विश्व में खुले में शौच करनेवालों में 47 प्रतिशत आबादी भारत की है। यह इस देश की स्वच्छता के नक्शे में सबसे बड़ा धब्बा माना गया है।

भारत सरकार ने 2019 तक एक हजार शहरों के सफाई अभियान का संकल्प लिया है। इस दौरान 11 करोड़ शौचालय बनवाने का प्रस्ताव है। भारत की 44 प्रतिशत मांएं अपने शिशुओं का मल बाहर गली में या घर के पिछवाड़े फेंकने में संकोच नहीं करतीं। इसकी वजह से डायरिया, हैजा, टायफाइड, सांस की बीमारी और आंख का संक्रमण होता है। पांच साल से कम उम्र के सिर्फ छह प्रतिशत बच्चे शौचालय का प्रयोग करते हैं। पिछले साल पांच स्वच्छ भारतीय शहरों के नामों की घोषणा की गई तो इनमें कोई महानगर नहीं था। गंगटोक, पणजी, हैदराबाद, दीव और अहमदाबाद स्वच्छता की सीढ़ी पर सबसे ऊपर हैं। दिल्ली सातवें और कोलकाता तेरहवें स्थान पर हैं, जबकि आगरा जहाँ सबसे ज्यादा पर्यटक पहुंचते हैं, उन्नतीसवें स्थान पर है। सरकार ने जोरदार तरीके से स्वच्छ भारत अभियान चलाया है, इस अभियान में ग्लैमर पैदा करने के लिए बड़ी-बड़ी हस्तियां झाड़ू का प्रदर्शन करते हुए रास्ते पर उतरीं। स्वच्छता अभियान में गंगा और यमुना सहित देश की सभी नदियों की सफाई भी एजेंडे पर है। इसके लिए सरकार ने काफी बजट बना रखा है और स्वच्छता राष्ट्रीय चर्चा का एक बड़ा मुद्दा बना है।

निशांत

स्वनिम

स्वनिम भाषा की वह लघुतम इकाई है, जिससे किसी खास भाषा की मूल ध्वनियों का बोध होता है। यह किसी भाषा की अखंड इकाई है, जिसकी एक खास श्रेणी होती है। जैसे, अ, इ, ए, क्, च्, ट्, प् आदि। स्वनिम वस्तुतः संपन्न ध्वनियों का प्रतिनिधित्व करता है। एक ध्वनि का स्वनिम एक ही होगा, वह भले ही कई प्रकार से उच्चारित हो। स्वनिम श्रेणी है, जबकि संस्वन इकाई है। स्वनिम से अर्थ परिवर्तन होता है, जैसे—चाल, ताल, काल में च्, त्, क् स्वतंत्र स्वनिम है। इनके भेद से अंतर उत्पन्न हो जाता है। संस्वन या संध्वनि में अर्थ परिवर्तन की क्षमता नहीं होती।

स्वनिम दो प्रकार के होते हैं—खंडात्मक स्वनिम एवं खंडेतर स्वनिम। जिन्हें पृथक इकाई के रूप में विश्लेषित किया जाए, उन्हें खंड स्वनिम कहते हैं, जैसे स्वर तथा व्यंजन। खंडेतर स्वनिम में सुर, आघात,

विराम, मात्रा, बलाघात, अनुनासिकता आदि आते हैं। अतः स्वनिम केवल स्वरों तथा व्यंजनों तक सीमित नहीं होता।

हर भाषा के स्वनिम दूसरी भाषाओं से सर्वथा स्वतंत्र तथा भिन्न होते हैं, जैसे—हिंदी का 'क' या 'प' अंग्रेजी के क-प से भिन्न है। हिंदी का 'अ' और बांग्ला का 'अ' भी कई हद तक एक-दूसरे से भिन्न हैं। हिंदी में 'अग्नि' कहते हैं, पर बांग्ला में 'ओग्नि'। स्वनिम उच्चरित भाषा की विशेषता है, लिखित भाषा से उसका कोई संबंध नहीं है, उदाहरण के लिए—अंग्रेजी के Though शब्द में स्वनिम केवल 'दो' (द्+ओ) है, पर लेखिम छह हैं।

भाषा का स्वनिमिक विश्लेषण भाषा की प्रकृति पर निर्भर करता है, क्योंकि हर भाषा की अपनी विशेषता होती है, जो व्यवस्था अंग्रेजी की है वही चीनी, हिंदी की नहीं है, जैसे—ट्, ठ् अंग्रेजी में व्यतिरेकी नहीं हैं, चीनी तथा हिंदी भाषा में हैं। इसी तरह हिंदी की कई बोलियों में 'ऐ' तथा 'औ' के अइ, अउ, अए, अओ, ए, ओ के रूप में स्वनात्मक भेद है, जैसे—'पैसा' कौरवी में 'पेसा' और 'अवधी' में 'पइसा' है। इन भेदों से अर्थ भेद नहीं होता।

स्वनिम के वितरण के विषय में डेनियल जोंस का कथन है, 'स्वनिम संबंधित स्वनों का एक परिवार होता है जिसकी कोई इकाई किसी शब्द में जिस प्रकार आती है, उसी प्रकार के ध्वन्यात्मक संदर्भ में उसकी कोई दूसरी इकाई नहीं आती।' सर्वप्रथम भाषाविज्ञान के प्राहा स्कूल के विद्वानों ने स्वनिम के संबंध में व्यवस्थित तथा सैद्धांतिक विवेचन किया। उन्होंने स्वनिम को अमूर्त कार्यकारी संप्रदाय तथा व्यवच्छेदक अर्थवान इकाई माना है। ब्लूमफील्ड, याकोब्सन आदि विद्वानों ने स्वनिम को मूर्त तत्व माना है।

स्वनिम विज्ञान भाषा शिक्षण की सरलतम वैज्ञानिक पद्धति है। इसमें वर्णमाला की जगह मूल ध्वनियों पर ध्यान दिया जाता है। इस कारण प्रत्येक भाषा की मूल ध्वनियों की संख्या सीमित हो जाती है तथा कोई भी नई भाषा सरलतम ढंग से सीखी जा सकती है। स्वनिमों की संख्या सीमित होने के कारण किसी भी भाषा का शुद्ध ज्ञान प्राप्त किया जा सकता है।

स्वनिम के समूह ही पद बनते हैं और पद समूह से वाक्य बनता है। इसलिए भाषाविज्ञान के सभी अंग, जैसे—पद विज्ञान, वाक्य विज्ञान या अर्थ विज्ञान स्वनिम पर आधारित हैं। कहा जा सकता है कि विश्व की सभी भाषाओं की अंतरराष्ट्रीय लिपियां स्वनिम विज्ञान के द्वारा ही निर्मित हुई हैं। यह आदर्श वर्णमाला तथा लिपि के निर्माण में सहायक होता है। स्वनिम विज्ञान के प्रवर्तक महर्षि पाणिनि का नाम आदर से लिया जाता है। इन्होंने संस्कृत के स्वनिमों का माहेश्वर सूत्रों के रूप में संग्रह किया था।

वर्षा मिश्रा

अधिक जानकारी के लिए :
आधुनिक हिंदी व्याकरण और रचना : वासुदेवनंदन प्रसाद

स्वप्न

नींद में जिन स्थितियों और घटनाओं का अनुभव होता है, वह स्वप्न (Dream) है। स्वप्न हर व्यक्ति देखता है। यह अयथार्थ होने पर भी यथार्थ मालूम देता है। स्वप्न में कल्पना स्वतंत्र रूप में क्रीड़ा करती है। नींद में ही विचार जो अतार्किक तानाबाना बुनते हैं, उसे स्वप्न कहा जाता है। सो जाने के बाद व्यक्ति की आलोचना शक्ति नहीं रह जाती और न यथार्थ पर पकड़, इसलिए स्वप्न में अनहोनी, ऊटपटांग और बेतरतीब दृश्य स्वयमेव बनते हैं जिनके प्रतीकार्थों का अध्ययन प्राचीनकाल से होता आया है। गौतम बुद्ध के जन्म से पहले उनकी मां को स्वप्न आया, उसकी भविष्यसूचक व्याख्या आई। प्राचीन काल में स्वप्न की व्याख्याओं से ईश्वरीय निर्देश निकाले जाते रहे हैं और कथाएं आगे बढ़ती रही हैं। आधुनिक युग में स्वप्न को लेकर भिन्न-भिन्न तरह के सिद्धांत आए। स्वप्न की वैज्ञानिक व्याख्या की नई पद्धतियां बनीं।

फ्रायड से पहले स्वप्न पर सर्वाधिक महत्वपूर्ण वक्तव्य प्लेटो का था। उसने कहा था कि सामाजिक

नियमों से स्वाधीन इच्छाएं स्वप्न में उस समय व्यक्त होती हैं, जब आत्मा का कोमल हिस्सा निद्रामग्न हो जाता है, उस पर बुद्धि का नियंत्रण नहीं रह जाता। उस समय भीतर की भयानक पशु प्रवृत्ति मांस-मदिरा का सेवन कर अनियंत्रित हो जाती है और अपनी नैसर्गिक प्रवृत्तियों के अनुकूल यात्रा पर निकल पड़ती है। वह किसी से भी यौन संबंध स्थापित करने में संकोच नहीं करती। किसी भी तरह की हिंसा पर उतारू होने और वर्जित पदार्थ खाने के लिए उद्यत दिखती है। अरस्तू ने स्वप्न की आध्यात्मिक अभिव्यक्तियों की ओर संकेत किया। वैराग्यवादी चिंतकों की धारणा रही है कि ईश्वर मनुष्य से प्रेम करता है, इसलिए स्वप्न में आकर संदेश देता है और मार्ग दिखाता है। स्वप्न में विचार होते हैं, पर वे अपरिपक्व और क्रमहीन होते हैं। उन्हें मनुष्य शीघ्रता से भूल जाता है, हालांकि किसी व्यक्ति के स्वप्नों का सम्मिलित रूप से विश्लेषण किया जाए तो उनमें एक पुनरावर्तन, नियमितता और अर्थ पद्धति नजर आ सकती है।

उन्नीसवीं सदी से पहले स्वप्न से संबंधित जो भी विश्लेषण आए, वे धार्मिकता से जुड़े थे। स्वप्न में देवता प्रकट होते हैं और मनुष्य सीधे आध्यात्मिक लोक से जुड़ जाता है या पूर्वजों की आत्मा से मिलता है। धर्म के हाथ में स्वप्न में अर्थ खोलने की जो कुंजी थी, वह उन्नीसवीं सदी में मनोविज्ञान के हाथ में आ गई।

मनोविश्लेषणवाद का प्रवर्तक माने जाने वाले फ्रायड ने स्वप्नों की भिन्न व्याख्या करते हुए उन्हें मनोग्रंथियों को समझने का जरिया बताया। उनके लिए स्वप्न दमित काम भावनाओं की पूर्ति का राजमार्ग है। दमित इच्छाएं अचेतन की सुषुप्त सामग्री मानी गईं। युंग ने स्वप्न सिद्धांत को व्यापक बताते हुए माना कि स्वप्न के विषयों का संबंध व्यक्ति की उन समस्याओं से है, जिनसे वह घिरा होता है। यह क्षतिपूर्ति की ऐसी प्रक्रिया है, जिससे व्यक्ति को फायदा होता है। एडलर का मानना है कि स्वप्नों के विश्लेषण से व्यक्ति की जीवन शैली को समझा जा सकता है। इस तरह दमित काम भावनाओं की पूर्ति को धरातल से व्यापक बनाकर स्वप्न की व्याख्या की गई। स्वप्न पर किए गए अध्ययनों से निष्कर्ष निकला है कि हर व्यक्ति निद्रावस्था के काल का कम-से-कम बीस प्रतिशत स्वप्न की स्थिति में जरूर होता है और स्वप्न किसी-न-किसी लक्ष्य की पूर्ति करते हैं।

शंभुनाथ

अधिक जानकारी के लिए :

1. The Interpretation of dreams : Singmund Fraud, **2. REM Sleep and Dreaming :** J A Hobsan, 2009

स्वराज

स्वराज शब्द स्वतंत्रता से कुछ अधिक का द्योतक रहा है। धीरे-धीरे स्वतंत्रता शब्द ही ज्यादा प्रचलित हो गया और स्वराज शब्द इतिहास में पीछे छूट गया। इस शब्द का इस्तेमाल सबसे पहले दादा भाई नौरोजी ने किया था। गांधी ने 'हिंद स्वराज' (1908) से इसे प्रचलित किया। आगे चलकर इसका मतलब स्पष्ट करते हुए उन्होंने कहा था, 'मेरे लिए स्वराज का अर्थ है अपने सर्वाधिक दीनहीन देशवासियों की स्वतंत्रता।...मुझे भारत को केवल अंग्रेजों की पराधीनता से मुक्त कराने में दिलचस्पी नहीं है। मैं भारत को सभी प्रकार की पराधीनताओं से मुक्त कराने के लिए कटिबद्ध हूं। मुझे एक शासक के स्थान पर दूसरे शासक को लाने की जरा भी इच्छा नहीं है।...स्वराज जनता द्वारा सत्ता का नियमन तथा नियंत्रण करने की अपनी क्षमता का विकास करने की शिक्षा से आएगा।...हमारा स्वराज किसी प्रजातिगत या धार्मिक भेदभाव को नहीं मानता। मेरे स्वप्नों का स्वराज गरीबों का स्वराज है। जीवन की अनिवार्य वस्तुएं उन्हें भी उपलब्ध होनी चाहिए, जिस तरह राजाओं और धनवानों को उपलब्ध हैं। जब तक उन्हें ये सुख-सुविधाएं नहीं मिलतीं, तब तक स्वराज पूर्ण स्वराज नहीं माना जा सकता।...स्वराज जनसाधारण के बीच एक जागृति है, उन्हें उनके वास्तविक हित की जानकारी हो। सच्चे स्वराज का अनुभव स्त्री,

पुरुष और बच्चों सभी को होना चाहिए।...मेरी दृष्टि में हिंद के स्वराज का अर्थ है सब लोगों का शासन, न्याय का शासन।...वाणी और लेखनी की स्वतंत्रता स्वराज की आधारशिला है। अगर यह खतरे में है तो तुम्हें अपनी संपूर्ण शक्ति लगाकर इसकी रक्षा करनी चाहिए।' (यंग इंडिया में 1921-46 के बीच व्यक्त किए गए विचार)। इस तरह गांधी ने स्वतंत्रता से अधिक गहरे अर्थ वाला शब्द दिया जो लोकतंत्र की धारणाओं के करीब माना जा सकता है।

स्वाधीनता पाने से अधिक कठिन है लोकतंत्र को विकसित करना। गांधी कहते हैं, 'स्वराज निश्चय ही आसमान से नहीं टपकेगा। यह धैर्य, अध्यवसाय, निरंतर परिश्रम, साहस और पर्यावरण की विवेकपूर्ण समझ के परिणामस्वरूप प्राप्त होगा।...स्वराज की तीर्थयात्रा एक कठिन चढ़ाई है। इसका अर्थ है संगठन की जर्बदस्त योग्यता, इसका अर्थ है ग्रामवासियों की सेवा के लिए गांवों में पैठ। दूसरे शब्दों में इसका अर्थ है राष्ट्रीय शिक्षा, सर्वसाधारण की शिक्षा।... कभी-कभी सुनने में आता है कि भारत सरकार हमारे हाथ में आ जाए तो सब कुछ ठीक हो जाएगा। इससे बढ़कर अंधविश्वास दूसरा नहीं हो सकता।...वसंत का वैभव जब हर वृक्ष से प्रकट होता है, तब सारी धरती ही यौवन की ताजगी से भर जाती है।...स्वराज तभी कायम रह सकता है, जब निष्ठावान राष्ट्रीय लोग अपने निजी लाभ और सरोकारों से बढ़कर राष्ट्र की भलाई को सर्वोपरि समझेंगे।...यदि स्वराज हमें सभ्य न बनाए, हमारी सभ्यता को निर्मल और दृढ़ न करे तो यह बेकार है।...मैं पश्चिम से उधार लेने के लिए सहर्ष प्रस्तुत हूं पर तभी जब मैं उचित ब्याज के साथ लौटा सकूं।' गांधी के स्वराज में आलस्य, अतीत की रूढ़ियों और पश्चिम के अंधानुकरण के लिए जगह नहीं थी।

बाल गंगाधर तिलक स्वराज को आत्मनिर्भरता से जोड़ते थे और इसे एक शुरुआत समझते थे, 'स्वदेशी और स्वराज अभिन्न हैं। स्वदेशी स्वराज का साधन है। स्वराज भावी उन्नति की नींव है, शिखर नहीं।...स्वराज जिसकी मुट्ठी में है, उसकी स्वराज की पात्रता वस्तुतः उस मुट्ठी को खोल सकने में है।' लोकतंत्र के धीरे-धीरे क्षय से स्वराज कुछ मुट्ठियों में ही कैद होता गया, स्वाधीनता की धारणा भी खंड-खंड और सीमित होती गई। इस शर्मनाक नियति की आशंका से ही प्रेमचंद के उपन्यास 'गबन' में एक दलित पात्र देवीदीन पूछता है, 'सच बताओ, जब तुम सुराज का नाम लेते हो तो उसका कौन-सा रूप तुम्हारी आंखों के सामने आता है? तुम भी बड़ी-बड़ी तलब लोगे, तुम भी अंग्रेजों की तरह बंगले में रहोगे, पहाड़ों की हवा खाओगे, अंग्रेजी ठाट-बाट बनाए घूमोगे। इस सुराज से क्या कल्याण होगा?' वैश्वीकरण के युग में स्वराज कितना शेष बचा है, यह नया प्रश्न है।

शंभुनाथ

अधिक जानकारी के लिए :
हिंद स्वराज : नव-सभ्यता विमर्श : वीरेंद्र कुमार बरनवाल, 2012

स्वांग

स्वांग यानी हँसी-मजाक या धोखा देने के लिए बनाया हुआ दूसरे का रूप, करतब या जो न हो, वैसा होने का ढब अख्तियार करना। स्वांग से सीधा अर्थ अपने में किसी अन्य स्वरूप को धारण करना है। स्वांग में सामान्यतः किसी प्रसिद्ध चरित्र की नकल रहती है। किसी खास पौराणिक या ऐतिहासिक चरित्र, समाज में ख्यात चरित्र या देवी-देवता की नकल में उनके जैसी वेश-भूषा धारण कर, उनके जैसा श्रृंगार कर उनका अभिनय करना स्वांग होता है। स्वांग होता है व्यक्ति विशेष की नकल, पर बहुत जीवंत होता है और अच्छाई का संदेश देना इसका मकसद होता है। कभी-कभी स्वांग से असली चरित्र होने का भ्रम हो जाता है। इस विधा में व्यक्ति एक ही चरित्र की नकल करता है या कर सकता है। स्वांग में हंसी-मजाक का पुट अवश्य रहता है। स्वांग के कलाकारों को 'सांगी' कहा जाता है। गांव की थकी-हारी जिंदगी का दिल बहलाना स्वांग का मुख्य उद्देश्य है। बहुरुपिए

और सांगी पर्यायवाची नहीं हैं। इन दोनों में अंतर है। बहुरूपिए का रूप धारण करने वाले प्रायः पैसा मांगते हैं पर स्वांग करने वाले नहीं।

भारत में आमतौर पर होली और उसके आसपास स्वांग के विविध रूप देखने को मिलते हैं। अलग-अलग क्षेत्रों में स्वांग के रूपों में थोड़ी-बहुत भिन्नता रहती है। बुंदेलखंड के स्वांग को सवारी कहते हैं। सवारी से तात्पर्य उसी पात्र का स्वाभाविक रूप में आ जाना है, जैसे शिव का स्वांग रचने वाला अभिनेता तांडव नृत्य करते हुए राक्षसों का वध करता है। भीलवाड़ा के मांडल में चैत्र कृष्ण त्रयोदशी को नाहरों या शेरों का स्वांग होता है जो बहुत प्रसिद्ध है। इसमें आदिवासी शेर का स्वांग करते हैं और उनके पीछे-पीछे शिकारी तीर-कमान लेकर चलते हैं। स्वांग का मंचन भी होता है, पर खुली जगहों पर। कलाकारों के लिए तख्त होते हैं, जिन पर चादर बिछी होती हैं। एक कोने में वादक अपने हारमोनियम, ढोलक, ढपली, नक्कारा आदि लेकर बैठ जाते हैं। स्वांग करने वाले अभिनेता तरह-तरह की साज-सज्जा में स्वांग भरकर संवाद तथा गीतों द्वारा लोगों का मनोरंजन करते हैं। स्वांग कला सैकड़ों वर्ष पुरानी है। स्वतंत्रा-पूर्व राजा-महाराजाओं के दरबार में भी स्वांग होता था।

स्वांग पुरुषों द्वारा ही किया जाता है, वैसे कुछ क्षेत्रों में महिलाएं भी बारात के चले जाने के बाद इस विधा को अपनाकर स्वांग करती हैं। वे प्रायः स्त्री-पुरुष संबंधों को लेकर स्वतंत्र तथा स्वच्छंद होकर नाच-गान के साथ अभिनय करती हैं। आजकल शहरी क्षेत्रों में यह परंपरा लुप्त हो रही है, हालांकि इलेक्ट्रॉनिक मीडिया में नेताओं के मुखौटे लगाकर कई स्वांग-कार्यक्रम (जैसे पोल खोल) होते हैं और ये लोगों को प्रबुद्ध करते हैं।

उर्मिला जैन

स्वाधीनता

बाल गंगाधर तिलक ने कहा था–'स्वराज मेरा जन्मसिद्ध अधिकार है और मैं इसे लेकर रहूंगा।' यह छोटा-सा कथन व्यक्ति, समाज और देश की चिर महत्वाकांक्षा–स्वाधीनता का प्रतिनिधित्व करता है। दासता से मुक्ति, प्रत्येक प्रकार के बंधन से स्वतंत्रता, स्वराज इन तमाम आकांक्षाओं का प्रतिबिंबन 'स्वाधीनता' में होता है। अंग्रेजी में इसे लिबर्टी, फ्रीडम, सेल्फ-रूल और इंडिपेंडेंस कहा जा सकता है। स्वाधीनता का अर्थ है–'एक देश द्वारा अन्य देशों के राजनीतिक नियंत्रण से स्वतंत्रता' या अपने जीवन को अपने ढंग से संयोजित करने की स्वतंत्रता, बगैर अन्य की सहायता एवं हस्तक्षेप के निर्णय लेने की क्षमता' (ऑक्सफोर्ड इंग्लिश डिक्शनरी) आत्माधीनता, स्वतंत्रता, स्वाधीनता, स्वराज, स्वराज्य, आजादी, खुदमुख्तारी, आत्मनिर्भरता जैसे शब्द स्वाधीनता को व्यापक परिप्रेक्ष्य में देखते हैं। महात्मा गांधी के शब्दों में, 'स्वराज्य का अर्थ है, सरकारी नियंत्रण से मुक्त होने के लिए लगातार प्रयत्न करना, फिर वह नियंत्रण विदेशी सरकार का हो या स्वदेशी सरकार का' (मेरे सपनों का भारत)।

वास्तव में स्वाधीनता स्वराज का प्रथम चरण है। स्वराज के लिए ही स्वाधीनता प्राप्त की जाती है। इतिहास साक्षी है कि अठारहवीं सदी से लेकर बीसवीं सदी तक विश्व के विभिन्न हिस्सों में स्वाधीनता संघर्ष चलते रहे हैं। स्वाधीनता-प्राप्ति के पश्चात ही स्वराज्य, अपना संविधान, संप्रभुता संपन्न राष्ट्र-राज्य अस्तित्व में आए। इसके ऐतिहासिक उदाहरण हैं-संयुक्त राज्य अमेरिका, भारत, चीन, वियतनाम, श्रीलंका, मिस्र, दक्षिण अफ्रीका, नामीबिया, इंडोनेशिया, लीबिया, सूरीनाम, मॉरीशस, गयाना जैसे अनेक राष्ट्र-राज्य।

राजनीतिक विमर्श में स्वाधीनता का संबंध राजनीतिक कार्रवाई अभियान या हस्तक्षेप से जोड़ा जाता है तथापि व्यक्ति, समाज, समुदाय और देश के जीवन में समकालीन राजनीतिक आर्थिक संस्थाएं महत्वपूर्ण भूमिका निभाती हैं। इस भूमिका के प्रभाव से कोई अछूता नहीं रह सकता। लेकिन स्वाधीनता की अवधारणा बहुआयामी है। इसमें निजी वृत्त और लोकवृत्त दोनों ही समाहित हैं।

स्वाधीनता को व्यापक परिप्रेक्ष्य में देखना होगा। वर्तमान राजनीतिक विमर्श में स्वाधीनता का सीधा संबंध राजनीतिक कार्रवाई या राजनीतिक अभियान या हस्तक्षेप से जोड़ा जाता है। यद्यपि व्यक्ति, समाज, समुदाय और देश के जीवन में समकालीन राजनीतिक-आर्थिक संस्थाएं महत्वपूर्ण भूमिका निभाती हैं। इस भूमिका के प्रभाव से कोई अछूता नहीं रह सकता। लेकिन स्वाधीनता की अवधारणा बहुआयामी है। इसमें निजी वृत्त और लोकवृत्त दोनों ही समाहित हैं।

स्वाधीनता की यात्रा सर्वप्रथम समाज की व्यक्ति-इकाई से आरंभ होती है। यदि किसी व्यक्ति या नागरिक में स्वाधीनता ही लुप्त है तो उसका देश भी पूर्णरूपेण स्वाधीन नहीं हो सकता। दूसरे शब्दों में, व्यक्ति अपनी जीवन-शैली व मार्गदिशा निर्धारित करने के मामले में स्वाधीन होना चाहिए। ढाई हजार साल पहले गौतम बुद्ध ने अपने शिष्यों को उपदेश दिया था, 'अपना दीपक खुद बनो।' यूनानी दार्शनिक सुकरात ने कहा था, 'स्वयं को खोजो, स्वयं सोचो।' अंग्रेजी कवि मिल्टन ने अपने महान काव्य 'पैराडाइज लॉस्ट' में व्यक्ति के अस्तित्व एवं स्वाधीनता के महत्व को काव्य के एक प्रमुख पात्र शैतान के माध्यम से रेखांकित किया है। शैतान का कथन है कि स्वर्ग में गुलाम बनकर ईश्वर की सेवा करने से बेहतर है, नरक में स्वतंत्रता के साथ जीना। व्यक्ति यदि स्वाधीन नहीं रहेगा, उसकी सृजनशीलता सुप्त रहेगी। वह कल्पना की स्वतंत्र उड़ान नहीं भर सकती। अभिनव चिंतन, अविष्कार और क्रांतिकारी संरचनाओं के लिए व्यक्ति का जीवन के प्रत्येक क्षेत्र में स्वतंत्र रहना आवश्यक है। यही वजह है कि औद्योगिक क्रांति के दौरान व्यक्ति की सुप्त ऊर्जा जाग्रत होती है, उसे विस्तार मिलता है और चिंतन एवं विज्ञान के क्षेत्र में नूतन क्षितिज उद्घाटित होते हैं। विश्व के महाकाव्य और अन्य कृतियां वैयक्तिक स्वाधीनता का कालिदास, मिल्टन, होमर, दांते, शेक्सपीयर रूसो, डार्विन, मार्क्स, तॉलस्तोय जैसे युग-प्रतिनिधियों में सृजनात्मक स्वाधीनता की चरम अवस्था के दर्शन होते हैं। थॉमस हॉब्स के शब्दों में, 'स्वतंत्र व्यक्ति वह है जो अबाध होकर वह कार्य कर सके, जो वह चाहता है।'

लेकिन वैयक्तिक या निजी स्वतंत्रता या स्वाधीनता ही सबकुछ नहीं है, क्योंकि लोकवृत्त नितांत विराट और बहुआयामी होता है, निजी वृत्त से सहस्त्रगुना जटिल व प्रभावमूलक होता है। अतः जब वैयक्तिक स्वाधीनता से लोक स्वाधीनता की ओर मुड़ते हैं तो समूचा परिप्रेक्ष्य ही बदल जाता है। लोक स्वाधीनता का सीधा संबंध समाज, समुदाय, राज्य और राष्ट्र से होता है, जिसकी अनिवार्य सूक्ष्म इकाई के रूप में व्यक्ति या नागरिक को मान्यता मिलती है। निःसंदेह, लोककार्यों में वैयक्तिक स्वाधीनता की बनिस्पत, लोक स्वाधीनता को प्राथमिकता मिलती है।

लोक-स्वाधीनता की श्रेणी को सही परिप्रेक्ष्य में समझने की आवश्यकता है। उन्नीसवीं सदी से इस शब्द का महत्व बढ़ा है और यह राजनीतिक विमर्श के केंद्र में आता है। यह वह समय है जब साम्राज्यवाद और उपनिवेशवाद अपने चरम पर है। एशिया, अफ्रीका और लातिन अमेरिका के अनेक देश दासता, पराधीनता से त्रस्त हैं। इस दौर में विश्व के विभिन्न भागों में स्वाधीनता आंदोलन की श्रृंखला जन्म लेती है। एक नहीं, दर्जनों देश-विदेशी राजनीतिक-आर्थिक गुलामी से आजाद होने लगता है। वे लम्बे स्वाधीनता संघर्षों (हिंसक व अहिंसक) के माध्यम से संप्रभुता संपन्न राष्ट्र राज्य में रूपांतरित हो जाते हैं।

राजनीतिशास्त्र में स्वाधीन शब्द का महत्व 1776 में अमेरिका की 'स्वाधीनता घोषणा' के साथ बढ़ता है। उपनिवेशों ने ब्रिटेन की गुलामी से स्वाधीनता की घोषणा की थी। मुख्यभूमि ब्रिटेन से हजारों किलोमीटर दूर ब्रिटेन के लाखों उपनिवेशवासियों ने सशस्त्र संघर्षों के दौर से गुजरने के बाद 'अमेरिकी क्रांति' को जन्म देकर स्वाधीन राष्ट्र की बुनियाद रखी थी। उसे आज विश्व के सर्वशक्तिशाली राष्ट्र 'संयुक्त राज्य अमेरिका' के रूप में जाना जाता है। स्वाधीनता देश और राष्ट्र-राज्य की ऐसी स्थिति है जिसकी आबादी या इसके कुछ

लोग अपने स्थान पर अपनी सरकार एवं सामान्यतः संप्रभुता के अधिकार का प्रयोग करें।

भारत ने 15 अगस्त 1947 को स्वाधीनता प्राप्त की और 26 जनवरी 1950 से संविधान सभा द्वारा निर्मित संविधान के अंतर्गत संप्रभुता संपन्न राष्ट्र-राज्य के रूप में गणतांत्रिक शासन व्यवस्था को जन्म दिया। मताधिकार का प्रयोग भी इसके अंतर्गत आता है। भारत आज स्वाधीन राष्ट्र-राज्य के रूप में विश्व के किसी भी देश के साथ संधि कर सकता है और तोड़ भी सकता है। वह अपने नागरिकों के हितों की रक्षा और राष्ट्र की सुरक्षा के लिए आवश्यकतानुसार कानून बना सकता है। स्वाधीनता संपन्न राष्ट्र ही अपने नागरिकों को अभिव्यक्ति की स्वतंत्रता प्रदान कर सकता है। अमेरिकी राष्ट्रपति जॉर्ज वाशिंगटन ने स्वाधीनता एवं अभिव्यक्ति की स्वतंत्रता के महत्व के संबंध में कहा है, 'यदि अभिव्यक्ति की स्वतंत्रता छीन ली गई तो हम भेड़ों के समान गूंगे, खामोश होंगे, जिन्हें बूचड़खाने ले जाया जाता है।' नेल्सन मंडेला के अनुसार, 'स्वाधीन होने का अर्थ केवल अपनी बेड़ियों से मुक्ति नहीं है, बल्कि एक ऐसे ढंग से जीना है जिससे दूसरों की स्वतंत्रता का सम्मान और विस्तार किया जाए।' अमेरिका के महान अश्वेत नेता मार्टिन लूथर किंग जूनियर स्पष्ट शब्दों में कहते थे कि कोई भी आततायी स्वेच्छा से स्वाधीनता नही देता है, बल्कि उत्पीड़ितों द्वारा इसकी मांग की जानी चाहिए।

रामशरण जोशी

स्वाधीनता और इसकी विडंबना

स्वाधीनता एक व्यापक और विकासशील अवधारणा है। जब भी किसी खास तरह की स्वाधीनता हासिल हुई, कुछ की स्वाधीनता टाली गई और कुछ की स्वाधीनता छीनी गई। 'सबकी स्वाधीनता' की धारणा लेकर जो चले, वे इतिहास में बड़े अकेले रहे हैं। इसे आदर्शवाद से अधिक नहीं माना गया। स्वाधीनता के महादृश्यों के बीच स्वाधीनता 'अभिव्यक्ति की स्वाधीनता' में सिकुड़ गई और अधिकार मानवाधिकार या उपभोक्ता के अधिकार में सीमित हो गए। मनुष्य के स्वाधीनता बोध का व्यापक क्षय होता गया है, पूरे मामले को 'स्वाधीनता की विडंबना' कहा जा सकता है।

क्या स्वाधीनता के दुश्मन खुद इसके भीतर बैठे होते हैं? धीरे-धीरे लोकतंत्र की परिभाषा यह होती गई है कि कुछ की स्वाधीनता छीनकर और कुछ की टालकर जो व्यवस्था कुछ को स्वाधीनता दे, वह लोकतंत्र है।

सत्रहवीं सदी में मनुष्य के प्राकृतिक अधिकारों की मांग करते हुए स्वाधीनता के दरवाजे पर जो विचारक सबसे पहले पहुंचे थे (थॉमस हॉब्स, जॉन लॉक), वे भी मतदान का अधिकार उन्हीं को देना चाहते थे जिनके पास संपत्ति हो। स्त्रियां उनके दिमागी नक्शे में नहीं थीं, काले लोग नहीं थे। स्वाधीनता की धारणा के जन्म के साथ ही उसकी विडंबनाएं सामने आने लगी थीं।

1776 में 'स्वाधीनता की अमेरिकी घोषणा' में स्वाधीनता का संबंध समानता से जोड़ा गया। कहा गया कि सभी मनुष्य बराबर हैं। जीवन, स्वतंत्रता और संपत्ति के अधिकारों के साथ खुशहाली, सुरक्षा और निजता के अधिकार जुड़े थे। कभी नहीं छीने जा सकने वाले प्राकृतिक अधिकारों और सामाजिक समझौते से प्राप्त अधिकारों में फर्क किया गया। यूरोपीय ज्ञानोदय के काल में इस पर बहस विख्यात है। भारतेंदु हरिश्चंद्र (1850-84) ने इन्हीं दृश्यों को देखकर 'कविवचनसुधा' में कहा था, 'जिस तरह अमेरिका उपनिवेशित होकर स्वाधीन हुआ, वैसे ही भारतवर्ष भी स्वाधीनता लाभ कर सकता है।' हिंदी में स्वाधीनता पर इस ढंग से बात करने वाले वह पहले व्यक्ति थे।

यूरोपीय ज्ञानोदय ने दो बड़े मूल्य दिए– व्यक्तिगत स्वाधीनता और सार्वभौमता। कहा जा सकता है कि वैश्वीकरण इन दोनों मूल्यों की पैरोडी है। जॉन स्टुअर्ट मिल ने 'स्वाधीनता' शीर्षक अपने प्रसिद्ध लेख में कहा था, 'मानवजाति के विकास

के साथ ऐसे सिद्धांत विकसित होंगे, जिनके संबंध में अंततः कोई मतभेद या संदेह नहीं रह जाएगा। सभी मनुष्य की अच्छाई इससे परखी जाएगी कि उसके पास एक साथ ऐसे कितने शक्तिशाली सत्य हैं जो बिना विरोध के सार्वभौम रूप से मान्य हों।' वाशिंगटन आम राय, विश्व व्यापार संगठन, यूरोपीय यूनियन आदि सार्वभौमता की उस धारणा के चरम प्रतिफलन हैं। सर्वविदित है कि स्वाधीनता पर ग्रंथ लिखने वाले मिल ने ही नहीं, रूसो, हेगेल आदि ने भी दुनिया के देशों में उपनिवेशवाद को सभ्यता, शांति और समृद्धि का वाहक और मानवता का दूत बताया था—'फ्रीडम' और 'इंडीपेंडेंस' दो अलग चीजें थीं। यह सोच यूरोपियनों का 'कोलोनियल रोमांस' था।

वैश्वीकरण के युग में देखा जा सकता है कि मुक्त व्यापार ने दुनिया के देशों में आंतरिक दमन घटाया है। इसने लोगों को विभिन्न किस्म की उपभोक्ता वस्तुओं के एक बड़े संसार से परिचित कराया है। अधिक लोग अभाव के वृत्त से बाहर निकलकर स्वाधीनता और बेहतर जीवन का आनंद ले रहे हैं। कई पुरानी रूढ़ियां टूटी हैं। अब खुलकर प्रेम किया जा रहा है। फूड के विकल्प बढ़े हैं। पहले से मध्यवर्ग का विस्तार हुआ है, जिससे लोकतंत्र की भूमि उर्वर हो रही है। नए शहर अस्तित्व में आ रहे हैं। शहरों में मॉल-मल्टीप्लेक्स, उपभोक्ता सामान और तमाम तरह के हब स्वाधीनता के नए रूपक रचते हैं। यह भी यथार्थ है कि इस सुखविभोरता में कृषकों, गांवों, पुराने पेशे और छोटे व्यापारियों के उजड़ने के शोक से किसी को कष्ट नहीं होता। इस पूरे समय में संवेदना का व्यापक ह्रास हुआ है। गरीबों और उजड़े लोगों को साधारण राहतें भी नहीं मिलतीं, यदि पांच साल में एक बार चुनाव नहीं आता।

वैश्वीकरण के युग में नव-उपनिवेशन के बावजूद स्वाधीनता की नई उमंग को कई तरह से महिमामंडित किया जाता है। अब लोगों का अपने रोजमर्रा के जीवन पर पहले से ज्यादा नियंत्रण है, ज्यादा व्यक्तिगत स्वाधीनता है। खुले बाजार में सरकारी अधिकारियों पर निर्भरता कम हुई है। आय वृद्धि में व्यक्तियों को अधिक शिक्षित, कुशल और जागरूक बनाती है। अब जनांदोलनों के लिए जगह सिकुड़ गई है। व्यापार में अधिक-से-अधिक भागीदारी और पैसा बनाना ही स्वाधीनता की गंगोत्री है। सरकारों की चिंता का केंद्र आर्थिक वृद्धि है, जीडीपी में वृद्धि है। व्यापार बढ़ेगा, रोजगार बढ़ेगा और बेहतर चीजें मिलेंगी तो स्वाधीनता में भी वृद्धि होगी। अधिकाधिक विदेशी पूंजी निवेश—अधिकाधिक स्वाधीनता। अधिक स्पर्धाशील वेतन और सुविधाएं—अधिक स्वाधीनता। इंटरनेट का अधिक उपयोग—अधिक स्वाधीनता। जितना अधिक पैसा—इंटरनेट, मीडिया और राजनीति में उतना बड़ा जाल और उतनी अधिक स्वाधीनता। पैसा ही स्वाधीनता के केंद्र में हो गया!

इक्कीसवीं सदी में स्वाधीनता की अवधारणा उन दिनों की धारणा से भिन्न है, जब ज्ञान और बुद्धि स्वाधीनता की राहें दिखाते थे। अब ज्ञान की जगह टेक्नोलॉजी है और बुद्धि की जगह वस्तुएं हैं। स्वाधीनता का अर्थ एक समय राष्ट्रीय स्वाधीनता था जो उपनिवेशित देशों का अपना विशिष्ट अनुभव था। स्वाधीनता की चिंताएं कुछ खास राष्ट्रीय मूल्यों, जैसे—बौद्धिक स्वतंत्रता, सत्याग्रह, आत्मसम्मान, सहिष्णुता, समानता, धर्मनिरपेक्षता, सदाचार, स्वार्थपरता के त्याग, अंहिसा, विश्व शांति आदि—से जुड़ी थीं। एक दिन आधी रात को 'नियति से मुठभेड़' करते हुए स्वाधीनता इस वादे के साथ आई थी कि हजारों आंखों से आंसू पोंछना है, पर लक्ष्य होता गया आंखों में धूल झोंकना—यह धूल अब रंगीन है।

नए दौर में स्वाधीनता भोग रहे लोगों को वस्तुतः न 'राष्ट्र' से मतलब है, न उच्चतर राष्ट्रीय मूल्यों से और न अभिव्यक्ति की स्वाधीनता से ही कोई खास मतलब है। उपभोग के दर्शन से निकली स्वाधीनता की नजरों में 'राष्ट्र' सबसे बड़ी उपभोक्ता वस्तु है। यदि स्वाधीनता और राष्ट्र के बीच चुनना होगा तो पैसे के पीछे भागता आदमी स्वाधीनता को चुनेगा, क्योंकि 'राष्ट्र' का ही नहीं 'स्वाधीनता' का अर्थ भी बदलता गया है।

कहना न होगा कि विश्व व्यापार और उपभोक्तावाद स्वाधीनता की जो धारणाएं दे रहे हैं, उसी में इसके शत्रु बैठे हैं और अपना काम कर रहे हैं। स्वाधीनता के मुख्य शत्रु दो हैं—व्यक्तिगत स्वाधीनता को चरम मूल्य घोषित करने वाली वि-राष्ट्रीयकरण की ताकतें और सामुदायिक भावना को चरम मूल्य घोषित करने वाली अंध-राष्ट्रीयकरण की ताकतें। वैश्वीकरण का समय व्यक्तिगत स्वाधीनता और सामुदायिक भावना की हिंसक टकराहट के दौर से गुजरा है। नतीजतन लंबे ऐतिहासिक संघर्ष से अर्जित राष्ट्रीय मूल्य जर्जर होते गए। देखा गया कि सरकार, बाजार और राजनीति एकाकार हो गए। राजनेता 'कैपिटल दास' हो गए, गरीबों के बीच से कोई बड़ा नेता बनने की संभावना खत्म होती गई। छोटे स्वार्थ पूरे करने के लिए भी लोग राजनीतिक शरणापन्नता के लिए बाध्य हुए, अब बड़े उद्देश्य से राजनीति संभव नहीं रह गई। 'हमारा आदमी-उसका आदमी' और 'हम-वे' के सैकड़ों हिंसक वृत्त बन गए। इनमें स्वाधीनता खोती गई। दूसरी तरफ पैसे से निकली स्वाधीनता में एक दमदार चमक आ गई। मानवीय स्वाधीनता एक तिलिस्म हो गई या भागता स्वर्णमृग।

वैश्वीकरण का ज्यादा फायदा उठाना संभव हो सकता था, यदि राष्ट्रीय और वामपंथी आंदोलनों की विरासत की रक्षा की जाती, हाशिए की आवाजों को हिंसक चीखों में बदलने से पहले सुन लिया जाता, लेकिन उन आंदोलनों के प्रभाव ने राजनीतिक और सांस्कृतिक संसार में अपना सचेत उत्तराधिकार पैदा नहीं किया।

बर्नार्ड शॉ ने कहा था, 'स्वाधीनता का अर्थ उत्तरदायित्व है। यही कारण है कि अधिकांश मनुष्य इससे डरते हैं।' स्वाधीनता जवाबदेह बनाती है। वैश्वीकरण के बाद जनता के प्रति उत्तरदायित्व में ह्रास आया, राष्ट्र बहुराष्ट्रीय कंपनियों के हाथों औज़ार बनते गए। स्वाधीनता का अर्थ होता गया सिर्फ अपनी स्वाधीनता, अपने लिए स्वाधीनता और पैसे से पाई स्वाधीनता।

स्वाधीनता का अर्थविस्तार और अर्थसंकोच ऐतिहासिक स्थितियों पर निर्भर करता है। स्वाधीनता के अर्थसंकोच में एक तरफ बढ़े उपभोक्तावादी रुझान हैं तो दूसरी तरफ समाज में बढ़ी विषमता और असुरक्षा है। असुरक्षा भी दो किस्म की है— बढ़ती गरीबी, बेरोजगारी और विषमता से पैदा हुई असुरक्षा और आंतकवादी-नस्लवादी हमलों से पैदा हुई असुरक्षा।

भौतिक सभ्यता की इतनी ऊंचाई पर आंतकवादी और नस्लवादी हमले बढ़ते गए। न्यूयॉर्क, मुंबई, पेरिस, केलिफोर्निया, लंदन, इस्तांबुल, ढाका आदि के आंतकवादी हमले ही नजर पर ज्यादा चढ़े हैं, जबकि इनका एक बड़ा सिलसिला है। एक रिपोर्ट के अनुसार 2015 में 92 देशों में 11,774 आंतकवादी हमले हुए हैं। सिर्फ इंग्लैंड और वेल्स में 2013-2014 में 47,571 नस्लवादी हमले हुए। अमेरिका, ऑस्ट्रेलिया और एशियाई देशों में भी नस्लवादी हमलों की संख्या कम नहीं है। भारत में सांप्रदायिक तनाव बढ़ा। इन स्थितियों में स्वाधीनता का उसके पूरे अर्थ में लेना एक जोखिम है। सुरक्षा पहली जरूरत है और सुरक्षा का अर्थ होता जा रहा है संकीर्ण सामुदायिक राष्ट्रवाद में पनाह। अपने धर्म, जाति और प्रांतीयता की छतरी में जाना। इसका एक रूप है विभिन्न राष्ट्रीयताओं और आदिवासियों की बढ़ती जा रही सांस्कृतिक आत्मसुरक्षा की उग्र भावना। सवाल उठता है, क्या स्वाधीनता और सुरक्षा दोनों एक साथ संभव हैं?

दुनिया में भय, अविश्वास और असुरक्षा चप्पे-चप्पे पर है। कहा गया है कि ब्रेग्जिट की सफलता के पीछे इंग्लैंड के 44 सालों तक यूरोपीय संघ में रहने का कड़वा अनुभव है, अंग्रेजों को अब यूरोपीय बने रहने में नुकसान है। बाहरी लोग इंग्लैंड में घुस जाते हैं, वे स्थानीय नौजवानों के रोजगार छीनते हैं। यहां तक कहा गया कि ब्रेग्जिट के बाद इंग्लैंड स्वाधीन हुआ। उदात्त चित्त के मूल्यों और उत्तरदायित्व से छुटकारा ही स्वाधीनता है। अब ग्रेट ब्रिटेन में कुछ भी ग्रेट नहीं रहना है और यूनाइटेड स्टेट्स में कुछ भी यूनाइटेड

नहीं रहना है। जिस इंग्लैंड ने सैकड़ों साल तक दूसरे देशों में घुस-घुसकर व्यापार किया और राज किया, उस देश में अब बाहरी लोगों के लिए जगह नहीं है। ब्रेग्जिट यूरोपीय ट्रेलर है, पूरी फिल्म नहीं।

अमेरिका में अंध-राष्ट्रवाद के नए उभार ने स्टैच्यू ऑफ लिबर्टी को एक प्रहसन बना दिया। अचानक अपने ही देश में, अपने राज्य में लोग बाहरी हो गए। दुनिया में पुरानी पीढ़ियों के साथ स्वाधीनता के उदार चित्त वाले पुराने मूल्य जाते रहे। नई पीढ़ियां स्वाधीनता की नई धारणाएं लेकर आईं। उन स्वाधीनताओं में प्रमुख है स्पर्धा में अपने परिजनों, स्वजनों और बंधुओं को रौंदते हुए भी आगे निकलो। अब के अर्जुन 'गीता' का उपदेश पाए बिना ही अति सक्रिय हैं। उत्तर-आधुनिक विडंबना है कि निर्बुद्धिपरक स्वाधीनता ही लोकप्रिय होती गई, स्वाधीनता और तर्क में संबंध नहीं बच सका। अब सभी को सिर्फ अपने लिए स्वाधीनता चाहिए, 'दूसरा' आउटसाइडर है।

स्वाधीनता और तर्क के बीच एक अन्य रास्ते से संबंध खत्म होता है, जब लोभ घेर लेता है। मुक्त बाजार-व्यवस्था ने आदमी को लोभी और ध्येय बनाया है। लोभ ने इक्कीसवीं सदी में सबसे ज्यादा मध्यवर्गीय बुद्धिजीवियों को दबोचा है। वे अच्छी तरह जानते हैं कि उन्हें कहां चुप रहना है, कहां चापलूसी करनी है, कहां पक्षपात करना है और कहां चीखना है। सत्ता और सुविधाएं पाने के लिए हरेक को अपनी स्वाधीनता भीतर ही निगल जानी पड़ती है, अब ग्लानि भी नहीं होती।

भ्रष्टाचार स्वाधीनता में दीमक है। यह एक निर्दलीय तूफान है, जिसमें आम लोग घिरे हुए हैं। अब भ्रष्टाचार मतदाता की राजनीतिक पसंद को प्रभावित नहीं करता, क्योंकि यह एक सार्वभौम जश्न है। यह ऊपर से नीचे तक एक महान आर्थिक कर्मकांड है। माना जाता है कि विदेशी बैंकों में जमा लाखों करोड़ रुपये के काले धन में गरीबों की स्वाधीनता कैद है। एडमंड बर्क ने काफी पहले लिखा था, 'एक व्यापक रूप से भ्रष्ट नागरिक समाज में स्वाधीनता चिरस्थायी नहीं हो सकती।' नए दौर में जो सत्ता में होता है, वह अपने अच्छे विचारों, आदर्शों और कार्यों के कारण सत्ता में नहीं होता, बल्कि कारण होते हैं पिछली सत्ता से ऊब और जन-असंतोष। उस युग में स्वाधीनता का क्षय निश्चित है, जिस युग में भूलने की बीमारी हो या नकारात्मक स्मृतियां छाई हों।

स्वाधीनता का बहुसांस्कृतिकता से संबंध सर्वमान्य है। यह आमतौर पर स्वीकार किया गया है कि मानवाधिकार और स्वाधीनता का कोई एकरेखीय वैश्विक रूप नहीं हो सकता। स्वाधीनता का इतिहास भी अलग-अलग देशों में अलग-अलग है। इसलिए स्वाधीनता की कोई चिंता सांस्कृतिक विविधता को नजर से ओझल रखकर नहीं हो सकती। विकसित देशों और उभरती हुई अर्थव्यवस्था वाले देश, दोनों जगहों पर बहुसांस्कृतिकता के पक्ष में अकसर बोला जाता है। लेकिन अपनी ही संस्कृति को श्रेष्ठ और दूसरों की संस्कृति को निम्न समझने की प्रवृत्ति आज भी हर जगह है। यह प्रवृत्ति पश्चिमी देशों में है, पश्चिमी सभ्यता से आक्रांत एशियाई लोगों में भी है। इसलिए पश्चिमी आधुनिकता पहने-ओढ़े देश या व्यक्ति-समूह बहुसांस्कृतिकता को व्यवहार में न लाकर दूसरे समुदायों की स्वाधीनता का अपहरण करते हैं।

स्वाधीनता के संदर्भ में 'स्थान' और 'परंपराओं' को महत्व देने का अर्थ सदियों से चली आ रही निर्बुद्धिपरकताओं को सींचना नहीं है। वैश्वीकरण से उपजी विषमता और असुरक्षा ने कुछ स्थानों और समुदायों को 'कछुआ धर्म' के लिए बाध्य कर दिया। इससे हिंदुओं और मुसलमानों दोनों के बीच कठमुल्लेपन को संगठित होने का अवसर मिला। धार्मिक कठमुल्लापन स्वाधीनता छीनता है। यह स्त्रियों को सबसे ज्यादा घेरता है। कभी सांप्रदायिकता और कभी आंतकवादी हमले के रास्ते से यह ऊंचे उदारवादी व्यक्तियों को भी विचलित कर देता है। यदि कभी धार्मिक कठमुल्लेपन के खिलाफ जागरूक लोगों में आक्रोश पनपता है, तो सत्ता की राजनीति ही उसे दबाकर कठमुल्लेपन को खाद-पानी देती है।

स्वाधीनता के प्रमुख दुश्मनों में सत्ता की संकुचित राजनीति और धार्मिक-सामाजिक जड़ता पर उसकी चालाक चुप्पियां हैं।

दरअसल 'वैश्विक' और 'स्थानीय' में अंतर्विरोध नहीं होगा, यदि 'वैश्विक' एक अप्रभुत्वपरक, अन-औपनिवेशिक और मानवीय भूमि पर फले-फूले। एक सच्चे वैश्वीकरण को मानवीय स्वाधीनता का अपहरणकर्ता नहीं होना चाहिए, जबकि व्यक्ति के महज उपभोक्ता में बदल जाने पर यही घटित होता है। मुक्तिबोध की एक कथा है, 'पक्षी और दीमक'। पक्षी को एक व्यापारी से दीमक लेकर खाने की लत लग जाती है। उसे हर बार अपना एक पंख नोचकर देना पड़ता है। धीरे-धीरे पक्षी का पंख के अभाव में उड़ना बंद हो गया। अब वह सिर्फ फुदक पाती थी, पर उसे दीमक खाने का चस्का लग गया था। उसकी स्वाधीनता खोती गई। एक दिन कुछ सोचकर पक्षी ने मेहनत से दीमकों का एक ढेर इकट्ठा किया और दीमक बेचने वाले को देखकर कहा, 'ये अपने दीमक लेकर मेरे पंख वापस कर दो।' दीमक के व्यापारी ने कहा, 'मैं पंख लेकर दीमक बेचता हूं, दीमक लेकर पंख नहीं देता।' उपभोक्तावाद और जातिवादी, जातीय या धार्मिक कठमुल्लेपन के सौदागरों को आदमी अपनी स्वाधीनता एक-एक कर इसी तरह सौंप रहा है।

महाभारत में कहा गया है, 'दूसरे के साथ ऐसा कुछ न करो जो अगर तुम्हारे साथ हो तो तुम्हारा नुकसान हो।' (शांतिपर्व, 113.8)। इसका अर्थ है कि स्वाधीनता के स्थानीय इतिहासों के बावजूद इसका एक ऐसा सार्वभौम रूप हो सकता है जो हर किस्म के वर्चस्ववाद से मुक्त हो।

स्वाधीनता का अर्थ कभी भी व्यक्तिवाद, स्वेच्छाचारिता और अराजकतावाद नहीं हो सकता। ये स्वाधीनता के बड़े दुश्मन हैं और ऐसे हैं, जो व्यक्तियों में बड़े मीठे ढंग से प्रवेश करते हैं। इसमें भी संदेह नहीं कि स्वाधीनता और न्याय पर्यायवाची हैं। कहा जा सकता है कि यदि किसी को स्वाधीनता की जरूरत महसूस होती हो तो सबसे पहले भय और लोभ से बाहर निकलना होगा, बुनी हुई चुप्पियों को तोड़ना होगा और न्याय को अंगीकार करना होगा। स्वाधीनता के बारे में सोचना एक कष्टकर विषय है, जबकि गुलामी में बड़ा सुख है। स्वाधीनता का इस तरह के सुख से बड़ा दुश्मन कौन है? स्वाधीनता के बोध के लिए थोड़ा दुख होना चाहिए, क्योंकि दुख ही स्वाधीनता का गर्भाशय है। हर स्वाधीनता किसी-न-किसी भोगे हुए दुख का शिशु है।

स्वाधीनता को कुछ भीतरी दुश्मनों ने, स्वाधीनता के संबंध में कटे-छंटे सोच ने विडंबनापूर्ण बनाया है। कुछ वैश्वीकरण ने आर्थिक वृद्धि, संचार क्रांति और मानवीय चेहरे के जरिए उसे सुखकर गुलामी का रूप दे दिया है। स्वाधीनता को संयुक्त राष्ट्र ने मानवाधिकारों के सालाना जश्नों में बदल दिया, जो कभी महिला दिवस, कभी पर्यावरण दिवस, कभी अफ्रीका दिवस, कभी मातृभाषा दिवस, कभी विश्व मानवता दिवस आदि के रूप में बारी-बारी से आते हैं। मीडिया पूरी बहस को सिर्फ अभिव्यक्ति की स्वंतत्रता तक सीमित रखने में सफलता पा जाता है। इसलिए भय और लोभ के कंधों पर जा रही स्वाधीनता की अर्थी दिखती नहीं है, अब 'सत्यमेव जयते' बोलने वाले कम हैं।

शंभुनाथ

अधिक जानकारी के लिए :

1. History of Freedom : John Emerich Edward Dalberg, Lord Action, 1907, **2. Four essays on liberty :** Isaiah Berlin, 1969, **3. Human Rights and Asian Values :** Amartya Sen, 1997, **4. The Philosophy of Freedom :** Rudolf Steiner, 2011

स्वानुभूति

1990 से कुछ ही वर्षों पहले स्त्रियों के लेखन का तेवर साफ तौर पर बदलने लगा था। अब तक जो नहीं कहा जा सका, उसे कहने का हौंसला करते-करते कहीं-न-कहीं कलम को बचा लिया गया। इसका मतलब यह नहीं है कि रचनाकार स्त्रियां खुद 'कुछ' कहना नहीं चाहती थीं। यह माना

जा सकता है कि पारिवारिक और सामाजिक नैतिकता की दीवारों को एकाएक तोड़ना मुनासिब नहीं माना जा रहा था। क्या वे अपने तीखे अनुभवों में से पहले कुछ न कुछ बचा लेती थीं? शायद यही कारण हो कि स्त्री-लेखन को पहले उस तरह निशाने पर नहीं रखा गया, जैसी स्थिति आज है। यह सवाल किया जा रहा है कि स्त्री अपनी कलम से ऐसा क्या लिख रही है, जो अब तक पुरुषों ने नहीं लिखा? इसका उत्तर कौन दे सकता था, सिवा स्त्री रचनाकार के। यह उत्तर बेशक पुरुष लेखन के पक्ष में नहीं हो सकता था। यहीं से दरार दिखने लगी।

ऐसा ही कुछ दलित लेखन के साथ हुआ। सवर्ण लेखकों का तबका बिगड़ पड़ा कि ये दलित आखिर ऐसा क्या लिख रहे हैं या लिख देंगे, जो उनकी जिंदगी को लेकर सवर्ण लेखकों की रचनाओं में नहीं आया है? उत्तर में दलित लेखकों ने भी यही कहा– 'हां, नहीं आया, क्योंकि आपको उन यातनाओं का अनुभव नहीं है।'

स्त्री हो या दलित, इन्हें पात्र बनाकर जो रचनाएं सवर्ण पुरुष लेखकों ने कीं, वे अनुभव के आधार पर कैसे हो सकती थीं? स्त्री पर बंधन हैं, प्रताड़नाएं हैं, शोषण है और यह सब पुरुष द्वारा ही घटित किया जाता है, तो पुरुष उस पीड़ा को कैसे महसूस करेगा? हम प्रताड़ित व्यक्ति को देखकर विगलित हो सकते हैं, उसकी पीड़ा में शामिल नहीं हो सकते। इसी वजह से स्वानुभूति का महत्व बताया गया। यह कहावत झूठी नहीं है, 'जा के पांव न फटी बिवाई, वो क्या जाने पीर पराई।'

अपमान का दर्द होता है, छुआछूत की पीड़ा होती है। सेवा भाव से भरा मनुष्य भी जब-न तब तिलमिला उठता है। मनुष्य रूप में जन्म लेने वाले जब यह सोचने लगते हैं, 'मैं भी मनुष्य हूं, मुझे भी सम्मान से जीने का हक है', बस यहीं से वह मौन बगावत शुरू हो जाती है, जो ऊंचे आसन पर विराजमान लोगों के सपने में भी नहीं होती।

स्त्री के जीवन की ज्यादातर सच्चाइयां छिपी रहती हैं, इसी में भलाई समझी जाती है। समाज की सुचारु गति में भी व्यवधान नहीं पड़ता और ऐसे ही साहित्य को 1990 के दशक से कुछ पहले तक मान्यता दी गई थी। पुरुषों ने बेशक अच्छे से अच्छा लिखा, स्त्री के उद्धार के लिए अपनी कलम खोली, लेकिन उस साहित्य से औरत को क्या मिला? दया मिली, तरस बरसाया गया, करुणा की जय बोली गई और सहानुभूति के परनाले खोल दिए गए, इसमें कोई शक नहीं, फिर भी स्त्री संतुष्ट नहीं हुई। वह कहती है कि यह लेखन अधूरा सच है। पूरा सच क्या है? सवाल उठा, क्या स्त्री ही स्त्री के लिए सच्चा लेखन कर सकती है? क्या जब कोई महिला लिखेगी, तभी औरत के जीवन की परतें उधेड़ी जा सकेंगी? क्या स्त्री के लिए स्त्री के द्वारा किया गया लेखन ही विश्वसनीय बनेगा? इन सवालों को लेकर बहसें हुई हैं और वहीं से ये दो शब्द निकले–सहानुभूति और स्वानुभूति।

दोनों में अंतर यह है कि सहानुभूति का आधार जहां अनुमान है, वहीं स्वानुभूति अनुभवों की जमीन पर जन्म लेती है। अनुमान से ज्यादा प्रामाणिक अनुभव होते हैं। यही कारण है कि जब औरत ने कलम उठाई और उस कलम को अनुभवों की निजी स्याही में डुबोकर लिखा, तो लेखन का तेवर बदल गया। वह अपने लेखकीय तेवर में पुरुष-लेखन से मिली दया, करुणा को अस्वीकार करती है, तरस से इनकार करती है, क्योंकि वह छिने हुए अधिकारों की हकदार होना चाहती है। यह उसके पीड़ादायक अनुभवों की चीख है, जो कथाओं, कविताओं और लेखों में सुनाई देती है। बेशक यह गरिमामयी नहीं लगती, तो महिमामयी भी नहीं मानी जाती। क्या फर्क पड़ता है गरिमा और महिमा के बीच से निकल जाने का? ये शब्द अच्छे हैं, लेकिन स्त्री के लिए भारी रहे हैं। त्याग शब्द की ऊंचाइयां अपरंपार हैं, लेकिन इसी शब्द ने बड़े सलीके से औरत को मर्दों का गुलाम बना दिया। सेवा और समर्पण के अर्थ कई मायनों में बड़े उदात्त हैं, लेकिन औरत के दायरे में इनका असर औरत को कोल्हू का बैल बनाने जैसा दर्दनाक है। कमाल है, सहानुभूति से जुड़े ज्यादातर

शब्द स्त्री के लिए अपनी सार्थकता खोते चले गए।

आत्मकथा के नाम से डरने-सहमने वाली स्त्री आत्मवृत्तांत लिखने के लिए कमर कसकर खड़ी हो गई। यह आसान नहीं है, इसके खतरे जानलेवा हैं।

स्त्री का कहना है, 'मैं जानती हूं कि मेरा कर्म सेवा, श्रम, सेक्स और समर्पण में समाप्त होता है और इन चारों कर्मों के लिए मुझे बंधुआ रखा गया है। मेरी हैसियत गुलाम से ज्यादा कुछ नहीं। यही बात मैं तरह-तरह के उदाहरण देकर सिद्ध करना चाहती हूं कि मेरे जीवन परअच्छी या सती नारी का जो मुलम्मा चढ़ा है, वह उखड़ जाए।' स्त्री के ऐसे वक्तव्यों ने मिली हुई सहानुभूति के किले और गढ़ों की दीवारों को तोड़ना शुरू कर दिया, क्योंकि यहां स्वानुभूति का मामला अपनी खरी सच्चाई और नंगी यंत्रणाओं के साथ दरपेश हुआ। ऐसे लेखन से समाज में खलबली मचनी थी, रचनाओं की सुर-सरिता में तूफान आना ही था। स्त्री की कलम को हिकारत से देखा जाना था। खतरों का आभास न हो, तो मनुष्य में साहस कभी न आए। अभी तक की झिझक किसी दहशत या खतरे के डर से नहीं थी, वह सिर्फ 'अच्छी स्त्री' कहलाने के लालच में थी और लालच व्यक्ति को कमजोर बनाता जाता है। स्त्रियों के लिखे पहले के कई उपन्यासों और कथाओं का अंत इसी लालच में ढेर होता रहा है।

स्वानुभूति की पैरोकार सृजनशील स्त्रियों को क्या कोई व्यक्ति मासूम, भोली, गरिमामयी और महिमामयी जैसे संबोधनों से नवाजने की हिम्मत करेगा? स्वानुभूति ने लेखिकाओं की मजबूती को परवान चढ़ाया है, रचनाओं को सच्चे रूप में सशक्त बनाया है। मरदाने समाज में हिचक बनी हुई है, क्योंकि जब-जब स्त्री-विमर्श की बात चलती है, पुरुष वर्ग के ज्यादातर सदस्य स्त्री को अपनी सहानुभूति देने के लिए तैयार नहीं होते, फिर क्यों स्त्रीवादी रचनाकारों को पहले की महिला लेखकों से शिकायत हो, जो पुरुष महानुभावों की दी हुई विरासत में बने रहने की कोशिश में अपने खांटी अनुभवों को जगह देने में कोताही कर गईं। 'अच्छी स्त्री' बनना किसके लिए? इन्हीं पुरुषों के लिए, जिन्होंने अच्छाई के कठघरे स्त्री के लिए तैयार किए हैं और उनमें कोई दरवाजा खिड़की नहीं रखी, फिर तो दीवारें तोड़नी होंगी या फांदनी पड़ेंगी। जाहिर है, दीवारें तोड़ने या फांदने वाली औरत बदचलन, बागी और बदकार मानी जाती है, क्योंकि ये संस्कार अभी तक स्त्री को निशाने पर लिए रहते हैं।

इक्कीसवीं सदी में स्त्रियों ने बड़े-बड़े बदलाव देखे हैं, लेकिन समाज के दकियानूसी से भरे संस्कारों के लिए ऐसी कोई तकनीक ईजाद नहीं हुई, जो उन संस्कारों का खात्मा करे ताकि समाज में औरत आत्मसम्मान से जी पाए। फिर भी डाल-डाल और पात-पात के खेल को मुहिम बनाकर स्त्री आगे-आगे चल रही है, जो स्वानुभूति का ही कमाल है। गौरतलब है कि स्त्री-विमर्श का जो पुरजोर विरोध करने वाले रहे हैं, उन्हीं को स्वानुभूति और सहानुभूति जैसे अनुभव प्रसंगों पर ध्यान देना पड़ा। समय के साथ यह भी मानना पड़ेगा कि स्त्री जीवन के निजी और अंतरंग झरोखों से एक कलमकार स्त्री ही गुजर सकती है, क्योंकि पहले लिखे गए आख्यानों को एक लेखिका आज उस तरह नहीं लिखेगी, जैसे वे लिखे गए थे।

साहित्य ने स्त्री और दलितों की कलम के आधार पर बीसवीं सदी के आखिरी दशक से ही समाज को सच्चाई का वह आईना दिखाना शुरू किया है इसके सामने समाज खुद शर्मिंदा होता है या शर्मिंदा होते-होते खूंखार होने लगता है, मगर इस विश्वास पर स्त्री-लेखन अडिग है कि सच और ईमानदारी अपना मुकाम मुकम्मल रखते हैं।

मैत्रेयी पुष्पा

स्वानुवाद

स्वानुवाद से तात्पर्य है—स्वयं द्वारा किया गया अनुवाद अर्थात लेखक द्वारा स्वयं अपनी रचना का अनुवाद। इसे अंग्रेजी में सेल्फ-ट्रांसलेशन कहते हैं। स्वानुवाद की इस प्रक्रिया में लेखक अपनी रचनाओं

का अन्य भाषाओं में अनुवाद करता है। साहित्य में ऐसे कई उदाहरण देखने को मिलते हैं, जहाँ रचनाकारों ने अपनी रचनाओं का स्वयं अनुवाद किया है।

स्वानुवाद में प्रयोग की जाने वाली भाषाओं के प्रति स्वानुवादक के भावात्मक जुड़ाव तथा दृष्टि कोण के लावा उन परिस्थितियों तथा प्रतिबद्धताओं को भी देखा जाता है, जो स्वानुवादक के निर्णय को प्रभावित करती हैं। इससे जुड़े कई सवालों की इसमें अपनी भूमिका होती है : कोई लेखक अपने जीवन के किस चरण में और क्यों स्वानुवाद की ओर मुड़ता है? मूल पाठ तथा स्वानुवाद में देश एवं काल में बदलाव होने से व्यक्त अनुभव वैसा ही रहता है या बदल जाता है? बदलता है, तो बदलाव कितना और क्यों होता है? क्या स्वानुवाद में लेखक अपना तथाकथित मौलिक लेखन अपनी मातृभाषा में करता है या फिर सबका स्वानुवाद के लिए प्रयोग करता है? स्वानुवाद से दो भाषाओं तथा साहित्यों के बीच पर-संसेचन (क्रॉस-फर्टिलाइजेशन) किस प्रकार होता है? क्या मूल रचना तथा उसका स्वानुवाद एक साथ किए जाते हैं और यदि उनमें अंतराल होता है तो उसके कारण क्या होते हैं? साथ ही यह सवाल भी उठता है कि क्या मूल लेखन तथा स्वानुवाद एक प्रकार का 'श्रम-विभाजन' होता है? चूंकि इन घटनाओं के एक से अधिक कारण होते हैं, इसलिए उनका अध्ययन खूब रुचिकर होने के साथ जटिल भी होता है।

एक समय तक दोयम दर्जे का समझा जाने वाला काम अनुवाद आज विभिन्न विमर्शों को साथ लेकर नई सदी में हमारे सामने है, जहां उसे भाषिक क्रिया से आगे सांस्कृतिक क्रिया के रूप में देखा जा रहा है। इसी के परिणामस्वरूप स्वानुवाद का महत्व भी बढ़ जाता है। स्वानुवाद के संदर्भ में सबसे पहला प्रश्न, जो हमारे समक्ष आता है, वह यह है कि स्वानुवाद की वास्तव में आवश्यकता क्या है? इसका बेहद ही सामान्य-सा जवाब होगा कि मूल रचनाकार अपनी रचनाओं के विद्यमान अनुवाद से असंतुष्ट है। लेखक अपनी रचना से अपनी संतान की तरह प्रेम करते हैं और अनुवाद की प्रक्रिया में यदि उससे कहीं भी असंतुष्ट होते हैं, तो उनके लिए यह एक बेहद दुखद अनुभव होता है। ऐसे में सक्षम लेखक, जो एक से अधिक भाषाओं में दक्षता रखते हैं, अपनी रचनाओं का स्वयं अनुवाद करना पसंद करते हैं।

क्या विद्यमान अनुवादों से असंतुष्टि ही इसका कारण है या और भी कोई वजह हो सकती है? मोना बेकर द्वारा संपादित 'एनसाइक्लोपीडिया ऑफ ट्रांसलेशन स्टडीज' के अनुसार, स्वानुवाद के और भी कई कारण हैं। मोना बेकर यहां कई विदेशी रचनाकारों और भाषाओं का उदाहरण देकर अपनी बात स्पष्ट करती हैं। यूरोपीय पुनर्जागरण के दौरान बहुत-से रचनाकारों ने, जो मूलतः अंग्रेजी में लिखते थे, लेकिन जिनकी मातृभाषा उससे अलग थी, अपनी भाषा की समृद्धि के लिए अपनी रचना का अपनी मातृभाषा में अनुवाद किया।

स्वानुवाद सभी भाषाओं में मिलता है– जनांकिकी के आधार पर बड़ी तथा छोटी भाषाओं तथा एक ही भाषा के अल्पसंख्यक बोलने वालों के बीच जैसे कि फ्रेंच बोलने वाले स्पेनिश एवं केटालोनिया तथा बेल्जियम के स्वानुवादक। अंग्रेजी, आयरिश और स्कॉटिश भाषाओं में भी स्वानुवाद पाया जाता है। अकसर भाषाई अल्पसंख्यक अपनी रचना को बृहद समाज तक पहुंचाने के लिए अपने समाज की मुख्य भाषा में स्वानुवाद करते हैं। स्थापित भाषाओं के स्थापित लेखकों ने भी स्वानुवाद में खूब योगदान किया है।

पश्चिम में रोमांटिसिज्म का एक वह दौर भी आया, जब यह माना गया कि अपनी भाषा सर्वोपरि है और किसी भी विदेशी भाषा को सीखने मात्र से उसमें लेखन नहीं किया जा सकता। इस बात ने उस दौर के लेखकों को अपनी रचनाओं को अपनी मातृभाषा में अनुवाद के लिए प्रेरित किया।

इसी तरह का एक अन्य उदाहरण मोना बेकर अपने कोश में स्पेन का देती हैं, जहाँ विभिन्न देशों के लेखकों ने स्पेनिश पर निर्भरता छोड़ने के उद्देश्य से अपनी मातृभाषाओं में लेखन को प्रोत्साहन दिया और उसकी शुरुआत उन्होंने केंद्रीय भाषाओं से

तथाकथित उपभाषाओं में अपनी रचनाओं के अनुवाद के माध्यम से की। भारत में भी स्वानुवाद के बहुत-से उदाहरण देखे जा सकते हैं, जहाँ लेखकों ने स्वयं अपनी रचनाओं का अन्य भाषाओं में अनुवाद किया। रवींद्रनाथ ठाकुर, प्रेमचंद, कृष्णा सोबती, अज्ञेय, कुर्तुल एन हैदर, कृष्ण बलदेव वैद ऐसे अनेक नाम हैं। प्रेमचंद ने अपने लेखन की शुरुआत उर्दू से की थी। उनका बेहद चर्चित उपन्यास 'सेवा सदन' मूलतः उर्दू में 'बाजार-ए-हुस्न' के नाम से छपा था, जिसका प्रेमचंद ने कालांतर में स्वयं 'सेवा सदन' के नाम से पुनःसृजन किया। भारत जैसे बहुभाषिक देश में इस तरह की समस्या बेहद सामान्य हो सकती है, जहां प्रभुत्वशाली भाषा को सीखकर लेखक उनमें मूल लेखन करते हैं और फिर अन्य भाषाओं में उसका अनुवाद करते हैं। अनुवाद में आए सांस्कृतिक मोड़ के साथ, जब 'अनुवाद कैसे' के स्थान पर 'अनुवाद क्यों' का विमर्श केंद्र में है, स्वानुवाद का प्रचलन और बढ़ेगा, इसकी अधिक संभावना है।

यहां एक और महत्वपूर्ण सवाल उठता है कि क्या रचनाकार अन्य भाषा में स्वयं अपनी रचना का अनुवाद करते समय उससे वैसे ही तटस्थ रह सकता है, जिस प्रकार एक अनुवादक से अपेक्षा की जाती है या फिर वहां वह भाषा एवं संस्कृति की आवश्यकता के अनुसार छूट ले सकता है। एक रचनाकार के लिए यह एक बेहद कठिन कार्य होगा कि उसे अपनी ही रचना के प्रति तटस्थ रहने के लिए बाध्य किया जाए। ऐसी स्थिति में अनुवाद का पारंपरिक तरीका कि अनुवादक न कुछ जोड़े, न छोड़े, सफल नहीं हो पाएगा, क्योंकि रचनाकार शायद ऐसी ही स्थितियों को ध्यान में रखकर अपनी रचना का स्वयं अनुवाद करने का संकल्प करता है। ऐसी स्थिति में स्वानुवाद तटस्थ अनुवाद न होकर पुनःसृजन कहलाएगा, जहां रचनाकार एक बार फिर से अपने अनुभवों को जिएगा तथा मूल रचना में हुई त्रुटियों में सुधार करने की छूट लेगा।

स्वानुवाद की यह प्रक्रिया दो प्रकार की हो सकती है। एक, जहाँ लेखक अपनी मूल रचना के प्रकाशन के बाद उसका अनुवाद करे तथा दो, जहाँ लेखक एक भाषा में लिखते समय साथ-साथ दूसरी भाषा में भी उसका अनुवाद करता चले। पहले प्रकार के आधार पर अनुवाद कर्म पूर्णतः अनुवाद कहा जाएगा, जबकि दूसरे प्रकार को, जहाँ लेखक दो भाषाओं में साथ-साथ लेखन करे, एक अधिगम प्रक्रिया– (लर्निंग प्रोसेस) के रूप में देखा जाएगा, जिसके दौरान लेखक रोज न केवल अपने अनुवाद में सुधार कर सकता है, अपितु इससे उलट, अनुवाद के आधार पर मूल को भी बेहतर बना सकता है।

ज्योति चावला, अवधेश कुमार सिंह

अधिक जानकारी के लिए :
Manipulation of Literature : T Hermans

स्वायत्तता

स्वायत्तता बहुआयामी व बहुअर्थी शब्द है। इसका संबंध व्यक्ति से लेकर समाज, समुदाय, नस्ल, राष्ट्र और देश से है। वैयक्तिक स्वतंत्रता से लेकर राष्ट्रीय संप्रभुता तक, दूसरा कार्यक्षेत्र है। अतः निजी वृत्त और लोकवृत्त–दोनों के कार्य, प्रभाव, परिणाम और जटिलताओं पर यह समान रूप से लागू होता है। इसलिए इसके बहुस्तरीय दायरे में स्वयं शासन का अधिकार, स्वायत्त शासन का अधिकार, स्वाधीनता, आत्मशासित, स्वयंचालित, स्वयंशासित समुदाय, आत्मकर्म की स्वतंत्रता जैसे जटिल व विशाल कार्य आते हैं। जर्मन दार्शनिक कांट तो स्वायत्तता का सीधा संबंध व्यक्ति की 'इच्छा-स्वतंत्रता' से जोड़ते हैं। व्यक्ति से समाज, समुदाय, नस्ल और राष्ट्र बनते हैं। इन सभी मानव निर्मित दवाइयों एवं संस्थाओं में व्यक्ति की इच्छा-स्वतंत्रता या निर्णय स्वतंत्रता– महत्वपूर्ण भूमिका निभाती है, जब वैयक्तिक इच्छा-स्वतंत्रता सामूहिक इच्छा एवं आकांक्षा में भी रूपांतरित होती है। इसके कार्य, प्रभाव परिणाम की परिधि की स्वतः विस्तृत होती जाती है।

स्वायत्तता का संबंध नैतिकता, सांस्कृतिक-धार्मिक स्वतंत्रता एक खास सामूहिक आचार संहिता

जातीय, राजनीतिक एवं प्रशासनिक स्वतंत्रता एवं स्त्री अस्मिता के संदर्भ में भी किया गया है। यह भी माना गया है कि जहां स्वायत्तता व्यक्ति, समाज, समुदाय और राष्ट्र की स्वतंत्रता सुनिश्चित करती है, वहीं उन्हें उत्तरदायित्व भी प्रदान करती है। स्वयत्तता के मूल में व्यक्ति, किसी स्थान या देश की सामर्थ्य शक्ति निहित है। यदि व्यक्ति, समाज, समुदाय या राष्ट्र में क्षमता है, तो वह स्वायत्तता का हकदार बन सकता है। इसका अर्थ है—बगैर किसी आंतरिक या बाह्य दबाव के वैयक्तिक या सामूहिक इच्छाशक्ति का स्वतंत्र प्रयोग। इस प्रयोग के लिए नैतिक, सामाजिक, राजनीतिक, वैधानिक स्वीकृतियों की आवश्यकता होती है। स्थानीयता और सार्वभौमता दोनों ही स्वायत्तता में निहित हैं अर्थात यह परिघटना निजी स्तर से लेकर राष्ट्रीय और विश्व स्तरों पर समान रूप से अस्तित्वमान है। स्वायत्तता को लेकर मध्य युग के दार्शनिकों और राजनीतिक चिंतकों में काफी विचार विचार हुआ है। आधुनिक युग में भी इसे विभिन्न प्रकार से परिभाषित करने के प्रयास किए गए हैं। जहां कांट से स्वायत्तता को एक नैतिक एजेंट के रूप में देखते हैं, इसे मानव गरिमा से जोड़ते हैं और सार्थक जीवन की कसौटियों में शुमार करते हैं, वहीं आधुनिक चिंतक हैबरमास इसे निजी स्वायत्तता एवं सार्वजनिक स्वायत्तता के रूप में देखते हैं।

स्वयत्तता को राजनीतिक उदारतावाद के परिप्रेक्ष्य में भी देखा जाता है। माना यह जाता है कि स्वायत्तता के विभिन्न मॉडल कई प्रकार के दबावों को भी प्रतिबिंबित करते हैं। स्टुअर्ट मिल जैसे चिंतकों का मत है कि स्वायत्तता का सम्मान तभी संभव है, जब समाज मार्गदर्शक सिद्धांतों द्वारा शासित होता हो, इसलिए स्वायत्तता की भूमिका को परिवार, अभिभावक, आधारभूत, उदारवाद की बुनियाद, स्व की अवधारणा एवं पहचान, न्याय एवं लोकतंत्र की प्रणालियों के परिप्रेक्ष्य में देखा-समझा गया है। चिंतक यह भी मानते हैं कि स्वायत्तता की प्रभावशीलता राजनीतिक सत्ता पर आश्रित है।

स्वायत्तता से यह भी माना जाता है कि यह एक ऐसा विधान है जिसके अंतर्गत व्यक्ति या समाज स्वयं द्वारा रचित संहिता या व्यवस्था हासिल करता है। वह इसमें स्वयं का हित देखता है। राजनीतिक विज्ञान के अंतर्गत 'सामाजिक समझौता सिद्धांत' के प्रतिपादक हॉब्स, लॉक और रूसों ने किन्हीं अर्थों में इस स्वायत्तता की भूमिका को स्वीकार किया है, क्योंकि लोग स्वयं के हितों की रक्षा के लिए समझौता करते हैं और व्यवस्था (राज्य) का निर्माण करते हैं। इस समझौते में लोगों या समाज की इच्छा सक्रिय रहती है।

स्वायत्तता के सिद्धांत के दायरे में मानवाधिकार कानून, आत्मनिर्णय का अधिकार, मतसंग्रह, अंतरिक्ष शोध, खुदकुशी, इच्छामृत्यु जैसे विषयों को भी रखा जाता है। इन विषयों का संबंध जहां व्यक्ति की निजी स्वतंत्रता से है, वहीं समाज, धर्म, समुदाय, विश्व मानवता और राज्यों की अखंडता से भी है। अक्षुण्ण स्वायत्तता राष्ट्र-राज्य की अखंडता, संप्रभुता और भू-राजनीति को प्रभावित करती है, इसलिए पिछले कुछ दशकों से आधुनिक राष्ट्र-राज्यों की सरकारें स्वायत्तता को मान्यता देने से घबराती भी हैं।

भारत सहित दक्षिण एशिया के अधिकांश देश स्वायत्तता की मांगों और इनसे उपजे संकट से गुजर रहे हैं। पाकिस्तान, अफगानिस्तान, श्रीलंका जैसे देशों में भी विशिष्ट जातीय-समूह स्वायत्तता के लिए लड़ रहे हैं। भारत ने कुछ सीमांत अंचलों में आदिवासी स्वायत्त परिषदों का गठन करके स्थानीय समुदायों की आकांक्षाओं का समाधान करने का प्रयास किया है। ये स्थानीय जातीय-समुदाय अपनी विशिष्ट जीवन शैली, संस्कृति एवं सामाजिक-आर्थिक व्यवस्था की रक्षा के लिए स्वायत्तता की मांग करते रहे हैं। इस तरह की स्वायत्तता वस्तुतः बहुसंख्यक समुदाय की मुख्य धारा में सीमांत समुदायों की अपनी विशिष्ट पहचान एवं अस्मिता की रक्षा करती है।

रामशरण जोशी

अधिक जानकारी के लिए :

1. Antonomy and Personal Liberty : John Christman, **2. Concept of Autonomy :** Thomas May

स्वास्थ्य का अधिकार

परंपरागत तौर पर स्वास्थ्य को सार्वजनिक दायरे की जगह निजी दायरे के भीतर देखा जाता है। रोग के न होने की दशा के रूप में स्वास्थ्य को देखा जाता है। स्वास्थ्य संबंधी प्रावधानों को समाहित करने वाले आरंभिक कानून उद्योगीकरण के युग में बने। सार्वजनिक स्वास्थ्य अधिनियम (1848) श्रम की बुरी स्थितियों को देखकर बढ़े सामाजिक दबाव के कारण यूनाइटेड किंगडम में स्वीकार किया गया था। 1843 के मेक्सिको के संविधान में सार्वजनिक स्वास्थ्य को संरक्षित करने की राज्य की जिम्मेदारी का उल्लेख है। स्वास्थ्य को सामाजिक मुद्दे के रूप में परिभाषित करने की दिशा में हुए विकास ने 1946 में विश्व स्वास्थ्य संगठन की स्थापना की राह दिखाई। इसकी स्थापना के साथ स्वास्थ्य के बारे में इस समझ को बल मिला कि यह शारीरिक, मानसिक तथा सामाजिक तौर पर व्यक्ति की अच्छी स्थिति का द्योतक है, न कि मात्र बीमारी या अक्षमता का अभाव। यह अच्छे स्वास्थ्य के लिए सहयोगी, भौतिक तथा सामाजिक वातावरण समेत मानव की अच्छी स्थिति से संबंधित सभी कारकों को एक साथ जोड़ने के एक एकीकृत दृष्टिकोण को भी परिभाषित करता है।

विश्व स्वास्थ्य संगठन का संविधान कहता है कि स्वास्थ्य के हासिल किए जा सकने वाले सर्वोच्च मानक को प्राप्त करना—बिना नस्ल, धर्म, राजनीतिक पूर्वाग्रह और आर्थिक-सामाजिक स्थितियों के भेदभाव के—हर मनुष्य के मौलिक अधिकारों में एक है। 1948 में मानवाधिकारों की सार्वभौमिक घोषणा ने भी जीवन के सम्मानजनक स्तर के अधिकार के हिस्से के रूप में स्वास्थ्य का उल्लेख किया है। स्वास्थ्य का अधिकार 1966 में आर्थिक, सामाजिक तथा सांस्कृतिक अधिकारों पर अंतरराष्ट्रीय प्रसंविदा में मानवाधिकार माना गया है।

भारतीय संविधान के विभिन्न प्रावधानों और भारत के उच्चतम न्यायालय के विभिन्न निर्णयों में स्वास्थ्य को एक अविच्छिन अधिकार माना गया है। भारत के संविधान के नीति निर्देशक सिद्धांतों में लोक स्वास्थ्य में सुधार को राज्य का प्राथमिक कर्तव्य माना गया है। इस प्रकार स्वास्थ्य का अधिकार राज्य, मानव अधिकार, नागरिकता की धारणाओं के विस्तार के साथ जुड़ा है। सामान्य स्वास्थ्य की धारणा राज्य और नागरिक के बीच संबंध को परिभाषित करने वाला कारक बन गया है। संयुक्त राज्य अमेरिका, फ्रांस और यूरोप के कई अन्य देशों लैटिन अमेरिकी देश और क्यूबा आदि में यह राजनीति को निर्धारित करने वाला तत्व बनकर उभरा है। अमर्त्य सेन ने मानव पूंजी निर्माण की दिशा में स्वास्थ्य को एक महत्वपूर्ण कारक माना। इससे ज्यादा वे स्वास्थ्य को राज्य के लोककल्याणकारी नजरिये के विस्तार से जोड़ते हैं, लेकिन चिकित्सा के बढ़ते व्यवसायीकरण और सरकारी अस्पतालों में चिकित्सकों द्वारा मरीजों को देखने से इंकार की घटनाएं स्वास्थ्य के अधिकार को अर्थहीन बनाती हैं।

स्वास्थ्य का अधिकार अच्छी स्वास्थ्य सेवाओं तक आम लोगों की पहुंच से जुड़ा है। इसमें ये भी सम्मिलित हैं—स्वच्छ पेयजल तथा समुचित साफ-सफाई, स्वच्छ भोजन, समुचित पोषण तथा आवास, कार्यस्थल तथा पर्यावरण की स्वास्थ्य स्थितियां, स्वास्थ्य संबंधी शिक्षा तथा जानकारी और लैंगिक समानता। स्वास्थ्य के अधिकार की दावेदारी में निम्नलिखित बातें शामिल हैं—सबको अवसरों की समानता उपलब्ध कराने वाली स्वास्थ्य सुरक्षा दवाओं तक पहुंच, बुनियादी स्वास्थ्य सेवाओं तक समान तथा समय के भीतर पहुंच, स्वास्थ्य संबंधी शिक्षा तथा जानकारी के प्रावधान आदि।

स्वास्थ्य के अधिकार को बिना भेदभाव के लागू करना मानवाधिकार की प्राथमिक शर्त मानी जा सकती है। अध्ययन दर्शाते हैं कि कुछ समाजों में जनजातीय, अल्पसंख्यक समूह और देशज लोग आम आबादी की तुलना में स्वास्थ्य सेवाओं का कम उपयोग कर पाते हैं। घरेलू स्त्रियां स्वास्थ्य संबंधी जानकारी कम प्राप्त कर पाती हैं। समुचित आवास तथा स्वच्छ पेयजल तक उनकी पहुंच कम होती है।

उनके बच्चों की मृत्यु दर अधिक होती है। वे गंभीर कुपोषण का शिकार होती हैं। किसी तरह का भेदभाव न होना बुनियादी मानवाधिकार है, यह समानता स्वास्थ्य के अधिकार का एक बेहद महत्वपूर्ण भाग है। आर्थिक, सामाजिक तथा सांस्कृतिक अधिकारों पर अंतरराष्ट्रीय प्रसंविदा तथा बच्चों के अधिकार पर प्रसंविदाएं वस्तुतः नस्ल, रंग, लिंग, भाषा, धर्म, राजनीतिक मत, राष्ट्रीय या सामाजिक उत्पत्ति, संपत्ति, विकलांगता, जन्म अथवा अन्य आधारों पर भेदभाव न करने की बात कहती हैं।

कुछ समूह या विशिष्ट व्यक्ति जैसे महिलाएं, विकलांग, बच्चे तथा एचआईवी, एड्स जैसी कुछ, विशिष्ट स्वास्थ्य समस्याओं से जूझ रहे व्यक्तियों को विशेष बाधाओं का सामना करना पड़ता है। ये बाधाएं जैविक या सामाजिक-आर्थिक कारकों, भेदभाव तथा लांछन या सामान्यतः इनके मिश्रण के कारण पैदा होती हैं। महिलाएं उन स्वास्थ्य समस्याओं को महसूस करती हैं जिन्हें पुरुष भी महसूस करते हैं, लेकिन ये समस्याएं स्त्रियों को भिन्न तरीके से प्रभावित करती हैं। स्वास्थ्य सेवाओं तक महिलाओं की पहुंच पुरुषों की तुलना में काफी कम है। इस प्रकार वे सभी समूह और व्यक्ति जो लैंगिक बराबरी का दावा करते हैं, इसे स्वास्थ्य सेवाओं तक पहुंच के मामले में भी लागू कराना चाहते हैं। बच्चों की मौतें मुख्यतः सांस की समस्या, मलेरिया, दस्त, कुपोषण आदि से होती हैं। बच्चे एचआईवी के बढ़ते संक्रमण के खतरे का सामना कर रहे हैं। यह संक्रमण अधिकतर मां से बच्चे में होता है। राज्य की जिम्मेदारी है कि वह इस मामले को देखे और बच्चों की समय पर समुचित देखभाल उपलब्ध कराए। उसे शिशु मृत्यु दर तथा मृत्यु दर कम करने के लिए ठोस कदम उठाने चाहिए।

सरकार तथा स्वास्थ्य के पेशेवरों को सभी बच्चों और किशोरों को बिना भेदभाव के देखना चाहिए। इसका अर्थ यह है कि उन्हें अल्पसंख्यक समूहों या जनजातीय समुदायों के बच्चों जैसे विशेष समूहों की आवश्यकताओं और अधिकारों पर विशेष ध्यान देना चाहिए। लड़कियों को समुचित पोषण, सुरक्षित वातावरण तथा शारीरिक और मानसिक स्वास्थ्य सेवाओं तक समान पहुंच होनी चाहिए। अल्पायु में विवाह, बेटे को ही जन्म देने जैसी स्त्रियों को प्रभावित करने वाली परंपरागत प्रथाओं को समाप्त करने के लिए समुचित कदम उठाए जाने चाहिए।

विकलांग व्यक्तियों को स्वास्थ्य के अपने अधिकार का उपभोग करने के लिए विभिन्न चुनौतियों का सामना करना पड़ता है। विकलांग व्यक्ति को स्वास्थ्य सेवा-केंद्र तक पहुंचने में कठिनाई आती है, विशेषकर ग्रामीण अथवा सुदूर क्षेत्रों में। यदि अक्षमता मनोवैज्ञानिक तरीके की है तो व्यक्ति सार्वजानिक स्वास्थ्य प्रणाली में इसका इलाज प्राप्त नहीं कर सकता। विकलांग महिलाओं को लैंगिक तौर पर संवेदनशील स्वास्थ्य सेवाएं प्राप्त करने में कठिनाई हो सकती है। विकलांग व्यक्ति हिंसा और गाली-गलौज के शिकार अधिक अनुपात में हो सकते हैं। वे शारीरिक, मनोवैज्ञानिक तथा भावनात्मक दुर्व्यवहार, उपेक्षा और आर्थिक शोषण का शिकार होते हैं। विकलांग महिलाएं अधिक दुर्व्यवहार की शिकार होती हैं। यह केवल विकलांगता या दिव्यांगता ही नहीं है बल्कि लांछन, दूसरों पर निर्भरता, लिंग, गरीबी या अन्य प्रकार की आर्थिक निर्भरता जैसी सामाजिक स्थितियां तथा बाधाएं भी हैं, जो ऐसे लोगों को कष्ट देती हैं।

सरकार के इतने वर्षों के प्रयत्न के बाद भी ऐसे बहुत से लोग बच जाते हैं, जिनके लिए योजनाएं तो हैं, पर उनका क्रियान्वयन नहीं हो पा रहा है। हर जगह किसी-न-किसी तरह का भेदभाव उन्हें स्वस्थ रहने के अपने अधिकार से वंचित कर रहा है। अगर देखा जाए तो राज्यों की यह जिम्मेदारी है कि मानवाधिकार और स्वास्थ्य के अधिकार के लिए काम करें, चाहे कानूनी तौर पर मनुष्य को सारे अधिकारों से जोड़ें या ऐसे संसाधन विकसित करें जिनसे स्वास्थ्य के अधिकार को व्यापक स्तर पर लोगों से जोड़ा जा सके।

स्वास्थ्य के अधिकार और विस्तार के लिए कई प्रदेश सरकारों ने बीमा योजनाएं शुरू कीं, जो किसी-न-किसी प्रकार से स्वास्थ्य के अधिकार से जुड़ी हुई हैं। भारत सरकार ने राष्ट्रीय स्वास्थ्य बीमा योजना की शुरुआत की है, जो असंगठित क्षेत्र के उन मजदूरों को अतिरिक्त लाभ देती है जिन्हें सरकार से अन्य किसी प्रकार का लाभ नहीं मिलता। बीमा योजना सरकार द्वारा चलाई जा रही अनूठी पहल है जिसमें असंगठित मजदूर बीमा से सरकारी और गैर-सरकारी अस्पतालों में अपना इलाज करा सकते हैं। इसमें परेशानी की बात यह है कि इसमें प्रीमियम सरकार स्वयं भरती है। इससे लोग इस योजना से सीधे नहीं जुड़ पाते हैं। जन्मजात बीमारियों और विकलांगता के लिए स्वास्थ्य बीमा की व्यवस्था का अब भी प्रावधान नहीं है, यह चिंतनीय है।

श्वेता पाल

अधिक जानकारी के लिए :

1. Health Care Reforms in India : Rajendra Pratap Gupta, **2. In Search of the Perfect Health System :** Mark Britnell, **3. Medicine, Health Care and the Raj :** Daya Varma, **4. Right to Health Challenges and Opportunities :** Indian Journal of Community Medicine, Oct-Dec, 2015

|| ह ||

हज

हज एक विशेष तीर्थयात्रा है, जिसे जिल हिज्जा यानी इस्लामी कैलेंडर के बारहवें और अंतिम महीने में मक्का में अंजाम दिया जाता है। इस दौरान बिना सिले हुए दो ही वस्त्र पहने जाते हैं। हज इस्लाम का पांचवां (अरकान) अंग है। यह पैगंबर हजरत इब्राहीम के समय से चला आ रहा है। उस समय इसका रूप कुछ अलग था। हजरत मुहम्मद ने इसमें कुछ संशोधन कर इसे हर स्वस्थ और आर्थिक रूप से संपन्न मुसलमान मर्द-औरत के लिए अनिवार्य कर दिया। जीवन में कम-से-कम एक बार हज करना जरूरी है।

हज करना एक कठिन मजहबी काम है, क्योंकि इसमें बहुत शारीरिक एवं मानसिक मेहनत होती है। बहुत चलना, दौड़ना और परिक्रमा करनी पड़ती है। इस दौरान कुछ कठिन नियमों का पालन भी करना पड़ता है, जैस—काबा शरीफ की सात बार परिक्रमा, शैतान को पत्थर मारना, मीना के मैदान में रात गुजारना आदि। हज के मौके पर हाजियों को अपना सिर मुँड़ाना पड़ता है। यह औरतों के लिए जरूरी नहीं है। वे प्रतीकात्मक रूप से अपने केश के किसी छोटे हिस्से को कतर सकती हैं।

हज के दौरान प्रत्येक हाजी को कुरबानी देनी पड़ती है। यहां औरतें हिजाब में रहती हैं। हिजाब से यह अर्थ नहीं लगाना चाहिए कि मुंह-हाथ ढका जाए और पैर के मोजे पहने जाएं। हिजाब से औरतें शरीर के उभार को छिपाती हैं। हज मुसलमानों का एक विश्व सम्मिलन है जिसके माध्यम से वे हर वर्ष अपने अस्तित्व को प्रदर्शित करते हैं। हर हाजी 'जमजम' का पवित्र जलपान करता है तथा उस पवित्र जल (जमजम) को घर-परिवार एवं पड़ोसियों को प्रसादस्वरूप देने के लिए ले जाता है। हज के दौरान जितनी भी मजहबी क्रियाएं हैं, उनका संबंध हजारों वर्ष के विश्वासों से जुड़ा है। काबा पहुंचकर हाजियों की सारी दिशाएं समाप्त हो जाती हैं। यहां नमाज पढ़ने की कोई निश्चित दिशा नहीं होती। काबा के चारों ओर नमाज पढ़ी जा सकती है जबकि अन्य प्रदेशों-प्रांतों के मुसलमान पश्चिम दिशा की ओर मुंह करके ही नमाज पढ़ते हैं और पश्चिम दिशा का सम्मान करते हुए उस ओर पैर पसारकर सोते-बैठते तक नहीं हैं।

हज के दौरान जब व्यक्ति एहराम अर्थात् बिना सिले दो सफेद कपड़ों में होता है, तब वह बड़े कठिन दौर से गुजरता है। उसे बहुत चीजों का खयाल रखना पड़ता है। एहराम धारण करने के बाद हाजी न अपनी हजामत बना सकते हैं, न बाल कटवा सकते हैं। इस दौरान वह एक चींटी या मच्छर भी नहीं मार सकता। किसी को अपशब्द या किसी से उलझकर बात तक करना मना है। उसके जीवन में किसी प्रकार के ऐश्वर्य की मनाही होती है। नाखून नहीं काटना, सुगंध नहीं लगाना आदि एहराम धारण करने के बाद की पाबंदियां हैं।

हर हाजी की ज़ुबान पर बस अल्लाह की प्रशंसा और उसकी महत्ता होती है। पूरा माहौल इस भावना से भरा होता है–'लब्बैक अल्लाहहुम्मा लब्बैक लाशरिकालका लब्बैक', अर्थात् या अल्लाह! मैं तेरी सेवा में हाजिर हूँ, मेरा कोई दूसरा शरीक (खुदा) नहीं है।

सेराज खान बातिश

हजरत महल

(1820-1859)

1857 के स्वतंत्रता संग्राम में महत्वपूर्ण भूमिका निभाने वाली बहादुर स्त्रियों में हजरत महल का नाम प्रमुख है। वह फैजाबाद की थीं और अवध के नवाब वाजिद अली शाह की बुद्धिमान बेगम

हजरत महल

थीं। उनमें सैन्य संगठन की क्षमता भी थी। 1856 में नवाब वाजिद अली शाह अंग्रेजों द्वारा बंदी बना लिए गए। इसके बाद हजरत महल ने अवध की बागडोर अपने हाथों में ले ली। 1857 में लखनऊ में विद्रोही सैनिकों के हाथों अंग्रेजों की हार के बाद हजरत महल ने अपने पुत्र कदर को अवध का नवाब घोषित किया और खुद जनाबे आलिया बनकर राजकाज देखने लगीं।

हजरत महल ने बेगम कोठी को फौजी मुख्यालय बना दिया। वहीं से वह सैन्य संगठन करने लगीं। उन्होंने मुक्ति सेना की मदद के लिए सरकारी खजाने का द्वार खोल दिया। कहा जाता है कि उन्होंने महिलाओं की भी एक मुक्ति सेना तैयार की और उन्हें युद्ध कौशल की शिक्षा दी जाने लगी। उन्होंने दिल्ली में बहादुरशाह जफर के नाम स्वतंत्रता का संदेश भेजा और 16 जुलाई 1857 को लखनऊ के बेली गारद पर अंग्रेजों की सेना पर हमला कर दिया। वह घर के भेदियों के कारण असफल हो गईं। उनके सहयोगी अहमदुल्ला शाह मारे गए और पूरी सेना तितर-बितर हो गई। 1858 तक बेगम कोठी समेत पूरे लखनऊ पर अंग्रेजों का कब्जा हो गया।

हजरत महल नेपाल चली गईं और महारानी विक्टोरिया की घोषणा पर भी अंग्रेजों की अधीनता स्वीकार करने को तैयार नहीं हुईं। काठमांडू में उन्होंने एक महल, मस्जिद और इमामबाड़े का निर्माण करवाया।

धर्मेंद्र राय

हजरत मुहम्मद
(570-632)

हजरत मुहम्मद इस्लाम धर्म के संस्थापक के रूप में जाने जाते हैं। इस्लाम धर्म के अनुसार मानव जाति के उत्थान और धर्म का सही मार्गदर्शन करने के लिए ईश्वर द्वारा अनेक पैगंबर इस संसार में भेजे गए। हजरत मुहम्मद इस कड़ी के अंतिम पैगंबर थे। उनसे पहले आए पैगंबरों में आदम, नूह, अब्राहीम, मूसा और ईसा माने जाते हैं।

हजरत मुहम्मद का जन्म 570 में अरब के मक्का नामक शहर के कुरैश कबीले के एक साधारण परिवार में हुआ था। उनके जन्म से पहले ही पिता अब्दुल्लाह का देहांत हो चुका था। जब वे छह साल के थे, मां आमिना भी गुजर गईं। बचपन में हजरत मुहम्मद अपने दादा अब्दुल मुत्तल्लिब की देखरेख में रहे। वे अपने कबीले के प्रमुख लोगों में से एक थे। मक्का स्थित धार्मिक स्थल काबा की देखरेख की जिम्मेदारी उन्हीं पर थी। जब मुहम्मद केवल आठ वर्ष के थे, अब्दुल मुत्तल्लिब का भी देहांत हो गया। अब उनके चाचा अबू तालिब उनके संरक्षक बने। अबूतालिब एक छोटे कारोबारी थे। वह अत्यंत दयालु और ईमानदार व्यापारी थे। उनके पुत्र अली पैगंबर मुहम्मद के निकट सहयोगी बने और जीवनभर उनके साथ बने रहे। 13 साल की उम्र से ही मुहम्मद अबूतालिब के व्यापार में उनका हाथ बंटाने लगे। जवान होने के पश्चात वे अरब की एक धनवान व्यापारी महिला खदीजा के यहां काम करने लगे। खदीजा विधवा थीं। वह मुहम्मद की ईमानदारी और सादगी से बहुत प्रभावित हुईं। खदीजा ने उन्हें विवाह का प्रस्ताव दिया। जब उनका विवाह हुआ, तब

मुहम्मद की उम्र 25 वर्ष थी और खदीजा की 40 वर्ष। विवाह के बाद दोनों ने अत्यंत सुखी दांपत्य जीवन गुजारा। इस विवाह से उनकी चार पुत्रियां और तीन पुत्र हुए। हजरत मुहम्मद के कई विवाह हुए थे।

उस समय का अरब समाज अनेक कबीलों में बंटा हुआ था। सबके धर्म और विश्वास अलग-अलग थे। उनमें मूर्तिपूजा और बहुदेववाद का प्रचलन था। काबा इन सभी के लिए एक पूज्य धार्मिक स्थल था। राजनीतिक रूप से सभी कबीलों में आपसी संघर्ष और युद्ध होते रहते थे।

व्यापारिक यात्रा के सिलसिले में हजरत मुहम्मद की मुलाकात यहूदी और ईसाई धर्म केअनेक धार्मिक गुरुओं से होती थी। विभिन्न अनुयायियों और मतों, धर्मों और विचारों का मंथन उनके मन-मस्तिष्क में चलता रहता था। प्रत्येक वर्ष वे रमजान के महीने में मक्का के पास हिरा नामक गुफा में जाकर ध्यानमग्न रहते थे। कहते हैं, यहीं पर उन्हें खुदा के संदेश की प्राप्ति हुई। उस समय उनकी आयु लगभग 40 वर्ष थी। उन्होंने बताया कि खुदा की ओर से उन्हें कुरआन की पवित्र आयतें (श्लोक) मिली हैं और वह अपनी आयतें उन्हें समय-समय पर इसी प्रकार भेजता रहेगा। इसी के बाद (610 ईसवी) हजरत मुहम्मद के पैगंबर के रूप में कार्य करने के विवरण मिलते हैं। कुरआन मजीद की आयतें उसी समय से हजरत मुहम्मद पर उतरने लगीं, जिन्हें पूरा होने में लगभग 23 साल लगे। कुछ आयतें मक्का प्रवास तथा कुछेक मदीना प्रवास के दौरान उतरीं। इसलिए इन्हें मक्की और मदनी आयतें भी कहा जाता है। पूरी दुनिया का अकीदा है कि यह अर्श के मालिक का कलाम है। कुरआन मजीद और पैगंबर की जिंदगी से जुड़ी बातें ही इस्लाम का आधार हैं। इससे पहले हजरत मूसा पर 'तौरात', हजरत ईसा पर 'इंजील' हजरत दाऊद पर 'जबूर' और ईश्वर की ओर से भेजी गई पवित्र पुस्तकें मानी जाती हैं। पैगंबर मुहम्मद ने स्वयं को इसी परंपरा से जोड़ा और बताया कि पहले के संदेशों को मनुष्यों ने बदल दिया और वे पथभ्रष्ट हो गए हैं, इसलिए अब वे अंतिम पैगंबर के रूप में भेजे गए हैं और एक ईश्वर में विश्वास और उसके मार्ग का पालन करने में ही सबकी मुक्ति है। उन्होंने अब मक्का के लोगों के बीच इस्लाम धर्म का संदेश देना और इसका प्रचार करना शुरू किया।

उनके प्रभाव में सबसे पहले उनकी पत्नी खदीजा ईमान लाईं। उसके बाद उनके चाचा अबू तालिब के बेटे अली ईमान लाए। उसके बाद कुछ और लोग भी साथ हुए। मक्का के सभी कबीलों ने उनका विरोध किया। उनका कहना था कि सैकड़ों सालों से जो धर्म हम मानते आए हैं और जो हमारे ईष्ट देव हैं, मुहम्मद के अनुसार वे सब गलत और झूठे हैं, वे यह नहीं मानते। मुहम्मद साहब का जमकर विरोध हुआ, उन पर हमले किए गए। मक्का के लोगों का विचार था कि नए धर्म के नाम पर मुहम्मद अपने वंश का प्रभुत्व स्थापित करना चाहते हैं। जब संघर्ष अधिक हिंसक होने लगा, मुहम्मद ने मक्का छोड़कर चले जाने का निश्चय किया। उन्होंने मक्का से 340 कि.मी. दूर स्थित यसरब के इलाके मदीना के लोगों से संपर्क किया और एक रात चुपके से अपने निकट के साथियों के साथ मक्का से मदीना के लिए रवाना हो गए। यह घटना हिजरत के नाम से जानी जाती है। इसी वर्ष से (622 ईसवी) इस्लामी कैलेंडर हिजरी वर्ष की शुरुआत हुई। मदीना के लोगों ने उनका स्वागत किया और शरण दी। धीरे-धीरे उनके और साथी भी मदीना आ गए। इनमें प्रमुख थे हमजा, उमर, अबू बकर, उस्मान आदि। मक्का के लोग इनका विरोध करते रहे। अगले कई वर्ष तक मक्का के कबीलों और मदीना के मुहम्मद के नेतृत्व वाले मुस्लिम अनुयायियों के बीच चार युद्ध लड़े गए। ये थे—जंगे-बद्र (624 ईसवी), जंगे-उहद (625 ईसवी), जंगे-खंदक (627 ईसवी) और फतेह मक्का (630 ईसवी)। मक्का की विजय के बाद मुहम्मद मक्का पहुंचे और अंतिम हज अदा किया। इस अवसर पर अपना अंतिम संदेश देते हुए उन्होंने कहा, 'मेरे बाद तुम लोग विधर्मी न बन जाना।' अपने इंतकाल से पहले उन्होंने दुनिया

के हक में दुआ करते हुए कहा, 'ऐ लोगो! तुम खुदा के आदेशों, उसके शहरों और मखलूक पर जुल्म और ज्यादती न करो, क्योंकि आखिरत का घर एक ऐसा मकाम है, जिसका मालिक वे ही लोग बनेंगे जो धरती पर सरकशी, जुल्म-ज्यादती और दंगा-फसाद के अपराधी न होंगे।' उन्होंने दुनिया को बताया, 'अल्लाह एक है, उसका कोई शरीक नहीं है, उसके सिवा कोई इबादत के लायक नहीं है और मैं उसका रसूल (पैगंबर) हूं। उन्होंने बुतपरस्ती की निंदा की। उन्होंने लोगों को बताया कि पूरी दुनिया आदम की औलाद है, इसलिए पैदाइश के आधार पर कोई छोटा या बड़ा नहीं है। उन्होंने लोगों को यह भी बताया कि मैंने अब तक जो कुछ कहा है, यदि उस पर तुम्हें शक-ओ-शुबहा है तो तुम खुद अपनी विवेकशीलता से उसको परखो। 62 साल की उम्र में 12 रबीउल अव्वल 11 हिजरी पीर के दिन (8 जून 632) उनका इंतकाल हुआ।

पैगंबर मुहम्मद के कथनों और व्यवहार को 'हदीस' के नाम से जाना जाता है। इस्लामी कानूनों में हदीस को मान्यता दी जाती है। हजरत की मृत्यु के बाद मुस्लिम जगत का नेतृत्व खलीफा नामक पद के अधीन हुआ। चार प्रमुख खलीफा, जो मुहम्मद के निकट सहयोगी थे, इस प्रकार हैं—अबू बक्र, उमर, उस्मान तथा अली। उनकी एक बेटी फातिमा के दो पुत्र थे—हसन और हुसैन, जिनसे पैगंबर मुहम्मद का वंश आगे बढ़ा।

पैगंबर मुहम्मद ने इस्लाम धर्म की जिन मूल आस्थाओं की शिक्षा दी, वे हैं : एक ईश्वर पर ईमान रखना, मुहम्मद खुदा के अंतिम पैगंबर हैं, कुरआन अल्लाह की दी हुई किताब है और कयामत (अंतिम न्याय के दिन) पर विश्वास करना। उन्होंने निम्नलिखित आवश्यक धार्मिक कर्तव्य बताए—पांच बार नमाज या सलात पढ़ना, रमजान में रोजा रखना, हज करना, जकात देना। उन्होंने मानवीय प्रवृत्तियों पर विचार करते हुए अपने खास ऐतिहासिक समय के संदर्भ में एक ऐसी आदर्श सार्वभौम व्यवस्था की कल्पना की, जो मानवीय विवेक पर आधारित हो। उनके बताए मार्ग की बाद में कई व्याख्याएं सामने आईं और आज तक कई शिविरों से उनकी अलग-अलग व्याख्याएं आ रही हैं।

रुस्तम राय

अधिक जानकारी के लिए :
1. इस्लाम का उदय और लक्ष्य : इर्तिजा हुसैन, **2. हजरत मुहम्मद : एक संक्षिप्त जीवनी :** ताहा नसीम, **3. Muhammad : His life Based on Earliest Sources :** Martin Lings Suhail Academic, Lahore, 2009, **4. The life of Muhammad :** Muhammad H. Haykal

हठयोग

नाथपंथियों की साधना में हठयोग का महत्वपूर्ण स्थान है। मत्स्येंद्रनाथ और गोरखनाथ ने हठयोग को व्यापक स्तर पर प्रचलित किया। इनके पंथ में देहशुद्धि के लिए हठयोग में धोति, वस्ति, नेति, त्राटक, नौलि और कपालभाति आदि कष्टसाध्य षटकर्मों के साथ-साथ आसनों, मुद्राओं, प्राणायामों, ध्यानों आदि का विस्तृत विधान है।

पतंजलि के 'योगदर्शन' के अनुसार, योग चित्तवृत्तियों के निरोध (योगाश्चित्त वृत्ति निरोधः) को कहते हैं। मनुष्य की चित्तवृत्तियों को संसार की ओर प्रवाहित होने से रोककर अंतर्मुखी करने की साधना पद्धति ही योग है। हठयोग की मुख्य साधना है—कुंडलिनी शक्ति को ऊर्ध्वगामी करके सहस्रार तक पहुंचाना।

मेरुदंड के निचले भाग में गुदा और शिश्न के मध्य भाग में त्रिकोण अग्निचक्र है, इस चक्र में स्थित स्वयंभू लिंग को सर्पिणी की तरह साढ़े तीन आवर्तों में लपेटे कुंडलिनी सोई रहती है। यह जब तक सोई रहती है, मनुष्य का सारा तेज नीचे से क्षरित होता रहता है। इसके साथ प्राणशक्ति भी क्षीण होती रहती है। जब योगी इसे मूलबंध लगाकर जगा देते हैं, तब यह मेरुदंड की सीध में ऊपर चढ़ने लगती है। मेरुदंड में छह चक्रों की कल्पना है। कमलवत आकार के कारण इन्हें कमल भी कहा गया है।

ऊर्ध्वगामिनी कुंडलिनी सबसे पहले जिस चक्र को पार करती है, वह है मूलाधार चक्र जो चार दलवाला कमल है। उसके ऊपर स्वाधिष्ठान चक्र (नाभि के समीप) छह दलवाला है। मणिपुर चक्र (नाभि के ऊपर स्थित) दस दलवाला है। अनाहत चक्र (हृदय के समीप) बारह दलवाला है। विशुद्धाख्य चक्र (कंठ के समीप) 16 दलवाला है। आज्ञा चक्र (भ्रूमध्य में स्थित) मात्र दो दलवाला है। इस स्थान को 'त्रिकुटी' कहा जाता है। इस स्थान पर पहुंचकर साधक को दिव्य दृष्टि की प्राप्ति होती है। साधक छह चक्र वेधकर कुंडलिनी को अंतिम चक्र-सहस्रारचक्र (जिसे सहस्रदल कमल कहते हैं) में पहुंचता है। इसे शून्यचक्र, शून्यमंडल, गगनमंडल, आकाशमंडल आदि भी कहा गया है। यही शिव का वासस्थान है। इसी से इसे कैलास भी कहा गया है। इसी में मानसरोवर की कल्पना की गई है, जिसमें निर्लिप्त चित्तरूपी हंस निवास करता है।

पतंजलि के योग में मुख्य जोर मन को साधने पर है, लेकिन हठयोग में सारा जोर क्रमशः शरीर को साधने पर, काया को अमर बनाने पर हो गया। 'हठयोग प्रदीपिका' में कहा गया है कि शरीर में वैसे बहत्तर हजार नाड़ियां हैं, किंतु उनमें सुषुम्ना ही शक्ति की वाहिका है, इसी से कुंडलिनी ऊपर की ओर प्रवाहित होती है। सुषुम्ना तीन नाड़ियों– वज्रा (सबसे ऊपर), चित्रिणी (उसके अंदर) और ब्रह्मनाड़ी (उसके अंदर) से बनी है। ब्रह्मनाड़ी से ही कुंडलिनी का मार्ग है। सुषुम्ना के बाईं ओर इड़ा तथा दाईं ओर पिंगला है। कबीर आदि संतों ने तुक मिलाने के लिए इनको इंगला-पिंगला कहा है। वाम नासापुट का श्वास-प्रवाह इड़ा से और दक्षिण नासापुट का श्वास प्रवाह पिंगला से होता है। इड़ा का स्वभाव शीतल है, उसमें चंद्र का वास है। उसके अधिष्ठाता ब्रह्म हैं। इसे गंगा भी कहा गया है। पिंगला का स्वभाव उष्ण है, इसमें सूर्य का वास है। इसके अधिष्ठाता विष्णु हैं। उसे यमुना भी कहा गया है। इड़ा का चंद्रनाड़ी तथा पिंगला को सूर्यनाड़ी भी कहते हैं। सुषुम्ना इड़ा और पिंगला के मध्य में है। इसके अधिष्ठाता शिव हैं। यह त्रिगुणमयी है। यह चंद्र, सूर्य अर्थात् अग्निस्वरूप और सरस्वती रूप है। तीनों नाड़ियों का संगम ब्रह्मरंध्र में है, यह त्रिवेणी है। ब्रह्मरंध्र मस्तक के मध्य में परिकल्पित एक रंध्र है। योगियों के प्राण इसी रंध्र को वेधकर निकलते हैं, इसी से उन्हें ब्रह्मत्व की प्राप्ति होती है। इसी को दशम द्वार या 'दसवां दुआर' कहा गया है। उल्लेखनीय है, शरीर के अन्य नवद्वार सदा खुले रहते हैं, केवल ब्रह्मरंध्र बंद रहता है। इसे साधक साधना द्वारा खोलता है। ब्रह्मरंध्र के खुलते ही सहस्रार चक्र से अमृत रस बरसता है, शिव के मस्तकस्थ चंद्रमा से सोमरस झरने लगता है और योगी को आनंद की उपलब्धि होती है। ब्रह्मरंध्र को उलटा कुंआ भी कहा गया है, जिसमें अमृत रस भरा है।

कुंडलिनी जागकर जब ऊपर को उठती है तो उससे 'नाद' होता है। नाद से प्रकाश होता है, यही बिंदु है, 'जो नाद अनाहत भाव से सारे विश्व में व्याप्त है, उसी का प्रकाश जब व्यक्ति में होता है तो उसे नाद और बिंदु कहते हैं।' सुषुम्ना का बंद द्वार खुल जाने और कुंडलिनी के ऊपर उठने के बाद से भी अनाहद ध्वनि या अनहद नाद सुनाई देने लगता है। पहले समुद्र गर्जन, मेघ गर्जन जैसा शब्द सुन पड़ता है, फिर शंख, घंटा जैसी आवाज सुनाई देती हैं और अंत में किंकिणी, वंशी, भ्रमर और वीणा के गुंजार जैसी मधुर ध्वनि सुनाई देती है। योगी इस अंतःसंगीत के आनंद में डूबा रहता है। क्रमशः मन के विशुद्ध हो जाने पर शब्दों का सुनाई देना बंद होता जाता है और योगी की आत्मा अपने स्वरूप में स्थिर हो जाती है। शुरू-शुरू में हठयोग को शरीर शुद्धि और चित्रा सम्मार्जन का साधन समझा जाता था, लेकिन 'नाथपंथ में काया साधन से ही मुक्ति मानी जाने लगी।' हठयोग की अनेक गुह्य साधनाओं को नाथपंथ ने उलटबांसियों की भाषा दी। जैसे–खेचरी मुद्रा, जिसमें योगी अपनी जीभ को उलटकर तालु देश में ले जाता है और ब्रह्मरंध्र से टपकते सोमरस का पान करता है, इससे वह

अमर हो जाता है। कबीर आदि संतों की बानी में उलटबांसियों की यह शैली नाथपंथियों की हठयोग साधना से आई है।

कुसुम राय

हड़प्पा सभ्यता

हड़प्पा सभ्यता का विकास सिंधु और उसकी सहायक नदियों की घाटियों में हुआ। सिंधु के तटीय भूभाग पर दो अति प्राचीन नगर थे– मोहनजोदड़ो और हड़प्पा। मोहनजोदड़ो सिंध प्रांत के लरकाना जिले में है और हड़प्पा रावी नदी के तट पर पंजाब के मांटगुमरी जिले में है। सिंधी भाषा में 'मुञ्जोदड़ो' का अर्थ है–'मृतकों का टीला'। हड़प्पा का पुराना नाम ऋग्वेदोक्त 'हरियूपिया' बताया गया है (इतिहास दर्शन, वासुदेवशरण अग्रवाल)। देश के विभाजन के बाद उपर्युक्त दोनों जिले पाकिस्तान में हैं। उक्त दोनों प्राचीन नगरों की खुदाई दयाराम साहनी और राखालदास बनर्जी ने 1920 से 1922 तक की। बाद में श्रीवत्स दीक्षित, मार्शल, मैके आदि पुरातत्वविदों ने इस कार्य को गति दी। उत्खननों से आज से लगभग पांच हजार वर्ष पहले भारत में विकसित किसी प्रागैतिहासिक सभ्यता के चिह्न प्राप्त हुए। खोज के क्रम में 1947 से पूर्व के अविभाजित भारत और उसके बाद स्वतंत्र भारत में विभिन्न स्थलों पर उत्खनन कार्य हुए। पुरातत्वविद एस पी गुप्ता के अनुसार, गत वर्षों में लगभग 2269 स्थलों पर इस सभ्यता के संबंध में खुदाई हुई है, जिनमें से 1463 स्थल भारत में हैं और 806 स्थल पाकिस्तान में हैं (हड़प्पन सिविलाइजेशन एंड वैदिक कल्चर)।

पुरातात्विक और ऐतिहासिक खोजों के आधार पर सिद्ध हो चुका है कि यह प्राचीन सभ्यता सिंधु नदी की घाटी तक सीमित नहीं थी। उपलब्ध साक्ष्यों के आधार पर इस सभ्यता के क्षेत्र का विस्तार पूर्व से पश्चिम 1600 किलोमीटर और उत्तर से दक्षिण तक 1100 किलोमीटर अनुमानित है (सिंधु सभ्यता, थपल्याल एवं शुक्ल)। तदनुसार यह सभ्यता पश्चिम में बलूचिस्तान तक, पूर्व में राजस्थान, हरियाणा तथा उत्तर प्रदेश में आलमगीर (मेरठ) क्षेत्र तक एवं दक्षिण में सौराष्ट्र और गुजरात तक फैली हुई थी। सात-सात गहन स्तरों तक उत्खनन द्वारा इस सभ्यता के पर्याप्त समय तक विद्यमान रहने का अनुमान भी होता है। इसका प्रभाव क्षेत्र निश्चय ही तत्कालीन मिस्री और सुमेरी सभ्यताओं के प्रभाव क्षेत्र से कई गुना अधिक था।

इस सभ्यता और संस्कृति की खोज के प्रथम चरण में जो स्थल मिले, वे सिंधु और उसकी सहायक नदियों के तट पर स्थित थे। अतः जॉन मार्शल ने इसे 'सिंधु सभ्यता' नाम दिया। बाद में अब जब सभ्यता के अवशेष सिंधु से दूर गंगा-यमुना के दोआब और नर्मदा-ताप्ती के मुहानों के समीप तक मिल चुके हैं। भौगोलिक दृष्टि से अब 'सिंधु सभ्यता' नाम समीचीन नहीं माना जाता। इस सभ्यता के लिए 'सिंधु-सरस्वती सभ्यता' नाम का प्रयोग भी किया जाने लगा। एस पी गुप्ता ने कारण दिया है कि 'सभ्यता की खोज वाले स्थलों में से 173 स्थल सिंधु और उसकी सहायक नदियों के तट पर पाए गए, तो उससे कहीं अधिक सरस्वती और उसकी सहायक नदियों के किनारों पर (1074 स्थल) प्राप्त हुए हैं। स्पष्ट है कि सरस्वती नदी के तट पर सभ्यता अपेक्षाकृत अधिक पनपी और फूली-फली। आज अधिक-से-अधिक विद्वान इस नाम का उपयोग करते दिखाई देते हैं। (हड़प्पन सिविलाइजेशन एंड वैदिक कल्चर)।

'मोहनजोदड़ो और सिंधु सभ्यता' विषयक ग्रंथ में जॉन मार्शल ने और 'हिंदू सभ्यता' नामक ग्रंथ में राधाकुमुद मुखर्जी ने सिंधु सभ्यता का समय 3250 से 2750 ईसा पूर्व तक माना है। व्हीलर ने इस सभ्यता के विकसित रूप को 2500 ईसा पूर्व से 1500 ईसा पूर्व तक बताया है। कार्बन डेटिंग प्रणाली के अनुसार, सिंधु सभ्यता के विकसित स्वरूप को 2400 से 1750 ईसा पूर्व तक माना जाता है। पहले मान लिया गया था कि 'आर्यों के आक्रमण'

के कारण इस सभ्यता का नाश हुआ लेकिन अब किसी प्राकृतिक आपदा को ही विनाश का कारण माना जाता है। यह सभ्यता या तो सरस्वती नदी के मार्ग बदलने या विलुप्त होने से नष्ट हुई या फिर सिंधु नदी की बाढ़ से समाप्त हुई या किसी भूस्खलन या भूकंप में नष्ट हुई। रामविलास शर्मा 'आर्य आक्रमण' के मिथक का सप्रमाण खंडन करते हैं और किसी प्राकृतिक कारण को ही युक्तिसंगत मानते हैं।

पुरातात्विक उत्खननों से हड़प्पा सभ्यता एक उन्नत नागरिक सभ्यता सिद्ध होती है। सभ्यता के विभिन्न केंद्रों पर प्राप्त मिट्टी, पाषाण, धातु आदि की मूर्तियां, मुद्राएं, मनके, मृद्‌भांड, युद्धोपकरण, आभूषण आदि अवशेष इस सभ्यता की समृद्धि के साक्षी हैं। मोहनजोदड़ो, हड़प्पा और राजस्थान स्थित कालीबंगा के अवशेष विशेष महत्व के हैं क्योंकि इनसे ज्ञात होता है कि सिंधुवासी योजनाबद्ध तरीके से अपने नगरों का निर्माण करते थे। नगर में सड़कों, गलियों और स्वच्छता के लिए नालियों का उत्तम प्रबंध किया जाता था। इन नगरों के भग्नावशेषों में कई कुएं, पक्के और ऊंचे भवन, विशाल स्नानागार, सीढियां, चबूतरे, कमरे आदि स्थापत्य और भवन-निर्माण में दक्षता के बेजोड़ नमूने हैं। पिगॉट के हवाले से रामविलास शर्मा ने बताया है कि हड़प्पा सभ्यता भारत में केंद्रबद्ध राज्यसत्ता और सुनियोजित अर्थतंत्र के पहले युग की सूचना देती है और मौर्य साम्राज्य उसका उत्तराधिकारी है।

गेहूं, जौ आदि खाद्य पदार्थ, कृषि के साधन गाय, बैल आदि पशुओं का पालन, व्यापार व्यवस्था, यातायात के साधन आदि की जानकारियों से तत्कालीन आर्थिक जीवन की सुदृढ़ता स्पष्ट होती है। मिट्टी के बर्तनों पर चित्रकारी, मुद्राओं पर चित्रांकन और लेखन, योगी और नर्तकी जैसी सुंदर कलाकृतियां, धातुओं के औजार, आभूषण और खिलौनों आदि के अवशेष इस सभ्यता के धार्मिक, सामाजिक और सांस्कृतिक जीवन के कुछ संकेत देते हैं जिनसे तत्कालीन संस्कृति का भास्वर पक्ष उद्‌घाटित होता है। मातृदेवी की उपासना और पशुपति शिव की आराधना का तथ्य मुद्राओं के अंकन और मूर्तियों के भग्नावशेष से सुनिश्चित होता है।

हड़प्पा सभ्यता में लिपि का प्राप्त होना अत्यंत महत्वपूर्ण ऐतिहासिक तथ्य है। ये लेख मुख्यतः सेलखड़ी की मुद्राओं, मिट्टी के मुद्राछापों, मृद्‌भांडों और ताम्रपट्टों पर मिले हैं। सिंधु सभ्यता की लिपि को पढ़ने के प्रयत्न कई विद्वानों ने किए हैं, परंतु अभी भी वह एक चुनौती बनी हुई है।

जॉन मार्शल और कुछ अन्य विद्वानों ने इस सभ्यता को मूलतः द्रविड़ों की सभ्यता माना जिस पर आर्यों ने बाहर से आकर आक्रमण किया और द्रविड़ों को दक्षिण में खदेड़कर यहां के नगरों और प्रदेशों पर कब्जा कर लिया। पुरातात्विक और नृतात्विक प्रमाणों द्वारा यह धारणा निर्मूल सिद्ध हुई है। आज अनेक विद्वान हड़प्पा सभ्यता को वैदिक सभ्यता से जोड़कर देखने की बात करते हैं। भगवान सिंह के शब्दों में, हमें ऋग्वेद के अनुरूप पुरातात्विक सामग्री केवल सिंधु-सरस्वती की नगर सभ्यता में ही मिलती है। यह साम्य प्रत्येक दृष्टि से अविकल्प है (नया ज्ञानोदय, फरवरी 2009)। ईसा पूर्व तीसरी सहस्राब्दी में पश्चिम एशिया से हड़प्पा के व्यापारिक संबंध के प्रमाण मिले हैं। रामविलास शर्मा मानते हैं कि हड़प्पा सभ्यता का अध्ययन मिस्र, सुमेर और क्रीट की प्राचीन मिनोअन-मिकीनीअन सभ्यताओं के अंतःसंबंध को ध्यान में रखकर करना चाहिए और इसमें पुरातात्विक साक्ष्यों के साथ-साथ भाषा वैज्ञानिक साक्ष्यों की और ऋग्वेद की सहायता लेनी चाहिए। भाषाशास्त्रीय और नृतत्वशास्त्रीय अध्ययनों में औपनिवेशिक आग्रहों का जोर जैसे-जैसे कम होता जा रहा है, वैसे–वैसे हड़प्पा सभ्यता और वैदिक साहित्य का अंतःसंबंध स्पष्ट होता जा रहा है लेकिन जब तक सिंधु लिपि पढ़ नहीं ली जाती, तब तक प्रामाणिक रूप से कोई सुनिश्चित निष्कर्ष सर्वमान्य नहीं हो सकता।

शशि तिवारी

अधिक जानकारी के लिए :

1. प्राचीन भारत : रमेशचंद्र मजूमदार (अनूदित), 1962, 2002, **2. प्राचीन भारत :** राजबली पांडेय, 1968, **3. हिंदू सभ्यता :** राधाकुमुद मुखर्जी, 1966, **4. इतिहास दर्शन :** वासुदेवशरण अग्रवाल, 1978, **5. सिंधु सभ्यता :** किरण कुमार थपलियाल एवं संकटाप्रसाद शुक्ल, 1976, 1992, **6. हड़प्पा सभ्यता और वैदिक साहित्य :** भगवान सिंह, 1987, **7. पश्चिम एशिया और ऋग्वेद :** रामविलास शर्मा, 1994, **8. Cultural heritage of India :** S S Sarkar (Ed.) Vol-1

हनुमान

कहा जाता है कि 'हनुमान' या 'हनुमत' द्रविड़ शब्द 'आणमंदी' या 'आणमंती' का परिनिष्ठित रूप है। 'अण' का अर्थ है नर और 'मंती' का अर्थ है वानर। इस तरह नरवानर के रूप में हनुमान की कल्पना पौराणिक ग्रंथों में मिलती है। वाल्मीकि रामायण में इन्हें राम का परम भक्त, अद्‌भुत बलशाली, निपुण राजनीतिक बताया गया है। इनकी दिव्य शक्तियों के कारण आगे चलकर एक देवता के रूप में इनकी पूजा होने लगी। हनुमान के नामांतर मिलते हैं, जैसे—पवनपुत्र, मारुति, वज्रांग या बजरंग अर्थात् वज्र के समान अंग वाला।

एक कथा के अनुसार, एक बार शिव और पार्वती वानर वेश धारण कर वनक्रीड़ा कर रहे थे। इसी दौरान पार्वती गर्भवती हुई। पार्वती वानर शिशु को जन्म देने के लिए तैयार नहीं थीं। शिव ने तब अपने योगबल से पार्वती के गर्भ को वायु देव को सौंप दिया। वायु ने इसे कुछ समय बाद अंजना के गर्भ में स्थापित किया, जिससे हनुमान का जन्म हुआ। कहते हैं, शिव का अंश होने के कारण हनुमान बाल समय से ही अति बलशाली और दिव्य शक्ति-संपन्न थे। एक बार भूख से परेशान हनुमान सूर्य को पका हुआ स्वादिष्ट फल समझकर खाने के लिए उसके पास चले गए। हनुमान का ग्रास बनकर सूर्य कराह उठे और इंद्र से रक्षा के लिए प्रार्थना की। इंद्र ने सूर्य को हनुमान के मुख से निकालने के लिए उनके हनु यानि ठुड्डी पर वज्र से प्रहार किया, जिससे उनकी ठुड्डी फूल गई। तभी से इनका नाम हनुमान पड़ा। कहते हैं, अपने पुत्र को घायल होते देखकर वायु देव ने नाराज होकर पूरी सृष्टि में वायु-संचार बंद कर दिया, जिससे सभी प्राणियों का जीवन संकट में पड़ गया। इस पर सभी देवता वायु देव के पास आए, उनसे क्षमा मांगी और हनुमान को विभिन्न वरदान दिए।

विष्णु के वरदान के फलस्वरूप हनुमान राम के सर्वश्रेष्ठ भक्त के रूप में विख्यात हुए। सीताहरण के बाद उनकी खोज में राम-लक्ष्मण की भेंट किष्किंधा नगरी में हनुमान से हुई। हनुमान ने उन्हें वानरराज सुग्रीव से मिलवाया। सीता का पता लगाने के लिए हनुमान समुद्र लांघकर लंका गए। वहां इन्होंने रावण की सोने की लंका जला डाली, उसके पुत्र अक्षय कुमार को मार डाला और सीता को राम की अंगूठी देकर जल्द ही राम द्वारा मुक्त करा लिए जाने का आश्वासन दिया। लौटते समय हनुमान सीता की चूड़ामणि लेकर आए और राम को सीता का पता दिया। रावण के साथ युद्ध में जब लक्ष्मण मेघनाद द्वारा चलाए गए ब्रह्मास्त्र से घायल होकर मूर्च्छित हो गए, तब हनुमान ने संजीवनी बूटी लाकर उनकी प्राणरक्षा की। वनवास के बाद राम के अयोध्या लौटने की खबर सबसे पहले हनुमान ने भरत को दी। वाल्मीकि रामायण के अनुसार राम ने जब अश्वमेध यज्ञ का आयोजन किया, तब लव-कुश ने यज्ञ के अश्व को पकड़ लिया। अश्व की मुक्ति के लिए शत्रुघ्न और पूरी सेना समेत हनुमान ने उनके साथ युद्ध किया। लव-कुश ने शत्रुघ्न को मूर्च्छित कर दिया और हनुमान को पाश में बांधकर मनोरंजन के लिए माता के पास ले आए। सीता ने हनुमान को पहचान लिया और अपने पुत्रों को उन्हें मुक्त करने का आदेश दिया।

महाभारत में हनुमान को चिरंजीव कहा गया है और इनका स्थान अर्जुन के रथध्वज पर बताया गया है। एक कथा-प्रसंग में हनुमान ने भीम का गर्व हरण किया। (वनपर्व, 146, 59-79)। इस तरह हनुमान

रामायण में मुख्य भूमिका निभाने के बाद महाभारत में भी फुटकर ढंग से दिखाई पड़ते हैं।

हनुमान के बल, शौर्य और पराक्रम की पुनर्रचना हिंदी की कई रचनाओं में हुई है। तुलसी ने हनुमान को भक्ति का प्रतीक बना दिया। निराला ने 'राम की शक्तिपूजा' में हनुमान का बड़ा ही विकराल और दिव्य रूप प्रस्तुत किया है। हरिवंश राय बच्चन ने 'सिसिफस बरक्स हनुमान' शीर्षक से एक लंबी कविता लिखकर बताना चाहा है कि ग्रीक मिथक सिसिफस मृत्यु को कैद करने के बाद अभिशाप झेलते हुए एक चट्टान को पहाड़ के शिखर पर बार-बार ले जाता है, पर चट्टान लुढ़ककर बार-बार जमीन पर आ जाती है—यह व्यर्थताबोध से भरा कर्म है, जबकि हनुमान मूर्च्छित लक्ष्मण के लिए चट्टान सहित संजीवनी बूटी लाकर एक सार्थक कर्म करता है। उपर्युक्त कविता में पश्चिम और पूर्व की दृष्टियों के फर्क की ओर संकेत किया गया है।

श्रद्धांजलि सिंह

हन्ना अरेंत

(1906-1975)

हन्ना अरेंत (Hannah Arendt) बीसवीं सदी में राजनीतिक दर्शनशास्त्र के क्षेत्र की एक प्रमुख जर्मन विचारक थीं। आधुनिक सभ्यता के मूल संकट, अधिनायकवादी सत्ताओं के उदय के कारक तत्व, राजनीतिक प्रक्रिया में सार्वजनिक हिस्सेदारी के क्षरण, नस्लवाद और नौकरशाही की भूमिका, मास सोसाइटी और हिंसा के अंतर्संबंध तथा आधुनिक समाज में मनुष्य के अंतःसंसार के विघटन पर हन्ना अरेंत ने बहुत रेडिकल चिंतन किया है। हन्ना के व्यक्तित्व में दार्शनिक तत्ववेत्ता, इतिहासकार, राजनीतिक सिद्धांतकार, समाजविज्ञानी और संस्कृति मर्मज्ञ के विभिन्न रंग एक-दूसरे में घुल-मिल गए थे। उन्होंने जर्मनी में फासीवादी दौर में बौद्धिकों का संस्थानीकरण होते देखा था। बाद में अमेरिकी समाज में भी उन्होंने मेकार्थी–वर्षों में भी बौद्धिकों के इस शर्मनाक आत्मसमर्पण को देखा था।

जर्मनी में अपने विद्यार्थी जीवन में ही हन्ना अरेंत का एडमंड हसर्ल और कार्ल यास्पर्स जैसे प्रख्यात अस्तित्ववादी दार्शनिकों से संपर्क हो गया था। हाइडेलबर्ग विश्वविद्यालय में उन्होंने कार्ल यास्पर्स के निर्देशन में 'संत अगस्तीन के विचारों में प्रेम की अवधारणा' विषय पर शोध प्रबंध लिखा था। 1924 में मारबर्ग यूनिवर्सिटी में वे प्रख्यात दार्शनिक मार्टिन हाइडेगर की शिष्य थीं। अपने गुरु हाइडेगर से लगभग पांच वर्षों तक उनका प्रगाढ़ प्रेम-संबंध भी रहा। हन्ना अरेंत यहूदी थीं। 1933 में हाइडेगर के हिटलर की नात्सी पार्टी में शामिल होने के बाद दोनों के जीवन की दिशाएं बिलकुल अलग हो गईं। एक लंबे अंतराल के बाद 1950 के दशक में यद्यपि वे हाइडेगर के संपर्क में दोबारा आईं पर तब तक हन्ना का व्यक्तित्व, उनका संसार और उनका कार्यक्षेत्र पूरी तरह से बदल चुका था। जर्मनी में नात्सी दौर में नस्ली घृणा की उस संस्कृति को उन्होंने बहुत निकट से अनुभव किया था। जर्मनी में घट रही घटनाओं ने हन्ना को जर्मन और यहूदी परंपराओं के असामंजस्यपूर्ण संबंधों की मीमांसा करने के लिए

हन्ना अरेंत

प्रेरित किया। 1933 में जब हिटलर सत्ता में आया तो हन्ना को जर्मनी से फ्रांस भागना पड़ा था। फ्रांस में वे लगभग एक दशक तक रहीं। दूसरे महायुद्ध के दौरान जब फ्रांस जर्मनी के कब्जे में आ गया तो उन्होंने फ्रांस से भागकर अमेरिका में शरण ली। बाद का उनका पूरा समय अमेरिका में बीता।

अपने कुछ समकालीन विचारकों की तरह हन्ना अरेंत भी अपने लेखन में बीसवीं सदी की राजनीतिक और नैतिक विफलताओं और विरोधाभासों का एक आधारभूत विमर्श रचती हैं। तकनीकी क्रांति, आधुनिक प्रबंधकीय कौशल, विराट उत्पादन और उसी के साथ एक संवेदनशून्य नौकरशाही, नस्लवादी उत्पीड़न, यातना शिविर और गुलाग दंड द्वीप से उपजी स्थितियां उनके चिंतन के केंद्र में हैं। हन्ना का जीवन दो महायुद्धों, नस्ली घृणा और जातीय उत्पीड़न, क्रांति, गृहयुद्ध, बड़ी संख्या में लोगों के भौतिक और आत्मिक रूप से विस्थापित होने का साक्षी रहा। 'दि ओरिजिन ऑफ मॉडर्न टोटैलिटेरियनिज्म (1951) की भूमिका में उन्होंने लिखा कि भविष्य कभी इतना अनिश्चित नहीं था। जिन राजनीतिक शक्तियों पर कभी भरोसा नहीं किया जा सकता कि वे विवेकपूर्ण नियमों का पालन करेंगी, उन्हीं पर हम आज बहुत ज्यादा निर्भर हैं। मानव जाति ने स्वयं को जैसे दो हिस्सों में बांट लिया है—एक वे लोग जिनका मनुष्य की असीम सामर्थ्य में यकीन है और दूसरे वे लोग जिनके लिए शक्तिहीनता ही उनकी जिंदगियों का सबसे बड़ा अनुभव बन गया है। हन्ना ने लिखा कि मास सोसाइटी में एक व्यक्ति का अपने परिवेश के साथ एक अजनबीपन और उसके भीतर बैठी भावशून्यता ही सर्वसत्तावाद के बुनियादी चरित्र और मनुष्य के उत्पीड़न को जन्म देती है। उन्नत तकनीकी समाजों में अकेले और अलग-थलग पड़े मनुष्यों की भीड़ बन रही है और एक सार्वजनिक राजनीतिक जीवन का पतन हो चुका है। इस पुस्तक में हन्ना ने नात्सीवादी और सोवियत साम्यवाद के बीच के साम्य को भी रेखांकित किया है। हन्ना कहती हैं कि सर्वसत्तावाद हमारे समय में एक सर्वथा नई और राक्षसी चीज है क्योंकि वह एक सरलीकृत विचार और शक्ति के आतंक द्वारा जन-सामान्य पर किए जाने वाले अत्याचारों को न्यायोचित ठहराता है तथा नई-नई युक्तियां गढ़कर सारे संसार पर अपना वर्चस्व कायम कर लेना चाहता है। वे कहती हैं कि नर-संहार की भयावहता और उसके प्रतिनिधि रूप के बीच जितना बड़ा अंतराल बीसवीं सदी में पैदा हुआ, वैसा मनुष्यता के इतिहास में इससे पहले कभी नहीं हुआ था। तीन खंडों में प्रकाशित इस बृहदाकार ग्रंथ 'द ओरिजिंस ऑफ टोटैलिटेरियनिज्म' ने हन्ना के चिंतन को अंतरराष्ट्रीय ख्याति दी है।

एक प्रमुख फासीवादी युद्ध अपराधी के मुकदमे पर लिखी अपनी रिपोर्ट 'ऐचमान इन यरुशलम' (1963) में हन्ना ने सर्वसत्तावाद के चरित्र, आधुनिक प्रशासन व्यवस्था की कार्यप्रणाली और मनुष्य की नैतिक शून्यता से जुड़ी मनोवैज्ञानिक स्थिति के आपसी संबंधों की सूक्ष्म पड़ताल की है। दूसरा विश्वयुद्ध समाप्त होने के डेढ़ दशक बाद कुख्यात नाजी लेफ्टिनेंट-कर्नल एडोल्फ ऐचमान पर, जिसने दूसरे विश्वयुद्ध के दौरान लगभग चार लाख यहूदियों को गैस चेंबरों में भेजा था, उसके युद्ध-अपराधों को लेकर 1962 में इजराइल में उस पर मुकदमा चला तो हिटलर की सेना के इस पूर्व अधिकारी को अपने किए की कोई ग्लानि या अपराध-बोध नहीं था। पूरे मुकदमे के दौरान वह अपने बचाव में दलील देता रहा कि वह तो केवल ऊपर से प्राप्त आदेशों का पालन कर रहा था। फांसी के फंदे की ओर भी वह एक नायक के गर्व के साथ बढ़ा था। हन्ना इस निष्कर्ष पर पहुंची कि सर्वसत्तावाद ने इस आदमी के अंतःजगत का इस हद तक पदार्थीकरण कर डाला था कि एक जघन्य अपराध भी उसे दूसरे किसी सौंपे गए कार्य की तरह सामान्य लगता था। एक भयावह बुराई के भी अति सामान्य और नित्य कर्म की चीज बन जाने की इस स्थिति को हन्ना अरेंत ने 'दुष्कर्म की साधारणता' (Benality of Evil) नामक एक मुहावरे के रूप में रचा। हन्ना ने इस महत्वपूर्ण तर्क को रखा कि

सारी सर्वसत्तावादी व्यवस्थाएं किन्हीं 'मिथकों' और 'प्रोपेगेंडा' के सहारे चलती हैं जो ठोस सच्चाइयों से एकदम निरपेक्ष होते हैं। इस तरह के जन-अभियान आधुनिक समय में आतंक के नए रूप हैं।

1963 में प्रकाशित 'ऑन रिवोल्यूशन' में हन्ना अरेंत फ्रेंच क्रांति और अमेरिकी क्रांति पर अपने विचार रखते हुए राजनीतिक इतिहास की इन बड़ी घटनाओं के मूल आदर्शों के खो जाने की त्रासदी को विश्लेषित करती हैं। जीवन के अंतिम वर्षों में वे 'लाइफ ऑफ माइंड' नामक एक महत्वपूर्ण पुस्तक लिख रही थीं जो मानव मस्तिष्क के तीन स्वायत्त लेकिन परस्पर संबद्ध कार्यो अर्थात् सोचने, चाहने और निर्णय लेने की प्रवृत्तियों का अध्ययन कर रही थीं। यह कार्य उनके निधन की वजह से अधूरा रह गया।

हन्ना अधिनायकवादी संस्कृति और जनसाधारण के जटिल संबंधों की एक रेडिकल विमर्शकार थीं। भूमंडलीकरण के इस दौर में जबकि विशाल कॉरपोरेट हाउसों की कार्य-प्रणालियों और नौकरशाही की निर्वैयक्तिकता ने मनुष्य के एलियनेशन की स्थिति को और भी अधिक विकट बना दिया है, हन्ना अरेंत का चिंतन पहले से भी कहीं अधिक प्रासंगिक और मूलगामी प्रतीत होती है।

विजय कुमार

अधिक जानकारी के लिए :

1. The Origins of Totalitarianism : Hannah Arendt, 1951, **2. The Human Condition : Hannah Arendt**, 1958, **3. Eichmann in Jerusalem : A report on the Banality of evil** : **Hannah Arendt** 1963, **4. Hanna Arendt : Life is a Narrative :** Julia Kristeva, Frank Collins, **5. Hanna Arendt :** Martin Heidegger

हयग्रीव

हयग्रीव विष्णु का अर्धमानव और अर्धपशु अवतार है, जिसका जिक्र महाभारत के शांतिपर्व में है। मधु और कैटभ नाम के दो राक्षसों ने ब्रह्मा से वेदों की चोरी कर उन्हें समुद्र में छिपा दिया। विष्णु ने हयग्रीव अवतार लेकर दैत्यों का वध किया और चारों वेद पुनः ब्रह्मा को सौंप दिए। इसके बाद उन्होंने अपना घोड़े का सिर समुद्र में फेंक दिया और अपने मूल स्वरूप में आ गए। इसी पर्व में है कि विष्णु उत्तर-पश्चिमी समुद्र में हयग्रीव के रूप में अपने भक्तजनों से यज्ञाहुति ग्रहण करते हैं। कुछ विद्वानों ने कहा है कि 'वेदों की एक कथा से हयग्रीव का मिथकीय रूप जुड़ा हो सकता है। अश्विनी कुमारों ने ऋषि दध्यंच के सिर कट जाने पर उन्हें पुनः घोड़े का सिर प्रदान करके जीवित कर दिया था। महाभारत में कई जगहों पर विष्णु को साक्षात यज्ञ और हयशिर भी कहा गया है।' (द डेमन एंड द ड्यूटी : कंफ्लिक्ट सिंड्रोम इन द हयग्रीव लीजेंड : सुवीरा जायसवाल)। कालिका पुराण में एक दैत्य हयग्रीव का उल्लेख है। महाभारत के आदिपर्व में हयशिर दानव को ऋषि कश्यप और उनकी पत्नी दनु का पुत्र कहा गया है। इसके उद्योग पर्व में विष्णु हयग्रीव का वध करते हैं।

नरसिंह पुराण में दैत्य हयग्रीव का नरकासुर आदि के साथ कृष्ण के द्वारा मारे जाने का उल्लेख है (वही)। दैत्य हयग्रीव को मारने के लिए विष्णु ने हयग्रीव का ही वेश धारण किया, इसका उल्लेख कालिका पुराण में है, जिसकी रचना नौवीं सदी के

हयग्रीव

आसपास हुई थी (वही)। गुवाहाटी से लगभग तीस किलोमीटर दूर गंधमऊ पहाड़ियों पर विष्णु हयग्रीव का एक प्रसिद्ध मंदिर है। अठारहवीं सदी के असमी कवि रामचंद्र दास ने अपनी रचना में पूजास्थल के संदर्भ में बताया है कि विश्व के कल्याण के लिए जब विष्णु हयासुर का वध करने जा रहे थे तो उसने विष्णु से प्रार्थना की कि वे उसका ही रूप धारण करके पहाड़ी को अपना निवास स्थान बनाए। विष्णु ने दैत्य की प्रार्थना स्वीकार कर ली। विष्णु इस हयग्रीव मंदिर में ज्वर के देवता के रूप में आज भी पूजे जाते हैं। सुवीरा जायसवाल ने इस जनजातीय पूजास्थल को एक जनजातीय लोकविश्वास के वैष्णवीकरण के रूप में व्याख्यायित किया है और अपने विश्लेषण में बौद्ध और वैष्णव धर्मों के जटिल संबंधों की ओर ध्यान आकर्षित किया है।

सुमिता गुप्ता

हरदेव बाहरी
(1907-2000)

हरदेव बाहरी हिंदी के प्रगुख भाषावैज्ञानिक थे। उन्होंने अंग्रेजी साहित्य (ऑनर्स) लेकर स्नातक तथा इतिहास विषय लेकर स्नातकोत्तर की परीक्षा उत्तीर्ण की थी। उन्होंने ध्वनिविज्ञान पर पीएचडी तथा शब्दार्थ विज्ञान पर डी लिट् किया था। उन्होंने ओरियंटल कॉलेज, लाहौर, इलाहाबाद विश्वविद्यालय तथा कुरुक्षेत्र विश्वविद्यालय में अध्यापन किया।

हरदेव बाहरी का मुख्य कार्यक्षेत्र भाषाविज्ञान रहा है। हिंदी की काव्यशैलियों का विकास (1947), प्राकृत और उसका साहित्य (1952), हिंदी उद्‌भव, विकास और रूप (1965), ग्रामीण हिंदी बोलियां (1966) आदि उनकी प्रमुख पुस्तकें हैं।

'हिंदी : उद्‌भव, विकास और रूप' नामक उनकी पुस्तक 14 अध्यायों में विभक्त है। इसके 'उद्‌भव' खंड में भाषा-परिवार और उनमें हिंदी का स्थान, भारतीय आर्य भाषा, हिंदी बोलियां आदि का विवेचन-विश्लेषण है। इसके 'विकास' खंड में ध्वनि विकास, शब्द-भंडार, अर्थ-विकास, व्याकरणिक विकास आदि का विस्तृत वर्णन है। पुस्तक के 'रूप' खंड में हिंदी के रूप, साहित्यिक हिंदी का विकास, देवनागरी लिपि, हिंदी की समस्याएं और उनका समाधान आदि दिए गए हैं।

हरदेव बाहरी ने हिंदी शब्दकोश पर महत्वपूर्ण कार्य किया है। राजपाल द्वारा प्रकाशित हिंदी शब्दकोश बाहरी की महत्वपूर्ण देन है। यह हिंदी का आधुनिक एवं प्रामाणिक कोश है जिसमें प्रत्येक शब्द का व्याकरण, प्रयोग तथा मुहावरे दर्ज हैं। इस शब्दकोश के परिशिष्ट में पारिभाषिक एवं तकनीकी शब्दों की उपयोगी सूची है।

अभी तक उनके लगभग सोलह (16) शब्दकोश प्रकाशित हो चुके हैं। उन्होंने भोजपुरी और अवधी के शब्दकोश भी संपादित किए हैं। भोजपुरी शब्दकोश का नाम 'भोजपुरी शब्द संपदा' है, जो 1981 ईसवी में भारती प्रेस, इलाहाबाद से प्रकाशित हुआ। इसके अतिरिक्त उन्होंने 'प्रसाद साहित्य कोश' (1957) का संपादन किया। 'हिंदी सेमेंटिक्स' उनका बृहद ग्रंथ है। अंग्रेजी-हिंदी कोश के क्षेत्र में 'बृहद अंग्रेजी-हिंदी कोश' अत्यंत प्रामाणिक माना जाता है।

हरदेव बाहरी ने जॉर्ज अब्राहम ग्रियर्सन कृत 'लिंग्विस्टिक सर्वे ऑफ इंडिया' के भाग नौ (पंजाबी) का हिंदी अनुवाद किया, जो 1970 में छपा। इसके अतिरिक्त उन्होंने कई छात्रोपयोगी पुस्तकें भी लिखी हैं, यथा-हिंदी भाषा, राजकाज में हिंदी (नोटिंग एवं ड्राफ्टिंग), हिंदी : वस्तुनिष्ठ परीक्षण, हिंदी : शब्द-अर्थ-प्रयोग, हिंदी संक्षेपण, पल्लवन और पाठबोधन आदि।

रूसी-हिंदी शब्दकोश के संकलन के लिए वे सोवियत संघ गए। जर्मन जनवादी गणतंत्र में रहकर उन्होंने हिंदी-जर्मन और जर्मन-हिंदी कोशों का संकलन किया। उनकी लगभग तीन दर्जन पुस्तकें प्रकाशित हैं।

हरदेव बाहरी उन भाषा वैज्ञानिकों में से एक थे जो हिंदी और उसकी बोलियों के बीच सौहार्द चाहते थे। वे हिंदी को सह-अस्तित्व में विश्वास रखने वाली

भाषा मानते थे। वे चाहते थे कि प्रत्येक प्रदेश में अंग्रेजी की जगह अपनी-अपनी भाषा प्रतिष्ठित हो।

हरदेव बाहरी हिंदी भाषा को सहज-सरल मानते हैं। वे हिंदी विरोधियों के इस तर्क से सहमत नहीं हैं कि हिंदी एक जटिल भाषा है अथवा इसका लिंग विधान जटिल है। वे पंजाबी मूल का होने के बावजूद हिंदी के प्रबल भाषावैज्ञानिक रहे हैं।

राजेंद्र प्रसाद सिंह

हरबर्ट स्पेंसर
(1820-1903)

हरबर्ट स्पेंसर (Herbert Spencer) का जन्म इंग्लैंड में हुआ था। वे उन्नीसवीं सदी के महान दार्शनिक, जीवविज्ञानी, मानवशास्त्री, समाजशास्त्री और राजनीतिक सिद्धांतवादी थे। उन्होंने समाज के संदर्भ में समाज के अवयवी सिद्धांत, विकासवादी सिद्धांत तथा सामाजिक डारविनवाद की विचारधाराओं का प्रतिपादन किया। उन्हें सामाजिक परिवर्तन की

हरबर्ट स्पेंसर

विकासवादी अवधारणा के लिए जाना जाता है। वह विक्टोरियन युग के विकासवादी सिद्धांत के प्रमुख प्रवक्ताओं में से एक रहे हैं। स्पेंसर पर व्यवस्था-विरोधी विचारधारा तथा व्यक्तिवादी विचारधारा का गहरा प्रभाव था जो उन्हें अपने परिवार से मिला था। प्रारंभ में वे रेलवे के सिविल इंजीनियर थे लेकिन बाद में वे पत्रकारिता के क्षेत्र में गए और फिर उनका रुझान राजनीतिक लेखन की ओर हो गया। उन पर अठारहवीं और उन्नीसवीं शताब्दी के फ्रांसीसी विचारक ऑगस्ट कॉम्ट के प्रत्यक्षवाद का काफी प्रभाव था।

स्पेंसर ने विकास की तीन अवस्थाएं बताई हैं– अ-जैव (इनॉर्गेनिक), जैव (ऑर्गेनिक) और अधिजैव (सुपरऑर्गेनिक)। उन्होंने इनके माध्यम से विकास को क्रमशः पदार्थ के स्तर पर, जीव के स्तर पर और समाज के स्तर पर अवधारित किया है। स्पेंसर ने विकास को परिभाषित करते हुए कहा है कि विकास एक क्रमशः स्वतःप्रवर्तित होने वाली प्रक्रिया है जिसके चलते समाज में और अधिक विशिष्टीकरण तथा संघटन पैदा होता है। वे पहले विचारक थे जिन्होंने समाज की तुलना जीव से की और उसको 'ऑर्गेनिज्मिक अनैलॉजी' कहा।

स्पेंसर ने समाज में आंतरिक भिन्नता के तीन मुख्य कार्य बताए–नियंत्रण का कार्य (रेग्यूलेट्री फंक्शन), क्रियात्मक (ऑपरेटिव फंक्शन) तथा वितरण का कार्य (डिस्ट्रीब्यूटिव फंक्शन)। उन्होंने विकास का जो मॉडल दिया–सैन्यपरक समाज, औद्योगिक प्रकार का समाज और नीतिपरक समाज–वह संयोजन के स्तर पर आधारित है। इस मॉडल में उन्होंने साधारण समाज, संयोजित समाज, दोगुना संयोजित और तिनगुना संयोजित समाज का उल्लेख किया है। सबसे विकसित समाज की अवस्था को स्पेंसर ने नीतिपरक समाज कहा है। स्पेंसर को सामाजिक डार्विनवादी भी कहा गया है।

1876 में उनकी पुस्तक 'प्रिंसिपल्स ऑफ सोशियोलॉजी' प्रकाशित हुई जिसमें उन्होंने समाजशास्त्र के स्वरूप एवं विषय-क्षेत्र को तय करने का प्रयास किया।

हरबर्ट स्पेंसर ने चार्ल्स डार्विन का 'ऑन द ओरिजिन ऑफ स्पिसीज' पढ़कर 1864 में 'प्रिंसिपल्स ऑफ बॉयोलॉजी' लिखी। इसमें उन्होंने 'सर्वाइवल ऑफ द फिटेस्ट' पद का प्रयोग किया। यह प्राकृतिक चुनाव से संबंधित है, मगर बाद में उन्होंने लेमार्कवाद का उपयोग भी किया। विकासवाद के संबंध में उत्साहपूर्वक काम करते हुए उन्होंने डार्विन से पहले विकास के बारे में लिखा। वे विकास की समायोजित और सर्वसमाहित धारणा के पोषक थे जिसमें भौतिक संसार, जैविक अवयववाद, मनुष्य मस्तिष्क तथा मानव समाज और संस्कृति सब समाहित थे। बहुज्ञ हरबर्ट स्पेंसर ने नीतिशास्त्र, धर्म, मानवशास्त्र, अर्थशास्त्र, साहित्य, मनोविज्ञान आदि विभिन्न विषयों में योगदान किया। अपने जीवन में वे इंग्लिश भाषा-भाषी विद्वत समाज में काफी समादृत थे। बाद में उनके विचार धूमिल पड़ गए। कई बार उनकी तुलना बर्ट्रेंड रसेल से की जाती है।

अपनी किताब 'प्रिंसिपल्स ऑफ साइकोलॉजी' (1855) में हरबर्ट स्पेंसर मनोविज्ञान की शरीरविज्ञान के आधार पर छानबीन करते हैं। इस किताब की स्थापना है कि मानव मस्तिष्क प्राकृतिक नियमों से बंधा है और इन्हें सामान्य जीवविज्ञान के भीतर खोजा जा सकता है। 1858 में उन्होंने एक बहुत बड़ा बीड़ा उठाया जो आगे चलकर 'सिस्टम ऑफ सिंथेटिक फिलॉसफी' के नाम से जाना गया। इसका उद्देश्य यह दिखाना था कि विकास का सिद्धांत जीवविज्ञान, मनोविज्ञान, समाजशास्त्र तथा नैतिकता पर लागू हो सकता है। इस काम को पूरा करने में उनका पूरा जीवन लग गया। चालीस साल में यह काम दस भागों में पूरा हुआ। उन्होंने समाजशास्त्र में अहस्तक्षेप नीति का भी प्रतिपादन किया।

उनके बारे में कहा गया है कि स्पेंसर का चिंतन के पूर्ण तथा एकीकृत सिद्धांत में विश्वास है। विज्ञान हमें आंशिक रूप से एकीकृत ज्ञान उपलब्ध कराता है। दर्शनशास्त्र पूर्ण रूप से एकीकृत ज्ञान, एक व्यवस्थित सिद्धांत है। इसकी समस्या उच्चतम सत्यों को खोजना है जिनसे यंत्रविज्ञान, भौतिकी, जीवविज्ञान, समाजशास्त्र तथा नीतिशास्त्र के सिद्धांतों का निगमन किया जा सकता है। इन सभी प्रस्थापनाओं का एक-दूसरे के साथ सामंजस्य होना चाहिए। 'फर्स्ट प्रिंसिपल्स' संपूर्ण सिद्धांत के आधार का निर्माण करती है, इसमें आधारभूत स्वयंसिद्ध नियमों को स्पष्ट किया जाता है, जो बाद में 'प्रिंसिपल्स ऑफ बायोलॉजी,' 'प्रिंसिपल्स ऑफ साइकोलॉजी' 'प्रिंसिपल्स ऑफ सोशलॉजी' और 'प्रिंसिपल्स ऑफ एथिक्स' में लागू किए जाते हैं। अंतिम पुस्तक (प्रिंसिपल्स ऑफ एथिक्स) में हमें उन सभी सामान्यीकरणों का पुनर्विवरण देखने को मिलता है जिन तक प्राथमिक रचनाओं में पहुंचा गया है। (फ्रैंक थिली)

हरबर्ट स्पेंसर खुद को एक लेखक के रूप में स्थापित करना चाहते थे लेकिन वे अपने समय के सबसे बड़े और प्रसिद्ध फिलॉसफर के रूप में जाने गए। उनके जीवन काल में ही उनको बहुत ज्यादा पढ़ा गया। 1869 तक वे इतने प्रसिद्ध हो चुके थे कि अपनी किताब की आमदनी से उन्हें काफी रकम प्राप्त होने लगी।

प्रतिभा, ख्याति और समृद्धि के बावजूद हरबर्ट स्पेंसर अपने जीवन के अंतिम समय में दिग्भ्रमित तथा एकाकी थे। उन्होंने विवाह नहीं किया। 1855 के बाद से वे लगातार दर्द और बीमारी की शिकायत करते रहे।

अपने जीवन के अंतिम समय में स्पेंसर ने अपने विचारों को संशोधित करते हुए मान लिया था कि विकास की दिशा को उलटा जा सकता है और विकास सभी समाजों के लिए एकरूप नहीं हो सकता। हरबर्ट स्पेंसर के एक सीधी दिशा वाले विकासवादी सिद्धांत की आलोचना के बावजूद सामाजिक परिवर्तनों को समझने में उनके विचार आज भी काफी हद तक महत्पूर्ण हैं। उनके सिद्धांत की झलक अंतरराष्ट्रीय संबंधों के परिवर्तनों में आज भी दिखाई पड़ती है। स्पेंसर ने विकास के मॉडल की जो तीन अवस्थाएं–सैन्यपरक, औद्योगिक और नीतिपरक समाज–बताई थीं, वे अंतरराष्ट्रीय संबंधों में आज भी अभिव्यक्त होती दिखती हैं।

कहा जा सकता है कि स्पेंसर नैसर्गिक अधिकार और नैतिक बाध्यता के सामंजस्य से विकसित समाज की परिकल्पना करते थे। यह धारणा उनके आरंभिक और अंतिम समय के विचारों के समन्वय से बल पाती है। उनके बाद के विचार और स्थापनाएं 'द मैन वर्सेस द स्टेट' में संकलित हैं। वे आजीवन साम्राज्यवाद और सैनिकवाद के खिलाफ थे।

1902 में उन्हें साहित्य के नोबेल पुरस्कार के लिए नामित किया गया था। 1903 में उनकी मृत्यु हो गई। वे सारा जीवन लिखते रहे और जब अशक्त हो गए तो बोलकर लिखवाते थे। उन्हें अपने विचारों के कारण धार्मिक नेताओं और राजनीतिज्ञों के विरोध का सामना करना पड़ा लेकिन उनके विचारों ने कई अन्य लोगों को प्रेरित किया जिनमें विलियम जेम्स तथा एमिल दुर्खिम प्रमुख हैं।

विजय शर्मा, तरुशिखा सर्वेश

अधिक जानकारी के लिए :
1. Herbert Spencer and the Origin of Modern Life : Mark France, **2. Herbert Spencer :** James J Kennedy

हरिजन

हरिजन का शाब्दिक अर्थ है ईश्वर के लोग अथवा भगवान के जन। इस शब्द के प्रयोग का श्रेय महात्मा गांधी को है। वे इस शब्द का प्रयोग जन सामान्य के उस वर्ग के लिए करते थे, जो भारतीय समाज की प्राचीन विकृति अस्पृश्यता से ग्रसित थे। एक अर्थ में इसका प्रारंभिक प्रयोग गुजराती संत नरसी मेहता ने किया था, जिनका भजन 'वैष्णव जन तो तैने कहिए जे पीर पराई जाने रे' गांधी जी को खूब प्रिय था। उन्नीसवीं सदी की गुजराती भक्त कवि गंगा सती 'हरिजन' शब्द का प्रयोग स्वयं के लिए करती थीं, लेकिन यह गांधी जी का 'हरिजन' नहीं था।

गांधी का सामाजिक क्षेत्र में सबसे उत्कृष्ट योगदान हरिजनोद्धार है। उन्होंने अपने जीवन की सबसे बड़ी राष्ट्रव्यापी यात्रा हरिजनों के उत्थान के लिए की जो 7 नवंबर 1933 को प्रारंभ हुई और अगस्त 1934 को समाप्त हुई। निरंतर दस महीने चले इस दौरे में गांधी जी ने 12 हजार 5 सौ मील की यात्रा की और हरिजन कल्याण के लिए लगभग आठ लाख रुपये जमा किए। इतनी लंबी यात्रा का उद्देश्य जनसामान्य के हृदय में हरिजन उद्धार के प्रति जागरूकता उत्पन्न करना था। वस्तुतः अस्पृश्यता का आखेट वे जातियां थीं, जो सामाजिक और आर्थिक दृष्टि से अत्यंत निम्न स्थिति में जीवनयापन कर रही थीं। इन जातियों को अनेक सामाजिक एवं धार्मिक बंधनों का सामना करना पड़ता था, जैसे—मंदिरों में उनका प्रवेश निषिद्ध था तथा सार्वजनिक कुओं, तालाबों और विश्रामालयों के प्रयोग पर रोक थी। गांधी इस प्रकार के नियमों को पूर्णतः अमानवीय, अधार्मिक तथा अनैतिक मानते थे। वे अस्पृश्यता के पक्के विरोधी और अस्पृश्यों के अनन्य शुभचिंतक थे। वे अपने निजी जीवन में कतई छुआछूत नहीं बरतते थे। उनके आश्रम में अस्पृश्यता सर्वथा निषिद्ध थी। वे अस्पृश्यता को हिंदू समाज एवं धर्म का कलंक मानते थे। इसे एक ऐसा अभिशाप मानते थे, जो हिंदू समाज के दुर्दिनों में जन्मा और बढ़ता गया। उसे मिटाने के लिए गांधी सवर्णों से प्रायश्चित की अपेक्षा करते थे।

गांधी जानते थे कि सदियों पुराना सामाजिक अत्याचार यूं ही चुटकी बजाते मिटाया नहीं जा सकता। उनकी प्रेरणा से घनश्याम दास बिड़ला के सभापतित्व में हरिजनोद्धार के लिए एक अखिल भारतीय संगठन बनाया गया और ठक्कर बापा उसके मंत्री नियुक्त हुए। यही संगठन आगे चलकर 'अखिल भारतीय हरिजन सेवक संघ' में विकसित हुआ। इस प्रकार हरिजनों के कल्याण के लिए गांधी ने अपनी सभी शक्तियां लगा दीं। वह शब्दकोश से 'अछूत', 'अस्पृश्य', 'अंत्यज' आदि अपमानजनक शब्दों को निकाल देने के पक्ष में थे। उन्होंने दलित वर्गों का नया नामकरण 'हरिजन' किया। हरिजनोद्धार के प्रयासों का सनातनी वर्गों ने विरोध किया, पर गांधी विचलित नहीं हुए। उन्होंने हर विरोध का समुचित उत्तर दिया। 1933 में उन्होंने साबरमती आश्रम हरिजन सेवक संघ को दान कर दिया।

गांधी जी 'हरिजन' के पहले ही अंक से निम्नलिखित को ध्येय वाक्य के रूप में प्रकाशित करते रहे थे, 'अब भविष्य में हिंदू जाति में किसी को जन्म से अस्पृश्य नहीं समझा जाएगा और जिन्हें अब तक अस्पृश्य समझा जाता रहा है, उन्हें अन्य हिंदुओं की भांति ही कुओं, पाठशालाओं, सड़कों और अन्य सार्वजनिक संस्थाओं का उपयोग करने का अधिकार रहेगा। मौका मिलते ही इस अधिकार को कानून का स्वरूप दे दिया जाएगा और यदि पहले न दिया गया तो स्वराज्य पार्लियामेंट का पहला कानून इस संबंध में होगा।' हरिजन शब्द की लोक-प्रतिष्ठा स्थापित करने के लिए ही गांधी ने 11 फरवरी 1932 से अंग्रेजी भाषा में साप्ताहिक पत्रिका 'हरिजन' यरवदा जेल से प्रकाशित की तथा गुजराती में 'हरिजन बंधु' के नाम से तथा 'हरिजन सेवक' के नाम से हिंदी में भी पत्रिका का प्रकाशन प्रारंभ किया। इस शब्द के माध्यम से गांधी यह स्थापित करना चाहते थे कि भारतीय समाज जिस वर्ग को स्वाभाविक आदर एवं अधिकार प्रदान करने में स्वयं को हतोत्साहित कर रहा है, वस्तुतः वह वर्ग साक्षात ईश्वर का निकटतम और सबसे प्रिय संतान है।

पुनीत कुमार श्रीवास्तव

अधिक जानकारी के लिए :
महात्मा गांधी : एक जीवनी : बी आर नंदा

हरित भाषावैज्ञानिक विमर्श

1990 में भाषाविज्ञान की नई शाखा के रूप में इको-लिंग्विस्टिक्स का उदय हुआ, जब माइकेल हैलिडे ने पर्यावरण के संदर्भ में भाषा को देखने की शुरुआत की। हैलिडे के अनुसार, 'इको-लिंग्विस्टिक्स' मनुष्य-मनुष्य के बीच, मनुष्य और अन्य जीव-जंतुओं तथा पर्यावरण व्यवस्था के बीच जीवन को बनाए रखने के रिश्ते को भाषा के स्तर पर जांचना है। यह 'लांग' और 'पेरोल' दोनों स्तरों पर भाषा की आलोचना करता है। यह प्रकृति को केवल मनुष्य के उपयोग की दृष्टि से देखने की आलोचना करता है। सबसे पहले एडवर्ड सेपिर ने 'भाषा और पर्यावरण' शीर्षक से एक लेख लिखा था। उन्होंने भाषाविज्ञान को भाषा की इकाइयों तक सीमित नहीं किया। दरअसल, किसी एक खास जन समूह की भाषा में भौतिक पर्यावरण ज्यादा प्रतिबिंबित हो सकता है। इसलिए पर्यावरण के संदर्भ में भी भाषाविज्ञान का एक आलोचनात्मक सिद्धांत निर्मित होने लगा। यह एक सामाजिक कार्रवाई है। आज की नई विकास योजनाओं का विपरीत असर अदूरदर्शिता के कारण पर्यावरण, समाज और जनता पर पड़ता है। ऐसे परिवेश में अधिकारी वर्ग एवं जनसेवक अपने को पर्यावरण-मित्र के रूप में स्थापित करने के लिए प्रकृति की भाषा का इस्तेमाल करते दिखाई देते हैं। यह जीवन के सभी क्षेत्रों में आज फैशन-सा बन गया है। इनमें निहित जो औद्योगिक एवं बाजारू षडयंत्र है, उसे समझना आज की अनिवार्यता है। यह हरित भाषावैज्ञानिक विमर्श के द्वारा संभव हो जाता है।

इनार हैगन के अनुसार, 'भाषा और पर्यावरण के बीच के संबंध के अध्ययन का नाम है पर्यावरणीय भाषा विज्ञान, जिसे हरित भाषाविज्ञान भी कहा जाता है। पर्यावरण विश्लेषण का मुख्य तत्व 'रूपकों का अनुकूलन' है। पर्यावरणीय भाषा विज्ञान में बिल्कुल भिन्न रूपकों का इस्तेमाल होता है। 'धरती माता' और 'प्रकृति माता' ऐसे रूपक प्रयोग हैं। वैसे ही 'भूमि का बलात्कार' प्रकृति के साथ बलात्कार को स्पष्ट करता है। यह शारीरिक, सांस्कृतिक और सामाजिक सच्चाइयों का प्रतिरूप है। बलात्कार पुरुष के प्रभुत्व, शक्ति और मजबूती का चिह्न है तो स्त्री और प्रकृति काफी हद तक निष्क्रिय और पुरुष के उपयोग की वस्तु-सी दिखाई देती है। इको-लिंग्विस्टिक ऐसे रूपकों को खोलते हैं। यह समीक्षा कई प्रकार से होती है। यह वस्तुकरण की पूरी व्यवस्था की आलोचना है और इसके साथ 'वर्गीकरण की पूरी व्यवस्था' की भी आलोचना है। इसका जोर 'आंतरिक अन्योन्याश्रयता' पर है।

हम जिस पर्यावरण में जिंदा हैं, भाषा उसका हिस्सा है। इसलिए उस पर्यावरण के अनुसार भाषा पर विचार करने की जरूरत होती है। उत्तर-औद्योगिक युग में प्रकृति के साथ हमारे रिश्ते और पर्यावरण से जुड़े शब्दों का दुरुपयोग सर्वत्र हो रहा है। कोई दवा, साबुन अथवा सौंदर्य प्रसाधन-संबंधी विज्ञापन में प्रकृति का गलत इस्तेमाल कर रहा है। कोई 'आयुर्वेदिक जड़ी-बूटियों से निर्मित' वस्तुएं बेचने का दावा करता है। 'एटॉमिक एनर्जी', 'एटॉमिक पावर स्टेशन' जैसे शब्द बदलकर 'न्यूक्लियर एनर्जी' 'न्यूक्लियर पावर स्टेशन' हो गए। पहले जिसे 'वेस्ट डिस्पोजल' कहा जाता था, अब उसे 'वेस्ट डिस्पोजल पार्क' कहा जाने लगा। बदलती दुनिया की गतिविधियों को सूचित करने में भाषा की जो क्षमता है, वह हरित भाषावैज्ञानिक ढूंढ निकालते हैं।

पर्यावरण के प्रति बढ़ती चिंताओं का असर साहित्य पर भी पड़ा है। उत्तर-आधुनिक साहित्य में नदियों, समुद्रों, पहाड़ों, गांवों, आदिवासी जीवन, पेड़-पौधे, वनस्पति, जीव-जंतुओं को लेकर चिंताएं दिखाई पड़ती हैं। साहित्यिक भाषा में जो नई अर्थछवियां आ रही हैं, उनका पर्यावरण से गहरा संबंध देखने को मिल रहा है। राजेश जोशी की कविता है, 'नदियों का नहीं / समुद्रों का नहीं / पहाड़ों का नहीं / बाजारों का समय है यह।' (नेपथ्य में हँसी)। समकालीन कविता और कथा-साहित्य में हरितबोध विलक्षण रूप से दृष्टिगोचर हो रहा है। इसलिए आधुनिकतावादी दौर में पृथ्वीबोध नष्ट हो गया था, प्राणियों के प्राकृतिक आवास के ध्वंस, वनस्पतियों के खोने को लेकर जो चिंताएं व्यक्त की जा रही हैं, उन्हें समझने के लिए हरित भाषावैज्ञानिक विमर्श एक परिप्रेक्ष्य देता है।

के वनजा

अधिक जानकारी के लिए:

1. हिंद स्वराज : महात्मा गांधी, 2. **The Right of Nature :** Roderick Frazier Nash, **3. Ecology and the Politics of Survival :** Vandana Siva, **4. The Ecolinguistic Reader :** Aluin Fill, Peter Muhlhausler (Ed.), **5. The Ecology of Language :** Finar Haugen

हरिप्रसाद चौरसिया
(1938-)

हरिप्रसाद चौरसिया एक महान शास्त्रीय बांसुरी वादक के रूप में जाने जाते हैं। इलाहाबाद में उनके पिता उन्हें पहलवान बनाना चाहते थे, लेकिन वे संगीतकार बने। उन्होंने बांसुरी बजाने की एक नई तकनीक की खोज की, जिसने उन्हें भारत का एक महान संगीतज्ञ बना दिया। अन्नपूर्णा देवी ने उन्हें बाएं हाथ की तरफ से बांसुरी बजाना सिखाया था। उन्होंने 1957 से कुछ समय तक ओडिशा के कटक

हरिप्रसाद चौरसिया

केंद्र के रेडियो में काम किया। वह कुछ समय तक नीदरलैंड में भी थे। शिवकुमार शर्मा के साथ मिलकर उन्होंने भारतीय फिल्मों के लिए संगीत निर्देशन का कार्य भी किया था। इनके साथ उन्होंने एक संगीत दल बनाया, जो 'शिव हरि' के नाम से प्रसिद्ध हुआ। उन्होंने 2006 में मुंबई में और 2010 में भुवनेश्वर में वृंदावन गुरुकुल की स्थापना की। यहां गुरु-शिष्य परंपरा में हिंदुस्तानी बांसुरी की शिक्षा दी जाती है। उन्होंने विश्व के बड़े संगीतज्ञ जॉन मैक्लाफलिन, जेन गार्बरेक, केन लाउबर के साथ मिलकर संगीत के क्षेत्र में सांस्कृतिक समन्वय का काम किया। 2013 में उन पर एक फीचर फिल्म 'बांसुरी गुरु' बनी है।

धमेंद्र राय

हरियाणवी

हरियाणवी हरियाणा क्षेत्र की बोली है। इसका विकास उत्तरी शौरसेनी अपभ्रंश के पश्चिमी रूप से हुआ है किंतु हरियाणवी शब्द की व्युत्पत्ति विवादास्पद है। कुछ विद्वानों की राय है कि हरि अर्थात कृष्ण इधर से द्वारका गए थे। इसलिए इस क्षेत्र का नाम हरियाणा है। कई लोगों का विचार है कि हरियाणा शब्द हरि और अरण्य शब्द का योग है। कुछ यह मानते हैं कि राजपूताना, तेलंगाना की भांति यह शब्द अहीर और आना के योग से बना है। इसका विस्तार-क्षेत्र हरियाणा, पंजाब का कुछ भाग तथा दिल्ली का देहाती भाग है। इस बोली का प्रयोग दिल्ली, रोहतक, करनाल, भिवानी, सोनीपत, जींद, नाभा, हिसार के पूर्वी भाग तथा दक्षिणी-पूर्वी पटियाला आदि में होता है।

हरियाणवी के दक्षिण में ब्रज और दक्षिण-पश्चिम में राजस्थानी भाषा पड़ती है। पूरब में खड़ी बोली का क्षेत्र है और उत्तर में पंजाबी बोली जाती है। इसकी मुख्य बोलियां जाटू तथा बांगरू हैं। कभी-कभी हरियाणवी के लिए बांगरू का भी इस्तेमाल किया जाता है। 2001 की जनगणना के अनुसार, इसके बोलने वालों की संख्या 79,97,192 है।

हरियाणवी और कौरवी में काफी समानता है। इसके ध्वनिग्राम खड़ी बोली की तरह ही हैं। इसकी पहली ध्वनिगत विशेषता आदीर्घता की है यथा आट्टा, कोट्ठा, ऊप्पर आदि। इसमें ह्रस्वीकरण की प्रवृत्ति भी है, यथा–ढीला–ढिल्ला, मीठा–मिट्ठा आदि। इसमें कौरवी की भांति अनेक जगहों पर स्वर लोप भी मिलता है, जैसे–ठारह, क्याण्वे आदि। व्यंजन ध्वनियों में 'ह' का महाप्राणीकरण शब्द के आदि में तो सुरक्षित है, पर मध्य में अल्पप्राणीकृत हो जाता है। हरियाणवी में महाप्राण व्यंजन उच्चरित रूप में कुछ यों हैं, यथा–क्ह, ल्ह, ण्ह न्ह आदि। 'ल' का प्रयोग हरियाणवी में आम है, पर मूर्धन्य 'ळ' का भी प्रचलन है। शब्दों के निर्माण में टा प्रत्यय का प्रयोग राजस्थानी की भांति होता है। कौरवी की भांति इसमें भी न की जगह ण का व्यवहार होता है, यथा–अपना-अपणा, होना-होणा आदि। ड़ के बदले हरियाणवी में ड का अधिक व्यवहार होता है।

कौरवी की भांति हरियाणवी में भी संज्ञा के रूप चलते हैं, किंतु तिर्यक बहुवचन के रूप 'ओं' में अंत न होकर 'आं' में अंत होते हैं। इसमें परसर्गों के प्रयोग में अनिश्चतता है। कर्ता के लिए जो परसर्ग हैं, वही कर्म और संप्रदान में भी प्रयुक्त होते हैं। इसी तरह अपादान के चिह्न कर्म, करण और संप्रदान में भी प्रयुक्त होते हैं। इसका संबंध परसर्ग खड़ी बोली की भांति 'का' है। जहां खड़ी बोली में 'को' प्रयुक्त होता है, वहां हरियाणवी में 'ने' आता है, जैसे-परदेश को (खड़ी बोली) की जगह परदेश ने (हरियाणवी) आदि। खड़ी बोली में, परसर्ग रूप में जहां 'में' का प्रयोग होता है, वहां हरियाणवी में 'में, मैं' प्रयुक्त होते हैं। खड़ी बोली की सहायक क्रिया हूं, है, हैं, हो के स्थान पर इसमें सूं, सै, सैं, सो का प्रयोग होता है। कभी-कभी 'स' के स्थान पर 'ह' भी प्रयुक्त होता है। भूतकाल के रूप इसमें खड़ी बोली की भांति 'था' आदि की सहायता से बनते हैं। हरियाणवी का वर्तमान कृदंत हिंदी की भांति 'ता' भी होता है और पंजाबी की भांति 'दा' भी होता है। इसकी पूर्वकालिक क्रिया में 'कै' और संज्ञार्थक क्रिया मारण, मारणा उल्लेखनीय हैं। ध्वनि विकास की दृष्टि से हरियाणवी पंजाबी और कौरवी के बीच की स्थिति में है।

हरियाणवी के शब्द-भंडार में आर्य मूल की भाषाओं के शब्द सर्वाधिक हैं। संस्कृत, कौरवी, पंजाबी, ब्रजभाषा, राजस्थानी के अनेक शब्द इसकी शब्द-संपदा को समृद्ध बनाए हुए हैं। विदेशी शब्दों में अंग्रेजी तथा अरबी-फारसी के शब्द बहुतायत में हैं। बावजूद इसके हरियाणवी के विशिष्ट शब्द भी हैं। हरियाणवी में छालणा (रूमाल), रौ (बाढ़), सीला (चंढ़ा), भरोटा (बंडल), सौड़ (रजाई) आदि अनेक ऐसे शब्द हैं जो हिंदी परिवार की दूसरी भाषाओं में दुर्लभ हैं।

हरियाणवी का लोकसाहित्य समृद्ध है। हरियाणवी के पास लोकगीतों की समृद्ध भंडार है। संस्कार संबंधी गीतों से लेकर ऋतु गीत तथा व्रत

संबंधी अनेक गीत हरियाणवी में मिलते हैं। ऐसे ही, लोक कथाओं और लोकगाथाओं की इसके पास समृद्ध विरासत है। हरियाणवी भाषा में लोकव्यवहार के अनेक मुहावरे और लोकोक्तियां हैं। हरियाणवी के लोक अंचल में रहने वाले लोग बात-बात में लोकोक्तियों का प्रयोग कर अपने कथन को प्रभावशाली बनाते हैं। पंडितों के शास्त्रार्थ से लेकर पंच परमेश्वर की चौपाल तक, मुखिया की बैठक से लेकर खेतों और खलिहानों तक लोकोक्तियों का अपना साम्राज्य है।

हरियाणवी लोकसाहित्य के प्रथम शोधार्थी शंकरलाल यादव हैं। भीम सिंह मलिक, राजाराम शास्त्री, पूर्णचंद शर्मा आदि विद्वानों ने हरियाणवी लोकसाहित्य पर काफी काम किया है। परंतु साहित्य रचना में हरियाणवी का प्रयोग कम हुआ है। कबीर के शिष्य गरीबदास इसी क्षेत्र के थे। इसलिए उनकी भाषा पर हरियाणवी का पर्याप्त प्रभाव है। रोहतक और दिल्ली के आसपास जाटों की अधिक आबादी है। इसलिए इसकी एक बोली 'जाटू' भी है। कुछ लोग जाटू आदि का प्रयोग हरियाणवी के पर्याय के रूप में भी करते हैं।

उदाहरण–**हरियाणवी :** थाली माहं चौल परोस कै के करूं? थम दोन्नो बैठो सों। **हिंदी :** थाली में चावल परोसकर क्या करूं? तुम दोनों बैठी हो।

राजेंद्र प्रसाद सिंह

हरियाणा

भू-प्रदेश : भारत के उत्तर-पश्चिम में स्थित हरियाणा राज्य राजनीतिक दृष्टि से 1 नवंबर 1966 को पंजाब से अलग होकर एक स्वतंत्र राज्य के रूप में अस्तित्व में आया। यह प्रदेश 27°39' से 30°35' उत्तरी अक्षांश और 74°28' और 77°36' पूर्वी देशांतर के बीच स्थित है। इसकी सीमाएं उत्तर में हिमाचल प्रदेश, उत्तर पश्चिम में पंजाब, दक्षिण पश्चिम में राजस्थान तथा पूर्व में दिल्ली और उत्तर प्रदेश तक फैली हैं। देश की राजधानी दिल्ली को यह तीन दिशाओं से घेरती है। 46,212 वर्ग किलोमीटर के क्षेत्र में फैला यह प्रदेश भारत के 29 राज्यों में क्षेत्रफल की दृष्टि से यह इक्कीसवां स्थान रखता है। वर्ष 2011 की जनगणना के अनुसार यहां की आबादी 2,53,53,081 है, जिसमें पुरुषों की संख्या 1,35,05,081 एवं महिलाओं की संख्या 1,18,48,000 है। धारणा है कि इस राज्य का हरियाणा नाम संस्कृत शब्द हरि एवं अयण से मिलकर बना है, जिसका अर्थ है भगवान विष्णु का निवास स्थान। कुछ विद्वानों का मानना है कि यह नाम हरि और अरण्य के मेल से बना है, जबकि कुछ अन्य विद्वान इसे अभीरयणा का अपभ्रंश मानते हैं, जिसका अर्थ आभीरों का प्रदेश है, जो प्राचीन काल में यहां शासन करते थे। इस समय इस राज्य में 21 जिले हैं। इसकी राजधानी चंडीगढ़ है।

हरियाणा की राजभाषा हिंदी है। यहां की प्रमुख बोलियों एवं उप-बोलियों में हरियाणवी, बांगरू, कौरवी, अहीरवती, मेवाती, ब्रज, बागड़ी, रुहेलखंडी, कन्नौजी, बुंदेली आदि शामिल हैं। इनमें सर्वाधिक बोली जाने वाली बोली बांगरू है।

पर्यावरण : हरियाणा राज्य की जलवायु लगभग वर्ष भर महाद्वीपीय जलवायु के समान रहती है अर्थात गर्मी में बहुत गर्म और सर्दियों में बहुत ठंडी। मई

हरियाणा

और जून महीनों में यहां तापमान 49 डिग्री सेल्सियस तक पहुंच जाता है और जनवरी महीने में वह 2 से 3 डिग्री तक गिर जाता है।

करनाल और अंबाला जिलों को छोड़कर इस क्षेत्र में वर्षा कम और अनियमित होती है। औसत वर्षा लगभग 355 से.मी. तक होती है। सर्वाधिक वर्षा मध्य जून से सितंबर के अंत तक मानसून ऋतु में लगभग 29 प्रतिशत होती है। दिसंबर से फरवरी महीने के दौरान भी हल्की वर्षा होती है। इस राज्य की सबसे महत्वपूर्ण नदी यमुना है। इसके अतिरिक्त घग्गर, मारकंडा, साहिबी, इंदौरी आदि नदियां हैं।

2013 की रिपोर्ट के अनुसार हरियाणा में 15.86 वर्ग किलोमीटर में जंगल है। यहां कांटेदार, शुष्क एवं पर्णपाती वृक्ष पाए जाते हैं। मानसून के दौरान पहाड़ियां हरी घास से ढक जाती हैं। शहतूत, देवदारु, गंधसफेदा, कीकर, शीशम, बबूल आदि यहां के प्रमुख पेड़ हैं।

इतिहास : हरियाणा का उल्लेख अथर्ववेद और ब्राह्मण ग्रंथों में मिलता है। महाभारतकालीन कुरुक्षेत्र का संबंध कौरवों से जुड़ा है। पुरातत्वीय खोजों से पता चलता है कि हरियाणा मौर्य साम्राज्य का भाग था। तोपरा (अंबाला) और हिसार में अशोक स्तंभों एवं चनेती एवं थानेसर में उसके स्तूपों से इसकी पुष्टि होती है। यहां यौधेयों का शासन भी रहा। सातवीं शताब्दी में हरियाणा में हर्षवर्धन का साम्राज्य था, जिसकी राजधानी थानेसर थी। चीनी तीर्थयात्री ह्वेनसांग ने थानेसर के संबंध में उल्लेख किया है। हर्ष के साम्राज्य के विघटन के बाद प्रतिहार एवं तोमर शासकों ने यहां शासन किया। पेहोवा शिलालेख (882 ईसवी) के अनुसार गुर्जर-प्रतिहार वंश के राजा भोज ने यहां अपना आधिपत्य जमाया था। हरियाणा पर पृथ्वीराज चौहान ने काफी वर्षों तक शासन किया। उनके दरबारी कवि चंदबरदाई से भी हरियाणा का संबंध जोड़ा जाता है।

1192 में गोरी द्वारा पृथ्वीराज की पराजय के बाद इसका इतिहास बदलता है। परवर्ती 600 वर्षों तक दिल्ली सल्तनत एवं मुगलों का साम्राज्य था। चौदहवीं सदी में तैमूरलंग एवं अठारहवीं सदी में नादिरशाह एवं अहमदशाह अब्दाली ने अपने आक्रमणों एवं अत्याचारों से यहां तबाही मचाई थी।

अठारहवीं सदी के शुरू में मुगल शासन के विघटन का दौर प्रारंभ हो गया था। 1803 में मराठों को हटाने के बाद अंग्रेजों ने दिल्ली के अधिकार क्षेत्र में, जिसमें हरियाणा राज्य का अधिकांश भाग शामिल था, नियमित प्रशासन प्रारंभ किया। 1857 में ब्रिटिश शासन के विरुद्ध विद्रोह में हरियाणा का योगदान उल्लेखनीय था। 1857 तक हरियाणा दिल्ली क्षेत्र का भाग था। इसके बाद यह पंजाब का भाग बन गया।

देश की आजादी के बाद भाषाई आधार पर प्रदेशों के पुनर्सीमांकन के लिए भारत सरकार ने 1955 में राज्य पुनर्गठन आयोग का गठन किया। इस आयोग की सिफारिशों से समस्याओं का समाधान नहीं हो सका। अतः 1965 में भारत सरकार द्वारा एक संसदीय समिति का गठन किया गया जिसने हिंदीभाषी क्षेत्र के रूप में हरियाणा राज्य के निर्माण की सिफारिश की। 1966 में पंजाब राज्य पुनर्गठन अधिनियम तैयार किया गया, जिसे संसद ने सितंबर 1966 में स्वीकार कर लिया। इस प्रकार 1 नवंबर 1966 को हरियाणा राज्य अस्तित्व में आया।

संस्कृति : कर्मयोग का संदेश देने वाला यह राज्य भारतीय संस्कृति में अपना विशिष्ट स्थान रखता है। इस राज्य में परंपरागत अनुष्ठानों और रीति-रिवाजों के प्रति विश्वास बना हुआ है। यहां का समाज अपने विश्वासों द्वारा लोकधर्म का सृजन भी करता है। यहां यदि राम-कृष्ण, शिव-शक्ति, कुएं-तालाब, पेड़-पौधे की पूजा की जाती है तो 'जाख' (यक्ष) की मूर्ति और नाग का पूजन भी होता है। हिंदू देवी-देवताओं के साथ-साथ पीर, सैयद, गूगा आदि की पूजा का भी प्रचलन है। 'सब नैं गावैं, सब नैं मनावैं, सब के नां जांणे हम नाम जी। पीर-पितर करैं रखवाली, पूजैं इनका नाम जी' जैसे गीत यहां की समन्वयवादी संस्कृति की कथा स्वयं कह जाते हैं। हरियाणा मुख्यतः कृषि-प्रधान क्षेत्र है, अतः जुताई-बुआई का अवसर हो या रोपाई-कटाई का, यहां

के लोग अपनी कुलदेवी, पितर देवता, ग्राम देवता और इष्ट देवता को नहीं भूलते।

हरियाणा में लोकजीवन और संगीत घुल-मिल जाता है। यहां की गायकी प्रणाली को प्रमुखतया चार भागों में बांटा जा सकता है—1. होली राग व नगारा वादन, 2. किस्सा राग तथा आल्हा, 3. सांग संगीत तथा 4. मुक्तक गीत। होली राग में श्रृंगार रस की प्रधानता होती है। फाल्गुन माह में 'हुलियार' (होली राग गाने वाला गायक) समूचे ग्राम्य जीवन को श्रृंगार की मादकता से परिपूर्ण कर देता है। संगीत सौंदर्य की दृष्टि से निहालदे, ढोलामारू, नरसी का भात हरियाणा के प्रसिद्ध किस्सा राग हैं। जगनिक द्वारा रचित आल्हा राग को सर्व साधारण से लेकर व्यवसायी संगीतज्ञ सब गाते हैं। हरियाणा का जनोल्लास सांगों द्वारा प्रस्फुटित होता है। 'सांग' शब्द के मूल में 'स्वांग' और 'संगीत' दोनों तत्व उपस्थित होते हैं। हरियाणा की 'रागनी' अपनी प्रभावकारिता के लिए प्रसिद्ध है। सांग का अभिन्न हिस्सा होने के बावजूद इसका अलग महत्व है। यह मूलतः पुरुष गायकों की विधा है। हरियाणा के मुक्तक लोकगीतों में संस्कार गीत, ऋतुगीत, कृषिगीत, बालगीत तथा नृत्यगीत आते हैं। नीति, भक्ति और महापुरुषों के जीवनादर्श तथा शूरवीरों की वीरता का स्तवन करने वाले गीतों की संख्या बेशुमार है। हरिश्चंद्र तथा हकीकतराय जैसे धर्मवीरों, मोरध्वज तथा कर्ण जैसे दानवीरों, कृष्ण-सुदामा जैसे मित्रों, आल्हा-ऊदल, भूरा-बादल, हाड़ारानी, अमर सिंह राठौर, जवाहर सिंह और भाऊ जैसे युद्धवीरों के प्रशस्तिमूलक इतिहास के अंगविशेष को केंद्र बनाकर छोटे-बड़े गीतों को गाया जाता है।

हरियाणा के प्रमुख लोकनृत्य हैं फाग नृत्य, धमाल, रास नृत्य, डफ नृत्य, खोड़िया नृत्य, रतवाई का नृत्य, खेड्डा नृत्य, गणगौर पूजा नृत्य, बीन बांसुरी नृत्य, लूर नृत्य, गुग्गा नृत्य, तीज नृत्य एवं आखातीज नृत्य। इन नृत्यों में प्रयुक्त होने वाले संगीत वाद्यों में इकतारा, दुतारा, सारंगी, ढोल, मृदंग, नक्कारा, ताशा, ढोलक, डफली, झांझ, मंजीरा, चिमटा, बीन, बांसुरी, शहनाई आदि शामिल हैं। खोड़िया और लूर स्त्रियों के दो प्रसिद्ध लोकनाट्य हैं। खोड़िया का आयोजन शादी के अवसर पर बारात-गमन के बाद वर के घर में बिना किसी तामझाम और मंच के गांव-बिरादरी की स्त्रियों द्वारा किया जाता है। लूर लोकनाट्य का आयोजन घर-आंगन के बजाय गांव के किसी खुले स्थान पर किया जाता है। यह फागुन से चैत माह तक मनाए जाने वाले मदनोत्सव का ही एक रूप है।

हरियाणा की लोक कलाओं में मांडणा, चीतना, सथिया आदि के साथ-साथ थापा का विशेष महत्व है। 'थापा' शब्द का अर्थ है हाथ का पूर्ण चिह्न। अश्विन मास में बनाई जाने वाली 'सांझी' हरियाणा की लोककला का उत्कृष्ट नमूना है। सांझी देवी दुर्गा को रूपायित करती स्त्री-छवि है।

समाज सुधार : हरियाणा में राष्ट्रीय सुधार आंदोलन का एक प्रमुख कारण प्रथम विश्व-युद्ध के दौरान हरियाणवी सैनिकों के एक बड़े समूह को अंग्रेज सरकार द्वारा फ्रांस, इटली, जर्मनी, यूनान, जापान आदि देशों में भेजा जाना था। हरियाणा के सेनानियों ने उस जीवन-शैली की लालसा में अंग्रेजी ढंग की शिक्षा और स्त्रियों की सामाजिक स्थिति में सुधार की आवश्यकता महसूस की। फलस्वरूप आर्य समाज की जड़ें यहां फलने-फूलने लगीं और विधवा विवाह के समर्थन के साथ-साथ बालविवाह और अनमेल विवाह के विरोध के स्वर तीव्र हुए।

गांधी के राष्ट्रव्यापी प्रभाव के अतिरिक्त 1920 के आसपास सर छोटूराम के राजनीतिक प्रभाव ने भी ग्रामीणों को संगठित कर अपने अधिकारों के प्रति सजग किया। उनके द्वारा संस्थापित जमींदार (किसान) लीग का ध्येय दलित वर्गों के ग्रामीणों को सामाजिक-आर्थिक न्याय दिलाना था। 1950 के बाद सामाजिक सुधारों के लिए खाप पंचायतों का आश्रय लिया गया और विवाह में धन के अपव्यय पर रोक लगाई गई, हालांकि इनकी ज्यादतियों के समाचार कम नहीं रहे हैं।

लोकजीवन : हरियाणा के लोग सहज, सरल, मिलनसार और भावुक स्वभाव वाले, ईमानदार और स्पष्टवादी, व्यक्तिगत रूप से किफायती परंतु बाहरी

लोगों के प्रति सम्मान भाव वाले होते हैं। वे दिखावा करने में विश्वास नहीं करते। वे थोड़े अक्खड़, कठोर, संक्षिप्त और संयमी भी होते हैं। यहां के पुरुषों की पारंपरिक पोशाक है—धोती, कामरी, ऋतु के अनुसार कंधे पर चद्दर या दोहर, सिर पर पगड़ी और पांव में देसी जूती। स्त्रियों के वस्त्रों में तीहर अथवा तील अर्थात ओढ़ना, आंगी और घाघरी का पारंपरिक महत्व है।

बाजरे की रोटी, साग, उड़द-मूंग की दाल और छाछ यहां के प्रमुख भोजन हैं। दूध और दूध से बने सामान यहां के भोजन के अनिवार्य अंग हैं। बाजरे या चने के आटे और छाछ से यहां एक विशेष प्रकार का खट्टा पेय पदार्थ तैयार किया जाता है जिसे राबड़ी कहते हैं। अधिकांश लोग शाकाहारी होते हैं।

पर्व-त्योहार एवं मेले : लोहड़ी यहां का सर्वाधिक प्रसिद्ध त्योहार है। यह मकर संक्राति के पहले 13 जनवरी को मनाई जाती है। हरियाणा दिवस भी एक महत्वपूर्ण उत्सव है, जो प्रतिवर्ष 1 सितंबर को मनाया जाता है। हरियाणा का एक महत्वपूर्ण धार्मिक त्योहर गूग्गा नौमी है, जिसमें अगस्त-सितंबर महीने में सांप की पूजा की जाती है। गणगौर का पर्व प्रतिवर्ष चैत्रसुदी तृतीया को मनाया जाता है। बैसाखी दूसरा बड़ा त्योहार है, जो प्रतिवर्ष अप्रैल में नए वर्ष के रूप में मनाया जाता है। इसके साथ ही पिंजोर का उत्सव भी उल्लेखनीय है। फागुन महीने में फाग का उत्सव मनाने की उत्तर भारतीय परंपरा हरियाणा में एक नया रूप ग्रहण करती है। इस दिन स्त्रियां हाथ में कोड़ा लिए घूमती हैं और परिवार तथा परिचय के पुरुषों को रंग डालने पर कोड़े मारती हैं।

प्रतिवर्ष फरवरी महीने में आयोजित होने वाला हरियाणा का सूरजकुंड का मेला सर्वाधिक उल्लेखनीय है जिसमें कला, हथकरघा एवं हस्तशिल्प के उच्चतम गुणवत्ता वाले सामान बड़ी मात्रा में खरीदे-बेचे जाते हैं। इसमें देश एवं विदेश के लोग बड़ी संख्या में उपस्थित होते हैं। कार्तिक महीने में नहरसिंह महल में लगनेवाला कार्तिक मेला शास्त्रीय संगीत, मार्शल आर्ट, नृत्य एवं लोकसंगीत की दृष्टि से काफी महत्वपूर्ण है। सूर्यग्रहण के अवसर पर लगने वाला कुरुक्षेत्र का मेला भी उल्लेखनीय है।

शिक्षा एवं स्वास्थ्य संस्थान : 2011 की जनगणना के अनुसार हरियाणा की साक्षरता दर 76.64 प्रतिशत है, जिसमें पुरुष साक्षरता दर 85.38 प्रतिशत तथा महिला साक्षरता दर 66.67 प्रतिशत है। यहां 13,111 प्राथमिक विद्यालय, 3,660 माध्यमिक विद्यालय, 3,324 उच्च विद्यालय तथा 2667 उच्च माध्यमिक विद्यालय, 680 कॉलेज, 23 विश्वविद्यालय, 187 पोलिटेक्निक कॉलेज हैं। यहां के प्रमुख विश्वविद्यालयों में चौधरी चरण सिंह हरियाणा कृषि विश्वविद्यालय, गुरु जंभेश्वर यूनिवर्सिटी ऑफ साइंस एंड टेक्नोलॉजी, लाला लाजपत राय यूनिवर्सिटी ऑफ वेटेनरी एंड एनिमल साइंसेस शामिल हैं। हरियाणा में महाराजा अग्रसेन मेडिकल कॉलेज, अगरोहा सहित कुल 5 अस्पताल, 164 सामुदायिक स्वास्थ्य केंद्र, 441 प्राथमिक स्वास्थ्य केंद्र हैं।

कृषि एवं उद्योग : हरियाणा प्रमुख रूप से कृषि पर आधारित है, जहां 80 प्रतिशत से अधिक भूमि पर खेती होती है। इस राज्य ने देश में हरित क्रांति लाने में सक्रिय भूमिका निभाई थी। धान, गेहूं, दलहन, तिलहन, ईंख, आदि यहां की मुख्य फसलें हैं। इनके अतिरिक्त सब्जियां, फल, औषधीय पौधे आदि भी यहां पर्याप्त मात्रा में पैदा होते हैं।

हरियाणा का द्रुत गति से औद्योगिकीकरण हो रहा है। राज्य में अनेक लघु, मध्यम एवं बड़े पैमाने के उद्योग लगाए गए हैं। पंजीकृत छोटे एवं लघु उद्योगों की संख्या 82,248 है। बड़े एवं मझोले उद्योग 1357 हैं। राज्य में फरीदाबाद सबसे बड़ा औद्योगिक केंद्र है। एस्कॉर्ट्स एवं आयशर नामक बड़ी ट्रैक्टर इकाइयां फरीदाबाद में हैं। यमुना नगर, सोनीपत, बहादुरगढ़, गुरुग्राम, पंचकूला, भिवानी भी महत्वपूर्ण औद्योगिक केंद्र हैं। राज्य में खनिज संसाधन कम है, अतः यहां कृषि-आधारित उद्योग अधिक हैं। पूरे देश में यहां ट्रैक्टरों का निर्माण सर्वाधिक होता है। रोहतक में एशिया का सबसे बड़ा थोक कपड़ा बाजार है। गुरुग्राम में डीएलएफ लिमिटेड नामक विशाल गृह

निर्माण कंपनी है। गुड़गांव का नया नाम 'गुरुग्राम' एक आध्यात्मिक शिक्षण का केंद्र भी है।

पर्यटन : बहादुरगढ़ हरियाणा का एक ऐतिहासिक स्थल है, जो औद्योगिक केंद्र के रूप में भी विकसित हो गया है। गोहाना में कभी पृथ्वीराज का किला था, बाद में यह तीर्थस्थल में परिवर्तित हो गया। जहाजगढ़ में जॉर्ज थॉमस ने एक किला बनवाया था, जिसका नाम जॉर्जगढ़ रखा था, जिसका नाम बिगड़कर बाद में जहाजगढ़ हो गया। झज्जर, सोनीपत, रिवाड़ी, पलवल, अगरोहा, पानीपत, थानेसर, कुरुक्षेत्र, अंबाला, फतेहाबाद, सिरसा आदि ऐतिहासिक दृष्टि से विशेष महत्व रखते हैं। सोहना झरनों के लिए प्रसिद्ध है। पिंजौर गार्डेन अपनी खूबसूरती के लिए विख्यात है, जिसमें वृक्षवीथियों एवं फूलों की क्यारियों के बीच छह सीढ़ियों में कृत्रिम जलधारा प्रवाहित होती है। राज्य में एकमात्र हिल स्टेशन मोरनी हिल पंचकुला जिले में स्थित है।

यातायात : दिल्ली के निकटवर्ती होने के फलस्वरूप हरियाणा में परिवहन का काफी विकास हुआ है। हरियाणा में कुल 38,499 किलोमीटर लंबी पक्की सड़कें हैं। यहां 29 राष्ट्रीय उच्च पथ हैं, जिनकी लंबाई 1,461 किलोमीटर है। इसके साथ ही अनेक राज्य उच्च पथ है, जिनकी कुल लंबाई 2,494 किलोमीटर है। राज्य का सबसे दूरस्थ गांव भी पक्की सड़क से जुड़ा हुआ है। दिल्ली-गुरु ग्राम एयरपोर्ट एक्सप्रेसवे के अतिरिक्त हरियाणा एवं दिल्ली सरकार द्वारा बनाया गया 4.5 किलोमीटर लंबा अंतरराष्ट्रीय मानक का दिल्ली फरीदाबाद स्काईवे उल्लेखनीय है जो उत्तर भारत में अपने तरह का अकेला स्काईवे है।

रोहिणी अग्रवाल

हरिश्चंद्र

हरिश्चंद्र सूर्यवंश के राजा थे और स्वर्ग तथा नरक के बीच फंसे त्रिशंकु के पुत्र थे। उनकी पत्नी शैव्या थी और एक पुत्र था रोहिताश्व। राजा हरिश्चंद्र को सत्यव्रत भी कहा गया, क्योंकि वह सत्यवादी थे—वचन के पक्के और दानी। ऐतरेय ब्राह्मण में इनकी कथा इस रूप में है कि उन्होंने निःसंतान होने के कारण वरुण की आराधना करके पुत्र प्राप्त किया, पर यह वादा करना पड़ा कि वे उन्हें खुश करने के लिए नरबलि देंगे। पुत्र हो जाने के बाद वरुण ने जब भी इच्छा व्यक्त की, हरिश्चंद्र ने बहाने करके बार-बार टाला। वरुण ने जोर दिया कि तुम अपने पुत्र को पशुरूप में कल्पना करके नरमेध संपन्न करो। यह सुनकर बेटा चुपचाप घर से भाग गया। वरुण ने हरिश्चंद्र को जलोदर रोग का शाप दिया। हरिश्चंद्र ने वसिष्ठ से उपाय पूछा। वसिष्ठ ने कहा कि ब्राह्मण अजीगर्त के पुत्र शुनःशेप को खरीद कर उसकी बलि दो। हरिश्चंद्र यह करने को उद्यत हुए, पर वसिष्ठ से प्रतिस्पर्धा रखने वाले विश्वामित्र ने शुनःशेप की रक्षा की।

मार्कंडेय पुराण की कथा है, राजा हरिश्चंद्र शिकार करने के लिए निकले थे कि उन्होंने एक स्त्री की आर्त पुकार सुनी। वह शांत कैसे रह सकते थे, दौड़ पड़े। वह एक देवी थी जिन्हें आयत्त करने के लिए ऋषि विश्वामित्र 'तपस्या' कर रहे थे। हरिश्चंद्र के हस्तक्षेप से विश्वामित्र क्रुद्ध हो गए। हरिश्चंद्र बुरे फंसे। विश्वामित्र हरिश्चंद्र के घर आए और उनसे दान की मांग की। हरिश्चंद्र से विश्वामित्र ने जो भी मांगा—स्वर्ण, उनका राज्य, वह सब कुछ दे दिया। उनके पास सिर्फ बची थी—उनकी पत्नी शैव्या, पुत्र रोहिताश्व और उनका अपना एक वस्त्र।

विश्वामित्र ने पीछा नहीं छोड़ा। उन्होंने दान लेने के बाद दक्षिणा की मांग की। उन्होंने अपनी पत्नी और पुत्र को एक ब्राह्मण को बेच दिया और धनराशि विश्वामित्र को सौंप दी। इसी समय सत्यवादी और दानी हरिश्चंद्र की परीक्षा लेने के लिए धर्म आ पहुंचा। वह चांडाल के वेश में था और हरिश्चंद्र को खरीदने के लिए राजी था। खुद को भी बेचकर हरिश्चंद्र ने विश्वामित्र को दक्षिणा चुका दी। अब वह गुलाम होकर चांडाल के साथ काम करने उसके श्मशान की तरफ चल दिए। यह काम वह साल भर तक

करते रहे। इसी बीच शैव्या के पुत्र रोहित की सांप काटने से मृत्यु हो गई। शैव्या अकेले ही पुत्र को लेकर श्मशान आई, जहां हरिश्चंद्र और शैव्या ने एक-दूसरे को पहचाना। पुत्र के शोक में दोनों ने तय किया कि वे भी अपने प्राण दे देंगे, लेकिन हरिश्चंद्र चांडाल के दास थे। उसकी अनुमति जरूरी थी। हरिश्चंद्र ने विष्णु का स्मरण किया, तभी चांडाल देवताओं और विश्वामित्र के साथ धर्म के अपने मूल स्वरूप में आ उपस्थित हुआ। रोहिताश्व को जीवित कर दिया गया। कथा के एक रूपभेद में हरिश्चंद्र शैव्या से अपने पुत्र को चिता पर जलाने से पहले पत्नी से कफन मांगते हैं। शैव्या अपने शरीर की एकमात्र साड़ी का एक हिस्सा फाड़ने को होती है कि चांडाल धर्म के रूप में प्रकट होता है। धर्म, देवतागण और विश्वामित्र राजा हरिश्चंद्र के सत्य और ईमानदारी से प्रसन्न होते हैं। हरिश्चंद्र की सत्यनिष्ठा की परीक्षा पूर्ण होती है। वे अपना राज-पाट, अपनी प्रजा और पहले की तरह सुख-समृद्धि पा जाते हैं।

कथा के एक अन्य रूपभेद के अनुसार, हरिश्चंद्र रोहित को अपना राजपाट सौंपकर स्वर्ग चले जाते हैं, पर नारद के षड्यंत्र से हरिश्चंद्र जब अपने सत्कार्यों का बखान करने लगते हैं तो स्वर्ग के आसन से उनका पतन होने लगता है। वह पश्चात्ताप करते हैं। अतः देवताओं की कृपा से महाकाश के एक स्थान पर स्थिर हो जाते हैं—लगभग अपने पिता त्रिशंकु की तरह। कोई मनुष्य पूरी तरह देवता या पूरी तरह अच्छा नहीं हो सकता, यदि वह मनुष्य है।

राजा हरिश्चंद्र के मिथकीय चरित्र का आदर्शीकरण हुआ। वह सत्यनिष्ठा के एक महान उदाहरण बने। उन पर सबसे अच्छी कृति भारतेंदु हरिश्चंद्र का नाटक 'सत्य हरिश्चंद्र' है। इसमें वह दिखाते हैं कि राजा हरिश्चंद्र का राजपाट जिस तरह छल-कपट से ले लिया गया। भारत को अंग्रेजों ने छल-कपट से उसी प्रकार गुलाम बनाया। भारतेंदु हरिशचंद्र ने दिखाना चाहा कि भारत फिर सत्य मार्ग पर चलकर फिर वैसे ही आजादी हासिल कर सकता है, जिस तरह राजा हरिश्चंद्र ने अपना खोया राजपाट प्राप्त किया था।

भारतेंदु हरिशचंद्र ने 'सत्य हरिशचंद्र' नाटक में लिखा है, 'चंद्र टरै, सूरज टरै, टरै जगत व्यवहार, पै दृढ़ श्री हरिश्चंद्र का टरै न सत्य विचार।' 'राजा हरिश्चंद्र' नाम से भारत की पहली पूरी लंबाई वाली फिल्म बनी थी।

निर्मला तोदी

हरिहर

हरिहर विष्णु और शिव की एकता की सामाजिक आकांक्षा है। वैष्णवों और शैवों के बीच संघर्ष जिस तरह एक कटु यथार्थ रहा है, हरिहर की धारणा एक उच्च आकांक्षा रही है। इसमें भारतीय सभ्यता

हरिहर

के इस स्वभाव की व्यंजना है कि हर संघर्षण एक अंतर्मिश्रण और अंततः एक महान रूपांतरण में घटित हो जाता है।

शिव असुरों को भी प्रसन्न होकर वर देते रहे हैं। असुर उनके ऐसे भक्त हैं जिनका ज्ञान और भौतिक बल उन्हें सत्कर्मों की ओर प्रेरित न करके अनंत महत्वाकांक्षा, अहंकार और हिंसा की ओर उन्मुख करता है। कथा के अनुसार, एक असुर ने शिव को प्रसन्न करके उनसे वरदान मांगा कि वह जिसके सिर भी पर हाथ रख दे, वह भस्म हो जाए। शिव ने वरदान दे दिया। इसके बाद भस्मासुर ने परखने के लिए शिव को ही दौड़ा दिया। वह जैसे एक सभ्यता को ही भस्म करने पर तुल गया था। शिव भोले देवता हैं, विष्णु समझ-बूझ वाले देवता। विष्णु शिव की तरह तपस्वी नहीं हैं, वे हस्तक्षेप करते हैं। उन्होंने मोहिनी का रूप धारण करके भस्मासुर को मोहित कर लिया। भस्मासुर ने मोहिनी से अपनी कामेच्छा व्यक्त की तो मोहिनी रूप में विष्णु ने उससे कहा कि पहले मेरे साथ नृत्य करो और मेरी अंग मुद्राओं का अनुकरण करो। भस्मासुर ने नाचना शुरू किया। उसी बीच विष्णु ने अपना एक हाथ अपने सिर पर रखा, जिसका अनुकरण करते हुए भस्मासुर तुरंत भस्म हो गया।

शिव विष्णु के मोहिनी रूप की क्षमता पर मुग्ध होकर उन्हें आलिंगनबद्ध कर लेते हैं और हरिहर का रूप बनता है। शिव का अपना गृह नहीं है। बरगद की छाया या मरघट उनका घर है। उनके विचरण क्षेत्र बादलों के पार हैं। वे जीमूतवाहन हैं—वर्षा से दूर बादलों के पार रहने वाले। वे पार्वती के साथ होकर भी सांसारिकता से मुक्त हैं, अनासक्त योगी हैं। वे विष्णु की तरह किसी बुराई को दूर करने के लिए सांसारिक मामलों में हस्तक्षेप नहीं करते। उनके सामने सुर-असुर का भेद स्पष्ट नहीं है, विष्णु के लिए स्पष्ट है। इस प्रकार सांसारिकता और निष्पृहता का सामंजस्य ही विष्णु और शिव, हरि और हर की अविच्छिन्नता का आधार है। सांसारिकता में रहकर भी उसमें लिप्त नहीं बल्कि पर्याप्त निष्पृह रहना 'हरिहर' का मुख्य संदेश है। इसका उत्स शिव द्वारा मोहिनी के आलिंगन में है।

शंभुनाथ

हरबर्ट मार्क्यूज
(1898–1979)

हरबर्ट मार्क्यूज (Herbert Marcuse) एक जर्मन-अमेरिकन दार्शनिक, समाजशास्त्री और राजनीतिक सिद्धांतकार थे जो आलोचनात्मक सिद्धांत के फ्रैंकफुर्ट स्कूल से जुड़े थे और उसके प्रमुख चिंतकों में से एक थे। मार्क्यूज ने अपनी पढ़ाई बर्लिन विश्वविद्यालय और फ्रेइबर्ग विश्वविद्यालय से पूरी की थी। उन्होंने सोफी वेरथें (1924–1951), इंगे नेऊमन (1955-1972) और एरिका शेरोवर (1976-1979) से विवाह किया था। वे जर्मन सेना में 1916 में भर्ती हुए और प्रथम विश्वयुद्ध के दौरान घोड़ों के अस्तबल में काम किया। 1922 में अपनी पीएच डी

हर्बर्ट मार्क्यूज

पूरी कर बर्लिन लौट आए, जहां उन्होंने प्रकाशन का कार्य किया। 1928 में फ्रेइबर्ग में एडमंड हसेर्ल के साथ अध्ययन कर 'हैबिलिटेशन विथ मार्टिन हेडेगर' लिखा जो 1932 में 'हेगेल्स ओंटोलॉजी एंड थियरी ऑफ हिस्टॉरिसिटी' के नाम से प्रकाशित हुआ। उसी वर्ष उन्होंने सामाजिक अनुसंधान संस्थान में, जिसे फ्रैंकफुर्ट स्कूल के नाम से जाना जाता है, प्रवेश लिया था। उन्हें कुछ दिनों तक जेनेवा और उसके बाद अमेरिका (1934) में निर्वासित जीवन व्यतीत करना पड़ा। 1940 में वे अमेरिकी नागरिक बन गए।

दूसरे विश्वयुद्ध के दौरान मार्क्यूज ने पहले तो नाजियों के विरुद्ध काम करने वाली संस्था 'यू एस ऑफिस ऑफ वार इनफॉर्मेशन' में काम किया, फिर वे 1943 में सीआईए की पूर्ववर्ती संस्था 'रिसर्च एंड एनालिसिस ब्रांच ऑफ द ऑफिस ऑफ स्ट्रेटेजिक सर्विसेस' में स्थानांतरित कर दिए गए। इसी संस्था में युद्धोत्तर अमेरिकन सामाजिक विज्ञान का जन्म हुआ था। उन्हें 'लीडिंग अनालिस्ट ऑन जर्मनी' और यू एस डिपार्टमेंट ऑफ स्टेट द्वारा 'हेड ऑफ सेंट्रल यूरोपियन सेक्शन' जैसे गुरुतर कार्य की जिम्मेदारी निभानी पड़ी थी।

मार्क्यूज ने 1952 में राजनीतिक सिद्धांतकार के रूप में अपना शिक्षकीय जीवन कोलंबिया यूनिवर्सिटी से आरंभ किया। बाद में वे हार्वर्ड यूनिवर्सिटी में प्राध्यापक नियुक्त हुए। 1958 से 1965 तक ब्रंडेल्स यूनिवर्सिटी में, फिर यूनिवर्सिटी ऑफ कैलिफोर्निया में अवकाश प्राप्ति तक काम किया। उन्होंने अपने को मार्क्सवादी, समाजशास्त्री और हेगेलवादी माना था। उनकी प्रसिद्ध पुस्तक 'वन डाइमेंशनल मैन' (1964) में 1960 का विद्यार्थी आंदोलन प्रतिध्वनित हुआ था। विद्यार्थियों के प्रतिवाद का समर्थन करने के कारण वे 'फादर ऑफ द न्यू लेफ्ट इन द यूनाइटेड स्टेट्स' के रूप में पहचाने गए जिसे उन्होंने हमेशा नापसंद किया। लोकप्रिय संस्कृति पर किए गए उनके कार्यों का विश्व के बौद्धिक विमर्शों पर गहरा प्रभाव पड़ा था। उनका निबंध 'दमनकारी सहिष्णुता' (1965) में उनका कहना था कि पूंजीवादी लोकतांत्रिक देशों में भी सर्वसत्तावादी पक्ष हो सकते हैं। उनका मानना था कि सच्ची सहिष्णुता किसी भी तरह के दमन का समर्थन नहीं करती। उनका कहना था कि कामुकता से भरपूर लोकप्रिय संस्कृति राजनीतिक दमन को ही सुदृढ़ करने के लिए है। यदि जनता छद्म यौन उत्तेजना में डूबी रहे, तब उसकी राजनीतिक ऊर्जा व्यर्थ होती जाएगी। वह दुनिया को रचनात्मक रूप से बदलने की जगह दमित और अविवेकी बनकर रह जाएगी। मार्क्यूज ने युद्ध-पूर्व के आलोचनात्मक सिद्धांत को आगे बढ़ाते हुए यूरोप और अमेरिका के पूंजीपति वर्ग व्याप्त बूर्जुआ के एकायामी (one dimensional) भौतिक जीवन की प्रकृति पर प्रकाश डाला था।

पूंजीवाद और औद्योगिकीकरण के प्रभाव में जनता की दशा और सोच के बारे में मार्क्यूज ने लिखा है, 'लोग अपनी पहचान उत्पादित वस्तुओं में देखते हैं। वे अपनी आत्मा को वाहनों से, हाई-फाई सेट और विभिन्न तलों में विभाजित मकानों और रसोईघरों के बर्तनों से पहचानते हैं। इस तरह उपभोक्ता समाज में मनुष्य उत्पादित वस्तुओं का विस्तार मात्र बनकर रह जाता है। बहुविकसित यंत्र-निर्भर आबादी पूर्ण नियंत्रित और निर्देशित होती है। समूह-उत्पादन और समूह-वितरण ने आदमी को उसके ही द्वारा बनाई गई वस्तुओं का केवल उपभोक्ता बनाकर छोड़ दिया है।' (वन डाइमेंशनल मैन)। संपूर्ण श्रमजीवी वर्ग के उपभोक्ता में परिवर्तित हो जाने के कारण मार्क्यूज को इसमें किसी परिवर्तनकारी आंदोलन या परिवर्तन की संभावना नही दिखती। अतः मानव कल्याण के किसी परिवर्तन के लिए मार्क्यूज अपना विश्वास अतिवादी बौद्धिकों और उस जनसमूह पर रखते हैं जिसमें सामाजिक रूप से उपेक्षित, शोषित और उत्पीड़ित जन, भिन्न जाति और रंग वाले लोग, बेरोजगार और किसी भी जीविका से जुड़ने में अक्षम लोग शामिल हैं और जो अभी तक इस एकायामी समाज का अंग नहीं बने हैं।

मार्क्यूज ने 'रिप्रेसिव टॉलेरेंस' में कहा था कि वास्तविक सहनशीलता दमन के समर्थन की इजाजत

नहीं देती, क्योंकि इससे दबाई गई आवाज अनसुनी रह जाएगी। उन्होंने नव-वामपंथ की वकालत की। उनकी पुस्तकों में 'रीजन एंड रिवोल्यूशन : हेगेल एंड द राइज ऑफ सोशल थ्योरी', 'एरॉस एंड सिविलाइजेशन : ए फिलोसोफिकल इंक्वारी इनटू फ्रायड', 'वन डाइमेंशनल मैन', 'ए क्रिटिक ऑफ प्योर टोलेरेंस', 'काउंटर रेवोल्यूशन एंड रिवोल्ट', 'द एस्थेटिक डाइमेंशन' आदि हैं।

उदयराज

अधिक जानकारी के लिए :

1. Herbert Marcuse : A Critical Reader : John Abromeit and E Mark Cobb (Ed.), **2. Herbert Mercuse and Crisis of Marxism :** Dougles Kellner

हर्षवर्धन

(590–647)

गुप्त साम्राज्य के पतन के बाद कुछ समय तक राजनीतिक परिदृश्य अव्यवस्थित रहा। हर्षवर्धन के शासक बनने के बाद एक बार फिर एक विशाल साम्राज्य की स्थापना की शुरुआत हुई। हर्षवर्धन ने 606 ईसवी में उत्तर भारत तथा बंगाल पर फिर से शासन स्थापित किया। उसकी बहन कन्नौज के राजा से ब्याही थी। मालवा के राजा देवगुप्त ने उनके बड़े भाई राज्यवर्धन तथा बहनोई को युद्ध में मार डाला था। देवगुप्त को मारकर 16 वर्ष की आयु में हर्षवर्धन गद्दी पर बैठे। उनका साम्राज्य गुप्त साम्राज्य जैसा विशाल था। पाटलीपुत्र से राजधानी कन्नौज (आधुनिक कानपुर) स्थानांतरित होने के कारण यह बहुत सुरक्षित स्थान था। गंगा-जमुना की उर्वर भूमि कन्नौज व्यापार का केंद्र था। हर्षवर्धन के सुशासन में व्यापार की खूब उन्नति हुई।

हर्षवर्धन प्रभाकर वर्धन के पुत्र थे। प्रसिद्ध कवि तथा नाटककार बाणभट्ट ने 'हर्षचरितम्' नाम से हर्षवर्धन का जीवनचरित्र लिखा है। हर्ष के शासनकाल पर चीनी यात्री ह्वेनसांग ने भी लिखा है। हर्षवर्धन के दरबार में ह्वेनसांग 13 साल तक थे। अपने वृत्तांत में उसने भारत के विभिन्न स्थानों तथा हर्षवर्धन के साम्राज्य का वर्णन किया है। महान गणितज्ञ ब्रह्मगुप्त भी उनके साम्राज्य में रहते थे।

हर्षवर्धन ने जनता के हित के लिए कई कदम उठाए। अपने राज्य में जगह-जगह लोगों के ठहरने के लिए सराय बनवाईं। उनके राज्य में उपज का छठा हिस्सा चौथ के रूप में लिया जाता था। वह खुद घूम-घूमकर शासन प्रबंध देखा करते थे। चीन के साथ उनका राजनयिक संबंध था। चालीस वर्ष तक शासन करने के बाद दक्षिण के चालुक्य वंशी सम्राट पुलकेशिन द्वितीय ने उन्हें हराया।

रोमिला थापर के अनुसार, 'हर्ष ने छोटे-छोटे राज्यों के समुदाय की दुर्बलताओं को समझ लिया था और इसलिए अपने पड़ोसी राज्यों को जीतकर उन्होंने एक साम्राज्यवादी ढांचे का निर्माण करने का निश्चय किया, किंतु उस समय की विशिष्ट राजनीतिक तथा आर्थिक स्थितियों को देखते हुए ऐसा करना संभव नहीं था। अंततः गुप्तों की भांति हर्ष ने भी उत्तरी भारत में एक बड़े राज्य का निर्माण तो कर लिया, किंतु उसकी रचना सामंतशाही के शिथिल बंधनों से हुई थी, और मौर्य साम्राज्य के समान सुगठित नहीं था।' शायद इसी वजह से हर्षवर्धन की मृत्यु के बाद साम्राज्य छोटे-छोटे राज्यों में बंट गया। हर्ष ने लगभग चार दशकों तक शासन किया।

हर्षवर्धन के पूर्वज शैव धर्म के अनुयायी थे लेकिन उन्होंने बाद में बौद्ध धर्म अपना लिया था। वे सभी धर्मों का आदर करते थे और उन्हें समान संरक्षण देते थे। हर्षवर्धन ने त्रिवेणी पर प्रत्येक पांच वर्ष पर धार्मिक उत्सव मनाना प्रारंभ किया। यहीं से कुंभ मेले की शुरुआत मानी जाती है। उन्होंने 643 में कन्नौज में बौद्ध महासभा बुलाई, जिसमें 20 राजाओं तथा हजारों तीर्थयात्रियों ने भाग लिया। उसने बुद्ध के कई स्तूप बनवाए। नालंदा की खुदाई में उनकी दो मोहरें मिली हैं। कला तथा साहित्य का संरक्षक हर्षवर्धन स्वयं भी नाटककार थे। उन्होंने संस्कृत

में 'नागानंद', 'रत्नावली' तथा 'प्रियदर्शिका' तीन नाटकों की रचना की।

हर्षवर्धन के काल के संबंध में हजारी प्रसाद त्रिवेदी ने बाणभट्ट को केंद्र में रखकर 'बाणभट्ट की आत्मकथा' (1946) उपन्यास लिखा है। यद्यपि इसकी कथा और कुछ मुख्य स्त्री पात्र काल्पनिक हैं लेकिन हर्ष के समय की राजनीतिक, सामाजिक और सांस्कृतिक स्थितियों का चित्रण हर्ष के समय के अनुरूप है। हर्षवर्धन की बहन 'राज्यश्री' को केंद्र में रखकर जयशंकर प्रसाद ने 'राज्यश्री' नाटक लिखा था।

विजय शर्मा

अधिक जानकारी के लिए :

1. भारत का इतिहास : रोमिला थापर, **2. भारत-इतिहास और संस्कृति :** गजानन माधव मुक्तिबोध, मुक्तिबोध रचनावली-भाग 6, **3. भारत का इतिहास :** को. अ. अतोनोवा, ग्रि.म. बोगर्द लेविन, **4. बाणभट्ट की आत्मकथा :** हजारी प्रसाद द्विवेदी

हसरत मोहानी

(1875-1951)

जिस तरह हिंदी नवजागरण के नायकों की एक लंबी कतार है, उसी तरह उर्दू नवजागरण के नायकों की भी। इसी कतार के बीच से एक नायक हैं मौलाना हसरत मोहानी। वह प्राचीन और नवीन धाराओं को मिलाने वाले शायर थे। एहतेशाम हुसैन ने लिखा है, मानव प्रकृति की सरलता उनसे अधिक अन्य किसी के यहां नहीं मिलेगी। उनके जीवन की सरलता, सच्चाई और गंभीरता सब उनकी कविताओं में स्थान पाती है। उनके यहां कोई दार्शनिक गहराई और विचारों ने नवीनता नहीं पाई जाती, परन्तु वह असाधारण सादगी जरूर है, जो बनावट के सभी तरीकों से विरक्त होने के कारण हृदय में अपना घर बना लेती है।

हसरत मोहानी के जीवन और कारनामों को जानने वाले हर व्यक्ति को इस बात से जरूर हैरानी होती है कि उन्होंने जिंदगी में जो तरह-तरह

हसरत मोहानी

की हसरतें पाली थीं, उनके राजनीतिक जीवन में जो जुनूनी इंकलाब था, उससे उनकी शायरी अछूती कैसे रह गई? ऐसा शायद उर्दू काव्य परंपरा की उस धारा के कारण था, जिससे हसरत मोहानी जुड़े हुए थे। इस्लामी उसूलों के प्रति पक्के, मगर सोच में इतने आजादखयाल कि कभी संकीर्णता को पास फटकने नहीं दिया। हिंदुस्तानी सहजीवन के प्रति भरोसा उतना ही पक्का था। इस मामले में समझौता वे न मुस्लिम कट्टरपंथियों से कर सकते थे, न ही हिंदू कट्टरपंथियों से। उन्होंने 1903 में 'उर्दू-ए-मुअल्ला' नाम से पत्रिका शुरू की। सैयद अहमद खां के सोच और विचारों के खिलाफ उनकी मुहिम पर पहली चोट यह पड़ी कि मुसलमानों से अपील की गई कि वे 'उर्दू-ए-मुअल्ला' न खरीदें, न पढ़ें।

हसरत मोहानी दोनों कौमों को एक साथ मिलाकर ब्रिटिश सत्ता के विरुद्ध आंदोलन चलाना चाहते थे। इसके लिए जरूरी था कि दोनों में समझदारी और एकता कायम हो। वे लिखते हैं, 'अगर आप हिंदुओं से अच्छा सलूक चाहते हैं, तो आप भी उनसे अच्छा सलूक कीजिए। ये नहीं कि

इन सारे अखबारात में जो खास इस्लामी जोश के नमूने और इस्लामी प्रेस के तारा व सितारा समझे जाते हैं, हर वक्त और हर मौके पर हिंदुओं को गालियां दी जावें।' वे साफ लिखते हैं कि 'पॉलिटिकल काबिलियत और आजादखयाली—ये दोनों बातें मेंबरी के लिए निहायत जरूरी हैं।' यहां आजादखयाली की बात गौर करने लायक है। हसरत मोहानी अलीगढ़ आंदोलन के माहौल में ही विकसित हुए थे, मगर उनकी आजादखयाली ऐसी थी कि उनमें बेबाक सच कहने का भरपूर जज्बा और साहस था। वे अंग्रेजी राज के आलोचक थे। 'उर्दू-ए-मुअल्ला' में उन्होंने 'इंतिखाबे-सुखन' नाम से एक स्तंभ शुरू किया था जिसमें लगभग दो सौ शायरों के दीवान, पांडुलिपियां और हस्तलिखित सामग्री प्रकाशित की गई थी। जून 1914 में 'उर्दू-ए-मुअल्ला' बंद होने के बाद हसरत मोहानी की गतिविधियां साहित्य में सिमट गईं। हसरत मोहानी ने सरकार की शर्तों पर घुटने टेकने स्वीकार नहीं किया, 'मैंने कुरान मजीद से मार्गदर्शन प्राप्त किया तो संयोग से सबसे पहले सूरा-ए-अनफाल को पढ़ने का मौका मिला। इस सूरा को पढ़ने के बाद मेरा दिल मजबूत हो गया और मैंने शपथ ली कि अत्याचार के सामने कभी विनम्रता नहीं दिखाऊंगा क्योंकि ऐसा करना गोया अत्याचार का समर्थन करना ही है और यह अपने आपमें एक पाप है।' उस आजाद फकीर शायर ने इस दौरान एक गजल लिखी जिसे उन्होंने अपनी बेगम को भेजा। उसका आखिरी शेर है—

बर्क का कौल मुझे याद है अब तक 'हसरत'
जिंदगी कहते हैं दुनिया से गुजर जाने को।

उनके भीतर 'पूर्ण आजादी' वाली बात अच्छी तरह बस गई थी। हसरत मोहानी मुस्लिम लीग से कांग्रेस और कम्युनिस्ट पार्टी तक अपनी सक्रियता बनाए रहे। उन्होंने अपनी आत्मकथा में लिखा है कि बड़ी तजवीज करके उन्होंने असहयोग आंदोलन की नीति अपनाई। वे मुस्लिम लीग में हों, फिर कांग्रेस में या कम्युनिस्ट पार्टी में, पूरे जीवन आजादखयाल वाले रहे। लिखते हैं-

रूह आजाद है खयाल आजाद
जिस्मे-हसरत की कैद है बेकार

बेशक हसरत मोहानी परंपरागत अर्थों में साम्यवादी नहीं थे। उस अर्थ में स्वयं सत्यभक्त भी साम्यवादी नहीं थे। लेकिन बुनियादी मामलों में हसरत मोहानी अपने उसूलों में बेबाक थे, 'मेरा प्रोग्राम हमेशा इंपीरियलिज्म को तबाह करने के प्रयत्नों पर आधारित है और यही रहेगा। जो भी पार्टी इस प्रोग्राम को हाथ में लेगी, उसके साथ मैं तहे-दिल से शरीक और हमदर्द रहूंगा।' (हमदम, लखनऊ, 14 अगस्त 1924)। जाहिर है कि वे साम्राज्यवाद को उखाड़ फेंकने के उद्देश्य से साम्यवादी पार्टी से जुड़े थे। वे अपने बारे में कहते थे कि मैं कंजरवेटिव सुन्नी और सूफी हूं। जीवन में बहुत उतार-चढ़ाव आए, मगर उनकी मजहबी जिंदगी और सूफियाना तौर-तरीकों में कोई फर्क नहीं आया। तबीयत में जो आया, वही किया। ऐसा मिजाज था उनका कि दोस्त मुरारीलाल की बीवी ने होली में रंग डाल दिया तो दो-तीन दिन उसी कपड़े में घूमते रहे मौलाना। क्या मजाल जो पूरे जीवन में कभी किसी दूसरे धर्म के बारे में ऐसी कोई बात कही हो, जिससे उसके अनुयायी का दिल दुखा हो। मौलाना हसरत मोहानी इश्क और मुहब्बत वाले मिजाज के शायर थे, तो जाहिरन भीतर से तबियत भी वही होगी—गहरे रोमान से लबालब—

होंठों के करीब आई जो वो जुल्फ मुअंबर
झट चूम लिया हमने तबीयत ही न मानी।

1945 में एहतेशाम हुसैन की अध्यक्षता में उर्दू के प्रगतिशील लेखक संघ का सम्मेलन हुआ था। अब्दुल अलीम साहब ने प्रस्ताव रखा, 'यह कांफ्रेंस इस बात को एक बार फिर साफ कर देना चाहता है कि तरक्की-पसंद अदीब अश्लीलता के चित्रण के खिलाफ है और हम उसे बुरा समझते हैं।' मौलाना हसरत मोहानी वहीं पर मौजूद थे। उठे और झट बोले, 'लेकिन वे वासना के लालित्यपूर्ण चित्रण को अशोभनीय नहीं मानते हैं।' हसरत मोहानी ने अपनी बात के समर्थन में कहा, 'शायर या अदीब को मुल्लाओं से घबरा कर ऐसा नहीं करना चाहिए। मैं

मानता हूं कि मेरी शायरी के बड़े हिस्से में ऐंद्रिकता मौजूद है, लेकिन उसमें एक प्रकार का लालित्य भी है। क्या इस पर भी किसी को आपत्ति हो सकती है? बहरहाल कठमुल्लाओं को आपत्ति हो तो हो, जो शायरी को ही निंदनीय कृत्य समझते हैं, ऐसा अदीबों को नहीं होना चाहिए।' लोग समझाते रहे, मनाते रहे, मगर वे टस-से-मस नहीं हुए। आखिर में प्रस्ताव वापस लेना पड़ा।

कर्मेंदु शिशिर

हाइकू

हाइकू जापानी कविता का एक अति संक्षिप्त रूपविधान है। प्रत्येक हाइकू अपने आपमें पूर्ण होता है। परंपरागत रूप से इसमें तीन पंक्तियों में सत्रह जापानी 'ओन' का प्रयोग किया जाता है : 5+7+5। यद्यपि 'ओन' के लिए अंग्रेजी में 'सिलेबिल' और हिंदी में वाक्खंड शब्द का प्रयोग किया जाता है, इसका अर्थ 'छोटे वाक्खंड' अधिक उपयुक्त है। हाइकू में किसी प्राकृतिक दृश्य या वस्तु का भाव चित्रित किया जाता है, पर आधुनिक हाइकू में न सत्रह वाक्खंड अनिवार्य माने जाते हैं, न विषय के रूप में प्राकृतिक दृश्य का बंधन। हाइकू दिन-प्रतिदिन के कार्य-कलापों, घटनाओं आदि से भी संबंधित हो सकता है। जापानी हाइकू परंपरागत रूप से एक सीधी पंक्ति में छापे जाते हैं। हाइकू को पहले 'होक्कू' कहा जाता था। इसका वर्तमान नाम जापानी लेखक मसाओका शीकी द्वारा उन्नीसवीं सदी के अंत में दिया गया।

पाश्चात्य देशों में हाइकू से प्रभावित होकर कई कवियों ने कविताएं लिखी हैं। इनमें पहला नाम हॉलैंड के हेंड्रिक ड्रोफ का है जो उन्नीसवीं सदी के शुरू में नागासाकी (जापान) में डेजीना ट्रेडिंग पोस्ट में कमिश्नर थे। अंग्रेजी में एजरा पाउंड हाइकू के श्रेष्ठ कवि माने जाते हैं। कुछ ऐसा संयोग था कि एजरा पाउंड के प्रतीकवाद के सिद्धांतों से हाइकू का मेल खाता था, अतः वे इसकी ओर आकृष्ट हुए। अंग्रेजी के प्रतीकवादी कवियों पर हाइकू का बहुत प्रभाव था।

आधुनिक हिंदी रचनाकारों में भी हाइकू के प्रति आकर्षण बढ़ा। आकर्षण का कारण इसका स्वरूप ही कहा जा सकता है। यह कुछ शब्दों और अर्थ-कसाव से भरी तीन पंक्तियों में अर्थ-विस्फोट की अद्‌भुत ताकत से भरा होता है और मानव संवेदना के गहनतम स्तरों को छूता है। हाइकू में नीरवताएं भी बोलती हैं। अज्ञेय की एक हाइकू कविता है–'झरना'–'झरता पत्ता/हरी डाल से/अटक गया।' पेड़ से झरता एक पत्ता नीचे न गिरकर हरी डाल पर अटक जाता है। यह एक अंत है, पर ऐसी प्रक्रिया भी है जिसका अंत नहीं है, क्योंकि स्मृति में क्षण इसी तरह अटके होते हैं। हाइकू बड़ा अर्थवान होता है, अगर इसे महज खेल न बना दिया जाए।

महेंद्र राजा जैन

हाइपर-रीयलिटी

अंग्रेजी शब्द 'Hyper-Reality' का शब्दिक अर्थ अति यथार्थ या अतिरेकी यथार्थ है। यहां हाइपर अंग्रेजी के 'एक्सट्रीम' का पर्याय नहीं है। इसलिए हाइपर रीयलिटी यथार्थ का वह रूप है, जहां यथार्थ की पहचान भ्रमित होने लगती है। हाइपर-रीयलिटी में अतिरेकी यथार्थ और अयथार्थ दोनों अर्थ एक साथ निहित हो जाते हैं। इस अवधारणा का संबंध उत्तर-आधुनिकता से है। यह चेतना की वह स्थिति है जब यथार्थ और छद्म यथार्थ के बीच भेद नहीं हो पाता। तथ्य (फैक्ट) और कथा (फिक्शन) में फर्क करना मुश्किल हो जाता है। मालूम नहीं पड़ता कि कहां यथार्थ खत्म हुआ और कहां कहानी शुरू हुई। दोनों एक-दूसरे में गड्ड-मड्ड हो जाते हैं। यह स्थिति उन उत्तर-आधुनिक समाजों में देखी जा रही है जो प्रौद्योगिकी की दृष्टि से काफी आगे बढ़ चुके हैं। ऐसे समाज में भौतिक यथार्थ और आभासी यथार्थ एक-दूसरे में घुल-मिल जाते हैं, उनकी स्वतंत्र पहचान

धूमिल पड़ने लगती है। मनुष्य की प्रज्ञा कृत्रिम प्रज्ञा (आर्टिफिशियल इंटेलिजेंस) से एकमेक हो जाती है। स्थिति यहां तक पहुंच जाती है कि व्यक्ति वास्तविक भौतिक संसार से हाइपर-रीयल संसार में अपने को अधिक स्वाभाविक महसूस करता है।

हाइपर-रीयलिटी की अवधारणा को प्रस्तुत करने वाले प्रमुख विचारक है फ्रांस के उत्तर-आधुनिकतावादी चिंतक ज्यां बॉद्रिला और इटली के लेखक, दार्शनिक और आलोचक उंब्रेटो इको।

हाइपर-रीयलिटी की अवधारणा को सबसे पहले प्रस्तुत करने का श्रेय ज्यां बॉद्रिला को है। उनका मानना है कि हाइपर-रीयलिटी 'बिना यथार्थता या मूल के यथार्थ के प्रतिरूपों द्वारा उत्पन्न' होती है। यह बिना मूल संदर्भ के एक प्रातिनिधिकता, एक संकेत (साइन) है। हाइपर-रीयलिटी यथार्थ को उस प्रतीक के साथ भ्रमित करती है जो इसका प्रतिनिधित्व करती है। इसमें प्रतीक का सृजन होता है या संकेतकों (सिग्निफायर) के ऐसे समूह शामिल होते हैं, जो उस वस्तु का प्रतिनिधित्व करते हैं जिनका वास्तव में अस्तित्व ही नहीं है। हम जिस दुनिया में रह रहे हैं, उसे दरअसल एक नकली दुनिया ने विस्थापित कर दिया है, जहां हम सिर्फ उत्तेजना के ऐसे साधन चाहते हैं जो हमें अधिकाधिक उद्दीप्त कर सकें। बॉद्रिला कहते हैं, 'फिल्म, टेलीविजन और इंटरनेट वास्तविकता का पुनर्गठन करते हुए हमें वास्तविकता से दूर जाने के काम में लगे हुए हैं। अतिवादी किस्म के यथार्थ का संप्रेषण ही हमारे समय में 'हाइपर-रीयलिटी' है। वास्तविकता मूल से कहीं अधिक वास्तविक है। भयावह मूल से कहीं अधिक भयावह है। सेक्स मूल से कहीं अधिक सेक्सी है। पोर्नोग्राफी कामुकता के मूल से कहीं अधिक कामुक है। युद्ध अपने मूल से कहीं अधिक नाटकीय है।' (अंधेरे समय में विचार)।

उंब्रेटो इको हाइपर, रियलिटी पर विचार करते हुए कहते हैं कि हाइपर-रीयलिटी की क्रिया वास्तविकता की कामना है। इस कामना को पाने की कोशिश में एक मिथ्या वास्तविकता को गढ़ा जाता है जिसका यथार्थ की तरह उपभोग किया जा सके। उंब्रेटो इको का विचार है कि मौजूदा संस्कृतियों में मूलभूत आदर्शों का निर्माण कामना और विशेषतः संकेत प्रणालियों पर निर्भर है।

हाइपर-रीयलिटी ऐसी छद्म वास्तविकता है जिसे वास्तविकता मान लिया जाता है। टेलीविजन पर सोप ऑपेरा देखते हुए दर्शक उसमें दिखाई गई छद्म वास्तविकता को ही धीरे-धीरे न सिर्फ वास्तविकता मान लेता है, वह अपने आसपास के यथार्थ को भी उसी दृष्टिकोण से देखने लगता है। सास-बहू आधारित धारावाहिकों को देखते हुए महिलाएं अपनी सास-बहुओं को भी उन धारावाहिकों के पात्रों के नजरिए से देखने लगती हैं। उन धारावाहिकों के कथित उत्पीड़ित पात्रों की तरह अपने को उत्पीड़ित और अपनी सास या बहू को उत्पीड़क मान लेती है।

जवरीमल्ल पारख

अधिक जानकारी के लिए :

1. अंधेरे समय में विचार : विजय कुमार, **2. Simulacra and Simulation :** Jean Baudrillard, **3. Faith in Fakes: Travels in Hyperreality :** Umberto Eco

हाउस जर्नल

जब कोई कंपनी, औद्योगिक समूह, सरकारी-गैर-सरकारी संस्थान, सरकारी विभाग अपने कर्मचारियों और ग्राहकों को अपने संगठन की गतिविधियों, योजनाओं, नीतियों, भविष्य में किए जाने वाले कार्यों के स्वरूप आदि के बारे में सूचनाएं देने के उद्देश्य से कोई पत्रिका, नियमित बुकलेट या समाचार-पत्र प्रकाशित करता है तो उसे हाउस जर्नल House Journal कहते हैं। ऐसे प्रकाशन को हाउस मैग्जीन, इनहाउस पब्लिकेशन, प्लांट पेपर, एंप्लायी मैग्जीन आदि नामों से भी जाना जाता है। हाउस जर्नल का प्रसार केवल संबंधित संस्थान, औद्योगिक इकाई या कंपनी के दायरे तक सीमित होता है। इसके पाठक संबंधित कंपनी के कर्मचारी, वितरक, एजेंट,

ग्राहक आदि ही होते हैं। व्यावसायिक पत्र-पत्रिकाओं की तरह इसे बाहर बिक्री के लिए या फिर किसी तरह के बाहरी विज्ञापन से कमाई के मकसद से प्रकाशित नहीं किया जाता।

इसके अलावा बहुत सारे राजनीतिक, सामाजिक, नागरिक संगठन भी अपने कार्यकर्ताओं को अपनी गतिविधियों, योजनाओं, नीतियों आदि से अवगत कराने के मकसद से जर्नल प्रकाशित करते हैं। पूरी दुनिया में प्रमुख राजनीतिक दलों के ऐसे पत्र हैं, जिन्हें पार्टी का मुखपत्र कहा जाता है। विभिन्न व्यापार मंडल, कर्मचारी संगठन, नागरिक मोर्चे, क्लब, स्वयंसेवी संगठन आदि भी इस तरह के नियमित पत्र प्रकाशित करते हैं।

हाउस जर्नल का मतलब है कि कंपनियां या फिर संगठन अपने हाउस यानी संगठन-संस्थान के भीतर की गतिविधियों के समाचार हाउस के भीतर काम करने वाले या फिर उससे सीधे जुड़े लोगों के लिए ही प्रकाशित करते हैं। उसमें नीतियों, बैठकों, पुरस्कारों-प्रोत्साहनों के अलावा हाउस के भीतर काम करने वाले लोगों के शादी-विवाह आदि से जुड़े समाचार तक प्रकाशित किए जा सकते हैं।

व्यावसायिक पत्र-पत्रिकाओं के माध्यम से विभिन्न कंपनियों, संगठनों, संस्थानों, सरकारी विभागों आदि के महत्वपूर्ण और उल्लेखनीय समाचार तो सामान्य लोगों तक पहुंच जाते हैं, पर उनकी विभागीय गतिविधियों, सभी प्रकार की योजनाओं, नीतियों आदि के बारे में इस तरह जानकारी नहीं मिल पाती। बड़ी कंपनियों, सरकारी विभागों, बैंकों, बीमा कंपनियों, शैक्षणिक संस्थानों आदि में खुद उनके कर्मचारी ही इन तमाम बातों से अवगत नहीं हो पाते। उनके ग्राहकों तक संबंधित और जरूरी सूचनाएं नहीं पहुंच पातीं।

ऐसे में हाउस जर्नल संबंधित विभाग, संगठन, कंपनी आदि के कर्मचारियों और ग्राहकों को नियमित सूचनाएं और जानकारियां उपलब्ध कराने का महत्वपूर्ण साधन साबित होता है।

हाउस जर्नल आमतौर पर संबंधित कंपनी, संगठन, संस्थान आदि अपने ग्राहकों, उपभोक्ताओं, कर्मचारियों आदि को मुफ्त वितरित करते हैं। कुछ मामलों में नियमित ग्राहक बनाकर मामूली सालाना शुक्ल वसूले जा सकते हैं, पर ऐसा वही संस्थान करते हैं, जिनकी पहुंच व्यापक है और वे बड़ी संख्या में लोगों के लिए लाभकारी योजनाएं चलाते रहते हैं।

हाउस जर्नल के प्रकाशन की प्रक्रिया भी व्यावसायिक पत्र-पत्रिकाओं जैसी होती है। इनका भी उसी तरह पंजीकरण कराना आवश्यक होता है। इनके प्रकाशन को लेकर भी नियम-कायदे बने हुए हैं।

हाउस जर्नल का महत्व इस बात में है कि वह सीधे अपने ग्राहकों, वितरकों, कर्मचारियों से संवाद स्थापित करता है जो बातें विज्ञापन, प्रेस विज्ञप्ति आदि जारी करके नहीं प्रकाशित-प्रसारित कराई जा सकतीं, उन्हें भी हाउस जर्नल के जरिए संबंधित लोगों तक पहुंचाया जा सकता है। उदाहरण के लिए, किसी कंपनी ने किसी उपलब्धि के लिए कोई सम्मान प्राप्त किया है या अपने किन्हीं कर्मचारियों, वितरकों आदि को सम्मानित किया है तो उसकी सूचनाएं हाउस जर्नल में दी जा सकती हैं। जरूरी नहीं कि ये सूचनाएं मुख्यधारा के समाचार माध्यमों में प्रकाशित-प्रसारित हों। हाउस जर्नल में संस्थाएं अपनी छोटी से लेकर हर बड़ी उपलब्धि, बैठक, फैसलों आदि की सूचनाएं दे सकती हैं। फिर इसमें न सिर्फ कंपनी, संगठन, संस्थान अपनी नीतियों, गतिविधियों के बारे में सूचनाएं प्रकाशित करते हैं, बल्कि इसके जरिए विभिन्न मसलों पर प्रतिक्रियाएं भी सहजता से प्राप्त हो जाती हैं। इस तरह हाउस जर्नल एक प्रकार से कंपनी-संस्था-संस्थान और उपभोक्ता-कर्मचारी आदि के बीच संवाद का माध्यम होता है।

हाउस जर्नल का एक महत्व यह भी है कि यह कर्मचारियों, एजेंटों, वितरकों, उपभोक्ताओं को जागरूक बनाने, प्रोत्साहित करने का काम करते हैं।

सूर्यनाथ सिंह

हाड़ौती

कोटा-बूंदी-झालावाड़ क्षेत्रों में हाड़ा राजपूतों का राज्य था। अतः इस क्षेत्र को हाड़ौती क्षेत्र कहते हैं। इस क्षेत्र की बोली को हाड़ौती कहते हैं। कुछ विद्वान ढूंढाड़ी और हाड़ौती को एक मानते हैं, किंतु इनमें पर्याप्त भिन्नता है। अतः ये अलग-अलग बोलियां हैं। हाड़ौती भाषा का सर्वप्रथम उल्लेख केलॉग ने अपने हिंदी व्याकरण में 1875 में किया था। बोली के रूप में जॉर्ज ग्रियर्सन ने हाड़ौती को मान्यता दी है। कोटा, बूंदी, झालावाड़, रावतभाटा, बारां क्षेत्र में बोली जाने वाली भाषा का नाम हाड़ौती है। इस पर ब्रज तथा मारवाड़ी का गहरा प्रभाव है। यह तथ्य ध्यान देने योग्य है कि इस क्षेत्र में जिस साहित्य की रचना हुई उसे मारवाड़ी या डिंगल भाषा का माना जाता है।

हाला झाला रा कुण्डलया, वेलि क्रिसन रुक्मनी री, वीरसतसई जैसी महान कृतियों की रचना इसी क्षेत्र में हुई, पर इनकी भाषा डिंगल है जो आधुनिक राजस्थानी का प्राचीन रूप है। यद्यपि सूर्यमल्ल मिश्र को हाड़ौती का कवि कहा जाता है तथापि उनकी भाषा डिंगल ही है। इसका अर्थ यह है कि हाड़ौती आज भी एक बोली है। लिखित या प्रकाशित रूप में इस भाषा में बहुत साहित्य उपलब्ध नहीं है।

हाड़ौती में 'नै' परसर्ग का प्रयोग कर्म तथा संप्रदान कारक के साथ होता है। हाड़ौती में 'मैं' के लिए 'म्हू' के अलावा 'म्हे', 'म्हा' का प्रयोग होता है। वो के लिए 'ऊ' का प्रयोग होता है। प्रश्नवाचक सर्वनाम कौन के लिए 'कुण' का प्रयोग होता है। भविष्य काल के लिए 'करस्यूं', 'करस्यां', 'करसी', 'करस्यो' जैसे शब्दों का प्रयोग होता है। उदाहरण : **हाड़ौती**–बरस हो गया। अरज्यां मांडतां। लोग क्है वहै ज्योई मांडूं छूं। अरज्यां रचाई और जेबी लोग मंडावै मांड दयूं छूं। मांडू छूं। मुंसी छूं मूं लोगां को। अरजी नवीस। **हिन्दी**–वर्षों बीत गए अर्जियां लिखते हुए। लोग जैसा कहते हैं लिख देता हूं। मैं लोगों का मुंशी हूं। मुझे–अर्जी नवीस कहते हैं।)

हेतु भारद्वाज

हारलम रेनेसां

हारलम रेनेसां (Harlem Renaissance) या हारलम पुनर्जागरण बीसवीं सदी के दूसरे दशक में चला एक अमेरिकी आंदोलन था। उस समय इसका एक नाम 'न्यू नीग्रो मूवमेंट' भी था, जब 1925 में एलैन लॉक ने 'न्यू नीग्रो मूवमेंट' नाम से एक संकलन निकाला था। 1918 से 1930 के मध्य तक इस आंदोलन का काल माना जाता है, जबकि इसके पीछे जो विचार था वह बहुत दिनों तक जीवित रहा। अश्वेतों द्वारा साठ-सत्तर के दशक में बराबरी का अधिकार मांगने के पीछे इसी आंदोलन का प्रभाव था। इसी समय अमेरिका में 'ग्रेट माइग्रेसन' हुआ, जिसमें दक्षिण की गुलामी प्रथा और रंगभेद-नस्लभेद नीति से बचने तथा बेहतर जीवन-शैली की खोज में अश्वेत उत्तर में आकर बस रहे थे। आकर बसने वालों की तादाद सबसे अधिक हारलम नामक स्थान में थी। काम की तलाश में यहां आए लोगों में शिक्षित वर्ग और मध्य वर्ग के नीग्रो शामिल थे। पहले हारलम में केवल मध्य और उच्च मध्य श्वेत वर्ग निवास कर रहा था। बाद में यह केवल अश्वेतों का निवास-स्थान बन गया। इस आंदोलन से न केवल अमेरिका के अश्वेत-श्वेत प्रभावित हुए बल्कि अफ्रीका के लेखक और कैरेबियन उपनिवेशों में रहने वाले भी प्रभावित हुए।

जेम्स वेल्डन जॉनसन हारलम रेनेसाँ को 'फ्लॉवरिंग ऑफ नीग्रो लिटरेचर' कहना पसंद करता था। उसके अनुसार यह 1924 से 1929 तक चला। 1924 में 'ऑपरचुनिटी : ए जरनल ऑफ नीग्रो लाइफ' ने अश्वेत लेखकों के लिए एक पार्टी आयोजित की

जिसमें कई श्वेत प्रकाशक भी शामिल हुए। 1917 में ह्यूबर्ट हैरिसन ने 'लिबर्टी लीग' नामक संगठन बनाया और 'द वॉयस' नामक अखबार निकाला। दोनों न्यू नीग्रो आंदोलन की शुरुआत करने वाले माने जाते हैं। अखबार राजनीतिक था मगर उसमें 'पोएट्री फॉर द पीपुल' नाम से काव्य और पुस्तक समीक्षा प्रकाशित होती थी। 1929 में अमेरिका की महामंदी के साथ यह आंदोलन समाप्त हो गया।

इस आंदोलन में मुख्य रूप से अफ्रो-अमेरिकन लोगों का योगदान था। यह मात्र साहित्य और कला का आंदोलन नहीं था। नस्लवाद का विरोध और सामाजिक प्रगति इसके मुख्य प्रेरक तत्व थे। अपने अफ्रीकी होने पर गर्व हारलम रेनेसां की विशेषता थी। इस आंदोलन में साहित्य, कला और संगीत द्वारा अपने विचारों का प्रदर्शन किया गया। अपनी कौम की प्रगति के लिए कला और साहित्य का उपयोग किया गया। अपनी जड़ों और अपनी संस्कृति की ओर लौटने का आह्वान किया गया। मार्कर्स गैरवे जैसे लोग 'बैक टू अफ्रीका' की बात कर रहे थे, जबकि डब्ल्यू ई बी ड्यू बोइस जैसे लोग अमेरिकी राष्ट्र को अपनी प्रतिभा से परिचित कराना चाहते थे। हारलम रेनेसां के फलस्वरूप अश्वेत अनुभव अमेरिका के सांस्कृतिक इतिहास में दर्ज होने लगे। अमेरिका के साथ-साथ दुनिया अश्वेतों को एक भिन्न दृष्टि से देखनी लगी।

हारलम रेनेसां में साहित्यकार, संगीतज्ञ, चित्रकार, गायक सब शामिल थे। पहले पियानो मात्र अमीरों का वाद्य था, लेकिन इस दौरान नए ढंग से पियानो बजाना शुरू हुआ जिसने अमीर और गरीब नीग्रो के बीच की खाई को पाटने का काम किया। जैज बैंड में पीतल के उपकरणों का प्रयोग होता था और यह संगीत अमेरिका के दक्षिणी हिस्से का प्रतीक था। यह हारलम में खूब प्रचलित हो गया। संगीत में तरह-तरह के प्रयोग और मिश्रण होने लगे जिसकी ओर श्वेत लोगों का आकर्षण बढ़ा। श्वेत उपन्यासकार, नाटककार, संगीतकार भी अपने काम में अफ्रो-अमेरिकी संगीत का उपयोग करने लगे। ब्लूज, आध्यात्मिकता और जैज की पहुंच अश्वेत समुदाय के बाहर भी हो गई।

संगीत के क्षेत्र में नीग्रो लोग एक समय श्वेत अमेरिकनों के साथ मिलकर काम करने लगे थे। फैट्स वैलर, ड्यूक एलिंगटन, विली स्मिथ जैसे प्रतिभाशाली लोगों ने 'भविष्य के संगीत' की नींव डाली थी। जॉर्ज गेर्श्विन के ऑपेरा 'पोर्जी एंड बीज' के सारे पात्र अश्वेत थे। इस दौर में अश्वेत नर्तकी जोसेफिन बेकर फैशन की दुनिया की एक जानी-पहचानी हस्ती थी। हारलम के कैबरे और क्लब अश्वेत-श्वेत दोनों को आकर्षित कर रहे थे। अश्वेत अफ्रीकी शक्ति-प्रदर्शन के रूप में चीते की खाल के वस्त्र पहनने लगे थे। अफ्रो-अमेरिकन लोगों ने कला और साहित्य के द्वारा अपनी मानवता को सिद्ध किया और बराबरी के दर्जे की मांग की। इस समय बहुत-से अश्वेतों को अपना काम प्रकाशित करने का अवसर मिला। उनकी कहानियां, उपन्यास, कविताएं प्रकाशित हुई। इन प्रकाशनों से लोगों का ध्यान उनकी ओर गया। जीन टूमर, जेस्सी फाउसेट, डब्ल्यू ई बी ड्यू बोइस, जोरा नील हर्टसटन, ओमार एल अमीरी, नेला लार्सन, हबर्ट हैरीसन, लैंगस्टन हग्स, जेम्स बॉल्डविन, गैंडोलिन बेनेट, एलिस डनबर-नेल्सन आदि इस काल के प्रमुख साहित्यकार थे।

इस काल में ईसाई धर्म में होने वाले भेदभाव पर भी प्रश्न उठाए गए। कैथोलिक चर्च में होने वाले रंगभेद पर 'द कैथोलिक चर्च एंड द नीग्रो प्रीस्ट' लेख प्रकाशित हुआ। लैंगस्टन हग्स ने अपनी कविता 'मैडम एंड द मिनिस्टर' प्रकाशित की। नीग्रो अफ्रीकी अध्यात्म की ओर आकर्षित होने लगे। 'वूडू' और 'सैंटेरिया' का अभ्यास होने लगा। अफ्रीकी विश्वास के साथ ईसाई धर्म को स्वीकारने से होने वाले आंतरिक संघर्ष भी सामने आए। लैंगस्टन हग्स अपनी कविता 'मेरी क्रिसमस' में धर्म की विडंबना को दिखाता है। वह कहता है कि धर्म अगर अच्छाई का प्रतीक है तब वह गुलामी, दमन, शोषण और अन्याय कैसे कर सकता है। प्रवासियों के साथ हारलम में इस्लाम भी पहुंचा। यहूदियों ने भी अपने

धर्म का एक नया रूप 'ब्लैक हिब्रू इसराइलेट' प्रारंभ किया।

कई बार यह कहते हुए हारलम रेनेसां की आलोचना होती है कि इसके प्रभाव में अश्वेत श्वेत की नकल मात्र बन गए थे। उन लोगों ने श्वेत पहनावे-चाल-चलन को अपना लिया था, जबकि बात केवल इतनी नहीं थी।

विजय शर्मा

अधिक जानकारी के लिए :

1. A Source Book on African-American Performance : Plays, People, Movements : Annemarie Bean, 1999, **2. Harlem Renaissance :** Nathan Huggins,1972, **3. The Harlem Renaissance in Black and White :** George Hutchinson, 1995, **4. The Portable Harlem Renaissance Reader :** David Leveing Lewis (Ed.), 1995

हाशिए की विचारधारा

कोई खास समुदाय या दल जब अधिक सत्ता, प्रभाव और नियंत्रण रखता है, वह केंद्र कहा जाता है और जो अल्प सत्ता, प्रभाव या नियंत्रण वाला या बिल्कुल वंचित है, वह हाशिया है। केंद्र विशेष अधिकार-संपन्न और बहिष्कारपरक होता है। केंद्र और हाशिए प्राचीन समय से रहे हैं। केंद्र में कभी कट्टरवाद और कभी उदारवाद प्रतिष्ठित होता रहता है। नए केंद्र और नए हाशिए भी निर्मित होते रहे हैं। दोनों अस्थिर स्थान हैं। दोनों के बीच द्वंद्वात्मकता के साथ सामंजस्य भी चला है। इसलिए हाशिए की विचारधारा एक बहुलतावादी मामला है। फिर भी उत्तर-आधुनिकतावादी सिद्धांतों के उदय के कारण 'दूसरेपन', 'विभेद', 'अस्मिता' या 'सबाल्टर्न' की धारणा के साथ हाशिए को नई अर्थवत्ता हासिल हुई। राष्ट्रीयता और आधुनिकता की सर्वसत्तावादी परियोजनाओं के विरोध में इसका पुनर्जन्म हुआ। इसके भीतर सांस्कृतिक अल्पसंख्यक भी गिने जाते हैं।

औपनिवेशिक काल में बृहत्तर राष्ट्रीयता के उन्मेष, भारतीय राष्ट्र गठन की आदर्शवादी अवधारणाओं के जन्म और स्वाधीनता संग्राम की सफलता के बाद 1947 में भारतीय जातियों के राष्ट्र-राज्य की स्थापना को एक ऐतिहासिक यथार्थ कहा जा सकता है। विकासशील राष्ट्रीय चेतना के निर्माण के लंबे दौर से ही हाशिए के समुदायों और स्थानों की अपनी पीड़ाओं से उबरने की बेचैनियां व्यक्त होती रही हैं और उनके संघर्ष रहे हैं। ये आवाजें समान रूप से ऐतिहासिक सच हैं, फिर भी इन्हें राष्ट्रीय इतिहास में विलंबित स्वीकृति की नियति से गुजरना पड़ा। इनकी आवाज जगह बनाने लगी, जब खासकर पिछले तीस-पैंतीस सालों से इन्होंने आगे बढ़कर इतिहास के कई बंद दरवाजों को धड़ाधड़ तोड़ना शुरू कर दिया।

राष्ट्रीय जागरण के दौर में ऊंची जातियों के धार्मिक सुधार आंदोलनों और साम्राज्यवाद-विरोधी संघर्षों की कुछ सीमाएं थीं। इन आंदोलनों और संघर्षों की केंद्रीय चिंताओं में जो समुदाय और स्थान हाशिए पर थे, उन्होंने अंग्रेजी शिक्षा के फल चखने के बाद खुद अपनी अलग विचारधाराएं बनाईं जो केंद्रीय चिंताओं से टकराती थीं। प्रायः सभी वंचित समुदाय राष्ट्रीयतावादी नजरों से देखी जा रही परंपराओं को नकारकर अपनी अलग परंपराओं की खोज करने लगे। वे एक हद तक औपनिवेशिक आधुनिकता से प्रभावित थे, पर उनकी पीड़ाएं सच्ची थीं।

उन्नीसवीं सदी से केंद्र और हाशिए का द्वंद्व चल रहा था, विविध रूप में हाशिए की विचारधाराएं निर्मित हो रही थीं। उदाहरण के तौर, पर मराठी नवजागरण के रानाडे-गोखले अध्याय के समानांतर सबसे पहले महाराष्ट्र में ज्योतिबा फुले, सावित्री बाई फुले, पंडिता रमाबाई आदि ने हाशिए में पड़े दलित और स्त्री समुदायों की तकलीफों को उठाना शुरू किया और उनके स्वत्व को अपने-अपने तरीके से जगाया। इसके बाद बी आर अंबेडकर, रामास्वामी नायकर (पेरियार), नारायण स्वामी आदि दलितों के मुखर प्रवक्ता बने। स्त्रियों की आवाज राष्ट्रीयता या आधुनिकीकरण में कुछ खोई-सी थी और धीमी थी। इन सबके साथ आदिवासियों की

लड़ाइयों और उत्तर-पूर्व की आवाजों को भी हाशिए की विचारधाराओं में गिना जा सकता है।

पूंजी का धर्म समाज में विषमता बढ़ाना है। इसलिए पूंजीवाद के नए विकास के साथ जाति, लिंग और क्षेत्र के स्तर पर भी विषमता और भेदभाव की खाई लगातार बढ़ी। इसे राष्ट्रीय और वामपंथी केंद्रवाद सफलतापूर्वक संबोधित नहीं कर सका। इसके कारण दलित और स्त्रीवादी आंदोलन सामने आए। उग्र स्थानीय जातीयता भी कठोर किस्म के केंद्रवाद की ही संतान है। वैश्वीकरण के युग में दरअसल बाजार अर्थव्यवस्था के कारण बढ़ी विषमता ही सामुदायिक अस्मिता की राजनीति तथा स्थानीय उग्र-जातीयता या पुराजातीयता का हथियार होती है, हालांकि केंद्र के साथ इनका नरम-गरम संबंध बना रहता है।

हाशिए की विचारधारा मुख्यतः किसी-न-किसी वर्चस्व पर प्रहार है। यह उन समुदायों के अनुभवों, संघर्षों और आकांक्षाओं का विश्लेषण करती है जिनका आधुनिकता, लोकतंत्र, वामपंथ और राष्ट्रवाद ने समाधान नहीं दिया। यह उनकी मुक्ति की जगह है, जो अभी भी अपमान, अवमानना और दमन के शिकार हैं। यह विचारधारा वंचित समुदायों को भाग्यवाद, अपराध भावना और शर्म की जिंदगी से बाहर निकालती है। हाशिए की समस्या ही नहीं उठाती, ऐसे समाधान भी देती है जो राष्ट्रीयता और आधुनिक विकास को समावेशी बना सके। हाशिए की विचारधारा हाशिए पर पड़े रहने की नहीं बल्कि केंद्र तक पहुंचने की कोशिश है। यह सत्ता विमर्श का ऐसा रूप है जो ऐसी व्यवस्था में जो पूरी तरह भ्रष्ट हो चुकी है, एक मानवीय अंतर्दृष्टि देती है। यह एक बिंदु पर नीचे से राष्ट्र को खड़ा करने और नीचे से आधुनिक विकास को परिभाषित करने वाली एक संवाद-मुखी विचारधारा बन जाती है। सभ्यता का एक प्रमुख चिह्न यह है कि क्षमतावान कितना सुनता है और अक्षम तथा कमजोर लोग कितना बोल सकते हैं। सामाजिक समरसता और लोकतंत्र की नींव है सुनना सीखना। दुनिया में इतने मंदिर, चर्च, मस्जिद नहीं होते, यदि एक इन्सान दूसरे इन्सान को सचमुच सुनता। ईश्वर और देवता बने ही इसलिए कि आदमी जब हताश हो तो अपनी पीड़ा उन्हें सुना सके। रावण ने (मंदोदरी और विभीषण को) नहीं सुना। दुर्योधन ने (विदुर और कृष्ण को) नहीं सुना। युद्ध हुआ। केंद्र तभी तक सुरक्षित है, जब तब हाशिया सुना जा रहा है। यह प्रश्न सदा रहा है कि जिसके पास शक्ति नहीं है, वह कैसे बोले और सुना जाए। वास्तविकता यह रही है कि शक्तिमान ही बोलता है और सुना जाता है, अक्षम और कमजोर बोले भी तो सुना नहीं जाता।

हाशिए की विचारधारा सांस्कृतिक प्रश्नों को उठाती है। यह सांस्कृतिक एकरूपता की विरोधी है। यह बिल्कुल संभव है कि किसी एक खास सांस्कृतिक पृष्ठभूमि में दूसरी संस्कृति की चीजें ग्राह्य न हों। इस हालत में बहुसंस्कृतिवाद दूसरे के विश्वासों और परंपराओं को आदर देने के लिए एक जरूरी तत्व होता है। दलितों और स्त्रियों में आंतरिक भिन्नता के कई स्तर हो सकते हैं। हाशिए की विचारधारा इस भिन्नता को भी समझने और संवेदनशील ढंग से समायोजित करने पर जोर देती है। निश्चय ही सभी लोग समान स्तर पर वंचना, दमन और उत्पीड़न का शिकार नहीं होते। इसलिए 'दूसरे' का उत्पीड़न भी तटस्थता या उपेक्षा का मामला न होकर साझेदारी का विषय हो जाता है। किसी भी समाज में अनुभव की भिन्नता संभव है, पर मानवीय साझेदारी उससे ज्यादा काम्य और सभ्यतामूलक है।

बेल हूक ने अपने केंद्र-परिधि सिद्धांत में पांच प्रश्न रखे हैं : (1) मैं किस स्थान पर हूं? (2) केंद्र पर किसका कब्जा है? (3) मैं केंद्र की संरचना में कैसे शामिल हो सकता/सकती हूं? (4) इस गतिशीलता में मेरा कौन सहायक होगा? और (5) फिलहाल सत्ता संरचनाओं के भीतर जगह बनाने में कितना जोखिम उठाने की स्थिति है और यह जोखिम क्यों उठाया जाए? (फेमिनिस्ट थियरी : फ्रॉम मार्जिन टु सेंटर)। गौर करने की चीज है, हाशिए के लोग जब सत्ता संरचना के शिखरों पर पहुंचते हैं तो कोई जरूरी नहीं है कि वे हाशिए की विचारधारा की मांगों के

अनुसार ही कार्य करेंगे और सत्ता उन्हें अंतर्मिश्रित नहीं कर लेगी।

सत्ता का हाशिए की विचारधारा से महज प्रतीकात्मक संबंध भी हो सकता है। सत्ता की खूबी है कि वह ज्ञानियों का तरह-तरह से सम्मान करती है और उन्हें दुरस्कृत करती है पर ज्ञान की शत्रु होती है। वह ज्ञान को पुरुपयोगों से विकृत भी करती है। वह हाशिए की विचारधारा में भी गतिशीलता और विकास को तरह-तरह से प्रभावित करती है। इसलिए हाशिए बंटे हुए, एक-दूसरे से दूर होते हैं।

केंद से संपर्क और टकराहट मिलकर हाशिए की विचारधारा का निर्माण करते हैं। यह स्पष्ट है कि सभी हाशिए समान वेग के नहीं होते। उल्लेखनीय है कि अपने में सीमित रहने के कारण जब एक हाशिया बोल रहा होता है, कई दूसरे हाशिए चुप रहते हैं। दलित जब मुखर होते हैं, स्त्रियां चुप रहती हैं। किसान जब आवाज उठाते हैं, दलित चुप रहते हैं। स्त्रियां यौन उत्पीड़न और हिंसा के प्रश्न पर ज्यादा बोलती हैं, पर वे कई दूसरे मुद्दों पर चुप होती हैं। हाशिए की विचारधाराओं की विशिष्टता और अखंडता में बुनियादी अंतर्विरोध नहीं होते हुए भी वे एक-दूसरे से विच्छिन्न रहने की अभिशप्त नियति भुगतती हैं, जिसकी वजह से सत्ता संरचनाओं में कुछ ऊपरी उलट-पलट के अलावा कोई बड़ा बदलाव घटित नहीं होता। इस अभिशप्त नियति से मुठभेड़ हाशिए की विचारधारा के सामने एक बड़ी चुनौती के रूप में दिखाई दे सकती है।

दलित विमर्श हो, स्त्री विमर्श या आदिवासी विमर्श हो, एक महत्वपूर्ण मुद्दा यह है कि सत्ता के प्रति हाशिए का निरंतर आलोचनात्मक रुख है या किसी बिंदु पर उसमें ठहराव आ जाता है। राज्य सत्ता का सकारात्मक उपभोग हर तरह के दमन और उत्पीड़न के विरोध से ही संभव है, हाशिए के लिए सबसे अधिक चुनौतीपूर्ण जगह यही है।

बुद्धिवाद से हाशिए के संबंध को भी एक महत्वपूर्ण विषय के रूप में देखा गया है। अति-बुद्धिवाद और निर्बुद्धिपरकता दोनों त्याज्य मामले हो सकते हैं। इसलिए हाशिए की विचारधारा और बुद्धिपरकता के बीच लगातार संबंध एक दूसरी चुनौतीपूर्ण जगह है। उत्तेजक और हिंसात्मक कथन एक तरह से यथास्थिति के ही पोषक होते हैं, क्योंकि यह बुनियादी परिवर्तन की आकांक्षा से भरे न होकर अंततः खोखले शब्दों में परिणत हो जाते हैं। इसके बावजूद देखा जा सकता है कि हाशिए की विचारधारा में भाषिक उद्दंडता केंद्रवाद की कट्टरता की देन है।

हाशिए की विचारधारा महज सत्ता के पुनर्वितरण का मामला नहीं है, यह राष्ट्रीय परिवर्तन की भी विचारधारा है। यह वंचित की सत्ता तक पहुंच बढ़ाता है, पर यह महज राजनीतिक सत्ता तक पहुंच बढ़ाने का मामला भी नहीं है। इसमें पूरे समाज के पुनर्निर्माण और मानवीय स्थितियों को जन्म देने का लक्ष्य मौजूद है। इसलिए टकराहटों की एकरेखीयता फिर एक दूसरी कोटि की सीमाबद्धता है। यह वस्तुतः वाग्जाल नहीं, चेतना में परिवर्तन लाने का मामला है। हाशिए की विचारधारा हर तरह के वर्चस्व से सत्ता को मुक्त करने के लिए है। यह सत्ता में प्रतिवर्चस्व स्थापित करने का मामला नहीं है। एक तरह से यह महसूस कराने के लिए है कि जिनके पास सत्ता नहीं थी वहां अब सत्ता उपस्थित है। यह सत्ता के हर केंद्रीकरण के विरोध में उठी आवाज है जिसमें वंशगत केंद्रीकरण भी है।

भारतीय संविधान में राष्ट्र अपरिभाषित है। इसकी जगह गणतंत्र (रिपब्लिक) परिभाषित है। इस लिए राष्ट्र को स्वेच्छाचारी ढंग से परिभाषित न करके उसे गणतंत्र की धारणाओं की रोशनी में देखा जाना उचित होगा। ऐसा होने पर राष्ट्र और हाशिए का अंतर्विरोध स्वतः मिट जाता है। दरअसल गणतंत्र का सार प्रतिनिधित्व, जवाबदेही और मानवाधिकारों की रक्षा में निहित है। प्रतिनिधित्व का अर्थ धनराशि की चमक, भौतिक बल प्रदर्शन और प्रबंधन के बल पर किसी तरह चुनाव जीतना नहीं है। जवाबदेही का अर्थ हर दल द्वारा बारी-बारी से भ्रष्टाचार नहीं है। मानवाधिकारों की रक्षा का अर्थ कदम-कदम पर हिंसा नहीं है। ज्यादातर राजनीतिक दलों में व्यक्तिगत

और वंशगत तानाशाही होने के कारण गणतंत्र अपना अर्थ हासिल नहीं कर पाता है। राष्ट्र की दुरवस्था वस्तुतः लोकतांत्रिक विफलताओं के परिणामस्वरूप गणतंत्र की दुरवस्था है। इसी दुरवस्था का नतीजा हैं हाशिए की विचारधाराएं।

राजनीतिक व्यवस्था में केंद्रीकरण हमेशा एक बड़ी समस्या है। यही वजह है कि हाशिए में पृथकता का तत्व पैदा होता है जो असहमति को सीमित करता है। वैश्वीकरण की जान है 'आमराय' तो लोकतंत्र की जान है 'असहमति'। असहमति की सीमाबद्धता लोकतंत्र को परिसीमित कर देती है। इससे वैश्वीकरण की साम्राज्यवादी विचारधाराओं के प्रसार को अवसर मिलता है। इसलिए हाशिए का नए साम्राज्यवादी वर्चस्वों के प्रति क्या रुख है, इस पर ही उसकी विचारधाराओं की ठोस फलदायकता निर्भर है। हाशिए की विचारधारा स्थिर नहीं रही है। उन्नीसवीं सदी से औपनिवेशिक आधुनिकता, राष्ट्रवाद, अस्मिता की राजनीति और मुक्त बाजार व्यवस्था के ढांचे में उसके कितने रूप बने, उसका लगातार कैसे विकास हुआ, यह अध्ययन का विषय है।

हाशिए की विचारधाराओं के आधार पर चले संघर्षों की वजह से स्त्रियों, दलितों, आदिवासियों तथा स्थानीय छोटे समुदायों की स्थिति में पहले से फर्क आया है। शिक्षा, राष्ट्रीय आंदोलनों और विभिन्न जन आंदोलनों के साथ हाशिए की विचारधाराओं की भूमिका को अब वे भी स्वीकार कर रहे हैं जो 'राष्ट्र' और 'वर्ग' के बाहर नहीं देखते थे। अब दलित सिर उठाकर लड़ पा रहे हैं। स्त्रियों की परिवार में बेहतर जगह बन रही है और सार्वजनिक जीवन में वे पहले से अधिक मुखर हुई हैं। राष्ट्र की भी हाशिए की लड़ाइयों में साझेदारी पहले से बढ़ी है, हालांकि बढ़ती विषमता असंबोधित है। आदिवासियों की स्वायत्तता और विकास में उनकी इच्छा के अनुसार हिस्सेदारी, दोनों चीजों पहले से ज्यादा सुरक्षित हैं। समाज अब पहले-सी दमनात्मक दशाओं में नहीं है, उसमें खुलापन आया है। नई जगहों से लेखक और चिंतक आ रहे हैं, वहां भी पाठक बन रहे हैं, जहां पहले सन्नाटा था।

हाशिए के सभी लोग हाशिए पर नहीं खड़े हैं। वे सत्ता-संरचना में विभिन्न स्तर पर शामिल हुए हैं। वे प्रश्न उठा रहे हैं और उनके प्रश्नों में व्यापकता भी आ रही है। इनसाइडर और आउटसाइडर का इकहरा बोध धूमिल हुआ है। अतीत और पश्चिम को नए नजरिए से देखने की शुरुआत हुई है, यह एक अनौपनिवेशिक नजरिया है। पिछड़े हुए लोग अपना नया इतिहास लिख रहे हैं तो समाज में नए कॉमन प्लेस भी बन रहे हैं जिनमें हाशिए की समान मर्यादा है। हाशिए के प्रति सकारात्मक रुख से ही 'साझी संस्कृति-साझी राष्ट्रीयता' का निर्माण संभव है, यह महसूस किया जा रहा है। 21वीं सदी में अंध-राष्ट्रवाद और हर तरह के केंद्रवाद को चुनौती देने वाली यह एक बड़ी घटना है। राष्ट्र की छद्म छवि खड़ी करके हाशिए के लोगों की अभिव्यक्ति की स्वाधीनता छीनने की कोशिशों का देश के युवाओं द्वारा सम्मिलित रूप से विरोध होता रहा है, जो इस सदी के दूसरे दशक की एक नई शुरुआत है। यह प्रश्न उठा है, क्या वैश्वीकरण के दौर में सबसे बड़ा हाशिया बेरोजगार युवा हैं?

शंभुनाथ

अधिक जानकारी के लिए :
1. Feminist Theory : From Margin to Centre : Bell Hooks, 2000, **2. At The Margins :** Jayant Sengupta, 2015

हिंग्लिश

हिंग्लिश का अर्थ है हिंदी और इंग्लिश के मेल से बनी भाषा, वाक्य या शब्द। हिंदी में यंगिस्तान, लेट-लतीफ जैसे शब्द चल पड़े हैं। अंग्रेजी के शब्द स्कूल, कॉलेज, कॉपी राइटर, इंडिया, मोबाइल, रिचार्ज, कंप्यूटर आदि अब हिंदी के अंग हैं। लेकिन 'अपने लैंगुएज में टॉक करना ऑलमोस्ट अपने मदर से टॉक करने जैसा है', 'कितना अच्छा थॉट है', 'यही है राइट च्वाइस बेबी' 'क्रेजी हुआ रे', 'दिल मांगे मोर' आदि वाक्य हिंग्लिश के उदाहरण

हैं। एक अनुमान के अनुसार आज भारत में हिंग्लिश बोलने वालों की संख्या लगभग 35 करोड़ है, हिंदीतर भाषी भी इसका प्रयोग कर रहे हैं।

हिंग्लिश भारत में सबसे तेजी से बढ़ने वाली भाषा बनती जा रही है। इसका प्रयोग हिंदीभाषी राज्यों के अतिरिक्त देश एवं विदेश के विभिन्न क्षेत्रों में निवास करने वाले हिंदीभाषी एवं अन्य आप्रवासी लोगों द्वारा या हिंदी का सामान्य एवं कार्यसाधक ज्ञान रखने वाले लोगों द्वारा किया जाता है। यह भाषा टेलीविजन, मोबाइल फोन, इंटरनेट एवं बोलचाल के माध्यम से अधिक फैल रही है, जैसे—अरे, लीव इट। यह टाइम है शाइन करने का। नो, प्लीज ऐसा मत करो।

हिंग्लिश का प्रचलन ब्रिटिश राज से है, पर इधर क्रमशः बढ़ा है। आज बढ़ती साक्षरता और दूसरी भाषाओं के लोगों से संवाद के फलस्वरूप हिंग्लिश का प्रयोग बढ़ता जा रहा है। सोशल मीडिया में हिंग्लिश का प्रयोग अधिक हो रहा है। खासकर टीवी चैनलों, अखबारों में इसका प्रचलन हाल के वर्षों में तेजी से हुआ है। कई हिंदी अखबारों में शीर्षक में अंग्रेजी के शब्द होते हैं। कहीं क्रिया आदि ही हिंदी के हैं, बाकी शब्द अंग्रेजी के। इसी प्रकार अंग्रेजी के अखबारों में हिंदी के कुछ शब्द घुस गए हैं। उदाहरण के लिए, ठग और पक्का जैसे शब्द मानो अंग्रेजी के ही हैं। भारत में अंग्रेजी के अखबारों में भी कई बार आधे-पूरे हिंदी के वाक्यों का प्रयोग देखा जा सकता है।

हिंग्लिश

सलमान रुश्दी, उपमन्यु चटर्जी, देवयानी चौबल, शोभा डे, बलजिंदर कौर जैसे अनेक लेखक अपनी अंग्रेजी में हिंदी या स्थानीय बोलियों के शब्दों का प्रयोग आकर्षण और संप्रेषणीयता बढ़ाने के लिए करते हैं। ऋचा देवेसर का एक पूरा उपन्यास हिंग्लिश में है। ऐसे रचनाकारों का मत है कि भाषा अपने तत्सम रूप से नहीं, बल्कि पारस्परिक बोलचाल की भाषा से मजबूत होती है। हिंदी बाजार की सबसे सक्षम भाषा है, जिसे अंग्रेजी के साथ मिलाकर ही अधिक प्रभावी और उपयोगी बनाया जा सकता है। पिछले लगभग डेढ़-दो दशकों में ऐसी कई फिल्में बनी हैं जिनके न सिर्फ शीर्षक (जैसे—जब वी मेट, लाइफ में ट्विस्ट है, एक विलेन) हिंग्लिश में हैं, बल्कि संवाद में भी हिंदी-अंग्रेजी की मिली-जुली भाषा का प्रयोग हुआ है।

हिंग्लिश का प्रभावी प्रयोग विज्ञापनों, स्लोगनों आदि में विशेष रूप से किया जाता है। आधी अंग्रेजी और आधी हिंदी कुछ मामलों में संप्रेषण की दृष्टि से अधिक उपयोगी मानी जाती है। विज्ञापनों में ऐसी पंक्तियां आती हैं—लाइफ का मजा लो, यह है राइट च्वॉइस बेबी, खाओ-पियो इंज्वाय करो आदि। यह मिश्रण लिपि के स्तर पर भी है, कुछ अक्षर रोमन और कुछ नागरी लिपि के। इसे हिंदी बोलने वालों को आधुनिक बनाने के चिह्न या धीरे-धीरे अंग्रेजी की तरफ ढकेलने के षड्यंत्र के रूप में भी देखा जाता है। अंग्रेजी शब्दों के बिना हिंदी जैसे एक प्राचीन भाषा हो। एप्पल, एंड्रायड और विंडोज में हिंग्लिश का की-बोर्ड आ गया है। यह नवीनतम एप्पल उपकरण की भाषा सेटिंग का स्क्रीनशॉट भी है, जिसमें भाषा और की-बोर्ड सेटिंग में हिंग्लिश

मौजूद है। हिंग्लिश की बढ़ती लोकप्रियता को ध्यान में रखकर इसके शब्दकोश भी बन गए हैं और दुनिया भर की पत्रिकाओं में इसकी चर्चा है।

अवधेश प्रसाद सिंह

अधिक जानकारी के लिए :

1. Chutnefying English : The Phenomenon of Hinglish : (Ed.) Rita Kothari and Rupert Snell

हिंद स्वराज

लगभग अस्सी पृष्ठों का 'हिंद स्वराज' महात्मा गांधी के चिंतन का बीज है। मूलतः गुजराती में तीस हजार शब्दों में लिखी गई यह एकमात्र पुस्तक है, जिसका अनुवाद इंडियन होम रूल नाम से गांधी जी ने स्वयं अंग्रेजी में किया था। दरअसल अंग्रेजी अनुवाद उन्होंने अपने गुरुतुल्य काउंट लियो टॉलस्टाय और दक्षिण अफ्रीका के अपने गुजराती न जानने वाले जिज्ञासु यूरोपीय मित्रों के लिए किया था। इनमें हरमन कलेनबेक और हेनरी पोलक प्रमुख थे। 'हिंद स्वराज' का अंग्रेजी अनुवाद पढ़कर टॉलस्टॉय ने अपनी डायरी में लिखा था–अद्भुत! गांधी ने 21 फरवरी 1940 को बंगाल के मलिकंदा नामक स्थान की एक बैठक में बताया था कि 'हिंद स्वराज' लंदन में उनके मित्र और शुभचिंतक प्राणजीवन दास और जगजीवन दास मेहता से हुई बातचीत की लगभग जस-की-तस प्रस्तुति है। इसे गांधी जी ने इंग्लैंड से दक्षिण अफ्रीका लौटते समय दस दिनों में (13 नवंबर से 22 नवंबर 1909 के बीच) लिखा था। इसे पाठक और संपादक के बीच बातचीत की शैली में लिखा गया था। गुजराती में वह संवाद अधिपति और वाचक तथा अंग्रेजी में एडिटर और रीडर के बीच है।

'हिंद स्वराज' के बीस छोटे-छोटे अध्यायों में गांधी जी आधुनिक सभ्यता की सामाजिक और राजनीतिक संस्थाओं के एक दुर्दम्य-हठीले आलोचक के रूप में उभरते हैं। 'हिंद स्वराज' के अंत में उन्होंने बीस प्रमाणभूत पुस्तकों की सूची दी है, जिनमें छह पुस्तकें टॉलस्टॉय की हैं। दो-दो पुस्तकें रस्किन और थोरो की हैं। दिलचस्प बात यह है कि इनमें मात्र दो ही पुस्तकें भारतीय विचारकों और लेखकों दादाभाई नौरोजी और आर सी दत्त की हैं।

1926 में साबरमती आश्रम की महिला सदस्यों से बातचीत के दौरान गांधी जी ने 'हिंद स्वराज' के लिखे जाने के पीछे अपनी मानसिक पृष्ठभूमि का जिक्र करते हुए कहा था कि 'यह केवल राजनीतिक पुस्तक नहीं है। मैंने राजनीति की भाषा अवश्य प्रयोग की है, पर मेरा प्रयास रहा है धर्म की एक झलक देना। 'हिंद स्वराज' का क्या अर्थ है? इसका तात्पर्य है धर्म का शासन अथवा रामराज्य। यह पुस्तक मेरे कई वर्षों के चिंतन का सारांश है। जैसे कोई व्यक्ति अपने को बोलने से रोक नहीं पाता, जब उसका हृदय विचारों के आवेग से भर जाता है, मैं भी अपने को लिखने से रोक नहीं पाया, जब मेरा हृदय विचारों के आवेग से आप्लावित हो उठा। यह पुस्तक अनपढ़ जनता को ध्यान में रखकर लिखी गई है।'

'हम गीता, रामायण या हिंद स्वराज जो भी पढ़ें, पर उसके पीछे दूसरों के कल्याण की भावना होनी चाहिए। हमें इसे अपने बच्चों को भी पढ़ाना चाहिए।'

मशीन और उस पर आश्रित उद्योगिकीकरण और दोनों के संयोग से उपजी आधुनिक पश्चिमी सभ्यता के एक घनघोर आलोचक के रूप में गांधी का स्वर 'हिंद स्वराज' में अत्यंत प्रबल है। मशीनों द्वारा अधिक-से-अधिक उत्पादन जनता के बहुत बड़े वर्ग को उत्पादन और वितरण की व्यवस्था के बाहर कर दे रहा था। इसका परिणाम था बेरोजगारी और भुखमरी। वह मानते हैं कि मशीनों ने हिंदुस्तान को दरिद्र और गुलाम बनाया। मशीनों के पीछे अधिकतम व्यावसायिक लाभ की कभी न तृप्त होने वाली दानवी भूख है जिसने भीषण असमानता, असंतुलन, असंतोष और शोषण को जन्म दिया है। पूंजीवादी और साम्यवादी दोनों व्यवस्थाएं मशीनों के जरिए व्यापक उद्योगीकरण की पक्षधर रही हैं। अतः गांधी दोनों के मनुष्य-विरोधी चरित्र की अनदेखी नहीं कर सकते थे।

मात्र विदेशी पराधीनता से मुक्ति को गांधी

'स्वराज' मानने को तैयार नहीं थे। 'हिंद स्वराज' के चौदहवें अध्याय में वह स्पष्ट कहते हैं कि हम अपने ऊपर राज करें, वही स्वराज है और वह स्वराज हमारी हथेली में है। 19 मार्च 1931 के 'यंग इंडिया' में उन्होंने लिखा था कि 'स्वराज' एक पवित्र शब्द है। यह वैदिक शब्द है, जिसका अर्थ है आत्मानुशासन।

'हिंद स्वराज' लिखे जाने तक कांग्रेस की इतिहास-यात्रा से गांधी जी भली-भांति परिचित थे। सर ए ओ ह्यूम, सर विलियम वड्र्सवर्थ, दादाभाई नौरोजी, बदरुद्दीन तैयब जी, लाला लाजपत राय, गोपाल कृष्ण गोखले और लोकमान्य तिलक के नामों का सम्मानपूर्वक स्मरण 'हिंद स्वराज' में एकाधिक बार आता है। गैरीबाल्डी, कावूर और मैजिनी की अपने देश इटली के स्वतंत्रता-संग्राम में भूमिका पर भी गांधी जी ने अपने विचार व्यक्त किए हैं। हिंदू-मुस्लिम एकता, गो-वध और अंग्रेजी भाषा के वर्चस्व की समस्याओं तथा सत्याग्रह के महत्व, शिक्षा के स्वरूप एवं पश्चिम की भौतिक सभ्यता के तिरस्कार के संबंध में भी 'हिंद स्वराज' में गंभीरतापूर्वक विचार किया गया है।

'हिंद स्वराज' से यह स्पष्ट है कि गांधी ने यंत्रजाल में छटपटाते मनुष्य का विद्रूप चेहरा बहुत पहले देख लिया था और चाहते थे कि इसे दूसरे भी देखें। गांधी के आगे के अधिकांश विचार 'हिंद स्वराज' के विचारों के ही विस्तार हैं।

वीरेंद्र कुमार बरनवाल

हिंदी

भारत में भाषाओं की विविधता देखकर कुछ यूरोपीय विद्वानों ने इस देश को भाषाओं का अजायबघर कहा था। हिंदी क्षेत्र की भाषाओं-बोलियों की संख्या देखकर किसी को लग सकता है कि यह तो महा-अजायबघर है। हिंदी क्षेत्र में कुल दस राज्य हैं—बिहार, उत्तर प्रदेश, राजस्थान, दिल्ली, छत्तीसगढ़, हरियाणा, हिमाचल प्रदेश, मध्य प्रदेश, उत्तराखंड और झारखंड। देश के विभिन्न राज्यों में हिंदी के कई रूप हैं। यह गौरव की बात है कि विश्व में एक नहीं, कई छोटे-बड़े भूखंड हैं, जहां हिंदी है। इस भाषा का इस्तेमाल करने वालों की संख्या भारत में 2001 की जनगणना के अनुसार लगभग 43 करोड़ है जो 2016 तक 50 करोड़ से ऊपर हो चुकी होगी। इतनी बड़ी आबादी में हिंदी का एक ही रूप हो, यह जातीय विकास के वर्तमान मोड़ पर संभव नहीं है।

हिंदी का तेजी से विकसित होता हुआ एक मानक रूप खड़ी बोली है। इसके साथ ही हिंदी के बोलचाल और व्यवहार के अनेक रूप हैं। हिंदी भारत के शहरों मुंबई, कोलकाता, हैदराबाद, पोर्ट ब्लेयर और चेन्नई में अलग-अलग ढंग से बोली जाती रही है। हिंदी के दक्खिनी हिंदी, मुंबइया हिंदी, कलकतिया हिंदी, बाजार की हिंदी जैसे रूप बताए गए हैं। यह मॉरीशस, फिजी, सूरीनाम, गुयाना, ट्रिनिडाड, दक्षिण अफ्रीका, नेपाल आदि में भी विशिष्ट रूप में बोली जाती है। हिंदी के भाषिक ढांचे में उसकी विविधता और मानकता–दोनों पर काफी चर्चा हुई है। भाषावैज्ञानिकों ने इस मामले को कई दृष्टिकोणों से देखने का प्रयास किया है, जिनमें दो दृष्टियां प्रमुख हैं—औपनिवेशिक और राष्ट्रीय। हिंदी को अनेक भाषाओं के रूप में देखने वालों और खड़ी बोली हिंदी को अंग्रेजी राज की निर्मिति मानने वालों का एक वर्ग है, जो जॉर्ज ग्रियर्सन के औपनिवेशिक भाषा सर्वेक्षण का अनुगामी है। इसके विपरीत हिंदी क्षेत्र की बोलियों-भाषाओं के बीच से जातीय विकास को मान्यता देने वाले लेखक हैं, जो मुख्य रूप से रामचंद्र शुक्ल और रामविलास शर्मा के राष्ट्रपरक भाषा-चिंतन का समर्थन करते हैं।

2001 की जनगणना में हिंदी के 49 विशिष्ट रूप बताए गए हैं। इन भाषाओं में राजस्थानी, मगही आदि हैं, पर मैथिली नहीं है। इन 49 रूपों के अलावा अंगिका, कौरवी, दक्खिनी, कन्नौजी, बज्जिका इत्यादि बोलियों पर भी चर्चा होती रही है। निश्चय ही मैथिली समेत उपर्युक्त सभी भाषाओं की लोक संस्कृति, उनके अद्भुत नाद सौंदर्य वाले शब्दों और उन्नत सामाजिक

संस्कारों को बचाने की आवश्यकता आज भी महसूस की जा सकती है। इसके अलावा यह भी देखना होगा कि स्थानीय स्तर पर उपर्युक्त सभी भाषाओं-उपभाषाओं-बोलियों के लोग जब अपनी स्थानीयता से बाहर निकलते हैं, तब उनकी भाषा खड़ी बोली हिंदी हो जाती है। हिंदी उपर्युक्त भाषा-रूपों की छतरी नहीं है, बल्कि उनकी संतान है–उनका जातीय विकास है। विराटहिंदी क्षेत्र की तमाम बोलियां, लोकभाषाएं और भाषाएं हिंदी की मांएं हैं।

हिंदी क्षेत्र के लोग छोटे-छोटे समूहों में लंबे काल तक रहे हैं। हो सकता है, कुछ भाषिक समुदाय ज्यादा पृथकता में रहे हैं। फिर भी ऐसा नहीं है कि उनके बीच सामाजिक और सांस्कृतिक संबंध नहीं रहा है। ऐसा भी नहीं है कि उनमें संवाद और घुलना-मिलना बिल्कुल नहीं रहा है। प्रत्येक दो-पांच-दस उपभाषाओं या बोलियों में अंतर्संबंध है। सभी में जातीय अंतर्संबंध की एक विस्तृत श्रृंखला भी आसानी से लक्षित की जा सकती है। यही वजह है कि इस भाषा समूह के आपसी संवाद में हिंदी ही व्यवहार में आती है और यह हिंदी क्षेत्र की जातीय भाषा है।

हिंदी के विभिन्न रूप हैं, अलग-अलग क्षेत्र में अलग-अलग उच्चारण हैं, विशिष्ट स्थानीय छौंक है और बाजार में इसका एक अंग्रेजी मिश्रित रूप भी चल रहा है। एसएमएस, विज्ञापन, सोशल साइट और कुछ अन्य जगहों पर रोमन लिपि में हिंदी लिखी जा रही है। हिंदी में विविधता है। कोई कह सकता है, हिंदी नहीं, हिंदियां हैं। हिंदी की विविधता उसकी जातीय शक्ति है। इसमें कठोरतापूर्वक एकरूपता लाने की कोशिश हिंदी के प्रति अलोकतांत्रिक व्यवहार माना जाएगा। इसका यह अर्थ नहीं है कि हिंदी दस राज्यों और देश में विभिन्न रूपों में बोली जानेवाली राष्ट्रीय भाषा नहीं है। यह उन प्रवासियों के बीच भी बोली जाती है, जो अंग्रेजी राज में एक समय गिरमिटिया मजदूर के रूप में लैटिन अमेरिका, अफ्रीका के देशों में ले जाए गए थे। यह राष्ट्रीय भाषा के साथ एक अंतरराष्ट्रीय भाषा भी है।

हिंदी एक भाषा नहीं है, हिंदी हिंदी क्षेत्र की जातीय अखंडता की भाषा नहीं हैं, हिंदी महज हिंदू राष्ट्रवाद की देन है, हिंदी कोई भाषा ही नहीं है और हिंदी कई भाषाओं का गुच्छा है जो बिखर जाएगा–इस तरह की चर्चा होती है। कुछ भाषा-चिंतक अंग्रेजी राज के जमाने के बौद्धिक उपनिवेशवाद का शिकार होकर यह सब कहते हैं। वे राष्ट्रीय भाषा के रूप में हिंदी के विकास और इसके शक्तिशाली समावेशी चरित्र से अनभिज्ञ हैं। गनीमत है कि जनता भाषावैज्ञानिक नहीं होती, जनता कभी दीवारें नहीं बनाती। वह पृथकता नहीं, जातीय आंतरिकता से बंधी होती है। यही वजह है कि हिंदी क्षेत्र में जाति, धार्मिक आस्था, रीति-रिवाज, यहां तक कि भाषा रूप की छोटी-मोटी भिन्नताओं के बावजूद लोगों के बीच जातीय आंतरिकता के पुल सदा रहे हैं। इन पुलों की वजह से ही इतनी बड़ी आबादी के बीच हिंदी खड़ी बोली अंततः जातीय भाषा के रूप में विकसित हो सकी। निश्चय ही इसमें उर्दू का योगदान कम महत्वपूर्ण नहीं है।

दक्खिनी कवि बरहानुद्दीन जानम (1522) का एक उदाहरण हमारे सामने हैं, जिन्होंने अपने 'अरशादनामा' में अपनी भाषा के संबंध में लिखा था, 'यह सब बोलूं हिंदी बोल'। 'हिंदी' शब्द का इस्तेमाल 'हिंद की भाषा' के रूप में होता रहा है, क्योंकि यह हिंदुस्तान को जोड़ने वाली मुख्य भाषा थी, हालांकि हिंदुस्तान में सदा से कई भाषाएं थीं। अमीर खुसरो ने कहा था, 'मैं हिंद की तूती हूं। यदि तुम कुछ पूछना चाहते हो तो हिंदी में पूछो, मैं इसमें जवाब दे सकूंगा।' हिंदी हिंदुस्तान को जोड़ने वाली भाषा होने के साथ एक खास भौगोलिक-सांस्कृतिक क्षेत्र की भाषा के रूप में लगभग 1200 वर्षों से विकसित होती रही है। हिंदी खड़ी बोली वस्तुतः हिंदी क्षेत्र की कई भाषाओं और बोलियों को आत्मसात करते हुए, इन भाषाओं और बोलियों के भीतर से जातीय भाषा के रूप में स्वतः विकसित हुई है और बांग्ला, तमिल, मराठी जातियों की तरह हिंदी जाति का गठन हुआ है। यह भी एक महत्वपूर्ण तथ्य है कि

भारत के एक विशाल क्षेत्र की जातीय भाषा बनने के अलावा यह हिंदुस्तान के लोगों के बीच आपसी संपर्क की भाषा बनकर भी उभरी है। यह भी एक तथ्य है, 'हिंदी में आरंभ से ही देश बोलता रहा है।' (अज्ञेय, 'अद्यतन')।

हिंदी के कई भाषा-रूपों के संबंध में ग्रियर्सन की समझ पर सबसे पहले महावीर प्रसाद द्विवेदी ने पश्चिमी हिंदी और पूर्वी हिंदी के विभाजन पर सवाल खड़ा किया था। ग्रियर्सन की एक अन्य भाषावैज्ञानिक खोज बिहारी भाषा थी। इसमें मगही, मैथिली और भोजपुरी तीन जनपदीय उप-भाषाएं रखी गई थीं। द्विवेदी जी ने 1917 में 'सरस्वती' में इसका प्रतिवाद किया था। ग्रियर्सन ने लिखा था कि मागधी प्राकृत से चार भाषाएं उत्पन्न हुईं—बिहारी, बांग्ला, उड़िया और असमिया। वे बिहार की भाषाओं को हिंदी नहीं कहते थे, बिहारी कहते थे। इसलिए कि इनकी प्रकृति हिंदी से भिन्न है, वह बांग्ला से अधिक मिलती है, हिंदी से कम। यह गलत धारणा थी। द्विवेदी जी देख रहे थे कि मगही, मैथिली और भोजपुरी भाषाओं की प्रकृति बांग्ला से अधिक हिंदी से मिलती है। इस क्षेत्र के लोग अपनी स्थानीय ग्राम्य भाषा से जिस साधु जातीय भाषा की ओर अंततः जाते हैं, वह बांग्ला नहीं, हिंदी है। ग्रियर्सन ने अपना भाषा-सर्वेक्षण 1898-1927 की अवधि में पूरा किया था। बीच में ही महावीर प्रसाद द्विवेदी ने सर्वेक्षण के औपनिवेशिक राजनीतिक उद्देश्य का पर्दाफाश कर दिया, क्योंकि इस सर्वेक्षण में राष्ट्रीय भाषा के रूप में खासकर हिंदी को उसके ऐतिहासिक विकास में नहीं देखा गया था और हिंदी को तोड़ने की कोशिश की गई थी।

हिंदी के विविध रूपों को उसकी भिन्नताएं नहीं समझ लेना चाहिए। हमारे देश में भाषाई विविधता एक तथ्य है। उतना ही बड़ा तथ्य है जातीय और सांस्कृतिक आंतरिकता। आज यदि देश की दूसरी भाषाओं के लोग भी नजदीक लगते हैं तो इसी सांस्कृतिक आंतरिकता की वजह से। इसी तरह यदि एक ही राष्ट्रीय भाषा-क्षेत्र के दूसरी बोलियों, उपभाषाओं या भाषाओं के लोग नजदीक लगते हैं तो वह जातीय आंतरिकता की वजह से। यह आंतरिकता एक महत्वपूर्ण तत्व है, जो मनुष्य की पहचान को लघु सीमा से एक बृहद दायरे में ले जाती है। उपनिवेशवाद के निशाने पर अकसर यह जातीय आंतरिकता होती है, ताकि मनुष्य की पहचान संकुचित हो जाए। जातीय आंतरिकता को आए दिन जाति और धर्म के अलावा भाषा के स्तर पर भी संकुचित किया जाता रहा है।

हिंदी एक बड़े भूखंड के लोगों की राष्ट्रीय भाषा है। अवधी, ब्रज, भोजपुरी, छत्तीसगढ़ी, बुंदेली का हिंदी से क्या संबंध है, उर्दू और हिंदी का क्या संबंध है, मैथिली और राजस्थानी का हिंदी से क्या संबंध है, हिंदी का गुजराती, पंजाबी, मराठी, बांग्ला से क्या संबंध है अथवा हिंदी का हिंदी क्षेत्र की जनजातीय भाषाओं से क्या संबंध है—यह देखे बिना तय करना असंभव है कि हिंदी एक भाषा है या अनेक भाषाएं। हमें इन भाषाओं के बीच जातीय आंतरिकता और अंतरावलंबन को समझना होगा। इसलिए सिर्फ दूरियां दिखाकर सही निष्कर्ष तक पहुंचना असंभव है। यह एक तथ्य है कि कोई भी राजस्थानी, भोजपुरिया या मैथिली भाषी कोलकाता, मुंबई या दिल्ली जाने पर हिंदी क्षेत्र के दूसरे जनपदों के लोगों से हिंदी में बात करता है। हिंदी क्षेत्र में बोलियों के पुनरुत्थान के उद्देश्य से कभी-कभी हिंदी वर्चस्व की कल्पना की जाती है और अलगाववाद प्रदर्शित किया जाता है, जबकि हिंदी ने औपनिवेशिक काल में बड़ा संघर्ष करके अपनी एक राष्ट्रीय जगह बनाई है। अभी भी उसके विकास के मार्ग में कम रुकावटें और समस्याएं नहीं हैं।

आज जिन हिंदी क्षेत्रों में बोलियों के पुनरुत्थान पर जोर पर है, वे ब्रज, अवधी, हरियाणवी के विकसित क्षेत्र न होकर मुख्यतः आर्थिक रूप से पिछड़े क्षेत्र हैं। भाषा-बोली विवाद के आर्थिक पहलू को नजर में रखना होगा। रामविलास शर्मा ने स्पष्ट किया है, भाषा और बोली का भेद केवल भाषागत भेद नहीं है, वह सामाजिक भेद भी है। एक चिंता यह व्यक्त की जाती है कि हिंदी भाषा समूह की सभी

भाषाओं-उपभाषाओं-बोलियों को आठवीं अनुसूची में अलग से मान्यता मिलते जाने से हिंदी बोलने वालों की संख्या लगातार कम होती जाएगी। उसकी देश में और अंतरराष्ट्रीय क्षितिज पर मान्यता घटेगी। इसके बरक्स यह भी एक सच्चाई है कि अंग्रेजी आठवीं अनुसूची में नहीं है, पर यह सभी भारतीय भाषाओं के सीने पर सवार है।

रामविलास शर्मा ने हिंदी क्षेत्र की बोलियों और उपभाषाओं को महत्व दिया है, ये उपभाषाएं और बोलियां मुहावरों, सुंदर अर्थव्यंजक शब्दावली और अलंकृत वचनों से समृद्ध हैं। हिंदी के लेखक और प्रयोगकर्ता इनसे बहुत कुछ सीख सकते हैं। इनमें अकूत खजाना है, जिसे अपनाने से हिंदी की शब्द संपत्ति और भाषाई सुंदरता बढ़ेगी। रामविलास शर्मा बोलियों के सौंदर्य और उनकी सांस्कृतिक विरासत को लेकर हिंदी की बात करते हैं। वे हिंदी को जड़विहीन कॉस्मोपॉलिटन भाषा नहीं बनाना चाहते थे, एकरूपता पर जोर नहीं देते थे। हिंदी प्रदेशों के बाहर ही नहीं, इन प्रदेशों के भीतर भी हिंदी के जीवंत स्थानीय रूपों से सिद्ध होता है कि हिंदी प्रदेश के जनपदों पर हिंदी लादी नहीं गई। रामविलास शर्मा आगे बढ़कर यहां तक कहते हैं कि जो लोग परिनिष्ठित भाषा का ही व्यवहार सर्वत्र देखना चाहते हैं, वे हिंदी की शक्ति के एक बहुत बड़े स्रोत को बंद कर देना चाहते हैं। रामविलास शर्मा हिंदी की जातीय चेतना को उदारवादी, लोकतांत्रिक और समावेशी बनाना चाहते हैं, ताकि यह न कठोर हो और न विशिष्ट वर्गों तक सीमित रह जाए।

भूमंडलीकरण के युग में बाजार में हिंदी का व्यावसायिक उपयोग बढ़ रहा है, पर समाज में आदर घटा है। एक तरफ हिंदी में बाहर-भीतर से तोड़-फोड़ है। दूसरी तरफ हिंदी को लेकर हिंदी भाषियों में उस तरह जातीय स्वाभिमान नहीं है, जिस तरह तमिल को लेकर तमिल भाषियों, बांग्ला को लेकर बांग्ला भाषियों में और अन्य हिंदीतर राज्यों में अपनी भाषा को लेकर है। देश के सभी महानगरों में एलीट और साधारण के बीच निर्मम विभाजन का असर हिंदी पर पड़ा है। हिंदी का एलीट वर्ग हिंदी से दूर हुआ है या उसने हिंदी का एक हिंग्लिश रूप बना लिया है। उल्लेखनीय है कि वैश्वीकरण के दौर में दुनिया की हर भाषा की तरह हिंदी में भी अंग्रेजी घुसी है। हिंदी में अंग्रेजी घुसाकर इसका अहिंदीकरण एक गंभीर होती हुई समस्या है। आज की शिक्षित नई पीढ़ी के बीच हिंदी का एक अंग्रेजी मिश्रित रूप बना है और अंग्रेजी वर्चस्व बढ़ा है।

भाषा और संस्कृति के बीच गहरा संबंध है। कहा जाता है कि भाषा से सांस्कृतिक पहचान होती है पर इन दिनों संस्कृति की धारणा काट-छांट कर संकुचित कर दी गई है। यह अतीत के रूढ़िवाद के आश्रय में संकुचित हुई है और अंग्रेजी वर्चस्व वाली पश्चिमी आधुनिकता के आश्रय में जड़विहीन हुई है। दोनों तरफ से संस्कृति की धारणा के संकुचित होने का असर हिंदी पर पड़ा है। हिंदी इन दिनों कहीं रूढ़िवाद के आश्रय में गई है और कहीं पश्चिमी आधुनिकता के अधीन है। इसमें संकुचन या विघटन लक्षित किया जा सकता है। किसी समय राहुल सांकृत्यायन ने मांग की थी कि उन प्रदेशों को अलग से मान्यता दी जाए जहां ब्रजभाषा, बुंदेलखंडी आदि का चलन है। रामविलास शर्मा ने सवाल किया कि अवधी, ब्रजभाषा, बुंदेलखंडी आदि बोलियां हैं या भाषाएं, उनके बोलने वाले हिंदुस्तानी जाति के अंतर्गत हैं या भिन्न-भिन्न स्वतंत्र जातियों के रूप में विकसित होंगे? दूसरा प्रश्न यह था, क्या इनमें से प्रत्येक के लिए प्रांत या राज्य बनना चाहिए?

भारतेंदु हरिश्चंद्र भोजपुरी क्षेत्र के थे, राधाचरण गोस्वामी ब्रज क्षेत्र के थे और प्रताप नारायण मिश्र अवधी क्षेत्र के थे। भारतेंदु युग में इन सभी ने गद्य के लिए हिंदी खड़ी बोली को अपनाया था। दुर्भाग्यवश पिछले दो सौ वर्षों में साम्राज्यवादी अवरोधों की वजह से हिंदी की जातीय एकता उतनी मजबूत नहीं हो सकी, जितनी अपेक्षित थी। लेकिन इसमें संदेह नहीं कि हिंदी की अपनी विस्तृत जातीय भूमि है। आधुनिक हिंदी साहित्य में इस जातीय एकता की चेतना झलकती है,

पर हिंदी क्षेत्र के सामाजिक जीवन में विविध उपायों से फूट डालने की कोशिश चलती रहती है।

लक्षित किया जा सकता है कि हिंदी साहित्य और अन्य सांस्कृतिक निर्माणों में हिंदी क्षेत्र की देशज बौद्धिकता अपनी स्थानीय ठसक के साथ इधर नए सिरे से सामने आ रही है। इसकी छवियां उपन्यास और अन्य साहित्यिक विधाओं में हैं। निश्चय ही इसे कॉस्मोपॉलिटन दृष्टिकोण से नहीं देखना चाहिए कि हिंदी की जमीन खिसकती जा रही है। इसे स्थानीय अस्मिता की आवाज, लोकसंस्कृति के संरक्षण और हिंदी में लोकतंत्र की मांग के रूप में देखना चाहिए। हिंदी में विविध स्थानीय आवाजों और चेहरों का आना हिंदी की विविधता है, इससे हिंदी अनेक भाषाएं नहीं हो जाती।

हिंदी के विशाल क्षेत्र में हिंदी के एक ही शक्तिशाली रूप का यूरोपीय भाषाओं की तरह पूरा विकास नहीं हो सका। आज भी इस क्षेत्र की एक बड़ी आबादी हिंदी खड़ी बोली से जुड़ नहीं पाई है। इसके अलावा हिंदी भाषी लोगों में हिंदी को लेकर वैसी जातीय चेतना नहीं है, जैसी बांग्ला, तमिल, मराठी, असमिया लोगों में अपनी भाषा को लेकर है। हिंदी के लोग कला-साहित्य से साधारणतः विच्छिन्न हैं। इन सबकी पहली वजह यह है कि बांग्ला नवजागरण की तरह हिंदी नवजागरण हिंदी क्षेत्र में पूरी तरह घटित नहीं हो पाया। दूसरी वजह शिक्षा की कमी है। हिंदी क्षेत्र में निरक्षरता काफी है और जो पढ़े-लिखे हैं, उनमें कूपमंडूकता बहुत अधिक है। तीसरी वजह है, हिंदी क्षेत्र में उद्योगीकरण विलंब से शुरू हुआ। फलस्वरूप इस क्षेत्र में काफी आर्थिक पिछड़ापन है। चौथी वजह है, सत्ता की राजनीति ने हिंदी क्षेत्र में अकसर संकीर्णता फैलाई, इसे धर्म और जाति के साथ हिंदी के स्तर पर भी बांट दिया। पांचवीं वजह है, हिंदी क्षेत्र के लेखकों, शिक्षकों और दूसरे बुद्धिजीवियों में हिंदी के बहुविध सांस्कृतिक विकास के प्रति उदासीनता है। छठी वजह है, मुंबई के मनोरंजन उद्योग का हिंदी भाषी लोगों के दिलोदिमाग पर एक बड़ा सांस्कृतिक आक्रमण हुआ जिससे हिंदी क्षेत्र की बुद्धिपरक संस्कृति ज्यादा घायल हुई। इसी वजह से हिंदी क्षेत्र में कलाओं और साहित्य का सुंदर संयोग नहीं हुआ। सातवीं वजह है, श्रमजीवी आंदोलन अर्थवाद में फंसा दिया गया। महात्मा गांधी के बाद सांस्कृतिक सुधार और हिंदी की सामाजिक उन्नति का काम प्रायः ठहर गया। हिंदी क्षेत्र में हिंदी साहित्य पढ़ने की संस्कृति नहीं पनपी, साहित्यिक पुस्तकें हाशिए पर रह गईं। हिंदी क्षेत्र में हिंदी मेले नहीं होते, हिंदी साहित्योत्सव नहीं होते। हिंदी के विकास की जिम्मेदारी जिन सरकारी संस्थानों पर थी, उन्हें भ्रष्टाचार खोखला करता गया। ये कुछ वजहें हैं, जिनसे समझ में आ सकता है कि दूसरी किसी भी भारतीय भाषा की तुलना में हिंदी का सांस्कृतिक जागरण ठिठका क्यों है।

हिंदी बोलने वाले लोगों पर देश की राष्ट्रीय एकता को मजबूत करने में एक अहम भूमिका है। इसके लिए आवश्यक है कि हिंदीभाषी जातीय समाज भी अविभाजित रहे। भारत की किसी भी जाति की आंतरिक शिथिलता से देश के विकास में बाधा पड़ेगी। हिंदी जाति की शिथिलता और आंतरिक विभाजन से राष्ट्र सबसे ज्यादा क्षतिग्रस्त होगा।

हिंदी क्षेत्र में सामंती अवशेषों की मौजूदगी की वजह से हिंदी का पूरा विकास नहीं हुआ। हिंदी को अभी हिंदी क्षेत्र के उद्दीप्त यौवन का संस्पर्श पाना बाकी है। हिंदी का हिंदी जाति की भाषा के रूप में बहुमुखी विकास एक असमाप्त परियोजना है, जो सामंती अवशेषों और बाजारवादी संस्कृति से लड़कर ही पूरी होगी। इसके लिए एक उदार राष्ट्रीय संकल्प की जरूरत महसूस की जाती है, भले स्थितियां प्रतिकूल हों।

शंभुनाथ

अधिक जानकारी के लिए :
1. हिंदी साहित्य का इतिहास : रामचंद्र शुक्ल, **2. भाषा, साहित्य और देश :** हजारी प्रसाद द्विवेदी, **3. भाषा और समाज :** रामविलास शर्मा, **4. हिंदी जाति का साहित्य :** रामविलास शर्मा

हिंदी आलोचना

हिंदी आलोचना उन्नीसवीं सदी के उत्तरार्द्ध में होने वाले साहित्यिक-सामाजिक जागरण का प्रतिफलन है। पुराने दौर में संस्कृत काव्यशास्त्र और रीतिकालीन लक्षण ग्रंथों की परंपरा थी, लेकिन आधुनिक काल में पत्र-पत्रिकाओं के प्रकाशन, सामाजिक विमर्शों और शिक्षित मध्यवर्ग के पाठकों से जुड़कर आलोचना का जनतंत्रीकरण हुआ। उन्नीसवीं सदी की पत्र-पत्रिकाओं में राजनीतिक-सामाजिक विषयों पर टिप्पणियों, साहित्यिक विधाओं के नए विकास, पुस्तक समीक्षाओं और संपादकीयों में आलोचना की नई चेतना का रूपायन होने लगा।

हिंदी आलोचना का प्रारंभ भारतेंदु युग में हुआ। भारतेंदु हरिश्चंद्र ने शिवप्रसाद सितारेहिंद के ग्रंथ 'इतिहासतिमिरनाशक' के तीसरे खंड (1873) की समीक्षा 'हरिश्चंद्र मैगजीन' में की थी। उन्होंने 1833 में 'दृश्य काव्य या नाटक' शीर्षक लेख में अपने युग के संदर्भ में लिखा, 'कला वास्तविक उन्नति का आधार है। ...यदि नाटक का अभिनय आरंभ हो जाएगा तो सब कुचाल आपसे छूट जाएंगे।' इसी दशक में बालकृष्ण भट्ट ने 'हिंदी प्रदीप' (जुलाई 1881) में 'साहित्य जनसमूह के हृदय का विकास है' शीर्षक लेख लिखकर कहा, 'साहित्य यदि Nation जनसमूह के चित्त का चित्रपट कहा जाए तो संगत है। ...साहित्य के अनुशीलन से कौम के सब समय-समय के आभ्यंतरिक भाव हमें प्रस्फुटित हो सकते हैं।' नागरी प्रचारिणी पत्रिका में प्रकाशित बदरी नारायण चौधरी प्रेमघन का 'दशरूपक', जगन्नाथ दास रत्नाकर का 'समालोचनादर्श' उस दौर के अन्य पठनीय आलोचनात्मक लेख हैं। इनमें भारतीय परंपरा के साथ पाश्चात्य आलोचना का प्रभाव देखा जा सकता है। बालकृष्ण भट्ट ने लाला श्रीनिवास दास के नाटक 'संयोगिता स्वयंवर' की समीक्षा 'हिंदी प्रदीप' में और 'प्रेमघन' ने 'आनंदकादंबिनी' में लिखी थी।

रामचंद्र शुक्ल ने हिंदी आलोचना के इस आरंभिक स्वरूप के बारे में लिखा है, 'संवत 1943 में भट्ट जी ने लाला श्री निवासदास के 'संयोगिता स्वयंवर' नाटक की 'सच्ची समालोचना' पत्रों में उसकी प्रशंसा ही प्रशंसा देखकर की थी। उसी वर्ष उपाध्याय पं. बदरीनारायण चौधरी ने बहुत ही विस्तृत समालोचना अपनी पत्रिका में निकाली थी। इस दृष्टि से सम्यक आलोचना का हिंदी में सूत्रपात करने वाले इन्हीं दो लेखकों को समझना चाहिए।' (हिंदी साहित्य का इतिहास)। उपर्युक्त तथ्यों से स्पष्ट हो सकता है कि इन दो लेखों के अलावा भी हिंदी आलोचना की एक व्यापक सैद्धांतिक और व्यावहारिक पृष्ठभूमि है। वस्तुतः भारतेंदु युग से ही साहित्य की एक व्यापक आधुनिक और सामाजिक भूमि की मांग प्रबल हो चुकी थी।

महावीर प्रसाद द्विवेदी

1900 में 'सरस्वती' का प्रकाशन हिंदी आलोचना के लिहाज से एक महत्वपूर्ण घटना है। 1903 में महावीर प्रसाद द्विवेदी 'सरस्वती' के संपादक बने। उन्होंने हिंदी आलोचना का बहुविध विकास किया। सरस्वती में 'पुस्तक समीक्षा' का स्थायी स्तंभ शुरू हो गया। द्विवेदी जी की आलोचना में हिंदी की

उन्नति, सामाजिक सुधार, साहित्यिक अनुशासन और युगानुरूप रचनात्मकता पर बल अधिक था। उन्होंने परंपरा के अंधानुकरण का विरोध किया। उन्होंने साहित्य को जनजीवन के निकट लाने और भाषा के नियमन का अप्रतिम कार्य किया। 'रसज्ञ-रंजन' और 'कालिदास की निरंकुशता' पुस्तकों में उन्होंने अपनी निर्भीक और जनोन्मुखी आलोचना दृष्टि का परिचय दिया था। उन्होंने रीतिकालीन प्रवृत्तियों से संघर्ष तीव्र करते हुए नायिका भेद और रीतिवाद का विरोध किया था, 'नायिका भेद और रस तथा अलंकार से परिपूरित पुस्तकों की आवश्यकता नहीं।' (साहित्यालाप)। उन्होंने मैथिलीशरण गुप्त की काव्य पुस्तक 'भारत भारती' की समीक्षा करते हुए लिखा था, 'यह सोते हुओं को जगाने वाला है, भूले हुओं को सही राह पर लाने वाला है...यह स्वदेश प्रेम उत्पन्न कर सकता है।' इस तरह बीसवीं सदी के दूसरे दशक में सामंती प्रवृत्तियों का विरोध करते हुए हिंदी नवजागरण, राष्ट्रीय जागरण और सामाजिक सुधार हिंदी आलोचना के मुख्य स्वर बन जाते हैं। द्विवेदी जी कहने लगे थे कि छंद बांधना ही कविता करना नहीं है, 'कवि होने के लिए अनेक बातें दरकार होती हैं।' (समालोचना समुच्चय)। वे उपन्यास के लिए कल्पना को जरूरी मानते थे, 'पर उसकी भित्ति सत्य के आधार पर होनी चाहिए।' उन्होंने आलोचक के काम को भी स्पष्ट किया कि रचना के 'गुणों को भी वह दिखाता है और दोषों को भी। ...योग्य समालोचक अपनी समालोचना में समालोचित ग्रंथ के ऐसे रहस्य प्रकट करते हैं जो साधारण विद्या बुद्धि के पाठकों के ध्यान में नहीं आ सकते।' उन्होंने मिश्रबंधुओं के ग्रंथ 'हिंदी नवरत्न' की आलोचना की थी, क्योंकि इन्होंने हिंदी के कवियों का आधारहीन ढंग से श्रेणीकरण कर दिया था। मिश्रबंधुओं की दृष्टि में सूरदास और तुलसीदास की श्रेणी में ही देव थे। द्विवेदी जी ने छायावाद का मूल्यांकन सही परिप्रेक्ष्य में नहीं किया, जो उनकी दृष्टि की सीमा थी।

इसी दौर में 1900 में बनारस से माधव मिश्र ने 'सुदर्शन पत्र' और जयपुर से चंद्रधर शर्मा गुलेरी जी ने 'समालोचक' नामक पत्र प्रकाशित किया था। श्याम बिहारी मिश्र, शुकदेव बिहारी मिश्र और गणेश बिहारी मिश्र—इन तीन मिश्रबंधुओं ने 'हिंदी नवरत्न' लिखा था, जिससे तुलनात्मक आलोचना को बल मिला था। देव और बिहारी की श्रेष्ठता की बहस शुरूहुई। इस तुलनात्मक समीक्षा में कृष्ण बिहारी मिश्र ने 'देव और बिहारी' लिखकर हस्तक्षेप किया तो लाला भगवानदीन ने 'बिहारी और देव' पुस्तक लिखकर इस मामले को और अधिक विवादास्पद बनाया। द्विवेदी युग के प्रतिभाशाली आलोचकों और भाष्यकारों में पद्म सिंह शर्मा का नाम अग्रणी है। उन्होंने हिंदी, उर्दू और फारसी की कविता के साथ बिहारी के दोहों की तुलना करते हुए 'बिहारी सतसई : तुलनात्मक अध्ययन' लिखा। उन्होंने हिंदी और उर्दू पर चल रही बहस में भी सार्थक हस्तक्षेप किया। वह छायावादी काव्य के विरोध में थे। 1920 में 'सरस्वती' के संपादन से महावीर प्रसाद द्विवेदी के अवकाश के साथ ही इस युग का अंत हुआ।

मुख्यतः छायावाद युग में ही, भले इससे थोड़ी दूरी रखते हुए रामचंद्र शुक्ल की आलोचना का निर्माण होता है। भारतीय शास्त्रीय परंपरा के जीवंत तत्वों को ग्रहण करते हुए उन्होंने पाश्चात्य चिंतन परंपरा को आत्मसात कर हिंदी आलोचना में उसका सर्जनात्मक प्रयोग किया। उनकी आलोचना की मुख्य कसौटी है–'लोकमंगल की अवधारणा'। वे लोकमंगल और लोकजीवन के आधार पर आलोचना की सैद्धांतिक जमीन बनाते हैं। 'रस मीमांसा' में उन्होंने लिखा है, 'सच्चा कवि वही है जिसे लोकहृदय की पहचान हो जो अनेक विशेषताओं और विचित्रताओं के बीच मनुष्य जाति के सामान्य हृदय को देख सके। इसी लोक हृदय में हृदय के लीन होने की दशा का नाम रस दशा है।' वे हिंदी की साहित्यिक परंपरा का पहली बार सचेत दृष्टि से मूल्यांकन करते हुए हिंदी साहित्य के विकास के संबंध में स्पष्ट धारणाएं देते हैं। जिन भारतीय रचनाकारों की साहित्यिक कृतियों से शुक्ल जी ने अपना आलोचनात्मक संस्कार निर्मित किया उनमें वाल्मीकि, कालिदास, भवभूति, तुलसी,

सूर और जायसी प्रमुख हैं। कलावाद, रीतिवाद और रहस्यवाद का वह विरोध करते हैं। 'जायसी ग्रंथावली' की भूमिका, 'गोस्वामी तुलसीदास' और 'सूरदास' में उनकी व्यावहारिक आलोचना का निदर्शन होता है। 'हिंदी साहित्य का इतिहास' शुक्ल जी की ऐतिहासिक आलोचना का अद्वितीय प्रतिमान है। इसमें हिंदी के एक हजार सालों का सृजनात्मक मूल्यांकन है। युगीन प्रवृत्तियों, कवियों और कविताओं पर आचार्य शुक्ल की मौलिक टिप्पणियों में उनके सजग इतिहासबोध और आलोचना विवेक का परिचय मिलता है। रामचंद्र शुक्ल ने रूढ़िवादी, चमत्कारवादी साहित्यादर्शों, नायिका भेद, नख-शिख वर्णन, कलावाद, रूपवाद, व्यक्ति-वैचित्र्यवाद, अभिव्यंजनावाद आदि का खंडन करके अपनी वस्तुनिष्ठ आलोचना दृष्टि का विकास किया। वह कहते हैं, 'भारतीय काव्य-दृष्टि भिन्न-भिन्न विशेषों के भीतर से 'सामान्य' के उद्घाटन की ओर बराबर रही है। किसी-न-किसी सामान्य के प्रतिनिधि होकर ही विशेष हमारे यहां के काव्यों में आते हैं।' (चिंतामणि-1)। वह साधारणीकरण और विशिष्टता में अंतर्विरोध नहीं देखते और लोकमंगल की धारणा के साथ 'भेद में अभेद' को सच्ची तत्व दृष्टि मानते हुए भारतीय आलोचना की एक अत्यंत ठोस आधारभूमि रख देते हैं।

रामचंद्र शुक्ल

शुक्ल जी की आलोचना दृष्टि का मूल्यांकन करते हुए रामविलास शर्मा का कथन है, 'हिंदी साहित्य में शुक्ल जी का वही महत्व है जो उपन्यासकार प्रेमचंद और कवि निराला का। उन्होंने आलोचना के माध्यम से उसी सामंती संस्कृति का विरोध किया जिसका उपन्यास और कविता के माध्यम से प्रेमचंद और निराला ने। शुक्ल जी ने न तो भारत के रूढ़िवाद को स्वीकार किया, न पश्चिम के व्यक्तिवाद को। उन्होंने बाह्य जगत और मानव जीवन की वास्तविकता के आधार पर नए साहित्य-सिद्धांतों की स्थापना की और उनके आधार पर सामंती साहित्य का विरोध किया और देशभक्ति और जनतंत्र की साहित्यिक परंपरा का समर्थन किया।' (आचार्य रामचंद्र शुक्ल और हिंदी आलोचना)। दिलचस्प है कि आचार्य शुक्ल ने अपने समकालीन श्यामसुंदर दास की 'साहित्यालोचन', 'रूपक-रहस्य' एवं 'हिंदी भाषा और साहित्य' पुस्तकों को शिक्षोपयोगी पुस्तकों की श्रेणी में रखा था।

छायावादी कवि-आलोचकों की आलोचना हिंदी आलोचना को नया आयाम प्रदान करती है। इन आलोचकों ने छायावाद विरोधी आलोचना का प्रतिरोध किया। सुमित्रानंदन पंत का 'पल्लव का प्रवेश या भूमिका' छायावादी सृजनात्मकता को समझने का प्रवेशद्वार है। 'कविता को परिपूर्ण क्षणों की वाणी' मानते हुए पंत कविता के लिए चित्रभाषा की आवश्यकता पर बल देते हैं। सूर्यकांत त्रिपाठी निराला की अलोचना में पंत से अधिक मुखर आलोचना मिलती है। यह अधिक विविधता-संपन्न भी है। उन्होंने सामाजिक-राजनीतिक विषयों पर भी लिखा, जिससे उस युग के प्रायः सभी साहित्यकारों के साहित्य और समाज के घनिष्ठ रिश्ते का बोध होता है। गद्य को जीवन-संग्राम की भाषा मानने वाले निराला ने 'रवींद्र कविता कानन' लिखकर रवींद्र साहित्य की विस्तृत समीक्षा की थी। निराला की 'परिमल' की भूमिका छायावादी कविता पर

चल रही बहस को नया मोड़ देती है। जयशंकर प्रसाद की आलोचनात्मक मान्यता 'काव्य और कला तथा अन्य निबंध' में है। उन्होंने छायावाद को भारतीय चिंतन परंपरा के स्वाभाविक प्रतिफलन के रूप में विवेचित किया। कविता को आत्मा की संकल्पनात्मक अनुभूति मानने वाले प्रसाद ने यथार्थवाद को 'लघुता की ओर दृष्टिपात' कहा था। महादेवी वर्मा ने 'यामा' और 'दीपशिखा' की भूमिकाओं में गीतकाव्य के आलोक में छायावादी कविता की सर्जनात्मक व्याख्या की थी। छायावादी कवि प्रभावाभिव्यंजक आलोचना लिखते हैं।

शुक्लोत्तर हिंदी आलोचकों में सबसे प्रतिभाशाली आलोचक नंद दुलारे वाजपेयी थे। उनकी आलोचना आधुनिक हिंदी साहित्य पर केंद्रित थी। आचार्य शुक्ल की आधुनिक हिंदी कविता और गद्य संबंधी मान्यताओं से असहमति दर्ज कराते हुए वाजपेयी जी ने कई नई स्थापनाएं दीं। वह छायावाद की नई विवेचना करते हुए कहते हैं, 'नई छायावादी काव्यधारा का भी एक आध्यात्मिक पक्ष है। परंतु उसकी मुख्य प्रेरणा धार्मिक न होकर मानवीय और

नंददुलारे वाजपेयी

सांस्कृतिक है।' उन्हें स्वच्छंदतावाद का प्रबल पक्षधर आलोचक कहा जा सकता है। कला और सौंदर्य के प्रति आग्रह के कारण उनकी आलोचना को सौष्ठववादी आलोचना का नाम भी दिया जाता है। उनकी कृतियों में 'नया साहित्य-'नए प्रश्न', 'हिंदी साहित्य : बीसवीं शताब्दी', 'आधुनिक साहित्य', 'कवि निराला' और 'जयशंकर प्रसाद' प्रमुख हैं। उन्होंने लिखा है, 'हमारा साहित्य नई विचारधाराओं और नई परिस्थितियों से प्रभावित होकर नए कला स्वरूपों में प्रकट होता और नई कला-शैलियों में ढला करता है। उसके क्रम-विकास में विरोध के स्थान पर समन्वय का तत्व प्रमुख रहता है।' (आधुनिक साहित्य)। वह 'स्वतंत्रता' और 'समाजवाद' के बीच भी समन्वय स्थापित करते थे। उन्होंने आलोचना में सबसे ज्यादा महत्वपूर्ण 'कवि की अंतर्वृत्तियों के अध्ययन' को और सबसे कम महत्वपूर्ण 'काव्य के संदेश' को माना।

नंद दुलारे वाजपेयी आचार्य शुक्ल की छायावाद संबंधी मान्यताओं से टकराते हैं तो हजारी प्रसाद द्विवेदी शुक्ल जी की आदिकाल और भक्तिकाल विषयक मान्यताओं से अपनी असहमति दर्ज कराते हैं। द्विवेदी जी मनुष्य को साहित्य का लक्ष्य मानते हैं। 'हिंदी साहित्य की भूमिका', 'हिंदी साहित्य का आदिकाल' और 'कबीर' उनकी चर्चित पुस्तकें हैं। आदिकाल और भक्तिकाल उनकी आलोचना के केंद्र में हैं। उन्होंने आदिकालीन कवियों सिद्धों, नाथों और जैन मुनियों की कविताई की लोकधर्मी समीक्षा की। वह तंत्रमंत्र और धार्मिक भावना से युक्त इन कवियों के काव्य में सामाजिक आशयों की पड़ताल करते हैं। द्विवेदी जी रहस्यवाद को लोकविरोधी न मानकर उसमें निहित प्रतिरोध की चेतना की तलाश करते हैं। कबीर के रहस्यवाद को सामंती सत्ता के खिलाफ विद्रोह का काव्य मानते हुए वह कबीर को क्रांतिकारी कवि कहते हैं। कबीर की कविता को वह सिद्धों, नाथों की कविता का सहज विकास मानते हैं। परंपरा की निरंतरता और मानवीय जिजीविषा के अजस्र

हजारी प्रसाद द्विवेदी

प्रवाह के आलोक में वह साहित्य और इतिहास की विवेचना करते हैं।

हजारी प्रसाद द्विवेदी की आलोचना के केंद्र में शास्त्र और लोक के द्वंद्व के भीतर से विकसित होता हुआ मानवतावाद रहा है। वह आधुनिकता और प्राचीन रहस्यवाद दोनों की तरफ आकर्षित होते हुए मुख्य रूप से प्रगतिशील दृष्टि से जीवन को देखते हैं। रामचंद्र शुक्ल और हजारी प्रसाद द्विवेदी को टकराकर देखने की दृष्टि रही है, पर जिस तरह रामचंद्र शुक्ल ने लोकमंगल को अपने आलोचनात्मक चिंतन के केंद्र में रखा था, हजारी प्रसाद द्विवेदी ने 'लोक' और 'लोककल्याण' को अपने चिंतन के केंद्र में रखा। वह कहते हैं कि लेखक का समाज के प्रति उत्तरदायित्व यही है कि उसे संसार की वर्तमान समस्याओं को ठीक-ठीक समझना चाहिए और शांत चित्त से सोचना चाहिए कि मनुष्यत्व के लक्ष्य तक ले जाने में कौन-सी शक्तियां सहायक हैं और कौन-सी बाधक। (विचार और वितर्क)। उन्होंने यह भी माना, 'साहित्य की सबसे बड़ी समस्या मानव जीवन है।' इसे वह आचार्य शुक्ल की ही तरह भिन्न और निराली वस्तु नहीं मानते।

नगेंद्र की आलोचना समन्वयवादी आलोचना का विस्तार है। 'रस सिद्धांत', 'आस्था के चरण', 'सुमित्रानंदन पंत', 'साकेत : एक अध्ययन' और 'कामायनी के अध्ययन की समस्याएं' पुस्तकें उनकी आलोचनात्मक मान्यताओं की पहचान कराती हैं। रीतिकाव्य नगेंद्र के शोध और आलोचना का केंद्रीय विषय रहा है। 'रीतिकाव्य की भूमिका' और 'देव और उनकी कविता' में वह रीतिकाव्य की सर्जनात्मकता की समीक्षा करते हैं। उनकी आलोचना की केंद्रीय जमीन आनंदवाद से होते हुए रस सिद्धांत तक पहुंचती है। वह लोककल्याण और आनंद में अभेद का प्रतिपादन करते हुए कहते हैं, 'आनंद से बड़ा कल्याण और क्या हो सकता है? और जो कल्याणकर ही नहीं, वह आनंद ही कैसे होगा? व्यक्ति के धरातल पर चेतना का परिष्कार भी एक प्रक्रिया है, परिणति नहीं है। परिणति उसकी भी आनंद ही है। अतः आनंद का निषेध मैं जीवन और काव्य दोनों में असंभव मानता हूं।' (आस्था के चरण)। इसी धारा में नलिनी विलोचन शर्मा एक महत्वपूर्ण आलोचक हैं, जिन्होंने 'छायावाद और प्रगतिवाद' तथा 'साहित्य का इतिहास दर्शन' प्रमुख कृतियां दीं।

हिंदी आलोचना के विकास में शुक्ल जी के आलोचनात्मक प्रतिमानों और उनकी मान्यताओं का अनुसरण करने वाले आलोचकों में जगन्नाथ प्रसाद शर्मा और विश्वनाथ प्रसाद मिश्र का नाम लिया जा सकता है। जगन्नाथ प्रसाद शर्मा ने प्रसाद के नाटकों का शास्त्रीय अध्ययन किया तो विश्वनाथ प्रसाद मिश्र ने पाठालोचन में अप्रतिम कार्य किया। रीतिकाव्य और रीति कवियों पर उन्होंने विशेष कार्य किया। बिहारी, भूषण, पद्माकर पर विशेष आलोचना पुस्तकें लिखी। 'हिंदी साहित्य का अतीत' दो खंडों में उनका प्रसिद्ध इतिहास ग्रंथ है। शुक्लोत्तर आलोचकों में जिन आलोचकों ने प्राचीन साहित्य में महत्वपूर्ण कार्य किया उनमें परशुराम चतुर्वेदी प्रमुख हैं। संत और सूफी काव्य पर उन्होंने विशेष कार्य किया था। भारतीय प्रेमाख्यान की परंपरा और संत साहित्य की भूमिका उनकी प्रसिद्ध आलोचना पुस्तकें हैं।

छायावाद के युगांत के बाद हिंदी साहित्य में प्रगतिवाद का दौर आरंभ हुआ था। साहित्य के अन्य रूपों के साथ आलोचना के प्रगतिशील उद्देश्यों के संकेत उभरने लगे थे। मार्क्सवादी चिंतन को आधार बनाकर जिन प्रगतिशील आलोचकों ने आलोचना के सामाजिक आयाम रचे, उनमें शिवदान सिंह चौहान का नाम लिया जाता है। उन्होंने 'विशाल भारत' (1937) में भारत में प्रगतिशील साहित्य की आवश्यकता विषयक लेख लिखा था। उनके लेखों का संग्रह 'प्रगतिवाद' नाम से प्रकाशित हुआ। 1951 में 'आलोचना' त्रैमासिक पत्रिका का आरंभ उन्हीं के संपादन में हुआ। 'साहित्य की परख', 'साहित्यानुशीलन', 'आलोचना के मान' और 'हिंदी साहित्य के अस्सी वर्ष' उनकी प्रमुख कृतियां हैं। मार्क्सवाद की उदात्त चिंतन-परंपरा और मानवतावादी चेतना को उन्होंने विशेष महत्व दिया। प्रकाशचंद्र गुप्त प्रगतिशील आलोचक रहे हैं। उनकी पुस्तकों में 'हिंदी की जनवादी परंपरा' और 'साहित्य धारा' हैं।

मार्क्सवादी आलोचना के शिखर आलोचक रामविलास शर्मा हैं। वे हिंदी साहित्य को हिंदी जाति का साहित्य कहते हैं। इसी के आलोक में वह हिंदी साहित्य और इतिहास की विवेचना करते हैं। उनका आलोचनात्मक लेखन साहित्य, इतिहास, भाषाविज्ञान, राजनीति और समाजशास्त्र संबंधी विविध चिंतन से जुड़कर विकसित होता है। 'सन सत्तावन की राज्यक्रांति और मार्क्सवाद', 'भारत में अंग्रेजी राज और मार्क्सवाद', 'इतिहास दर्शन', 'भाषा और समाज', 'भारत के प्राचीन भाषा परिवार और हिंदी' एवं 'भारतीय संस्कृति और हिंदी प्रदेश' पुस्तकों में रामविलास जी ने हिंदी भाषा, भारतीय इतिहास और हिंदी प्रदेश की संस्कृति को प्रगतिशील दृष्टि से विश्लेषित किया है। वे संस्कृत साहित्य में कालिदास और भवभूति को पसंद करते हैं तो हिंदी साहित्य में उनके प्रिय रचनाकार तुलसी, निराला, प्रेमचंद और रामचंद्र शुक्ल हैं। 'प्रेमचंद और उनका युग', 'निराला की साहित्य साधना', 'आचार्य रामचंद्र शुक्ल और हिंदी आलोचना' जैसे ग्रंथों में उनकी व्यावहारिक समीक्षा अपनी ऊंचाइयां प्राप्त करती है।

रामविलास शर्मा मानते हैं, 'हिंदी जाति के वृहद सांस्कृतिक इतिहास का अंग है हिंदी जाति के जातीय साहित्य का इतिहास।' (हिंदी जाति का साहित्य)। उनकी नवजागरण संबंधी धारणा है, 'किसी देश या उसके प्रदेश के सामाजिक सांस्कृतिक आंदोलन को हम नवजागरण कहते हैं। इसमें सामाजिक कुरीतियों को दूर करने के प्रयत्न शामिल हैं। शूद्रों और स्त्रियों की स्थिति को बदलने के प्रयत्न नवजागरण के अंग हैं। धार्मिक सुधार, अंधविश्वासों के विरुद्ध प्रचार नवजागरण के अंतर्गत हैं। शिक्षा-प्रसार, साहित्य रचना जैसे कार्य उसके अंतर्गत हैं ही।' (स्वाधीनता संग्राम : बदलते परिप्रेक्ष्य)। उन्होंने निराला के साहित्य में सामंत विरोधी मूल्यों का उत्कर्ष देखा और माना, 'छायावाद साम्राज्यवाद विरोधी चेतना का साहित्य है।' वह तुलसी को महत्व देकर भारतेंदु हरिश्चंद्र से

रामविलास शर्मा

लेकर निराला को समेटते हुए केदारनाथ अग्रवाल और नागार्जुन तक की प्रगतिशील परंपराओं का सकारात्मक मूल्यांकन करते हैं, पर मुक्तिबोध पर वे आधुनिकतावादी प्रवृत्तियों से आक्रांत होने का आरोप लगाते हैं। उन्होंने प्राचीन साहित्य में सिर्फ सामंतवाद देखने की दृष्टि का विरोध किया और भारत को स्थिरता और पिछड़ेपन के वृत्त में रखकर देखने की पश्चिमी धारणा का भी विरोध किया।

प्रगतिशील आलोचकों में चंद्रबली सिंह ने लिखा कम लेकिन अपनी सारगर्भित आलोचना से उन्होंने प्रयोगवाद और रूपवाद आदि के विरुद्ध प्रखर वैचारिक संघर्ष किया। उन्होंने प्रेमचंद के यथार्थवाद को आलोचनात्मक यथार्थवाद और समाजवादी यथार्थवाद के बीच स्थित 'जनवादी यथार्थवाद' का नाम दिया। उनकी प्रमुख पुस्तक है–'लोकदृष्टि और साहित्य'।

गजानन माधव मुक्तिबोध प्रगतिशील आलोचना परंपरा के प्रमुख आलोचक हैं। उनकी प्रथम आलोचनात्मक कृति 'कामायनी : एक पुनर्विचार' है। इसमें उन्होंने द्वंद्वात्मक भौतिकवादी दृष्टि से 'कामायनी' के कथानक और पात्रों का विवेचन किया है। वह 'कामायनी' को एक वृहद फैंटेसी मानते हुए उसके मुख्य पात्र मनु को पतनशील मध्यकालीन सामंती वैभव का प्रतीक कहते हैं। 'एक साहित्यिक की डायरी' में मुक्तिबोध साहित्य की संवेदना और शिल्प संबंधी रचना प्रक्रिया की विवेचना करते हैं। 'नई कविता का आत्मसंघर्ष तथा अन्य निबंध' में मुक्तिबोध नई कविता की व्यक्तिवादी अंतर्मुखी साहित्यिक प्रवृत्तियों और जड़ीभूत सौंदर्याभिरुचि की आलोचना करते हैं। मुक्तिबोध आलोचना को सभ्यता समीक्षा में रूपांतरित कर अपनी प्रखर और सृजनात्मक आलोचकीय प्रतिभा का परिचय देते हैं। उनकी धारणा है, 'रचना प्रक्रिया का एक बहुत बड़ा अंग आत्मसंघर्ष है।' वे यह भी कहते हैं, 'काव्य रचना केवल व्यक्तिगत मनोवैज्ञानिक प्रक्रिया नहीं, एक सांस्कृतिक प्रक्रिया है। फिर भी वह एक आत्मिक प्रयास है। उसमें जो सांस्कृतिक मूल्य परिलक्षित होते हैं, वे व्यक्ति की अपनी देन नहीं, समाज की या वर्ग की देन हैं। नई कविता जब तक वर्तमान ह्रासग्रस्त, अधम, पतनशील सभ्यता की असलियत को पहचान नहीं लेती, सभ्यता के मूलभूत प्रश्नों से अपने को जोड़ नहीं लेती, मानवता के भविष्य निर्माण के लिए संघर्ष को जब तक स्वयं के साथ संयोजित नहीं कर पाती, तब तक उसमें उत्पीड़ित और शोषित मुखों के बिंब नहीं दिखाई देते।' उन्होंने प्रगतिवाद के संदर्भ में कहा, 'प्रगतिवाद के प्रवक्ताओं के पास मध्यवर्गीय अंधसिद्धांतवादी अहंकार तो है किंतु कला की सृजन प्रक्रिया में कला संबंधी वह सूक्ष्म गति नहीं है जो एक जीवन मर्मज्ञ और कला मर्मज्ञ के लिए आवश्यक होती है।' (नई कविता का आत्मसंघर्ष)।

नामवर सिंह ने मार्क्सवादी आलोचना का विकास करते हुए आधुनिक साहित्य का सकारात्मक मूल्यांकन किया। आलोचना को 'बुद्धि की मुक्तावस्था' और 'विकल्प का अवकाश' मानने वाले नामवर सिंह ने खासकर छायावाद, नई कहानी और नई कविता पर विशेष रूप से लिखा और नई दृष्टि का परिचय दिया। हिंदी भाषा और साहित्य के आधार की विवेचना करने वाली उनकी आरंभिक कृतियों में 'हिंदी के विकास में अपभ्रंश का योग' और 'पृथ्वीराज रासो की भाषा' प्रमुख हैं। 'छायावाद', 'आधुनिक साहित्य की प्रवृत्तियां', 'इतिहास और आलोचना',

नामवर सिंह

'कहानी : नई कहानी', 'कविता के नए प्रतिमान', 'दूसरी परंपरा की खोज' और 'वाद-विवाद संवाद' पुस्तकों से उनके आलोचक व्यक्तित्व, वैचारिकी, आलोचना दृष्टि के बदलावों को परखा जा सकता है।

नामवर सिंह की आलोचना मुख्यतः समकालीनताओं से टकराहट की देन है, जिसके माध्यम से वे अपने युग की समकालीन रचनात्मकता की व्यापक पहचान करते हैं। वे एक तरफ हजारी प्रसाद द्विवेदी का दूसरी परंपरा के परिप्रेक्ष्य में मूल्यांकन करते हैं तो दूसरी तरफ उन्होंने निर्मल वर्मा और मुक्तिबोध का भी सकारात्मक मूल्यांकन किया। वे मानते हैं, 'अपनी महान जययात्रा में मनुष्य ने सौंदर्य के द्वारा समय-समय पर नए-नए कलारूपों की सृष्टि की ताकि वह नित्य विकसित वास्तविकता को अधिक समझ और समेट सके।' उन्होंने सार्थकता को सोद्देश्यता से जोड़कर देखा था। वे उदारवादी मार्क्सवादी के रूप में यह भी कहते हैं, 'रूपवादी आलोचना के तत्वों का उपयोग मार्क्सवादी समीक्षा को समृद्ध करने के लिए हो सकता है।' (कविता के नए प्रतिमान)। इस प्रकार वे कई अर्थों में फ्रैंकफुर्त स्कूल के यूरोपीय मार्क्सवादियों से साम्य बनाते दिखते हैं, जो उनके अपने युग के कठमुल्लेपन को चुनौती देना है। उन्होंने 'नई आलोचना' से भी अपनी आलोचना के प्रतिमान लिए और उन्हें 'नए प्रतिमान' कहा। उन्होंने कृतिकेंद्रिक आलोचना का पक्ष लेते हुए प्रगतिशील दृष्टि को अपनी आलोचनात्मक कसौटी से कभी बाहर नहीं किया। नामवर सिंह बीसवीं सदी के उत्तरार्ध में हिंदी आलोचना के एक प्रभावशाली व्यक्तित्व के रूप में उभरे। उन्होंने आलोचना की भाषा में जीवंतता पैदा की और हिंदी आलोचना का विकास किया।

नामवर सिंह के साथ मार्क्सवादी समीक्षा को समृद्ध करने वाले आलोचकों में रमेश कुंतल मेघ, विश्वनाथ त्रिपाठी, मैनेजर पांडेय, सुरेंद्र चौधरी, शिवकुमार मिश्र, नंद किशोर नवल, परमानंद श्रीवास्तव आदि प्रमुख हैं। रमेश कुंतल मेघ ने सौंदर्यशास्त्र पर विपुल लेखन किया, उनकी प्रसिद्ध प्रस्तकें हैं, 'तुलसी आधुनिक वातायन से' 'आधुनिकताबोध और आधुनिकीकरण' 'अथातो सौंदर्यजिज्ञासा' आदि। सुरेंद्र चौधरी की प्रमुख कृति है–'नई कहानी : प्रक्रिया और पाठ'। 'साहित्य के समाजशास्त्र की भूमिका', 'साहित्य और इतिहास-दृष्टि', 'शब्द और कर्म', 'आलोचना की सामाजिकता', 'भक्ति आंदोलन और सूरदास का काव्य' जैसी कृतियों में मैनेजर पांडेय मार्क्सवादी आलोचना-दृष्टि से साहित्य की सामाजिकता की पहचान करते हैं। प्रगतिशील समीक्षक शिवकुमार मिश्र ने भक्तिकाव्य, आधुनिक साहित्य और मार्क्सवादी विचारधारा पर समृद्ध लेखन किया है। उनकी प्रमुख आलोचना पुस्तकों में 'मार्क्सवादी साहित्य चिंतन : इतिहास और सिद्धांत', 'प्रगतिवाद', 'भक्ति आंदोलन और भक्तिकाव्य' और 'कहानीकार प्रेमचंद : रचना-दृष्टि और रचना शिल्प' प्रमुख हैं।

प्रगतिवादी साहित्य की गतिविधियों के समानांतर आलोचना की एक अन्य धारा इलाहाबाद की 'परिमल' संस्था से जुड़ती हुई विकसित हुई। इसमें धर्मवीर भारती, विजयदेव नारायण साही, जगदीश गुप्त, रामस्वरूप चतुर्वेदी, लक्ष्मीकांत वर्मा प्रमुख हैं। जगदीश गुप्त और रामस्वरूप चतुर्वेदी के संपादन में 'नई कविता' (1954) का प्रकाशन हुआ था। रघुवंश इस धारा में सक्रिय थे। इन आलोचकों पर लोहिया की विचारधारा, स्वच्छंदतावाद और आधुनिकतावादी प्रवृत्तियों का मिला-जुला असर था। धर्मवीर भारती के आलोचनात्मक निबंधों के संग्रह 'मानव मूल्य और साहित्य' में मानव मूल्य की सार्थकता और सांस्कृतिक संकट की चिंता है। लक्ष्मीकांत वर्मा की प्रमुख पुस्तकें हैं–'नई कविता के प्रतिमान' और 'नए प्रतिमान : पुराने निकष'। वह रस के आधार पर नई कविता के मूल्यांकन का विरोध करते हैं। जगदीश गुप्त की प्रमुख पुस्तक है–'नई कविता : स्वरूप और समस्याएं।'

परिमल के रचनाकार आलोचकों में विजयदेव नारायण साही अन्यतम हैं। उनकी आलोचना पुस्तकों में प्रमुख हैं 'साहित्य और साहित्यकार का दायित्व', 'जायसी' और 'साहित्य क्यों?' शुक्ल जी से अलग साही जी 'जायसी' की कविता में विषाद, विडंबना

और बौद्धिक सघनता की खोज करते हैं। प्रतिबद्ध आलोचना के क्षेत्र में 'मलयज' एक प्रमुख लेखक हैं। 'संवाद और एकालाप', 'कविता से साक्षात्कार' और 'रामचंद्र शुक्ल' उनकी आलोचनात्मक कृतियां हैं। रचनाकार-आलोचक रमेशचंद्र शाह ने कविता और कहानी दोनों पर लिखा है। 'समानांतर', 'वागर्थ' और 'छायावाद की प्रासंगिकता' उनकी उल्लेखनीय पुस्तकें हैं। निर्मल वर्मा के चिंतनपरक और सर्जनात्मक लेखों में भारतीय साहित्य की समस्या के साथ सृजन प्रक्रिया केंद्र में है। 'शब्द और स्मृति', 'कला का जोखिम' और 'ढलान से उतरते हुए' उनके वैचारिक लेखों के संग्रह हैं।

भाषा और साहित्य में संवेदना को महत्व देने वाले आलोचकों में एक प्रमुख चिंतक रामस्वरूप चतुर्वेदी की उल्लेखनीय पुस्तकें हैं–'भाषा और संवेदना', 'इतिहास और आलोचक दृष्टि', 'हिंदी साहित्य और संवेदना का विकास' एवं 'आचार्य रामचंद्र शुक्ल : आलोचना का अर्थ और अर्थ की आलोचना'। इंद्रनाथ मदान आधुनिकता को केंद्रित कर हिंदी साहित्य का मूल्यांकन करते हैं। देवीशंकर अवस्थी की पहचान उनके द्वारा संपादित पुस्तकों 'विवेक के रंग' और 'नई कहानी : संदर्भ और प्रकृति' से हुई। उनकी स्वतंत्र आलोचना पुस्तकें हैं–'आलोचना और आलोचना', 'भक्ति का संदर्भ' और 'आलोचना का द्वंद्व'।

आधुनिक हिंदी आलोचना के परिदृश्य में अधिकांश आलोचकों ने आधुनिक कविता को केंद्र में रखकर आलोचना लिखी है। कुछ आलोचकों ने भक्तिकाल और रीतिकाल के कवियों और उनकी कविताओं का भी मूल्यांकन किया है। बच्चन सिंह की आलोचना में भक्ति, रीति और आधुनिक काल का समावेश है। 'हिंदी नाटक', 'बिहारी का नया मूल्यांकन' 'रीतिकालीन कवियों की प्रेम व्यंजना' और 'हिंदी साहित्य का दूसरा इतिहास' उनकी प्रमुख पुस्तकें हैं। प्रेमशंकर ने भक्तिकाव्य को केंद्रित करके आलोचना-कर्म किया है। 'भक्तिकाल का समाजशास्त्र' एवं 'हिंदी स्वच्छंदतावादी काव्य' उनकी प्रमुख कृतियां हैं। विश्वनाथ त्रिपाठी ने 'लोकवादी तुलसीदास' और 'मीरा का काव्य' जैसी कृतियों में भक्ति काव्य की जनवादी दृष्टि से विवेचन किया है। विश्वनाथ प्रसाद तिवारी 'आधुनिक हिंदी कविता', 'गद्य के प्रतिमान' और 'समकालीन हिंदी कविता' में छायावाद से लेकर समकालीन कविता तक का विस्तृत विवेचन करते हैं। परमानंद श्रीवास्तव ने नई कविता और समकालीन कविता पर विशेष लेखन किया है। 'नई कविता का परिप्रेक्ष्य', 'समकालीन कविता का यथार्थ', 'उपन्यास का पुनर्जन्म' और 'कविता का अर्थात्' उनकी उल्लेखनीय आलोचनात्मक कृतियां हैं।

चंद्रकांत बांदिवड़ेकर ने 'उपन्यास : स्थिति और गति' और 'आधुनिक हिंदी उपन्यास : सृजन और आलोचना' के रूप में अत्यंत महत्वपूर्ण काम किया है। साथ ही अज्ञेय के काव्य पर भी लिखा है। नंद किशोर नवल निराला को केंद्रित कर अपनी आलोचना यात्रा संपन्न करते हैं । उन्होंने 'निराला रचनावली' का संपादन किया। उनकी आलोचनात्मक कृतियां हैं– 'मुक्तिबोध : ज्ञान और संवेदना', 'समकालीन काव्य यात्रा', 'निराला और मुक्तिबोध : चार लंबी कविताएं', 'निराला : कृति से साक्षात्कार' (दो खंड), 'आधुनिक हिंदी कविता का इतिहास' और 'हिंदी कविता : अभी, बिल्कुल अभी।' खगेंद्र ठाकुर ने प्रगतिशील आलोचना को निरंतर आगे बढ़ाया। उनकी प्रमुख आलोचना पुस्तकें हैं–'रामधारी सिंह दिनकर : व्यक्तित्व और कृतित्व', 'आलोचना के बहाने' इत्यादि।

कथा-केंद्रित आलोचना नई कहानी आंदोलन से आरंभ हुई थी। समकालीन कथालोचकों और उनकी उल्लेखनीय कृतियों में गोपाल राय की 'हिंदी कहानी का इतिहास' (दो खंड), 'हिंदी उपन्यास का इतिहास' (दो खंड) और 'उपन्यास की संरचना', विजय मोहन सिंह की 'आज की कहानी' और 'कथा समय', मार्कंडेय की 'कहानी का बात', रमेश उपाध्याय की 'जनवादी कहानी : पृष्ठभूमि से पुनर्विचार तक', पुष्पपाल सिंह की 'भूमंडलीकरण और हिंदी उपन्यास', वीरेंद्र यादव की 'उपन्यास और वर्चस्व की सत्ता', मधुरेश की 'हिंदी कहाना का विकास' और 'हिंदी उपन्यास का विकास', ज्योतिष जोशी की 'समकालीनता

और उपन्यास', वैभव सिंह की 'आधुनिकता और भारतीय उपन्यास', कृष्ण मोहन की 'कहानी समय' आदि पुस्तकें शामिल की जा सकती हैं।

नाट्यालोचन में दशरथ ओझा का 'हिंदी नाटक–उद्‌भव और विकास', नेमिचंद्र जैन का 'आधुनिक हिंदी नाटक और रंगमंच', गिरीश रस्तोगी का 'हिंदी नाटक का आत्मसंघर्ष', सिद्धनाथ कुमार का 'प्रसाद के नाटकों का पुनर्मूल्यांकन' और आशीष त्रिपाठी का 'समकालीन हिंदी रंगमंच' और 'रंगभाषा' प्रमुख आलोचना कृतियां हैं। निर्मला जैन की आलोचनात्मक पुस्तक 'आधुनिक साहित्य : मूल्य और मूल्यांकन' तथा 'हिंदी आलोचना का दूसरा पाठ' महत्वपूर्ण हैं। रामचंद्र तिवारी की 'हिंदी गद्य साहित्य की रूपरेखा', अरुण प्रकाश की 'गद्य की पहचान', और पंकज चतुर्वेदी की 'आत्मकथा की संस्कृति' में हिंदी गद्य विधाओं का समेकित विवेचन किया गया है।

स्त्रीवादी, दलित और आदिवासी विमर्श के साथ उत्तर-आधुनिकता के समय में नवजागरण, इतिहास, राष्ट्रवाद और उत्तर-उपनिवेशवाद को केंद्र में रखकर लिखी गई पुस्तकों ने हिंदी साहित्य और आलोचनात्मक चिंतन का विस्तार किया है। अनामिका की 'स्त्रीत्व का मानचित्र' और 'स्त्री विमर्श की उलटगाथा', रेखा कस्तगार की 'स्त्री चिंतन की चुनौतियां', अरविंद जैन की 'औरत होने की सजा', रमणिका गुप्ता की 'स्त्री मुक्ति : संघर्ष और इतिहास' और कृष्ण कुमार की 'चूड़ी बाजार में स्त्री' पुस्तकें स्त्रीवादी चिंतन और चुनौतियों को सूक्ष्मता से विवेचित करती हैं। शरण कुमार लिंबाले, ओमप्रकाश वाल्मीकि और कंवल भारती ने दलित साहित्य के सौंदर्यशास्त्र पर स्वतंत्र पुस्तकें लिखी हैं। वीर भारत तलवार ने 'रस्साकशी' के अलावा आदिवासी जीवन पर प्रमुख लेखन किया है। पुरुषोत्तम अग्रवाल की कबीर पर नए ढंग की पुस्तक है—'अकथ कहानी प्रेम की'। कर्मेंदु शिशिर ने 'नवजागरण और संस्कृति' में और प्रदीप सक्सेना ने 'अठारह सौ सत्तावन और भारतीय नवजागरण' पुस्तकों में भारतीय नवजागरण के सामाजिक-राजनीतिक संदर्भों की पड़ताल की है। सुधीर कुमार सिंह की 'हिंदी समुदाय और राष्ट्रवाद', प्रणय कृष्ण की 'उत्तर–औपनिवेशिकता के स्रोत' और 'हिंदी साहित्य' पुस्तकें हिंदी की गंभीर और चिंतनपरक आलोचना की प्रमाण हैं।

छायावाद के बाद के कवि-आलोचकों में शमशेर और गिरिजा कुमार माथुर ने नई रचनाशीलता का सूक्ष्म विवेचन किया था। केदारनाथ अग्रवाल और कवि त्रिलोचन के समीक्षात्मक आलेख भी महत्वपूर्ण हैं। रामविलास शर्मा और केदारनाथ अग्रवाल के बीच साहित्यिक पत्रव्यवहार का संग्रह 'मित्र संवाद' नाम से प्रकाशित हुआ जो कई दृष्टियों में विशिष्ट है। इस बीच रघुवीर सहाय, केदारनाथ सिंह, अशोक वाजपेयी, कुंवर नारायण, अरुण कमल, ज्ञानेंद्रपति और राजेश जोशी जैसे कवियों की समीक्षात्मक पुस्तकों का प्रकाशन भी समकालीन कविता की रचनाभूमि को समझने की दृष्टि से महत्वपूर्ण हैं। विष्णु खरे ने अपनी गंभीर और दायित्वपूर्ण आलोचना से सबका ध्यान आकृष्ट किया है। शंभुनाथ की कई आलोचना-पुस्तकें हैं।

हिंदी आलोचना का एक क्षेत्र और है जिसमें समसामयिक समीक्षा शैलियों, विचारधाराओं और विमर्शों की विवेचना हुई है। इस दृष्टि से दर्शन के क्षेत्र में देवराज ने, साहित्य सिद्धांत के क्षेत्र में विश्वंभरनाथ उपाध्याय ने, सौंदर्यशास्त्रीय आलोचना में कुमार विमल और फतह सिंह ने, शैलीविज्ञान के क्षेत्र में विद्यानिवास मिश्र, रवींद्रनाथ श्रीवास्तव, पांडेय शशिभूषण शीतांशु ने और अस्तित्ववाद के बारे में योगेंद्र प्रताप शाही ने लेखन किया है। आधुनिकता, प्रगतिशीलता और उत्तर-आधुनिकतावाद के विभिन्न संदर्भों में सुधीश पचौरी, इब्बार रब्बी, अवधेश प्रधान, अजय तिवारी, विनोद शाही, शंभु गुप्त ने महत्वपूर्ण कार्य किए हैं।

हिंदी आलोचना का नया परिदृश्य अनेक विचारधाराओं और विमर्शों के साथ कई प्रकार के वाद-विवादों से भरा रहा है। नए दौर में हिंदी आलोचना के प्रमुख विषय और परिप्रेक्ष्य रहे हैं–आधुनिकता, उत्तर-

आधुनिकता, हिंदी नवजागरण, जनवाद, मार्क्सवाद, कलावाद, यथार्थवाद, मीडिया, वैश्वीकरण, कविता, उपन्यास, भारतीय अस्मिता आदि। स्त्री विमर्श, दलित विमर्श जैसे मुद्दों पर बहस के भीतर से हिंदी आलोचना निरंतर समृद्ध हुई है। इस दौर में पुरानी पीढ़ी के साथ नई पीढ़ी और युवा पीढ़ी के आलोचक भी सक्रिय हैं। हिंदी आलोचना के समकालीन परिदृश्य को समझने के लिए काव्य और कथा-केंद्रित आलोचना के साथ सिद्धांत, सभ्यता समीक्षा और विमर्श के तहत चलने वाली आलोचनात्मक बहसों की काफी महत्वपूर्ण भूमिका है।

प्रभाकर सिंह

अधिक जानकारी के लिए :
1. हिंदी आलोचना का विकास : नंद किशोर नवल, 1981, **2. आधुनिक हिंदी गद्य साहित्य का विकास और विश्लेषण :** विजय मोहन सिंह, 2015, **3. हिंदी गद्य साहित्य की रूपरेखा :** रामचंद्र तिवारी, **4. हिंदी आलोचना का दूसरा पाठ :** निर्मला जैन, 2012

हिंदी उपन्यास

भारतीय उपन्यास का जन्म उपनिवेशवाद के दौर में हुआ। औपनिवेशिक आधुनिकता के प्रभाव से व्यक्तिवाद, भौतिकवाद, स्त्री-शिक्षा और नगरीय समाज में मध्यवर्ग का उदय आदि प्रवृत्तियां उभर रही थीं, तो भारतीय परंपरा और परिवेश की निजी विशेषताओं का असर भी कम न था। भारतीय उपन्यासों पर औपनिवेशिकता और भारतीयता के मिले-जुले रंग का प्रभाव रहा। हिंदी तथा अन्य भारतीय भाषाओं के आरंभिक उपन्यासों पर आधुनिकता और परंपरागत मूल्यों के द्वंद्व से उपजी रचनात्मकता को आधार बनाकर उपन्यास के कथानक बुने जा रहे थे। उपन्यासों में पारंपरिक मूल्य, संस्कार और मर्यादा के साथ आधुनिकता के आईने में बदलते मूल्यों और स्वातंत्र्य-चेतना के बहुविध रूप मौजूद हैं। परंपरा और आधुनिकता के इसी संश्लेष से हिंदी उपन्यास का उदय हुआ।

रामचंद्र शुक्ल हिंदी उपन्यास पर अंग्रेजी प्रभाव को स्वीकार करते हैं, जबकि विषयवस्तु के स्तर पर वह उसे भारतीय परंपरा के निकट मानते हैं। इसी आधार पर उन्होंने लाला श्रीनिवासदास के उपन्यास 'परीक्षा गुरु' को अंग्रेजी ढंग का पहला 'नॉवेल' कहा है। उनके शब्दों में, "अंग्रेजी ढंग का मौलिक उपन्यास पहले-पहल हिंदी में लाला श्रीनिवासदास का 'परीक्षा गुरु' ही निकला था। उसके पीछे राधाकृष्णदास ने 'निस्सहाय हिंदू' और बालकृष्ण भट्ट ने 'नूतन ब्रह्मचारी' तथा 'सौ अजान एक सुजान' नामक छोटे उपन्यास लिखे।" (हिंदी साहित्य का इतिहास) औपनिवेशिक आधुनिकता ने उपन्यास के निर्माण में भारतीय कथा-परंपरा को संकुचित भले किया हो, लेकिन उपन्यास के लिए आधुनिक चेतना की निर्मिति और उपन्यास के विकास के लिए वैज्ञानिक दृष्टि इसी युग की देन है।

आधुनिक नवजागरण के आलोक में विकसित नई चेतना ने उपन्यास के लिए आवश्यक खाद-पानी का काम किया जिससे उपन्यास एक विधा के रूप में अधिक व्यापक और सघन हुआ। हिंदी के आरंभिक उपन्यासों ने पारंपरिक मूल्यों के साथ

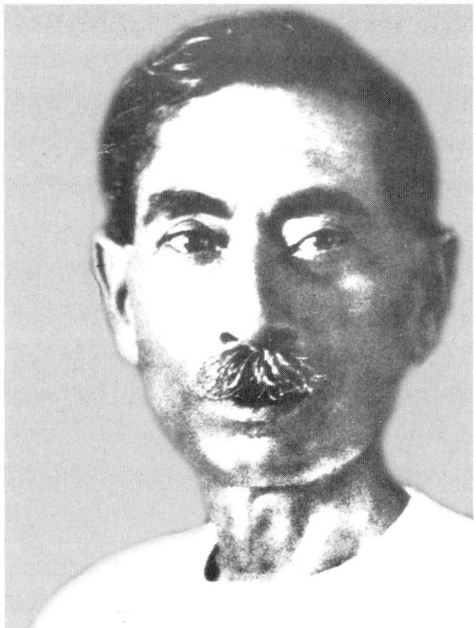

प्रेमचंद

सामाजिक सुधार आंदोलनों की आधुनिक चेतना को अपना कथ्य बनाया। गौरीनाथ का उपन्यास 'देवरानी-जेठानी की कहानी' (1870), श्रद्धाराम फल्लौरी का 'भाग्यवती' (1877), लाला श्रीनिवासदास का 'परीक्षा गुरु' (1882) और जगमोहन सिंह का 'श्यामा स्वप्न' (1885) इस दौर के प्रमुख उपन्यास हैं, जिनमें परंपरा और आधुनिकता का द्वंद्व और स्त्री-जीवन केंद्र में हैं। आधुनिक चेतना से संचालित पुरुष स्त्री-शिक्षा और स्वतंत्रता की पक्षधरता तो करते हैं, लेकिन पारंपरिक मूल्यों और संस्कारों के साथ।

अंग्रेजी ढंग के उपन्यासों की चर्चा करते हुए रामचंद्र शुक्ल ने हिंदी का पहला उपन्यास लाला श्रीनिवासदास के 'परीक्षा गुरु' को माना है। मध्यवर्गीय जीवन की विसंगतियों, औपनिवेशिक आधुनिकता के अंतर्विरोध और सर्जनात्मक शिल्प की कसौटी पर हिंदी के आरंभिक उपन्यासों में यह खास महत्व का है। देवकीनंदन खत्री का उपन्यास 'चंद्रकांता' कथ्य और शिल्प दोनों स्तरों पर हिंदी उपन्यास में नए दौर का आरंभ है। इस उपन्यास में असंभव की संभावना और कल्पना व यथार्थ के द्वंद्व से निर्मित चरित्रों की कथा है। उपन्यास में ढहते सामंती मूल्यों की दास्तान और साम्राज्यवाद का विरोध केंद्र में है।

प्रेमचंद उपन्यास का विकास ही नहीं करते, उसे एक व्यापक विचार-भूमि भी प्रदान करते हैं। स्वाधीनता की चेतना प्रेमचंद के कथा-साहित्य का केंद्रीय तत्व है। अपने उपन्यासों में मुक्ति के व्यापक संदर्भों का सृजन करते हुए वह राजनीतिक, सामाजिक, आर्थिक स्वाधीनता के साथ मानसिक और वैचारिक गुलामी से आजादी की बात करते हैं। 'प्रेमचंद और भारतीय समाज' पुस्तक में नामवर सिंह प्रेमचंद के उपन्यासों में आजादी के इन्हीं आशयों की पड़ताल करते हुए कहते हैं, 'प्रेमचंद ने अपने उपन्यासों में एक व्यापक पैमाने पर आजादी की चर्चा की है। उनके लिए आजादी केवल आर्थिक मुक्ति नहीं थी, उनके लिए आजादी ज्यादा गहरे अर्थों में थी, गहरे सामाजिक, राजनीतिक, आर्थिक और सांस्कृतिक अर्थों में थी। इसीलिए उनके उपन्यासों में किसानों के जिस शोषण का जिक्र किया गया है, वह शोषण धार्मिक स्तर पर भी होता है, वैचारिक स्तर पर भी होता है, मानसिक स्तर पर भी होता है और राजनीतिक स्तर पर तो होता ही है।'

प्रेमचंद के उपन्यासों में भारतीय समाज के व्यापक जन-जीवन का चित्रण है, लेकिन स्त्री, दलित और किसानों की मुक्ति की चिंता अधिक है। सेवासदन (1918), प्रेमाश्रम (1922), रंगभूमि (1924), कायाकल्प (1926), निर्मला (1927), गबन (1931), कर्मभूमि (1932) और गोदान (1936) उनके प्रमुख उपन्यास हैं। 'सेवासदन' में स्त्री, 'प्रेमाश्रम' में किसान और 'रंगभूमि' में दलित जीवन की तर्ज पर प्रेमचंद स्वाधीनता संघर्ष और मुक्ति का नया पाठ प्रस्तुत करते हैं। 'गबन' और 'कर्मभूमि' का कथ्य तो स्वाधीनता की चेतना से सीधे प्रभावित है। 'गोदान' प्रेमचंद की क्लासिक कृति है। इस उपन्यास में प्रेमचंद सामंतवाद, साम्राज्यवाद और पूंजीवाद के गठजोड़ से निर्मित शोषणकारी व्यवस्था के खिलाफ प्रतिरोध और लोकतांत्रिक मूल्यों को रचते हैं। मुक्ति और यथार्थ के आंतरिक और बाह्य दोनों रूप यहां मौजूद हैं। प्रेमचंद के उपन्यासों में स्वाधीनता के अंतर्विरोध, द्वंद्व, संघर्ष और शक्ति

जैनेंद्र कुमार

की व्यापक और सूक्ष्म आलोचनात्मक विवेचना है। वह अपने उपन्यासों के कथानक, पात्र और घटनाओं द्वारा गांधीवादी दर्शन की समीक्षा करते हैं तो आंबेडकर के सामाजिक स्वाधीनता संबंधी चिंतन को भी रचनात्मक रूप से कथा में संजोते हैं। कहना न होगा कि प्रेमचंद कई जगहों पर इन वैचारिक दृष्टियों का अतिक्रमण कर सूक्ष्म संवेदनशील अंतर्दृष्टि के साथ प्रतिरोध का रचनात्मक संसार रचते हैं।

प्रेमचंद के समय ही सामाजिक यथार्थ की परंपरा का विकास कुछ अलग रंग के साथ जयशंकर प्रसाद, उग्र और कौशिक के उपन्यासों में देखा जा सकता है। प्रसाद का मूल स्वर रोमानियत है। उनके उपन्यासों पर उनकी काव्य-दृष्टि का खासा असर है। 'कंकाल' और 'तितली' उनके ऐसे उपन्यास हैं जिनमें आदर्शवाद के साथ यथार्थवाद भी झलकता है। यथार्थवादी शैली में रोमानी भावों का विकास पांडेय बेचन शर्मा 'उग्र' के उपन्यासों में परिलक्षित होता है। इस दृष्टि से लिखे गए उनके उपन्यासों में 'चंद हसीनों के खतूत', 'बुधुआ की बेटी' और 'शराबी' प्रमुख हैं। विश्वंभरनाथ शर्मा कौशिक 'मां' और 'भिखारिणी' उपन्यास में भाव और भाषा की दृष्टि से प्रेमचंद की रचनात्मकता का विकास करते हैं।

हिंदी में ऐतिहासिक उपन्यासों की रचना प्रेमचंद के पूर्व से आरंभ हो गई थी, लेकिन सृर्जनात्मक विकास प्रेमचंद के समय संभव हो पाया। किशोरी लाल गोस्वामी की 'आदर्श रमणी', 'लखनऊ की कब्र' और 'रजिया बेगम' एवं गंगाप्रसाद गुप्त का 'पृथ्वीराज चौहान' प्रेमचंद-पूर्व के ऐतिहासिक उपन्यास हैं। उनके युग में रचे गए उपन्यासों में प्रसाद जी का अधूरा ऐतिहासिक उपन्यास 'इरावती' है।

प्रेमचंद युगीन उपन्यासों में मानवीय जीवन के द्वंद्व और संवेगों का सहज-सूक्ष्म चित्रण किया गया है था, लेकिन बाद के युग के उपर्युक्त उपन्यासों में बदलते सामाजिक यथार्थ और आधुनिकता के संकट को अधिक तरजीह दी गई। मानवीय संबंधों, मनोवैज्ञानिक संवेगों, प्रेम, नैतिकता और मन के गहरे भावों का सूक्ष्म चित्रांकन प्रेमचंद के बाद कथाकार जैनेंद्र, अज्ञेय और इलाचंद जोशी के उपन्यासों में अधिक व्यापकता और गहराई में व्यक्त हुआ है। मानवीय जीवन में घटित द्वंद्वों और तनावों की परख एवं पूरी विरूपता में उनका उद्‌घाटन उनके उपन्यासों में है। आधुनिकता की चुनौतियों और यथार्थवाद की छवियों को यहां अधिक गहराई से मनोवैज्ञानिक और प्रयोगशील ढंग से उकेरा गया है। जैनेंद्र के उपन्यास 'परख' (1929), 'सुनीता' (1935) और 'त्यागपत्र' (1937) में केंद्रीय तत्व के रूप में मौजूद स्त्री-जीवन की विडंबना है। मन और देह की पवित्रता, नैतिकता-अनैतिकता के प्रश्न के बीच इनका कथ्य बुना गया है।

वृंदावनलाल वर्मा ऐतिहासिक उपन्यासों के प्रमुख रचनाकार हैं। 'गढ़कुंडार' (1929), 'विराटा की पद्मिनी' (1936), 'झांसी की रानी' (1946) और 'मृगनयनी' (1950) उनके प्रमुख ऐतिहासिक उपन्यास हैं जिनमें स्वाधीनता संघर्ष, सांप्रदायिक सौहार्द, नारी चेतना और लोकशक्ति की मिली-जुली अभिव्यक्ति है। भगवती चरण वर्मा का उपन्यास 'चित्रलेखा' (1934) की पृष्ठभूमि इतिहास की है, लेकिन इसमें पाप-पुण्य, नैतिकता-अनैतिकता जैसे शाश्वत मूल्यों की कथा है। इस दौर के ऐतिहासिक उपन्यासों में खासकर भगवती चरण वर्मा के उपन्यासों में यथार्थ और रोमानियत का अद्‌भुत मेल है।

प्रेमचंदोत्तर ऐतिहासिक उपन्यासकारों में हजारी प्रसाद द्विवेदी का नाम खास है। उनके उपन्यास इतिहासबोध और सांस्कृतिक चेतना को कथ्य बनाकर लिखे गए भारतीय उपन्यासों का प्रतिनिधित्व करते हैं। 'बाणभट्ट की आत्मकथा' (1946), 'चारुचंद्र लेख' (1963), 'पुनर्नवा' (1973) और 'अनामदास का पोथा' (1976) में द्विवेदी जी भारतीय इतिहासदृष्टि और संस्कृतिबोध की पुनर्रचना करते हैं। 'बाणभट्ट की आत्मकथा' उनकी सर्वश्रेष्ठ कृति है। स्त्री के प्रति कुंठाहीन दृष्टि, मानवीय चेतना, मूल्यों की उदात्तता और आधुनिक भावबोध के साथ सर्जनात्मक शिल्प में रचा गया यह उपन्यास 'क्लासिक' का दर्जा पा चुका है। यशपाल के उपन्यास 'दिव्या' (1945) और

'अमिता' में बौद्धकालीन समाज और नारी जीवन की परवशता का चित्रण किया गया है।

ऐतिहासिक पृष्ठभूमि के सजीव और स्वाभाविक चरित्रों पर लिखे गए राहुल सांकृत्यायन के उपन्यास 'सिंह सेनापति' (1942), 'जय-यौधेय' (1944), 'मधुर-स्वप्न' (1950) और 'दिवोदास' (1962) उल्लेखनीय हैं। आचार्य चतुरसेन शास्त्री इतिहास में कल्पना और कौतूहल का समावेश कर इतिहास के एक खास पक्ष का सृजन करते हैं। 'वैशाली की नगरवधू' (1949), 'सोमनाथ' (1954) और 'वयं रक्षामः' उनके चर्चित उपन्यास हैं। शिवप्रसाद मिश्र 'रुद्र' काशिकेय का उपन्यास 'बहती गंगा' (1952) काशी की परंपरा और संस्कृति को आधार बनाकर लिखा गया है। रांगेय राघव का उपन्यास 'मुर्दों का टीला' भी महत्वपूर्ण है। उनका 'कब तक पुकारूं' में नटों के जीवन-संघर्ष के मार्मिक चित्र हैं। अमृतलाल नागर के उपन्यास 'शतरंज की मोहरें' और 'मानस का हंस' कम उल्लेखनीय नहीं हैं।

समकालीन उपन्यासों में इतिहास को अधिक जनोन्मुख और प्रगतिशील दृष्टि से चित्रित किया गया है। शिवप्रसाद सिंह के 'नीला चांद' (1988) में ग्याहरवीं शताब्दी की काशी का शोधपरक इतिहास है। भगवान सिंह का उपन्यास 'अपने-अपने राम' (1992) में राम के चरित्र के बहाने भारत के सांस्कृतिक इतिहास की पुनर्व्याख्या है। 1857 के स्वतंत्रता संग्राम में जन-आंदोलन और किसानों की भूमिका को कमलाकांत त्रिपाठी का उपन्यास 'पाहीघर' (1991) अधिक व्यापकता और गहराई में चित्रित करता है। अलका सरावगी का उपन्यास 'कलिकथा : वाया बाईपास' (1998) इतिहास को नए सर्जनात्मक शिल्प में रचता है। महात्मा गांधी को केंद्रित कर गिरिराज किशोर के उपन्यास 'पहला गिरमिटिया' में उपनिवेश और उत्तर-उपनिवेश के आईने से गांधीजी के व्यक्तित्व और चिंतन का नया विमर्श है। इतिहास और स्मृति के तईं वर्तमान की कथा कहने वाले अन्य उपन्यासों में नरेंद्र कोहली का 'अवसर', 'दीक्षा' और 'महासमर', अमरकांत का 'इन्हीं हथियारों से', सारा राय का 'चील्ह वाली कोठी', विभूतिनारायण राय का 'प्रेम की भूतकथा' और सुरेंद्र वर्मा का उपन्यास 'काटना शमी का वृक्ष पद्मपंखुरी की धार से' उल्लेखनीय हैं।

रांगेय राघव

प्रयोग और मनोविज्ञान की धारा में अज्ञेय सबसे महत्वपूर्ण उपन्यासकार हैं। 'शेखरः एक जीवनी' प्रथम भाग 1941, द्वितीय भाग 1944, 'नदी के द्वीप (1951) और 'अपने-अपने अजनबी' (1961) उनकी औपन्यासिक कृतियां हैं। इनमें 'शेखर : एक जीवनी' सर्वश्रेष्ठ है। इस उपन्यास में सिर्फ वैयक्तिक चेतना और अहंवादी मूल्य ही नहीं हैं, बल्कि शेखर का विद्रोह और संघर्ष युग के व्यापक संदर्भों से जुड़ता है। अज्ञेय इसे अपने युग का प्रतीक कहते हैं, उसमें स्वतंत्रता के बहुआयामी आशय छिपे हैं। मनोविश्लेषण की विशिष्ट प्रवृत्ति और फ्रायड और मार्क्स के विचारों के समन्वय से इलाचंद जोशी ने अपने उपन्यासों की कथा का सृजन किया है। 'प्रेत और छाया' (1945), 'निर्वासित' (1946) 'जहाज का पंछी (1956) और 'लज्जा' उनके प्रमुख उपन्यास हैं। आधुनिकता के नए आग्रहों, शिल्पगत प्रयोगों और विसंगति, विडंबना व अकेलेपन में यथार्थ और

आधुनिकताबोध की तलाश करने वाले उपन्यासकारों के उपन्यासों में राजेंद्र यादव का 'सारा आकश', मोहन राकेश के 'अंधेरे बंद कमरे' और 'न आने वाला कल', मनोहर श्याम जोशी का 'क्याप' और 'कसप', निर्मल वर्मा का 'वे दिन' और 'अंतिम अरण्य', कृष्ण बलदेव वैद का 'नर-नारी', राजकमल चौधरी का 'मछली मरी हुई', मणि मधुकर का 'सफेद मेमने', डॉ. देवराज का 'अजय की डायरी' और कृष्णा सोबती का 'सूरजमुखी अंधेरे में' और 'जिंदगीनामा' ऐसे प्रमुख उपन्यास हैं।

प्रगतिशील या मार्क्सवादी दृष्टि से लिखने वाले उपन्यासकारों की कृतियों में देश-विभाजन, सांप्रदायिकता, राजनीतिक संघर्ष और आंचलिकता को लक्षित कर स्वतंत्रता के बाद के भारतीय समाज, राजनीति, ग्राम-नगर और भारतीय जनजीवन में आए बदलावों का यथार्थ चित्रण हुआ है। इनमें यशपाल प्रमुख हैं। यशपाल आजादी के पहले 'दादा कामरेड' (1941)

कृष्णा सोबती

और 'देशद्रोही' (1943) जैसे उपन्यासों में सामाजिक क्रांति, स्वाधीनता की चेतना, राजनीति, नारी जीवन की समस्या और जनवादी चेतना को मार्क्सवादी दृष्टि से कथा में सृजित करते हैं, तो आजादी के बाद 'झूठा सच' (1958) में विभाजन की त्रासदी और आजाद भारत के भविष्य की महागाथा प्रस्तुत करते हैं।

भारत-विभाजन भारतीय इतिहास की सबसे त्रासद स्मृति है। विभाजन की कथा, दुख-दर्द, देश और संघर्ष एवं इसके परिवेश की राजनीति को उपन्यास के कथ्य और शिल्प में अधिक सार्थकता से चित्रित किया गया है। विभाजन की त्रासदी और सांप्रदायिकता पर लिखे गए उपन्यासों में यशपाल का 'झूठा सच', भीष्म साहनी का 'तमस', बदीउज्जमा का 'छाको की वापसी', राही मासूम रजा का 'आधा गांव', कमलेश्वर का 'कितने पाकिस्तान', दूधनाथ सिंह का 'आखिरी कलाम' और गीतांजलि श्री का 'हमारा शहर उस बरस' उल्लेखनीय हैं। इन उपन्यासों में विभाजन की त्रासदी, जीवन-संघर्ष और सांप्रदायिकता की समस्या के साथ जीवन के सौंदर्य और संभावनाओं की तलाश भी है। 'झूठा सच' (1958) में महाकाव्यात्मक वितान है तो 'आधा गांव' (1966) में आंचलिक भाषा का रंग और 'तमस' (1973) में सघन कथानक का सृजन है।

'आधा गांव' के कथानक में गंगौली गांव के ऐसे मुस्लिम समुदाय की व्यथा-कथा है जिन्हें न विभाजन से कुछ लेना-देना है, न उसकी राजनीति से। फिर भी वे उसके दंश को झेलते हैं। 'तमस' विभाजन की त्रासद राजनीति से उत्पन्न सामाजिक विभीषिका और मानवता के हनन की गहन संवेदना का मार्मिक आख्यान है। दूधनाथ सिंह का उपन्यास

यशपाल

भीष्म साहनी

'आखिरी कलाम', गीतांजलि श्री का 'हमारा शहर उस बरस' और विभूतिनारायण राय का 'शहर में कर्फ्यू' सन 80 के बाद भारतीय राजनीति के बदलावों, उसके खोखलेपन एवं सांप्रदायिकता के उन्माद को सूक्ष्मता से उकेरते हैं। विभाजन की त्रासदी और सांप्रदायिकता की समस्या का प्रभाव कहीं प्रत्यक्ष तो कहीं परोक्ष रूप में पड़ा। कहना न होगा कि इस त्रासदी और तनाव से मुस्लिम समाज से सीधे और ज्यादा प्रभावित हुआ। इन विसंगतियों के साथ ही मुस्लिम समाज के संघर्ष, जातीय अंतर्विरोध, द्वंद्वों और आशंकाओं को पूरी संश्लिष्टता एवं सृजनात्मकता के साथ कई उपन्यासों में रचा गया है। मंजूर एहतेशाम का 'सूखा बरगद' (1986), शानी का 'काला जल' (1965) और अब्दुल बिस्मिल्लाह का 'झीनी-झीनी बीनी चदरिया' में स्वतंत्र भारत के मुस्लिम जीवन की विसंगतियों और विडंबनाओं की कथा है।

आजादी के बाद भारतीय जन-जीवन में आए बदलावों, विसगंतियों और समाज के टूटन को अमृतलाल नागर 'बूंद और समुद्र', 'सेठ बांकेमल', 'अमृत और विष' और 'नाच्यौ बहुत गोपाल' में व्यापकता में व्यक्त करते हैं। 'गिरती दीवारें', 'गर्म राख', और 'शहर में घूमता आईना' जैसे उपन्यासों में उपेंद्रनाथ 'अश्क' मध्यवर्गीय जीवन की आशाओं-आकांक्षाओं को व्यक्त करते हैं। भगवतीचरण वर्मा के उपन्यास 'भूले-बिसरे चित्र', 'सबहिं नचावत राम गोसाईं' और 'टेढ़े-मेढ़े रास्ते' किस्सागोई से भरपूर हैं, जिनमें सामाजिक यथार्थ की बहुविध छवियां उकेरी गई हैं। धर्मवीर भारती ने 'सूरज का सातवां घोड़ा' (1952) में कथा की पुरानी शैली का प्रयोग कर निम्न मध्यवर्ग के विशृंखल जीवन का यथार्थ चित्रण किया है। मध्यवर्ग की टूटन और मानसिक अंतर्द्वंद्व को नरेश मेहता के उपन्यास 'यह पथ बंधु था' में बखूबी चित्रित किया गया है।

समाजवादी चेतना से लैस भैरव प्रसाद गुप्त 'गंगा मैया' और 'सती मैया का चौरा' में समाज के यथार्थ को उसकी पूरी विरूपता और नग्नता में प्रगट करते हैं। सुरेंद्र वर्मा का उपन्यास 'मुझे चांद चाहिए' (1993) में निम्न मध्यवर्गीय परिवार की नायिका यशोदा, अपनी महत्वाकांक्षा और पारंपरिक मूल्यों का निषेध करते हुए वर्षा वशिष्ठ बन जाती है। अपनी रोचक कथात्मकता और संश्लिष्ट यथार्थ चित्रण के कारण यह हिंदी के लोकप्रिय उपन्यासों में से एक है। सामाजिक यथार्थ की इस धारा के अन्य उपन्यासकारों में विनोद कुमार शुक्ल और गोविंद मिश्र के उपन्यास

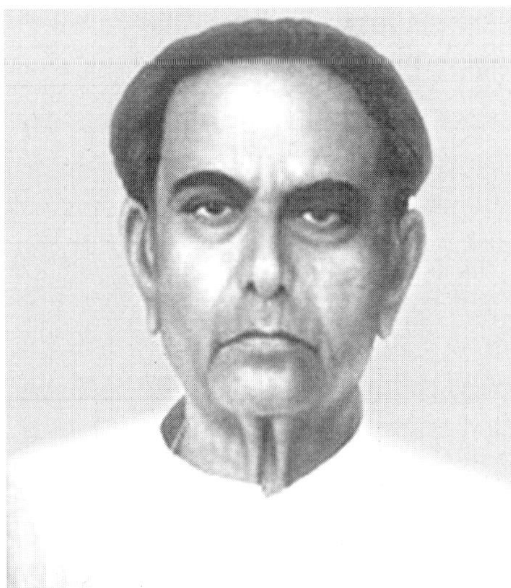

अमृतलाल नागर

भैरव प्रसाद गुप्त

हैं जिनमें यथार्थ और आधुनिकताबोध के कई स्तर विद्यमान हैं। विनोद कुमार शुक्ल का उपन्यास 'नौकर की कमीज' (1979) बहुचर्चित उपन्यास है। इनके अन्य उपन्यास 'खिलेगा तो देखेंगे' और 'दीवार में एक खिड़की रहती थी' की भाषा की अपनी खूबियां हैं।

गोविंद मिश्र का उपन्यास 'पांच आंगनों वाला घर' (1955) आधुनिकता के प्रभाव से संयुक्त परिवार की टूटन और संवेदना के पतन को व्यक्त करने वाली कथा है। इस परंपरा के अन्य उपन्यासों में गिरीश अस्थाना का 'धूपछांही रंग', हिमांशु जोशी का 'समय साक्षी है', अमृतराय का 'धुआं', बदीउज्जमा का 'एक चूहे की मौत', रामदरश मिश्र का 'अपने लोग' प्रमुख उपन्यास हैं।

आंचलिक उपन्यास अंचल के बहाने राष्ट्र की राजनीति, समाज और संस्कृति की सृजनात्मक समीक्षा करते हैं। हिंदी में आंचलिक उपन्यास का आरंभ शिवपूजन सहाय के उपन्यास 'देहाती दुनिया' (1926) से माना जाता है, लेकिन आंचलिक उपन्यास को उसके वृहत्तर आशयों में प्रगट करने वाला उपन्यास आजादी के बाद प्रकाशित फणीश्वरनाथ रेणु का 'मैला आंचल' (1954) है। रेणु ने इस उपन्यास में छोटे-से अंचल की कथा में स्वतंत्रता के बाद बदलते भारतीय राष्ट्र, राजनीति, समाज और संस्कृति की सजग समीक्षा की है। इस कथा में रेणु ने अंचल को आधार बनाकर राष्ट्रव्यापी समस्याओं का जैसा कथात्मक पाठ प्रस्तुत करते हैं, वह प्रेमचंद की कथा-भूमि का रचनात्मक विस्तार है।

आंचलिकता और लोकपक्ष को बृहत्तर आयाम में सर्जित करने वाले उपन्यासों में नागार्जुन का 'वरुण के बेटे', रांगेय राघव का 'कब तक पुकारूं', उदय शंकर भट्ट का 'सागर, लहरें और मनुष्य', शिवप्रसाद सिंह का 'अलग-अलग वैतरणी', विवेकी राय का 'बबूल' और 'सोनामाटी', मार्कण्डेय का 'अग्निबीज', वीरेंद्र जैन का 'डूब' और 'पार', भगवान दास मोरवाल का 'काला पहाड़' और 'बाबल तेरा देश में' एवं मैत्रेयी पुष्पा का 'इदन्नमम्' और 'अल्मा कबूतरी' प्रमुख हैं। श्रीलाल शुक्ल का उपन्यास 'राग दरबारी' (1968) वैसे अपने व्यंग्य और शिल्प में अनूठा उपन्यास है। इसमें 'मैला आंचल' का मेरीगंज शिवपालगंज में बदल गया है। शिक्षा, धर्म, राजनीति, समाज और संस्कृति के पतन

फणीश्वरनाथ रेणु

श्रीलाल शुक्ल

को व्यंग्यात्मक भाषा में 'राग दरबारी' पूरी विरूपता में व्यक्त करता है। इसी परंपरा में जगदीश चंद्र का 'धरती धन न अपना', मन्नू भंडारी का 'महाभोज', जगदंबा प्रसाद दीक्षित का 'मुर्दाघर' और संजीव का 'सूत्रधार' है जो स्थानीयता को उठाकर भी सार्वभौम यथार्थ को व्यक्त करते हैं।

आज का युवा अमेरिकी ढांचे की गिरफ्त में है। इसी को रवींद्र कालिया 'एबीसीडी' उपन्यास में चित्रित करते हैं। उपभोक्तावाद की आंधी में नाते-रिश्तों और माता-पिता जैसे संबंधों का कोई मायने नहीं रह गया है। रमेश उपाध्याय ने 'हरे फूल की खुशबू' और ममता कालिया ने 'दौड़' उपन्यास में युवा मन की अंधी दौड़ को करीने से उकेरा है। उपभोक्तावाद की भयावहता को काशीनाथ सिंह अपने उपन्यास 'काशी का अस्सी' और 'रेहन पर रग्घू' में दिखाते हैं। विस्थापितों की व्यथा-कथा को अखिलेश ने 'निर्वासन' उपन्यास में रचा है तो भगवान दास मोरवाल ने 'नरक मसीहा' में एनजीओ संस्कृति की पोल खोली है। इसी काल खंड में नासिरा शर्मा 'कुइयांजान' में मुस्लिम समाज के यथार्थ को उघाड़ती हैं। मृदुला गर्ग के उपन्यास 'चितकोबरा' और 'कठगुलाब' महत्वपूर्ण हैं।

मैत्रेयी पुष्पा स्त्री विमर्श की रोशनी में हिंदी उपन्यास में एक मोड़ ले आती हैं। 'चाक', 'इदन्नमम्' और 'अल्मा कबूतरी' और चित्रा मुद्गल के 'आवां' में परंपरा, आधुनिकता, घर, परिवार के आलोक में स्त्री-मुक्ति के संघर्ष को नए वैचारिक आलोक में रचा गया है। इस परंपरा में अनामिका का 'दस द्वारों का पिंजर' अपने स्तर से पितृसत्ता के सामने चुनौती रखता है। दलित लेखकों के उपन्यासों में जयप्रकाश कर्दम का 'छप्पर', रूप सिंह चंदेल का 'पत्थर टीला', मोहनदास नैमिषराय का 'मुक्तिपर्व' और अजय नावरिया का 'उधर के लोग' उल्लेखनीय हैं। दलित लेखकों ने आत्मकथा ज्यादा लिखी है जो उपन्यास के समान महत्वपूर्ण है। ओमप्रकाश वाल्मीकि की आत्मकथा 'जूठन' और तुलसीराम की 'मुर्दहिया' महत्वपूर्ण आत्मकथाएं हैं जिनमें 'स्वानुभव' बोलता है।

मैत्रेयी पुष्पा

हिंदी उपन्यास में आदिवासी जीवन को केंद्रित कर लिखे गए उपन्यासों में साहित्य की लोकतांत्रिक संस्कृति का वास्तविक विस्तार है। आदिवासी जीवन पर केंद्रित उल्लेखनीय उपन्यासों में संजीव के 'जंगल जहां शुरू होता है' में थारू, मैत्रेयी पुष्पा के 'अल्मा कबूतरी' में कबूतरा, पीटरपाल एक्का के 'जंगल के गीत' में मुंडा, तेजिंदर के 'काला पादरी' में उरांव समाज, श्री प्रकाश मिश्र के 'जहां बांस फूलते हैं' में मिजो जनजाति, रणेंद्र के 'ग्लोबल गांव के देवता' में असुर जनजाति, मनमोहन पाठक के 'गगन घटा घहरानी' में उरांव समाज और राकेश कुमार सिंह के उपन्यास 'जो इतिहास में नहीं' में संथाल जनजाति का जीवन है।

उपन्यास का विन्यास अन्य साहित्यिक विधाओं से अधिक व्यापक और संश्लिष्ट है। इसे विधाओं का कोलाज कहना गलत न होगा। हिंदी उपन्यास में आत्मकथा, रिपोर्ताज, डायरी, जीवनी और संस्मरण जैसी साहित्यिक विधाओं का सहजता से संश्लेष हुआ है। कहना न होगा कि पिछले तीन दशकों के उत्तर-औपनिवेशिक विमर्श ने हिंदी उपन्यास की जमीन अधिक व्यापक कर दी और इस विधा में विभिन्न समुदाय अपनी पीड़ाओं और संघर्षों के साथ उपस्थित हैं। नई कला प्रविधियों के जरिए आज के उपन्यासों ने अपने समय और समाज के यथार्थ को प्रखरता से व्यक्त किया है।

काशीनाथ सिंह

उपेंद्रनाथ 'अश्क'

उपन्यास को मध्यवर्गीय जीवन का आख्यान भले कहा जाता रहा हो, लेकिन हिंदी में उपन्यास ने इधर यह दायरा तोड़ा है। यह टुकड़ों में व्यापक भारतीय जन-जीवन का आख्यान बना है जिसमें स्त्री, किसान, दलित, मजदूर और आम जनता की संवेदनाओं की केंद्रीयता रही है।

प्रभाकर सिंह

अधिक जानकारी के लिए :
1. हिंदी उपन्यास का इतिहास : गोपाल राय, **2. हिंदी उपन्यास-एक अंतर्यात्रा :** रामदरश मिश्र, **3. हिंदी उपन्यास का विकास :** मधुरेश, **4. भारतीय उपन्यास और आधुनिकता :** वैभव सिंह

हिंदी एकांकी

एक अंक वाले नाटकों को एकांकी कहते हैं। यह जीवन के किसी एक अंग का वर्णन करने वाली विधा है न कि संपूर्ण जीवन का। एकांकी में पात्रों की संख्या, घटनाक्रम, कथानक, कथोपकथन और स्वरूप छोटा होता है। इसमें कथानक के विस्तार की जगह चरित्र-चित्रण की तीव्रता, कुतूहल की स्थिति, आरंभ से ही व्यंजकता और प्रभावशीलता होती है। सद्गुरुशरण अवस्थी के मत से, जीवन की वास्तविकता के एक स्फुलिंग को पकड़कर एकांकीकार उसे ऐसा प्रभावपूर्ण बना देता है कि उसमें मानवता के समूचे भावजगत को झनझना देने की शक्ति आ जाती है। नाटक की ही तरह एकांकी का उद्देश्य भी अभिनेयता, मनोरंजन, सद्वृत्तियों का विकास, समस्याओं को दिखाना और अच्छे चरित्र का निर्माण करना है। जीवन के ऐतिहासिक, पौराणिक, राजनीतिक, सामाजिक अथवा जीवन के किसी भी पहलू से जुड़ी वास्तविकता और काल्पनिकता एकांकी में होती है।

एकांकी किसी एक घटना या मानसिक स्थिति पर आधारित होती है। इसमें स्थान, समय और घटना का संकलन त्रय अनिवार्य माना गया है। कहानी और गीत की तरह एकांकी की कला एकाग्रता और मितव्ययता में निखरती है। इसमें कम-से-कम उपकरणों के सहारे ज्यादा-से-ज्यादा प्रभाव उत्पन्न किया जाता है। एकांकी के कथानक का परिप्रेक्ष्य छोटा होता है, एक ही मुख्य घटना होती है, एक ही मुख्य चरित्र होता है और एक चरमोत्कर्ष होता है। एंकाकी नाटकों का मंचन सामान्यता बीस से तीस मिनट तक में किया जा सकता है। एकांकी की अद्भुत संभावनाओं के कारण आधुनिक काल में एकांकी का विकास कई दिशाओं में हुआ है। रेडियो रूपक, काव्य रूपक और मोनोलॉग इन नई दिशाओं में एकांकी की कुछ महत्वपूर्ण उपलब्धियां हैं।

संस्कृत साहित्य में दशरूपक के प्रकारों में भाण, प्रहसन तथा व्यायोग एक अंक के रूपक हैं। कई उपरूपक भी एक अंक के होते हैं।

आधुनिक एकांकी वैज्ञानिक युग की देन हैं। जीवन की व्यस्तता के कारण अब पहले के समान लोगों के पास इतना समय नहीं है कि वे बड़े उपन्यासों, लंबे नाटकों, महाकाव्यों आदि के लिए समय दे सकें। इसी कारण अब साहित्य के नए रूपों गीत, कहानी, एकांकी आदि का प्रचलन बढ़ा है।

पश्चिम के नाट्य साहित्य, विशेषकर अंग्रेजी नाट्य साहित्य में, पंद्रहवीं और सोलहवीं शताब्दियों में प्रचलित सदाचार और नैतिक शिक्षापूर्ण 'मोरैलिटी नाटकों' के कोरे उपदेश से पैदा हुई ऊब को दूर करने के लिए बीच-बीच में प्रहसनपूर्ण अंश भी जोड़ दिए जाते थे, जिन्हें 'इंटरल्यूड' कहा जाता था। क्रमशः वे मोरैलिटी नाटकों से अलग हो गए और अंत में उनकी परिणति तीन पात्रों के व्यंग्य-विनोद प्रधान नाटकों में हुई, जिन्हें बाद में 'वन एक्ट प्ले' यानी 'एक अंकी नाटक' कहा गया। रात्रि में खाना खाने के बाद नाट्यशालाओं में देर से आने वाले संभ्रांत लोगों के कारण समय से आने वाले साधारण लोगों को बड़ी असुविधा होती थी। अतः लोगों के मनोरंजन के लिए नाट्यशालाओं में द्विपात्रीय प्रहसनपूर्ण संवाद

भुवनेश्वर

प्रस्तुत किए जाने लगे, जिन्हें 'कर्टेन रेजर' कहा जाता था। बाद में इनके स्थान पर यथार्थ जीवन को लेकर सुगठित कथानक और नाटकीय द्वंद्व वाले छोटे नाटक प्रस्तुत किए जाने लगे। इन्हीं के विकास का अगला कदम आधुनिक एकांकी था।

यूरोप और अमेरिका में मैक्सिम गोर्की, ज्यां पाल सार्त्र, बर्तोल्त ब्रेख्त, पिरैंदेली, ऑस्कर वाइल्ड, टी एस इलियट, क्रिस्टोफर फ्राई, ग्राहम ग्रीन, आर्थर मिलर, ओ नील आदि पश्चिमी लेखकों के साथ ही रंगमंचीय आंदोलनों के परिणामस्वरूप आधुनिक एकांकी को नई स्वतंत्र और सुस्पष्ट विधा के रूप में साहित्य में स्थान मिला।

हिंदी में एकांकी का प्रारंभ भारतेंदु युग से माना जाता है और विद्वानों में मतभेद होने के बावजूद भारतेंदु के 'प्रेमयोगिनी' (1875) को हिंदी का सबसे पहला एकांकी माना जाता है। प्रसाद के 'एक घूंट' (1929) से हिंदी एकांकी का दूसरा चरण, भुवनेश्वर प्रसाद के 'कारवां' (1935) से तीसरा चरण और रामकुमार वर्मा के 'रेशमी टाई' संकलन (1941) से चौथे चरण की शुरुआत कही जाती है। चौथे चरण को स्वातंत्र्योत्तर युग भी कहा जाता है। इन लेखकों ने जहां सामाजिक कुरीतियों पर हास्य-व्यंग्यपूर्ण प्रहार किए, वहीं नवनिर्माण के लिए समाज को प्रेरित भी किया।

अधिकांश एकांकी रंगमंच को दृष्टि में रख कर लिखे गए। उनमें प्रयुक्त संवादों में सजीवता, संक्षिप्तता और मार्मिकता की ओर ध्यान दिया गया। एकांकी के प्रहसन, गीति नाट्य, ओपेरा, रेडियो नाटक, मोनोड्रामा आदि रूपों का विकास दूसरे और तीसरे चरण में हुआ। समाज की विकृतियां, विदेशी शासन आदि पर प्रहार करने वाले एकांकी इस समय लिखे गए। कुछ ऐतिहासिक एकांकियों के माध्यम से भारत के गौरवपूर्ण अतीत का दर्शन भी कराया गया है। दूसरे चरण में 'बुढ़ऊ का विवाह' (हरिकृष्ण शर्मा), 'गड़बड़झाला' (जी पी श्रीवास्तव), 'विवाह विज्ञापन' (बदरीनाथ भट्ट), 'प्रताप प्रतिज्ञा' (सुदर्शन), 'अपरिग्रह की पराकाष्ठा' (सेठ गोविंददास), 'सीजन डल है' (रामनरेश त्रिपाठी), 'चार बेचारे' (पांडेय बेचन शर्मा), 'विषकन्या' (गोविंद वल्लभ पंत) आदि इस युग के कुछ उल्लेखनीय एकांकी हैं। इस दौरान फ्रांसीसी नाटककार मोलियर के कुछ प्रहसनों का भी हिंदी में अनुवाद हुआ।

तीसरा चरण यानी प्रसादोत्तर युग भुवनेश्वर के एकांकी संग्रह 'कारवां' से शुरू होता है। इस युग में हिंदी एकांकी आदर्शवाद के एकांगी घेरे से निकल कर यथार्थवाद की ओर बढ़ा। एकांकीकारों ने परंपरागत एकांकी तत्वों का निर्वाह करने के साथ-साथ अभिनव शिल्प को भी स्थान दिया। इसी समय प्रकाशित 'हंस' के एकांकी अंक में तत्कालीन सभी प्रमुख एकांकी लेखकों की प्रतिनिधि रचनाएं हैं। इस काल के उल्लेखनीय एकांकीकार है—रामकुमार वर्मा, उदयशंकर भट्ट और सेठ गोविंददास। इस समय रेडियो प्रसारणों के अंतर्गत एकांकियों को भी स्थान दिया जाने लगा।

रामकुमार वर्मा के 'रेशमी टाई' से चौथे चरण की शुरुआत कही जा सकती है। उन्होंने 150 से अधिक एकांकी लिखे हैं। पहाड़ी, भुवनेश्वर, भगवती चरण वर्मा, उदयशंकर भट्ट, विष्णु प्रभाकर, जगदीशचंद्र माथुर, सद्‌गुरुशरण अवस्थी, लक्ष्मीनारायण मिश्र, उपेंद्रनाथ 'अश्क', रामवृक्ष

रामकुमार वर्मा

बेनीपुरी, चंद्रगुप्त विद्यालंकार आदि के चर्चित एकांकी इसी काल में लिखे गए। इन एकांकियों में विषय के अलावा शिल्प पर भी ज्यादा ध्यान दिया गया। इनमें विषय की विविधता भी रही है, जैसे—प्रेम विवाह, क्रूरता, हत्या, पौराणिक आख्यान, सामाजिक कुरीतियां, देशभक्ति, वर्ग संघर्ष, सत्याग्रह, हिंदू-मुस्लिम भाईचारा आदि। हिंदी एकांकियों पर रेडियो नाटक का प्रभाव गहराई से पड़ा। वर्तमान काल में एकांकी के नए रूपों में नुक्कड़ नाटक, ध्वनि एकांकी, टेलीविजन पर दिखाए जाने वाले चित्र एकांकी आदि शामिल किए जा सकते हैं।

एकांकी का एक सबसे बड़ा उपयोग स्कूल के बच्चों के लिए भी बताया जाता है। उनमें शुद्ध उच्चारण की क्षमता का विकास करने, आरोह-अवरोह और उपयुक्त गति से बोलना सिखाने, एकाग्रतापूर्ण सुनकर अर्थ ग्रहण करने और उचित भाव-भंगिमाओं द्वारा मौखिक अभिव्यक्ति के योग्य बनाने, उनकी अभिनय क्षमता का विकास करने, मानव जीवन के विविध पहलुओं के संबंध में जानकारी देने, चरित्र-निर्माण कर बेहतर नागरिक बनाने और उनकी सर्जनात्मक क्षमता का विकास करने के लिए एकांकी सर्वश्रेष्ठ साधन है।

महेंद्र राजा जैन

अधिक जानकारी के लिए :
हिंदी एकांकी : उद्‌भव और विकास : रामचरण महेंद्र

हिंदी और दक्षिण अफ्रीका

औपनिवेशिक शासन के दौरान भारतीय लोग 'गिरमिटिया' मजदूर के रूप में विश्व के जिन देशों में पहुंचे, उनमें दक्षिण अफ्रीका भी है। यहां अन्य काले लोगों की तरह भारतवंशियों को भी रंगभेद की कठोर मार झेलनी पड़ी। इस देश में गांधी ने दो दशक से अधिक संघर्ष करते हुए अपना जीवन बिताया था। नेटाल विश्वविद्यालय के प्राध्यापक राजभजन सीताराम ने लिखा है, 'दक्षिण अफ्रीका में शर्तबंद मजदूर के रूप में आने वाले हिंदी भाषी अपनी भाषा और संस्कृति को कठिन परिस्थितियों में जीवित रखने के लिए कटिबद्ध थे। दक्षिण अफ्रीका के प्रशासन की ओर से शिक्षा और मातृभाषा प्रचार के लिए कोई सहायता न मिलने पर ये गिरमिटिया भारतीय अपने बल से स्वैच्छिक संस्थानों द्वारा हिंदी भाषा, धर्म और संस्कृति का प्रचार करने लगे। प्रारंभिक दिनों में हिंदी पाठशालाओं में रामायण के माध्यम से धर्म का प्रचार हुआ और रामायण सभाओं द्वारा हिंदी भाषा में शिक्षा दी गई। भाषा और धर्म का यह सहयोग दोनों को पुष्ट करता आया है। भविष्य में भी इन सामाजिक संस्थानों के प्रयत्नों का महत्व बना रहेगा।'

दक्षिण अफ्रीका में हिंदी भाषी पुरोहितों या शिक्षित लोगों के घर बाकी गिरमिटिया मजदूर एकत्र होते थे। इसने दक्षिण अफ्रीका में हिंदी का भविष्य निर्मित किया। 1927 में कैपटाउन एग्रीमेंट के तहत भारतीयों को शिक्षा देने का मुद्दा उठा, पर स्कूलों में भारतीय भाषाओं को स्थान नहीं मिला। 1977 में दक्षिण अफ्रीका के स्कूलों में हिंदी का प्रवेश हुआ। सरकारी मदद न मिलने के कारण स्वैच्छिक संस्थानों ने हिंदी शिक्षण और प्रचार का काम किया। नेटाल विश्वविद्यालय के प्राध्यापक राजभजन सीताराम ने लिखा है, 'दक्षिण अफ्रीका में शर्तबंद मजदूर के रूप में आने वाले हिंदी भाषी अपनी भाषा और संस्कृति को कठिन परिस्थितियों में जीवित रखने के लिए कटिबद्ध थे। दक्षिण अफ्रीका के प्रशासन की ओर से शिक्षा और मातृभाषा प्रचार के लिए कोई सहायता न मिलने पर ये गिरमिटिया भारतीय अपने बल से स्वैच्छिक संस्थाओं द्वारा हिंदी भाषा, हिंदू धर्म और संस्कृति का प्रचार करने लगे।

1947 में राष्ट्रभाषा प्रचार समिति, वर्धा से हिंदी अध्यापक का प्रशिक्षण प्राप्त कर नरदेव वेदालंकार दक्षिण अफ्रीका आए। 1948 में हिंदी शिक्षा संघ की स्थापना हुई। यह दक्षिण अफ्रीका में हिंदी शिक्षण की महत्वपूर्ण संस्था है। इसका उद्देश्य भारतीय संस्कृति, संगीत, नृत्य-नाटक और अन्य कलाओं को समृद्ध

करना है। इसने 1998 में 'हिंदीवाणी' नाम से हिंदी रेडियो स्टेशन की स्थापना की। आर्य प्रतिनिधि सभा ने भी हिंदी भाषा के प्रचार-प्रसार में योगदान दिया है। दक्षिण अफ्रीका के किसी भी विश्वविद्यालय में हिंदी शिक्षण का प्रबंध नहीं है। आचार जुलु, रामभजन सीताराम, उषा शुक्ल, हीरालाल शिवनाथ आदि ने हिंदी की गतिविधियां बनाए रखने में महत्वपूर्ण योगदान दिया है। संघ का मुख्यालय डरबन में है। 2012 में दक्षिण अफ्रीका के जोहांसबर्ग में नौवां विश्व हिंदी सम्मेलन आयोजित किया गया था। इसने भी दक्षिण अफ्रीका में हिंदी को प्रोत्साहित करने में योगदान किया।

धर्मेंद्र राय

हिंदी और विश्व भाईचारा

हिंदी सरकारी स्तर पर स्वदेश में अपना वह दर्जा प्राप्त नहीं कर पाई है जो अंग्रेजी को अघोषित रूप से प्राप्त है। अंग्रेजी राजभाषा से बड़ा दर्जा भारत में हासिल किए हुए है। इसके बावजूद हिंदी जनसमर्थन के कारण प्रशासन, मीडिया, शैक्षिक जगत तथा अंतरभाषाई संवाद के कार्यों में अंग्रेजी के मुकाबले बहुत आगे है। यह हिंदी का वैज्ञानिक और सामाजिक आधार है, जो उसे राष्ट्रीय स्तर पर अत्यधिक लोकप्रिय भाषा सिद्ध करता है। उसका मीडिया में ज्यादा उपयोग हो रहा है। इसकी वजह यह है कि देश और देश के बाहर भी हिंदी जानने वाले लोग अधिक संख्या में हैं। इस तथ्य से लोग अपरिचित नहीं हैं कि सड़कों, खलिहानों, मोर्चों, खेतों, मैदानों में बहुधा हिंदी में कोई भी अन्य भाषी व्यक्ति अपनी क्षेत्रीय शैली का प्रयोग करता है तो सभी हिंदी भाषी उसका कौतूहलपूर्वक स्वागत करते हैं।

हिंदी में आत्मसात करने, अपना बनाने की एक ऐसी ताकत है जो हिंदी भाषी भारतीयों के अंतःस्थल में है। यहीं वह निजता से सार्वजनिकता की ओर बढ़ती है जो प्राचीनकाल से भारतीय आचरण का एक हिस्सा है। यह वह गुणधर्म है जो दूसरी भाषाओं के अस्तित्व को स्वीकार कर दूसरी भाषाओं के प्रति सम्मान व्यक्त करता है। यह एक अंतःसांस्कृतिक गुणधर्म है। दूसरे, यह लोक का बहुलोकीय वृत्त में अंतरण है जो अदृश्य और नैसर्गिक रूप से होता है। इसकी चर्चा सिर्फ हिंदी भाषा के संदर्भ में इस आशय से की जाती है कि इस गुण को लोकाचार की पद्धतियों का भरपूर समर्थन मिला हुआ है।

हिंदी भाषा अपने लोक प्रसार में एक अहम भूमिका निष्पादित करती है। कभी सक्रिय रूप से दिखाई देने वाली पद्धति से तो कभी अदृश्य, छिपे तौर पर प्रभावित का करने वाली रीति से मिला-जुलापन

हिंदी नैसर्गिक गुण है। हिंदी में जज्ब हुए शब्दों को ही लें तो बाल्टी, बेटी, पतलून, बिरादराना आदि कुछ ऐसे शब्द हैं जो बाहर से आए हैं परंतु हिंदी के ही लगते हैं। अंग्रेजी शब्द स्कूल, मास्टर, डाक, नंबर, इंच, इंजीनियर, कंम्प्यूटर आदि भी हिंदी के अपने शब्द-से लगते हैं।

इसी तरह हिंदी वस्तुतः मराठी, गुजराती, नेपाली, बांग्ला, पंजाबी आदि भाषाओं के साहित्य, उनके लोकविश्वासों और इतिहास का उसी रूप में आदर करती है, जिस रूप में अपनी लोकबोलियों ब्रज, अवधी, बुंदेली, पहाड़ी और उर्दू भाषा के अस्तित्व को स्वीकार करती है मॉरीशस में तो हिंदी-भोजपुरी के साथ फ्रांसीसी का अद्‌भुत तालमेल है। यही नहीं, छोटी-छोटी इकाइयों में भारतवंशी और इस्पहानी या भारतवंशी और जर्मन तथा अन्य क्षेत्रों में दूसरी भाषाओं के संसर्ग से हिंदी अपना अंतरराष्ट्रीय रूप गठित कर रही है। इक्कीसवीं शताब्दी की भाषा के रूप में हिंदी के नए अवतार को विश्व सराहना मिलने लग गई है।

हिंदी अपनी मूल प्रकृति में भारत ज्ञान की एक प्रमुख कड़ी है। भारत ज्ञान दीर्घ अनुभवों से छनकर, बहुलता के गुणधर्म में पोषित होकर विकसित हुआ है, हिंदी उसके अंतर्निहित मूल्यों की संवाहक है। इसकी नागरी लिपि ऐसी है जिसमें संसार में उच्चरित सभी ध्वनियों को लिपिबद्ध करने की क्षमता है। हिंदी अपने वैयाकरणिक लचीलेपन के कारण विश्व की अन्य भाषाओं से परस्पर मैत्री की अद्‌भुत भाषा है।

रूसी विद्वान ओलेग उल्तसिफेरोव का कथन है कि यह विश्व मैत्री की भाषा है।

चेक हिंदी विद्वान आंदोलन स्मेकल ने 1976 में कहा था, 'विश्व परिवार में भारत की स्थिति बीसवीं शताब्दी के मध्य से कुछ बदलनी शुरू हुई है तो उसका श्रेय भारत की राष्ट्रीय और अंतरराष्ट्रीय नीतियों में सकारात्मकता को देना होगा। राष्ट्रीय स्तर पर पंचवर्षीय योजनाओं का लक्ष्य और अंतरराष्ट्रीय स्तर पर विश्व भर में असमानता, अन्याय के विरुद्ध एकजुट होकर अपना मतंव्य प्रस्तुत करना एक ऐसा लक्ष्य है जिसने भारत को गुटों के साथ आबद्ध नहीं किया अपितु एक नए ढंग से गुटनिरपेक्ष राष्ट्रों के साथ मिलकर भारत ने विश्व राजनीति में अपनी जगह बनाई है।'

भारत में जनमे (1935) और इंग्लैंड वापसी के बाद कई बार भारत यात्रा करने वाले मार्क टली ने लिखा है, 'इससे बोध हो सकता है कि पश्चिम में ऐसे लोग हैं जो अंग्रेजी के बाहर भी सोचते हैं। विदेशों में हिंदी के फैलाव को उपेक्षा के किसी भी कूटनीतिज्ञ कदम से रोकना नामुकिन है, बल्कि कुछ जगहों पर तो उसका फैलाव जुनून के स्तर पर जाग्रत है। ऑस्ट्रेलिया हो या अमेरिका, विश्वविद्यालयों के स्तर पर वह फैलता ही जा रहा है। हिंदी अध्ययन, भारत विद्या और भारत का क्षेत्रीय अध्ययन एक दूसरे के पर्याय के रूप में विकसित होते दिखाई देते हैं। विश्व भर में हिंदी के प्रति नए रुझान के कारण हैं जो स्पष्ट कर देते हैं कि हिंदी की विश्व मंचों के लिए स्वीकृति एक सर्वथा जनतांत्रिक मामला है।'

गंगा प्रसाद विमल

हिंदी कहानी

हिंदी कहानी की पृष्ठभूमि में भारतीय लोक आख्यान और मौखिक परंपरा का योगदान है तो इसकी संरचना पर पश्चिम का रचनात्मक प्रभाव भी है। 'सरस्वती' में हिंदी की आरंभिक कहानियां छपीं। आचार्य शुक्ल ने 'हिंदी साहित्य का इतिहास' में ऐसी छह कहानियों का उल्लेख किया–'इंदुमती' (किशोरीलाल गोस्वामी) 1900, 'गुलबहार' (किशोरीलाल) 1902, 'प्लेग की चुड़ैल' (भगवानदास) 1909, 'ग्यारह वर्ष का समय' (रामचंद्र शुक्ल) 1903, पंडित और पंडितानी (गिरिजादत्त वाजपेयी) 1903, 'दुलाई वाली' (बंगमहिला) 1907। उनका कहना है, 'इनमें से यदि मार्मिकता की दृष्टि से भाव प्रधान कहानियों को चुनें तो तीन मिलती हैं– 'इंदुमती', 'ग्यारह वर्ष का समय' और 'दुलाई वाली'। यदि 'इंदुमती' किसी बांग्ला कहानी की छाया नहीं है, तो हिंदी की यही पहली कहानी ठहरती है। इसके उपरांत 'ग्यारह वर्ष का समय', फिर 'दुलाईवाली' का नंबर आता है।' (पृष्ठ. 275)

किशोरीलाल गोस्वामी की कहानी 'इंदुमती' को हिंदी की पहली कहानी माना जाए तो इसके साथ ही भगवानदास की 'प्लेग की चुड़ैल', माधव राव सप्रे की 'एक टोकरी भर मिट्टी' वृंदावनलाल वर्मा की 'राखीबंद भाई' और जयशंकर प्रसाद की 'ग्राम' कहानियां भी उल्लेखनीय हैं। हिंदी की इन आरंभिक कहानियों के निर्माण में भारत की मौखिक किस्सागोई की परंपरा, भावुकता और नाटकीयता के साथ सामाजिक यथार्थ का रंग साफ झलकता है। माधवराव सप्रे की कहानी

प्रेमचंद

चंद्रधर शर्मा गुलेरी

'एक टोकरी भर मिट्टी' को तो कहानी की यथार्थवादी परंपरा के आरंभ का श्रेय दिया जाता है। इस दौर की एक श्रेष्ठ कहानी चंद्रधर शर्मा 'गुलेरी' की 'उसने कहा था' है, जो 1915 में 'सरस्वती' में प्रकाशित हुई थी। यह जीवन के उदात्त मूल्यों और संवेदनाओं से पगी प्रेम और त्याग की कालजयी कहानी है। 'उसने कहा था', 'बुद्धू का कांटा', और 'सुखमय जीवन' सिर्फ तीन कहानियां लिखकर गुलेरी जी हिंदी के अमर कहानीकारों में गिने जाते हैं।

हिंदी कहानी को सर्जनात्मक प्रौढ़ता प्रेमचंद के कहानी लेखन से प्राप्त हुई। व्यापक समाजिक संदर्भ और सृजन का एकाकार यही संभव हुआ। हिंदी कहानी को जातीय पहचान प्रेमचंद की कहानियों से ही मिली। गांव से लेकर शहर तक, मजदूर से किसान तक अमीर से गरीब तक सभी उनकी कहानियों में मौजूद मिलेंगे। उनकी तीन सौ से अधिक कहानियां हैं और हर कहानी विचार और कला के रसायन से भरी है। उनकी कहानियों में स्त्री, दलित और मध्यवर्गीय जीवन की विसंगतियां हैं, तो बच्चों और बूढ़ों की नाजुक संवेदना भी है। यहां तक कि पशु-पक्षियों की संवेदना पर जैसा प्रेमचंद ने लिखा, वह हिंदी कहानी में विरल है। 'नमक का दारोगा', 'नशा', 'परीक्षा', 'आत्माराम का तोता', 'पंच परमेश्वर', 'ईदगाह', 'दो बैलों की कथा', 'मुक्तिमार्ग', 'सवा सेर गेहूं', 'ठाकुर का कुआं', 'पूस की रात,' 'सद्‌गति', 'बूढ़ी काकी' और 'कफन' उनकी उल्लेखनीय कहानियां हैं। उनकी आरंभिक कहानियों में आदर्श के प्रति आग्रह के कारण सुधारवादी दृष्टि है, परवर्ती कहानियों में यथार्थ बोध है। प्रेमचंद की अंतिम बहुचर्चित कहानी 'कफन' को यथार्थवादी परंपरा की श्रेष्ठ कहानी माना जाता है, तो इसे आधुनिकता बोध की पहली कहानी भी कहा गया। उनकी कहानियों में प्रेम और करुणा ऐसे सार्वकालिक मूल्य हैं, जो उनकी कहानियों को कालजयी बनाते हैं।

प्रेमचंद के समानांतर आदर्श और रोमानी संवेदना की मनोभूमि पर प्रसाद की कहानियां हैं। उनकी कहानियों के पात्र ऐतिहासिक और आधुनिक परिवेश में प्रेम, त्याग और बलिदान के उदात्त मूल्यों के साथ अपनी निजता को त्यागकर राष्ट्रीयता और मानवीय गरिमा से दीप्त हैं। 'आकाशदीप,' 'पुरस्कार', 'ममता', 'गुंडा', और 'मधुआ' ऐसी ही कहानियां हैं। यथार्थ और रोमांस, इतिहास और आधुनिक जीवन की मिली-जुली संवेदना की ऐसी हिंदी कहानियों में, जिनमें प्रेमचंद और प्रसाद की मनोभूमि का विस्तार हुआ है, विश्वंभर नाथ शर्मा 'कौशिक' की 'ताई' और

जयशंकर प्रसाद

'रक्षाबंधन', सुदर्शन की 'हार की जीत' और 'कवि की स्त्री', रामवृक्ष बेनीपुरी की 'कहीं धूप कहीं छाया', भगवती चरण वर्मा की 'मुगलों ने सल्तनत बख्श दी,' और 'दो बांके', उग्र की 'उसकी मां' और 'खुदाराम' है। इन कहानियों में मानवीय संवेदना और आधुनिक जीवन के यथार्थ के विविध रूप हैं।

प्रेमचंदोत्तर हिंदी कहानी प्रेमचंद और प्रसाद की मिली-जुली कथा-भूमि का विस्तार है। इस धारा में जैनेंद्र, यशपाल, अज्ञेय, इलाचंद जोशी, रांगेय राघव, भैरव प्रसाद गुप्त, विष्णु प्रभाकर, अमृतलाल नागर और उपेंद्रनाथ 'अश्क' हिंदी कहानी लेखन को नए आयामों की ओर उन्मुख करते हैं। जैनेंद्र विशिष्ट व्यक्ति चेतना के महत्वपूर्ण कहानीकार हैं। प्रेमचंद और जैनेंद्र के यथार्थ चित्रण में भिन्नता है। प्रेमचंद सामाजिक यथार्थ से कथा-दृष्टि का निर्माण करते हैं, तो जैनेंद्र व्यक्ति मन के अंतर्जगत से सामाजिक संदर्भ की तलाश करते हैं। वह व्यक्ति-मन की गहराइयों को व्यक्त करते हुए दार्शनिक भावों का भी प्रतिबिंबन करते हैं। 'अपना-अपना भाग्य', 'तत्सत,' 'खेल', 'पाजेब' और 'पत्नी' जैनेंद्र की चर्चित कहानियां हैं। अज्ञेय दार्शनिकता की जगह व्यक्ति अनुभूति की विशिष्टता की तलाश करते हैं। उनकी कई कहानियों में वैयक्तिता और सामाजिक यथार्थ दोनों मौजूद हैं। वे जैनेंद्र की तरह ही व्यक्ति मन की गहरी संवेदनाओं और भावों की अभिव्यक्ति करते हैं। उनके कहानी संग्रह 'विपथगा', 'जयदोल' और 'कोठरी की बात' हैं। उनकी 'रोज' और 'शरणदाता' कहानियां खासी चर्चित रहीं। मनोवैज्ञानिक भावधारा के कहानीकारों में इलाचंद्र जोशी प्रमुख हैं। 'धूपरेखा' और 'आहुति' उनके प्रमुख कहानी संग्रह हैं।

प्रगतिशील आंदोलन और यथार्थवाद का असर प्रेमचंद के बाद जिन कहानीकारों पर सबसे अधिक हुआ था, उनमें यशपाल, रांगेय राघव, अमृत राय, भैरव प्रसाद गुप्त और मार्कंडेय का नाम लिया जाता है। इस धारा में यशपाल का कहानी लेखन सबसे विशिष्ट है। प्रेमचंद की कथाभूमि का समाजिक-राजनीतिक विस्तार यशपाल के यहां सबसे अधिक

यशपाल

है। इनकी कहानियों में किसानों-मजदूरों की जगह मध्यवर्ग के पात्र हैं। इनकी कहानियों में स्त्री-पुरुष संबंधों और सामाजिक विसंगतियों का यथार्थ चित्रण है। इनमें बुद्धिवादी और प्रगतिशील विचारधारा खुलेपन के साथ रूपायित होता है। 'परदा', 'मक्रील', 'ज्ञानदान', 'खुदा की खुदा से लड़ाई', 'तुमने क्यों कहा कि मैं सुंदर हूं', 'फूलो का कुरता' और 'कलाकार की मौत' उनकी प्रमुख कहानियां हैं। यशपाल की कहानियां सामाजिक विसंगतियों को पूरी विरूपताओं के साथ व्यक्त करती हैं। अकाल, बेरोजगारी और मजदूर जीवन की समस्याओं को केंद्रित कर रांगेय राघव ने 'गदल', जैसी चिरस्मरणीय कहानी दी, जो शोषित समाज के प्रति सहानुभूति और उसके शोषण का प्रतिरोध दर्ज करती है। अज्ञेय की 'रोज' (गैंग्रीन) कहानी अधुनिक अर्थों से भरी है। अमृत राय की 'गीली मिट्टी', 'एक गुमनाम आदमी' और 'तिरंगा कफन' भी ऐसी ही कहानियां हैं।

यशपाल, जैनेंद्र, अज्ञेय और अश्क के दौर में यथार्थवादी और आधुनिकतावादी दोनों तरह की कहानियां लिखी गईं। इस युग में सामाजिक परिवेश के भीतर रहकर व्यक्ति की अनुभूतियां कहानी का विषय बनीं। इस दौर में भैरव प्रसाद गुप्त ने शहरी और ग्रामीण परिवेश पर कहानियां लिखी हैं। 'सपने का अंत', 'सिविल लाइन का कमरा', और 'चाय का प्याला' उनकी शुरू की उल्लेखनीय कहानियां

अज्ञेय

हैं। बाद में उन्होंने 'कंठी' और 'हनुमान' शीर्षक से जनवादी कहानियां लिखीं। चंद्रकिरण सौनरेक्सा ने मध्यवर्गीय समाज की विसंगतियों और स्त्री जीवन की विडंबनाओं को व्यक्त करने वाली कहानियां लिखीं, जैसे—'आदमखोर', 'जवान मिट्टी', 'कवयित्री' और 'आत्महंता'। विष्णु प्रभाकर, उपेंद्रनाथ 'अश्क' और अमृतलाल नगर के नाम भी उल्लेखनीय हैं। विष्णु प्रभाकर 'सुराज,' 'तांगेवाला,' 'धरती अब भी घूम रही है,' 'ढोलक पर थाप', 'जेबकतरे' जैसी कहानियों के माध्यम से समाज में पसरते नैतिक पतन और उपभोक्ता संस्कृति के दुष्परिणामों का चित्रण करते हैं। मध्यवर्गीय जीवन की रूढ़ियों और वैचारिक संघर्ष को सृजनात्मक किस्सागोई से व्यक्त करने वाले कहानीकारों में अमृतलाल नागर विरल हैं। 'लंगूर का बच्चा', 'मरघट के कुत्ते', 'तुलाराम शास्त्री' और 'जुएं' उनकी उल्लेखनीय कहानियां हैं। सामाजिक और मनोवैज्ञानिक यथार्थ के बीच संतुलन बनाकर शिल्प की सजगता के साथ उपेंद्रनाथ 'अश्क' ने प्रचुर मात्रा में कहानियां लिखी हैं। उनकी 'कांगड़ा का तेली', 'डाची' और 'चारा काटने की मशीन' जैसी कहानियां चर्चित रहीं। कहानी की यह धारा आजादी के बाद कुछ दशकों तक सक्रिय थी। स्वाधीनता के बाद व्यापक मोहभंग और तीव्र-असंतोष के साथ उपयुक्त कहानीकारों के बाद की पीढ़ी ने तीव्र दस्तक दी। उनकी सर्जनात्मकता के विस्फोट से नई प्रवृत्तियों और अंतर्धाराओं के साथ नई कहानी का विकास हुआ।

भारत को आजादी मिली थी, लेकिन विभाजन की त्रासदी और सांप्रदायिकता ने आजादी के उत्साह को तेजहीन कर दिया था। हिंदी में विभाजन की त्रासदी को व्यक्त करने वाली कहानियों में अज्ञेय की 'शरणदाता', यशपाल की 'खुदा और खुदा की लड़ाई' भीष्म साहनी की 'अमृतसर आ गया है', मोहन राकेश का 'मलबे का मालिक' और देवेंद्र सत्यार्थी की 'जन्मभूमि' ऐसी कहानियां हैं, जिनमें विभाजन से उपजे दुख और दर्द को उकेरा गया है।

1950 के आसपास आजादी से मोहभंग, तनाव और नई राजनीतिक-सामाजिक परिस्थितियों में नई रचना-दृष्टि का उभार हुआ। 1954-1955 के आसपास नई कहानी का आंदोलन अस्तित्व में आया। 'नई कहानी' का कहानी संसार विविधताओं से भरा है। कहानी का यह आंदोलन व्यक्ति अनुभूति

भीष्म साहनी

की प्रामाणिकता के दावे के साथ सामने आया। आधुनिकताबोध के साथ यथार्थ की अभिव्यक्ति इस दौर की कहानियों में हुई। शहरी सभ्यता में आधुनिकता की नई प्रवृत्तियों के साथ सामाजिक विघटन, स्त्री-पुरुष संबंधों और जीवन की विसंगतियों को कहानियों का कथ्य बनाया गया, तो गांव और अंचल की संवेदना भी कहानियों में आई।

विष्णु प्रभाकर

नई कहानी युग में कथ्य और भाषा की जितनी विविधता सामने आई, हिंदी कहानी के किसी दौर में नहीं। यथार्थवाद, अतियथार्थवाद, अस्तित्ववाद और आधुनिकतावाद जैसी कई प्रवृत्तियां नई कहानी में भारतीय परिवेश के भीतर से उभरीं। उस जमाने में 'कहानी' और 'नई कहानियां' पत्रिकाएं बहसों और विचारों का साहित्यिक मंच थीं। नई कहानी के साहित्यिक प्रतिमानों और विचारों को लेकर रचनाकारों और आलोचकों में खासा विवाद था। 'परिवेश की पुकार', 'अनुभव और संवेदना की प्रामाणिक अभिव्यक्ति', 'अनुभव का यथार्थ', 'शिल्प का यथार्थ', 'अंधेरे में चीख' जैसे पदबंधों से नई कहानी की पहचान बनी। नई कहानी अपने कहानीपन, रचना-वैविध्य, सामाजिक यथार्थ की नई दृष्टि और रचना-शिल्प के नएपन की पहचान के साथ आई। महानगरीय जीवन की विसंगतियों, मध्यवर्गीय संवेदना, यथार्थ की नई छवियों के साथ, स्त्री-पुरुष संबंधों को कथ्य और संवेदना के नए धरातल पर जिन कहानीकारों ने व्यक्त किया, उनमें कमलेश्वर,

राजेंद्र यादव

राजेंद्र यादव और मोहन राकेश की त्रयी प्रसिद्ध हुई। राजेंद्र यादव 'छोटे-छोटे ताजमहल', 'संबंध', 'टूटना' जैसी कहानियों में मध्यवर्गीय संवेदना और स्त्री-पुरुष संबंधों का चित्रण करते हैं। इससे पहले उन्होंने 'जहां लक्ष्मी कैद है' में जीवन के बृहत्तर यथार्थ को व्यक्त किया था। 'नीली झील', 'राजा निरबंसिया', 'जॉर्ज पंचम की नाक' और 'खोई हुई दिशाएं' कहानियों में कमलेश्वर महानगरीय जीवन की विसंगतियों और विडंबनाओं का यथार्थ चित्रण करते हैं। मोहन राकेश यथार्थ को उसके नए संदर्भों के साथ 'आर्द्रा'

मोहन राकेश

शेखर जोशी

और 'परमात्मा का कुत्ता' जैसी कहानियों में व्यक्त करते हैं।

नई कहानी में उपर्युक्त त्रयी के अलावा कई अन्य महत्वपूर्ण कहानीकार हुए, जिन्होंने वस्तुतः नई कहानी को ऊंचाई पर पहुंचाया। आधुनिकता और यथार्थबोध की अधिक व्यापक, विचारपरक और साफ-सुथरी दृष्टि के साथ कहानी रचने वाले इन कहानीकारों का योगदान व्यापक हैं। कथा के इस नए रंग-ढब में रची गई कहानियों में भीष्म साहनी की 'अमृतसर आ गया है', 'झुटपुटा' और 'चीफ की दावत', अमरकांत की 'जिंदगी और जोंक', 'डिप्टी कलक्टरी', 'दोपहर का भोजन', 'मूस' और 'हत्यारे', मार्कंडेय का 'हंसा जाई अकेला' 'बीच के लोग', हरिशंकर परिसाई का 'भोलाराम का जीव,' 'सुदामा के चावल' शेखर जोशी का 'कोसी का घटवार' 'दाज्यू,' बदबू, 'हलवाहा', उषा प्रियवंदा की 'वापसी' और मन्नू भंडारी का 'यही सच है' उल्लेखनीय हैं।

स्वातंत्र्योत्तर भारतीय ग्राम्य जीवन और अंचल के बदलते परिवेश को, उसकी विसंगतियों और विडंबनाओं को व्यक्त करने वाले कहानीकारों में फणीश्वरनाथ रेणु, शिवप्रसाद सिंह, मार्कंडेय और शैलेश मटियानी का नाम लिया जाता हैं। 'रेणु' अपने पूरे कथाविन्यास में आंचलिक कथाकार हैं। आंचलिक कहानी का 'फार्म' उनकी कहानियों में पूरी सर्जनात्मकता में रूपायित हुआ हैं। 'तीसरी कसम' 'लाल पान की बेगम', और 'रसप्रिया' उनकी बहुचर्चित कहानियां हैं। 'तीसरी कसम' रेणु की कालजयी प्रेम कहानी है, जिसमें आंचलिकता की विविधरंगी छवियों के साथ कहानी में स्वप्न और यथार्थ का अद्‌भुत संश्लेष है। शिवप्रसाद सिंह की 'नन्हों,' और 'कर्मनाशा की हार', मार्कंडेय का 'पान फूल' और 'गुलरा के बाबा' और शैलेश मटियानी की 'इब्बू मलंग' और 'दो दुखों का एक सुख' कहानियों में ग्राम्य परिवेश और जीवन की विसंगतियों, दुख, गरीबी और जिंदादिली का यथार्थ चित्रण हैं।

'नई कहानी' पर आधुनिकतावाद और खासकर अस्तित्ववाद का असर था। इस असर में जीवन की ऐकांतिक और अंतर्मुखी संवेदनाओं को कहानी के नए फॉर्म में रचने वाले कहानीकार हैं–'निर्मल वर्मा'। नामवर सिंह 'कहानी : नई कहानी' में निर्मल

अमरकांत

वर्मा के 'परिंदे' को नई कहानी की पहली कृति मानते हुए लिखते हैं, 'परिंदे' निर्मल वर्मा की पहली कृति ही नहीं है बल्कि जिसे हम नई कहानी कहना चाहते हैं, उसकी भी पहली कृति है। पढ़ने पर सहसा विश्वास नहीं होता कि ये कहानियां उसी भाषा की हैं जिसमें अभी तक शहर, गांव, कस्बा और तिकोने प्रेम को लेकर कहानीकार जूझ रहे हैं। 'परिंदे' से यह शिकायत दूर हो जाती हैं। समकालीनों में निर्मल वर्मा पहले कहानीकार हैं जिन्होंने इस दायरे को तोड़ा है, बल्कि छोड़ा है और आज के मनुष्य की गहन आंतरिक समस्या को उठाया है।' उनके अनुसार, नई कहानी में कुतूहल और उत्सुकता की जगह जीवन के प्रति जिज्ञासा मिलती है। निर्मल वर्मा की 'परिंदे', 'लंदन की एक रात', 'माया दर्पण' और 'जलती झाड़ी' नई कहानी की उपलब्धियां हैं। उन्होंने अपने दूसरे दौर में 'कव्वे और कालापानी', 'सूखा' जैसी श्रेष्ठ कहानियां लिखीं। अस्तित्ववाद को केंद्रित कर जीवन की गहन संवेदनाओं को व्यक्त करने वाले कहानीकार कृष्ण

निर्मल वर्मा

कमलेश्वर

बलदेव बैद की 'उड़ान', 'मेरा दुश्मन', 'बीच का दरवाजा' जैसी कहानियां प्रसिद्ध हुईं। नई कहानी को विकसित करने में कवि-कहानीकारों का विशेष योगदान है।

मुक्तिबोध की 'सतह से उठता आदमी', 'ब्रह्मराक्षस का शिष्य', 'पक्षी और दीमक,' अलग आधुनिक तेवर की हैं। धर्मवीर भारती का 'गुल की बन्नों' और 'बंदगली का आखिरी मकान' जैसी कहानियां अपने विशिष्ट वस्तु विन्यास ओर सर्जनात्मक कथा-शिल्प के कारण चर्चित हुईं। रचना के नए शिल्प और प्रयोग के कारण भुवनेश्वर की कहानी 'भेड़िए' को भी नई कहानी में विशेष दर्जा दिया गया।

नई कहानी की विविधता और नई रचनाधर्मिता उसकी पहचान बनी तो आधुनिकतावाद, अस्तित्ववाद और अतिशय व्यक्तिपरकता के संजालों में वह कहीं सीमित भी हुई। नई कहानी के बाद हिंदी कहानी में कहानी की विविध धाराओं का विकास नई कहानी के गर्भ से ही 1960 के बाद हुआ। उन धाराओं में सचेतन कहानी (महीप सिंह, मनहर चौहान, योगेश गुप्त), अ-कहानी (गंगाप्रसाद विमल, जगदीश चतुर्वेदी,

राजकमल चौधरी), समानांतर कहानी (कमलेश्वर, से रा यात्री, मधुकर सिंह, इब्राहिम शरीफ, जितेंद्र भाटिया) और जनवादी कहानी (काशीनाथ सिंह, जगदंबा प्रसाद दीक्षित, रमेश उपाध्याय, स्वयंप्रकाश, विजयकांत) के रूप में पहचान हुई। साठोत्तरी कहानीकार के रूप में ज्ञानरंजन, दूधनाथ सिंह, रवींद्र कालिया आदि उभर कर आए। 1960 के बाद की कहानी में विविध आंदोलन उभरे और कई प्रवृत्तियां सक्रिय रहीं। यह दशक भारतीय राजनीति और समाज में नए बदलावों के साथ उपस्थित हुआ था। आधुनिक लोकतांत्रिक संवेदना का प्रकटीकरण, पुराने मूल्यों की विवेकपरक आलोचना, अपने समय की सजग समीक्षा के साथ कुछ कहानीकार वैचारिक पक्षधरता और रचनाधर्मिता के कारण एक खास जगह बनाते हैं तो कुछ कहानीकार पुरानी व्यक्तिवादी संवेदना की गिरफ्त से बाहर न आ सके।

साठोत्तरी दौर की वैचारिक पक्षधरता और सर्जनात्मकता का विरल स्वर ज्ञानरंजन और रवींद्र कालिया की कहानियों में देखा जा सकता हैं। 'फेंस के इधर और उधर', 'घंटा', 'पिता' और 'बहिर्गमन' में ज्ञानरंजन मध्यवर्गीय पारिवारिक-सामाजिक संबंधों की संवेदना और बदलावों को उनकी पूरी विरूपता में व्यक्त करते हैं। रवींद्र कालिया का कहानी लेखन अ-कहानी से शुरू हुआ, लेकिन जल्दी वे उसकी चौहद्दी से बाहर निकल आए। 'नौ साल छोटी पत्नी', 'डरी हुई औरत' में प्रेम और स्त्री-पुरुष संबंधों को केंद्र में रखा गया है तो 'काला-रजिस्टर' और 'दफ्तर' जैसी कहानियों में वे बृहत्तर सामाजिक संदर्भो को व्यक्त करते हैं। ज्ञानरंजन और रवींद्र कालिया की कथा-भूमि एक ही है। दोनों ही कहानीकार आधुनिकता की समस्याओं को उजागर करते हैं तो उसकी सकारात्मक छवियों का उद्घाटन भी करते हैं। अंतर बस यही है कि ज्ञानरंजन कस्बाई चेतना से संस्कारित हैं तो रवींद्र कालिया औद्योगिक सभ्यता की आधुनिक संवेदना को व्यक्त करते हैं।

साठोत्तरी दौर की कहानियों में अराजकतावाद, निषेधवाद और व्यवस्था-विरोध की प्रवृत्तियों की प्रधानता थी। शिल्प के स्तर पर कथा और चरित्र का ह्रास हो गया था। दूधनाथ सिंह का कहानी लेखन अकहानी के प्रभाव से आरंभ हुआ। 'रीछ', 'बकरी' और 'सपाट चेहरे वाला आदमी' के अगले चरण में दूधनाथ सिंह अपनी कहानियों में अधिक आख्यानपरकता और यथार्थपरकता लाते हैं। मध्यवर्गीय जीवन के बनावटीपन एवं मूल्यों की गिरावट को व्यक्त करने वाली उनकी कहानियों में 'माई का शोकगीत', 'धर्मक्षेत्रे-कुरुक्षेत्रे', 'नमो अंधकारं' और 'निष्कासन' उन्हें साठोत्तरी दौर का उल्लेखनीय कहानीकार बनाती हैं। काशीनाथ सिंह, 'सुधीर घोषाल', 'कविता की नई तारीख', 'अपना रास्ता लो बाबा' और 'सुख' जैसी कहानियों में भाषा की ताजगी के साथ आते हैं।

सातवें-आठवें दशक की हिंदी कहानी में विभिन्न आंदोलनों और प्रवृत्तियों की छाया है। जीवन के यथार्थ के साथ मुठभेड़, व्यवस्था से विद्रोह और आक्रोश इस दौर की कहानियों में व्यक्त हुआ है। यथार्थवादी होने का आग्रह बढ़ा तो कहानी कला के नए प्रयोगों का प्रवेश भी हुआ। कहानी में बृहत्तर जन-समाज की व्यथा-कथा आई। डॉ. माहेश्वर की 'मां' और 'शुरुआत,' रमेश उपाध्याय की 'प्रौढ़ पाठशाला', 'माटीमिली' ऐसी ही कहानियां हैं। स्वयंप्रकाश की 'नैंसी का धूड़ा', 'पार्टीशन' और 'बर्डे' प्रसिद्ध कहानियां हैं। विजयकांत की 'बलैत माखन भात' और 'लीलावती' चर्चित हुईं। राजनीतिक-सामाजिक यथार्थ और समय के जरूरी सवालों से गोविंद मिश्र 'नीम के फूल' और 'पेपरवेट' में, गिरिराज किशोर 'हम प्यार कर लें' और 'आंद्रे की प्रेमिका' में और असगर वजाहत 'स्वीमिंग पूल' जैसे कहानी संग्रहों में टकराते हैं। मिथिलेश्वर 'दूसरा महाभारत' संग्रह में ग्राम्य जीवन की विसंगतियों को उद्घाटित करते हैं तो कामतानाथ 'समझौता' में निम्न-मध्यवर्गीय जीवन की विसंगतियों को उकेरते हैं। राजनीति और समाज के एकांगी आशयों से मुक्त होकर इसके अंतर्विरोधों को बेहद रचनात्मक कौशल के साथ रचने वाले कहानीकारों में संजीव खास हैं। संजीव 'धनुषटंकार', 'तिरबेनी का

तिड़बन्ना', 'आरोहण' जैसी कहानियों में हाशिए के संघर्ष और स्त्री-शोषण की कथा कहते हैं।

1990 के बाद उपभोक्तावाद, बाजारवाद और वैश्वीकरण का प्रभाव बढ़ा। वैश्वीकरण की नई आर्थिक नीतियों ने अमीर और गरीब के बीच की खाई को अधिक गहरा किया। सांप्रदायिकता का उन्माद बाबरी विध्वंस और गुजरात दंगों के रूप में प्रतिफलित हुआ। समय अधिक जटिल हो गया। समाज के इस जटिल यथार्थ को संपूर्णता में शिल्प के नएपन के साथ जिन कहानीकारों ने व्यक्त किया, उनमें उदय प्रकाश, शिवमूर्ति, अरुण प्रकाश, धीरेंद्र अस्थाना, अखिलेश आदि प्रमुख हैं। उदय प्रकाश अपनी 'टेपचू', 'तिरिछ', 'दरियाई घोड़ा', 'और अंत में प्रार्थना', 'पालगोमरा का स्कूटर', 'वारेन हेस्टिंग्स का सांड़,' 'मोहनदास', और 'मैंगोसिल' कहानियों में आधुनिकता के अमानवीय चेहरे और शहरी समाज की संवेदनहीनता एवं यथार्थ को प्रभावी ढंग से उद्घाटित करते हैं। वे जादुई यथार्थवाद की कथा पद्धति का सर्जनात्मक प्रयोग करते हैं। अखिलेश की 'चिट्ठी,' 'शापग्रस्त' और 'जलडमरूमध्य,' कहानियां समय के नए यथार्थ से मुठभेड़ करती हैं। बाजारवाद और उपभोक्ता संस्कृति के अमानवीय चेहरे को गहरी संवेदना के साथ ये कहानियां प्रकट करती हैं। शिवमूर्ति का 'तिरिया चरित्तर' और 'कसाईबाड़ा', संजय खाती का 'पिंटी का साबुन', प्रियंवद का 'बोसदिनी', अरुण प्रकाश का 'भैय्या एक्सप्रेस', 'जल प्रांतर' और 'अच्छी लड़की', महत्वपूर्ण कहानियां हैं।

नई कहानी की पहली पीढ़ी में कृष्णा सोबती, मन्नू भंडारी, उषा प्रियवंदा और ममता कालिया का नाम उल्लेखनीय हैं। दूसरी पीढ़ी में मृणाल पांडेय, मृदुला गर्ग, चित्रा मुद्गल, राजी सेठ, सूर्यबाला, मेहरुन्निसा परवेज आदि हैं तो तीसरी पीढ़ी की महिला कहानीकारों में अलका सरावगी, मधु कांकरिया, उर्मिला शिरीष, जया जादवानी, नीलाक्षी सिंह, अल्पना मिश्र आदि हैं। इन कहानीकारों ने स्त्री-जीवन की निजी पहचान और संवेदना को व्यापकता में व्यक्त

मन्नू भंडारी

किया है। किसी का स्वर ज्यादा मुखर है तो किसी का शांत और धीरता से भरा हुआ है।

'नई कहानी' के दौर की प्रमुख कहानीकार कृष्णा सोबती की कहानियां नई कहानी की संवेदना से जुड़ते हुए भी उसका अतिक्रमण करती हैं। स्त्री-मन की संवेदना का साहसिक चित्रण उनकी कहानियों में है। 'सिक्का बदल गया' से लेकर 'ऐ लड़की' तक उनकी अच्छी कहानियों की यात्रा लंबी है। 'मन्नू भंडारी' नई कहानी के दौर की प्रतिनिधि कहानीकार हैं। 'मैं हार गई', 'यही सच है' और 'एक प्लेट सैलाब' में उन्होंने बदलते परिवेश के यथार्थ और आधुनिकता में घिरे नारी मन के गहन भावों का चित्रण किया हैं। उषा प्रियवंदा की 'वापसी' नई कहानी के दौर की बहुचर्चित कहानी है। ममता कालिया की कहानियां नारी-जीवन के संघर्ष और स्त्री-पुरुष संबंधों का यथार्थ चित्रण करती हैं। 'एक अदद औरत', 'प्रतिदिन,' 'बोलने वाली औरत' और 'मुखौटा' उनकी बहु प्रशंसित कहानियां हैं। नारी जीवन को केंद्रित कर उसके जीवन संघर्ष को व्यक्त करने वाली कहानीकारों में मृणाल पाण्डे का नाम भी उल्लेखनीय है। 'शब्दवेधी', 'एक नीच ट्रेजडी' और

'एक स्त्री का विदागीत' उनकी प्रसिद्ध कहानियां हैं। मृदुला गर्ग प्रेम और यौन संबंधों, मूल्यों के विघटन और रिश्तों के खोखलेपन को अपनी कहानियों का कथानक बनाती हैं। 'कितनी कैदें', 'डैफोडिल जल रहे हैं', 'उर्फ सैम' और 'समागम' ऐसी ही कहानियां हैं।

चित्रा मुद्गल की कहानियों में महानगरीय नारी जीवन का चित्रण है तो निम्नवर्गीय जीवन के संघर्षों का भी चित्रण है। 'जहर ठहरा हुआ', 'लाक्षागृह', 'अपनी वापसी' और 'जगदंबा बाबू गांव आ रहे हैं' कहानियों में मनुष्यता और जिंदगी की यथार्थ तस्वीर को देखा जा सकता है। इस दौर की अन्य चर्चित कहानीकारों की कहानियों में मंजुल भगत का 'गुलमोहर के गुच्छे', राजी सेठ का 'अंधे मोड़ से आगे', 'तीसरी हथेली', मणिका मोहिनी का 'खत्म होने के बाद', 'अपना-अपना सच', सुधा अरोड़ा का 'काला शुक्रवार', सूर्यबाला की 'दिशाहीन', मेहरुन्निसा परवेज की 'आदम और हौव्वा', 'लाल गुलाब', मालती जोशी की 'मध्यांतर', चंद्रकांता का 'सलाखों के पीछे', मैत्रेयी पुष्पा की 'ललमनियां' और 'गोमा हँसती है', नमिता सिंह का 'खुले आकाश के नीचे', 'जंगलगाथा', नासिरा शर्मा का 'पत्थर गली', 'खुदा की वापसी' और सारा राय की कहानियां 'अबाबील की उड़ान' उल्लेखनीय हैं।

आधुनिकता के छल और उससे उपजी विडंबनाओं व नारी-जीवन के संघर्ष को समय के बदलते परिवेश के साथ युवा महिला कहानीकारों ने अधिक सर्जनात्मकता के साथ रचा है। गीतांजलि श्री की 'अनुगूंज' और 'वैराग्य' कहानियों में नारी जीवन की विसंगतियों को ही व्यक्त किया गया है।

मिथिलेश्वर की 'हरिहर काका', पंकज विष्ट की 'बच्चे गवाह नहीं हो सकते', प्रियवंद की 'नदी होती लड़की', सत्येन कुमार की 'पनाह', रमाकांत की 'कार्लो हब्सी का संदूक', चंदकिशोर जायसवाल की 'दीपनाथ मर गया', अब्दुल बिस्मिल्लाह की 'ग्राम सुधार', जयनंदन की 'बॉडी गार्ड', शंकर की 'कालिख' आदि भी महत्वपूर्ण कहानियां हैं। अलका सरावगी की 'कहानी की तलाश में', 'उसकी हँसी' और 'दूसरी कहानी' कहानियां उल्लेखनीय हैं। मधु कांकरिया की 'अंतहीन मरुस्थल', उर्मिला शिरीष की 'शहर में अकेली लड़की' और 'निर्वासन' और जया जादवानी का 'मुझे ही होना है बार-बार' चर्चित कहानियां हैं। हिंदी कहानी ने अपनी विकास यात्रा के इस मोड़ पर अनगिनत अच्छी कहानियां दी है।

हिंदी में दलित जीवन से संबंधित कहानियों का लेखन प्रेमचंद के समय से आरंभ हो गया था। इस परंपरा में बाद में भी दलित जीवन को केंद्रित कर कहानियों का लेखन किया गया, लेकिन दलित कहानियों का व्यापक और प्रामाणिक लेखन दलित लेखकों द्वारा संभव हुआ। सामंती शोषण और दलित जीवन की व्यथा-कथा को व्यक्त करने वाले कहानीकारों ने अपनी कहानियों में शोषण के विरुद्ध तीव्र प्रतिरोध और आक्रोश को सृजित किया। राजेंद्र यादव के संपादन में प्रकाशित 'हंस' दलित कहानी लेखन का प्रमुख मंच बना। हिंदी कथा-संसार में जिन दलित कहानियों ने अपनी पहचान बनाई उनमें ओमप्रकाश वाल्मीकि की 'सलाम', 'शवयात्रा' और 'पच्चीस चौका डेढ़ सौ', मोहनदास नैमिशराय की 'अपना गांव', सूरजपाल चौहान की 'परिवर्तन की बात', 'टिल्लू का पोता', और रत्नकुमार सांभरिया की 'शर्त', चर्चित कहानियां हैं।

बीसवीं सदी के अंतिम दशकों से ही स्त्री, दलित और आदिवासी जीवन को केंद्रित कर कहानियां लिखी जानी शुरू हो गईं, लेकिन नई सदी

ओमप्रकाश वाल्मीकि

में नई आर्थिक नीतियों ने हाशिए के समाज की समस्याओं को अधिक जटिल बना दिया। कहानीकारों की नई पीढ़ी ने मार्मिकता से उसकी तस्वीर उजागर की। किसान, आदिवासी और मजदूर विस्थापन और आत्महत्या के लिए मजबूर हुए। अतः नई सदी की कहानियां कथ्य और शिल्प के नए मुहावरे के साथ मध्यवर्ग, किसान, स्त्री, आदिवासी, दलित और अल्पसंख्यक समाज की समस्याओं को इस युग की सभ्यता के व्यापक संदर्भों में उठाती हैं।

नए दौर में युवा पीढ़ी के कई कहानीकारों ने सभी का ध्यान आकृष्ट किया है। इस दौर में बदलते गांव और कस्बों की समस्याओं को लेकर कई कहानियां रची गई हैं। चंदन पांडेय की 'रेखा चित्र में धोखे की भूमिका', जयश्री राय की 'सूअर का छौना', नीलाक्षी सिंह की 'एक था बुझावन', हरे प्रकाश उपाध्याय का 'बखैड़ापुर' और नीलेश रघुवंशी की 'एक कस्बे के नोट्स' उल्लेखनीय हैं।

आदिवासी जीवन में विस्थापन की समस्या और उनके जीवन की विसंगतियों, संघर्षों को रचने वाली कहानियों में मनोज पांडेय की 'पानी', तरुण भटनागर की 'आवाज जो संतान थी', चंदन पांडेय की 'जमीन अपनी तो थी' और अरुण कुमार असफल की 'तरबूज के बीज' प्रमुख है। अल्पसंख्यक समाज की समस्याओं को केंद्रित कर लिखी गई कहानियों में मनोज पांडेय की 'खाल', अल्पना मिश्र की 'बेतरतीब', नीलाक्षी की 'परिंदे के इंतजार-सा कुछ' और उमाशंकर चौधरी की 'स्वीट होम', चर्चित रहीं। समय के नए यथार्थ को नई रचनाशीलता में ढालकर यथार्थ को उसकी गतिशीलता में व्यक्त करने वाली अन्य चर्चित कहानियों में चंदन पांडेय की 'भूलना', राकेश मिश्र की 'शह और मात', सोनाली सिंह की 'सपने', मनीष द्विवेदी की 'एक अवांतर कथा के बहाने', और कुणाल सिंह की 'सनातन बाबू का दांपत्य' एवं अल्पना मिश्र की कहानी 'मुक्ति प्रसंग' प्रशंसित रही हैं। अनुज लुगुन ने आदिवासी जीवन संवेदना और संघर्ष को अपनी कहानियों की विषयवस्तु बनाया है। आज युवा कहानीकार 'नई कहानी' आंदोलन की तरह 'अनुभव की प्रामाणिकता' और 'भोगा हुआ यथार्थ' को लेकर नहीं, बल्कि 'अनुभव की व्यापकता' और 'बदलते जीवन के बहुमुखी यथार्थ' को सचेत और संवेदनशील ढंग से रच रहे हैं।

हिंदी कहानी का आरंभ भारतीय और पश्चिमी कथा स्रोतों के संश्लेषण से हुआ था। प्रेमचंद ने उसे व्यापक कथा-भूमि प्रदान की थी। प्रेमचंद के बाद जैनेंद्र, यशपाल, अज्ञेय, उपेंद्रनाथ अश्क आदि ने, फिर नई कहानी आंदोलन ने हिंदी कहानी को एक व्यापक जमीन दी। आजादी बाद के मोहभंग, महानगरीय सभ्यता, मध्यवर्गीय जीवन की विडंबनाओं स्त्री-पुरुष संबंधों, ग्राम और अंचल के बदलावों को हिंदी कहानी में व्यापक जगह मिली। सन साठ के बाद समय, समाज और राजनीति में आए बदलावों से गुजरते हुए आधुनिकता के स्वीकार और अस्वीकार के बीच कहानियों का सृजन हुआ। बीसवीं सदी में कई कहानी आंदोलन उभरे और गुजर गए।

हिंदी कहानी के जनवादी दौर में कई मुखर, और उग्र ढंग की कहानियां भी आईं, कहीं स्वर में उग्रता के बिना भी पैनापन देखने को मिला। वैश्वीकरण ने भारतीय जन-जीवन को जब अधिक जटिल और चुनौतीपूर्ण बना दिया, भारतीय जन-जीवन में आए इस बदलाव को कई पीढ़ियों के कहानीकारों ने दिखाया है।

21वीं सदी में बड़ी संख्या में कहानीकार सामने आए हैं, जिनमें से सभी की चर्चा यहां संभव नहीं है। मुख्य बात यह है कि इस दौर में स्त्री और दलित स्वर मुखरित हुए। हाशिए के समाजों की रचनात्मक दस्तक से हिंदी कहानी का फलक विस्तृत हुआ। नई सदी में बदलते यथार्थ को नई रचनाशीलता के साथ बेबाक ढंग से रखा जा रहा है और नए प्रयोग सामने आ रहे हैं। ये अपने नए मुहावरों के साथ हैं। अब कहानी छोटे कलेवर में अपने समय के सामाजिक परिवेश और व्यक्ति मन को उभारते हुए, नई वैचारिकी के साथ अधिक समर्थ भाषा में आ रही है। इसी अर्थ

में विचारों के लोकतंत्र को रचने वाली यह साहित्य की सबसे पठनीय विधा है।

प्रभाकर सिंह

अधिक जानकारी के लिए :
1. हिंदी कहानी का इतिहास : गोपाल राय, **2. नई कहानी : संदर्भ और प्रकृति :** देवीशंकर अवस्थी, **3. हिंदी कहानी का विकास :** मधुरेश, **4. कहानी : नई कहानी :** नामवर सिंह, **5. नई कहानी : प्रक्रिया और पाठ :** सुरेन्द्र चौधरी, **6. हिंदी कहानी आंदोलन की भूमिका :** बलराज पांडेय

हिंदी का अंतरराष्ट्रीय संबंध

भारत से बाहर विश्व के अनेक देशों में हिंदी बोली और समझी जाती है। इसका स्थान विश्व में सर्वाधिक बोली जाने वाली तीन या चार भाषाओं के अंतर्गत आता है। विदेश में हिंदी भाषी भारतीय काफी संख्या में बसे हुए हैं। इनके अतिरिक्त कुछ ऐसे देश हैं, जिनमें हिंदी भाषा किसी जन-समुदाय या वर्ग की भाषा नहीं है, किंतु विभिन्न स्थितियों में यह संपर्क या प्रयोजनपरक भाषा के रूप में प्रयुक्त होती है। इन सभी देशों में भारतीय प्रवासी तथा विदेशी समुदायों को चार वर्गों में विभाजित किया जा सकता है :

पहले वर्ग में वे देश आते हैं जहां भारतीय मूल के लोग लगभग दो सौ वर्ष पहले गए थे और वहीं बस गए। ऐसे देश हैं फिजी, टोबैगो एवं त्रिनिदाद, गुयाना, मॉरीशस, सूरीनाम आदि। वहां गए भारतीय खेतिहर मजदूरों ने अपनी अस्मिता और सांस्कृतिक विरासत को बनाए रखने के लिए हिंदी भाषा को जीवित रखा।

दूसरे वर्ग में भारत के वे लोग आते हैं जो रोजगार या किसी प्रयोजन के लिए भारत से बाहर गए हैं। ये लोग अमेरिका, दक्षिण अफ्रीका, कनाडा, इंग्लैंड, सिंगापुर आदि कई देशों में बस गए हैं। इन देशों के प्रवासी भारतीयों (डायस्पोरा) के सामने भी अपनी सामाजिक-सांस्कृतिक अस्मिता का सवाल था। इसलिए इन्हें अपने धार्मिक एवं सांस्कृतिक कार्यकलाप के लिए अपनी भाषा की जरूरत पड़ी। इन देशों में पत्रकारिता, रेडियो तथा दूरदर्शन के माध्यम से जन-संचार की सुविधाएं उपलब्ध हैं।

तीसरे वर्ग में भारत के पड़ोसी देश पाकिस्तान, नेपाल, अफगानिस्तान, श्रीलंका आदि आते हैं। ये एक ही भाषा-परिवार की भाषाएं बोलने वाले देश हैं। अतः इन देशों में हिंदी भाषा से परिचय होना स्वाभाविक है। पाकिस्तान में बोली जाने वाली उर्दू, लहंदा, सिंधी, अफगानिस्तान की अफगानी, पश्तो, श्रीलंका की सिंहली आदि भाषाओं और हिंदी में काफी समानता है। इसलिए इन देशों के लोगों को हिंदी समझने-बोलने में अधिक कठिनाई नहीं होती। ये लोग हिंदी फिल्मों और गीतों में रुचि लेते हैं। नेपाल की भाषा नेपाली और हिंदी में निकट का संबंध है। नेपाली भाषा देवनागरी लिपि में लिखी जाती है, जिसमें हिंदी लिखी जाती है।

चौथे वर्ग में एशिया, अफ्रीका, यूरोप और अमेरिका के अलावा कोरिया, चीन, जापान, रूस, इंग्लैंड, फ्रांस, जर्मनी आदि लगभग 150 देशों में हिंदी शिक्षण की व्यवस्था है। इन देशों में न हिंदी बोली-सुनी जाती है और न ही वहां यह सांस्कृतिक सेतु का काम करती है। यहां हिंदी शिक्षार्थी विदेशी हैं, जो विदेशी भाषा के रूप में हिंदी पढ़ते हैं। ये लोग हिंदी के माध्यम से भारतीय साहित्य, भारतीय दर्शन और भारतीय समाज को समझना चाहते हैं। यदि रोजगार मिल जाए तो और अच्छा। इसीलिए पूर्वी यूरोप के देशों में हिंदी साहित्य का व्यापक स्तर पर अनुवाद हो रहा है। ऐसे सभी देशों में हिंदी का मात्र शैक्षिक संदर्भ है। इनमें हिंदी का अध्ययन व्यक्तिगत रुचि के कारण होता है या किसी विशिष्ट प्रयोजन हेतु; जैसे–अनुवाद, आशु अनुवाद, शिक्षण, स्थानीय प्रसारण आदि।

यह सही है कि विश्व भाषा के रूप में हिंदी उस प्रकार नहीं उभरी जिस प्रकार अंग्रेजी, फ्रांसीसी, स्पेनी, पुर्तगाली आदि भाषाएं। वस्तुतः इन यूरोपीय भाषाओं के विश्व भाषा बनने की प्रक्रिया हिंदी के विश्वभाषा बनने की प्रक्रिया से अलग है। इन भाषाओं ने साम्राज्यवाद की नींव पर फैलकर प्रभुत्व और

शक्ति प्राप्त की, जबकि हिंदी के प्रसार का आधार गिरमिटिया मजदूरों की श्रद्धा और आत्मीयता है।

विदेशों में हिंदी सृजन : हिंदी की सर्जनात्मक अभिव्यक्ति इसके अंतरराष्ट्रीय पक्ष के साथ जुड़ी है। विश्व के विभिन्न देशों में हिंदी के माध्यम से कविता, कहानी, उपन्यास, आलोचना आदि साहित्य का सृजन काफी मात्रा में हो रहा है। इस साहित्य में इन देशों की माटी की गंध, वहां की जीवन-शैली और वहां के मुहावरों तथा लोकोक्तियों का सौंदर्य मिलता है। इनकी हिंदी की व्याकरणिक संरचना की प्रकृति चाहे भारत की हिंदी के समान है, किंतु उसकी बुनावट में उन विभिन्न देशों की सामाजिक और सांस्कृतिक चेतना की छाप भी दिखाई देती है। आज यह आवश्यक भी है कि इन देशों में रचित हिंदी साहित्य को इतिहास लेखन और आलोचनात्मक मूल्यांकन में स्थान दिया जाए, तभी हिंदी साहित्य सही अर्थों में अंतरराष्ट्रीय साहित्य का रूप ले पाएगा। विदेश में बसे हुए भारतीयों और रोजगार-व्यवसाय के लिए गए भारतीयों ने हिंदी में जो साहित्यिक सृजन किया है, वह काफी मूल्यवान है। इनके अलावा विदेशी मूल के लेखकों ने हिंदी में जो सृजन और अनुवाद किया है, उसकी ओर भी हमारा विशेष रूप से ध्यान जाना चाहिए।

रूस में हिंदी के साहित्य सृजन तथा इसके विकास के लिए महत्वपूर्ण कार्य हुए हैं। गैरिमिस लैविदैव ने 18वीं सदी में हिंदी व्याकरण की पुस्तक लिखी। पी ए बारान्निकोव ने रामचरितमानस का रूसी भाषा में काव्यानुवाद किया। उन्होंने हिंदी-रूसी, मराठी-रूसी, और उर्दू-रूसी शब्दकोशों की रचना के अतिरिक्त लल्लूलाल कृत 'प्रेम सागर' तथा जातक कथाओं का भी रूसी में अनुवाद किया है। पी ए चेलिशेव की कृतियों में मौलिक लेखन, अनुवाद और संपादन के अलावा रूसी में हिंदी साहित्य का इतिहास एक महत्वपूर्ण ग्रंथ है। उन्होंने सुमित्रानंदन पंत, सूर्यकांत त्रिपाठी 'निराला' आदि पर आलोचना ग्रंथ लिखे। ओ जी उल्त्सेफ्रोव ने हिंदी भाषा और व्याकरण पर कई पुस्तकें लिखी हैं। कवि, अनुवादक और समीक्षक अलेकसांद्र सेंकोंविच की अनेक कविताएं भारत की विभिन्न पत्रिकाओं में प्रकाशित हैं। उन्होंने रूसी भाषा में सर्वेश्वरदयाल सक्सेना, अज्ञेय, रघुवीर सहाय, मुक्तिबोध, निर्मल वर्मा, श्रीकांत वर्मा आदि की रचनाओं का अनुवाद किया है।

ब्रिटेन में हिंदी साहित्य सृजन उच्च स्तर का रहा है। कैंब्रिज विश्वविद्यालय के मैकग्रेगर ने हिंदी व्याकरण तथा हिंदी-अंग्रेजी कोश जैसे ग्रंथों की रचना की है। ब्रिटेन के यू के हिंदी समिति, कृति, कथा, गीतांजलि, भारतीय भाषा संगम, वातायन आदि संस्थाओं ने हिंदी लेखन, शिक्षण और प्रचार-प्रसार को काफी प्रोत्साहन दिया है। कई बड़े शहरों में हिंदी की पढ़ाई होती है। उल्लेखनीय है कि भारत में अंग्रेज विद्वानों ने अतीत में हिंदी के विकास के लिए काफी कार्य किया हैं। फ्रांस के पेरिस विश्वविद्यालय की निकोल बलबीर ने हिंदी व्याकरण और हिंदी-फ्रांसीसी कोश पर महत्वपूर्ण कार्य किया है। उन्होंने सूर, कबीर, मीरा की कविताओं के साथ-साथ प्रेमचंद, जैनेंद्र, भैरव प्रसाद गुप्त के कथा साहित्य का भी अनुवाद किया। बुदबिल ने मध्यकालीन और आधुनिक हिंदी साहित्य की कई प्रमुख रचनाओं का अनुवाद किया। इटली की मरिल्या अल्बनेजी ने भी कई पुस्तकों का अनुवाद किया है। संस्कृत विद्वान स्तेफनो पियानो ने हिंदी-इतालवी एवं इतालवी-हिंदी शब्दकोश के निर्माण में सहयोग किया है। वेनिस विश्वविद्यालय की मरिओला आफरीदी ने प्रेमचंद के 'गोदान' तथा कुंवर नारायण की काव्यकृति 'आत्मजयी' का अनुवाद किया। फ्रेंचेस्का ओर्सेनी ने राजेंद्र यादव की कहानियों का अनुवाद इतालवी में किया है। जर्मनी की मारग्रेट गात्सलाफ ने जर्मन भाषा में हिंदी व्याकरण और जर्मन-हिंदी शब्दकोश के अतिरिक्त प्रेमचंद, भीष्म साहनी, यशपाल, कृष्णचंदर आदि के कथा साहित्य का अनुवाद प्रकाशित कराया। जर्मनी में हिंदी का प्रचार-प्रसार रेडियो, टी वी के माध्यम से भी होता रहा है।

चेक गणराज्य में ओत्कारको ने 25 वर्षों तक हिंदी की अथक सेवा की। पोर्जिका ने ओरियंटल

हिंदी इंस्टीट्यूट की स्थापना की। हिंदी के सुविख्यात साहित्यकार ओदोलेन स्मेकल ने चालीस वर्षों तक चार्ल्स विश्वविद्यालय, प्राहा में हिंदी का अध्यापन कार्य किया। हिंदी में उनके कई कविता-संग्रह प्रकाशित हुए हैं। उनका प्रेमचंद के 'गोदान' के अनुवाद के साथ-साथ चेक-हिंदी कोश भी प्रकाशित हैं। बुल्गारिया के कोल्वे कोवाचेव ने कृष्णचंदर, प्रेमचंद तथा जयशंकर प्रसाद की कहानियों के साथ-साथ श्रीमद्भगवद गीता का बल्गारियन भाषा में अनुवाद किया है। हिंदी, संस्कृत और भारतविद्या प्रेमी निकोलाय जेबेर्या ने प्रेमचंद के 'गोदान' और फणीश्वरनाथ रेणु के 'मैला आंचल' उपन्यासों का रोमानियन में अनुवाद किया।

बेल्जियम के मूल निवासी रामकथा के सुविख्यात विद्वान, अंग्रेजी-हिंदी कोश के लेखक तथा भारतीय भाषा और संस्कृति के उपासक फादर कामिल बुल्के ने 'राम कथा : उत्पत्ति और विकास' पुस्तक की रचना की थी। उनके शिष्य एम कलेवर्ट ने भारतीय संत साहित्य पर अनुसंधान किया और कई पुस्तकें और लिखीं। हिंदी साहित्य की पुस्तकों का अनुवाद पोलिश भाषा में भी हुआ है। पोलिश विद्वान मारिया क्रिस्तोफर बृस्की ने हिंदी और संस्कृत से पोलिश में अनुवाद के क्षेत्र में सराहनीय कार्य किया है। सर्वेश्वर दयाल सक्सेना की 'बकरी', लक्ष्मी नारायण लाल के 'तोता-मैना' के उनके अनुवाद उल्लेखनीय हैं। नार्वे में ओस्लो विश्वविद्यालय में हिंदी शिक्षण का अलग विभाग है, जहां हिंदी संबंधी शोध-कार्य होता है। रेडियो से हिंदी में धार्मिक, सांस्कृतिक तथा साहित्यिक कार्यक्रम भी प्रस्तुत किए जाते हैं।

कनाडा के ब्रिटिश कोलंबिया विश्वविद्यालय की प्रोफेसर कैथरीन जी हैंसन ने आधुनिक हिंदी कथा साहित्य, दक्षिण एशिया का साहित्यिक और सांस्कृतिक अध्ययन, हिंदी-उर्दू का लोकसाहित्य, नाटक आदि पर विशेष कार्य किया है। उन्होंने फणीश्वरनाथ रेणु, राजेंद्र यादव और धर्मवीर भारती की रचनाओं का अंग्रेजी अनुवाद किया है।

जापान के क्यूया दोई ने हिंदी-जापानी, जापानी-हिंदी कोश आदि ग्रंथों की रचना की। उन्होंने जापान में हिंदी भाषा का व्यापक प्रचार-प्रसार किया। कात्सुरो कोगा ने जापानी-हिंदी तथा हिंदी-जापानी बृहद शब्दकोश प्रकाशित किया। एइजो सावा और अकिरा ताकाहाशी के हिंदी भाषा एवं साहित्य से संबंधित कार्य उल्लेखनीय हैं। ओसाका के तोमियो मिजोकामि जापानी, बांग्ला, हिंदी एवं पंजाबी भाषा के विद्वान हैं। वे विदेशी हिंदी विद्वानों में मूल हिंदी में लिखने वाले प्रथम कहानीकार हैं, जिनकी 'चौराहे के बीच', 'रिक्शावाला' और 'वापसी' कहानियां मशहूर हैं। अन्य विद्वानों में नोरिहिको उचिदा, तेशियो तनाका एवं काजुहिको माचिदा ने उल्लेखनीय कार्य किया है।

चीनी भाषा में भारत की लोक कथाएं और पौराणिक कथाएं, भारत के विभिन्न प्रदेशों के इतिहास तथा संस्कृतियों पर काफी लिखा गया है। 1990 के बाद हिंदी कथा साहित्य का चीनी भाषा में अनुवाद कार्य शुरू हुआ। अब तक दर्जनों उपन्यासों तथा कई सौ कहानियों का अनुवाद हो चुका है। प्रेमचंद, अमृतलाल नागर, फणीश्वरनाथ रेणु, श्रीलाल शुक्ल, भगवतीचरण वर्मा आदि की कृतियों का अनुवाद हुआ है। इन रचनाओं के अलावा कबीर, सूर, तुलसी, जायसी, जयशंकर प्रसाद, निराला, सुमित्रानंदन पंत, महादेवी वर्मा, नागार्जुन, अमृत राय, धर्मवीर भारती, रांगेय राघव जैसे प्रतिष्ठित कवियों और लेखकों की रचनाओं का चीनी भाषा में अनुवाद हो रहा है।

पड़ोसी देशों में भी हिंदी में साहित्य-सृजन काफी मात्रा में हुआ है। श्रीलंका में हिंदी के प्रचार-प्रसार में इंदिरा दसनायके, शरणगुप्त, वीर सिंह आदि नाम उल्लेखनीय हैं। इन्होंने कई हिंदी कृतियों का सिंहली में अनुवाद किया है। म्यांमार (बर्मा) में अठारहवीं शती में रामायण की रचना 'रामयगन' शीर्षक से हुई थी। प्रेमचंद के उपन्यास 'गोदान' का अनुवाद बर्मी भाषा में मिलता है।

नेपाल में साहित्य-सृजन लगभग उतना ही पुराना है, जितना भारत में। कहा जाता है कि नाथ और सिद्ध साहित्य के कुछ हिस्से नेपाल में रचे गए। मध्यकाल में लगभग चौदहवीं शताब्दी से उठारहवीं

शताब्दी तक मल्ल राजाओं के समय हिंदी में साहित्य रचा गया। आधुनिक हिंदी लेखकों में कृष्णचंद्र मिश्र, धुस्वां सायामि, बुन्नी लाल, केदार मानंधार, सूर्यनाथ गोप आदि प्रमुख हैं।

प्रयोजनपरक संदर्भ : अंतरराष्ट्रीय संदर्भ में हिंदी का प्रयोजनमूलक पक्ष भी महत्वपूर्ण है। बांग्लादेश, म्यांमार, श्रीलंका, इंडोनेशिया, मलेशिया, कंबोडिया आदि देशों में हिंदी एक ओर सामाजिक-सांस्कृतिक प्रेरणा प्रदान करती है तो दूसरी ओर अमेरिका, कनाडा, जापान, कोरिया, चीन, इंग्लैंड, रूस, फ्रांस आदि देशों में विदेशी भाषा के रूप में इसका अध्ययन-अध्यापन हो रहा है। जनसंचार के तीन प्रमुख माध्यमों—रेडियो, पत्रकारिता और दूरदर्शन में हिंदी की गूंज सुनाई पड़ती है। भारतवंशी बहुल देशों में हिंदी पत्रकारिता का उद्भव बहुत पहले हो गया था।

भारत में बनी धारावाहिक और फीचर फिल्में इंग्लैंड, दुबई, रूस आदि देशों में टीवी पर प्रसारित होती हैं। मॉरीशस, फिजी आदि देशों में टीवी पर हिंदी में कई कार्यक्रम प्रसारित होते हैं। मॉरीशस में सबसे पहले सन 1909 में 'हिंदुस्तानी' नामक साप्ताहिक पत्रिका निकली थी। यह पत्रिका हिंदी, अंग्रेजी और गुजराती में प्रकाशित होती थी। इसके बाद आर्यवीर, जागृति, जनता, जमाना, आर्योदय, नवजीवन, वसंत आदि कई पत्रिकाएं मॉरीशस से निकलीं और निकल रही हैं।

फिजी में 1913 में 'सैटलर' नामक अंग्रेजी पत्रिका का हिंदी अनुवाद साइक्लोस्टाइल रूप में निकला था। बाद में 'जय फीजी' तथा 'शांतिदूत' नाम की पत्रिकाएं निकलीं। किसानों की पत्रिका 'जागृति' के अतिरिक्त 'किसान', 'मजदूर' आदि पत्रिकाएं भी निकलीं। सूरीनाम से 1964 में शुरू हुई 'आर्य दिवाकर' नाम की पत्रिका आज भी प्रकाशित हो रही है।

ब्रिटेन में 'अमरदीप', 'पुरवाई', 'प्रवासी टुडे' आदि पत्रिकाएं अपना महत्व बनाए हुए हैं। इंग्लैंड के हिंदी के रेडियो कार्यक्रम स्तर की दृष्टि से काफी अच्छे हैं। नार्वे से अमित जोशी के संपादन में निकलने वाली पत्रिका 'शांतिदूत' महत्वपूर्ण है।

अमेरिका में 1913 में 'गदर' समाचार-पत्र सर्वप्रथम प्रकाशित हुआ था। अमेरिका के कई राज्यों में रेडियो और दूरदर्शन पर अलग से हिंदी के चैनल या प्रसारण हैं, जिनमें 'नमस्ते-सलाम' कार्यक्रम काफी लोकप्रिय है। इस समय 'विश्वा', 'हिंदी जगत', 'विश्व विवेक' पत्रिकाओं से अमेरिका में प्रवासी भारतीयों की सर्जनात्मक शक्ति का परिचय मिलता है। टोरंटो से 'भारती' और 'विश्व भारती' पत्रिकाओं का प्रकाशन हो रहा है। यहां उल्लेख करना उचित होगा कि अपनी भाषा और संस्कृति को सुरक्षित रखने के लिए प्रवासी भारतीयों ने नए जनसंचार माध्यम को भी अपनाया है।

रूस की कई पत्रिकाएं हिंदी में प्रकाशित हुई हैं जिनमें 'भारत दर्शन', 'सोवियत संघ', 'सोवियत नारी', 'सोवियत भूमि', 'स्पुतनिक' प्रमुख हैं। चीन से 'सचित्र चीन' नामक पत्रिका आती थी। ब्रिटेन, जापान, अमेरिका आदि देशों के सूचना-पत्रों का प्रकाशन हिंदी में होता है। यूनेस्को का हिंदी में प्रकाशित 'यूनेस्को दूत' एक अंतरराष्ट्रीय पत्र है। इस प्रकार विभिन्न देशों के विश्वविद्यालय में हिंदी शिक्षण, दुभाषिया का कार्य, हिंदी में पत्र-पत्रिकाओं का प्रकाशन तथा हिंदी कार्यक्रमों के प्रसारण से स्पष्ट होता है कि इन देशों में हिंदी का प्रयोजनपरक पक्ष प्रबल है।

विश्व के विभिन्न देशों में लाखों प्रवासी भारतीय हैं, जो सामाजिक-सांस्कृतिक अस्मिता के लिए हिंदी भाषा का प्रयोग करते हैं और इनमें से कुछ व्यक्ति उच्च स्तर पर हिंदी में शिक्षा भी प्राप्त करते हैं, लेकिन अधिकतर व्यक्ति हिंदी का प्रयोग बोलचाल की भाषा के रूप में ही करते हैं। इन देशों के स्थानीय नागरिकों की हिंदी में रुचि है, बच्चे हिंदी सीखते हैं। हिंदी में उच्च अध्ययन या शोध-कार्य भी होता है। इंटरनेट जगत में हिंदी का दबदबा बना हुआ है। यूनीकोड ने हिंदी के प्रयोग का वातावरण पैदा कर दिया है। ब्लॉग लेखन, फेसबुक आदि पर इसका अधिकाधिक प्रयोग हो रहा है। इससे पता चलता है कि हिंदी का अस्तित्व सिर्फ भारत में ही नहीं है, यह अंतरराष्ट्रीय स्तर पर भी एक महत्वपूर्ण भाषा है।

कृष्ण कुमार गोस्वामी

हिंदी का प्रवासी साहित्य

उन्नीसवीं शताब्दी में यूरोपीय जातियों ने अनेक देशों में अपने उपनिवेश स्थापित करने के बाद उन देशों से झूठे लालच में फंसाकर गिरमिटिया मजदूरों को मॉरीशस, फीजी, त्रिनिदाद, दक्षिण अफ्रीका, ब्रिटिश गयाना आदि देशों में भेड़-बकरियों की तरह जहाज में ठूंसकर भेजा था। यह विश्व का सबसे यातनामय, त्रासद एवं पीड़क विस्थापन था। भारत के अधिकांश प्रवासी भोजपुरी भाषी थे। वे पूर्वी उत्तर प्रदेश, बिहार आदि क्षेत्रों से गए थे। वे अपने साथ 'रामचरितमानस', 'हनुमान चालीसा', 'आल्हा', 'सुखसागर', 'महाभारत', 'गीता', 'सत्यनारायण कथा' आदि ले गए थे। ये भारतीय मजदूर अपनी बेकारी, गरीबी तथा ब्रिटिश सरकार के दंड से बचने के लिए अपनी मातृभूमि को छोड़कर एक अनजानी दुनिया में गए थे, पर अपने नरक जैसे वनवास में जहाजी भाइयों के प्रेम, धार्मिक ग्रंथों से प्राप्त जीवनशक्ति तथा अपनी सामुदायिक भावना की वजह से अपनी भारतीय अस्मिता और संस्कृति की रक्षा कर सके।

दूसरी तरफ भारतीयों के लिए स्वेच्छा से विदेशों में जाने का रास्ता भी खुला। वे उच्च शिक्षा, व्यापार या पर्यटन के लिए गए। गांधी का ध्यान दक्षिण अफ्रीका के प्रवासी भारतीयों के जीवन और उनकी समस्याओं की तरफ गया। उन्होंने पहली बार इंडियन नेशनल कांग्रेस के अधिवेशन में प्रवासियों की समस्याओं को उठाया था। इस प्रकार प्रवासी चेतना का उद्‌भव हुआ। आजादी के बाद हजारों-लाखों की संख्या में भारतीय लोग अमेरिका, इंग्लैंड, फ्रांस, हंगरी, नीदरलैंड और मुस्लिम देशों में गए और वहां बस गए। ये पहले के गिरमिटिया मजदूरों से भिन्न थे। इनका अपनी मातृभाषा, साहित्य तथा भारत के साथ संबंध का एक नया द्वार खुला। लक्ष्मीमल्ल सिंघवी ने ब्रिटेन में भारतीय उच्चायुक्त के रूप में भारतीय प्रवासी संसार को संगठित किया। तत्कालीन प्रधानमंत्री अटल बिहारी वाजपेयी के आदेश पर उन्होंने एक 'डायस्पोरा रिपोर्ट' उन्हें सौंपी जिसके आधार पर 1-11 जनवरी 2003 को पहले 'प्रवासी भारतीय दिवस' का आयोजन हुआ था।

हिंदी में प्रवासी साहित्य की शुरुआती जानकारी बनारसीदास चतुर्वेदी के प्रयासों से मिलती है। तोताराम फीजी में 21 वर्ष रहकर लौटे तो चतुर्वेदी जी ने उनके संस्मरण लिखे। 1914 में 'फीजी द्वीप में मेरे इक्कीस वर्ष' नाम से पुस्तक प्रकाशित हुई। बनारसीदास चतुर्वेदी ने स्वयं 'प्रवासी भारतवासी' (1918) तथा फीजी द्वीप पर एक पुस्तक लिखी। कांग्रेस ने 'प्रवासी विभाग' तथा 'प्रवासी भवन' बनाने का प्रयत्न किया। गांधी जी के समर्थन के बावजूद कुछ हो नहीं पाया। अब जाकर बालेश्वर अग्रवाल ने नई दिल्ली में 'प्रवासी भवन' का निर्माण किया है। नवंबर 1926 में 'चांद' का 'प्रवासी अंक' प्रकाशित हुआ था। इसमें प्रेमचंद की मॉरीशस के प्रवासी भारतीयों के त्रासद जीवन पर 'शूद्रा' कहानी छपी थी। स्वतंत्रता मिलने के बाद बच्चन की 'प्रवास की डायरी' प्रकाशित हुई। 1977 में मॉरीशस के लेखक अभिमन्यु अनत का उपन्यास 'लाल पसीना' भारत में धारावाहिक रूप में प्रकाशित हुआ। सूरीनाम के विश्व हिंदी सम्मेलन पर 'विश्व हिंदी रचना' (संपादक : कमल किशोर गोयनका) का प्रकाशन हुआ। इसके बाद 'साक्षात्कार', 'शब्द योग', 'राजभाषा मंजूषा', 'बुलंद प्रभा' आदि पत्रिकाओं के प्रवासी साहित्य अंक प्रकाशित हुए। इन कार्यों का मूल उद्‌देश्य था भारत से बाहर दूसरे देशों में रहने वाले प्रवासी एवं भारतवंशी हिंदी लेखकों की सर्जनात्मक प्रतिभा से हिंदी साहित्य का जो छोटा-सा, किंतु विश्व भर में फैला हुआ आकाश निर्मित हुआ है, उसे हिंदी के विशाल रंगमंच पर प्रस्तुत करना और यह बताना कि प्रतिकूल स्थितियों के बावजूद प्रवासी भारतीयों ने किस तरह हिंदी साहित्य की एक दुनिया बनाई है, उस पर स्थानीयता के रंग के साथ भारतीय संस्कृतियों का रंग किस तरह है।

हिंदी में प्रवासी साहित्य का आरंभ यद्यपि प्रमुखता से मारीशस में हुआ था, किंतु धीरे-धीरे

अमेरिका, इंग्लैंड, नार्वे, नीदरलैंड, अबू धाबी, जापान, कनाडा आदि देशों में भी हिंदी रचनाएं लिखी जाने लगीं। फिर भी हिंदी के प्रवासी साहित्य को निम्नलिखित वर्गों में विभक्त किया जा सकता है : (1) गिरमिटिया मजदूरों के देशों का हिंदी साहित्य, अर्थात मॉरीशस, फिजी, सूरीनाम, गयाना, दक्षिण अफ्रीका, त्रिनिदाद, टोबैगो आदि देश, (2) भारत के पड़ोसी देशों का हिंदी साहित्य, अर्थात् नेपाल, पाकिस्तान, बांग्लादेश, भूटान, श्रीलंका, म्यांमार (बर्मा) आदि देश, (3) विश्व के अन्य महाद्वीपों का हिंदी साहित्य अर्थात् (क) अमेरिका महाद्वीप—अमेरिका, कनाडा, मेक्सिको, क्यूबा आदि देश, (ख) यूरोपीय महाद्वीप—रूस, ब्रिटेन, जर्मनी, फ्रांस, बेल्जियम, हालैंड, नीदरलैंड, नार्वे, डेनमार्क, आस्ट्रिया, स्वीडन, स्विट्जरलैंड, फिनलैंड, इटली, पोलैंड, चेकोस्लोवाकिया, हंगरी, रोमानिया, बल्गारिया, उक्रेन, क्रोशिया आदि देश, (ग) मध्य एशिया के मुस्लिम देश हैं— ईरान, इराक, टर्की, आबू धाबी आदि, (घ) एशिया महाद्वीप—चीन, जापान, कोरिया, थाईलैंड आदि देश, और (ङ) ऑस्ट्रेलिया महाद्वीप।

मॉरीशस में कई हिंदी पत्र-पत्रिकाएं निकलीं, जिनका वहां हिंदी साहित्य के विकास में महत्वपूर्ण योगदान था। प्रह्लाद रामशरण ने मॉरीशस की हिंदी कविता के दो संकलन प्रकाशित कराए हैं– 'मॉरीशस का आदि काव्य-कानन' तथा 2. मॉरीशस के मध्यकालीन काव्य-प्रसून। इन कविताओं में स्वजाति-प्रेम, एकता, धर्म एवं भाषा की रक्षा, गो-रक्षा, भक्ति, सुधार, स्वतंत्रता आदि विषय हैं। इस दौर में लक्ष्मीनारायण चतुर्वेदी 'रसपुंज' ने कई काव्य पुस्तकें लिखीं। इससे इस क्षेत्र में हिंदी भाषा को व्यापकता मिली। 1940-45 के बीच ब्रजेंद्र कुमार भगत 'मधुकर' का आविर्भाव हुआ। उनके कविता संग्रह 'मॉरीशस के राष्ट्र कवि ब्रजेंद्र कुमार भगत 'मधुकर' काव्य रचनावली' (2003) में संकलित हैं। इस दौर में मुनीश्वर लाल चिंतामणि, सोमदत्त बखोरी, हरिप्रसाद रिसाल मिश्र आदि ने भी काव्य रचना की। उन्होंने प्रवासियों के शोषण, दमन, धर्म-संस्कृति की रक्षा और स्वतंत्रता की चेतना की तरफ ध्यान आकर्षित किया।

मॉरीशस 12 मार्च 1968 को स्वतंत्र हुआ था। इसके बाद वहां हिंदी भाषा-साहित्य में एक नई ऊर्जा आई, नए लेखक सामने आए और पुराने कवियों के निजी एवं सामूहिक काव्य संग्रह प्रकाशित हुए। अभिमन्यु अनत ने 'बसंत' पत्रिका का संपादन किया। प्रेमचंद युग के समान अभिमन्यु अनत युग चला। अभिमन्यु अनत के अब तक सात कविता संग्रह, बत्तीस उपन्यास, आठ कहानी संग्रह, पांच नाटक तथा जीवनी, बाल साहित्य आदि मिलाकर लगभग 70 पुस्तकें प्रकाशित हो चुकी हैं। वे अपनी अग्रज पीढ़ी के लेखकों, ब्रजेंद्र कुमार भगत 'मधुकर', सोमदत्त बखोरी, मुनीश्वर लाल चिंतामणि, दीपचंद बिहारी आदि से जुड़े थे और नई पीढ़ी के लेखक पूजानंद नेमा, मुकेश जीबोध, जागा सिंह, रामदेव धुरंधर, लोचन बिदेशी, हेमराज सुंदर, भानुमति नागदान, धर्मवीर घूटा, मोहनलाल बृजमोहन, केशवदत्त चिंतामणि, सोना नेमधारी, राज हीरामन, सुमति बुधन, साहेबा फर्जली, राजरानी गोबिन, इंद्रदेव भोला आदि के लेखन को भी उन्होंने प्रोत्साहन दिया है। उन्होंने अपने साहित्य में भारतीय पूर्वजों के गूंगे इतिहास और चीखती पीड़ाओं को वाणी दी है, स्वतंत्र मॉरीशस की मानवीय पीड़ाओं को स्थान दिया है, लोकतंत्र के दुरुपयोग और विसंस्कृतीकरण की समस्याओं को उठाया है। इस प्रकार वह मानवीय पीड़ा, विद्रोह एवं मुक्ति के लेखक माने जाते हैं।

हिंदी प्रचारिणी सभा, आर्य समाज, हिंदी स्पीकिंग यूनियन, मॉरीशस हिंदी अकादमी, मॉरीशस लेखक संघ, रामायण सेंटर आदि संस्थाएं तथा वसंत, रिमझिम, पंकज, इंद्रधनुष, जनवाणी, आक्रोश आदि पत्रिकाएं एवं सत्यदेव टैगोर का हिंदी शिक्षक संघ हिंदी भाषा एवं साहित्य के विकास के लिए निरंतर काम कर रहे हैं। कुछ दशकों से फ्रेंच, अंग्रेजी, क्रिओली भाषाओं का दबाव बढ़ रहा है और नई पीढ़ी में अभिमन्यु जैसे प्रतिभा संपन्न लेखकों का अभाव दिखाई देता है।

फिजी के प्रवासी लेखकों में कमला प्रसाद मिश्र, सुब्रमणी, विवेकानंद शर्मा आदि उल्लेखनीय हैं। बच्चू प्रसाद सिंह के राजदूत होने तथा विष्णुकांत शास्त्री की यात्रा से यहां हिंदी का वातावरण निर्मित हुआ था। सूरीनाम में 5-9 जून 2003 को हुए सातवें 'विश्व हिंदी सम्मेलन' के बाद वहां के हिंदी साहित्य से भारत के लोगों परिचय बढ़ा। पुष्पिता अवस्थी ने 'कविता सूरीनाम' तथा 'कथा सूरीनाम' दो संकलन प्रकाशित कराए। त्रिनिदाद में हरिशंकर आदेश ने लगभग 50 वर्षों तक साहित्य, संगीत तथा संस्कृति के लिए कार्य किया।

मॉरिशस के बाद अमेरिका तथा इंग्लैंड में हिंदी भाषा एवं साहित्य का सर्वाधिक विकास हुआ। अमेरिका में स्वामी विवेकानंद, हरदयाल और उनकी गदर पार्टी, इंडिया लीग ऑफ अमेरिका, भारतीय विद्या भवन, चिन्मय मिशन, अंतरराष्ट्रीय हिंदी समिति, विश्व हिंदी न्यास, विश्व हिंदी समिति तथा 1914 में स्थापित ढींगरा फैमिली फाउंडेशन तथा कनाडा की हिंदी प्रचारिणी सभा ने हिंदी भाषा, साहित्य तथा संस्कृति के प्रचार और विकास के लिए ऐतिहासिक महत्व के कार्य किए हैं। इन दो देशों से 'विश्व विवेक', 'सौरभ', 'विश्वा', 'हिंदी जगत', 'विज्ञान प्रकाश' एवं 'हिंदी चेतना' (कनाडा) आदि पत्रिकाओं ने हिंदी भाषा, साहित्य आदि के लिए बहुत ही प्रेरणादायक वातावरण निर्मित किया। अमेरिका के प्रवासी साहित्य के विकास में उषा प्रियंवदा, सोमा वीरा, कुंवर चंद्रप्रकाश सिंह, विजय मेहता, भूदेव शर्मा, रामेश्वर अशांत, गुलाब खंडेलवाल, वेदप्रकाश 'बटुक', अजंता संधीर, सुधाओम ढींगरा, सुषम बेदी, रेणु गुप्ता राजवंशी, सुदर्शन प्रियदर्शिनी, पुष्पा सक्सेना, इला प्रसाद, अमरेंद्र कुमार, शशि पाधा, आस्था नवल, हरिशंकर आदेश, विंध्येश्वरी अग्रवाल, देवेंद्र सिंह आदि ने विशेष योगदान दिया तथा कनाडा की साहित्यिक संस्थाएं हिंदी परिषद, हिंदी प्रचारिणी सभा, हिंदी साहित्य परिषद, नागरी प्रचारिणी सभा, सद्भावना आदि ने तथा श्याम त्रिपाठी, श्रीनाथ द्विवेदी, स्नेह ठाकुर आदि ने जो कार्य किया हैं, उससे कनाडा का योगदान सामने आया।

वहां के कथा साहित्य में विस्थापन की पीड़ा, रिश्तों के तनाव तथा विदेश में भारतीयों के जीवन के विविध पक्षों का उदघाटन किया गया है। भारतीय लेखक के अमेरिकी अनुभवों से एक नया संवेदनात्मक संसार निर्मित होता है, जो भारत के लेखक की संवेदनाओं तथा चिंताओं से भिन्न है।

यूरोपीय महाद्वीप में इंग्लैंड में प्रवासी भारतीयों के हिंदी साहित्य तथा हिंदी भाषा का सर्वाधिक प्रचार हुआ है। हरिवंश राय बच्चन जब 1951 में शोध-कार्य के लिए इंग्लैंड गए थे, तब 'हिंदी परिषद' की स्थापना हुई थी। कैंब्रिज और ऑक्सफोर्ड विश्वविद्यालयों में भी हिंदी शिक्षण होता था। बीबीसी की हिंदी सेवा शुरू हुई थी। लक्ष्मीमल्ल सिंघवी की प्रेरणा से 'हिंदी समिति यू के'(1992), 'अहिंसा का भारतीय मैनचेस्टर संस्था' (1993), 'गीतांजलि-बहुभाषीय समुदाय' (बर्मिंघम), 'कला ज्योति' (नॉर्थ लंदन, 1995), 'भारतीय भाषा संगठन', (यार्क, 1999), 'हिंदी भाषा समिति, (मैनचेस्टर 2000), 'कथा यू के' (2000) आदि संस्थाएं स्थापित हुईं। लंदन में छठे 'विश्व हिंदी सम्मेलन' से प्रवासी भारतीयों में हिंदी के प्रति प्रेम बढ़ा। वहां से 'पुरवाई', 'प्रवासी टुडे', 'लंदन टाइम्स' आदि पत्रिकाएं प्रकाशित होने लगीं। लंदन के 'नेहरू सेंटर' ने हिंदी के विकास में महत्वपूर्ण योगदान किया।

इंग्लैंड के प्रवासी भारतीयों में मुख्यतः वे लोग हैं जो स्वेच्छा से शिक्षा, नौकरी, व्यापार आदि के लिए गए और दो भिन्न संस्कृतियों के द्वंद्व के बावजूद अपने भारतीय मन को सुरक्षित रखा। वहां के हिंदी कवियों में सत्येंद्र श्रीवास्तव, कीर्ति चौधरी, दिव्या माथुर, उषाराजे सक्सेना, ओंकारनाथ श्रीवास्तव, मोहन राणा, गौतम सचदेव, कृष्ण कुमार, पद्मेश गुप्त, निखिल कौशिक, प्राण शर्मा, शैल अग्रवाल, स्वर्ण तलवाड़ आदि उल्लेखनीय हैं। कहानी के क्षेत्र में उपर्युक्त लेखकों के साथ तेजेंद्र शर्मा सक्रिय रहे हैं। उपन्यास में नरेश भारतीय, भारतेंदु विमल तथा नीना पाल, नाटक में अचला शर्मा उल्लेखनीय हैं। इंग्लैंड के अधिकांश प्रवासी लेखक काफी सक्रिय रहे हैं।

यूरोप के नॉर्वे, जर्मनी, नीदरलैंड, हंगरी, चेक, पोलैंड, डेनमार्क तथा इटली, रूस, जापान, कोरिया, जेमैका, अबू धाबी आदि देशों में हिंदी शिक्षण के साथ कुछ प्रवासी साहित्य की भी रचना होती रही है। नॉर्वे में सुरेशचंद्र शुक्ल एवं अमित जोशी सक्रिय रहे हैं। वे 'स्पाइल' एवं 'शांतिदूत' पत्रिका निकालते हैं। जर्मनी में इंदु प्रकाश पांडेय सक्रिय हैं। डेनमार्क में अर्चना पैन्यूली लिख रही हैं। रूस के मदनलाल 'मधु' ने कई दशकों तक हिंदी भाषा और साहित्य का काम किया। जापान में केशोराम सब्बरवाल ने प्रेमचंद की कहानियों का जापानी में अनुवाद किया था। सत्यभूषण वर्मा, लक्ष्मीधर मालवीय, इंदु जैन, कृष्ण दत्त पालीवाल, सुरेश ऋतुपर्णा आदि ने वहां हिंदी शिक्षण-कार्य किया और साहित्य भी लिखा। दिविक रमेश ने कोरिया में रहकर वहां की कविताओं का हिंदी में अनुवाद किया। अबू धाबी के कृष्ण बिहारी के कहानी संग्रह तथा आत्मकथा प्रकाशित हैं। पूर्णिमा बर्मन 'अभिव्यक्ति' एवं 'अनुभूति' दो वेबसाइट चलाती हैं। ऑस्ट्रेलिया की रेखा राजवंशी के संपादन में 'बूमरैंग' (2010) छपा।

हिंदी के प्रवासी साहित्य का एक वैश्विक रूप है। यह विदेश में रहने वाले प्रवासी भारतीयों को भारत से जोड़ता है। इसके मूल में स्वदेश प्रेम, भाषा प्रेम और संस्कृति प्रेम है। इससे हिंदी विश्व की कल्पना साकार होती है। प्रवासी लेखक स्वदेश-परदेश के द्वंद्व में जीता है। वह जीवन की नई अनुभूतियों, विस्थापन के तनावों, विसंगतियों एवं संघर्षों से गुजरता है। प्रवासी भारतीय का विदेशी भूमि से संस्पर्श होते ही उसकी एक नई दुनिया से टक्कर होती है। यह नई दुनिया उसके भाव-लोक तथा जीवन पर छाने लगती है, तब विदेशी संस्कृति से भारतीय मन का संघर्ष एक नई सृष्टि सामने लाता है। प्रवासी साहित्य की यह प्रधान विशिष्टता है, यही उसकी पहचान है। वह इस वैशिष्ट्य के साथ ही वृहद हिंदी साहित्य का अंग है। यह न द्वितीय कोटि का साहित्य है, न अघाए लोगों का और न हिंदूवादी साहित्य है। यह एक विशाल भारतीय मन से रचा गया साहित्य है, जो एक व्यापक और गतिशील हिंदी विश्व की रचना के संकल्प से भरा है। प्रवासी साहित्य से हिंदी साहित्य समृद्ध हुआ है, लेकिन एक चिंता है, क्या प्रवासी भारतीयों की नई पीढ़ियां हिंदी विश्व की रचना में दिलचस्पी लेंगी?

कमल किशोर गोयनका

अधिक जानकारी के लिए :
1. हिंदी का वैश्विक परिदृश्य : महेश दिवाकर, **2. विश्व हिंदी रचना :** कमल किशोर गोयनका

हिंदी का भूमंडलीकरण

लगभग 50 वर्ष पूर्व तक पश्चिम में भारतीय साहित्य के संबंध में जब भी कोई चर्चा होती थी तो अंग्रेजी में लिखी पुस्तकों को ही भारतीय साहित्य समझ कर बातचीत होती थी। वहां साहित्यिक गोष्ठियों में भी आर के नारायण, मुल्कराज आनंद और रवींद्रनाथ टैगोर जैसे लोगों के ही नाम सुने जाते थे। 1968 में रॉयल फेस्टिवल हॉल, लंदन में हुए 'इंटरनेश्नल पोएट्री फेस्टिवल' में भारत का कहीं नाम तक नहीं सुना गया। उन दिनों वहां के सार्वजनिक पुस्तकालयों में भी भारतीय साहित्य के नाम पर अंग्रेजी में ही लिखी दो-चार पुस्तकें होती थीं। जर्मन विद्वान श्लेजेल, शिलर, गेटे और मैक्समूलर ने 'इंडो-यूरोपीय' भाषाओं की जो छवि यूरोपीय परिदृश्य में अंकित कर दी थी, वही चली आ रही थी।

अब स्थिति ऐसी नहीं है। इसका कुछ अनुमान इस तथ्य से हो सकता है कि 2009 में लंदन में जो अंतरराष्ट्रीय पुस्तक मेला लगा था, वह 'भारतीय लेखन' पर केंद्रित था। कई भारतीय लेखकों ने वहां पहुंचकर मेले में आए देश-देश के लोगों के सम्मुख अलग-अलग सत्रों में अपनी रचनाएं सुनाई थीं।

ब्रिटेन में सार्वजनिक पुस्तकालयों के अलावा लंदन विश्वविद्यालय के स्कूल ऑफ ओरिएंटल एंड अफ्रीकन स्टडीज (सोआस) तथा कैंब्रिज और ऑक्सफोर्ड विश्वविद्यालयों के पुस्तकालयों के साथ ही लंदन के राष्ट्रीय पुस्तकालय 'ब्रिटिश लाइब्रेरी'

(पूर्व ब्रिटिश म्यूजियम लाइब्रेरी) में भी भारतीय भाषाओं की पुस्तकें हैं। इनका चुनाव निःसंदेह विशेषज्ञों द्वारा किया जाता है। सोआस का पुस्तकालय तथा ब्रिटिश लाइब्रेरी तो यूरोप में भारतीय पुस्तकों के लिए सबसे बड़े पुस्तकालय माने जाते हैं।

सौथाल (लंदन) से 'अमरदीप' पत्र 45 साल से निकल रहा है। रेडियो लंदन, लंदन ब्रॉडकास्टिंग कॉरपोरेशन, रेडियो लेस्टर, रेडियो कोवेंट्री, रेडियो बर्मिंघम और रेडियो मेनचेस्टर आदि से हिंदी कार्यक्रम प्रसारित होते हैं। लंदन और आसपास के क्षेत्रों यानी वृहत्तर लंदन में सनराइज रेडियो भी यही काम कर रहा है। कथा यू के द्वारा प्रतिवर्ष दिया जाने वाला 'इंदु शर्मा अंतरराष्ट्रीय कथा सम्मान' महत्वपूर्ण है। लंदन में नेहरू सेंटर द्वारा भी समय-समय पर कवि सम्मलेन और कहानी पाठ आदि के आयोजन होते रहते हैं। अब यहां कुछ हिंदी प्रेमी प्रवासी भारतीयों द्वारा हिंदी की कक्षाएं भी शुरू की गई हैं। हिंदी प्रचार-प्रसार के क्षेत्र में लंदन में भारतीय विद्या भवन भी सक्रिय है।

पाकिस्तान में नेशनल यूनिवर्सिटी ऑफ मॉडर्न लैंग्वेजेस में हिंदी विभाग की स्थापना 1973 में हुई थी। शुरू में वहां केवल सर्टिफिकेट और डिप्लोमा कोर्स ही थे, अब स्नातक, मास्टर्स, एम फिल और पी-एचडी की भी सुविधा है। इस विश्वविद्यालय में केवल पाकिस्तान के लोग ही नहीं, चीन और संयुक्त अरब अमीरात के प्रशासनिक अधिकारी भी हिंदी सीखने आते हैं। हाल में ही एक मुस्लिम छात्रा ने हिंदी में एम फिल किया है। इससे पता चलता है कि वहां भी अब लोगों में हिंदी पढ़ने-सीखने के प्रति रुचि बढ़ रही है ।

श्रीलंका हिंदी निकेतन हिंदी के प्रचार-प्रसार कार्य में अग्रगामी है। श्रीलंका के कई शहरों में इसकी शाखाएं हैं। इस संस्था द्वारा बोलचाल की हिंदी पाठशाला तथा श्रीलंका सरकार द्वारा 'ए' लेवल हिंदी परीक्षा की पाठ्माला संचालित होती है। प्रकाशन कार्य में यह संस्था तत्पर है। हिंदी-सिंहली कोश का संपादन हुआ है तथा 'हिंदी साहित्य का इतिहास' और 'भाषा-विज्ञान प्रवेश' भी बना है। हिंदी भाषा संबंधी टेपांकित सामग्री का निर्माण किया गया है, जिसमें प्रेमचंद के जीवन और कृतित्व के विवरण सहित आडियो कैसेट और साहित्य, काव्य, रस तथा अलंकार आदि के संक्षिप्त विवरण सहित आडियो उपलब्ध हैं।

फिजी में प्राथमिक पाठशालाओं से लेकर विश्वविद्यालय तक हिंदी पढ़ाई जाती है। वहां से 'जागृति', 'फिजी समाचार', 'शांति दूत', 'प्रशांत समाचार' के अलावा अन्य पत्र-पत्रिकाएं प्रकाशित होती हैं। वहां हिंदी महापरिषद फिजी भी हिंदी के प्रचार-प्रसार में सक्रिय है। रेडियो पर हिंदी में समाचार के साथ ही चौबीसों घंटे हिंदी कार्यक्रम प्रसारित होते हैं। वहां के लोगों ने हिंदी में कविता, कहानी, दोहे, रसिया, चौताल और अन्य प्रकार के लोक गीत लिखे हैं।

मॉरीशस में हिंदी लेखन की समृद्ध परंपरा रही है। वैसे तो कई देशों में हिंदी में साहित्य सृजन हो रहा है, परंतु सर्जनात्मक साहित्य की जो प्राणवत्ता और जीवंतता मॉरीशस के हिंदी साहित्य में है, वह अन्यत्र दुर्लभ है। कविता, उपन्यास लेखन और पत्रकारिता सभी क्षेत्रों में मॉरीशस अन्य देशों की अपेक्षा अग्रणी कहा जा सकता है। वहां अब तक सौ से अधिक कविता संग्रह प्रकाशित हो चुके हैं। वहां कवि सम्मेलन होते ही हैं, मॉरीशस ब्रॉडकास्टिंग कॉरपोरेशन से कविताओं का प्रसारण भी होता है।

फिजी, मॉरीशस और सूरीनाम के प्रवासी भारतीय तो निःसंकोच हिंदी बोलते हैं, अब त्रिनिदाद और गयाना के प्रवासी भारतीय भी थोड़ी-थोड़ी हिंदी बोलने लगे हैं। फिजी, मॉरीशस और सूरीनाम से अब हिंदी समाचार-पत्र और पत्रिकाएं भी निकलने लगी हैं। कनाडा और अमेरिका के सार्वजनिक पुस्तकालयों में भी हिंदी पुस्तकें उपलब्ध हैं। वहां के विश्वविद्यालयों में स्नातक और स्नातकोत्तर के साथ ही शोध कार्य की सुविधाएं भी हैं। कई शोध ग्रंथ वहां के विश्वविद्यालयों द्वारा प्रकाशित किए जा चुके हैं।

एशिया में चीन और जापान में विश्वविद्यालय स्तर पर हिंदी का प्रसार हो चुका है। जापान में हिंदी के अध्ययन और शिक्षण का लंबा इतिहास है। ओसाका विदेशी भाषा विश्वविद्यालय में हिंदी शिक्षण प्रथम

विश्वयुद्ध के समय से यानी 1914 से होता आ रहा है। तोक्यो विदेशी भाषा विश्वविद्यालय में इसका इतिहास और अधिक पुराना है। 2010 में दोनों विश्वविद्यालयों के एकीकरण के बाद ओसाका विश्वविद्यालय में हिंदी विभाग स्थापित हुआ। इससे ओसाका विश्वविद्यालय में हिंदी शिक्षण का नया इतिहास शुरू हुआ। यहां 2006 से 'विश्व हिंदी दिवस' धूमधाम से मनाया जाता है। भारत-जापान समन्वय मंच के प्रयास से हिंदी में 'साकूरा की बयार' नामक पत्रिका प्रकाशित होती है। अन्य पत्रिकाओं में 'हिंदी साहित्य' और 'भारतीय साहित्य' उल्लेखनीय हैं। इन दोनों ही पत्रिकाओं के प्रायः प्रत्येक अंक में हिंदी लेखकों की रचनाओं और लेखों आदि के अनुवाद छपते रहते हैं।

जापान के प्रोफेसर कात्सुरो कोगा ने जापानी-हिंदी शब्दकोश बनाया है। रॉयल साइज के लगभग डेढ़ हजार पृष्ठों के इस कोश में 78,817 शब्द हैं। इसमें हरेक हिंदी शब्द के औसतन तीन अर्थ जापानी में दिए गए हैं। कहीं-कहीं एक ही शब्द की व्याख्या के लिए दो, तीन, चार या उससे भी अधिक समानार्थी शब्दों या वाक्यांशों का प्रयोग किया गया है। इस शब्दकोश की विशेषताओं में एक है–मुहावरों, वाक्यों और वाक्यांशों की बहुलता। इसमें 27,507 मुहावरे हैं और वाक्यों तथा वाक्यांशों की संख्या 46,226 है। उल्लेखनीय यह भी है कि ये सब वाक्य और वाक्यांश हिंदी की किसी-न-किसी साहित्यिक रचना, समाचार पत्र, पत्रिका आदि से लिये गए हैं। किसी भी शब्दकोश की जान उसमें दिए गए उदाहरणों में होती है। अब तक जितने भी हिंदी शब्दकोश निकले हैं, उन सबकी अपेक्षा इसमें वाक्यों और वाक्यांशों के उदाहरण भरपूर हैं। इस शब्दकोश की एक और विशेषता यह है कि इससे भारतीय संस्कृति, इतिहास और समाज से संबंधित अनेक जानकारियां मिल सकती हैं, इसलिए इसे एक प्रकार से 'एनसाइक्लोपीडिया ऑफ इंडिया' भी कहा जा सकता है। जापान में हिंदी का प्रचार-प्रसार कितना हुआ है इसका अनुमान केवल इस तथ्य से हो सकता है कि वहां अब तक एक सौ से अधिक हिंदी पुस्तकों और लेखों का जापानी में अनुवाद हो चुका है। उनमें से कुछ हैं : तमस (भीष्म साहनी), अपना मोर्चा (काशीनाथ सिंह), आपका बंटी (मन्नू भंडारी), यशोधरा (मैथिलीशरण गुप्त), मोहन राकेश की कहानियां, कुछ दलित रचनाएं आदि।

अमेरिका में कई विश्वविद्यालयों में हिंदी का शिक्षण होता है। वहां के सार्वजनिक पुस्तकालयों में भारतीय भाषाओं की पुस्तकों का अच्छा संग्रह है। वहां हिंदी पुस्तकों के साथ ही समाचार-पत्र, ऑडियो/वीडिओ टेप, सी डी, पत्र-पत्रिकाएं आदि होती हैं।

विश्व के दो बड़े प्रकाशन समूह पेंगुइन और हार्पर कालिंस कई हिंदी पुस्तकें प्रकाशित कर चुके हैं। यह हिंदी के भारतीय प्रकाशकों के लिए बहुत बड़ी चुनौती है। हिंदी लेखक केवल अधिक रॉयल्टी के लिए ही नहीं, वरन प्रकाशन की गुणवत्ता के कारण भी विदेशी प्रकाशकों की ओर आकर्षित होते हैं।

महेंद्र राजा जैन

हिंदी का शिक्षाशास्त्र

किसी भी शिक्षाशास्त्र का संबंध सीखने-सिखाने की क्रियाओं या शिक्षण से है, जिसे अंग्रेजी में 'पैडागॉजी' कहा जाता है। हिंदी भाषा का शिक्षाशास्त्र इस संबंध में विस्तृत चर्चा करता है कि हिंदी सीखने-सिखाने की प्रक्रियाओं का स्वरूप कैसा होना चाहिए। बच्चे भाषा कैसे सीखते हैं, भाषा कैसी सीखी जाती है–इस संबंध में मतैक्य नहीं है। बी एफ स्किनर का मानना है कि परिवेश में उपलब्ध भाषा का अनुकरण करते हुए भाषा सीखी जाती है। इस मान्यता के विरुद्ध यह तर्क है कि यदि ऐसा होता तो बच्चे उतनी ही भाषाई संरचनाओं का प्रयोग करते, जो उन्होंने अपने परिवेश में सुनी हैं। हम देखते हैं कि बच्चे उन भाषाई संरचनाओं का भी प्रयोग करते हैं जो उन्होंने पहले नहीं सुनीं या जिनका पहले प्रयोग नहीं किया। नोम चॉम्स्की का मानना है कि हम सभी के पास भाषा सीखने की अंतर्जात क्षमता होती है। वे इसे

भाषा अर्जन क्षमता—'लैंग्वेज एक्यूजीशन डिवाइस' कहते हैं। इस क्षमता के सहारे बच्चे अपने परिवेश में जो भाषा सुनते हैं, उसके आधार पर वे अपना एक 'लघु व्याकरण' बनाते हैं, यानी भाषाई संरचनाओं के नियम बनाते हैं और इन नियमों के आधार पर व्याकरणिक रूप से स्वीकार्य और सृजनात्मक भाषा का प्रयोग करते चलते हैं। 'उसने देखा / सीमा ने कहा / उसने हँसा' भाषाई प्रयोगों में अंतिम वाक्य 'उसने हँसा' नियमों का अतिसामान्यीकरण है, लेकिन बाद में बच्चे स्वयं भाषाई अनुभव मिलने पर 'ने' परसर्ग वाली रचना और अकर्मक क्रिया में सामंजस्य बैठाते हुए सही प्रयोग 'वह हँसा / वह सोया' आदि सही भाषाई संरचनाओं का प्रयोग करना सीख जाते हैं।

वाइगोत्स्की का मानना है कि बच्चे की भाषा समाज के साथ संपर्क का परिणाम है। साथ ही बच्चा अपनी भाषा के विकास के दौरान दो तरह की बोली बोलता है : पहली आत्मकेंद्रित और दूसरी सामाजिक। आत्मोन्मुख भाषा के माध्यम से वह खुद से संवाद करता है, जबकि सामाजिक भाषा के माध्यम से वह शेष सारी दुनिया से संवाद स्थापित करता है।

कोई भी भाषा शून्य में रहकर नहीं सीखी जाती। उसे अर्जित करने के लिए समृद्ध भाषिक परिवेश की आवश्यकता होती है। शब्दों को अर्थ भाषा समुदाय के बीच से मिलते हैं। यही कारण है कि बिहार में बोली जाने वाली भोजपुरी भाषा में गाढ़े रंग के लिए 'कच-कच-हरियर' है तो हलके रंग के लिए 'हरियर कचनार' और गाढ़े लाल रंग के लिए 'लाल टेस' है तो उजले रंग के लिए 'उजर'। हिंदी भाषा में हर रंग के लिए हलका, गाढ़ा जैसे विशेषणों का ही प्रयोग किया जाता है। यह उदाहरण इस ओर भी संकेत करता है कि प्रत्येक संस्कृति की अपनी भाषा होती है और प्रत्येक भाषा की अपनी संस्कृति। भाषा को समाज और उसकी संस्कृति से पृथक न देखा जा सकता है और न ही उसका विकास संभव है। कहा जा सकता है कि बच्चे भाषा सीखने की अंतर्जात क्षमता की सहायता से समाज से अंतःक्रिया करते हुए भाषा सीखते हैं। हिंदी भाषा सीखने-सिखाने की प्रक्रिया में आवश्यक है कि बच्चों को विभिन्न संदर्भों में बातचीत के सार्थक अवसर दिए जाएं, उनके अनुभव संसार और उस अनुभव संसार को व्यक्त करने वाली उनकी मातृभाषा को कक्षा में उचित स्थान दिया जाए। बहुभाषी कक्षा में बच्चों की भाषा को स्वीकारने का अर्थ है—उनकी अस्मिता को स्वीकारना।

हिंदी सीखने के संदर्भ में यह महत्वपूर्ण है कि बच्चों को पढ़ने के लिए विविध बाल साहित्य उपलब्ध कराया जाए। यह उनके अनुभव संसार और भाषा संसार को विस्तार देगा। साथ ही बच्चों को हिंदी भाषा की बारीकियों, भाषा-संरचनाओं को समझने में मदद करेगा। साहित्य के अलावा सहपाठियों, समुदाय के सदस्यों और स्वयं शिक्षक की भाषा बच्चों के लिए समृद्ध भाषिक परिवेश का निर्माण करती है। बच्चे जो अनुभूत करते हैं, उसकी लिखित अभिव्यक्ति के लिए उन्हें प्रेरित किया जाना चाहिए। लिखने को किसी सार्थक उद्देश्य के साथ जोड़ना चाहिए। उनके कार्यों को कक्षा में प्रदर्शित किया जाए। यह उनकी, उनकी भाषा और उनकी भाषिक सृजनात्मकता की स्वीकारोक्ति होगी। बच्चे स्कूल जाने से पहले ही अपनी भाषा/ भाषाओं की संरचनाओं पर अधिकार रखते हैं। हिंदी शिक्षण के समय उनकी इस भाषाई पूंजी का इस्तेमाल किया जा सकता है। हिंदी सीखने में होने वाली त्रुटियों को कठोर रूप से न तो देखना चाहिए और न ही इसके लिए बच्चों को बार-बार टोकना चाहिए। हिंदी भाषा सीखने के शुरुआती समय में 'शुद्ध' के प्रति अति आग्रह बच्चों को 'खामोश' कर सकता है। समृद्ध भाषिक परिवेश और शिक्षक के मार्गदर्शन के माध्यम से वे स्वयं ही अपनी भाषा में अपेक्षित सुधार कर लेंगे। ठीक वैसे ही जैसे वे मौखिक भाषा का प्रयोग करना सीख जाते हैं। हिंदी भाषा सीखने के सार्थक अवसर और सार्थक प्रयास बच्चों की भाषाई कुशलताओं का विकास करने में सहायक होते हैं।

उषा शर्मा

हिंदी की अनुवाद परंपरा

हिंदी की अनुवाद परंपरा पर विचार करते हुए सर्वप्रथम अनुवाद की विभिन्न प्रविधियों पर ध्यान देना होगा। भारतीय परंपरा में अनुवाद की कई कोटियां हैं। अनुकथन, अनुवचन, पुनर्कथन, पुनर्रचना, व्याख्या, विश्लेषण, अन्वय, आत्मसातीकरण, रूपांतरण, अनुकूलन, भाषा, टीका, विवेचन सारे रूपों को प्रदत्त पाठ के अनुवाद का समानार्थी समझा गया है। इस आलोक में हिंदी के भक्ति साहित्य के सारे पाठ आत्मसातीकरण, अनुकूलन, पुनर्कथन अथवा पुनर्रचना के रूप में पौराणिक ग्रंथों का अनुवाद कहे जा सकते हैं। सूरदास एवं तुलसीदास की कृतियां आत्मसातीकरण का उत्कृष्ट उदाहरण है। इसे अनुवाद अध्ययन में 'एप्रोप्रिएशन' के नाम से जाना जाता है। 'एप्रोप्रिएशन' अर्थात मूल पाठ की आत्मा सुरक्षित रखते हुए ऐसे नए पाठ का पुनर्सृजन जिसमें काल, परिवेश और ग्रहणकर्ता समाज के लिए लक्षित पाठ की उपादेयता का विशेष ध्यान रखा जाए। हिंदी सहित सभी भारतीय भाषाओं के साहित्य में इतिहास, पुराण, रामायण, महाभारत और लोकगाथाओं के अनगिनत आत्मसातीकृत ग्रंथ उपलब्ध हैं। आज वे अपनी-अपनी भाषा के प्रतिष्ठित मौलिक ग्रंथ माने जाते हैं।

आत्मसातीकरण की शैली पर ध्यान दें तो तुलसीदास ने स्वयं लिखा है, 'नाना पुराण निगमागम सम्मतं यद्।' रामचरितमानस की रचना में उन्होंने उस काल तक उपलब्ध विविध ग्रंथों से प्राप्त ज्ञान का सहारा लिया था। उन्होंने कहीं शब्दशः अनुवाद किया, कहीं भावानुवाद किया, कहीं कुछ छोड़ा, कहीं कुछ जोड़ा अर्थात अनुवाद के सारे विधान अपनाए। असंख्य उदाहरणों में से एक उदाहरण महाभारत की पंक्ति 'यदा यदा हि धर्मस्य ग्लानिर्भवति' का सीधा अनुवाद रामचरितमानस में 'जब-जब होहिं धर्म की हानी' है। इसी तरह चाणक्य नीति के श्लोक 'येषां न विद्या न तपो न दानं, ज्ञानं न शीलं न गुणो न धर्मः/ ते मर्त्यलोके भुवि भारभूताः मनुष्यरूपेण मृगाश्चरंति' का सीधा अनुवाद रहीम के दोहे में हैं– 'रहिमन विद्या बुद्धि नहिं, नहीं धरम जस दान/भू पर जनम वृथा धरै, पसु बिन पुच्छ विषान'।

हिंदी के प्रतिष्ठित अनुवादक के रूप में जसवंत सिंह, सोमनाथ, भारतेंदु हरिश्चंद्र, महावीर प्रसाद द्विवेदी, श्रीधर पाठक, रामचंद्र शुक्ल, जैनेंद्र कुमार, मैथिलीशरण गुप्त, सूर्यकांत त्रिपाठी निराला, हरिवंशराय बच्चन, रामधारी सिंह दिनकर, भदंत आनंद कौशल्यायन, राजेंद्र यादव, अमृत राय, विष्णु खरे आदि के नाम लिए जाते हैं।

भारतीय साहित्य के प्रारंभिक दौर से लेकर मुगल साम्राज्य के पतनकाल तक भारत में अनुवाद कर्म एक श्रेष्ठ कार्य माना जाता था। वस्तु, विचार, ज्ञान, धर्म, पद आदि के विनिमय एवं सभ्यता-संस्कृति के विकास के लिए एक भाषा के पाठ का दूसरी भाषा में अनुवाद समाज में सभ्यता एवं संस्कृति के विस्तार का आधार था। शासन में भी इसकी अपरिहार्यता अशोक, चाणक्य, चंद्रगुप्त, अकबर, शाहजहां आदि के काल में साबित हो चुकी थी। ब्रिटिश हुकूमत के दौर में अनुवाद अन्य समाज और संस्कृति के ज्ञान को हथियाने का माध्यम बना। अंग्रेजी के शासकीय सलाहकारों ने भारत के श्रेष्ठ ग्रंथों के अनुवाद कराए। इसके परिणामस्वरूप कुछ अच्छी बातें भी हुईं। प्रथम स्वाधीनता संग्राम में भारतीय चेतना कुछ और जाग्रत हुई। भारत के बौद्धिक समाज में भाषा और संस्कृति की जातीय निजता का अन्वेषण हुआ। सभी भाषाओं के बुद्धिजीवी इस दिशा में गंभीरता से सोचने लगे। राममोहन राय के नेतृत्व वाले भारतीय नवजागरण की अनुगूंज और भारतेंदु मंडल के हिंदी नवजागरण की धारणा में इस विलक्षण प्रयास को देखा जा सकता है। हिंदी नवजागरण के अग्रदूतों में अनुवाद के प्रति दृढ़ आस्था स्पष्ट दिखती है। भाषा, साहित्य, संस्कृति एवं अनुवाद के प्रति भारतेंदु-मंडल के बौद्धिकों की सजगता का एक खास महत्व है।

अनुवाद कार्यों का कोई विधिवत् अभिलेखीकरण नहीं मिलता, इसलिए आज भी आधिकारिक तौर पर कह पाना कठिन है कि हिंदी का विधिवत् पहला

अनुवाद कौन-सा है? पहली नजर 1867 में भारतेंदु हरिश्चंद्र (1850-1885) द्वारा बांगला से अनूदित 'विद्यासुंदर' नाटक पर जाती है। सूचनानुसार इसे हिंदी का दूसरा अनुवाद कहा जा सकता है क्योंकि विद्यासुंदर के दूसरे संस्करण की भूमिका में स्वयं भारतेंदु ने सूचित किया है कि इससे पहले राजा लक्ष्मण सिंह द्वारा कालिदास की शकुंतला के हिंदी अनुवाद की सूचना उन्हें थी। भारतेंदु द्वारा अनूदित 'विद्यासुंदर' किसी आत्मसातीकरण अथवा पुनर्रचना से कम नहीं है। कहते हैं कि बंग जनपद में प्रचारित विद्यावती की आख्यायिका का मूल स्रोत वररुचि की बनाई हुई 'चौरपंचाशिका' है। बांग्ला में इस उपाख्यान का काव्यलेखन भारतचंद्र राय ने किया। बाद में इस काव्य के आलंबन से यतींद्र मोहन ठाकुर ने 'विद्यासुंदर' नाटक लिखा। भारतेंदु रचित विद्यासुंदर उसी की छाया है। स्पष्टतः हिंदी में प्रस्तुत विद्यासुंदर अनुवाद, आत्मसातीकरण और पुनर्रचना का उदाहरण है।

भारतेंदु ने 'विद्यासुंदर' के अलावा कई अन्य अनुवाद भी किए। उन्होंने 1868 में संस्कृत के प्रसिद्ध ग्रंथ 'रत्नावली' का अनुवाद किया। 1872 में कृष्ण मिश्र रचित संस्कृत ग्रंथ 'प्रबोध चंद्रोदय' के तीसरे अंक का अनुवाद 'पाखंड विडंबन' शीर्षक से किया। 1873 में पंडित कांचन कवि की कृति 'धनंजय विजय' का, फरवरी 1875 में चौथी शताब्दी में रचित विशाखदत्त के संस्कृत नाटक 'मुद्राराक्षस' का, 1876 में राजशेखर रचित प्रसिद्ध सट्टक 'कर्पूरमंजरी' का अनुवाद प्राकृत भाषा से किया। इन अनुवादों में उन्होंने भावानुवाद की पद्धति अपनाई, लिहाजा इन्हें नाट्य-रूपांतर कहना बेहतर होगा। नाटक की प्रस्तावना, भरतवाक्य आदि का अनुवाद उन्होंने प्रायः हू-ब-हू किया, पर चरित्र व्यंजना में शब्दानुवाद की प्रवृत्ति त्यागकर पर्याप्त स्वतंत्र दृष्टिकोण रखा। इस कारण 'मुद्राराक्षस' के अनुवाद में उनकी मौलिक विचारदृष्टि और भाषा-प्रवाह की सरसता देखी जा सकती है। नाटकों के काव्यांश के अनुवाद में यह प्रवृत्ति और भी अधिक स्पष्टता से परिलक्षित होती है। अनुवादक के रूप में भारतेंदु की सफलता-असफलता पर विचार करते हुए अनुवाद के आधार पर मूल लेखक विशाखदत्त एवं अन्य रचनाकारों के कृतित्व का मूल्यांकन भी किया जा सकता है। इस धारणा पर सहजता से पहुंचा जा सकता है कि कई बार अनुवादकीय कौशल के कारण मूल पाठ की संप्रेषणीयता में बाधक तत्व छंट जाते हैं।

भारतेंदु के बाद महावीर प्रसाद द्विवेदी (1864-1938) ने इस दिशा में योगदान किया। उन्हें अंग्रेजी, संस्कृत, मराठी तथा बांग्ला का बेहतरीन ज्ञान था। उन्होंने इन भाषाओं की कई उत्कृष्ट कृतियों के अनुवाद से हिंदी भाषा एवं साहित्य के भंडार को समृद्ध किया। पद्यानुवाद में विनय विनोद (1889, वैराग्य शतक-भर्तृहरि), विहार वाटिका (1890, गीत गोविंद का भावानुवाद), स्नेह माला (1890, श्रृंगार शतक-भर्तृहरि), श्री महिम्न स्तोत्र (1891, संस्कृत कृति 'महिम्न स्तोत्र'), गंगा लहरी (1891, गंगा लहरी-पंडितराज जगन्नाथ, सवैया छंद में अनुवाद), ऋतुतरंगिणी (1891, ऋतुसंहार-कालिदास, छायानुवाद), सोहागरात (ब्राइडल नाइट-बाइरन, छायानुवाद अप्रकाशित), कुमारसंभवसार (1902, कुमारसंभवम्-कालिदास, प्रथम पांच सर्गों का सारांश) और गद्यानुवाद में भामिनी-विलास (1891, भामिनी विलास-पंडितराज जगन्नाथ), अमृत लहरी (1896, यमुना स्तोत्र-पंडितराज जगन्नाथ, भावानुवाद), बेकन-विचार-रत्नावली (1901, बेकन के प्रसिद्ध निबंध), शिक्षा (1906, द एजुकेशन-हर्बर्ट स्पेंसर), स्वाधीनता (1907, ऑन लिबर्टी–जॉन स्टुअर्ट मिल), जल चिकित्सा (1907, जर्मन लेखक लुई कूने की जर्मन पुस्तक के अंग्रेजी अनुवाद का अनुवाद), हिंदी महाभारत (1908, महाभारत की कथा का हिंदी रूपांतर), रघुवंश और मेघदूत (1917, कालिदास) किरातार्जुनीय (1917, किरातार्जुनीयम्-भारवि), प्राचीन पंडित और कवि (1918, अन्य भाषाओं के लेखों के आधार पर प्राचीन कवियों और पंडितों का परिचय), आख्यायिका सप्तक (1927, अन्य भाषाओं की चुनी हुई सात

आख्यायिकाओं का छायानुवाद) आदि ने विभिन्न राहों से हिंदी भाषी जनता के ज्ञान का विस्तार और रुचि का परिष्कार किया।

उस दौर में रामचंद्र शुक्ल (1884-1941) ने बांग्ला से राखालदास बंद्योपाध्याय के उपन्यास 'शशांक' और जोसेफ एडिसन की रचना 'प्लेजर्स ऑफ इमेजिनेशन' (कल्पना का आनंद) का अंग्रेजी से हिंदी में रोचक अनुवाद किया। 'बुद्धचरित' शीर्षक से उन्होंने एडविन आर्नल्ड के 'लाइट ऑफ एशिया' का ब्रज भाषा में पद्यानुवाद किया। इसके अलावा आदर्श जीवन, मेगस्थनीज का भारतवर्षीय वर्णन जैसी कई रचनाओं का अनुवाद किया। जर्मनी के प्रसिद्ध प्राणिशास्त्री और भौतिकवादी दार्शनिक अर्न्स्ट हैकल की पुस्तक 'रिड्ल ऑफ द यूनिवर्स' का 'विश्वप्रपंच' शीर्षक से किया गया अनुवाद विशेष उल्लेखनीय है। बाद में उन्होंने इस अनुवाद के साथ एक लंबी भूमिका भी लिखी। 'रिड्ल ऑफ द यूनिवर्स' अनात्मवादी आधिभौतिक पक्ष का एक सिद्धांत-ग्रंथ है। इसके प्रकाशित होते ही यूरोप में धूम मच गई थी। दो महीने के भीतर अकेले जर्मनी में इसकी नौ हजार प्रतियां बिक गईं। यूरोप की सभी भाषाओं में इसके अनुवाद प्रकाशित हुए। अनुवाद की भूमिका में शुक्ल जी ने उल्लेख किया कि उन्नीसवीं शताब्दी में यूरोप में भौतिक विज्ञान, रसायन, भूगर्भ विद्या, प्राणिविज्ञान, शरीरविज्ञान आदि के अंतर्गत नई-नई बातों का पता लगने लगा, नए-नए सिद्धांत स्थिर होने लगे, जगत के संबंध में लोगों की भावनाएं बदलने लगीं, चीजों को ईश्वर की कृति मानकर संतोष कर लेने की जगह विज्ञानसम्मत कार्य-कारण संबंध की विस्तृत शृंखला उपस्थित हुई, ज्ञान-दृष्टि को विस्तार मिला, वैज्ञानिक प्रगति में आस्था व्यक्त की गई। आचार्य शुक्ल ने इस अनुवाद के माध्यम से हिंदी समाज में वैज्ञानिक चेतना का प्रसार किया।

प्रेमचंद (1880-1936) अव्वल दर्जे के अनुवादक थे। 'टॉलस्टॉय की कहानियां' (1923), गाल्सवर्दी के तीन नाटकों – 'हड़ताल' (1930), 'चांदी की डिबिया' (1931) और 'न्याय' (1931) के साथ-साथ 'आजाद कथा' शीर्षक से रतननाथ सरशार के उर्दू उपन्यास 'फसान-ए-आजाद' का हिंदी में अनूदित उनकी उल्लेखनीय कृतियां हैं। निराला जी का बांग्ला भाषा पर अच्छा अधिकार था। उन्होंने रामकृष्णवचनामृत के अतिरिक्त रवींद्रनाथ की कविताओं, बंकिम के कई उपन्यासों और स्वामी विवेकानंद के भाषणों और कविताओं का अनुवाद बांग्ला से हिंदी में किया। रामविलास शर्मा, राहुल सांकृत्यायन, रांगेय राघव, अमृत राय, शमशेर, केदारनाथ अग्रवाल आदि प्रगतिशील साहित्यकारों ने अनुवाद कार्य में महत्वपूर्ण योगदान किया। चंद्रबली सिंह ने पाब्लो नेरूदा, एमिली डिकिन्सन, मायकोवस्की, वाल्ट व्हिटमैन और नाजिम हिकमत की कविताओं का अंग्रेजी से हिंदी में सफल अनुवाद किया। इस बीच भारत और विश्व की प्रमुख भाषाओं से हिंदी में अनुवाद की रफ्तार तेज हुई।

टक्कर (चेखव), हमारे युग का एक नायक (लर्मंतोव), प्रथम प्रेम (तुर्गनेव), वसंत प्लावन (तुर्गनेव), एक मछुआ : एक मोती (स्टाइनबेक), अजनबी (कामू) आदि राजेंद्र यादव द्वारा अनूदित उल्लेखनीय कृतियां हैं। विष्णु खरे ने हिंदी की कई रचनाओं का अंग्रेजी में अनुवाद किया, पर अंग्रेजी एवं अन्य विदेशी भाषाओं से हिंदी में उनके कई अनुवाद विशेष उल्लेखनीय हैं। 'मरुप्रदेश और अन्य कविताएं' (1960, टी एस इलिएट–वेस्टलैंड एंड अदर पोयम्स) 'जीभ दिखाना' (1984, गुंटर ग्रास, मूल जर्मन से हिंदी अनुवाद), 'यह चाकू समय' (आत्तिला जोजेफ), हम सपने देखते हैं (मिक्लोश राद्नोती), 'कालेवाला' (1990, फिनी राष्ट्रकाव्य), 'अगली कहानी' (सेस नोटेबोम, डच उपन्यास), 'हमला' (हरी मूलिश), 'दो नोबल पुरस्कार विजेता कवि' (चेस्लाव मिलेश, विस्वावा शिम्बोर्स्का), 'कलेवपुत्र' (2012, एस्टोनिया का राष्ट्रीय महाकाव्य) आदि उनकी उल्लेखनीय अनूदित कृतियां हैं।

ब्रिटिश हुकूमत के दौरान अनुवाद उद्यम संवेदनशील मामला हो गया था। राजकाज और शासन व्यवस्था में भी यह संवेदनशीलता बढ़ी। द्वितीय

विश्वयुद्ध के बाद अंतरराष्ट्रीय संबंधों के मद्देनजर अनुवाद की गरिमा में एक बार फिर से विस्तार हुआ। वक्तव्य की अर्थछवियों में असीम संभावनाएं दिखाई देने लगीं। इस समय तक आते-आते भावानुवाद, सारानुवाद, टीका आदि उपर्युक्त संभावनाओं का संकेत देने में अक्षम होने लगे। शब्द-प्रयोग की धारणाओं के आधार पर समानार्थी शब्द के विकल्प तलाशे जाने लगे। भारत की स्वाधीनता के बाद दुनिया भर के विश्वविद्यालयों में अनुवाद प्रशिक्षण दिया जाने लगा। ज्ञान की शाखा के रूप में अनुवाद अध्ययन की पढ़ाई होने लगी। इस आलोक में पहले से ही मानव सभ्यता के लिए अपरिहार्य अनुवाद कर्म और भी अपरिहार्य हो गया।

आजादी के बाद हिंदी का प्रकाशन उद्योग भी विकासोन्मुख हुआ। ज्ञान की विविध शाखाओं में पुस्तकों की आवश्यकता होने लगी। बुद्धिजीवियों को राष्ट्रीय-अंतरराष्ट्रीय स्तर की महत्वपूर्ण गतिविधियों, सांस्कृतिक उपक्रमों, राजनीतिक हलचलों और सिद्धांतों के बारे में अद्यतन रहने की आवश्यकता महसूस होने लगी। जनसंचार माध्यमों के क्रमशः विकास से ये सारे विधान और भी महत्वपूर्ण हो उठे। व्यापार एवं पर्यटन के क्षेत्र में अनुवाद की अनिवार्यता प्रमुख हो उठी। विज्ञान एवं तकनीक के निरंतर विकास ने इसे और तूल दिया। लिहाजा पिछले छह-सात दशकों में हिंदी में अनुवाद-उद्यम अपनी अधिक महती भूमिका के साथ सामने आया है।

अनुवाद के बिना भारत जैसे बहुभाषी-बहुसांस्कृतिक राष्ट्र की समग्र संस्कृति से रू-ब-रू होना असंभव हो गया। भारतीय भाषा केंद्र (मैसूर), नेशनल बुक ट्रस्ट (दिल्ली), साहित्य अकादेमी, (दिल्ली), प्रकाशन विभाग (दिल्ली) जैसी भारत सरकार की कुछ सरकारी एवं स्वायत्त संस्थाओं ने इस दिशा में अपने बहुभाषी अनुवाद एवं प्रकाशन के साथ पिछले कई दशकों में विलक्षण काम किया। केंद्रीय हिंदी निदेशालय (नई दिल्ली), केंद्रीय हिंदी संस्थान (आगरा), भारतीय अनुवाद परिषद (नई दिल्ली) आदि का हिंदी को लेकर किया गया काम उल्लेखनीय है। बहुभाषी प्रकाशनों एवं अनुवादों के इस क्रम में यह भी देखा गया कि अधिकांश भारतीय भाषाओं के लिए हिंदी सेतु भाषा के रूप में विकसित हुई। इस लिहाज से हिंदी अनुवाद का दायित्व और भी गुरुतर हो गया। साहित्य अकादेमी सहित कई अन्य संस्थाएं श्रेष्ठ अनुवाद कार्य के लिए अनुवादक का सम्मान भी करती हैं। इसके अलावा अनुवाद इधर उपार्जन का साधन भी बन गया। ग्रंथशिल्पी प्रकाशन, राजकमल प्रकाशन, वाणी प्रकाशन, राधाकृष्ण प्रकाशन, राजपाल एंड संस, संवाद प्रकाशन, लोकभारती, किताबघर, साहित्य संस्थान, पेंगुइन बुक्स, उद्‌भावना प्रकाशन, नई किताब आदि हिंदी के कई निजी प्रकाशकों ने पिछले दशकों में हिंदी में अपार अनूदित कृतियां प्रकाशित की हैं। हिंदी की अनुवाद धारा भारतीय सभ्यता एवं संस्कृति का एक विलक्षण चेहरा है।

देवशंकर नवीन

हिंदी की गैर-पारंपरिक किस्में

हिंदी का इकहरा रूप एकरसता और एकरूपता का आभास देता है, जबकि समसामयिक हिंदी अपने-आप में कई हिंदियों को समेटे हुए है। इस अनेक रूपों वाली हिंदी का समाज बहुविस्तृत और बहुपार्श्वीय है। वैश्वीकृत और उदारीकृत भारत की महानगरीय हिंदी, प्रवासी हिंदी, राजभाषा हिंदी, मीडियाई हिंदी, तकनीकी हिंदी, बॉलीवुड की हिंदी तथा अन्य रूप हिंदी को नए रंग और ढंग दे रहे हैं। पिछले कुछ दशकों से हिंदी ने कई उपधाराओं और नहरों का निर्माण किया है, कई नए मुकाम हासिल किए हैं। हम जिसे हिंदी क्षेत्र कहते हैं अर्थात उत्तर प्रदेश, बिहार, झारखंड, हिमाचल प्रदेश, छत्तीसगढ़, उत्तराखंड, मध्य प्रदेश, हरियाणा, दिल्ली और राजस्थान के अलावा भारत की सभी दिशाओं में संपर्क भाषा के रूप में हिंदी का इस्तेमाल होता है। हर जगह इस हिंदी के अलग-अलग रंग दिखाई देते

हैं। ऐतिहासिक रूप से हिंदी के इन प्रकारों का विकास भारतीय इतिहास के विभिन्न चरणों में हुआ है। हिंदी की इन किस्मों को कभी बाजार की हिंदी कहा गया, कभी 'बैरक हिंदी' तो कभी 'कटलर हिंदी'। प्रादेशिक हिंदी के इन रूपों पर उनका इस्तेमाल करने वाले लोगों और वहां की स्थानीय भाषाओं का प्रभाव है। वे अपने-आपमें विशिष्ट व्याकरण एवं शब्दावलियों को संजोए हुए हैं। हिंदी की ये किस्में लोकप्रिय और सर्वसुलभ हैं। उनका विकास किताबी न होते हुए भी निःसंदेह हिंदी के समेकित विकास में सहायक है। ऐसे कुछ रूपों की चर्चा यहां की जा रही है।

बंबइया हिंदी : बंबइया हिंदी महाराष्ट्र की राजधानी और महानगर मुंबई (पहले बंबई) में बोली जाती है। यहां मराठी, गुजराती, राजस्थानी, पारसी, सिंधी और दक्षिण की कई भाषाओं जैसे तमिल, तेलुगु, मलयालम आदि बोलने वाले लोगों के साथ-साथ हिंदी बोलने वाले भी रहते हैं। इन सब लोगों के बीच संपर्क की भाषा बंबइया हिंदी है। यह मुख्य रूप से हिंदी की पूर्वी बोलियों और स्थानीय मराठी, कोंकणी, सिंधी, पारसी और गुजराती भाषाओं के मेलजोल से विकसित हुई है। बंबइया हिंदी एक पिजिन थी, जो अब क्रियोल का रूप ले रही है। इसका मतलब है कि यह भाषा अब कई लोगों की मातृभाषा बन रही है। जगदंबा प्रसाद दीक्षित द्वारा लिखित प्रसिद्ध उपन्यास 'मुर्दाघर' में बंबइया हिंदी का इस्तेमाल हुआ है। उदय शंकर भट्ट, राही मासूम रजा, राम अरोड़ा, मनोहर श्याम जोशी, नरेश मेहता ने अपनी रचनाओं में बंबइया हिंदी का बहुधा प्रयोग किया है। मुंबई के हिंदी सिनेमा ने बंबइया हिंदी को अखिल भारतीय लोकप्रियता दिलवाई है। संजय दत्त अभिनीत 'मुन्नाभाई एमबीबीएस' और ऑस्कर विजेता फिल्म 'स्लमडॉग मिलियनेयर' के संवादों में बंबइया हिंदी का प्रयोग हुआ है।

कुछ उदाहरण : निर्भय>मस्त>बिंदास, पहला>पेला, नहीं>नई, पहनना>पेनना, जगह >जागा, नजदीक>नजीक, समस्या>लोचा, कश>सुट्टा, हथियार>समान, खाना>हड़कना, मुफ्त>फोकट, मक्खन>मस्का, सयाना, चतुर>शाणा, आलू> बटाटा, प्याज>कांदा, चल दें>कट लें, किसलिए>कायकू, पिया था>पियेला था, दूसरे लोगों को मालूम नहीं होना चाहिए>दूसरे लोक को मालम नहीं होना, पैसा पहले निकालो>पइसा पेले निकालने का आदि।

हैदराबादी हिंदी : हैदराबादी हिंदी हैदराबाद में बोली जाती है। आंध्र प्रदेश के तेलंगाना क्षेत्र में स्थित हैदराबाद महानगर 1591 में मुहम्मद कुली कुतुब शाह द्वारा अपनी स्थापना के समय से ही सामासिक और बहुभाषिक संस्कृति का केंद्र रहा है। हैदराबाद की जनसंख्या में मुस्लिम धर्मावलंबी 41.17 प्रतिशत और 55.40 प्रतिशत हिंदू हैं (भारत की जनगणना, 2001)। हैदराबादी हिंदी एक पिजिन है, जो दक्खिनी, मानक हिंदी, मराठी और तेलुगु के मिलन से बनी है। यह दक्खिनी/दकिनी से अलग है। इस हिंदी का इस्तेमाल शहर में सामान्य बोलचाल के लिए किया जाता है। कुछ लोग इसे हैदराबाद उर्दू भी कहते हैं।

इसके कुछ उदाहरण देखिए : हा>हो, केला>मौज, चाय>चाया, क्यूं>कायकू, हाँ>हो, बातें>बातां, पागल>होला, कहां जा रहे हो?>किदर जा रा रे, क्या चाहिए>क्या होना?,क्या भाई, कैसे हो, आजकल दिखाई ही नहीं देते? >दिखाराइच नहीं?

कलकतिया हिंदी : कलकतिया हिंदी पश्चिम बंगाल की राजधानी कोलकाता में बोली जाती रही है। 1911 तक कोलकाता (पुराना नाम कलकत्ता) ब्रिटिश शासन काल में भारत की राजधानी थी। कोलकाता को भारत की सांस्कृतिक राजधानी भी कहा जाता है। कोलकाता की जनसंख्या का 55 प्रतिशत हिस्सा बांग्ला भाषा बोलता है। यहां अल्पसंख्यकों का बड़ा भाग 20 प्रतिशत हिंदी की लोकभाषाएं, जैसे– राजस्थानी, भोजपुरी, मैथिली आदि भाषाएं बोलता है। इन समुदायों की भाषाओं के मिलन से कलकतिया हिंदी का जन्म हुआ। यह सामान्य बोलचाल और बाजार की भाषा रही है। सबसे पहले सुनीति कुमार

चटर्जी ने अपनी पुस्तक 'कैलकाटा हिंदुस्तानी : ए स्टडी ऑफ जारगन डाइलेक्ट' (1931) में कलकतिया हिंदी का उल्लेख किया था। कलकतिया हिंदी का प्रादुर्भाव आम जनता और अंग्रेज शासकों के बीच वार्तालाप के माध्यम के रूप में हुआ था। उन्होंने कलकतिया हिंदी के जो अभिलक्षण बताए हैं, उन्हें निम्नलिखित उदाहरणों से समझा जा सकता है।

सुनीति कुमार चटर्जी की पुस्तक से कुछ उदाहरण : घोड़े>घोड़ा सब, औरतें >औरत लोग, बातें>सब बात, उसकी लाठी>उसका लाठी, मैंने रोटी खाई>हम रोटी खाया, मैंने एक राजा देखा>हम एक राजा देखा, समझना>बुझाना, एक अंडा>एगो अंडा, एक कुर्सी>एकठो कुर्सी, कपड़े धोना>फीचना, तोता>सूग्गा, मूर्ख>बोक्का।

शिलांगी हिंदी : शिलांगी हिंदी भारत के पूर्वोत्तर राज्य मेघालय की राजधानी में बोली जाती है। 1874 में शिलांग ब्रिटिश शासन के अंतर्गत असम राज्य की राजधानी बना। इसके बाद कई संस्कृतियों के लोगों का यहां बसना शुरू हो गया। शिलांग में बिहार, राजस्थान, उत्तर प्रदेश और अन्य हिंदी प्रदेशों से काम की तलाश में आए लोग निवास करते हैं। सबसे पहले यहां आकर बसने वालों में कुछ अंग्रेज, असमिया और बंगाली सरकारी मुलाजिम शामिल थे। बाद में कारोबार की संभावनाओं को तलाशते हुए यहां मारवाड़ी व्यापारी आ गए। सफाई कर्मचारियों के रूप में सिख दलित आए। बिहारी मजदूर और सब्जी बेचने वाले आने लगे और इसी तरह नेपाली लोगों ने दूध का व्यवसाय शुरू कर दिया। शिलांग में भारत सरकार के कई कार्यालय एवं संस्थान स्थापित हैं। पूर्वोत्तर में बोली जाने वाली कई भाषाओं जैसे खासी, जैयंतिया, असमिया, बांग्ला, नेपाली, गारो, अंग्रेजी आदि और मानक हिंदी, भोजपुरी, मारवाड़ी आदि भाषाओं के मिलन से शिलांगी हिंदी का निर्माण हुआ है। इसका इस्तेमाल बाज़ार और सामान्य बोलचाल में किया जाता है।

कुछ उदाहरण : आज नहीं होगा>आज नहीं सकेगा, नहीं कर पाया>नहीं सका, सूखा>सूका, यह>इथू, वह>उथू, आपका>आपलूगका, चाय>शाय, थोड़ा-थोड़ा>लाहे-लाहे, पीना>खाना, छोटा>छूता, सुपारी>क्वाइ, थोड़ा खाना मिलने से हो जाएगा>थोड़ा खाना होने से होगा, पानी बंद हो गया>पानी बोन। इसी तरह हिंदी के मानक रूप के बावजूद खुद हिंदी क्षेत्रों में भी हिंदी उच्चारण में विविधता है। हर क्षेत्र की हिंदी में स्थानीय शैलियों का मिश्रण है। हिंदी की इस विविधता से साक्षात्कार सबसे अधिक उपन्यासों और फिल्मों में होता है। हिंदी कितनी विविध शैलियों, ध्वनियों और उच्चारणों में बोली जाती है, इसका संग्रह किया जाना चाहिए, जो इसकी विविधता की शक्ति का द्योतक होगा।

अभिषेक अवतंस

अधिक जानकारी के लिए:
1. मानक हिंदी का स्वरूप : भोलानाथ तिवारी 2. **Calcutta Hindustani-As study of Jorgan Dialect :** Suniti Kumar Chatterjeee, 3. **Causus of India : http://www.censusindia.gov.in**

हिंदी की बहुस्रोतपरकता

हिंदी भाषा और उसका परिवेश मिली-जुली संस्कृति का है। दुनिया की बहुत कम ऐसी भाषाएं हैं जिनके शब्द भंडार का स्रोत इतना व्यापक है। इस भाषा का उदारवादी लचीलापन इसकी बहुस्रोतपरकता के मूल में हैं। धीरेंद्र वर्मा ने लिखा है, 'भाषा के माध्यम का मिश्रित होना उसका स्वभाव समझना चाहिए। अतः हिंदी शब्द समूह में अनेक जीवित और मृत भाषाओं का संग्रह मौजूद है। हिंदी के शब्द समूह में सबसे अधिक संख्या उन शब्दों की है, जो प्राचीन आर्य भाषाओं से मध्यकालीन भाषाओं में होते हुए चले आ रहे हैं। ऐसे शब्दों को तद्भव कहते हैं, क्योंकि ये संस्कृत से उत्पन्न माने जाते हैं।' (हिंदी भाषा का इतिहास)। हालांकि धीरेंद्र वर्मा सावधान करते हैं, '(सभी) तद्भव शब्दों का

संस्कृत शब्दों से संबंध निकल आना अनिवार्य नहीं है।' (वही) लोकभाषा में भी तद्भव शब्द बड़ी संख्या में मिलते हैं, जैसे कृष्ण का 'कान्हा' और 'कन्हैया' होना। हिंदी का लचीलापन इसका वैशिष्ट्य है।

व्याकरण की दृष्टि से हिंदी की शब्द-संपदा के चार स्रोत हैं—तत्सम, तद्भव, देशज और विदेशज। वृहत्तर अर्थ में इस भाषा के पांच क्षेत्र माने जा सकते हैं, एक—हिंदी प्रदेश में प्रयुक्त बोलियों—ब्रजभाषा, अवधी, मैथिली, मगही, भोजपुरी, राजस्थानी, छत्तीसगढ़ी, हरियाणवी आदि का क्षेत्र, दूसरा—हिंदीतर भारतीय प्रदेशों का क्षेत्र (दक्षिण भारत समेत पश्चिमी और पूर्वी भारत के राज्य), तीसरा—फारसी और उर्दू के क्षेत्र, चौथा—विदेशों में प्रयुक्त हिंदी का क्षेत्र (फीजी, मॉरीशस, सूरीनाम आदि) और यूरोपीय देश (इंग्लैंड, अमेरिका आदि)।

हिंदी क्षेत्र की बोलियों में एक से अधिक भाषा परिवार की बोलियां हैं। उत्तराखंड का क्षेत्र पहाड़ी भाषा परिवार का है, झारखंड का क्षेत्र ऑस्ट्रिक और द्रविड़ और आर्य भाषा परिवारों का है। हिंदी का शब्द भंडार चारों तरफ से समृद्ध हुआ है। इसकी विभिन्न बोलियां वृहत्तर क्षेत्र की सामासिक संस्कृति को दर्शाती हैं। इस भाषा में प्रयुक्त ध्वनियों पर संस्कृत, फारसी और अंग्रेजी का प्रभाव देखा जा सकता है। हिंदी भाषियों ने दूसरी भाषा के शब्दों और ध्वनियों को कहीं उनके उच्चारण के अनुरूप अपनाया है तो कहीं अपने अनुसार उन्हें ढाल लिया है। जैसे फ्रेंच भाषा का Restaurant हिंदी में फ्रेंच के उच्चारण के अनुरूप 'रेस्तरां' हो गया।

हिंदी ने संस्कृत के अलावा फारसी और अरबी से भी उपसर्ग और प्रत्यय लिए हैं। संस्कृत के उपसर्गों में 'अ', 'अन', 'कु', 'उप' इत्यादि हैं। फारसी के उपसर्गों में 'बे' प्रमुख हैं, जैसे—बेईमान। कुछ जगहों में अंग्रेजी के उपसर्ग प्रयुक्त होते हैं, हाफ कमीज, हेड पंडित। उसी प्रकार हिंदी में विभिन्न स्रोतों से प्रत्यय आए हैं, जैसे प्रत्यय खोर (घूसखोर), जाद (चचाजाद), दान (सिंगारदान), बाज (बैठकबाज), डम (गुरुडम) आदि। धीरेंद्र वर्मा ने स्पष्ट किया है, 'हिंदी में अरबी तथा तुर्की शब्द भी फारसी भाषा के द्वारा आए हैं। अतः ऐसे शब्दों के साथ मूल अरबी या तुर्की ध्वनियां नहीं आ सकी हैं।' (वही) कहने का आशय है कि ऐसे शब्द परिवर्तित रूप में हिंदी में पहुंचे हैं।

हिंदी की शब्द-संपदा व्यापक सांस्कृतिक निरंतरता को दर्शाती है। संस्कृत से हिंदी का संबंध घना है, पर अंग्रेजी के शब्दों की भी भरमार है। तुर्की, फारसी, पुर्तगाली और पश्तो भाषा के शब्द हिंदी में आए हैं, जैसे—अफसोस, अदा, शिकायत, आबरू, कुश्ती, किशमिश, चाबुक, ताजा, पैदावार, मुर्दा इत्यादि फारसी के शब्द हैं। हैजा, कीमत, अक्ल, अल्लाह, औरत, कदम, किताब, कसरत, आका, काबू, कैंची, कुली, चमचा, तमगा, बेगम, बहादुर, तोप, दारोगा, ताश, सौगात इत्यादि तुर्की भाषा के शब्द हैं। पठान, आमद इत्यादि पश्तो भाषा के शब्द हैं। कूपन, कारतूस फ्रेंच भाषा के शब्द हैं। अनानास, आलमारी, इस्पात, इस्त्री, गमला, गोभी, गोदाम इत्यादि पुर्तगाली भाषा के शब्द हैं। हिंदी में विदेशी भाषाओं के शब्द कुछ बदले हुए रूपों में आए हैं, जैसे पुर्तगाली भाषा के शब्द। हिंदी रूप में अलकतरा, अनानास, आलपीन, किरानी और तंबाकू हैं। उसी प्रकार अंग्रेजी के शब्द हिंदी में अफसर, लाल्टेन, अस्पताल, मील हैं। हिंदी में अंग्रेजी के कुछ तत्सम शब्द पूर्ववत् हैं—अपील, इंच, इंटर, एजेंसी, कंपनी, कमीशन, डायरी, बोर्ड, थर्मामीटर, कंप्यूटर, टीवी इत्यादि। यह प्रकृति हिंदी प्रदेश की बोलियों में भी देखी जा सकती है। झंडा, पंखा, पिल्ला (तेलुगु), झूठ, मैला (तमिल), चालू, लागू, भेलपुरी, भाजी (मराठी), गरबा, हड़ताल, बेन (गुजराती), मंगेतर, तड़का, मुंडा, कुड़ी (पंजाबी), बही, पात्र (उड़िया) इत्यादि शब्द हिंदी में हैं।

रामचंद्र शुक्ल ने खड़ी बोली के विकास को पछांह की व्यापारिक शक्ति से जोड़ा था। हिंदी का विकास हिंदी क्षेत्र में बाजार के विस्तार से जुड़ा रहा है। हिंदी के विकास का संबंध इसकी बहुस्रोतपरकता के साथ इसके सौंदर्य, संप्रेषणीयता और ज्ञान-विज्ञान के विषयों पर उच्च चिंतन करने की क्षमता पर निर्भर

करता है। वैश्वीकरण के युग में हिंदी की जमीन बढ़ी है, इसमें विश्व की आभा दिख सकती है।

अरुण कुमार

हिंदी की लोकभाषाएँ

भारत के भाषा-सांस्कृतिक मानचित्र पर लगभग 1050 मील लंबाई और 600 मील चौड़ाई में फैले भू-भाषिक क्षेत्र को मोटे तौर पर 'हिंदी भाषी क्षेत्र' के रूप में जाना जाता है। इसके सीमांकन और विस्तार के बारे में भाषाविदों की अपनी-अपनी मान्यताएं हैं। सामान्यतः उत्तर में मध्य-लघु हिमालय श्रेणी से लेकर दक्षिण में ताप्ती, नर्मदा नदी और विंध्याचल पर्वत के आस-पास (बालाघाट से दुर्ग) तक यह क्षेत्र फैला है। पश्चिम में पंजाब, सिंध और गुजरात की सीमारेखा के कुछ अंदर से होकर पूर्व और दक्षिण-पूर्व में छोटा नागपुर का पठार और कहीं-कहीं बंगाल के कुछ अंदर तक इसका विस्तार है।

परंपरागत रूप से हिंदी क्षेत्र की लोकभाषाओं को दो बड़े उपवर्गों में बांटकर देखा गया है—पश्चिमी हिंदी और पूर्वी हिंदी। इसके अलावा राजस्थानी हिंदी, पहाड़ी हिंदी और बिहारी हिंदी उपवर्ग हैं। इन पांच उपवर्गों में हिंदी की सत्रह प्रमुख बोलियां शामिल की गई थीं। यह वर्गीकरण इस प्रकार है—

पश्चिमी हिंदी—खड़ी बोली, हरियाणवी, ब्रजभाषा, कन्नौजी, बुंदेली

पूर्वी हिंदी—अवधी, बघेली, छत्तीसगढ़ी

राजस्थानी हिंदी—मारवाड़ी, जयपुरी, मेवाती, मालवी

पहाड़ी हिंदी—गढ़वाली, कुमायूंनी

बिहारी हिंदी—भोजपुरी, मगही, मैथिली

ऐतिहासिक स्थितियों और भाषिक बोधगम्यता के लिहाज से हिंदी भाषी क्षेत्र अनेक मातृभाषाओं/लोकभाषाओं (बोलियों, उपबोलियों) और क्षेत्रीय शैलियों (रूपभेदों) से समृद्ध ऐसा विशाल भाषा-कुटुंब है जिसके हर भाषा रूप की अपनी अस्मिता और खास पहचान है। पश्चिम से पूर्व और उत्तर से दक्षिण छोर तक भाषाई बोधगम्यता के पैमाने पर इन 'भाषाई पहचानों' की दूरियां और नजदीकियां चाहे जो भी-जितनी भी हों, इनका मूल्यबोध और लोक अनुभव साझा है। इनके बीच सामाजिक-सांस्कृतिक संपर्क और आर्थिक-व्यापारिक आवाजाही के ऐतिहासिक प्रमाण इस महाक्षेत्र की भाषिक संपदा और साहित्यिक विरासत में मौजूद हैं।

हिंदी भाषा-क्षेत्र में बोले जाने वाले सभी क्षेत्रगत, वर्गगत, शैलीगत भाषिक रूपों की समष्टि-अमूर्तता का नाम हिंदी है। हिंदी और इसकी लोकभाषाएं या बोलियां उत्तर-मध्य भारत के विभिन्न राज्यों में बोली जाती हैं। देश के दस राज्यों और ग्यारह केंद्र शासित क्षेत्रों में यह आधिकारिक राजकाज की भाषा है। ये राज्य हैं—हिमाचल प्रदेश, हरियाणा, उत्तर प्रदेश, राजस्थान, मध्य प्रदेश, बिहार, झारखंड, उत्तरांचल, छत्तीसगढ़ और दिल्ली। केंद्र शासित क्षेत्र हैं—चंडीगढ़, अंदमान-निकोबार द्वीप समूह, दादरा और नगर हवेली और दमन-दीव। इन सभी राज्यों में हिंदी के अनेक भाषिक रूपभेद प्रचलित हैं, फिर भी इन्हें व्यवहार में सामान्य व्यक्ति हिंदी कहता और समझता है। हिंदी भाषा का वह मानक रूप है जिसका विकास लगभग 1200 साल लंबी भाषिक-साहित्यिक यात्रा में मिले-जुले भाषाई लक्षणों और अभिव्यक्ति-विधानों के साथ हुआ। इसे अक्सर खड़ी बोली के नाम से देखा-पढ़ा जाता है, लेकिन खड़ी बोली ही हिंदी नहीं है। भाषा वैज्ञानिक दृष्टि से खड़ी बोली हिंदी इस भाषा-क्षेत्र का उसी प्रकार एक क्षेत्रीय भेद है जिस प्रकार हिंदी के दूसरे क्षेत्रीय भेद हैं।

ऐतिहासिक दृष्टि से हिंदी भारोपीय भाषा परिवार की भारतीय आर्य शाखा के अंतर्गत मानी गई है। इसके विकास की एकरैखिक अवधारणा (पुत्री सिद्धांत) है जिसके अनुसार आर्य भाषाओं के विकास को वैदिक संस्कृत (छांदस), लौकिक या शास्त्रीय संस्कृत (संस्कृत), पालि, प्राकृत, अपभ्रंश, अवहट्ठ, पुरानी हिंदी के क्रम में प्रस्तुत किया जाता है। दूसरी अवधारणा, समांतर प्रशाखीय अवधारणा

(भगिनी सिद्धांत) है जिसके अनुसार वैदिक काल से ही विभिन्न क्षेत्रीय लोकभाषाओं का समानांतर और समयांतर-आधारित विकास होता रहा। इनमें से समय-समय पर सर्वसामान्य शिष्ट भाषाएं (संस्कृत, पालि आदि) रूपाकार लेती रहीं। इस प्रकार हिंदी की पृष्ठभूमि में विभिन्न प्राकृतों-अपभ्रंशों का गतिशील प्रदाय और संस्कृत का प्रभाव दोनों शामिल हैं। इसके विकास में सबसे अधिक योगदान एक विशाल क्षेत्र की लोकभाषाओं का है। इसकी अपनी जातीय पहचान की ललक और जुझारूपन कम महत्वपूर्ण नहीं है। इसकी प्रासंगिकता इसके बहुभाषिक या अंतरभाषिक संपर्क-सूत्रों के संदर्भ में भी है। 2001 की जनगणना के मुताबिक भारत की कुल 42,20,48,642 जनसंख्या हिंदी भाषी है। जनगणना के अनुसार हिंदी की 48 लोकभाषाएँ या बोलियाँ (हिंदी सहित 49) हैं जिनकी लोकभाषावार जनसंख्या इस प्रकार है :

1. अवधी	25,29,308
2. बघेली	28,65,011
3. बागड़ी	14,34,123
4. बनजारी	12,59,821
5. भद्रवाही	66,918
6. भरमौरी या गद्दी	66,246
7. भोजपुरी	3,30,99,497
8. ब्रजभाषा	5,74,245
9. बुंदेली	30,72,147
10. चंबेली	1,26,589
11. छत्तीसगढ़ी	1,32,60,186
12. चुरही	61,199
13. ढूंढाणी	18,71,130
14. गढ़वाली	22,67,314
15. गूजरी	7,62,332
16. हाड़ौती	24,62,867
17. हरियाणवी	79,97,192
18. हिंदी	25,79,19,635
19. जौनसारी	1,14,733
20. कांगड़ी	11,22,843
21. खैरारी	11,937
22. खड़ी बोली	47,730
23. खोरठा या खोट्टा	47,25,927
24. कुल्वी या कुल्लुई	1,70,770
25. कुमाउंनी	20,03,783
26. कुर्माली थार	4,25,920
27. लमानी	22,162
28. लबानी या लंबाडी	27,07,562
29. लरिया	67,697
30. लोधी	1,39,321
31. मागधी या मगही	1,39,78,565
32. मालवी	55,65,167
33. मंडयाली	6,11,930
34. मारवाड़ी	79,36,183
35. मेवाड़ी	50,91,697
36. मेवाती	6,45,291
37. नागपुरिया	12,42,586
38. निमाड़ी	21,48,146
39. पहाड़ी	28,32,825
40. पंच परगनिया	1,93,769
41. पंगवाली	16,285
42. पवारी या पोवारी	4,25,745
43. राजस्थानी	1,83,55,613
44. सदान या सदरी	20,44,776
45. सिरमौरी	31,144
46. सोधवाड़ी	59,221
47. सुगली	1,60,736
48. सरगुजिया	14,58,533
49. सूरजपुरी	12,17,019
अन्य	1,47,77,266

यह सूची हिंदी की अनेक ऐसी लोकभाषाओं की पहचान कराती है जिनके बारे में सामान्य रूप से जानकारी नहीं मिलती। इस वर्गीकरण में कुछ छोटे लेकिन सांस्कृतिक-ऐतिहासिक दृष्टि से महत्वपूर्ण भाषा-भेद छूट गए महसूस हो सकते हैं, जैसे– अंगिका, वज्जिका, कवारसी, दक्खिनी, कनउजी, कोशिका, थारू, हलबी, लरिया, काशिका आदि। उपर्युक्त तालिका से 'खड़ी बोली' का आशय स्पष्ट

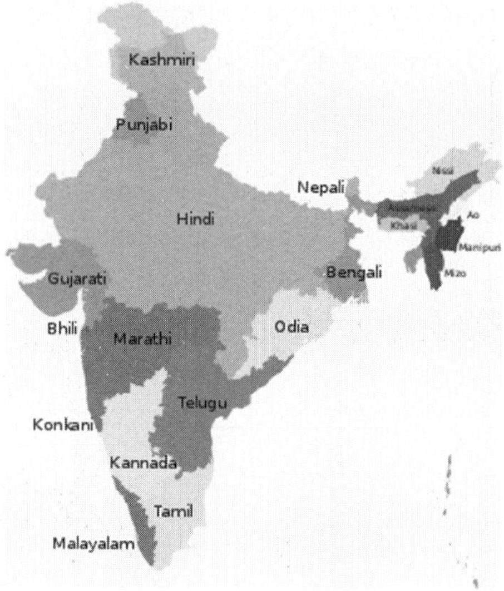

नहीं होता और हिंदी बोलने वालों की संख्या के आधार का बोध नहीं होता, क्योंकि लोकभाषाओं के बीच उसके बोलने वाले प्रमुख रूप से हैं। ग्रियर्सन के बाद भारत में हुए भाषा सर्वेक्षण के अनेक प्रयास आधे-अधूरे रहे हैं। इस लिहाज से हिंदी की लोकभाषाओं के वैज्ञानिक विकास के अध्ययन और सर्वेक्षण की गुंजाइश बनी हुई है। यह भी लक्षित किया जा सकता है कि आज की खड़ी बोली हिंदी उपर्युक्त लोकभाषाओं का ही जातीय विकास है। एक तरह से हिंदी विविधता और अखंडता से समन्वित भाषा है। ग्लोबल बाजार और सूचना तकनीकी के जाल में लिपटे वर्तमान युग में हिंदी का लोकवृत्त लगातार फैल रहा है।

अनुपम श्रीवास्तव

हिंदी के आरंभिक उपन्यास

हिंदी उपन्यास का जन्म भारतीय नवजागरण की कोख से हुआ। स्त्री का उत्थान भारतीय नवजागरण का एक महत्वपूर्ण मसला था, जिसकी अभिव्यक्ति हिंदी साहित्य और खासकर हिंदी के आरंभिक उपन्यासों में हुई। इस प्रकार नवजागरण हिंदी के आरंभिक उपन्यासों की प्रेरणा भी बना और विषयवस्तु भी। संयोग से स्त्री शिक्षा के लिए लिखी गई कथा पुस्तकों को हिंदी के आरंभिक उपन्यास होने का गौरव प्राप्त हुआ। स्त्री शिक्षा के उद्देश्य से जो तीन कृतियां उन्नीसवीं शताब्दी के अंतिम तीन दशकों में लिखी गईं, वे हैं : (1) गौरीदत्त कृत 'देवरानी-जेठानी की कहानी' (1870), (2) ईश्वरी प्रसाद और कल्याण राय लिखित 'वामा शिक्षक' (रचना -1872, प्रकाशन -1883) और (3) श्रद्धाराम फिल्लौरी कृत 'भाग्यवती' (1877)। ये तीनों कृतियां स्त्री शिक्षा के उद्देश्य से लिखी गईं, परंतु इनमें उपन्यास की पर्याप्त विशेषताएं मौजूद हैं।

हिंदी में इस पर विवाद रहा है कि पहला उपन्यास किसे माना जाए। रामचंद्र शुक्ल ने 'देवरानी-जेठानी की कहानी' या 'भाग्यवती' को शिक्षा प्रधान होने की वजह से पहला उपन्यास न मानकर श्रीनिवास दास की कृति 'परीक्षा गुरु' को पहला उपन्यास माना है और कहा है कि वह 'अंग्रेजी ढंग का पहला मौलिक उपन्यास' है। नामवर सिंह ने 'अंग्रेजी ढंग के नॉवेल' प्रवृत्ति की आलोचना करते हुए लिखा है, 'कैसी विडंबना है कि उन्नीसवीं शताब्दी में जब अंग्रेज ओरियंटलिस्ट कादंबरी, कथासरित्सार, पंचतंत्र जैसी भारतीय कथाओं के पीछे पागल थे, स्वयं भारतीय लेखक तब अंग्रेजी ढंग के नॉवेल लिखने के लिए व्याकुल थे। ये हैं उपनिवेशवाद के दो चेहरे।' वे उपन्यास को कादंबरी कहने के पक्षधर हैं। दरअसल किस्सा, दास्तान और परंपरागत कथा रूपों में जैसे चरित्र आए थे और जैसे जीवन का चित्रण हुआ था, उनको छोड़कर उन्नीसवीं शताब्दी के सामाजिक चरित्रों और यथार्थों को महत्ता देने के कारण ही उपन्यास की आधुजिक विधा बनी। यह कथा का कायाकल्प था। खुद बंकिमचंद्र, रवींद्रनाथ आदि बांग्ला उपन्यासकार भी कथा की नई अंतर्वस्तु ही नहीं, नई शैलियों की ओर भी आकर्षित थे। हिंदी में भारतेंदु हरिश्चंद्र की बहुत कोशिश थी कि उपन्यास लिखे जाएं। वे भी नहीं चाहते थे कि उपन्यास विधा रोमांस, ऐय्यारी और पुराने कथा रूपों में अटकी रहे। उल्लेखनीय है कि हिंदी में उपन्यास विधा मेरठ,

जालंधर (श्रद्धाराम फिल्लौरी) और दिल्ली (श्रीनिवास दास) के आसपास पनपनी शुरू हुई।

'देवरानी-जेठानी की कहानी' की रचना बतौर उपन्यास नहीं की गई थी, बल्कि स्त्री शिक्षा के उद्देश्य से की गई थी, पर वस्तुगत, शिल्पगत और भाषागत सीमाओं के बावजूद इसमें तत्कालीन समाज और परिवार के जीवन का जैसा यथार्थ चित्रण हुआ है और जिस प्रकार की आधुनिक दृष्टि इसमें दिखाई देती है, वह इसे उपन्यास के निकट ला खड़ा करती है। यह कृति नवजागरण की चेतना को अभिव्यक्त करने वाली रचना है। कहानी की विषयवस्तु और भाषाशैली यथार्थपरक और आधुनिक है। कुछ आलोचकों ने इसे हिंदी का पहला मौलिक उपन्यास माना है। (हिंदी उपन्यास का इतिहास : गोपाल राय)।

'वामा शिक्षक' तो 'देवरानी-जेठानी की कहानी' का विस्तार प्रतीत होता है। इसमें बार-बार स्त्री शिक्षा के महत्व को प्रतिपादित किया गया है। 'भाग्यवती' इस रूप में विशिष्ट है कि इसमें पहली बार विधवा विवाह का समर्थन है। इसमें हिंदू समाज में विधवा विवाह के किए जा रहे विरोध का चित्रण हुआ है। इसमें न केवल स्त्री शिक्षा की बात की गई है, बल्कि स्त्री स्वावलंबन पर भी जोर दिया गया है। इस उपन्यास की मुख्य पात्र भाग्यवती स्वावलंबी स्त्री का आदर्श रूप प्रस्तुत करती है। अपनी बनावट में भी 'भाग्यवती' उपन्यास इन दोनों ही उपन्यासों से इस अर्थ में भिन्न है कि इसमें भाग्यवती नाम की स्त्री उपन्यास की प्रमुख पात्र है और पूरी कथा भाग्यवती के इर्द-गिर्द घूमती है। ये सभी उपन्यास सुधारवादी चेतना और नवजागरण से प्रेरित हैं। इनमें भारतीय समाज में फैली कुरीतियों, पाखंड और अंधविश्वासों का विरोध किया गया है। तत्कालीन परिस्थितियों में ये कृतियां प्रगतिशील विचारों की वाहक बनीं और इस दृष्टि से इनका विशेष महत्व है।

उपर्युक्त तीनों कृतियां पश्चिमी शैली में लिखे गए उपन्यास नहीं हैं, बल्कि भारतीय कथा पद्धति में लिखे गए उपन्यास हैं। भारतेंदु ने 'हरिश्चंद्र मैगजीन' के प्रवेशांक (1873) में 'नॉवेल' शब्द का सर्वप्रथम उल्लेख किया है। 1875 में प्रकाशित 'मालती' को उन्होंने उपन्यास का नाम दिया। मालती के लेखक का नाम इसमें नहीं दिया गया है। गोपाल राय के अनुसार, 'अनुमानतः इसके लेखक भारतेंदु ही रहे होंगे।' भारतेंदु हरिश्चंद्र ने 'एक कहानी कुछ आपबीती कुछ जगबीती' लिखना आरंभ किया था, इसका प्रथम अध्याय 'कविवचन सुधा' में 1876 में प्रकाशित हुआ था। इसका आरंभ आत्मकथा की पद्धति से हुआ था। राधाकृष्ण दास ने भी उपन्यास शब्द का उपयोग किया था। 1879 में 'हिंदी प्रदीप' में बालकृष्ण भट्ट का 'रहस्यमय कथा उपन्यास' का धारावाहिक रूप से प्रकाशन आरंभ हुआ, पर यह पूर्ण नहीं हो पाया। इस उपन्यास की विशेषता यह है कि इसमें हिंदी उपन्यास में पहली बार विवाह-पूर्व प्रेम का अंकन हुआ है। इसके अलावा इसमें अनमेल विवाह का भी चित्रण है और उसकी आलोचना की गई है। इस उपन्यास में उन्नीसवीं शताब्दी के सामंती समाज का पतन दिखाया गया है। इसी प्रकार, 'बिहार बंधु' में 1880 में 'सुंदरी' नाम का एक उपन्यास धारावाहिक रूप में प्रकाशित हुआ। 'सुंदरी' एक चरित्र प्रधान उपन्यास है, जिसके माध्यम से उपन्यासकार ने नवजागरण और राष्ट्र प्रेम की भावना को अभिव्यक्ति दी है। इसमें लेखक का नामोल्लेख नहीं है। इसी दौरान 1881 में देवकीनंदन त्रिपाठी का उपन्यास 'अमृत चरित्र' भी प्रकाशित हुआ।

राधाकृष्ण दास कृत 'निस्सहाय हिंदू' (रचना -1881; प्रकाशन -1890) में उस समय के जीवन का चित्र है। इसका मुख्य विषय गोवध समस्या है। इस कथा में नवीनता यह है कि इसमें एक मुसलमान पात्र गोवध निवारण के लिए अपनी जान दे देता है। इस प्रकार उपन्यासकार ने हिंदू और मुसलमान पात्रों के बीच दोस्ती का चित्रण करके हिंदू-मुस्लिम एकता को प्रतिबिंबित किया है।

नौवें दशक में 'निस्सहाय हिंदू' के अलावा प्रकाशित होने वाली प्रमुख रचनाएं हैं—श्रीनिवास दास कृत 'परीक्षा गुरु' (1882), जगन्मोहन सिंह कृत 'श्यामा स्वप्न' (1885), बालकृष्ण भट्ट कृत

'नूतन ब्रह्मचारी' (1886), किशोरीलाल गोस्वामी कृत 'प्रणयिनी परिणय' (1887), 'त्रिवेणी वा सौभाग्य श्रेणी' (1888) और कुसुम वा कुसुम कुमारी (रचना -1877; प्रकाशन -1901)।

श्रीनिवास दास का 'परीक्षा गुरु' (1882) हिंदी के प्रथम उपन्यास के रूप में एक चर्चित कृति रही है। 'परीक्षा गुरु' में कथावस्तु और पात्र उन्नीसवीं शताब्दी के भारतीय समाज के जीवंत अंग-से लगते हैं। श्रीनिवास दास ने भूमिका में बताया है, 'इस पुस्तक में दिल्ली के एक कल्पित (फर्जी) रईस का चित्र उतारा गया है और उनको जैसा का तैसा दिखाने के लिए संस्कृत अथवा अरबी-फारसी के कठिन शब्दों की बनाई हुई भाषा के बदले दिल्ली के रहने वालों की साधारण बोलचाल की भाषा रखी गई है।' इससे लग सकता है कि उपन्यास की एक बड़ी भूमिका साहित्यिक भाषा को बोलचाल की भाषा के निकट लाने में है। इसमें नाटकीय पद्धति से घटनाओं का चित्रण होता है। उन्नीसवीं शताब्दी के मध्य एक मुख्य समस्या पिंडारियों की लूटमार का वर्णन उपर्युक्त उपन्यास की एक विशेषता है। एक स्थान पर पर्दा प्रथा की बुराइयों का वर्णन है। मुख्य बात है, इसमें किस परीक्षा के लिए गुरु की जरूरत बताई गई है? इसमें गुरु ब्रज किशोर हैं, जो एक बिगड़े व्यापारी मदनमोहन लाल को शिक्षा देकर दिखावे, विलासिता और दुर्व्यसनों से मुक्त करते हैं। यह उपन्यास सुगठित और सुपाठ्य नहीं है, पर पहले के उपन्यासों से इस अर्थ में भिन्न है कि इसमें दकियानूसी विचारों से उबरकर नए समाज को स्वीकारने का साहस है।

हिंदी उपन्यास की विकास यात्रा की एक उल्लेखनीय रचना जगन्मोहन सिंह का 'श्यामा स्वप्न' (रचना-1885; प्रकाशन-1888) है, जिसके आवरण पृष्ठ पर हिंदी में 'एक कल्पना' और अंग्रेजी में 'एन ओरिजिनल नॉवेल' मुद्रित है। उपन्यास का नायक रात्रि के चार प्रहरों में चार स्वप्न देखता है, वे ही मिलकर एक प्रेमकथा का रूप ग्रहण करते हैं। इस उपन्यास को शिल्प की दृष्टि से एक महत्वपूर्ण माना गया है, पर इसके संबंध में यह भी कहा गया है कि यह नए ढंग में जरा भी नहीं ढल पाया है।

हिंदी उपन्यास की विकास यात्रा में उन्नीसवीं शताब्दी के अंतिम दशक तथा बीसवीं शताब्दी के प्रथम दशक का विशेष योगदान है। 1890 के बाद हिंदी में तीन कथाकार लगभग एक साथ उभरे, जिन्होंने अपने विपुल कथा साहित्य से हिंदी उपन्यास को अलग-अलग ढंग से समृद्ध बनाया। वे कथाकार हैं : देवकीनंदन खत्री (1861-1931), किशोरीलाल गोस्वामी (1865-1932) और गोपाल राम गहमरी (1866-1946)।

देवकीनंदन खत्री मूलतः उर्दू दास्तानों की परंपरा के कथाकार हैं। उनके कथा संसार की मूल प्रेरणा संभवतः 'तिलस्मे-होशरुबा' है। उन्होंने 'चंद्रकांता' (1891), 'चंद्रकांता संतति' (1894-1905) और 'भूतनाथ' (1907-1913) शीर्षक से लगातार चलने वाली तिलस्म-ऐय्यारी प्रधान कथाओं की श्रृंखलाओं के रूप में एक बृहद और जटिल कथा संसार का निर्माण कर न केवल तत्कलीन हिंदी पाठकों को वरन उर्दू पाठकों को भी आकृष्ट किया। प्रसिद्ध है कि इन कथाओं को पढ़ने के लिए अनेक उर्दूदां पाठकों ने हिंदी पढ़ना सीखा। निःसंदेह हिंदी पाठक वर्ग के निर्माण में देवकीनंदन खत्री की इन पुस्तकों का महत्वपूर्ण योगदान है।

इन उपन्यासकारों ने पेशेवर ढंग से उपन्यास विधा का व्यावसायिक इस्तेमाल किया। उपन्यास पत्रिकाओं की तरह मासिक रूप से निकलने लगे। देवकीनंदन खत्री ने उपन्यास मासिक 'उपन्यास लहरी' (1894-95) प्रकाशित करना शुरू किया और खुद अपना प्रेस बनारस में खोल लिया। हिंदी में पहले उपन्यास लिखे जरूर जा रहे थे, पर उनके पाठक ज्यादा नहीं थे। इसका पता इस बात से चलता है कि 1890 से पूर्व प्रकाशित किसी भी उपन्यास का पहला संस्करण एक हजार से अधिक का नहीं निकला और किसी का भी बीस वर्ष से पहले दूसरा संस्करण प्रकाशित नहीं हुआ। देवकीनंदन खत्री की तिलिस्मी कथाओं ने हिंदी पाठक जगत में धूम मचा दी। स्वयं

खत्री जी ने लिखा है, 'मुझे इस बात से बड़ा हर्ष है कि मुझे ग्राहकों की एक अच्छी श्रेणी मिल गई। यह बात बहुत-से सज्जनों पर प्रगट है कि चंद्रकांता पढ़ने के लिए बहुत पुरुष नागरी की वर्णमाला सीखते हैं और जिनका कभी हिंदी सीखना न था, उन लोगों ने भी इसके लिए हिंदी सीखी।'

देवकीनंदन खत्री

देवकीनंदन खत्री ने अपनी पुस्तकों में जो कथा-संसार निर्मित किया है, उसका मुख्य लक्ष्य पाठकों का मनोरंजन है, इससे एक व्यावसायिक पुस्तक संस्कृति भी तैयार हो रही थी। उन्होंने दास्तानों से तिलस्म और ऐय्यारी की कथाएं तथा प्राचीन भारतीय प्रेम-कथाओं से राजकुमार-राजकुमारियों की प्रेम-कथाएं ली तथा उन्हे समकालीन वैज्ञानिक उपलब्धियों और नैतिक-सामाजिक मूल्यों के अनुसार नया रूप प्रदान किया। खत्री जी के कथा-संसार में अतिलौकिकता—भूत-प्रेत, दैवी चमत्कार जैसी चीजें नहीं हैं, लेकिन उनके कथा-संसार में मसालों की सहायता से बने बगुले, मसालों के ही बने सर्प, पत्थर के आदमी, अपने आप बिना बजाए बजने वाले बाजे, हंसने वाला पत्थर का कुत्ता, स्पर्श करते ही बेहोश कर देने वाली दीवार, स्वयं बंद हो जाने और खुल जाने वाले दरवाजे, अद्भुत सुरंगें, तहखाने आदि हैं। खत्री जी ने इन तिलस्मी तमाशों की मशीनरी का ब्यौरेवार और विज्ञानपरक वर्णन किया है। ऐय्यारों के अद्भुत कारनामों को उन्होंने यथासंभव युक्तिसंगत बनाने का प्रयास किया है। इन कथाओं में पाठकों की कौतूहल-वृत्ति को जागृत और संतुष्ट करने की अद्वितीय क्षमता है। इनमें कुतूहल, रहस्य और छोड़े गए चिह्नों का एक निश्चित फार्मूला है, जो सामाजिक यथार्थ से दृष्टि हटाता है।

इस काल के दूसरे महत्वपूर्ण कथा लेखक किशोरीलाल गोस्वामी हैं, जिनकी अधिकांश कथा पुस्तकें लिखी तो गईं 1890-1900 की अवधि में, पर प्रकाशित 1901-1915 की अवधि में हुईं। उनके दो उपन्यास 'प्रणयिनी परिणय' और 'त्रिवेणी वा सौभाग्य श्रेणी' 1890 में प्रकाशित हो चुके थे, पर शेष 29 उपन्यास 1900 के बाद ही प्रकाशित हुए। वे ही हिंदी में ऐतिहासिक रोमांस के प्रवर्तक हैं। उन्होंने सामान्य रोमांस भी लिखे।

देवकीनंदन खत्री और किशोरीलाल गोस्वामी के समकालीन और प्रचुर मात्रा में कथा-साहित्य की रचना करने वाले तीसरे कथाकार गोपाल राम गहमरी हैं, जिनकी 1900-1907 के बीच लगभग 107 अपराध कथाएं प्रकाशित हुईं। वे हिंदी में जासूसी कथा लेखन के प्रवर्तक माने जाते हैं। आरंभ में उपन्यास के नाम पर खासकर हिंदी में ऐय्यारी, तिलिस्म, अपराध प्रधान, ऐतिहासिक और सामान्य रोमांस का इतना बोलबाला था कि आम पाठक की निगाह में ये ही उपन्यास माने जाते थे। उस समय भुवनेश्वर मिश्र, ब्रजनंदन सहाय और मेहता लज्जाराम शर्मा अपनी कृतियों में भारतीय समाज का यथार्थ चित्रण कर रहे थे। भुवनेश्वर मिश्र उन्नीसवीं शताब्दी के अंतिम दशक के ही नहीं, प्रेमचंद-पूर्व युग के सर्वश्रेष्ठ यथार्थवादी उपन्यासकार कहे गए हैं। उन्होंने केवल दो उपन्यासों की रचना की थी—'घराऊ घटना' (रचना-1893) और 'बलवंत भूमिहार' (रचना-1896; प्रकाशन-1901)। पहले उपन्यास में मध्य वर्ग के एक सामान्य गृहस्थ के दैनिक जीवन का, उसके सूक्ष्म ब्यौरों के साथ यथार्थ विश्वसनीय ढंग से प्रस्तुत किया गया है। समाज के रीति-रिवाजों और मान्यताओं का अत्यंत विश्वासोत्पादक चित्रण इस उपन्यास में है। दूसरा उपन्यास 'बलवंत भूमिहार'

विश्वसनीय चरित्र चित्रण, अपेक्षाकृत जटिल वस्तुविन्यास और यथार्थ को वहन करने वाली सक्षम भाषा के कारण प्रेमचंद-पूर्व का सर्वोत्कृष्ट उपन्यास माना जा सकता है।

मेहता लज्जाराम शर्मा ने 1899 से लेकर 1915 तक आठ सामाजिक उपन्यास लिखे : 'धूर्त्तरसिक लाल' (1899), 'स्वतंत्र रमा और परतंत्र लक्ष्मी' (1899), 'हिंदू गृहस्थ' (1902), 'आदर्श दंपत्ती' (1902), 'सुशीला विधवा' (1978), 'बिगड़े का सुधार अथवा सती सुखदेवी' (1907), 'विपत्ति' (1909) तथा 'आदर्श हिंदू' (1915-15)। हिंदी के आरंभिक उपन्यासों को देखने से यह स्पष्ट होता है कि इनमें सामाजिक यथार्थ है। कुछ लेखकों ने राष्ट्रीय आंदोलन की भी चर्चा की है। इस दौरान मुख्य रूप से समाज में स्त्री की दशा और उसे सुधारने का उपक्रम दिखाई पड़ता है। इस दौर के उपन्यासकारों ने विधवा विवाह की समस्या को कथा का विषय बनाया है। इस दृष्टि से राधाचरण गोस्वामी का उपन्यास 'बाल विधवा' (1888) उल्लेखनीय है। देवीप्रसाद शर्मा ने 'विधवा विपत्ति' (1888) में समाज में विधवाओं की दयनीय स्थिति का वर्णन किया है। कुंवर हनुमंत सिंह रघुवंशी ने अपने उपन्यास 'चंद्रकला' (1903) में बाल विवाह के कुपरिणामों और विधवा के दयनीय जीवन का चित्रण किया है। उन्होंने अपने दूसरे उपन्यास 'गृहस्थ चरित्र' (1909) में स्त्री अशिक्षा के दोषों का चित्रण किया है। शिवनाथ वर्मा कृत 'चंडूलदास' (1914) में भी बाल विवाह के दोष दिखाए गए हैं। इस काल में स्त्री शिक्षा और विधवा विवाह की सामान्यतः वकालत की गई है और बाल विवाह की आलोचना की गई है। रामखेरन सिंह कृत 'चंपा दुर्दशा' में तिलक दहेज की प्रथा के दोष दिखाए गए हैं।

प्रेमचंद-पूर्व युग में हिंदी उपन्यास ने एक प्रगतिशील भूमिका अदा की। इसने नवजागरण से प्रभावित होकर स्त्रियों के जीवन में सुधार पर बल दिया। यह इस युग के उपन्यासों का प्रमुख योगदान था। इस दौरान लिखे गए ऐय्यारी, तिलिस्म, जासूसी आदि कथाओं ने पाठक वर्ग के विस्तार में मदद की, इसलिए जब प्रेमचंद ने हिंदी में उपन्यास लिखा तो उनके पास एक बड़ा पाठक वर्ग मौजूद था।

सत्यकाम

अधिक जानकारी के लिए :
1. **प्रेमचंद-पूर्व हिंदी में उपन्यास :** ज्ञानचंद जैन, 2. **हिंदी उपन्यास :** सुषमा धवन, 3. **हिंदी उपन्यास का विकास :** गोपाल राय

हिंदी के राजकीय संस्थान

भारतीय संविधान के विभिन्न निर्देशों के अनुसार हिंदी भाषा के विकास, प्रचार-प्रसार, विशेष अनुसंधान और प्रशिक्षण के महत्वपूर्ण उद्देश्यों से देश में सरकारी स्तर पर कुछ राजकीय संस्थानों की स्थापना की गई। भारतीय भाषा संस्थान, मैसूर का कार्य-क्षेत्र हिंदी के अतिरिक्त अन्य भारतीय भाषाओं से संबंधित है, जबकि केंद्रीय हिंदी निदेशालय, वैज्ञानिक और तकनीकी शब्दावली आयोग, केंद्रीय हिंदी संस्थान, केंद्रीय अनुवाद ब्यूरो, केंद्रीय हिंदी प्रशिक्षण संस्थान और महात्मा गांधी अंतरराष्ट्रीय हिंदी विश्वविद्यालय का संबंध हिंदी के विकास, प्रचार-प्रसार, अनुसंधान और शिक्षण-प्रशिक्षण से है। ये संस्थाएं दशकों से काम कर रही हैं। इन पर हिंदी भाषा की उन्नति का काफी बड़ा दायित्व है। केंद्रीय सरकार इन सभी संस्थाओं को प्रति वर्ष कुल मिलाकर लगभग 200 करोड़ रुपए देती है। इस भारी व्यय के नतीजों का सावधिक मूल्यांकन और इन संस्थानों का और अधिक विकास किया जाना अभी बाकी है।

केंद्रीय हिंदी निदेशालय : हिंदी भाषा के विकास के लिए संवैधानिक निर्देशों (अनुच्छेदट 351) को ध्यान में रखते हुए राजभाषा आयोग की रिपोर्ट के आधार पर संसदीय समिति (1957-58) के सुझाव के अनुसार हिंदी के प्रचार-प्रसार और विकास को गति देने के लिए भारत सरकार ने शिक्षा मंत्रालय के अधीन एक संस्था बनाने का निर्णय लिया। तदनुसार

1 मार्च 1960 को शिक्षा मंत्रालय (अब मानव संसाधन विकास मंत्रालय) के अधीनस्थ कार्यालय के रूप में केंद्रीय हिंदी निदेशालय की स्थापना की गई। केंद्रीय हिंदी निदेशालय नई दिल्ली में स्थित है। इसके चार क्षेत्रीय कार्यालय हैं, जो चेन्नई, हैदराबाद, गुवाहाटी और कोलकाता में स्थित हैं। यह हिंदी भाषा के विकास, प्रचार-प्रसार, पत्र-पत्रिकाओं के प्रकाशन, हिंदीतर भाषियों को हिंदी सिखाने वाली स्वैच्छिक संस्थाओं को अनुदान तथा कुछ विस्तार कार्यक्रमों के अलावा देवनागरी लिपि के उपयोग और हिंदी वर्तनी के विनियगन का कार्य भी करता है। निदेशालय के निदेशक इसके विभागाध्यक्ष होते हैं।

निदेशालय द्वारा किए जा रहे प्रमुख कार्य हैं : 1. एक भाषा, द्विभाषा, त्रिभाषा तथा बहुभाषा कोशों का निर्माण एवं प्रकाशन, 2. देवनागरी लिपि तथा हिंदी वर्तनी का मानकीकरण, 3. मासिक बुलेटिन 'हिंदी समाचार जगत' और त्रैमासिक 'भाषा' का प्रकाशन, 4. साहित्यिक एवं शैक्षिक प्रकाशन, 5. विस्तार कार्यक्रम के अंतर्गत नवलेखक कार्यशाला, हिंदीतर भाषी हिंदी छात्रों की अध्ययन यात्राएं और व्याख्यान मालाएं, 6. देश के 1984 पुस्तकालयों में निःशुल्क पुस्तक एवं पत्रिकाओं का वितरण, 7. पुरस्कारों के माध्यम से हिंदी लेखकों का सम्मान, 8. स्वैच्छिक हिंदी सेवी संस्थाओं को हिंदी प्रचार-प्रसार के लिए अनुदान, 9. हिंदीतर भाषी लेखकों को उनकी हिंदी पुस्तकों के हिंदी प्रकाशन के लिए वित्तीय सहायता, 10. पत्राचार तथा ऑनलाइन हिंदी शिक्षण, 11. दृश्य-श्रव्य सामग्री निर्माण, 12. हिंदी माध्यम से कंप्यूटर शिक्षण। 2008 में केंद्रीय हिंदी संस्थान की ओर से एक शुरुआत की गई थी कि केंद्रीय हिंदी निदेशालय अन्य राजकीय संस्थानों से मिलकर हिंदी की मानक वर्तनी के लिए एक राष्ट्रीय अभियान चलाए। (वेबसाइट : hindinideshapaya.nic.in)।

वैज्ञानिक और तकनीकी शब्दाबली आयोग : संवैधानिक निर्देश (अनुच्छेद-344) के अनुसार शिक्षा मंत्रालय, भारत सरकार के माध्यम से राष्ट्रपति के 1960 के आदेश द्वारा 1 अक्टूबर 1961 को वैज्ञानिक और तकनीकी शब्दावली आयोग की स्थापना की गई। इसके प्रमुख कार्य हैं : 1. हिंदी और सभी भारतीय भाषाओं में वैज्ञानिक और तकनीकी शब्दों का निर्माण करना और शब्दों को परिभाषित करना, 2. तकनीकी कोशों, शब्दावलियों, परिभाषा कोशों और विश्वकोशों का प्रकाशन, 3. यह सुनिश्चित करना कि निर्मित शब्दों और परिभाषाओं का ज्ञान लक्ष्य समूह तथा प्रयोक्ता समूह को उपलब्ध कराया जा रहा है, 4. शब्दावली के उचित प्रयोग का प्रसार करना तथा आलोचनात्मक फीडबैक प्राप्त कर आवश्यक अद्यतन संशोधन/ सुधार/ सुनिश्चित करना (कार्यशालाओं, प्रशिक्षण कार्यक्रम, अभिविन्यास कार्यक्रम, संगोष्ठियों, सम्मेलन तथा प्रचार-प्रसार के अन्य साधनों के जरिए), 5. हिंदी तथा अन्य भारतीय भाषाओं में शब्दावली की एकरूपता सुनिश्चित करने के लक्ष्य से सभी राज्य सरकारों/ ग्रंथ अकादमियों/ विश्वविद्यालयों/ शब्दावली क्लबों या अन्य अभिकरणों के साथ समन्वय स्थापित करना, 6. हिंदी तथा अन्य भाषाओं में तकनीकी लेखन को प्रोत्साहित करना (पत्रिकाओं का प्रकाशन तथा संगोष्ठी, सम्मेलन, परिसंवाद आदि का प्रयोजन कर), 7. हिंदी तथा अन्य भारतीय भाषाओं की पुस्तकें प्रकाशित करना तथा उनके प्रकाशन को प्रोत्साहित करना।

हिंदी शब्दावली निर्माण के क्षेत्र में अब तक 52 विषयों पर शब्दावलियां प्रकाशित हो चुकी हैं। इनके विषयों में तकनीकी के अलावा वाणिज्य और विज्ञान के विषय भी शामिल हैं। (वेबसाइट : www.cstt.nic.in)।

केंद्रीय हिंदी संस्थान : केंद्रीय हिंदी संस्थान मानव संसाधन विकास मंत्रालय, भारत सरकार द्वारा 1961 में स्थापित एक स्वायत्त शैक्षिक संस्था है। इसका मुख्य कार्यालय आगरा में है और इसके आठ क्षेत्रीय केंद्र हैं— दिल्ली, हैदराबाद, गुवाहाटी, शिलांग, मैसूर, दीमापुर, भुवनेश्वर तथा अहमदाबाद। इसके मुख्य उद्देश्य हैं—

(i) भारतीय संविधान के अनुच्छेद-351 का पालन करते हुए हिंदी का अखिल भारतीय भाषा के रूप में विकास, (ii) विभिन्न स्तरों पर गुणवत्तापूर्ण हिंदी शिक्षण का प्रसार और इससे संबंधित भाषावैज्ञानिक असुसंधान कार्य, हिंदीतर राज्यों में हिंदी शिक्षण -प्रशिक्षण, (iii) अपने उद्देश्यों को पूरा करने के लिए अन्य संस्थाओं से जुड़ना और सम्मिलित कार्यक्रम तैयार करना, (iv) हिंदी में पत्रिकाओं और भाषा साहित्य से संबंधित अनुसंधानपरक ग्रंथों का प्रकाशन, (v) नियमानुसार अध्येतावृत्ति (फैलोशिप), छात्रवृत्ति एवं हिंदी सेवा के लिए पुरस्कार सम्मान तथा (vi) हिंदी और हिंदीतर भाषाओं के संबंध को मजबूत करने के लिए हिंदीतर राज्यों में संगोष्ठियों का आयोजन, लघु पत्रिकाओं को प्रोत्साहन तथा हिंदी से संबंधित अन्य कार्यों को प्रोत्साहन देना।

संस्थान शिक्षणपरक कार्यक्रम के अंतर्गत विभिन्न स्तरों पर दो वर्षीय हिंदी शिक्षक प्रशिक्षण पाठ्यक्रम, नवीकरण और संवर्धनात्मक पाठ्यक्रम तथा कुछ रोजगारमूलक पाठ्यक्रम चलाता है। इनमें अनुवाद और पत्रकारिता के पाठ्यक्रम मुख्य रूप से हैं। अंतरराष्ट्रीय हिंदी शिक्षण योजना के अंतर्गत विदेशी विद्यार्थी छात्रवृत्ति पर आगरा मुख्यालय और सशुल्क दिल्ली केंद्र में हिंदी शिक्षण प्राप्त करते हैं। यहां के शिक्षक यूजीसी के नियमों के आधार पर प्रोफेसर, एसोशिएट प्रोफेसर और असिस्टेंट प्रोफेसर के रूप में कार्यरत हैं। संस्थान में द्वितीय भाषा और विदेशी भाषा के रूप में हिंदी शिक्षण से संबंधित उपयोगी द्विभाषी-त्रिभाषी कोशों एवं मुद्रित तथा कंप्यूटर सर्चित शिक्षण सामग्री का निर्माण होता है। श्रव्य-दृश्य माध्यमों में सीडी बनाए जाते हैं। अब तक 150 से अधिक शोध पुस्तकें प्रकाशित हो चुकी हैं। इनके अलावा 'गवेषणा' और 'समन्वय पूर्वोत्तर' का नियमित प्रकाशन होता है। पूर्वोत्तर के राज्यों में हिंदी के प्रचार-प्रसार और हिंदी शिक्षण की गुणवत्ता बढ़ाने का विशेष दायित्व संस्थान पर है। संस्थान का एक समृद्ध पुस्तकालय है और संस्थान से संबद्ध कुछ प्रशिक्षण महाविद्यालय भी हैं। संस्थान में हिंदीतर विद्यार्थियों के लिए दूरस्थ हिंदी शिक्षण कार्यक्रम है।

केंद्रीय हिंदी संस्थान में हिंदी के बहुआयामी संवर्धन के लिए 2007 में प्रो. शंभुनाथ जब निदेशक थे हिंदी की 48 उपभाषाओं-बोलियों का 48 खंडों में लोक शब्दकोश परियोजना, हिंदी में पूर्वोत्तर की 57 जनजातीय भाषाओं और 4 राष्ट्रीय भाषाओं के लोक साहित्य के प्रकाशन की योजना और लघु हिंदी विश्वकोश योजना और भाषा-साहित्य सीडी निर्माण योजना मंत्रालय की स्वीकृति लेकर शुरू की गई थी। इसे एक मानद विश्वविद्यालय का रूप देने पर भी काफी कार्य हुआ था और मंत्रालय से अग्रसरित कर विश्वविद्यालय अनुदान आयोग में प्रस्ताव भेजा गया था। हिंदी की लघु पत्रिकाओं को अनुदान देने की व्यवस्था भी शुरू की गई थी। (वेबसाइट : www.hindisansthan.org, www.Khsindia.org.)।

केंद्रीय अनुवाद ब्यूरो : केंद्रीय अनुवाद ब्यूरो की स्थापना गृह मंत्रालय के अधीन 1 मार्च 1971 को की गई। इसे केंद्र सरकार के मंत्रालयों, विभागों, कार्यालयों, उपक्रमों आदि के असांविधिक प्रक्रिया साहित्य का अनुवाद कार्य सौंपा गया। वर्तमान में केंद्रीय अनुवाद ब्यूरो राजभाषा विभाग (गृह मंत्रालय) के अधीनस्थ कार्यालय के रूप में कार्य कर रहा है। अनुवाद में सरलता, सहजता और शब्दावली में एकरूपता सुनिश्चित करने के लिए 1973 से अनुवाद प्रशिक्षण का कार्य भी ब्यूरो को सौंपा गया था। वस्तुतः केंद्र सरकार के स्तर पर अनुवाद और अनुवाद प्रशिक्षण के लिए केंद्रीय अनुवाद ब्यूरो एकमात्र संस्था है। यह केंद्र सरकार के विभिन्न मंत्रालयों, विभागों, कार्यालयों और केंद्र सरकार के स्वामित्व वाले तथा नियंत्रणाधीन उपक्रमों, निगमों, स्वायत्त निकायों, संगठनों तथा बैंकों आदि के असांविधिक प्रक्रिया साहित्य, जैसे कोडों, मैनुअलों, फार्मों, प्रशिक्षण सामग्री आदि का अनुवाद निःशुल्क करता है। इसका मुख्य कार्य अनुवाद कार्य से जुड़े सरकारी अधिकारियों/ कर्मचारियों को अनुवाद का प्रशिक्षण देना है। (वेबसाइट : ctb.rajbhasha.gov.in)।

केंद्रीय हिंदी प्रशिक्षण संस्थान : केंद्रीय हिंदी प्रशिक्षण संस्थान की स्थापना गृह मंत्रालय के राजभाषा विभाग के अंतर्गत 1985 में की गई थी। इसका उद्देश्य नवनियुक्त सरकारी अधिकारियों को हिंदी भाषा, हिंदी टंकण (मैनुअल), हिंदी शब्द संसाधन और हिंदी आशुलिपि में गहन प्रशिक्षण प्रदान करना है। मुंबई, कोलकाता और बेंगलुरू में इसके उपसंस्थान थे 1990 में चैन्नई और हैदराबाद में उपसंस्थान खोले गए। इनके द्वारा केंद्रीय सरकार या इसके अधीन निगमों, निकायों, कंपनियों, उपक्रमों, बैंक आदि में काम करने वाले कार्मिकों को हिंदी भाषा, हिंदी टंकण, हिंदी में कंप्यूटर प्रयोग आदि का अंशकालिक/पूर्णकालिक प्रशिक्षण, आशुलिपि प्रशिक्षण, कार्यशालाएं, अभिमुखई कार्यक्रम, पत्राचार पाठ्यक्रम आदि चलाए जाते हैं।

संस्थान केंद्रीय सचिवालय राजभाषा सेवा में शामिल अधिकारियों एवं अनुवादकों के लिए पुनश्चर्या प्रशिक्षण पाठ्यक्रमों की व्यवस्था करता है। यह प्रशिक्षकों के लिए प्रशिक्षण कार्यक्रम के अंतर्गत शिक्षण की अत्याधुनिक तकनीकों की जानकारी कराने के लिए हिंदी शिक्षण कार्यक्रम योजना के अधिकारियों और प्राध्यापकों को तथा मंत्रालयों/ विभागों के प्रशिक्षण संस्थानों के प्रशिक्षकों को राजभाषा नीति के साथ-साथ हिंदी भाषा में प्रशिक्षित करता है। हिंदी शिक्षण योजना गृह मंत्रालय के अंतर्गत एक योजना है जिसका लक्ष्य हिंदीतर सरकारी कार्मिकों को हिंदी का कार्यसाधक ज्ञान कराना है। केंद्रीय हिंदी प्रशिक्षण संस्थान संघ सरकार के उन अधिकारियों/कर्मचारियों के लिए, जो हिंदी में कार्य करने में झिझक महसूस कर रहे हैं, संक्षिप्त रूप में पांच कार्य दिवसीय कार्यशालाएं भी चलाता है। इसका लक्ष्य हिंदीतर कर्मचारियों के हिंदी ज्ञान को प्रभावी बनाने और उच्च अधिकारियों को राजभाषा नीति, सांविधिक व्यवस्था आदि की अद्यतन जानकारी कराना है। नगर राजभाषा कार्यान्वयन समितियों के अध्यक्षों के लिए सेमिनार आयोजित करना भी इसके दायित्वों में हैं। (वेबसाइट : chti.rajbhasha.gov.in)।

महात्मा गांधी अंतरराष्ट्रीय हिंदी विश्वविद्यालय : भारत सरकार द्वारा 1997 में महाराष्ट्र के वर्धा जिले में महात्मा गांधी अंतरराष्ट्रीय हिंदी विश्वविद्यालय की स्थापना संसद द्वारा पारित एक अधिनियम के तहत की गई, ताकि हिंदी भाषा में श्रेष्ठतर क्रियात्मक कार्यदक्षता विकसित कर हिंदी को एक प्रमुख अंतरराष्ट्रीय भाषा के रूप में प्रतिष्ठित किया जा सके। इसकी शुरुआत पहले कुलपति अशोक वाजपेयी ने दिल्ली को मुख्य केंद्र बनाकर की, पर 2002 में एस जी गोपीनाथन के नेतृत्व में इसका वर्धा में स्थानांतरण हो गया और 2008 से स्थानीय परिसर निर्माण में तेजी आ गई। यह एक आवासीय विश्वविद्यालय है। हिंदी के प्रचार-प्रसार और हिंदी माध्यम से शिक्षण के उद्देश्य से कार्यरत इस विश्वविद्यालय में हिंदी, तुलनात्मक अध्ययन, भाषाविज्ञान, मीडिया, स्त्री अध्ययन, गांधी अध्ययन, दूरस्थ शिक्षा, अनुवाद अध्ययन तथा कई रोजगारपरक पाठ्यक्रमों के अलावा फ्रेंच, चीनी, स्पेनिश और जापानी जैसी विदेशी भाषाएं भी पढ़ाई जाती हैं। यहां कई विषयों में एमए और एमफिल की पढ़ाई होती है और पीएच.डी स्तर के शोधकार्य होते हैं।

अंतरराष्ट्रीय हिंदी विश्वविद्यालय के दो केंद्र, एक इलाहाबाद और दूसरा कोलकाता में हैं। ये 2008 में प्रो. शंभुनाथ की अध्यक्षता में गठित विश्वविद्यालय अनुदान आयोग की वित्तीय समिति की सिफारिशों और प्रस्ताव के आधार पर खोले गए तथा उपर्युक्त वित्तीय समिति द्वारा विकास के प्रस्तावित सभी कार्यक्रम तत्कालीन कुलपति विभूति नारायण राय द्वारा बुनियादी ढांचा और शिक्षण–दोनों स्तरों पर तेज गति से आगे बढ़ाए गए। यह अब संसाधनों से परिपूर्ण अंतरराष्ट्रीय हिंदी विश्वविद्यालय है, जो नागपुर से 60 किलोमीटर दूर वर्धा में अपने भव्य परिसर के साथ स्थित है। विश्वविद्यालय में आठ अलग-अलग संकाय हैं–(1) भाषा विद्यापीठ (2) साहित्य विद्यापीठ (3) संस्कृति विद्यापीठ (4) अनुवाद तथा निर्वचन विद्यापीठ (5) मानविकी

एवं सामाजिक विज्ञान विद्यापीठ (6) विधि विद्यापीठ (7) प्रबंध विद्यापीठ (8) शिक्षा विद्यापीठ।

हिंदी विश्वविद्याय का उद्देश्य हिंदी भाषा तथा साहित्य का संवर्धन और विद्या की सुसंगत शाखाओं में शिक्षण और अनुसंधान की सुविधाएं प्रदान करना है। विदेशों में हिंदी में अभिरुचि रखने वाले हिंदी विद्वानों और समूहों तक पहुंचाना और उन्हें विश्वविद्यालय में प्रशिक्षण और अनुसंधान के लिए सहबद्ध करना है। हिंदी को दूरशिक्षा पद्धति के माध्यम से लोकप्रिय बनाना है। इसका एक प्रमुख उद्देश्य महात्मा गांधी के मानवतावादी मूल्यों शांति, अहिंसा, सत्य, धर्मनिरपेक्षता आदि का उन्नयन और प्रसार करना है। इसके साथ ही हिंदी को जनसंचार, व्यापार, प्रबंधन, विज्ञान एवं तकनीकी शिक्षा तथा प्रशासनिक कामकाज की भाषा के रूप में समृद्ध बनाना भी इसका प्रमुख उद्देश्य है। वर्धा स्थित विश्वविद्यालय परिसर में एक संग्रहालय है। विश्वविद्यालय के 'हिंदीसमयडाटकॉम' पर हिंदी का विश्व साहित्य पाठकों के लिए सुलभ है। (वेबसाइट : www.hindivishwa.org)।

श्वेता जैन

हिंदी के विदेशी विद्वान

भारतीय संस्कृति की बहुलता ने जिन विदेशी विद्वानों को आकर्षित किया, उनमें हिंदी के प्रति विशेष प्रेम रखने वाले भी कई थे। उन्होंने अनुसंधान कार्य किए और हिंदी भाषा को समझने के साथ इसके विकास तथा प्रचार-प्रसार में भी योगदान किया। अठारहवीं सदी से ही भारत और हिंदी क्षेत्र से औपनिवेशिक संपर्क सुदृढ़ करने के उद्देश्य से हिंदी-यूरोपियन भाषाओं के शब्दकोश बनने लगे थे, व्याकरण की पुस्तकें लिखी जाने लगी थीं और क्षेत्रीय संस्कृतियों का अध्ययन शुरू हो गया था। हिंदुस्तानी और हिंदी के लिए काम करने वालों में गिलक्राइस्ट पहला महत्वपूर्ण नाम है। गार्सा द दासी (1794-1878) के 'हिंदुई साहित्य के इतिहास' को हिंदी और हिंदुस्तानी साहित्य का पहला इतिहास ग्रंथ माना जाता है। जॉर्ज अब्राहम ग्रियर्सन को तुलसीदास बड़े प्रिय थे। भाषा सर्वेक्षण में उनकी एक बड़ी भूमिका थी। इनके अलावा जॉन जोशुआ केटेलेयर, बेंजामिन शुल्ट्ज, माइकेल हैलीडे, जॉर्ज हैडले, गेरासिम लेबिदेफ, जॉन बीम्स, ए फ्रेडरिक, रुडोल्फ हार्नले, एलपी टेसीटरी, एफएस ग्राउज, मोनियर विलियम्स, सेमुअल हेनरी कैलाग, जे फर्गुसन जैसे कई हिंदी वैयाकरण, अनुवादक और भाषाविद हुए। एडविन ग्रीफ्स, फ्रेंक ईकी, जेएम मेकफाइ, राल्फ टर्नर, एजी एटकिंस, दीमशित्स आदि कई पश्चिमी विद्वान थे जिन्होंने किसी-न-किसी रूप में हिंदी की सेवा की।

ब्रिटिश शासन के दौर में हिंदी के कुछ विदेशी विद्वान ऐसे भी थे जो हिंदी और भारत की धरती से विशेष प्रेम रखते थे। कुछ ऐसे थे, जो हिंदुस्तानी और हिंदी की बहस में हिंदी के पक्ष में थे। हिंदी के कई विदेशी विद्वानों ने अपनी-अपनी भाषाओं में महत्वपूर्ण अनुवाद किए। कुछ ने हिंदी में ऐसा भी बहुत कुछ लिखा, जिसे मील का पत्थर कहा जा सकता है। कुछ विदेशी विद्वान हिंदी के अच्छे आलोचक थे। ऐसे कुछ चुने हुए विद्वानों का विशेष परिचय यहां प्रस्तुत है–

फ्रेडरिक पिन्काट (1836-1896) : फ्रेडरिक पिन्काट लंदन के एक साधारण परिवार में जन्मे थे। उनका भारतेंदु हरिश्चंद्र और अयोध्याप्रसाद खत्री से पत्र-व्यवहार होता था। महात्मा गांधी उनसे मिले थे और उन्हें निःस्वार्थ और स्नेहसिक्त पाया। (मोहनदास : द स्टोरी ऑफ ए मैन, हिज प्यूपिल, राजमोहन गांधी)। रामचंद्र शुक्ल ने अपने 'हिंदी साहित्य का इतिहास' में उन्हें बहुत आदर से याद किया है और इनके हिंदी प्रेम का उल्लेख किया है। उन्होंने लंदन से एक व्यावसायिक उर्दू पत्र 'आईने सौदागरी' का संपादन किया था। उनकी एक पुस्तक 'विक्टोरिया चरित्र' खड्गविलास प्रेस (बांकीपुर) से छपी थी। वे ब्रजभाषा में पद रचना करते थे। वे ब्रिटिश अधिकारियों का ध्यान हिंदी की तरफ

आकर्षित करते रहते थे। श्रीधर पाठक को एक पत्र में उन्होंने लिखा था, 'बीस वर्ष तक मैंने हिंदी के अधिकारों की ओर सामान्य वर्ग का ध्यान आकर्षित किया। मुझे यह देखकर प्रसन्नता हुई कि मेरे लगातार परिश्रम का कुछ तो परिणाम निकला। मेरी शुरुआत करने पर इस देश (लंदन) के वासियों ने पूछा, 'हिंदी भाषा क्या चीज है?' कुछ व्यक्तियों ने जो वर्षों तक भारत में रहे, मुझे बतलाया कि नागरी में जो कुछ छपता है, वह उर्दू से निकालकर हिंदुओं के लिए एक भाषा निर्मित करने का पंडित वर्ग द्वारा किया गया प्रयास है। इस सारी वकालत का अब अंत हो चुका है और हिंदी की यथार्थता को कोई अस्वीकार नहीं करता है।' (8 जनवरी, 1890)। पिन्काट 1894 में एक व्यावसायिक कंपनी की ओर से भारत आए और 1896 में लखनऊ में उनका देहांत हो गया।

जॉर्ज अब्राहम ग्रियर्सन (1851-1941) : आयरलैंड के ग्रियर्सन एक भाषाविद थे। उन्हें कई भाषाओं का ज्ञान था। वे 1873 में इंडियन सिविल सर्विस के अफसर के रूप में भारत आए। वे दफ्तर के कामों के बाद अपना बचा समय भारतीय भाषाओं के अध्ययन में लगाते थे। उन्होंने न सिर्फ खड़ी बोली हिंदी सीखी, बल्कि कुछ पाठ्य पुस्तकों की भी रचना की। उनके नेतृत्व में भाषा सर्वेक्षण हुआ। 'लिंग्विस्टिक सर्वे ऑफ इंडिया ग्रंथ' 21 खंडों में प्रकाशित हुआ। उन्होंने हिंदी की बोलियों को पश्चिमी हिंदी और पूर्वी हिंदी में बांटकर देखा और उन बोलियों को हिंदी माना। भाषा वैज्ञानिक के तौर पर वे एक चर्चित विद्वान थे। उनका लोक जीवन से गहरा परिचय था।

अलेक्सेई पेत्रोविच वारान्निकोव (1890-1952) : रूसी विद्वान वारान्निकोव का जन्म उक्रेन में हुआ था। उन्होंने सोवियत संघ में प्राच्य विद्या संस्थान की स्थापना की थी। कीव विश्वविद्यालय में उन्होंने संस्कृत का ज्ञान प्राप्त किया। उन्होंने 'सोवियत इंडोलॉजी' की नींव रखी। उन्होंने हिंदी की समस्याओं पर लिखने के साथ भारतीय भाषाओं की परंपरा का तुलनात्मक अध्ययन भी प्रस्तुत किया। उनकी ख्याति तुलसी के 'रामचरितमानस' के रूसी अनुवाद से हुई। सुमित्रानंदन पंत पर शोध करने वाले ए पी चेलीशेव उनके शिष्य थे।

फादर कामिल बुल्के (1909-1982) : भारतविद फादर कामिल बुल्के का जन्म बेल्जियम के एक छोटे-से गांव में हुआ था। भारत आकर इस देश को इन्होंने पूरी तरह अपना लिया और 1950 में भारतीय नागरिकता भी ले ली। इन्होंने 1930 में लूवेन विश्वविद्यालय से इंजीनियरिंग की पढ़ाई पूरी की थी। वे अपनी मातृभाषा फ्लेमिश के प्रेमी थे और इसकी अस्तित्व-रक्षा के लिए फ्रांसीसी भाषा के विरोध में लगातार संघर्ष करते रहे। शिक्षा के दौरान ही इन्होंने संन्यासी बनने का निर्णय ले लिया और 1930 में जेसुइट नवशिष्यालय में भरती हो गए। धर्म शिक्षा पूरी करने के बाद नवंबर 1935 में वे येसु संघियों के मठ मनरेसा हाउस, रांची आ गए। थोड़े-बहुत अंतराल को छोड़कर उनका पूरा जीवन इसी मनरेसा हाउस में बीता जिसे आज उनकी स्मृति में 'फादर कामिल बुल्के स्मृति शोध संस्थान' के रूप में जाना जाता है।

बचपन में ही तुलसीदास की दो पंक्तियों से आकर्षित फादर कामिल बुल्के ने 1945 में इलाहाबाद विश्वविद्यालय में आकर, 1947 में हिंदी में एम ए की परीक्षा पूरी कर माताप्रसाद गुप्त के निर्देशन में 'रामकथा : उत्पत्ति और विकास' विषय पर शोध कार्य किया और 1949 में डॉक्टरेट की उपाधि प्राप्त की। वे पहले ऐसे शोधार्थी थे जिन्हें अपना शोध प्रबंध हिंदी में प्रस्तुत करने की अनुमति मिली थी, अन्यथा उनसे पूर्व सभी शोध प्रबंध अंग्रेजी भाषा में लिखे जाते थे।

1950 में बुल्के की नियुक्ति रांची के सेंट जेवियर कॉलेज के हिंदी-संस्कृत के विभागाध्यक्ष के रूप में हो गई। यहीं रहते हुए अपने शोध ग्रंथ 'रामकथा : उत्पत्ति और विकास' का पुनर्लेखन कर इसे 1962 में पुनः प्रकाशित कराया। उन्होंने 'रामचरितमानस' के बारे में लिखा है, 'मेरे लिए यह काव्य ग्रंथ नहीं है, मेरा पवित्र धर्मग्रंथ भी है जिसे

पढ़ते समय मैं अपनी चित्तवृत्तियों के परिष्कार का वातावरण उपस्थित होता हुआ देखता हूं।' उन्होंने कहा था, 'मैं हिंदी की सेवा तब तक करूंगा, जब तक इस शरीर में प्राण है।'

बुल्के की अन्य प्रसिद्ध रचनाओं में 'हिंदी बाइबिल : न्यू टेस्टामेंट' (अनुवाद, 1977), 'रामकथा और तुलसीदास' (1978) आदि प्रमुख हैं। उनकी प्रसिद्धि का एक आधार उनका 'अंग्रेजी -हिंदी कोश' (1968) है। वे पश्चिम और पूर्व के बीच सेतुबंध के अलावा हिंदी के एकांत साधक और प्रहरी थे।

रोनाल्ड स्टुअर्ट मैक्ग्रेगर (1929-2013) : न्यूजीलैंड में जन्मे मैक्ग्रेगर 1964 से 1979 तक कैंब्रिज विश्वविद्यालय में हिंदी के शिक्षक थे। उनकी हिंदी की शिक्षा 1959-60 में इलाहाबाद विश्वविद्यालय में हुई थी। उन्होंने 1972 में हिंदी व्याकरण पर एक महत्वपूर्ण किताब लिखी। वे हिंदी-अंग्रेजी शब्दकोश के लिए विशेष तौर पर जाने जाते हैं। उन्होंने दक्षिण एशिया के भक्ति साहित्य पर भी काम किया था।

ए पी चेलीशेव (जन्म 1921-) : चेलीशेव हिंदी के एक प्रमुख रूसी शिक्षाविद और भारतविद थे जिन्होंने सूर्यकांत त्रिपाठी निराला और सुमित्रानंदन पंत पर महत्वपूर्ण आलोचना पुस्तकों की रचना की है। उन्होंने रूसी और भारतीय साहित्य का तुलनात्मक अध्ययन किया है। उनकी पुस्तकों की संख्या पंद्रह से ज्यादा है। उन्होंने जे एम दिमशित्स के साथ मिलकर रूसी-हिंदी शब्दकोश (1958) की रचना की थी। उनकी सेवाओं के लिए भारत सरकार ने उन्हें पद्मभूषण से सम्मानित किया था।

ओदोलेन स्मेकल (1928-1998) : ओदोलेन स्मेकल ने चेक गणराज्य के हिंदी शिक्षार्थियों के लिए हिंदी पाठ्य-पुस्तकें तैयार कीं। उनका काम विशेष तौर पर हिंदी उपन्यास पर था। उन्होंने प्रेमचंद के 'गोदान' सहित अन्य लेखकों की कुछ कृतियों का अनुवाद चेक भाषा में किया था। वे 1994 से 1997 तक भारत में चेक गणराज्य के राजदूत थे। उन्होंने जीवन भर हिंदी की सेवा की और शोध कार्य किया। उन्होंने हिंदी में कविताएं भी लिखी थीं।

लोथार लुत्से (1927-2015) : जर्मनी के हाइडेलबर्ग विश्वविद्यालय के दक्षिण एशिया संस्थान में आधुनिक भारतीय भाषा एवं साहित्य विभाग के संस्थापक लोथार लुत्से 1960 में दिल्ली विश्वविद्यालय में जर्मन भाषा के प्राध्यापक होकर आए थे। उनकी हिंदी तथा कई अन्य भारतीय भाषाओं के साहित्य में गहरी रुचि बन गई। वे जीवनपर्यंत हिंदी के गहरे पक्षधर और मित्र बने रहे।

तोशियो तनाका (जन्म 1937) : जापान के प्रसिद्ध 'तोक्यो विदेशी भाषा विश्वविद्यालय' से हिंदी शिक्षा प्राप्त करने के बाद तोशियो तनाका ने 1973 से 1976 तक दिल्ली विश्वविद्यालय में हिंदी में स्नातकोत्तर स्तर की पढ़ाई की। बाद में तोक्यो विदेशी भाषा विश्वविद्यालय के प्रोफेसर बने। उन्होंने गांधी जी की आत्मकथा, 'हिंद स्वराज', 'दक्षिण अफ्रीका में सत्याग्रह' के अलावा भीष्म साहनी के उपन्यास 'तमस' का जापानी भाषा में अनुवाद किया।

कात्सुरो कोगा (जन्म 1935) : कोगा जापान के विशिष्ट हिंदी विद्वान हैं। उनकी शिक्षा ओसाका के विदेशी भाषा विश्वविद्यालय में हुई थी और वहीं हिंदी के प्रोफेसर बने। उनके द्वारा 2006 में प्रकाशित हिंदी-जापानी शब्दकोश अत्यंत महत्वपूर्ण है। इसमें लगभग एक लाख प्रवृष्टियां हैं।

शमतोफ आजाद (जन्म 1946) : आजाद उजबेकिस्तान के प्रसिद्ध हिंदी विद्वान हैं। वे उज्बेकी, रूसी, तजाकी, अंग्रेजी, हिंदी, उर्दू, फारसी और पंजाबी भाषाओं के जानकार हैं। उनके शोध का विषय 'दक्खिनी हिंदी का भाषा वैज्ञानिक विश्लेषण' रहा है।

इमरै बंघा : इमरै बंघा हंगरी के हिंदी विद्वान हैं और फिलहाल ऑक्सफोर्ड विश्वविद्यालय में हिंदी शिक्षक हैं। बुदापेस्ट में भारतविद्या का अध्ययन करने के दौरान उनका हिंदी के रीतिमुक्त कवि घनानंद से ऐसा संबंध जुड़ा कि उन्होंने न सिर्फ हिंदी की विधिवत पढ़ाई की

बल्कि शांतिनिकेतन से घनानंद पर शोध कार्य भी किया। उनकी घनानंद पर पुस्तक 'सनेह के मारग' कवि को एक नए कोण से देखती है। उन्होंने हंगरी और बांग्ला साहित्यिक संस्कृति का भी तुलनात्मक अध्ययन किया है। कुछ भारतीय कहानियों का उन्होंने हंगरी की भाषा में अनुवाद किया है।

फ्रांसेस्का आरसेनी : फ्रांसेस्का आरसेनी इंग्लैंड में हिंदी की प्रोफेसर हैं। उन्होंने बीसवीं सदी के आरंभिक दशकों में हिंदी को लेकर उठे विवादों का गहरा अध्ययन किया है।

उपर्युक्त के अलावा हिंदी के कई विदेशी विद्वान हैं, जिनका पर्याप्त महत्व है। कोरिया की उ जो किम (जन्म 1953), जापान के ताकेश फुजिई (जन्म 1955) उनमें हैं। हिंदी के विदेशी विद्वानों की संख्या कम नहीं है। उन्होंने अपने लेखन से हिंदी को समृद्ध किया है।

सुरेश ऋतुपर्ण

अधिक जानकारी के लिए :
पाश्चात्य विद्वानों का हिंदी साहित्य : जे एच आनंद, 2011

हिंदी जाति

हिंदी जाति की अवधारणा के बीज यद्यपि पहले भी जहां-तहां दिखाई देते हैं, लेकिन उन्हें क्रमबद्ध कर एक दृढ़ सैद्धांतिक आधार पर व्यवस्थित करने और हिंदी आलोचना तथा हिंदी समाज की मुख्य धारा में प्रतिष्ठित करने का श्रेय रामविलास शर्मा को है। जब पाकिस्तान के सवाल पर जाति, भाषा, प्रदेश संबंधी तीखे सवाल उठने लगे और राहुल जी ने भारत की तमाम जनपदीय बोलियों को जातीय भाषा मानते हुए उनके अपने-अपने प्रदेश बनाने का सुझाव रखा, तो डॉ. शर्मा ने इस बहस में हस्तक्षेप किया। उन्होंने स्थापित किया कि सामाजिक विकास की प्रक्रिया में व्यापार-वाणिज्य का विकास होने के साथ जनपदीय अलगाव कम होता है, विभिन्न जनपदों के लोग एक-दूसरे के निकट आते हैं और वे महाजाति (नेशन) में संगठित होते हैं। उनके बीच आपसी संपर्क की आवश्यकता से कोई एक बोली लोगों की सामान्य जातीय भाषा बन जाती है और जनपदों की बोलियां जनपदीय संपर्क तक सीमित रह जाती हैं। इसलिए प्रदेशों का निर्माण जातीय भाषा के आधार पर जातीय प्रदेशों के रूप में होना चाहिए और उनके अंतर्गत उनकी जनपदीय बोलियों के विकास और सुरक्षा का प्रबंध किया जाना चाहिए।

रामविलास शर्मा की आत्मकथा 'अपनी धरती अपने लोग' के दूसरे खंड की एक सूचना से पता चलता है कि उन्होंने 'हिंदी जाति' की अवधारणा सबसे पहले 1949 में अंग्रेजी पत्र 'कम्युनिस्ट' में प्रकाशित एक लेख में प्रस्तुत की थी। आगे चलकर 'भाषा और समाज', 'भारत के प्राचीन भाषा परिवार और हिंदी', 'भारत की भाषा समस्या', 'हिंदी जाति का साहित्य', भारतीय संस्कृति और हिंदी प्रदेश, 'भारतीय साहित्य की समस्याएं' आदि ग्रंथों में उन्होंने इस अवधारणा को व्यवस्थित और सैद्धांतिक रूप प्रदान किया।

रामविलास शर्मा ने बताया है कि मानव समुदाय पहले रक्त संबंध पर आधारित जन या गण समाज में संगठित होता है, फिर उसका विकास वर्ण व्यवस्था वाले सामंती समाज में होता है। गण समाज या कबीलाई समाज के समुदाय 'जन' कहलाते थे, जैसे—भरत जन, कुरु जन आदि। जन जिस क्षेत्र में निवास करते थे, उसका विस्तार सामंती काल में जनपदों में हो गया, जैसे—बौद्ध काल के सोलह जनपद मगध, कोसल, शूरसेन आदि। सामंती काल में व्यापारिक पूंजीवाद के प्रसार के कारण जनपदों का आपसी संपर्क बढ़ता है, बड़े-बड़े अंतरजनपदीय या कौमी बाजार बनते हैं, बड़ी-बड़ी मंडियां कायम होती हैं, जिनमें आसपास के जनपदों के लोगों का आना-जाना, मेल-जोल, लेन-देन बढ़ता है इसी क्रम में जनपदकालीन 'लघुजातियां' (नेशनलिटीज) पूंजीवादकालीन आधुनिक 'महाजातियों' (नेशंस) में गठित हो जाती हैं। इस काल में किसी एक प्रमुख जनपद की बोली उस महाजाति के सभी जनपदों के बीच संपर्क की भाषा बन जाती है और शेष जनपदों

की भाषाएं बोली मात्र रह जाती हैं। तमिल, बांग्ला, मराठी आदि की तरह हिंदी बोलने वाले जन समुदाय 'हिंदी जाति' के अंग हैं। इनमें कुरु जनपद अंबाला, दिल्ली, मेरठ, बिजनौर के आसपास की खड़ी बोली का प्रदेश), पंचाल जनपद (बुंदेलखंड और कन्नौज), शूरसेन या ब्रज (आगरा कमिश्नरी), मत्स्य जनपद (जयपुरी-मेवाती का क्षेत्र), कोसल (अवध), विदेह जनपद (मिथिला या तिरहुत), काशी जनपद (भोजपुरी क्षेत्र), मगध जनपद (मगही का क्षेत्र), वत्स जनपद (बघेलखंड), चेदि जनपद (बुंदेलखंड), अवंति जनपद (पश्चिमी मालवा) के क्षेत्र शामिल हैं। प्राचीन जनों के चिह्न जनपदों में और जनपदों के बहुतेरे चिह्न आधुनिक जातियों में सुरक्षित रहते हैं और जातीय भाषा को बहुरंगी बनाते हैं। हिंदी जाति की जातीय भाषा आधुनिक हिंदी पर उपर्युक्त जनपदों की गहरी छाप है।

हिंदी जाति के निर्माण में व्यापार की मुख्य भूमिका है। पाटलिपुत्र और उज्जयिनी जैसे नगर प्राचीन काल में ही प्रसिद्ध हो गए थे। तुर्कों और मुगलों के काल में दिल्ली व्यापार और राजनीतिक जीवन का केंद्र बन गई और वहां की खड़ी बोली 'हिंदी जाति' की जातीय भाषा बन गई। रामचंद्र शुक्ल ने भी लिखा था कि 'मुगल साम्राज्य के ध्वंस काल में दिल्ली के आसपास के प्रदेशों की हिंदू व्यापारी जातियां (अगरवाल, खत्री आदि) जीविका के लिए लखनऊ, फैजाबाद, प्रयाग, काशी, पटना आदि पूरबी शहरों में फैलने लगीं। उनके साथ-साथ उनकी बोलचाल की भाषा खड़ी बोली भी लगी चलती थी।' (हिंदी साहित्य का इतिहास)। इस प्रकार हिंदी को पश्चिम से पूरब तक फैलाने और उसे जातीय भाषा का रूप देने में व्यापार ने मुख्य भूमिका निभाई।

जहां खड़ी बोली हिंदी का प्रसार हुआ, उस क्षेत्र का नाम 'हिंदुस्तान' पहले से चला आता था। यूरोपीय लेखकों ने भी इस शब्द का प्रयोग किया। 1930 में धीरेंद्र वर्मा ने 'हिंदी राष्ट्र का सूना हिंदुस्तान' नाम की पुस्तक प्रकाशित करवाई, जिसमें समूची हिंदी जाति को मिलाकर एक हिंदी प्रदेश बनाने का विचार रखा। सुनीति कुमार चटर्जी का भी मत है, 'हिंदुस्तानी शब्द का अर्थ होता है—हिंदुस्तान की (भाषा) और हिंदुस्तान शब्द मुस्लिम काल में अपने सीमित अर्थ में पंजाब तथा बंगाल के बीच के उत्तर भारतीय मैदान के लिए प्रयुक्त होता था।' भारतेंदु से लेकर निराला तक के साहित्य में हिंदी जाति को लेकर जागरूकता का भाव मौजूद है, फिर भी हिंदी समाज की जातीय चेतना बहुत कमजोर है। हिंदी की बोलियों को अलग-अलग स्वतंत्र भाषाएं मानने और उनके लिए अलग प्रदेश बनाने की मांग ने भी इस जातीय चेतना को धूमिल किया है। इसके अतिरिक्त हिंदी और उर्दू को धर्म और लिपि के आधार पर अलग करने वाली भेदनीति ने भी हिंदी समाज की जातीय चेतना को क्षतिग्रस्त किया है। रामविलास जी ने स्पष्ट किया है कि सामाजिक विकास के क्रम में जातीय भाषा और उसकी अनेक बोलियों का सह-अस्तित्व वैसे ही है, जैसे लंदन के आसपास की जबान अंग्रेजी (जातीय भाषा) और देहातों में बोली जाने वाली जबानें (बोलियां); बंगालियों की जातीय भाषा बांग्ला और पश्चिमी-पूर्वी बंगाल के देहातों में बोली जाने वाली उसकी बोलियां; जातीय भाषा हिंदी और भोजपुरी, अवधी, ब्रज आदि उसकी बोलियां।

रामविलास जी ने विस्तार से समझाया है कि हिंदी और उर्दू दोनों का प्रयोग एक ही हिंदी जाति के लोग करते हैं। हिंदू और मुस्लिम – इस सांप्रदायिक आधार पर उनका विभाजन गलत है। उनके बीच भेदभाव के बीज बोने और उन्हें सींचने में अंग्रेजी राज का हाथ रहा है। रामविलास शर्मा का मत है, 'उर्दू किसी अलग कौम की भाषा नहीं है। इसलिए उसे इलाकाई जबान मनवाने के आंदोलन का विरोध करना उचित है, किंतु वह सांस्कृतिक अल्पसंख्यकों की भाषा है, इसलिए उसे पढ़ने और उसका व्यवहार करने की सुविधा मिलनी चाहिए।' (भाषा और समाज)।

रामविलास शर्मा ने इस बात पर जोर दिया है कि हिंदी जाति, उसकी कला, साहित्य, संगीत और स्थापत्य की परंपरा के विकास में हिंदुओं के साथ-साथ मुसलमानों का महत्वपूर्ण योगदान है।

हिंदी समाज में जात-बिरादरी और सांप्रदायिकता के बढ़ाव को रोकने के लिए उसकी जातीय चेतना और जातीय एकता पर जोर देना चाहिए। हिंदी समाज के पिछड़ेपन के दो मुख्य कारण हैं– सामंती अवशेष और साम्राज्यवाद। रामविलास जी मानते हैं कि इन दोनों के विरुद्ध संघर्ष में जातीय चेतना प्रगतिशील भूमिका निभा सकती है। वे हिंदी समाज के मौजूदा पिछड़ेपन को स्थायी नहीं मानते और उसके परिवर्तन और विकास के लिए 'हिंदी जाति का घोषणापत्र' भी जारी करते हैं। जिस जाति ने अंग्रेजी राज के विरुद्ध 1857 का स्वतंत्रता संग्राम चलाया था, उसकी महान विरासत पर उन्हें गर्व है।

रामविलास शर्मा हिंदी प्रदेश के पाटलिपुत्र, काशी, मथुरा और उज्जयिनी जैसे प्राचीन नगरों और व्यापार केंद्रों की याद दिलाते हुए लिखते हैं, 'मगध से मालवा तक जातीय भाषा के रूप में हिंदी का व्यवहार होता है। नगरों के बिना हिंदी का यह प्रसार भारत के सबसे बड़े जातीय क्षेत्र में असंभव था। इन नगरों के द्वारा हिंदी प्रदेश के जनपद प्राचीन काल से परस्पर संबद्ध हुए और दक्षिण भारत से उन्होंने अपना संबंध जोड़ा। इसलिए भारत राष्ट्र के निर्माण में और भारतीय संस्कृति के विकास में हिंदी प्रदेश की निर्णायक भूमिका स्वीकार करनी चाहिए। दक्षिण में तमिलनाडु, उत्तर में कश्मीर, पूर्व में असम और पश्चिम में गुजरात, दूर-दूर के इन प्रदेशों की भाषा इनके बीच स्थित यह विशाल हिंदी प्रदेश है। ऋग्वेद, अथर्ववेद, उपनिषद, महाभारत, रामायण, अर्थशास्त्र की रचना यहीं हुई। यहीं कालिदास और भवभूति ने अपने ग्रंथ रचे और मौर्य तथा गुप्त साम्राज्यों की आधारभूमि यही प्रदेश था। उत्तर काल में दिल्ली, आगरा इस प्रदेश के बहुत बड़े नगर बने। ये व्यापार के बहुत बड़े केंद्र थे और सांस्कृतिक केंद्र भी। तुर्कवंशी राजाओं ने यहीं रहकर शताब्दियों तक एक बहुत बड़े राज्य का संचालन किया था। विद्यापति, कबीर, सूरदास, तुलसीदास जैसे कवि इसी क्षेत्र में हुए। इसी प्रदेश में प्रसिद्ध संगीतकार तानसेन का जन्म हुआ। अपने सौंदर्य से संसार को चकित कर देने वाला ताजमहल इसी प्रदेश आगरा नगर में है।' (भारतीय संस्कृति और हिंदी प्रदेश, भाग-1, भूमिका)।

अवधेश प्रधान

अधिक जानकारी के लिए :
हिंदी जाति का साहित्य : रामविलास शर्मा

हिंदी नवजागरण

हिंदी नवजागरण की अवधारणा रामविलास शर्मा ने विस्तार से 'महावीर प्रसाद द्विवेदी और हिंदी नवजागरण' (1977) नाम की अपनी पुस्तक में प्रस्तुत की। इसकी भूमिका का पहला वाक्य है, 'हिंदी प्रदेश में नवजागरण 1857 के स्वाधीनता संग्राम से शुरू होता है।' इसके बाद इस संग्राम की छह विशेषताएं इस प्रकार बताई गई हैं–(1) 'इस स्वाधीनता संग्राम की पहली विशेषता यह है कि यह सारे देश की एकता को ध्यान में रखकर चलाया गया था। राष्ट्रीय एकता का यह उद्देश्य भारतीय सेना के नेताओं ने अपने सामने रखा था, सामंतों ने नहीं।' (2) 'इस संग्राम की दूसरी विशेषता यह है कि राजसत्ता की मूल समस्या सामंतों के हित में नहीं, जनता के हित में हल की गई थी।' (3) 'इस संग्राम की तीसरी विशेषता यह है कि अंग्रेजों ने जमींदारों और साहूकारों को जहां भी नए अधिकार दिए थे, जहां भी किसानों के विरुद्ध इन शोषकों के पक्ष में उन्होंने फैसले दिए थे, वहां भारतीय सेना का प्रभुत्व कायम होते ही अथवा अंग्रेजों का प्रभुत्व खत्म होते ही, जनता ने अंग्रेजों की कायम की हुई व्यवस्था पलट दी।' (4) 'इस संग्राम की चौथी विशेषता यह है कि इसका नेतृत्व उन किसानों ने किया, जो फौज में सिपाहियों और सूबेदारों के रूप में काम कर रहे थे। अनेक छोटे-बड़े सामंत उनके सहायक थे, संग्राम के नेता नहीं।' गांवों के गैर-फौजी किसानों ने उनके साथ मिलकर हथियारबंद लड़ाई चलाई। (5) 'इस संग्राम की पांचवीं विशेषता इसका असांप्रदायिक राष्ट्रीय रूप है।' दिल्ली में भारतीय सेना ने अपनी

समिति का गठन करते समय हिंदू और मुसलमान प्रतिनिधियों का चुनाव सांप्रदायिक अनुपात से नहीं, बल्कि केवल अनुभव और कार्यकुशलता के आधार पर किया। (6) 'इस संग्राम की छठी विशेषता यह है कि यह संग्राम हिंदी प्रदेश में चलाया गया। यह प्रदेश ही मुख्य रणक्षेत्र था। अन्य प्रदेशों में छिटपुट घटनाएं हुईं। फौजी सिपाहियों और गांवों के किसानों ने मिलकर जहां संगठित रूप से यह संग्राम चलाया, वह हिंदी प्रदेश था।' (महावीर प्रसाद द्विवेदी और हिंदी नवजागरण, भूमिका। इससे स्पष्ट है कि 1857 का मुक्ति संग्राम एक ओर राष्ट्रीय संग्राम था, तो दूसरी ओर हिंदी क्षेत्र था जातीय संग्राम भी था।

रामविलास शर्मा ने 1857 के स्वाधीनता संग्राम को हिंदी नवजागरण की पहली मंजिल कहा, भारतेंदु युग को उसकी दूसरी मंजिल और द्विवेदी युग को उसकी तीसरी मंजिल बताया। इस प्रकार हिंदी नवजागरण महज साहित्यिक जागरण न रहकर राष्ट्रीय जागरण की व्यापक चेतना से एकरूप हो गया। एक ओर वह साम्राज्य-विरोधी था, तो दूसरी ओर उसके अनेक सामंत विरोधी पहलू भी थे।

1857 के नेताओं को अंग्रेजों की शोषण नीति का पता था। उन्होंने अपने इश्तहारों में भारतीय उद्योग-धंधों के विनाश, किसानों, कारीगरों और व्यापारियों की बदहाली और बेकारी, अंग्रेजों की कुचालों का विस्तृत वर्णन किया है और जनता को अंग्रेजों के झूठे वादों से होशियार रहने की चेतावनी दी है। स्वदेशी आंदोलन के मूल सूत्र भी उनके इश्तहारों में देखे जा सकते हैं। उस संग्राम की जड़ें गांवों में थीं, किसानों का समर्थन इसे प्राप्त था, इसका एक जीवंत प्रमाण हिंदी प्रदेश की अनेक जनपदीय बोलियों में लक्ष्मीबाई, कुंवर सिंह, अमर सिंह, राना बेनी माधो, देवीबख्श की देशभक्ति और वीरता के संबंध में गाए जाने वाले लोक गीत हैं।

सवाल उठा है कि यदि 1857 का स्वाधीनता संग्राम हिंदी नवजागरण की पहली मंजिल है और भारतेंदु युग और द्विवेदी युग उसकी क्रमशः दूसरी और तीसरी मंजिल, तो उनके साहित्य में 1857 के संग्राम की प्रशंसा या समर्थन क्यों नहीं है? 1857 से भारतेंदु युग और द्विवेदी युग का संबंध किस प्रकार का है? रामविलास शर्मा ने इस प्रश्न पर भी विचार किया है। भारतेंदु हरिश्चंद्र ने गदर के दस वर्ष बाद ही 1868 में 'कवि वचन सुधा' निकाली और उसमें 1870 में अपना प्रसिद्ध ब्रिटिश-विरोधी लेख 'लेवी प्राणलेवी' लिखा। उन्होंने गदर के समर्थन में खुलकर भले ही न लिखा हो, लेकिन गदर के इश्तहारों में भारतीय उद्योग-धंधों के विनाश, किसानों-कारीगरों और व्यापारियों की बदहाली आदि पर जो कुछ लिखा गया है, भारतेंदु की बातें उनके पूरे मेल में हैं। बहादुरशाह के इश्तहार में कहा गया था कि भारत में विदेशी माल के आयात से जुलाहे, बढ़ई, लुहार, चमार आदि बेकार हो गए हैं, सब देशी कारीगर भिखारी बन गए हैं। इसकी तुलना भारतेंदु की इन पंक्तियों से करना दिलचस्प होगा, जो 9 मार्च 1874 की 'कवि वचन सुधा' में प्रकाशित हुई थीं, 'कपड़ा बनाने वाले, सूत निकालने वाले, खेती करने वाले आदि सब भीख मांगते हैं और जो निरुद्यम हैं, उनको तो अन्न की भ्रांति है।' रामविलास जी ने लिखा है, 'ऐसा लगता है कि हरिश्चंद्र ने यह सब बहादुरशाह का इश्तहार पढ़कर लिखा था।' (वही)। इसी इश्तहार में आगे कहा गया था, 'बादशाही हुकूमत कायम होने पर अंग्रेजों का जाल-फरेब खत्म कर दिया जाएगा और हर चीज का व्यापार करने का अधिकार इस देश के सौदागरों को होगा। अपना माल ले जाने के लिए भाप से चलने वाले जहाज और भाप से चलने वाली गाड़ियां सरकार उन्हें सुलभ करेगी। जिन सौदागरों के पास अपनी पूंजी न होगी, उन्हें सरकारी खजाने से सहायता दी जाएगी। राजाओं और रईसों का सारा काम देशी कारीगरों को दे दिया जाएगा। इससे वे खुशहाल होंगे।' यहां विदेशी माल के आयात की अंग्रेजी नीति के विरोध और स्वदेशी वस्तुओं के व्यवहार के मूल सूत्र मौजूद हैं। भारतेंदु ने इसी का विकास करते हुए 23 मार्च 1874 की 'कवि वचन सुधा' में जो प्रतिज्ञा-पत्र प्रकाशित किया था, उसमें यह घोषणाा शामिल थी कि आगे

कोई विलायती कपड़ा न पहनेंगे और स्वदेश में बना कपड़ा ही पहनेंगे।

रामविलास शर्मा का स्पष्ट मत है कि 'भारतेंदु युग का साहित्य व्यापक स्तर पर गदर से प्रभावित है। इसका पहला प्रमाण यह है कि इस साहित्य में किसानों को लक्ष्य करके, उन्हें संगठित और आंदोलित करने की दृष्टि से, जितना गद्य-पद्य लिखा गया है, उतना दूसरी भारतीय भाषाओं में नहीं लिखा गया। दूसरा प्रमाण यह है कि इस साहित्य का माध्यम संस्कृतगर्भित भाषा नहीं है, जैसे कि बांग्ला साहित्य में, वरन वह शहरी बोलचाल की भाषा है और जनपदीय उपभाषाओं से अपना नाता जोड़े हुए है।' (वही, पृ. 12)। उन्नीसवीं सदी के लेखन में 1857 की यत्र-तत्र जो निंदा की गई है या देश की दुर्दशा का वर्णन अंग्रेजी राज की प्रशंसा के पर्दे में किया गया है, उसका मुख्य कारण है, उस समय का वातावरण, जिसमें अंग्रेजी राज के घनघोर दमन का आतंक छाया था। दूसरा कारण है, लेखकों का मध्यवर्गीय आधार। वे अंग्रेजों के प्रेस ऐक्ट और कानूनी दायरे के अंदर रहकर ही कुछ लिख सकते थे। लोकगीत रचने वाली जनता के सामने ऐसी कोई मजबूरी नहीं थी। लोकगीत मौखिक थे, उन पर अंग्रेजों का कोई बस न था। भारतेंदु युग के साहित्य को 1857 से जोड़ने वाली दो मुख्य चीजें हैं—(1) राष्ट्रीय स्वाधीनता का लक्ष्य और (2) अंग्रेजी राज के स्वरूप की पहचान।

आचार्य शुक्ल ने हिंदी साहित्य की नवीन धारा के बीच भारतेंदु की वाणी का जो सबसे ऊंचा स्वर सुना था, वह देशभक्ति का ही था। देशभक्ति भारतेंदु युग के सभी लेखकों की सामान्य विशेषता है। भारतेंदु ने कहा, 'स्वत्व निज भारत गहै'। इसके साथ ही नारा दिया, 'नारि नर सम होंहिं' और अपने नाटकों और निबंधों में अमीरों, राजा-रईसों, सड़ी-गली रूढ़ियों और अंग्रेजी राज की न्याय व्यवस्था, टैक्स नीति, शिक्षा नीति, आयात नीति, उद्योग और व्यापार नीति की जमकर आलोचना की। उन्होंने अपने बलिया वाले प्रसिद्ध भाषण में सभी जातियों और धर्मों के लोगों को एक होकर 'जो-जो बातें उन्नति पथ में कांटा हों' उन सबकी जड़ खोदकर फेंक देने का आह्वान किया।

इस युग के तमाम लेखकों ने पत्र-पत्रिकाएं निकालकर, सभा-समितियां बनाकर जनता में नई चेतना का प्रचार किया। भारतेंदु युग के साहित्यकारों ने साहित्य का रुख दरबारों से फेरकर, देश और जनता के सुख-दुख की ओर लगा दिया, फिर भी कुछ रचनाओं में राजभक्ति के चिह्न मिलते हैं। उनके बारे में रामविलास शर्मा ने लिखा है, 'वास्तव में, अनेक रचनाओं में तो ऐसा लगता है कि जनता में नवचेतना फैलाने के लिए ही राजभक्ति की आड़ ली गई थी।' (भारतेंदु युग और हिंदी भाषा के विकास की परंपरा)। इस युग की सबसे महत्वपूर्ण साहित्यिक घटना है—गद्य की प्रमुखता। नई चेतना के प्रसार का सशक्त माध्यम इस युग में गद्य ही हो सकता था। फलतः नाटक, निबंध, उपन्यास, यात्रा वृत्तांत आदि अनेक विधाओं में नए साहित्य की रचना हुई। कविता में नई राष्ट्रीय और लोकतांत्रिक प्रवृत्तियों का प्रवेश होते ही दरबारी काव्य परंपरा की जड़ें उखड़ने लगीं। 'नए जमाने की मुकरी' लिखकर भारतेंदु ने राजनीतिक कविता का एक नया रास्ता खोल दिया।

भारतेंदुयुगीन लेखकों ने ब्रिटिश साम्राज्यवाद की अनीतियों और सामंती कुरीतियों की जो आलोचना आरंभ की थी, उसे महावीर प्रसाद द्विवेदी और उनके सहयोगियों ने विकसित किया। द्विवेदी युग हिंदी नवजागरण की तीसरी मंजिल है, जिस पर 1905 की रूसी क्रांति, बंगभंग विरोधी आंदोलन, स्वदेशी आंदोलन, प्रथम विश्वयुद्ध और 1917 की नवंबर क्रांति आदि अनेक राष्ट्रीय-अंतरराष्ट्रीय घट नाओं की गहरी छाप है।

द्विवेदी जी ने नए युग की नब्ज परख कर 'सरस्वती' का संपादन करते हुए एक महत्वपूर्ण सांस्कृतिक अभियान चलाया। उन्होंने 'संपत्तिशास्त्र' नाम की एक अद्भुत पुस्तक की रचना की जिसमें अंग्रेजी राज की आर्थिक भूमिका का विश्लेषण किया, अंग्रेजी राज में नए किस्म के सामंतवाद, किसानों की बदहाली, अंग्रेजों की व्यापार-नीति, भारत के उद्योग-

धंधे के विनाश आदि का विस्तृत विवेचन किया और अपनी दृष्टि किसानों पर केंद्रित की। उन्होंने और उनके सहयोगी लेखकों ने अफ्रीका-एशिया के उपनिवेशों में साम्राज्यवाद की अत्याचारी व्यवस्था, विश्वयुद्ध, लीग ऑफ नेशंस के शांति प्रयासों की पोल खोली, चीन और जापान के नए जागरण से हिंदी जनता को परिचित कराया और नवंबर 1917 की रूसी क्रांति का हार्दिक अभिनंदन किया। देश में अशिक्षा और अज्ञान के कारण जो अंधविश्वास, कुरीतियां और रूढ़ियां थीं, उनके विरुद्ध भी संघर्ष किया।

महावीर प्रसाद द्विवेदी ने 'सरस्वती' में पदार्थ विज्ञान, परमाणुवाद, भूगर्भ विद्या, ज्योतिर्विद्या, डार्विन, हर्बर्ट स्पेंसर, विकासवाद आदि पर लेख छापकर हिंदी भाषी जनता के बीच वैज्ञानिक चेतना का प्रसार किया था। उन्होंने अछूतों, मुसलमानों और स्त्रियों की शिक्षा पर विशेष बल दिया और भारतेंदु ने निज भाषा की उन्नति के लिए जो आवाज दी थी, उसे और बुलंद किया। आधुनिक ज्ञान-विज्ञान पर विशेष बल देने से इस युग के हिंदी गद्य में वैज्ञानिक शब्दावली अधिक लोकप्रिय हुई। बौद्धिकता और विस्तारपरकता के दबाव से इस गद्य में भारतेंदु युग जैसी जिंदादिली और मौज-मस्ती तो नहीं है, लेकिन उसमें एक नए गांभीर्य और ओज का समावेश हुआ। द्विवेदी जी ने नायिका भेद, रीतिबद्ध श्रृंगार-चित्रण, समस्यापूर्ति, अलंकार-प्रदर्शन आदि की व्यंग्यपूर्ण आलोचना की और कविता के नए मानदंड स्थापित किए। उन्होंने गद्य की ही तरह कविता के लिए भी खड़ी बोली हिंदी के प्रयोग पर जोर दिया। कविता के विषय-क्षेत्र का विस्तार हुआ। भारतीय संस्कृति के विवेकसम्मत मूल्यांकन का रुझान बढ़ा। संस्कृत, उर्दू और लोक परंपरा के छंदों के प्रयोग हुए और अतुकांत कविता का भी चलन हुआ, जिससे मुक्त छंद का मार्ग प्रशस्त हुआ।

रामविलास शर्मा के शब्दों में 'द्विवेदी युग की भूमिका आधुनिक साहित्य का मार्ग प्रशस्त करने वाली अग्रदल की भूमिका है।' (महावीर प्रसाद द्विवेदी और हिंदी नवजागरण)। कथा साहित्य में प्रेमचंद, आलोचना में रामचंद्र शुक्ल, कविता में मैथिलीशरण गुप्त द्विवेदी युग की देन हैं। प्रेमचंद द्विवेदी युग की श्रेष्ठ कलात्मक उपलब्धि हैं, 'अपने कथा साहित्य में प्रेमचंद ने जिस भारत का चित्र खींचा है, उसका विश्लेषण 'संपत्तिशास्त्र' के बिना नहीं हो सकता। 'संपत्तिशास्त्र' वह ज्ञानकांड है, जिसका कलात्मक प्रतिफलन प्रेमाश्रम, रंगभूमि, कर्मभूमि और गोदान है।' (वही)। द्विवेदी जी ने जिस रहस्यवाद-विरोधी बुद्धिवादी धारा का प्रतिनिधित्व किया, प्रेमचंद और रामचंद्र शुक्ल ने उसी का विकास किया और 1930 के बाद प्रसाद और निराला रहस्यवादी प्रभाव को छिन्न-भिन्न करके उसी भूमि पर 'तितली', 'चतुरी' 'चमार', 'बिल्लेसुर बकरिहा' आदि कृतियों की रचना करते हैं। रामविलास शर्मा के शब्दों में, 'इससे ज्ञात होगा कि जिस बुद्धिवादी धारा के प्रतिनिधि महावीर प्रसाद द्विवेदी थे, वह भीतर से कितनी समर्थ थी। वह स्वयं रहस्यवाद की ओर नहीं मुड़ती, कुछ समय बाद रहस्यवादियों को ही अपनी ओर मुड़ने पर विवश करती है।' (वही)। इससे सहज ही यह निष्कर्ष निकाला जा सकता है कि द्विवेदी युग के बाद छायावाद और प्रगतिवाद हिंदी नवजागरण की ही अगली मंजिलें हैं।

भारतीय नवजागरण की व्याख्या यूरोपीय नवजागरण के आदर्श को सामने रखकर ही की जाती रही है। स्वाभाविक है कि ऐसी व्याख्या में बांग्ला नवजागरण भारतीय नवजागरण का एकमात्र आदर्श बन जाए। ऐसे अनेक व्याख्याकार हुए हैं और उनमें हिंदी लेखक भी शामिल हैं, जो भारतीय नवजागरण को पश्चिम से संपर्क का फल या अंग्रेजी राज की देन मानते रहे हैं, लेकिन शंभुनाथ ने लिखा है, 'भारत की औपनिवेशिक स्थितियों में नवजागरण का रूप विशिष्ट हो जाता है, वह बुद्धिवादी जागरण के साथ राष्ट्रीय जागरण भी होता है।' (रामविलास शर्मा)। रामविलास शर्मा ने हिंदी नवजागरण का ऐसा व्यापक परिप्रेक्ष्य प्रस्तुत किया, जिसमें आर्थिक-सामाजिक, राजनीतिक-सांस्कृतिक, दार्शनिक-धार्मिक, भाषिक-साहित्यिक आदि सभी पहलू समाहित हो जाते हैं। शंभुनाथ ने रामविलास शर्मा की हिंदी नवजागरण की

अवधारणा की पांच विशिष्टताएं रेखांकित की हैं— (1) पहली विशिष्टता यह है कि 'इसे उन्होंने तेरहवीं शताब्दी से ही विस्तृत निरंतरता में देखा, यह कहा कि भारतेंदु हरिश्चंद्र से जो नवजागरण शुरू होता है, वह नई परिस्थितियों में पुराने लोक जागरण का ही विकास है। निरंतरता की यह खोज उत्तर-औपनिवेशिक सांस्कृतिक आत्म-पहचान की दिशा में एक महत्वपूर्ण उपलब्धि है। यह खंड-खंड मूल्यांकन के जवाब में समग्रता में मूल्यांकन का एक विकासशील परिप्रेक्ष्य तैयार करती है।' (2) 'उन्होंने हिंदी नवजागरण का संबंध हिंदी जाति के निर्माण और आत्म-पहचान से स्थापित किया।' (3) 'रामविलास शर्मा ने नवजागरण के हिंदी जातीय संदर्भ का उद्घाटन करने की प्रक्रिया में यूरोपीय 'रेनेसां' की अवधारणा से एक हद तक दूरी रखी। उन्होंने ओरिएंटलिज्म (पौर्वात्यवाद) को चुनौती देते हुए, भारतीय श्रेष्ठताओं और जातीय विकासों का इतिहास प्रस्तुत करके लगभग हजारी प्रसाद द्विवेदी की शैली में घोषित किया, 'भारत में अंग्रेज न आए होते, तो भी सांस्कृतिक नवजागरण संभव था।'। यह कथन भारत में नवजागरण की जातीय धाराओं को पहचानने की गहरी सांस्कृतिक इच्छाशक्ति का नतीजा है।' (4) चौथी विशिष्टता यह है कि हिंदी नवजागरण के पहले चरण यानी लोक जागरण को सामंत-विरोधी कहा और दूसरे चरण को सामंतवाद-साम्राज्यवाद-विरोधी। दूसरे चरण के हिंदी नवजागरण के संदर्भ में भारतेंदु हरिश्चंद्र, महावीर प्रसाद द्विवेदी, प्रेमचंद, रामचंद्र शुक्ल और निराला का विशेष साहित्यिक अध्ययन प्रस्तुत किया। (5) पांचवीं बड़ी विशिष्टता यह है कि हिंदी नवजागरण को नस्लवाद, संप्रदायवाद, जातिवाद, क्षेत्रीय पृथकतावाद और रीतिवाद के अलावा संकीर्ण जातीयतावाद के विरोध से जोड़ते हुए उसे भारतीय राष्ट्रीयता और संस्कृति के भीतर रखकर देखा। इसके अलावा उसमें हिंदी और उर्दू दोनों भाषाओं को समान जगह दी।' (रामविलास शर्मा)।

कुछ आलोचकों ने हिंदी नवजागरण को सिरे से नकार दिया या–उसे 'हिंदी-हिंदू-हिंदुस्तान' के संकीर्ण नारे से जोड़कर देखा। कुछ लोगों को खुसरो-विद्यापति के काल से लेकर भारतेंदु-प्रेमचंद-निराला तक के दौर को एक आधुनिक काल के भीतर रखना अटपटा लगा। मैनेजर पांडेय ने सवाल उठाया, 'सवाल यह है कि हिंदी साहित्य के लगभग सौ वर्षों के इतिहास के विभिन्न परिवर्तनों, मोड़ों और विकास की अवस्थाओं का अध्ययन कैसे होगा? नौ सौ वर्षों के इतिहास को केवल आधुनिक काल का अखंड प्रवाह बना देना तो हिंदी साहित्य के काल विभाजन की समस्या का कोई समाधान नहीं हुआ।' (साहित्य और इतिहास दृष्टि)।

वस्तुतः रामविलास शर्मा की हिंदी नवजागरण की अवधारणा में यह 'नौ सौ वर्षों का इतिहास' अखंड प्रवाह के बजाय खुसरो-विद्यापति से लेकर रीतिकाल तक 'लोक जागरण' का समय है और उन्नीसवी शताब्दी से शुरू होने वाला समय 'नवजागरण'। 'लोक जागरण' सामंत-विरोधी जनजागरण है, तो 'नवजागरण' सामंतवाद-साम्राज्यवाद विरोधी। भारतेंदु युग से पुराने लोकजागरण का ही अगला विकास सूचित होता है। 1984 में रामविलास शर्मा ने लिखा, 'भारतेंदु युग उत्तर भारत में जनजागरण का पहला या प्रारंभिक दौर नहीं है ; यह जनजागरण की पुरानी परंपरा का खास दौर है। जनजागरण की शुरुआत तब होती है, जब यहां बोलचाल की भाषाओं में साहित्य रचा जाने लगता है, जब यहां के विभिन्न प्रदेशों में आधुनिक जातियों का गठन होता है। यह सामंत-विरोधी जनजागरण है। भारत में अंग्रेजी राज कायम करने के सिलसिले में पलासी की लड़ाई से 1857 के स्वाधीनता संग्राम तक जो युद्ध हुए, वे जनजागरण के दूसरे दौर के अंतर्गत हैं। यह दौर पहले से भिन्न है, मुख्य लड़ाई विदेशी शत्रु से है। यह साम्राज्य-विरोधी जनजागरण है। भारतेंदु युग इस जनजागरण से जुड़ा हुआ है।' (भारतेंदु हरिश्चंद्र और हिंदी नवजागरण की समस्याएं)। यह भी देखा जा सकता है कि हिंदी नवजागरण विविधतापूर्ण है और यह एक असमाप्त परियोजना है।

अवधेश प्रधान

अधिक जानकारी के लिए :
1. महावीर प्रसाद द्विवेदी और हिंदी नवजागरण : रामविलास शर्मा, 1977 **2. भारतेंदु हरिश्चंद्र और भारतीय नवजागरण :** शंभुनाथ, 2013

हिंदी नवरत्न

'हिंदी नवरत्न' का प्रकाशन 1910 में हुआ था, जिसके लेखक मिश्रबंधु थे। मिश्रबंधु से तात्पर्य उन तीन भाइयों से है, जिनका नाम गणेश बिहारी मिश्र, श्याम बिहारी मिश्र और शुकदेव बिहारी मिश्र था। ये तीनों हिंदी में मिश्र बंधु के नाम से प्रसिद्ध हुए। इसी नाम से उन्होंने हिंदी में अनेक ग्रंथों की रचना की। 'हिंदी नवरत्न' के लेखक के रूप में नाम मिश्र बंधु ही छपा है, लेकिन दूसरे पृष्ठ पर 'मिश्रबंधु' के नीचे गणेश बिहारी मिश्र और शुकदेव बिहारी मिश्र के नाम हैं। इससे पता चलता है कि 'नवरत्न' के लेखक यही दोनों भाई हैं।

'हिंदी नवरत्न' में लंबी भूमिका के बाद नौ अध्याय हैं, जिनमें मध्यकाल से लेकर आधुनिक काल तक के एक-एक कवि को रखा गया है। क्रम इस प्रकार है : 1. गोस्वामी तुलसीदास, 2. महात्मा सूरदास, 3. महाकवि देवदत्त (देव), 4. महाकवि बिहारीलाल, 5. त्रिपाठी-बंधु : (क) महाकवि भूषण त्रिपाठी, (ख) महाकवि मतिराम त्रिपाठी, 6. महाकवि केशवदास, 7. महात्मा कबीर, 8. महाकवि चंदबरदाई, 9. भारतेंदु बाबू हरिश्चंद्र। यहां कवियों का क्रम काल क्रमानुसार नहीं रखा गया है। मिश्र बंधुओं ने अपनी काव्य-धारणा के अनुसार कवियों की गुणवत्ता को ध्यान में रखकर यह क्रम बनाया है। इसमें कबीरदास और सूरदास के नाम के आगे 'महात्मा' विशेषण है तो कुछ कवियों के नाम के आगे महाकवि। तुलसीदास और भारतेंदु हरिश्चंद्र के नाम के आगे लोक प्रचलित पद रहने दिया गया है। आज मिश्र बंधुओं का क्रम निर्धारण और विवेचन विश्लेषण शायद ही किसी को स्वीकार्य हो।

'हिंदी नवरत्न' में कवियों का जीवन चरित, ग्रंथ परिचय, रचना विवेचन, काव्यांशों के उदाहरण आदि बातें हैं। हिंदी कविता के विकास को समझने में इससे कोई विशेष मदद नहीं मिलती। हिंदी आलोचना के विकास में अब इस पुस्तक का ऐतिहासिक महत्व भर है। 'रामचंद्र शुक्ल ने 'हिंदी साहित्य का इतिहास' में 'हिंदी नवरत्न' पर टिप्पणी करते हुए लिखा है,'कवियों का बड़ा भारी इतिवृत्त संग्रह (मिश्रबंधु विनोद) तैयार करने से पहले मिश्रबंधुओं ने 'हिंदी नवरत्न' नामक समालोचनात्मक ग्रंथ निकाला था जिसमें सबसे बढ़कर नई बात यह थी कि देव हिंदी के सबसे बड़े कवि हैं। हिंदी के पुराने कवियों को समालोचना के लिए सामने लाकर मिश्रबंधुओं ने बेशक जरूरी काम किया। उनकी बातें समालोचना कही जा सकती हैं या नहीं, यह दूसरी बात है। मिश्र बंधुओं ने 'हिंदी नवरत्न' में तुलसीदास, देव, बिहारी आदि का जो मूल्यांकन किया है, वह हिंदी समाज को मान्य नहीं हुआ। शुक्ल जी ने 'हिंदी नवरत्न' की कड़ी आलोचना करते हुए लिखा है, 'दैन्य भाव की उक्तियों को लेकर तुलसीदास जी खुशामदी कहे गए हैं। देव को बिहारी से बड़ा सिद्ध करने के लिए बिना दोष के दोष ढूंढ़े गए हैं। ...इसी प्रकार की बेसिर-पैर की बातों से पुस्तक भरी है। कवियों की विशेषताओं के मार्मिक निरूपण की आशा में जो इसे खोलेगा, वह निराश ही होगा।'

'हिंदी नवरत्न' के अनुसार तुलसीदास सबसे बड़े कवि हैं, सूर का स्थान दूसरा है और देव तीसरे स्थान पर आते हैं। मिश्रबंधु लिखते हैं, 'भाषा-साहित्य में सूरदास, तुलसीदास और देव, ये सर्वोच्च तीन कवि है। इनमें न्यूनाधिक बतलाना मत-भेद से खाली नहीं है। ...हम लोगों का अब यह मत है कि हिंदी में तुलसीदास सर्वोत्कृष्ट कवि हैं। उन्हीं के पीछे सूरदास का नंबर आता है और तब देव का।' सातवें अध्याय के 'उपसंहार' से पता चलता है कि 'नवरत्न' के प्रथम संस्करण में कबीरदास नहीं थे, उन्हें दूसरी आवृत्ति में शामिल किया गया। मिश्रबंधु लिखते हैं, 'हिंदी-नवरत्न की द्वितीयावृत्ति प्रकाशित होते समय विचार उठा कि इस ग्रंथ में कबीरदास को न रखना ठीक नहीं है, परंतु

जिन कवियों को एक बार नवरत्न में लिख चुके हैं, उनमें से किसी को निकालना भी अच्छा न लगा। परंतु कठिनाई यह आई कि नव के स्थान पर दस कवि आने से ग्रंथ 'नवरत्न' कैसे रह जाएगा। अतएव भूषण और मतिराम को 'त्रिपाठी बंधु' कहकर एक ही मान लिया और कबीर को भी स्थान दे दिया। आप वास्तव में पैगंबर (ईश्वर के बसीठी), मिस्टिक, सिद्ध, योगी, ब्रह्मानंदी, समाधिस्थ आदि पहले हैं और कवि पीछे। इसलिए हमने हिंदी के नवरत्नों में आपको सातवां नंबर दिया।' 'नवरत्न' के अन्य कवियों के बारे में मिश्रबंधुओं के विचार हैं, 'भूषण ने जातीयता का संदेश दिया और बड़े सुंदर ढंग से। उनकी जातीयता में राष्ट्रीयता का भाव कम, हिंदुत्व का विशेष आता है। फिर भी यह कहना पड़ता है कि उस समय हिंदुत्व का संदेश ही एक प्रकार से भारतीयता का संदेश था...केशवदास के कथन अच्छे हैं और उनकी रचना में व्यक्ति का संदेश माना गया है, किंतु हम इससे सहमत नहीं हैं। ...मतिराम का संदेश साहित्योन्नति और उनकी भाषा अत्यंत ललित है। चंदबरदाई ने कथा अच्छी कही है, और उनके वर्णन भी ठीक हैं।'

गोपेश्वर सिंह

अधिक जानकारी के लिए :
1. हिंदी साहित्य का इतिहास : रामचंद्र शुक्ल, **2. हिंदी नवरत्न :** गोपाल प्रधान

हिंदी नाटक

रामचंद्र शुक्ल 'हिंदी साहित्य का इतिहास' में लिखते हैं, 'विलक्षण बात यह है कि आधुनिक गद्य साहित्य की परंपरा का प्रवर्तन नाटकों से हुआ।' नाटक का उन्नीसवीं सदी के नवजागरण काल में एक प्रमुख सर्जनात्मक अभिव्यक्ति बनना एक बड़ी घटना है। इसका रूपबंध अन्य साहित्यिक विधाओं की तुलना में अधिक सामाजिक और लोकतांत्रिक है। इसकी रंगमंचीय परिकल्पना में कई कलाकार मिलकर कला, साहित्य, संगीत और अभिनय द्वारा इसकी सामाजिकता को रूपायित करते हैं। नवजागरण की सामाजिक चेतना की अभिव्यक्ति के लिए नाटक से बेहतर दूसरी गद्य विधा नहीं हो सकती थी। हिंदी में इस विधा का चुनाव और प्रसार करने वाले भारतेंदु हरिश्चंद्र थे।

हिंदी का पहला नाटक कौन है, इस पर मतभेद है। भारतेंदु हरिश्चंद्र ने 'नाटक' लेख में हिंदी का पहला नाटक 'नहुष' (1857) को माना है। इसके लेखक उनके ही पिता गोपालचंद्र (गिरिधरदास) थे। कुछ विद्वान रीवा नरेश विश्वनाथ सिंह के 'आनंद रघुनंदन' को हिंदी का पहला नाटक मानते हैं, लेकिन रंगमंचीय दृष्टि से 'नहुष' को ही हिंदी का पहला नाटक माना जाना चाहिए, जो ब्रजभाषा मिश्रित खड़ी बोली में लिखा गया है। यह एक छंदबद्ध रचना है। दस वर्ष बाद बनारस में शीतलाप्रसाद त्रिपाठी द्वारा 'जानकी मंगल' नाटक लिखा गया। यह नाटक खड़ी बोली में है। इसका कथ्य रामचरितमानस के धनुष यज्ञ और जनक वाटिका से संबंधित है।

भारतेंदुयुगीन नाटक : भारतेंदु ने स्वरचित और अनूदित दोनों रूपों में सत्रह नाटकों की रचना की। उन्होंने संस्कृत, बांग्ला और अंग्रेजी तीनों

भारतेंदु हरिश्चंद्र

भाषाओं से अनुवाद किया। शेक्सपियर के नाटक 'द मर्चेंट ऑफ वेनिस' का अनुवाद 'दुर्लभ बंधु' नाम से किया।' 'विद्या सुंदरी' का बांग्ला से अनुवाद किया। 'भारत जननी' पर भी बांग्ला नाटक का प्रभाव है। 'रत्नावली', 'मुद्राराक्षस', 'कर्पूर मंजरी' और 'सत्य हरिश्चंद्र' नाटक बहुत कुछ भावानुवाद हैं। 'वैदिकी हिंसा हिंसा न भवति (1873)', 'प्रेमयोगिनी' (1875), श्री चंद्रावली (1876), विषस्य विषमौषधम (1876), 'भारत दुर्दशा (1876)' और 'अंधेर नगरी' (1881) उनके मौलिक नाटक हैं। 'भारत दुर्दशा' और 'अंधेर नगरी' भारतेंदु की क्लासिक नाट्यकृतियां हैं। अंग्रेजी सरकार की आर्थिक और प्रशासनिक नीतियों की आलोचना 'भारत दुर्दशा' में है तो 'अंधेर नगरी' का व्यंग्य अंग्रेजी राज की अनीतियों पर किया गया है और इसकी सांकेतिक ध्वनियां काफी दूर तक जाती हैं। राजनीतिक खोखलेपन की जैसी चुटकी इन नाटकों में है, वह आज भी प्रासंगिक है। भारतेंदु के सहयोगियों में लाला श्रीनिवासदास का 'संयोगिता स्वयंवर', राधाकृष्णदास का 'दुःखिनी बाला' और किशोरी लाल का 'मयंक मंजरी' प्रमुख नाटक हैं। बदरीनारायण चौधरी 'प्रेमघन' का नाटक 'भारत सौभाग्य' 'भारत दुर्दशा' के यथार्थबोध के दूसरे ध्रुव पर है। इनके अतिरिक्त बालकृष्ण भट्ट, प्रतापनारायण मिश्र, राधाचरण गोस्वामी ने भी कई नाटक लिखे।

जयशंकर प्रसाद

प्रसादयुगीन नाटक : बीसवीं सदी में जयशंकर प्रसाद हिंदी नाटक और रंगमंच को नई ऊंचाई और वैचारिक धरातल प्रदान करते हैं। उन्होंने भारत की ऐतिहासिक और सांस्कृतिक परंपरा को संजोकर राष्ट्रीय चेतना और आधुनिकता के दृष्टिकोण के साथ नए सौंदर्यबोध से परिपूर्ण नाटकों की रचना की। उन्होंने जिस समय नाटक लिखना शुरू किया, उस समय पारसी रंगमंच की धूम थी। पारसी रंगमंच पश्चिमी रंगमंच और भारत के लोक रंगमंच का मिलाजुला रूप था, जिसका उद्देश्य महानगर और शहर में रहने वाले लोगों का मनोरंजन करना था। उसमें पौराणिक, ऐतिहासिक, रूमानी कथाओं को नाच-गानों और तत्काल प्रभाव डालने वाले नाटकीय संवादों के साथ पेश किया जाता था। इसके अग्रदूत आगा हश्र कश्मीरी और नारायण प्रसाद बेताब थे। प्रसाद पारसी रंगमंच की व्यावसायिकता को पसंद नहीं करते थे। वे उच्च उद्देश्यों से प्रेरित साहित्यिक नाटक के पक्षधर थे। वे जिन दिनों नाटक लिख रहे थे, वह दौर गांधी के नेतृत्व में स्वतंत्रता आंदोलन का था। इसलिए इतिहास और संस्कृति की गौरवपूर्ण स्मृतियों को प्रसाद ने अपने नाटकों का विषय बनाया। पारसी और पश्चिमी रंगमंच के प्रभाव के समानांतर प्रसाद ने हिंदी नाटक और रंगमंच की जातीय जमीन तैयार की। 'राज्यश्री' (1915), 'अजातशत्रु' (1922), 'स्कंदगुप्त' (1928), 'चंद्रगुप्त'(1931) और 'ध्रुवस्वामिनी' (1933) उनके प्रमुख नाटक हैं। अन्य नाटकों में 'जन्मेजय का नागयज्ञ' (1923), 'विशाख' (1921) और 'कामना' (1923-24) हैं। इन नाटकों में भारतीयता और आधुनिकता का द्वंद्व, राष्ट्रीय-सांस्कृतिक जागरण, गीत-संगीत और संवाद-अभिनेयता का मिश्रण दिखाई देता है। इतिहास का वर्तमान के संदर्भ में सर्जनात्मक रूपांतरण प्रसाद के नाटकों की विशिष्टता है। उनके नाटकों में सूक्तियां जीवन के किसी-न-किसी मर्म का उद्घाटन करती हैं, जैसे–'महत्वाकांक्षा का मोती

निष्ठुरता की सीपी में रहता है।' (चंद्रगुप्त)। वे चाहते थे कि रंगमंच नाटक के अनुकूल होना चाहिए। उनका कथन है, 'रंगमंच के संबंध में यह भारी भ्रम है कि रंगमंच के लिए नाटक लिखे जाने चाहिए, न कि नाटक की आवश्यकता के अनुरूप रंगमंच होना चाहिए।' उनके नाटकों में अतीत, वर्तमान और भविष्य की एकसूत्रता है।

प्रसाद के समय और कुछ बाद तक हिंदी नाटक में दो धाराएं प्रवहमान थीं। एक में राष्ट्रीय-सांस्कृतिक जागरण का स्वर है, दूसरे में यथार्थवादी चेतना। पहली धारा के नाटकों में सेठ गोविंद दास का 'हर्ष' (1935), 'प्रकाश' (1935), गोविंद वल्लभ पंत का 'वरमाला' (1937) एवं उदयशंकर भट्ट के नाटक 'विक्रमादित्य' (1929) और 'कमला' (1935) प्रमुख हैं। ऐतिहासिक और पौराणिक कथानकों पर आधारित नाटकों में अंधविश्वास और रूढ़िवाद के विरोध का स्वर विद्यमान है। इस नाट्य धारा का प्रसाद के नाट्यलेखन से गहरा सरोकार है। इसके समानातंर लक्ष्मीनारायण मिश्र के नाटकों में यथार्थवाद की दृष्टि है। इन्हें 'समस्या नाटक' की श्रेणी में रखा जाता है। 'संन्यासी' (1930), 'मुक्ति का रहस्य' (1932), 'सिंदूर की होली' (1934) और 'आधी रात' (1934) उनके प्रमुख नाटक हैं। इन नाटकों में 'इब्सन के बाह्य यथार्थ का रंग तो है लेकिन नाट्यरचना की आंतरिक सृजनात्मकता का तत्व कम ही है।'

इसी दौर में हिंदी की कई नाट्य मंडलियां कलकत्ता, कानपुर और दिल्ली में सक्रिय रहीं। राष्ट्रीय जागरण के विविध रूपों के साथ सामाजिक समस्याओं और वैयक्तिक अनुभवों का भी हिंदी नाटक और रंगमंच पर प्रभाव था। हिंदी साहित्य सम्मेलन, प्रयाग और नागरी प्रचारिणी सभा, काशी में भी नाटकों का मंचन आरंभ हुआ। इस बदलते दौर के प्रमुख नाटककारों में उपेंद्रनाथ अश्क, जगदीशचंद्र माथुर, भुवनेश्वर, रामकुमार वर्मा और विष्णु प्रभाकर का नाट्य लेखन सामने आया। उपेंद्रनाथ अश्क के नाटक 'अलग-अलग रास्ते' (1954) और 'अंजो दीदी' (1955) में मध्यवर्गीय जीवन की समस्याओं को उठाया गया है। रंगमंच के अनुकूल नई भाषा और नए शिल्प के लिए अश्क के नाटकों का खास महत्व है। उनके नाटकों में मनोवैज्ञानिक यथार्थ को प्रधानता मिली है और भाव विह्वलता भी है।

जगदीश चंद्र माथुर के नाटक 'कोणार्क' (1951) और 'पहला राजा' (1969) में परंपरा, इतिहास, यथार्थवाद और आधुनिकता का मिलाजुला रंग है। कोणार्क में सृजनात्मकता और सत्ता की टकराहट व्यक्त हुई है। रंगभाषा की दृष्टि से माथुर के नाटक प्रौढ़ नाट्यलेखन के प्रमाण हैं। प्रसाद के समय में ही उनके नाट्यलेखन के मन-मिजाज से अलग नाटककार के रूप में भुवनेश्वर का नाम लिया जाता है। उनके नाटकों को असंगत (एब्सर्ड) नाटकों की श्रेणी में रखा जाता है। उन्होंने प्रायः एक अंक के नाटक लिखे हैं। 'श्यामा', 'प्रतिभा का विवाह' (1933), 'शैतान' (1934), 'रोमांस-रोमांच' (1935) और 'तांबे के कीड़े' (1946) उनकेप्रमुख नाटक हैं। भुवनेश्वर चेतना के नाटककार हैं।

स्वातंत्र्योत्तर नाटक : पचास और साठ के दशक में पश्चिम के विश्वयुद्धोत्तर नाटकों का प्रभाव सर्वत्र पड़ रहा था। मराठी, कन्नड़ और बांग्ला नाटकों से होते हुए हिंदी तक यह प्रभाव पहुंचा। इस दौर में नाट्यलेखन, रंगमंच और नाट्य समीक्षा का भी कायाकल्प हुआ। धर्मवीर भारती, मोहन राकेश और लक्ष्मीनारायण लाल इस दौर के प्रमुख नाटककार हैं। धर्मवीर भारती का काव्य नाटक 'अंधा युग' (1955) एक क्लासिक रचना के रूप में आया। यह नाटक महाभारत के कथानक का विश्वयुद्ध की विभीषिका और आधुनिक विसंगतियों की रोशनी में नाट्यात्मक पुनःसृजन करता है। विश्वयुद्ध के बाद मानवीय जीवन की त्रासदी, कुंठा, हताशा और आत्मघाती प्रवृत्तियां बढ़ गई थीं। यह नाटक इन चीजों को मूर्त करता है। इस नाटक ने भारतीय रंगमंच और अभिनेयता को एक उदात्तता प्रदान की। मिथकीय कथावस्तु पर कुछ और काव्य नाटक हैं–दुष्यंत कुमार

मोहन राकेश

का 'एक कंठ विषपायी', लक्ष्मी नारायण लाल का 'सूखा सरोवर', अज्ञेय का 'उत्तर प्रियदर्शी' आदि।

मोहन राकेश नए रंगमंच के एक प्रमुख स्तंभ के रूप में उभरे। उन्होंने भारतीय आधुनिकता, महानगरीय जीवनबोध की विसंगति-विडंबना, मध्यवर्गीय जीवन के अंतर्द्वंद्वों को अपने नाट्यलेखन में उपस्थित किया। 'आषाढ़ का एक दिन' (1958), 'लहरों के राजहंस' (1963) और 'आधे अधूरे' (1969) उनके प्रमुख नाटक हैं। 'आषाढ़ का एक दिन' नाटक के केंद्र में संस्कृत के महान कवि कालिदास हैं। इसमें सत्ता से रचनाकार के संबंध को लेकर आंतरिक द्वंद्व और आकुलता, प्रेम, नैतिकता और मानवीय मूल्यों को सूक्ष्मता से चित्रित किया गया है। 'लहरों का राजहंस' का कथ्य अश्वघोष की कृति 'सौंदरनंद' है। नंद और सुंदरी के चरित्र के बहाने नाटककार काम और अध्यात्म का द्वंद्व रचता है। 'आधे अधूरे' मोहन राकेश की सर्वाधिक चर्चित और सफल नाट्य कृति है। इसमें नए रंगमंचीय मुहावरे हैं और हिंदी में नाट्यलेखन की कलात्मकता अपनी प्रौढ़ता के साथ है। यह नाटक मध्यवर्गीय जीवन के यथार्थ द्वंद्व, जीवन की विसंगतियों और विडंबनाओं को उठाते हुए अपने संवाद और चरित्रों की बनावट में इस तरह रचा-बसा है कि नाटक का कथ्य अच्छी तरह मूर्त होता है। नाटक दिखाता है कि आधुनिक युग में परिवार के साथ रहना किस तरह एक अभिशप्त स्थिति है। इब्राहिम अलकाजी ने 'अंधा युग' और 'आधे अधूरे' को नए रंगमंच पर लाकर इन्हें लोकप्रिय बनाया। 'आधे अधूरे' कोलकाता की नाट्य संस्था अनामिका द्वारा मंचित हुआ।

नाटककार, रंगकर्मी और निर्देशक लक्ष्मीनारायण लाल आधुनिक भावबोध, लोक जीवन और मानवीय संवेदना की विविध छवियों को रचने वाले एक अन्य नाटककार हैं। 'अंधा कुआं' (1955), 'मादा कैक्टस' (1959), 'रक्तकमल' (1962) और 'मिस्टर अभिमन्यु' उनके प्रमुख नाटक हैं। ज्ञानदेव अग्निहोत्री के 'शुतुरमुर्ग' (1968) को भी इस दौर में लोकप्रियता मिली। भीष्म साहनी ने भी हिंदी नाटक में महत्वपूर्ण योगदान किया।

1970 के बाद रंगमचीय स्वरूप को परिवर्तित करने वाले और परंपरा, आधुनिकता तथा समकालीनता के द्वंद्व को नए मुहावरों में संयोजित

लक्ष्मीनारायण लाल

करने वाले नाटककारों में सर्वेश्वर दयाल सक्सेना, सुरेंद्र वर्मा और मुद्राराक्षस प्रमुख हैं। कवि-नाटककार सर्वेश्वर का 'बकरी' उनका सबसे प्रसिद्ध नाटक है। यह जनवादी दृष्टि का नाटक है, जो स्वतंत्रता के बाद बदलते लोकतंत्र के स्वरूप, शोषण और अत्याचार को बड़ी दिलचस्प शैली में अनावृत्त करता है। जयशंकर प्रसाद और मोहन राकेश की रंग परंपराओं का संश्लेषण सुरेंद्र वर्मा के नाटकों में दिखाई देता है। इतिहास, आधुनिक आभिजात्य और मानवीय संवेदना का रंग सुरेंद्र वर्मा के नाटकों को एक खास महत्व प्रदान करता है। उन्होंने हिंदी रंगमंच को नई भाषा दी। 'द्रौपदी' (1972), 'सूर्य की अंतिम किरण से सूर्य की पहली किरण तक' (1975), 'आठवां सर्ग' (1976) और 'कैद-ए-हयात' (1990) उनकी प्रमुख नाट्यकृतियां हैं।

सुरेंद्र वर्मा

हिंदी नाटक में अपने विशिष्ट शिल्प और कथ्य के लिए मुद्राराक्षस का नाम चर्चित है। उनके प्रमुख नाटक हैं–'तिलचट्टा', 'योर्स फेथफुली', 'मरजीवा' और 'आला अफसर'।

इस दौर के अन्य उल्लेखनीय नाटककारों की नाट्य कृतियों में विपिन कुमार अग्रवाल का 'तीन अपाहिज', 'लोटन', 'खोए हुए की तलाश', मणि मधुकर का 'रस गंधर्व' और 'दुलारी बाई', शंकर शेष का 'एक और द्रोणाचार्य,' गिरिराज किशोर का 'बादशाह गुलाम बेगम' और 'काठ की तोप', कृष्ण बलदेव वैद का 'भूख आग है', दूधनाथ सिंह का 'यमगाथा', रामेश्वर प्रेम का 'राजा नंगा है' और सत्यव्रत सिन्हा का 'अमृतपुत्र' प्रमुख हैं। इनके नाटकों में समकालीन सामाजिक–राजनीतिक जीवन की अर्थहीनता के चित्र हैं।

समकालीन हिंदी नाट्य लेखन में विविध नाट्यशैलियों का प्रयोग हुआ, जिससे रंगमंच का भी विस्तार हुआ। लोक नाट्य शैली, नौटंकी, स्वांग, नाच, तमाशा आदि के प्रयोग ने हिंदी नाटक और रंगमंच को नई ताजगी दी, तो वैश्विक रचनात्मकता से जुड़कर हिंदी रंगमंच और भी उर्वर हुआ। इसका कलेवर पूरी तरह से बदल गया। राष्ट्रीय नाट्य विद्यालय (एनएसडी) और भारतीय जन नाट्य संघ (इप्टा) और इससे जुड़े रंगकर्मियों ने हिंदी की नाट्य परंपरा और रंगमंच को नई पहचान दी। इब्राहिम

शंकर शेष

अलकाजी, ब व कारंत, केएन पणिक्कर, हबीब तनवीर, सत्यदेव दुबे, देवेंद्रराज अंकुर, ओम शिवपुरी, ए के रैना, श्यामानंद जालान, रामगोपाल बजाज, प्रतिभा अग्रवाल, विमल लाठ, उषा गांगुली, हृषीकेश सुलभ आदि ने हिंदी नाट्य लेखन और रंगमंच की परंपरा को विकसित किया और उसे जातीय जमीन से जोड़ा।

प्रसिद्ध नाट्य समीक्षक नेमिचंद जैन ने नाटक और रंगमंच के परिवर्तनों की पड़ताल करते हुए लिखा है, 'रंगकार्य को केवल मनोरंजन का साधन मानने की औपनिवेशिक युग की प्रवृत्ति से उबरना शुरू होते ही उसकी सांस्कृतिक और सृजनात्मक सार्थकता का एहसास हमारे रंगकर्मियों में प्रबल हुआ। उसके साथ ही एक ऐसी रंगदृष्टि, शैली और रूप की तलाश बढ़ गई, जो हमारे जन-साधारण की चेतना के समीप और अपनी सांस्कृतिक परंपरा के अनुकूल हो, मनोरंजक हो, पर कलात्मक दृष्टि से सार्थक हो।' (रंग परंपरा)। बीसवीं सदी के अंतिम दशकों में नाट्य लेखन और रंगमंच में प्रयोगधर्मिता बढ़ी। नाटकों के अनुवाद, नाट्य रूपांतरण और नाट्य लेखन की जनधर्मी दृष्टि ने हिंदी रंगमंच का कलेवर पुनः बदल दिया। इस दौर के कुछ और प्रमुख नाटक हैं–नंदकिशोर आचार्य का 'देहांतर' और 'पागलघर', स्वदेश दीपक का 'कोर्ट मार्शल' और 'काल कोठरी', असगर वजाहत के नाटक 'इन्ना की आवाज' और 'जिन लाहौर न देख्या वो जन्मयां ई नईं'। प्रभाकर श्रोत्रिय और राजेश जोशी के नाटकों का भी काफी महत्व है। नाटककार, अभिनेता और रंगकर्मी हबीब तनवीर के नाटक 'आगरा बाजार' और 'चरनदास चोर' हिंदी की जातीय नाट्य परंपरा की अनुपम कृतियां हैं।

इस दौर में हिंदी की श्रेष्ठ रचनाओं का नाट्य रूपांतरण हुआ और रंगमंच पर उनकी सर्जनात्मक प्रस्तुति हुई। 'गोदान', 'राग दरबारी', 'बाणभट्ट की आत्मकथा', 'मित्रो मरजानी', 'महाभोज' जैसी रचनाओं के नाट्य रूपांतरण से हिंदी रंगमंच समृद्ध हुआ।

हिंदी लेखिकाओं ने महत्वपूर्ण नाटक लिखे हैं। मन्नू भंडारी का नाटक 'बिना दीवारों का घर' पति-पत्नी के तनाव भरे जीवन की कथा है। मृदुला गर्ग के नाटकों 'एक और अजनबी', 'जादू का कालीन' और 'कितनी कैदें' में स्त्री-पुरुष संबंधों की आधुनिक अभिव्यक्ति है। मृणाल पांडेय के नाटक 'मौजूदा हालत को देखते हुए' और 'आदमी जो मछुआरा नहीं था' में राजनीतिक विसंगतियों, भ्रष्टाचार और मानवीय मूल्यों के पतन को बड़े करीने से उकेरा गया है। अन्य महिला नाटककारों के नाटकों में शांति मेहरोत्रा का 'एक और दिन', कुसुम कुमार के 'संस्कार को नमस्कार', 'ओम क्रांति-क्रांति' और 'दिल्ली ऊंचा सुनती है' प्रमुख हैं।

उन्नीसवीं सदी के अंतिम दौर से आरंभ हुआ हिंदी नाटक और रंगमंच का सफर अपने बहुआयामी शिल्प, संवेदना और प्रयोगों से समृद्ध होता गया है।

प्रभाकर सिंह

अधिक जानकारी के लिए :

1. हिंदी नाटक : उद्भव और विकास : दशरथ ओझा, **2. रंग परंपरा :** नेमिचंद जैन, **3. समकालीन हिंदी नाटक और रंगमंच :** नरेंद्र मोहन, **4. पारसी थियेटर : उद्भव और विकास :** सोमनाथ गुप्त

हिंदी पत्रकारिता (आजादी के बाद)

आजादी से पहले भारतीय राष्ट्रवाद के उदय में समाचार-पत्रों और पत्रिकाओं का बड़ा योगदान था। उस जमाने में हिंदी पत्रकारिता को ब्रिटिश शासन की कठोर नीतियों का सामना करना पड़ता था। सरकारी कोपभाजन, आर्थिक दंड और जेल यात्रा आदि अंग्रेजी सरकार की दमनात्मक प्रवृत्तियों के बावजूद समाज और देशसेवा की उदात्त भावना के साथ हिंदी पत्रकार समाचार-पत्रों का प्रकाशन कर रहे थे। आजादी के बाद हिंदी पत्रकारिता में व्यापक बदलाव आया। पहले पत्रकारिता का उद्देश्य विदेशी सत्ता को चुनौती देने के लिए लोगों को प्रशिक्षित करना, सरकारी तंत्र को कमजोर करना तथा विदेशी कानूनों की अवहेलना करना था। यह 'विरोध की संस्कृति' थी, किंतु आजादी के बाद की नई व्यवस्था

में पत्रकारिता से अपेक्षा की गई कि वह देश के नवनिर्माण में जरूरी भूमिका निभाए।

आजाद भारत की नई व्यवस्था के सामने बड़ी चुनौतियां थीं—संविधान का निर्माण, राजनीतिक स्थिरता और देश को आर्थिक प्रगति की राह पर ले जाना। पत्रकारिता में वे लोग थे, जो स्वतंत्रता के लिए संघर्षरत थे। उनमें कई नेता और संपादक एक साथ थे। वे पत्रकारिता की ताकत से परिचित थे और प्रेस को लेकर काफी संवेदनशील थे। इसलिए उन्होंने देश की स्वतंत्रता के साथ-साथ प्रेस की स्वतंत्रता भी सुनिश्चित की। 1947 से 1960 तक के कालखंड को पत्रकारिता की रचनात्मक भूमिका के लिए जाना जा सकता है, जिसमें प्रगतिशील सामाजिक मूल्यों, देशोन्नति, धर्मनिरपेक्षता, समतामूलक समाज के निर्माण के प्रश्न महत्वपूर्ण थे।

हालांकि स्वतंत्रता के बाद पत्रकारिता के उद्देश्य, उसके स्वरूप और तकनीक में जो आमूल-चूल परिवर्तन हुए, उनकी शुरुआत आजादी से पूर्व 1946 में ही हो गई थी, जब 2 सितंबर 1946 को बनी अंतरिम सरकार के निर्णयों में एक निर्णय यह भी था कि प्रेस संबंधी जो भी कानून हैं, उनकी जांच करने के लिए एक प्रेस कानून जांच समिति नियुक्त की जाए। इस समिति ने 22 मई 1948 को भारत सरकार को अपनी रिपोर्ट सौंप दी। उसके सुझावों में प्रमुख थे—1867 के प्रेस तथा पुस्तक पंजीयन अधिनियम की चार धाराओं में परिवर्तन किए जाएं। 1922 के इंडियन स्टेट्स प्रोटेक्शन अगेंस्ट डिसअफेक्शन अधिनियम, 1932 के विदेश संबंधी अधिनियम तथा 1934 के भारतीय देशी राज्य संरक्षण अधिनियम को रद्द किया जाए और भारतीय प्रेस आपातकालीन शक्ति अधिनियम, 1931 को रद्द कर उसकी कुछ धाराएं प्रेस व पुस्तक अधिनियम, दंड प्रक्रिया संहिता, कस्टम एक्ट, भारतीय डाकखाना अधिनियम आदि में मिला दी जाएं। समिति ने यह सुझाव भी दिया कि प्रांतीय सरकारें जब कभी किसी समाचार-पत्र के विरुद्ध कोई कार्रवाई करें तो उससे पूर्व प्रेस सलाहकार समिति या ऐसे ही किसी अन्य संगठन से सलाह कर लें।

23 सितम्बर 1952 को प्रेस आयोग के गठन की घोषणा हुई। इस आयोग के अध्यक्ष न्यायमूर्ति जी एस राजाध्यक्ष थे। इसके 11 सदस्य थे। आयोग ने भारतीय पत्रकारिता की विविध समस्याओं का अध्ययन करके 14 जुलाई 1954 को अपनी रिपोर्ट भारत सरकार को दी। रिपोर्ट संसद में प्रस्तुत हुई और रिपोर्ट में दिए गए सुझावों के क्रियान्वयन के लिए कई अधिनियम पारित हुए, जिनसे लगभग 20 वर्षों तक हिंदी पत्रकारिता प्रभावित रही। भारत सरकार द्वारा स्वीकृत इसके प्रमुख सुझाव थे—प्रेस परिषद की स्थापना, समाचार पत्रों के रजिस्ट्रार के कार्यालय की स्थापना, पृष्ठानुसार मूल्य का नियम (प्राइम पेज शेड्यूल), श्रमजीवी पत्रकारों के काम की शर्तों के संबंध में कानून, केंद्रीय तथा प्रांतीय प्रत्यायन समितियों की स्थापना और प्रेस की स्वाधीनता को प्रतिबंधित करने वाले कानूनों को संशोधित अथवा रद्द करना। पीटीआई जैसी समाचार समिति को निगम का स्वरूप देना, साथ ही विज्ञापन की दरों को पत्रों की प्रचार संख्या से संबंधित करने की सिफारिश भी प्रेस आयोग ने की। प्रेस आयोग बनाने का उद्देश्य यह था कि स्वतंत्रता प्राप्ति के बाद की परिस्थितियों में प्रेस अपनी भूमिका का सही ढंग से निर्वाह कर सके।

इस युग के हिंदी पत्रों में 'दैनिक हिंदुस्तान' और 'नवभारत टाइम्स' ने एक बड़ा राष्ट्रीय स्थान बनाया और 'जनसत्ता' पत्र भी अस्तित्व में आया। अन्य प्रमुख पत्रों में 'इंदौर समाचार' (1946), 'नवजीवन' (1947), 'अमर उजाला' (1948), 'सन्मार्ग' (1948), 'युगधर्म' (1951), 'राष्ट्रदूत' (1951), 'वीर अर्जुन' (1954), 'देशबंधु' (1956), 'राजस्थान पत्रिका' (1956), 'नई दुनिया' (1959), 'पंजाब केसरी' (1964), 'स्वदेश' (1966) आदि हैं। कई दैनिक पत्रों के अनेक संस्करण भिन्न-भिन्न शहरों से प्रकाशित होने लगे। 'आज', 'दैनिक जागरण', 'हिंदुस्तान' आदि पत्रों की प्रसार संख्या में अभूतपूर्व वृद्धि हुई। कई पाक्षिक और साप्ताहिक पत्रों का प्रकाशन शुरू हुआ। 'धर्मयुग' (1950), 'साप्ताहिक हिंदुस्तान' (1950), 'ब्लिट्ज' (1962), 'दिनमान' (1965), 'सारिका'

(1970) जैसे साप्ताहिकों ने हिंदी पत्रकारिता में नए मानदंड स्थापित किए। 'सरिता', 'गृहशोभा', 'मनोरमा', 'माया', 'नंदन', 'चंपक', 'पराग', 'मनोहर कहानियां', 'मायापुरी', 'फिल्मी दुनिया', 'कादंबिनी', 'नवनीत' आदि पत्रिकाओं का प्रकाशन शुरू हुआ और शीघ्र ही इनमें से कुछ की प्रसार संख्या लाख के करीब पहुंच गई। उपर्युक्त पत्रों का उद्देश्य पॉपुलर क ल्चर का प्रचार करना था। इन्होंने प्रतिष्ठानी पत्रकारिता का विकास किया।

यह दौर साहित्यिक पत्र-पत्रिकाओं के उत्कर्ष का भी था। 'प्रतीक', 'नया प्रतीक', 'त्रिपथगा', 'माध्यम', 'नई कहानियां', 'अलख', 'वातायन', 'अब', 'विषयवस्तु', 'लहर', 'निकष', 'ज्ञानोदय', 'पूर्वग्रह', 'संचेतना', 'कल्पना', 'कहानी', 'कविता', 'नई कविता', 'कथन', 'आलोचना', 'वागर्थ', 'अनुसंधान' 'उत्तरार्द्ध', 'पहल', 'हंस', 'कथादेश', 'परिकथा' आदि सैकड़ों पत्रिकाओं का प्रकाशन शुरू हुआ।

अधिकांश साहित्यिक पत्रिकाएं लेखकों के निजी प्रयासों और सीमित संसाधनों के साथ निकाली जाती रही हैं, इसलिए कई पत्रिकाओं का नियमित रूप से प्रकाशन संभव नहीं हुआ। फिर भी ये पत्रिकाएं जिन्हें लघु पत्रिकाएं भी कहा जाता है, हिंदी संसार के बीच साहित्य के प्रचार-प्रसार में अहम भूमिका निभाती रही हैं और अब भी निभा रही हैं।

1960 के बाद भारतीय जनजीवन में गुणात्मक परिवर्तन आया। जीवनमूल्यों में बदलाव आया और समाज रचना के बुनियादी तत्व भी परिवर्तित हुए। जीवन को देखने और भोगने की दृष्टि के फर्क ने निश्चित ही पत्रकारिता को भी प्रभावित किया। यद्यपि लोकतांत्रिक सरकारों ने पत्रकारों को अभिव्यक्ति की आजादी दी थी, विज्ञापनों के रूप में उन्हें धन की प्राप्ति होने लगी थी, कानूनी शिकंजे से भी मुक्ति मिली थी, किंतु पत्रकारों के सोच और प्रतिबद्धता में कमी आती गई। इसका कारण यह था कि स्वतंत्रता-पूर्व पत्रकारिता स्वतंत्रता के महत उद्देश्य से प्रेरित थी। उनका व्यावसायिक उद्देश्य प्रधान नहीं था, जबकि आजादी के बाद पत्रकारिता ने पूरी तरह व्यावसायिक रूप धारण कर लिया। पत्रकारों के लिए यह अन्य पेशों की तरह एक पेशा हो गया।

आजादी के बाद की हिंदी पत्रकारिता अंग्रेजी पत्रकारिता के साए से मुक्त थी। ब्रिटेन समर्थक समाचार-पत्रों ने भी शीघ्र ही अपने को भारतीय रंग में ढाल लिया था। पत्रकारिता की दृष्टि से चीनी आक्रमण से लेकर 1977 तक के चुनाव का समय बहुत महत्वपूर्ण है। चीनी आक्रमण के कारण देश में प्रथम बार आपातकाल की घोषणा की गई थी, जिसके कारण संविधान लागू होने के बाद पहली बार समाचार पत्रों पर सेंसर प्रणाली लागू की गई। केवल अग्रलेखों पर कोई प्रतिबंध नहीं था। 1965 और 1971 के दौरान भी लगभग आपातकाल की स्थिति थी, किंतु यह भी सत्य है कि समाचार पत्रों के प्रसार और प्रभाव में जो वृद्धि इस काल में देखी गई उतनी पहले नहीं दिखी थी। समाचार पत्रों को अनुभव हुआ कि उनके पास प्रेषण और मुद्रण के आधुनिक उपकरण होने चाहिए। पत्रकारिता के विकास की दृष्टि से यह महत्वपूर्ण था। 26 जून 1975 को तत्कालीन प्रधानमंत्री श्रीमती इंदिरा गांधी ने आंतरिक कारणों से आपातकाल की घोषणा करते हुए समाचार पत्रों पर सेंसर लागू कर दिया। द्वितीय विश्वयुद्ध के समय भारत रक्षा कानून के अंतर्गत जो सेंसर नियम थे, वे इस समय अधिक कड़ाई के साथ नए नाम से लागू किए गए। आपातकाल के दौरान पत्र-पत्रिकाओं को अपनी सामग्री को सरकार द्वारा नियुक्त अधिकारियों से पास करवाना पड़ता था। यह प्रेस की आजादी पर एक बड़ा हमला था।

जनवरी 1977 में चुनाव की घोषणा के साथ ही प्रेस की स्वतंत्रता बहाल कर दी गई। 1976 में 'पीटीआई', 'यूएनआई', 'समाचार भारती' और 'हिंदुस्तान समाचार' इन चार समाचार एजेंसियों को मिलाकर 'समाचार' समिति की स्थापना की गई। यह अंग्रेजी और हिंदी दोनों में समाचार देती थी, लेकिन तीन-चार वर्षों में ही 'समाचार भारती' और 'समाचार' दोनों समितियों के समक्ष गंभीर आर्थिक संकट उत्पन्न हो गया। उनका विघटन हो गया, जिससे आपातकाल के समाप्त होने

के पश्चात 1978 में 'समाचार' की चारों समितियां अलग-अलग कार्य करने लगीं। 29 मई 1978 को तत्कालीन जनता पार्टी सरकार ने एक अधिसूचना जारी कर द्वितीय प्रेस आयोग की स्थापना की। द्वितीय प्रेस आयोग के अध्यक्ष थे—न्यायमूर्ति पी सी गोस्वामी। आयोग ने जनवरी 1980 में इस्तीफा दे दिया। अप्रैल 1980 में के के मैथ्यू की अध्यक्षता में द्वितीय प्रेस आयोग को पुनर्गठित किया गया। उसने अपनी रिपोर्ट 1982 में दी। 1977 से 1981 के बीच भारतीय भाषाओं के समाचार-पत्रों की प्रसार संख्या में 64 फीसदी की वृद्धि हुई थी। देखा जा सकता है प्रतिष्ठानी पत्रकारिता ने जनरु चि को बड़े स्तर पर प्रभावित किया है।

1971 में हिंदी समाचार पत्रों की संख्या और प्रचार संख्या दोनों कम थी, लेकिन 1979 में हिंदी समाचार पत्रों की प्रसार संख्या एक करोड़ चौदह लाख आठ हजार थी। उनमें दैनिक पत्रों का भाग उनतीस लाख सत्तानबे हजार प्रतियों का था। इनमें सबसे अधिक प्रतियां उत्तर प्रदेश से, फिर दिल्ली से प्रकाशित होती थीं। इसी समय श्रृंखलाबद्ध पत्रों के प्रकाशन में वृद्धि देखी गई, जिसका श्रेय नई तकनीक और प्रौद्योगिकी को दिया जा सकता है। सबसे पहले, छठे दशक में इंदौर के पत्र 'नई दुनिया' ने ऑफसेट मशीन लगाई। इसी ने सबसे पहले फोट ो कंपोजिंग की व्यवस्था की। छपाई में सुविधा और प्रतिस्पर्धा के कारण 1980 तक प्रेस रजिस्ट्रार की रिपोर्ट के अनुसार, कई पत्र श्रृंखलाबद्ध हो चुके थे, जैसे— 'आज', 'जागरण', 'अमर उजाला', 'स्वतंत्र भारत', 'अमृत प्रभात', 'नवभारत टाइम्स', 'राजस्थान पत्रिका', 'नवज्योति' आदि। इसी तरह एक ही संस्थान से कई पत्र-पत्रिकाएं निकलने लगीं, जैसे— मुंबई से टाइम्स ऑफ इंडिया संस्थान ने 1950 में 'धर्मयुग', और 1965 में 'दिनमान' निकाला। दोनों ही श्रेष्ठ पत्रिकाएं होते हुए भी नब्बे के दशक में बंद कर दी गईं। इसी संस्थान से 'दिनमान टाइम्स', 'माधुरी', 'सारिका' और बच्चों के पत्र 'पराग' का प्रकाशन आरंभ हुआ था, किंतु नब्बे के दशक में सभी का प्रकाशन बंद हो गया। हिंदुस्तान टाइम्स घराने से 'साप्ताहिक हिंदुस्तान', 'कादंबिनी' जैसे लोकप्रिय पत्र निकले, पर ये भी बंद हो गये। आरंभ से हिंदोतर क्षेत्रों से भी हिंदी पत्र-पत्रिकाएं निकलती रही हैं। कलकत्ता के प्रमुख पत्रों में 'विश्वमित्र', 'सन्मार्ग', 'ज्ञानोदय', 'रविवार', 'वागर्थ', महाराष्ट्र के पत्रों में 'हिंदी केसरी', दैनिक 'नवभारत', 'लोकमत', 'तरुण भारत', 'नवप्रभात',' राष्ट्रदूत', 'युगधर्म', हैदराबाद से 'हिंदी मिलाप', मद्रास से 'चंदामामा', केरल से 'केरल ज्योति' आदि तथा राष्ट्रभाषा प्रचार समिति से संबंधित संस्थाओं से अनेक पत्र-पत्रिकाएं प्रकाशित हुईं जिनमें से कुछ पत्र बाद में बंद हो गए।

बीसवीं सदी का अंतिम दशक हिंदी पत्रकारिता के लिए एक क्रांति युग बनकर सामने आया। इस कालखंड में एक तरफ वैश्वीकरण और दूसरी तरफ बाबरी मस्जिद ध्वंस एक बड़ी घटना बना। खबरों पर विचारधाराएं हावी हो गईं। इस दौर में एक ओर हिंदी पत्रकारिता का अद्वितीय विकास हुआ, दूसरी ओर उसे इलेक्ट्रॉनिक मीडिया के बढ़ते वर्चस्व के कारण जबरदस्त चुनौतियों से जूझना पड़ा। अस्तित्व के इस झंझावात में कई पत्र-पत्रिकाएं बंद हुईं, कई नई निकलीं और कई थोड़े-से फेरबदल और रंग-रूप में परिवर्तन के बाद पुनः मैदान में आ डटीं। पत्रकारिता अब 'ऑनलाइन' हो रही है। 'ई-पत्रकारिता' का वर्चस्व बढ़ता जा रहा है, लेकिन पत्रकारिता में बाजार की घुसपैठ ने एक तरफ उसका स्तर गिराया है, दूसरी तरफ रोमांचक, सनसनीखेजपूर्ण खबरों, अपराध कथाओं, 'ब्रेकिंग न्यूज' आदि के जरिए पीत पत्रकारिता को भी बढ़ावा दिया है। 'पेड न्यूज' नाम की एक नई प्रवृत्ति भी सामने आई, जिसमें पैसा लेकर व्यक्तियों और राजनीतिक दलों के पक्ष में खबरें प्रकाशित की जाने लगीं। एक आंकड़े के अनुसार, अभी भी समाचार पत्रों के पाठकों की संख्या 10 करोड़ से ऊपर है। इनमें हिंदी पाठक 4 करोड़ हैं।

भारत में पत्रकारिता के विस्तार और विकास में हिंदी पत्रकारिता का बहुत बड़ा योगदान है। हिंदी में ही सबसे अधिक पत्र-पत्रिकाएं प्रकाशित होते हैं, लेकिन हिंदी भाषी आबादी को देखते हुए

इस संख्या को संतोषजनक नहीं माना जा सकता। व्यावसायिक दबावों और तकनीकी सुविधाओं के चलते हिंदी पत्रकारिता का स्तर काफी गिरा है। साहित्य का प्रकाशन लगभग हाशिए पर जा चुका है, फिर भी स्वतंत्रता प्राप्ति के बाद के लगभग चार दशकों तक हिंदी पत्रकारिता ने कई वरिष्ठ पत्रकार दिए। इनमें धर्मवीर भारती (धर्मयुग), राजेंद्र माथुर (नवभारत टाइम्स), प्रभाष जोशी (जनसत्ता), कमलेश्वर (सारिका), मनोहरश्याम जोशी (साप्ताहिक हिंदुस्तान), अज्ञेय (दिनमान), रघुवीर सहाय (दिनमान), गणेश मंत्री (धर्मयुग), सुरेंद्र प्रताप सिंह (रविवार), अरविंद कुमार (माधुरी), ओम थानवी (जनसत्ता), राजकिशोर (रविवार), मंगलेश डबराल (जनसत्ता) आदि कई नाम उल्लेखनीय हैं।

श्रुति

अधिक जानकारी के लिए :

1. हिंदी पत्रकारिता - कल,आज और कल : सुरेश गौतम और वीणा गौतम (सं.), **2. हिंदी पत्रकारिता का इतिहास :** जगदीश प्रसाद चतुर्वेदी, **3. हिंदी पत्रकारिता का विकास :** एन सी पंत, **4. हिंदी पत्रकारिता - विविध आयाम :** वेद प्रताप वैदिक, **4. भारत में पत्रकारिता :** आलोक मेहता

हिंदी पत्रकारिता (राष्ट्रीय जागरण का दौर)

हिंदी पत्रकारिता का विकास भारतीय राष्ट्र की स्वत्व-चेतना, संस्कृतिक जागरण तथा राष्ट्रीय पुनर्निर्माण की भावनाओं के साथ हुआ। इस तरह भारत में पत्रकारिता का प्रस्फुटन नवजागरण और स्वाधीनता आंदोलन की छाया में हुआ। हिंदी पत्रकारिता की कहानी वस्तुतः भारतीय राष्ट्रीयता के विकास की कहानी है। दोनों भूमिकाएं एक-दूसरे की सहायक रही हैं। इसका प्रमाण यह है कि राष्ट्रीय आंदोलनों के दौर में समाचार पत्र लोक जागरण, समाज सुधार, राजनीतिक चेतना के प्रसार और सामंती अन्याय के विरुद्ध आवाज बुलंद करने के लिए प्रकाशित किए गए। संपादकों को कभी-कभी अपनी पहचान गुप्त रखनी पड़ी, लेकिन देश और समाज-हित के लिए वे अनेक आर्थिक और शारीरिक कष्टों को सहते हुए अपने पत्रों में लेख, अग्रलेख तथा टिप्पणियां लिखते रहे। इसलिए 'स्वराज्य' (1907) पत्र के लिए प्रकाशित इस विज्ञापन पर किसी को अचंभा नहीं हो सकता, 'चाहिए स्वराज्य के लिए एक संपादक। वेतन–दो सूखी रोटियां, एक गिलास ठंडा पानी और हर संपादकीय के लिए दस साल जेल!'

हिंदी का प्रथम साप्ताहिक समाचार पत्र 'हिंदुस्तानियों के हित के हेत' निकला 'उदंत मार्त्तंड' (1826) था। इसका अर्थ है–समाचार का सूर्य। हिंदी के प्रथम दैनिक पत्र 'समाचार सुधावर्षण' (1854) और हिंदी और उर्दू में प्रकाशित पत्र 'पयाम-ए-आजादी' की राष्ट्रीय भूमिका विशेष है। 1857 के स्वतंत्रता संग्राम में कुछ पत्रों की उल्लेखनीय भूमिका थी। मंगल पांडेय को फांसी मिलने के बाद, ब्रिटिश सरकार के खिलाफ बहादुर शाह जफर का ऐतिहासिक संदेश 'पयाम-ए-आजादी' में ही प्रकाशित हुआ था– 'हिंदुस्तान के हिंदुओ और मुसलमानो, उठो, खुदा ने इनसान को जितनी बरकतें अदा की हैं, इनमें सबसे कीमती बरकत आजादी है।' इस पत्र के ऐसे आक्रामक रुख को देखकर ब्रिटिश सरकार ने इसे बंद कर दिया, पर तब तक इस पत्र ने अन्य भाषाई पत्रों के लिए मार्ग प्रशस्त कर दिया था। 'बंगदूत' (सं. राजा राममोहन राय), 'सोमप्रकाश' (परामर्शः ईश्वरचंद्र विद्यासागर), 'दूरबीन' (अहमद अली) और 'सुलतान-उल-अखबार' (मुहम्मद ताहिर), 'रस्त गोफ्तार' (सं दादाभाई नौरोजी) जैसे भाषाई पत्रों पर अंग्रेजों द्वारा सदैव यह आक्षेप लगाया जाता रहा कि इन्होंने सूचना देने के बहाने लोगों के दिलों में राजद्रोह भर दिया है। उस जमाने में मुसलमान और हिंदू मिल कर कई उर्दू पत्र निकालते थे, जैसे 'दूरबीन' पत्र के प्रकाशक बंगाल के समाज सेवी काली प्रसन्न सिन्हा थे। अंग्रेजों का दमन जितना बढ़ता गया, पत्र उतने ही जुझारू होते गए। वस्तुतः 1857 के बाद की पत्रकारिता का लक्ष्य भारतीय राष्ट्रवाद का प्रसार हो गया। निर्भय पत्रकारों की

कलम ने देशभक्ति और राष्ट्रवाद की भावना का संचार किया, हालांकि आरंभिक दौर में अंग्रेजी राज को उम्मीद की नजरों से भी देखा जाता था।

इस दौर में हिंदी पत्रकारिता का मुख्य केंद्र कलकत्ता बना हुआ था, लेकिन धीरे-धीरे इसका विस्तार हिंदी प्रदेशों में भी होने लगा था। हिंदी पत्रकारिता बनारस, आगरा, ग्वालियर, भरतपुर, इटावा, सिकंदरा, शिमला, शाहजहांपुर, बरेली, अहमदाबाद के साथ-साथ लाहौर और जम्मू तक फैल गई। धार्मिक पत्रों के अतिरिक्त साहित्यिक, राजनीतिक और सामाजिक पत्रों का प्रकाशन शुरू हुआ। इसी दौर में भारतेंदु हरिश्चंद्र का हिंदी पत्रकारिता में प्रवेश हुआ। उन्होंने अकेले ही 'कविवचनसुधा' (1868) और 'बालाबोधिनी' (1874) सहित चार पत्रिकाएं निकालीं। अपनी धारदार लेखनी, स्पष्टवादिता और राष्ट्रीयता एवं राष्ट्रवादी दृष्टिकोण के कारण ही वे लोगों के हृदय में रच-बस गए थे। वे धार्मिक हृदय वाले होकर भी उदारवादी थे, धार्मिक पाखंडों की आलोचना करते थे। प्रताप नारायण मिश्र द्वारा प्रकाशित पत्र 'ब्राह्मण' (कानपुर, 1883) के शुरू में 'श्री गणेशाय नमः' के स्थान पर 'श्री हरिश्चंद्राय नमः' छपता था। इससे भारतेंदु के प्रति लोगों की भावनाओं की बानगी मिलती है। उनसे प्रेरित होकर अनेक पत्र-पत्रिकाओं का प्रकाशन शुरू हुआ। इन पत्रों का प्रभाव लंबे समय तक भारतीय राष्ट्रीय जीवन पर था।

राष्ट्रीय जागरण के दौर की हिंदी पत्रकारिता और साहित्य के बीच ज्यादा दूरी नहीं थी। हिंदी पत्रों में वैचारिक टिप्पणियां, निबंध, लेख आदि ज्यादा छपते थे, खबरें कम होती थीं। खबरों पर अंग्रेजी पत्रों का असर होता था। बीसवीं सदी में भी पत्रकारिता और साहित्य के बीच एक काल तक संपर्क बना हुआ था, दैनिक पत्रों में खबरों की प्रधानता रही है। हिंदी पत्रकारिता की एक बड़ी भूमिका यह रही है कि इसने ज्ञान पर एक खास समुदाय का एकाधिपत्य तोड़ा। मुद्रण कला ने समाज को धर्म के युग से राजनीति के युग में ला दिया और प्रेस जन अभिव्यक्ति का एक सशक्त माध्यम बना। इसने धीरे-धीरे भाषाई अराजकता भी खत्म की और प्राचीन सामंती मूल्यों की जगह आधुनिक-मानवीय मूल्यों की प्रधानता स्थापित होने लगी। सामाजिक गतिशीलता ने राष्ट्रीय भावना पैदा की।

राष्ट्रीय आंदोलन की धुरी बने रहने वाले कुछ पत्र हैं–'सुधा' (काशी, 1867), 'बिहार बंधु' (पटना, 1873), 'हरिश्चंद्र मैगजीन' (काशी, 1873), 'हिंदी प्रदीप' (प्रयाग, 1877), 'भारत मित्र' (कलकत्ता, 1878), 'सार सुधा निधि' (कलकत्ता, 1879), 'हिन्दोस्थान' (कालाकांकर, 1885), 'भारत भ्राता' (रीवा, 1887), 'भारत वर्ष' (कानपुर, 1889), 'हिंदी बंगवासी' (कलकत्ता, 1890) आदि। इस दौर में जिन अन्य पत्र-पत्रिकाओं के निकलने का उल्लेख रामचंद्र शुक्ल ने अपने 'हिंदी साहित्य के इतिहास' में किया है, वे हैं-'अल्मोड़ा समाचार पत्र' (अल्मोड़ा), 'सदादर्श' (दिल्ली), 'काशी पत्रिका' (काशी), 'भारत बंधु' (अलीगढ़), 'आर्य दर्पण' (शाहजहांपुर), 'देश हितैषी' (अजमेर), 'शुभचिंतक' (जबलपुर), 'समाचार मार्तंड' (जयपुर) और 'भारत जीवन' (1884)। ये साहित्यिक-राजनीतिक, विभिन्न विषयों पर केंद्रित पत्र थे। इनका चरित्र 'अंग्रेजी शासन के विरोध का' था। इस विरोध के स्वर का एक उद्देश्य था–उदार राष्ट्रवाद की भावना का प्रसार।

1900 का वर्ष हिंदी पत्रकारिता के इतिहास में महत्वपूर्ण है। इलाहाबाद से प्रकाशित 'सरस्वती' ने प्रथम अंक (जनवरी) से ही अपनी मौलिकता से साहित्यिक पत्रकारिता की समझ और दिशा बदल दी। काशी नागरी प्रचारिणी सभा द्वारा अनुमोदित इसके संपादक मंडल में जगन्नाथ दास रत्नाकर, श्यामसुंदर दास, राधाकृष्णदास, किशोरीलाल गोस्वामी और कार्तिक प्रसाद खत्री जैसे लोग शामिल थे। इसके प्रकाशक चिंतामणि घोष ने इस पत्र की श्रेष्ठता को बनाए रखने की जिम्मेदारी श्यामसुंदर दास को सौंपी, लेकिन 1903 में जब महावीर प्रसाद द्विवेदी ने इसके संपादन का दायित्व लिया, तभी सही मायनों में हिंदी में आधुनिक संपादन कला की शुरुआत

हुई। इस पत्र ने न जाने कितनों को हिंदी सिखाई, कितनों की हिंदी सुधारी, जिनमें मैथिलीशरण गुप्त जैसे कवि भी शामिल हैं। 'सरस्वती' के आरंभिक प्रकाशकीय वक्तव्य में विषयों का वर्णन इस प्रकार था—'गद्य, पद्य, महाकाव्य, नाटक, उपन्यास, चंपू, इतिहास, जीवनी, हास्य-परिहास, पुरातत्व, विद्रूप, विज्ञान, शिल्प, कला आदि और नई पुस्तकों की समीक्षाएं।' द्विवेदी जी ने सत्रह वर्षों तक 'सरस्वती' का संपादन किया। उन्होंने अपने पांडित्य, कार्य-शैली और परिश्रम के बल पर इसे हिंदी नवजागरण का मुखपत्र बना दिया।

'सरस्वती' के माध्यम से द्विवेदी जी ने अंग्रेजी राज और देशी सामंतों की भूमिका के बारे में पाठकों को सचेत किया, समाज सुधारों का पक्ष लिया, स्वदेशी और अपनी भाषा-साहित्य-संस्कृति के बारे में लोगों को जागरूक किया और किसानों-मजदूरों के संगठन-आंदोलन को प्रेरणा देने के साथ ही वैज्ञानिक चेतना का प्रचार-प्रसार किया। इससे राष्ट्रीय पत्रकारिता के विविध आयामों का बोध होता है। यह समय पत्रकारिता की दृष्टि से स्वर्णयुग है। जहां कलकत्ता से 'भारतमित्र' राजनीतिक जागरण फैला रहा था, वहीं 'सरस्वती' ने साहित्यिक और सांस्कृतिक जागरण का मोर्चा संभाल रखा था।

उपर्युक्त पत्रों की अपार लोकप्रियता से प्रेरित होकर इस दौर में अनेक पत्र निकले, जिन्हें वर्ष क्रम में देखा जा सकता है –

1900 : 'सनातन धर्म पत्रिका' (सं. रामचंद्र शर्मा, मुरादाबाद), 'छत्तीसगढ़ मित्र' (माधवराव सप्रे, रामचंद्र चिंचोलकर); 1901 : 'जैन मित्र' (गोपालदास जी बरैया, मुंबई), 1902 : 'ब्राह्मण वर्चस्व' (भीमसेन शर्मा, इटावा), 1905 : 'क्षत्रिय मित्र' (गोरखप्रसाद, इलाहाबाद), 1906 : 'जवान' (नाजुक रकम अकबराबादी, दिल्ली), 'कान्यकुब्ज' (शिवाधार पांडे, कानपुर), 1907 : 'हिंदी केसरी' (माधवराव सप्रे, नागपुर), 'नृसिंह' (अंबिकाप्रसाद वाजपेयी, कलकत्ता), 'सुबोध सिंधु' (कालूराम गंगराडे, खंडवा), 'अभ्युदय' (मदनमोहन मालवीय, इलाहाबाद), 'दिगंबर जैन' (मूलचंद किसनदास कपाड़िया, सूरत), 1909 : 'स्त्री मित्र शिक्षक' (यशोदा देवी, इलाहाबाद), 'गृहलक्ष्मी' (सुदर्शन, इलाहाबाद), 'कर्मयोगी' (सुंदरलाल, इलाहाबाद), 'सैनिक समाचार' (राजेंद्र कृष्ण माथुर, नई दिल्ली), 'इंदु' (काशी), 1910 : 'प्रताप' (गणेश शंकर विद्यार्थी, बालकृष्ण शर्मा 'नवीन', कानपुर), 1911 : 'हितकारिणी' (रघुवरप्रसाद द्विवेदी, जबलपुर), 'बाल हितैषी' (विनोद सेन राय, मेरठ), 'मर्यादा' (कृष्णकांत मालवीय), 1912 : 'भास्कर' (रघुवीर शरण, मेरठ), 'प्रेम' (राजा महेंद्र प्रताप), 1913 : 'स्त्री शिक्षा' (महावीर प्रसाद द्विवेदी), 'नवनीत' (लक्ष्मण नारायण गर्दे), 'प्रभा' (कालूराम गंगराडे, माखनलाल चतुर्वेदी), 1914 : 'बाल मनोरंजन' एवं 'हिंदी सर्वस्व' (गणेशदत्त शर्मा वैदिक इंद्र), 'विद्यार्थी' (रामजी लाल शर्मा), 'कलकत्ता समाचार' एवं 'हिंदू समाचार' (झाबरमल्ल शर्मा), 'सम्मेलन पत्रिका' (गिरिराज कुमार घोष, वियोगी हरि, पुरुषोत्तम दास टंडन, धीरेंद्र वर्मा), 'हिंद केसरी' (गंगाप्रसाद गुप्त), 1915 : 'विज्ञान' (गोपाल दास भार्गव), 1916 : 'विश्वमित्र' (मूलचंद अग्रवाल), 1917 : 'बाल सखा' (बद्रीनाथ भट्ट, लल्लीप्रसाद पाण्डेय, देवीप्रसाद चतुर्वेदी 'मस्त', देवीदत्त शुक्ल, श्रीनाथ सिंह, सोहनलाल द्विवेदी), 1918 : 'सूर्य' (हेरंब मिश्र, काशी), 'धर्मवीर' (सं. भवानीदयाल, डरबन, दक्षिण अफ्रीका), 'संकल्प' (मुंजे, नागपुर), 1919 : 'यंग इंडिया' (महात्मा गांधी), 'भविष्य' (सुंदरलाल, इलाहाबाद), 'किसान' (नंद किशोर वर्मा, फ़ुतेहपुर), 1920 : 'राजस्थान केसरी' (विजय सिंह पथिक), 'श्री शारदा' (नर्मदाप्रसाद मिश्र, द्वारकाप्रसाद मिश्र), 'आज' (बाबू राव विष्णु पराड़कर), 'कर्मवीर' (माखनलाल चतुर्वेदी)। इनमें 'अभ्युदय', 'प्रताप', 'प्रभा', 'हिंद केसरी' और 'कर्मवीर' अत्यंत महत्वपूर्ण हैं। 'अभ्युदय' मालवीय जी की उदार नीतियों का प्रतिनिधित्व करता था, तो 'हिंद केसरी' तिलक की गरम दलीय राजनीति का। 'प्रताप' का ऑफिस

क्रांतिकारियों का अड्डा था। विजयसिंह पथिक स्वयं किसान नेता और पत्रकार दोनों थे।

1920 में आठ दैनिक पत्र निकले–कलकत्ता से 'स्वतंत्र' और 'साम्यवादी', प्रयाग से 'भविष्य', काशी से 'आज', कानपुर से 'वर्तमान' और 'लोकमत', दिल्ली से 'स्वराज्य' और गूजरांवाला से 'भावनामा'। 'चांद' (रामरख सहगल), 'देश' (राजेंद्र प्रसाद) और अर्थशास्त्र विषयक पत्रिका 'स्वार्थ' (ज्ञानमंडल, काशी) भी इस वर्ष के महत्वपूर्ण पत्र थे।

उपर्युक्त विवरण से स्पष्ट है कि इस युग के पत्रों में विविध विषय प्रकाशित हुए, जिनका उद्देश्य ब्रिटिश राज की गतिविधियों को जनता के सामने प्रस्तुत करना था। यह तथ्य भी है कि इनके प्रकाशन केंद्र रेल व संचार माध्यमों से जुड़े हुए थे। दूसरे, ये वही केंद्र हैं, जो 1857 के विप्लव के दौरान अत्यधिक सक्रिय थे। इन पत्रों में संपादकों की गतिविधियों पर सरकार की पैनी नजर थी। पत्रों का उद्देश्य मुख्य रूप से मुनाफा कमाना न होकर सामाजिक सुधार और ब्रिटिश अपशासन का विरोध था। मनोरंजन का स्थान गौण था। पत्रों और पत्रिकाओं के मालिक छोटी पूंजी वाले थे और अपनी ऐतिहासिक सीमाओं में राष्ट्रीय जागरण में महत्वपूर्ण भूमिका निभा रहे थे। वे समाज की पुरानी कुरीतियों और रूढ़ियों के मोर्चे पर भी सक्रिय थे।

भारतीय नवजागरण की खासियत रही है कि इसके लोग वैश्विक घटनाओं से परिचित होते रहते थे। इससे दो लाभ थे—एक तो भारतीयों को संसार की अन्य सामाजिक, राजनीतिक, आर्थिक, सांस्कृतिक गतिविधियों एवं व्यवस्थाओं की जानकारी हो जाती थी। दूसरे, वे निर्णय कर पाते थे कि उनकी अपनी व्यवस्था कैसी होनी चाहिए। इसलिए कई साप्ताहिक पत्र प्रथम विश्वयुद्ध के समय दैनिक हो गए और युद्ध की समाप्ति के बाद पुनः साप्ताहिक हो गए। उनमें 'नृसिंह', 'सिपाही', 'अभ्युदय', 'भारत मित्र', 'प्रताप' आदि प्रमुख हैं। कुछ पत्र ऐसे थे, जो आरंभ से दैनिक थे-'कलकत्ता समाचार', 'विश्वमित्र', 'कानपुर गजट', 'हिंदी बिहारी', 'वेंकटेश्वर समाचार', 'सूर्य' आदि। इन पत्रों ने क्रांतिकारियों के साथ-साथ देशवासियों के दिल में लगी आग को भड़काने में महत्वपूर्ण भूमिका निभाई, फलस्वरूप वे सरकारी कोप के शिकार भी बने।

प्रथम विश्वयुद्ध के बाद सर्वसम्मति से महात्मा गांधी को देश ने अपना नेता मान लिया। गांधी जी ने अपने रचनात्मक कार्यक्रमों और असहयोग आंदोलन के प्रचार के लिए देश में अनेक साप्ताहिक और मासिक पत्रों के प्रकाशन पर बल दिया।

1911-12 में जहां समाचार पत्र 656 और पत्रिकाएं 2,268 थीं, वहीं वर्ष 1920-21 में इनकी संख्या बढ़कर क्रमशः 1,017 और 2,297 हो गईं। इसलिए यदि 1903-1920 तक के समय को द्विवेदी जी के नाम के साथ पहचाना गया, तो 1920 से शुरू हुए कालखंड को गांधी युग कहा गया। हिंदी पत्रकारिता की परंपरा इसी समय सुदृढ़ हुई। यद्यपि आर आर दिवाकर ने कहा है, 'गांधी जी कदाचित उस अर्थ में पत्रकार नहीं थे, जिस अर्थ में हम पत्रकार की परिकल्पना आज करते हैं, क्योंकि गांधी जी का मिशन मातृभूमि का मिशन था। इस मिशन में उन्होंने पत्रकारिता को एक आयुध की तरह प्रयुक्त किया था।' इसलिए उन्होंने 'इंडियन ओपीनियन', 'यंग इंडिया' और 'हरिजन' जैसे ऐतिहासिक पत्रों का संपादन किया था। राष्ट्रीय संघर्ष को नवजीवन देने के लिए उन्होंने हरिभाऊ के संपादन में 1921 में 'हिंदी नवजीवन' और 1933 में 'हरिजन सेवक' जैसे पत्र निकाले थे, जिनका व्यापक प्रभाव पड़ा। 1920 में शिवप्रसाद गुप्त ने बनारस से 'आज' दैनिक का प्रकाशन शुरू किया, जिसका संपादन महान राष्ट्रवादी पत्रकार बाबूराव पराड़कर ने किया।

1930-40 का दशक स्वतंत्रता आंदोलन के इतिहास में निर्णायक संघर्षों का दौर था, 1930-32 में 'सविनय अवज्ञा आंदोलन' और 1942 में हुए 'भारत छोड़ो' आंदोलन ने देश में क्रांति का स्वर तीव्र कर दिया था। इस समय समाचार पत्र-पत्रिकाओं ने जहां एक ओर लोगों को सोचने की दिशा दी, विचार

दिए, वहीं दूसरी ओर वे उनके स्वर, उनकी जुबान बनकर सामने आए। इसके बाद 'दैनिक वर्तमान', 'सैनिक' (1928), 'शक्ति ' (1930), 'दैनिक प्रताप' (1931), 'लोकमत' (1931), 'नवयुग' (1932), 'नवराष्ट्र' (1933), 'भारत' (1933), 'विश्वमित्र' (मुंबई 1941), 'आर्यावर्त' (1942), 'संसार' (1943), 'नया हिंदुस्तान' (1944), 'सन्मार्ग' (1946) जैसे दैनिक पत्रों के प्रकाशन ने राष्ट्रीय आंदोलन को आजादी के लक्ष्य तक पहुंचाने और सांस्कृतिक जागरण में महत्वपूर्ण भूमिका निभाई। दैनिक पत्रों के साथ ही साप्ताहिक पत्र भी लोगों के दिल में राष्ट्रीय आंदोलन की ज्वाला को तीव्र करने में लगे हुए थे। इनमें से उल्लेखनीय पत्र हैं–'स्वदेश' (1921), 'मतवाला' (1923),'हिंदू पंच' (1926), 'स्वतंत्र भारत' (1928), 'जागरण' (1929), 'नवयुग' (1932), 'विश्वबंधु' (1933), 'योगी' (1934), 'हिंदू' (1936), 'संघर्ष' (1938), 'संगम' (1940), 'जनयुग' (1942), 'रामराज्य' (1942) आदि। 1942 के विद्रोह के समय बनारस से अनेक भूमिगत पत्र भी निकले थे।

आजादी से पहले की हिंदी पत्रकारिता अंग्रेजी राज की पाबंदियां झेलने को विवश थी। अंग्रेजी सरकार की दमनात्मक प्रवृत्तियों के कारण पत्रकारों-संपादकों का जेल जाना, सजा भुगतना आम बात थी, लेकिन इससे इनके हौसलों में कोई कमी नहीं आई। पत्रिकाओं को दोहरी भूमिका का निर्वाह करना पड़ रहा था–एक तरफ इन अत्याचारों का विरोध कर जनता को इनके विरुद्ध जाग्रत करना और दूसरी तरफ आर्थिक-शारीरिक कष्टों से बचते हुए अपने पत्रों को असमय काल-कवलित होने से बचाना। इसलिए कई पत्रकारों ने भूमिगत रहते हुए पत्रकारिता की, बार-बार सजा पाते रहे, कई संपादक अपने पत्रों को बंद करा दिए जाने के बाद नए नाम से पत्र निकालते रहे, पर हिम्मत और आजादी की क्रांति का बिगुल बजाना किसी ने न छोड़ा।

हिंदी पत्रकारिता 'उदंत मार्त्तंड' के काल से ही सरकारी सहयोग से वंचित थी। 1857 के विद्रोह के बाद लॉर्ड कैनिंग का प्रेस कानून बना, जिसने प्रेस का मुंह बंद करने का काम किया। लॉर्ड रिपन ने उदारवादी रुख का परिचय देते हुए 1878 का बना 'वर्नाकुलर प्रेस एक्ट' रद्द कर दिया। 1908 में राष्ट्रीय आंदोलन के क्रांतिकारी उभारों को देखते हुए समाचार पत्रों पर बंदिशें लगाने के लिए 'न्यूजपेपर एक्ट' (इनसाइटमेंट टू ऑफेंसेज) लाया गया और 1910 में 'इंडियन प्रेस एक्ट' आया। प्रेस कानूनों के खिलाफ देशव्यापी आंदोलन के फलस्वरूप 1922 में 'प्रेस लॉ रिपील एंड अमेंडमेंट एक्ट' लाया गया और 1908 तथा 1910 के प्रेस संबंधी कानून रद्द कर दिए गए। इस समय 'प्रेस एंड रजिस्ट्रेशन ऑफ बुक्स एक्ट' को भी हल्का कर दिया गया। दूसरे सत्याग्रह (1929-31) के कारण 1931 में 'इंडियन एमरजेंसी पावर्स आर्डिनेंस' जारी करके उसे ही मजबूत बना दिया गया। इन घटनाओं से स्पष्ट होता है कि जब भी स्वाधीनता संग्राम तेज हुआ, जनता का मुंह बंद करने के लिए एक-न-एक उपाय किया जाता रहा है। इस परिप्रेक्ष्य में राष्ट्रीय आंदोलन काल की पत्रकारिता को पत्रकारों के साहस, धैर्य, विवेक और त्याग के कारण हमेशा याद रखा जाएगा।

श्रुति

अधिक जानकारी के लिए :

1. समाचार पत्रों का इतिहास : अंबिकाप्रसाद बाजपेयी, **2. पत्रकारिता का इतिहास :** लक्ष्मीकांत उपाध्याय, **3. हिंदी पत्रकारिता :** कृष्ण बिहारी मिश्र, **4. हिंदी साहित्य : बंगीय भूमिका** : कृष्ण बिहारी मिश्र, रामव्यास पांडेय (सं.), **5. हिंदी पत्रकारिता का बृहद् इतिहास :** अर्जुन तिवारी, **6. हिंदी पत्रकारिता : हमारी विरासत :** शंभुनाथ, रामनिवास द्विवेदी (संपा.), **7. History of Indian Journalism :** J Natrajan

हिंदी प्रवेशिका

हिंदी की पढ़ाई के इतिहास में बच्चों को अक्षर-ज्ञान देने की परंपरा बहुत पुरानी है। मुद्रण की टेक्नोलॉजी के उद्‍भव और प्रसार से पहले लकड़ी की तख्ती या रेत पर अक्षर लिखना सिखाने, उससे जुड़ी ध्वनियों के उच्चारण और ककहरा समेत पूरी

वर्णमाला को बार-बार दोहराकर कंठस्थ कराने की परंपरा थी। छपी हुई प्रवेशिकाओं के चलन से यह परंपरा प्रभावित अवश्य हुई, पर पूरी तरह समाप्त नहीं हुई। मुद्रण की मशीनरी ने वर्णमाला के अक्षरों को चित्रों के साथ प्रस्तुत करना संभव बनाया। इस तरह 'अ' से 'अनार', 'आ' से 'आम' और 'क' से 'कमल' की तस्वीर का चलन आरंभ हो गया। इसी क्रम में 'औ' से 'औरत' तथा 'क्ष' से 'क्षत्रिय' की रूढ़ छवि प्रस्तुत की जाने लगी या फिर एक ही छवि बार-बार मुद्रित होने के कारण रूढ़ हो गई। ककहरे के साथ 'क' से 'कबूतर' रटाए जाने की आवाजें पाठशालाओं की खिड़कियों से सुनाई देने लगीं और कहीं-कहीं आज भी सुनाई देती हैं।

बीसवीं सदी का आरंभ होते-होते रंगीन प्रवेशिका, जिसे 'कायदा' भी कहा जाता है, सामान्य हो गई। शिक्षक का काम अक्षर की पहचान और उससे संबंधित ध्वनि का अभ्यास कराने के साथ-साथ अक्षर के साथ छपे चित्र में प्रदर्शित छवि के नाम-शब्द की 'पहचान' कराना हो गया। इस पद्धति से बच्चों को साक्षर बनाने में किस तरह की समस्याएं आती हैं, यह बात शोध और बहसों के स्तर पर पिछले लगभग पचास वर्षों से लगातार उपस्थित रही है, किंतु इस दौर से पहले भी वर्णमाला की प्रस्तुति को लेकर नवाचार के प्रमाण मिलते हैं। इलाहाबाद के इंडियन प्रेस ने 'बालसखा प्राइमर' पहली बार संभवत : 1950 या इससे कुछ पहले प्रकाशित की थी। यह पुस्तक पुरानी या पारंपरिक प्रवेशिकाओं से काफी अलग दृष्टि लिए हुए थी। इस प्राइमर में वर्णमाला के अक्षर क्रमबद्ध ढंग से नहीं दिए गए थे। शुरुआत से ही छोटे बच्चों के मनोविज्ञान को ध्यान में रखकर गढ़े गए सार्थक वाक्य दिए गए थे, जिनमें मात्राओं का प्रयोग भी था। साथ में दिए गए चित्र एक समूचे दृश्य या संदर्भ को चित्रित करते थे, किसी एकाकी वस्तु या व्यक्ति को नहीं। इस नवाचारी प्रवेशिका का कितना प्रभाव उत्तर भारत के स्कूलों एवं अध्यापकों पर पड़ा, कहना मुश्किल है। इसके प्रकाशन के लगभग दो दशक बाद राष्ट्रीय शैक्षिक अनुसंधान एवं प्रशिक्षण परिषद (एन सी ई आर टी) ने 'रानी मदन अमर' शीर्षक से एक प्रवेशिका प्रकाशित की। इसमें भी वर्णमाला के अक्षर रटाने की जगह सरल वाक्यों को कथाक्रम में रखकर यह प्रयास किया गया था कि बच्चे एकदम शुरू से पढ़ने को समझने का जरिया मानें, एक यांत्रिक काम नहीं, किंतु अध्यापकों के प्रतिरोध के चलते यह पुस्तक बहुत समय तक नहीं चल सकी। परंपरा से पोषित यांत्रिक शिक्षण पद्धति से संघर्ष आज भी जारी है। राष्ट्रीय पाठ्यचर्या की रूपरेखा–2005 के तहत निर्मित 'रिमझिम' पुस्तक माला परिषद की सबसे हाल की पहल है। इसके अलावा समझकर पढ़ने को प्रोत्साहित करने के लिए परिषद ने चालीस भागों की स्वयं-पठन क्रमिक पुस्तकमाला 'बरखा' शीर्षक से प्रकाशित की है, जो सभी हिंदीभाषी राज्यों में बड़े पैमाने पर प्रसारित हुई है।

कृष्ण कुमार

हिंदी प्रशिक्षण कार्यक्रम

हिंदी प्रशिक्षण कार्यक्रमों का मुख्य उद्देश्य हिंदी भाषा के प्रयोग और उसके शिक्षण के लिए उचित प्रशिक्षण देना है। ये कार्यक्रम मुख्यतः दो प्रकार के हैं–सेवा-पूर्व प्रशिक्षण कार्यक्रम और अंतःसेवा प्रशिक्षण कार्यक्रम। सेवा-पूर्व प्रशिक्षण कार्यक्रम प्रायः विभिन्न प्रकार के शिक्षक प्रशिक्षण कार्यक्रमों से जुड़े हैं, जिनमें हिंदी के भावी शिक्षकों का गहन प्रशिक्षण किया जाता है। साथ ही विद्यालय अनुभव कार्यक्रम के अंतर्गत शाला में पढ़ाने का अनुभव प्राप्त करने के अवसर भी मुहैया कराए जाते हैं। इन कार्यक्रमों में शाला के विभिन्न स्तरों यानी प्राथमिक, माध्यमिक या उच्चतर माध्यमिक स्तर की कक्षाओं को हिंदी पढ़ाने के संबंध में विशद प्रशिक्षण दिया जाता है, ताकि हिंदी भाषा के प्रभावी शिक्षक तैयार किए जा सकें।

अंतःसेवा प्रशिक्षण कार्यक्रम के अंतर्गत ऐसे

शिक्षकों, शिक्षक-प्रशिक्षकों और अन्य कर्मियों को हिंदी भाषा का प्रशिक्षण दिया जाता है, जो कहीं-न-कहीं कार्यरत हैं। सेवा-पूर्व और अंतःसेवा दोनों प्रकार के प्रशिक्षण कार्यक्रमों के उद्देश्य और विषय-वस्तु लगभग समान हैं। दोनों ही प्रकार के कार्यक्रमों का उद्देश्य है—भाषा की प्रकृति, उसके प्रकार्यों और हिंदी भाषा की संरचनात्मक विशेषताओं से अवगत कराना; हिंदी की भाषाई क्षमताओं से परिचय और उनके विकास के लिए अपनाई जाने वाली विभिन्न तकनीकों से परिचय कराना; बच्चों की भाषाई पूंजी को समझना, यह समझना कि बच्चे भाषा-ज्ञान कैसे अर्जित करते हैं और हिंदी भाषा सीखने-सिखाने की प्रक्रिया में उसका इस्तेमाल कैसे किया जाता है, बहुभाषिकता की अवधारणात्मक समझ का विकास और उसे एक संसाधन के रूप में इस्तेमाल करने की योग्यता का विकास करना, विभिन्न प्रकार से हिंदी भाषा का आकलन करने की योग्यता का विकास करना आदि। इन सभी बिंदुओं पर नवीनतम शोधों और उनके शैक्षिक निहितार्थों पर भी गहन विचार-विमर्श किया जाता है जिससे हिंदी भाषा और उसके शिक्षण के संबंध में अद्यतन जानकारी प्राप्त हो सके और अपने कार्य क्षेत्र में उसका उपयोग किया जा सके।

अतःसेवा प्रशिक्षण कार्यक्रम में एक बिंदु विशेष रूप से शामिल होता है और वह है—हिंदी भाषा सीखने-सिखाने के दौरान आने वाली समस्याओं का व्यावहारिक समाधान प्राप्त करना। वास्तव में किसी भी प्रशिक्षण कार्यक्रम की सफलता इस बात पर निर्भर करती है कि प्रतिभागी प्रशिक्षण कार्यक्रम में वह अंतर्दृष्टि प्राप्त कर सकें जो समस्याओं को गहनता से समझने और उनके संभावित समाधान जुटाने में मदद कर सके। एक बार यह अंतर्दृष्टि प्राप्त हो जाए तो प्रतिभागी अपनी आवश्यकताओं के अनुरूप अपनी समस्याओं का समाधान स्वयं ही तलाश लेंगे। हिंदी प्रशिक्षण कार्यक्रम के अंतर्गत भाषा के संबंध में यह स्पष्ट किया जाता है कि भाषा स्वयं में एक नियमबद्ध व्यवस्था है जिसका उपयोग जीवन को समझने और साधने के लिए किया जाता है। इस दृष्टि से भाषा और बोली में कोई अंतर नहीं है, क्योंकि जिसे हम 'बोली' कह रहे हैं, वह भी एक नियमबद्ध व्यवस्था है। हिंदी भाषा के अनेक स्वरूप हमें व्यवहार में मिलते हैं जिनमें भाषिक वैविध्य होता है। इस वैविध्य को स्वीकार किया जाना चाहिए। भारत का प्रत्येक बच्चा और वयस्क बहुभाषिक है और समय, स्थान एवं संदर्भ के अनुसार भाषा का प्रयोग करना जानता है।

हिंदी प्रशिक्षण कार्यक्रम के अंतर्गत 'हिंदी भाषा का मानकीकरण और हिंदी की मानक वर्तनी' भी गहन चर्चा या बहस के मुद्दे होते हैं, क्योंकि समय के साथ-साथ हिंदी भाषा के प्रयोग में अंतर आया है। इस संदर्भ में यह समझने का भी प्रयास किया जाता है कि परिवर्तनशीलता भाषा का गुण है, उसे किसी एक स्वरूप या प्रकृति के दायरे में नहीं बांधा जा सकता और भाषाएं एक-दूसरे के सान्निध्य में फलती-फूलती हैं। इन दिनों प्रारंभिक साक्षरता यानी शुरुआती पढ़ना-लिखना, उदीयमान साक्षरता (इमरजेंट लिटरेसी), बाल साहित्य की अवधारणा और हिंदी भाषा सीखने में, विशेष रूप से पढ़ना-लिखना सीखने में उसका उपयोग, पढ़ने का कोना, प्रिंट-समृद्ध परिवेश, जीवंत पुस्तकालय, सतत और समग्र आकलन, सीखने के संकेतक आदि विषयों पर गहन कार्य किया जा रहा है और इनके बारे में परस्पर संवाद बढ़ा है। इस तरह हिंदी भाषा प्रशिक्षण का दायरा समृद्ध हुआ है और उसने अपेक्षित विस्तार भी प्राप्त किया है।

प्रशिक्षण कार्यक्रम में हिंदी भाषा की संरचना को विस्तृत रूप से समझने-समझाने पर बल दिया जाता है ताकि उसका व्याकरण-सम्मत प्रयोग किया जा सके। साथ ही जो प्रशिक्षण कार्यक्रम शिक्षकों के लिए आयोजित किए जाते हैं, उनमें हिंदी भाषा की संरचनात्मक विशेषताओं को इस रूप में प्रस्तुत किया जाता है कि वह बच्चों की हिंदी भाषा प्रयोग के क्षमताओं के समझने में मदद करे। हिंदी भाषा और अन्य भारतीय भाषाओं की संवैधानिक स्थिति

को भी प्रशिक्षण कार्यक्रम में स्थान दिया जाता है ताकि उचित विश्लेषणात्मक दृष्टि अपनाते हुए भाषा और सत्ता एवं वर्चस्व को उनके प्रत्येक आयाम के साथ समझा जा सके।

ऐसी अनेक संस्थाएं हैं, जो हिंदी में काम-काज को बढ़ावा देने, हिंदी भाषा सीखने के लिए विभिन्न प्रकार के प्रशिक्षण कार्यक्रमों का आयोजन करती है, जैसे केंद्रीय हिंदी संस्थान, केंद्रीय हिंदी प्रशिक्षण संस्थान, केंद्रीय भारतीय भाषा संस्थान आदि।

उषा शर्मा

अधिक जानकारी के लिए :
1. अच्छी हिंदी : रामचंद्र वर्म्मा, **2. मानक हिंदी :** केंद्रीय हिंदी निदेशालय, **3. राजभाषा हिंदी प्रशिक्षण :** विनय कुमार पाठक

हिंदी प्रश्न पैटर्न

जिस तरह साहित्य हर युग में सामाजिक परिवर्तन से जुड़ा होता है, उसी तरह साहित्य शिक्षण, शिक्षार्जन (सीखना) और परीक्षण को भी परिवर्तन से जुड़ना पड़ता है। इसलिए साहित्य शिक्षण की विषयवस्तु और पद्धतियों में परिवर्तन तथा साहित्य शिक्षार्जन के उद्देश्यों में परिवर्तन जितना स्वाभाविक है, प्रश्न पैटर्न में परिवर्तन भी उतना ही वांछनीय है। यह भी लक्षित किया जा सकता है कि ज्ञान के नए विस्फोट के युग में हिंदी साहित्य शिक्षण जो व्यापक परिवर्तन हो जाने चाहिए, वे नहीं हो पाए। नए भूमंडलीय परिदृश्य में हिंदी सीखने के उद्देश्यों में संकुचन आया। जहां तक हिंदी परीक्षण का सवाल है, नया प्रश्न पैटर्न युग के अनुरूप किसी बड़े बदलाव से गुजरने की आरंभिक प्रक्रिया में है। वर्तमान दौर में भारत के विश्वविद्यालयों के हिंदी विभागों को जिन समस्याओं का बड़े पैमाने पर सामना करना पड़ रहा है, उनमें प्रमुख है हिंदी प्रश्न पैटर्न में युगानुरूप बुनियादी परिवर्तन।

शैक्षिक क्षेत्र में ज्ञान की नवीनता, अर्थवत्ता और उत्पादकता प्रश्न पैटर्न पर निर्भर है। प्रश्न विषय के भीतर रहते हुए जितने अधिक अनेकरूप और विद्यार्थियों की विश्लेषण, संश्लेषण और मूल्यांकन क्षमता को परखने की शक्ति रखने वाले हों, उतने ही मूल्यवान होते हैं और नए ज्ञान को आमंत्रित करेंगे। प्रश्न की संरचना में स्पष्टता के साथ नयापन होना चाहिए, ताकि विद्यार्थी में भी नई चीजों को जानने की भूख हमेशा बनी रहे। उत्तर देने से कम कठिन नहीं होता एक अच्छा पहला प्रश्न बनाना। हिंदी साहित्य परीक्षण में पहला बुनियादी परिवर्तन आया था, जब रामचंद्र शुक्ल बनारस हिंदी विश्वविद्यालय में प्राध्यापन (1937-41) कर रहे थे। इसके बाद पाठ्यक्रम में सुधार के साथ निश्चय ही कुछ नए प्रश्न भी धीरे-धीरे जुड़ते गए।

बीसवीं सदी के अंत में प्रश्न बैंक की अवधारणा सामने आई। एक ऐसा डाटा बेस बनने लगा, जिससे विभिन्न पाठ्यक्रमों से संबंधित प्रश्नों का महाभंडार रखने की प्रक्रिया शुरू हुई। इसका इस्तेमाल सैद्धांतिक किस्म की परीक्षाओं में ही होता है। मूल्यांकन के लिए डाटाबेस में भरे जाने वाले प्रश्नों का निर्माण चार आधारों पर होता है—प्रासंगिकता, वस्तुपरकता, विश्वसनीयता और सटीकता। प्रश्न निर्धारित करने के लिए परीक्षक का यह जानना जरूरी है कि विद्यार्थी पहले कितना जान चुका है और अब क्या अपेक्षित है। मौखिकी परीक्षा में कुछ अलग ढंग के प्रश्न होते हैं। इसमें ऐसे प्रश्नों को महत्व दिया जाता है, जिनसे विद्यार्थी की खुद सोचने की क्षमता की परख हो, न कि इसकी कि उसके पास कितनी अधिक तथ्यात्मक जानकारियां हैं।

प्रश्न कितना सुसंगत और सटीक है, इसका एक आधार लंबे समय से यह रहा है कि पहले कितना पूछा जा चुका है। यही वजह है कि दशकों तक चाहे साहित्येतिहास के प्रश्न हों या साहित्य सिद्धांत और व्यावहारिक आलोचना के, हिंदी के कुछ बंधे-बंधाए प्रश्न ही चलते रहे हैं। इसमें संदेह नहीं कि हिंदी प्रश्न पैटर्न में गत्यावरोध विद्यार्थी के ज्ञान के गत्यावरोध पैदा करता है। हिंदी विद्यार्थियों के पास तब सोचने का यही तरीका होता है कि

पिछले साल ये प्रश्न आए थे, इस साल ये प्रश्न आएंगे। परीक्षा की सार्थकता इसमें है कि विद्यार्थियों को पता न हो कि कौन-से प्रश्न आएंगे। हिंदी प्रश्न दशकों से इतनी कठोरता से पूर्व-निर्धारित रहे हैं कि परीक्षण के बुनियादी लक्षण कभी पूरे नहीं हो पाते। इससे उत्तर पुस्तिका ठीक से जांच कर सही अंक का निर्धारण कठिन हो जाता है, विद्यार्थी की मेधा को आंकना संभव नहीं होता। एक बीमारी अंक प्रदूषण भी है—जानबूझकर कम या अधिक नंबर देना। इस तरह विद्यार्थी की शैक्षिक उपलब्धि को जांचने के मार्ग में विभिन्न तरह की कठिनाइयां रही हैं। उसके उत्तर में क्या जांचना चाहिए? जांचने के कुछ आधार ये हो सकते हैं : (1) भाषा प्रवीणता, (2) विषयनिष्ठता, (3) तर्कशीलता, (4) इतिहास बोध, (5) नव-अर्थोद्घाटन क्षमता और साहित्यिकता की समझ। परीक्षण में शैक्षिक न्याय ही उसका प्राणतत्व है। इसलिए विद्यार्थी की उत्तर पुस्तिका को जांचना कभी भी किसी निर्जीव चीज को जांचना नहीं है, यह परीक्षक का आत्मनिरीक्षण भी है।

हिंदी प्रश्न व्यवस्था में आमतौर पर वस्तुपरक, लघु उत्तरीय और उत्तरीय दीर्घ प्रश्न होते हैं। विद्यार्थी पूरी पाठ्य पुस्तक पढ़ें, इसलिए दशकों से पुरानी आलोचनात्मक व्याख्या की व्यवस्था बनी हुई है। दरअसल प्रश्न मुख्यतः निर्भर करते हैं—पाठ के चयन, पाठ शिक्षण के लक्ष्य और शिक्षण पद्धति पर। इसमें बदलाव लाए बिना प्रश्न नहीं बदले जा सकते और प्रश्न बदले बिना विद्यार्थी इक्कीसवीं सदी के लगातार बदलते माहौल में कहीं खड़ा नहीं हो सकता। साहित्य के अध्ययन का एक बड़ा लक्ष्य भाषा प्रवीणता है, दूसरा लक्ष्य विभिन्न सैद्धांतिक परिप्रेक्ष्यों का ज्ञान, तीसरा लक्ष्य मनुष्य के सौंदर्य बोध के विकास का ज्ञान, चौथा लक्ष्य समाज सभ्यता और संस्कृति का ज्ञान, पांचवा लक्ष्य पाठ के अर्थ को पूर्ववर्ती सीमाओं से मुक्त करने की कला सीखना और छठा लक्ष्य अभिव्यक्ति की नई तकनीक की जानकारी है। साहित्य का विद्यार्थी सिर्फ साहित्य ही नहीं, कला और जीवन की अधिक-से-अधिक वस्तुओं को कैसे जाने और आलोचनात्मक सराहना करने में सक्षम हो, यह देखने की जरूरत महसूस की गई है। यह भी जरूरी समझा गया है कि वह इंटरनेट की दुनिया के गुण-दोषों और कौशलों को समझे।

विद्यार्थी का संपूर्ण मूल्यांकन सिर्फ उत्तर पुस्तिकाओं के मूल्यांकन से संभव नहीं है और उत्तर पुस्तिकाओं को निर्जीव वस्तु समझकर फटाफट नंबर बैठाकर या आत्म-परकता से जांच करे तो यह बिल्कुल संभव नहीं है। दरअसल आत्मपरकता को खत्म करने के लिए साहित्य के क्षेत्र में भी वस्तुपरक प्रश्न की पद्धति शुरू हुई, जो एकांगी है। अब भी हर जगह समझ में आ रहा है कि साहित्य के विद्यार्थी के मूल्यांकन के लिए हिंदी शिक्षण की पूरी संस्कृति को बदलना जरूरी है, परीक्षण इस शिक्षण संस्कृति का ही एक अंग है। अरस्तू ने लिखा था, 'इतना ज्ञान पाने के बाद मैंने यह जाना कि अभी कितना अधिक जानना बाकी है।' किसी भी शिक्षण की सफलता इसमें है कि वह विद्यार्थी को इस बात का कितना तीखा एहसास कराती है।

शंभुनाथ

हिंदी फिल्म गायकी

1931 में बनी 'आलमआरा' पहली फिल्म थी जिसमें आवाज का इस्तेमाल किया गया था और इसे सवाक फिल्म कहा जाने लगा। इसमें सात गाने शामिल किए गए थे। माना जाता है कि फिल्म के गानों की धुनें फिरोजशाह मिस्त्री ने बनाई थीं। उस समय पार्श्वगायकी का प्रचलन नहीं था। गाने उन अभिनेताओं से ही गवाए जाते थे, जो फिल्मों में गाते नजर आते थे। इनमें वजीर मोहम्मद खान की गायकी विशेष रूप से उल्लेखनीय है जिनका उपर्युक्त फिल्म के लिए गाया गीत 'दे दे खुदा के नाम पर प्यारे' काफी मकबूल हुआ था।

शुरुआती बोलती फिल्म में गानों की रिकॉर्डिंग फिल्म की शूटिंग के साथ होती थी। रिकॉर्डिंग के

कन्हैयालाल सहगल

समय संगीत देने वाले वादकों को कैमरे की जद से बाहर बैठाया जाता था। हारमोनियम, तबला, सारंगी आदि वाद्य यंत्र बजाने वाले उस्ताद संगीत देते थे और अभिनेता कैमरे के सामने गाते थे। वाद्यों की आवाज साथ ही साथ रिकॉर्ड होती जाती थी। चूंकि अभिनेताओं को ही गाना होता था, इसलिए उस दौर के बहुत से प्रसिद्ध गायक-गायिकाओं ने फिल्मों में अभिनय भी किया था। रसूलन बाई, मलिका पुखराज, जद्दन बाई, बेगम अख्तर, राजकुमारी, नूरजहां, सुरैया, कुंदनलाल सहगल, सुरेंद्र आदि ऐसे गायक थे जिन्होंने उस दौर की फिल्मों में अभिनय किया था।

1935 में पार्श्वगायकी की शुरुआत हुई। पार्श्वगायकी ने फिल्म के गानों की रिकॉर्डिंग और दृश्यों की रिकॉर्डिंग को एक-दूसरे से अलग कर दिया। अब गाना किसी और की आवाज में रिकॉर्ड किया जाता था और अभिनेताओं को उस गाने पर अपने होंठ हिलाने होते थे। यह आज भी कायम है। पार्श्वगायकी ने फिल्मों में संगीत पक्ष का महत्व बढ़ा दिया। फिल्मों में गानों की संख्या भी बढ़ने लगी। कुछ फिल्मों में गानों की संख्या 20 तक होती थी। फिल्मी गीतों का महत्व फिल्मों के लिए था ही, फिल्मों से स्वतंत्र भी उनके रिकॉर्ड बनाकर ग्रामोफोन पर बजाया जाता था और रेडियो से प्रसारित किया जाता था। हिज मास्टर्स वॉइस ऐसी ही एक कंपनी थी, जो फिल्मी गानों के रिकॉर्ड बेचा करती थी।

1904 में अमेरिका के अडेमॉर पेटिट को 'दो तरफ ध्वनि रिकॉर्ड' का पेटेंट हासिल हुआ था। इसके साथ ही 'दो तरफ रिकॉर्ड डिस्क' की शुरुआत हुई थी जिसमें दोनों तरफ विपरीत दिशा में लकीरें होती थीं और जिनके कारण पहले की एक तरफा डिस्क की तुलना में ध्वनि की गुणवत्ता बेहतर हो गई थी। (मेक्लीन, 2004)। मूल रूप में फोनोग्राफ को 'ग्रामोफोन' या 'बोलती मशीन' कहा जाता था। 1904 से 1948 तक 78 आरपीएम डिस्क अंतरराष्ट्रीय रिकॉर्डिंग उद्योग में छाई रही। 1948 में लांग प्लेयिंग (एल पी) रिकॉर्ड सामने आया। 78 आरपीएम डिस्क की अवधि लगभग साढ़े तीन मिनट होती थी, इसलिए फिल्मी गीतों को भी इसी अवधि में पूरा होना होता था। फिल्मी गीतों को शास्त्रीय गायन की

सुरैया

मोहम्मद रफी

तरह लंबी अवधि तक नहीं फैलाया जा सकता था। इस समय सीमा के कारण फिल्म की गायन शैली को थोड़ी अवधि में ही अपना अधिकतम प्रभाव पैदा करना होता था।

फिल्मी गीतों का संबंध फिल्म की कहानी से होता है। इसी से तय होता है कि उसे एक व्यक्ति गाएगा, या दो गायक मिलकर गाएंगे या सामूहिक रूप से गाया जाएगा। इसी तरह सिचुएशन के साथ जुड़ा होने के कारण गीत में हर्ष, उल्लास, दुख, विषाद आदि भावों को प्रधानता दी जाती है। फिल्मी गीतों में बोलों का विशेष महत्व है। गायन के शब्दों में भावों की स्पष्ट अभिव्यक्ति जरूरी है। फिल्म गायकी इसीलिए शास्त्रीय गायन से भिन्न है। शास्त्रीय गायन में शब्दों के अर्थ का महत्व लगभग गौण होता है, जबकि फिल्मी गीतों के शब्दों में निहित अर्थ का महत्व ज्यादा होता है। हिंदी फिल्मी गायकी ने अपने को गायन की किसी एक विधि से नहीं बांधा। उसमें शास्त्रीय रागों, लोक गीतों की विभिन्न शैलियों और कोठे की गायकी का भी समावेश रहा है। उसने पश्चिम की शास्त्रीय और लोकप्रिय शैलियों को भी अपनाया। नए प्रयोग भी हुए। ऐसा करते हुए ध्यान रखा गया कि फिल्मी गीत मधुर और कर्णप्रिय हों। उनका आनंद वे लोग भी उठा सकें, जो संगीत और गायन की सूक्ष्मताओं से परिचित नहीं हैं। फिल्मी गीतों में किसी राग या शैली का शुद्ध रूप में अनुकरण करने के बजाय उसे फिल्म की सिचुएशन के अनुसार रूपांतरित करने पर अधिक बल दिया जाता है। यही कारण है कि फिल्मी संगीत और गायकी में मेलोडी का विशेष महत्व है। मेलोडी, लय, ताल और शब्दों का सस्वर उच्चारण हिंदी फिल्मी गायकी के आधारभूत तत्व हैं। इनकी वजह से ही फिल्मी गीत फिल्मों से स्वतंत्र रूप में भी सुने और सराहे जाते हैं। यही नहीं, उन्हें स्वतंत्र रूप से रेडियो पर प्रसारित किया जाता रहा है और आरंभ से ही उनके रिकॉर्ड, कैसेट, सीडी आदि बनती और बिकती रही हैं।

फिल्मी गानों के लोकप्रिय होने के कारण आमतौर पर धारणा बनी है कि फिल्मों में गीत जबर्दस्ती ठूंसे जाते हैं। यह बात कुछ हद तक सही है, लेकिन पूरी तरह सही नहीं है। बहुत साधारण कोटि की फिल्मों को छोड़कर आमतौर पर फिल्मकार ध्यान रखते हैं कि फिल्म में गाने किस तरह की सिचुएशन में शामिल किए जाएं। कुछ सिचुएशन ऐसे होते हैं, जहां गीतों का होना बिल्कुल नहीं अखरता। किसी धार्मिक और सामाजिक उत्सव, त्योहार तथा जीवन के किसी विशेष अवसर जन्म, विवाह आदि पर गाए गीतों, खासतौर पर सामूहिक गीतों को गाने

लता मंगेशकर

की भारत में विशेष परंपरा रही है, इसलिए कहानी में ऐसे अवसरों पर गीतों को शामिल किया जाना स्वाभाविक लगता है। इसी तरह फिल्म की नायिका, नायक या अन्य कोई महत्वपूर्ण पात्र द्वारा अपने हृदय की भावनाओं को व्यक्त करने के लिए एकांत में गाना या युगल गीत गाना भारतीय सिनेमा की परंपरा रही है। इसका लाभ यह है कि इससे पात्रों की मनस्थिति को आसानी से अभिव्यक्ति मिल जाती है।

गीतकार गीत लिखते हुए फिल्म की सिचुएशन का ध्यान रखता है, साथ ही उसे ऐसे सामान्यीकरण के तौर पर भी रचता है जिससे गीत अपने फिल्मी संदर्भ से अलग होकर भी अपनी पहचान बना सकने में सक्षम हो। सामान्यीकरण की इस विशिष्टता के कारण श्रोता उसे अपने निजी अनुभव और भावबोध से भी जोड़ लेता है। संगीतकार को फिल्म के गीतों की धुनें रचते हुए फिल्म की केंद्रीय मनस्थिति को भी ध्यान में रखना होता है। कई फिल्मकारों की फिल्मों का कैनवास ज्यादा विस्तृत होता है, उनकी फिल्मों में संगीत कई तरह की मनस्थितियों और अवसरों का प्रतिनिधित्व करता है। इसके लिए विभिन्न रागों और शैलियों का उपयोग किया जाता है। फिल्म 'मुगले आजम' इसका एक उत्कृष्ट उदाहरण है जहां लोक गीत, भजन, शास्त्रीय गायन, कव्वाली, नृत्य गीत, प्रयाण गीत आदि विभिन्न गायन शैलियों का इस्तेमाल किया गया है।

मुकेश

हिंदी फिल्म गायकी को लोकप्रिय बनाने में कुंदनलाल सहगल के अलावा जो गायक महत्वपूर्ण माने गए हैं उनमें रायचंद बोराल, पंकज मलिक, तिमिर बरन, गुलाम हैदर का विशेष उल्लेख करने की आवश्यकता है। 1935 में बनी न्यू थियेटर्स की फिल्म 'देवदास' के गीत केदार शर्मा ने लिखे थे और सहगल ने देवदास की भूमिका निभाई थी। उसमें सहगल द्वारा गाए गीतों ने फिल्म गायकी की एक नई परंपरा की शुरुआत की थी। पंकज मलिक स्वतंत्रता पूर्व के काल के मुख्य गायकों में थे। बाद में आने वाले कई गायकों ने सहगल का अनुकरण किया और अपना स्वतंत्र रास्ता भी बनाया।

1950-60 के दशक को फिल्म गायकी का स्वर्ण युग कहा जा सकता है। इस युग के गायकों में तलत महमूद, मोहम्मद रफी, मन्ना डे, महेंद्र कपूर विशेष रूप से उल्लेखनीय हैं। इनके अलावा हेमंत कुमार, सचिनदेव बर्मन आदि ने भी लोकप्रिय गीत गाए। इस दौर के गायकों की विशेषता यह थी कि प्रत्येक गायक की अपनी विशिष्ट आवाज थी। मोहम्मद रफी, मन्ना डे जैसे गायक थे जो हर राग, हर मूड और हर शैली में गा सकने की क्षमता रखते थे जबकि तलत महमूद गजल गायकी में और मुकेश विषादपूर्ण गीत गाने में ज्यादा पारंगत थे। शास्त्रीय रागों पर आधारित गायन में मन्ना डे अप्रतिम थे। सचिनदेव की गायकी में लोक तत्व था, जो उन्हें दूसरों से अलग करता था। किशोर कुमार ने मोहम्मद रफी का अनुकरण तो नहीं किया लेकिन उनकी रेंज उतनी ही विस्तृत थी जितनी मोहम्मद रफी की थी।

फिल्म गायकी को उत्कृष्टता के शिखर पर पहुंचाने का श्रेय पुरुष गायकों से अधिक स्त्री गायकों को है। 1930-40 के दशक में कई गायिकाओं ने हिंदी फिल्म गायकी में वैविध्य और उत्कृष्टता का समावेश किया। इन गायिकाओं में खुर्शीद, अमीर बाई कर्नाटकी, कानन देवी, जोहराबाई अंबालेवाली, सुरैया, राजकुमारी, नूरजहां, मलिका पुखराज, बेगम अख्तर

किशोर कुमार

विशेष रूप से उल्लेखनीय हैं। 1947 के बाद के दौर में गीता दत्त, शमशाद बेगम, लता मंगेशकर, सुमन कल्याणपुर, मुबारक बेगम, आशा भोसले, वाणी जयराम का विशेष उल्लेख किया जाता है। इनके अलावा मीना कपूर, जगजीत कौर आदि ने भी हिंदी फिल्म गायकी को समृद्ध किया है। शुरुआती दशकों में गायकों की अपेक्षा गायिकाएं अधिक लोकप्रिय थीं। खास बात यह भी है कि आजादी से पहले के दौर की गायिकाओं की आवाज में उस तरह की नजाकत, कोमलता और नम्यता नहीं थी, जो बाद में लता मंगेशकर की आवाज में दिखाई देती है। विचारणीय मुद्दा है कि आजादी से पहले स्त्री गायकी में जो दृढ़ता, कठोरता और आत्मविश्वास झलकता था, वह आजादी के बाद की गायकी से क्यों लुप्त हो गया? शमशाद बेगम और आशा भोसले जैसी कुछ आवाजों में जो दृढ़ता और कठोरता दिखाई देती है, उसका आजादी के बाद इस्तेमाल खलनायिकाओं के लिए किया गया। फिल्म गायकी के राजनीतिक पक्ष के प्रख्यात विश्लेषक अशरफ अजीज का मानना है कि इसके पीछे आजादी के बाद की बदली स्थितियां हैं जिनमें स्त्रियों को एक बार फिर से घर की चारदीवारी की ओर ढकेल दिया गया। जो भी स्थिति हो, इतना अवश्य है कि आजादी के बाद पिछले सात दशकों में जो आवाज सबसे ज्यादा लोकप्रिय रही है, वह लता मंगेशकर की आवाज है। उनकी आवाज में जो माधुर्य, कर्णप्रियता, गहनता और नजाकत का भाव है, वह उन्हें अन्य गायिकाओं से अलग और श्रेष्ठ बनाता है, हालांकि कुछ का विचार है कि लता में वह विविधता नहीं है, जो आशा भोसले की गायकी में है।

फिल्म गायकी को ऊंचाइयों पर पहुंचाने में गायकों के साथ-साथ उन संगीतकारों का भी विशेष योगदान है जिनके संगीत का अंग बनकर गायकी हमारे सामने आती है। फिल्म संगीत देने वाले संगीतकारों की एक लंबी सूची है, लेकिन जिनका विशेष रूप से उल्लेख किया जा सकता है, उनमें रायचंद बोराल, पंकज मलिक, तिमिर बरन, के सी डे, मास्टर कृष्णराव, सरस्वती देवी, उस्ताद झंडे खान, अनिल विश्वास, ज्ञानदत्त शामिल हैं। इन संगीतकारों ने 1930-50 के दौर में फिल्म संगीत को एक ठोस आधार प्रदान किया। इस ठोस भूमि पर ही बाद में गुलाम हैदर, खेमचंद प्रकाश, नौशाद, पन्नालाल घोष, दत्ता कोरगांवकर, सी रामचंद्र, सज्जाद हुसैन, श्याम सुंदर, बुलो सी रानी, हुस्नलाल भगतराम, पंडित रविशंकर, राम गांगुली जैसे संगीतकारों ने अपने संगीत की इमारत बुलंद की। इस परंपरा को और उत्कृष्टता पर पहुंचाने का श्रेय बसंत देसाई, गुलाम मोहम्मद, हंसराज बहल, सचिन देव बर्मन, खय्याम, शंकर-जयकिशन, स्नेहल भाटकर, सरदार मलिक, रोशन, रामलाल, हेमंत कुमार, मदन मोहन, ओ पी नैयर, सलिल चौधरी, जयदेव, रवि, कल्याणजी आनंदजी, लक्ष्मीकांत प्यारेलाल, प्रेम धवन, राहुल देव बर्मन, उषा खन्ना, सपन जगमोहन, शंकर एहसान लॉय, अनु मलिक, ए आर रहमान आदि को दिया जा सकता है।

हिंदी फिल्म गायकी में लंबे समय तक जो माधुर्य और कर्णप्रियता रही है, वह आजकल की

गायकी में कभी-कभार ही सुनने को मिलती है। इसकी वजह यह बताई जाती है कि आजकल के फिल्म संगीत में वह विविधता नहीं है, जैसी 1950-60 के दशक में दिखाई देती थी। संगीत पर अब प्रौद्योगिकी हावी है। अब फिल्मों से दुख और विषाद को व्यक्त करने वाले एकल गीत लगभग समाप्त हो गए हैं। सामूहिक गीतों की भरमार है, लेकिन उनमें शोर ज्यादा है और संगीत कम। ऐसे गाने भी कम होते जा रहे हैं, जो फिल्मों से अलग भी अपना स्वतंत्र अस्तित्व लंबे समय तक बनाए रख सकें। गीतकारों की जो प्रतिभावान पीढ़ी 1950-60 के दशक में थी, जिनमें नरेंद्र शर्मा, मजरूह सुल्तानपुरी, शैलेंद्र, साहिर लुधियानवी, कैफी आजमी, प्रेम धवन, शकील बदायूंनी, हसरत जयपुरी, जां निसार अख्तर के स्तर के कवि और शायर थे, अब फिल्मों में प्रायः नहीं हैं। उन सभी का साहित्य की दुनिया में भी ऊंचा मुकाम था। यह महज संयोग नहीं है कि आज भी सबसे ज्यादा गीत 1950-60 के दौर के सुने और सराहे जाते हैं और ऐसे श्रोताओं की कमी नहीं है जो के एल सहगल, पंकज मलिक, नूरजहां, शमशाद बेगम को सुनना पसंद करते हैं।

जवरीमल पारख

अधिक जानकारी के लिए :
1. धुनों की यात्रा : पंकज राग, **2. Hindi Film Song : Music Beyond Boundaries :** Ashok Da Ranade, **3. Bollywood Melodies : A History of the Hindi Film Song :** Ganesh Anantharaman

हिंदी भाषा प्रौद्योगिकी

बुद्धिपरक काम करने के लिए नई प्रौद्योगिकी ने कंप्यूटर विकसित किए—पहले गणना के लिए, बाद में मानव भाषाओं को समझकर विविध कार्यों के लिए। मिनीवाट्स मार्केटिंग ग्रुप द्वारा किए गए सर्वेक्षण के अनुसार, 31 दिसंबर, 2013 तक दुनिया में इंटरनेट के कुल 2,80,24,78,934 प्रयोक्ता थे। चीन में 2016 में इंटरनेट प्रयोग का 52.2 प्रतिशत और, प्रयोक्ता 73 करोड़ रहे हैं। 2016 में भारत में इंटरनेट का प्रयोग मात्र 34.8 प्रतिशत और, प्रयोक्ता 47 करोड़ रहे हैं। विश्व में प्रथम स्थान पर इंग्लिश प्रयोक्ता हैं, जिनकी संख्या 2018 में डेढ़ अरब है। 2000 से 2013 तक बढ़ोतरी 468 प्रतिशत है। दूसरे स्थान पर चीन है, जहां बढ़ोतरी 1910 प्रतिशत है। इंटरनेट के ऊपर के 10 प्रमुख भाषा प्रयोक्ताओं में हिंदी नहीं है।

इंटरनेट पर नागरी और अन्य भारतीय लिपियों का स्थान बहुत नीचे होने के कुछ कारण हैं—साक्षरता की कमी, कंप्यूटर का प्रयोग कम करने की आदत, साधन संपन्न भारतीयों का अपनी भाषा पर गर्व नहीं होना, शिक्षा में भारतीय भाषाओं का नगण्य प्रयोग इत्यादि। नागरी लिपि और हिंदी के संदर्भ में सूचना प्रौद्योगिकी के कई उत्पाद विकसित किए गए हैं, जैसे—फांट, इनपुट की-बोर्ड, एनकोडिंग स्कीम ओसीआर, हस्तलेखन पहचान, श्रुति लेखन, स्पीच से टेक्स्ट, टेक्स्ट से स्पीच, मशीनी अनुवाद, हिंदी में डोमेन नेम की व्यवस्था आदि। फिर भी हिंदी भाषा प्रौद्योगिकी (Hindi Language Technology) को अभी और विकसित होना है। हिंदी भाषा प्रौद्योगिकी के संदर्भ में उल्लेखनीय विकास कार्य हैं :

फांट : पहले टू टाइप फांट विकसित किए गए। तदनंतर ओपन टाइप फांट प्रचलन में आए। ये निजी स्तर पर और सरकारी अनुदान से बनाए गए थे। यूनिकोड मंगल फांट माइक्रोसॉफ्ट ने बनवाया है। कई फांट मुफ्त में डाउनलोड किए जा सकते हैं।

इनपुट : इनपुट के लिए की–बोर्ड ड्राइवर सॉफ्टवेयर ऑपरेटिंग सिस्टम का अभिन्न अंग है। रोमन के लिए क्वोर्टी की–बोर्ड सर्वाधिक प्रयोग में है। नागरी लिपि में इनपुट के लिए कई प्रकार के की–बोर्ड बनाए गए हैं : इंस्क्रिप्ट, फोनेटिक, रेमिंग्टन इत्यादि। इन्हें अलग से लोड करना पड़ता है। भारत की राजभाषा नागरी लिपि में हिंदी है। परिवर्धित देवनागरी के आधार पर सभी भारतीय भाषाओं के लिए उपयुक्त इन्स्क्रिप्ट की–बोर्ड डिजाइन किया गया है। शिक्षा और टंकण परीक्षाओं में इसकी जानकारी अनिवार्य है।

फांट कन्वर्जन यूटिलिटी : फांट विविध हैं। इन्हें आपस में बदलने के लिए और इन्हें यूनीकोड में परिवर्तित करने के लिए फांट कन्वर्जन यूटिलिटी प्रोग्राम बनाए गए हैं।

कोडिंग : 1980 के दशक में आईएससी-2 कोड भारतीय भाषाओं की लिपियों के लिए बनाया गया। परिवर्धित देवनागरी को अन्य भारतीय लिपियों के लिए आधार बनाया गया। इस दशक के अंत तक यूनीकोड का प्रचार–प्रसार बढ़ गया। वैश्विक स्तर पर वेब पर बने रहने के लिए यूनीकोड का प्रयोग सर्वप्रचलित हो गया। (संदर्भ : www.tdil.mit.gov.in)। देवनागरी कोड हिंदी, संस्कृत, नेपाली, कोंकणी, कश्मीरी, डोगरी आदि भाषाओं के लिए भी प्रयुक्त होता है।

लिप्यंतरण : परिवर्धित देवनागरी वर्णमाला से विश्व भाषाओं की अधिकांश ध्वनियों को अभिव्यक्त किया जा सकता है। जैसा लिखो, वैसा बोलो। स्वनिम–रूपिम की ऐसी समानता अन्य किसी लिपि में नहीं है। इनस्रॉट लिप्यंतरण मानक बनाया गया था। (संदर्भ : www.tdil.mit.gov.in), लेकिन प्रयोग में विविध प्रकार की लिप्यंतरण तालिकाएं मिलती हैं।

टेक्स्ट पहचान (ओसीआर) : हिंदी के प्रिंट टेक्स्ट को स्कैन कर यूनीकोड में संगृहीत किया जा सकता है। ओ सी आर पर शोध कार्य दो दशकों से चल रहा है।

हस्तलेखन पहचान (ओएचडब्ल्यूआर) : हिंदी में हाथ से लिखी सामग्री को भी कंप्यूटर से समझकर यूनीकोड में संगृहीत किया जा सकता है।

टेक्स्ट टू स्पीच : हिंदी में लेख सामग्री को पढ़कर बोलने का मशीनी उपकरण विकसित है। गूगल आदि में यह सुविधा उपलब्ध है।

स्पीच टू टेक्स्ट : हिंदी में मानव बोली को पहचानने की ट्रेनिंग दिए जाने के बाद बोले हुए शब्दों, वाक्यों को टेक्स्ट/पाठ सामग्री के रूप में संगृहीत करने की सुविधा का विकास हुआ है। इससे अब बोलकर लिख सकते हैं।

डब्ल्यूथ्रीसी में नागरी मानक : W3C (World Wide Webe Consortium) वेब पर सूचना के सुगम आदान-प्रदान, रख-रखाव के लिए विविध प्रकार के मानक बनाता है, जिन्हें आईटी कंपनियां स्वीकार कर तदनुसार सुविधा प्रदान करती हैं। डब्ल्यूथ्रीसी का मुख्य उद्देश्य है कि टेक्नोलॉजी का विकास इस प्रकार हो कि पारस्परिक प्रयोग संभव हो सके। इसके लिए सर्वप्रयोग्य (ओपन) मानक बनाए जाते हैं। मूक, बधिर, विकलांगों के लिए वेब सरल सुगम बनाने के लिए WAI (Web Accessibility Initiative) के मानक हैं। कल्पायन (Sermantic Web) के बारे में भी मानक बनाए गए हैं। इन सभी पर नागरी प्रयोग को सुनिश्चित किए जाने की आवश्यकता है। (संदर्भ http://www.w3.org/)।

नागरी में यूटिलिटी सॉफ्टवेयर : इसके अंतर्गत यह परिकल्पना की गई है कि लाइब्रेरी, एकाउंटिंग, स्कूल–कॉलेज, प्रबंधन, ट्रांसपोर्टेशन, पाठ-लेखन, ऑथरिंग आदि सॉफ्टवेयर नागरी लिपि में मुफ्त, मुक्त और सर्वसुगम हों। सरकार 'जनकल्याण सॉफ्ट वेयर' के अंतर्गत उन्हें उपलब्ध कराए। 'वन लैपटॉप पर चाइल्ड' (OLPC) परियोजना में प्रत्येक लैपटॉप पर नागरी का भी प्रावधान हो। की–बोर्ड पर नागरी का प्रावधान हो।

नागरी लिपि में शब्द संग्रह : यह परिकल्पना की गई है कि नागरी लिपि में टेगकृत कॉर्पस, शब्दकोश, विषयगत शब्दावलियां, समांतर कोश प्रयोग और शोध हेतु ओपेन डोमेन में उपलब्ध हों। हिंदी में ई–महाकोश और अरिवंद लैक्सकॉन की उपलब्धता प्रशंसनीय है।

भारत ऑपरेटिंग सॉल्यूशंस (BOSS) : कंप्यूटर के पांच प्रमुख अवयव हैं–इनपुट यूनिट, आउट पुट यूनिट, प्रोसेसिंग यूनिट, मेमोरी, कंट्रोल यूनिट। ऑपरेरिंग सिस्टम वह प्रोग्राम है, जो इन अवयवों को और कब कौन-सा एप्लीकशन चलाना है, इसको

नियंत्रित करता है। डेबियन लिनक्स ओपेन सोर्स ओपरेटिंग सिस्टम के आधार पर भारतीय भाषाओं के लिए सीडैक ने BOSS का डिजायन किया है। इस पर हिंदी सहित 18 भारतीय भाषाओं में काम किया जा सकता है।

मशीनी अनुवाद : हिंदी में वर्डनेट (सम शब्द संग्रह), कॉर्पस, शब्दकोश और मशीनी अनुवाद प्रणालियों का विकास हुआ है। मशीनी अनुवाद भाषाई नियमों, पदीय उदाहरणों, सांख्यिकी पद्धति के आधार पर विकसित हुए हैं। अब ये ऑनलाइन भी सुलभ हैं। भारत सरकार के अनुदान से विकसित भारतीय भाषाओं के बीच अनुवादक 'संपर्क' है। अंग्रेजी से हिंदी/मराठी/उर्दू/ओड़िया/तमिल/बांग्ला में अनुवादक 'अनुवाद' है। अंग्रेजी से हिंदी/बांग्ला/मलयालम/उर्दू में अनुवादक 'आंग्लभारती' है। गूगल ट्रांसलेट (Translate.google.co.in) मुफ्त ऑनलाइन अनुवादक है। कई अन्य मशीन अनुवादक विकसित हुए हैं, जिन्हें खरीदना पड़ता है।

ओम विकास

हिंदी में उर्दू साहित्य

उर्दू साहित्य के प्रति हिंदी पाठकों में एक जिज्ञासा आरंभ से रही है। इस गहरी होती गई जिज्ञासा के कारण उर्दू की श्रेष्ठ और चर्चित कृतियों के हिंदी अनुवाद का रुझान बढ़ता गया। लिप्यंतरण की पद्धति भी अपनाई गई। उन्नीसवीं सदी के पहले दशक में लिखी गई इंशा अल्लाह खां की 'रानी केतकी की कहानी' उर्दू और हिंदी दोनों भाषाओं की शुरुआती कथा रचना मानी जाती है, परंतु उसका रूपांतर उर्दू से हिंदी में हुआ था। वैसे ही जैसे प्रेमचंद के आरंभिक दौर के कुछ उपन्यासों और कहानियों का अनुवाद उर्दू से हिंदी में हुआ।

फोर्ट विलियम कालेज की कोशिशों से फारसी महाकाव्यों का अनुवाद उर्दू में हुआ, फिर हिंदी में। हजारी प्रसाद द्विवेदी ऐसी कृतियों में बागे उर्दू (1799) और गुलेबकावली (1801) का नाम लेते हैं। उर्दू साहित्य के हिंदी रूपांतरण अथवा अनुवाद का सिलसिला मुख्य रूप से 1857 के बाद तेजी से शुरू हुआ था। हिंदी में उर्दू साहित्य की उपलब्धता हिंदी की लोकप्रियता के साथ प्रकाशन व्यवसाय के विस्तार पर निर्भर थी। बीसवीं सदी में हिंदी का प्रकाशन व्यवसाय और पत्र-पत्रिकाओं का जोर बढ़ा। हिंदी के कई विद्वानों ने हिंदी और उर्दू को एक-दूसरे के निकट लाने और उनके साहित्य की परस्पर आवाजाही पर विशेष ध्यान दिया। उनमें महावीर प्रसाद द्विवेदी का नाम प्रमुखता से लिया जा सकता है। अख्तर हुसैन रायपुरी के निबंध 'अदब और इंकिलाब' को 'सरस्वती' में प्रकाशित करके जैसे उन्होंने संपादकों एवं प्रकाशकों को एक दिशा दे दी। लेख खूब पढ़ा गया।

रिनेसां, राष्ट्रीय आंदोलन और प्रगतिशील आंदोलन के उभार के दिनों में उर्दू साहित्य को लेकर समाज में खास उत्सुकता थी। इस दौर में नजीर अहमद तथा रतननाथ सरशार के उपन्यासों के अनुवाद हुए। वे सुधारवादी चिंताओं के कथाकार थे। सज्जाद हुसैन का हास्य प्रधान उपन्यास 'हाजी बगलोल' भी हिंदी में आया। अरबी, फारसी व उर्दू के तिलिस्मी उपन्यासों का प्रभाव हिंदी के शुरुआती दौर के कथा साहित्य पर स्पष्ट नजर आता है, वैसे ही अकबर इलाहाबादी की रचनाएं भी हिंदी में आईं। 1860 में जनमे अब्दुल हलीम शरर के उपन्यास एक समय ब्लैक में बिकते थे।

मुहम्मद हादी रुसवा की कृति 'उमराव जान अदा' हिंदी में काफी चर्चित हुई। इस पर फिल्म भी बनी। जोश मलीहाबादी की आजादी के पक्ष में लिखी विद्रोही रचनाएं हिंदी में आईं। हिंदी पाठकों के बीच मीर, गालिब, ज़फर और इकबाल के दीवान हों या सआदत हसन मंटो, कृश्न चंदर और इस्मत चुगताई की कथा रचनाएं हों या प्रगतिशील आंदोलन के दौर में उभरे या फिल्मी दुनिया से जुड़े शायर हों, ये विशेष रूप से लोकप्रिय हुए और बाजार की मांग की वजह से इनकी किताबें हिंदी में छपीं। पाकिस्तान के चर्चित रचनाकारों को छापने की हिंदी में एक

होड़-सी मची हुई है, जो हिंदी पाठकों की दिलचस्पी सूचित करती है। इस होड़ का अच्छा परिणाम यह हुआ है कि आज उर्दू साहित्य विपुल मात्रा में हिंदी में उपलब्ध है। इससे यह संकेत नहीं लेना चाहिए कि उर्दू की सभी श्रेष्ठ, यादगार अथवा कालजयी रचनाएं हिंदी का जामा पहन चुकी हैं। अब भी बहुत कुछ शेष है जो हिंदी में आना है।

हिंद पाकेट बुक्स ने उर्दू के लगभग सभी महत्वपूर्ण शायरों, किसी हद तक कथाकारों की रचनाओं को भी बहुत कम मूल्य में पाठकों को उपलब्ध करा दिया। इंडियन प्रेस, किताब महल तथा अयोध्या प्रसाद गोयलीय व क्षेमचंद्र सुमन इत्यादि ने भी इस दिशा में स्मरणीय काम किया है। इस मामले में उपेंद्रनाथ अश्क के काम भी महत्वपूर्ण हैं। उर्दू की क्लासिक्स का दर्जा प्राप्त कई कृतियों को उन्होंने हिंदी में उपलब्ध कराने का जतन किया। जमीला हाशमी (पाकिस्तान) के चर्चित लघु उपन्यास 'आतिशे रफतः' का उन्होंने स्वयं अनुवाद किया। विभाजन पर आधारित उनका उपन्यास 'तलाशे बहारां' का अनुवाद भी हिंदी में आया, जो द्वारका प्रसाद भार्गव ने किया था। उन्होंने अब्दुल्लाह हुसैन के उपन्यास 'उदास नस्लें' और शौकत सिद्दीकी के उपन्यास 'खुदा की बस्ती' का भी प्रकाशन किया। इन्हें हिंदी में ढाला सतीश जमाली ने। अश्क ने उर्दू की शाहकार रचनाओं का एक चयन 1962 में प्रकाशित किया, जिसका अपना ऐतिहासिक महत्व है। उस दौर में हिंदी में नई कहानियां और उर्दू साहित्य जैसी पत्रिकाएं थीं, जो नियमित रूप से उर्दू रचनाएं प्रकाशित करती थीं। 'नई कहानियां' पत्रिका में ख्वाजा अहमद अब्बास तथा कृश्न चंदर कालम लिखा करते थे। उर्दू साहित्य को हिंदी पाठकों के बीच लोकप्रियता दिलाने में कमलेश्वर और 'सारिका' की भूमिका भी अत्यंत महत्वपूर्ण एवं उत्तेजक थी।

कुर्रतुल ऐन हैदर का 'आग का दरिया' का पहला अनुवाद इलाहाबाद के किताब महल ने प्रकाशित किया। बाद में यह भारतीय ज्ञानपीठ से प्रकाशित हुई। उनके तकरीबन सभी उपन्यास हिंदी में आ चुके हैं। इस्मत चुगताई के साहित्य का बहुतांश हिंदी पाठकों के लिए सुलभ है। प्रगतिशील आंदोलन के उठान के दौर में उभरे हयातुल्लाह अंसारी, कृश्न चंदर, मंटो, राजेंद्र सिंह बेदी, बलवंत सिंह, अहमद नदीम कासमी, ख्वाजा अहमद अब्बास तथा खदीजा मस्तूर, जीलानी बानो इत्यादि की कहानियों ने भी हिंदी पाठकों को उर्दू साहित्य के निकट लाने का काम किया। आगा हश्र काश्मीरी एवं इम्तियाज अली ताज के नाटकों को भी इसका श्रेय दिया जा सकता है। फिराक गोरखपुरी जैसी विभूतियां हैं, जिनका लिखा एक-एक शब्द देवनागरी परिधान धारण कर चुका है, जैसा कि इंतिजार हुसैन के अधिकांश उपन्यासों तथा कहानियों के साथ हुआ। जाहिदा हिना की भी अधिकांश कृतियां हिंदी पाठकों के लिए उपलब्ध हैं और इब्ने इंशा की भी।

फैज अहमद फैज, हबीब जालिब, अहमद फराज, मजाज, मख्दूम, कैफी आजमी, वामिक जौनपुरी जैसे जनपक्षधर शायरों को नितांत सामान्य पाठक तक ले जाने का उपक्रम इसी नजरिए के कारण संभव हो सका। अली सरदार जाफरी ने गद्य एवं पद्य में जो कुछ लिखा वह निश्चय ही अपने आप में अत्यंत महत्वपूर्ण है, परंतु मीर व गालिब जैसे महान शायरों को उनकी समग्र व्याकुलताओं, चिंताओं तथा वैचारिक एवं दार्शनिक परिप्रेक्ष्य के साथ जिस गंभीरता और श्रमसाध्य तरीके से उन्होंने हिंदी में प्रस्तुत किया उसका निश्चित ऐतिहासिक महत्व है। हिंदी में उर्दू के स्त्री केंद्रित साहित्य का भी व्यापक स्वागत हुआ है। गद्य कविताओं के प्रति भी पाठकों ने उत्साह प्रदर्शित किया है। इस विधा में फहमीदा रियाज और सारा शिगुफ्ता की कृतियां हिंदी में हैं। कथाकार कृश्न चंदर, राजिंदर सिंह बेदी, मंटो, इस्मत चुगताई आदि हिंदी में समान रूप से लोकप्रिय रहे हैं। यह हिंदी में आए उर्दू साहित्य की एक झलक भर है, अन्यथा सूची काफी लंबी है।

क्लासिक्स को लेकर आज तक की श्रेष्ठ उर्दू कृतियों के प्रति हिंदी पाठकों का उत्साह रोमांचित

करता है। उर्दू के ऐसे रचनाकार भी हैं जो हिंदी में उर्दू से ज्यादा पढ़े जाते हैं। गोपीचंद नारंग की किताब 'उर्दू पर खुलता दरीचा' हिंदी में है और जां निसार अख्तर की 'हिंदोस्तां हमारा' या अमीर खुसरो पर गोपीचंद नारंग की किताब भी हिंदी में सुलभ है। नेशनल बुक ट्रस्ट, भारतीय ज्ञानपीठ, प्रकाशन विभाग, साहित्य अकादमी जैसी राष्ट्रीय स्तर की संस्थाओं ने दूसरी भाषाओं के समान उर्दू की कई कालजयी कृतियों से हिंदी के भंडार को समृद्ध किया है। हिंदी में उपलब्ध उर्दू साहित्य में प्रगतिशील, आधुनिक, मानवीय सरोकारों से जुड़ी तथा अपने समय की चिंताओं से मुठभेड़ करती रचनाओं की प्रचुरता है।

सामाजिक यथार्थ तथा माननीय संवेगों, भावनाओं को लेकर उर्दू रचनाकारों की मुस्तैद रचनाशीलता ने उनके द्वारा रचित साहित्य को भारतीय विराटता प्रदान की। पुस्तक रूप में सुरक्षित होने के अतिरिक्त बड़ी मात्रा में उर्दू साहित्य हिंदी पत्र-पत्रिकाओं तथा उर्दू साहित्य-केंद्रित विशेषांकों में है, जिन्हें किसी महत्वाकांक्षी योजना के तहत संकलित करके हिंदी एवं हिंदी पाठकों पर बड़ा उपकार किया जा सकता है।

शकील सिद्दीकी

हिंदी में साक्षात्कार विधा

साक्षात्कार का अर्थ है दो लोगों के बीच प्रश्न और उत्तर के माध्यम से विचारों का आदान-प्रदान या किसी एक विशिष्ट व्यक्ति को जानना। साक्षात्कार विधा साहित्य को प्रामाणिक और विश्वसनीय बनाने की एक सशक्त विधा है। साहित्य को विभिन्न दृष्टिकोणों से देखने-परखने एवं समझाने की दार्शनिक पद्धति ही साक्षात्कार है। साक्षात्कार विधा ही एक ऐसी विधा है, जिसके द्वारा किसी साहित्यकार के जीवन दर्शन, रचना प्रक्रिया एवं सामाजिक विषयों पर सोच और उसकी अभिरुचियों की जानकारी कम समय में प्राप्त की जा सकती है। साहित्य की अन्य विधाओं के समान इसमें कल्पना की कोई खास जगह नहीं होती।

हिंदी में साक्षात्कार विधा के उद्भव के विषय में विद्वानों में मतभेद है। कुछ लोगों के अनुसार, 'इसे शुरू करने का श्रेय चंद्रधर शर्मा 'गुलेरी' को जाता है जिन्होंने 1905 में गांधर्व महाविद्यालय', लाहौर के संस्थापक विष्णु दिगंबर पलुस्कर का इंटरव्यू किया और उसे 'संगीत की धुन' नाम से अपनी पत्रिका 'समालोचक' में छापा था।' बनारसीदास चतुर्वेदी की जगन्नाथदास रत्नाकर से बातचीत 'विशाल भारत' में सितंबर 1931 में छपी थी। बाद में 'प्रेमचंद के साथ दो दिन' शीर्षक साक्षात्कार जनवरी 1932 में छपा। साक्षात्कार विधा का जन्म भले ही 1905 से माना जाए, इस बात से इनकार नहीं किया जा सकता कि बीसवीं सदी के चौथे दशक में ही इस विधा का विकास हो पाया।

प्रेमचंद के अनुसार, 'पत्र-पत्रिकाओं में साक्षात्कार छपने की प्रथा भारत में यूरोप से आई या यों कहा जा सकता है कि एक साहित्यिक विधा के रूप में साक्षात्कार विधा पश्चिम की देन है। पत्रों के संपादक या प्रतिनिधि विशिष्ट व्यक्तियों से भेंट करके किसी सामाजिक, धार्मिक या राजनीतिक या किसी अन्य महत्वपूर्ण समस्या पर उनसे पूछ कर उनके विचार पाठकों के सामने रखते हैं। साक्षात्कार का उद्देश्य महत्त्वपूर्ण विषयों पर अनुभवी व्यक्तियों की राय, दृष्टिकोण या निर्णय प्रकाशित कर जनता में जागृति फैलाना या किसी विशेष पक्ष का समर्थन करना होता है। बहुधा साक्षात्कार के लिए पहले से ही प्रश्न लिख लिए जाते हैं। उन प्रश्नों के उत्तर वे अक्षरशः नोट करते जाते हैं। साक्षात्कार समाप्त होने पर पूरा कथन सुना दिया जाता है या लिख कर दिखा दिया जाता है और साक्षात्कार देने वाले का उस पर हस्ताक्षर ले लिया जाता है। तब इसे छापा जाता है। इस बात की पूरी जांच की जाती है कि कथन में एक भी शब्द या वाक्य ऐसा न आने पाए जिससे किसी प्रकार का भ्रम उत्पन्न हो सके।'

हिंदी में साक्षात्कार का पहला संग्रह संभवतः

पद्मसिंह शर्मा 'कमलेश' का 'मैं इनसे मिला' (दो खंड) है। साक्षात्कार को साहित्य की एक विधा के रूप में स्थापित करने का श्रेय अज्ञेय को है। समय-समय पर उनके स्वयं के साक्षात्कार उनकी पांच पुस्तकों 'अपरोक्ष' (1984), 'अज्ञेय अपने बारे में' (1984), 'रचना क्यों और किनके बीच' (1988), 'अज्ञेय से साक्षात्कार' (2009) और 'अज्ञेय से बातचीत' (2011) प्रकाशित हुए हैं। देवेंद्र सत्यार्थी की 'कला के हस्ताक्षर' (1954) साक्षात्कार की एक महत्वपूर्ण पुस्तक है। राजशेखर की पुस्तक 'याद आते हैं' साक्षात्कारों का संग्रह है।

अक्षय कुमार जैन द्वारा लिए गए कुछ उल्लेखनीय साक्षात्कार 'याद रही मुलाकातें' और 'शिखरों की छांह' में हैं। कृष्णा सोबती के 'हम हशमत' में साक्षात्कार हैं। 'समय और हम' (1962) एक ही व्यक्ति के साक्षात्कार पर आधारित पूरी पुस्तक है, जिसमें वीरेंद्र कुमार गुप्त द्वारा लिया गया जैनेंद्र कुमार का साक्षात्कार है, जो लगभग 650 पृष्ठों का है। इनमें जैनेंद्र कुमार का कहना है, 'यह तुम्हारे ऊपर निर्भर है कि तुम मुझसे क्या निकलवाते हो। तुम चाहो तो ऐसी स्थिति पैदा कर सकते हो कि मुझे विवश कर दो और अपने अनुकूल बातें निकलवा लो। मैं तो अपनी ओर से कुछ कहने का नहीं।' सफल साक्षात्कार वह है कि सामने वाला जो नहीं कहना चाहता, वह भी उससे कहलवा लिया जाता है। प्रश्न इस सादगी से पूछा जाता है कि सामने वाला चौंकता नहीं और वह भी सादगी से जवाब दे देता है। कोई भी व्यक्ति सभी प्रकार के जीवन नहीं जी सकता, पर तरह-तरह के लोगों से मिल कर, उनसे बातचीत कर, उनसे साक्षात्कार कर उनके जीवन में प्रवेश कर सकता है। दुनिया के रंग-ढंग के बारे में, तरह-तरह के पेशों के बारे में बहुत-कुछ जान सकता है। साक्षात्कारकर्ता को सबसे पहले 'सुनने' की कला सीखनी चाहिए और जब कोई अच्छा श्रोता बन जाता है तो वह साक्षात्कार लिए जाने वाले व्यक्ति से बहुत-कुछ कहलवा लेता है जो वह सामान्यतः नहीं कहता। यदि कोई साक्षात्कार की कला सीख जाता है तो लिखने और नए-नए लोगों से मिलने में उसकी रुचि बढ़ती जाती है।

इलेक्ट्रॉनिक मीडिया में साक्षात्कार में प्रश्न बहुत छोटे और तात्कालिक होते हैं, क्योंकि इन माध्यमों से प्रसारित होने वाले साक्षात्कार के दौरान कही गई किसी बात को समझने के लिए श्रोताओं या दर्शकों के पास उसे दुबारा सुनने या देखने की सुविधा नहीं होती। इलेक्ट्रॉनिक मीडिया में साक्षात्कारकर्ता को याद रखना पड़ता है कि कोई प्रश्न लंबा, अस्पष्ट या विषय से हट कर न हो। यह दरअसल चलते-फिरते साक्षात्कार की शैली है, यानी सवाल ऐसे हों कि एक लाइन में जवाब दिया जा सके। इलेक्ट्रॉनिक मीडिया ने 'संवाद' के साथ दिलचस्प प्रयोग भी किए। प्रीतीश नंदी, रजत शर्मा, सिमी ग्रेवाल, प्रभु चावला, विनोद दुआ, रवीश कुमार, पूजा बेदी आदि ने साक्षात्कार की शैली को आक्रामक बनाया। आजकल सामयिक घटनाओं पर विचारात्मक साक्षात्कारों की भरमार है। इनमें साक्षात्कारकर्ता और साक्षात्कृत व्यक्ति दोनों बहस पर उतारू रहते हैं। ये विचारात्मक साक्षात्कार पाठकों या दर्शकों को पसंद आते हैं।

आज से लगभग 90 वर्ष पूर्व 'सरस्वती' संपादक श्रीनाथ सिंह द्वारा लिए गए बनारसीदास चतुर्वेदी के साक्षात्कार को प्रेमचंद ने भले 'साहित्यिक गुंडापन' कहा हो, आज कहा जा सकता है कि प्रिंट मीडिया ने विश्व भर में अपनी गंभीरता बरकरार रखी है। 'टाइम्स' और 'द इकानामिस्ट' जैसी पत्रिकाओं ने अपनी शैली इलेक्ट्रॉनिक मीडिया से आक्रांत होकर नहीं बदली। नोम चोमस्की, हेरोल्ड पिंटर, उम्बर्तो इको और गैब्रिएल गार्सिया मारक्वेज जैसे विद्वानों तथा रचनाकारों के पास अपनी बात रखने के लिए साक्षात्कार एक बेहतर विकल्प था। यही वजह है कि इनके बहुत अच्छे साक्षात्कार उपलब्ध हैं, जिनमें अपने वक्त की घटनाओं पर उनकी सटीक टिप्पणी तथा विश्लेषणात्मक रुख देखने को मिलता है।

महेंद्र राजा जैन

हिंदी वर्तनी एवं ध्वनियों का मानकीकरण

भारत संघ की राजभाषा घोषित होने के बाद हिंदी ने अन्य क्षेत्रीय भाषाओं के साथ यथासंभव सामंजस्य रखते हुए एक अखिल भारतीय स्वरूप विकसित किया है। हालांकि एक विस्तृत भूखंड में और बहुभाषी समाज के बीच व्यवहृत होने के कारण कई बार उसमें अनेकरूपता दिखाई पड़ती है जो भाषा के विकास में कई बार बाधक प्रतीत होती है। अतः अखिल भारतीय स्तर पर हिंदी के प्रयोग, लेखन, टंकण और मुद्रण की जरूरतों तथा कंप्यूटर आदि आधुनिक सूचना प्रौद्योगिकी के साधनों में हिंदी के व्यवहार को ध्यान में रखते हुए उसके मानकीकृत रूप की अनिवार्यता स्वाभाविक है। दूसरी ओर हिंदी को गतिशील, जीवंत और समयानुकूल बनाने के लिए भी वर्णमाला का मानकीकरण आवश्यक है। उक्त सभी तथ्यों को ध्यान में रखकर भारत सरकार के केंद्रीय हिंदी निदेशालय ने विद्वानों के साथ व्यापक विचार-विमर्श के बाद हिंदी वर्णमाला और अंकों का मानक रूप निर्धारित किया है। इसके साथ ही, भारत सरकार के शिक्षा मंत्रालय न् 1961 में हिंदी वर्तनी में एकरूपता लाने के लिए एक विशेषज्ञ समिति नियुक्त की थी। उसकी सिफारिशों को स्वीकृत कर 1967 में हिंदी वर्तनी का मानकीकरण नामक पुस्तिका प्रकाशित की थी। इस पुस्तक के अनुसार हिंदी की मानक वर्णमाला और वर्तनी का मानक रूप निम्न प्रकार से है–

स्वर–अ आ इ ई उ ऊ ऋ ए ऐ ओ औ

अनुस्वार– ं (अं) विसर्ग– ः (अः)

व्यंजन–क ख ग घ ङ च छ ज झ ञ...ट ठ ड ढ ण ड़ ढ़ त थ द ध न / प फ ब भ म / य र ल व श / स ष ह

विशेष संयुक्त व्यंजन–क्ष, त्र, ज्ञ एवं श्र

भारत के संविधान के अनुच्छेद 343(1) के अनुसार संघ के राजकीय प्रयोजनों के लिए प्रयुक्त होने वाले अंकों का रूप निम्न प्रकार निर्धारित किया गया है, जिसे भारतीय अंकों का अंतरराष्ट्रीय रूप कहा जाता है–

भारतीय अंकों का अंतरराष्ट्रीय रूप–1 2 3 4 5 6 7 8 9 0

संयुक्त वर्णों का निर्माण : हिंदी में उच्चारण को अधिकाधिक वैज्ञानिक बनाने के लिए कहीं अक्षरों को पूरा बोला जाता है और कहीं आधा। इसके अतिरिक्त दो अक्षरों को मिलाकर भी बोला और लिखा जाता है। इस वैशिष्ट्य के कारण हिंदी भाषा उच्चारण की दृष्टि से अधिक वैज्ञानिक मानी जाती है।

हिंदी में दो तरह के व्यंजन हैं–एक वे जिनके अंत में खड़ी पाई होती है, उदाहरण के लिए–ख ग घ च ज ञ त थ ध न प ब भ म य ल व श ष स और दूसरे वे जिनके अंत में खड़ी पाई नहीं होती है, जैसे क ङ छ ट ठ ड ढ द फ र ह।

खड़ी पाई वाले अक्षरों को आधा करने के लिए उनकी खड़ी पाई को हटा दिया जाता है और दूसरे अक्षर के साथ जोड़ दिया जाता है, जैसे ख्याल, मग्न, विघ्न, बच्चा, उज्ज्वल, ध्वनि, नन्हा आदि। जहां खड़ी पाई नहीं हो उन अक्षरों को दूसरे अक्षर के साथ जोड़ते समय हलंत (्) का प्रयोग करते हैं, जैसे छुट्टी, बुड्ढा, वाङ्मय आदि। 'क' और 'फ' का आधा रूप भिन्न तरीके से लिखा जाता है जैसे पक्का, दफ्तर आदि।

आधे 'र' को लिखने की पद्धति पहले की तरह ही है और उसे परवर्ती अक्षर के ऊपर रेफ के रूप में लगाया जाता है, जैसे कर्म। आधे अक्षर के साथ पूरे 'र' को जोड़ने की पद्धति भी पहले जैसी ही है, जैसे क्रम, राष्ट्र। 'क्र' में 'क' आधा और 'र' पूरा है। 'ट्र' में 'ट' आधा और 'र' पूरा है।

'द' के साथ अन्य अक्षर को जोड़ने के लिए दो पद्धतियां प्रचलित हैं–द् अ ध उ 'द्ध' या 'द्‌ध', जैसे बुद्धि या बुद्‌धि। इसी प्रकार द् अ व उ द्व या द्‌व जैसे द्वितीय या द्‌वितीय। द् अ य उ द्य या द्‌य जैसे विद्या या विद्‌या।

हिंदी के चार विशेष प्रचलित संयुक्ताक्षर—क्ष त्र ज्ञ श्र वस्तुतः अलग अक्षरों के रूप में प्रयोग किए जा रहे हैं, किंतु ये भी दो अक्षरों के मेल से बने हैं, जैसे—क् + ष = क्ष, त + र = त्र, ज + ञ = ज्ञ, श + र = श्र

विभक्ति चिह्न : हिंदी के विभक्ति चिह्नों को संज्ञा शब्दों से अलग लिखा जाएगा, जैसे राम ने, मोहन को, विद्यार्थी के लिए। किंतु सर्वनाम के साथ विभक्ति चिह्न को मिलाकर लिखा जाएगा, जैसे मैंने, उसको, आपको, उसपर, उनपर आदि। सर्वनामों के साथ यदि दो विभक्ति चिह्न हों तो पहले को मिलाकर और दूसरे को अलग लिखा जाएगा, जैसे उसके लिए, इनमें से।

सर्वनाम और विभक्ति के बीच 'ही', 'तक' आदि का प्रयोग हो तो विभक्ति को अलग लिखा जाएगा, जैसे आप ही के लिए, मुझ तक को।

पूर्वकालिक प्रत्यय कर को क्रिया के साथ मिलाकर लिखा जाएगा, जैसे जाकर, आकर, पाकर, मिलाकर, सोकर, उठकर, पढ़कर, लिखकर, खा-पीकर, रो-रोकर आदि।

श्रुतिमूलक : य, व।

जहां श्रुतिमूलक 'य' या 'व' का प्रयोग विकल्प से होता है वहां स्वरात्मक रूपों का ही प्रयोग किया जाएगा, जैसे किए, गए, नई, हुई आदि। यह नियम क्रिया, विशेषण, अव्यय आदि सभी पर लागू होगा। किंतु जहां 'य' श्रुतिमूलक व्याकरणिक परिवर्तन न होकर शब्द का ही मूल तत्व हो वहां वैकल्पिक श्रुतिमूलक स्वरात्मक परिवर्तन नहीं किया जाएगा, जैसे स्थायी, अव्ययीभाव, दायित्व आदि के रूप में लिखा जाएगा न कि स्थाई, दाइत्व, अव्यईभाव।

अनुस्वार तथा अनुनासिकता चिह्न (चंद्रबिंदु) :

मानकीकृत हिंदी में अनुस्वार (ं) और अनुनासिकता चिह्न (ँ) दोनों प्रचलित रहेंगे। पहले संयुक्त व्यंजन में पंचमाक्षर को आधे रूप में सवर्गीय वर्णों के साथ लिखा जाता था, जैसे गङ्गा, चञ्चल, ठण्डा, अन्त, सम्पादक आदि। अब इनकी जगह गंगा, चंचल, ठंडा, अंत, संपादक लिखा जाएगा। परंतु यदि पंचमाक्षर के बाद किसी अन्य वर्ग का कोई वर्ण आए अथवा वही पंचमाक्षर दुबारा आए या संधि के नियम लागू होते हैं तो वहां पंचमाक्षर अनुस्वार के रूप में परिवर्तित नहीं होगा, जैसे वाङ्मय, अन्य, अन्न, चिन्मय, सम्मति, सम्मेलन, उन्मुख आदि।

अनुनासिकता चिह्न के मामले में दो तरह के नियम प्रचलित हैं। जहां अनुस्वार और चंद्रबिंदु के प्रयोग से अर्थ में भिन्नता आती है वहां इस बात का ध्यान रखना पड़ता है कि उनका सही प्रयोग किया जाए, जैसे अंगना, अँगना, हंस, हँस आदि। किंतु जहां (खासकर शिरोरेखा के ऊपर जुड़ने वाली मात्रा के साथ) चंद्रबिंदु के प्रयोग से छपाई आदि में बहुत कठिनाई हो तो चंद्रबिंदु के स्थान पर बिंदु का प्रयोग किया जा सकता है, जैसे 'में', 'मैं', 'नहीं' आदि।

अव्यय : अव्यय को दूसरे शब्द से अलग लिखा जाएगा। हिंदी में अनेक प्रकार के भावों का बोध कराने वाले अनेक अव्यय हैं, जैसे आह, ओह, अहा, ऐ, ही, तो, सो, भी, न, तब, कब, यहां, वहां, क्यों, क्या, सदा, श्री, जी, तक, भर, मात्र, साथ, कि, किंतु, परंतु, मगर, लेकिन, चाहे, या, अथवा, तथा, यथा, और, प्रति आदि। इन अव्ययों को किसी शब्द के साथ मिलाकर नहीं लिखा जाना चाहिए, जैसे श्री मोहन जी, गांधी जी, पिता जी, आप ही के लिए, अब तक, दिन भर, सदा के लिए, अभी भी आदि। कुछ अव्ययों के आगे विभक्ति के चिह्न भी लगते हैं, जैसे अब से, तब से आदि।

परंतु समस्त पदों में 'प्रति', 'मात्र', 'यथा' आदि अव्यय अलग नहीं लिखे जाते हैं, जैसे प्रतिदिन, प्रतिशत, मानवमात्र, निमित्तमात्र, यथासमय, यथोचित आदि। इसका कारण समास का नियम है, जिसमें समस्त पद को एक साथ लिखा जाता है।

विदेशी ध्वनियां : अरबी-फारसी या अंग्रेजी मूल के वे शब्द जो हिंदी के अंग बन चुके हैं और जिनकी विदेशी ध्वनियों का हिंदी ध्वनियों में रूपांतरण हो चुका है उन्हें हिंदी के रूप में ही स्वीकार किया जाना

चाहिए जैसे—कलम, किला, दाग आदि (क़लम, क़िला, दाग़ नहीं)। दरअसल अंग्रेजी, अरबी, फारसी आदि की मुख्यतः पांच ध्वनियां— क़, ख़, ग़, ज़ और फ़ हिंदी में आई हैं, जिनका उच्चारण हिंदी के क ख ग ज फ से थोड़ा भिन्न होता है। परंतु अब ये ध्वनियां अधिकांश मामलों में हिंदी ध्वनियों के रूप में परिवर्तित हो गई हैं।

अंग्रेजी के जिन शब्दों में अर्धविवृत 'ओ' ध्वनि का प्रयोग होता है, उनके शुद्ध रूप का हिंदी में प्रयोग अभीष्ट होने पर 'आ' की मात्रा (ा) के ऊपर अर्धचंद्र का प्रयोग किया जाएगा (ऑ, ॉ)।

हिंदी में कुछ शब्द ऐसे हैं जिनके दो-दो रूप प्रचलित हैं, जैसे बहिन-बहन, बिल्कुल-बिलकुल, गरमी-गर्मी, भरती-भर्ती, सरदी-सर्दी, कुरसी-कुर्सी, वापिस-वापस, दोबारा-दुबारा, दूकान-दुकान, बिमारी-बीमारी, दृष्टव्य-द्रष्टव्य, प्रदर्शिनी-प्रदर्शनी, अत्याधिक-अत्यधिक, अनाधिकार-अनधिकार, पूर्वाग्रह-पूर्वग्रह, कृतित्व-कर्तृत्व, ब्रम्हा-ब्रह्मा, चिन्ह-चिह्न, ग्रहीत-गृहीत, अर्द्ध-अर्ध, तत्त्व-तत्व आदि। इनमें दूसरे रूप को ही अपनाया जाए।

कुछ संस्कृतमूलक शब्दों में हल् चिह्न का प्रयोग किया जाता है, परंतु हिंदी में वह समाप्त हो चुका है, जैसे विद्वान, महान, प्रणाम आदि में हल् चिह्न नहीं लगाया जाएगा।

पूर्ण विराम के लिए खड़ी पाई (।) का प्रयोग किया जाएगा न कि (.) का। अन्य विराम चिह्न अंग्रेजी के अनुरूप होंगे, जैसे— , : ; ? ! आदि।

हाइफन (-) : द्वंद्व समास में हाइफन रखा जाएगा, जैसे देख-रेख, चाल-चलन, लेन-देन, खाना-पीना, खेल-कूद। 'सा', 'जैसा' आदि के पहले हाइफन लगाया जाएगा, जैसे तुम-सा, राम-जैसा, चाकू-से तीखे आदि। तत्पुरुष समास में हाइफन वहीं लगाया जाएगा जहां उसके बिना भ्रम होने की संभावना हो, जैसे भू-तत्व, अ-नख, अ-परस, अ-नति। यहां हाइफन नहीं लगाने से उक्त शब्दों का अर्थ बदल जाता है, जैसे भूतत्व का अर्थ है भूत होना, भू-तत्व का अर्थ है पृथ्वी-तत्व, अ-नख का अर्थ है बिना नख का और अनख का अर्थ है क्रोध; अ-परस का अर्थ है जिसे किसी ने छुआ नहीं हो और अपरस का अर्थ है एक चर्म रोग; अ-नति का अर्थ है नम्रता का अभाव और अनति का अर्थ है थोड़ा। यहां हाइफन का विशेष ध्यान रखा जाएगा।

हिंदी के संख्यावाचक शब्दों की एकरूपता : हिंदी के संख्यावाचक शब्दों के उच्चारण और लेखन में एकरूपता लाने हेतु केंद्रीय हिंदी निदेशालय द्वारा निर्धारित मानक रूप निम्न प्रकार से हैं—

एक दो तीन चार पांच छह सात आठ नौ दस ग्यारह बारह तेरह चौदह पंद्रह सोलह सत्रह अठारह उन्नीस बीस इक्कीस बाईस तेईस चौबीस पच्चीस छब्बीस सत्ताईस अट्ठाईस उनतीस तीस इकतीस बत्तीस तैंतीस चौंतीस पैंतीस छत्तीस सैंतीस अड़तीस उनचालीस चालीस इकतालीस बयालीस तैंतालीस चौवालीस पैंतालीस छियालीस सैंतालीस अड़तालीस उनचास पचास इक्यावन बावन तिरपन चौवन पचपन छप्पन सतावन अठावन उनसठ साठ इकसठ बासठ तिरसठ चौंसठ पैंसठ छियासठ सड़सठ अड़सठ उनहत्तर सत्तर इकहत्तर बहत्तर तिहत्तर चौहत्तर पचहत्तर छिहत्तर सतहत्तर अठहत्तर उनासी अस्सी इक्यासी बयासी तिरासी चौरासी पचासी छियासी सतासी अठासी नवासी नब्बे इक्यानवे बानवे तिरानवे चौरानवे पचानवे छियानवे सतानवे अठानवे निन्यानवे सौ।

अवधेश प्रसाद सिंह

हिंदी विज्ञान लेखन

वैज्ञानिक चिंतन की भारतीय परंपरा में आर्यभट, वराहमिहिर, भास्कराचार्य, चरक, सुश्रुत आदि नाम आते हैं। उल्लेखनीय है कि अध्यात्म और विज्ञान के मिश्रण से भारत में वैज्ञानिक प्राप्ति की रफ्तार धीमी थी, पर कृषि की तकनीक, आयुर्वेद, खगोलविद्या आदि कुछ क्षेत्रों में इसकी बड़ी उपलब्धियां रही हैं।

अंग्रेजी राज में लंबे समय तक हाशिए पर रहने के बाद भारतीय भाषाओं में विज्ञान की शिक्षा दी जाने लगी। हिंदी में विज्ञान लेखन स्कूल की पाठ्य पुस्तकों के रूप में सामने आया। ओंकार भट्ट जोशी (ज्योतिष चंद्रिका, 1840), बद्रीलाल शर्मा (रसायन प्रकाश, 1857), लाल प्रताप सिंह (कृषि कौमुदी, 1856), कुंज बिहारी लाल (सुलभ बीजगणित, 1875) आदि कुछ आरंभिक विज्ञान लेखक थे, जिन्होंने हिंदी में विज्ञान लेखन की शुरुआत की थी। इनके बाद एक महत्वपूर्ण नाम लक्ष्मीशंकर मिश्र (1849-1906) हैं, जिन्होंने गणित और भौतिकशास्त्र पर पुस्तकें लिखीं। इसके अलावा उन्होंने 1882 से काशी पत्रिका का प्रकाशन शुरू किया जिसमें विज्ञान, गणित और साहित्य से संबंधित सामग्री छपती थी।

मेरठ के पं. गौरीदत्त ने न सिर्फ 1882 में देवनागरी प्रचारिणी सभा की स्थापना की, बल्कि विज्ञान की पुस्तकें लिखने और प्रकाशित करने में महत्वपूर्ण भूमिका निभाई। हिंदी विज्ञान लेखन में ठाकुर प्रसाद (1865-1917) का भी बड़ा योगदान है। ऐसा हर लेखन पाठ्यपुस्तक निर्माण के उद्देश्य से होता था। औपनिवेशिक स्थितियों में हिंदी माध्यम में कोई बड़ा खोजपूर्ण कार्य संभव नहीं हो पा रहा था। यदि ऐसे कुछ महत्वपूर्ण कार्य हुए तो ये अंग्रेजी माध्यम से हुए।

कलकत्ता में रामकृष्ण परमहंस के चिकित्सक डॉ. महेंद्रलाल सरकार के प्रयत्नों से विज्ञान आंदोलन शुरू हुआ था। वे विज्ञान की प्रतिष्ठा के मार्ग में ईश्वरीय चर्चा को बाधा समझते थे और परमहंस को ईश्वर मान कर पूजा करने का विरोध करते थे। प्रफुल्ल चंद्र राय (1861-1944) रसायनशास्त्र के शिक्षक थे। उन्होंने 'हिंदू रासायनिकी' का इतिहास लिखा था। मेघनाथ साहा (1893-1956) भौतिकशास्त्र के शिक्षक थे और उन्होंने 'इंस्टीट्यूट ऑफ न्यूक्लियर फीजिक्स' की स्थापना की थी। उन्होंने 'धर्म और विज्ञान' शीर्षक लेख में कहा है, 'तीन शताब्दी पहले मानव शरीर के रोग तथा दवाइयों की जानकारी बहुत कम थी। लेकिन विज्ञान के विकास और सहकारी अध्ययन के कारण ज्ञान इतना बढ़ गया है कि मनुष्यजाति अब अपने शरीर की देखभाल अच्छी तरह कर सकती है और एक साधारण चिकित्सक भी एक पाखंडी या फकीर के बदले रोगों को जल्दी काबू में ला सकता है।' बंगाल में वैज्ञानिक आंदोलन वैज्ञानिक आविष्कारों के ज्ञान के साथ विज्ञान को सामाजिक चेतना का हिस्सा बनाने के लिए भी था।

1913 में विज्ञान परिषद, प्रयाग की स्थापना के बाद हिंदी क्षेत्र में विज्ञान को गंभीरता से लिया जाने लगा। 1915 से विज्ञान पत्रिका का भी प्रकाशन शुरू हुआ और लगातार जारी रहा। 1916 में स्थापित बनारस हिंदू विश्वविद्यालय में विज्ञान की शिक्षा आरंभ हो गई। जर्मन वैज्ञानिक विल्हेम राटजन द्वारा 1901 में एक्स-रे की खोज पर उनको पहला नोबेल पुरस्कार मिल चुका था। 1903 में राइट भाइयों ने विमान का आविष्कार कर लिया था और 1905 में आइंस्टीन ने सापेक्षता के सिद्धांत से कई रहस्यों पर से पर्दा उठा दिया था। बीसवीं सदी के शुरू के दशकों में महावीर प्रसाद द्विवेदी द्वारा संपादित पत्रिका 'सरस्वती' में पश्चिम की वैज्ञानिक उपलब्धियों से संबंधित सूचनाएं आने लगीं। इस तरह 1840-1914 का समय हिंदी विज्ञान लेखन का शुरुआती दौर था। इसके बाद प्रमुख विज्ञान लेखकों में लक्ष्मीशंकर मिश्र, महेश चरन सिन्हा, लक्ष्मी शंकर द्विवेदी, सुधाकर द्विवेदी आदि थे। उस दौर में इलाहाबाद और बनारस ही हिंदी विज्ञान लेखन के मुख्य केंद्र थे।

अंग्रेजी राज की समाप्ति के बाद स्वतंत्र भारत में वैज्ञानिक खोजों, विज्ञान और टेक्नोलॉजी की उन्नति और भारतीय भाषाओं में उच्च शिक्षा के लिए विज्ञान की पुस्तकों के लेखन की ओर ध्यान गया। अंग्रेजी भाषा ही मुख्य माध्यम होती जा रही थी। अतः विज्ञान के विषयों से संबंधित हिंदी के शब्द गढ़ने की आवश्यकता महसूस की गई। 'काउंसिल ऑफ साइंटिफिक एंड इंडस्ट्रियल रिसर्च' की स्थापना हुई, जिसमें उस समय के प्रतिष्ठित विज्ञान लेखक थे सत्यप्रकाश, फूलदेव सहाय वर्मा, नंदलाल सिंह,

आर डी विद्यार्थी, ओमप्रकाश शर्मा आदि। इन्होंने मिलकर शब्दावली का निर्माण किया। हिंदी में 1952 से 'विज्ञान प्रगति' पत्रिका का प्रकाशन होने लगा, ताकि समाज में वैज्ञानिक धारणाओं का प्रचार हो। कुछ अन्य महत्वपूर्ण पत्रिकाओं में 'कृषिका', 'आइ सी एम आर विज्ञान पत्रिका', 'आविष्कार', 'जल चेतना' आदि हैं।

अब विज्ञान पत्रिकाएं इंटरनेट पर भी पढ़ी जा सकती हैं—www.niscair.res.in/science इससे फेसबुक पर भी जुड़ा जा सकता है—https://hi_infacebook.com/pages/ विज्ञान। 1988 से 'इलेक्ट्रानिकी आपके लिए' नाम से एक वैज्ञानिक पत्रिका निकल रही है। 1982 से एक गैर-सरकारी संगठन 'एकलव्य' विज्ञान के प्रसार में लगा है। विज्ञान की बाल पत्रिका 'चकमक' लोकप्रिय है।

गुणाकर मुले

हिंदी विज्ञान लेखन में महत्वपूर्ण भूमिका निभानेवाले लेखकों में गुणाकर मुले, रमेशदत्त शर्मा, प्रेमचंद श्रीवास्तव, गणेश कुमार पाठक, जगनारायण, रामचंद्र मिश्र, विजय चितौरी, अवधेश कुमार श्रीवास्तव, दीपक कोहली, डी डी ओझा, विश्वमोहन तिवारी, विष्णुदत्त शर्मा, देवेंद्र कुमार राय, श्रवण कुमार आदि हैं। इनके लेखन ने उनके बीच वैज्ञानिक ज्ञान का प्रसार किया है जो हिंदी माध्यम से विभिन्न खोजों, आविष्कारों और स्थापनाओं के बारे में जानना चाहते हैं। एक सूचना के अनुसार, विज्ञान की हिंदी में 8,000 से ऊपर पुस्तकें हैं, पर प्रायः सभी में गुणवत्ता का अभाव है और ज्यादातर अंग्रेजी की विज्ञान पुस्तकों की पुनःप्रस्तुतियां भर हैं। लोकप्रिय विज्ञान पर काफी पुस्तकें हैं, पर उच्च अध्ययन के लिए हिंदी में विज्ञान की पुस्तकों का भारी अभाव है।

विज्ञान और टेक्नोलॉजी वैश्वीकरण के युग में काफी अहमियत रखने लगे हैं। पूर्व-प्रधानमंत्री पी वी नरसिंहाराव ने कहा है, 'विज्ञान और प्रौद्योगिकी के क्षेत्र में विदेशी भाषा से कोई राष्ट्र न तो मौलिक ढंग से विकास कर सकता है न अपनी विशिष्ट वैज्ञानिक एवं प्रौद्योगिकीय पहचान बना सकता है। विदेशी भाषा से अनुवाद की वैसाखी का सहारा भी अधिक समय तक नहीं लिया जा सकता।' (प्राक्कथन, भाषा और प्रौद्योगिकी)। हिंदी में मौलिक विज्ञान लेखन क्या भविष्य में कभी संभव नहीं होगा? यह एक बड़ा प्रश्न है। विज्ञान के संसार में सब कुछ अंग्रेजी में हो रहा है। ऐसे वैज्ञानिक भी जिनकी मातृभाषा हिंदी है, अंग्रेजी माध्यम से ही वैज्ञानिक खोजों और लेखन में सक्रिय हैं।

विज्ञान पर होनेवाली संगोष्ठियों और अंतरराष्ट्रीय चर्चाओं का माध्यम अंग्रेजी है। हिंदीतर भारतीय भाषाएं भी विज्ञान लेखन की दृष्टि से पिछड़ी हैं। हिंदी में वैज्ञानिक शब्दावलियों के अभाव का रोना रोया जाता है, जबकि इसके लिए रास्ते निकालने की जरूरत है। अंग्रेजी के उन कुछ तकनीकी शब्दों को नागरी लिपि में अपनाया जा सकता है जिनके हिंदी रूप संभव न हों या अंग्रेजी रूप प्रचलित हो चुके हों। विज्ञान ने चिकित्सा, इंजीनियरिंग, कंप्यूटर साइंस, नैनो टेक्नोलॉजी, नाभिकीय भौतिकशास्त्र, रसायन, गणित आदि में जो प्रगति की है उसे साधारण लोगों तक पहुंचाने के लिए हिंदी सहित भारतीय भाषाओं में मौलिक विज्ञान लेखन के लिए विशेष आर्थिक

प्रोत्साहन की ही जरूरत नहीं है, इसके लिए एक जागरूक राष्ट्रीय मानसिकता भी होनी चाहिए।

सीमा सिंह

हिंदी वेब साहित्य

वेब साहित्य इंटरनेट पर आए लोगों को साहित्य से जोड़े रखने का माध्यम है। इंटरनेट पर जिज्ञासुओं के लिए उपन्यास, कविता, कहानी, आलोचना तथा साहित्य की सभी विधाओं पर मिलने वाले साहित्य को वेब साहित्य कहा जाता है। अब वेब पर साहित्यिक दुनिया की एक व्यापक उपस्थिति है। 2003 से यह एक महत्वपूर्ण जगह है। विषय चाहे हल्का हो या गंभीर, सरल और सुगठित शब्दों में रचे निबंध वेबसाइट पर ज्यादा होते हैं। वेबसाइट पर क्लासिक कृतियां भी पाठकों को पढ़ने के लिए सुलभ होती हैं। इनके अलावा ब्लॉग भी होते हैं। ब्लॉगिंग ने साहित्य सृजन और प्रकाशन का एक बड़ा क्षेत्र खोल दिया है, जहां तुरंत संवाद की भी गुंजाइश होती है। क्लासिक कृतियां और ब्लॉगिंग मिलकर हिंदी वेब साहित्य की एक बड़ी दुनिया बनी हुई है जहां अभी करोड़ों लोग सक्रिय हैं। विदेशों में बसे ऐसे हजारों भारतीय हैं जो इंटरनेट पर ही समकालीन हिंदी साहित्य पढ़ते हैं। हिंदी में नया साहित्य क्या रचा जा रहा है —यह जानने के लिए अब सिर्फ पत्रिकाओं के ताजा अंकों पर निर्भर रहना काफी नहीं है। अब कई वेब पत्रिकाएं हैं। विश्वविद्यालयों के शोधकर्ता भी विभिन्न ब्लॉगों पर प्रकाशित सामग्री का शोध के लिए इस्तेमाल कर रहे हैं।

महेंद्र राजा जैन

हिंदी संदर्भ पुस्तकालय

राष्ट्रीय पुस्तकालय के अलावा हिंदी क्षेत्र के मुख्य शहरों में कई हिंदी पुस्तकालय हैं। फिर भी देश में कोई ऐसा पुस्तकालय नहीं है, जिसमें सभी महत्वपूर्ण और अच्छी पुस्तकें या सारी पुस्तकें और पत्र-पत्रिकाएं उपलब्ध हों। कई पुस्तकालयों में पुस्तकों का न वर्गीकृत सूचीपत्र है, न पत्र-पत्रिकाओं की विषय सूची है और न किसी प्रकार की ऐसी सूची है, जिससे हिंदी भाषा और साहित्य संबंधी किसी भी विषय की सूचना आसानी से प्राप्त हो सके।

हिंदी पुस्तकें एकत्र करने वाले किसी भी छोटे-बड़े पुस्तकालय के समक्ष सामग्री संग्रह करने के संबंध में कई विकल्प आते हैं—1. हिंदी में प्रकाशित किसी भी विषय से संबंधित चुनी हुई पुस्तकें एकत्र करना, 2. भारत में प्रकाशित किसी भी विषय से संबंधित हिंदी पुस्तकें एकत्र करना, 3. किसी भी विषय से संबंधित कहीं भी प्रकाशित सभी प्रकार की हिंदी पुस्तकें एकत्र करना।

यदि हम हिंदी शब्द को केवल हिंदी भाषा और साहित्य तक ही सीमित रखें, तो भी कई विकल्प आते हैं—1. केवल हिंदी भाषा में प्रकाशित (उपलब्ध) हिंदी भाषा और साहित्य संबंधी पुस्तकें एकत्र करना, 2. किसी भी भाषा में प्रकाशित (उपलब्ध) हिंदी भाषा और साहित्य संबंधी पुस्तकें एकत्र करना, 3. हिंदी भाषा और साहित्य संबंधी सभी प्रकार की सामग्री (पुस्तकें एवं अन्य सामग्री, यथा वीडियो-ऑडियो, टेप, सी.डी., रिकार्ड्स, माइक्रोफिल्म, स्लाइड्स आदि) एकत्र करना। देश के किसी भी पुस्तकालय के संबंध में उपर्युक्त में से एक भी विकल्प पूरी तरह लागू नहीं होता। अतः आज एक ऐसे हिंदी संदर्भ पुस्तकालय की आवश्यकता है, जहां हिंदी भाषा और साहित्य संबंधी सभी प्रकार की सामग्री उपलब्ध हो। यदि यह संभव न हो तो कम-से-कम इतना तो किया ही जा सके कि हिंदी भाषा और साहित्य संबंधी सभी प्रकार की सूचनाएं आसानी से प्राप्त हो सकें। हिंदी संदर्भ पुस्तकालय की धारणा यह है कि इसका रूप कुछ ऐसा होना चाहिए कि वे केवल पुस्तकालय न रह कर सही मायने में हिंदी का एकमात्र और सबसे बड़ा संदर्भ पुस्तकालय बने। हिंदी संदर्भ पुस्तकालय के संबंध में आदर्श यही होना चाहिए कि वहां पर

हिंदी भाषा और साहित्य से संबंधित सभी पुस्तकें भले ही न हों पर इनसे संबंधित सभी प्रकार की सूचनाएं एवं सामग्री मिलने की व्यवस्था जरूर हो, भले ही वह किसी भी भाषा में और किसी भी देश में प्रकाशित क्यों न हो। हम जब सभी प्रकार की सामग्री की बात करते हैं तो पुस्तकालय का कार्यक्षेत्र केवल पुस्तकों का संग्रह मात्र न रह कर शिक्षा क्षेत्र में उपयोगी सभी आधुनिक साधनों यथा माइक्रोफिल्म, फिल्मस्ट्रिप, पारदर्शियां, चार्ट, रोल, टेप, वीडियो, कैसेट, ऑडियो कैसेट, सी डी और इनके उपयोग के लिए रीडर, प्रोजेक्टर, टेपरिकॉर्डर, वीडियो रिकॉर्डर, रिकॉर्ड प्लेयर, सी.डी. प्लेयर, कंप्यूटर आदि सभी उपकरणों को अपने में समेट लेता है।

मुद्रित सामग्री के क्षेत्र में भी संदर्भ पुस्तकालय का कार्य केवल कविता, कहानी, उपन्यास, आलोचना, नाटक आदि से संबंधित पुस्तकें संग्रह करने तक ही सीमित नहीं हो सकता। सही मायने में एक आदर्श हिंदी संदर्भ पुस्तकालय में ऐसी प्रत्येक पुस्तक होनी चाहिए, जिससे हिंदी भाषा और साहित्य संबंधी कोई भी सूचना मिल सके। संदर्भ पुस्तकालय का अर्थ ही है सूचना केंद्र। यदि संदर्भ पुस्तकालय किसी खास विषय तक सीमित है या उससे संबंधित है तो वह उस विषय का सूचना केंद्र बन जाता है जहां से लोग आशा करते हैं कि उन्हें उस विषय से संबंधित सभी प्रकार की सूचनाएं मिल जाएंगी।

हिंदी का संदर्भ पुस्तकालय हिंदी के लिए स्थाई महत्व के कुछ कार्य कर सके, इस दृष्टि से आवश्यक होगा कि पुस्तकालय द्वारा ऐसी निर्देशिकाएं, वार्षिकी, ग्रंथ सूची आदि संदर्भ ग्रंथ तैयार कर प्रकाशित किए जाएं जो देश-विदेश के पुस्तकालयों, विश्वविद्यालयों के हिंदी विभाग, हिंदी प्रेमियों तथा हिंदी से संबंधित संस्थाओं और अन्य सभी कार्यालयों के लिए उपयोगी हों, जहां हिंदी संबंधी कुछ भी कार्य होता है।

महेंद्र राजा जैन

हिंदी समय (हिंदी समय डॉट कॉम)

हिंदी समय डॉट कॉम, जो 'हिंदी समय' के नाम से भी जाना जाता है, महात्मा गांधी अंतरराष्ट्रीय हिंदी विश्वविद्यालय, वर्धा द्वारा संचालित एक वेबसाइट है। इसका लक्ष्य हिंदी की सभी महत्वपूर्ण पुस्तकों एवं रचनाओं तथा अन्य भाषाओं से हिंदी में अनूदित साहित्य को इंटरनेट पर एक जगह उपलब्ध कराना है। हिंदी समय की शुरुआत 2009 में हुई थी। यह परियोजना विभूति नारायण राय ने बनाई थी, जब वे विश्वविद्यालय के कुलपति थे। तब से हर हफ्ते कुछ नई सामग्री जोड़ी जाती रही है, जिसमें समकालीन लेखकों की अद्यतन रचनाएं भी शामिल हैं। इंटरनेट पर हिंदी का साहित्य कई अन्य वेबसाइटों पर भी उपलब्ध है, जैसे अभिव्यक्ति, प्रतिभास, कविता कोश, गद्य कोश आदि।

अनुमान है कि फिलहाल एक लाख से ज्यादा पन्नों की सामग्री 'हिंदी समय' की वेबसाइट पर उपलब्ध है। यह काफी लोकप्रिय है। इस पर लगभग सभी विधाओं की रचनाएं उपलब्ध हैं जैसे कविता, कहानी, उपन्यास, आलोचना, निबंध, नाटक, व्यंग्य, संस्मरण, यात्रा वृत्तांत, समग्र-संकलन आदि। इस पर कुछ कवियों और लेखकों के आडियो-वीडियो भी उपलब्ध हैं। इधर जनपदीय भाषाओं भोजपुरी, अवधी आदि की सामग्री भी समाहित की जा रही है।

राजकिशोर

हिंदी साहित्य सम्मेलन

'हिंदी साहित्य सम्मेलन' की स्थापना नागरी प्रचारिणी सभा, काशी की राष्ट्रीय कार्यकारिणी की एक बैठक से जुड़ी है। हिंदी भाषा को राष्ट्रभाषा बनाए जाने और देवनागरी लिपि का व्यापक प्रचार-प्रसार करने के उद्देश्य से नागरी प्रचारिणी सभा, काशी ने विक्रम संवत, 1967 में वैशाख कृष्ण सप्तमी तिथि रविवार, तदनुसार 1 मई,

1910 को राष्ट्रीय बैठक में अखिल भारतीय स्तर पर एक 'हिंदी साहित्य सम्मेलन' बुलाने का सर्वसम्मति से निर्णय लिया। आगे चलकर उक्त बैठक में तत्संबंधी निर्णय की यह तारीख ही 'हिंदी साहित्य सम्मेलन' की स्थापना की तारीख मान ली गई।

उपर्युक्त निर्णय के अनुसार, 10 अक्टूबर 1910 दिन सोमवार को काशी में मदनमोहन मालवीय के सभापतित्व में अखिल भारतीय स्तर का सम्मेलन संपन्न हुआ। पूरे भारतवर्ष से हिंदी भाषा और साहित्य के लोगों की भागीदारी ने इस सम्मेलन को उसकी अपेक्षाओं से अधिक सफल बनाया। इस सफलता को देखते हुए पुरुषोत्तम दास टंडन ने यह प्रस्ताव दिया कि क्यों न यह सम्मेलन प्रत्येक वर्ष देश के भिन्न-भिन्न शहरों में किया जाए, इससे हिंदी का प्रचार-प्रसार और तेजी से हो सकेगा। टंडन जी का यह प्रस्ताव सर्वसम्मति से स्वीकार कर लिया गया और इस आशय के लिए 'हिंदी साहित्य सम्मेलन' नामक एक समिति बना दी गई और पुरुषोत्तम दास टंडन को इस समिति का प्रधानमंत्री नियुक्त किया गया। यहीं यह सुनिश्चित किया गया कि अगले वर्ष का अधिवेशन प्रयाग (इलाहाबाद) में किया जाएगा। तैयारी और कार्य की दृष्टि से पुरुषोत्तम दास टंडन के लिए यह बहुत अच्छा हुआ, क्योंकि टंडन जी प्रयाग के ही निवासी थे। अतः अगले एक वर्ष के लिए हिंदी साहित्य सम्मेलन संबंधी समिति का कार्यालय प्रयाग में अस्थायी रूप से अवस्थित हो गया। 1911 का प्रयाग का अधिवेशन पुरुषोत्तम दास टंडन के प्रयासों से अप्रत्याशित रूप से पूर्णतः सफल रहा। टंडन जी की अभूतपूर्व कार्यक्षमता और हिंदी भाषा के लिए उनकी निष्ठा के चलते सम्मेलन का अस्थायी कार्यालय ही स्थायी हो गया और 'हिंदी साहित्य सम्मेलन, प्रयाग' के नाम से प्रसिद्ध हुआ। इसका भवन आज भी इलाहाबाद में उसी नाम से जाना जाता है।

हिंदी साहित्य सम्मेलन, प्रयाग अपने प्रशासन-प्रबंधन से लेकर प्रचार-प्रसार की व्यवस्था तक में एक व्यापक और विस्तारित संस्थान है। इसमें पांच विभाग हैं—प्रबंधन, प्रचार, परीक्षा, साहित्य और प्रकाशन। प्रबंध विभाग सम्मेलन के प्रशासन-व्यवस्था का प्रमुख विभाग है। संस्थान संबंधी समस्त प्रशासनिक क्रियाकलापों का संचालन और नियंत्रण, देश भर में स्थित सम्मेलन की संपत्तियों की देख-रेख और संचालन, कर्मचारियों की नियुक्ति, वियुक्ति, अवकाश, वेतन आदि का विवरण रखना और बाहर से आए अतिथियों-अभ्यागतों के आदर-सत्कार की व्यवस्था यही विभाग करता है। वार्षिक अधिवेशन से लेकर समय-समय पर होने वाले सम्मेलनों, साहित्यिक आयोजनों के साथ-साथ उपाधि और पुरस्कार वितरण आदि की व्यवस्था प्रबंधन विभाग करता है। सम्मेलन का प्रधानमंत्री इस विभाग का प्रमुख होता है। प्रचार विभाग देश-विदेश में हिंदी भाषा और देवनागरी लिपि के प्रचार-प्रसार की जिम्मेदारी निभाता है। परीक्षा विभाग सम्मेलन का महत्वपूर्ण विभाग है जो हिंदी-ज्ञान और दक्षता के निमित्त देश एवं विदेश में प्रथमा, मध्यमा (विशारद), और उत्तमा (साहित्य रत्न) की परीक्षाएं आयोजित करता रहा है। ये उपाधियां गैर-हिंदी क्षेत्रों के साथ-साथ बाहर के कई देशों—मॉरीशस, थाईलैंड आदि में अत्यधिक विश्वसनीय और गरिमापूर्ण मानी जाती रही हैं। देश और देश से बाहर 2007 तक इसके 751 परीक्षा केंद्र थे। एक समय में इन उपाधियों की साख थी। भारत सरकार की प्रेस विज्ञप्ति संख्या एफ -7-50/69/ एन-1, दिनांक 18 फरवरी 1970 के अनुसार, प्रथमा को एस एस सी, मध्यमा को बी ए और उत्तमा को बी ए (ऑनर्स) के समकक्ष मान्यता प्राप्त थी। अब यह समकक्षता स्वीकार नहीं की जाती।

सम्मेलन का सबसे महत्त्वपूर्ण विभाग साहित्य-विभाग है। यह सम्मेलन की आत्मा है। साहित्य मंत्री इस विभाग का प्रमुख होता है। यह विभाग सम्मेलन को साहित्यिक और नए-नए प्रकाशन संबंधी योजनाओं और गतिविधियों से जीवंत और गतिशील बनाने में सक्रिय भूमिका का निर्वाह करता है। इसी विभाग के तहत शोध त्रैमासिक सम्मेलन-पत्रिका लगभग सौ वर्षों से प्रकाशित हो रही है।

'माध्यम' नामक महत्वपूर्ण साहित्यिक पत्रिका का प्रकाशन यहां से होता रहा है। बालकृष्ण राव के यशस्वी संपादन में यह पत्रिका लंबे समय तक प्रकाशित होती रही। बीच में इसका प्रकाशन स्थगित हो गया। 2000 से सत्यप्रकाश मिश्र के संपादन में इसका पुनः प्रकाशन शुरू हुआ, पर यह भी 2008 से स्थगित है। इस विभाग का मूल उद्देश्य साहित्यिक आयोजनों, गतिविधियों के नियोजन के साथ-साथ हिंदी भाषा और साहित्य संबंधी उपलब्ध और दुर्लभ ग्रंथों और सामग्रियों के प्रकाशन का विनियोजन है। अब तक अनन्वेषित, अज्ञात, अल्पज्ञात, विस्मृत या नष्ट हो रहे दुर्लभ साहित्य को पुनःप्रकाशित करना इसका लक्ष्य है। प्रकाशन विभाग एक तरह से साहित्य विभाग का ही परिपूरक है। साहित्य विभाग द्वारा नियोजित निश्चित पुस्तकों, पत्रिकाओं और पांडुलिपियों का प्रकाशन यही विभाग करता है। सम्मेलन का अपना मुद्रणालय है जो आधुनिक रूप से विकसित और सर्वथा कार्यक्षम है। सम्मेलन संबंधी अधिकांश सामग्री का प्रकाशन इसी मुद्रणालय से होता है।

हिंदी साहित्य सम्मेलन के महत्त्वपूर्ण अंग हैं– सम्मेलन पुस्तकालय और हिंदी-संग्रहालय–ये दोनों आज भी देश-विदेश से उच्च स्तरीय शोध करने वाले अध्येताओं के लिए जरूरी केंद्र की तरह हैं। सम्मेलन पुस्तकालय में इस समय 1,63,000 से अधिक पुस्तकें हैं। हिंदी संग्रहालय की स्थापना 5 अप्रैल 1936 को महात्मा गांधी के हाथों हुई। इस स्थापना समारोह में, कस्तूरबा, जवाहरलाल नेहरू, काका कालेलकर, विजयलक्ष्मी पंडित आदि ने भाग लिया था। हिंदी संग्रहालय में नए-पुराने हिंदी ग्रंथों, प्राचीन हस्तलेखों, साहित्यिक पत्र-पत्रिकाओं, पत्रों, चित्रों आदि का दुर्लभ संग्रह मौजूद है। आज यहां हिंदी ग्रंथों, प्राचीन हस्तलेखों, साहित्यिक पत्र-पत्रिकाओं, पत्रों, चित्रों आदि की संख्या डेढ़ लाख से अधिक है। इनमें 12 हजार हिंदी और संस्कृत के हस्तलिखित वे ग्रंथ हैं, जो अन्यत्र दुर्लभ हैं।

विनोद तिवारी

हिंदी साहित्येतिहास : काल विभाजन और नामकरण

हर भाषा के साहित्य का इतिहास उस भाषा में समय-समय पर व्यक्त हुई जातीय आशा-आकांक्षाओं का प्रतिबिंब है। उन्नीसवीं सदी से साहित्येतिहास लिखा जाना शुरू हुआ था। साहित्य का इतिहास कई बार जेलखाना और इसके काल खंड जेल की बैरकों की तरह दिखते हैं। साहित्यिक कृतियां और आंदोलन उनमें कैदी की तरह रख दिए जाते हैं, इन्हें कैदियों-सा एक नंबर मिल जाता है। ऐसा लग सकता है, क्योंकि इतिहास लेखन में सामान्यीकरण की पद्धति ऐसे लेखन का एक स्वाभाविक हिस्सा है। सामान्यीकरण के बिना काल-नामकरण संभव नहीं है। सामान्यीकरण को एक बुरी प्रवृत्ति मानते हुए इसे बुलडोजर ही समझा जाता है, हालांकि अच्छे साहित्येतिहास लेखन में सामान्यीकरण के साथ विशिष्टताओं का उद्‌घाटन जरूर होता है।

रामचंद्र शुक्ल का 'हिंदी साहित्य का इतिहास' पहली बार 1929 में 'हिंदी शब्द सागर की भूमिका' के रूप में आया। यह पूर्ण स्वाधीनता की घोषणा के साथ गांधी के नेतृत्व में दूसरे सत्याग्रह का समय था। इसलिए स्वाभाविक है कि यह सबसे पहले इस ओपनिवेशिक धारणा को चुनौती था कि हिंदी का कोई अपना इतिहास नहीं है। दूसरी तरफ यह बताता था कि जनता की चित्तवृत्ति बदलने के साथ साहित्य का स्वरूप ही नहीं बदलता, साहित्य की व्याख्या भी बदल जाती है। यह बिल्कुल संभव है कि साहित्य के इतिहास को लेकर फिर नए प्रश्न खड़े हों और इन प्रश्नों से इतिहास की दबी परतें सामने आएं।

अंदाजा लगाया जा सकता है कि नाभादास के 'भक्तमाल' (सत्रहवीं सदी), गार्सा द तासी के 'हस्तवार द लिटरेत्युर ऐन्दुईऐ ऐंदुस्तानी' (1839-1847), शिवसिंह पेंगर के 'शिव सिंह सरोज' (1878), जार्ज ग्रियर्सन के 'द माडर्न वर्नाकुलर लिटरेचर आफ हिंदुस्तान' (1888), 'मिस्र बंधु

विनोद' (1913) आदि की पृष्ठभूमि में रामचंद्र शुक्ल जब 'हिंदी साहित्य का इतिहास' लिख रहे थे तो यह खुद उनको कितना बदल रहा होगा। उन्हें राष्ट्रीय इतिहास दृष्टि की अविकसित दशा और तोड़-फाड़ वाली साम्राज्यवादी इतिहास दृष्टि दोनों में कितना जूझना पड़ा होगा। इसे उनके इतिहास को पढ़कर कितने विद्यार्थी और पाठक बदले होंगे। यह जब लिखा जा रहा था तब यह जेल नहीं था, मुक्तिद्वार था—1929 में हिंदी की पूर्ण स्वाधीनता की घोषणा के रूप में। यह इतिहास और आलोचना के अंतःसंबंध को जितना मजबूत बना पा रहा था, सामान्यीकरण और विशिष्टता के अंतर्विरोध घट रहे थे और विविधताओं के बीच अखंडता के सूत्र भी नजर आने लगे थे, भले इन्हें पूरी तरह उभारने की जरूरत बनी हुई थी।

रामचंद्र शुक्ल ने अपनी मृत्यु के साल भर पहले 1940 में अपने साहित्येतिहास का संशोधित रूप प्रकाशित कराया था। इसके बाद भी हिंदी साहित्य के कई इतिहास ग्रंथ लिखे गए। उनमें यदि हजारी प्रसाद द्विवेदी और रामविलास शर्मा के काम को अलग रखा जाए तो बाकी में कुछ नए तथ्यों का समावेश, प्रवृत्तियों की व्याख्या में विस्तार, अद्यतनीकरण के अलावा कोई बुनियादी ढांचागत विकास नहीं देखा जाता। खासकर काल-नामकरण को लेकर भी रामचंद्र शुक्ल की स्थापनाएं ही मान्य बनी रह गईं और शैक्षिक संस्थानों में ये बरगद की तरह जम गईं। रामचंद्र शुक्ल के इतिहास ग्रंथ में काल नामकरण इस प्रकार है—

आदिकाल (संवत 1050-1375) वीरगाथा काल पूर्व मध्यकाल (संवत 1375-1700) भक्ति काल उत्तर मध्य काल (संवत 1700-1900) रीति काल आधुनिक काल (संवत 1900-) गद्य काल

रामचंद्र शुक्ल ने भक्तिकाल में सगुन्ण (राम भक्ति शाखा—तुलसीदास, कृष्ण भक्ति शाखा—सूर आदि) और निर्गुण (ज्ञानाश्रयी—कबीर, प्रेमाश्रयी—जायसी) के वर्ग-उपवर्ग बनाए। हजारी प्रसाद द्विवेदी ने आदिकाल को पीछे 800 ईसवी तक ले जाकर सिद्ध-नाथ परंपराओं को विशेष महत्व दिया। इन परंपराओं की वजह से राहुल सांकृत्यायन ने इस काल को सिद्ध-सामंत काल कहा। बाह्याचारों का खंडन करने वाले सिद्ध और युद्धप्रिय सामंत दो विरोधी ध्रुव थे। रामचंद्र शुक्ल ने स्पष्ट कर दिया था, 'इन कालों की रचनाओं में विशेष प्रवृत्ति के अनुसार ही इनका नामकरण किया गया है, पर यह न समझना चाहिए कि किसी विशेष काल में और प्रकार की रचनाएं होती ही नहीं थीं।' (वही)। उन्होंने 'प्रसिद्धि' को मुख्य प्रवृत्ति को पहचानने का आधार बनाया था। आदिकाल में वीर गाथाओं के साथ शृंगारपरक और भक्तिपरक काव्य रचनाएं कम महत्वपूर्ण नहीं थीं। जैन साहित्य था। खुसरो की रचनाएं थीं। ये सभी वीरगाथा काल नामकरण को अपर्याप्त सिद्ध करती थीं। रामकुमार वर्मा ने संवत 750-1000 के बीच 'संधि काल' की अलग से कल्पना करते हुए वीरगाथा काल को 'चारण काल' कहा।

ज्यादा बहस आदिकाल को लेकर थी, उनकी भक्तिकाल के नाम पर आम सहमति थी। एक अद्‌भुत बात है, सिद्ध और नाथ साहित्य को काफी महत्व देने वाले हजारी प्रसाद द्विवेदी 'हिंदी साहित्य : उद्‌भव और विकास' में भक्ति साहित्य वाले खंड का पहला शीर्षक देते हैं—'वास्तविक हिंदी साहित्य का आरंभ'। वे कहते हैं, 'हिंदी साहित्य की मूल प्रेरणा भक्ति ही रही। इसके पूर्ववर्ती साहित्य में वह वस्तु नहीं है, इसलिए उसमें न तो किसी प्रकार का स्पंदन दिखाई देता है और न वक्तव्य-वस्तु की ताजगी।' साहित्येतिहास निरंतरता, विविधता और नवोन्मेषों को पहचानने से बनता है। हिंदी साहित्येतिहास के कालों को ज्यादा पृथक-पृथक और किसी काल या प्रवृत्ति को ज्यादा लगाव से देखने पर निरंतरता की बुद्धिसम्मत समझ धूमिल होती है। 'बहुलता' की जगह 'भिन्नता' का महिमामंडन भी इतिहास दृष्टि को संकुचित करता है क्योंकि इतिहास अस्मिता की खोज के रूप में महज भिन्नता नहीं अंतःसंबंध की खोज भी है।

रीतिकाल के संबंध में आचार्य शुक्ल ने कहा, 'प्रधानता श्रृंगार की रही। इससे इस काल को रस के विचार से श्रृंगार काल कहें तो कह सकते हैं।' भक्ति काल के बाद तुरंत श्रृंगार काल कहने की आदत बनती गई। विश्वनाथ प्रसाद मिश्र ने रीति काल के श्रृंगारिक साहित्य को तीन वर्गों में बांटा—रीति-बद्ध (केशव), रीति-सिद्ध (बिहारी) और रीति-मुक्त (घनानंद)।

आधुनिक काल को भी बाद में भारतेंदु युग, द्विवेदी युग, छायावाद, प्रगतिवाद, प्रयोगवाद, नई कविता-नई कहानी, अकविता-अकहानी, जनवाद, हाशिए का साहित्य-दलित साहित्य, स्त्री साहित्य आदि नामों से बांटकर देखा गया। अक्सर इनमें मौजूद निरंतरताओं और अंतःसंबंधों की उपेक्षा करते हुए भिन्नताओं और अंतशत्रुताओं को ज्यादा उभारा गया जैसे हिंदी का आधुनिक काल रिंग से बाहर फेंक देने की कोई नॉकआउट बौद्धिक बाक्सिंग हो।

कोलकाता में फोर्ट विलियम कॉलेज (स्थापना 1800 ईसवी) में हुए हिंदी के कार्यों और हिंदी के प्रथम समाचार पत्र 'उदंत मार्तंड' (1826) के प्रकाशन की उपेक्षा करते हुए भारतेंदु हरिश्चंद्र के युग से आधुनिक काल मानने की धारणा आमतौर पर बद्धमूल है। यह विचार गहराई से मौजूद है कि आधुनिकता अंग्रेजी राज की देन है। इसके पहले आधुनिकता थी, यह माना नहीं जाता। इसलिए उत्तर-आधुनिकता को भी औपनिवेशिक काल की आधुनिकता के ही समानांतर रख कर देखा जाता रहा है। इससे पहले के काल को यूरोपीय अनुकरण में 'मध्य युग' या 'अंधकार युग' मानने की दृष्टि पर आधुनिकतावादियों और उत्तर-आधुनिकतावादियों दोनों का समान रूप से कब्जा रहा है।

रामचंद्र शुक्ल और हजारी प्रसाद द्विवेदी, इन दोनों में कोई भी अंग्रेजी राज से पहले के युग को 'मध्य युग' या 'अंधकार युग' नहीं कहता, जबकि बांग्ला साहित्य के इतिहास में 'अंधेरी सदियों' की कल्पना (सुकुमार सेन) अधिक औपनिवेशिक प्रभाव के कारण हैं। रामचंद्र शुक्ल का मध्य काल हिंदी भाषा और साहित्य के आदि काल के संदर्भ में है, 'अंधकार युग' के संदर्भ में नहीं। वे अपने 'हिंदी साहित्य का इतिहास' में पुरानी हिंदी, राजस्थानी, मैथिली, खड़ी बोली, ब्रज, अवधी, भोजपुरी, बुंदेलखंडी आदि जनभाषाओं के साहित्य के आधार पर हिंदी की एक महान जातीय श्रृंखला का उद्घाटन करते हैं। वे हिंदी साहित्य के इतिहास का आरंभ उन्नीसवीं सदी से नहीं मानते। फलतः स्पष्ट होता है कि हिंदी की राष्ट्रीय परंपराएं क्या हैं, कितनी प्राचीन हैं, हिंदी कितने व्यापक क्षेत्र के लोगों की जातीय भाषा है और यह कितनी विविधतापूर्ण है। आचार्य शुक्ल के मूल्य निर्णयों से कुछ जगहों पर असहमत होते हुए भी मानना होगा कि उनका साहित्येतिहास 'साम्राज्यवादी तोड़फोड़' के लंबे अभियान का सांस्कृतिक जवाब है। उन्होंने हिंदी साहित्य को पूरे देश का साहित्य कहा है और हिंदी साहित्य के इतिहास को हिंदू साहित्य का इतिहास नहीं माना है।

रामचंद्र शुक्ल और हजारी प्रसाद द्विवेदी इन दोनों ने ही भारतीय चित्तवृत्ति के 'स्थिरतावादी' होने की धारणा का खंडन किया था। दोनों ने ही भक्ति साहित्य को धार्मिक दृष्टिकोण की जगह मानवतावादी लोकभूमि पर देखा था। दोनों के बीच जितने बिंदु असहमति के हैं, उससे अधिक सहमति के हैं। दोनों ही आधुनिक काल को अंग्रेजी राज से जोड़कर देखते हैं। इस बिंदु पर वे आक्रामक औपनिवेशिक असर के आगे शांत हो जाते हैं और निरंतरता का सूत्र खोज नहीं पाते।

हिंदी साहित्य के विकास को समझने का एक महत्वपूर्ण ऐतिहासिक परिप्रेक्ष्य रामविलास शर्मा का है। उन्होंने निरंतरताओं को वैचारिक रूप से और अधिक खोल दिया। उन्होंने 'आधुनिक काल' की परंपरागत धारणा पर प्रश्न चिह्न खड़ा करते हुए कहा, 'जिसे लोग मध्य काल कहते हैं उसे आधुनिक काल का प्रथम चरण मानना चाहिए।' (भारतेंदु हरिश्चंद्र और हिंदी नवजागरण की समस्याएं)। उनके अनुसार आधुनिकता अंग्रेजी राज की देन नहीं है। उसका विकास अंग्रेजी राज के विरुद्ध संघर्ष के दौरान पुराने साहित्य की सामंतविरोधी उपलब्धियों

की बुनियाद पर हुआ। उनका कहना है, 'पूर्व-मध्य काल और उत्तर-मध्य काल के बाद आधुनिक काल नाम देखकर पाठक की धारणा यह बनती है कि अंग्रेजी राज कायम होने से पहले सारा साहित्य मध्यकालीनता (यानी सामंती रूढ़ियों) की परिधि में है, साहित्य में आधुनिकता की शुरुआत अंग्रेजी राज के कारण हुई।' (हिंदी जाति का साहित्य)। वह कहते हैं, 'यूरोप के पुनर्जागरण काल के समानांतर शुक्ल जी का पूर्व-मध्य काल हमारे यहां का लोक जागरण काल है।' (वही)। वे हिंदी साहित्य के विकास को हिंदी क्षेत्र के जातीय विकास से जोड़ते हैं, 'भारत में जातीय गठन प्रक्रिया सब जगह एक ही समय संपन्न नहीं होती, फिर भी मोटे तौर पर बारहवीं सदी को नई जातियों के निर्माण का प्रारंभिक काल मान सकते हैं। ...जो प्रक्रिया बारहवीं सदी से आरंभ होती है वह सोलहवीं-सत्रहवीं सदियों में अपने उत्कर्ष पर दिखाई देती है।' (वही)। रामविलास शर्मा भक्ति आंदोलन को लोक जागरण से जोड़ते हैं जो सामंती रूढ़ियों और भेदभावों पर चोट करते हुए उभरता है। वे अमीर खुसरो-विद्यापति, सूर-तुलसी-कबीर-जायसी के भक्ति साहित्य को लोक जागरण की परंपरा में रखते हुए इसे रहीम, घनानंद, पद्माकर तक ले आते हैं। वे समानांतर रूप से चमत्कारवाद-रीतिवाद की परंपरा के बारे में भी कहते हैं। सामंती रूढ़ियों, चमत्कारवाद और भेदभाव का विरोध और आम मनुष्यता की परिकल्पना आधुनिकता का एक प्रधान तत्व है। इस दृष्टि से लोक जागरण की परंपरा में सिद्ध और नाथ साहित्य को शामिल किया जा सकता है। इन सभी की विशिष्टताओं को पहचानते हुए सैकड़ों साल के नवोन्मेषों के साथ अखंडता भी आंखों के सामने स्पष्ट रूप से आ जाती है।

भारत में 'आधुनिकता' का इस्तेमाल अतीत से पृथकता या उसे निकृष्ट ठहराने के लिए भी होता आया है जबकि आधुनिकता का एक तयशुदा अर्थ नहीं है, यह एक बहुअर्थी व्यंजना है। आधुनिकता का एक अर्थ यदि सामंतवाद विरोध है, तो यह अंग्रेजी राज के स्थापित होने से काफी पहले से था। रामविलास शर्मा ने उन्नीसवीं सदी के आधुनिक साहित्य को लोकजागरण का विकास कहा। रामचंद्र शुक्ल ने आधुनिक काल का निर्धारण कर इसे 'प्रथम उत्थान', 'द्वितीय उत्थान' और 'तृतीय उत्थान' के रूप में देखा था। इसे ही नया ढांचा देते हुए रामविलास शर्मा ने 1857 की घटना को खास तौर से शामिल करके हिंदी नवजागरण की पहली मंजिल (1857 का स्वाधीनता संग्राम), दूसरी मंजिल (भारतेंदु युग), तीसरी मंजिल (द्विवेदी युग) की अवधारणा खड़ी की। छायावाद को नवजागरण की निरंतरता में देखा और निराला को सामने रखा। उन्होंने वस्तुतः रामचंद्र शुक्ल की 'आधुनिक काल' की अवधारणा को बिल्कुल त्याग दिया। यह पश्चिम की उस उच्च सांस्कृतिक विरासत का निषेध नहीं है, जिसका हिंदी सहित संपूर्ण भारतीय साहित्य पर प्रभाव पड़ा। यह आधुनिकता, परिवर्तन या सभ्यता को सिर्फ अंग्रेजी राज से जोड़ कर देखने की दृष्टि का विरोध है। इसका एक आशय यह भी है कि नवजागरण अभी एक असमाप्त परियोजना है।

क्या हिंदी साहित्य के इतिहास का नया काल-नामकरण संभव है और क्या शैक्षिक संसार में पुराने काल विभाजन की चट्टानी सी जमी धारणाएं टूट सकती हैं? पिछले कई दशकों से शिक्षा में 'साहित्य का इतिहास' सबसे घिसापिटा मामला बना हुआ है जबकि कई नई अवधारणाएं, प्रवृत्ति या और नए प्रश्न सामने आ चुके हैं। इक्कीसवीं सदी में 1200 सालों के हिंदी साहित्य का विकास एक नए ऐतिहासिक परिप्रेक्ष्य की मांग करता है, क्योंकि हिंदी की साहित्यिक परंपराओं के सरलीकृत वर्गीकरण की निस्सारता अब काफी स्पष्ट है। बुनियादी रूप से उपस्थित किया गया सगुण-निर्गुण का भेद, श्रृंगारिक साहित्य में श्रेणीकरण, नवजागरण को एकरेखीयता में समझना, नवजागरण और छायावाद को स्थूलता के प्रति सूक्ष्मता के विद्रोह के रूप में देखना, प्रेमचंद बनाम प्रसाद का विवाद, छायावाद और प्रगतिवाद को लड़ा कर देखना, प्रगति और प्रयोग का शिविरीकरण, नई कविता में अज्ञेय बनाम मुक्तिबोध, नए कथा

साहित्य में भीष्म साहनी और निर्मल वर्मा का ध्रुवीकरण, प्रगतिशीलता बनाम जनवाद ऐसे कई मामले अब निरर्थक प्रमाणित हो गए हैं।

इतिहास की समझ को न कट्टरतावाद के हवाले किया जा सकता है और न बाजारवाद के हवाले। इसलिए रामचंद्र शुक्ल, हजारी प्रसाद द्विवेदी और रामविलास शर्मा से अंतर्दृष्टि लेकर हिंदी साहित्य के विकास को देखने का एक खुला लोकतांत्रिक परिप्रेक्ष्य इस रूप में निर्मित किया जा सकता है :

1. लोकजागरण काल (सन 800-1800)
(सामंतवाद, चमत्कारवाद और रीतिवाद से संघर्ष का बहुआयामी काल)

2. नवजागरण काल (सन 1800-1920)
(भारतेंदु-पूर्व, भारतेंदु युग और द्विवेदी युग)

3. उत्तर-नवजागरण काल (सन 1920-1990)
   (i) स्वच्छंदतावादी अंतर्धाराएं
   (ii) यथार्थवादी अंतर्धाराएं
   (iii) आधुनिकतावादी अंतर्धाराएं

4. राष्ट्रीय पुनर्जागरण काल (सन 1991-)
   (i) सामुदायिक विमर्श की धाराएं
   (ii) लोकतांत्रिक पुनर्जागरण की धाराएं
   (वैश्वीकरण के युग में प्रतिरोध के विभिन्न रूप और राष्ट्रीय पुनर्निर्माण)

साहित्य सवालों और सच्चाइयों की जगह है, जहां कट्टरता नहीं होती। कट्टरता और सृजनात्मकता दोनों एक साथ नहीं चल सकतीं। इसलिए उपर्युक्त सभी धाराएं या अंतर्धाराएं कहीं विशिष्टता बनाती हैं और कहीं अंतर्मिश्रित या रूपांतरित होती हैं। उपर्युक्त सभी साहित्यिक-सांस्कृतिक उभार सामंतवाद, चमत्कारवाद, उपनिवेशवाद, राष्ट्रीय केंद्रवाद, नव-उपनिवेशवाद आदि की ही किन्हीं न किन्हीं प्रवृत्तियों से संघर्ष की देन हैं। उनकी विशिष्टता और अखंडता को जानना, विविधताओं और नवोन्मेषों को समझना ही हिंदी साहित्य का नया ऐतिहासिक परिप्रेक्ष्य निर्मित करना है, हिंदी साहित्य के इतिहास का पुनर्लेखन संभव हो या न हो।

शंभुनाथ

अधिक जानकारी के लिए :
1. हिंदी साहित्य का इतिहास : रामचंद्र शुक्ल, **2. हिंदी साहित्य : उद्भव और विकास :** हजारी प्रसाद द्विवेदी, **3. हिंदी जाति का साहित्य :** रामविलास शर्मा

हिंदी साहित्येतिहास लेखन

हिंदी साहित्येतिहास लेखन व्यवस्थित रूप से भले बीसवीं सदी से शुरू हुआ, लेकिन इससे पहले भी ऐसे ग्रंथ रचे गए, जिनमें इतिहास की झलक मिलती है। सोलहवीं और उन्नीसवीं सदी के बीच की ऐसी कई पुस्तकें हैं, जिन्हें कवि वृत्त संग्रह का पूर्वाभास कहा जा सकता है। वे हैं : भक्तमाल (नाभादास, सत्रहवीं सदी), वार्ता साहित्य–गोकुलनाथ द्वारा रचित और हरिराय द्वारा संकलित चौरासी वैष्णवन की वार्ता एवं दो सौ बावन वैष्णवन की वार्ता (1551 तथा 1640), कविमाला (संग्रहकर्ता यदुराय के पुत्र तुलसी, 1665), कालिदास हाजरा (कालिदास त्रिवेदी, 1719), नखशिख हाजरा, अलंकार रत्नाकर (दलपति राय, 1735), सार संग्रह (प्रवीण कवि, 1743), सत्कविगिराविलास (बलदेव कवि, 1746), विद्वन्मोदतरंगिणी (सुब्बा सिंह, 1817), राग कल्पद्रुम (कृष्णानंद रामसागर व्यासदेव, 1746), श्रृंगार संग्रह (सरदार कवि, 1848), सुंदरी तिलक (भारतेंदु, 1869), भाषा काव्य संग्रह (महेश दत्त शुक्ल, 1873 में लिखित एवं 1875 में प्रकाशित), कवित्त रत्नाकर (मातादीन मिश्र, 1876)। ये पुस्तकें इतिहास नहीं हैं, क्योंकि इनमें कालक्रमिकता, तिथियों का उल्लेख आदि नहीं है, विषयवस्तु-विवेचन का अभाव है, जनश्रुतियों-किंवदंतियों का खुलकर उपयोग किया गया है। घटनाओं की प्रामाणिकता संदिग्ध है। साथ ही कवियों के प्रति श्रद्धातिरेक भाव के कारण निष्पक्षता का भी अभाव है। फिर भी इतिहास लेखन में ये सहायक अवश्य होते हैं।

हिंदी के दो आरंभिक महत्वपूर्ण वृत्तसंग्रहों में एक है–वर्णानुक्रम से लिखा गया गार्सा द तासी का 'हिंदुई और हिंदुस्तानी साहित्य का इतिहास' (प्रथम

भाग 1839, द्वितीय भाग 1847)। यह ग्रंथ मूलतः फ्रेंच भाषा में लिखा गया। इसका हिंदी में अनुवाद लक्ष्मीसागर वार्ष्णेय ने 'हिंदुई साहित्य का इतिहास' नाम से किया है। जो 1953 में हिंदुस्तानी एकेडमी, इलाहाबाद से प्रकाशित हुआ। दूसरा है शिवसिंह सेंगर का 'शिवसिंह सरोज' (1878, दूसरा संस्करण 1883)। इन दोनों पुस्तकों की मदद से जॉर्ज अब्राहम ग्रियर्सन ने ग्यारह अध्यायों वाली किताब अंग्रेजी में 'द मॉडर्न वर्नाकुलर लिटरेचर ऑफ हिंदुस्तान' (1889) लिखी। उसका अनुवाद किशोरीलाल गुप्त ने 'हिंदी साहित्य का प्रथम इतिहास' (हिंदी प्रचारक पुस्तकालय, वाराणसी, 1957) के नाम से किया। यह कवित्त संग्रह और इतिहास लेखन के बीच की पुस्तक है और एक आरंभिक प्रयास मात्र है। इसमें 700 से 1887 तक के भारतीय कालखंड, विशेषकर उन्नीसवीं सदी के साहित्य को उपनिवेशवादी चश्मे से देखा गया है। फिर भी परिस्थिति, प्रवृत्तियों की खोज, तुलनात्मक अध्ययन, काल विभाजन एवं उनके नामकरण की चेष्टाएं यहां स्पष्ट देखी जा सकती हैं।

मिश्र बंधुओं (गणेश बिहारी, श्यामबिहारी, शुकदेवबिहारी) ने 'मिश्रबंधु विनोद' (1913 में तीन खंड, 1934 में चौथा खंड) नाम से कोई पांच हजार कवियों के विशाल संग्रह के द्वारा इस दिशा में प्रयास किया था। दो छोटी किताबें अंग्रेजी में और लिखी गई थीं—एडविन ग्रीव्ज की 'ए स्केच ऑफ हिंदी लिटरेचर' (1918) तथा एफ ई के की 'ए हिस्ट्री ऑफ हिंदी लिटरेचर' (1920)। लेकिन इतिहास लेखन की पहली गंभीर कोशिश रामचंद्र शुक्ल द्वारा की गई। शुक्ल 1923-24 से इस दिशा में प्रयासरत थे। उन्होंने 'हिंदी शब्द सागर' की भूमिका के रूप में 'हिंदी साहित्य का विकास' शीर्षक से एक आलेख प्रस्तुत किया था। बाद में उनका 'हिंदी साहित्य का इतिहास' (1929 में पहला, फिर संशोधित-संवर्धित संस्करण 1940 में) प्रकाशित हुआ, जिसे नलिन विलोचन शर्मा ने 'सर्वप्रथम सुव्यवस्थित साहित्यिक इतिहास' बताया था।

एक जमाना था जब पश्चिमी विद्वान मानते थे कि भारत में इतिहास लेखन संबंधी कोई धारणा पहले नहीं थी। वे कहते थे कि भूगोल और तिथियां इतिहास की दो आंखें हैं और प्राचीन भारतीय इतिहास, पुराण और आख्यान में इन दोनों की अवहेलना हुई। ऐसे आक्षेपों से हमारे बुद्धिजीवी तब तक प्रभावित रहे जब तक इतिहास को लेकर पश्चिमी विद्वानों की पिछली धारणा में परिवर्तन नहीं आ गया।

शुक्ल युग में कई अन्य साहित्येतिहास भी लिखे गए। उन सभी की अपनी-अपनी कुछ-न कुछ खासियतें रही हैं। इनमें हिंदी भाषा और साहित्य (श्यामसुंदर दास, 1930), हिंदी साहित्य का विवेचनात्मक इतिहास (सूर्यकांत शास्त्री, 1931), हिंदी साहित्य का इतिहास (रामशंकर शुक्ल 'रसाल', 1931), हिंदी साहित्य विमर्श (पदुमलाल पन्नालाल बख्शी, 1932), हिंदी भाषा और साहित्य का विकास (हरिऔध, 1934), हिंदी साहित्य का आलोचनात्मक इतिहास (रामकुमार वर्मा, 1938) उल्लेखनीय हैं। इन इतिहासों में हिंदी साहित्येतिहास लेखन की कई समस्याओं के रू-ब-रू होने का प्रयास हुआ है। मसलन, साहित्य के क्षेत्र की पहचान और उसकी सीमाओं का निर्धारण अर्थात् ज्ञानात्मक लेखन से रसात्मक (या ललित) रचनाओं को अलगाना, हिंदी साहित्य का आरंभ, विकास, उसकी भाषागत व्याप्ति अर्थात् ब्रज अवधी, मैथिली, राजस्थानी, उर्दू, दक्खनी आदि के साथ-साथ अपभ्रंश और हिंदी का संबंध निर्धारण, काल निर्धारण एवं नामकरण, इतिहास में प्रमुख एवं गौण साहित्यकारों का स्थान, लोक साहित्य का महत्व आदि।

उपर्युक्त सभी में रामचंद्र शुक्ल का 'हिंदी साहित्य का इतिहास' और उनकी साहित्येतिहास संबंधी अवधारणा कई मायनों में विशिष्ट है। उन्होंने जनता, उसकी चित्तवृत्तियों, सामाजिक एवं साहित्यिक परिस्थितियों, परंपराओं और परिवर्तनों की बातें काफी व्यवस्थित ढंग से की हैं। उन्होंने न केवल वस्तुवादी दृष्टि से इतिहास लिखने का सफल प्रयास किया, बल्कि इसके लिए उपयुक्त भाषा भी विकसित

की। काल विभाजन, विभिन्न कालों का नामकरण आदि में उन्होंने अपेक्षाकृत वैज्ञानिकता दिखाई और हजार वर्षों के साहित्य के कालखंडों का प्रवृत्तिगत विवेचन भी किया। धार्मिक तथा प्रचारवादी लेखन को साहित्य से अलगाने की कोशिश की। उन्होंने हिंदी की आरंभिक काव्यात्मक रचनाओं से लेकर अपने समकालीन रचनाकारों के गद्य तथा पद्य की अनेक विधाओं में रचित महत्वपूर्ण लेखन तक के साहित्य का समर्थ विश्लेषण किया। तुलसीदास उनके साहित्य चिंतन के केंद्रीय कवि थे। लोक मंगल की भावना को उन्होंने अपने साहित्यिक मूल्यांकन की कसौटी बनाया। उनके 'हिंदी साहित्य का इतिहास' की शुरुआत ही एक युग परिवर्तनकारी दृष्टि से होती है, 'जबकि प्रत्येक देश का साहित्य वहां की जनता की चित्तवृत्ति का संचित प्रतिबिंब होता है, तब यह निश्चित है कि जनता की चित्तवृत्ति के परिवर्तन के साथ-साथ साहित्य के स्वरूप में भी परिवर्तन होता चला जाता है। आदि से अंत तक इन्हीं चित्तवृत्तियों की परंपरा को परखते हुए साहित्य परंपरा के साथ उनका सामंजस्य दिखाना ही 'साहित्य का इतिहास' कहलाता है।' उन्होंने सामाजिक विकास और साहित्येतिहास के बीच संबंध स्थापित करके ही हिंदी की दीर्घ विरासत से नए युग को परिचित कराया।

कई महत्वपूर्ण उपलब्धियों के बावजूद ऐसा लग सकता है कि सामग्री संकलन की दिशा में उनकी तरफ से भरपूर प्रयास नहीं हुआ। अपभ्रंश और हिंदी के संबंध को लेकर भी उनके विचार पूरी तरह स्पष्ट नहीं थे। वे हिंदी साहित्य को लगभग एक स्वतंत्र इकाई के रूप में देखते थे, क्योंकि वह अन्य भारतीय साहित्यों के संदर्भ में हिंदी साहित्य को समुचित रूप से देख नहीं पाए थे। उनके अपने कुछ पूर्वाग्रह झलक मारते दिखाई देते हैं—खासकर निरक्षर जनता, मुसलमानों और गौण करार दिए गए रचनाकारों के संदर्भ में। रामविलास शर्मा भी उनमें 'दृष्टिकोण की असंगति' पाते हैं। रामचंद्र शुक्ल ने बीसलदेव रासो को असफल कृति समझा, विद्यापति को मात्र श्रृंगारी और दरबारी कवि कहा, कबीर में कवित्व का अभाव पाया और केशवदास उनको हृदयहीन दिखे। उन्होंने रहस्यवाद को बाहरी चीज और त्याज्य माना। छायावाद को पश्चिमी प्रभावापन्न तथा बांग्ला से आया हुआ बताया। प्रगतिवाद की उपेक्षा की। अपने जमाने के कई नए साहित्यिकों जैसे —रामवृक्ष बेनीपुरी, शिवपूजन सहाय, बेढब बनारसी, नंददुलारे वाजपेयी, उपेंद्रनाथ अश्क आदि को समय पर पहचानने से चूक गए। कथा और समीक्षा के अलावा कई महत्वपूर्ण विधाओं पर उनका ध्यान नहीं गया। यद्यपि, प्रथम संस्करण के वक्तव्य में उन्होंने दो बातें कही थीं कि यह पुस्तक जल्दी में तैयार करनी पड़ी तथा यह मूल रूप से छात्रों के उपयोग के लिए है। फिर भी अपनी समस्त खामियों और सीमाओं के बावजूद उनका हिंदी साहित्य का इतिहास सर्वाधिक स्वीकृत और लोकप्रिय हुआ।

शुक्ल जी के बाद हजारी प्रसाद द्विवेदी का साहित्येतिहास लेखन है। वह कहते हैं, 'साहित्य का इतिहास पुस्तकों, उनके लेखकों और कवियों के उद्‌भव और विकास की कहानी नहीं है। वह वस्तुतः अनादि काल प्रवाह में निरंतर प्रवाहमान, जीवित मानव समाज की ही विकास कथा है। ग्रंथ और ग्रंथकार, कवि और काव्य, संप्रदाय और उसके आचार्य, उस परम शक्तिशाली प्राणधारा की ओर सिर्फ इशारा भर करते हैं। वे ही मुख्य नहीं हैं। मुख्य हैं मनुष्य। जो प्राणधारा, नाना अनुकूल-प्रतिकूल अवस्थाओं में बहती हुई हमारे भीतर प्रवाहित हो रही है, उसको समझने के लिए ही हम साहित्य का इतिहास पढ़ते हैं।' (अशोक के फूल)। इतिहास संबंधी यह प्रतिज्ञा लेकर उन्होंने कई किताबें लिखीं, 'हिंदी साहित्य की भूमिका' (1940), 'हिंदी साहित्य का उद्‌भव और विकास' (1952), हिंदी साहित्य का आदिकाल (1952), 'नाथ संप्रदाय' (1950) आदि। इनमें से अधिकांश खंड-इतिहास होने के बावजूद अपने नए परिप्रेक्ष्य कथ्य और प्रस्तुतीकरण की दृष्टि से महत्वपूर्ण हैं क्योंकि साहित्येतिहासकार होने के साथ-साथ द्विवेदी जी रचनाकार भी थे। वे मुख्यतः शोधकर्ता, आलोचक, उपन्यासकार और ललित-

निबंधकार थे। उनका मानना था कि हिंदी साहित्य को संपूर्ण भारतीय साहित्य से संबद्ध करके देखना चाहिए और हिंदी साहित्य के माध्यम से व्यक्त चिंतनधारा को भारतीय चिंताधारा के स्वाभाविक विकास के रूप में स्वीकारना चाहिए। वे हिंदी साहित्य के समग्र अध्ययन तथा समझ के लिए लौकिक कथा साहित्य, पुराण, वैष्णव आगम, अपभ्रंश के जैन-बौद्ध साहित्य, कश्मीर के शैव साहित्य, दक्षिण तथा पूर्व के तांत्रिक साहित्य, नाथ योगियों के साहित्य आदि की परख जरूरी मानते हैं।

हजारी प्रसाद द्विवेदी ने आदिकालीन और भक्तिकालीन साहित्य की निकट से और मार्मिक समीक्षा की। उनका इतिहासबोध पांडित्यपूर्ण था। फिर भी वे अनुसंधाता की शोध दृष्टि वाले रसग्राही सहृदय थे। उनकी इतिहास दृष्टि रवींद्रनाथ के मानववाद से प्रेरित, प्रभावित और पोषित थी। वह साहित्य के इतिहास की जनचेतना के इतिहास के रूप में व्याख्या करने के आग्रही थे और मानते थे, 'साहित्य मानवजीवन से सीधा उत्पन्न होकर सीधे मानव जीवन को प्रभावित करता है। साहित्य में उन सारी बातों का जीवंत विवरण होता है जिसे मनुष्य ने देखा है, अनुभव किया है, सोचा है, समझा है।' द्विवेदी ने भले विधिवत, प्रवृत्तिपरक इतिहास लेखन नहीं किया और आधुनिक काल का अत्यंत संक्षिप्त अध्ययन प्रस्तुत किया, पर उन्होंने उन खाली जगहों को भर देने का महत्वपूर्ण दायित्व निभाया, जो शुक्ल के इतिहास में छूट गई थीं।

रामविलास शर्मा हिंदी के मार्क्सवादी विचारधारा-संपन्न एक प्रमुख इतिहास लेखक एवं साहित्येतिहास चिंतक रहे हैं। उन्होंने हिंदी साहित्य का इतिहास जैसे नाम से कोई किताब नहीं लिखी, फिर भी उनका लगभग पूरा लेखन इसी से संबंधित कहा जा सकता है। उन्होंने सामान्य इतिहास, भाषा का इतिहास और साहित्येतिहास से संबंधित कम-से-कम 32 पुस्तकें लिखीं, जिनमें से कुछेक हैं– मानव सभ्यता का विकास (1956), सन 57 की राज्यक्रांति (1957), भारत में अंग्रेजी राज्य और मार्क्सवाद (1982 में दो भाग, तीसरा-1984), भारतीय इतिहास और ऐतिहासिक भौतिकवाद, इतिहास दर्शन, भाषा और समाज (1961), भारत के प्राचीन भाषा परिवार और हिंदी (तीन खंड, क्रमशः 1979, 80, 81 में), भारतेंदु युग और हिंदी भाषा की विकास परंपरा (1973), महावीर प्रसाद द्विवेदी और हिंदी नवजागरण (1977), लोकजागरण और हिंदी साहित्य की भूमिका (भूमिका भाग, 1985), हिंदी जाति का साहित्य (1986), भारतीय साहित्य के इतिहास की समस्याएं (1986) आदि। उन्होंने राष्ट्रीय मानवतावादी एवं लोकजागरण की दृष्टि से कला साहित्य और संस्कृति की महान भारतीय परंपराओं की व्याख्या की। उन्होंने हिंदी जाति का सवाल उठाया और कहा, हिंदी साहित्य हिंदी जाति का साहित्य है।

वह स्पष्ट करते हैं, 'हिंदी, बांग्ला, मराठी, तमिल आदि भाषाएं बोलने वाले समुदायों को जाति कहते हैं।' इस बात को वह एक व्यापक परिप्रेक्ष्य में स्पष्ट करते हैं, 'यूरोप में जब इतालवी, फ्रांसीसी, जर्मन आदि भाषाएं बोलने वाली जातियों का गठन होता है, तब उनके साहित्य का आधुनिक काल शुरू होता है। इस आधुनिक काल के कई चरण हैं, पर इसकी शुरुआत जातीय गठन के समय होती है। यही स्थिति हिंदी और अन्य अनेक भारतीय भाषाओं की है।' (हिंदी जाति का साहित्य)। यह स्थापना हिंदी साहित्य के विकास को समझने की दृष्टि पूरी तरह बदल देती है और एक तरह से खुसरो, विद्यापति के समय से हिंदी के आधुनिक काल की शुरुआत मानती है। रामविलास शर्मा यह भी कहते हैं, 'हिंदी जाति के वृहद सांस्कृतिक इतिहास का ही अंग है –हिंदी जाति के साहित्य का इतिहास।'

जिसे पूर्व-मध्यकाल कहा जाता है, उसे रामविलास जी लोकजागरण से जोड़ते हैं। वह भक्ति काव्य के सामाजिक आधारों की खोज करते हुए रीति काव्य को सामंती अभिरुचि से जुड़ा बताते हैं और एक रीतिवादी-चमत्कारी धारा का उल्लेख करते हैं। वह भारतेंदु युग, द्विवेदी युग, छायावाद और प्रगतिवाद को विकास में देखते हुए इन्हें 'रीति विरोधी क्रांति

का विकास' कहते हैं, इन साहित्यिक विकासों को वह साम्राज्यवाद-सामंतवाद विरोध से जोड़ते हैं। उनके कथा प्रतिमान प्रेमचंद और कविता के प्रतिमान निराला थे। उन्होंने विशेष रूप से नवजागरण पर विचार किया। उनके मत में हिंदी क्षेत्र का नवजागरण बंगाल या गुजरात के नवजागरण से भिन्न है, इसका संबंध 1857 के राष्ट्रीय जागरण से है। उन्होंने हिंदी नवजागरणों के तीन चरणों 1857 की क्रांति, भारतेंदु युग तथा महावीर प्रसाद द्विवेदी युग की चर्चा की। भारतेंदु की 'राष्ट्रीय भावधारा' को धर्मनिरपेक्ष बताते हुए बंकिमचंद्र की 'हिंदू चेतना वाली राष्ट्रीयता' से उसे अलगाया। उन्होंने शुक्ल जी की इतिहास दृष्टि का विचार करते हुए हिंदी साहित्य को जातीय निरंतरता में देखा। रीतिवादी-चमत्कारवादी धारा के समानांतर लोक जागरण की धारा को पहचाना।

आचार्य शुक्ल के बाद के युगों में कई साहित्येतिहास सामने आए, जैसे—हिंदी भाषा और साहित्य का इतिहास (चतुरसेन शास्त्री, 1946), हिंदी साहित्य के विकास की रूपरेखा (रामअवध द्विवेदी, 1956), हिंदी काव्य की सामाजिक भूमिका (शंभूनाथ सिंह, 1966) आदि। यह भी सच है कि साहित्येतिहास के सैद्धांतिक पक्ष को लेकर नलिन विलोचन शर्मा के बाद और व्यावहारिक इतिहास लेखन के संदर्भ में वस्तुतः शुक्ल जी के बाद संपूर्णता वाली पुस्तकें कम ही आईं।

मौलिक साहित्येतिहास पुस्तकों के अलावा संपादित पुस्तक सोलह भागों में नागरी प्रचारिणी सभा का 'हिंदी साहित्य का वृहद इतिहास' आया। इसके अलावा नगेंद्र एवं सुरेशचंद्र गुप्त द्वारा संपादित 'हिंदी साहित्य का इतिहास', 'आलोचना' पत्रिका का 'इतिहास विशेषांक' भी उल्लेखनीय हैं। इनमें से कई साहित्येतिहास पुस्तकें शुक्ल जी के इतिहास की प्रक्रिया में अथवा उससे प्रभावित होकर लिखी गईं। इनके काल विभाजन, प्रवृत्ति विवेचन आदि शुक्ल जी से बहुत भिन्न नहीं कहे जा सकते। हिंदी साहित्येतिहास पर पुस्तकों की संख्या बहुत बड़ी होते हुए भी अधिकांश मामूली ढंग से छात्रोपयोगी हैं। कुछ साहित्येतिहास लेखन में समाज और राजनीति से साहित्य का सतही रिश्ता जोड़ा गया और उनके मध्य रचनात्मक योग सूत्र की तलाश करने की जहमत नहीं उठाई गई। हिंदी के आधुनिक और समकालीन साहित्य का विवेचन खंडित दृष्टि का शिकार बनता रहा।

कुछ इतिहास ग्रंथ विशेषण लेकर आए—हिंदी साहित्य का आलोचनात्मक इतिहास (रामकुमार वर्मा, 1938), हिंदी साहित्य के अस्सी वर्ष (शिवदान सिंह चौहान, 1953), हिंदी साहित्य का वैज्ञानिक इतिहास (गणपति चंद्र गुप्त, 1965), हिंदी साहित्य का नया इतिहास (रामखेलावन पांडेय, 1969), हिंदी साहित्य का दूसरा इतिहास (बच्चन सिंह, 2009), हिंदी साहित्य का आधा इतिहास (सुमन राजे, 2004)। ऐसे इतिहास ग्रंथ कई दृष्टियों से महत्वपूर्ण होते हुए भी पर्याप्त नहीं लगते। रामस्वरूप चतुर्वेदी के 'हिंदी साहित्य और संवेदना का विकास' (1986) में लेखक का कथन है कि इसमें 'भाषा और साहित्य के साथ-साथ हिंदी भाषी जाति के जीवन मूल्यों को भी रेखांकित करने का उपक्रम' हुआ है और संवेदनात्मक विकास को समझने में सुविधा हो, इसलिए 'कवि कीर्तन' के बजाय कविता कीर्तन यहां प्रमुख है। इसमें कविता कीर्तन ही विशेष रूप से है, कथा या नाटक कीर्तन उतना नहीं है, क्योंकि लेखक के अनुसार, 'कविता की भाषा सबसे अधिक सर्जनात्मक होती है और इसी माने में कविता सबसे अधिक साहित्य है।'

हिंदी साहित्य का इतिहास लिखने के मार्ग में कई समस्याएं रही हैं। कुछ समस्याएं हैं—हिंदी की उपभाषाओं, बोलियों के साहित्य को इसमें किस रूप में स्थान दिया जाए, इसमें दक्खिनी हिंदी या उर्दू के साहित्य की चर्चा हो या न हो, प्रमुख के साथ गौण रचनाकारों की भारी भीड़ कैसे शामिल की जाए, काल विभाजन और नामकरण के परंपरागत रूपों की जगह नए रूप कैसे सामने आएं? इतिहासकार के लिए सही-सही काल क्रमानुसार ग्रंथों एवं पत्र-पत्रिकाओं की सूची देना तक मुश्किल है। हमारे साहित्येतिहासों में राजनीतिक, सैद्धांतिक या साहित्येतर

कारणों से कई रचनाकारों, विधाओं और प्रवृत्तियों का निष्पक्ष मूल्यांकन नहीं हो पाता। इक्कीसवीं सदी में आकर भी हिंदी के नए प्रामाणिक एवं संतुलित साहित्येतिहास लेखन की समस्या बनी हुई है। दूसरी तरफ, हिंदी साहित्य का जैसा वैभव बन चुका है, उसका संपूर्ण इतिहास कोई एक लेखक प्रस्तुत कर पाए, यह संभव नहीं लगता। संभव है कि अनेक लेखकों के द्वारा लिखे जाने वाले इतिहास कुछ अंतर्विरोधों के बावजूद सार्थक लगें।

सुवास कुमार

अधिक जानकारी के लिए :
1. हिंदी साहित्य का इतिहास दर्शन : आनंद नारायण शर्मा, **2. साहित्य का इतिहास दर्शन :** नलिन विलोचन शर्मा, **3. साहित्य और इतिहास दृष्टि :** मैनेजर पांडेय, **4. साहित्य का इतिहास दर्शन :** शिवकुमार, **5. हिंदी साहित्य का इतिहास :** रामनिरंजन परिमलेंदु, **6. हिंदी साहित्य का इतिहास :** रामचंद्र शुक्ल

हिंदी सिनेमा

भारत में सिनेमा की शुरुआत 1896 में हो गई थी, जब फ्रांस के लुई ल्युमिए और ऑगस्त ल्यूमिए दो भाइयों ने अपनी लघु फिल्मों का प्रदर्शन बंबई में किया था। इन्हीं दोनों भाइयों को सिनेमा के आविष्कार का श्रेय दिया जाता है। इनके प्रदर्शनों से प्रभावित होकर कुछ भारतीयों ने इस दिशा में काम करने का निर्णय लिया। हीरालाल सेन (1866-1917) पहले भारतीय थे जिन्होंने 1898 में फिल्म निर्माण के क्षेत्र में कदम रखा। 1899 में हरिश्चंद्र सखाराम भाटवडेकर (1868-1958) ने मुंबई के हेंगिंग गार्डन में कुश्ती प्रतियोगिता को फिल्माया था। ये सभी प्रयास लघु फिल्मों के थे। कथा फिल्म की शुरुआत 1912 में 'पुंडलिक' फिल्म से हुई थी। हीरालाल सेन ने 'पुंडलिक' नामक नाटक की रंगमंच प्रस्तुति का फिल्मांकन किया था और एक फिल्म के तौर पर उसका पहला प्रदर्शन 18 मई 1912 को हुआ था। लेकिन कथा फिल्में बनाने का वास्तविक श्रेय ढुंढिराज गोविंद फाल्के (1870-1944) को जाता है, जिन्हें दादा साहब फाल्के के नाम से जाना जाता है। दादा साहब पहले व्यक्ति थे जिन्होंने फीचर फिल्म की कल्पना की और बनाई। उन्होंने फिल्म बनाने के अपने सपने को 'राजा हरिश्चंद्र' के रूप में साकार किया था। फाल्के ने एक विदेशी फिल्म 'दि लाइफ ऑफ क्राइस्ट ' देखकर तय किया था कि उन्हें भी फिल्म बनानी चाहिए और इसके लिए उन्होंने हिंदू पौराणिक चरित्र 'राजा हरिश्चंद्र' के जीवन को पेश करने का निर्णय लिया। फिल्म बनाने के जरूरी संसाधन हासिल करने के लिए वे खुद लंदन गए थे और वहां से कैमरा और दूसरे जरूरी उपकरण लेकर ही नहीं आए बल्कि फिल्म निर्माण का प्रशिक्षण भी प्राप्त करके आए। 'राजा हरिश्चंद्र' का पहला सार्वजनिक प्रदर्शन 3 मई 1913 को मुंबई के कोरोनेशन थियेटर में हुआ था।

मूक सिनेमा का दौर (1912-1930) : 1913 में सिनेमा में आवाज का इस्तेमाल करने की तकनीक का आविष्कार नहीं हुआ था। इसलिए सभी फिल्में मूक होती थीं। दादा साहब फाल्के ने अगले पंद्रह सालों में 95 फीचर फिल्में और 26 लघु फिल्में बनाईं। शुरुआती मूक फिल्मों में स्त्री चरित्र भी पुरुषों द्वारा निभाए जाते थे। लेकिन धीरे-धीरे स्त्रियों ने भी फिल्मों में काम करना शुरू किया और उनमें से कुछ अभिनेत्रियों ने काफी प्रसिद्धि भी अर्जित की। उस समय एक फिल्म बनाने पर दस से पंद्रह हजार रुपये खर्च होते थे, लेकिन इन दस-पंद्रह हजार रुपयों का इंतजाम करना आसान काम नहीं था। इसलिए फिल्म बनाने और उनके प्रदर्शन के लिए कई कंपनियां स्थापित की गईं। स्वयं दादा साहब फाल्के ने 'हिंदुस्तान फिल्म्स' नाम से एक कंपनी की स्थापना की थी जिसमें उनके अलावा अन्य कई भागीदार थे।

इस आरंभिक दौर में फिल्में बनाने के लिए स्थापित कंपनियां फिल्मों का निर्माण उसी तरह से करती थीं जैसे कोई अन्य कंपनी माल का उत्पादन करती है। अभिनेताओं से लेकर तकनीशियनों तक को नौकरी पर रखा जाता था। फिल्मों को उनके

अभिनेताओं या निर्देशकों के आधार पर नहीं, बल्कि कंपनी के नाम से ज्यादा जाना जाता था। पौराणिक और चमत्कारिक कहानियां चुनने की एक वजह यह भी थी कि उस समय पश्चिम से जो फिल्में आयातित की जाती थीं और जिन्हें भारतीय सिनेमाघरों में दिखाया जाता था, उनकी तुलना में भारतीय फिल्मों को सफल होने के लिए यह सबसे आसान रास्ता नजर आता था। भारत जैसे देश में जहां नाटक और फिल्में देखना अच्छा नहीं समझा जाता था, धार्मिक और पौराणिक फिल्मों के माध्यम से दर्शकों को सिनेमाघरों तक आसानी से खींचा जा सकता था।

1912-13 से 1930 तक 1300 से अधिक मूक फिल्में बनीं। मूक फिल्मों के पूरे दौर में अधिकतर फिल्में पौराणिक, धार्मिक या ऐतिहासिक कथाओं पर आधारित होती थीं। कुछ फिल्में अरब, यूरोप आदि की लोकप्रिय कहानियों पर भी बनी थीं। सामाजिक विषयों पर फिल्मों का निर्माण बहुत कम हुआ। 1924 में बनी फिल्म 'बीसवीं सदी' में मुंबई के पूंजीपति वर्ग की आलोचना की गई थी। 1925 में बनी 'सावकारी पाश' किसानों की ऋण समस्या पर आधारित थी। इस फिल्म के नायक वी शांताराम (1901-1990) थे। मूक सिनेमा के दौर में ही बाबूराव पेंटर (1890-1954) जैसे फिल्मकार उभर चुके थे। उनके लिए सिनेमा सिर्फ मनोरंजन का माध्यम नहीं था बल्कि सामाजिक संदेश देने का माध्यम भी था। 'सावकारी पाश' इन्हीं बाबूराव पेंटर के निर्देशन में बनी थी जिसका कथानक किसानों की ऋण समस्या पर आधारित था। 1930 और 1940 के दशक में मराठी और हिंदुस्तानी फिल्मों को ऊंचाइयों की ओर ले जाने वाले विष्णुपंत गोविंद दामले (1892-1945), शेख फत्तेलाल (1897-1964) और वी शांताराम इन्हीं बाबूराव पेंटर की देन थे। भारतीय सिनेमा में यथार्थवाद की शुरुआत का श्रेय भी बाबूराव पेंटर को जाता है।

फिल्में देखने के प्रति बढ़ती रुचि और इस बात के अंदेशे से कि कहीं फिल्म का इस्तेमाल भारतीयों में आजादी की भावना भड़काने के लिए न होने लगे, ब्रिटिश सरकार ने फिल्मों के लिए सेंसर की व्यवस्था लागू की। 1918 में फिल्म प्रदर्शन संबंधी कानून पारित किया गया जो 1920 से लागू हुआ। यही वजह है कि 1947 से पहले आजादी के आंदोलन को आधार बनाकर कोई फिल्म नहीं बन सकी।

सवाक फिल्मों का आरंभिक दौर (1931-1947) : दो दशकों में ही ऐसे कई फिल्मकार सामने आ गए थे जिनके लिए फिल्में महज मनोरंजन का माध्यम नहीं थीं। ये फिल्मकार मुख्य रूप से तीन फिल्म कंपनियों से जुड़े थे। 1929 में कोल्हापुर में प्रभात फिल्म कंपनी की स्थापना की गई थी। इसकी स्थापना करने वालों में वी शांताराम, विष्णुपंत दामले, शेख फत्तेलाल, केशवराव ढेबर (1890-1978) आदि शामिल थे। वी शांताराम, दामले और फत्तेलाल ने मराठी और हिंदी में कई सामाजिक दृष्टि से उद्देश्यपूर्ण फिल्में बनाई थीं। कलकत्ता के न्यू थियेटर्स की स्थापना 1930 में वीरेंद्रनाथ सरकार (1901-1980) ने की थी। उन्होंने बांग्ला और हिंदी में कई महत्वपूर्ण फिल्में बनाईं और कई महान फिल्मकारों को काम करने का अवसर प्रदान किया। न्यू थियेटर्स से नितिन बोस (1897-1986), प्रमथेशचंद्र बरुआ (1903-1953), अमर मलिक (1899-1972), देवकी कुमार बोस (1898-1971), कुंदनलाल सहगल (1904-1947), केदार शर्मा (1910-1999), रायचंद बोराल (1903-1981), पंकज मलिक (1905-1978), तिमिर बरन (1904-1987), बिमल रॉय (1909-1966), ऋषिकेश मुखर्जी (1922-2006) जैसे महान फिल्मकार और कलाकार जुड़े थे। हिमांशु रॉय (1892-1940) द्वारा स्थापित बोंबे टॉकिज ने भी 1930 के दशक में कई बड़े फिल्मकार और कलाकार सिनेमा को दिए थे। इन तीन कंपनियों के अलावा भी कई कंपनियां थीं जिन्होंने उस दौर की कुछ महत्वपूर्ण और लोकप्रिय फिल्मों का निर्माण किया था।

इसी दौर में हिंदी सिनेमा से हिंदी और उर्दू के कई महत्वपूर्ण लेखक भी जुड़े थे। उन्होंने फिल्मों के लिए पटकथा, संवाद और गीत लिखे थे। उनमें प्रेमचंद (1889-1936), सआदत हसन मंटो (1912-

1955), अमृतलाल नागर (1916-1990), नरेंद्र शर्मा (1913-1989) आदि प्रमुख हैं। 1936 में प्रगतिशील लेखक संघ की स्थापना के बाद जो संस्कृति के क्षेत्र में आंदोलनात्मक स्थितियां पैदा हुईं उन्होंने भी फिल्मकारों को प्रगतिशील विषयवस्तु उठाकर फिल्में बनाने के लिए प्रेरित किया। इसके लिए साहित्यिक रचनाओं को भी आधार बनाया जाता था। प्रेमचंद के अपने समय में उनके उपन्यास 'सेवासदन' (1934) पर फिल्म बन गई थी। इस फिल्म का निर्देशन नानुभाई वकील ने किया था और उस जमाने की प्रसिद्ध अभिनेत्रियों जुबैदा और जद्दन बाई ने इसमें काम किया था। लेकिन यह फिल्म प्रेमचंद को पसंद नहीं आई थी। इसी उपन्यास पर 1938 में तमिल में भी फिल्म बनी थी जिसमें महान गायिका एम एस सुब्बुलक्ष्मी ने नायिका की भूमिका निभाई थी और निर्देशन अपने समय के महान निर्देशक के सुब्रह्मण्यन ने दिया था।

1931 में प्रदर्शित हुई आर्देशिर ईरानी (1886-1969) की 'आलम आरा' भारत की पहली सवाक फिल्म थी। इस फिल्म की कहानी जोसेफ डेविड के पारसी नाटक पर आधारित थी। इस फिल्म में वे सभी तत्व हैं जो बाद में भारतीय फिल्मों की पहचान बने। 'आलम आरा' में सात गाने थे। (देखें 'हिंदी फिल्म गायकी')। इसमें नृत्य भी शामिल किए गए थे। फिल्म में नायिका की भूमिका उस दौर की प्रसिद्ध अभिनेत्री जुबैदा ने निभाई थी और इसमें पृथ्वीराज कपूर और एल वी प्रसाद ने भी काम किया था। हिंदी सिनेमा का इतिहास यहीं से शुरू होता है। यह और बात है कि इस ऐतिहासिक महत्व की फिल्म के प्रिंट आज उपलब्ध नहीं हैं। यह फिल्म उस बोलचाल की भाषा में बनी थी जिसे हिंदुस्तानी जबान कहा जाता था और जो हिंदी की संस्कृतनिष्ठता से और उर्दू के फारसीपन से काफी हद तक मुक्त थी। हिंदी सिनेमा की भाषा इसी हिंदुस्तानी से समृद्ध हुई है।

फिल्मकार भले इस दौर में राजनीतिक फिल्में न बना पा रहे हों, लेकिन वे सामाजिक प्रश्न फिल्मों के माध्यम से उठाते थे। 1932 में न्यू थियेटर्स ने देवकी बोस के निर्देशन में बांग्ला में 'चंडीदास' फिल्म बनाई थी जिसमें भक्ति आंदोलन के महान कवि चंडीदास के जीवन को पेश किया गया था। इस फिल्म के माध्यम से जातिगत ऊंच-नीच का सवाल उठाया गया था। इस फिल्म को दो साल बाद ही न्यू थियेटर्स ने नितिन बोस के निर्देशन में हिंदी में भी बनाया था। देवकी बोस ने अगले साल ही बांग्ला और हिंदी में मीराबाई के जीवन पर फिल्म बनाई। हिंदी फिल्म 'राजरानी मीरा' में के एल सहगल और दुर्गा खोटे ने काम किया था। 1933 में न्यू थियेटर्स ने हिंदी में 'यहूदी की लड़की' फिल्म बनाई थी जो आगा हश्र कश्मीरी (1879-1935) के नाटक पर आधारित थी और जिसमें सांप्रदायिक सद्‌भाव का संदेश दिया गया था। इसी नाटक पर बाद में बिमल रॉय ने 'यहूदी' नाम से फिल्म बनाई जिसमें दिलीप कुमार और मीना कुमारी ने काम किया था।

प्रभात फिल्म्स के बैनर तले 1934 में वी शांताराम ने 'अमृतमंथन' फिल्म बनाई थी जिसमें धर्म के नाम पर दी जाने वाली पशुओं की बलि का विरोध किया गया था। 1934 में मोहन भवनानी ने 'मजदूर' फिल्म बनाई जिसमें मजदूरों के अधिकारों को विषय बनाया गया था। इस फिल्म की पट कथा प्रेमचंद ने लिखी थी। देवकी बोस की फिल्म 'इंकलाब' (1935) में भूकंप का लाभ उठाने की व्यावसायिक कोशिशों को दिखाया गया है। बोंबे टॉकीज ने 1936 में 'अछूत कन्या' फिल्म के माध्यम से एक ब्राह्मण लड़के और एक दलित लड़की की प्रेम कहानी दिखाई। 1936 में प्रभात फिल्म्स ने मराठी में 'संत तुकाराम' फिल्म बनाई जिसमें ब्राह्मणवादी जाति व्यवस्था की आलोचना थी। इन उदाहरणों से साफ है कि 1930 के बाद भारतीय सिनेमा में ऐसे फिल्मकारों का आगमन बड़ी संख्या में होने लगा था जिनके लिए फिल्म निर्माण उच्च सामाजिक मकसद से प्रेरित था। इन फिल्मकारों ने सिनेमा निर्माण की मेलोड्रामाई परंपरा का अनुकरण करते हुए भी अपने सामाजिक उद्देश्य को कभी आंखों से ओझल नहीं होने दिया।

इसी दौर में सामान्य मनोरंजन की फिल्में भी लगातार बन रही थीं। 1943 में ज्ञान मुखर्जी (1909-1957) के निर्देशन में बनी 'किस्मत' ऐसी ही फिल्म थी जो कोलकाता में लगातार तीन साल तक चली थी। यह एक फार्मूला फिल्म थी जिसमें खोया हुआ बच्चा बहुत साल बाद अपने माता-पिता से दुबारा मिलता है। इस फार्मूले पर हिंदी में सैकड़ों फिल्में बन चुकी हैं। यह फिल्म दूसरे विश्वयुद्ध के दौरान बनी थी। इसमें कवि प्रदीप का लिखा और गाया देशभक्ति का एक गीत था जिसके बोल थे, 'आज हिमालय की चोटी से फिर हमने ललकारा है, दूर हटो ए दुनिया वालो हिंदुस्तान हमारा है।' सेंसर से बचने के लिए इसमें दुश्मन के रूप में जापान को निशाना बनाया गया था, लेकिन सांकेतिक रूप से ब्रिटिश सत्ता की तरफ इशारा था। लोकप्रिय सिनेमा ने एक निश्चित स्वरूप 1930 और 1950 के बीच ग्रहण करना शुरू कर दिया था। इसने यूरोप और अमेरिका से प्रभाव ग्रहण किया लेकिन अपना एक स्वतंत्र रास्ता भी बनाया। यह रास्ता पारसी रंगमंच के नाटकों से प्रेरित था जिसमें गीत, संगीत और नृत्य अनिवार्य तत्व होते थे। यथार्थवादी फिल्मों में भी इन्हें शामिल किया जाता था। इन फिल्मों का संगीत न शास्त्रीय और न ही लोक परंपरा का अनुकरण था बल्कि इन सब का एक सुमधुर संगम था। हिंदी फिल्मों के गीत अपनी स्वतंत्र इयत्ता भी स्थापित करने में हमेशा कामयाब रहे।

1940 और 1950 के दशक में फिल्म उद्योग का काफी विस्तार हो गया था। अब यह लाखों-करोड़ों का व्यवसाय था और फिल्म बनाना काफी महंगा होता जा रहा था। दूसरे विश्वयुद्ध के कारण फिल्मों के लिए जरूरी कच्चा माल आसानी से नहीं मिल रहा था। इसके बावजूद फिल्मकार बेहतर फिल्में बना रहे थे। इस दौर में कई महत्वपूर्ण फिल्मकार हिंदी सिनेमा के क्षेत्र में सक्रिय हुए जिनमें सोहराब मोदी (1897-1984), महबूब खान (1907-1964), केदार शर्मा (1910-1999), बिमल रॉय, अमिय चक्रवर्ती (1912-1957), ख्वाजा अहमद अब्बास (1914-1987), बी आर चोपड़ा (1914-2008), कमाल अमरोही (1918-1993), चेतन आनंद (1921-1997), राजकपूर (1924-1988), गुरुदत्त (1925-1964) आदि के नाम खास तौर पर उल्लेखनीय हैं।

हिंदी सिनेमा का स्वर्ण युग (1947-1964) : इस दौर की फिल्में नेहरू युग की विचारधारा का प्रतिनिधित्व करती थीं। ये फिल्में मेलोड्रामाई शैली में ही बनाई गई थीं, लेकिन इस शैली ने फिल्मों के यथार्थवादी कथ्य को कमजोर नहीं किया था बल्कि इसे अधिक संप्रेषणीय बना दिया था। इस दौर की फिल्में दो तरह के नजरिए को पेश कर रही थीं। एक में आजादी के बाद का आशावाद था (दुख भरे दिन बीते रे भैया अब सुख आयो रे, रंग जीवन में नया लायो रे) और दूसरे में स्थितियों की भयावहता के कारण पैदा नैराश्य था ('जिन्हें नाज है हिंद पर वे कहां हैं' और 'ये दुनिया अगर मिल भी जाए तो क्या है')। फिर भी, एक तरह की हल्की आशा की किरण बाकी थी : 'वो सुबह कभी तो आएगी।'

यह वह दौर था जब हिंदी और दूसरी भाषाओं में लोकप्रिय और कलात्मक फिल्मों का निर्माण अपने उत्कर्ष पर था। इन दोनों तरह की फिल्मों में मनोरंजन के साथ-साथ सामाजिक सवालों को भी कथा का विषय बनाया गया था। डेढ़ दशक के इस दौर में हिंदी में 'दहेज', 'दो आंखें बारह हाथ', 'डॉ. कोटनीस की अमर कहानी' (वी शांताराम), 'चित्रलेखा', 'जोगन', 'बावरे नैन' (केदार शर्मा), 'आवारा', 'बूट पालिश', 'श्री 420', 'जागते रहो', 'जिस देश में गंगा बहती है', 'अब दिल्ली दूर नहीं' (राजकपूर/फिल्मों के अलग-अलग निर्देशक), 'आन', 'अमर', 'मदर इंडिया' (महबूब खान), 'आनंद मठ', 'काबुली वाला' (हेमेन गुप्ता), 'बैजू बावरा' (विजय भट्ट), 'दाग', 'पतिता', 'कठपुतली', 'सीमा' (अमिय चक्रवर्ती), 'दायरा' (कमाल अमरोही), 'दो बीघा जमीन', 'सुजाता', 'देवदास', 'यहूदी', 'परख', 'मधुमती', 'बंदिनी' (बिमल रॉय), 'हमलोग', 'फुटपाथ', 'आवाज' (जिया सरहदी), 'मिर्जा गालिब'

(सोहराब मोदी), 'मुन्ना', 'शहर और सपना', 'चार दिल चार राहें', 'आसमान महल' (ख्वाजा अहमद अब्बास), 'गर्म कोट' (राजेंद्र सिंह बेदी/अमर कुमार), 'नया दौर' (बी आर चोपड़ा), 'साहब बीवी और गुलाम', 'प्यासा', 'कागज के फूल' (गुरुदत्त), 'अफसर', 'टैक्सी ड्राइवर' (चेतन आनंद), 'सोने की चिड़िया' (शाहीद लतीफ), 'लाजवंती' (नरेंद्र सूरी), 'अनुराधा', 'अनाड़ी' (ऋषिकेश मुखर्जी), 'धूल का फूल', (यश चोपड़ा), 'पैगाम' (एस एस वासन), 'फिर सुबह होगी' (रमेश सहगल), 'मुगले आजम' (के. आसिफ), जैसी सामाजिक दृष्टि से जागरूक मनोरंजक फिल्मों का निर्माण हुआ था।

व्यावसायिक सिनेमा का उभार : व्यावसायिक मानसिकता के बढ़ते वर्चस्व की अभिव्यक्ति सिनेमा में भी होने लगी। 1940-60 के बीच के दौर में फिल्में उनके निर्देशकों द्वारा पहचानी जाती थीं। अभिनेताओं का भी महत्व था। इन्होंने अतिरंजित और लाउड अभिनय से नाता तोड़कर यथार्थवादी अभिनय कला को अपनाया था। मोती लाल (1910-1965), अशोक कुमार (1911-2001), बलराज साहनी (1913-1973), और दिलीप कुमार (जन्म : 1922) ने इस कला को उत्कर्ष के शिखर पर पहुंचाया था। नायिकाओं में नरगिस (1929-1981), मीना कुमारी (1932-1972), मधुबाला (1933-1969), नूतन (1936-1991), वहीदा रहमान (जन्म : 1938) आदि प्रमुख थीं। उन्होंने अभिनय की इसी शैली में अपनी क्षमता का परिचय दिया।

लेकिन 1960 के बाद की फिल्मों में निर्देशक गौण होता चला गया। सामाजिक उद्देश्य हाशिए पर पहुंचने लगा और फिर वह लुप्त ही हो गया। उसकी जगह प्रेम त्रिकोण वाली कहानियों ने ले ली जिनमें खलनायक की मौजूदगी जरूरी हो गई। फिल्में नायक केंद्रित बनने लगीं और नायक को जितना ग्लैमराइज करना संभव था, किया जाने लगा। नायिका का काम सिर्फ खूबसूरत गुड़िया बनकर नायक का मनबहलाव करना होता था। 1950-1960 के दौरान जो फिल्मकार सामाजिक मकसद वाली फिल्में बना रहे थे, उनमें से कुछ (बिमल रॉय, गुरुदत्त और महबूब) का देहांत हो गया था। कुछ (राजकपूर, चेतन आनंद, बी आर चोपड़ा) धीरे-धीरे व्यावसायिकता की ओर मुड़ने लगे थे। बढ़ती व्यावसायिकता ने फिल्म निर्माण में खर्च बढ़ा दिए। अभिनेता मुंहमांगा पैसा मांगने लगे। अब वे फिल्मों में सवैतनिक काम नहीं करते थे बल्कि ज्यादातर कलाकार पूरी फिल्म के लिए निश्चित राशि लेते थे। यह राशि उनकी बाजार मांग से तय होती थी। उनकी इच्छा से फिल्म में गाने, नृत्य और फाइटिंग के दृश्यों का समावेश होने लगा था। यह हिंदी सिनेमा के पतन का दौर था।

समानांतर सिनेमा : इसी दौर (1960) में पुणे में प्रभात स्टूडियो के प्रांगण में भारत सरकार ने फिल्म और टेलीविजन संस्थान की स्थापना की। इसके माध्यम से फिल्म अभिनेता, निर्देशक, छायाकार, साउंड रिकॉर्डिस्ट और पटकथा लेखकों की एक नई पीढ़ी सामने आई। इस संस्थान के माध्यम से वे विश्व के उस बेहतरीन सिनेमा से परिचित हो चुके थे जो फ्रांस, इटली, जर्मनी, सोवियत संघ आदि देशों में बन रहा था। वे भारत की विभिन्न भाषाओं में बनने वाली उन फिल्मों से भी परिचित हो रहे थे जिनकी ओर व्यावसायिक सिनेमा के शोरगुल के कारण ध्यान नहीं जाता था। बांग्ला में सत्यजित रॉय (1921-1992), ऋत्विक घटक (1925-1976), मृणाल सेन (जन्म : 1923), मलयालम में जी अरविंदन (1935-1991), अडूर गोपालकृष्णन (जन्म : 1941) और दूसरी कई भाषाओं में बनने वाली ऐसी फिल्मों को देखकर फिल्मकारों को एहसास हुआ कि फिल्म की कला को सीखना हो तो इन्हीं की फिल्मों से सीखा जा सकता है।

व्यावसायिक हिंदी फिल्मों का अपने उथल-पुथल से भरे समय की वास्तविकता से कोई लेना-देना नहीं था। इस दृष्टि से 1960 के बाद का व्यावसायिक सिनेमा युवा फिल्मकारों को बहुत छिछला, अश्लील और निरर्थक लगा। यही वजह है कि पहली बार

व्यावसायिकता और रचनात्मकता का एक स्पष्ट भेद फिल्मों के माध्यम से स्थापित हुआ। समानांतर सिनेमा अस्तित्व में आया। दर्शकों को भी एहसास हुआ कि ये वे फिल्में नहीं हैं जिन्हें अब तक देखते रहे हैं। ये नए आस्वाद वाली फिल्में हैं। व्यावसायिक फिल्मों से आम दर्शकों की रुचि काफी हद तक भ्रष्ट हो चुकी थी। इसलिए शहरी और शिक्षित मध्यवर्ग के एक छोटे-से हिस्से को छोड़कर नई तरह के सिनेमा को प्रायः दर्शकों ने स्वीकार नहीं किया। लेकिन पहली बार हिंदी और अन्य भारतीय भाषाओं में फिल्में एक राजनीतिक परिप्रेक्ष्य और सामाजिक बदलाव के मकसद से बनाई जा रही थीं। वे फिल्मों की मेलोड्रामाई शैली के बजाय यथार्थवादी शैली में फिल्में बना रहे थे। फिल्मों से नाच-गाने और हास्य के अनावश्यक प्रसंग गायब हो गए थे। ऐसी फिल्मों में रचनात्मक अभिव्यक्ति के स्तर पर कई तरह के प्रयोग हुए। मुख्यधारा के सिनेमा से इतर यह एक नई धारा थी। इसे न्यू वेव सिनेमा भी कहा गया। इस दौर के प्रमुख फिल्मकारों में बासु भट्टाचार्य (1934-1997, 'तीसरी कसम', 'अनुभव', 'आविष्कार'), श्याम बेनेगल (जन्म : 1934, 'अंकुर', 'चरणदास चोर', 'निशांत', 'मंथन', 'भूमिका', 'जुनून', 'मंडी'), गोविंद निहलानी (जन्म : 1940, 'आक्रोश', 'अर्धसत्य', 'पार्टी', 'तमस'), बासु चटर्जी (जन्म : 1930, 'सारा आकाश', 'रजनीगंधा', 'छोटी-सी बात', 'स्वामी'), सईद अख्तर मिर्जा (जन्म : 1943, 'अरविंद देसाई की अजीब दास्तान', 'अल्बर्ट पिंटो को गुस्सा क्यों आता है', 'मोहन जोशी हाजिर हो'), गौतम घोष (जन्म : 1950, 'पार', 'अंतर्जली यात्रा'), प्रकाश झा (जन्म : 1952, 'दामुल', 'परिणति'), कुंदन शाह (जन्म : 1947, 'जाने भी दो यारो'), मणि कौल (जन्म : 1944-2011, 'उसकी रोटी', 'आषाढ़ का एक दिन', 'दुविधा', 'घासीराम कोतवाल', 'सतह से उठता आदमी'), कुमार शहानी (जन्म : 1940, 'माया दर्पण', 'तरंग', 'खयाल गाथा', 'चार अध्याय'), केतन मेहता (जन्म : 1952, 'भवनी भवई', 'अंधेर नगरी', 'मिर्च मसाला', 'माया मेमसाहब'), जब्बार पटेल (जन्म : 1942, 'सुबह') आदि कई नाम लिए जा सकते हैं। इन्होंने नई तरह की फिल्में बिल्कुल नई सिनेमाई भाषा में प्रदान कीं। इस दौर में नसीरुद्दीन शाह, शबाना आजमी, स्मिता पाटिल, ओम पुरी, जया भादुड़ी, अमोल पालेकर, संजीव कुमार, ओम शिवपुरी, सुरेखा सीकरी, सुहासिनी मुले, दीपा मेहता, सतीश शाह, फारूक शेख, अनुपम खेर, दीप्ति नवल आदि प्रतिभाशाली कलाकार उभरे।

व्यावसायिक सिनेमा प्रायः यथास्थितिवादी था जबकि समानांतर सिनेमा में यथार्थ के प्रति तीक्ष्ण आलोचनात्मक दृष्टि नजर आती थी और इसकी कुछ फिल्मों में सामाजिक बदलाव के संकेत देखे जा सकते थे। इस दौर के जन आक्रोश का इस्तेमाल व्यावसायिक सिनेमा ने भी किया जिसे अमिताभ बच्चन (जन्म : 1942) के नायकत्व वाली फिल्मों में देखा जा सकता है जो अपराध के विरुद्ध अकेले संघर्ष करता है और विजयी होता है।

व्यावसायिक सिनेमा बनाने वालों की रुचि जन भावनाओं का दोहन कर उन्हें मनोरंजन प्रदान करना था। उनका बजट ज्यादा होता था। 1975 में बनी 'शोले' फिल्म का बजट दो से तीन करोड़ माना जाता है और उसने पंद्रह करोड़ का व्यवसाय किया था। उसके दो साल बाद प्रदर्शित हुई सत्यजित राय की 'शतरंज के खिलाड़ी' फिल्म का बजट सिर्फ 20 लाख रुपए था जो ऐतिहासिक कथानक पर आधारित फिल्म थी। यह भी रंगीन फिल्म थी और उसमें अपने समय के बड़े-बड़े कलाकार थे। इसलिए इसका बजट अपेक्षाकृत ज्यादा था। उस दौर में चार-पांच लाख रुपए में अच्छी फिल्म आसानी से बनाई जा सकती थी। फिर भी व्यावसायिक फिल्म निर्माण पर करोड़ों रुपए खर्च किए जाते थे। इस दौर में अव्यावसायिक फिल्में बनाने वाले ज्यादातर फिल्मकारों को फिल्म वित्त निगम से या राज्य सरकारों से या किसी-न-किसी सरकारी संस्थान से अनुदान या ऋण मिलता था। इसलिए ऐसी फिल्में बनाना संभव हो जाता था, लेकिन फिल्मों के प्रदर्शन की व्यवस्था जिन निजी वितरक कंपनियों के हाथों में थी उनकी इन फिल्मों के प्रदर्शन

में कोई रुचि नहीं होती थी। इसलिए ज्यादातर फिल्में देश-विदेश में फिल्म समारोहों में दिखाई जाकर डिब्बे में बंद हो जाती थीं। यही वजह है कि कुछ अपवादों को छोड़कर ये फिल्में मुख्यधारा पर न प्रभाव छोड़ पाईं और न ही अपने लिए जगह बना पाईं। धीरे-धीरे बहुत-से फिल्मकारों ने व्यावसायिकता से समझौता करना शुरू कर दिया। व्यावसायिकता की मुख्यधारा निरंतर बलशाली होती गई।

भूमंडलीकरण दौर का सिनेमा : 1990 के बाद बदली अंतरराष्ट्रीय परिस्थितियों और आर्थिक उदारवादी नीतियों के प्रभाव ने लोकप्रिय सिनेमा में सामाजिक मकसद से बनने वाली फिल्मों को हाशिए पर डाल दिया। फिल्मों पर व्यावसायिकता और बढ़ी, पूंजी बड़े पैमाने पर हावी होने लगी। ऐसा नहीं है कि इस दौरान अच्छी फिल्में नहीं बनीं, लेकिन उनकी संख्या बहुत कम है। यह वह दौर है जब नेहरू युग के आदर्शवाद को पूरी तरह भुला दिया गया था, तो दूसरी ओर जन आंदोलन काफी कमजोर पड़ चुका था।

भूमंडलीकरण के प्रभाव वाली हिंदी फिल्मों को दो कोटियों में रखा जा सकता है। एक, जिसमें अपराध एक संस्था के रूप में स्थापित है। 1990 के दशक में ऐसी बहुत-सी फिल्में बनीं जिनमें माफिया गिरोहों की कारस्तानियों का यथार्थपरक चित्रण है। 'वास्तव', 'सत्या', 'कंपनी', 'हथियार', 'सरकार' और इस तरह की कई फिल्में सिर्फ इस सत्य को प्रदर्शित करती हैं कि स्थितियां पहले से ज्यादा खतरनाक हो चुकी हैं। दूसरी तरफ वे फिल्में हैं जिनमें समृद्धि, संपन्नता और विलासिता का वैभव है। ये फिल्में उदारीकरण और निजीकरण से उत्पन्न समाज के एक हिस्से की समृद्धि को महिमामंडित करती हैं। 'हम आपके हैं कौन', 'दिलवाले दुल्हनियां ले जाएंगे', 'ताल', 'परदेस', 'देवदास' जैसी बहुत-सी फिल्में इसी सत्य का प्रदर्शन करती हैं। दोनों तरह की फिल्मों में आम आदमी की कथा के लिए कोई जगह नहीं है। इस दौर में सरकारी संस्थाओं ने सामाजिक उद्देश्य से प्रेरित फिल्म बनाने के लिए वित्तीय सहायता प्रदान करने से अपना हाथ पीछे खींच लिया था।

लोकप्रिय सिनेमा अपनी सीमाओं के बावजूद आरंभ से ही सांप्रदायिक एकता और सांस्कृतिक विविधता का पक्षधर रहा है। हिंदी सिनेमा का मुख्य स्वर अब भी सांप्रदायिक सद्भाव और सांस्कृतिक विविधता पर बल देने वाला रहा है। 'जख्म', 'फिजा', 'द्रोहकाल', 'नसीम', 'देव', 'खाकी', 'अर्थ 1947', 'मम्मो' सांप्रदायिकता के भयावह प्रभाव के प्रति जागरूक करने वाली गंभीर फिल्में हैं। श्याम बेनेगल, गोविंद निहलानी, सईद अख्तर मिर्जा, दीपा मेहता, गुलजार, महेश भट्ट ने सांप्रदायिक सद्भाव की परंपरा को अपनी फिल्मों के माध्यम से बनाए रखा है।

इसी तरह इस दौर में बनने वाली फिल्मों पर भूमंडलीकरण के वैचारिक प्रभाव को देखा जा सकता है, तो उसके प्रति आलोचनात्मक रुख भी दिखाई देता है। पिछले डेढ़ दशक में एक बार फिर से कई नए फिल्मकार सामने आए हैं जो व्यावसायिक सिनेमा से कुछ भिन्न करना चाहते हैं। विशाल भारद्वाज, मधुर भंडारकर, आमिर खान, आशुतोष गोवरीकर, राजकुमार हिरानी, राकेश मेहरा, अनुराग कश्यप, सुजॉय घोष, दिवाकर बनर्जी, तिंग्मांशु धुलिया, राजकुमार गुप्ता, निशिकांत कामत, अमोल गुप्ते, राहुल ढोलकिया, नंदिता दास, शूजित सरकार, शिमित अमीन, नागेश कुकुनूर, विक्रमादित्य मोटवाने आदि कई नाम लिए जा सकते हैं। लेकिन ज्यादातर फिल्मकार एक-दो फिल्मों के बाद ही व्यावसायिकता को एकमात्र लक्ष्य बनाने लगते हैं।

फिर भी यह महज संयोग नहीं है कि इसी दौर में 'तारे जमीन पर', 'वाटर', 'गांधी माई फादर' जैसी फिल्में न सिर्फ बनी हैं बल्कि इन्हें पर्याप्त लोकप्रियता भी मिली है। इसी तरह लोकप्रिय विधा में बनने वाली ऐसी कई फिल्में हैं जिनमें हमारे समय के यथार्थ के प्रति आलोचनात्मक रुख अपनाया गया है–'लगान', 'स्वदेश', 'चांदनी बार', 'लगे रहो मुन्ना भाई', 'रंग दे बसंती', 'डोर', 'इकबाल', 'कार्पोरेट', 'पेज-3', 'यूं होता तो क्या होता', 'चक दे इंडिया', 'लाइफ इन ए

मेट्रो', 'ओ माई गॉड' आदि कई अच्छी फिल्मों के उदाहरण रखे जा सकते हैं। पिछले कुछ सालों में बनी कुछ फिल्मों के उदाहरण से ही इसे आसानी से समझा जा सकता है। विशाल भारद्वाज की 'ब्लू अंब्रेला', अनवर जमाल की 'स्वराज : ए लिटिल रिपब्लिक', भावना तलवार की 'धर्म', नंदिता दास की 'फिराक', अनुशा रिजवी की 'पीपली लाइव', बेदब्रत पैन की 'चित्तगांग', मंगेश हडवाले की 'देख इंडियन सर्कस', नीतिन कक्कड़ की 'फिल्मिस्तान', नीरज गायवान की 'मसान' और इनके अलावा अन्य बहुत-सी फिल्मों की सूची यहां पेश की जा सकती है जो कम बजट की सोद्देश्यपूर्ण फिल्में कही जा सकती हैं।

आज व्यावसायिक फिल्मों का बजट 50 से 100 करोड़ तक पहुंच गया है। एक-एक फिल्म से 100 करोड़ से ज्यादा का व्यवसाय होने लगा है, वह 'चेन्नई एक्सप्रेस' हो या 'बाहुबली'। फिर भी कहा जा सकता है कि आज फिल्म प्रौद्योगिकी में ऐसे बहुत-से बदलाव हुए हैं जिनके कारण अच्छी फिल्में कम बजट में बनाई जा सकती हैं। दरअसल, फिल्म बनाना उतना मुश्किल नहीं है जितना कि उनका सार्वजनिक प्रदर्शन। हालांकि इंटरनेट, डीवीडी आदि ने फिल्मों की उपलब्धता को अब पहले के किसी समय की तुलना में आसान बना दिया है। फिर भी, रचनात्मक सिनेमा को व्यापक जन समुदाय तक पहुंचाना और व्यावसायिक सिनेमा से भ्रष्ट हुई रुचियों के बावजूद दर्शकों में ऐसी फिल्मों के प्रति रुचि पैदा करना एक जरूरी मकसद है।

फिल्म उद्योग आज : आज सिनेमा एक बहुत बड़ा उद्योग बन चुका है। भारत में प्रतिवर्ष 1000 से अधिक फिल्में बनती हैं। 2014 में 1969 फिल्मों का निर्माण हुआ था। वैसे भारत में प्रतिवर्ष लगभग 25 भाषाओं में फिल्में बनती हैं लेकिन सबसे अधिक फिल्में हिंदी, तमिल, तेलुगु, मलयालम, बांग्ला और कन्नड़ भाषा में बनती हैं। 2013 में भारत में कुल 12 हजार एकल सिनेमाघर थे और 1200 मल्टीप्लेक्स थे। इसी तरह 2015 में 52 अरब टिकटों का विक्रय हुआ था। हिंदी फिल्मों के दर्शक एक कल्पनातीत संख्या में हैं—देश और विदेश में। ये बड़े स्क्रीन के सामने भी मौजूद हैं। अरबों रुपयों के हिंदी फिल्म उद्योग का एक विश्व बाजार है। फिल्मों की आय के प्रमुख स्रोतों में सिनेमा घरों में फिल्म के प्रदर्शन के अलावा, टेलीविजन पर प्रसारण, सीडी और डीवीडी और फिल्म के संगीत की सीडी आदि की बिक्री से होने वाली आय है। पाइरेसी के कारण फिल्मों की अवैध सीडी, डीवीडी भी बाजार में धड़ल्ले से बिकती हैं। सिनेमा में काम करने वाले कई नायकों और नायिकाओं को अब प्रति फिल्म कई करोड़ रुपए दिए जाने लगे हैं। फिल्म पर खर्च होने वाले कुल पैसे का बड़ा हिस्सा फिल्म अभिनेताओं को दी जाने वाली राशि पर खर्च हो जाता है क्योंकि माना जाता है कि कलाकारों की लोकप्रियता फिल्म को भी लोकप्रिय बना देती है।

फिल्म एक कला है जिसका उपयोग सामाजिक जागरूकता और मनोरंजन दोनों के लिए किया जा सकता है। लेकिन यदि वह फिल्मकारों के लिए मुनाफा कमाने का जरिया भर है तो उत्कृष्ट फिल्मों के निर्माण की संभावना कम हो जाती है। बाजार के दबाव के कारण बेहतर फिल्मों का निर्माण प्रभावित होता है, इसके बावजूद हर साल कुछ बेहतरीन फिल्में भी देखने के लिए मिल ही जाती हैं। इन फिल्मों ने ही हिंदी सिनेमा को एक लोकप्रिय कला माध्यम के रूप में जीवित रखा है।

जवरीमल्ल पारख

अधिक जानकारी के लिए :

1. हिंदी सिनेमा का समाजशास्त्र : जवरीमल्ल पारख, **2. समय, सिनेमा और इतिहास :** संजीव श्रीवास्तव, **3. भारतीय सिनेमा का सफरनामा :** (संपा.) जयसिंह, **4. Encyclopeadia of Hindi Cinema :** (Ed.) Gulzar, Govind Nihalani, Saibal Chaterjee

हिंदी सिनेमा : साहित्यिक गीत

पहली बोलती फिल्म 'आलमआरा' (1931) के साथ हिंदी फिल्मी गीतों का इतिहास शुरू होता है। संवाद और गीत लिखने के लिए हिंदी सिनेमा को

शैलेंद्र

हिंदी और उर्दू के लेखकों का सहयोग मिलता रहा है। सिनेमा एक लोकप्रिय दृश्य-श्रव्य माध्यम है, इसलिए संवाद और गीतों में प्रयुक्त होने वाली भाषा का भी बोलचाल के नजदीक होना जरूरी है। हिंदी फिल्मों में यह परंपरा रही है कि गीत लिखे जाने से पहले उसकी धुन बना ली जाती है। गीतकार को उस धुन पर अपने गीत की रचना करनी होती है। उसे इस बात का भी ध्यान रखना होता है कि गीत को फिल्म में कब और किस सिचुएशन में, किस पात्र या पात्रों द्वारा और किस मनःस्थिति में गाया जाना है। स्पष्ट है कि इन दो सीमाओं में रहते हुए उसे अपनी रचनात्मक क्षमता का परिचय देना होता है। ऐसा बहुत कम हुआ है कि संगीतकार ने पहले से लिखी रचनाओं को फिल्म में यथावत स्वीकार करते हुए उनकी धुन तैयार की है। इसके अपवाद वे महान कवि और शायर हैं जिनकी रचनाओं का फिल्मों में उपयोग किया गया है। मीरा, कबीर, सूरदास, तुलसीदास, मिर्जा गालिब, बहादुर शाह जफर, इकबाल आदि की बहुत-सी रचनाओं को हिंदी फिल्मों में जगह दी गई है। फिल्मों के लिए लिखने वालों में साहिर लुधियानवी (1921-1980) ही ऐसे शायर हैं जिनकी पहले से लिखी और प्रकाशित बहुत-सी गजलों और नज्मों का फिल्मों में इस्तेमाल किया गया है।

फिल्मों में प्रयुक्त होने वाले गीत, जिन्हें बोलचाल की भाषा में फिल्मी गाने कहा जाता है, दरअसल कई विधाओं में लिखे जाते रहे हैं। गीत, गजल, कव्वाली, नज्म, समूह गीत, अभियान गीत, एकल गीत, युगल गीत और इनके अलावा भी कई तरह के गेय प्रयोग सिने गीतों में होते रहे हैं। विभिन्न सामाजिक उत्सवों, अवसरों, भाव स्थितियों को ध्यान में रखकर गीतकार को अपनी रचना की भाषा और शिल्प का मौलिक और रचनात्मक इस्तेमाल करना होता है। सिने गीतकार में सभी गेय रूपों में लिखने की क्षमता और साथ ही विभिन्न रागों जिनका उपयोग गीत की धुन बनाने के लिए किया जाता है, उनकी समझ होनी चाहिए। इससे यह स्पष्ट है कि एक कामयाब और उत्कृष्ट कवि जरूरी नहीं कि फिल्म के लिए भी उतनी ही कामयाब रचना कर सके। बिल्कुल उसी तरह जैसे एक अच्छा कहानीकार, अच्छा पटकथा लेखक भी हो, यह जरूरी नहीं है। हिंदी सिने

साहिर लुधियानवी

गीतों की भाषा में भी व्यापक विविधता है। यदि नरेंद्र शर्मा का 'भाभी की चूड़ियां' फिल्म का गीत 'ज्योति कलश छलके' जैसा तत्सम शब्दावली से युक्त हिंदी का प्रयोग दिखाई देगा, तो दूसरी तरफ खालिस उर्दू में लिखी गजलें और नज्में भी मिलेंगी। 'मुगले आजम' फिल्म के गीतों में न सिर्फ भाषा की विविधता दिखाई देती है, बल्कि विभिन्न गेय रूप भी उसमें हैं और 'मुगले आजम' कोई अपवाद नहीं है। ऐसी बहुत-सी फिल्मों को उदाहरण के तौर पर पेश किया जा सकता है। यह दरअसल भारत की सांस्कृतिक विविधता की ही अभिव्यक्ति है।

मजरूह सुल्तानपुरी

हिंदी फिल्मों के लिए गीत लिखने वालों की संख्या वैसे तो सैकड़ों में हैं। लेकिन साहित्य की मुख्यधारा से आये कवियों की संख्या बहुत कम रही है। ज्यादातर गीतकार और शायर ऐसे हैं जिन्होंने या तो फिल्मों के लिए ही लिखा है या फिल्मों के अलावा कवि सम्मेलनों और मुशायरों तक ही उनकी प्रतिभा सीमित रही है और साहित्य की मुख्यधारा में उन्हें कम ही स्वीकार किया गया है। हिंदी फिल्मी गीतों में जिस बोलचाल की भाषा का प्रयोग हुआ, उसकी शुरुआत पहली बोलती फिल्म 'आलम आरा' से ही हो गई थी। शुरुआती दौर में आरजू लखनवी (1893-1961), आगा हश्र काश्मीरी (1879-1935), केदार शर्मा (1910-1999), दीनानाथ मधोक (1902-82), पंडित भूषण (1902-75), गोपाल सिंह नेपाली (1911-63), पंडित सुदर्शन (1896-1967) आदि के लिखे गीत बहुत लोकप्रिय हुए। इन्होंने सिने गीत की भाषा को एक स्तर भी प्रदान किया और उसे सरलता और माधुर्य से सजाया और सँवारा। हिंदी के सिने गीतों में भाषा के कई रूप मिलते हैं लेकिन सिनेमा लोकप्रिय माध्यम होने के कारण उनमें भाव और अभिव्यक्ति की जटिलता से बचने की कोशिश की गयी है ताकि वह सामान्य दर्शक को आसानी से संप्रेषित भी हो सके और गायक या गायिका को गाने में और संगीतकार को उसे संगीतबद्ध करने में कठिनाई महसूस न हो।

1950 के दशक में जो नए गीतकार आए उनमें से कई साहित्य की मुख्यधारा में भी प्रतिष्ठा हासिल कर चुके थे। उन्होंने सिने गीत की भाषा के उस आदर्श का ही अनुकरण किया जो 1930-40 के दशक के गीतकारों ने प्रयुक्त की थी। उस भाषा को उन्होंने भावात्मक उत्कर्षता और अर्थगत गहनता प्रदान की। नरेंद्र शर्मा (1913-89), मजरूह सुल्तानपुरी (1919-2000), कैफी आजमी (1919-2002), साहिर लुधियानवी, शैलेंद्र (1923-66) का नाम खास तौर पर लिया जा सकता है जिन्होंने सिने गीत को बुलंदियों पर पहुंचाया। इनके अतिरिक्त अली सरदार जाफरी (1913-2000), जांनिसार अख्तर (1914-76), शकील बदायूंनी (1916-70), खुमार बाराबंकवी (1919-99), राजेंद्र कृष्ण (1919-88), हसरत जयपुरी (1922-99), प्रेम धवन (1923-2001) आदि के लिखे गीतों और नज्मों ने भी सिने गीतों को साहित्यिक गरिमा प्रदान की। इनके लेखन में गहरी जनपक्षधरता भी देखी जा सकती है।

साहिर की रचनाओं 'तू हिंदू बनेगा न मुसलमान बनेगा' (धूल का फूल), 'ये महलों, ये तख्तों ये ताजों की दुनिया' (प्यासा), 'औरत ने जनम दिया मर्दों को' (साधना), 'ये कूचे, ये नीलामघर दिलकशी के' (प्यासा), 'वो सुबह कभी तो आएगी' (फिर सुबह होगी) जैसी रचनाओं में उनकी सामाजिक और राजनीतिक पक्षधरता के दर्शन होते हैं। इसी तरह प्रेम धवन के गीत 'आज सूखे खेतों में आई बहार' (धरती के लाल), 'चाहे कितनी कठिन डगर हो' (जीत), 'ए वतन, ए वतन हमको तेरी कसम' (शहीद), 'एवे दुनिया देवे दुहाई' (जागते रहो), 'ऐ मेरे प्यारे वतन, ऐ मेरे बिछड़े चमन'(काबुलीवाला) फिल्मों के गीतों

में देशभक्ति, सामाजिक विषमता और जनसंघर्षों की प्रभावशाली अभिव्यक्ति हुई है। इसी तरह शैलेंद्र ने 'धरती कहे पुकार के' (दो बीघा ज़मीन), 'मेरा जूता है जापानी' (श्री 420), 'नन्हे मुन्ने बच्चे तेरी मुट्ठी में क्या है' (बूट पालिश) जैसे कई गीतों में आम आदमी की पीड़ा और उसके द्वंद्व की अभिव्यक्ति है। 'याद आती रही, दिल दुखाती रही/अपने मन को मनाना न आया हमें, तू न आये तो क्या, भूल जाए तो क्या/प्यार करके भुलाना न आया हमें' भावनाओं की इस टकराहट को शैलेंद्र ने जिस खूबसूरती से पेश किया है, वह सिने गीतों में मुश्किल से दिखाई देती है।

दरअसल, शैलेंद्र के समकालीन ज्यादातर सिनेगीतकार उर्दू परंपरा से आए थे और उन्हें गजल और नज्म लिखने का अभ्यास तो था, लेकिन गीत लेखन में जैसी दक्षता चाहिए वह शैलेंद्र में ही दिखाई देती है। खास बात यह है कि अपने गीतों में लोक भावभूमि को प्रस्तुत करने में शैलेंद्र जैसी रचनात्मकता किसी और में उस स्तर की प्रायः नहीं दिखाई देती। 'अबके बरस भेज भैया को बाबुल' (बंदिनी), 'सजनवा बैरी हो गए हमार' (तीसरी कसम), 'ओ पंछी प्यारे सांझ सकारे' (बंदिनी), जैसे गीतों में लोक रस का सौंदर्य देखा जा सकता है।

इसका अर्थ यह नहीं है कि दूसरे गीतकार कमतर हैं। मजरूह सुल्तानपुरी का उदाहरण लिया जा सकता है, जिन्होंने अपने समकालीनों में संभवतः सबसे ज्यादा गीत लिखे हैं। उनके गीतों में भी वैसी ही रचनात्मक विविधता देखी जा सकती है जो उनके दूसरे समकालीनों में दिखाई देती है। 'रहें ना रहें हम महका करेंगे, बनके कली, बनके वफा, बागे वफा में' (ममता), 'कभी तो मिलेगी, कहीं तो मिलेगी, बहारों की मंजिल' (आरती), 'राही मनवा दुख की चिंता छोड़' (दोस्ती), 'रहते थे कभी जिनके दिल में' (ममता), 'हम हैं मता-ए-कूचा-ओ बाजार की तरह' (दस्तक), 'माई री कासे कहूं पीर अपने जिया की' (दस्तक) जैसे अमर गीतों की रचना मजरूह ने ही की है। इनमें गजल, नज्म, लोक गीत सभी का सौंदर्य देखा जा सकता है।

गुलज़ार

1950 से 1970 तक का समय सिने गीतों का स्वर्ण काल है। फ़िल्मकारों, गीतकारों, संगीतकारों और गायकों के सामूहिक प्रयासों से ही इस दौर की फिल्मों और उनके गीतों को रचनात्मक उत्कृष्टता प्राप्त हो सकी है। उसके बाद गीतों में साहित्यिक रचनात्मकता बहुत कम दिखाई देती है। इसका कारण यह है कि इस दौर में मुख्यधारा का लोकप्रिय सिनेमा पतन की ओर जा रहा था और समानांतर सिनेमा में गीतों का प्रयोग नहीं के बराबर हो रहा था। इसलिए गीतों के उत्कृष्ट प्रयोग की गुंजाइश खत्म-सी हो गई थी। 1970 के बाद के दशक में गुलज़ार (जन्म 1936) और जावेद अख़्तर (जन्म 1945) के गीतों में ही साहित्यिक स्पर्श दिखाई देता है। ऐसी ही उत्कर्षता आजकल प्रसून जोशी (जन्म 1971) के गीतों में दिखाई देती है। अन्यथा अब सिने गीतों के सुनहरे दौर की यादें ही शेष रह गई हैं।

जवरीमल्ल पारख

अधिक जानकारी के लिए :

1. हिंदी फिल्मों के गीतकार : अनिल भार्गव, **2. जाग उठे ख्वाब कई :** साहिर लुधियानवी (संपादक : मुरली मनोहर प्रसाद सिंह एवं अन्य), 2010, **3. बोले गीत गगन के तारे :** अरुण कुमार, 2016, **4. Bollywood Lelodies :** Ganesh Anantraman

हिंदी सिनेमा की भाषा

हिंदी सिनेमा की भाषा विवाद का विषय रही है। इसे कुछ लोग हिंदुस्तानी कहते हैं या ऐसी हिंदी जो समावेशी हो। हिंदी सिनेमा की बात जब भी की जाती है हमारे सामने वह सिनेमा आता है जिसमें पात्रों की बातचीत हिंदी में होती है, लेकिन जरूरी नहीं कि बात करने वाले पात्र हिंदी भाषी हों। यह भी जरूरी नहीं कि कहानी का संबंध हिंदी भाषी क्षेत्र से हो। यह भी जरूरी नहीं है कि उस फिल्म के निर्माता, निर्देशक, पटकथा लेखक, अभिनेता-अभिनेत्री, संगीतकार आदि हिंदी भाषी हों। चौंकाने वाला तथ्य है कि कई फिल्मकार उर्दू पृष्ठभूमि से हैं। हिंदी फिल्म के प्रत्येक क्षेत्र में हिंदीतर भाषी कलाकारों का बाहुल्य है। यदि किसी एक क्षेत्र में हिंदी-उर्दू भाषियों का बाहुल्य है तो वह है संवाद और गीत लेखन में। हिंदी फिल्मों में संवाद और गीत के लिए फिल्मकार मुख्य रूप से हिंदी-उर्दू भाषी लेखकों और गीतकारों पर निर्भर हैं। हिंदीतर भाषी कलाकारों के बाहुल्य का नतीजा है कि हिंदी सिनेमा में पटकथा लेखक और संवाद लेखक अलग-अलग होते हैं। हिंदी फिल्म की पटकथा तो अंग्रेजी में लिखे जाने का चलन आम है लेकिन संवाद और गीत हिंदी में ही हो सकते हैं।

हिंदी फिल्मों में संवाद और गीत लिखने वाले ज्यादातार लेखक उर्दू परंपरा से आए हैं, हिंदी परंपरा से बहुत कम। गीतकारों में नरेंद्र शर्मा, शैलेंद्र, सरस्वती कुमार दीपक, प्रदीप, प्रसून जोशी और संवाद लेखन (और कभी-कभी पटकथा लेखन) में राही मासूम रजा, कमलेश्वर का नाम लिया जा सकता है। सआदत हसन मंटो, मजरूह सुल्तानपुरी, सरदार जाफरी, साहिर लुधियानवी, शकील बदायूंनी, जां निसार अख्तर, अख्तर उल इमान, कमाल अमरोही, कैफी आजमी, राजा मेंहदी अली खां, ख्वाजा अहमद अब्बास, कृश्न चंदर, राजेंद्र सिंह बेदी, राजेंद्र कृष्ण, गुलज़ार, जावेद अख्तर, सलीम खान, सबा जैदी जैसे मशहूर नाम उर्दू लेखकों के हैं। बहुत-से लेखकों ने फिल्मी दुनिया में लेखक के रूप में अपने को प्रतिष्ठित करने की कोशिश की। इस परंपरा में अमृतलाल नागर से लेकर गोपालदास 'नीरज' तक बहुत-से नाम लिए जा सकते हैं लेकिन वे कामयाब नहीं हुए और जल्द ही इससे बाहर आ गए।

हिंदी सिनेमा ने जो भाषा अपनाई वह भाषा संस्कृतनिष्ठ हिंदी नहीं थी और न ही फारसीनिष्ठ उर्दू, बल्कि वह हिंदी और उर्दू का ऐसा मिलाजुला रूप थी जो न सिर्फ हिंदी भाषी लोगों के लिए आसान था बल्कि उन करोड़ों गैर-हिंदी भाषी लोगों के लिए भी आसान था जो साहित्यिक हिंदी और साहित्यिक उर्दू से बिल्कुल वाकिफ नहीं थे।

हिंदी फिल्मों की परंपरा को आम तौर पर पारसी थियेटर के उदय के साथ जोड़कर देखा जाता रहा है जिसका उदय उन्नीसवीं सदी के अंतिम दशकों में महाराष्ट्र और गुजरात में हुआ था। हिंदी सिनेमा की भाषा को रूप देने में पारसी रंगमंच से जुड़े नाटककारों का बड़ा योगदान था। यह जबान जिसे हिंदुस्तानी कहा गया, इसलिए भी लोकप्रिय हो सकी कि कलकत्ता से बंबई और सुदूर पश्चिम में पेशावर तक फैले इलाके के लोगों के लिए अपरिचित नहीं थी। इन लोगों में हर धर्म, हर जाति और हर वर्ग के दर्शक मौजूद थे। पारसी थियेटर में इस्तेमाल होने वाली हिंदुस्तानी में संस्कृतनिष्ठ शब्दों का प्रयोग कम था लेकिन हिंदू पौराणिक कथाओं पर नाटक खेलने की मजबूत प्रवृत्ति ने ऐसे संस्कृत शब्दों के लिए भी दरवाजे खोल दिए थे जो आसानी से इन नाटकों में खप सकते थे। पारसी रंगमंच के नाटककारों का आदर्श किस तरह की भाषा थी इसे नारायण प्रसाद बेताब ने अपने एक नाटक 'महाभारत' (1913) में सूत्रधार द्वारा कहलाया है। सूत्रधार गाते हुए कहता है : न ठेठ हिंदी, न खालिस उर्दू, जबान गोया मिली जुली हो अलग रहे दूध से न मिश्री, डली डली दूध में घुली हो।

पारसी रंगमंच और बाद में हिंदी सिनेमा ने गीतों के लिए दो परंपराओं से भाषा और शैली के रूप ग्रहण किए। एक तो उर्दू परंपरा से जिसने गजल और

कव्वाली जैसे लोकप्रिय रूप प्रदान किए तो दूसरी ओर शास्त्रीय और लोक गायन पर आधारित गीत जिनमें परंपरा से ब्रजभाषा का प्रयोग किया जाता था। इसी प्रभाव का परिणाम था कि हिंदी सिनेमा ने यदि उर्दू मिश्रित भाषा का गीतों के लिए उपयोग किया तो ग्रामीण पृष्ठभूमि के लिए ब्रजभाषा के प्रभाव का भी इस्तेमाल किया। यहां तक कि ये दोनों प्रभाव पहली हिंदी फिल्म 'आलमआरा' से ही देखे जा सकते हैं। इस तरह पारसी रंगमंच और सिनेमा ने बंबई से कलकत्ता तक फैले इलाके को भाषा के आधार पर जोड़ने में अहम भूमिका निभाई। बिमल राय हिंदी में सिनेमा बनाते हैं लेकिन बार-बार वे हिंदी में बांग्ला समाज को पेश करते हैं चाहे वह 'देवदास' हो , 'बंदिनी' या 'परिणीता' हो। गुजरात के महबूब खान अपनी महाकाव्यात्मक फिल्म 'मदर इंडिया' में गुजराती पृष्ठभूमि में किसान समस्या को उठाते हैं। यह घटना वी शांताराम से श्याम बेनेगल तक देखी जा सकती है। वे हिंदी भाषा में सिनेमा बनाते हैं, पर उसे किसी खास भाषाई क्षेत्र से जोड़ना कठिन है। 'गंगा जमुना', 'लगान' जैसी फिल्मों में भोजपुरी या अवधी का प्रयोग किया गया है, लेकिन इनमें अपने समय का भारतीय यथार्थ है। यह वह चीज है जो इन फिल्मों को न सिर्फ पूरे हिंदुस्तान में, बल्कि पूरे दक्षिण एशिया में लोकप्रिय बनाती है।

फिल्म में भाषा का प्रयोग बहुत-सी बातों से प्रभावित होता है। सिनेमाई तकनीक में होने वाले परिवर्तन, फिल्मकारों और फिल्म के दर्शकों की बदलती चेतना और अभिरुचि और सामाजिक यथार्थ में होने वाले बदलाव सिनेमाई भाषा और सिनेमा की भाषा—दोनों में बदलाव के लिए फिल्मकारों को प्रेरित करती है। इसको हम अलग-अलग दौर की फिल्मों और एक ही दौर की अलग-अलग फिल्मों से तुलनात्मक अध्ययन द्वारा आसानी से समझ सकते हैं। यह स्वाभविक है कि सिनेमा की भाषा पर बाजार का दबाव है, पर यह दबाव जब सामाजिक बदलाव की सकारात्मक प्रक्रिया के साथ मेल खा जाता है तो भाषा बाजार की जरूरतों को पूरा करती हुई भी रचनात्मक हो सकती है। फिल्म की भाषा तब बाजार की जरूरत को नहीं बल्कि यथार्थवाद की जरूरत को पूरा करती नजर आती है। ऐसा करते हुए भी वह लोकप्रियता के मानदंडों को पूरा कर रही होती है। 'मदर इंडिया', 'प्यासा', 'मुगले आजम' जैसी कई फिल्मों की लोकप्रियता का इस दृष्टि से विवेचन किया जा सकता है।

'प्यासा', मदर इंडिया और 'मुगले आजम' तीन साल के अंतराल में बनी फिल्में हैं लेकिन इनमें प्रयुक्त भाषा एक-सी नहीं हैं। 'प्यासा' की कहानी एक उर्दू शायर के बारे में है और पूरी फिल्म कलकत्ता महानगर में चलती है। इस फिल्म के पात्र परिनिष्ठित हिंदी भाषा का प्रयोग करते हैं जिनमें उर्दू के शब्द सहज रूप में प्रयुक्त हुए हैं। पूरी कहानी कलकत्ता में चलने के बावजूद फिल्म पर बांग्ला भाषा का प्रभाव नहीं दिखाई देता, वेशभूषा पर अवश्य बंगाली प्रभाव दिखाई देता है। इसके विपरीत 'मदर इंडिया' की कहानी गांव में चलती है। गुजरात के ग्रामीण वातावरण के अनुसार पात्रों की वेशभूषा है और उनकी भाषा पर ग्राम्यता का असर भी दिखाई देता है। लेकिन 'गंगा जमुना' की तरह भाषा को स्थानीय स्पर्श नहीं दिया गया है। 'मुगले आजम' की कहानी अकबर के समय की है और स्वभावतः इसके अधिकतर पात्र उर्दू का प्रयोग करते हैं लेकिन अकबर की पत्नी जोधाबाई और सलीम के मित्र दुर्जन सिंह की भाषा खालिस उर्दू नहीं होती बल्कि उस पर हिंदी का ज्यादा असर होता है। खास ध्यान देने की बात है कि समय, स्थान और पात्र के अनुसार संवादों की भाषा में परिवर्तन किया गया है, इसके बावजूद किसी की भाषा को हिंदी या हिंदुस्तानी के दायरे से बाहर नहीं जाने दिया गया।

फिल्मकार यर्थाथवाद के नाम पर ऐसा कोई प्रयोग करना नहीं चाहता जिससे उसके दर्शकों का दायरा सीमित हो जाए। अधिकतर मुंबइया फिल्में पात्रों की क्षेत्रीय, वर्गीय और सामाजिक पृष्ठभूमि के अनुसार संवादों की भाषा में अंतर पैदा करती रही हैं। मारवाड़ी सेठ, पंजाबी ड्राइवर, भोजपुरी नौकर,

'मद्रासी' संगीत मास्टर या बंगाली बाबू की हिंदी एक जैसी नहीं होती। उनके द्वारा प्रयुक्त भाषा का अंतर साफ दिखाई देता है। ये अंतर हिंदी में ही उच्चारण, अनुतान और कुछ क्षेत्रीय शब्दों के माध्यम से किए जाते हैं। श्याम बेनेगल जैसे फिल्मकार अपनी हिंदी फिल्मों में कथानक के अनुसार क्षेत्रीय भाषा का स्पर्श देने का सफल प्रयत्न करते रहे हैं। 'मंथन' में गुजराती, 'भूमिका' में मराठी, 'निशांत' में तेलुगु भाषा का असर उसमें प्रयुक्त हिंदी पर देखा जा सकता है। यानी ये सभी फिल्मकार इस बात को ध्यान में रखते हैं कि वे हिंदी में फिल्म बना रहे हैं। अपने पात्रों से हिंदी ही बुलवाते हैं, उनकी अपनी वास्तविक भाषा नहीं। लेकिन वे यथार्थवाद की जरूरत के अनुसार भाषा में ऐसा असर पैदा करते हैं कि पात्रों की भाषाई पहचान से दर्शक सहज ही परिचित हो जाता है।

भाषा के मामले में यथार्थवाद का शुद्धतावादी आग्रह हमें सत्यजित राय जैसे फिल्मकारों में दिखाई देता है। 'शतरंज के खिलाड़ी' में सत्यजित राय ने अंग्रेज पात्रों से प्रायः अंग्रेजी बुलवाई, सामंती परिवार के लोगों से उर्दू और नौकर-नौकरानियों से अवधी भाषा का प्रयोग कराया। ऐसा करते हुए उन्होंने इस बात की परवाह नहीं की कि दर्शक इन तीनों भाषाओं को समझने की क्षमता रखते हैं या नहीं। इस तरह अपर्णा सेन की फिल्म ' मिस्टर एंड मिसेज अय्यर' में प्रत्येक पात्र उस भाषा का प्रयोग करता है जो उसकी सामाजिक पृष्ठभूमि के अनुरूप है। अब बॉलीवुड में ऐसी फिल्में बनने लगी हैं जिन्हें सहज ही हिंदी की श्रेणी में नहीं डाला जा सकता है। मसलन झनकार बीट्स, इस फिल्म के प्रायः सभी पात्र एक मिलीजुली भाषा का प्रयोग करते हैं। यह न शुद्ध हिंदी है और न ही अंग्रेजी। एक वाक्य यदि हिंदी में है तो दूसरा वाक्य अंग्रेजी में। एक ही वाक्य की शुरुआत अंग्रेजी में हो रही है लेकिन बीच में मजे से हिंदी के कुछ शब्द घुस आते हैं। भाषा के ऐसे प्रयोगों ने एक नए शब्द का आविष्कार किया है—हिंग्लिश, यानी ऐसी भाषा जो हिंदी और अंग्रेजी से मिलजुल कर बनी है। महानगरीय जीवन यथार्थ पर बनने वाली ऐसी फिल्में काफी बनने लगी हैं।

हिंदी सिनेमा की भाषा के संदर्भ में इस बात को ध्यान में रखना आवश्यक है कि समय के अनुसार और फिल्म की जरूरत के अनुसार इसकी भाषा में अंतर आता गया है। फिल्म की भाषा की विशिष्ट ता को पहचानने के लिए इस बात पर विचार करना आवश्यक है कि उसके पीछे यर्थाथवाद की प्रेरणा काम कर रही है या महज व्यावसायिक रूप से सफल होने की इच्छा।

जवरीमल्ल पारख

अधिक जानकारी के लिए :

1. सिनेमाई भाषा और हिंदी संवादों का विश्लेषण : किशोर वासवानी, **2. हिंदी सिनेमा का समाजशास्त्र :** जवरीमल्ल पारख, **3. सिनेमा और संस्कृति :** राही मासूम रजा, 2001, **4. सिनेमा नया सिनेमा** : ब्रजेश्वर महान, 1990, **5. Encyclopedia of India Cinema :** Ashis rajadhyaksh and Paul Wilmen, **6. Encyclopedia of Hindi Cinema :** (Ed.) Gulzar, Govind Nihalani and Saibal Chatterjee

हिंदी, उर्दू और हिंदुस्तानी

'हिंदुस्तानी' सर्वप्रथम अंग्रेजों का आविष्कार थी। वे इसे भारत की संपर्क भाषा के रूप में देखते थे। गिलक्राइस्ट द्वारा प्रस्तावित 'हिंदुस्तानी' मुख्यतः अरबी-फारसी मिश्रित उर्दू और गौणतः खड़ी बोली हिंदी थी। अंग्रेज कलकत्ता की 'ओरियंटल सेमिनरी' में जो 'हिंदुस्तानी' पढ़ते थे, वह अरबी-फारसी मिश्रित उर्दू थी। फोर्ट विलियम कॉलेज में भी 1813 तक इसी की परीक्षा होती थी, हालांकि शासन के लिए अंग्रेज संपूर्ण भारतीय जीवन का अध्ययन करते थे।

1837 में 'हिंदुस्तानी' को ईस्ट इंडिया कंपनी ने संविधान में परिवर्तन करके दरबारी और सरकारी भाषा का दर्जा दिया था। यह पहले फारसी और नागरी दोनों लिपियों में लिखी जा रही थी, पर अब सिर्फ फारसी लिपि में सीमित हो गई थी। उस समय

हिंदू और मुसलमान एलीट दोनों ही समान रूप से फारसी लिपि में लिखी जा रही उर्दू-उन्मुख 'हिंदुस्तानी' का इस्तेमाल करते थे। गौर करने की बात है कि हिंदी-उन्मुख हिंदुस्तानी या नागरी लिपि में लिखी गई खड़ी बोली हिंदी को प्रोत्साहन नहीं मिला, बल्कि अंग्रेजों द्वारा इसे 'हिंदुस्तानी' की गंवारू शैली कहा गया। इस ओर भी ध्यान जाना चाहिए कि अंग्रेजों ने 'प्रेमसागर' (लल्लू लाल) को हिंदुओं की भाषा का आदर्श रूप माना। 'प्रेमसागर' की भाषा को भाषा भी नहीं, 'संपर्क भाषा की एक शैली' भर माना गया। स्पष्ट है कि हिंदी को हिंदुत्ववाद से जोड़ने की नीति वस्तुतः अंग्रेजों की थी।

गांधी की दृष्टि में 'हिंदुस्तानी' के कई चेहरे थे, 'किसी बंगाली या दक्षिण भारतीय के लिए जो हिंदुस्तानी बोली जाएगी, उसमें संस्कृत मूल के शब्द ज्यादा होंगे, वही वक्तव्य जब पंजाब में दिया जाएगा तो उसमें अरबी-फारसी के शब्द ज्यादा होंगे'। दरअसल हिंदी और उर्दू दोनों को अधिकाधिक गतिशील और मिश्रित होकर हिंदुस्तान की जनता की एक सामान्य कौमी भाषा होना था। इसके अलावा, यह दोनों भाषाओं में अंतर्शत्रुता की जगह मेल-जोल, आवाजाही बढ़ाने का मामला भी था। इससे ऐतिहासिक स्मृतियों में अधिक-से-अधिक साझेदारी का अवसर मिलता था। गांधी 'हिंदुस्तानी' के समर्थक थे। इसका यह अर्थ नहीं है कि वे देश की प्रांतीय भाषाओं और हिंदी-उर्दू के विरोधी थे।

हिंदुस्तान में पहले से हिंदुस्तानी संगीत की एक तहजीब मौजूद थी। गांधी हिंदी के जिस धर्मनिरपेक्ष राष्ट्रीय रूप को फैलाना चाहते थे, वह उन्नीसवीं सदी के सोच और संघर्ष का विकास था। हम भारतेंदु, बालकृष्ण भट्ट और अयोध्या प्रसाद खत्री के संघर्ष को याद करते हुए गांधी के इन विचारों को देख सकते हैं, 'हिंदी भाषा वह भाषा है, जिसे उत्तर में हिंदू और मुसलमान बोलते हैं और जो नागरी अथवा अरबी लिपि में लिखी जाती है। वह हिंदी एकदम संस्कृतनिष्ठ नहीं है, न वह एकदम फारसी शब्दों से लदी हुई है। गांव की बोली में जो माधुर्य मैं देखता हूं, वह न लखनऊ के मुसलमान भाइयों की बोली में है, न प्रयाग के पंडितों की बोली में।' स्पष्ट है कि 'हिंदुस्तानी' की औपनिवेशिक धारणा से यह एक प्रस्थान है।

गांधी की हिंदी की अवधारणा का संबंध उनकी भारतीय संस्कृति की इस धारणा से है, 'भारतीय संस्कृति उन विभिन्न संस्कृतियों का संश्लेषण है, जो इस देश में रच-बस गई हैं। भारतीय सभ्यता भिन्न-भिन्न धर्मों का प्रतिनिधित्व करने वाली और अपने-अपने भौगोलिक तथा अन्य पर्यावरणों से प्रभावित संस्कृतियों का संगम है। अतः भारतीय संस्कृति भारतीय है। यह न पूरी तरह हिंदू है, न इस्लामी और न कोई अन्य। यह इन सबका मिला-जुला रूप है और मूलतः पूर्वी है। हमारे युग की भारतीय संस्कृति अभी निर्माणाधीन है। हममें से अनेक लोग उन संस्कृतियों का, जिनके बीच आज टकराव की स्थिति दिखाई दे रही है, एक मिश्रण तैयार करने का प्रयास कर रहे हैं।' (भाईचारा, महात्मा गांधी के विचार)। यह मिश्रण तेल-पानी जैसा नहीं, मिसरी-पानी जैसा है। यह इकहरी पश्चिमी संस्कृति के जवाब में मिश्रित चरित्र वाली एक महान पूर्वी संस्कृति के निर्माण की बात है।

एक जमाने में कई लोग जब 'हिंदुस्तानी' के बारे में सोच रहे थे, वे महज हिंदू-उर्दू भाषाओं के बारे में ही नहीं, भारतीय जीवन की एक विचारधारा के बारे में भी सोच रहे थे। यह राष्ट्रभाषा की चिंता बाद में थी, भारत के हृदय क्षेत्र के सामाजिक विभाजन को मिटाने की चिंता पहले थी।

प्रेमचंद हिंदी को फैलाने और विकसित करने के बारे में तरह-तरह से चिंता करते हैं। एक विशाल क्षेत्र की कौमी एकता के लिए कौमी जबान जरूरी है, 'इसे उर्दू या हिंदी अलग-अलग नाम न देकर मैं हिंदुस्तानी कहता हूं, क्योंकि मेरे खयाल में हिंदी और उर्दू एक जबान हैं।' आज राजनीतिक रूप से यह सच न हो, पर इलेक्ट्रॉनिक मीडिया के स्तर पर 'हिंदुस्तानी' का सपना एक हद तक सच हो चुका है। प्रेमचंद ने स्पष्ट कर दिया था, 'जब भारत

शुद्ध हिंदू होता तो उसकी भाषा शुद्ध हिंदी होती।' शुद्धतावाद ज्ञान का ही नहीं, भाषा और संस्कृति का भी दुश्मन है।

पुरुषोत्तम दास टंडन ने हिंदी के शुद्धिकरण का अभियान शुरू किया, जिसे गांधी ने पूर्णतः नकार दिया। पुरुषोत्तम दास टंडन के इकहरे राष्ट्रवाद का निराला ने भी विरोध किया। नरोत्तम नागर को दिए गए इंटरव्यू में निराला ने टंडन से कई मुद्दों पर असहमति व्यक्त करते हुए व्यंग्य किया है, 'अफसोस यह है कि हिंदी वालों के एक 'अदृश्य दुम' लगी हुई है।' (निराला रचनावली-6)। उन्होंने अन्यत्र कहा, 'महात्मा गांधी ने राष्ट्रभाषा के प्रश्न को जिस तरह हल किया है, आज उससे प्रायः सभी निष्पक्ष विवेकशील व्यक्ति सहमत हैं।' (वही)। उस जमाने में हिंदू राष्ट्रवाद के राजनीतिक तत्व सक्रिय थे, लेकिन धर्मनिरपेक्ष राष्ट्रीय आंदोलनों से गरम हो उठे सामाजिक माहौल में वे भाषा, साहित्य और यहां तक कि राजनीति में भी काफी दबे हुए थे। हिंदी की बहुरंगी राष्ट्रीय अस्मिता एक बड़े फलक पर उदित हो रही थी। फिर भी हिंदी के संबंध में कुछ विदेशी शोधकर्ताओं और अंग्रेजीदां हिंदी बुद्धिजीवियों को हिंदी और हिंदू राष्ट्रवाद के तार जोड़ने में झिझक नहीं हुई।

कोई भी भाषा राजनीति के कारखाने में नहीं, जनता के बीच बनती है। साहित्य उसमें आत्मबल, भावजगत और वैभव पैदा करता है। 'हिंदुस्तानी' कुछ बोलचाल में मौजूद थी, कुछ यह गढ़ी जानी थी।

साम्राज्यवादी भाषा नीति के असर में कुछ शिक्षित लोग एक समय अरबी-फारसी की तरफ अधिक आकर्षित थे। यहां तक कि क्रांतिकारी इतिहासकार सुंदरलाल (1886-1981) जैसे व्यक्ति भी कहते थे, 'हिंदी प्रचार की तहरीक हिंदू-मुसलमान और एक्तलाफात की बहुत बड़ी वजह है। एक सदी पहले हिंदुस्तान की सिर्फ एक ही कौमी जुबान थी–यानी उर्दू।' हिंदी के विरोधी मौलाना अब्दुल हक ने इस वक्तव्य का जगह-जगह इस्तेमाल किया था। ('हमारी जुबान', सरस्वती, सितंबर, 1941)। उन्नीसवीं सदी में एक ऐसा वातावरण जरूर बना हुआ था, जब शिक्षित हिंदी भाषी लोग अरबी-फारसी की तरफ अधिक बढ़ रहे थे तो उर्दूवाले ब्रज और खड़ी बोली हिंदी से लगातार दूर हटते जा रहे थे। इसका यह अर्थ नहीं है कि वे सब हिंदीवाले अनिवार्यतः सेक्युलर और उर्दूवाले अनिवार्यतः कम्युनल होते जा रहे थे। वे सिर्फ आभिजात्यवाद से आक्रांत थे या साम्राज्यवादी भेदनीति के शिकार थे। सुंदरलाल साम्राज्यवाद-विरोधी होते हुए भी हिंदी की विस्तृत परंपरा से बेखबर थे।

प्रेमचंद ने एक अन्य ढांचे के धार्मिक कट्टरवाद का विरोध करते हुए पूछा था, 'मेरा सारा जीवन उर्दू की सेवकाई करते गुजरा है और आज भी मैं जितनी उर्दू लिखता हूं, उतनी हिंदी मैं नहीं लिखता। और कायस्थ होने और बचपन से फारसी का अभ्यास करने के कारण उर्दू मेरे लिए जितनी स्वाभाविक है, उतनी हिंदी नहीं है। मैं पूछता हूं आप हिंदी को क्यों गरदनजदनी समझते हैं? ...क्या आप समझते हैं कि 'बड़ा खराब आदमी है' और 'बड़ा दुर्जन मनुष्य है' दो अलग भाषाएं हैं? मजा यह है कि हिंदी मुसलमानों का दिया हुआ नाम है और अभी पचास साल पहले तक जिसे आज उर्दू कहा जा रहा है, उसे मुसलमान भी हिंदी कहते थे। और आज 'हिंदी' मरदूद है। क्या आपको नजर नहीं आता कि 'हिंदी' एक स्वाभाविक नाम है। हां, हिंदुस्तान का नाम उर्दुस्तान रखा जाए तो बेशक यहां की भाषा उर्दू होगी। हमें दोनों भाषाओं में एक आम लुगत (कोश) की जरूरत है, जिसमें आमफहम शब्द जमा कर दिए जाएं। मुझे अपने मुस्लिम दोस्तों से यह शिकायत है कि वे हिंदी के आमफहम शब्दों से भी परहेज करते हैं।' (राष्ट्रभाषा हिंदी और उसकी समस्याएं, कुछ विचार)। प्रेमचंद हिंदी-उर्दू के बढ़ते अलगाव से दुखी थे, मानो उन्हें बीच से चीरा जा रहा हो!

प्रेमचंद ने समबिंदु पर पहुंचते हुए जिस तरह 'हिंदी' की बात की थी, रामचंद्र शुक्ल ने भी 'हिंदुस्तानी' की बात की थी, 'साधारण लिखा-पढ़ी, अदालती व्यवहार तथा बोलचाल के लिए यदि एक

सच्ची सामान्य भाषा 'हिंदुस्तानी' के नाम से ग्रहण कर ली जाए तो कोई हर्ज नहीं, पर उसमें जिस प्रकार अरबी-फारसी के ऐसे चलते शब्द आएं जैसे जरूर, काबू, इख्तियार, दावा, वक्त...उसी प्रकार नित्य बोले जाने वाले ऐसे शब्द भी आएं, जैसे विद्या, परीक्षा।' (हिंदी और हिंदुस्तानी)। रामचंद्र शुक्ल 1907 की टिप्पणी 'अपनी भाषा पर विचार' में संस्कृत पर निर्भरता की बात कर रहे थे। उन्होंने आवेग में यहां तक कहा था, 'हम हिंदू हैं, हिंदुस्तान हमारा देश है, हिंदी हमारी भाषा है।' हिंदुत्ववाद का यह भूत 1935 के उनके लेख 'हिंदी और हिंदुस्तानी' में उतर जाता है। हिंदी के जिस रूप का स्वप्न प्रेमचंद ने देखा था, रामचंद्र शुक्ल ने भी उसी रूप का स्वप्न देखा। दोनों के रुझान में थोड़ा फर्क जरूर था, पर दोनों ही हिंदी को कूपमंडूकता की भाषा की जगह ज्ञान-विज्ञान की भाषा बनाना चाहते थे। रामचंद्र शुक्ल कहते थे, 'अब हमें चाहिए कि राजनीति, विज्ञान, दर्शन, कला आदि के जो भाव अपनी संसार यात्रा में प्राप्त करते जाएं, उन्हें अपनी मातृभाषा को बराबर सौंपते जाएं।' (भारतेंदु हरिश्चंद्र और हिंदी)। सवाल हिंदी में ज्ञान साहित्य के विकास का था, सिर्फ कविता-कहानी लिखने का नहीं। आम लोगों के सामने सांस्कृतिक स्तर पर एक चुनौती अंध-पश्चिमीकरण की थी, दूसरी चुनौती सामंती पतनशीलता और भेदभाव की थी और तीसरी चुनौती मातृभाषा में ज्ञान-विज्ञान की उपलब्धता की थी।

रामचंद्र शुक्ल की नजर में, 'देशभाषा की जितनी उन्नति होगी, सर्वसाधारण के विचार उतने ही अधिक उन्नत होंगे।' (भाषा की उन्नति, 1910)। तभी से शिक्षित वर्ग हिंदी की उन्नति से उदासीन था, 'हिंदी के लिए एक दूसरा समय आया है, पर अभी तक इधर के बहुत-से नवशिक्षित लोग उसमें अपने ठाट -बाट का कोई रंग न देखकर उसकी सेवा से विमुख हैं।' (नागरी प्रचारिणी पत्रिका, 15 मार्च 1910)। हिंदी के रास्ते में उन्नीसवीं सदी से ही उत्पन्न किए जा रहे अवरोधों के बावजूद अंततः घटित यही हुआ, 'धीरे-धीरे हिंदी ने अपनी राह निकाल ली।' (वही, 15 नवंबर 1909)। यह हिंदी की आधुनिक जातीयता का आत्म-उद्घोष है। हिंदी अनगिनत बाधाओं और भीतरघातों को पार कर अब एक निर्णायक दौर में पहुंच चुकी थी।

मुख्य सवाल हिंदी को 'हिंदुस्तानी' के करीब पहुंचाने और इसकी हिंदुस्तानी भावना को मजबूत करने का है। रामचंद्र शुक्ल ने लिखा है, 'जिस जलवायु ने हमारे स्वभाव और रंगरूप को रचा, उसी ने हमारे शब्दों को भी सृजा। ये शब्द हमारे जीवन के अंश समान हैं।' (भाषा की शक्ति)। इसलिए 'निज भाषा के किसी शब्द से जिस मात्रा का भाव उद्भूत होता है, उसी मात्रा का समानार्थवाची किसी विदेशीय शब्द से नहीं।' (वही)। यह जो 'निज भाषा' है, उसका शब्द भंडार स्थिर नहीं है। 'हिंदुस्तानी' की बुनियादी आवाज यही थी कि 'निज' को विस्तृत और समावेशी बनाया जाए। हिंदी में कई स्रोतों से आकर शब्द शामिल हुए थे। इसमें संस्कृत के अलावा हिंदी की स्थानीय लोक भाषाओं, उर्दू और अंग्रेजी के शब्द भी थे। इधर की हिंदी अंग्रेजी-निर्भर अधिक है। यही वजह है कि ऐसी हिंदी बोलनेवाले लोगों का भावजगत खोखला है। उनके अंग्रेजी लटके-झटके उनकी दरिद्र आधुनिकता की छवियां हैं।

निराला ने हिंदी को हिंदुत्ववाद से अलग करते हुए कहा था, 'हिंदू नाम पर हम लोगों का जितना अनावश्यक प्रेम है, इतना ही यदि आवश्यक ज्ञान-जन्य जातीय प्रेम हो जाए, तो बहुत-सी बिगड़ी हुई बातें बन जाएं।' (हिंदू या हिंदवी, 1930)। जातीय प्रेम से उनका आशय था राष्ट्रीय भावना। ये बिगड़ी हुई बातें ज्यादातर अंग्रेजी राज की देन थीं। वह यह भी कह रहे थे, 'हिंदी किसी प्रांत की मातृभाषा नहीं, जिस हिंदी के लेखक अभी उसे गढ़ रहे हैं, जिस हिंदी के सहारे भारत की आर्थिक, सामाजिक, राजनीतिक, वैज्ञानिक, ऐतिहासिक और साहित्यिक सभी शंकाओं का समाधान किया जाना निश्चित है, उसे उन्नत करने के लिए भिन्न-भिन्न शब्द गढ़ने तथा अपनाने के लिए, उन्हें व्याकरणसम्मत स्थान देने के लिए भाषा-प्रवाह को वर्द्धित करने के लिए

सभी प्रांतवासियों का समानाधिकार है।' (भाषा की गति और हिंदी की शैली, 1923)। निराला हिंदी को हिंदी प्रांतों तक सीमित नहीं रखना चाहते थे। इसके अलावा, वे इसे बहुस्रोतपरक भाषा के रूप में देखते हुए इसके शब्द भंडार के लिए संस्कृत, प्रांतीय भाषाओं, उर्दू और अंग्रेजी सभी तरफ मुखातिब थे। यह हिंदी उदारवाद है, जो हिंदी की मुख्यधारा है।

राष्ट्रीय स्वाधीनता आंदोलन के दौर में कई विद्वानों ने अव्यावहारिक सुझाव दिया था कि हिंदी रोमन लिपि में लिखी जाए, इससे यह हिंदी क्षेत्र के बाहर भी ग्राह्य होगी। हिंदी को लेकर प्रयोग के लिए तरह-तरह के सुझाव आते थे। राहुल सांकृत्यायन ने तब कहा था, 'राष्ट्रभाषा हिंदी स्वीकार करने पर भी कोई-कोई भाई रोमन लिपि स्वीकार करने के लिए कह रहे हैं। क्या यह अधिक वैज्ञानिक है? वैज्ञानिक का मतलब है लिपि का उच्चारण के अधिक अनुरूप होना। रोमन लिपि के छब्बीस अक्षर हमारे सारे उच्चारणों को प्रकट नहीं कर सकते। नागरी अक्षरों में हम उससे ज्यादा शुद्ध रूप से किसी भी भाषा को लिख सकते हैं। हमारी नागरी लिपि दुनिया की सबसे अधिक वैज्ञानिक लिपि है।' अंग्रेजी को राष्ट्रभाषा बनाने का जो आग्रह व्यक्त करते थे, उनके बारे में राहुल सांकृत्यायन कहते थे, 'यह दासता के अभिशाप का अवशेष है।' आज उन्हें ही ज्ञानी मान लिया जाता है, जो अंग्रेजी जानते और फर्राटे से बोलते हैं। राहुल 'भागो नहीं, दुनिया को बदलो' में लिखते हैं, 'विद्या अलग चीज है दुक्खू भाई, भाखा अलग चीज है, लेकिन जोंकें हमको सिखलाती हैं कि भाखा पढ़ लेना ही ज्ञान है।'

राहुल सांकृत्यायन हिंदुस्तानी संस्कृति की बात करते थे। यह ऐसी संस्कृति है, जो देश की भाषाओं, इतिहास-भूगोल और सभी धर्मों का सम्मान करती है। इस सम्मान का यह अर्थ नहीं है कि अपने दोषों की आलोचना न की जाए। राहुल कहते हैं, 'इसका यह मतलब नहीं कि उस सम्मान के कारण हम अपने पूर्वजों की गलतियों पर नुक्ताचीनी न करें। नुक्ताचीनी अपनी और पूर्वजों की गलती पर करनी चाहिए। संस्कृतियां बदलती रहती हैं, यह मैं भी मानता हूं, किंतु बदलने का मतलब प्रवाह-विच्छेद हर्गिज नहीं।' (हिंदी और उर्दू, 1937)। हिंदुस्तानियत का रिश्ता 'दूसरे' के प्रति सम्मान रखनेवाली हिंदुस्तानी संस्कृति से है। यह विकासशील है, हम इसकी परंपराओं से विच्छिन्न होने की कल्पना नहीं कर सकते। परंपराओं से विच्छिन्नता जड़विहीनता है, जो उत्तर-वैश्वीकरण की एक विशेषता है।

राहुल सांकृत्यायन ने हिंदी का प्रश्न उठाते हुए हिंदी क्षेत्र की स्थानीय बोलियों के पक्ष में बहुत कुछ कहा है। यह भी सच है कि उन्होंने अपना साहित्य खड़ी बोली हिंदी में लिखा, ताकि हिंदी क्षेत्र के सभी जनपदों के श्रमजीवी पढ़ सकें। उनकी एक महत्वपूर्ण इच्छा थी, 'प्रत्येक स्थानीय भाषा के बृहदकोश प्रकाशित किए जाएं।' इससे हिंदी परिवार या क्षेत्र की 49 भाषाओं का अनोखा शब्द भंडार सुरक्षित होता है। यह इस क्षेत्र की संस्कृतियों का संरक्षण भी है। निश्चय ही 49 खंडों में 'हिंदी लोक शब्दकोश' का काम केंद्रीय हिंदी संस्थान, आगरा में सरकारी संस्थानों का सदुपयोग करते हुए इन पंक्तियों के लेखक ने 2007 में शुरू कराया था। यह दुखद है कि उसकी प्रगति धीमी या लुप्त हो गई है।

राहुल सांकृत्यायन ने अपने एक लेख 'दक्षिण की उपेक्षा क्यों' (1959) में लिखा था, 'हम भारत को भौगोलिक इकाई से बढ़कर कुछ कभी नहीं बना सकेंगे, जब तक कि भारत की एक-एक अंगुल भूमि से हमारा हार्दिक प्रेम न होगा, उसकी धूलि को हम सिर पर लगाने के लिए तैयार न होंगे। जिस तरह बिहार या मध्य प्रदेश के लोगों को हिमालय की नदियां और उपत्यकाएं प्रिय लगती हैं, वैसे ही उन्हें कोडुगू की पहाड़ियां, वहां का कावेरी का स्रोत और चंदनों के जंगल भी प्रिय होने चाहिए। जैसे हमें अपने यहां के लोकगीत और लोककथाएं प्यारी लगती हैं, वैसे ही कर्नाटक या केरल की भी लगनी चाहिए, कृत्रिम रूप से नहीं, दिखावे के तौर पर नहीं, न दबाव से; बल्कि अपनी भारत मही की विविधता, उसके सौंदर्य के खयाल से। इसके लिए अभ्यास और तपस्या

करनी होगी। देश की वास्तविक एकता के लिए हमें इसे करने के लिए तैयार होना चाहिए। कर्नाटक या केरल के वीर, कलाकार, विचारक हमारे अपने हैं। उनका हमें ज्ञान होना चाहिए, उनके साथ हमारा प्रेम होना चाहिए।' राहुल सांकृत्यायन जिस भारतीय राष्ट्रीयता की रमणीय कल्पना करते हैं, वह दिखावा न होकर एक भारतीय यथार्थ हो, यह सच्ची सामूहिक कोशिशों से संभव है।

उपर्युक्त कथन से स्पष्ट होता है कि हिंदी भाषी लोग दूसरे देश की छोड़ दीजिए, अपने देश की ही दूसरी जातियों की संस्कृति को जानने में कितनी कम रुचि रखते हैं। इसका अर्थ है कि हिंदी क्षेत्र में राष्ट्रीय जागरण के प्रयासों की अब भी काफी जरूरत है। हिंदी लोगों की राष्ट्रीय भावना में कोई एक बुनियादी कमी है जिसकी ओर बार-बार संकेत किया गया। कोई फांक है, यह फांक कदम-कदम पर है। आजादी से काफी पहले हिंदी का बुनियादी स्वरूप स्थिर हो चुका था, फिर भी उस पर बहस जारी थी। यह बहस हिंदी की शब्द-योजना, पहचान और लिपि को लेकर ही नहीं थी। इस पर भी थी कि भारतीय अस्मिता के निर्माण में हिंदी किस तरह योग दे और हिंदी के निर्माण में राष्ट्र की सभी जातियां कैसे लगें।

शंभुनाथ

अधिक जानकारी के लिए :
1. कुछ विचार : प्रेमचंद, **2. भारत की भाषा समस्या :** रामविलास शर्मा, **3. हिंदी राष्ट्रवाद :** आलोक राय, **4. भाषा, संस्कृति और राष्ट्रीय अस्मिता :** न्यूगी वा थ्योंगे, **5. हिंदी का सार्वजनिक लोकवृत्त :** फ्रांसेस्का आरसिनी

हिंदी-उर्दू विवाद

हिंदी और उर्दू क्या दो अलग-अलग भाषाएं हैं या एक ही भाषा के दो अलग-अलग रूप या अलग-अलग शैलियां? यदि दो भाषाएं हैं, तो क्या इन भाषाओं को बोलने वाले आम लोगों के बीच इनकी अलग-अलग पहचान की जा सकती है? यदि भाषा को स्वतंत्र पहचान का आधार उसकी भाषिक संरचना और व्याकरण है, तो क्या इन दोनों भाषाओं को व्याकरण और संरचना के आधार पर अलगाया जा सकता है, जबकि दोनों का विकास एक ही खड़ी बोली से हुआ है जो दिल्ली के पास के कुछ जिलों की भाषा रही है। क्या केवल लिपि के आधार पर हिंदी और उर्दू दो भाषाएं हैं?

जिस भाषा को हिंदी और उर्दू के रूप में पहचाना जाता है, उसके लिए आरंभ में हिंदी, हिंदुई शब्द का प्रयोग किया गया था। ऐसा फारसी से अलगाने के लिए किया गया था। फारसी से अलग हिंदुस्तान की जो अपनी भाषा थी, उसे हिंदी या हिंदवी नाम दिया गया। इस बात पर कमोबेश सभी हिंदी और उर्दू के विद्वान एकमत हैं। हिंदी या हिंदवी शब्द का प्रयोग बहुत ही ढीले-ढाले ढंग से होता था। अमीर खुसरो ने भारत की कई भाषाओं को हिंदवी के अंतर्गत शामिल किया था। वे ऐसे कवि थे जिन्होंने फारसी के साथ-साथ खड़ी बोली में भी कविता की थी। हिंदी कैसे अस्तित्व में आई इसके बारे में अपना मत रखते हुए 'सितारेहिंद' लिखते हैं कि अब इस जबान को अर्थात् उस प्राकृत को जिसमें फारसी और अरबी मिली हिंदी कहो, चाहे हिंदुस्तानी भाषा कहो चाहे ब्रजभाषा, रेख्ता कहो चाहे खड़ी बोली, उर्दू कहो चाहे उर्दू-ए-मुअल्ला उसके बीज तभी से बोए गए जब महमूद गजनवी ने चढ़ाई की और मुसलमानों की इस मुल्क पर तवज्जुह हुई। इसके बाद आठ सौ बरस से ज्यादा गुजरते हैं। 'सितारेहिंद' के इस कथन से स्पष्ट होता है कि जिसे आज हम हिंदी या उर्दू के रूप में पहचानते हैं, उसका जन्म प्राकृत के रूप से हुआ और उसके साथ अरबी के और शब्द आ मिले। इसके बाद जो भाषा रूप सामने आया, वही अलग-अलग नामों से पहचाना गया।

मुगल शासन के दौर में फारसी राजकाज की भाषा थी और तब दरबार से जुड़े शायर फारसी कविता करते थे। लेकिन जिन कवियों का वास्ता जनता से था, वे जनता की भाषा में रचना करते थे। जिस अवधी भाषा और दोहा-चौपाई छंद में जायसी ने पदमावत की रचना की। उसी अवधी भाषा और

दोहा-चौपाई में तुलसीदास ने रामचरितमानस की रचना की थी। यदि जायसी ने अवधी, दोहा-चौपाई छंद और भारतीय लोक और इतिहास के समन्वय से उपजी कथा को महाकाव्य का आधार बनाया तो फारसी लिपि और मसनवी शैली के द्वारा उन्होंने फारसी की परंपरा का निर्वाह किया। भक्ति आंदोलन उसी समन्वय का एक उत्कर्ष उदाहरण था। यह प्रश्न कभी उपस्थित नहीं हुआ कि भारतीय भाषाओं के लिए फारसी लिपि का उपयोग क्यों? लिपि का सवाल पहली बार अंग्रेजी शासन की स्थापना के बाद उन्नीसवीं सदी में सामने आया।

अंग्रेजों का शासन जब हिंदुस्तान के विभिन्न इलाकों में फैल गया तब 1836 में एक आदेश के द्वारा सरकार ने यह निर्णय लिया कि कोई भी व्यक्ति 'हिंदुस्तानी' में सदर और बोर्ड में अर्जी दाखिल कर सकता है, और लिपि फारसी या नागरी में से कोई भी हो सकती है। आरंभ में ऐसा हुआ पर 1850-52 तक 'हिंदुस्तानी' सिर्फ फारसी लिपि में सीमित रह गई। इसके लिए फारसी-दां मुसलमानों के साथ फारसी-दां हिंदू भी जिम्मेदार थे।

1803 में फोर्ट विलियम कॉलेज में अंग्रेज अध्यापक गिलक्राइस्ट के निर्देश पर हिंदी खड़ी बोली में पुस्तकें लिखने वालों ने अपनी भाषा में अरबी-फारसी के शब्दों से बचने की कोशिश की थी तो दूसरी ओर फारसी लिपि में लिखने वालों ने अरबी-फारसी के शब्दों से अपनी भाषा को लादना शुरू कर दिया था। इस तरह फोर्ट विलियम कॉलेज ने एक ही खड़ी बोली को लिपि और शब्द-भंडार के आधार पर उर्दू और हिंदी में बांटने का सिलसिला काफी पहले से शुरू कर दिया था। अंग्रेजों की इस कोशिश का मकसद शिक्षित और उच्चवर्गीय मुसलमानों और हिंदुओं में खाई पैदा करना था। अफसोस की बात यह है कि अंग्रेजों की इस चाल को न हिंदू समझ पाए और न मुसलमान। खड़ी बोली को फारसी और नागरी लिपि में लिखा जाना गलत नहीं था क्योंकि ये दोनों लिपियां शिक्षित जनता के बीच प्रचलित थीं। लेकिन केवल इसी कारण उन्हें एक-दूसरे के विरोध में खड़ा करना आवश्यक नहीं था। जाहिर है कि 1803 में हिंदी और उर्दू को अलग-अलग भाषा बनाने की इन कोशिशों का ही नतीजा था कि 1836 में जब फारसी को अदालत की भाषा के पद से हटाया गया और हिंदुस्तानी को स्वीकार किया गया तो उर्दू और हिंदी के झगड़े की बुनियाद पड़ गई।

भारतेंदु का मानना था कि मुसलमान चतुर थे, इसलिए कचहरी में वे उर्दू को लागू करने में कामयाब रहे, जबकि हिंदू बैठे-बैठे सोचते ही रह गए। उर्दू अगर कचहरी की भाषा नहीं बनती तो उनके आर्थिक हितों को नुकसान होता। वे पद उन्हें नहीं मिलते जिन पर उनका लंबे समय से एकाधिकार कायम था। भारतेंदु शिक्षा आयोग के सामने अपनी गवाही में भी यह कहते हैं कि उर्दू के बने रहने से ही मुसलमान दफ्तरों के कामों में लोगों को ठगने में कामयाब हो पाते हैं और मामूली-सी दरख्वास्त के लिए आठ आना या एक रुपया तक वसूलते हैं। इन घटनाओं से भाषा के मुद्दे पर अंग्रेजों की कूटनीतिक सफलता का बोध होता है। यह भी तथ्य है कि शिक्षित हिंदू भी सत्ता का हिस्सा होने के कारण फारसी लिपि के समर्थक थे। उर्दू-हिंदी का विवाद जितना हिंदुओं और मुसलमानों को संदर्भ बनाकर खड़ा हुआ, उतना ही वह खुद शिक्षित हिंदुओं के बीच भी था। यह सितारेहिंद और भारतेंदु के बीच विवाद से स्पष्ट होता है।

उन्नीसवीं सदी में चलने वाले इस विवाद में उर्दू के पक्षधर हिंदी को हिंदुओं की भाषा और हिंदी के पक्षधर उर्दू को मुसलमानों की भाषा मानने लगे, जबकि यह बात कभी सच नहीं थी। उर्दू और हिंदी की साहित्यिक परंपराएं इस बात का प्रमाण हैं फिर भी दोनों पक्ष अपने-अपने ढंग से अंग्रेजों को प्रभावित करने में लगे थे। अंग्रेज अधिकारियों ने इस स्थिति का भरपूर लाभ उठाया। कुछ ने मुसलमानों का समर्थन किया और कुछ ने हिंदुओं का। कुछ अंग्रेजों ने यदि एक वक्त हिंदी के पक्ष में बयान दिया, तो दूसरे वक्त उर्दू के पक्ष में। यह जरूर था कि वे उर्दू के पक्ष में बोले या हिंदी के, उन्होंने उर्दू और हिंदी

को मुसलमानों और हिंदुओं की भाषा के रूप में ही माना। समस्या की जड़ इस सांप्रदायिक विभाजन में थी, जिसे हिंदू और मुसलमान का शिक्षित तबका समझने को तैयार नहीं था।

सैयद अहमद खां, जो अपने समय के महान समाज-सुधारक और शिक्षाविद थे, हिंदी को गंवारों और जाहिलों की भाषा मानते थे और उर्दू को शिष्ट और श्रेष्ठ भाषा स्वीकार करते थे, जबकि लक्ष्मण सिंह, नवीनचंद्र राय और भारतेंदु हरिश्चंद आदि उर्दू को विदेशी और बाजारू भाषा मानते थे। लक्ष्मण सिंह ने स्पष्ट रूप से कहा, 'हमारे मत में हिंदी और उर्दू दो बोली न्यारी-न्यारी हैं। हिंदी इस देश के हिंदू बोलते हैं और उर्दू यहां के मुसलमान और फारसी पढ़े हुए हिंदुओं की बोलचाल है।' (रामचंद्र शुक्ल : हिंदी साहित्य का इतिहास)। शिक्षा आयोग के सम्मुख अपना मत रखते हुए भारतेंदु ने सैयद अहमद खां की इस बात के लिए निंदा की कि वे हिंदी को गंवारों की भाषा कहते हैं, लेकिन खुद भारतेंदु ने उर्दू को 'तवायफों और वेश्याओं की भाषा' कहा। यदि सैयद ने उर्दू को कुलीन वर्ग की भाषा कहा तो भारतेंदु ने हिंदी को 'आर्य भाषा' और 'साधु भाषा' कहा। भारतेंदु के इसी नजरिए को बाद में रामचंद्र शुक्ल ने अपने इतिहास ग्रंथ में और आगे बढ़ाते हुए लिखा, 'जब हिंदी उर्दू का सवाल उठा तब सैयद अहमद जो अंग्रेजों से मेलजोल रखने वालों में से एक थे, हिंदी विरोध में और बल लाने के लिए मजहबी नुस्खा भी काम में लाए।' अंग्रेजों को सुझाया गया कि 'हिंदी' उन हिदुओं की जुबान है जो 'बुतपरस्त' हैं और 'उर्दू' मुसलमानों की, जिनके साथ अंग्रेजों का मजहबी रिश्ता है। दोनों 'सामी' या पैगंबरी मत को मानने वाले हैं। जिस राजा लक्ष्मण सिंह की हिंदी को आचार्य शुक्ल 'असली हिंदी' का नमूना कहते हैं, उन्हें भी राजा की उपाधि अंग्रेजों ने ही दी थी।

उन्नीसवीं सदी के उत्तरार्ध में हिंदी और उर्दू दो भिन्न भाषाओं के रूप में स्थापित हो गईं। हिंदी और उर्दू दोनों भाषाओं का क्षेत्र एक ही है। दोनों की उत्पत्ति एक ही बोली खड़ी बोली से हुई है, जबकि यह भी सही है कि भाषावैज्ञानिक दृष्टि से इनमें एकता के तत्व ज्यादा हैं और भिन्नता के कम। इन सबके बावजूद ये दो भाषाएं हैं। इस तथ्य के पक्ष में जो तर्क हैं, वे कम महत्वपूर्ण नहीं हैं। आज जिसे हम हिंदी भाषा का क्षेत्र कहते हैं, वह इन्हीं अर्थों में हिंदी भाषा का क्षेत्र आज से दो सौ साल पहले तक नहीं था। ये क्षेत्र थे—ब्रज, अवधी, मैथिली, भोजपुरी, खड़ी बोली, राजस्थानी आदि के। इनमें से कुछ की अपनी लंबी साहित्यिक परंपरा थी, अपना व्याकरण था और अपना शब्द भंडार भी था। इनमें से एक भी बोली खड़ी बोली हिंदी से उत्पन्न नहीं हुई थी, बल्कि अपभ्रंश के अन्य रूपों से हुई थी। जिनसे इनके बीच से गुजराती, बांग्ला आदि भारतीय भाषाओं की उत्पत्ति भी हुई थी। दूसरा महत्वपूर्ण तथ्य यह है कि मराठी, बांग्ला भाषाओं के विपरीत भोजपुरी, ब्रज, अवधी, मैथिली, राजस्थानी आदि साहित्यिक भाषाओं के रूप में प्रयुक्त होने के बावजूद इनमें से कोई भी अपने क्षेत्र से बाहर संपर्क भाषा नहीं बन सकी और अंततः खड़ी बोली हिंदी ही संपर्क भाषा के रूप में विकसित हुई।

हिंदी साहित्य के इतिहास का आरंभ जब से माना जाता है तब से हिंदी क्षेत्र में एक प्रक्रिया और चल रही थी। इस क्षेत्र की दो बोलियां अलग-अलग ढंग से अन्य बोलियों पर अपना वर्चस्व कायम करने की कोशिश कर रही थीं। ब्रजभाषा साहित्य के क्षेत्र में और खड़ी बोली सामाजिक और व्यापारिक व्यवहार के क्षेत्र में सक्रिय थी। भक्ति आंदोलन और बाद में रीति काल के दौर में वर्चस्व की यह प्रक्रिया पूरी हुई जब साहित्य के क्षेत्र में ब्रजभाषा ने डिंगल, अवधी, मैथिली आदि की तुलना में अपना एकछत्र वर्चस्व कायम कर लिया। इसी दौर में खड़ी बोली ने सामाजिक और शासकीय क्षेत्र में अपना वर्चस्व कायम कर लिया। ब्रजभाषा को भक्ति आंदोलन का सहारा मिला तो खड़ी बोली को तत्कालीन दौर में दिल्ली और उसके आसपास के क्षेत्र की भाषा होने का लाभ मिला। उस युग में राजकाज की भाषा फारसी थी, इसलिए जनता से संपर्क और व्यवहार

के लिए खड़ी बोली को अपनाए जाने के बावजूद लिखने के लिए फारसी लिपि का प्रयोग हुआ। इस प्रकार भाषा जनता की और लिपि शासक वर्ग की थी। इनसे मिलकर एक संपर्क भाषा का निर्माण हुआ। संपर्क की प्रक्रिया में दोनों ने एक-दूसरे से बहुत कुछ ग्रहण किया। जैसे फारसी लिपि को खड़ी बोली की प्रकृति के अनुसार संशोधित किया गया, तो खड़ी बोली जाने के कारण धीरे-धीरे इसका एक मानकीकृत (जिसे शहरीकृत भी कहा जा सकता है) रूप भी बनने लगा।

मुग़लों के दौर में जिन मुस्लिम कवियों का दरबार में वर्चस्व था, वे ज्यादातर शासकीय भाषा फारसी में कविता करते थे, लेकिन फारसी जनता में प्रचलित नहीं थी। इसलिए रहीम ने भिन्न राह चुनी। दूसरी ओर सूफी कवि पहले से ब्रज, अवधी आदि भाषाओं में कविता रच रहे थे। लेकिन जब मुगल शासन का पतन शुरू हुआ तब धीरे-धीरे फारसी का वर्चस्व कम होने लगा। यही वजह है कि दरबार में वे कवि जो कल तक फारसी में कविता करने में गर्व महसूस करते थे, धीरे-धीरे हिंदी या हिंदवी में कविता करने लगे। लेकिन फारसी के संस्कार के कारण या अपनी कविता को सामान्य बोलचाल की हिंदी से अलगाने की इच्छा से प्रेरित होकर उन्होंने अपनी रचनाओं में अरबी-फारसी के शब्द ही नहीं भरे, बल्कि फारसी काव्य परंपरा से प्राप्त काव्य रूपों, प्रतीकों, मिथकों, छंदों और कुछ हद तक भाषाई विशेषताओं को भी अपना लिया। फिर भी ऐसे कवियों की कविताएं ही ज्यादा मकबूल हुईं जो बोलचाल की हिंदी के अधिक नजदीक थीं। यही नहीं, नजीर अकबराबादी जैसे कवियों ने उस दौर में अपनी भाषा को लोक परंपरा से जोड़े रखा। इस तरह उस साहित्य का जन्म हुआ, जिसे बाद में उर्दू नाम दिया गया। यह प्रक्रिया नागरी लिपि में लिखी जाने वाली खड़ी हिंदी के अस्तित्व में आने से पहले आरंभ हो चुकी थी। यही कारण है कि सौदा, मीर, गालिब, नजीर जैसे क्लासिक स्तर के कवि उर्दू में उन्नीसवीं सदी के आरंभ में ही हो चुके थे, जबकि खड़ी बोली में क्लासिक स्तर के काव्य की रचना बीसवीं सदी के आरंभ में संपन्न हुई।

यह एक यथार्थ है कि दोनों भाषाओं का सामाजिक व्यवहार और साहित्यिक रचना के लिए प्रयोग करने वाले लोग कभी भी एक संप्रदाय तक सीमित नहीं थे। आरंभ से ही हिंदी और उर्दू दोनों का प्रयोग हिंदू और मुसलमान दोनों करते रहे हैं। इसलिए अपनी भिन्न-भिन्न परंपराओं के बावजूद दोनों का एक-दूसरे पर प्रभाव पड़ता रहा है। ये दोनों भाषाएं विस्तृत क्षेत्र की संपर्क भाषा होने के कारण अपने क्षेत्रों से बाहर के लोगों द्वारा भी साहित्य रचना के लिए अपनाई गईं। उर्दू दोनों ही शिक्षित समुदायों की भाषा के रूप में सामने आई और शिक्षा के प्रसार के साथ ही वह मातृभाषा के रूप में अपनाई जाने लगीं।

हिंदी और उर्दू को अलग माने जाने का काम उन्नीसवीं सदी के आठवें दशक में पूरा हो चुका था। हिंदी के लेखक अपनी परंपरा को उर्दू से जोड़ने के बजाय अवधी और ब्रज से जोड़ रहे थे, दूसरी ओर उर्दू के लेखक अपनी परंपरा को फारसी भाषा के साहित्य से जोड़ रहे थे। हालांकि उन्नीसवीं सदी के अंत तक स्वयं उर्दू काव्य की समृद्ध परंपरा बन चुकी थी। उर्दू का विकास काफी स्वतंत्र रूप से होने लगा था। जब एक बार दोनों भाषाएं अलग मान ली गईं तो गद्य और पद्य की भाषा अलग-अलग रहने का कोई औचित्य नहीं था। इसलिए उन्नीसवीं सदी के दशकों में हिंदी में काव्य की भाषा भी खड़ी बोली स्वीकार किए जाने का आग्रह बढ़ा।

उर्दू और हिंदी दोनों के साहित्य एक ही क्षेत्र में एक साथ पनपने के बावजूद स्वतंत्र रूप से विकसित हुए। एक ही क्षेत्र की संपर्क भाषा होने के बावजूद परिनिष्ठित भाषा के तौर पर दोनों में व्याकरणगत भेद, अपने-अपने स्वतंत्र पारिभाषिक शब्द, शब्द भंडार, मुहावरे भी विकसित हुए हैं। उर्दू में ऐसी कई ध्वनियां हैं, जो नागरी लिपि में पूर्ण शुद्धता के साथ व्यक्त नहीं की जा सकतीं। इसलिए उर्दू और हिंदी आज अलग-अलग भाषाएं हैं, यह ऐतिहासिक सत्य है। इससे इन्कार करना इस क्षेत्र की सांस्कृतिक और

साहित्यिक वास्तविकताओं को नकारना है। यह भी उतना ही सत्य है कि इन दोनों भाषाओं का अपना अलग-अलग भाषाई क्षेत्र नहीं है, बल्कि ये एक ही क्षेत्र की दो भाषाई अभिव्यक्तियां हैं।

जवरीमल्ल पारख

अधिक जानकारी के लिए :
1. हिंदी, उर्दू, हिंदुस्तानी : पद्म सिंह शर्मा, **2. कुछ विचार :** प्रेमचंद, **3. भारत की भाषा समस्या :** रामविलास शर्मा, **4. One Language : Two Scripts : The Hindi Movement in Nineteenth Century in North India :** Christopher R King, 1994, **5. House Divided : The Origin and Development of Hindi/Hindavi :** Amrit Rai, 1994, **6. Hindi Nationalism :** Alok Rai

हिंदीतर शिक्षार्थी : हिंदी शिक्षण

राजभाषा के रूप में हिंदी को स्वीकार किए जाने के बाद सरकार के सामने एक बड़ी चुनौती यह थी कि इस बहुभाषी देश के हर सरकारी कर्मचारी को या हिंदी सीखने को इच्छुक हिंदीतर भाषियों को हिंदी कैसे सिखाई जाए। इसके लिए विभिन्न शिक्षण योजनाओं के तहत कुछ पाठ्यक्रम बनाए गए हैं। हिंदी शिक्षण योजना के तहत आयोजित प्रबोध, प्रवीण या प्राज्ञ की शिक्षा है, जिसके लिए हिंदी शिक्षक नियुक्त किए गए हैं। जो कर्मचारी ये परीक्षाएं उत्तीर्ण कर लेते हैं, उन्हें 'हिंदी का ज्ञान न रखने वालों' की श्रेणी से उठाकर 'हिंदी का कार्यसाधक ज्ञान प्राप्त' की श्रेणी में रख दिया जाता है। लेकिन साधारणतः देखा यह जाता है कि परीक्षाएं उत्तीर्ण करने के बाद भी हिंदीतर कार्मिकों को हिंदी का पर्याप्त ज्ञान नहीं होता। इस स्थिति को ध्यान में रखते हुए उनके लिए हिंदी शिक्षण की यह पद्धति हो सकती है कि उनकी भाषा के माध्यम से उन्हें हिंदी सिखाई जाए। सरकारी कार्मिक ही नहीं, अन्य हिंदीतर शिक्षार्थियों को भी हिंदी सिखाने के लिए नए तरीके और कौशल खोजने की जरूरत है।

शिक्षक जब क्षेत्रीय भाषा के माध्यम से हिंदी पढ़ाएंगे तो प्रशिक्षु के सामने कोई अपरिचित भाषा न होकर एक परिचित भाषा होगी जो उसे कोई नई भाषा सीखने की ओर ले जा रही होगी। इस सकारात्मक माहौल में प्रशिक्षु गिलास को आधा खाली न देख आधा भरा हुआ देखेगा और हिंदी के साथ आत्मीयता का अनुभव करेगा। वह निश्चित रूप से तब अधिक बोधगम्य होगी। हिंदी सीख जाने पर वे स्वयं हिंदी में काम कर सकेंगे और उनका आत्मविश्वास बढ़ेगा। अनुवाद पर उनकी निर्भरता कम होगी, जो राजभाषा नीति का मूल उद्देश्य है।

हिंदी टाइपिंग सिखाने के दौरान भी प्रशिक्षण का माध्यम यदि क्षेत्रीय भाषा हो तो वह अधिक कारगर होगी। इनस्क्रिप्ट की-बोर्ड में देश की सभी भाषाओं के लिए समान ले-आउट तैयार किया गया है।

शिक्षण पद्धति : व्यतिरेकी विश्लेषण के अंतर्गत दो भाषाओं की असमानता को दर्शाते हुए नई भाषा सिखाई जाती है। इस संकल्पना का उदय द्वितीय विश्वयुद्ध के समय हुआ जिसका लक्ष्य कम-से-कम समय में सैनिकों को उन देशों की भाषाएं सिखाना था, जहां वे लड़ने जा रहे थे। इसका प्रयोग कर कम-से-कम समय में सहजता से हिंदी सिखाई जा सकती है। इसके अलावा किन्हीं दो भारतीय भाषाओं में आपस में कुछ न कुछ समानता भी अवश्य होती है। इससे परस्पर दोनों भाषाओं को सीखने में सहजता और सरलता बढ़ जाती है।

उच्चारण : उच्चारण में फर्क को रेखांकित कर हिंदी का उच्चारण स्पष्ट किया जा सकता है। जैसे बांग्ला में उच्चारण करते समय केवल श् ष् स् के लिए शा का ही प्रयोग होता है। तेलुगु में राम का रामा के रूप में उच्चारण किया जाता है जबकि हिंदी में लिखा तो राम जाता है पर उच्चारण राम् किया जाता है।

शब्द और अर्थ : हिंदी सीखने वाला अपनी मातृभाषा के समभावी शब्दों के साथ हिंदी भाषा के शब्दों को ग्रहण करता जाता है। समस्या तब उठती है जब मातृभाषा के समरूपी शब्द हिंदी में भिन्नार्थ में प्रयुक्त होते हैं या नए शब्द आते हैं। शिक्षक का कार्य उन

भिन्नताओं को रेखांकित करते हुए हिंदी सिखाना है। जैसे तेलुगु में 'राजीनामा' सुनते ही कान खड़े हो जाना स्वाभाविक है कि किसने त्याग-पत्र दे डाला, जबकि हिंदी में 'राजीनामा' सुलह-समझौता कर लेने के अर्थ में रूढ़ है। हिंदी का आवेदन शब्द तेलुगु में चिंता के अर्थ में प्रयुक्त होता है। इसी प्रकार गुजराती में संशोधन का अर्थ अनुसंधान होता है, जबकि हिंदी में इसका अभिप्राय सुधार है। कथा शब्द हिंदी में कहानी के अर्थ में प्रयुक्त होता है जबकि बांग्ला और असमिया में इसका अर्थ बात है। हिंदी में छाती का अर्थ है वक्ष, पर असमिया में इसका अर्थ छाता है।

व्याकरण : क्षेत्रीय भाषा को सामने रखते हुए जब व्याकरण का ज्ञान दिया जाता है तो प्रशिक्षु उसे तुरंत समझ लेता है और जहां दोनों व्याकरणों का अंतर उसकी समझ में आता है वहीं वह व्याकरण के उस सूत्र को पकड़ लेता है जो उनमें अंतर पैदा करता है। इस अंतर को समझने भर से उसे व्याकरण रोचक लगने लगता है। व्याकरण की जानकारी प्राप्त होने पर भाषा उसके करीब आती जाती है।

गुजराती में शब्द का बहुवचन बनाते समय 'ओ' का प्रयोग किया जाता है लेकिन हिंदी में 'यों' का। उदाहरण विद्यार्थी-विद्यार्थिओं (गुजराती)-विद्यार्थियों (हिंदी)। इसके अलावा तेलुगु और गुजराती में तीन लिंग हैं—स्त्रीलिंग, पुल्लिंग और नपुंसकलिंग। लेकिन हिंदी में सिर्फ दो लिंग हैं—स्त्रीलिंग और पुल्लिंग।

वाक्यों के सांचे भाषाओं की गहन या आंतरिक संरचनाओं को द्योतित करते हैं। दो भाषाओं की वाक्य रचना में समानता और भिन्नता दोनों पाई जा सकती है। जैसे हिंदी के वाक्य निर्माण में कर्ता, कर्म और क्रिया का अनुक्रम लागू होता है। तेलुगु में भी यही अनुक्रम है। वाक्य निर्माण की काल रचना और वाक्य रचना में भी समानताएं हैं। इसके अतिरिक्त हिंदी और बांग्ला की वाक्यगत संरचनाओं में भिन्नता की अपेक्षा समानता के तत्व अधिक पाए जाते हैं। जैसे **बांग्ला—**राधा जल आनिलो (संज्ञा + संज्ञा + क्रिया), **हिंदी—**राधा पानी लाई (संज्ञा + संज्ञा + क्रिया)। जहां किन्हीं स्तरों पर एक भाषा दूसरी भाषा से साम्य रखती है, वहीं उनमें व्यतिरेक या वैषम्य होना एक वास्तविकता है। उदाहरण के लिए गुजराती भाषा में कई बार आश्रित उपवाक्य आरंभ में आता है और प्रधान उपवाक्य बाद में आता है। **गुजराती—**देशनी सामे अनेक प्रश्नों छे एवु वडाप्रधानने कहयुं। **हिंदी—**प्रधानमंत्री ने कहा कि देश के सामने कई समस्याएं हैं। गुजराती में कई बार क्रिया आरंभ में आती है, लेकिन हिंदी में कर्ता के बाद आती है। **गुजराती—**बोलावो एने नहीं। **हिंदी—**उसे मत बुलाओ। जब दोनों भाषाओं में समान वाक्य सांचे पाए जाते हैं तो उनके नियम भी सर्वथा समान ही होते हैं। ऐसे समान तत्वों को रेखांकित करते हुए हिंदी सिखाने की प्रक्रिया कुछ सहज हो जाती है। दूसरी ओर, उसकी असमानता को रेखांकित करने से प्रशिक्षु हिंदी की प्रकृति को शुद्ध रूप से समझ जाता है।

समस्याएं एवं समाधान : क्षेत्रीय भाषा जानने वाले हिंदी शिक्षकों का अभाव है। शिक्षक को दोनों भाषाओं की संरचनाओं का ज्ञान हो, अतः ऐसे शिक्षकों की संख्या कम है। इसलिए आवश्यक है कि क्षेत्रीय भाषा में हिंदी पढ़ाने से पहले शिक्षक क्षेत्रीय भाषा की ध्वनियों का अध्ययन करे, उसकी शब्दावली का सम्यक विश्लेषण करे और हिंदी सिखाते समय उसके समान और असमान तत्वों का प्रयोग करे। वह भाषा के डेटा को इस तरह प्रस्तुत करे कि प्रशिक्षु स्रोत भाषा के व्याघात से खुद को बचाते हुए हिंदी के नियमों को आत्मसात कर सके।

विद्वानों के एक वर्ग का कहना है कि भाषा के असमान तत्व हिंदी सीखने में बाधा उत्पन्न करते हैं। लेकिन यह ध्यान रखना चाहिए कि भाषिक असमानताएं किसी भी भाषा की विशिष्टता होती हैं। आवश्यकता है कि इसे समस्या नहीं बल्कि अवसर के रूप में देखा जाए और इन विशेषताओं को रेखांकित कर हिंदी शिक्षण को रोचक बनाया जाए।

यह भी पाया जाता है कि प्रशिक्षु पर उसकी

क्षेत्रीय भाषा के उच्चारण का प्रभाव बना रहता है। क्षेत्रीय भाषा के माध्यम से वे हिंदी सीख जाते हैं, लेकिन उनका उच्चारण शुद्ध नहीं हो पाता। इस संबंध में विचार करने वाली बात यह है कि हमारा उद्देश्य कार्यालय के काम-काज में हिंदी को लाना है न कि उसके सटीक उच्चारण पर ध्यान देना। कार्मिकों का हिंदी ज्ञान उनके काम में परिलक्षित होना चाहिए। इस क्रम में यदि कोई उच्चारणगत अशुद्धि हो जाती है तो उसे अनदेखा कर देना चाहिए। तथापि अध्यापन की प्रक्रिया में यह प्रयास भी होना चाहिए कि प्रशिक्षुओं को यथासंभव सटीक उच्चारण सिखाया जा सके। यह एक तथ्य है कि किसी अन्य भाषा के उच्चारण में अपनी मातृभाषा का प्रभाव स्वाभाविक है। यह अभ्यास से ही दूर हो सकता है।

प्रशिक्षण सामग्री का अभाव : कुछ क्षेत्रीय भाषाओं यथा तमिल, तेलुगु, बांग्ला आदि भाषाओं में इस उद्देश्य से बनाई गई प्रशिक्षण सामग्री उपलब्ध है। लेकिन हर क्षेत्रीय भाषा में इस प्रकार की सार्थक सामग्री उपलब्ध नहीं है। इससे उस भाषा के माध्यम से हिंदी की शिक्षा देने में समस्या का सामना करना पड़ता है। ऐसी स्थिति में आवश्यक है कि शिक्षक स्वयं इस संबंध में नोट तैयार करें और उनके माध्यम से शिक्षा दें। यह एक बड़ा कदम होगा क्योंकि ये छोटे-छोटे मौलिक नोट ही आगे चलकर मानक प्रशिक्षण सामग्री के रूप में प्रचलित हो जाएंगे।

बाजार में इसके लिए कुछ किताबें हैं, जैसे–A Guide to Learn Hindi through Tamil, Rapidex Hindi Speaking Course आदि। कुछ वेबसाइट हैं, जैसे–hindinideshalaya.nic.in, languageshome.in आदि उपलब्ध हैं।

श्वेता जैन

हिंदुस्तानी

ईस्ट इंडिया कंपनी के इंगलैंड से भारत आने के समय 1608 में दिल्ली और मेरठ के आस-पास की बोली, जिसे कालांतर में खड़ी बोली कहा गया और जिसमें मुसलमानों के प्रशासकीय प्रभावों के कारण अरबी-फारसी शब्दों का मिश्रण होता था, हिंदुस्तान की संपर्क भाषा थी। यूरोप निवासियों में अरबी-फारसी शब्दों के सम्मिश्रण वाली वह खड़ी बोली मुख्यतः 'हिंदी' और 'हिंदुस्तानी' के नाम से लोकप्रिय थी।

ईस्ट इंडिया कंपनी के आगमन के बाद प्रथम पाश्चात्य विद्वान पियेट्री डेल्ला वेल्ला थे, जो 1623 में सूरत आए और उहोंने नवंबर 1624 तक भारत भ्रमण किया। उनकी पुस्तक 'इंडियन ट्रैवेल्स' का प्रकाशन 1663 में हुआ। पाश्चात्य विद्वानों में सर्वप्रथम उन्होंने ही 'नागरी' शब्द का उल्लेख किया। 'हिंदुस्तानी' के संबंध में उन्होंने लिखा है, 'यह सारे हिंदुस्तान में वैसे ही प्रचलित है, जैसा यूरोप में लैटिन और यह उसके ही ढंग से लिखी भी जाती है।' ग्रियर्सन : लिंग्विस्टिक सर्वे ऑफ इंडिया, जिल्द-9, भाग 1) डेल्ला बेल्ला की इस सूचना का आशय यह रहा होगा कि यदि कंपनी के अंग्रेज कर्मचारी और व्यापारी भारत में अपने व्यापार का उत्कर्ष चाहते हैं, तो 'हिंदुस्तानी' का अध्ययन करें।

एक विद्वान द्वारा 1887 में प्रकाशित 'ओरिएंटल कैटेलॉग' में एक 'हस्तलिखित शब्दकोश' का उल्लेख है। उस पर 'सूरत 1630' लिखा हुआ है। 'हस्तलिखित शब्दकोश' की रचना में अंग्रेजों द्वारा 'हिंदुस्तानी और फारसी' के अध्ययन के प्रति जिज्ञासा का परिचय मिल जाता है।

उस समय जनसंपर्क की भाषा 'हिंदुस्तानी' थी और अंग्रेजों ने भारत आने के कुछ ही वर्ष बाद उसे सीखना आरंभ कर दिया था। अंग्रेज 1608 से 1700 तक के 92 वर्षों के के शासन में सिर्फ संकेतों और दुभाषियों पर निर्भर रहने और विश्वास करने वाले जीव नहीं थे। वे अपने हित के लिए किसी भी उचित-अनुचित मार्ग के अवलंबन के लिए सदा प्रस्तुत रहते थे। यह सोचा भी कैसे जा सकता है कि जिस संपर्क भाषा के ज्ञान से उनके अधिकतम हित सधने वाले थे, उसे उन्होंने 92 वर्ष तक सीखने का प्रयास ही नहीं

किया। 1630 का 'हस्तलिखित शब्दकोश' उनके इस दिशा में किए जाने वाले प्रयास की ही प्रथम ठोस प्रतिक्रिया है। यूल ने 'हिंदुस्तानी' शब्द का उद्भव काल 1616 बतलाया है, जबकि टेनी नामक एक अन्य विद्वान ने टाम कारयेट को 'हिंदुस्तानी भाषा' के विद्वान के रूप में प्रस्तुत किया है। तथ्य से स्पष्ट है कि यूल ने जिस भाषा को 'हिंदुस्तानी' कहा है, वह 'आगरा तथा दिल्ली के आसपास की हिंदी, फारसी तथा विदेशी शब्दों के सम्मिश्रण से विकसित थी। (हेनरी यूल और आर्थर बर्नेल : हॉब्सन-जॉब्सन) इसका प्रचलन आठवीं-नौवीं शताब्दी में भी था और जिसे मुसलमानों ने सारे हिंदुस्तान में जनसंपर्क की भाषा बना दिया था, किंतु जिसे प्रथम मुगल सम्राट बाबर (1526-34) द्वारा 'हिंदुस्तानी जबान' कहे जाने के बाद यूरोपियों ने पहली बार 1616 में इंदोस्तान या हिंदुस्तानी कह कर संबोधित किया।

'हॉब्सन-जॉब्सन' में उल्लिखित है कि टाम कारयेट ने 1616 में, 'इंदोस्तान' अथवा अशिष्ट भाषा पर अधिकार प्राप्त किया। टेरी की पुस्तक 'ए वॉयेज टु ईस्ट इंडिया' की रचना 1665 में हुई। उन्होंने इसमें 'हिंदुस्तानी भाषा' का अशिष्ट भाषा के रूप में उल्लेख किया है तथा टॉम कारयेट को उस 'हिंदुस्तानी' का विद्वान बतलाया है। दरअसल अकबर और जहांगीर के काल तक हिंदू और मुसलमान आपस में घुल-मिल गए थे। हिंदू फारसी में और मुसलमान हिंदी में रचना करने लगे थे। जायसी और रहीम ने मुसलमान होकर भी हिंदी में उच्च कोटि की कविताएं लिखीं। उनकी हिंदी दिल्ली और मेरठ वाली खड़ी बोली न थी, जिसे अरबी-फारसी शब्दों से मिश्रित कर मुसलमान शासकों ने सारे हिंदुस्तान को प्रचारित किया और कालांतर में जिसे हिंदुस्तानी नाम से विशेष लोकप्रियता मिली। वस्तुस्थिति यह है कि जायसी ने अवधी में तथा रहीम ने ब्रजभाषा में अपनी रचनाएं कीं। 'अवधी' और 'ब्रजी' निश्चय ही हिंदी की विविध भाषाओं में सर्वाधिक महत्व की थीं। अवधी की अपेक्षा ब्रजभाषा का साहित्य अधिक समृद्ध था। 'हिंदुस्तानी' जनसंपर्क की भाषा होकर भी उस समय' तक साहित्यिक महत्व की न बन पाई थी।

सतरहवीं शताब्दी में दकन में 'हिंदुस्तानी' का प्रयोग साहित्यिक भाषा के रूप में पूर्वापेक्षा तीव्र गति से होने लगा। किंतु, टेरी के लेखन काल 1665 तक 'हिंदुस्तानी भाषा' को व्याकरण-सम्मत और परिष्कृत स्वरूप नहीं मिल पाया था। जनसंपर्क की भाषा के रूप में उसकी ख्याति अवश्य अधिक हो गई थी। टेरी की दृष्टि में जनसाधारण अशिष्ट और गंवार ही था। संभवतः इन्हीं तथ्यों को लक्ष्य कर टेरी ने हिंदुस्तानी की व्यापक उपयोगिता को स्वीकार करके भी उसे 'अशिष्ट भाषा' कहकर संबोधित किया था। स्पष्ट है कि टेरी ने हिंदुस्तानी भाषा की स्थिति का मनोयोग के साथ अध्ययन किया था, अन्यथा वे 'हिदुस्तानी' की तत्कालीन यथार्थ स्थिति पर प्रकाश डालने में समर्थ न होते।

टेरी के अनुसार टॉम कारयेट 'हिंदुस्तानी भाषा' में दक्ष थे। टेरी के उल्लेख और हेनरी यूल के समर्थन से स्पष्ट है कि 1655 तक टॉम कारयेट 'हिंदुस्तानी भाषा' में पूर्णतः दक्ष हो चुके थे। ऐसी स्थिति में कुछ विद्वानों का यह कथन अनायास खंडित हो जाता है कि 'बंगाल पर विजय प्राप्त करने के पहले अंग्रेज, डच और फ्रांसीसियों का ध्यान हिंदुस्तानी भाषा की ओर नहीं गया और न उन्हें यह भाषा सीखने की आवश्यकता ही हुई। (लक्ष्मीसागर वार्ष्णेय, आधुनिक हिंदी साहित्य की भूमिका)। यदि अंग्रेजों का ध्यान हिंदुस्तानी की ओर न होता तो डेल्ला वेल्ला के भ्रमण, 'हस्तलिखित शब्दकोश' के संकलन, टॉम कारयेट और टेरी के प्रयत्नों की क्या आवश्यकता होती? इतना अवश्य है कि इन पाश्चात्य विद्वानों का उद्देश्य 'हिंदुस्तानी भाषा' का विकास नहीं, ईस्ट इंडिया कंपनी के व्यवसाय को समृद्ध करना था।

फ्रायर नामक विद्वान ने 1673 में लिखा, 'फारसी दरबार की भाषा है और इसी का हिंदुस्तान में संपर्क भाषा के रूप में प्रयोग होता है। इसकी कोई निश्चित लिपि नहीं है। लिखित भाषा 'बैनियन' कही जाती है। (ग्रियर्सन, लिंग्विस्टिक सर्वे ऑफ इंडिया) फ्रायर के कथन से विदित होता है कि 'फारसी' उस

समय हिंदुस्तान की संपर्क भाषा थी, जबकि तथ्य यह नहीं है। 'फारसी' उस समय दरबार की भाषा थी और 'हिंदुस्तानी' संपर्क की। अकबर तथा उसके बाद के मुगल सम्राट अपने घर पर हिंदुस्तानी का ही एक रूप बोलते थे, किंतु तब तक ऐसी कोई भारतीय भाषा विकसित न हो पाई थी, जिसे 'बादशाही बोली' या 'दरबारी जुबान' कह कर पुकारा जाए। (सुनीति कुमार चटर्जी, भारतीय आर्य भाषा और हिंदी)। 'वस्तुस्थिति यह है कि सोलहवीं शती के अंत तक सभी भारतीय फारसी को एक विदेशी भाषा के रूप में अनुभव करने लगे थे और देशज भाषाओं को पूर्णतया स्वीकार कर चुके थे। सतरहवीं शती के अंत में फारसी लिपि में दिल्ली राजदरबार की फारसी युक्त हिंदुस्तानी में साहित्य निर्माण के प्रयत्न आरंभ हो गए। इस भाषा में फारसी शब्द अपेक्षाकृत कम थे। मुसलमानों द्वारा बोली जाने वाली इसी उत्तर भारतीय हिंदी भाषा का नाम 'हिंदुस्तानी' पड़ा।' (उपर्युक्त)। स्पष्ट है कि फ्रायर के काल (1673) तक सभी हिंदुओं एवं भारतीय मुसलमानों की भाषा 'हिंदुस्तानी' हो गई थी। इसी भाषा को मुसलमान 'फारसी लिपि' में और हिंदू 'नागरी लिपि' में लिखते थे। संभवतः मुसलमानों और हिंदुओं की 'हिंदुस्तानी भाषा' में साम्य और उनकी 'लिपि' में भेद के कारण ही फ्रायर ने संपर्क भाषा को 'फारसी'और उसकी लिपि को अनिश्चित कहा।

अनुमान होता है कि 1673 में गुजरात के आसपास के भारतीय व्यापारियों की भाषा सामान्य स्तर की 'हिंदुस्तानी' और लिपि किंचित भेद के साथ 'नागरी' थी। फ्रायर ने इन्हीं व्यापारियों की भाषा और लिपि को देखकर उनकी 'लिखित भाषा' को उनके नाम पर 'बैनियन' अथवा 'बनियों की भाषा' को समझ लिया। संभवतः अपने इसी भ्रम के कारण उसने बनियों की 'लिखित भाषा' को ही सर्वसाधारण की 'लिखित भाषा' मान कर उसे 'बैनियन' अथवा 'बनियां' मान लिया। वास्तविक रूप में वह भाषा 'हिंदुस्तानी' और लिपि 'नागरी' थी। सुनीति कुमार चटर्जी ने एक स्थल पर लिखा है, 'पाश्चात्य विद्वानों के उल्लेखानुसार उत्तरी भारत में यदि उस समय (सतरहवीं शती के आरंभ से) कहीं इसका (हिंदुस्तानी) प्रयोग होता था तो वह 'बैनियन' या 'बनियां' अर्थात देवनागरी लिपि में लिख कर ही होता था, चाहे उत्तर भारतीय शहर हो या सूरत या कहीं अन्यत्र, जहां भी यूरोपियों को भारतीयों से काम पड़ता था, उन्हें इस चालू हिंदुस्तानी का आश्रय लेना पड़ता था। (सुनीति कुमार चटर्जी, भारतीय आर्य-भाषा और हिंदी)।

पाश्चात्य विद्वानों में जान जोसुआ कैटेलर पहला व्यक्ति था, जिसने 'हिंदुस्तानी व्याकरण' लिखकर यूरोप निवासियों के लिए 'हिंदुस्तानी' के व्यवस्थित अध्ययन का पथ प्रशस्त किया था। उसकी पुस्तक 'लिंग्वा-हिंदोस्तानिका' की रचना 1715 में हुई थी। मिल ने इसे अपनी पुस्तक 'मिश्लिनियस ओरिएंटेलिया' में 1743 में प्रकाशित कराया था। (ग्रियर्सन) लिंग्विस्टिक सर्वे ऑफ इंडिया, सुनीति कुमार चटर्जी ने लिखा है—'इंगलैंड में निवास करते समय डेविड मिल या 'मिलियस' द्वारा प्रकाशित कैटेलर की इस दुष्प्राप्य व्याकरण पुस्तक की एक प्रति मेरे हाथ आई। मैंने उसे एक पुरानी पुस्तकों की दुकान से खरीदा। यह पुस्तक लैटिन में है। इसमें इस्लाम तथा यहूदी धर्मों के विषय में कई प्रबंधों के साथ-साथ लैटिन में कैटेलर का हिंदुस्तानी-व्याकरण, फारसी-व्याकरण, लैटिन-हिंदुस्तानी-फारसी धातु-पाठ, लैटिन-हिंदुस्तानी-फारसी-अरबी शब्दकोश तथा हिंदुस्तानी के समोच्चारण-युक्त कुछ शब्दों के संग्रह प्रभृति चीजें थीं। पुस्तक प्रकाशक मिल ने अपनी भूमिका में लिखा है कि कैटेलर की पुस्तक हॉलैंड की भाषा डच में थी, जिसका स्वयं मिल ने लैटिन में अनुवाद किया था।' (वहीं)।

हॉलैंड के लाइडन नगर स्थित कर्न इंस्टीच्यूट के अधिष्ठाता फोगल के एक पत्र के अनुसार, 'कैटेलर ने हिंदुस्तानी और फारसी दोनों भाषाओं के व्याकरण को डच भाषा में लिखा था। इस डच पुस्तक की एक नकल इसाक फान दर हूफे नामक एक हॉलैंडी ने 1698 में लखनऊ में की थी। विवरण से

विदित होता है कि कैटेलर के 'हिंदुस्तानी-व्याकरण' की रचना 1698 में हुई थी और हूफे ने उसी वर्ष उसकी प्रतिलिपि तैयार कर ली थी। प्रतीत होता है कि ग्रियर्सन को उक्त 'हिंदुस्तानी व्याकरण' की मूल प्रति नहीं, उसकी 1775 की कोई प्रतिलिपि ही उपलब्ध हुई थी। इसी वजह से कैटेलर के 'हिंदुस्तानी व्याकरण' के रचनाकाल के संबंध में विद्वानों में भ्रम की सृष्टि हो गई। कैटेलर द्वारा 1698 में लिखित 'हिंदुस्तानी-व्याकरण' का प्रकाशन 1743 में मिलियस के 'मिश्लिनियस ओरिएंटेलिया' में हुआ था।

कैटेलर के अनुसार, 'हिंदुस्तानी भाषा दो प्रकार की है, पटनाई (पटना की) तथा दक्खिनी'। स्पष्ट है कि कैटेलर ने 'हिंदुस्तानी' को समझने की भरपूर चेष्ट ा की थी। यह दूसरी बात है कि इस दिशा में प्रथम प्रयास करने वाले और विदेशी होने के कारण उनसे कुछ भूलें हो गईं। सुनीति कुमार चटर्जी ने कैटेलर की 'हिंदुस्तानी व्याकरण' और उसके महत्व पर प्रकाश डालते हुए लिखा है, 'कैटेलर ने जो हिंदुस्तानी सीखी थी और जिसे उन्होंने दूसरों को सिखाने की कोशिश की थी, उसके उदाहरणों और अनुवाद से स्पष्ट प्रतीत होता है कि वह शुद्ध खड़ी बोली नहीं, बाजारू बोली है और विशेषतया बंबई, सूरत आदि और दक्षिणी भू-भाग के ढंग की बाजारू हिंदुस्तानी है। थोड़ी सूक्ष्मता से विचार करने से यह बात मालूम हो जाएगी। इसकी भाषा चाहे जैसी हो, खड़ी बोली के इतिहास की चर्चा करते समय इस व्याकरण की उपयोगिता को सभी विद्वान स्वीकार करेंगे।

मुहम्मद गोरी की दिल्ली विजय (1192) के बाद अरबी-फारसी शब्दों के मिश्रण से विकसित दिल्ली और मेरठ के आस-पास की खड़ी बोली उस समय संक्रमण काल से होकर गुजर रही थी। उसे ही पाश्चात्य लोग 'हिंदुस्तानी' कहते थे। उसी का संपर्क भाषा के रूप पर प्रचलन भी था। उसका आधुनिक खड़ी बोली हिंदी रूप अभी निखर नहीं पाया था। अतः कैटेलर के 'हिंदुस्तानी-व्याकरण' के महत्व को झुठलाया नहीं जा सकता। वह पाश्चात्य विद्वान था। उसका उद्देश्य यूरोप वालों के लिए उस भाषा के अध्ययन को सुगम बनाना था, जिसका ज्ञान अर्जित कर वे अपने अधिकतम व्यापारिक उत्कर्ष में समर्थ हो सकें। इस दृष्टि से कैटेलर के 'हिंदुस्तानी व्याकरण' का ऐतिहासिक महत्व हो जाता है।

चेंबरलेन नाम के विद्वान ने ईसामसीह की प्रार्थनाओं का संग्रह किया था। ये प्रार्थनाएं मूल रूप से लैटिन भाषा में थीं, किंतु चेंबरलेन के संग्रह में इनका हिंदुस्तानी अनुवाद भी प्रस्तुत किया गया। इस संग्रह का प्रकाशन 1715 में हुआ था। और विल्किंस नामक विद्वान ने इसकी भूमिका लिखी थी। ईसा मसीह की प्रार्थना के हिंदुस्तानी अनुवाद से सहज ही विदित होता है कि एक खास काल में पाश्चात्य विद्वान 'हिंदुस्तानी भाषा' को सीख और उसमें लिख कर हिंदुस्तान के लोगों को अपने प्रभाव क्षेत्र में लाने के प्रयास में संलग्न थे।

ग्रियर्सन के अनुसार, मिलियस ने 'मिश्लिनियस ओरिएंटेलिया' में कैटेलर के हिंदुस्तानी व्याकरण और शब्दकोश को प्रकाशित किया है। उसने हिंदुस्तानी वर्णमालाओं का उदाहरण प्रस्तुत करने वाले कुछ पत्रकों को भी प्रस्तुत किया है। दो पत्रकों में नागरी लिपि के उदाहरण हैं। चौथे में बांग्ला लिपि का उदाहरण है। पत्रकों में प्रस्तुत इन लिपियों के अतिरिक्त संपूर्ण हिंदुस्तानी की लिपि रोमन है और पुस्तक के सभी भाग लैटिन में लिखे गए हैं। हिंदुस्तानी शब्दों की वर्तनी डचों की उच्चारण विधि पर आधारित है। हिंदुस्तानी लिखने में फारसी, अरबी वर्णों की उपयोगिता का विश्लेषण किया गया है। इन तथ्यों से विदित है कि मिलियस का उद्देश्य हिंदुस्तानी के साथ-साथ बांग्ला, फारसी तथा अरबी भाषा और लिपि से यूरोपवासियों को परिचित कराना था। पाश्चात्य लोग लैटिन से परिचित थे। अतः इसके माध्यम से उन्हें भारतीय भाषाओं से परिचित करना सरल, सुगम और अतिशय मनोवैज्ञानिक था।

शूज के 'ग्रामेटिका हिंदुस्तानिका' का प्रकाशन 1743 में हुआ था। शूज के कथनानुसार, 'यूरोप के लोग इसे मूर्स के रूप में जानते हैं। इसका उपयुक्त नाम हिंदुस्तान है, यहां के निवासी अपने

को 'हिंदुस्तानी' और उस भाषा को जिसे प्रयोग में लाते हैं, उसे 'हिंदोस्तानिका' कहते हैं। 'हिंदोस्तानिका भाषा' अपने आप में विचित्र है। यह न तो फारसी है और न अरबी।' शूज के अनुसार, यूरोप के लोगों ने हिंदुस्तान की भाषा को भ्रम-वश ही 'मोहरा' अथवा 'माउराइस' या 'मूर्स' कहा।

चटर्जी के अनुसार, सतरहवीं शताब्दी के अंत से नहीं, तो अठारहवीं शताब्दी के आरंभ से मुसलमानों द्वारा बोली जाने वाली तथा विकसित इस उत्तर भारतीय हिंदी भाषा के लिए एक नया नाम प्रयुक्त होने लगा, यह नाम था 'हिंदोस्तानी' (भारतीय आर्य भाषा और हिंदी)। किंतु 1720 आते-आते 'वली' के 'दीवान' (काव्य-संग्रह) के प्रणयन के बाद से मुसलमानों द्वारा साहित्य-सृजन में प्रयुक्त भाषा को 'उर्दू' भी कहकर संबोधित किया जाने लगा। वली के शिष्य हातिम ने 'उर्दू' के उत्कर्ष के लिए उत्साह के साथ इसका एक अभियान ही चला दिया था। 'उर्दू' शब्द तब भी मुसलमानों की साहित्यिक भाषा के अर्थ में ही प्रयुक्त होता था। सर्वसाधारण मुसलमानों में 'उर्दू' शब्द का प्रचलन नहीं था। उनकी भाषा को 'हिंदुस्तानी' अथवा शूज जैसे व्यक्तियों द्वारा 'हिंदोस्तानिका' कहा जाता था। भिन्नताओं के बावजूद हिंदू और मुसलमान, दोनों की भाषा का एक ही नाम 'हिंदुस्तानी' अथवा 'हिंदोस्तानिका' हो, तो उसे शूज ही क्यों, कोई भी दूसरा व्यक्ति उसे एक विचित्र भाषा ही कह सकता था।

अंग्रेजों ने 'हिंदुस्तानी' शब्द को दिल्ली और मेरठ के आसपास बोली जाने वाली खड़ी बोली से ही लिया था। वह कालांतर में अरबी-फारसी शब्दों के मिश्रण से विकसित हुई। मुसलमानों के शासकीय प्रभाव के कारण सदियों तक हिंदुओं और मुसलमानों की भाषा 'हिंदुस्तानी' में कोई स्पष्ट भेद न हो सका था। हिंदुओं और मुसलमानों की उस भाषा में अरबी-फारसी के शब्दों के प्रयोग का सिलसिला चलता रहा। 1720 के बाद मुसलमानों की भाषा में फारसी तथा हिंदुओं की भाषा में संस्कृत के शब्दों की बहुलता होने लगी। फिर भी विदेशियों के लिए ही नहीं, देशवासियों के लिए भी दोनों की 'हिंदुस्तानी' में स्पष्ट भेद करना सरल न था। लिपि में भेद के बाद भी यह भ्रम बना हुआ था। शूज को इसी भ्रम का शिकार बनना पड़ा था। कृष्णाचार्य ने लिखा है, 1745 में शूज कृत 'ग्रामेटिका हिंदोस्तानिका' की भूमिका के पृष्ठ 3 पर 'देवनागरिक' शब्द का प्रयोग है। उसी के नीचे, व्यंजन शीर्षक से 'क' से लेकर 'ह' तक अक्षर नागरी में छपे हैं। संपूर्ण पुस्तक में 83 पृष्ठ 'उर्दू' की तरह बाएं से दाएं छपे हैं। पुस्तक में 'उर्दू' लिपि का उपयोग प्रचुर मात्रा में हुआ है। (हिंदी के आदि मुद्रित ग्रंथि)। विवरण से स्पष्ट है कि शूज ने जिस 'हिंदुस्तानी' का व्याकरण लिखा और जिस रूप में 'हिंदुस्तानी' का प्रयोग भाषा के अर्थ में किया गया, वह भाषा हिंदू और मुसलमान दोनों की भाषा थी और दोनों की लिपि क्रमशः 'नागरी' और 'उर्दू' थी। इसलिए शूज को हिंदुस्तान की संपर्क भाषा के संबंध में भ्रम हुआ। उन्होंने 'हिंदुस्तानी' को विचित्र भाषा घोषित कर दिया।

गिलक्राइस्ट ने 'हिंदुस्तानी' के व्यवस्थित और सर्जनात्मक विकास के लिए अत्यंत महत्वपूर्ण कार्य किया। उनके कार्यों का उल्लेख आवश्यक है, किंतु इसके पूर्व सरकारी सेवा से असंबद्ध पाश्चात्य विद्वानों द्वारा आलोच्य काल (1757-1800) में रची गई कृतियों का परिचय प्राप्त कर लेना आवश्यक है।

1757 के बाद पाश्चात्य विद्वानों में जॉन वेल्ली प्रथम व्यक्ति था, जिसने 'रूस के सेंट पीटर्सवर्ग से एशिया के विविध भागों की यात्राएं' पुस्तक का ग्लासगो से 1763 में प्रकाशन कराया। उक्त कृति के बारहवें परिच्छेद 'इंदोस्तान' (हिंदुस्तानी) की संख्याएं दी गई हैं। (ग्रियर्सन : लिंग्विस्टिक सर्वे ऑफ इंडिया)। जॉन वेल्ली के प्रयास से इस तथ्य पर प्रकाश पड़ता है कि वह महत्वाकांक्षी था और सारे एशिया से अंग्रेजों का परिचय कराना चाहता था।

कृष्णाचार्य ने लिखा है, '1771 में गियोवानी क्रिस्टोफोरो अमादुजी और कैसियानस बेलगत्ती ने रोम से 'अल्फाबेट्स ब्राह्मणीकम्, सिउ इनदोस्तानम उनवर्सिटाटिस काशी' पुस्तक प्रकाशित की। यह

पुस्तक कई कारणों से महत्व की है। प्रथम तो यह 'बाखा' (भाषा यानी हिंदी), बनारस और उसके चतुर्दिक बोली जाने वाली भाषा पर लिखी और मुद्रित पहली पुस्तक है। द्वितीय, इसका महत्व टाइप की दृष्टि से है। इसमें प्रथम बार नागरी के चल टाइपों का उपयोग प्रचुर परिमाण में हुआ है। पुस्तक के अंत में व्याकरण, वर्णमाला, बारह खड़ी समझाने के अनंतर सात-आठ पृष्ठों में हिंदी गद्य भी दिया गया है।' (वही)।

एक समय कोलकाता की नेशनल लाइब्रेरी में कार्यरत कृष्णाचार्य के ही शब्दों में "अमादुजी कृत और बेलिगत्ती द्वारा संपादित 'अल्फाबेट्स ब्राह्मणीकम्' के संबंध में निश्चित रूप से कहा जा सकता है कि रोम में 1771 में प्रकाशित यह पुस्तक हिंदी की खड़ी बोली की प्रथम व्याकरण या वर्णमाला पुस्तक है। इसमें नागरी लिपि में और संस्कृत शब्दावली से युक्त (जिसमें कहीं-कहीं अरबी-फारसी के शब्द भी आ गए हैं और उनका बहिष्कार नहीं किया गया है) 'बाखा बोली' है। इसे बनारस के पंडित भाखा कहते थे। लेखक के मत से यह मध्य भारत की सर्वमान्य भाषा थी। इस पुस्तक में छपे नागरी के टाइप आकार में कुछ बड़े अवश्य हैं, किंतु भारत में बने 1802-03 के नागरी टाइपों की तुलना में आते हैं।" (वही)। इस विवरण से स्पष्ट है कि 'अल्फाबेट ्स ब्राह्मणीकम्' में जिस 'बाखा बोली' का उल्लेख है, वह हिंदुस्तानी के अतिरिक्त अन्य कोई भाषा न थी। वह 'हिंदुस्तानी', दिल्ली और मेरठ–बनारस के आसपास की खड़ी बोली ही थी। इसमें संस्कृत शब्दावली के साथ कुछ अरबी-फारसी शब्दों का भी प्रयोग होता था और यह भाषा 'नागरी लिपि' में ही लिखी भी जाती थी।

गिलक्राइस्ट ने 'इंग्लिश-हिंदुस्तानी शब्दकोश' (दो-भाग) और 'हिंदुस्तानी-ग्रामर' की रचना के क्रम में ही 1798 से 'ओरियंटल सेमिनरी' में जूनियर सिविल-सेवकों को हिंदुस्तानी, अरबी और फारसी पढ़ाना आरंभ किया। उनके कार्यों से प्रभावित होकर लॉर्ड वेलेजली ने उन्हें कलकत्ता के फोर्ट विलियम कॉलेज के हिंदुस्तानी विभाग का प्रोफेसर-अध्यक्ष बना दिया। 1804 में भारत से जाने के बाद इंग्लैंड में भी उन्होंने अपना कार्यक्रम जारी रखा। वस्तुतः गिलक्राइस्ट ने ही अंग्रेज सिविल-सेवकों को अनिवार्य रूप में 'हिंदुस्तानी' पढ़ने के लिए प्रेरित और प्रोत्साहित किया था। उनके ही प्रयास से 'हिंदुस्तानी' सीखने के योजनाबद्ध प्रयास का सूत्रपात हुआ था।

पाश्चात्य विद्वान जॉन शेक्सपियर ने 'ए ग्रामर ऑफ द हिंदुस्तानी लैंग्वेज' का लंदन से 1813 में प्रकाशन कराया था। इसमें 192 पृष्ठ हैं। चार पृष्ठों में उर्दू लिपि (लीथो) है और पांच प्लेट नागरी लेखन विधि के हैं। पृष्ठ 153-155 पर 'पंचतंत्र' की एक कहानी का हिंदी अनुवाद है। भूमिका में नागरी लिपि के समर्थन के लिए चार्ल्स विल्किंस को धन्यवाद दिया गया है। इसका दूसरा संस्करण 1818 में प्रकाशित हुआ। 1826 में प्रकाशित तीसरे संस्करण में जॉन शेक्सपियर ने 700 क्रिया-पद दिए हैं। उनमें 70 प्रतिशत शब्द बोल-चाल की खड़ी बोली के हैं।

जॉन शेक्सपियर ने 'हिंदुस्तानी-इंग्लिश' का एक शब्दकोश भी तैयार किया था। इसके द्वितीय संस्करण की भूमिका में शेक्सपियर ने विलियम हेंटर के 'हिंदुस्तानी-इंग्लिश शब्दकोश' (1808) को अपने कोश का आधार बतलाया है। शेक्सपियर के शब्दकोश के तृतीय और चतुर्थ संस्करण क्रमशः 1826 और 1849 में प्रकाशित हुए थे। उसने द्वितीय संस्करण की भूमिका में लिखा है, 'इसका ढांचा मुख्यतः 'हिंदुस्तानी' है, किंतु इसमें फारसी, अरबी और अन्य अनेक विदेशी भाषाओं तथा हिंदुओं से अनजान बहुत-सी बोलियों के शब्दों को स्वच्छंदतापूर्वक लिया गया है।' उसने चतुर्थ संस्करण की भूमिका में लिखा है, 'तृतीय संस्करण में असंख्य उपयुक्त हिंदुस्तानी शब्दों के अतिरिक्त दक्खिनी के शब्द भी जोड़ दिए गए थे। ऐसे भी अनेक शब्दों को, जिन्हें उर्दू, जबान-इ-उर्दू, रेख्ता, हिंदी, हिंदुस्तानी अथवा दक्खिनी का कहा जाता है तथा जिनका सर्वसाधारण में बहुधा प्रयोग किया जाता है, संकलित कर लिया गया है, ताकि विभिन्न भागों के लोगों को

भी ये व्यवहार में आने वाले शब्द ज्ञात हो जाएं।' चतुर्थ संस्करण में और भी अधिक शब्द संकलित कर लिए गए। इससे पुस्तक का कलेवर बहुत बढ़ गया। शेक्सपियर के 'शब्दकोश' में 'हिंदुस्तानी भाषा में प्रयुक्त फारसी-अरबी के शब्द फारसी और रोमन लिपि में तथा संस्कृत के शब्द फारसी, रोमन और नागरी लिपि में दिए गए हैं। 'शब्दकोश' के प्रत्येक पृष्ठ पर नागरी लिपि में बहुत कम शब्द हैं। कारण स्पष्ट है कि जैसे-जैसे 'हिंदुस्तानी भाषा' में से संस्कृत के शब्दों का बहिष्कार तथा फारसी-अरबी शब्दों की प्रचुरता होती गई, वैसे ही वैसे 'हिंदुस्तानी' कही जाने वाली भाषा 'उर्दू' के रूप में स्पष्ट होती गई। वस्तुतः जॉन शेक्सपियर ने 'हिंदुस्तानी' कही जाने वाली भाषा को 'उर्दू' के अर्थ में ही लिया है। स्पष्ट है, जॉन शेक्सपियर ने 'हिंदुस्तानी' को उसी रूप में ग्रहण किया जो फोर्ट विलियम कॉलेज में प्रचलित थी। 'हिंदुस्तानी' अर्थात 'उर्दू' केवल मुसलमानों एवं राजसत्ता से संबद्ध हिंदुओं की ही लोकप्रिय भाषा थी।

जॉन शेक्सपियर ने 'हिंदुस्तानी' के संबंध में गिलक्राइस्ट से पूर्ण प्रभावित होकर कार्य किया। हालांकि एक दुविधा थी, अन्यथा इनकी कृति में 'फारसी लिपि'और 'उर्दू' भाषा के साथ -साथ 'नागरी लिपि' में 'सिंहासन बत्तीसी' और 'बैताल पचीसी' के अवतरण न होते।

फोर्ट विलियम कॉलेज के भाषा मुंशी लल्लू लाल ने 'बिहारी सतसई' की टीका 'लल्लू चंद्रिका' के नाम से (जो 'लालचंद्रिका' के नाम से विख्यात हुई) प्रस्तुत की थी । ग्रियर्सन ने उसकी भूमिका लिखी थी। 'लल्लू चंद्रिका' का प्रकाशन 1879 में हुआ था।

टॉमस डुएर ब्राउटन नामक एक विद्वान ने 1814 में लंदन से 'सेलेक्शंस फ्रॉम पॉपुलर पोएट्री ऑफ द हिंदूज' का प्रकाशन कराया था। इसके पृष्ठों की कुल संख्या 156 है। इसकी भूमिका के 27 पृष्ठों में परिचयात्मक विवरण और हिंदी भाषा तथा साहित्य की उपेक्षा पर खेद प्रकाश किया गया है।' (वही)। पुस्तक के दाएं पृष्ठों पर रोमन लिपि में 'कवित्त, दोहरा और विष्णु पद' (भक्ति के पद) आदि तथा बाएं पृष्ठों पर इनका अंग्रेजी में पद्यात्मक अनुवाद है।

एम टी एडम ने 'अंग्रेजी-हिंदुई शब्दकोश' बनाया था। इसका प्रकाशन कलकत्ता स्कूल-बुक सोसाइटी के सर्कुलर रोड स्थित प्रेस में 1838 में हुआ था। इसमें कुल 233 पृष्ठ हैं। प्रत्येक पृष्ठ पर लगभग 50 शब्द अंग्रेजी के हैं और उनमें से प्रत्येक शब्द के दो तीन अर्थबोधक हिंदी शब्द दिए गए हैं। ऐसे सभी शब्द प्रायः तत्सम रूप में हैं। यह शब्दकोश अरबी-फारसी के प्रभाव से सर्वथा मुक्त है। इसके संकलन के ढंग और शब्दों के स्वरूप के अवलोकन के लिए पृष्ठ 99 के चार शब्द उनके हिंदी अर्थ के साथ नीचे प्रस्तुत हैं :

इन्फ्लुएन्स-प्रभाव, व्यापकता

इन्फलुएक्स-प्रभाव

इन्फारमेशन-समाचार, संवाद, विज्ञापन, वार्ता, उपदेश

इनफ्रिज्मेंट-उल्लंघन, अनियम, अतिक्रम

सैंडफोर्ड अर्नाट ने एक हिंदुस्तानी व्याकरण 'ए ग्रामर ऑफ द हिंदुस्तानी टंग इन द ओरिएंटल एंड रोमन कैरेक्टर्स' की रचना की। पुस्तक में कुछ 'हिंदी' और कुछ 'हिंदुस्तानी' के उद्धरण क्रमशः 'नागरी' और 'फारसी' लिपि में दिए गए हैं। उनकी भाषा के अवलोकन के लिए प्रत्येक का एक नमूना देखिए :

हिंदी उद्धरण : 'अकबर बादशाह की यह रीति थी कि सदा फकीर का वेश ले रात को नगर की गली-गली, नाके-नाके में फिरते थे और जिस दरिद्री-कंगाल-दुखी को देखते, उसका दुख दूर करते। एक दिन को निकले तो देखते क्या हैं कि कोई साहूकार की बेटी पौर के ऊपर गोख में खड़ी रो-रो बिसूर रही है। ये बोले, भाई, टुकड़ा भेजियो! वह रोटी देने आई, इन्होंने उससे पूछा, तूं क्यों रोती है? उत्तर दिया, मेरा स्वामी बारह बरस से जहाज ले बनजू को निकला है, उसका कुछ समाचार नहीं पाया, इस दुख से रोती हूं। (नागरी लिपि से)।

डब्ल्यू यीट्स ने 'ए डिक्शनरी हिंदुस्तानी एंड इंग्लिश' का संकलन किया। उसका प्रकाशन कोलकाता में 1847 में हुआ था। डब्ल्यू यीट्स की

नई रचना 'इंट्रोडक्शन टू द हिंदुस्तानी लैंग्वेज' का प्रकाशन कलकत्ता से 1855 में हुआ।

यीट्स ने 'हिंदुस्तानी' शब्द का प्रयोग 'उर्दू' के ही अर्थ में किया है, 'हिंदी' के अर्थ में नहीं। इस तरह अंग्रेज लंबे समय तक अरबी-फारसी के दबदबे की वजह से हिंदी की जगह हिंदुस्तानी को तरजीह देते रहे।

पाश्चात्य विद्वानों के रुख से यह सहज ही स्पष्ट है कि अध्येता हिंदुस्तान की संपर्क भाषा के संबंध में 'हिंदुस्तानी' को प्रमुखता देकर भी, भ्रम के शिकार बने हुए थे। गिलक्राइस्ट ने 'हिंदुस्तानी विभाग' के अध्यक्ष के रूप में हिंदुस्तानी में पुस्तकों का प्रणयन किया और अन्य देशी विद्वानों से भी कराया। उनके दृष्टिकोण का पाश्चात्य विद्वानों पर व्यापक असर था। उनकी 'हिंदुस्तानी' उर्दू की ओर उन्मुख खड़ी बोली थी और हिंदी की ओर उन्मुख खड़ी बोली—उनके अनुसार, संपर्क भाषा 'हिंदुस्तानी' की एक शैली मात्र थी और केवल हिंदुओं की भाषा थी। गिलक्राइस्ट का 'हिंदुस्तानी' संबंधी यह दृष्टिकोण बादशाही सत्ता और रईस वर्गों से इस भाषा की करीबी की वजह से बना था। इसमें जनसाधारण की भाषाओं और इनके बीच से विकसित हो रही आधुनिक हिंदी की उपेक्षा स्वतः निहित थी। यही वजह है कि 'हिंदुस्तानी' धीरे-धीरे उर्दू कही जाने लगी और जब हिंदी के पैरों में लोकतांत्रिक बल आया, इसने साम्राज्यवादी नीति को चुनौती देते हुए अपने विकास का स्वतंत्र मार्ग निकाला लिया।

गिलक्राइस्ट के निर्देश पर 1801 में सिंहासन बत्तीसी, बैताल पच्चीसी, माधवानल और शकुंतला नाटक की रचना हुई। इनकी भाषा के अवलोकनार्थ प्रत्येक का एक-एक अंश नीचे उद्धृत है :

'राजा ने देखते ही अष्टांग प्रणाम किया और उसने हँसकर आशीष दी और पूछा कि तुम्हारा नाम क्या है और कौन सा देश है। राजा ने हाथ जोड़कर कहा कि स्वामी विक्रम भूपाल मेरा नाम है और मर्त्यलोक का राजा हूं। आपके चरण दर्शन की मुझे इच्छा थी सो मेरे मन की इच्छा पूरी हुई, आज मुझे करोड़ यज्ञ का चरण कंवल के दर्शन हुए बल्कि चौंसठ तीर्थ अश्नान का मुझे फल हुआ' **(सिंहासन बत्तीसी)**।

'बेताल बोला ऐ राजा, उज्जैन नगरी में महासेन नाम का एक राजा था और वहां का वासी देव शर्मा ब्राह्मण जिसके बेटे का नाम गुणाकार वह बड़ा जुवारी हुआ, यहां तलक कि जो कुछ उस ब्राह्मण का धन था सो जूए में हार दिया, तब सारे कुनबे के लोगों ने गुणाकार को घर से निकाल दिया और उससे कुछ न बन आया, लाचार होकर वहां से चला तो कितने दिनों में एक शहर में आया, वहां देखता क्या है कि एक जोगी धूनी लगाए हुए बैठा है। उसे दंडवत कर यह भी वहां बैठ गया?' **(बैताल पच्चीसी)**।

'दिल से सोचने लगा, किससे कहूँ, यह मैंने क्या किया, अपने गले पर छूरी दि। वह दोस्त मेरे पास आई थी, मैंने दुश्मनी की, मुझसे रखी न गई, तब तो भूल गया था, अब वे सब बातें याद आईं, उसने हिजाब का परदा दरमियान से उठाकर, सब भेद बताया था, तब भी मेरे दिल में कुछ न आया।' (**शकुंतला नाटक,** रोमन लिपि)।

'इब्तदाय किस्सा बहर की तारीफ में और उसके राजा और लोगों के वस्फ में है, बलंद-बलंद मकानों के बालाखाने का आलम देखकर आस्मान जमीन का आलम तह व बाला था, नए-नए तौर के मकान मुनक्कश आलीशानों पर सुनहरी कलियों के चमकने से अजब उजाला साहब-इ-इल्म ओ हुनर नेक अफआल जो नेक करदार और लोग अच्छे-अच्छे आराम चैन से उस बस्ती में बसते थे, वह पुहुपावती नगरी मशहूर थी।' **(माधोनल)**।

इन पुस्तकों के अवलोकन से स्पष्ट है कि इनकी भाषा का स्वरूप एक नहीं है। 'सिंहासन बत्तीसी' और 'बैताल पच्चीसी' की भाषा वह खड़ी बोली हिंदी है, जिसमें अरबी-फारसी के कुछ शब्दों का यत्र-तत्र ही प्रयोग है। 'शकुंतला' नाटक की भाषा उर्दू की ओर उन्मुख एवं 'माधोनल' की भाषा स्पष्टतः उर्दू है। गिलक्राइस्ट ने अपने 12 जनवरी 1802 के पत्र के साथ छपी हुई पुस्तकों का विवरण और उनके हिसाब का एक चिट्ठा बनाकर भेजा। उसमें

इन चारों पुस्तकों का नामोल्लेख है। इससे विदित होता है कि गिलक्राइस्ट को इनकी भाषा के संबंध में कोई आपत्ति न थी। ऐसी स्थिति में यह आशंका होती है कि गिलक्राइस्ट को 'हिंदुस्तानी भाषा' के स्वरूप का व्यावहारिक रूप में स्पष्ट ज्ञान न था', अन्यथा वे एक ही भाषा 'रेख्ता' के विभिन्न स्वरूप को समभाव से ग्रहण नहीं करते।

उन्होंने पत्र के साथ छपी हुई पुस्तकों का विवरण और उनके हिसाब का एक चिट्ठा बना कर भेजा। उसमें इन चारों पुस्तकों का नामोल्लेख है। इससे विदित होता है कि गिलक्राइट को इनकी भाषा की विविधता के संबंध में कोई आपत्ति न थी। इससे इस तथ्य पर भी प्रकाश पड़ता है कि 'हिंदुस्तानी' नाम से इन्होंने 'उर्दू' के जिस स्वरूप को ग्रहण किया, उसके प्रति भी वे पूर्णतः आश्वस्त न थे; अन्यथा वे अपने ही विभाग के भाषा मुंशी लल्लूलाल एवं सदल मिश्र को ऐसा निर्देश न देते कि जिसके फलस्वरूप क्रमशः 'प्रेमसागर' (1803) और 'चंद्रावती अथवा नासिकेतोपाख्यान' (1803) की रचना ऐसी भाषा में हो जाती, जिसे 'उर्दू' की ओर उन्मुख अथवा प्रवृत्त भी न कहा जा सके। इन दोनों पुस्तकों की भाषा के स्वरूप के अवलोकन के लिए एक-एक अंश नीचे उद्धृत है :

'महाभारत के अंत में जब श्रीकृष्ण अंतरधान हुए, तब पांडव तो महा दुखी हो, हस्तिनापुर का राज परीक्षित को दे, हिमालय गलने गए, और राजा परीक्षित सब देश जीत धर्मराज करने लगे कितने एक दिन पीछे एक दिन राजा परीक्षित आखेट को गए थे, वहां देखा कि एक गाय और एक बैल दौड़े चले आते हैं।' **(प्रेमसागर)**।

'ऐसे कह अमृत पदार्थ भोजन करा अति आदर से मुनि को टिकाया, वो तुरंत सेवकों के सहित पालकी भेज नाती समेत बेटी को वन से मंगा लिया। गले लगा सब रनिवास भेंट किया। बालक गोदी में ले मतारी लड़की को घर में बैठा रो-रो बन की बात पूछने लगी। भाई गोतिया हित मीत नगर के लोग देखने को आए। भीतर बाहर नृप के मंदिर में मारे भीड़ के उथल-पुथल हो गया।' **(चंद्रावती)**।

विलियम कैरे फोर्ट विलियम कॉलेज में बांग्ला एवं संस्कृत के प्रोफेसर थे। वे श्रीरामपुर बैपटिस्ट-मिशन के संस्थापकों में एक तथा अनेक भारतीय भाषाओं के ज्ञाता थे। गिलक्राइस्ट 'हिंदुस्तानी' (उर्दू) को हिंदुस्तान की सर्वाधिक लोकप्रिय और संपर्क भाषा मानते थे, वहीं विलियम कैरे 'संस्कृत प्रधान हिंदी को जनसाधारण की भाषा' कहते थे। (कृष्णाचार्य : हिंदी के आदि मुद्रित ग्रंथ) विलियम कैरे ने लिखा है, 'हम हिंदुस्तानी की उस बोली को 'हिंदुई' अथवा 'हिंदी' समझते हैं, जो मुख्यतः संस्कृत से बनी है और जो मुसलमानों के आने के पूर्व संपूर्ण हिंदुस्तान में बोली जाती थी। यह अब भी बहुत व्यापक क्षेत्र में विशेषकर जनसाधारण के मध्य समझी जाती है।' (भूमिका : ए डिक्शनरी ऑफ द बंगाली लैंग्वेज)। उर्दू के संबंध में उन्होंने लिखा है, 'उर्दू चाहे जितनी भी परिष्कृत और सुंदर क्यों न हो, इसे बड़ी मुश्किल से किसी देश की भाषा कह सकते हैं। समाज के एक विशेष वर्ग के बाहर हिंदुस्तान में इसे अपूर्ण रूप में ही समझा जाता है।' (वही)।

इससे स्पष्ट होता है कि 'हिंदुस्तानी' के स्वरूप के संबंध में एक व्यापक भ्रम व्याप्त था। गिलक्राइस्ट और विलियम कैरे के 'हिंदुस्तानी' संबंधी दृष्टिकोण में भेद का करण स्पष्ट है। गिलक्राइस्टका घनिष्ठ संपर्क दरबारियों से था जो मुख्यतः मुसलमान थे और जो हिंदू थे, उन्हें भी दरबार की भाषा फारसी का ही विशेष ज्ञान था। ऐसे लोग जिस भाषा को हिंदुस्तानी कहते थे, उसमें बातचीत करते समय फारसी के अधिकाधिक शब्दों का प्रयोग करते थे। यूल और बर्नेल ने भी लिखा है कि 'हिंदुस्तानी' शब्द वास्तव में विशेषण है। इसके दो अर्थ होते हैं– (i) हिंदुस्तान का निवासी और (ii) हिंदुस्तानी जबान, वास्तव में उत्तरी भारत के मुसलमानों की भाषा। आगरा तथा दिल्ली के आसपास की हिंदी, फारसी तथा अन्य विदेशी शब्दों के सम्मिश्रण से यह विकसित हुई। इसका दूसरा नाम उर्दू भी है।

ग्रियर्सन ने 1720 के बाद से 'हिंदुस्तानी' के

विकासोन्मुख दोनों रूपों–उर्दू और हिंदी को समझा और इनकी उपयुक्त लिपि का अनुभव किया। उन्होंने लिखा, 'उर्दू 'हिंदुस्तानी' का वह रूप है, जिसमें फारसी के शब्दों का अत्यधिक प्रयोग होता है और उसे फारसी लिपि में आसानी से लिखा जा सकता है। हिंदी 'हिदुस्तानी' का वह रूप है जिसमें संस्कृत शब्दों की बहुलता होती है और यह तभी स्पष्ट होती है, जब नागरी लिपि में लिखी जाती है।' (ग्रियर्सन : लिंग्विस्टिक सर्वे ऑफ इंडिया)।

गिलक्राइस्ट ने 'फारसी शैली' और 'हिंदवी शैली' को स्वीकार करके भी 'हिंदुस्तानी शैली' ही क्यों ग्रहण की? लक्ष्मीसागर वार्ष्णेय का कथन है, 'फारसी शैली के दुरूह होने और सर्वसाधारण की समझ में न आ सकने के कारण वह उन्हें अग्राह्य थी। हिंदवी शैली को 'जो सर्वसाधारण में सबसे अधिक समझी जाती थी' वे 'गंवारू' कहकर पुकारते थे। उन्हें सिर्फ हिंदुस्तानी शैली पसंद आई, जो उनके मतानुसार हिंदुस्तान की महान लोकप्रिय बोली थी।' (आधुनिक हिंदी साहित्य की भूमिका)।

गिलक्राइस्ट के संपर्क भाषा संबंधी दृष्टिकोण एवं प्रयास के कारण ऐसे वातावरण की सृष्टि हुई, जिससे पाश्चात्य विद्वानों ने उनके इंग्लैंड वापस जाने (1804) के बीस वर्ष बाद तक 'हिंदी' की लोकप्रियता, प्राचीनता और उसके स्वतंत्र समृद्ध अस्तित्व को स्वीकार नहीं किया। आम अंग्रेजों ने 1824 के बाद अनेक वर्षों तक इस बात को हृदयंगम नहीं किया। गिलक्राइस्ट की इस भ्रांति के प्रतिफल पर प्रकाश डालते हुए एस एच केलाग ने लिखा है, 'ऐसा प्रतीत होता है कि बहुत-से विदेशियों ने, जिन्होंने हिंदी में पुस्तकें लिखी हैं, यही अनुमान किया है कि मात्र अरबी और फारसी के शब्दों के स्थान पर संस्कृत के शब्दों का प्रयोग कर देने से लोकप्रिय बोली उर्दू तत्काल 'शुद्ध हिंदी' में परिवर्तित हो जाएगी। अतः इस विचित्र किंतु लोकप्रिय भाव का अभ्युदय हुआ है कि शुद्ध हिंदी की कसौटी यही है कि लेखक ने अपने पृष्ठों से मूल अरबी और फारसी के कितने शब्दों का बहिष्कार किया है। शुद्धता का यह ऐसा मान है कि जिसके आधार पर 'रामायण' (रामचरितमानस) का लेखक असफल है और प्रतिभावान कबीर अरबी और फारसी के स्वतंत्र प्रयोग के कारण हिंदी कवि होने का अपना अधिकार निश्चय ही त्याग देते हैं।' (ए ग्रामर ऑफ द हिंदी लैंग्वेज)

केलाग और ग्रियर्सन, दोनों ही पाश्चात्य विद्वानों ने गिलक्राइस्ट की भूल का उल्लेख कर तथ्य स्पष्ट किया। केलाग ने 'रामायण' (अवधी) तथा कबीर (सधुक्कड़ी भाषा) का उल्लेख कर यह स्पष्ट कर दिया कि उन्हें 'हिंदी' की उपभाषाओं का भी ज्ञान था। ऐसी स्थिति में दिल्ली और मेरठ की 'खड़ी बोली हिंदी' से भी उनका परिचित होना सहज स्वाभाविक था।

ग्रियर्सन ने लल्लूलाल कृत 'प्रेमसागर' (1803) को खड़ी बोली हिंदी का आदि ग्रंथ मान लिया, वैसे ही सुनीति कुमार चटर्जी ने सदा सुखलाल कृत 'सुखसागर' (1800) को खड़ी बोली हिंदी गद्य का प्रथम ग्रंथ लिख दिया। खड़ी बोली हिंदी गद्य में प्रथम रचना होने का श्रेय न तो 'प्रेमसागर' को है और न ही 'सुखसागर' को। खड़ी बोली हिंदी गद्य में मौलिकता की दृष्टि से भी 'प्रेमसागर और सुखसागर को कोई स्थान नहीं दिया जा सकता। खड़ी बोली हिंदी गद्य के इनसे पहले के कुछ उदाहरण हैं। काशीनाथ कृत 'अजीर्ण मंजरी की टीका' (1746), दौलतराम कृत 'जैन पद्मपुराण', रामप्रसाद निरंजनी कृत 'भाषा योग वशिष्ठ' (1798) और इंशाअल्ला खां कृत 'रानी केतकी की कहानी' (1800)।

1826 के 'एशियाटिक जर्नल' में प्रकाशित 'कॉलेज ऑफ फोर्ट विलियम' में लिखा गया है, 'अंग्रेजों का सर्वप्रथम संपर्क अरबी-फारसी शिक्षित हिंदू और मुसलमान तथा मुस्लिम राजदरबारों से संबद्ध व्यक्तियों से स्थापित हुआ था।' अतः हिंदुस्तानी (उर्दू अथवा खड़ी बोली का अरबी-फारसी रूप) को प्रश्रय देना उनके लिए स्वाभाविक था। प्रारंभ में हिंदी प्रदेश से उनका अधिक घनिष्ठ संबंध स्थापित न हो सका था, किंतु, ज्यों-ज्यों उन्हें भाषा संबंधी वस्तुस्थिति का पता चलता गया, उन्हें वास्तविक परिस्थिति की

दृष्टि से भाषा नीति में परिवर्तन की जरूरत तीव्रता से महसूस होती गई। गवर्नर जनरल और कॉलेज के विजिटर विलियम पिट, लार्ड एम्हर्स्ट ने भी अपने 1825 के दीक्षांत भाषण में विलियम प्राइस के विचारों का समर्थन किया। उनके विचारानुसार फारसी और उर्दू जनसाधारण के लिए उतनी ही विदेशी भाषाएं थीं, जितनी अंग्रेजी। इसलिए उन्होंने पश्चिमी प्रांतों की ओर जाने वाले सरकारी कर्मचारियों को हिंदी का ज्ञान प्राप्त करने के लिए साग्रह आदेश दिया था।

1825 में कॉलेज काउंसिल, विभागाध्यक्ष विलियम प्राइस एवं ईस्ट इंडिया कंपनी की सरकार के गवर्नर जनरल, सबने पहली बार आधुनिक हिंदी की व्यापक उपयोगिता का अनुभव कर अपनी भाषा नीति में परिवर्तन किया, किंतु इस नई मनःस्थिति के बाद भी हिंदी की पाठ्य-पुस्तकों की रचना के क्षेत्र में कोई उल्लेखनीय कार्य न हो सका। कॉलेज को लल्लूलाल के ग्रंथों तथा 'रामचरितमानस' और 'बिहारी सतसई' पर ही निर्भर रहना पड़ा। आमतौर पर राजसत्ता, अदालत और शिक्षा में फारसी लिपि में अरबी-फारसी शब्दों से भरपूर हिंदुस्तानी ही लंबे समय तक छाई रही। 1837 में 'हिंदुस्तानी' कचहरी की भाषा बनी, पर 1850-52 में सिर्फ फारसी लिपि में 'हिंदुस्तानी' लिखने की परंपरा बन गई।

शिव मंगल राय

अधिक जानकारी के लिए :
ईस्ट इंडिया कंपनी की हिंदी नीति : शिव मंगल राय

हिंदुस्तानी-अंग्रेजी कोश

हिंदुस्तानी-अंग्रेजी कोश का निर्माण एस डब्लू फैलेन ने 1879 में किया था। इसके पहले विल्सन ग्लॉसरी और वीम्ज का कॉम्पेरेटिव ग्रामर आ चुका था। फैलेन के कोश की खूबी है कि इसमें संस्कृत से बने शब्दों या अरबी-फारसी के शब्दों की जगह मुख्य रुझान हिंदी क्षेत्र की बोलियों, शिल्पकारों की भाषा, जनानखाने में बोली जाने वाली रेख्ती (स्त्री भाषा के रूप में उर्दू), पहेलियों, कहावतों, लोकोक्तियों, गीतों, गंवई जीवन, अनपढ़ लोगों, अंग्रेजी-हिंदी मिश्रण (जैसे रेलगाड़ी) आदि स्रोतों फैलेन हिंदुस्तानी का शब्द भंडार बनाने का प्रयास है। वे कबीर और नजीर अकबराबादी की तारीफ करते हैं। कोश में हर शब्द का समानार्थी अंग्रेजी शब्द दिया गया है। इसमें थिसारस की तरह समतुल्य शब्द दिए गए हैं। पूरा कोश रोमन लिपि में है। इसकी भूमिका अंग्रेजी में है। भूमिका में कहा गया है, 'जनता के दिलो दिमाग का रास्ता उसकी जबान से होकर ही जाता है।' (रविकांत द्वारा अनूदित, हिंदी-उर्दू साझा संस्कृति)। इस तरह कोश को बनाने का मुख्य मकसद था, अंग्रेज शासक जनता के दिलो दिमाग को समझ सकें। फैलेन के इस कोश से ज्यादा महत्व कोश निर्माण की कुछ खास दृष्टियों का है, जिन्हें लंबी भूमिका में विद्वत्तापूर्ण ढंग से स्पष्ट किया गया है।

फैलेन के हिंदुस्तानी-अंग्रेजी कोश में उस समय के उर्दू-हिंदी विवाद की छाया स्पष्ट है। वह एक तीसरा रास्ता लोक भाषाओं और मौखिक परंपराओं का चुनते हैं, 'आज की जो लिखित हिंदी और उर्दू है वे जीवित बोलियों की गरमाहट और दीप्ति के मुकाबले में कितनी नीरस और बेरंग हैं।' (वही)। उनके कथन में हिंदी के राष्ट्रीय विकास और उर्दू के बन चुके अस्तित्व की घोर उपेक्षा को जाने दें। एक औपनिवेशिक दिमाग में यह स्वाभाविक है कि वह भारतेंदु हरिश्चंद्र के साहित्य की गरमाहट नजरअंदाज करे और 'हिंदुस्तानी' के रूप में फोर्ट विलियम कालेज की अवधारणा का ही नव-विकास करे। यह भी आश्चर्यजनक नहीं है कि बिना नाम लिए फैलेन ने अपनी भूमिका में भाषा सुधार, साहित्य की उन्नति और शिक्षण के लिए पाठ्यपुस्तक तैयार करने वाले जिस देसी शिक्षा अधिकारी की आलोचना की है, वह नागरी लिपि में उर्दू रुझान वाले बाबू शिवप्रसाद 'सितारेहिंद' हैं। फिर भी सकारात्मक बात यह है कि किसी राष्ट्रीय भाषा के विकास के लिए जिस समावेशिकता की बहुत जरूरत होती है, फैलेन अनजाने उसकी एक उच्च सैद्धांतिक पृष्ठभूमि रखते हैं।

फैलेन लोक शब्दों की महत्ता बतलाते हैं, 'कोश

की ज्यादातर मिसालें आम बोल चाल से आएंगी, जो जीवित औरत-मर्दों के होठों पर बसती हैं, लेकिन जिन्हें अब तक किताबों के पन्नों पर कोई स्थायी जगह नहीं मिली है।' ऐसे लोक शब्दकोश की बात राहुल सांकृत्यायन कहा करते थे। 48 खंडों में ऐसी एक सरकारी परियोजना केंद्रीय हिंदी संस्थान, आगरा में स्वीकृत होकर लंबे समय से अधूरी पड़ी हुई है। हिंदी की 48 बोलियों, भाषाओं और उपभाषाओं के हजारों शब्द हैं जिनमें अद्‌भुत नाद और अर्थ सौंदर्य है, वे शब्द अब विलुप्त होते जा रहे हैं। इसलिए उन्नीसवीं सदी में फैलेन का इस विषय की ओर ध्यान आकर्षित करना एक मायने रखता है।

शंभुनाथ

हिंदुस्तानी अकादेमी

उत्तर प्रदेश के इलाहाबाद स्थित हिंदुस्तानी अकादेमी की स्थापना 1927 में हुई। इस अकादेमी की स्थापना हिंदी-उर्दू को दो अलग जुबानों की तरह नहीं बल्कि एक ही भाषा 'हिंदुस्तानी' के तहत उनके साहित्यिक-सांस्कृतिक रहन और स्वभाव को बरतने और लागू करने के उद्देश्य से की गई। इस दृष्टि से हिंदुस्तानी अकादेमी हिंदी-उर्दू का एक ऐसा मरकज, एक ऐसा साझा मंच रहा है जिसने आजादी की लड़ाई में महत्वपूर्ण भूमिका का निर्वाह किया। इस संस्था का एक गौरवशाली अतीत है। यह गंगा-जमुनी तहजीब का एक महत्वपूर्ण केंद्र रहा है। इसने एक समय हिंदी और उर्दू जुबानों के साहित्य को प्रकाशित और प्रचारित-प्रसारित करने में महत्वपूर्ण योगदान दिया है।

हिंदुस्तानी 'मध्य देश' की आम-बोलचाल की भाषा रही है। इसे एक समय पूरे देश की आम-बोलचाल की भाषा बनाए जाने का आंदोलन चला, परंतु 'नागरी' के चलते हिंदी-उर्दू का जो विवाद हुआ उसमें हिंदुस्तानी की बात अमान्य हो गई। कांग्रेस के कराची अधिवेशन (1925) में यह तय किया गया था कि 'हिंदुस्तानी' को हिंदुस्तान की संपर्क भाषा बनाया जाए। हिंदी साहित्य सम्मेलन, प्रयाग ने इसका विरोध किया और 'हिंदी-हिंदुस्तानी' को संपर्क भाषा बनाए जाने का प्रस्ताव दिया।

कराची अधिवेशन में कांग्रेस द्वारा प्रस्तावित विचार को आधार बनाकर बनारस के यज्ञनारायण उपाध्याय ने दिसंबर 1925 में हिंदुस्तानी के नाम पर एक संस्था बनाए जाने का प्रस्ताव प्रांतीय एसेंबली में रखा। इस प्रस्ताव को प्रांतीय एसेंबली ने स्वीकार कर लिया। इसके ठीक चार महीने बाद अप्रैल 1925 में हाफ़िज़ हिदायत हुसैन द्वारा प्रांतीय एसेंबली में एक और प्रस्ताव रखा गया जिसमें कहा गया कि हिंदी और उर्दू साहित्य की अभिवृद्धि के लिए शासन को 'हिंदुस्तानी अकादेमी' नामक एक संस्था की स्थापना करनी चाहिए। इन दोनों प्रस्तावों और तत्कालीन शिक्षा-मंत्री राय राजेश्वर बाली के प्रयासों से संयुक्त प्रांत की सरकार द्वारा 'हिंदुस्तानी अकादेमी' की स्थापना के विषय में एक निश्चित प्रस्ताव 22 जनवरी 1927 के गजट में प्रकाशित किया गया। तदनुसार, 29 मार्च 1927 को लखनऊ में तत्कालीन प्रांतीय गवर्नर सर विलियम मॉरिस द्वारा 'हिंदुस्तानी अकादेमी' की स्थापना की घोषणा की गई।

हिंदुस्तानी अकादेमी अपनी स्थापना के उद्देश्यों को लेकर आरंभ से ही हिंदी और उर्दू साहित्य के प्रकाशन, अनुवाद और उनके संरक्षण व संवर्द्धन का कार्य करती रही। परंतु, आजादी के बाद 1956 में लागू भाषा नीति के तहत सरकार ने इस संस्थान के कार्यों और नीतियों में परिवर्तन करते हुए जो संशोधित कार्य-नीति प्रस्तुत की उससे यह संस्थान राजभाषा हिंदी की नुमाइंदगी करने वाली संस्था बन गया। 1956 में सरकार के प्रस्ताव के फलस्वरूप हिंदुस्तानी अकादेमी की परिषद ने जो संशोधित और परिमार्जित प्रारूप प्रस्तुत किया उसमें साफ कहा गया कि,

- राजभाषा हिंदी और उसमें उपलब्ध साहित्य को बढ़ावा दिया जाए और उसके परिरक्षण, संवर्द्धन और विकास के लिए

अन्य भाषा-रूपों और शैलियों उर्दू, ब्रज, अवधी, भोजपुरी आदि से मदद ली जाए।

- मौलिक हिंदी कृतियों, विशेषतः सृजनात्मक साहित्य के प्रकाशन पर विशेष ध्यान देते हुए उन्हें प्रोत्साहित किया जाए।
- हिंदीतर भारतीय भाषाओं और विदेशी भाषाओं की साहित्यिक कृतियों, विशेषतः काव्य, नाटक, कथा और ललित साहित्य के हिंदी में अनुवाद प्रकाशित किए जाएं।
- राज्य सरकार की सहमति से हिंदी में मानक संदर्भ-ग्रंथ तैयार किए जाएं और उन्हें प्रकाशित किया जाए।
- प्राचीन एवं मध्ययुगीन हिंदी साहित्य के वैज्ञानिक ढंग से संपादित पाठों को प्रकाशित किया जाए।
- साहित्यकारों को उनके उत्कृष्ट लेखन के लिए सम्मान और पुरस्कार दिए जाएं।

राजभाषा हिंदी के प्रोत्साहन, प्रकाशन और सम्मान–पुरस्कार के अलावा अकादेमी शुरू से ही कुछ व्याख्यानमालाओं का आयोजन करती आ रही है। इनमें धीरेंद्र वर्मा व्याख्यानमाला, उदयनारायण तिवारी व्याख्यानमाला और विजयदेव नारायण साही व्याख्यानमाला प्रमुख हैं। इन व्याख्यानमालाओं के अतिरिक्त हिंदी और उर्दू दोनों भाषाओं में अकादेमी के प्रकाशनों का एक गौरवशाली इतिहास रहा है। इन प्रकाशनों ने एक समय में सही मायनों में गंगा-जमुनी तहजीब का सिलसिला शुरू किया। इनमें हिंदी भाषा का इतिहास (धीरेंद्र वर्मा), आर्य एवं द्रविड़ भाषा परिवारों का संबंध (रामविलास शर्मा), अवधी का विकास (बाबूराम सक्सेना), जायसी, छठवां दशक और लोकतंत्र की कसौटियां (विजयदेव नारायण साही), मध्यकालीन भारतीय संस्कृति (गौरीशंकर हीराचंद्र ओझा), जवाहा-ए-सुखन, इंतिखाब, कलाम-ए-दाग, माशियात मकसद और मेन्हाज (जाकिर हुसैन) जैसी कृतियां उल्लेखनीय हैं। इन प्रकाशनों के अतिरिक्त हिंदुस्तानी अकादेमी की शोध और सृजन की पत्रिका 'हिंदुस्तानी' का हिंदी और उर्दू भाषा तथा साहित्य के संवर्द्धन में विशेष योगदान रहा है।

विनोद तिवारी

हिंदुस्तानी संगीत

भारत में दो संगीत पद्धतियां प्रचलित हैं– कर्नाटक संगीत और हिंदुस्तानी संगीत। 'कर्नाटक संगीत' दक्षिण भारत में ज्यादा लोकप्रिय है। इसी प्रकार 'हिंदुस्तानी संगीत' उत्तर भारत में। इस पद्धति में ठाठ या मेल पद्धति के आधार पर रागों की उत्पत्ति होती है। इसमें शुद्ध और मिश्रित मिलाकर कुल बारह स्वर स्थान हैं। इसमें स्वतंत्र रूप से आलाप और बंदिश के साथ भी आलाप और तानें गाई जाती हैं। गीत की बंदिश निबद्ध रूप में गाई जाती है और अन्य विस्तार अनिबद्ध रूप से किया जाता है। गीत गाते समय आलाप, बोल-तान इत्यादि प्रयोग में लाए जाते हैं। हिंदुस्तानी संगीत का स्वरूप अनिबद्ध होने के कारण जब बंदिश प्रस्तुत की जा रही हो पखावज, तबले आदि पर ताल का अखंड रूप से बजते रहना जरूरी होता है।

हिंदुस्तानी संगीत की विशेषताएं : हिंदुस्तानी संगीत पद्धति में गायकों, वादकों एवं नर्तकों के घराने होते हैं। पिता से बेटे और बेट से उसके बेटे को संगीत विरासत के रूप में मिलता रहता है। कुछ संगीतकार गुरुओं के पास जाकर संगीत सीखते रहे हैं। हिंदुस्तानी संगीत के नियम एक जैसे हैं, लेकिन प्रस्तुत करने की शैली कलाकार की विशिष्टता की पहचान कराती है। ध्रुपद, खयाल, टप्पा, ठुमरी, तराना, तिरवट, होरी-धमार, दादरा, लावनी, चतुरंग, भजन, गीत, कजली, चैती, गजल, कव्वाली, लोकगीत जैसी शैलियों के गायन या वादन का प्रदर्शन मार्गी एवं देशी विधाओं के अंतर्गत किया जाता है। यहां शास्त्रीय एवं उपशास्त्रीय प्रत्ययों का इस्तेमाल नहीं किया जाता, क्योंकि वे विडंबनापूर्ण ढंग से स्वयं शास्त्रोक्त नहीं हैं। देशी कलाएं वे हैं जो अलग-अलग अंचलों में प्रयोग में

लाई जाती हैं और दोहरावपूर्ण होती हैं। मार्गी कलाओं में सृजन के लिए दुहराव का सहारा नहीं लिया जाता बल्कि मुख्यतः हर बार नए मार्ग खोजे जाते हैं। देशी कलाओं में हमेशा मार्गी होने की संभावना छिपी रहती है जो किन्हीं विशेष कलाकारों के द्वारा उद्घाटित होती है। जैसे—कुमार गंधर्व ने मालवा की देशी धुनों में मार्गी संगीत की संभावनाओं को चरितार्थ किया। इसी तरह कव्वाली भी मुख्यतः देशी संगीत होते हुए भी 'कव्वाल बच्चे' और नुसरत फतेह अली ख़ां जैसे कल्पनाशील संगीतकारों के द्वारा मार्गी अवस्था को प्राप्त होती रही है। कुछ इतिहासकारों का मानना है कि खयाल की उत्पत्ति में 'कव्वाल बच्चे' का बड़ा योगदान रहा है। कुछ मार्गी और देशी कलाएं इस प्रकार हैं :

ध्रुवपद : ध्रुवपद गायन का विकास प्रबंध गायन से हुआ है। यह पंद्रहवीं शताब्दी में ग्वालियर के राजा मानसिंह तोमर द्वारा तैयार कराया गया था। उन्होंने स्वयं कुछ ध्रुवपदों की रचना की थी। प्राचीन काल में ध्रुवपद में संस्कृत श्लोकों को गाया जाता था।

वर्तमान समय में भी ध्रुवपद एक गंभीर और जोरदार संगीत माना जाता है। ध्रुवपद के गीत प्रायः हिंदी एवं ब्रजभाषा में मिलते हैं। इसमें वीर, श्रृंगार और शांत रस प्रधान हैं। 'अनूप संगीत रत्नाकर' के रचयिता भावभट्ट ने अठारहवीं सदी में ध्रुवपद की परिभाषा इस प्रकार दी : 'ध्रुवपद की भाषा संस्कृत या मध्यदेशीय हो सकती है। इसमें दो या चार वाक्य होते हैं, जिनमें नर-नारी की कथा होती है। श्रृंगार रस, भाव आदि होते हैं। यह रागालाप और पद से युक्त होता है, इसका प्रत्येक पाद पादांत-अनुप्रास या पादांत-यमक से युक्त होता है। इस प्रकार के चार पादों का अस्तित्व जहां हो और जिसमें 'उद्ग्राह', 'ध्रुवक' और 'आभोग' नामक तीन धातु हों, वह ध्रुवपद कहलाता है।'

वर्तमान में ध्रुवपद में स्थायी, अंतरा, संचारी और आभोग, ये चार भाग होते हैं। ध्रुवपद अधिकतर चौताल, सूलफाक, झंपा, तीव्रा, ब्रह्मताल, रुद्रताल इत्यादि तालों में गाए जाते हैं। ध्रुवपद में तानों का प्रयोग नहीं होता, किंतु उसमें दुगुन, चौगुन, बोलतान इत्यादि का प्रयोग किया जाता है। ध्रुवपद के साथ पखावज ताल वाद्य की संगत होती है।

प्राचीन काल में ध्रुवपद गायकों को 'कलावंत' कहते थे। धीरे-धीरे ध्रुवपद गायकों के भेद उनकी चार वाणियों के अनुसार किए जाने लगे। इन चार वाणियों का संक्षिप्त परिचय इस प्रकार हैं : (1) गोबरहार-वाणी, (2) खंडहार-वाणी, (3) डागुर-वाणी और (4) नोहार-वाणी। खंडहार-वाणी के प्रगुख प्रयोक्ता मलिक हैं तो डागुर वाणी के प्रमुख प्रयोक्ता डागर बंधु हैं।

खयाल : फारसी भाषा में 'खयाल' का अर्थ है—विचार या कल्पना। इसे राग के नियमों का पालन करते हुए अपनी इच्छा या कल्पना से विविध आलाप-तानों का विस्तार करते हुए एकताल, त्रिताल, झूमरा, आड़ा चौताल इत्यादि तालों में गाया जाता है। खयाल में श्रृंगार रस का प्रयोग अधिक पाया जाता है। इसकी गायकी में जलद तान, गिटकरी इत्यादि का प्रयोग शोभा देता है और स्वर-वैचित्र्य तथा चमत्कार पैदा करने के लिए इसमें तरह-तरह की तानें ली जाती हैं।

खयाल दो प्रकार के होते हैं—पहला, जो विलंबित लय में गाए जाते हैं, उन्हें 'बड़े खयाल' कहते हैं। इन्हें प्रायः विलंबित एकताल, तीनताल, झूमरा, आड़ा चौताल में गाया जाता है। दूसरा, जो द्रुत लय में गाए जाते हैं, उन्हें 'छोटे खयाल' कहते हैं। इन्हें प्रायः त्रिताल अथवा द्रुत एकताल में गाया जाता है। मुगल बादशाह मुहम्मदशाह रंगीले के दरबार में प्रसिद्ध गायक सदारंग न्यामत खां और अदारंग ने हजारों खयाल रचकर अपने शिष्यों को सिखाए थे। स्वतंत्रता के बाद के प्रमुख खयाल गायकों में बड़े गुलाम अली खां, शराफत हुसैन-नजाकत हुसैन, अमीर खां, केसरबाई केरकर, भीमसेन जोशी, गंगूबाई हंगल, मल्लिकार्जुन मैसूर, किशोरी अमोनकर, मुकुल शिवपुत्र, राशिद खां, अजय चक्रवर्ती, मंजरी असनारे आदि शामिल हैं।

टप्पा : खयाल गायकी के बाद टप्पा गायकी का प्रचार हुआ। 'टप्पा' के बहुत-से अर्थ मिलेंगे, जैसे–उछाल, कूद, फलांग। कहा जाता है कि लखनऊ के नवाब आसिफउद्दौला के दरबार में एक पंजाबी रहते थे, जिनका नाम शोरी मियां था। इन्होंने ही टप्पे की गायकी का आविष्कार किया। टप्पा अधिकतर काफी, झिंझोटी, बीवा, भैरवी, खमाज आदि रागों में गाया जाता है। इसमें स्थायी और अंतरा दो भाग होते हैं। इसमें श्रृंगार रस की प्रधानता होती है और पंजाबी भाषा के शब्द ही अधिकतर पाए जाते हैं। इसकी तानें दानेदार बहुत तैयार लय में गाई जाती हैं। टप्पा की गति बहुत चपल होती है। कुछ विद्वानों का मत है कि प्राचीन 'वेसरा गीति' से इस गायकी की उत्पत्ति हुई है। टप्पा गायन के क्षेत्र में ग्वालियर घराना श्रेष्ठ माना जाता है। कृष्णराव शंकर पंडित, राजभैया पूछवाले जैसे विख्यात टप्पा गायक इसी घराने में हुए हैं।

ठुमरी : जिन रागों में टप्पा गाया जाता है, प्रायः उन्हीं में ठुमरी भी गाई जाती है। इसमें शब्द कम होते हैं, किंतु हाव-भाव द्वारा गीत का अर्थ प्रकट करना ठुमरी गायन की विशेषता मानी जाती है। ठुमरी का जन्म लखनऊ के नवाबों के दरबार में हुआ। कहा जाता है कि इसके आविष्कारक गुलाम नबी, शोरी के घराने के लोग थे। ठुमरी अधिकतर पंजाबी त्रिताल में गाई जाती है। इसकी गति अति द्रुत नहीं होती। बनारसी अंग की ठुमरी में मधुरता अधिक पाई जाती है। ठुमरी में प्रायः राग की शुद्धता की ओर ध्यान नहीं दिया जाता। अनेक गायक ठुमरी गाते समय भिन्न-भिन्न रागों के स्वरों का मिश्रण उसे सुंदर बनाने का प्रयत्न करते हैं। ठुमरी पंजाबी अंग एवं पूरब अंग से गाई जाती है। पूरब अंग की ठुमरी के लिए लखनऊ और बनारस घराने प्रसिद्ध हैं। ठुमरी गायन के क्षेत्र में बनारस की रसूलन बाई, राजेश्वरी बाई, सिद्धेश्वरी देवी, गिरिजा देवी, छन्नू लाल मिश्र आदि को विशेष ख्याति मिली है। लखनऊ घराने की ठुमरी का आरंभ उन्नीसवीं शताब्दी के वाजिद अली शाह के जमाने से माना जाता है। प्रमुख शास्त्रीय ठुमरी गायकों में अब्दुल करीम खां, बड़े गुलाम अली खां, भीमसेन जोशी, प्रभा अत्रे, शोभा गुर्टू, बेगम अख्तर आदि शामिल हैं।

तराना : यह भी खयाल के प्रकार की गायकी है। इसमें गीत के बोल ऐसे होते हैं, जिनका कोई अर्थ नहीं होता, जैसे–ता ना दा रे, तदारे, ओदानी, दीम, तदीम इत्यादि। तराने में भी स्थाई और अंतरा दो भाग होते हैं। इसमें तानों का प्रयोग भी होता है। तराने में राग, ताल और लय का ही आनंद है। प्राचीन काल में तराना को 'स्तोभ गान' के नाम से जाना जाता था। स्तोभाक्षरों को शुष्काक्षर कहा जाता था जिनका कोई अर्थ तो नहीं होता, परंतु वे ओंकार की ध्वनि के वाचक होते थे। बहादुर हुसैन खां, नत्थू खां तथा निसार हुसैन खां, विनायक राव पटवर्धन और कृष्णराव इत्यादि के तराने विशेष प्रसिद्ध हुए हैं।

तिरवट या त्रिवट : यह भी तराने की तरह गाया जाता है, किंतु तराने से तिरवट की गायकी कुछ कठिन है। किसी तराने में जब मृदंग के बोलों का भी प्रयोग किया जाता है तो ऐसे तरानों को त्रिवट के नाम से जाना जाता है। इसे सभी रागों में गाया जा सकता है। वर्तमान समय में तिरवट गायकी का प्रचार कम हो गया है।

होरी-धमार : जब 'होरी' नाम के गीत को धमार ताल में गाते हैं, तो उसे 'होरी-धमार' कहा जाता है। धमार गायन में प्रायः ब्रज की होली का वर्णन रहता है। धमार में दुगुन, चौगुन, बोलतान, गमक इत्यादि का प्रयोग होता है, अतः यह अपेक्षाकृत कठिन गायकी है। धमार के गायक को स्वर, ताल और राग का अच्छा ज्ञान होना चाहिए। प्रायः देखा जाता है कि धमार में खयाल के समान तानें नहीं ली जातीं। अधिकतर ध्रुपद गायक धमार भी गाते हैं।

दादरा : 'दादरा' एक ताल का नाम है, किंतु एक विशेष गायकी को भी 'दादरा' कहते हैं। इसकी चाल गजल से कुछ मिलती-जुलती होती है। मध्य तथा द्रुत

लय में दादरा अच्छा मालूम पड़ता है। इसमें प्रायः श्रृंगार-रस के गीत होते हैं।

लावनी : 'चंग' नामक ताल-वाद्य बजा-बजाकर कई आदमी मिलकर या अकेला व्यक्ति 'लावनी' गाते हैं। इसमें श्रृंगार तथा भक्ति-रस के गीत होते हैं और कहरवा ताल का प्रयोग होता है।

चतुरंग : खयाल, तराना, सरगत, त्रिवट—ऐसे चार अंग जिस गीत में सम्मिलित होते हैं—उसे 'चतुरंग' कहते हैं। पहले भाग में गीत के शब्द, दूसरे में तराने के बोल, तीसरे में किसी राग का सरगम और चौथे भाग में मृदंग के बोलों की एक छोटी सी परन रहती है। चतुरंग को खयाल की तरह गाते हैं, किंतु इसमें तानों का प्रयोग खयाल की अपेक्षा कम होता है।

भजन-गीत : ईश्वर स्तुति या भगवान की लीला का वर्णन भजनों में किया जाता है। भजन को किसी एक राग में बांधकर भी गाते हैं और ऐसे भी भजन हैं, जो मिश्रित राग-स्वरों द्वारा तैयार हुए हैं। भजन अधिकतर कहरवा, दादरा, धुमाली, रूपक एवं तीनताल जैसी तालों में गाए जाते हैं।

गीत : ईश्वर प्रार्थना या भगवान की लीला संबंधी पदों को छोड़कर ऐसी साहित्यिक रचनाओं को जो किसी ताल में बांधकर गाई जा सकें, 'गीत' कहते हैं। इनमें भाव की प्रधानता रहती है। गीतों में श्रृंगार और करुण रस अधिक पाया जाता है। गीतों में किसी प्रकार का स्वर-विस्तार या तानों का प्रयोग नहीं होता।

कजली : 'कजली' गीतों में अधिकतर वर्षा ऋतु का वर्णन, विरह-वर्णन तथा राधा-कृष्ण की लीलाओं का वर्णन मिलता है। कजली की प्रकृति लघु है। इसमें श्रृंगार-रस की प्रधानता है। मिर्जापुर और बनारस में कजली गाने का प्रचार अधिक पाया जाता है।

चैती : होली के बाद जब चैत का महीना आरंभ होता है, तब 'चैती' गाई जाती है। इसके गीतों में भगवान राम की लीलाओं का वर्णन रहता है। पूर्व बिहार की ओर इसका प्रचार अधिक है। इसमें अधिकतर पूर्वी भाषा का प्रयोग होता है। ठुमरी गायक 'चैती' भली प्रकार गा सकते हैं।

गजल : गजल अधिकतर उर्दू या फारसी भाषा में होती है। इसके अधिकांश गीतों में आशिक-माशूक का वर्णन पाया जाता है। इसलिए यह श्रृंगार रस प्रधान गायकी है। गजल रूपक, पश्तो, दीपचंदी, दादरा, कहरवा तालों में गाई जाती है। वे ही गायक गजल गाने में सफल होते हैं, जिन्हें उर्दू-हिंदी का अच्छा ज्ञान है और जिनका शब्दोच्चारण शुद्ध है।

कव्वाली : कव्वाली मुस्लिम-समाज की स्तुतिपरक गायकी है। इसमें उर्दू भाषा का प्रयोग होता है। स्थायी अंतरा के अतिरिक्त इसके बीच-बीच में 'शेर' भी होते हैं। इसके गानेवाले 'कव्वाल' कहलाते हैं। किसी विशेष अवसर पर रात-रात भर कव्वालियां होती हैं। कव्वाली के साथ संगीतकार हारमोनियम, ढोलक और तबला बजाते हुए देखे जा सकते हैं। साथ-साथ हाथों से तालियां भी बजती हैं। रूपक, पश्तो तथा कव्वाली तालों का इसमें विशेष प्रयोग होता है।

लोकगीत : लोकगीत विशेषकर घर-गृहस्थी के मांगलिक अवसरों तथा विशेष त्योहारों या उत्सवों पर नर-नारियों द्वारा नगरों तथा गांवों में अपनी-अपनी प्रांतीय या ग्रामीण भाषाओं में गाए जाते हैं। लोकगीतों के द्वारा संस्कृति से परिचित होने का अवसर मिलता है। लोकगीतों के कुछ प्रकार—1. घोड़ी, 2. विरहा, 3. निर्वही, 4. चंदैनी, 5. सोहर, 6. झूमर, 7. नऊआ भक्कड़, 8. आल्हा, 9. बारहमासी, 10. सावनी, 1. मांड। विभिन्न प्रांतों में वहां की परंपरा और संस्कृति के अनुसार और भी बहुंत-से लोकगीत गाए जाते हैं।

संगीता गुंदेचा

हिंदू धर्म

हिंदू धर्म के किसी प्राचीन शास्त्र में हिंदू शब्द का उल्लेख नहीं है। 'मेरुतंत्र' में इसका उल्लेख है लेकिन वहां 'फिरिंग', 'इंरेजा' और 'लंडूज' शब्द

का भी उल्लेख देखकर सहज अनुमान होता है कि मेरुतंत्र का वह अंश प्राचीन नहीं है और बहुत बाद में जोड़ा गया है। फारसी में हिंद और इससे बनने वाले बहुत से शब्द मिलते हैं—हिंदसा, हिंदुवाना, हिंदू, हिंदूए-चर्ख, हिंदभंद, हिंदूकुश, हिंदवार, हिंदी, मीरातुत हिंद, शमशीरे हिंद आदि। प्राचीन पारसी में सप्तसिंधु के लिए 'हप्तहेंदु' शब्द का प्रयोग है, उसी तरह जैसे असुर के लिए अहुर, सोम के लिए होम आदि। सिंधु नद से पूरब रहने वाले लोगों को फारसी में हिंदू और उनकी निवास भूमि को हिंद कहते थे। पश्चिम से आने वाले तमाम अरब यात्रियों ने इन्हीं शब्दों का प्रयोग किया। यूनानी में यही शब्द 'इंद'- 'इंदू' और अंग्रेजी में 'इंड', 'इंडो', 'इंडिया' के रूप में चले थे। अंग्रेजी में कई बार हिंदू शब्द का प्रयोग 'भारतवासी' के अर्थ में होता था। बहुत लोग इस बात पर जोर देते हैं कि भारत में रहने वाले सभी जनसमुदाय हिंदू हैं, लेकिन भारत में रहने वाले अ-हिंदू धर्मों (मुसलमान, ईसाई, पारसी आदि) के अनुयायियों को 'हिंदू' शब्द के ही भीतर समेटना न तर्कसंगत है और न तथ्यसंगत।

बाल गंगाधर तिलक ने कहा था, 'वेदों को प्रमाण मानना, साधनाओं की अनेकता, इष्ट देवों के संबंध में नियम न होना–ये हिंदू धर्म के लक्षण हैं।' महाभारत में माना गया है कि 'अद्रोहः सर्वभूतेषु कर्मणा मनसा गिरा। अनुग्रहश्च दानं च सतांधर्मः सनातनः', अर्थात मन, वचन और कर्म से सब प्राणियों के प्रति अद्रोह, अनुग्रह और त्याग ही सनातन धर्म है।

केवल वैदिक या सनातन शब्द के भीतर भी 'हिंदू' की समाई नहीं है, क्योंकि अनार्य, अवैदिक और सनातन धर्म-विरोधी (आर्य समाज, ब्राह्म समाज) परंपराएं भी हिंदू परंपरा का अंश मानी जाती हैं। कई घोर नास्तिक भी अपने को हिंदू कहते देखे जाते हैं। गोवा के कई ईसाई अपने को हिंदू नहीं कहते, लेकिन वे ईसा के साथ तमाम हिंदू देवी-देवताओं की पूजा करते हैं। वर्णाश्रम धर्मी भी हिंदू हैं और वर्णाश्रम-विरोधी भी हिंदू हैं। हिंदू शब्द को जो भी परिभाषित करने और एक सीमा में बांधने चलता है उसे अंतर्विरोधों का सामना करना पड़ता है।

हिंदू धर्म के संसार के सभी प्राचीन धर्मों से अधिक प्राचीन स्रोत हैं। इसमें परस्पर विरोधी संप्रदायों, आचार्यों, परंपराओं के लिए जगह है। उन परंपराओं का प्रवाह आज भी अविच्छिन्न रूप से जारी है। शिकागो की धर्म संसद में 'हिंदू धर्म' की विविधता को उसके समग्र रूप में समेटते हुए विवेकानंद ने कहा था, 'आधुनिक विज्ञान के नवीनतम आविष्कार जिसकी केवल प्रतिध्वनि मात्र हैं ऐसे वेदांत के अत्युच्च भाव से लेकर सामान्य मूर्तिपूजा एवं तदानुषंगिक अनेकानेक पौराणिक दंतकथाओं और इतना ही नहीं बल्कि बौद्धों के अज्ञेयवाद तथा जैनों के निरीश्वरवाद—इनमें से प्रत्येक के लिए हिंदू धर्म में स्थान है।' (विवेकानंद साहित्य, खंड 1)।

हिंदू धर्म का न एक व्यक्ति प्रवर्तक है, न एक धर्मग्रंथ है, न एक देवता है, न एक उपासना पद्धति है, न एक धर्मशासन (मंदिर जहां से सभी के लिए आदेश जाए) है। प्राचीन ऋषियों ने जिन चिरंतन सत्यों का साक्षात्कार किया, उनका संग्रह 'वेद' है और इसे श्रुति कहते हैं। युग की आवश्यकता के अनुरूप जिन विधि-विधानों का संग्रह हुआ, उसे स्मृति कहते हैं। छह दर्शन, अठारह पुराण, वैष्णवों-शैवों के ग्रंथ, रामायण और महाभारत जैसे महाकाव्य, भक्ति साहित्य और लोक संस्कृतियां हैं जो मिलजुल कर लचीली और विविधतापूर्ण हिंदू जीवन-पद्धति का आख्यान करती हैं। राजा राममोहन राय से लेकर दयानंद सरस्वती, श्री अरविंद तक और दक्षिण भारत सहित पूरे देश के समाज सुधारकों ने आधुनिक युग में जो नई व्याख्याएं दीं, धर्म का नया विवेचन किया, वह सब इसी हिंदू परंपरा का नवोन्मेष है।

वैदिक साहित्य में अग्नि, वरुण, इंद्र, उषा, सोम, मित्र, वायु, मरुत, सविता, अश्विनी कुमार आदि देवताओं की स्तुतियां हैं। पुराण काल में इनके स्थान पर विष्णु और उनके अवतार (विशेषतः राम और कृष्ण), शिव, दुर्गा, लक्ष्मी, सरस्वती, काली, हनुमान आदि की प्रतिष्ठा हुई। गणेश-गौरी की पूजा

के साथ-साथ पृथ्वी, सूर्य, गंगा-यमुना आदि नदियों की पूजा और नौ ग्रहों की शांति भी प्रचलित है। शिवलिंग की पूजा सर्वत्र लोकप्रिय है। कोई एक केंद्र न होने की वजह से हिंदू धर्म नाम प्रचलित नहीं था, पर यह धर्म कई धाराओं में स्वतः प्रवाहमान और स्वतः विकासशील था। विष्णु, शिव और दुर्गा से वैष्णव, शैव और शाक्त परंपराएं बनीं जिन्होंने इस धर्म को कई धाराओं में स्थान, काल और समुदाय के अनुसार फैलाया। इनमें टकराहट और अंतर्मिश्रण दोनों घटनाएं दिखती हैं। वृक्षों की पूजा और नाग-पूजा के अलावा कई गुरु और श्रीमद्भागवत, रामचरितमानस जैसे पूजा ग्रंथ हैं। ईसाई मिशनरियों ने जब हिंदुओं के बीच प्रचलित बहुत से देवताओं और विचित्र पूजा पद्धतियों की आलोचना शुरू की तो उसके जवाब में हिंदू धर्म को एक ओर मूर्तिपूजा, अवतारवाद, वर्ण व्यवस्था, पुनर्जन्मवाद तथा अन्य रूढ़ियों रीतियों से अलग कर उसका एक तर्कसंगत रूप प्रस्तुत करने की कोशिश हुई, दूसरी ओर समूची विविधता-विचित्रता को मानव चित्त की विभिन्न रुचियों और प्रवृत्तियों के परिप्रेक्ष्य में समझने-समझाने की कोशिश भी की गई। आनंद कुमार स्वामी ने हिंदू देवताओं और उनकी कलात्मक अभिव्यक्तियों में निहित जीवन सत्यों और भावों की व्याख्या कर एक नया मार्ग प्रशस्त किया।

हिंदू धर्म का सर्वोत्कृष्ट सार है उसका आध्यात्मिक ज्ञान जो ईश्वर, संपूर्ण सृष्टि और मनुष्य की व्यापक व्याख्या करता है। ईश्वर की व्यापकता, मनुष्य की अंतर्निहित दिव्यता और आत्मा की अमरता हिंदू धर्म की श्रेष्ठ निष्पत्तियां हैं। देवी भागवत और कई जगहों पर है, 'यदि धर्म लोक के विरुद्ध है तो वह सुखकारी नहीं हो सकता।' मुक्ति के परम लक्ष्य तक पहुंचने का रास्ता है पुरुषार्थ, अर्थात् धर्म, अर्थ, काम और मुक्ति के रास्ते पर चलना। विद्या अध्ययन, यज्ञ, सत्य, अहिंसा, ईमानदारी, निर्लोभता, त्याग, क्षमा आदि धर्म के लक्षण हैं। इन गुणों के साथ 'अर्थ' और 'काम' की उपलब्धि करना और गार्हस्थ्य जीवन व्यतीत करना हिंदू धर्म का आदर्श है। गार्हस्थ्य जीवन के बाद सांसारिकता से ऊपर उठकर ईश्वर से निकटता का अनुभव अर्थात् मुक्ति या मोक्ष परम लक्ष्य है। वर्णाश्रम व्यवस्था, धार्मिक कर्मकांड और भाग्यवाद हिंदू धर्म से प्रधान रूप से जुड़े थे पर अद्वैतवाद, भक्ति और कर्मयोग की जमीन से उन्हें निरंतर चुनौती मिली थी।

उन्नीसवीं सदी से धर्म को लेकर नया चिंतन शुरू हुआ। दयानंद सरस्वती ने कहा, 'धर्म नाम है न्याय का और न्याय नाम है पक्षपात छोड़ना।' महावीर प्रसाद द्विवेदी ने कहा, 'हे जगदीश्वर, इस संसार में काले से भी काले कार्य करते जो लोग ललाट पर चंदन का सफेद लेप लीपते हैं, उनकी गणना जब हम बड़े-बड़े धार्मिकों में की गई सुनते हैं, तब हमारे मुंह से हंसी निकल ही आती है।'

महात्मा गांधी ने लिखा है, 'यदि कोई मुझसे हिंदू धर्म की परिभाषा देने के लिए कहे तो मैं बिल्कुल यही कहूंगा कि अहिंसा के मार्ग से सत्य की खोज ही हिंदू धर्म है। कोई मनुष्य ईश्वर में विश्वास नहीं करते हुए भी अपने को हिंदू कह सकता है। हिंदू धर्म सत्य की निरंतर खोज है...हिंदू धर्म सत्य का धर्म है। सत्य ही ईश्वर है। ईश्वर का निषेध किया जा सकता है, पर सत्य का नहीं।' (हिंदू धर्म क्या है)। गांधी ने शुरू में परंपरागत हिंदू व्यवस्था का समर्थन किया है था, पर 1932 में यह भी कहा, 'जो बुद्धिग्राह्य वस्तु नहीं है, वह कभी धर्म नहीं हो सकता है।' वह कहते हैं, 'हिंदू धर्म के नाम से प्रचलित ग्रंथों में जो कुछ लिखा गया है, वह सबके सब धर्मवचन हैं, ऐसा नहीं है और हिंदू जनता को ऐसे वचन अब मानने चाहिए, ऐसा भी नहीं है।' (वही)।

रवींद्रनाथ ठाकुर ने लिखा है, 'हिंदू धर्म ने समाज के प्रत्येक सदस्य को इस बात का स्मरण कराया है कि देवता, ऋषि, पितृपुरुष, समस्त मानव जाति और पशु-पक्षी-वनस्पति से उसका मंगलमय संबंध है। यही पंचयज्ञ है।' (रवींद्रनाथ के निबंध)।

हिंदू धर्म को बुद्धिग्राह्य बनाने के लिए वैदिक दर्शनों, भक्ति आंदोलन और उन्नीसवीं-बीसवीं सदी के नवजागरण ने महान भूमिका निभाई। तीनों से इस धर्म को पुरोहित-प्रपंच, रूढ़ियों और ढकोसलों

से मुक्त करने का प्रयत्न किया। हिंदू धर्म में जो विविधता, उदारता, मिश्रणशीलता और सृजनात्मकता आज मतांधता के बावजूद बड़े पैमाने पर मौजूद है, यह भारतीय जीवन का उपर्युक्त तीनों महान घटनाओं के बीच से विकसित मानव विवेक का नतीजा है।

अवधेश प्रधान

अधिक जानकारी के लिए :
1. हिंदुत्व : रामदास गौड़, **2. An Idialist view of Life :** S Radhakrishnan, **3. Hinduism : At a Glance :** Swami Vivekanand

हिंदू धर्म और मानवाधिकार

सभ्यता की प्राथमिक अभिव्यक्ति मानवाधिकार में होती है। हिंदू धर्म दुनिया के अन्य धर्मों की तरह मानव सभ्यता के विकास की देन है। इसकी विशिष्टता यह है कि कई अन्य धर्मों की तरह इसका प्रादुर्भाव किसी एक समय में, किसी खास समुदाय द्वारा और सुनिश्चित नियम-कायदों के साथ नहीं हुआ और न इसका एक ही तरह से प्रचार-प्रसार हुआ। यह वैदिक काल से विकसित भारतीय जीवन की एक बहुरंगी परंपरा है, बल्कि इसे परंपराओं का समूह कहना चाहिए। इसमें कई उत्थान-पतन आए, कई दार्शनिक शाखाओं का जन्म हुआ और कई संप्रदाय बने। हिंदू धर्म में कोई एक ग्रंथ बाइबिल और कुरान की तरह मुख्य संदर्भ या संपूर्ण सार के रूप में नहीं है। बहुदेववाद, दार्शनिक विविधता और अनगिनत संप्रदायों की मौजूदगी इस धारणा को ध्वस्त करती है कि हिंदू परंपरा में धर्म और अधिकार की कोई एक व्याख्या है।

कहा जाता रहा है कि हिंदू धर्म आम तौर पर मानवाधिकारों के प्रतिपक्ष में रहा है। खास कर वैदिक 'पुरुषसूक्त' ब्राह्मण, क्षत्रिय, वैश्य और शूद्र की उत्पत्ति की कथा रचते हुए वर्ण व्यवस्था की जो प्रस्तावना देता है, वह शूद्र जातियों की निम्नता को संस्थाबद्ध और शाश्वत बना देती है। स्त्री के लिए भी बराबरी की धार्मिक व्यवस्था नहीं रही है। सामाजिक अन्याय और लैंगिक भेदभाव के तत्व देखा जाए तो दुनिया के हर प्राचीन धर्म में रहे हैं। हर समाज में ही हमेशा कुछ वर्गों और स्त्रियों को एक न एक ढंग से उत्पादन के संबंधों में भिन्नता के कारण असमानता, अवमानना और दमन का शिकार होना पड़ा है। इसलिए इस पर काफी विचार हुआ है कि हिंदू परंपरा में वर्णाश्रम व्यवस्था, पुनर्जन्म की धारणा और कर्मकांड के अलावा ऐसा क्या है जिसे मानवाधिकारों का स्रोत कहा जा सकता है। निश्चय ही वह चीज है वाद-विवाद, मुक्त चिंतन और स्वधर्म की आजादी। हिंदू परंपरा में बौद्धिक स्वतंत्रता ने ही पुरोहितवाद की आलोचना, मानवाधिकार और स्वधर्म का मार्ग प्रशस्त किया। रूढ़िवादी नैतिकता को बार-बार चुनौती मिली और आत्मविवेक को महत्व प्राप्त हुआ।

हिंदू परंपराओं में आधुनिक ढंग से मानवाधिकारों का स्पष्ट उल्लेख नहीं है। इसकी जगह कर्तव्य और स्वधर्म का निर्धारण है ताकि दूसरों के अधिकारों की रक्षा हो। ऋग्वेद में एक प्रार्थना है, 'ज्ञान और बल प्रदान करने वाले ऐश्वर्य के देवता! सभी इष्ट पदार्थ देकर हमारे अंतःकरण से हमारी सुमति नष्ट न करना।' (1.121.15)। अच्छे और बुरे, नैतिक और अनैतिक, न्याय और अन्याय को पहचानने के लिए सुमति की कामना अति प्राचीन काल से है।

तैत्तरीय उपनिषद में दूसरे जीवों से मनुष्य की भिन्नता बताते हुए कहा गया है कि मनुष्य में ज्ञान और कर्म की क्षमता होती है जो पशुओं में नहीं होती। यह बोध ही वस्तुतः उच्चतर नैतिकता की ओर निरंतर उन्मुख करते रहने वाला तत्व है।

महाभारत के वन पर्व में युधिष्ठिर नहुष के प्रश्न के उत्तर में कहते हैं, 'जातिरत्त महासर्प मनुष्यत्वे महामते संकरात्सवं वर्णानं दुष्परीक्ष्येति मे मतिः' अर्थात् हे महासर्प, मुख्य जाति तो आजकल मनुष्यत्व है क्योंकि सब वर्णों का संकर हो जाने से भिन्न-भिन्न जातियों की परीक्षा अत्यंत कठिन है। महाकाव्य में वर्ण व्यवस्था और स्त्री की अवमानना के दृश्यों के बीच मानवाधिकारों के लिए कई संघर्ष

हैं जो शकुंतला, दमयंती, द्रौपदी, कर्ण और पांडवों के प्रसंग में मिलते हैं। इसके अलावा देव ऋण, पितृ ऋण, गुरु ऋण की चर्चा है। यहां ऋण का अर्थ है दायित्व। यह भी कहा गया है 'जो सभी प्राणियों के लिए हितकर और अपने लिए भी सुखद हो, ईश्वर से प्राप्त बुद्धि से वे ही कर्म करें। इसी से सभी सिद्धियां मिलेंगी।' (उद्योग पर्व, 37.40)। महाभारत युद्ध पर आधारित महान काव्य है, पर इसका संदेश युद्ध नहीं है, अहिंसा है–'अहिंसा परमो धर्मः, (आदि पर्व 11.13)। इसी महाकाव्य में अन्यत्र है, 'जिस कार्य में हिंसा न हो वही धर्म है। महर्षियों ने प्राणियों की हिंसा न होने देने के लिए ही धर्म का प्रवचन किया है।' (कर्ण पर्व 9.57), दुनिया में 'जीने के अधिकार' का पहला प्रवर्तन महाभारत में हुआ। हालांकि यजुर्वेद में भी है–'मा हिंसीः पुरुषं जगत' अर्थात किसी की हिंसा मत करो। बौद्ध और जैन धर्मों में अहिंसा पर इतना बल 'जीने के अधिकार' पर जोर देने के लिए था। यहां तक कि वाल्मीकि रामायण में सीता हिंसा न करने के लिए राम से दीर्घ बहस करती हैं जो अनोखी बात है।

गीता में मनुष्य के सद्‌गुणों और दुर्गुणों की चर्चा करके कर्तव्य को रेखांकित किया गया है। इसका अर्थ है जिन मनुष्यों में मन की शुद्धता है–निर्भयता, संयम, अध्ययन वृत्ति, ईमानदारी, अहिंसा, सत्य, अक्रोध, त्याग, लोभहीनता, प्राणियों पर दया, मृदुता, मानसिक स्थिरता, क्षमा, धैर्य, विद्वेषहीनता, निरहंकारिता और शांति की भावना है और दूसरों के दोष ढूंढ़ने से विरक्ति है, वे दैवी विभूति हैं। जिनमें पाखंड, दंभ, क्रोध, कठोरता और अज्ञान है, वे आसुरी तत्व हैं। (16.1-5)। उपर्युक्त कथन से स्पष्ट हो सकता है कि मानवाधिकार की रक्षा गुणों और दुर्गुणों पर निर्भर है। दैवी गुण मानवाधिकार की रक्षा के लिए प्रेरित करेंगे, जबकि आसुरी दुर्गुण मानवाधिकार हनन के लिए उकसाएंगे। हिंदू मिथकीय कथाओं में रावण, हिरण्यकश्यप, कंस आदि मानवाधिकार हनन के अलावा और क्या करते हैं? दुर्योधन-दुःशासन द्रौपदी के साथ जो करते हैं वह मानवाधिकार हनन ही है। धर्मशास्त्र में जो व्यवस्था हो, महाकाव्यों में मानवाधिकार हनन का प्रतिवाद है जो बाद के युगों में भी एक गौरवशाली परंपरा के रूप में जारी रहता है।

पौराणिक कथाओं में प्रह्लाद की कथा है। प्रह्लाद सत्याग्रह करता है, अपनी बौद्धिक स्वतंत्रता चाहता है। विभीषण और विदुर हैं जो विरोधी शिविर में भी बौद्धिक स्वतंत्रता के साथ रहते हैं। इसी तरह समुद्र मंथन के मिथकीय प्रसंग में समान श्रम करने के बावजूद असुर वंचित किए जाते हैं। ऐरावत, लक्ष्मी, अमृत आदि पर देवता अपना अधिकार जमा लेते हैं। राहु जब विद्रोह करता है, तो उसका सिर काट लिया जाता है। उसका प्रचार एक 'बुरी छाया' के रूप में हो जाता है। समुद्र मंथन स्पष्ट रूप से श्रमिक के अधिकार हनन की कथा है।

वृहस्पति का एक कथन है, 'वृथा धर्म की ध्वजा फहराने वालों का अर्थात् नकली धर्मात्मा का विश्वास न करो।' इसका अर्थ है, हिंदू परंपराओं में बहस थी। वर्ण व्यवस्था एक सर्वस्वीकृत मामला न था। वैदिक साहित्य में ही ईश्वरवाद और अनीश्वरवाद दो विपरीत विचारधाराएं हैं। 'मनुस्मृति' (200 ईसवी) में बुद्धिवादियों को इंगित करते हुए कहा गया है, 'कोई व्यक्ति इन पाखंडियों, वर्ण व्यवस्था का उल्लंघन करने वालों और तर्क करने वालों से बात न करे।' इसका अर्थ है पुरोहितों के विशेषाधिकार वाले 'मनुस्मृति' जैसे ग्रंथों को चुनौती देने वाले, वर्ण व्यवस्था का उल्लंघन करनेवाले, तर्क करने वाले विद्वान उस युग में थे। इसका यह भी अर्थ है, अधिकारों के लिए लड़ाई उन प्राचीन युगों में थी, कुछ भी एकतरफा न था। पुरोहित- वर्चस्व छाया हुआ था। इसका सामना कई राहों से किया गया। ईश्वरवादियों ने परंपरागत ढांचे में विवेक को महत्व दिया, 'आत्मा स्वरूपतः नित्य है और विश्व अनित्य है। अतः वस्तुओं का निश्चय सम्यक विवेक से किया जाना चाहिए।' (शंकर)। शंकर वर्ण व्यवस्था के समर्थक थे। लेकिन वर्ण व्यवस्था को न मानने वाले उनके समय के आलवारों और नायनारों के भक्ति

आंदोलन का उन पर असर था। इस दौर के बाद रामानुजाचार्य (बारहवीं सदी) और रामानंद (चौदहवीं सदी) ने वर्ण व्यवस्था की जंजीरों को तोड़ना शुरू कर दिया था और संत कवि मानवाधिकारों के बड़े प्रवक्ता के रूप में सामने आए थे। हिंदू परंपरा को 'मनुस्मृति' तक सीमित करके देखने से काम नहीं चलेगा। इस परंपरा में मैग्नाकार्टा न निकला हो लेकिन मानवाधिकारों के लिए लड़ाई थी।

दुनिया के सभी धर्मों ने किसी-न-किसी स्तर पर नैतिकता से साझा किया है। हिंसा, आदमी से गुलामों-सा व्यवहार, स्त्री का अपमान, बिना कारण के जेल में बंद रखने (देवकी-वासुदेव) आदि का विरोध आम तौर पर हर धर्म में है। दूसरों के साथ कैसा आचरण किया जाए, इसका निर्देश हर धर्म में है। दूसरों के साथ ऐसा कुछ न करो जो यदि तुम्हारे साथ हो तो तुम्हें आपत्ति हो। दूसरों को पीड़ा न दो, 'परहित सरिस धरम नहिं भाई, पर पीड़ा सम नहिं अधमाई' (तुलसी)। वैष्णव की धारणा में लौकिक विस्तार आ गया, 'वैष्णव जन तो तेणे कहिए जो पीर पराई जाणी रे' (नरसी मेहता)। यह ऐसी सार्वभौमता है जो 'दूसरों' से सदाचरण के मामले में भिन्नता की दृष्टि को मिटा देती है। कोई उच्च सभ्यता निर्भर ही इस पर करती है कि 'दूसरों' के साथ मनुष्यवत व्यवहार होता है या नहीं। प्राचीन युगों में मानवाधिकार का यही नैतिक आधार प्रधान था।

धर्म पहले अधर्म और पाप का भय दिखाता था। यह एक प्राचीन तरीका था दूसरों के मानवाधिकार की रक्षा करने का। कहा गया, अपने पड़ोसी से वैसे ही प्यार करो, जैसा अपने आप से करते हो। भारत में कहा जाता था, 'वसुधैव कुटुंबकम्', 'सर्वे भवंतु सुखिनः सर्वे संतु निरामया' सबके आनंद और स्वास्थ्य की कामना है और 'तेन त्यक्तेन भुंजीथा' (भोग करो भी तो त्याग के साथ)। ये 'कामनाएं' किसी भी प्राचीन राज्य द्वारा 'अधिकार' घोषित नहीं हुई थीं, पर आम जीवन हमेशा राज्य द्वारा नहीं, धर्म द्वारा चलता था और ये कामनाएं हिंदू धार्मिक शिक्षा का अंग थीं। भारत में बौद्धों-जैनों के समय से कुछ टकरावों और विध्वंसों के बावजूद धर्म की स्वतंत्रता थी, जो एक अन्य महत्वपूर्ण बात है।

अकबर ने 'दीने इलाही' चलाया था। यह भी एक घटना है कि औरंगजेब ने धर्म कर (जजिया) लगाया था। प्राचीन काल से मानवाधिकारों की दशा उथल-पुथल भरी रही है। ऐसा नहीं है कि 'बिल ऑफ राइट्स' या 'मानवाधिकारों की अंतरराष्ट्रीय घोषणा' (1948) के बाद आज दुनिया की हालत एकदम सुधर गई है।

राबर्ट ट्राएर ने लिखा है, 'मानवाधिकार वैश्विक नैतिक भाषा के केंद्र में हैं। इस भाषा को औचित्य, विस्तार और समर्थन विभिन्न धार्मिक परंपराओं और संस्कृतियों की तरफ से मिला है। यह सिर्फ पश्चिम में ही घटित नहीं हुआ, यह अफ्रीका और एशिया की भी घटना है।' (फेथ इन ह्यूमन राइट्स)। हिंदू धर्म मानवाधिकारों से दूर नहीं रहा है। ये उसकी नैतिक व्यवस्था के अभिन्न अंग रहे हैं। यह अलग प्रश्न है कि इन अधिकारों को किस युग में कितनी यथार्थता प्राप्त हुई। कहा सिर्फ यह जा सकता है कि हर युग में मानवाधिकार के लिए आवाजें थीं। मानवाधिकार राज्य द्वारा मंजूर किए जाते रहे हों या नहीं, सामाजिक-सांस्कृतिक विरासत और एक हद तक लोक आचरण के रूप में ये सदा मौजूद रहे हैं। हमेशा ही सबकी भलाई चाहने वाले लोग ही समाज में ज्यादा रहे हैं।

अरविंद शर्मा इस संदर्भ में अध्ययन करके बताते हैं, 'हिंदू सोच बड़ी मजबूती से नैतिकता या धर्म में मानवाधिकारों का आधार तैयार करने के पक्ष में है। ...यह काम, अर्थ और मोक्ष के संदर्भ में भी देखा जा सकता है, जो जीवन के बड़े मूल्य हैं।' (हिंदुइज्म एंड ह्यूमन राइट्स)। काम के प्रति शिव का रुख पार्वती से विवाह के बाद सकारात्मक है। यहां कामांधता या यौन अराजकता का विरोध है, जो परिवार की अवधारणा और शिव, पार्वती, गणेश और कार्तिकेय के निर्माण तक जाता है। 'काम' को पुनरुत्पादन और व्यापक संदर्भ में देखा जाए तो यह सृजन के आनंद की कामना है।

अर्थोपार्जन को मूल्यबोध से जोड़ते हुए महाभारत में कहा गया है, 'धर्म का पालन करते हुए जो धन प्राप्त होता है, वही सच्चा धन है।' (शांति पर्व, 292.19)। तुलसी ने रावण के संदर्भ में लिखा था, 'राज नीति बिनु धन-बिनु धर्मा' (रामचरितमानस)। नीति के बिना राजसत्ता और धर्म पर चले बिना धनार्जन दानवता है। इसी तरह, मोक्ष कोई निरपेक्ष घटना नहीं है, 'ज्ञान पा जाना ही मोक्ष है' (शंकराचार्य, गीता भाष्य, 4.39)। मोक्ष का अधिकार उसे ही था जिसे ज्ञान का अधिकार था। धर्म, अर्थ, काम, मोक्ष—इन चार पुरुषार्थों में मोक्ष का अधिकार शूद्र को नहीं था। इसलिए चार्वाक पंथियों ने मोक्ष मात्र की खिल्ली उड़ाई। भक्त कवि हिंदू धर्म के इनसाइड क्रिटिक थे। उन्होंने जाति-बंधन तोड़ कर ज्ञान का मार्ग शूद्रों के लिए खोल दिया। फलस्वरूप उन्हें भी मुक्ति का अधिकार मिला–'संतो आई ज्ञान की आंधी रे'! ज्ञान ही मोक्ष का द्वार बना। (कबीर)। मानवाधिकार की अवधारणा को उसके ऐतिहासिक विकास में देखकर ही हिंदू सोच में घटित होते परिवर्तनों के चित्र सामने लाए जा सकते हैं।

हिंदू धर्म की पहचान सिर्फ कर्मकांड या पूजापाठ से नहीं होती। इसका महत्वपूर्ण अंग है दायित्व, जो वस्तुतः धर्म है। धर्म वह है जो किया जाना उचित है। धर्म वर्ण से ऊपर है। विडंबना यह है कि धार्मिक कर्मकांड और वर्ण व्यवस्था ने नैतिक दायित्व या सामान्य कर्तव्य जैसे अहिंसा, ईमानदारी, इंद्रिय नियंत्रण, अक्रोध, अलोभ, त्याग, प्राणियों पर दया आदि को गौण बना दिया और हिंदू धर्म को पाखंडों से भर दिया। प्राचीन पर्यावरण-चेतना विलुप्त हो गई। मंदिर गंदगियों से भर गए। पवित्र नदियां प्रदूषित हो गईं।

यही वजह है कि भक्ति आंदोलन की निरंतरता को आगे बढ़ाते हुए उन्नीसवीं सदी में भारतीय नवजागरण ने हिंदू धर्म के मकड़जाल और झाड़-झंखाड़ों को साफ करने के लिए सुधार आंदोलनों की शुरुआत की। उसका लक्ष्य स्त्री और दलित के संदर्भ में मानवाधिकारों को सामाजिक विकास की नई रोशनी में सुनिश्चित करना था। वे शांति, समानता और स्वच्छता को प्रधानता देते थे। सुधार आंदोलनों में धार्मिक प्रेरणाएं काम कर रही थीं, पर कूपमंडूकता का किला ध्वस्त हो रहा था। धर्म के कई रूपों की व्यर्थता नए समय में स्पष्ट हो चुकी थी। सुधार आंदोलनों से लेकर राष्ट्रीय आंदोलन, स्वतंत्र भारत में संविधान निर्माण, शीत युद्ध में शामिल न होते हुए गुटनिरपेक्ष आंदोलन और विश्व शांति की पक्षधरता तक हिंदू धर्म जिस नए रूप में सामने आया, वह राष्ट्रवादी से अधिक मानवतावादी था। इन दौरों में हिंदू धर्म का राष्ट्रीयकरण नहीं हुआ बल्कि युगानुरूप मानवीयकरण हुआ।

आधुनिक राष्ट्र-राज्यों ने 'कर्तव्यों' को पक्का करने के लिए अधिकारों की व्यवस्था की, क्योंकि अधिकारों के बिना कर्तव्य अबाध्यतामूलक हैं। नागरिक के मौलिक अधिकारों और मानवाधिकारों को लंबे संघर्ष के बाद संवैधानिक स्तर पर जो स्वीकृति दी गई है वह आधुनिक विश्व की एक बड़ी घटना है। इसके बावजूद आपराधिक घटनाओं के जरिए ही नहीं, कानूनी रूप से भी ये अधिकार छीने या सीमित किए जाते रहे हैं।

इक्कीसवीं सदी में धर्म की गलत व्याख्याओं ने भी मानवाधिकारों पर संकट पैदा किया है और कर्तव्यों को सीमित कर दिया है। धर्म पर राजनीति और बाजारवाद दोनों का बुरा असर ज्यादा पड़ा है। नतीजतन उन्नीसवीं सदी में समाज से पहले धीरे-धीरे उजड़ रही कूपमंडूकता नई साज-सज्जा लेकर फिर फैलने लगी। इन स्थितियों में बड़ा चुनौतीपूर्ण है कि हिंदू धर्म में कर्मकांड और वर्ण व्यवस्था के समानांतर जो नैतिक और मानवीय आवाज है उसे कैसे आम चेतना में प्रधानता मिले। अब भी समाज में जब धर्म की भूमिका शेष नहीं हुई है, संवैधानिक प्रावधानों, प्रशासनिक सक्रियता और तीव्र न्यायिक प्रक्रिया के साथ-साथ धर्म की उच्च प्रेरणाओं का भी मानवाधिकारों की रक्षा में काफी महत्व है, यदि धर्म को कूपमंडूकता से मुक्त किया जाए।

शंभुनाथ

अधिक जानकारी के लिए :

1. Faith in Human Rights : Robert Traer, 1991, **2. Hinduism : A Cultural Perspective :** David P Kinsley, 1993, **3. Outlines of Indian Philosophy :** M Hiriyanna, 1932, **4. Hinduism and Human Rights :** Arvind Sharma, 2003

हिंसा

भौतिक ताकत से इरादतन किसी व्यक्ति या समूह को मार डालना, घायल करना या किसी किस्म का नुकसान पहुंचाना हिंसा है। सभ्यता के विकास के साथ हिंसा कम नहीं हुई, बल्कि बढ़ी है–कभी व्यक्तिगत शत्रुता, कभी दार्शनिक और कभी राजनीतिक तर्क के साथ। प्राचीन समय में हिंसा से अहिंसा की ओर बढ़ना कठिन था, पर आज पहले से ज्यादा कठिन है, क्योंकि सभ्यताएं और जनतांत्रिक संस्थाएं सारहीन होती जा रही हैं।

आज ठंडे दिमाग और पेशेवर ढंग से संगठित हिंसा का विश्व में बोलबाला है, जो किसी भी पुराने युग से एक अधिक भयंकर स्थिति है। भारत में आतंकवाद, धर्मोन्माद, राजनीति के अपराधीकरण, दलितों के प्रति हिंसा, बहुओं को जलाना, यौन हिंसा तथा अन्य संदर्भों में हिंसा का जो नया सिलसिला शुरू हुआ है, वह महज आदिम प्रवृत्तियों का पुनरोदय नहीं है। राज्य की हिंसा के मॉडल इन हिंसाओं के उत्प्रेरक हैं। हिंसा का वैश्विक ग्लैमर बढ़ा है, इसका भूमंडलीकरण हुआ है। अब किशोर बच्चे भी इसके अंग बन रहे हैं। मादक द्रव्यों का अधिक सेवन भी हिंसा में वृद्धि के लिए जिम्मेदार है। 2013 में विभिन्न किस्म की हिंसात्मक घटनाओं में दुनिया में 10,28,000 लोगों की मृत्यु हुई। इसके अलावा 8,42,000 लोगों ने आत्महत्या की, जो समाज की हिंसात्मक स्थितियों की ही देन है। अमेरिका में अकसर बच्चे बंदूक की गोली से मारे जाते हैं।

किसी नव-डार्विनपंथी से किसी ने पूछा, 'यदि इंसान पहले बंदर था तो उसकी पूंछ कहाँ गई?' नव-डार्विनपंथी ने उत्तर दिया, 'पूंछ पहले बाहर थी, अब भीतर की तरफ है।' क्या मानव सभ्यता के विकास का इतिहास चरम भौतिक उपलब्धियों के बीच अंततः जानवरपन के बढ़ते जाने का इतिहास है?

हिंसा के आज के विस्तार को देखकर सोचा जा सकता है कि यह मनुष्य के स्वभाव का चिरंतन अंग है। क्या मनुष्य स्वभाव से कभी अहिंसक हो सकता है? आईस्टीन ने कहा था, 'जब तक धरती पर मनुष्य रहेगा, युद्ध होते रहेंगे।' आज की हिंसा का एक महत्वपूर्ण पहलू यह है कि यह जितनी दृश्य है, उससे अधिक अदृश्य है। पश्चिमी देश हिंसा की घटनाओं से मुक्त नहीं हैं। यह अलग बात है कि एशिया खून से ज्यादा लथपथ है। जिस देश में महावीर, बुद्ध, कबीर और गांधी की वाणी गूंजी, एक काल में अहिंसा दुनिया के किसी भी अन्य देश से ज्यादा मुखरित हुई, वहां असहिष्णुता और हिंसा ने नई वृद्धि हासिल की है। बुद्ध ने कहा था, 'जिसने सत्य, सद्गुण, अहिंसा और आत्मनियंत्रण पा लिया है, वही सच्चा परिपक्व शुद्ध और बुद्धिमान है।' (धम्मात्था बग्गो)। महावीर ने कहा था, 'भयंकर युद्ध में हजारों शत्रुओं पर विजय पाने की तुलना में अपने आपको जीतना बड़ी विजय है।' (अध्ययन सूत्र)। गांधी ने कहा था, 'अहिंसा के बिना सत्य की खोज असंभव है।' ये बातें उनके जीवन और कर्म के भीतर से तब सामने आई थीं, जब चारों तरफ हिंसा छाई थी। सम्राट अशोक से बड़ा हिंसक कोई नहीं था। कहा जाता है कि वह अंततः बौद्ध हो गए थे, अहिंसक!

हिंसा को प्रायः तीन प्रकारों में विभाजित किया जाता है। आत्मकेंद्रित हिंसा में व्यक्ति अपने को हिंसा का निशाना बनाता है और इसका चरम रूप आत्महत्या है। यह हिंसा का पहला प्रकार है।

दूसरी तरह की हिंसा अंतर्वैयक्तिक हिंसा है जिसमें एक व्यक्ति दूसरे को अपनी हिंसा का शिकार बनाता है। यह दूसरा उसका शत्रु हो सकता है और नहीं भी हो सकता है। माता-पिता द्वारा बच्चे को पीटना या पति द्वारा पत्नी को मारना-पीटना या अपने बूढ़े माता-पिता को परेशान करना भी हिंसा है। किसी स्त्री का यौन उत्पीड़न और हिंसा इसी श्रेणी में है।

इस दूसरी तरह की हिंसा का एक रूप है, व्यक्ति घर-परिवार के बाहर के लोगों के साथ हिंसा का व्यवहार करता है या उनके द्वारा हिंसा का शिकार होता है। मसलन मालिक द्वारा अपने मातहत काम करने वाले को प्रताड़ित करना, या पड़ोसियों का आपसी झगड़ा या लिंग, धर्म, जाति, नस्ल, व्यवसाय, भाषा, क्षेत्र, वर्ग आदि के कारण परस्पर होने वाली हिंसा। यह हिंसा जब बड़े पैमाने पर समूह रूप में होती है तो वह अंतर्वैयक्तिक हिंसा नहीं रहती, सामूहिक हिंसा हो जाती है।

तीसरे प्रकार की हिंसा सामूहिक हिंसा है जब कोई समूह दूसरे समूह के विरुद्ध हिंसा का प्रयोग करता है। इस तरह की हिंसा के राजनीतिक, आर्थिक और सामाजिक कारण होते हैं। मसलन, राजनीतिक लाभ के लिए हिंसा का सहारा लेना, विभिन्न देशों का आपस में युद्ध में लिप्त होना या देश के अंदर अपने को राजनीतिक रूप में मजबूत करने के लिए किसी खास समूह या समुदाय के विरुद्ध हिंसा का प्रयोग करना या हिंसा के लिए उकसाना। इसी तरह किसी आंदोलन को कुचलने के लिए राजसत्ता की ताकत का प्रयोग करना भी एक तरह की राजनीतिक हिंसा है। किसी देश-समुदाय या समूह को आर्थिक रूप से कमजोर करने या उस पर हमला करके उसके आर्थिक संसाधनों से उसको वंचित करने के उद्देश्य से की गई हिंसा आर्थिक कारणों से की गई हिंसा कहलाती है। मसलन, आदिवासियों को उनके क्षेत्रों से निष्कासित करना या किसानों से उनकी जमीन छीन लेना या तेल उत्पादक छोटे देशों पर हमला करके उन संसाधनों पर नियंत्रण स्थापित करना आर्थिक हिंसा के ही विभिन्न रूप है। जाति, धर्म, नस्ल, लिंग, भाषा, क्षेत्र आदि के आधार पर अपने से भिन्न समूहों और समुदायों के विरुद्ध बलप्रयोग करना भी हिंसा है।

इस तरह की हिंसा अपना वर्चस्व कायम रखने, अपने अधीन बनाए रखने या दूसरे समूह और समुदाय को 'सबक' सिखाने या प्रतिशोध के उद्देश्य से की जाती है। भारत में दलितों के विरुद्ध जातिवादी उत्पीड़न, धार्मिक अल्पसंख्यकों पर होने वाले हमले, नस्ल के आधार पर होने वाले भेदभाव सामाजिक हिंसा के ही विभिन्न रूप हैं। मानव इतिहास इस तरह की सामूहिक हिंसा की भयावह घटनाओं से भरा है। राजनीतिक उत्प्रेरणाओं से किसी-किसी समुदाय का एक बड़ा हिस्सा एक उग्र, असहिष्णु और हिंसक हो जाता है। वह अपनी असुरक्षा के कारण भी हिंसक होता है और बहुसंख्यकतावाद का विकृत रूप सामने आता है। लेकिन सदियों से संचित उच्च मानवीय गुण अंततः भारी पड़ते हैं।

दरअसल, हिंसा भी एक तरह का सत्ता विमर्श है। मसलन, राष्ट्रवाद एक ऐसी ही विचारधारा है जिसकी आड़ लेकर शत्रु देश के विरुद्ध हिंसा को आसानी से देशभक्ति का रूप दे दिया जाता है। यह हिंसा उस स्थिति में तो औचित्यपूर्ण मानी जा सकती है जब कोई देश दूसरे देश पर हमला करता है और दूसरा देश आत्मरक्षा में उस युद्ध का मुकाबला करता है। इसी तरह धर्म, जाति, वर्ग, नस्ल आदि के नाम पर की जाने वाली हिंसा का औचित्य भी उससे जुड़े सत्ता विमर्श द्वारा सिद्ध किया जाता है। फासीवादी और सांप्रदायिक हिंसा उसके पीछे काम करने वाली अंध-राष्ट्रवादी विचारधारा के प्रति जन समर्थन के बिना मुमकिन नहीं है। सामूहिक हिंसा को इसी आधार पर औचित्यपूर्ण मान लिया जाता है।

हिंसा का औचित्य सिर्फ एक तर्क द्वारा दिया जा सकता है और वह है दूसरे की हिंसा से अपना बचाव करने के क्रम में की गई हिंसा। लेकिन इस तर्क का भी दुरुपयोग राजसत्ताएं यह कहते हुए करती हैं कि रक्षा का सबसे उपयुक्त तरीका हमला है।

दुनिया की कितनी ही सभ्यताएं हिंसा के रास्ते से पनपीं, कितने ही धर्म खून की नदी से गुजरते हुए बने, कितने ही आंदोलनों में हिंसा एक मुख्य राजनैतिक औजार थी। लोगों ने सोचा, न्याय हमारे जीवन से अधिक बहुमूल्य है। सत्य और न्याय की आग में तपी हिंसा झूठ और अन्याय पर आधारित अहिंसा से अच्छी मानी गई। रावण को मारना हिंसा नहीं माना गया। लेनिन ने 'स्टेट एंड रेवोलूशन' (1917) में लिखा, 'पूंजीवाद को उखाड़ फेंको।

हथियारबंद श्रमिकों, कठोरता से शोषकों को मिटा दो, नौकरशाही को तोड़ दो।' 1923 में लेनिन का स्वर बदला, 'अंततः पूंजीवाद अब खुद दुनिया की बहुसंख्यक जनता को संघर्ष की शिक्षा दे रहा है।' फ्रैंज फेनन ने 'द रेचेड ऑफ द अर्थ' में लिखा, 'हिंसा ही साम्यवादी राज्य की पहचान कराती है, उत्पीड़ित लोगों को भयमुक्त करती है और आत्मसम्मान वापस करती है।' इससे भी आगे बढ़कर, हरबर्ट मारकुस ने फ्रायड की पुनर्व्याख्या करते हुए कहा, 'मनुष्य अपनी वैयक्तिक मनोवैज्ञानिक समस्याओं से मुक्ति केवल राजनीतिक रास्ते से ही पा सकता है। मनुष्य की विध्वंस करने की इच्छा शासन के दमनमूलक कार्यों की ही प्रतिक्रिया है। ...उदारवाद जनता को बेवकूफ बनाता है। इसलिए खेल के सारे कायदे तोड़ दो। वर्तमान व्यवस्था के विध्वंस के लिए प्रतिहिंसा जरूरी है। ऐसी हिंसा रचनात्मक होती है और यह जन हिंसा है।' दार्शनिक स्तर पर इन दोनों चिंतकों ने और राजनीतिक स्तर पर चे गुएआरा और द ब्रे ने राजनीतिक मंच पर हिंसा के प्रति पुनः एक आकर्षण पैदा किया। वैचारिक जगत में हिंसा के पैरोकारों की एक फौज तैयार हो गई। नक्सलवादी हिंसा सामने आई, वह भटक गई। खालिस्तान की मांग के साथ हिंसा शुरू हुई। आमतौर पर ऐसी हिंसा संपूर्ण भारतीय मानस पर कोई क्रांतिकारी असर कभी नहीं छोड़ सकी। यदि हम दुनिया की उन जगहों पर जाएं, जहां सशस्त्र संग्राम चला था, वहां अब एक सन्नाटा पसरा मिलेगा, एक राजनीतिक जड़ता छाई दिखेगी।

संचार क्रांति ने युद्ध, आतंकवाद तथा हिंसा की घटनाओं को हमारे कमरों के अंदर ला दिया है। बच्चे की उम्र से लोग टीवी पर हिंसा की घटनाएं देखते हैं और उनका तर्क सुनते हैं। किसी एक देश के दूसरे देश पर हमले, हस्तक्षेप या नियंत्रण को मीडिया में तर्कसंगत ठहराया जाता है। वीडियोगेम में हिंसा भरी है। हिंसा रंगीन दृश्यों के साथ परोसी जाती है। आज मनुष्य विवश है कि वह अंतरराष्ट्रीय हिंसक संघर्षों से लेकर अपने सहकर्मी या पड़ोसी के साथ रोज ही हिंसक गतिविधियों का अंग बने। राजनीतिक तौर पर भी अहिंसा, विचार विमर्श और तर्क की उपेक्षा करके हिंसा उकसाई जाती है या ढकी जाती है। आज फिल्मी नायक का गुंडा होना बहुत जरूरी है। राजकपूर के जमाने के रोमांटिसिज्म का स्थान छीन लिया गया है आक्रमणात्मक प्रेम ने, ऐसे प्रेम ने जो महज एक शिकार कथा है। सिनेमा के पर्दे पर व्यापक जनसंहार, तोड़फोड़, तेज गति से दौड़ती मोटर गाड़ियों की भिड़ंत, सेक्स के अश्लील रूप, पोर्नोग्राफी और भड़काऊ धार्मिक-जातिवादी वक्तव्य हिंसा की फसल के लिए खाद हैं। हिंसात्मक अभिरुचियों पर सामाजिक नियंत्रण के लिए अतीत में कुछ व्यवस्थाएं थीं। परिवार, स्थानीय सामूहिक जिम्मेदारियां, वैयक्तिक स्तर पर शांतिपूर्ण जीवन की कामना, उच्च धार्मिक आदर्शों का दबाव– ये व्यवस्थाएं आधुनिक विकास की गति में भंग हो गईं। नियंत्रण के लिए नई स्वतःस्फूर्त व्यवस्थाओं का जन्म नहीं हुआ। समाज में हिंसा का नया सिलसिला कैसे खत्म होगा, इस पर आम शांतिप्रिय नागरिकों के अलावा कई अंतरराष्ट्रीय संगठन चिंतित हैं।

शंभुनाथ, जवरीमल्ल पारख

अधिक जानकारी के लिए :
1. Violence Prevention : The evidence : world health organisation, **2. On Violence :** Hannah Arendt, **3. Violence Today : Actually Existing Barbarism :** Leo Painter, Colin Leys (Ed.) 2008, **4. The cambridge handbook of violent Behaviour and Aggression :** (Ed.) Daniel J Flannery, Alexander T Vazsonyi, Irwin D Waldman, 2007

हिज्र

'हिज्र' अरबी का शब्द है। उसका अर्थ है–वियोग, विरह, जुदाई। यह शब्द अधिक अर्थपूर्ण हो गया जब 'हिज्र' से बने 'हिज्रत' को एक मजहबी संदर्भ मिल गया। इस्लाम के इतिहास में मुहम्मद साहब के मक्का छोड़कर मदीना जाने की

घटना (622 ईसवी) को 'हिज्रत' कहते हैं। इसी तिथि से 'इस्लामी वर्ष 'हिज्री' की शुरुआत मानी जाती है। 'हिज्रत' शब्द का प्रयोग 'देश से जुदाई' के अर्थ में पहले भी प्रयोग होता था। अमीर खुसरो से मानें तो उनकी सुप्रसिद्ध गजल के एक शेर में 'हिज्राँ' शब्द का सुंदर प्रयोग हुआ है—'शबाने-हिज्रां दराज चू जुल्फ बरोजे-वस्लत चू उम्र कोतह। सखी पिया को जो मैं न देखूँ तो कैसे काटूं अंधेरी रतियां।'

'हिज्र' की अवधारणा सूफियों के तसव्वुफ (भक्ति) से उत्पन्न होती है। इस अवधारणा के तहत मान्यता यह है कि जीव या मनुष्य अपने इष्ट से 'हिज्र' की स्थिति में है। मनुष्य का संपूर्ण जीवन ईश्वर या अपने आराध्य से मिलने की आकांक्षा में ही गुजर जाता है, उसे 'विसाल' ('हिज्र' का बरअक्स मिलन) नसीब नहीं होता। सूफी ताउम्र उसी 'विसाल' को पाने के लिए प्रयत्नरत रहते हैं। हिंदी सूफी काव्य (जायसी, कुतुबन, मंझन, मुल्ला दाऊद आदि) में 'हिज्र' (विरह, वियोग शृंगार) अनिवार्य तत्व के रूप में उपस्थित है। एक दिलचस्प बात, अक्सर यह शब्द 'शब' (रात) के साथ प्रयुक्त होता है। प्रायः जिस शेर में 'हिज्र' शब्द आया है, उस शेर में रात का तसव्वुर (कल्पना) जरूर देखा जाता है। खुसरो ने 'शबाने-हिज्रां' के साथ 'अंधेरी रतियां' का टुकड़ा लगाया है। गालिब का एक मशहूर हुस्ने-मत्ला में शब का बहुवचन शबहा है—

कब से हूं क्या बताऊं, जहाने-खराब में
शबहाए-हिज्र को भी रखूं गर हिसाब में

'हिज्र' का प्रयोग 'रात' के साथ ही क्यों है? 'अंधेरे' को अज्ञानता का प्रतीक माना जाता रहा है। इसलिए 'अनभिज्ञ होने' को 'अंधेरे में होने' के मुहावरे से व्यक्त किया जाता है। अपने प्रिय से मिल जाना या 'ज्ञान प्राप्त हो जाना' अंधेरे में उजाला हो जाने के बराबर है। सूरदास ने गोपियों और उद्धव के संवाद क्रम में लिखा है, 'पिया बिनु सांपिनि कारी राति। कबहुँ जामिनी होत जुन्हैया डसि उल्टी ह्वै जाति।' यह भी कहा जा सकता है कि रात की तनहाई में उसके 'हिज्र' की अनुभूति बढ़ जाती है। एक कारण यह हो सकता है कि कोई दर्द रात में अधिक कष्टप्रद हो जाता है।

'हिज्र' के प्रति प्रेम के चलते राहे-इश्क में 'हिज्र' को एक मंजिल तक मान लिया गया है, अर्थात् इष्ट-अभीष्ट को पाना मंजिल नहीं है, बल्कि 'हिज्र' अपने-आप में मंजिल है। मीर तकी 'मीर' कहते हैं—'वस्लो-हिज्रां, ये जो दो मंजिल हैं राहे-इश्क की/दिल गरीब इनमें खुदा जाने कहां मारा गया।' समय-समय पर शायर इस शब्द को नए अर्थ से चमकाते रहे हैं। 'हिज्रत' शब्द का प्रयोग आधुनिक शायरी में भी खूब मिलता है। बंटवारे में भारत से पाकिस्तान चले गए कई शायरों ने इस शब्द का प्रयोग अर्थपूर्ण ढंग से किया है। भारत या पाकिस्तान से विदेश जाकर कमाने-बसनेवाले शायरों ने भी 'हिज्रत' को एक पीड़ादायक और जबर्दस्ती थोपी गयी घटना के रूप में प्रस्तुत किया है। कई शायरों ने अपने ही देश में गांव से रोजी-रोटी के लिए महानगरों में पलायन और भटकने को 'हिज्रत' (Migration) से परिभाषित किया है। फातिमा हसन ने भारत विभाजन के बाद पूर्वी पाकिस्तान और फिर बांग्लादेश बनने के बाद पाकिस्तान जाकर बसने में दो-दो बार 'हिज्रत' की और उसे शेर में यूं बयान किया—'समझ रहे थे मुसाफिर कयाम को मंजिल, खबर नहीं थी कि आगे भी एक हिज्रत है।'

वस्तुतः 'हिज्रत' शब्द का सामान्य अर्थ और इसका विशिष्ट अर्थ, दोनों मिलकर शेर के अर्थ को बहुआयामी और प्रभावशाली बना देते हैं।

दीपक रूहानी

अधिक जानकारी के लिए :
1. मीर की कविता और भारतीय सौंदर्यबोध : शम्सुरर्हमान फारूकी, **2. तारीखे-इस्लाम :** अकबर शाह नजीबाबादी, **3. उर्दू गजलगोई :** फिराक गोरखपुरी

हिडिंबा

हिडिंबा अपने नरभक्षी राक्षस भाई हिडिंब के साथ वरणावत के दक्षिण शाल वन में रहती थी। चूंकि वन के उस हिस्से पर हिडिंब का एकाधिकार

था, इसलिए वह हिस्सा हिडिंब वन कहलाता था। जब पांडव लाक्षागृह के जलने पर सुरंग के रास्ते से बाहर निकले थे, इसी वन से गुजर रहे थे। उन्होंने थक कर उस वृक्ष के नीचे आश्रय लिया, जिस पर ये नरभक्षी भाई-बहन रहते थे। भूखे हिडिंब ने अपनी बहन को पांडवों का वध कर उनका मांस लाने का आदेश दिया। हिडिंबा वहां गई, किन्तु भीम के रूप पर आसक्त होकर एक सुंदर स्त्री का रूप धारण कर उससे प्रेम निवेदन करने लगी। देर होते देखकर क्षुधातुर हिडिंब भी वहां पहुंच गया। वह बहन के आचरण पर क्षुब्ध होकर भीम का वध करने के लिए उद्धत हुआ। भीम ने युद्ध में उसका वध कर दिया। वह हिडिंबा को भी मारने जा रहे थे कि युधिष्ठिर ने स्त्री हत्या से उसे रोक दिया। हिडिंबा ने कुंती के चरण पकड़ कर उनसे भीम के साथ विवाह करने की अनुमति मांगी। अभी बड़े भाई युधिष्ठिर का विवाह नहीं हुआ था। अतः धर्मानुसार यह विवाह नहीं हो सकता था। हिडिंबा के निवेदन से पसीज कर कुंती ने अनुमति दी कि संतानोत्पत्ति तक भीम हिडिंबा के साथ रह सकते हैं। (महाभारत, आदि पर्व)। इस अल्पकालिक संबंध के फलस्वरूप महाबली घटोत्कच का जन्म हुआ, जिसने महाभारत युद्ध में अपार शौर्य का परिचय देते हुए निर्णायक भूमिका निभाई। मैथिलीशरण गुप्त ने महाभारत की इस कथा के आधार पर 'हिडिंबा' कविता की रचना की है, जिसमें उसके प्रेम और गरिमा के चित्र हैं। कन्नड़ उपन्यासकार भैरप्पा ने अपने उपन्यास 'पर्व' में हिडिंबा और घटोत्कच को गरिमामय रूप में प्रस्तुत किया है।

गीता दूबे

हितोपदेश

पंचतंत्र से रूपांतरित होकर नीति कथाओं के कई ग्रंथ बने। उनमें हितोपदेश काफी लोकप्रिय हुआ। इसके लेखक का नाम नारायण है। संस्कृत भाषा में इसकी हस्तलिखित प्रति 1373 की है, पर इसका रचना काल 1000 ईसवी के आसपास माना जाता है। विशेष पद्धति से गौरी पूजा का उल्लेख होने के कारण इस पर बंगाल के तांत्रिकों का प्रभाव झलकता है। फिर भी इसका मुख्य उद्देश्य आचार शिक्षा देना है। यद्यपि हितोपदेश की कथाओं में लेखक नई बातें जोड़ता है, पर उन पर पंचतंत्र की कथाओं का स्पष्ट प्रभाव है। पंचतंत्र के अलावा कुछ अन्य स्रोतों से भी कथा ली गई है। जैसे 'मुनिमूषक कथा' महाभारत से है तो 'चतुरमति स्त्रीकथा' शुकसप्तति से है। 'वीरवर की कथा' वेतालपंचविंशतिका से उठाई गई है। हितोपदेश की हर कथा का अंत शिव के अनुग्रह की कामना करते हुए किसी उपदेशात्मक कथन से होता है।

हितोपदेश की कथा मित्र लाभ से शुरू होती है, फिर दूसरे हिस्से में सुहृदी भेद की ओर बढ़ती है। तीसरे हिस्से में विग्रह और चौथे में संधि से जुड़ी कथाएं हैं। हितोपदेश में पंचतंत्र के चौथे तंत्र को पूर्ण रूप से छोड़ दिया गया है और उसके प्रथम तंत्र की कई कहानियां हितोपदेश के चौथे खंड में हैं। मुनिभूषक कथा में एक तपस्वी ने किसी चूहे को बिल्ली, कुत्ते और फिर शेर में बदल दिया। जब शेर बना, वह तपस्वी को ही खाने के लिए दौड़ा तो तपस्वी ने उसे फिर चूहा बना दिया। हितोपदेश की कथा शैली सरल है। संस्कृत कथाओं में पद्य भी हैं, जिनके जरिए सुंदर नीति वचनों की रचना हुई है। ऐसा एक नीति वचन है, 'मृत्यु के अनुमान से ही मनुष्य को शोक होने लगता है। इसलिए शत्रु को भी मारने का विचार छोड़कर उसकी रक्षा करनी चाहिए।' एक दूसरा नीति वचन है, 'दुर्जन व्यक्ति धर्मशास्त्र पढ़ता है, सिर्फ इसलिए उस पर विश्वास नहीं करना चाहिए। इस मामले में स्वभाव ही सबसे बढ़कर है, जैसे गाय का दूध स्वभाव से मधुर होता है।' हितोपदेश अपने समय के जीवनानुभवों के सार तत्वों को रोचक कथाओं के माध्यम से अभिव्यक्ति देता है। आजकल विविध साहित्यिक एवं कलात्मक माध्यम इन कथाओं का उपयोग कर रहे हैं। कॉमिक्स में भी हितोपदेश बहुत लोकप्रिय है।

बलराम शुक्ल

हिपोलित अडोल्फ तेन

(1828-1893)

हिपोलित अडोल्फ तेन (Hippolyte Adolphe Taine) उन्नीसवीं सदी के प्रख्यात इतिहासकार और समालोचक थे। उनके लेखन और व्यक्तित्व, दोनों को 'विरोध के समन्वय' का सटीक उदाहरण माना जा सकता है। उनके कार्यों तथा उनके व्यक्तित्व को परिभाषा में बांधने का प्रयास करते हुए लीमैत्रे ने उन्हें 'तार्किक कवि' कहा था। इसी का विस्तार करते हुए बार्नज ने कहा था, 'तेन में अमूर्त के नाटकीकरण की सामर्थ्य थी। चूंकि वे एक कवि थे और एक तार्किक भी, अतः उनके लेखन के जो अंश काव्यात्मक हैं, चिरस्थायी हो सकते हैं।'

तेन उस दौर की उपज हैं, जब फ्रांस 1789 की जनतांत्रिक क्रांति के बाद के स्वच्छंदतावादी दौर के अंत और एक नए विज्ञानवादी ज्ञानोदयी उत्कर्ष की भूमिका का साक्षी हो रहा था। यह स्थिति लगभग पूरे यूरोप में थी। विक्टोरियन काल में वैज्ञानिक चेतना के साथ तालमेल करके नए नैतिक मूल्यों को तार्किक व्यवस्था प्रदान करने का प्रयास होने लगा था। जर्मनी में हीगेल के द्वंद्वात्मक चिंतन के बाद कार्ल मार्क्स का समाजवादी चिंतन सामने आ रहा था। तेन ने अपने जीवन के एक काल खंड में

हिपोलित अडोल्फ तेन

वाल्टेयर के अलावा हीगेल पर विशेष रूप में केंद्रित होने की योजना बनाई थी।

साहित्य और कला की समालोचना के क्षेत्र में तेन को समाजैतिहासिक पद्धति का सूत्रपात करने वाले गिने-चुने आलोचकों में जगह दी जाती है। उनसे पूर्व इस पद्धति पर थोड़ा काम जर्मनी में अवश्य हुआ था, पर इसे व्यवस्थित 'सैद्धांतिक व्यवस्था' प्रदान करने का श्रेय तेन को है। वह मूलतः इतिहासकार थे। समाजशास्त्र में उनकी रुचि थी। समाजशास्त्र के क्षेत्र में असफल होकर वे साहित्य की ओर मुड़ गए थे, जहां उन्हें उल्लेखनीय सफलता मिली। उन्होंने फ्रेंच भाषा में अंग्रेजी साहित्य का इतिहास प्रस्तुत किया। उनकी जिस दृष्टि को इतिहास के क्षेत्र में पहले रूढ़िग्रस्त माना गया था, उसे बाद में इतिहासकारों ने स्वीकार करना आरंभ कर दिया। इसके बावजूद वे विवादास्पद बने रहे।

साहित्य समालोचना को उन्होंने तीन सूत्रीय विश्लेषण पद्धति दी, जिसे उन्होंने नस्ल, परिवेश और क्षण (रेस, मिल्यू एंड मोमेंट) कहा। फ्रांसीसी भाषा से आए इन शब्दों का अर्थ ग्रहण करते हुए जो भावानुवाद किए गए, वे कुछ ज्यादा ही व्यापक थे। 'नस्ल' की धारणा से तेन का अभिप्राय राष्ट्रीय तत्वों, लक्षणों और चेतना से था। तेन ने परिवेश को व्यापक अर्थ में ग्रहण किया था, जहां वह किसी समाज के समूचे सामाजिक-सांस्कृतिक पर्यावरण को समेटता है और 'क्षण' से तेन का अभिप्राय 'समय' और 'युग' को निर्धारित करने वाली प्रवृत्तियों से था।

राष्ट्रीयता, सामाजिक परिवेश और युगीन प्रवृत्तियों के आधार पर साहित्य और कला का विवेचन समाजैतिहासिक अध्ययन की श्रेणी में आता है। इसे उनकी आलोचना पद्धति का गुण माना गया है और सीमा भी। गुण यह है कि इससे साहित्य एवं कला की अंतर्वस्तु स्पष्ट हो जाती है। सीमा यह है कि इससे लेखक का व्यक्तित्व और कला की विशिष्टताएं उपेक्षित हो जाती हैं। यही कारण है कि उन्हें साहित्य एवं कला की सामान्यता का व्याख्याकार माना जाता है, जो विशिष्टता की अवहेलना करता है।

तेन ने कला के शैलीगत रूपों एवं विशिष्टताओं का विवेचन किया है, परंतु वे इन्हें 'शैलीगत व कलागत परंपराओं से गृहीत वस्तु की नए रूप में प्रस्तुति' मानते थे। स्पष्ट है कि कला की 'स्वायत्तता' की धारणा को तेन की व्याख्या में कोई जगह नहीं मिली।

तेन ने कला के स्वरूप की दार्शनिक व्याख्या की। इस संदर्भ में उनकी पुस्तक का नाम 'कला का दर्शन' है। उन्होंने कला को इस तरह परिभाषित किया, 'कला चित्त की सामान्य दशा और उसे घेरने वाले तौर-तरीकों का समाहार है।' इसकी व्याख्या तीन रूपों में हुई है : 1. समग्रता के साथ विभिन्न घटकों के रिश्तों के रूप में, 2. सौंदर्यशास्त्रीय परंपराओं और उनकी संस्थाओं (स्कूल्स) द्वारा व्यवहृत तौर-तरीकों के रूप में, और 3. नैतिक-आध्यात्मिक परिवेश से उपजे समसामयिक व्यवहारों के रूप में।

उपर्युक्त पद्धति से तेन ने विविध कालों के साहित्य और कला रूपों की बाबत जो निष्कर्ष निकाले, वे इस प्रकार हैं : 1. युद्ध-ग्रस्त ग्रीको-रोमन काल में ऐसे मनुष्य का प्रारूप प्रस्तुत हुआ जो पशु से बेहतर दैहिक-नैतिक व्यवहार पद्धति खोज रहा था। 2. मध्यकाल उस नैतिक संकट की अभिव्यक्ति करता है, जिसका आधार सामंती शोषण में था। 3. उन्नीसवीं सदी का आधुनिक साहित्य प्राकृतिक-ग्रामीण जीवनशैलियों में वापसी के लिए प्रयासरत है, जिसका आधार है औद्योगिक दौर से उपजी बेचैनी।

1789 की फ्रांसीसी क्रांति को तेन ने जनतांत्रिक चेतना का विस्तार करने वाली क्रांति के रूप में स्वीकार नहीं किया। उनका मानना है कि कैसे इस क्रांति ने आधुनिक मनुष्य की मौलिकता और आंतरिक आजादी को व्यावहारिक रूप में 'असंभव' बना दिया। मनुष्य इस क्रांति से पहले जिस राजनीतिक निरंकुशतावाद (absolutism) का शिकार था, वह शक्ल बदल कर फ्रांसीसी क्रांति के बाद पुनः स्थापित हो गया। उसने प्रजातांत्रिक चेतना का चेहरा भर ओढ़ लिया था। स्पष्ट है कि तेन की इतिहास-संबंधी यह धारणा विवादस्पद है। इसे स्वीकार नहीं किया जा सका, पर इसने विद्वानों को फ्रांसीसी क्रांति पर पुनर्विचार के लिए अवश्य प्रेरित किया। तेन ने कहा था, 'हम इतिहास में अतीत को पूरी तरह पुनर्जीवित नहीं कर सकते, ऐसे पुनर्निर्माण से उपजा हमारा अधूरा ज्ञान अज्ञान से अवश्य ही बेहतर है।'

विनोद शाही

अधिक जानकारी के लिए :
1. The History of English Literature : Hippolyte Taine, 1863, **2. The Philosophy of Art :** Hippolyte Taine, 1875, **3. The French Revolution :** Hippolyte Taine, 1877, **4. Hippolyte Taine : Historian of the French Revolution :** Alfrod Cobban, 1968, **5. Hippolyte Taine :** Leo Weinstein , 1972

हिमाचल प्रदेश

भू-प्रदेश : भारत के उत्तरी भाग में हिमालय की तराई में स्थित हिमाचल प्रदेश लगभग 55,673 किलोमीटर में फैला है। इसके उत्तर में कश्मीर, पश्चिम तथा दक्षिण-पश्चिम में पंजाब, उत्तर-पूर्व में हरियाणा एवं उत्तराखंड तथा पूर्व में तिब्बत है। वर्ष 2011 में हुई जनगणना के अनुसार हिमाचल प्रदेश की कुल आबादी लगभग 69 लाख है, जिसमें ग्रामीण आबादी लगभग 62 लाख एवं शहरी आबादी लगभग 7 लाख है। कुल आबादी में 34,73,892 पुरुष एवं 33,82,617 महिलाएं थीं।

हिमाचल प्रदेश

हिमाचल प्रदेश पहाड़ों और वनों का क्षेत्र है। यहां की संस्कृति समृद्ध है। हिमाचली लोक जीवन पहाड़ों के सुरम्य वातावरण में कुछ अनोखा-सा है। यह हिंदीभाषी राज्य पंजाब और हरियाणा से विशेष रूप से जुड़ा हुआ है। इसलिए यहां एक मिलीजुली भाषा और संस्कृति स्वाभाविक है। यहां के दुर्गम क्षेत्रों का लोकजीवन श्रम से सींचा हुआ है और कलाएं उसके भावनात्मक पक्ष का आधारभूत संबल है। आदिम अनुभूतियों, धार्मिक मान्यताओं और सामाजिक अपेक्षाओं से प्रेरित लोक कलाएं यहां के जीवन का अभिन्न अंग हैं। यहां के पर्यावरण ने कलात्मक जीवन के पर्याप्त साधन जुटाए हैं, वहीं श्रम साध्य भौतिक जीवन की विषमताओं से जनमी कुंठाओं के निवारण के लिए धार्मिक सत्ताएं भी सक्रिय रही हैं।

पर्यावरण की दृष्टि से हिमाचल प्रदेश की अपनी विशेषताएं हैं। अत्यंत ऊंची एवं निम्न भूमि होने के कारण यहां की जलवायु काफी भिन्नता लिए हुए है। यहां शीत, ग्रीष्म एवं वर्षा तीनों ऋतुएं हैं। प्रत्येक ऋतु पृथक सौंदर्य तथा संगीत लेकर आती है। फागुन का ठाट, बरसात की रवानी, ग्रीष्म की शीतलता एवं हिम-आभा देखते ही बनती है। यहां की जलवायु वैविध्यपूर्ण है। दक्षिणी भाग में गर्म एवं उष्ण कटिबंधी से लेकर उत्तरी एवं पूर्वी भाग में अत्यंत ठंड वाले मौसम मिलते हैं।

हिमाचल प्रदेश की प्रमुख नदियों में यमुना, चंद्रभागा या चिनाब, रावी, व्यास, सतलुज, गिरि, पावार जैसी शाश्वत नदियां हैं, जो व्यापक स्तर पर प्राकृतिक वनस्पतियों से संरक्षित हैं। इनके किनारे अनेक पौराणिक तथा ऐतिहासिक नगर बसे हैं, जिनमें स्थित मंदिर तथा किले अपने अतीत की कथाएं कहते हैं। यह प्रदेश सिंधु एवं गंगा वेसिन दोनों को पानी प्रदान करता है।

इतिहास : हिमाचल प्रदेश का इतिहास बहुत पुराना है। इसके आदिम जातीय क्षेत्रों में अब भी प्रागैतिहासिक सांस्कृतिक मान्यताओं के दर्शन होते हैं। यहां की किरात, किन्नर, यक्ष तथा नाग आदि प्रागैतिहासिक जातियां उन महत्वपूर्ण आदिम जातियों में हैं, जिनका संबंध पुराण और इतिहास में समानांतर मिलता है। यह वैदिक ऋषियों की तपो भूमि मानी जाती है। अनेक छोटे-छोटे गणतंत्र यहां विकसित हुए, जिन्हें जनपद कहा जाता है। ईसा पूर्व दूसरी शताब्दी में समूचा हिमालय प्रदेश किरात भूमि किन्नर कहलाता था।

छठी शताब्दी के दौरान यह क्षेत्र गुप्त साम्राज्य का अंग बन गया, किंतु हर्षवर्द्धन के बाद यह पुनः अनेक जनपदों में विभाजित हो गया। दिल्ली सल्तनत द्वारा आक्रमण के बाद महमूद गजनवी, तैमूर, सिकंदर लोदी एवं मुगलों ने यहां के विभिन्न क्षेत्रों पर शासन किया। नेपाल में गोरखाओं द्वारा शासन स्थापित किए जाने के बाद सिरमौर एवं शिमला पर उन्होंने कब्जा कर लिया। परंतु महाराजा रणजीत सिंह ने 1809 में पुनः उस पर अधिकार कर लिया। गोरखों के अधीन जो क्षेत्र रह गए थे, उन पर 1815-1818 के बीच अंग्रेजों ने अपना प्रभुत्व जमा लिया और 1845 में अंग्रेजों एवं सिखों के बीच हुई लड़ाई के बाद इस संपूर्ण क्षेत्र पर अंग्रेजों एवं उनके समर्थक राजाओं का शासन स्थापित हो गया।

देश की आजादी के बाद 15 अप्रैल 1948 को 30 पहाड़ी रियासतों के विलय के बाद हिमाचल प्रदेश की स्थापना हुई। इस समय इसका क्षेत्रफल 10,600 वर्गमील तथा जनसंख्या 9,35,000 थी। 1950 में हिमाचल प्रदेश को संघ राज्यक्षेत्र घोषित किया गया। 1 नवंबर 1966 को भाषाई आधार पर प्रांतों का पुनर्गठन हुआ और पंजाब का पहाड़ी क्षेत्र काँगड़ा, कुल्लू, लाहौल स्पीती, नालागढ़ तथा ऊना इसमें मिल गए जिससे इसकी जनसंख्या तथा क्षेत्रफल दुगुना हो गया। हिमाचल प्रदेश राज्य अधिनियम, 1971 के बाद यह भारतीय गणतंत्र का 18वां राज्य बना।

हिमाचल प्रदेश की राजधानी शिमला है। इस प्रदेश में कांगड़ा, हमीरपुर, मंडी, बिलासपुर, ऊना, चंबा, लाहौल स्पीती, सिरमौर, किन्नौर, कुल्लू, सोलन एवं शिमला नामक 12 जिले, 55 प्रमंडल, 82

तहसील, 77 विकास प्रखंड तथा 20,690 गांव एवं 59 शहर हैं। शिमला, सोलन, नाहन, रेणुका, पौंटा साहिब, रामपुर, डलहौजी, चंबा, भरमौर, धर्मशाला, कांगड़ा, पालमपुर, हमीरपुर, सुजानपुर, ऊना, मंडी, कुल्लू, मनाली आदि इसके प्रमुख नगर हैं। खजियार, रेणुका, डलझील, मणिमहेश, रिवालसर, भागसू-नाग, मणिकर्ण, तत्वानी, व्यासकुंड, गोविंद सागर, पौंग बांध आदि प्राकृतिक झीलों एवं झरनों के लिए प्रसिद्ध हैं। कुफरी, नारकंडा, चायल आदि स्थान बर्फ के खेलों के लिए मशहूर हैं। किन्नौर, लाहौल स्पीती, कुल्लू, चंबा-पांगी आदि इसके आदिम क्षेत्र हैं, जो प्रायः बर्फ से ढके रहते हैं। इन क्षेत्रों के पर्वत वनस्पति से रहित हैं।

दूसरे राज्यों की तरह हिमाचल प्रदेश के शहरों में भी आधुनिकीकरण पहुंचा है, लेकिन हिमाचली जीवन में लोक संस्कृति अभी भी बसी हुई है। हिमाचल प्रदेश में लोक कलाओं की समृद्ध परंपरा है। यहां की मनोहारी नैसर्गिक छटा, कलात्मक धर्मस्थल, सुरुचिपूर्ण घर-आंगन, आनंदोल्लास से परिपूर्ण मेले और त्योहार, कलापूर्ण हस्तशिल्प और बहुरंगी लोक कलाएं इतनी आकर्षक हैं कि इस क्षेत्र की भौतिक बाधाएं गौण हो जाती हैं।

हिमाचल प्रदेश भारत का प्रथम राज्य है जहां प्रत्येक परिवार में एक बैंक खाता है। गांवों में सहकारी बैंकों के खुलने, सड़कों, स्कूलों एवं बिजली आदि की सुविधाओं से ग्रामीणों के विकास का पथ प्रशस्त हुआ है। सेवा अधिनियमों के अंतर्गत जनजातियों एवं अनुसूचित जातियों को शिक्षा एवं रोजगार के अवसर मिलने से विकास का दायरा बढ़ा है। हिमाचल की आदिम जनजातियों में किन्नोरे, लाहोले, पंगवाले, गद्दी, गुज्जर, बोध, खंपा, स्वांगले आदि प्रमुख हैं। इनके अतिरिक्त कोयली, हाली, डागी, धौग्री, डासा, किन्नौर एवं कीरत आदि जनजातियों के साथ-साथ अन्य अगड़ी एवं पिछड़ी जातियों के लोग समतल भागों एवं अन्यत्र रहते हैं। सबसे बड़ी बात है कि यहां की सभी जातियां स्वयं को हिमाचली कहने में गर्व का अनुभव करती हैं।

भाषाएं एवं बोलियां : हिमाचल प्रदेश की संस्कृति, जीवन मूल्यों, आस्थाओं, विश्वासों और निष्ठाओं की वाहक व पोषक यहां की भाषाएं और उप-भाषाएं हैं। एक पहाड़ी प्रदेश होने के कारण हिमाचल विविधताओं से भरा पड़ा है। इसमें विविध-भाषी लोग प्रेमपूर्वक रहते हैं। स्वतंत्रता से पूर्व यह क्षेत्र छोटी-छोटी रियासतों में बंटा था। यातायात के साधन कम थे। लोग प्रायः नदियों तथा पहाड़ों से घिरे अपने ही क्षेत्र तक सीमित रहते थे। अतः स्थानीय परंपराओं, भाषा-रूपों तथा अन्य सामाजिक मूल्यों का विकास उन्हीं स्थानों तक सीमित रहा।

15 अप्रैल 1948 को जब पुराने हिमाचल की स्थापना हुई थी, तब लगभग 30 रियासतों का समावेश हुआ था। तत्पश्चात बिलासपुर रियासत का विलय हुआ और 1 नवम्बर 1966 को पंजाब के कांगड़ा, कुल्लू, लाहोल-स्पीती और शिमला जिलों के संयोग से वर्तमान राज्य अस्तित्व में आया। चूंकि हिमाचल प्रदेश में रियासतों की संख्या अधिक थी, अतः वहां प्रचलित बोलियों और उपबोलियों की संख्या भी अधिक है।

वर्तमान में हिमाचल प्रदेश की राजभाषा एवं संपर्क भाषा दोनों हिंदी है, तथापि अधिकांश लोग पहाड़ी हिंदी का प्रयोग करते हैं, जिसमें पश्चिमी पहाड़ी बोलियां शामिल हैं। भौगोलिक परिवेश के कारण हर क्षेत्र में शब्दों में रूपभेद और उच्चारण की भिन्नता दिखाई देती है। हिंदी और पहाड़ी के साथ-साथ चंबयाली, कुल्लुई, चुरही, भद्रवाही, भरमौरी, जौनसारी, सिरमौरी, बघाटी, सतलुज-समूह, कांगड़ी, कहलूरी, लाहौली तथा स्पीती, किन्नौरी, क्योंथली आदि बोलियां और क्योंथली की उपबोलियां हंडूरी, शिमला सिराजी, बराड़ी, सौराचोली, कीरनी, कोची आदि भी बोली जाती हैं।

संस्कृति : हिमाचल प्रदेश में हिंदू धर्म मानने वालों की संख्या सर्वाधिक है। उनका प्रतिशत उपलब्ध आंकड़ों के अनुसार लगभग 95.45 प्रतिशत है। इनके अतिरिक्त इस्लाम धर्म मानने वाले लगभग

1.94 प्रतिशत, बौद्ध 1.25 प्रतिशत, सिख 1.21 प्रतिशत, ईसाई 0.12 प्रतिशत एवं अन्य धर्म मानने वाले 0.03 प्रतिशत हैं। सभी धर्मों को समान दृष्टि से देखा जाता है। विभिन्न धर्मों के लोग परस्पर मिलते-जुलते हैं और एक-दूसरे के पर्व-त्योहारों में शामिल होते हैं। लोग बुराइयों से डरते हैं और भूल हो जाने पर प्रायश्चित्त करने को तैयार रहते हैं। यहां चोरी, ठगी आदि की घटनाएं कम होती हैं। सत्तर प्रतिशत से अधिक लोग अपने धर्म, विश्वास तथा परंपरा से बंधे देवी-देवताओं में आस्था रखते हुए सुखी जीवन जीते हैं। आज की बदली हुई परिस्थितियों में भी ये विशेषताएं प्रायः मिलती हैं।

हिमाचल एक ठंडा प्रदेश है। इसलिए ऊन के तरह-तरह के वस्त्र प्रयोग किए जाते हैं। यहां के पुरुष मुख्यतः धोती, कुर्ता, कोट, बास्कट, साफा, टोपी, चूड़ीदार पायजामा, अचकननुमा कोट, कलगीनुमा पगड़ी, नोकदार जूते पहनते हैं। स्त्रियां कुर्ता, सलवार, घघरी, फूलकारीदार चोलियां, गोटा-किनारी किए दुपट्टे, जिन्हें रहीड़े कहा जाता है, पहनती हैं। किन्नौर क्षेत्र में स्त्रियां और पुरुष कमर पर गाछड़ बांधे दिख जाएंगे। वे सिर पर गोल टोपी पहनते हैं, जिस पर हरी पट्टी होती है और रंग बिरंगे धागों से की गई नक्काशी होती है। किन्नौर वासी एक खास ढंग का पायजामा चामुसुतन पहनते हैं। सामाजिक एवं आर्थिक विकास के साथ पहनावे में अंतर आया है और लोग पैंट, कोट, बूट आदि पहनने लगे हैं। त्योहारों पर स्वर्णाभूषण आदि पहनने की प्रथा है।

हिमाचल प्रदेश के लोगों का खानपान सादा एवं क्षेत्रीय आवश्यकता के अनुरूप है। मुख्य भोजन उत्तर भारत की तरह चावल, रोटी, सब्जी आदि है। कुछ हिमाचली विशेष खाद्य हैं मद्धरा, पुलाव, मठरी, रायता, माहनी, बट्ट, मीठा सलोना, भुज्जु, साग, पलदा, रेधु, बटूरू आदि।

लोकजीवन : हिमाचल प्रदेश में परिवार और समाज मजबूत संस्थाएं हैं। किन्नौर में परिवार की सबसे अधिक आयु की स्त्री गोयने (गृहिणी) और सबसे बड़े पुरुष को गोरतेस (गृहपति) कहते हैं। यहां के लोगों की एक सुनिश्चित जीवन शैली है। आम तौर पर लोग मिलजुलकर काम करते हैं। वे कुछ खास नियमों और आचरण पर चलते हैं। हर तरफ सौंदर्य, शांति और सहकारिता की भावना है। कुल्लू क्षेत्र में माघ और श्रावण के महीने में हाथ में जौ या दूब की नन्हीं डालियां लेकर बड़ों के प्रति शिष्टाचार प्रदर्शन की परंपरा है। लाहौल क्षेत्र में लड़के-लड़कियों के मिलने-जुलने पर कोई सामाजिक प्रतिबंध नहीं है। स्त्री की इच्छा के विरुद्ध उसे किसी से बंधकर रहना पड़े, यह स्थिति नहीं है। हालांकि बाल विवाह अब भी काफी होते हैं। यहां एक मनोरंजक प्रचलन है कि गांव की युवतियां अधिक सर्दी या फुर्सत के समय किसी खाली जगह इकट्ठी होकर नाच-गाना, खाना-पीना करती हैं।

हिमाचली लोग हृष्ट-पुष्ट होते हैं। लोगों का जीवन बड़ा संघर्षपूर्ण है परंतु ये स्वभाव से मस्त होते हैं और हर परिस्थिति का सामना करने को तैयार रहते हैं। हालांकि अंग्रेजी हुकूमत तथा राजाओं के अत्याचार से यहां की जनता को कई कष्टों का सामना भी करना पड़ा। हिमाचली लोग सरल, मेहनती, मितव्ययी और ईमानदार होते हैं। व्यवहार में खरे, मिलनसार, अतिथिपूजक, सहनशील और बहुत ही विश्वासपात्र होते हैं। सत्य पर दृढ़ रहना यहां के लोगों का विशेष गुण है।

हिमाचल प्रदेश की लोक संस्कृति का प्रमुख अंग हैं लोक विश्वास। लोग अपनी फसलों की रक्षा के लिए देवता को गुड़ की मीठी रोटी चढ़ाते हैं। इसे कहते हैं रोट चालणा। लोगों का विश्वास है कि बणी (जंगल) काटने से देवता रुष्ट हो जाते हैं। वृक्ष न काटे जाएं, इसे लेकर कई भय बनाए गए हैं। लोक विश्वास ज्यादातर अंधविश्वास के रूप हैं, पर ये एक बड़े समुदाय की जीवन रीति बनाते हैं। रेणुका सरोवर के नजदीक जामू रा टिब्बा है, जिसके संबंध में धारणा है कि यहां महर्षि जमदग्नि रहते थे। कुल्लू में व्यास गुफा है। एक विश्वास है कि बावड़ी की सफाई करनी चाहिए, जिससे इंद्र प्रसन्न होते हैं।

मंडी जिले में मांहुनाग देवता को दानवीर कर्ण का अवतार मानते हैं। कांगड़ा की माता है भोणी माता। लोक विश्वास है कि इन्हीं ने पांडवों को शाप दिया था कि तुम जुए में हार जाओगे। फबरङ किन्नौर के स्थानीय देवता हैं। पंगवानों का मिंथल देवी पर विश्वास है।

हिमाचल प्रदेश के लोगों ने अपने क्षेत्र की झीलों को धार्मिक विश्वासों से जोड़ रखा है। इस राज्य की सबसे बड़ी प्राकृतिक झील रेणुका है, जिसका नामकरण परशुराम की मां के नाम पर किया गया है। कुल्लू-मनाली की सरकुंड झील में नहाने से शारीरिक कष्ट दूर होते हैं, ऐसी मान्यता है। मंडी जिले की पराशर झील, शिमला की चंद्रनाहन झील, लाहौल स्पीती का सुरम्य चंद्रताल, सिरमौर का ताल ये सभी धार्मिक कथाओं से जुड़े हैं, पर ये अपनी अनुपम प्राकृतिक छटा की वजह से ही हिमाचल प्रदेश के आकर्षण हैं। हिमाचल के चंबा और कांगड़ा क्षेत्र में सुंदरता के लिए 'छैल' शब्द प्रयुक्त होता है। हर तरफ छैल-छबीले दृश्य हैं, जो मन को मुग्ध कर देते हैं।

पर्व-त्योहार : हिमाचल के आंचलिक जीवन में पर्व-उत्सवों का बड़ा महत्व है। पंजाब से जुड़े क्षेत्रों में सिखों के त्योहार भी मनाए जाते हैं, लेकिन जनजातीय क्षेत्रों के अपने-अपने त्योहार हैं, जिनका संबंध ऋतु परिवर्तन, फसल या किसी देवी-देवता से है। हर त्योहार के खानपान और गीत अलग-अलग हैं। माघीया रा साजा, खोगल, रागुल, फागुली, माहड़साङ, मंढल, होली, रलीपूजन, बसोआ, विशड़ी, पंचभीखमा जैसे कई त्योहार हैं। शिवरात्रि, कृष्ण जन्माष्टमी, दुर्गाष्टमी, दीपावली, भाई दूज विशेष रूप से लोकप्रिय हैं। किन्नौर की पांगी घाटी में सितंबर महीने में 'मिंघल यात्रा' के नाम से मेला लगता है। रक्षाबंधन को यहां भराखड़ी, रखडुन्नी कहते हैं। हिमाचल प्रदेश मेलों के लिए प्रसिद्ध है।

हिमाचल के हिंदू नाग देवता की पूजा करते हैं। जनवरी या माघ महीने का खास धार्मिक महत्व है। लाहौल का अर्थ है पार्वती। कुंवारी लड़कियां अच्छे वर के लिए इनकी पूजा करती हैं। लोगों का विश्वास है कि भाद्र महीने में पूर्वज अपने घर आते हैं। इसलिए उनकी राह में प्रकाश के लिए घर के बाहर बत पगड़ी जलाई जाती है। होली के दिन फाग फूंकते हैं ताकि दरिद्रता उसमें भस्म हो जाए।

कला-शिल्प : संगीत एवं नृत्य हिमाचल की संस्कृति का अभिन्न अंग हैं। हिमाचली लोग नृत्य और संगीत के प्रेमी हैं। यहां के लोग अपने देवी-देवताओं को खुश करने के लिए उनके समक्ष नृत्य-संगीत प्रस्तुत करते हैं और विभिन्न अवसरों पर मेले एवं उत्सवों का आयोजन करते हैं। अलग-अलग क्षेत्रों के नृत्य अपना अलग आकर्षण रखते हैं। शिमला बिशु नृत्य के लिए प्रसिद्ध है। इस नृत्य के नर्तक हाथ में तलवार, खपाल, डांगरू (छोटी कुल्हाड़ी) और लाठी लेकर एक-दूसरे के पीछे बिना क्रम बनाए नृत्य करते हैं। किन्नौर के नेसंग क्षेत्र के खेरसादा नृत्य में नर्तक लोक वादकों के चारों ओर घूमते हुए नृत्य करते हैं। लाहौल स्पीती के बुकुम नृत्य का संबंध बौद्धों के पोराडू नृत्य से है, जिसका अर्थ है, हे सखी थोड़ा परे हट। छम्म नृत्य धार्मिक है। यह भड़कीले कपड़ों में मुखौटे लगाकर किया जाता है। इसी तरह छिंज (बिलासपुर), छिंझोटी, मंगवाली, डंडारस (चंबा), रोटूला (शिमला), मुंजरा, ढेबरा, द्रोड़ी (सिरमौर), मूंकर, भूचल, शैनि (लाहौल), फेर, नाटी (मंडी) नृत्य लोकप्रिय हैं। करथी कुल्लू का नृत्य है, जो स्त्री-पुरुष के प्रेम और उमंग का अनूठा उदाहरण है। चंबा के झांझर नृत्य में स्त्री-पुरुष दोनों भाग लेते हैं और एक बड़े घेरे में यह नृत्य सूरजमुखी फूल की तरह खिलता है। कुछ नृत्य पेशे, कुछ धार्मिक देवताओं, कुछ विवाह संस्कार और कुछ वीरता से संबंधित हैं। ये हिंदू और बौद्ध दोनों की मिलीजुली परंपरा के नृत्य हैं। जनजातियों के नृत्य उनके जीवन में उल्लास पैदा करते हैं। कुछ परंपरागत लोक वाद्य हैं—सिंगी, नागफणी, धुनछैन मंदलू, हुड़कू, चांबी ढोल, टौमक, तुंबी, बैंस आदि। वादक और नर्तक मिलकर आनंदोत्सव के अवसर पैदा करते हैं। लोक नृत्य में इतनी विविधता किसी अन्य हिंदी प्रदेश में नहीं है।

विवाह के अवसर पर कौहरा चित्रण (भित्ति चित्र का रूप) का प्रचलन संपूर्ण शिवालिक तराई में है। कांगड़ा में कुछ परिवारों की जीविका का यह साधन है। देऊथला, अल्पना, बंगद्वारी शुभ अवसर पर की जानेवाली चित्रकारी है। घरों की दहलीज पर नक्काशी पसंद की जाती है। यहां लकड़ी, बांस, ऊन आदि की बनी चीजें ज्यादा व्यवहार में आती हैं। जनजातीय क्षेत्र के घरों में सबसे ऊपरी मंजिल पर लकड़ी के बने बौद्ध पूजास्थल छोतकड़ मिलते हैं।

हस्तशिल्प की दृष्टि से भी हिमाचल प्रदेश बहुत समृद्ध है। यहां पशमीना शॉल, ऊनी कपड़े, कारपेट, चांदी एवं धातुओं के सामान, नक्काशीदार चप्पलें, कांच के जूते, कांगड़ा एवं गोंपा शैली की चित्रकारी, लकड़ी के काम, घोड़े के केश की चूड़ियां, लकड़ी एवं धातु के बर्तन एवं अन्य अनेक प्रकार की घरेलू वस्तुएं बनाई जाती हैं।

सुधार आंदोलन : हिमाचल प्रदेश के लोगों में अंधविश्वास, छुआछूत और जातपात आदि की कुप्रथाएं विद्यमान रही हैं। कुछ दशक पहले तक वे जादू-टोने, भूत-प्रेत, शकुन-अपशकुन को बहुत मानते रहे हैं। बीमारी, आपत्ति, फसल की खराबी तक को देवी-देवताओं या पीर-फकीर का प्रकोप मानते हैं।

सामाजिक रीति-रिवाज ऐसे हैं, जिन्हें सभी धर्मों के लोग मानते है। ये रीति-रिवाज जन्म और विवाह से लेकर मृत्यु तक के हैं। कई रीति-रिवाज और धारणाएं, खासकर जिनका संबंध लड़के और लड़की के बीच भेदभाव से है, अब काफी मिट चुकी हैं। लड़का पैदा होने पर कहीं छीछड़ा (घास) उखाड़ने, कहीं प्रसूता स्त्री के घर अनाज या शगुन ले जाने का रिवाज रहा है। लड़की पैदा होने पर ऐसा कुछ नहीं करते थे। अब यह भेदभाव नहीं होता। किन्नौर में पहले लड़की की इच्छा का ध्यान रखे बिना बलपूर्वक विवाह होता था, जिसे 'दारोश डबडब' कहते थे। किन्नौर में भी प्रेम विवाह होता है जिसे 'जम चलशिश' कहते हैं। कांगड़ा क्षेत्र में फेरे लेने को लावां कहते हैं। जनजातियों में समाज के नियम न माननेवालों का सामाजिक बहिष्कार कर देते हैं, जिसे तिजिग-मिचिक कहा जाता है।

उन्नीसवीं-बीसवीं शताब्दी में हिमाचल प्रदेश में समाज सुधार के अनेक आंदोलन हुए। अनेक समाज सुधारकों द्वारा समाज के उत्थान के लिए आंदोलन चलाए गए। इन समाज सुधारकों में बाबा कांशीराम, पंडित पद्मदेव, लक्ष्मी सिंह, सत्यानंद स्तोक्स, इत्यादि के नाम उल्लेखनीय हैं, जिन्होंने समाज को जाति, धर्म, संप्रदाय के भेदभाव और कुरीतियों से मुक्ति दिलाकर नए विचार पैदा किए।

बाबा कांशीराम का जन्म कस्बा डाडासीबा के गांव पदयाली में 11 जुलाई 1882 को हुआ था। एक ओर उन्होंने स्वतन्त्रता संग्राम से संबंधित विभिन्न गतिविधियों में भाग लिया तथा दूसरी ओर स्वाधीनता संग्राम तथा सामाजिक उत्थान से संबंधित पहाड़ी भाषा में साहित्य का सृजन किया। उन्होंने पहाड़ी भाषा में रचित अपनी पांच सौ से अधिक कविताओं के माध्यम से समाज में व्याप्त अंधविश्वासों और कुरीतियों के प्रति लोगों को जाग्रत किया।

पंडित पद्मदेव का जन्म भमनोली गांव में 26 जनवरी 1901 में हुआ था। उन्होंने अस्पृश्यता सहित अनेक सामाजिक कुरीतियों को दूर करने के लिए काम किया। दिसंबर, 1938 में पहाड़ी रियासतों के संयुक्त केंद्रीय संगठन के रूप में शिमला में 'हिमाचल रियासती प्रजामंडल, शिमला' की स्थापना में उनका महत्वपूर्ण योगदान था। उन्होंने जून 1946 में रियासत के राणा की ज्यादतियों एवं कुशासन के विरुद्ध आवाज उठाई।

सत्यानन्द स्तोक्स का जन्म 16 अगस्त 1882 को शिमला में हुआ था। उन्होंने ईसाई धर्म अपनाने के बाद अपना नाम सेम्युअल इवान स्टोक्स रखा और 1904 में अमेरिकी नागरिकता ग्रहण कर ली। वर्ष 1924 में भारत लौटने पर स्वतंत्रता संघर्ष में भाग लिया और कई बार जेल यात्राएं कीं। उन्होंने सेब के पौधे लगाकर समस्त शिमला, किन्नौर, करसोग, कुल्लू-निमंड क्षेत्र को आर्थिक रूप से सुदृढ़ करने का उल्लेखनीय कार्य किया।

लालचंद प्रार्थी का जन्म 3 अप्रैल 1916 को कुल्लू नगर में हुआ था। इनके पिता का नाम पंडित टेकराम था। लालचंद प्रार्थी महान समाज सुधारक थे। उन्होंने अनेक संस्थाओं की स्थापना की और जगह-जगह जाकर अपनी कविताओं, गीतों, लोक गीतों, अभिनय एवं जोशीले भाषणों द्वारा ग्राम सुधार, प्रौढ़-शिक्षा एवं साक्षरता अभियान चलाते रहे। उनकी मान्यता थी कि जन आंदोलन लोगों की मातृभाषा और संस्कृति के दम पर ही चल सकता है। प्रार्थी जी हिमाचल साहित्य अकादमी के अध्यक्ष बने और प्रदेश के प्रथम भाषा एवं संस्कृति मंत्री भी बने। इनके नेतृत्व में ही भाषा एवं संस्कृति के उत्थान हेतु रेखांकनीय कदम उठाए गए। 11 दिसम्बर 1982 को इनका देहांत हुआ। हिमाचल प्रदेश में पझौता आंदोलन के नेता लक्ष्मी सिंह के अलावा यशवंत सिंह परमार, तीर्थराम, ललिता कुमारी, किंकरी देवी आदि ने राजनीतिक, सामाजिक एवं पर्यावरण संबंधी आंदोलनों का नेतृत्व किया।

कृषि और उद्योग : हिमाचल राज्य की कुल आय में 45 प्रतिशत हिस्सा केवल कृषि का है। यहां के 93 प्रतिशत लोग कृषि पर निर्भर हैं। लगभग 71 प्रतिशत लोगों को कृषि से आजीविका मिलती है। हिमाचल प्रदेश में नकदी फसल काफी होती है। यहां कृषि पैदावार लगभग 15,79,000 टन, सब्जी उत्पादन 9,00,000 टन एवं फल उत्पादन 10,27,000 टन है। मुख्य फसल है गेहूं, मकई, धान तथा बार्ली। कांगड़ा, मंडी एवं सिरमौर की पायोंटा घाटी में इनकी विशेष खेती होती है। इनके अतिरिक्त आलू, आदा, वनस्पति तिलहन, मशरूम, अंजीर आदि शिमला, कुल्लू एवं लाहौल स्पीती क्षेत्र में अधिक होते हैं। यहां फूलों की खेती भी बहुत होती है। फलों में सेब सर्वाधिक होता है, जो आमदनी का बहुत बड़ा जरिया है। इसकी उपज से राज्य को लगभग तीन अरब रुपए प्रति वर्ष प्राप्त होते हैं। देवदार, कायल, चीड़, भोजपत्र तथा सदाबहार के वृक्ष एवं सेब, अखरोट, कुठ, आलू तथा अन्य वनौषधियां एवं जड़ी-बूटियां इस प्रदेश की संपदा की श्रीवृद्धि करती हैं। हिमाचल प्रदेश इस समय भारतीय संघ में प्रति व्यक्ति आय की दृष्टि से चौथा स्थान रखता है, जो अनुमानतः 37,000 रुपए है।

शिक्षा एवं स्वास्थ्य संस्थान : हिमाचल प्रदेश में शिक्षा का काफी विकास हुआ है। 2011 में हुई जनगणना के अनुसार इसकी साक्षरता दर 83.78 प्रतिशत है। महिलाओं में शिक्षा दर अन्य राज्यों की तुलना में अधिक है। राज्य में 10,000 से अधिक प्राथमिक विद्यालय, 1,000 माध्यमिक विद्यालय, 1,300 से अधिक उच्च माध्यमिक विद्यालय हैं।

हिमाचल प्रदेश में 3,866 स्वास्थ्य संस्थान एवं 17,000 शैक्षिक संस्थान हैं। यहां अनेक प्रतिष्ठित उच्च शिक्षा प्रतिष्ठान भी हैं। मंडी में आईआईटी, शिमला में शिमला विश्वविद्यालय, पालमपुर में इंस्टीट्यूट आफ हिमालयन बायोरिसोर्स टेक्नोलॉजी (आईएचबीटी, सीएसआईआर प्रयोगशाला), पालमपुर में नेशनल इंस्टीट्यूट ऑफ टेक्नोलॉजी, ऊना में इंडियन इंस्टीट्यूट ऑफ इनफॉर्मेशन टेक्नोलॉजी, धर्मशाला में केंद्रीय विश्वविद्यालय आदि अग्रणी तकनीकी एवं समाजशास्त्रीय विश्वविद्यालय हैं। सीएसके हिमाचल प्रदेश कृषि विश्वविद्यालय पालमपुर विश्व का सबसे विख्यात पहाड़ी कृषि संस्थान है। इनके अतिरिक्त अनेक मेडिकल कॉलेज, अनुसंधान संस्थान, प्रशिक्षण केंद्र, शिक्षा संस्थान, इंजीनियरिंग कॉलेज, पादप जीवविज्ञान कॉलेज एवं विविध अनुशासनों से संबंधित कॉलेज हैं।

पर्यटन : हिमाचल प्रदेश में पर्यटन भी राज्य की आय का एक बड़ा स्रोत है। यहां अनेक नयनाभिराम, चित्ताकर्षक एवं लोमहर्षक उपत्याकाएं, घाटियां, पर्वत शिखर तथा झरने आदि हैं। यहां के प्राकृतिक दृश्य पर्यटकों को अकल्पनीय आनंद एवं रोमांचक अनुभव प्रदान करते हैं। परिणामतः विश्व के अनेक भागों से लोग यहां आते हैं। कुल्लू की राफ्टिंग, सोलांग की घाटी का अतुलनीय दृश्यदर्शन, शिमला की आइस-स्केटिंग, बिलासपुर का नौका विहार

एवं अन्यत्र घुड़सवारी, ट्रेकिंग, स्कीइंग आदि पर्यटकों को सदैव आकर्षित करते हैं। यहां के बड़े पर्यटन एवं धार्मिक क्षेत्रों में बहादुरपुर का किला, भाखड़ा बांध, नैना देवी मंदिर, मणिमहेश, भूरी सिंह संग्रहालय, भरमौर, खज्जियार, पराशर झील, रिवालसर, छोटी काशी मंडी, जोगिंदरनगर घाटी, डलहौजी, सुजानपुर तिरा, धर्मशाला, पालमपुर, मशरूर रॉक मंदिर, कांगड़ा का किला, किन्नौर, मणिकर्ण, मनाली, रोहतांग पास, स्पीती, शिमला, कसौली, गोबिंद सागर लेक आदि शामिल हैं।

यातायात : हिमाचल प्रदेश में तीन हवाई अड्डे शिमला, कुल्लू एवं कांगड़ा जिलों में हैं। हवाई पथ दिल्ली एवं चंडीगढ़ से जोड़ते हैं। यहां की छोटी लाइन की रेलवे काफी प्रसिद्ध है। कालका-शिमला रेलवे यूनेस्को वर्ल्ड हेरिटेज है, जो अनेक सुरंगों से होकर गुजरती है। हिमाचल प्रदेश के अधिकांश गांव सड़कों से जुड़े हैं। यहां लगभग 28 हजार किलोमीटर सड़क मार्ग है, जिनमें आठ राष्ट्रीय पथ एवं 19 राज्य पथ हैं।

श्रीराम शर्मा

हिरण्यकशिपु

हिरण्य का अर्थ है सोना और कशिपु का अर्थ है खटिया अर्थात सोने से निर्मित खाट पर सोने के कारण राक्षसराज का नाम हिरण्यकशिपु पड़ा। नाम से राक्षसराज की समृद्धि के साथ उसकी लोककल्याण के प्रति विमुखता प्रगट होती है। उसकी माता थी दिति और पिता थे तेजस्वी महर्षि कश्यप। हिरण्यकशिपु की पत्नी का नाम था कयाधु जिससे उसे संह्लाद, अनुह्लाद, ह्लाद और प्रह्लाद नामक चार पुत्र और सिंहिका नामक एक पुत्री प्राप्त हुई।

श्रीमद्भागवत महापुराण के अनुसार प्रजापति की पुत्री दिति ने महर्षि कश्यप के संपर्क से गर्भ धारण किया। कश्यप की अनुमति न होने पर भी पुत्र की कामना से कामातुर दिति ने कश्यप के साथ समागम किया जिसका परिणाम था दो अमंगलकारी पुत्रों की प्राप्ति, जो वैकुंठ से शापित जय-विजय नामक दो द्वारपाल थे। उन्होंने ही हिरण्याक्ष और हिरण्यकशिपु के रूप में जन्म लिया। विष्णु ने पहले वराह अवतार में हिरण्याक्ष का वध किया और नृसिंह अवतार धारण करके हिरण्यकशिपु का वध किया। हिरण्यकशिपु अपने भगवत प्रेमी बेटे प्रह्लाद को मारना चाहता था। अतः विष्णु ने प्रह्लाद की रक्षा के लिए नृसिंह रूप धारण कर हिरण्यकशिपु का वध किया।

हिरण्यकशिपु ने संपूर्ण संसार का अजेय, अजर और अमर एकछत्र सम्राट बनने की इच्छा से मंदराचल में दारुण तपस्या की थी। उसकी तपस्या की आग से समुद्र खौलने लगा, द्वीप और पर्वतों सहित पृथ्वी डगमगाने लगी। ग्रह और तारे टूट-टूट कर गिरने लगे। देवताओं की प्रार्थना पर ब्रह्मा भृगु आदि ऋषियों और दक्ष आदि प्रजापतियों के साथ हिरण्यकशिपु के पास पहुंचे और वरदान मांगने के लिए कहा। उसने वरदान मांगा कि उसकी मृत्यु मनुष्य, पशु, देवता, दैत्य, नागादि किसी से भी न हो। दिन में, रात्रि में, आपके बनाए प्राणियों के अलावा अस्त्र, शस्त्र से, पृथ्वी या आकाश में मृत्यु न हो। (श्रीमद्भागवत, 7.3.35-36)।

शिक्षा पूर्ण होने पर प्रह्लाद ने पिता के चरणों को प्रणाम किया। हिरण्यकशिपु ने कहा, गुरु से प्राप्त शिक्षा के सर्वोत्तम उपदेश सुनाओ। प्रह्लाद ने विष्णु की नवधा भक्ति को सर्वोत्तम उपदेश बताया—भगवान के गुण-लीला-नाम आदि का श्रवण, कीर्तन, स्मरण, भगवान के चरणों की सेवा, भगवान की पूजा और अर्चना, वंदन, दास्य, सख्य और आत्मनिवेदन। हिरण्यकशिपु स्वयं को सर्वाधिक बलवान समझता था। वह प्रह्लाद के इन वचनों से क्रुद्ध हो उसे मारने को उद्यत हुआ। उसने प्रह्लाद से कहा, 'यदि तेरा जगदीश्वर सर्वत्र है तो इस खंभे में क्यों दिखाई नहीं देता।' खड्ग लेकर वह प्रह्लाद को मारने दौड़ा। उसने खंभे में एक घूसा मारा, उसी समय खंभे में भयंकर शब्द हुआ और विचित्र रूप धारण कर नृसिंह प्रकट हुए। उन्होंने सभा के दरवाजे पर ले जाकर अपनी

जांघों पर गिरा कर अपने नखों से हिरण्यकशिपु को उसी प्रकार फाड़ डाला जैसे गरुड़ विषधर सर्प को फाड़ डालता है। प्रह्लाद की रक्षा के लिए नारायण ने नृसिंह का अवतार धारण किया था। हिरण्यकशिपु की कथा भोगवाद और भौतिकता पर भगवद् भक्ति की विजय की प्रतीक है। यह कथा प्रह्लाद को विष्णु के अनन्य भक्त के रूप में स्थापित करती है।

सदाशिव कुमार द्विवेदी

हिरण्याक्ष

विष्णु के वैकुंठधाम के द्वारपाल जय तथा विजय ही ऋषियों का अपमान करने के कारण उनसे शापित होकर मर्त्यलोक में महर्षि कश्यप के अंश के रूप में दैत्यों की माता दिति के गर्भ से जन्म लेते हैं और आदिदैत्य हिरण्यकशिपु तथा हिरण्याक्ष कहे जाते हैं। (श्रीमद्‌भागवत, 3.15.30)। हिरण्याक्ष परम बलशाली दैत्य था। वह युद्ध की अभिलाषा से देवलोक पहुंचता है। देवताओं को भयाक्रांत देख वह समुद्र में प्रवेश कर जाता है। अनेक वर्षों तक समुद्र में घूमता हुआ उसकी तरंगों पर प्रहार कर वह अपनी युद्धपिपासा शांत करता है। हिरण्याक्ष वहां घूमता हुआ जलचरों के स्वामी वरुण के पास जाकर उनका उपहास करते हुए युद्ध की भिक्षा मांगता है। वरुण हिरण्याक्ष को श्रीहरि (विष्णु) से युद्ध करने का सुझाव देते हैं। 'तू उनके हाथों मारा जाएगा', वरुण से यह वचन सुनकर मदोन्मत्त दैत्य श्रीहरि का पता लगाकर रसातल में पहुंच जाता है जहां वह श्रीहरि के अवतार वराह को अपनी दाढ़ों की नोक पर पृथ्वी को ऊपर की ओर ले जाते हुए देखता है। हिरण्याक्ष जोर से हँस कर बोलता है, 'अरे यह जंगली पशु इस जलराशि में कहां से चला आया' (3.18.1-2)। हिरण्याक्ष वराह को युद्ध के लिए ललकारते हुए कहता है कि वह पृथ्वी को नहीं ले जा सकता, क्योंकि ब्रह्मा ने इसे रसातलवासियों को अर्पित कर दिया है।

विष्णु छलपूर्वक दैत्यों को जीतकर मार डालते हैं। उनका बल योगमाया है, उसमें कोई पुरुषार्थ नहीं है। अतः हिरण्याक्ष श्रीहरि को समाप्त कर अपने दैत्य बंधुओं का शोक दूर करना चाहता है। उसके अनुसार, श्रीहरि के नष्ट होते ही उनकी आराधना करने वाले देवता और ऋषि भी मिट जाएंगे।

वराह अपने दांतों की नोक पर भयभीत पृथ्वी को जल से ऊपर निकाल लाते हैं। पीले केशवाला हिरण्याक्ष उनका पीछा करता हुआ ललकारता है, 'तुझे भागने में लज्जा नहीं आती?' (3.18.17)। हिरण्याक्ष के वचनों को अनसुना कर वराह ने जल से बाहर निकाल सही स्थान पर पृथ्वी को स्थिर कर दिया और उसमें अपनी आधार शक्ति का संचार किया। हिरण्याक्ष की उपस्थिति में ही ब्रह्मा ने वराह की स्तुति की और देवताओं ने फूल बरसाए। वराह ने अपने पीछे आ रहे दिव्य कवचधारी हिरण्याक्ष से क्रोधपूर्वक हंसते हुए कहा, सचमुच मैं एक जंगली जीव हूं जो तुम जैसों को ढूंढ़ता हूं। इसके बाद वराह और हिरण्याक्ष के बीच भयंकर युद्ध हुआ। ब्रह्मा ने विष्णु के अवतार से कहा, मुझसे वर प्राप्त कर यह बलवान हो गया है। यह देवताओं, ऋषियों और निरपराध जीवों को हानि पहुंचाने वाला भयंकर राक्षस है। इसकी जोड़ का दूसरा वीर नहीं है। अतः यह मुकाबला करने वाले वीर को खोजता समस्त लोकों में घूम रहा है। यह मायावी और निरंकुश है। इसको अपनी योगमाया से मारिए।

वराह रूप विष्णु की गदा हिरण्याक्ष की गदा से टकराकर छूट गई। हिरण्याक्ष ने निरस्त्र शत्रु विष्णु पर युद्धधर्म का पालन करते हुए आक्रमण नहीं किया। विष्णु ने उसकी धर्मबुद्धि की प्रशंसा कर सुदर्शनचक्र उठाया। वह अपने ही प्रमुख पार्षद हिरण्याक्ष के साथ युद्ध-क्रीड़ा करने लगे। सुदर्शन चक्र देख हिरण्याक्ष क्रोध से तिलमिला उठा। वराह ने वायु सदृश वेगवाली उसकी गदा को गिरा दिया। दैत्यराज ने वराह के कहने पर पुनः गदा उठा भीषण गर्जना के साथ प्रहार किया। वराह उसके प्रहार से जरा भी विचलित नहीं हुआ। हिरण्याक्ष ने अनेक

प्रकार की मायाओं का प्रयोग किया, यह समझकर कि संसार का प्रलय आसन्न है। उसकी माया के प्रभाव से प्रचंड आंधी चलने लगी, पत्थरों की वर्षा होने लगी, बिजली चमकने लगी, कड़कड़ाते बादलों के घिर जाने से सूर्य-चंद्र आदि सभी नक्षत्र छिप गए। रुधिर, हड्डियों, विष्ठा की वर्षा होने लगी। तरह-तरह के अस्त्र बरसाते पहाड़ दिखने लगे। आततायी राक्षसों का हिंसामय कोलाहल सुनाई देने लगा। श्रीमद्‌भागवत में वराह और हिरण्याक्ष के युद्ध का सुंदर वर्णन है, जो सत और असत के बीच निरंतर चलने वाले युद्ध का ही एक रूपक है। (3.19.18 21)

हिरण्याक्ष की आसुरी माया का नाश करने के लिए वराह ने सुदर्शन चक्र छोड़ दिया। माता दिति का हृदय कांप उठा। उनके स्तनों से रक्त की धार बह निकली। दैत्यराज ने वराह को भुजाओं में भर लिया, तब वराह ने उसकी कनपटी पर एक तमाचा मारा। इस उपेक्षा से किए गए प्रहार की चोट से हिरण्याक्ष छिन्न-भिन्न हो गया और निष्प्राण हो आंधी से उखड़े वृक्ष के समान पृथ्वी पर गिर पड़ा। हिरण्याक्ष विष्णु का ही पार्षद था। मुनियों के शाप के कारण वह अधोगति को प्राप्त हुआ था। हिरण्याक्ष की कथा में आगे है, विष्णु के हाथों मारे जाने पर वह पुनः कुछ जन्मों के अनंतर वैकुंठलोक पहुंच कर पार्षद का स्थान प्राप्त कर लेता है।

सदाशिव कुमार द्विवेदी

हीनता ग्रंथि

व्यक्ति जब प्रतिकूल परिवेश पाता हो, बचपन से वंचित होता आ रहा हो, कोई शारीरिक विकृति हो, तो उसकी अत्यधिक निराशा से हीनता ग्रंथि (Inferiority Complex) बन जाती है। ऐसी स्थिति में कुछ व्यक्ति उस हीनता ग्रंथि को भुगतते रहते हैं और उसकी पीड़ा से मुक्त होने के लिए कई बार इसके ठीक विपरीत उच्चता(सुपीरियारटी) का भाव रखते हैं। वे अहंकार या आत्मप्रदर्शन करने लगते हैं। अहंकार और आत्मप्रदर्शन हीन भावना को छिपाने का एक अचेतन प्रयास होता है। कुछ व्यक्ति, जो हीनता ग्रंथि की वजह से कोई नया काम करने या कुछ नया सीखने से भय खाते हैं, कठिन समस्याओं को सुलझाने की जगह कोई न कोई बहाना बना कर अकर्मण्य बने रहते हैं और कई बार असामान्य व्यवहार कर बैठते हैं। हीनता की भावना यदि अभी मनोग्रंथि न बनी हो, तो यह व्यक्ति को अपनी कमजोरियों पर विजय हासिल कर उन्नति करने के लिए प्रेरित करती है।

दिनेश कुमार शर्मा

अधिक जानकारी के लिए :
1. मनोविज्ञान : बेंजामिन खान, **2. How to Cure the Inferiority Complex :** Gabriel Dee, 1938

हीनयान

हीनयान बौद्ध धर्म का वह पथ है, जिसका अनुसरण श्रावक 'अहंत' अवस्था प्राप्त करने के लिए करता है। पहले यह श्रावकयान कहा जाता था। यह शब्द पहली या दूसरी सदी के आसपास व्यवहार में आया। स्थविरवादियों की शाखा को हीनयानी कहा गया है। ये इतने प्रयत्नों के बाद निर्वाण प्राप्त करते थे कि यह बहुत कम लोगों द्वारा संभव हो पाता था। यह प्रारंभिक मार्ग कठोर और संरक्षणशील था। यह भिक्षु और विहार के सदस्यों के लिए ही उपयुक्त माना जाता था। बुद्ध के काल से लेकर 350 ई. पूर्व तक पालि साहित्य में इसका उल्लेख एक मुख्य शाखा के रूप में हुआ। पहली सदी से पालि की जगह जब संस्कृत का प्रयोग होने लगा, तब इस प्रारंभिक शाखा को तिरस्कार के भाव से हीनयान की संज्ञा दे दी गई। महायानियों ने अपनी श्रेष्ठता सिद्ध करने के लिए ऐसा किया।

भारत यात्रा समाप्त कर चीन लौटने पर फाहियान ने बौद्ध देशों के बारे में जो लिखा, उसमें 'हीनयान' शब्द का प्रयोग मिलता है। वह लिखता है, 'उत्तर पश्चिम तिब्बत में राजा बौद्ध धर्म का अनुयायी

था। उस क्षेत्र में 'हीनयान' के तीन हजार अनुयायी थे।' फाहियान के समय पांचवीं शताब्दी में हीनयान महायान और मध्यम मार्ग के अनुयायी सर्वत्र फैले थे। 'सद्धर्म पुंडरीक' ग्रंथ में तीन शाखाओं श्रावक, प्रत्येक बुद्ध और महायान का उल्लेख है, 'हीनयान' की कोई चर्चा नहीं है। सातवीं सदी के चीनी यात्री इत्सिंग ने महायान और हीनयान की तुलना करते हुए लिखा है, 'दोनों एक और समान 'विनय' का अनुसरण करते हैं। उनमें पांच 'अपकर्मों' का समान रूप से निषेध है और चार आदर्श सत्यों के अभ्यास पर समान रूप से जोर दिया गया है।

वे बौद्ध जो 'बोधिसत्व' में आस्था रखते हैं और महायान सूत्र का अध्ययन करते हैं, महायानी कहलाते हैं जबकि वे जो 'बोधिसत्व' और महायान सूत्र पर विश्वास नहीं करते, हीनयानी कहलाते हैं। हीनयान उस पथ को कहते हैं, जिसके अनुगामी देवताओं और स्वर्ग की स्थिति पर विश्वास नहीं करते और अष्टांगिक मार्ग पर आस्था रखते हैं। ईसा पूर्व की सदियों में बौद्धधर्म के अठारह प्रकार के मतावलंबियों में हीनयान का जिक्र आता है। हीनयान को थेरवाद के पर्याय के रूप में भी देखा गया है।

थेरवादियों ने बुद्ध की मृत्यु के बाद अपने को दो बार सभाओं में एकबद्ध किया। पहली बार राजगृह में महानिर्वाण के तुरंत बाद और दूसरी बार वैशाली में 60-100 वर्ष बाद। वैशाली की दूसरी सभा में भिक्षु संघ के नियमों में ढील देने की बात पर विभिन्न विचारधाराएं सामने आईं।

हीनयान सिद्धांत के अनुसार सद्धर्म का रस मोक्ष है। इस लोकोत्तर मार्ग से संसार में पूर्व जन्म का अंत हो जाता है। थेरवाद में कहा गया है कि मनुष्य अपनी अज्ञानता से तभी जाग सकता है जब उसे 'वास्तविकता' की समझ हो। ऐसे व्यक्ति अर्हंत और कभी-कभी बुद्ध कहलाते हैं। वे पुनर्जन्म के चक्र से बाहर आ जाते हैं। बोधि का अर्थ निर्वाण है। यह लोभ, घृणा और संशय या भ्रम से मुक्त होना है। बोधि या निर्वाण को प्राप्त करने के लिए अर्हंत इन बाधाओं पर विजय प्राप्त कर चुका होता है।

हीनयान के मतानुसार बुद्ध एक महान शिक्षक थे और उन्हें बोधि या निर्वाण प्राप्त हुआ था। हीनयान का साहित्य स्थविर भिक्षुओं द्वारा गौतम बुद्ध के मौखिक आदेशों के संग्रह के रूप में है क्योंकि भगवान बुद्ध के प्रवचन कई सौ वर्षों तक संगृहीत नहीं हुए थे। 'अट्ठकथा' ईसा पूर्व तैयार हुई। 'ललित बिस्तर' तथा 'दिव्यावदान' की भी रचना हुई। कथानकों का संग्रह 'महावस्तु' है। हीनयान का साहित्य चीनी, तिब्बती और जापानी भाषा में पर्याप्त मात्रा में मिलता है। पालि त्रिपिटक (सूत्र, विनय और अभिधम्म) का संबंध हीनयान से ही है। हीनयान के विचार सूत्र (या सुत्त) पर आधारित थे।

हीनयान और महायान में तीन मुख्य भेद हैं– (1) हीनयानी बुद्ध को केवल एक महापुरुष मानते हैं जिन्होंने अपने प्रयत्नों से बोधि तथा निर्वाण प्राप्त किया लेकिन महायानी उन्हें लोकोत्तर पुरुष मानते हैं; ऐतिहासिक गौतम बुद्ध उनके लिए केवल अवतार थे। (2) महायान भक्ति-प्रधान था, हीनयान में भक्ति के लिए कोई स्थान नहीं था। (3) हीनयान निवृत्ति का मार्ग है, महायान प्रवृत्ति मार्ग प्रधान है। हीनयान का आदर्श अर्हत है तो महायान का बोधिसत्व। हीनयान का अर्थ आत्ममोक्ष है तो महायान का समस्त जीवों का कल्याण।

यह कहना कि हीनयानी और महायानी अलग थे, इनके विहार और मठ अलग थे, इतिहास सम्मत नहीं है। यद्यपि इन दो पथों के अनुगामियों के बीच मतभेद अवश्य हैं, किंतु इस बात के भी पुष्ट प्रमाण हैं कि इन दोनों पथों के अनुगामी शांतिपूर्वक एक साथ एक ही विहार या मठ में रहते थे।

कुछ विद्वान इस बात से सहमत नहीं हैं कि हीनयान थेरवादी बौद्ध धर्म का पर्याय है या उसमें निहित है। 1950 में विश्व बौद्ध संघ ने यह घोषणा की कि हीनयान शब्द का उपयोग बौद्ध धर्म की किसी भी वर्तमान शाखा के लिए न किया जाए।

उदयराज

हीरा डोम

हीरा डोम भोजपुर जनपद के महत्वपूर्ण कवि थे। वे पटना के रहने वाले थे। सितंबर 1914 की 'सरस्वती' में हीरा डोम की कविता 'अछूत की शिकायत' प्रकाशित हुई थी। यह कविता भोजपुरी में है और संभवतः भोजपुरी भाषा की पहली दलित रचना है। इस कविता में हीरा डोम शिकायत करते हुए वस्तुतः प्रश्न उठाते हैं, 'हमनी के राति दिन दुखवा भोगत बानी। हमनी के सहेबे से मिनती सुनाइबि। हमनी के दुख भगवानओं न देखता जे। हमनी के कबले कलेसवा उठाइबि।' हीरा डोम और उनकी कविता 'अछूत की शिकायत' का हिंदी साहित्य के व्यापक संदर्भ में पहली बार उल्लेख रामविलास शर्मा ने किया। 'महावीर प्रसाद द्विवेदी और हिंदी नवजागरण' पुस्तक में उन्होंने लिखा, 'हीरा डोम ने किसी से 'सरस्वती' का नाम सुना होगा। मैथिलीशरण गुप्त की तरह 'सरस्वती' में कविता प्रकाशित कराके प्रसिद्ध कवि बनने का स्वप्न तो उन्होंने न देखा होगा, पर अपनी शिकायत 'सरस्वती' के माध्यम से शिक्षित जनों तक उन्हें जरूर पहुंचानी थी। द्विवेदी जी ने साहसपूर्वक वह कविता अपनी उस पत्रिका में छापी, जिसमें बड़े-बड़े लोग रचनाएं छपाने को तरसते थे।'

हिंदी में उस समय दलित साहित्य आंदोलन का माहौल नहीं था और किसी डोम के द्वारा इस तेवर की कविता लिखने की कल्पना भी नहीं की जा सकती थी, लेकिन हिंदी क्षेत्र के वर्षों पहले के दलित दुःख-दर्द, बेबसी, उपेक्षा और प्रताड़ना के स्वर को सुनना एक जरूरी मामला है। इस कविता में निम्न जाति से संबंधित ग्रामीणजन की पीड़ा और हताशा को पहली बार साफ-साफ सुना जा सकता है, पर हीरा डोम के संबंध में कोई जानकारी अब तक उपलब्ध नहीं हो पाई है।

समीर कुमार पाठक

हुमायूं
(1508-1556)

हुमायूं भारत में मुगल साम्राज्य के संस्थापक और पहले मुगल शासक बाबर का बड़ा बेटा था। उसका जन्म काबुल में मार्च 1508 में हुआ था। हुमायूं की माता माहिम बेगम शायद शिया थीं। युवा हुमायूं ने तुर्की, अरबी और फारसी भाषा सीखी थी। लेकिन अपनी लापरवाही के कारण एक विद्वान के रूप में वह अपनी पहचान नहीं बना सका। गणित, दर्शन, खगोल विद्या और ज्योतिष में भी उसकी रुचि थी। जवान होते हुमायूं को पिता बाबर ने कई युद्धों की कमान सौंपी थी। हुमायूं बहादुर योद्धा था। युद्ध के समय वह बड़ी मुस्तैदी से लड़ता था किंतु योजना बनाकर उसकी निरंतरता और क्षमता को बनाए रख पाने में सफल नहीं हो पाता था, क्योंकि उसमें दृढ़ता की कमी थी। वह काफी विनम्र स्वभाव का व्यक्ति था। अति विनम्रता और दयालुता के कारण वह अपने लोगों से बार-बार छला गया था।

हुमायूं

वह एक साहसी सेनानायक था लेकिन अफीम की लत ने उसकी निर्णय बुद्धि को कुंठित कर दिया था।

बाबर की मौत के बाद हुमायूं ने 1530 में राजगद्दी संभाली। हुमायूं के लिए शासन फूलों की सेज नहीं था क्योंकि बाबर ने जितने इलाके जीते थे उनकी स्थिति सुदृढ़ नहीं हो पाई थी। साथ ही हुमायूं का सौतेला भाई कामरान महत्वाकांक्षी था, उसे पूरे भारत को एक राज्य के रूप में पाने की चाह थी। इसलिए हुमायूं को कामरान की चालों के साथ बाहरी राजाओं जैसे गुजरात के बहादुर शाह, अफगान नेता शेर खान, लोदी वंश के सुल्तान महमूद से क्रमशः गुजरात, यूनान और जौनपुर में सामना करना पड़ा था। शुरू में हुमायूं को विजय मिली। वह 1530 से 1540 तक शासक बना रहा। बिहार और बंगाल के अफगान नेता शेर खां सूरी उसका प्रमुख प्रतिद्वंद्वी था। पहले चौसा की लड़ाई में, उसके बाद कन्नौज की लड़ाई में बुरी तरह पराजित हो जाने के कारण हुमायूं को अपनी गद्दी छोड़कर सिंध भागना पड़ा। सिंध में उसने अपने सिपहसालार की चौदह साल की बेटी हमीदा बानू से शादी की जिसके गर्भ से 1542 में यशस्वी पुत्र अकबर का जन्म हुआ। सिंध में भी मुसीबतें साथ लगी रहीं, अपने भाइयों से बचने के लिए उसे सिंध से ईरान भागना पड़ा। उसका भाई कामरान अकबर को अपने साथ काबुल ले गया। 1555 में हुमायूं ने एक बार फिर दिल्ली पर अधिकार कर लिया लेकिन कुछ महीनों बाद अपने कुतुबखाने (पुस्तकालय) की सीढ़ियों से गिरकर उसकी मृत्यु हो गई। 'हुमायूंनामा' उसकी प्रसिद्ध जीवनी है।

उदयराज

हुमायूंनामा

'हुमायूंनामा' मुगल सम्राट हुमायूं का जीवनचरित है। इसका मूल नाम–'अहवाल हुमायूं पादशाह' था, जिसकी लेखिका गुलबदन बेगम बिंत बाबर पादशाह थीं। गुलबदन हुमायूं की बहन थीं, मात्र छह वर्ष की उम्र में अपने पिता बाबर के साथ दिल्ली आई थीं। 1540 में शेरशाह सूरी के हाथों पराजित होने के बाद हूमायूं लाहौर होते हुए काबुल चला गया। गुलबदन ने भी अपने भाई के दुर्दिन में उसका साथ नहीं छोड़ा और हुमायूं के दोबारा दिल्ली के सिंहासन पर आरूढ़ होने के दो वर्षों के बाद गुलबदन भी शाही हरम की औरतों के साथ काबुल से दिल्ली लौट आई थीं।

'हुमायूंनामा' सोलहवीं सदी के मध्यकालीन भारत का ऐतिहासिक अभिलेख है। दुर्भाग्यवश, यह सदियों तक अतीत के गर्भ में खोया रहा। इसकी खोज इंगलैंड के कर्नल जी डब्ल्यू हेमिलटन ने की थी, जिसे उनकी विधवा ने 1868 में ब्रिटिश संग्रहालय को बेच दिया था। 1901 में ए एस बेवरिज ने इसका फारसी से अंग्रेजी में अनुवाद किया, तो यह कृति प्रकाश में आई। ब्रजरत्नदास ने इसका हिंदी अनुवाद किया। इसका एक अन्य हिंदी अनुवाद मुंशी देवी प्रसाद मुंसिफ ने किया है।

गुलबदन बेगम को फारसी एवं तुर्की भाषा का ज्ञान था। उन्हें कहानी कहने की कला खूब आती थी। उन्होंने अपने पिता बाबर के 'बाबरनामा' की तरह 'हूमायूंनामा' में सहज एवं सरल फारसी भाषा का प्रयोग किया है। इसमें हुमायूं के जीवन के उतार-चढ़ाव, जय-पराजय, गम और खुशियों की कहानी रोचक अंदाज में कही गई है। अबुल फजल ने 'अकबरनामा' के पहले प्रारूप में कुछ हाल बादशाह हुमायूं का भी लिखा है, लेकिन वह बहुत थोड़ा है। उसके बाद हुमायूं के सेवक जोहर अकबर ने 'वाकया-ए-हुमायूं' लिखा। इन दोनों से अधिक विस्तार से हुमायूं के जीवन की कहानी 'हुमायूंनामा' में बयान की गई है।

अकबर के शासनकाल में गुलबदन बेगम को हुमायूं का जीवनचरित लिखने का दायित्व सौंपा गया था। अकबर ने अपनी बुआ गुलबदन को यह कार्य सौंपते हुए कहा था कि आपको अपने भाई हुमायूं के बारे में जो कुछ याद हो, उसे लिख डालिए।

'हुमायूंनामा' की शुरुआत करते हुए गुलबदन ने लिखा है, 'एक फरमान जारी हुआ है–फिरदौस-मकानी (बाबर) और जन्नत-आशयानी (हुमायूं), जो

इस दुनिया से उस घर में चले गए हैं जो कभी नष्ट नहीं होगा, उनके बारे में जो जानती हो उसे लिख डालिए। मैं नाचीज उस समय आठ साल की थी। मुझे बहुत कुछ याद नहीं था। फिर भी शाही फरमान के कारण जो कुछ मुझे याद आया और सुन रखा था उसी को यहां सहेज कर रख रही हूं।' वह बाबर की मृत्यु और हुमायूं की बीमारी के बारे में लिखती हैं, '22 वर्ष की उम्र में ही हुमायूं को गंभीर रूप से बीमार और बिस्तर पर लेटे देखकर बाबर का कलेजा क्षत-विक्षत हो उठा। उसने चार दिनों तक हुमायूं के बिस्तर के चारों ओर परिक्रमा करते हुए दुआ की--या अल्लाह। हुमायूं की मौत मुझे और मेरी बाकी जिंन्दगी उसे दे दे। कुदरत के करिश्मे से उसकी दुआ कबूल हुई। हुमायूं धीरे-धीरे स्वस्थ होने लगा और 47 वर्ष की उम्र में ही बाबर की मृत्यु हो गई।'

सत्ता से निर्वासन के बाद हुमायूं दर-ब-दर की खाक छानता रहा। इसी दौरान वह हमीदा बेगम के प्यार में पड़ गया। मान-मनौवल के बाद हमीदा बेगम शादी के लिए राजी हो गई। शादी के दो वर्षों के बाद अकबर का जन्म हुआ। गुलबदन बेगम ने इन घटनाओं का जिक्र बड़ी सहजता और उत्साह के साथ किया है। 'हुमायूंनामा' के अंतिम भाग में हरम में रहने वाली मुगल औरतों की दास्तान है। गुलबदन बेगम ने उसमें मुगल औरतों की उतार-चढ़ाव भरी जिंदगी का वर्णन किया है। उनका खुद का जीवन काबुल, लाहौर, दिल्ली और काबुल के बीच आते-जाते बीता था।

उन्होंने यह भी बताया है कि किस तरह उनके शौहर खिजिर ख्वाजा खान को हुमायूं का विरोध करने के लिए उकसाया गया, किंतु गुलबदन के मना करने पर वे विरोध के लिए तैयार नहीं हुए।

गुलबदन ने लिखा है कि हुमायूं के दोबारा सत्तासीन होने के दो वर्ष के बाद अकबर ने उन्हें काबुल से दिल्ली बुलाया। उस समय हुमायूं का निधन हो चुका था। वह कुछ दिनों तक आगरा में रहीं, बाद में फतेहपुर सीकरी चली गईं। इसी बीच हज के लिए वह मक्का गईं, जिसका उन्होंने विस्तार से वर्णन किया है। गुलबदन कविताएं लिखा करती थीं, जो उपलब्ध नहीं हैं। भारतीय इतिहास में 'हुमायूंनामा' एक भूले-बिसरे गीत की तरह है। वास्तव में यह मुगल हरम की खिड़की से झांकती हुई एक औरत की आंखों से सहेजा गया मुगल साम्राज्य का आत्मीय चित्र है।

रुस्तम राय

अधिक जानकारी के लिए :

1. मध्यकालीन भारत : इरफान हबीब, **2. मध्यकालीन भारत :** सतीशचंद्र, 3. The History of Humayun : Humayun Nama : Annette S Beveridge

हेनरी जिरौक्स (1943-)

अमेरिकन-कनाडियन लेखक हेनरी जिरौक्स (Henry Giroux) कामगार वर्ग की पृष्ठभूमि और परंपरा से आते हैं। समाज में व्याप्त लिंगभेद, रंगभेद और वर्गभेद का उन्हें कटु अनुभव रहा है। जिरौक्स ने आलोचनात्मक शैक्षिक पद्धति, सांस्कृतिक अध्ययन, युवा अध्ययन और मीडिया अध्ययन सहित कई क्षेत्रों में महत्वपूर्ण काम किया। उन्होंने कार्ल मार्क्स से लेकर पाउलो फ्रेरे और जिग्मंट बाउमेन तक के विचारों से प्रेरणा ली है। वे 'फंडामेंटल डेमोक्रेसी' के समर्थक रहे हैं। उन्होंने नवउदारवाद,

हेनरी जिरौक्स

सैन्यवाद, साम्राज्यवाद, धार्मिक तत्ववाद आदि अलोकतांत्रिक प्रवृत्तियों का कठोरता से विरोध किया है। उनकी कृतियों में हमेशा एक ऐसी शिक्षा पद्धति की पैरवी है जो विभाजनकारी और अधिकार जताने वाली प्रथा का उन्मूलन कर सके। उन्होंने कहा है, 'साधारण लोगों के लिए विद्यालयों को किसी खास समाज के साथ केवल संबद्ध ही नहीं किया जा रहा है बल्कि इनमें ऐसी फौजी समझ दी और बढ़ाई जा रही है जो निम्न आय के गरीब-अल्पसंख्यक नवयुवकों को बौद्धिक-भौतिक रूप से अनुशासित करती है और उनकी इच्छाओं और पहचानों को भी नियंत्रित करती है।' वे विद्यालयों की दशा का वर्णन करते हुए बताते हैं, 'गरीबों के लिए बने विद्यालयों में अनुशासन विद्यालय-प्रशासकों द्वारा नहीं बल्कि पुलिस द्वारा लागू किया जा रहा है। यह नस्लवादी विमर्श है जो विद्यालयों में पहुंच रहा है।' हेनरी जिरौक्स खास तरह के शिक्षण द्वारा गरीबों पर होने वाले आक्रमण से सावधान कराने वाले चिंतक हैं।

गरीबों और भटके हुए युवाओं के सामाजिक अवस्थान, आय और शिक्षा पर होने वाले आक्रमणों पर अपनी चिंता व्यक्त करने में हेनरी जिरौक्स सदैव तत्पर थे। उन्होंने लिखा है, 'लोकतंत्र पूंजीवाद का सहजीवी नहीं है बल्कि वह उस समाजवादी लोकतंत्र के सर्वांगसम है जिसमें पूंजी, संसाधन और सामाजिक नियम के फायदे सटीक और समान रूप से साझा किए जाते हैं।' जिरौक्स के काम मानवाधिकार के लिए प्रेरक हैं। उनकी कृतियां सहभागी लोकतंत्र के लिए प्रगतिशील प्रेरणाओं से युक्त हैं। वह ऐसी भाषा का प्रयोग करते हैं जो दमनकारी संस्थानों की नुक्ताचीनी ही नहीं करती बल्कि उनमें निहित संभावनाओं को भी खोजती है। नवउदारवाद द्वारा बाहर कर दिए गए और हाशिए पर फेंक दिए गए युवाओं के साथ अपने को रखते हुए जिरौक्स ने 'यूथ इन ए सस्पेक्ट सोसायटी' (2009) पुस्तक लिखी। जिरौक्स पाते हैं कि नई आर्थिक ताकत को एक 'फेंक दिए जाने लायक' (डिसपोजेबुल) ऐसे समुदाय की आवश्यकता है जिसमें लोग घरबारहीन, आजीविकाहीन, मानसिक रूप से असंतुलित या असहाय हों और जिन्हें अन्य क्षेत्रों की आय बढ़ाने के लिए इतिहास के कूड़ेदान में डाला जा सकता है। वे पूर्ण उद्धार के लिए ऐसे प्रेरणादायक शिक्षकों की आवश्यकता बतलाते हैं जिन्हें विभाजन की यांत्रिकी, नियंत्रण की यांत्रिकी, दमन की विधि के साथ-साथ प्रसिद्ध सभ्यताओं, अर्थशास्त्रों और प्रगतिशील प्रशिक्षण पद्धति की जानकारी हो। इसलिए जिरौक्स ने आलोचनात्मक अध्यापन कला पर अपने को अधिकाधिक केंद्रित रखा है। उनकी नई पुस्तक 'पब्लिक पेडागॉगी' में वैश्विक सभ्यता की शैक्षणिक ताकत पर जोर दिया गया है। 2015 में उन्हें चैपमान यूनिवर्सिटी में 'चेंजिंग द वर्ल्ड अवार्ड' और 'द पाउलो फ्रेरे डेमोक्रेटिक प्रोजेक्ट सोशल जस्टिस अवार्ड' से सम्मानित किया गया है।

उदय राज

अधिक जानकारी के लिए :

1. Disposable Futures : The Seduction of Violence in the Age of Spectacle : Henry Giroux, 2015, **2. Neoliberalism's War on Higher Education :** Henry Giroux, 2014, **3. Youth in Revolt : Reclaiming a Democratic Future :** Henry Giroux, 2013, **4. Reading and Teacling Henry Giroux :** Doyle and Singh, 2006

हेनरी डेविड थोरो

(1817-1862)

हेनरी डेविड थोरो (Henry David Thoreau) अमेरिकी लेखक, इतिहासकार और प्रकृति-प्रेमी थे। वे अमेरिका में दास प्रथा के विरोधी थे, जिसे अब्राहम लिंकन ने 1863 में खत्म करने की घोषणा की और संवैधानिक सुधार द्वारा वह 1865 में समाप्त हुई। थोरो को प्रकृति की निकटता पसंद थी। वाल्डेन सरोवर के प्राकृतिक वातावरण में बिताए एकांत के अपने दो सालों पर लिखी उनकी

आधारशिला है। जो आज्ञाकारी हैं, वे गुलाम हैं।

- अपने पूर्वाग्रहों को छोड़ने के लिए कभी देर नहीं होती।
- इस मोटो को मैं हृदय से स्वीकार करता हूं कि वह सरकार सबसे अच्छी है जो कम-से-कम शासन करती है।
- ईश्वर की कृपा है कि मनुष्य उड़ नहीं सकता, नहीं तो वह धरती की तरह आसमान को भी बरबाद कर देता।

दिनेश कुमार शर्मा

हेनरी डेविड थोरो

कृति 'वाल्डेन' काफी लोकप्रिय हुई थी। उन्होंने 'सिविल डिसओबिडिएंस' किताब भी लिखी, जिससे टाल्स्टाय, महात्मा गांधी और मार्टिन लूथर किंग (कनिष्ठ) प्रभावित थे। इसमें न्याय से विमुख राज्य सरकार का प्रतिरोध करने के लिए कहा गया था। अपनी कवि संवेदना, दार्शनिक तर्कशीलता और इतिहास से गहरे सरोकारों के कारण वे अपने युग में चर्चित रहे हैं।

कुछ विचार :

- अपने बारे में ज्यादा बात नहीं करनी चाहिए क्योंकि हो सकता है कि कोई आपको आपसे ज्यादा जानता हो।
- इससे अधिक दुखद गलती नहीं हो सकती है कि कोई अपने जीवन का अधिकांश समय सिर्फ जीविका कमाने में व्यय कर दे।
- सपने हमारे चरित्र की कसौटी हैं।
- बहुत ज्यादा नैतिक न बनो। ऐसा करके तुम जीवन के बहुत कुछ से अपनों को वंचित कर सकते हो।
- सर्वश्रेष्ठ किताबें सबसे पहले पढ़ो, नहीं तो हो सकता है कि उन्हें पढ़ने का मौका ही कभी न आए।
- नागरिक अवज्ञा स्वाधीनता की सच्ची

हेनरी लुइस विवियन डिरोजियो
(1809-1831)

हेनरी लुइस विवियन डिरोजियो (Henri Louis Vivian Derozio) बांग्ला नवजागरण को प्रभावित करने वाला एक प्रमुख व्यक्तित्व था। वह एक प्रतिष्ठित एंग्लो-इंडियन परिवार में जन्मा था और उसे बचपन से ही कविता लिखने का शौक था। वह कुछ समय भागलपुर में रहा था और गंगा के सौंदर्य से प्रभावित होकर उसने कविता लिखना शुरू किया था। बाद में कोलकाता वापस आ गया। वह 17 वर्ष की आयु में हिंदू कॉलेज में साहित्य और इतिहास का शिक्षक बना।

हिंदू कालेज की स्थापना 1816-17 में बंगाली हिंदू जमींदारों द्वारा हुई थी। इसका शैक्षिक संचालन संरक्षणवादी मानसिकता के लोगों के हाथों में था। डिरोजियो उनसे भिन्न था। हिंदू कॉलेज का इतिहास लिखने वालों ने उस काल के संदर्भ में डिरोजियो युग और रिचर्डसन युग की धारणा प्रस्तुत की है। इस कॉलेज के संचालक सरकार के हाथ में कॉलेज को जाने देना नहीं चाहते थे। वे इसे ईसाइयत के अलावा राममोहन राय के बुद्धिवादी प्रभाव से भी बचाना चाहते थे, भले शिक्षा का माध्यम अंग्रेजी था। इसमें बांग्ला का प्रवेश 1839 में हुआ। ऐसे

हेनरी लुइस विवियन डिरोजियो

कॉलेज में कुछ समय के लिए ही सही डिरोजियो का लोकप्रिय हो उठना एक खास अर्थ रखता है। हिंदू कॉलेज 1858 में हिंदू स्कूल और प्रेसिडेंसी कॉलेज में विभाजित हो गया। इन घटनाओं में सबसे महत्वपूर्ण है डिरोजियो का उदय।

युवा डिरोजियो के विचारों से विद्यार्थी बहुत प्रभावित होते थे, क्योंकि वह बड़े उत्साह से पढ़ाता था, जैसे उन्हें शिक्षित ही नहीं जाग्रत भी कर रहा हो। उसने अपने विद्यार्थियों को शिक्षा दी, बिना तर्क की कसौटी पर कसे कुछ भी न मानो। 1828 में राजा राममोहन राय से भिन्न रास्ता चुन कर वह हिंदू कूपमंडूकता पर उग्र ढंग से प्रहार करता था, हालांकि उसमें भारत के प्रति देशप्रेम भरा हुआ था।

डिरोजियो पर फ्रांसीसी क्रांति का असर था। वह आधुनिक विचारों का ऐसा शिक्षक था, जो उपनिवेशवाद के विरुद्ध था। उसने अपने 'आत्मवक्तव्य' में लिखा है, 'मैं भारत में पैदा हुआ हूं, यहीं मेरा लालन-पालन हुआ है। मैं इसे साभिमान अपना देश मानता हूं। इसकी सेवा में मुझसे जो भी बन पड़ेगा वह करने के लिए प्रस्तुत रहूंगा।' उसने इसी आत्मवक्तव्य में कहा, 'उपनिवेशीकरण में ही भारत का फायदा है, यह शब्द की अपेक्षा लफ्फाजी अधिक है।' उसने अन्यत्र लिखा, 'उपनिवेशीकरण से हमारी जाति की अवनति ही होगी।' आगे यह भी कहा, 'एक मामले में उपनिवेशीकरण से फायदे सुनिश्चित हैं और वह है इस देश में यूरोपीय कला और विज्ञान का प्रचार और तत्संबंधी संस्थाओं की स्थापना। वास्तव में कंपनी ने देशी लोगों के बीच शिक्षा प्रसार के साधनों में वृद्धि का कभी प्रयास ही नहीं किया।' हिंदू कॉलेज में उदारवादी व्यक्तियों के प्रयास से ही 'शिक्षित हिंदुओं का मानस ज्ञानोदय से परिपूर्ण और विस्तृत हो रहा था।' डिरोजियो ने यह भी स्पष्ट किया, 'ब्रिटिश विधायिका के हस्तक्षेप के बिना उपनिवेशीकरण लाभदायक नहीं हो सकता।' (द केलियोडोस्कोप, 1829)। उन्नीसवीं सदी के आरंभिक दशकों में डिरोजियो के ऐसे विचार क्रांतिकारी कहे जाएंगे। वह कला और विज्ञान का भारत में प्रसार चाहता था, भारत के लोगों को बुद्धिवादी बनने की प्रेरणा दे रहा था ताकि वे धार्मिक रूढ़ियों से मुक्त हो जाएं।

डिरोजियो को ईश्वर पर संदेह करने और विद्यार्थियों को धार्मिक विद्रोह के लिए उकसाने के आरोप में कॉलेज से निकाल दिया गया। उसने अभिव्यक्ति की आजादी के पक्ष में बयान देते हुए अपने पर लगाए गए आरोपों के उत्तर में कहा था, 'किसी विषय में किसी एक ही दृष्टिकोण का समर्थन करना सत्य के प्रति जागरूकता नहीं है। विरोधी विचारों के प्रति आंख-कान बंद करना उचित नहीं है। ...केवल जन धारणाओं के खिलाफ होने के कारण किसी को बर्खास्त कर देना सही नहीं है।' (एचएच विल्सन को पत्र)। डिरोजियो ने इस निर्णय के खिलाफ अपील करना मतांधों को महत्व देना माना, उसने अपील नहीं की।

डिरोजियो अपने विद्यार्थियों से बड़ा लगाव रखता था। उसने इनको संबोधित करते हुए एक कविता लिखी थी, 'मैं देखता हूं फैलाव तुम्हारा/ कि जैसे ग्रीष्म में छोटी-छोटी चिड़ियों की उड़ान/

वह छोटे-छोटे डैने उनके/आकाश को नाप जाने का समूचा आत्मविश्वास उनका/ आह! परिस्थितियों के विपरीत हवा/ और शुरुआती ज्ञान-रूपी अप्रैल की भीनी फुहार/ मानसिक घात-प्रतिघातों के भेदोपभेदों से आच्छादित वह यौवन–सामर्थ्य-शक्ति।'

डिरोजियो की मृत्यु 22 साल की अल्पायु में हो गई, पर उसकी मृत्यु के बाद उसके शिष्यों ने 'यंग बंगाल' नाम से एक संस्था बनाई जो बांग्ला नवजागरण में अपने अच्छे-बुरे तत्वों के साथ ऐतिहासिक भूमिका के लिए खास तौर से जाना जाता है।

पूजा गुप्ता

अधिक जानकारी के लिए :
1. बंगाल का नवजागरण : सुशोभन सरकार, **2. सामाजिक क्रांति के दस्तावेज :** शंभुनाथ (संपा), **3. The Bengalees : Glimpses of History and Culture :** Samaren Roy, 1919

हेमचंद्र
(1031-1115)

प्रसिद्ध जैन आचार्य, भाषाशास्त्री, काव्यशास्त्री और साहित्यसेवी हेमचंद्र का जन्म गुजरात के अहमदाबाद के पास धुंधुक ग्राम में हुआ था। 1109 में गुरु की गद्दी पर बैठने के बाद उन्होंने 'सूरी आचार्य' की उपाधि धारण की और जैन साधुओं की प्रथा के अनुसार उनका नामकरण हुआ। जैन संप्रदाय में वे 'कलिकाल-सर्वज्ञ' की उपाधि से विभूषित हुए थे।

प्राकृत भाषा के महत्वपूर्ण वैयाकरण के रूप में हेमचंद्र वस्तुतः वररुचि के (प्राकृत-प्रकाश) बाद दूसरी बड़ी हस्ती हैं। गुजरात के सोलंकी राजा सिद्धराज जयसिंह (1093-1142) और उनके भतीजे कुमारपाल (1142-1173) के यहां उनका बहुत सम्मान था। कहा जाता है कि सिद्धराज के अनुरोध से उन्होंने अपने व्याकरण ग्रंथ की रचना की थी, जिसके कारण उसके नाम में 'सिद्ध' शब्द लगा हुआ है—'सिद्धहेमचंद्राभिधस्वोपज्ञ शब्दानुशासन'। उक्त ग्रंथ को संक्षेप में 'शब्दानुशासन', 'सिद्धहेमचंद्र' या 'सिद्धहैम' भी कहते हैं। यह आठ अध्यायों में है। इसके प्रारंभिक सात अध्यायों में संस्कृत का व्याकरण है और अपेक्षाकृत बड़े आठवें अध्याय में प्राकृत तथा अपभ्रंश का। उक्त ग्रंथ में अपभ्रंश-सूत्रों के स्पष्टीकरण हेतु उन्होंने अपने पूर्ववर्ती और समसामयिक साहित्य से उदाहरण लिए हैं। अतः इस ग्रंथ की भाषावैज्ञानिक महत्ता के साथ इतिहास रचना की दृष्टि से भी महत्ता असंदिग्ध है। उदाहरणस्वरूप, उनके व्याकरण में मुंज कवि का जो निम्न दोहा उद्धृत हुआ है, उसे कुछ परिवर्तित रूप में कृष्णभक्त सूरदास की रचना के साथ जोड़ कर, भक्ति के प्रचार के उद्देश्य से प्रयुक्त किया जाता है, 'बांह बिछोड़वि जाहि तुहुं, हउं तेवइं को दोषु। हिअ अट्ठिअ जइ नीसरहि, जाणउं मुंज सरोसु।' (हजारी प्रसाद द्विवेदी ग्रंथावली, खंड 3)। इसका अर्थ है, बांह छुड़ा कर तुम जा रहे हो, मैं तुम्हें क्या दोष दूं? ऐ मुंज, तुम हृदय में स्थित हो, यहां से निकलो तो समझूं कि तुम सचमुच सरोष हो।

हेमचंद्र ने अपने व्याकरण-ग्रंथ की दो टीकाएं स्वयं लिखीं, 'वृहती वृत्ति' और 'लघु वृत्ति'। उदयसौभाग्यगणिन ने हेमचंद्र की वृत्ति पर 'हेमप्राकृतवृत्तिढुण्ढिका' नामक टीका लिखी जिसमें विशेषकर शब्दों की व्युत्पत्ति दी गई है। नरेंद्रचंद्र सूर्य ने हेमचंद्र के व्याकरण के केवल आठवें अध्याय पर 'प्राकृत प्रबोध' टीका लिखी। हेमचंद्र का 'प्राकृत-व्याकरण' चार पादों में विभाजित है। प्रथम दो पादों में मुख्यतः ध्वनिशास्त्र, तीसरे में शब्दरूपावली और चौथे में धातु आदि पर विचार हुआ है। उनका प्राकृत व्याकरण आर पिशेल द्वारा सुसंपादित होकर 1877 में प्रकाशित हुआ था। यह कई तरह की प्राकृतों पर आधारित है—शौरसेनी, मागधी, पैशाची, जैन,

महाराष्ट्रीय, अर्धमागधी आदि। याकोबी का मत है कि जिस तरह भट्टोजी दीक्षित की 'सिद्धांतकौमुदी' वस्तुतः पाणिनि की 'अष्टाध्यायी' पर आधारित है, उसी तरह हेमचंद्र का प्राकृत व्याकरण वररुचि के 'प्राकृत-प्रकाश' के सूत्रों के आधार पर बनाया गया है। यह मत ठीक नहीं है, क्योंकि इससे हेमचंद्र की मौलिकता का अवमूल्यन होता है। सच यह है, 'हेमचंद्र का वररुचि से वही संबंध है, जो कात्यायन का पाणिनि से।' (प्राकृत भाषाओं का व्याकरण, आर पिशेल, अनुवाद : हेमचंद्र जोशी)।

व्याकरण के अलावा हेमचंद्र ने 'देशीनाममाला' (देशी शब्द संग्रह) नामक शब्दकोश का भी निर्माण किया था। खुद लेखक के अनुसार यह 'प्राकृत व्याकरण' के परिशिष्ट के रूप में लिखा गया था। उसमें देशी शब्दों के साथ उनके संस्कृत और तद्‌भव (संस्कृतभव) रूप भी हैं। उक्त पुस्तक के आठ वर्ग हैं, जिनमें शब्दों को वर्णमाला-क्रम से सजाया गया है। पहले एकार्थी, फिर अनेकार्थी शब्द रखे गए हैं। पहले वर्ग में शब्दों पर प्रकाश डालने के लिए हेमचंद्र ने स्वरचित पद्यों को भी उदाहरण रूप में रखा है।

हेमचंद्र ने 'काव्यानुशासन' और 'छंदोशासन' जैसी काव्यशास्त्रीय कृतियां और 'कुमारपालचरित' नामक साहित्यिक रचना का भी प्रणयन किया। 'काव्यानुशासन' पर उन्होंने स्वयं 'अलंकार चूडामणि' नामक वृत्ति और 'विवेक' नामक टीका भी लिखी। फिर भी 'काव्यानुशासन' हेमचंद्र का मौलिक ग्रंथ न होकर, संस्कृत की काव्यशास्त्रीय कृतियों—'काव्यप्रकाश' (मम्मट), 'ध्वन्यालोक' (आनंदवर्द्धन), 'अभिनवभारती' (अभिनवगुप्तपाद) आदि के उद्धरणों से विभूषित एक संकलन ग्रंथ ही है। 'काव्यानुशासन' में उन्होंने काव्य-लक्षण, काव्य-प्रयोजन, काव्य के गुण और दोष, रस, नायक-नायिका-भेद, अलंकार, काव्य भेद आदि विषयों का निरूपण किया है।

रवींद्र कुमार पाठक

अधिक जानकारी के लिए :
संस्कृत काव्यशास्त्र का इतिहास : पुरुषोत्तम वामन काणे

हेमचंद्र बरुआ
(1836-1897)

असमिया भाषा के लेखक, कवि एवं समाज सुधारक हेमचंद्र बरुआ का जन्म असम के शिवसागर जिले में हुआ था। हेमचंद्र बरुआ असमिया

हेमचंद्र बरुआ

शब्दकोश के संपादक थे। 'हेमकोश' नाम से यह शब्दकोश 1900 में उनकी मृत्यु के बाद छपा था। यह आधुनिक असमिया भाषा तथा व्याकरण का मुख्य आधार था। उन्होंने असमिया कहानी एवं नाटक के क्षेत्र में बड़ा योगदान किया। वह फ्रायड के मनोविज्ञान से प्रभावित थे। उनके नाटकों में रहस्य और मनोविज्ञान का समन्वय है। गौहाटी से प्रकाशित 'असम न्यूज' के वे संपादक भी थे।

सोमा बंद्योपाध्याय

होमी जे भाभा

(1909-1966)

होमी जहांगीर भाभा (Homi Jehangir Bhabha) मुंबई के एक संपन्न और औद्योगिक पारसी घराने में पैदा हुए थे। उनके पिता जहांगीर होर्मुसजी भाभा एक जाने-माने वकील थे। होमी की प्रारंभिक शिक्षा कैथेड्रल एंड जॉन कोनन स्कूल में हुई। सीनियर कैंब्रिज परीक्षा पास करने के बाद 15 वर्ष की उम्र में उन्हें एल्फिस्टन कॉलेज में दाखिला मिला। इसके बाद वे रॉयल इंस्टिट्यूट ऑफ साइंस गए, फिर कैंब्रिज विश्वविद्यालय में पढ़ाई की। उनके पिता तथा चाचा दोराब टाटा चाहते थे कि वे मेकेनिकल इंजीनियरिंग की पढ़ाई करके जमशेदपुर की टाटा स्टील मिल में मेटालॉर्जिस्ट के रूप में काम करें। उन्होंने प्रथम श्रेणी से यह परीक्षा उत्तीर्ण की, साथ ही गणित में भी प्रथम श्रेणी की डिग्री पाई। उन्हें कई स्कॉलरशिपें मिलीं। उन्होंने सैद्धांतिक भौतिकी में डॉक्टरेट डिग्री के लिए कैवेंडिश प्रयोगशाला में काम किया। उस समय यह प्रयोगशाला न्यूक्लियर फिजिक्स में शोध कर रही थी। इसी काम से वे आजीवन आणविक अनुसंधान में लगे रहे।

होमी जहांगीर भाभा

1933 में होमी भाभा को न्यूक्लियर फिजिक्स में डॉक्टरेट की डिग्री मिली। 'दि एब्जोर्प्शन ऑफ कॉस्मिक रेडियेशन' उनका पहला शोध पत्र था। इसके आधार पर 1934 में तीन साल के लिए उन्हें आइजक न्यूटन स्टुडेंटशिप मिली। उन्होंने एलेक्ट्रॉन्स पर शोध किया और 1935 में अपना प्रसिद्ध पेपर 'भाभा स्कैटरिंग' प्रकाशित किया। इससे उन्हें अंतरराष्ट्रीय ख्याति मिली। आगे चल कर उन्होंने इस विषय पर शोध किया कि कैसे बाह्य जगत से प्राइमरी कॉस्मिक किरणें उच्च वातावरण से प्रतिक्रिया करती हैं और जमीनी सतह से दिखने वाले कण उत्पन्न करती हैं। क्वान्टम थियरी में उनका महत्वपूर्ण योगदान है। उन्होंने एक अन्य वैज्ञानिक हैटलर के साथ मिल कर विभिन्न ऊँचाइयों पर गिरने वाले विभिन्न एलेक्ट्रोन्स की प्रपात प्रक्रिया का आंकिक अनुमान किया। बाद में होमी भाभा ने इसकी पुष्टि अल्बर्ट आइंस्टीन के सापेक्षता सिद्धांत से की। वे आर-प्रोसेस के लिए भी स्मरण किए जाते हैं।

भारत में भाभा ने बंगलुरु के 'इंडियन इंस्टिट्यूट ऑफ साइंस' के फिजिक्स विभाग में रीडर के रूप में शिक्षण कार्य आरंभ किया। उन दिनों सी बी रामन इस संस्था के निदेशक थे। वे होमी भाभा को बहुत मानते थे। इस बीच भाभा ने कांग्रेस पार्टी, खासकर जवाहरलाल नेहरू को न्यूक्लियर प्रोग्राम प्रारंभ करने के लिए राजी कर लिया। उन्हें सर दोराब टाटा ट्रस्ट का विशिष्ट शोध अनुदान मिला और कुछ छात्रों को साथ ले कर उन्होंने कॉस्मिक रे रिसर्च यूनिट कायम किया। 1941 में होमी भाभा को रॉयल सोसाइटी की फेलोशिप मिली। जे आर डी टाटा के सहयोग से उन्होंने 1945 में टाटा इंस्टिट्यूट ऑफ फंडामेंटल रिसर्च की स्थापना की। साथ ही ट्रॉम्बे एटॉमिक एनर्जी एस्टब्लिशमेंट शोध संस्थान की स्थापना की। वे दोनों संस्थानों के निदेशक थे। अब ट्रॉम्बे एटॉमिक एनर्जी एस्ट ब्लिशमेंट का नाम बदल कर भाभा के नाम पर रख

दिया गया है। वे भारत में न्यूक्लियर फिजिक्स के जन्मदाता और संस्थापक निदेशक थे।

होमी भाभा ने इंटरनेशनल एटॉमिक एनर्जी फोरम में भारत का प्रतिनिधित्व किया तथा 1955 में जेनेवा में यूनाइटेड नेशंस के कांफ्रेंस में प्रेसिडेंट की हैसियत से भाग लिया। इस कांफ्रेंस का विषय था, 'द पीसफुल यूजेज ऑफ एटॉमिक एनर्जी'। 1958 में वे अमेरिकन एकेडमी ऑफ आर्ट्स एंड साइंस का मानद सदस्य चुने गए। विक्रम साराभाई के इंडियन नेशनल कमिटी फॉर स्पेस रिसर्च में भी उन्होंने प्रमुख भूमिका निभाई। उन्हें भारत सरकार ने 1954 में पद्मभूषण से सम्मानित किया।

होमी भाभा ने ऊर्जा के लिए यूरेनियम के स्थान पर थोरियम के प्रयोग की बात कही थी, जिसका भारत में प्रचुर भंडार है। उन्होंने इस देश को ऊर्जा के क्षेत्र में आत्मनिर्भर बनाने के लिए तीन चरणों में न्यूक्लियर प्रोग्राम का प्रस्ताव दिया था। पहले वे अणु बम बनाने के खिलाफ थे लेकिन देश पर चीन के आक्रमण के बाद वे भारत में न्यूक्लियर आयुधों का निर्माण करना चाहते थे। वे जवाहरलाल नेहरू तथा लालबहादुर शास्त्री के वैज्ञानिक सलाहकार थे। 21वीं सदी में पारमाणुविक ऊर्जा के लिए अमेरिका, जापान आदि देशों से जो व्यावसायिक संधियां हुई हैं, उनकी जमीन होमी भाभा ने ही तैयार की थी।

वैज्ञानिक होने के साथ-साथ होमी भाभा चित्रकार, संगीतकार भी थे। ऊटी का प्रसिद्ध रेडियो टेलीस्कोप उन्हीं की परिकल्पना थी। आज उनके नाम पर होमी भाभा फेलोशिप दी जाती है। एक वैज्ञानिक कांफ्रेंस के लिए जाते हुए विमान हादसे में 24 जनवरी 1966 को उनकी मृत्यु हो गई। यह हादसा फ्रांस के मोंट ब्लैंक में हुआ था।

विजय शर्मा

अधिक जानकारी के लिए :
1. Bhabha and His Magnificent Obsessions : Ganeshan Venkatram, 1994, **2. India after Gandhi :** Ramchandra Guha, 2007

होरेस

(65 ईसा पूर्व 8 ईसा पूर्व)

होरेस (Horace) का लैटिन नाम क्विंटस होरेसियस फ्लेकस था। उनके जीवन तथा लेखन का राजसत्ता से अभिन्न संबंध रहा है। कुछ टीकाकारों के अनुसार होरेस ने इनके बीच नाजुक संतुलन बनाए रखा था तो दूसरी ओर जॉन ड्रायडन ने उन्हें 'शिष्ट तथा सदाचरणवाला दरबारी दास' कहा था।

होरेस का लेखन 35 ईसा पूर्व में तब शुरू हुआ, जब उन्होंने दो भागोंवाले 'सटायर्स' ग्रंथ को प्रकाशित कराया। जीवन के अंतिम वर्षों में उन्होंने अपनी आलोचनात्मक पुस्तक 'आर्स पोएतिका' का लेखन किया। वर्जिल के साथ होरेस को ओगस्टन काल के दो सबसे प्रसिद्ध कवियों में सम्मिलित किया जाता है। प्रसिद्ध अंग्रेजी नवक्लासिकी कवि एलेक्जेंडर पोप ने उनकी कविताओं के बारे में कहा था कि उनकी विषयवस्तु के बारे में अक्सर सोचा गया था पर इतनी श्रेष्ठ अभिव्यक्ति कभी नहीं हुई थी। होरेस को पश्चिम का पहला आत्मकथा लेखक भी माना जाता है।

'आर्स पोएतिका' नामक पुस्तक में पायसोनिस को लिखे पत्र हैं, जिनमें होरेस ने कविता, काव्य लेखन जैसे विषयों पर अपने विचार प्रकट किए थे। वे कवियों को खूब अध्ययन करने, लेखन

होरेस

में संक्षिप्तता के लिए प्रयास करने और श्रेष्ठतम आलोचना को आकर्षित करने के लिए सलाह देते हैं। इस पुस्तक को उसके आलोचना सिद्धांतों के पश्चिमी परंपरा पर प्रभाव के संदर्भ में अरस्तू की 'पोएटिक्स' के बाद दूसरा प्रमुख ग्रंथ माना जाता है। इसमें उन्होंने औचित्य सिद्धांत की प्रस्तावना की थी। उन्होंने लिखा था, 'यदि कोई चित्रकार मनुष्य के सिर में घोड़े की गर्दन जोड़ दे, सभी प्रकार के जंतुओं के अंगों को इकट्ठा कर उनमें किस्म-किस्म के पंख लगा दे और ऊपरी हिस्से में सुंदर नारी का रूप अंकित कर निचले हिस्से में भद्दी मछली बना दे तो मित्रो! क्या इन चीजों को देखकर आप अपनी हंसी रोक पाएंगे?'

होरेस ने कविता पर कुछ टिप्पणियां की हैं। 'कवि में इतनी क्षमता होनी चाहिए कि वह प्रकाश से धुआं उत्पन्न न कर धुएं से प्रकाश पैदा करे।' होरेस ने कविता में औचित्य पर जोर देते हुए कहा, 'जिस तरह अच्छी दावत में बेसुरा संगीत या दुर्गंध अच्छी नहीं लगती, उसी तरह कविता यदि अपने गुणों से हमें आकर्षित नहीं कर सके तो उत्तम की जगह अधम कोटि की होती है।' उनका मानना था, 'कविता में कोई नैतिक सूत्र संक्षिप्त रूप में होना चाहिए। कथानक सच के नजदीक होना चाहिए। बुजुर्ग नागरिकों को शिक्षाविहीन नाटक पसंद नहीं आते, गर्म मिजाज के सामंतों को नीरस और शिथिल कविता अच्छी नहीं लगती। वही रचना सभी को अच्छी लग सकती है जिसमें आनंद और उपदेश दोनों का समन्वय हो।' उन्होंने यह भी सलाह दी कि परंपरागत प्रसिद्ध चरित्र पूर्व परिचित होते हैं। अतः उनके स्वभावगत वैशिष्ट्य का ध्यान रखते हुए उनसे संबंधित कथानक सुसंगत होना चाहिए।' वे निपुण संयोजन को ही मौलिकता कहते थे। उन्होंने इतिहासबोध को पाठकीय संवेदना से जोड़ा।

होरेस ने कविता रचना की दैवीय प्रेरणा (प्लेटो) के पूर्व-सिद्धांत को बदल कर 'आंतरिक प्रेरणा' कर दिया। वही रचना श्रेष्ठ है जो युग की जरूरत पूरी करे। होरेस ने यह भी लिखा है कि तात्कालिक अनुभूतियां पक जाएं, तब उन पर रचना लिखी जानी चाहिए। अनुभूति और इसके प्रकाशन के बीच अंतराल जरूरी है। इसके अलावा वे कवि प्रतिभा के अनुरूप काव्य विषय चुनने की सलाह देते हैं। होरेस ने अपना साहित्यिक सिद्धांत व्यवस्थित रूप में प्रस्तुत नहीं किया, पर उनके कई कथन उनके 'औचित्य सिद्धांत' की आधारशिला बने।

होरेस का प्रभाव कई पीढ़ियों के पश्चिमी कवियों और आलोचकों पर पड़ा था, जिनमें बेन जान्सन, एलेक्जेंडर पोप, लॉर्ड टेनिसन, डब्लू एच ऑडन, लुई गेकनीज और रॉबर्ट फ्रॉस्ट शामिल हैं।

किरण सिंह, शशांक शुक्ल

होली

होली वसंत ऋतु के फाल्गुन महीने (फरवरी या मार्च) की पूर्णिमा के दिन मनाया जाने वाला, हिंदुओं का एक सार्वजनिक पर्व है। दोल, फगुआ, शिमगा, उक्कुलि आदि इसके विविध नाम हैं। इस उत्सव का संबंध धर्मशास्त्रों से न होकर लोक परंपराओं से है। पारंपरिक रूप से यह दो दिन मनाया जाता है। पहले दिन होलिका दहन होता है। होलिका राक्षस हिरण्यकश्यप की बहन थी जिसे वरदान था कि वह आग में जल नहीं सकती। अपने भाई के कहने पर वह नारायण भक्त प्रह्लाद को गोद में लेकर आग में बैठी थी। वह खुद जल गई, पर प्रह्लाद बच गया, जो सत्य का प्रतीक माना गया। कर्नाटक और तेलंगाना में होलिका की जगह कामदेव का दहन होता है और दूसरे दिन वह वसंतोत्सव के रूप में फिर जी उठता है।

होलिका दहन में सार्वजनिक चौराहों पर लोग पुरानी जीर्ण-शीर्ण चीजें, लकड़ियां और उपले सजा कर आज भी होलिका दहन करते हैं। जिन उपलों में छेद हो, ऐसे भरभोलिए की माला बनाकर जलाने की प्रथा है। इसे बीमारियों से युद्ध के रूप में भी देखा जाता है। इस आग में नई फसल की बालियां,

होली

खासकर चने के होले भूने जाते हैं। दूसरे दिन को धुरड्डी, धलेंडी, धुरखेल या धूलिवंदन कहा जाता है। लोग ईर्ष्या, द्वेष और आपसी वैर भुलाकर रंगों और अबीर-गुलाल से एक-दूसरे को रंगते हैं। फाग और धमार के गाने शुरू हो जाते हैं। ये सभी महीना भर पहले से रात में खा-पीकर शुरू हो जाते थे। होली में कटुता भूलकर ढोलक-झांझ-मंजीरों की धुन के साथ रंगों से नहाई टोलियां नृत्य या हुड़दंग में मस्त हो जाती हैं। इस दिन घरों में विशिष्ट पकवान बनाए जाते हैं, भंग छनती है।

सातवीं सदी के संस्कृत नाटक दशकुमारचरित, श्रीहर्ष की 'रत्नावली', नारद-पुराण के अतिरिक्त अलबरूनी के यात्रा-वृत्तांत, मुगल बादशाहों के समय के वर्णनों, प्राचीन भित्ति चित्रों और मंदिरों की दीवारों पर होली के साक्ष्य हैं। हिंदी के पुराने और नए कवियों ने होली पर बहुत कुछ लिखा है। पद्माकर ने लिखा है, 'फागु के भीग अभीरन ते गहि, गोविंद ले गई भीतर गोरी।...नैन नचाई कह्यो मुस्क्याइ, लला ! फिर खेलन आइयो होरी।' लोकगीतों में होली के रंग और राग की भरमार है।

भारत के विभिन्न राज्यों में होली अलग-अलग तरह से मनाई जाती है। ब्रज में बरसाने की लट्ठमार होली, कुमाऊं की गीत बैठकी, हरियाणा की धुलंडी, बंगाल की दोलजात्रा, महाराष्ट्र की रंग पंचमी, पंजाब की होला-मोहल्ला, तमिलनाडु की कमन पोडिगई, मणिपुर की याओसांग, आदिवासियों की भगोरिया के अलावा मुख्यतः विदेशियों द्वारा नियंत्रित 'इस्कान' की होली भी प्रसिद्ध है।

होली में पहले जोगीड़ा गाया जाता था। श्लील-अश्लील का भेद मिट जाता था। इसमें खासकर निम्न वर्ण के लोग अपनी कलाओं का खुल कर प्रदर्शन करते थे। सभी वर्णों के लोग उनमें घुल-मिल जाते थे। होली शास्त्रों के बंधन टूटने का ही रंग-बिरंगा संगीत है। होली हिंदी भाषियों के साथ मारीशस, सूरीनाम, त्रिनिदाद-टोबैगो, फिजी तक पहुंच गई। यह जाति, वर्ग और धर्म से ऊपर उठकर एक ऐसा सामूहिक आनंदोत्सव बन गई, जब कोई मनुष्य अकेलापन महसूस नहीं करता। लोग ऐसे अकेले और घरघुसरे व्यक्तियों के पास खास तौर से जाकर रंगभरी पिचकारी मारते हैं। इस दिन अबीर लगाकर छोटे बड़ों का आशीर्वाद लेते हैं। महानगरों में आधुनिकीकरण ने इधर रंगों से संकोच बढ़ाया है। कुछ जगहों पर अबीर की सूखी होली ही बची है, कहीं अब यह भी नहीं। हर रंग ही, जैसे हरा, लाल, नीला, केसरिया राजनीतिक दलों के कब्जे में है। होली रंगों की आजादी का त्योहार है, जब सभी भेदभाव आज भी ढह जाते हैं।

प्रीति सिंघी

ह्वेन्त्सांग

(602-664)

ह्वेन्त्सांग को बचपन से चीनी भाषा में धार्मिक साहित्य पढ़ने का शौक था। वे बीस साल की उम्र में बौद्ध भिक्षु बन गए थे। बौद्ध साहित्य की खोज और इसके अध्ययन के लिए उन्होंने चीन की यात्रा की। उन्हें बौद्ध साहित्य में कुछ अंतर्विरोध नजर आए और जिज्ञासा बढ़ी। उन्होंने छब्बीस वर्ष की उम्र में भारत यात्रा का निर्णय लिया। उस समय

ह्वेन्त्सांग

चीन में तांग वंश का उदार शासन था। गांधार और पेशावर पार कर वह भारत आए। उन्हें पेशावर में बौद्ध स्तूप मिले। उन्होंने तक्षशिला देखी। लगभग 34 छोटे-बड़े राज्यों का भ्रमण करते हुए सांग 631 ईसवी में कश्मीर पहुंचे। उन्होंने शुरुआती के लगभग दो वर्ष भारत के उत्तर-पश्चिमी इलाके में बिताए। वह जालंधर और मथुरा गए। फिर बुद्ध की जन्म स्थली कपिलवस्तु गए। बनारस और सारनाथ गए। वह नालंदा विश्वविद्यालय पहुंचे जहां उन्होंने उन्नत शिक्षा केंद्र देखा और इसके बारे में लिखा। उन्होंने नालंदा में अध्ययन किया था। यहां उन्हें विद्वान शीलभद्र मिले थे जिन्होंने उनकी सभी जिज्ञासाओं को शांत किया था। माना जाता है कि उनके अपने देश लौटने के काफी बाद मध्य देश के राजा हर्षवर्द्धन (606-649) को सांग के भारत आने की जानकारी मिली।

ह्वेन्त्सांग के यात्रा-वृत्तांत में हर्षवर्द्धन की सेना और उसकी शासन व्यवस्था से संबंधित विवरण हैं। हर्षवर्द्धन शैव थे, लेकिन धीरे-धीरे उनका झुकाव बौद्ध धर्म की ओर होने लगा था। ह्वेन्त्सांग ने लिखा है कि उनके बौद्ध हो जाने के कारण उनकी हत्या करवाने की दो बार असफल कोशिशें हुईं। उन्हें इस पर आश्चर्य हुआ कि जैसे-जैसे वे दक्षिण भारत की ओर बढ़े कृषि का क्षेत्र कम होता गया। वे आंध्र प्रदेश गए थे और अमरावती तथा नागार्जुनकोंडा के बौद्ध विहारों को देखा था। उन्हें दक्षिण में खेती के लिए विशाल मैदान का अभाव दिखा, जिसका अर्थव्यवस्था पर भी प्रभाव पड़ रहा था। सांग ने कई प्रकार के अनाजों और फलों का ब्योरा दिया है। उन्होंने सिंचाई का विवरण भी दिया है। 645 में ह्वेन्त्सांग 'महाप्रज्ञापारमिता सूत्र' की तीन प्रतियों के साथ चीन लौट गए, जहां राजधानी में उनका भव्य स्वागत हुआ। उनकी यात्रा का विवरण 'तांग वंश के महान वृत्तांत' में मिलता है।

ह्वेन्त्सांग के पहले भारत से कई बौद्ध अपने धर्म के प्रचार के लिए चीन गए थे। 379 में चीन में बौद्ध धर्म को राज धर्म घोषित किया गया था। सांग के बचपन के दिनों में इस पृष्ठभूमि का प्रभाव पड़ा था। विशेषकर 400-700 के बीच चीनी यात्रियों फाहियान, सुंगयून, ह्वेन्त्सांग, इत्सिंग आदि की मध्य भारत की यात्रा का बहुत महत्व है। इसी के परिणामस्वरूप चीन और जापान की संस्कृतियों में भारतीय संस्कृति के कई तत्वों का समावेश हुआ।

अरुण कुमार

अधिक जानकारी के लिए :
भारत का इतिहास : रोमिला थापर